MEMENTO IVA
es una obra colectiva, realizada por la Redacción de Lefebvre,
a iniciativa y bajo la coordinación de la Editorial
en la que han colaborado en esta o en ediciones anteriores:

CASTELLANO MONTERO, Lino (Economista)

LÓPEZ SÁNCHEZ, Fuensanta (Licenciada en Derecho)

SÁNCHEZ ESTÉVEZ, Julián (Economista)

SÁNCHEZ GALLARDO, Francisco Javier (Economista)

SERRANO SOBRADO, José Antonio (Licenciado en Derecho)

VICTORIA SÁNCHEZ, Antonio (Licenciado en Derecho)

Nota.- El enfoque de la publicación se ha pretendido eminentemente práctico, ilustrando la explicación de las normas legales con ejemplos que contribuyan a una mejor comprensión del análisis del impuesto.
Los comentarios que se efectúan en la misma constituyen la opinión personal de los colaboradores, derivada del estudio de la normativa reguladora del Impuesto sobre el Valor Añadido; por tanto, no pueden ser considerados doctrina oficial de la Administración tributaria o de cualquier otra institución o entidad. Incluso, las contestaciones a consultas administrativas que complementan la obra -cuya fuente principal es la página web de la Dirección General de Tributos en Internet-, o las sentencias referenciadas, no son una réplica de esos documentos, sino un resumen que trata de sintetizar el contenido de las mismas. Por tanto, ni la Editorial, ni los colaboradores aceptarán responsabilidades por las posibles consecuencias ocasionadas a las personas naturales o jurídicas que actúen o dejen de actuar como consecuencia de las opiniones, interpretaciones e informaciones contenidas en esta publicación.

NIF: A79216651
Monasterios de Suso y Yuso, 34. 28049 Madrid. Tfno.: 91 210 80 00
clientes@lefebvre.es
www.efl.es
Precio: 179,92 € (IVA incluido)

ISBN: 979-13-87925-27-7
ISSN: 1579-2897
Depósito legal: M-13659-2026

Impreso en España

MEMENTO PRÁCTICO

2026

Fecha de edición: 14 de mayo de 2026

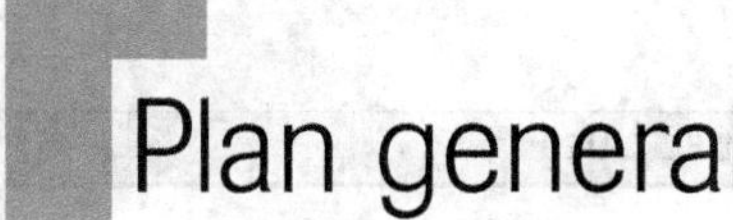

Plan general

Número marginal

Número marginal

PARTE 8ª JURISPRUDENCIA DEL TJUE

ANEXOS

TABLA ALFABÉTICA

Abreviaturas

AIB	Adquisición intracomunitaria de bienes
AN	Audiencia Nacional
CAU	Código Aduanero de la Unión (Rgto UE/952/2013)
CE	Comunidad Europea
DGT	Dirección General de Tributos
Dir	Directiva
E.m.	Estado/s miembro/s
EDJ	El Derecho Jurisprudencia
EIB	Entrega intracomunitaria de bienes
IAE	Impuesto sobre Actividades Económicas
IIEE	Impuestos Especiales
ITP y AJD	Impuesto sobre Transmisiones Patrimoniales y Actos Jurídicos Documentados
LGT	Ley General Tributaria (L 58/2003)
LITP	Ley del Impuesto sobre Transmisiones Patrimoniales y Actos Jurídicos Documentados (RDLeg 1/1993)
LIVA	Ley del Impuesto sobre el Valor Añadido (L 37/1992)
MHAC	Ministerio de Hacienda
RD	Real Decreto
RDDA	Régimen de Depósito Distinto de los Aduaneros
RDL	Real Decreto Ley
RDLeg	Real Decreto Legislativo
REAGP	Régimen especial de la agricultura, ganadería y pesca
RECC	Régimen especial del criterio de caja
REGE	Régimen especial del grupo de entidades
Resol	Resolución
RGGI	Reglamento General de Gestión e Inspección (RD 1065/2007)
Rgto	Reglamento
Rgto Fac	Reglamento por el que se regulan las obligaciones de facturación (RD 1619/2012)
RIVA	Reglamento del Impuesto sobre el Valor Añadido (RD 1624/1992)
TCo	Tribunal Constitucional
TEAC	Tribunal Económico Administrativo Central
TEAR	Tribunal Económico Administrativo Regional
TFUE	Tratado de Funcionamiento de la Unión Europea
TIVA	Territorio de aplicación del IVA
TJUE	Tribunal de Justicia de la Unión Europea
TS	Tribunal Supremo
TSJ	Tribunal Superior de Justicia
UE	Unión Europea

Introducción

CAPÍTULO 1

Naturaleza y normativa reguladora

El Impuesto sobre el Valor Añadido (IVA) constituye la base del sistema español de **imposición indirecta**. Se trata de un impuesto general que grava el consumo de bienes y servicios en España, producidos o comercializados en el desarrollo de las **actividades empresariales o profesionales**, cualquiera que sea su origen, nacional o extranjero. 10

Es **plurifásico**, en la medida que grava todas las entregas de bienes y prestaciones de servicios que tienen lugar en las diferentes fases de la cadena de producción-comercialización. Sin embargo, a través del mecanismo de las deducciones se consigue gravar en cada fase únicamente el valor añadido incorporado en ella.

Este mecanismo de **deducciones** constituye la nota esencial del impuesto. Los empresarios pueden deducir las cuotas del IVA soportadas en sus adquisiciones de forma que, a lo largo de la cadena, se va incorporando a los bienes y servicios la carga fiscal correspondiente al valor añadido en cada fase.

Normativa reguladora Es un impuesto armonizado en la UE, de forma que la legislación interior de los Estados miembros (E.m.) debe adaptarse a las normas comunitarias dictadas al efecto. El **derecho comunitario** tiene primacía sobre la normativa interna, siendo aplicable esta en tanto sea compatible con las Directivas en vigor. 14

Normativa interna La principal legislación estatal española que regula el impuesto, debidamente armonizada con la normativa UE, es: 15

• L 37/1992, Ley del Impuesto sobre el Valor Añadido (**LIVA**).

• Las siguientes **normas reglamentarias**:

- RD 1624/1992, por el que se aprueba el reglamento del impuesto (**RIVA**);
- RD 669/1986, por el que se precisa el alcance de la sustitución de determinados impuestos por el IVA en aplicación de convenios con los **Estados Unidos** de América;
- RD 1617/1990, por el que se precisa el alcance de determinadas exenciones del IVA en aplicación del Convenio de 30-5-1975, por el que se crea la **Agencia Espacial Europea** (ESA);
- RD 3485/2000, regulador de las franquicias y exenciones en **régimen diplomático** y consular, desarrollado por la OM 24-5-2001;
- RD 1619/2012, por el que se aprueba el Reglamento por el que se regulan las obligaciones de facturación (**Rgto Fac**), regulador del deber de expedir y entregar facturas que incumbe a los empresarios o profesionales, y OM EHA/962/2007, por la que se desarrollan determinadas disposiciones sobre **facturación telemática** y conservación electrónica de facturas;
- RD 1065/2007, que aprueba el Reglamento General de las actuaciones y los procedimientos de gestión e inspección tributaria y de desarrollo de las normas comunes de los procedimientos de aplicación de los tributos (**RGGI**), y que, entre otras cuestiones, regula las declaraciones censales y la identificación fiscal de los obligados tributarios;
- RD 160/2008, que aprueba el Reglamento por el que se desarrollan las exenciones fiscales relativas a la Organización del Tratado del Atlántico Norte, a los Cuarteles Generales Internacionales de dicha Organización (**OTAN**) y a los Estados parte en dicho Tratado y se establece el procedimiento para su aplicación; y
- RD 443/2023, que aprueba el Reglamento por el que se desarrollan las exenciones fiscales relativas a las **Fuerzas Armadas** de los Estados miembros de la Unión Europea afectadas a un esfuerzo de defensa en el ámbito de la política común de seguridad y defensa y se establece el procedimiento para su aplicación.

El impuesto se exige conforme a lo establecido en las normas anteriores y en las que regulan los regímenes de Concierto del **País Vasco** (L 12/2002) y del Convenio Económico de **Navarra** (L 28/1990). Todo, sin perjuicio de lo establecido en los Tratados y **Convenios internacionales** que formen parte del ordenamiento interno español (LIVA art.2).

Normativa en el marco UE La misma se detalla en el nº 10550. 16

Tratados internacionales En relación con los tratados internacionales, y por lo que al IVA se refiere, destaca el Protocolo sobre Privilegios e Inmunidades CE: Disposiciones de desarrollo (Canje de notas) publicadas en BOE 7-2-97 y 27-6-97. 17

PARTE PRIMERA

Operaciones interiores

CAPÍTULO 2

Hecho imponible

I. Operaciones sujetas

(LIVA art.4.Uno, Dos y Tres)

Están sujetas al impuesto las entregas de bienes y prestaciones de servicios realizadas en el ámbito de aplicación del impuesto (nº 405 s.), por empresarios o profesionales a título oneroso: mediante contraprestación (dineraria o en especie) o, en algunos casos, sin contraprestación (autoconsumo, nº 230), con carácter habitual u ocasional, en el desarrollo de su actividad empresarial o profesional (nº 83 s.). 55

Estas operaciones están sujetas, incluso si se realizan con ocasión del **cese** en el ejercicio de sus actividades, o si se efectúan en favor de los **propios socios**, asociados, miembros o partícipes de las entidades que las lleven a cabo, y con independencia de los fines o el resultado de la actividad u operación.

Ejemplos **1)** Un empresario establecido en Valladolid **entrega** bienes a un empresario de **Sevilla**. 57
Dicha entrega de bienes se entiende realizada en el territorio de aplicación del IVA español (TIVA), estando sujeta a dicho tributo.

2) Una empresa consultora establecida en Barcelona realiza un **estudio de mercado** relativo a la producción de aceite para un empresario establecido en **Melilla**.
Según las reglas de localización de las operaciones (nº 480 s.), dichas prestaciones de servicios no se entienden realizadas en TIVA y, por tanto, no están sujetas a dicho tributo.

3) Una persona física contrata con varias empresas la realización de **traducciones** de textos, cartas, manuales, etc.
Dicha persona física, que realiza las traducciones, es empresario o profesional, dado que existe por su parte la intención de intervenir en la producción de bienes y servicios. Se trata de una actividad desarrollada con carácter profesional y no simplemente de manera esporádica.

4) Un empresario se lleva a su **domicilio particular un bien afecto** a su actividad empresarial (en concreto, sofá de piel).
Se trata de un autoconsumo de bienes (nº 235), consistente en la transferencia de un bien del patrimonio empresarial del empresario a su patrimonio personal.

5) Un empresario teatral **regala entradas** a una empresa para que sus empleados puedan asistir de forma gratuita a una función especial.
Se trata de un autoconsumo de servicios por tratarse de un servicio prestado de forma gratuita (acceso libre) por un empresario. No obstante, hay que tener en cuenta que este autoconsumo de servicios solo está sujeto al IVA cuando el mismo se realiza para fines ajenos a los de la actividad empresarial o profesional de quien lo efectúa (ver nº 260).

6) Una entidad dedicada a la venta de chocolate **cede una máquina** a otra empresa mediante contraprestación.
Estamos ante de una operación realizada en el ejercicio de una actividad empresarial, por tratarse del alquiler de un bien del activo fijo de la entidad mercantil.

7) Entidad inmobiliaria que cede el uso de una **vivienda a sus empleados** mediante contraprestación.
Es una operación realizada en el ejercicio de una actividad empresarial o profesional.

8) Cooperativa de **producción de aceite** que realiza la transformación de la aceituna para sus **socios**.
Dicha manipulación de la aceituna es una operación realizada en el ejercicio de una actividad empresarial.

9) Una persona física, pintor de profesión, **vende una máquina** que utiliza en su actividad.
La entrega de la máquina que se desafecta de la actividad del profesional se entiende realizada en el ejercicio de su actividad profesional, aunque se trate de una operación atípica u ocasional.

59 Doctrina Administrativa Además de las siguientes contestaciones de la DGT, ver nº 11000 s.

1) Están **sujetas** al IVA

- las operaciones realizadas por un **puerto deportivo** para los propietarios amarristas del mismo cuya contraprestación se instrumenta en función del coeficiente de propiedad de cada uno sobre los gastos de funcionamiento de dicho puerto (DGT 29-3-99);
- la entrega de mercaderías por una **sociedad cooperativa limitada** a los socios que van a causar baja en la misma, en concepto de devolución de sus aportaciones al capital social de la cooperativa (DGT CV 15-6-05);
- las **entregas a los empleados**, tanto de energía eléctrica, ya sea de forma gratuita o por un precio bonificado (DGT CV 16-12-08), así como de vales de comida, a cambio de la renuncia de parte de la retribución en metálico (DGT CV 21-8-24);
- las operaciones consistentes en la **selección de candidatos** para trabajar como becarios en las empresas que forman parte del programa de formación de una fundación (DGT CV 19-12-08);
- los servicios de urbanización que el propietario va a recibir como consecuencia de la **reversión**, si el bien que revierte al propietario no es exactamente el mismo que se expropió, sino que ha sufrido mejoras (el bien expropiado era un terreno rústico y el bien que revierte es un terreno urbano) (DGT CV 16-5-08);
- las siguientes operaciones de **refacturación**: de la **tasa de basuras** o residuos (DGT CV 11-2-10), del **IBI** (DGT CV 23-4-13) y de los gastos de **combustible** por una entidad a sus empleados (DGT CV 25-7-19);
- la prestación de servicios consistentes en la instalación y mantenimiento de **máquinas recaudadoras de donativos**, la gestión de la recaudación y la publicidad de la entidad destinataria de dichos donativos, realizada a cambio de la correspondiente contraprestación (DGT CV 12-12-12);
- la entrega de un **regalo** (robot de cocina) por una **entidad bancaria** a cambio de hacer un depósito de dinero durante un año (DGT CV 29-3-12);
- la venta del **bono médico** a los usuarios del servicio médico (DGT CV 8-1-16);
- la cesión, por una entidad a otra, de su derecho a ejercer **acciones legales** contra un tercero (DGT CV 8-11-21);
- la **renuncia del arrendatario**, tanto a la posesión de una finca rústica antes del vencimiento del contrato, y a las inversiones realizadas sobre la misma (transformación de la finca de secano a regadío), recibiendo en contrapartida una indemnización por el arrendador (DGT CV 21-8-17), como de sus derechos sobre un local (DGT CV 28-2-18);
- la **cesión de derechos de imagen** realizada por un menor de edad mediante contraprestación (DGT CV 14-11-23), así como los servicios de publicidad de una marca prestados por un menor a través de un **patrocinio** a cambio de una compensación económica, con la que costea los gastos de participación en torneos de karting (DGT CV 16-2-24);
- las entregas de piezas de artesanía restauradas por los voluntarios o asociados de una **asociación sin ánimo de lucro** a cambio de contraprestación (DGT CV 14-6-24);
- el servicio integral asociado a una **programa de fidelización** creado por una entidad, en virtud del cual entrega a los clientes adheridos al programa unos puntos (llamados «coins») cuando pagan en alguno de los establecimientos adheridos, canjeables en cualesquiera de dichos establecimientos. Igualmente recibe esos puntos canjeables en concepto de comisión la persona que ha incluido al cliente en el programa, así como la propia entidad, en concepto de comisión por parte cada establecimiento, por cada compra que se realice en el sistema, siendo canjeables por euros (DGT CV 9-3-21); y
- el **arrendamiento de la azotea** del edificio perteneciente a una comunidad de propietarios para la instalación de antenas de comunicación mediante contraprestación por la entidad propietaria del local, ya que dicha comunidad al arrendar está realizando una actividad empresarial (DGT CV 28-4-25).

60 **2) No están sujetas** al IVA las siguientes operaciones:

- el desarrollo de **proyectos de investigación** sin el objetivo de explotar empresarialmente los resultados, sino con la finalidad de ofrecer tales resultados, si los hubiere, al conjunto de la sociedad, sin ánimo de obtener contraprestación (DGT CV 29-5-12; CV 15-12-15);
- la **cesión de uso de su nombre y logotipo** a entidades colaboradoras a cambio de una cierta ayuda económica por una asociación a la que le es aplicable el régimen fiscal de las entidades sin fines lucrativos (DGT 13-4-04; CV 11-10-22), así como las aportaciones en metálico que una entidad percibe de empresas con las que ha suscrito **convenios de patrocinio**, cuando no realiza en favor de estas operación alguna a efectos del IVA (DGT CV 19-6-06);
- la adjudicación de la parte concreta de un solar que corresponda a cada **comunero** según sus respectivas cuotas ideales si previamente a la adquisición existe intención manifiesta de explotación individual por cada parte (DGT CV 21-12-07);
- las operaciones por las que una **asociación** recibe cantidades (**donativos**) que le entregan quienes se llevan muebles y enseres restaurados por ella, cuando dichas cantidades no son fijas y no están establecidas previamente, siendo su cuantía totalmente voluntaria (DGT CV 4-6-09);
- la transmisión de la **participación indivisa de un comunero** al no realizarse por quien tiene la condición de empresario o profesional (DGT CV 11-9-09);

- el reembolso del importe del IVA a la importación pagado por el titular de un **depósito distinto del aduanero** por faltas de mercancías ajenas en su depósito, cuando estas mercancías aparecen posteriormente (DGT CV 16-6-06); 61
- la atribución a los cónyuges de los bienes anteriormente gananciales en el supuesto de **disolución de una sociedad de gananciales** por haber convenido los cónyuges el régimen de separación de bienes. Si uno de los cónyuges cede al otro sus bienes o parte de los mismos para que los utilice en su actividad empresarial o profesional, dicha cesión no está sujeta si es efectuada a título gratuito y el cónyuge cedente no realiza otras actividades empresariales o profesionales (DGT 11-11-94), así como el mero **cambio de titularidad** de la actividad desarrollada por la sociedad ganancial a favor del otro cónyuge, dado que no supone el cese de la actividad económica desarrollada por la misma, ni transmisión alguna de bienes y derechos entre los cónyuges (DGT CV 5-6-23);
- la **emisión de participaciones** por una sociedad como consecuencia de una ampliación de capital, para entregarlas a cambio de otras o del usufructo sobre acciones (DGT CV 21-5-12; CV 26-11-18; CV 1-10-19); por una entidad holding (DGT CV 17-3-16; CV 17-1-20); en una operación de reestructuración con aportación no dineraria (DGT CV 11-12-17). Asimismo las **operaciones con títulos valores** (ampliación de capital para sufragar deudas pendientes) que no se realizan con la intención de comerciar con ellos sino con una intención diferente, como es la de captar fondos para el desarrollo de actividades (DGT CV 12-6-14);
- las **aportaciones dinerarias**, obligatorias o voluntarias (aportaciones al capital social de una cooperativa), que pueden efectuar los **socios fundadores**, y que no se encuentran referidas o vinculadas a servicios prestados por una cooperativa sin ánimo de lucro que vayan a recibir dichos socios (DGT CV 25-4-12); las que hace uno los **coproductores** de una película a la entidad, que se encarga de la producción CV 16-4-20) o las aportaciones de los socios de una **cooperativa** agrícola ganadera para compensar pérdidas (DGT CV 17-2-10);
- las aportaciones realizadas por los suministradores de un patrono de una **fundación** efectuadas en cumplimiento de las obligaciones estipuladas en los contratos de suministro firmados por el mencionado patrono (DGT 16-11-99);

- la venta de **tarjetas de dinero**, pues se trata de pagos anticipados de servicios no identificados (DGT CV 19-12-11); 62
- la venta de unos **vales nominativos** que permiten acceder a una **plataforma en línea** que imparte contenidos educativos de todo tipo, cuyos usuarios son profesores que deseen impartir formación en línea y alumnos que deseen recibirlos. Unos y otros pueden estar establecidos en cualquier parte del mundo (DGT CV 21-5-19);
- la venta de «**derechos a puntos**» que permiten a sus titulares recibir anualmente puntos que pueden ser redimidos para acceder a determinados servicios de hostelería, tanto dentro como fuera del territorio de aplicación del IVA (DGT CV 2-4-12; CV 27-1-14); en el mismo sentido, la adquisición de puntos o **millas aéreas** por parte del usuario es una operación no sujeta al IVA, pues lo que realmente se está entregando al consumidor es un medio de pago de los bienes y servicios concretos a que tiene acceso (DGT CV 18-6-08);
- la **extinción** obligatoria de un **derecho de arrendamiento** de un bien inmueble como consecuencia de un expediente de expropiación forzosa, constituyendo el justiprecio acordado una indemnización (DGT CV 18-1-08);

- en la **transmisión de un vehículo** que ha estado afecto a un patrimonio empresarial o profesional al 50%, el otro 50% que se corresponde con la entrega de un activo no afecto (DGT CV 1-8-22; CV 9-8-22; CV 21-10-22); 65
- las liquidaciones de pérdidas y ganancias realizadas en el mercado cuando se refieren a **contratos de futuro** de naturaleza financiera, tanto si se producen durante la vigencia del contrato como durante el periodo de ejecución a su vencimiento (DGT CV 24-5-10);
- la actividad de organización de eventos deportivos realizada por un **club sin ánimo de lucro** en cumplimiento de sus fines efectuadas de modo gratuito (DGT CV 29-9-10);
- las **donaciones** que no suponen contraprestación de ninguna operación sujeta al impuesto, como ocurre con la entregas de donativos cuando no se haya establecido una cuantía fija para las mismas y quede su importe a la libre determinación de cada peregrino (DGT CV 1-12-10); con las aportaciones y donaciones percibidas por una **fundación**, que no constituyen la contraprestación de un servicio efectuada por la misma a los donantes, aunque la fundación retenga una parte de las donaciones para financiar los costes de su funcionamiento, teniendo que repercutir el IVA a los donantes con ocasión de su percepción (DGT CV 15-4-16; CV 22-11-22) y con las propinas que de manera voluntaria y unilateral son entregadas por los clientes a una «**tiktoker**» (DGT CV 21-8-24);
- las **obras de urbanización** llevadas a cabo por una comunidad de bienes en las calles donde se encuentran las parcelas propiedad de los comuneros, que a su terminación se van a ceder de forma gratuita al ayuntamiento (DGT CV 29-5-12), así como el pago que la sociedad vendedora de una nave realiza a la compradora como compensación por los **gastos de urbanización** que esta debe satisfacer (DGT CV 30-1-07);

- en relación con los servicios prestados entre una **matriz y su sucursal**, si esta última no asume el riesgo económico de su actividad, por cuanto no existen dos empresarios o profesionales independientes entre los que se establezca una relación jurídica, las operaciones quedan no sujetas (DGT CV 20-7-22; CV 6-2-23), ni el reembolso de costes entre la sede central y su sucursal (DGT CV 14-11-12); por el contrario, cuando es la sucursal, sita en territorio español, la que presta servicios de asesoramiento a su casa central ubicada en Italia, la cual forma parte de un grupo de entidades a efectos del IVA, quedan sujetos (DGT CV 18-11-25);

70 - la entrega gratuita de dinero en concepto de **premio**, al no constituir un acto de consumo ni tampoco la contraprestación de ninguna operación sujeta (DGT CV 16-4-13);
- las indemnizaciones percibidas por las empresas suministradoras de agua por la gestión recaudatoria del **canon de saneamiento** de la Comunidad Autónoma, al no constituir la contraprestación de ninguna operación sujeta al IVA (DGT CV 17-7-15);
- la actividad de **minado de criptomonedas** (creación de bitcoins, ethers, etc.), aunque sí esté sujeta al IVA la venta de la moneda virtual a cambio de una comisión (DGT CV 31-8-16; CV 2-10-18; CV 6-5-20);
- la transmisión de un **dominio de Internet** que forma parte del patrimonio personal de una persona física (DGT CV 15-7-16);
- la venta de objetos usados entre particulares a través de una **página web** (DGT CV 22-8-17) o a través de un interfaz digital (Wallapop) (DGT CV 25-3-25);
- las cantidades percibidas por los autores y demás sujetos acreedores de la compensación equitativa (**canon digital**), incluso en aquellos casos en los que el pago se efectúe a las entidades de gestión de derechos de la propiedad intelectual por los fabricantes o importadores, deudores principales de la compensación, o lo realice cualquiera de los responsables solidarios legalmente establecidos (DGT CV 21-12-17; CV 17-1-18), así como las **compensaciones o remuneraciones equitativas** (DGT CV 2-6-21);
- la transmisión de **cuadros** cuando son recibidos como legado testamentario del cónyuge, algunos pintados por este y otros adquiridos por el causante en vida (DGT CV 30-1-18), así como cuando es realizada por una entidad holding de un cuadro que no está afecto a actividad económica alguna (DGT CV 28-10-19) o por una **persona física** que forma parte de su patrimonio privado (DGT CV 21-6-22; CV 15-2-23);
- la transmisión de derechos de pago básico de la Política Agraria Común (**PAC**), adquiridos por herencia (DGT CV 30-1-18; CV 10-12-19);
- la cesión de una **embarcación** a una persona física que ostenta la mayoría del capital de una sociedad que no realiza actividad empresarial o profesional, para su disfrute privado (DGT CV 25-4-18);

71 - las aportaciones que realiza la **Liga Nacional de Fútbol Profesional** (LNFP) a una asociación de futbolistas en cumplimiento del convenio colectivo para la actividad de fútbol profesional (DGT CV 20-8-18), al igual que las realizadas por una federación autonómica de fútbol a los **equipos de fútbol** aficionado, en ejecución de las obligaciones impuestas por la normativa vigente (DGT CV 28-5-18);
- las **pérdidas de mercancías** que se producen durante su almacenamiento o transporte (DGT CV 13-6-18); así como la asunción del importe equivalente a la **penalización** que pudieran recibir los nuevos clientes por la resolución anticipada de su contrato (DGT CV 18-12-25);
- la transmisión de un **derecho de vuelo** por una comunidad de propietarios (DGT CV 2-10-18; CV 8-10-19);
- el cobro del **derecho de participación de autores** de obras gráficas y plásticas (DGT CV 3-10-19);
- el **traspaso** de los fondos de las **donaciones** recibidas por una federación deportiva para la financiación de un campeonato deportivo organizado con otras entidades públicas, a la entidad encargada de la ejecución material de los trabajos necesarios para la celebración de dicho campeonato (DGT CV 15-4-19);
- la prestación de **servicios electrónicos** que realiza la entidad titular de una **red social** que no puede ser calificada como una operación efectuada mediante contraprestación, al no existir una relación directa entre dicha prestación de servicios electrónicos y la cesión de datos personales que percibe del usuario que acepta las condiciones de alta del servicio (DGT CV 7-4-20);
- los rendimientos obtenidos por un **Fondo de Capital Riesgo** derivados de sus participaciones por su condición de promotor del fondo, que otorgan a su titular la percepción de un rendimiento adicional en los resultados del fondo en caso de alcanzarse ciertos umbrales de rentabilidad (DGT CV 23-9-21);
- la concesión de becas o ayudas (**PLAN ADO**) por parte de una entidad pública en atención a sus fines de interés general y sin relación con ninguna prestación específica por parte del destinatario (DGT CV 13-5-21);
- el **cobro de los créditos deteriorados** por una entidad, a diferencia de lo que ocurre con los servicios de gestión de cobro de dichos créditos que le presta su filial (DGT CV 19-12-24); y
- las prestaciones de servicios recíprocas que se realicen en cumplimiento de un **Acuerdo de Reparto de Costes** (ARC) en proporción a la participación en el mismo de cada una de las entidades. Por el contrario, sí quedan sujetos los **pagos compensatorios** entre las partes por las diferencias existentes entre el valor de las prestaciones de servicios realizadas o aportadas y su participación correspondiente real en el beneficio (DGT CV 8-9-20; CV 8-5-23).

3) En relación con la **fianza**:
- queda sujeta la denominada en el contrato como **garantía adicional** otorgada al superficiario, al no tener como objeto reparar daños y perjuicios, sino retribuir la exclusividad otorgada en el derecho de superficie (DGT CV 18-11-21); y
- no está sujeta la **mera transferencia de dinero** para su constitución por un empresario o profesional en garantía del cumplimiento de una obligación, sin que resulte remunerada (DGT CV 1-8-18).

Jurisprudencia **1)** Existen entregas de bienes o prestaciones de servicios, así como una actividad económica cuando se cumplen los criterios objetivos en que se basan dichos conceptos, pese a que las operaciones se lleven a cabo con la única finalidad de obtener una **ventaja fiscal** y sin otro objetivo económico (TJUE 21-2-06, asunto C-255/02). No obstante, si estas operaciones llegasen a constituir una **práctica abusiva** a efectos del IVA, habría que redefinir las transacciones realizadas para restablecer la situación que habría existido de no haberse efectuado las operaciones abusivas. **73**
2) Las **estipulaciones contractuales**, aun cuando deban tomarse en consideración, no son determinantes para identificar al prestador y al destinatario de una «prestación de servicios». En particular, puede prescindirse de las estipulaciones cuando se pone de manifiesto que no reflejan la realidad económica y mercantil, sino que constituye un montaje puramente artificial, carente de realidad económica, realizado con la única finalidad de lograr una ventaja fiscal, extremo que debe ser apreciado por el órgano jurisdiccional nacional (TJUE 20-6-13, asunto C-653/11).
3) Se consideran prestados **a título oneroso**, y por tanto, sujetos al IVA los siguientes:
- los bienes transmitidos a un comprador de gasolina a cambio de unos **vales** obtenidos en función de la cantidad a pagar, con arreglo a un sistema de promoción de venta (TJUE 27-4-99, asunto C-48/97);
- los servicios prestados por entidades mercantiles como miembros de los **consejos de administración** de otras empresas -ver nº 80- (TEAC 18-6-15), como las **retribuciones** del presidente y directores generales satisfechas por sociedades participadas por la asistencia a sus consejos de administración (TEAC 7-11-13);
- la entrega de mercancías que se encuentran sujetas a un **régimen aduanero de suspensión**, realizada a título oneroso por un sujeto pasivo en un depósito aduanero situado en el territorio de un Estado miembro, sin perjuicio de la aplicación de alguna exención (TJUE 8-11-12, asunto C-165/11);
- la emisión de «**créditos**» que permiten a los clientes de un operador pujar en las **subastas**, siendo la contrapartida el importe pagado a cambio de esos «créditos» (TJUE 5-7-18, asunto C-544/16);
- el importe que percibe un operador económico en caso de **resolución anticipada** de un contrato de prestación de servicios que prevé un período mínimo de permanencia, con independencia de que dicha resolución sea imputable al cliente o no (TJUE 22-11-18, asunto C-295/17). El mismo criterio se ha mantenido respecto al incumplimiento del periodo mínimo de permanencia en un contrato de **telefonía**, calculándose el importe según los gastos realizados por el prestador y en función de la ventaja obtenida por el cliente (TJUE 11-6-20, asunto C-43/19);
- las **tarifas de control**, exigidas cuando un automovilista incumple las condiciones generales de uso de un aparcamiento explotado en régimen de derecho privado (TJUE 20-1-22, asunto C-90/20);
- los servicios prestados contra el **reembolso de costes** (TJUE 24-2-22, asunto C-605/20);
- el suministro de electricidad por el gestor de una red de distribución, aunque sea involuntario y fruto de la **actuación ilegal de un tercero** (TJUE 27-4-23, asunto Fluvius Antwerpen C-677/21);
- la **cesión de derechos federativos** de jugadores de futbol con carácter temporal en la que, aunque no se conviene un precio en dinero a satisfacer por la concesionaria a la cedente, pero sí son asumidas por aquella obligaciones salariales y de Seguridad Social perfectamente cuantificadas (TS 27-5-24, EDJ 572709);
- el importe contractualmente adeudado como consecuencia de la **resolución**, por el beneficiario, de un contrato de prestación de servicios sujeta al IVA válidamente celebrado, cuando el prestador había iniciado y estaba dispuesto a finalizar (TJUE 28-11-24, asunto C-622/23);
- los ajustes intragrupo derivados de **precios de transferencia**, cuando constituyen la retribución de servicios identificables y existe vínculo directo entre el servicio y la contraprestación (TJUE 4-9-25, asunto SC Arcomet Towercranes SRL C-726/23) y
- la **asistencia jurídica gratuita** («pro bono») cuando, conforme a la ley nacional, el tribunal condena a la parte vencida a pagar al abogado los honorarios fijados legalmente, ya que existe una relación directa servicio-contraprestación, aunque la pague un tercero (TJUE 23-10-25, asunto Zlakov C-744/23).

Asimismo, en el supuesto de que una asociación sin ánimo de lucro ha contratado con un organismo estatal la realización de **proyectos de formación financiados** por el Fondo Europeo de Desarrollo Regional, para lo cual subcontrató algunas empresas para llevar a cabo la formación y facturó el IVA correspondiente a los servicios prestados. La asociación tiene la consideración de empresario a efectos del IVA respecto de los servicios de formación prestados a los beneficiarios (TJUE 4-7-24, asunto C-87/23).

74 **4)** No tienen relación con ningún servicios prestado a título oneroso, y por tanto, **no están exentos** los siguientes:

- las cantidades abonadas en concepto de **arras** por resolución de contrato vinculado a la prestación del servicio hotelero y que han sido satisfechas en concepto de reparación a causa del incumplimiento del cliente, al considerarse indemnizaciones a tanto alzado (TJUE 18-7-07, asunto C-277/05);
- cuando en un **contrato de lease-back** no se obtiene ninguna financiación, al no obtenerse tampoco ninguna ventaja derivada del contrato de arrendamiento financiero (TS 16-7-09, EDJ 217457);
- la transmisión de un inmueble por una **sociedad meramente patrimonial** a sus accionistas a cambio de la adquisición de la totalidad de las acciones propias, al no realizar la actividad ninguna actividad económica (TEAC 26-5-09);
- las **entregas de animales** procedentes de explotaciones ganaderas situadas en zonas de protección y vigilancia establecidas como consecuencia de la **peste porcina** clásica, recibiéndose cantidades en concepto de indemnizaciones fijadas en aras del interés general, siendo los cerdos sacrificados excluidos de su circuito normal de distribución comercial (TS 14-5-09, EDJ 128156);
- la compra de **créditos de dudoso cobro** por un operador, asumiendo el riesgo, por un precio inferior a su valor nominal, al no realizar ninguna actividad económica comprendida en el ámbito de aplicación de la Dir 2006/112/CE, cuando la diferencia entre el valor nominal de dichos créditos y el precio de compra de estos refleja el valor económico efectivo de los citados créditos al tiempo de su cesión (TJUE 27-10-11, asunto C-93/10);
- las **operaciones con derivados financieros** ya que la suscriptora no solo no presta un servicio al contratar el producto derivado, sino que se limita con tal contratación a garantizar la cobertura de ciertos riesgos que pueden comprometer el buen fin de las actividades que le son propias (TS 18-5-20, EDJ 556164; 19-5-20, EDJ 556165; TEAC 9-6-20);
- las compras a particulares de **objetos usados de oro** y otros metales por parte de quienes ostenten la condición de empresarios o profesionales (TEAC 20-10-16; 23-1-20);
- el **servicio de radiodifusión pública** cuando el importe es determinado por ley y es impuesto al contribuyente que sea propietario o poseedor de un receptor de radio (TJUE 22-6-16, asunto C-11/15), al igual que ocurre cuando es financiado mediante una subvención (TJUE 16-9-21, asunto C-21/20; TEAC 18-3-24; TS 12-2-24, EDJ 509065);
- la **dación en pago de un inmueble** por un sujeto pasivo del IVA para saldar una deuda tributaria, ya que la entrega del bien no genera una contraprestación del sujeto pasivo, al representar únicamente la liberación legal de la deuda, teniendo la obligación de pago naturaleza unilateral (TJUE 11-5-17, asunto C-36/16);
- los premios obtenidos en **competiciones hípicas**, al no constituir contraprestación de ninguna operación sujeta al IVA (TJUE 10-11-16, asunto C-432/15). No ocurre lo mismo con una prestación consistente en alojar, mantener y entrenar caballos de competición, retribuida con la cesión del derecho al 50% de los premios obtenidos por los caballos en las competiciones, que está sujeta al IVA (TJUE 9-2-23, asunto C-713/21);
- una operación de **cesión de acciones**, prevista pero no ejecutada, cuya causa exclusiva directa no es la actividad económica imponible de la sociedad o una prolongación directa, permanente y necesaria de esta (TJUE 8-11-18, asunto C-502/17);
- la posterior transmisión de un terreno en el que la vendedora no había efectuado ninguna actividad económica, permaneciendo en su patrimonio como un **bien de mera tenencia** (TEAC 25-6-19); y
- cuando una sociedad personalista admite a un **socio a cambio de una aportación** dineraria (TJUE 26-6-03, asunto C-442/01). Por el contrario, cuando es la sociedad la que transmite a un accionista unos **inmuebles**, como contraprestación por la compra de las acciones del accionista en el capital social, para su ulterior amortización, constituye una entrega de bienes a título oneroso sujeta al IVA, siempre que dichos bienes inmuebles estén afectos a la actividad económica de la sociedad (TJUE 13-6-18, asunto C-421/17).

75 **5)** En relación con la inclusión de las **transacciones ilícitas** en el ámbito de aplicación del IVA, se devenga normalmente el IVA cuando las mercancías fraudulentamente comercializadas compitan con productos objeto de operaciones realizadas en el marco de un circuito legal. Ocurre con los **perfumes falsificados** (TJUE 28-5-98, asunto C-3/97); la explotación de **juegos de azar** ilícitos (TJUE 11-6-98, asunto C-283/95); el **alcohol** etílico -aguardiente - de contrabando (TJUE 29-6-00, asunto C-455/98); el alquiler de una mesa de un bar para vender **droga** (TJUE 29-6-99, asunto C-158/98) y la exportación en condiciones ilegales de **sistemas informáticos** (TJUE 2-8-93, asunto C-111/92). Esta última sentencia establece que el principio de neutralidad fiscal se opone efectivamente en materia de percepción del IVA a una diferenciación generalizada entre transacciones lícitas e ilícitas, excepto en los casos en que, por las características de determinadas mercancías, queda excluida toda competencia entre un sector económico lícito y otro ilícito.

6) En los casos de **expropiación**:

- la indemnización percibida por el **arrendatario** de un inmueble con ocasión de la expropiación, aunque en el mismo desarrollase una actividad mercantil (camping), no está sujeta ya que la cantidad que percibe constituye la compensación por la extinción (TS 2-11-09, EDJ 288592);
- la transmisión, por vía de expropiación, de **parcelas de terreno agrícola** a cambio del pago de una indemnización está sometida al IVA si el propietario expropiado es un agricultor que utilizaba tales parcelas en su actividad agrícola (TJUE 11-7-24, asunto C-182/23).

7) Constituyen prestaciones de servicios realizadas por la empresa a sus **empleados:**
- tanto la entrega de **vales de compra**, habiendo adquirido dichos vales la sociedad a un precio que incluye el IVA, a cambio de la renuncia de los empleados a una parte de su retribución en metálico (TJUE 29-7-10, asunto C-40/09), como el **servicio de transporte** de recogida desde el domicilio del empleado al aeropuerto (TEAC 20-4-21);
- en cuanto a la **cesión de vehículos**, debe existir una relación directa entre la prestación del servicio efectuada por el empleador y la contraprestación recibida a cambio. Además, dicha contraprestación ha de tener un valor que pueda expresarse en dinero (TEAC 22-2-22; 20-2-24). No obstante, cuando se trate de cesión de vehículos **afectos a la actividad empresarial** en un 50%, no va a estar sujeta si los empleados no realizan ningún pago, no dejan de percibir una parte de retribución como contraprestación o no está vinculada a la renuncia de otras ventajas (TS 29-1-24, EDJ 504749).

8) Un operador de telefonía que ofrece servicios de telecomunicaciones consistentes en vender a un distribuidor **tarjetas telefónicas** que contienen toda la información necesaria para realizar llamadas telefónicas internacionales mediante la infraestructura que él proporciona y que son revendidas por el distribuidor, en su nombre y por su cuenta, a usuarios finales, realiza una prestación de servicios de telecomunicaciones a título oneroso al distribuidor. Por el contrario, dicho operador no realiza una prestación de servicios a título oneroso al usuario final cuando este, tras adquirir la tarjeta telefónica, ejerce el derecho de realizar llamadas telefónicas utilizando la información que figura en dicha tarjeta (TJUE 3-5-12, asunto C-520/10).

9) La prestación de servicios de **acondicionamiento y amueblamiento** de un apartamento debe considerarse efectuada a título oneroso cuando, en virtud de un contrato celebrado con el propietario de dicho apartamento, el prestador de tales servicios se obliga, por una parte, a efectuar la citada prestación de servicios a sus expensas y obtiene, por otra, el derecho de disponer del referido apartamento a fin de utilizarlo para su actividad económica durante la vigencia de dicho contrato sin estar obligado a pagar alquiler alguno, mientras que el propietario recupera el apartamento acondicionado al término del citado contrato (TJUE 26-9-13, asunto C-283/12). **76**

10) Las transacciones realizadas entre miembros de un **grupo a efectos del IVA** no están sujeta, con independencia de que el destinatario de la operación pueda deducir el IVA soportado (TJUE 11-7-24, asunto C-184/23).

En cuanto a las **operaciones entre la matriz y la filial o la sucursal**:
- las prestaciones de servicios realizadas por la matriz, establecida en un país tercero, a su **sucursal**, establecida en un E.m., están gravadas cuando esta última es miembro de un grupo a efectos del impuesto (TJUE 17-9-14, asunto C-7/13; 11-3-21, asunto Danske Bank A/S C-812/19);
- si la sucursal continúa con la actividad de una filial previa, realizando operaciones de **seguro**, se puede considerar como sujeto pasivo, resultando las imputaciones de gastos realizadas desde su casa central sujetas a IVA en tanto que prestaciones de servicios realizadas por esta última para aquella (TEAC 23-1-20);
- las **transferencias temporales de personal** de una matriz a su filial realizadas contra el reembolso de los costes correspondientes son prestaciones de servicios efectuadas a título oneroso a efectos del IVA, siempre que exista un vínculo directo entre los importes abonados por la filial a su sociedad matriz y tales transferencias temporales (TJUE 11-3-20, asunto C-94/19); y
- la remuneración por **servicios intragrupo**, calculada conforme al método del margen neto operacional recomendado por las Directrices de la OCDE y que ajusta el margen de explotación de la filial, constituye la contrapartida de una prestación de servicios realizada a título oneroso y, por tanto, está sujeta al IVA (TJUE 4-9-25, asunto C-726/23). No obstante, para que exista hecho imponible el ajuste intragrupo debe ser consecuencia de la existencia de una relación jurídica con compromisos recíprocos y un vínculo directo entre el servicio individualizable y la remuneración percibida; no se da si el único objetivo es asegurar un **margen de beneficios** previamente determinado (TJUE 13-5-26, asunto Stellantis Portugal S.A. C-603/24).

11) Cuando las **sociedades de gestión colectiva de derechos de autor** perciben un canon por cuenta de los autores en concepto de «compensación equitativa» por la reproducción privada y sin fines comerciales asociados a las obras de los autores, no constituye contraprestación de ningún servicio sujeto al IVA (TJUE 18-1-17, asunto C-37/16), a diferencia de lo que ocurre cuando perciben una comisión por los servicios de recaudación, reparto y pago de las remuneraciones que adeudan a los autores (TJUE 4-7-24, asunto C-179/23). **77**

En cuanto al **derecho de participación** a favor del autor de una obra de arte gráfica o plástica como consecuencia de su reventa queda no sujeto (TJUE 19-12-18, asunto C-51/18).

12) Existe la **posibilidad** de que puedan constituir una actividad económica a título oneroso las siguientes:
- la realización de prestaciones de servicios, que determinan para el prestador la percepción de **ingresos continuados en el tiempo**, incluso si los ingresos percibidos son de reducido importe (TJUE 2-6-16, asunto C-263/15); y
- los negocios jurídicos celebrados entre una **fundación** del sector público que, para la realización de fines de interés general tiene encomendada la tarea de fomentar el deporte, y entidades deportivas y deportistas que se comprometen a exhibir el logo de la referida fundación a cambio de una suma de dinero, cuando la expresada fundación no haya ejercido potestades o prerrogativas públicas (TS 26-10-21, EDJ 730878).

78 **Bono o voucher** (Dir 2006/112/CE art.30 bis y 30 ter; DGT Resol 28-12-18) A efectos del impuesto y para distinguirlos de los instrumentos de pago, se entiende como bono aquel instrumento que se acepta como pago total o parcial de una entrega de bienes o prestación de servicios, encontrándose relacionados en ese documento, o en el que corresponda, los bienes, servicios o entidad obligados a realizar el hecho imponible y su forma de uso.

Quedan **excluidos** de este concepto, aquellos bonos que solo otorgan a su titular el derecho a recibir un descuento pero no dan derecho a ser canjeados por bienes y servicios por su mera presentación (tales como bonos, vales o cupones descuento), así como los considerados medios de pago, las tarjetas y recargas prepagadas de servicios de telecomunicaciones, los títulos de transporte, entradas para el acceso a espectáculos culturales o deportivos, sellos de correos y otros instrumentos de naturaleza similar.

En función de sus características, la norma del impuesto recoge la siguiente **clasificación**:

1. **Univalente**: se conocen todos los datos de la entrega de bienes o prestación de servicios, así como la cuota de IVA devengada. Su venta se equipara a la transmisión del bien o la prestación efectiva del servicio implícito. Igual tratamiento recibe la mediación en su venta, con independencia de la tributación que corresponda al servicio de intermediación.

La transmisión de este tipo de bonos realizada **en nombre propio** tributa conforme al régimen de tributación que corresponda a la entrega de bienes o a la prestación de servicios a que se refiere el bono (operación subyacente). El sujeto pasivo del IVA es el empresario que realiza la transmisión (salvo inversión del sujeto pasivo), quien debe repercutir el IVA en factura al tipo impositivo correspondiente a la operación subyacente. La base imponible está determinada por el precio pagado por dicho bono, incluida la cuota de IVA.

La **posterior entrega** efectiva de bienes o la prestación material de servicios a cambio del bono no se considera una operación independiente: el proveedor del bien o el prestador del servicio no repercute el IVA al tenedor que presente el bono para su canje efectivo.

Cuando el proveedor de los bienes o el prestador de los servicios no sea el empresario o profesional que ha emitido el bono, se considera como la persona que ha entregado los bienes o prestado los servicios al **emisor del bono**. En este caso, el proveedor o prestador efectivo repercute el IVA en factura al emisor del bono, siendo la base imponible la contraprestación que hubieran acordado entre ambos (proveedor y emisor).

Como regla general, el **devengo** del IVA correspondiente a la transmisión se produce en el momento en que el bono se ponga en posesión del adquirente, mientras que el devengo de la entrega de los bienes o prestación de servicios al emisor se produce cuando se realice la efectiva entrega o prestación material al tenedor del bono, salvo en los supuestos de pago anticipado (nº 1275 s.).

Cuando el bono es transmitido o distribuido por un empresario o profesional que actúa **en nombre y por cuenta de otro** empresario o profesional, ya sea este último su emisor u otro empresario o profesional que actúe en nombre propio, se producen dos operaciones sujetas al IVA:

- un servicio de mediación por el empresario o profesional comisionista al otro empresario o profesional en cuyo nombre y por cuya cuenta actúa;
- la transmisión del bono por su emisor o por su poseedor al adquirente.

79 2. **Polivalente**: cualesquiera que no cumplan las condiciones para ser considerado univalente. En este caso, hasta que no se produzca efectivamente el hecho imponible (entrega de bienes o prestación de servicios) no se encuentra sujeta al impuesto su venta. En el caso en que la venta se produzca por **intermediarios** tampoco se encuentra sujeta su venta, pero sí la prestación por intermediación que se produce.

La **base imponible** es el valor monetario indicado en el bono, o en la documentación asociada al mismo, menos la cuota del IVA correspondiente a la entrega de bienes o prestación de servicios. Las transmisiones anteriores del bono no van a estar sujetas al IVA. El proveedor debe repercutir el IVA en **factura** al tenedor del bono, al tipo impositivo correspondiente al bien o servicio.

Cuando la transmisión del bono la efectúe un **empresario o profesional distinto** del empresario o profesional que esté obligado a la entrega de bienes o prestación de servicios a que se refiere el bono, debe entenderse que el empresario o profesional que lo transmite efectúa un servicio de distribución o promoción sujeto al IVA. La base imponible del servicio está constituida, para cada operación, por la diferencia positiva entre el precio de venta del bono polivalente y alguno de los siguientes importes:

- la cantidad, IVA incluido, que el emisor se obliga a abonar al empresario o profesional que va a realizar la efectiva entrega del bien o la prestación material del servicio a que se refiere el bono; o
- el precio de adquisición del bono, IVA incluido, cuando no se es el emisor.

Cuando la transmisión o distribución del bono se efectúe por un **empresario o profesional que actúe en nombre y por cuenta de otro** empresario o profesional emisor, o en nombre y por cuenta de los empresarios o profesionales que los distribuyen o comercializan en nombre propio, el primero no estará prestando un servicio de distribución o promoción relacionado con un bono polivalente, sino un **servicio de mediación** sujeto al IVA, cuya base imponible es la comisión pactada.

Las **cuotas soportadas** por los distintos empresarios que intervienen tanto en la entrega de bienes como en la prestación de servicios, canjeados mediante ambos tipos de bono, así como en su emisión y comercialización, son deducibles conforme a las reglas generales del impuesto (nº 2500 s.).

Doctrina Administrativa **1)** La **naturaleza** univalente o polivalente de los bonos se determina en su emisión, con independencia de que el adquirente o el tenedor final conozca con certeza en qué parte del territorio español va a ser canjeado (DGT CV 17-5-19). **79.1**

2) No tienen la condición de bono:

- una **tarjeta de descuento** o una **tarjeta regalo** a cambio de una contraprestación y que da derecho a descuentos en los comercios adheridos (entre otras, DGT CV 14-6-24);
- las tarjetas **prepago de combustible** (DGT CV 31-7-20).

3) No resulta aplicable la regulación aplicable a los bonos a:

- la venta de **bonos** por una empresa que los emite y distribuye para prestar los servicios subyacentes (**servicios de depilación**) en centros adheridos de terceros situados en el TIVA. Suponen el justificante de la contraprestación satisfecha de forma anticipada por su adquirente que va a recibir el servicio de depilación que va a ser efectuado por dicha empresa que entrega el citado justificante (DGT CV 18-9-19);
- la venta de un bono no nominativo por una entidad mercantil que presta **servicios de balneario y masajes** para regalárselo a una tercera persona que va a poder disfrutar de dichos servicios en el plazo máximo de 2 años, teniendo derecho a la devolución en un plazo máximo de 90 días (DGT CV 9-3-20; CV 24-6-21).

4) Tienen la consideración de **polivalentes**:

- el bono cuando puedan localizarse los servicios prestados en **diferentes partes del mundo** (DGT CV 23-5-23; CV 26-10-23);
- los **vales de comida** (DGT CV 15-2-19; CV 14-10-19); y
- un **token de utilidad** (o "utility token"), que permitirá a los usuarios de una plataforma adquirir ciertas ventajas como suscripciones premium, cursos en línea o sensores de combate. Además, pueden adquirirlos como recompensa por sus entrenamientos, combates o modos de desafío de la plataforma. Los «token» pueden ser adquiridos por cualquier usuario del mundo, ya sean profesionales o empresarios o particulares (DGT CV 12-6-25).

Jurisprudencia **1)** No está sujeta la entrega de **tarjetas regalo** que permiten al poseedor de la misma la adquisición de los diversos productos ofertados en las tiendas de la empresa emisora de la tarjeta, ubicadas en la **península, Canarias, Ceuta o Melilla**, aplicando como pago el importe disponible en la tarjeta. Dichas tarjetas han de calificarse como bonos polivalentes o multiuso (TEAC 18-12-19; 18-12-19).

2) Puede constituir un bono el instrumento que permite al usuario disfrutar durante un tiempo y lugar determinado de diversos servicios, aunque debido al periodo de validez del instrumento, un **consumidor medio** no puede disfrutar de la totalidad de los servicios ofrecidos. El instrumento debe calificarse como un bono polivalente (TJUE 28-4-22, asunto DSAB Destination Stockholm C-637/20).

3) La calificación del bono depende únicamente de que se conozca su tratamiento fiscal en el momento de su emisión y no si el consumidor ha falseado sus datos de residencia o si se han producido diferentes transmisiones previas a su canje. La **reventa** de los bonos polivalentes puede estar sujetas si se califica como prestación de servicios a favor del sujeto pasivo que canjeará el bono al consumidor final (TJUE 18-4-24, asunto MGbR C-68/23).

A. Concepto de empresario o profesional

(LIVA art.5.Uno y Cuatro)

Tienen la consideración de empresario o profesional a efectos de IVA, además de quienes realizan actividades empresariales o profesionales (nº 83), las personas o entidades que realizan las siguientes actividades, aunque sea de forma ocasional: **80**

a) Quienes realizan entregas de bienes o prestaciones de servicios que suponen la explotación de un **bien corporal** con el fin de obtener ingresos continuados en el tiempo, particularmente los **arrendadores** de bienes muebles o inmuebles.

b) Quienes realicen las entregas intracomunitarias de **medios de transportes nuevos** exentas del impuesto (nº 5215 y nº 5425).

c) Quienes efectúen la **urbanización de terrenos** o la promoción, construcción o rehabilitación de **edificaciones** destinadas, en todos los casos, a su venta, adjudicación o cesión por cualquier título. El destino final es el que determina el carácter empresarial de la operación, de modo que si la urbanización de terrenos, edificación, etc. es para uso propio, no se considera empresario a quien la realiza.
Las **sociedades mercantiles** tienen la condición de empresario o profesional, salvo prueba en contrario.

81 A los solos efectos de las normas sobre el **lugar de realización** de las prestaciones de servicios (ver nº 480 s.), se reputan empresarios o profesionales actuando como tales respecto de todos los servicios que les sean prestados:
- Quienes realicen actividades empresariales o profesionales **simultáneamente** con otras que no estén sujetas al IVA (ver nº 55) (p.e., las fundaciones).
- Las **personas jurídicas** que no actúen como empresarios o profesionales, siempre que tengan asignado un NIF/IVA suministrado por la Administración española (por ejemplo, entes públicos cuando actúan en su calidad de autoridad pública).
No tienen la consideración de empresarios quienes realicen exclusivamente **operaciones a título gratuito**.

Doctrina Administrativa 1) Ni el **alta en el censo** de empresarios, profesionales y retenedores ni en el **IAE** son requisitos necesarios para la calificación de un sujeto como empresario o profesional. Basta con que se realice una actividad que tenga dicho carácter para que se considere que el sujeto que la lleva a cabo tiene la consideración de empresario o profesional a efectos del IVA (DGT CV 7-7-05; CV 29-10-07).
2) No puede predicarse que una persona o entidad tiene la consideración, o no, de empresario o profesional a efectos del IVA y, por tanto, de sujeto pasivo del impuesto, de forma intermitente en el tiempo, en función del **tipo de operaciones** que realice, sean a título gratuito u oneroso (DGT CV 16-10-08).
3) La pérdida de la condición de empresario o profesional no tiene lugar en tanto no se produzca el **cese efectivo en la actividad** correspondiente y se formule la baja en el correspondiente censo de empresarios o profesionales, estando sujeto, hasta que no se produzca dicha baja, al cumplimiento de las obligaciones formales que correspondan. No obstante, aunque se haya presentado el modelo censal de baja, si no se ha producido el cese efectivo no decae la obligación del cumplimiento de las correspondientes obligaciones tributarias (DGT CV 18-12-19).
4) En relación con las sociedades **holding**, ver nº 9540 s.

83 **Actividad empresarial o profesional** (LIVA art.5.Dos y Tres) A efectos IVA se considera que existe actividad empresarial o profesional si esta implica la **ordenación por cuenta propia** de factores de producción, materiales y humanos o de uno de ellos, con la finalidad de intervenir en la producción o distribución de bienes o servicios.
Se comprenden en este concepto las actividades siguientes:
- las **extractivas**, siempre que se concreten en las entregas de los bienes extraídos (minerales, productos petrolíferos, etc.);
- las **industriales**: de transformación, montaje o construcción de bienes, de reparación;
- las **comerciales**: compra-venta de bienes;
- los **servicios**: transportes, arrendamientos, hostelería y restauración, mediación;
- las **agrarias**: agricultura, silvicultura, ganadería, pesca;
- las de **artesanía**; y
- las actividades **liberales y artísticas**.
Existe **presunción del ejercicio de una actividad** empresarial o profesional:
- desde que la persona que se proponga ejercer un negocio anuncie por circulares, periódicos, carteles, rótulos expuestos al público, o de otro modo cualquiera, un establecimiento que tenga por objeto alguna operación mercantil (CCom art.3); y
- cuando para la realización de las operaciones sujetas al impuesto se exija contribuir por el IAE (ver nº 12217 s. Memento Fiscal 2026).
Estas presunciones admiten prueba en contrario.

84 Precisiones 1) La **independencia del titular** de la actividad es esencial en el concepto. Significa que el empresario o profesional asume el riesgo y ventura de los resultados, siendo la decisiva la independencia jurídica, no la económica. El concepto de interdependencia se recoge en la Dir 2006/112/CE art.10.
En consecuencia, no pueden ser considerados como empresarios o profesionales, ni por tanto como sujetos pasivos del impuesto, quienes realizan actividades con carácter de **dependencia**. En concreto, en este caso nos hallamos ante uno de los supuestos de no sujeción (nº 310 s.). Esto ocurre con las operaciones entre matriz y sucursales, aunque estén establecidas fuera de España, ya que no hay independencia jurídica entre ellas, considerándose operaciones internas de un mismo sujeto pasivo (DGT CV 9-8-22).

Por el contrario, se consideran realizadas por **empresarios distintos** las operaciones entre filial y matriz (TJUE 17-9-14, asunto C-7/13 en nº 76) como entre un ente público, sujeto pasivo del impuesto, y una sociedad mercantil participada en el 100% por aquel, sin perjuicio de las reglas establecidas en el nº 335 s.

2) La nota de la **habitualidad** no define el ejercicio de una actividad empresarial o profesional, sino que hay que definirla según la intencionalidad en intervenir en la producción o distribución de bienes o servicios, mediante la ordenación por cuenta propia de factores de producción (materiales o humanos).

3) En relación con la tributación de los servicios de los **socios profesionales** prestados a sociedades, ver nº 317.

4) Aunque las **sociedades mercantiles** se presumen como empresarios o profesionales, cabe prueba en contrario (LIVA art.5.Uno.b). A estos efectos, merece tal consideración una sociedad mercantil cuyos socios son entes públicos, salvo que se pruebe lo contrario, es decir, su «no empresarialidad», siendo además sujeto pasivo del IVA, cuando así resulte de la aplicación de las reglas contenidas en normativa del IVA.

5) Se considera sujeto pasivo a toda **Agrupación Europea de Interés Económico** constituida de conformidad con lo dispuesto en el Rgto CEE/2137/85 que efectúe una entrega de bienes o una prestación de servicios, a título oneroso, a favor de sus miembros o de terceros (Rgto UE/282/2011 art.5).

6) El **número y magnitud de las ventas** no es un criterio para establecer la diferencia entre una actividad económica y una privada. En este caso, la apreciación de la existencia de gestiones activas de comercialización de inmuebles recurriendo a métodos similares a los empleados por un fabricante, un comerciante o un prestador de servicios es más adecuado (TJUE 20-1-21, asunto C-655/19).

Ejemplos **1)** Una sociedad anónima cede mediante precio a otra entidad española una **patente** de la que es titular. **85**

Estamos ante una prestación de servicios realizada en el territorio de aplicación del IVA por un empresario, a título oneroso, con carácter ocasional, en el desarrollo de una actividad empresarial y, por tanto, se trata de una operación sujeta.

2) Un **agente comercial** trabaja a **comisión** para varias empresas y durante dos días a la semana trabaja por un sueldo fijo para otra entidad.

En principio, solo tiene la consideración de empresario o profesional por las operaciones en las que asume el riesgo (por cuenta propia) de la operación y por las que percibe una comisión, mientras que no es empresario o profesional por la relación laboral (ordenación por cuenta ajena) que le une a la empresa de la que percibe un sueldo.

3) Una empresa abona el **sueldo** de un mes a uno de sus empleados parte en dinero y parte **en especie** (mercancías que comercializa habitualmente). El empleado intenta obtener liquidez vendiendo dichas mercancías.

El empleado, por la venta que realiza ocasionalmente, no tiene la consideración de empresario o profesional a efectos del IVA, habida cuenta de que no existe esa finalidad o intencionalidad de intervenir en la producción o distribución de bienes o servicios que califica la empresarialidad o profesionalidad de una operación.

4) Una **organización humanitaria** realiza únicamente entregas de bienes y presta servicios asistenciales a personas marginales sin recibir contraprestación alguna.

Dicha organización no tiene que repercutir el IVA pues, a efectos de dicho tributo, no tiene la consideración de empresario o profesional, al realizar exclusivamente operaciones gratuitas.

5) Una **asociación sin ánimo de lucro** presta a sus asociados determinados servicios cuya contraprestación consiste en las cuotas fijadas en sus estatutos y, además, realiza entregas de bienes a personas necesitadas de forma gratuita.

Con independencia de los fines perseguidos, la asociación tiene la consideración de empresario o profesional a efectos del IVA, ya que no realiza exclusivamente operaciones de forma gratuita. Debe repercutir el IVA tanto en las operaciones a título oneroso como en las gratuitas (autoconsumo de bienes), sin perjuicio de las exenciones que pudieran aplicarse (nº 887).

6) Una persona física que no desarrolla ninguna actividad empresarial o profesional, pues trabaja por cuenta ajena en el sector del automóvil, ha adquirido en España un **vehículo nuevo** que vende a un familiar que reside en Italia, el cual se lleva el vehículo a aquel país.

Tratándose de una entrega exenta de un vehículo nuevo (nº 5425 s.), la persona física que entrega dicho vehículo tiene la consideración de empresario a efectos del IVA por dicha operación y, asimismo, la condición de sujeto pasivo, solo y exclusivamente, respecto de la misma. Se trata, por tanto, de un empresario y sujeto pasivo del IVA «ocasional».

Doctrina Administrativa Además de las siguientes contestaciones de la DGT, ver nº 11000 s. **90**

1) **No** tienen **naturaleza empresarial** ni profesional:

- las actividades realizadas por el **Consejo Regulador de la Denominación de Origen** en cumplimiento de las funciones que le son atribuidas en el Reglamento que regula la correspondiente Denominación de Origen (DGT CV 17-3-09; CV 1-10-10) o por las Corporaciones Públicas de naturaleza equivalente (DGT CV 10-9-25);

- las **asociaciones de padres de alumnos** (DGT 9-6-87). Ahora bien, están sujetas y no exentas del IVA las cantidades cobradas por el APA de un colegio como contraprestación de los servicios de mediación prestados para empresas que imparten en el citado colegio actividades extraescolares (DGT 20-1-99);
- la operación que realiza una **comunidad de propietarios** consistente en la distribución de los ingresos obtenidos en una actividad por la que ya ha tributado por el impuesto (DGT 24-6-03);
- la mera **tenencia de valores** por parte de un grupo familiar (DGT CV 19-4-07);
- una **asociación** que desarrolla una campaña de concienciación, solicitando de los ciudadanos la donación de 1 € y entregando una pulsera, efectúa dicha campaña, por ser intrínseco a los fines de la entidad, de modo gratuito, sin carácter empresarial (DGT CV 28-2-07);
- las funciones desarrolladas por una persona física beneficiaria de una **beca de colaboración** en la Facultad de Derecho donde cursa sus estudios (DGT CV 23-5-12);
- el **asesoramiento laboral** cuando es prestado por un **delegado sindical** que no perciba ninguna retribución adicional por este asesoramiento y que no desarrolla ninguna otra actividad empresarial o profesional retribuida (DGT CV 18-7-06), como tampoco las prestaciones profesionales de **abogado** efectuadas sin percibir contraprestación alguna, cuyo destinatario es el sindicato en el que el ejerce sus funciones sindicales como personal liberado (DGT CV 7-10-14);
- una sociedad **cooperativa de consumo** que actúa en nombre propio, pero por cuenta de sus cooperativistas, habiendo sido constituida para llevar a cabo la adquisición a terceros y posterior suministro de bienes o servicios a sus socios, siendo estos consumidores finales (DGT CV 27-3-19);
- un contribuyente usuario de una **red social** propiedad de una entidad empresarial, recibe servicios de mensajería instantánea, álbum de fotos y tablón de anuncios, entre otros. Aunque los servicios se prestan sin contraprestación, el alta en el servicio supone la **cesión de determinados datos** a la empresa propietaria que serán rentabilizados de diferentes formas. Los usuarios de estas redes al ceder sus datos, no tienen la intención de participar en la producción o distribución de bienes o la prestación de servicios. Su único deseo es poder utilizar una serie de servicios pagando el precio, que en estos casos, es la cesión del derecho a utilizar sus datos personales que pertenecen a la esfera privada del individuo. Por lo tanto, la cesión de datos no constituye una actividad económica ni es una prestación de servicios gravada (DGT CV 7-4-20);
- la actividad de una entidad que desarrolla **programas de apoyo a emprendedores**, a los que cede instalaciones sin contraprestación y presta servicios gratuitos, tiene carácter fundacional a pesar de que no se constituya propiamente una fundación (DGT CV 26-7-17);
- la actividad desarrollada por una persona física, como **administrador** o miembro del consejo de administración de una entidad mercantil (DGT CV 16-7-25).

91 2) Se consideran **actividades empresariales** o profesionales a efectos del IVA:
- las efectuadas por un **club ciclista** con personalidad jurídica propia consistentes en la ordenación por cuenta propia de medios de producción con la finalidad de prestar determinados servicios tanto a sus miembros como a terceras personas (DGT 11-2-98);
- la **explotación de un cementerio** por una parroquia (DGT 15-12-03) y la cesión temporal de unidades de enterramiento (columbarios), mediante precio efectuada por sus titulares (parroquias, asociaciones de fieles, etc.) (DGT CV 12-12-06);
- los servicios profesionales prestados por los **recaudadores de tributos** de una Comunidad Autónoma (DGT 16-12-04);
- la actividad de **profesor de dibujo** (servicios de enseñanza que presta a los asistentes a las clases) (DGT CV 3-6-05);
- la explotación de los **aprovechamientos forestales** de montes públicos, teniendo por tanto el ente público que las realiza la condición de empresario a efectos del IVA (DGT 11-1-99);
- los servicios de **corrección de libros para empresas editoras** mediante contraprestación (DGT 17-4-02); y
- los **servicios de arbitraje** prestados por personas físicas en representación de asociaciones de consumidores y usuarios y de sectores empresariales (DGT CV 11-10-06); en procedimientos de arbitraje laboral (DGT CV 10-11-06; CV 14-11-12); por abogados, graduados sociales y profesionales equivalentes (DGT CV 9-5-19).

Por el contrario, no están sujetos al IVA los servicios de arbitraje prestados por una persona física que no tiene la condición de empresario o profesional por causa distinta de la realización de tal servicio, como un **funcionario público**, y que presta dicho servicio con carácter esporádico, aislado y ocasional, de manera que su realización no supone el desarrollo de una actividad empresarial o profesional por quien la efectúa (DGT CV 9-5-19)
- el desempeño de la función de **albacea** efectuada mediante contraprestación (DGT CV 19-11-07; CV 4-6-14; CV 28-5-19);
- las siguientes actividades encuadradas dentro de la **gestión del patrimonio municipal del suelo**: la ejecución de actuaciones públicas o el fomento de actuaciones privadas, previstas en el planeamiento, para la mejora, conservación y rehabilitación de zonas degradadas o de edificaciones en la ciudad consolidada (DGT CV 6-2-07);

- el **subarriendo del local** donde ejerce la actividad de rehabilitación médica una entidad mercantil a sus socios profesionales médicos y la refacturación de los demás gastos necesarios para su desarrollo (DGT CV 18-12-08). En el mismo sentido, la **refacturación de gastos** por una fundación que realiza actividades empresariales o profesionales (DGT CV 30-4-09). Ver nº 59;
- la gestión por parte de una entidad de una cuenta designada para la realización de los abonos y los pagos resultantes de las liquidaciones del mercado diario e intradiario de **producción de electricidad**, a cambio de una comisión como contraprestación por el servicio prestado (DGT CV 27-10-08).

- los premios en metálico que se conceden a los participantes y ganadores de un **campeonato** **92**
de golf, en la medida que se perciben por jugadores profesionales (DGT CV 8-5-09);
- la participación en **carreras de caballos** por la propietaria de los mismos, cualquiera que sea la modalidad de la contraprestación que perciba (cantidad fija, premios o pagos en metálico en función de la clasificación obtenida u otras), así como la participación de los jinetes profesionales en las carreras de caballos, teniendo la consideración de contraprestación los premios que pudieran obtener como consecuencia de la mencionada participación (DGT CV 27-3-12; CV 16-10-18; CV 31-5-21; CV 26-11-25). No obstante, ver TJUE 10-11-16 en nº 74;
- el importe de los premios en metálico obtenidos por la participación en campeonatos y carreras de **motociclismo** por pilotos profesionales (DGT CV 20-7-16);
- los premios en metálico que perciben bares y restaurantes en el ámbito de un **concurso de hostelería** van a constituirla contraprestación de su actividad empresarial (DGT CV 29-6-12), los obtenidos por la participación en **concurso de obras pictóricas** por quien tenga la condición de profesional (DGT CV 23-11-17; CV 28-10-19), así como los obtenidos en un **concurso de ideas** de arquitectura (DGT CV 11-11-20; CV 26-3-21);
- las operaciones que realiza una empresa **concesionaria de un aparcamiento** consistentes en el reparto de gastos comunes entre los cesionarios, derivados de los servicios de limpieza, vigilancia y mantenimiento, entre otros, están sujetas y no exentas, pues esta entidad realiza actividades empresariales o profesionales (DGT CV 23-2-09);
- la realización en una **página web** de colaboraciones, reseñas, artículos o suministro de información varia, efectuadas por estudiantes, jubilados, etc., a título oneroso (DGT CV 28-2-13);
- la **cooperativa**, constituida por un grupo cooperativo impropio de acuerdo con la L Andalucía 14/2011 y que no goza de personalidad jurídica propia, realiza operaciones de formación de sus cooperativistas, envasado y comercialización de aceite, realización de proyectos y actividades en materia de innovación, prestación de servicios a sus socios en el más amplio sentido y tramitación de expedientes, las cuales tienen el carácter empresarial aunque no conste de personal propio para el desarrollo de tales actividades (DGT CV 20-5-15);
- la actividad o servicios prestados por un **jubilado** mediante contraprestación, ya sean como un administrador de una comunidad de vecinos (DGT CV 23-2-17), o como consultor de una empresa de transporte aéreo de pasajeros (DGT CV 31-5-24);
- el TJUE exige para poder considerar determinadas **operaciones financieras** como una actividad empresarial que las mismas se realicen conforme a objetivos empresariales o con una finalidad comercial, tratando de rentabilizar los capitales invertidos. La búsqueda de objetivos comerciales debe entenderse en el sentido de la existencia de un conjunto de medios humanos y logísticos, permanentes y organizados, que superen en importancia a los medios propios utilizados por un mero inversor privado (DGT CV 20-2-17); y
- la realización de servicios de **gestión de un arrendamiento de vivienda** de un hijo a su padre, tales como subir fotos del apartamento turístico a la red de empresas intermediarias (Booking, Airbnb,..), así como controlar la entrada de huéspedes y recibir y entregar las llaves a los mismos (DGT CV 3-6-20).

3) Se consideran **empresarios o profesionales**: **93**
- quienes adquieran **placas solares** para producir energía eléctrica, parte de la cual consumirán, inyectando el resto a la red eléctrica a cambio de una contraprestación (DGT 9-3-00; CV 12-7-10);
- una **organización patronal** que contrata en nombre propio con determinadas empresas la realización por estas últimas de determinados servicios en favor de sus asociados, a los que cobra un importe para su financiación (DGT 8-1-99);
- un **ayuntamiento** que cede un edificio para su explotación como hotel municipal (DGT CV 27-7-07);
- una entidad que cede una **licencia de bingo** para su explotación a cambio de una cantidad mensual (DGT CV 8-2-08);
- un asesor que presta **servicios de asesoría jurídica** a título gratuito en el ejercicio independiente de su profesión, siempre que no sean dichos servicios los únicos que presta (DGT 28-6-93; CV 17-2-09);
- las personas físicas que realizan la **recogida en el monte de la cornamenta** que anualmente mudan ciervos y gamos con la intención de venderla a terceros (DGT CV 15-10-12);
- una **fundación** que va a promover la construcción de un edificio, parte del cual va a ceder para su uso a cambio de contraprestación a otra fundación, aunque habrá zonas de uso común de las dos fundaciones tiene la condición de empresario o profesional, pues ordena por cuenta propia factores de producción con el fin de intervenir en la producción o distribución de bienes y servicios (DGT CV 23-2-09);

- la **cesión de una marca**, tanto por una persona física propietaria de la misma y cuya explotación la va a ceder a una empresa a cambio de una cantidad de dinero (DGT CV 6-3-13), como por una comunidad de bienes, a cambio de una cantidad de dinero anual (DGT CV 28-3-16);
- una **comunidad de propietarios** o de vecinos cuando realizan alguna de las siguientes actividades: constitución de un derecho de uso exclusivo de un elemento común a favor de determinadas personas mediante contraprestación (DGT CV 16-10-13); arrendamiento de un local de la propiedad no destinado a vivienda (DGT CV 8-4-10) o de plazas de garajes para vehículos libres (DGT CV 20-10-17) y cobro de un importe en concepto de precio o canon para conceder la preceptiva autorización para poder realizar las obras de acondicionamiento de las terrazas exteriores adyacentes a los locales comerciales, dado que tiene la consideración de zonas comunes (DGT CV 24-6-10; CV 9-6-15).
Asimismo, la persona física que ejerce el cargo de **presidente de una comunidad** de propietarios mediante una retribución anual (DGT CV 13-8-19), aunque se haga efectiva mediante la compensación de los gastos de comunidad a pagar por aquella persona (DGT CV 31-10-23);
- una **comunidad de bienes**, siempre que las operaciones y el riesgo o ventura de las mismas se refiera a la comunidad de forma indiferenciada y no a sus miembros o componentes, así como que la normativa sustantiva de la actividad por desarrollar sea tal que permita su ejercicio a través de una entidad con esta configuración (DGT CV 7-7-06; CV 1-2-18). En el mismo sentido, si se constituyen como sociedad civil o agrupación de interés económico (DGT CV 26-10-18).
La calificación como sujeto pasivo de la comunidad de bienes no extiende sus efectos a los **titulares del bien**, los cuales no van a tener la consideración de empresarios o profesionales y, por tanto, los actos de disposición que eventualmente estos realicen sobre su derecho de propiedad no deben entenderse como realizados en el seno de ninguna esfera económica y, por tanto, no queda sujeta al IVA (DGT CV 26-5-15);
- los **instaladores de gas**, agrupados en una confederación de empresas instaladoras, que presta servicios periódicos de inspección a los diferentes clientes destinatarios a los que emite la correspondiente factura con IVA (DGT CV 7-7-16);
- los miembros integrantes de una plataforma que actúa con las **aseguradoras**, prestando servicios de reparación a sus clientes (DGT CV 31-10-16; CV 27-12-16);

94 - los **administradores concursales**, dado que han de pertenecer a determinadas categorías de profesionales y el desarrollo de sus funciones se realiza en el marco de su actividad empresarial o profesional, al igual que cuando son designados por el juez, pese a que la persona física sobre el que recaiga no venga desarrollando una actividad empresarial o profesional a efectos del IVA (DGT CV 10-11-08; CV 25-11-16);
- una persona física tiene intención de adquirir a una entidad mercantil un terreno, subrogándose en la posición de la transmitente en los convenios ya formalizados con el ayuntamiento para el desarrollo de su **proceso urbanístico** tras la constitución de una junta de compensación. La persona física adquiere la condición de empresario o profesional desde el momento en que proceda a la adquisición del terreno, siempre que dicha adquisición se realice con la intención, confirmada por elementos objetivos, de destinar el mismo a una actividad empresarial o profesional. A tales efectos debe acreditar la citada intencionalidad, en particular y sin perjuicio de otros elementos de prueba, de acuerdo con los designados en el nº 3067 (DGT CV 9-4-08);
- los distintos comuneros de una **comunidad de regantes**, que ceden temporalmente su derecho al uso privativo de aguas públicas, siempre que dicha cesión se realice conforme a lo establecido en la normativa sustantiva (RDL 15/2005) (DGT CV 12-2-09);
- la persona física transmitente del inmueble, que va a ser adquirido por una entidad mediante **permuta parcial**, desde el momento de adquisición del referido inmueble con la finalidad de destinarlo al ejercicio de una actividad empresarial. No obstante, es necesario que dicha intención se vea acompañada por la existencia de elementos objetivos que la confirmen (DGT CV 7-2-11);
- las personas que prestan servicios a través de **plataformas web o digitales** (como, por ejemplo, Wallapop, etc.), siempre que exista la intención de intervenir en la producción de bienes y derechos de manera organizada y la voluntad de continuidad, y no de forma puntual y aislada y sin intención de continuidad (DGT CV 5-9-16). Entre otros, realizan el alquiler de vestidos y complementos de moda (DGT CV 10-10-14) o la venta de una serie de libros por internet (DGT CV 25-3-25);
- una persona física que realiza esporádicamente **informes periciales** (máximo de cinco anuales) (DGT CV 25-2-14);
- una **asociación sin ánimo de lucro** que realiza operaciones sujetas al IVA, aunque estén exentas del Impuesto, además de operaciones a título gratuito (DGT CV 1-10-15);
- un familiar del consultante ha procedido a la **cesión de un local** de su propiedad para que lo utilice como despacho profesional, en el que trabaja otra persona. En principio, la cesión se realiza gratuitamente, aunque el cesionario debe abonar los gastos del inmueble (IBI, comunidad, electricidad). En la medida que la cesión del local se efectúa con carácter oneroso, su cesión determinaría que el familiar del consultante tendría la consideración de empresario o profesional y la operación estaría sujeta y no exenta al IVA (DGT CV 5-7-16);
- un **árbitro** que presta sus servicios a un club deportivo, o a un organizador de pruebas deportivas, a cambio de una contraprestación (DGT CV 14-2-17; CV 5-9-19);

- el cedente de una **patente** por el royalty que cobra de cada producto fabricado a partir de aquella (DGT CV 4-10-17);
- las **comunidades de aguas** que realizan operaciones a favor de sus socios o asociados (DGT CV 23-10-17);
- una sociedad que se dedica a la recaudación y gestión de **donativos** efectuados a ONG, recibiendo un porcentaje sobre el importe de los mismos (DGT CV 30-10-17);
- la persona física que hereda una obra literaria, por la cesión o concesión de **derechos de autor** (DGT CV 3-11-17);
- una **sociedad holding** que pasa a ser el administrador único de su entidad participada, suministrando a tal efecto servicios de dirección y gestión (DGT CV 19-10-18);
- los **creadores de contenido digital** (fotografías, vídeos y otros recursos audiovisuales) para redes sociales (Instagram, Facebook, YouTube, Blogs, etc.) (DGT CV 14-5-20), al igual que quienes realizan reseñas y valoraciones en plataformas on line de tiendas (por ejemplo, Amazon) y como contraprestación reciben gratuitamente productos, los cuales a veces los revenden (DGT CV 10-7-25; CV 19-8-25; CV 13-11-25);
- una persona física que alquila un local para realizar **comercio al por menor de ropa usada**, tanto procedente de su patrimonio privado como, en un futuro, de la que adquiera a terceros para su reventa (DGT CV 27-12-22); y
- los **Fondos de Activos Bancarios** (FAB) dedicados al arrendamiento de inmuebles y a la promoción inmobiliaria con los inmuebles que se le aportaron o adjudicaron (DGT CV 14-2-23), así como el **Fondo de Garantía de Depósitos** en el ejercicio de las funciones que tiene atribuidas por la normativa vigente (DGT CV 11-12-24).

4) No se consideran **empresarios o profesionales**: **95**
- una **asociación** que únicamente realiza operaciones a título gratuito, financiándose íntegramente con las **subvenciones** que recibe, que no están vinculadas al precio de operación alguna y con las cuotas que le aportan sus asociados, las cuales no son en ningún caso contraprestación de operaciones sujetas al impuesto (DGT 30-12-99; 25-10-00);
- una asociación, sin personalidad jurídica, creada por sus miembros para poder participar en la convocatoria de unas **subvenciones públicas** por el desarrollo de determinados proyectos (PERTES) en el ámbito de la automoción (DGT CV 3-3-23);
- una **entidad sin naturaleza mercantil** que no recibe contraprestación por los servicios que presta. No cabe afirmar que unos determinados servicios se prestan gratuitamente cuando se percibe por y para su realización una subvención vinculada al precio de los mismos (DGT 25-11-03);
- los **organismos estatales** que únicamente presten servicios a otros organismos estatales y financien sus gastos mediante consignaciones presupuestarias directas y prestaciones de diversas entidades y organismos pertenecientes a la Administración del Estado. Las operaciones realizadas por dichos organismos son actos internos del propio Estado (DGT 30-12-85);
- una sociedad dedicada a la **mera tenencia de inmuebles**, pese a su condición de entidad mercantil (DGT CV 4-7-07), aunque haya contratado una persona y arrendado un local desde el que gestiona determinados aspectos derivados de su posición en la sociedad participada (DGT CV 18-12-07; CV 9-2-12);
- un **administrador judicial**, persona física, al margen del ejercicio de una actividad empresarial o profesional, percibiendo una determinada retribución (DGT 11-4-05; CV 14-6-05);
- el partícipe gestor de las **cuentas en participación**, único titular y que no realiza ninguna entrega ni prestación de servicios cuando pacta, mediante precio, la cesión de parte del beneficio futuro en las compañías de las que es partícipe (DGT CV 13-10-08; CV 9-7-13);
- el **promotor** de un inmueble para uso propio, aunque finalmente, por cuestiones económicas, se vio obligado a efectuar la venta de uno de los pisos (DGT CV 12-4-11; CV 4-6-24);
- el **heredero de unos solares** que no soportaron costes de urbanización durante la vida de su madre habían formado parte de una junta de compensación y por los que soportó costes de urbanización siempre que no haya tenido la intención de destinarlas a la promoción inmobiliaria, venta, cesión o adjudicación por cualquier título de las mismas (DGT CV 10-11-16; CV 3-4-19);
- los trabajos realizados de manera **ocasional**, como ocurre con los **recolectores** ocasionales de setas y castañas (DGT CV 19-10-17); un **abogado** que ejerce solo para defenderse de manera puntual en un procedimiento judicial de reclamación del pago de honorarios (DGT CV 22-5-24) o el **mediador** que actúa en la venta de un inmueble prestado a una sociedad, de forma aislada y sin intención de continuidad (DGT CV 13-3-15);
- los **fondos de capital-riesgo** y los **fondos de inversión** (DGT CV 10-3-22), así como los fondos de titulización (DGT CV 18-8-25). Lo mismo ocurre con los Fondos de Capital-Riesgo Europeos y los Fondos de Emprendimiento Social Europeos (DGT CV 16-11-22); y
- el arzobispado por los **servicios religiosos** prestados (asistencia de sacerdotes, misa, derechos de sacristía o sepelio) (DGT CV 23-4-24; CV 10-8-23).

5) La **baja en el IAE**, en el Régimen Especial de Trabajadores Autónomos de la SS y en Tráfico, al tener suspendida temporalmente la actividad del taxi, no conlleva automáticamente la pérdida de la condición de empresario o profesional por el IVA en tanto no se cese en dicha actividad y se formule la correspondiente baja en el censo de empresarios o profesionales de dicho Impuesto, estando sujeto, hasta que no se produzca dicha baja, al cumplimiento de las obligaciones formales que correspondan. **98**

A tales efectos, no puede entenderse producido dicho cese en tanto el sujeto pasivo, actuando como empresario o profesional, continúe llevando a cabo la liquidación del patrimonio empresarial o profesional y enajenando los bienes de su activo (DGT CV 31-3-14; CV 18-6-18; CV 8-10-20).
En el caso de **traspaso de bienes** integrantes del patrimonio empresarial del sujeto pasivo a su patrimonio personal, se produce un supuesto de autoconsumo de bienes sujeto al IVA, siendo preceptiva la declaración y liquidación de la cuota impositiva correspondiente. Este traspaso debe justificarse por elementos objetivos en virtud de los cuales resulte acreditada la intención del sujeto pasivo de desafectar los activos de su patrimonio empresarial. La posterior entrega que pudiera realizarse del bien objeto de autoconsumo estaría no sujeta al IVA, en tanto que no se entendería realizada por un empresario o profesional a efectos del IVA sino que, respecto a dicho bien, el transmitente actúa como un consumidor final al pertenecer el bien a su patrimonio privado (DGT CV 22-8-18).
6) Cuando el socio forma parte del **consejo de administración**, solo puede entenderse que actúa de forma independiente, y por tanto queda sujeto al impuesto, cuando el servicio lo presta en nombre propio y actúa por su cuenta bajo su responsabilidad y soporta el riesgo económico ligado a esa actividad en vez de a la sociedad. El carácter gratuito del cargo lo excluye de la sujeción al impuesto (DGT CV 17-4-24).

---

101 Jurisprudencia **1)** Se consideran **actividades empresariales** o profesionales:
- la actividad de los **recaudadores de tributos** nombrados por las corporaciones locales (TJUE 25-7-91, asunto C-202/90; TS 19-7-97, EDJ 6616) y de los **registradores de la propiedad** a las Comunidades Autónomas como liquidadores del ITP y AJD y del ISD (TJUE 12-11-09, asunto C-154/08);
- el **alquiler de una caravana**, siempre que se haya efectuado con la finalidad de obtener ingresos con carácter de permanencia (TJUE 26-9-96, asunto C-230/94);
- la intervención de una sociedad **holding** en la gestión de las sociedades en las que participa, en la medida en que implique la realización de operaciones sujetas al IVA, tales como la prestación de servicios administrativos, financieros, comerciales y técnicos (TJUE 27-9-01, asunto C-16/00), así como las actividades consistentes en la tenencia, adquisición y venta de participaciones en las filiales, financiación de sus operaciones mediante la concesión de préstamos y mediación en nombre propio en operaciones de seguro para las filiales (TS 1-12-16, EDJ 219652), o el alquiler de un bien inmueble por su parte a su filial (TJUE 5-7-18, asunto C-320/17);
- la **cesión de acciones** en una filial y en una sociedad controlada por una sociedad matriz. No obstante, si puede compararse con la transmisión en bloque de la totalidad o de parte de una empresa, en el sentido de la normativa de la UE y siempre que el E.m. haya ejercido la facultad prevista en la misma, no constituye una actividad económica sujeta (TJUE 29-10-09, asunto C-29/08);
- los trabajos de **restauración de terrenos** por una empresa minera en cumplimiento de la normativa medioambiental con posterioridad al cese de la actividad extractiva, guardan una relación directa e inmediata con dicha actividad, por lo que la empresa conserva su condición de sujeto pasivo (TEAC 11-6-08);
- las **entregas de madera** efectuadas por una persona natural con la finalidad de paliar los efectos de un caso de fuerza mayor (tormenta) se inscriben dentro del marco de la explotación de un bien corporal que debe calificarse como actividad económica siempre que tales entregas se realicen con el fin de obtener ingresos continuados en el tiempo (TJUE 19-7-12, asunto C-263/11);
- la explotación de una **instalación fotovoltaica** situada sobre una casa utilizada como vivienda o cerca de ella, diseñada de tal modo que la cantidad de electricidad generada, por una parte, es siempre inferior al total del consumo eléctrico privado del titular de la instalación y, por otra, es suministrada a la red a cambio de ingresos continuados en el tiempo (TJUE 20-6-13, asunto C-219/12);
- la permuta consecuencia de un Convenio de Colaboración en el ámbito de una **actuación urbanística**, en la que se entrega parte de un edificio que había sido destinado hasta entonces a dependencias municipales, bien de dominio público, pero desafectado. El TS considera que se realiza la operación de permuta en su totalidad con el carácter de actividad empresarial por el ayuntamiento correspondiente (TS 26-5-15, EDJ 94255);
- la **venta de un cuadro por una entidad financiera**, que previamente lo había adquirido como consecuencia de la ejecución de garantías o avales, no constituye una actividad accesoria de la financiera. Se trata de una actividad autónoma y completamente diferenciada de la principal y no puede entenderse que se concluya con la finalidad de obtener una mejor condición en la actividad financiera (TEAC 20-10-16);
- las prestaciones de servicios realizadas en beneficio de personas mayores de edad **incapacitadas legalmente** y orientadas a protegerlas en los actos de la vida civil, cuya realización se confía al prestador de servicios por una autoridad judicial (TJUE 15-4-21, asunto C-846/19); y
- el suministro de electricidad por el gestor de una red de distribución, aunque sea involuntario y fruto de la **actuación ilegal de un tercero**, en la medida en que refleja un riesgo inherente a su actividad de gestor de una red de distribución de electricidad (TJUE 27-4-23, asunto C-677/21).

102 **2) No** tienen **naturaleza empresarial** ni profesional:
- la compra y venta de acciones y otros títulos por un **trustee** en el marco de la gestión de los bienes de un trust benéfico (TJUE 20-6-96, asunto C-155/94);

- la mera adquisición y **tenencia de obligaciones**, que no contribuyen a otra actividad empresarial, y la percepción del rendimiento de las mismas (TJUE 6-2-97, asunto C-80/95);
- la mera **reinversión de dividendos**, por parte de una sociedad holding, los cuales han sido percibidos de sus filiales y excluidos, en sí mismos, del ámbito de aplicación del IVA, destinándolos a la concesión de préstamos a dichas filiales (TJUE 14-11-00, asunto C-142/99);
- la actividad consistente en la **venta de acciones** y otros valores, como participaciones en fondos de inversión, ni las colocaciones en fondos de inversión (TJUE 29-4-04, asunto C-77/01);
- la actividad de **fomento y promoción del turismo** de una Comunidad Autónoma realizada por una empresa pública, pues se encuentra entre las competencias propias de un ente público (AN 10-12-03, EDJ 218325);
- la actividad de recaudación del **Impuesto sobre el bingo** realizada por las empresas explotadoras del citado juego como sujetos pasivos sustitutos del contribuyente (TS 4-12-06, EDJ 345633; TEAC 12-5-09);
- la concesión, por la autoridad nacional de reglamentación responsable de la asignación de frecuencias, de unas **licencias de telecomunicaciones** móviles de tercera generación mediante subasta de los derechos de uso de equipos de telecomunicaciones (TJUE 26-6-07, asunto C-369/04). En el mismo sentido, TEAC 28-5-08;
- las actividades de publicidad exterior realizadas por la sección de un **partido político** de un Estado miembro (TJUE 6-10-09, asunto C-267/08);
- los servicios de asistencia jurídica prestados por **oficinas públicas** en el marco de un procedimiento judicial en contrapartida de una aportación parcial del beneficiario que no tiene relación con, ni se calcula en función del servicio prestado (TJUE 29-10-09, asunto C-246/08);
- la simple **adquisición de un inmueble** y su posterior transmisión transcurridos unos años no pone de manifiesto actividad alguna, se trata de un acto aislado y no de una actividad económica (TS 4-6-12, EDJ 110269); y
- la venta de inmuebles adquiridos por **subasta**, efectuada por el vendedor para la reconstitución de su patrimonio, y sin realizar gestiones activas de comercialización de bienes inmuebles (TJUE 20-1-21, asunto LN C-655/19).

3) Son **empresarios o profesionales**: **103**
- las **SICAV**, ya que su actividad excede del marco de la mera adquisición y venta de valores y tiene por finalidad la obtención de ingresos continuados en el tiempo, a diferencia de lo dispuesto en la legislación luxemburguesa, (TJUE 21-10-04, asunto C-8/03);
- los **notarios** (TJUE 26-3-87, asunto 235/85);
- un **operador que compra créditos** asumiendo el riesgo de impago y que, como contrapartida, aplica a sus clientes una comisión (TJUE 26-6-03, asunto C-305/01);
- la **entrega aislada de terrenos edificables** efectuada por una persona física que no desarrolla una actividad de fabricación, comercio o prestación de servicios, si el E.m. en que se realiza la entrega ha utilizado de forma expresa la opción prevista en la Directiva de someter al IVA las operaciones ocasionales, y siempre que dicha operación no constituya el simple ejercicio del derecho de propiedad por el dueño del terreno (TJUE 15-9-11, asuntos acumulados C-180/10 y C-181/10);
- una persona física que desarrolla una **actividad empresarial con carácter habitual**, respecto de cualquier otra actividad típicamente empresarial ejercida de modo ocasional (TJUE 13-6-13, asunto C-62/12);
- un sujeto pasivo adquiere parcelas de terreno, afectando algunas de ellas a su patrimonio privado y otras al de su empresa, y que promueve, en su condición de sujeto pasivo, la **construcción de un centro comercial** sobre el conjunto de las parcelas, para después vender dicho centro junto con las parcelas sobre las que este se ha construido (TJUE 9-7-15, asunto C-331/14);
- una **sociedad civil**, sin personalidad jurídica, es constituida para desarrollar una actividad económica, en la que se contempla que un único socio actúe por cuenta de los demás, realizando las operaciones de esa actividad económica en su propio nombre frente a terceros, de manera independiente y asumiendo la responsabilidad de las mismas. Se le ha de considerar «sujeto pasivo» -empresario o profesional en los términos de la LIVA- y le corresponde abonar, en exclusiva, el IVA debido por las operaciones realizadas (TJUE 16-9-20, asunto C-312/19). De igual forma, si son algunos asociados y no la asociación los que aparecen como empresarios frente a terceros (TJUE 16-2-23, asunto ASA C-519/21);
- el miembro del **consejo de administración** de una sociedad anónima si efectúa una prestación de servicios a esa sociedad de carácter permanente y a cambio de una remuneración cuyas modalidades de fijación son previsibles. No obstante, dicha actividad no se realiza con carácter independiente si dicho miembro no actúa por su cuenta ni bajo su propia responsabilidad ni soporta el riesgo económico ligado a la misma (TJUE 21-12-23, asunto TP C-288/22); y
- la **comunidad legal de gananciales** formada por los cónyuges, cuando frente a terceros ambos han realizado la operación económica y si la comunidad asume el riesgo económico de la operación (TJUE 3-4-25, asunto E.T. C-213/24).

4) No se consideran **empresarios o profesionales**: **105**
- al intérprete de **música en la vía pública** sin que se haya pactado retribución, aunque el interesado pida y obtenga algún dinero, cuyo importe, sin embargo, no está determinado ni es determinable (TJUE 3-3-94, asunto C-16/93);

- la Administración encomendante en una **encomienda de gestión** entre órganos de distintas Administraciones Públicas. En el caso concreto, el órgano de la Administración del Estado (FEGA) es el sujeto pasivo de las operaciones de compra y venta de productos agrícolas, como encomendante, mientras que el órgano de la Comunidad Autónoma, como encomendado, se limite a ejercitar meras actividades de carácter material, técnico o de servicios (TEAC 9-7-08);
- los **particulares** que llevan a cabo la **transmisión en firme de terrenos** rústicos o no urbanizables a una sociedad pública encargada de la gestión urbanística. No se transforman en empresarios urbanizadores ni se integran en su patrimonio empresarial los inmuebles que reciben, de forma que la posterior transmisión de dichos bienes constituye una operación no sujeta (TEAC 13-2-08);
- las **entidades de derecho público** integradas en el presupuesto del municipio del que dependen, dado que no se ajustan al criterio de independencia previsto en Dir 2006/112/CE art.9.1 (TJUE 29-9-15, asunto C-276/14);
- un **ayuntamiento** que actúa como intermediario en nombre propio en la prestación de **servicios de transporte escolar**, suministrando dichos servicios por un precio notoriamente inferior al pagado a las empresas de transporte por el propio ayuntamiento (TJUE 12-5-16, asunto C-520/14);
- las **sociedades meramente patrimoniales** sin actividad económica. Tal es el caso de una sociedad que posee activos inmobiliarios y no realiza operación comercial durante un largo período de tiempo (más de 30 años), sin haber llevado a cabo actividad económica alguna en las parcelas durante ese periodo, ni en otro sector de la actividad. Tampoco se han realizado obras de urbanización con anterioridad a su venta que pudieran atribuir ocasionalmente la condición de empresario/sujeto pasivo del IVA al vendedor (TEAC 19-2-14);
- un **miembro del consejo de vigilancia** de una fundación que no actúa en nombre propio ni por su propia cuenta ni bajo su propia responsabilidad, y que tampoco soporta el riesgo económico derivado de su actividad (TJUE 13-6-19, asunto C-420/18); y
- una **sociedad holding** que presta solo servicios a su única filial, porque los servicios facturados presentan tal desproporción con tan solo una de las partidas de coste (retribución del consejo de administración), que ni siquiera cabe calificar a la entidad prestadora como empresario o profesional por razón de dicha prestación (TEAC 18-9-19).

5) La **pérdida de la condición de sujeto pasivo** se produce cuando concurren circunstancias objetivas que indican que no va a desarrollarse actividad empresarial o profesional alguna (TS 20-4-09, EDJ 63036).

B. Entregas de bienes

110

115 Las entregas de bienes, junto con las prestaciones de servicios, constituyen los hechos imponibles propios del IVA, en cuanto que con ellas se manifiesta el desarrollo de las actividades empresariales o profesionales.

1. Regla general

(LIVA art.8.Uno)

120 Este hecho imponible se define como la **transmisión del poder de disposición** sobre bienes corporales, incluso si se efectúa mediante cesión de títulos representativos de dichos bienes. A estos efectos, se consideran bienes corporales el gas, el calor, el frío, la energía eléctrica y demás modalidades de la energía.

La transmisión del poder de disposición se puede producir por cualquier título jurídico, ya sea el de compraventa, aportación o disolución societaria, resolución administrativa o jurisdiccional, etc.

El **concepto** de entrega de bienes a efectos del impuesto no está subordinado al cumplimiento de los requisitos, que en el Derecho Civil de cada E.m., condicionan la transmisión jurídica de la propiedad (TJUE 8-2-90, asunto C-320/88).

Precisiones Dentro de los **títulos de tradición**, se encuentran los siguientes: 121
- el conocimiento de embarque, atribuyen a su poseedor el derecho a la entrega de unas determinadas mercancías, la posesión de las mismas y el poder de disponer de ellas mediante la transferencia del título;
- los resguardos que expiden los almacenes generales de depósito;
- la cédula pignoraticia comprensiva del resguardo de garantía o «warrant»; y
- la carta de porte.

Ejemplos 1) Empresa inmobiliaria que vende un piso a un particular. La venta se formaliza en escritura pública, poniéndose en ese momento a disposición del comprador con la entrega de las llaves. En el momento de la formalización de la escritura y entrega de las llaves, se produce la transmisión de la propiedad del piso en favor del particular, adquiriendo el poder de disposición sobre el mismo.
Es una entrega de bienes a efectos del IVA.
2) Una empresa cede el **conocimiento de embarque** relativo a unas mercancías que están siendo transportadas por vía marítima desde Vigo a Valencia por 60.000 €.
Es una entrega de bienes a efectos del IVA, realizada mediante la cesión de un título representativo de bienes.

Doctrina Administrativa Además de las siguientes contestaciones de la DGT, ver nº 11000 s. 123
1) Constituyen **entregas de bienes** sujetas:
- los suministros de **combustible** que una sociedad realiza en favor de determinadas empresas de transporte, sin que esto quede desvirtuado por el hecho de que las empresas de transporte presten a su vez servicios de transporte a la sociedad administradora del combustible (DGT 29-1-99);
- los **suministros de alimentos y bebidas**, limitándose a transmitir el poder de disposición sobre los bienes suministrados, sin que se presten otros servicios simultáneamente a dichas entregas. A título de ejemplo, ocurre en la entrega de **agua** para su consumo en dependencias militares (DGT 4-5-89); en el suministro de comidas y bebidas mediante máquinas expendedoras -**vending**- (DGT CV 18-3-21; CV 16-11-21); o en el marco de la **ayuda a domicilio** (DGT CV 27-9-11);
- la realización de **pinturas** sobre cualquier soporte (lienzo, tabla, muebles, etc.) que sean objeto de entrega al cliente, bien sean efectuadas por encargo o no (DGT 21-10-98; CV 25-1-18);
- la denominada **situación de depósito transitorio**, aunque puede ser una limitación del derecho a disponer como propietario de la cosa entregada (DGT 31-5-94);
- la entrega de un bien realizada por un **banco** a su cliente, que constituye una remuneración en especie por el importe ingresado y su indisponibilidad durante un determinado periodo de tiempo (DGT 23-3-04; CV 31-3-05);
- en las entregas de bienes realizadas por empresarios o profesionales a **inspectores del ayuntamiento** para su análisis (componentes físicos-químicos, etiquetado, composición, etc.) en cumplimiento de las ordenanzas municipales (DGT 16-1-02);
- la transmisión de inmuebles sobre los que se posee el **derecho de superficie** (DGT CV 20-7-07);
- la entrega de equipos industriales adquiridos a un no establecido en TIVA que han sido destruidos en un **incendio** antes de la finalización del montaje y de la entrega al cliente final, en la medida en que el cliente asuma parte del precio de los bienes destruidos; en caso contrario, no va a llegar a producirse este hecho imponible (DGT CV 11-3-11). De igual forma cuando se produce el **deterioro** del equipo (DGT CV 26-9-13);
- las entregas de vehículos realizados por una entidad y, en su nombre, por un **empleado autorizado** para ello por aquella, aunque dicho empleado haya procedido a la apropiación indebida del importe satisfecho por el cliente (DGT CV 30-11-15);
- la reproducción de documentos en soporte papel (**catálogos y revistas encuadernados**) por una entidad, con transmisión del poder de disposición sobre estos a su cliente, quien ha encargado la impresión y reproducción de las copias del original (DGT CV 1-8-18; CV 3-6-20), así como la **venta de láminas** a través de una página web que son impresas y encuadernadas en Alemania por un empresario alemán para el vendedor que las remite directamente a los clientes compradores (DGT CV 29-12-20).
No obstante, si la entidad que efectúa dicha impresión o reproducción realiza servicios que suponen un tratamiento de los documentos originales que determine, por importancia o tiempo que necesita su ejecución, un servicio cuyo destinatario es un empresario o profesional, la operación cabría calificarla como prestación de servicios (DGT CV 11-2-15);
- la transmisión de una **concesión demanial** que realice el concesionario, siempre que se atribuyan al nuevo adquirente las facultades inherentes al propietario del bien (DGT CV 19-2-18; CV 9-6-22);

- las entregas en consignación de **lubricante** a los agentes comerciales con las que se cede también el derecho de los agentes comerciales a revender el lubricante en nombre propio y por el precio estipulado con el adquirente final (DGT CV 12-7-18); y
- la venta de **tokens** respaldados por oro o plata; sin embargo, si el oro cumple con los requisitos de oro de inversión, la operación está exenta del impuesto -nº 4400 s.- (DGT CV 15-2-24).

125 2) **No** existen **entregas de bienes** en los siguientes supuestos:
- la salida del café de los almacenes de una entidad para su envío a la empresa que efectuará el **proceso de descafeinado**, puesto que no supone la transmisión del poder de disposición de dichos bienes en favor de la empresa transformadora, sin perjuicio de la sujeción de la prestación de servicios del proceso de descafeinado (DGT 16-9-02);
- la **entrega gratuita de un periódico** al público en general, dado que, según los criterios del TJUE 18-12-97, asunto C-384/95 (DGT 15-3-04). En el mismo sentido, la entrega gratuita de una revista a empresas de hostelería, tiendas de moda, etc., para que desde esos lugares sea puesta a disposición de sus clientes (DGT CV 30-5-05), ya que no se efectúa una entrega a favor de un consumidor identificable;
- cuando una **empresa de transportes** subcontrata con otros empresarios el servicio que presta, haciéndose cargo inicialmente de los gastos de gasoil y de peaje en que tales empresas incurren a través de la cesión de una tarjeta de crédito de la que la empresa es titular, y posteriormente, la empresa recupera dichos gastos repercutiendo su importe a las **empresas subcontratadas**. La empresa no efectúa ninguna entrega de carburante a las empresas subcontratadas por ella. Dicho criterio ha de entenderse igualmente aplicable a los peajes de las autopistas (DGT CV 8-3-06);
- la entrega de **productos farmacéuticos** realizada por una entidad mercantil a sus proveedores logísticos, a efectos de su almacenamiento y posterior distribución en el momento en que se realice el correspondiente pedido por parte de las oficinas de farmacia, destinatarias de los productos (DGT CV 7-5-12); y
- en un supuesto de **normalización de fincas** en el que la aportación inicial de las fincas y la posterior adjudicación de las fincas resultantes sea proporcional a los respectivos derechos de los propietarios afectados. Existe una subrogación, sin solución de continuidad, de las fincas originales por las adjudicadas. En los supuestos en que se produzcan excesos o defectos de adjudicación sí van a existir entregas de bienes (DGT CV 25-2-09).

---

128 Jurisprudencia 1) A efectos de distinguir entre **promesa de venta y compraventa**, desde el momento en que se entrega la posesión, inequívoco acto de cumplimiento del contrato de compraventa, ya no cabe hablar de promesa de venta sino de una venta perfeccionada (TSJ Sevilla 18-10-01, EDJ 106518).
2) Constituyen **entregas de bienes** sujetas:
- la actividad de **reprografía**, al limitarse a una mera operación de reproducción de documentos en soportes, con transmisión del poder de disposición sobre estos por el reprógrafo al cliente que ha encargado las copias del original (TJUE 11-2-10, asunto C-88/09). No obstante, ver nº 188;
- la entrega de comidas o **alimentos recién preparados** listos para el consumo inmediato en puestos o **vehículos de restauración** o en las antesalas de los **cines**, siempre quede un examen cualitativo del conjunto de la operación revela que los elementos de servicios que preceden y acompañan la entrega de alimentos no son predominantes. Por el contrario, en los casos en los que la empresa de **catering** a domicilio se limita a entregar comidas estandarizadas sin otro elemento de servicios complementario o cuando otras circunstancias particulares demuestren que la entrega de las comidas representa el elemento predominante de una operación, las actividades de una empresa de catering a domicilio constituyen prestaciones de servicios (TJUE 10-3-11, asuntos acumulados C-497/09, C-499/09, C-501/09 y C-502/09);
- la transmisión material de un bien a un comprador que utiliza un **medio de pago fraudulento** (tarjeta bancaria) (TJUE 21-11-13, asunto C-494/12);
- la transformación de un derecho de **usufructo perpetuo** sobre un inmueble en derecho de plena propiedad, efectuada por ministerio de la ley por un municipio, que en este caso actúa como empresario al no hacer uso de sus prerrogativas de poder público, a favor de un beneficiario que ha de pagar un canon durante 20 años (TJUE 25-2-21, asunto Gmina Wroclaw C-604/19);
- la recarga de **vehículos eléctricos** en estaciones de recarga (TJUE 20-4-23, asunto P. w W C-282/22), no viéndose alterado en caso de que exista intervención de un intermediario (TJUE 17-10-24, asunto C-60/23).
3) Por el contrario, **no** constituyen una **entrega de bienes** sujeta:
- el **robo de mercancías**, resultando irrelevante la circunstancia de que las mercancías estén sujetas a un impuesto especial (TJUE 14-7-05, asunto C-435/03); y
- las operaciones de **lease-back** (venta con arrendamiento posterior) cuando el arrendatario mantiene la posesión de los bienes objeto de la operación y su única finalidad es dotar de financiación al arrendatario, ya que constituyen una operación única de carácter financiero (TEAC 26-11-24).
4) En un contrato de **leasing**, en el que el arrendador hace entrega al arrendatario de una tarjeta de crédito para adquirir carburante para el vehículo arrendado, en su nombre y por su cuenta, no se produce una entrega de carburante del arrendador del vehículo al arrendatario del mismo (TJUE 6-2-03, asunto C-185/01).

5) Unas operaciones, no constitutivas en sí mismas de fraude al IVA, son entregas de bienes efectuadas por un sujeto pasivo que actúa como tal y una actividad económica, puesto que cumplen los criterios objetivos en que se basan dichos conceptos, con independencia de cuál sea la intención de un operador diferente que interviene en la misma **cadena de entregas** y/o del posible carácter fraudulento (TJUE 12-1-06, asuntos acumulados C-354/03, C-355/03 y C-484/03).
6) El derecho de la UE se opone a que la autoridad tributaria considere que no hay entrega de bienes por el mero hecho de que el sujeto pasivo adquirente (A) no recibió físicamente los bienes, por haberlos vendido a un tercero, a quien fueron entregados directamente por el proveedor de A, y deniegue la deducción del IVA soportado por el hecho de que A, o su proveedor, no recibieron físicamente los bienes, cuando dicha autoridad no puede acreditar que A sabía o debía haber sabido que la operación en la que se basa el derecho a deducción formaba parte de un **fraude** (TJUE 15-7-15, asunto C-159/14).
7) Una operación que prevea que un operador proceda a la **entrega de bienes y concesión de un préstamo** para su compra constituye una operación única, en la que la entrega de bienes es la prestación principal. La base imponible está constituida tanto por el precio de dichos bienes como por los intereses pagados por los préstamos (TJUE 8-12-16, asunto C-208/15).

2. Reglas especiales

Ejecuciones de obra (LIVA art.8.Dos.1º) Se consideran entregas de bienes las ejecuciones de obra que tienen por objeto la construcción o rehabilitación de una edificación, cuando el empresario que ejecuta la obra realice una **aportación de parte de los materiales** utilizados, siempre que el coste de los mismos exceda del 40% de la base imponible (ver nº 8567 s.). **131**

Aportaciones y adjudicaciones no dinerarias (LIVA art.8.Dos.2º) Se consideran entregas de bienes las aportaciones no dinerarias efectuadas por los sujetos pasivos de elementos de su **patrimonio empresarial o profesional** a sociedades, comunidades de bienes o cualquier otro tipo de entidades, así como las adjudicaciones de esta naturaleza en caso de disolución o liquidación de aquellas. **137**
Ello no excluye la posible tributación que proceda por el ITP y AJD, conceptos OS y AJD (ver nº 11560 s. y nº 11670 Memento Fiscal 2026).
También constituyen entregas de bienes la **adjudicación de los inmuebles** (terrenos o edificaciones) promovidos por **comunidades de bienes** a sus comuneros, en proporción a su participación.

Doctrina Administrativa Además de las siguientes contestaciones de la DGT, ver nº 11000 s. **140**
1) Se consideran entregas de bienes las efectuadas por los productores de los mismos a la **organización de productores** a la que pertenecen, ya que los primeros transmiten el poder de disposición de tales bienes a la organización, quien dispone de ellos en nombre propio, y las efectuadas por las **agrupaciones de productores** a las empresas de primera transformación en virtud de un contrato de cultivo concertado entre ambas (DGT 7-1-99).
2) Está sujeta la adjudicación de bienes (inmuebles, etc.) a los comuneros o socios en proporción a su participación (DGT CV 29-6-15; CV 29-5-17), ya sea por causa de **disolución de la comunidad** (DGT CV 10-7-07; CV 27-6-17; CV 6-3-19), o de **separación** de aquellos (DGT CV 1-10-13).
El mismo criterio se aplica en la adjudicación de unos inmuebles por la **sociedad de gananciales**, en proporción, a los cónyuges (DGT CV 28-3-14). No obstante, no constituye un supuesto de disolución de una comunidad de bienes cuando se produce la transmisión de un 50% de participación por parte de los integrantes de una sociedad de gananciales a otra sociedad de gananciales, que ostenta el otro 50%, dado que lo que sucede es que el local comercial va a seguir perteneciendo de forma indivisa a varios propietarios (DGT CV 3-1-19).
3) Las entregas de bienes y las prestaciones de servicios realizadas en concepto de **aportación social** a una sociedad por quien ostente la condición de empresario o profesional, constituyen una operación sujeta, excepto cuando los elementos patrimoniales aportados sean susceptibles de constituir una **unidad económica autónoma** determinante de una explotación económica (ver nº 275). Igualmente están sujetas las **entregas de dinero** como aportación social, aunque se efectúen por quien tiene la condición de empresario o profesional (DGT 23-11-01).
4) No existe entrega de bienes en la aportación de unos inmuebles a una **comunidad de rendimientos**, donde cada uno de sus integrantes sigue asumiendo de forma personal el riesgo de la actividad (DGT CV 23-11-21).

Jurisprudencia La adjudicación de bienes o cuotas de participación de una **comunidad de bienes**, que ha sido sujeto pasivo del IVA y ha deducido las cuotas relacionadas con tales bienes, constituye una entrega de bienes sujeta al impuesto (TS 8-3-18, EDJ 19319; (TEAC 3-6-20), incluso aunque la actividad de arrendamiento que realizaba la comunidad se continúe por parte de los comuneros, una vez extinguida y disuelta la comunidad (TS 7-4-25, EDJ 548868). **142**
De igual forma, en el caso de los **derechos de edificación futura** (TS 13-12-23, EDJ 790804).

145 **Transmisiones por resolución administrativa o jurisdiccional** (LIVA art.8.Dos.3º y disp.adic.6ª; RIVA disp.adic.5ª) Las transmisiones de bienes en virtud de una norma o de una resolución administrativa o jurisdiccional, incluida la **expropiación forzosa**, se consideran entregas de bienes.

En los procedimientos administrativos y judiciales de ejecución forzosa, los **adjudicatarios**, empresarios o profesionales, están facultados, en nombre y por cuenta del sujeto pasivo, y con respecto a las operaciones sujetas al IVA que se produzcan en aquellos, para:

- expedir factura de la correspondiente operación;
- efectuar, en su caso, la renuncia a las exenciones del IVA (ver nº 8685 s.);
- repercutir la cuota del IVA en la factura que se expida, presentar la correspondiente declaración-liquidación e ingresar el IVA resultante, salvo en los supuestos de las operaciones en las que el sujeto pasivo sea su destinatario (ver nº 1335 s.).

En relación a los **requisitos** y condiciones de las citadas facultades, el adjudicatario debe:

a) Efectuar las siguientes **comunicaciones**:

- al **órgano administrativo o judicial** ante el que se sustancie el procedimiento, por escrito, de que va a ejercer las facultades correspondientes, así como de que se cumplen los requisitos, en su caso, para la renuncia a la exención del IVA. La comunicación debe efectuarse de forma previa o simultánea al pago del importe de la adjudicación;
- al **sujeto pasivo**, en el plazo de siete días, de que ha ejercido estas facultades, remitiéndole, además, copia del escrito citado en el párrafo anterior. No es obligatoria dicha remisión cuando se trate de las operaciones en las que el adjudicatario sea el sujeto pasivo (ver nº 1335 s.).

El ejercicio de tales facultades implica que el sujeto pasivo no puede renunciar a la exención, ni emitir factura, ni presentar la declaración, ni efectuar el pago del impuesto correspondiente a la operación.

b) Emitir **factura** en el plazo previsto en el Rgto Fac (nº 7279), con una serie especial de numeración y remitir copia al sujeto pasivo en los siete días siguientes, reteniendo el original de la misma. En la factura debe constar, como expedidor, el sujeto pasivo y como destinatario, el adjudicatario.

c) Efectuar la **declaración y pago del impuesto** utilizando el modelo 309 (nº 6650 s.) y, en el plazo de siete días, **remitir copia** de la declaración al sujeto pasivo, reteniendo el original de la declaración. Esto no es necesario cuando se trate de operaciones en las que el sujeto pasivo sea su destinatario (ver nº 1335 s.).

Si, por causa no imputable al adjudicatario, no resulta posible remitir al sujeto pasivo la comunicación del ejercicio de estas facultades, la copia de la factura o de la declaración-liquidación, dichos documentos deben remitirse a la **AEAT** en el plazo de los siete días siguientes a aquel en que exista constancia de la imposibilidad.

---

147 Doctrina Administrativa Además de las siguientes contestaciones de la DGT, ver nº 11000 s.

1) Se consideran entregas sujetas las realizadas por una **cooperativa** a los socios cooperativistas, aunque se produzcan como consecuencia de una resolución judicial (DGT 15-7-86).

2) Las adquisiciones de las instalaciones en el marco de un procedimiento de **ejecución hipotecaria** son operaciones sujetas al IVA, ya se trate de una estación de servicio (DGT CV 16-11-15) o de una nave industrial (DGT CV 8-7-15).

3) Se realiza la adquisición de un tractor que se financia a través de un préstamo, acordándose que el dominio del bien quede inscrito a nombre del financiador hasta el pago completo de las cantidades debidas. Esta adquisición por **reserva de dominio** a favor de un tercero financiador es una operación sujeta al IVA. Iniciado un procedimiento concursal, está igualmente sujeta la transmisión del tractor al financiador, en concepto de **dación en pago** acordada por resolución judicial, al ser realizada por quién tiene la condición de empresario o profesional a efectos del Impuesto (DGT CV 1-2-18).

---

148 Jurisprudencia **1)** La **expropiación** de un bien utilizado en una actividad empresarial está sujeta, como ocurre con un puesto en un mercado municipal utilizado por el expropiado en el ejercicio de su actividad (TEAC 7-11-96), con un bien inmueble afecto al patrimonio empresarial (TEAC 21-9-17) o con una **plaza de toros** por tener el terreno en el que se ubica el carácter de edificable (TS 18-11-09, EDJ 283225).

2) En relación con las **subastas**:

- es compatible con la Directiva IVA una normativa nacional que en el caso de entrega de un bien inmueble en pública subasta obliga al **agente judicial** que ejecuta dicha venta a liquidar e ingresar el IVA correspondiente a tal operación (TJUE 26-3-15, asunto C-499/13);
- la reserva del ejecutante (acreedor hipotecario) de la **facultad de ceder el remate** a un tercero, realizada en el mismo acto de subasta, supone la existencia de una única transmisión del bien inmueble objeto de ejecución hipotecaria, del propietario al cesionario. Únicamente en el caso de que se adjudique el bien en subasta al ejecutante sin que manifieste que lo hace en calidad de ceder o si, tras una subasta desierta, solicita la adjudicación sin reservarse la opción de ceder y con posterioridad realiza la cesión del remate es cuando se consideran producidas dos transmisiones (TEAC 22-4-22).

3) Ver también TJUE 13-6-18 relativo a la **expropiación** en nº 8570.3.

Ventas con reserva de dominio (LIVA art.8.Dos.4º) Se consideran entregas de bienes las cesiones de los mismos en virtud de ventas con reserva de dominio o **condición suspensiva**; esto es, las ventas a plazos de bienes cuyo dominio se reserva el transmitente hasta el pago del último plazo convenido. 150

Ejemplo EFL, empresario dedicado a la venta de ordenadores, entrega uno de ellos a XY el 1-1-20X0. El pago del precio se efectuará por XY el 1-6-20X0. Como garantía para EFL, se introduce en el contrato una cláusula de reserva de dominio en favor de EFL, hasta el momento en que XY pague el precio aplazado.
En estos casos, civilmente, la entrega del ordenador por EFL no supone la transmisión de la propiedad del ordenador, que solo tiene lugar cuando XY pague el precio y desaparezca la reserva de dominio. Sin embargo, el devengo del IVA no se produce en el momento de la transmisión de la propiedad, sino que se adelanta al del desplazamiento posesorio (1-1-20X0) (ver nº 1206).

Doctrina Administrativa Además de la siguiente contestación de la DGT, ver nº 11000 s.
El **contrato de acceso diferido** a la propiedad, propio de las viviendas protegidas, es un contrato de compraventa con pacto de reserva de dominio (DGT CV 13-6-18).

Arrendamientos-venta y asimilados (LIVA art.8.Dos.5º) Se consideran entregas de bienes las cesiones de estos en virtud de contratos de arrendamiento-venta y asimilados. En los arrendamientos-venta la **transmisión de la propiedad**, en términos del derecho civil, se produce a la finalización del contrato de arrendamiento, que está sujeto a determinadas condiciones. Sin embargo, a efectos del IVA, la entrega de bienes tiene lugar cuando se produce la cesión del bien, esto es, en el momento del desplazamiento posesorio del mismo en favor del arrendatario y no cuando se produce la transmisión de la propiedad. Se asimilan a los arrendamientos-venta los arrendamientos con **opción de compra** desde el momento en que el arrendatario se comprometa a ejercitar dicha opción y, en general, los de arrendamiento de bienes con **cláusula de transferencia** de la propiedad vinculante para ambas partes. 155
Particular importancia tienen los contratos de **arrendamiento financiero**. En dichos contratos, el arrendador cede al arrendatario el uso de determinados bienes, muebles o inmuebles, adquiridos por el arrendador para dicha finalidad, según las especificaciones del arrendatario, mediante una contraprestación periódica o única, incluyéndose una opción de compra a favor del arrendatario. Los bienes objeto de cesión han de quedar afectados únicamente a las explotaciones del usuario (L 10/2014 disp.adic.3ª.1). A efectos del IVA, las operaciones derivadas de un contrato de arrendamiento financiero, en el que no existe **compromiso**, por parte del arrendatario, de ejercitar la **opción de compra** al finalizar el mismo, se califican como de prestaciones de servicios dado el carácter residual de este concepto (nº 180), con devengo de tracto sucesivo, a medida que se producen los vencimientos de las cuotas arrendaticias. Mientras que, si el arrendatario ejercita la opción de compra o se compromete formalmente a ejercitarla, se entiende producida una entrega de bienes, devengándose el IVA por todas las cuotas de arrendamiento pendientes de vencimiento, así como por el importe del valor residual (nº 1226).

Ejemplo Una empresa dedicada a la venta y arrendamiento de **equipos sanitarios** cede, durante el año 20X0, el uso de una máquina de rayos X a un cliente por un período de seis años, con cláusula de opción de compra. Por tal cesión se cobran unas cuotas anuales, incluidos intereses, de 1.820 €, el día 31 de diciembre. Los intereses incluidos en cada cuota anual ascienden a 120 € cada año. El valor residual del bien al finalizar el contrato es de 901 €. El día 1 de enero del año 20X2 el arrendatario se compromete a ejercitar la opción de compra. 156
Durante los años 20X0 y 20X1 se produce una **prestación de servicios** cuyo devengo tiene lugar en el momento de la exigibilidad de la cuota anual (nº 1245). La liquidación de esta operación cada año es: 21% de 1.820 = 382,20 €. La carga financiera correspondiente se incluye en la base imponible, pues corresponde a un período anterior al momento en que se considera efectuada la operación.
Por otro lado, el 1-1-20X2, se produce una entrega de bienes, devengándose el IVA por la totalidad de las cuotas pendientes más el valor residual del bien:
- Base imponible: 4 años × (1.820 - 120) + 901 = 7.701. Se excluyen los intereses por corresponder a un momento posterior al del devengo.
- IVA: 21% de 7.701 = 1.617,21 €. Tipo de IVA aplicable del 21% (nº 2061).
- Carga financiera: 4 × 120 = 480 € sin IVA, pues se trata de una operación exenta de dicho impuesto (nº 960 s.).
Los pagos posteriores al 1-1-20X2 de las cuotas y el valor residual se han de efectuar en la fecha que correspondan, pero sin aplicar el IVA.

158 Doctrina Administrativa Además de las siguientes contestaciones de la DGT, ver nº 11000 s.
1) Tiene la consideración de entrega de bienes el **arrendamiento financiero** de un equipo para el ejercicio de la actividad de odontología desde el momento en que el arrendatario se compromete frente al arrendador a ejercitar la opción de compra y adquirir la propiedad del referido equipo (DGT 15-6-89).
2) El **ejercicio de la opción de compra** debe realizarse de forma expresa por el arrendatario, sin que a tal efecto pueda entenderse un ejercicio tácito cuando el valor residual es pequeño o incluso cero (DGT CV 28-12-17).
3) Si el compromiso de **pago de la opción de compra** por el arrendatario ha sido documentado en pagarés o letras de cambio aceptados por dicho arrendatario, se entiende que este se ha comprometido a ejercitar la opción de compra inherente al contrato y, por tanto, dicha operación se considera entrega de bienes (DGT 2-2-95).
4) La **cesión de la edificación** en arrendamiento tiene la calificación de entrega de bienes, tanto cuando se realiza por el superficiario a favor del propietario del terreno (DGT CV 25-1-07), como por el propietario (cooperativa) al arrendatario (cooperativista) (DGT CV 6-6-08).

159 Jurisprudencia **1)** Constituyen entregas de bienes a efectos del IVA los contratos calificados como **contratos atípicos de disposición de bienes** (TS 17-2-11, EDJ 16597).
2) Si un contrato de **arrendamiento financiero** relativo a un inmueble prevé la transmisión de propiedad al arrendatario al vencimiento de dicho contrato, o la puesta a disposición del arrendatario de los atributos esenciales de la propiedad del citado inmueble, siendo transmitida a tal arrendatario, en particular, la mayoría de las ventajas y de los riesgos inherentes a la propiedad legal del citado inmueble y siendo la cantidad actualizada de los plazos prácticamente idéntica al valor venal del bien, la operación que resulta de dicho contrato debe asimilarse a una operación de adquisición de un bien de inversión (TJUE 2-7-15, asunto C-209/14).
3) Cuando de las **condiciones financieras** del contrato de arrendamiento con opción de compra se deduce que el ejercicio de la opción se presenta como la única elección económicamente razonable si el contrato se ejecuta hasta su fin se considera entrega de bienes (TJUE 4-10-17, asunto C-164/16). El criterio del compromiso o no a ejercitar la opción de compra (LIVA art.8.Dos.5º y 11.Dos.2º), no se corresponde plenamente con el que se deduce de Dir 2006/112/CE art.14 (TEAC 26-1-23).

160 **Operaciones entre comitente y comisionista** (LIVA art.8.Dos.6º) Se consideran entregas las transmisiones de bienes entre comitente y comisionista que actúe en nombre propio, efectuadas en virtud de contratos de comisión de venta o de compra.
Cuando el comisionista actúe **en nombre propio** e intervenga en una entrega de bienes, se entiende que se producen dos entregas distintas: una, la del comitente al comisionista, y otra, la de este al cliente (comisión de venta); o bien una, del proveedor al comisionista, y otra, de este al comitente (comisión de compra). Se trata de dos entregas autónomas, gravadas por el IVA correspondiente a cada una de ellas.

161 Ejemplos **1)** Una **asociación de exportadores** actúa en nombre propio en las comisiones de venta que le encargan sus socios exportadores.
Se producen dos entregas:
1ª De cada exportador a la asociación. Al no suponer la salida física del bien del territorio de aplicación del impuesto, no están exentas (no obstante, ver nº 6015 s.).
2ª De la asociación al cliente extranjero, exenta de IVA.
2) Comisión de venta en nombre propio:
- Comisión = 200 €.
- Precio al cliente = 2.000 €.
a) Facturación del comitente al comisionista (tipo 21%):

- BI (precio al cliente menos la comisión):	1.800
- IVA: 21%	+378
Total factura:	2.178

b) Facturación del comisionista al cliente (tipo 21%):

- BI (precio al cliente):	2.000
- IVA: 21%	+420
Total factura:	2.420

Liquidación del IVA por el comisionista:

- IVA repercutido:	420
- IVA soportado:	378
A ingresar:	42[21% × 200 (comisión)]

3) Comisión de compra en nombre propio: 162
- Comisión = 200 €.
- Contraprestación convenida por el comisionista = 1.800 €.
a) Facturación del proveedor al comisionista (tipo 21%):

- BI (contraprestación convenida por el comisionista):	1.800
- IVA: 21%.	+378
Total factura:	2.178

b) Facturación del comisionista al comitente (tipo 21%):

- BI (contraprestación convenida por el comisionista más la comisión):	2.000
- IVA: 21%.	+420
Total factura:	2.420

Liquidación a efectuar por el comisionista:

- IVA repercutido:	420
- IVA soportado:	378
A ingresar:	42[21% × 200 (comisión)]

Doctrina Administrativa Además de las siguientes contestaciones de la DGT, ver nº 11000 s. 165
1) En la adquisición de madera por las sociedades **filiales** por cuenta de sus sociedades matrices y en nombre propio, a efectos del IVA se entiende que la han recibido por sí mismas y la han entregado posteriormente a sus sociedades matrices comitentes (DGT CV 3-12-86).
2) Se consideran entregas de bienes las **transmisiones de esculturas** entre el autor y una galería de arte que actúa en nombre propio (DGT 18-12-98).
3) Cuando por razones comerciales las **grandes superficies** requieren que sea la empresa fabricante, y no las distribuidoras, la que emita las facturas, ha de ser también aquella la que efectúe la entrega de los productos para las citadas grandes superficies. La manera más sencilla de articular estas operaciones sería la existencia de dos contratos simultáneos entre la empresa fabricante y sus distribuidoras: uno, un contrato de **comisión** de venta en nombre propio, y otro, un contrato de comisión de venta en nombre ajeno. La empresa fabricante seguiría suministrando sus productos regularmente a los distribuidores, quienes recibirían en comisión de venta en nombre ajeno los productos destinados a grandes superficies y en comisión de venta en nombre propio, el resto de los productos (DGT 23-11-00).
4) Una entidad presenta tanto ofertas económicas de adquisición de **energía eléctrica**, en cuanto a su actividad de comercialización, como ofertas económicas de venta de esta energía, en cuanto a su actividad de representante. En cuanto a estas últimas, realiza operaciones de comisión de venta en entregas de bienes, pudiendo actuar en nombre propio o ajeno cuando actúa como comisionista en el mercado eléctrico. Sin embargo, en el primer caso, realiza operaciones de comisión de venta cuando actúe en nombre propio y por cuenta del comitente, siendo este último la entidad distribuidora de la energía eléctrica (DGT CV 27-5-10).
5) En la venta de bienes a través de un **agente**, debe determinarse previamente si este lo hace como intermediario, en nombre propio frente al cliente, o si su actuación es en nombre y por cuenta de la entidad (DGT CV 16-6-22).
6) Al ser la entidad emisora de la tarjeta la que asume el **riesgo** de los defectos que pueda tener el combustible u otros bienes objeto de suministro y la posible reclamación, los impagos de los clientes y la que decide la gama de bienes o servicios ofrecidos, está actuando como intermediario o comisionista en nombre propio (DGT CV 21-9-23).

Suministro de productos informáticos normalizados (LIVA art.8.Dos.7º) Se considera entrega de bienes el suministro de un producto informático normalizado, efectuado en cualquier **soporte material**. Su estudio se realiza en nº 9160 s. 168

Transmisión de valores cuya posesión asegure la atribución de la propiedad, uso o disfrute de un inmueble (LIVA art.8.Dos.8º) Se consideran entregas de bienes las transmisiones de valores cuya posesión asegure, **de hecho o de derecho**, la atribución de la propiedad, el uso o disfrute de un inmueble o de una parte del mismo, en los supuestos previstos en la LIVA art.20.Uno.18º.k) (nº 1007 s.). 172

Precisiones **1)** El TJUE estableció que, a fin de que un E.m. pueda **excluir de la exención** la venta de valores que atribuyan la propiedad, el uso o disfrute de un inmueble, debía previamente calificar la transmisión de dichas acciones o participaciones como entrega de bienes (TJUE 5-7-12, asunto C-259/11), cuestión esta que parece intenta subsanarse con LIVA art.8.Dos.8º calificando la venta de dichos valores como entrega de bienes corporales, aunque en la exposición de motivos de la L 28/2014 que da la vigente redacción al citado artículo se establezca que la modificación se realiza con una finalidad aclaratoria.

2) La **Ley del Mercado de Valores** señala expresamente que las transmisiones de valores, sujetas y no exentas del IVA, tienen la consideración de entregas de bienes (LMV art.338). Ello en concordancia con la redacción de LIVA art.8.Dos.8º.

173 Doctrina Administrativa Además de la siguiente contestación de la DGT, ver nº 11000 s.
Una sociedad, cuya actividad principal es la promoción, explotación y mantenimiento de **aparcamientos**, forma parte al 50% de dos **Uniones Temporales de Empresas** (UTE) beneficiarias de sendas concesiones administrativas para la construcción, explotación y mantenimiento de diversos aparcamientos. Aquella se plantea adquirir un 25% de la participación en ambas UTE a la otra sociedad participante. En el supuesto, se podría considerar que la participación en cada UTE que se va a transmitir asegura de hecho o de derecho la propiedad exclusiva del 75% de la construcción y explotación de aparcamientos, en cuyo caso la transmisión estaría sujeta y no exenta conforme a la LIVA art.20.Uno.18º.k).b'. En ese caso, la transmisión de las referidas participaciones va a suponer una entrega de bienes inmuebles sujeta pero exenta del Impuesto en virtud de lo dispuesto por la LIVA art.20.Uno.22º, salvo que el transmitente renuncie a la exención con cumplimiento de la LIVA art.20.Dos (DGT CV 19-9-16).

175 **Ventas a distancia** (LIVA art.8.Tres) Para regular la tributación en el IVA del **comercio electrónico**, se han incorporado dos categorías de entregas de bienes:
1ª Ventas a distancia intracomunitarias de bienes (nº 9182 s.).
2ª Ventas a distancia de bienes importados de países o territorios terceros (nº 9185 s.).

177 **Entregas de bienes facilitadas a través de una interfaz digital** (LIVA art.8 bis) El estudio de estas operaciones se realiza en nº 9187 s.

C. Prestaciones de servicios

(LIVA art.11)

180

181 Se califican como prestaciones de servicios todas las operaciones sujetas al IVA que no constituyen entregas de bienes. La LIVA, en este punto, sigue el criterio de la normativa de la UE, que ofrece un **concepto residual** de las prestaciones de servicios (Dir 2006/112/CE art.24).
A efectos del IVA, tiene especial trascendencia que un determinado hecho imponible se considere entrega de bienes o prestación de servicios, pues ello implica, entre otras, diferencias en cuanto a la localización del mismo, a la determinación del devengo y a la fijación del tipo de gravamen aplicable.
Legalmente se realiza una enumeración enunciativa de operaciones que tienen esta consideración.

182 Precisiones **1)** No se consideran prestaciones de servicios las actuaciones que realicen las **cooperativas**, en cumplimiento de los programas operativos y planes de acción conforme a la normativa de la UE reguladora de las organizaciones comunes de mercado de los sectores de frutas y hortalizas y de materias grasas (L 20/1990 disp.adic.6ª).
2) Se considera prestación de servicios a efectos del IVA la operación en la que un empresario se limita a **ensamblar distintas piezas de una máquina**, todas las cuales le han sido suministradas por el cliente (Rgto UE/282/2011 art.8).
3) La venta de una **opción financiera** es una prestación de servicios a efectos del IVA que, además, debe diferenciarse de las operaciones subyacentes a que se refiera la opción (Rgto UE/282/2011 art.9).
4) Se entiende por servicios de **restauración y catering** aquellos que consistan en el suministro de alimentos o de bebidas preparados o sin preparar, o de ambos, para consumo humano, y que vayan acompañados de servicios auxiliares suficientes para permitir el consumo inmediato de los mismos. El suministro de alimentos o bebidas, o de ambos, se considera únicamente uno de los elementos de un conjunto en el que deben predominar los servicios. Son servicios de restauración los prestados en las instalaciones del prestador, y servicios de catering los prestados fuera de dichas instalaciones (Rgto UE/282/2011 art.6.1).
5) El **suministro de alimentos o de bebidas**, preparados o sin preparar, o de ambos, con o sin transporte, pero sin prestación de ningún otro tipo de servicio auxiliar no se considera servicio de restauración o catering en el sentido anterior (Rgto UE/282/2011 art.6.2).

184 Ejemplo Una entidad mercantil dedicada a la realización de actividades agrícolas y ganaderas posee, entre otras, una finca en la provincia de Lugo. Con motivo de la construcción de un camino de acceso a otra finca colindante propiedad del Sr. EFL, este solicita a dicha entidad que le conceda una **servidumbre de paso** en su finca en favor de la finca del Sr. EFL. Posteriormente, llegan a un acuerdo y el Sr. EFL abona a la entidad mercantil 18.000 € por dicha servidumbre.
En este supuesto, se constituye una servidumbre que se considera un derecho real de goce o disfrute sobre un bien inmueble (finca rústica). Al no poder considerarse como entrega de bienes, ya que no hay transmisión del poder de disposición sobre un bien corporal, se califica como prestación de servicios.

185 Doctrina Administrativa Además de las siguientes contestaciones de la DGT, ver nº 11000 s.
1) Constituyen **prestaciones de servicios**:
- la actuación de una sociedad como miembro del **consejo de administración** de otra sociedad distinta (DGT CV 4-1-07). No obstante, y en el caso de persona física, ver TJUE 21-12-23, asunto TP C-288/22 en nº 103;
- los prestados a **modelos** por escuelas de peluquería y estética en su actividad de enseñanza (DGT 8-7-86) y los prestados por modelos en el ejercicio de una actividad empresarial o profesional, incluso cuando sean menores de edad o jubilados (DGT 8-2-00);
- el suministro de comidas o bebidas o su confección, prestados por **comedores de empresa** a los asalariados mediante precio (DGT CV 21-7-86);
- la transmisión de los derechos inherentes a una **concesión administrativa** por el empresario titular de la misma (DGT 3-12-03);
- el desempeño de la función de **albacea** contador-partidor mediante contraprestación (DGT CV 28-5-19; CV 28-5-19);
- la elaboración de un **CD** con información audiovisual y la creación y mantenimiento de **páginas web** (DGT CV 31-7-06), así como la elaboración de un **DVD** con el contenido audiovisual de un curso de inglés (DGT CV 11-2-10);
- la autorización del arrendador para la primera **cesión-subrogación del arrendamiento** que este tiene con el arrendatario para que un nuevo arrendatario pueda continuar la misma actividad y se mantenga la misma duración del contrato (DGT CV 22-9-06);
- la actividad de los **mediadores** en la resolución de conflictos de carácter laboral (DGT CV 10-11-06);
- la **cesión de equipos informáticos** a sus trabajadores por una empresa a título oneroso, a través de la deducción de una parte del salario de estos (DGT CV 12-1-07);
- la transmisión de la posición de **arrendatario financiero** en un contrato de leasing (DGT CV 16-4-09);
- determinadas renuncias de derechos, como ocurre en la **rescisión de un contrato** de colaboración empresarial por una de las partes (DGT CV 25-5-07), así como la **renuncia al derecho de tanteo y retracto** sobre unas parcelas por un ayuntamiento (DGT CV 2-1-23);
- la transmisión de derechos de emisión de **gases de efecto invernadero** (DGT CV 23-1-09; CV 9-2-16);
- la transmisión de un **derecho de afiliación** a una cooperativa que permite a sus titulares el uso privado y exclusivo de un apartamento (DGT CV 31-3-10);
- las operaciones de **recarga de teléfonos** móviles por medios telemáticos (DGT CV 12-5-11);
- una sociedad mercantil tiene por objeto social la **venta, alquiler y explotación de aparatos telefónicos** instalados en locales comerciales ajenos. Se distinguen las siguientes prestaciones de servicios: el prestado por el titular del local a la sociedad derivado de la instalación y utilización de los aparatos telefónicos en su local, el prestado por Telefónica u otra operadora a la sociedad propietaria y explotadora de los aparatos y el prestado por esta última a los usuarios (DGT 29-1-99);
- el alquiler de un **circuito de velocidad** para equipos de competición y empresas que organizan eventos relacionados con el sector del motor (DGT CV 1-6-11);
- la **refacturación** del gasto de **electricidad** pagado por un ayuntamiento por las instalaciones de bombeo de agua que este traslada al concesionario del suministro del agua (DGT CV 11-12-12);
- la cesión del remate por la entidad ejecutante de un **crédito hipotecario** (DGT CV 26-4-12);
- la concesión de un derecho de **puja para subastas** en Internet de productos tecnológicos (DGT CV 2-7-13);
- cuando la operación realizada por el distribuidor o intermediario de un bono («cajas de experiencias») consista en la transferencia en nombre propio de dicho bono en el que ni la naturaleza del servicio a prestar ni el lugar de prestación estén determinados en el momento de su emisión o distribución, sin perjuicio de que dicha transferencia no supondrá en ningún caso el devengo de la entrega de bienes o prestación de servicios subyacente derivados de la redención del **bono polivalente**, va a constituir un servicio de distribución o promoción sujeto al Impuesto (DGT CV 26-10-16; CV 4-7-18);
- la aportación por una persona física de su **derecho de uso y explotación de una vivienda**, a favor de la entidad concesionaria y en el marco de un acuerdo de cuentas en participación (DGT CV 7-6-17). En el mismo sentido, en relación con un local comercial (DGT CV 26-2-18; CV 20-4-23);

- el otorgamiento de un **derecho de paso** temporal de una tubería por el titular de un local de negocio (DGT CV 19-7-17);
- en aquellos supuestos en los que exista una relación directa entre el servicio prestado por el empleador (**retribución en especie**) y la contraprestación percibida por el mismo (trabajo personal del empleado) se produce una prestación de servicios efectuada a título oneroso a efectos del IVA. Así, la cesión al trabajador del uso de dos vehículos forma parte del montante total de las retribuciones que dicho trabajador percibe por los servicios laborales que presta, por lo tanto, estas retribuciones en especie constituyen prestaciones de servicios efectuadas a título oneroso a efectos del IVA, quedando sujetas al tributo (DGT CV 11-4-18; CV 7-5-20);
- los **contratos de swap** en los que las partes no tienen intención de realizar una entrega o adquisición de materias primas en fecha futura (DGT CV 3-6-22);
- la **cesión de personal**, de manera ocasional, a un ayuntamiento por una entidad dedicada parcialmente a prestar servicios a domicilio, para cubrir bajas, permisos, vacaciones o vacantes en una guardería pública (DGT CV 24-7-25); y
- la transmisión del **valor en plaza** de los clubes de fútbol sala que supone el derecho que le permite jugar en primera categoría o en la segunda (DGT CV 25-4-06).

186 **2) No** constituyen **prestaciones de servicios**:
- la difusión de la participación del colaborador en el marco de los **convenios de colaboración** previstos en el régimen fiscal de las entidades sin fines lucrativos (DGT CV 26-4-07; CV 20-3-14). En el mismo sentido, la **exhibición de la condición de patrocinador** a través de la inserción del logotipo y de la frase autorizada que se correspondan con un determinado acontecimiento acogido al régimen (DGT CV 14-2-12). No obstante, si el convenio de colaboración suscrito con una entidad financiera supone además la cesión al colaborador de espacios, la utilización del auditorio y sala de exposiciones y el derecho a instalar cajeros automáticos en el recinto, estas operaciones quedan excluidas del propio convenio de colaboración, quedando sujetas y no exentas (DGT CV 18-5-10);
- las **ayudas a una fundación** para financiar sus actividades fundacionales, en el marco de convenios de colaboración con una Administración autonómica (DGT CV 2-6-05) o con el Ministerio de Hacienda para la realización de actividades de investigación económica (DGT CV 5-12-06); y
- la **refacturación de los gastos** en que incurre una entidad española a un establecimiento permanente de la misma radicado en otro E.m. (DGT CV 24-4-07).

187 **3)** Una entidad suscribe contratos de **opción de compra y venta sobre energía eléctrica**, implicando el ejercicio de tales opciones la entrega de energía eléctrica entre los contratantes. Como el contenido de la opción es el derecho que tiene el optante de decidir o no la realización de una compraventa a que puede dar lugar, ya que lo que implica es un derechos al optante para realizar o no con posterioridad el contrato de compraventa preconfigurado en la opción, su calificación a efectos del IVA es la de prestación de servicios (DGT 29-4-05).

4) En una **plataforma de comercio por Internet** diferentes empresas pueden comprar y vender productos efectuando los pagos por compensación de créditos (que hacen la función de unidad de cuenta). Dichos pagos se registran por una entidad que actúa como compensador de las operaciones, de manera que las empresas únicamente realizan pagos entre ellas por el importe del IVA. Las operaciones de la entidad operador son prestaciones de servicios sujetas (DGT CV 26-10-09).

5) No existe operación sujeta al Impuesto en los servicios proporcionados por una **organización de productores** de frutas y hortalizas, dado que no existe consumo alguno en el supuesto de los pagos percibidos por los productores por la retirada de sus productos. Tampoco existe prestación de servicios en aquellas operaciones efectuadas por las organizaciones de productores con cargo al fondo operativo, en ejecución del programa operativo, que no benefician a los socios en particular, por responder principalmente al fomento de fines de interés común. Sin embargo, las operaciones «no típicas» del Fondo, excepcionales y minoritarias, que beneficien particularmente a socios se califican como entrega de bienes o prestación de servicios, según los casos, sujetas al IVA (DGT CV 25-2-11).

6) No existe **servicio de restauración** en los casos en que se presten servicios de cesión de personal sin que exista suministro de alimentos o de bebidas preparados o sin preparar, o de ambos, para consumo humano. Tampoco existe servicio de restauración en caso de que tal suministro no lleve aparejados servicios auxiliares suficientes para permitir el consumo de los mismos (DGT CV 22-9-15).

---

188 Jurisprudencia **1)** Constituyen **prestaciones de servicios** a título oneroso sujetas al IVA:
- un **contrato de opción de compra** de varias fincas rústicas (TEAC 14-2-07);
- la **cesión de una cartera de contratos de reaseguro** de vida a título oneroso (TJUE 22-10-09, asunto C-242/09);
- la **cesión de derechos y obligaciones** por parte de un comprador de unos apartamentos en el contrato de compraventa, a favor de un tercero, existiendo consentimiento del promotor que vendió los apartamentos al cedente (TS 18-10-11, EDJ 242332);

- un **intercambio de divisas** tradicionales por unidades de la divisa virtual **bitcoin**, y viceversa, y realizadas a cambio del pago de un importe equivalente al margen constituido por la diferencia entre, por una parte, el precio al que el operador de que se trate compre las divisas y, por otra, el precio al que las venda a sus clientes (TJUE 22-10-15, asunto C-264/14); y
- las prestaciones realizadas por una entidad financiera en virtud de **contratos de permuta financiera (swap/IRS)** (TS 18-5-20, EDJ 556161).

2) La actividad de **reprografía** debe calificarse como prestación de servicios cuando dicha actividad está acompañada de prestaciones de servicios complementarios que, habida cuenta de la importancia que tienen ésas para su destinatario, del tiempo que necesita su ejecución, del tratamiento que requieren los documentos originales y de la parte del coste total que representan esas prestaciones de servicios, pueden tener un carácter predominante en relación con la operación de entrega de bienes, de modo que constituyan una finalidad en sí para su destinatario (TJUE 11-2-10, asunto C-88/09).

3) Respecto a servicios de **hostelería**, ver TJUE 10-3-11, asuntos acumulados C-497/09, C-499/09, C-501/09 y C-502/09 en nº 128.

4) No constituyen prestaciones de servicios a efectos del IVA la **gestión de las ayudas comunitarias** al sector de productores de aceite de oliva realizada por las organizaciones de productores de aceite de oliva (TS 23-10-12, EDJ 228238). **189**

5) Tanto el **leasing** como el seguro del bien que es objeto del mismo, efectuados por un mismo prestador y para un mismo destinatario deben, en principio, considerarse prestaciones de servicios distintas a efectos del IVA, salvo cuando las operaciones citadas estén vinculadas entre sí hasta el punto de que deba considerarse que constituyen una prestación única, lo cual corresponde determinar al órgano jurisdiccional nacional (TJUE 17-1-13, asunto C-224/11).

6) En ausencia de fraude o abuso, la asunción de la obligación de prestar **servicios de asesoramiento** a un cliente y de no asesorar a los competidores de este constituye una prestación de servicios, con independencia de que el prestador asesore o no efectivamente a su cliente. En tal caso, habiéndose pactado pagos periódicos por el cliente, el IVA se devenga a la expiración de cada uno de estos (TJUE 3-9-15, asunto C-463/14).

7) El importe percibido por una compañía aérea por los **billetes de transporte aéreo** nacional vendidos anticipadamente y **no utilizados** por los pasajeros constituye la contraprestación de un servicio de transporte aéreo sujeto y no exento del IVA, devengándose el impuesto cuando se recibe dicho precio (TJUE 23-12-15, asuntos acumulados C-250/14 y C-289/14).

8) Si existe un vínculo directo entre la contraprestación y el pago, el **desplazamiento de un empleado de la matriz** para prestar servicios a su filial está sujeto, con independencia del importe que esta última pague por él (TJUE 11-3-20, asunto C-94/19).

9) Un contrato, en virtud del cual una empresa (A) presta a su cliente (B) **servicios de demolición** a cambio de un precio en dinero y de la entrega por B a A de la **chatarra y residuos** resultantes de la demolición, da lugar a dos operaciones a efectos del IVA: una prestación de servicios de demolición de A para B, y una entrega de bienes (chatarra y residuos) de B para A (TJUE 10-1-19, asunto C-410/17).

Ejercicio independiente de una profesión, arte u oficio (LIVA art.11.Dos.1º) La independencia (ausencia de relaciones laborales o administrativas) es la nota que marca la sujeción al IVA de las actividades realizadas por los **profesionales**, artistas o quienes ejerzan un oficio cualquiera. **190**

Ejemplos **1) Abogado asalariado** incluido en la plantilla de una empresa.
Existe relación laboral; por tanto, no es una prestación de servicios sujeta, sino una operación no sujeta (nº 310).

2) Abogado que realiza un **informe** que le ha solicitado una empresa en relación con determinados aspectos mercantiles de la misma, emitiendo una minuta por sus honorarios.
Estamos ante el ejercicio independiente de una profesión (abogacía).

Doctrina Administrativa Además de las siguientes contestaciones de la DGT, ver nº 11000 s.

1) El ejercicio con carácter independiente de los **trabajos de investigación** en economía tiene la consideración de prestación de servicios (DGT CV 30-6-05).

2) Están sujetos y no exentos los **servicios profesionales de abogacía**, relativos a la intervención en procesos judiciales, prestados de forma independiente por un abogado a sus clientes y cuya contraprestación se instrumenta mediante la percepción de las denominadas «**igualas**» (DGT 26-4-05).

Jurisprudencia Ver en el nº 101, TJUE 25-7-91, asunto C-202/90 y en el nº 103, TJUE 26-3-87, asunto 235/85.

Arrendamiento (LIVA art.11.Dos.2º) Se incluyen aquí como servicios, de un modo muy amplio, los arrendamientos de bienes, industria o negocio, empresas o establecimientos mercantiles, con o sin opción de compra, es decir, de **bienes y derechos** de todas clases, siempre que no constituyan entregas de bienes de acuerdo con lo expuesto en el nº 110. **193**

194 Precisiones Se considera empresario a efectos del IVA a todo **arrendador** de bienes, aunque no se dedique de forma empresarial a dicha actividad (nº 80).

Ejemplos 1) Un particular, propietario de una **plaza de garaje**, la alquila a otro particular por 150 € al mes.
A efectos del IVA, el arrendador (particular) es empresario. Se trata de una prestación de servicios sujeta. El arrendador debe repercutir el IVA al arrendatario cada mes: 21% de 150 € = 31,50 €.
2) Una entidad dedicada a la explotación de clubes deportivos va a ceder mediante precio (12.000 € anuales) la **explotación de la cafetería** de uno de sus clubes durante seis años.
Es un arrendamiento de una industria o negocio calificado como prestación de servicios, repercutiendo el arrendador el IVA al arrendatario. Si la cuota es exigible anualmente sería: 21% × 12.000 = 2.520 €.
3) Un odontólogo, el día 1-5-20X0 obtiene, mediante **arrendamiento financiero** con opción de compra, un **equipo médico** para su consulta, pagando mensualidades de 1.200 € al arrendador. El contrato tiene una duración de 20 meses; el valor residual del bien es de 900 € y las mensualidades se desglosan de la siguiente forma: principal: 900 € y carga financiera: 300 €. El día 1-1-20X1, el odontólogo se compromete a ejercitar la opción de compra al finalizar el contrato.
Durante 8 meses (1-5 al 31-12-20X0) se produce una prestación de servicios, dado el carácter residual del concepto, ya que solo se consideran entregas de bienes los arrendamientos con opción de compra desde el momento en que el arrendatario se compromete a ejercitar dicha opción.
El devengo de estas prestaciones de servicios se produce en el momento en que sea exigible cada cuota mensual. La liquidación es: 21% de 1.200 = 252 €. La carga financiera correspondiente se incluye en la base imponible en tanto que, siendo una prestación de servicios, corresponde a un período anterior al momento en que se considera efectuada la operación.
El 1-1-20X1 se produce una entrega de bienes.

196 Doctrina Administrativa Además de las siguientes contestaciones de la DGT, ver nº 11000 s.
1) En los casos en que el arrendatario utilice un **local de negocio** en el ejercicio de su actividad empresarial o profesional, está sujeta la cesión mediante precio que de su derecho efectúe el locatario a favor del propietario arrendador al ejercitar este su derecho de tanteo (DGT 11-5-87).
2) La **renuncia de los derechos** inherentes a un contrato de arrendamiento efectuada por un arrendatario a favor del arrendador y mediante compensación o indemnización constituye una prestación de servicios que solo está sujeta cuando el arrendatario tenga la condición de empresario o profesional y hubiera concertado el arrendamiento en el ejercicio de su actividad empresarial o profesional (DGT 22-6-87).
3) Están sujetos los servicios prestados por los distribuidores de bienes a los fabricantes de los mismos mediante contraprestación, al concederles el derecho a utilizar espacios para la **exposición preferente de productos** (DGT CV 19-9-86).
4) El **arrendamiento de embarcaciones** amarradas para ser utilizadas como alojamiento es una prestación de servicios sujeta (DGT CV 16-4-09).

198 Jurisprudencia 1) El **arrendamiento de un bien corporal** constituye una explotación de dicho bien que debe ser calificada de actividad económica en el sentido de la normativa de la UE, siempre que se realice con el fin de obtener ingresos continuados en el tiempo (TJUE 26-9-96, asunto C-230/94).
2) Constituye un hecho imponible la cesión de **vagones de ferrocarril** especiales para el transporte de vehículos que una entidad pone a disposición de otra en las estaciones que esta última determine, al tratarse de un arrendamiento de cosas muebles (TS 2-6-06, EDJ 253409).
3) La **cesión de buques** en «time charter» o fletamento por tiempo por el armador es un servicio de arrendamiento no de transporte (TS 26-3-12, EDJ 50048).
4) En el arrendamiento de inmuebles se ha de considerar que el **suministro de electricidad**, calefacción y agua y la eliminación de residuos que realizan terceros especializados han sido efectuados por el arrendador para los arrendatarios, cuando el arrendador es parte en los respectivos contratos de suministro de dichas prestaciones y se limita a repercutir los costes de las mismas a los arrendatarios. El arrendamiento de inmuebles y suministros enunciados constituyen prestaciones separadas efectuadas por el arrendador para los arrendatarios, a menos que se encuentren tan estrechamente ligadas que objetivamente conformen una sola prestación económica indisociable (TJUE 16-4-15, asunto C-42/14).
5) La cantidad que un arrendador abonó a su arrendatario por **rescisión unilateral del contrato** de arrendamiento debe ser considerada como una contraprestación por una prestación de servicios sujeta al IVA; en concreto, por la renuncia a los derechos que para la sociedad arrendataria derivaban de dicho contrato (TS 5-12-11, EDJ 292694).

205 **Cesiones de la propiedad intelectual o industrial** (LIVA art.11.Dos.4º) Se califican como prestaciones de servicios **sujetas** las cesiones o concesiones de derechos de autor (contratos de edición), licencias, patentes, marcas de fábrica y comerciales y demás derechos de propiedad intelectual o industrial.

Ejemplos 1) Una entidad mercantil cede mediante precio el uso de una **patente** de fabricación de un producto a un empresario individual.
Es una prestación de servicios a título oneroso a efectos del IVA, sujeta por ser realizada por un empresario o profesional en el ejercicio de su actividad.
2) Un autor cede a una editorial los **derechos de autor** de un libro que escribió hace seis años.
Se trata de una prestación de servicios a título oneroso sujeta, realizada por un empresario o profesional en el ejercicio de su actividad. No obstante, dicha prestación de servicios está exenta (nº 942 s.).

Doctrina Administrativa Además de las siguientes contestaciones de la DGT, ver nº 11000 s. **206**
Son consideradas como **prestaciones de servicios sujetas**, entre otras:
- la cesión de licencias de explotación de títulos de obtención vegetal mediante una contraprestación, denominada tradicionalmente **regalía** (DGT 3-11-89);
- las cesiones de un derecho de la propiedad intelectual efectuadas por un **jubilado** (DGT 19-6-03) o de un programa creado específicamente para un cliente, es decir, de un **software no normalizado** (DGT CV 19-5-09);
- la **entrega de la maqueta original** por parte de su autor para su posterior vaciado, a cambio de una contraprestación, es una prestación de servicios (DGT CV 30-10-07);
- la cesión de los **derechos de imagen** de un deportista (DGT CV 26-11-08; CV 15-3-18);
- la cesión de un **contrato de franquicia**. Dicho contrato, en términos generales, ha sido definido como un convenio contractual entre dos personas naturales o jurídicas, en el cual, una de las partes (franquiciador) otorga o cede, bajo determinadas condiciones, a la otra parte (franquiciado), los derechos de uso de su marca, logotipo, así como su saber hacer, para la fabricación o comercialización de un producto o la prestación de un servicio a cambio de un pago inicial de asociación y consecutivos pagos en relación al volumen de ventas del franquiciado (DGT CV 26-5-16);
- la cesión de los derechos de **reproducción de fotografías** por una aficionada (DGT CV 10-10-17);
- la transmisión o cesión de una **marca** (nombre comercial) (DGT CV 6-6-18); y
- la cesión de derechos relativos a un **juego de mesa** a un tercero a cambio de un royalty (DGT CV 10-7-19).

Operaciones de mediación (LIVA art.11.Dos.15º) En las operaciones de mediación y las de agencia o comisión hay que distinguir, según sea la actuación del agente o comisionista: **210**
a) Cuando actúe **en nombre ajeno** en las entregas, se consideran prestaciones de servicio.
b) Cuando actúe **en nombre propio**, si interviene en las entregas, la calificación que merece es la de entrega (ver nº 160); por el contrario, cuando media en una prestación de servicios, se entiende que ha recibido y prestado por sí mismo los correspondientes servicios, teniendo en cuenta que se producen dos servicios independientes:
- en las **prestaciones** de servicios por cuenta de terceros uno del comitente al comisionista y otro del comisionista al cliente;
- en las **adquisiciones** de servicios por cuenta de terceros uno del proveedor del servicio al comisionista y otro del comisionista al comitente.

Ejemplos **1) Prestación del servicio por cuenta de terceros**: **211**
Comisión: 100 €.
Precio al cliente: 1.000 €.
a) Facturación del comitente (prestador del servicio) al comisionista:

BI (1.000 - 100) (contraprestación del servicio concertado por el comisionista menos el importe de la comisión):	900
IVA (21%):	+ 189
Total factura:	1.089

b) Facturación del comisionista al adquirente del servicio:

BI (precio al cliente):	1.000
IVA (21%):	+ 210
Total factura:	1.210

c) Liquidación del comisionista:

IVA repercutido:	210
IVA soportado:	-189
A ingresar:	21[21% × 100 (comisión)]

212 **2) Adquisición del servicio por cuenta de terceros**:
Comisión: 100 €.
Contraprestación convenida por el comisionista: 900 €.

a) Facturación del prestador del servicio al comisionista:

BI:	900
IVA (21%):	+ 189
Total factura:	1.089

b) Facturación del comisionista al comitente:

BI (900 + 100) (contraprestación del servicio convenida por el comisionista más el importe de la comisión):	1.000
IVA (21%):	+ 210
Total factura:	1.210

c) Liquidación del comisionista:

IVA repercutido:	210
IVA soportado:	-189
A ingresar:	21[21% × 100 (comisión)]

213 Doctrina Administrativa Además de las siguientes contestaciones de la DGT, ver nº 11000 s.
1) Constituyen una prestación de servicios en la que se actúa **por cuenta ajena**:
- las operaciones de mediación y la de agencia o comisión en la **venta de automóviles** (DGT CV 2-10-86);
- la contratación de un intermediario para localizar personas interesadas en el **arrendamiento** de una vivienda, siendo independiente a la actividad de arrendamiento (DGT CV 4-4-13);
- la mediación cuya contraprestación la constituyen las comisiones que perciba por la venta de **loterías y apuestas**, en nombre y por cuenta de la Sociedad de Loterías y Apuestas del Estado (DGT CV 20-6-24); y
- la promoción de productos en un sitio web mediante el ofrecimiento de **cupones promocionales**, percibiendo a cambio una comisión en función del número de pedidos (DGT CV 3-2-25).
2) Por el contrario, si las **cofradías de pescadores** intervienen en la contratación de las ventas de pescado actuando como simples comisionistas en nombre y por cuenta de los armadores, se entienden realizadas las entregas de bienes directamente entre los armadores comitentes y los terceros adquirentes de los productos de la pesca (DGT CV 23-12-86).
3) Si un cliente contrata con un hotel unos servicios de hostelería y, como consecuencia de existir **overbooking**, es alojado en otro hotel distinto, se entiende que existen dos prestaciones de servicios: la efectuada por el hotel que aloja efectivamente al cliente para el primer hotel y la efectuada por este para el cliente que contrató con él (DGT 8-7-98).

214 **4)** Constituyen una prestación de servicios de mediación **en nombre propio**, encontrándose sujetos y no exentos:
a) Los casos en los que se comparte un **local** para el desarrollo de la actividad de dos entidades, y una de ellas es la entidad titular de los suministros (luz, teléfono, gas, etc.), por los que emite una factura a la otra entidad por la parte que le corresponda (DGT 25-1-01).
b) La **repercusión de los gastos** asumidos en primera instancia una entidad en concepto de estudios geotécnicos, replanteo de la obra o publicidad, entre otros a los contratistas (DGT 31-3-04).
c) Cuando una sociedad actúa como intermediaria de servicios de **autopistas de peaje y aparcamiento**, asumiendo la totalidad del riesgo por impago de los usuarios, produciéndose dos prestaciones de servicios distintas: una de la concesionaria de autopistas y aparcamientos a la sociedad de intermediación; y otra de la sociedad de intermediación a sus clientes, usuarios de las vías de peaje y aparcamiento (DGT CV 15-3-17).
d) Cuando una sociedad intermedia en la prestación de **servicios de tarificación adicional** entre los proveedores de dichos servicios de información y los destinatarios de los mismos y en los que el destinatario se relaciona directamente con la compañía telefónica, produciéndose las siguientes prestaciones de servicios: la efectuada por parte de los profesionales de los distintos sectores y cuya destinataria es la entidad intermediaria; la efectuada por parte de la entidad intermediaria, en tanto que proveedor de servicios de tarificación adicional, y que tiene como destinataria a la compañía telefónica; y la efectuada por parte de la compañía telefónica para los usuarios finales de los servicios (DGT CV 9-10-09).
e) Cuando una entidad tiene por actividad la venta a clientes finales de **cupones canjeables por servicios** prestados por terceros, denominados socios cooperantes, a un precio ventajoso. Una vez prestado el servicio la entidad transfiere el importe del cupón al socio cooperante detrayendo una comisión como pago por su mediación. En el caso de que el cupón no se utilice, la entidad retiene la totalidad del precio percibido. Por tanto, la sociedad intermedia entre los socios cooperantes y los clientes finales, teniendo en cuenta que además de responder, en todo caso, del buen fin de la operación, garantizando que el socio cooperante va a prestar el servicio reflejado en el

cupón, en caso de no que sea presentado dicho cupón, la entidad no va a reembolsar cantidad alguna ni al cliente ni a los socios cooperantes, sino que va a retener la totalidad del precio por la venta de dicho servicio. En tal caso, el primer contrato no se perfecciona por incumplimiento de la condición suspensiva mientras que el segundo contrato mantiene todos sus efectos jurídicos (DGT CV 11-5-11).

f) Cuando el titular de una **plataforma digital** que conecta a clientes con profesionales independientes para proyectos concretos, fijando los profesionales sus honorarios y los clientes eligiendo entre tres perfiles seleccionados por la plataforma, asume la responsabilidad de la prestación del servicio, gestiona la facturación y contrata un seguro de responsabilidad para garantizar la calidad del servicio. A cambio, por un lado factura al cliente, incluyendo la comisión y el margen comercial, y por otro lado a la profesional, por los servicios administrativos (DGT CV 24-9-25).

Jurisprudencia 1) Cuando un intermediario en nombre propio interviene en la prestación de un servicio consistente en un **juego de azar** exento del IVA, tanto la prestación del comitente al comisionista, como la de este para el jugador, están exentas del impuesto (TJUE 14-7-11, asunto C-464/10). 218

2) En el marco de una **promesa de venta de inmuebles no inmatriculados** registralmente, el futuro comprador sujeto pasivo cumplimenta los trámites necesarios para la inmatriculación registral de los inmuebles en cuestión, contratando para ello los servicios de terceros que también son sujetos pasivos. El futuro comprador ha realizado personalmente para el futuro vendedor los servicios de que se trate (mediación en nombre propio, pero por cuenta ajena), aunque las partes del contrato hayan acordado que en el precio de venta de esos inmuebles no se incluya el valor de las operaciones efectuadas para su incorporación al catastro (TJUE 19-12-19, asunto C-707/18).

3) La figura del **comisionista en nombre propio y por cuenta ajena** (Dir 2006/112/CE art.14.2.c) y 28) exige que exista un mandato entre comitente y comisionista, y que exista una identidad entre los bienes entregados o los servicios prestados al comisionista y los bienes entregados o los servicios vendidos al comitente. Esto no resulta de aplicación a un supuesto en el que un sujeto pasivo construye un edificio para cubrir las necesidades y de conformidad con las instrucciones de un tercero que supuestamente va a arrendar dicha edificación (TJUE 12-11-20, asunto C-734/19).

4) En las cantidades cobradas por una entidad de gestión colectiva que actúa en nombre propio, pero por cuenta del titular de **derechos de autor**, debe considerarse, a efectos del IVA, que dicha entidad ha recibido una prestación de servicios de esos titulares antes de prestar personalmente el servicio al organizador de espectáculos (TJUE 21-1-21, asunto UCMR-ADA C-501/19).

5) Cuando un empresario A, establecido en un Estado miembro, presta servicios por **vía electrónica** a personas que no tienen la condición de empresarios, establecidas en la UE, a través de una tienda de aplicaciones puesta a disposición por un empresario B, establecido en otro Estado miembro, no puede excluirse la aplicación de la Dir 2006/112/CE art.14.2.c) y 28 por el mero hecho de que las confirmaciones de pedido remitidas por B a los clientes finales designasen a A como el prestador de los servicios e indiquen el tipo del IVA aplicable en el Estado miembro de establecimiento de A (TJUE 9-10-25, asunto C-101/24).

Otras prestaciones (LIVA art.11.Dos.3º, 5º a 14º y 16º) Otras prestaciones de servicios que enumera la normativa son las siguientes: 220

- Las **cesiones del uso o disfrute** de bienes.
- Las **obligaciones de hacer y no hacer** y las abstenciones estipuladas en contratos de venta en exclusiva o derivadas de convenios de distribución de bienes en áreas territoriales delimitadas.
- Las **ejecuciones de obra** no calificadas de entrega de bienes (ver nº 131, nº 8567 y nº 8584).
- Los **traspasos** de locales de negocio (ver nº 8585 s.).
- Los **transportes**. La aplicación del IVA se funda en las condiciones del contrato. El transportista, sujeto pasivo del IVA correspondiente al servicio, es la persona que se compromete con el tercero -destinatario- a la realización del transporte, sin perjuicio de que subcontrate después la realización de la totalidad o parte del mismo (ver nº 8900 s.).
- Los servicios de **hostelería, restaurante o acampamento** y las ventas de bebidas o alimentos para su consumo inmediato en el mismo lugar.
- Las operaciones de **seguro**, reaseguro y capitalización.
- Las prestaciones de **hospitalización**.
- Los **préstamos y créditos** en dinero. No se incluyen los que tengan por objeto oro de inversión, dado que se consideran entregas de bienes cuando se ajusten a lo previsto en el nº 4400 s.
- El derecho a utilizar **instalaciones deportivas** o recreativas.
- La explotación de **ferias y exposiciones**.
- El suministro de **productos informáticos** que no sean entregas de bienes (ver nº 9160 s.).

Doctrina Administrativa Además de las siguientes contestaciones de la DGT, ver nº 11000 s. 221

1) Se consideran **prestaciones de servicios**:

- la transmisión de los derechos inherentes a una **concesión administrativa** que tiene por objeto un derecho minero (DGT CV 26-12-02);

- la autorización para ejercer la actividad de **enseñanza** (DGT CV 19-11-97);
- la cesión temporal de **derechos al uso de aguas** públicas efectuada por los miembros de las comunidades de regantes, dado que estos son los titulares de tales derechos, sin que se contemple para la operación exención alguna (DGT CV 5-5-11), así como la transmisión del derecho al uso del agua por los cedentes a la confederación hidrográfica (DGT CV 12-1-09);
- la obligación que asume el franquiciado a favor de la empresa de **franquicia** de efectuar la venta en exclusiva de las mercancías que le son suministradas por dicha empresa (DGT 17-12-02);
- las cesiones de los derechos de organización de **eventos deportivos**, así como los servicios prestados por los colegiados en educación física, preparadores físicos, entrenadores, utilleros y resto de personal auxiliar (DGT 30-9-04);
- la **explotación de bares** que se encuentran a bordo de **buques** que realizan el transporte de viajeros entre la Península y las Islas Baleares (DGT CV 22-12-05);
- el **suministro de datos** por un ente público a sus clientes extraídos de su banco de datos, previo encargo de tales clientes y a medida de las necesidades detalladas por estos (suministro de productos informáticos específicos). Se considera accesoria a dicha prestación de servicios la entrega del soporte en donde se recogen los referidos datos (DGT 1-2-95);
- la operación por la que una **residencia de ancianos** se obliga a reservar el uso de un estudio por parte de un futuro residente, que satisface a cambio un importe dinerario con ese fin (DGT CV 4-9-06);
- el suministro de un **programa informático normalizado** que no se efectúe mediante la utilización de cualquier clase de soporte material, como sucede cuando dicho suministro se efectúa a través de Internet (DGT CV 28-5-07) o que han sido confeccionados previo encargo de su destinatario conforme a sus especificaciones (DGT CV 10-4-25);
- la obligación que asume el dueño de un bar de efectuar la venta con carácter preferencial de las **bebidas** que le son suministradas por un proveedor (DGT CV 31-3-06; CV 28-10-15), o su venta en exclusiva (DGT CV 28-10-15);
- la cesión de los **servicios de un directivo** realizados por una empresa francesa a una española (DGT CV 22-8-06);
- la obligación asumida contractualmente por una entidad relativa a la asunción del coste correspondiente al **seguro colectivo** suscrito por la anterior empleadora de un directivo contratado (DGT CV 6-4-10);
- la constitución de una **servidumbre** en un local propiedad de una entidad mercantil a favor de una comunidad de propietarios, para la instalación en el mismo del ascensor (DGT CV 17-7-14), o de una servidumbre de paso (DGT CV 14-4-21);
- la transmisión de un **fondo de comercio**, concretamente una explotación hotelera (DGT CV 12-11-07);
- las operaciones de cesión de derechos de **uso de plazas de aparcamiento** por parte del concesionario a favor de terceros, vigente el contrato de concesión administrativa (DGT CV 30-10-08);
- la **cesión de alumnos** efectuada por una universidad para la consejería de determinada Comunidad Autónoma, para que realicen prácticas como becarios (DGT CV 19-1-09);
- la mera concesión de una **opción de compra** sobre un determinado bien o derecho (DGT CV 7-5-09); y
- los pagos de una **comunidad de montes** a un ayuntamiento de parte de los cánones que aquella va a recibir a cambio de desistir formalmente del recurso de apelación interpuesto (DGT CV 12-6-19).

2) La ejecución de un convenio de cooperación para la conservación y adecuada **gestión medioambiental** de unas fincas declaradas de reserva natural, implica la prestación de una serie de servicios a título oneroso como consecuencia del compromiso de realizar o autorizar ciertas operaciones destinadas al mantenimiento de las condiciones naturales de los terrenos (DGT 23-4-98).

222 **3)** Es necesario valorar, en cada caso concreto, la importancia de los **materiales aportados** por cada una de las partes intervienes en la operación. De esta forma, si la aportación del principio activo y demás materiales por la empresa comercializadora representan una parte mayor del valor final del producto respecto de los materiales aportados por el fabricante, se entiende que la entidad fabricante realiza una prestación de servicios. También cuando el valor de los materiales aportados por el fabricante represente una parte mayor del valor final del producto, respecto de los aportados por la entidad comercializadora, pero inferior a los costes del **servicio de producción** (DGT CV 26-5-17; CV 7-2-08).

Por el contrario, cuando una empresa aporta la totalidad de los materiales para la producción de productos químicos y otra se limita a prestar el servicio de fabricación o **maquila**, en tal caso se trata de una ejecución de obra mobiliaria considerada como prestación de servicios (DGT CV 19-4-11; CV 21-10-15; CV 2-6-16). En el mismo sentido, cuando el destinatario aporta toda la materia prima y el conocimiento (know-how) para la fabricación (DGT CV 14-3-13; CV 19-2-18; CV 7-5-18).

Las operaciones de **montaje o ensamblaje de bienes muebles**, con una significativa aportación de materiales, aportación que puede ser no solo cuantitativamente relevante, sino que puede ser cuantitativamente poco importante, pero por la calidad de los materiales aportados (tecnológicamente relevantes) el bien que se entrega es significativo para el cliente, va a tener la consideración de entrega de bienes, en otro caso, va a constituir una prestación de servicios (DGT CV 23-3-16). En el mismo sentido, respecto a la fabricación de piezas de plástico para automóvil y su posterior ensamblaje en un motor (DGT CV 19-9-18; CV 29-4-19).

4) Tienen la consideración de prestación de servicios las siguientes operaciones relacionadas con la **fabricación o elaboración**:
- la elaboración en Portugal de **piensos** por encargo, a partir de las materias primas proporcionadas por quien lo encarga (DGT CV 26-2-08);
- la elaboración de **jamones**, paletas y lomos por una empresa española, para una empresa portuguesa que traslada los cerdos vivos a las instalaciones de la empresa española, al tener escasa importancia los productos aportados por la empresa española, teniendo más relevancia la labor de despiece y curación (DGT CV 24-5-10);
- la confección por una empresa establecida en Bulgaria de **prendas textiles**, aportando la entidad española la totalidad de los materiales para su confección (DGT CV 23-6-10); y
- la fabricación de **intercambiadores de calor**, para lo cual se ha suscrito un contrato entre una empresa española y una holandesa, en virtud del cual la entidad holandesa aporta el elemento principal para la fabricación de los intercambiadores así como la ingeniería, los planos de diseño de construcción, las instrucciones de montaje y las especificaciones técnicas y la entidad española el resto de materiales (40% aproximadamente), dado el carácter esencial y la importancia cuantitativa de los elementos aportados por la entidad holandesa (DGT CV 12-7-10).

5) Una entidad ofrece un **incentivo** consistente en el pago de una cuantía monetaria a la sociedad arrendataria de algunos de sus inmuebles, siempre que firme un contrato de arrendamiento y permanezca durante un tiempo determinado. La futura arrendataria debería devolver este incentivo si el contrato de arrendamiento de dichos inmuebles se resolviese durante los dos primeros años desde su formalización. Este plan de incentivos está sujeto al existir un intercambio de prestaciones recíprocas (DGT CV 22-12-11). **223**
Por el contrario, no están sujetas las **aportaciones monetarias** que acuerda un mayorista con determinados distribuidores y que se liberan en función del volumen de ventas y compras, en relación con planes de incentivos desarrollados por estos para sus empleados, o con ocasión de campañas publicitarias realizadas como promoción (DGT CV 7-11-17).

6) Constituyen una **obligación de no hacer** sujeta al impuesto:
- Una entidad va a construir un **parque eólico** sobre unos terrenos sobre los que otra entidad tiene una concesión minera. La primera va a indemnizar a esta última por los daños y perjuicios derivados de la construcción del parque. La entidad minera asume una serie de obligaciones específicas tales como no realizar obras que pudieran afectar a la misma o renunciar al ejercicio de cualquier acción o derecho contra ella. Se trata de un acto de consumo que cae dentro del ámbito del IVA teniendo la entidad minera que repercutir el impuesto devengado correspondiente sobre la base de la contraprestación pactada (DGT CV 2-4-12).
- Las cantidades percibidas por una entidad compradora en concepto de **resolución del contrato**, consistente en no exigir el cumplimiento del compromiso inicialmente asumido por la vendedora (DGT 12-11-93).

7) Los **acuerdos entre el franquiciador y los proveedores** de sus franquiciados en cuanto puedan suponer una obligación de hacer o no hacer pueden constituir una operación sujeta si el franquiciador se compromete con un empresario a remitirle unos clientes y percibe una contraprestación de los proveedores por este compromiso, con independencia de cómo la denomine el consultante y que su importe se determine en función de las compras que los franquiciados realicen a estos proveedores (DGT CV 26-5-16).

Jurisprudencia **1)** Se consideran **prestaciones de servicios** a efectos del IVA: **225**
- Permitir la utilización de una infraestructura viaria a cambio del pago de un **peaje** (TJUE 18-1-01, asunto C-83/99). Ver también TJUE 12-9-00, asunto C-260/98 en el nº 351.
- La puesta a disposición de terceros de locales u otras **instalaciones**, así como de accesorios o aparatos para la práctica del **deporte** y la educación física (TJUE 18-1-01, asunto C-150/99).
- Las indemnizaciones satisfechas por el concesionario en nombre del concedente por la **rescisión de los contratos de trabajo** traspasados por este a aquel, en cumplimiento de una obligación contractual (TEAC 15-9-04).

2) En los **traspasos de futbolistas**, si la contraprestación es la consecuencia de un mutuo acuerdo entre las partes, para la extinción anticipada del contrato laboral, los importes percibidos por el club cedente constituyen la remuneración de una prestación de servicios en que consiste la cesión del deportista al club cesionario (TS 4-3-98, EDJ 1773).

3) Un contrato para la distribución de seguros entre un grupo bancario y un grupo asegurador incluye una **cláusula de exclusividad**, por la que el banco se compromete a no vender en sus oficinas seguros del ramo de no vida de entidades distintas a la aseguradora que paga por la exclusividad. El pacto de exclusividad tiene una contraprestación específica y distinta de las comisiones que se devengan por la distribución de seguros, por lo que se trata de una prestación de servicios sujeta y no exenta (TEAC 15-10-19).

4) Una ejecución de obra sobre **bienes muebles corporales** constituye una entrega de bienes cuando suponga la transmisión del poder de disposición sobre estos, y el empresario que ejecuta la obra aporte la totalidad, o una parte esencial o sustantiva de los materiales necesarios para la misma. Por el contrario, cuando sea el destinatario de la operación el que aporte la totalidad de los materiales o una parte esencial o sustantiva o significativa de los mismos, constituye una prestación de servicios (TEAC 22-2-22).

5) La **subrogación** en un contrato de permuta de solar por obra futura, que conlleva la liberación de obligaciones de una parte y la asunción por otra, no constituye el hecho imponible del IVA, cuando la parte original ya ha tributado por el devengo anticipado con la entrega del terreno (TS 23-2-23, EDJ 519874).

D. Autoconsumo

230 La norma del impuesto contempla este hecho tanto en las entregas de bienes (nº 235), como en las prestaciones de servicios (nº 260).
Dos razones justifican principalmente el considerar los denominados autoconsumos como **operaciones asimiladas** a entregas de bienes o a prestaciones de servicios:
- por los principios de neutralidad y generalidad del IVA, aunque las operaciones se efectúen sin contraprestación, ningún bien o servicio que se ponga en el mercado debe quedar excluido de tributación; y
- para evitar las distorsiones que el cambio de afectación de los bienes puede originar en la tributación efectiva por el impuesto.

1. Autoconsumo de bienes

235 **Concepto** (LIVA art.9.1º) Se califican como entregas de bienes a título oneroso los autoconsumos. Con ello se trata de evitar consumos privilegiados, sin pago del IVA (autoconsumo externo) o el ejercicio de deducciones que no corresponden a la utilización real de los bienes (autoconsumo interno).
a) **Autoconsumo externo**. Trasciende a la unidad económica productiva, por cuanto tiene lugar cuando los bienes o servicios «salen» fuera del patrimonio empresarial o profesional, sin contraprestación alguna: por transferencia gratuita a terceros o por transferencia al patrimonio o consumo particular del sujeto pasivo. Está sujeto a tributación tanto en el caso de bienes como en el de servicios.
b) **Autoconsumo interno**. No trasciende al exterior de la unidad económica y se produce:
- Cuando determinados bienes, sin «salir» del patrimonio empresarial o profesional, se afectan, dentro de él, a una actividad o a un sector de actividad, en la que se atribuye un **derecho a la deducción de las cuotas soportadas diferente** al correspondiente a la actividad a la que inicialmente se afectó el bien adquirido.
- Cuando el bien que forma parte del **circulante** de la empresa cambia su afectación para ser utilizado en la misma como bien de inversión, salvo en el caso en que al sujeto pasivo se le hubiera atribuido el derecho a deducir íntegramente las cuotas del IVA que hubiese soportado en el caso de adquirir a terceros bienes de idéntica naturaleza. Solo se sujeta a tributación el de bienes, no el de servicios (nº 260 s.).
Por otra parte, hay que tener en cuenta que, para evitar sobreimposiciones, determinados autoconsumos se declaran **no sujetos** al IVA (nº 325 s.).

239 **Clases** (LIVA art.9.1º) Se comprenden en los autoconsumos de bienes:
a) Las **transferencias al patrimonio personal** del sujeto pasivo o a su consumo particular de bienes del patrimonio empresarial.
b) Las transferencias de bienes que integran el patrimonio empresarial o profesional, efectuadas **sin contraprestación**. Constituyen regalos o donaciones a terceros.
c) Los **cambios de afectación** de bienes corporales de un sector a otro diferenciado de la actividad empresarial o profesional, que no comporta modificación alguna en la titularidad jurídica de ese bien sino solo una decisión económico-empresarial. Se produce tan pronto como dicha decisión se adopta y ejecuta o implementa y no necesita de plazo alguno de consumación o de permanencia (TEAC unif criterio 18-12-19).
El gravamen de estas operaciones se justifica por la diferencia de porcentaje de deducción que se aplica en cada sector diferenciado (nº 2811). Así, el cambio de afectación de un bien del sector diferenciado A (prorrata 80%) al B (prorrata 20%), debe gravarse para que la cuota deducida finalmente por el empresario sea solo del 20% de la soportada en la adquisición.

241 **d)** La **afectación o el cambio de afectación** de bienes producidos, construidos, extraídos, transformados, adquiridos o importados en el ejercicio de la actividad empresarial o profesional del sujeto pasivo para su utilización como bienes de inversión. Se trata, en definitiva, de bienes de circulante que se afectan como bienes de inversión (p.e., adquisición de un inmueble para su venta, que posteriormente se destina al arrendamiento de viviendas o locales).

Se produce autoconsumo gravado cuando el empresario esté sometido a **prorrata** (nº 2715 s.) en el régimen de deducciones aplicable a su actividad, así como también en los casos de exclusión o limitación del derecho a la deducción que se mencionan más adelante. Solo en tales condiciones pueden producirse distorsiones de competencia de no gravarse por el impuesto el citado cambio de afectación. El autoconsumo solo se produce si la utilización final del bien no permite la deducción total.
Interesa añadir:
- el **cambio de afectación** ha de producirse en la propia actividad o dentro de un sector diferenciado determinado. No se trata de un cambio de afectación o trasvase de un sector diferenciado a otro, que se comprendería en la letra c) del nº 239;
- la **actividad** o sector en el que se produce el cambio debe estar sometido a prorrata inferior al 100%.

El autoconsumo de bienes se produce no solo cuando el empresario está sometido a prorrata **243**
en el momento de la afectación del bien como bien de inversión, sino también cuando, con posterioridad al inicio de su utilización y durante el período de regularización de deducciones, los bienes afectados se destinen a una finalidad que determine la **exclusión o limitación del derecho a la deducción**:
- utilización del bien en operaciones que limitan o excluyen el derecho a deducir (fabricación de un vehículo que se destina al uso de directivos);
- utilización en operaciones que no originan el derecho a la deducción (adquisición de un edificio para la venta que se destina al arrendamiento de viviendas);
- utilización exclusiva en operaciones que originan el derecho a la deducción, siendo aplicable la regla de prorrata general (promotor que destina una edificación como bien de inversión en una actividad con derecho a la total deducción, como el arrendamiento de locales, pero en el momento de la afectación o durante el período de regularización sobreviene la aplicación de prorrata para la total actividad del empresario o para el sector en el que se comprende el local: se construye un edificio que destina al arrendamiento de locales de negocio, cuando el empresario tiene prorrata 100%, pero después se produce una prorrata del 80%);
- realización de una entrega exenta que no origine derecho a la deducción (empresario, con prorrata 100%, que adquiere un local, lo arrienda y posteriormente lo vende sin renunciar a la exención).

Ejemplos **1)** Fabricante de cortinas y visillos que compra un inmueble para su **residencia habitual**, y utiliza varios juegos afectos a la actividad valorados en 1.500 €. Dicho fabricante minoró el importe correspondiente a dichos bienes en su cuenta de existencias, sin haber ingresado cantidad alguna en la cuenta corriente de la empresa. **244**
Esta operación es un autoconsumo de bienes, operación asimilada a una entrega de bienes a título oneroso. El fabricante traspasa, sin contraprestación alguna, bienes (cortinas y visillos) de un patrimonio empresarial a su patrimonio personal.
2) Un fabricante de prendas de vestir, con motivo de la **boda de un hijo**, ha confeccionado tanto el traje del novio como el de la madrina (su mujer) y el suyo propio. Dichos trajes han sido valorados en 3.000 €, habiéndose dado de baja en la cuenta de existencias de la empresa, sin ingresar cantidad alguna en la tesorería de la empresa.
Se trata de un autoconsumo de bienes, por ser una transferencia, sin contraprestación, de un bien del patrimonio empresarial al consumo particular del sujeto pasivo (traje para el fabricante). En relación con los trajes del hijo y la mujer, también son autoconsumos de bienes.
3) Un **editor de libros** ha decidido regalar determinados ejemplares de su fondo editorial a la biblioteca de un colegio. Dicho fondo editorial está valorado en 3.000 €.
Esta operación se considera una operación asimilada a una entrega de bienes a título oneroso, ya que es una transmisión del poder de disposición de bienes (libros) integrantes del patrimonio empresarial del editor, efectuada sin contraprestación (regalo).

4) Una empresa con prorrata 60% construye una **edificación** para su venta y posteriormente la destina a arrendamiento de locales. El IVA soportado ha sido 100.000 €. **245**
Construcción: IVA soportado, 100.000; IVA deducido, 60.000.
Autoconsumo: IVA autorrepercutido, 100.000; IVA deducido, 60.000. Esta cuota será objeto de regularización de acuerdo con la prorrata de los años siguientes.
Para evitar sobreimposiciones, el empresario podría deducir el IVA no deducido con ocasión de la construcción, 40.000 (LIVA art.102.Dos).
5) Un **arquitecto** se dedica, no solo a su actividad profesional como tal (prorrata al 100%), sino también al arrendamiento de viviendas y locales de negocio, cuya prorrata es del 45%. El 4-7-20X0 adquiere un ordenador que le costó 6.000 €, soportando una cuota de IVA de 1.260 € (tipo aplicado 21%), que afectó a su actividad de arquitecto. En el año 20X2 lo afecta al sector de arrendamientos.

Se produce un cambio entre sectores diferenciados, teniendo en cuenta que la actividad profesional de arquitecto (Grupo CNAE: 71.1) tiene prorrata 100% y la actividad de arrendamiento (Grupo CNAE: 68.2) tiene prorrata 45%, por tanto, se cumplen los requisitos que delimitan la existencia de los sectores diferenciados: grupo diferente en la CNAE y diferir las prorratas en más de 50 puntos porcentuales (100 - 45 = 55).
Consecuentemente, se produce un autoconsumo de bienes, debiendo el arquitecto «autorrepercutir» IVA. Dicha cuota repercutida es deducible en el sector de arrendamientos en su porcentaje de prorrata. Es decir, si por ejemplo, el valor del mercado del ordenador en el año 20X2 fuera 3.600 €; 3.600 € × 21% = 756 €. En el sector de arrendamientos es deducible el 45% de 756 € = 340,20 €.
Todo lo anterior se realiza sin perjuicio de la regularización, que en este caso es cero:

$$\frac{1.260 € - 1.260 €}{5} \times \frac{3}{5} = 0 \text{ (LIVA art.110.uno.1º)}$$

246 6) Un empresario individual realiza las **actividades económicas** que se enumeran a continuación:

Actividad económica	CNAE-2025 (tres dígitos)	Volumen de operaciones del año anterior (en millones de euros)	Prorrata de deducción
Fabricación de máquinas de oficina y equipos informáticos.	28.2	9,02	100%
Alquiler de máquinas y equipos informáticos	77.3	0,24	100%
Comercio al por menor de carnes (en recargo de equivalencia)	47.2	0,30	-
Alquiler de viviendas.	68.2	1,20	0%
Alquiler de locales.	68.2	1,20	100%

247 Para establecer el número de **sectores diferenciados** que existen y las actividades que se incluyen en cada uno, el procedimiento a seguir es el siguiente:
1º Se separan las **actividades** que son sectores diferenciados en todo caso, esto es, en el supuesto, la actividad de comercio al por menor sujeta al régimen especial del recargo de equivalencia (actividad 3).
2º El **resto de sectores** de actividad se determina así:
a) Se diferencian las que tengan grupos distintos de la CNAE.
b) Se calcula el porcentaje de prorrata que corresponde a cada actividad, como si fuera la única que ejerciera el empresario.
c) Se determina el volumen de operaciones de cada una.
Según este procedimiento, resulta que:
- La actividad 1 es la actividad principal (mayor volumen de operaciones). No hay ninguna actividad accesoria a esta, pues ninguna contribuye a su realización.
- La actividad 2 se integra en el sector constituido por la actividad principal ya que, si bien le corresponde grupo distinto en la CNAE (77.3), sus prorratas no se diferencian en más de 50 puntos porcentuales.
- Las actividades 4 y 5 se incluyen en un solo grupo de la CNAE (68.2), luego se ha de recalcular su prorrata: 1,20/2,40 = 50%; por tanto, dado que no difiere más de 50 puntos porcentuales de la de la actividad principal, integra el sector de esta.
Resultan los siguientes sectores de actividad:
Sector 1º Actividad 3: comercio al por menor.
Sector 2º Actividades 1, 2, 4 y 5.
En estas condiciones, si se desafecta un bien del sector 2º para afectarlo al sector 1º, se produce un supuesto de autoconsumo de bienes. Por ejemplo, un ordenador cuyo coste en el año 20X0 fue de 3.600 € y la cuota de IVA al 21% de 756 € y que en el año 20X3 se transfiere del sector 2º al sector 1º, siendo su valor de mercado 1.800 €. Debe autorrepercutirse una cuota de 378 € (1.800 × 21%).

249 Doctrina Administrativa Además de las siguientes contestaciones de la DGT, ver nº 11000 s.
A. Transferencias del patrimonio empresarial al personal o consumo particular.
1) Un **taxista** jubilado que ha traspasado el vehículo afecto a su actividad empresarial a su patrimonio personal, habiéndose deducido la cuota de IVA soportada en su adquisición (DGT CV 14-10-20).
2) Un productor de energía eléctrica mediante **placas fotovoltaicas** instaladas en su vivienda, que tiene la consideración de empresario o profesional a efectos del IVA, realiza una operación asimilada a entregas de bienes a título oneroso por la energía que produce con dichas placas y que destina al consumo propio (DGT CV 25-3-13). Lo mismo ocurre con una comunidad de regantes va a construir una planta fotovoltaica que va a utilizar para el consumo propio de energía eléctrica, vendiendo el excedente no consumido en el mercado, realiza un autoconsumo de bienes sujeto al IVA por la energía producida con sus placas y destinada al consumo propio (DGT CV 10-12-19).

3) La matriculación de **vehículos a nombre de la fabricante** para atender las necesidades de la misma en los desplazamientos que realizan sus empleados (DGT 14-10-86), al igual que el traspaso de unos vehículos al **patrimonio personal** de los socios, siempre que se haya deducido las cuotas soportadas y aunque la entidad esté inactiva (DGT CV 20-8-21; CV 10-9-25).

4) Una entidad ejercía su actividad económica de salas de exhibición cinematográficas en un local arrendado en el que efectuó **obras de acondicionamiento** y de inversión en inmovilizado. Tras el cese en la actividad, se produjo la rescisión del arrendamiento y la inversión de acondicionamiento del local queda a beneficio de su propietario sin que la entidad tuviera derecho a recibir compensación alguna. Asimismo, los restantes bienes de inversión, no instalaciones permanentes, fueron transferidos por la entidad a su patrimonio personal. Tanto la entrega gratuita al arrendador como la transferencia al patrimonio personal efectuadas por la entidad son operaciones de autoconsumo (DGT CV 26-11-08; CV 3-4-20; CV 23-11-22).

5) Si el **cese en el ejercicio de la actividad** empresarial o profesional determina la transferencia de bienes integrantes del patrimonio empresarial o profesional al personal, se produce un autoconsumo de bienes (DGT CV 20-10-09; CV 8-7-15). En el mismo sentido, cuando se cesa en la actividad de **promoción inmobiliaria** y se transfieren las viviendas terminadas y pendientes de venta del patrimonio empresarial al patrimonio personal del empresario (DGT CV 30-1-12).

6) La entrega de un inmueble por una promotora inmobiliaria a su socio único en concepto de **dividendo en especie** es un autoconsumo sujeto (DGT CV 16-12-09).

7) Cuando un sujeto pasivo (empresario de la construcción) adquiere un **terreno** con el solo objeto de utilizarlo para fines privados, pero edifica en él en el marco de su actividad profesional una **vivienda para ocuparla el mismo empresario**, debe considerarse que únicamente la casa, no el terreno, es objeto de autoconsumo para necesidades privadas. La base imponible va a ser, por consiguiente, exclusivamente el valor del edificio construido, pero no el valor del terreno, sobre la que se aplicará el tipo impositivo reducido (DGT CV 13-12-11).

B. Transferencias del patrimonio empresarial sin contraprestación. **250**

1) Se consideran como operaciones realizadas sin contraprestación a efectos del IVA aquellas en las que se fija una **contraprestación meramente simbólica** o desproporcionadamente inferior al valor de mercado, como ocurre con las entregas de pan efectuadas por un panadero a sus empleados, tanto si se realizan a título oneroso o gratuito (DGT 5-2-01), como con la adquisición de papeletas de lotería de un promotor inmobiliario que dan derecho al sorteo de una vivienda (DGT CV 28-5-10). No obstante, ver TJUE 20-1-05, asunto C-412/03 en el nº 266.

2) Una empresa dedicada a la realización de ensayos clínicos para la industria farmacéutica necesita comprar unas **agendas electrónicas** que son distribuidas entre los médicos investigadores y los pacientes que deciden participar en los ensayos clínicos. Esas agendas en principio deben ser devueltas a la empresa cuando finalicen los ensayos clínicos, aunque existe la posibilidad de que en ese momento se las queden los médicos o pacientes, siendo en tal caso objeto de una entrega a título gratuito y un supuesto de autoconsumo externo sujeto (DGT 20-9-04).

3) Un empresario realiza la **transmisión a su cónyuge del 50% de un local** comercial, adquirido por él antes del matrimonio, sin contraprestación a cambio. Se trata de una entrega de bienes a título gratuito, aunque a efectos del impuesto se considera asimilada a las entregas onerosas, sujeta (DGT CV 15-12-08).

4) Están sujetas las **entregas de parcelas a favor de unos hijos** a título de donación por unos padres, las cuales previamente habían sido urbanizadas por aquellos para su venta o cesión (DGT CV 6-6-08).

5) Una promotora inmobiliaria adquirió un inmueble para realizar una nueva promoción de viviendas. Cuando se realizaron los primeros trabajos aparecieron **restos arqueológicos**, por lo que el ayuntamiento obligó a la promotora a cederle el subsuelo con los restos arqueológicos y accesos al mismo sin retribución alguna. Se trata de una entrega de bienes a título gratuito pero que, a efectos del impuesto, se considera asimilada a las entregas onerosas, de modo que se encuentra sujeta (DGT CV 7-7-08).

6) Si una entidad dedicada habitualmente a la **fabricación de labores de tabaco** puede deducir las cuotas soportadas en dicho proceso de producción, la posterior entrega gratuita de dichas labores a los trabajadores son operaciones de autoconsumo sujetas. Si se produce la adquisición o devolución de tabaco de una empresa del grupo para su posterior entrega directa a los trabajadores, hay que distinguir:

- el tabaco que se adquiere **no** se incorpora al **tráfico habitual** de su actividad comercial, sino que se adquiere exclusivamente para ser entregado de forma gratuita a los trabajadores, jubilados o prejubilados: las entregas efectuadas a título gratuito por la entidad a sus trabajadores no están sujetas;
- el tabaco que se adquiere se incorpora al **tráfico habitual** de su actividad comercial, sin que pueda identificar qué parte se va a destinar a la entrega a sus trabajadores, jubilados o prejubilados y cuál a su venta a terceros: las entregas posteriores efectuadas a título gratuito a sus trabajadores están sujetas en concepto de autoconsumo (DGT CV 27-3-09).

7) La **entrega gratuita de alimentos** por las empresas productoras de productos alimenticios a una entidad están sujetas, siempre que la empresa productora se haya podido deducir total o parcialmente el Impuesto soportado en su adquisición (DGT CV 16-7-14). No obstante, ver en estos casos lo dispuesto en nº 2370.

8) Desde un **almacén fiscal de hidrocarburos (combustibles)** se comercializan y suministran productos para instalaciones fijas fuera del régimen suspensivo de los Impuestos especiales. Está sujeto el suministro de carburante a los vehículos propios de la titular del almacén en su instalación de autoconsumo (DGT CV 16-9-10).

251 **9)** Se lleva a cabo la construcción de unas **obras hidráulicas**, las cuales posteriormente han sido cedidas a la concesionaria del dominio público hidráulico. Si las referidas instalaciones se corresponden con elementos incluidos en la concesión administrativa de dominio público hidráulico, su cesión a la entidad concesionaria y su posterior reversión a la Administración por esta como consecuencia de la extinción de la concesión administrativa constituyen operaciones no sujetas al IVA. No obstante, si las instalaciones no se encuentran afectadas al dominio público hidráulico o no forman parte de los elementos en que se concreta la concesión administrativa, considerando que se realiza la cesión gratuita de las instalaciones al margen del régimen de la concesión administrativa y dichas instalaciones forman parte de su patrimonio empresarial, la cesión va a ser realizada en el ámbito de su actividad empresarial, constituyendo una cesión gratuita de las instalaciones y una operación sujeta al IVA (DGT CV 9-6-11).

10) El **suministro de agua** que pueda ser efectuado por un ayuntamiento, con independencia de cuál sea la naturaleza de la contraprestación exigida por ello (precio privado, precio público o tributo), incluso aunque no se perciba contraprestación alguna (gratuito), está sujeto (DGT CV 7-7-11).

11) Una entidad promotora de un parque tecnológico va a transmitir a título gratuito la construcción de **canalizaciones de gas** natural ubicadas en la finca urbana de su propiedad. En la medida en que este hubiera deducido el Impuesto soportado por la construcción de las instalaciones, su entrega gratuita va a constituir una operación de autoconsumo sujeta (DGT CV 23-2-12).

12) Una **sociedad mercantil íntegramente participada** por un ayuntamiento es el instrumento de gestión directa de los servicios urbanísticos de competencia municipal. La sociedad va a suscribir un convenio con una fundación en virtud del cual va a promover un edificio de oficinas y viviendas en un solar de su propiedad. La sociedad aportará gratuitamente a la fundación uno de los locales y transcurridos treinta años el resto. La entrega gratuita del inmueble por parte de la sociedad es un autoconsumo sujeto (DGT CV 8-5-09).

13) La normativa del IVA no establece expresamente un criterio preciso para determinar el momento del **devengo** del Impuesto en las transferencias de bienes del patrimonio empresarial del sujeto pasivo a su patrimonio personal. No obstante, cuando el **cese en el ejercicio de la actividad** empresarial o profesional determinase la transferencia de los bienes integrantes del patrimonio empresarial o profesional del sujeto pasivo a su patrimonio personal o la transmisión gratuita de los mismos, va a ser de aplicación lo establecido en la LIVA art.9.1º y, en consecuencia, se debe entender producida la entrega de bienes que supone la referida transferencia o transmisión de bienes y devengado el Impuesto correspondiente (DGT CV 9-9-14).

252 **14)** Un autónomo dedicado a la actividad de administración de fincas está dado de alta en la misma desde el 1-1-20X1. El cónyuge, con quien convive en **régimen de gananciales**, estuvo desarrollando la misma actividad hasta el 31-12-20X0 en el mismo local, con el mismo inmovilizado y con las mismas instalaciones, produciéndose una sucesión en la actividad de facto por motivos meramente económicos. Tratándose de bienes gananciales y siendo ejercida la actividad empresarial y profesional por los cónyuges y no por la sociedad de gananciales, no se produce la transmisión del poder de disposición de un cónyuge a otro, por lo que no existe ninguna operación sujeta (DGT CV 8-2-16).

15) Una sociedad dedica a la elaboración y embotellado de vinos realiza **entregas gratuitas a clientes** potenciales, en concreto, una caja de tres o seis botellas de vino, siendo las botellas idénticas a las que la empresa vende. La entrega sin contraprestación constituye una operación asimilada a una entrega de bienes sujeta y no exenta, teniendo que expedir la oportuna factura y consignar el importe de la cuota devengada correspondiente en la declaración-liquidación periódica del IVA (DGT CV 1-3-16).

16) Una Entidad Pública Empresarial actúa como administradora general de las **infraestructuras ferroviarias** y, por obligación legal, debe ejecutar y financiar la supresión de los pasos a nivel existentes sustituyéndolos por pasos a distinto nivel. Para ello, va a subcontratar con una entidad mercantil la realización de las obras de construcción de los nuevos pasos a distinto nivel, viales y sus accesos, los ha de recepcionar y posteriormente entregarlos a los actuales propietarios de los pasos a nivel que se van a eliminar. En algunos supuestos previstos legalmente, los destinatarios han de sufragar también una parte de los costes de las obras junto con la Entidad Pública. Las entregas de las infraestructuras van a tener la consideración de un autoconsumo de bienes y se han de considerar operaciones asimiladas a una entrega de bienes a título oneroso (DGT CV 13-3-24).

17) Un organismo de una comunidad autónoma ha ejecutado tanto la obra de un nuevo módulo de pacientes externos de un hospital de su ámbito autonómico como las **infraestructuras de suministro eléctrico** necesarias para dicho centro. Esta infraestructura eléctrica, en virtud de la normativa sectorial urbanística y eléctrica, al tener la consideración de nueva extensión de la red de distribución eléctrica, debe ser cedida gratuitamente a la empresa distribuidora de energía eléctrica de la zona para su explotación y mantenimiento pudiéndose conectar a la misma cualquier tercero que lo solicite. Dicha cesión tiene la consideración de entrega de bienes y, al ser de carácter gratuito, se considera una operación asimilada a las entregas de bienes a título oneroso sujeta y no exenta (DGT CV 3-2-25).

18) La entrega gratuita de un apartamento por un **promotor-constructor** a un ayuntamiento constituye un autoconsumo de bienes sujeto (DGT CV 3-10-25).

C. Cambios de afectación. 253

1) El cambio de afectación de los inmuebles promovidos a **sectores diferenciados**, en concreto, del sector «promoción» al sector diferenciado «arrendamiento», da lugar a la realización de un autoconsumo de bienes sujeto y no exento (DGT CV 19-11-21; CV 8-5-23). No obstante, la promoción de viviendas para destinarlas a la venta, adjudicación o cesión, a través de **contratos de arrendamiento con opción de compra** en los que se deduzca claramente que la intención del promotor es realizar dicha venta, adjudicación o cesión, no procede el gravamen por autoconsumo (DGT CV 13-11-09; CV 26-3-19).

2) La **no** existencia de **sectores diferenciados** de actividad supone que se produzca el autoconsumo previsto en LIVA art.9.1º.d (DGT CV 14-2-23).

D. Operaciones en las que no se aplica la regla de autoconsumo. 254

1) En los supuestos en que en una misma operación y por precio único se proceda a la **transmisión de bienes de distinta naturaleza**, se consideran realizadas a título oneroso la totalidad de las transmisiones efectuadas, con independencia de que, con fines de promoción de ventas, se ofrezcan al público parte de los productos entregados como regalo por la adquisición de los restantes que constituyen el objeto de la operación, ya que están sujetas todas las entregas de los bienes ofrecidos por **precio único** (DGT 24-6-87). Esto ocurre cuando se pacta con el distribuidor que junto con la venta de determinado tipo de móviles, a los primeros 500 compradores se les va a entregar de forma adicional una serie de artículos adicionales (tableta, cargador y funda), constituyendo una única operación a título oneroso (DGT CV 23-12-25).

2) Las variaciones en la composición de los sectores diferenciados de la actividad empresarial quedan fuera del autoconsumo cuando por imperativo de la **modificación normativa** producida en la CNAE (DGT 2-12-93).

3) El **cambio de afectación** no está sujeto como autoconsumo en los siguientes casos:

- de una finca que estaba contabilizada como existencias a bien de inversión, cuando de haberse adquirido un bien de idénticas características a terceros el IVA soportado hubiera sido completamente deducible (DGT CV 7-7-08);
- cuando el titular de una explotación agrícola y ganadera afecta un tractor (bien de inversión) inicialmente en un 50% a cada una de las actividades desarrolladas y, posteriormente, lo afecta en exclusiva a la actividad agrícola. No se produce por tanto un cambio de afectación de bienes corporales de un sector de actividad a otro diferenciado, sino que se deja de usar un bien corporal en común en dos sectores diferenciados para afectarlo de forma exclusiva a uno solo de ellos (DGT CV 6-11-17).

4) La entrega de productos adicionales a los que conforman un determinado pedido como consecuencia de un sistema de descuentos, no constituye una operación realizada sin contraprestación, sino un **rappel o descuento** por volumen de ventas concedido de forma simultánea a la realización de estas (DGT CV 7-7-08).

5) La aplicación por imperativo normativo de una exención para determinar el precio final de suministro de **electricidad** hasta un determinado consumo, y/o un **precio cero** en el término de potencia hasta una determinada potencia contratada, se efectúa a título oneroso, estando su contraprestación comprendida en el precio global satisfecho por el destinatario de la energía eléctrica, por lo que no existe autoconsumo (DGT CV 8-5-09). En el mismo sentido en relación con la aplicación de la tarifa reducida del denominado **bono social** (DGT CV 19-10-09).

6) El **consumo del propio combustible** obtenido por una fábrica de biodiésel y utilizado para la producción de más biodiésel no se corresponde con ninguno de los supuestos previstos en la norma del impuesto a efectos del autoconsumo (DGT CV 13-7-11).

7) Se propone el **arrendamiento de una parte de la finca rústica** a un tercero para su explotación agraria, lo cual no genera derecho a la deducción en la medida en que es una operación sujeta y exenta al Impuesto (LIVA art.20.uno.23º). El cambio de afectación de parte de la finca a la actividad de arrendamiento, que venía siendo exclusivamente dedicada a su explotación (sujeta y no exenta), supondría la realización de una operación de autoconsumo, dado que se trata de actividades distintas y tienen distinto régimen de deducción (LIVA art.9.1º.c) (DGT CV 27-10-15).

8) Dedicado a dos actividades diferentes, una agrícola y otra una explotación intensiva de ganado bovino de leche, para cuya explotación **utiliza una parte de producción agrícola** de maíz, ha de tributar en IVA por el régimen general. La utilización del maíz obtenido en la explotación agrícola para su uso y consumo en la explotación ganadera no supone un autoconsumo de bienes (DGT CV 27-4-20).

Jurisprudencia **1)** La normativa de la UE define el autoconsumo de bienes como la aplicación de un bien por un sujeto pasivo a las **necesidades de su empresa** y no a una modificación legislativa que suprime el derecho a optar por la tributación de una operación económica en principio exenta (TJUE 29-4-04, asuntos C-487/01 y C-7/02). 255

2) Constituyen **autoconsumo de bienes** los siguientes:
- una entidad dedicada a la **venta de hidrocarburos** a través de una red de estaciones de servicios y también directamente a consumidores finales o distribuidores, adquiere determinadas instalaciones (tanques, surtidores, marquesinas) que son cedidas gratuitamente. Aunque no puede entenderse que exista autoconsumo de servicios respecto a dichas instalaciones (nº 260), una vez que terminen las relaciones comerciales, y dado que los elementos cedidos no se devuelven, implica su consideración como autoconsumo de bienes, sin que pueda admitirse que tiene carácter accesorio (TEAC 9-10-07);
- la entrega de gasoil que el **ganadero integrador** efectúa al integrado, ya que se realiza con fines ajenos a la empresa, al no estar contemplado dicho suministro entre las obligaciones contractuales de las partes (TEAC 10-2-09);
- un cambio de existencias a inmovilizado del inmueble en la contabilidad, poniéndose de manifiesto la intención de modificar el uso y se están iniciando actividades en el **sector diferenciado del arrendamiento**, afectando el edificio a ese sector diferenciado (TEAC 21-7-09), a diferencia de lo que ocurre cuando las viviendas pasan del sector de promoción inmobiliaria al de arrendamiento con opción de compra de viviendas, cuya entrega estuviese sujeta y no exenta (TEAC 20-1-22);
- la **cesión gratuita a un ayuntamiento de un edificio** terminado por dos entidades mercantiles, en sustitución de la obligación de cesión de suelo correspondiente al aprovechamiento de un sector (TS 26-1-12, EDJ 7113);
- las **entregas gratuitas de mobiliario de terraza** y otros objetos (vasos, copas, servilletas, servilleteros, etc.), realizadas por una empresa cervecera a establecimientos de hostelería, sin perjuicio de la no sujeción al IVA prevista en nº 325 (TS 15-6-13, EDJ 134396);
- la ocupación por un municipio por primera vez de un **inmueble** que ha encargado construir en un terreno de su propiedad y que va a utilizar en un 94% de su superficie para sus **actividades como autoridad pública** y en un 6% de su superficie para sus actividades empresariales, de las cuales un 1% corresponde a prestaciones exentas que no dan derecho a deducción. La utilización posterior del inmueble solo puede dar derecho a deducción del impuesto pagado por la afectación en la proporción correspondiente a su utilización para las necesidades de operaciones gravadas (TJUE 10-9-14, asunto C-92/13); y
- la **cesión a título gratuito del calor** producido por un empresario a otros empresarios para las necesidades de sus actividades económicas, con independencia de que estas generen o no el derecho a deducir el IVA soportado. Para calcular el precio de coste del calor transmitido, se incluyen no solo los costes directos de fabricación, sino también los costes indirectos, como los de financiación, con independencia de que estos costes hayan sido gravados o no con el IVA (TJUE 25-4-24, asunto C-207/23).

256 **3) No** constituye **autoconsumo de bienes** los siguientes:
- el hecho de que los bienes objeto de un contrato de **arrendamiento financiero** continúen en poder del arrendatario después de la resolución del contrato (producida por culpa de este), a pesar de las actuaciones de la sociedad de leasing encaminadas a recuperar los bienes y a pesar de la inexistencia de toda contrapartida derivada de la resolución del contrato (TJUE 17-7-14, asunto C-438/13);
- la entrega gratuita por un empresario de las **obras de ampliación de una carretera municipal** al municipio, cuando los gastos no excedan de lo necesario para permitir al empresario realizar sus operaciones económicas gravadas y siempre que el coste correspondiente a dichos gastos esté incluido en el precio de esas operaciones, teniendo derecho a deducir el IVA soportado por los citados gastos (TJUE 16-9-20, asunto C-528/19); y
- la concesión de un «regalo» como contrapartida por la suscripción de un abono a **publicaciones periódicas**, ya que constituye una prestación accesoria a la prestación principal (TJUE 5-10-23, asunto Deco Proteste C-505/22).

257 **4)** En el autoconsumo de bienes por afectación o, en su caso, cambio de afectación de bienes del circulante para su utilización como bienes de inversión solo existe afectación a un destino o a un uso si hay una **utilización efectiva** en ese destino o uso. La finalidad de este hecho imponible es la de corregir aquellos hechos que pueden producir distorsiones en la normal aplicación del IVA, de manera que una interpretación razonable de la norma no puede prescindir de este hecho y de que esa posible distorsión solo se produce por la efectiva utilización de un bien como bien de inversión y no por la simple intención de destinarlo a este uso (TEAC 8-10-08).
5) Ver TJUE 27-4-99, asunto C-48/97 en el nº 73 y TJUE 20-1-05, asunto C-412/03 en el nº 266.
6) La aplicación a las necesidades de una actividad económica exenta del IVA de unos **campos propiedad del sujeto pasivo** y que ha hecho transformar por un tercero puede ser gravada con el IVA (como autoconsumo de bienes) tomando como base imponible la suma del valor del suelo sobre el que se asientan tales campos y el coste de la transformación de los mismos, siempre que el sujeto pasivo no haya pagado aún el IVA correspondiente a ese valor y a esos costes y que a dichos campos no le resulte de aplicación exención alguna (TJUE 8-11-12, asunto C-299/11).

2. Autoconsumo de servicios

Concepto (LIVA art.12) Se consideran operaciones asimiladas a prestaciones de servicios a título oneroso los autoconsumos de servicios. Tienen tal consideración las siguientes operaciones realizadas **sin contraprestación**: 260

a) Las **transferencias de bienes y derechos**, no comprendidas en los supuestos de autoconsumo de bienes (nº 235), del patrimonio empresarial o profesional al patrimonio personal del sujeto pasivo.

b) La aplicación total o parcial al **uso particular** o a fines ajenos a su actividad, de los bienes integrantes del patrimonio empresarial o profesional.

c) Las restantes prestaciones de servicios a título gratuito (ver nº 263), que se realicen para **fines ajenos** a los de una actividad empresarial o profesional.

A diferencia de lo regulado en el autoconsumo de bienes (nº 235 s.), en el de servicios no se grava nunca el interno de la propia empresa, recayendo siempre la imposición sobre **autoconsumos externos.**

Para evitar **sobreimposiciones**, determinados autoconsumos de servicios que cumplen con los requisitos que determinan la calificación de prestación de servicios a título oneroso, se declaran no sujetos al IVA (nº 325).

Precisiones 1) Los servicios a título gratuito realizados para **fines propios de la actividad** empresarial o profesional de quien presta los citados servicios, no están sujetos.

2) No resulta procedente someter a gravamen en el IVA, en concepto de autoconsumo de servicios, las siguientes prestaciones de servicios realizadas por los **fabricantes o distribuidores de bebidas** para los empresarios que las comercializan:

a) La cesión de instalaciones para **expender bebidas o productos alimenticios**, tales como grifos, sistemas de mezcla de los distintos jarabes con gas carbónico y agua, máquinas de «vending» y demás elementos a través de los cuales se ultiman los procesos de producción necesarios para que los productos en cuestión lleguen a los consumidores finales en adecuadas condiciones de consumo.

b) La cesión de instalaciones o máquinas tales como arcones frigoríficos y neveras para la exposición y venta de bebidas, así como, en general, los elementos con los que se **conservan los productos o bebidas** para que no se deterioren hasta su entrega al cliente final.

c) La cesión de **rótulos** o de **objetos publicitarios** en los que se consigna de forma principal el nombre o marca de la bebida o producto a comercializar.

No cabe, por consiguiente, someter a tributación la realización de las **cesiones a título gratuito** reseñadas, las cuales no pueden considerarse en ningún caso como limitativas del derecho a la deducción, ni pueden perjudicar el nacimiento y el ejercicio del citado derecho por parte de las empresas que las realicen (DGT Resol 5/2004). En el mismo sentido. DGT CV 14-2-05.

Ejemplos 1) Un abogado de Sevilla realiza un **asesoramiento** a un amigo suyo en relación con la compra de un piso. El abogado no cobra minuta alguna a su amigo. 261

Se trata de una operación asimilada a prestación de servicios a título oneroso en concepto de autoconsumo.

2) Un empresario de hostelería que posee un **hotel** en Pontevedra y otro en Valencia utiliza durante varios días, para él y su familia, tres habitaciones en el hotel de Valencia para asistir a una **boda familiar**. El citado empresario no abonó cantidad alguna por dicha estancia.

Es un autoconsumo de servicios, operación asimilada a una prestación de servicios a título oneroso, dado que el empresario aplica las habitaciones a su uso particular o a fines ajenos a su actividad empresarial.

Doctrina Administrativa Además de las siguientes contestaciones de la DGT, ver nº 11000 s. 263

1) Constituyen **autoconsumos de servicios** a efectos del IVA:

- el servicio gratuito a personas que poseen un pase o título de libre **acceso a espectáculos** (DGT 25-4-86);
- las **invitaciones** o servicios sin cargo prestadas por **restaurantes** (DGT 13-5-87), así como un salón de apuestas a sus clientes (DGT CV 12-11-24);
- los servicios que presta a sus asociados a título gratuito una asociación que tiene la condición de empresario a efectos del IVA, relativos a la gestión de la obtención de **subvenciones públicas** (DGT 18-2-00);
- la confección sin contraprestación de **declaraciones del IRPF** efectuada por empresarios o profesionales (DGT 21-12-00). En el mismo sentido, el servicio que presta un **abogado** a título gratuito, salvo que estemos ante un beneficiario de la asistencia jurídica gratuita (DGT CV 20-10-21). Sin embargo, aquellos servicios en los que la remuneración está condicionada al resultado del pleito y finalmente no se percibe cantidad alguna en concepto de honorarios, estaríamos ante la provisión de un servicio que sirve primordialmente a los fines de la empresa y que, por lo tanto, no puede calificarse de autoconsumo (DGT CV 19-12-18);

- las reparaciones, con aportación de materiales, efectuadas por el personal dependiente de un empresario dedicado a la **albañilería** en su **vivienda propia** habitual, dado que satisfacen necesidades privadas (DGT CV 5-11-08);
- la constitución de un **usufructo** temporal sobre un local afecto a una actividad empresarial de una comunidad de bienes (DGT CV 8-10-09), así como la cesión gratuita del usufructo del edificio a su propia fundación mediante un convenio de colaboración (DGT CV 14-2-24);
- la entrega por un **club de fútbol de abonos gratuitos** a abonados en situación de desempleo (DGT CV 10-5-10);
- la cesión gratuita de un **estadio de fútbol** para su utilización por un tercero por parte del cedente (ayuntamiento) (DGT CV 17-3-14);
- el **arrendamiento gratuito** de un local por una persona física a una sociedad de la que es socio mayoritario (DGT CV 2-8-10); por unos padres a su hija (DGT CV 7-2-20), así como con un **contrato de uso a precario** de quince días a un mes de duración al amparo del Código Civil (DGT CV 25-2-20);

263.1 - la **cesión gratuita de un local** comercial a una ONG, en la medida en que se hubiera atribuido a la cedente el derecho a deducir las cuotas del IVA soportadas en su adquisición (DGT CV 10-7-13), por dos cónyuges a su hija, habiendo estado dicho local previamente arrendado (DGT CV 20-10-14; CV 6-3-15) o a su pareja de forma gratuita (DGT CV 30-10-20). En el mismo sentido, la cesión gratuita de una parte del local que constituye el despacho profesional del abogado cedente (DGT CV 23-6-16);
- la **renuncia** por el arrendador de un inmueble al cobro de una cantidad exigible por contrato y la cesión el inmueble de manera gratuita. Debe repercutir el IVA en los meses de carencia en los que no se satisface la renta pactada por el arrendamiento (DGT CV 23-11-22);
- la cesión del uso de un **aparcamiento** sin contraprestación a una empresa de trabajadores con discapacidad en virtud de una obligación asumida con un ayuntamiento, salvo que la cesión gratuita resulte no sujeta en aplicación del LIVA art.7.10 (DGT CV 4-1-19);
- la prestación del servicio de **asesoramiento de inversiones**, ya sea en la modalidad independiente o dependiente, realizada a título gratuito (DGT CV 12-2-19; CV 17-9-19; CV 4-12-19);
- la **descarga gratuita en PDF de una revista**, cuando tenga la consideración de prestación de servicios por vía electrónica, como consecuencia de una campaña promocional para la captación de futuros clientes (DGT CV 23-9-20);
- la prestación del **servicio de hospedaje** de forma gratuita realizada por una fundación a determinados residentes -familiares de personas tratadas en un centro oncológico- (DGT CV 10-2-21);
- la transmisión de una **concesión administrativa** realizada a título gratuito para la construcción y explotación de un planetario antes de la construcción de la edificación por una UTE a una entidad con los mismos socios (DGT CV 10-12-24);
- la cesión gratuita de **vehículos** a favor de los potenciales adquirentes de los vehículos que han efectuado un pago a cuenta para la adquisición, y durante el plazo necesario para obtener la financiación y formalizar la transmisión definitiva (DGT CV 15-9-25);
- la cesión gratuita de un **negocio** para su utilización por un tercero (DGT CV 2-8-07); y
- la cesión sin contraprestación de los **apartamentos turísticos**, con prestación de servicios hoteleros, por un periodo de tiempo a los inversores (DGT CV 21-9-23).

Los servicios citados en los guiones anteriores solo están sujetos al IVA si se realizan para **fines ajenos a la actividad** empresarial o profesional de quien los presta.

263.2 2) **No constituyen autoconsumos de servicios** a efectos del IVA:
- los **descuentos de restaurantes** a sus clientes, incluso si se efectúan mediante determinados servicios sin cargo (DGT 13-5-87);
- la prestación del servicio de **transporte de los empleados** de una empresa desde sus domicilios a la fábrica, sin cobrar cantidad alguna, asumidos por convenio colectivo (DGT CV 30-4-09), al igual que cuando la ubicación del centro de trabajo, su distancia al municipio más cercano y la inexistencia de medios de transporte públicos adecuados aconsejan su prestación (DGT CV 30-10-09);
- la cesión de **equipos médicos** para utilizar los consumibles (reactivos) usados en las pruebas médicas realizadas por los fabricantes o distribuidores de consumibles y equipos médicos (DGT CV 3-5-06);
- los trabajos de arquitectura que se destinan por un **arquitecto** al desarrollo de una actividad de promoción de edificaciones que realiza simultáneamente (DGT CV 4-10-07; CV 13-10-20);
- los servicios de **defensa jurídica** que, en el ejercicio de su profesión de abogado y sujeto pasivo del IVA, se presta a sí mismo, tanto en relación con una reclamación de honorarios profesionales no pagados por un cliente (DGT CV 31-8-07: CV 16-5-25), como en relación con un procedimiento judicial ante un organismo público, habiendo sido este último condenado en costas (DGT CV 4-7-25).

Asimismo, los **servicios de abogacía** por los que no recibe contraprestación de su cliente cuando no prospera la acción judicial ejecutada («**cuota litis**») parecen tener por finalidad la promoción de su actividad profesional, por cuanto que contribuyen a la obtención y a la fidelización de nuevos clientes, satisfaciendo sus necesidades privadas (DGT CV 23-6-20);

- los servicios que se presta a sí mismo un **taller** por la reparación de un vehículo de su propiedad afecto a la actividad empresarial (DGT CV 13-8-19; CV 25-5-21);
- la **gestión de cobro** de créditos propios por una entidad mercantil (DGT CV 16-8-21; CV 13-6-22);
- los servicios efectuados a título gratuito por una **fundación** que respondan al cumplimiento de sus fines (DGT CV 15-6-09), como ocurre cuando directamente están relacionados con la práctica del **deporte**: servicios mensuales de formación de entrenadores, organización de entrenamientos de baloncesto para niños con riesgo de exclusión social, cesión gratuita de instalaciones para celebración de competiciones deportivas (DGT CV 3-4-19); 263.3
- la cesión gratuita de **máquinas expendedoras** de cápsulas de café a una entidad gestora que va a vender la mercancía en nombre propio y por cuenta de la cedente (DGT CV 11-11-16);
- la cesión gratuita de **vehículos** a comerciales vinculada al desarrollo de su actividad (DGT CV 13-3-23; CV 10-6-24) ni la cesión de vehículos a sus empleados por una sociedad fabricante de automóviles para atender sus necesidades privadas fuera del horario laboral durante cierto tiempo y posteriormente los vende como vehículos usados (DGT 8-2-99);
- el desarrollo de un **programa de asesoramiento y de formación jurídica** gratuito por una entidad dedicada a la prestación de servicios jurídicos, si se dirige a la promoción de la firma y a la atención para los profesionales de la entidad captando profesionales con talento (DGT CV 26-10-09; CV 6-10-20);
- la concesión de la **opción de compra** si se realiza con la finalidad de posibilitar la venta del inmueble sobre el que recae dicha opción (DGT CV 19-7-11); y
- la cesión gratuita de la explotación de la imagen de un **deportista profesional** durante un año a una fundación pendiente de crear, mediante la cesión de sus botas de fútbol, con el objetivo de que la fundación se financie con la explotación de sus derechos de imagen para el cumplimiento de sus fines (DGT CV 22-5-23).

3) Las siguientes prestación de servicios a título gratuito no están sujetos como autoconsumo de servicios por estar destinados a satisfacer los **fines de la empresa**: 264
- los **seminarios informativos** sobre el IVA portugués organizados, de manera gratuita, por una empresa portuguesa no establecida dedicada a la consultoría realiza en Barcelona (DGT CV 16-1-06);
- la cesión gratuita del **uso del software** por parte del banco extranjero a una sociedad para que esta emplee estos activos empresariales exclusivamente en la realización de prestaciones de servicios cuyo destinatario es el propio banco extranjero, siempre que no se transmita la titularidad ni se autorice su uso para otros fines (DGT CV 30-10-07);
- la emisión por parte del **club** de golf de **títulos sociales** de obligada adquisición por los socios para mantener su status, ya que no se puede considerar como una transferencia de derechos sin contraprestación conceptuada como una operación asimilada a las prestaciones de servicios (DGT CV 26-11-08);
- la **entrega de invitaciones** a terceros relacionados con una exposición o por estimar que su simple presencia aporta prestigio a la misma. Para que pueda ser considerada autoconsumo sujeto, es necesario que dicha prestación gratuita se realice para fines ajenos a la actividad empresarial o profesional, como ocurre cuando la entrega de estas invitaciones se realiza para que la exposición **adquiera notoriedad y prestigio**, de modo que atraiga a más visitantes (DGT CV 18-7-08);
- como consecuencia de la crisis financiera, la entidad va a realizar una **cesión parcial del contrato** de permuta firmado con un ayuntamiento a favor de otra mercantil que va a asumir parte de los derechos y obligaciones derivados del contrato, asumiendo aquella la ejecución del contrato en la parte que no va a ser objeto de cesión, de manera gratuita. La cesión parcial del contrato se realiza para los fines de la actividad empresarial de la entidad que va a realizar la cesión (DGT CV 8-9-11);
- la cesión de plazas de **aparcamiento** a alguno de los empleados por una sociedad que alquila un edificio. No cabe apreciar que se satisfacen necesidades privadas de los empleados, los cuales tienen que desplazarse por el centro de la ciudad, en cuanto las necesidades de la empresa aconsejan que los empleados dispongan de plaza de aparcamiento, por lo que se ha de considerar que la organización del aparcamiento por el empresario se efectúa para fines no ajenos a la empresa y la ventaja personal que obtiene de ello el trabajador solo es accesoria en relación con las necesidades de la empresa (DGT CV 11-5-15);
- la prestación gratuita del **servicio de publicidad** a entidades sin ánimo de lucro cuando satisface necesidades privadas, como mejorar la percepción de la opinión pública, lo que revierte positivamente en sus resultados económicos (DGT CV 20-8-18); y
- la prestación del **servicio de consultoría** que se realiza a título gratuito, en la medida en que no tenga otra finalidad que la de promover o promocionar la actividad de formación desarrollada por el sujeto pasivo (DGT CV 25-10-10) De igual forma los servicios «**pro bono**» en el asesoramiento de entidades sin ánimo de lucro (DGT CV 17-5-21).

265 **4)** Una **nave industrial cedida en arrendamiento** continuado debe entenderse que, en ausencia de contraprestación, se ha prestado a título gratuito pero constituye la realización de la actividad propia y habitual del adquirente de la nave, por lo que se encuentra sujeto y no exento (DGT CV 1-4-08).
5) Unas empresas reciben **servicios de restauración** que a su vez prestan a sus trabajadores, ya sea de forma gratuita o asumiendo parte del coste del servicio. Si el servicio de restaurante o comedor no tiene la naturaleza de retribución en especie según la normativa del IRPF, el mismo está directa y exclusivamente afecto a la actividad empresarial o profesional desarrollada por las empresas. En concreto se entiende que no se efectúa con fines ajenos a los de la empresa, si el limitado tiempo disponible para comer durante la jornada laboral de los empleados aconseja la implantación de un **servicio interno de comedor o su subcontratación** a un restaurante cercano, a los efectos de que con ello pueda darse mejor cumplimiento a los fines empresariales y no se superen los límites establecidos a efectos del IRPF. En tales circunstancias, no procede entender que la prestación del servicio de restauración satisface necesidades privadas del personal, dado que su finalidad consiste, en última instancia, en un servicio que sirve primordialmente a los fines de la empresa (DGT CV 23-2-09). En el mismo sentido, en relación con el **tiempo** disponible para comer (DGT CV 20-5-09) o cuando se cobra al trabajador un **precio simbólico** (DGT CV 27-10-10).
6) El cliente de un servicio de telecomunicaciones no paga la contraprestación del suministro, habiéndose devengado las cuotas del Impuesto correspondientes al mismo. Como consecuencia de ello, se produce la **resolución contractual** y el impago definitivo de la deuda y su extinción, de forma que la entidad puede modificar la base imponible en la parte que corresponda. La modificación de la base imponible no cambia la calificación originaria de la prestación de servicios, y la misma no pasa a considerarse como una prestación de servicios gratuita que pudiera calificarse como un autoconsumo de servicios, dado que estamos ante un supuesto de modificación de la base imponible de una prestación de servicios devengada conforme a derecho (DGT CV 12-9-22).

---

266 Jurisprudencia **1)** Constituyen **autoconsumos de servicios** a efectos del IVA:
- los servicios prestados por una **sociedad matriz** a otra del mismo grupo en materia de gestión y dirección, dado que comparte la dirección y gestión contable con esta otra sociedad del grupo y los gastos son soportados en su totalidad por la matriz, siendo los socios los mismos en las dos entidades (TEAC 24-10-01);
- los servicios de **asesoramiento socioeconómico** prestados a título gratuito por una asociación a sus miembros (TEAC 5-2-03);
- la recogida y **suministro gratuito de aceites usados** para empresas del sector cerámico, retirado previamente de otras empresas (TEAC 19-2-03);
- la organización de unas **galas de verano** para la promoción de un casino, propiedad del organizador de forma indirecta, aunque no se haya emitido factura por dicha prestación de servicios (AN 25-11-03, EDJ 253283);
- la entrega gratuita de **entradas de fútbol** (TEAC 23-7-08).
- la contratación de **servicios publicitarios** en la parte que dichos servicios benefician a la empresa matriz (TEAC 21-11-07);
- las operaciones de **reparación** a título gratuito de vehículos con ocasión de la **garantía comercial** y de la garantía goodwill, en la medida en que no está relacionada con el desempeño empresarial de la entidad (TEAC 15-11-12); y
- los **servicios de seguridad** prestados de forma gratuita al socio y directivo de una sociedad dedicada al sector financiero por personal de la misma (TEAC 9-7-08).

Los servicios anteriores solo están sujetos si se realizan para **fines ajenos a la actividad** empresarial o profesional de quien los presta.

267 **2)** La normativa de la UE se opone a una normativa nacional que considere autoconsumos las operaciones por las que se paga una **contraprestación** real, aunque sea **inferior al precio de coste** del bien entregado o del servicio prestado (TJUE 20-1-05, asunto C-412/03).
3) La normativa de la UE se opone a una normativa nacional, adoptada antes de la entrada en vigor de la Sexta Directiva (actualmente derogada por la Dir 2006/112/CE), que no permite que un sujeto pasivo afecte a su empresa la totalidad de un **bien de inversión** utilizado en parte para necesidades de la empresa y en parte para fines ajenos a esta (TJUE 14-7-05, asunto C-434/03).
4) En relación con las prestaciones a título gratuito al **personal**:
- la normativa se refiere el suministro a título gratuito de **comidas** por parte de una empresa a su personal en sus locales, salvo que las exigencias de la empresa, como garantizar la continuidad y el buen desarrollo de las reuniones de trabajo, precisen que el empresario garantice el suministro de comidas, no refiriéndose al suministro a título gratuito de comidas en los comedores de empresa a los **visitantes comerciales** con ocasión de reuniones celebradas en los locales de la empresa con fines estrictamente profesionales (TJUE 11-12-08, asunto C-371/07);
- el **transporte gratuito** de trabajadores, efectuado por el empresario entre sus domicilios y su lugar de trabajo, con un vehículo afectado a la empresa satisface, en principio, necesidades privadas de los trabajadores, y, por tanto, sirve a fines ajenos a la empresa. No obstante, deben tenerse en cuenta las circunstancias particulares, tales como la dificultad de emplear otros medios de transporte apropiados y los cambios de lugar de trabajo, que aconsejan que el empresario efectúe el transporte de los trabajadores, en cuyo caso esta prestación no se realiza con fines ajenos a la empresa (TJUE 16-10-97, asunto C-258/95; TEAC 12-5-09);

- en relación con la **cesión de vehículos** a empleados, ver TS 29-1-24, EDJ 504749 en nº 2620; y
- la entrega gratuita de **vales de compra** por una empresa a su personal en el marco de un plan de reconocimiento y gratificación, aumenta el rendimiento de sus empleados e influye en el buen funcionamiento y en la rentabilidad de la empresa. Esta prestación de servicios no se efectúa para fines ajenos a la empresa y no tiene cabida por tanto en la Dir 2006/112/CE art.26.1.b (operaciones asimiladas a las prestaciones de servicios a título oneroso, por tratarse de prestaciones de servicios a título gratuito efectuada por el sujeto pasivo para sus necesidades privadas o para las de su personal o, más generalmente, para fines ajenos a su empresa), por lo que no está sujeta al IVA (TJUE 17-11-22, asunto C-607/20).

5) Si la entidad dominante de un **grupo** efectúa tanto actividades empresariales como actividades públicas, la prestación de servicios por un miembro del grupo que tenga relación con dichas funciones públicas, no debe ser gravada como autoconsumo (TJUE 1-12-22, asunto C-269/20).

6) No constituyen **autoconsumo de servicios** a efectos del IVA: **268**
- la **cesión de barriles**, así como de otros elementos necesarios para la venta de cerveza en óptimas condiciones (TS 8-7-09, EDJ 205355; 20-6-12, EDJ 161208);
- las **entregas de entradas gratuitas** a festejos taurinos cuando tienen un fin empresarial cuando se realizan a medios de comunicación, otras gentes del sector (ganaderos, matadores, etc.) o empleados en virtud de convenio colectivo. Por el contrario, las entregas a funcionarios y personal análogo sí constituyen autoconsumo de servicios gratuito (TEAC 27-1-09);
- la afectación o cambio de afectación de los servicios adquiridos en un **sector diferenciado** de la actividad empresarial o profesional del sujeto pasivo a otro sector de actividad diferenciado del precedente (TS 24-3-11, EDJ 71595);
- la **promoción de los productos** por la empresa A, que es quien los fabrica aunque figure la **marca de otra empresa** B del grupo. El destinatario de los servicios de publicidad en esas campañas es la empresa A que publicita los productos, no la empresa del grupo B tenedora de la marca, en la medida que la operación no tiene otra razón de ser que la publicidad de los productos para su comercialización (TEAC 19-2-14);
- la cesión gratuita del **uso de un edificio** destinado a colegio por una fundación a una asociación. Dado que las actuaciones de la asociación en el colegio no pueden entenderse como ajenas a los fines de la fundación, pues al tratarse de fomentar y favorecer la enseñanza en el colegio, es claro que ello forma parte de los fines de dicha fundación de contribuir al perfeccionamiento y el bienestar de la juventud, pues uno de los mecanismos clásicos, si no el más trascendente, de favorecer el perfeccionamiento y el bienestar de la juventud es educarla (TS 12-9-14, EDJ 166571); y
- las **garantías** que una empresa española distribuidora de **vehículos** (camiones) otorga a sus clientes. La entidad española repercute total o parcialmente a la matriz sueca los gastos en los que incurre como consecuencia de estas garantías (AN 6-7-15, EDJ 133268).

7) Una sociedad holding concedió un préstamo a una fundación para la organización de un concierto benéfico, que no se llegó a celebrar. Contrató a unos abogados para reclamar el incumplimiento, asumiendo el coste de los servicios, sin recibir retribución directa de la fundación. Dado que estas actuaciones para la **recuperación del crédito** se realizaron sin que hubiese mandato ni encargo por parte del deudor, por lo que no puede estar comprendido dentro del concepto de autoconsumo de servicios ni puede asimilarse a una prestación de servicios de carácter oneroso (TJUE 2-10-25, asunto C-535/24).

II. Operaciones no sujetas

(LIVA art.7)

270

La LIVA no sigue un criterio claro para la calificación de las operaciones no sujetas, pues mezcla: **271**
- las que **no son empresariales o profesionales** (como los servicios prestados por personas físicas en régimen de dependencia o las realizadas por los entes públicos en el ejercicio de sus funciones propias); y

- las que son **empresariales** y cuya no sujeción se justifica por razones de simplificación (transmisión global de un patrimonio empresarial), por el escaso significado económico de algunas operaciones en el conjunto de la actividad (entregas gratuitas de muestras o de objetos publicitarios), o por razones técnicas (autoconsumos de bienes que no han determinado el derecho a la deducción).

1. Transmisión global del patrimonio empresarial o profesional

(LIVA art.7.1º)

275 Aunque es una operación **empresarial**, no está sujeta la transmisión de un conjunto de elementos corporales y, en su caso, incorporales que, formando parte del patrimonio empresarial o profesional del sujeto pasivo, constituyan o sean susceptibles de constituir una **unidad económica autónoma en el transmitente** capaz de desarrollar una actividad empresarial o profesional por sus propios medios, viéndose comprometida si el conjunto de elementos no es capaz de posibilitar el ejercicio de alguna actividad económica en el momento de su transmisión (TEAC 21-3-18). Así:

- la transmisión debe comprender **bienes tangibles e intangibles** tales que sean susceptibles de funcionar de manera autónoma;
- el conjunto de los elementos que se transmiten debe encontrarse **afecto**, previamente, al desarrollo de una actividad económica del transmitente;
- el adquirente debe acreditar la **intención de mantener la afectación** de los elementos adquiridos al desarrollo de una actividad empresarial o profesional. Una vez acreditada dicha afectación, se consolida la transmisión no sujeta, sin perjuicio de la sujeción al IVA de la desafectación posterior de todos o algunos de los elementos adquiridos.

Si los bienes y derechos transmitidos, o parte de ellos, se desafectan posteriormente de las actividades empresariales o profesionales que determinan este supuesto de no sujeción, la referida **desafectación** queda sujeta en la forma establecida para cada caso en la LIVA. A estos efectos, es criterio de la DGT (ver nº 286), que la transmisión posterior de todos o parte de los elementos adquiridos en virtud de una transmisión global del patrimonio empresarial o profesional no sujeta no afecta a la no sujeción de la primera transmisión, que queda consolidada cuando se cumplan los requisitos previstos al efecto.

En el caso de tratarse de una **operación no empresarial**, el transmitente tendría que regularizar la deducción del IVA soportado por los bienes de inversión que se incluyen en la transmisión global y que se entregan durante su período de regularización, devolviendo el impuesto correspondiente al período de regularización que falte por transcurrir; sin embargo, se señala que no deben regularizarse por el transmitente las cuotas deducidas como consecuencia de la transmisión (nº 3043), lo que evidencia que se trata de operaciones empresariales que están no sujetas por mandato de la Ley.

276 El supuesto de no sujeción **se aplica con independencia**:

a. Del régimen fiscal que a dicha transmisión le resulte de aplicación en el ámbito de **otros tributos** y de la delimitación entre el IVA y el ITP y AJD (nº 385 s.). Por tanto, el supuesto de no sujeción citado se aplica a cualquier tipo de operación en la que concurra lo expuesto anteriormente, siendo irrelevante que resulte o no de aplicación el régimen fiscal especial de neutralidad en las operaciones de reorganización de la LIS (nº 6330 s. Memento Fiscal 2026), o bien que estén sujetas al ITP y AJD, concepto TPO, las entregas de bienes inmuebles que estén incluidos en la transmisión de la totalidad de un patrimonio empresarial cuando esta transmisión no esté sujeta al IVA (nº 11479 Memento Fiscal 2026). No se puede renunciar a la no sujeción al IVA, para aplicar este impuesto y no el ITP y AJD.

b. De que el adquirente afecte o no los elementos a la **misma actividad** a la que estaban afectos antes de su transmisión. Únicamente se exige al adquirente acreditar la intención de mantener la afectación al desarrollo de una actividad empresarial o profesional.

c. De que la transmisión tenga por destinatario a **uno o varios adquirentes**, siempre que el conjunto de los elementos que se transmita a cualquiera de ellos se ajuste a la delimitación objetiva señalada.

277 Quedan **excluidas** del supuesto de no sujeción las siguientes transmisiones:

- la **mera cesión** de bienes o derechos;
- las realizadas por quienes tengan la condición de empresarios o profesionales exclusivamente por efectuar una o varias entregas de bienes o prestaciones de servicios que suponen la explotación de un bien corporal o incorporal con el fin de obtener **ingresos continuados en el tiempo** (nº 80), cuando dichas transmisiones tengan por objeto la mera cesión de bienes; o,

- las realizadas por quienes tengan la condición de empresarios o profesionales exclusivamente por la realización ocasional de las operaciones de **urbanización de terrenos** o la promoción, construcción o rehabilitación de **edificaciones** destinadas, en todos los casos, a su venta, adjudicación o cesión por cualquier título (nº 80).

A los efectos anteriores, se considera como mera cesión de bienes o de derechos, la transmisión de éstos cuando no se acompañe de una **estructura organizativa** de factores de producción materiales o humanos, o de uno de ellos, que permita considerar a la misma una unidad económica autónoma.

Ejemplos 1) Un empresario dedicado a la **fabricación de medicamentos**, cuyo patrimonio empresarial está integrado por existencias de medicamentos, un laboratorio, una cartera de clientes y una cuenta corriente de 120.000 €, va a transmitir la totalidad de dicho patrimonio a una entidad mercantil que se dedica a la misma actividad. **279**

Se trata de un supuesto de no sujeción al IVA.

2) Una empresa realiza habitualmente la **actividad de transportes** terrestres y marítimos de mercancías, para lo cual dispone de departamentos independientes para su funcionamiento. En el año N ha firmado un acuerdo comercial con otra empresa de transportes terrestres para transmitirle la totalidad de los elementos que integran su actividad en este sector a cambio de títulos-acciones del capital de la empresa adquirente.

En este supuesto sí puede aplicarse la no sujeción. Se transmite todo el sector de transporte terrestre de mercancías, lo que constituye una entidad económica autónoma capaz de funcionar por sus propios medios, con independencia de que resulte de aplicación el régimen fiscal especial de aportaciones no dinerarias de ramas de actividad en el IS.

3) Por **fallecimiento de un empresario** durante el año N, han heredado la esposa y sus 2 hijos las ramas de actividad A, B y C que constituían su patrimonio empresarial. Tanto la esposa como un hijo van a constituir una comunidad de bienes para continuar la actividad del fallecido, mientras que el otro hijo va a vender su parte en la herencia para obtener liquidez.

La transmisión de las ramas de actividad a la esposa y el hijo que van a continuar la explotación de las mismas no está sujeta al IVA. Sí lo está la transmisión del patrimonio empresarial correspondiente al otro hijo, dado que no va a continuar el ejercicio de la actividad empresarial que adquiere por herencia, incumpliendo el requisito de la continuidad en la explotación del patrimonio empresarial para la aplicación de la no sujeción, según el TJUE 27-11-03, asunto C-497/01 (ver nº 289).

Doctrina Administrativa Además de las siguientes contestaciones de la DGT, ver nº 11000 s. **280**

1) Quedan **excluidas** del supuesto de no sujeción:

- la transmisión de unos **inmuebles**, aislada y conjuntamente con las **hipotecas** que los gravan (DGT CV 27-12-10);

- la venta de una parcela de **terreno** y de una **edificación**, pues no se trata de una parte autónoma de una empresa que sea capaz de desarrollar una actividad económica autónoma (DGT CV 8-4-10) o de tres parcelas edificables (DGT CV 17-5-10; CV 20-1-09);

- la transmisión de un **local** que ha estado arrendado y que constituye la totalidad del patrimonio empresarial del transmitente (DGT CV 5-11-08);

- la transmisión de un **centro comercial**, al constituir una mera cesión de bienes que, por sí misma, no es capaz de funcionar autónomamente al no verse acompañada de una mínima estructura organizativa de factores de producción materiales y humanos (DGT CV 20-12-10; CV 11-11-16), ni aun cuando se produzca la subrogación de la adquirente en los contratos de arrendamiento de locales suscritos antes de su entrega si la transmitente no gestionaba los alquileres (DGT CV 19-6-09);

- en relación con los **arrendamientos**, la transmisión exclusiva de los inmuebles, junto con la cesión de los propios contratos de arrendamiento, sin incluir la estructura organizativa ni funcional (DGT CV 20-1-10), así como la transmisión de **derechos sobre un contrato** de arrendamiento o el subarrendamiento de parte de un inmueble, incluyéndose los derechos de uso y explotación de los intangibles que pudieran surgir de la actividad investigadora de la transmitente (DGT CV 17-9-12);

- la transmisión de una finca urbana perteneciente a tres personas físicas, no empresarios ni profesionales, que se encuentra incluida en un **proyecto de reparcelación**, dado que las personas físicas que van a realizar la entrega del solar urbanizado no se pueden acoger a la no sujeción establecida, ya que la consideración de empresario o profesional viene determinada, únicamente, por la urbanización de terrenos (DGT CV 12-3-10);

- la transmisión de un conjunto de solares, promociones inmobiliarias, vehículos, ordenadores e impresoras, pues se trata de una ordinaria operación de transmisión de **activos empresariales**, que no se acompaña de una mínima estructura organizativa que permita concluir que conforma una unidad económica autónoma (DGT CV 11-2-10), al igual que la transmisión de un conjunto de **activos inmobiliarios** y de un contrato de gestión de tales activos a una sociedad de nueva creación, sin ninguna estructura de medios humanos o materiales, con la intención de rescindir el contrato con la entrada de un nuevo gestor, manteniéndose el actual gestor solo por razones instrumentales y temporales (DGT CV 18-9-19);

280.1 - en relación con la transmisión de **concesiones administrativas**, cuando ha sido otorgada para la explotación de un aparcamiento, sin incluir los demás elementos organizativos, gerente y personal (DGT CV 29-12-09; CV 8-6-16; CV 12-3-19); de obra pública a una empresa de nueva creación, subrogándose en los derechos y obligaciones de la UTE transmitente (DGT CV 31-5-10); para la explotación de unas instalaciones portuarias de uso deportivo, junto con el resto de derechos y propiedades mobiliarias e inmobiliarias inherentes e inseparables de la propia concesión (permisos, licencias, locales comerciales y oficinas), contratos de arrendamiento vigentes sobre los amarres, oficinas y locales comerciales, asumiéndose los créditos y débitos directamente vinculados con la concesión. No obstante, no se adquirirán otros activos afectos a la actividad tales como marca comercial, algunas embarcaciones, mobiliario, equipamiento informático, software de gestión y administración de la actividad, página Web, dominios de Internet, ni el equipo humano (DGT CV 6-9-11);

- en la **actividad hotelera**, la transmisión de los inmuebles que integran un complejo hotelero, el mobiliario y enseres contenidos en los mismos (DGT CV 7-11-11), así como la transmisión del contrato de explotación de un hotel, con subrogación por el adquirente en el contrato de arrendamiento previo, con independencia de que el adquirente se haga cargo de la plantilla de trabajadores (DGT CV 4-12-15).

El mismo tratamiento merece la transmisión de un conjunto de inmuebles (apartamentos y garajes para uso turístico), junto con parte de la tesorería, a una sociedad de nueva constitución que va a desarrollar la actividad de explotación hotelera en régimen de **apartamentos turísticos**, con la contratación con tour operadores, servicios de limpieza, servicios de restauración y servicios propios del turismo, entre otros (DGT CV 29-1-14);

- la transmisión de **diversos elementos patrimoniales** de una cooperativa (terreno, naves y maquinaria). El patrimonio que se va a adquirir está obsoleto y requiere para su puesta en funcionamiento diversas actualizaciones e inversiones tales como dotar de agua corriente, acondicionamiento de instalaciones sanitarias, vallados, proyectados y aislamiento térmico e impermeabilización de cubiertas (DGT CV 16-5-11);

- la transmisión de un conjunto de **locales de negocio** que representan la cuota de participación del transmitente en una comunidad de bienes previamente disuelta (DGT CV 4-4-13).

281 - la mera transmisión de acciones o **participaciones sociales** o valores mobiliarios (DGT CV 11-2-11);

- la cesión de un contrato mercantil de **gestión de punto de venta** que el transmitente tiene con **Loterías** y Apuestas del Estado (DGT CV 19-7-11; CV 26-2-18; CV 22-9-16). La no sujeción alcanza a la transmisión de los elementos afectos al negocio de venta de Loterías y Apuestas del Estado, con excepción del local que va a ser arrendado al adquirente (DGT CV 3-4-13), al igual que ocurre cuando no se transmiten los sistemas electrónicos utilizados en la actividad, siempre que no sean esenciales (DGT CV 13-11-25);

- la transmisión de los activos afectos a determinadas **explotaciones**, como una granja marina (embarcaciones, jaulas, instrumental de pesca y otros aparejos) (DGT CV 17-10-11); agrícola (dos fincas rústicas, árboles frutales e instalaciones técnicas), sin incluir ningún tipo de infraestructura organizativa de factores de producción materiales y/o humanos que permita considerar que es objeto de venta una unidad autónoma capaz de funcionar por sí misma (DGT CV 19-9-11), entre los que se incluyen los aperos y maquinaria (DGT CV 21-10-15) y ganadera, incluyéndose la nave, instalaciones de estabulación, dependencias de sanidad animal, silo y depósito de piensos, así como los vestuarios y la ducha para el personal, afectas todas ellas a la explotación (DGT CV 29-3-12);

281.1 - la transmisión dela **clientela y fondo de comercio**, que puede ir acompañada de la transmisión de contratos de venta y distribución de los productos de la empresa, así como de las piezas de repuesto que se encuentran almacenadas físicamente en el territorio de aplicación del impuesto (DGT CV 4-3-10); de mobiliario, equipos y programas informáticos (DGT CV 21-6-10); de los expedientes pedagógicos de los clientes-alumnos (DGT CV 5-9-16); de la cesión de la cartera de seguros y cierto material de oficina y mobiliario con motivo de la jubilación del agente de seguros (DGT CV 2-2-25); de la cartera de clientes (elemento esencial en la transmisión), aunque se incluyan ciertos trabajadores (DGT CV 5-8-14; CV 3-10-17);

- la transmisión de contratos de **préstamos** (DGT CV 19-10-15);

- la aportación de los derechos sobre unos **programas informáticos** (DGT CV 25-9-15);

- la transmisión de un local y un vehículo afecto a un negocio de **autoescuela** (DGT CV 2-12-15);

- la transmisión de **autorizaciones administrativas**, como ocurre con un transportista que cede su autorización de **transporte** y una cabeza tractora a una sociedad de nueva creación, aunque el resto de su patrimonio empresarial (dos semirremolques) los venda a un tercero que, a su vez, los va a transmitirá a dicha sociedad (DGT CV 29-11-16) o con las **licencias de VTC**, por personas o entidades titulares de flotas de vehículos que desarrollan la actividad de transporte de viajeros, sin verse acompañada de otros elementos materiales y humanos afectos a la actividad que determinen la transmisión de una empresa en funcionamiento, porque constituye, a falta de otros elementos de prueba, una mera cesión de derechos sujeta al Impuesto (DGT CV 11-7-22);

- la transmisión de un negocio de **primera corta forestal** a una sociedad tercera inversora. La transmisión incluye la cesión de la posición contractual en los contratos firmados con terceros relacionados con la primera corta, pero no incluirá personal. La ejecución del derecho de primera corta se hará conforme a un plan previsto con una duración máxima de 12 años. Una vez se realice la tala de cada cantón, se irá revertiendo paulatinamente la titularidad de dicho derecho, de modo que en el plazo de 12 años es previsible la **extinción del derecho** de primera corta en favor del consultante (DGT CV 1-10-19);
- la aportación no dineraria de una **plataforma tecnológica** que da soporte a la actividad a una empresa de nueva creación, que por sí misma, no es capaz de funcionar autónomamente al no verse acompañada de una mínima estructura organizativa de factores de producción materiales y humanos (DGT CV 21-1-20);
- la mera cesión de contratos mercantiles relativos a **gas licuado** que mantienen las entidades transmitentes con sus respectivos clientes y proveedores (DGT CV 2-4-20); y
- la transmisión, en una operación de **fusión legal transfronteriza**, únicamente de palés y contenedores de automóviles, puesto que son los únicos bienes y derechos que ostenta la entidad española, que no constituyen una unidad económica autónoma (DGT CV 22-3-23).

2) **Se incluyen** en este supuesto de **no sujeción**: **282**
- la transmisión de una licencia de transporte **VTC o taxi** (DGT CV 26-2-20; CV 16-8-21), continuando con la misma actividad el adquirente, incluido el cónyuge (DGT CV 16-6-22; CV 16-6-11). No obstante, ver lo expuesto en relación a las licencias de VTC en el nº 281.1.
El mismo criterio se aplica en caso de transmisión de los vehículos junto con las licencias de taxi efectuadas por la **sociedad cooperativa** a sus socios con motivo de la disolución de la entidad (DGT CV 24-5-19);
- la transmisión gratuita a una hija de un negocio de **expendeduría de tabaco** (estanco) (concesión administrativa, existencias y demás elementos afectos) (DGT CV 23-4-15), al igual que la transmisión onerosa de dicho negocio (DGT CV 29-5-19);
- la transmisión de un **establecimiento hostelero** con la reserva del uso y disfrute temporal de un apartamento efectuada por el vendedor en concepto de garantía, siempre que permita al adquirente disponer del establecimiento hostelero con las facultades atribuidas al propietario (DGT CV 12-11-07);
- la transmisión de un negocio de **pastelería** que incluye las existencias, el inmovilizado y el fondo de comercio y excluye parte del pasivo y los seguros sociales del mes (DGT CV 29-12-08);
- la transmisión de un negocio de comercio al por menor que está acogido al régimen especial del **recargo de equivalencia** a otra persona que va a realizar la misma actividad, y que incluye las existencias, mobiliario afecto a la actividad, posicionamiento en redes sociales y cartera de proveedores (DGT CV 27-7-22);
- la transmisión de las instalaciones de una actividad de **suministro de agua** y un terreno donde está ubicada la estación de bombeo y las oficinas, quedándose el transmitente solo el dinero en caja y bancos (DGT CV 24-2-09);
- la transmisión de un **establecimiento fabril en funcionamiento**, aunque la mayor parte de la maquinaria que se utiliza para el proceso de fabricación, el know how, las fórmulas y los procedimientos industriales no se transmitan, y el transmitente siga realizando la compra de materias primas y la gestión de stocks. Incluso si la entidad adquirente cambia pasados unos meses de actividad (DGT CV 12-5-09). También en el caso de transmisión de cuatro plantas industriales a cuatro compradores diferentes (DGT CV 27-4-21);
- la transmisión de todos los elementos **materiales e inmateriales** (actualmente incorporales) **283**
afectos a una actividad, como ocurre con la rama de actividad del área no medicalizada dentro de los servicios de emergencias sanitarias mediante transporte aéreo realizados por una entidad, aunque no se transmita la licencia de aviación que le habilita como operador aéreo ya que es nominativa e intransferible (DGT CV 14-5-09); de distribución de componentes y sistemas neumáticos, especialmente los relacionados con una determinada marca que distribuye en exclusiva, firmando la transmitente un pacto de no competencia (DGT CV 4-6-09); o de asesoría (tributaria, laboral, jurídica, etc.), incluyendo el personal, mobiliario y la cartera de clientes (DGT CV 16-9-09; CV 22-1-14);
- la transmisión de un conjunto de bienes, derechos y obligaciones que incluyen elementos materiales e inmateriales (actualmente incorporales) necesarios para desarrollar la **actividad que ya venía desarrollando el adquirente** arrendatario pero, que para el arrendador transmitente, constituyen un mero conjunto patrimonial separado no afecto a ninguna actividad económica distinta del propio arrendamiento, con independencia de que este último ejerza además la actividad profesional de transportista. Parece razonable considerar que los elementos transmitidos se acompañan de una estructura organizativa de factores de producción, al menos, materiales, que permiten al arrendatario continuar con el ejercicio de la actividad económica que ya venía desarrollando (DGT CV 15-6-09);

284 - el traspaso de un negocio de **farmacia**, conjuntamente con todos los bienes, derechos y obligaciones afectos a la actividad desarrollada en el mismo, con excepción del inmueble destinado al almacén de la actividad (DGT CV 9-12-09) o del local, del que se transmite el derecho de arrendamiento, siempre que, de las características del contrato de cesión o de arrendamiento se deduzca que el adquirente puede disponer del inmueble de forma duradera para el ejercicio de la actividad económica (DGT CV 3-12-14; CV 23-3-15). El mismo criterio se mantiene cuando la transmisión se hace mediante una **donación** (DGT CV 20-5-20);

- la transmisión de **explotaciones agrícolas y ganaderas**, integradas por un conjunto de activos y pasivos, permisos, licencias, derechos de la PAC y de arrendamientos, y autorizaciones que le permitan su normal funcionamiento, así como el conjunto de compromisos laborales de la empresa, de forma que su personal se integraría en la sociedad con plenitud de derechos (DGT CV 3-2-10; CV 23-2-21); que incluyan la transmisión de todos los bienes, derechos, obligaciones y personal que conforman la explotación, incluyendo diversas fincas, varios pantanos de riego, casetas de riego con instalaciones de riego anexas, una zona de albergue para trabajadores y construcciones anexas, así como la maquinaria necesaria para el desarrollo de la actividad (DGT CV 13-11-25) o una agrícola a favor de un hijo junto con los medios materiales y humanos afectos a la misma (DGT CV 15-3-16).

El mismo tratamiento merece la transmisión de **explotaciones agroforestales**, junto con los correspondientes medios materiales y humanos (DGT CV 1-12-15);

- la transmisión de los elementos afectos a una **actividad médico-psiquiátrica** incluido todo el personal que en la actualidad presta sus servicios en ella, con excepción de los inmuebles afectos, que quedarían en propiedad de la entidad transmitente y serían arrendados a la nueva sociedad para continuar en los mismos el ejercicio de la actividad, dado que los elementos que van a ser objeto de transmisión se refieren al ejercicio de una actividad médico-psiquiátrica, no de fabricación (DGT CV 8-4-10);

- la transmisión de los activos de un negocio por **cese de la empresa**, reservándose el vendedor algunos elementos del negocio, tales como las cuentas de tesorería, créditos con clientes y deudas, así como determinados elementos del inmovilizado que no interesan al adquirente (DGT CV 4-8-10), así como de un negocio por parte de los herederos constituidos en **herencia yacente** (DGT CV 29-6-17);

284.1 - la transmisión de un conjunto de **inmuebles en arrendamiento** acompañados de una estructura organizativa y funcional (DGT CV 25-5-10; CV 30-12-20; CV 23-1-23);

- la transmisión de viviendas-apartamentos y un empleado que ejerce de conserje de los **alojamientos turísticos** a una sociedad beneficiaria de una escisión que se dedicaría a la actividad de prestación de servicios de «apartamentos turísticos». El resto de servicios necesarios para el desarrollo de la explotación extra hotelera son subcontratados a terceros por la entidad escindida, suponiéndose que la entidad beneficiaria se subrogará en los contratos de prestación de servicios propios de la hostelería que tenía suscritos la entidad consultante con terceros. Por todo ello, parece deducirse que será objeto de transmisión la estructura organizativa necesaria para la realización de una actividad económica (DGT CV 14-12-12).

En el mismo sentido, la transmisión de una actividad de **alquiler de locales industriales** transmitiendo la totalidad de los elementos funcionalmente afectos al desarrollo de dicha actividad tales como los inmuebles y el personal asociado a dicha actividad (DGT CV 27-12-12);

- la transmisión de todos los elementos afectos a una actividad económica incluido el personal y restante **patrimonio catedralicio**, con excepción del inmueble (catedral) que no se transmite, pero que va ser puesto a disposición de una fundación adquirente de forma duradera (DGT CV 30-1-13);

- la transmisión por una entidad de gestión de servicios y redes de **cajeros automáticos** del negocio de cajeros automáticos, «cajeros on-branch», siempre que se acompañe de la necesaria estructura organizativa de factores de producción (DGT CV 13-6-18);

284.2 - la transmisión de la totalidad del patrimonio empresarial necesario para el ejercicio de una actividad empresarial derivado de la **fusión por absorción** de una entidad bancaria (DGT CV 19-12-13); y también de una sucursal DGT CV 8-8-14);

- la transmisión de unas **fincas rústicas**, en régimen de arrendamiento y explotación directa, a una sociedad, junto con sus aperos y el regente encargado de la explotación, siendo la entidad receptora, entidad dedicada al arrendamiento de locales y vivienda y explotación agrícola, quién continuará la explotación de dichos inmuebles (DGT CV 17-7-14);

- la transmisión en bloque por sucesión universal de un **negocio de leasing de bienes de equipo**, incluyendo, entre otros, la totalidad de las relaciones jurídicas afectas al negocio, los medios humanos necesarios para desarrollar la actividad, los derechos de propiedad intelectual y nombres de dominio, los contratos de financiación que formaban parte de la entidad segregada, y la plataforma tecnológica y comercial (oficinas) necesarias (DGT CV 14-7-14);

- la transmisión del **negocio de bar** incluyendo todos los elementos materiales e inmateriales necesarios para su funcionamiento, a excepción del local que va a ser arrendado al adquirente por un plazo de cinco años prorrogables (DGT CV 12-11-14). La posterior asunción de deudas del transmitente, no previstas en el contrato inicial, o la necesidad de obtener un permiso municipal para colocar estufas en la vía pública no desvirtúa dicha calificación (DGT CV 3-7-14);

- la transmisión de un **supermercado** como una unidad negocial, en virtud de cuya operación se transmiten las instalaciones, el equipamiento, el mobiliario, la maquinaria y los enseres necesarios para la explotación del negocio transmitido, así como las existencias a una determinada fecha; se asumen, a efectos laborales, todas las obligaciones y derechos de los trabajadores afectos al negocio, que continuarán su relación laboral anterior a la transmisión y, se subroga en la posición del arrendatario transmitente en cuando a la disponibilidad del inmueble donde se desarrolla el negocio transmitido (DGT CV 21-2-14);

- la transmisión de un negocio de **franquicia** (activos, personal, inventarios, contratos, acuerdos de franquicia y subrogación de contratos de arrendamiento) (DGT CV 15-6-15), como ocurre en el caso de una óptica que no alcanzan un nivel mínimo de rentabilidad, independientemente de que se realice mediante acuerdo de compraventa o mediante dación en pago de deudas, incluyendo la transmisión el local comercial de la óptica junto con el fondo de comercio, el stock, el mobiliario, los aparatos y las licencias y la subrogación, en el adquirente, de personal afecto al negocio, a excepción del óptico titular de la tienda (DGT CV 13-4-23); **284.3**
- la transmisión de diversos **puntos de venta** o establecimientos que puedan calificarse, cada uno de ellos, como unidades de negocio autónomas, pues los mismos son comprensivos del activo, personal, inventarios, contratos, y subrogación en los contratos de arrendamiento existentes (DGT CV 15-4-15);
- la venta del negocio de **estación de servicio** conjuntamente con la cesión de los trabajadores afectos a la actividad (DGT CV 10-11-16; CV 4-10-17);
- la transmisión de un negocio de **fabricación y explotación de tintas** incluyendo la totalidad de los elementos del inmovilizado material e inmaterial (actualmente, incorporales), así como la cesión de la mayoría del personal, aunque no va a ser objeto de aportación las cuentas a cobrar, créditos fiscales, algún activo financiero y determinados subsidios públicos (DGT CV 13-12-16; CV 22-1-20);
- la transmisión de una serie de factores de producción tanto materiales (equipamientos e instalaciones) como inmateriales (actualmente, incorporales, como la cesión de personal) que, junto con la piscina titularidad del ayuntamiento, revierte como consecuencia de la **resolución del contrato de concesión** (DGT CV 13-12-16);
- la transmisión de la totalidad de los elementos afectos al desarrollo de la **actividad de gestión de inversiones**, incluyendo activos, pasivos y cesión de personal (DGT CV 2-10-17);
- la transmisión de una unidad productiva consistente en un **bingo**, cediéndose todos los activos y pasivos que lo integran tales como licencias de actividad, contratos de arrendamiento del local en que se desarrolla la actividad, tesorería, muebles, máquinas, así como la subrogación de los empleados que trabajan en el mismo, aunque en la sociedad transmitente quede el equipo de dirección y parte del equipo de administración que es común para el grupo (DGT CV 3-4-20);

- la transmisión de los activos, pasivos, obligaciones, relaciones contractuales y la cesión de los medios humanos afectos a las **ramas de actividad** que se transmiten. En particular, se transmiten, entre otros: todos los contratos adscritos a dichas actividades (contratos financieros, de patrocinio, de licencia, de agencia, de consultoría, etc.), los activos adscritos a las mismas (mobiliario, instalaciones técnicas, aplicaciones informáticas, etc.), pasivos (provisiones, cuentas con proveedores, deudas con Administraciones, etc.), empleados (la adquirente se subroga en todos los contratos laborales y demás derechos y obligaciones laborales) (DGT CV 24-2-22); **284.4**
- la transmisión de los elementos afectos a un **negocio de ahorro-vida**, produciéndose al mismo tiempo la subrogación por la entidad adquirente en el contrato de gestión que utiliza la entidad transmitente para la gestión del negocio (DGT CV 11-6-20);
- la **reversión** a un Ente público, como consecuencia de la resolución de una concesión administrativa, de un edificio, las instalaciones afectas y el derecho a la utilización de las existencias necesarias para el normal funcionamiento del servicio de asistencia sanitaria, ya que se entiende que el Ente público desarrolla una actividad empresarial para evitar la distorsión de competencia (DGT 24-3-04); y
- la transmisión de la totalidad del patrimonio empresarial de una sociedad a su matriz en virtud de una operación de **disolución sin liquidación**, aunque no pueda calificarse propiamente de fusión por la normativa mercantil (DGT CV 14-3-07).

3) Quedan no sujetas cuando constituyen o son susceptibles de constituir una **unidad económica autónoma** en el transmitente capaz de desarrollar una actividad empresarial o profesional en los siguientes supuestos: **285**
- En la **reestructuración del negocio de tarjetas** en una entidad de crédito, las aportaciones del negocio de tarjetas, aunque sean realizadas dentro del régimen de grupo de entidades en su nivel avanzado (DGT CV 11-9-15; CV 26-11-18).
- La transmisión, mediante **aportación no dineraria** a otra entidad, de una promoción inmobiliaria, disponiendo de los medios necesarios para poder actuar de manera independiente: contabilidad, personal, medios de producción, recursos financieros (DGT CV 12-4-10).
- La transmisión de una **unidad de medios de pago** incluyendo la subrogación de los empleados que trabajan en la misma, si bien en la sociedad transmitente se va a quedar el equipo de gestión y de administración que es común para el grupo, equipamiento para el desarrollo del negocio, contrato de cesión de uso de marca y contratos de negocios tales como contratos comerciales, con proveedores y con esquemas (DGT CV 25-4-23).

- La transmisión de todo el patrimonio de la entidad absorbida, en el que se incluyen todos los inmuebles afectos a su actividad de **arrendamiento** (un local comercial alquilado a un tercero, dos terrenos rústicos y una finca urbana donde se encuentran parte de las instalaciones del colegio de la entidad absorbente y que se encuentra alquilada a la misma), incluyéndose la cesión el trabajador asalariado a jornada completa que desarrolla dicha actividad (DGT CV 5-2-25).
- La transmisión del inmueble en el que se desarrolla la actividad de **aparcamiento**, así como el equipamiento y maquinaria afectos a dicha actividad (barreras, sistemas de cobro, señalización, etc.), subrogándose la adquirente en los contratos del personal laboral empleado en la actividad (DGT CV 24-7-25).

285.1 - La transmisión a cada sociedad, **ganado** porcino y vacuno, **maquinaria, instalaciones** agrícolas y ganaderas, plantaciones de cereales y resto de medios materiales y la subrogación de los medios humanos y los contratos de arrendamiento de las fincas rústicas afectas a los elementos transmitidos, así como los códigos de explotación (DGT CV 26-8-25).
- En una **escisión total proporcional** de las actividades desarrolladas (arrendamiento y servicios de mantenimiento) en dos sociedades de nueva creación, la transmisión de los empleados, maquinaria, contenedores de residuos, vehículos, mobiliario y equipo, cuentas de tesorería, así como las deudas con entidades de crédito y las cuentas con proveedores y acreedores para la actividad de mantenimiento (DGT CV 15-9-25).
- La transmisión de la totalidad de las **participaciones de una entidad holding** que comprende, a su vez, la totalidad de las participaciones de otras cinco entidades mercantiles completamente operativas, de tal forma que cada una de ellas consta de un conjunto de elementos materiales y humanos (DGT CV 5-10-22).
- El conjunto de activos y pasivos, incluyendo el **derecho de traspaso del local** arrendado, que se transmite a dos personas físicas para ejercitar la actividad de restauración como entidad mercantil, si constituye una empresa autónoma, capaz de desarrollar una actividad económica igualmente autónoma (DGT CV 10-10-07), al igual que la transmisión de una rama de actividad que incluye el **traspaso del local**, la clientela, el personal, el stock y las instalaciones existentes (DGT CV 13-2-09).

285.2 - El **traspaso-venta de un negocio de hostelería**, aunque el transmitente siga ejerciendo la misma actividad empresarial con otros elementos patrimoniales no transmitidos, a condición de que el adquirente tenga la intención de continuar con la explotación económica de los bienes y derechos adquiridos (DGT CV 28-10-08; CV 22-11-13).
- Si los bloques de patrimonio resultantes de la **escisión**, total o parcial, y transmitidos a dos sociedades constituyen sendas partes autónomas de la empresa que se escinde, capaces de desarrollar una actividad económica igualmente autónoma (DGT CV 26-9-07).
- Cuando cada uno de los **parques eólicos** que se transmiten ha sido concebido desde su origen como una unidad indivisible, no resultante de la división de un complejo eólico mayor, correspondiendo a cada sociedad la titularidad exclusiva de todas sus instalaciones y los elementos que permiten el funcionamiento del parque que van a ser objeto de transmisión o cesión en bloque (DGT CV 5-11-12).
- En una **fusión impropia** de empresas en pleno funcionamiento y con una estructura organizativa suficiente para el desarrollo de su actividad, por cuanto lo que se transmite es una empresa en su conjunto, lo cual se refuerza por el hecho de que toda operación de fusión no solo conlleva la transmisión del patrimonio social sino que implica la sucesión del adquirente en todos los derechos y obligaciones del transmitente. Todo ello con independencia del régimen fiscal que a dicha transmisión le resulte de aplicación en el ámbito de otros tributos y siempre y cuando se acredite por el adquirente la intención de mantener los elementos adquiridos afectos al desarrollo de una actividad empresarial o profesional (DGT CV 6-10-09).
- Una **UTE** que realiza la cesión en bloque de todo su patrimonio en el momento de su disolución sin liquidación, a una sociedad limitada, que asume la totalidad del patrimonio y de los recursos humanos de la UTE para sucederla en el ejercicio de su actividad, es decir, se produce la cesión global de los activos y pasivos de una empresa (DGT CV 30-10-09).

286 **4)** Si la transmisión, aun teniendo por objeto el total del patrimonio empresarial o profesional del transmitente, únicamente consiste en la **liquidación del remanente de un activo**, de forma que no se transmite un conjunto de elementos susceptibles de funcionar de forma autónoma, sino que se liquidan los elementos que permanecen en el patrimonio empresarial o profesional, a la venta de esos elementos no le es aplicable la no sujeción al impuesto (DGT CV 8-5-06).

5) El hecho de que con posterioridad a la transmisión la entidad transmitente actúe como **comisionista de la compradora** en las relaciones de esta con clientes y proveedores del negocio no es obstáculo para considerar la transmisión de la rama de actividad no sujeta al impuesto (DGT CV 22-11-07).

6) El conjunto de bienes y derechos transmitidos no conforman una parte de una empresa capaz de desarrollar una actividad económica autónoma, pues solo se refiere al aprovisionamiento de productos cárnicos, que únicamente constituye una **fase de una actividad** económica y que no es susceptible de funcionar autónomamente (DGT CV 21-1-08).

7) Una entidad transmite un número de **elementos fotovoltaicos (placas solares)** incluidos dentro de los que conforman un parque solar, subrogándose el comprador en un contrato de mantenimiento y gestión integral de las placas solares y en un derecho de superficie sobre los terrenos que ocupan.
Todos los titulares de paneles que componen el parque han constituido una sociedad civil particular para los **servicios de mantenimiento** de los elementos comunes, así como la seguridad, vigilancia y el seguro civil del parque. Los elementos transmitidos no pueden funcionar de una forma autónoma e independiente sin las instalaciones comunes, ni sin los servicios comunes que provee a los comuneros la sociedad civil.
En consecuencia, las transmisiones están sujetas, debiendo tributar cada una de ellas independientemente según las normas que le sean aplicables (DGT CV 18-1-10; CV 26-2-18).
Si lo que se transmite es un **parque fotovoltaico** ya finalizado con todos sus elementos e instalaciones acompañado de un soporte técnico-administrativo suficiente, entonces dicha transmisión estaría no sujeta al IVA en la medida en que lo que se transmita sea un negocio de producción de energía eléctrica que funcione de forma autónoma en cada uno de los transmitentes (DGT CV 3-3-15).
8) Si el adquirente del conjunto de bienes procede inmediatamente a su **transmisión a un ulterior adquirente** que va a continuar en la actividad, dicha ulterior transmisión no afecta a la no sujeción de la primera transmisión, debiendo verificarse, en todo caso, que no haya previamente una desafectación total o parcial del patrimonio transmitido a una actividad empresarial o profesional (DGT CV 23-1-09; CV 20-3-14).

9) No está sujeta la concesión de la licencia de explotación a un tercero (**sublicencia**), junto con la cesión de todos los activos materiales necesarios para la explotación de la actividad, incluyendo el mobiliario y demás enseres, las existencias, los empleados y el derecho de uso del local. **287**
Tampoco en el caso de que algún franquiciado decida cesar en su actividad (cese en la sublicencia) y traspasar a la entidad su explotación. No obstante, si transmite determinados activos a una entidad financiera para que, acto seguido, dicha entidad suscriba un contrato de arrendamiento financiero con el franquiciado, dicha operación no queda enmarcada dentro de las transmisiones no sujetas (DGT CV 29-12-09).
10) El hecho de que la transmisión de una universalidad total o parcial de bienes cuya transmisión no queda sujeta al IVA, se efectúe en **fases sucesivas**, motivado por la especial complejidad y volumen de la operación a realizar, no desvirtúa la naturaleza de la operación, siempre que dichas transmisiones sucesivas se realicen en el marco del mismo contrato de transmisión y estén debidamente identificadas en el mismo. Si finalmente existiesen activos o elementos que no se llegan a transmitir y que fueran esenciales para considerar el conjunto como una universalidad de bienes capaz de funcionar de manera autónoma, habría que proceder a la **rectificación de la tributación** correspondiente a las fases anteriores, pues se trataría de operaciones sujetas al Impuesto (DGT CV 14-8-19; CV 16-8-21).
11) Una sociedad A va a absorber a una sociedad B, que se dedica a la explotación de **estaciones de servicios**, y que cuenta con personal para el ejercicio de la misma. La entidad resultante de la fusión se escindirá en dos nuevas sociedades en virtud de una operación de escisión total, cada una de ellas receptora de una estación de servicio y un conjunto de inmuebles, así como del personal para el desarrollo de las actividades. En ambas fases, los elementos transmitidos se acompañan, en cada caso, de la necesaria estructura organizativa de factores producción, que determinan la no sujeción al Impuesto (DGT CV 28-10-19).

12) Una entidad mercantil dedicada a la **actividad aseguradora** se va a escindir en dos entidades, pero la naturaleza de los elementos transmitidos correspondientes a cada una de las **dos ramas de actividad** que se segregan no va a ser idéntica en ambas transmisiones. La transmisión a una entidad de todas las provisiones técnicas, el inmovilizado intangible y los contratos de seguros afectos a una rama de la actividad aseguradora de la transmitente, así como la totalidad de los trabajadores, inmuebles e infraestructuras en las que viene desarrollando la actividad supone una transmisión no sujeta al IVA. **288**
Por otra parte, la otra entidad beneficiaria de la escisión va a adquirir las provisiones técnicas, el inmovilizado intangible y los contratos de seguros afectos a la otra rama de la actividad aseguradora de la transmitente. Esta segunda entidad va a suscribir un contrato de **prestación de servicios** con la primera entidad, que fue beneficiaria del inmueble y de la infraestructura operativa, el uso del inmueble, infraestructuras, servicios de back-office, tales como el servicio a clientes, tecnologías de la información, gestión de pólizas, etc., que son activos necesarios para ejercer la actividad aseguradora. Esta segunda transmisión está sujeta al IVA al no constituir una unidad económica autónoma capaz de desarrollar una actividad empresarial por sus propios medios (DGT CV 26-12-12; CV 10-6-13; CV 19-11-21).
13) Una entidad transmite su actividad de gestión y administración de inmuebles y créditos incluyendo activos, derechos y empleados. En relación con la transmisión de la **gestión inmobiliaria** a cambio de un precio fijo, el comprador-gestor utiliza la marca del transmitente para dar a conocer al público los activos propiedad de esta; realiza una política de precios fijada previamente por el transmitente; sus funciones de comercialización están sometidas a determinadas

limitaciones; se compromete al uso de los mismos proveedores y asesores del transmitente; y se utiliza la red de oficinas de la consultante para desarrollar su actividad. No se entienden cumplidos los requisitos establecidos para la aplicación del supuesto de no sujeción, por lo que dicha transmisión queda sujeta al mismo (DGT CV 13-12-13; CV 28-2-14).

14) La **transmisión de una sucursal** en territorio de aplicación del Impuesto queda no sujeta cuando los elementos transmitidos en dicho territorio se acompañen de la necesaria estructura organizativa de factores de producción y no la forma jurídica del empresario o profesional destinatario, tanto cuando se realiza a una sociedad filial española de un grupo establecido en Francia (DGT CV 8-5-19), como a una entidad luxemburguesa que va a seguir desarrollando el negocio a través de la sucursal (DGT CV 5-7-24). Se aplica tanto cuando la sociedad filial está establecida en el territorio de aplicación del Impuesto como si se trata de una sucursal de la entidad matriz (DGT CV 25-6-20).

---

289 Jurisprudencia **1)** La **finalidad** de esta medida es permitir a los E.m. facilitar las transmisiones de empresas o partes de empresas, simplificándolas y evitando sobrecargar la tesorería del beneficiario con una carga fiscal desmesurada que, en cualquier caso, recuperaría posteriormente mediante una deducción del IVA soportado. Habida cuenta de esta finalidad, el concepto de «transmisión, a título oneroso o gratuito o bajo la forma de aportación a una sociedad, de una universalidad total o parcial de bienes» debe interpretarse en el sentido que comprende la transmisión de un establecimiento mercantil o de una parte autónoma de una empresa, con elementos corporales y, en su caso, incorporales que, conjuntamente, constituyen una empresa o una parte de una empresa capaz de desarrollar una **actividad económica autónoma**, pero que no comprende la mera cesión de bienes, como la venta de existencias (TJUE 27-11-03, asunto C-497/01).

Cuando un E.m. ha hecho uso de la facultad de considerar no sujetas al IVA las transmisiones globales del patrimonio empresarial, se ha de beneficiar de dicha no sujeción la transmisión de la propiedad de las **existencias y del equipamiento comercial de un comercio minorista**, concomitante al arrendamiento de los locales del citado comercio por tiempo indefinido, pero que puede resolverse a corto plazo por las dos partes, siempre que los bienes transmitidos sean suficientes para que el citado cesionario pueda continuar de manera duradera una actividad económica autónoma (TJUE 10-11-11, asunto C-444/10).

La Directiva del IVA no se opone a una disposición de Derecho nacional que establece que la **transmisión de una universalidad total o parcial de bienes** no está sujeta a IVA sin supeditar su aplicación al requisito de que el beneficiario continúe la personalidad del cedente. El concepto de transmisión de una universalidad total o parcial de bienes comprende la transmisión de una parte de una empresa, aun cuando no se hayan transmitido al adquirente todos los elementos corporales e incorporales que la componen, a condición de que el conjunto de los elementos transmitidos sea suficiente para permitir a dicha empresa desarrollar una actividad económica autónoma (TJUE auto 16-1-23, asunto C-729/21).

2) La razón de las exclusiones al supuesto de no sujeción al IVA es la ausencia de una unidad económica susceptible de funcionamiento autónomo o **explotación económica independiente**. Esta circunstancia no concurre ante un conjunto de bienes arrendados, pero sin organización alguna o cuando, aun transmitiéndose la totalidad de un patrimonio empresarial (por ejemplo, un terreno urbanizado de forma ocasional), dicho patrimonio no se puede considerar una empresa capaz de funcionar con autonomía. En esta línea, el **arrendamiento de un inmueble** junto con todos los elementos necesarios para continuar la actividad, no puede considerarse una transmisión global de empresa, ya que estamos ante una prestación única (TJUE 19-12-18, asunto C-17/18). En este sentido, la determinación de la existencia o no de cesión de una organización para continuar en la actividad del transmitente o iniciar una nueva se ha de valorar en cada caso (TS 19-6-13, EDJ 111249).

3) Aunque no es preciso que el adquirente continúe en la misma actividad, sí debe tener la **intención** de llevar a cabo su explotación y no simplemente proceder a su liquidación (TJUE 27-11-03, asunto C-497/01; TEAC 28-4-09).

4) No desvirtúa la consideración de que se transmite todo el patrimonio empresarial el hecho de que, por circunstancias ajenas al transmitente (licencias), la operación se materialice **en distintos momentos** (TEAC 3-7-02).

290 **5)** Se encuentra **no sujeto**:

- la **venta de una fábrica** de transformados de productos agrícolas, por tratarse de la transmisión de la totalidad del patrimonio empresarial, incluso cuando no se haya llevado a cabo la transmisión de las existencias de productos terminados por haber sido objeto de una venta anterior (TS 13-2-07, EDJ 10552); y
- la transmisión onerosa de una **licencia de autotaxi** por razón de la jubilación del titular a favor de un solo adquirente, que continúa en el ejercicio de la actividad de transporte por autotaxi, sin acompañar la transmisión del vehículo (TS 10-9-20, EDJ 660976), incluso si se acompaña de un vehículo usado en la actividad que no era apto para seguir realizándola (TS 10-9-20, EDJ 660863).

291 **6) Están sujetas**:

- la transmisión de un **terreno** cuando no se puede considerar que se trata de un establecimiento mercantil o una parte autónoma de una empresa (TEAC 9-6-09);

- la transmisión del patrimonio empresarial por un particular **urbanizador**, empresario (TEAC 22-10-08), así como la transmisión de un **terreno en curso de urbanización** por una comunidad de bienes, ya que no resulta de aplicación el supuesto de no sujeción para la transmisión global del patrimonio empresarial y profesional (TEAC 28-4-09);
- la transmisión de un **edificio** destinado a residencia hostal, sin transmitir ningún otro elemento afecto a la estructura empresarial, a otro empresario que va a realizar una nueva actividad de promoción inmobiliaria, ya que no se transmite un conjunto de bienes y derechos susceptibles de funcionar autónomamente, sino un activo inmobiliario (TEAC 26-5-09);
- la transmisión de unas **máquinas recreativas** y las autorizaciones necesarias para su explotación porque lo transmitido no es susceptible de desarrollar una actividad económica (TEAC 12-5-09);
- la transmisión de un **hotel** que no incluya, al menos, muebles, no pudiendo considerarse únicamente como elemento esencial para la continuidad de la actividad hotelera el inmueble en sí mismo (TS 17-10-11, EDJ 263086);
- cuando la transmisión comprende **exclusivamente el personal adscrito** a una entidad, ya que en modo alguno se está transmitiendo un establecimiento mercantil o una parte autónoma de una empresa que sea capaz de desarrollar una actividad económica autónoma (TS 27-9-12, EDJ 221482);
- la cesión del 30% de las **acciones** de una sociedad, para la cual el cedente presta servicios sujetos al IVA, al no constituir una transmisión de una universalidad total o parcial de bienes o servicios, con independencia de que los otros accionistas cedan casi simultáneamente a la misma persona el resto de las acciones de esta sociedad y de que esta cesión esté estrechamente vinculada a las actividades de dirección realizadas en favor de esa misma sociedad (TJUE 30-5-13, asunto C-651/11);
- el **arrendamiento** de un inmueble destinado a una explotación comercial, junto con todos los bienes de capital y de consumo de la explotación, aunque el arrendatario continúe realizando la actividad del arrendador bajo el mismo nombre comercial (TJUE 19-12-18, asunto C-17/18); y
- la cesión de una **cartera de seguros** de decesos (TEAC 17-3-21).

7) En el caso de **transmisión parcial del patrimonio empresarial**, debe comprender todos los elementos necesarios para poder desarrollar una actividad económica autónoma o separada. Este concepto de autonomía no se puede identificar solo con la suficiencia o autonomía financiera, pero sí significa el que considerados en su conjunto los elementos objeto de una transmisión parcial, deben ser suficientes para desarrollar una actividad económica por sí mismos, fuera de la empresa/actividad a la que estaban afectos (aunque el objeto de una y otra actividad pudiera ser el mismo) y sin depender de los demás elementos que no se transmitieron. Los bienes transmitidos han de formar un patrimonio que constituya un conjunto organizado de elementos patrimoniales capaz de intervenir en el mercado de bienes o servicios (TEAC 22-1-15).

8) En relación con la **disolución de una comunidad de bienes** dedicada al arrendamiento, a efectos de determinar las circunstancias determinantes si constituye una comunidad económica autónoma, ver TS 7-4-25, EDJ 548868 en nº 8569.2.

Subrogación en la posición del transmitente (LIVA art.7.1º) Los **adquirentes** de los bienes y derechos comprendidos en las transmisiones no sujetas señaladas en el nº 275 s. (transmisión global del patrimonio empresarial o profesional) se subrogan, respecto de dichos bienes y derechos, en la posición del transmitente: **293**

a) Para la aplicación de las normas relativas a la **exención de las segundas entregas de edificaciones** (nº 8640). Si el transmitente tuviese la condición de promotor de las viviendas transmitidas, también tiene esta condición el adquirente y si la posterior venta que hubiese efectuado el transmitente (de no mediar la transmisión global) hubiese sido primera o segunda entrega, la posterior venta realizada por el adquirente es también, respectivamente, primera o segunda entrega. El adquirente se coloca en la situación que tenía el transmitente respecto de cada una de las edificaciones transmitidas.

b) Para la aplicación del conjunto de normas que regulan el **derecho a la deducción** del IVA (nº 2500 s.). En particular, para la compensación de los saldos negativos, por superar las cuotas soportadas a las cuotas devengadas, acreditados, en su caso, por el transmitente.

c) Para la **regularización** de las deducciones correspondientes a los **bienes de inversión** (nº 3016 s.) comprendidos en la transmisión global. Todas las reglas relativas a las regularizaciones de los bienes transmitidos siguen rigiendo para el adquirente sin solución de continuidad. Prosigue el cómputo de los plazos de regularización iniciados por el transmitente, aplicándose después de la transmisión los porcentajes de prorrata que correspondan a la actividad del adquirente.

Ejemplo El empresario EFL adquirió durante el año 20X0 un bien de inversión por el que soportó 12.020 € de IVA, que entró en funcionamiento en el año siguiente y que no es terreno ni edificación. En el año 20X3 transmite todo su patrimonio empresarial (solo incluye el citado bien de inversión) a otro empresario que realiza la misma actividad. La prorrata provisional de EFL durante el año 20X0 fue del 75%. **295**

Las prorratas definitivas de ambos empresarios fueron las siguientes:

Año	20X0	20X1	20X2	20X3	20X4	20X5
EFL	75	80	83			
Adquirente	60	75	80	86	84	90

En el año 20X0, dado que la prorrata provisional aplicada (75%) y la definitiva del año (75%) fueron iguales, no procedió realizar regularización alguna de la deducción provisional.
En los años 20X1 y 20X2 tampoco procedió practicar regularización alguna, dado que la diferencia de prorratas en esos años no difirió en más de 10 puntos porcentuales a la del año 20X0, en que se soportó la repercusión (75 - 80 = -5; 75 - 83 = -8).
Año 20X3: Se produce la subrogación por el adquirente. La regularización por la entrega del bien de inversión no la tiene que efectuar el transmitente, por tratarse de una operación no sujeta.
Desde este año el adquirente continuará la regularización pendiente aplicando su propia prorrata definitiva, que comparará con la del año en que se soportó la repercusión del IVA correspondiente a la adquisición del bien de inversión (75%).
75% - 86% = 11 puntos porcentuales > 10; procede la regularización por la siguiente cuantía:

$$\frac{12.020 \times 86\% - 12.020 \times 75\%}{5} = 264,44 €$$

Deducción complementaria a realizar por el adquirente.
El período de regularización alcanza también los años 20X4 y 20X5, pues cuando la utilización efectiva o entrada en funcionamiento de los bienes se inicien con posterioridad a su adquisición o importación (en este caso, en el año 20X1), la regularización se efectúa en el año en que se produzcan dichas circunstancias y en los cuatro siguientes.

296 Doctrina Administrativa Además de las siguientes contestaciones de la DGT, ver nº 11000 s.
1) En el caso de la transmisión de una universalidad total o parcial de bienes no sujeta, el adquirente queda automáticamente subrogado en la posición del transmitente y, por los **bienes de inversión** que forman parte de esa universalidad y que se transmiten antes de concluir el período de regularización, debe procederse a la regularización de las deducciones practicadas. En tales casos, la prorrata de deducción aplicable para practicar la regularización de deducciones de dichos bienes durante el mismo año y los que falten para terminar el período de regularización es la que corresponda al adquirente (DGT CV 6-2-07; CV 21-12-15).
El transmitente no debe efectuar la regularización de los bienes de inversión que son objeto de entrega, porque corresponde al adquirente de los mismos que se subroga en la posición del transmitente. El **adquirente** debe efectuar la regularización de los bienes de inversión adquiridos durante el año en que los mismos se transmitan y los que falten del periodo de regularización (DGT CV 29-12-22).
2) En una **escisión parcial de rama de actividad** no se produce una sucesión universal en el sentido de que se extinga la figura de un transmitente que pudiera ejercitar el derecho a la compensación o devolución, sino que se transmiten parte de los elementos de una empresa que se califican como unidad económica autónoma.
La subrogación en la posición del empresario no modifica la posición del sujeto pasivo en la referida relación tributaria respecto de aquellos gastos o créditos sobre los cuales ya se hubiera ejercitado el derecho a la deducción. Por el contrario, la entidad beneficiaria de la rama de actividad se ha de subrogar en la posición de la entidad transmitente respecto al derecho a la compensación o devolución de saldos que no hubieran sido ejercitados por la transmitente (p.e., por no haber sido consignados en la autoliquidación del transmitente). Solo va a poder subrogarse en aquellos derechos que estén afectos a la rama de actividad objeto de escisión (DGT CV 20-1-15).
3) Una entidad transmite una **edificación** que adquirió en el conjunto de una unidad económica autónoma y se va a subrogar en la posición del anterior transmitente de la edificación. Si el mismo tenía la condición de **promotor** de una edificación, la posterior transmisión de dicha edificación va a tener la consideración de primera entrega sujeta y no exenta del Impuesto (DGT CV 12-9-16).
4) En una **fusión por absorción**, la entidad absorbente se subroga en el derecho a deducir las cuotas que tuviera la entidad absorbida y, por tanto, puede adicionar a sus cuotas del IVA soportado el importe de las cuotas correspondientes a la entidad adquirida, aplicando a la cantidad resultante la prorrata provisional de la entidad absorbente. El porcentaje de prorrata provisional debe ser regularizado a final de año. A los efectos de la regularización de los bienes de inversión, a las cuotas de la entidad transmitida se les ha de aplicar la prorrata de deducción de la entidad absorbente, durante el año de adquisición y los restantes al periodo de regularización (DGT CV 28-5-18).

Jurisprudencia 1) La **cesión parcial de la plantilla laboral** de una cooperativa agrícola a una empresa como cláusula de un contrato de compraventa de inmuebles, muebles y semovientes, asumiendo la empresa adquirente el compromiso de incorporar a su plantilla una parte de los trabajadores de dicha cooperativa, no está sujeta a IVA, al no poder calificarse la operación como entrega de bienes (ver nº 110), pues el personal laboral no puede considerarse bien demanial ni patrimonio empresarial, ni como prestación de servicios (TS 9-3-04, EDJ 31504). **297**

2) Una **reducción de capital con devolución de aportaciones** a los socios está ordinariamente sujeta al IVA, no siendo de aplicación la no sujeción de la transmisión de unidades económicas autónomas que se contempla en el nº 275, si la misma no comprende bienes y derechos susceptibles de funcionamiento autónomo, ya que se trata de la simple entrega a los socios de suelo edificable (TEAC 26-2-20).

2. Muestras, objetos publicitarios y servicios de demostración

(LIVA art.7.2º, 3º y 4º)

Entre las operaciones no sujetas por **no** tener **significado económico** en el desarrollo de una actividad, se incluyen las siguientes: **300**

- las entregas gratuitas de **muestras** de mercancías sin valor comercial estimable, con fines de promoción de las actividades empresariales o profesionales. A estos efectos, se consideran «muestras de mercancías» los artículos representativos de una categoría de las mismas que, por su modo de presentación o cantidad, solo puedan utilizarse con fines de promoción;
- las prestaciones de **servicios de demostración** a título gratuito efectuadas para la promoción de las actividades empresariales o profesionales;
- las entregas sin contraprestación de **impresos u objetos de carácter publicitario**. A estos efectos se deben dos condiciones simultáneas: carecer de valor comercial intrínseco y llevar incorporada una mención indeleble de marca publicitaria (TS 15-6-13, EDJ 134396).

En concreto, los impresos publicitarios deben llevar de forma visible el nombre del empresario o profesional que produzca o comercialice bienes o que ofrezca determinadas prestaciones de servicios.

En cuanto a los objetos publicitarios, a efectos del IVA se consideran como tales los que carecen de valor comercial intrínseco, en los que se consigna de forma indeleble la mención publicitaria.

No obstante, quedan sujetas al Impuesto las entregas de objetos publicitarios cuando el **coste total de los suministros** a un mismo destinatario durante el año natural exceda de 200 euros, a menos que se entreguen a otros sujetos pasivos para su redistribución gratuita.

Ejemplos 1) Una compañía, para introducir en el mercado un producto que va a comercializar en breve, va a entregar gratuitamente a particulares **frascos** conteniendo una cantidad mínima del citado producto. **301**

Estamos ante una entrega de un producto no sujeto al IVA, diseñado (por su forma de presentación) para que los futuros consumidores prueben el producto, y carente de valor comercial estimable.

2) Para promocionar la comercialización de un **nuevo producto**, una empresa va a entregar gratuitamente a sus distribuidores determinados **lotes** del mismo. En el envase de estos lotes ha de constar impresa la expresión «prohibida su venta al público». Los productos se entregan para su redistribución gratuita a los consumidores finales.

Es una operación no sujeta, pues la expresión que consta en el producto entregado determina su exclusión de los canales de distribución para su venta al público.

3) Una compañía dedicada a la comercialización al por mayor de plantas y flores ornamentales entrega gratuitamente a sus distribuidores una colección de **carteles relativos a la flora mundial** cuyo coste asciende a 1.800 €, según consta en la factura que le expide la empresa que se los confeccionó. En dichos carteles se indica de forma indeleble la identificación de la empresa. Dada la gran calidad de dichos carteles, algunas empresas distribuidoras los utilizan para realizar cuadros.

En este supuesto, la entrega gratuita de dichos carteles está no sujeta ya que se trata de impresos de carácter publicitario a efectos del IVA, con independencia de la cuantía de su coste y el uso que les dé el destinatario de los mismos, dado que el límite de 200 € se refiere solo a los objetos publicitarios.

4) Una compañía entrega gratuitamente a sus clientes (comerciantes minoristas) **mecheros, bolígrafos y calculadoras** con el anagrama de la empresa impreso en los mismos, para que estos los regalen a su vez a los compradores de los productos que comercializa (mochilas). El coste de las entregas de dichos bienes a cada comerciante minorista durante el año N ascendió a 300 €. **302**

Es un supuesto de no sujeción, ya que aunque el coste de los suministros a un mismo destinatario superó los 200 €, los objetos publicitarios (mecheros, bolígrafos y calculadoras) son redistribuidos de forma gratuita.
5) Un **salón de belleza** y peluquería, con fines de promoción de sus servicios, tiene instalado un stand en una gran superficie ofreciendo gratuitamente a los clientes que lo deseen una demostración de los mismos.
Se trata de una prestación de servicios gratuita que está no sujeta, dado que se realiza con el fin de promocionar una futura prestación onerosa de los mismos (servicios de peluquería y estética) o, en su caso, de promocionar los productos que utilice en la demostración que efectúa en dicho stand.

---

305 Doctrina Administrativa Además de las siguientes contestaciones de la DGT, ver nº 11000 s.
1) Se **incluyen** en el supuesto de **no sujeción**:
- las entregas sin contraprestación de **fotografías y carteles** a otros empresarios para ser expuestos con fines publicitarios, asimilándose a las entregas de impresos, cualquiera que sea el coste de los mismos. No obstante, quedan sujetas las entregas sin contraprestación de expositores que, además de su finalidad publicitaria, puedan ser utilizados por el adquirente para colocar los productos a comercializar o que le reporten alguna utilidad derivada del mismo (DGT 8-1-86);
- las entregas de **premios en metálico** a consumidores finales realizadas exclusivamente con fines de promoción de ventas (DGT CV 19-9-86 y CV 16-4-13);
- las **entregas de papel** por una entidad a sus clientes, para que realicen **pruebas** y, en base a ellos, efectúen sus pedidos (DGT 15-6-99); y
- las entregas de un obsequio/regalo a quienes contraten un **curso de formación**, cuando su valor no supera los 30 euros y lleva impreso el nombre del transmitente (DGT CV 10-9-10).
2) Por el contrario, **no se incluyen** en los supuestos de no sujeción:
- las prestaciones de servicios de carácter publicitario, promocional y de marketing relativos a una **tarjeta de crédito** emitida por un Banco, realizadas por una empresa a favor de este último (DGT 19-10-99); y
- la adquisición de productos a través del **programa de puntos** que se obtienen cada vez que se reposta o se adquieren sus productos en las estaciones de servicio, cuyo objeto la comercialización de sus combustibles y carburantes. En función del saldo disponible de puntos, los clientes pueden solicitar, de un catálogo, obsequios que son adquiridos por la entidad a terceros y que no forman parte de su tráfico habitual. Hay que tener en cuenta que el supuesto de no sujeción correspondiente al consumo de los objetos publicitarios no puede extenderse a la entrega de objetos diferentes, tales como los regalos contenidos en el catálogo. Por tanto, no cabe reducir la base imponible de la entrega de combustible o carburante cuando tiene lugar la redención de puntos con entrega de obsequios (DGT CV 4-7-08). No obstante, en relación con la **posterior entrega** de los regalos contenidos en el catálogo, ver nº 330.
3) En la medida en que la propia normativa de un sector (como ocurre con el del tabaco) prohíba la consignación expresa de nombres, marcas, símbolos o cualquier otro signo distintivo, a efectos de cumplir el requisito de hacer constar la **mención publicitaria de forma indeleble** para que un objeto pueda calificarse como publicitario, puede entenderse sustituido por las comunicaciones previas que, de las campañas promocionales y publicitarias, deben realizar las distintas empresas, en particular de los elementos promocionales, su valor y soporte documental, siempre que se apruebe la campaña (DGT CV 19-11-07).

305.1 **4)** En relación con los **objetos publicitarios** (posavasos, gorras, camisetas y servilleteros) para que resulte aplicable la no sujeción, han de darse alguna de las siguientes posibilidades:
- entregas directas de los **fabricantes a los consumidores finales**, incluyendo los objetos publicitarios en un conjunto o «pack»;
- entregas gratuitas de los **fabricantes a los distribuidores** para que estos procedan a su redistribución gratuita en bares o restaurantes. A su vez, tales bares o restaurantes, bien entregan directamente los objetos publicitarios a sus clientes, bien los utilizan en el desarrollo habitual de su actividad (DGT CV 11-7-08).
Están no sujetas las entregas, junto con los productos principales, de **material promocional** de escaso valor unitario como abrebotellas, cubiteras, expositores, servilleteros..., rotulados con las marcas de las bebidas comercializadas, sin que necesariamente esté vinculada a una compra o volumen de compra concretos. En relación con el cómputo de las entregas a cada uno de los destinatarios, puede acreditarse, en su caso, por el interesado por cualquier medio de prueba admisible en Derecho, pareciendo adecuado un sistema de registro que permita identificar de manera precisa los bienes entregados a cada cliente anualmente (DGT CV 26-5-20).
5) Un fabricante de bebidas cede a sus clientes (hostelería) **mobiliario de terraza** que reúne las siguientes condiciones (DGT CV 24-5-23; CV 24-5-23):
- el mobiliario lleva incorporado de forma indeleble el logo de la marca cedente, sin que pueda adquirirse de forma independiente en el mercado;
- la cesión está condicionada a un compromiso de adquisición y venta de los productos del fabricante por parte de sus clientes. En consecuencia, existe una base contractual, oral o escrita;

- el fabricante mantiene la propiedad de los elementos cedidos, que son activados contablemente, como inmovilizado material, por este. Asimismo, si se rompe la relación comercial el material es retirado del establecimiento del cliente; y
- el objetivo de la cesión es superar las barreras de entrada en determinados mercados, contribuyendo al aumento de las ventas de los productos del fabricante e influyendo en la intención de compra de los consumidores.
Por tanto, la adquisición del mobiliario constituye una inversión para el fabricante, por lo que se puede establecer una relación entre los productos cedidos y la cantidad de bienes para cuya venta se produce la cesión. En consecuencia, se aprecian elementos indiciarios de onerosidad en la operación de cesión, puesto que guarda un vínculo directo con los productos adquiridos por los establecimientos de hostelería, por lo que constituye una única operación efectuada a título oneroso, comprendida en el precio satisfecho por las bebidas adquiridas al fabricante, por lo que no se aplica el supuesto de no sujeción.

6) La finalidad de una **muestra comercial** es servir de ejemplo del producto que se trata de promocionar. La entrega de muestras no siempre se debe realizar en un formato no disponible normalmente para el consumidor final, sino que, en ocasiones, cabe la entrega como **producto acabado**. **306**
Según lo anterior, si las **entregas gratuitas de dispositivos médicos** lo son con un fin de promoción de la actividad, para que sus potenciales clientes comprueben la calidad de los productos y los demanden en lo sucesivo, y el número de muestras entregadas por cada receptor es adecuado al cumplimiento de la finalidad promocional, las entregas estarán no sujetas y podrá el consultante deducirse las cuotas del IVA soportadas en su adquisición (DGT CV 3-2-12).
En el mismo sentido, las entregas gratuitas de **material sanitario** (apósitos y material de curas) (DGT CV 14-2-14).
7) Las **equipaciones deportivas** adquiridas para promocionar una actividad, en la medida en que superen el importe indicado en nº 300, no van a tener la consideración de objeto publicitario, sin perjuicio de lo previsto en relación con el autoconsumo de bienes (nº 230 s.) (DGT CV 7-3-12).
8) Una empresa se dedica a la venta a **distribuidores de herramientas** para la aplicación de pintura en la industria y automoción. Cuando va a lanzar un nuevo producto, hace entregas gratuitas a sus clientes con fines de **promoción comercial** de una pistola grabada con el nombre de la empresa o del pintor para que sus técnicos las utilicen en la aplicación de pintura. Dado que el coste de los bienes entregados a un mismo destinatario supera los 200 euros, en principio, dichas entregas no podrían calificarse como entregas de objetos publicitarios.
No obstante, si las entregas gratuitas tienen un fin de **promoción de la actividad**, para que sus potenciales clientes comprueben la calidad de sus productos y los demanden en lo sucesivo, y el número de muestras entregadas por cada receptor es adecuado al cumplimiento de la finalidad promocional, las entregas estarían no sujetas (DGT CV 28-12-22).

Jurisprudencia **1) No** son **objetos publicitarios**: **308**
- el **mobiliario de terrazas**, material auxiliar de hostelería (servilletas, vasos, copas, etc.), sombrillas, sillas y mesas (TS 15-6-13, EDJ 134396; TEAC 15-7-19; 18-12-19);
- las **botellas de vino** en las que se adhiere con lacre a la botella una tarjeta de la empresa (TEAC 7-11-07); y
- las **acuarelas** que se entregan a los clientes en carpetas en la que se imprime su denominación comercial, al consignarse la misma de forma indeleble en el envoltorio, no en los objetos mismos (TEAC 20-2-19).
2) El TJUE considera «**muestra comercial**» a «un ejemplar de un producto destinado a promover las ventas de este y que permite valorar sus características y cualidades sin dar lugar a un consumo final distinto del intrínseco a las operaciones de promoción». No puede restringirse el concepto a aquellos ejemplares del producto entregados en una forma no disponible para la venta, ni tampoco al primer ejemplar de los varios entregados a un mismo destinatario, cuando el contexto comercial y la naturaleza del producto exijan o hagan aconsejable la entrega de este tipo de muestras.
En cuanto a los «**obsequios de escaso valor**», el TJUE admite expresamente que cada Estado miembro establezca un límite monetario en relación con los entregados a una misma persona (TJUE 30-9-10, asunto C-581/08).
3) No se aplica el supuesto de no sujeción a la entrega de una **tableta o teléfono inteligente**, por la suscripción a una revista, no debe considerarse una transmisión de bienes a título gratuito, puesto que constituye una prestación accesoria a la principal realizada a título oneroso (TJUE 5-10-23, asunto C-505/22).

3. Relaciones de dependencia

(LIVA art.7.5º)

No están sujetos los servicios prestados por personas físicas en régimen de dependencia derivado de **relaciones administrativas o laborales**, ordinarias o especiales. Falta, en estos casos, el requisito de la independencia. **310**

312 Ejemplo El Sr. EFL se dedica a la actividad de **representante de comercio**, trabajando para varios fabricantes de productos de perfumería, actuando por cuenta y en interés de los mismos. En relación con este supuesto conviene hacer las siguientes precisiones:
- No están sujetos los servicios prestados por el representante cuando actúe en régimen de dependencia. Se considera que existe dependencia laboral respecto de la persona natural que, actuando bajo la denominación de representante, mediador u otra con la que se identifique en el ámbito laboral, se obliga con uno o más empresarios, a cambio de una retribución, a promover o concertar personalmente operaciones mercantiles por cuenta de los mismos sin asumir el riesgo y ventura de tales operaciones (RD 1438/1985).
- Por otro lado, dichos servicios están sujetos cuando no concurran estas características que definen la relación laboral, que resulta aplicable en este supuesto.

314 Doctrina Administrativa Además de las siguientes contestaciones de la DGT, ver nº 11000 s.
1) Se incluyen en este supuesto de no sujeción:
- los servicios prestados por los **arquitectos** a las empresas con las que les une una relación laboral (DGT 12-4-95);
- los servicios prestados a otros empresarios por los **matadores de toros**, novilleros y rejoneadores en régimen de dependencia derivado de relaciones laborales, ordinarias o especiales (DGT 17-7-86);
- las cantidades que un **deportista profesional** perciba de su empleador, derivadas de un contrato de trabajo o de cualquier otra relación jurídica que cree lazos de subordinación en lo que concierne a las condiciones laborales y retributivas y a la responsabilidad del empresario (DGT 4-9-03);
- los servicios de **dirección jurídica** de un pleito efectuados por una persona para su empresa en el desarrollo de sus funciones como personal contratado por cuenta ajena (DGT CV 29-6-06);
- los servicios de **limpieza** que los propios empleados de una asociación, contratados por la misma a través del centro especial de empleo integrado en aquella, prestan de forma exclusiva para dicha asociación (DGT CV 19-6-09);
- los **servicios de carácter doméstico** que se presten al amparo de una relación laboral especial del servicio del hogar familiar (DGT CV 18-1-10). Sin embargo, están sujetos y no exentos los servicios de intermediación y gestión en la prestación de servicios de carácter doméstico citados (DGT CV 18-1-10);
- los servicios prestados por el **jefe del departamento comercial** a una sociedad derivados de una relación laboral con la misma (DGT CV 7-2-13);
- si una asociación gestiona, en nombre y por cuenta de sus afiliados, el cobro de las cantidades correspondientes a los **derechos de imagen** generados con ocasión de la prestación de servicios en régimen de dependencia laboral, la asociación no puede repercutir cantidad alguna en concepto de IVA por el cobro de las cantidades, ya que las mismas forman parte de una contraprestación correspondiente a una prestación de servicios no sujeta (DGT 4-3-99). En el mismo sentido, los servicios de un actor en la grabación de un anuncio publicitario cobrando una cantidad por derechos de imagen (DGT CV 8-2-18). Ver, no obstante DGT CV 15-3-18 en el nº 206; y
- los servicios prestados por repartidores «**riders**» para una plataforma digital de repartos (DGT CV 23-12-21).
2) No se incluyen en este supuesto de no sujeción:
- los servicios de los **recaudadores** de tributos (DGT CV 29-5-86).
- los servicios de los **futbolistas** de la selección nacional (DGT 7-12-88); y
- las prestaciones de servicios derivadas de un **contrato de ejecución de obra** (no reúne las características de dependencia y ajenidad propias de la relación laboral) y de un contrato de **arrendamiento de servicios** (falla el carácter personalísimo de la relación laboral) (DGT CV 7-7-05).

316 Jurisprudencia 1) No están sujetas las **corridas de toros** cuando se contratan por el matador jefe de cuadrilla con un empresario organizador del espectáculo. La relación del torero con el concesionario o propietario de la plaza no es una relación entre empresarios, ni un arrendamiento de servicios sino una relación laboral especial, que se concreta en un contrato laboral de grupo. Los contratos que el jefe de cuadrilla formaliza con los subalternos son también contratos laborales especiales de artistas (TS 15-11-96, EDJ 10868).
2) No se incluyen en este supuesto de **no sujeción**:
- Los **representantes de comercio**, cuando no presten sus servicios en régimen de dependencia laboral (TSJ Valladolid 15-7-97, EDJ 59509).
- Los **registradores de la propiedad** por los servicios prestados a las Comunidades Autónomas como liquidadores del ITP y AJD y del ISD (TJUE 12-11-09, asunto C-154/08).

Socios profesionales En cuanto a la tributación de los servicios de los socios profesionales prestados a la sociedad, hay que distinguir según la **sociedad** realice: 317

a) Actividades profesionales: la determinación de si estamos ante una relación de dependencia laboral o ante una actividad profesional en el ámbito del IVA debe partir de un análisis caso por caso, sobre la base de los indicios que establece la jurisprudencia del TJUE (DGT CV 13-4-15):

1. Condiciones laborales. Debe entenderse que **no existe subordinación** cuando el socio se procura y organiza él mismo los medios personales y materiales necesarios para el ejercicio de la actividad. Por tanto, la sujeción al IVA requiere la intervención del socio en el ejercicio de la actividad a través de la ordenación de medios propios. En la medida en que los medios principales a través de los cuales realice su actividad sean titularidad de la sociedad, cabe concluir la exclusión del socio del ámbito de aplicación del Impuesto.

En cuanto a **otros indicios**, vendrían dados por la integración o no del socio en la **estructura organizativa** de la sociedad. Habría que analizar si el socio forma parte de la organización concebida por la sociedad, lo que determinaría una suerte de subordinación, o si es libre de organizar su actividad mediante la elección de colaboradores, estructuras necesarias para el desarrollo de funciones y de horarios de trabajo y vacaciones.

2. Condiciones retributivas. A efectos de afirmar la independencia del socio se ha de estar a si este soporta el riesgo económico de la actividad. Se puede presumir que el **riesgo económico** recae en el socio cuando su contraprestación se determine en función de un porcentaje de los beneficios de la entidad o en función de las prestaciones efectivamente realizadas por el mismo o de las cantidades facturadas a los clientes, bien en su importe total o en una parte de la misma que sea significativa. En estos casos, hay riesgo económico en el sentido de que el riesgo de la actividad recae sobre el socio que soporta el resultado de la misma, en la medida en que el éxito o fracaso determina de forma directa su retribución, situación que no se suele dar en el ámbito de una relación laboral en la que, con independencia de los resultados de la sociedad o la falta de actividad de la misma, se devenga la correspondiente contraprestación para el trabajador.

3. Responsabilidad contractual. Es necesario analizar sobre quién recae la responsabilidad contractual de la actividad desarrollada por el socio frente a los clientes, si bien el incumplimiento de esta condición no es óbice para poder calificar directamente una relación como de independencia.

A este respecto, tratándose de socios que prestan sus servicios profesionales a una sociedad, la cual tiene por objeto la prestación de servicios de dicha naturaleza, hay que tener en cuenta si los medios de producción residen en el propio socio.

Igualmente, considerando que el IVA es un impuesto armonizado a nivel comunitario y atendiendo al principio de estanqueidad tributaria, no tienen por qué coincidir exactamente las calificaciones que a una misma operación otorga la normativa reguladora del IRPF y del IVA.

4. Relación laboral. Se califica una relación de laboral si, en función de las condiciones acordadas entre el socio y la sociedad, resulta que el profesional queda sometido a los criterios organizativos de esta, no percibe una contraprestación económica significativa ligada a los resultados de su actividad y es la sociedad la que responde frente a terceros. En estas condiciones, los servicios prestados por el socio consultante a la sociedad estarían no sujetos.

En caso contrario, las prestaciones de servicios efectuadas por el socio a la sociedad residente en el territorio de aplicación del Impuesto estarían sujetas al mismo.

b) Actividades empresariales (taller, tienda, servicios de limpieza, etc.): tratándose de una sociedad en la que la titularidad o el derecho de uso de los activos principales para el ejercicio de la actividad que constituye su objeto social recae en la propia entidad, el socio que presta servicios a la misma queda excluido del ámbito de aplicación del IVA en la medida en que no concurre un elemento fundamental cual es la ordenación de medios propios (DGT CV 13-4-15).

Precisiones La calificación como **actividad profesional en el IRPF** del rendimiento obtenido por los socios personas físicas como consecuencia de los trabajos profesionales que desarrollen para entidades en cuyo capital participan, con base en su inclusión en el RETA (nº 525 s. Memento Fiscal 2026), no conlleva que sean sujetos pasivos del IVA automáticamente. Se trata de un indicio a tener en cuenta y han de analizar los requisitos que concurren en cada caso (AEAT Nota 10-2-15). 318

Doctrina Administrativa Además de la siguiente contestación de la DGT, ver nº 11000 s.

Una persona física, accionista de una sociedad limitada unipersonal y que ejerce el cargo de administrador, también presta servicios a la entidad, fundamentalmente de carácter administrativo. A efectos de la aplicación, en su caso, del supuesto de no sujeción previsto en el nº 310, se ha de analizar el modo en el que se instrumente la prestación de servicios profesionales:

- a través de un **contrato de trabajo** cuando concurran las notas configuradoras del mismo a que se refiere el Estatuto de los Trabajadores, es decir, cuando el profesional se compromete voluntariamente a prestar sus servicios por cuenta y dentro del ámbito de organización y dirección del empresario a cambio de una retribución;

- a través de un **contrato de arrendamiento de servicios** cuando no concurran en ella los caracteres propios de la relación laboral, esto es, cuando el profesional no preste un servicio dependiente, remunerado y por cuenta ajena (DGT CV 26-12-12).
En el mismo sentido en relación con los servicios de asesoramiento prestados por un socio, persona física y administrador de una entidad, a una **sociedad gestora de fondos de capital riesgo**, no estando sujetos dado que la gestión de entidades de inversión ha de ser realizada por sociedades anónimas y los socios actúan en régimen de dependencia (DGT CV 18-3-25).

4. Servicios prestados por los socios de trabajo a las cooperativas

(LIVA art.7.6º)

320 Este supuesto solo se aplica a las relaciones de trabajo dependiente prestadas por los socios a las cooperativas, ya sean servicios prestados a las **cooperativas de trabajo asociado** por sus socios (como ocurre con los socios trabajadores, DGT CV 25-10-17) o los prestados a las demás cooperativas por sus **socios de trabajo**, quedando el resto de relaciones internas entre estas y sus socios sometidas al IVA.
No se aplica a las entregas realizadas por las **propias cooperativas** de trabajo asociado, cualquiera que sea su destinatario (DGT 3-2-86).

323 Doctrina Administrativa Además de las siguientes contestaciones de la DGT, ver nº 11000 s.
Una cooperativa Y presta servicios de **mediación en el transporte** de mercancías a sus clientes, servicios efectuados por sus socios cooperativistas quienes prestan dichos servicios a través de una segunda cooperativa X, que ostenta la propiedad de los camiones y tarjetas de transporte. No existe relación de socio entre ambas cooperativas. Los socios cooperativistas de la cooperativa Y son, a su vez, socios de trabajo de la segunda cooperativa X.
En el caso descrito se producen las siguientes operaciones:
1ª. Una prestación de servicios de transporte efectuada por el socio de trabajo a la cooperativa X.
2ª. Una prestación de servicios de transporte efectuada por la cooperativa X a la cooperativa Y.
3ª. Una prestación de servicios de transporte de la cooperativa Y a los clientes, destinatarios finales del servicio.
Solo la primera operación no está sujeta; las restantes sí están sujetas (DGT CV 6-11-08).

5. Autoconsumos de bienes y servicios

(LIVA art.7.7º)

325 No están sujetos los autoconsumos de **bienes** en general (nº 235 s.) y de los **servicios** indicados en el nº 260 letras a) y b), cuando el sujeto pasivo no hubiese tenido atribuido el derecho a la deducción total o parcial del IVA soportado o satisfecho en la adquisición o importación de tales bienes o servicios o de sus elementos componentes.
Tampoco se sujetan al IVA los autoconsumos de **servicios distintos** de los anteriores (nº 260 letra c), cuando el sujeto pasivo se limite a prestar el mismo servicio recibido de terceros y concurra el requisito citado en cuanto a la no deducción del impuesto soportado en la recepción de dicho servicio.

Precisiones En cualquier caso, los servicios prestados **a título gratuito para fines propios** de la actividad empresarial de quien los efectúa no están sujetos (ver nº 260).

326 Ejemplos 1) Una empresa dedicada a la **comercialización de fruta** tiene intención de regalar a sus clientes, de forma aleatoria, platos, vasos o relojes para premiar su fidelidad.
Se trata de un caso de autoconsumo de bienes. Dichas entregas gratuitas se consideran atenciones a clientes que no están sujetas, al no tener dicha empresa derecho a deducir el IVA soportado con ocasión de la adquisición de los referidos bienes.
2) Un empresario, para promocionar las ventas de sus productos, entrega cupones numerados a sus clientes, con los que participarán en el **sorteo de diversos premios**: automóviles, electrodomésticos, etc., que se entregan de forma gratuita a los afortunados.
Las entregas de los automóviles, electrodomésticos, etc., efectuadas por el empresario constituyen entregas de bienes destinadas a atenciones a clientes que no están sujetas, pues a dicho empresario no se le atribuye el derecho a deducir el IVA soportado con ocasión de la adquisición de dichos bienes.

327 **3)** Una entidad bancaria adquiere **mobiliario** por un importe de 60.000 € que va a utilizar indistintamente en operaciones no exentas y exentas (depósitos, fianzas, etc.). Dos años después entrega dicho mobiliario gratuitamente a una **entidad humanitaria** para que esta obtenga recursos para realizar sus objetivos.

En este supuesto estamos ante un autoconsumo de bienes, entrega gratuita de mobiliario afecto a la actividad empresarial del transmitente, que está sujeta. Al tener atribuido el derecho a la deducción (parcial) del IVA soportado por la adquisición de dicho mobiliario, en el porcentaje que represente la regla de prorrata aplicable, no resulta aplicable el supuesto de no sujeción.
A pesar de estar sujeta dicha entrega de mobiliario, si la entidad prueba que dichos bienes solo se utilizaron en la actividad sujeta y exenta del IVA, el mencionado autoconsumo está exento (nº 1041).
4) Una entidad mercantil facilita a sus empleados de forma gratuita el **servicio de comida** que le presta a dicha entidad un restaurante. Este servicio no está reconocido a los empleados en el convenio colectivo ni en norma jurídica alguna.
Es un supuesto de autoconsumo de servicios, por tratarse de una prestación de servicios a título gratuito. Dicho autoconsumo de servicios no está sujeto, al no ser deducible el IVA soportado por el servicio que le presta el restaurante a la empresa y dado que esta presta el mismo servicio recibido a sus empleados.

Doctrina Administrativa Además de las siguientes contestaciones de la DGT, ver nº 11000 s. **330**
1) No están sujetas, siempre que a la entidad sujeto pasivo no se le haya otorgado el derecho a deducir el impuesto soportado por la adquisición de los bienes o prestación del servicio:
- las **entregas de bienes en sorteos**, cuando la participación en los mismos sea igualmente gratuita (DGT CV 31-7-87), como ocurre con la entrega de un televisor entre sus clientes que, aunque es realizada en el ejercicio de su actividad empresarial o profesional, no da derecho a dicha deducción (DGT CV 21-3-16);
- las entregas de artículos (radio o televisión) efectuadas sin contraprestación específica y con fines de promoción por empresarios no dedicados a comercializar dichos artículos a los clientes que alcancen un determinado volumen de compras, sin existir compromiso alguno entre el transmitente y el adquirente que vincule al primero a entregar tales aparatos, considerándose **atenciones a clientes** (DGT 17-3-98), así como las entregas de bienes y prestaciones de servicios derivadas del **canje de puntos** obtenidos al abrir y visualizar mensajes publicitarios recibidos en el móvil (DGT CV 3-4-09);
- los servicios de **transporte a los trabajadores** desde sus domicilios hasta el centro de trabajo (DGT 20-3-98), así como el **renting de vehículos para sus empleados** ofrecido por la empresa, que no tiene consecuencias en su salario como retribución en especie, no teniendo en ambos casos otorgado dicho derecho de deducción. La puesta a disposición de los vehículos para fines privados de los mismos se trata de una prestación de servicios a título gratuito (DGT CV 14-5-20; CV 13-3-23);
- la entrega gratuita de obsequios que una **gasolinera** realiza a cambio de la redención de puntos generados por la adquisición de combustible y carburante (DGT CV 4-7-08); y
- la cesión gratuita a sus clientes, asalariados o terceras personas de **una plazas de garaje** que son alquiladas por una entidad (DGT CV 4-11-10).
2) Un empresario soportó el impuesto en la adquisición de un vehículo que originó un autoconsumo, no teniendo derecho a deducirlo al haberlo adquirido a un **revendedor de vehículos usados** que aplicó el régimen especial de bienes usados. En cuanto a la **desafectación** del vehículo del patrimonio empresarial al particular no está sujeta (DGT 6-2-04).
3) Si el suministro de las **equipaciones deportivas** a un solo destinatario (equipo deportivo) supera el importe indicado en nº 300, no tienen la consideración de objeto publicitario, por lo que las cuotas del IVA soportadas en su adquisición no van a ser deducibles y su entrega a título gratuito no está sujeta al IVA (DGT CV 7-3-12).
4) Una asociación se dedica a la **actividad asistencial** de personas con parálisis cerebral y es propietaria de un edificio totalmente afecto a dicha actividad. La asociación ha constituido una fundación que va a desarrollar la actividad asistencial que venía realizando aquélla y para lo cual se le va a ceder gratuitamente el uso del referido edificio. La asociación no se dedujo ninguna cuota del IVA soportada en la construcción del edificio ni por los costes soportados en relación con el mismo, en la medida en que está exclusivamente afecto al sector diferenciado que supone la actividad asistencial, exenta del Impuesto. Si la prestación de servicios consiste en la **cesión gratuita del edificio** y la asociación no hubiera tenido el derecho a deducir total o parcialmente el Impuesto soportado con ocasión de la adquisición del edificio, dicha cesión se encuentra no sujeta al impuesto (DGT CV 19-4-16).
5) Las **entregas gratuitas de alimentos** realizadas por una entidad que actúa en su condición de empresario a efectos del IVA están sujetas como autoconsumo, siempre que la entidad se haya podido deducir total o parcialmente el Impuesto soportado en su adquisición (DGT CV 21-5-12; CV 16-7-14).

Jurisprudencia **1)** Cuando el sujeto pasivo solo ha integrado en su **patrimonio profesional** la parte del bien utilizada para estos fines, únicamente está sujeta al IVA la venta de esa parte. No afecta el hecho de que el bien haya sido comprado de ocasión a alguien que no sea sujeto pasivo y, por consiguiente, que el sujeto pasivo no esté autorizado para deducir el IVA residual que lo grava, carece de pertinencia a este respecto. Sin embargo, si el sujeto pasivo detrae el bien de su empresa no supone la realización de autoconsumo alguno sujeto, al no haber generado derecho a deducir el IVA (TJUE 8-3-01, asunto C-415/98). **332**

Si el vehículo comprado a un particular, sin derecho a deducir el IVA, es **afectado a fines ajenos** a los de la empresa y con posterioridad son efectuados trabajos (reparación de carrocería, pintura, instalación de catalizador y neumáticos), respecto de los cuales se ha deducido el IVA, el autoconsumo se produce únicamente respecto de los elementos que componen el bien y han generado el derecho a la deducción. Como tales se consideran los que han perdido definitivamente su carácter distintivo al incorporarse al vehículo, y han implicado un incremento duradero de su valor, no consumido enteramente en el momento de la afectación a fines privados. Por el contrario, si los trabajos efectuados y por los que se ha soportado y deducido el IVA no determinan la incorporación de elementos que componen el bien, no se considera que haya existido autoconsumo, teniendo que ser las deducciones objeto de rectificación (TJUE 17-5-01, asuntos acumulados C-322/99 y C-323/99).

2) El precepto de la UE según el cual se asimila a las prestaciones de servicios a título oneroso el **uso de bienes afectados a una empresa para fines ajenos** a esta, cuando tales bienes hubieran originado el derecho a la deducción total o parcial del IVA, debe desvincularse del de los gastos imponibles incurridos con miras a la utilización y mantenimiento del bien. Los términos uso de bienes de dicho precepto deben ser interpretados en sentido estricto, comprendiendo únicamente la utilización del bien mismo. Por tanto, las prestaciones accesorias referentes a esta utilización no están incluidas en su ámbito de aplicación (TJUE 25-5-93, asunto C-193/91).

3) Se considera que satisface necesidades particulares de los trabajadores y, por tanto, sirve para fines ajenos a la empresa, el **transporte gratuito de trabajadores**, efectuado por el empresario entre sus domicilios y su lugar de trabajo, con un vehículo afectado a la empresa. No obstante, deben tenerse en cuenta las circunstancias particulares, tales como la dificultad de emplear otros medios de transporte apropiados y los cambios de lugar de trabajo, que aconsejan que el empresario efectúe el transporte de los trabajadores, en cuyo caso esta prestación no se realiza con fines ajenos a la empresa (TJUE 16-10-97, asunto C-258/95). El mismo criterio se aplica en caso de **cesión gratuita de vehículos** a empleados de la empresa para su uso particular, tanto si los vehículos tienen la consideración de existencias o de bienes de inversión (TEAC 28-1-25; 20-2-25).

4) Las entregas de regalos de naturaleza distinta a los productos que comercializa la entidad destinados a los clientes que acumulan determinadas cantidades de puntos a través de la utilización de las **tarjetas de cliente**, no están sujetas, dado que la entidad no tiene derecho a deducir en ninguna medida ni cuantía las cuotas soportadas o satisfechas en su adquisición (TEAC 6-10-09).

5) Las entregas gratuitas de **mobiliario de terraza** y otros objetos (vasos, copas, servilletas, servilleteros, etc.), realizadas por una empresa cervecera a establecimientos de hostelería, deben considerarse autoconsumos de bienes, estando no sujetos al IVA, porque el sujeto pasivo no tiene derecho a deducir las cuotas soportadas en la adquisición de dicho material destinado a atenciones de clientes (nº 2666) (TS 15-6-13, Rec 5550/08; TEAC 22-5-14).

6. Operaciones del sector público

(LIVA art.7.8º)

335 La normativa de la UE se refiere a los entes públicos estableciendo un régimen respecto de los mismos a efectos del IVA que puede sintetizarse en los puntos siguientes (Dir 2006/112/CE art.13):

a) Los entes públicos no tienen la **condición de empresarios** en cuanto a las actividades u operaciones que desarrollen en el ejercicio de sus funciones públicas, ni siquiera en el caso de que con motivo de tales actividades u operaciones perciban derechos, rentas, cotizaciones o retribuciones.

b) No obstante lo anterior, los entes públicos deben ser considerados empresarios en cuanto a las actividades u operaciones que desarrollen en el ejercicio de sus funciones públicas, en la medida en que el hecho de no considerarlos como tales lleve a **distorsiones significativas de la competencia**. En este caso, cuando los servicios prestados son plenamente análogos a los realizados por empresarios privados, sí estarían sujetos al IVA (DGT CV 23-2-10).

c) En cualquier caso, se enumeran una serie de **actividades** respecto de las cuales los entes públicos son considerados como empresarios. Se trata, esencialmente, de actividades de carácter productivo o comerciales y que suelen ejercerse también por entidades privadas, respecto de las cuales es necesario evitar un distinto tratamiento del sector privado y del sector público, pues ello podría conducir a distorsiones de la competencia.

Como se puede apreciar, los criterios que establece la Directiva, salvo el contenido en la letra c) anterior, necesitan de un esfuerzo de concreción por parte del legislador interno de cada Estado miembro de la UE.

La **LIVA** ha transpuesto lo establecido en la normativa de la UE, señalando que las entregas de bienes y prestaciones de servicios efectuadas por las Administraciones Públicas o las entidades referidas en el nº 335.2 no están sujetas cuando concurran simultáneamente los **requisitos** siguientes:

- que dichas entregas de bienes y prestaciones de servicios se realicen **directamente** por las Administraciones Públicas o las entidades referidas en el nº 335.2;

- que dichas operaciones se efectúen sin **contraprestación** o mediante contraprestación de naturaleza tributaria.
Adicionalmente, **no están sujetas** al IVA las operaciones realizadas por las Administraciones Públicas cuando, respecto de ellas, no concurran los requisitos exigidos al efecto para su sujeción (ver nº 55). Así, por ejemplo, cuando se trata de actividades realizadas fuera de España (territorio IVA) o cuando les falte la nota de la independencia que caracteriza toda actividad empresarial o profesional.

A estos efectos, se consideran **Administraciones Públicas**: **335.1**
a) La Administración General del Estado, las Administraciones de las Comunidades Autónomas y las Entidades que integran la Administración Local.
b) Las entidades gestoras y los servicios comunes de la Seguridad Social.
c) Los organismos autónomos, las Universidades Públicas y las Agencias Estatales.
d) Cualquier entidad de derecho público con personalidad jurídica propia, dependiente de las anteriores que, con independencia funcional o con una especial autonomía reconocida por la Ley, tengan atribuidas funciones de regulación o control de carácter externo sobre un determinado sector o actividad.
No tienen la **consideración de Administraciones Públicas** las entidades públicas empresariales estatales y los organismos asimilados dependientes de las Comunidades Autónomas y Entidades locales.

Asimismo, **no están sujetos** al Impuesto: **335.2**
- los servicios prestados en virtud de los encargos ejecutados por los entes, organismos y entidades del sector público que ostenten la condición de medio propio personificado del poder adjudicador que haya ordenado el encargo (L 9/2017 art.32);
- los servicios prestados por cualesquiera entes, organismos o entidades del sector público a favor de las Administraciones Públicas de la que dependan, o de otra íntegramente dependiente de estas, cuando dichas Administraciones Públicas ostenten la titularidad íntegra de los mismos; y
- los servicios prestados entre las entidades referidas en los dos guiones anteriores, siempre que sean íntegramente dependientes de la misma Administración Pública.

Además, se mencionan una serie de **actividades** que en todo caso tienen la condición de empresariales, aun cuando se efectúen por las Administraciones, entes, organismos y entidades del sector público, directamente sin contraprestación o mediante contraprestación de naturaleza tributaria, y que por tanto, están sujetas al Impuesto. **336**
Las actividades que, en todo caso, tienen la **condición de empresariales**, son las siguientes: telecomunicaciones; distribución de agua, gas, calor, frío, energía eléctrica y demás modalidades de energía; transportes de personas y bienes; servicios portuarios y aeroportuarios y servicios de administración de infraestructuras ferroviarias, incluyendo las concesiones y autorizaciones exceptuadas de la no sujeción del nº 355 s.; obtención, fabricación o transformación de productos para su transmisión posterior; intervención sobre productos agropecuarios dirigida a la regulación del mercado de estos productos; explotación de ferias y de exposiciones de carácter comercial; almacenaje y depósito; las de oficinas comerciales de publicidad; explotación de cantinas y comedores de empresas, economatos, cooperativas y establecimientos similares; las de agencias de viajes; las comerciales o mercantiles de los Entes públicos de radio y televisión, incluidas las relativas a la cesión del uso de sus instalaciones y las de matadero.

Precisiones **1)** La distinción entre actividades empresariales y no empresariales tiene trascendencia para practicar la **deducción de las cuotas soportadas** por las adquisiciones de bienes y servicios realizadas por un ente público. Se deducen en el 100% cuando se empleen exclusivamente en actividades empresariales, siempre que estas actividades sean de las que generan el derecho a deducir el IVA soportado, en tanto que no pueden ser deducidas en ninguna proporción cuando las mismas se empleen en actividades no empresariales. Solo respecto de los **bienes de inversión** se permite la deducción del IVA soportado por su adquisición o importación en proporción a la parte del bien de inversión afectada a la actividad empresarial, cuando se trata de bienes parcialmente afectados a dicha actividad. A este respecto, entre otras, DGT CV 27-10-08. Ver nº 2522. **338**
2) Los **obligados a recaudar**, por cuenta del titular o del concesionario de un servicio o actividad pública, las tasas o precios que constituyan las contraprestaciones de aquellas están sometidos, cuando la operación esté sujeta, a las siguientes obligaciones:
- exigir el importe del IVA al contribuyente de la tasa o al usuario o destinatario del servicio o actividad de que se trate;
- expedir la factura relativa a dicha operación, en nombre y por cuenta del sujeto pasivo; y
- abonar al sujeto pasivo del IVA el importe percibido por este impuesto en la misma forma y plazos que los establecidos para el ingreso de la tasa o precio.

Los usuarios o destinatarios del servicio o actividad están obligados a soportar la traslación del IVA (RIVA disp.adic.6ª).

341 Ejemplos 1) Un ayuntamiento presta gratuitamente el servicio de **alumbrado público**.
Se trata de una operación no sujeta al ser una actuación directa de la Administración Pública, con ausencia de contraprestación y no estar incluida la actividad en la lista de operaciones que se consideran actividad empresarial.
2) Un ayuntamiento realiza directamente el servicio de **recogida de basuras** de los vecinos cobrando a los mismos la correspondiente tasa de recogida de basuras.
Se cumplen todos los requisitos que determinan la no sujeción, en concreto, la realización de la actividad directamente por la Administración Pública, con contraprestación de naturaleza tributaria (tasa) y no inclusión de la actividad en la lista de operaciones empresariales.
3) Un ayuntamiento constituye una **sociedad mercantil**, cuyo capital es 100% municipal para que, actuando en nombre y por cuenta propia, preste el servicio de recogida de residuos urbanos. A tal efecto, esta sociedad cobra como prestación una tasa a los usuarios.
Los servicios prestados por la sociedad mercantil municipal a los usuarios están no sujetos al IVA.

343 **4)** Un ayuntamiento presta el servicio de **aparcamiento** de vehículos mediante precio público.
Se presta un servicio por una Administración Pública mediante contraprestación no tributaria (precio público), sujeto al IVA.
5) Una empresa municipal que presta el servicio de **transporte de pasajeros** mediante el pago de un precio público.
Es una operación sujeta al IVA, con independencia de quién sea el prestador del servicio y la naturaleza de la contraprestación.
6) Un ayuntamiento que cobra una tasa por el **transporte de reses sacrificadas**.
Esta operación está sujeta al IVA por tratarse de un servicio de transporte de bienes, expresamente exceptuado del supuesto de no sujeción.
7) Un ayuntamiento percibe una tasa por el servicio de retirada de vehículos de la vía pública (**grúa municipal**).
Esta operación, al no poderse calificar como transporte de bienes y dado que es prestada directamente por una Administración Pública mediante contraprestación de naturaleza tributaria, está no sujeta.
8) Un ayuntamiento que edita y vende un **plano callejero** mediante precio público.
Las entregas de planos callejeros por la Administración Pública que los edita están sujetas al IVA, en todo caso, sea cual fuese su contraprestación (tasa o precio público), por tratarse de operaciones de obtención o fabricación de un bien para su transmisión posterior.

345 Doctrina Administrativa Además de las siguientes contestaciones de la DGT, ver nº 11000 s.
A. Agua.
1) Tratamiento y depuración del agua. Atendiendo al hecho de quién preste el servicio, la tributación varía:
- cuando es **prestado por una entidad pública** que actúa en nombre propio, aunque la contraprestación sea de naturaleza tributaria, queda sujeta, ya que el servicio no es prestado directamente por una Administración autonómica o local, quedando incluidos servicios tales como de depuración, alcantarillado, aducción y distribución de agua (DGT CV 23-2-09).
El mismo tratamiento merecen las operaciones realizadas por la **sociedad mercantil** relacionadas con el **ciclo integral del agua** (fases de captación, suministro, potabilización, distribución de agua potable, alcantarillado y depuración de aguas residuales), teniendo la contraprestación percibida la consideración de prestación patrimonial de carácter público no tributario. En este caso, han de repercutir sobre el destinatario de la operación la cuota correspondiente (DGT CV 4-4-16; CV 22-11-22);
- cuando es **prestado directamente por la Administración Pública** mediante contraprestación de naturaleza tributaria, no queda sujeta. Dentro de los servicios prestados en esas condiciones se encuentran la conexión de colectores de nuevos desarrollos urbanísticos a la depuradora encargada del tratamiento y depuración de aguas residuales (DGT CV 7-10-15).
En el mismo sentido, cuando el servicio lo presta una **junta vecinal**, al tener la consideración de Administración pública, cobrando una tasa (DGT CV 16-11-17).
2) Distribución, abastecimiento y suministro de agua. Quedan sujetos tanto cuando se llevan a cabo mediante caudales de apoyo a determinadas poblaciones, así como cuando es necesaria la realización de obras de construcción y ejecución de una presa (DGT CV 7-7-10).
Cuando una Administración Pública realiza la distribución y suministro del agua e incluye en la contraprestación de sus operaciones, la tasa de suministro y la **tasa de saneamiento y alcantarillado** deben formar parte de la base imponible del suministro y distribución de aguas sujeta (DGT CV 13-1-16).
Si una sociedad estatal dedicada a la explotación de instalaciones de abastecimiento adquiere de una **desaladora** desafectada del dominio público a una mancomunidad de municipios, dado que esta realiza una entrega de bienes en el ejercicio de su actividad empresarial, está sujeta (DGT CV 30-5-11).

Cuando una entidad mercantil participada íntegramente por un ayuntamiento, además de gestionar el servicio público de suministro de agua y la realización de las obras de mejora de la red de distribución, efectúa por encargo del propio ayuntamiento **obras de reposición de la red de distribución** y otros servicios necesarios, dichos encargos no están sujetos al constituir una prestación de servicios (DGT CV 30-4-24; CV 18-3-25).

3) Transporte, tratamiento y depuración de aguas residuales. Si es el propio ayuntamiento el que presta directamente dichos servicios, percibiendo la contraprestación directamente de los usuarios y la sociedad mercantil municipal actúa de forma instrumental, al tener dicha contraprestación la condición de tasa, no están sujetos al IVA; por el contrario, si es la sociedad mercantil municipal la que presta el servicio de recogida de residuos directamente a los usuarios, dado que la contraprestación percibida tiene la consideración de prestación patrimonial de carácter público no tributario, está sujeta (DGT CV 30-6-22).

4) Canon del agua. Tras un cambio de criterio para adaptarse al Tribunal Supremo, se considera que no cabe identificar uso o consumo de agua, real o potencial, con su distribución, lo que implica que este uso del agua gravado por el canon no está sujeto al IVA al no resultar de aplicación lo dispuesto en la LIVA art.7.8º.F.b' (DGT CV 14-3-22; CV 14-3-22). En el mismo sentido, también se ha producido un cambio de criterio respecto al **canon para la mejora de las infraestructuras hidráulicas** (DGT CV 14-3-22; CV 30-9-25; CV 16-12-25).

B. Recogida de residuos y basuras.

1) Si se realiza a través de una **empresa privada** que actúa en nombre propio frente al destinatario del servicio, debe repercutirle el impuesto. Si la empresa presta el servicio al ayuntamiento y este al destinatario, la empresa repercute el impuesto al ayuntamiento y el servicio prestado por este no está sujeto (DGT CV 5-10-16).

2) Si es prestado por una **sociedad mixta** cuyo capital está suscrito en un 34% por el ayuntamiento, es una operación sujeta (DGT CV 13-10-15), al igual que cuando es prestado por una entidad comercial a favor de los municipios que la integran (DGT CV 19-8-25).

3) Si es prestado por una **empresa pública** que tiene encomendada la gestión de residuos radiactivos, actuando en nombre propio y por su cuenta y riesgo, está sujeta, aunque no esté autorizada para percibir directamente la tasa como contraprestación a sus servicios (DGT CV 19-1-10).

4) Cuando la gestión de los servicios de residuos urbanos municipales se lleva a cabo por un **Consorcio** formado por una Comunidad Autónoma, una Diputación provincial y determinados municipios de una provincia, siendo asumida según el convenio suscrito asume la prestación material de los servicios por la Comunidad Autónoma consorciada, que a su vez encomienda a una sociedad mercantil autonómica, como medio propio instrumental y servicio técnico de aquella, refacturando la Comunidad Autónoma los costes de gestión de estos servicios al Consorcio, los servicios prestados por la sociedad mercantil autonómica a la Comunidad Autónoma, como medio propio personificado del poder adjudicador en los términos de la L 9/2017 art.32, están no sujetos al IVA. Igualmente, la refacturación de los costes que la Comunidad Autónoma realiza al Consorcio (DGT CV 24-1-19).

C. Prestaciones de servicios. **346**

1) Servicios de carácter público. Entre otros, se encuentran los siguientes:

- de **cementerio y servicios funerarios**: si son realizados por una sociedad mercantil, que presta el servicio al usuario en nombre propio, en virtud de la correspondiente concesión o autorización administrativa, el servicio está sujeto, aunque su contraprestación sea una tasa (DGT CV 23-3-15); por el contrario, si son prestados por la propia corporación local mediante contraprestación de naturaleza tributaria, está no sujeto al IVA (DGT CV 27-6-16);
- de **mercado municipal** efectuados de forma directa y mediante tasa por una entidad local, está no sujeto al IVA (DGT 28-4-99);
- de **estación municipal de autobuses**: si se percibe una tasa por cada entrada y salida de autobuses o por cada billete expedido en la estación está no sujeto al IVA, ya que no constituye propiamente un servicio de transporte (DGT CV 5-10-18).

Cuando un ayuntamiento procede a la adquisición de bienes y servicios para asegurar el **correcto funcionamiento de un servicio público** en caso de incumplimiento del adjudicatario de tal servicio, actúa como empresario o profesional dado que ordena un conjunto de medios personales y materiales, con independencia y bajo su responsabilidad, para el desarrollo de esta actividad, están sujetas al IVA (DGT CV 18-9-14).

Si los servicios prestados por el ayuntamiento son **sin contraprestación**, consistentes en la cesión de uso y disfrute de unos terrenos en los que se hayan ubicado centros de transformación y canalizaciones de instalaciones de media tensión, están no sujetos al IVA (DGT CV 23-10-17).

2) Otros servicios. Destacan, entre otros, los siguientes:

- de **carácter recreativo**: si son realizados por un ayuntamiento, mediante contraprestación de naturaleza no tributaria, en el ejercicio de la actividad de explotación de piscinas, están sujetos (DGT 30-6-86);
- **portuarios y aeroportuarios**: los servicios prestados por el ente público Aeropuertos Nacionales y Navegación Aérea, constitutivos del hecho imponible de la Tasa de Seguridad Aeroportuaria consistentes en la inspección y control de pasajeros y equipajes en los recintos aeroportuarios están sujetos y no exentos (Resol DGT 4/1997); los servicios prestados en la zona de aeropuerto están

sujetos al impuesto. No obstante, no se consideran servicios prestados en zona de aeropuerto los de soporte en el desarrollo de planes de innovación, de asesoramiento o soporte en operaciones generales de la empresa o similares, que están no sujetos cuando se cumplan los requisitos del nº 335 s. (DGT CV 3-3-23);
- de establecimiento y gestión del **depósito judicial público**: si son prestados a una Comunidad Autónoma en virtud de una encomienda de gestión, consistente en el depósito y custodia de objetos intervenidos judicialmente, están sujetos, al quedar excluido expresamente de la aplicación de la LIVA art.7.8º.h) (DGT CV 23-7-14);
- de celebración de **bodas** civiles en un ayuntamiento por el que se cobra una tasa, no están sujetos al IVA (DGT CV 16-3-18);
- de **vertedero**: si son prestados por el Consejo Comarcal de municipios a otros municipios diferentes a los que lo integran, a cambio de unas aportaciones que no van a tener naturaleza tributaria sino carácter de recursos financieros, están sujetos al IVA (DGT CV 18-7-24; CV 8-8-24).

346.1 D. Vehículos.
1) Servicio de estacionamiento regulado (SER). Está sujeto cuando se presta mediante una sociedad mercantil íntegramente participada por el ayuntamiento, que percibe como contraprestación una prestación patrimonial pública de los usuarios de las plazas de estacionamiento (DGT CV 26-9-19; CV 20-7-20). Por el contrario, no está sujeto al IVA cuando se presta directamente por un ayuntamiento a los usuarios finales percibiendo una tasa aprobada mediante la Ordenanza fiscal (DGT CV 8-11-24).
2) Servicio de inspección técnica de vehículos (ITV). Si se realiza a través de la fórmula indirecta en régimen de concesión administrativa (nº 355), siendo encomendadas algunas tareas a una **empresa pública** en virtud de un acuerdo expreso de encomienda de gestión mediante la suscripción de un convenio de colaboración, los servicios que preste la empresa pública tienen como destinatario a la Comunidad Autónoma y están sujetos y no exentos (DGT 21-4-99).
3) Almacenaje de vehículos. Teniendo en cuenta quién presta el servicio de depósito de vehículos, la tributación difiere:
- si es prestado por una **sociedad anónima de titularidad exclusivamente pública** en nombre propio frente a los usuarios o destinatarios finales, percibiendo por ello una contraprestación de naturaleza tributaria, está sujeto (DGT CV 3-4-19);
- si el servicio lo presta una **entidad de Derecho público** a favor de la Administración pública de la que depende, está no sujeto al IVA. El hecho de que la contraprestación del servicio realizado por la entidad a favor de la Administración Pública de la que depende lo paguen las empresas concesionarias del servicio de Inspección Técnica de Vehículos (esto es, un tercero distinto de la Administración destinataria), a través del llamado canon de servicios auxiliares, no afecta a la no sujeción de la operación (DGT CV 9-7-19).
No obstante, si el servicio de depósito de vehículos es como consecuencia de un procedimiento administrativo o judicial de **ejecución forzosa**, se encuentra sujeto, al quedar excluido expresamente de la aplicación del supuesto de no sujeción (DGT CV 19-6-08).
4) Desguace. El servicio de recogida de vehículos abandonados que se entregan a la empresa de desguace a cambio de una contraprestación, es una entrega de bienes sujeta al IVA. Pero en la medida en que tiene la consideración de chatarra se le aplica el supuesto de inversión del sujeto pasivo (LIVA art.84) siendo, por tanto, sujeto pasivo de dicha entrega la empresa de desguace (DGT CV 8-2-18).
5) Parking público. Está sujeta y no exenta la operación consistente en la concesión de la gestión y explotación de un parking público, mediante una contraprestación periódica denominada canon, cuyo pago por la entidad concesional al ayuntamiento responde a una explotación del servicio público de aparcamiento con tarifas preestablecidas que deben satisfacer los ocupantes de las plazas y por tanto no tiene la naturaleza de tasa (DGT CV 13-1-11).
6) Venta de vehículos usados. Está sujeta y no exenta la entrega de una motoniveladora y un camión de segunda mano efectuada por una mancomunidad de municipios mediante contraprestación no tributaria (DGT CV 15-11-23).
E. Utilización del dominio público o vía pública.
1) Si el ayuntamiento cobra una **tasa** por la utilización privativa del dominio público local, se trata de una prestación de servicios cuya contraprestación es de naturaleza tributaria, por lo que la operación no está sujeta (DGT CV 28-7-06; CV 15-7-15; CV 14-7-20).
2) Las actuaciones de inmovilización, retirada, depósito y custodia de **vehículos estacionados en la vía pública** no están sujetas, ya sean realizadas directamente por el ayuntamiento -ya que no se consideran realizadas en el ejercicio de una actividad empresarial o profesional- (DGT 22-3-99), o por una entidad participada en su totalidad por un ayuntamiento para este, así como los servicios de colaboración con la policía local en otras labores conexas (DGT CV 29-12-10).
Por el contrario, sí están sujetas cuando se prestan por una entidad privada para un ayuntamiento, sin mediar concesión administrativa alguna (DGT CV 21-9-11).

347 F. Entes públicos/ Administraciones Públicas
1) Merecen dicha consideración:
- las **mancomunidades de municipios**, pudiéndose aplicar a sus operaciones la no sujeción cuando presta los servicios a sus municipios mancomunados (DGT CV 12-8-25), a diferencia de lo que ocurre cuando dichas operaciones se financien con las aportaciones de los entes mancomunados, siendo estos los destinatarios de los servicios prestados, quedando sujetos y no exentos, constituyendo las citadas aportaciones la contraprestación no tributaria (DGT 14-1-97; CV 19-5-09);

- la **asociación de municipios**, quedando no sujetos los servicios prestados a los ayuntamientos asociados, con el objeto de fomentar el deporte, y recibiendo de los ayuntamientos la cuota establecida en los estatutos de la asociación (DGT CV 21-7-17);
- las **entidades públicas empresariales locales**, quedando sujetos los servicios de gestión de residuos, limpieza viaria y limpieza de colegios públicos municipales que realicen mediante contraprestación (DGT 9-3-04); y
- los **consorcios** constituidos íntegramente por administraciones públicas (DGT CV 4-5-17).

Por el contrario, a las enajenaciones de solares realizadas por el **Patrimonio del Estado** no les resulta de aplicación el supuesto de no sujeción por la realización de operaciones por entes públicos (DGT CV 21-2-08).

2) No merecen esta consideración las **mutuas colaboradoras con la Seguridad Social**, aunque sí forman parte del sector público, bajo la dirección y tutela de un Ministerio. Es una entidad sin ánimo de lucro constituida por la asociación de empresarios, por lo que su titularidad no corresponde a dicho Ministerio, y las primas y cotizaciones sociales que deben satisfacer empresarios y trabajadores, a pesar de ser contribuciones obligatorias, no tienen naturaleza tributaria, por lo que las operaciones están sujetas al IVA, pero exentas en las condiciones señaladas en el nº 860 s. (DGT CV 24-4-20).

G. Entidades mercantiles participadas íntegramente por entes públicos. 348

1) El órgano que se va a crear, **sociedad municipal** cuyo capital pertenece íntegramente al ayuntamiento que la constituye, no es más que un órgano técnico jurídico del ayuntamiento, lo que conduce a concluir que las relaciones internas entre dicho ayuntamiento y el organismo creado no determinan la realización de operaciones sujetas al concurrir los siguientes requisitos:
- su creación se va a realizar como sociedad mercantil local para la gestión directa del servicio público;
- su capital es propiedad íntegra del ente territorial, que es quien gobierna su proceso de toma de decisiones;
- tiene por único y exclusivo destinatario de los servicios que prestan al ente local que los crea;
- su financiación se lleva a cabo a través de la correspondiente consignación en los presupuestos de la entidad local o a través de la oportuna dotación regular de fondos;
- no hay riesgo alguno de distorsión de la competencia.

A las mismas conclusiones habría que llegar si el servicio se prestase a través de un **organismo autónomo** de carácter local (DGT CV 9-4-08), o por un organismo autónomo para la Diputación de la que depende, aunque están sujetos los servicios prestados a terceros, sean particulares, sean otros entes públicos distintos de dicha diputación (DGT CV 10-4-07).

No influye el hecho de que una **parte accesoria de los servicios prestados** tenga por destinatarios a personas o entidades diferentes del ayuntamiento del que depende el prestador (DGT CV 10-12-07).

2) No obstante, dichos supuestos de no sujeción no son aplicables a las **entregas de bienes** cualquiera que sea su destinatario (DGT CV 8-2-10), así como tampoco cuando se trate de las operaciones expresamente **excluidas** del nº 336 (DGT CV 27-10-08), salvo si son accesorias a la prestación de servicios principal (DGT CV 3-2-25).

En estos casos, la exclusión del supuesto de no sujeción cuando el ente público actúe por medio de empresas mercantiles debe entenderse respecto de los casos en que el ayuntamiento encomienda a estas la prestación del servicio al usuario, mediante **concesión o cualquier otro título** de actuación en nombre propio. Cuando sigue siendo el ente público el que presta el servicio directamente y en nombre propio al usuario, aunque subcontrate con una empresa la prestación -al ente público- del referido servicio no resulta de aplicación (DGT CV 1-6-10).

3) La sociedad mercantil cuyo capital es de íntegra titularidad pública, perteneciendo a una **Entidad Local y a una empresa pública** que, a su vez, está íntegramente participada por una comunidad autónoma, determina que las prestaciones de servicios realizadas que tengan por destinatarias a las Administraciones públicas de que dependa, esto es, tanto la comunidad autónoma como la Entidad local, se encuentran no sujetas (DGT CV 7-10-15); en el mismo sentido, respecto de servicios de gestión tributaria prestados a un ayuntamiento por una sociedad mercantil cuyo capital es íntegramente de aquel (DGT CV 14-2-23).

H. Actividad empresarial.

Están siempre sujetas las entregas de bienes y prestaciones de servicios que las Administraciones Públicas u otros entes, organismos y entidades del sector público realicen en el ejercicio de determinadas actividades, entre las que se encuentra la de **ferias** que, en todo caso, tiene la condición de actividad empresarial, aunque su contraprestación tenga naturaleza tributaria. No obstante lo anterior, no queda circunscrita en este supuesto de actividad excluida de la no sujeción, la **refacturación** de gastos incurridos por la participación en ferias en la medida en que no suponen explotación u organización de las mismas (DGT CV 12-5-16; CV 13-6-18). El ámbito objetivo está limitado a las ferias y exposiciones **de carácter comercial**, sin que puedan considerarse incluidas en el mismo las exposiciones, ferias o manifestaciones cuyo objeto principal sea la difusión o promoción de la cultura, incluso cuando en dichas ferias, exposiciones o manifestaciones culturales se comercialicen productos o se promuevan comercialmente los productos de ciertos empresarios o profesionales (DGT CV 17-4-18).

349 **I. Encomienda de gestión**.
No están sujetos al IVA los siguientes servicios:
- los prestados por una entidad, **sociedad dependiente** de entidades y organismos de una Administración autonómica, en virtud de una encomienda de gestión, pero sin ostentar la condición de medio propio personificado del poder adjudicador, a favor de otra entidad íntegramente dependiente a la misma Administración autonómica, servicios consistentes en la gestión de un centro de empresas (DGT CV 19-6-19);
- en el ámbito de un **consorcio**, los servicios de **«punto limpio móvil»**, que consisten en la recogida de mobiliarios y enseres como residuos, mientras no se presten a destinatarios diferentes de los miembros del consorcio. Si el servicio de «punto limpio móvil» consiste en el transporte de estos bienes y no en su retirada como residuos, estaría sujeto al IVA (DGT CV 22-2-18);
- los de gestión de una estación de autobuses prestados a una ayuntamiento por una **entidad íntegramente participada** por este (DGT CV 12-2-25).

J. Arrendamientos de inmuebles.
1) No está sujeto cuando se presta por una **empresa pública** a otra agencia pública dependientes ambas íntegramente de una misma entidad pública territorial (DGT CV 25-5-12); por una entidad íntegramente municipal al ayuntamiento del que depende (DGT CV 9-8-23) o por un organismo autónomo municipal, propietario de la instalación deportiva que se va a alquilar a una entidad mercantil para grabar un anuncio (DGT CV 3-10-25).
2) Por el contrario, están sujetos cuando son celebrados por una entidad con **ayuntamientos, comunidades autónomas**, sociedades mercantiles dependientes de los anteriores, particulares que no actúan como empresarios o profesionales, empresas sin participación pública, entre otros (DGT CV 20-2-19; CV 27-11-20), al igual que el arrendamiento por parte de un ayuntamiento de un centro de empresas a terceros, aunque la renta se denomine tasa (DGT CV 24-5-21).

349.1 **K. Otros servicios y entregas de bienes**.
1) Los servicios prestados por las **Universidades públicas**, al no tener la consideración de entidades dependientes de otras Administraciones Públicas están sujetos (DGT CV 30-9-21), como ocurre con la cesión de espacios por una Universidad para uso de una Fundación (DGT CV 23-9-20); o la cesión de aulas a organismos oficiales (DGT CV 30-9-20).
2) Los servicios prestados por una entidad mercantil municipal de **organización de un proceso selectivo** a los participantes en el mismo y cuya contraprestación tiene naturaleza de precio privado están sujetos al IVA (DGT CV 13-4-23).
3) Tanto las entregas de bienes como las prestaciones de servicios derivadas de los **convenios de cooperación** con otras Administraciones Públicas o sujetos jurídico-públicos no contemplan los elementos que determinan la no sujeción al IVA de las encomiendas de gestión, por lo que quedan sujetas (DGT CV 27-2-15; CV 20-10-15; CV 19-11-21).
4) Están sujetas las entregas del **Boletín Oficial de una Comunidad Autónoma** efectuadas por esta como editora del mismo, así como las prestaciones de servicios realizadas por ella consistentes en la inserción de **anuncios** en el referido Boletín, con independencia de cuál sea la naturaleza de la contraprestación (tributaria o no tributaria) que perciba, por tratarse de operaciones realizadas en el ejercicio de actividades expresamente sujetas (DGT 13-12-01). En sentido contrario, los servicios de inserción y publicación de anuncios en el Boletín Oficial de la Provincia prestados por una **Diputación** a terceros o a otros Entes públicos no están sujetos, ya que la Diputación tiene la consideración de organismo de derecho público, ejerce una función pública por la que se percibe una contraprestación de naturaleza tributaria, función que no se lleva a cabo en concurrencia con el sector privado y no se trata de una de las actividades expresamente sujetas. El formato, físico o electrónico, del Boletín Oficial de la Provincia no tiene trascendencia en la no sujeción (DGT CV 22-4-09).

349.2 **L. Concesiones administrativas.**
Cuando se trata de una concesión administrativa que tiene por objeto la **explotación de un bar** en locales municipales, autonómicos o en hospitales públicos, hay que tener en cuenta que la Dir 2014/23/UE Anexo I ha establecido una serie de actividades en las que, con independencia de la forma en que se articule su explotación, están siempre sujetas al IVA por el marcado carácter empresarial de las mismas. En la normativa española se recoge en concreto la explotación de cantinas o comedores (LIVA art.7.8º.F.j). En estas circunstancias, con independencia de que la explotación del bar se articule en virtud de un contrato de concesión de servicios públicos -cuando se produzca la transmisión del riesgo al contratista-, de un contrato de servicios -cuando no se transmita dicho riesgo- o, en determinadas circunstancias, de una concesión demanial -fuera del ámbito de los contratos públicos-, la Administración o Ente Público actúa siempre como empresario o profesional y sus operaciones quedan sujetas al Impuesto. En consecuencia, el **canon** constituye la contraprestación de una prestación de servicios, sujeta al IVA por lo que el ayuntamiento debe repercutir en factura el Impuesto correspondiente al concesionario al tipo general (DGT CV 9-9-24; CV 5-6-25; CV 18-12-25; CV 18-12-25).
La principal diferencia entre el contrato de servicios respecto al de concesión de servicios es la **asunción del riesgo** operacional que en el contrato de servicios recae sobre la misma Administración pública, siendo la propia Administración quién asume el riesgo del servicio y la actividad, actuando como empresario o profesional y por lo que no será de aplicación el régimen de no sujeción de la LIVA art.7.9º.

En relación con todas las consultas referenciadas que implican un cambio doctrinal respecto a la calificación de estos contratos como contratos de concesión de servicios o contratos de servicios, habiendo sido considerados tradicionalmente como administrativos especiales, quedan condicionadas por el Informe Juntas Consultivas de Contratación Administrativa 87/2018.

Jurisprudencia **A. Contraprestación de carácter tributario.** 350

1) No cabe hablar de contraprestación tributaria -tasas ni contribuciones especiales- en una liquidación por obras de **reparación de un camino público** de acceso, realizadas por un ayuntamiento a cargo y por cuenta de particulares (TSJ Asturias 27-2-99, EDJ 84355).

2) Las prestaciones de servicios de **recogida de basuras** y de **saneamiento de aguas** residuales efectuadas por entes públicos sin contraprestación o mediante contraprestación de naturaleza tributaria no están sujetas, salvo si los citados entes públicos actúan por medio de empresas públicas, privadas o mixtas o, en general de empresas mercantiles, de tal manera que sea el empresario el que preste los servicios en nombre propio y por su cuenta (TEAC 10-9-03; 18-11-08).

3) No constituye una prestación de naturaleza tributaria la comisión por venta de impresos de fianzas por las **Cámaras de Propiedad Urbana** (TEAC 12-5-98).

B. Agua.

1) **Saneamiento de aguas**. A efectos de la aplicación de la no sujeción, existen dos **requisitos** acumulativos: la realización de actividades por parte de un organismo público y su desarrollo en el ejercicio de funciones públicas -en su condición de autoridad pública-, con la excepción de que ocasionen distorsiones de la competencia.

Cuando la prestación de este servicio es realizada por un ente público, mediante **gestión directa** a través de una empresa pública, no constituye una operación sujeta, al no ser efectuada en el desarrollo de una actividad empresarial de acuerdo con la LIVA (TEAC 18-11-08).

El concepto de saneamiento de agua no puede incluirse dentro del de distribución de agua (actividad sujeta), al tratarse de dos **actividades económicas diferenciadas** (TEAC 8-6-10).

2) **Distribución de agua**. Forma parte de esta actividad la instalación de la **acometida individual**, de modo que un organismo de Derecho público que actúe en el ejercicio de sus funciones públicas tiene la condición de sujeto pasivo en lo que respecta a dicha operación (TJUE 3-4-08, asunto C-442/05).

C. Función pública. 351

Uno de los requisitos exigidos a efectos de la aplicación del supuesto de no sujeción es que se desarrolle la actividad en el ejercicio de funciones públicas. Por tanto, hay que distinguir:

1) **Ejercicio de funciones públicas**: entre otras, se encuentran:

- los **peajes** por la utilización de infraestructuras viarias, por tratarse de servicios prestados por organismos públicos en el ejercicio de las funciones públicas y del régimen que les es propio (TJUE 12-9-00, asunto C-260/98), a diferencia de lo que ocurre cuando dicho servicio no es ofrecido al usuario por un organismo público (TJUE 12-9-00, asunto C-276/97);
- las actividades que desarrollan las **sociedades públicas** de capital íntegramente estatal, autonómico o local, respecto a funciones encomendadas por las Administraciones territoriales que las crean y que realizan en el ámbito del régimen jurídico administrativo que les es propio, quedando no sujetas, a diferencia de lo que ocurre con las actividades que teniendo naturaleza económica son desarrolladas como empresarios o profesionales, o con las actividades encomendadas por la Administración de la que dependen que desarrollen en las mismas condiciones jurídicas que los operadores económicos privados (TEAC 5-11-08);
- la **gestión de una base de datos** para el tratamiento informático de los datos de los ciudadanos sí constituye una función pública, ya que constituye un instrumento auxiliar que hace posible la prestación del conjunto de los servicios públicos que aquel tiene encomendado, es decir, se trata de un servicio instrumental y que coadyuva al cumplimiento de las funciones públicas del ayuntamiento (TS 16-7-09, EDJ 217456); y
- la **promoción turística** de una determinada zona, que constituye una actividad desarrollada en el ejercicio de funciones y competencias públicas (TS 14-4-11, EDJ 71596).

2) Se considera que **no corresponden al ejercicio de funciones públicas**, entre otros:

- las enajenaciones de terrenos mediante contraprestación realizadas por una **Gerencia Municipal de Urbanismo**, dado que no suponen el ejercicio de funciones públicas, aunque tales enajenaciones tengan lugar en el ámbito del desarrollo urbanístico (TS 25-11-09, EDJ 283235);
- las entregas de terrenos por un ayuntamiento que los había incorporado al patrimonio municipal en virtud de **cesiones urbanísticas obligatorias**, al tratarse de una operación realizada mediante contraprestación de naturaleza no tributaria (TS 4-10-12, EDJ 233821); y
- la **limpieza de edificios**, sean públicos o privados, ya que no se lleva a cabo por la sociedad municipal en su calidad de sujeto de Derecho público en el ámbito del régimen jurídico que le es propio, sino que se trata de una actividad económica que se desarrolla en las mismas condiciones jurídicas que los operadores privados. Por tanto, dicha actividad estaría sujeta al IVA (TEAC 8-2-11).

D. Autoridad pública/Administración Pública. 352

1) Una actividad ejercida por un particular, tal como la de un **agente facultado para las ejecuciones judiciales**, no queda no sujeta por el mero hecho de que consista en actos cuya ejecución entra dentro de las prerrogativas de la autoridad pública, dado que no ejerce su actividad en calidad de organismo de Derecho público, puesto que no está integrado en la organización de la Administración Pública, sino en cuanto actividad económica independiente (TJUE auto 21-5-08, asunto C-456/07).

2) Los Estados miembros deben establecer una **disposición expresa** para poder invocar la facultad de que determinadas actividades de organismos de Derecho público, no sujetas, se consideren actividades de la autoridad pública. Los organismos de Derecho público deben considerarse sujetos pasivos en cuanto a las actividades u operaciones que desarrollen en el ejercicio de sus funciones públicas, no solo cuando el hecho de no considerarlos sujetos pasivos dé lugar a distorsiones graves de la competencia en perjuicio de sus competidores privados, sino también cuando dé lugar a tales distorsiones en su propio perjuicio (TJUE 4-6-09, asunto C-102/08).

3) Los **servicios municipales prestados por empresas mercantiles** que pertenecen en su integridad a una Corporación local están sujetos al IVA. Por otra parte, las cantidades que perciben dichas empresas de la Corporación local para financiarse no constituyen la retribución de un servicio que haya de integrarse en la base imponible del Impuesto (TS 29-3-12, EDJ 68766). De igual forma las prestaciones de servicios públicos por sociedades mercantiles de capital privado en régimen de **concesión administrativa**, en el que las dos concesionarias prestan servicios públicos en régimen de gestión indirecta (TS 10-5-12, EDJ 97486).

4) Aun cuando las Administraciones Públicas realizan **actividades como autoridades públicas** no quedan sujetas al impuesto al no tener la condición de sujetos pasivos; sin embargo, cuando efectúan tales actividades u operaciones, en la medida en que el hecho de no considerarlos sujetos pasivos lleve a distorsiones significativas de la competencia, deben ser consideradas como sujetos pasivos (TEAC 20-11-14; TJUE 29-10-15, asunto C-174/14). No obstante, el TEAC considera que las transferencias presupuestarias de la Administración territorial de la que depende una entidad para **promocionar las empresas y los productos de esa Comunidad Autónoma** en el exterior, no son subvenciones vinculadas al precio. Por tanto, esas cantidades no pueden considerarse contraprestación de las operaciones realizadas por la entidad, por lo que no forman parte de la base imponible del IVA (TEAC 22-11-23).

5) Una entrega de bienes efectuada por un ayuntamiento constituye actividad económica a efectos del IVA cuando no implique el **mero ejercicio de su derecho de propiedad** por el ayuntamiento y está, en tal caso, sujeta al IVA, salvo cuando el ayuntamiento actúe en tanto que autoridad pública, e incluso en este caso, cuando de la no sujeción pudieran derivarse distorsiones graves de la competencia (TJUE auto 20-3-14, asunto C-72/13).

6) No se incluyen en este supuesto de no sujeción los **registradores de la propiedad** por los servicios prestados a las comunidades autónomas como liquidadores del ITP y AJD y del ISD (TJUE 12-11-09, asunto C-154/08).

7) Las **Mutuas Colaboradoras de la Seguridad Social**, aunque son organismos de derecho público en cuanto que está integrada en el sector público y ejerce funciones públicas, no actúan como autoridad pública, por lo que las operaciones que realicen como colaboradoras en la gestión de la Seguridad Social están sujetas al IVA, pero exentas (TEAC 22-2-22).

353 **E. Distorsiones de la competencia.**

1) Una **ley nacional** puede autorizar al Ministro competente en materia de Hacienda de un E.m. a precisar el alcance, por una parte, del concepto de distorsiones graves de la competencia, y, por otra parte, del concepto de actividades efectuadas de forma no significativa, a condición de que sus decisiones de aplicación puedan someterse al control de los órganos jurisdiccionales nacionales (TJUE 14-12-00, asunto C-446/98).

A estos efectos, no se considera necesariamente que los organismos de Derecho público tengan la condición de sujetos pasivos cuando efectúen actividades cuyo volumen no sea insignificante. Solo en el caso de que dichos organismos ejerzan una actividad o efectúen una operación enumerada en la Sexta Directiva anexo D (actualmente Dir 2006/112/CE Anexo I), se puede tener en cuenta el criterio del **carácter insignificante** de dicha actividad o de dicha operación con el fin, si el Derecho nacional ha hecho uso de la facultad establecida en la normativa de la UE, de excluirlas de la sujeción al IVA cuando el volumen es insignificante.

2) No están sujetas las actividades u operaciones que un **punto de venta de cuotas lecheras** lleva a cabo en cuanto autoridad pública y no conduce a graves distorsiones de la competencia, debido a que no se enfrenta a operadores privados que prestan servicios que compiten con las prestaciones públicas. Al ser válida esta consideración para todos los puntos de venta de cuotas lecheras que operan en un área de cesión determinada, definida por el Estado miembro de que se trata, dicha área es el mercado geográfico pertinente para determinar la existencia de distorsiones graves de la competencia (TJUE 13-12-07, asunto C-408/06).

3) La normativa de la UE debe interpretarse en el sentido de que las distorsiones graves de la competencia a las cuales podría llevar la no consideración como sujetos pasivos de los **organismos de Derecho público** que actúen en el ejercicio de sus funciones deben evaluarse con respecto a la actividad de que se trate, en sí misma considerada, sin que dicha evaluación recaiga sobre un mercado local específico.

Los **términos «lleve a»** deben interpretarse en el sentido de que toman en consideración no solo la competencia actual, sino también la competencia potencial, siempre y cuando la posibilidad de que un operador privado entre en el mercado de referencia sea real y no meramente hipotética. El **término «grave»** debe entenderse en el sentido de que las distorsiones de la competencia actuales o potenciales deben ser algo más que insignificantes (TJUE 16-9-08, asunto C-288/07).

F. Actividades a favor de entidades públicas. 354
1) Las **entidades integradas en el presupuesto de un municipio**, que desarrollan actividades empresariales en nombre y por cuenta de este, siendo el municipio el que soporta el riesgo económico de las mismas, no son empresarios a efectos del IVA, pues dicha condición corresponde al municipio como tal (TJUE 29-9-15, asunto C-276/14).
2) Las **entidades creadas por los ayuntamientos** (participadas al 100%) y dedicadas a la gestión de servicios municipales son órganos técnico-jurídicos de ellos, por lo que las transferencias y aportaciones efectuadas no son contraprestación de operaciones sujetas (TS 12-6-04, EDJ 82845). No obstante, el TEAC ha mantenido un criterio distinto con base en la jurisprudencia comunitaria (TJUE 22-2-18, asunto C-182/17), señalando la sujeción de los servicios prestados a cambio de las transferencias recibidas para la financiación de la actividad y reconociendo el pleno derecho a la deducción del IVA soportado (TEAC 21-3-18).
3) No es de aplicación el supuesto de no sujeción a los servicios prestados por entes, organismos o entidades del sector público a favor de Administraciones Públicas de las que no dependen. Este es el caso de un **consorcio** integrado por varias Administraciones Públicas, siendo una de ellas un Consejo Comarcal en el que a su vez se integran varios municipios, el cual tiene encomendada la gestión de residuos sólidos de los municipios de dicha comarca, dado que no se aprecia la relación de dependencia que exige la aplicación del precepto, ya que las decisiones que adopta el consorcio son independientes no solo de la voluntad de cada uno de los Entes que lo participan, sino de la de cada uno de los municipios integrados en la comarca a los que presta servicios y por los que percibe precios públicos como contraprestación (TEAC 21-10-20).

7. Concesiones y autorizaciones administrativas

(LIVA art.7.9º)

No están sujetas las concesiones y autorizaciones administrativas, con **excepción** de las que tengan por objeto: 355
- la cesión del derecho a utilizar el dominio público portuario;
- la cesión de los inmuebles e instalaciones en aeropuertos;
- la cesión del derecho a utilizar infraestructuras ferroviarias;
- la prestación de servicios al público y el desarrollo de actividades comerciales e industriales en el ámbito portuario.

La concesión administrativa es un **negocio jurídico público** en virtud del cual las administraciones públicas conceden a los particulares la explotación de una parcela de actuación originariamente pública, bien cediendo la explotación de bienes de dominio público o bien cediendo la gestión de servicios públicos (DGT CV 14-11-18).
La no sujeción se extiende al hecho de que la Administración asuma el **coste de las inversiones** necesarias para el desarrollo de la concesión administrativa, adquiriendo las mismas y posteriormente cediéndolas a la entidad concesionaria para su adscripción a la concesión administrativa, sin perjuicio de la tributación que corresponda a la adquisición de las inversiones (en este sentido, DGT CV 22-2-18; CV 22-8-24).

Ejemplos **1)** Ayuntamiento que, mediante el pago de una tasa, realiza una concesión, a feriantes, del derecho a la **ocupación de la vía pública** para instalar una feria. 356
La concesión es una operación no sujeta, con independencia de la naturaleza de la contraprestación (tasa o precio público).
2) Ayuntamiento que adjudica puestos o bancos en **mercados municipales** en régimen de concesión administrativa mediante el pago de un canon mensual.
Dicha operación no está sujeta por tratarse de una concesión administrativa.
3) Entidad mercantil **concesionaria del servicio de transporte** regular de viajeros por carretera de un municipio que transmite la concesión, así como los vehículos adscritos a la misma, mediante contraprestación, a un tercero que va a continuar la explotación del servicio.
Es una operación sujeta, ya que no se trata de una concesión administrativa directamente adjudicada al cesionario del transporte, sino de una cesión por la empresa concesionaria del citado derecho mediante contraprestación.
No obstante, la citada transmisión del derecho con los vehículos afectos a la actividad transmitida podría resultar una operación no sujeta cuando se cumplan las circunstancias que regulan dicho supuesto de no sujeción (nº 275).

Doctrina Administrativa Además de las siguientes contestaciones de la DGT, ver nº 11000 s. 358
1) Se incluyen en este supuesto de **no sujeción**, en la medida que tengan la consideración o se instrumenten mediante una concesión o autorización administrativa:
- la autorización para la **venta en ambulancia** en la vía pública, aunque sea mediante precio público (DGT 18-9-90);
- la concesión para la gestión del servicio del **mercado de abastos** (DGT CV 11-11-10; CV 11-5-21); la concesión de un puesto en un mercado de abastos (DGT CV 26-12-12); así como la concesión de la explotación de un equipamiento comercial y **mercado municipal** (DGT CV 22-4-14). Esto no supone que los servicios prestados por los concesionarios a terceros no se encuentren sujetos;

- el otorgamiento por el Estado de licencias administrativas para la **pesca** (DGT 22-6-87);
- las autorizaciones administrativas otorgadas por un organismo autónomo, para que las empresas de **telefonía móvil** instalen estaciones bases y antenas en determinadas superficies de su propiedad a cambio de diversos cánones (DGT 14-12-01; CV 25-1-13);
- la concesión administrativa otorgada por un ayuntamiento para la explotación de una **residencia de la tercera edad** (DGT CV 24-1-07), aunque se trate de una residencia asistida o de un centro de día (DGT CV 28-4-15; CV 21-1-16), a diferencia de lo que ocurre con la cesión del derecho de explotación de una residencia municipal para mayores y mediante el pago de un canon (DGT CV 27-12-12);
- las prestaciones accesorias inherentes a la concesión administrativa efectuadas por el ente público en favor del concesionario, tales como los **suministros de agua, gas, electricidad y teléfono** relativos a las instalaciones que son objeto de concesión (DGT CV 8-5-06);
- la concesión administrativa para la gestión del servicio de regulación de **aparcamiento** (DGT CV 3-7-07; CV 8-9-16), para la construcción de plazas de aparcamiento y su posterior explotación (DGT CV 30-10-08; CV 28-12-17) y el contrato de cesión de uso de plazas de parking (DGT CV 23-3-10);
- la adjudicación de la explotación de un **palacio de exposiciones** y congresos, asumiendo la gestión y la explotación de la totalidad de las instalaciones del edificio (DGT CV 30-12-08; CV 27-5-13); de un **teatro municipal** (DGT CV 13-2-09); de una instalación deportiva municipal (DGT CV 19-2-13); o de un bien municipal para ser destinado a la prestación de servicios de educación infantil (DGT CV 29-5-18);

358.1 - la ocupación de **terrenos de dominio público** para la instalación de parques eólicos (DGT CV 15-11-12) o para la construcción y explotación de un restaurante de comida rápida (DGT CV 24-6-16);
- la cesión de un **local municipal** para la prestación del servicio público de correos (DGT CV 5-11-08);
- la concesión administrativa otorgada por la Administración Pública para la gestión de **servicios públicos sanitarios** (DGT CV 6-5-10);
- la concesión administrativa por la que un ayuntamiento cede una finca municipal calificada urbanísticamente como destinada a equipamiento público y a efectos patrimoniales como bien perteneciente al **dominio público municipal** (DGT CV 20-9-10);
- la ocupación o aprovechamiento de **cubiertas en edificios** municipales de carácter demanial adscritos al dominio público (DGT CV 19-11-10);
- la concesión para la instalación de un **quiosco** en la vía pública (DGT CV 26-12-12), como ocurre con los quioscos de prensa (DGT CV 3-5-16), así como la explotación de los **servicios de temporada** en varias playas: quioscos, terrazas, tumbonas, hidropedales (DGT CV 18-6-21);
- la cesión de los **montes de utilidad pública** para instalar en los mismos un albergue y un restaurante, así como la cesión de los distintos aprovechamientos de dichos montes, por tener los mismos la consideración de bienes de dominio público (DGT CV 26-12-12; CV 18-11-21);
- la concesión del servicio público de **gimnasio municipal** (DGT CV 12-3-13; CV 16-3-18) y de una **piscina municipal** a cambio de una contraprestación anual (DGT CV 18-12-19);
- la concesión administrativa otorgada por un Ayuntamiento para la ejecución de obra pública y explotación de un **camping** de su propiedad (DGT CV 15-4-15) y para la construcción y explotación de una **instalación fotovoltaica** en un edificio municipal (DGT CV 4-6-25);

358.2 - la concesión administrativa para la ocupación de terrenos públicos o comunales necesarios para la construcción y explotación del **aprovechamiento de aguas** (DGT CV 16-10-15);
- la concesión administrativa para la construcción y explotación de un **puerto deportivo** sobre terrenos de dominio marítimo terrestre (DGT CV 22-12-16);
- la concesión administrativa para el **uso privativo** de una parcela de **dominio público** municipal mediante el pago de un canon anual (DGT CV 6-11-17);
- la cesión del uso y explotación de un bien municipal (vehículo) para ser destinado a la prestación de servicios de **recogida de residuos** urbanos (DGT CV 2-4-20);
- la cesión a terceros por una **Universidad pública**, mediante contraprestación, de espacios de su propiedad para la celebración de exámenes, oposiciones y rodajes cinematográficos (DGT CV 18-1-22); y
- la cesión de uso del **dominio público radioeléctrico** a una entidad mediante la asignación de una serie de radiofrecuencias (DGT CV 8-7-22).

2) La no sujeción de los servicios de los Entes públicos que consisten en concesiones o autorizaciones administrativas se entiende sin perjuicio de la sujeción del **servicio prestado por el concesionario** (DGT 18-9-90).

3) El cobro de un porcentaje de determinados **gastos en que incurre el ayuntamiento**, relativos al mantenimiento y buen servicio de la instalación deportiva municipal, que son parcialmente trasladados a la adjudicataria, no pueden considerarse sujetos en tanto que no lo está la cesión de estas instalaciones. El cobro de las citadas cantidades debe considerarse como una de las condiciones impuestas a la adjudicataria para el disfrute de la concesión (DGT CV 5-6-06).

4) Quedan **excluidos** del supuesto de no sujeción: 359
- la **cesión ulterior de sus derechos**, efectuada por el concesionario directo a otra empresa (DGT 13-5-88), la transmisión de derechos concesionales efectuada por una entidad pública empresarial a una fundación (DGT CV 14-5-09) y las **ulteriores transmisiones** de las concesiones administrativas que los primeros o ulteriores adjudicatarios de las mismas realicen (DGT CV 29-12-09);
La no sujeción alcanza al **otorgamiento** de la concesión o autorización administrativa, pero no así a la transmisión de la misma. Por tanto, la transmisión de la concesión administrativa que tiene por objeto la explotación de una estación de servicio tiene la consideración de entrega de bienes y se encuentra, en principio, sujeta al IVA, sin perjuicio de que sea de aplicación el supuesto de no sujeción del nº 275 s. (DGT CV 18-4-23);
- el contrato suscrito entre una entidad mercantil y una universidad pública, consistente en prestar el **servicio de reprografía** en los locales de la universidad, a cambio del pago de un canon periódico (DGT 14-7-03);
- la cesión del derecho de explotación del servicio de **hotel, bar, cafetería y restaurante** en unas dependencias de titularidad municipal y mediante el pago de una cantidad anual (DGT CV 5-8-21; CV 25-4-23); la cesión del derecho a la explotación de cafeterías en una **piscina municipal**, y de una **residencia** de ancianos y la de una **plaza de toros** (DGT CV 7-8-13; CV 16-7-21); la adjudicación de la explotación de las instalaciones de un bar-quiosco (instalación fija de obra) mediante contrato administrativo especial (DGT CV 15-4-15; CV 2-3-16) y el contrato para la explotación de un bar en distintos espacios municipales así como la cesión de una barra de bar en el recinto de fiestas con ocasión de fiestas patronales (DGT CV 3-5-16);

- el contrato de cesión del uso privativo de una determinada **parcela de dominio público** situada en una zona industrial (DGT CV 12-3-13); 359.1
- la cesión por un ayuntamiento a un contratista de la explotación de **rutas turísticas** guiadas por la ciudad junto con servicios de atención protocolaria y comercialización y venta de productos (DGT CV 28-5-13);
- los servicios prestados a un ayuntamiento por una empresa tercera adjudicataria de un contrato de **servicio público de orquesta**, servicios lúdicos y festejos taurinos viaria, sin perjuicio de que, en el caso de que tal contrato se instrumentalice a través de una concesión administrativa, la misma no esté sujeta (DGT CV 20-10-14);
- la cesión en arrendamiento de una **planta de gestión de residuos**, ya que constituye un supuesto de arrendamiento de Derecho privado y no de un supuesto de concesión administrativa de Derecho público (DGT CV 3-10-17); y
- la cesión y explotación de un **estadio de futbol** copropiedad de una Diputación provincial, una Comunidad Autónoma y un ayuntamiento (DGT CV 6-4-21).

5) Un ayuntamiento quiere celebrar **contratos administrativos especiales** para la organización y gestión global de mercadillos temáticos en la vía pública con utilización de casetas municipales. Al no poder calificarse de concesión administrativa, el mismo es una prestación de servicios sujeta (DGT CV 27-1-09). 359.2
En el mismo sentido, está sujeta al IVA la cesión de la explotación de tres **apartamentos turísticos** junto con un local destinado a bar en unas dependencias de titularidad municipal y mediante el pago de una cantidad anual (DGT CV 6-9-11).
6) Están sujetos los servicios prestados a un ayuntamiento por la empresa adjudicataria de un contrato de gestión del **servicio municipal de estacionamiento regulado** en las vías públicas. Si el contrato se instrumentaliza a través de una concesión administrativa, no está sujeto (DGT CV 7-8-13; CV 6-5-20).
7) Una entidad mercantil es la concesionaria de un dominio público hidráulico, en concreto, en un caso de **cesión de instalaciones en pozos** de abastecimiento. Dichas instalaciones han sido promovidas y contratadas por una entidad pública que ejerce las competencias hidráulicas de una Comunidad Autónoma, la cual ha sido la destinataria de las mismas. No obstante, las instalaciones van a ser cedidas posteriormente y de forma gratuita a una entidad mercantil, en su condición de titular de la concesión, para que se haga cargo de su explotación, mantenimiento, conservación y reposición y las utilice de la forma más oportuna para su aprovechamiento.
No está sujeta ni la cesión de estas instalaciones, al comprender la transmisión de elementos incluidos en la concesión administrativa de dominio público hidráulico de que es concesionaria la referida entidad mercantil, ni la **reversión** de las instalaciones a la Administración pública, cuando se produzca (DGT CV 17-2-11).
8) Un ayuntamiento adquiere parte de la maquinaria que la entidad concesionaria utilizaba en la prestación del servicio para adscribirla al mismo y, una vez licitado de nuevo, **cede el uso de la maquinaria** al nuevo adjudicatario, de forma gratuita o mediante arrendamiento mensual. La adquisición de la maquinaria por parte del ayuntamiento constituye una entrega de bienes sujeta y no exenta; en cuanto a la posterior cesión al nuevo adjudicatario, si atendiendo al contenido del contrato de cesión se puede calificar de concesión de servicios públicos bajo la modalidad de concesión administrativa, la misma no está sujeta a IVA; en caso contrario constituye una prestación de servicios sujeta y no exenta (DGT CV 4-5-23).

360 Jurisprudencia 1) Una entidad local cobra, por ocupación de un **puesto en un mercado**, dos cantidades: una, por derecho de entrada, se percibe una sola vez en el momento de la subasta pública o cesión; otra, trimestral, durante los 10 años de vigencia del derecho de ocupación. El importe cobrado por la subasta pública de concesión no está sujeto, a diferencia de lo que ocurre con el alquiler trimestral (TEAC 14-1-99).
2) No está sujeta la adjudicación de la gestión del servicio público de **limpieza viaria** por tener la consideración de concesión administrativa (TS 5-3-07, EDJ 15821).
3) No cabe considerar que se ha constituido una concesión administrativa porque quien pretende celebrar el contrato no tiene **competencia** para otorgar concesiones administrativas (TEAC 20-4-21).

8. Prestaciones de servicios obligatorias y gratuitas

(LIVA art.7.10º)

365 No están sujetos los servicios prestados a título gratuito referidos en el nº 260 letra c), obligatorios para el sujeto pasivo en virtud de **normas jurídicas** o convenios colectivos, incluidos los servicios telegráficos y telefónicos prestados en régimen de franquicia.

366 Ejemplos 1) Empresa de transporte que, en virtud del convenio colectivo, realiza **transporte** gratuito a sus empleados y a sus familiares en primer grado, mediante los denominados «pases de libre circulación».
Es una operación no sujeta por cumplirse los dos requisitos que determinan dicha no sujeción: la obligatoriedad por convenio colectivo y la gratuidad del servicio.
2) Restaurante de tres tenedores que por libre decisión de su propietario da dos **comidas gratis a sus empleados** cada semana.
Estos servicios de suministros de comidas (prestación de servicios) efectuadas por el restaurante a título gratuito están sujetos, al no concurrir el requisito de la obligatoriedad, produciéndose el denominado autoconsumo de servicios (nº 260).

367 Doctrina Administrativa Además de las siguientes contestaciones de la DGT, ver nº 11000 s.
1) En relación con la prestación de servicios profesionales:
- no están sujetos los servicios de **justicia gratuita** prestados por abogados y procuradores (DGT CV 30-6-17; CV 24-5-21), al igual que los servicios de **asistencia pericial gratuita** prestados por arquitectos técnicos (DGT CV 18-7-18);
- sí están sujetos y no exentos los **servicios de mediación** civil, mercantil y familiar (DGT CV 24-6-21), así como los servicios de orientación jurídica de proximidad contemplados en una normativa autonómica (DGT CV 18-1-22).
2) Una entidad mercantil, participada por la Administración del Estado y de una Comunidad Autónoma, se crea para la promoción, gestión y ejecución de actuaciones urbanísticas y ferroviarias de una estación de tren de alta velocidad, comprometiéndose a realizar, según el convenio suscrito, las **obras de infraestructura y urbanización** relativas al cubrimiento de vías ferroviarias. Para financiar sus actuaciones recibe de sus socios una serie de terrenos con aprovechamientos urbanísticos (sujetos a cargas urbanísticas), comprometiéndose a entregar, finalizadas sus actuaciones, determinadas infraestructuras ferroviarias. Las obligaciones urbanísticas que se obliga a realizar constituyen prestaciones de servicios no sujetas al IVA (DGT CV 8-10-12).
3) Una sociedad estatal va a ceder sin contraprestación unos espacios físicos en **recintos aeroportuarios** necesarios para la prestación de servicios públicos no aeroportuarios, esta cesión se realiza de manera gratuita por mandato legal, no produciéndose ninguna operación sujeta al impuesto. Por tanto, no hay que repercutir el tributo con ocasión de la cesión de los citados espacios (DGT CV 10-7-20).
4) Una entidad promueve la construcción de un campo de golf, incluyendo unas **instalaciones eléctricas** que, una vez haya finalizado su construcción, tiene que ceder a la compañía suministradora de electricidad de forma gratuita, de acuerdo con la legislación sectorial correspondiente (urbanística y eléctrica), y bajo la premisa de que la misma no quede abierta al uso de terceros distintos. Se considera que no se produce ninguna operación sujeta al IVA, por lo que no hay que repercutir el tributo con ocasión de la cesión de las citadas instalaciones eléctricas (DGT CV 21-10-22).

368 Jurisprudencia La entrega de tarjetas a los empleados de una entidad concesionaria de una autopista para la utilización gratuita de esta **vía de peaje** constituye un autoconsumo de servicios si se trata de empleados jubilados, sin que quepa invocar el supuesto de no sujeción; si se trata de empleados en activo, la operación debe considerarse un autoconsumo interno no gravado (AN 4-10-06, EDJ 389565).

9. Comunidades de regantes

(LIVA art.7.11º)

No están sujetas las operaciones realizadas por las comunidades de regantes para la **ordenación y aprovechamiento** de las aguas. 370

Doctrina Administrativa Además de las siguientes contestaciones de la DGT, ver nº 11000 s. 372

1) No están sujetas las siguientes operaciones:

- las efectuadas por una comunidad de regantes para una **comunidad de bienes** formada por parte de los miembros de la mencionada comunidad de regantes (DGT 25-3-99);
- la entrega, en virtud de **expropiación forzosa**, de la acequia y el azud que constituyen el soporte necesario a los aprovechamientos de aguas de una comunidad de regantes, ya que se trata de elementos patrimoniales no afectos a una actividad empresarial o profesional (DGT CV 2-7-13);
- la **refacturación** de los gastos por una comunidad de regantes a los comuneros para la ordenación y aprovechamiento de las aguas de riego (DGT CV 22-9-15; CV 20-1-17; CV 14-4-20).

2) A efectos de la aplicación de este supuesto de no sujeción previsto para las operaciones efectuadas por las comunidades de regantes:

- se equiparan a las mismas la **junta general de usuarios del agua** y otros bienes del dominio público hidráulico (DGT CV 19-1-06), así como una **comunidad general de riegos** (DGT CV 12-7-10);
- por el contrario, no se equiparan, a estos efectos, a una **comunidad de bienes** que realiza la entrega de agua para riego procedente de un pozo común (DGT CV 19-2-13), ni tampoco una **comunidad de usuarios de agua** que lleva a cabo operaciones de ordenación y aprovechamiento de las aguas (DGT CV 11-10-13).

Si una comunidad de regantes se plantea la utilización de una **sociedad agraria de transformación** para el desarrollo de sus funciones, a dicha sociedad no le resulta de aplicación la no sujeción del Impuesto de sus operaciones, sin perjuicio de que sí resulte de aplicación a la comunidad de regantes en las repercusiones que efectúe a favor de los comuneros (DGT CV 21-4-20).

3) Se considera que los siguientes servicios contribuyen al **aprovechamiento y ordenación** de las aguas, por lo que su prestación quedaría no sujeta al Impuesto: 373

- determinados **servicios en régimen de personal laboral** o subcontratados con terceros que, posteriormente, repercute a sus comuneros, que comprende las labores de vigilancia y la ordenación del riego, la impulsión del agua, así como el mantenimiento de los canales y acequias (DGT CV 1-4-16);
- los servicios de comprobación de la instalación de **contadores volumétricos** para el control y ordenación sobre el aprovechamiento de las aguas; servicio de certificación del cumplimiento de las instalaciones de medición y uso del agua y servicio de las labores de policía para controlar las extracciones de agua (DGT CV 10-3-22);
- las operaciones de **cesión del uso y utilización** de acequias, canales, edificaciones, terrenos y otros bienes que constituyen el soporte necesario a los aprovechamientos de aguas de la comunidad (DGT CV 4-4-07).
- el mantenimiento del **sistema de información hidrológica** provincial mediante convenio, cuyo objetivo es instrumentalizar la colaboración y cooperación entre una corporación de derecho público adscrita a una confederación hidrográfica y una diputación provincial mediante el intercambio de información, con vistas a optimizar el planeamiento objetivo de las inversiones en obras y actuaciones hidráulicas, está no sujeto ya que se dirige a la ordenación y aprovechamiento de las aguas (DGT CV 22-9-09).

4) Por el contrario, **no** se incluyen dentro de las operaciones de **ordenación y aprovechamiento** de las aguas y, por tanto, están sujetas:

- las prestaciones de servicios que realiza una comunidad de regantes, en virtud de un contrato efectuado con un organismo autónomo, consistentes en accionar las compuertas durante la temporada de navegabilidad a todas las embarcaciones que lo soliciten, y fuera de temporada cuando lo solicite la empresa adjudicataria del contrato de servicios, así como informar a los usuarios, y cuidar el buen funcionamiento de la **esclusa** (DGT CV 6-10-09);
- la transmisión de una **planta desaladora** a título oneroso por parte de una comunidad de regantes (DGT CV 31-3-09);
- la **cesión de los derechos de agua** de riego que realiza una comunidad de regantes a terceros (DGT CV 14-10-16);
- las **entregas de abono** que la comunidad de regantes efectúe a sus comuneros (DGT CV 23-9-14); y
- la **producción de energía eléctrica** por una comunidad de regantes, quedando sujeta al IVA la venta del excedente de electricidad a terceros en el mercado, así como las operaciones de consumo propio de los comuneros cuando esta entrega se realice al margen de la ordenación o distribución de aguas (DGT CV 10-12-19; CV 20-4-20; CV 25-5-21).

5) Las operaciones llevadas a cabo a **título oneroso** por comunidades de regantes a favor de sus miembros consistentes en la distribución-comercialización de agua, en los casos en los que sea posible adquirir, desalinizar y distribuir agua a título oneroso, están sujetas al impuesto (DGT CV 11-10-13; CV 15-12-15). Por el contrario, no están sujetas las operaciones realizadas para la ordenación y el aprovechamiento de las aguas, aunque el agua de riego se mezcle con abono para fertilizar las tierras de los comuneros (DGT CV 18-5-18).

6) No constituyen la contraprestación de operación alguna sujeta al IVA, los pagos realizados por una comunidad de regantes, en virtud del convenio de colaboración, a la comunidad de regantes **titular de la infraestructura**, cuando se deriven de operaciones que tengan por objeto la ordenación y aprovechamiento de aguas de riego no sujetas al mismo (DGT CV 28-11-19).

374 Jurisprudencia **1)** No constituyen una función pública de ordenación y aprovechamiento de aguas exenta del impuesto, entre otras, la **distribución onerosa de agua** adquirida a terceros o desalinizada por la propia comunidad de regantes (TS 13-6-11, EDJ 120721; 22-11-12, EDJ 270151), ni la construcción de **infraestructuras hidráulicas** en un embalse y arroyo para transformar a regadío las fincas de sus comuneros mediante una red primaria de abastecimiento (TS 9-12-24, EDJ 764568).

2) Las comunidades de regantes son corporaciones de derecho público adscritas al organismo de cuenca, cuyos **estatutos** deben incluir la finalidad y el ámbito territorial de aplicación del dominio público hidráulico; esto es, en ellas se cumple el requisito subjetivo exigido por la jurisprudencia del TJUE para la aplicación del supuesto de no sujeción, siendo sus estatutos los que determinan el ámbito de las operaciones ejercidas en el desarrollo de sus funciones públicas. De tal manera que, todas las operaciones realizadas en relación con la ordenación y aprovechamiento de las aguas que de acuerdo con sus estatutos tienen encomendadas, incluidas operaciones de conservación, limpieza y mejora, se consideran realizadas en el ámbito de sus funciones públicas y les es de aplicación el supuesto de no sujeción (TEAC 22-11-17).

10. Entregas de dinero

(LIVA art.7.12º)

375 No están sujetas las entregas de dinero cuando constituyan el **pago o contraprestación** de una operación determinada.

376 Ejemplo Una entidad mercantil vende una **maquinaria** a otra empresa por 60.250 €.
Hay dos operaciones: por un lado, una entrega de maquinaria sujeta al IVA; y, por otra parte, la entrega de un bien (dinero) del patrimonio empresarial de una entidad mercantil que, al tratarse de la contraprestación de la primera entrega, no está sujeta.

378 Doctrina Administrativa Además de las siguientes contestaciones de la DGT, ver nº 11000 s.

1) No están sujetas:

- las cantidades que percibe una empresa como pago o contraprestación por su aportación a una **cuenta en participación** con otra sociedad (DGT 9-4-99) o con otra persona, así como tampoco la liquidación al partícipe no gestor de su cuenta de liquidación, en cuanto dicha liquidación no suponga entrega de bienes o prestación de servicios alguna, sino únicamente el reparto de los resultados en efectivo conforme a lo dispuesto en el contrato de cuenta en participación (DGT CV 17-12-10); y
- las devoluciones a los integrantes de una **agrupación de interés urbanístico** del dinero efectivo sobrante, una vez satisfechos los gastos de urbanización (DGT CV 25-1-11), ni las devoluciones del remanente a los integrantes de una **junta de compensación** (DGT CV 26-11-18).

2) En relación a las entregas de dinero como **aportación social**, ver DGT CV 23-11-01 en nº 140.

3) Una entidad adquiere carburante a operadores de productos petrolíferos en estaciones de servicio y suministra a sus clientes titulares de su tarjeta una **tarjeta de compra de carburante**. Estas estaciones de servicio actúan como intermediarios de los operadores y, en ocasiones, ofrecen descuentos por su cuenta y riesgo a los clientes de la entidad emisora de la tarjeta, que denominan **aportación comercial en efectivo** y suponen para el cliente un pago menor por el suministro. Estos descuentos comerciales en efectivo suponen el pago por la estación de servicio de una parte de la contraprestación de la entrega de carburante que realiza la entidad emisora de la tarjeta a sus clientes y no inciden en la determinación de la base imponible de la operación. En todo caso, suponen una transferencia financiera de dinero de la estación de servicio a la entidad emisora de la tarjeta, no sujeta al IVA (DGT CV 8-9-10).

4) Las transmisiones de **bienes inmuebles y saldos de efectivo** que se van a poner de manifiesto no constituyen una unidad económica autónoma y van a tener la consideración de una mera cesión de bienes, sujeta al Impuesto, debiendo tributar cada elemento independientemente según las normas que le sean aplicables; por lo que se refiere a la transmisión de los saldos de efectivo, está no sujeta al IVA (DGT CV 8-2-16).

5) Una entidad mercantil suscribe un convenio urbanístico con un ayuntamiento en virtud del cual va a tener que cederle de manera gratuita un edificio dotacional, una vez construido, junto con diez plazas de garaje. No obstante, como la entrega del edificio no se va a realizar completamente terminado, sino que va a faltar el capítulo de las instalaciones, va a tener que entregar un importe monetario en concepto de **monetización de las unidades de obra no ejecutadas**, no encontrándose dicha cantidad sujeta al IVA (DGT CV 17-5-22).

6) Los bitcoins, criptomonedas y demás **monedas digitales** son divisas que constituyen medios de pagos (DGT CV 7-9-23).

Jurisprudencia Al haberse otorgado una **subvención** a una entidad por un importe determinado y percibirse solamente una parte de la misma, dicha entidad tenía un derecho perfecto de cobro por la cantidad no abonada frente al ente público otorgante. Por otro lado, el ente público constituyó un derecho de **usufructo** a favor de dicha entidad por el mismo importe pendiente de abonar. 379
En este caso, se produjo una compensación entre el crédito que tenía la entidad mercantil con el ente público y la deuda que debía pagar por el usufructo oneroso. La constitución del derecho de usufructo constituye una prestación de servicios sujeta al IVA; en cuanto al pago realizado por la entidad mercantil, no era ninguna prestación de servicios, sino que operó como si se tratase de un pago en efectivo, no estando sujetas al IVA las entregas de dinero a título de contraprestación o pago (TS 16-4-12, EDJ 77087).

III. Delimitación IVA-ITP y AJD

(LIVA art.4.Cuatro)

Las operaciones sujetas al IVA no lo están al concepto «transmisiones patrimoniales onerosas» (TPO) del ITP y AJD, al ser incompatibles: el IVA grava las operaciones empresariales, mientras que el TPO grava las no empresariales. 385
La aplicación de alguna exención en IVA a las operaciones que realizan empresarios o profesionales en el ejercicio de su actividad empresarial o profesional, pueden hacer que dichas operaciones estén sujetas al concepto de TPO:
1) Las **entregas y arrendamientos de bienes inmuebles**, cuando estén exentos del IVA (nº 8600 s. y nº 8670 s.), salvo renuncia a la exención en el caso de las entregas (ver nº 8685).
2) La constitución o transmisión de **derechos reales** de goce o disfrute que recaigan sobre inmuebles, cuando estén exentas del IVA (en este caso no cabe renuncia a la exención) (nº 8670 s.).

Ejemplos **1)** Compra de un **coche de segunda mano** a un concesionario. 387
Está gravada por el IVA que repercute el concesionario al comprador.
2) Venta de un **ordenador** por un particular.
Tributa por el ITP y AJD, concepto TPO, que paga el adquirente.
3) Un farmacéutico va a transmitir la totalidad de su **patrimonio empresarial** a una persona física que va a continuar la misma actividad. Dicho patrimonio lo integran: mobiliario, existencias, fondo de comercio y el local donde ejercía la actividad.
En este supuesto, aun tratándose de una transmisión realizada por un empresario o profesional en el desarrollo de su actividad empresarial o profesional, estamos ante una operación no sujeta al IVA (nº 275) ni tampoco al ITP y AJD, concepto TPO. No obstante, la transmisión del inmueble (local) está gravada por el citado concepto (LITP art.7.5).

Doctrina Administrativa Además de las siguientes contestaciones de la DGT, ver nº 11000 s. 390
1) Las entregas de **buques** afectos esencialmente a la navegación marítima internacional, con excepción de los buques de guerra y de las embarcaciones deportivas y de recreo, así como las entregas de buques destinados exclusivamente al salvamento, a la asistencia marítima o a la pesca costera están sujetas y exentas del IVA cuando se efectúen por empresarios o profesionales en el ejercicio de su actividad. Tales entregas no están sujetas al concepto de TPO (DGT CV 22-12-86).
2) Las **concesiones y autorizaciones administrativas** que tengan por objeto la cesión del derecho a utilizar inmuebles o instalaciones en puertos y aeropuertos, quedan sujetas al IVA y por tanto no sujetas a TPO (DGT 29-1-90).
3) La **renuncia al derecho a la opción de compra** de unas participaciones sociales a cambio de una cantidad de dinero es una prestación de servicios sujeta al IVA (DGT CV 25-5-07).
4) Un particular que firma un contrato de compraventa de un **inmueble en construcción** con una promotora y va realizando pagos a cuenta durante su construcción. El particular vende su derecho a una sociedad tercera antes de llevarse a cabo la firma de la escritura y la entrega del inmueble, siendo esta última la que firma la escritura de compraventa. A efectos de la tributación, la adquisición del derecho de compra del inmueble queda sujeta a ITP y AJD y la posterior adquisición del mismo a la promotora tributa por IVA, resultando deducible (DGT CV 14-9-07).

Jurisprudencia **1)** La sujeción al IVA de la venta de **derechos de replantación** de viñas depende de la cualidad de los titulares que intervengan: si son empresarios (agrícolas o no), que han incorporado a su patrimonio empresarial dichos derechos la venta está sujeta a IVA. Si se transmiten tales derechos como parte de un patrimonio personal -no empresarial- la operación está sujeta a ITP y AJD (TSJ La Rioja 22-11-96, EDJ 500042). 395
2) La transmisión de un **vehículo usado** está sujeta a ITP y AJD cuando el transmitente es un particular o un empresario o profesional que realiza la entrega fuera del tráfico de su empresa. Cuando el transmitente es un empresario que realiza la entrega en el desarrollo de su actividad, está sujeta a IVA (TSJ Murcia 29-10-97, EDJ 59488).

395 (sigue) 3) Es compatible con la Directiva IVA la norma interna que prevé la sujeción al ITP y AJD (modalidad TPO) de las transmisiones por particulares a una empresa de **objetos con un alto contenido en oro o en otros metales preciosos**, cuando tales bienes se destinan a la actividad económica de dicha empresa, la cual, para su transformación y posterior reintroducción en el circuito comercial, revende los bienes a empresas especializadas en la fabricación de lingotes o piezas de metales preciosos (TJUE 12-6-19, asunto C-185/18).

4) La adjudicación al acreedor de la finca hipotecada en **subasta extrajudicial** y su posterior cesión a un tercero supone la existencia de dos transmisiones, al no ser de aplicación el beneficio fiscal previsto para estas operaciones cuando se producen en subasta judicial (RITP art.20). Por tanto, la **adjudicación** debe tributar por la modalidad de TPO del ITP y AJD, al no haberse realizado la renuncia a la exención correctamente, ni concurrir circunstancias que permitan considerar la existencia de renuncia tácita a la misma (TEAC 21-6-21).

CAPÍTULO 3

Lugar de realización del hecho imponible

400

La legislación española es consecuencia de la trasposición al derecho interno de la Dir 2006/112/CE art.31 a 59 bis, que regula esta materia con relación a las entregas de bienes (nº 415 s.), prestaciones de servicios (nº 480 s.) y operaciones intracomunitarias (nº 5200 s.). **401**
El ámbito de este capítulo se circunscribe al análisis de las reglas de localización de las **entregas de bienes y prestaciones de servicios**, tratándose las operaciones intracomunitarias en su correspondiente capítulo: AIB (nº 5355 s.), transportes (nº 9040 s.) y comercio electrónico (nº 9190 s.).
Estas reglas se aplican también a los **autoconsumos**, teniendo en cuenta sus particularidades (nº 235 s. y nº 260 s.).

Precisiones Pueden resultar de gran utilidad las **orientaciones del Comité del IVA** (que en muchas ocasiones se refieren a cuestiones relativas al lugar de realización de las operaciones a efectos del Impuesto) que, aunque no tienen carácter vinculante, son públicas y pueden consultarse en el siguiente sitio web de la Comisión Europea: https://ec.europa.eu/taxation_customs/commission-guidelines_en **402**

I. Territorialidad

(Dir 2006/112/CE art.6 y 7; LIVA art.3)

Solo están sujetas al IVA las operaciones, que de acuerdo con las reglas legalmente establecidas, se entienden localizadas en el ámbito de aplicación del Impuesto. **405**
El **ámbito espacial** o territorio de aplicación del IVA español (en adelante, TIVA) está constituido por el territorio peninsular español y las Islas Baleares, comprendiendo las islas adyacentes, el mar territorial hasta el límite de las 12 millas náuticas definido en la L 10/1977 art.3 y el espacio aéreo correspondiente.
Las zonas donde no se aplica el sistema común del IVA reciben el nombre de **territorios terceros**, que son:
- los que **forman parte del territorio aduanero** de la Unión: Monte Athos, en Grecia; Islas Canarias, en España; las regiones ultraperiféricas francesas de Guadalupe, la Guayana Francesa, Martinica, Mayotte, la Reunión, San Bartolomé y San Martín (TFUE art.349 y 355.1); Islas Aland, en Finlandia; las Islas del Canal, en Reino Unido; y el municipio Campione d'Italia y las aguas nacionales del lago de Lugano, en Italia;
- los que **no forman parte del territorio aduanero** de la Unión: Isla de Helgoland y el territorio de Büsingen, en Alemania; Ceuta y Melilla, en España; Livigno, en Italia.
Estos territorios terceros quedan excluidos del territorio de la UE a efectos del IVA, y por lo tanto, las operaciones realizadas con ellos dan lugar a exportaciones e importaciones a efectos del IVA, y no a operaciones intracomunitarias.
Habida cuenta los **convenios y tratados** que han celebrado, respectivamente, con Francia, con el Reino Unido y con Chipre, a efectos del IVA, el Principado de Mónaco, la Isla de Man y las zonas de soberanía del Reino Unido en Akrotiri y Dhekelia, no se consideran países terceros, por lo que las operaciones efectuadas con dichos territorios tienen la misma consideración que las efectuadas con Francia, Gran Bretaña y Chipre, respectivamente. Esto supone que las transacciones que se efectúen con estos territorios no dan lugar a importaciones o exportaciones a efectos del IVA, y sí a operaciones intracomunitarias
Por consiguiente, en el ámbito del Reino de **España**, solo están excluidos de la aplicación del IVA los territorios de **Canarias, Ceuta y Melilla** que, a efectos de dicho tributo, se consideran territorios terceros.

406 Precisiones 1) Los términos «la Comunidad» y «la Comunidad Europea», se entienden referidos a «la Unión»; los términos «de las Comunidades Europeas» o «de la CEE» se entienden referidos a «de la Unión Europea»; y los términos «comunitario», «comunitaria», «comunitarios» y «comunitarias» se entienden referidos a «de la Unión» (LIVA disp.adic.8ª; RIVA disp.adic.7ª).
2) En la aplicación de las normas recogidas en este capítulo, se debe recordar que el 1-1-2021 finalizó la aplicación provisional del derecho comunitario en el **Reino Unido** de Gran Bretaña e Irlanda del Norte, por lo que desde esa fecha pasa a ser considerado como país tercero a efectos del Impuesto. No obstante, sigue aplicándose el Derecho de la Unión respecto a las entregas y adquisiciones de bienes realizadas con Irlanda del Norte (Acuerdo Brexit Protocolo Irlanda/Irlanda del Norte).
3) Las reglas de localización previstas en el Derecho de la UE se pueden excepcionar para **casos específicos**. Ver Decisión Consejo 2012/85/UE.
4) En general, los preceptos que regulan la determinación del lugar de realización del hecho imponible **no precisan dónde se entienden realizadas** las correspondientes operaciones, limitándose a regular cuándo las operaciones de que se trate se entienden realizadas en TIVA. Se trata de una técnica legislativa distinta a la que utiliza la Dir 2006/112/CE, que sí procede a «repartir» los hechos imponibles entre los diferentes Estados a los que afecta, lo cual, por otra parte, tiene sentido cuando se trata de una norma de armonización y, en este caso, de reparto.
5) En Canarias se aplica el Impuesto General Indirecto Canario (**IGIC**) (nº 100 s. Memento Canarias) y en **Ceuta y Melilla**, el Impuesto sobre la Producción, los Servicios y la Importación en las Ciudades de Ceuta y Melilla (**IPSI**) (nº 12790 s. Memento Fiscal 2026).
6) En el **País Vasco** y **Navarra** también se aplica el IVA, si bien se tienen en cuenta las normas reguladoras de los regímenes de Concierto y Convenio Económico (nº 4200 s. y nº 7600 s. Memento Fiscal Foral 2026, respectivamente).

409 Jurisprudencia A efectos de la aplicación del Concierto Económico con el País Vasco, debe considerarse que no existe proceso de transformación del gas extraído de un yacimiento marino, puesto que el proceso de **tratamiento del gas** es simplemente una adecuación o acondicionamiento del producto recibido en la planta para hacerlo disponible a los consumidores finales (TS 2-4-08, EDJ 48953).

II. Entregas de bienes

(LIVA art.68)

415

416 La correcta determinación de cuándo una entrega de bienes se entiende **localizada en TIVA** es importante no solo a efectos de localizar la propia operación, sino también porque determinadas prestaciones de servicios toman en consideración el lugar de realización de las referidas entregas (ej., los servicios de mediación en las entregas de bienes -nº 670-).
En este punto, la LIVA contiene:
- una **regla general** (nº 420 s.); y
- varias **reglas especiales** (nº 430 s.).

Precisiones Para la adecuada comprensión de la completa tributación de estas operaciones, hay que tener en cuenta las normas de exención aplicables a las **entregas intracomunitarias y** a las **exportaciones** de bienes (nº 5210 s. y nº 6000 s., respectivamente). De igual modo, hay que añadir las reglas correspondientes al régimen especial de las **ventas a distancia** intracomunitarias de bienes existente en la UE (nº 9244 s.).

A. Regla general

(LIVA art.68.Uno)

420 Las entregas de bienes que no son objeto de expedición o transporte, se entienden **realizadas en TIVA** cuando los bienes se ponen a disposición del adquirente en dicho territorio.

La **puesta a disposición** (ver nº 1206) se produce en el establecimiento del vendedor o en el lugar convenido por las partes y determina el traslado de los riesgos al comprador.

Las mismas reglas son de aplicación en aquellas entregas en las que el adquirente, con **posterioridad** a la puesta a su disposición de los bienes, los **transporte por su cuenta** a otro E.m. o fuera de la UE, siendo lo relevante a estos efectos que exista un transporte vinculado a la entrega de bienes que se trata de localizar.

Precisiones La expedición o transporte a que se hace referencia es aquel que implica la **salida o entrada de TIVA**. Por lo tanto, la regla general es aplicable cuando los bienes son objeto de un transporte que discurre por completo en TIVA.

---

421 Ejemplos **1)** Una **empresa española** del sector del electrodoméstico, cuya sede empresarial está en Madrid, efectúa habitualmente las siguientes operaciones:

a) Entrega cocinas y lavadoras a **clientes españoles** de otras provincias.

b) Fabrica para una **empresa francesa** de muebles de cocina determinados electrodomésticos que entrega directamente a los **distribuidores** de la empresa francesa que están establecidos en España.

c) Vende electrodomésticos a una **empresa portuguesa**, que a su vez los vende e instala en domicilios particulares de sus clientes españoles, sin que los electrodomésticos salgan en ningún momento del TIVA.

Tanto las entregas realizadas para sus clientes de otras provincias, como las realizadas a la empresa francesa, se entienden efectuadas en TIVA. También se entienden realizadas en TIVA las entregas de electrodomésticos a la empresa portuguesa, pues en todos los casos la puesta a disposición del adquirente tiene lugar en dicho territorio, sin que se haya producido una expedición o transporte de los bienes fuera del mismo.

2) Una empresa con sede en **Marruecos**, que no está establecida en TIVA, importa desde su país objetos de regalo que son entregados por dicha empresa a **empresarios españoles**.

Las entregas efectuadas por la empresa marroquí se entienden realizadas en TIVA.

3) Una empresa española adquiere material informático a una **empresa de EEUU**. La mercancía le es entregada en TIVA por una empresa también española que es accionista de la empresa americana. No obstante, la factura la emite la empresa americana, a la cual se efectúa el pago material de la operación.

La entrega del material informático se entiende realizada en TIVA que es donde se pone la mercancía a disposición del adquirente, con independencia de que la factura la emita la sociedad americana y el pago se realice a dicha sociedad.

---

425 Doctrina Administrativa Además de las siguientes contestaciones de la DGT, ver nº 11000 s.

1) No están sujetas a IVA las siguientes operaciones:

- una sociedad realiza en nombre propio la adquisición de gasoil que posteriormente suministra a vehículos de empresas de transporte establecidas en España **mientras circulan por otros E.m.** de la UE. La operación no se considera realizada en TIVA, dado que el gasoil se pone a disposición en el territorio de otros E.m. distintos de España (DGT 9-6-94; 14-12-01);
- las entregas de combustibles a través de **gasolineras situadas en otros E.m.** a una entidad que a su vez, los entrega a los titulares (transportistas) de sus tarjetas dado que se entienden realizadas en los E.m. donde están ubicadas dichas gasolineras (DGT 5-10-00);
- una empresa mayorista de venta de aceite, con sede en España, entrega aceites a **buques en otros países de la UE** a través de empresas de su grupo establecidas. Los bienes, que no son objeto de expedición o transporte, se ponen a disposición del adquirente en el E.m. en que se realiza materialmente el suministro (fuera de TIVA), por tanto, las entregas no se entienden realizadas en el TIVA (DGT 4-3-96);
- una empresa establecida en TIVA adquiere mercancías en **Canarias** para suministrarlas a clientes radicados en las islas. Estas operaciones no están sujetas al IVA español (DGT CV 27-7-05);
- una empresa canaria adquiere mercancías en Portugal para su **posterior envío a Canarias**. Dichas operaciones no están sujetas al IVA (DGT CV 21-9-16);
- las entregas de crudo puestas a disposición del adquirente en **yacimientos situados fuera de las doce millas náuticas** adyacentes al territorio peninsular español o Islas Baleares, se entienden realizadas en el lugar donde estén situados dichos yacimientos (DGT CV 10-12-86);
- una empresa española importa una mercancía de Brasil vendida a la misma por su **matriz italiana**. La entrega de la matriz italiana a la empresa española importadora no se entiende realizada en TIVA (DGT 15-7-03);

- los servicios de remolque de buques que transportan bienes en régimen de **depósito distinto del aduanero** no están sujetos al IVA (DGT 4-4-95). En el mismo sentido, no están sujetas al IVA las adquisiciones y entregas de bienes (bebidas alcohólicas y otros productos) a través de **depósitos aduaneros** y fiscales de la UE (DGT CV 29-12-10).

426 - la compra y venta de mercancía que realiza la sociedad española en Inglaterra a través de su **establecimiento permanente** en territorio peninsular, no está sujeta al IVA (DGT CV 20-6-14);
- una **fusión por absorción** entre una sociedad establecida en TIVA y una sociedad establecida en Suiza (absorbida), no se encuentra localizada en TIVA. La transmisión no está sujeta al IVA dado que es en Suiza donde se realiza la puesta a disposición de la entidad transmitida a la adquirente (DGT CV 23-3-15);
- la adquisición de **material de emergencia** en países o territorios terceros para su entrega a agencias humanitarias establecidas en **países no miembros de la UE** no se localiza en TIVA. Sin embargo, están sujetas al Impuesto las ventas que efectúa la empresa para adquirentes establecidos fuera de la UE, al producirse la puesta a disposición de la mercancía en el ámbito de aplicación del IVA, o bien el transporte de la misma con destino al adquirente tiene su lugar de inicio en dicho territorio (DGT CV 3-10-14);
- las entregas de bienes efectuadas en un **país no comunitario**, adquiridas a su vez en otro país no comunitario, que en ningún momento entran en TIVA, no están sujetas al Impuesto (DGT CV 18-10-11). En el mismo sentido respecto de las adquisiciones y entregas en **países comunitarios** (DGT CV 1-6-16);
- una empresa española adquiere mercancías en Indonesia y en el **curso del transporte** a España se las vende a otra empresa española que efectuará la importación. Dicha entrega se entiende efectuada fuera del TIVA (DGT CV 13-2-08);
- la venta realizada por una empresa **en China** a sus clientes españoles no está sujeta a IVA; estos efectúan una importación con motivo de la entrada en TIVA de dicha mercancía (DGT CV 3-11-14);
- una empresa española adquiere **mercancía en Alemania** que posteriormente vende desde Alemania a una empresa saudí. Estas operaciones no están sujetas al IVA español, por no entenderse ninguna de ellas producida en TIVA (DGT CV 15-12-15);
- una empresa establecida en TIVA que adquiere madera en **Hispanoamérica** que posteriormente vende a un cliente español que envía dicha mercancía a China, no realiza ninguna operación sujeta al IVA (DGT CV 11-7-07);

428 2) **Están sujetas a IVA** las siguientes operaciones:
- una empresa irlandesa, no establecida en TIVA, entrega a una empresa española una **maquinaria que no ha salido de TIVA**. La entrega por la sociedad irlandesa está sujeta al IVA (DGT CV 19-1-15);
- las entregas de bienes efectuadas por proveedores españoles para una **sociedad residente en otro E.m.** y que esta entrega posteriormente a sus clientes, sin que en ningún momento los bienes salgan del territorio español, están sujetas al IVA (DGT 16-1-02);
- las entregas de féretros y elementos accesorios efectuadas a empresarios en el TIVA **para su traslado** a sus Estados, están sujetas al IVA, sin perjuicio de la exención correspondiente a las entregas intracomunitarias de bienes (nº 5210) (DGT 22-2-01; 25-4-02);
- un escultor alemán realiza en TIVA una escultura que es entregada en dicho territorio a un **ayuntamiento**. La operación se localiza en el citado territorio, estando sujeta al IVA español (DGT CV 25-2-05). También están sujetas al IVA las compras de leche a productores españoles por una **sociedad francesa** sin establecimiento permanente en territorio español, para luego destinarla a la venta en dicho territorio (DGT CV 7-5-12);
- una empresa del Reino Unido, que tiene una **oficina comercial** en TIVA, adquiere mercancías a proveedores establecidos en dicho territorio que, asimismo, entrega a clientes allí establecidos, sin intervención alguna de la citada oficina comercial. Ambas entregas (del proveedor a la empresa del Reino Unido y de esta a sus clientes) se localizan en TIVA, estando sujetas a dicho Impuesto (DGT CV 28-10-08);
- una sociedad alemana transfiere mercancías a España dejándolas en **consigna** en una empresa establecida en TIVA. Cuando las mercancías, propiedad de la sociedad alemana, son solicitadas por clientes españoles, la empresa alemana las factura a la empresa española que, a su vez, las entrega a sus propios clientes. La transmisión del poder de disposición de la empresa alemana a la depositaria es una entrega interior localizada en TIVA (DGT CV 11-5-05). Lo mismo cabe decir respecto a la adquisición de mosto por una empresa establecida en TIVA a otra empresa también establecida en dicho territorio, cuando el producto **permanece en las instalaciones** del vendedor, desde donde se remite a Italia. Hay una entrega interior, aunque la mercancía no salga de las instalaciones del vendedor, porque lo esencial para determinar si se produce una entrega de bienes es la transmisión del poder de disposición, no el transporte (DGT CV 22-2-12);

- una empresa establecida en Canarias encarga a una empresa establecida en TIVA la elaboración de unos **catálogos y revistas informativas** con fines publicitarios. Los ejemplares se entregan en dicho territorio. Si la operación se califica como entrega de bienes estaría sujeta al IVA (DGT CV 11-2-15). 429

De la misma forma, cuando una distribuidora de libros canaria compra libros en la península a otro distribuidor que los envía directamente a los **clientes peninsulares** de la empresa canaria, se localizan en TIVA, tanto las entregas de bienes que tiene como destinataria a la empresa canaria como la que esta efectúa a favor de destinatarios peninsulares (DGT CV 25-4-12).

3) Una empresa lleva a cabo la entrega en nombre propio de bienes a clientes obtenidos mediante **comercio electrónico** por Internet. Una vez recibido el pedido y el pago del mismo por el cliente final, se da traslado de la operación al proveedor establecido fuera de la Comunidad, que envía la mercancía al cliente. En esta operación, se identifican **dos entregas de bienes**: una del proveedor chino al empresario establecido en el territorio de aplicación del IVA español, que no está sujeta a IVA como tal (sí como importación); y otra desde el empresario establecido al cliente, sin perjuicio de que exista un único transporte desde el proveedor chino al cliente, que sí estará sujeta, al tratarse de una entrega interior (DGT CV 19-12-16).

B. Reglas especiales

430

Además de la regla general expuesta en el nº 420 s., existen una serie de reglas especiales que se exponen en los números siguientes, si bien debe tenerse en cuenta que las reglas referidas a las denominadas **ventas a distancia intracomunitaria de bienes** no son objeto del presente capítulo, sino del relativo al comercio electrónico (nº 9150 s.).

Bienes objeto de expedición o transporte (LIVA art.68.Dos.1º) Las entregas de **bienes muebles corporales**, que deben ser objeto de expedición o transporte fuera de TIVA con destino al adquirente, se entienden realizadas en TIVA cuando la expedición o transporte se inicia en dicho territorio, con la salvedad de las denominadas ventas a distancia intracomunitaria de bienes (nº 9244 s.). La regla de localización resulta aplicable a cualquier entrega a la que se vincule el transporte, sea o no previo a la puesta a disposición del adquirente. 431

Tratándose de bienes objeto de **entregas sucesivas**, enviados o transportados con destino a otro Estado miembro directamente desde el primer proveedor al adquirente final de la cadena, la expedición o transporte se entiende vinculada únicamente a la entrega de bienes efectuada a favor del intermediario siempre que hubiera comunicado a su proveedor un NIF a efectos del IVA suministrado por el Reino de España.

Esta regla especial consagra el principio del **comercio internacional**, según el cual, las entregas de bienes se entienden localizadas, salvo determinadas excepciones, en el territorio donde físicamente se encuentren las mercancías objeto de transacción.

Precisiones **1)** A efectos de este tipo de operaciones, se entiende por **intermediario** un empresario o profesional distinto del primer proveedor, que expida o transporte los bienes directamente, o por un tercero en su nombre y por su cuenta.

2) Esta regla no resulta de aplicación a las entregas de bienes facilitadas a través de una **interfaz digital** (nº 9187 s.).

432 Ejemplo

Venta de bienes en cadena (IVA intracomunitario)

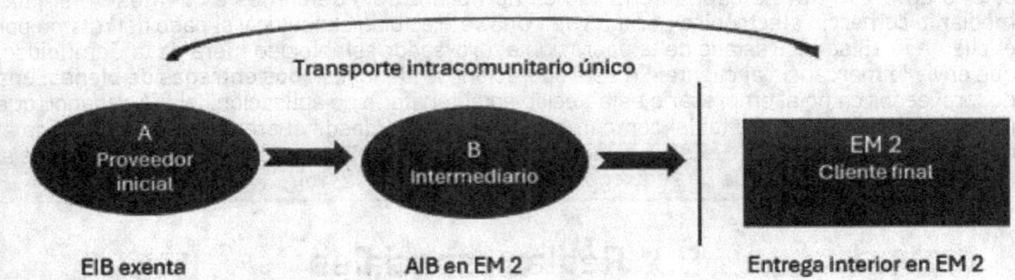

En el supuesto 1, B ha comunicado un número de identificación emitido por un Estado miembro distinto a España. B realiza una AIB en el EM 2, y una entrega nacional al cliente final en ese Estado. B debe estar registrado en el EM 2 y presentar declaración de IVA en ese Estado. Sin embargo, en el supuesto 2, B está identificado con un NIF-IVA español, lo que supone que el transporte se asocie a la entrega de B a C: se produce una entrega nacional en la operación de A-B, una EIB de B a C y una AIB de C (DGT CV 21-8-24; CV 11-12-23).

434 Doctrina Administrativa Además de las siguientes contestaciones de la DGT, ver nº 11000 s.

1) Las transmisiones de cuadros efectuadas en el extranjero, que hayan sido enviados para participar en **exposiciones de arte** organizadas allí, se entienden realizadas en el extranjero, ya que se ponen allí a disposición del adquirente, o bien es allí donde se inicia la expedición o transporte para ponerlas a su disposición (DGT 28-12-89).

2) Una empresa establecida en TIVA entrega **maquinaria en condiciones FOB** en dicho territorio a una empresa americana que no dispone de un NIF/IVA comunitario, que a su vez la transmitirá a una organización internacional para su envío a Italia. La entrega efectuada por la empresa española se entiende realizada en dicho territorio (DGT 13-9-02).

3) Una empresa española (A) compra en Italia un brazo hidráulico que vende a otra empresa también española (B), que después de ser incorporado a un chasis, es remitido a España, desde donde será exportado por la empresa española adquirente. Si el **poder de disposición** se transmite en Italia, la entrega de (A) a (B) estará sujeta en dicho país. La empresa (B) efectuará una adquisición intracomunitaria en España y la posterior exportación (DGT CV 5-10-12).

4) Las operaciones de entrega de unos consumibles informáticos por una **empresa establecida** en el territorio de aplicación del IVA español a una empresa suiza, se entienden realizadas en el territorio de aplicación del IVA español, por ser en este territorio donde se inicia el transporte (DGT CV 5-1-16).

5) Una sociedad mercantil establecida en TIVA vende bienes a otra entidad con sede en Irlanda. Los materiales serán revendidos, a su vez, a una entidad localizada en Alemania y con NIF/IVA español, quien a su vez los transmitirá al cliente final, una entidad establecida en una Estado miembro de la UE. La mercancía se transportará directamente desde España al destinatario final. En la operación se producen **ventas en cadena** si bien, la primera de las entregas, es una entrega interior realizada en España que no tiene la consideración de entrega intracomunitaria de bienes, en la medida en que la entidad irlandesa ha comunicado a la entidad consultante un NIF/IVA suministrado por España, por lo que el transporte intracomunitario no se vincula a dicha entrega (DGT CV 16-9-21).

Jurisprudencia El lugar de realización de una entrega de bienes entre dos sociedades situadas en dos Estados miembros diferentes, cuando a dichos bienes previamente a la entrega se les debe someter a algún tipo de trabajo, siendo el **prestador de los servicios** quien expide los bienes a su adquirente, es donde se encuentra situado el prestador de los servicios (TJUE 2-10-14, asunto C-446/13). 436

Entregas realizadas por el importador (LIVA art.68.Dos.1º) La entrega o **entregas previas** a la efectuada por el importador no se localizan en TIVA. 440

Las entregas de bienes muebles corporales efectuadas por el importador o los **sucesivos adquirentes**, se entienden localizadas en TIVA, cuando la expedición o el transporte de los bienes que hayan de ser objeto de importación se inicia en un país tercero.

La **entrega previa** a la efectuada por el importador, no se localizan en TIVA.

Ejemplo La empresa española A adquiere en Marruecos determinados productos de la pesca a una empresa de dicho país. La empresa A entrega los bienes a la empresa B, también española, que se ocupará de su importación en España. Antes de efectuar la importación, la empresa B transmite los bienes a otra empresa domiciliada en TIVA dedicada al envasado y comercialización de productos alimenticios. La mercancía se remite directamente desde la empresa de Marruecos a la empresa española envasadora. 442

Las entregas efectuadas por la empresa marroquí a la empresa A, y por esta a la empresa B no se entienden localizadas en TIVA. En general, no se entienden realizadas en TIVA las entregas de bienes efectuadas por una empresa establecida en dicho territorio a otra empresa también establecida en el mismo, cuando las mercancías proceden de un territorio tercero y la entrega se produce antes de su importación en el mencionado territorio, siempre que el vendedor no tenga la consideración de importador de las referidas mercancías.

La entrega que la empresa B efectúa a la empresa envasadora se localiza en TIVA.

Doctrina Administrativa Además de las siguientes contestaciones de la DGT, ver nº 11000 s. 445

1) Una empresa española compra a una empresa británica unos bienes fabricados, vendidos y enviados a España por una **empresa de EEUU**. La mercancía es despachada de importación en España con un DUA (actualmente, Sistema H1) a nombre de la empresa española. Aunque los bienes hayan iniciado su expedición o transporte en un país tercero, su entrega queda sujeta al IVA español, si quien la efectúa es su importador y, en su caso, cualquiera de los sucesivos adquirentes posteriores al citado importador (DGT 22-2-95).

2) En las entregas e importaciones de productos de la pesca, o bien es importador el propio **armador del buque** pesquero que realizó las capturas, y ya solo se devenga el Impuesto en la entrega subsiguiente al cliente; o bien es importador de los productos de la pesca el destinatario de la entrega efectuada por el armador que realizó las capturas, en cuyo caso, la entrega previa no está sujeta al IVA, ya que el importador es el adquirente de los bienes y no quien realizó dicha entrega (DGT 14-12-95).

3) Una empresa establecida en España compra determinada mercancía en China a un proveedor italiano, que previamente la compró a una sociedad de aquel país. La empresa china envía directamente la mercancía a un cliente español de la empresa española, que figura como importador y se hace cargo del **pago de aranceles** e IVA a la importación. La entrega efectuada por la empresa española a su cliente español no está sujeta al IVA español, al tratarse de entregas realizadas por proveedores del importador (DGT CV 15-6-06).

4) Las entregas de bienes muebles corporales que no hayan de ser objeto de **instalación o montaje** remitidos desde Suiza por un empresario suizo, solo se entienden realizadas en TIVA si el proveedor suizo efectuase la importación de dichos bienes actuando como importador y, posteriormente los pusiera a disposición del adquirente en España. Si los bienes remitidos desde Suiza fuesen importados por el cliente español, las entregas de los mismos se considerarían realizadas en dicho país y, por ello, no estarían sujetas al IVA español. En tales casos, el cliente español sería sujeto pasivo del IVA a la importación y podría deducir las cuotas satisfechas por este concepto (DGT 11-9-89).

Entregas de bienes con instalación o montaje (Dir 2006/112/CE art.36; LIVA art.68.Dos.2º) Las entregas de bienes que hayan de ser objeto de instalación o montaje antes de su puesta a disposición, se entienden realizadas en TIVA: 450

- cuando la **instalación** se ultime en TIVA; y
- suponga la **inmovilización** de los bienes entregados.

Combinada esta regla con la exención prevista para las **importaciones** de los bienes que han de ser objeto de instalación o montaje (nº 5796), así como con la no sujeción de las **AIB** que tengan por objeto estos bienes (nº 5260), logra evitarse las situaciones de sobreimposición.

Así, p.e., sea una importación de tres componentes que son objeto de instalación para constituir la maquinaria montada que se entrega. El precio de venta de la maquinaria montada es de 6.000 € y el coste de las operaciones de montaje asciende a 1.200 €. En este caso, y suponiendo que la instalación exige la inmovilización de los componentes utilizados en el montaje, la entrega de la maquinaria se entiende realizada en TIVA y la previa importación de tales componentes está exenta del Impuesto.

452 Ejemplos 1) Una empresa española del sector de seguridad lleva a cabo en todo el territorio nacional la instalación en todo tipo de edificios de sistemas integrales de alarma. Entre sus clientes, figuran empresas establecidas en **Canarias**. En todos los casos la entrega de los sistemas de alarma lleva consigo una previa instalación que supone, dada la complejidad del sistema, la inmovilización de los bienes entregados.
Las entregas con instalación de sistemas integrales de alarma efectuadas en Canarias no se entienden realizadas en TIVA, sin perjuicio de la tributación que corresponda por el IGIC en la importación y entrega de los bienes citados.
2) Una empresa española ha contratado la entrega en Portugal, llave en mano, de una pequeña planta de fabricación de detergentes. La instalación y montaje de la fábrica implica la **inmovilización de los bienes** entregados.
La entrega de la planta efectuada por la empresa española en Portugal no se entiende localizada en TIVA. Puede resultar de aplicación la regla de localización de las entregas de bienes inmuebles (nº 465) si la planta de fabricación tiene tal consideración.

460 Doctrina Administrativa Además de las siguientes contestaciones de la DGT, ver nº 11000 s.
1) Una sociedad española celebra un contrato con una empresa alemana no establecida en TIVA por el que se compromete a diseñar, proyectar y fabricar los **rótulos** comprensivos de la imagen corporativa y a instalarlos en España. La entrega de rótulos está sujeta al IVA español, careciendo de relevancia que el destinatario sea una empresa alemana no establecida (DGT 9-2-95). En el mismo sentido, respecto del **mobiliario** a medida destinado a ser instalado en cualquier parte del mundo que queda, o no, fijado al correspondiente inmueble (DGT CV 21-9-16).
2) Las instalaciones de **equipos electrónicos** importados al territorio peninsular español por una empresa no residente y realizadas en Barcelona, se consideran realizadas en TIVA (DGT 19-10-88).
3) La fabricación de cuadros eléctricos, montaje y puesta en marcha para una instalación de **centro de proceso de datos** ubicada en TIVA está sujeta a dicho Impuesto, bien se trate de una entrega con instalación o de una prestación de servicios relativa a un bien inmueble (DGT CV 4-3-11).
4) Las entregas con instalación de **estructuras metálicas**, que cumplan los requisitos de LIVA art.68.dos.2º efectuadas por una sociedad española en Francia para otros empresarios o profesionales, no se entienden realizadas en TIVA, sin perjuicio de la tributación que corresponda a dichas operaciones en Francia (DGT CV 3-7-14; CV 4-6-01); o en cualquier otro E.m. (DGT CV 3-10-16).

463 Jurisprudencia El suministro con instalación de un **cable submarino** de fibra óptica entre dos E.m., situado en parte fuera del territorio de la UE, tiene la consideración de entrega de bienes que se localiza en cada uno de los Estados miembros donde está situado el mismo y por la parte del cable que se encuentre en cada territorio (TJUE 29-3-07, asunto C-111/05).

465 **Bienes inmuebles** (LIVA art.68.Dos.3º) Las entregas de bienes inmuebles se entienden realizadas en TIVA, siempre que radiquen en dicho territorio.
Esta regla especial no solo se aplica a las entregas de bienes inmuebles por su naturaleza, sino también a todas las **operaciones** que tengan la consideración, a efectos del IVA, de entrega de bienes inmuebles (LIVA art.8).

Precisiones **1)** La LIVA define el concepto de **edificaciones** (nº 8536), pero no el concepto de bien inmueble, por lo que hay que estar para su delimitación a lo regulado en el CC art.334.
2) El Rgto UE/282/2011 art.13 ter define el concepto de **bien inmueble** a efectos de la aplicación de la Dir 2006/112/CE en los siguientes términos:
- un área determinada de la corteza terrestre, ya sea en su superficie o en su subsuelo, en la que pueda fundarse la propiedad o la posesión;
- cualquier edificio o construcción fijado al suelo, o anclado en él, sobre o por debajo del nivel del mar, que no pueda desmantelarse o trasladarse con facilidad;
- cualquier elemento que haya sido instalado y forme parte integrante de un edificio o de una construcción y sin el cual estos no puedan considerarse completos, como, por ejemplo, puertas (DGT CV 3-10-16), ventanas, tejados, escaleras y ascensores;
- cualquier elemento, equipo o máquina instalado de forma permanente en un edificio o en una construcción, que no pueda trasladarse sin destruir o modificar dicho edificio o construcción.
3) Esta regla es paralela a la contemplada en la LIVA art.70.Uno.1º para los **servicios relacionados con inmuebles** (nº 525 s.).

Ejemplos 1) Una empresa española está **construyendo un edificio** en Portugal para el Estado chileno. 466
La entrega del edificio no se entiende realizada en TIVA y, por tanto, no está sujeta a dicho tributo, sin perjuicio de la tributación que proceda en Portugal.
2) Una empresa francesa ha llevado a cabo las **obras de rehabilitación** de un edificio del patrimonio histórico artístico español. Las ejecuciones de obra realizadas tienen la consideración de entrega de bienes (LIVA art.8.Dos.1º).
Al tener las ejecuciones de obra la consideración de entrega de bienes y referirse a bienes inmuebles, las operaciones efectuadas por la empresa francesa se entienden realizadas en TIVA.

Doctrina Administrativa Además de las siguientes contestaciones de la DGT, ver nº 11000 s. 468
1) En relación con la consideración o no de **bien inmueble**:
- una **plataforma petrolífera** que se va a construir en TIVA y que será trasladada a Noruega cuando se finalice la misma, no se puede considerar que es un bien inmueble hasta que no esté unida permanentemente al suelo o a otros inmuebles (DGT 23-7-04; CV 22-3-05);
- las **placas solares**, al poder ser desmontadas sin menoscabo o quebranto de las mismas a fin de que eventualmente se ubiquen en un lugar diferente de su emplazamiento original, no tienen la consideración de bien inmueble a efectos del IVA (DGT CV 19-1-09; CV 18-1-10);
- una **planta solar** considerada en su conjunto (instalaciones fotovoltaicas, líneas de conexión o evacuación de la energía producida, centros de entrega y transformación de energía, etc.), sí tiene la consideración de bien inmueble a efectos del IVA (DGT CV 29-12-09; CV 18-1-10); en el mismo sentido, respecto de una **instalación solar fotovoltaica**, DGT CV 20-2-13.
- **circuito de velocidad** tiene la consideración de bien inmueble (DGT CV 15-6-09; CV 1-8-11; CV 19-1-15). Ver nº 530.1 respecto a la cesión de instalaciones de un circuito de velocidad.
2) Se consideran **edificaciones**: los aerogeneradores (DGT CV 1-9-09); las estaciones depuradoras (DGT CV 20-2-13); un parque acuático (DGT CV 20-2-13); un gaseoducto, las plantas de regasificación o licuefacción, los almacenamientos estratégicos y el resto de instalaciones de transporte a que se refiere el RD 1434/2002 (DGT CV 31-10-16). Sin embargo, **no** se considera **edificación** una red de gas canalizado (DGT CV 31-10-16).
3) Están sujetas al IVA las entregas de bienes inmuebles situados en TIVA efectuadas directamente por el **promotor**, cualquiera que sea la nacionalidad, residencia o el lugar de establecimiento del adquirente (DGT 17-6-87). El país de establecimiento de quien realiza estas obras no afecta a su localización (DGT 24-3-97).
4) Una sociedad portuguesa efectúa las **obras de pavimentación** de las pistas de un pabellón polideportivo ubicado en TIVA. Tanto si las operaciones efectuadas se consideran una entrega de bienes inmuebles, como si se consideran prestación de servicios, las mismas se entienden efectuadas en TIVA (DGT 29-1-04); o se entienden efectuadas en **Canarias**, si el inmueble objeto de la pavimentación está en dicho territorio (DGT CV 7-7-16).
5) Una empresa establecida en TIVA (A) contrata con una empresa portuguesa (B) la construcción de un inmueble en España. Dicha operación se **subcontrata** por la empresa portuguesa (B) con otra empresa portuguesa (C). Las operaciones efectuadas por la empresa C para la empresa B se entienden efectuadas en TIVA, tanto si las mismas tienen la consideración de entregas de bienes como si se trata de prestaciones de servicios (DGT CV 31-10-07). En aplicación de esta regla, la construcción de **piscinas** en Portugal no se encuentra sujeta en TIVA (DGT CV 29-1-03).
6) La **aportación no dineraria** de un inmueble ubicado en Canarias a una sociedad de nueva construcción no está sujeta al IVA español, sin perjuicio de la tributación que corresponda por el IGIC (DGT CV 20-11-13).

Entregas de bienes a pasajeros (Dir 2006/112/CE art.37; LIVA art.68.Dos.4º) Las entregas de bienes a pasajeros que se efectúen a bordo de un **buque, avión o tren,** en el curso de la parte de un transporte realizado en el interior de la UE, cuyo lugar de inicio se encuentre en el ámbito espacial del Impuesto y cuyo lugar de llegada se sitúe en otro punto de la UE, se consideran realizadas en TIVA. 470
Lo fundamental en la **localización** de estas entregas es el lugar de inicio de los viajes intracomunitarios, sea cual sea el lugar de carga de los bienes en el medio de transporte o la nacionalidad o sede de las compañías que realicen el viaje.
Tratándose de un **transporte de ida y vuelta**, el transporte de vuelta se considera como un transporte distinto.
Para la aplicación de esta regla especial, se considera:
a) **Parte de un transporte** realizada en el interior de la UE: la parte de un transporte que, sin escalas en territorios terceros (concepto de escala, ver nº 476), discurra entre los lugares de inicio y de llegada situados en la UE. A estos efectos, la parte de un transporte de pasajeros efectuada en la Comunidad viene determinada por el trayecto realizado por el medio de transporte, no por el trayecto completado por cada uno de los pasajeros.
b) **Lugar de inicio**: primer lugar previsto para el embarque de pasajeros en el interior de la UE, incluso después de la última escala fuera de la UE.

c) **Lugar de llegada**: último lugar previsto para el desembarque en la UE de pasajeros embarcados también en ella, incluso antes de otra escala en territorios terceros (Rgto UE/282/2011 art.15).

471 La **aplicación** de esta regla se caracteriza por las siguientes notas:
1) Los **destinatarios** de las entregas han de ser los pasajeros.
2) La **entrega de los bienes** ha de producirse a bordo, es decir, en el propio medio de transporte y, por tanto, en el curso o durante el transporte.
3) Ha de tratarse de un **viaje o transporte intracomunitario**, de acuerdo con las definiciones contenidas en el nº 470, cuyo lugar de inicio se encuentre en TIVA.
4) Los **medios de transporte** deben ser: buques, aviones o trenes, que son los que, habitualmente, disponen de un servicio propio de avituallamiento en ruta destinado a los viajeros.
5) Se aplica cualquiera que sea la **naturaleza de los bienes** entregados.

Precisiones Se trata de un precepto de **simplificación** de carácter eminentemente práctico, que atrae al TIVA la localización de las entregas de bienes efectuadas a los pasajeros de determinados medios de transporte, cuando el inicio del transporte se sitúe en el citado territorio.

---

472 Ejemplos **1)** Una **compañía aérea** efectúa vuelos directos de ida y vuelta desde Madrid con destino a las demás capitales de los Estados miembros de la UE. También realiza vuelos transatlánticos. Durante el curso del viaje pone a la venta a bordo: tabaco, bebidas y objetos de regalo personal:
Las entregas de los bienes indicados en los vuelos de ida a las capitales europeas se entienden realizadas en TIVA. Las entregas de los bienes en los vuelos de vuelta no se entienden producidas en dicho territorio.
En cuanto a los **vuelos transatlánticos**, las entregas de los bienes producidas a bordo se entienden localizadas en TIVA si los bienes son puestos a disposición de los viajeros cuando el avión se encuentra dentro del ámbito espacial de aplicación de dicho tributo. En otro caso, las entregas no se entienden localizadas en dicho territorio y, por tanto, no están sujetas a dicho tributo.
2) Una **compañía marítima** efectúa un crucero que discurre por aguas del mar Mediterráneo haciendo escalas en puertos de los siguientes países: España, Francia, Italia, Túnez, Argelia y Marruecos, finalizando el mismo en España. Dentro del barco existen diversas tiendas para atender las necesidades del pasaje. Los pasajeros embarcan y desembarcan en un puerto situado en España.
Esta regla especial no resulta aplicable a las operaciones efectuadas a bordo del buque, puesto que no se consideran efectuadas en el curso de un transporte realizado en el interior de la UE, por existir, entre el lugar de inicio y el de llegada, escalas en territorios terceros.

---

476 Jurisprudencia Las paradas efectuadas por un **buque** en puertos de países terceros en las que los pasajeros pueden desembarcar, aunque solo sea durante un breve período de tiempo, constituyen «**escalas fuera de la Comunidad**» (TJUE 15-9-05, asunto C-58/04).

477 **Entregas de calor, frío, gas y electricidad** (Dir 2006/112/CE art.38; LIVA art.68.Seis) Las entregas de gas efectuadas a través de una red de gas natural situada en TIVA o de cualquier red conectada a dicha red, las entregas de electricidad y las entregas de calor o de frío a través de las redes de calefacción o de refrigeración, se entienden realizadas en dicho territorio en los siguientes supuestos:
1) Las efectuadas a un **empresario o profesional revendedor**, cuando este tenga la sede de su actividad económica o posea un establecimiento permanente o, en su defecto, su domicilio en el citado territorio, siempre que dichas entregas tengan por destinatarios a dicha sede, establecimiento permanente o domicilio.
2) Cualesquiera otras, cuando el adquirente efectúe el **uso o consumo efectivos** de dichos bienes en TIVA. Se considera que tal uso o consumo se produce en el citado territorio cuando en él se encuentre el contador en el que se efectúe la medición.
Los **bienes no consumidos** se consideran usados o consumidos en TIVA cuando el adquirente tenga en ese territorio la sede de su actividad económica o posea un establecimiento permanente o, en su defecto, su domicilio, siempre que las entregas hubieran tenido por destinatarios a dicha sede, establecimiento permanente o domicilio.

Precisiones **1)** A estos efectos, se entiende por **empresario o profesional revendedor** a aquel cuya actividad principal respecto de las compras de gas, electricidad, calor o frío consiste en su reventa y el consumo propio de los mismos sea insignificante.
2) El calor y el frío también se tratan como **propiedad tangible** (Dir 2006/112/CE art.15.1; LIVA art.8.Uno).
3) No se consideran **operaciones asimiladas** a entregas de bienes las transferencias de gas, electricidad, calor o frío (LIVA art.9.3º.h).

478 Doctrina Administrativa Además de las siguientes contestaciones de la DGT, ver nº 11000 s.
1) Una empresa que tiene por actividad la distribución de **energía eléctrica**, ha suscrito un contrato de entrega de dicha energía para unas instalaciones situadas en Francia cuya titularidad corresponde a una empresa de los EEUU, a quien se factura la operación. Dichas entregas de electricidad no están sujetas al IVA español, puesto que el uso o consumo efectivo no se efectúa en el territorio de aplicación de dicho Impuesto, al no estar situado el **contador** que mide dicho consumo en aquel territorio (DGT CV 4-7-06).
2) En la medida que los operadores intervinientes en el mercado ibérico de la electricidad tienen, con carácter general, la condición de **revendedores**, las referidas entregas de energía eléctrica se entienden realizadas en el territorio de aplicación del Impuesto cuando los mismos tengan la sede de su actividad económica o posean un establecimiento permanente o, en su defecto, su domicilio en el citado territorio, siempre que dichas entregas tengan por destinatarios a dicha sede, establecimiento permanente o domicilio (DGT CV 24-5-10).
Las operaciones realizadas para sus **clientes** deben ser calificadas, en el caso de suministro de energía eléctrica y transmisión de equipos, como entregas de bienes, aplicándose las correspondientes reglas de localización y, en el caso de arrendamiento de equipos, como de prestaciones de servicios (DGT CV 9-9-16).
3) Cuando los destinatarios de las entregas de electricidad sean **empresarios comunitarios** que no se encuentren establecidos en TIVA, tales entregas no estarán sujetas al Impuesto. Asimismo, considerando igualmente que el uso o consumo efectivo de la electricidad, cuya distribución realiza la entidad consultante, no se efectúa en TIVA, por no localizarse en el mismo el contador en el que se lleve a cabo la medición de dicha electricidad, puede concluirse la no sujeción al IVA español de las referidas entregas (DGT CV 4-8-10).
4) Los **contratos de swap** en los que las partes no tienen la intención de realizar una entrega o adquisición de gas en fecha futura tienen la consideración de prestaciones de servicios (DGT CV 15-7-10).
5) No están sujetas al IVA español las entregas de gas, efectuadas por una empresa establecida en TIVA para una sociedad revendedora comunitaria no establecida en dicho territorio, como suministro de gas a una **central de ciclo combinado** de uno de sus clientes españoles, en la medida en que dicha sociedad revendedora no tiene en aquel territorio la sede de su actividad económica, un establecimiento permanente o, en su defecto, su domicilio (DGT CV 27-9-11).
6) Están sujetas al IVA las entregas de **electricidad** efectuadas por la sede central establecida en el Reino Unido a empresas que le comunican su **NIF/IVA otorgado por la Administración española** y que, o bien se trata de empresas revendedoras que tienen su sede de actividad económica o su establecimiento permanente en TIVA, o bien son empresas distintas de las anteriores que efectúan en dicho territorio el uso o consumo efectivo de la electricidad que adquieren (DGT CV 3-8-11).
7) Las entregas de energía eléctrica a las **compañías ferroviarias** deben considerarse accesorias a la cesión de la infraestructura ferroviaria, por lo que están sujetas al IVA en la parte de dicha infraestructura que radique en TIVA (DGT CV 17-1-12). Ver nº 530.1.

III. Prestaciones de servicios

(Dir 2006/112/CE art.43 a 59; LIVA art.69 y 70; Rgto UE/282/2011 art.17 a 41)

480

481 En este apartado del capítulo se exponen reglas de localización de las prestaciones de servicios (nº 180 s.), aspecto de particular relevancia cuando se trate de **operaciones de carácter internacional**, tanto dentro de la UE como fuera de ella.

A. Definiciones

482 Con carácter previo al estudio de la regla general (nº 496) o especiales (nº 520) que hay que aplicar a estas operaciones, es necesario proceder a definir el concepto de **establecimiento permanente**, que será de utilidad en la determinación del lugar de realización.
Se recogen también las normas específicas (nº 496.1 s.) dispuestas en el Rgto UE/282/2011, con el objeto de dar un trato uniforme en toda la UE a determinados casos particulares, que se encuentran recogidas en el servicio al que afectan.

483 **Establecimiento permanente** (LIVA art.69.Tres; Rgto UE/282/2011 art.11) Por establecimiento permanente (EP) hay que entender cualquier **lugar fijo de negocios** donde los empresarios o profesionales realizan actividades económicas, lugar fijo que requiere un local o espacio en el que el empresario realice parte de sus actividades (entregas o servicios) o, cuando menos, operaciones preparatorias (compras o adquisiciones).

En particular, tienen esta consideración:

a) La sede de dirección, sucursales, oficinas, fábricas, talleres, instalaciones, tiendas y, en general, agencias o representaciones autorizadas para contratar en nombre y por cuenta del sujeto pasivo.

b) Las minas, canteras o escoriales, pozos de petróleo o gas u otros lugares de extracción de productos naturales.

c) Las obras de construcción, instalación o montaje cuya duración exceda de doce meses (la condición de establecido sobreviene como consecuencia de la duración de las obras). Pueden, pues, producirse situaciones de obligada regularización -obras con duración prevista de 8 meses que se prolongan hasta 14 meses-, si la realidad no confirma las previsiones temporales efectuadas, pues en estos casos, según el criterio de la DGT, la condición de establecido se tiene desde el inicio de las obras y no desde que se supera el período de doce meses.

d) Las explotaciones agrarias, forestales o pecuarias.

e) Las instalaciones explotadas con carácter de permanencia por un empresario o profesional para el almacenamiento y posterior entrega de sus mercancías.

f) Los centros de compras de bienes o de adquisición de servicios.

g) Los bienes inmuebles explotados en arrendamiento o por cualquier otro título. Las personas que realicen estos arrendamientos se consideran establecidas en España, aunque estén domiciliadas en el extranjero; adquieren, por tal motivo, la condición de empresarios.

483.1 Precisiones 1) A estos efectos, se entiende por **establecimiento permanente** cualquier establecimiento, distinto de la sede de la actividad económica, que se caracterice por un grado suficiente de permanencia y una estructura adecuada en términos de medios humanos y técnicos que le permitan recibir y utilizar los servicios que se presten para las necesidades propias de dicho establecimiento.

Hay que tener en cuenta que tanto la DGT (DGT CV 13-11-17; CV 21-1-20) como el TEAC (TEAC 20-10-16), consideran que la **falta de medios materiales y humanos**, propios o subcontratados, para el desarrollo de una actividad económica, implica que no exista establecimiento en TIVA, aunque sea titular de un inmueble que explota, ubicado en el mismo.

El hecho de disponer de un **número de identificación** a efectos del IVA no es suficiente como tal para considerar que el empresario dispone de un establecimiento permanente (Rgto UE/282/2011 art.11).

2) Ver **criterios** sobre el lugar de **establecimiento del cliente** del Rgto UE/282/2011 en nº 496.3.

3) El concepto de establecimiento permanente es un **concepto de Derecho de la UE** cuya interpretación no puede atribuirse a los Estados miembros (TJUE 4-7-85, asunto 168/84; 22-9-03, asunto C-155/01; 28-6-07, asunto C-73/06).

4) De acuerdo con la **jurisprudencia del TJUE**, para la existencia de establecimiento permanente tienen que darse las **cuatro condiciones** siguientes:

a) Gozar de una consistencia mínima o **estructura apta** en un E.m. concreto, distinto del de la propia sede.

b) Dicha estructura se debe concretar en una cierta **organización**, entendida esta como un conjunto de medios materiales y humanos que, además, impliquen una cierta división del trabajo.

c) Debe darse una cierta **permanencia** en el tiempo, o lo que es lo mismo, vocación de continuidad.

d) Debe existir **autonomía** en la realización de las actividades.

El **Tribunal Supremo** ha acogido el criterio del TJUE (TS 23-1-12, EDJ 2014).

---

484 Ejemplos 1) Una empresa francesa que dispone de una **sucursal** en España presta determinados servicios de asesoramiento jurídico en materia de derecho de la UE tanto a empresarios establecidos en TIVA como a entes públicos que no tienen la condición de empresarios pero que poseen un NIF/IVA español. En la prestación de los servicios interviene la citada sucursal.

Los servicios prestados se entienden localizados en TIVA (LIVA art.69.Uno.1º). La sucursal constituye establecimiento permanente de la entidad francesa en España. Dado que, además, la sucursal interviene en los servicios prestados, se considera, a efectos de la determinación del sujeto pasivo, que la entidad francesa está establecida, en relación con tales servicios, en TIVA (LIVA art.84.Dos), por lo que será la entidad francesa el sujeto pasivo del IVA.

2) Un profesional alemán dispone en TIVA de una **oficina** de la que es propietario. En la misma tiene instalado su despacho desde el cual presta servicios de asesoramiento jurídico tanto a empresas como a particulares personas físicas de su país.

La oficina constituye establecimiento permanente del profesional alemán en TIVA. Los servicios prestados para empresas alemanas no están localizados en TIVA (LIVA 69.Uno.1º), en tanto que los prestados desde la oficina para consumidores finales personas físicas alemanas sí se localizan en TIVA (LIVA 69.Uno.2º).

3) Una empresa sueca está realizando, en TIVA, la instalación de una planta química vendida llave en mano por dicha empresa a una empresa española. Las **obras de instalación y montaje** durarán más de doce meses. 484.1

Las obras de instalación constituyen un establecimiento permanente de la empresa sueca en TIVA. Debe señalarse que la condición de establecimiento permanente se produce desde el propio inicio de las obras de instalación y no solo desde el momento en que las mismas superan los doce meses.

4) Una empresa maderera portuguesa es titular de una **explotación forestal** en TIVA una finca de 10.000 hectáreas dedicada al alcornoque de la que es titular. El corcho obtenido en la misma lo envía a su factoría de Portugal, y la madera y otros aprovechamientos los entrega a una empresa de muebles española.

La explotación forestal constituye un establecimiento permanente de la misma en TIVA.

5) Una empresa portuguesa ha adquirido en Badajoz un **almacén** al que envía sus mercancías. Desde el citado almacén, cuya gestión lleva directamente, distribuye las mismas a sus empresas clientes españoles. La gestión comercial de venta la realiza con sus propios agentes comerciales, así como el transporte de las mercancías que efectúa con sus propios medios de transporte. 484.2

El almacén de la empresa portuguesa en Badajoz constituye un establecimiento permanente de dicha empresa en TIVA. Las entregas de bienes efectuadas por la empresa portuguesa para sus clientes españoles se entienden efectuadas en TIVA, siendo sujeto pasivo de las mismas la citada empresa portuguesa. En resumen, a estos efectos, la empresa portuguesa tiene la condición de empresa establecida en TIVA.

6) Una empresa suiza ha adquirido en Barcelona, Madrid y Valencia varios **locales comerciales y naves industriales** que explota en arrendamiento, contando para ello con varios empleados en plantilla que ocupan uno de los locales, desde el que se gestiona la actividad. Todos sus clientes, excepto el que tiene arrendada la nave en Valencia, son empresas establecidas en TIVA.

Los inmuebles explotados en arrendamiento constituyen un establecimiento permanente de la sociedad suiza en España.

7) La **filial de una empresa** alemana presta servicios de asesoramiento en materia de instalaciones de energía solar para clientes domiciliados en las Islas Baleares, llevando a cabo los estudios de ingeniería correspondientes. Todos los clientes tienen la consideración de consumidores finales personas físicas a efectos del IVA. La filial tiene su sede en TIVA. 484.3

La filial no es un establecimiento permanente de la matriz, sino un empresario distinto de esta, pues tiene personalidad jurídica independiente. Por tanto, la empresa alemana matriz no está establecida en TIVA. Ver no obstante el nº 485.1.

8) Un **despacho de abogados** establecido en TIVA ha prestado servicios de asesoramiento jurídico directamente a la casa central de una empresa de los Estados Unidos domiciliada en Baltimore que dispone en TIVA de un establecimiento permanente. El citado despacho también ha prestado sus servicios a un establecimiento permanente que la sociedad americana tiene en Portugal.

Los servicios de asesoramiento prestados por el despacho de abogados, tanto a la casa central como al establecimiento de Portugal, no se entienden realizados en TIVA (LIVA 69.Uno.1º). Para establecer el lugar de realización de los citados servicios de asesoramiento debe atenderse al lugar donde radique el «establecimiento» del cliente que resulte ser el **destinatario del servicio**. Por tanto, aunque disponga de un establecimiento en TIVA, si el mismo no resulta ser el destinatario del servicio de asesoramiento, las operaciones no se entienden efectuadas para el citado establecimiento. Por el contrario, si el establecimiento permanente situado en TIVA resultara ser el destinatario efectivo de las operaciones de asesoramiento, es decir, que se produjera en el mismo su explotación efectiva, dichas operaciones se entenderían efectuadas en TIVA, aunque la sociedad tuviera su sede central o algún establecimiento permanente fuera de dicho territorio.

9) Una empresa italiana envía sus mercancías a un **almacén** de Madrid explotado por una empresa establecida en TIVA que presta los servicios de almacenamiento y distribución de las mercancías a la empresa italiana. La venta de sus productos en España la realiza a través de una red de comisionistas de venta que actúan en nombre ajeno y que facturan sus servicios a la empresa italiana. Dicha venta se efectúa para empresarios españoles.

El almacén al que la empresa italiana envía sus productos no constituye un establecimiento de la misma en TIVA, pues según el criterio reiterado de la DGT para que el almacén pudiera ser considerado como establecimiento permanente de la empresa italiana, esta debe ser propietaria, arrendataria o usufructuaria del mismo o de una parte del almacén y no simplemente destinataria de los servicios de almacenamiento prestados por el titular del almacén (DGT CV 19-12-16).

10) Una sociedad constructora portuguesa es propietaria de un **solar** en la costa de Huelva. El citado solar no está arrendado ni explotado económicamente. La empresa portuguesa va a vender el mismo a una empresa constructora establecida en TIVA. La empresa portuguesa carece de cualquier otro bien de activo en el citado territorio.

La simple titularidad de un bien inmueble, en este caso un solar, en el que no se ejerce ninguna actividad empresarial o profesional, no determina la consideración de establecimiento permanente.

---

485 Doctrina Administrativa Además de las siguientes contestaciones de la DGT, ver nº 11000 s.
1) En todo caso (entre otras, DGT CV 7-5-18), hay que hacer una valoración conjunta de la efectiva operativa de la empresa para determinar si se dispone de un establecimiento permanente o no (DGT CV 10-5-23).
2) No basta que una entidad tenga en un E.m. un establecimiento permanente para que las operaciones realizadas en dicho Estado sean imputables al citado establecimiento. Es necesario que se utilicen los **medios técnicos y humanos** de dicho establecimiento permanente para operaciones inherentes a la realización de una entrega de bienes o prestación de servicios imponibles en dicho E.m., ya sea antes o durante esa entrega o prestación (DGT CV 7-5-12; CV 19-11-15).
3) Tienen la consideración de **establecimiento permanente**:
- las tiendas de regalos y salones de belleza situados **a bordo de buques** explotados con base en un puerto situado en TIVA, constituyen un lugar fijo de negocios en TIVA (DGT 20-1-96);
- en algunos casos, una **oficina de representación** puede tener la consideración de establecimiento permanente (DGT CV 22-12-05). Sin embargo, en el caso de una oficina de representación de un banco extranjero que se constituye con la exclusiva función de realizar **actividades publicitarias** del banco, sin que tenga capacidad para concluir otro tipo de contratos, no tiene la consideración de establecimiento permanente (DGT CV 9-7-09);
- una sociedad **filial** española, con personalidad jurídica propia e independiente de su matriz alemana, configura un sujeto pasivo independiente que no afecta ni prejuzga el carácter de establecida o no de la entidad alemana (DGT 7-12-95; 10-12-03). La sociedad filial puede llegar a constituir un establecimiento permanente de la matriz cuando cuente con los medios humanos y técnicos suficientes y esté sometida a **obligaciones contractuales** impuestas por la sociedad matriz tales que se pueda negar la autonomía de la citada filial respecto a su matriz. Estas obligaciones deberían superar a las derivadas de la estructura de fondos propios de la filial y venir referidas a la propia configuración de la actividad (DGT CV 30-10-07). En el mismo sentido, si la filial se encontrara **facultada para negociar** todos los elementos y detalles del contrato, dirigiendo y llevando a cabo el proceso de negociación que se plasma en la firma del mismo (DGT CV 7-6-13);
- una empresa de la UE, que dispone como arrendataria en TIVA de un **depósito de gasoil** para surtir a su flota de camiones, dispone de un establecimiento permanente en dicho territorio (DGT CV 26-10-09);
- una empresa alemana es arrendataria de un espacio cierto y determinado en el **almacén** de un cliente, desde el que distribuye mercancías en TIVA, en la medida que dicha empresa utiliza, con un grado suficiente de permanencia, medios materiales y humanos subcontratados a terceros para gestionar la entrega física de dichos productos, debe entenderse que dispone de un establecimiento permanente, desde el que interviene en las operaciones citadas (DGT CV 29-7-11). La misma doctrina respecto de una empresa austríaca que dispone en TIVA de un almacén como arrendataria, **gestionado por un tercero** en nombre de dicha empresa, para el depósito y distribución en dicho territorio de sus productos (DGT CV 23-9-11; CV 3-10-13; CV 16-1-14). En el mismo sentido, en relación con la **parte del almacén** del que la entidad de Reino Unido resulta ser arrendataria y que se encuentra situado en TIVA tiene el carácter de establecimiento permanente, pues sirve para gestionar la entrega física de mercancías a través de medios materiales subcontratados a terceros (DGT CV 29-3-12);
- se considera establecida en TIVA a una sociedad domiciliada en el extranjero que adquiere terrenos en España para explotar **promociones turístico-hoteleras** (DGT CV 20-11-97);

485.1 - aquellas **agencias o representaciones** que sean dependientes del sujeto pasivo y carezcan de autonomía respecto del mismo, bien por ser este último el titular de las mismas (como ocurre en el caso de las sucursales, oficinas, fábricas, talleres, instalaciones y tiendas mencionados en el mismo precepto), o bien porque, pese a tener personalidad jurídica distinta de la del sujeto pasivo, carezcan de independencia y de autonomía en la organización de su propia actividad, como agentes o representantes, por ser el sujeto pasivo en cuyo nombre actúa quien controla y decide la forma en que deben desarrollar tal actividad (DGT 29-1-04);
- en el caso que las operaciones de compra venta sean ciertamente llevadas a cabo por la entidad no establecida, pero los **agentes comerciales**, aunque no sean quienes firmen materialmente los contratos de compra venta estén facultados para negociar, dicha entidad no establecida cuenta con un establecimiento permanente en el territorio de aplicación del Impuesto (DGT CV 23-1-14; CV 18-3-15);
- una empresa sueca es la matriz de un grupo que tiene en TIVA una **sucursal** y una empresa filial. La sucursal dispone de medios materiales y humanos suficientes que intervienen en algunas de las operaciones efectuadas por ella, y además, dispone de **autorización** para firmar contratos en nombre y por cuenta de la matriz, disponiendo de una oficina en alquiler para el desarrollo de sus actividades. Por tanto, la matriz sueca dispone de un establecimiento permanente en España (DGT CV 25-2-12; CV 4-11-15);

- una **sucursal** de una entidad francesa en el TIVA, presta a su matriz servicios de apoyo y consultoría, así como de promoción de sus productos, **sin capacidad para contratar** con los clientes finales, ni poder de disposición ni representación de la matriz. La sucursal cuenta con los medios humanos y técnicos apropiados para la prestación de dichos servicios a la entidad matriz en relación con posibles clientes establecidos en el TIVA por lo que, en estas circunstancias, podría concluirse que la sucursal consultante constituye un establecimiento permanente en el TIVA. No obstante, cuando una sucursal **no** asume el **riesgo económico** de su actividad, sino que lo hace la matriz, no puede considerarse a la sucursal como un empresario o profesional distinto de su matriz a efectos del IVA. En tal caso, los servicios prestados por la sucursal no constituyen prestaciones de servicios sujetos, ya que falta la asunción del riesgo económico de su actividad por parte de dicha sucursal (DGT CV 28-6-22). En términos similares, DGT CV 30-6-17;
- una empresa de la UE que adquiere bienes y servicios a **estaciones de servicios y autopistas** españolas, y que a su vez revende a través de una tarjeta, actuando dichas estaciones de servicio en nombre y por cuenta de dicha empresa, se entiende que dispone de establecimientos permanentes en TIVA; tantos como estaciones de servicios, que actúan como agentes o representantes de dicha empresa (DGT CV 8-2-10; CV 8-2-10);
- el **director comercial** de una empresa comunitaria, no establecida en TIVA, puede tener la consideración de establecimiento permanente si está facultado para negociar todos los elementos y detalles de los contratos, dirigiendo y llevando a cabo el proceso de negociación que se formalice en la firma del mismo, obligando con ello a la empresa no establecida (DGT CV 6-9-11; CV 4-11-15). En las mismas circunstancias los **mediadores de seguros** (DGT CV 18-10-11; CV 9-1-13).

4) No tiene la consideración de **establecimiento permanente:** **485.3**
- un empresario que opera desde un país si **no dispone de infraestructura** alguna, aunque en dicho país disponga de agentes con una organización empresarial propia en el territorio del citado Estado (DGT 22-5-96);
- una **oficina comercial** de una empresa francesa que tiene un inmueble arrendado en España a los solos efectos de efectuar presentaciones de producto, pero sin realizar ninguna operación comercial con los clientes (DGT CV 13-12-10; CV 29-1-10). En el mismo sentido si solo realiza **actividades preparatorias** (DGT 15-11-04);
- una **edificación** adquirida por una sociedad extranjera sin actividad en España, que fue objeto de rehabilitación y que ha mantenido siempre **desocupada** (DGT 27-1-97);
- no se considera establecida en TIVA una entidad cuando se limita a recibir un servicio de **depósito de bienes** que efectúa un tercero, titular de la explotación del almacén (DGT CV 4-7-06). La utilización por una empresa francesa de almacenes propiedad de un empresario español que le presta **servicios de depósito** no determina la existencia de un establecimiento permanente (DGT 14-7-04; CV 1-4-16; 28-4-04; CV 19-12-16);
- la mera prestación de los servicios de **descarga y almacenamiento** y los servicios de transporte, no determina que se disponga de un establecimiento permanente en TIVA (DGT CV 15-9-14; CV 15-9-14);
- la actividad de **arrendamiento de inmuebles** realizada por un no establecido que no disponga de su propio personal para gestionarlo hace que no exista un establecimiento permanente en TIVA a efectos del Impuesto (DGT CV 14-2-23; CV 22-3-23). En el mismo sentido, en relación a unos apartamentos vendidos a inversores residentes en otros Estados de la UE que **ceden su uso a una sociedad** que los explota, añadiendo servicios hoteleros, a cambio de una renta mensual. Los propietarios no disponen de un establecimiento permanente en TIVA ya que no cuentan con personal propio para gestionar dichos arrendamientos (DGT CV 21-9-23);
- una sociedad no establecida en TIVA que abre una **oficina con varios trabajadores** en dicho territorio para la elaboración de partes de un programa informático; puesto que no dispone de autonomía, la oficina no tiene la consideración de establecimiento permanente (DGT CV 19-6-09; CV 19-6-15). Tampoco si desplaza un empleado a las **oficinas de un cliente** (DGT CV 4-3-21).

5) Para determinar si existe establecimiento permanente respecto a las **obras de construcción/instalación**: **485.4**
a. Si la duración prevista era inferior a 12 meses, pero se prolonga más allá de este plazo por **causas sobrevenidas**, resulta establecido en TIVA, incluso cuando esta condición se adquiera de forma sobrevenida (DGT 19-7-03; 6-11-03).
b. No puede añadirse el tiempo comprendido en la **garantía** en el cómputo de los 12 meses (DGT CV 11-3-11).
c. El criterio temporal de duración debe aplicarse separadamente a **cada obra o proyecto**, sin computar el tiempo que el contratista ha dedicado anteriormente a otras obras o proyectos sin relación con aquella; cada obra de construcción debe considerarse como una unidad, incluso si se basa en varios contratos, siempre que constituya un todo coherente en el plano comercial y geográfico.

d. Una obra existe desde la fecha en que el contratista comienza su actividad, incluidos los **trabajos preparatorios** realizados en el país donde debe realizarse la construcción. Por regla general, la obra continúa existiendo hasta que los trabajos se terminan o se abandonan definitivamente. Así, el **plazo de ejecución de la obra** debe contarse desde su inicio hasta que esté totalmente terminada y se produzca su entrega definitiva y la aceptación final de las obras por parte del contratista de las mismas (DGT CV 7-3-06).
e. La realización de una **obra en dos fases**, una duración de un mes y tres meses, respectivamente, con un período de interrupción en el que no se contará con medios materiales ni humanos en TIVA, no supone la existencia de establecimiento permanente (DGT CV 31-5-13).

---

486 Jurisprudencia 1) Tienen la consideración de **establecimiento permanente**:
- una instalación destinada a una **actividad comercial,** como la explotación de máquinas tragaperras **a bordo de un buque** que navegue fuera del territorio nacional en alta mar, si dicho establecimiento comporta una reunión permanente de medios humanos y técnicos necesarios para las prestaciones de servicios en cuestión, y si dichas prestaciones no pueden ser últimamente vinculadas a la sede de la actividad económica del prestador (TJUE 4-7-85, asunto 168/84);
- los **agentes o representantes** del empresario no establecido que, sin ser los que firman materialmente los contratos mercantiles, están facultados para negociarlos, y así lo llevan a cabo en todos los detalles de los mismos, obligando con ello a la empresa no establecida (TEAC 23-7-08; 17-12-08);
- una entidad no establecida que opera en España a través de dos sociedades filiales establecidas, con las que contrata la **fabricación** de los productos y su **comercialización**, siendo estas totalmente dominadas por su matriz con tal grado de atribuciones y control que cabe entender que aquella opera directamente en España a través de fabricante y distribuidor, pudiendo tratarse estos como simples departamentos incardinados en la misma empresa, aun cuando se les haya dotado de personalidad jurídica independiente, dispone de un establecimiento permanente en el IVA (TEAC 24-5-17).

486.1 **2) No** tiene la consideración de **establecimiento permanente:**
- una **sociedad de arrendamiento financiero**, que no dispone ni de personal propio ni de una estructura con un grado suficiente de permanencia suficientemente apta para hacer posibles, de una forma autónoma, la prestación de servicios tales como la redacción de contratos o la adopción de decisiones administrativas de gestión (TJUE 17-7-97, asunto C-190/95);
- una empresa establecida en un E.m., que alquila o cede en **arrendamiento financiero vehículos** a clientes establecidos en otros Estados miembros donde serán utilizados, no dispone de un establecimiento permanente en este último Estado por el mero hecho de realizar tales arrendamientos (TJUE 7-5-98, asunto C-390/96);
- la existencia de un establecimiento permanente está condicionada a la disposición de **recursos humanos**. En este sentido, un sujeto pasivo destinatario de servicios, que tiene su sede de actividad fuera de la UE, no dispone de un establecimiento permanente en el E.m. en el que está establecido su prestador de servicios, jurídicamente distinto de ese destinatario, cuando este no dispone en él de una estructura adecuada de medios humanos y técnicos que puedan constituir ese establecimiento permanente, ello incluso cuando el sujeto pasivo prestador de servicios realiza en beneficio de ese sujeto pasivo destinatario, en ejecución de un compromiso contractual exclusivo, ciertos trabajos externalizados, así como una serie de prestaciones accesorias o adicionales que contribuyen a la actividad económica del sujeto pasivo destinatario en ese E.m. (TJUE 29-6-23, asunto Cabot Plastics Belgium C-232/22; TEAC 20-2-25). No obstante, no se dispone de un establecimiento permanente por el hecho de poseer una **filial** que ponga a disposición de su matriz medios humanos y técnicos en virtud de contratos por los que le presta, de forma exclusiva, servicios de mercadotecnia, ordenación, publicidad y representación que pueden incidir directamente en su volumen de ventas, ya que esta puesta a disposición de recursos no puede determinar, a la vez, un servicio prestado a la entidad matriz y un servicio recibido por la entidad filial en tanto que EP de la matriz (TJUE 7-4-22, asunto Berlin Chemie A. Menarini C-333/20). Tampoco por el mero hecho de que ambas pertenezcan a un mismo **grupo de sociedades** o de que sean **sociedades vinculadas** por un contrato de prestación de servicios. Por tanto, a estos efectos, ni el hecho de que una sociedad que tiene la sede de su actividad en un E.m., que se beneficia de servicios de transformación prestados por una sociedad establecida en otro E.m., disponga en este último de una estructura que participa en la entrega de los productos resultantes de esos servicios de transformación, ni el hecho de que esas operaciones de entrega se realicen mayoritariamente fuera de dicho E.m. y de que las realizadas en él estén sujetas al IVA, son pertinentes para acreditar que esa sociedad posee un establecimiento permanente en este último Estado (TJUE 13-6-24, asunto SC Adient C-533/22).

486.2 - una entidad no establecida, por el mero hecho de ser propietaria de un **inmueble cedido** a su filial en virtud de un contrato de arrendamiento (TEAC 20-10-16). Criterio reiterado por TEAC 22-5-19. En el mismo sentido, en el caso de una entidad que dispone en Austria de un inmueble que ofrece en arrendamiento a través de un tercero que se encarga de gestionarlo, no se cumplen los criterios exigidos por la jurisprudencia y la Directiva IVA para la existencia de un EP, puesto que la entidad arrendadora carece de personal propio en Austria (TJUE 3-6-21, asunto Titanium C-931/19);

- un **almacén arrendado** por un comisionista de una empresa comunitaria y cuyo coste de arrendamiento soporta la empresa comunitaria (TEAC 20-9-00; 5-3-02; 9-10-02). En el mismo sentido, un almacén usado como **depósito temporal** de los bienes solo tendrá la consideración de establecimiento permanente de un empresario no establecido, cuando este empresario disponga del almacén como propietario, o como arrendatario en su totalidad o de una parte concreta y determinada del inmueble. No puede serlo cuando el empresario es **mero destinatario** de un servicio de depósito o almacenamiento que es efectuado por un tercero, aun cuando se trate de una entidad del mismo grupo, o sea su filial (TEAC 23-7-08; 17-12-08; 26-1-10);
- la actividad de toma de datos de **sondeos petrolíferos,** efectuada por una empresa no establecida, que por sí mismos no tienen ningún valor hasta que son analizados y valorados (TEAC 25-9-02);
- un **punto de amarre**. No obstante, el propio barco objeto de arrendamiento puede ser considerado lugar en el que se desarrolla en todo o en parte una actividad económica. En principio, la embarcación sería el objeto del negocio y no el lugar en el que se realiza la actividad, sin embargo, esta afirmación puede quedar desvirtuada si, atendiendo a las circunstancias del caso, se considera que toda la actividad económica desarrollada gira en torno a dicha embarcación (TEAC 23-10-17);
- la posesión de una **filial** en un Estado miembro no indica al prestador de servicios la existencia, en el territorio de un Estado miembro, de un establecimiento permanente de dicha sociedad domiciliada en un tercer Estado. La existencia de un EP no puede realizarse con base exclusiva en el régimen jurídico de la entidad en cuestión; antes bien, debe analizarse la concurrencia de los requisitos de fondo exigibles para apreciar dicha existencia, a la luz de la realidad económica y comercial de las operaciones (TJUE 7-5-20, asunto Dong Yang Electronics C-547/18).

3) Para determinar si existe establecimiento permanente respecto a las **obras de construcción/instalación**: **486.4**
- las **actividades preparatorias y auxiliares** de las obras de instalación deben tenerse en cuenta a efectos del inicio del plazo previsto del cómputo de los 12 meses (TS 14-1-13, Rec 2434/10);
- el concepto de desarrollo de las obras comprende los trabajos preparatorios de las mismas, incluyendo el tiempo empleado por los **subcontratistas**, siempre que se produzca en el territorio donde radica la obra (TS 15-10-09, EDJ 259152);
- en cuanto a su conclusión, se considera **terminada la obra** cuando se pone a disposición del propietario y se entrega la misma, sin que deba incluirse necesariamente y en todo caso el período temporal de garantía (TEAC 22-6-10);
- a efectos del cómputo de la **duración de una obra,** la recepción provisional implica la terminación de la obra, sin perjuicio del periodo de garantía posterior y las reparaciones de los desperfectos (AN 1-2-12, EDJ 8005). En el mismo sentido, el tiempo viene determinado entre la fecha de **entrega de los materiales** para el inicio de la obra y la fecha en la que la obra ha concluido, conforme al certificado de aceptación final de la misma. No se admite como fecha de inicio la de adquisición de los materiales, ni la fecha de permanencia del personal (AN 19-5-14, EDJ 80942).

B. Reglas generales

(LIVA art.69)

496 La regla general para la localización de las prestaciones de servicios diferencia en función de la **condición del destinatario**: empresario o profesional que actúe como tal, o consumidor final. Por tanto, para determinar si las prestaciones de servicios se localizan en TIVA y, en consecuencia, resultan sujetas a dicho Impuesto, es preciso determinar previamente cuál es la condición del destinatario de dichos servicios -empresario o profesional o consumidor final- (nº 80 s.).

Así pues, sin perjuicio de lo establecido en LIVA art.70 y 72 (nº 520 s.), se entienden localizadas en TIVA las siguientes prestaciones de servicios (LIVA art.69.Uno):

1. Aquellas cuyo **destinatario sea un empresario o profesional** actuando como tal y radique en TIVA la sede de su actividad económica, o tenga en el mismo un EP o, en su defecto, el lugar de su domicilio o residencia habitual, siempre que se trate de servicios que tengan por destinatarios dicha sede, establecimiento permanente, domicilio o residencia habitual, con independencia de dónde se encuentre establecido el prestador de los servicios y del lugar desde el que se presten los mismos (**B2B**) (LIVA art.69.Uno.1º). Es decir, en el caso de que los destinatarios sean empresarios o profesionales, las prestaciones de servicios se localizan en la **sede del destinatario**.

2. Aquellas en que el **destinatario no sea un empresario o profesional** actuando como tal, es decir, que se trate de un consumidor final, siempre que los servicios se presten por un empresario o profesional y la sede de su actividad económica o EP desde el que los preste o, en su defecto, el lugar de su domicilio o residencia habitual, se encuentre en TIVA (**B2C**) (LIVA art.69.Uno.2º). Es decir, que en el caso de que los destinatarios sean consumidores finales, las prestaciones de servicios se localizan en la **sede del prestador**.

No obstante, ténganse en cuenta las reglas especiales (nº 520 s.) y la regla de utilización efectiva (nº 750 s.).

496.1 En la aplicación efectiva de estas reglas, son de gran relevancia los **criterios** que se establecen en el Rgto UE/282/2011, que cabe extractar como sigue:
A. Condición del cliente (Rgto UE/282/2011 art.17 y 18-redacc Rgto (UE) 2025/518 art.1.3-): la correcta aplicación de las normas o reglas que regulan el lugar de realización de las prestaciones de servicios depende, en primer lugar, de la condición del cliente o destinatario (empresario o consumidor final, a efectos del IVA) y, en segundo lugar, de la calidad en la que actúe (es decir, si los servicios adquiridos se destinan a un uso empresarial o no):
1. Empresario o profesional comunitario (Rgto UE/282/2011 art.17 y 18.1 y 2). Cabe distinguir:
a) Cuando el lugar de realización de la prestación de servicios se determine en función de si el destinatario es o no empresario, la **condición del cliente** se determina conforme a LIVA art.5 (nº 80 s.) (Dir 2006/112/CE art.9 a 13 y 43).
b) Se considera **empresario** a toda persona jurídica que no tenga la consideración de empresario pero que, sin embargo, esté obligada a identificarse a efectos del IVA (LIVA art.5.Cuatro; Dir 2006/112/CE art.43) por realizar adquisiciones intracomunitarias de bienes sujetas a IVA (nº 81).
c) Salvo que se disponga de información que indique lo contrario, el **prestador de un servicio** puede considerar que su cliente es un empresario establecido en la Comunidad:
- si el cliente le comunica un **NIF/IVA** comunitario y el prestador comprueba dicho extremo y su nombre y dirección correspondientes;
- en caso de que el cliente todavía no disponga de dicho NIF, si el cliente informa al prestador de que lo ha solicitado y, adicionalmente, el prestador dispone de cualquier otro **elemento de prueba** acerca de la condición empresarial del cliente o, de que no siéndolo (persona jurídica no empresario), comprueba de forma razonable la exactitud de la información facilitada por el cliente a través de medidas normales de seguridad comercial, como las relativas a los controles de identidad y pago.
d) Salvo que disponga de información que indique lo contrario, el prestador puede considerar que un cliente establecido en la Comunidad **no** tiene la consideración de **empresario o profesional** si puede demostrar que dicho cliente no le ha comunicado un NIF/IVA.
En definitiva, la **acreditación** de la condición de empresario o profesional del cliente viene determinada por la disponibilidad de NIF/IVA comunitario, así como de su comprobación por el prestador, o de que aquél esté en fase de obtención, y de las oportunas actuaciones suplementarias de comprobación y prueba de la condición empresarial o profesional que debe llevar a cabo el prestador por otros medios.
2. Empresario o profesional no comunitario (Rgto UE/282/2011 art.18.3): salvo que disponga de información que indique lo contrario, el prestador podrá considerar que un cliente establecido fuera de la Comunidad tiene la consideración de empresario o profesional en los siguientes casos:
a) Si el cliente le aporta al prestador un **certificado**, expedido por la autoridad fiscal de la que dependa el cliente, que le acredita para obtener las devoluciones a empresarios no establecidos en la Comunidad.
b) Si el cliente aporta al prestador un **NIF** fiscal, similar al NIF/IVA expedido por la autoridad fiscal de la que dependa el cliente, que acredite su establecimiento y que sirva para identificar a la empresa, o bien facilita cualquier otro elemento de prueba que demuestre su condición empresarial, siempre que en este último caso, el prestador compruebe de manera razonable la exactitud de la información facilitada por el cliente, a través de medidas normales de seguridad comercial, como las relativas a los controles de identidad y pago.

496.2 **B. Calidad del cliente** (Rgto UE/282/2011 art.19): en cuanto a la calidad en la que actúa el destinatario de las prestaciones de servicios, esto es, si los servicios se destinan a un uso empresarial o privado, hay que señalar lo siguiente:
1. A efectos de LIVA art.69.Uno (nº 496), se considera que un empresario o una persona jurídica que no tenga la consideración de empresario o profesional pero actúe como tal, que reciba servicios para **fines exclusivamente privados**, no tiene la consideración de empresario o profesional.
2. El prestador puede considerar que los servicios están destinados a los fines de la actividad empresarial o profesional del cliente cuando este le haya comunicado un NIF/IVA, salvo que disponga de información que le indique lo contrario, como la **naturaleza de los servicios** prestados.
3. Cuando un servicio se destine a **diferentes fines**, tanto públicos como privados, incluidos los de personal del cliente, como a los fines de la actividad económica, el prestador puede considerar que la finalidad de dichos servicios es solo empresarial o profesional, aplicando la LIVA art.69.Uno.1º (nº 496).
En resumen, se presume un **uso empresarial** de los servicios recibidos si el cliente facilita un NIF/IVA o los servicios recibidos se usan para fines privados o empresariales. Si los servicios recibidos se usan exclusivamente para fines privados, el destinatario no se considera que actúa, respecto de dichos servicios como empresario, a efectos de localizar los mismos.

C. Lugar de establecimiento del cliente (Rgto UE/282/2011 art.20 a 22): determinada la condición del cliente o destinatario y la calidad en la que actúa, es preciso determinar el lugar donde se considera establecido, cuando este tiene la consideración de empresario o profesional o bien se trata de una persona jurídica que actúa como tal. **496.3**

1. Cuando una prestación se realice para una de dichas personas **establecida en un único país** o, a falta de una sede de actividad económica o de un establecimiento permanente, tenga su domicilio y residencia habitual en un único país, dicha prestación de servicios se gravará en dicho país. El prestador establecerá tal lugar basándose en la información comunicada por el cliente y comprobará la exactitud de la misma a través de medidas normales de seguridad comercial, como las relativas a los controles de identidad o de pago. Dicha información podrá incluir un NIF/IVA atribuido por el E.m. en el que esté establecido.

2. Si el citado empresario está **establecido en varios países**, dicha prestación se gravará en el país en el que el cliente haya establecido la sede de su actividad económica. No obstante, si la prestación de servicios se realiza para un establecimiento permanente en un lugar distinto de aquel en que el cliente haya establecido la sede de su actividad económica, dicha prestación se gravará en el lugar del establecimiento permanente que reciba dicho servicio y lo utilice para sus propias necesidades.

3. Si el empresario **no tiene sede** de su actividad económica o un establecimiento permanente, el servicio se gravará en el lugar de su domicilio o de su residencia habitual.

Para **identificar el EP** del cliente al que se le presta el servicio, el prestador debe examinar la naturaleza y la utilización del servicio prestado:

- Si no se puede identificar por estos medios, el prestador puede examinar en particular si el **contrato, la hoja de pedido y el NIF/IVA** atribuido por el E.m. del cliente y que este le haya comunicado identifican al citado establecimiento permanente como cliente del servicio y si el establecimiento permanente es la entidad que abona el precio o contraprestación por dicho servicio.
- Cuando no se pueda determinar el establecimiento permanente del cliente al que se le presta el servicio o cuando se presten a un cliente en virtud de un contrato que cubra uno o más servicios utilizados de forma no identificable o cuantificable, el prestador puede considerar válidamente que los servicios se prestaron en el lugar en el que el cliente estableció la **sede de su actividad** económica.

No obstante, en el caso de las prestaciones de servicios cuyos **destinatarios sean consumidores finales**, se ha previsto que determinadas categorías de servicios no se localicen en TIVA, si están establecidos o tienen su domicilio o residencia habitual fuera de la UE, excepto en Canarias, Ceuta y Melilla, supuesto en que sí se localizarían en dicho territorio. **497**

Dichas **operaciones** son las siguientes (LIVA art.69.Dos):

a) Cesiones y concesiones de **derechos de autor, patentes, licencias, marcas** de fábrica o comerciales y los demás derechos de propiedad intelectual o industrial, así como cualesquiera otros derechos similares.

b) Cesión o concesión de **fondos de comercio**, de exclusivas de compra o venta o del derecho a ejercer una actividad profesional.

c) **Publicidad**. Los servicios de organización de ferias y exposiciones comerciales no se consideran servicios de publicidad (RIVA art.23.1).

d) **Asesoramiento, auditoría, ingeniería**, gabinete de estudios, abogacía, consultores, expertos contables o fiscales y otros similares, con excepción de los relacionados con bienes inmuebles (LIVA art.70.Uno.1º).

e) **Tratamiento de datos y suministro** de información, incluidos los procedimientos y experiencias de carácter comercial.

f) **Traducción**, corrección o composición de textos, así como los prestados por intérpretes.

g) **Seguro, reaseguro y capitalización**, así como los servicios financieros, citados respectivamente por LIVA art.20.Uno.16º y 18º (nº 950 s.), incluidos los que no estén exentos, con excepción del alquiler de cajas de seguridad.

h) **Cesión de personal**.

i) **Doblaje** de películas.

j) **Arrendamientos de bienes muebles corporales**, con excepción de los que tengan por objeto cualquier medio de transporte y los contenedores.

k) Provisión de acceso a las **redes de gas natural** situadas en el territorio de la Comunidad o a cualquier red conectada a dichas redes, a la red de **electricidad, calefacción o refrigeración**, el transporte o distribución a través de dichas redes, así como la prestación de otros servicios directamente relacionados con cualesquiera de los servicios comprendidos en esta letra.

l) **Obligación de no prestar**, total o parcialmente, cualquiera de los servicios enunciados anteriormente.

498 Precisiones 1) La regla para localizar las operaciones consistentes en la cesión por un organismo de **derechos de retrasmisión** de partidos de fútbol por televisión a otros empresarios es la contenida en LIVA art.69.Uno.1º (Rgto UE/282/2011 art.26).

2) La regla para localizar las prestaciones de servicios consistentes en la solicitud o la obtención de **devoluciones a empresarios** comunitarios no establecidos en TIVA es la contenida en LIVA art.69.Uno.1º (Rgto UE/282/2011 art.27).

3) Las prestaciones de servicios de **traducción de textos** se localizan conforme a LIVA art.69.Uno y Dos.d, dependiendo de la consideración del adquirente de dichos servicios, empresario o particular (Rgto UE/282/2011 art.29 y 41).

499 Ejemplos 1) Una **modelo**, cuyo domicilio se encuentra en TIVA, ha efectuado una prestación de servicios para una revista de moda americana, consistente en una **sesión fotográfica** realizada materialmente en un país centroafricano.

La prestación de servicios efectuada por la modelo, no se entiende realizada en TIVA, que es donde tiene situada la modelo su domicilio, con independencia del lugar donde materialmente se haya realizado la sesión fotográfica o la nacionalidad o sede del destinatario. Las prestaciones de servicios para empresarios o profesionales no establecidos en TIVA no se localizan en dicho territorio, en la medida en que les resulte de aplicación la regla de la LIVA art.69.Uno.1º.

2) Un **notario**, cuya sede de actividad profesional se encuentra en Madrid ha realizado, entre otras, las siguientes **operaciones**:
- la escritura relativa a una sucesión «mortis causa» para un particular portugués;
- la escritura de constitución de un préstamo hipotecario para una persona física domiciliada en Francia que no actúa como empresario o profesional y que es quien recibe el dinero del préstamo;
- un requerimiento notarial para una persona jurídica con NIF/IVA español;
- la escritura de transmisión de un inmueble situado en Málaga.

Según criterio reiterado de la DGT, no pueden considerarse análogos a los servicios de asesoramiento, auditoría, ingeniería, gabinete de estudios, abogacía, consultores o expertos contables o fiscales, los de intervención en operaciones de cualquier naturaleza prestados por los notarios y demás fedatarios públicos (DGT CV 3-9-86; 6-9-02).

De acuerdo con lo señalado, se entienden realizados en TIVA los **servicios de escrituración:**
- de una **sucesión** entre personas físicas, siendo el cliente un particular residente en Portugal (LIVA art.69.Uno.2º);
- de un **inmueble** situado en Málaga, pero por aplicación de la regla especial de la LIVA art.70.Uno.1º, al estar situado el inmueble en dicho territorio.
- de un **préstamo hipotecario**, pero por aplicación de LIVA art.69.Uno.2º, pues se trata de una intervención en una operación financiera y el destinatario, que tiene la condición de persona física consumidor final, está domiciliado en el seno de la UE.

En la misma línea, los servicios de **requerimiento notarial** prestados a una persona jurídica con NIF/IVA atribuido por la Administración española se localizan en TIVA conforme a la LIVA art.69.Uno.1º.

499.1 3) Una **empresa de transportes** con domicilio en Barcelona ha arrendado su flota de autobuses durante quince días del mes de agosto a una empresa de transportes francesa que los utilizará en viajes turísticos en dicho territorio. Los autobuses se ponen a disposición de la empresa francesa en Barcelona.

Se trata de un **arrendamiento** de medios de transporte **a corto plazo** que se ponen en posesión del arrendatario en TIVA, se localizan por tanto en el territorio de aplicación según LIVA 70.Uno.9º. Si se tratara de un arrendamiento de medios de transporte **a largo plazo** (por tiempo superior a treinta días, tratándose de autobuses), las operaciones del ejemplo no se entenderían efectuadas en TIVA, según LIVA art.69.Uno.1º.

4) Una empresa francesa presta **servicios de abogacía** a una empresa española. Asimismo, también presta servicios de dicha naturaleza a un particular español, en relación con un pleito que se sustancia en Francia relativo a una herencia.

Los servicios de abogacía prestados a la empresa española se localizan en TIVA (LIVA art.69.Uno.1º). Por el contrario, los servicios prestados al particular español se localizarían en Francia, no estando sujetos al IVA español (LIVA art.69.Uno.2º).

5) Una **fundación** que realiza simultáneamente operaciones sujetas y no sujetas al IVA ha contratado con una empresa italiana la prestación de determinados servicios de consultoría.

En este caso, y a los efectos de localizar las prestaciones de servicios de las que sea destinataria la fundación, se considera a la misma como empresario que actúa como tal (LIVA art.5.Cuatro). Los servicios prestados por la empresa italiana se localizan en TIVA.

Doctrina Administrativa 1) Se consideran **prestados en TIVA**, entre otros, la prestación de los siguientes servicios: 500

- **confección de prendas** textiles prestados para una empresa establecida en dicho territorio por una empresa búlgara (DGT CV 23-6-10);
- **mantenimiento y reparación de maquinaria** industrial prestados por una entidad desde su sede en la península cuando tengan por destinatario a un empresario o profesional igualmente con sede en la península y con un EP en las Islas Canarias, tales servicios quedarán no sujetos al IVA únicamente cuando sea dicho establecimiento permanente, y no la sede de la actividad, el lugar al que se dirigen los mencionados servicios. En otro caso, se trata de servicios sujetos al Impuesto (DGT CV 29-9-10). En idéntico sentido, DGT CV 23-3-16; CV 29-4-19, relativas a **operaciones de montaje**. De la misma manera, para el caso de servicios de **transporte** prestados a empresarios o profesionales con sede, establecimiento, domicilio o residencia en TIVA, siempre que dichos servicios se presten a dicha sede, establecimiento permanente, domicilio o residencia (DGT CV 29-12-10; CV 18-5-16);
- **banco de células madre** prestados por una empresa establecida en TIVA a particulares, con independencia de donde residan los clientes (DGT CV 15-7-10);
- **seguimiento** y **localización de vehículos** mediante una tecnología similar al GPS prestados por una empresa holandesa para una empresa establecida en TIVA (DGT CV 4-8-10);
- **arrendamiento de maquinaria industrial**, así como los servicios accesorios a dicho arrendamiento (transporte de la maquinaria, seguro, combustible, etc.). Dicha maquinaria no tiene la consideración de medio de transporte (DGT CV 13-4-16) y, si los destinatarios son particulares se aplica la LIVA 69.Dos.j) (DGT CV 7-10-11). Mismo tratamiento respecto de los servicios de **alquiler de maquinaria** y de equipos industriales para la construcción (DGT CV 4-12-12); o para los servicios de **mantenimiento de antenas** wifi en inmuebles (DGT CV 23-9-16);
- si el destinatario efectivo del servicio de **manipulación de los polímeros** es el establecimiento permanente de la entidad suiza, localizado en TIVA, dicho servicio se localiza en dicho territorio. Hay que estar a lo establecido en el Rgto UE/282/2011 art.21 y 22 en cuanto a la identificación del establecimiento destinatario de los servicios (DGT CV 7-11-11);
- servicios complejos de **organización y gestión de ferias**, exposiciones, congresos, cumbres, eventos y manifestaciones similares, distintos del acceso (entrada) a los mismos, que tienen la consideración de una prestación de servicios compleja, cuando el destinatario no sea un empresario o profesional actuando como tal (particular) (DGT CV 16-7-13; CV 20-12-16). Ver nº 534 y nº 554;
- los prestados por **odontólogos no residentes** en TIVA y recibidos por una sociedad establecida en dicho territorio se entienden realizados en dicho territorio, aplicándose la regla de inversión del sujeto pasivo (DGT CV 26-3-14). Aunque puedan presentar aspectos de consultoría o de asesoramiento, los servicios de **psicoterapia** no están comprendidos dentro de los servicios previstos en LIVA art.69.Dos.d (DGT CV 3-2-25);
- los de simplificación administrativa, relativos a la gestión administrativa de venta ligados a una **tarjeta de compra**, prestados por una empresa no establecida a empresarios establecidos en TIVA **(estaciones de servicio)**. También las denominadas **cuotas de adhesión** a la citada tarjeta, cuando se trate de empresarios establecidos en dicho territorio (DGT CV 8-2-10; CV 22-3-13);
- almacenamiento y **custodia de vehículos** prestados a la Gerencia Territorial de una Comunidad Autónoma, efectuados por un empresario establecido en TIVA (DGT CV 29-4-13);
- **diseño de páginas web y publicidad** por aplicación de los requisitos de la LIVA art.69.Uno.1º (DGT CV 9-9-16);
- **selección de personal** para la sanidad de determinados países nórdicos estarán sujetos al IVA español si los destinatarios no actúan como empresarios o profesionales (DGT CV 4-8-10).

2) La **ausencia de NIF-IVA**, y salvo que disponga de otra información que indique lo contrario, implica que no se considere como empresario o profesional al cliente a efectos de localizar los servicios (DGT CV 2-7-15; CV 12-1-15). Por tanto: 500.1

- están sujetos al IVA español los servicios de consultoría prestados por una empresa establecida en TIVA para una **asociación sin ánimo de lucro** belga que no dispone de un NIF/IVA (DGT CV 31-5-10; CV 25-9-18). En el mismo sentido los servicios informáticos **prestados a una ONG** (DGT CV 22-6-16);
- una persona presta un servicio consistente en un trabajo de **coordinación** para la colaboración de diferentes equipos de programadores contratado por una **Organización Autónoma Descentralizada** (DAO). La DAO carece de personalidad jurídica, de una localización concreta y de un NIF. El destinatario no tiene la condición de empresario o profesional por lo que, de acuerdo con las reglas de localización de los servicios, el servicio queda sujeto al IVA (DGT CV 1-12-22);
- las prestaciones de servicios efectuadas por una fundación canaria para un **organismo autónomo** establecido en TIVA, que no dispone de un NIF/IVA atribuido por la Administración española, no están sujetos al IVA (DGT CV 5-8-11);
- un servicio de publicidad contratado por un **ayuntamiento** español con un prestador de la UE se localiza en TIVA si el ayuntamiento dispone de NIF/IVA atribuido por la Administración española; en otro caso no se localizan en dicho territorio, tributando donde se localicen dichos servicios (DGT CV 17-2-12);

- si alguno de los **clientes** (artistas) de una entidad, no le comunica su NIF/IVA, puede considerar que dicho cliente no tiene la condición de empresario o profesional, siempre y cuando no se disponga de información que indique lo contrario. En este caso son aplicables las reglas de localización de servicios contenidas en la LIVA art.70.Uno.7º o en la LIVA art.69.Uno.2º (DGT CV 4-10-11). En términos similares, DGT CV 29-3-12; CV 12-1-15;
- los servicios de ingeniería informática, prestados por un empresario establecido en TIVA a un **organismo internacional** establecido en Alemania, que no dispone de un NIF/IVA alemán, por no actuar como empresario o profesional, no tienen la consideración de prestaciones de servicios intracomunitarias (DGT CV 18-10-11).

504 Jurisprudencia 1) Las prestaciones de un **árbitro jurídico** no pueden corresponder a las de un asesor, ni a las de un ingeniero, un gabinete de estudios o un experto contable (TJUE 16-9-97, asunto C-145/96).

2) La **normativa comunitaria**, al regular las reglas de localización de las operaciones, tiene como finalidad establecer un **reparto nacional** de las esferas de aplicación de las respectivas legislaciones nacionales en materia de IVA, con el objeto de determinar de forma uniforme el lugar de tributación de los servicios, tratando de evitar conflictos de competencias entre los Estados miembros, así como situaciones de doble imposición o de ausencia de la misma (TJCE 4-7-85, asunto 168/84).

3) El TJUE ha considerado que los siguientes servicios se localizan según la **regla general** en la materia:
- servicios **veterinarios** (TJUE 6-3-97, asunto C-167/95);
- de **arbitraje** (TJUE 16-9-97, asunto C-145/96);
- eliminación de **residuos** (TJUE 25-1-01, asunto C-429/97).

Los servicios de **asistencia en carretera**, por su parte, se entienden incluidos entre los de seguro (TJUE 7-12-06, asunto C-429/97).

4) Los servicios consistentes en trabajos de **investigación** y desarrollo en materia **medioambiental** y tecnológica, llevados a cabo por ingenieros, son servicios a los que se aplica la regla general en tanto que servicios de ingeniería (TJUE 7-10-10, asunto C-222/09).

5) La actividad de **reprografía** puede tener la calificación de entrega de bienes, en la medida que se limite a una mera reproducción de documentos en soportes con transmisión del poder de disposición de estos por el reprógrafo al cliente, o bien de prestaciones de servicios, cuando se manifiesta que dicha actividad está acompañada de servicios complementarios que, habida cuenta de la importancia que tienen estas para el destinatario, del tiempo que se precisa para su ejecución, del tratamiento que requieran los documentos originales y de la parte del coste total que representen dichas prestaciones, pueden tener un carácter predominante sobre la entrega de bienes, de modo que constituyan una finalidad en sí mismo para el destinatario (TJUE 11-2-10, asunto C-88/09).

505 **6)** No se consideran prestaciones de servicios de publicidad la organización de **sesiones fotográficas**, sin realizar trabajos adicionales de campañas publicitarias ni de spots publicitarios con las fotografías obtenidas (TEAC 9-2-10).

7) Hay **cesión de personal**, aunque el personal cedido no forme parte de la plantilla de la empresa cedente, como ocurre en el caso de trabajadores autónomos del sector transporte que prestaban sus servicios a la cedente (TJUE 26-1-12, asunto C-218/10).

8) El servicio de **transporte de electricidad** se recoge exclusivamente en LIVA art.69.Dos.k; en ningún caso se puede aplicar la regla especial para los servicios a bienes inmuebles (TS 26-5-15, EDJ 94256).

9) La transferencia de **derechos de emisión de gases de efecto invernadero** se localiza en el E.m. del empresario destinatario (TJUE 8-12-16, asunto C-453/15).

10) La actividad económica desarrollada por el **trust** no está sujeta al impuesto, sin embargo tampoco es una actividad privada, por lo que las prestaciones de servicios recibidas se localizan en sede del destinatario (TJUE 17-3-21, asunto Wellcome Trust C-459/19).

11) Los servicios de **alojamiento a los equipos de red en un centro de datos,** así como **conectividad a internet**, energía, alimentación y refrigeración, constituyen una prestación única, en la que los servicios de alojamiento constituyen la prestación principal, considerándose las demás prestaciones como accesorias. En línea con la sentencia del TJUE 2-7-20, asunto C-215/19, y no acreditándose las circunstancias señaladas por el TJUE para que los servicios puedan considerarse de arrendamiento de bienes inmuebles, o vinculados a bienes inmuebles, se entiende que se trata de servicios de telecomunicaciones a los que se aplica la regla general de localización (TEAC 18-5-22).

12) La Directiva del IVA se opone a que, en una prestación de servicios efectuada por un empresario o profesional establecido en un E.m. a otro empresario o profesional establecido en otro E.m., las autoridades del primer E.m. estimen que el lugar de realización de tal prestación, que se sitúa de conformidad con el art.44 de la Directiva (equivalente a la LIVA art.69.Uno.1º) en ese otro E.m., se considere situado en el primer E.m., si el prestador sabía o debería haber sabido que, mediante dicha prestación, participaba en un **fraude** cometido por el destinatario de esa prestación en el marco de una **cadena de operaciones** (TJUE 27-10-22, asunto C-641/21).

C. Reglas especiales

(LIVA art.70; Rgto UE/282/2011)

En estos casos, los servicios se entienden prestados en el **ámbito del Impuesto** cuando se cumplan los requisitos o se den las circunstancias que se indican en cada caso. **521**

Además de las reglas especiales citadas, la LIVA ha previsto una regla especial de localización de las operaciones efectuadas por las **agencias de viaje** sujetas al régimen especial, de forma que las operaciones efectuadas por las mismas se entienden realizadas en el lugar donde la agencia tenga establecida la sede de su actividad económica o posea un establecimiento permanente desde donde efectúe las referidas operaciones (nº 4265).

1. Servicios relacionados con bienes inmuebles

(Dir 2006/112/CE art.47; Rgto UE/282/2011 art.31 bis; LIVA art.70.Uno.1º)

Se consideran, relacionados con bienes inmuebles entre otros: **525**

a) Los **arrendamientos o cesiones** por cualquier título de tales bienes, incluidos los de viviendas amuebladas.

b) Los siguientes **servicios**:
- los relativos a la preparación, coordinación y realización de las ejecuciones de obra inmobiliaria;
- los de carácter técnico relativos a dichas ejecuciones de obra, incluidos los prestados por arquitectos, aparejadores e ingenieros;
- los de gestión relativos a bienes inmuebles y operaciones inmobiliarias;
- los de vigilancia o seguridad;
- los de alquiler de cajas de seguridad;
- los de alojamiento en establecimientos de hostelería, acampamento y balneario.

c) La utilización de **vías de peaje**.

De acuerdo con la jurisprudencia comunitaria, los términos «**relacionados con**» solo pueden interpretarse de una forma estricta, ya que en otro caso, y en una reducción al absurdo, cualquier servicio puede, en última instancia, estar relacionado de un modo u otro con un bien inmueble, entendido este como un espacio delimitado (DGT CV 1-10-12; CV 20-12-12). Ver la postura del TJUE en el nº 534. **526**

El Rgto UE/282/2011 art.31 bis delimita las **prestaciones de servicios** vinculadas a bienes inmuebles, a efectos de la aplicación de la Dir 2006/112/CE art.47, estableciendo que solo abarcarán aquellos servicios que tengan una **vinculación suficientemente directa** con un bien inmueble, de la siguiente forma: **527**

a) Cuando se deriven de un bien inmueble y dicho bien sea un elemento constitutivo de los servicios y sea básico y esencial para los mismos.

b) Cuando se presten en relación con un bien inmueble o se destinen a él y tengan por objeto la modificación física o jurídica de dicho bien.

En dicho precepto se incluyen, además, sendas **listas no exhaustivas** de servicios que hay que considerar que son, respectivamente, servicios relacionados o vinculados con un bien inmueble, y servicios que hay que considerar que no son servicios relacionados o vinculados con un bien inmueble.

En el caso de la puesta a disposición de **maquinaria o equipo** para ejecutar obras se considera relacionada con un bien inmueble si el prestador asume la responsabilidad de la ejecución de la obra (Rgto UE/282/2011 art.31 ter).

Precisiones 1) La Comisión Europea ha hecho públicas unas **notas explicativas** referentes al lugar de realización de las prestaciones de servicios relacionados con bienes inmuebles a efectos del IVA que, si bien no son jurídicamente vinculantes, se elaboran como una herramienta de orientación y pretenden ayudar a comprender mejor la legislación adoptada en el ámbito comunitario. **527.1**

2) La regla de localización de los servicios relativos a bienes inmuebles se aplica con independencia de la **condición del destinatario** (empresario o profesional o consumidor final) y donde esté establecido el prestador de dichos servicios.
3) Las **operaciones de mediación** relativas a prestaciones de servicios relacionadas con bienes inmuebles se localizan en TIVA si los inmuebles a los que se refieren dichos servicios están ubicados en el mencionado territorio.
4) Los servicios prestados por **intermediarios** que actúen en nombre y por cuenta de terceros consistentes en la intermediación en la provisión de **alojamiento en el sector hotelero** o en sectores con una función similar se localizan conforme a (DGT CV 27-12-16):
- la LIVA art.69.Uno, cuando el destinatario sea un empresario actuando como tal o una persona jurídica que no tenga dicha consideración pero actúe como tal (nº 496);
- la LIVA art.70.Uno.6º cuando el destinatario sea un particular (nº 670) (Rgto UE/282/2011 art.31).
5) Los **servicios profesionales de asesoramiento, auditoría, ingeniería**, gabinete de estudios, abogacía, consultores, expertos contables o fiscales y otros análogos, cuando tengan por objeto bienes inmuebles, se localizan donde radiquen estos últimos.
6) En relación con los bienes objeto de **ensamblaje**, ver nº 547.

---

528 Ejemplos **1)** Una empresa de **tasaciones inmobiliarias**, establecida en TIVA, ha prestado los siguientes servicios de tasación de inmuebles:
a) Para un cliente consumidor final respecto de un inmueble situado en Canarias.
b) Para una empresa alemana sin establecimiento permanente en España respecto de un inmueble situado en Madrid.
c) Para una empresa establecida en TIVA respecto de dos inmuebles industriales, uno en Portugal y el otro en Salamanca.
Los servicios de valoración de bienes inmuebles se entienden prestados donde radiquen los inmuebles, con independencia de la naturaleza jurídica del destinatario o del lugar de su establecimiento. Se entienden realizados en TIVA los servicios de valoración de inmuebles efectuados para la empresa alemana, así como el servicio prestado a la empresa española respecto del inmueble situado en Salamanca. No se entienden prestados en TIVA el servicio de valoración prestado a un consumidor final respecto de un inmueble situado en Canarias, ni el prestado a una empresa establecida en TIVA respecto del inmueble situado en Portugal.
2) Un despacho de abogados, establecido en TIVA, presta servicios de **asesoramiento** para la constitución de garantías hipotecarias relativas a bienes inmuebles situados en España, servicios de asesoría jurídica en la compraventa de inmuebles ubicados en España y, ocasionalmente, presta asesoramiento en la compra de acciones de sociedades no establecidas en TIVA, cuyo único patrimonio está constituido por inmuebles radicados en dicho territorio.
Todas las prestaciones de servicios efectuadas por el despacho de abogados se entienden realizadas en TIVA, que es donde están situados los inmuebles, dado que las prestaciones de servicios se entienden directamente relacionadas con los mismos.

529 **3)** Una empresa alemana explota en la isla de Mallorca un **complejo turístico**, alquilando los apartamentos a clientes alemanes y a clientes de otras nacionalidades. Para captar a estos últimos contrata una **campaña publicitaria** a una empresa española para la promoción del complejo. La empresa alemana tiene contratada una póliza de seguro con una compañía española. En todas las operaciones interviene el establecimiento permanente en España de la empresa alemana, que es el destinatario de los servicios que se le prestan en el ejemplo.
Los servicios de publicidad prestados por la empresa española se entienden localizados en TIVA, al disponer la empresa alemana de un establecimiento permanente en dicho territorio destinatario de los servicios de publicidad.
Los servicios de seguro del complejo turístico también se entienden realizados en TIVA sin perjuicio de su exención. Por último, los arrendamientos de los apartamentos se entienden igualmente realizados en TIVA (con idéntica salvedad).
4) Una empresa portuguesa ha adquirido en TIVA un **edificio industrial** con el objeto de ubicar en el mismo un almacén para la distribución de sus productos. Al cabo de 3 meses, y sin haber llegado a explotar el mismo, ha decidido proceder a su venta, para lo cual ha contratado con una **agencia de publicidad** la inserción de varios anuncios en un periódico local.
Los servicios de publicidad prestados a la empresa portuguesa no se entienden localizados en TIVA, pues no se aplica aquí la regla relativa a los servicios relacionados con inmuebles, sino la regla general del destinatario de los servicios (LIVA 69.Uno.1; nº 496). El edificio no constituye establecimiento permanente de la empresa portuguesa en TIVA.

---

530 Doctrina Administrativa Además de las siguientes contestaciones de la DGT, ver nº 11000 s.
1) De acuerdo con la doctrina de la DGT, entre las **prestaciones de servicios relacionadas con bienes inmuebles**, se comprenden las que se señalan a continuación:
A. Prestaciones de servicios relacionadas con la **construcción** de inmuebles:
- **estudios y gestión de proyectos** de obras (DGT 23-9-98; CV 21-2-08);
- **asesoramiento técnico** (DGT 13-9-02); en relación con una carretera (DGT CV 2-6-16);
- asistencia técnica y **consultoría** en relación con la creación y equipamiento de un museo (DGT CV 29-6-06); en relación a un hospital (DGT CV 15-2-08; CV 5-2-15);

- proyectos de **ingeniería y obras** (estructuras metálicas) (DGT CV 3-11-14; CV 23-3-16);
- obtención de **licencias**, elaboración de **estudios de viabilidad** e impacto medioambiental, dirección del proyecto urbanístico y plan de negocio y, en general, los servicios de preparación de un proyecto de obra (DGT CV 16-12-08);
- **dirección de obra** y colaboración en la selección de contratistas, así como consultoría para la supervisión de la construcción (DGT 1-2-88; 25-10-99);
- **visado de proyectos** prestados por un Colegio Oficial de Ingenieros (DGT 28-6-02);
- servicios de **arquitectura** (DGT CV 10-12-12; CV 28-4-15);
- **supervisión** de obra pública y de construcción de obra hidráulica (DGT CV 30-1-15);
- **cimentación y forjado**, que tengan la consideración de prestaciones de servicios (DGT CV 21-11-08);
- construcción completa, **reparación y conservación** (DGT CV 28-5-07; CV 17-7-15);
- estudios de patologías sobre el **estado estructural** de edificios (DGT CV 1-2-11);
- mantenimiento de **redes de transmisiones** inmovilizadas y **cesiones de proyectos** de ingeniería (DGT 7-1-88; CV 23-3-16);
- **diseño** de sistemas y planificación de la iluminación (DGT CV 13-2-12); ejecuciones de obra para la instalación de **viviendas prefabricadas** que tengan la consideración de prestaciones de servicios relativas a bienes inmuebles situados en TIVA están sujetas a dicho impuesto (DGT 6-9-001461-00);
- ejecuciones de obra sin aportación de materiales (prestaciones de servicios) para la instalación de sistemas de **fontanería**, calor, aire acondicionado y energía eléctrica (DGT 19-9-00; CV 3-11-14);
- instalación de un **revestimiento acústico** de paredes y techos (DGT CV 9-8-16);
- mantenimiento de **puertas automáticas** para garajes (DGT CV 29-5-12);
- instalación de **sistemas de seguridad** (DGT 23-2-01; CV 19-1-15);
- **colocación de moquetas**, en la medida que el servicio se limite exclusivamente a la instalación de las mismas (DGT 10-5-99);
- **decoración e interiorismo** (DGT CV 19-9-11; CV 26-4-13; CV 31-5-13).

B. Prestaciones de servicios relacionadas con determinada **clase de inmuebles**: **530.1**
- **exploración de una mina** (muestras sobre el terreno, análisis de las mismas y posterior emisión del correspondiente informe) (DGT 7-11-88);
- alquiler de **parcelas de camping** (DGT 8-2-88);
- trabajos de excavación de un **campo de golf** (DGT CV 6-9-13); elaboración de un proyecto de depuración de agua y de riego, así como los servicios topográficos y de análisis del terreno (DGT 23-2-94); derechos de uso del campo (DGT CV 27-1-16);
- proyectos de **parques eólicos** (DGT 16-5-02; 30-3-04);
- proyectos de diseño y ejecución material de un **gaseoducto** (DGT 9-2-04);
- ingeniería de proyectos relativos a **yacimientos de gas y petróleo** (DGT CV 22-12-05);
- construcción de una **central hidroeléctrica** (DGT CV 30-11-16);
- reparación, mantenimiento e inspección de una **central eléctrica** (DGT CV 17-12-10); reparación y mantenimiento de **instalaciones industriales** (DGT CV 17-5-12);
- **instalación solar fotovoltaica** (DGT CV 12-7-11; CV 5-2-15); no obstante, ver nº 468. Instalación de un circuito cerrado de televisión en una planta fotovoltaica (DGT CV 23-4-13);
- construcción, mantenimiento y equipamiento de **comunicaciones vía satélite** (DGT 8-7-98);
- utilización de **autopistas de peaje** (DGT CV 16-11-11; CV 8-6-06; CV 28-1-08). Los trabajos de colocación de líneas eléctricas, montaje de iluminación e instalación de cajas centrales de control eléctrico en carreteras y autopistas (DGT CV 11-10-07);
- alquiler de un **circuito de velocidad** (DGT CV 5-11-14; CV 19-1-15). Sin embargo, los servicios de cesión de las instalaciones de un circuito de velocidad no se consideran relacionados con bienes inmuebles, puesto que dicha cesión llevará inherente, en la mayoría de los casos, un conjunto de prestaciones de otra índole (DGT 4-7-01); ver asimismo nº 468;
- construcción y explotación de una **línea ferroviaria** de alta velocidad (DGT CV 1-8-05). En cuanto al criterio material que debe seguirse a fin de determinar qué parte del total de los servicios debe entenderse prestado en TIVA debe atenderse al volumen de inversión desarrollada en cada territorio en relación con la inversión total del proyecto (DGT CV 20-5-08; CV 17-1-12). Se ha autorizado a España y Francia a considerar que la línea subterránea de interconexión eléctrica entre los dos países está situada en un 50% en el territorio de España y en un 50% en el territorio de Francia (Decisión Consejo 2012/85/UE). En la misma línea, la Decisión Consejo (UE) 2019/2244;
- proyecto de ampliación de un **aeropuerto** (DGT 11-11-03);
- fletamento total de **aeronaves** con el compromiso de prestar el servicio de extinción de incendios (DGT CV 2-8-10);
- elaboración de un plan de gestión de la cuenca de un **río** (DGT CV 10-1-14);
- trabajos de regeneración de **playas** (DGT CV 10-6-13);
- arrendamiento de **puntos de amarre** (DGT CV 12-12-13; CV 9-3-15);
- instalación integral de un **hospital** (DGT CV 20-5-14);
- cesión de **aulas** (DGT 6-9-01);

- cesión de uso de una **cámara frigorífica** (DGT CV 1-12-12); mantenimiento y limpieza de equipos frigoríficos (DGT CV 14-10-15);
- cesión de un **videomarcador**, por tener la consideración de bien inmueble (DGT 3-12-03);
- servicio de almacenamiento cuando implica la cesión de uso, por cualquier título, de un **espacio físico específico** y de uso exclusivo para los destinatarios (DGT CV 20-2-19).

530.2 C. Prestaciones de **servicios generales** relacionadas con inmuebles:
- intervención de los **notarios** en las transacciones inmobiliarias (DGT CV 3-9-86; 6-9-02; CV 17-4-15); servicios notariales de **gestoría** (DGT CV 26-6-15);
- **notas de localización** de un inmueble efectuadas por un Colegio de Registradores de la Propiedad (DGT CV 14-3-16);
- **tasación** (DGT 23-1-97; 4-10-99);
- **asesoramiento** relacionado con inmuebles (DGT CV 17-2-04; CV 10-7-13);
- **cesión de despachos** y de la infraestructura necesaria para su utilización (DGT 21-12-87);
- **ventas en comisión** en nombre y por cuenta de terceros (DGT 19-10-88; 25-5-95);
- **mediación** en la venta (DGT 24-4-98; CV 23-1-08);
- servicios prestados por **agentes inmobiliarios**, consistentes en la búsqueda de compradores o inquilinos de inmuebles (DGT CV 23-12-10);
- preparación de **informes** relacionados con las ventas de inmuebles y redacción del correspondiente documento de venta (DGT 28-1-87);
- **arrendamiento** de viviendas (DGT CV 28-3-14; CV 24-9-14); incluidas las de carácter turístico (DGT CV 31-5-17);
- mediación en arrendamientos de inmuebles consistentes en **captación de clientes** (DGT 21-5-93);
- valoraciones e informes periciales sobre **siniestros** en inmuebles (DGT 4-9-03); peritaje, evaluación y tasación (DGT CV 23-4-13; CV 23-9-16);
- arrendamiento de una **valla publicitaria**, con independencia de que el arrendatario se utilice para prestar un servicio de publicidad (DGT CV 22-3-10);
- **estudios de mercado** (DGT CV 30-10-07);
- **limpieza y mantenimiento** de edificaciones (DGT 15-9-88; CV 7-5-13); de jardines (DGT CV 16-5-12);
- **cesión de opción de compra** sobre un bien inmueble (DGT CV 28-7-10);
- **gestión inmobiliaria** (DGT CV 8-7-16); preparación de presupuestos, gestión de alquileres, asesoramiento sobre las inversiones realizadas o elaboración de informes de desarrollo de los proyectos (DGT CV 23-11-05);
- **gestión de activos inmobiliarios** y servicios de **ejecución hipotecaria** (DGT CV 20-9-16); las prestaciones de servicios relacionadas con **créditos hipotecarios** destinadas a su gestión o recuperación con carácter extrajudicial, no deben ser consideradas como servicios relacionados con bienes inmuebles, pues el servicio no persigue la modificación jurídica o física del mismo, sino que prima el componente de asesoramiento destinado al cobro del importe correspondiente. Sin embargo, las **actuaciones con carácter judicial**, como las de ejecución hipotecaria se consideran servicios relativos a bienes inmuebles (DGT CV 13-12-16);
- arrendamiento de una **valla publicitaria**, con independencia de que el arrendatario se utilice para prestar un servicio de publicidad (DGT CV 22-3-10).

530.3 D. Prestaciones de servicios relacionadas con la **hostelería**:
- servicios de **alojamiento** prestados por establecimientos de hostelería (DGT CV 20-12-12);
- servicios de hostelería derivados del uso de las **tarjetas regalo** (bonos multiuso) (DGT CV 18-6-12; CV 27-1-14) o de la redención de puntos derivados de un sistema de **aprovechamiento por turnos** de inmuebles vacacionales (DGT CV 2-4-12; CV 2-4-12). Ver nº 534;
- **intermediación** en el arrendamiento de un restaurante (DGT CV 18-11-14).

530.4 E. Prestaciones de **otros servicios** no comprendidas en las letras anteriores:
- **topografía** (DGT 21-7-98);
- **investigación geológica** referida a un inmueble en concreto (DGT CV 9-5-08);
- **prospecciones** geofísicas (DGT 18-10-94);
- mantenimiento de un **cable submarino** de telecomunicaciones (DGT 15-11-02);
- **gestión de residuos** radioactivos que precisan de un almacén especial donde se depositan los mismos (DGT CV 29-3-12);
- servicios de mantenimiento de instalaciones de **megafonía** (DGT 9-7-13);
- servicios retribuidos mediante **tasas portuarias o aeroportuarias** en la medida que están relacionados con bienes inmuebles (DGT CV 20-5-11);
- **servicios agrícolas** de recolección, siembra de semillas y preparación de suelos (DGT 12-2-03; CV 12-9-16);
- plantación y explotación de **árboles fruteros** en terrenos propios y arrendados (DGT CV 4-2-14);

- la adquisición de **derechos de pesca**, que se califica como una prestación de servicios relacionada con bienes inmuebles y, por tanto, sujeta al IVA español, dependiendo de la zona geográfica a que se refieran, teniendo en cuenta la definición de ámbito espacial contenida en la LIVA art.3 (DGT CV 3-11-16);
- convocatoria de un **concurso internacional de ideas** para obtener el anteproyecto para la construcción y rehabilitación de un museo municipal (DGT 9-8-05);
- la realización de un **fotomontaje** con ilustración en tres dimensiones del resultado de un trabajo de construcción de un proyecto inmobiliario (DGT CV 25-9-07);
- trabajos de restauración del **patrimonio histórico** inmobiliario, como rehabilitación, excavaciones arqueológicas y levantamientos topográficos (DGT CV 10-10-13);
- prestación de un **conjunto complejo de servicios**: cesión de un local para taller, de un local para oficina, de un patio para coches, de almacenes, vestuario y servicios, de viviendas para personal, de red eléctrica y de agua (DGT 28-4-990644-99).

2) No se encuentran **relacionados con bienes inmuebles**: **531**
- los servicios jurídicos prestados por un despacho de abogados relativos al **asesoramiento en hipotecas** (DGT CV 9-6-10). Ver nº 530.2;
- la **cesión temporal de stands** (DGT CV 19-1-15; CV 4-3-15). Excepcionalmente, pues no suele ser la práctica habitual, si solo se produce un mero arrendamiento o cesión de espacios, se aplica la regla de los servicios relacionados con bienes inmuebles del nº 525 s. (DGT CV 6-11-13). Ver nº 534;
- los estudios de mercado relativos al mercado de la **energía fotovoltaica**, al no referirse a una instalación concreta (DGT CV 14-2-11);
- los servicios de **intermediación** en la prestación de servicios de **alojamiento** (hoteles), cuando el mediador actúa en nombre y por cuenta ajena (DGT CV 3-10-14; CV 1-6-16); apartamentos turísticos (DGT CV 2-3-16); mediación en el arrendamiento de habitaciones para estudiantes (DGT CV 4-10-16). Ver nº 530.3;
- los servicios de guardia y custodia de una **maquinaria** en un almacén, en la medida que ninguna parte específica del almacén se ha reservado a dicha finalidad ni que el inmueble debe guardar ninguna especificación especial (DGT CV 6-5-15; CV 25-5-15);
- la **cesión de personal** para que este realice operaciones que tengan por objeto obras en relación con inmuebles (DGT CV 5-1-16);
- los servicios de **fotografía y de video de inmuebles** (DGT CV 25-1-16; CV 20-9-16);
- los servicios de **publicidad** relativos a inmuebles (DGT CV 31-8-06; CV 1-12-08); los servicios de publicidad de casas rurales situadas en España se localizan en la sede del destinatario, si este es empresario o profesional (DGT CV 26-10-11).

Jurisprudencia **1)** En relación con los servicios relativos al derecho de **aprovechamiento por turno de inmuebles** (multipropiedad): **534**
- Los servicios de **intercambio de inmuebles** dentro de este sistema, se entienden realizados en TIVA cuando los referidos inmuebles radiquen en dicho territorio (TEAC 25-4-99; 24-4-12; TS 20-10-10, EDJ 122321). Ver nº 530.3.
- El lugar de las prestaciones de servicios realizadas por una asociación que organiza entre sus socios sus derechos de aprovechamiento por turno percibiendo como contrapartida las **cuotas de los socios**, es el lugar en el que está situado el inmueble del que el socio en cuestión es titular del derecho de aprovechamiento (TJUE 3-9-09, asunto C-37/08).
- Los servicios consistentes en la **cesión del derecho de aprovechamiento temporal** de una residencia, obtenido canjeando unos derechos inicialmente adquiridos, dentro de este sistema, se localizan donde radique la residencia en cuestión (TJUE 16-12-10, asunto C-270/09). Ver nº 530.3.

2) Están sujetos al IVA los servicios prestados por la matriz a su filial relacionados con inmuebles consistentes en servicios técnicos destinados a obtener la **recalificación de terrenos** (TEAC 15-4-04).

3) La regla de localización de los servicios relacionados con inmuebles no puede aplicarse a todos los casos en que el servicio presenta una conexión, por remota que sea, con un inmueble. Por el contrario, la aplicación de la misma exige que la relación con el inmueble sea lo suficientemente directa para justificar dicha aplicación. Así, la **cesión de un derecho de pesca**, mediante la transmisión a título oneroso de una licencia de pesca sí que constituye una prestación de servicios relacionada con un inmueble (TJUE 7-9-06, asunto C-166/05).

4) El **alquiler** de puestos (**stands**) para exposiciones en ferias de muestras y exposiciones tiene la siguiente consideración, a efectos de la localización de dichas operaciones (TJUE 27-10-11, asunto C-530/09):
- cuando el puesto se diseña con **fines publicitarios**, es decir, si son diseñados y montados de forma personalizada, atendiendo a las exigencias individuales de los expositores en lo referente al aspecto y funcionalidad: prestación de publicidad, puesto que constituyen en sí mismos un atractivo para la difusión de las cualidades de los productos del expositor y, por tanto, se considera que han sido concebidos con fines publicitarios;
- si su diseño y construcción responde a **modelos uniformes** y no individualizados fijados por el organizador: prestación de carácter cultural, artístico, deportivo, científico, docente, recreativo, de entretenimiento o similar, según su naturaleza;

- en los **demás casos**: arrendamiento de bienes muebles corporales.

El concepto de **servicios de publicidad** comprende cualquier forma de difusión de un mensaje relativo a un producto, marca, institución, etc., y se entienden prestados en el territorio donde el destinatario tenga la sede de su actividad económica. Deben calificarse como servicios de publicidad, la organización de eventos para terceros, consistente en la presentación a la prensa de vehículos (TEAC 18-6-15).

5) Un servicio complejo de **almacenamiento** consistente en la recepción de la mercancía en un almacén, su alojamiento en estanterías adecuadas, su conservación, su embalaje, su entrega y su carga y descarga únicamente puede considerarse como servicio relacionado con bienes inmuebles si el almacenamiento constituye la prestación principal de una operación única y si se concede a los beneficiarios de esta prestación un derecho de uso de la totalidad o una parte de un bien inmueble expresamente determinado (TJUE 27-6-13, asunto C-155/12).

6) Los **servicios** de **alojamiento** en un centro de datos no se pueden considerar arrendamiento de inmuebles exentos a los efectos de la Dir 2006/112/CE art.135, ni servicios vinculados a bienes inmuebles en el sentido de la Dir 2006/112/CE art.47 y el Rgto 282/11/UE art.31 bis, para su localización, cuando los clientes no gozan de un derecho de uso exclusivo de la parte del inmueble en el que están instalados los armarios rack en los que se ubican los equipos electrónicos con los que se prestan dichos servicios (TJUE 2-7-20, asunto C-215/10).

2. Servicios de transporte

(Dir 2006/112/CE art.48 y 49; LIVA art.70.Uno.2º, 70.Dos y 72)

535 Para localizar los servicios de transporte, hay que diferenciar: en primer lugar, entre transporte de pasajeros o transporte de bienes (intracomunitarios y no intracomunitarios), y en segundo lugar, el destinatario de los mismos. Por tanto:

1. Transporte de pasajeros: todos los transportes de pasajeros se localizan en TIVA, por la parte del trayecto que discurra por dicho territorio, con independencia de la condición del destinatario.

2. Transporte de bienes: hay que distinguir entre el transporte intracomunitarios o no intracomunitarios:

a) **Intracomunitario**: se localiza en TIVA si el destinatario es un **consumidor final** (particular persona física o persona jurídica sin NIF/IVA), y el transporte se inicia en dicho territorio.

b) **No intracomunitario**: se localiza en TIVA si el destinatario es un **consumidor final** (particular persona física o persona jurídica sin NIF/IVA) por la parte del trayecto que discurra por dicho territorio.

Si el destinatario es un **empresario o profesional**, el transporte se localiza en TIVA conforme a la regla general de prestación de servicios nº 496.

537 Precisiones 1) En relación con el **concepto de empresario** a estos efectos, ver nº 496 s.

2) Para la **determinación de las distancias** sujetas al Impuesto en los trayectos, tanto marítimos como aéreos, entre el territorio peninsular y las Islas Baleares hay que estar a los criterios contenidos en la DGT Resol 3/2004.

3) En el supuesto de que haya **subcontrataciones** deben aplicarse las reglas generales del Impuesto, interpretadas por la DGT de la siguiente forma:

a) Si el subcontratista actúa **en nombre y por cuenta del contratista**, hay un servicio de transporte por la totalidad del trayecto prestado por este último al cliente donde el destinatario es el cliente por la totalidad del trayecto y otro del subcontratista al contratista por la parte de servicio realizada por aquel donde el destinatario es el contratista por la parte de trayecto correspondiente.

b) Si el subcontratista actúa **en nombre propio frente al cliente**, hay dos servicios de transporte, del contratista al cliente y del subcontratista al cliente por los respectivos trayectos. En ambos casos, el destinatario es el cliente.

4) En relación con los **servicios postales internacionales no comunitarios**, hay que distinguir en función de que el destinatario de los mismos tenga o no la condición de empresario o profesional.

Cuando los servicios postales llevados a cabo desde TIVA a países terceros fuera de la UE tengan por destinatario a un empresario o profesional establecido en aquel territorio, se entenderán realizados en dicho territorio (LIVA art.69.Uno.1º) y, en consecuencia, quedarán sujetos al tributo en España.

Cuando dichos servicios tengan por destinatario a una persona que no tenga la condición de empresario o profesional, se entenderán realizados en TIVA por la parte de trayecto que discurra por el mismo (LIVA art.70.Uno.2º). Dichas operaciones pueden resultar exentas por aplicación de la LIVA art.21.5º (DGT CV 29-9-10).

539 Ejemplos 1) Una empresa de autobuses cuya sede se encuentra en Madrid presta servicios de **transporte de pasajeros** entre dicha ciudad y Ginebra. Entre sus clientes figuran tanto ciudadanos españoles como suizos. Algunos de sus clientes son empresarios personas físicas.

Los servicios de transporte de pasajeros se entienden localizados en TIVA por la parte del trayecto del autobús que discurre por dicho territorio. La parte del viaje que transcurre por Francia y Suiza no se entiende realizada en TIVA, con independencia de que se trate o no de Estados integrantes de la Unión Europea. A efectos de localizar los servicios de transporte de viajeros es indiferente la naturaleza de los destinatarios (empresarios o consumidores finales) o su nacionalidad.
2) Una empresa española de **transporte de mercancías**, domiciliada en Badajoz, se dedica, exclusivamente, al transporte de mercancías entre la frontera portuguesa y distintos puntos del territorio de Portugal. Los destinatarios de las prestaciones son empresarios portugueses.
Las prestaciones de servicios de transporte de mercancías efectuadas íntegramente en Portugal para empresarios portugueses no se entienden localizadas en TIVA, sin perjuicio de la tributación que corresponda en dicho Estado. Dichos servicios de transporte no tienen la consideración de transporte intracomunitario, pues el lugar de inicio y finalización de los mismos se produce en Portugal.
3) Un **consumidor** español, que tiene su residencia habitual en Huelva, ha adquirido muebles para sus dos residencias de vacaciones, una que tiene en Portugal y otra en Marruecos. Una vez comprados los muebles, **contrata el transporte** con otra empresa, que le presta ambos servicios de transporte.
El transporte de muebles a Portugal se localiza en TIVA, que es donde se inicia el mismo. El transporte de muebles a Marruecos está sujeto al IVA español por la parte del trayecto que discurra por TIVA, sin perjuicio de su exención cuando se cumplan los requisitos establecidos al efecto (nº 6075 s.).

4) Una **empresa naviera** establecida en TIVA presta servicios de transporte de mercancías y de viajeros y de sus equipajes entre la Península y las Islas Canarias tanto para empresarios o profesionales establecidos en TIVA, como para consumidores finales. **540**
El transporte de mercancías (en este caso no se trata de un transporte intracomunitario) para consumidores finales y el de viajeros y sus equipajes (cualquiera que sea el destinatario), realizado entre las Islas Canarias y la Península, y viceversa, solo se entiende localizado en TIVA por la parte del trayecto que transcurra por el ámbito espacial de aplicación de dicho impuesto. El transporte de mercancías para empresarios establecidos en TIVA se localiza íntegramente en dicho territorio.
En cuanto a los **transportes de viajeros y de sus equipajes** entre la Península y Canarias y viceversa, que están sujetos al IVA español por la parte de trayecto que se desarrolla en TIVA con independencia de la condición del destinatario, están exentos (nº 6218).
En relación con los **transportes de mercancías** efectuados desde la Península a Canarias, y viceversa, que se entiendan realizados en TIVA y, por tanto, estén sujetos a dicho tributo, pueden resultar exentos cuando se trate de transportes para la exportación y se cumplan los requisitos establecidos reglamentariamente (nº 6075 s.).

Doctrina Administrativa Además de las siguientes contestaciones de la DGT, ver nº 11000 s. **541**
1) En los contratos de transporte denominados «**time-charter**» se aplica la regla de localización de los servicios de transporte y no la de los arrendamientos de medios de transporte, pues según la doctrina del TS en los mismos «sobresale el transporte sobre la cesión de la cosa» (DGT 6-11-02).
2) Una **empresa de mudanza** presta servicios de transporte de bienes personales de personas físicas que cambian su residencia desde otros países al territorio peninsular. Cuando la facturación de los **gastos del transporte** de la importación de bienes personales se realiza:
a. **A una empresa**, el lugar de realización del servicio será aquél donde esté domiciliada la empresa destinataria.
b. Directamente **al importador** persona física, y la importación de los bienes personales resultara no exenta, el servicio estaría sujeto al Impuesto por la parte del trayecto que discurra en el territorio de aplicación del Impuesto (LIVA art.70.Uno.2º.b). En este supuesto, los gastos de transporte de los bienes que se facturaran directamente al importador podrían estar exentos si la contraprestación estuviera incluida en la base imponible de la importación de los bienes (LIVA art.64).
c. **A la persona física** que realiza el cambio de residencia, la norma aplicable para determinar el lugar de realización del servicio sería la dispuesta por la LIVA art.70.Uno.2º en relación con LIVA art.72 (DGT CV 1-6-10).
Si los bienes se introducen en el TIVA provenientes de otro E.m., antigua residencia del interesado, y la empresa de **mudanza subcontratada** se hace cargo de los mismos a su entrada en el citado territorio, la regla de sujeción será el lugar donde esté domiciliada la empresa destinataria del servicio (LIVA art.69.Uno.1º).

3) En una línea de **transporte marítimo** que discurre entre los puertos de Alcudia (Mallorca) y Ciudadela (Menorca), las aguas territoriales de ambas islas se superponen, transcurriendo toda la ruta dentro del límite de doce millas náuticas que corresponde a dichas aguas territoriales. Los servicios de transporte están sujetos dado que todo el trayecto discurre dentro del ámbito espacial de aplicación del Impuesto (DGT CV 26-11-12). **542**

4) En relación con el servicio de **transporte de viajeros**:
- el servicio prestado por una empresa establecida en TIVA para una empresa del **Reino Unido** está sujetos al IVA español por la parte del trayecto que discurra por el territorio de aplicación de dicho impuesto (DGT CV 25-4-12; CV 11-5-15).
- el servicio prestado en TIVA **a los empleados** de una empresa suiza están sujetos al IVA español (DGT CV 20-12-12).
No están sujetos al IVA español los servicios de transporte de pasajeros o mercancías **prestados a una persona física**, no empresario o profesional, cuando discurran íntegramente por el territorio de otro E.m. distinto de España (DGT CV 29-4-13). Si el transporte tiene como destinatario a un empresario o profesional y se trata de un servicio intracomunitario, DGT CV 9-3-15.
5) La actividad de **alquiler de vehículos con conductor** constituye una modalidad de transporte de viajeros; se considera realizado el servicio en el territorio de aplicación del IVA español y estarán sujetos a dicho Impuesto, únicamente por la parte del trayecto que transcurra por dicho territorio, con independencia de cuál sea la nacionalidad o lugar donde resida o esté domiciliado el destinatario de dicho servicio (DGT CV 10-3-16).

3. Servicios culturales, sobre bienes muebles corporales y accesorios a transportes no intracomunitarios

(Dir 2006/112/CE art.53 y 54; Rgto UE/282/2011 art.32 y 33; LIVA art.70.Uno.3º y 7º; RIVA art.23.1)

545 Se entienden realizados en TIVA los siguientes servicios:
1) Los servicios relacionados con el **acceso** (entrada, abono, abono de temporada o cotización periódica) a manifestaciones **culturales, artísticas, deportivas, científicas, educativas, recreativas o similares**, como las ferias y exposiciones, y los servicios accesorios al acceso, cuando dichas manifestaciones tengan lugar efectivamente en dicho territorio y el destinatario sea un empresario o profesional actuando como tal.
2) Los servicios relacionados con **manifestaciones culturales, artísticas, deportivas, científicas, educativas, recreativas, juegos de azar o similares**, como las ferias y exposiciones, incluyendo los servicios de organización de los mismos y los demás servicios accesorios a los anteriores, cuando se presten materialmente en dicho territorio y su destinatario no sea un empresario o profesional actuando como tal.
Por tanto, atendiendo a la naturaleza del **destinatario**, sucede que (nº 496):
1. Si es un **empresario o profesional**, solo tributan en el lugar donde materialmente se realicen los servicios de acceso (entrada) a las manifestaciones antes citadas.
Para los demás **servicios distintos del acceso**, prestados a un empresario o profesional que actúa como tal, se aplica la regla general de localización: los servicios se localizan en TIVA cuando el destinatario esté establecido en dicho territorio.
2. Si es un **particular**, todas estas manifestaciones tributan en el lugar donde materialmente se efectúen, incluido el acceso (entrada) a las mismas.
3) También se entienden localizados donde materialmente se realicen, en tanto el destinatario no sea empresario o profesional actuando como tal:
a) Los servicios **accesorios a los transportes**: se localizan en TIVA los prestados materialmente en dicho territorio, cuando el destinatario es un consumidor final.
b) Los **trabajos y las ejecuciones de obra** realizadas sobre bienes muebles corporales, informes periciales, valoraciones y dictámenes relativos a dichos bienes: se localizan en TIVA los prestados materialmente en dicho territorio, cuando el destinatario es un consumidor final.
En **operaciones B2B**, se aplica la regla general de localización de los servicios, localizando estos en la sede del destinatario (nº 496).

Precisiones **1)** Debe entenderse que la mención a las **ferias y exposiciones** comprende solo el servicio que el organizador presta a los expositores, pero no el que a él le presten, respectivamente, sus proveedores. Los **servicios de organización** de ferias prestados a otros empresarios o profesionales siguen la regla general de localización (nº 496 s.).
2) Los servicios accesorios comprenden, en particular, el uso de los **guardarropas** o de las **instalaciones sanitarias**, pero no los simples servicios de intermediación relativos a la venta de entradas (Rgto UE/282/2011 art.33).
La utilización de instalaciones como **gimnasios** o similares a cambio del pago de una cotización, no se comprende entre dichas categorías de servicios (Rgto UE/282/2011 art.32).
3) El suministro de entradas que permitan acceder a manifestaciones culturales, artísticas, deportivas, científicas, educativas, recreativas o similares por parte de un **intermediario** que actúe en nombre propio pero por cuenta de un organizador o un sujeto pasivo, distinto del organizador, que actúe por cuenta propia, queda regulado por:
- La LIVA art.70.Uno.3º, cuando el destinatario sea un **empresario** actuando como tal o una persona jurídica que no tenga dicha consideración pero actúe como tal.
- La LIVA art.70.Uno.7º.c), cuando el destinatario sea un **particular** (Rgto UE/282/2011 art.33 bis).

4) Cuando el empresario se limite al simple **montaje de piezas de una máquina** suministradas en su totalidad por su cliente, dicha operación se considera una **prestación de servicios** de acuerdo con LIVA art.11.Uno (Rgto UE/282/2011 art.8).Salvo en los casos en que los bienes que estén siendo objeto de ensamblaje vayan a pasar a formar parte de un bien inmueble, el lugar de realización de la prestación se determina conforme a LIVA art.70.Uno.7º (Rgto UE/282/2011 art.34). **547**

5) Cuando el empresario se limite al simple **montaje de las diferentes piezas de una máquina** que le hayan sido suministradas en su totalidad por su cliente, dicha operación se considera una **prestación de servicios** de acuerdo con LIVA art.11.Uno (Rgto UE/282/2011 art.8).

6) En relación con los servicios **accesorios a los transportes** la normativa efectúa una enunciación de los mismos que solo contempla los de carga, descarga, transbordo y manipulación. En la medida que también tienen cabida los servicios similares, se puede concluir que también tienen carácter accesorio los de mantenimiento y almacenaje, siempre que tengan lugar en relación con, o en el contexto de, un servicio de transporte. A este respecto, hay que tener en cuenta que la relación contenida en el precepto es enunciativa y no cerrada.

Ejemplos **1)** Una empresa establecida en TIVA organiza viajes de **estudios de idiomas en el extranjero**, encargándose tanto del curso y actividades complementarias como del alojamiento, exceptuado el propio transporte. Los servicios se facturan a consumidores finales. **548**

Los servicios de carácter docente, así como los accesorios a los mismos, prestados materialmente en TIVA a consumidores finales se entienden localizados en dicho territorio (LIVA art.70.Uno.7º.c). En otro caso, no se entienden localizados en el citado territorio. No obstante, aunque en el supuesto planteado los servicios de enseñanza se prestan materialmente fuera de dicho territorio, resultaría de aplicación el régimen especial de las agencias de viaje (ver nº 4221), y de acuerdo con la regla específica de localización de la LIVA art.144 (ver nº 4265), al tratarse de una prestación de servicios única, se localizará en el lugar donde la empresa tenga establecida la sede de su actividad económica o posea un establecimiento permanente desde donde se efectúe la operación sujeta al régimen especial y, por tanto, se localizará en TIVA.

2) Una empresa francesa envía mercancías a Madrid. Para ello contrata con un **transportista** francés que lleva las mercancías hasta un centro de distribución situado en Bilbao, donde contrata descarga, almacenamiento temporal y carga con una empresa de logística de dicha ciudad. Asimismo, contrata con un transportista español el transporte de las mercancías desde Bilbao a Madrid y su descarga en dicha plaza.

El servicio de transporte y descarga efectuado por el transportista español se localiza en la sede del destinatario (regla general), es decir, en Francia, no estando sujeto al IVA español. También se localizan en la sede del destinatario (Francia) los servicios accesorios al transporte de descarga, almacenamiento temporal y carga.

3) Una empresa con domicilio en Barcelona presta en sus instalaciones de dicha ciudad servicios accesorios de **almacenamiento frigorífico de mercancías**, carga, descarga e inspección de las mismas, para empresas comercializadoras españolas que posteriormente venden sus productos a empresas del sector alimentario no establecidas en TIVA, que procederán a su exportación, figurando estas últimas como los adquirentes exportadores. **549**

Los servicios prestados por la empresa barcelonesa tienen todos la consideración de accesorios a un transporte de mercancías y, por tanto, se entienden realizados en la sede del destinatario puesto que los clientes son empresarios o profesionales, es decir, se aplica la regla general de localización de los servicios. No resulta aplicable la exención del nº 6075 puesto que no son servicios accesorios a una operación de **exportación**, pues el destinatario de los servicios no tiene la condición de exportador ni actúa en nombre de un exportador.

4) Una empresa francesa envía a la planta de **tratamiento de residuos** de una empresa establecida en TIVA determinados residuos de aceites minerales para su destrucción en dicho territorio.

Aunque los servicios de destrucción de residuos se prestan materialmente en TIVA, dichos servicios se localizan en la sede del destinatario al tratarse de un empresario o profesional.

5) Una empresa española de ingeniería presta a una empresa italiana servicios de **control de calidad** en la fabricación por una empresa española de motores eléctricos para la citada empresa italiana. Parte de los motores son enviados por la empresa fabricante, siguiendo instrucciones de la empresa italiana, a Italia y a otros países de la UE. El resto de la producción es entregada a una empresa filial italiana, establecida en TIVA, para su proceso productivo.

Los servicios de control de calidad prestados por la empresa española de ingeniería para la empresa italiana no se entienden realizados en TIVA, al aplicarse la regla general de localización de los servicios, es decir, en sede del destinatario, con independencia de si los motores salen o no de TIVA.

6) Una empresa portuguesa ha enviado a una empresa establecida en TIVA determinada maquinaria de artes gráficas para su **reparación** en España. Una vez efectuadas las reparaciones, la maquinaria es enviada de nuevo a Portugal. A su vez, la empresa española envía a una empresa francesa determinados componentes electrónicos de dicha maquinaria para que se reparen en Francia.

Los servicios de reparación efectuados por la empresa española para la empresa portuguesa no se entienden realizados en TIVA, por aplicación de la regla general de localización de los servicios, es decir, en sede del destinatario por tratarse de un empresario o profesional. Sí se entienden realizados en dicho territorio los servicios de reparación efectuados por la empresa francesa para la española, también por aplicación de la misma regla.

551 7) Un taller de **reparación de vehículos** situado en Andalucía ha llevado a cabo, entre otras, las siguientes reparaciones:

a) Un camión frigorífico con matrícula alemana habiéndole facilitado el **transportista su NIF/IVA** atribuido por la Administración alemana y acreditando así su condición de empresario establecido en Alemania. La reparación del camión frigorífico alemán no se entiende realizada en TIVA, pues aunque los servicios se prestan materialmente en el citado territorio, el transportista es un empresario alemán y se aplica la regla general de localización de servicios, es decir, en sede del destinatario.

b) Un autobús perteneciente a una **empresa de transportes** suiza. Por la misma razón la reparación del autobús suizo tampoco se entiende realizada en TIVA.

c) Un turismo de un **particular francés**, con matrícula de Francia, de viaje por España. Se entiende realizada en TIVA la reparación del turismo francés conducido por un particular de viaje por España, pues la reparación se realiza materialmente en TIVA y el destinatario es un consumidor final.

d) Un vehículo todo terreno matriculado en Madrid conducido por un **topógrafo francés** de viaje profesional en España y a cuyo cargo corre la reparación del mismo. La reparación del vehículo todo terreno, con matrícula definitiva de Madrid, tampoco se entiende efectuada en TIVA, pues aunque la reparación del vehículo se efectúa en dicho territorio, el topógrafo francés es un profesional que actúa en el ejercicio de su actividad profesional y, por tanto, se aplica la regla general de localización de servicios, es decir, en sede del destinatario.

e) Un camión grúa matriculado en Córdoba cuyo titular es un **empresario establecido** en Sevilla. El servicio de reparación del camión grúa se localiza en TIVA pero no por aplicación de la regla especial de localización de trabajos sobre bienes muebles corporales, sino por aplicación de la regla general de localización de servicios, al tratarse de un empresario establecido en dicho territorio.

8) Un taller francés de reparación de vehículos ha desplazado al TIVA una **furgoneta-taller** para reparar «in situ» un turismo de Murcia conducido por un particular de viaje por los Pirineos.

Los servicios de reparación del vehículo de Murcia se entienden efectuados en TIVA.

9) Una empresa de **transporte de viajeros en autobús** con sede en Valencia, que opera durante el verano en los países escandinavos contratada por una agencia de viajes española, tiene concertado con una red de talleres de Suecia y Dinamarca el mantenimiento y reparación de su flota de vehículos. Una vez acabada la estación, los autobuses regresan a España.

Los servicios de reparación concertados con la red de talleres de Suecia y Dinamarca se entienden efectuados en TIVA por aplicación de la regla general de localización de los servicios, es decir, en sede del destinatario, al tratarse de un empresario o profesional.

---

553 Doctrina Administrativa Además de las siguientes contestaciones de la DGT, ver nº 11000 s.

1) Se consideran **servicios relacionados** con manifestaciones culturales, artísticas, deportivas, científicas, educativas, recreativas, juegos de azar o similares, entre otros, los siguientes:

- los servicios de **formación en idiomas** (DGT CV 4-8-10). Cuando el servicio se realice entre particulares, y no pueda identificarse el lugar desde donde materialmente se preste, por llevarse a cabo a distancia y con medios electrónicos (**Skype**), el lugar de realización será la sede del prestador de los mismos, es decir, del profesor (DGT CV 12-11-13). Los servicios de enseñanza prestados por un profesor a **través de Internet** o de una red electrónica, se califican como servicios educativos y no como servicios prestados por vía electrónica. Por tanto, se aplica la LIVA art.69.uno cuando el destinatario es un empresario o profesional, y la LIVA art.70.uno.7º.c), cuando el destinatario sea un particular (DGT CV 12-11-13). En relación con los servicios prestados por vía electrónica (**plataforma web**) (ver nº 920 y nº 9152);

Los servicios de formación **prestados fuera de TIVA**, por un empresario establecido en dicho territorio para otro empresario establecido en el mismo, se localizan en el referido territorio por aplicación de la LIVA art.69.uno (DGT CV 25-3-13; CV 25-3-13);

- la **organización de mesas redondas** entre profesionales de distintas entidades, con la finalidad de compartir conocimientos y experiencias profesionales (DGT CV 15-3-11; CV 28-11-11), o los servicios de desarrollo de las habilidades, capacidades y conocimientos de determinados colectivos, ejecutados a través de **talleres o programas** (DGT CV 1-12-11). Por el contrario, la organización de conferencias con **fines comerciales** no son servicios de carácter cultural o educativo sino servicios publicitarios (DGT CV 15-3-11);

- los ensayos y espectáculos de **danza** (DGT 1-2-11);

- los servicios de **guía turístico** (servicio cultural o recreativo) (DGT CV 12-3-12; CV 14-10-14). Cuando estos servicios son prestados a un empresario no establecido, no se encuentran localizados en TIVA (DGT CV 23-11-15; CV 19-12-16);

- el servicio profesional de asesoramiento consistente en aclarar dudas a internautas españoles que tienen interés por acceder a un **juego de rol** (servicio recreativo) (DGT CV 22-7-08);

- los servicios en eventos de carácter **musical** (DGT CV 12-9-16), producción técnica de **sonido**, iluminación, video y escenografía en eventos (DGT CV 20-7-16). En el mismo sentido, los prestados en un **evento deportivo** (DGT CV 25-5-16);
- los servicios de **prospección e investigación** sobre concentraciones de pesca (carácter científico) (DGT 16-12-99).

2) Los **servicios** artísticos y culturales que preste una entidad a personas o entidades que tengan la condición de empresarios o profesionales, **distintos del acceso** a manifestaciones culturales, artísticas, deportivas, científicas, educativas, recreativas o similares, se localizan o no en TIVA, a falta de una regla especial, de conformidad con la regla general (nº 496 s.).

3) Los servicios de **gestión de actividades** culturales y de cursos académicos, prestados por personas físicas profesionales desde un **país tercero** donde residen, a un empresario o profesional que tiene su sede en TIVA, están sujetos al impuesto (DGT CV 14-7-16).

4) Cuando los servicios prestados de carácter teatral tengan por destinataria una **asociación sin ánimo de lucro** establecida en otro E.m. de la UE, tales servicios se localizan de conformidad con lo establecido en LIVA art.69.Uno.1º, si dicha asociación está identificada u obligada a identificarse a efectos del IVA en dicho E.m. En caso contrario los servicios se localizarán de conformidad con la regla especial -LIVA art.70.Uno.7º- (DGT CV 20-5-11).

5) Los servicios accesorios prestados con ocasión de **ferias y exposiciones** constituyen, a efectos del IVA, una **prestación única**. Por tanto, no cabe fraccionar o dividir estos servicios en varias prestaciones con el objeto de dar a cada una de ellas su tratamiento específico (DGT 6-2-04; CV 3-4-19; CV 20-4-11; CV 18-5-16). En el mismo sentido, los servicios de organización de una **conferencia internacional** (DGT CV 13-2-08) o los **servicios de azafatas** prestados a los organizadores de un evento TEAC 18-9-19 (nº 556). **554**

En el mismo sentido, debe considerarse que la organización de una **cacería** (actividad deportiva) en un coto de caza, está formada por una prestación única, de la que el resto de las prestaciones, alojamiento, manutención o traslado, no constituyen un fin en sí mismas sino un medio de contribuir a la mejor prestación de los servicios relativos a la práctica del deporte de la caza. No obstante, cuando el **hospedaje rural** no se utilice en el marco de una actividad cinegética, sino que se limite a prestar un servicio de alojamiento de visitantes como cualquier establecimiento hotelero, las prestaciones de alojamiento, manutención o traslado constituirán prestaciones con entidad propia e independientes a efectos del IVA (DGT CV 9-6-06; CV 21-12-15; CV 12-5-16).

Los servicios de **cesión de espacios**, que no se presten junto con los denominados servicios accesorios, se localizan conforme a la LIVA art.70.uno.1º (DGT CV 20-1-11; CV 19-1-15). En relación con el diseño y montaje de **stands**, ver nº 534 y nº 500.1.

Los servicios de organización de **bodas y eventos** por una entidad residente en TIVA a no residentes en este territorio, se encuentran sujetos si se trata de un cliente final y el servicio se presta materialmente en TIVA (DGT CV 13-10-15).

6) En caso de **intermediación en nombre propio** en la venta de entradas, se entiende que el mediador ha adquirido y prestado el servicio de acceso a los eventos. Tales servicios están sujetos al IVA cuando los eventos se celebren en el en TIVA, no estando sujetos al IVA cuando se desarrollen fuera del citado territorio (DGT CV 26-12-23). En relación con los **servicios de mediación** en la compraventa de derechos de acceso (entradas), ver nº 677.

7) Se consideran servicios **accesorios al transporte**: **555**
- los servicios de comidas y bebidas a bordo de aeronaves (DGT CV 27-2-07);
- los servicios de emisión y gestión de billetes (DGT CV 14-3-07);
- los servicios de impresos, manipulación, inspección de container, transporte interior, demoras y ocupaciones (DGT 1-3-02).

8) Los servicios de clasificación y **almacenaje de mercancías**, prestados materialmente en TIVA, y relacionados con un transporte interior, se entienden realizados en dicho territorio (DGT 29-7-98; CV 18-11-97).

Los servicios de almacenaje y empaquetado para su posterior reparto, son **servicios accesorios** al transporte de mercancías (DGT CV 3-7-07). De esta forma, un servicio de almacenaje en el que la mercancía entra en el almacén para su verificación y sale hacia su destino final en un período de **tiempo muy corto**, tiene la consideración de servicio accesorio al transporte de mercancías en cuanto se produce inmediatamente después de terminar el transporte y durante un corto período de tiempo para permitir el traslado de mercancías a otros puntos diferentes.

Sin embargo, los servicios de almacenaje de mercancías prestados después de la terminación del transporte y al margen del mismo para tener las mercancías dispuestas en un lugar determinado durante un **tiempo más o menos largo**, no pueden tener la consideración de servicios accesorios al transporte, resultando de aplicación para su localización la regla general -nº 496- (DGT CV 29-11-05; CV 15-1-07).

Jurisprudencia 1) Son servicios accesorios a los de carácter **artístico o recreativo**, la sonorización, ajuste de la selección y manejo de aparatos relativos a las condiciones acústicas y efectos de sonido, siempre que la prestación del empresario constituya una condición necesaria para la realización de la prestación artística o recreativa principal (TJUE 26-9-96, asunto C-327/94). **556**

2) En operaciones B2B, las prestaciones de servicios de **mantenimiento y reparación** sobre bienes muebles corporales se localizan en la sede del destinatario (TEAC 21-5-15).

3) Los términos **servicios de acceso a manifestaciones** utilizados en la Dir 2006/112/CE art.53 incluyen un servicio que consiste en una formación en contabilidad y gestión de una duración de cinco días, impartida únicamente a personas que son sujetos pasivos y que exige una inscripción y un pago previos, los cuales, por tanto, se localizan donde se desarrolle efectivamente dicha formación (TJUE 13-3-19, asunto C-647/17). En el mismo sentido, TEAC 26-2-20 y 22-7-20.

4) La **organización de congresos y eventos** se considera como una prestación de servicios única que se localiza conforme a las reglas generales de localización de los servicios. En caso de que el servicio prestado no sea de organización del evento (prestación de servicios aislados o gestión de la asistencia a eventos), así como cuando la finalidad principal del mismo sea privada, no empresarial, se aplica el régimen especial de las agencias de viajes, resultando las cuotas soportadas por bienes y servicios utilizados en el viaje en beneficio directo del viajero no deducibles (TEAC 18-9-19).

5) La Dir 2006/112/CE art.53 (equivalente a la LIVA art.70.uno.3º) no se aplica a los servicios prestados por un estudio de **grabación de videochats** al operador de una plataforma de difusión por Internet, consistentes en realizar **contenidos digitales** en forma de sesiones de vídeo interactivas de carácter erótico, filmadas por tal estudio con el fin de ponerlas a disposición de dicho operador para su difusión por este último en la referida plataforma (TJUE 23-11-23, asunto C-532/22, SC Westside Unicat).

4. Restauración y catering

(LIVA art.70.Uno.5º; Rgto UE/282/2011 art.6 y 35 a 37)

560 Los **servicios de restauración y catering** se localizan en función del lugar donde materialmente se realicen y con independencia de cuál sea la condición del destinatario: consumidor final o empresario o profesional, así:

1. Servicios **prestados a bordo de un buque, avión o tren**:

a) Se entienden localizados en TIVA cuando se presten en el curso de la parte de un transporte de pasajeros **realizado en la UE**, cuyo lugar de inicio se encuentre en dicho territorio. A estos efectos se considera:

- parte de un transporte de pasajeros realizado en la UE: la parte de dicho transporte que, sin hacer escala en un país o territorio tercero, discurra entre los lugares de inicio y de llegada situados en la UE;
- lugar de inicio: el primer lugar previsto para el embarque de pasajeros en la UE, incluso después de la última escala fuera de la UE;
- lugar de llegada: el último lugar previsto para el desembarque en la UE de pasajeros embarcados también en ella, incluso antes de otra escala hecha en un país o territorio tercero.

b) Si el transporte **discurre entre TIVA y un país o territorio tercero**, solo se entienden realizados en TIVA los servicios de restauración y catering prestados a bordo si el servicio se presta cuando el transporte discurre por el citado territorio. En otro caso no está sujeto al IVA español.

Esta regla de localización solo se aplica a esta **categoría de servicios**, no así a otros distintos de aquellos, como tampoco a los prestados en otros hipotéticos **medios de transporte** (autobús): si el trayecto se efectúa en TIVA, los servicios se entienden localizados en este territorio.

La parte de un transporte de pasajeros efectuada en la Comunidad, viene determinada por el **trayecto** realizado por el medio de transporte y no por el trayecto completado por cada pasajero. Así, el lugar de realización de la prestación de un servicio de restauración o catering llevado a cabo **parcialmente en la Comunidad** durante una parte de un transporte de pasajeros efectuada en la Comunidad y parcialmente fuera de dicha parte pero en el territorio de un E.m., se determina, íntegramente, según las reglas de determinación del lugar de realización de la prestación aplicables al inicio de la prestación del servicio de restauración o de catering (Rgto UE/282/2011 art.35, 36 y 37).

2. Servicios **no prestados a bordo de buques, aviones o trenes**. Se entienden localizados en TIVA cuando se presten materialmente en dicho territorio.

562 Precisiones **1)** Se entiende por servicios de restauración y catering aquellos que consistan en el **suministro de alimentos o de bebidas** preparados o sin preparar, o de ambos, para consumo humano, y que vayan acompañados de servicios auxiliares suficientes para permitir el consumo inmediato de los mismos. La diferencia entre servicios de restauración y de catering se refiere, esencialmente, al distinto lugar donde se produce su consumo o, dicho de otra forma, donde se presta el servicio, dentro o fuera del establecimiento.

El suministro de alimentos o bebidas, o de ambos, se considera únicamente uno de los elementos de un conjunto en el que deben predominar los **servicios:**

- **de restauración**, servicios prestados en las instalaciones del prestador; y
- **de catering**, servicios prestados fuera de dichas instalaciones.

El suministro de alimentos o de bebidas, preparados o sin preparar, o de ambos, con o sin transporte, pero sin prestación de ningún otro tipo de **servicio auxiliar** no se considera servicio de restauración o de catering. Por tanto, no hay prestación de servicios de restauración o de catering cuando el empresario se limita a suministrar los productos, haya o no transporte adicional, si dicha operación no va acompañada de servicios adicionales suficientes que permitan su consumo inmediato (casos de las comidas preparadas para llevar o del envío a domicilio de dichos productos) (Rgto UE/282/2011 art.6).

2) A este tipo de servicios, prestados en el marco de un **transporte intracomunitario de pasajeros**, se le aplica en la práctica la misma regla de localización que para las entregas de bienes a pasajeros de dichos medios de transporte (ver nº 470).

3) En relación con la **calificación** de estas operaciones como entregas de bienes o como prestaciones de servicios, ver TJUE 2-5-96, asunto C-231/94, y 10-3-11, asuntos acumulados C-497/09, C-499/09, C-501/09 y C-502/09.

Ejemplos **1)** Una empresa de Salamanca explota dos **restaurantes** dentro de la provincia. Generalmente sus clientes son particulares, aunque en algunas ocasiones organiza comidas de empresa. Además de dicha actividad presta un **servicio de catering** completo en Portugal para una empresa portuguesa, en donde no dispone de ningún establecimiento, que comprende no solo el suministro de los alimentos y bebidas sino el servicio correspondiente. **565**

Los servicios prestados por la empresa salmantina en sus restaurantes ubicados en la provincia de Salamanca se localizan en TIVA, cualquiera que sea su destinatario.

Los servicios de catering prestados en Portugal no se entienden localizados en TIVA, pues no se prestan materialmente en el citado territorio.

2) Una **compañía aérea** presta servicios de restauración y catering en sus **vuelos nacionales**, que discurren exclusivamente por TIVA y en los **internacionales**, algunos de los cuales solo discurren directamente entre países de la UE, sin escalas en países terceros.

Los servicios de catering efectuados en los trayectos nacionales están sujetos al IVA español, con independencia de la condición del destinatario.

También están sujetos al IVA español los servicios de restauración prestados a bordo del avión en aquellos vuelos intracomunitarios de pasajeros que se inicien en TIVA, con independencia de la condición del destinatario y del momento del vuelo en el que se presten, es decir, tanto si en ese momento el vuelo discurre por TIVA como si no.

Los servicios de restauración y de catering en vuelos internacionales no intracomunitarios solo están sujetos al IVA español si el servicio se presta cuando el vuelo discurra por el ámbito de aplicación de dicho Impuesto.

Doctrina Administrativa Además de las siguientes contestaciones de la DGT, ver nº 11000 s. **567**

1) Están sujetos al IVA los servicios de restauración y catering en trayectos que tengan su inicio en TIVA, que se presten por una empresa a **empresas de ferrocarriles**, agencias de viaje y a los usuarios de los trenes.

En el supuesto de que el trayecto del tren, **iniciado en TIVA**, ultime su recorrido por territorio comunitario en territorio francés y posteriormente prosiga hacia Suiza, los servicios de catering y restauración están sujetos al IVA español únicamente por la parte que discurre en el territorio comunitario. Los servicios prestados en territorio suizo no están sujetos al Impuesto. Por el contrario, cuando el trayecto se haya **iniciado en territorio suizo** y posteriormente prosiga hacia Francia y España, los servicios de catering y restauración no están sujetos.

Se consideran **servicios accesorios** a los citados servicios prestados a las compañías ferroviarias los de **halding** (carga y descarga de los alimentos), así como los prestados de manera particular para la realización de los servicios de catering y restauración.

Los servicios de **acondicionamiento y mantenimiento de cabinas**, y los servicios accesorios a estos, como son las utilidades y comodidades facturadas a las compañías y ofrecidas a los clientes (material de higiene, albornoz, etc.), y el personal que atiende tales tareas, no pueden calificarse de hostelería o similares, y están sujetos conforme a la regla general de la LIVA art.69.Uno.1º (DGT CV 8-2-11).

2) Los servicios básicos que se prestan en las **salas VIP** de los aeropuertos (servicios de bebidas, aperitivos, prensa, Internet, etc.) tienen la consideración de servicios de restauración y catering (DGT CV 25-4-12).

---

5. Servicios de mediación

(Dir 2006/112/CE art.46; LIVA art.70.Uno.6º; Rgto UE/282/2011 art.30 y 31)

Solo se entienden localizadas en TIVA las operaciones de mediación **en nombre y por cuenta ajena** efectuadas para **consumidores finales** cuando, a su vez, la operación sobre la que se medie se entienda realizada en dicho territorio. **670**

Cuando las operaciones de mediación se efectúen para **empresarios o profesionales**, se aplica la regla general de la sede del destinatario (nº 496).

672 Precisiones 1) Por **servicio de mediación** puede entenderse, siguiendo la jurisprudencia del TJUE, hacer lo necesario para que las partes celebren un contrato, sin que el negociador o mediador tenga interés propio en su contenido (TJUE 13-12-01, asunto C-235/00).

2) La regla de los servicios de mediación solo se aplica cuando dichos servicios se prestan **en nombre y por cuenta ajena**, no cuando se actúa en nombre propio, pues en ese caso se prestan los mismos servicios que se reciben (nº 210).

3) Por operaciones respecto de las que se medie hay que entender que se comprenden tanto las entregas de bienes como las prestaciones de servicios. Por tanto, en la aplicación de esta regla particular hay que determinar dónde se localiza la **operación subyacente** o principal, es decir, aquella sobre la que se media, para localizar seguidamente la correspondiente operación de mediación.

4) Los servicios de mediación en **prestaciones de servicios** comprenden tanto los servicios de intermediarios que actúan en nombre y por cuenta del destinatario del servicio prestado, como los servicios realizados por intermediarios que actúan en nombre y por cuenta del prestador de esos servicios (Rgto UE/282/2011 art.30).

674 Ejemplos 1) Una empresa española presta servicios de mediación a una empresa argentina que comercializa en España **productos cárnicos**. La empresa argentina pone sus productos a disposición de sus clientes españoles en Argentina, no actuando, por tanto, como importadora de los mismos en la UE.

Los servicios de mediación prestados por la empresa española a la argentina no están sujetos al IVA español, puesto que el destinatario no está establecido en TIVA.

2) Una **agencia de publicidad** establecida en TIVA ha mediado en nombre propio en la compraventa de determinados artículos promocionales para sus clientes, que la misma ha adquirido en Hong Kong.

A los servicios de mediación prestados en nombre propio no se les aplica esta regla de localización especial de servicios. Los servicios tienen la consideración de entregas de bienes (nº 110 s.) y se entienden realizados en TIVA, que es el lugar donde se produce la entrega de los citados artículos promocionales por la agencia a sus clientes.

675 3) Una empresa de Teruel ha actuado como mediadora en nombre ajeno en la venta de una maquinaria de artes gráficas vendida e instalada en España por una empresa alemana. La citada empresa alemana, que carece de establecimiento permanente en España, ha comunicado a la empresa turolense el **NIF/IVA** atribuido a la misma por la **Administración alemana**.

Los servicios de mediación no se entienden realizados en TIVA, pues estos servicios prestados a empresarios o profesionales se localizan en la sede del destinatario. Por tanto, es indiferente que la empresa alemana haya comunicado a la española un NIF/IVA atribuido, en este caso, por otro E.m. de la UE, aunque la entrega de la maquinaria se entienda producida en TIVA.

4) Una agencia mediadora ha prestado a un consumidor final un servicio de mediación en nombre y por cuenta ajena en la provisión de un servicio de transporte de bienes (**mudanza**) entre Cádiz y Lugo efectuado por una empresa establecida en TIVA.

El servicio de transporte se localiza en TIVA y, por tanto, también se localiza en dicho territorio el correspondiente servicio de mediación.

En este caso, si el servicio de mediación se prestara a la empresa española en lugar de al consumidor final, dicho servicio de mediación también se localizaría en TIVA, pero por aplicación de la regla general de localización de servicios, es decir, en sede del destinatario (nº 496).

676 Doctrina Administrativa Además de las siguientes contestaciones de la DGT, ver nº 11000 s.

1) Los servicios de gestión en la **asistencia a viajeros** cubiertos por un contrato de seguro son servicios de mediación (DGT 27-4-04; CV 5-7-06).

2) Una empresa española media para una empresa inglesa en la comercialización de **servicios electrónicos**. Los servicios, que suponen una mediación comercial y no una intermediación financiera, ya que suponen la búsqueda de clientes realizada por la empresa española para la empresa inglesa para la comercialización de un software de operaciones de bolsa, no están sujetos al IVA español (DGT CV 12-3-10).

3) Un representante comercial español ha firmado un contrato de comisión con una empresa norteamericana, no establecida en TIVA, para la **localización de clientes** en Europa. La empresa realizará el envío de sus productos directamente a los clientes captados por el representante comercial. Estos servicios de mediación prestados por el representante español no están sujetos al IVA español por aplicación de la regla general de localización de los servicios (DGT CV 8-2-10).

4) Una empresa española va a comercializar, en concepto de intermediaria en nombre ajeno, servicios de **transporte aéreo de pasajeros** que transcurren por completo dentro de TIVA. Si los servicios son prestados a particulares, al referirse la mediación a una operación de transporte de pasajeros que discurre por TIVA y que se localiza en dicho territorio, la operación de mediación también se localiza en aquel. Esta regla no se aplica cuando el destinatario es un empresario o profesional, ya que en estos casos el servicio se localiza en la sede del destinatario. Por tanto, si el destinatario de la operación de mediación es un empresario o profesional establecido en TIVA, la operación se localiza en dicho territorio, estando sujeta (DGT CV 12-4-10; CV 12-4-10).

5) Las rentas obtenidas por prestaciones de servicios de **comisionistas no residentes**, relacionadas con la prestación por la entidad comitente de servicios para clientes en el extranjero, no están sujetas a tributación en TIVA (DGT CV 8-2-16).

Empresa española que vende una maquinaria a una empresa iraní mediante la mediación de un comercial iraní que cobra una comisión, siendo la máquina enviada a Irán. Los servicios de mediación efectuados por el comisionista iraní se entienden realizados en TIVA, pues tiene por destinatario a un empresario establecido en dicho territorio. La entrega de la maquinaria se localiza en TIVA, sin perjuicio de aplicar la exención relativa a las exportaciones de bienes (DGT CV 30-12-15).

6) Los servicios de mediación en nombre y por cuenta ajena en la **venta de entradas** en espectáculos deportivos, culturales o de otra clase, celebrados en TIVA y prestados a consumidores finales, se localizan en dicho territorio. En el caso de servicios de mediación en la compraventa de derechos de acceso (entradas), prestados a **empresarios o profesionales** se aplica la LIVA art.69.Uno.1º, pues el Rgto UE/282/2011 art.33 determina que entre los servicios accesorios al acceso no cabe incluir los meros servicios de intermediación relativos a la venta de entradas (DGT CV 15-9-11; CV 9-8-16). 677

7) Los servicios prestados por intermediarios que actúen en nombre y por cuenta de terceros consistentes en la intermediación en la provisión de **alojamiento en el sector hotelero** o en sectores con una función similar se localizan conforme a (DGT CV 27-12-16):

a) La LIVA art.69.Uno, cuando el destinatario sea un empresario actuando como tal o una persona jurídica que no tenga dicha consideración, pero actúe como tal.

b) La LIVA art.70.Uno.6º, cuando el destinatario sea un particular (Rgto UE/282/2011 art.30 y 31).

El servicio de mediación en la provisión (alquiler) de **viviendas de uso turístico** (apartamentos) a clientes que no tengan la consideración de empresarios o profesionales se localiza en el lugar donde se entiende realizada la operación en la que se intermedia, esto es, el arrendamiento del inmueble, que en dicho caso es el lugar donde se ubiquen (DGT CV 26-10-11; CV 26-10-11).

6. Arrendamiento de medios de transporte

(Dir 2006/112/CE art.56; LIVA art.70.Uno.9º; Rgto UE/282/2011 art.13 bis, 38, 39 y 40)

Se localizan en TIVA las siguientes operaciones: 685

1. **Arrendamientos a corto plazo**: cuando los medios de transporte se pongan efectivamente en posesión del destinatario en el citado territorio, cualquiera que sea la condición del destinatario. A estos efectos se entiende por arrendamiento a corto plazo la tenencia o el uso continuado de medios de transporte durante un período ininterrumpido no superior a 30 días, o a 90 días si se trata de buques.
2. **Arrendamientos a largo plazo**: cuando el destinatario no tenga la condición de empresario o profesional actuando como tal siempre que se encuentre establecido o tenga su domicilio o residencia habitual en el citado territorio. No obstante, cuando estos arrendamientos cuyo destinatario no sea un empresario o profesional actuando como tal tengan por objeto **embarcaciones de recreo**, se consideran prestados en TIVA cuando estas se pongan efectivamente en posesión del destinatario en el mismo. Para ello se exige que el servicio sea realmente prestado por un empresario o profesional desde la sede de su actividad económica o un establecimiento permanente situado en dicho territorio.

Precisiones **1)** Los medios de transporte a que se refiere la LIVA art.69.Dos.j y art.70.Uno.9º incluyen los **vehículos**, motorizados o no, y demás dispositivos y equipos concebidos para el transporte de personas u objetos de un lugar a otro, que puedan ser remolcados o empujados por vehículos, y que se destinen normalmente a tareas de transporte y sean idóneos para ello. 686

Son **medios de transporte** los siguientes:
- vehículos terrestres tales como automóviles, motocicletas, bicicletas, triciclos y caravanas;
- remolques y semirremolques;
- vagones de ferrocarril;
- embarcaciones;
- aeronaves;
- vehículos especialmente concebidos para el transporte de enfermos o heridos;
- tractores y otros vehículos agrarios; y
- vehículos para inválidos con propulsión mecánica o electrónica.

No se consideran **medios de transporte** los vehículos permanentemente inmovilizados y los contenedores (Rgto UE/282/2011 art.38).

2) La **duración de la tenencia** o del uso continuado de un medio de transporte objeto de arrendamiento se determina tomando como base el contrato celebrado entre las partes. El **contrato** constituye una presunción que puede ser refutada mediante cualquier instrumento de hecho o de derecho que permita determinar la duración efectiva de esa tenencia o de ese uso. La superación por causas de **fuerza mayor** de la duración contractual del arrendamiento a corto plazo no incide en la determinación de la duración de la tenencia o utilización continuada del medio de transporte.

Cuando el arrendamiento de un mismo medio de transporte quede cubierto por **contratos consecutivos** entre las mismas partes, la duración es la de la tenencia o uso continuados del medio de transporte establecida en el conjunto de los contratos. A estos efectos, todo contrato y sus **prórrogas** se consideran contratos consecutivos. No obstante, no se cuestiona la duración del contrato o de los contratos de arrendamiento a corto plazo que preceden al contrato calificado de contrato de larga duración, siempre que no existan prácticas abusivas.

Salvo que existan prácticas abusivas, los contratos consecutivos entre las mismas partes para **medios de transporte diferentes** no se consideran contratos consecutivos a efectos de lo indicado en el párrafo anterior (Rgto UE/282/2011 art.39).

3) En relación con estos servicios hay que tener en cuenta la **regla de la utilización efectiva** (ver nº 750 s.).

4) El Rgto UE/282/2011 art.24 quáter avanza determinadas reglas para la aplicación de la LIVA art.70.Uno.9º.A.b, en relación con la condición, calidad y ubicación del cliente en el caso de arrendamiento de medios de transporte a largo plazo.

688 Ejemplo Una empresa de alquiler de coches de Tarragona ha alquilado por **dos semanas** un vehículo a un ingeniero francés que está realizando en España un estudio técnico de terrenos. También ha alquilado por tres días una furgoneta a un matrimonio belga, de turismo en España, donde han realizado varias compras de muebles, para su regreso a su país. Ambos vehículos se ponen a disposición de los clientes en Tarragona.

Está sujeto al IVA español el arrendamiento de ambos vehículos, pues se ponen a disposición en TIVA y se trata de un arrendamiento a corto plazo. Todo ello con independencia de la condición del arrendatario y de dónde se utilice efectivamente el medio de transporte.

690 Doctrina Administrativa Además de las siguientes contestaciones de la DGT, ver nº 11000 s.

1) No se consideran **medios de transporte** a estos efectos:

- la **maquinaria industrial** (DGT CV 13-4-16);
- una **unidad móvil de transmisión de señal a satélite** por cuanto, si bien se encuentran instaladas dentro de vehículos automóviles, el objeto fundamental del arrendamiento es el equipo transmisor, siendo accesorio al mismo el automóvil que permite su desplazamiento (DGT 17-5-96).
- las **carretillas apiladoras**, con dispositivo de elevación y autopropulsadas (DGT CV 30-6-99);
- las **grúas y plataformas aéreas** autopropulsadas que generalmente se utilizan en una zona geográfica acotada (DGT CV 1-8-00; 19-12-03);
- las **grúas torre** para la construcción (DGT CV 1-8-00); y
- las máquinas **excavadoras y cargadoras** (DGT 16-3-00).

2) El **arrendamiento de motores** y otras piezas destinadas a equipar motocicletas de competición se localiza conforme a las reglas establecidas para el arrendamiento de bienes muebles (DGT 4-6-01).

3) El arrendamiento de una **aeronave** que se realiza **por horas** tiene la consideración de un arrendamiento a corto plazo (DGT CV 6-9-11).

4) Se localizan fuera del TIVA los servicios de arrendamiento a largo plazo de **embarcaciones de recreo** efectuados por una empresa francesa a consumidores finales establecidos en el territorio de aplicación del impuesto, al no poseer la empresa ni su sede de actividad económica ni un establecimiento permanente en dicho territorio (DGT CV 25-3-13; CV 30-4-15).

5) En los contratos de arrendamiento de vehículos a largo plazo, reservados y pagados por **mayoristas no establecidos**, se produce una mediación que se localiza en TIVA en función de la LIVA art.69.uno.1º. La base para determinar la duración del servicio es el contrato firmado con el cliente (DGT CV 3-2-16).

695 Jurisprudencia **1)** Los **yates de navegación** en alta mar, utilizados en régimen de arrendamiento para la práctica del deporte de la vela, tienen la consideración de medios de transporte a efectos de la aplicación de las reglas para la localización de la operación de arrendamiento (TJUE 15-3-89, asunto 51/88).

2) La **cesión de un vehículo** a un empleado no puede considerarse como arrendamiento de medio de transporte si es gratuita. La regla especial de localización solo es aplicable si se trata de una prestación de servicios a título oneroso, y el empleado dispone permanentemente del derecho a usar el vehículo para fines privados y a excluir de él a otras personas, a cambio de una renta y por un período de tiempo acordado de más de 30 días (TJUE 20-1-21 asunto QM C-288/19).

7. Servicios de telecomunicación, radiodifusión, televisión y los prestados por vía electrónica

710 El estudio detallado de esta materia se expone en el nº 9194 s.

D. Regla de utilización efectiva

(Dir 2006/112/CE art.59 bis ; LIVA art.70.Dos)

750 Con el fin de evitar supuestos de no imposición de determinadas prestaciones de servicios, se establece una **cláusula de cierre** mediante la cual se atrae al TIVA la tributación de determinadas prestaciones de servicios cuando, conforme a las reglas referentes al lugar de realización aplicables a estos servicios, **no** se entiendan **realizados en la Comunidad, Islas Canarias, Ceuta o Melilla**, pero su utilización o explotación efectiva se produzca en dicho territorio. Se

viene interpretando que esta utilización existe cuando las operaciones de las que los servicios prestados son inputs se localizan, por su parte, en el propio TIVA, siguiendo para ello el criterio expresado por la propia Comisión Europea y asumido como propio por la DGT.
La apreciación de la aplicación de este criterio debe realizarse caso por caso y actuarse en dos **fases** (DGT CV 12-5-21; CV 16-8-21; CV 11-4-22):
1. Se deben **localizar las operaciones** a las que sirva o en relación con las cuales se produzca la utilización o explotación efectiva del servicio de que se trate. Solo si esta localización conduce a considerar dichas operaciones realizadas en TIVA, se aplica la regla de utilización efectiva.
2. Se debe determinar la **relación** de tales operaciones **con la prestación de servicios** que se trata de localizar, al efecto de apreciar si efectivamente se produce la utilización o explotación efectiva de la misma en la realización de las operaciones. Esta relación puede ser directa o indirecta.

Precisiones **1)** Esta regla permite a los E.m. atraer al territorio de aplicación de su IVA nacional, aquellas prestaciones de servicios que por aplicación de sus reglas específicas de localización se entiendan realizadas **fuera de la UE**, cuando su utilización, consumo o explotación efectivas se produzca en el respectivo territorio nacional (Dir 2006/112/CE art.59 bis).
2) La **utilización o explotación** efectiva en el TIVA que puede llamar a tributación las operaciones puede ser **parcial**, tal y como ha admitido reiteradamente la DGT, en cuyo caso se suscita la duda de la forma en la que se puede concretar la sujeción, también parcial, de las prestaciones.

Servicios (LIVA art.70.Dos) En función del **destinatario** del servicio (consumidor final o sujeto pasivo), su aplicación es la siguiente: **751**
1) En las operaciones entre empresarios (**B2B**), la regla se aplica exclusivamente para los arrendamientos de medios de transporte.
2) En las operaciones con consumidores finales (**B2C**), la regla se aplica a la prestación de servicios profesionales de la LIVA art.69.Dos (nº 497), y a los arrendamientos de medios de transporte.

Precisiones **1)** Hasta el 26-5-2023, la regla de utilización efectiva también se aplicaba a los servicios de **seguro, reaseguro y capitalización**, así como los servicios financieros de la LIVA art.69.Dos.g. **752**
2) Hasta el 31-12-2022, la regla de utilización efectiva **se aplicaba también** a los servicios en los que concurrieran los siguientes requisitos:
a) Prestados a **empresarios o profesionales**: los enunciados en el nº 497 y los de mediación en nombre y por cuenta ajena.
b) Prestados a **cualquier destinatario**: los de arrendamiento de medios de transporte, los prestados por vía electrónica, los de telecomunicaciones, de radiodifusión y televisión.
En relación a la doctrina y jurisprudencia aplicable conforme a la normativa vigente hasta esa fecha, ver nº 760 s. Memento IVA 2023.
3) A los efectos del acontecimiento **XXXVII Copa América Barcelona**, no se aplica la regla de utilización efectiva a los servicios cuando sean prestados por las personas jurídicas residentes en España constituidas con motivo del acontecimiento, por la entidad organizadora o por los equipos participantes, y estén en relación con la organización, la promoción o el apoyo de dicho acontecimiento (L 31/2022 disp.final 36ª.Cuatro).
Igual procedimiento se previó para las **finales de la UEFA** Champions League Femenina 2024 y UEFA Europa League 2025 (en vigor desde el 25-12-2024 a 22-1-2025), derogada tras no convalidarse (RDL 9/2024 art.11.4 derog Congreso de los Diputados Resol 22-1-25).
4) La modificación de la LIVA art.70.Dos por la **LPG 2023** (L 31/2022) es de aplicación a partir de su entrada en vigor (1-1-2023). Además, en su preámbulo se establece que la Dir 2006/112/CE, permite a los Estados miembros que puedan hacer uso de la cláusula de utilización o explotación efectivas de los servicios (Dir 2006/112/CE art.59 bis, párrafo primero, letra b) para evitar situaciones de doble imposición o no imposición, o **distorsiones en la competencia**. La redacción vigente de dicho artículo hasta el 31-12-2022 se ajusta a esta finalidad, por lo que no podemos considerar que sea contrario a la Directiva (TEAC 25-1-24).

Ejemplo Una empresa española **arrienda un camión** durante tres meses a una empresa marroquí no establecida en España, que lo utiliza para transportes que tienen lugar en la Península. **753**
Se trata de un arrendamiento a largo plazo para un empresario no establecido, que no se localiza en TIVA por aplicación de la regla general de localización de servicios. Sin embargo, por aplicación de la regla de utilización efectiva sí procede la localización en dicho territorio.

Doctrina Administrativa Además de las siguientes contestaciones de la DGT, ver nº 11000 s. **760**
Los servicios de **consultoría sentimental y de tarot** pueden calificarse como servicios de asesoramiento o de suministro de información (DGT CV 14-5-14; CV 6-2-15).
Los servicios de **asesoramiento legal, fiscal** y jurídico prestados a particulares no establecidos por un empresario establecido se localizan en territorio IVA español, así como los relacionados con inmuebles ubicados en dicho territorio (DGT CV 13-9-16).

CAPÍTULO 4

Exenciones

(LIVA art.20; RIVA art.4, 6, 7 y 8)

 800

I. Consideraciones generales

Existen una serie de actividades que tienen reconocidas la exención en el IVA. En este capítulo se van a analizar las relativas a las **operaciones interiores**, es decir, las que afectan a las entregas de bienes y prestaciones de servicios localizadas en el territorio IVA. 801

Con carácter general, las exenciones **reconocidas por la Administración**, previa solicitud del contribuyente, son renunciables (TEAC 13-3-97).

Dentro de las **características** atribuibles a las exenciones, las más importantes son las siguientes:

a) Los **beneficiarios** de la exención son los adquirentes de los bienes o servicios sujetos a gravamen, que normalmente no tienen la condición de sujetos pasivos del impuesto.

Por otra parte, las exenciones limitan el derecho a la deducción del IVA soportado por los sujetos pasivos, salvo que se trate de las denominadas exenciones **plenas** (fundamentalmente exenciones en operaciones intracomunitarias y de comercio exterior).

b) En cuanto a la **forma** en que se hace efectiva la exención, la regla general consiste en que el IVA ni se liquida ni se repercute. No obstante, en algunos casos, que suelen coincidir con las exenciones reconocidas en los Tratados y Convenios internacionales, como los firmados con la Agencia Espacial Europea o con los Estados Unidos, el IVA se repercute en la correspondiente factura y la exención se materializa mediante la devolución de las cuotas soportadas.

c) Las **exenciones limitadas**, que constituyen la regla general en el IVA, producen efectos distintos según cuál sea la fase del proceso de producción de bienes y servicios en que operen, de forma que, si la exención tiene lugar en una fase intermedia del mismo, se producen efectos distorsionadores que acaban determinando, para el consumidor final, un precio superior al que se habría aplicado de no haber existido la exención.

Dado que suponen excepciones al principio general de exigencia del IVA en todas las actividades económicas que se desarrollan en el interior del país, las normas reguladoras de las exenciones deben ser objeto de **interpretación estricta y no extensiva** (en este sentido, entre otras, TJUE 27-10-93, asunto C-281/91).

Precisiones El **carácter restringido** de las exenciones amparadas en la normativa comunitaria (actualmente, Dir 2006/112/CE art.132) ha sido reiterado en diversas sentencias del TJUE, expresamente se estima que las únicas operaciones susceptibles de quedar exentas son las que se enumeran y detallan en la propia Directiva (TJUE 11-7-85, asunto 107/84).

805 **Clasificación** Según el criterio que se adopte, las exenciones en el IVA admiten diversas clasificaciones:

Criterio de las exenciones	Clasificación
Por el hecho imponible al que afectan	- Las relativas a las entregas de bienes y prestaciones de servicios, incluidas las exportaciones y entregas con destino a otros Estados miembros de la UE (LIVA art.20 a 25). - Las relativas a las adquisiciones intracomunitarias de bienes (LIVA art.26). - Las aplicables a las importaciones de bienes (LIVA art.27 a 67).
Por su fundamento y bienes o servicios protegidos	- Exenciones sociales y culturales. - Exenciones financieras y de seguros. - Exenciones inmobiliarias. - Exenciones técnicas. - Otras exenciones.
Por su carácter más o menos imperativo	- Las irrenunciables, que son la mayoría. - Las renunciables.
Por su fuente legal	- Las reconocidas en la Ley del impuesto. - Las reconocidas en los Tratados o Convenios Internacionales, tanto multilaterales como bilaterales. Entre estas, las más significativas son las derivadas del Tratado de Amistad y Cooperación con los Estados Unidos y las derivadas del Protocolo de Privilegios e Inmunidades de las Comunidades Europeas.
Por el procedimiento para su disfrute	- Las que implican la no liquidación ni repercusión de la cuota del IVA, que son las más corrientes. - Las que se disfrutan mediante la obtención de la devolución del IVA soportado.
Por sus efectos en las deducciones	- Exenciones plenas, que permiten deducir íntegramente el IVA soportado. Se relacionan fundamentalmente con las operaciones intracomunitarias y de comercio exterior. - Exenciones limitadas, que no generan el derecho a la deducción del IVA soportado.

II. Exenciones sociales y culturales

815

816 Se trata de exenciones **limitadas**, aplicables normalmente en la última fase de producción o distribución de bienes o servicios. Dentro de esta primera categoría se pueden distinguir varias modalidades, las cuales se exponen a continuación.

A. Servicios médicos y sanitarios

(LIVA art.20.uno.2º, 3º, 4º, 5º, 7º y 15º; RIVA art.4)

Hospitalización y asistencia sanitaria (LIVA art.20.uno.2º; RIVA art.4) Están exentos los servicios de hospitalización o asistencia sanitaria y los relacionados directamente con los mismos, siempre que sean realizados por: 821
- **entidades** de Derecho público; o
- por entidades o establecimientos sanitarios privados incluidos en **régimen de precios autorizados** por las disposiciones vigentes, cualquiera que sea el ámbito o nivel a que dicho régimen corresponda, o comunicados. Por el contrario, no se consideran autorizados los precios sometidos únicamente al trámite de la conformidad del destinatario. En estos casos, la exención también resulta aplicable a las entregas de bienes y prestaciones de servicios directamente relacionados con los servicios de asistencia sanitaria (DGT CV 30-12-08; CV 30-12-08; CV 22-3-10).

Si los servicios prestados por clínicas que no aplican precios autorizados, no aplican la exención y, por tanto, tributan al tipo general (nº 2023).

No obstante, quedan **excluidos** de la exención los siguientes:

a) La entrega de medicamentos para ser consumidos fuera de los establecimientos señalados.

b) Los servicios de alimentación y alojamiento prestados a personas distintas de los destinatarios de los servicios de hospitalización y asistencia sanitaria y de sus acompañantes.

c) Los servicios veterinarios, aunque sean actividades sanitarias (DGT CV 12-3-13; CV 27-5-13).

d) Los arrendamientos de bienes (salas, equipos o materiales...) efectuados por las entidades mencionadas.

No es posible la **renuncia a esta exención**, al no estar contemplada en la Directiva ni, por tanto, en la LIVA (DGT CV 17-3-22).

Precisiones **1)** Se entiende por **precios autorizados o comunicados** aquellos cuya modificación está sujeta al trámite previo de autorización o comunicación a algún órgano de la Administración (RIVA art.4), siendo competencia de las CCAA a las que el Estado ha cedido las competencias en materia de sanidad (OM 26-2-1993). 822

2) Se consideran **directamente relacionadas** con la hospitalización o asistencia sanitaria las prestaciones de servicios de alimentación y alojamiento de enfermos y acompañantes, quirófano, suministro de medicamentos y material sanitario y otros análogos prestados por clínicas, laboratorios, sanatorios y demás establecimientos de hospitalización y asistencia sanitaria. Por no estar directamente relacionados, se excluyen suministros como el alquiler de aparatos de televisión.

3) La exención comprende la **asistencia sanitaria externa**, aunque no implique hospitalización: análisis clínicos, estudios radiológicos, etc., siempre que se presten materialmente a personas físicas, aunque el destinatario final de los mismos -quien figure en la factura- sea un tercero.

Ejemplos **1)** Un **centro médico privado** que actúa en régimen de precios autorizados por la Administración, realiza las siguientes operaciones: 825

a) Hospitaliza y presta asistencia sanitaria a los enfermos que acoge, lo que incluye la aplicación de los sistemas médicos más modernos, como escáner, etc., facturando parte de sus servicios a empresas privadas de asistencia médica: los servicios prestados se incluyen en el ámbito de la exención, aunque se facturen a terceros y no directamente a los propios pacientes.

b) Presta en sus habitaciones servicios de TV y teléfono: dichos servicios están sujetos y no exentos, ya que no se incluyen en el ámbito objetivo de la exención.

c) Alquila salas a otros médicos externos no ligados laboralmente al centro: el servicio de arrendamiento no está exento.

d) Encarga a sociedades especializadas la realización de servicios de análisis de plasma con fines de investigación: estos servicios no pueden caracterizarse como de «hospitalización y asistencia sanitaria» y, por tanto, no procede la exención. Otra cosa es que se efectúe el análisis directamente de la muestra de plasma de un paciente en particular, como parte de su tratamiento o asistencia sanitaria, en cuyo caso sí procedería la aplicación de la exención.

e) Subcontrata con terceros algunos de sus servicios en régimen de precios libres: no procede la exención, dado el régimen de precios en que se prestan esos servicios.

826 2) Un **hospital dependiente del Gobierno francés** y ubicado en Madrid, presta fundamentalmente sus servicios a personas de nacionalidad francesa, aunque atiende también a enfermos de otras nacionalidades.
Los servicios prestados están exentos, siempre que se cumplan las condiciones objetivas exigidas por la Ley, y siempre que el hospital citado tenga la consideración de entidad de Derecho público, lo que en este caso debe considerarse cumplido, ya que se especifica que el hospital depende del Gobierno francés.
3) Unos **terceros** prestan los siguientes servicios a los establecimientos hospitalarios: preparación y distribución de comidas; servicios de bar; servicio de aseo y limpieza de las instalaciones relacionadas directamente con la prestación de los servicios anteriores; servicios prestados en habitaciones y cuartos de aseo, tales como la preparación de camas para pacientes de bajo riesgo, acompañantes y personal asistencial, la reposición de fungibles de aseo (suministrados o no por el hospital), el mantenimiento higiénico de habitaciones mediante útiles propios y proporcionados por el hospital; y servicios prestados en relación con otras dependencias y áreas domiciliarias distintas de las habitaciones, consistentes en la evacuación y reposición de lencería, mantenimiento de instalaciones y mobiliario, mediante útiles propios o proporcionados por el hospital y el tratamiento de la lencería en las propias instalaciones del hospital.
Al no tratarse de servicios de «hospitalización y asistencia sanitaria» ni ser prestado por las entidades anteriormente señaladas, sino que se trata de «inputs» de los servicios de hospitalización y asistencia sanitaria, no procede la aplicación de la exención.

827 4) Una empresa presta servicios de **escáner y láser** y otros similares mediante precios que no están autorizados ni comunicados, facturando a centros hospitalarios y, en ocasiones, directamente a los pacientes.
Estos servicios no están exentos aunque se facturen a personas físicas directamente, porque al prestarse por entidades privadas es necesario que los precios que se cobran estén previamente autorizados o comunicados, lo que no se cumple en el presente caso. No obstante, habría que examinar la posible aplicación de la exención contemplada para los servicios de profesionales médicos o sanitarios (ver nº 834).
5) Una empresa dedicada a la **fabricación y distribución de productos farmacéuticos** concierta con el Instituto Nacional de Gestión Sanitaria (INGESA) el arrendamiento de material sanitario.
No procede la exención, ya que los arrendamientos de bienes no están incluidos en su ámbito. Además, la empresa de fabricación y distribución de productos farmacéuticos no es una entidad pública ni posiblemente actuará en régimen de precios autorizados o comunicados.
6) Una **clínica privada** de Valencia presta servicios de hospitalización y asistencia sanitaria, alojamiento, manutención, quirófano, etc., a pacientes crónicos que pertenecen al ámbito de la Consellería de Sanidad de la Comunidad Valenciana.
Esta clínica se encuentra incluida en el régimen de precios comunicados de ámbito autonómico. También en este centro sanitario se prestan servicios de hospitalización y asistencia sanitaria a clientes privados en régimen de precios libres.
Los servicios prestados a los pacientes crónicos en régimen de precios comunicados, están sujetos al IVA pero exentos. Están también sujetos pero exentos los servicios de asistencia a personas físicas relativos al diagnóstico, prevención y tratamiento de enfermedades prestados por la clínica en régimen de precios libres, pero realizados por personal médico dependiente del centro (nº 834).
En cuanto a los servicios de hospitalización, alojamiento y manutención de dichas personas en régimen de precios libres, están sujetos y no exentos del IVA, tributando al tipo impositivo reducido los de alojamiento y manutención y al tipo general los de hospitalización.

828 Doctrina Administrativa Además de las siguientes contestaciones de la DGT, ver nº 11000 s.
1) La exención **no se extiende** a:
- servicios **funerarios** (DGT 20-1-86);
- servicios no efectuados en régimen de **precios autorizados**, como escáner, láser, etc.(DGT CV 31-3-86);
- cesiones en arrendamiento de **material sanitario** (p.e., hemodiálisis) entre empresas de fabricación o distribución y el INSALUD -actualmente INGESA- (DGT 29-12-94);
- servicios de **arrendamiento** de inmuebles, instrumental médico, servicios de recepcionista, citación telefónica, etc., prestados a profesionales sanitarios (DGT CV 25-5-12);
- cesiones a médicos, mediante contraprestación, del uso de **locales e instalaciones sanitarias**, sin mediar relación laboral (DGT CV 21-7-86);
- servicios prestados por **balnearios y termas** (DGT CV 1-9-86);
- servicios que las entidades exentas **subcontraten** con terceros en régimen de precios libres para su realización (DGT CV 9-9-86);
- operaciones de suministro de oxígeno y colocación de aparatos sanitarios en el **domicilio** del paciente llevadas a cabo por entidades que no asumen su vigilancia clínica y atención médica (DGT 15-9-86; CV 6-11-86);
- **servicios terapéuticos** para los cuales no se requiere que la persona que los presta ostente una titulación que suponga su reconocimiento como profesional médico o sanitario por el ordenamiento jurídico español (DGT CV 13-4-16);

- la distribución de medicamentos de dispensación hospitalaria a cargo del Servicio de Salud por las **oficinas de farmacia** consistente en la recogida, transporte, custodia y entrega a pacientes en ciertas zonas de su territorio, garantizando el seguimiento, la trazabilidad y la adecuada conservación de los medicamentos (DGT CV 11-12-24; CV 8-5-25).

2) Por el contrario, están **exentos**: **829**
- los servicios de asistencia a personas físicas relativos al **diagnóstico, prevención y/o tratamiento de enfermedades** o dolencias de dichas personas, prestados por una entidad en régimen de precios libres a través de médicos dependientes de la misma, no quedando incluidos los servicios de hospitalización, alojamiento y manutención de dichas personas en régimen de precios libres (DGT 19-4-99);
- los servicios de estancias médicas, tanto de medicina interna como postquirúrgicos, para la atención de enfermos con **procesos clínicos crónicos** ya diagnosticados que requieran hospitalización derivada de necesidades de vigilancia, entre los que se encuentran la atención de enfermos de Alzheimer y la atención geriátrica a enfermos con procesos degenerativos crónicos, incluso los prestados sin internamiento en un centro de día (DGT 2-4-98);
- los servicios sanitarios concertados con la Seguridad Social prestados por una **fundación sin ánimo de lucro** a enfermos sin medios económicos (DGT 12-12-02);
- las prestaciones de servicios de **alimentación, alojamiento, quirófano, suministro** de medicamentos y material sanitario y otros análogos prestados por clínicas, laboratorios, sanatorios y demás establecimientos de hospitalización y asistencia sanitaria a los pacientes (DGT CV 28-9-17), así como la cesión o arrendamiento de los **quirófanos** para que otros profesionales lleven a cabo operaciones de cirugía estética (DGT CV 21-1-20);
- los servicios de tratamiento con **quimioterapia** oral ambulatoria que complementa o sustituye el tratamiento oncológico de asistencia sanitaria prestado al paciente cuando es dispensado por el mismo establecimiento sanitario pero a domicilio (DGT CV 23-4-25).
3) Constituyen una **prestación accesoria** de la asistencia sanitaria principal:
- la **cesión del personal médico** de manera independiente al arrendamiento de quirófanos (DGT CV 28-12-23);
- el servicio de **transporte de pacientes** desde su domicilio al centro donde le prestan el servicio de hemodiálisis y viceversa, con independencia de que el destinatario exija al prestador del servicio que tanto la prestación principal como las accesorias a la misma se facturen por separado (DGT 1-12-03).
4) Cuando los servicios médicos prestados por una sociedad se prestan mediante la **subcontratación** con terceros (hospitales, centros médicos, clínicas, consultorios...), van a estar exentos los servicios de hospitalización y la asistencia sanitaria, ya sean prestados por los profesionales médicos a una sociedad, como por esta última a favor de sus clientes (DGT CV 21-1-16), así como los servicios clínicos y de entrenamiento y rehabilitación prestados en la propia neuroclínica o en el gimnasio por profesionales sanitarios (DGT CV 10-9-18).

Jurisprudencia **1)** Las expresiones «otros establecimientos de la misma naturaleza legalmente reconocidos», y «otros organismos» a los que el Estado miembro de que se trate reconozca su carácter social, no excluyen del ámbito de aplicación de esta exención a las **personas físicas** que exploten una empresa (TJUE 7-9-99, asunto C-216/97), ni a los **hospitales privados** que actúan en condiciones comparables a las de los hospitales públicos (TJUE 5-3-20, asunto C-211/18). **831**
2) La exención se extiende a los servicios de asistencia médica y de enfermería continuada prestados por una **residencia** para personas con determinadas necesidades sanitarias y en régimen de precios autorizados (TEAC 24-9-01), a diferencia de lo que ocurre con la actividad de una **residencia geriátrica**, que es una prestación de servicios múltiple, en que se distinguen prestaciones de servicios sanitarios y prestaciones de servicios no sanitarios, resultando aplicable la exención solo a las prestaciones sanitarias realizadas en la misma que sean efectuadas por personal sanitario, como ocurre con los auxiliares sanitarios (TEAC 16-4-08).
3) La exención **no se extiende** a:
- los **tratamientos psicoterapéuticos** dispensados en el ambulatorio de una fundación privada por psicólogos titulados que no poseen la condición de médico, salvo si estos tratamientos son efectivamente dispensados como prestaciones accesorias a la hospitalización de los destinatarios o a la asistencia sanitaria recibida por estos últimos y dicha hospitalización o asistencia constituyen la prestación principal (TJUE 6-11-03, asunto C-45/01);
- el **alquiler de aparatos de televisión** y los servicios **telefónicos** prestados a los pacientes y sus acompañantes en los hospitales, así como el suministro de camas y comidas a estos últimos, salvo cuando tales prestaciones son elementos esenciales dentro del tratamiento terapéutico del paciente, extremo este que debe valorarse, en última instancia, por el legislador nacional (TJUE 1-12-05, asuntos acumulados C-394/04 y C-395/04).
4) Los Estados miembros tienen una facultad de apreciación en relación con el reconocimiento de los hospitales privados a efectos de la exención del IVA, pero deben respetar en todo caso el principio de **neutralidad fiscal** (TJUE 7-4-22, asunto C-228/20).

834 **Servicios de profesionales médicos o sanitarios** (LIVA art.20.uno.3º) Está exenta del IVA la asistencia a personas físicas por profesionales médicos o sanitarios, cualquiera que sea la persona destinataria de dichos servicios. La exención comprende las prestaciones de asistencia médica, quirúrgica y sanitaria, relativas al **diagnóstico, prevención y tratamiento de enfermedades**, incluidos los análisis clínicos y las exploraciones radiológicas.

Atendiendo a los diferentes tipos de servicios, se pueden distinguir los servicios de **diagnóstico**, que son los prestados con el fin de determinar la calificación o el carácter peculiar de una enfermedad o, en su caso, ausencia de la misma; de **prevención**, que son los prestados anticipadamente para evitar enfermedades o el riesgo de las mismas, y de **tratamiento**, que son los prestados para curar enfermedades (DGT 19-4-99; CV 27-2-07; CV 30-7-07; CV 17-10-11).

Precisiones **1)** Tienen la **consideración de profesionales** médicos o sanitarios los configurados como tal en el ordenamiento jurídico (p.e., fisioterapeutas, podólogos, diplomados en terapia ocupacional, etc.), así como los psicólogos, logopedas y ópticos, diplomados en centros oficiales o reconocidos por la Administración.

2) Cuando en una **misma operación y por precio único** se presten servicios de reconocimiento médico exentos y otros no exentos, la base imponible correspondiente a cada uno se determina en proporción al valor en el mercado de los servicios citados, gravando únicamente los que no se beneficien de la exención (LIVA art.79.dos).

---

835 Ejemplos **1)** Servicios prestados a personas físicas por **pedagogos**, **naturópatas**, **quiromasajistas**, acupuntores, profesores de **yoga**, masajistas deportivos y **radiofísicos**.

Únicamente están exentos los servicios prestados por los radiofísicos cuando se cumplan los requisitos objetivos expuestos en el nº 834, ya que solo estos han sido reconocidos como profesionales sanitarios, de acuerdo con la normativa vigente a estos efectos. En los restantes supuestos citados no se cumple el requisito subjetivo de que los servicios sean prestados por profesionales médicos o sanitarios. Ver TJUE 27-6-19, asunto C-597/17 en nº 843.

2) Un particular acude a un centro donde un médico le realiza el preceptivo **reconocimiento médico y psicotécnico** para la obtención del carné de conducir.

De acuerdo con la doctrina administrativa, sí procede la exención, siempre que dichos servicios se presten por profesionales médicos o sanitarios, incluidos los psicólogos adscritos a su respectivo Colegio Oficial.

3) Un **grupo de médicos crea un centro** de salud que realiza las siguientes operaciones:

a) Atiende a los enfermos que lo visitan, cobrando a los mismos o a las sociedades a las que pertenecen, el importe de los servicios prestados.

b) Alquila a los médicos salas para sus consultas.

Están exentos los servicios del apartado a). No obsta para la aplicación de la exención el que los profesionales médicos o sanitarios actúen a través de una entidad, que es la que factura, ni tampoco impide la aplicación de la exención el hecho de que no se facture directamente a los pacientes, sino a las sociedades a las que estos pertenecen.

Sin embargo, no está exento el servicio prestado a los médicos al alquilarles salas para sus consultas, ya que dicho servicio de arrendamiento no es una prestación de «asistencia médica, quirúrgica o sanitaria» relativa al «diagnóstico, prevención o tratamiento de enfermedades». Lo que va a estar exento, en su caso, van a ser los servicios prestados por los médicos arrendatarios de las salas.

836 **4)** Un **centro médico** está integrado por **diversos profesionales**, cuyas actividades están relacionadas con la salud, y que en concreto se dedican a:

a) Análisis de la alimentación de los clientes, con indicación de dietas a seguir y, en general, de métodos de adelgazamiento al margen de un tratamiento médico.

b) Prestación de servicios naturópatas, de acupuntura y quiromasaje.

c) Enseñanza y ejercicio del yoga.

d) Servicios de estudios legales, relacionados con servicios médicos y forenses, y actividades de asesoramiento acerca de aspectos médico-legales.

e) Confección y aplicación de prótesis y órtesis del pie y confección de férulas de las extremidades inferiores efectuadas por ortopédicos.

f) Exploración del pie, quiropodia y cirugía de la uña y de la verruga, realizada por podólogos, con la titulación exigida.

g) Entrega de vacunas o material sanitario, elaboradas por los propios médicos en sus laboratorios y suministradas a enfermos para consumir en sus domicilios.

h) Servicios de psicología.

Los únicos servicios que se consideran exentos son los enumerados en la letra f), ya que los demás, o bien se prestan por personas que no tienen la consideración de profesionales médicos o sanitarios de acuerdo con el ordenamiento jurídico (supuestos b y e antes señalados) o bien no pueden considerarse como asistencia médica, quirúrgica y sanitaria relativa a la prevención, tratamiento de enfermedades (supuestos a, c y d), o bien se trata de entregas de medicamentos o material sanitario, que no se benefician de la exención reconocida en este precepto legal (supuesto g).

Respecto de los servicios de psicología, están exentos los prestados a personas físicas por psicólogos, en las especialidades de psicología clínica, relativas al diagnóstico, prevención y tratamiento de enfermedades. Por el contrario, están sujetos y no exentos los servicios de asesoramiento y orientación psicológica prestados por estos profesionales. Ver TJUE 27-6-19, asunto C-597/17 en el nº 843.

5) Un **médico** presta los siguientes servicios: 837
a) Atiende a los enfermos en un centro médico, cobrando sus honorarios directamente de los pacientes o de la sociedad a la que estos pertenecen.
b) Interpreta electrocardiogramas para otros médicos.
c) Asesora a un abogado que ha de efectuar un estudio de carácter médico-legal.
d) Elabora un informe para una entidad aseguradora sobre los daños corporales derivados de un accidente laboral.
Solo están exentos los servicios indicados en el apartado a). La exención no se aplica a los restantes casos porque no se cumple la condición legal de que se trate de una asistencia a personas físicas relativa al diagnóstico, prevención o tratamiento de enfermedades. No obstante, podrían estar exentos los servicios de la letra b) si se tratara de emitir un diagnóstico sobre la salud de una persona.
6) Un médico, especialista en **cirugía plástica**, realiza tratamientos médicos de cirugía reparadora, plástica y de belleza.
Los servicios citados están exentos cuando tengan por objeto el diagnóstico, prevención o tratamiento de enfermedades (incluidas las lesiones). Pero no están exentos los tratamientos realizados al margen o con independencia de dichos fines.

7) Un doctor presta **servicios tanatológicos**, consistentes en el taponamiento y embalsamamiento de cadáveres. 838
No procede la aplicación de la exención, dado que los servicios no cumplen el requisito legal de tener por finalidad el diagnóstico, la prevención o el tratamiento de enfermedades.
8) Una doctora, profesional bióloga, realiza pruebas de **tratamientos de fertilidad y fecundación «in vitro»**.
En este supuesto sí procede la exención. De acuerdo con el criterio del Ministerio de Sanidad, el título de biología faculta para el ejercicio de determinadas actividades sanitarias, por lo que la doctora tiene la consideración de profesional médico o sanitario de acuerdo con el ordenamiento jurídico. Por otra parte, las pruebas de esterilidad tratan de diagnosticar y, en su caso, curar lo que a efectos de la aplicación de la exención contemplada puede considerarse como «enfermedad».
9) Una entidad lleva a cabo la **cesión del uso de aparatos médicos** que emiten ondas de choque para curar la pseudoartrosis, a hospitales y centros médicos. El aparato es manejado por un técnico que ayuda al médico en su uso.
No están exentos del IVA estos servicios consistentes en la cesión de uso de unos aparatos que emiten ondas de choque para tratamiento de enfermedades, así como el suministro de consumibles y repuestos, dado que no son servicios sanitarios. Tributan al tipo impositivo general.

10) Una **sociedad** presta los siguientes servicios a los pacientes interesados en recibir un **servicio médico**: 839
a) Toma de datos del cliente.
b) Determinación de la dolencia del paciente para encuadrarlo en la especialidad que necesita.
c) Información al paciente del tratamiento que necesita y de los especialistas disponibles (profesionales que no trabajan para la mercantil).
d) Análisis de la información proporcionada por el paciente para poder diagnosticar las medidas y precauciones que le permitan acudir a las pruebas o tratamientos en las mejores condiciones.
e) Concertación de una cita con el especialista externo.
f) Gestión del pago de las pruebas o tratamientos recomendados por el especialista.
Todas estas actividades se realizan la mayor parte de las veces por teléfono, pero en ocasiones es necesario que el paciente se persone en el establecimiento de la sociedad. El administrador y director de la compañía es un profesional médico.
La mera captación de determinados datos personales del paciente, así como el suministro de información de carácter médico a este, no puede considerarse como un servicio de asistencia médica a personas físicas relativo al diagnóstico, prevención o tratamiento de enfermedades, por lo que no resulta aplicable al mismo la exención.
11) Un **laboratorio realiza análisis de alimentos** destinados a ser servidos en residencias, hoteles, colegios, etc., así como análisis clínicos a los trabajadores que los manipulan.
Están sujetos y exentos del IVA los servicios de análisis realizados a personas físicas con el fin de diagnosticar, prevenir o tratar enfermedades, pero quedan sujetos y no exentos los servicios relativos al análisis de alimentos, pues los mismos no tienen la consideración de prestación de servicios de asistencia sanitaria.

839.1 12) Un **centro de investigación del cáncer** realiza estudios citogenéticos y de hibridación «in situ» en enfermos diagnosticados de cáncer. Los estudios se hacen con muestras extraídas a los pacientes. Estos informes son vendidos, previa petición, a hospitales y otros centros.
La normativa del IVA no contempla entre sus exenciones los servicios de investigación, por lo tanto estos servicios quedan sujetos y no exentos, al no ser servicios sanitarios.
13) Una empresa se dedica a la vigilancia de la salud dentro de un programa de **prevención de riesgos laborales**. El grupo, compuesto de varios médicos y de personal auxiliar sanitario, efectúa reconocimientos médicos a los empleados de las empresas contratantes y emite un informe sobre la salud del trabajador y sobre medidas a adoptar por las empresas para prevenir riesgos de la salud. Otras actividades realizadas por la entidad consisten en hacer campañas de vacunación, cursos de primeros auxilios y estudios epidemiológicos.
Están exentos los servicios de asistencia relativos al diagnóstico, prevención y tratamiento de enfermedades, prestados por profesionales médicos o sanitarios según el ordenamiento jurídico, aunque los citados profesionales que presten dichos servicios actúen por medio de una sociedad o entidad y esta, a su vez, facture dichos servicios a su destinatario. Por tanto, los servicios consistentes en revisiones médicas y campaña de vacunación de los empleados de las empresas, prestados por la entidad mediante sus propios profesionales médicos, están exentos.
En el supuesto de que se trate de servicios que no tengan la consideración de asistencia sanitaria en los términos anteriormente expuestos, aunque sean prestados por profesionales médicos o sanitarios según el ordenamiento jurídico, dichos servicios tributan al tipo general, como es el caso de la elaboración de estudios epidemiológicos.
Los cursos de primeros auxilios están exentos si cumplen los requisitos del nº 905 s.

840 Doctrina Administrativa Además de las siguientes contestaciones de la DGT, ver nº 11000 s.
1) Servicios impartidos por personal sanitario. Están exentos, entre otros los siguientes:
- el tratamiento de la **infertilidad** y el de almacenamiento por congelación de los embriones sobrantes para la continuación del mismo tratamiento inicialmente contratado, al considerarse prestación accesoria a la principal (DGT CV 2-11-11);
- los servicios de **planificación familiar** y aborto, prestados por profesionales médicos, de acuerdo con el ordenamiento vigente (DGT 18-11-96);
- los servicios de **asistencia a domicilio** a pacientes afectados por la enfermedad de la «apnea del sueño» (DGT CV 23-2-05);
- los servicios de asistencia sanitaria prestados por **ginecólogos, nutricionistas, podólogos y pediatras** para el diagnóstico, prevención y tratamiento de enfermedades (DGT CV 31-3-09; CV 20-9-16; CV 20-9-16);
- los servicios de **vacunación** de pacientes (incluyéndose tanto el vial de la vacuna como el servicio sanitario prestado) (DGT CV 20-9-16); y
- los cursos de **preparación al parto** (DGT 12-3-04; CV 2-10-188).
2) Servicios y entregas de bienes no incluidos dentro de la asistencia médica, quirúrgica y sanitaria. Se encuentran no exentos, entre otros, los siguientes:
- las operaciones realizadas por los **ortopédicos** (DGT 30-1-86); por **veterinarios** (DGT CV 24-7-06; CV 11-11-10); por profesionales de **yoga** (DGT 12-7-01); por **podólogos** consistentes en la confección y aplicación de prótesis y órtesis del pie y la confección de férulas de las extremidades inferiores, por tratarse de entrega de bienes (DGT CV 13-2-86), salvo que se considere una operación accesoria al servicio de podología (DGT CV 30-10-17; CV 4-11-19);
- los servicios de **estudios legales**, relacionados con servicios médicos y forenses, y los de asesoramiento acerca de aspectos médico-legales (DGT 3-2-97), ni la elaboración de **informes de carácter técnico**, estudios epidemiológicos y asesoramiento médico legal (DGT CV 27-5-14);
- la **entrega de vacunas** o material sanitario, elaboradas por los propios médicos en sus laboratorios y suministradas a enfermos para consumir en sus domicilios (DGT 20-2-87);
- los **ensayos clínicos** con el fin de experimentar medicamentos en personas físicas (DGT CV 29-12-21), así como servicios relativos a la coordinación de los medios necesarios para la ejecución de ensayos clínicos y/o estudios observacionales realizados por médicos u hospitales (DGT CV 9-3-11);
- los servicios de **monitorización**, supervisión y control de los propios ensayos clínicos (DGT CV 15-6-09);
- los servicios de **tanactopraxia** -embalsamamiento y preparación de cadáveres- (DGT CV 4-7-06; CV 9-10-13);
- los servicios de mera congelación y almacenamiento de **semen** (DGT CV 6-11-12);
- los servicios de **peritaje** médico y ensayos clínicos (DGT CV 18-6-13);
- los servicios prestados por un **hipnoterapeuta** que presta servicios de hipnosis como ayuda para dejar de fumar (DGT CV 19-7-21);
- la cesión de uso de una máquina destinada a **medicina hiperbárica** (DGT CV 4-11-19); y
- la realización de **ecografías 3D y 4D a embarazadas**, ya que dichas ecografías no tienen finalidad médica (DGT CV 2-4-20).

840.1 **3) Servicio de diagnóstico**. No se aplica la exención al diagnóstico **biomecánico a través de la nube**, al tratarse de servicios de soporte, monitorización y seguimiento remoto de los pacientes prestados a través de aplicaciones móviles o digitales, o mediante sistemas de información con conectividad a los sistemas informáticos del hospital (DGT CV 30-4-20), como tampoco el realizado

mediante una **plataforma tecnológica de telemedicina** a utilizar por los médicos y demás profesionales sanitarios mediante la introducción de signos vitales, imágenes y sonidos de los pacientes con asistencia de inteligencia artificial (DGT CV 22-4-24).
Por el contrario, sí están exentas las prestaciones de servicios consistentes en la realización de **análisis moleculares y genéticos** a pacientes con cáncer y la posterior elaboración de informes con los resultados de dichas pruebas, que tienen por objeto proporcionar un diagnóstico preciso que permita determinar el mejor tratamiento posible, y tengan por finalidad el diagnóstico, prevención y tratamiento de enfermedades (DGT CV 11-10-24).
4) Quiropráctica y osteopatía. El **TJUE** ha manifestado que, de acuerdo con la Dir 2006/112/UE art.132.1.c, no se exige que esta exención se aplique únicamente a las prestaciones realizadas por quienes ejerzan una profesión médica o sanitaria regulada por la normativa de los E.m., sino que resulta aplicable a las prestaciones de asistencia sanitaria a la persona que presenten un nivel de calidad suficiente (TJUE 27-6-19, asunto C-597/17). A nivel europeo se ha constituido el Consejo Europeo de Educación Quiropráctica (ECCE), organización autónoma internacional cuyo objetivo es acreditar los niveles de calidad de la educación superior en este campo y los estándares del ECCE son utilizados por instituciones universitarias y configuran un elemento para la acreditación externa de los centros docentes, cuando se emita el título por aquellos centros acreditados por el Consejo Internacional de Educación Quiropráctica.
En **España**, aunque la L 44/2003 no los incluye entre los profesionales sanitarios, la doctrina administrativa ha considerado que la exención no se limita exclusivamente a profesiones reguladas, sino que puede aplicarse a profesionales no regulados que acrediten las cualificaciones profesionales necesarias para garantizar un nivel suficiente de calidad en la asistencia sanitaria, como ocurre cuando se emita el título por los centro acreditados por el Consejo Internacional de Educación Quiropráctica (en este sentido, en relación con la quiropráctica, entre otras, DGT CV 25-6-20; CV 28-2-22; CV 22-5-23; en relación con la osteopatía, entre otras, DGT CV 20-1-21; CV 28-4-21; CV 7-3-22; CV 14-3-22; CV 14-3-22; CV 17-5-22).

5) Psicólogos, logopedas, pedagogos y otros. Los servicios prestados están exentos cuando son prestaciones sanitarias, de **psicología clínica** (DGT CV 1-7-16; CV 12-5-17), incluyéndose los supuestos en los que son utilizadas metodologías de terapia individual y grupal, en el ámbito de las «constelaciones familiares» (DGT CV 14-3-24). 841
Por el contrario, no se aplica la exención en los supuestos de **orientación y asesoramiento** (DGT CV 27-11-14), entre los que se encuentran los siguientes servicios prestados por un psicólogo:
- para la Junta de una Comunidad Autónoma, en un **taller de día**, para personas que padecen Alzheimer (DGT CV 20-6-14);
- desarrollados en talleres de risoterapia, antiestrés, actividades extraescolares, gestión emocional y emprendimiento, y alfabetización informática para la **tercera edad** (DGT CV 27-11-14), así como talleres de estimulación cognitiva para mayores (DGT CV 3-7-14);
- que trabaja en un **colegio**, siendo sus campos de actuación la logopedia; dificultades de audición y lenguaje; diagnóstico y tratamiento de alumnos con trastornos graves de conducta, déficit de atención e hiperactividad; intervenciones grupales relacionadas con el aprendizaje, atención y razonamiento; programas de intervención relacionados con la educación sexual, habilidades sociales, prevención de drogas y técnicas de estudio (DGT CV 20-9-16), así como los servicios de apoyo educativo durante la jornada escolar prestados por una psicóloga colegiada como asistente personal conforme a la L 39/2006, para atender a un niño con autismo y con necesidades específicas (DGT CV 26-7-23);
- en **tratamientos** mediante la técnica del «neurofeedback» (DGT CV 21-8-17; CV 11-12-17);
- con actividades de **psicoterapia** o de psicología clínica (DGT 5-2-04; CV 20-12-18), incluso cuando son prestadas en línea (DGT CV 3-2-25);
- con **musicoterapia** (DGT CV 6-3-12; CV 7-10-14), así como de psicopedagogía y musicoterapia (DGT CV 20-5-22);
- para la mejora de la calidad de vida de las personas diagnosticadas con **trastorno bipolar** y afines a la enfermedad (DGT CV 26-4-23);
- de **psicomotricidad** prestados por los psicólogos a niños y jóvenes con TEA (Trastorno del Espectro Autista), siempre que constituyan servicios de psicología clínica o de asistencia sanitaria (DGT CV 28-10-19), así como la terapia con animales, como los perros, para ayudar a los niños con síndrome de Tourette, TDHA, autismo y otros trastornos psicológicos (DGT CV 1-10-19) y las terapias naturales (DGT CV 14-10-22);
- de **terapia** de pareja, estrés laboral, crecimiento personal, acompañamiento emocional y mejora de la autoestima, habilidades sociales y asertividad (DGT CV 17-3-25);
- de asistencia relativos al tratamiento para deshabituación del **tabaco** (tabaquismo), prestados directamente a personas físicas por profesionales psicólogos, diplomados en un centro oficial o reconocido por la Administración, con independencia de que dichos profesionales actúen a través de una entidad mercantil y, esta, a su vez, facture al destinatario del servicio (DGT 11-11-03; CV 8-2-10); y
- de asesoramiento y supervisión prestados por una psicóloga a otra, la cual le expone **casos clínicos** para que la asesore y aconseje (DGT CV 22-5-25);

Asimismo, los siguientes servicios solo están exentos cuando tengan una **finalidad terapéutica** de diagnóstico, prevención o tratamiento de enfermedades:
- servicios prestados por **psicopedagogos**, que pueden consistir en terapia y asesoramiento, orientación e intervención educativa en dificultades de aprendizaje y de comportamiento (DGT CV 22-2-08; CV 28-4-25), y en reeducación pedagógica, diagnóstico pedagógico y orientación educativa a niños y adolescentes con alguna discapacidad o necesidades especiales (DGT CV 20-6-25). Asimismo, los servicios prestados por un **psicomotricista** (DGT CV 10-3-16); por un **pedagogo** (DGT 27-11-98) y servicios de feminización y masculinización de la voz prestados por una **psicóloga-logopeda** o logopeda (DGT CV 5-10-18; CV 19-11-21); y
- programa dedicado a menores y adolescentes en **riesgo de exclusión social** en el que intervienen diversos profesionales (médicos, psiquiatras y psicólogos, trabajadores sociales, pedagogos, maestros y monitores de ocio y tiempo libre) (DGT CV 28-11-19).

841.1 **6) Profesionales sanitarios.** Se incluyen dentro de esta categoría a los siguientes:
- **farmacéuticos** y los **técnicos de laboratorio** de diagnóstico clínico y los **químicos** formados como especialistas sanitarios en el ámbito de análisis clínicos, bioquímica clínica, microbiología y parasitología y radiofarmacia (DGT 19-4-99);
- técnicos de **emergencias sanitarias** (DGT CV 17-7-19) y técnicos superiores en **documentación** sanitaria (DGT CV 28-3-19);
- **auxiliares de clínica y ATS** (DGT 4-12-01; CV 7-2-11);
- **terapeutas ocupacionales** diplomados (DGT CV 22-6-17; CV 26-5-21);
- quienes ostenten los títulos de Técnico en Cuidados Auxiliares de Enfermería, que se corresponde con una **formación profesional** de grado medio (DGT CV 25-11-24); y
- **enfermera**, tanto cuando actúa como instrumentista en sesiones clínicas de cirugía para la corrección de deformidades con el sistema Legacy (DGT CV 31-3-10), como con ocasión del traslado de los pacientes a otros países (DGT CV 11-12-12).

7) Análisis. Quedan **exentos**, siempre que sean considerados asistencia sanitaria y sean prestados por profesionales médicos o sanitarios, los siguientes servicios:
- análisis **clínicos de ADN** (DGT CV 16-6-06), pudiendo tener como finalidad la identificación de posibles **mutaciones genéticas** a fin de poderlas diagnosticar y, en su caso, proceder a fijar el tratamiento adecuado (DGT CV 19-6-09), la identificación de posibles intolerancias alimenticias (DGT CV 14-9-17) o el análisis del **riesgo genético** de padecer enfermedades como cáncer, diabetes u obesidad, en cuyo caso las muestras se analizan por laboratorios certificados y se realiza un informe al paciente (DGT CV 27-4-20);
- **análisis clínico de muestras** cuando tenga por objeto identificar la existencia de una enfermedad con carácter preventivo o el diagnóstico de una enfermedad (DGT CV 25-2-21);
- la **venta de un kit** de análisis genético que comprende la entrega del kit y los servicios del análisis genético por un profesional médico, se entiende que es una entrega de bienes que resulta accesoria a la prestación de servicios principal (DGT CV 11-5-20);
- los análisis clínicos por un **farmacéutico** (DGT 19-6-94);
- análisis de determinadas muestras biológicas de **pacientes de cáncer** realizadas por encargo de otros centros hospitalarios (DGT 14-1-03); y
- análisis médico basado en un **estudio microbiológico y genético** para enfermedades periodontales (DGT CV 14-1-14) y los análisis clínicos para detectar la **infertilidad** de los pacientes (DGT CV 10-10-13).

En el caso de los **análisis de sangre**, está exenta tanto la prestación principal de extracción de sangre, como la actividad accesoria de conservación (DGT CV 22-10-07). Se aplica la exención siempre que tengan como fin el diagnóstico, la prevención o tratamiento de enfermedades y cuando se realicen por profesionales médicos o sanitarios según el ordenamiento jurídico (DGT CV 28-10-10; CV 20-4-11; CV 3-2-12).

841.2 Por el contrario, **no están exentos** los siguientes:
- estudios científicos relativos al **análisis de genoma**, secuenciación de ADN y análisis de proteínas para diagnóstico y elaboración de medicamento, al no ser considerados asistencia sanitaria prestada por profesionales médicos o sanitarios (DGT 23-3-04);
- la elaboración de **estudios biológicos de paternidad**, al no tener una finalidad terapéutica (DGT CV 2-8-10);
- los **controles antidopaje** en el ámbito deportivo, consistentes en la recogida de las muestras de orina y sangre (DGT CV 12-12-22; CV 19-2-25); y
- los **test genéticos** realizados para la detección de la predisposición genética a desarrollar enfermedades, la detección de incompatibilidades farmacológicas, si se es portador de enfermedades heredadas o la predisposición a la calvicie o a la obesidad (DGT CV 10-11-16).

8) Seguridad, prevención y riesgos laborales. Están exentos los servicios de prevención de riesgos laborales consistentes en **revisiones médicas de los empleados** de las empresas (DGT 30-7-03; 2-10-03; CV 6-3-06; CV 25-4-12), así como los servicios de **reconocimientos médicos de prevención** que son contratados y ofertados por la empresa de forma anticipada, con independencia de que luego sean utilizados por sus clientes (DGT CV 12-1-15; CV 10-10-13).

Por el contrario, están no exentos siempre que no se trate de servicios calificados como de asistencia sanitaria, los servicios de **seguridad en el trabajo, higiene industrial**, medicina del trabajo, ergonomía y psicosociología aplicada y formación presencial y a distancia (DGT 9-12-98), así como los servicios de asesoramiento para la **gestión de riesgos laborales** (DGT CV 12-2-10; CV 30-11-10).

9) Cirugía plástica y estética. Se ha de analizar en cada intervención quirúrgica su justificación, teniendo que ser objeto de **prueba de forma individualizada**, sirviendo para ello, por ejemplo, los informes médicos, informes psicológicos, fotografías, radiografías, pruebas médicas, etc. y aquellas que el profesional estime que justifican la intervención quirúrgica (DGT CV 3-7-15; CV 19-4-16; CV 10-2-21), quedando excluidos aquellos que son realizados son realizados al margen o con independencia de una actuación médica relativa al diagnóstico, prevención o tratamiento de una enfermedad (DGT 21-11-00; CV 29-5-13). Se incluyen los tratamientos de medicina y cirugía estética y la belleza dentro de la medicina ambulatoria (DGT 12-3-98; 23-6-99).

Es necesario que el obligado tributario acredite por **cualquier medio de prueba** admitido en Derecho que se trata de servicios de asistencia médica, quirúrgica y sanitaria, relativa al diagnóstico, prevención y tratamiento de enfermedades (DGT 17-12-04). A título de ejemplo, ocurre respecto a los tratamientos médico estéticos con **fines reparadores** realizados por profesionales médicos y sanitarios (DGT CV 8-2-18) o con motivo de un tratamiento de un lipoedema mediante **liposucción** derivado de una enfermedad, lesión o defecto físico congénito (DGT CV 4-11-19; CV 7-10-19; CV 13-9-19). En el caso particular de la explantación de **prótesis mamarias defectuosas**, está exenta si se realiza para prevenir enfermedades al paciente, pero no incluye la implantación de una nueva prótesis mamarias posterior, al tener finalidad estética (DGT CV 25-4-12).

En cuanto a los servicios de **anestesia** quirúrgica en operaciones de cirugía plástica, se ha de analizar en cada caso, a efectos de la aplicación de la exención (DGT CV 17-4-24).

10) Asistencia sanitaria. Están sujetos y exentos los siguientes servicios, al considerarse prestados para el diagnóstico, prevención y tratamiento de enfermedades: **842**

- los efectuados por el hospital o médico a favor de quien aparezca frente a él actuando en nombre propio como **destinatario** del servicio (DGT 10-7-02);
- los que tienen lugar entre una sociedad y la **compañía de seguros**, cuando la sociedad, que ha sido la destinataria en nombre propio del servicio prestado por el hospital o médico, lo refactura a la compañía de seguros como destinataria del mismo (DGT 10-7-02). En el mismo sentido, respecto de una clínica que factura en nombre propio los servicios sanitarios y luego los repercute en los médicos que trabajan en el local (DGT CV 25-7-18).

Por el contrario, no está exento si la prestación del servicio de intermediación efectuado entre el personal sanitario y las clínicas se efectúa **en nombre ajeno**, en la medida en que los pacientes se relacionan directamente con los profesionales médicos a los que abonan la intervención quirúrgica, realizando la mediadora una labor de captación del cliente y puesta en contacto del paciente con el profesional médico, percibiendo una comisión para el caso de que la intervención quirúrgica o el tratamiento finalmente se lleve a cabo (DGT CV 30-5-18);

- los prestados a sus colegiados por un **colegio profesional** (DGT CV 19-4-06);
- los efectuados en una **residencia de ancianos** (DGT CV 11-9-06), quedando excluidos los servicios complementarios a la asistencia social, tales como transporte, restauración y cafetería, limpieza, lavandería, recepción e información, telefonía, etc. (DGT CV 31-3-09; CV 20-12-18; CV 8-6-18);
- los de **anestesia quirúrgica** en general y, en particular, los servicios de anestesia quirúrgica en pacientes de obstetricia durante los partos (DGT CV 22-10-13). En el caso de operaciones de estética, ver nº 841.2;
- los prestados en el domicilio de **personas con discapacidad** (DGT CV 10-9-18);
- los de atención telefónica, seguimiento y monitorización de su adherencia al tratamiento médico prescrito, y recomendaciones sobre pautas relacionadas con hábitos de vida saludables, prestados a **enfermos crónicos y convalecientes** (DGT CV 25-1-18). Se incluyen los tratamientos terapéuticos mediante **homeopatía**, naturopatía y otras actividades parasanitarias prestados por médicos (DGT CV 13-9-19); y
- los de **Sistemas personalizados de dosificación de medicamentos** (SPD), prestados por los farmacéuticos a los pacientes que lo soliciten (DGT CV 7-10-14), entre los que se incluyen los **tratamientos de terapia celular** en seres humanos prestados por médicos o sanitarios (DGT CV 4-6-14).

11) Radiología y pruebas por imagen. Están exentos los siguientes servicios siempre que tengan por objeto el diagnóstico, prevención y tratamiento de enfermedades y se presten directamente a personas físicas que tengan la condición de profesionales médicos o sanitarios:

- los prestados por especialistas en radiología consistentes en la **evaluación de pruebas médicas por imagen**, entre las que se encuentran radiografías, escáner, resonancia y gammagrafía, realizados en el marco de proyectos de investigación (DGT CV 22-12-05; CV 8-3-06); así como gráficos obtenidos por aparatos registradores de corrientes eléctricas y electrocardiogramas, resonancias magnéticas y escáneres, etc. remitidos telemáticamente (DGT CV 16-12-15; CV 27-6-16). En el mismo sentido, en relación con la radioterapia, DGT CV 26-5-16; y
- la **transmisión digital** de imágenes para su posterior diagnóstico, como operación accesoria de la principal (DGT CV 2-6-07; CV 17-10-11).

842.1 **12) Suministro de información**. Los servicios consistentes en el **asesoramiento** por profesionales médicos de la empresa y otro personal especializado desde una línea telefónica, están exentos siempre que tengan una finalidad terapéutica, de diagnóstico, prevención y tratamiento de enfermedades, a diferencia de lo que ocurre con el suministro de información sobre facultativos y centros médicos, o la concertación de **citas médicas** realizadas telefónicamente por el personal de la empresa (DGT CV 18-6-10), ni los demás servicios de «back office» prestados a la compañía aseguradora (DGT CV 31-3-11).

Están sujetos y no exentos los servicios de suministro de información de las **reacciones adversas de los medicamentos** mediante profesionales cualificados en la materia, porque dichos servicios no pueden considerarse como servicios de asistencia sanitaria a personas físicas (DGT 6-9-02).

En cuanto a los servicios de **mediación**, cuando son prestados en nombre ajeno, no están exentos, sin perjuicio de la exención de los servicios sanitarios prestados por profesionales médicos (DGT CV 15-11-16); por el contrario, cuando son prestados en nombre propio respecto de la prestación de servicios de asistencia sanitaria, están exentos (DGT CV 27-10-16).

13) Vigilancia, socorrismo y salvamento. Quedan exentos cuando son prestados por personal con condición de personal médico o sanitario, como ocurre en las **playas** (DGT 15-12-03).

Es necesario que sean analizadas las circunstancias concurrentes en cada caso. Quedan incluidos en la exención los servicios médicos contratados para atender cualquier incidencia médica que son prestados por personas físicas por profesionales médicos y sanitarios en determinadas circunstancias, como ocurre durante la celebración de **fiestas** locales, mediante a través de convenios suscritos con los ayuntamientos (DGT CV 29-10-12), **acontecimientos deportivos** y realización de **pruebas de esfuerzo** (DGT CV 10-3-22).

Queda excluida la **cesión de personal** con conocimientos en primeros auxilios pero que no reviste la condición de personal médico o sanitario (DGT CV 7-7-08).

14) Informes y dictámenes. No se aplica la exención en relación con las siguientes actuaciones:
- dictamen por médicos especialistas en **valoración del daño corporal**, para compañías de seguros, sobre la evolución de las lesiones y secuelas corporales padecidas por personas físicas como consecuencia de accidentes de tráfico (DGT 12-3-04; CV 27-2-06); e
- informes de valoración del daño corporal (sin finalidad curativa/terapéutica, en ningún caso); **informes periciales** sin exploración del paciente, apoyados en otros informes o documentación; informes periciales previa exploración del paciente, solicitados por juzgados, mutuas o particulares; seguimiento de lesionados; reconocimiento médico del lesionado con la finalidad de entablar una acción judicial; informe médico sobre las aptitudes psicofísicas de un trabajador para determinar su capacidad laboral (DGT CV 30-12-08).

Por el contrario, la realización de **informes de consentimiento informado**, tienen la consideración de servicios de asistencia a personas físicas, porque se prestan por profesionales médicos y son relativos al diagnóstico, prevención o tratamiento de enfermedades de dichas personas físicas (DGT CV 28-4-11).

842.2 **15) Certificados médicos**. Están exentos los servicios prestados por **personal médico o sanitario** relativos a la expedición de los siguientes:
- los solicitados por el propio interesado o por sus familiares, como si lo son por empresarios o compañías de seguros, que impliquen un reconocimiento médico de la persona física sobre la que se va a certificar, extendiéndose la exención también a los **certificados de defunción** por entender que está incluido en el concepto de «asistencia a personas físicas» (DGT 23-3-04);
- sobre la **aptitud física** o el estado de salud de una persona que pueda imponer limitaciones a determinadas actividades (hacer deporte o viajar), o que exigen que se efectúen en condiciones especiales determinadas actividades -ejercicio de una actividad profesional, permiso de conducir, permiso de armas, tenencia de animales peligrosos- (DGT CV 1-9-09; CV 23-11-15; CV 17-3-15);
- los realizados para certificar o valorar el estado de salud de una persona para la protección de la persona en la **práctica deportiva** (DGT CV 12-9-16), así como los servicios de control y **seguimiento de bajas** por enfermedad común prestados por una entidad a una mutua sanitaria, en la medida en que impliquen la expedición de certificados médicos (DGT CV 30-12-08); y
- los **certificados para carnet de conducir**, armas y barcos emitidos por psicólogo y médico (DGT CV 5-11-14; CV 17-5-23).

16) Nutrición y dietética. Solo están sujetos y exentos los servicios prestados en el ámbito clínico para el diagnóstico, prevención y tratamiento de enfermedades, ya sean prestados por un **dietista-nutricista**, aunque sea en consulta privada (en este sentido, DGT CV 8-5-09; CV 28-10-24; CV 20-5-26) o por un profesional sanitario que trabaja en la unidad de obesidad de un centro sanitario para consulta **dietética clínica** para personas enfermas (DGT CV 18-12-18). Dichos servicios pueden ser prestados a personas con obesidad o sobrepeso (DGT CV 20-12-12; CV 19-4-17) así como a otros pacientes para diseñarles una **dieta hecha a medida** y necesidades en función de la patología que pudieran tener (colesterol, hipertensión, lupus, intolerancias...) (DGT CV 8-2-13).

Por el contrario, no están exentos los servicios de dietistas y nutricionistas con **fines estéticos** o de bienestar con indicación de dietas a seguir y, en general, la realización de **métodos de adelgazamiento** de personas (DGT 8-2-00; CV 4-6-09; CV 7-5-15; CV 8-11-18) o para aprender a comer sano, así como los de coaching emocional (DGT CV 23-5-22). Tampoco están exentos los servicio de etiquetado de alimentos prestado por un nutricionista (DGT CV 21-6-22).

No se consideran servicios accesorios, y por tanto tienen su propio régimen de tributación, a los servicios de dietética y nutrición ni la venta de **productos de nutrición** (DGT CV 27-2-07; CV 27-4-16), ni los servicios de asistencia médica realizados a los clientes de una empresa comercializadora de productos dietéticos (DGT CV 4-6-09).

Los **dietistas-nutricionistas** deben ser diplomados universitarios en nutrición humana y dietética para que sus servicios estén exentos (DGT CV 15-12-17; CV 7-6-19).

17) Tratamientos terapéuticos. Con carácter general, están exentos los tratamientos terapéuticos por tratarse de servicios de asistencia a personas físicas en el ejercicio de una profesión sanitaria. Se incluyen, entre otros, los servicios de **fisioterapia, acupuntura, osteopatía, hidroterapia o reflexología** prestados por personal sanitario (entre otras, DGT CV 31-3-14; CV 6-3-06; CV 9-8-16). No hay diferencia de tributación por el hecho de existir una prescripción previa de un médico, siempre y cuando los servicios prestados lo sean en el ejercicio de una profesión sanitaria.

Por el contrario, no están exentos los servicios prestados con otros fines, al margen o con independencia de una actuación médica relativa al diagnóstico, prevención o tratamiento de una enfermedad, como por ejemplo, con fines estéticos o relajantes. Entre otros, se encuentran la enseñanza del método pilates y el tai-chi (DGT CV 4-11-11; CV 27-11-14); los servicios de acupuntura y **medicina tradicional china** (DGT CV 19-4-22); los servicios de **fisioterapia a animales** (DGT CV 8-6-22); los prestados por **naturópatas, acupuntores y quiromasajistas**, sin titulación sanitaria en el ejercicio de estas actividades parasanitarias (DGT 8-1-99; CV 3-3-14; CV 22-4-25) y los servicios de terapeutas especialistas en la técnica del Shiatsu (DGT CV 2-4-14).

Los servicios prestados por un **fisioterapeuta**, la exención alcanza tanto el servicio sanitario como la entrega del material sanitario necesario (DGT CV 2-2-21).

18) Rehabilitación. En relación con esta actividad, están exentos:

- los **masajes terapéuticos** prestados en el marco de un tratamiento médico de rehabilitación (DGT CV 18-12-07; CV 20-12-18);
- los servicios de **gimnasia o rehabilitación terapéutica**, acupuntura, osteopatía o hidroterapia realizados por fisioterapeutas diplomados (DGT CV 14-1-14; CV 31-1-18); los prestados en gimnasios (DGT CV 22-1-14) o en una escuela deportiva (DGT CV 30-10-13). Se incluyen los servicios de tratamientos grupales que se realicen con los fines indicados (DGT CV 29-4-20; CV 26-5-22); y
- el **tratamiento de patologías o enfermedades** músculo-esqueléticas desde la visión rehabilitadora, prevención e higiene postural (DGT CV 13-11-13) y de contracturas musculares, pinzamientos articulares y sobrecargas musculares (DGT CV 9-9-14; CV 21-3-16), fisioterapia por electroestimulación muscular (DGT CV 3-2-15) y rehabilitación física y psíquica, terapia ocupacional y estimulación cognitiva (DGT CV 21-8-17).

En relación con este tipo de servicios en las residencias de la tercera edad, ver nº 842.3.

19) Tratamientos de depilación y de la alopecia. No están exentos los servicios de **implantes capilares** y cirugía para la alopecia (DGT CV 24-7-14); tratamiento y reconstrucción de la alopecia por miniaturización folicular y alopecia cicatricial (DGT CV 4-1-17); implantación de prótesis capilares personalizadas (DGT CV 2-10-18); diagnóstico, prevención y tratamiento de la enfermedad de la alopecia por profesionales médicos o sanitarios (DGT CV 29-5-19; CV 14-10-19; CV 29-5-19); así como los servicios de un **centro de estética** en el que se realizan por parte de personal médico, una serie de diagnósticos y tratamientos posteriores relacionados con las varices, tratamiento de manchas en la piel, quitar verrugas, dietas en pacientes que previamente se han analizado dando valores altos, depilación por láser en pacientes con foliculitis, micro pigmentación en pacientes mastectomizados, tratamientos estéticos por inestitismos secundarios, etc. (DGT CV 27-6-14). Tampoco está exenta eliminación del vello mediante las técnicas de **depilación por láser** (DGT CV 7-3-14). **842.3**

Los servicios de una dermatóloga titulada que realiza técnicas como la **crioterapia** o la **electrocoagulación** están exentos si se demuestra que es asistencia sanitaria y no estética (DGT CV 3-3-22).

20) Residencias de la tercera edad. Dentro de los servicios prestados en este tipo de residencias, se ha de distinguir:

- servicios de **gimnasia o rehabilitación**: están sujetos y exentos ((DGT CV 23-8-21; CV 23-10-19);
- servicios de atención, seguimiento y suministro de **medicamentos** prestados a las personas internadas en estas residencias por un farmacéutico: están exentos, al tener la consideración de servicios de asistencia sanitaria y están exentos (DGT CV 17-12-10; CV 12-3-12), a diferencia de lo que ocurre con el control de los stocks y caducidad de los medicamentos, al no ser prestadas por profesionales médicos o sanitarios (DGT CV 4-12-09); y
- servicios **accesorios asistenciales**: no tienen carácter accesorio respecto a la operación principal, ya que constituyen para su destinatario un fin en sí mismo, y no el medio de disfrutar en las mejores condiciones del servicio principal, están exentas siempre que sean prestados por profesionales médicos o sanitarios, aunque estos actúen por medio de una sociedad o entidad que, a su vez, factura dichos servicios a su destinatario. Entre otros, se encuentran los servicios de podología, fisiología, psicología, óptica, logopedia y fisioterapia (DGT CV 12-2-10; CV 9-7-20).

842.4 **21) Donación**. Están exentos los servicios consistentes en la **búsqueda de donante** compatible para enfermos que necesitan un trasplante de médula, lo que implica cotejar el grado de histocompatibilidad entre receptor y donante, estudio del tiraje del sistema HLA del receptor y el donante, el estudio de marcadores serológicos del donante, etc., siempre que se presten por profesionales sanitarios y se destinen al tratamiento de una enfermedad (DGT CV 6-4-10).
Por el contrario, no se considera una prestación de asistencia médica, quirúrgica o sanitaria efectuar las **autopsias** de donantes de cerebros, gestionar el teléfono de asistencia del «biobanco», realizar los tallados y estudios de los donantes y de los pacientes, gestionar el almacén de mortuorio, control de la sala de criopreservación, dar de alta a los donantes del banco de cerebros en el programa informático, etc. (DGT CV 6-7-17).
22) Asesoramiento. No están exentos los siguientes servicios, al no poder ser considerados como un servicio de asistencia médica a personas físicas relativo al diagnóstico, prevención o tratamiento de enfermedades:
- los de **health coach** consistentes, fundamentalmente, en el ofrecimiento de acciones de prevención de la salud, servicios de orientación sobre decisiones terapéuticas, información basada en la evidencia médica, seguimiento y evaluación de los tratamientos médicos personalizados mediante protocolos médicos a los pacientes que los contraten, siendo prestados mayoritariamente dichos servicios por teléfono y algunos de ellos por personal sanitario (técnicos en enfermería), al tratarse de la mera captación de determinados datos personales del paciente, la orientación o el suministro de información de carácter médico a este, así como la provisión de programas y materiales educativos sanitarios (DGT CV 31-5-10);
- la **coordinación del cuadro médico**, la selección de una opinión médica, así como la orientación al asegurado (DGT CV 1-6-11); y
- los de asesoramiento y supervisión a equipos de atención primaria de servicios sociales, prestados por una psiquiatra (DGT CV 7-7-11).
23) Cesión de personal. La prestación de servicios de cesión de personal en la unidad de urgencias de un **hospital**, ante la falta de facultativos en este último, no puede calificarse como asistencia sanitaria a personas físicas, sino que se trata de una cesión de personal entre dos empresas que no se encuentra incluida en el ámbito de la exención (DGT CV 26-4-10).
24) Segunda opinión médica. El acceso a servicios médicos de segunda opinión (Servicios de InterConsulta) está exento si se actúa en nombre propio respecto de la prestación de servicios de asistencia sanitaria y se es destinatario en nombre propio de tales servicios frente a la empresa que los presta y se procede, a continuación, a prestar los mismos servicios a sus clientes (DGT CV 7-3-11; CV 27-9-11; CV 12-7-16).
También se aplica cuando se presta a través de una **aplicación web**, siempre que exista la intervención humana de un médico que permita no calificar tales servicios como servicios prestados por vía electrónica (DGT CV 1-6-20) o por medios telemáticos (DGT CV 5-11-21).
Asimismo, está exenta la elaboración de **informes odontológicos** para otros profesionales, así como para particulares que consultan una segunda opinión relativa al diagnóstico, prevención y tratamiento de enfermedades (DGT CV 18-7-18); así como los servicios médicos consistentes en el diagnóstico y tratamiento de **enfermedades oncológicas** prestados a hospitales, con el fin de diagnosticar a sus pacientes (DGT CV 9-2-22).
25) Telemática. Están exentos los servicios médicos y psicológicos, fisioterapia, dietética y nutrición prestados por vía telemática (DGT CV 22-3-22), así como los servicios de **telemedicina** (asistencia médica a través de videollamada) que una entidad presta en nombre propio a sus clientes y que se prestan materialmente por el equipo médico de su proveedor (DGT CV 22-3-22).
Por el contrario, no se consideran prestados por vía electrónica los servicios de terapia prestados a personas con ansiedad por un psicólogo dentro de un **programa terapéutico en línea**, que incluyen sesiones grupales e individuales a los pacientes, incluyéndose de manera accesoria grabaciones con material psicoeducativo común para todos los pacientes, como complementarios a la terapia (DGT CV 16-5-25).

842.5 **26) Cirugía**. Pueden estar exentos, siempre que estén directamente relacionados con la prestación de un servicio sanitario de cirugía, al tener carácter accesorio respecto de la operación principal, los siguientes:
- un **injerto**, cuya colocación ha sido realizada por un cirujano (DGT CV 8-11-11);
- el **implante** de DMB o matriz de hueso desmineralizado (DGT CV 22-9-11); y
- una **prótesis**, ya sea colocada por un podólogo (DGT CV 30-10-17), o por un neurocirujano, incluyéndose en dicha prestación tanto la prótesis colocada como el servicio sanitario prestado (DGT CV 19-4-22).
Asimismo, los servicios electrónicos de diseño de **modelos virtuales en 3D** para hospitales y médicos de las partes de la anatomía de los pacientes que se van a someter a algún procedimiento quirúrgico no están exentos (DGT CV 10-4-25).
27) Deporte. No están exentos los siguientes servicios, al no al no cumplir ninguna finalidad terapéutica, sino deportiva:
- los de **estudio del deportista** de forma integral, para poder entrenarle y asesorarle en temas de prevención (DGT CV 17-4-12);

- los programas de **deporte terapéutico**, pese a que en algunos casos se ofrezca con fines terapéuticos (DGT CV 20-6-14); y
- los relativos al **historial clínico** del deportista, siendo prestados servicios para médicos, personal sanitario y pacientes sobre cómo rellenarlo y actualizarlo, introducir las historias médicas en un banco de datos y facilitar a los médicos, farmacéuticos, personal sanitario y público, en general, el medio de contactar (tarjeta u otro medio identificador) y modificar la historia clínica (DGT CV 4-6-14).

Cuando los servicios prestados en un gimnasio tengan **dos cuotas de acceso** diferenciadas (área deportiva y área sanitaria), los servicios sanitarios han de seguir el mismo régimen de tributación que el servicio principal, y están sujetos y no exentos (DGT CV 4-10-21).

28) Tratamientos a enfermos. Están **exentas**:
- las prestaciones de servicios realizadas en desarrollo de los contratos con empresas para la prestación del servicio de **terapias respiratorias** domiciliarias en las que la empresa que dispone de personal médico o sanitario específico asume la responsabilidad médica o sanitaria del tratamiento (DGT CV 11-2-15);
- los servicios prestados en un centro privado dedicado al tratamiento y rehabilitación de enfermos **alcohólicos y drogadictos** por los médicos y los psicólogos (en la especialidad de psicología clínica) al ser consideradas tanto el alcoholismo como la drogadicción una enfermedad (DGT CV 30-7-07; CV 13-4-16), a diferencia de lo que ocurre con los servicios de **análisis de cabellos** prestados para la detección de drogas (DGT CV 22-4-09); y
- la prestación de **cuidados paliativos** a enfermos en situación terminal consistentes en tratamiento del dolor; tratamiento y/o prevención de síntomas digestivos y de las úlceras por presión; mantenimiento del estado de hidratación; tratamiento de síntomas respiratorios; tratamiento y/o prevención de síndromes neuropsicológicos; realización de cuidados y tratamientos en la fase de agonía del paciente y soporte a la familia (DGT CV 28-2-07).

Por el contrario, **no están exentos** los siguientes servicios y entregas de bienes:
- servicio de **diálisis domiciliaria** (DGT CV 27-9-16);
- las entregas de bienes realizadas en desarrollo de los contratos con empresas para la prestación del servicio de **oxigenoterapia a domicilio** en las que la empresa no asume la responsabilidad médica o sanitaria del tratamiento y que consisten en el suministro de material fungible, el oxígeno medicinal (DGT CV 3-8-15; CV 1-9-16);
- **tratamientos para la reducción del dolor** en pacientes con dolor neuropático crónico intenso-moderado, dichos tratamientos no están exentos, al no tener ella la condición de profesional médico o sanitario (DGT CV 11-5-20); y
- los tratamientos para la **reducción del dolor** en pacientes con dolor neuropático crónico intenso-moderado realizados por licenciada en Ciencias de la Educación, al no tener ella la condición de profesional médico o sanitario (DGT CV 11-5-20).

29) Los servicios de recogida, aislamiento y conservación de **células madre** no se incluyen dentro del concepto de asistencia sanitaria, existiendo obligación de tributar por parte de los destinatarios de los servicios (DGT 20-5-09). Tampoco los de extracción y posterior transporte de sangre del **cordón umbilical** para su conservación con vistas a su utilización en un posible tratamiento médico futuro (DGT CV 6-3-12).

Jurisprudencia **1)** La exención de los servicios sanitarios no se extiende a los servicios **veterinarios** (TJUE 9-7-15, asunto C-144/14). **843**

2) En relación con las **extracciones**, queda exenta la extracción de sangre o toma de otras muestras corporales con el fin de analizar la presencia en ellas de virus, infecciones u otras enfermedades, a petición de empresarios o de compañías de seguros.

La **toma de muestras** y su transmisión a un laboratorio especializado constituyen prestaciones de servicios estrechamente vinculadas al análisis, de forma que se les debe aplicar el mismo régimen fiscal que a este, y, en consecuencia, no deben someterse a IVA (TJUE 11-1-01, asunto C-76/99). Se ha considerado que la asistencia sanitaria prestada por **médicos especialistas** en análisis clínicos y diagnósticos de laboratorio puede estar exenta de conformidad con la Dir 2006/112/CE art.132.1.c, no exigiéndose la existencia de una relación de confianza entre el médico y persona tratada (TJUE 18-9-19, asunto C-700/17).

A los análisis clínicos que tengan por objeto la observación y el examen de los pacientes con carácter preventivo y que sean efectuados por un **laboratorio de Derecho privado** no integrado en un establecimiento sanitario, previa prescripción de un médico generalista, puede serles de aplicación la exención del impuesto, en cuanto asistencia sanitaria prestada por un establecimiento debidamente reconocido (TJUE 8-6-06, asunto C-106/05).

3) La exención puede aplicarse también a los servicios de asistencia sanitaria prestados mediante una **sociedad mercantil** (TJUE 10-9-02, asunto C-141/00), así como a los tratamientos psicoterapéuticos dispensados por una **fundación privada** que emplea a psicoterapeutas (TJUE 6-11-03, asunto C-45/01).

4) La exención se aplica a los servicios médicos, cuando el objetivo de tales prestaciones consista principalmente en **proteger la salud** de la persona interesada, que consistan en:
- **reconocimientos médicos** de particulares, a petición de empresarios o de compañías de seguros; y
- expedición de **certificados médicos de aptitud**, por ejemplo, para viajar.

Por el contrario, no se aplica dicha exención a los siguientes servicios, prestados en el ejercicio de la profesión médica:
- expedición de certificados médicos en relación con la concesión de una **pensión de guerra**;
- reconocimientos médicos para emitir dictámenes relativos a cuestiones de responsabilidad y a la evaluación del daño sufrido por personas que se proponen entablar una **acción judicial** por un delito de lesiones;
- reconocimientos médicos con el fin de emitir dictámenes médicos sobre casos de **negligencia médica**, a petición de personas que se proponen entablar una acción judicial (TJUE 20-11-03, asunto C-307/01); y
- emisión de un **dictamen** relativo a la salud de una persona con el fin de sustentar o de refutar una solicitud de pago de una **pensión** de incapacidad (TJUE 20-11-03, asunto C-212/01).
La exención de los servicios médicos no exige necesariamente que el prestador ejerza una **profesión médica** regulada por la normativa del Estado miembro del que se trate (TJUE 27-6-19, asunto C-597/17).
5) La exclusión de los **psicoterapeutas y fisioterapeutas** de la exención es incompatible con la normativa comunitaria cuando tratamientos de calidad equivalente a los realizados por ellos, prestados por otros profesionales, están exentos (TJUE 27-4-06, asuntos C-443/04 y C-444/04).

844 **6)** Los servicios consistentes en la puesta de **personal a disposición de un tercero** están exentos cuando se efectúan en los sectores sociocultural, de la salud y de la educación, siempre que estén directamente relacionados con los servicios médicos, culturales y de enseñanza exentos conforme a la normativa comunitaria; incluso cuando la puesta a disposición tenga un carácter estructural y no puramente temporal. Están no sujetos cuando se efectúan por organismos públicos que actúan bajo un régimen jurídico propio sin que ello distorsione la competencia en perjuicio de operadores privados que efectúan las mismas actividades (TJUE 25-3-10, asunto C-79/09).
7) En relación con la **extracción de células**:
- no está exenta la extracción y conservación de **células progenitoras** (madre), para su posible uso terapéutico futuro (TJUE 10-6-10, asunto C-86/09). El derecho de la UE no exige que los Estados miembros consideren a un banco privado de células progenitoras como establecimiento hospitalario legalmente reconocido a efectos de la exención (TJUE 10-6-10, asunto C-262/08); y
- está exenta la extracción de **células de cartílago** y su posterior cultivo con fines terapéuticos (TJUE 18-11-10, asunto C-156/09).
8) Los servicios de **cirugía estética** solo están exentos del IVA cuando tienen una finalidad terapéutica, pero no cuando persiguen una finalidad meramente cosmética (TJUE 21-3-13, asunto C-91/12).
9) El **suministro de medicamentos** recetados por un médico no está exento del IVA, incluso si ese suministro se efectúa por un hospital en el marco de un tratamiento ambulatorio (TJUE 13-3-14, asunto C-366/12).
10) Las **consultas sanitarias por teléfono** prestadas con fines terapéuticos están exentas (TJUE 5-3-20, asunto C-48/19).
11) Los servicios de **elaboración y entrega de informes** diagnósticos de enfermedades humanas, a partir de **pruebas de imagen** que le son enviadas desde centros médicos ubicados en España y el resto de países de la UE, llevados a cabo por médicos se consideran exentos (TEAC 22-7-20).
12) No resulta aplicable esta exención a la **transmisión de la cartera de pacientes** de un profesional médico o sanitario al cesar en su actividad profesional (TS 2-10-20, EDJ 672009).
13) En la prestación conjunta a un cliente de dos **servicios independientes** tales como un servicio deportivo y un servicio nutricional, el servicio nutricional no está exento (TJUE 4-3-21, asunto C-581/19).
14) El servicio consistente en elaborar una **ficha individual** de un paciente puede considerarse directamente relacionado con la asistencia sanitaria prestada a este cuando sea indispensable para alcanzar los objetivos terapéuticos perseguidos con esta (TJUE 13-1-22, asunto C-513/20).

845 **Entregas de sangre, plasma sanguíneo y otros** (LIVA art.20.uno.4º) Están exentas del IVA las entregas de sangre, plasma sanguíneo y demás **fluidos, tejidos y** otros **elementos del cuerpo humano** efectuadas con fines médicos o de investigación o para su procesamiento con idénticos fines.

---

846 Ejemplos **1)** Una empresa recibe en depósito, por parte de los hospitales, plasma, obteniendo a partir de dicho plasma especialidades farmacéuticas, **hemoderivados**, para los mismos hospitales, a los que cobra el servicio prestado.
Estas operaciones no están exentas para el hospital al no existir entrega del plasma, tributando al tipo superreducido (nº 2300).
2) Una sociedad anónima tiene como actividad la inactivación del plasma humano recibido de los bancos de sangre, aplicando una **técnica analítica** para prevenir el contagio de enfermedades en las transfusiones del plasma. El plasma se recibe en depósito. Igualmente presta servicios de **control de plasma** a otra sociedad anónima, propietaria de este, con el fin de garantizar su calidad.
Ambas prestaciones de servicios están sujetas y no exentas, dado que la exención se refiere a entregas de bienes, y en este caso no tienen lugar.

Doctrina Administrativa Además de las siguientes contestaciones de la DGT, ver nº 11000 s. **847**
1) Están **sujetos y no exentos**:
- las entregas de **plasma sanguíneo** destinado a la elaboración de **medicamentos**, por no destinarse a actividades de interés general y no estar destinadas directamente al cuidado de la salud o para fines terapéuticos (DGT CV 15-12-17; en el mismo sentido, TJUE 5-10-16, asunto C-412/15);
- el tratamiento que consiste en la **extracción de células** al paciente en el hospital y, que tras un procedimiento, la sangre es inyectada de nuevo en el enfermo (DGT CV 27-6-19; CV 25-6-19);
- las realizadas con los productos **hemoderivados** obtenidos a partir del plasma sanguíneo, como los fibrinógenos, inmunoglobulinas o albúminas (DGT 18-5-87); y
- las entregas de **piezas anatómicas de origen humano** destinadas a la actividad docente (DGT CV 23-4-24).
2) Por el contrario, sí están **exentas**:
- las entregas de **tejido óseo humano liofilizado y desmineralizado**, en la medida en que no ha sido manipulado de manera sustancial y que mantiene la consideración de tejido humano y las entregas son efectuadas para fines médicos o de investigación o para ser procesados con los mismos fines (DGT CV 18-3-15), así como las entregas de los productos elaborados con **matriz de hueso desmineralizado**, compuesto al 100% por hueso humano desmineralizado, esterilizado y triturado, con el fin de preparar con él un injerto para cirugías ortopédicas y maxilofaciales, ligamentos para implantes y piel considerada como implante (DGT CV 29-7-15). Quedan excluidas de la exención las **comisiones** cobradas por un agente por la intermediación en la venta de hueso desmineralizado (DGT CV 16-6-22);
- la extracción y separación de un determinado tipo de **células de la médula ósea humana** y su cultivo para permitir su proliferación, así como el envasado para transportarlas con destino al paciente (DGT CV 29-2-12); y
- las entregas de **semen**, cuando tenga como destino que las clínicas de fertilidad lo apliquen con fines médicos o de investigación o para ser procesado con los mismos fines (DGT CV 6-11-12).
3) En la venta y suministro de **células mesenquimales** destinadas a ser inyectadas en seres humanos para el tratamiento de determinadas patologías y, en especial, para la regeneración del disco intervertebral, si se trata de elementos del cuerpo humano están exentas y si son medicamentos tributan al tipo superreducido (DGT CV 3-3-14).

Jurisprudencia 1) No está exento el **transporte de órganos** y muestras biológicas de origen humano, dado que la exención se refiere claramente a la entrega de los bienes citados, no quedando cubiertos por tanto los servicios de transporte (TJUE 3-6-10, asunto C-237/09), ni tampoco el transporte de tales productos destinados a su análisis médico o a cuidados médicos o terapéuticos, realizado para las clínicas y los laboratorios por un tercero independiente, servicios cuya retribución reembolsa la Seguridad Social (TJUE 2-7-15, asunto C-334/14). **848**
2) Las entregas de **plasma** obtenido a partir de sangre humana están exentas solo si se persigue una finalidad terapéutica y no industrial (TJUE 5-10-16, asunto C-412/15).

Estomatólogos, odontólogos, mecánicos dentistas y protésicos dentales (LIVA art.20.uno.5º) **850**

Están exentos los servicios prestados por estomatólogos, odontólogos, mecánicos dentistas y protésicos dentales, en el ámbito de sus respectivas profesiones. También la entrega, reparación y colocación de prótesis dentales y ortopedias maxilares realizadas por los mismos, cualquiera que sea la persona a cuyo cargo se realicen las operaciones.
La exención también se aplica sea cual sea el **destinatario formal** del servicio, con independencia de que el profesional preste el servicio por cuenta propia, o por entidades a las que pertenezca como socio o empleado.

Ejemplos 1) Un grupo de odontólogos, mecánicos dentistas y protésicos dentales crean una **sociedad anónima** para prestar sus servicios. **851**
En este caso puede aplicarse la exención a los servicios prestados por los profesionales citados, aunque dichos servicios se facturen por la sociedad anónima constituida por ellos.
2) Un conjunto de estomatólogos crean una sociedad de responsabilidad limitada, que concierta con la sociedad anónima del ejemplo anterior un **contrato de colaboración** para prestar a los clientes de aquella sus servicios de estomatología.
También en este caso puede aplicarse la exención, aunque los servicios se facturen por una sociedad a otra.
3) Una sociedad vende sus **productos a odontólogos y protésicos**.
Las entregas efectuadas por dicha sociedad no están exentas porque tales ventas no se realizan por los profesionales mencionados en la Ley.
4) Una persona física, con el título de protésico dental, fabrica y vende prótesis dentales, piezas de ortopedia maxilar y **aparatos de ortodoncia**, previo encargo de un estomatólogo.
Las ortodoncias (entendiendo por tales la aparatología bien sea fija o renovable, que se utiliza en las técnicas ortodóncicas), desde el punto de vista sanitario, tienen la consideración de ortopedia maxilar, dado que su finalidad es corregir o evitar deformidades o alteraciones del normal funcionamiento del aparato estomatológico y, por tanto, la entrega de aparatos de ortodoncia está exenta. Igualmente, están exentas las prestaciones de servicios realizadas por protésicos dentales que estén facultados para realizar dichas operaciones en el desarrollo de su profesión.

5) Un médico estomatólogo con **consulta** en Madrid ejerce únicamente esta actividad profesional. Adquiere en París el **material sanitario** específico para ejercer su profesión por un valor de 11.500 €.
Su actividad como estomatólogo está exenta y por ello no debe autoliquidar ni repercutir cuota alguna en sus facturas. Por otra parte, no puede deducir las cuotas del IVA soportadas, dado que únicamente realiza operaciones exentas y esta exención, como todas las establecidas por operaciones interiores, son limitadas. En coherencia con ello, no tiene la obligación de presentar las preceptivas declaraciones trimestrales del IVA, dado que se ha realizado una adquisición intracomunitaria (nº 5255 s.).

853 Doctrina Administrativa Además de las siguientes contestaciones de la DGT, ver nº 11000 s.
1) Están exentas las entregas de **ortodoncias**, ya que desde el punto de vista sanitario tienen la consideración de ortopedia maxilar (DGT 26-2-99), de los **aparatos alineadores transparentes** (DGT CV 13-11-19; CV 14-1-21), así como de un **expansor de paladar** (DGT CV 5-11-24).
La exención se extiende a la **entrega del aparato** que realiza el ortodoncista, al tratarse de una única prestación indivisible (DGT CV 19-7-21).
2) Están exentas las prestaciones de servicios de **odontólogos** en el ejercicio de su profesión cuando:
- actúen por medio de una sociedad o entidad y esta, a su vez, facture dichos servicios a sus pacientes, con independencia de la vinculación que el profesional médico o sanitario que realiza el servicio tenga con la misma (DGT 17-2-98);
- sean prestados por una sociedad tercera, a través de sus profesionales médicos o sanitarios, a dicha entidad (DGT CV 17-6-10);
- sean prestados por odontólogos no residentes en el TIVA (DGT CV 26-3-14).
3) En relación con las entregas de **prótesis dentales** (fabricados por el protésico), así como las prestaciones de servicios realizadas por protésicos dentales que estén facultados para realizar dichas operaciones en el desarrollo de su profesión, la exención se extiende a los siguientes supuestos:
- cuando el protésico dental actúe por medio de una sociedad o entidad (DGT 22-7-99; CV 19-12-16; CV 23-10-17; CV 12-5-21);
- entregas interiores de prótesis dentales realizadas por una sociedad que dispone de protésicos dentales debidamente titulados (DGT CV 30-4-18);
- entregas a otra entidad mercantil, que a su vez la va a entregar a un odontólogo (DGT CV 24-5-07);
- entregas intracomunitarias de prótesis (DGT CV 8-5-09; CV 8-2-10); e
- importaciones, siempre y cuando se cumplan las mismas condiciones establecidas para la entrega interior exenta de las mismas. Es decir, dichas prótesis deben ser fabricadas y entregadas por estomatólogos, odontólogos, mecánicos dentistas y protésicos dentales; en caso contrario, aunque el importador destinatario de las mismas sea un protésico dental, la importación está sujeta y no exenta (DGT CV 13-11-17; CV 16-8-21; CV 12-12-22; CV 6-8-24).
Por el contrario, la exención **no se extiende** a las entregas de las **estructuras o esqueletos** de prótesis dentales, que no sean prótesis (DGT CV 24-9-13); las entregas de férulas radiológicas y férulas quirúrgicas si no son prótesis, ortesis, ortoprótesis o implantes quirúrgicos fabricados por un protésico (DGT CV 1-8-18); la prestación de servicios de diseño y fresado de productos semielaborados para prótesis dentales no está exenta (DGT CV 3-3-22); los productos restauradores dentales para profesionales de la odontología (DGT CV 4-12-12); la actividad como intermediario de productos de ortodoncia invisible, comprando los alineadores a un laboratorio para después vendérselos a otras clínicas (DGT CV 3-2-25). En estos casos, no pueden considerarse como prótesis dental.
4) También están exentas las prestaciones de servicios realizadas por **higienistas dentales** que estén facultados para realizar las operaciones propias del desarrollo de su profesión (en el campo de la promoción de la salud y la educación sanitaria bucodental: la recogida de datos, la realización de exámenes de salud y el ofrecimiento de consejo sobre medidas higiénicas y preventivas, individuales o colectivas), aunque actúen por medio de una sociedad o entidad (DGT 5-6-02), así como la prestación sanitaria bucodental efectuada por **estomatólogos y odontólogos**, aunque dichos profesionales presten los referidos servicios a través del colegio profesional (DGT CV 24-10-06).
5) Están sujetas y no exentas las entregas de los siguientes **materiales** para la elaboración de prótesis dentales: circonio, titanio, cobalto y cromo (DGT CV 22-3-10; CV 8-9-11; CV 21-11-13).
6) Dado que los servicios prestados por estomatólogos, odontólogos, mecánicos dentistas y protésicos dentales solo quedan exentos cuando se refieran actividades relacionadas con su profesión (DGT CV 9-9-24), están exentos los servicios de **blanqueamiento** dental que presten (DGT CV 20-2-13), pero no los servicios de **transporte y alojamiento** facilitados por el odontólogo a sus pacientes, a cambio del pago de una cantidad adicional, al no poder ser considerados como servicios accesorios (DGT CV 19-12-24).

854 Jurisprudencia **1)** Las entregas de prótesis dentales, efectuadas por dentistas y protésicos dentales, están exentas sin derecho a deducción, incluso cuando se trata de entregas intracomunitarias. No se aplica la exención, sin embargo, a las entregas interiores de prótesis dentales efectuadas por un **intermediario** que no tenga la condición de dentista o protésico dental, aunque haya adquirido tales prótesis a un protésico dental (TJUE 7-12-06, asunto C-240/05; 14-12-06, asunto C-401/05).

2) La adquisición intracomunitaria y la importación de **prótesis dentales** suministradas por los dentistas y los protésicos dentales están exentas del IVA cuando el E.m. de la adquisición o de la importación no haya aplicado la normativa transitoria de la Dir 2006/112/CE art.370.
a) Para los Estados miembros que no aplican dicho artículo, la adquisición intracomunitaria y la importación de prótesis dentales suministradas por dentistas y protésicos dentales están exentas del IVA, lo cual parece implicar que la exención está condicionada a que el adquirente intracomunitario y/o el importador prueben que el suministrador de la prótesis es un dentista o protésico dental.
b) Para los Estados miembros que sí aplican el mencionado artículo, la adquisición intracomunitaria y la importación de prótesis dentales (al igual que la entrega) no están exentas del IVA (TJUE 26-2-15, asuntos acumulados C-144/13, C-154/13 y C-160/13). En el mismo sentido, cuanto las prótesis tengan la condición de producto sanitario a medida, recayendo sobre el importador la carga de la prueba (TEAC unif.criterio 22-11-21).
3) No resulta aplicable las exenciones previstas en el nº 834 s. y nº 850 s. a la **transmisión de la clientela** de un profesional médico -dentista- al cesar en su actividad profesional (TS 2-10-20, EDJ 672009).

Transporte de enfermos o heridos (LIVA art.20.uno.15º) Está exento el transporte de enfermos o heridos, siempre que se realice en **ambulancias o vehículos especialmente adaptados** para ello. **855**

Ejemplos **1)** Una empresa se dedica al transporte de enfermos y heridos, a cuyo efecto utiliza **vehículos propios** y, excepcionalmente, vehículos ajenos alquilados. Normalmente emplea ambulancias y helicópteros adaptados a tales fines. Excepcionalmente, en casos de emergencia, también usa vehículos no adaptados y autotaxis. **856**
En este supuesto es preciso distinguir lo siguiente:
- si se utilizan ambulancias y helicópteros adaptados para este transporte específico, dichos servicios prestados están exentos;
- no están exentos los servicios que se presten en vehículos no adaptados y en todo caso en autotaxis;
- tampoco están exentos los servicios de alquiler de cualesquiera de estos vehículos que sus propietarios realizan para la empresa citada.
2) Una sociedad se dedica, mediante vehículos especialmente adaptados, al **transporte de órganos** humanos para trasplantes.
En este caso no procede la exención, ya que esta se limita al transporte de enfermos o heridos.
3) Una persona física, cuya profesión es la de **conductor de vehículos**, es contratado como autónomo por una empresa que se dedica al transporte de enfermos y heridos en ambulancias de su propiedad.
Los servicios prestados por el conductor no están exentos, dado que el servicio que presta es el de conductor de vehículos y no el de transporte de enfermos y heridos. Sí están exentos los servicios prestados por la empresa propietaria de las ambulancias que contrata a este conductor.

Doctrina Administrativa Además de las siguientes contestaciones de la DGT, ver nº 11000 s. **858**
1) Se entiende por **vehículos especialmente adaptados** a estos efectos a aquellos cuya configuración original, en relación con otros vehículos de la misma marca y características, haya sido objeto de modificaciones estructurales, técnicas o mecánicas de carácter permanente por las que resulten adaptados especialmente para el transporte de enfermos o heridos (DGT CV 29-4-11; CV 24-3-14; CV 21-5-15; CV 20-7-20). Se incluyen los **taxis adaptados** para el transporte de personas con movilidad reducida (DGT CV 10-9-19) y quedan excluidos los camiones de bomberos (DGT CV 9-8-16).
2) Están exentos los siguientes servicios de transporte de enfermos o heridos: en **helicópteros** especialmente adaptados para tal finalidad, con independencia de la condición del ente contratante de los servicios de transporte (DGT 11-6-98); el servicio de transporte a **centros de día** de mayores con discapacidad física o psíquica que no pueden acceder al sistema ordinario de transporte (DGT CV 18-9-17), así como el transporte de enfermos en **ambulancias colectivas**, siempre y cuando el vehículo esté especialmente adaptado para ello (DGT 24-6-99).
3) Los servicios prestados por una agrupación de interés económico (**AIE**), cuyos socios prestan a través de la misma servicios de transporte de enfermos en ambulancia, están exentos (DGT 31-5-02).
4) No se aplica la exención a los servicios prestados a los **ayuntamientos** consistentes en la puesta a su disposición de una ambulancia para el eventual transporte de heridos (DGT CV 7-7-08; CV 1-8-18).
En cuanto a la puesta a disposición de una **Administración Pública** de helicópteros medicalizados para el cumplimiento de una función pública (transporte de heridos o enfermos), queda exenta por aplicación de la exención por operaciones relativas a aeronaves (nº 6126 s.), teniendo en cuenta que el destinatario del servicio es la Administración Pública y no el herido o enfermo transportado (DGT CV 30-9-25).

5) Los servicios de transporte contratados a un conductor no están exentos ya que se considera que este presta un servicio de **conductor de vehículos** y no el de transporte de enfermos y heridos (DGT CV 8-5-09).

6) En esta exención no se comprende el **transporte de órganos** humanos para trasplantes y personal médico si no van acompañando a los enfermos o heridos (DGT CV 1-2-18).

860 **Seguridad Social** (LIVA art.20.uno.7º) Están exentas las entregas de bienes y prestaciones de servicios que realiza la Seguridad Social para el cumplimiento de sus fines, **directamente o a través de sus entidades** gestoras o colaboradoras, exclusión hecha de las entregas de medicamentos o de material sanitario realizadas por cuenta de la Seguridad Social.

Precisiones **1)** La exención solo actúa si quienes realizan tales operaciones no perciben **contraprestación** alguna de los adquirentes de los bienes o de los destinatarios de los servicios, distintas de las cotizaciones efectuadas a la Seguridad Social.

2) Los servicios prestados por las **entidades colaboradoras** están exentos, aunque dichas entidades facturen a la Seguridad Social.

861 Ejemplo Un hospital de la Seguridad Social atiende a un accidentado, que no cotiza a la Seguridad Social. El hospital le factura por los servicios prestados, que son satisfechos por una **entidad aseguradora privada**.

Debe entenderse que los servicios prestados no están exentos por aplicación de este supuesto, ya que en este caso el hospital actúa a cambio de un precio satisfecho por una aseguradora privada; en cambio, sí lo están por aplicación de la exención prevista para servicios de hospitalización o asistencia sanitaria (nº 821 s.).

862 Doctrina Administrativa Una **mutua colaboradora** de la Seguridad Social es titular de un patrimonio privativo y un patrimonio afecto a la gestión de la actividad propia de la Seguridad Social. Si en el ejercicio de su actividad realiza entregas de bienes y prestaciones de servicios que no se entienden encuadrados en los propios fines de la Seguridad Social, no va a resultar de aplicación esta exención y dichas operaciones estarían, con carácter general, sujetas y no exentas, sin perjuicio de que pudiera resultar de aplicación otra exención (DGT CV 24-4-20).

B. Servicios de carácter social

870

872 **Asistencia social** (LIVA art.20.uno.8º y tres; RIVA art.6) Están exentos los siguientes servicios de asistencia social, efectuados por entidades de Derecho público o entidades o establecimientos privados de carácter social:

- Protección de la **infancia y de la juventud**. Se considera que tienen esta naturaleza las actividades de rehabilitación y formación de niños y jóvenes, asistencia a lactantes, custodia y atención a niños, realización de cursos, excursiones, campamentos o viajes infantiles y juveniles y otras análogas prestadas en favor de personas menores de veinticinco años de edad.
- Asistencia a la **tercera edad**.
- **Educación especial** y asistencia a personas con **discapacidad**.
- Asistencia a grupos tales como **minorías** étnicas, refugiados y asilados, transeúntes, personas con cargas familiares no compartidas, ex reclusos, alcohólicos y toxicómanos.
- Acción social **comunitaria y familiar**.
- Reinserción social y prevención de la **delincuencia**.
- Cooperación para el **desarrollo**.

También disfruta de exención la prestación de servicios de **alimentación, alojamiento y transporte** accesorios de los anteriores prestados por dichos establecimientos o entidades, con medios propios o ajenos.

873 **Requisitos** (LIVA art.20.tres; RIVA art.6) Para la aplicación de la exención se exige que los citados servicios se presten por entidades de **Derecho público** o por entidades o establecimientos **privados de carácter social**, teniendo que concurrir en estos últimos los siguientes requisitos:

a) La entidad ha de **carecer de finalidad lucrativa** y dedicar, en su caso, los beneficios eventualmente obtenidos al desarrollo de actividades exentas de idéntica naturaleza. A estos efectos, una entidad con forma mercantil o una persona física puede ser considerada como entidad privada de carácter social si actúa sin finalidad lucrativa (ver TJUE 7-9-99, asunto C-216/97, en el nº 883).

b) Los **cargos** de presidente, patrono o representante legal deben ser **gratuitos** y carecer de interés en los resultados económicos de la explotación por sí mismos o a través de persona interpuesta.

c) Los socios, comuneros o partícipes de las entidades o establecimientos y sus cónyuges o parientes consanguíneos, hasta el segundo grado inclusive, no pueden ser **destinatarios** principales de las operaciones exentas, ni gozar de condiciones especiales en la prestación de los servicios (este requisito no se exige en las prestaciones de servicios expuestas en el nº 872 y nº 926).

Para la aplicación de esta exención no es necesario un **reconocimiento expreso** por parte de la Administración por lo que los servicios prestados por entidades o establecimientos de carácter social quedan exentos, siempre que se cumplan las condiciones anteriores. **874**

No obstante, sigue siendo posible solicitar la **calificación** como entidad de carácter social, quedando su eficacia, que es vinculante para la Administración, subordinada a la subsistencia de las condiciones y requisitos que fundamentan la exención.

El **procedimiento** a seguir para obtener dicha calificación es el siguiente:

1) Se inicia a instancia de los interesados.

2) El modelo de dicha solicitud es libre, si bien existe un modelo no oficial.

3) El lugar de presentación de la solicitud es la Delegación o Administración de la AEAT en cuya circunscripción territorial esté situado el domicilio fiscal del interesado. La solicitud ha de ser presentada telemáticamente.

4) Con la instancia deben presentarse los siguientes documentos, los cuales se han de adjuntar como archivo anexo a la solicitud telemática:

a) Escritura de constitución del organismo, entidad o establecimiento con mención expresa de su objeto social.

b) Estatutos o Reglamento del organismo o entidad.

c) Certificado de inscripción de la entidad en el Registro Público correspondiente.

d) Declaración expedida por el representante legal de la entidad acreditando que se reúnen los requisitos y condiciones del nº 873.

5) Una vez presentados todos los documentos, el órgano competente de la Administración resuelve el expediente, comunicando al interesado la calificación o no como entidad de carácter social. Si en el plazo de seis meses la Administración no se ha pronunciado expresamente, se entiende estimada la solicitud.

Cuando **todas las operaciones efectuadas están exentas** por aplicación de la exención por asistencia social, no está obligada a la presentación de las declaraciones-liquidaciones periódicas, ni la declaración resumen anual (DGT CV 5-10-07).

Precisiones **1)** La **calificación** de entidad o establecimiento de carácter social se puede solicitar ante la AEAT, si bien la exención se aplica siempre que se cumplan los requisitos legales, con independencia del momento en que, en su caso, se obtenga su calificación como tales (RIVA art.6).

2) Se entiende por **asistencia social** el conjunto de acciones y actividades desarrolladas por el Sector Público o por Entidades o personas privadas fuera del marco de la Seguridad Social, destinando medios económicos, personales y organizativos a atender situaciones de necesidad y otras carencias de determinados colectivos (p.e personas mayores, menores y jóvenes, personas con discapacidad, mujeres víctimas de violencia de género, víctimas de discriminación, minorías étnicas, inmigrantes, refugiados, víctimas de trata, etc.), de personas en situación de vulnerabilidad o riesgo de exclusión social o de otras personas que presenten necesidades sociales análogas que requieran asistencia.

Ejemplos **1)** Un centro ocupacional de **personas con discapacidad física y mental** cobra sus servicios a los familiares de estos. Las personas con discapacidad manipulan artículos que se venden a terceros. **875**

Están exentos los servicios que el centro cobra a los familiares de los acogidos, siempre que se considere entidad o establecimiento de carácter social. Puede solicitarse la calificación como tal entidad a la AEAT.

No están exentos los servicios ni las entregas realizadas a terceros de los productos elaborados por las personas con discapacidad.

2) Una **residencia de la tercera edad**, constituida con ánimo de lucro, presta servicios de hospedaje y alimentación a personas mayores mediante precio.

Los servicios prestados no están exentos, por carecer la entidad que los efectúa del carácter social que exige la Ley, pero tales servicios tributan al tipo reducido (nº 2155 s.).

3) Una empresa que opera con ánimo de lucro se dedica al **transporte de personas de la tercera edad** a centros de acogida o lugares de recreo y vacaciones, mediante precio.

Estos servicios no están exentos, porque están prestados por una entidad con ánimo de lucro.

4) Una **asociación de empresarios**, concesionarios de entidades públicas, presta servicios de cafetería-comedor y peluquería en centros de la tercera edad, mediante precio. Dicha asociación actúa con ánimo de lucro.

Tampoco en este caso procede la exención, pues ni dicha asociación tiene la consideración de entidad de Derecho público o establecimiento privado de carácter social -por su finalidad lucrativa-, ni los servicios que se prestan son los relacionados en la Ley.

875.1 5) Una **sociedad anónima** es titular de una residencia geriátrica. Tiene suscrito un **convenio con el IMSERSO**, por el cual percibe una cantidad total diaria por los servicios prestados a cada residente.
No procede la exención porque la Ley exige que los servicios se presten por entidades de Derecho público o entidades o establecimientos privados de carácter social, y ninguno de estos requisitos concurren en este caso, al tratarse de una sociedad anónima mercantil que actúa mediante precio, sin perjuicio de su tributación al tipo reducido (nº 2155 s.).
6) Un grupo de **abogados** redacta, mediante contraprestación, informes relativos a las ayudas a personas con discapacidad y grupos étnicos e inmigrantes e igualmente se encarga de la tramitación de los documentos precisos para su acogimiento en centros de asistencia social.
Tampoco procede la exención porque la labor desarrollada por los abogados no tiene la naturaleza directa de servicio de asistencia social, al tratarse de una actividad profesional lucrativa.
7) Una **asociación sin ánimo de lucro** se constituye para ayudar a los drogadictos y marginados mediante la acogida de los mismos en centros para desintoxicación, tratamiento médico y terapia ocupacional. Dentro de esta actividad, los acogidos fabrican productos de cerámica que luego venden con la finalidad de obtener fondos. Los socios de esta asociación aportan mensualmente una cantidad fija para sufragar los gastos.
Las operaciones que realiza esta asociación están sujetas en todo caso, pudiendo quedar exentas si la asociación reúne los requisitos para ser considerada entidad o establecimiento de carácter social, es decir, carecer de finalidad lucrativa, y que los cargos del presidente, patrono o representante sean gratuitos. La entidad puede solicitar a la AEAT la calificación como entidad de carácter social.
Si reúne los requisitos previstos, pueden considerarse exentos los servicios prestados cuya contraprestación está constituida por las **cuotas** que los asociados satisfacen a la asociación.
Sin embargo, los ingresos procedentes de la venta de los **productos elaborados** no están exentos, por no concurrir los requisitos objetivos de la exención.
8) Una **asociación benéfica** que carece de finalidad lucrativa, y en la que los cargos del presidente, patrono o representante son gratuitos, y además la AEAT la ha calificado como establecimiento de carácter social, va a ampliar sus actividades construyendo una residencia para atender a enfermos mentales crónicos, recibiendo para ello ayuda de la Comunidad Autónoma en que tiene su domicilio. Dado que la nueva actividad tiene naturaleza de servicio de carácter social y cumple los requisitos exigidos, la exención se extiende también a esta nueva actividad.
9) Una entidad presta servicios de **teleasistencia a personas de la tercera edad** a través de una pulsera que llevan puesta los ancianos y que, en caso de caídas, enfermedad etc. permite establecer contacto con la empresa para que les asistan en su domicilio.
Los servicios de teleasistencia domiciliaria prestados para personas de la tercera edad están exentos cuando se prestan por entidades de Derecho público o entidades o establecimientos privados de carácter social.
10) Una **sociedad anónima** se dedica a la gestión, organización y realización de todo tipo de actividades culturales, de acceso gratuito o mediante precio simbólico. Esta sociedad factura a la **obra social de una caja de ahorros** los costes de las actividades más un pequeño margen por su gestión. Su política es la de no repartir dividendos a los accionistas sino su reinversión en la actividad y el cargo de administrador es gratuito.
En principio, al ser una entidad mercantil, se presume el ánimo de lucro y sus actividades no podrían beneficiarse de la exención. Pero a raíz de la sentencia del TJUE 21-3-02, asunto C-174/00, se estima que si actúa sin finalidad lucrativa en todo momento se puede dar por cumplido este requisito y se podría calificar como entidad de carácter social.

876 **Doctrina Administrativa** Además de las siguientes contestaciones de la DGT, ver nº 11000 s.
A. Servicios de protección de la infancia y de la juventud.
1) Están **exentas** las prestaciones de los siguientes servicios efectuadas por entidades de Derecho Público o entidades o establecimientos privados de carácter social:
- los relativos a la **adopción** de menores (DGT 9-12-96; 10-10-03);
- de formación y educación **sexual** (DGT CV 7-6-12);
- de formación sobre prevención y sensibilización de **delitos a la infancia** (abuso sexual infantil, acoso escolar y otros maltratos) dirigidos a la población adulta y a profesionales que trabajen con menores de edad (DGT CV 26-3-18);
- la realización de **colonias** de jóvenes menores de edad, estancia en un refugio con excursiones en la montaña y familiarización con la naturaleza prestadas en favor de personas menores de veinticinco años de edad (DGT CV 3-6-13); las actividades de organización y realización de un paseo ornitológico para estudiar las aves (DGT CV 21-8-17); los servicios prestados en el desarrollo de actividades en las que se muestra a los escolares la recuperación de animales y otras actividades zoológicas (DGT CV 9-10-17);
- la actividad de **animación a la lectura**, cuenta cuentos y talleres (DGT CV 29-1-14);
- los **talleres infantiles** y campamentos urbanos (DGT CV 2-10-13; CV 4-3-14);

- los **campamentos urbanos y excursiones** (DGT CV 30-4-20); los campamentos bilingües en colegios públicos de un ayuntamiento durante las vacaciones escolares, combinándose la enseñanza del inglés con actividades lúdicas, piscina, deportes, juegos, etc. (DGT CV 21-11-13), así como el fomento de la igualdad, la resolución pacífica de conflictos, la empatía, el respeto mutuo y la prevención de la violencia (DGT CV 28-5-24); los campamentos de deporte y aventura que incluyan la práctica del esquí y la práctica de otros deportes (DGT CV 29-4-19); los campamentos para niños que comprenden la estancia, manutención y talleres de música (DGT CV 6-10-16; CV 7-11-17); y los campamentos organizados por una fundación (DGT CV 25-10-17; CV 23-9-24);
- los itinerarios o excursiones culturales para centros escolares en **espacios naturales protegidos** para conocer el entorno y medio ambiente de la zona, impartiendo enseñanza de educación ambiental por biólogos sobre materias directamente relacionadas con la biología y el medio ambiente que versan sobre materias incluidas en planes de estudios, dando un servicio de formación a niños y jóvenes y de asistencia social a menores de 18 años y atendiendo un estado de necesidad y otras carencias del colectivo escolar en este campo (DGT CV 2-10-13);
- de acompañantes en el **transporte escolar** para alumnos menores de 12 años (DGT CV 26-5-15);

- de monitores para **otras actividades** como las extraescolares, las de soporte educativo a los centros escolares con personal cualificado para las salidas y actividades programadas por dichos centros, así como las de soporte educativo para alumnos/alumnas con necesidades especiales realizadas por personal cualificado (DGT CV 14-10-15; CV 21-1-16), al igual que los servicios de monitor consistentes en la realización de excursiones de educación ambiental como docente extraescolar dirigidas a alumnos de distintos grados de educación primaria y secundaria (DGT CV 17-9-19); **876.1**
- los servicios prestados **a domicilio** por un asistente personal para el cuidado de un menor con gran dependencia (DGT CV 28-10-25);
- las actividades desarrolladas por **asociaciones** que colaboran con fundaciones en la ejecución de proyectos sociales, para mejorar el bienestar de enfermedades graves organizando determinadas experiencias y proyectos (DGT CV 18-9-25).

No obstante, cuando dichos servicios sean prestados por personas físicas o entidades mercantiles y no por entidades de derecho público o entidades o establecimientos privados de carácter social, quedan sujetos y no exentos (DGT CV 22-4-16);
- la realización de excursiones, campamentos o viajes **infantiles y juveniles** y otras análogas prestadas en favor de personas menores de veinticinco años de edad (DGT CV 23-11-15; CV 5-11-18); y
- la asistencia y servicios sociales para **niños con discapacidad física** en centros no residenciales con titulación de Trabajadora social y Educadora social (DGT CV 23-12-21).

2) Si la **fundación de niños autistas** reúne los requisitos para ser considerada como entidad de carácter social, están exentos los servicios de asistencia social prestados por la misma y los servicios accesorios que estén directamente relacionados (alojamiento, limpieza, mantenimiento). Por el contrario, están sujetas y no exentas las entregas, realizadas por la fundación, de productos que elaboran los jóvenes autistas (DGT 14-4-04).

3) Las actividades sociales y recreativas desarrolladas por una **asociación de madres y padres de alumnos** pueden acogerse a la exención siempre que tal asociación cumpla los requisitos necesarios para poder ser calificada como establecimiento privado de carácter social (DGT 27-9-04). **876.2**

4) No pueden acogerse a la exención cuando la entidad que los presta **no** reúne los requisitos necesarios para ser calificada como **establecimiento privado de carácter social** los siguientes servicios:
- de **atención domiciliaria** a niños (DGT CV 18-10-06);
- de guarda, custodia, cuidado y atención a niños prestados por una **cooperativa** que no cumple esa condición (DGT CV 23-5-22);
- de organización y realización de **campamentos** para niños menores de edad prestados por una persona física o por una entidad que no tienen dicha condición (DGT CV 3-2-15; CV 6-7-17);
- aquellos prestados por **psicólogos y logopedas** consistentes en tratar trastornos en el desarrollo de niños (DGT CV 31-10-16; CV 10-3-16) o los prestados por un educador social consistentes principalmente en terapia familiar (DGT CV 15-6-22), ni los relativos a la atención y ayuda de niños y adolescentes (DGT CV 17-3-22), como ocurre cuando tienen problemas de adaptación social y se les ofrecen servicios profesionales de integración social y práctica psicomotriz Aucouturier (DGT CV 23-6-25);
- los prestados en el desarrollo de las **actividades de atención a los niños** una hora antes del comienzo de las clases, y a mediodía, durante las excursiones, parques de Navidad y colonias de verano y en talleres de cerámica y cuenta cuentos (DGT CV 14-1-14);
- de **monitores** para actividades extraescolares, excursiones, transporte, campamentos o viajes (DGT CV 13-9-19) y de guarda y custodia en el transporte escolar (DGT CV 13-9-19); y
- de **conciliación familiar** consistente en la guardia, custodia y atención de niños en centros escolares, así como en periodos no lectivos (DGT CV 1-2-21).

A este respecto, se ha de tener en cuenta que los servicios de monitores custodiando a los niños en los centros docentes en tiempo interlectivo durante el **comedor escolar** o en aulas en servicio de guardería fuera del horario escolar pasa a formar parte de la exención de LIVA art.20.uno.9º (ver nº 905 s.).
Los servicios de **cuidado diurno de niños** con necesidades sanitarias específicas y previamente diagnosticados por médicos especialistas. El servicio sanitario está exento y el de cuidado de niños también, si se presta por entes de carácter social (DGT CV 20-12-18).
5) Se incluyen entre los servicios de asistencia social los prestados por una asociación sin ánimo de lucro cuya actividad es la prestación de servicios profesionales por **fisioterapeutas y psicólogos**, de fisioterapia, psicomotricidad, terapia cognitiva, terapia de conducta, logopedia y terapia de alimentación, dirigida a niños de 0 a 16 años que presentan necesidades específicas por problemas de desarrollo (DGT CV 24-7-17).
6) No está exenta la prestación de los siguientes servicios al **no ser prestado directamente a los menores** y por tanto, no poder ser considerados de asistencia social (DGT CV 16-12-22): planificación e impartición de formación interdisciplinar (no jurídica) para profesionales en coordinación interinstitucional, entrevistas forenses, colaboración y gestión de casos; desarrollo de la formación de los profesionales que realizan exámenes médicos; actividades de sensibilización; y políticas de participación y protección infantil en España. En el mismo sentido, la elaboración de los contenidos, materiales, metodología y soportes para la elaboración de un manual de formación para familias de acogida para los servicios sociales de una Administración (DGT CV 16-6-22).

877 **B. Servicios de asistencia a la tercera edad.**
1) Están **exentas** las prestaciones de los siguientes servicios efectuadas por entidades de Derecho Público o entidades o establecimientos privados de carácter social:
- la **teleasistencia, ayuda a domicilio**, centro de día y noche y atención residencial (DGT CV 15-9-11; CV 23-12-21), al igual que la ayuda social de asistencia a domicilio para la tercera edad prestados por las trabajadoras sociales de una cooperativa que tenga dicha consideración (DGT CV 9-6-11);
- la asistencia a personas mayores en situación de **dependencia** (DGT CV 2-6-11) y de gestión relacionados con la dependencia y la promoción de la autonomía personal y la protección de la infancia y la juventud, así como la asistencia a personas mayores prestados por una sociedad cooperativa de interés social (DGT CV 29-5-19);
- el «programa de la promoción de la autonomía personal» destinado a **personas dependientes y/o con discapacidad**, prestados en el marco de un contrato de asistencia social con una Administración pública (DGT CV 5-7-13);
- los relativos a la gestión de plazas de **estancias diurnas** para personas mayores, prestados por un ayuntamiento (DGT CV 21-5-15);
- la «supervisión en el servicio de hogar familiar» consistente en una atención integral a las necesidades de la persona mayor basada en los cuidados que recibe del personal doméstico, con la finalidad de garantizar su bienestar y permanencia en su domicilio (DGT CV 17-4-15); y
- de residencia y de **centro de día o residencias** para la tercera edad (DGT CV 10-9-18; CV 25-9-24; CV 25-2-25), a diferencia de lo que ocurre cuando son prestados por una empresa privada que tiene cedida la gestión, porque la gestión de la residencia no es una prestación de servicios de asistencia social (DGT CV 28-11-17; CV 7-2-20).

2) Están **sujetos y no exentos**, al no poder considerarse como servicios de asistencia a la tercera edad, los siguientes:
- los **arrendamientos de apartamentos tutelados** efectuados por una fundación a personas mayores, teniendo además en cuenta que se prestan servicios complementarios propios de la industria hostelera (DGT 12-12-01; CV 13-1-16), así como el arrendamiento de apartamentos por períodos vacacionales, aunque los destinatarios sean personas con discapacidad (DGT CV 5-8-09; en el mismo sentido, DGT CV 23-11-15, cuando dichos servicios son prestados por una fundación); el alquiler de **apartamentos a personas de la tercera** edad ofreciéndoles servicios adicionales de fisioterapia, varios servicios de estética (peluquería, manicura, etc.), así como actividades sociales de ocio (bailes, juegos, etc.) se ha de analizar separadamente el servicio de alojamiento prestado de los restantes servicios de ocio, entretenimiento, estética, así como los servicios de fisioterapia (DGT CV 3-8-15) y los arrendamientos de las viviendas a personas físicas con servicios propios de la industria hotelera (DGT CV 22-12-22);
- los **servicios de gestión** de estos pisos tutelados llevados a cabo por una entidad contratada por el ayuntamiento titular de los pisos a cambio de una contraprestación (DGT CV 19-5-09); y
- el servicio de **asistencia a domicilio** a personas de la tercera edad, limpieza de la vivienda, ayuda en cocina y mantenimiento de la casa, en general (DGT CV 27-2-20).

877.1 **3)** No están exentos los **servicios asistenciales** prestados por una entidad con carácter mercantil a residencias privadas (tales como aseo, lavado e higiene del paciente, técnicas de hacer las camas, movilización del paciente encamado, toma de constantes vitales, limpieza del material y utensilios, cumplimentación de hojas de cuidados, etc.) dado que dicha entidad no puede ser calificada como establecimiento de carácter social (DGT CV 17-9-09); los **servicios de asesoría** de gestión a otras entidades dedicadas a la asistencia a personas de la tercera edad (DGT CV 24-11-16), así como tampoco los servicios de lavandería, limpieza o transporte que una entidad de carácter social le presta a otra entidad de las mismas características, pues no se ajustan a las prestaciones de asistencia social (DGT CV 30-1-18; CV 29-4-20).

4) Están exentas las prestaciones de servicios de asistencia social efectuadas por una asociación para personas con la enfermedad de **Alzheimer** o afectados por demencia senil y para sus familiares y cuidadores, efectuadas mediante contraprestación fijada como una cuota adicional mensual a la exigida por su consideración de socios de la referida asociación (DGT CV 17-5-10), así como los servicios de atención a domicilio o en el hospital a pacientes mayores o personas con discapacidad, a diferencia de lo que ocurre con los servicios de la **agencia de colocación** de personal para realizar servicios de asistencia social en domicilios para estos colectivos (DGT CV 19-9-18).

5) No están exentas las entregas de **comidas preparadas** a favor de un ayuntamiento para crear un centro residencial, pues son independientes a otros servicios sociales que puedan prestar dichas entidades, tales como tele-asistencia o la ayuda a domicilio (DGT CV 23-5-23).

C. Servicios de educación especial y asistencia a personas con discapacidad. **877.2**

1) Están **exentas** las prestaciones de los siguientes servicios efectuadas por entidades de Derecho Público o entidades o establecimientos privados de carácter social:

- la atención individual a personas con **autismo** (DGT CV 14-1-14);
- los prestados a organismos públicos a través de «contratos de gestión de servicios públicos para atención de personas con discapacidad»; los prestados directamente a los usuarios y familias de personas con discapacidad; los prestados a otras entidades para realización de actividades para **personas con discapacidad** (DGT CV 13-2-15), así como la gestión de un servicio público de un centro residencial para personas con discapacidad (DGT CV 20-2-15);
- la organización de determinadas actividades (baloncesto, natación, etc.) por una **asociación de personas con discapacidad** para sus asociados, a cambio del pago de una cuota independiente de la cuota de asociados, incluyendo el desplazamiento en autobús tanto de estos como de sus acompañantes (DGT CV 15-6-16);
- de **fomento del deporte** para la inclusión de personas con discapacidad por una entidad de carácter social en apoyo a otras asociaciones (DGT CV 13-12-23), o por una fundación sin ánimo de lucro sujeta al régimen fiscal de la L 49/2020 prestando servicios de psicología deportiva, coaching, entrenamiento de tenis, rehabilitación y formación de monitores, y participa en proyectos para la integración socio-laboral a través del deporte (DGT CV 12-8-25);
- de atención a personas con discapacidad a través de un **centro de terapia ocupacional** (DGT CV 12-5-17);
- los servicios en intervenciones asistidas con **animales** (DGT CV 22-6-16; CV 23-3-22) y de equinoterapia para niños con discapacidad (DGT CV 20-2-19);
- la realización de **talleres de difusión social**, así como la asistencia y servicios sociales para niños, jóvenes, ancianos y personas con alguna discapacidad (DGT CV 26-5-20);
- de **interpretación de signos** a personas con discapacidad sensorial (DGT CV 21-8-17), incluso cuando son prestados por una federación considerada entidad privada de carácter social, siempre que el receptor beneficiario de la acción asistencial sea una persona con discapacidad auditiva, y con independencia de que se facturen a una Administración pública o a entidades privadas (DGT CV 18-9-17). Sin embargo, no están exentos los servicios de subtitulados y de traducción al lenguaje de signos para empresas de radio y televisión (DGT CV 19-9-18; CV 5-11-18);
- de acompañamiento con **monitores** para poder atender a las personas con discapacidad, pero no el servicio de gestión de los viajes (DGT CV 30-10-17);
- de **ayuda a domicilio** a personas en situación de dependencia efectuadas por una entidad o establecimiento de carácter privado (DGT CV 28-10-19), así como servicios de asistencia personal a personas en situación de dependencia (DGT CV 14-8-19). Por el contrario, no están exentos los servicios de ayuda a domicilio prestados por una entidad mercantil (DGT CV 31-3-23), ni tampoco los servicios de transporte prestados a entidades de carácter social que atienden a personas en situación de dependencia (DGT CV 28-6-19).

2) Por el contrario, **no están exentos** los siguientes servicios: **877.3**

- de lavandería, limpieza, venta al por menor de papelería, etc. que son prestados por una entidad sin ánimo de lucro como actividad accesoria a la principal, consistente en la **asistencia social a personas con discapacidad intelectual** y a sus familiares, al considerarse servicios autónomos e independientes, aunque sean prestados por personal con discapacidad con el objetivo de integrarles y proporcionarles un puesto de trabajo (DGT CV 15-6-09);
- de **limpieza** de edificios públicos o privados, jardinería y mantenimiento de instalaciones (DGT CV 27-7-10); y
- de **alojamiento temporal** en apartamentos tutelados para personas con discapacidad (DGT CV 10-9-18).

3) Los servicios de promoción de la **inserción en el mercado laboral ordinario** de personas con discapacidad se ajustan a las prestaciones de asistencia social y están exentos del IVA. Salvo en los casos en que el servicio consista en la cesión de personal por parte de la UTE, siendo el destinatario de tal cesión el que presta los servicios de asistencia social a las personas beneficiarias de la misma, dicha cesión de personal estará sujeta y no exenta (DGT CV 9-1-20).

877.4 **D. Servicios de asistencia a grupos -minorías étnicas, refugiados y asilados, transeúntes, alcohólicos y toxicómanos- y de cooperación al desarrollo.**

1) Están **exentas** las prestaciones de los siguientes servicios efectuadas por entidades de Derecho Público o entidades o establecimientos privados de carácter social:

- a personas en situación de **riesgo de exclusión social**. En concreto, un plan de acción social promovido por una entidad financiera, destinado a aquellas pierdan su única vivienda como consecuencia de un procedimiento de desahucio (DGT CV 31-1-14); cursos para desarrollar acciones innovadoras para la mejora de la cualificación y preparación para la empleabilidad de colectivos en resta situación (DGT CV 13-2-15); inserción laboral y social de estas personas en búsqueda de trabajo como para su adecuada integración a la empresa (DGT CV 19-4-16); dirección musical de corales creadas con niños en esta situación (DGT CV 20-8-18); organización de actividades al aire libre en contacto con el mar, siempre que tengan por objeto la integración de personas en situación de vulnerabilidad o de exclusión social (DGT CV 25-11-24) y formación y reciclaje profesional para la inserción laboral de personas en riesgo de exclusión (DGT CV 3-2-17; CV 5-11-18);
- de intervención grupal prestados por **psicólogos** que trabajan en un colegio realizando evaluaciones, diagnósticos y tratamiento de alumnos y familias que presentan dificultades relacionados con el aprendizaje, atención, razonamiento y programas de intervención relacionados con la educación sexual, habilidades sociales, prevención de drogas y técnicas de estudio (DGT CV 20-9-16);
- de intervenciones asistidas con **animales**, siempre que se presten por una entidad considerada de carácter social; no así cuando se prestan por entidades privadas que no tienen esta consideración, o por profesionales subcontratados (DGT CV 10-7-17);
- de orientación profesional a usuarios de **colectivos vulnerables** en materia de ocupación podrían considerarse como de asistencia social (DGT CV 24-3-22);
- de **acogida integral** de inmigrantes, refugiados, jóvenes (DGT CV 21-9-23); y
- los relativos a la **prevención de adicciones** y promoción de la salud en barriadas y zonas con necesidades de transformación social (DGT CV 26-5-11).

877.5 **2)** No están exentos los servicios de **manipulación de artículos** en procesos de producción prestados a terceros por los centros ocupacionales, ni las entregas de bienes efectuadas a terceros, mediante contraprestación, por tales centros (DGT 5-6-86; 25-6-86). La entrega de envases y botellas de vidrio está sujeta y no exenta en todo caso, con independencia de que el destinatario de dicha entrega esté reconocido por la Agencia Tributaria como entidad de carácter social, y con independencia de la finalidad a que la mencionada entidad destine los bienes adquiridos (DGT CV 12-7-13).

3) Los **cursos para adultos**, dirigidos al colectivo de presos, y danza y creación para personas con discapacidad física, pueden cumplir igualmente las condiciones para ser considerados servicios de asistencia social, cuando se integra la asistencia a ex-reclusos, la reinserción social y prevención de la delincuencia, así como la educación especial y asistencia a personas con discapacidad (DGT CV 26-11-08); los cursos de reeducación y **reinserción de reclusos** (DGT CV 27-10-08) y los servicios de asistencia social a personas refugiadas y asimiladas (DGT CV 18-10-19).

4) Los servicios prestados por una **cooperativa de trabajo asociado** en un programa de **prevención de la marginación** no pueden estar exentos, porque la cooperativa tiene finalidad lucrativa y eso impide considerarla como una entidad social (DGT 11-11-02; CV 14-9-05), al igual que ocurre con los servicios prestados por un trabajador social a una **ONG** a cambio de una contraprestación consistentes en apoyo psico-social a refugiados, migrantes, minorías étnicas, personas con adiciones o en riesgo de pobreza o exclusión social; coordinación y gestión del personal de apoyo que incluye trabajadores sociales y psicólogos y formación a voluntarios sobre salud mental (DGT CV 14-10-24).

5) El **concepto cooperación para el desarrollo** debe interpretarse a la luz de la normativa sustantiva que da entrada a la aplicación de determinadas exenciones a las actividades de cooperación internacional que se traducen en transferencias de recursos materiales y humanos a los países en vías de desarrollo (DGT 5-9-01). No obstante, los servicios de unos profesionales independientes contratados por un ayuntamiento para una campaña de educación a los ciudadanos sobre la cooperación para el desarrollo no están exentos al no encuadrarse dentro de los servicios y actividades que constituyen la asistencia social (DGT CV 4-4-16).

877.6 **E. Servicios de acción social comunitaria y familiar.**

1) El **concepto** de acción social comunitaria y familiar supone la intervención desde los servicios sociales en una comunidad concreta y orientada a las familias que la integran, para tratar la marginación social y la inserción social en procesos de inadaptación. Los servicios pueden consistir en ayuda a domicilio, centros de día, hogares sustitutos, mini residencias, viviendas tuteladas (DGT 21-11-86).

2) Están **exentas** las prestaciones de los siguientes servicios efectuadas por entidades de Derecho Público o entidades o establecimientos privados de carácter social:

- los cursos de la «**escuela de padres**» se ajustan a las características de las actividades de acción social comunitaria y familiar. Asimismo, el contenido de los «talleres de inteligencia emocional» responde a las características de las actividades de protección de la infancia y juventud, siempre que tengan como destinatarios a personas menores de veinticinco años de edad (DGT CV 10-12-07);

- la asistencia jurídico- procesal a mujeres en relación con el **impago de pensión compensatoria y/o alimenticia** y la relativa al incumplimiento de obligaciones no económicas (DGT CV 22-4-10);
- de asistencia jurídica gratuita para mujeres **víctimas de violencia doméstica**, prestadas por entidades o establecimientos privados de carácter social (DGT CV 22-4-10), en el marco de un convenio con un ayuntamiento (DGT CV 14-5-10; CV 29-5-13) o en un Punto municipal del Observatorio Regional de Violencia de Género mediante contrato administrativo con el ayuntamiento (DGT CV 12-12-24); de mediación (acogida en centro, recuperación, etc.) en casos de violencia de género (DGT CV 1-7-16); de punto Violeta cuyo objetivo es la información y asistencia relacionada con personas que pueden ser víctima de violencia de género (DGT CV 22-5-25) y de información jurídica, asistencia legal y atención psicológica a las mujeres víctimas de violencia sexual y abusos sexuales prestados por abogados y psicólogos (DGT CV 5-7-13);
- la atención psicopedagógica a **jóvenes** en el marco de un programa de asistencia social, mediante el tratamiento y ayuda a los jóvenes en conflicto que dentro del hogar tiranizan a familiares, efectuadas tanto en régimen de internado como externamente (DGT CV 11-5-12);
- la información, formación y prevención de la **violencia sexual** para jóvenes y adolescentes (DGT CV 29-3-12);
- el asesoramiento técnico y profesional contra el **trabajo infantil** (DGT CV 8-2-13);
- de **punto de encuentro** para la ejecución del régimen de custodia, visitas, comunicación y estancia de niños, de acuerdo con lo establecido en resoluciones judiciales dictadas en procedimientos judiciales de familia (DGT CV 1-3-10);
- aquellos prestados por una entidad sin ánimo de lucro, teniendo reconocida la condición de entidad de carácter social, que ha suscrito varios convenios con una Comunidad Autónoma para la realización de **programas preventivos** para la atención a familias con menores en situación de conflicto o dificultad, prestación del servicio de punto de encuentro a familias y prestación de servicios de atención a víctimas de delitos (DGT CV 28-11-16); y
- las relativas a una actividad de **estancia de tiempo libre** para mujeres solas con hijos a su cargo (DGT 28-1-99).

3) Los servicios de los **cuidadores de enfermos**, prestados por una asociación de carácter social, están exentos del impuesto, quedando excluidos los servicios de comidas para familiares y empleados del centro (DGT 20-10-03).

4) No están exentas las prestaciones de servicios consistentes en elaborar, implementar y evaluar actuaciones, políticas y proyectos encaminados a la consecución de **igualdad de oportunidades** y trato entre hombres y mujeres efectuadas para Administraciones Públicas y empresas, al no ser considerados servicios de asistencia social a efectos de este impuesto (DGT CV 20-2-20).

F. Entregas de bienes. 878

Quedan excluidas de esta exención las entregas de bienes, por lo que no resulta de aplicación a la entrega de **alimentos** efectuada por una entidad a través de su economato social con carácter gratuito (DGT CV 16-7-14), a la entrega de bienes de primera necesidad a precio inferior al coste (DGT CV 4-5-12), ni a la **venta de objetos usados**, previamente reciclados en sus talleres ocupacionales y pre-laborales por una entidad sin ánimo de lucro aunque se vendan a un precio muy bajo a personas con escasez de recursos (DGT CV 5-2-15).

G. Actividades no incluidas en el concepto de asistencia social. 878.1

No se consideran asistencia social las siguientes prestaciones de servicios, quedando por tanto **sujetas y no exentas**:
- de elaboración de informes para la optimización de **recursos para las mujeres** efectuados para un ente público (DGT 28-1-99), así como tampoco los servicios de gestión de un centro cívico, salvo los relativos a la organización, gestión y ejecución del programa de animación sociocultural (DGT CV 24-5-10);
- de cesión de **infraestructura** (maquinaria, consumibles, etc.) efectuadas por una entidad de carácter social (DGT 20-11-98), así como la **cesión de personal** (trabajadores sociales, educadores, monitores, personal administrativo, conductores, etc.) realizada por una sociedad mercantil (DGT CV 11-10-05);
- las actividades de representación de **espectáculos en vivo** (DGT CV 7-5-20);
- de **auxilio y salvamento** en playas (DGT CV 9-4-08) y los de socorrismo (DGT CV 17-6-08);
- de dinamización de los **puntos municipales de acceso a internet** consistentes en facilitar a los ciudadanos la realización de trámites a través de la web municipal, asesorar y formar en el uso de las nuevas tecnologías, trabajos concretos con diferentes colectivos susceptibles de sufrir «fractura digital» (DGT CV 13-5-08; CV 23-2-09), ni los de dinamización consistentes en el desarrollo de actividades culturales, formativas y lúdicas, llevados a cabo para personas mayores, usuarios de los centros municipales de barrio (casales), prestados por una entidad mercantil (DGT CV 6-3-12);
- de **asesoramiento** en materia de salud pública, medio ambiente, sanidad animal y vegetal (DGT CV 28-10-08) y en sistemas de gestión ética (DGT CV 6-3-18);
- de **intermediación laboral** (DGT CV 7-3-12);

- de redacción de informes, asesoramiento, investigaciones y dictámenes sobre temas migratorios (DGT CV 19-11-08); asesoramiento, elaboración de informes y consultoría a otras entidades en materia de diversidad e inclusión (DGT CV 14-10-19) y publicación de un libro por una fundación con motivo de unos estudios sobre emigración realizados a petición de un ayuntamiento (DGT CV 29-10-09; CV 28-11-16);
- la participación en un evento de sensibilización y formación, por no dirigirse a atender directamente estados y situaciones de necesidad (DGT CV 11-2-22);
- el asesoramiento sobre el **juego** responsable a entidades españolas o europeas dedicadas al juego (DGT CV 11-4-12);

878.2 - el **subtitulado** para personas sordas o personas con discapacidad auditiva, la audio descripción y el signado y subtitulación de programas (DGT CV 1-4-13; CV 22-6-16);
- aquellos consistentes en atender, dar información y documentar al público **infantil, adolescente y juvenil** sobre programas, cursos, proyectos, becas, etc. relacionados con temas de su interés (cultural, tiempo libre, ocio, mercado laboral, formación) (DGT CV 7-10-13);
- de programación cultural dirigida a **niños** (títeres, teatro infantil, cuentacuentos), ludotecas y organización del Día del Niño, con atracciones, actuaciones infantiles, pasacalles, etc. (DGT CV 2-10-13; CV 9-9-14); las actividades de animación para el público infantil (payasos, interpretación de personajes fantásticos, globotecnia) (DGT CV 23-7-14); cuentacuentos, visitas guiadas, jornadas históricas, etc. (DGT CV 8-10-14); de representaciones teatrales, organización y ejecución de espectáculos de teatro infantil (DGT CV 21-1-15; CV 21-1-15; CV 7-4-15); de carácter deportivo y lúdico (DGT CV 2-10-18; CV 1-2-19); cumpleaños con animación infantil y juegos para animación infantil (DGT CV 26-10-18); yincanas, fiestas deportivas y torneos en colegios (DGT CV 5-11-18); la actividad de ludoteca y otros servicios de ocio para niños como actividades de cuentacuentos, organización de cumpleaños, fiestas infantiles, carnavales, actividades de cuidado de niños en restaurantes, centros comerciales y casas particulares (DGT CV 30-4-20);
- las actividades en desarrollo del **plan de igualdad** de oportunidades entre mujeres y hombres efectuado por una entidad mercantil para un ayuntamiento (DGT CV 26-11-07);
- aquellos relativos al aprendizaje de **lenguaje de signos** y habilidades sociales en general (DGT CV 5-10-07);

878.3 - la formación de profesionales que están en contacto con personas con **enfermedades terminales** (DGT CV 27-6-16);
- actividad de terapia **sexual** a personas físicas, siempre que no puedan considerarse servicios médicos o sanitarios prestados por profesionales sanitarios con el fin de diagnosticar, prevenir o tratar enfermedades (DGT CV 26-7-17);
- de promoción de la **actividad física** para mejorar la salud, al entender que se trata de servicios de carácter deportivo (DGT CV 15-12-17), así como de actividades de multideporte y senderos intergeneracionales (DGT CV 23-5-18);
- de **guía turístico** (DGT CV 8-3-17);
- obras de reparación y adecuación en viviendas habituales de **personas desfavorecidas** (DGT CV 14-11-18);
- de **catering** prestados en ocasiones a otras entidades sin ánimo de lucro y a centros escolares (DGT CV 23-11-18; CV 15-2-23) o para dar servicios de menús diarios en distintos centros de la tercera edad (DGT CV 20-6-22);
- de **alojamiento y manutención** en residencias de tiempo libre (DGT CV 9-3-22);
- de asistencia y cuidado a **perros**, aunque para ello se contrate a personas con diversidad funcional (autismo, síndrome de Down, etc.) o en riesgo de exclusión social (DGT CV 17-5-22); y
- de lavandería, limpieza y traslados o movilizaciones de residentes dentro de un **centro de día o residencia**, efectuados por una fundación para otra fundación (DGT CV 20-4-23).

879 **H. Servicios de asistencia social no exentos.**

No se aplica la exención en los siguientes supuestos:

1) Los servicios profesionales prestados por la persona física que atiende por teléfono y personalmente las situaciones de emergencia de mujeres **víctimas de violencia de género**, por no considerarse una prestación sanitaria de psicología clínica, sino un servicio de orientación y asesoramiento (DGT CV 8-2-10; CV 21-8-17).

2) Los servicios prestados por **psicólogos** consistentes en realizar funciones de tutor laboral de los beneficiarios de un programa de integración social (DGT CV 5-8-11), los servicios de psicólogo impartiendo talleres de estimulación cognitiva para mayores (DGT CV 3-7-14), los servicios de musicoterapia (DGT CV 7-10-14), así como los servicios prestados por psicólogos en centros residenciales para la tercera edad, dado que estos profesionales no tienen la condición de establecimiento privado de carácter social (DGT CV 9-9-14).

3) En general, los prestados por personas o entidades que **no** tengan la consideración de entidad o **establecimiento de carácter social**: atención lúdica a niños en períodos vacaciones (DGT CV 1-3-17); coordinación, programación, funcionamiento y organización del centro de recursos juveniles (DGT CV 21-9-17); servicios de atención a personas con discapacidad o personas de la tercera edad (DGT CV 24-3-17) y servicios de inserción integral de personas en situación de exclusión social prestados por **colaboradores profesionales independientes** (DGT CV 17-3-22).

I. Requisitos y obligaciones formales. 880

1) La eficacia del reconocimiento de la condición de entidad o establecimiento de carácter social está condicionada a la **subsistencia de los requisitos** que hayan fundamentado tal reconocimiento. En particular, dicho reconocimiento mantiene su eficacia si los beneficios eventualmente obtenidos por dichas entidades se invierten en la adquisición de bienes o servicios necesarios para el normal funcionamiento del náutico -club social, oficinas, aparcamientos, infraestructuras, pantalanes, etc.- (DGT 30-5-01). En el mismo sentido, DGT CV 21-1-19; CV 16-10-18, respecto a la subsistencia de las condiciones y requisitos que fundamentan la exención, en relación a un club hípico.

2) La calificación de carácter social puede ser concedida a las **personas físicas**, siempre que se cumplan todos y cada uno de los requisitos previstos en la normativa vigente y, en especial, el requisito de carecer de finalidad lucrativa (DGT 31-3-05; CV 21-4-06).

A efectos del IVA, el hecho de que «los organismos no tengan por objetivo la consecución sistemática de beneficios» se ha traducido como la ausencia de finalidad lucrativa. Si ambos conceptos son, por tanto, equivalentes, se puede concluir que el hecho de que una **sociedad** anónima tenga por su naturaleza finalidad lucrativa no obsta para que se considere que actúa sin dicha finalidad. Es más, ni siquiera se puede considerar que tiene un fin lucrativo material, sino solamente formal, por revestir la forma de sociedad anónima. En consecuencia, la sociedad cumple todos los requisitos para ser considerada como una entidad de carácter social (DGT CV 26-9-05).

3) Una **fundación**, a efectos de su consideración como entidad privada de carácter social, podría mantener la condición de falta de carácter lucrativo (LIVA art.20.tres.1º) cuando pueda probarse que no tiene por objetivo la consecución sistemática de beneficios y cumpla con el resto de los requisitos señalados en LIVA (DGT CV 15-7-22).

Aunque ya tenga reconocido el carácter social por la Administración tributaria, si inicia **nuevas actividades** consistentes en la impartición de cursos y conferencias sobre formación técnica en materias en las que viene desarrollando su actividad fundacional, así como asesoramiento profesional, dirigidas a terceros, no se pueden encuadrar dentro de los conceptos de asistencia social y por lo tanto no pueden estar amparadas por dicha exención, sin perjuicio de aplicar la exención de enseñanza (DGT CV 18-10-11).

Jurisprudencia **A. Requisitos y obligaciones formales.** 883

1) La exención para los servicios de asistencia social **puede aplicarse** también a las prestaciones de servicios de asistencia realizadas por:

- **personas físicas**, ya que las expresiones «otros establecimientos de la misma naturaleza legalmente reconocidos» y «otros organismos» a los que el Estado miembro de que se trate reconozca su carácter social, no las excluye del ámbito de aplicación cuando lleven a cabo la explotación de una empresa (TJUE 7-9-99, asunto C-216/97). Ver, en relación con esta cuestión, DGT 31-3-05 en nº 880;
- las **cajas de ahorro**. Aunque realizan actividades propias de las entidades de crédito, este hecho no presupone obligatoriamente que persigan ánimo de lucro. Por otra parte, el hecho de que los consejeros de las cajas de ahorro perciban dietas de asistencia, no elimina el carácter gratuito del cargo, según las normas impartidas por el Banco de España (TS 31-1-02, EDJ 1982; 30-9-05, EDJ 165999); y
- **organismos privados con ánimo de lucro** (TJUE 26-5-05, asunto C-498/03).

2) Por el contrario, la exención para los servicios de asistencia social **no puede aplicarse** a las prestaciones de servicios de asistencia realizadas por:

- las entidades cuya forma jurídica es la de **sociedad cooperativa**, que no excluye el lucro, beneficio o excedente (TEAC 8-10-98). No obstante, ver DGT CV 9-6-11 en el nº 877; y
- los **colegios profesionales** (TEAC 24-4-97).

3) Para determinar si un organismo actúa «**sin fin lucrativo**», debe tenerse en cuenta la totalidad de sus actividades. Cuando se haya comprobado que es así, el hecho de que ulteriormente el organismo obtenga **beneficios**, aunque intente conseguirlos o los genere sistemáticamente, no permite poner en entredicho la calificación inicial de dicho organismo mientras dichos beneficios no se distribuyan a sus socios en concepto de ganancias. Evidentemente la normativa comunitaria no prohíbe a los organismos cerrar el ejercicio con un saldo positivo (TJUE 21-3-02, asunto C-174/00).

4) La exención de las prestaciones de servicios sociales se aplica a los servicios efectuados por un prestador establecido en un **Estado miembro** para destinatarios consumidores finales establecidos en otros Estados miembros. En tal caso, el carácter social de las prestaciones realizadas y la consideración del prestador como entidad de carácter social debe efectuarse conforme a la normativa del Estado de establecimiento (TJUE 11-5-23, asunto C-620/21).

B. Servicios de protección a la infancia y juventud. 883.1

1) Solo pueden quedar exentas unas prestaciones de servicios como **intermediario** entre quienes buscan y quienes ofrecen un servicio de guarda de niños, realizadas por una entidad de Derecho público o un organismo al que el Estado miembro de que se trate reconozca su carácter social, si el propio servicio de guarda de niños reúne los requisitos para acogerse a la exención, dicho servicio es de un tipo o de una calidad tal que los padres no podrían tener garantizado el acceso a un servicio del mismo valor sin recurrir a las prestaciones de esa entidad o de ese organismo, y tales prestaciones no están esencialmente destinadas a procurar unos ingresos suplementarios al prestador por la realización de operaciones efectuadas en competencia directa con las de las empresas comerciales sometidas al IVA (TJUE 9-2-06, asunto C-415/04).

2) Para calificar una actividad como **acción social comunitaria o familiar** o de protección a la juventud debe estar relacionada con tal asistencia o protección, prestarse por organismos que tengan un carácter esencialmente social, existencia de disposiciones específicas, e interés general de la actividad. El TJUE no exige la falta de ánimo de lucro para el reconocimiento de la exención (AN 14-1-15, EDJ 922).

C. Servicios de asistencia a personas de la tercera edad y personas con dependencia.

1) No están exentos del IVA los servicios prestados por una empresa de trabajo temporal consistentes en la **cesión de cuidadores** diplomados a centros con carácter social que prestan servicios directamente a personas con dependencia (TJUE 12-3-15, asunto C-594/13).

2) Los servicios prestados por una **residencia de viviendas asistidas**, que proporciona alojamiento y ciertos servicios complementarios a personas mayores que pueden valerse por sí mismas, siempre que estén directamente relacionadas con la asistencia social y con la Seguridad Social, están exentos del IVA si se cumplen ciertas condiciones (TJUE 21-1-16, asunto C-335/14).

3) Los servicios prestados por una enfermera a un seguro médico público, consistentes en la elaboración de **dictámenes sobre el estado de dependencia** de distintos pacientes, a fin de determinar si estos deben ser cubiertos por el seguro, están exentos siempre que la legislación nacional reconozca a la enfermera la condición de organismo de carácter social (TJUE 8-10-20, asunto C-657/19).

4) Los servicios de asistencia personal básica y asistencia en las tareas domésticas prestados por un servicio de **asistencia ambulatoria** a personas dependientes física o económicamente constituyen prestaciones de servicios directamente relacionadas con la asistencia social (TJUE 10-9-02, asunto C-141/00).

884 **Cesiones de personal** (LIVA art.20.uno.11º) Están exentas las cesiones de personal realizadas, en el cumplimiento de sus fines, por **entidades religiosas**, inscritas en el Registro correspondiente del Ministerio de la Presidencia, Justicia y Relaciones con las Cortes, para el desarrollo de las siguientes actividades:

a) Hospitalización, asistencia sanitaria y demás actividades directamente relacionadas con las primeras.

b) Asistencia social (las comprendidas en el nº 872).

c) Educación, enseñanza, formación y reciclaje profesional.

---

885 Ejemplos 1) Una **secta religiosa** de la India, no inscrita en registro alguno, que tiene un centro de actividad en España, cede personal a un centro sanitario y a un colegio donde se imparten enseñanzas de diversa índole mediante contraprestación y, además, presta servicios de alimentación y alojamiento a inmigrantes de dicho país.

No procede aplicar la exención respecto de las cesiones de personal porque se trata de una entidad religiosa no inscrita en el Registro del Ministerio de la Presidencia, Justicia y Relaciones con las Cortes. Respecto de los servicios de alimentación y alojamiento, no están exentos en ningún caso, aunque se tratase de instituciones religiosas inscritas en dicho Registro, ya que tales servicios no se incluyen en el ámbito objetivo de esta exención, sin perjuicio de la posible aplicación de la exención del nº 872.

2) Una **orden religiosa de la Iglesia Católica** cede a tres de sus miembros, temporalmente, a un país africano, para que actúen como mediadores en los conflictos fronterizos que mantiene con otro país.

Esta cesión de personal no está sujeta, dado que se presta fuera del territorio español (LIVA art.69.uno.1º, 69.dos.h y 70.dos). No obstante, aunque estuviese sujeta no estaría exenta, al no perseguirse ninguna de las finalidades previstas en la Ley.

---

887 **Instituciones benéficas, colegios profesionales y otros** (LIVA art.20.uno.12º) Están exentas las prestaciones de **servicios y entregas de bienes accesorias** a las mismas efectuadas directamente a sus miembros por organismos o entidades legalmente reconocidos que no tengan finalidad lucrativa, cuyos **objetivos** sean de naturaleza política, sindical, religiosa, patriótica, filantrópica o cívica, realizadas para la consecución de sus finalidades específicas. Se incluyen, a estos efectos, los colegios profesionales, las cámaras oficiales, las organizaciones patronales y las federaciones que agrupan a los organismos o entidades mencionadas. Por tales prestaciones no han de percibir **contraprestación** alguna distinta de las cotizaciones fijadas en sus estatutos.

La aplicación de esta exención queda **condicionada** a que no sea susceptible de producir distorsiones en la competencia. Asimismo, no se exige el reconocimiento previo por parte de la Administración, por lo que la exención resulta aplicable de manera **automática** a todas aquellas entidades que cumplan estos requisitos.

Esta exención limitada no puede ser objeto de **renuncia** mientras concurran los requisitos que la fundamentan y su reconocimiento se ajuste a las previsiones legales (DGT 21-9-98; CV 2-3-12; CV 13-7-16). La renuncia, en la medida en que no hayan variado las condiciones objetivas y subjetivas que dieron lugar a su aplicación, no supone la exclusión del sujeto pasivo del ámbito de la exención (TEAC 29-3-06).

Ejemplos 1) Una **organización patronal** realiza las siguientes operaciones: 890
a) Presta a sus miembros, sin contraprestación específica, servicios de asesoramiento jurídico y financiero.
b) Entrega a sus miembros, sin contraprestación específica, folletos explicativos sobre sus actividades económicas y perspectivas del mercado exterior.
c) Vende a sus miembros libros de economía, hacienda y comercio exterior, mediante contraprestación.
Los servicios y entregas de las organizaciones patronales pueden disfrutar de las exenciones siempre que se cumplan las condiciones exigidas, sin que sea necesario el previo reconocimiento por la Administración.
En el caso planteado, cumplen estas condiciones las operaciones de los apartados a) y b), pero no así las del apartado c), dado que se cobra una contraprestación distinta de las cuotas establecidas.
El hecho de que la entidad realice otras actividades económicas de distinta naturaleza sujetas al impuesto, no impide el disfrute de la exención, siempre que dichas actividades no impliquen la alteración de sus objetivos.
2) Una **asociación profesional de comerciantes**, constituida sin ánimo de lucro, realiza las siguientes actividades:
a) Tiene un recinto ferial y adjudica a sus asociados los espacios que desean, mediante una contraprestación distinta de las cuotas de socios.
b) Explota un mercado municipal en régimen de concesión administrativa y cobra a cada asociado una cantidad destinada a cubrir los gastos comunes y los de conservación y mantenimiento.
c) Esporádicamente presta servicios a otras asociaciones profesionales.
d) Entrega a sus asociados, sin contraprestación específica, revistas, impresos y calendarios laborales.
e) Organiza cursos de contabilidad y tributación para sus asociados, sin contraprestación específica, pagando sus servicios a los conferenciantes.
En este caso únicamente están exentas las operaciones enumeradas en los apartados d) y e), pues las primeras no reúnen el requisito legal de que la contraprestación consista solo en la cuota de asociado. En el caso concreto del apartado c) sucede, además, que los servicios no se prestan directamente a sus miembros, como exige la Ley.

3) Una **cooperativa** compra productos de óptica y los revende luego por el mismo precio a sus cooperativistas, consiguiendo así un mejor precio de los proveedores. Además, la cooperativa facilita a sus socios servicios profesionales de asesoría jurídica, fiscal, formación, etc. La cooperativa cobra a sus socios una cuota mensual para cubrir los gastos generales de funcionamiento. De sus estatutos se desprende que tiene ánimo de lucro. 891
Las cuotas periódicas, pagadas por los cooperativistas a la cooperativa para sufragar los gastos de funcionamiento de esta última constituyen la contraprestación de los servicios a que tienen derecho los cooperativistas en su condición de miembros de la cooperativa y que les son prestados por la misma, servicios que están sujetos y no exentos, debiendo por tanto la cooperativa repercutir el IVA a los cooperativistas con ocasión del cobro de las referidas cuotas. No se aplica la exención, al no cumplirse los requisitos previstos, pues las cooperativas son entidades con ánimo de lucro y sus fines no son los mencionados en la Ley.
4) La **asociación de vecinos** del barrio de una ciudad presta los siguientes servicios:
- tiene una sala de lectura y recreo que permite utilizar a sus asociados;
- organiza viajes en beneficio de los mismos, con cargo a las cuotas fijas que pagan por ser miembros de la asociación;
- presta servicios de cafetería, que cobra de forma específica por cada consumición.
Las asociaciones de vecinos son entidades sin ánimo de lucro. De ahí que estén exentos los servicios de los dos primeros apartados, pero no los del tercero, ya que por ellos cobra una remuneración independiente de la cuota de asociado.
5) Una **asociación sin ánimo de lucro** aplica la exención por servicios y entregas efectuadas a sus miembros. Para el desarrollo de su actividad incurre en una serie de gastos, como el arrendamiento del local donde tiene su sede, la compra de materiales de oficina y suministros generales.
La exención no ampara las adquisiciones de bienes o servicios de las que es destinataria la entidad que se beneficia de la misma.

6) Un **colegio profesional** de arquitectos técnicos realiza las siguientes actividades: 892
a) Servicio de atención y asesoramiento a los colegiados, sin contraprestación específica.
b) Distribución y entrega de revistas con carácter accesorio a la prestación de servicios específicos, para sus colegiados, de forma gratuita, es decir, sin contraprestación distinta de las cotizaciones fijadas en los estatutos.
c) Entrega de revistas y folletos a terceros mediante contraprestación.
d) Servicio de asesoramiento e informes para terceros, mediante contraprestación.
e) Servicio de visado obligatorio de los trabajos presentados, legitimación de proyectos, dictámenes y valoraciones, efectuados mediante contraprestación distinta de las cotizaciones establecidas en los estatutos.

Están exentas las operaciones relacionadas en las letras a) y b), dado que no se exige una contraprestación específica por ellas. En cambio, no disfrutan de exención las restantes que se exponen, ya que por ellas se cobran contraprestaciones específicas distintas de las cotizaciones.
7) Una **asociación** tiene como objeto principal ayudar a la **curación y reinserción social** de aquellas personas que manifiestan conductas violentas y agresivas, mediante la asistencia de médicos, psicólogos, etc.
Se entiende que esta asociación tiene un fin de carácter cívico, dado que el beneficio redunda en una colectividad.
8) Un grupo de personas funda una **asociación** cuyo fin es la organización de **actividades culturales** diversas como la lectura de libros y revistas, audición de discos, asistencia a conferencias y charlas de divulgación cultural y, en general, cuantas actividades culturales puedan ofrecer a sus asociados. Los asociados satisfacen unas cuotas para sufragar las actividades descritas.
En este caso, la asociación no tiene la condición de sujeto pasivo, ya que no está realizando ninguna actividad empresarial ni profesional que pueda quedar sujeta al impuesto.
9) Una **asociación religiosa** sin ánimo de lucro que para su financiación va a contar con los siguientes medios:
- Ingresos procedentes de las cuotas de carácter periódico, así como una extraordinaria, todas ellas aprobadas en los estatutos por parte de sus miembros.
- Donativos de miembros de la asociación.
- Donativos de terceros y empresas.
- Ingresos derivados de la organización de encuentros, eventos, jornadas, retiros, congresos, conferencias, etc. por parte de la asociación, tanto a miembros de la misma como a otros participantes que no lo son.

Solo están exentas las cuotas satisfechas por los socios fijadas en los estatutos. Por el contrario, aquellas operaciones realizadas, en su caso, para los asociados por las que les factura un precio independiente de las cuotas fijadas en los estatutos no están exentos.

---

895 Doctrina Administrativa Además de las siguientes contestaciones de la DGT, ver nº 11000 s.

A. Conceptos.

1) Deben calificarse como «**cívicos**» los objetivos que tienden a alcanzar **intereses generales** protegidos por la Ley con un trato de favor en atención a que dan mayor cohesión al tejido social. En consecuencia, cabe entender en nuestro Derecho como objetivos de naturaleza «cívica» los que tienden a solidarizar intereses comunes en beneficio de la colectividad y no el interés particular de un determinado grupo constituido en asociación de carácter mutual (DGT 22-9-03; CV 5-10-05). Ver nº 898.
2) Por **cotizaciones fijadas en los estatutos**, a los efectos de la aplicación de la exención, han de entenderse todas aquellas cantidades percibidas por los organismos o entidades del nº 887 y que constituyan la contraprestación de las prestaciones de servicios y entregas de bienes accesorias a los mismos que efectúen en interés colectivo de sus miembros, es decir, a la que todos estos últimos tengan derecho por igual en tanto que integrantes de dichos organismos o entidades con el fin de conseguir el objetivo de estas, con independencia del carácter ordinario o extraordinario que tales cantidades revistan.

B. Colegios profesionales.

1) Están exentos los servicios prestados por:
- los **colegios de aparejadores y arquitectos técnicos** que correspondan a la cuota denominada de «intervención profesional», siempre que la misma esté aprobada en Consejo de Ministros, a diferencia de lo que ocurre con las cuotas devengadas y cobradas por un colegio profesional antes de la **ratificación de sus estatutos** por el Consejo de Ministros debiéndose repercutir en ese caso el impuesto a los destinatarios de las operaciones (DGT 30-1-98); y
- los colegios oficiales de **ingenieros industriales**, por los que se percibe un porcentaje sobre el valor de los trabajos por redacción de proyectos o dictámenes, incluso cuando estos se realicen por los colegiados para entidades a las que les une una relación laboral (DGT Resol 5-3-97).

2) No se aplica la exención a los siguientes **entregas y servicios** realizados por un colegio profesional:
- de **visado** obligatorio de los trabajos, documentos y honorarios de los colegiados (DGT 6-6-02; 4-11-02) y de tasas de visado y por otros servicios básicos prestados a los arquitectos colegiados (DGT CV 27-8-18);
- los de **publicidad** cuando son objeto de contraprestación específica (DGT CV 4-3-13) y las entregas de revistas y demás publicaciones del colegio a terceras personas distintas de los colegiados (DGT CV 4-9-86).
- transmisión de un bien **inmueble** realizada por un colegio profesional (DGT 31-8-04);
- los prestados por el colegio profesional a los **colegiados** por los que deben abonar unas cuotas variables en función del número de recetas dispensadas por cada uno (DGT CV 23-7-15). Sin embargo, el establecimiento de cuotas variables a satisfacer por los asociados en función del volumen de las primas alcanzadas en el mercado por cada uno de ellos no impide aplicar esta exención (DGT CV 11-6-20);
- la cuota extraordinaria a satisfacer, en su caso, por los **miembros de un colegio profesional**, a cambio de la cual van a recibir servicios de facturación y administración de recetas (DGT CV 23-5-17), así como las cuotas satisfechas para la obtención de la tarjeta de antiguo alumno que permite el acceso al espacio de coworking y salas de reuniones, descuentos en material, formación y servicios cinematográficos (DGT CV 12-9-18); y

- el cobro de cuota variable a los **no colegiados** por las operaciones que pueda realizar el Colegio de Procuradores (DGT CV 8-11-21; CV 26-6-23) o por el Colegio de Ingenieros por las actividades prestadas, a cambio de remuneración, sobre la investigación, desarrollo e innovación en el ámbito de la informática y de las tecnologías (DGT CV 13-10-09).

C. Otros organismos y entidades. 895.1

1) Las **asociaciones** no pueden aplicar la exención en el arrendamiento de locales ocupados por una asociación sin ánimo de lucro (DGT 31-3-04; CV 22-11-06) o de un local de una asociación a un tercero (DGT CV 7-10-19), ni los servicios de transporte que presten a asociados y no asociados (DGT CV 12-9-17).

Con carácter general, no se aplica la exención a la **adquisición de bienes y servicios** que realicen (DGT CV 2-12-15), a los servicios prestados por sus colaboradores a dichas asociaciones (DGT CV 4-5-16; CV 4-1-19) ni a los prestados por la asociación a alguno de sus asociados por servicios de los que son beneficiarios directos (DGT 9-9-16; CV 4-7-17).

Tampoco está exenta la actividad consistente en la gestión y distribución de un carné necesario para poder alojarse en los albergues juveniles integrados en una red internacional, ya que la asociación presta sus servicios a terceros **distintos de sus propios miembros** y percibe ingresos adicionales a los fijados por sus estatutos (DGT 5-9-03).

2) Las **cámaras**, con carácter general, pueden aplicar la exención, a excepción de las cámaras privadas de compensación bancaria (DGT 18-5-87). Ello no impide la procedencia de la exención contemplada para los servicios prestados por uniones, agrupaciones o entidades autónomas (ver nº 1065 s.).

D. Cuotas. 895.2

1) Resulta aplicable la exención en caso de satisfacción de cuotas de las siguientes entidades:
- de una sociedad **cooperativa** de consumidores y usuarios (DGT CV 23-4-13);
- de una **federación gremial** constituida al amparo de la L 19/1977, sobre regulación del derecho de asociación sindical (actualmente, derogada por LO 11/1985), cuyo objeto es reunir las asociaciones de instaladores electricistas, fontanería, saneamiento, calefacción, climatización, telecomunicaciones, etc. de una determinada Comunidad Autónoma, para representarlas y coordinarlas en la defensa de sus intereses generales y comunes (DGT CV 1-4-13; CV 1-4-13; CV 1-4-13);
- de una **asociación sin ánimo de lucro** cuyos principales ingresos proceden de las cuotas asociativas que dan derecho a disfrutar a todos los asociados y sin contraprestación, de las tertulias fiscales, desayunos de trabajo para abordar temas profesionales, acceso a bases de datos, boletines semanales de información, servicios de información y comentarios de prensa diarios, asesoramiento tributario, contable y laboral, derecho de acceso a la bolsa de trabajo y prácticas formativas y la concesión de cuentas de correo electrónico para asociados (DGT CV 9-7-13). En el mismo sentido, respecto del cobro de cuotas a los socios para el cumplimiento de sus fines estatutarios consistentes, fundamentalmente, en la organización de una semana taurina, (DGT CV 16-10-17); o en relación con las cuotas pagadas por los socios a su asociación que luego les presta servicios de asesoramiento y orientación sobre tratamientos relativos a la agricultura (DGT CV 26-3-21); o respecto al asesoramiento técnico a los socios (titulares de explotaciones agrarias y ganaderas) en materia de tramitación y gestión de subvenciones, realización de informes, redacción de memorias técnicas y visitas de campo, por el que no se cobra ninguna cantidad distinta de las cuotas previstas en los estatutos (DGT CV 31-10-23);
- de un **consorcio**, siempre que sea una entidad sin ánimo de lucro cuyo fin primordial sea la defensa de intereses colectivos de sus miembros y que las cuotas sean las fijadas en los estatutos. En caso contrario, o si se facturan servicios con contraprestación distinta a las cuotas estatutarias, dichas operaciones no estarán exentas (DGT CV 22-5-25); y
- de una **cofradía** (DGT CV 31-8-16).

2) Con carácter general, están **exentas** las siguientes cuotas:
- la cuota de nueva entrada satisfechas por los **nuevos socios** de una asociación sin ánimo de lucro, de forma que si están fijadas en los estatutos y los servicios recibidos no implican la obtención directa de un beneficio particular e individualizable para el aportante diferente al que implica en sí mismo tener la condición de socio (DGT CV 5-7-24; CV 13-11-25); y
- las **cuotas anuales**, cuando están relacionadas con los servicios de **representación y defensa colectiva**, asesoramiento y orientación, de dirimir cuestiones litigiosas entre usuarios o el suministro de información prestados por una Comunidad de aguas a sus usuarios para la consecución de sus finalidades específicas (DGT CV 10-3-22); son percibidas por una asociación deportiva sin ánimo de lucro organizadora de la liga profesional de primera división de los clubs españoles con la finalidad de poder acceder a dicha competición (DGT CV 15-2-24) o por una asociación que tiene como fin promover y difundir los juegos de mesa a sus miembros, por los que no perciba una contraprestación distinta a las cuotas fijadas en los estatutos (DGT CV 19-12-24).

3) Por el contrario, **no están exentas** las cuotas voluntarias, como ocurre con las que dan derecho a formar parte de un **club**, puesto que constituyen la contraprestación por la realización de operaciones que otorgan a sus destinatarios determinados derechos o beneficios individualizables que no pueden ser considerados actividades o prestaciones para la defensa del interés colectivo de sus miembros (DGT CV 27-3-17).

896 **E. Servicios y cantidades entregadas no exentas.**

1) Con carácter general, las cantidades pagadas por los socios o asociados en contraprestación de los servicios que las entidades les presten y cuya finalidad sea la satisfacción del interés particular o individual del socio receptor del servicio, redundando de una manera directa e inmediata en el **interés individual** de cada uno de los asociados o destinatarios, no quedan incluidas en el concepto «cotizaciones fijadas en los estatutos», con independencia de la forma y periodicidad en que la contraprestación se instrumente (DGT 8-1-99; CV 4-6-12; 3-9-03; CV 20-6-18; CV 21-6-22). Como supuestos en los cuales es satisfecha una contraprestación que se establece de manera específica para el servicio recibido, se encuentran los siguientes:

- los cargos en concepto de **cuota extra** a los asociados, afiliados o miembros por la asistencia a determinadas exposiciones o convenciones (DGT CV 9-2-07); por las actividades de formación agraria (DGT CV 9-7-13); por acudir a la vía judicial para la defensa de sus derechos e intereses de los asociados (DGT CV 9-3-16; CV 19-11-19); para la inclusión en la lista de peritos judiciales (DGT CV 17-9-19); por el uso de los apartamentos, propiedad de la asociación, calculadas en función del tiempo de disfrute de los mismos (DGT CV 10-12-24); por fondear sus embarcaciones en superficie de agua para cuyo uso se ha otorgado la concesión (DGT CV 20-12-24); por la inscripción en los almuerzos, coloquio, etc. (DGT CV 27-1-16); por la organización de un congreso de ámbito internacional (DGT CV 1-7-13; CV 7-10-14); por la organización de cursos, jornadas o talleres formativos, gestión y entrega de etiquetas de la AEAT y calendarios laborales, entrega de documentación de cursos y programas informáticos, servicios de publicidad y marketing, etc. efectuadas para terceros mediante contraprestación (DGT CV 9-7-13); por la participación en la feria del libro anual organizada por una asociación a la que acuden sus miembros (DGT CV 1-8-22) y por la organización de una cena para los asociados para cuya asistencia pagaron los socios (DGT CV 4-1-19);
- las entregas de bienes que hace una asociación a sus asociados **bajo demanda** y, en todo caso, a las entregas efectuadas a favor de terceros (DGT CV 20-10-20);
- los servicios de compra y distribución de **material** entre los miembros de una federación (DGT CV 18-3-21) o por la asociación que a su vez se vende tanto a los asociados como a otros destinatarios que no lo sean (DGT CV 31-1-19); de fotocopias (DGT CV 19-1-16); de **restaurante o cafetería** prestados a sus socios y cualquier otro servicio o entrega de bienes que, aunque se vinculen con su objeto social y su destinatario sea un socio, no se incluyan en las cuotas o cotizaciones fijadas en los estatutos (DGT CV 30-9-15) y de **telefonía** prestados para los socios que lo necesitan y a la compra de terminales (DGT CV 31-1-19);
- los servicios de **vigilancia y seguridad** que presta en nombre propio a algunos de sus miembros, sin tener derecho a su percepción todos los miembros, a cambio de una contraprestación satisfecha únicamente por los beneficiarios de dichos servicios (DGT CV 31-5-23);

896.1 - los servicios de **publicidad** o anuncios publicitarios prestados por una asociación empresarial sin ánimo de lucro o por una federación tanto a sus asociados como a terceros, obteniendo a cambio unos ingresos, distintos de las cuotas fijadas estatutariamente (DGT 5-2-99; CV 23-2-07); los servicios de publicidad y **venta de publicaciones** llevadas a cabo por una asociación de utilidad pública, aunque su actividad consista en el fomento de la encuadernación artística y su coleccionismo (DGT CV 11-12-09) y la publicación de una **revista** de carácter cultural que se oferta al público en general a cambio de una cuota individual por cada número y en la que se inserta publicidad de las empresas que colaboran con aquella (DGT CV 7-10-04);
- los **contratos de patrocinio**, ya que el patrocinador aporta una ayuda económica al patrocinado a cambio de que este dé publicidad al patrocinador (DGT CV 29-3-11; CV 3-1-17; CV 27-4-23). En el mismo sentido, respecto a ingresos por acuerdos de patrocinio y por **convenios de colaboración** (DGT CV 9-6-22);
- las operaciones realizadas por una **federación de comerciantes** sin ánimo de lucro para quienes no sean miembros de la misma, ni a las operaciones que, aun siendo realizadas para sus miembros, se efectúen mediante contraprestación distinta de las cuotas fijadas en los estatutos de la federación (DGT 1-10-02) o por entidades sin ánimo de lucro y asociaciones (DGT CV 20-1-06; CV 29-11-06; CV 2-3-12);
- en relación con los **arrendamientos**, los de locales ocupados como sede de la actividad de la entidad, del colegio profesional, etc. (DGT CV 11-2-86; CV 29-3-12), así como el arrendamiento a un tercero de un bar existente en las instalaciones propiedad de una asociación cultural y cívica (DGT CV 5-12-23);
- las actividades realizadas o servicios prestados por una asociación sin ánimo de lucro a terceros, siendo recibidos los ingresos por aquella, además de través de las cuotas de sus asociados, en virtud de la relación contractual establecida con «main partners» o «**partners**» (DGT CV 19-2-24);
- las prestaciones de servicios de transporte de viajeros efectuadas por la asociación de **taxistas** para los destinatarios finales que contratan dichos servicios (DGT CV 28-2-08);
- los **gastos refacturados** a sus socios por una asociación sin ánimo de lucro que gestiona un ramal privado de agua potable (entre otros, consumos de agua, mantenimiento del ramal y reparaciones de averías de dicho ramal) (DGT CV 31-10-22);
- la prestación de servicios de realización de un estudio de movilidad para una **asociación vecinal** (DGT CV 8-4-21);

- la prestación del servicio de abastecimiento de agua en alta y saneamiento a los municipios consorciados por un **consorcio** integrado por una comunidad autónoma, varios municipios y una confederación hidrográfica, percibiendo una tarifa de pertenencia que cobra a cada ayuntamiento, calculada en función de la población, destinada a contribuir económicamente al desarrollo de sus fines generales (DGT CV 22-5-25);

- el **suministro de bebidas** a cambio de una contraprestación determinada en función del consumo realizado (DGT CV 2-12-15); **896.2**
- la gestión de las **adopciones de animales**, satisfechas tanto por miembros de la misma como por no asociados, puesto que por tales servicios se percibe una contraprestación distinta de las cuotas fijadas en los estatutos (DGT CV 3-11-23);
- los servicios de labores agrarias (arado, abonado y recolección) prestados por una **cooperativa** a sus socios, puesto que los objetivos de las cooperativas agrícolas no son exclusivamente de naturaleza política, sindical... (DGT 10-4-86);
- la cesión por parte de las cofradías de las **tribunas** (sillas o palcos) instaladas en la vía pública en las procesiones (DGT CV 16-5-25);
- las cantidades pagadas a una asociación para la **defensa de los animales** diferentes a las cuotas de los asociados (que varían según la categoría de los socios, según sean estudiantes, personas sin muchos recursos o «Premium») en concepto de adopción de animales, tanto sean antes o después de un apadrinamiento y los acuerdos con clínicas veterinarias (tanto en dinero como en especie) (DGT CV 9-4-15) o por vacunación, desparasitación, etc. cuando se llevan animales en adopción (DGT CV 31-8-16); las facturadas a los ayuntamientos por los servicios de esterilización de gatos (DGT CV 21-3-16) o por la intervención y ayuda en situaciones de emergencia (DGT CV 9-8-16);
- los **donativos voluntarios** que da derecho a obtener el suministro de energía eléctrica en condiciones comerciales ventajosas (DGT CV 6-11-20);
- los servicios prestados a sus socios por **casinos** y círculos de recreo (DGT CV 20-6-86); y
- los servicios de administración y gestión de un **programa de la Unión Europea** prestados percibiendo a cambio una contraprestación específica (DGT 13-3-02).

2) Cuando las aportaciones son efectuadas por **personas distintas de los asociados**, como va a ser el caso de las realizadas por los beneficiarios no asociados, o cuando las aportaciones otorgan a los asociados que realizan determinados derechos adicionales, de forma que dichos derechos constituyen un beneficio en interés particular del aportante, estas aportaciones no pueden incluirse dentro del concepto de cotizaciones fijadas por los estatutos, a efectos de la exención (DGT CV 21-5-18). **896.3**

La exención no se aplica a aquellas **actividades para terceros** realizadas por la asociación, como los llamados «ingresos por cursos a alumnos no socios» e «ingresos de empresas del sector deportivo» (DGT CV 3-10-17).

3) En relación con las **entidades urbanísticas colaboradoras**, no están exentas las operaciones consistentes en la prestación de servicios para la conservación de la obra urbanizadora, de los espacios libres de dominio y uso privados ni a las cuotas satisfechas por los servicios de urbanización cualquiera que sea el sistema empleado para la urbanización de un terreno, a diferencia de lo que ocurre con la prestación de servicios para la conservación de la obra urbanizadora, de los espacios libres de dominio y uso público (DGT CV 16-5-12; CV 16-1-14; CV 24-2-16), ni los suministros de agua que va a efectuar una entidad urbanística colaboradora a título oneroso, cuya contraprestación se hace efectiva por los miembros de la misma (DGT CV 19-9-13; CV 21-12-15). El hecho de que los servicios exentos sean prestados por una **junta de compensación** no obsta para la aplicación de la exención en los términos anteriormente establecidos (DGT CV 12-7-10).

La **entidad urbanística de conservación**, al tener por tanto la condición de empresario o profesional, está sujeta al IVA, quedando no exentas la refacturación de los gastos que realiza a sus comuneros y miembros (DGT CV 30-1-15); las cuotas satisfechas por los servicios de urbanización, cualquiera que sea el sistema empleado para la urbanización de un terreno (DGT CV 19-11-15) ni los servicios de mantenimiento y explotación de la red de abastecimiento de agua potable llevada a cabo por una entidad urbanística (DGT CV 22-8-17; CV 21-12-17), como los servicios de vigilancia y seguridad (DGT CV 29-9-21).

4) Están sujetas y no exentas tanto las operaciones que se realicen sin relación alguna con los objetivos del **colectivo** al que representa la entidad, como las operaciones cuya exención implique una distorsión de la competencia (DGT CV 5-8-08).

5) En relación con una **Cámara de Comercio** a cambio de una contraprestación específica, la exención no alcanza a servicios como los que se recogen a continuación: puesta a disposición de empresas de nueva creación de un vivero de empresas, a cambio de la repercusión de una serie de gastos (luz, agua, gas, mantenimiento, seguridad, etc.) (DGT CV 7-6-10); arrendamiento de oficinas a empresas y elaboración y puesta a disposición de una base de datos de contenido económico a cambio de un canon o cuota mensual distinto del recurso cameral permanente (DGT CV 7-6-10); patrocinio de centros de formación mediante la puesta a disposición de terceros de las instalaciones necesarias en su sede social mediante contraprestación (DGT CV 7-6-10); alquiler de espacios a empresas (viveros para empresas), arrendamiento de inmuebles u organización de ferias (DGT CV 2-8-13); venta de libros y revistas (DGT CV 21-5-13); prestaciones de servicios efectuadas a favor de socios honorarios, servicios publicitarios, de asesoría jurídica, venta de publicaciones y servicios de organización de jornadas, asambleas, cursos y eventos facturados exclusivamente a los socios asistentes (DGT CV 21-5-13; CV 9-7-13) e ingresos por publicidad derivados de contratos de patrocinio publicitario (DGT CV 20-2-19).

897 **F. Servicios y cantidades entregadas exentas.**

1) Quedan exentas las actividades realizadas por una entidad sin ánimo de lucro para el cumplimiento de su **objeto social**, que tengan por destinatarios a sus asociados y por las que no se perciba una contraprestación distinta a las cuotas fijadas en los estatutos. Por el contrario, no quedan exentas las operaciones realizadas para sus asociados por las que les factura un precio independiente de la cuota anual fijada en los estatutos, ni las actividades realizadas para terceros, sin perjuicio de que pudiera resultar aplicable algún otro supuesto de exención en función del tipo de actividad de que se trate (DGT CV 12-8-25).

Entre los supuestos exentos por no cobrarse ninguna **cantidad distinta** de las cuotas previstas en los estatutos se encuentran las siguientes:

- los servicios prestados por una entidad a través de una red de **servicios telemáticos** utilizada exclusivamente para tal fin, por los que los miembros (DGT 12-4-99); y
- los servicios de asistencia jurídica de los armadores en su **actividad de pesca**, gestión de ayudas al sector dirigidas a los armadores, colaboración en gestiones administrativas ante organismos relacionados con la pesca, acciones de promoción y divulgación de los productos pesqueros, participación en proyectos y jornadas de pesca y gestión de intercambios de cuota de pesca entre los armadores (DGT CV 16-3-23).

2) Con carácter general, las operaciones propias de una entidad sin ánimo de lucro que son prestadas a sus asociados, los cuales las financian a través de las cuotas de ingreso así como de las cuotas ordinarias y extraordinarias, están sujetas pero exentas (DGT CV 19-10-09). Si una asociación que va a llevar a cabo la **ampliación de los servicios prestados a sus asociados**, si el asociado tiene derecho a los mismos por entenderse incluidos en la cuota de entrada y en las cuotas ordinarias y extraordinarias, la ampliación de los servicios no implica la pérdida de la exención ya reconocida; en caso contrario, es decir, si los servicios se prestan mediante una contraprestación específica, distinta de las cuotas fijadas estatutariamente, tanto a sus asociados como a terceros, están sujetos y no exentos (DGT CV 19-9-07; CV 22-5-08; CV 17-2-10). En el mismo sentido, las cuotas satisfechas por sus asociados a la asociación y que constituyan la contraprestación de las prestaciones de servicios y entregas de bienes accesorias a los mismos que efectúen en interés colectivo de sus miembros (DGT CV 13-11-20).

3) Las **prestaciones de servicios y entregas de bienes accesorias** a las mismas efectuadas por organismos o entidades legalmente reconocidos, que no tengan finalidad lucrativa, están exentas cuando cumplan los requisitos que se establecen en la normativa, no estando condicionada dicha exención al reconocimiento previo por parte de la Administración tributaria. En este sentido, están exentas las entregas de la **revista** y las entregas ocasionales de determinados bienes relacionados con la actividad que desarrollan sus miembros, efectuadas por una **organización sindical** sin ánimo de lucro en el desarrollo de su actividad sindical (DGT CV 8-11-11); los servicios de **defensa jurídica** prestados por una fundación sin ánimo de lucro a sus miembros, trabajadores afiliados al sindicato o federación, están exentos por cuanto no se percibe del afiliado una contraprestación distinta de las cotizaciones fijadas en los estatutos (DGT CV 14-2-18; CV 23-4-24); las prestaciones de servicios y las entregas de bienes accesorias a las mismas efectuadas por un **colegio profesional** para sus miembros mediante contraprestación están exentas siempre que se cumplan las condiciones previamente señaladas, quedando excluidos los servicios que se presten percibiendo a cambio una contraprestación específica (DGT CV 4-3-13; CV 4-3-13).

4) Si el pago de las **aportaciones voluntarias** no implica la obtención directa de un beneficio particular e individualizable para el aportante, dichas aportaciones serían asimilables a las cotizaciones fijadas en los estatutos, aplicándose la exención (DGT CV 20-2-18).

---

898 Jurisprudencia **1)** Por **objetivo de naturaleza cívica** hay que entender aquel que tiende a solidarizar intereses comunes, con la finalidad de promover el bien común en beneficio de la colectividad y no el interés particular de un determinado grupo constituido en asociación (TEAC 27-5-99; 28-1-00). A estos efectos, son consideradas como actividades cívicas aquellas que tienen por objeto promover la relación, amistad y conocimiento entre sí de los vecinos y habitantes de una ciudad, de una región o de un país, con el propósito de lograr el progreso cultural, la integración social e incluso la sana discusión y esparcimiento, considerándose como tales a las sociedades cuyos objetivos son de naturaleza recreativa (TS 2-12-04, EDJ 234889).

Ateniéndose a una de las acepciones del Diccionario de la Real Academia de la Lengua, se admite que «proporcionar por todos los medios a su alcance amparo material y moral a todos los socios, que justifiquen su necesidad...» entra dentro del concepto de **cívico**. No acoge, sin embargo, la tesis de entender como objetivos de naturaleza «cívica» los que tienden a solidarizar intereses comunes en beneficio de la colectividad y no el interés particular de un determinado grupo constituido en asociación de carácter mutual (TS 15-4-08, EDJ 66954).

2) No constituye un objetivo de naturaleza exclusivamente cívica la ejecución por subrogación de obras de urbanización, ni la ejecución de un embargo preventivo contra una urbanizadora, pues se trata de actividades que redundan en beneficio exclusivo de los parcelistas-propietarios. Por otra parte, las **ejecuciones de obra** pueden constituir entregas de bienes, por lo que no serían accesorias a las prestaciones de servicios. Las **cuotas estatutarias** se cuantifican en cada período o derrama por reparto de gastos de administración o de inversión, por lo que tampoco pueden considerarse cotizaciones, en el sentido de cuotas fijas y periódicas mencionado en la exención (TEAC 8-9-98).
3) Las actividades de los **colegios profesionales** en defensa de intereses profesionales, promoción y mejora del nivel de los colegiados y, por supuesto, la prestación de servicios mediante contraprestación está sujeta a IVA. En estos caso, no están exentos los **honorarios colegiales** ni los derechos de visado, al ser contraprestaciones diferentes a las cuota estatutarias (TEAC 17-12-97; TS 17-7-97, EDJ 59434).

4) Las **retenciones** que aplica la asociación sobre la ayuda comunitaria a la producción de aceite forman parte de la base imponible de las prestaciones de servicios efectuadas para sus socios, al no poderse considerar como cuota estatutaria exenta las cantidades variables percibidas por la asociación por razones específicas (TEAC 10-2-00; 14-9-05). **899**
5) Al desarrollar una actividad, quedan sujetas y no exentas, tanto las comunidades titulares de **montes vecinales en mano común**, prorrateándose los beneficios entre los comuneros una vez descontados los gastos (TEAC 10-2-00), como las sociedades **cooperativas**, al no poder ser consideradas como entidades de carácter social, recogiendo sus estatutos contemplan la posibilidad de repartir los excedentes netos del ejercicio entre sus socios, no excluyendo por tanto el lucro, beneficio o excedente (TEAC 8-10-98; 10-2-00; TS 14-6-03, EDJ 49991; 2-4-08, EDJ 66959).

6) Una **asociación empresarial** debe cumplir los requisitos subjetivos y objetivos para acogerse a la exención. En concreto, debe acreditar que sus actividades son las propias de su finalidad, que los destinatarios son sus miembros o asociados y que los ingresos proceden exclusivamente de las cuotas (TEAC 13-7-05). **900**
El requisito de que se trate de actividades cívicas no desaparece por el hecho de que sean los **miembros** los que puedan resultar más favorecidos por las actividades de la asociación, puesto que esto es una nota característica de todas las asociaciones. La asociación, que se nutre de aportaciones de los socios en forma de cuotas anuales o derramas, así como de los donativos y subvenciones acordados con arreglo a la legislación vigente, también cumple este requisito, sin que pueda presumirse que su actividad pueda suponer quiebra o distorsión alguna de la competencia. La exención no se extiende a la prestación de servicios o entrega de bienes cuya contraprestación sea distinta de las cuotas sociales, si bien ello no implica que la asociación pierda la exención (TEAC 15-3-06).
7) La exención se refiere a las actividades que las entidades realizan para sus propios afiliados, y siempre que las mismas no sean susceptibles de ser realizadas por otro tipo de entidades en **régimen de concurrencia**. En el caso concreto, teniendo en cuenta lo dispuesto en los estatutos de la asociación en la medida en que los servicios de representación y, en especial, de defensa, así como la entrega de bienes propios de su actividad empresarial, pueden constituir una actividad que, sin perjuicio de que sea o no propia de una organización patronal, concurren claramente con el objeto de entidades con ánimo de lucro, su exención produciría una notable **distorsión de la competencia**. Esta quiebra de la competencia y, por ende, del principio de neutralidad del IVA, determina la improcedencia de la exención a la entidad. Además, la liquidación de sus activos y el reparto del efectivo resultante desvirtúan el carácter no lucrativo de la misma (TEAC 28-3-07).

8) Un organismo sin fin lucrativo cuyo objetivo principal consiste en defender y representar los intereses colectivos de sus miembros responde al criterio de actividad de **interés general** en que se basan las exenciones enumeradas en la normativa comunitaria, puesto que permite a sus miembros disponer de una voz representativa y de fuerza en las negociaciones con terceros (TJUE 12-11-98, asunto C-149/97). **901**
9) Cuando la contemplación de los **desfiles procesionales** por el llamado Recorrido Oficial durante la Semana Santa no sea libre y gratuita, esto es, cuando quede reservada en exclusiva a aquellas personas que pagan por ello, la venta de abonos de sillas y tribunas para contemplar sentado tales desfiles constituye un servicio sujeto y exento; por el contrario, si tales desfiles pudiesen contemplarse normalmente por cualquier persona por todo el Recorrido Oficial o por parte de él sin necesidad de pagar por ello, esto es, si el acceso a los mismos fuese libre y gratuito, la venta de abonos de sillas y palcos constituiría un servicio sujeto y no exento, sometido al tipo general (TEAC 15-12-22; 15-12-22).
10) No están exentos los servicios de facturación prestados por un **colegio de farmacéuticos** a determinados colegiados obligados al pago de una cuota variable por estos servicios, dado que estas prestaciones tienen como finalidad especifica satisfacer intereses particulares de los colegiados que pagan por ellas un determinado importe (TS 27-6-24, EDJ 607350).

C. Educación

905 **Enseñanza** (LIVA art.20.uno.9º; RIVA art.7) Están exentas la educación de la infancia y la juventud, la guarda y custodia de niños, la enseñanza **escolar, universitaria y de postgrados** y la atención a niños en los centros docentes en tiempo interlectivo durante el **comedor** escolar o en aulas en servicio de **guardería** fuera del horario escolar, la enseñanza de **idiomas**, así como la **formación y reciclaje profesional**, realizadas por entidades de Derecho público o por entidades privadas autorizadas para su ejercicio.

También se extiende la exención a las **prestaciones de servicios** (alojamiento, alimentación, transporte...) y **entregas de bienes** directamente relacionadas con los servicios enunciados, efectuadas con medios propios o ajenos por las mismas empresas docentes o educativas que presten aquellos servicios.

Tienen la consideración de **centros educativos** aquellas unidades económicas integradas por un conjunto de medios materiales y humanos ordenados con carácter de permanencia, con la finalidad de prestar de manera continuada servicios educativos. A estos efectos se consideran **entidades privadas autorizadas** aquellos centros educativos cuya actividad esté reconocida o autorizada por el Estado, las CCAA u otros entes públicos con competencia genérica en materia educativa o, en su caso, con competencia específica respecto de las enseñanzas impartidas por el centro educativo de que se trate.

Al existir CCAA que tienen cedidas las competencias en materia de educación y que no exigen dicho **reconocimiento** a los centros educativos para ejercer su docencia, se entiende que en tales casos no puede privarse a dichos centros de la aplicación de la exención, siempre que concurran los restantes requisitos que la condicionan. Por tanto, en estos casos, el centro de que se trate se considera autorizado o reconocido, a efectos del IVA, cuando sus actividades sean única o principalmente enseñanzas incluidas en algún plan de estudios reconocido o autorizado, bien por la legislación estatal o por la autonómica que resulte de aplicación (DGT Resol 4-3-93).

No obstante, la DGT ha indicado que, de acuerdo con la jurisprudencia del TJUE (TJUE 17-2-05, asuntos C-453/02 y C-462/02), ha de entenderse que ya no resulta de aplicación el requisito establecido en la Resol DGT 4-3-93 respecto a los centros educativos establecidos en CCAA que exijan **autorización** para la prestación de servicios educativos. Por tanto, los citados servicios educativos han de considerarse exentos con independencia de que cuenten con la autorización administrativa para su prestación en el caso de que esta sea preceptiva (DGT CV 16-2-06).

Respecto de aquellas unidades económicas que no puedan ser consideradas centro educativo, por ejemplo, cuando desarrollen una actividad de enseñanza y otras **actividades distintas** de aquellas que, además, fuesen sus actividades principales, ello no determina que no puedan aplicar la exención de enseñanza. En este caso, lo relevante para la aplicación de la exención es si en la actividad de enseñanza que realizan se presta o no única o fundamentalmente un servicio de enseñanza que esté objetivamente incluido en alguno de los referidos planes de estudios, con independencia, por tanto, del hecho de que realicen otras actividades que no sean de enseñanza y que tales actividades sean de mayor importancia que la de enseñanza.

906 La exención **no comprende** las siguientes operaciones:

- los servicios relativos a la práctica del **deporte**, prestados por empresas distintas de los centros docentes, salvo las asociaciones de padres de alumnos vinculadas a los centros docentes;
- las de alojamiento y alimentación prestadas por **colegios mayores o menores y residencias** de estudiantes, pues su actividad propia no es la de enseñanza (DGT CV 16-12-15);
- los servicios de **internado** como residencia escolar (DGT CV 12-5-17);
- las efectuadas por **autoescuelas,** relativas a los permisos de conducción de vehículos terrestres de las clases A y B y a los títulos, licencias o permisos necesarios para la conducción de buques o aeronaves deportivos o de recreo. En relación con los permisos de conducción que, por su configuración, están destinados a una utilidad profesional, ver nº 907 precisión 1;
- las **entregas** de bienes efectuadas a título oneroso, como libros, apuntes, publicaciones, tablets, etc. (DGT CV 29-5-13).

La aplicación de la exención **no** necesita **reconocimiento expreso de la Administración** tributaria (DGT 5-2-04). Las exenciones vienen determinadas por la propia Ley y, en el supuesto de que los obligados tributarios cumplan los requisitos previstos en la normativa para su aplicación, la exención va a ser de aplicación directa (DGT CV 30-10-17). Solo son renunciables las exenciones cuya **renuncia** esté reconocida expresamente en la propia Ley, lo que no se produce respecto de la exención relativa a la enseñanza (DGT 19-12-03).

Precisiones 1) La exención sobre enseñanza de **autoescuelas** debe tener una base objetiva, pues lo relevante es el permiso de conducción que se obtiene y no el destinatario del mismo o la posible utilidad profesional que del mismo se pueda obtener. Así, están exentos los permisos de conducción de las clases C, C+E, D1, D1+E, D y D+E, dado que se trata de vehículos que, por su propia configuración objetiva, están destinados al desarrollo de una actividad empresarial o profesional con independencia de su conductor (en este sentido, TJUE 14-3-19, asunto C-449/17). **907**
Igualmente resulta aplicable la exención a las escuelas de **formación aeronáutica** que imparten clases para obtener los títulos siguientes: piloto privado, comercial o de transporte de línea aérea de avión o de helicóptero, piloto planeador, piloto de globo libre, navegante y mecánico de a bordo. Según las normas de la Dirección General de Aviación Civil es necesario evaluar la idoneidad de los candidatos a la obtención de los títulos aeronáuticos civiles y, por lo tanto, se desprende que están exentas las enseñanzas que tengan la naturaleza de formación y reciclaje profesional y no gozan de la exención las que se refieran a la obtención del título para naves deportivas o de recreo.
No están exentas las enseñanzas para obtener el **título de piloto** privado de avión y de helicóptero, piloto planeador y piloto de globo libre.
Se aplica la misma teoría para las **enseñanzas de patrón de buque, patrón de yate**, etc.
2) La **formación y reciclaje profesional** exento, tanto de acuerdo con la normativa comunitaria como también según la LIVA, incluye la instrucción directamente relacionada con un oficio o profesión, así como toda instrucción destinada a la adquisición o actualización de conocimientos a efectos profesionales. La duración de la formación o del reciclaje profesional es irrelevante a estos efectos (Rgto UE/282/2011 art.44).
3) Esta exención no se extiende a los servicios de **comedor escolar o transporte escolar**. Tampoco ampara esta exención a los servicios de **monitores** para campamentos o excursiones.
4) En relación con la **enseñanza online o a distancia**, en el caso de ser considerado como servicio electrónico, nunca se aplica la exención a esa formación a distancia. Se califica como **servicio electrónico**, la enseñanza a distancia automatizada que dependa de internet o de una red electrónica similar para funcionar, y cuya prestación no necesite o apenas necesite, de intervención humana, lo cual incluye aulas virtuales. Cuando internet o la red electrónica similar se utilicen como simple medio de comunicación entre el profesor y el alumno, no se va a entender que es un servicio electrónico sino un **servicio educativo**, como ocurre con los servicios de enseñanza en los que el contenido del curso sea impartido por un profesor por internet o a través de una red electrónica, es decir, por conexión remota (ver nº 921).

Ejemplos 1) Un centro docente reconocido imparte «masters» de **dirección de empresas**. **910**
Estos servicios están exentos porque tal enseñanza está incluida en los planes de estudio del sistema educativo español.
2) Un centro docente, además de sus actividades normales, presta **servicios complementarios de formación**, tales como servicios de asistencia para superar dificultades del lenguaje, como dislexia, dislalia y disgrafía y, además, clases de natación, artes marciales, ballet, danza, etc. Estos servicios están exentos, siempre que sean realmente complementarios de las enseñanzas docentes impartidas en el centro.
3) Un grupo de **profesores universitarios** imparte cursos y cursillos, fuera de sus centros docentes, sobre materias incluidas en los planes de estudios.
Todos estos servicios están exentos, si bien la exención no se extiende a la entrega de material docente o publicaciones.
4) Una empresa dedicada a la venta de máquinas y productos informáticos imparte a sus empleados y a terceros, mediante contraprestación, **clases sobre técnicas de manejo**, reparación, conservación, etc., con el fin de dar a conocer sus productos y facilitar su venta.
La exención no se extiende a este supuesto porque no se reúnen los requisitos legales subjetivos ni objetivos, ya que dicha empresa no se dedica a la enseñanza ni la actividad realizada puede considerarse como estrictamente docente, sino más bien publicitaria.
5) Una entidad, reconocida administrativamente como **centro docente**, se dedica a las siguientes actividades:
a) Las enseñanzas y prácticas para obtener el título de piloto comercial, conforme a las normas dictadas por la Dirección General de Aviación Civil.
b) Cursos relativos a la prevención y extinción de incendios, prevención de robo en transportes y manipulación de mercancías peligrosas.
c) Cursos sobre temas de seguridad, protección civil y supervivencia en el mar.
d) Cursos sobre investigación y gestión de temas ambientales, investigación y gestión de temas sociales y otros servicios comunitarios.
En el supuesto de la letra a) se aplica la exención por tratarse de materias de formación y reciclaje profesional. En cuanto a las letras b) y c), la DGT considera que están exentos estos cursos de supervivencia en el mar y de lucha contra incendios (DGT 20-11-98). Respecto de los otros cursos corresponde al Ministerio de Educación, Formación Profesional y Deporte la competencia para determinar si una determinada materia se encuentra incluida en algún plan de estudios del sistema educativo español.

911 6) Una **granja-escuela** imparte enseñanzas relativas al conocimiento y experimentación de las ciencias de la naturaleza, la agricultura, la ganadería y el medio ambiente. Igualmente presta servicios de alojamiento y manutención a los alumnos que reciben estas enseñanzas.

En este caso sí procede la aplicación de exención, siempre que concurran los requisitos subjetivos exigidos en relación con el prestador de los servicios, ya que dichas enseñanzas versan sobre materias incluidas en determinados planes de estudio del sistema educativo español. En cuanto a los servicios de alojamiento y manutención, procede la exención siempre que tales servicios puedan considerarse directamente relacionados con las enseñanzas impartidas en la granja-escuela.

7) Una academia imparte clases a distancia de contabilidad, tributación y comercio exterior, a cuyo efecto también entrega y cobra por separado a los alumnos que lo deseen el **material educativo** apropiado (publicaciones, apuntes, contestaciones, etc.).

El importe de las clases está exento, ya que se trata de materias incluidas en los planes de estudio. Pero no está exenta la venta del material que se cita.

8) Un centro privado imparte clases de **gimnasia rítmica, yoga**, ajedrez, artes marciales, etc.

De acuerdo con la doctrina administrativa, no procede en este caso la exención al tratarse de actividades deportivas (nº 926).

9) Don EFL imparte clases de **teatro, expresión corporal, payaso, mimo** y pantomima en un centro propio o itinerante.

Siempre y cuando cumpla los requisitos legales y tenga la consideración de centro educativo, o bien imparta las clases como profesor particular, está exenta dicha actividad por tratarse de materias que están incluidas en los planes de estudio.

10) Un centro docente concertado contrata la prestación de **actividades extraescolares** y otros **servicios complementarios** (comedor escolar, transporte, idiomas, enseñanzas artísticas, deportes en general, etc.) con una persona física o jurídica, que factura al centro los servicios prestados. El centro cobra las cuotas a los alumnos directamente.

En este caso hay dos prestaciones de servicios:

a) La que realiza el centro docente a sus alumnos directamente, que está exenta.

b) La que realiza la empresa para el centro docente, donde deben distinguirse varias actividades:

- Las actividades de formación y clases de idiomas, danza, manualidades etc., que están exentas cuando son prestadas por un centro docente (aquellas unidades económicas integradas por un conjunto de medios materiales y humanos ordenados con carácter de permanencia con la finalidad de prestar de manera continuada servicios de enseñanza).
- Las actividades deportivas y servicios de monitores para la ruta de transporte escolar no están exentos como actividad de educación, aunque se han previsto unos supuestos específicos para los citados servicios (nº 926 y nº 872).

11) Dos amigas forman una comunidad de bienes con el fin de abrir una **guardería**. También van a prestar el servicio de comedor mediante la subcontratación de este servicio con un catering especializado.

El servicio de guardería está exento, así como los servicios de comedor prestados con medios propios o ajenos.

12) Una empresa se dedica habitualmente a fabricar y vender productos de repostería. Una vez al mes va a dar **clases de cocina y repostería** a las personas que lo soliciten.

En este caso, aunque la empresa no es centro docente y no realiza con habitualidad la actividad de enseñanza, al ser la cocina y repostería materia incluida en planes de estudios las clases que imparte de manera ocasional están exentas del IVA.

---

912 Doctrina Administrativa Además de las siguientes contestaciones de la DGT, ver nº 11000 s.

A) Servicios de enseñanza impartidos por centros de enseñanza reconocidos.

1) Están exentos la **educación infantil, primaria y secundaria**, al ser impartida por un colegio considerado centro docente, incluyendo el alquiler de libros a los alumnos (DGT CV 29-5-13; CV 5-3-13), la educación infantil prestada a sus alumnos por una entidad privada, autorizada por una Comunidad Autónoma, en cualquier horario (DGT CV 5-5-21); así como el servicio de **formación infantil** para niños de 3 a 6 años en su propio centro educativo, en horario de mañana y siguiendo el calendario escolar fijado por la Comunidad Autónoma (DGT CV 26-10-18).

Además del segundo ciclo de educación infantil, educación primaria y bachillerato (DGT CV 19-1-10; CV 3-3-14), la exención se extiende a la **enseñanza universitaria** (DGT CV 23-11-09). Igualmente se encuentra exenta la actividad denominada «**Bosquescuela**» dirigida a niños de 3 a 6 años, homologada por la comunidad autónoma correspondiente, que consiste en impartir la enseñanza al aire libre, siendo construidas cabañas para impartir las clases (DGT CV 22-4-16).

2) Tienen la consideración de centros educativos aquellas **unidades económicas** integradas por un conjunto de medios materiales y humanos ordenados con carácter de permanencia con la finalidad de prestar de manera continuada servicios de enseñanza. Por tanto, a tales efectos, no es preciso que el centro educativo disponga de un **local** determinado en el que se realice materialmente la actividad de enseñanza (DGT CV 4-12-13).

Asimismo, el servicio de enseñanza que presta el empresario titular del centro educativo puede ser efectuado bien por dicho empresario o por personal dependiente del mismo, o bien por otros empresarios o profesionales con los que el empresario titular del centro lo haya subcontratado (DGT CV 5-11-08). En relación a la **subcontratación**, ver DGT CV 20-5-08. Si una entidad presta en nombre propio los servicios de formación, debe considerarse que ha recibido y prestado por sí misma los correspondientes servicios subcontratados con terceros (DGT CV 8-2-13).

3) Están exentos los servicios de guarda y custodia de niños prestados por **guarderías**, así como la educación infantil, extendiéndose la exención a los servicios accesorios prestados a los niños, con medios propios o ajenos, tales como los servicios de comedor y transporte (DGT 30-1-02; CV 29-11-16).

4) En la tributación de los servicios prestados consistentes en examinar y titular a los alumnos, así como a otros estudiantes o entidades independientes, si los **centros examinadores** tienen la condición de centros educativos, resulta aplicable la exención, como ocurre con conocimiento del idioma inglés; por el contrario, en caso de no tener la condición de centros educativos, quedan gravados al tipo general del impuesto (DGT CV 21-10-15; CV 16-3-18).

B. Materias incluidas en planes de estudio. **913**

Están exentos cuando se encuentren incluidos en algún plan de estudios del sistema educativo de acuerdo con el criterio del Ministerio de Educación, Cultura y Deporte (actual Ministerio de Educación y Formación Profesional), siempre que se cumplan el resto de condiciones señaladas en el nº 905 s. (DGT CV 26-11-08).

1) Están exentas las siguientes **materias**, siempre que estén incluidas en algún plan de estudios del sistema educativo y que dichas actividades no revistan un carácter meramente recreativo: además de matemáticas, lenguaje, arte, historia, literatura, etc., se incluyen la impartición de **cursos** sobre bibliotecas, cultura y libros (DGT CV 1-12-08); de pintura al óleo (DGT CV 6-11-08); de comunicación audiovisual (DGT CV 16-12-08); clases de bolillos (DGT CV 3-11-08); los programas de **clases extraescolares** (DGT CV 18-12-12); de adaptación a Bolonia (DGT CV 17-5-12); de cata de vinos y cata de cerveza (DGT CV 31-10-12); viticultura y sumillería en vino y otros productos (DGT CV 25-1-22); de cuestiones relacionadas con el vino (DGT CV 15-2-23); de astronomía (DGT CV 2-4-12); de soldadura y calderería (DGT CV 6-3-12); de arqueología y patrimonio histórico para reciclaje del profesorado (DGT CV 21-2-12); sobre «La protección de datos en la legislación española. Niveles y medidas de seguridad», y «Análisis práctico y aplicación de la LOPD en la organización empresarial» (DGT CV 28-9-12); en técnicas de Shiatsu (DGT CV 24-1-14); de enseñanza de **teatro, música**, coro, manualidades, instrumentos, pintura, coral (DGT CV 14-1-14); formación en fisioterapia (DGT CV 13-11-13; CV 1-8-22); acupuntura y fisioterapia (DGT CV 8-11-23); de informática y teatro (DGT CV 7-10-13; CV 22-3-13); de **informática**, alfabetización, apoyo escolar, técnicas de estudio, habilidades sociales, pintura, manualidades, reciclaje, telares, cestería, idiomas, música, bordado, bolillos, restauración de muebles, corte y confección, manualidades y artesanía, danza, bailes folklóricos españoles, música, teatro o coro (DGT CV 26-11-13; CV 14-10-15); de música, danza, teatro y circo (DGT CV 20-4-23); de arte dramático (DGT CV 25-4-24); de formación en programación neurolingüística (DGT CV 29-5-13); de enseñanzas relativas al conocimiento y experimentación de ciencias de la naturaleza, agricultura, ganadería y medio ambiente (DGT CV 9-7-13; CV 6-8-14); de enseñanza de psicomotricidad (DGT CV 13-11-13); de **nutrición y alimentación** (DGT CV 18-10-13); de formación para obtener el título de monitor de tiempo libre (DGT CV 8-6-15; CV 7-9-16); de **derecho** procesal laboral (DGT CV 19-11-15), de derecho tributario, mercantil y procesal (DGT CV 2-11-15) y de novedades legislativas (DGT CV 9-2-16); de música (DGT CV 20-2-15; CV 20-8-18), tales como violín, piano, guitarra, canto, coral, banda, viento y madera y percusión (DGT CV 14-10-15); de teatro y magia (DGT CV 31-8-16; CV 13-11-19); de **prevención riesgos** (DGT CV 3-6-15; CV 22-6-22); de cocina (DGT CV 26-6-15) y cocina natural y saludable (DGT CV 14-10-15; CV 7-6-19; pastelería (DGT CV 10-7-24); **formación profesional** en el ámbito de la hostelería y turismo (DGT CV 18-3-22); de manualidades, ofimática, marketing, finanzas (DGT CV 14-10-15); de informática (DGT CV 28-10-15); de matemáticas, física y química (DGT CV 14-10-15); de estadística, matemáticas financieras, econometría, contabilidad financiera, métodos de valoración del patrimonio neto, valoración de instrumentos de renta fija, gestión de carteras, valoración de instrumentos y derivados (DGT CV 27-11-19); de monitorización, emergencias médicas y sedación en clínica dental en el campo de la odontología (DGT CV 14-10-15); de quiromasaje (DGT CV 25-5-15); de geografía (DGT CV 10-2-16) y cartografía (DGT CV 9-8-16); de reciclaje profesional sobre técnicas del biomagnetismo médico y par biomagnético (DGT CV 18-6-18); en materia sanitaria de higiene alimentaria, cuidados del enfermo psiquiátrico, cuidado del enfermo con demencia senil y Alzheimer y cuidados materno infantiles (DGT CV 25-1-18); en **odontología** (DGT CV 22-2-18), ortodoncia (DGT CV 15-6-18) y en implantología y endodoncia (DGT CV 21-9-23); de anatomía y patología (DGT CV 29-11-18); escuela de artes escénicas, danza y baile (DGT CV 5-11-18); de dibujo para tatuajes en un centro de profesiones artísticas (DGT CV 19-12-18); de mindfulness (DGT CV 14-11-18; CV 20-2-19); de marketing deportivo (DGT CV 20-12-18); de formación en materia de seguridad y salud laboral, seguridad alimentaria, seguridad de la información, calidad medioambiental, idiomas e informática, en línea y presencial (DGT CV 20-8-18); de inmersión lingüística, que incluye servicios de hospedaje y manutención accesorios al servicio educativo (DGT CV 4-11-19) y de formación en seguridad laboral (DGT CV 2-3-23).

También se incluyen la **enseñanza de algunas actividades**: circenses (DGT CV 8-3-17); charlas sobre técnicas de estudio, el pañal, el chupete, rabietas y hábitos del sueño (DGT CV 19-4-17); taller de fabricación de nidos (DGT CV 21-8-17); curso anual de reanimación cardiopulmonar básica y desobstrucción de la vía aérea (DGT CV 23-11-17); clases de reeducación de la escritura a niños en un gabinete grafológico (DGT CV 23-11-17); quiromasaje y prácticas manuales (DGT CV 23-10-17); terapia prenatal y nacimiento (DGT CV 14-2-17); punto y ganchillo (DGT CV 14-2-17; CV 25-3-25); clases de doblaje de películas (DGT CV 27-4-17); reiki (DGT CV 27-4-17); cursos, talleres y conferencias de corta duración, para maestros y profesores, sobre materias directamente relacionadas con su formación profesional (DGT CV 27-4-17); canto lírico (DGT CV 27-4-17); acupuntura para perros (DGT CV 21-8-17); cursos de formación para la elaboración de productos cosméticos (DGT CV 24-4-20); talleres formativos y de difusión social (DGT CV 26-5-20); actividad de educadora emocional, orientadora educativa familiar y técnicas de estudio para niños, adolescentes y sus progenitores (DGT CV 22-9-21); el repaso escolar, teatro, informática, taller de cuentos y lógica e inglés (DGT CV 8-2-07; formación teatral (DGT CV 26-7-17).

913.1 2) Están exentos los siguientes **cursos de formación**, entre otros: **coaching** personal (DGT CV 25-5-15); comunicación, liderazgo, gestión de equipos, técnicas de ventas, etc. (DGT CV 8-6-15; CV 23-11-18); escultura digital (DGT CV 3-8-15); **mindfulness** en centros educativos, sanitarios, empresas y a particulares (DGT CV 4-4-16); mejora de la expresión y comprensión oral mediante la interacción con perros adiestrados (DGT CV 26-5-17); etología clínica canina (DGT CV 12-5-21); actividad docente referente a la implantación del máster en gobierno, liderazgo y gestión pública (DGT CV 26-7-17); formación en materia de **liderazgo**, comunicación y gestión del tiempo (DGT CV 19-4-22); la actividad formativa de coaching de la salud, a través de cursos, talleres, masterclass, charlas, conferencias y seminarios (DGT CV 22-3-23); cursos sobre parapsicología, mindfulness, estudios chamánicos, desarrollo personal, heridas emocionales, psicogenealogía y terapia sistémica (DGT CV 16-5-24); los talleres de formación en materia de igualdad (DGT CV 31-5-24); habilidades para la **comunicación** efectiva, gestión del tiempo, trabajo en equipo, liderazgo, gestión emocional, negociación, retórica y oratoria, con estrategias de debate y mejora de la exposición y expresión oral, así como «mindfulness» como técnica de meditación (DGT CV 16-5-25); en materias de gestión de proyectos europeos y captación de fondos (DGT CV 13-11-17); **cursos de postgrado** en una escuela de negocios de prestigio (DGT CV 15-11-17); a emprendedores en el sector de la gestión empresarial en internet y materia de lenguajes de programación y marketing en línea (DGT CV 23-10-17) y en materia de inclusión social e igualdad (DGT CV 12-8-25).

913.2 3) No constituyen enseñanza reglada la que afecta a los **bailes de salón** conducente a la obtención de título académico, por lo que quedan sujetas y no exentas (DGT CV 23-1-13; CV 7-10-13; CV 14-1-14; CV 29-1-14), como ocurre con las clases de bolero, cha-cha-cha, rock&roll, pasodoble, swing, fox-trot, vals, tango, samba, hustle, merengue, salsa, bachata, sevillanas, danza árabe (DGT CV 17-10-12); de **danzas** orientales, danzas tradicionales y danzas folklóricas, salvo que se trate de clases de flamenco, danza clásica o danzas folklóricas españolas (DGT CV 12-4-12; CV 10-2-21); de baile moderno, de salón, latino y danza del vientre y danzas orientales (DGT CV 23-4-13; CV 5-5-15; CV 10-3-23); tango argentino (DGT CV 7-4-22) o claqué (DGT CV 17-10-22).

4) Lo relevante para la aplicación de la exención en una entidad que imparte **de manera ocasional** a sus clientes actividades de formación es si las enseñanzas están incluidas en alguno de los planes de estudio, con independencia de que realice otras actividades distintas y más importantes (DGT CV 31-1-14; CV 29-1-14; CV 21-8-17).

La Dir 2006/112/CE art.132.1 se opone a una exención de todas las prestaciones de servicios de educación con carácter general (DGT CV 21-7-14; CV 8-6-15).

5) Respecto de **actividades didácticas** y talleres didácticos, tanto dentro del aula como fuera de ella (en museos, monumentos o exposiciones), están exentas en el caso de que las actividades se puedan clasificar como enseñanza, cuando se encuentren incluidas en algún plan de estudios del sistema educativo de acuerdo con el criterio del Ministerio y cuando dichas actividades no revistan un carácter meramente recreativo (DGT CV 21-11-13; CV 5-11-18).

6) La prestación de servicios de demostraciones culinarias (**show cooking**), consumiendo en las clases los productos que se elaboran y dando alguna clase esporádica, no constituye para el destinatario un fin en sí mismo, por lo que debe seguir el régimen de la operación principal de la que depende, en este caso, la prestación de servicios educativos (DGT CV 22-9-21). En el mismo sentido, los cursos y talleres de formación relacionados con el **bricolaje** para adultos y niños, cuando las materias impartidas se encuentren incluidas en algún plan de estudios, así como los productos que los alumnos crean y obtienen durante la clase (DGT CV 3-10-22).

914 **C. Servicios complementarios o accesorios de la formación.**

1) En tanto se configuren como servicios accesorios de enseñanza y se presten por centros docentes reconocidos, están exentas las prestaciones de **servicios complementarios** de formación.

En consecuencia, la exención alcanza a los **masters** de dirección de empresas (DGT 20-2-86); servicios de asistencia a dificultades del lenguaje -dislexia, dislalia y disgrafía- (DGT CV 18-3-86); clases de robótica (DGT CV 10-9-18); actividad de guardia y custodia de niños y clases particulares de **apoyo escolar** en el domicilio de los clientes (DGT CV 8-10-20); talleres sobre biología en un centro apícola dirigidos a centros educativos como actividad extraescolar (DGT CV 9-2-21).

Por el contrario, no pueden considerarse accesorios a los servicios educativos los servicios de arrendamiento de **bienes muebles** y del local en el que se imparten los cursos y las entregas de material didáctico (DGT CV 1-12-11), así como tampoco las entregas de los cursos denominados «**servicios de plataforma y gestión**» por parte del mayorista informático al proveedor, y la subsiguiente entrega del proveedor al consultante (DGT CV 30-6-14).

2) Cuando los servicios de formación están exentos, los **servicios accesorios** facturados junto con aquellos, al mismo destinatario, están igualmente sujetos pero exentos, al seguir el régimen de tributación que corresponde a la operación principal. Tal es el caso de los servicios de organización y gestión de cursos de formación accesorios a la prestación principal ((DGT 19-11-04; CV 19-9-18); los de aclaración de dudas y de corrección de casos prácticos (DGT CV 29-5-08; CV 5-11-08); los **estudios e investigaciones** para la formación continua y orientación profesional de trabajadores ocupados (DGT CV 23-10-08); los servicios de organización de formación profesional prestados a los destinatarios de la actividad principal de formación profesional (DGT CV 15-3-17); la puesta a disposición del **material empleado** para poder impartir los cursos para trabajar en las clases, siempre que no se entregue mediante contraprestación (DGT CV 6-3-15) y los servicios de alojamiento y manutención prestados a los alumnos y a las familias en un medio natural o de una **granja-escuela** (DGT 26-4-95; CV 20-6-14; CV 2-11-15; CV 20-5-22; CV 23-4-24).

3) Por el contrario, y dado que la exención se refiere propiamente a la prestación de los servicios de enseñanza, pero no a la organización de dichos servicios o a la **intermediación** en los mismos, no está exenta la organización de programas formativos, como actividad única, limitándose a intermediar en nombre ajeno en la prestación de dichos servicios por otros sujetos (DGT CV 5-7-06); los servicios de organización y gestión de cursos de formación prestados de forma aislada (DGT CV 25-9-07); ni los servicios de organización y coordinación de formación profesional que se prestan de manera totalmente independiente de la formación (DGT CV 17-3-22).En el caso de un curso de formación sobre corte de jamón, por un lado, y la venta del jamón por otro, se consideran operaciones independientes y deben tributar como tales (DGT CV 21-8-17). **914.1**

4) En el caso de **actividades extraescolares**, cuando una entidad tiene un contrato con un **centro educativo** para prestar esos servicios, facturando directamente a los alumnos de dicho centro y abonando al mismo un porcentaje de las cantidades que percibe por dichos servicios, en concepto de gastos y consumos por el uso de sus instalaciones, dado que los pagos que la empresa efectúa al centro educativo no figuran entre las actividades señaladas en la exención de enseñanza (nº 905 s.) ni están directamente relacionadas con los servicios recogidos en el mismo, no resulta aplicable la exención (DGT CV 24-5-07).

5) En relación con los servicios de **comedor**, están exentos los servicios de atención a niños en los **centros docentes** realizados por personal cualificado en tiempo interlectivo durante el comedor escolar -excluyendo la elaboración de las comidas- o en aulas u otras dependencias del colegio como biblioteca, por ejemplo, que sean aptos para los fines de custodia de los niños-en servicio de guardería fuera del horario escolar, con independencia de que se realice con medios propios o ajenos. Resulta aplicable tanto si la facturación se realiza al centro docente como si se realiza directamente a los niños (DGT CV 16-7-15), incluso cuando son prestados por una entidad mercantil contratada por un ayuntamiento (DGT CV 13-9-19). Por el contrario, no está exento el servicio de comedor prestado por una **asociación de padres** de alumnos, dado que la asociación no es un centro docente o educativo (DGT CV 4-7-17; CV 28-6-19).

El mismo criterio se mantiene en los servicios dirigidos, en general, a la **atención de los niños**, que además del servicio de comedor, incluye servicios de atención, **apoyo y vigilancia** a los niños, en los centros escolares, durante el servicio de comedor escolar, y recreo anterior y posterior a la comida -aun cuando no se preste servicio de comedor-, así como en horario extraescolar anterior al comienzo de las clases y una vez finalizadas las mismas, sin que quepa hacerlo extensivo a los servicios de atención de niños en el transporte escolar, excursiones o campamentos fuera del centro docente (DGT CV 26-5-15; CV 30-10-23); o **guardería matinal** consistente en la guarda y custodia de niños antes del inicio del horario escolar en el centro escolar, con independencia de que la facturación se realice al centro docente o directamente a los padres (DGT CV 14-9-17).

Los servicios de **comedor escolar y de apoyo y vigilancia** prestados por monitores efectuados por la misma empresa no se pueden entender como complementarios uno de otro, sino que cada uno constituye una prestación de servicios independiente de la principal, siguiendo cada uno su propio régimen de tributación (DGT CV 26-5-15).

6) La expedición por una empresa de las **tarjetas acreditativas** de la formación recibida por el trabajador no constituye un servicio accesorio a la propia impartición del curso, llevada a cabo por otra empresa y, en consecuencia, está sujeta y no exenta (DGT CV 6-10-09).

D. Servicios de enseñanza exentos. **915**

1) En relación con la **enseñanza de idiomas**, están exentos los cursos de idiomas (DGT CV 21-4-08; CV 17-10-13), como ocurre con las clases de alemán (DGT CV 13-2-24), de inglés y tailandés (DGT CV 13-6-24), entre otras. Igualmente, están exentos los servicios de **enseñanza de inglés** por un centro educativo, sin que tenga relevancia alguna el tipo de alumnos a quien va dirigido el curso (DGT 20-10-98) o por las escuelas oficiales y academias particulares (DGT 20-1-86; CV 9-9-14), las clases de inglés para directivos (DGT CV 3-9-07) y las clases extraescolares de inglés (DGT CV 2-12-20).

915.1 2) Están exentos, cuando se presten por centros que reúnan las condiciones indicadas, los **servicios de enseñanza** que abarcan materias como mecanografía, taquigrafía, contabilidad, estadística, banca, cálculo mercantil, secretariado, informática, estenotipia, preparación de oposiciones, música, corte y confección, estilismo y diseño de la moda, técnicas de organización y confección textil, modelo profesional, maquillaje aplicado, bordado, peluquería, estética, masajes, fisioterapia, quiromasaje, terapeuta manual, azafatas de congresos, técnicas de relaciones públicas, guarderías infantiles, danza y ballet, idiomas y pintura, expresión corporal, logopedia y fonometría, enseñanza de la cerámica, artesanía en general, hostelería, etc. (DGT CV 21-4-86; CV 23-3-09).

En particular, se incluyen materias como **maquillaje profesional** (DGT CV 12-12-06; CV 17-1-12); alfabetización de adultos (DGT 19-10-87); sevillanas y flamenco (DGT 19-9-03; CV 9-9-14); escultura, pintura, encuadernación, fotografía, idiomas y danza (DGT 14-10-03; CV 5-11-14); **aplicaciones informáticas** (DGT 8-10-03; CV 9-9-14); cursos y master en cinematografía (DGT CV 31-3-06); de interpretación y expresión corporal (DGT CV 27-2-07; CV 8-7-24); **formación y reciclaje profesional** (DGT CV 9-12-09); reciclaje de protésicos dentales (DGT CV 30-11-09); hematología (DGT CV 18-1-10); manualidades, inglés, informática, apoyo y refuerzo escolar, técnicas de estudio, psicomotricidad, animación a la lectura, baile, teatro, danza y árabe (DGT CV 30-11-09; CV 23-2-16); **contabilidad**, economía de empresa y análisis financieros (DGT CV 11-8-09); inglés, automaquillaje, flamenco, bordados, cerámica, encordar sillas, cocina, dibujo y pintura, fotografía, guitarra, informática, jardinería, manualidades, decoración de macetas, restauración, sevillanas y corte y confección (DGT CV 5-8-09; CV 2-11-09); enseñanza de la lengua y cultura españolas (DGT CV 1-9-09); peluquería (DGT CV 18-2-10); **formación de traductores** (DGT CV 7-6-10); **cursos técnicos y científicos** sobre medicina y cirugía de animales, así como cursos de formación continuada (DGT CV 18-6-10); cursos de manipulación de alimentos (DGT CV 1-10-10); jardín de infancia (DGT CV 18-7-11); cursos de carboncillo, diseño gráfico, fotografía analógica en 3D, manualidades, ilustración (DGT CV 17-10-11); cursos especializados en materia de protocolo y relaciones institucionales (DGT CV 27-6-11); **clases de decoración** de maderas, telas, clases de interiorismo y de diseño de moda (DGT CV 19-12-11); método kumon (DGT CV 8-11-11; CV 30-1-12; CV 8-9-16); clases de cocina natural y para la salud (DGT CV 15-11-17); prevención de riesgos laborales, incluso cuando la entidad contrata con otra empresa la impartición de estos cursos (DGT 3-9-03; CV 1-6-23; CV 15-12-17); cursos formativos en materia de psicología (DGT CV 17-5-22); cursos de micropigmentación, nuevas técnicas de depilación y técnicas de arreglos de pestañas y uñas (DGT CV 20-12-22; CV 25-9-24); clases de ilustración, pintura, diseño gráfico, fotografía digital y analógica en 3D (DGT CV 27-12-22); clases de **pintura, dibujo y manualidades** en un taller creativo a niños y mayores (DGT CV 31-10-23), así como cursos de diseño de dibujo asistido por ordenador están exentos cuando respecto de los mismos concurran el resto de los requisitos exigidos por la normativa del tributo (DGT 8-6-98).

Igualmente, están exentos los servicios de enseñanza llamada «**ecomuseo**», como riego de tecnología popular, cultivos de tierra, apicultura, biología de la abeja, utilización de animales, reutilización de recursos, etc. (DGT CV 30-1-09).

915.2 3) Están exentos los servicios profesionales de **preparación de oposiciones** (DGT CV 13-11-20); oposiciones para los cuerpos de Policías Locales, Nacionales y Guardia Civil, incluidos los servicios de preparación física para la superación de las pruebas requeridas en las mismas (DGT CV 10-9-19; CV 22-6-22; CV 22-3-23); opositores a educación física de educación secundaria en materias incluidas en planes de estudios oficiales (DGT CV 22-1-19); preparación académica a opositores Interventores y Tesoreros de Administración Local (DGT CV 12-4-23) y opositores al cuerpo de maestros (DGT CV 13-12-21), independientemente de que una parte de la formación sea en línea y la otra presencial (DGT CV 4-11-21).

4) Están exentos los servicios relativos a los **cursos de formación** de trabajadores, a diferencia de lo que ocurre con los servicios de investigación para mejorar la enseñanza (DGT 31-3-99); los servicios de formación a particulares y empresas en materias relacionadas con el campo de la fisioterapia (DGT CV 10-11-21); la impartición de clases de fisioterapia (DGT CV 3-2-21); la enseñanza para la obtención del título de socorrista acuático y terrestre (DGT CV 23-4-12; CV 9-9-14), así como de salvamento, desfibrilador externo semiautomático y monitor de actividades acuáticas (DGT CV 5-7-24).

5) La exención alcanza a los cursos de **postgrado** para profesionales impartidos a distancia y vía «**online**» por internet, como ocurre con los servicios de formación a medida on line (DGT CV 25-6-07) y los cursos de matemáticas a través de internet (DGT CV 17-7-08). Ver nº 921.

6) Todas las actividades realizadas por una entidad consistentes en la enseñanza no universitaria en **ciclos formativos de grado superior**, en las especialidades de imagen para el diagnóstico y laboratorio de diagnóstico clínico, están exentas (DGT CV 10-10-13).

916 **E. Servicios de enseñanza no exenta.**

1) Aunque la **informática** es una materia incluida en los planes de estudios del sistema educativo español, si los cursos de formación no tienen carácter accesorio respecto de entregas de máquinas o software que se pudieran realizar a los destinatarios de dichos cursos, están exentos siempre y cuando se cumplan los restantes requisitos del nº 905 s. (DGT CV 19-7-10). Por tanto, la exención no es aplicable en ningún caso a los servicios de **carácter accesorio** de enseñanza o adiestramiento en las técnicas de manejo de determinadas máquinas o programas de ordenador (DGT 21-9-00; CV 8-2-10; CV 26-5-11); formación en el uso o manejo del software vendido por la misma empresa (DGT CV 30-9-16); formación en triaje gira esencialmente en torno a la **aplicación informática**, con independencia de que exista la posibilidad de que el curso sea recibido sin haber adquirido dicho programa, no está exento (DGT CV 4-11-11; CV 12-5-20) y cursos para enseñar su manejo a los clientes de las citadas aplicaciones (DGT CV 27-2-20).

2) Dentro de los servicios a los que **no les resulta de aplicación** la exención se encuentran, entre otros, los cursos sobre recursos para hablar en público (DGT CV 2-3-11); la realización de test para oposiciones (DGT CV 23-2-12); una charla sobre «Violencia de género. Situación actual» (DGT CV 6-6-12); los cursos de formación sobre productos y servicios de telefonía, así como habilidades de los dependientes de las tiendas (DGT CV 23-4-12); los cursos que tienen que ver con procesos, estrategias, políticas y formas de trabajo de una **entidad financiera** (DGT CV 11-12-12); los servicios de coaching de equipos y formación «out door» a empresas ofertados a la medida de una empresa (DGT CV 29-3-12; CV 17-7-14); la **mediación** en nombre propio para conseguir clientes para cursos (DGT CV 29-5-12; CV 11-3-14); los cursos para aprender el manejo de los equipos de rayos X, al tener carácter accesorio a la venta del equipo (DGT CV 25-3-13); una actividad consistente en visitas guiadas para estudiar un jardín botánico impartidas por una entidad no considerada establecimiento privado de carácter social (DGT CV 4-7-17); las actividades de sensibilización y educación **medioambiental** y rutas interpretativas del patrimonio cultural prestadas por una cooperativa (DGT CV 26-7-17); los servicios docentes (cursos y talleres) de expresión oral en castellano y catalán, oratoria, hablar en público, tanto a empresas como a particulares y el reciclaje y perfeccionamiento profesional, siempre que estas materias no estén incluidas en un plan de estudios (DGT CV 30-10-23), así como los cursos tanto a particulares como a empresas sobre cómo actuar de intermediario en la importación de productos a España (DGT CV 17-9-24).

F. Formación y reciclaje profesional. **917**

1) La formación y reciclaje profesional consiste en dar una formación inicial o bien complementaria a profesionales o técnicos para que adquieran, amplíen o pongan al día sus conocimientos, o bien para que actúen en otra especialidad. Se entiende exenta esta formación siempre y cuando la materia objeto de formación o reciclaje se corresponda con alguna materia incluida en los **planes de estudio** del sistema educativo.

Por su parte, el Rgto UE/282/2011 art.44 señala que tales servicios exentos han de incluir la **enseñanza directamente relacionada con un oficio o profesión** así como toda enseñanza destinada a la adquisición o actualización de conocimientos a efectos profesionales, siendo irrelevante a estos efectos la duración de la formación o reciclaje profesional (DGT CV 8-2-13).

Por tanto, se consideran exentos los siguientes **cursos**:

- en formación específica para proyectar, instalar y poner en marcha instalaciones básicas de **domótica**, bajo el cumplimiento de determinados estándares pueden considerarse comprendidos en esta categoría (DGT CV 12-8-20);
- de formación específica para empresas y reciclaje de profesionales en ventas, **liderazgo y atención al cliente** (DGT CV 4-9-20; CV 8-7-24) y en metodología Lean Management, estrategia, liderazgo o trabajo en equipo (DGT CV 18-9-23); de **asesoramiento, promoción, formación y divulgación** en materia económica y social, desarrollando un programa formativo en Economía Humana que aborda materias en el ámbito de la lectura kinesiológica de campo, el desarrollo del liderazgo consciente, el enfoque sistémico y de bienestar, en el ámbito de los objetivos del desarrollo sostenible (DGT CV 22-12-25);
- de prevención y lucha contra la contaminación en las operaciones de carga, descarga y manipulación de hidrocarburos en el **ámbito marítimo y portuario**. Nivel básico, avanzado y superior de dirección (DGT CV 18-7-24); de formación en consejeros de seguridad, manejo y transporte de mercancías peligrosas -carné ADR- (DGT CV 1-4-08; CV 8-4-10); de formación y reciclaje de **operadores** de carretillas elevadoras, preparadores de pedidos, agentes de almacén, al igual que de dumper, palas retroexcavadoras y plataformas elevadoras (DGT CV 18-6-10; CV 8-9-11); sobre transporte y manipulación de mercancías peligrosas en cuatro ámbitos: aéreo, por ferrocarril, marítimo y por carretera (DGT CV 26-10-11); de capacitación profesional para el ejercicio de la actividad de transportistas por carretera (DGT 11-7-02) y de manejo y control de **mercancías peligrosas** (DGT CV 28-2-07);
- de formación y perfeccionamiento profesional para la inserción laboral de personas en **riesgo de exclusión social** (DGT CV 2-9-10); de formación sobre prevención y sensibilización de delitos a la infancia, dirigidos a la población adulta y profesionales que trabajan con menores de edad (DGT CV 26-3-18);
- de **formación ocupacional** y continua, tanto presencial como a distancia, de idiomas, mecanografía e informática (DGT CV 14-9-10; CV 17-10-11); de enseñanza en materia de competencias digitales y uso de herramientas informáticas, dirigida a personas mayores de 60 años (DGT CV 20-6-25);
- de formación y perfeccionamiento profesional a **enfermeros** colegiados, tanto presencialmente como a través de internet, para que obtengan la capacitación necesaria para la prescripción de medicamentos (DGT CV 29-12-10); cuidadores enfermeros (DGT CV 19-12-16); sesiones formativas de simulación de intervenciones quirúrgicas (DGT CV 10-7-17) y de formación sanitaria (DGT CV 9-3-20); **917.1**

- de formación específica para peritos de seguros del **automóvil** (DGT CV 22-4-10); de formación electrónica del automóvil (DGT CV 22-3-10); de mecánica de competición de motor o automóviles, pudiendo los alumnos realizar prácticas en equipos de competición de distintas disciplinas (DGT CV 13-3-25);
- de **reciclaje profesional** en asesoría laboral, fiscal y contable (DGT CV 31-3-10);
- de capacitación en una empresa cuyo contenido está en los planes oficiales de estudio de una licenciatura en **publicidad** (DGT CV 12-7-10);
- de **quiropráctica** incluido en un proyecto pedagógico de cinco años de duración (DGT CV 21-10-11);
- de enseñanza a **adiestradores** de animales para las fuerzas armadas y cuerpos de seguridad del Estado (DGT CV 4-11-11), así como de adiestradores caninos (DGT CV 2-8-13; CV 19-12-13; CV 19-6-19); bomberos (DGT 29-5-02); vigilantes de seguridad (DGT CV 6-11-06);
- de formación para ser profesor de **yoga** (DGT CV 10-9-18; CV 24-4-20); de formación en quiromasaje (DGT CV 1-6-20); cursos de formación profesional en diversas técnicas de terapias naturales como la osteopatía (DGT CV 1-6-20);
- escuela de animación y educación **infantil y juvenil** para la formación de monitores y coordinadores de tiempo libre (DGT CV 29-4-20);
- de **toreo** práctico o tentaderos organizados por una asociación para sus asociados, mayores o menores de edad (DGT CV 13-11-20);
- de formación para la obtención del título de **tripulantes de cabina** de pasajeros autorizada por la Agencia Estatal de Seguridad Aérea (DGT CV 8-10-19) y de pilotos comerciales (DGT CV 4-11-19; CV 28-10-19); de formación profesional para la obtención del título de buzo (DGT CV 13-11-19); controlador de tránsito aéreo en España y otros cursos de perfeccionamiento para controladores en activo (DGT CV 31-10-16); formación, servicios y herramientas de gestión del tráfico aéreo (DGT CV 24-2-22);

917.2 - de formación de **peritos judiciales** (DGT CV 16-8-21) y de perfeccionamiento y especialización de funcionarios públicos en materias de contabilidad, economía de empresa y análisis financieros (DGT CV 6-11-13);
- en relación con la **construcción**, de encofrador, electricista de edificios, maquinista de confección industrial (DGT 24-10-02); arquitectos (DGT CV 21-11-13), así como de servicios y formación a trabajadores que se dedican a instalaciones, reparaciones, montajes y estructuras metálicas (DGT CV 28-4-22);
- de **peluquería** (DGT CV 31-10-16; CV 8-11-23); para obtener la titulación de técnicos en lucha, incluyendo los servicios de gestión, examen y titulación (DGT CV 15-12-17) o de profesor de golf (DGT CV 24-3-17); cursos a particulares y centros de **comunicación temprana gestual** sobre lenguaje de signos para bebés (DGT CV 2-10-18); clases incluidas en el plan de estudios de formación profesional (DGT CV 22-10-20); formación en terapias humanistas (DGT CV 27-2-20); talleres educativos a través del **arte** (DGT CV 3-9-20); talleres de enseñanza de caligrafía, pintura y manualidades (DGT CV 3-9-20) y clases de formación en materia de acrobacias (DGT CV 28-4-22);
- de **manipuladores de alimentos** e higiene alimentaria (DGT 8-11-02; CV 8-9-11); de nutrición y seguridad alimentaria (DGT CV 16-11-11; CV 21-6-22);
- de formación, actualización y adiestramiento profesional de **personal de seguridad privada** en un centro homologado por el Ministerio del Interior para el ejercicio de dicha actividad y en el que las materias impartidas deben ajustarse a los módulos profesionales generales de formación de los vigilantes de seguridad (DGT CV 8-4-08; CV 22-12-11); y
- cursos a comerciales y personal administrativo de otras empresas sobre cómo desarrollar y mejorar sus **habilidades profesionales** (DGT CV 8-1-09).

918 **2)** Están exentos los cursos de formación y **reciclaje profesional** a determinados colectivos, entre otros: a ganaderos, sobre temas agrícolas, técnicas laborales, fiscales o contables, por ser materias incluidas en los planes de estudios del sistema educativo español, siempre que la entidad que los imparta cumpla los requisitos exigidos en la normativa del impuesto (DGT 11-5-98); a **pilotos** (DGT CV 31-7-06; CV 11-5-11; CV 2-10-13); a mediadores de seguros, corredores de reaseguros, etc. (DGT CV 13-2-09); a directivos sobre habilidades interpersonales (DGT CV 15-6-09); a profesores de actividades acuáticas (DGT CV 21-7-14); a **veterinarios** (DGT CV 26-3-14, CV 27-6-14); a periodistas (DGT CV 19-3-14); a mecánicos de chapa y pintura (DGT CV 20-6-14) y a los vecinos de un municipio, consistente formación y reciclaje profesional, contratados por un ayuntamiento (DGT CV 28-4-22).
Asimismo, están exentos los cursos de **mediación** (DGT CV 4-8-14); de LPD y Blanqueo de capitales (DGT CV 8-5-14; CV 13-2-15) y los impartidos por un ingeniero agrónomo a sindicatos agrarios (DGT CV 16-3-23).
También están exentos un **máster** de moda y el programa de formación continua para empresarios que no pueden asistir a este máster (DGT CV 9-7-07); la formación específica para montar y poner en marcha instalaciones en edificios, destinado a alumnos acogidos a planes de formación del Servicio Regional de Empleo (DGT CV 18-12-07); los cursos de formación para formadores (DGT CV 5-11-07; CV 15-9-08) y los cursos de postgrado para médicos (DGT CV 15-3-07).

Igualmente, están exentas las prestaciones de servicios de formación y reciclaje profesional realizadas por una entidad autorizada por la Junta de Castilla y León para impartir cursos sustitutivos de titulación para la obtención de determinados **carnés profesionales** (DGT 7-10-98) y los servicios relativos a la impartición de **cursos de formación subvencionados** por el FORCEM (DGT 16-12-03).

3) Las enseñanzas de «**formación en emergencias**», entre las que se encuentran la extinción de incendios, no corresponden a ninguno de los contenidos establecidos con carácter básico para los Títulos de Formación Profesional del sistema educativo, por lo que no se les aplica la exención (DGT CV 14-10-15). Tampoco se aplica a los cursos de formación en materia de seguridad y salud aplicadas a las actividades de mantenimiento del sector eólico, trabajos de altura, primeros auxilios y extinción de incendios (DGT CV 20-8-18; CV 8-11-23).

4) La obtención del título de **piloto**, en concreto de piloto de drones (aviones teledirigidos por control remoto), si está destinado al desempeño de una actividad profesional, está exento; por el contrario, si se obtiene para necesidades personales o de recreo, queda sujeto (DGT CV 10-7-17; CV 1-6-23). En cuanto a los pilotos comerciales, con un curso para el manejo de una aeronave con características específicas, está exento cuando tenga la consideración de formación profesional (DGT CV 24-10-22).

G. Prestaciones de servicios y actividades excluidas. **919**

1) La normativa excluye expresamente del ámbito de la exención las entregas de bienes a título oneroso. Relacionado con lo anterior, solo si el **material didáctico** se entrega mediante contraprestación a los alumnos, tributa de manera independiente, quedando sujeta y no exenta (DGT CV 2-8-10; CV 22-11-10; CV 29-5-19). En la factura que cumplimente la academia debe desglosarse la base imponible correspondiente a cada una de las operaciones realizadas, es decir, enseñanza, que está exenta si cumple con los requisitos, y entrega de material, que está sujeta y tributa al tipo que le corresponda según los bienes entregados (DGT CV 27-2-15; CV 17-4-15).

En consecuencia, quedan fuera de la exención:

- el diseño de programas, **elaboración de cuestionarios** y planificación didáctica (DGT 15-12-03);
- la **entrega de libros de texto** o apuntes, material escolar, bolsas, ordenadores, tablets, uniformes, batas y chándales a título oneroso y destinado a los alumnos del centro (DGT CV 20-11-13; CV 2-12-20);
- la elaboración de **trabajos y resúmenes** sobre materias incluidas en los grados universitarios, al no ser formación (DGT CV 28-4-22) y la venta de material escolar, servicios de reprografía y venta de material publicitario como sudaderas o camisetas por universidades (DGT CV 5-5-22);
- la **cesión de los medios**, tanto materiales como personales (vehículos y profesores), sin que se presten los servicios de enseñanza propiamente dichos (DGT CV 11-11-10), ni tampoco la **distribución** de los cursos de formación, o cesión de su uso (DGT CV 17-10-12);
- la **venta al público** de los productos elaborados por los alumnos (pasteles, chocolates y platos preparados) mediante contraprestación (DGT CV 5-5-22); y
- las entregas de libros y soportes informáticos de apoyo como **CD-ROM y DVD** (DGT 22-2-02; 4-9-02; 19-12-03), ni el canon pagado a una universidad por los contenidos para un curso impartido on line (DGT CV 12-11-15).

2) La cesión de alumnos efectuada por una universidad para la Consejería de determinada Comunidad Autónoma, para que dichos alumnos realicen prácticas como **becarios**, no se considera como servicios de enseñanza, con independencia de la actividad, docente o no, que los alumnos becarios efectúen en el marco de su relación con la Consejería de Educación de la que temporalmente dependen (DGT CV 19-1-09), como tampoco la cesión por parte de un **club hípico** de sus instalaciones para prácticas de alumnos de un centro educativo (DGT CV 31-1-14).

3) La exención de la enseñanza no se aplica en función del carácter fundacional o no del destinatario de los servicios (DGT CV 15-10-09). En relación con las **fundaciones**, los servicios de gestión prestados por una fundación a una universidad para un master de postgrado, diseñando el programa académico, seleccionando a los alumnos, supervisando el material didáctico y gestionando los medios y recursos docentes, están sujetos y no exentos (DGT CV 19-5-09).

4) Están sujetas y no exentas las clases relacionadas con la **práctica del deporte** que no tienen la consideración de enseñanza (ver nº 925 s.) (DGT CV 27-6-16; CV 30-11-16; CV 19-12-16). Por tanto, no están exentas las clases de **baile** deportivo -aeróbic- (DGT CV 3-9-07; CV 6-11-08); clases de disciplinas deportivas yoga (DGT CV 10-9-18; CV 14-10-25); tai-chi y pilates (DGT CV 19-12-18); pilates (DGT CV 8-11-23); pelota valenciana (DGT CV 20-8-18) y judo (DGT CV 5-10-18).

H. Otras cuestiones. **920**

1) No está exenta la constitución de un **derecho de superficie** sobre una parcela municipal, a favor de un centro docente, careciendo de relevancia el hecho de que vaya a ser utilizado en el desarrollo de la actividad de enseñanza (exenta) y de que el centro esté asimilado a las entidades de carácter benéfico-docente, ni los arrendamientos y la constitución o transmisión de derechos reales de goce y disfrute que tengan por objeto terrenos, dado que se excluyen las constituciones y transmisiones de derechos reales de superficie -nº 8670- (DGT CV 21-9-98).

2) Están exentos los servicios impartidos por una **autoescuela** autorizada para ello por la Dirección General de Tráfico, consistentes en clases para obtener el certificado de capacitación de transportistas, de capacitación de consejero de seguridad de mercancías peligrosas y de autorización para el transporte de mercancías por carretera, dado que tienen naturaleza de formación o reciclaje profesional (DGT 2-11-00); las clases para obtener el permiso de conducir BTP (vehículos prioritarios, ambulancias, coches de policía, taxis) (DGT 16-12-03) y los cursos de formación para transporte de mercancías peligrosas (DGT CV 22-9-06).

El mismo criterio se mantiene en relación con los cursos de sensibilización y reeducación para la **recuperación de puntos** así como del permiso de conducción impartidos por los centros autorizados por el Ministerio del Interior, para la obtención de los permisos, que deben calificarse a tales efectos de formación profesional por tener como finalidad la recuperación por el alumno de una autorización administrativa que, objetivamente considerada y con carácter general, está destinada a ser utilizada para el ejercicio de determinadas actividades profesionales (DGT CV 2-10-06; CV 9-12-22).

Por el contrario, no se puede considerar como enseñanza con naturaleza de formación o reciclaje profesional los servicios para obtener los permisos de circulación de las clases AM, A1, A2, A, B, B+E, C1 y C1+E, puesto que los vehículos no tienen, objetivamente, una **utilidad profesional**, por lo que no se pueden considerar exentos (DGT CV 30-4-19; CV 22-5-23).

3) Están sujetos y no exentos los servicios de **consultoría para una universidad** prestados por una entidad, puesto que la exención relativa a los servicios de enseñanza prestados por dicha universidad no se extiende, en ningún caso, a las entregas de bienes y prestaciones de servicios que otros empresarios o profesionales efectúen para la misma (DGT 1-12-03). No se contempla la exención para las **adquisiciones de bienes** o servicios por centros docentes (DGT CV 28-10-15).

921 **4)** En relación con la **enseñanza online o a distancia** como servicio electrónico, se consideran servicios prestados por vía electrónica siempre que la intervención humana sea accesoria al suministro o al acceso a los contenidos y programas. Para aplicar la exención a estos cursos se deben cumplir los mismos requisitos que la enseñanza presencial (DGT CV 12-11-13; CV 6-8-14; CV 9-6-14). Cuando la **asistencia prestada** por parte del profesorado que imparte los cursos, tanto presencial como de telecomunicación, es muy relevante, y el suministro o acceso a los contenidos electrónicos tiene carácter accesorio, los cursos no se califican como servicios prestados por vía electrónica, sino que se consideran servicios educativos exentos (DGT CV 25-5-17; CV 19-4-21).

Por tanto, se consideran servicios educativos **no exentos** los que son prestados en las condiciones que se indican a continuación:

- una **plataforma web** de formación automatizada, donde el grado de intervención humana, si existe, es mínimo, (DGT CV 30-10-17; CV 18-8-21; CV 4-3-21);
- el **acceso en línea** del material (DGT CV 21-7-14), como ocurre con la de enseñanza de decodificación biológica (DGT CV 20-4-23), con la descarga de libros y la formación online (DGT CV 18-5-17; CV 22-2-18) o la compra de cursos en línea (DGT CV 23-5-23).

En el mismo sentido, las clases de formación en línea en las diferentes **áreas y materias**, como en mercados financieros a través de internet las cuales son grabadas y que son entregadas al alumno como material que pueden ser visualizado de manera ilimitada (DGT CV 27-11-19); de diseño web y marketing digital que vende en su página web a través de infoproductos (DGT CV 23-10-19); de sostenibilidad, equidad de género e inteligencia artificial para jóvenes (DGT CV 24-9-25); en el sector veterinario, a través de una plataforma donde están los módulos de las diferentes lecciones para poder ser visionados cuando se desee (DGT CV 13-9-23); para el aprendizaje de idiomas online para niños (DGT CV 12-5-21) y sobre asignaturas del Grado en Derecho, a través de un aula virtual (DGT CV 9-3-21);

921.1 - la preparación de oposiciones on line a través de una **plataforma de teleformación** (DGT CV 10-11-16; CV 4-7-16) y los cursos on line con alumnos de la UE (DGT CV 9-8-16; CV 9-9-16; CV 19-5-21);

- la reproducción de series de dibujos animados a través de una **plataforma de entorno web** para la enseñanza de idiomas en línea (DGT CV 4-9-17) y de vídeos pregrabados de preparación a la lactancia que los alumnos pueden descargar directamente (DGT CV 16-12-22).

En caso contrario, se consideran servicio educativo **exento**, aunque se presten a distancia, si internet o una red electrónica similar es utilizada como medio de comunicación entre el profesor y el usuario, los siguientes:

- las clases a través de un programa llamado «**Skype**» mediante el cual dos personas en cualquier parte del mundo pueden mantener una conversación para aprender un idioma, como el ruso (DGT CV 12-11-13; CV 21-5-14);
- las clases de asignaturas curriculares a alumnos de Primaria, ESO y Bachiller, usando un nuevo método apoyándose en **medios tecnológicos** como gafas de realidad virtual, ordenadores o videojuegos (DGT CV 25-4-23);
- el **curso en línea** que pone a disposición del alumno un tutor-formador (DGT CV 27-8-18; CV 19-9-18); de mecanografía destinado a particulares y empresarios (DGT CV 17-11-21); para opositores al cuerpo de maestros (DGT CV 13-12-21); en metodologías de gestión empresarial y en la creación y explotación de herramientas de software (DGT CV 6-2-23) y en materia de emprendimiento, empleabilidad y desarrollo personal como marca personal, manejo del estrés y autoconocimiento (DGT CV 26-9-23);

- el curso en línea que permite la **descarga** de contenidos y clases en línea en directo (DGT CV 14-12-21), así como el curso de formación grabado para su descarga y visualización por consumidores finales (DGT CV 5-7-24);
- un programa educativo para el aprendizaje de idiomas, a través de una **plataforma online**, tanto de clases grupales como de individuales (DGT CV 13-12-21) y la enseñanza de idiomas presencial y mediante clases en línea (DGT CV 28-4-22);
- la formación musical, a través de la creación de un **aula virtual** (DGT CV 1-2-21); y
- los servicios de formación prestados por vía electrónica, a través de una **plataforma e-learning**, donde se encuentra todo el material del curso, aunque incluyan adicionalmente tutorías, correcciones y resoluciones de dudas en línea y de forma directa con el profesor (DGT CV 22-5-24).

5) No están sujetos al IVA los servicios prestados a una entidad por ponentes y profesores que tengan con la misma una **relación administrativa o laboral** en régimen de dependencia, así como los servicios prestados a la misma por quienes no tengan la condición de empresario o profesional (DGT CV 15-6-17). En el mismo sentido, respecto a la impartición de conferencias y seminarios organizados normalmente por laboratorios farmacéuticos (DGT CV 10-7-17). **922**

6) Gozan de exención los cursos y seminarios relacionados con distintos aspectos de la **lucha contra el cáncer**, diseñados por psicólogos, y orientados a la motivación y gratificación de los enfermos de cáncer y sus familias, que ayuden a mejorar su autoestima con finalidad terapéutica (DGT CV 28-2-07). Por el contrario, no están exentos los talleres de **cosmética y maquillaje** impartidos a los enfermos oncológicos y hematológicos prestados por personas físicas (DGT CV 6-2-19).

7) La posible exención de **prácticas hospitalarias** facilitadas por un hospital a los alumnos de una universidad, depende del cumplimiento de los siguientes requisitos: que el hospital preste los servicios a través de un centro calificado de educativo a efectos del IVA del que sea titular y que, adicionalmente, las enseñanzas impartidas se refieran, única o principalmente, a materias incluidas en alguno de los planes de estudios de cualquiera de los niveles y grados del sistema educativo español (DGT CV 28-5-13).

8) Los servicios prestados consistentes en la tramitación y **gestión de bonificaciones de seguros sociales** de las empresas que contratan los cursos impartidos a través de la fundación tripartita, es una actividad sujeta y no exenta del IVA, que tributa al tipo general. Esta tributación se produce de manera independiente de los servicios de formación (DGT CV 3-2-15; CV 14-10-15).

Jurisprudencia **1)** En relación con la **enseñanza profesional**, están exentos los cursos de formación profesional ocupacional y continua, organizados o aprobados por determinados organismos públicos como FORCEM e INEM -actualmente **Servicio Público de Empleo Estatal**- (TEAC 20-2-02), así como la actividad de enseñanza de conducción como un módulo de enseñanza profesional, a diferencia de lo que ocurre con las clases para obtener los **permisos de conducción** prestadas por autoescuelas (TSJ Extremadura 12-6-01, EDJ 102929). **923**

2) Atendiendo al tipo de centro de enseñanza de que se trate y el tipo de enseñanza que se lleva a cabo, resulta aplicable la exención a los **centros educativos** que presten de manera continuada servicios de enseñanza, siempre que las materias que impartan estén incluidas en algún plan de estudios de la enseñanza escolar, universitaria, de postgraduados, idiomas o formación profesional, aunque el centro no tenga autorización expresa por parte de la Administración competente (TEAC 26-4-11). Por tanto:
- las **actividades de investigación** realizadas a título oneroso por centros públicos de enseñanza superior no están exentas (TJUE 20-6-02, asunto C-287/00);
- las actividades realizadas por **granjas escuelas** pueden estar exentas como actividad de enseñanza (TEAC 8-5-02);
- la enseñanza de la natación impartida por una **escuela de natación** no está comprendida en la exención del IVA para actividades educativas y de enseñanza (TJUE 21-10-21, asunto C-373/19);
- las **clases de fútbol** impartidas por un club de fútbol, al no ser considerado como un centro docente, no está exenta (AN 8-9-16, EDJ 166332); y
- las clases de **surf y vela** impartidas por escuelas de surf y vela a centros escolares o universitarios en los que esa enseñanza puede estar comprendida, respectivamente, en el programa de actividades deportivas o en la formación de profesores de deporte y contar en la evaluación, no se incluyen en el concepto de enseñanza escolar o universitaria (TJUE 7-10-19, asunto C-47/19).

3) En el caso de enseñanza particular o impartida en centros privados:
- se considera como **clases a título particular** las que se prestan por el docente por su propia cuenta y bajo su propia responsabilidad, sin necesidad de que se trate de clases particulares en el sentido habitual del término, esto es, clases prestadas en virtud de un contrato entre el docente y su alumno (TJUE 14-6-07, asunto C-445/05);
- las clases impartidas en un **centro de formación privado** por un ingeniero en un curso de formación profesional para ingenieros y arquitectos titulados, se entienden relacionadas con la enseñanza escolar o universitaria a los efectos de aplicación de la exención. Se incluyen otras prestaciones efectuadas por el mismo ingeniero en calidad distinta de la de docente (por ejemplo, en calidad de examinador), siempre y cuando se efectúen, esencialmente, en el marco de la transmisión de conocimientos y de competencias entre un docente y los alumnos, y siempre que no revistan un

carácter meramente recreativo. Por el contrario, la exención no se aplica si el docente actúa en el marco de cursos organizados por una entidad tercera (que es la que factura las prestaciones de servicios educativos para los alumnos), al no desarrollarse la actividad del docente a título particular (TJUE 28-1-10, asunto C-473/08); y
- los servicios de enseñanza prestados por una **entidad privada** no están exentos cuando dicha entidad no cumpla los requisitos establecidos por el Derecho nacional para disfrutar del reconocimiento como entidad con «fines comparables» a los de los centros educativos públicos. Los Estados miembros disponen de una facultad de apreciación a efectos de dicho reconocimiento, limitada por el principio de igualdad de trato (TJUE 28-4-22, asunto C-612/20).
4) En caso de servicios accesorios a los de enseñanza, como ocurre con los servicios de alojamiento y manutención prestados por **colegios mayores**, están exentos (TS 28-10-04, EDJ 184869).
5) La **puesta a disposición de un profesor**, efectuada por un centro de enseñanza A a favor de otro B, solo está exenta cuando se cumplan simultáneamente las condiciones siguientes: la puesta a disposición sea accesoria respecto de la enseñanza impartida por B y sea indispensable para que B preste sus propios servicios de enseñanza; A y B sean entidades docentes de derecho público o entidades docentes privadas reconocidas por el Estado; y la puesta a disposición no tenga por objeto procurar a A ingresos suplementarios en competencia directa con las entidades privadas no exentas (TJUE 14-6-07, asunto C-434/05).
6) La Directiva IVA no se opone a que estén exentas las prestaciones de servicios de educación realizadas con **fines comerciales** por organismos que no sean de Derecho público. Sí se opone a una exención de todas las prestaciones de servicios de educación con carácter general, pues cuando el prestador de dichos servicios es un organismo privado, solo cabe la exención cuando dicho organismo tenga fines comparables a los organismos públicos de carácter educativo (TJUE 28-11-13, asunto C-319/12).

924 **Clases particulares** (LIVA art.20.uno.10º) Están exentas las clases a título particular prestadas por **personas físicas** sobre materias incluidas en los planes de estudio de cualquiera de los niveles y grados del sistema educativo.
No tienen esta consideración aquellas clases para cuya realización es necesario darse de alta en las tarifas de actividades empresariales o artísticas del IAE, a diferencia de lo que ocurre con las clases que exigen darse de alta en **actividades profesionales**.
La aplicación de la exención está condicionada a la concurrencia de los siguientes **requisitos**:
a) Que las clases sean impartidas por personas físicas.
b) Que las materias sobre las que versen las clases estén comprendidas en alguno de los planes de estudio de cualquiera de los niveles y grados del sistema educativo español. La determinación de las materias que están incluidas en los referidos planes de estudio es competencia del Ministerio de Educación, Formación Profesional y Deporte.
c) Que, si no resultase de aplicación la exención del IAE (RDLeg 2/2004 art.82.1.c), tampoco sea necesario darse de alta en la tarifa de actividades empresariales para prestar las referidas clases. En particular, se cumple este requisito siempre que la actividad se encuentre incluida en el epígrafe correspondiente a la sección segunda (actividades profesionales) de las tarifas del IAE.
A estos efectos, no resulta posible establecer normas aplicables con carácter general para la diferenciación de un servicio de enseñanza de **servicios de otra naturaleza**, tales como un servicio lúdico, deportivo, servicios de asesoría, de consultoría u otros. La solución se ha de dar en cada caso concreto atendiendo a las características y naturaleza del servicio que se esté prestando (DGT CV 6-9-11).

Doctrina Administrativa **1)** Se considera **profesional de la enseñanza** a quien, actuando por cuenta propia, desarrolle personalmente la actividad de que se trate. Sin embargo, se está ante un empresario cuando la actividad de enseñanza se ejerza no como una manifestación de la capacidad personal, sino como consecuencia de la puesta al servicio de la actividad de una organización empresarial, desvinculada formalmente de la personalidad profesional intrínseca del profesor o enseñante (DGT 15-4-99; 23-3-04).
Por tanto, se ejerce una **actividad empresarial**, al haber desaparecido el elemento individual e imprescindible que caracteriza el ejercicio de una actividad profesional, al contratar una persona para prestar servicios de enseñanza de música; por lo que no es aplicable esta exención, sin perjuicio de que pueda ser aplicable la exención de enseñanza (nº 905 s.) (DGT CV 24-2-10; CV 24-2-10).
2) En concreto, están exentas las clases impartidas por un profesional cuando tengan por objeto las siguientes **materias**: teatro (DGT CV 27-2-07); manualidades y poesía (DGT CV 6-3-06); dirección y gestión de calidad (DGT CV 27-7-07); inglés (DGT CV 17-4-08); materias de educación secundaria (DGT CV 9-12-09); informática (DGT CV 15-10-09); fotografía digital (DGT CV 14-9-09); arqueología subacuática (DGT CV 7-8-09); contabilidad, gestión empresarial y derecho laboral (DGT CV 4-6-09); baile clásico, flamenco, danza reglada, bailes de salón incluidos en los planes de estudio del sistema educativo español (DGT CV 7-8-09; CV 11-9-19; CV 15-4-21); música (DGT CV 16-6-17; CV 7-10-21); canto (DGT CV 29-6-17); curso de reanimación cardiopulmonar y de primeros auxilios (DGT CV 22-6-17); manualidades (DGT CV 4-7-17); clases de instrumento musical (DGT CV 27-2-20; CV 14-4-21); cursos de cocina (DGT CV 7-2-20); educación emocional y bienestar impartidos por una universidad (DGT CV 1-8-22) y guía de montaña (DGT CV 19-12-24).

D. Servicios deportivos y culturales

(LIVA art.20.uno.13º, 14º y 26º)

 925

Deporte y educación física (LIVA art.20.uno.13º) Están exentos los servicios prestados a **personas físicas** que practiquen el deporte o la educación física, cualquiera que sea la persona o entidad a cuyo cargo se abone la contraprestación. Estos servicios han de estar directamente relacionados con dichas prácticas y deben ser prestados por entidades de Derecho público, federaciones deportivas, el Comité Olímpico Español, el Comité Paralímpico español, o entidades o establecimientos deportivos privados de carácter social (ver nº 873 s.). 926

En el **ámbito comunitario**, la exención establecida en relación con los servicios deportivos debe interpretarse en el sentido de que se incluyen también las prestaciones de servicios a **personas jurídicas** y a asociaciones sin personalidad jurídica que cumplen determinadas condiciones (TJUE 16-10-08, asunto C-253/07).

Quedan **excluidos** los espectáculos deportivos.

Precisiones La exención se aplica con independencia de que el destinatario **sea o no socio** de la entidad si se cumplen los requisitos legales. La exención se limita a los servicios relacionados con el deporte, no a las entregas de bienes (balones, raquetas...) ni a los servicios ajenos a dicha actividad (comidas, bebidas...). No obstante, ver los servicios directamente relacionados con el deporte en el DGT 5-4-00 en el nº 933.

Ejemplos **1)** Un ayuntamiento alquila a personas físicas, previo cobro de un importe fijado por horas, sus **instalaciones municipales** para la práctica del tenis, natación y otras actividades deportivas. También alquila otras instalaciones a una sociedad anónima para que las utilicen los empleados de la misma con finalidades de ocio o recreativas. 928

Los servicios citados en primer lugar sí disfrutan de exención, por cumplir los requisitos legales anteriormente expuestos. En cambio, no está exento el alquiler realizado a la sociedad, porque el destino de las instalaciones no es la práctica del deporte o de la educación física. Es decir, lo que impide en este caso la aplicación de la exención no es que la sociedad anónima figure como arrendataria de las instalaciones, ya que la exención procede «cualquiera que sea la persona o entidad a cuyo cargo se realice la prestación», sino el hecho de que el arrendamiento no está directamente relacionado con prácticas deportivas.

2) La Unión de Federaciones Deportivas presta determinados servicios relativos al deporte a las **federaciones** agrupadas.

No se aplica la exención por no tratarse de servicios prestados a personas físicas, como exige la Ley, sin perjuicio de que pueda ser aplicada la exención para servicios prestados por uniones, agrupaciones o entidades autónomas del nº 1065 si se cumplen las condiciones exigidas.

3) Un **club de tenis**, constituido al amparo de la Ley del Deporte, calificado como entidad de carácter social, realiza las siguientes operaciones: 929

a) Cede a los socios la utilización de sus pistas, al precio de 1,50 €/hora.

b) Presta servicios de sauna y rayos UVA a los socios y a terceros, mediante contraprestación.

c) Cede un local dentro de las instalaciones del club a una peluquería y otro local a un restaurante, que se ocupa del servicio de bar. Ambos pagan una contraprestación específica.

d) Organiza una fiesta anual, con cargo a su presupuesto, a la que acceden gratuitamente los socios y otras personas invitadas por estos.

Aunque el club se califique de entidad de carácter social, únicamente pueden considerarse exentos los servicios del apartado a). Los restantes no se prestan a personas físicas (los del apartado c) o no están directamente relacionados con la práctica del deporte, tales como los de los apartados b), d) y c). No obstante, ver DGT 5-4-00 en el nº 933.

4) Un club de fútbol-sala presta, entre otros, **servicios publicitarios** a una empresa patrocinadora.

No están exentos, ya que los servicios de publicidad no son deportivos.

5) Una **fundación cede el uso** de sus instalaciones deportivas, mediante precio, a: 930

a) Organizadores de conciertos musicales, reuniones de empresas y otros eventos que no tienen carácter deportivo.

b) Equipos participantes en ligas de deporte profesional, o en ligas de deporte federado no profesional, o en ligas deportivas no federadas, que utilizan las instalaciones para sus partidos y entrenamientos. Los equipos, en determinados casos, cobran entrada a los asistentes a los mismos.

c) Organizadores de espectáculos o exhibiciones de carácter deportivo quienes, en ocasiones, cobran entrada a los asistentes a los mismos.

d) Grupos de personas que utilizan las instalaciones para practicar deportes colectivos con fines lúdicos.
e) Personas físicas a título individual, que practican el deporte o la educación física.
Están exentos los servicios citados en los apartados b), d) y e), pues se cumple la condición objetiva de que se presten a personas físicas para la práctica del deporte o de la educación física, aunque sea con cargo a un club u otra persona o entidad y siempre que se haya cumplido la condición subjetiva de que la fundación tenga la condición de entidad de carácter social.
No obstante, y dado que la exención no alcanza a los espectáculos deportivos, no están exentos los servicios prestados por los equipos deportivos (letra b), y por los organizadores de espectáculos o exhibiciones de carácter deportivo (letra c), consistentes en permitir, mediante precio, el acceso a los espectáculos de esta naturaleza (en este sentido, DGT CV 28-3-19).
Por otra parte, no están exentos los servicios relacionados en los apartados a) y c), al no tener relación con la práctica del deporte por las personas físicas.

---

932 Doctrina Administrativa Además de las siguientes contestaciones de la DGT, ver nº 11000 s.
1) Se consideran, entre otras, **actividades deportivas** y, por tanto, exentas, siempre que se cumplan los requisitos exigidos:
- cursos de saltos en **paracaídas** en tándem (DGT CV 4-4-11);
- clases de **spinning y musculación** (DGT CV 22-9-11); clases de funky, **gimnasia**, yoga, pilates, taichí y chikung (DGT CV 5-8-09); gerontogimnasia (DGT CV 14-1-14) y práctica de yoga (DGT CV 30-6-20);
- clases de **ajedrez** (DGT CV 26-11-08; CV 16-11-21; CV 17-7-25);
- descenso de cañones y rafting (DGT 18-5-00); trekking (DGT 30-3-04); **senderismo** (DGT 16-12-03); piragüismo (DGT 17-2-03); escalada y descenso de barrancos (DGT 23-4-99; CV 10-11-21); **deportes de aventura y puenting** (DGT 30-1-02); esquí, montañismo y escalada (DGT CV 1-2-13) y actividades acuáticas (DGT CV 30-10-13);
- **quads** (DGT 5-4-00);
- cursos de **defensa personal** (DGT CV 31-10-16; CV 11-11-16; CV 5-10-18);
- **carreras** de fondo y marcha (DGT CV 26-6-09), así como carreras populares, marchas solidarias, caminatas y torneos deportivos (DGT CV 24-4-23); y
- **natación** (DGT CV 14-1-14; CV 4-7-19; CV 28-6-22); clases de vela (DGT CV 13-2-15); waterpolo (DGT CV 13-5-16); **pádel** (DGT CV 23-5-16); tiro en sus distintas modalidades, tiro al vuelo, tiro olímpico (DGT CV 2-10-18; CV 15-1-20); clases de **hípica** (DGT CV 20-2-19); escuela de patinaje (DGT CV 29-4-20) y skateboard (DGT CV 20-5-22) y balonmano playa (DGT CV 26-4-21).

933 2) Son **servicios directamente relacionados con la práctica del deporte**, exentos, siempre que se cumplan los requisitos exigidos:
- el alquiler de pelotas de tenis o de bolas de golf, así como el alquiler de **taquillas y vestuario** (DGT 5-4-00); alquiler de pistas (DGT CV 20-8-18), así como la contraprestación satisfecha para el uso de **instalaciones deportivas** (campos de golf, zonas de prácticas, etc.) para la práctica de un deporte, ya sea por abonados o no abonados (DGT CV 18-9-19);
- los cursos de **técnicos y jueces** y sus renovaciones; la inscripción a campeonatos; las certificaciones de afiliados y trámites administrativos relacionados con el deporte, en cuanto que puedan considerarse servicios prestados directamente a personas físicas que practiquen el deporte, y las licencias federativas (DGT CV 26-7-13);
- los **certificados** de tiempos compensados expedidos por la Federación de Vela para poder participar en competiciones deportivas (DGT CV 24-11-04);
- la organización de **campus deportivos** en épocas de vacaciones para deportistas en edad escolar (no incluyendo el transporte, alojamiento y manutención); organización de cursos para árbitros y entrenadores deportivos y cobro de cuota anual a los deportistas por el uso de instalaciones deportivas (DGT CV 28-9-09);
- las cuotas mensuales pagadas por los socios de un **club náutico** que tiene la condición de asociación sin ánimo lucrativo (DGT CV 16-4-19); en el mismo sentido, respecto de una asociación sin ánimo de lucro que, a cambio de una cuota, ofrece a sus asociados el acceso a instalaciones deportivas (DGT CV 9-6-22);
- la publicación de **rankings**, publicidad de torneos, gestión de inscripciones, realización de sorteos de juego, publicación de resultados o la intervención del comité disciplinario cuando resulte necesaria, cuya contraprestación está constituida por un determinado canon (DGT CV 2-10-13);
- los servicios de **arbitraje y jueces** en competiciones prestados por la federación (DGT CV 13-2-09), siempre que los destinatarios finales de dichos servicios sean personas físicas que practiquen el deporte o la educación física (DGT CV 18-2-15); así como por una asociación sin ánimo de lucro en partidos de fútbol (DGT CV 29-10-20). Por el contrario, no quedan exentos los servicios prestados por jueces y árbitros, personas físicas en el ejercicio de su profesión (DGT 11-6-97; CV 21-12-06);
- las cantidades cobradas por una **federación automovilística** como derechos de calendario y derechos de reglamento (DGT 8-7-02); y
- la realización de las **inscripciones**, edición de listados de salida, cronometraje, cálculos y edición de resultados a través de medios microelectrónicos, informática, etc., incluyendo pantallas de exhibición de tiempos y resultados (DGT CV 18-1-12; CV 20-10-14).

La exención no se aplica a aquellos servicios que no estén directamente relacionados con dichas actividades deportivas, o que solo de una **manera indirecta** o mediata contribuyan a la práctica de aquellas, como sucede con los servicios de salvamento, socorrismo y vigilancia (DGT CV 1-6-15), como ocurre con el uso de una piscina deportiva para actividades de ocio y disfrute del tiempo libre (DGT CV 18-12-18).

3) Procede la **aplicación de la exención**, siempre que se cumplan los requisitos exigidos, a: **934**
- los cursos de **árbitros y entrenadores** organizados por las Federaciones Deportivas (DGT 3-2-95);
- la organización de **torneos deportivos** por una entidad sin ánimo de lucro, siendo ella la que recibe de los participantes una cantidad a modo de inscripción en el mencionado torneo (DGT CV 28-2-07), así como la organización de competiciones y torneos organizados por un club de tenis (DGT CV 12-8-19), torneos de golf (DGT CV 4-1-19), en los que se cobran inscripciones a los participantes en las competiciones deportivas (DGT CV 17-9-19);
- la organización del Mundial de **patinaje** de velocidad, con independencia de que el destinatario de dichos servicios sea o no socio de la entidad, de la naturaleza de la contraprestación y de la persona o entidad que entrega la contraprestación (DGT CV 24-9-07);
- la organización de un **rally** automovilístico en el que participan personas físicas, socios y no socios del club, percibiéndose una cuota de inscripción por la participación en dicha actividad, que se emplea para cubrir los gastos de gestión de la misma (DGT CV 7-7-16);
- la cesión mediante precio de las **instalaciones deportivas de una universidad** a favor de particulares o de clubes deportivos para practicar el deporte, para la preparación de pruebas físicas para acceder a los cuerpos de seguridad y para impartir cursos de formación de árbitros, técnicos y jueces (DGT CV 23-11-16);
- la cesión de las instalaciones de un circuito de velocidad a entidades y profesionales del deporte del **automovilismo**, siempre que se trate de servicios prestados a personas físicas que practican el deporte y con ocasión de la práctica de dicha actividad, sea cual sea la naturaleza de la contraprestación y la persona o entidad que entrega la misma (DGT 4-7-01). En ningún caso es aplicable la exención cuando la cesión de las instalaciones tenga por finalidad la celebración de espectáculos lúdico deportivos (DGT CV 24-9-07; CV 20-8-18; CV 2-10-18), ni cuando el alquiler lo presta una sociedad mercantil (DGT CV 29-2-12);
- el **arrendamiento** de instalaciones deportivas a una entidad que las va a utilizar, según contrato, para la práctica del deporte por personas físicas (DGT CV 20-1-17; CV 15-12-17); tanto si el servicio se presta directamente a las personas físicas que practican dicho deporte como si se presta con cargo a un club o asociación, y con independencia de los fines últimos que persigan esas personas físicas que practican el deporte. Por el contrario, la exención no se aplica a los arrendamientos de espacios e instalaciones con **fines publicitarios** o para la celebración de **eventos o espectáculos deportivos** (DGT CV 19-4-22; CV 18-4-23);
- los servicios deportivos prestados por un **club de cazadores**, así como las cuotas pagadas por los socios a su club de caza (DGT CV 19-10-16);
- los servicios relativos a la práctica del **frontón** efectuados por un ayuntamiento mediante contraprestación de naturaleza no tributaria (precio público) para personas físicas (DGT 16-2-98);
- la entrada a una **piscina municipal** gestionada por un ayuntamiento (DGT CV 8-3-17; CV 15-7-21);
- las cuotas de entrada a un **club social deportivo** (DGT CV 17-1-17) y las cuotas de inscripción, que permiten el acceso y la participación en las competiciones y torneos organizados por el club, así como los servicios consistentes en el **uso de las instalaciones** deportivas para la práctica del deporte a cambio de la correspondiente contraprestación, tanto satisfecha por abonados como por no abonados (DGT CV 15-12-17);
- los servicios deportivos prestados a personas físicas por una **entidad sin ánimo de lucro** (DGT CV 4-5-20); y
- la facturación a terceros por los servicios prestados por una asociación consistentes en el apoyo al **deporte ciclista y el fomento del deporte del motociclismo** y las motos, lo que llevan a cabo garantizando la seguridad de los deportistas durante el transcurso de las pruebas deportivas (DGT CV 11-6-24).

4) La exención **no se aplica** a: **935**
- la enseñanza de cursos de submarinismo, la venta y alquiler de artículos para la práctica de submarinismo y los servicios de guía en salidas al mar impartidas por una **sociedad mercantil** (DGT CV 27-5-21). No obstante, una sociedad anónima puede cumplir la condición de falta de carácter lucrativo cuando pueda probarse que no tiene por objetivo la consecución sistemática de beneficios (DGT CV 9-2-15; CV 8-9-17; CV 21-3-18; CV 29-2-24; CV 22-4-25).

No son los **beneficios** en el sentido del superávit que se obtiene al final de un ejercicio, sino los beneficios en el sentido de ventajas pecuniarias en favor de los socios de un organismo, los que impiden que se considere que este actúa sin fin lucrativo (DGT CV 21-12-15; CV 8-9-17; CV 20-5-25).

Si el beneficiario de la concesión no es una entidad de carácter social, los servicios deportivos prestados por el concesionario están sujetos y no exentos. En caso de que la intervención municipal asuma la **intervención de la concesión** por cuenta del concesionario, los servicios deportivos prestados siguen estando sujetos y no exentos (DGT CV 20-2-18);
- los servicios prestados por una **persona física** (monitora de gimnasia, entrenador personal,...) (DGT CV 5-11-04; CV 5-11-21; CV 10-4-25);
- las clases de **equitación** impartidas por una entidad que no tiene carácter social (DGT CV 4-9-06; 21-1-00), incluso cuando son impartidas en línea por una persona física (DGT CV 23-5-24). Tampoco está exenta la venta de material deportivo relacionado con la **hípica**, la compraventa de caballos al constituir una entrega de bienes y no una prestación de servicios (DGT CV 20-2-19); la impartición de clases de natación por una persona física a un club (DGT CV 28-6-22), ni de las clases de un entrenador deportivo de unos equipos de tecnificación (DGT CV 21-12-22);
- los servicios deportivos prestados por un **patronato municipal** a través de sociedades mercantiles y civiles, clubes deportivos y federaciones deportivas (DGT CV 20-1-17); los prestados por un **interventor** a una federación deportiva (DGT CV 17-4-17) o por una persona física a un Patronato de Deportes (DGT CV 12-4-23);

935.1 - la organización de **rifas**, la venta de lotería con recargo o el suministro de **refrescos**, efectuada por una entidad deportiva de carácter social (DGT CV 9-1-08);
- las entregas de **equipamiento** mediante contraprestación (DGT CV 20-8-18);
- la organización de una **prueba atlética** y la edición mensual de una revista deportiva realizadas por una asociación deportiva sin ánimo de lucro (DGT 19-4-99);
- las clases impartidas en una **escuela de fútbol** (DGT CV 9-12-14);
- las clases de **capoeira** (DGT CV 6-2-23; CV 28-12-23);
- los servicios de otorgamiento de **licencias** y del derecho a retransmitir competiciones deportivas prestados por la Federación Española de Gimnasia (DGT 23-12-86);
- las cesiones de los **derechos de organización** de eventos deportivos (DGT 30-9-04), así como la organización de espectáculos deportivos por un club deportiva (DGT CV 15-4-25);
- los siguientes servicios prestados por una **federación deportiva**, al no tener relación con la práctica del deporte por personas físicas: explotación de la marca de garantía para la homologación de material deportivo; concesión del uso, a cambio de contraprestación, a entidades mercantiles de su nombre como marca o nombre comercial para la venta de artículos y material deportivo; participación en la realización de obras audiovisuales para su comercialización; organización de eventos, competiciones y otras actividades de carácter deportivo con los equipos y deportistas afiliados a la federación (DGT CV 22-6-09);
- alquiler de stand, cuotas de músicas para gimnastas por pago a la sociedad de autores, **patrocinios** de entidades privadas, ingresos por **publicidad** e imagen (DGT CV 26-7-13);
- las cantidades percibidas de los **patrocinadores** con el compromiso de publicitar la ayuda en carteles y vestimenta (servicios de publicidad para el patrocinador). Solo en el caso de que dichas operaciones puedan encuadrarse en los convenios de colaboración empresarial en actividades de interés general, podría considerarse que la actividad desarrollada por la entidad no constituye una prestación de servicios (DGT CV 26-4-07);
- el alquiler de recintos deportivos para la realización de **conciertos** (DGT 18-2-03), o para la celebración de **espectáculos deportivos** (DGT CV 23-1-13);
- los servicios de cesión de **uso de habitaciones** con manutención y limpieza (DGT CV 8-3-23);
- los servicios de conserjería, **limpieza**, servicio de ambulancias, megafonía, diseño e impresión de cartelería y entradas, distribución y colocación de carteles, y control de acceso al pabellón y seguridad (DGT CV 12-5-17);

935.2 - los siguientes servicios prestados por puertos deportivos y **clubes náuticos**:
• grúa para varado y botadura de embarcaciones; estancia en varadero; reparación, conservación y mantenimiento de embarcaciones; trabajos de invernaje de las embarcaciones; tarifa diaria de tránsito por el uso de los amarres; alquiler temporal y cesión de uso de un punto de amarre; arrendamiento de locales y cesión de uso de los mismos; suministro de electricidad, agua, combustible y lubricante a las embarcaciones; limpieza, recogida de basura y aceites usados para su reciclaje; marinería; tasas portuarias; tarifas (DGT CV 4-8-10; CV 7-9-10; CV 7-4-14), así como los servicios de varada de embarcaciones en seco y su amarre (DGT CV 6-5-21);
• arrendamiento de embarcaciones a vela o motor con la finalidad de practicar la navegación de recreo -chárter de embarcaciones- (DGT CV 1-2-11);
• las derramas giradas a los socios para la construcción y posterior cesión de los pantalanes construidos (DGT CV 24-2-16); y
• la venta de ropa y material deportivo en la tienda del club, así como las cuotas de cursos de obtención de títulos náuticos (DGT CV 13-11-17);
- las denominadas cesiones de derechos de licencia federativa o **traspaso de deportistas** que se producen con ocasión de la extinción de la relación contractual entre un deportista y su club y la formulación de una nueva con otra entidad deportiva distinta, puesto que la misma consiste en la transmisión de un derecho y no un servicio prestado a una persona física para la práctica de un deporte (DGT 17-3-04);

- las actividades de **asesoría y formación** de carácter deportivo, tales como asesoramiento y formación sobre sistemas de entrenamiento y planificación deportiva a atletas y profesionales del sector (entrenadores deportivos, centros deportivos), impartidas como clases de práctica deportiva (DGT CV 29-4-19);
- la **enseñanza** de yoga (DGT 20-11-98); las clases del bloque de salud y calidad de vida (aerobic, pilates, musculación, natación, etc.) (DGT CV 29-1-14); las clases de ajedrez (DGT CV 22-10-13; CV 16-11-21; CV 12-5-22); las clases particulares de tenis y pádel (entrenamiento, tonificación y psicología deportiva, motivación, concentración, control, etc.) (DGT CV 22-10-13); las clases de kung-fu, patinaje y gimnasia para padres (DGT CV 12-7-06); las clases de esgrima efectuadas por una persona física (DGT CV 11-11-10) y las clases de fútbol, baloncesto, pequedeporte y gimnasia rítmica (DGT CV 14-5-15; CV 12-5-22); y
- el acceso al recinto del club a **no abonados** a cambio del pago de una entrada, sin incluir el acceso al uso de instalaciones deportivas; arrendamiento de espacios e instalaciones con fines distintos a los de ser usados por personas físicas en la práctica del deporte o la educación física, como por ejemplo para explotar el servicio de restaurante o cafetería o una tienda de deportes, de **restauración y hostelería**, la reserva de chalets y carpas para la celebración de eventos y otros servicios sociales y la **venta de material** deportivo y recuerdos, al tener la consideración de entrega de bienes y no de prestaciones de servicios (DGT CV 3-8-22).

Jurisprudencia **1)** Las **cuotas** anuales que abonan los miembros de una **asociación deportiva** pueden constituir la contrapartida de los servicios que esta presta, pese a que los socios que nunca emplean las instalaciones de la asociación o lo hacen esporádicamente tengan que abonar su cuota anual (TJUE 21-3-02, asunto C-174/00). **936**

2) No están exentas las **entregas de material deportivo** efectuadas por una entidad deportiva exenta, aunque las mismas sean necesarias para la actividad (TEAC 8-7-99).

3) No son servicios relacionados con el deporte la práctica de **yoga, taichí, sofrología, zen**, etc. por constituir terapias psíquicas o técnicas de relajación más o menos profunda (TEAC 22-5-02). No obstante, ver nº 932.

4) Las **actividades deportivas no organizadas**, no sistemáticas y que no tienen por objeto la participación en competiciones se incluyen en el ámbito objetivo de la exención del IVA prevista para las actividades deportivas. El acceso a un **parque acuático** que ofrece a los visitantes una prestación compleja única que comprende tanto actividades deportivas como actividades de entretenimiento o recreación se incluye en dicho ámbito objetivo en la medida en que, teniendo en cuenta el punto de vista del consumidor medio, sea el elemento deportivo el predominante en la prestación (TJUE 21-2-13, asunto C-18/12).

5) La exención de los servicios deportivos no puede limitarse, en el caso de servicios prestados por un club deportivo, a los **miembros** de dicho club (TJUE 19-12-13, asunto C-495/12).

6) Se deben aplicar los mismos requisitos para disfrutar de la exención en la prestación de servicios directamente relacionados con la práctica del deporte tanto a las entidades de Derecho público sin ánimo de lucro como a las **entidades sin ánimo de lucro** que no sean de Derecho público y que prestan tales servicios (TJUE 13-7-17, asunto C-633/15).

7) Una actividad como el **bridge** de contrato duplicado, que se caracteriza por un componente físico que resulta insignificante, no está comprendido dentro del concepto de deporte (TJUE 26-10-17, asunto C-90/16).

8) No todos los servicios deportivos están exentos, sino que los **Estados miembros** tienen un margen de **discrecionalidad** para decidir en esta materia. Por tanto, es necesario un desarrollo por parte del legislador nacional, lo que excluye que tenga efecto directo la Dir 2006/112/CE art.132.1.m (TJUE 10-12-20, asunto C-488/18).

Servicios culturales (LIVA art.20.uno.14º) Están exentos los siguientes servicios culturales prestados por **entidades de Derecho público** o por entidades o establecimientos culturales **privados de carácter social** (ver nº 873 s.): **937**
- los propios de bibliotecas, archivos y centros de documentación;
- las visitas a museos, galerías de arte, pinacotecas, monumentos, lugares históricos, jardines botánicos, parques zoológicos y parques naturales y otros espacios naturales protegidos de características similares;
- las representaciones teatrales, musicales, coreográficas, audiovisuales y cinematográficas; y
- la organización de exposiciones y manifestaciones similares.

La aplicación de la exención no requiere la previa **obtención de la calificación** como entidad de carácter social, sino el cumplimiento y vigencia de los requisitos y condiciones del nº 873. Cumplidos los requisitos anteriores por parte de la entidad, y tratándose de una de las prestaciones de servicios enumeradas anteriormente, la prestación de servicios se encuentra sujeta y exenta (DGT CV 9-10-15).

Esta exención **no puede ser objeto de renuncia**, ya que la misma es de aplicación directa si se cumplen los requisitos subjetivos y objetivos, por no tratarse de uno de los supuestos expresamente previstos en la normativa del IVA (TEAC 25-10-11; DGT CV 25-4-12).

938 Ejemplos 1) La **Biblioteca Nacional** presta a sus clientes, por un lado, servicios relacionados con el acceso a sus fondos bibliográficos, y por otro lado, la venta de copias, fotocopias, diapositivas, transparencias, microfichas, microfilmes y otras reproducciones de dichos fondos.

Solamente están exentos los primeros servicios; en cuanto al resto, son entregas de bienes que no se benefician de la exención.

2) Un ayuntamiento y una **cooperativa** prestan servicios consistentes en facilitar la visita a un jardín botánico y a un parque natural.

Estos servicios están exentos si los presta el ayuntamiento, por tratarse de una entidad de Derecho público. En cambio, si son prestados por la cooperativa solo están exentos si se puede calificar de establecimiento de carácter social.

3) Un **ayuntamiento**, por una parte, organiza anualmente representaciones teatrales, musicales y exposiciones de arte, que financia mediante subvenciones del Ministerio de Educación, Formación Profesional y Deporte y de las entidades consorciadas con el ayuntamiento para estos eventos; y por otra parte, cede salas de fiestas, de baile y discotecas a los vecinos, previa contraprestación.

Están exentos los primeros servicios; por el contrario, el resto no lo están, ya que no son culturales, sino meramente recreativos.

4) Una sociedad limitada organiza una **exposición de pintura** en beneficio de los niños del Zaire. La entrada se cobra a 25 euros.

La operación está sujeta y no exenta, pues la actividad la realiza una sociedad mercantil y no una entidad de Derecho público o establecimiento de carácter social. Por otra parte, la sujeción procede aunque los fondos obtenidos se destinen por la sociedad a una finalidad altruista o social, ya que la sujeción se produce con independencia de los fines o resultados perseguidos en la actividad empresarial o profesional o en una operación en particular (LIVA art.4.tres).

5) Un ayuntamiento va a **rehabilitar un teatro** con el fin de organizar obras de teatro, representaciones de ballet, conciertos, etc., unas veces de forma gratuita y otras cobrando las entradas.

El ayuntamiento debe soportar el IVA por las obras de rehabilitación para él efectuadas. Por otra parte, los servicios prestados por el ayuntamiento, consistentes en permitir el acceso a la representación teatral y conciertos están exentos.

6) Un ayuntamiento organiza un **partido de fútbol**, cobrando la entrada, con fines benéficos.

No resulta aplicable la exención, ya que los espectáculos deportivos no se encuentran recogidos en la exención de servicios culturales.

7) Una asociación sin ánimo de lucro ejerce la actividad de enseñanza, interpretación, representación, investigación y promoción de la música y las artes escénicas en general, realizando **representaciones teatrales y musicales**.

Están exentas dichas representaciones efectuadas por dicha asociación como organizadora de las mismas, siempre y cuando tenga el carácter de social previsto en la Ley. Por lo que se refiere a la enseñanza de interpretación, representación y música, está exenta.

939 Doctrina Administrativa Además de las siguientes contestaciones de la DGT, ver nº 11000 s.

A. Entidad o establecimiento de carácter social.

1) Aunque una **fundación** tenga carácter social, no están exentos los servicios de certificación que presta a distintas empresas mediante remuneración (DGT 9-2-04; CV 24-9-07); la venta de discos y CD, así como la parte de sobreprecio en la venta de loterías, siendo su actividad la promoción cultural y musical (DGT CV 5-3-10); la venta de merchandising (camisetas, pines,...), siendo su actividad la promoción de seminarios y charlas de forma gratuita, a diferencia de lo que ocurre con las cuotas de entrada al congreso (DGT CV 9-12-22); ni el servicio de publicidad prestado a través de su página web (DGT CV 23-2-17).

2) Cuando la entidad de carácter social sea **destinataria** de la entrega de bienes y prestaciones de servicios no se aplica la exención (DGT CV 22-7-11). Así, en la creación de un **centro cultural** por una asociación, destinado a promover la creación, producción y difusión de prácticas artísticas contemporáneas, la exención no resulta aplicable a las entregas de bienes o prestaciones de servicios en los que la asociación sea destinataria (limpieza, teléfono, adquisición de equipamiento, etc.) (DGT CV 23-2-16).

3) Una fundación que cuenta con un **director general** con un contrato de alta dirección que le vincula a la misma por el que percibe unas retribuciones equiparables a las de los altos directivos de sociedades mercantiles con un volumen de negocios similar al de la fundación, no puede considerarse un establecimiento de carácter social, y no le es aplicable la exención (DGT CV 22-3-10). En el mismo sentido, cuando le corresponde al director general la dirección efectiva de la fundación cultural, asumiendo por sí mismo la dirección de la entidad en lo referente a su política, su ámbito económico y el ejercicio de las funciones superiores de control (DGT CV 28-2-22; CV 16-8-22; CV 17-10-22); o respecto de una fundación que contrata a un director general con cargo remunerado para promocionar un festival de cine (DGT CV 21-2-22).

Sin embargo, no puede concluirse que la entidad no tiene carácter social, por el hecho de que el cargo de director general esté **retribuido**, al realizar este funciones directivas de carácter ejecutivo bajo la dirección y control de quienes ejercen la verdadera autoridad decisoria y las funciones de gestión y administración de la fundación (DGT CV 19-2-14; CV 28-10-19).

4) Cuando el **cargo de presidente** se ostente de forma gratuita y no tenga interés alguno en los resultados económicos de la explotación de la entidad, por sí mismo o mediante otras personas, puede concluirse que no se incumple, a falta de otros elementos de prueba, las condiciones para ser considerada una entidad privada de carácter social por el mero hecho de que su presidente y secretaria mantengan un contrato para prestar servicios de profesores con la misma, al margen de sus labores de dirección y representación de la asociación (DGT CV 18-5-18). Si las funciones del presidente son esencialmente directivas, es decir, de carácter ejecutivo y se realizan bajo la dirección y control de quienes ejerzan la verdadera autoridad decisoria y las funciones de gestión y administración de la asociación, la asociación puede tener la condición de entidad privada de carácter social (DGT CV 28-10-25).

B. Servicios propios de los archivos, bibliotecas y centros de documentación.

1) La exención se **aplica** a las siguientes operaciones:
- los servicios de **préstamos interbibliotecarios** (DGT CV 19-12-13; CV 5-2-15); y
- la actividad de biblioteca realizada por un **consorcio de Derecho público**, integrado por varias consejerías (DGT 14-1-03).

2) La exención **no se aplica** a las siguientes operaciones:
- a las entregas de los documentos o de **copias, fotocopias o reproducciones** de los libros y revistas especializadas de los fondos de bibliotecas, archivos o centros de documentación (DGT 12-11-03; CV 27-6-12; CV 17-7-25); y
- a la venta de libros, láminas, revistas, material de **souvenirs** -llaveros, postales, etc.- (DGT 23-9-87), así como de diapositivas, transparencias, microfichas, microfilmes, o soportes informáticos, que contengan registros bibliográficos (DGT 27-4-94).

C. Organización de exposiciones y manifestaciones similares. **940**

1) Congresos. Están exentos aquellos que puedan considerarse como servicios culturales o de difusión de la cultura, destacando los congresos **médicos**, ya sea organizado por una asociación médica (DGT CV 18-1-10; CV 3-4-20) o por una entidad de Derecho público (DGT 7-4-99; CV 8-10-14), salvo que esté organizado por una empresa tercera contratada por dicha asociación (DGT CV 15-1-10; CV 23-6-10). Asimismo, están exentos los congresos y conferencias de carácter formativo (DGT CV 7-4-20); congresos calificados de interés sanitario (DGT CV 4-5-20); congresos, jornadas, reuniones de carácter científico y profesional (DGT CV 23-2-17; CV 18-4-18); congresos **veterinarios** (DGT CV 11-5-15); congresos de carácter formativo y divulgativo para profesionales médicos y científicos (DGT CV 10-5-23; CV 22-5-24; CV 20-5-25), así como un congreso anual organizado por un colegio profesional (DGT 21-10-02)

También se aplica a los congresos realizados en el territorio de aplicación del impuesto por **entidades extranjeras** (DGT CV 31-3-16; CV 5-1-22, CV 30-6-22); al congreso de carácter formativo y divulgativo para profesionales médicos organizado por una entidad inglesa (DGT CV 12-6-24); a los congresos realizados a una entidad sin ánimo de lucro australiana (DGT CV 9-1-20; CV 15-7-24) o por una **entidad sin ánimo de lucro** establecida en Bélgica (DGT CV 5-1-22), así como a un congreso convocado por una asociación alemana con el objetivo de divulgar los valores cristianos, quedando excluidas las entregas de bebida, alimentos y merchandising mediante precio (DGT CV 5-5-23).

Por el contrario, la exención **no se aplica** a los servicios efectuados a favor de los **acompañantes**, como visitas turísticas, traslados y asistencia a las cenas (DGT CV 6-7-17; CV 4-1-21), como tampoco a un congreso de carácter científico en el cual se ha de abonar un **precio de inscripción** para poder asistir y participar en las sesiones formativas, al quedar fuera del ámbito objetivo de la exención (DGT CV 22-3-19).

2) Conferencias y otras manifestaciones culturales. Durante la celebración de una **conferencia internacional** sobre el SIDA, se recaudan fondos por la entrada a la exposición, cesión de stands, publicidad y venta de publicaciones. Solo quedan exentos los servicios de entrada a la exposición, pero no el resto de las actividades (DGT 2-4-02).

También están exentas las conferencias por una Real Academia (DGT CV 3-12-14) y las **jornadas culturales** Marruecos-España (DGT CV 8-4-13).

Por lo que se refiere a las **ferias o exposiciones**, quedan exentas cuando tengan por objeto la promoción de los bienes o servicios expuestos y carácter cultural las que tienen por finalidad principal la difusión o promoción cultural, en cualquiera de sus manifestaciones. Así, queda exenta la celebración de unas jornadas gastronómicas siempre que tengan una finalidad cultural (DGT CV 10-1-07), al igual que las **ferias comerciales** organizadas por un consorcio cuando tenga reconocido la calificación de entidad de carácter social (DGT 22-9-03). Por el contrario, no se aplica en caso de **alquiler de stands** a los participantes en exposiciones o manifestaciones similares para la promoción de sus productos o las entregas de bienes que se produzcan en su desarrollo (DGT 22-7-03) ni a la actividad de inserción de los participantes en la feria en una revista a cambio de una contraprestación (DGT CV 28-6-13).

D. Visitas a espacios culturales. **940.1**

1) Están sujetos y **exentos** los siguientes servicios:
- la venta de **entradas** para la visita de museos (DGT CV 18-6-24) o a un parque natural por una entidad sin ánimo de lucro a una agencia de viajes, a diferencia de lo que ocurre de la posterior venta de esta última a u tercero (DGT CV 31-3-25). Si la venta se realiza por una sociedad mercantil está sujeta y no exenta (DGT CV 27-2-07), a diferencia de lo que ocurre cuando se trata de un consorcio integrado por una Administración pública y por una fundación, que está sujeta y exenta (DGT CV 14-11-18).

También se aplica la exención cuando junto con la venta de entrada para un museo se cobra una **cuota para asistencia** a seminarios, cursos conferencias o representaciones para difundir el pesebrismo y sus valores (sociales, culturales, artísticos, etc.) (DGT CV 17-11-16);
- los servicios de acompañamiento turístico y **visitas guiadas** a museos, galerías de arte, pinacotecas, monumentos, lugares históricos, jardines botánicos, parques zoológicos y parques naturales y otros espacios naturales protegidos de características similares (DGT CV 30-1-13; CV 20-6-14; CV 17-5-17; CV 23-12-21), excepto cuando son organizan por una entidad mercantil (DGT CV 19-9-18);
- los **servicios museísticos y culturales** realizados por una entidad que tiene la condición de entidad privada de carácter social, a diferencia de lo que ocurre con la actividad de arrendamiento de bienes inmuebles y la de tienda de publicaciones y recuerdos de sus exposiciones culturales (DGT CV 23-1-14);
- la prestación de servicios relativa a la **visita a casas señoriales** mallorquinas, incluida la prestación accesoria del suministro de una merienda, en la medida en que aquellas se puedan calificar como museo y se presten por un establecimiento cultural privado de carácter social (DGT CV 9-1-20); y
- los servicios prestados en el desarrollo de las actividades relacionadas con un **comedero para aves necrófagas** y su avistamiento, que consisten en el visionado de especies necrófagas en el ámbito de un parque natural o un espacio natural protegido de características similares (DGT CV 17-8-23).
2) Están sujetos y **no exentos** los siguientes servicios, con independencia de que el prestador del servicio pueda ser una entidad de Derecho público o una entidad o establecimiento cultural privado de carácter social:
- de aparcamiento y de transporte de personas desde este último hasta la entrada de un **parque natural** (DGT 23-2-99);
- la venta de **alimentos y bebidas** que lleva a cabo en el marco de las actuaciones culturales (DGT CV 11-10-13);
- la organización de **festivales aéreos** y exposiciones por un ayuntamiento, cuando el intermediario pone en contacto a las flotillas, escuadrones, aviadores y al organizador, y la intermediación se realiza en nombre ajeno (DGT CV 2-7-18); y
- los servicios de cesión de **guías audiovisuales** (DGT CV 15-9-09).
La Alhambra no se ajusta al concepto de museo en su conjunto y, en consecuencia, el servicio de acceso a la misma tributa al tipo impositivo general cuando no resulte aplicable esta exención (DGT 26-5-20).
3) Las **representaciones históricas** en vivo, charlas y conferencias organizadas para el público en general sobre arqueología, estudios e investigación de la cultura romana, así como el acompañamiento de visitantes por lugares históricos (una narrador relata diferentes aspectos de la historia, la cultura y las costumbres de la ciudad, mientras que actores/animadores personifican diferentes personajes históricos) están exentas siempre que quien presta el servicio tenga la consideración de establecimiento cultural privado de carácter social y no sea una persona física, por ejemplo (DGT CV 30-10-07; CV 7-6-19). Lo mismo ocurre con las representaciones teatrales o un evento de **entrega de premios**, cuya contraprestación se corresponde con el cobro de la entrada, siempre que la prestadora tuviese la condición de establecimiento cultural de carácter social (DGT CV 18-9-24).
4) Una **cooperativa** presta para el ayuntamiento, dentro de un proyecto de educación ambiental, los servicios de información al público (centrada principalmente en temas ambientales, en un parque o jardín botánico abierto al público y de entrada libre), así como de diseño y realización de itinerarios interpretativos por dicho parque. Al ser prestados dichos servicios por una entidad con ánimo de lucro no es aplicable la exención (DGT CV 2-11-09).

940.2 **E. Representaciones culturales.**
1) Están sujetos y **exentos** los siguientes servicios:
- la organización de **conciertos, espectáculos y actuaciones musicales** y festivales, ya sea por un ayuntamiento, dado que es una entidad de Derecho público (DGT 6-11-03; CV 25-4-12; CV 26-7-23), como por una entidad de carácter social (DGT CV 11-5-07; CV 5-11-14; CV 11-11-16); la organización de eventos culturales (fundamentalmente conciertos musicales) cuyos ingresos se destinan a los fines y sostenimiento de la asociación (DGT CV 3-2-17; CV 2-3-17); las actividades de organización de exposiciones y representaciones audiovisuales y cinematográficas (DGT CV 1-12-11) y el estudio y la divulgación de la cultura gallega para lo cual se organizan conciertos, eventos culturales, exposiciones y cursos (DGT CV 24-4-20);
- el servicio de representación teatral prestado por una **compañía de ballet** alemana está exento siempre que se acredite fehacientemente que dicha compañía es una entidad de Derecho público (DGT CV 2-6-05);
- las actividades de promoción de la cultura mediante la organización de conciertos, conferencias, charlas y representaciones teatrales en hoteles en forma de **cenas culturales** prestados por una asociación sin ánimo de lucro en territorio español. Quedan excluidos de la exención los servicios de hostelería, como las cenas que los asistentes deben pagar para poder acceder a estos actos (DGT 29-4-19);

- el servicio de **venta de entradas** para manifestaciones culturales como exposiciones, foros conciertos o intervenciones artísticas realizada por una fundación, para la consecución de sus fines de carácter cultural (DGT CV 7-2-20; CV 21-1-20), así como la venta de entradas y abonos para conciertos (DGT CV 10-9-19);
- las **representaciones** teatrales (DGT CV 21-1-15; CV 16-6-11; CV 2-10-18); las representaciones circenses (DGT CV 8-3-17); los festejos taurinos (DGT CV 16-10-17); las representaciones musicales en salas de conciertos (DGT CV 5-11-18); las representaciones teatrales y musicales, la organización de manifestaciones similares incluyendo los espectáculos como presentaciones y cuentacuentos, así como las actividades de ocio educativo, de tiempo libre y de educación no formal, siempre que tengan carácter cultural, a diferencia de lo que ocurre con la organización de ferias del libro, en el caso de que no tengan carácter cultural (DGT CV 21-8-24) y las representaciones de teatro de calle, animaciones teatrales en desfiles (DGT CV 23-4-24); y
- los servicios musicales prestados por una **orquesta filarmónica** de una Comunidad Autónoma (DGT CV 8-9-10); por una asociación sin ánimo de lucro contratada por un ayuntamiento (DGT CV 2-10-18) o por una asociación sin ánimo de lucro contratada por una entidad mercantil (DGT CV 6-2-23).

2) Están sujetos y **no exentos** los siguientes servicios: **940.3**
- la cesión de un teatro municipal a una **organización no gubernamental** para llevar a cabo sus representaciones teatrales, aunque la destinataria sea una entidad sin ánimo de lucro (DGT CV 1-10-19);
- los prestados por músicos que intervienen en una **representación musical**, así como la obtención de partichellas y el alquiler de instrumentos (DGT 16-12-98); y
- los servicios de **acampamento** o acceso a una acampada para pecnoctar en una actuación musical (DGT CV 9-10-15).

3) La subvención concedida tiene por finalidad financiar la actividad de la entidad sin ánimo de lucro consultante consistente en la **organización de un festival de música**. Las cantidades percibidas parece que constituyen la contraprestación de la prestación de servicios culturales, quedando exentos si son efectuados por una entidad privada de carácter social (DGT CV 27-2-20; CV 14-10-22).

4) Si la obtención de **descuentos en las entradas** a los espectáculos y representaciones teatrales, por los socios de la asociación, supone la obtención por estos de condiciones especiales en la prestación de los servicios, como ocurre en el caso de que los socios son los destinatarios principales de las operaciones realizadas por la asociación o cuando el descuento representa un importe relevante respecto del precio satisfecho por quienes no tienen tal carácter, la asociación pierde la consideración de establecimiento privado de carácter social y los servicios prestados por esta se encuentran sujetos y no exentos (DGT CV 31-10-23).

5) Una **fundación privada sin fin de lucro** que está realizando obras de rehabilitación de un edificio cedido por un ayuntamiento para dar cumplimiento a sus fines fundacionales. De todas las actividades que realiza, quedan sujetas y no exentas la cesión de espacios para hacer un congreso, la utilización del auditorio y sala de exposiciones y el derecho a instalar cajeros automáticos en el recinto. Por el contrario, están exentas las prestaciones de servicios en que consistan dichas **exposiciones o conciertos**, o que se efectúen en el desarrollo de estas (tales como el acceso a las mismas, a charlas, conferencias o presentaciones que se puedan efectuar en su transcurso) y, en general, a prestaciones de servicios consistentes en exposiciones, conciertos, manifestaciones y similares o que tengan lugar en el desarrollo de las mismas, cuyo objeto sea la difusión de la cultura, siempre que la entidad que presta el servicio esté calificada como establecimiento privado de carácter social (DGT CV 17-5-10).

Jurisprudencia **1)** El requisito que exige que un organismo sea gestionado y administrado con **carácter esencialmente filantrópico** se refiere únicamente a los miembros de dicho organismo que, según sus estatutos, son designados para asumir su dirección al más alto nivel, así como a otras personas que, sin que las designen los estatutos, ejercen efectivamente su dirección, porque adoptan en última instancia las decisiones relativas a la política de dicho organismo, en especial en el ámbito económico, y ejercen funciones superiores de control (TJUE 21-3-02, asunto C-267/00). **941**

2) La expresión «otros organismos culturales reconocidos» no excluye a los **solistas** que actúan a título individual (TJUE 3-4-03, asunto C-144/00). Ver nº 873.

3) No se puede conceder el carácter social a una **cooperativa** cuyos estatutos contemplan la posibilidad de repartir los excedentes netos del ejercicio entre sus socios (TS 14-6-03, EDJ 49991).

4) La exención de servicios culturales alcanza a los **conciertos y espectáculos y festivales musicales** organizados por una entidad privada de carácter social dedicada a la actividad musical cuando la propia entidad vende las entradas. La exención comprende la organización de esos conciertos y espectáculos y festivales musicales aunque no realice la entidad misma la representación musical (TEAC 26-4-11).

5) La exención de «determinadas prestaciones de servicios culturales» debe interpretarse en el sentido de que dicha disposición no tiene **efecto directo**, de manera que, si no ha sido transpuesta al Derecho interno, no puede ser directamente invocada por una entidad de Derecho público, o por otro organismo cultural reconocido por el Estado miembro de que se trate, que realice prestaciones de servicios culturales (TJUE 15-2-17, asunto C-592/15).

6) La aplicación de la exención no exige que, en los servicios prestados por las entidades de Derecho Público, estas actúen como **autoridad pública** (TEAC 22-3-22; 23-5-23).
Se aplica la citada exención a una **fundación cultural** íntegramente dependiente de una Comunidad Autónoma que esté sometida a la legislación sobre subvenciones, que su régimen presupuestario, económico-financiero, de contabilidad y de control sea el establecido por la legislación de régimen financiero y presupuestario de la Comunidad Autónoma y que colabore en los fines de interés general. Se diferencia, por tanto, de lo dispuesto en la Dir 2006/112/CE art.13.1, que dispone la no sujeción al IVA de las operaciones realizadas por organismos de Derecho público en las que actúen como autoridades públicas, esto es, que ejerzan prerrogativas del poder público (TEAC 22-3-22).
7) Las sociedades mercantiles, con **capital íntegramente público** y estatuto jurídico semejante al de los organismos fundacionales de la Administración, pueden considerarse entidades de Derecho público a los efectos de la exención (TS 3-5-23, EDJ 560059; 29-6-23, EDJ 616389).

942 **Artistas, colaboradores literarios, escritores y otros** (LIVA art.20.uno.26º) Están exentos los **servicios profesionales**, incluidos aquellos cuya contraprestación consista en **derechos de autor**, prestados por artistas plásticos, escritores, colaboradores literarios, gráficos y fotográficos de periódicos y revistas, compositores musicales, autores de obras teatrales y de argumento, adaptación, guion y diálogo de las obras audiovisuales, traductores y adaptadores.
Están exentos los servicios que prestan las **personas físicas** que sean autores de esculturas, pinturas, dibujos, grabados, litografías, historietas gráficas, tebeos y cómics, ensayos y libretos y demás obras plásticas originales. También los autores de obras científicas, literarias o artísticas originales, actualizadores, anotadores, autores de compendios, resúmenes o extractos, autores de arreglos musicales, etc.
Esta última **exención no está prevista** con carácter general en la Directiva, pero se permite a España aplicar una serie de excepciones a las normas generales, entre las que figura la relativa a los servicios prestados por autores, artistas e intérpretes de obras de arte, en las condiciones que existían el 1-1-1993 (Dir 2006/112/CE art.376 y anexo X).

Precisiones Tienen la consideración de **autores**, no solo los creadores de obras originales, sino también quienes realizan obras derivadas o compuestas a partir de otras preexistentes, tales como las traducciones, adaptaciones, revisiones, actualizaciones, anotaciones, compendios, resúmenes, etc., en lo que supone su aportación personal y original distinta de la obra preexistente.

943 Ejemplos **1)** Una **persona física** presta los siguientes servicios:
a) Actúa como agente literario de algunos autores, a los que cobra una comisión.
b) Dibuja patrones de moda que vende a editores de revistas especializadas.
c) También se dedica, mediante contraprestación, al diseño de objetos y elementos publicitarios.
Los servicios prestados en su actividad de agente literario y los de carácter publicitario quedan fuera del ámbito de la exención. Sin embargo, los comprendidos en la letra b) están exentos, ya que se trata de servicios prestados por un colaborador gráfico al editor de una revista.
2) Un **escritor** realiza las siguientes operaciones:
a) Escribe obras propias, cuyos derechos de autor vende por un precio fijo.
b) En ocasiones, edita y vende sus propias obras.
c) Presta a editoriales servicios de traducción.
d) Realiza trabajos de corrección tipográfica para algunas editoriales.
En este caso, están exentas las operaciones citadas en las letras a) y c). No están exentas las ventas que realiza de los libros de su producción, ni los trabajos de corrección.
3) Una **persona física** presta los siguientes servicios:
a) Confecciona colaboraciones literarias para ser emitidas por emisoras de radio.
b) Filma acontecimientos de actualidad, que vende a emisoras de televisión.
c) Escribe artículos para las agencias de prensa.
No procede la exención, pues la Ley limita esta a los servicios realizados para periódicos y revistas, y no tienen esta naturaleza ni las emisoras de radio, ni las televisiones ni las agencias de prensa.

944 **4)** Una persona física ha heredado los **derechos de autor** de su padre y los vende a una editorial a cambio de unas cantidades periódicas.
Esa persona puede ser considerado como empresario a efectos del IVA, ya que lo que realiza es la explotación de un bien incorporal con el fin de obtener ingresos continuados en el tiempo (LIVA art.5.uno.c).
Por otra parte, el servicio por él prestado (cesión de derechos de autor) no está exento, ya que la exención se concede a los «escritores», pero no a sus herederos.
5) Un **traductor**, experto en ruso, realiza para sus clientes los siguientes trabajos:
a) Traducciones de obras literarias, científicas y artísticas.
b) Traducciones de carácter técnico de catálogos, folletos, manuales de instrucciones de uso, estudios e informes técnicos, patentes y memorias relativas a las mismas y similares.
c) Servicios de interpretación oral, en congresos y conferencias.

De acuerdo con la doctrina administrativa, que encuentra su fundamento en la Ley de la Propiedad Intelectual, la exención solo procede en el supuesto del apartado a), pero no en los otros dos.

6) Una hermandad religiosa ha encargado a un escultor la realización de la **escultura de una imagen religiosa.**

La entrega de esta escultura que representa una imagen religiosa no está exenta, pues la exención objeto de análisis en este apartado se refiere exclusivamente a las prestaciones de servicios y no a las entregas de bienes. Por lo tanto, dicha entrega está sujeta, tributando al tipo impositivo reducido (nº 2250 s.).

7) Una persona física actúa simultáneamente como **autor y editor** de su obra. Al ceder los derechos de la propiedad intelectual acuerda un pago compensatorio que cubre un 45% como derechos de autor, y un 55% como editor.

Está exenta la remuneración compensatoria por derechos de la propiedad intelectual derivada de la reproducción de la obra que corresponda a su condición de autor. Sin embargo, la exención no alcanza a la remuneración compensatoria por derechos de la propiedad intelectual derivada de la reproducción de la obra que corresponda a su condición de editor.

Doctrina Administrativa Además de las siguientes contestaciones de la DGT, ver nº 11000 s. 945

A. Obras científicas, literarias o artísticas.

1) Por obra científica, literaria o artística debe entenderse cualquier producción relativa a las **ciencias, la literatura o el arte** y solo pueden considerarse exentas en cuanto que supongan la creación de una obra original o conlleve una aportación personal u original distinta de una obra preexistente (DGT CV 14-6-24).

2) Se consideran sujetas y **exentas** las siguientes obras:

- la redacción de un **manual** para su uso en las clases que se imparten (DGT CV 22-10-13); de artículos originales relativos a la **utilización de dispositivos** electrónicos que no pueden ser considerados como manuales de instrucciones (DGT CV 16-4-13) y de **artículos** para una página web a cambio de una cierta contraprestación (DGT CV 14-10-24);
- la creación de **textos literarios**, incluidos aquellos cuya contraprestación consista en derechos de autor, siempre que supongan la creación de una obra original o conlleve una aportación personal u original distinta de una obra preexistente (DGT CV 21-5-20; CV 5-5-22; CV 14-10-22), incluso cuando es realizado a través de formato electrónico (DGT CV 9-10-19);
- la realización de crónicas, **reportajes fotográficos** y artículos para una página web cuando tenga la consideración de un periódico o revista digital (DGT CV 14-5-21; CV 17-2-22) o para revistas de interiorismo, decoración y/o arquitectura (DGT CV 16-4-07), así como de **reportajes de moda** para una revista (DGT CV 19-10-05);
- la realización de una **obra cinematográfica**, con la posterior cesión y charla-coloquio (DGT CV 18-5-21);
- la redacción de **historias locales**, libros conmemorativos y folletos turísticos (DGT CV 28-12-22);
- la creación de textos para **guías de viaje** y gastronómicas, catálogos de arte para una editorial y textos para la web de la Dirección General de Turismo, siempre que supongan la creación de una obra original o conlleve una aportación personal u original distinta de una obra preexistente (DGT CV 22-6-17), así como de artículos periodístico, un informe o un libro por una escritora (DGT CV 23-5-24);
- los **guiones** para series televisivas y argumentos y escaletas para teleseries si los realizan personas físicas (DGT 29-10-01), a diferencia de cuando son efectuados por una persona jurídica (DGT 26-2-99); **viñetas** (fotogramas) para una empresa productora de películas de dibujos animados (DGT CV 19-10-05), así como la animación de personajes 3D para largometraje animación a través de programas informáticos (DGT CV 28-5-24);
- la creación de artículos para una **página web** culinaria (DGT CV 21-9-17); de **reportajes y fotografías de información deportiva** para su publicación en una página web destinada a la información futbolística (DGT CV 2-7-09) y de redacción de cierta documentación relacionada con **talleres de empleo** realizada para la web de un ayuntamiento (DGT CV 8-6-18); y
- la creación de textos para libros efectuadas por un autor, persona física, y los servicios de ilustración efectuadas por **dibujantes e ilustradores**, personas físicas; por el contrario, quedando excluidos el diseño, la maquetación y otras actividades análogas, al ir más allá de la mera actividad de creación de una ilustración o dibujo (DGT CV 2-10-13).

3) Los derechos de autor de una novela están exentos, no así las charlas sobre el libro para **promoción** del mismo (DGT CV 17-2-14), al igual que está exenta la redacción de un libro sobre historia de una localidad para su ayuntamiento, pero no la impartición de charlas sobre su obra en general o algún libro en particular por el autor (DGT CV 15-10-19).

B. Servicios de traducción. 945.1

1) La exención relativa a los servicios de traducción solo es aplicable cuando se prestan por **personas físicas**, no así cuando tales servicios son prestados por otro tipo de personas, como las personas jurídicas u otro tipo de entidades (DGT 7-6-93; 18-7-03; CV 10-6-13; CV 9-9-14; CV 8-9-15). Solo los traductores personas físicas están exentos, quedando sujetas y no exentas las prestaciones de servicios de traducción efectuadas por una **entidad mercantil** para sus clientes, sin perjuicio de la aplicación de la exención a los servicios de traducción prestados por una persona física en cuanto suponga una aportación personal y distinta de la obra preexistente -ver nº 942- (DGT CV 16-11-09).

2) Están sujetos y **no exentos** los siguientes servicios de traducción:

- de **textos médicos**, tales como hojas de información para el paciente y consentimientos informados, al no tener la consideración de obras científicas, literarias ni artísticas (DGT CV 23-3-09), así como de un informe médico para enviar dicha reclamación al seguro contrario (DGT CV 13-6-25);
- de intérprete o traductor **oral** (DGT CV 23-4-13), así como traducciones a **particulares** (DGT CV 26-8-25);
- de **traducción técnica** (DGT CV 30-10-07);
- de cartas, contratos, documentos mercantiles y notariales, correos electrónicos, presentaciones, folletos, manuales y documentos de **divulgación interna**, en cuanto que dichas traducciones no suponen una aportación personal y distinta de la obra preexistente (DGT CV 8-6-10);
- de artículos para su publicación en **revistas científicas** o en monografías (DGT CV 8-2-10). Tampoco está exenta la participación como jurado en un premio de traducción literaria por parte de un traductor (DGT CV 12-12-24); y
- los efectuados por la **entidad mercantil** para sus clientes, sin perjuicio de la aplicación de la exención a los servicios de traducción prestados por un traductor persona física en cuanto suponga una aportación personal y distinta de la obra preexistente (DGT CV 8-4-08; CV 26-11-08; CV 1-12-08).

3) Están sujetos y **exentos** los siguientes servicios de traducción, realizados por una persona física en los que exista una aportación personal y original del traductor a la obra preexistente:

- de **películas**, cortometrajes, largometrajes, anuncios, novelas, obras literarias y textos científicos (DGT 16-5-02; CV 31-3-14; CV 18-7-14; CV 17-1-17);
- de un libro de **curso de piloto** (DGT CV 12-2-10);
- de textos de **videojuegos** y de programas informáticos al español, en la medida en que suponga una obra de incuestionable aportación personal por parte de su autor (DGT CV 27-9-11);
- de una serie de **audios** al castellano (DGT CV 3-6-21).
- de memorias sobre **ensayos clínicos** de medicamentos y de patentes relacionadas con temas químicos (DGT 7-10-98);
- de **folletos informativos** de empresas y productos, anuncios de radio, televisión y publicaciones periódicas, y **conferencias y discursos** que no sean objeto de publicación (DGT 13-4-98; 8-7-99; 21-11-00; 13-11-01; CV 23-4-13); y
- de una **revista** de una empresa de construcción (DGT CV 8-11-23).

946 **C. Cesión de derechos.**

1) En los casos de cesión de los derechos están sujetos pero **exentos** los siguientes:

- derechos de **autor**, ya sea de un libro a una editorial (DGT CV 12-11-19), tanto si se derivan del contrato original como del acuerdo novatorio posterior (DGT CV 25-7-13); de unos reportajes fotográficos a periódicos y revistas (DGT CV 22-10-19); o a una editorial por el coordinador de una obra literaria (DGT CV 28-12-23). También en el caso de traducción, publicación y venta en España en exclusiva de libros prestado directamente por una **editorial no establecida** o bien a través de un intermediario que actúa en nombre propio y por cuenta de dicha editorial (DGT CV 12-1-06);
- derecho a la reproducción de una escultura por un **escultor**, para lo cual entrega al cliente un molde original en escayola de la misma (DGT 22-5-98; 30-10-00);
- derechos de la **propiedad intelectual**, que se materializa mediante la entrega por parte de su autor de la maqueta original para su posterior vaciado a cambio de una contraprestación (DGT CV 30-10-07); los efectuados por los propios autores, personas físicas, a la **entidad de gestión de derechos de la propiedad industrial** (DGT CV 1-6-10; CV 25-2-14; CV 13-3-15); los derivados de la actividad de **ilustración de libros de texto y cuentos** infantiles, que se efectúe por los autores directamente a terceros y no a través de la comunidad integrada por los miembros de la misma (DGT CV 15-4-08), incluso cuando son realizados para un organismo internacional en Suiza (DGT CV 12-3-19) y de un **fondo de imágenes y edición de libros** efectuadas por un ente público para un grupo editorial (DGT CV 22-4-10);
- para la elaboración de **publicaciones** didácticas y audiovisuales de carácter divulgativo y cuyos derechos de autor son cedidos (DGT CV 21-11-13);
- derechos de explotación de las **ilustraciones** efectuadas por un artista plástico para ser incorporados a libros y revistas (DGT 13-2-04; CV 25-11-08; CV 29-9-10; CV 20-6-14);
- de autor de una **obra musical** efectuada por el propio compositor (persona física), cualquiera que sea el destinatario de la cesión y la contraprestación pactada, como ocurre cuando la cede a favor de una editorial para que publique un disco a cambio de un importe por los ejemplares que se vendan (DGT CV 11-7-19);
- de explotación de una **obra fotográfica** por el fotógrafo a sus clientes, cuando se trate de colaboraciones fotográficas para empresas editoras de periódicos y revistas, con independencia de la sujeción de los servicios de intermediación (DGT CV 15-4-08; CV 9-5-08); y
- de **diseñador gráfico** para un juego de mesa (DGT CV 1-12-14); posters e imágenes (DGT CV 8-3-23); o logos publicitarios (DGT CV 5-6-23).

2) Por el contrario, **no está exenta** la cesión de los siguientes derechos:
- de derechos por parte de una **sociedad mercantil** (DGT CV 4-6-14; CV 28-7-14), ni los que tiene como destinatario al ayuntamiento y son prestados por una **entidad de gestión** de derechos de autor (DGT CV 26-3-14) o a una empresa editorial, adquiridos mediante **herencia** (DGT CV 8-4-08; CV 8-4-08), como tampoco los efectuados por **entidades mercantiles** o por los herederos de los correspondientes autores (DGT CV 10-6-13; CV 13-6-17; CV 3-11-17; CV 3-9-19);
- de derechos de la obra musical efectuada por el **editor** (persona jurídica) para un tercero, aunque se trate del propio autor (DGT 27-3-01);
- de los derechos de propiedad intelectual de unos determinados autores a una empresa editorial, adquiridos por una **comunidad de bienes** previamente de los propios autores, en este caso miembros de la referida comunidad (DGT CV 19-11-08); y
- de los derechos de autor de determinadas **ilustraciones, textos y fotografías** efectuadas por encargo por una entidad mercantil para una empresa editorial (DGT CV 23-5-08), a diferencia de lo que ocurre cuando es prestado por autores personas físicas (DGT CV 4-5-09); de los derechos de explotación de determinada **obra gráfica** (dibujos, caracteres, imágenes y personajes) adquiridas a sus autores (DGT CV 15-4-08); o la cesión de la autoría del texto de un investigador persona física (DGT CV 30-5-18); de los **derechos de reproducción de dibujos**, ilustraciones, fotografías y otra obra gráfica para empresas editoriales, cuyas obras han sido creadas por el personal de plantilla de una entidad (DGT CV 9-4-08), así como la cesión de fotografías adquiridas por una entidad directamente de sus respectivos autores, que le han cedido a la misma los correspondientes derechos de explotación de sus obras (DGT CV 9-4-08).
También queda exenta la cesión de derechos de autor realizadas por **persona distinta** de aquella que creó la obra (DGT CV 24-5-21; CV 13-5-21).

D. Servicios profesionales exentos. **946.1**
1) Quedan exentos las siguientes prestaciones de servicio, incluidos aquellos cuya contraprestación consista en derechos de autor, efectuadas por **profesionales**:
- de **diseño** gráfico y plástico de figuras originales de colección a escala, que después van a ser reproducidas por la empresa que realiza el encargo conforme a los diseños aportados (DGT CV 25-11-15), así como el diseño personalizado de un determinado dibujo, tarjeta, póster y logotipo (DGT CV 20-1-15);
- los prestados a un **museo** por una persona física consistentes en escribir el texto del **catálogo** de una exposición, a diferencia de lo que ocurre con los servicios de diseño gráfico de catálogos, asesoramiento, distribución y redacción de textos para **carteles** publicitarios y paneles anunciadores (DGT 8-7-99; 12-12-00);
- la **elaboración de textos**, en la medida en que suponga una obra de incuestionable aportación personal por parte de su autor. No ocurre lo mismo con los servicios de **revisión de traducciones** o de textos, asesoramiento, selección y coordinación de las publicaciones para un festival de cine (DGT 23-4-04);
- de **revisión técnica** de un libro de texto cuyo derecho de explotación va a cederse a la editorial (DGT CV 23-6-21);
- **compositores musicales**. En concreto, está exenta la producción de canciones didácticas para editoriales (DGT 15-4-02); el desarrollo y creación de composiciones musicales, y el arreglo y adaptación de partituras preexistentes (DGT CV 17-2-12); los servicios prestados por un compositor musical (DGT CV 11-9-20) y la cesión de derechos de autor como compositor musical para una entidad mercantil por la que percibe unos royalties (DGT CV 21-7-22);
- **coreógrafo**, como profesional creador de una obra teatral (DGT CV 15-6-22);
- **escritores** personas físicas, que consistan en la **creación de obras** literarias, artísticas o científicas, escritas o impresas, o por encargo de cuentos, biografías y escritos (DGT CV 18-7-11), así como en la redacción de textos para su publicación en revistas; en la colaboración literaria para revistas (DGT CV 6-11-08);
- **traductores**, en las que exista una aportación personal y original del traductor a la obra preexistente, como ocurre en las traducciones de revistas y de libros. Contrariamente, no están exentas las actualizaciones de contenidos, correcciones, transcripción de cintas y copia de entrevistas;
- **fotógrafos** personas físicas siempre que tengan por objeto creaciones artísticas originales aunque no se realicen expresamente para una revista o libro en concreto sino que procedan del archivo del fotógrafo cedido para su publicación;
- **dibujantes** personas físicas, que consistan en la elaboración de ilustraciones, dibujos, mapas y gráficos, siempre que supongan la creación de una obra original o conlleven una aportación personal u original a una obra preexistente, aunque no se realicen expresamente para una revista o libro en concreto sino que procedan del archivo del dibujante cedido para su publicación;
- **periodistas**, personas físicas, en la redacción de textos para su publicación en periódicos o revistas, cualquiera que sea el formato, digital o papel, en que se edite la publicación (DGT CV 11-11-10; CV 3-7-15; CV 22-6-16); en la cobertura y elaboración de noticias (DGT CV 28-2-11);
- **editores de libros**, cuando realizan trabajos de colaboración literaria, incluidos aquellos cuya contraprestación sean derechos de autor, consistentes en la **adaptación del lenguaje del texto para niños** de Educación Primaria realizada para editores de libros, siempre que supongan la creación de una obra original o conlleven una aportación personal u original distinta de una obra preexistente (DGT CV 19-11-04); y

- personas físicas que redacten un **folleto de promoción turística** de las fiestas de un determinado ayuntamiento, cuando no sea una mera comunicación de información relativa al evento objeto del folleto (DGT CV 5-7-07) o que realicen **informes de evaluación** de una obra de investigación científica o difusión universitaria previa a su publicación (DGT CV 17-2-12).

946.2 2) Están exentos los servicios de colaboración profesional a medios de comunicación escrita o digital (**periódicos y revistas**) si concurren los requisitos del nº 942. Por el contrario, están sujetos y no exentos los servicios de colaboración prestados a otros medios de comunicación distintos de los anteriores, como pueden ser **blogs y redes sociales** (como Twitter y Facebook) (DGT CV 22-6-17) o los servicios prestados por los autores a editores de libros, de música, a agencias de prensa, a emisoras de televisión y, en general, a cualesquiera otras personas o entidades distintas de los editores de periódicos y revistas (DGT CV 6-4-21), al igual que los servicios de elaboración de **notas de prensa para empresas y asociaciones** con independencia de que se publiquen o no (DGT CV 19-5-20).

Igualmente, están sujetas y no exentas las **colaboraciones para radio y televisión**, incluida la redacción de los textos para su emisión, realizadas por un periodista, y los servicios como jefe de prensa para un equipo deportivo (DGT CV 18-1-10; CV 3-7-15); la colaboración periodística de artículos de opinión o reportajes para una emisora de radio digital, aunque esta sea una asociación sin ánimo de lucro (DGT CV 29-6-23), así como la colaboración de un periodista deportivo en una emisora de radio como tertuliano experto en materia deportiva (DGT CV 18-6-24).

3) En los casos en los que los servicios de ilustración prestados con carácter profesional se realizan de **forma digital**, no es un servicio electrónico y sí está amparado por la exención, siendo sus destinatarios clientes particulares o empresarios que los van a utilizar con fines comerciales o publicitarios (DGT CV 14-1-21; CV 14-6-21). Así ocurre en la realización de dibujos digitales a través de una **tableta** y un lápiz electrónico (DGT CV 17-5-21); la entrega de una **lámina impresa** como servicio complementario y voluntario a la entrega de un retrato digital (DGT CV 26-3-21); las entregas de ilustraciones digitales basadas en ideas o retratos de sus clientes en un archivo digital (DGT CV 12-12-24) o la elaboración digital de **dibujos y bocetos** por el artista escultor para la fabricación posterior de piezas, al igual que la transmisión de los derechos intelectuales de propiedad inherentes a los mismos, al no constituir servicios prestados por vía electrónica (DGT CV 23-2-16).

Asimismo están exentos los servicios de **lightpainting** a organizadores de eventos, consistente en crear imágenes mediante una cámara de larga exposición, dando lugar a diseños únicos e irrepetibles al iluminar puntos en la oscuridad mediante linternas, luces led y otras herramientas, siempre que no se consideren entregas de bienes (DGT CV 27-6-23).

946.3 **E. Servicios profesionales no exentos.**

1) No quedan exentos los siguientes servicios prestados por profesionales **a título oneroso**, con carácter habitual e independiente, en el desarrollo de una actividad profesional:

- de **colaboración radiofónica** (DGT 30-4-96);
- la entrega de **cuadros** por parte del propio artista que los ha pintado (DGT CV 1-7-24);
- los prestados por decoradores, diseñadores de moda y modistos, decoradores de interior, y estilistas (DGT 24-6-99); de restauración de obras de arte, al no tener como objeto una creación artística original (DGT CV 31-10-06; CV 4-9-09; CV 17-11-21; CV 21-4-21); la elaboración de un informe y estudio sobre el estado de una talla antigua y necesidad de realización de actuaciones sobre ella (DGT CV 13-2-19);
- los consistentes en la transcripción de obras al **lenguaje Braille** (DGT 10-1-03), así como los de **corrección del estilo** de originales de otros autores, con independencia del destinatario del servicio, así como la edición de textos (DGT 9-3-04; 20-4-04);
- los de un **agente literario** (DGT CV 5-7-07);
- de los **comisarios** de exposiciones (DGT CV 4-4-16; CV 19-4-17);
- los trabajos consistentes en pintar por encargo **monumentos falleros** propiedad del artista fallero que los ha esculpido (DGT CV 5-3-24);
- los relativos a completar **cuestionarios y/o encuestas**, al no tener ubicación en el campo de derechos de autor (DGT CV 11-1-06), al igual que los servicios relativos a la **elaboración de temarios** por profesionales para una asociación (DGT CV 14-9-07);
- de **elaboración de resúmenes** y **dictámenes o valoraciones** acerca de la conveniencia de publicación de determinados libros, efectuados por personas físicas, al ser una prestación accesoria a la principal de emisión de los referidos dictámenes y valoraciones (DGT CV 15-4-08); y
- **charlas** impartidas en las visitas de un autor a colegios y entidades públicas sobre su obra en general o algún libro en particular (DGT CV 7-10-13) o charlas literarias, salvo que puedan ser formación (DGT CV 13-4-20).

2) Tampoco resulta aplicable la exención cuando se considera prestación de servicios por **vía electrónica**, como ocurre con el suministro de **contenidos digitales** (ficheros de fotografías no personalizadas) que los clientes pueden descargar a través de internet (DGT CV 23-2-17; CV 4-12-19; CV 15-10-19) o con la elaboración de **juegos didácticos**, junto con las instrucciones, que pueden ser descargados por los clientes, consumidores finales, desde las páginas web del autor (DGT CV 1-10-19).

F. Entregas de bienes. 946.4
La exención no se extiende, en ningún caso, a las operaciones que tengan la consideración de entrega de bienes a efectos del IVA, como ocurre con las realizadas por una **galería de arte** (DGT 4-12-03; CV 20-2-15).
Así, **no están exentas** la ventas o entregas de: esculturas (DGT CV 27-11-14; CV 26-5-20), caricaturas (DGT 24-2-04); cuadros (DGT CV 27-11-14; CV 5-5-15); tapices y mantos bordados (DGT CV 19-2-14); grafiti y pintura artística sobre cualquier soporte (lienzo, tabla, techo o paredes) (DGT CV 7-9-16; CV 23-3-21); la confección de murales originales calificados como obras de arte en muros de edificios, parques y otros (DGT CV 28-3-18), así como en un teatro (DGT CV 31-1-20; CV 2-4-20); piezas de cerámica pintadas y elaboradas a mano (DGT CV 22-11-06); miniaturas propiedad de terceros (DGT CV 8-6-16; CV 23-9-16) y cuadros a la entidad organizadora del concurso por su autor, excepto cuando el artista realiza esa actividad con carácter de aficionado, no estando sujeta la entrega (DGT CV 23-11-17).

Jurisprudencia **1)** No están exentos los **servicios fotográficos** prestados a las agencias de prensa (TSJ Madrid 29-1-03, EDJ 44298). 947
2) Están exentos los servicios de un **guionista**, pero no así los de una entrevistadora (TSJ Sevilla 13-12-01, EDJ 78970).
3) No está exenta la venta de **obras de arte** efectuada por el autor, directamente o por mediación de un agente, ni tampoco la importación de una obra de arte efectuada por el propietario que es al mismo tiempo su autor (TJUE 7-3-02, asunto C-169/00).
4) La exención prevista para escritores y colaboradores literarios de periódicos y revistas no puede extenderse a otros formatos, como **blogs**, incluso cuando su contenido tenga finalidad informativa o editorial (TEAR Cataluña 22-8-25).

III. Exenciones financieras y de seguros

950

A. Operaciones de seguro

(LIVA art.20.uno.16º)

951 Están exentas las operaciones de seguro, reaseguro y capitalización. En concreto, se declaran exentos los **servicios de mediación**, incluyendo la captación de clientes, para la celebración del contrato entre las partes intervinientes en la realización de las operaciones de seguro (incluidas las modalidades de previsión), reaseguro y capitalización, con independencia de la condición del empresario o profesional que los preste.
En la exención se comprenden los servicios prestados por el **asegurador** al asegurado, pero no los prestados por terceros. Así, está exenta la cobertura del riesgo, cuya contraprestación es la prima, pero no la reparación del vehículo efectuada por el taller.
La aplicación de la exención contenida en la normativa comunitaria no queda condicionada a que el prestador tenga la condición de entidad aseguradora, sino que es aplicable cuando la **naturaleza de la operación** sea de una operación de seguro (DGT CV 22-11-10).

Ejemplos **1)** Una entidad, **colaboradora de una empresa de seguros**, presta a esta los siguientes servicios: 953
a) Los de gestión de cobro de recibos de seguros.
b) Los de adopción de medidas para la reducción de riesgos.
c) La gestión de suministros para la empresa de seguros (mobiliario y ordenadores para sus oficinas).
Están sujetos al IVA y no exentos del mismo los servicios enumerados en los tres apartados anteriores, por tratarse de operaciones no vinculadas directamente a la actividad aseguradora.
2) Una **entidad aseguradora** realiza las siguientes operaciones:
a) Transmisiones de algunas de sus pólizas de seguro a otras entidades aseguradoras.
b) Entrega a terceros de bienes deteriorados como consecuencia de la realización de siniestros.
c) Asesoramiento para otras empresas sobre análisis y divulgación de riesgos y medidas para su reducción, así como estudios de solvencia de los presuntos asegurados.
Se considera que están exentas las operaciones citadas en la letra a) por su vinculación directa con las operaciones de seguro y reaseguro exentas de gravamen. Pero no están exentas, por carecer de dicha naturaleza, las citadas en los apartados b) y c).

954 3) Un **taller de reparación** de vehículos factura a una compañía de seguros las reparaciones hechas en los vehículos asegurados por ella.
La prestación de servicios efectuada por el taller no está exenta, ya que la exención solamente se aplica a las prestaciones de la compañía aseguradora y no alcanza a los servicios realizados por terceras personas. Por tanto, en las facturas del taller debe constar la cuota del IVA correspondiente (ver nº 1405).
4) Una compañía de seguros celebra **contratos de agencia**, para intermediar en la colocación de planes de pensiones con un determinado banco, que tiene sucursales en toda la Península.
Estos servicios de mediación están exentos, por cumplir los requisitos legalmente exigidos.
5) Una entidad mercantil ofrece **servicios médico-odontológicos** a grandes colectivos (empresas) en los que garantiza precios cerrados por cada servicio médico odontológico prestado, así como la realización de determinados actos médicos odontológicos (limpieza de boca) sin cargo para el asociado del gran colectivo (empleado) por lo que la entidad percibirá una cantidad a tanto alzado del citado colectivo.
Están exentas las anteriores operaciones si concurre alguna de las siguientes circunstancias:
a) Se efectúan como consecuencia de un contrato de seguro de servicios médicos o sanitarios previamente concertados entre las partes interesadas (LIVA art.20.uno.16º).
b) Se prestan materialmente por estomatólogos u odontólogos en el ámbito de sus respectivas profesiones, aunque los realicen a través de una entidad mercantil (nº 850 s.).

955 Doctrina Administrativa Además de las siguientes contestaciones de la DGT, ver nº 11000 s.
A. Consideraciones generales.
1) La **mera venta de una cartera de seguros** no tiene la consideración de operación de seguro o reaseguro, sino que se requiere la existencia de una relación contractual directa entre asegurador y asegurado (DGT CV 28-6-22; CV 13-6-23; CV 29-2-24; CV 12-2-25).
La exención alcanza a la transmisión de la cartera de seguros o pólizas de seguros (incluyendo el reaseguro) entre **agentes de seguros, entidades aseguradoras o mediadoras** en el mercado de seguros, quedando excluidos otros activos afectos a la citada cartera, así como a los bienes en que hubieran podido materializarse las reservas técnicas correspondientes, cuya entrega sigue el régimen que individualmente les corresponda, siempre dentro de la sujeción al Impuesto (DGT CV 18-9-06; CV 14-11-07; CV 7-5-09). No obstante, ver el criterio del TEAC 17-3-21 en el nº 959. También se aplica a las entregas de bienes que efectúen las entidades aseguradoras a los asegurados en concepto de **indemnización de daños o riesgos** que los asegurados puedan sufrir en sus bienes (DGT 23-10-86).
2) Las actuaciones de un **agente gestor del Estado** en coberturas del seguro que participa en la celebración de los contratos en nombre propio y por cuenta del Estado, asumiendo frente a los asegurados los deberes y obligados derivados de los contratos de cobertura, se entienden efectuadas por corredores y agentes de seguros, estando sujetas y exentas (DGT CV 8-7-16).
B. Operaciones de seguro no exentas.
No se aplica la exención a los siguientes servicios:
- análisis y divulgación de **riesgos**, medidas para su reducción y actuaciones en caso de siniestros (DGT 9-5-86);
- **asesoramiento** en temas de previsión social y seguros de vida prestados por quienes no tengan la condición de agentes o corredores de seguros o reaseguros (DGT 23-10-86);
- gestión de **siniestros** en favor de otras entidades aseguradoras (DGT 9-12-86);
- gestión de **cobro** de recibos o de pagos (DGT 1-3-00; 14-4-04; CV 14-1-14), así como la cobranza de recibos para una sociedad dedicada a la intermediación en la venta de seguros (DGT CV 22-12-21);
- la parte de **franquicia** que debe pagar el asegurado (DGT CV 7-10-14);
- de **asesoramiento** relativos a la búsqueda de la mejor oferta en materia de seguros, análisis de las pólizas, recomendación de tipos de coberturas, entre otros, efectuados para un cliente (comparación de seguros) (DGT CV 31-1-12), pudiendo ser prestado ese servicio a través de un sitio web u otros medios (DGT CV 24-9-21);
- mera obtención de información sobre **potenciales tomadores** de seguro para ser entregada a intermediarios de seguros mediante contraprestación (DGT CV 2-10-23);
- prestados por terceros, como ocurre con las operaciones de **tasación** (DGT 14-10-03; 26-2-04);
- preparatorios y de **asesoramiento técnico** prestados a la compañía aseguradora (DGT CV 20-10-22); y
- de **mensajería** que traslada el coste del seguro de transporte que ha suscrito con una compañía aseguradora al destinatario de su prestación, que no tiene como fin la cobertura la recogida y entrega de determinada correspondencia, y no un riesgo (DGT CV 4-2-08).

956 **C. Operaciones de seguro exentas.**
1) En caso de **suplidos**, el servicio de seguro se considera como operación exenta. En concreto, cuando la póliza se contrata **en nombre y por cuenta propia** por parte de la empresa dedicada al transporte internacional (entidad central), se trata de una operación exenta; cuando se contrata por la entidad central, en **nombre y por cuenta de sus clientes** delegados, el servicio es prestado por la entidad aseguradora a cada una de las delegaciones constituye un suplido, también exento (DGT CV 11-7-06). En el mismo sentido si se contrata por un **colegio profesional** para sus colegiados (DGT CV 10-1-07).

2) Una entidad es tomadora de un seguro que **garantiza el cobro de operaciones exteriores** por el que abona una prima periódica en nombre propio, repartiendo luego su importe entre las empresas que efectúan este tipo de operaciones, que son las que figuran como aseguradas en la póliza suscrita por aquella entidad. Dado que se contrata por la propia entidad, esta presta a las empresas con las que colabora el servicio de seguro, quedando exento (DGT CV 29-1-08).
3) La **refacturación** de un seguro, por su importe exacto, es una operación exenta (DGT CV 12-7-21; CV 10-5-22; CV 28-2-22). Lo mismo ocurre con la refacturación de gastos por una comunidad de una póliza de seguros a los comuneros (DGT CV 21-5-15).
4) Los servicios de encargos y pago de facturas a **peritos** prestados a entidades aseguradoras están exentos (DGT CV 1-6-11).
5) Tienen esta consideración la contratación de un seguro efectuada por una sociedad, tanto en el caso de un **seguro colectivo agrario** combinado, cuya cobertura de riesgos se realiza utilizando las prestaciones de un asegurador que asume dichos riesgos contratados (DGT CV 9-7-13), como para la **cobertura de enfermedades** a sus empleados (DGT CV 20-2-19).
6) Una entidad se dedica a la adquisición de la nuda propiedad de inmuebles a cambio de la constitución de **rentas vitalicias** en favor de los propietarios, personas físicas, de dichos inmuebles, estando exenta la constitución de dichas rentas vitalicias (DGT CV 16-9-21).

D. Operaciones de mediación. **957**
1) En la mediación de seguros está condicionada al cumplimiento de dos **requisitos acumulativos**, en aplicación de los criterios del TJUE: que las prestaciones estén relacionadas con operaciones de seguro y que sean efectuadas por corredores o agentes de seguro.
Teniendo en cuenta lo anterior, están exentos los servicios prestados por los **call-centers** externos, ya que cumplen con la condición de mediadores de seguros en calidad de agentes vinculados o exclusivos, manteniendo una relación contractual directa con la aseguradora para la comercialización de seguros; además, realizan actividades propias de su profesión, como la búsqueda activa de clientes para la celebración de contratos de seguro, por lo que los servicios que prestan están exentos (DGT CV 28-4-25).
Por el contrario, no están exentos los servicios prestados a través de una web en la que, partiendo de los criterios elegidos por los clientes a través de un **sitio web** o de otros medios, se elabora una clasificación de productos, incluidos precios y comparaciones de productos, o un descuento sobre el precio o tipo de interés de un contrato de seguro, al no tener como objeto la celebración de contrato alguno, sino que se limita a la **comparación de precios** de los productos disponibles en el mercado incluso. No afecta el hecho de que por el mismo medio o sitio web permita directamente se pueda enlazar o acceder a los sitios web o medios de un mediador o de una empresa aseguradora para la celebración del contrato (DGT CV 12-2-25).
2) Están exentos la mediación en la venta o colocación de los seguros, la promoción y asesoramiento preparatorios de la formalización de contratos de seguro y posterior asistencia al tomador del seguro contratado, al asegurado o al beneficiario, los cuales son retribuidos mediante las **comisiones** especificadas en los contratos, así como por la percepción en depósito del importe de las primas de los seguros en cuya venta, colocación o contratación se haya mediado, quedando excluidos los servicios de gestión de cobro de primas y labores auxiliares (DGT 5-12-03; 27-10-05); el servicio de **asesoramiento profesional**, independiente e imparcial, a quienes demanden la cobertura de los riesgos a los que se encuentren expuestos, y la información a quien va a firmar un contrato sobre las condiciones del mismo y modalidades de coberturas más convenientes, sobre la póliza del contrato, realización de campañas comerciales para la captación de clientes, etc. (DGT CV 22-4-16); los servicios de **captación de clientes** de seguros, en tanto impliquen una actividad de búsqueda de clientes para ponerlos en contacto con el asegurador (DGT CV 12-7-17); los servicios que contribuyen a la **aproximación** del asegurador y el asegurado o vayan dirigidos a la búsqueda de clientes para ponerlos en relación con el asegurador (DGT CV 20-2-23); la **subcontratación** del servicio de captación de clientes para hacer seguros (DGT CV 3-11-17) y la mediación de seguros por **contrato telefónico** (DGT CV 21-3-18; CV 26-10-18).

3) Están exentos los **trabajos previos** a la celebración del contrato de seguro o de reaseguro, aunque finalmente no llegara a celebrarse (tales como la captación de clientes, los trabajos propios de la celebración del citado contrato, los trabajos de asistencia a la entidad aseguradora en la ejecución o gestión del contrato de seguro o de reaseguro o en la atención, asesoramiento o asistencia al tomador, asegurado o beneficiario) (DGT CV 8-5-09). **957.1**
4) Siendo considerado los denominados **operadores de banca-seguros** como agentes de seguros a todos los efectos (RDL 3/2020 art.152), la exención se aplica a todos los servicios de mediación prestados por los citados operadores a la entidad aseguradora por cuya cuenta actúen. No obstante, el puro y simple **back office**, es decir, la prestación de servicios consistente en la mera cesión de recursos humanos o la realización de labores administrativas auxiliares a la mediación en la comercialización de seguros, está sujeto y no exento (DGT CV 17-2-10; CV 12-7-11), teniendo en cuenta que este tipo de servicios, cuando son prestados por una empresa aseguradora situada fuera de España, en este caso, Bulgaria, son considerados como una operación no sujeta (DGT CV 13-11-19).

5) Un corredor de seguros que recibe comisiones de **entidades establecidas en la UE y fuera**, por la intermediación en seguros, si se consideran localizados en el territorio de aplicación del IVA están exentos, con independencia de la localización de los asegurados y tomadores (DGT CV 27-6-11).
6) **No** pueden calificarse como **servicio de mediación**, y por tanto, se consideran sujetas y no exentas los siguientes servicios:
- los prestados para que una sociedad suiza adquiera determinados **derechos derivados de contratos** de seguro (DGT CV 12-5-11);
- los de **promoción** de una entidad irlandesa con la finalidad de aumentar la visibilidad en la red de su página web y, de esta manera, acrecentar el número de clientes potenciales de la misma, al presentar más las características propias de un contrato de publicidad o, en su caso, servicios prestados por vía electrónica (DGT CV 7-6-17); y
- de naturaleza **publicitaria**, en cuanto su objetivo es informar al público de la existencia y cualidades de un producto determinado (DGT CV 7-11-12), sin ninguna otra actividad adicional a la de información que ayude a la celebración del contrato (DGT CV 16-5-24).

957.2 7) Las operaciones de captación de clientes desde un **centro de llamadas** están exentas cuando tengan por objeto alguno de los siguientes servicios:
- el asesoramiento, la presentación, propuesta o realización de **trabajos previos a la celebración del contrato** de seguro o de reaseguro, y ello aunque el contrato de seguro presentado, analizado o propuesto no llegue finalmente a celebrarse. En particular, la captación de clientes está incluida entre estos servicios previos a la celebración del contrato; por el contrario, no quedan amparados por la exención ni se considera captación de clientes el mero suministro de datos y de información sobre tomadores potenciales a los intermediarios de seguros o reaseguros, o las empresas de seguros o reaseguros, o el mero suministro de información sobre productos de seguro o reaseguro, sobre un intermediario de seguros o reaseguros, o una empresa de seguros o reaseguros a tomadores potenciales, si el proveedor no efectúa ninguna acción adicional para ayudar a celebrar un contrato de seguro o de reaseguro;
- la **celebración** del citado contrato de seguro o de reaseguro;
- la asistencia a la entidad aseguradora en la **ejecución o gestión del contrato** de seguro o de reaseguro cuando previamente hubiera captado a dicho cliente o en atender, asesorar o asistir al tomador, asegurado o beneficiario, en particular en caso de siniestro; por el contrario, no están exentos la gestión de siniestros de una empresa de seguros o reaseguros, a título profesional ni el peritaje y la liquidación de siniestros; y
- la **aportación de la información** relativa a uno o varios contratos de seguro de acuerdo con los criterios elegidos por los clientes a través de un sitio web o de otros medios, y la elaboración de una clasificación de productos de seguro, incluidos precios y comparaciones de productos, o un descuento sobre el precio de un contrato de seguro, siempre y cuando el cliente pueda celebrar un contrato de seguro directa o indirectamente al final del proceso en el propio sitio web o medio empleado. No obstante, la exención no se aplica cuando no tengan por objeto la celebración de contrato alguno, sino que se limiten a comparar los productos de seguro disponibles en el mercado incluso aunque el mismo medio o sitio web permita directamente enlazar o acceder a los sitios web o medios de un intermediario de seguros o reaseguros, o de una empresa de seguros o reaseguros, para la celebración del contrato (DGT CV 15-2-18; CV 21-2-18; CV 29-10-19; CV 10-3-22).
8) Si una **entidad sin ánimo de lucro**, cuyo fin es el fomento de los deportes, concretamente automovilismo, suscribe un seguro colectivo que luego es repercutido a sus asociados, tiene la condición de mediador o distribuidor de seguros de conformidad con la normativa vigente, quedando la prestación de sus servicios sujeta y exenta, al suponer una mera refacturación del seguro (DGT CV 2-4-24).
9) Una entidad de crédito, que actúa como entidad mediadora de seguros, firma un contrato con diversos agentes para que actúan como **colaboradores externos**, asistiéndola tanto en la comercialización de los seguros como en la subsiguiente contratación de los mismos. A efectos de la aplicación de la exención, se exige que además se incluya una labor adicional de asesoramiento, presentación, o propuesta del contrato de seguro, al igual que servicios de asistencia en la ejecución del contrato cuando ya se hubiese captado al cliente tales como tales como de solicitud de cambios de cuenta de cargo del seguro; de cancelación de póliza, o no renovación; de modificación del capital asegurado; o de solicitud de fraccionamiento de prima (DGT CV 31-3-25; CV 31-3-25).

958 **E. Particularidades de algunas operaciones.**
1) **Renting**. En el tratamiento de las primas de seguros suscritas en relación con los bienes arrendados mediante contratos de renting, se debe distinguir entre el seguro por daños a terceros y el seguro de daños propios del bien arrendado:
a) Si la póliza se contrata en nombre y por **cuenta propia** por parte de la entidad de renting, ha de entenderse que esta presta dos servicios distintos a su cliente: de una parte, el arrendamiento del bien, operación sujeta y no exenta; y, de otra, el servicio de seguro, operación exenta.

b) Si la póliza se contrata en nombre y por **cuenta del cliente** por parte de la entidad de renting, el servicio es prestado por la entidad aseguradora al arrendatario, luego se trataría de un suplido, que no formaría parte de la base imponible correspondiente al servicio de renting.
c) Cuando una empresa de renting **incluye en las facturas** el importe exacto de la prestación de seguro, dicha prestación queda sujeta y exenta, al suponer la mera refacturación del seguro al cliente (DGT CV 17-9-19; CV 6-3-19; CV 3-1-19); si fuese por un importe mayor o menor, pese a tener que atender a cada caso particular para su calificación, con carácter general, puede entenderse que queda sujeta y no exenta (DGT CV 9-3-16; CV 6-5-21).
2) Contragarantía. Este tipo de operaciones se asimilan a un seguro de crédito por el que una entidad se asegura y protege de los riesgos derivados de los impagos o insolvencias de su cartera de préstamos a cambio de una comisión que satisface para cubrir este riesgo a la entidad alemana que otorga la contragarantía pero sin que ésta última adquiera jurídicamente la titularidad de los activos ni los beneficios derivados de los mismos. Por tanto, debe calificarse como una operación de seguros y está exenta (DGT CV 7-11-13).
3) Seguro de transportes. Si el servicio de seguro no puede calificarse como independiente del servicio de transportes, es decir, cuando el cliente de la empresa de transportes no puede asegurar el bien o la cobertura del riesgo de los bienes con cualquier compañía ni pueda negociar las condiciones del mismo, el servicio de transporte conjuntamente con el seguro constituyen una única prestación de servicio sujeta y no exenta (DGT CV 19-4-16).
4) Seguro de viaje. Constituye una prestación de servicios independiente cuando el destinatario pueda elegir libremente la compañía de seguros con la que va a suscribir, en su caso, el contrato de seguro de viaje y este no viene impuesto por la agencia de viajes. En consecuencia, si las prestaciones facturadas por la agencia de viajes a sus clientes incluyen la facturación exacta de una prestación de seguro, dicha prestación va a quedar sujeta y exenta. Por el contrario, en los casos en los que no se facture exactamente la prestación de seguro, es decir, se facture por la agencia de viajes una cantidad mayor o menor a la prima que se le cobró, habrá que estar a las estipulaciones contractuales pero, en principio, dichas operaciones deben quedar sujetas y no exentas (DGT CV 2-3-17). En el mismo sentido, si en un arrendamiento de vehículos se le factura al cliente la cantidad exacta del seguro (DGT CV 21-5-20).
5) Seguro de vehículos. El pago de la prima del seguro de un vehículo está sujeto y exento. En el caso de un contrato de seguro a todo riesgo con **franquicia**, el abono de la misma en caso de siniestro debe considerarse como la contraprestación de una operación sujeta al IVA y no supone el pago de una indemnización de daños y perjuicios (DGT CV 5-10-18). En estos casos hay que diferenciar las siguientes prestaciones:
- las prestadas por la **entidad aseguradora** a los dueños de los vehículos: son operaciones de seguro en la medida en que la entidad se compromete a cubrir un riesgo, las averías mecánicas de determinados vehículos, a cambio del pago de un precio a tanto alzado, el pago de una prima;
- las prestadas por un **taller**, consistentes en la reparación de los vehículos y que son facturadas a las compañías de seguros no participan de la naturaleza del seguro: están sujetas al IVA y no exentas, siendo el sujeto pasivo del Impuesto que grava la referida operación el empresario o profesional (taller) que la realiza, quien debe liquidar y repercutir en factura el IVA al destinatario de la misma (DGT CV 21-3-18).

6) Asistencia en carretera. Esta prestación participa de la naturaleza de una operación de seguro, en cuanto que supone que, a cambio del pago de una cuantía a tanto alzado, la prima, se responde de un hecho eventual, como es la posible avería mecánica de los vehículos, de tal manera que una no es contraprestación de la otra (DGT CV 9-3-20), por lo que no cabe repercusión alguna sobre la prima periódica exigida.
Sin embargo, no tienen la consideración de operaciones de seguro, y por tanto no están exentos, los servicios de gestión de siniestros acaecidos en España, que una entidad presta a los clientes de **compañías de seguros comunitarias** en el marco de seguros de asistencia en carretera contratados entre estas y aquellos (DGT CV 22-11-10; CV 8-6-11).

Jurisprudencia 1) La norma comunitaria, a cuyo tenor las operaciones de seguro están exentas, no se opone a un **impuesto sobre las primas de seguro** (TJUE 29-4-04, asunto C-308/01). **959**
2) Constituyen **operaciones de seguro**, y por tanto están exentas, las siguientes operaciones:
- las actividades de **asistencia al tomador** del seguro, al asegurado o al beneficiario solo pueden considerarse como propias del seguro si se da, por quien las realiza, la mediación entre las partes que suscriben el seguro (TEAC 23-2-00) y
- cuando un sujeto pasivo tomador de un **seguro colectivo** procura a sus clientes -los asegurados- una cobertura de seguro a través de un asegurador que asume el riesgo cubierto (TJUE 25-2-99, asunto C-349/96; 7-12-06, asunto C-13/06).
3) Por el contrario, **no** pueden considerarse como **operaciones de seguro**, y por tanto, no están exentas:
- el compromiso de una compañía de seguros de ejercer, a cambio de una retribución calculada sobre la base de los precios de mercado, las **actividades de otra compañía** de seguros, que es su filial al 100%, y que va a continuar celebrando los contratos de seguro en su propio nombre (TJUE 8-3-01, asunto C-240/99);

- las **actividades de «back office»**, por las que se prestan determinados servicios a una compañía de seguros a cambio de una retribución (tales como recibir las solicitudes de seguro, evaluar los riesgos que van a asegurarse, apreciar la necesidad de un reconocimiento médico, proceder a la emisión, gestión y resolución de las pólizas de seguro, etc.). Se trata de un simple caso de subcontratación de servicios por parte de una entidad de seguros y la exención no se aplica a los servicios prestados por la entidad subcontratada a la entidad de seguros subcontratante (TJUE 3-3-05, asunto C-472/03);
- la cesión de una **cartera de reaseguros** (TJUE de 22-10-2009, asunto C-242/08- (TEAC 17-3-21), así como tampoco la cesión a título oneroso de una cartera de contratos de reaseguro de vida por una **sociedad establecida en un Estado miembro** a una compañía de seguros establecida en un tercer Estado, subrogándose en el conjunto de los derechos y obligaciones derivadas de esos contratos con el consentimiento de los tomadores (TJUE 22-10-09, asunto C-242/08);
- la **gestión de un fondo de pensiones**, al ser operaciones accesorias o auxiliares a los seguros en sentido propio (TJUE 8-10-20, asunto C-235/19); y
- cuando se produzca el acontecimiento o riesgo que se cubre a través del contrato de seguro por el que se ha cobrado una prima y no exista, por parte de la entidad que presta el servicio, la asunción de ese riesgo (TJUE de 8-3-2001, asunto C-240/99). En el mismo sentido, concluyéndose que En similares términos, en el supuesto de servicios de **gestión de siniestros** donde la entidad asume las prestaciones, refacturando a las entidades aseguradoras, que se hacen cargo de las mismas (TEAC 21-6-21).

4) Constituyen **operaciones de seguros exentas** las siguientes:
- la cesión de una **cartera de siniestros** previamente asumida por la entidad que los cede, calificada como operación de reaseguro, a diferencia de lo que ocurre con la cesión de los inmuebles afectos técnicamente a la responsabilidad aseguradora cedida (TS 27-5-09, EDJ 134709); y
- la tramitación y liquidación de siniestros prestados por **terceros** en nombre y por cuenta de una empresa de seguro (TJUE 17-3-16, asunto C-40/15).

959.1 **5)** Constituyen **operaciones de seguros no exentas** las siguientes:
- las operaciones que suponen **cesiones de redes de distribución** de seguros, teniendo como cedentes y cesionarias a entidades de seguros, asumiendo las entidades cesionarias las responsabilidades administrativas inherentes a las operaciones de seguros desarrolladas, al no desprenderse ninguna relación contractual de los contratos suscritos entre las entidades cedentes y cesionarias (TEAC 14-2-07);
- los servicios consistentes en poner un **producto de seguro** a disposición de una compañía de seguros y, con carácter accesorio, vender ese producto por cuenta de la referida compañía y gestionar los contratos de seguro celebrados (TJUE 25-3-21, asunto C-907/19);
- el servicio prestado a una compañía de seguros y utilizado por esta para comprobar la **exactitud del diagnóstico** de una enfermedad grave de un asegurado y determinar la mejor asistencia posible en el extranjero no está exento (TJUE 24-11-22, asunto C-458/21).

6) Las operaciones de seguro en relación con los **vehículos**, merecen las siguientes consideraciones:
- las **tasaciones de los daños** ocasionados a vehículos de motor realizadas por una asociación cuyos miembros son compañías de seguros por cuenta de estos, no constituyen ni operaciones de seguro ni prestaciones de servicios relativas a las mismas efectuadas por un corredor o un agente de seguros (TJUE 20-11-03, asunto C-8/01);
- en un vehículo de ocasión si un operador económico independiente del vendedor cubre, a cambio del pago de una cantidad a tanto alzado, las **averías mecánicas** que puedan afectar a determinadas piezas de dicho vehículo constituye una operación exenta. En principio, tal prestación y la venta del vehículo han de considerarse prestaciones distintas e independientes a efectos del IVA (TJUE 16-7-15, asunto C-584/13); y
- la venta, por una compañía de seguros, de **restos de vehículos dañados** en siniestros en los que se han visto implicados sus asegurados no está exenta (TJUE 9-3-23, asunto C-42/22).

7) La circunstancia de que un **corredor o agente de seguros** no tenga una relación directa con las partes del contrato de seguro o de reaseguro a cuya celebración contribuye, sino solamente una relación indirecta por medio de otro sujeto pasivo, que a su vez tiene relación directa con una de dichas partes y al que este corredor o agente de seguros está vinculado contractualmente, no se opone a que la prestación realizada por el mismo esté exenta (TJUE 3-4-08, asunto C-124/07). Ver mismo criterio para operaciones financieras en el nº 1020.

8) El seguro del bien objeto de un **leasing** y el propio leasing, efectuados por un mismo prestador y para un mismo destinatario, deben, en principio, considerarse prestaciones de servicios distintas a efectos del IVA, salvo cuando las operaciones citadas estén vinculadas entre sí hasta el punto de que deba considerarse que constituyen una prestación única, lo cual corresponde determinar al órgano jurisdiccional nacional. Cuando el arrendador financiero asegura el bien objeto del leasing con una entidad aseguradora y refactura el coste exacto del seguro al arrendatario financiero, tal refacturación constituye una operación de seguro exenta (TJUE 17-1-13, asunto C-224/11).

Cuando además de la actividad de arrendamiento de vehículos se prestan otros **servicios adicionales**, como la realización de contratos de seguros, estos últimos tienen sustantividad propia, quedando exentos del IVA (TEAC 21-6-21), como ocurre en los arrendamientos de **corto plazo**, que sí cabe entender como adicionales algunos servicios, como los contratos de seguro, siguiendo el

régimen tributario de la principal (TEAC 21-6-21). Asimismo, las prestaciones de servicios realizadas en concepto de autoseguro son independientes del renting y tienen la consideración de operaciones de seguro exentas (TEAC 21-2-23).
9) Para que las operaciones de **mediación** en la suscripción de contratos de seguro estén exentas, es necesario que el mediador actúe en nombre propio (TEAC 25-10-18).

B. Operaciones financieras

(LIVA art.20.uno.18º; DGT Resol 1/2004)

Depósitos en efectivo (LIVA art.20.uno.18º.a) Están exentos los depósitos en efectivo, en sus diversas formas, incluidos los depósitos en **cuentas corrientes y cuentas de ahorro**, y las demás operaciones relacionadas con los mismos, incluidos los servicios de cobro o pago prestados por el depositario en favor del depositante. 961
Por el contrario, no se extiende la exención a los siguientes servicios:
- de **gestión de cobro** de créditos, letras de cambio, recibos y otros documentos, no considerándose a estos efectos como gestión de cobro las operaciones de abono en cuenta de cheques y talones; y
- los prestados al cedente en el marco de los contratos de **«factoring»** (nº 9465 s.), con excepción de los de anticipo de fondos que, en su caso, se puedan prestar en estos contratos.
Se consideran depósitos en efectivo los que tengan por objeto **moneda nacional o extranjera**.

Ejemplo Un banco recibe **depósitos en efectivo**, tanto en moneda nacional como extranjera, y presta al depositante los siguientes servicios: 962
a) Remisión de estados contables.
b) Anotaciones en cuenta.
c) Movimiento de cuentas.
d) Pago de talones emitidos por el depositante.
e) Pago de recibos, efectos de comercio y otros documentos a cargo del titular de la cuenta.
f) Transferencias de fondos.
g) Administración y mantenimiento de la cuenta.
h) Alquiler de cajas de seguridad.
i) Servicios de gestión de cobro de letras de cambio. También presta servicios relativos a billetes de lotería y efectos comerciales depositados en el banco por el mismo cliente.
Están exentos los servicios citados en las letras a) hasta la g). Los restantes están sujetos y no exentos, por no reunir los requisitos legales exigidos.

Doctrina Administrativa Además de las siguientes contestaciones de la DGT, ver nº 11000 s. 964
1) Los servicios que se consideran exentos son los prestados por el **depositario**, actuando en el ejercicio de su actividad empresarial o profesional, en favor del **depositante**, con ocasión del depósito en efectivo. A estos efectos, se incluyen los siguientes servicios: remisión de estados contables; anotación y movimientos de cuenta; pago de talones emitidos por el titular; emisión de cheques garantizados; aviso de vencimiento de efectos; pago de recibos, de efectos de comercio y otros documentos, a cargo del titular de la cuenta; transferencias; administración y mantenimiento de cuentas; cuentas Mutuas, de Tesorería y especiales en efectivo; cuentas con otras entidades; etc. (DGT CV 24-7-87; CV 31-7-87).
2) Se consideran **exentos** los siguientes servicios:
- los prestados **por un tercero**, que no incluyan la función esencial y específica que caracteriza al contrato de depósito bancario, al ser considerados servicios de carácter asistencial o instrumental que permitan al banco desarrollar las funciones propias del depósito bancario (DGT 4-3-99).

Asimismo, las prestaciones de servicios realizadas en concepto de **autoseguro** son independientes del renting y tienen la consideración de operaciones de seguro exentas (TEAC 21-2-23);
- de **mantenimiento de la cuenta** soporte de las operaciones (DGT CV 16-11-04); y
- de **apertura de cuentas** corrientes, cuentas vivienda o similares (DGT CV 28-2-13), así como de un **depósito**, así como todos aquellos servicios prestados con ocasión de las operaciones de depósito de dinero en efectivo, tales como las anotaciones en cuenta o la administración y mantenimiento de cuenta están exentas (DGT CV 21-11-13).

3) Se consideran **no exentos**, entre otros:
- los servicios prestados por los depositarios **a terceras personas** distintas del depositante (tales como el alquiler de cajas de seguridad, depósitos de billetes de lotería o depósitos de efectos comerciales) (DGT CV 24-7-87; CV 31-7-87);
- la **entrega por el banco a su cliente** de una olla se considera una remuneración en especie, derivado del ingreso de una cantidad y de su compromiso de indisponibilidad durante un tiempo, formando parte de la actividad empresarial propia de la entidad bancaria (DGT 23-3-04);
- los gastos de **franqueo**, al ser accesorios a la prestación de un servicio de depósito y gestión de valores (DGT CV 30-6-06); y
- los servicios de gestión en la recaudación de la compensación equitativa por copia privada o **canon digital**. Se debe repercutir la cuota correspondiente a los sujetos acreedores de la compensación cuya recaudación gestiona mediante la expedición de una factura (DGT CV 10-1-18; CV 19-11-18).

965 **4)** Están sujetos y no exentos los siguientes servicios de **gestión de cobro**:
- de los recibos efectuado por la entidad financiera, incluyendo el correo utilizado por dicha entidad, que debe ser incluido en la base imponible de dicha operación (DGT 24-4-01; 30-4-02);
- con tarjeta de ingresos municipales y la gestión de los recibos domiciliados (DGT CV 8-2-22);
- de recibos (DGT CV 31-5-13) y de facturas (DGT CV 1-10-15);
- de efectos no descontados, con el objetivo de cobrar los efectos que todavía no han sido descontados, sin acompañarse de ningún elemento financiero, al primar el componente de gestión administrativa (DGT CV 23-2-11); y
- de impagados (DGT CV 27-6-11).

5) En un contrato de **«factoring»** las diversas funciones que se integran en el mismo se pueden incluir en dos categorías (DGT 25-2-04; CV 23-4-15):
- los servicios de financiación, o de anticipo de fondos, como los califica la propia LIVA: están exentos;
- el resto de servicios que se prestan al cedente en el marco de los referidos contratos: están excluidos de la exención.

6) Los **servicios externalizados** constituyen un conjunto diferenciado y son, en principio, específicos de la prestación de un servicio financiero como es la compraventa de productos financieros. En la medida en que dicha responsabilidad se extiende a los elementos esenciales de la actividad financiera, el servicio externalizado está sujeto y exento (DGT CV 14-5-20). Hay que tener en cuenta si la responsabilidad se extiende a elementos esenciales de la actividad financiera (exenta) y no meramente a aspectos técnicos (no exentos) (DGT CV 10-6-22).
Este criterio se aplica a la actividad de un agente bancario que realiza **captación de cuentas corrientes** de entidades de crédito como una externalización de funciones (DGT CV 5-12-12; CV 28-2-13).

---

966 Jurisprudencia Son operaciones sujetas y **no exentas**:
- la **gestión de cobro de efectos** que realiza una entidad financiera por encargo de otra entidad, que sigue siendo titular de los efectos (TEAC 2-7-03; 26-7-06; TS 3-5-12, EDJ 93576).

Asimismo, las **comisiones** por gestión de cobro de efectos descontados percibidas por las entidades bancarias (TS 30-1-14, EDJ 7649); así como las percibidas por la gestión de cobro de efectos, procedentes de otras entidades financieras en las que **previamente** ya han sido **descontados** (AN 15-6-10, EDJ 115253);
- los **servicios complementarios** o accesorios en caso de que el efecto o documento resultara impagado (TEAC 7-11-13);
- el adeudo de efectos, recibos y otros documentos y los servicios complementarios de los anteriores prestados en los casos de **devolución de impagados**, por tener la consideración de gestión de cobro de titularidad ajena (TS 2-12-09, EDJ 288569);
- el servicio de **cobro de letras de cambio** o demás documentos que se hayan recibido en gestión de cobro (TS 31-3-11, EDJ 42274); y
- la cesión de uso de los **dispositivos Vía-T** o los Terminales de Punto de Venta **(TPV)**, puesto que se trata de una prestación material o técnica, por lo que no cumple las funciones específicas y esenciales de las operaciones financieras exentas (TEAC 23-6-22; 24-4-26).

967 **Transmisión de depósitos en efectivo** (LIVA art.20.uno.18º.b) Está exenta la transmisión de depósitos en efectivo, incluso mediante **certificados de depósito** o títulos que cumplan análoga función.

Ejemplos 1) Una **entidad bancaria transmite a otra** los depósitos que le han sido confiados por sus clientes, previa la conformidad de estos, unas veces en efectivo y otras mediante títulos análogos a los certificados de depósito. **968**
Estas operaciones están exentas por expresa disposición de la Ley.
2) Una entidad de crédito transmite a otra un **certificado de depósito**.
Esta cesión está exenta.

Doctrina Administrativa 1) No resulta de aplicación la exención, ya que la transmisión de los derechos que corresponden al **cuentapartícipe** no tienen la naturaleza de depósitos en efectivo ni tampoco cabe asimilarlos a acciones, participaciones en sociedades, obligaciones o valores (DGT CV 27-7-05). **969**
2) El servicio denominado «**Gestión Integral de la Cartera de Efectos**», que supone la realización de todas las operaciones necesarias, excepto la financiación y las estrictamente comerciales, para llevar a cabo el descuento de los efectos (gestión de intercambio bidireccional, liquidación y representación, asumiendo la posición de presentadora de los efectos frente al resto de entidades, las prestaciones materiales y técnicas que las operaciones conlleven, como la toma de datos de efectos físicos, o el tratamiento informatizado de efectos, etc.), si contribuye a modificar la situación jurídica de los titulares de los mismos, variando su posición en el mercado financiero, está sujeto y exento (DGT CV 23-2-11).

Concesión de créditos y préstamos (LIVA art.20.uno.18º.c) Está exenta la concesión de créditos y préstamos en dinero, cualquiera que sea la forma en que se instrumente, incluso mediante **efectos financieros o títulos** de análoga naturaleza. **970**
La exención abarca los anticipos sobre efectos, descubiertos en cuenta corriente, efectos de comercio, disponibilidad de cuentas de crédito, etc.

Ejemplos 1) Una **entidad de crédito** realiza operaciones de apertura de préstamos y cuentas de crédito, concede anticipos sobre efectos y cubre descubiertos en cuenta corriente de sus clientes. **971**
Todas las operaciones citadas están exentas.
2) Una **sociedad anónima** dedicada a la fabricación de automóviles concede habitualmente préstamos a su personal, a tipos reducidos de interés.
Los préstamos concedidos están exentos, pues la Ley no limita de forma expresa la exención al requisito de que los préstamos se concedan por entidades de crédito.

Doctrina Administrativa Además de las siguientes contestaciones de la DGT, ver nº 11000 s. **972**
1) Si no existe intención por el cedente de transmitir al banco la **propiedad de los créditos** porque el primero responde en caso de impago del deudor y porque el banco no puede transmitir los créditos sin su conformidad o autorización, lo que se produce es una operación efectuada por el banco para el cedente y exenta (DGT 28-4-98).
2) La normativa **no** exige que el sujeto pasivo tenga la **condición de entidad de crédito** para que la exención resulte aplicable (DGT CV 21-2-12; CV 22-2-12), admitiéndose a efectos de la exención que la transmisión o cesión del crédito o préstamo se efectúe por un **empresario o profesional** en el ejercicio de su actividad (DGT CV 2-8-10; CV 22-11-10; CV 17-1-11).
3) Se considera **exentas** las siguientes operaciones:
- la transferencia temporal de fondos de una **UTE** a sus miembros (DGT 19-2-01); el servicio de financiación a título oneroso por una cooperativa a uno de sus **asociados** (DGT CV 28-1-08); la concesión de un préstamo por una sociedad a su socio (DGT CV 21-3-16) y por la empresa distribuidora de los productos a los asociados de una asociación de empresarios (DGT CV 1-8-18);
- el **adelanto de dinero** en metálico a algunos clientes habituales dejando en garantía una joya (DGT 20-3-03);
- los servicios de **gestión del sistema de pagos** al ser operaciones relativas a tarjetas de pago o crédito. Estos servicios engloban los de garantía de pago prestado (abonando el importe de la transacción al banco adquirente, que es el banco de quien el empresario o profesional comerciante recibirá el precio de sus bienes o servicios minorado en la comisión pactada, y es quien asumirá de forma momentánea e instrumental la posición acreedora frente a la entidad emisora, que será la que realice, periódica o instantáneamente, el cargo en cuenta a sus clientes por sus compras) y la consiguiente transmisión de créditos (del banco adquirente al esquema y de este al banco emisor) (DGT CV 23-12-10);
- el **descuento de pagarés** (DGT CV 15-6-09);
- la **cesión de crédito** o cualquier otro derecho incorporado a un título que se presenta a una entidad financiera para su descuento y gestión de su cobro al llegar su vencimiento, a cambio de una tasa anual equivalente (DGT CV 20-5-09);
- el servicio de concesión de préstamo cuando concurran algunas de las siguientes circunstancias: cuando su destinatario un **empresario o profesional** establecido en el territorio de aplicación del Impuesto (DGT CV 4-11-21), incluyéndose también el pago de intereses derivados de dicha concesión (DGT CV 31-3-11); así como cuando sea concedido para la adquisición de vehículos (DGT CV 29-3-19) o concedido por **agentes urbanizadores** al ayuntamiento (DGT CV 12-4-11). También está exenta la posterior **compensación de créditos**, en todo caso (DGT CV 19-9-11);

- la concesión de **préstamos participativos** (DGT CV 12-4-13);
- ante la resolución anticipada de una contrato de **leasing** por alquiler de un vehículo automóvil, al haberse producido un accidente que ha causado siniestro total del vehículo, como se ha de satisfacer el importe restante del **capital pendiente**, una vez deducidas determinadas partidas, el nuevo contrato de préstamo que es formalizado para hacer frente al pago de dichas cantidades (DGT CV 8-9-16); y
- la concesión de préstamos a través de una plataforma en la que una empresa puede dar **anticipos de nómina** a sus empleados (DGT CV 27-4-20).

973 4) Se consideran **no exentas** las siguientes operaciones o servicios:
- los prestados a personas distintas de los **prestatarios** en relación con la concesión de préstamos (DGT 31-7-01), al igual que la gestión del crédito realizada por persona distinta del concedente (DGT CV 7-11-13; CV 23-2-16);
- la gestión de las relaciones entre el banco que concede los **microcréditos** y el Banco de España, al cumplir las funciones de un servicio financiero, ya que además de encargarse de las inspecciones que el Banco de España pueda realizar a la entidad concedente de los microcréditos -en cuanto al cumplimiento de las Circulares del propio Banco de España-, lleva a cabo la remisión de los correspondientes estados contables a dicho banco (DGT CV 12-6-08);
- el arrendamiento de **metales preciosos** por una entidad de Luxemburgo con la obligación de devolver otro tanto de la misma especie y calidad (metales preciosos al no tratarse de un préstamo de dinero (DGT CV 2-12-15); y
- los servicios de gestión de los préstamos entre **estudiantes y entidades educativas** al ser prestados por personas distintas al concedente (DGT CV 22-5-25).

5) Las **comisiones de estudio y formalización** que los fondos repercuten sobre los promotores de inversiones, como mecanismo efectivo de discriminación de la demanda que simultáneamente sirva para que el promotor de la inversión comparta los costes de preparación de la inversión, están exentos cuando la actividad de los fondos en la promoción de las inversiones en el exterior se vaya a traducir en préstamos participativos y subordinados, incluso si como resultado del estudio el fondo decide no participar en el proyecto de inversión.
Sin embargo, las comisiones citadas no están exentas cuando la intervención del fondo consista en la **participación minoritaria o temporal** en el capital de las empresas, incluso cuando como resultado del informe el fondo deniegue la toma de participación en el capital (DGT 20-10-03).

6) La **cuenta de compensación** regulada en la normativa sobre el servicio postal universal, de los derechos de los usuarios y del mercado postal (L 43/2010 disp.adic.8ª; desde el 18-8-2025, L 43/2010 disp.adic.9ª) puede calificarse como una operación de préstamo o crédito, por lo que tanto su concesión como las cantidades que deban abonarse en contraprestación de dicha operación, están exentas cuando se efectúen por un empresario o profesional (DGT CV 6-7-11).

974 Jurisprudencia **1)** Los **préstamos usurarios**, aun cuando estén prohibidos por el derecho penal nacional, están exentos (TJUE 7-7-10, asunto C-381/09).
2) La exención prevista en Dir 2006/112/CE art.135.1.b para las operaciones relativas a la concesión y la negociación de créditos o a la gestión de créditos, no se aplica en un caso de cesión a un tercero a título oneroso de todos los derechos derivados de su posición en un procedimiento de **ejecución forzosa de un crédito** reconocido en una resolución judicial y cuyo pago está garantizado por un derecho sobre un bien inmueble embargado que ha sido adjudicado a dicho sujeto pasivo (TJUE 5-11-19, asunto C-692/17).
3) Están exentos los **servicios prestados por el subpartícipe** que pone a disposición del emisor un capital a cambio de una remuneración consistente en la diferencia entre dicho capital y las cantidades percibidas por el subpartícipe en concepto de rendimiento de los derechos de crédito mencionados en el contrato (TJUE 6-10-22, asunto C-250/21).

975 **Otras operaciones relativas a créditos y préstamos** (LIVA art.20.uno.18º.d) Están exentas otras operaciones, incluida la **gestión**, relativas a préstamos o créditos efectuadas por quienes los concedieron en todo o en parte y el destinatario de esos servicios sea el prestatario. En todo caso, están exentas las operaciones de **permuta financiera**.
La exención no alcanza a los servicios prestados a los demás prestamistas en los **préstamos sindicados.**
Los servicios y operaciones relativos a **préstamos de valores** se entienden incluidos, en todo caso, en el ámbito de esta exención (L 62/2003 disp.adic.18ª.2.e).

976 Ejemplos **1)** Una **entidad de crédito** presta los siguientes servicios:
- Valora las fincas propiedad de quienes le solicitan un préstamo hipotecario, cobrando por ello una comisión.
- Valora fincas de terceras personas interesadas en conocer su valor de mercado a efectos de su venta.
En el primer caso los servicios prestados están exentos, porque se trata de una operación ligada e imprescindible para la concesión de este tipo de créditos; sin embargo, no está exenta la operación del segundo apartado porque no cumple los requisitos anteriores.

2) Una entidad bancaria concede créditos a los titulares de **efectos protestados**, que se retribuyen mediante el pago de intereses de demora.
El préstamo no está sujeto al IVA, al tratarse de una operación realizada al margen y con independencia de cualquier actividad empresarial o profesional. Por ello, es una operación sujeta al ITP y AJD, pero que disfruta de exención en este impuesto.

Doctrina Administrativa Además de las siguientes contestaciones de la DGT, ver nº 11000 s. **977**
1) La **gestión** de los créditos y préstamos no está exenta cuando se realiza por un tercero distinto del concedente del mismo (DGT 4-3-99; CV 30-10-09; 17-7-04); ni cuando se refiere a préstamos al consumo o préstamos con garantía hipotecaria, ni a los servicios derivados del uso de **tarjetas de crédito**, al mantenerse el componente administrativo consistente en la gestión posterior de un crédito previamente concedido y gestionado por un tercero distinto al titular del crédito (DGT CV 23-11-15).
2) Se consideran **exentos** los siguientes servicios:
- la concesión de créditos o préstamos por una entidad que realiza actividades económicas en **sectores diferenciados** de la actividad empresarial, aunque no tenga la calificación de entidad financiera (DGT CV 30-4-09; CV 7-8-09);
- los contratos de **swap**, por los que las partes tienen la intención de realizar una entrega o adquisición de gas en fecha futura (DGT CV 15-7-10), o tienen por objeto reducir los riesgos de fluctuación del precio de la energía o materias primas (DGT CV 20-10-20). El mismo criterio se mantiene respecto a los **contratos de futuros**, opciones, permutas, swaps y forward sobre energía eléctrica, y los contratos de derivados en los que no subyace una entrega o adquisición de energía eléctrica en fecha futura (DGT CV 18-6-10);
- la cesión del derecho de cobro de parte de sus créditos comerciales, que se realiza mediante la creación de un **«título espejo»**, por el que se incorpora un derechos de crédito a cobrar ese título por una entidad del grupo, pero que no presta ningún servicio a la transmitente, en la medida en que la misma supone un anticipo de financiación al cedente a cambio de una tasa de interés o descuento (DGT CV 12-2-17); y
- la **cesión de créditos** efectuada como aportación no dineraria en una ampliación de capital de una sociedad (DGT CV 22-5-23).
3) Por el contrario, se consideran **no exentos** los siguientes, al ser realizados por una entidad diferente a la que concedió la financiación:
- la **cesión del remate** (DGT CV 26-4-12); y
- los servicios de administración, gestión y apoyo a pequeñas y medianas empresas por una **plataforma de financiación participativa** consistentes en el seguimiento de la financiación concedida, advirtiendo de cualquier incidencia (DGT CV 23-2-16).

Jurisprudencia **1)** La exención se extiende a todos los servicios relacionados con los préstamos y créditos, incluidos los de gestión, siempre que se realicen por quienes los concedieron y el destinatario de dichos servicios sea el prestatario. La **adjudicación en subasta pública judicial**, en calidad de ceder y posterior cesión, cuando las entidades de crédito acuden al procedimiento ejecutivo para conseguir el reembolso de los créditos concedidos, no devueltos a su vencimiento, está relacionada con su actividad crediticia y, por tanto, exenta (TS 5-7-05, EDJ 139937). **978**
2) El suministro de las **tarjetas de carburante** por una matriz a la filial a cambio de un 2% del importe del carburante adquirido cada mes constituye un servicio financiero de concesión de crédito exento del IVA. El tratamiento debe ser el mismo que si la financiación se hubiera obtenido por estas directamente de un banco (TJUE 15-5-19, asunto C-235/18).

Transmisión de créditos y préstamos (LIVA art.20.uno.18º.e) La DGT ha mantenido reiteradamente que se incluye en el ámbito de esta exención la cesión de créditos efectuada por el cedente para el factor en el marco de un **contrato de factoring**, cuando dicha cesión determine la transmisión de la titularidad de los créditos cedidos (factoring sin recurso). Sin embargo, el tratamiento de estos supuestos plantea dudas a la vista de la sentencia del TJUE 26-6-03, asunto C-305/01 (operaciones de financiación: ver nº 9450 s.). **980**
Están exentos los créditos o préstamos instrumentados mediante **anticipos de fondos** sobre el importe de créditos cedidos en **comisión de cobranza**.

Doctrina Administrativa Además de las siguientes contestaciones de la DGT, ver nº 11000 s. **983**
1) Están **exentos** los siguientes servicios u operaciones:
- los servicios de gestión de cobro prestados por empresarios o profesionales actuando en el ejercicio de su actividad, en relación con créditos de titularidad ajena recibidos en **comisión de cobranza** (DGT 4-2-93);
- la **transmisión de los créditos** que efectúa el empresario o profesional que los concedió (DGT CV 10-12-08; CV 29-1-14), así como la transmisión de créditos entre empresarios (DGT CV 12-12-14; CV 12-11-15);
- la **compraventa de créditos** cuyo deudor es la Administración Pública, produciéndose un traslado total de la titularidad de los créditos y de los derechos y obligaciones relativos a los mismos, existiendo autorización por parte del deudor (DGT CV 1-10-15);

- la **cesión de un préstamo** donde el cesionario queda subrogado en cuantos derechos y acciones se deriven del préstamo, ya que supone la transmisión de un préstamo (DGT CV 19-3-13; CV 19-3-13);
- la cesión a una entidad por un **ayuntamiento** de un derecho de crédito que ostenta frente a una tercera entidad, siempre que dicho derecho forme parte del patrimonio empresarial del citado ente público y que tal cesión determine la transmisión de la titularidad del crédito (DGT 9-1-98; 23-2-01; 18-3-04);
- la cesión de un **crédito comercial** acordado por dos entidades, mediante el cual una cede en firme los créditos comerciales frente a sus clientes, asumiendo la otra entidad el riesgo de su cobro (DGT CV 30-7-07); la cesión de los derechos de crédito a los inversores (fondos de inversión), al constituir una prestación de servicios (DGT CV 8-11-24) o es efectuada por un banco (DGT CV 12-11-24). También están exentas las cantidades que los cesionarios cobran a los cedentes en concepto de **comisiones** por estudios de solvencia, importe cedido, importe máximo susceptible de cesión, etc. (DGT 1-8-01);
- la **transmisión de un préstamo hipotecario** por una entidad bancaria. En cuanto a la escritura pública en la que se formaliza dicha transmisión está sujeta a la modalidad AJD, cuota gradual, documentos notariales, del ITP y AJD y la base imponible correspondiente está constituida por el importe de la responsabilidad total garantizada, siendo indiferente el valor del bien hipotecado (DGT CV 7-3-05);
- los **servicios de procesamiento** prestados a una entidad por un tercero van más allá del mero tratamiento de datos, pues se trata de servicios que cumplen las funciones específicas y esenciales de un servicio financiero (DGT CV 5-11-08), como ocurre en materia de **medios de pago con tarjetas** y de transferencias de fondos que afectan a las entidades financieras (DGT CV 7-8-09; CV 7-8-09);
- la transmisión de **derechos de superficie** asociados al arrendamiento de los inmuebles construidos sobre los terrenos objeto de los citados derechos (DGT CV 23-3-09); y
- en los contratos de **forfaiting** -por los que se obtiene financiación inmediata de un tercero en operaciones generalmente de ámbito internacional-, la cesión de los créditos sin recurso (DGT CV 20-1-17; CV 17-4-18).

2) Se consideran **no exentos** los siguientes servicios:
- de alquiler de gestión de **terminales de puntos de venta** (DGT CV 25-4-13); y
- de gestión de créditos consistentes en la **renegociación** de ciertas deudas contraídas por los particulares con entidades financieras (DGT 26-2-02).

3) El objetivo de la exención de LIVA art.20.uno.18º.c) es excepcionar de tributación aquellas operaciones de **concesión de crédito** mientras que la LIVA art.20.uno.18º.e equipara este tratamiento a la transmisión de créditos, pues estas también deben considerarse operaciones de carácter financiero (DGT CV 2-9-20).

Jurisprudencia Las **comisiones de factoring** percibidas por el factor, tanto la de financiación que remunera el servicio de cobro de créditos (cuyo valor es más elevado cuanto más largo es el plazo de pago y cuanto más alto es el nivel de riesgo asumido por el factor), y de abertura (que corresponde al importe a tanto alzado abonado por la puesta en marcha de un sistema de factoring y cubre, en particular, el coste de las gestiones necesarias para cumplir las obligaciones derivadas de la legislación aplicable en materia de blanqueo de capitales) están sujetas y no exentas (TJUE 23-10-25, asunto Kosmiro C-232/24).

985 **Prestación de garantías** (LIVA art.20.uno.18º.f) Está exenta la prestación de fianzas, avales, cauciones y demás garantías **reales o personales**, así como la emisión, aviso, confirmación y demás operaciones relativas a los **créditos documentarios**.
La exención alcanza a la **transmisión** de garantías (nº 990), así como a la **gestión** de garantías de préstamos o créditos, efectuadas por quienes concedieron los préstamos o créditos garantizados o las propias garantías, pero no la gestión realizada por terceros.

---

986 Ejemplo Una empresa exige a sus clientes un **aval bancario** que garantice el pago de los suministros efectuados por aquella a estos, comprometiéndose a reembolsarles los gastos derivados de dicho aval.
Si, llegado el momento, dicha empresa reembolsa a sus clientes los citados gastos, de acuerdo con el compromiso adquirido, dicho reembolso debe entenderse como una contraprestación de un servicio de garantía, y por tanto, exento, como lo están todas las garantías, cualquiera que sea su naturaleza, según la Ley. Por otra parte, hay que señalar que los avales prestados al margen de actividades empresariales o profesionales y por personas que no tienen la consideración de tales, no están exentos, sino no sujetos.

---

987 Doctrina Administrativa Además de las siguientes contestaciones de la DGT, ver nº 11000 s.
1) En relación con los **avales**, se encuentran exentos los siguientes:
- el aval bancario exigido a los **proveedores** como garantía del pago de los suministros, afectando tanto el servicio de prestación de aval como a los pagos (DGT 8-1-99);
- los avales a **astilleros** a cambio de una contraprestación para financiar la construcción de buques que van a ser afectados a la navegación marítima internacional (DGT 30-1-98); y

- el aval prestado con garantía de **bienes inmuebles** como prestación de una garantía real (DGT CV 31-5-10).
2) La constitución de una **hipoteca** sobre una finca de una sociedad en garantía de las deudas de los socios constituye una prestación de servicios exenta (DGT 27-3-98).
3) En los contratos de **arrendamiento**, no están exentas ni la constitución de la fianza a favor del arrendatario con una finalidad indemnizatoria, ni la constitución de la fianza en el momento inicial del contrato para garantizar las obligaciones de restauración de un espacio explotado en régimen de concesión, encontrándose en ambos casos no sujetas al impuesto (DGT CV 17-9-19; CV 21-8-24; en el mismo sentido, en relación con la construcción de maquinaria, DGT CV 13-11-25).
En cuanto al abono de dos pagos en concepto de **reserva** hasta el momento de la ocupación de la finca por parte del arrendatario, está no sujeto si constituye una fianza con carácter indemnizatorio; por el contrario, si constituye una cantidad a cuenta del precio final del servicio (pago anticipado), está sujeta y no exenta (DGT CV 27-6-23).
4) La constitución de **garantías** va a quedar exenta, entre otros, en los siguientes supuestos:
- cuando es otorgada para cubrir determinados **riesgos** de una entidad de crédito, ya que tiene como finalidad la cobertura de pérdidas pecuniarias, y su naturaleza es intrínsecamente financiera (DGT CV 21-3-11; CV 11-12-24).
- cuando responden al **compromiso**, previo a la obtención de la licencia de obras por el promotor, de que las cantidades aportadas van a ser utilizadas en la adquisición del solar y la construcción de las viviendas, al constituir la contraprestación de una operación financiera exenta (DGT CV 12-9-18).

Jurisprudencia **1)** Está exenta la constitución de **hipoteca** de mejor seguridad sobre bienes inmuebles en garantía del cumplimiento de un contrato de **arrendamiento financiero** de bienes muebles suscrito por una sociedad para el desarrollo de su actividad. Además, hay que tener en cuenta que el otorgamiento de la escritura pública en este caso queda sujeta a tributación por la cuota variable de la modalidad AJD del ITP y AJD (TSJ Castilla-La Mancha 27-3-98, EDJ 65084). **988**
2) Están exentos los servicios consistentes en la prestación de un servicio de garantía de **suscripción de títulos valores** (TJUE 10-3-11, asunto C-540/09).
3) La venta por la entidad financiera ejecutante de los bienes adquiridos (cuadros) en **ejecución de garantías o avales**, si bien se trata de una operación realizada como consecuencia de los problemas en los que se encuentran los clientes de la entidad, no está exenta ya que se trata de una actividad autónoma y completamente diferenciada de la principal, no pudiendo ser considerada como una operación accesoria de la garantía o aval prestado (TEAC 20-10-16).
4) Una operación mediante la cual un empresario pone a disposición de otro una cantidad de dinero que este último se compromete a devolver incrementada en un 1% en concepto de **remuneración**, es una operación financiera exenta (TJUE 17-12-20, asunto C-801/19).

Transmisión de garantías (LIVA art.20.uno.18º.g) Está exenta la transmisión de garantías, sin excepción alguna. **990**

Ejemplo Una **empresa de automóviles** realiza dos operaciones: en primer lugar, vende un vehículo con la garantía del comprador consistente en un aval bancario; posteriormente, transmite a otra persona física, mediante precio, tanto su crédito como la garantía. **991**
Ambas transmisiones de las garantías están exentas.

Operaciones financieras de transferencias y pagos (LIVA art.20.uno.18º.h) Están exentas las operaciones (incluida su transmisión) relativas a transferencias, **giros, cheques, libranzas, pagarés, letras de cambio, tarjetas de pago o de crédito** y otras órdenes de pago (p.e., de nóminas) si los mismos forman un conjunto diferenciado, considerado globalmente, siempre que tengan por efecto cumplir las funciones específicas y esenciales de las transferencias o pagos y no constituyan, simplemente, servicios de asistencia material o técnica (DGT 4-3-99; CV 21-4-05). **993**
Se extiende la exención a:
- la compensación interbancaria de cheques y talones;
- la aceptación y la gestión de la aceptación;
- el protesto o declaración sustitutiva y la gestión del protesto.
Por el contrario, no se incluyen en la exención los **servicios de cobro** de letras de cambio o demás documentos que se hayan recibido en gestión de cobro, como tampoco los servicios prestados al cedente en el marco de los **contratos de «factoring»**, con excepción de los de anticipo de fondos que, en su caso, se puedan prestar en estos contratos.

Ejemplos **1)** Una sociedad anónima, emisora de **tarjetas de crédito**, realiza las siguientes operaciones: **994**
a) Admite nuevos socios, mediante el pago de una cuota de adhesión.
b) Renueva periódicamente sus tarjetas, cobrando este servicio a sus titulares.
c) Paga comisiones a los establecimientos que admiten sus tarjetas como medio de pago.

d) Cobra intereses a los titulares que optan por el pago diferido del importe de sus tarjetas.
Estos servicios están exentos porque reúnen los requisitos exigidos por la Ley.

2) Una **sociedad anónima deportiva** suscribe un contrato con una entidad de crédito para la emisión de tarjetas de crédito en las que figura el nombre de un equipo de fútbol. En virtud de tal contrato, la sociedad indicada cede a la de crédito el derecho a que en las tarjetas figure el nombre y logotipo del equipo de fútbol, y se compromete a informar y difundir entre los socios de dicho equipo la existencia de dichas tarjetas. Como contraprestación, la entidad de crédito abona a la sociedad una determinada cantidad de dinero.
En este caso no hay exención, ya que lo que existe es la cesión de derechos de imagen del equipo de fútbol por parte de la sociedad anónima deportiva a cambio de un precio.

3) Un habilitado de clases pasivas realiza los **servicios de cobro** de los haberes de sus clientes.
Tampoco en este caso procede la exención, porque estos servicios no son estrictamente financieros. En general, nunca están exentos los servicios de cobro de créditos de titularidad ajena.

---

996 Doctrina Administrativa Además de las siguientes contestaciones de la DGT, ver nº 11000 s.

1) Constituyen o**peraciones no sujetas**:

- la adquisición del **cheque-regalo** a un gran almacén como contraprestación a una empresa que se dedica a la elaboración de encuestas y estudios de mercado queda no sujeta, pues lo que realmente se está entregando es un medio de pago de los bienes y servicios concretos que se pueden adquirir en los grandes almacenes (DGT CV 21-2-08; CV 11-7-16), sin perjuicio de la calificación y tributación de las operaciones posteriores efectuadas por los comerciantes asociados al programa en el momento del rescate de dichos cheques por la totalidad o parte del precio de los bienes y servicios adquiridos por los que los poseen; y
- la venta de tarjetas que permiten la prestación de distintos **servicios no identificados** de antemano, sino que pueden ser diversos dentro de un elenco previamente establecido (DGT CV 30-5-07). Ver nº 62.

2) Se consideran **exentos** los siguientes servicios:

- los prestados por empresarios o profesionales en el ejercicio de su actividad referentes a **tarjetas de crédito, débito y uso múltiple**, tanto a los titulares -cuya contraprestación son las comisiones percibidas de los mismos por la emisión o renovación de dichas tarjetas, por la disposición en ventanillas, en cajeros automáticos o en oficinas de otras entidades nacionales o extranjeras-, como a los establecimientos donde se utilizan dichas tarjetas -retribuidas mediante las comisiones percibidas de dichos establecimientos- (DGT 15-1-99);
- los denominados **cheque combustible**, tanto los prestados por la entidad financiera que los emite a solicitud de una sociedad, como los que presta esta última al ceder una parte de los mismos a otra sociedad (DGT 13-4-98);
- en relación con las **tarjetas de crédito**, los servicios de admisión de nuevo socio titular, retribuido mediante una cuota de adhesión a cargo de dicho titular; la renovación periódica mediante cuotas adicionales; los servicios prestados a establecimientos adheridos al sistema de la tarjeta de crédito, mediante el pago de comisiones; los servicios de cesión de datos de abonados que una entidad puede prestar a la de emisión de la tarjeta; los servicios de mediación consistentes en la captación de nuevos titulares de las tarjetas y de establecimientos que admitan su utilización (DGT 9-2-93);
- de recaudación de **ingresos municipales** mediante servicios de cobro con tarjeta de crédito y débito, incluyendo TPV físicos y virtuales, así como medios de pago instantáneos como Bizum Empresas o similares, siempre que determine el traspaso de fondos desde la cuenta del usuario a la del ayuntamiento y la entidad adjudicataria actúe en nombre propio y sea responsable de los pagos realizados, no limitándose a un soporte técnico (DGT CV 19-2-25);
- de 'cashback' a través de acuerdos comerciales por los que se permite la **disposición de efectivo** mediante una aplicación móvil, siempre acompañada de una compra en el establecimiento. Pero en estos casos, la comisión que se cobra al establecimiento para el uso de la aplicación informática para realizar el pago no está exenta (DGT CV 6-10-16; CV 25-6-19; CV 27-4-17); así como la entrega de efectivo contra pago mediante **tarjeta de crédito o débito** (DGT CV 7-4-22); así como los servicios de disposición de efectivo en los **locales de la empresa** a través de TPV y a cambio de una comisión (DGT CV 6-7-22);
- en relación con las **divisas**, tanto la realización de transferencias o giros de divisas, su compraventa, así como el cambio de divisas (DGT 21-4-04; CV 9-12-24);
- de **transferencias de fondos** consistentes en transmitir una cantidad de dinero de una cuenta a otra por medios electrónicos e informáticos o cambios de posiciones deudoras y acreedoras de las entidades financieras, de los clientes de una entidad financiera o de varias entidades financieras entre sí (DGT CV 1-8-05);
- de procesamiento de la **concesión de créditos** y las **órdenes de pago**, consistentes fundamentalmente en la contabilización automatizada y directa en el sistema de la entidad de los créditos y débitos, el registro de cobros y pagos así como de transferencias, la determinación de los tipos de interés pagaderos, la generación de la información necesaria para la emisión de recibos y extractos y la implantación y adaptación de las aplicaciones a los nuevos productos y parámetros, así como la autorización para que se lleve a cabo la transacción y la compensación de posiciones entre los bancos emisor y adquirente (DGT CV 23-12-10; CV 23-12-10; CV 23-12-10; CV 23-12-10);

- las **tarjetas telefónicas de prepago**, ya que al ser su uso múltiple, se consideran como medios de pago (DGT CV 19-12-11; CV 20-1-15);
- de gestión integral de **tarjeta de pago** por una entidad financiera a otra entidad (DGT CV 9-8-16);
- de gestión de la emisión de **cheques de ayuda** y su distribución entre los beneficiarios, si comprende la ejecución de pagos entre distintos operadores; por el contrario, si se limita a prestar un servicio de gestión consistente en la emisión material de los cheques y su mera distribución, así como la recopilación de la información acreditativa de las prestaciones dinerarias, dicho servicio está sujeto y no exento, en la medida en que en el mismo predomina un componente administrativo de gestión (DGT CV 25-5-12); y
- de **transferencia de fondos** a pensionistas, jubilados o residentes en el extranjero por los que se cobra una comisión (DGT CV 6-9-13).

3) Se consideran **no exentos** los siguientes servicios: **996.1**
- de intermediación en la recarga de **tarjeta de transporte**, al no tener consideración de medios de pago (DGT CV 26-3-14);
- de **cobro de haberes** pasivos prestados por los habilitados de clases pasivas (DGT 8-1-86) y por **graduados sociales** (DGT 10-3-86);
- los realizados por **agentes cobradores** de efectos bancarios en el ejercicio de su actividad profesional (DGT 8-9-88);
- de gestión de pagos a través de un sistema electrónico, como la **pasarela de pagos**, en virtud de la cual se recibe en la cuenta corriente ingresos de los clientes para que, tras el cobro de la correspondiente comisión, se realice la transferencia de sus clientes, sin ser asumido riesgo alguno (DGT CV 1-10-19), a través de la prestación de soluciones para facilitar el pago de los comercios adheridos a través de pagos con tarjeta realizados por los clientes de los mismos (DGT CV 16-5-24), a través de **TPV** virtuales (DGT CV 16-6-21) o a través del escaneo de un **código QR**, por el que se elige los productos que se van a consumir, así como la forma de pago elegida, al no suponer ninguna orden ni traspaso de fondos desde la cuenta de los usuarios finales a los comercios adheridos (DGT CV 22-5-25);
- la **cesión de terminales** y el mantenimiento de las mismas, en cuanto constituyen una prestación de servicios distinta de la que se retribuye mediante las comisiones (DGT 21-2-03);
- la **externalización** de un servicio de telemarketing dirigido a la verificación y recuperación de los datos de los clientes solicitantes de tarjetas de crédito (DGT CV 1-10-12);
- los prestados a **hoteles y agencias de viajes** establecidos, dentro y fuera del territorio de aplicación del impuesto, consistentes en la gestión administrativa de las comisiones que los hoteles satisfacen a las agencias de viajes cuando estén localizados en dicho territorio (DGT 29-9-03);
- de **gestión de cobro de recibos** mensuales que una entidad bancaria presta a la comunidad de propietarios, ya que se trata de servicios de gestión administrativa (DGT CV 29-11-04; CV 17-1-13);
- de gestión de los pagos de las **ayudas por guardería** que una empresa concede a sus trabajadores, al no cumplir las funciones específicas y esenciales de las transferencias o pagos (DGT CV 21-4-05);
- de puesta a disposición de otras entidades emisoras (bancos, generalmente) de una **plataforma informática** y una metodología que permite la transferencia y disposición inmediata de fondos, con unas condiciones de seguridad y garantía, y sin necesidad de que el beneficiario de dichos fondos sea cliente ni tenga cuenta abierta en ninguna entidad financiera, así como de suministro de información, generación de extractos de la operativa y gestión de operaciones offline y de gestión del fraude, riesgo de gestión, prevención del blanqueo de capitales, auditoría de operaciones y asesoramiento legal (DGT CV 12-7-10; CV 20-1-12; CV 4-4-13; CV 30-5-14). Se trata de simples operaciones de back-office, que no van más allá del mero tratamiento de datos;
- la cesión de **dispositivos** a los clientes para ser utilizado como medio de pago en autopistas de peaje y aparcamientos autorizados por la Compañía de España y Portugal (DGT CV 29-6-15); y
- de iniciación de pagos y **agregación de cuentas**, ya que aunque son imprescindibles para iniciar el proceso de pago, se limitan a funciones técnicas y administrativas al transmitir órdenes y datos a las entidades financieras que efectúan las transferencias (DGT CV 29-7-21).

4) En relación con los **servicios accesorios** se ha de tener en cuenta: **996.2**
- en el caso de una **transacción financiera**, se ha de valorar si constituyen para el destinatario el medio de disfrutar en las mejores condiciones del servicio principal: en el caso de servicio de atención al cliente está sujeto y no exento del Impuesto, mientras que aquellos relacionados con la gestión de riesgos y delitos financieros, a falta de otros elementos de prueba, están exento al encontrarse íntimamente relacionados con los servicios esenciales para la ejecución de la transacción financiera (DGT CV 8-4-24);
- en los servicios de utilización y mantenimiento de terminales, verificación de pagos, comprobación de transferencias, testeos y controles antifraude, así como los servicios de resolución de incidencias y atención al cliente, generación y custodia de información e implementación, mantenimiento y adaptación de las aplicaciones a los nuevos productos o prestaciones, siempre que estos servicios se lleven a cabo mediante **prestación aislada** o individualizada, ya que son un medio necesario para la prestación del servicio principal de procesamiento, resultándoles de aplicación el mismo régimen que a dicho servicio principal, son servicios sujetos y no exentos (DGT CV 12-2-10; CV 12-2-10; 12-5-14); y

- están exentos los servicios de **cambio de PIN o consulta de saldos** y movimientos, al contribuir a la mejor prestación de los servicios financieros de retirada, ingreso o envío de dinero (DGT CV 5-5-16), así como los servicios disponibles en los **cajeros automáticos** relativos a la retirada de efectivo, ingreso en efectivo, envío de dinero o pago de recibos e ingresos públicos, a excepción de los servicios de venta de billetes de transporte o recargas de telefonía móvil (DGT CV 4-7-19; CV 12-8-20; CV 3-2-22).

---

997 Jurisprudencia **1)** La aplicación de la exención no está subordinada a los siguientes requisitos (TJUE 5-6-97, asunto C-2/95):
- a que las operaciones sean efectuadas por cierto tipo de entidad, cierto tipo de persona jurídica o, total o parcialmente, de determinada manera electrónica o manual;
- a que la prestación sea efectuada por una entidad que tenga una relación jurídica con el cliente final del banco. El hecho de que una operación sea realizada por un tercero pero que se presente al cliente final del banco como una prestación de este, no impide eximir tal operación.

La exención relativa a las **transferencias y pagos** y a las operaciones relativas a acciones, participaciones en sociedades o asociaciones, obligaciones y demás títulos valores incluyen las operaciones efectuadas por un centro informático si estas operaciones presentan un carácter diferenciado y son específicas y esenciales de las operaciones exentas.

Los servicios consistentes en poner **informaciones financieras** a disposición de bancos y otros usuarios no están incluidos en el ámbito de la exención.

El mero hecho de que las operaciones relativas a la gestión de depósitos, contratos de compra y créditos sean efectuadas por un **centro informático** no impide la aplicación de la exención, ni tampoco el que la facturación de un servicio sea efectuada por un tercero.

No obstante, posteriormente el TJUE ha aclarado que la exención no se extiende a los servicios que se limitan a facilitar **información** sobre un producto financiero y, en su caso, a recibir y tramitar las solicitudes de suscripción de los títulos correspondientes, sin emitirlos (TJUE 13-12-01, asunto C-235/00).

2) Cuando un proveedor de bienes o servicios autoriza a su cliente a **aplazar el pago del precio**, mediante el pago de intereses, concede en principio un crédito exento. Sin embargo, cuando los intereses corresponden a un momento anterior a aquel en que tiene lugar la entrega, no constituyen la remuneración de ningún crédito, sino una parte de la base imponible del IVA correspondiente a dicha entrega (TJUE 27-10-93, asunto C-281/91).

3) La exención respecto a las operaciones relativas a pagos y giros no es aplicable a una prestación de servicios consistente en que el sujeto pasivo, por una parte, solicita a las entidades financieras que se transfiera una cantidad de dinero de la cuenta bancaria de un paciente a la suya sobre la base de un **mandato de débito directo** y, por otra parte, que se transfiera esa cantidad, una vez deducida la retribución adeudada al sujeto pasivo, de la cuenta bancaria de este último a las cuentas bancarias respectivas del dentista y de la aseguradora del paciente (TJUE 25-7-18, asunto C-5/17).

4) Están sujetas y **no exentas** las siguientes prestaciones de servicios:
- de **gestión de cobro de efectos** (TEAC 19-2-03), así como el denominado servicio de gestión de pagos mediante tarjeta de débito o crédito prestado al cliente (TJUE 26-5-16, asunto C-607/14; 26-5-16, asunto C-130/15);
- de **cobro de créditos** por un operador que compra créditos, asumiendo el riesgo de impago y que en contrapartida aplica a sus clientes una comisión (TJUE 26-6-03, asunto C-305/01);
- los servicios **Swift** (servicios de mensajería electrónica para entidades financieras) (TJUE 28-7-11, asunto C-350/10);
- la venta por una empresa de **tarjetas descuento** que otorgan el derecho a adquirir de otras empresas bienes o servicios (TJUE 12-6-14, asunto C-461/12); y
- a un banco que explota **cajeros automáticos**, tales como la puesta en funcionamiento y mantenimiento operativo de los mismos, abastecimiento de los billetes, instalación de los equipos y programas informáticos de lectura de las tarjetas bancarias, transmisión de las solicitudes de autorizaciones de retirada de efectivo al banco emisor de la tarjeta bancaria utilizada, procediendo a la entrega del efectivo solicitada y registrar las operaciones de retirada de efectivo (TJUE 3-10-19, asunto C-42/18).

998 Transmisión de efectos y órdenes de pago

(LIVA art.20.uno.18º.i) Está exenta la transmisión de efectos y órdenes de pago, incluso la transmisión de **efectos descontados**. Sin embargo, no se incluye en la exención la cesión de efectos en comisión de cobranza, ni tampoco los servicios prestados al cedente en el marco de los contratos de «**factoring**», con excepción de los de anticipo de fondos que, en su caso, se puedan prestar en estos contratos.

---

999 Ejemplo Una entidad transmite a terceros **letras de cambio** de las que es titular, previamente protestadas por falta de pago.
Está exenta la operación citada, aunque se trate de efectos protestados.

Jurisprudencia Ver TS 2-12-09, EDJ 288569 en el nº 966.

Operaciones sobre divisas, billetes y monedas (LIVA art.20.uno.18º.j) Están exentas las operaciones de **compra, venta o cambio** y servicios análogos que tengan por objeto divisas, billetes de banco y monedas que sean medios legales de pago, salvo las monedas y billetes de colección y piezas de oro, plata y platino. 1003

Se consideran de **colección** las monedas y los billetes que no sean normalmente utilizados para su función de medio legal de pago o tengan un interés numismático. No obstante, se consideran exentas las entregas de monedas de colección realizadas por su emisor por un importe no superior al **valor facial**.

No se aplica esta exención a las monedas de oro que tengan la consideración de **oro de inversión** (nº 4405).

Precisiones La exención prevista para las operaciones relativas a divisas y monedas no se aplica a los **nobles de platino** (Rgto UE/282/2011 art.45).

Ejemplos **1)** Una sociedad vende un inmueble y admite como medio de pago **monedas de oro acuñadas** en el siglo XIX. 1004

En este supuesto, existen dos operaciones a efectos del IVA:

- La entrega del inmueble efectuada por la sociedad, que está sujeta. Dicha entrega puede estar exenta cuando proceda la aplicación de alguna de las exenciones establecidas para las entregas de inmuebles (nº 8600 s.).

- La entrega de las monedas de oro no está sujeta si se efectúa por un particular, y está sujeta y no exenta si se realiza por un empresario o profesional que actúe como tal. No obstante, en este último caso si las monedas cumplen los requisitos del nº 4405, la entrega estaría sujeta pero exenta del IVA, por aplicación del régimen especial del oro de inversión (nº 4400 s.).

2) Una entidad realiza las siguientes **operaciones**:

a) Compraventa de monedas, billetes y divisas.

b) Compraventa de cheques de viajeros.

c) Venta de monedas de plata.

En este caso, están exentas las operaciones indicadas en los apartados a) y b), pero no así las del apartado c), por expresa disposición legal.

Doctrina Administrativa Además de las siguientes contestaciones de la DGT, ver nº 11000 s. 1005

1) No están exentas las siguientes operaciones:

- de **acuñación y entrega de monedas**, pues dichas monedas no adquieren la naturaleza de medio legal de pago hasta el momento de su expedición por el organismo público competente. Igual ocurre con la **impresión y entrega de billetes** de curso legal al Banco de España realizada por la Fábrica Nacional de Moneda y Timbre (actualmente, Fábrica Nacional de Moneda y Timbre - Real Casa de la Moneda) (DGT 21-11-88);

- las entregas de **monedas de oro** de curso legal con cotización en bolsa realizadas por un empresario o profesional en el ejercicio de su actividad (DGT 21-10-98); y

- la compraventa de las monedas de la filarmónica de Viena y Hércules de plata, siempre que obedezcan a **razones numismáticas y de colección**, y no para actuar como medio de pago; además del hecho de que se trata de monedas de plata (DGT CV 30-4-13).

2) Están exentas las siguientes operaciones:

- la compra o venta de **billetes extranjeros y cheques de viajero** contra la entrega de su contravalor en euros o en otros billetes de banco extranjeros, así como la realización de transferencias de dinero propiedad de otras personas al extranjero (DGT 22-2-01), así como la comisión percibida por cambio de divisas (DGT CV 7-5-14); y

- la venta de **divisas iraquíes** sin interés numismático, que no son monedas de colección, ni son piezas de oro, plata o platino. Por el contrario, si los dinares iraquíes no actúan como moneda oficial o son monedas de oro, plata o platino, dicha operación queda sujeta y no exenta (DGT CV 14-5-13).

3) En relación con las **monedas virtuales**, hay que distinguir:

- el **dinero electrónico**, que se configura como un medio de pago cuya entrega constituye la contraprestación en la realización de operaciones de entrega de bienes o prestaciones de servicios. Cabe su consideración como un sustituto de billetes o monedas que cumple una función de medio legal de pago, aun cuando limitada a los terceros que lo han aceptado como tal medio de pago en sus relaciones económicas. En consecuencia, las operaciones de transmisión de moneda electrónica pueden quedar incluidas en el ámbito de la exención (DGT CV 8-7-13).

No obstante, no tienen la consideración de dinero electrónico los **tokens de utilidad** (utility tokens), ya que son calificados como bono y al no conocerse ex ante el lugar de realización ni la operación subyacente (bienes o servicios), se consideran como polivalentes -nº 78- (DGT CV 12-6-25);

- las «**bitcoin**», que actúan como un medio de pago y, por sus propias características, deben entenderse incluidas dentro del concepto «otros efectos comerciales». En relación con las operaciones que pueden realizarse con las mismas, se encuentra exenta su transmisión (DGT CV 30-3-15; CV 1-10-15), a diferencia de lo que ocurre con el **minado** de las mismas, obteniendo como contraprestación una comisión y un número de dichas monedas (DGT CV 31-8-16);

- las **criptomonedas** y demás monedas digitales (como los ethers), que son divisas, por lo que los servicios financieros vinculados con las mismas -como la mediación en busca de inversores- están exentos (DGT CV 2-10-18; CV 6-5-20; CV 8-7-22). Por otra parte, los servicios de asesoramiento e investigación en redes blockchain están sujetos y no exentos (DGT CV 9-7-18);
- los servicios de venta y compra de criptomonedas «**over the counter**» (en un mercado extrabursátil, o en general en un mercado no organizado), que son operaciones con divisas, sujetas y exentas. Sin embargo, los servicios prestados por la entidad a sus clientes como **proveedor de staking** no participan de esa naturaleza financiera, por lo que están sujetos y no exentos (DGT CV 5-11-21); y
- los servicios de **intercambio** de moneda fiduciaria por criptomonedas y viceversa, que están exentos, al ser consideradas estas últimas divisas que constituyen medios de pago (DGT CV 16-12-25).

1005.1 **4)** Las **monedas de euro de curso legal**, al ser un medio legal de pago, no pueden tener la consideración de objetos de colección a efectos del IVA, por lo que la entrega de las mismas está exenta.
En la actividad de **reventa** hay que diferenciar el tipo de moneda de que se trate:
- monedas de curso legal (2 euros) con sobreprecio o recargo o bajo cobro de comisión: se produce, por un lado, la venta de la moneda -está exenta y la contraprestación está constituida por el importe facial de aquella-; y por otro lado, el servicio de gestión de venta de la moneda -está sujeto y no exento y la contraprestación está constituida por el sobreprecio o comisión fijado en cada caso-;
- monedas de colección (30 euros): está sujeta y no exenta; y
- monedas de colección adquiridas por particulares en entidades financieras: al ser adquiridas por su valor facial, y al actuar las entidades financieras como mediadoras en nombre y por cuenta del emisor de las mismas, está exenta la entrega de monedas de colección por un importe no superior a su valor facial (DGT CV 30-10-17; CV 21-8-18).
5) Una entidad presta servicios de **cambio de moneda** y de devolución del IVA en régimen de viajeros. Los servicios de cambio de moneda están exentos, mientras que las comisiones por devolución a viajeros son servicios administrativos, no financieros, sujetos y no exentos (DGT CV 23-5-17; CV 3-11-17). De igual forma se encuentran exentos los cambios de monedas de efectivo por **billetes o monedas** de mayor valor a cambio de una comisión (DGT CV 14-10-19). Con independencia de la **residencia** del beneficiario, la exención se aplica a las operaciones localizadas en TIVA (DGT CV 22-1-19).

1006 Jurisprudencia **1)** Constituyen operaciones exentas del IVA las prestaciones de servicios consistentes en un intercambio de divisas tradicionales por unidades de la divisa virtual «**bitcoin**», y viceversa, realizadas a cambio del pago de un importe equivalente al margen constituido por la diferencia entre, por una parte, el precio al que el operador de que se trate compre las divisas y, por otra, el precio al que las venda a sus clientes (TJUE 22-10-15, asunto C-264/14).
2) La compraventa de una moneda virtual utilizada exclusivamente en un **videojuego** no está exenta y no tiene la consideración de bono. La base imponible de estas operaciones es la totalidad de la contraprestación recibida (TJUE 5-3-26, asunto MB Zaidimu valiuta C-472/24).

1007 **Operaciones relativas a acciones, participaciones, obligaciones y demás valores** (LIVA art.20.uno.18º.k) Están exentos los **servicios y operaciones**, excepto el depósito y la gestión, relativos a acciones, participaciones en sociedades, obligaciones y demás valores no mencionados en los números anteriores.
Se excluyen de la exención:
- las operaciones relativas a los títulos representativos de mercaderías (**warrants**);
- las relativas a aquellos valores cuya posesión asegure de hecho o de derecho la propiedad, el uso o el disfrute exclusivo de la totalidad o parte de un bien inmueble (fundamentalmente, la **multipropiedad**). No tienen esta naturaleza las acciones o las participaciones en sociedades; y
- las operaciones relativas a valores no admitidos a negociación en un mercado secundario oficial, realizadas en el **mercado secundario**, mediante cuya transmisión se hubiera pretendido eludir el pago del impuesto correspondiente a la transmisión de los inmuebles propiedad de las entidades a las que representen dichos valores, en los términos de la normativa reguladora del mercado de valores (nº 1008).

1008 **Transmisión de valores de entidades cuyo principal activo son inmuebles** (LMV art.338)
Como **regla general**, la transmisión de valores está exenta tanto del IVA como del ITP y AJD, según la operación esté sujeta a uno u otro impuesto.
Sin embargo, si mediante la transmisión de valores se hubiera pretendido la elusión del pago de los tributos que habrían gravado la transmisión de los inmuebles propiedad de las entidades a las que representen dichos valores, es decir, el pago del IVA, entra en juego la **regla especial**, conforme a la cual dicha transmisión queda sujeta al impuesto eludido, y ya no como transmisión de valores, sino como transmisión de inmuebles, lo cual implica que desde ese momento la transmisión de los valores se trata en el impuesto aplicable como transmisión de inmuebles a todos los efectos.

La aplicación de esta regla especial requiere la concurrencia de tres **requisitos**:
a) Que se trate de una transmisión de valores realizada en el mercado secundario, lo cual excluye la adquisición de valores de nueva emisión, que se produciría en los mercados primarios.
b) Que los valores transmitidos no estén admitidos a negociación en un mercado secundario oficial, lo cual excluye a las transmisiones de valores admitidos a negociación en dicho mercado (sin requisito temporal previo de admisión).
c) La intención o pretensión de elusión del pago de los tributos que habrían gravado la transmisión de los inmuebles propiedad de las entidades a las que representen dichos valores (animus defraudandi). Ahora bien, se trata de una cuestión de hecho, que debe ser probada suficientemente por la Administración tributaria competente para la gestión del tributo aplicable.
No obstante lo anterior, se establecen tres supuestos en los que se produce la **inversión de la carga de la prueba**, de manera que la Administración gestora solo tiene que comprobar la existencia de los requisitos objetivos cuya concurrencia supone la presunción del requisito subjetivo de la pretensión de elusión y, en consecuencia, la sujeción al gravamen correspondiente sin exención:
- cuando se obtenga el control de una entidad cuyo **activo** esté formado en al menos el 50% por inmuebles radicados en España que no estén afectos a actividades empresariales o profesionales, o cuando, una vez obtenido dicho control, aumente la cuota de participación en ella;
- cuando se obtenga el control de una entidad en cuyo activo se incluyan valores que le permitan ejercer el **control** en otra entidad cuyo activo esté integrado al menos en un 50% por inmuebles radicados en España que no estén afectos a actividades empresariales o profesionales, o cuando, una vez obtenido dicho control, aumente la cuota de participación en ella;
- cuando los valores transmitidos hayan sido recibidos por las **aportaciones** de bienes inmuebles realizadas con ocasión de la constitución de sociedades o de la ampliación de su capital social, siempre que tales bienes no se afecten a actividades empresariales o profesionales y que entre la fecha de aportación y la de transmisión no hubiera transcurrido un plazo de tres años.
Sin embargo, a fin de evitar la indefensión del interesado, esta presunción admite la **prueba en contrario** (presunción «iuris tantum»), de forma que el sujeto pasivo tiene la oportunidad de probar la inexistencia de la intención de elusión, si bien, al tratarse de una cuestión de hecho, no puede ser resuelta a priori, sino que ha de ser planteada en el procedimiento de gestión correspondiente y enervada por el interesado ante la Administración tributaria gestora competente (DGT CV 30-11-12; CV 2-11-15).
Ha de entenderse por operaciones financieras relativas a títulos valores aquellas en las que se pueden crear, modificar o extinguir **derechos y obligaciones** de las partes sobre títulos valores (TJUE 13-12-01, asunto C-235/00).
La **Sexta Directiva no se opone** a la regulación de la LMV relativa a la transmisión de valores de entidades cuyo principal activo son inmuebles (TJUE 20-3-14, asunto C-139/12).

Precisiones La fiscalidad no debe ser un freno ni un estímulo en la toma de decisiones de las empresas sobre **operaciones de reorganización**, cuando la causa que impulsa su realización se sustenta en motivos económicos válidos, por lo que adquiere un papel neutral en esas operaciones. Por el contrario, cuando la causa que motiva la realización de dichas operaciones es meramente fiscal, esto es, su finalidad es conseguir una ventaja fiscal al margen de cualquier razón económica diferente, es de aplicación la excepción a la exención.

Ejemplos **1)** Una empresa realiza las siguientes operaciones: 1009
a) Emite y transmite **certificados de inversión**, que reflejan la recepción de dinero en euros y su equivalente en metales preciosos según la cotización de dichos metales el día de la fecha, con el compromiso de entregar al poseedor del título, en la fecha en que este lo solicite, una cantidad de dinero equivalente a la cotización en euros del número de gramos del metal precioso que se haga figurar en el título, menos el 5%.
b) Compra y vende **«warrants»** o resguardos de almacenes generales de depósito y otros títulos representativos de mercaderías.
c) Recibe en depósito y gestiona, previo pago de una comisión, cierto número de **acciones**.
Están exentas las operaciones indicadas en el apartado a). En cambio, no están exentas las de los apartados b) y c), por expresa disposición legal.
2) Una entidad es titular de varias **participaciones** de una sociedad civil que se dedica a la captación y distribución de agua para urbanizaciones. Dichas participaciones dan derecho a asistir a las juntas generales con voz y voto, a participar en los beneficios y al suministro de agua. Estas participaciones se van a arrendar a otras personas manteniendo los mismos derechos.
Esta operación se configura como sujeta pero exenta al tratarse de operaciones sobre participaciones sociales, con independencia de los derechos que lleve inherentes.

1010 Doctrina Administrativa Además de las siguientes contestaciones de la DGT, ver nº 11000 s.

1) Están **exentos** los siguientes servicios y operaciones:

- los relativos a la **emisión, amortización, canje y conversión** de los valores, así como los servicios de mediación en las operaciones exentas relativas a estos, como ocurre con los servicios de colocación o transmisión de valores (DGT CV 26-4-07);
- de **ejecución de órdenes** que suponen prestaciones de servicios relativas a acciones o participaciones (DGT CV 12-2-19; CV 10-6-22);
- el **canje de las acciones** (DGT CV 6-3-13; CV 22-3-13; CV 22-3-13);
- de **arrendamiento de participaciones sociales** (DGT 14-4-00);
- de **conciliación centralizada de oferta y demanda** al considerarse operaciones relativas a títulos valores que modifican la situación jurídica de los titulares de los mismos (DGT 15-4-04; 26-1-04);
- de prestación conjunta de los servicios que integran la actividad de **gestión de cartera de IIC**, fondos de pensiones o entidades de capital riesgo, efectuada en virtud de un contrato de delegación con la sociedad gestora de tales instituciones (DGT CV 25-7-13);
- de anulación de **órdenes de compra y venta** de títulos valores, en cuanto modifican la situación jurídica de los titulares de los mismos (DGT CV 6-10-09);
- de transmisión de una **cartera de clientes** entre dos sociedades gestoras de IIC (DGT CV 25-2-09);
- de **traslado de dos carteras de acciones** hacia otra entidad, si supone cambio de titular de los valores (operación de venta) (DGT CV 4-5-11);
- en la **fusión impropia** de una entidad dedicada al arrendamiento de inmuebles, que no dispone ni de local ni de empleados para el desarrollo de dicha actividad, si existe una motivación económica al margen de cualquier ventaja fiscal que se pueda obtener, quedando la transmisión de valores exenta (DGT CV 6-3-13);
- de **ampliación de capital**, por lo que se refiere a la emisión de valores por un grupo de sociedades (DGT CV 14-12-12), a diferencia de lo que ocurre con la adquisición de acciones (DGT CV 7-6-17);
- de percepción de una **comisión por el asesoramiento puntual** para la suscripción de participaciones tanto a clientes a los que se les prestan servicios de asesoramiento puntual como a clientes que reciben el asesoramiento de terceros (DGT CV 4-12-19); y
- de **emisión de un bono** es una operación financiera por la que una entidad capta recursos financieros en un horizonte temporal a cambio del pago de un interés. Dicha operación tiene una eminente naturaleza financiera por lo que tanto la emisión como el reembolso del principal o el cobro del cupón (DGT CV 27-11-14).

1010.1 2) **No están exentos** los siguientes servicios:

- de **depósito y gestión de valores** (DGT CV 31-1-14). Dentro de los servicios de gestión se encuentran los servicios de difusión de información sobre valores emitidos o comercializados para una entidad y los servicios de asesoramiento a dicha entidad en prácticas comerciales y análisis de mercado de potenciales suscriptores o adquirentes de los referidos valore, así como los servicios de administración y gestión de la cartera de valores y asesoramiento y planificación financiera en ampliaciones de capital, emisiones y amortizaciones (DGT CV 24-7-87; 2-11-00); la custodia de valores, el cobro de dividendos e intereses, el cobro de primas de asistencia a juntas, los servicios de administración y gestión de cartera de valores y los servicios de asesoramiento y planificación financiera en operaciones tales como ampliaciones de capital, emisión, amortización o canje de valores (DGT CV 7-10-15); el traspaso de valores realizado por una entidad bancaria a otra (DGT CV 5-10-18) y de custodia de valores (DGT CV 11-7-25);
- de **cesión del usufructo de acciones** efectuada por una sociedad a favor de otra (DGT 9-12-04); y
- de **gestión de carteras de inversión** (DGT CV 2-1-13; CV 17-1-13) y **de activos e inversiones** incluye una multitud de prestaciones relacionadas con la gestión de las inversiones inmobiliarias, la gestión de la actividad de alquiler y servicios relacionados con el posicionamiento en el mercado de la compañía. Al finalizar el contrato deben proponerse soluciones de venta o traspaso de los activos o su posible cotización en bolsa, pudiendo el cliente aceptar cualquiera de estas alternativas o bien mantener los inmuebles (DGT CV 28-12-17).

3) En el caso particular de las **acciones y participaciones sociales** se encuentran exentas las siguientes operaciones:

- la opción de compra, tanto sobre un paquete de acciones (DGT CV 20-1-09), como sobre participaciones (DGT CV 13-4-20);
- el canje de acciones (DGT CV 6-3-13; CV 12-2-15; CV 10-6-22); y
- la transmisión de acciones (DGT CV 19-10-15; CV 25-7-18; CV 3-9-19), así como de participaciones sociales, salvo que pudiera ser de aplicación alguno de los supuestos señalados en nº 1008 (DGT CV 16-12-22), siempre que la transmisión no se refiera a títulos representativos de mercaderías o valores cuya posesión asegure de hecho o de derecho la propiedad, el uso o el disfrute exclusivo de la totalidad o parte de un bien inmueble (DGT CV 14-10-08; CV 14-12-09; CV 18-1-10).

La exención se aplica igualmente a la **mediación** en la transmisión (DGT CV 8-2-18), a diferencia de lo que ocurre con los **contratos globales de asesoramiento** en la compra o venta de participaciones, al tener la consideración de un contrato único (DGT CV 16-9-21).

4) En relación con la consideración de que la operación se realiza con el **ánimo de elusión del pago** del impuesto correspondiente a la transmisión de bienes inmueble, se pretende evitar un trato desigual entre la transmisión directa del inmueble y la transmisión de las participaciones que aseguren la propiedad de los mismos (ver nº 8575 s.). Si la transmisión de valores a calificar no se realiza con el ánimo de eludir el pago del IVA o del ITP y AJD al que estaría sujeta la transmisión de los inmuebles propiedad de la entidad a la que representen dichos valores (cuya prueba corresponde a la Administración tributaria), no se incurre en los supuestos de presunción del ánimo de elusión del pago del impuesto correspondiente (cuya prueba en contrario corresponde al contribuyente), y no va a resultar aplicable la excepción a la exención del impuesto al que esté sujeta la transmisión de valores y, en consecuencia, no se ha de tributar por aquel (DGT CV 15-1-20).

Por tanto, en principio queda exenta la adquisición de acciones de una sociedad propietaria de varios inmuebles, sin perjuicio de que mediante la transmisión de los valores se haya pretendido eludir el pago de impuestos que habrían gravado la transmisión de los inmuebles propiedad de la entidad a la que representan dichos valores (DGT CV 10-3-14; CV 27-11-14; CV 8-6-16; CV 10-10-16; CV 17-8-20). A estos efectos, se pueden dar las siguientes situaciones:

- en una operación de **reestructuración empresarial** en la que una entidad va a adquirir el total de acciones de otra de la que ya posee una participación (23%), no concurren los requisitos para considerar que la operación se realiza con el ánimo de elusión del pago del impuesto, no siendo en principio aplicable la excepción a la exención y la transmisión de valores está exenta (DGT CV 30-11-12);
- en el caso de venta de participaciones por tres personas físicas de una entidad propietaria de un inmueble, si la transmisión de las participaciones se efectúa por quienes **no ostentan la condición de empresario o profesional** a efectos del IVA, no están sujetas a dicho impuesto (DGT CV 19-4-22) y
- en una **permuta de acciones** en el mercado secundario no admitidas a negociación, que son partes alícuotas del capital social de una entidad mercantil cuyo activo está formado en más de un 50% por bienes inmuebles radicados en España y afectos a la actividad económica de promoción inmobiliaria, no resulta aplicable la excepción a la exención y, en consecuencia, dicha transmisión de valores está exenta del IVA o del ITP y AJD (DGT CV 3-2-22). En el mismo sentido, respecto de la transmisión de valores de una sociedad que tiene un inmueble que se encuentra afecto a la actividad de la entidad (DGT CV 26-10-22).

5) A efectos de la aplicación de esta exención, resulta importante la delimitación de lo que se entiende por **bien afecto a una actividad**. A efectos de lo señalado en nº 1008, el concepto de **1010.2**
bien afecto debe ser el previsto por la normativa del IVA, es decir, son bienes afectos los que forman parte del patrimonio empresarial de la entidad por estar afectos a la actividad económica del empresario o profesional (DGT CV 19-9-17; CV 3-10-17). En este contexto por tanto, tanto si resulta aplicable el IVA como si lo es el ITP y AJD, ha de prevalecer la normativa del IVA y no la del IRPF (DGT CV 13-10-17).

Cuando una entidad adquiere una participación superior al 80% de las sociedades a las que han sido aportados los activos por el grupo bancario, en el mismo año en que tuvo lugar la aportación y sin que los bienes hayan dejado de estar en ningún momento afectos a las correspondientes actividades económicas, aun cuando la entidad adquiere el **control** de una empresa cuyo activo está compuesto en más del 50% por bienes inmuebles, dichos bienes están afectos a la actividad de las referidas sociedades, por lo que no parece que exista ánimo elusivo, pudiendo ser objeto de comprobación por la Administración gestora correspondiente (DGT CV 12-8-20; CV 9-3-21; CV 23-3-21; CV 27-5-21).

6) En el caso de la **multipropiedad**, debe distinguirse entre las acciones o participaciones en sociedades u otras entidades, que reflejen partes de su capital y cuya transmisión está exenta, de aquellos otros títulos cuya posesión asegure, de hecho o de derecho, la propiedad o el uso y el disfrute de un bien inmueble, cuya transmisión no está exenta (DGT CV 20-1-06).

Cuando se trate de acciones que además garanticen el uso de determinadas **edificaciones**, hay que distinguir dos hechos imponibles: la transmisión de la acción, que está exenta, y la cesión del uso, que se califica como una prestación de servicios sujeta (DGT 5-6-95). Ver nº 8786 en relación con los derechos de aprovechamiento por turnos de bienes inmuebles de uso turístico.

7) Dado que los derechos del **cuentapartícipe** que se transmiten no tienen la naturaleza de depósitos en efectivo ni tampoco cabe asimilarlos a acciones, participaciones en sociedades, obligaciones o valores, no resulta de aplicación la exención (DGT CV 27-7-05).

8) En la **adquisición de participaciones** en el capital de una sociedad limitada hay que distinguir dos posibilidades: que las participaciones se enajenen por la propia sociedad o por un tercero. Cuando las participaciones se enajenan por la propia sociedad, la referida operación está sujeta ya que no constituye ni una entrega ni una prestación de servicios realizada a título oneroso (TJUE 26-5-05, asunto C-465/03); por el contrario, cuando las participaciones se enajenan por un tercero, resulta aplicable la exención (DGT CV 29-11-05).

Si la transmisión de acciones como consecuencia de una **operación de escisión** si la transmitente, holding mixta, tiene la consideración de empresario o profesional a efectos del IVA, queda sujeta y exenta (DGT CV 19-4-21).

1011 Jurisprudencia 1) Son operaciones relativas a títulos valores aquellas que pueden crear, modificar o extinguir los derechos y obligaciones de las partes sobre títulos valores.
La expresión «**negociación relativa a títulos valores**» no se refiere a los servicios que se limitan a facilitar información sobre un producto financiero y, en su caso, a recibir y tramitar las solicitudes de suscripción de los títulos correspondientes, sin emitirlos (TJUE 13-12-01, asunto C-235/00).
2) La cesión por una sociedad matriz de la **totalidad de las acciones de una filial**, en la que participa al 100%, así como de su participación restante en una sociedad controlada, en las cuales ha prestado servicios sujetos al IVA, constituye una actividad económica exenta. No obstante lo anterior, como la cesión de acciones puede compararse a la transmisión en bloque de la totalidad o de parte de una empresa, si el Estado miembro ha ejercido la facultad de declarar no sujeta tal transmisión en bloque, tal operación no constituye una actividad económica sujeta (TJUE 29-10-09, asunto C-29/08).
3) Están exentas las transmisiones de participaciones en sociedades que, en esencia, se refieren a bienes inmuebles de los que esas sociedades son titulares y a su transmisión (indirecta). Una excepción a dicha exención solo es aplicable si el Estado miembro ha hecho uso de la posibilidad, prevista en la legislación de la UE, de considerar **bienes corporales** las participaciones y las acciones cuya posesión asegure, de derecho o de hecho, la atribución de la propiedad o del disfrute de un inmueble (TJUE 5-7-12, asunto C-259/11).
4) Dado que la naturaleza del servicio de **gestión de carteras** es una combinación de un servicio de análisis y de supervisión de los activos del cliente inversor, por una parte, y una prestación de compra y venta de títulos propiamente dicha, por otra, y ambos constituyen una única prestación económica, la gestión discrecional de carteras no está exenta (TJUE 19-7-12, asunto C-44/11).

1012 **Transmisión de valores** (LIVA art.20.uno.18º.l) Está exenta la transmisión de los valores del nº 1007 y servicios relacionados con dicha transmisión, incluso por causa de su **emisión** o **amortización**, con las mismas excepciones.

1013 Ejemplos 1) Una sociedad transmite a otra **títulos representativos de mercancías** depositadas en un almacén general.
No se aplica la exención, ya que esta no procede en relación con los títulos representativos de mercaderías.
2) Un particular vende a una sociedad sus títulos de socio en un **club de multipropiedad**.
En este caso, nos hallamos ante una operación no sujeta, dado que quien transmite no tiene la condición de empresario o profesional. Por tanto, no debe plantearse el problema de la exención.

1014 Doctrina Administrativa Además de las siguientes contestaciones de la DGT, ver nº 1010 s. y nº 11000 s.
1) Siempre que la transmisión no se refiera a títulos representativos de mercaderías o valores cuya posesión asegure de hecho o de derecho la propiedad, el uso o el disfrute exclusivo de la totalidad o parte de un bien inmueble queda exenta la transmisión de la **totalidad de acciones** de una sociedad a otra (DGT CV 26-4-07), de **participaciones sociales** (DGT CV 14-12-10; CV 17-12-10; CV 12-1-11), incluso en el caso de tratarse de una agrupación europea de interés económico (AEIE) (DGT 28-1-02). El mismo criterio se aplica en el caso de canje de acciones que cumplen esas condiciones (DGT CV 25-11-10).
2) Cuando la participación que se va a transmitir asegura un porcentaje del **derecho a la propiedad exclusiva de un solar** (10%), la transacción está sujeta y no exenta (DGT CV 5-11-07).
3) El mero **cambio de entidad**, que se limita a tener los valores en depósito y a la mera gestión de los mismos, no implica crear, modificar ni extinguir derechos sobre esos títulos valores, por lo que no tiene la calificación de operación financiera (DGT CV 4-5-11).

1016 **Mediación en operaciones financieras** (LIVA art.20.uno.18º.m) Está exenta la mediación en las **operaciones exentas** descritas en los números anteriores y en las operaciones de igual naturaleza no realizadas en el ejercicio de actividades empresariales o profesionales. Es decir, la exención abarca la mediación en las operaciones descritas, en tanto son operaciones empresariales realizadas por empresarios, como en las mismas operaciones, cuando se realicen por personas que no tienen la condición de empresarios o profesionales (de haberse realizado por empresarios, estarían exentas).
No está exenta la mediación en otras operaciones que, realizadas por empresarios, no estuviesen exentas.
La exención se extiende a los servicios de mediación en la **transmisión o colocación en el mercado**, de depósitos, de préstamos en efectivo o de valores, realizadas por cuenta de sus entidades emisoras, de los titulares de los mismos o de otros intermediarios, incluidos los casos en que media el aseguramiento de dichas operaciones.

Concepto de mediación o «negociación» La DGT considera que los **conceptos** de negociación en el Derecho comunitario, y mediación en el Derecho español, tienen como característica fundamental la existencia de un **tercero**, el denominado mediador, cuya función principal es la de aproximar a las partes para la celebración de un contrato posterior. Las **partes** deben conocer la existencia del mediador, así como la misión que tiene encomendada. El mero suministro de información y la simple recepción de solicitudes no suponen, por sí mismos, la realización de un servicio de mediación exento. El hecho de que, tras la prestación del servicio de mediación, las partes no lleguen a la conclusión del contrato, no impide que el servicio de mediación se tenga por realizado (DGT CV 9-2-07; CV 29-3-07). **1016.1**

El término «**negociación**» se refiere a una actividad prestada por una persona intermediaria que no ocupa el lugar de una parte en un contrato relativo a un producto financiero y cuya actividad es diferente de las prestaciones contractuales típicas que prestan las partes de dichos contratos. La **jurisprudencia comunitaria** ofrece ejemplos de situaciones que se engloban dentro del concepto de negociación, como indicar a las partes la ocasión de celebrar el contrato, ponerse en contacto con la otra parte y negociar en nombre y por cuenta del cliente los detalles de las prestaciones recíprocas. Por lo tanto, la finalidad de la referida actividad es hacer lo necesario para que dos partes celebren un contrato, sin que el negociador tenga un interés propio respecto a su contenido (TJUE 13-12-01, asunto C-235/00).

La **finalidad** de la actividad de negociación es hacer lo necesario para que dos partes celebren un contrato, sin que el negociador tenga un interés propio respecto a su contenido. A tal efecto, debe atenderse a la posición independiente del mediador y a que la mediación constituya una **actividad diferenciada** de la operación principal en la que se media. Debe consistir en prestaciones distintas de las del negocio principal y típicas de una mediación (indicar ocasiones de negocios, ponerse en contacto con la otra parte, negociar en nombre y por cuenta del cliente los detalles de la operación principal). El reconocimiento de una actividad de negociación exenta debe apreciarse a la luz de la propia naturaleza de la prestación proporcionada y de sus objetivos (TEAC 23-3-10; 13-4-10).

El **TJUE** delimita el concepto de negociación como un concepto autónomo de derecho comunitario (TJUE 13-12-01, asunto C-235/00; 21-6-07, asunto C-453/05) en base a criterios y notas que también son utilizados por el **TS** en la configuración del contrato de mediación (TS 10-11-04, EDJ 159607; 21-10-09, EDJ 245663).

Precisiones La **venta de una opción** que se inscribe en el ámbito de aplicación de la normativa comunitaria (Dir 2006/112/CE art.135.1.f -operaciones, incluida la negociación, pero exceptuados el depósito y la gestión, relativas a acciones, participaciones en sociedades o asociaciones, obligaciones y demás títulos-valores, con excepción de los títulos representativos de mercaderías y los derechos o títulos cuya posesión asegure de derecho o de hecho la atribución de la propiedad o del disfrute de un inmueble o de una parte del mismo-) se considera prestación de servicios (por ser operaciones que no constituyen entregas de bienes). Dicha prestación de servicios debe diferenciarse de las operaciones subyacentes a las que se refiera (Rgto UE/282/2011 art.9).

Ejemplos **1)** Don X actúa profesionalmente como mediador en una operación de «**leasing inmobiliario**». **1017**

No procede la exención, dado que tales operaciones de «leasing inmobiliario» no están exentas.

2) Un agente de la propiedad inmobiliaria media, cobrando una comisión, en la **venta de un terreno rústico**.

Aunque la venta del terreno rústico pueda estar exenta, por aplicación de las exenciones inmobiliarias (y siempre que no se haya renunciado a la exención, ver nº 8685) no está exento el servicio de mediación prestado, ya que la exención procede en el caso de servicios de mediación efectuados en relación con operaciones financieras, exentas o no sujetas (por no realizarse en el desarrollo de actividades empresariales o profesionales), pero siempre del tipo o naturaleza de las contempladas en la LIVA art.20.uno.18º, entre las que no se incluye la entrega de un terreno rústico.

3) Una empresa se dedica a prestar servicios de **captación de clientes** en operaciones de préstamos realizadas por entidades financieras.

El servicio de mediación está exento cuando concurran dos requisitos:

- que el prestador del servicio de negociación o, en este caso, de intermediación, sea un tercero distinto del comprador y del vendedor en la operación principal;
- que las funciones que realice vayan más allá del suministro de información y la recepción de solicitudes, y que se plasmen en la indicación de las ocasiones en las que se puede realizar la operación y, una vez existen dichas ocasiones, haciendo lo necesario para que esta se efectúe.

En consecuencia, el mediador ha de ser un tercero, distinto de las partes que aproxima, y que actúe de modo independiente. El mediador no puede hallarse ligado o depender de ninguna de las partes, pues el servicio que presta es el de acercamiento de las mismas, indicando ocasiones para la celebración del contrato y haciendo lo posible para que este se concluya.

1019 Doctrina Administrativa Además de las siguientes contestaciones de la DGT, ver nº 11000 s.
1) Está exenta la **intermediación en operaciones** de depósitos en euros, de dobles, de financiación de inversiones obligatorias, combinadas de depósitos dobles, combinadas de depósitos y cesiones de papel, con pagarés de empresas y de títulos de renta fija o variable, públicos o privados.
También están **exentos** los servicios de intermediación en:
- la suscripción de **créditos** (DGT CV 3-4-06);
- la concesión de **préstamos** (DGT CV 2-3-07; CV 5-5-15; CV 24-5-19), ya que la intermediación se considera una actividad accesoria de la principal, que es la mediación (DGT CV 2-7-18), al igual que de préstamos monetarios hipotecarios y al consumo (DGT CV 23-5-11; CV 23-5-11), y de hipotecas inversas (DGT CV 31-10-12);
- el **sector hipotecario**, actuando de mediador entre entidades de financiación y particulares, con el propósito final de que entre unos y otros se concierten préstamos hipotecarios (DGT CV 29-1-08);
- la venta de **participaciones** de una sociedad limitada (DGT CV 6-5-10). En el mismo sentido, DGT CV 23-1-15;
- la transmisión de **valores** prestados por una entidad alemana (DGT CV 15-7-10);
- la comercialización de productos de **entidades de crédito** como una externalización de funciones (DGT CV 5-12-12); de tarjetas de crédito (DGT CV 23-1-15; CV 28-2-18);
- la **financiación** de vehículos automóviles por el concesionario (DGT CV 23-9-14); y
- **servicios de pago** (DGT CV 27-10-22).

2) Está exenta la **mediación en la colocación** de fondos de inversión (DGT 10-11-95; 17-2-98); títulos valores (DGT CV 3-4-06; CV 27-11-14); préstamos a través de internet (DGT 1-8-00) bonos de renta fija garantizada (DGT 9-9-02).
Asimismo, está exenta la mediación de un corredor de bolsa en una operación de cambio de divisas (DGT CV 9-3-16); la dispensa de efectivo de entidades de crédito en hoteles a cambio de una comisión (DGT CV 13-3-18); y la comercialización de préstamos al consumo entre la cartera de sus clientes y a través de una página web (DGT CV 24-5-19).
3) Están exentos los servicios financieros prestados a una entidad por sus comisionistas, consistentes en la intermediación en la suscripción, compra y venta de valores o de participaciones en **fondos de inversión**, que son cedidos a su vez por dicha entidad a la sociedad de inversión a que representa (DGT 19-12-01).
4) No están exentas:
- la realización de **estudios de viabilidad** de determinadas operaciones (DGT 13-10-99);
- las operaciones de **asesoramiento** sobre productos financieros (DGT CV 18-7-06);
- los servicios de suministro de **documentación** (DGT CV 8-10-14);
- el apoyo en la **gestión de documentos** para la concesión de préstamos (DGT CV 27-11-14);
- los servicios de coordinación, supervisión y asistencia de **otros agentes bancarios** (DGT CV 3-7-15);
- la mera **subcontratación** de funciones en un tercero, así como la mera información y consultoría bursátil (DGT CV 31-8-16), al no tener la consideración de actividad de mediación en operaciones financieras (DGT CV 28-2-14);
- la mera labor de **suministro de información**, sin prestar asesoramiento ni intervención en la formalización de los contratos, con independencia de que no todas las solicitudes sean enviadas a la entidad financiera (DGT CV 13-3-18; CV 15-4-19), al igual que la mera información financiera o el reenvío de información, al tratarse de servicios de naturaleza administrativa (DGT CV 21-5-24).

5) No están exentos los contratos de **futuros y opciones** sobre el aceite de oliva al no tener carácter financiero, ya que tienen la naturaleza de una verdadera compraventa, si bien a concluir en una fecha futura (DGT 27-2-06).
En el caso de contratos de futuro que incorporan un **activo subyacente**, consistente en la compra de energía eléctrica en un futuro fijado contractualmente, se considera que se trata de un contrato de compraventa sujeto, siempre que se realice en el territorio de aplicación del impuesto; por el contrario, cuando en los citados contratos no se contempla la entrega o adquisición del activo subyacente citado, tiene la consideración de prestación de servicios de carácter financiero sujeta pero exenta (DGT CV 19-10-09), en cuyo caso las comisiones por la colocación de contratos de futuro están sujetas pero exentas (DGT CV 1-10-19).
Una entidad ha formalizado contratos de opción de compra sobre unos préstamos adquiridos previamente. Los criterios a seguir para determinar si estos contratos de opción tienen o no naturaleza financiera se establecen en función de la naturaleza de su subyacente. En este contexto, si el subyacente tiene naturaleza financiera, pues su objeto es la adquisición de **préstamos financieros**, la opción también tiene la condición de operación financiera, por lo que el pago de la prima de la misma constituye una operación sujeta y exenta. La anterior conclusión no se ve alterada por el hecho de que el ejercicio de la opción de compra suponga un menor precio de adquisición de los préstamos financieros a que se refiere (DGT CV 22-6-17).

1019.1 **6)** Las operaciones de **mediación en la concesión de préstamos hipotecarios** a particulares no están exentas cuando el prestador de ese servicio de mediación no lleva a cabo una función real de negociación de las condiciones en las que se puede efectuar la concesión de los préstamos, sino que se limita a suministrar información acerca de tales condiciones (DGT 17-7-04). Sin embargo, están exentos los servicios de mediación prestados en nombre y por cuenta ajena en la concesión de préstamos hipotecarios, aunque el mediador tenga la condición de **agente de la propiedad inmobiliaria** (DGT CV 30-1-98), al igual que la mediación en la obtención de **créditos inmobiliarios** (DGT CV 14-4-20).

Igualmente está exenta la intermediación financiera entre particulares y entidades bancarias para la colocación de productos financieros tales como **hipotecas y préstamos** (DGT CV 7-5-20); así como los servicios prestados por un agente consistentes en la **tramitación de las subrogaciones** de préstamos o novaciones de plazo o garantía de préstamos. Por el contrario, la exención no alcanza a la gestión de un **cambio de titularidad** de deudores o a la ampliación del plazo de un préstamo, pues son servicios de naturaleza administrativa (DGT CV 13-6-22).

7) Los servicios que tengan por cometido el mero **suministro de información**, han de ser considerados como servicios de publicidad y no de intermediación o negociación, no siendo de aplicación la exención. Concretamente, los servicios que se prestan por el sujeto pasivo, en la medida en que se limitan a informar de la existencia de los productos a comercializar, sin asumir funciones de negociación de las condiciones contractuales, no pueden ser considerados como servicios de intermediación en la realización de operaciones financieras, quedando por tanto sujetos y no exentos (DGT 29-10-01; 31-7-02; 6-11-02; 9-3-04). En el mismo sentido, en relación con la tramitación y gestión de **expedientes de subvenciones** a los afiliados por una organización sindical agraria sin ánimo de lucro (DGT CV 30-3-09). Se consideran **servicios de gestión de valores**, no exentos, los de difusión de información sobre valores emitidos o comercializados para una entidad y los servicios de asesoramiento a dicha entidad en prácticas comerciales y análisis de mercado de potenciales suscriptores o adquirentes de los referidos valores. También en los servicios de administración y gestión asesorada de la cartera de valores y asesoramiento y planificación financiera en ampliaciones de capital, emisiones y amortizaciones (DGT CV 4-5-11). Si la labor se limita a indicar la procedencia de invertir o desinvertir en unos valores, así como el plan económico-financiero y el marketing de la operación, se presta un servicio de asesoramiento o de gestión de valores, el cual, por su marcado carácter administrativo está sujeto y no exento (DGT CV 1-12-11).

8) En los **contratos de «factoring»**, la puesta en contacto de proveedores con entidades financieras es un servicio de suministro de información (DGT 12-3-04; 31-5-04). En cuanto a las comisiones pagadas por la prestación de servicios de factoring, son operaciones sujetas: la parte de contraprestación correspondiente a los servicios de financiación o de anticipo de fondos está exenta, mientras que la parte que corresponda a la prestación de otros servicios, como gestión y garantía, no está incluida dentro de la exención y, en consecuencia, implica la repercusión del impuesto (DGT 22-6-04).

9) Los servicios que prestan a una entidad los **grupos affinity**, en la medida en que se limiten a informar sobre la existencia de los productos a comercializar entre sus miembros, así como a la realización de una preselección entre los mismos y suministro y recepción de solicitudes, pero sin asumir funciones de negociación de las condiciones contractuales, no pueden ser considerados como servicios de intermediación en la realización de operaciones financieras, quedando sujetos y no exentos (DGT 16-7-04).

10) Una entidad gestiona toda la **relación del banco con el cliente**, desde la captación inicial y apertura del primer producto hasta la ejecución material de las operaciones, pasando por toda la operativa bancaria que se origina como consecuencia de la posesión de productos financieros (operaciones monetarias, mantenimiento de datos personales, información sobre su patrimonio, resolución de incidencias etc.). Sus prestaciones a la entidad de crédito forman un conjunto diferenciado que, considerado globalmente, tiene por efecto cumplir las funciones específicas y esenciales de una prestación de servicio, por lo que cabe calificarlas como prestaciones de servicios financieras exentas (DGT 28-1-03; CV 30-10-07). En el mismo sentido, respecto a una entidad que actúa como **agente bancario** para un banco que opera **online**, DGT CV 4-4-07.

11) Las actividades desarrolladas por los agentes de la propiedad inmobiliaria, los concesionarios de automóviles y otros proveedores de bienes de consumo duradero y, en general, por operadores económicos ajenos a las entidades de crédito, o por las propias entidades de crédito a petición de otras entidades, así como las **operaciones de confirming**, tienen la consideración de servicios de mediación, siempre y cuando se realice una función de aproximación y puesta en contacto de las partes que vaya más allá del mero suministro de información y la simple recepción de solicitudes. Además, para que las citadas actividades se hallen exentas es necesario que las partes tengan conocimiento de la existencia del mediador y de la labor que el mismo realiza (DGT CV 20-10-05; CV 13-2-06; CV 16-6-06; CV 19-12-06). La labor de los **agentes independientes**, en la medida en que operan de forma idéntica a la de los concesionarios, también debe calificarse como mediadora y, por tanto, su prestación queda sujeta y exenta (DGT CV 15-12-17). En el mismo sentido, respecto de la intermediación en la obtención de préstamos para sus clientes (DGT CV 27-12-17), así como la intermediación financiera entre entidades bancarias y concesionarios de automóviles para la financiación del vehículo (DGT CV 26-1-18; CV 6-6-18). **1019.2**

12) Respecto de la **subintermediación** referida a operaciones relativas a depósitos de fondos, cuentas corrientes, pagos, giros, créditos, cheques y otros efectos comerciales, así como relativas a acciones, participaciones en sociedades o asociaciones, obligaciones y demás títulos-valores, fondos de inversión, hay que señalar que el hecho de que las mismas sean realizadas por un tercero pero se presente al cliente final del banco como una prestación de este no impide eximir tal operación. Esto supone que si la entidad financiera (entidad B) resulta mediadora entre el cliente y la entidad gestora (entidad C), pero la mediación propiamente dicha o, al menos, una parte de la misma, es realizada por un tercero (entidad A), no obsta para que la calificación del servicio sea el de mediación y, por tanto, exento. Por ello, estarían exentos tanto los servicios prestados por la entidad B como los que se prestan por la entidad A (TJUE 5-6-97, asunto C-2/95; DGT CV 12-7-06; CV 18-7-06). El mismo criterio se ha mantenido respecto a la subintermediación en la concesión de préstamos hipotecarios (DGT CV 18-7-06); concesión de préstamos al consumo (DGT CV 18-7-06) y subcontratación en la mediación (DGT CV 9-6-08).

13) Una sociedad tiene como actividad principal la intermediación en la concesión de préstamos hipotecarios y personales. Actualmente ha procedido a franquiciar su negocio. La subintermediación está exenta, luego están exentos tanto los servicios prestados por la entidad como los que se prestan por sus **franquiciados** (DGT CV 3-7-07).

14) Una entidad autorizada por el Banco de España para la gestión de **transferencias de dinero con el exterior** se vale de una red de agentes para desarrollar la actividad. Las actividades en las que los agentes proceden a la captación de clientes para que contraten con un tercero operaciones de transferencia tienen la consideración de servicios de mediación, siempre y cuando se realice una función de aproximación y puesta en contacto (DGT CV 27-7-07; CV 29-10-19).

15) Está exenta la intermediación en la distribución de **medios de pago**: **tarjeta** comercializada por una asociación que permite el acceso a eventos culturales, museos y monumentos, medios de transporte y algunas actividades de ocio como cine y parques de atracciones (DGT CV 30-5-07); entrega por una empresa de **cheques regalos** en grandes almacenes (ver nº 996); tarjetas que dan derecho a estancia en hoteles y alquiler de coches, etc. (DGT CV 25-5-07).

En relación con la distribución de **bonos o vouchers multiuso** es una operación financiera exenta en el caso en el que se produce una intermediación en la distribución de las millas aéreas, pues entre el emisor de las mismas (la compañía aérea) y el destinatario final (cliente) actúa una entidad como distribuidora de millas aéreas, con independencia de que aplique un margen o no en la operación. En estas circunstancias, esta actuación se conceptúa como intermediación en la comercialización de medios de pago (DGT CV 18-6-08; CV 7-5-14).

No obstante y tras un cambio de criterio, respecto a los servicios de mediación en la venta de un producto denominado «**cajas de experiencias**», en virtud de los cuales se permite a su tenedor o poseedor acceder a alguno de los servicios que ofrecen los centros asociados (hostelería, restauración etc.), no se considera que tengan naturaleza de instrumentos o medios de pago. En los casos en los que la operación realizada por el distribuidor o intermediario consista en la transferencia en nombre propio de un bono en el que ni la naturaleza del servicio a prestar ni el lugar de prestación estén determinados en el momento de su emisión o distribución, sin perjuicio de que dicha transferencia no va a suponer en ningún caso el devengo de la entrega de bienes o prestación de servicios subyacente derivados de la redención del bono polivalente, va a constituir un servicio de distribución o promoción sujeto al Impuesto (nº 55) (DGT CV 26-10-16).

16) Está exenta la mediación en la **captación de clientes** para tarjetas de crédito, si la actividad no se limita al mero asesoramiento para contratar el producto o a la publicidad del mismo (DGT CV 19-12-13); en el mismo sentido con la mediación en **operaciones bancarias** en general (DGT CV 26-11-13), así como la mediación entre una entidad financiera y sus clientes que permiten la contratación en línea de **tarjetas de crédito** a través de una aplicación móvil en la que se puede realizar la preformalización del contrato (DGT CV 8-8-24).

1019.3 **17)** Se consideran **servicios de gestión de valores**, no exentos, los de difusión de información sobre valores emitidos o comercializados para una entidad, y los servicios de asesoramiento a dicha entidad en prácticas comerciales y análisis de mercado de potenciales suscriptores o adquirentes de los referidos valores. También los servicios de administración y gestión asesorada de la cartera de valores y asesoramiento y planificación financiera en ampliaciones de capital, emisiones y amortizaciones (ver nº 1010) (DGT CV 18-12-08).

18) El asesoramiento realizado por los **agentes de empresas de servicios de inversión** está exento por tener la consideración de operación accesoria a la principal, que es la mediación financiera (DGT CV 5-5-08). Una entidad presta servicios de asesoramiento financiero en operaciones de compraventa de compañías, operaciones de financiación, análisis de proyectos de inversión y, en general, todo tipo de transacciones denominadas como finanzas corporativas. Las anteriores operaciones constituyen un **servicio único** de asesoramiento financiero, sujeto y no exento (DGT CV 28-12-17).

19) Una mancomunidad es titular del servicio público de **transporte** en una determinada comarca. Para mejorar el servicio pretende comercializar una tarjeta inteligente que permita el acceso sin contacto al medio de transporte correspondiente con el solo gesto de acercar la tarjeta a una determinada canceladora. A tales efectos, tiene contratada la **distribución y venta de las tarjetas** con una compañía, la cual desarrolla su actividad a cambio de una determinada comisión en función de los ingresos obtenidos. Las funciones asumidas por dicha compañía son, entre otras: la distribución, venta, gestión y personalización de tarjetas; cargas y recargas; actualización de saldos; consulta y actualización de datos; información; y gestión de incidencias y reclamaciones. En la medida en que las tarjetas no pueden ser consideradas como medios de pago, ya que no son de uso múltiple sino que únicamente se admite su utilización para el pago de determinados servicios de transporte, no puede considerarse la actuación de la compañía como una actividad de intermediación en la comercialización de medios de pago, estando por tanto las comisiones percibidas por la misma sujetas y no exentas (DGT CV 22-4-10). **1019.3** (sigue)

20) Existe una actividad de intermediación financiera, sujeta y exenta, cuando un **colegio profesional** no se limita a suministrar información a sus colegiados, sino que, entre otras cosas, les obliga a mantener una cuenta abierta en una determinada entidad financiera, cumpliendo una función de aproximación entre las partes (DGT CV 25-5-10).

21) En la mediación para captar inversores en sociedades de capital riesgo, si el inversor final es una **sociedad íntegramente participada** por la entidad financiera mediadora, no se materializa un servicio de mediación, pues no se cumple el requisito por el que el mediador no puede hallarse ligado o depender de ninguna de las partes. En tal caso, el servicio puede calificarse de gestión financiera, el cual está sujeto y no exento (DGT CV 22-9-11).

22) El **ICO** ha suscrito un contrato con diversas entidades de crédito para la realización de pagos y formalización de préstamos en el marco del Plan para Pago de Proveedores. Existe una actividad de intermediación financiera exenta, ya que las entidades de crédito contratadas actúan como mediadores de pagos, formalizando préstamos, realizando pagos y gestionando las operaciones, por lo que su labor va más allá del mero suministro de información y la simple recepción de solicitudes (DGT CV 24-5-12).

23) La actividad de intermediación financiera está exenta con independencia de que su **contraprestación** sea satisfecha por el concedente del crédito, por el concesionario o por ambos (DGT CV 21-2-12; CV 22-2-12).

24) La **comisión** que abonan las entidades adscritas a la plataforma se califica como un pago por un servicio de intermediación financiera, que está exento (DGT CV 7-3-14).

25) La **mediación en cadena** está exenta si todos los mediadores cumplen los requisitos (DGT CV 4-7-16; CV 8-2-17; CV 15-10-19). Por tanto, cuando las entidades financieras contratan con una empresa de venta de vehículos la comercialización de operaciones de préstamo y se utiliza su red de concesionarios para comercializar tales operaciones financieras -abonando una comisión a cada concesionario por cada operación conseguida y en función de las cláusulas pactadas-, las comisiones que se abonen a la empresa de venta de vehículos van a quedar sujetas y exentas en la medida en que respondan al concepto de mediación (DGT CV 22-7-16; CV 22-7-16). En el mismo sentido, los servicios que permiten la contratación directa o indirecta de los productos financieros o tarjetas (DGT CV 13-11-19; CV 14-8-19; CV 12-8-19); si alguno de los intermediarios en la cadena no presta servicios de mediación limitándose al mero suministro de información la prestación queda sujeta y no exenta (DGT CV 12-7-21).

Están exentos determinados **servicios de intermediación** a entidades de crédito terceras manifestando que su labor va a ser conocida por las partes y no se limita al suministro de información (DGT CV 4-5-17), sin perjuicio de las relaciones de vinculación que puedan existir entre la parte que intermedia y las partes que celebran el contrato en el que se ha intervenido (DGT CV 15-10-19; CV 25-1-22). Si una entidad no actúa como mediador sino como mero **suministrador de información**, la prestación de sus servicios está sujeta y no exenta (DGT CV 27-4-17; CV 3-1-19). Una sociedad, considerada como agente bancario, factura en nombre propio los servicios de mediación a las entidades financieras y, a su vez, los socios, como colaboradores o auxiliares, facturan a la sociedad los servicios prestados a la misma. Los servicios de la sociedad están exentos pero no el servicio de los socios (DGT CV 8-6-17).

26) En los servicios de mediación prestados por una persona que es **socia y consejera** de la agencia de valores que presta los servicios de captación a estos efectos, es difícil que pueda considerarse como tercero independiente, por lo que se encuentran sujetos y no exentos (DGT CV 10-12-19).

27) Cuando en lugar de la **transmisión de un inmueble** se transmiten las participaciones de la sociedad que tiene únicamente en su activo dicho inmueble y se cumplan los requisitos para la aplicación de la LMV/15 art.314 -actualmente, LMV art.338-, el servicio de mediación tiene la consideración de mediación en la entrega de un inmueble, sujeto y no exento del IVA (DGT CV 17-8-20).

28) El servicio desarrollado a través de una plataforma es una actividad de **gestión de anticipos** entre un cliente (usuario de la **plataforma**) y su proveedor de pronto pago. La labor realizada por la plataforma no se califica como mediación financiera, ya que la plataforma no busca a los proveedores, sino que son los propios usuarios los que los invitan a participar, por lo que no existe una búsqueda activa de potenciales clientes (DGT CV 30-4-20). Asimismo, el mero **ofrecimiento de hipotecas** a medida de sus clientes o usuarios a través de una plataforma digital no puede ser calificado como mediación financiera, por lo que está sujeto y no exento (DGT CV 26-9-23).

29) La puesta en contacto con los potenciales clientes se realiza mediante **stands** o cajas centrales en **centros comerciales**, también denominados como «pop up» o «stores». Lo relevante para la aplicación de la exención en la mediación financiera es que las labores desarrolladas por los empresarios se califiquen como de mediación y ello con irrelevancia del medio a través del cual se presten (DGT CV 14-4-20; CV 25-6-20; CV 8-10-20; CV 6-11-20).

30) Una sociedad gestora de activos realiza **funciones comerciales** para atraer inversores a sociedades de su grupo. La no formalización del contrato no implica la no aplicación de la exención. (DGT CV 31-7-21).

31) En **contrataciones en línea** a través de Internet, el mero cliqueo en un anuncio o página que te redirige a otra donde se formaliza la contratación no puede considerarse como un servicio de intermediación, incluso aunque la retribución del servicio sea por el número de veces que se cliquea en el mismo. Tampoco tienen esta consideración la inserción para su **visualización de anuncios** de productos financieros de forma personalizada (DGT CV 18-3-21). Estas campañas de publicidad o promoción de productos, bien sea de forma física o a través de páginas web, son prestaciones de servicios sujetas y no exentas (DGT CV 20-2-23).

1020 Jurisprudencia 1) La exención de los servicios de mediación en operaciones financieras **no** requiere que el prestador de los servicios esté **vinculado contractualmente** a ninguna de las partes del contrato a cuya celebración ha contribuido (TJUE 21-6-07, asunto C-453/05). En consecuencia, cuando los servicios prestados constituyen servicios de negociación o mediación en operaciones financieras, se aplica la exención, siendo considerados como tales:
- los servicios financieros de comercialización cuando el **mediador** se presenta ante el cliente como un tercero, lo cual va a hacer posible que se lleve a cabo la operación financiera (TEAC 22-11-19; 21-11-19);
- los servicios en los que un **tercero independiente** de las partes, a las que no está unido por un vínculo jurídico estable y permanente, lleva a cabo una labor consiste en conseguir la coincidencia de voluntades para la celebración de un futuro contrato en el que participa. En la medida en que la venta de una sociedad se lleva a cabo con el asesoramiento e intermediación de una sociedad por cuenta de la totalidad de los propietarios de las acciones, resulta de aplicación la exención (TEAC 22-9-09; 6-10-09; 1-12-09);
- el servicio prestado por una **entidad** que se compromete a la presentación de posibles clientes, procurando la transmisión de las acciones de la reclamante y percibiendo por ello una contraprestación que depende de que efectivamente se lleve a término la operación y se cuantifica en proporción a su contraprestación (TEAC 25-9-18);
- la negociación de créditos en el marco de actividades de **intermediación hipotecaria**, aunque la entidad no esté facultada para actuar en nombre de las entidades de crédito, no pueda influenciar en las condiciones del crédito y elegir la entidad de crédito con la que se contrata (TJUE 26-11-25, asunto Versãofast T-657/24).

Por el contrario, no están exentos los servicios prestados por un **pretendido mediador** que no se percibe como tal por las partes, del que no consta que actúe en nombre propio y que no se presenta claramente como tal ante los potenciales clientes de su cliente (TEAC 25-10-18).

2) Un club de fútbol celebra un contrato con una entidad financiera en virtud del cual se compromete a traspasar toda su operatoria bancaria y a recomendar a los jugadores del club la apertura de cuentas bancarias y otras operaciones financieras en dicha entidad, a cambio de una contraprestación económica. Dicha **recomendación** no merece la calificación de mediación a efectos de aplicación de la exención (TS 15-10-09, EDJ 271349).

3) Los servicios prestados por un empresario a otro, que tienen por finalidad que este último obtenga el **pago de sumas dinerarias** que sus clientes le deben, no están exentos (TJUE 28-10-10, asunto C-175/09).

4) Los servicios de **promoción y publicidad** no pueden ser calificados como servicios de mediación en operaciones financieras (TEAC 17-9-20).

5) Del análisis de las cláusulas del contrato suscrito entre las partes, en el que la entidad que presta el servicio va a percibir una contraprestación, más elevada si se consigue el objetivo, pone de manifiesto que lo efectivamente retribuido no es una pura labor de asesoramiento o de suministro de información sobre el futuro contrato, sino precisamente la intervención de la entidad prestadora del servicio, que está dirigida a la **culminación con éxito de la operación**, lo que es una labor negociación o mediación en una operación de venta de acciones, operación financiera de las contempladas en la LIVA art.20.uno.18º.m), exenta (TEAC 17-9-20).

6) Un **intermediario de crédito** que busca clientes para ofrecerles contratos de crédito, que les presta asistencia realizando actos previos a la celebración de los contratos, que se encarga de la comunicación con las entidades de crédito y que es retribuido por estas entidades en función del importe de los contratos de crédito celebrados gracias a su intermediación, puede aplicar la exención para las operaciones de negociación de créditos, pese a no estar facultado para actuar en nombre de las entidades de crédito, no tener influencia alguna en el contenido de las ofertas de crédito y de que los clientes sean libres de celebrar o no un contrato de crédito y de elegir la entidad de crédito con la que van a suscribir el contrato (TGUE 26-11-25, asunto T-657/24).

1021 **Gestión y depósito de instituciones de inversión colectiva, fondos de pensiones y otros** (LIVA art.20.uno.18º.n) Están exentas las operaciones de gestión y depósito de las Instituciones de Inversión Colectiva (IIC), de las **entidades de capital-riesgo** gestionadas por sociedades gestoras autorizadas y registradas en los Registros especiales administrativos, de los Fondos de Pensiones, de Regulación del Mercado Hipotecario, de Titulización de Activos y Colectivos de Jubilación, constituidos de acuerdo con su legislación específica.

Ejemplo Una sociedad anónima presta sus servicios de **gestión de patrimonios** al fondo de pensiones de otra empresa. 1022
No procede la exención en relación con las operaciones efectuadas por la sociedad anónima, pues la exención se limita a las operaciones realizadas por las entidades anteriormente citadas.

Doctrina Administrativa Además de las siguientes contestaciones de la DGT, ver nº 11000 s. 1023
A. Instituciones de inversión colectiva.
1) Están exentos los servicios prestados a las IIC por su **sociedad gestora y depositaria** (DGT 24-9-96; 20-10-03), por una **agencia de valores**, siempre que su junta general hubiera acordado encomendarle dicha gestión (DGT 25-3-99), así como los servicios referidos a la función de administración efectuados en virtud de un contrato de delegación con la sociedad gestora (DGT CV 19-12-06; CV 17-2-22), quedando excluidos en este caso los servicios que aquella entidad subcontrate con terceros para la ejecución del contrato de delegación (DGT CV 24-4-07).
Se aplica a la gestión de fondos comunes de inversión, con independencia de su modalidad cerrada o abierta (DGT CV 20-2-18; CV 22-11-21).
2) Por el contrario, **no están exentos** los servicios prestados cuando no se refieren a las IIC, ya que la regulación de las sociedades de gestión admite la prestación de servicios distintos, o cuando no puedan ser considerados como servicios de inversión, administración o comercialización de dichas instituciones, sin perjuicio de que pudiera ser de aplicación cualquier otro supuesto de exención (DGT 17-12-03).
3) El compromiso de **exclusividad en la comercialización** de IIC es una operación sujeta y no exenta (DGT CV 7-6-07).
4) Están exentos los siguientes servicios:
- los consistentes en la **contabilidad de gestión** del fondo, consultas de los clientes, valoración y determinación de precios, control de la observancia de la normativa y teneduría del registro de partícipes (DGT CV 12-1-06);
- los de **asesoramiento sobre inversiones financieras** prestados a una IIC como a una sociedad gestora de estas, siempre que se trate de servicios consistentes en formular recomendaciones de compra y venta de activos (DGT CV 6-2-15; CV 2-7-15; CV 12-11-20); y
- la labor desarrollada por los **agentes** (la comercialización de participaciones del fondo es específica de la gestión de un fondo común de inversión, y tiene una vinculación intrínseca con la dirección del fondo), con independencia de que, con posterioridad a la comercialización de los agentes, la entidad gestora preste determinados servicios a sus partícipes, que pudieran estar sujetos y no exentos (DGT CV 19-6-20; CV 25-6-20).
B. Entidades de capital-riesgo.
1) Están exentos los servicios de gestión tanto cuando son prestados por entidades que tengan la condición de gestoras de dichas entidades, como por las siguientes entidades por **delegación** de estas gestoras: otras sociedades gestoras de capital-riesgo, sociedades gestoras de IIC, sociedades de valores; agencias de valores o sociedades gestoras de carteras, entidades similares domiciliadas en otros Estados miembros de la OCDE, que acrediten cumplir ciertos requisitos (DGT CV 5-7-06; CV 11-3-08), encuadrándose el servicio prestado por la entidad gestora como una función de administración dentro de la gestión de carteras colectivas (DGT CV 29-4-19; CV 1-2-19).
2) Quedan exentos los «servicios financieros» que presta a las entidades de capital-riesgo, entre los que se encuentra la **concesión de préstamos** y la transmisión de acciones y participaciones en sociedades (DGT 21-10-03; CV 13-5-14).
3) Quedan exentos los servicios de asesoramiento que la entidad pueda delegar en otras terceras entidades (**asesores**) siempre que la delegación no convierta a la entidad gestora en una mera entidad instrumental (DGT CV 29-4-21; CV 27-10-22), así como la externalización de los servicios de contabilidad, asesoramiento fiscal o comunicación a organismos oficiales prestados a la entidad gestora de fondos de capital riesgo, al tener dichos servicios una vinculación con la actividad propia de la entidad gestora (DGT CV 18-3-25).
4) Una entidad de capital riesgo **autogestionada**, que recurre a los servicios de una entidad gestora, puede incluirse en el concepto de fondos comunes de inversión de la Dir 2006/112/CE art.135.1.g), a los efectos de poder beneficiarse de la exención (DGT CV 5-6-23).

C. Fondos de pensiones y otros. 1023.1
1) Solo aquellos servicios que sean propios de la **gestión de un fondo de inversión** pueden beneficiarse de la exención del IVA, por lo que si el fondo sobre el que se prestan los servicios de apoyo a la gestión no tiene la consideración de fondo común de inversión, la prestación de tales servicios no puede considerase sujeta y exenta (DGT CV 13-2-17). Ver TJUE 17-6-21, asuntos acumulados C-58/20 y C-59/20) en nº 1024.
En el caso concreto de los llamados «**servicios de control y asesoramiento**» en relación con los fondos comunes de inversión, quedan sujetos siempre que puedan considerarse realizados en el territorio de aplicación del impuesto. En este punto hay que distinguir entre los servicios de gestión relacionados con los préstamos y créditos, que gozan de exención, y los servicios de control y asesoramiento relacionados con títulos-valores, que no gozan de exención. En una sentencia del TJUE se amplió el ámbito de la exención precisando que prestaciones como el cálculo del importe de los rendimientos y del precio de las participaciones o acciones del fondo, las

evaluaciones de activos, la contabilidad, la preparación de declaraciones para la distribución de los rendimientos, la elaboración de información y documentación para las cuentas periódicas y para las declaraciones fiscales, estadísticas y del IVA, así como la preparación de las previsiones de rendimientos, están comprendidos en el concepto de gestión de un fondo común de inversión (DGT CV 10-12-20). Los servicios de originación tienen una vinculación intrínseca con la gestión de fondos comunes de inversión en la medida en que los mismos supongan la búsqueda de nuevos inversores para el fondo. Por tanto, tales servicios están sujetos y exentos (DGT CV 25-3-22).

2) Los servicios de gestión de los **Fondos de Activos Bancarios** (FAB) prestados por las sociedades gestoras de los mismos están exentos (DGT CV 16-12-13).

3) Se prestan servicios de gestión y asesoramiento a un **fondo de carácter solidario y asistencial**, cuya finalidad es complementar las retribuciones de los trabajadores que pasan a una situación de jubilación parcial, hasta alcanzar el 100% del salario que percibían al encontrarse en activo, y se nutre de las aportaciones de los trabajadores en activo. Van a estar sujetos y no exentos si dicho fondo no se encuadra en alguna de las categorías previstas en la normativa, como ocurre con el mero asesoramiento financiero (DGT CV 8-7-08).

4) Una entidad presta a un fondo de inversión **servicios de asesoramiento de inversiones**, que incluyen el estudio del mercado para futuras inversiones, la elevación de propuestas de inversión, asesoramiento en nuevas inversiones, supervisión de las compañías que constituyen inversiones del fondo, así como la gestión de las relaciones con las compañías que podrían ser objeto de futuras inversiones en el fondo y la gestión de determinadas inversiones a corto plazo en relación con importes pendientes de distribución. Los servicios de gestión que se prestan son todos los enmarcables dentro del concepto gestión de la inversión cuando esta se refiere a un fondo de capital riesgo, de forma que se asume la función en su conjunto. Dado que las operaciones realizadas suponen la prestación de la función de gestión de activos en su conjunto, esta operación está exenta (DGT CV 25-2-10).

5) No resulta de aplicación la exención a los servicios de contabilidad, asesoramiento fiscal o **comunicación con organismos oficiales**, al no cumplir los requisitos de especificidad y esencialidad necesarios, puesto que son susceptibles de ser prestados a clientes terceros que no tienen la consideración de IIC o fondos de pensiones (DGT CV 23-12-21).

6) Están exentos los servicios de **comercialización de planes de pensiones** prestados por la entidad bancaria a las entidades gestoras de planes de pensiones (DGT CV 25-1-22).

7) En relación con un **fondo de titulización** de activos, dedicado a financiar el negocio de cesión de facturas, que ha firmado un contrato de gestión administración de los derechos de créditos derivados de las facturas con una entidad, dicha externalización de los servicios de gestión y administración se entienden incluidos dentro del concepto de cobro de créditos, en sentido amplio, por lo que se encuentra sujeta y no exenta (DGT CV 25-11-25).

1024 Jurisprudencia **1)** Los servicios prestados por el **depositario de un fondo de inversión** no están exentos, pero sí los de gestión administrativa y contable, aunque se presten por un gestor tercero (TJUE 4-5-06, asunto C-169/04).

2) En relación con los **fondos comunes de inversión**:

- la exención se aplica a los servicios de gestión prestados a **fondos de inversión de tipo cerrado** (TJUE 28-6-07, asunto C-363/05);
- los servicios prestados por un tercero, consistentes en la **explotación de bienes inmuebles** que constituyen activos de un fondo de ese tipo no están exentos (TJUE 9-12-15, asunto C-595/13);
- el servicio consistente en efectuar **análisis de mercado y controles de rendimiento** y de riesgo necesarios para la toma de decisiones de inversión, supervisión del cumplimiento de la normativa y ejecución de las decisiones relativas a las transacciones no está exento (TJUE 2-7-20, asunto C-231/19); y
- los servicios prestados por un tercero a un **gestor** de fondos comunes de inversión están exentos del IVA si forman un conjunto diferenciado, considerado globalmente, destinado a satisfacer funciones específicas y esenciales para la gestión de fondos comunes de inversión (TJUE 17-6-21, asuntos acumulados C-58/20 y C-59/20).

3) Los servicios de **asesoramiento sobre inversión** en valores mobiliarios prestados por un tercero a una sociedad de inversión de capitales, gestora de un fondo común de inversión, están comprendidos en el concepto de gestión de fondos comunes de inversión, a efectos de la exención (TJUE 7-3-13, asunto C-275/11).

4) La gestión de **fondos de pensiones** no está exenta (TJUE 7-3-13, asunto C-424/11), excepto cuando, siendo financiado el fondo por los beneficiarios de las pensiones abonadas, es reinvertido el ahorro del fondo según el principio de reparto de riesgos y el riesgo de las inversiones es asumido por los afiliados, alcanzando la exención, entre otros, a los servicios de contabilidad, de información, de creación de cuentas para cada afiliado y de anotación de las cotizaciones ingresadas en las cuentas (TJUE 13-3-14, asunto C-464/12).

Los fondos de pensiones deben ser considerados como fondos comunes de inversión y, por lo tanto, pueden beneficiarse de la exención del IVA, si los partícipes asumen un **riesgo de inversión significativo** que afecta directamente a sus derechos de pensión y de las prestaciones de jubilación, sin que dicho importe esté predefinido en función de la duración del contrato y del importe del salario (TJUE 5-9-24, asuntos acumulados C-639/22 a C-644/22).

5) De los servicios de **IIC** se encuentran exentas las funciones de gestión de cartera y de administración de los propios organismos de inversión colectiva, teniendo que afectar dichos servicios a los elementos específicos y esenciales de la gestión de fondos comunes de inversión, excluyendo las meras prestaciones materiales o técnicas. Dichos servicios pueden ser prestados por un tercero, pero deben formar un conjunto diferenciado, considerado globalmente, que tenga por efecto cumplir las funciones específicas y esenciales que justifican la exención (TEAC 21-9-17).

IV. Exenciones inmobiliarias

La normativa reguladora de exenciones en **operaciones interiores** también incluye algunas relativas a las operaciones inmobiliarias. A su vez, estas exenciones pueden ser objeto de **renuncia**, siempre que se cumplan una serie de requisitos y condiciones. **1035**
El **estudio detallado** de las exenciones inmobiliarias se aborda en el nº 8600 s.

V. Exenciones técnicas

1040

Entregas de bienes utilizados en operaciones exentas (LIVA art.20.uno.24º) Están exentas las entregas de bienes que hayan sido **utilizados** por el transmitente en la realización de **operaciones exentas**. **1041**

Esta exención está condicionada a la circunstancia de que al sujeto pasivo no se le haya atribuido el derecho a efectuar la deducción total o parcial del impuesto soportado al realizar la adquisición, afectación o importación de dichos bienes o de sus elementos componentes. Se cumple esta condición cuando se hayan utilizado los bienes o servicios adquiridos exclusivamente en la realización de operaciones exentas que no originen el derecho a la deducción, aunque hubiese sido de aplicación la regla de **prorrata** (nº 2715 s.).

La exención no se aplica a las entregas de bienes de inversión que se realicen durante su **período de regularización**. En esos casos, se aplican las reglas que evitan los efectos de distorsión (nº 3039).

Con esta exención técnica se produce otro problema de distorsión; si el objeto de la entrega es un bien inmueble, cabe la **renuncia a la exención** si se aplican las exenciones de terrenos no edificables (nº 8605), y segundas y ulteriores entregas (nº 8640), pero no si se aplica la presente exención técnica, porque esta no se comprende entre los supuestos de renuncia. Por ello, en caso de concurrencia de las exenciones inmobiliarias y la exención técnica, se aplican prioritariamente las primeras. Así, las entregas de **terrenos no edificables**, y las segundas y ulteriores entregas de edificaciones, realizadas después del período de regularización, y referidas a bienes inmuebles utilizados exclusivamente en operaciones exentas, pueden beneficiarse de la renuncia a la exención.

Por último, hay que resaltar que la exención se aplica solo en el caso de **entregas de bienes**, pero no en el de prestaciones de servicios.

Ejemplos **1)** El Instituto Nacional de Gestión Sanitaria (INGESA) vende a terceros, para que estos los destinen a la obtención de plata, líquidos procedentes del **revelado de fotografías y placas radiográficas inservibles**. **1042**

Procede la exención, dado que los productos vendidos se utilizaron exclusivamente en la realización de operaciones de asistencia sanitaria exentas.

2) Un particular, titular de un **centro de análisis clínicos**, compró en el año N, al instalar su laboratorio, el mobiliario de oficina y el equipo preciso para sus análisis. El mobiliario completo costó 1.500 € y el equipo, 6.000 €. En el año N+2 vende dichos equipos para sustituirlos por otros más modernos y eficaces.

El equipo adquirido constituye un bien de inversión, ya que su coste de adquisición es superior a 3.005,06 euros y su período de utilización es superior a un año (LIVA art.108). El período de regularización se extiende a los cuatro años siguientes al de su adquisición o puesta en funcionamiento. En el supuesto contemplado, los cuatro años comienzan en N+1; como el equipo se enajena en el año N+2, debe practicarse la regularización (ver nº 3039 s.). Por tanto, en este caso no procede la exención porque, aunque no pudo deducirse el IVA soportado al comprar dichos equipos por estar dedicados a actividades exentas, los ha vendido durante el período de su regularización, con la consecuencia de que en el momento de la venta se efectuará una regularización única por el tiempo de dicho período que quede por transcurrir.

Si en vez de enajenar el equipo hubiera vendido el mobiliario, sí se habría aplicado la exención, ya que dicho mobiliario no puede ser considerado como bien de inversión (su coste de adquisición es inferior a 3.005,06 euros) y se utilizó exclusivamente en servicios de asistencia sanitaria exentos del impuesto y que no generaron el derecho a la deducción del IVA soportado.

1043 Doctrina Administrativa Además de las siguientes contestaciones de la DGT, ver nº 11000 s.

1) Se consideran entregas sujetas pero **exentas** las siguientes entregas de bienes:

- de una **finca rústica**, que previamente estuvo cedida en arrendamiento y tiene derecho a la deducción de la totalidad del IVA soportado. En la transmisión de la finca, a la que es aplicable tanto la exención técnica -dado que la finca se utilizó por el transmitente exclusivamente en la realización de operaciones de arrendamiento exentas-, como la que corresponde a la entrega de terrenos rústicos (nº 8605), el transmitente puede acogerse a esta última exención y, en su caso, renunciar a la misma, tributando en dicha entrega por el IVA y no quedando, por tanto, la operación sujeta al ITP y AJD, modalidad TPO (DGT CV 3-10-97).

Sin embargo, la exención técnica no se aplica a las operaciones en las que resulte procedente la exención referida a las **segundas y ulteriores entregas de edificaciones**, tanto si dichas entregas se encuentran exentas como si, por renuncia o por alguna de las excepciones existentes (DGT CV 27-9-06), así como a las entregas de bienes de inversión que se realicen durante su **período de regularización** (DGT CV 7-5-09);

- en la transmisión posterior de **solar** realizada fuera del plazo de regularización, cuando ha sido considerado como bien de inversión afecto a una actividad que limita el derecho a la deducción, respecto al que se determinó que la cuota soportada por la adquisición del mismo no fuera deducible, ni total ni parcialmente (DGT CV 26-7-17);
- de **bienes deteriorados, inservibles u obsoletos** (mobiliario y equipamiento) que hayan sido utilizados por los centros docentes públicos en la realización de operaciones exentas (DGT 11-9-98);
- en relación con un **protésico dental** que realiza una actividad empresarial sujeta pero exenta, por lo que no ha tenido derecho a deducir las cuotas soportadas en la adquisición de bienes y servicios afectos a la actividad propia del laboratorio protésico, la venta y consecuente entrega de su inmovilizado, sin perjuicio de la exención prevista para la entrega de los inmuebles (en caso de concurrencia de ambas clases de exenciones se aplican estas últimas y, en tal caso, siempre que se den los requisitos puede renunciar a la exención, en cuyo caso estas entregas están sujetas y no exentas) (DGT CV 28-7-05);
- los **equipos médicos** que adquiridos al 0%, siempre que el transmitente no hubiera podido deducir ni total ni parcialmente el IVA eventualmente soportado en su compra, salvo para aquellos bienes que tuvieran la consideración de bien de inversión y estuvieran dentro de su periodo de regularización, cuya entrega estaría sujeta y no exenta, tributando al tipo del 0%, si cumple los requisitos objetivos y subjetivos (DGT CV 3-6-22);
- de **máquinas recreativas**, cuando en el momento de adquisición no se tuvo derecho a efectuar la deducción total o parcial del impuesto soportado y la enajenación a otra empresa tiene lugar durante el período de regularización (DGT CV 13-3-06; CV 22-1-20);
- de unos locales propiedad de una **clínica dental** cuya actividad está exenta del IVA y no se pudo deducir las cuotas soportadas por su adquisición, pudiendo renunciar a la exención inmobiliaria en el momento de la venta y regularizar las cuotas soportadas (DGT CV 15-9-25);
- de un **dispositivo electrónico** o tableta, con una funda, un seguro de reparación o reposición y que incluye el contenido digital del programa de la asignatura a cambio de una contraprestación mensual, a los alumnos de un centro docente gestionado por una cooperativa de trabajo asociado. Se firma un contrato con los padres a los que se les ofrece la posibilidad de adquirir las tabletas tanto una vez trascurridos tres años por un valor residual, formateada totalmente, como en los casos en los que el alumno termine la estancia en el centro antes de terminar los estudios (DGT CV 3-4-20); y
- de un **vehículo** por una entidad sin ánimo de lucro que realiza una actividad exenta de IVA, no habiendo sido deducida la cuota soportada en el momento de la adquisición por afectarlo a una actividad exenta del IVA y produciéndose la enajenación una vez concluido el periodo de regularización (DGT CV 10-5-21). El mismo sentido respecto a un supuesto en el que como consecuencia de la **liquidación de una sociedad**, se hace entrega a uno de los socios de un vehículo de la entidad cuya actividad estaba exenta del IVA (DGT CV 22-12-21).

2) Quedan sujetas y **no exentas** las siguientes entregas de bienes:

- de **enseres usados rehabilitados** en los talleres ocupacionales de una asociación, puesto que la adquisición de dichos enseres no estuvo sujeta por haber sido donados por particulares (DGT 14-1-98);
- de un **hospital**, que en el momento de su construcción fue dotado de todo el equipamiento necesario para ejercer la actividad sanitaria, que tras un año sin ser viable el negocio, es vendido, al considerarse como un bien de inversión y tratarse de una primera transmisión. Por lo que se refiere a la entrega del equipo y el instrumental que no sea bien de inversión, queda sujeta y exenta (DGT 18-11-02);
- la entrega del **vehículo adquirido por un odontólogo** y afecto a la actividad que es entregado dentro del período de regularización (DGT CV 24-4-20); y
- la venta de un **terreno** antes de que haya concluido el periodo de regularización (DGT CV 11-11-21).

Entregas de bienes que hubieran determinado la exclusión total del derecho a deducir (LIVA art.20.uno.25º) Están exentas las entregas de bienes cuya **adquisición, afectación o importación** o la de sus elementos componentes hubiera determinado la exclusión total del derecho a deducir el IVA que soportó, en su día, el ahora transmitente (ver nº 2640). La exención se aplica solo a las entregas de bienes y no a las prestaciones de servicios. 1045

Ejemplos 1) Un empresario realiza las siguientes operaciones en el año N: 1046
a) Vende una **furgoneta** adquirida en el año N-7 y que utilizaba exclusivamente en la actividad empresarial.
b) Vende un **vehículo automóvil** de turismo que utilizaba en usos privados.
c) Vende una **nave industrial** adquirida en el año N-6 y destinada a la actividad empresarial exclusivamente.
En relación con las operaciones citadas hay que señalar lo siguiente:
a) En cuanto a la letra a) debe repercutirse el IVA por la entrega de la furgoneta, ya que el IVA soportado por la adquisición de la misma fue deducible. La repercusión en la entrega procede porque se trata de una operación realizada por un empresario en el ejercicio de su actividad y, por tanto, sujeta.
b) El IVA soportado en la adquisición del vehículo turismo no fue deducible, por lo que la entrega del vehículo citado está exenta. En puridad, la entrega del vehículo, más que exenta debe considerarse no sujeta, ya que se trata de la entrega de un vehículo que no forma parte del patrimonio empresarial del transmitente, sino de su patrimonio personal.
c) La entrega de la nave industrial no está exenta, ya que el IVA soportado por su adquisición fue deducible (en su caso, de acuerdo con la prorrata que fuera de aplicación). Se trata de la entrega de un bien de inversión efectuada durante el periodo de regularización, por lo que habrá que proceder, en su caso, a la regularización del nº 3039 s.
2) Una sociedad adquiere un **vehículo usado** a un revendedor, que efectúa la entrega en aplicación del régimen de bienes usados. Posteriormente, esta sociedad vende dicho vehículo.
La entrega efectuada por la sociedad no está exenta, pues aunque la misma no pudo deducir el IVA soportado al adquirir el vehículo, tal imposibilidad deriva del régimen especial de bienes usados (nº 3900 s.), pero no del régimen de limitaciones del derecho a deducir.
3) Una sociedad anónima adquiere un buque de recreo para **atenciones a sus clientes** y no puede deducir el IVA soportado en la compra. Vende a los tres años dicho buque.
En este caso sí procede la exención, pues en su momento no pudo deducirse el IVA soportado.

Doctrina Administrativa Además de las siguientes contestaciones de la DGT, ver nº 11000 s. 1050
1) La DGT toma como referencia la **doctrina del TJUE** expuesta en el nº 1052 (DGT CV 2-12-20).
2) Como regla general, la normativa del IVA quiere que cualquier entrega de bienes o prestación de servicios que efectúe una sociedad mercantil se halle comprendida en el ámbito objetivo y subjetivo de aplicación del referido Impuesto. Por ello, para considerar que una operación de compraventa realizada por una sociedad mercantil **no tiene carácter empresarial** por no estar afectos a su actividad los bienes vendidos, habría que justificar que, o bien dichos bienes no son objeto de una actividad económica a efectos del IVA, o bien que la actividad del transmitente era ajena y distinta a la que podría haberse desarrollado con los mismos. En el primer caso, al no considerarse como actividad económica a efectos del IVA, su realización queda fuera del ámbito de aplicación del mismo; en el segundo caso, los bienes no se encuentran afectos a la actividad del sujeto pasivo o, dicho de otro modo, no se integran en su patrimonio empresarial y, en consecuencia, las cuotas soportadas en su adquisición no son deducibles (nº 2605) y su posterior transmisión va a estar exenta (DGT CV 9-5-08).
3) Resulta de aplicación esta exención técnica en los siguientes supuestos, al no haber podido el transmitente deducir el impuesto soportado en el momento de su adquisición:
- la transmisión de **embarcaciones de recreo** de uso privado, propiedad de personas jurídicas (DGT 13-9-95), así como la venta de una embarcación que en el momento de su adquisición de una embarcación no determinó el derecho a deducir el IVA soportado en el adquirente, al no actuar este como empresario o profesional, y habiendo sido afectada posteriormente a la **actividad de arrendamiento** (DGT CV 10-7-17); y
- la venta de un **vehículo** que ha estado afecto a la actividad de la empresa, aunque se adquiriera a un **particular** que no repercutió IVA (DGT CV 21-7-22; CV 9-8-22).
En relación con los vehículos, no resulta de aplicación esta exención al traer causa la imposibilidad de deducir el impuesto del **régimen especial de bienes usados**, objetos de arte y objetos de colección (DGT CV 18-2-15). En estos casos, la imposibilidad de deducir el IVA soportado en la adquisición del vehículo no trae causa de la aplicación de limitaciones, exclusiones o restricciones del derecho a deducir (LIVA art.95 y 96), sino de la regulación del régimen especial de bienes usados y la imposibilidad para el adquirente, derivada de dicho régimen, de disponer de un documento justificativo para el ejercicio del derecho a la deducción (LIVA art.97) (DGT CV 21-7-17; CV 21-2-23).
4) Por el contrario, no resulta de aplicación la exención en los siguientes casos:
- **reventa de vehículos** en la que fue deducido el 50% del IVA soportado en su adquisición. La reventa de un vehículo por una sociedad está exenta si el transmitente no hubiese tenido derecho a la deducción, en ninguna proporción, de la cuota que soportó por la adquisición del citado vehículo (DGT 14-12-98; CV 8-9-11) y

- en la transmisión de un **camión** que forma parte de un patrimonio empresarial, el cual inicialmente fue adquirido por una persona física para su patrimonio particular, soportando el correspondiente IVA que no pudo recuperar, y que posteriormente fue afecto a la actividad de transporte de mercancías al haber iniciado el desarrollo de dicha actividad (DGT 22-2-01; CV 12-2-09).

5) Como en el momento de la **edificación de una vivienda por un particular** no es posible la deducción de las cantidades que haya soportado en concepto de IVA, resulta de aplicación la exención técnica en el momento de su venta (DGT 29-7-16). La **transmisión de parcelas** está sujeta y exenta cuando las parcelas adquiridas no hayan generado derecho a la deducción por no haber estado afectas a ninguna actividad económica (DGT CV 1-4-16).

1052 Jurisprudencia La exención técnica, que tiene por objeto evitar la doble imposición, se aplica solo a las entregas de bienes por cuya previa adquisición se pagó el IVA, el cual no pudo deducirse en virtud de una **exclusión del derecho a deducir**. Sin embargo, no se aplica tal exención a las entregas de bienes que fueron previamente adquiridos sin repercusión del IVA (por proceder de particulares) aunque en dicha adquisición previa se haya soportado un IVA «remanente» incluido en el precio del bien (TJUE 8-12-05, asunto C-280/04).

VI. Otras exenciones

1055

1056 **Servicios postales** (LIVA art.20.uno.1º y 17º) Se recogen dos supuestos de exención:

a) Las prestaciones de servicios y las entregas de bienes accesorias a ellas que constituyan el **servicio postal universal**, siendo irrelevante su carácter público o privado, siempre que sean realizadas por el operador u operadores que se comprometen a prestar todo o parte del mismo. La exención no se aplica a los servicios cuyas condiciones de prestación se negocien individualmente.

b) Entrega de **sellos de correos** y efectos timbrados de curso legal en España, por importe no superior a su valor facial.

No están exentos los servicios de expedición de **efectos timbrados** prestados en nombre y por cuenta de terceros.

La interpretación de la exención relativa a los servicios postales debe efectuarse no en sentido material, sino orgánico, y por tanto, **subjetivo** (TEAC 27-9-04).

Precisiones **1)** La Comisión Europea, en su documento «Comunicación de la Comisión al Consejo y al Parlamento Europeo. Estrategia para mejorar el funcionamiento del régimen del IVA en el marco del mercado interior» ha identificado como uno de los objetivos prioritarios de la armonización en materia del IVA, la **supresión de la exención** establecida a favor de los servicios públicos postales, pues, dado que las autoridades postales públicas cada vez operan más en mercados competitivos, el hecho de limitar la exención del IVA al sector público falsea inevitablemente la competencia.

2) La regulación del servicio postal universal, de los derechos de los usuarios y del mercado postal (L 43/2010), responde a una obligación legal por la necesidad de trasponer la Dir 2008/6/CE relativa a las normas comunes para el **desarrollo del mercado interior** de los servicios postales en la Comunidad y mejora de la calidad del mismo, y regula el servicio postal universal para satisfacer las necesidades de comunicación y asegurar la libre competencia en el sector, si bien el Estado ha de garantizar este servicio mediante la designación de un operador público. En España, es la **Sociedad Estatal Correos y Telégrafos S.A.** quien tiene esa condición por un período de 20 años a partir del 1-1-2011, y lo prestará en condiciones de servicio público (L 43/2010 disp.adic.1ª redacc L 6/2025).

3) Con el fin de adaptar la exención al criterio recogido en el TJUE 23-4-09, asunto C-357/09, se aplica a todos los servicios prestados por **Correos** (y no por otros operadores postales) incluidos en el concepto de servicio postal universal, quedando excluidos los servicios negociados individualmente por Correos.

1056.1 **4)** Se entiende por servicio postal universal el **conjunto de servicios postales** de calidad determinada en la Ley y sus reglamentos de desarrollo, prestados en régimen ordinario y permanente en todo el territorio nacional y a precio asequible para todos los usuarios (L 43/2010 art.20).

Se incluyen en el ámbito del servicio postal universal las actividades de recogida, admisión, clasificación, transporte, distribución y entrega de envíos postales nacionales y transfronterizos en régimen ordinario de (L 43/2010 art.21):

- cartas y tarjetas postales que contengan comunicaciones escritas en cualquier tipo de soporte de hasta dos kilogramos de peso;

- paquetes postales, con o sin valor comercial, de hasta veinte kilogramos de peso.
El servicio postal universal incluye, igualmente, la prestación de los servicios de certificado y valor declarado, accesorios de estos envíos.
Los envíos nacionales y transfronterizos de publicidad directa, de libros, de catálogos, de publicaciones periódicas y los restantes cuya circulación no esté prohibida, son admitidos para su remisión en régimen de servicio postal universal, siempre que este se lleve a cabo con arreglo a alguna de las modalidades antes referidas.

Ejemplos 1) Correos y Telégrafos envía a destino **cartas, paquetes, tarjetas y telegramas**. **1057**
En principio, de todos estos servicios solo están exentos los que tienen la naturaleza de servicios postales, siempre que se incluyan en la definición de servicio postal universal y que se presten por Correos. Por ello, no están exentos los telegramas, que no tienen naturaleza postal. Tampoco están exentos los anteriores servicios cuando se presten por otros operadores postales distintos de Correos, ni cuando se presten por Correos en condiciones individualmente negociadas con el destinatario de los mismos.
2) Una empresa se dedica al servicio de **mensajería**. Envía a distintos domicilios cartas y paquetes, unos por encargo de entidades particulares y otros por encargo del propio servicio de Correos, que tiene que recurrir a sus servicios por circunstancias excepcionales.
En este caso todas las operaciones citadas están sujetas y ninguna disfruta de exención, pues el servicio postal no se realiza por Correos sino por una empresa particular, aunque el servicio se preste en algunos casos a Correos.
3) Una empresa desea enviar unas cartas a todos sus clientes y se dirige a una oficina de Correos y Telégrafos situada en Madrid. Negocia con Correos y Telégrafos un **precio especial** por el envío de estas cartas de forma periódica.
Este servicio postal está sujeto y no exento, pues se presta en virtud de condiciones negociadas individualmente con Correos.

4) La **Fábrica Nacional de Moneda y Timbre - Real Casa de la Moneda** realiza las siguientes operaciones: **1058**
a) Fabrica y entrega soportes materiales para el juego del bingo.
b) Confecciona y entrega efectos estancados o timbrados, tales como letras de cambio, precintos de bebidas alcohólicas, sellos, pólizas, papeles de pagos al Estado y tarjetas de máquinas para franquear.
c) Imprime y entrega billetes de la Lotería Nacional, de Apuestas Mutuas Deportivo Benéficas y de la Lotería Primitiva.
Se considera que estas entregas no están exentas, por no tener la consideración de sellos de correos ni efectos timbrados, naturaleza que adquieren, en su caso, cuando sean expedidas por la entidad pública competente.
5) Correos y Telégrafos lleva a cabo la **venta a un coleccionista de todos los sellos** que se han editado durante un año, cobrando por dicha venta el valor facial de los sellos.
En este caso procede la exención, porque se cumplen los requisitos legales exigidos.

Doctrina Administrativa Además de las siguientes contestaciones de la DGT, ver nº 11000 s. No obstante, se debe tener en cuenta la fecha de evacuación de las consultas recogidas en los números 1 a 5 de este marginal, anterior al 1-1-2011 y a la sentencia del TJUE 23-4-09, asunto C-357/09. **1060**
1) La exención **no se extiende**:
- a los servicios consistentes en franquear correspondencia a terceros, clasificarla por provincias y entregarla en Correos (DGT 16-9-87; 17-3-04);
- a los transportes de correspondencia pública contratados con empresas particulares (DGT 23-4-86); y
- a los medios de comunicación a distancia distintos del correo (DGT 23-4-86).
2) Solo se aplica la exención cuando las prestaciones de servicios correspondientes sean efectuadas por los servicios públicos postales, pero no cuando el servicio de franqueo y depósito en Correos de la correspondencia se efectúa por una **entidad privada** (DGT 28-1-98), aunque se sirva de los medios proporcionados por el operador postal universal (DGT CV 23-10-19).
3) La circunstancia de que los servicios prestados por la **empresa franqueadora** estén exentos, si se cumplen los requisitos, no implica que su importe no quede gravado por dicho impuesto cuando el mismo se traslada a su cliente como un componente más de la contraprestación de los servicios de publicidad prestados por la entidad a su cliente (DGT 30-3-04).
4) Están sujetos y no exentos los servicios prestados por una entidad en virtud de la **autorización singular** para la prestación de los servicios postales incluidos en el ámbito del servicio postal universal pero no reservados al operador público (DGT 30-3-04), así como los servicios de envíos postales y las entregas accesorias a ellos que se entiendan realizadas en el territorio de aplicación del IVA, distintos de los que constituyen el servicio postal universal y estén reservados al operador al que se encomienda su prestación (DGT CV 30-6-06; CV 5-11-07; CV 30-11-07).
5) A la comercialización de **sellos de curso legal** en España, adquiridos en el año 2006 para su entrega, por ejemplo, en el año 2010, no resulta aplicable el régimen especial de los bienes usados, objetos de arte, antigüedades y objetos de colección, puesto que dichos sellos no se

encuentran incluidos en el concepto de sellos de colección. La entrega de sellos de correos de curso legal por importe no superior a su valor facial está exenta (DGT CV 28-4-08). En el mismo sentido, DGT CV 6-9-13.

Están sujetas pero exentas del Impuesto sobre la Producción, los Servicios y la Importación (IPSI) en las Ciudades de **Ceuta y Melilla** las importaciones definitivas de sellos de correos de curso legal en las ciudades de Ceuta y Melilla cuando, conforme a lo señalado en nº 1056, su entrega esté exenta del IVA (DGT CV 16-6-22).

6) A una entidad cuya actividad principal es el **reparto de correspondencia postal, publicidad y publicaciones**, le resulta aplicable la exención si se trata de servicios que constituyen la totalidad o parte del servicio postal universal. Asimismo, es necesario que el proveedor del servicio postal universal se haya comprometido a la prestación de tales servicios conforme al específico régimen legalmente previsto (Dir 97/67/CE art.3, transpuesta por la L 43/2010 art.20 s.) (DGT CV 8-9-11).

7) Está exento el servicio que recibe una **entidad financiera** del operador postal universal y no el servicio que ella presta a su cliente particular (DGT CV 21-5-12).

8) Los servicios prestados por el operador postal universal y las entregas de bienes accesorias a los mismos, aplicando precios específicos determinados con arreglo a un acuerdo particular entre el operador y un cliente concreto en que se pacten condiciones de prestación individualizadas que pueden requerir de **prestaciones adicionales** que no engloba el servicio postal universal, como recogida a domicilio, mayor rapidez, etc., están sujetos y no exentos (DGT CV 8-4-13).

9) Los servicios de **notificación formal de documentos** que provienen de órganos jurisdiccionales o autoridades administrativas, cuando se presten de forma obligatoria por el titular de una licencia que así lo autorice, de acuerdo con la normativa nacional que los regula, a precios asequibles, se entienden prestados en su condición de operador postal universal y están exentos del IVA (DGT CV 25-5-20). Esta exención no alcanza a los servicios prestados por el operador postal universal y entregas de bienes accesorias al mismo, aplicando precios específicos determinados con arreglo a un **acuerdo particular** entre el operador y un cliente concreto, en que se pacten condiciones de prestación individualizadas que pueden requerir de prestaciones adicionales como podrían ser los avisos de recibo y otros no incluidos en el servicio postal universal, por lo que están sujetos y no exentos del IVA (DGT CV 25-5-20; CV 1-6-20).

10) Las adquisiciones de sobres y sellos en la modalidad de **sobres prefranqueados**, es decir, sobres que incorporan los sellos correspondientes vendiéndose este a precio único al público, deben considerarse como operaciones independientes, tributando de manera autónoma e independiente a efectos del Impuesto. En consecuencia, la entrega de sellos por importe no superior a su valor facial estaría exenta mientras que la entrega de sobres tributaría al tipo general (DGT CV 1-2-21).

1062 Jurisprudencia **1)** La exención de los **servicios públicos postales** se aplica solo a los servicios prestados por operadores, públicos o privados, que se comprometan a prestar este servicio o partes del mismo, así como a la prestación de servicios o entregas de bienes accesorias a las mismas (excepto los transportes de viajeros o telecomunicaciones) comprendidas dentro del servicio postal universal, siempre que sean negociados individualmente (TJUE 23-4-09, asunto C-357/07), quedando excluidos de la exención los servicios postales que no se incluyen dentro del servicio postal universal, así como otros **servicios no postales**, aunque sean prestados por la Sociedad Estatal de Correos y Telégrafos, S.A. (TEAC 16-12-14).

2) El importe facturado por las sociedades de publicidad a sus clientes en **concepto de franqueos**, siempre que no supere el importe que les hubiera facturado directamente Correos, no forma parte de la base imponible del IVA en los servicios de publicidad prestados por dicha entidad (TS 17-1-11, EDJ 5207), incluso para los servicios efectuados con posterioridad a la entrada en vigor de la Ley 24/1998 de Servicio Postal Universal y de Liberalización de los Servicios Postales -actualmente derogada- (TEAC 26-4-11).

3) Están exentas del IVA las prestaciones de servicios postales y las **entregas de bienes accesorias** a las mismas, con excepción del transporte de pasajeros y de las telecomunicaciones, que el proveedor del servicio postal universal realiza en tanto que tal. También están exentas las entregas, por su valor facial, de los **sellos** de Correos que tengan valor postal en el territorio de un Estado miembro (TJUE 21-4-15, asunto C-114/14).

4) En relación con las **licencias** otorgadas para prestar el servicio postal universal, hay que distinguir:

- en caso de proveedores que operan bajo una licencia **administrativa**, prestando un servicio de notificaciones formales de documentos que provienen de órganos jurisdiccionales o autoridades administrativas, pueden aplicar la exención al ser considerados proveedores de servicio universal (TJUE 16-10-19, asunto C-4/18); y
- en el supuesto de que el titular de una licencia **individual** para prestar el servicio postal universal, cuando las prestaciones están destinadas a satisfacer las necesidades particulares de los clientes pero no son ofrecidas a todos los usuarios por igual, ofreciendo condiciones diferentes y más favorables que las aprobadas por la autoridad nacional designada en el Estado miembro para regular el servicio postal universal, no es aplicable la exención (TJUE 19-6-25, asunto C-785/23).

Servicios prestados por uniones de empresas, agrupaciones o entidades autónomas (LIVA art.20.uno.6º) Tales servicios están exentos siempre que las respectivas entidades (entre las que se incluyen las Agrupaciones de Interés Económico, ver nº 5920 s. Memento Fiscal 2026) estén constituidas de forma exclusiva por personas que ejerzan una actividad exenta o no sujeta al IVA que no origine el derecho a la deducción y concurran las siguientes condiciones: 1065

a) Que los servicios se presten **directamente** por dichas entidades a sus miembros.

b) Que los servicios se utilicen, directa y exclusivamente, en la **actividad** de los socios y sean necesarios para su ejercicio.

c) Que los miembros se limiten a reembolsar la parte que les corresponda de los **gastos** hechos en común.

d) Que la **actividad exenta** ejercida sea **distinta** de las que se enumeran a continuación:
- operaciones de seguro, reaseguro y capitalización (LIVA art.20.uno.16º; nº 951);
- entregas de sellos de Correos y efectos timbrados de curso legal en España por importe no superior a su valor facial (LIVA art.20.uno.17º; nº 1056);
- operaciones financieras recogidas en LIVA art.20.uno.18º (nº 960 s.);
- loterías y juegos de azar (LIVA art.20.uno.19º; nº 1072);
- operaciones relacionadas con inmuebles (LIVA art.20.uno.20º, 22º y 23º; nº 8600 s.);
- servicios profesionales de la LIVA art.20.uno.26º (nº 942);
- prestaciones de servicios y entregas de bienes realizadas por partidos políticos con fines de apoyo financiero (LIVA art.20.uno.28º; nº 1080).

También se aplica cuando la prorrata de deducción no exceda del 10% y el servicio no se utilice directa y exclusivamente en las operaciones que originen el derecho a la deducción.

La exención no alcanza a las entregas de bienes, ni tampoco a los servicios prestados por **sociedades mercantiles.**

Esta exención resulta aplicable **de manera automática** siempre que se cumplan dichos requisitos. En consecuencia, no puede ser objeto de **renuncia** mientras concurran los requisitos que la fundamentan y su reconocimiento se ajuste a las previsiones legales (DGT CV 21-1-08).

Precisiones Únicamente es necesario que los **miembros** realicen actividades exentas o no sujetas que no originen el derecho a la deducción, no siendo necesario que la prorrata de deducción sea inferior al 10%.

Ejemplos **1)** Se plantea la posible exención de los servicios prestados a sus miembros por las **Cámaras de Compensación bancarias**. 1066

Se considera que estos servicios están exentos siempre que se utilicen por su destinatario directa y exclusivamente en la realización de una operación exenta o no sujeta que no origine el derecho a la deducción.

2) Se constituye una unión o **agrupación de varias entidades financieras**, de naturaleza pública y privada, para que preste sin contraprestación servicios comunes de asesoramiento jurídico, estudios de mercado, etc.

Los servicios prestados por la agrupación a sus miembros están exentos siempre que se utilicen por su destinatario directa y exclusivamente en la realización de una operación exenta o no sujeta que no origine el derecho a la deducción.

3) Una Agrupación de Interés Económico realiza las siguientes operaciones:

a) Encarga a una empresa especializada la elaboración de una **aplicación informática**, de carácter singular, que posteriormente cede a sus socios.

b) La Agrupación presta, en algunas ocasiones, servicios retribuidos a **terceras empresas no miembros** de la Agrupación.

El servicio prestado por la empresa especializada a la AIE no está exento, pero sí la cesión que del producto informático específico efectúa la Agrupación para sus miembros, siempre que se cumplan los requisitos legales correspondientes y entre ellos que estos se limiten a reembolsar la parte que les corresponda de los gastos hechos en común. Dado que se trata de una exención limitada, la Agrupación no puede deducir el IVA por ella soportado.

En cambio, la prestación de servicios retribuidos a terceras empresas no está exenta, al tratarse de operaciones realizadas para empresas que no son miembros de la AIE.

Doctrina Administrativa Además de las siguientes contestaciones de la DGT, ver nº 11000 s. No obstante, se debe tener en cuenta a efectos de interpretación de las consultas recogidas la sentencia del TJUE 22-1-26, asuntos acumulados C-379/24 y C-380/24. 1067

1) Nada impide que se pueda aplicar la exención a una agrupación en la que alguno de sus miembros **no se encuentre establecido** en el territorio de aplicación del Impuesto siempre y cuando se cumplan todos los requisitos (DGT CV 29-1-13).

2) No procede aplicar la exención a los servicios de naturaleza general, es decir, a aquellos prestados a los socios que, por su naturaleza, no se encuentren **vinculados directa y exclusivamente** a la actividad que constituya su objeto social entre los que se encuentran, entre otros, los siguientes:
- de **promoción y comercialización** realizadas por una AIE para sus socios (DGT 10-10-02);
- de **publicidad** para sus asociados (DGT CV 8-1-09);

- de **asesoría fiscal o recursos humanos** prestados por una sociedad civil a sus miembros que ejercen la profesión de ginecología (DGT CV 18-9-19);
- **informáticos** (DGT CV 30-6-17) y **administrativos** (DGT CV 21-5-18);
- **de limpieza**, que por su carácter y condición pueden ser utilizados en cualquier sector de actividad (DGT CV 21-9-11; CV 23-3-16; CV 21-9-16); de limpieza y de transporte de mercancías (DGT CV 2-7-13; CV 30-10-13) y de limpieza prestados por una cooperativa a sus socios que exploten centros educativos (DGT CV 3-3-22).

3) Dado que uno de los requisitos exige que los servicios se utilicen directa y exclusivamente en el desarrollo de las actividades de sus socios, tampoco procede aplicar la exención, entre otros, en los siguientes casos:
- cuando una agrupación presta **directamente servicios a terceros** (DGT CV 25-1-05; CV 9-6-08);
- cuando una **federación** presta a aquellas de sus entidades federadas que lo necesiten servicios en materia de prevención de riesgos laborales (DGT CV 7-9-06); y
- cuando la **AIE** presta servicios a quienes **no sean miembros** de la agrupación o, en su caso, a miembros que no desarrollan una actividad esencialmente exenta (DGT CV 31-3-15), o cuando los miembros realizan actividades sujetas y no exentas que originan el derecho a la deducción, como ocurre con los servicios jurídicos prestados a la propia agrupación (DGT CV 3-11-16).

4) No se aplica la exención cuando la **Federación de taxistas** presta servicios en los que pone en contacto a sus socios con emisora con clientes que requieren sus servicios de taxi, cuya contraprestación es una cuota mensual que satisfacen los socios indicados, ya que no se cumple el requisito de que los miembros realicen una actividad exenta o no sujeta (DGT CV 23-3-11; en este sentido, DGT CV 9-9-14).

1068 **5)** Están **exentos** los siguientes servicios:
- de **subarriendo de un inmueble** para los miembros de una agrupación, cuyo arrendatario es la citada agrupación, destinado directa y exclusivamente a la actividad desarrollada por sus miembros, limitándose estos a reembolsar la parte que les corresponda en los gastos hechos en común relativos a dicho arrendamiento (DGT 15-2-05);
- de **desinfección** en centros sanitarios en zonas de medio y alto riesgo de infección, al ser necesarios para la prestación de los servicios de hospitalización (DGT CV 20-8-19); y
- de ayuda y asesoramiento para el desarrollo organizativo que realiza una **confederación o federación** para aquellas de sus entidades federadas que lo necesiten, siempre que se trate de servicios necesarios para el desarrollo de las actividades de asistencia social a personas con discapacidad ejercidos por sus asociados, y están directa y exclusivamente relacionados con dichas actividades de asistencia social objeto de exención (DGT CV 14-3-07; CV 6-11-07; CV 3-3-10).

6) No se consideran incumplidos los requisitos cuando la AIE preste sus servicios a **nuevos integrantes** que cumplan con los requisitos legalmente establecidos (DGT CV 19-10-06).

7) Si los servicios prestados por una agrupación establecida en un **Estado miembro** de la UE **distinto de España**, a un miembro establecido en el territorio de aplicación del impuesto, se entienden realizados en este último territorio, los requisitos para aplicar la exención deben concurrir en la entidad establecida en este territorio, sin perjuicio del cumplimiento por parte de la agrupación de los requisitos establecidos al efecto por la legislación del Estado de establecimiento. La entidad establecida en el territorio de aplicación del impuesto debe estar en condiciones de acreditar que la agrupación de la que es miembro y de la cual está adquiriendo dichos servicios se encuentra efectivamente autorizada para aplicar la exención recogida en la normativa comunitaria (Dir 2006/112/CE art.132.1.f) por la Administración tributaria del Estado miembro en el que se encuentra establecida (DGT CV 30-11-10).

8) En la aplicación de esta exención es irrelevante que las operaciones sean valoradas, en otros ámbitos, por su **valor normal en el mercado**, siempre y cuando solo se exija a los socios el reembolso de los gastos hechos en común correspondientes a tales servicios (DGT CV 27-5-13).

9) Una entidad jurídica de naturaleza eclesiástica presta **servicios de formación y auditoría** a sus centros, fundaciones, que mayoritariamente desarrollan actividades sujetas y exentas del IVA, y a terceros. La exención resulta de aplicación a los servicios de formación, pero no a los servicios de auditoría, asesoría fiscal u otros que pueda prestar, al considerarlos servicios generales y no necesarios para la prestación de los servicios educativos (DGT CV 25-2-21).

1071 Jurisprudencia **1)** Las **tasaciones de los daños ocasionados a vehículos** de motor realizadas por una asociación cuyos miembros son compañías de seguros por cuenta de estos, no constituyen ni operaciones de seguro ni prestaciones de servicios relativas a las mismas efectuadas por un corredor o un agente de seguros (TJUE 20-11-03, asunto C-8/01).

2) En relación con las prestaciones de servicios efectuadas por las **agrupaciones autónomas de personas**:
- se aplica la exención cuando presten servicios a sus miembros, siempre que ejerzan una actividad exenta o no sujeta, con independencia de que afecten a uno solo o a varios de dichos miembros, y no a la totalidad de los mismos (TJUE 11-12-08, asunto C-407/07);

- cuando sus miembros también realizan operaciones gravadas, la exención se aplica solo en la medida en que esos servicios sean directamente necesarios para las actividades exentas de los miembros o para las personas que no tienen la condición de sujeto pasivo (TJUE 4-5-17, asunto C-274/15);
- la exención no es aplicable a los servicios prestados a un grupo a efectos del IVA cuando uno o varios de los miembros del grupo no lo son también de la agrupación (TJUE 18-11-20, asunto C-77/19).

3) Los servicios prestados por una agrupación cuyos miembros ejerzan una actividad económica en el ámbito de los **servicios financieros** que no constituya una actividad de interés general, no disfrutan de la exención (TJUE 21-9-17, asunto C-326/15), al igual que en el ámbito del sector de los **seguros** (TJUE 21-9-17, asunto C-605/15).

4) La Dir 2006/112/CE art.132.1.f no se ajusta a una normativa nacional que limita el ámbito de la exención a las agrupaciones autónomas de personas cuyos miembros ejerzan un **número limitado de profesiones**, en concreto, en el ámbito sanitario. El Estado miembro en cuestión no ha demostrado de qué manera la apreciación del requisito de la inexistencia de distorsiones de la competencia sea diferente en sectores distintos del sanitario, por lo que tampoco cabe aplicar esa limitación en base a este argumento (TJUE 21-9-17, asunto C-616/15).

5) La exención prevista para los servicios prestados por uniones, agrupaciones o entidades autónomas no puede limitarse a que los servicios sean prestados a sus miembros, por lo que puede aplicarse cuando se están prestando servicios a **terceros no asociados**, al no ser la exclusividad de estos servicios uno de los requisitos previstos en la Sexta Directiva (TJUE 20-11-19, asunto C-400/18).

6) La Dir 2006/112/CE art. 132.1.f) únicamente exige que se trate de **servicios necesarios** para la actividad, por lo que la exención no puede limitarse por un requisito de exclusividad o presunciones generales de distorsión de la competencia. Por tanto, la normativa comunitaria se opone a una normativa como la española conforme a la cual:
- las prestaciones de servicios realizadas por una **agrupación autónoma de personas** no pueden calificarse de servicios «directamente necesarios» a los efectos de dicho artículo, cuando tales prestaciones son necesarias para la actividad exenta del IVA ejercida por esas personas (y la limpieza en el entorno sanitario y educativo lo es, además sometida a especiales requisitos), pero no están vinculadas exclusivamente a esta actividad debido a su carácter general;
- existe, por principio, una **distorsión de la competencia** o un riesgo de distorsión de la competencia cuando los servicios prestados por una agrupación autónoma de personas en favor de sus miembros pueden, por su carácter general, utilizarse para cualquier actividad imponible y no exclusivamente para la actividad exenta que ejercen (TJUE 22-1-26, asuntos acumulados C-379/24 y C-380/24).

Loterías y juegos de azar (LIVA art.20.uno.19º) Están exentas las loterías, apuestas y juegos organizados por la Sociedad Estatal Loterías y Apuestas del Estado, la Organización Nacional de Ciegos y por los organismos correspondientes de las Comunidades Autónomas. **1072**

Igualmente, están exentas las actividades que constituyen los hechos imponibles de los **tributos sobre el juego y combinaciones aleatorias** (nº 12900 s. Memento Fiscal 2026) y los servicios de gestión del bingo.

No se extiende la exención a los **servicios de gestión** -con excepción de los de gestión del bingo- y demás operaciones de carácter accesorio o complementario de las anteriores que no constituyan el hecho imponible de los tributos sobre el juego.

Los Estados miembros no pueden construir o definir la exención basándose en la identidad del prestador del servicio, siendo el criterio relevante la naturaleza misma del juego de azar, de manera que los **juegos similares** deben recibir el mismo trato fiscal (TJUE 17-2-05, asuntos C-453/02 y C-462/02).

Precisiones Los servicios de recaudación de salas de bingo (**premios de cobranza**), están sujetos y no exentos. No resulta aplicable a los citados servicios la exención prevista para los servicios de gestión del bingo, ya que tal exención se refiere a los servicios de llevanza de la gestión de las salas de bingo prestados por las empresas de servicios a las entidades autorizadas para la explotación de dichas salas.

Ejemplos **1)** Una sociedad X obtiene autorización para organizar y explotar comercialmente un **bingo** en un local alquilado. Contrata la llevanza de dicha actividad a otra empresa, previo pago de una cantidad fija y de una comisión. **1073**

En este caso, hay que distinguir tres operaciones:
- el alquiler del local para organizar el juego no está exento;
- la explotación del juego del bingo por parte de X sí está exenta, dado que dicha explotación constituye un hecho imponible de los tributos sobre el juego;
- por último, el servicio de gestión del bingo que se presta a la titular de la autorización -X- también está exento.

2) Una sociedad se dedica a prestar al público los servicios que le permitan rellenar sus **boletos de apuestas, loterías**, etc., y en su caso, comprobar y cobrar sus premios, mediante contraprestación percibida de los correspondientes organismos públicos, organizadores de los juegos en cuestión.

No procede la aplicación de la exención en este caso, pues solamente están exentas las loterías, juegos y apuestas prestados por los organismos que la Ley cita, pero no los servicios accesorios de gestión prestados por terceros.

1074 **3)** Una empresa operadora tiene **máquinas recreativas** tipos «A» y «B» instaladas en un restaurante. El establecimiento de hostelería le factura los servicios prestados por tener las máquinas a disposición del público, consistiendo la contraprestación en un porcentaje sobre la recaudación de las máquinas.

En este caso, el servicio que presta el restaurante a la empresa operadora de las máquinas está sujeto y no exento, por lo que debe tributar al tipo impositivo general repercutiéndose en factura las cuotas correspondientes.

La actividad desarrollada por la empresa operadora, consistente en la explotación del juego mediante las máquinas recreativas citadas, está sujeta respecto de ambos tipos de máquinas. Sin embargo, está exenta la actividad desarrollada por medio de las máquinas tipo «B», pues esta última está sujeta al tributo que grava los juegos de suerte, envite y azar. La exención no se aplica a la explotación de las máquinas tipo «A», porque estas no están sujetas a dicho tributo, ya que estas máquinas son de mero pasatiempo o recreo, que nunca conceden ningún premio.

4) Una cafetería se dedica no solo a las actividades que le son propias sino también a la **reventa de participaciones de la Lotería Nacional**, cobrando un sobreprecio del 5%.

En este caso, los servicios propios de la actividad de «cafetería» están sujetos y no exentos. Respecto de la reventa de los billetes de Lotería Nacional hay que distinguir la parte del servicio que corresponde a la participación en el juego, que goza de exención, y la parte correspondiente al **sobreprecio**, que queda gravada al tipo general.

1076 Doctrina Administrativa Además de las siguientes contestaciones de la DGT, ver nº 11000 s.

1) Está exenta la prestación de servicios propia de la actividad de explotación del juego del **bingo**, realizada por una entidad autorizada administrativamente a tal fin, con independencia del hecho de que haya contratado la llevanza de la gestión del juego con una empresa de servicios (DGT 26-3-99).

2) En relación con las **máquinas recreativas**:

- no están exentos los servicios que presta una empresa de hostelería donde están instaladas unas **máquinas recreativas tipo «B»** a la empresa operadora de las mismas (DGT 19-4-99; CV 22-6-16; CV 18-5-17), ni tampoco los servicios que presta una empresa titular de una sala de bingo a la empresa operadora de máquinas recreativas tipo «B» (DGT CV 18-6-08). No obstante, ver la jurisprudencia existente a estos efectos (nº 1078).
- están exentos los servicios prestados por la empresa operadora, consistentes en la cesión a terceros (jugadores) del derecho a la utilización de máquinas recreativas tipo B o de azar (DGT CV 13-3-06). Sin embargo, la empresa operadora está obligada a repercutir la cuota del IVA que grava los servicios consistentes en la cesión del derecho a la utilización de las **máquinas tipo A** sobre los destinatarios de los mismos -los jugadores- al estar sujetos y no exentos, (DGT 13-11-96).
- las operaciones consistentes en la explotación de **máquinas «tipo grúa»** están sujetas y no exentas (DGT 21-3-02).

No son deducibles las **cuotas soportadas** en la adquisición de bienes y servicios utilizados en la actividad de explotación de máquinas recreativas tipo B, al estar estas operaciones exentas (DGT 29-1-01).

3) La organización de **rifas** se encuentra exenta cuando constituya el hecho imponible de la tasa (actualmente, tributo) sobre rifas, tómbolas, apuestas y combinaciones aleatorias (actualmente tributos sobre el juego y combinaciones aleatorias).

Queda excluido de la exención el servicio de gestión de **venta de participaciones fraccionadas o décimos** completos de lotería, estando constituida la contraprestación por el recargo que se cobre sobre su valor nominal (DGT CV 9-1-08); la venta de **lotería con recargo** o sobreprecio (DGT CV 21-12-10; CV 9-9-14; CV 31-8-16); así como la venta de **papeletas** para una rifa (DGT CV 18-2-21). Constituyen un negocio mixto en el cual la parte que se corresponde con la cantidad jugada en el sorteo está exenta; por el contrario, el servicio de gestión de venta de las participaciones fraccionadas o décimos completos, está sujeto y no exento por la parte del sobreprecio fijado y tributa al tipo impositivo general (DGT CV 13-2-09).

4) En unas **promociones telefónicas** calificadas como sorteo en las que se cobra una tarifa soporte por el servicio de telecomunicaciones y una tarifa de valor añadido por la rifa propiamente dicha, si esta última se califica como rifa y, en consecuencia, constituye hecho imponible de la tasa sobre rifas, tómbolas, apuestas y combinaciones aleatorias (actualmente tributos sobre el juego y combinaciones aleatorias) está exenta (DGT CV 19-10-09).

5) La exención no resulta aplicable a los servicios prestados por la empresa titular del salón de juego a la empresa operadora de los terminales de venta, toda vez que dicha exención se refiere a las prestaciones de servicios que presta la empresa operadora a quienes hacen uso de dichos terminales a través de **apuestas deportivas** y que constituye el hecho imponible de los tributos sobre el juego, sin que tal exención resulte aplicable a las operaciones en virtud de las cuales la empresa operadora adquiere los bienes y servicios que utiliza para efectuar las prestaciones de servicios exentas del Impuesto que la misma realiza (DGT CV 23-4-13).). El servicio de apuestas deportivas está sujeto pero exento siempre que las apuestas estén sujetas a los hechos imponibles de los tributos sobre el juego y combinaciones aleatorias (DGT CV 20-2-19).

Tampoco se aplica la exención a los servicios prestados por el **titular del local** que se encarga de la atención del local y de los clientes, utilizando para ello a sus propios empleados, percibiendo de la franquiciadora un porcentaje mensual de la recaudación obtenida de la máquina de apuestas y juego (DGT CV 20-8-18).

Jurisprudencia 1) En la explotación de **máquinas recreativas tipo B** situadas en establecimientos de hostelería el titular percibe un porcentaje de la recaudación total obtenida. No existe doble imposición, puesto que la exención se aplica a la empresa operadora que es sujeto pasivo de la tasa del juego (actualmente, tributo), mientras que el titular del establecimiento de hostelería tributa por el régimen simplificado, en relación con los servicios relativos a dichas máquinas (TS 11-7-90, EDJ 7474). 1078

Con independencia de la calificación del contrato entre un empresario titular de un establecimiento hostelero y un empresario titular de máquinas recreativas tipo B, hay que distinguir: por un lado, el **titular de las máquinas** realiza la actividad económica de juego -sujeta a IVA pero exenta-; por otro lado, el **titular del establecimiento** hostelero realiza una prestación de servicios sujeta a IVA, que junto a otras obligaciones anejas, consiste principalmente en la puesta a disposición de un espacio para la instalación de las máquinas a cambio de una contraprestación, con independencia de que la retribución que perciba pueda variar en función de la recaudación que se obtenga de la máquina -sujeta y no exenta- (TS 12-3-19, EDJ 523981; 30-1-20, EDJ 510331; 3-6-20, EDJ 570821; 10-12-20, EDJ 739513; 26-1-21, EDJ 504090).

2) No es aplicable la exención, pues ni la cesión de los **permisos** (guías) ni la venta de **máquinas** recreativas son hechos imponibles de la tasa que grava los juegos (actualmente, tributo) (TEAC 12-3-98).

3) La **explotación ilegal** de un juego de azar está sujeta pero está exenta si también lo está la explotación legal de dicho juego (TJUE 11-6-98, asunto C-283/95; 17-2-05, asuntos C-453/02 y C-462/02).

4) La exención no se aplica a los servicios prestados por **empresarios subcontratados** por la empresa que presta el servicio de apuestas a los jugadores (TJUE 13-7-06, asunto C-89/05), ni a los prestados por empresas tecnológicas a una compañía dedicada a la actividad del juego on line, cuando no asumen el riesgo económico de la apuesta ni intervienen en el contrato con los apostantes, aunque se trate de servicios necesarios para esta actividad y parte de la retribución de las empresas tecnológicas se fije en función de los resultados obtenidos (TS 18-12-25, EDJ 806665).

6) Están sujetos y exentos los sorteos realizados en un programa de un **medio de comunicación audiovisual** en el cual, a través de llamadas telefónicas o del envío de mensaje de texto por móvil por un precio superior al de la tarifa básica, se entregan premios en metálico o en especie (TEAC 3-11-09).

7) Los **Estados miembros** pueden limitar el alcance de la exención establecida para los juegos de azar, de forma que esta se aplique solo a ciertos juegos, siempre que se respete el principio de neutralidad fiscal (TJUE 10-6-10, asunto C-58/09). 1079

8) El principio de neutralidad fiscal se infringe cuando dos prestaciones de servicios idénticas o similares desde el punto de vista del consumidor y que satisfacen las mismas necesidades de este son tratadas de forma diferente a efectos del IVA. En relación con los juegos de azar, el **tipo de autorización** o el régimen jurídico de los mismos es irrelevante a efectos de apreciar la «similitud entre los mismos desde el punto de vista del consumidor»; por el contrario, los límites mínimos y máximos de las apuestas y de los premios y las posibilidades de ganar sí son relevantes a estos efectos. Así, resulta vulnerado cuando prestaciones idénticas o similares son tratadas de forma diferente, con independencia de que las autoridades nacionales hayan reaccionado con diligencia para poner fin al distinto trato fiscal (TJUE 10-11-11, asuntos acumulados C-259/10 y C-260/10).

Por el contrario, no se infringe dicho principio cuando existe un trato diferente a efectos del IVA a las **loterías en línea** (exentas) y a los otros juegos de azar o de dinero en línea (gravados), dadas las características especiales que presentan aquellas (período de espera para la determinación de los ganadores y nula influencia de las aptitudes de los jugadores sobre el resultado del juego) (TJUE 12-9-24, asunto C-741/22; 12-9-24, asunto C-73/23).

9) Cuando un **intermediario** en nombre propio interviene en la prestación de un servicio consistente en un juego de azar exento, tanto la prestación del comitente al comisionista, como la de este para el jugador, están exentas (TJUE 14-7-11, asunto C-464/10).

Partidos políticos (LIVA art.20.uno.28º) Están exentas las prestaciones de servicios y las entregas de bienes realizadas por los partidos políticos con motivo de manifestaciones destinadas a reportarles un **apoyo financiero** para el cumplimiento de su finalidad específica y organizadas en su exclusivo beneficio. Todo ello sin perjuicio de lo dispuesto por los regímenes forales del País Vasco y Navarra (LO 8/2007 disp.adic.10ª). 1080

Respecto de los ingresos obtenidos por las **cuotas** de los afiliados al partido político, ver el nº 887.

Doctrina Administrativa 1) Dentro del concepto de **manifestaciones** que reporten financiación al partido político no puede entenderse incluidas, y por tanto, no están exentas:

- las prestaciones de servicios vinculadas al **contrato de arrendamiento** de un local de negocio (DGT CV 29-11-16);

1080 (sigue) - las cantidades que un partido político recibe de un grupo municipal en contraprestación por un servicio de arrendamiento que le presta (DGT CV 1-12-22), percibiendo del mismo un importe equivalente, aproximadamente, a la mitad de diversos gastos relacionados con dicha sede, tales como el propio alquiler, teléfono, alarma, limpieza o asesoría contable (DGT CV 22-4-24).

Por el contrario, sí se incluyen los servicios de **comunicación, asesoría** legal, jurídica y política, gestión contable, fiscal y financiera, utilización de salas, despachos del partido, acceso a publicaciones y suscripciones contratadas por partido político, así como la redacción de documentos y gestión de sistemas de información y datos cuando son prestados con motivo de manifestaciones o eventos destinados a reportar un apoyo financiero al partido (DGT CV 16-12-25).

2) Las ventas de productos por un partido político (tales como camisetas, banderines o bolígrafos), destinando lo recaudado con las ventas al cumplimiento de sus **fines estatutarios**, están exentas del impuesto únicamente si se realizan en manifestaciones o eventos organizados para apoyar financieramente al partido para cumplir su finalidad específica y en su exclusivo beneficio; fuera de este contexto, las ventas están sujetas y no exentas (DGT CV 2-8-24).

CAPÍTULO 5

Devengo

 1200

El examen del devengo del impuesto supone efectuar el análisis del **aspecto temporal** del hecho imponible. A tal fin, la Ley establece reglas generales y reglas especiales. 1201
Devengado el impuesto, surge para el sujeto pasivo del tributo la obligación de repercutirlo íntegramente (salvo en el supuesto de pagos anticipados, nº 1275) e ingresarlo, y esto último, aunque el destinatario de la operación gravada no haya pagado el precio, ni el IVA repercutido por el sujeto pasivo.

Precisiones 1) En cuanto al devengo del IVA en las **operaciones inmobiliarias**, ver el nº 8716 s.
2) En relación con el régimen especial del **criterio de caja** en el IVA, ver el nº 5025 s.

Doctrina Administrativa Además de la siguiente contestación de la DGT, ver el nº 11000 s.
En el caso de entregas exentas por destinarse a la exportación a **países o territorios terceros**, no existe regla especial con respecto al devengo, por lo que se aplican las reglas generales, incluido lo establecido respecto de los pagos anticipados (DGT CV 8-9-16).

A. Reglas generales

 1205

Entregas de bienes (LIVA art.75.Uno.1º) Como regla general, el devengo se produce cuando tiene lugar la **puesta del bien a disposición** del adquirente o, en su caso, cuando se efectúa la entrega conforme a la legislación que sea aplicable. La puesta a disposición significa la puesta en poder y posesión del bien, la entrega material o la realización de lo necesario para que el adquirente tome posesión del bien y obtenga su propiedad. 1206
En las ventas realizadas mediante **escritura pública** la puesta a disposición se entiende realizada, por disposición legal, en el momento de su otorgamiento. No obstante, si de la escritura se dedujese un momento distinto, el devengo se produce en dicho momento (DGT CV 29-11-16).
En los supuestos de **expropiación forzosa**, el devengo se produce en el momento de la ocupación de la finca por vía administrativa, salvo que con anterioridad se haya efectuado una entrega en concepto de justiprecio (DGT 15-4-02; CV 20-5-09; CV 9-5-13; CV 13-9-16), con independencia de la fecha en que la referida expropiación se publique en el BOE.
La doctrina señala también como criterio para determinar el devengo aquel en que se produce la **transmisión de riesgos** sobre la cosa vendida del vendedor al comprador.

Ejemplo EFL, empresario dedicado a la venta de ordenadores de sobremesa, contrata con XY la entrega a este de diez ordenadores a cambio de 30.000 €. Las condiciones del contrato son: 1207
- La entrega material de los ordenadores a XY se efectúa el 2-2-N.
- El pago del precio se efectúa en tres plazos iguales en las siguientes fechas: 2-3-N; 2-8-N; 2-10-N.
- No se pacta cláusula de reserva de dominio en favor de EFL, de manera que XY adquiere la propiedad de los ordenadores el 2-2-N.

El devengo se produce el 2-2-N. EFL debe emitir factura, repercutir el impuesto e ingresarlo en el período de liquidación correspondiente al primer trimestre del año N. La repercusión debe efectuarse por su importe total, 30.000 × 21% = 6.300 €, aunque el precio total no se haya de pagar hasta octubre del año N. La obligación de EFL de repercutir e ingresar el tributo surge con independencia de la obligación de XY de pagar el precio y soportar la repercusión. De forma que, si EFL incumple su obligación de repercusión e ingreso del IVA, no puede alegar frente a la Hacienda Pública que la razón de la falta de ingreso se encuentra en que XY no le pagó el impuesto repercutido.

1210 Doctrina Administrativa Además de las siguientes contestaciones de la DGT, ver el nº 8718 s. y nº 11000 s.

1) En una **reducción de capital** con adjudicación de locales a uno de sus socios, acordándose que la entrega se producirá ocho años después, el impuesto se devenga cuando los inmuebles se pongan a disposición de su adquirente, una vez transcurrido el plazo pactado (DGT CV 21-5-09; CV 27-1-16).

2) En la **subasta pública** de un inmueble con consignación del importe, en la que el derecho de adjudicación preferente de la adjudicataria ha sido impugnado judicialmente antes de tenerlo a su disposición, no se ha producido el devengo (DGT CV 17-12-10).

3) En los siguientes casos no se produce una operación sujeta en el momento de **otorgamiento de escritura pública**, al haberse producido el devengo con anterioridad:

- cuando una Administración Pública efectuó la **promoción y adjudicación de viviendas** en el ejercicio 1987 sin formalización de escritura pública, y esta se produce en 2016 (DGT CV 2-11-16);
- si un contribuyente adquiere una vivienda que forma parte de una finca matriz y posteriormente la propietaria de la finca matriz procede a su **segregación** y consecuente otorgamiento de escritura pública en favor de la heredera del comprador originario de la porción de la finca (DGT CV 5-2-15; CV 15-1-16);
- en una **cesión de parcelas** a un ayuntamiento para destinarlas a aparcamiento público, cuando su ocupación por el ente público es anterior al otorgamiento de la escritura (DGT CV 31-10-08);
- cuando el inmueble se puso a disposición y en **posesión** del comprador en un momento anterior a la elevación a escritura pública (DGT CV 22-10-22; CV 16-12-22).

1211 **4)** Si en un derecho de superficie parte de la contraprestación es la **reversión de las instalaciones** que la superficiaria construya sobre los terrenos, el devengo se produce cuando tenga lugar la puesta a disposición del adquirente o, en su caso, cuando se efectúe conforme a la legislación que le sea aplicable (DGT CV 1-3-06).

La cesión de la **edificación en arrendamiento** por parte del superficiario al propietario del terreno tiene la calificación de entrega de bienes, ya que dicha edificación pasará a ser propiedad del arrendatario transcurrido el periodo de duración del derecho de superficie. En consecuencia, la contraprestación del derecho de superficie que se corresponde con la entrega del edificio construido se devenga en el momento en que dicho edificio se ponga en posesión del propietario del terreno con motivo del arrendamiento (DGT CV 2-7-18).

5) En las entregas de bienes en las que existe **aceptación condicionada** a su buen funcionamiento, el impuesto se devenga en el momento en que tales bienes se ponen en poder y posesión del adquirente, aunque este demore su aceptación para poder determinar que no padecen vicios ni defectos (DGT 25-11-03).

6) En el supuesto de que fueran todos los **pagarés inatendidos** por la comunidad antes de la puesta a disposición de un ascensor, el devengo del impuesto se produce por la totalidad del precio acordado en el momento de la puesta a disposición (DGT CV 7-9-16).

7) Cuando el contrato de **arrendamiento financiero** da lugar a una entrega de bienes, el devengo se produce en el momento en que se formaliza la cláusula vinculante de transferencia de la propiedad o a la puesta del bien en posesión del arrendatario en caso de que la cláusula de transferencia de la propiedad existiera desde el principio (DGT CV 29-3-12).

1212 **8)** La transmisión del **poder de disposición** de una la parcela no tiene lugar hasta la fecha en que, según la escritura pública, se produzcan los efectos traslativos en ella previstos (DGT CV 17-11-21; CV 4-1-22).

Con independencia de la fecha de la escritura pública o la firma del contrato privado, el devengo del impuesto se produjo con la puesta a disposición del local, que en este caso coincide con la **entrega de llaves** (DGT CV 3-1-17; CV 17-9-19).

9) Una sociedad adquiere dos **partidas de ganado** en el año N satisfaciendo al vendedor la compensación a tanto alzado correspondiente al REAGP. En el año N+1 el vendedor comunica a la sociedad que dichas ventas debieron tributar por el régimen general del IVA y quiere rectificar la operación y repercutirle las cuotas correspondientes. El devengo del Impuesto se produjo con la entrega del ganado en el año N (DGT 16-6-17).

10) En las **ventas en consigna** efectuadas por la vendedora a los agentes comerciales, el devengo se produce, por la totalidad, en el momento en el que la vendedora ponga el bien a disposición de los agentes comerciales. El acuerdo de aplazamiento del precio no afecta al devengo de la operación (DGT CV 12-7-18; CV 19-11-19).

11) En las entregas de bienes como recompensa para financiar **proyectos de micromecenazgo** el devengo se produce en el momento de su puesta a disposición del adquirente, salvo que se originen pagos anticipados anteriores a la misma -nº 1275- (DGT CV 3-10-19). En la entrega de dinero en la modalidad de **microfinanciación** cuando se entrega algún bien a cambio, el Impuesto se devenga en el momento del cobro del precio, por los importes efectivamente percibidos (DGT CV 3-3-22).

12) Una empresa vende un producto al **Sistema Nacional de Salud** y el pago del mismo se articula en dos cuotas: la primera en el momento de infusión del tratamiento y la segunda, meses más tarde siempre que se haya producido una «respuesta completa» del paciente. En esto caso se trata de entregas de bienes que se devengan con la puesta a disposición del medicamento en favor del adquirente, con independencia de que parte del precio quede aplazada a un momento posterior (DGT CV 16-3-21).

13) Cuando junto con la entrega material de los vehículos de limpieza, se ha acordado por las partes la necesidad de que la entidad vendedora realice unos **cursos de formación** a los destinatarios de las mismas para que puedan comenzar a utilizarlos, la puesta a disposición de los bienes no se produce hasta que dichos cursos de formación se realicen (DGT CV 23-11-23).

14) En las **ejecuciones de obra** con aportación de materiales cuyos destinatarios no sean Administraciones públicas el devengo se produce en el momento en que los bienes objeto de ejecución se pongan a disposición del dueño de la obra. Dicho momento, es aquel a partir del cual, el destinatario de la operación tiene la posesión completa e inmediata del resultado de la ejecución de obra, quedando la misma a su entera disposición, entendida esta tanto como la facultad de usar o disfrutar, como la facultad de disponer (DGT CV 20-11-24).

Jurisprudencia Además de los siguientes pronunciamientos, ver el nº 8722 s. **1213**

1) En el contexto de un **procedimiento de ejecución hipotecaria**, la transmisión de la propiedad se produce con el decreto judicial de adjudicación (TEAC 17-3-15).

2) A la vista de las estipulaciones contractuales contenidas en las escrituras, el impuesto debe exigirse en el ejercicio en el que se formaliza la escritura pública de compraventa, ya que es desde ese momento cuando el adquirente adquiere las facultades inherentes a un propietario. De este modo, producida dicha **entrega jurídica**, el vendedor pone la cosa vendida a disposición del adquirente, aunque materialmente no la posea (TEAC 20-3-14). No puede concluirse que se haya producido la entrega de bienes a los efectos del IVA y con ello el devengo del impuesto, solo mediante la entrega del inmueble por contrato privado sin otras **pruebas** que lo acrediten (TS 7-11-17, EDJ 232904).

3) El objeto del contrato privado de 7-6-N se refería a unos terrenos resultantes de un **proceso de urbanización**, pendiente de aprobación. Su entrega, a efectos del IVA, no puede entenderse producida antes de haberse iniciado dicho proceso (en el momento del contrato privado eran terrenos rústicos). No obstante, el impuesto se devenga con motivo del adelanto a las transmitentes de parte del precio acordado, ocurriendo lo mismo con la repercusión realizada el 30-5-N+4 cuando se elevó a escritura una modificación del contrato y se realizó otro pago anticipado (TS 28-10-15, EDJ 192679).

Prestaciones de servicios (LIVA art.75.Uno.2º) Como **regla general**, el IVA se devenga cuando se presten, ejecuten o efectúen las operaciones gravadas, salvo que se hubieran producido pagos anticipados (nº 1275 s.). **1215**

No obstante, cuando los servicios se presten **de forma continuada** y en ellos se den las circunstancias que se indican seguidamente, el devengo se produce a 31 de diciembre de cada año, por la parte proporcional correspondiente al período transcurrido desde el inicio de la operación o desde el anterior devengo hasta la citada fecha, en tanto no se ponga fin a dichas prestaciones de servicios. Las circunstancias en cuestión son:

- que se trate de prestaciones de servicios que se realicen de forma continuada durante un plazo superior a un año;
- que el destinatario sea el sujeto pasivo del impuesto conforme al mecanismo de inversión del sujeto pasivo (nº 1335 s.), excluidos los supuestos de inversión del sujeto pasivo relativos a las entregas de gas y electricidad, calor o frío (nº 1357); y
- que no den lugar a pagos anticipados durante dicho período.

Precisiones **1)** La apreciación de cuándo se han prestado, ejecutado o efectuado las operaciones debe hacerse, en su caso, por los medios de **prueba** admitidos en Derecho.

2) Con carácter general, no se permite fijar el devengo del IVA en el momento del cobro por el sujeto pasivo de la correspondiente contraprestación cuando el **cobro** tenga lugar **con posterioridad a la prestación** de los servicios. No obstante, esta posibilidad sí está prevista para los sujetos pasivos que apliquen el criterio de caja (nº 5054 s.).

3) Con la introducción del supuesto de devengo relativo a las **prestaciones de servicios continuadas** por un período de tiempo superior a un año, quedan cubiertas todas las prestaciones de servicios en las que exista inversión del sujeto pasivo que se lleven a cabo durante un período superior a un año y que sean distintas de las de tracto sucesivo, donde ya se contempla este mismo supuesto (nº 1248).

Ejemplos **1)** EFL, arrendatario de una nave industrial, renuncia a sus derechos como arrendatario a cambio de una contraprestación de 15.000 €, que será satisfecha por XY, arrendador. La renuncia se formaliza en escritura pública el 1-1-N y el pago se efectúa el 1-7-N. **1216**

La renuncia a sus derechos por el arrendatario mediante contraprestación constituye una prestación de servicios a efectos del IVA, sujeta y no exenta cuando el arrendatario sea un empresario o profesional que actúe en el ejercicio de su actividad. En este caso hay que entender que el IVA se devenga en el momento en que se formaliza la renuncia, con independencia del momento en que se efectúe el pago de la contraprestación por el arrendador.

2) El señor EFL solicita de un asesor fiscal que le haga la declaración del IRPF correspondiente al año N-1, para lo cual acude a su despacho el 20-5-N. El asesor fiscal hace la declaración el 25-5-N, que es ingresada en el banco al día siguiente.
El señor EFL abona una cantidad al asesor fiscal el 25-5-N. El 25-7-N recibe la factura del asesor fiscal, abonando la cantidad pendiente de pago el 1-8-N.
En este caso el devengo se produce el 25-5-N, fecha en que se efectúan o prestan los servicios por el asesor fiscal, con independencia de la fecha de emisión de la fecha de factura por el asesor y de la fecha de los pagos efectuados por el señor EFL.
3) Un empresario español contrata los servicios publicitarios de una empresa italiana. Se pacta que los servicios publicitarios se prestarán dentro de España durante dos años continuados, al término de los cuales, y en función del éxito de la campaña reflejado en las ventas de la empresa, se facturarán los citados servicios.
En este caso el sujeto pasivo por inversión es el empresario español, y dado que el servicio recibido se prolonga durante más de un año y no existen pagos anticipados, el impuesto se devenga a 31 de diciembre, por lo que el empresario debe declarar esta operación, tanto como IVA soportado como IVA repercutido, en la última declaración del año.

1217 Doctrina Administrativa Además de las siguientes contestaciones de la DGT, ver el nº 8718 s. y el nº 11000 s.
1) Respecto a la prestación de los siguientes **servicios legales**, el IVA se devenga:
- **Abogados y procuradores**: en el momento en que se concluye la realización de cada uno de los servicios prestados sujetos a gravamen. Sin embargo, si el cliente efectúa **pagos anticipados** a la realización de tales servicios, el devengo se anticipa por los importes efectivamente percibidos (DGT CV 11-12-23). La simple **emisión de la minuta** de honorarios no determina el momento del devengo del impuesto (DGT 30-6-96; 30-7-98).
En el supuesto de una **última actuación procesal**, el IVA correspondiente se devenga en dicho momento (DGT CV 7-5-13). El devengo se produce cuando se presta el servicio, aunque esté **impagado** (DGT CV 30-12-15).
Por los servicios de abogacía realizados, el IVA se devengará cuando se presten los mismos, sin que el devengo se retrase por la existencia de **pagos posteriores** a la realización del hecho imponible (DGT CV 27-11-20).
- **Notarios**: el devengo se produce cuando se pone a disposición del cliente la correspondiente escritura otorgada (DGT CV 21-4-08). El devengo en unos **servicios de notaría** se produce cuando se prestan dichos servicios, aunque no se entregue la factura hasta pasado un año (DGT CV 26-6-23).
- **Peritos**: en la emisión de un informe o tasación pericial, el devengo se produce en el momento en que se realiza el informe, verbal o escrito, con independencia de que se comparezca ante el juzgado para su ratificación, salvo que se haya contratado de forma independiente esta última prestación, en cuyo caso el devengo se produce cuando tenga lugar la comparecencia. No se puede posponer el devengo al momento en el que se dicte la sentencia (DGT CV 7-7-05).
- **Administradores concursales**: tanto en la fase común, como en la fase de convenio o de liquidación, el devengo se produce cuando deba entenderse concluido el servicio del administrador de conformidad con la normativa concursal (DGT CV 5-7-13). El momento en el que el juez fija las retribuciones del administrador concursal no afecta al devengo (DGT CV 8-2-18). Ver lo expuesto en relación a los administradores concursales en el nº 1224.
- **Asesores**: al no ser operaciones de tracto sucesivo, cuando se presten. El criterio aplicable para los servicios de abogacía (la finalización de los servicios contratados) es aplicable a los servicios de asesoría empresarial (DGT CV 16-9-25).

1218 **2)** Respecto a las siguientes prestaciones de servicios relacionados con la **construcción**, el IVA se devenga:
- **Proyectos, estudios e informes**: en el momento en que el proyecto se ponga a disposición del cliente (DGT 25-6-01; 10-12-03). Si se conciertan distintas prestaciones autónomas, aunque estén relacionadas entre sí, se entiende realizado cuando se realice cada una de dichas prestaciones. Si se concertase una sola prestación configurada unitariamente, aunque su realización se efectúe en diversas fases, cuando concluya totalmente la prestación del servicio (DGT CV 5-2-09).
- **Control y vigilancia de obras**: el devengo está condicionado por el contenido de los contratos suscritos entre las partes. Si se estipula una cantidad de licitación global dividida por anualidades y cuyo pago se efectúa por meses, tomando como base de cálculo las unidades efectuadas en cada mes, el devengo se produce por el servicio prestado en ese período de tiempo, sin perjuicio de la regla especial aplicable en el caso de los pagos anticipados (DGT 25-6-01; 10-12-03).
- **Estudio geotécnico**: cuando ha sido prestado el servicio, con independencia de que se haya cobrado con posterioridad (DGT CV 7-8-09).
- **Control de calidad de materiales**: como origina pagos anticipados, en el momento del cobro total o parcial del precio (DGT CV 7-8-09).
- **Conservación y mantenimiento**: el devengo de dichos servicios excluidos del concepto de ejecución de obra se produce cuando los mismos se presten, ejecuten o efectúen (DGT CV 18-7-11).

- **Proyecto de ejecución y dirección de obras, coordinación de seguridad y salud** para Administraciones Públicas: cuando se presten, ejecuten o efectúen las operaciones gravadas (DGT CV 14-3-22).

3) En la **renuncia a la explotación** de un servicio público de transportes, el IVA se devenga en el momento en que esta se efectúa, con independencia de que se originen pagos aplazados en el precio (DGT 3-11-89). **1219**

4) En la **transmisión de una concesión administrativa** sujeta, se devenga el IVA en el momento del otorgamiento de la escritura por la cantidad percibida como pago anticipado de la prestación de servicios, y el resto una vez haya sido emitida la preceptiva autorización (DGT CV 1-9-08).

5) En el servicio prestado por un **agente comercial** o un mediador inmobiliario el IVA se devenga cuando se presta dicho servicio, no resultando ajustado a Derecho posponer tal momento a su cobro cuando este sea posterior a la realización de las prestaciones correspondientes (DGT CV 21-3-05; CV 15-4-10). En términos similares respecto a **servicios de mediación**, DGT CV 12-3-13; CV 11-12-25.

6) El devengo se produce en el momento de la prestación del servicio, sin perjuicio de que con posterioridad las operaciones puedan quedar sin efecto por el **incumplimiento** de las condiciones estipuladas en el contrato (DGT CV 13-4-11). Sin embargo, en la resolución anticipada de un contrato de arrendamiento financiero en el que no se ha ejercitado la opción de compra por incumplimiento del deudor principal, no se produce el devengo con motivo de las prestaciones de servicios no realizadas (DGT CV 14-2-11).

7) En la entrega de una cantidad para la **reserva del uso vitalicio** de un estudio, la prestación de servicios consistente en dicha reserva se efectúa en el momento en que la entidad se compromete a realizarla, es decir, en el momento en que se realice el citado compromiso (DGT CV 4-9-06).

8) La transmisión del **fondo de comercio** es una prestación de servicios que se devenga en el momento en que se realice la operación (DGT CV 14-10-08).

9) La cesión de un contrato de **arrendamiento de industria** es una operación de tracto único, en la que el impuesto se devenga de una sola vez en el momento de la cesión del contrato y por el total importe de la contraprestación convenida, sea única o esté constituida por la suma de sucesivas rentas periódicas (DGT CV 15-12-08).

10) El devengo de las operaciones se produce en el momento en que se cumple con las obligaciones derivadas del contrato, prestando el servicio de **publicidad** u otros que se hayan pactado a la fundación patrocinadora (DGT CV 14-1-15). **1220**

11) En la prestación del servicio de **logística** relacionado con campañas de promoción publicitaria y marketing, donde cada campaña publicitaria suele tener una duración de entre tres y nueve meses, si bien la facturación ser realiza mensualmente, pactándose el cobro en los treinta, sesenta o noventa días siguientes a la expedición de cada factura, el devengo tiene lugar a medida que se efectúe el manipulado, franqueo y logística (DGT CV 9-6-05).

12) La **fecha de expedición de una factura**, aunque puede constituir un medio de prueba del momento de realización de los servicios, no determina que la misma se corresponda con el devengo, como tampoco determina el momento del devengo la emisión de una simple minuta profesional, contenga o no el Impuesto que grava las operaciones efectuadas (DGT CV 25-3-09; CV 8-2-11; CV 6-9-11; CV 7-5-13).

13) Con carácter general, una prestación de servicios se considera ejecutada cuando se realiza completamente de acuerdo con las condiciones contractuales. Así, los servicios del **profesional fallecido** se habrán devengado en el momento del éxito de la gestión realizada, situación que materializa el pronunciamiento judicial emitido (DGT CV 30-12-14).

14) En el servicio de gestión en la recaudación de la **compensación equitativa por copia privada**, el devengo se produce en el momento en que la entidad realiza su reparto a los sujetos acreedores de la misma (DGT CV 1-3-19; CV 4-1-19). **1221**

15) En 2010 se reconoce mediante sentencia una **indemnización por clientela** derivada de la extinción unilateral de un contrato de agencia producida en 2007. Los servicios prestados en 2007 determinan el devengo del impuesto en dicho ejercicio, sin perjuicio de que el importe de la contraprestación del servicio, por ser objeto de litigio ante los Tribunales, no pueda determinarse hasta un momento posterior (DGT CV 8-6-15).

16) El devengo del servicio se produce cuando se preste, ejecute o efectúe, aunque su **cobro se realice posteriormente**:

- **servicios profesionales** prestados en el primer trimestre del año 2012 en donde se facturaron al ayuntamiento, aunque su cobro tuvo lugar entre los años 2019 y 2021 (DGT CV 30-5-19);
- transmisión o traspaso de una **cartera de clientes** (DGT CV 13-11-19; CV 24-3-23; CV 13-6-23);
- **arquitecto** técnico que inició la actividad en agosto del año N y en septiembre realizó una operación por la que emitió una factura, cobrándola en octubre. La operación debe declararse en el tercer trimestre (DGT CV 12-2-20).

17) En la prestación de un servicio de intermediación en la **venta de entradas de espectáculos** deportivos o acceso, el devengo se produce cuando se lleve a cabo tal operación, aunque las entradas de que se trate no se hayan puesto aún a la venta o, incluso, si el espectáculo al que dan acceso se celebra en un ejercicio posterior (DGT CV 22-12-16).

18) El devengo del Impuesto en la transmisión de **derechos de aprovechamiento de aguas subterráneas** a un tercero se produce en el momento en que, formalizado el contrato de compraventa, se disponga de la correspondiente autorización administrativa (DGT CV 24-4-20).

19) En el otorgamiento en favor de un tercero del derecho a la obtención de **condiciones comerciales ventajosas** en la contratación del suministro de energía eléctrica el devengo se produce en el momento en que se constituya dicho derecho, y que según la información suministrada parece que es en el momento del pago correspondiente a la prestación del servicio (DGT CV 6-11-20).

1223 Jurisprudencia Además de los siguientes pronunciamientos, ver el nº 8722 s.

1) En las aportaciones dinerarias efectuadas por los miembros de una **junta de compensación** que actúa como fiduciaria, debe entenderse que el devengo se produce cuando se realizan las aportaciones destinadas al fin propio de la junta que es la urbanización y no cuando una vez realizada la misma se determinan los costes de urbanización (TEAC 19-1-05).

2) La normativa comunitaria que dispone que el IVA se hace exigible en el momento en que se efectúe la entrega de bienes o la prestación de servicios, se opone a una norma nacional que impone a un empresario la obligación de pagar el 65% de la cuota total del IVA exigible por un período impositivo que no ha transcurrido todavía, de forma que los sujetos pasivos se ven obligados, en ciertos casos, a pagar el IVA sobre **transacciones aún no efectuadas** (TJUE 20-10-93, asunto C-10/92).

3) La norma comunitaria establece que, como regla general, el devengo se produce y el impuesto se hace exigible en el momento en que se efectúe la entrega de bienes o la prestación del servicio. No obstante, los Estados miembros están facultados para **diferir el momento** en que se hace exigible el impuesto por lo que se refiere a ciertas operaciones o a ciertas categorías de sujetos pasivos en uno de los momentos siguientes (actualmente Dir 2006/112/CE art.66):
- como plazo máximo, en el momento de la entrega de la factura o del documento que la sustituya;
- como plazo máximo, en el momento del cobro del precio;
- en los casos de no entrega o de entrega retrasada de la factura o del documento que la sustituya, en un plazo determinado a partir de la fecha del devengo.

Esto permite a los Estados miembros establecer que se considere el **cobro del precio** como el hecho que hace exigible el impuesto en todas las prestaciones del servicio (TJUE 26-10-95, asunto C-144/94). Téngase en cuenta que en la actualidad esta regla contiene excepciones.

1224 **4)** La disponibilidad permanente del prestador de los servicios, mediante el cobro de una **iguala**, determina la existencia de un hecho imponible y el devengo del impuesto se produce con la exigibilidad del pago, considerando efectuados los servicios en ese momento, con independencia de si el cliente ha solicitado efectivamente el servicio y con qué frecuencia (TJUE 3-9-15, asunto C-463/14).

5) Los servicios del **contador partidor** en una herencia realizados por un abogado se devengan cuando se produce la entrega del cuaderno particional y el reparto del caudal relicto, momento temporal en que se considera que ha finalizado sus servicios (TSJ Granada 18-1-16, EDJ 14386).

6) El devengo del impuesto por los servicios prestados por los **administradores concursales** se produce al finalizar cada una de las fases del proceso concursal, toda vez que es posible diferenciar distintas fases determinadas legalmente, con servicios individualizados y singularizados en cada una de las fases, sin perjuicio de que se relacionen entre sí (TS 14-11-22, EDJ 740279; 16-11-22, EDJ 740358; 19-12-22, EDJ 769755).

7) La regla de devengo para prestaciones continuadas en el tiempo no se aplica a una prestación de **servicios de carácter puntual** remunerada mediante pagos fraccionados (TJUE 28-10-21, asunto C-324/20).

8) En el caso concreto de un servicio de **asistencia jurídica** en una reclamación indemnizatoria, como se considera de prestación única y no trabajos parciales individualizados, el devengo se entiende producido cuando se concluyan las prestaciones respectivas (TEAC 20-2-25). En el mismo sentido respecto al devengo de la prestación única, TEAC 27-3-12.

B. Reglas especiales

 1225

1. Entregas sin transmisión de la propiedad

(LIVA art.75.Uno.1º)

Las entregas de bienes implican, generalmente, la transmisión jurídica de la propiedad del bien. Sin embargo, hay operaciones que no determinan la transmisión de la propiedad en el momento en que se realizan, lo que no impide su calificación como entregas, pues sus efectos económicos son semejantes. 1226

Así sucede en las entregas efectuadas en virtud de:

- contratos de venta con pacto de reserva de dominio, o cualquier otra condición suspensiva (nº 150);
- arrendamientos-venta de bienes (nº 155);
- arrendamientos de bienes con cláusula de transferencia de la propiedad vinculante para ambas partes (leasing con compromiso de ejercitar la opción de compra, nº 155).

En estas operaciones, el IVA se devenga cuando los bienes objeto de la entrega se ponen en **posesión del adquirente**, aunque en ese momento no se produzca la transferencia de la propiedad.

Precisiones Los arrendamientos con opción de compra (**leasing**), tienen la naturaleza de prestación de servicios, con devengo de tracto sucesivo mientras el arrendatario no se haya comprometido a ejercitar la opción (nº 1245). Cuando el arrendatario ejercite la opción o se comprometa formalmente a ejercitarla, se entiende producida una entrega de bienes, devengándose el IVA por todas las cuotas de arrendamiento pendientes de vencimiento, así como por el importe del valor residual.

Ejemplo EFL concierta un contrato con XY de acuerdo con los criterios siguientes: 1227

- EFL, empresario dedicado al alquiler y venta de camiones, alquila un camión a XY, poniéndolo en poder de este el 1-1-N.
- La duración del arrendamiento será de cuatro años, debiendo XY abonar 20.000 € el 31 de diciembre de cada uno de ellos.
- En el momento de pago de la cuarta anualidad, XY se convertirá en propietario del camión automáticamente.

Con independencia de la calificación que el contrato merezca a efectos civiles (arrendamiento-venta, venta a plazos con pacto de reserva de dominio, etc.), a efectos del IVA el devengo se produce el 1-1-N, aunque la propiedad no se transfiera hasta el 31-12-N+3. En estos supuestos se entiende que hay entrega con el simple hecho del desplazamiento posesorio y el devengo del impuesto de produce cuando este tiene lugar.

Doctrina Administrativa Además de las siguientes contestaciones de la DGT, ver el nº 8729 y el nº 11000 s. 1228

1) En las **operaciones de compraventa**, en las que no hay traslación de la propiedad, el IVA se devenga:

- en la entrega de un inmueble sujeta y no exenta, efectuada mediante **escritura pública**, en la fecha de otorgamiento de la escritura, aunque en ella se pacte que el vendedor se mantendrá en el inmueble como precarista, sin perjuicio de lo dispuesto para los pagos anticipados (DGT 23-4-98; CV 3-4-20);
- en entregas de inmuebles sometidas a **condición suspensiva** cuando estos se pongan en posesión del adquirente (DGT CV 4-6-09; CV 5-10-17). Si se retrasa la toma de posesión hasta el momento del otorgamiento de la **licencia de obras**, cuando dicha licencia se otorgue (DGT CV 10-2-05);
- en unas viviendas que se adjudican mediante el otorgamiento de escritura pública de **extinción del proindiviso**, aunque sujeto a condición suspensiva de la formalización del acta de fin de obra, en el momento en el que se levante la condición suspensiva (formalización del acta de fin de obra) o, en su caso, en el que tenga lugar la entrega de llaves, si fuera anterior (DGT CV 28-9-11);
- en una compraventa con **pacto de reserva de dominio** llevada a cabo por una entidad financiera titular de un vehículo, en el momento en que el vehículo se pone en posesión del primer comprador que ahora cede sus derechos a un tercero (DGT CV 25-2-09);

- si un ayuntamiento promovió la construcción de un edificio de viviendas que ha destinado a su venta suscribiendo contratos de compraventa con pacto de reserva de dominio y **pago aplazado del precio**, en la entrega de las viviendas cuando las mismas se pongan en posesión del adquirente. Lo anterior debe entenderse con independencia de que la transmisión de la propiedad jurídica se produzca con posterioridad y que el pago del precio se aplace (DGT CV 25-9-17; CV 13-6-18; CV 8-11-21);
- si como forma de garantía de la **entrega futura de las edificaciones**, el promotor transmite el terreno en el que se van a construir, pero estableciendo limitaciones en las facultades, tales como la de disponer, la de acceder al solar o la de poder contratar a otro promotor para la finalización de las obras, en el momento de la transmisión del poder de disposición de la parcela de terreno, que según la escritura pública es en la fecha de entrega de la edificación ya construida (DGT CV 12-6-19).

1229 **2)** En las operaciones de **arrendamiento financiero** el IVA se devenga:
- en las operaciones de arrendamiento financiero en las que el arrendatario acepta en el momento en que recibe la posesión del bien un **pagaré o letra de cambio** que documenta el pago del valor residual, cuando el bien en cuestión se pone en posesión de dicho arrendatario (DGT 26-2-99);
- en la **transmisión a terceros** de la totalidad de los derechos y obligaciones derivados de algún contrato de arrendamiento financiero, en la fecha de realización de la operación (DGT 26-2-99);
- cuando el contrato de arrendamiento financiero da lugar a una **entrega de bienes**, en el momento en que se formaliza la cláusula vinculante de transferencia de la propiedad (DGT CV 11-1-06).

3) En las operaciones de **arrendamiento-venta**, el IVA se devenga:
- cuando el bien se pone en posesión del adquirente. Si el **adquirente nunca ha abandonado su posesión**, en el momento en que se perfeccione el contrato de arrendamiento-venta (DGT CV 7-8-09);
- si el arrendador conserva la propiedad de la instalación hasta el momento en que se ejercite la opción de compra, cuando el arrendatario la ejercite o se comprometa formalmente a ejercitarla (DGT CV 21-10-19);
- si una entidad se compromete a transmitir los inmuebles de su propiedad a la arrendataria cuando finalice el plazo de 19 años del contrato de arrendamiento, y esta última se compromete igualmente a adquirirlos, la cesión en arrendamiento de cada inmueble con la **opción de compra** tiene la consideración de entrega de bienes, y su devengo se produce cuando los inmuebles se pongan en posesión de la empresa (DGT CV 5-11-14).

4) En un arrendamiento de inmueble con **pacto de recompra**, la entrega se entiende producida cuando el edificio transmitido se ponga o se haya puesto en posesión del arrendatario (DGT CV 7-5-09).

5) En la **ocupación temporal** de inmuebles por un ayuntamiento bajo la condición de adquisición de los mismos en un plazo determinado, el devengo se produce en el momento de la ocupación temporal (DGT CV 1-10-14).

1230 Jurisprudencia **1)** El compromiso de ejercitar la **opción de compra** que confiere virtualidad a la entrega no puede ser una expresión formularia desprovista de efectos jurídicos o sin trascendencia entre las partes; es, por el contrario, el compromiso vinculante para las partes el que, a efectos del IVA, transforma la naturaleza del contrato convirtiendo la del arrendamiento financiero en la que corresponde a una compraventa con pago aplazado sometido a término (TS 15-11-04, EDJ 197376).

2) El devengo en la operación de **cesión de derechos de uso y amarre** se produce en el momento de ejercicio de la opción de compra previamente acordada y no en el de formalización de la escritura pública (TEAC 14-6-06).

2. Ejecuciones de obra

(LIVA art.75.Uno.2º y 2º bis)

1231 La ejecución de obra admite ser calificada como entrega o como servicio (nº 8567 y nº 8584):

a) Si constituye **entrega de bienes**, se aplica la regla general: puesta a disposición del adquirente, o cuando la entrega se entienda realizada según la legislación aplicable (nº 1206 s.).

b) Si se trata de **servicio**, ha de distinguirse según que el empresario que efectúa las obras aporte o no los **materiales**:
- si **no los aporta**: se aplica la regla general de los servicios, es decir, cuando se realicen (nº 1215 s.);
- si **los aporta**: se aplica la regla general de las entregas, esto es, puesta a disposición del adquirente. Si el empresario aporta materiales cuyo coste sea superior al 40% de la base imponible y la ejecución de obra tiene por objeto la construcción o rehabilitación de edificaciones, la operación no es un servicio, sino una entrega de bienes (nº 8567), y el devengo se produce cuando la obra se pone a disposición del dueño de la misma. Ver también el nº 8722 y nº 8730.

Precisiones En cuanto al concepto de **rehabilitación**, ver el nº 8642 s.

Ejecuciones de obra para la Administración (LIVA art.75.Uno.2º bis) Esta regla es aplicable a las ejecuciones de obra realizadas para la Administración, con o sin aportación de materiales. En estos supuestos, el devengo se produce en el momento de **recepción de la obra**, entendida esta en el sentido indicado en la Ley de Contratos del Sector Público (L 9/2017 art.243). 1232

En relación con esta regla hay que tener en cuenta las siguientes consideraciones:
- es de **aplicación** tanto si la ejecución de obra de la que se trate tiene la condición de entrega de bienes, como cuando se califique de prestación de servicios;
- la simple **emisión de certificaciones de obra** a lo largo de su ejecución no determina el devengo del IVA;
- se entiende sin perjuicio de lo dispuesto para el caso de **pagos anticipados** (nº 1275 y nº 8737). Por tanto, si a la emisión de la certificación acompaña un pago parcial efectuado por la Administración, el IVA se devenga por el importe cobrado por el contratista, pero no porque se haya emitido la certificación (dato irrelevante a efectos del devengo), sino por la realización del pago anticipado; y
- no es de aplicación para los contratos de ejecución de obra cuyo **destinatario** no es la Administración. Aplicándose en estos otros casos las reglas expuestas en el nº 1231.

Ejemplos 1) Un empresario realiza dos **ejecuciones de obra** con aportaciones de materiales, una para una empresa privada y otra para una Administración Pública. El devengo se produce: 1233
- en la ejecución de obra para la **empresa privada** cuando se ponga la obra a disposición de su dueño (nº 1206);
- en la ejecución de obra cuyo destinatario sea una **Administración Pública**, en el momento en que se produzca la recepción de la obra y no en el momento en que la obra se ponga a disposición de dicha Administración. No obstante, si se han realizado pagos anticipados, el IVA se devenga en el momento de su cobro por el importe correspondiente.

2) Una entidad mercantil, con fecha 15-5-N, ha firmado un contrato con una Administración Pública para la realización de una ejecución de obra relativa a la **construcción de una carretera** de unos 15 kilómetros para unir dos pueblos próximos entre sí, por un importe contratado de 45.075 € (IVA incluido). La entidad mercantil ha emitido certificaciones de obra en las siguientes fechas: 15-11-N, 15-5-N+1 y 15-11-N+1. Con fecha 15-3-N+1 percibió de la Administración contratante 10.000 € (IVA incluido), habiendo emitido la correspondiente factura. Posteriormente, el día 20-12-N+1, se realiza la recepción de la obra por dicha Administración Pública, abonándose el resto del importe de la obra el día 15-4-N+2. Es preciso tener en cuenta que en las entregas de bienes y prestaciones de servicios cuyos destinatarios sean entes públicos se entiende siempre incluido el IVA (nº 1461).

En este supuesto, el IVA de la ejecución de obra pública se devenga:
- El día 15-3-N+1, por el pago anticipado.
Base imponible = 10.000/1,21 = 8.264,46.
IVA = 8.264,46 × 21% = 1.735,54.
- El día 20-12-N+1, por el resto del importe de la obra, dado que este es el momento de la recepción de dicha obra.
Base imponible = 35.075/1,21 = 28.987,60.
IVA = 28.987,60 × 21% = 6.087,40.

Doctrina Administrativa Además de las siguientes contestaciones de la DGT, ver el nº 8731 y el nº 11000 s. 1234

En diversas consultas se han aclarado los criterios relativos al devengo en las **ejecuciones de obra para la Administración** señalando (DGT 9-7-02; 1-7-02; 1-7-02, entre otras):

a) **Ámbito subjetivo**. La regla solo es aplicable a las ejecuciones de obra cuyos destinatarios sean las Administraciones Públicas.

Se entiende por **Administraciones Públicas** a los efectos de la Ley de Contratos del Sector Público (L 9/2017 art.3.2):
- la Administración General del Estado, las Administraciones de las CCAA, las ciudades de Ceuta y Melilla, las entidades que integran la Administración Local;
- las entidades gestoras y los servicios comunes de la Seguridad Social;
- los organismos autónomos;
- las universidades públicas;
- las autoridades administrativas independientes;
- los consorcios y otras entidades de derecho público, en las que dándose las circunstancias establecidas para poder ser considerados poder adjudicador y estando vinculados a una o varias Administraciones Públicas o dependientes de las mismas, no se financien mayoritariamente con ingresos de mercado. Se entiende que se financian mayoritariamente con ingresos de mercado cuando tengan la consideración de productor de mercado de conformidad con el Sistema Europeo de Cuentas;
- las Diputaciones Forales y las Juntas Generales de los Territorios Históricos del País Vasco en lo que respecta a su actividad de contratación.

b) **Ámbito objetivo**. Las ejecuciones de obra a las que resulta aplicable esta regla de devengo son únicamente los contratos de obra, entendiendo por tales los que tienen por objeto la realización de una obra (entendida como el resultado de un conjunto de trabajos de construcción o de ingeniería civil, destinado a cumplir por sí mismo una función económica o técnica, que tenga por objeto un bien inmueble), la ejecución de alguno de los trabajos enumerados en la normativa de Contratos del Sector Público (L 9/2017 anexo I), o la realización por cualquier medio de una obra que responda a las necesidades especificadas por la entidad del sector público contratante. El contrato puede comprender la redacción del correspondiente proyecto (L 9/2017 art.13).

1235 c) **Recepción de la obra**. El devengo del impuesto se produce en el momento de la recepción de la obra. No obstante, debe tener en cuenta las siguientes cuestiones:
- se admiten **recepciones parciales** para las partes de la obra susceptibles de ser ejecutadas por fases (L 9/2017 art.243.5), las cuales determinan el devengo del impuesto. También, por ejemplo, cuando el dueño se apropie de ellas a medida que el contratista las realiza o bien cuando se emitan certificaciones de obra mediante las cuales se ponga a disposición del dueño de la obra la parte de la obra certificada -«fase completa y terminada de la misma»- (DGT CV 8-4-10; CV 17-6-10). Así, en las ejecuciones de obra, con o sin aportación de materiales, cuyas destinatarias sean las Administraciones públicas el devengo se produce en el momento de la **recepción total o parcial** de las obras (DGT CV 27-2-15; CV 5-6-14; CV 20-10-15);
- si las condiciones de contratación no hacen referencia al momento de puesta a disposición de las obras, hay que atender a las cláusulas relativas al inicio del período de garantía o la facultad del dueño de la obra de retener los trabajos ya efectuados -o ya certificados- en caso de **resolución anticipada del contrato**. Esta última circunstancia, en particular, podría ser determinante para definir el momento de la puesta a disposición de las obras ejecutadas y, por lo tanto, el devengo de la operación (DGT 7-7-00; 18-2-04);
- se permite la **ausencia del acto formal de recepción** por razones de interés público, facultando al órgano de contratación para acordar la ocupación efectiva de las obras o su puesta en servicio para el uso público (L 9/2017 art.243.6), produciéndose los efectos propios del acto de recepción y devengándose el impuesto en el momento de la ocupación o puesta en servicio señalada (DGT CV 14-3-13);
- si se emiten certificaciones de obra mensualmente, pagaderas mediante **confirming o pagaré** a los 160 días de su expedición, el devengo se produce en el momento de la puesta a disposición de las obras (total o parcial) así como a medida que se produzca el pago de las correspondientes certificaciones de obra si estos constituyen pagos anticipados anteriores a la realización del hecho imponible (DGT CV 29-9-10; CV 21-5-19);
- el momento de devengo no se ve afectado por el hecho de que el que ejecuta la obra ceda los derechos de cobro que este tiene sobre la Administración a un tercero, en particular, a una entidad de **factoring** (DGT CV 17-11-04; CV 30-6-05).

1236 d) **Entrega**. La entrega de la obra y el devengo del IVA se producen en el momento a partir del cual el destinatario de la operación tiene la **posesión** completa e inmediata del resultado de la ejecución de obra, quedando la misma a su disposición (facultad de usar, disfrutar y disponer).

En este sentido han de interpretarse los distintos supuestos en los que la normativa del IVA establece reglas de devengo que difieren del momento en el que se produce la transmisión. Así, con respecto a las ejecuciones de obra, el hecho de que el promotor o dueño de las obras sea su propietario desde un punto de vista estrictamente jurídico a medida que estas se van ejecutando, no puede implicar el devengo sin más, ya que no se ha producido su entrega y puesta a disposición de aquel.

La suscripción del **acta de recepción** en aquellas obras en las que así se prevea (nº 1232), supone el devengo del IVA. Lo mismo cabe decir de los supuestos en los que se produzca la **recepción tácita**. Por el contrario, para los demás casos hay que estar a los diferentes elementos de prueba que concurren en cada supuesto para acreditar la puesta a disposición de la obra (DGT CV 15-7-14).

Si la entrega de una infraestructura se realiza en el marco de un **Convenio de colaboración**, que comprende tanto su construcción como su posterior explotación por la mercantil participada indirectamente por una Comunidad Autónoma a su propio riesgo y ventura, la entrega efectiva de la misma se produce con la finalización de dicha explotación y no en el momento de su recepción por la Comunidad Autónoma en virtud de la cesión previa instrumental (DGT CV 16-5-25). En términos similares, el devengo se produce cuando, transcurrido el plazo fijado en el convenio, el ayuntamiento pase a disponer plenamente de los bienes, DGT CV 26-9-16.

1237 e) **Supuestos de no aplicación de la regla especial**. Las reglas generales del devengo de las ejecuciones de obra señaladas en el nº 1231 resultan aplicables a los siguientes contratos de ejecución de obra, a los que no resulta de aplicación la regla especial del nº 1232:
- contratos de ejecución de **obra privada**, no vinculada ni directa ni indirectamente con la ejecución de obra pública;
- **subcontratación** por empresarios o profesionales que han contratado una ejecución de obra inmobiliaria para una Administración Pública, del total o una parte de la misma con otros empresarios o profesionales (DGT CV 23-6-09);

- ejecuciones de obra para Administraciones Públicas que no tengan cabida dentro del **contrato de obras** referido en el nº 1234.

f) **Expedición de certificaciones de obra**. La mera expedición de certificaciones de obra en las que se documente el estado de **avance de las obras**, no determina en ningún caso por sí misma el devengo del impuesto, ya que su simple expedición no puede calificarse como entrega de bienes por no haber transmisión del poder de disposición (DGT CV 13-7-07; CV 5-11-07; CV 12-5-11). Así, la presentación o expedición de las certificaciones de obras no determina el devengo, salvo en los casos de **pago anticipado** del precio -nº 1238- (DGT CV 24-3-22).

g) **Pagos anticipados** (nº 1275 s.). Lo anteriormente expuesto no impide la aplicación de la norma relativa a los pagos anticipados, por lo que si se procede al pago total o parcial del importe correspondiente a la parte de obra ejecutada que se documenta en la certificación de obra, se devenga el impuesto en proporción a la cantidad satisfecha, por el importe efectivamente cobrado. **1238**

A estos efectos, el mero **endoso, descuento o pignoración de la certificación** de obra no puede considerarse como pago anticipado de la obra a realizar y no determina, por tanto, el devengo correspondiente a dicha obra (DGT CV 27-12-06; CV 11-12-09; CV 12-5-11; CV 17-9-19).

No se entiende cobrada la certificación de obra con la **emisión de un pagaré**, sino únicamente en el momento de su pago por el deudor (DGT CV 12-5-11). En el mismo sentido DGT CV 28-6-19.

Jurisprudencia 1) A efectos de devengo, no deben confundirse las ejecuciones de obra, que son contratos de resultado de duración prolongada, en los que la dilación en el tiempo es necesaria para la producción de la obra, pero su ejecución es única, con las operaciones de **tracto sucesivo**, que se caracterizan porque el prestador realiza en el tiempo una serie de actos de ejecución reiterada, repetidos e iguales, pudiendo prolongarse indefinidamente y que cuentan con su propia regla de devengo, que atiende a la exigibilidad de la parte del precio que comprenda cada percepción (nº 1245). Igualmente, la ejecución de obra implica la obtención de un bien distinto a los bienes que se hayan utilizado para su realización, y la entrega o puesta a disposición del destinatario de ese nuevo bien determina el momento en que la operación ha de entenderse efectuada (TEAC 26-1-10). **1239**

2) El devengo se produce cuando la obra ejecutada se ponga a disposición de su dueño, siendo posible la **puesta a disposición parcial** en función de su naturaleza y características de la obra que se ejecuta (TEAC 22-2-11).

3) Los contratos de obra en las que el contratista se obliga a financiar la construcción adelantando las cantidades necesarias hasta que se produzca la recepción de la obra terminada (modalidad de **abono total del precio la obra**), implica que las certificaciones de obra entregadas no van a suponer pagos anticipados. El devengo se produce al entregar la obra terminada (TEAC 24-11-16).

4) Las prestaciones de servicios consistentes en trabajos de construcción y montaje se consideran efectuadas, a efectos del IVA, cuando tiene lugar la **recepción formal de dichos trabajos,** siempre que dicha recepción haya sido estipulada en el contrato y que la misma refleje las normas y prácticas propias del ámbito en el que se realiza la prestación (TJUE 2-5-19, asunto C-224/18).

3. Autoconsumo

(LIVA art.75.Uno.5º)

El IVA se devenga cuando se efectúan las operaciones gravadas. Dada la distinta naturaleza de estas operaciones (entregas de bienes o prestaciones de servicios) se aplican las reglas de devengo correspondientes, según los casos. **1240**

No obstante, en los supuestos de afectación o de cambio de afectación de bienes para su utilización como **bienes de inversión** (nº 241 s.), cuando la pérdida del derecho a la deducción total sobrevenga después de iniciarse la utilización indicada y dentro del período de regularización, el impuesto se devenga con arreglo a estas reglas especiales:

- si los bienes se **destinan a finalidades** que limitan o excluyen el derecho a deducir (nº 2600 s. y nº 2640 s.), cuando se producen las circunstancias que determinan la limitación o exclusión del derecho a la deducción;
- si los bienes se utilizan en operaciones que **no originan derecho a deducción**, el último día del año en que los bienes que constituyan su objeto se destinen a operaciones que no originen el derecho a la deducción;
- si los bienes se utilizan exclusivamente en operaciones que generan el derecho a la deducción, pero el autoconsumo se produce por quedar el sujeto pasivo sometido a **prorrata** (nº 2715 s.), el devengo tiene lugar el último día del año en que sea de aplicación la regla de prorrata general;
- si los bienes son objeto de una **entrega exenta** que no origine el derecho a la deducción, cuando se produzca el devengo de la entrega exenta.

1241 Ejemplo EFL, empresario individual, entrega gratuitamente a su hijo ciertos bienes fabricados por él. Dicha operación se formaliza el 1-1-N.
Se trata de un supuesto de autoconsumo de bienes, de manera que el IVA se devenga cuando se efectúa la operación gravada, esto es, cuando se transmite el poder de disposición sobre los bienes.

1243 Doctrina Administrativa Además de las siguientes contestaciones de la DGT, ver el nº 11000 s.
1) Cuando el **cese en el ejercicio de la actividad** empresarial o profesional determine la transferencia de los bienes integrantes del patrimonio empresarial o profesional al patrimonio personal del sujeto pasivo, se debe entender efectuada la operación gravada y devengado el impuesto cuando se produzca el cese efectivo en el ejercicio de la actividad, el cual no se puede entender producido en tanto el sujeto pasivo, actuando como tal, continúe llevando a cabo la liquidación del patrimonio empresarial o profesional y enajenando los bienes de su activo (DGT 9-6-87; CV 10-12-24).
2) En el autoconsumo de bienes el devengo tiene lugar cuando se produzca la **transferencia de las viviendas**, del patrimonio empresarial a su patrimonio personal como consecuencia del cese en la actividad (DGT CV 30-1-12).
3) La transmisión a un Ayuntamiento de forma **gratuita** de uno de los inmuebles construidos supone la existencia de un autoconsumo que se devenga con la puesta a disposición a la Administración (DGT CV 5-6-24).

4. Operaciones de tracto sucesivo

(LIVA art.75.Uno.7º)

1245 **Regla general** (LIVA art.75.Uno.7º) En los arrendamientos, en los suministros, y, en general, en las operaciones de tracto sucesivo o continuado, el IVA se devenga en el momento en que resulta exigible la parte del precio que comprenda cada percepción. Se exceptúan las operaciones sin transferencia de propiedad aludidas en el nº 1226. No obstante, se establecen unas **reglas especiales** para supuestos de indeterminación en el pago o en la exigibilidad, o cuando esta última es superior al año (nº 1248 s.).

Precisiones 1) Las **operaciones de factoring** en su conjunto (las de financiación y las restantes) se consideran como de tracto sucesivo, produciéndose el devengo a medida que se vaya satisfaciendo la parte o el total del precio pactado, sin perjuicio de lo previsto en el nº 1248 (DGT Resol 1/2004). Ver estudio detallado de estas operaciones en el nº 9450 s.
2) Para determinar el devengo, ha de estarse a los **términos de los contratos**, en los que se fija la fecha o período en que es exigible el pago del precio, con independencia de los períodos en que se hubieran consumido los bienes entregados o los servicios prestados. Así, si la contraprestación del consumo de teléfono correspondiente a noviembre y diciembre es exigible el 1 de enero siguiente, el devengo se produce el 1 de enero, aplicándose la tributación vigente en dicha fecha.
3) En relación a la constitución del **derecho de superficie**, ver el nº 8736.

1246 Ejemplos 1) EFL constituye un derecho de arrendamiento sobre un solar de su propiedad en favor de XY, durante tres años, a cambio de una **renta mensual** de 20.000 €.
Se trata de una prestación de servicios, sujeta y no exenta, devengándose el impuesto cuando resulte exigible cada uno de los pagos mensuales y por el importe de cada uno de los mismos.
2) Un particular tiene arrendado un local comercial por el que cobra, cada dos meses, al principio del **bimestre**, un alquiler de 2.400 € al arrendatario.
Se trata de una prestación de servicios sujeta y no exenta, devengándose el IVA en el momento en que resulte exigible la parte del precio que comprenda cada percepción. En el supuesto planteado, se devenga al principio de cada bimestre por el importe contratado.

1247 Doctrina Administrativa Además de la siguiente contestación de la DGT, ver el nº 11000 s.
Son operaciones de tracto sucesivo las que implican una serie de entregas de bienes o prestaciones de servicios periódicas o continuadas, que tienen una duración sostenida en el tiempo. Dentro de este tipo de operaciones, se incluyen aquellas en las que el proveedor se obliga a entregar una **pluralidad de bienes**, o a prestar una serie de servicios, de forma sucesiva y por precio unitario, sin que la cuantía total se defina con exactitud, por estar subordinadas, las entregas o las prestaciones, a las necesidades que el cliente presente en cada momento (DGT CV 3-2-25).

Jurisprudencia Las operaciones cuya reiteración en el tiempo e identidad entre sí conducen a su calificación como de tracto continuado deben distinguirse de aquellas otras que, por más que se ejecuten a lo largo de un determinado **lapso temporal**, como puede ocurrir con la recogida del producto en la campaña agrícola correspondiente, carecen de estas características. En estas últimas, se produce una serie de entregas sucesivas, pero carecen de la característica de la reiteración. De lo anterior resulta que el devengo de las entregas y adquisiciones efectuadas por quien así procede coincide en el tiempo, siendo que, producidas las entrega por parte de la cooperativa a terceros, será a esta fecha a la que deba referirse el devengo del IVA con la única salvedad de la existencia de pagos anticipados (TEAC 17-3-21).

Regla especial (LIVA art.75.Uno.7º) Se establecen dos particularidades: 1248
a) Para las **operaciones** de tracto sucesivo en las que concurra alguna de las **circunstancias** siguientes:
- que no se haya pactado el precio;
- que no se haya determinado el momento de su exigibilidad;
- que la exigibilidad se haya establecido con periodicidad superior al año natural.

En estos supuestos, el devengo del impuesto se produce el 31 de diciembre de cada año por la parte proporcional correspondiente al período transcurrido desde el inicio de la operación, o desde el anterior devengo, hasta la citada fecha.
No resulta **aplicable** esta regla especial de devengo si se ha pactado precio con una exigibilidad inferior al año natural, aunque el destinatario de la operación no pague en el plazo pactado.
b) Para el caso de **entregas intracomunitarias** de bienes exentas (nº 5215 s.) o transferencias exentas de bienes corporales de una empresa con destino a otro Estado miembro, para afectarlos a las necesidades de la empresa en este Estado (nº 5225 s.) cuando:
- no se haya pactado precio; o
- habiéndose pactado precio, no se haya determinado el momento de su exigibilidad; o
- se ha establecido una exigibilidad con una periodicidad superior al mes natural.

En estos casos, el devengo del impuesto se produce el último día de cada mes por la parte proporcional correspondiente al período transcurrido desde el inicio de la operación, o desde el anterior devengo, hasta la citada fecha.
Para **otros supuestos** de entregas intracomunitarias, ver nº 1270 s.

Precisiones Existe un supuesto de devengo similar para los **servicios continuados** durante más de un año en los que se produce la inversión del sujeto pasivo (nº 1215).

Ejemplos **1)** Arrendamiento de un local de negocio por un período de diez años, que se inicia el 1-1-N. Se pacta el pago por el arrendatario de una cantidad de 200.000 euros, exigibles al **término del contrato**. 1249
En este supuesto, el IVA se va devengando el 31 de diciembre de cada uno de los años de duración del contrato, siendo la base imponible del impuesto correspondiente a cada uno de estos devengos, la décima parte de la renta total pactada, esto es, 20.000 euros. Significa que, a dicha fecha, el arrendador debe emitir la factura y repercutir el impuesto. El arrendatario debe soportar dicha repercusión y el arrendador debe ingresar el impuesto devengado en la declaración-liquidación correspondiente al período en que se ha producido el devengo.
2) Arrendamiento de un local de negocio, por un período de cinco años, habiéndose pactado el pago por el arrendatario de una **renta mensual**, exigible el día 5 de cada mes. Transcurridos cinco meses, el arrendatario deja de pagar, pese a lo cual se mantiene en el inmueble.
El IVA se devenga el día 5 de cada mes, por el importe de la renta impagada, y el arrendador debe ingresar el impuesto en sus declaraciones-liquidaciones periódicas. Todo, sin perjuicio de la posibilidad de modificación de la base imponible si se ha dictado auto de declaración de concurso de acreedores (nº 1974) o en el supuesto de que el crédito correspondiente a la renta debida resulte incobrable (nº 1981) o en el caso de que la operación quede sin efecto por resolución firme, judicial o administrativa (nº 1540 s.).

Doctrina Administrativa Además de las siguientes contestaciones de la DGT, ver el nº 8736 y el nº 11000 s. 1250
1) Tienen la consideración de **operación de tracto sucesivo**:
- la contratación de **servicios de correo** con la Sociedad Estatal de Correos y Telégrafos, S.A., de modo que se prestan de forma continuada en el tiempo y se facturan mensualmente, una vez que el ayuntamiento ha prestado su conformidad a la correspondiente factura (DGT CV 6-6-11);
- el arrendamiento a largo plazo de **vehículos** (DGT CV 12-7-10) y el **renting** de vehículos (DGT CV 23-4-13);
- las prestaciones de servicios de **ayuda domiciliaria y centro de día** (DGT CV 11-10-11), y de **atención residencial** (DGT CV 14-10-20; CV 25-3-22; CV 27-6-22; CV 11-12-23);
- los servicios de **programación informática**, que cubren un determinado número de horas por parte de un programador durante la duración del contrato, generalmente inferior al año, pero que se prorrogan o concatenan con nuevos contratos de duración determinada, que se alargan durante varios años (DGT CV 23-11-11);
- la prestación de forma continua de un **servicio de soporte informático a distancia** efectuado por control remoto de duración bianual (DGT CV 18-9-19);
- los servicios de **gestión de incidencias informáticas** durante un período anual (DGT CV 23-11-11);
- las prestaciones de **servicios de alarma** (DGT CV 31-5-13);
- los servicios de **representación** de deportistas (DGT CV 28-6-13);
- el servicio de gestión y recaudación de las máquinas de café prestado por el **intermediario** (DGT CV 11-11-16);
- los servicios de un **administrador de fincas** (DGT CV 21-3-16);

- los servicios de recaudación y **gestión de donativos** efectuados para organizaciones no gubernamentales (DGT CV 30-10-17);
- los **servicios de vigilancia y protección personal** si se prestan de forma fija o permanente. Si se prestan de forma ocasional, tienen la consideración de servicios de tracto único (DGT CV 5-8-10).
- los servicios de **depósito de bienes incautados** de forma continuada y sin interrupción (DGT CV 6-5-21);
- los servicios prestados en virtud de **contrato de agencia** (DGT CV 12-11-86);
- la relación contractual entre **franquiciador y franquiciado**. La existencia de procedimientos judiciales en marcha, en la medida en que no hayan producido la extinción de la relación contractual y el consiguiente cese en la exigibilidad de los pagos, no interrumpe el devengo del impuesto, que sigue produciéndose mientras los pagos sigan siendo exigibles en cumplimiento del contrato (DGT 23-9-99);
- los contratos de **abastecimiento** de productos radiofarmecéuticos que se produce bajo pedido del cliente durante el período que se fija en el contrato, evitando que tengan que celebrarse sucesivos contratos de compraventa (DGT CV 8-5-19);
- en la concesión para la **ocupación y utilización del dominio público portuario** se produce en el momento en que resulte exigible la tasa anual por ocupación, que se satisfará por semestres adelantados (DGT CV 5-2-15);
- los servicios prestados a la Administración por parte de las empresas concesionarias de **transporte** (DGT CV 9-3-16);
- el **tratamiento de residuos** (DGT CV 14-2-14), un servicio complejo de gestión de residuos de vidrio (DGT CV 28-11-17), o de residuos urbanos (DGT CV 16-10-17);
- un **servicio de enfardado** que una empresa presta a sus clientes incluyendo la cesión de uso de la maquinaria necesaria para el embalaje y el film (DGT CV 6-8-21);
- en el **contrato de adhesión** por el cual una entidad se compromete a adquirir un determinado volumen de productos y a publicitar la marca del fabricante se produce una prestación de servicios de tracto sucesivo por los servicios de promoción y una prestación de servicios de tracto único por el compromiso de compra de los productos (DGT CV 5-7-24; CV 3-2-25).

1251 2) **No** tienen la consideración de **operaciones de tracto sucesivo**:
- si los planes de **formación continua** establecen una fecha límite para el inicio y la finalización de cada uno de los cursos, pudiendo percibirse pagos anticipados previos al inicio de la acción formativa y cantidades a cuenta durante la ejecución de la misma, dicha circunstancia no convierte un contrato de tracto único en otro de tracto sucesivo o continuado (DGT CV 23-3-09);
- las prestaciones de servicios que los clientes realizan a favor de la entidad que recibe **comisiones de una estación de servicio** cada vez que uno de sus clientes reposta en ella, y reparte la comisión recibida con sus clientes (DGT CV 30-5-14);
- la **intermediación laboral** que una determinada empresa de trabajo temporal efectúa en favor de una persona física (DGT CV 30-12-15) y la puesta a disposición de otra empresa usuaria, con carácter temporal, de trabajadores contratados por la consultante -**cesión de personal**- (DGT CV 17-7-15);
- los servicios de **consultoría informática** al margen o con independencia de un contrato de mantenimiento informático (DGT CV 10-5-12).

1252 3) En las siguientes consultas se plantea el devengo del IVA en el ámbito de determinados **contratos de suministro**:
- en los contratos de **telefonía** se produce cuando el precio resulte exigible de acuerdo con lo establecido en cada contrato, con independencia del momento en que se hubieran consumido los servicios prestados y del momento en que se haga efectivo su pago por el destinatario (DGT CV 30-4-09). En los servicios de conexión, tráfico de voz de telefonía fija, servicio de banda ancha (**ADSL**), alquiler de terminales de telefonía fija, televisión digital y alquiler de decodificadores, se produce en el momento en que resulte exigible la parte del precio que comprenda cada percepción (DGT CV 19-5-10; CV 17-5-10);
- en los contratos sobre el **gas** y la **electricidad** se produce en el momento en que resulta exigible la parte del precio que comprende cada percepción conforme a la exigibilidad legal o contractual de la contraprestación (DGT CV 21-6-10). Este mismo criterio se aplica a los servicios de mantenimiento del **alumbrado público**, prestados por una entidad mercantil a cambio de un importe global mensual (DGT 18-5-99), a los servicios de **interrumpibilidad** (DGT CV 30-10-09), y a los servicios de gestión de **residuos radiactivos** (DGT CV 19-1-10);
- las cuotas fijas mensuales de **consumo eléctrico** dan lugar al devengo, tanto si fueron pactadas en contrato y determinasen la exigibilidad de la parte del suministro efectuada, como si no fue así (DGT CV 20-7-16; CV 14-4-20). En un contrato de suministros de energía eléctrica el devengo se produce en el momento de la exigibilidad pactada, con independencia del momento en que se haya producido efectivamente el consumo (DGT CV 12-6-25);
- en los suministros eléctricos de un mes de un **productor del régimen especial** se produce en la fecha en la que la Comisión Nacional de la Energía expide en nombre y por cuenta del referido productor la correspondiente factura, al ser el momento en que debe entenderse exigible la parte del precio correspondiente a dicho suministro (DGT CV 7-10-13);

- en los suministros de energía eléctrica que realiza el representante del titular de unas **instalaciones fotovoltaicas** de producción de energía eléctrica se produce con ocasión de su exigibilidad, que coincide con las liquidaciones efectuadas al representante del titular por los suministros (DGT CV 5-11-14);
- en un **contrato de entrega de energía**, en el momento en que sea exigible la parte del precio correspondiente a cada percepción, precio que es el que tenga la energía en el momento de producirse el suministro (DGT CV 13-6-22). Es decir, es un **devengo único** para cada suministro de energía eléctrica (DGT CV 5-6-23).

4) En las siguientes consultas se plantea el devengo del IVA en el ámbito de determinados contratos de **arrendamiento**: 1253
- mientras dura la relación de arrendamiento, se produce ordinariamente en el momento en que resulte exigible la parte del precio que comprenda cada percepción, y solo en el momento de ejercicio de la **opción de compra** se devenga el impuesto correspondiente a la entrega que el ejercicio de dicha opción origina (DGT 20-10-98; CV 3-11-06; CV 22-1-14). Mientras la ejecución del contrato de **leasing** constituya una prestación de servicios, el devengo se produce en el momento en que resulte exigible la parte del precio que comprenda cada percepción (DGT CV 29-3-12). En términos similares, DGT CV 25-11-24;
- mientras subsista la relación de arrendamiento, en el momento en que el arrendador pueda exigir contractualmente el pago de la renta, con independencia de que su importe **no se haya hecho efectivo** por el arrendatario (DGT 25-9-01; CV 25-4-05). En tanto no se cancele plenamente la relación arrendaticia mediante el cumplimiento por sentencia judicial y **desahucio del local**, se sigue devengando el IVA correspondiente al arrendamiento (DGT CV 9-6-06; CV 14-11-08). De igual forma, en una medida cautelar de **clausura del local** que impide su uso (DGT CV 21-3-16). Sólo en el caso de que formal y expresamente se **cancele temporalmente** la relación contractual arrendaticia o se modifique el momento de su exigibilidad se deja de devengar el IVA (DGT CV 5-9-23);
- si en un contrato de arrendamiento se pacta como parte de la contraprestación una serie de mejoras a realizar por el arrendatario para su uso y disfrute durante la vigencia del contrato pero que revertirán a la arrendadora a su extinción, el devengo de la **reversión de las mejoras** se produce a 31 de diciembre de cada año por la parte proporcional correspondiente al período transcurrido desde el inicio de la operación, o desde el anterior devengo, hasta la fecha de reversión (DGT CV 22-4-10; CV 26-2-21).También en relación con la **reversión de obras de rehabilitación** que son parte de la contraprestación de la operación (DGT CV 23-12-25). Cuando la **carencia de renta** se otorga en atención a un razonable período de ocupación por el nuevo arrendatario, el impuesto se devenga cuando resulte exigible la parte del precio que comprenda cada percepción efectiva (DGT 24-11-04). En términos similares, DGT CV 6-7-25. En el caso de que no se haya determinado el momento de su exigibilidad, el devengo se produce a 31 de diciembre por la **parte proporcional** del valor de las obras realizadas por el arrendatario en el denominado periodo de carencia (DGT CV 26-9-19). No estando pactada carencia en el contrato, al no cobrarse por el arrendamiento se dan los requisitos para la existencia de un autoconsumo de servicios y se sigue devengando el IVA (DGT CV 31-5-24);
- en el arrendamiento de una finca rústica a un Ayuntamiento que la destina a la actividad de **aparcamiento municipal** y cuya renta anual se abona en un único plazo de forma anual, se produce de forma anual en el momento de su exigibilidad (DGT CV 20-10-20);
- en los importes percibidos por **aseguramiento de rentabilidad mínima** del patrimonio empresarial ante el no arrendamiento de un local, se produce en el momento en que resulten exigibles las cuantías pendientes que permitan alcanzar la rentabilidad estimada (DGT CV 8-4-13; CV 29-9-15);
- en el arrendamiento de **elementos incorporales** de un patrimonio empresarial, por cuya cesión se ha pactado una cuantía fija a pagar en las tres primeras anualidades, se produce en el momento en que resulten exigibles tales anualidades (DGT CV 4-11-21).

5) En las siguientes consultas se plantea el devengo del IVA en el ámbito de determinados contratos de **vigilancia, mantenimiento y limpieza**: 1254
- en los servicios acordados por **empresas de limpieza** con las Administraciones Públicas en los que se acuerda el pago por realización parcial del contrato, el devengo se produce al término de los dos meses siguientes a la fecha de expedición del documento que acredite la realización parcial del contrato (actualmente 30 días -L 9/2017 art.198.4-), aunque el pago de la contraprestación se produzca con posterioridad a dicho momento (DGT 2-7-98);
- en la **limpieza de edificaciones** se produce en el momento en que resulte exigible la parte del precio que comprenda cada percepción (DGT CV 14-5-09);
- en el contrato de **conservación y mantenimiento** de edificios el devengo coincide con la exigibilidad de la contraprestación que, de acuerdo con el contrato, es a razón de dos pagos anuales (DGT CV 25-5-16; CV 2-3-17);
- en los contratos de **vigilancia personal**, de edificios, de autopistas, mantenimiento de cajeros y de recepción y portería, se produce cuando resulte exigible el precio, bien en el momento de expedición de la factura o en los treinta días siguientes, según los pactos suscritos entre las partes (DGT 17-9-03);

- en un contrato de **mantenimiento de instalaciones** preventivo y correctivo, que se facturan mensualmente, pero cuya exigibilidad del precio se produce a los 90 días, el devengo se produce a los 90 días de la expedición de la factura (DGT CV 20-12-10; 29-4-19). En el mismo sentido respecto a contratos de mantenimiento de fotocopiadoras a largo plazo (DGT CV 16-12-10); de mantenimiento de equipos de alta tecnología y diagnóstico (DGT CV 19-9-13); o de mantenimiento de autovías (DGT CV 7-5-13);
- el devengo del contrato de gestión de material audiovisual consistente en la puesta y **mantenimiento de soportes audiovisuales** en distintos portales de internet, así como la indexación de dichos soportes en buscadores de la red durante su vigencia con pago mensual, anual o total a la firma del contrato, se produce en el momento en que resulte exigible el precio (DGT CV 11-11-10). El mismo criterio en relación con los servicios de mantenimiento de las licencias de software y de **mantenimiento informático** (DGT CV 10-5-12). En el mismo sentido, para las prestaciones de **servicios de acceso a internet** en la modalidad de contrato normal o de contrato prepago (DGT CV 17-5-10).

1255 6) En las siguientes consultas se plantea el devengo del IVA en el ámbito de la **constitución, cesión y renuncia de derechos**:

a) Son **operaciones de tracto sucesivo** en las que el devengo se produce con la exigibilidad de la parte del precio que comprenda cada percepción:
- la concesión de un **derecho de uso de programas** a cambio del pago de un canon, el IVA se devenga en el momento en que resulte exigible la parte del precio que comprenda cada percepción (DGT 3-11-00);
- la constitución de un **usufructo temporal**. El impuesto se devenga en el momento de la firma del contrato por la parte de la contraprestación exigible en ese momento y por el resto cuando resulte exigible cada percepción. No obstante, si se hubiera establecido con una periodicidad superior al año natural, el devengo se produce a 31 de diciembre de cada año por la parte proporcional correspondiente al período transcurrido desde el inicio de la operación, o desde el anterior devengo, hasta la citada fecha (DGT 18-1-02; CV 26-10-18). También la **adquisición de los derechos de usufructo** (DGT CV 21-12-07);
- la **renuncia a realizar una actividad** es, a efectos del IVA, una prestación de servicios cuyo devengo se produce en el momento en que resulte exigible la parte del precio que comprenda cada percepción (DGT 2-3-04);
- la constitución de **derechos de superficie**. Si la contraprestación está integrada por la reversión de la nave industrial que se va a construir en el terreno y que tendrá lugar cuando finalice el contrato, la exigibilidad del precio se establece con una periodicidad superior a un año natural, por lo que el devengo se produce a 31 de diciembre de cada año por la parte proporcional correspondiente al período transcurrido desde el inicio de la operación, o desde el anterior devengo, hasta la citada fecha (DGT CV 17-10-05; CV 16-6-06; CV 3-7-09). También cuando el derecho de superficie es a favor de una Universidad Pública para la **construcción de una edificación** que revertirá conforme se extinga el derecho de superficie sin contraprestación económica alguna, es decir, la contraprestación es la reversión de la edificación (DGT CV 8-7-15). En el mismo sentido, cuando no se fija un canon periódico (DGT CV 15-11-17). El devengo de la constitución del derecho de superficie tiene lugar de forma independiente al devengo que se produce como consecuencia de la **entrega de las construcciones**, sin perjuicio de que, por las características especiales de este tipo de operaciones, el momento temporal en que se produzca uno y otro pueda resultar coincidente (DGT CV 28-4-21; CV 18-6-24);
- la retribución por una Administración pública al **concesionario de una autopista** mediante el abono periódico de unas cantidades, dependiendo del grado de utilización por los usuarios de la misma, ya que se aplica el mismo tratamiento que a los arrendamientos de bienes inmuebles (DGT CV 22-4-10; CV 22-4-10);
- la cesión de **derechos de imagen**. Si la periodicidad supera un año natural, el devengo se produce a 31 de diciembre de cada año por la parte proporcional correspondiente al período de tiempo transcurrido desde el inicio de la operación o desde el anterior devengo, según el caso, hasta la citada fecha (DGT CV 26-11-08). En el mismo sentido, en relación con la cesión del derecho de imagen a una sociedad (DGT CV 22-5-23);
- si a una concesionaria de una **terminal marítima** se le ha revisado al alza su precio de concesión al establecerse un incremento global para el periodo objeto de concesión, pero que será satisfecho en 8 anualidades iguales según un calendario de pago establecido al efecto, el devengo se produce en el momento en que se haya pactado que se debe satisfacer cada una de las anualidades en que se divide el incremento de precio. La mera expedición de un documento en el que se refleje el importe resultante de la cuantificación de la contraprestación no determina el devengo del IVA (DGT CV 4-2-14);
- un contrato de **alquiler «ad meliorandum»** consistente en el pago en especie de la renta mediante la entrega de la obra de rehabilitación del inmueble objeto del contrato de arrendamiento (DGT CV 21-12-16).

b) No son operaciones de tracto sucesivo, produciéndose el devengo con la prestación del servicio:
- la concesión de un **derecho de licencia** para duplicar e instalar el software propiedad del proveedor de los programas (DGT 3-11-00);

- la cesión de derechos de **explotación de productos audiovisuales** (DGT CV 25-3-13);
- la **constitución de la opción** del derecho de superficie (DGT CV 4-11-21) y la **transmisión de los derechos de superficie** (DGT CV 27-2-07);
- la cesión de **derechos de autor** que una determinada entidad de gestión de derechos de autor efectúa para el ayuntamiento, relativa a un concierto, recital o representación concreta y determinada (DGT CV 23-7-14). En el mismo sentido, cuando el servicio se presta en favor de otra persona física o jurídica (DGT CV 4-3-15);
- la **adquisición de los derechos audiovisuales** de los clubes de fútbol (DGT 10-12-03) y la cesión de los derechos de explotación de ciertos productos audiovisuales -películas, series de TV u otras obras audiovisuales- (DGT CV 23-8-21).

Jurisprudencia 1) En los **arrendamientos, suministros**, operaciones de tracto sucesivo, se vincula el devengo del IVA a la exigibilidad de la contraprestación correspondiente. Se rompe así la regla general de que el devengo, en la prestación de servicios, se produce cuando estos se prestan. El pago de los servicios de luz, gas, agua y teléfono es exigible en el momento de la emisión de la factura, devengándose el IVA en ese momento (TEAC 18-12-98). **1257**

2) La **constitución de un derecho de superficie** tiene la consideración de prestación de servicios y el devengo se produce, como una operación de tracto sucesivo, en el momento en que son exigibles los pagos, así como en el momento de la reversión de lo construido (TEAC 18-7-13). Cuando se constituye un derecho de superficie a favor de una sociedad con el fin de que esta edifique un edificio, el IVA correspondiente a tales servicios de construcción es exigible en el momento en el que se constituye el derecho de superficie siempre que, en dicho momento, todos los elementos del servicio de construcción sean ya conocidos y el valor de dicho derecho pueda expresarse en dinero (TJUE 7-3-13, asunto C-19/12).

3) Si la prestación principal a cargo del concedente es la asunción de un compromiso de venta en las condiciones fijadas en el contrato a cambio de una prima que constituye la contraprestación, el devengo se produce en el momento en que se constituye la opción y no resulta de aplicación la regla del devengo correspondiente a las prestaciones de tracto sucesivo. Se diferencia entre la **concesión de una opción de compra** y las prestaciones de tracto sucesivo, caracterizadas estas últimas por la reiteración en el tiempo de prestaciones iguales, a lo largo del período al que se extiende el contrato (TEAC 23-3-10).

4) La cesión o licencia de los derechos de **propiedad intelectual** que permiten la reproducción de la cosa para la comercialización de las copias es un negocio de tracto sucesivo (TS 14-7-00, EDJ 32769).

5) El devengo y la exigibilidad del impuesto correspondiente a una prestación de servicios de **intermediación para el fichaje de jugadores** de fútbol profesional por un club que realiza un agente, no tienen lugar en el momento del fichaje, sino en el momento en que expiren los períodos a que se refieran los pagos realizados por el club (TJUE 29-11-18, asunto C-548/17; TEAC 15-10-19).

6) Las prestaciones de servicios realizadas sin interrupción durante un determinado período, como las llevadas a cabo por los administradores y liquidadores concursales donde se suceden pagos recurrentes, supone la existencia de operación de tracto sucesivo. El impago de las cantidades por **insuficiencia de liquidez** no condiciona el devengo del impuesto (TJUE 13-6-24, asunto C SPRL C-696/22).

5. Entregas entre comitente y comisionista que actúe en nombre propio

(LIVA art.75.Uno.3º y 4º)

En las comisiones de compra y de venta, en las que el comisionista actúa en nombre propio, el devengo correspondiente a las entregas de bienes del comitente al comisionista y del comisionista al comitente, coincide, respectivamente, con el devengo correspondiente a las entregas de bienes del comisionista al cliente y del proveedor al comisionista. Así: **1260**

Tipo de comisión	Devengo
Venta • Entrega comitente a comisionista • Entrega comisionista a cliente	Cuando el bien se pone a disposición del cliente
Compra • Entrega proveedor a comisionista • Entrega comisionista a comitente	Cuando el bien se pone a disposición del comisionista

Precisiones En los supuestos en que el comisionista **actúa en nombre y por cuenta del comitente**, la operación de comisión constituye una prestación de servicios y, como tal, el devengo se produce según la regla general de las prestaciones de servicios: cuando se presta (nº 1215 s.).

Ejemplo La empresa EFL concierta con un profesional Y un contrato de **comisión de venta** por el cual dicho profesional venderá **en nombre propio** a sus clientes las mercancías que EFL le entregue. EFL entrega a Y el día 1-5-N mercancías fabricadas por ella y dicho profesional las entrega a sus clientes el día 18-7-N.
En este supuesto, el IVA correspondiente tanto a la entrega de EFL a Y como de las entregas de Y a sus clientes se devenga el 18-7-N.

1261 Doctrina Administrativa Además de las siguientes contestaciones de la DGT, ver el nº 11000 s.
1) Se aplica esta regla especial a las siguientes operaciones de **comisión de venta** en las que el comisionista actúa en nombre propio:
- entregas de frutas y hortalizas efectuadas por sus productores a la **organización de productores** para su venta a terceros (DGT 7-1-99);
- cuando los titulares de **instalaciones fotovoltaicas** perciban las retribuciones por sus ventas de energía eléctrica a través de sus representantes (DGT CV 5-11-14);
- cuando del contenido del proyecto de reparcelación se infiere que tiene lugar un **mandato** en virtud del cual se encomienda la venta de los terrenos para sufragar los gastos de urbanización (DGT CV 19-11-15);
- la instalación de máquinas expendedoras de venta de **cápsulas de café** en establecimientos ajenos, atendidas por un tercero a la que se entrega la mercancía (DGT CV 11-11-16);
- las entregas del autor de un cuadro a la galería de arte para su venta a clientes finales (DGT CV 24-3-17).

2) Se aplica esta regla especial a las siguientes operaciones de **comisión de compra** en las que el comisionista actúa en nombre propio:
- **entrega de los vehículos** a una compañía tercera, cuando se han adquirido por cuenta de esta última (DGT CV 7-8-09);
- entregas de **objetos promocionales** por un proveedor a una entidad española, que actúe por cuenta de una entidad no residente que quiere promocionar una plataforma digital (DGT CV 8-8-24);
- entregas de prendas deportivas adquiridas a fabricantes por un **mayorista** en favor de minoristas adheridos a un grupo de compras (DGT CV 18-7-19);
- la compra de **carburantes** por clientes de una entidad (empresarios o profesionales) mediante la utilización de tarjetas emitidas por la entidad a nombre de dichos clientes, y que permiten a las estaciones de servicios conocer que se trata de adquisiciones efectuadas por la entidad (DGT CV 10-12-19; CV 23-5-22). En términos similares, DGT CV 9-8-23.

3) En el caso de entregas efectuadas en régimen de **depósito o comisión de venta** efectuadas a las cooperativas agrarias para que estas realicen su venta en nombre propio a terceros, la entrega que realiza a la cooperativa el cooperativista empresario incluido en el régimen especial de la agricultura, ganadería y pesca se entiende producida en el momento en que aquella efectúe la entrega de los productos al tercero adquirente (DGT CV 14-10-19). En el mismo sentido, DGT CV 8-11-23.

1264 **Contrato estimatorio** (LIVA art.75.Uno.3º) En virtud de este contrato una de las partes entrega a la otra **bienes muebles**, cuyo valor se estima en una cantidad cierta, obligándose a su venta dentro de un plazo y a devolver el valor estimado de los bienes vendidos y el resto de los no vendidos. El devengo de las entregas de los bienes vendidos se produce cuando quien los recibe los pone a disposición del adquirente final. Así ocurre, por ejemplo, en los casos de venta de mercancías en depósito, o de venta de periódicos en quioscos: el IVA se devenga cuando los bienes se ponen a disposición del adquirente final.

1265 Ejemplo Una empresa editora A concierta con un comerciante minorista X la entrega de un lote de **libros** compuesto por 60 ejemplares cuyo valor estimado es de 60 euros cada uno, obligándose X a venderlos en el plazo de seis meses y a devolver, finalizado el plazo, el importe estimado de los libros vendidos, así como el resto de los no vendidos. En el plazo citado, X ha vendido 40 libros por un valor de 2.800 € (a 70 € cada uno), devolviendo a la editora A los restantes 20 libros. El IVA correspondiente a los libros vendidos se devenga solo por los 40 libros vendidos por X a sus clientes y en el momento en que se produce la puesta de los libros a disposición de estos.

1266 Doctrina Administrativa Además de la siguiente contestación de la DGT, ver el nº 11000 s.
En las **entregas en depósito** sin pago de la contraprestación o comisión de venta, el IVA se devenga en el momento en que, según los pactos existentes entre las partes, tengan lugar los efectos traslativos de la entrega, es decir, ordinariamente, cuando se transmita la propiedad de los bienes vendidos (DGT 29-4-86). Los **efectos traslativos** no deben entenderse producidos con posterioridad al momento en que el comerciante adquirente efectúe la reventa de los bienes depositados (DGT CV 27-10-86).

6. Entregas intracomunitarias

(LIVA art.75.Uno.8º)

En las entregas intracomunitarias de bienes exentas del impuesto, distintas de las señaladas en el nº 1248, el devengo se produce el día 15 del mes siguiente a aquel: 1270

a) En el que se inicie la **expedición o el transporte** de los bienes con destino al adquirente. Si con anterioridad a la citada fecha se ha expedido **factura** por dichas operaciones, el devengo tiene lugar en la fecha de su expedición.

b) En el que los bienes se pongan a disposición del adquirente en las entregas de **bienes en consigna** (nº 5224). Si con anterioridad a la citada fecha se ha expedido factura por dichas operaciones, el devengo tiene lugar en la fecha de su expedición.

c) En el momento en que se produzca el **incumplimiento** de las condiciones previstas en los acuerdos de venta de bienes en consigna (adquisición de bienes por comprador diferente al inicial, transporte a país diferente al inicial o destrucción, pérdida o robo de los bienes, LIVA art.9 bis.Tres).

d) Al día siguiente de la **expiración del plazo** de 12 meses desde la llegada de los bienes al Estado miembro de destino sin que el empresario o profesional haya adquirido el poder de disposición de los bienes (LIVA art.9.bis.Cuatro).

Precisiones Una vez suprimida la regla especial de devengo en las **transferencias intracomunitarias de bienes** dentro de la misma empresa, parece que esta disposición se aplica también a dichas operaciones.

Doctrina Administrativa Además de las siguientes contestaciones de la DGT, ver el nº 11000 s. 1271

1) Si las **entregas de pasarelas de embarque** de pasajeros dan lugar a una entrega intracomunitaria, el devengo se produce el día 15 del mes siguiente a aquel en el que se inicia la expedición o el transporte de los bienes con destino al adquirente. No obstante, si con anterioridad a la citada fecha se hubiera expedido factura por dichas operaciones, el devengo tiene lugar en la fecha de expedición de la misma, con independencia de que se haya producido o no el pago de la factura y de que la entrega intracomunitaria quede exenta (DGT CV 19-2-18).

2) En la **intermediación** en nombre propio en la venta de productos alimenticios que son adquiridos a proveedores nacionales para proceder a su entrega a empresas establecidas en otros Estados miembros, el devengo se produce el día 15 del mes siguiente a aquel en el que se inicie la expedición o el transporte de los bienes, o en la fecha de expedición de la factura por la operación, si fuera anterior (DGT CV 18-5-18).

3) Por lo que respecta al pago efectuado a cuenta de la **futura adquisición intracomunitaria** de bienes, el mismo tendrá la consideración de pago anticipado de la futura adquisición intracomunitaria de bienes que, no obstante, no da lugar al devengo del IVA -nº 1275- (DGT CV 11-6-20). En términos similares, DGT CV 6-2-23.

7. Pagos anticipados

(LIVA art.75.Dos)

En las operaciones que originen pagos anticipados anteriores a la realización del hecho imponible, el impuesto se devenga en el momento del **cobro total o parcial del precio**, por los importes efectivamente percibidos, salvo en el caso de las entregas de bienes con destino a otro Estado miembro de la UE (nº 5211 s.). 1275

El **pago** ha de ser efectivo. Si este no existe, no se origina el devengo.

Según la **doctrina administrativa**, en la percepción de un anticipo a cuenta realizado por el destinatario de una entrega o prestación gravada, no se está ante un supuesto de devengo del impuesto en sentido estricto, sino de una **exigibilidad** a cuenta del mismo. Se trata de una subordinación del pago a cuenta respecto de la operación a la que corresponde, que está formada por el presupuesto de hecho definitorio del hecho imponible sujeto. Dicha subordinación debe materializarse en una cuantificación del impuesto meramente provisional o a cuenta respecto de la que verdaderamente tiene lugar cuando se realiza posteriormente el hecho imponible, que es a la fecha de devengo, momento temporal en el que, de forma preceptiva, los sujetos pasivos deben cuantificar el impuesto devengado y consignarlo en su liquidación tributaria a efectos de su ingreso en el Tesoro (DGT CV 7-7-08; CV 14-7-08; CV 30-10-08).

Precisiones **1)** En relación con las permutas inmobiliarias y **operaciones inmobiliarias** en general, ver el nº 8716 s.

2) En relación con la tributación de los **bonos** o vouchers, ver el nº 78.

1276 Ejemplos 1) EFL, empresario, **entrega un solar** de su propiedad al constructor XY a cambio de varios pisos que XY construirá en dicho solar. Este se entrega el 1-1-N y los pisos se entregan a EFL un año después.
En este caso, hay dos operaciones a efectos del IVA:
- La entrega del solar, devengándose el IVA en el momento en que se produce la puesta del mismo a disposición de XY (nº 1206).
- La entrega de los pisos, que se efectúa un año después. Sin embargo, la entrega del solar actúa a modo de pago anticipado de la entrega de los pisos y por eso el IVA correspondiente a ambas operaciones se devenga en el mismo momento (el de entrega del solar), aplicándose para determinar la base imponible las reglas para las operaciones con contraprestación de carácter no dinerario (nº 1862 s.) y para los supuestos en los que el importe de la contraprestación no resulta conocido (nº 1724 s.).
2) Una **cooperativa de viviendas** dedicada a la promoción de unas viviendas para sus cooperativistas, percibe de estos derramas para la cobertura de gastos propios de la promoción y, posteriormente, cuando concluya la construcción, procederá a la adjudicación de dichas viviendas a cada cooperativista.
Las cantidades abonadas por derramas por los cooperativistas constituyen un pago anticipado de la futura adjudicación de las viviendas, por lo que el IVA se devenga en el momento del cobro por la cooperativa (DGT CV 21-10-21). La adjudicación posterior de las viviendas produce el devengo del IVA cuando las mismas se pongan a disposición del cooperativista adquirente (nº 1206), por la parte del precio pendiente de pago.

1277 3) Una sociedad dedicada a la **promoción inmobiliaria** celebra un contrato privado con una persona para la venta de una vivienda. Durante un tiempo se hacen pagos a cuenta de la futura entrega de la vivienda, si bien antes de que llegue el plazo para escriturar la compraventa, se produce un **cambio de titularidad** en el contrato por ceder sus derechos a una tercera persona.
La inmobiliaria no obtiene ningún beneficio, sino que es el cedente quien transmite su derecho sobre la vivienda a un tercero mediante precio. Por tanto, no se trata de la transmisión de un inmueble, sino de los derechos que ostenta el cedente frente a la entidad vendedora, a consecuencia de la celebración del contrato privado de compraventa del referido inmueble.
Hay que distinguir en primer lugar si el que cede sus derechos es empresario o profesional, o bien es un particular. En este último caso se tributa por el ITP y AJD y la promotora, antes de la entrega del bien y otorgamiento de la escritura pública, está obligada a exigir al nuevo titular la acreditación del pago del impuesto originado por la operación de cesión.
Si el cedente del derecho es un empresario o profesional, la operación está sujeta al IVA. El devengo del impuesto se produce cuando tenga lugar la puesta a disposición del adquirente de los bienes objeto de entrega, o cuando la entrega se efectúe conforme a la legislación que le sea aplicable.
El contrato de compraventa de viviendas en construcción entre la sociedad (promotora) y el comprador (particular), solo da lugar a que se realicen unos pagos anticipados por el adquirente que determinan el devengo del IVA correspondiente a dichos pagos, pero no se ha producido el hecho imponible (entrega del bien).
La primera entrega de la vivienda será la realizada por la promotora una vez finalizada su construcción, es decir, cuando se ponga a disposición del adquirente que figura en la escritura pública de compraventa (el tercero al cual se le han cedido los derechos sobre la vivienda). Dicha entrega estará sujeta y no exenta del IVA, produciéndose en ese momento el devengo de este impuesto correspondiente a la entrega del bien. La sociedad promotora, con motivo de la entrega del inmueble, deberá repercutir el IVA correspondiente al precio total del inmueble objeto de compraventa, minorado por el IVA repercutido con anterioridad por los pagos anticipados (DGT CV 12-1-06).

1278 Doctrina Administrativa Además de las siguientes contestaciones de la DGT, ver el nº 8739 s. y el nº 11000 s.
1) Tienen la consideración de **pagos anticipados** y, por tanto, aplican esta regla especial de devengo, las siguientes operaciones:
- los **anticipos de fondos** por clientes (DGT 26-12-88) y las provisiones de fondos (DGT CV 4-9-09; CV 1-2-21), salvo que se califique como **suplido** (DGT CV 31-10-23);
- las cantidades aportadas por los miembros de una **cooperativa** a cuenta de la futura entrega de las viviendas que efectuará dicha cooperativa para los cooperativistas (DGT CV 17-6-09; CV 4-7-16; CV 8-5-19);
- la cantidad que un comprador entrega a una sociedad vendedora en concepto de **depósito, arras o señal** (DGT 27-9-95; 9-9-02; 5-2-04; CV 18-3-22), incluso si la transmisión de la finca está sujeta a **condición suspensiva** (DGT CV 5-10-17);
- el importe de la entrega a una junta de compensación de un terreno edificable destinado al pago de **futuras derramas** (DGT CV 7-11-17);
- la entrega de dinero, **previa a la realización de la reforma**, a la entidad ejecutora de la misma (DGT CV 4-9-09; CV 9-12-24);
- la comercialización de las **recargas de tarjetas telefónicas** (DGT CV 12-5-11) y las **tarjetas** que dan derecho a utilizar un medio de **transporte** durante un número de trayectos determinado (DGT CV 18-6-10);

- las cantidades entregadas a cuenta de **futuras compras** de obras de arte (DGT 2-4-03) o de una embarcación (DGT CV 3-10-25);
- el cobro total en la firma de un contrato de **arrendamiento** de un inmueble por un plazo de 50 años (DGT CV 28-3-19), y el cobro parcial (DGT CV 13-8-19);
- la realización de los pagos anticipados por la **venta de entradas** correspondientes a la prestación de servicios de acceso a espectáculos o manifestaciones culturales que se encuentran perfectamente identificados en el momento en que el destinarlo del servicio adquiere y abona la misma (DGT CV 12-3-13);
- las cantidades percibidas en concepto de **reserva** o anticipo de los servicios de alojamiento (DGT CV 22-9-22; CV 20-12-24), de la compra de billetes de avión (DGT CV 8-5-25) y de la cesión de salones (DGT CV 20-4-13);
- la venta de una **tarjeta** que da derecho a permanecer únicamente en hoteles situados en el TIVA (DGT CV 24-5-11), la de una **tarjeta regalo** recargada con dinero, que da derecho a adquirir ropa situados en el TIVA (DGT CV 24-9-14), la de la **tarjeta prepago de combustible** a los clientes -usuarios finales- (DGT CV 31-7-20) y la de un bono no nominativo para regalar y poder disfrutar de los servicios balneario y masaje (DGT CV 9-3-20);
- la entrega de un **bono-libro** (DGT CV 31-3-09);
- las aportaciones efectuadas para financiar un corto de cine respecto al servicio de descarga de la **producción cinematográfica** a que tendrá derecho el aportante (DGT CV 3-10-13);
- la venta de los **paquetes de pujas** de los clientes de la subasta (DGT CV 2-7-13);
- los depósitos realizados por jugadores en los **torneos en línea** de videojuegos (DGT CV 28-11-19; CV 8-3-23);
- la adquisición de **tokens** comercializados dentro de los videojuegos o plataformas realizados exclusivamente por vía electrónica, y constituyen la justificación de la contraprestación del derecho a recibir un servicio prestado por vía electrónica (DGT CV 19-3-24);
- las cantidades percibidas en concepto de pago por unos **servicios mínimos** (DGT CV 5-3-25).

2) **No** tienen la consideración de **pagos anticipados** las siguientes operaciones: **1279**
- las aportaciones de los comuneros en el ejercicio de la actividad de promoción inmobiliaria de las nuevas viviendas, si no obedecen a ninguna operación económica sino que únicamente derivan de la gestión y administración de la **comunidad de bienes**, a diferencia de las aportaciones para la reconstrucción de las viviendas (DGT CV 4-6-09);
- el **depósito en garantía** (escrow agreement) firmado en un contrato de compraventa de cosa futura (construcción y entrega de un edificio de oficinas), por lo que los fondos se mantienen en la cuenta «escrow», sin poder disponer de ellos, hasta el cumplimiento de las condiciones contractualmente pactadas (DGT CV 15-4-21);
- los pagos que realiza la **cooperativa** a la entidad vendedora, en los meses de marzo y julio, por las ventas parciales de aceite que aquella va realizando (DGT CV 20-2-23; CV 3-3-23).

3) La entrega de **letras de cambio** solo produce los efectos del pago cuando han sido realizadas. Por eso, la entrega de una letra de cambio no puede considerarse como un pago anticipado y, por consiguiente, tampoco origina el devengo del impuesto hasta el momento del cobro de su importe, si fuese anterior a la realización del hecho imponible. El descuento, endoso y devolución de la letra de cambio son irrelevantes para la determinación del momento de devengo en la operación principal (DGT 2-3-95).

Si el vencimiento de los **pagarés** fuera anterior a la puesta a disposición de los bienes o a la realización de las operaciones, se produce un supuesto de pago anticipado, devengándose el impuesto en ese momento por los importes efectivamente percibidos (DGT 23-2-01; CV 9-2-05).

La **negociación** de los pagarés recibidos no puede considerarse como pago anticipado de los servicios prestados, puesto que el pago de los citados pagarés se entenderá producido, en su caso, en la fecha de su vencimiento, entendiéndose efectivamente percibidos en ese momento los importes en ellos consignados (DGT CV 16-4-19).

4) No se consideran efectivamente cobradas las **cantidades retenidas** como garantía de la correcta ejecución del contenido del contrato hasta que el importe de las mismas se haga efectivo (DGT CV 7-5-86; 16-12-03; CV 30-5-05). **1281**

5) Si por la **operativa bancaria** no coinciden la fecha de cobro del precio por parte de la empresa constructora y la fecha del pago por el deudor, el devengo de los anticipos se produce en el momento del cobro por la constructora (DGT CV 1-3-11).

6) Los **suplidos por dietas** que recibe de forma anticipada un consultor por parte del cliente para cubrir gastos, como los de desplazamiento, no cumplen las condiciones para ser consideradas como suplidos. Más bien, parecen responder al pago anticipado de una parte del precio acordado por las partes, ya que dicho importe es utilizado por el consultor para la cobertura de determinados gastos necesarios para la prestación del servicio en cuestión (DGT CV 31-5-17).

7) En el caso de devengo anticipado del impuesto, debe seguirse el régimen de tributación que procede aplicar a la operación de la que deriva el pago anticipado, en este caso, una entrega de bienes exenta del impuesto por ser una **exportación**, no devenga IVA en el pago anticipado (DGT CV 7-5-20).

1286 Jurisprudencia Además de los siguientes pronunciamientos, ver el nº 8741 s.

1) Los pagos anticipados de un precio o contraprestación no son una garantía de la percepción de dicha contraprestación, sino la **contraprestación** misma que ocasiona el devengo del importe (TEAC 9-6-99).

2) No determinan el devengo los pagos anticipados de una **cantidad a tanto alzado** que se abone por unos bienes señalados de forma general en una lista que pueda modificarse en cualquier momento de mutuo acuerdo entre el comprador y el vendedor y de la que el comprador pueda elegir, en su caso, algunos artículos en virtud de un acuerdo que en todo momento pueda resolver unilateralmente, recuperando la totalidad del pago anticipado no utilizado (TJUE 21-2-06, asunto C-419/02).

En los pagos anticipados, la exigibilidad del impuesto se produce en el momento del cobro del precio y en las cuantías efectivamente cobradas, siempre que los bienes o servicios estén **identificados con precisión** cuando se efectúe el pago anticipado a cuenta (TJUE 31-5-18, asuntos acumulados C-660-16 y C-661-16).

3) El pacto de **arras penitenciales** debe constar de forma indubitada, considerándose, en caso contrario, como un anticipo del pago del precio (TEAC 18-4-07).

4) No se consideran cobradas las **cantidades retenidas** en garantía de la correcta ejecución de los trabajos objeto del contrato hasta que su importe no se haya hecho efectivo al empresario (TEAC 3-12-08).

5) No puede considerarse pago anticipado, a efectos de determinar el devengo de la operación de entrega de los **bienes embargados**, el importe que el adjudicatario entrega al acreedor (TS 2-7-09, EDJ 217479).

1287 6) Si existe una **asunción de deuda** anterior al momento de la realización del hecho imponible, sin que tenga efectos liberatorios para el deudor primitivo, no hay cobro y, por tanto, no resulta de aplicación la regla de los pagos anticipados (TEAC 19-4-18; 28-5-22).

7) En las operaciones que originen pagos anticipados anteriores a la realización del hecho imponible, el impuesto se devenga en el momento del cobro total o parcial del precio por los importes efectivamente percibidos, si bien en el caso de **pagarés** esta forma de pago no es efectiva hasta que se produce realmente el mismo (TSJ Burgos 7-5-07, EDJ 33670).

8) En el supuesto de que los pagos anticipados se efectúen a través de **cheque** (documento pagadero a la vista), el devengo tiene lugar cuando se cobra el cheque, y no cuando se expide (TEAC 7-6-11).

9) El devengo de las prestaciones de servicios, salvo que existan pagos anticipados, se produce en el momento en que se presten tales servicios, pero si las **facturas se emiten con anterioridad** a dicho devengo, el sujeto pasivo está obligado a repercutir el IVA de las operaciones, pero el cliente no está obligado a soportar las cuotas del IVA hasta que se produce el devengo (TEAC 14-3-07).

1288 10) La constitución del **derecho de superficie** es un pago anticipado a cuenta de la futura prestación de los servicios de construcción. Como tal pago anticipado, determina el devengo del IVA, siempre que se cumplan dos condiciones (TJUE 19-12-12, asunto C-549/11):

- que se conozcan con precisión los elementos relevantes del servicio de construcción futuro; y
- que el valor del derecho de superficie pueda expresarse en dinero.

11) Las **aportaciones de los cooperativistas** que tienen por objeto sufragar las obras de un aparcamiento donde la cesión de uso de las plazas resultantes va a ser adjudicada a dichos cooperativistas, tienen la consideración de pago anticipado de la posterior cesión de uso (TEAC 17-10-13).

12) Si existe una **asunción de deuda** anterior al momento de la realización del hecho imponible, sin que tenga efectos liberatorios para el deudor primitivo, no hay cobro y, por tanto, no resulta de aplicación la regla de los pagos anticipados (TEAC 19-4-18; 28-5-22).

13) Las aportaciones efectuadas por sus comuneros a **comunidades de bienes** que promueven la construcción de edificaciones dan lugar al devengo del impuesto en concepto de pagos anticipados a cuenta de las futuras entregas de las edificaciones construidas (LIVA art.75.dos; TEAC 23-4-19).

8. Entregas de bienes facilitadas a través de una interfaz digital

(LIVA art.75.Tres; RIVA art.23 bis)

1295 Para las entregas de bienes a través de una interfaz digital (nº 9187 s.), el devengo de las entregas efectuadas a favor del empresario o profesional que facilite la venta o la entrega, y de las efectuadas por el mismo, se produce en el momento de aceptación del pago del cliente. Reglamentariamente se efectúa una remisión a la normativa europea a efectos de determinar cuándo se entiende producida dicha aceptación. Así, se entiende **aceptado el pago** en el momento en que la confirmación del pago, el mensaje de autorización del pago o un compromiso de pago del cliente, lo que ocurra primero, son recibidos por el proveedor que vende bienes a través de la interfaz electrónica, o por su cuenta, con independencia del momento en que se realice el pago efectivo de dinero (Rgto UE/282/2011 art.41 bis).

CAPÍTULO 6

Sujeto pasivo. Repercusión y rectificación del impuesto

I. Sujeto pasivo

Aunque generalmente empresario y sujeto pasivo son la misma persona, no siempre ocurre así. A efectos del impuesto distinguimos entre la **persona o entidad** que: 1306
- realiza las operaciones sujetas (empresario o profesional que efectúa las entregas y servicios); y
- está obligada al cumplimiento de las prestaciones tributarias (pago del impuesto y cumplimiento de obligaciones formales) que es el sujeto pasivo.

Esta distinción no solo existe en nuestra normativa interna reguladora del tributo, sino que se observa también en la **normativa comunitaria** -Dir 2006/112/CE-, en la cual se diferencia al denominado **sujeto pasivo** (-Dir 2006/112/CE art.9- esto es, el empresario o profesional, de acuerdo con la LIVA) del deudor del impuesto (-Dir/2006/112/CE art.193 s.- que se corresponde con nuestro sujeto pasivo).

A continuación, se analiza exclusivamente la regulación de los sujetos pasivos del IVA correspondiente a las **entregas de bienes y prestaciones de servicios** (LIVA art.84), quedando, por tanto, excluido el tratamiento del sujeto pasivo en las importaciones y en las operaciones intracomunitarias, que se analiza en nº 5895 y nº 5383, respectivamente.

A diferencia de lo que ocurre con otros tributos, no es la capacidad económica, sino la **realización de las operaciones** sujetas al Impuesto lo que le determina la condición de sujeto pasivo. El IVA grava el consumo y es, a través de su técnica impositiva -repercusión y deducción-, como se alcanza dicha finalidad. El sujeto pasivo del IVA es el vehículo de dicho proceso.

Precisiones En el IVA, la condición de sujeto pasivo se alcanza por la realización de cualquiera de las operaciones indicadas, individual o conjuntamente consideradas. En relación con el concepto de sujeto pasivo y de las obligaciones dimanantes de ello, los empresarios o profesionales que formen parte de un **grupo de entidades** pueden aplicar, en determinadas condiciones, el régimen especial del grupo de entidades (nº 4800 s.).

La configuración de este régimen especial en la **normativa comunitaria** da lugar a la creación de un sujeto pasivo único (Dir 2006/112/CE art.11), no así en el **Derecho español**, en el que las entidades que formen parte de un grupo de entidades, en cualquiera de sus configuraciones, se mantienen como sujetos pasivos u obligados tributarios con obligaciones propias.

A. Entregas de bienes y prestaciones de servicios

(Dir 2006/112/CE art.193 s.; LIVA art.84)

Para la determinación del **sujeto pasivo** del IVA correspondiente a las entregas de bienes y prestaciones de servicios deben señalarse las siguientes **reglas:** 1311

a) Regla general o del «titular de las operaciones», aplicable a:
- las personas físicas o jurídicas, que tengan la condición de empresarios o profesionales y realicen operaciones de entrega de bienes o prestaciones de servicios sujetas al IVA (nº 1312 s.); y

- las entidades sin personalidad jurídica a que se refiere la LGT art.35.4 (herencias yacentes, comunidades de bienes, etc.), cuando realicen operaciones sujetas al impuesto (ver nº 1385 s.).
De acuerdo con esta regla, es sujeto pasivo del IVA correspondiente a una entrega de bienes o prestación de servicios sujeta a dicho tributo el empresario o profesional que la realiza.
b) Regla especial o del «destinatario» (inversión del sujeto pasivo), aplicable a los empresarios o profesionales para quienes se realicen determinadas entregas de bienes o prestaciones de servicios sujetas al IVA (nº 1335 s.).
c) Regla singular, referida a personas jurídicas que no actúen como empresarios o profesionales, como destinatarias de una entrega subsiguiente a una adquisición intracomunitaria exenta en una operación triangular, y de determinadas prestaciones de servicios (nº 1384).

1. Regla general

(Dir 2006/112/CE art.193; LIVA art.84.uno.1º)

1312 Son sujetos pasivos del IVA las personas físicas o jurídicas que tengan la condición de **empresarios o profesionales** y realicen entregas de bienes y prestaciones de servicios sujetas a dicho Impuesto.
Por consiguiente, son **notas características** de la aplicación de esta regla general las siguientes:
1. Naturaleza del sujeto pasivo (nº 1313).
2. Consideración de empresario o profesional (nº 1314).
3. Realización de entregas de bienes y prestaciones de servicios sujetas al impuesto (nº 1316 s.).
4. Condición de establecido en el territorio de aplicación del IVA (nº 1321 s.).
Al objeto de una sistematización que permita comprender los puntos anteriormente apuntados, se ha incluido un **cuadro resumen** de esta regla general de determinación del sujeto pasivo (nº 1325).

1313 **Naturaleza del sujeto pasivo** (LIVA art.84.uno.1º) Son sujetos pasivos del IVA, tanto **personas físicas como jurídicas**, entendidas estas últimas en sentido amplio, es decir, no exclusivamente aquellas que revistan una forma jurídica determinada, sino cualquier forma admisible en Derecho. Así, pueden ser sujetos pasivos las asociaciones, cooperativas, agrupaciones de interés económico y cualquier otra que disponga de personalidad jurídica propia e independiente.
Naturalmente, la consideración de sujeto pasivo solo procede, en todos los casos, si tienen la condición de **empresarios o profesionales** y realizan **operaciones** sujetas al impuesto (nº 80 s.).
Adicionalmente, tienen también la condición de sujetos pasivos del IVA las **entidades sin personalidad jurídica** que, como tales, desarrollen actividades empresariales o profesionales (nº 1385 s.).
Cabe concluir, pues, que la personalidad jurídica no es una condición necesaria para adquirir la condición de sujeto pasivo del IVA.

Precisiones **1)** Las **entidades mercantiles** se presumen empresarios o profesionales a los efectos del IVA, salvo prueba en contrario (LIVA art.5.uno.b). En consecuencia, la personalidad jurídica tampoco es condición suficiente para ostentar el estatuto de sujeto pasivo.
2) En relación con las **Agrupaciones Europeas de Interés Económico** (AEIE) constituidas de conformidad con la normativa comunitaria, ver el nº 84.
3) En las **concesiones de servicios** o actividades públicas que determinen la realización de operaciones sujetas al IVA, cuya contraprestación sea una tasa o un precio, los sujetos pasivos sustitutos del contribuyente, o quienes vengan legalmente obligados a recaudar la tasa o el precio, están sometidos a determinadas obligaciones, como la de exigir el IVA al contribuyente de la tasa o al usuario o destinatario del servicio y abonárselo al sujeto pasivo del IVA en el mismo tiempo y forma que los establecidos para el ingreso de la tasa o precio correspondiente. Igualmente, están obligados a expedir la factura por cuenta del sujeto pasivo (L 66/1997 disp.adic.11ª; RIVA disp.adic.6ª).

1314 **Empresario o profesional** (LIVA art.5 y 84.uno.1º) Lo son quienes realicen las **actividades** definidas como empresariales o profesionales o cuando resulten aplicables las presunciones relativas a la realización de este tipo de actividades.
El estudio del concepto de empresario y profesional y del concepto de actividades económicas se realiza en el nº 80 s.

Realización de operaciones sujetas (LIVA art.84.uno.1º) La condición de sujeto pasivo está condicionada a la realización de **entregas de bienes y prestaciones de servicios** sujetas al impuesto. Por tanto, en general, cuando no se realicen operaciones sujetas al impuesto, no se tiene la condición de sujeto pasivo, salvo los supuestos de inversión del sujeto pasivo (nº 1335 s.) y destinatarios de operaciones triangulares (nº 5335 s.). 1316

Precisiones 1) El **hecho imponible** del impuesto viene determinado por la concurrencia de los elementos subjetivo, objetivo y espacial. En concreto, en cuanto a la definición del hecho imponible, ver nº 50 s. 1317

2) Constituyen una **unidad económica** sujeta a IVA dos o más personas cuando ejercen en común una actividad profesional, con independencia de que el reparto de los ingresos sea por igual o no. Sin embargo, cuando cada uno de los profesionales que comparten despacho presta sus servicios con independencia y por cuenta propia, cada uno es sujeto pasivo del IVA.

3) La condición de **empresario o profesional** se adquiere desde que comienza la adquisición de bienes y servicios con la intención, confirmada por elementos objetivos, de destinarlos al desarrollo de actividades empresariales o profesionales. De forma coherente con lo anterior, no se pierde automáticamente la condición de sujeto pasivo por el mero **cese en la actividad**, si como consecuencia del ejercicio de la misma se incurre posteriormente en gastos directamente relacionados con aquella o se realizan operaciones activas que traen causa en ella (nº 1333).

Doctrina Administrativa Además de la siguiente contestación de la DGT, ver nº 11000 s. 1319

La condición de sujeto pasivo se mantiene mientras no se produzca el cese efectivo en el ejercicio de la actividad del empresario o profesional, el cual no se puede entender producido en tanto el sujeto pasivo, actuando como tal, continúe llevando a cabo la **liquidación del patrimonio empresarial o profesional**, enajenando los bienes afectos a su actividad, o prestando servicios, aunque estos se realicen durante varios años y sean los únicos que se presten (DGT CV 3-11-14; CV 27-6-16).

Establecido en el territorio de aplicación del IVA (LIVA art.84.dos) Se consideran establecidos en el TIVA los sujetos pasivos que tengan en el mismo: 1321

- la **sede de su actividad** económica;
- su **domicilio fiscal**; o
- un **establecimiento permanente** (EP) que intervenga en la realización de las entregas de bienes y prestaciones de servicios sujetas al impuesto.

A estos efectos, se entiende que dicho EP interviene en la realización de entregas de bienes o prestaciones de servicios cuando ordene sus **factores de producción** materiales y humanos o uno de ellos con la finalidad de realizar cada una de ellas.

Por lo tanto, una empresa con **sede fuera del TIVA** se considera establecida en dicho territorio cuando, además de contar con un EP en el mismo, este intervenga en la entrega de bienes o prestación de servicios que se realicen. En caso contrario, y respecto de esa concreta entrega de bienes o prestación de servicios, el prestador se considera no establecido en el TIVA.

Precisiones 1) En el caso de un sujeto pasivo no establecido en el TIVA español, solo se toma en consideración dicho **EP** cuando el mismo se caracterice por un grado suficiente de permanencia y una estructura adecuada en términos de medios humanos y técnicos que le permitan realizar la entrega del bien o la prestación del servicio en que intervenga (Rgto UE/282/2011 art.53). 1322

Cuando un sujeto pasivo tenga un EP en el TIVA español, se considera que dicho EP no interviene en la entrega de bienes o prestación de servicios de que se trate, a menos que el sujeto pasivo utilice los **medios técnicos y humanos** de dicho EP para operaciones inherentes a la realización de la entrega imponible de esos bienes o la prestación imponible de esos servicios en dicho Estado miembro, ya sea antes o durante esa entrega o prestación. Cuando los medios del EP se utilicen exclusivamente para llevar a cabo **tareas administrativas auxiliares** (tales como la contabilidad, la facturación y el cobro de créditos), no se considera que dichos medios se hayan utilizado a los fines de una entrega de bienes o una prestación de servicios.

No obstante, si se expide una **factura** con el número de identificación a efectos del IVA español asignado por la Administración española al EP, se considera que este último ha intervenido en la entrega de bienes o la prestación de servicios efectuada en el TIVA, salvo que existan pruebas que acrediten lo contrario.

2) Cuando un sujeto pasivo haya establecido la **sede de su actividad** económica en el TIVA español, se entiende establecido en dicho territorio siendo irrelevante la existencia de un EP, intervenga o no tal sede en la entrega de bienes o prestación de servicios de que se trate (Rgto UE/282/2011 art.54).

3) A efectos del IVA, **se consideran EP** los lugares fijos de negocios que se relacionan en nº 483.

4) El **concepto de establecido** que se contempla en la LIVA no coincide con el utilizado a efectos de la recuperación del IVA soportado (ver nº 2992).

5) A efectos del IVA español, una **matriz con todas sus sucursales**, establecidas dentro del TIVA español o fuera de él, constituyen un único empresario. De esta forma, las operaciones realizadas entre la matriz y sus sucursales, establecidas en distintos territorios, no están sujetas al impuesto, porque se considera que son operaciones internas efectuadas por un mismo empresario (TJUE 23-3-06, asunto C-210/04).

No obstante, el TJUE ha determinado que las prestaciones de servicios realizadas por un establecimiento principal (**matriz**) establecido en un **país tercero** a su sucursal establecida en un Estado miembro, constituyen operaciones gravadas cuando esta última es miembro de un grupo de personas que pueden considerarse como un solo sujeto pasivo a efectos del IVA porque han optado por la aplicación del régimen especial de grupo de entidades (TJUE 17-9-14, asunto C-7/13). Habida cuenta de su configuración, la aplicación de este criterio en España es muy discutida.
6) La asunción por parte de la sucursal del **riesgo económico** de las operaciones permite concluir que no estamos ante un único sujeto pasivo del impuesto. Esto conlleva que la sucursal deba cumplir sus obligaciones con respecto al IVA (TEAC 23-1-20).

1323 Ejemplos **1)** Una empresa con sede en Francia dispone en el TIVA español de una **sucursal sin personalidad jurídica propia**. Dicha sucursal presta determinados servicios a su casa matriz francesa.
La sucursal en España de la empresa francesa, al no tener personalidad jurídica propia, no constituye un sujeto pasivo propio e independiente de la matriz a efectos del IVA español. Por otra parte, los servicios prestados por la sucursal para la matriz son operaciones internas efectuadas dentro de una misma empresa y no están sujetas al IVA.
2) Una empresa alemana dispone en España de una empresa **filial**. Dicha filial presta servicios de asesoramiento jurídico tanto a empresarios como a particulares establecidos en el TIVA español.
Las prestaciones de servicios efectuadas por la filial de la empresa alemana están sujetas al IVA (nº 496). El sujeto pasivo de dichas operaciones es la propia empresa filial, al constituir una entidad jurídica con personalidad propia distinta de la matriz alemana (nº 485.1).
3) Una empresa con sede en Italia presta servicios de publicidad para empresarios establecidos en el TIVA español, mediante una **sucursal** situada en dicho territorio.
Los servicios prestados están sujetos al IVA español (nº 496). A efectos de estos servicios, la empresa italiana se considera establecida en el TIVA español, pues en la prestación de los mismos interviene su EP (la sucursal) en dicho territorio. Por lo tanto, el sujeto pasivo de dichas operaciones es la propia empresa italiana por considerarse establecida en España.
4) El mismo ejemplo anterior, pero los servicios se prestan directamente desde la sede en Italia, **sin intervención de la sucursal**.
En este caso, los servicios se entienden sujetos al IVA español (nº 496). Sin embargo, dado que en la prestación de los mismos no interviene el EP situado en España, la empresa italiana no se considera, respecto de estos servicios concretos, establecida en el TIVA español. De forma que el sujeto pasivo es el destinatario empresario por aplicación de la regla de inversión del sujeto pasivo.

1325 **Cuadro resumen** De la regla general se deduce el siguiente cuadro a efectos de determinar el sujeto pasivo del impuesto en las operaciones efectuadas por **empresarios o profesionales establecidos** en el TIVA, con excepción de los denominados empresarios ocasionales. El cuadro parte de la premisa de que las operaciones efectuadas están sujetas al IVA español, sin perjuicio de su posible exención.

Titular de operaciones	Destinatario	Sujeto pasivo
Empresario o profesional establecido en TIVA, excepto empresarios o profesionales ocasionales (1)	• Establecido en el **TIVA**:	
	- Empresario o profesional (supuestos distintos LIVA art.84.Uno.2º, 3º y 4º)	- Titular de las operaciones.
	- Empresario o profesional (supuestos de LIVA art.84.Uno.2º, 3º y 4º)....	- Destinatario de las operaciones.
	- Particular	- Titular de las operaciones.
	• Establecido en la **UE** pero fuera del TIVA:..................................	
	- Empresario o profesional	- Titular de las operaciones.
	- Particular	- Titular de las operaciones.
	• Establecido **fuera de la UE**:.........	
	- Empresario o profesional	- Titular de las operaciones.
	- Particular	- Titular de las operaciones.

(1) En relación con el concepto de establecido, ver nº 1321.

Precisiones **1)** Si la operación efectuada se entiende localizada en el TIVA español, según las reglas relativas al lugar de realización de las operaciones, y el **destinatario es consumidor final**, el sujeto pasivo del IVA es el empresario o profesional titular de la operación, con independencia de que esté o no establecido en el TIVA español (salvo el supuesto particular de personas jurídicas no empresarios o profesionales destinatarias de operaciones triangulares y de determinadas prestaciones de servicios -nº 1384- y del caso de las entregas de gas y electricidad o de calor y frío -nº 1357-).
2) En relación con las entregas de bienes facilitados a través de una **interfaz digital**, ver nº 9187 s.

Ejemplos 1) Una empresa con sede en el TIVA español realiza las siguientes operaciones: **1326**
a) Entrega de **libros** jurídicos a librerías situadas en todo el TIVA español.
La empresa es sujeto pasivo de las operaciones de entrega de libros a otros empresarios establecidos en el TIVA.
b) Servicios de **asesoramiento** jurídico a particulares de otros E.m. de viaje en España.
Los servicios de asesoramiento jurídico prestados a particulares de otros E.m. de la UE se entienden realizados en el TIVA español (nº 496) estando, por tanto, sujetos a dicho tributo, siendo sujeto pasivo la empresa prestadora de los mismos.
c) Servicios de asesoramiento jurídico a la **sucursal** de una empresa francesa, ubicada en Madrid.
Al ser prestados los servicios (nº 496) a una empresa francesa, cuya sucursal constituye un EP en España de esta, se entienden realizados en el TIVA español estando, por tanto, sujetos a dicho tributo, siendo sujeto pasivo la empresa española prestadora de los mismos.
2) Una **empresa francesa** dedicada a la comercialización de productos, dispone en el TIVA español de una **oficina comercial**, desde la que efectúa operaciones de mediación para empresarios españoles en las ventas de productos que estos últimos efectúan para el mercado exterior, comunitario y no comunitario.
La oficina comercial constituye un EP (nº 483) en España. Dado que los servicios citados se prestan con intervención de dicho EP, dicha entidad se considera establecida en el citado territorio a efectos de los servicios en cuestión. Por tanto, las operaciones de mediación para sus clientes españoles están sujetas al IVA español, siendo sujeto pasivo la entidad francesa, sin perjuicio de la aplicación de las posibles exenciones que procedan.

3) Una **empresa sueca** está construyendo en España la estructura de una **presa hidroeléctrica** para un consorcio de empresas españolas de construcción. Con anterioridad al inicio de las operaciones la empresa sueca ha recibido del consorcio un **anticipo** del 25% del importe de la obra. La obra tenía una duración prevista de 10 meses, sin embargo, por causas climatológicas, su duración ha sido de 15 meses. **1327**
Dado que las obras han tenido una duración superior a doce meses, estas constituyen un EP de dicha empresa en el TIVA español (nº 483 s.), considerándose, por tanto, establecida la empresa sueca en dicho territorio desde el inicio de las obras (se parte de que las operaciones en cuestión se efectúan con intervención del EP).
Por consiguiente, la empresa sueca tiene la condición de sujeto pasivo del IVA por todas las operaciones realizadas durante el tiempo en que tuvo la consideración de empresario establecido en el TIVA español, incluso respecto de las cuotas de dicho impuesto devengadas con ocasión de la percepción de cobros anticipados del precio de la obra contratada.
4) Una **empresa holandesa** dispone, como arrendataria, de un **almacén** situado en el TIVA español. La citada empresa envía a dicho almacén sus mercancías desde diferentes E.m. de la Unión Europea, distribuyendo sus productos desde el mismo a sus clientes españoles que, en todos los casos, son empresarios o profesionales sujetos pasivos del IVA.
Para determinar la condición de sujeto pasivo del IVA por las entregas de bienes que hace la empresa holandesa en el TIVA español es la consideración como EP o no del citado almacén. Este tiene dicha consideración cuando la citada empresa disponga de él como propietaria o como titular de otro derecho real de uso del bien, o como arrendataria de su totalidad o, al menos, de una porción fija y determinada del mismo (nº 484.3).
No es EP cuando la empresa holandesa es la mera destinataria de un servicio de depósito de bienes realizada por un tercero como titular de la explotación del almacén (nº 485.1).
Dado que la empresa holandesa es arrendataria del almacén, el mismo constituye un EP en el TIVA español, por lo que la empresa es sujeto pasivo del IVA en dicho territorio. Igualmente, se parte de que el EP interviene en las operaciones sujetas al IVA español.

5) Una **empresa sueca** explota en el TIVA español unos **terrenos** dedicados a la producción de madera para fabricar pasta de papel. La madera obtenida en la misma la entrega tanto a empresarios españoles como a empresarios franceses. **1328**
La explotación forestal de la que es titular la empresa sueca constituye un EP en el TIVA español, que interviene en la realización de las operaciones en cuestión. Las entregas de madera se entienden realizadas en el TIVA español, siendo sujeto pasivo del IVA correspondiente a dichas operaciones la empresa sueca, sin perjuicio de la exención aplicable a las entregas de madera con destino a Francia (nº 5215 s.).

Doctrina Administrativa Además de las siguientes contestaciones de la DGT, ver nº 11000 s. **1330**
1) Son **sujetos pasivos** del IVA:
- los **arrendadores de inmuebles** (local de negocio, casa rural, etc.) situados en el territorio de aplicación del impuesto, incluso cuando dichos empresarios residan en Canarias, Ceuta o Melilla o en el extranjero (DGT 15-9-86; CV 10-6-86; CV 31-7-06), cualquiera que sea la nacionalidad del arrendador y su lugar de residencia (DGT CV 13-5-86);
- la **sociedad mercantil** que entrega un solar a otra sociedad, ambas en TIVA, con independencia de que haya efectuado o no la repercusión por esta última (DGT CV 24-11-04);

- cada uno de los **profesionales**, dados de alta en el IAE, que adquieren en común bienes para el desarrollo de su actividad. Si constituyen una **comunidad de bienes**, esta se convierte en el sujeto pasivo (DGT 29-1-99);
- una **agrupación de pescadores** (DGT 7-3-03);
- una **agrupación de interés económico** (DGT 13-11-03). Sin embargo, cuando a una entidad bancaria le son prestados unos servicios de publicidad por una **agrupación europea de interés económico** no establecida, recae en aquella la condición de sujeto pasivo (DGT CV 8-1-09; CV 23-2-09);
- el empresario, profesional, o sociedad mercantil, que sea propietario de los bienes, aun cuando los mismos se adjudiquen en **pública subasta** (DGT CV 18-3-99; CV 11-10-05). En el caso de **inmuebles**, el sujeto pasivo es el destinatario (ver nº 1363 s.);
- una **empresa de la UE**, por la adquisición en el TIVA español de unos terrenos para realizar en los mismos una promoción urbanística de carácter turístico-hotelero, que será explotada por ella misma (DGT CV 20-11-97);

1332 - cada una de las empresas que forman parte de un **consorcio** para construir una planta industrial, teniendo en cuenta que cada una actúa con independencia de las demás y por cuenta propia (DGT 6-11-03);
- una **matriz** suiza, considerada EP como consecuencia de la continuidad y consistencia de las operaciones que lleva a cabo en el TIVA, en relación con las entregas de bienes que realiza a favor de su filial española (DGT 19-7-04);
- un **fondo de inversión** inmobiliaria que adquiere y arrienda bienes inmuebles (DGT CV 29-3-07; CV 27-10-08);
- un **ayuntamiento** que actúa como empresario de la plaza de toros de su municipio (DGT CV 30-12-08);
- una empresa francesa **sin EP** en el territorio de aplicación del IVA español que entrega bienes en dicho territorio a particulares (DGT CV 6-11-08);
- una persona física que instala en su vivienda **placas fotovoltaicas** con el objeto de generar energía eléctrica que vierte a la red (DGT CV 12-7-10);

2) La **sucursal** de una empresa matriz inglesa, establecida en el territorio peninsular español o Islas Baleares, al no tener personalidad jurídica propia, no constituye un sujeto pasivo diferenciado de la empresa matriz, no quedando sujetos al impuesto los envíos de bienes y los servicios realizados por la sucursal española en favor de su casa matriz (DGT 23-1-87; 4-12-03).

1333 Jurisprudencia **1)** El sujeto pasivo de una entrega de bienes por **subasta judicial** es el empresario propietario de los bienes embargados y no el órgano judicial (TS 20-11-00, EDJ 47401; 1-5-10, EDJ 102645; TJUE 26-3-15, asunto C-499-13; AN31-10-00, EDJ 68302). Lo mismo respecto de los **procedimientos de apremio**.

2) Las **juntas de compensación** son sujetos pasivos del IVA, independientemente de los miembros integrantes de las mismas (TEAC 5-11-97).

3) Aun cuando una **fundación benéfica particular** no es empresario y, por tanto sujeto pasivo del IVA, sí lo es por imperativo legal cuando alquila locales. En ese caso, su patrimonio empresarial está integrado, exclusivamente, por los locales afectos a la actividad de arrendamiento, de forma que la transmisión de otros locales no está sujeta al IVA (TEAC 18-11-02). En sentido contrario, TEAC 6-9-00.

4) Las **SICAV**, cuyo objeto exclusivo es la inversión en valores mobiliarios de los fondos recibidos del público, tienen la condición de sujetos pasivos (TJUE 21-10-04, asunto C-8/03).

5) Es sujeto pasivo, la persona que ha **dejado de ejercer una actividad** comercial pero continúa abonando la renta y gastos accesorios del local utilizado para ejercer la mencionada actividad (TJUE 3-3-05, asunto C-32/03). La misma consideración tiene aquella persona o entidad que, pese a seguir siendo empresario o profesional, ha decidido **no prestar los servicios** propios del mismo (TJUE 3-3-05, asunto C-32/03).

Sin embargo, una **sociedad inactiva de mera tenencia de bienes** que adquiere un terreno y posteriormente lo entrega a sus accionistas como pago de su disolución, no tiene la consideración de empresario a efectos del IVA (TEAC 3-11-09).

6) Si existe una **encomienda de gestión** entre órganos de distintas Administraciones públicas, el sujeto pasivo del IVA es la Administración encomendante (TEAC 9-7-08).

7) El **régimen especial del grupo de entidades** implica que las personas o entidades establecidas en el interior de un Estado miembro, independientes desde el punto de vista jurídico, pero estrechamente ligadas entre sí en los ámbitos financiero, económico y de organización, dejan de ser consideradas empresarios distintos a efectos del IVA, para ser un consideradas como un empresario y sujeto pasivo único (TJUE 22-5-08, asunto C-162/07).

8) Cuando el **prestador del servicio** esté establecido en el Estado miembro en el que se devenga el IVA, el sujeto pasivo es dicho prestador y no el destinatario, aunque dicho destinatario haya pagado el IVA erróneamente (TJUE 23-4-15, asunto C-111/14).

2. Regla especial: inversión del sujeto pasivo

(Dir 2006/112/CE art.199, 199 bis y 199 ter; LIVA art.84.Uno.2º a 4º; RIVA art.24 quater y quinquies)

Esta regla regula varios supuestos en los que el sujeto pasivo no es el empresario o profesional que efectúa las operaciones sino, en principio, y dejando a salvo las excepciones contenidas al efecto, el **destinatario** de las mismas, por lo que ha de considerar como IVA devengado en sus autoliquidaciones las cuotas del impuesto y, en su caso, como IVA soportado deducible. **1335**

A este respecto, pueden distinguirse los casos siguientes:

1. Operaciones efectuadas por personas o **entidades no establecidas** en el territorio de aplicación del IVA (nº 1336 s.).

2. Entregas de determinados **tipos de oro** (nº 1353 s.).

3. Entregas de **gas y electricidad** y de calor o de frío (nº 1357).

4. Operaciones relacionadas con los **materiales de recuperación** (nº 1358 s.).

5. Prestaciones de servicios relativas a derechos de emisión de **gases efecto invernadero** (nº 1362).

6. Determinadas entregas de **bienes inmuebles** (nº 1363 s.).

7. Determinadas ejecuciones de **obra inmobiliaria** (nº 1369 s.).

8. Determinadas entregas de los siguientes **bienes** (nº 1380 s.):

- plata, platino y paladio;
- teléfonos móviles;
- consolas de videojuegos, ordenadores portátiles; y
- tabletas digitales.

Precisiones **1)** No hay obligación de expedir **autofactura** para la autorrepercusión del impuesto en el caso de inversión del sujeto pasivo (RIVA art.63 y 64). En las facturas que expida quien realice las operaciones debe **consignar la mención** «inversión del sujeto pasivo» (Rgto Fac art.6.1.m).

2) En relación con las **infracciones tributarias**, ver nº 7450 s.

3) En el nº 145 s. se recogen las particularidades en relación a los procedimientos administrativos y judiciales de **ejecución forzosa**.

4) En la lucha contra el fraude en el impuesto, se ha establecido un **mecanismo de reacción rápida** que permite a los E.m. establecer de forma temporal y específica que en determinadas operaciones el deudor de IVA sea el destinatario de la entrega del bien o prestación del servicio. Esta posibilidad, que ya se encontraba vigente, ha sido **prorrogada hasta el 31-12-2026** (Dir 2006/112/CE art.199 bis y 199 ter).

A estos efectos, se ha aprobado un **formulario normalizado de notificación** de la adopción de una medida especial de aplicación de la regla de inversión del sujeto pasivo (Rgto UE/17/2014).

Operaciones efectuadas por personas no establecidas (LIVA art.84.Uno.2º.a) Son sujetos pasivos del impuesto los **empresarios o profesionales** para quienes se realicen las operaciones sujetas a gravamen por personas o entidades no establecidas en el TIVA. **1336**

Se trata de la regla conocida como **inversión del sujeto pasivo**, que opera exclusivamente cuando el destinatario de la operación es empresario o profesional, salvo lo dispuesto respecto a las personas jurídicas no empresarios o profesionales destinatarias de operaciones triangulares y de determinadas prestaciones de servicios (nº 1384) y respecto a las entregas de gas y electricidad o de calor y frío (nº 1357). El proveedor de los bienes o prestador de los servicios (empresario o profesional) no coincide con el sujeto pasivo.

Razones de **eficacia en la gestión** del impuesto impiden considerar sujeto pasivo a personas no sometidas a la jurisdicción nacional. Así, si un abogado español presta sus servicios a una empresa española, aquel es sujeto pasivo del IVA que se devengue. Si el abogado es francés, residente en Francia, la empresa española destinataria de los servicios es la obligada a la liquidación del IVA.

Exclusiones (LIVA art.84.Uno.2º.a) No obstante, existen ciertos **supuestos** de exclusión de la inversión del sujeto pasivo: **1337**

a) Cuando se trate de las siguientes **prestaciones de servicios**:

1. Cuando el destinatario sea un **empresario no establecido** y se le presten servicios localizados en TIVA español por aplicación de las reglas especiales (nº 520 s.). Los servicios a los que resultan de aplicación las reglas generales nunca se van a localizar en TIVA español cuando el destinatario sea un empresario no establecido en el mismo (nº 496 s.).

2. Desde el 1-1-2023, cuando se trate de los siguientes servicios relacionados con **inmuebles**:

- arrendamientos sujetos y no exentos; e
- intermediación en el arrendamiento de inmuebles.

b) Cuando se trate de las siguientes **entregas de bienes**:
1. Las siguientes operaciones **exentas**:
- entregas intracomunitarias (nº 5210 s.);
- entregas con destino a la exportación, ya sea de forma directa (nº 6015 s.), indirecta (nº 6030 s.) o desde el 1-1-2023, realizadas por quien tiene la condición de exportador según la norma aduanera, distinto al transmitente o al adquirente no establecido (nº 6098);
- desde el 1-1-2023, entregas de bienes efectuadas a favor del empresario o profesional que facilite la entrega a través de una interfaz digital (nº 9280).

En estos casos, la condición de sujeto pasivo no resulta relevante a efectos del pago del impuesto, ya que se trata de operaciones exentas, pero sí en relación con el cumplimiento de las obligaciones formales derivadas de dicha condición (facturación, presentación de determinadas declaraciones, etc.).
2. Las **entregas intracomunitarias de bienes** sujetas y no exentas al impuesto.
3. Entregas sujetas al IVA español y correspondientes al régimen de **ventas a distancia** (nº 9244 s.).

1338 Precisiones **1)** Esta materia está contenida en la Dir 2006/112/CE art.194.
2) Como requisito formal para ejercitar el **derecho a la deducción** de las cuotas soportadas por aplicación de la regla de la inversión del sujeto pasivo, se exige la factura original o el justificante contable (nº 2866 s.) en los casos de inversión del sujeto pasivo y en las entregas de oro de inversión con renuncia a la exención. En sentido contrario, se pueden citar las sentencias TJUE 30-9-10, asunto C-392/09; 6-2-14, asunto C-424/12.

1339 Jurisprudencia Las prestaciones de servicios por parte del establecimiento principal residente en un territorio tercero, a su **sucursal** establecida en un Estado miembro, están gravadas cuando esta sucursal es miembro de un grupo a efectos IVA. El deudor del impuesto, en este caso, es el grupo (TJUE 17-9-14, asunto C-7/13).

1341 **Cuadro resumen cuando el destinatario es empresario establecido o particular** Cuando las operaciones sujetas al IVA, excepto las relativas al gas, electricidad, calor y frío (nº 1357), y los servicios prestados para personas jurídicas no empresarios o profesionales a que se refiere el nº 1384, se efectúen por empresarios o profesionales no establecidos en el territorio de aplicación del impuesto para empresarios establecidos en dicho territorio o para particulares, la aplicación de la regla especial del destinatario y de sus excepciones, determina el siguiente esquema de sujetos pasivos:

Tipología de las operaciones (*)	Destinatario	Sujeto pasivo
Entrega de bienes por el régimen de ventas a distancia (LIVA art.68.Tres y Cinco).	• Empresario o profesional establecido en el territorio de aplicación del IVA.	• Titular de las operaciones.
	• Particular.	• Titular de las operaciones.
	• Persona jurídica que no actúa como empresario o profesional.	• Titular de las operaciones.
Entregas de bienes intracomunitarias o con destino a la exportación exentas por la LIVA art.21.1º, 2º y 7º y 25, y entregas de bienes efectuadas a favor del empresario o profesional que facilite la entrega a través de una interfaz digital exentas por la LIVA art.20 bis, añadiéndose, en las EIB, las excluidas de la exención.	• Empresario o profesional establecido en el territorio de aplicación del IVA.	• Titular de las operaciones.
	• Particular.	• Titular de las operaciones.
	• Persona jurídica que no actúa como empresario o profesional.	• Titular de las operaciones.

Tipología de las operaciones (*)	Destinatario	Sujeto pasivo
Otras entregas de bienes distintas de las anteriores, incluidas las entregas de oro y de materiales de recuperación (LIVA art.84.Uno.2º.b y c).	• Empresario o profesional establecido en el territorio de aplicación del IVA.	• Destinatario de las operaciones.
	• Particular.	• Titular de las operaciones.
	• Persona jurídica que no actúe como empresario o profesional.	• Titular de las operaciones (excepto las entregas subsiguientes indicadas en el nº 1384) **(**)**.
Prestaciones de servicios con independencia de su naturaleza.	• Empresario o profesional establecido en el territorio de aplicación del IVA.	• Destinatario de las operaciones.

(*) No se tienen en cuenta las operaciones relativas al gas, electricidad, calor y frío (nº 1357).
(**) La persona jurídica que no actúa como empresario o profesional solo puede ser sujeto pasivo del IVA por inversión en estos supuestos si se le ha atribuido un NIF/IVA por la Administración española (ver nº 5408 y nº 7156).

Ejemplos 1) Una **empresa alemana** ha cedido a una empresa española una **licencia de fabricación** de un componente químico para la obtención de determinados medicamentos. La empresa alemana no dispone en el territorio de aplicación del IVA español de ningún EP. **1342**
Los servicios de cesión de la licencia de fabricación se entienden localizados en el TIVA español (LIVA art.69.uno.1º regla general, nº 496). El sujeto pasivo de dichas prestaciones de servicios es la empresa española destinataria de las mismas.
2) Una empresa de **publicidad japonesa** sin EP en España ha llevado a cabo en su país la producción y el **rodaje parcial de un anuncio** para una agencia de publicidad española. El citado anuncio le ha sido encargado por uno de sus clientes a la agencia, quien ha de completar en España el rodaje del mismo.
Los servicios de producción y rodaje de una película publicitaria se consideran de creación publicitaria, y se entienden localizados en la sede del destinatario (LIVA art.69.uno.1º regla general), que es la agencia de publicidad española, con independencia de dónde se produzca la realización material de los mismos (nº 496). Al prestarse dichos servicios por una empresa no establecida en el TIVA para una empresa establecida, el sujeto pasivo del IVA correspondiente a las citadas operaciones es la agencia publicitaria española.

3) Una **empresa francesa** ha prestado a una empresa española **servicios de asesoramiento jurídico** en materia de derecho comunitario. La empresa francesa no dispone de EP en el TIVA español. Con carácter ocasional, ha prestado servicios jurídicos de la misma naturaleza a determinados ayuntamientos españoles, que no actúan como empresarios o profesionales y no tienen NIF/IVA atribuido por la Administración española. **1343**
Los servicios de asesoramiento jurídico en derecho comunitario no se entienden realizados en el TIVA español, al no tener los ayuntamientos la condición de empresario, dado que carecen de NIF/IVA y, por tanto, la entidad francesa no tiene la condición de sujeto pasivo del IVA español por la realización de dichas operaciones, sin perjuicio de la tributación que proceda en Francia.
Los servicios de asesoramiento jurídico prestados por la empresa francesa a la empresa española se entienden realizados en el TIVA español (LIVA art.69.uno.1º regla general), siendo sujeto pasivo de los mismos la empresa española (nº 496).
4) Una **empresa francesa** envía sus mercancías a un **almacén situado en España**. El almacén no lo explota la empresa francesa, sino que esta simplemente es destinataria de un servicio de almacenamiento logístico de distribución prestado por una empresa española. Desde dicho almacén entrega sus productos tanto a consumidores finales, como a otros empresarios establecidos en el territorio de aplicación del IVA español.
Todas las entregas de sus productos efectuadas por la empresa francesa se entienden realizadas en el TIVA (nº 420). La empresa francesa es el sujeto pasivo del IVA correspondiente a las entregas de bienes efectuadas para consumidores finales y debe identificarse como tal a efectos de IVA, sin que la realización de dichas operaciones signifique que deba considerarse establecida en el TIVA español.
Por otra parte, cuando un empresario o profesional identificado a efectos del IVA español, pero no establecido en el TIVA, como la empresa francesa del ejemplo realice, además, operaciones sujetas para empresarios establecidos en dicho territorio, los sujetos pasivos de dichas operaciones son los destinatarios de las mismas.

1345 **Cuadro resumen cuando el destinatario es empresario no establecido** Cuando las operaciones sujetas al IVA se efectúen por empresarios o profesionales no establecidos en el territorio de aplicación del impuesto para empresarios no establecidos en dicho territorio, la aplicación de la regla especial, y sus excepciones, determina el siguiente **esquema** de sujetos pasivos:

Destinatario: empresario no establecido	
Tipología de las operaciones	**Sujeto pasivo**
Entregas de bienes por el régimen de ventas a distancia (LIVA art.68.Tres y Cinco), entrega de bienes intracomunitarias o con destino a la exportación exentas, y entregas de bienes efectuadas a favor del empresario o profesional que facilite la entrega a través de una interfaz digital exentas, añadiéndose, en las EIB, las excluidas de la exención (LIVA art.20 bis, 21.1º, 2º y 7º y 25)	Titular de las operaciones
Otras entregas de bienes distintas de las anteriores, incluidas las entregas de oro y de materiales de recuperación (LIVA art.84.Uno.2º.b y c)	Destinatario de las operaciones
Prestaciones de servicios (LIVA art.70) **(1)**	Titular de las operaciones **(2)**

(1) Si se trata de prestaciones de servicios de la regla general (LIVA art.69.uno.1º) efectuadas por un no establecido para otro no establecido, el régimen es de no sujeción, pues las operaciones no se entienden realizadas en el territorio de aplicación del IVA español, sino en aquel en el que esté establecido el destinatario empresario.
(2) No obstante, si se trata de las ejecuciones de obra y cesiones de personal citadas en el nº 1369, el sujeto pasivo del IVA es el destinatario.

1347 Ejemplos **1)** La **empresa francesa** F, no establecida en el TIVA español, mantiene en Cáceres, en una nave perteneciente a un empresario español que presta a F **servicios de depósito**, diversas mercancías que va vendiendo a sus clientes españoles, empresarios, conforme estos las van solicitando. Sin embargo, la empresa alemana D, no establecida en la Península ni Baleares, ha manifestado a F su intención de adquirir ciertos bienes depositados. Los bienes se expiden por F con destino a Munich, habiendo comunicado D su NIF/IVA alemán.
Nos hallamos ante una entrega intracomunitaria de bienes, sujeta al IVA español (pues es desde el territorio de aplicación de dicho impuesto desde el que se inicia el transporte de los bienes vendidos: nº 431) y exenta de dicho tributo (nº 5210 s.).
En estos casos no es aplicable la inversión del sujeto pasivo (LIVA art.84.Uno.2º.a).
Al tratarse de operaciones exentas, la única consecuencia es la atribución de las obligaciones formales, que se hace al vendedor de los bienes, en este caso, la empresa francesa F.
2) Un **empresario alemán** A, no establecido en el TIVA español, adquiere determinados bienes a un empresario E establecido en dicho territorio (Madrid), quedando los bienes depositados en un almacén de esta ciudad, cuyo propietario arrendador presta el correspondiente servicio de arrendamiento directamente al empresario alemán A.
Con posterioridad, los bienes son entregados a un empresario de Marruecos M, no establecido en el TIVA español, quien los traslada por su cuenta a Casablanca.
En el supuesto de que se cumplan todos los requisitos establecidos al efecto, la entrega efectuada por el empresario alemán A para el empresario de Marruecos M está sujeta y exenta del IVA español (LIVA art.21.2º; RIVA art.9.1.2º.A).
Se trata, además, de una entrega efectuada por un empresario no establecido A para otro empresario no establecido M. La regla de inversión del sujeto pasivo no está pensada para estos casos y, por eso, el sujeto pasivo de la operación es el proveedor de los bienes, es decir, el empresario alemán A, que habrá de cumplir las obligaciones formales inherentes a la operación.

1348 Doctrina Administrativa Además de las siguientes contestaciones de la DGT, ver nº 11000 s.
1) No hay que confundir las **situaciones de identificado** a efectos del IVA y de establecido en el territorio de aplicación a efectos del mismo impuesto.
Los empresarios o profesionales que realizan operaciones sujetas al IVA de las que resulten ser sujetos pasivos deben identificarse como tales, sin que esto suponga necesariamente su establecimiento en el territorio de aplicación del impuesto, teniendo por tanto que nombrar un **representante fiscal** (cuando proceda) para el cumplimiento de sus obligaciones tributarias (nº 7430 s.).
Cuando un empresario o profesional, identificado a efectos del impuesto pero no establecido, realice operaciones sujetas al IVA cuyos destinatarios tengan EP en la Península o Baleares, se aplica el supuesto de **inversión del sujeto pasivo**, no viéndose afectada su condición de no establecido por el hecho de que sea solicitado y obtenido un NIF de la Administración Tributaria española (DGT CV 2-3-11; CV 20-5-11).

2) Una empresa francesa no establecida en España adquiere, procedente del Brasil, maquinaria que posteriormente importa en España. Mientras que en relación con el despacho de **importación** con un DUA (actualmente, Sistema H1) a nombre de la empresa francesa, esta es la obligada al pago del IVA ante la Aduana (en su calidad de importador), en las **subsiguientes entregas** a clientes españoles de los bienes importados, la condición de sujeto pasivo recae sobre los destinatarios o adquirentes (DGT 3-9-96).

3) En los servicios prestados por una **empresa de la UE**, en el territorio de aplicación del IVA español, cuando los destinatarios de los mismos son empresarios no establecidos en España, el sujeto pasivo es la empresa que presta el servicio; si los presta a empresarios españoles, son estos los sujetos pasivos (DGT CV 25-5-07). **1349**

4) Una empresa francesa participa en una **unión temporal de empresas** (UTE) española, facturando a esta los servicios de asesoramiento o gabinete de estudios que efectúa para ella. Tales servicios se consideran realizados en el territorio de aplicación del impuesto, estando sujetos y no exentos. El sujeto pasivo de dichos servicios es la propia UTE, que debe cumplir las obligaciones materiales y formales (DGT 11-11-96).

5) Una empresa italiana que opera en el TIVA, entregando siempre su mercancía a **empresarios españoles**, sin disponer en el territorio de la sede de su actividad, un EP o su domicilio, no es el sujeto pasivo de dichas operaciones. Los sujetos pasivos son los correspondientes adquirentes (DGT 16-5-03).

Una **empresa alemana** sin EP en el territorio de aplicación del IVA español adquiere **mercancías** en dicho territorio para venderlas en ese territorio tanto a empresas establecidas como no establecidas. Los sujetos pasivos son los diferentes destinatarios (DGT CV 2-12-15).

6) Una empresa establecida en Hong Kong, organiza una **exposición comercial** en TIVA, donde participan empresas orientales no establecidas en el mismo. La empresa de Hong Kong no es el sujeto pasivo del IVA por las prestaciones de servicios de las que sea destinataria y tampoco cuando presta servicios para empresas establecidas en el territorio antes citado. Sin embargo, sí es sujeto pasivo de las prestaciones de servicios de organización de la exposición efectuados por ella para las empresas expositoras orientales y cualesquiera otras no establecidas en TIVA (DGT 29-9-03).

7) Una entidad no establecida en TIVA que presta **servicios de mediación** en la compraventa de inmuebles situados en dicho territorio es el sujeto pasivo del Impuesto cuando los destinatarios son consumidores finales (DGT 11-2-04). **1350**

Si la sociedad no establecida presta los citados servicios **a una sociedad**, el sujeto pasivo del impuesto lo es la sociedad destinataria de los mismos y establecida en dicho territorio (DGT CV 16-2-06).

8) Los servicios prestados por una **empresa canaria** a una empresa establecida en TIVA implican la práctica de la regla de inversión del sujeto pasivo (DGT CV 11-11-05; CV 15-7-16).

Asimismo, cuando la entrega de los bienes es realizada por una empresa canaria, habiendo sido adquiridos originariamente dichos bienes de otros empresarios establecidos en el territorio de aplicación del impuesto, la tributación depende de la **condición del adquirente** de los mismos: si se trata de un particular, es sujeto pasivo la empresa canaria; por el contrario, si la adquisición o entrega se realiza a otro empresario establecido en el territorio de aplicación del IVA, este último resulta ser sujeto pasivo (DGT CV 25-4-12).

9) En los servicios de creación y suministro de una **página web** y los de mantenimiento de una página web realizados por una empresa extranjera para un empresario o profesional establecido en el territorio de aplicación del impuesto, el destinatario de la operación es el sujeto pasivo por inversión (DGT CV 27-1-06; CV 7-5-13).

10) La transmisión a una entidad española de una **finca urbana** sita en el territorio de aplicación del impuesto por una sociedad no residente y sin EP en dicho territorio, está sujeta, siendo sujeto pasivo la entidad adquirente (DGT CV 6-3-06).

11) Una empresa portuguesa lleva a cabo en el territorio de aplicación del IVA español **obras de cimentación y forjado** que no exceden de seis meses, para una empresa establecida en dicho territorio. El sujeto pasivo de dichas operaciones es la empresa española (DGT CV 21-11-08). **1351**

12) Una empresa establecida en Portugal, que dispone en el territorio de aplicación del IVA español de una **oficina comercial** para promocionar sus servicios, adquiere a un proveedor establecido en dicho territorio mercancías, que son entregadas a clientes españoles, empresarios o particulares; las mercancías nunca salen del mencionado territorio. En las entregas efectuadas para particulares el sujeto pasivo es la empresa de Portugal; si sus clientes son empresarios, estos son los sujetos pasivos (DGT CV 28-10-08).

13) Una empresa sueca suscribe un contrato de **arrendamiento financiero** de un helicóptero con una empresa noruega quien, a su vez subarrienda dicho helicóptero a una empresa establecida en el territorio de aplicación del IVA español. La operación de arrendamiento financiero se entiende realizada en dicho territorio y el sujeto pasivo es la empresa sueca (DGT CV 19-4-11).

14) En una entrega de bienes efectuada en el territorio de aplicación del IVA español, por una empresa holandesa para una empresa británica, **no establecidas** ambas en dicho territorio, el sujeto pasivo es la entidad británica (DGT CV 4-3-10).

15) Una empresa establecida en el territorio de aplicación del IVA adquiere **servicios de enseñanza** a distintos proveedores, establecidos dentro y fuera de la UE. Dicha empresa es sujeto pasivo de los servicios adquiridos a otras empresas de la UE (DGT CV 4-7-16).

Una **asociación sin ánimo de lucro** establecida en Estados Unidos celebra un seminario formativo en España. El sujeto pasivo es el destinatario que tenga la condición de empresario o profesional establecido en el territorio de aplicación del IVA español; en otro caso, el sujeto pasivo es la citada asociación (DGT CV 13-9-16).

16) La entidad establecida en el territorio de aplicación del IVA, como receptora de los servicios de **uso de base de datos** efectuada por la entidad americana, es el sujeto pasivo de dichas operaciones (DGT CV 12-7-16).

1351.1 **17)** La actividad de **arrendamiento de inmuebles** realizada por un no establecido que no disponga de su propio personal para gestionarlo hace que no exista en TIVA un EP a efectos del impuesto. Desde 1-1-2023, no se aplica la inversión del sujeto pasivo en los servicios de arrendamiento de inmuebles sujetos y no exentos prestados por personas o entidades no establecidas en TIVA (LIVA art.84.Uno.2º.a.d'). Para la devolución de las cuotas soportadas en el TIVA, debe acudirse al régimen general (LIVA art.115). En el caso de que se hubiera soportado cuotas con anterioridad a la modificación normativa antes citada, y siempre que no se haya solicitado la devolución mediante el procedimiento previsto para no establecidos, se podrá practicar la deducción y devolución mediante el procedimiento general (DGT CV 14-2-23; CV 22-3-23).

En un sentido similar se ha pronunciado la DGT CV 21-9-23, relativa a **apartamentos** vendidos **a inversores residentes en otros Estados** de la UE que ceden su uso a una sociedad que los explota, añadiendo servicios hoteleros, a cambio de una renta mensual. Los propietarios no dispondrán de un EP en el TIVA, ya que no disponen de personal propio para gestionar dichos arrendamientos. Desde 1-1-2023, no se aplica la inversión del sujeto pasivo a los arrendamientos de inmuebles sujetos y no exentos efectuados por no establecidos en el territorio IVA. Por tanto, los inversores serán sujetos pasivos en los arrendamientos descritos, debiendo declarar e ingresar el IVA correspondiente y darse de alta en el censo.

1352 Jurisprudencia **1)** El sujeto pasivo de los **servicios de asesoría**, prestados por un empresario no establecido en el territorio de un Estado miembro (E.m. 1) a una fundación establecida en otro Estado miembro (E.m. 2), es el empresario de este último Estado, incluso cuando este no destine los servicios adquiridos a su actividad empresarial (TJUE 6-11-08, asunto C-291/07).

2) A efectos de la aplicación del mecanismo de la inversión del sujeto pasivo, se considera que el proveedor no está establecido en el E.m. en que se realiza o se considera realizada la operación, cuando la **sede de su actividad económica** se encuentra en otro E.m., aunque su domicilio particular se encuentre en aquel (TJUE 6-10-11, asunto C-421/10).

3) Un E.m. no puede establecer, con carácter opcional, un **régimen alternativo** a la aplicación del mecanismo de inversión del sujeto pasivo, según el cual el IVA legalmente debido por el destinatario de la operación puede ser pagado en su nombre y por su cuenta por el proveedor no establecido. En concreto, dicho régimen alternativo además de exigir que el proveedor se identificara en el E.m. en cuestión y nombrase un representante fiscal, permitía al proveedor deducir, del IVA legalmente debido por el destinatario de la operación, el IVA soportado por el propio proveedor del Estado miembro (TJUE 15-12-11, asunto C-624/10).

4) En las entregas de bienes y prestaciones de servicios realizadas entre una sociedad radicada en un país de la UE y su **filial española**, al haberse autorrepercutido e ingresado la filial las cuotas del IVA correspondientes a dichas operaciones, no procede que la Administración tributaria gire **intereses de demora** en la regularización de IVA, al haber sido ingresada la cuota del impuesto por un tercero no ajeno al grupo (AN 24-1-14, EDJ 7805).

1353 Entregas de determinados tipos de oro (Dir 2006/112/CE art.198; LIVA art.84.Uno.2º.b y 140 quinque)

Son sujetos pasivos los destinatarios de las entregas de **oro sin elaborar o de productos semielaborados** de oro de ley igual o superior a 325 milésimas, siempre que tengan la condición de empresarios o profesionales. Se trata de otro de los casos de aplicación de la denominada regla de inversión del sujeto pasivo.

También se aplica la regla de inversión del sujeto pasivo a los adquirentes de **oro de inversión**, cuya entrega interior no estuviera exenta por aplicación de su régimen especial (nº 4400 s.). En este caso el mecanismo de inversión del sujeto pasivo se prevé en el propio régimen especial (nº 4440).

Precisiones Se considera **oro sin elaborar o producto semielaborado de oro** el que se utiliza normalmente como materia prima para elaborar productos terminados de oro, tales como lingotes, laminados, chapas, hojas, varillas, hilos, bandas, tubos, granallas, cadenas o cualquier otro que, por sus características objetivas, no esté normalmente destinado al consumo final (RIVA art.24 ter).

1354 Doctrina Administrativa Además de las siguientes contestaciones de la DGT, ver nº 11000 s.

1) Es sujeto pasivo un **protésico dental** en las entregas de oro sin elaborar o productos semielaborados de oro, de ley igual o superior a 325 milésimas, de las que sea adquirente, aunque no tenga la consideración de fabricante de metales preciosos (DGT CV 2-10-00; 29-12-00; 6-3-01).

2) En una entrega de **artículos de joyería**, que no tienen la consideración de oro de inversión, en las que el destinatario aporta oro, cuya adquisición o importación estuvo exenta, el sujeto pasivo de dicha entrega es el fabricante (DGT 6-9-02; 21-2-03).
3) Procede la inversión del sujeto pasivo en todos aquellos supuestos en que se efectúe una entrega de oro sujeta y no exenta, por tratarse de oro sin elaborar o productos semielaborados de oro, de ley igual o superior a 325 milésimas y que no puedan calificarse como de inversión. En estos casos, los sujetos pasivos son los adquirentes, como ocurre con las entregas de **oro fino sin elaborar** de pureza superior a 995 milésimas efectuadas para fabricantes y empresas mayoristas de joyería (DGT 5-2-04; CV 19-6-09; CV 4-12-09).
No es aplicable dicha inversión cuando lo que se efectúa es una entrega **sujeta pero exenta**, por ser una entrega de oro de inversión (DGT 9-9-02; CV 8-2-10).
4) Una empresa adquiere oro en diversos formatos (joyas, relojes, anillos, etc.) a casas de compraventa y a joyerías, que lo destruyen y lo presentan como **lotes de chatarra de oro**. Se trata de entregas de bienes sujetas y no exentas del IVA ya que los productos que se adquieren, por las características que presentan, no son destinados al consumo final; el sujeto pasivo es el empresario que adquiere el oro (DGT CV 2-2-12).
El mismo tratamiento merece la compra de oro por una entidad a particulares que, tras proceder a su destrucción, vende el oro resultante como lote de chatarra a empresas especializadas, las cuales lo funden para su utilización como aleación semielaborada de oro (DGT CV 22-12-11), así como las entregas de líquido compuesto por **sal de oro** de pureza 68,20% (DGT CV 22-12-11).
5) Una empresa importa oro en lingotes de 917 milésimas que posteriormente entrega a otras empresas que lo transforman en **oro de inversión**. En dichas entregas el sujeto pasivo es el adquirente del oro para ser transformado (DGT CV 9-2-12).

Jurisprudencia **1)** Procede aplicar la regla de inversión del sujeto pasivo en las **entregas a fabricantes** de objetos de metales preciosos, de oro fino de ley superior a 995 milésimas, o de oro aleado cuando la ley es superior a la proporción que en cada caso señale la norma (TEAC 25-10-06; 11-7-07). **1355**
2) Los Estados miembros pueden aplicar la regla de inversión del sujeto pasivo prevista para las entregas de oro a las **entregas de lingotes** compuestos por distintos materiales fundidos conjuntamente y con un contenido medio de oro de 500 a 600 milésimas de su peso (TJUE 26-5-16, asunto C-550/14).

Entregas de gas y electricidad y de calor o frío (Dir 2006/112/CE art.195; LIVA art.84.Uno.4ª) **1357**

Son sujetos pasivos del IVA los empresarios o profesionales, así como las personas jurídicas que no actúen como tales, cuando sean **destinatarios** de las entregas de gas y electricidad y de calor o de frío a través de las redes de calefacción o de refrigeración que se entiendan localizadas en el territorio de aplicación del Impuesto (nº 477), siempre que las entregas se realicen por empresarios o profesionales no establecidos en el citado territorio y le hayan facilitado el **NIF/IVA** atribuido por la Administración española.

Doctrina Administrativa Además de las siguientes contestaciones de la DGT, ver nº 478 y nº 11000 s.
1) En el contenido de la normativa comunitaria ha de entenderse incluido no solo el gas natural, sino también cualquier otro tipo de gas, como el **propano o el butano** (DGT CV 12-7-05).
2) La actuación de una entidad como contraparte central de la compra y venta de **energía eléctrica** se va a llevar a cabo en nombre y por cuenta propia, por lo que ha de considerarse que, a efectos del Impuesto, es destinataria de la energía vendida por los suministradores de energía y, al mismo tiempo, sujeto pasivo de la misma frente a los adquirentes últimos del mercado (DGT CV 23-1-07).
3) Una empresa alemana efectúa entregas de energía eléctrica a empresarios establecidos en el territorio de aplicación del IVA español. Aunque dicha empresa dispone de una **sucursal** pero que no interviene en la operación, ya que se dedica a prestar servicios financieros, los sujetos pasivos de dichas operaciones son los destinatarios (DGT CV 3-8-11).

Operaciones relacionadas con los materiales de recuperación (Dir 2006/112/CE art.199.1.d y Anexo VI; LIVA art.84.Uno.2º.c) **1358**

Se produce la inversión del sujeto pasivo a efectos del IVA en las siguientes **operaciones**, siempre que el destinatario de las mismas tenga la condición de empresario o profesional:
a) Entregas de los siguientes **desechos y desperdicios**:
- de papel, cartón, o vidrio;
- desechos nuevos de la industria, desperdicios y desechos de fundición, residuos y demás materiales de recuperación constituidos por metales férricos y no férricos, sus aleaciones, escorias, cenizas y otros residuos industriales que contengan metales o sus aleaciones;
- con efectos 1-1-2023, desechos, desperdicios o recortes de plástico; y desperdicios o artículos inservibles de trapos, cordeles, cuerdas o cordajes.

b) Operaciones de **selección, corte, fragmentación y prensado** de los productos citados en el segundo guion de la letra a) anterior.

c) Entregas de **productos semielaborados** (lingotes, bloques, placas, barras, grano, granalla y alambrón) resultantes de la transformación, elaboración o fundición de metales no férricos referidos en el segundo guion de la letra a) anterior, con excepción de los compuestos de níquel.
En todo caso, se encuentran comprendidas las entregas de los materiales definidos en la LIVA Anexo aptdo séptimo.

Precisiones **1)** La **delimitación** de los bienes objeto de las operaciones relacionadas con materiales de recuperación se realiza aplicando las reglas relativas a su clasificación arancelaria.
2) En las entregas de **productos semielaborados** de productos no férricos no se establecen distinciones en función de su procedencia, de forma que se aplica la regla de la inversión del sujeto pasivo tanto si proceden del tratamiento del propio mineral como de desechos o desperdicios de aquel.

1359 Doctrina Administrativa Además de las siguientes contestaciones de la DGT, ver nº 11000 s.
1) Son sujetos pasivos del impuesto, por aplicación de la **regla especial de inversión** del sujeto pasivo, el empresario o profesional que recibe los bienes o los servicios, es decir, el **destinatario**, en las siguientes operaciones relacionadas con materiales de recuperación:
- en las entregas de **productos semielaborados** de los metales no férricos, distintos de los compuestos por níquel (DGT 21-4-04);
- en las entregas de bienes, ya sean metales férricos o no férricos, con independencia de que el producto en cuestión (**chatarras metálicas**) deje de tener la calificación de residuo en aplicación de la normativa comunitaria (Rgto UE/333/2011), ya que lo determinante es su calificación como desecho, desperdicio o material de recuperación (DGT CV 8-2-12);
- en el caso de una empresa que adquiere chatarra de aluminio, que utiliza exclusivamente como materia prima para la obtención del **aluminio en bruto de segunda fusión** y que se presenta como un producto semielaborado en forma de lingotes que entrega a sus clientes.
El sujeto pasivo de las entregas de chatarra de aluminio efectuadas para la empresa por sus proveedores es la citada entidad; de las entregas de los **lingotes de aluminio**, los clientes (en su condición de empresarios o profesionales adquirentes); y de las entregas de **productos finales** (piezas) que contengan aluminio, obtenidos de la transformación de los citados lingotes, el empresario o profesional que efectúa dichas entregas (DGT 26-2-04);
- en las entregas de **baterías de plomo** efectuadas por empresarios o profesionales (talleres, etc.) a empresas dedicadas a la recogida, recuperación y almacenamiento temporal previa a la entrega a las empresas de tratamiento. De la misma forma, en las entregas de **baterías recuperadas** efectuadas por las empresas recuperadoras a las empresas dedicadas al tratamiento de las mismas, los sujetos pasivos son las empresas que adquieren el material. Los sujetos pasivos de las entregas del **plomo triturado**, recuperado de las baterías, efectuadas por las empresas de tratamiento para las empresas de fundición de dicho metal son las citadas empresas de fundición (DGT 31-3-04).
Sin embargo, si no se adquiere la propiedad de las baterías de plomo objeto de retirada, limitándose a prestar un servicio de **retirada, transporte y almacenamiento**, en dichos servicios no se produce la inversión del sujeto pasivo, teniendo dicha consideración el prestador de los mismos (DGT CV 31-3-06);
- en las entregas de **desperdicios o desechos** de metales férricos, de escoria procedente de la siderurgia, de recortes o virutas de acero, etc., los empresarios o profesionales adquirentes del producto (DGT 20-4-04);

1360 - en las entregas de **contenedores** para su desguace por estar en desuso, por roturas, golpes, deformaciones, etc., efectuadas por otros empresarios o profesionales (DGT CV 21-3-05), así como de los **electrodomésticos** retirados de su uso (DGT CV 23-3-16), los adquirentes de dichos productos;
- en las **entregas de chatarra** del nº 1358 se ha de tener en cuenta la condición de quien hace la entrega:
- si es realizada por un empresario o profesional, son los empresarios o profesionales adquirentes (DGT CV 24-11-04); y
- cuando la entrega la realiza un particular, el empresario adquirente no es sujeto pasivo de dichas operaciones, puesto que aquel no efectúa ninguna operación sujeta al IVA (DGT CV 7-4-05).
Son calificados como **material de recuperación**, por merecer la consideración de chatarra, cuando resultan definitivamente inutilizables por cualquier causa (roturas, cortes, desgaste, golpes, incendio, etc.). Los sujetos pasivos son los empresarios o profesionales que los adquieren (DGT CV 5-3-13);
- a las entregas de residuos de hospitales**, papel y placas radiográficas** que contengan plata, efectuadas por un establecido para otro empresario dedicado a la gestión íntegra de residuos de los que obtiene plata es el destinatario; en otro caso, si las placas no destinan a la obtención de plata, sino que simplemente se destruyen, el sujeto pasivo es el empresario que efectúa su entrega (DGT CV 6-3-14; CV 31-10-16);
- en las entregas de desechos de **papel y cartón** efectuadas por empresarios establecidos en TIVA español a empresarios no establecidos (DGT CV 31-10-16);
- en las entregas de **papel triturado** (DGT CV 10-3-16);

- desde 1-1-2023, en las entregas de desechos, desperdicios o recortes de **plástico**. La competencia para determinar si un producto está o no incluido en una categoría de la Nomenclatura Combinada corresponde al Departamento de Aduanas e Impuestos Especiales de la AEAT (DGT CV 2-3-23).

2) No tienen la consideración de **desperdicios o desechos**: **1361**
- los elementos o piezas procedentes del **desguace** de buques y de vehículos susceptibles de utilizarse para el uso primitivo para el que fueron concebidos, tal cual o después de su reparación. Por tanto, en estos casos, el sujeto pasivo de las entregas de dichos bienes, es la empresa que efectúa la entrega, tanto si los destinatarios de dichas operaciones son empresarios o profesionales como si son consumidores finales (DGT CV 29-4-05);
- los **cartuchos de tóner** usados, siendo el sujeto pasivo de las entregas de dichos bienes, la entidad que efectúa la entrega (DGT CV 20-9-04).
3) El sujeto pasivo de las **importaciones** de los productos indicados en el nº 1358 es la propia empresa importadora. Sin embargo, el sujeto pasivo de las entregas posteriores de los referidos productos es el empresario o profesional adquirente (DGT 21-4-04).

Gases de efecto invernadero (Dir 2006/112/CE art.199 bis; LIVA art.84.Uno.2º.d) Existe un supuesto de inversión del sujeto pasivo relativo a la **cesión de derechos de emisión**, reducciones certificadas de emisiones y unidades de reducción de emisiones de gases de efecto invernadero (el dióxido de carbono -CO_2-, entre otros). En estos supuestos, el sujeto pasivo es el empresario o profesional destinatario de las operaciones y no el prestador. **1362**
Para este caso, **hasta el 31-12-2026,** se prevé una limitación temporal de aplicación de la regla de inversión.

Precisiones El **origen de esta materia**, no así de su tributación, se encuentra en el Protocolo de Kioto de 11-12-1997.

Doctrina Administrativa Además de las siguientes contestaciones de la DGT, ver nº 11000 s.
1) Este supuesto de inversión del sujeto pasivo no resulta aplicable a las prestaciones de servicios de **asesoramiento y consultoría** en materia de derechos de emisión, reducciones certificadas de emisiones y unidades de reducción de emisiones de gases de efecto invernadero, ni tampoco a las operaciones de compraventa en nombre y por cuenta ajena, es decir, como comisionista, de dichos derechos, reducciones certificadas de emisiones y unidades de reducción de emisiones de gases de efecto invernadero (DGT CV 30-11-09), ni tampoco a las operaciones de compra venta en nombre y por cuenta ajena, es decir, como comisionista, de dichos derechos, reducciones certificadas de emisiones y unidades de reducción de emisiones de gases de efecto invernadero (DGT CV 4-11-11).
2) La cesión de derechos se considera **prestación de servicios** y no entrega de bienes, por tratarse de la transmisión de una licencia administrativa que habilita a su titular a la emisión a la atmósfera de un determinado volumen de dióxido de carbono (DGT CV 5-7-06; CV 7-7-06 entre otras). Sin embargo, la **asignación inicial y gratuita** de derechos de emisión de gases de efecto invernadero en cumplimiento de la normativa (L 1/2005) y de los diferentes planes nacionales de asignación, operaciones que difieren de las realizadas en el mercado secundario de dichos derechos, constituye una prestación de servicios no sujeta al IVA. Asimismo, la **conversión gratuita** en derechos de emisión de las unidades de reducción de emisiones, expedidas por países terceros en los que se hayan llevado a cabo los denominados mecanismos de aplicación conjunta y desarrollo limpio, tampoco constituye una operación sujeta al IVA (DGT CV 5-7-06; CV 9-2-16, entre otras). Estas operaciones realizadas entre empresarios se localizan de acuerdo con la regla general de prestación de servicios (nº 496 s.).

Determinadas entregas de bienes inmuebles (Dir 2006/112/CE art.199.c, e y g; LIVA art.84.Uno.2º.e; RIVA art.24 quater) En relación con la entrega de inmuebles, se recogen varios supuestos de inversión del sujeto pasivo: **1363**
a) Para las entregas de inmuebles que se deriven de un **proceso concursal** en cualquiera de sus fases.
La inversión del sujeto pasivo es aplicable tanto a las entregas que se producen en la fase de liquidación como a otras que se puedan efectuar con anterioridad (TJUE 13-6-13, asunto C-125/12).
b) En las siguientes entregas sujetas pero exentas del IVA, en las que se produce la **renuncia a la exención**:
- terrenos rústicos y demás que no tengan la condición de edificables (nº 8605 s.); y
- segundas y ulteriores entregas de edificaciones (nº 8640 s.).
c) En las entregas de bienes inmuebles efectuadas como consecuencia de la **ejecución de una garantía** constituida sobre los mismos, entendiéndose, asimismo, que se ejecuta la garantía cuando se transmite el inmueble a cambio de la extinción total o parcial de la deuda garantizada o de la obligación de extinguir la referida deuda por el adquirente.

La finalidad de estos supuestos de inversión del sujeto pasivo es la de facilitar el cumplimiento de las **obligaciones tributarias**, tanto formales como materiales, al adquirente de los inmuebles, sobre todo en el caso de aquellas entregas efectuadas como consecuencia de la ejecución de garantías sobre dichos inmuebles en las que, presumiblemente, el empresario que efectúa la entrega está en una situación jurídico empresarial particular.

A estos efectos, en concreto para los supuestos relativos a las entregas de terrenos rústicos y segundas entregas de edificaciones así como a la ejecución de garantías, se han regulado las **comunicaciones escritas** que los destinatarios de las operaciones han de dirigir a los sujetos pasivos que realicen las operaciones, a fin de acreditar su condición de sujeto pasivo con derecho, en el momento de la adquisición o en función del destino previsible, a la deducción total o parcial del IVA soportado en las condiciones expuestas en el nº 8685, por las adquisiciones de los correspondientes inmuebles o que actúan en su condición de empresarios o profesionales, cuando proceda.

Precisiones 1) En el caso de entregas de bienes como consecuencia de un **proceso concursal**, la regla de inversión del sujeto pasivo abarca todas las transmisiones de bienes inmuebles que tengan lugar en el ámbito del concurso, es decir, una vez declarado el mismo, tanto en la fase común como en la fase de liquidación.

2) Esta regla de inversión del sujeto pasivo afecta a las operaciones efectuadas para **todo tipo de destinatarios** que tengan la condición de empresarios o profesionales. Por tanto, cumpliéndose el resto de requisitos señalados, pueden tener la consideración de sujetos pasivos los empresarios no establecidos en el TIVA, los empresarios que, a su vez, estén en concurso o el Estado, si actúa como empresario o profesional.

3) En relación a la **infracción** relativa a la falta de comunicación en plazo o la comunicación incorrecta, por parte de los empresarios o profesionales destinatarios de determinadas operaciones a las que resulta aplicable la regla de inversión del sujeto pasivo, ver nº 7450 s.

1364 Doctrina Administrativa Además de las siguientes contestaciones de la DGT, ver nº 11000 s.

1) Se **aplica la regla de inversión del sujeto pasivo**:

- en la entrega a una **junta de compensación** de una de las parcelas resultantes del proceso urbanístico que se encuentra afecta al pago de dichos costes como dación en pago de los mismos (DGT CV 20-10-15; CV 13-1-16) o más en general, a la transmisión de **terrenos afectos al pago** de cargas urbanísticas (DGT CV 13-3-18; CV 5-8-21; CV 9-2-23);
- en la entrega de un bien inmueble para una **sociedad arrendataria** del mismo que puede renunciar a la exención de la segunda entrega (DGT CV 12-9-16);
- en la transmisión de un **terreno rústico** (DGT CV 29-4-16). De la misma manera, en la **transmisión de terrenos** por quien tiene la consideración de empresario o profesional es una operación sujeta al IVA, que puede resultar exenta, resultando sujeto pasivo, en caso de renuncia a la exención, el adquirente (DGT CV 30-11-16);
- en las entregas de bienes inmuebles realizadas por un empresario o profesional declarado en **concurso de acreedores** en la fase de convenio, se aplica la regla de inversión del sujeto pasivo, ya que se aplica en cualquier fase del convenio (DGT CV 9-2-16), incluida la fase de ejecución (DGT CV 28-6-22). No se ven afectadas por dicha regla aquellas adjudicaciones realizadas con anterioridad al mismo (DGT CV 24-7-13);
- en la adquisición de una vivienda por un **socio cooperativista**, habiéndose subrogado en el préstamo hipotecario, si actúa como empresario o profesional; en otro caso, el sujeto pasivo de dicha entrega es la propia cooperativa (DGT CV 17-6-13);

1365 2) En relación a la aplicación de la inversión del sujeto pasivo en los casos de entregas de bienes inmuebles efectuadas como consecuencia de la **ejecución de una garantía** constituida sobre los mismos, ver nº 8715. Cuando la entrega del inmueble se encuentra exenta, pero se **renuncia a la exención**, resulta de aplicación el mecanismo de la inversión del sujeto pasivo sin necesidad de que concurran los requisitos anteriores (DGT CV 4-2-16). A estos efectos, procede la aplicación de la regla de la inversión del sujeto pasivo en los siguientes casos:

- en entrega de un **inmueble** dado en garantía del cumplimiento de una deuda **con extinción total o parcial** de dicha deuda para el transmitente o, en su caso, deudor, subrogándose el adquirente en la posición deudora de la relación obligacional, o bien mediante el pago de una contraprestación que se vincula necesariamente a dicha extinción; o en entrega de un inmueble otorgado en garantía **sin extinción de la obligación** garantizada para el transmitente o en su caso deudor. En todos estos casos debe entenderse que el adquirente se obliga a extinguir la deuda garantizada porque asume dicho compromiso de forma expresa o descuenta el importe de la deuda garantizada del precio de la entrega o retiene su importe o porque, si paga todo el precio de la operación, tal pago del precio se entiende realizado con el acuerdo tácito de que el transmitente lo destine a extinguir la deuda garantizada (DGT CV 4-3-14; CV 4-6-14);
- en la transmisión de un **solar** gravado con una hipoteca en el que, previa a la transmisión pero en el mismo acto, la entidad adquirente va a entregar a la entidad transmitente una cantidad destinada al pago de la deuda pendiente para la cancelación de la hipoteca (DGT CV 3-9-15);

- en la transmisión de una serie de **fincas** que fueron dadas en garantía de pago de un préstamo hipotecario destinando parte del precio de la compraventa a la cancelación de dicha deuda hipotecaria (DGT CV 17-7-14);
- en la adjudicación a una caja de ahorros, a través de un proceso de **ejecución inmobiliaria**, de una promoción de viviendas de una empresa dedicada a la promoción inmobiliaria, el sujeto pasivo es el adquirente de la citada promoción (DGT CV 25-1-13);
- en la medida en que los inmuebles que van a ser entregados constituyen la garantía de una deuda que va a ser **extinguida mediante su entrega** (DGT CV 3-4-14). Por el contrario, si no constituyen la garantía de una deuda que va a ser extinguida mediante la entrega de dichos inmuebles, no resulta de aplicación el mecanismo de inversión del sujeto pasivo (DGT CV 10-2-16);
- en la entrega de un **solar edificable**, sujeta y no exenta del IVA, efectuada en ejecución de una garantía hipotecaria, el sujeto pasivo es el adjudicatario (DGT CV 10-10-14). En el mismo sentido, respecto a la entrega de una **nave industrial** adquirida como consecuencia de una ejecución hipotecaria, DGT CV 8-7-15.

3) No se aplica esta regla de inversión del sujeto pasivo, entre otros, en los siguientes casos: **1366**
- en la segunda entrega de una vivienda adquirida por un **particular privado** de la opción de renunciar a la exención del IVA (DGT CV 20-2-15);
- en la entrega a otra **sociedad del grupo** de determinados solares a cambio de la extinción de una deuda. El supuesto de aplicación de la regla de inversión del sujeto pasivo requiere que el inmueble que es objeto de transmisión esté afectado por un derecho real de garantía, luego en el caso de una garantía personal, no se aplica la regla. En el caso de transmitirse bienes inmuebles para extinguir deudas garantizadas con dichos bienes junto con otros destinados a extinguir deudas sin garantía real, el mecanismo de inversión del sujeto pasivo solo se aplica respecto de los primeros (DGT CV 15-4-15);
- en la entrega de un solar, sujeta y no exenta del IVA, para la **construcción de un aparcamiento** efectuada por un ayuntamiento (DGT CV 9-2-16);
- en la entrega de un solar por un empresario o profesional con el objeto de construir sobre el mismo una **nave industrial** para su venta posterior (DGT CV 20-7-16);
- en la transmisión de una finca por una **entidad mercantil en fase de liquidación**, cuando el adquirente de la misma es un matrimonio en régimen de gananciales que actúa a título particular. El sujeto pasivo es la entidad mercantil (DGT CV 27-6-16);
- si el adquirente del **solar** es una persona física particular (DGT CV 10-10-14);
- si la entrega de un solar, sujeta y no exenta de IVA, es efectuada por un **ayuntamiento** para un particular (DGT CV 10-3-16);
- si el adquirente es una **comunidad de bienes** (DGT CV 4-5-16).

Jurisprudencia **1)** Es ajustado a la Directiva **privar de la deducción del impuesto** a un sujeto pasivo que, por **error**, no aplicó el mecanismo de inversión del sujeto pasivo, ya que el impuesto pagado al transmitente no se había devengado. **1368**
Si el reembolso del vendedor al adquirente del IVA indebidamente facturado resulta imposible o difícil (insolvencia del vendedor), el adquirente podría **solicitar la devolución a la Administración** (TJUE 26-4-17, asunto C-564/15).
2) En relación a la aplicación de la inversión del sujeto pasivo en los casos de entregas de bienes inmuebles efectuadas como consecuencia de la **ejecución de una garantía** constituida sobre los mismos, ver nº 8715.2.

Determinadas ejecuciones de obra inmobiliaria (Dir 2006/112/CE art.199.1.a y b; LIVA art.84.Uno.2º.f; RIVA art.24 quater) **1369**

Se aplica la regla de inversión del sujeto pasivo en el caso de ejecuciones de obra y cesiones de personal para su realización, efectuadas para empresarios o profesionales, como **consecuencia de contratos** directamente formalizados o concertados entre el promotor y el contratista, o entre el contratista principal y los subcontratistas correspondientes, que tengan por objeto la urbanización de terrenos, o la construcción o rehabilitación de edificaciones.
Por tanto, los requisitos para la aplicación de dicha regla son:
1. El **destinatario** de las operaciones ha de actuar como empresario o profesional a efectos del IVA (nº 80 s.). No cabe, por tanto, aplicar el supuesto de inversión del sujeto pasivo cuando el destinatario sea un consumidor final, aunque se cumpla el resto de requisitos exigidos. Es importante señalar que la condición de **empresario o profesional** está íntimamente ligada a la intención de venta, cesión o adjudicación por cualquier título de las promociones inmobiliarias ejecutadas o de los terrenos urbanizados, de forma que si no se da dicha intención, tampoco se dará dicha condición empresarial.
Cuando **resulte dudoso** si los sujetos destinatarios actúan o no como empresarios o profesionales, estos deben comunicar al empresario o profesional que lleve a cabo la ejecución de obra o ceda el personal para su realización, que actúan en dicha condición cuando este sea el caso.

2. Las **operaciones** realizadas deben tener por objeto la urbanización de terrenos o la construcción o rehabilitación de edificaciones.
a) Por **obras de urbanización** deben entenderse, entre otras, aquellas que tienen por objeto el abastecimiento y evacuación de aguas, el suministro de energía eléctrica, la ejecución de redes de distribución de gas y telefonía, los accesos, las calles y las aceras (LIVA art.6.Tres.a). No entran dentro de dicho concepto las acciones administrativas previas a la ejecución material de las obras.
b) Por **rehabilitación de edificaciones** hay que estar a lo señalado en el nº 8642 s.

1370 **3.** Las operaciones realizadas deben tener la **naturaleza jurídica** de ejecuciones de obra, con o sin aportación de materiales, incluida la cesión de personal necesario para su realización.
La LIVA no define el concepto de ejecución de obras, si bien este, como concepto comunitario, ha sido objeto de interpretación por el TJUE, que ha indicado que la ejecución de obra implica la **obtención de un bien distinto** de los bienes que se hayan utilizado para su realización, tanto si la operación se califica de entrega de bienes como si se trata de prestación de servicios (TJUE 14-5-85, asunto C-139/84).
En sentido semejante se ha manifestado la doctrina de la DGT y la jurisprudencia nacional, al considerar que una ejecución de obra persigue un **resultado futuro** sin tomar en consideración el trabajo necesario para obtener dicho resultado, en tanto que el arrendamiento de servicios se instrumenta de forma continuada en el tiempo, atendiendo a la prestación en sí misma y no a la obtención del resultado que la prestación produce, siendo la continuidad y periodicidad las notas esenciales de ese tipo de operaciones.
A título de **ejemplo**:
a) Son **ejecuciones de obra**: la instalación de fontanería, calefacción y electricidad, el suministro de bienes con instalación o montaje tales como puertas, ventanas, ascensores, elementos de climatización, equipos de seguridad, telecomunicaciones y similares, el vibrado y extendido de hormigón, el movimiento de tierras para la ejecución de cualquier tipo de obra de construcción o edificación o de urbanización de terrenos, la demolición de edificaciones, la construcción de depuradoras, plantas potabilizadoras, instalaciones fotovoltaicas y, en general, instalaciones industriales, así como la construcción de carreteras, autopistas, incluyendo la señalización horizontal y vertical y el vallado, las obras de construcción de un equipamiento escénico, obras de revestimiento, forrado y suministro e instalación de puertas en una nave industrial en construcción.
b) **No** tienen la consideración de **ejecuciones de obra**: arrendamiento de grúas y maquinaria de construcción, las operaciones de mantenimiento de instalaciones y de cualesquiera elementos (ascensores, calderas, sistemas de climatización, etc.), los servicios de vigilancia y seguridad, la gestión de residuos, el suministro e instalación de equipos que no formen parte de la obra propiamente dicha (casetas, andamios, elementos de seguridad, etc.) así como, en general, el suministro de materiales que no sean objeto de instalación o montaje.

1371 En el caso de los **contratos mixtos** hay que determinar, caso por caso, si dichos contratos contienen operaciones diferentes e independientes o bien si determinadas operaciones deben considerarse accesorias a una principal, por no constituir para el cliente un fin en sí mismas, sino la forma de contribuir mejor a la prestación u operación principal. En este último caso, el tratamiento a efectos del IVA sería el correspondiente a dicha prestación principal. La doctrina del TJUE puede servir de guía en esta materia (por todas, TJUE 25-2-99, asunto C-349/96; 29-3-07, asunto C-111/05).
Así pues, cuando en un contrato o subcontrato, en el que puedan fraccionarse las ejecuciones de obra de construcción, rehabilitación o urbanización, además de dichas operaciones, se incluya por precio único **prestaciones de servicios adicionales**, puede entenderse artificioso considerar que se trata de operaciones diferentes, es decir, debe evitarse el desglose artificial de las operaciones que deban ser tratadas como una única operación, cuando todos los elementos que integren la operación de que se trate resulten necesarios para llevarla a cabo y estén estrechamente vinculados entre sí. En resumen, cuando un contrato incluya principalmente ejecuciones de obra y prestaciones de servicios adicionales, se aplica la regla de inversión del sujeto pasivo. Si la parte correspondiente a la ejecución de obra resulta irrelevante, no se aplica dicha regla. A modo de ejemplo: en un contrato de construcción de una nave que incluya la redacción del proyecto, se aplica la regla de inversión del sujeto pasivo, si de las circunstancias del supuesto resulta (como parece sería lo normal) que la redacción del proyecto es accesoria a la construcción.
En cuanto a las operaciones de **cesión de personal**, lo relevante para determinar si se aplica o no la regla de inversión del sujeto pasivo, es que dicha cesión de personal se produzca para la realización de operaciones que tengan la naturaleza jurídica de ejecuciones de obra, reuniéndose, además, el resto de requisitos, es decir, que el destinatario actúe como empresario o profesional y que se trate de ejecuciones de obra de construcción o rehabilitación de edificaciones o de urbanización de terrenos.

La regla de inversión del sujeto pasivo también se aplica en los supuestos de **subcontratación**, cuando se cumplan los requisitos señalados.

En cuanto a la **facturación** de estas operaciones, el empresario o profesional que efectúe las operaciones debe expedir una factura en la que haga constar la mención «inversión del sujeto pasivo» (Rgto Fac art.6.1.m).

Por último, en cuanto a la **comunicación** de la aplicación de esta regla, los destinatarios de las operaciones han de dirigirse por escrito a los sujetos pasivos que realicen las mismas indicando que actúan en su condición de empresarios o profesionales, así como que tales operaciones se realizan en el marco de un proceso de urbanización de terrenos o de construcción o rehabilitación de edificaciones. El hecho de no darse dicha comunicación implica la repercusión del IVA por los empresarios.

Precisiones 1) A efectos del **concepto de edificaciones**, ver nº 8536 s. A título de ejemplo se conside- 1372
ran edificaciones los parques solares y eólicos, los depósitos de agua, las instalaciones industriales y subestaciones de energía eléctrica y las casas prefabricadas (DGT CV 3-11-16) y otras construcciones modulares. Por el contrario, no tienen la consideración de edificaciones las obras de urbanización de terrenos, las acequias, desagües y zonas de servidumbre y los viveros flotantes.

2) Tiene la consideración de **promotor la empresa** que encarga la construcción de una nave industrial y las personas físicas o jurídicas que intervienen en una actuación urbanística gestionada por una **junta de compensación** (junta compensante) que satisfacen las correspondientes derramas.

3) En relación con la **infracción** relativa a la falta de comunicación en plazo o la comunicación incorrecta, por parte de los empresarios o profesionales destinatarios de determinadas operaciones a las que resulta aplicable la regla de inversión del sujeto pasivo, ver nº 7450.

Doctrina Administrativa Además de las siguientes contestaciones de la DGT, ver nº 11000 s. 1373

1) No se aplica esta regla a:

- el **suministro de materiales** a pie de obra, tales como el hormigón (DGT CV 22-1-14) y el hierro, vigas, etc. (DGT CV 4-4-13); entrega de materiales para la construcción de naves industriales (DGT CV 18-10-16);
- el **control de calidad** tanto de las edificaciones (DGT CV 26-3-13), como de materiales de construcción (DGT CV 20-2-13);
- el **arrendamiento** de estructuras de obras (DGT CV 20-2-13), de andamios y cimbras (DGT CV 29-1-13), de maquinaria (DGT CV 29-1-13), de elementos de elevación, grúas, etc. (DGT CV 9-4-13; CV 22-9-15);
- los **trabajos** de ingeniería, de topografía (DGT CV 14-5-14), servicios de arquitectura (DGT CV 10-3-16), estudios geotécnicos (DGT CV 9-4-13);
- los **servicios de limpieza**, fin de obra, alcantarillado, etc. (DGT CV 7-4-16); sí tienen la consideración de ejecuciones de obra las operaciones de limpieza mediante chorro de agua y puede aplicarse la regla de inversión del sujeto pasivo (DGT CV 5-9-16); servicios de vigilancia y seguridad (DGT CV 26-3-13); reparación de desperfectos de los edificios (DGT CV 7-11-13) y mantenimiento y conservación de las vías públicas, en general (DGT CV 25-7-13; CV 25-10-13);
- la **venta sin instalación** de materiales (puertas, ventanas, muebles de baño, aire acondicionado, etc.), cuando es el adquirente quien las instala (DGT CV 21-9-16), así como al suministro de muebles o elementos decorativos, con o sin instalación, en tiendas de centros comerciales (DGT CV 3-6-13); elementos de iluminación, tales como farolas y balizas (DGT CV 18-10-16);
- los servicios de **fresado** de pavimentos (DGT CV 4-2-14);
- las **obras de reforma** de un bien inmueble que no cumplan los requisitos para considerarse de rehabilitación (DGT CV 9-6-14), como las realizadas en un establecimiento hotelero (DGT CV 7-4-16);
- las operaciones de **mantenimiento y asistencia técnica** aisladamente consideradas (DGT CV 17-7-15);
- el suministro con instalación de **saunas** en edificaciones ya construidas y terminadas o que no sean consecuencia de un proceso de rehabilitación (DGT CV 19-5-15);
- el suministro de **equipos industriales** cuando el proveedor no los instala, sino que solo supervisa su instalación (DGT CV 26-5-15);
- los trabajos de **impermeabilización** mediante láminas de polietileno en embalses de riego, lagos, etc., ya que estas construcciones no tienen la consideración de edificaciones (DGT CV 14-6-16);
- las ejecuciones de obra para una **comunidad de propietarios** que actúa como particular en las obras para rehabilitar un edificio declarado en ruina tras un terremoto o incendio (DGT CV 23-3-16; CV 5-9-25);
- las operaciones para un promotor de **soldadura** de unas piezas metálicas; también casas prefabricadas (DGT CV 3-11-16);
- las ejecuciones de obra que se realizan con posterioridad a la obtención del **certificado final de obra**, es decir, una vez finalizada la construcción de la edificación, cuando las obras así realizadas tampoco tienen la consideración de obras de rehabilitación (DGT CV 26-7-21).

1374 **2) Procede la aplicación** del mecanismo de inversión del sujeto pasivo:
- cuando se encargue la ejecución de obras a empresarios o profesionales acogidos al **régimen simplificado** del Impuesto (DGT CV 17-1-13);
- en las ejecuciones de obra efectuadas para el contratista principal u otros **subcontratistas**, cuando las mismas sean consecuencia o traigan causa en un contrato principal que tenga por objeto la construcción o rehabilitación de edificaciones, con independencia de que el promotor actúe o no con la condición de empresario o profesional (consumidor final), es decir, sin que resulte relevante, a estos efectos, que se produzca o no la inversión del sujeto pasivo en las operaciones efectuadas entre el contratista principal y el promotor (DGT CV 28-11-16);
- cuando el **destinatario** de las operaciones actúe con la condición de empresario o profesional, debiéndoselo comunicar expresa y fehacientemente al contratista principal, ya sea un ayuntamiento (DGT CV 20-2-13; CV 24-3-14; CV 8-6-16), una comunidad de propietarios (DGT CV 12-11-13) o una Comunidad Autónoma (DGT CV 22-5-15). Sin embargo, no ocurre lo mismo cuando el destinatario es una fundación o una entidad sin ánimo de lucro (DGT CV 12-4-13; CV 21-1-14);
- en las ejecuciones de obra para la construcción de una casa encargadas por una **comunidad de bienes**, formada por un matrimonio cuyos cónyuges, individualmente, ejercen una actividad a efectos de IVA, siempre que dichos destinatarios o la comunidad formada por ellos actúen, respecto de dicha operación, como empresarios o profesionales a efectos del IVA (DGT CV 10-7-13);
- en determinadas operaciones efectuadas en el marco de un proceso de **urbanización de terrenos** (DGT CV 8-11-16) o de construcción o **rehabilitación** de edificaciones tales como las obras de concentración parcelaria (DGT CV 4-7-13), obras de instalaciones de **gas y telecomunicaciones** y cableado de voz y datos (DGT CV 16-5-13; CV 27-5-13), obras de **adoquinado** de calle (DGT CV 11-6-13), renovación de **redes de aguas** y/o alcantarillado (DGT CV 13-9-16), instalación de **rótulos** luminosos (DGT CV 9-4-13), **señales** de incendio, evacuación, etc. (DGT CV 13-9-13), obras de rehabilitación por el **arrendatario del local** (DGT CV 31-1-14), obras de **acristalamiento** y cerramiento de una terraza de un restaurante (DGT CV 26-11-13); obras de **perforación** horizontal realizadas en el seno de un proceso de urbanización (DGT CV 12-3-14; CV 14-4-14; CV 13-5-14); construcción de una **almazara** para la elaboración de aceite (DGT CV 20-10-14), pero no se aplica la regla de inversión del sujeto pasivo cuando se trata solo de las instalaciones para el tratamiento del aceite (DGT CV 19-2-14; CV 12-3-14); ejecuciones de obra efectuadas por una **entidad urbanística de colaboración** (DGT CV 31-3-16);
- en las ejecuciones de obra para la construcción de **pérgolas** (DGT CV 20-10-14);
- en el suministro con instalación de **muebles de cocina** con electrodomésticos (DGT CV 20-10-14; CV 10-11-16);
- en las ejecuciones de obra para la instalación de **maquinaria industrial** (DGT CV 3-2-15; CV 19-5-15) y en la construcción de una nueva edificación con el suministro e instalación de equipos industriales para procesos de producción (DGT CV 7-4-15);
- en las obras de urbanización de un terreno y construcción de una **nave comercial** en el mismo con la acometida de agua y alcantarillado (DGT CV 21-1-15);
- en el suministro con instalación de **calderas** en edificaciones de nueva construcción o cuando responda a una actuación de rehabilitación (DGT CV 17-7-15; CV 15-1-15);
- en la construcción de una nueva edificación que contenga una **sauna** (DGT CV 19-5-15);
- a las **comunidades de bienes** que actúan como empresarios o profesionales en la construcción de viviendas para su adjudicación a los comuneros (DGT CV 29-9-15);
- a los contratos de **promoción delegada** (DGT CV 12-7-16);
- en el suministro con instalación de equipos informáticos (como medios de pago) en una **estación de servicios** (gasolinera) de nueva construcción o rehabilitada (DGT 15-6-16);
- en la **ejecución subsidiaria** por parte de un ayuntamiento de obras de urbanización (DGT 27-6-16);
- en la promoción de la construcción de una **vivienda** en un terreno rústico de su propiedad (DGT CV 21-12-16);
- las obras consistentes en la instalación de **césped artificial**, realizadas en el jardín de una vivienda, pueden considerarse dentro de la definición más amplia de rehabilitación (DGT CV 30-11-16).

1375 **3)** En las operaciones derivadas del contrato suscrito con el constructor (**contratos mixtos**), consistentes en la ejecución de unas obras de construcción de una edificación y en la gestión integral de la promoción, es sujeto pasivo del Impuesto correspondiente a las mismas el constructor destinatario de tales operaciones, con independencia de que las mismas se facturen de forma independiente (DGT CV 17-1-13), resultando de aplicación en el caso de suministro de instalaciones de agua, incluyéndose el montaje, supervisión y puesta en marcha del proyecto, suministro de productos, etc. (DGT CV 5-4-13).
No se aplica la regla de inversión del sujeto pasivo a un contrato principal (contratos mixtos) que tenga por objeto la conservación y mantenimiento de calles, cuando dicho contrato no pueda calificarse como de urbanización de terrenos o de construcción o rehabilitación de edificaciones (DGT CV 10-11-16).

4) No se aplica la inversión del sujeto pasivo en las ejecuciones de obra por una empresa constructora, que actúa como **contratista principal**, cuando su cliente y destinatario es un particular. Sin embargo, sí se aplica cuando en el marco de dichas operaciones de construcción, la empresa constructora, como contratista principal, subcontrata con otros empresarios, ya que en estos casos el destinatario de las operaciones, es decir, la empresa constructora, sí tiene la consideración de empresario o profesional a efectos del IVA (DGT CV 25-2-13). Cuando existan **varios contratistas principales**, lo relevante es que la ejecución de obra llevada a cabo en su conjunto por todos ellos tenga esta consideración, sin que haya que atender a que cada una de las ejecuciones de obra llevadas a cabo por cada uno de los contratistas sean aisladamente consideradas como de urbanización, construcción o rehabilitación (DGT CV 1-4-13).

5) Tienen la consideración a efectos del IVA de ejecuciones de obra y, por tanto, se aplica la regla de inversión del sujeto pasivo, el **movimiento de tierras** para la ejecución de cualquier tipo de obra de construcción o rehabilitación de edificaciones o urbanización de terrenos (DGT CV 25-2-13), no las operaciones de transporte de tierras procedentes de la retirada de escombros de obra (DGT CV 8-9-15).

Por otro lado, tienen la consideración de **ejecuciones de obra inmobiliaria** las entregas de bienes que sean objeto de instalación y montaje, es decir, cuando se vaya más allá de la mera puesta a disposición de los bienes y la empresa se obligue a la obtención de un determinado resultado. Por ejemplo, las operaciones de cortado de hierro y elaboración de mallazo de hierro que sean, asimismo, objeto de colocación e instalación en una determinada obra inmobiliaria (DGT CV 18-1-13; CV 12-7-10; CV 25-2-13).

6) En cuanto a las prestaciones de servicios con carácter general y, respecto de las cuales no se aplica la regla de inversión del sujeto pasivo, se encuentran las **operaciones de transporte** y acopio de materiales relacionadas con el sector de la construcción (DGT CV 27-2-13; CV 25-2-13; CV 12-3-13). Por tanto, para que en los servicios de transporte se consideren cumplidas las condiciones que determinan la aplicación de la regla de inversión del sujeto pasivo, es necesario que se presten en el marco de un **contrato mixto** (DGT CV 25-2-13; CV 25-2-13; CV 9-7-13).

No obstante, cuando los servicios de transporte de materiales de obra son prestados por sujetos pasivos acogidos al **régimen simplificado**, no se aplica la regla de inversión del sujeto pasivo (DGT CV 25-2-13; CV 11-6-13).

7) En las **juntas de compensación**, la determinación del sujeto pasivo y, en su caso, la aplicación de la regla de inversión del sujeto pasivo, depende del sistema por el que se haya optado para realizar las obras: **1376**

a) En el **sistema de compensación** en los que se actúa fiduciariamente respecto de sus miembros, son sujetos pasivos los juntacompensantes, empresarios o profesionales a efectos del mismo, respecto de todas las derramas que la junta les impute por la urbanización de los terrenos (DGT CV 5-11-14). Estos mismos criterios se aplican en el caso de que sea una Administración o Sociedad Pública quien lleve a cabo las actuaciones urbanísticas correspondientes en sustitución forzosa de una junta de compensación (DGT CV 26-7-13).

b) En el **sistema de cooperación**, se atribuye la condición de empresario a la junta de compensación. Las derramas cobradas a los propietarios de tales terrenos constituyen la contraprestación de las ejecuciones de obra, siendo los sujetos pasivos estos propietarios, siempre que tengan o adquieran la condición de empresario o profesional -nº 8522- (DGT CV 20-10-15).

A estos efectos debe tenerse en cuenta que la regla de inversión del sujeto pasivo:

- no alcanza a las **actuaciones preliminares** en favor de los propietarios de terrenos previas a la constitución de la junta de compensación que realizará la urbanización del terreno (DGT CV 17-7-15), ni a las actuaciones preliminares previas a la constitución de la junta efectuadas por una comisión gestora (DGT CV 17-7-15; CV 17-7-15);
- puede ser de aplicación en los gastos (derramas) por servicios de abogados, arquitectos o trámites **previos al inicio de la ejecución material** de las obras de urbanización que evidencian una intencionalidad en acometer el proceso urbanístico, sin que deba establecerse un plazo máximo para la ejecución material de las obras (DGT CV 26-6-15);
- sí se aplica a las derramas correspondientes a los gastos de conservación y administrativos devengados una vez finalizada la urbanización del terreno hasta su recepción por la Administración municipal (DGT CV 20-10-15; CV 14-3-16);
- no es de aplicación a los servicios de comunicación y marketing para una junta de compensación, como los de notarios, auditores, registrador, abogados, gestión administrativa, vigilancia y los de realización de proyectos efectuados para dicha junta de compensación en el marco de un proceso urbanístico ejecutado por la misma (DGT CV 14-10-15);
- es necesario que los **juntacompensantes** comuniquen expresa y fehacientemente a la junta de compensación, contratista principal de las obras, que las adquieren en su condición de empresarios o profesionales (DGT CV 2-7-15; CV 29-11-16).

Tanto en el sistema de compensación como en el de cooperación, una vez **recepcionada** la urbanización del terreno por la Administración municipal, al entenderse ya finalizada la actuación urbanística, los nuevos gastos (derramas) que se imputen a los juntacompensantes se entienden derivados de las actuaciones de conservación o mantenimiento de una actuación urbanística finalizada, motivo por el cual no se aplica la regla de inversión del sujeto pasivo (DGT CV 10-6-13; CV 20-10-15).

1377 **8)** En la entrega de **mobiliario y mamparas de oficina** por una empresa dedicada a dicha actividad, cuando sus clientes son empresas constructoras o contratistas, las cuales en el marco de una obra completa de construcción o rehabilitación realizan la instalación o montaje, dicha venta merece la calificación de entregas de bienes. Sin embargo, tiene la consideración de ejecución de obra inmobiliaria la entrega de mamparas de oficina cuando sean objeto de instalación y montaje, aunque dichas mamparas sean móviles y adaptables, siempre que la instalación y montaje vaya más allá de la mera puesta a disposición de los bienes en las oficinas del cliente (DGT CV 29-1-13).

9) Se aplica la regla de inversión del sujeto pasivo con independencia de la **forma de cuantificación** de la contraprestación (DGT CV 23-9-13).

10) La aplicación de la regla de inversión del sujeto pasivo es obligatoria, sin que pueda **pactarse entre las partes** su elusión en los casos en que se cumplan los requisitos, ni su aplicación cuando no se cumplen dichos requisitos (DGT CV 8-11-16).

1379 Jurisprudencia La Decisión 2004/290/CE, por la que se autoriza a **Alemania** a aplicar el mecanismo de inversión del sujeto pasivo en caso de **obras de construcción** efectuadas para un sujeto pasivo, comprende tanto prestaciones de servicios como entregas de bienes. Además, Alemania puede limitar el ejercicio de la autorización concedida de manera parcial, tanto respecto a determinadas obras de construcción como respecto a determinados destinatarios, siempre que respete el principio de neutralidad fiscal, así como los principios generales del Derecho de la Unión, como son, entre otros, los de proporcionalidad y de seguridad jurídica (TJUE 13-12-12, asunto C-395/11).

1380 **Plata, platino y paladio. Teléfonos móviles, videojuegos, ordenadores portátiles y tabletas digitales** (LIVA art.84.Uno.2º.g; RIVA art.24 quater.5 y 24 quinquies) Se aplica la regla de inversión del sujeto pasivo a las **entregas** de los siguientes bienes:

a) Plata, platino y paladio, en bruto, en polvo o semilabrado. La inversión del sujeto pasivo se aplica siempre que el adquirente sea un empresario o profesional actuando como tal. Se asimila a la entrega de dichos bienes, las entregas que tengan por objeto dichos metales que resulten de la transformación por el adquirente. Como **excepción**, se excluye de la aplicación de la inversión del sujeto pasivo aquellos productos que estén incluidos en el ámbito de aplicación del régimen especial de bienes usados, objetos de arte, antigüedades y objetos de colección (nº 3915 s.).

b) Teléfonos móviles, consolas de videojuegos, ordenadores portátiles y tabletas digitales. En este caso, solo se aplica la regla de inversión del sujeto pasivo cuando el **destinatario** sea:

- un empresario o profesional **revendedor** de esos bienes, con independencia de cuál sea el importe de la entrega;
- un empresario o profesional que **no es revendedor**, cuando el importe de dichas entregas documentadas en una misma factura supere los 10.000 euros, excluido el IVA. A efectos del cálculo de este límite, se ha de atender al importe total de las entregas realizadas cuando, documentadas en más de una factura, resulte acreditado que se trata de una única operación y que se ha producido el desglose artificial de la misma a los únicos efectos de evitar la aplicación de esta norma.

Los destinatarios de estas operaciones deben, en su caso, **comunicar** expresa y fehacientemente al empresario que realice la entrega con carácter previo o simultáneo a la adquisición, que están actuando, con respecto a dicha operaciones, en su condición de empresarios o profesionales o revendedores. Debe acreditarse aportando un certificado específico emitido a estos efectos a través de la sede electrónica de la AEAT.

1381 Precisiones **1)** Cuando resulte de aplicación esta regla de inversión del sujeto pasivo, la **factura** que documente la operación debe expedirse en una serie específica (Rgto Fac art.6.1.a.4º).

2) Se considera **revendedor** al empresario o profesional que se dedique con habitualidad a la reventa de los bienes adquiridos a que se refieren dichas operaciones. Debe comunicar al órgano competente de la AEAT su condición como tal mediante la presentación de la correspondiente **declaración censal** (modelo 036) al tiempo de comienzo de la actividad, o bien durante el mes de noviembre anterior al inicio del año natural en que deba surtir efecto.

La comunicación se entiende **prorrogada** para los años siguientes mientras no se produzca la pérdida de dicha condición. En tal caso es preciso realizar una comunicación de modificación de datos a la AEAT mediante la correspondiente declaración censal.

El empresario o profesional revendedor puede obtener un **certificado** con el código seguro de verificación a través de la sede electrónica de la AEAT, que tiene validez durante el año natural correspondiente a la fecha de expedición.

3) Los empresarios o profesionales que **no** tengan la **condición de revendedores** deben comunicar al proveedor al que adquieran cualquiera de los referidos bienes, con carácter previo o simultáneo a la adquisición, que están actuando con respecto a dichas operaciones, en su condición de empresario y profesional, bastando al efecto una declaración escrita firmada por los mismos dirigida al proveedor que realice la entrega (RIVA art.24 quater.7).

4) En la LIVA Anexo aptdo. décimo, se recogen las **partidas arancelarias** de los bienes a los que se aplica esta regla de inversión del sujeto pasivo.
5) Los destinatarios de las operaciones, en particular, los del segundo párrafo de la letra b) del nº 1380 **responden solidariamente** de la deuda tributaria cuando se den las circunstancias previstas (nº 1396).

Doctrina Administrativa Además de las siguientes contestaciones de la DGT, ver nº 11000 s. **1382**
1) Los empresarios y profesionales revendedores tienen la obligación de **comunicar a la Administración tributaria** tal condición a través de la declaración censal, con anterioridad al inicio de la actividad de revendedor, entendiendo que esta se produce desde el momento en que se realicen cualesquiera entregas o adquisiciones de estos bienes para su reventa (DGT CV 31-3-15).
2) Los empresarios y profesionales que realicen las entregas de teléfonos móviles, videojuegos, ordenadores portátiles y tabletas digitales, a las que sea de aplicación la regla de inversión del sujeto pasivo referida, han de expedir **factura** en una serie específica para documentar estas operaciones, sin perjuicio de que en la misma factura se incluyan otras operaciones distintas de las que dan lugar a la regla de inversión del sujeto pasivo. Si en una misma factura se documentan **distintas operaciones**, unas a las que sea de aplicación la regla de inversión del sujeto pasivo y otras en las que el sujeto pasivo sea el empresario o profesional que realiza la operación, debe especificarse en la misma por separado la parte de base imponible correspondiente a cada una de las operaciones (DGT CV 31-3-15).
3) Se aplica esta regla de inversión del sujeto pasivo cuando se comercialicen tabletas digitales conjuntamente con otros elementos (micrófono) siempre que dichos **elementos complementarios** se entreguen conjuntamente con la citada tableta digital de forma indivisible, por precio único y constituya una unidad funcional, perfeccionando o complementado el uso de la misma (DGT CV 9-10-15).
4) Tiene la consideración de empresario o profesional **revendedor**, aquel que se dedique con habitualidad a la reventa de teléfonos móviles, consolas de videojuegos, ordenadores portátiles y tabletas digitales, o cualquiera de dichos bienes, con independencia del régimen de IVA que se aplique -general o algún especial, como el de recargo de equivalencia- (DGT CV 26-5-15; CV 24-11-16).
5) En el caso de **arrendamiento financiero** (leasing) de terminales móviles, ordenadores portátiles y de tabletas digitales, son sujetos pasivos tanto la empresa revendedora como la compañía de leasing que cede mediante contratos de arrendamiento financiero dichos bienes (DGT CV 23-2-16).

6) No es de aplicación esta regla de inversión del sujeto pasivo a: **1383**
- la entrega de **dispositivos PDA** (DGT CV 22-9-15);
- las entregas de **productos de información multimedia** -PIM- (DGT CV 21-10-15);
- las entregas de **laboratorios de idiomas**, que se configuran como sistemas fijos de información en los que de forma prioritaria se utilizan ordenadores y pantallas de sobremesa y que, aunque incluyan ordenadores portátiles y tabletas digitales, pierden su portabilidad (DGT CV 21-10-15);
- las adquisiciones en **régimen especial de bienes usados** del IVA (DGT CV 10-3-16).

7) La calificación de los bienes como teléfonos móviles, consolas de videojuegos, ordenadores portátiles y tabletas digitales, debe hacerse en función de su clasificación a efectos de la **Nomenclatura Combinada** (DGT CV 17-2-16). Lo mismo cabe decir respecto de las entregas de plata en polvo, en bruto o semielaborada (DGT CV 10-3-16).

3. Regla singular: personas jurídicas no empresarios o profesionales

(Dir 2006/112/CE art.196; LIVA art.84.Uno.3º)

Estas personas son sujetos pasivos cuando son destinatarias de las operaciones sujetas al IVA que se indican a continuación, siempre que sean realizadas por empresarios o profesionales no establecidos en el TIVA: **1384**
- las **entregas subsiguientes** a las adquisiciones intracomunitarias efectuadas en el marco de una operación triangular (nº 5340), y siempre que se hubiese comunicado al empresario o profesional no establecido el NIF asignado por la Administración española;
- las **prestaciones de servicios** que se localicen en el TIVA (nº 480 s.). Estas personas jurídicas se consideran empresarios o profesionales a efectos de aplicar las reglas de localización del hecho imponible cuando tienen asignado un NIF atribuido por la Administración española (LIVA art.5.cuatro).

Ejemplo El ayuntamiento de un municipio ubicado en la Península que tiene asignado un NIF/IVA español, dado que ha optado por la **tributación en destino de las adquisiciones intracomunitarias** por él efectuadas (nº 5409), cuenta con una red de ordenadores que destina a su actividad administrativa. Tiene contratado con un empresario no establecido de la UE el servicio de consultoría informática.

El servicio prestado por el empresario de la UE está sujeto al IVA español. El sujeto pasivo es la persona jurídica destinataria de la operación, aunque no sea empresario o profesional en sentido estricto.

B. Entidades sin personalidad jurídica de la LGT art.35.4

(LIVA art.84.Tres)

1385 Tienen la consideración de sujetos pasivos las **herencias yacentes, comunidades de bienes** y demás entidades que, careciendo de personalidad jurídica, constituyen una unidad económica o un patrimonio separado susceptible de imposición, cuando realicen operaciones sujetas al impuesto.

La consideración de la entidad como sujeto pasivo del IVA requiere que las operaciones que han de efectuarse se puedan entender referidas a una actividad empresarial o profesional ejercida por ella y no por sus miembros o comuneros. Para eso, es necesario que las operaciones, y el **riesgo o ventura** que de ellas derive, se refiera a la entidad de forma indiferenciada, y no a sus miembros o componentes, así como que la normativa sustantiva de la actividad por desarrollar sea tal que permita su ejercicio a través de una entidad con esta configuración. Si hay una **ordenación conjunta de medios** y una asunción igualmente conjunta del riesgo y ventura de las operaciones, debe considerarse que la entidad de que se trate, sociedad civil o comunidad de bienes, tiene la condición de sujeto pasivo del tributo (DGT CV 29-1-07; CV 4-4-13; CV 23-7-15).

1387 Ejemplos 1) Una **unión temporal** de empresas, constituida para la construcción de una carretera en el territorio de aplicación del IVA español, es sujeto pasivo por las operaciones realizadas por la misma, con independencia de las operaciones realizadas por las empresas que la componen.

2) Una **comunidad de propietarios** de un inmueble situado en el territorio de aplicación del IVA español, que arrienda a terceros parte de los elementos comunes de la misma (fachada, cubiertas, etc.) es sujeto pasivo de dichas operaciones.

3) Una **sociedad civil** establecida en el territorio de aplicación del IVA español, constituida por dos o más empresarios, personas físicas, que desarrolla una actividad de reparaciones eléctricas, tiene la condición de sujeto pasivo por las operaciones efectuadas por la misma.

1388 Doctrina Administrativa Además de las siguientes contestaciones de la DGT, ver nº 11000 s.

1) Tiene la condición de empresario y sujeto pasivo del IVA la **comunidad de bienes**:
- que desarrolle una actividad empresarial (DGT 4-3-04), siendo sujeto pasivo la propia comunidad y no cada uno de sus miembros (DGT CV 31-8-16);
- que promueva la construcción de edificaciones para su explotación en forma de arrendamiento por la propia comunidad (DGT CV 19-11-86);
- cuya actividad es la urbanización y parcelación de un terreno (DGT 11-4-03; 22-10-03);
- constituida por la propiedad indivisa de diversos terrenos en los que se ejercen actividades económicas (DGT CV 13-9-06);
- constituida por la propiedad indivisa de un terreno edificable en el que se va a promover la construcción de una edificación para su posterior adjudicación a los comuneros en función de su cuota de participación una vez finalizada su construcción (DGT CV 11-6-07; CV 16-4-10; CV 24-5-11);
- constituida por dos entidades mercantiles que son propietarias en pro indiviso de varios solares, con el objeto de construir viviendas para su venta sobre los mismos, sin la aportación de los solares a la citada comunidad (DGT CV 26-11-08);
- constituida por varios hermanos que proceden a realizar la rehabilitación integral de un edificio destinado a viviendas y locales comerciales, que se adjudican individualmente conforme a su cuota de participación en la comunidad, para su posterior venta a terceros (DGT CV 9-4-08);
- constituida por una comunidad de propietarios que se transforma en comunidad de bienes para llevar a cabo la reconstrucción de las viviendas declaradas en ruina y adjudicárselas posteriormente (DGT CV 4-6-09);
- constituida por varias personas sobre la propiedad indivisa de una nave industrial para destinarla al arrendamiento (DGT CV 14-9-10; CV 21-4-10). En el mismo sentido, en relación con la adquisición de un local para destinarlo al arrendamiento, DGT CV 13-9-13;
- que realiza entregas de energía eléctrica a sus comuneros (DGT CV 1-10-86);
- que arrienda y explota instalaciones solares fotovoltaicas (DGT CV 22-5-08; CV 28-2-07);
- constituida por dos propietarios en un proindiviso de un terreno sobre el que se constituye un derecho de superficie para la construcción de un aparcamiento y que transmite el suelo a los compradores de las plazas (DGT CV 5-4-13).

1389 2) La adquisición pro indiviso de un inmueble por varias personas determina la existencia de una **comunidad de bienes**, y esto sucede así por imperativo legal, por lo que la voluntad de las partes de constituir o no dicha comunidad resulta irrelevante a dichos efectos. No obstante, para que dicha comunidad sea sujeto pasivo del IVA, es necesario que tenga la condición de **empresario o profesional** a efectos de dicho impuesto. Por tanto, la condición de empresario o profesional la puede tener cada uno de los copropietarios si el inmueble se explota de manera separada e independiente por cada uno de ellos, sin que exista una asunción conjunta del riesgo y ventura de dicha explotación (DGT CV 20-12-12).

3) Tienen la condición de empresarios y sujetos pasivos del IVA las **comunidades de propietarios** que promuevan la construcción de edificaciones para su adjudicación a los comuneros, aunque realicen dichas operaciones ocasionalmente (DGT CV 2-10-06; CV 26-11-07); no ocurre lo mismo cuando dichas comunidades se limitan a autorizar, mediante contraprestación, obras en los elementos comunes de la comunidad, al no suponer el ejercicio de una actividad empresarial (DGT CV 24-6-10).

4) Los **fondos de activos bancarios** son patrimonios separados susceptibles de imposición que realizan operaciones sujetas al IVA y, son sujetos pasivos del impuesto (DGT CV 16-12-13).

5) Las **juntas de compensación** tienen la consideración de empresarios a efectos del IVA y, por tanto, de sujetos pasivos (DGT CV 28-1-05; CV 5-10-07), al igual que las comunidades vecinales de **montes en mano común** (DGT 18-6-04).

6) La **comunidad hereditaria** propietaria de determinados bienes que destina a su arrendamiento (terreno, local, etc.) es sujeto pasivo del impuesto (DGT 10-5-01; CV 21-3-05; CV 11-11-05; CV 19-5-15).

7) Si dos entidades adquieren un **inmueble en pro indiviso** para explotarlo de manera independiente y separada, la comunidad de bienes no tiene la consideración de sujeto pasivo del IVA, ya que no existe una asunción conjunta del riesgo y ventura derivados de la citada explotación (DGT CV 31-7-06; CV 27-9-06; CV 21-12-07; CV 7-8-09).

8) Dos personas físicas van a **adquirir cada una de ellas la mitad** de un local comercial, destinando una de ellas su mitad al arrendamiento al otro propietario, quien destinará el local a su actividad de comercio al por menor, acogida al régimen del recargo de equivalencia, sin derecho, por tanto, a la deducción. Los dos compradores actúan en la compra de manera independiente, adquiriendo cada uno el 50% del local comercial, sin que conformen una comunidad de bienes que actúe como sujeto pasivo a efectos del IVA. Asimismo, si bien ambos adquirentes tienen la condición de empresario o profesional, solo uno de ellos tendría derecho a la deducción total o parcial, por lo que solo cabría la renuncia a la exención en la parte relativa al mismo (DGT CV 5-6-23).

9) Es sujeto pasivo la **sociedad civil** constituida con la finalidad de adquirir inmuebles para su **demolición** y posterior construcción de inmuebles para su venta o arrendamiento (DGT CV 1-4-08). 1390

10) Una **asociación de vecinos** es sujeto pasivo del impuesto cuando presta servicios de alquiler de hamacas y sombrillas con autorización municipal (DGT CV 15-2-08), así como cuando arrienda un local de su propiedad situado en la propia urbanización (DGT CV 22-9-11).

11) En los supuestos de **promoción de viviendas en régimen de propiedad horizontal**, en el que los autopromotores adquieren el solar en proindiviso, la promoción del edificio para su adjudicación a los copropietarios constituye una actividad empresarial a efectos del IVA, en la que la comunidad de autopromotores es el sujeto pasivo (DGT 24-3-04; CV 28-11-16).

12) La comunidad de bienes constituida por la **propiedad indivisa** de terrenos respecto de los cuales se han abonado **gastos de urbanización**, tiene la condición de empresario o profesional desde el momento en que comenzó dicho abono, siempre que la intencionalidad perseguida fuera la de adjudicación, cesión o venta de los terrenos (DGT CV 2-8-07).

13) En la promoción de una edificación para su posterior adjudicación, venta, o cesión, son sujetos pasivos del impuesto tanto la **UTE** constituida por dos entidades mercantiles (DGT CV 13-2-08; CV 3-2-09), como la comunidad de bienes formada por los socios de una entidad que ha sido liquidada y disuelta, habiendo adquirido estos en proindiviso la **totalidad del patrimonio empresarial** (DGT 24-3-04), al merecer la consideración de empresarios. 1391

14) Los cooperativistas de una **cooperativa** cuyo objeto es la construcción de viviendas que, adicionalmente, participan conjuntamente y en proindiviso en la construcción de una zona comercial para cederla en arrendamiento, constituyen una comunidad de bienes que tiene la consideración de sujeto pasivo del IVA (DGT 15-3-04).

15) Son sujetos pasivos del impuesto las comunidad de bienes constituidas por **profesionales** (médicos, arquitectos, abogados, etc.) para compartir los gastos de personal y de otros servicios para el desarrollo de sus respectivas actividades, contratando en nombre propio los bienes y servicios destinados a tal finalidad, siendo luego satisfecho su coste entre dichos profesionales (DGT 3-12-03; CV 16-3-09; CV 1-6-10; CV 29-4-11), con independencia, en su caso, del ejercicio profesional individual de cada uno de sus socios (DGT CV 16-5-11).

16) En el caso de una **comunidad de gananciales**, la consideración de sujeto pasivo, en cuanto a la actividad desarrollada por la sociedad de gananciales, puede recaer tanto en la propia comunidad como en cualquiera de sus miembros, ya que ambos esposos ostentan conjuntamente la titularidad de la totalidad del patrimonio ganancial y el desarrollo conjunto de la actividad (DGT CV 19-4-16). En consecuencia, el **cambio de titularidad** de la actividad desarrollada por la sociedad ganancial como consecuencia de la transmisión de la titularidad de la actividad económica al otro cónyuge no supone el cese de la actividad económica desarrollada por la misma, ni transmisión alguna de bienes y derechos entre los cónyuges, ni ninguna operación sujeta al IVA (DGT CV 5-6-23).

En cuanto al régimen de **separación de bienes**, si los cónyuges son propietarios en mitades indivisas de un solar para destinarlo al arrendamiento, constituye una comunidad de bienes, la cual es sujeto pasivo del IVA (DGT CV 29-10-09).

17) En el contrato de **cuentas en participación**, al no existir explotación en común, sino que la misma sigue llevándose a cabo íntegramente por el partícipe gestor como único titular jurídico de los bienes y derechos integrantes de la misma, debe considerarse que el partícipe gestor es el sujeto pasivo a efectos del IVA (DGT CV 27-7-05).

18) Un **fondo de inversión inmobiliaria** es sujeto pasivo del IVA (DGT CV 27-10-08).

1393 Jurisprudencia **1)** La pertenencia a una comunidad de bienes no excluye la posibilidad de que, en su condición de persona física, un **comunero que ejerce una actividad profesional** también pueda tener la condición de sujeto pasivo (TEAC 24-11-95).

2) Las comunidades de bienes tienen la consideración de empresarios y sujetos pasivos cuando realizan actividades empresariales o profesionales. Por tanto, la **venta de terrenos**, cuando no pueda calificarse como una actividad empresarial, no conlleva la condición de sujeto pasivo de una comunidad de bienes, integrada por los propietarios, personas físicas, de dichos terrenos (TEAC 24-6-93).

3) Desde el punto de vista civil, existe **comunidad de bienes** desde el momento en que se adjudican en proindiviso unos bienes (CC art.392). Desde el punto de vista del IVA, esa entidad es sujeto pasivo del impuesto desde el momento en que desarrolla una actividad económica de forma independiente respecto a los comuneros. A estos efectos, carece de importancia que la comunidad se haya constituido formalmente entre los herederos, lo que hace que la asignación de oficio de un NIF por parte de la Administración sea adecuada a derecho (AN 28-6-23, EDJ 635535).

4) Una **sociedad de gananciales** tiene la consideración de sujeto pasivo del IVA desde que realiza operaciones sujetas a dicho impuesto, con independencia de que ambos cónyuges presenten, alternativa e indistintamente, las correspondientes declaraciones (TEAC 25-4-01).

5) En un **arrendamiento de bienes inmuebles**, el sujeto pasivo es la comunidad y no los comuneros (TSJ Asturias 18-12-01, EDJ 103184).

6) No existe comunidad de bienes cuando se produce la **utilización compartida** de un elemento de transporte de uno de los hermanos y, por tanto, no existe como tal sujeto pasivo (TEAC 8-5-02).

7) Una comunidad de bienes dada de alta en el IAE es sujeto pasivo del IVA aunque **no repercuta cuotas** por dicho impuesto (TSJ Extremadura 28-9-01, EDJ 42458).

8) La atribución de la condición de sujeto pasivo a las entidades sin personalidad jurídica solo es posible cuando la Ley así lo establece y siempre respecto de **obligaciones tributarias** derivadas de operaciones realizadas por ellas mismas (TEAC 5-11-13).

1394 **9)** La **afectación de un inmueble** a una actividad empresarial, en la que el sujeto pasivo es una comunidad de bienes formada por dos personas físicas, debe deducirse de las circunstancias de hecho concurrentes, al no existir un mecanismo formal de afectación desde el patrimonio personal al empresarial (TEAC 9-6-04).

10) Las **comunidades de propietarios** son sujetos pasivos del IVA (TEAC 13-10-05; 3-6-20). En el mismo sentido, en relación con una comunidad de propietarios que refactura **gastos de calefacción**, TJUE 17-12-20, asunto C-449/19.

11) Las comunidades de bienes constituidas para la **autopromoción de edificaciones** destinadas a viviendas no tienen carácter empresarial (TEAC 14-4-09).

12) La afectación de una parcela de terreno que pertenece proindiviso a tres sociedades mercantiles (comunidad de bienes), correspondiente a una **actuación urbanística por el sistema de cooperación,** no convierte a la comunidad de bienes en sujeto pasivo del IVA sin más, sino que eso ha de suceder cuando el plan se ejecute y se proceda a la correspondiente repercusión de gastos (TEAC 1-12-09).

13) En la actuación en nombre propio de un miembro de una **sociedad civil**, siendo este quien, en su propio nombre, firma la totalidad de los contratos relativos a los inmuebles en cuestión, ha de entenderse que este actúa en su propio nombre y por cuenta propia, asumiendo él solo el riesgo económico vinculado a las operaciones, debiendo ser considerado como sujeto pasivo del tributo (TJUE 16-9-20, asunto C-312/19).

C. Responsables del impuesto

(LIVA art.87)

1395 La responsabilidad del impuesto puede ser tanto solidaria como subsidiaria. A continuación se analizan ambos supuestos.

1396 **Responsabilidad solidaria** (Dir 2006/112/CE art.205; LIVA art.87.Uno, Dos y Cuatro) Se incluyen dentro de este supuesto de responsabilidad solidaria:

a) Los **destinatarios** de las operaciones que, mediante acción u omisión culposa o dolosa, eluden la correcta repercusión del impuesto. La responsabilidad alcanza a las sanciones que, en su caso, pudieran proceder.

La responsabilidad procede tanto por acción como por omisión, exigiéndose en todo caso la concurrencia de un elemento subjetivo (dolo o culpa) así como que se eluda la correcta repercusión del impuesto, y no solo que el destinatario se haya beneficiado indebidamente de exenciones, tipos reducidos o supuestos de no sujeción que no procedan con arreglo a derecho.

b) En las **importaciones**:

- las asociaciones garantes en los casos determinados en los Convenios internacionales;
- la RENFE, cuando actúe en nombre de terceros en virtud de Convenios internacionales;
- las personas o entidades que actúen en nombre propio y por cuenta de los importadores.

En este supuesto, la responsabilidad **no alcanza** a las deudas puestas de manifiesto como consecuencia de actuaciones practicadas fuera de los recintos aduaneros.

La liberalización de la representación indirecta (en nombre propio y por cuenta ajena) obliga a extender la responsabilidad solidaria a todo el que actúe con dicha representación.

Precisiones Si resulta de aplicación la regla especial de determinación de la base imponible para las **operaciones con oro** (nº 1933), el destinatario de la operación debe acreditar al sujeto pasivo de la misma, si el oro que le ha aportado para su transformación fue adquirido o importado con **exención del IVA** (LIVA art.79.Diez y 140 bis.Uno.1º).

Dicha **acreditación** puede realizarse, en particular, entre otros medios de prueba, mediante una declaración escrita firmada por el destinatario de la operación dirigida al sujeto pasivo, en la que haga constar, bajo su responsabilidad, las circunstancias referidas (RIVA art.24 bis). De mediar las circunstancias previstas, el citado destinatario responde solidariamente de la deuda tributaria correspondiente.

Ejemplo En el ejemplo del nº 1934, si el particular P no comunica al joyero que el oro utilizado fue adquirido con exención del IVA, resulta responsable solidario del pago del IVA, siempre que su conducta sea dolosa o culposa.

Doctrina Administrativa Además de las siguientes contestaciones de la DGT, ver nº 11000 s. 1397

1) La responsabilidad solidaria del **destinatario** de una operación no excluye la del **sujeto pasivo**, en los casos de incorrecta aplicación de los tipos aplicables (DGT 8-5-98).

2) Si mediante **manifestaciones inexactas**, relativas al transporte por parte del adquirente de la mercancía fuera del territorio de aplicación del IVA español, una entrega de bienes no resulta exenta (LIVA art.25.Uno), el destinatario incurre en el supuesto de responsabilidad solidaria, aunque el sujeto pasivo que efectuó dicha entrega no pierde su condición de tal y de obligado al ingreso del impuesto (DGT 19-6-00).

3) En las **ejecuciones de obra de albañilería**, el cumplimiento de determinados requisitos para la aplicación del tipo reducido debe efectuarse mediante una declaración escrita del destinatario de dichos servicios, el cual responde solidariamente de la deuda tributaria (DGT 11-5-01; 14-3-03).

4) Cuando por acción u omisión culposa o dolosa el **destinatario no haya manifestado** que adquirió el oro con exención del IVA, el citado destinatario responde solidariamente de la deuda tributaria correspondiente (DGT 6-9-02; 25-11-02).

5) Una sociedad española adquiere a una empresa luxemburguesa determinados inmuebles sitos en España que esta tiene cedidos en arrendamiento. La **transmisión de los inmuebles** a una sociedad española implica una entrega de bienes sujeta al IVA de la que es sujeto pasivo la sociedad luxemburguesa, sin perjuicio de resultar aplicable la exención (nº 8640 s.). En el caso de sujeción al IVA sin exención, si la entidad luxemburguesa no ingresa el IVA repercutido, la sociedad española solo queda incursa en responsabilidad solidaria cuando haya eludido la correcta repercusión del impuesto mediante acción u omisión con culpa o dolo (DGT 28-5-03).

Jurisprudencia **1)** Los E.m. pueden imponer una responsabilidad solidaria de pago del IVA a un empresario al que se haya efectuado una entrega de bienes o prestación de servicios y que sabía, o podía razonablemente sospechar, que el IVA correspondiente a dicha entrega o prestación, o a cualquier entrega o prestación anterior o posterior de la cadena comercial, quedaría **impagado por un defraudador**. No obstante, dicha normativa debe respetar los principios de proporcionalidad y seguridad jurídica (TJUE 11-5-06, asunto C-384/04). 1398

2) La Administración debe acreditar y documentar cada uno de los **requisitos necesarios** que configuran este tipo de responsabilidad (TEAC 20-12-16).

Responsabilidad subsidiaria (LIVA art.87.Tres, Cuatro y Cinco) Se incluyen dentro de este supuesto de responsabilidad subsidiaria: 1399

a) Las personas o entidades que actúen **en nombre y por cuenta del importador**, por el pago del impuesto.

En este supuesto, la responsabilidad **no alcanza** a las deudas puestas de manifiesto como consecuencia de actuaciones practicadas fuera de los recintos aduaneros.

b) Los casos de **tramas organizadas de fraude** en el IVA que afecta a los empresarios o profesionales que sean destinatarios de entregas de bienes sujetas y no exentas del IVA.

Para que la responsabilidad pueda resultar exigible es necesario que se cumplan los siguientes **requisitos**:

1. Que el destinatario de la operación que haya de ser declarado responsable hubiera debido razonablemente **presumir** que el IVA correspondiente a las referidas operaciones no es ni va a ser objeto de declaración e ingreso por el empresario que las realiza, considerándose este requisito cumplido cuando dicho destinatario haya satisfecho por los citados bienes un precio notoriamente anómalo. A tal efecto, se entiende por **precio notoriamente anómalo** el que sea sensiblemente inferior al:

- precio correspondiente a dichos bienes en las condiciones en que se ha realizado la operación o al satisfecho en adquisiciones anteriores de bienes idénticos;
- precio de adquisición de dichos bienes por parte de quien ha efectuado su entrega.

La Administración tributaria puede probar que existió un precio notoriamente anómalo con la documentación de que disponga, así como con la aportada por el destinatario de la operación y valorar, cuando sea posible, otras operaciones realizadas en el mismo sector económico que guarden un alto grado de similitud con la analizada, para cuantificar el valor normal de mercado de los bienes existente en el momento de realización de la operación. No se considera precio notoriamente anómalo aquel que se justifica por la existencia de factores económicos distintos a la aplicación del IVA.

2. Que la Administración tributaria acredite la **existencia de IVA repercutido** o que hubiera debido repercutirse con ocasión de las citadas operaciones, sin que el mismo haya sido objeto de declaración e ingreso por parte del sujeto pasivo obligado a ello.

Precisiones Subsiste la problemática derivada de la **no repercusión del recargo de equivalencia** (nº 4703), puesto que ambos supuestos de repercusión están claramente diferenciados en la normativa del IVA.

II. Repercusión y rectificación

(LIVA art.88 y 89; RIVA art.25)

1400

A. Repercusión del impuesto

(LIVA art.88; RIVA art.25; Rgto Fac art.6 y 7)

1401 El procedimiento de la repercusión, junto con el de la deducción, son los pilares básicos sobre los que se asienta el funcionamiento del IVA para alcanzar su objetivo, es decir, gravar el consumo final de bienes y servicios.

El procedimiento de la repercusión es el medio a través del cual se produce la **traslación de la carga tributaria** entre quienes intervienen en las operaciones económicas gravadas por el IVA que, junto con el procedimiento de deducción, permite que las cuotas del IVA no sean un coste para los empresarios o profesionales que desarrollan actividades sujetas a dicho impuesto. Es el consumidor final o quien, a efectos del IVA, actúe como tal, que no está facultado para repercutir ni deducir el IVA, el que soporta su carga tributaria.

La normativa del IVA establece la repercusión **obligatoria** de las cuotas tributarias y la obligación correlativa, por parte del adquirente de los bienes y servicios, de soportar dicha repercusión.

La relación entre repercusión y deducción exige que la repercusión se adecúe al régimen de formalidades que habilitan para el derecho a la deducción. Si para ejercer el mencionado derecho es preciso estar en posesión de la correspondiente **factura**, en la que conste suficientemente desglosado el IVA soportado, debe exigirse a quien repercute el impuesto que formalice también la repercusión a través de una factura. Consecuentemente, se reconoce al destinatario de la repercusión el derecho a exigir la entrega de una factura que documente la cuota repercutida que, en su caso, es objeto de deducción.

Precisiones **1)** Respecto a la regulación de las **obligaciones de facturación**, ver nº 7190 s.
2) Ver en el nº 2866 s. los documentos que justifican el derecho a la **deducción** de las cuotas soportadas.

1. Elementos de la repercusión

(LIVA art.88.Uno)

Los sujetos pasivos tienen la **obligación** de repercutir íntegramente el importe del impuesto sobre aquel para quien se realice la operación gravada, quedando este obligado a soportarlo siempre que la repercusión se ajuste a lo dispuesto en la Ley, cualesquiera que sean las estipulaciones existentes entre ellos. **1402**

Los **elementos** que caracterizan el mecanismo de la repercusión son:

a) Carácter de la repercusión como obligación (nº 1403 s.).

b) Integridad de la repercusión (nº 1410 s.).

Obligatoriedad (LIVA art.88.Uno) La repercusión es de carácter obligatorio, ya que los sujetos pasivos deben repercutir el impuesto sobre aquel para quien se realice la operación gravada; es una obligación **ineludible**, y como tal, no es susceptible de negociación entre las partes que intervengan en las operaciones gravadas. **1403**

Simultáneamente a la obligación de repercutir el impuesto se produce el **deber de soportar** la correspondiente repercusión por parte de los destinatarios. Si no fuera así, la carga del impuesto recaería sobre los empresarios o profesionales, sujetos pasivos del IVA, y se quebraría el mecanismo repercusión-deducción, no resultando posible trasladarlo al consumidor final.

Solo están obligados a efectuar la repercusión del IVA los sujetos pasivos del mismo. La repercusión por quien no es sujeto pasivo (repercusión improcedente) de cuotas impositivas sin que se haya procedido al ingreso de las mismas constituye una infracción tributaria (nº 7450).

Ejemplos **1)** Un empresario del sector de servicios ha realizado en un domicilio particular determinadas reparaciones. Una vez concluidas las mismas, propone a su cliente, que no es sujeto pasivo ni tiene derecho a deducir el IVA soportado, **no expedirle factura** por sus trabajos ni, consecuentemente, repercutirle el IVA que gravó las operaciones efectuadas. **1404**

El citado empresario también ha efectuado operaciones sujetas y no exentas del IVA para una persona no establecida, negándose en este caso el cliente a soportar la repercusión del impuesto.

La repercusión del IVA debe producirse, en todo caso, cuando se trate de operaciones sujetas y no exentas, con independencia de la naturaleza del destinatario de las operaciones y de cualquier consideración acerca del derecho o no a la deducción del mismo.

Consecuentemente, están obligados a soportar el IVA aquellos para quienes se realicen las operaciones gravadas, con independencia de su naturaleza -personas físicas o jurídicas o cualquier tipo de entidad-, bien sean destinatarios establecidos o no en el territorio de aplicación del IVA español, y cualquiera que sea la condición en que actúen, es decir, como empresarios o profesionales, sujetos pasivos del IVA, o bien como consumidores finales de los bienes o servicios adquiridos.

2) Una **asociación sin ánimo de lucro**, que no está facultada para la deducción del IVA que soporta en sus adquisiciones de bienes y servicios, ha pactado con el suministrador de determinados materiales que no le repercuta el impuesto correspondiente.

La repercusión del IVA es una obligación del sujeto pasivo ajena a los pactos entre las partes estando, además, la asociación obligada a soportar la misma.

Doctrina Administrativa Además de las siguientes contestaciones de la DGT, ver nº 11000 s. **1405**

1) La **resistencia o negativa del destinatario** de la operación a soportar la repercusión del impuesto no es causa justificativa de la demora en la liquidación y el pago del impuesto (DGT CV 3-11-86).

2) En la reparación de un vehículo siniestrado, aunque con carácter general el destinatario es el propietario, cuando los daños están cubiertos por una **póliza de seguro**, el destinatario de los servicios es la persona que así resulte de los pactos entre las partes, estando obligado a soportar la repercusión y pago del impuesto (DGT CV 4-9-09; CV 16-4-12).

Si el destinatario de la reparación es la empresa aseguradora, el taller que la realiza está obligado a repercutir el impuesto a la citada empresa; en otro caso, la repercusión se hace al asegurado o persona destinataria real de la reparación (DGT CV 21-11-86; CV 16-4-12).

En el caso particular de un **renting**, es la entidad de renting y no la compañía aseguradora la destinataria de los servicios de reparación, sin perjuicio de que el pago efectivo de la contraprestación sea asumido, de forma indirecta, por la entidad aseguradora a través del pago de la correspondiente indemnización (DGT CV 16-4-12).

3) En los servicios de asesoramiento y administración prestados por una empresa a una **comunidad de propietarios**, la repercusión del IVA se realiza mediante la expedición de una factura a la misma (DGT 10-1-96), aunque cabe la posibilidad de que, de forma distinta y separada, se consigne la porción de base imponible y cuota repercutida a cada uno de los citados propietarios, o bien expedir un duplicado a nombre de la comunidad, aunque en la misma no consten los **porcentajes** de base imponible y cuota tributaria que les correspondan en función de su participación en la comunidad, pudiendo acreditarse dichos porcentajes mediante otro tipo de documentos, tales como la escritura de división horizontal y obra nueva, estatutos de la comunidad, etc. De esta forma, los comuneros empresarios sí pueden deducir el IVA que les corresponda (DGT CV 27-11-07).

4) El pago a una empresa A por otra B de parte de los importes de **facturas impagadas** por una tercera C, no constituye contraprestación de operación alguna sujeta al impuesto, por lo que no ha de emitir una factura formal, así como tampoco repercutirle cantidad alguna en concepto de IVA. Dicho pago puede documentarse de cualquier otra manera que las partes estimen conveniente (DGT 15-11-95; 20-10-98).

1406 **5)** El sujeto pasivo de una entrega de bienes debe repercutir el IVA a sus clientes, los destinatarios de las entregas, con independencia de que los mismos intervengan en la operación a través de un **mandatario** (DGT 23-2-99).

6) Una empresa que contrata con un ente público la cesión de un número determinado de plazas de una **residencia de ancianos** debe repercutirle el IVA, con independencia de que parte del precio fijado en el concierto lo satisfagan los usuarios en función de sus ingresos (DGT 5-4-00).

7) El **abogado** está obligado a efectuar la repercusión del impuesto a su cliente, en este caso el acreedor en un procedimiento judicial de cobro de impagados, aunque en una de las sentencias se condene al deudor del cliente del abogado al pago de la deuda, costas y gastos judiciales, entre los que se encuentra la minuta del abogado (DGT 28-4-98; CV 11-4-13). Igualmente, el abogado debe repercutir el IVA a su cliente, aunque presuma que el cliente no va a aceptar la minuta (DGT CV 25-3-09).

8) Una **entidad urbanística** que presta determinados servicios de mantenimiento debe repercutir el impuesto a los propietarios de los inmuebles, no resultando ajustado a Derecho que en las facturas consten como destinatarios los arrendatarios, aunque hayan pactado con los arrendadores que los gastos de mantenimiento sean a su cargo (DGT CV 8-6-15).

1407 **9)** Una **junta de compensación** que actúa fiduciariamente efectúa la urbanización de terrenos, cuyo coste corresponde a los propietarios de las parcelas como miembros de la misma, algunos de los cuales han transmitido dichas parcelas. Las operaciones efectuadas por la junta se realizan para quienes, con arreglo a Derecho, están obligados frente a dicha junta a efectuar el pago de la contraprestación; si lo están los propietarios iniciales de los terrenos, en las facturas han de aparecer como destinatarios dichos propietarios, con independencia de quién haga efectivo su pago (DGT 23-5-00).

10) El **embargo de los créditos arrendaticios** notificados al arrendatario por la Agencia Tributaria, que tiene pendientes de pago con el arrendador, comprende las cuotas del IVA (DGT CV 22-10-09; CV 23-2-10; CV 16-1-14).

11) Cuando se produce la entrega de un inmueble en pago de una deuda, existe obligación de soportar la repercusión de la correspondiente cuota del IVA, con independencia de los **pactos privados** entre las partes para compensar dicho importe (DGT CV 21-10-11).

12) El destinatario de las operaciones de formalización de una compulsa de un documento y el **otorgamiento de un testamento** es la persona que actúa a título individual en la notaría, con independencia de quién sea la persona o entidad que efectúe el pago material de dichos servicios (DGT CV 21-2-12).

El **albacea** que presta sus servicios mediante contraprestación tiene la obligación de repercutir en todo caso la cuota correspondiente sobre el destinatario de la operación. El destinatario de los servicios prestados por el albacea es la persona que le haya realizado el encargo, es decir, el propio testador, en este caso, la herencia yacente, aunque sean los herederos los que se beneficien del resultado (DGT CV 4-6-14).

13) No procede la repercusión del IVA en el pago de las cuotas del **régimen especial de trabajadores autónomos** si no es como consecuencia de la realización de operaciones sujetas por parte del correspondiente socio de la empresa (DGT CV 21-9-16).

14) La **refacturación del gasto de electricidad** que el ayuntamiento debe efectuar a la entidad adjudicataria de la gestión del servicio público de piscina es una operación sujeta y no exenta, por la que debe repercutirse el IVA (DGT CV 23-11-16).

1409 Jurisprudencia **1)** La obligación de repercutir no solo es un derecho del sujeto pasivo, sino una obligación tanto para él como para el repercutido, cuya **naturaleza** no es propiamente tributaria, al derivar de una relación entre particulares (TEAC 25-2-04).

2) El **importe embargable** debe incluir no solo la base imponible del IVA, sino también la parte del crédito correspondiente a las cuotas del IVA (TEAC 22-2-01).

3) Prevalece lo pactado en el contrato frente a cualquier **incidencia de carácter administrativo**, no pudiendo los recurridos quedar libres de las obligaciones contraídas por el mero hecho de que se entendiera que la operación (compraventa INVIFAS) estaba sujeta al ITP y AJD modalidad TPO y posteriormente se determinara que la sujeción era al IVA y no a dicho impuesto (TS 19-1-15, EDJ 1748).

4) La Administración tributaria no puede exigir el ingreso del **IVA repercutido no devengado**, pues esa previsión no se encuentra recogida en la normativa del IVA, aunque sí en la regulación comunitaria. Se trataría de incluir cuotas de IVA indebidamente repercutidas por no haberse devengado. Supone la vulneración por la Administración de la prohibición de aplicar el efecto directo vertical descendente (TEAC 22-4-15; 22-9-15; 22-10-15).

5) Practicada una liquidación a consecuencia de la atribución a la entidad vendedora de la existencia de establecimientos permanentes en el TAI, la correspondiente exigencia del IVA devengado es independiente de que se haya aplicado de forma incorrecta la **inversión del sujeto pasivo** por parte de las entidades adquirentes, como así ha establecido la jurisprudencia comunitaria -TJUE 23-4-15, asunto C-111/14- (TEAC 20-4-21).

Integridad de la repercusión (LIVA art.88.Uno) La repercusión ha de ser íntegra, es decir, ni el sujeto pasivo ni el destinatario de las operaciones gravadas pueden optar por la **repercusión parcial** de las cuotas correspondientes a la operación gravada. **No** se admiten los **pactos** que provoquen variaciones en el momento o en la forma en que la repercusión debe efectuarse, así como tampoco los que impliquen una demora del momento en que debe realizarse la repercusión, ni que la repercusión se efectúe sin atenerse a los requisitos formales establecidos, como pudiera ser la repercusión verbal. **1410**

Cautelarmente, la regulación de la base imponible establece que, cuando las cuotas del IVA que graven las operaciones sujetas al impuesto no se hubiesen repercutido expresamente en **factura**, se entiende que la contraprestación no incluye dichas cuotas, salvo los casos legalmente exceptuados (nº 1848).

Precisiones Los elementos de la obligación tributaria no pueden ser alterados por **actos o convenios de los particulares**, que no producen efectos ante la Administración, sin perjuicio de sus consecuencias jurídico privadas (LGT art.17.5).

Ejemplos **1)** En el curso de una **actuación inspectora** en una empresa, se ha descubierto la existencia de una operación efectuada para un cliente, por importe de 6.000 €, cuyo cobro está documentado a través de una entidad financiera, no habiéndose emitido factura al respecto. **1411**

No habiéndose emitido factura ni repercutido expresamente el impuesto, debe entenderse que la contraprestación, en este caso, 6.000 €, no contiene el IVA que gravó la operación correspondiente.

2) Una **persona física**, que trabaja por cuenta ajena, ha **trasmitido un solar** de su propiedad adquirido recientemente por herencia. El solar no ha estado afecto a ninguna actividad empresarial o profesional. Asesorado por la agencia inmobiliaria y por tratarse de un solar, ha repercutido el IVA.

La persona física que transmite un solar, al margen y con independencia del ejercicio de una actividad empresarial o profesional, no tiene la consideración de empresario o profesional a efectos del IVA y, por tanto, no tiene la consideración de sujeto pasivo de dicho tributo, ni debe repercutir el mismo.

---

2. Sujetos de la repercusión

La repercusión exige la concurrencia de **dos sujetos**: **1415**

- el sujeto pasivo obligado a repercutir; y
- el obligado a soportar la repercusión.

Cuando no exista dualidad de sujetos -repercutidor y repercutido-, o bien, cuando la obligación de repercutir el impuesto y la de soportarlo recaigan **sobre el mismo sujeto**, aunque intervenga más de un sujeto en la operación, no se produce el mecanismo de la repercusión. Así sucede en las importaciones, adquisiciones intracomunitarias de bienes, en los supuestos de inversión del sujeto pasivo y en ciertos supuestos de autoconsumo.

Precisiones **1)** El **obligado a repercutir** es la persona o entidad que, conforme a la Ley, debe repercutir la cuota tributaria a otras personas o entidades y que, salvo que la Ley disponga otra cosa, coincide con aquel que realiza las operaciones gravadas (LGT art.38.1).

2) El **obligado a soportar** la repercusión es la persona o entidad a quien, según la Ley, se debe repercutir la cuota tributaria y que, salvo que la Ley disponga otra cosa, coincide con el destinatario de las operaciones gravadas. No está obligado al pago frente a la Administración tributaria, pero debe satisfacer al sujeto pasivo el importe de la cuota repercutida (LGT art.38.2).

Doctrina Administrativa Además de las siguientes contestaciones de la DGT, ver nº 11000 s. **1417**

1) El obligado por sentencia judicial a **elevar a público un contrato** de cesión de un terreno es el sujeto obligado a soportar la correcta repercusión del Impuesto, porque la operación gravada -otorgamiento ante notario de una escritura pública- se realiza para la citada persona -destinatario de la operación- (DGT 22-6-04).

2) Si la operación estuviera sujeta y no exenta del IVA (opción de compra), la **falta de mención en el contrato** de dicha sujeción y no exención, así como de la cuota de IVA devengada que hubiera debido repercutirse, no legitima al adquirente de la opción a no ser repercutido, en la medida en que dicha obligación está establecida por la Ley y no puede modificarse por la voluntad unilateral de las partes ni por actos o convenios entre las mismas (DGT CV 3-10-16).

1418 Jurisprudencia 1) El sujeto pasivo viene obligado a repercutir el IVA sobre la persona para quien se realiza la operación gravada, la cual, en virtud de la **condena en costas** obtiene el reintegro de lo abonado de quien resulta vencido en el proceso. No es un supuesto de repercusión del IVA, sino de reintegro al litigante que obtiene una sentencia favorable con condena en costas de los gastos realizados (TS 30-11-05, EDJ 207346).
2) Los **acuerdos privados** sobre el cambio de titularidad en la obligación de liquidar los tributos no tienen validez legal (AN 17-9-98, EDJ 40257).

3. Requisitos de la repercusión

(LIVA art.88.Dos a Cinco)

1420 La práctica de la repercusión está condicionada a que la misma se efectúe en un documento determinado, esto es, la **factura** (nº 7190 s.). Dicha factura debe confeccionarse cumpliendo una serie de **requisitos**, entre los que se encuentra la consignación de la cuota repercutida separadamente de la base imponible, con indicación del tipo aplicado. Asimismo, la repercusión debe efectuarse en un **momento** determinado, concretamente al tiempo de expedir y entregar la factura correspondiente, a partir del devengo y dentro del plazo de un año siguiente al mismo, pues transcurrido dicho plazo se pierde el derecho a la repercusión.
A continuación se analizan tanto los requisitos formales (nº 1425 s.) como los temporales (nº 1430 s.).

Precisiones 1) En relación con la posibilidad de que en los procedimientos judiciales y administrativos de **ejecución forzosa** los propios adquirentes puedan expedir la factura que documente la adquisición de los correspondientes bienes, ver nº 7233. A estos efectos, hay que tener en cuenta que el sujeto pasivo en la entrega de un inmueble derivada de un proceso concursal es el adquirente (nº 1363).
2) Se ha previsto que la **expedición de las facturas** pueda ser efectuada por un tercero en nombre y por cuenta del sujeto pasivo, así como por el destinatario de las operaciones (nº 7231).

1421 Ejemplos 1) Una empresa promotora **inmobiliaria** ha entregado varias **viviendas** a determinados consumidores finales, un **local comercial** a una entidad mercantil, sujeto pasivo del IVA, y un edificio destinado a **centro de salud** al Ministerio de Sanidad.
Todas las entregas efectuadas por la empresa promotora se documentaron en escritura pública, estimando dicha empresa suficiente la forma de documentar las operaciones mediante las correspondientes escrituras. En dichas escrituras se hace mención a que se ha repercutido el IVA correspondiente.
Además de documentarse dichas entregas en escritura pública, se han de documentar en la correspondiente factura, pues esta, y no otro documento, es el vehículo formal y material para efectuar la repercusión del IVA.
Tanto los particulares que adquirieron las viviendas como la empresa que adquirió el local comercial pueden reclamar la expedición de la correspondiente factura.
En el caso de la entrega del edificio a la Administración, la obligación de expedir factura está, además, expresamente recogida en la norma.
Lo anterior ha de entenderse sin perjuicio de que, en la justificación de deducciones, la jurisprudencia haya admitido la procedencia de las escrituras como documentos válidos a estos efectos (nº 2887).

1422 2) Una empresa de venta al por mayor de electrodomésticos y otro tipo de aparatos vende sus productos, generalmente, a establecimientos de venta al público de los mismos. Para alguna de estas tiendas efectúa varias entregas de bienes a lo largo de un mes. Una de las ventas efectuadas, consistente en un equipo completo de informática y otros electrodomésticos, lo ha sido a dos **abogados** que ejercen de forma independiente el uno del otro la profesión. En sus instalaciones dispone de una pequeña superficie destinada, exclusivamente, a la venta a **consumidores finales** de artículos defectuosos.
La repercusión del IVA debe efectuarse mediante la emisión de la correspondiente factura. No obstante, la normativa permite, en la práctica, determinadas excepciones o simplificaciones en el momento de facturar las correspondientes operaciones.
Así, se ha previsto la posibilidad de efectuar una **repercusión global**, es decir, incluir en una sola factura las operaciones realizadas para un solo destinatario en el plazo máximo de un mes natural (nº 7285), frente al principio de la repercusión operación por operación, por lo que la empresa de electrodomésticos puede expedir una factura de carácter mensual para aquellas tiendas de venta al público con las que realiza varias operaciones a lo largo de un mes natural, en lugar de una factura por cada operación de entrega de bienes.

En el caso de la adquisición en común por dos abogados de varios bienes, la empresa vendedora puede emitir una sola factura y un **duplicado** de la misma (nº 7289) en la que se haga constar, en forma distinta y separada, la porción de base imponible y cuota repercutida que corresponde a cada uno de los abogados adquirentes.
En cuanto a las ventas al por menor que realice la empresa, la misma puede optar por emitir **facturas simplificadas** de dichas operaciones (nº 7237 s.). No obstante, debe emitir factura simplificada especial (nº 7273) si el destinatario de la operación así lo exige para practicar minoraciones o deducciones en la base o en la cuota de aquellos tributos de los que sea sujeto pasivo.

Doctrina Administrativa Además de la siguiente contestación de la DGT, ver nº 11000 s. **1423**
La **obligación de expedir factura**, vehículo formal de la repercusión, no puede alterarse por las partes intervinientes en la operación. No resulta ajustado a Derecho que el sujeto pasivo no expida la factura aun cuando el destinatario renuncie a su recepción a instancia de aquel (DGT CV 28-1-08).

Jurisprudencia Cuando la repercusión tiene su causa en una regularización de la situación tributaria del sujeto pasivo por parte de los órganos de aplicación de los tributos, y el **acuerdo de liquidación no es firme** por haber sido impugnado por el sujeto pasivo, ello no impide al sujeto pasivo proceder a la repercusión del IVA correspondiente a las operaciones controvertidas en los términos determinados en dicho acuerdo (TEAC 17-11-15). **1424**

Requisitos formales (LIVA art.88.Dos; Rgto Fac art.6.1.h y 7.1.f y 2) La repercusión ha de constar de forma **expresa y separada** de la base imponible en la correspondiente factura o, cuando la misma se produzca mediante la expedición de facturas simplificadas (nº 7237), haciendo constar el tipo impositivo aplicado y, opcionalmente, además, la mención «IVA incluido». De no ser así, se entiende que la contraprestación no incluye la repercusión de las cuotas correspondientes (nº 1848). **1425**
La repercusión mediante **facturas simplificadas normales** se efectúa dentro del precio, no consignándose separadamente la cuota repercutida. Se trata de una excepción al principio general de la repercusión individualizada de la cuota, separadamente de la base imponible, a diferencia de lo que ocurre con las **facturas simplificadas especiales**, en las que la repercusión sí consta separadamente en la factura.
Precisamente, las facturas simplificadas normales se caracterizan porque, si bien incorporan (materialmente, aunque no formalmente), la repercusión del IVA, no habilitan para el derecho a la deducción. Dicho derecho está condicionado a la posesión de la correspondiente factura (LIVA art.97.Uno; Rgto Fac art.6.4 y 7.2).

Doctrina Administrativa Además de las siguientes contestaciones de la DGT, ver nº 11000 s. **1426**
1) La repercusión del impuesto debe realizarse únicamente mediante las facturas, siendo irrelevante, a efectos del IVA, la circunstancia de que el importe de las cuotas tributarias se anote en otros documentos con fines meramente informativos, como los **albaranes** (DGT CV 8-7-86), o en las denominadas «**certificaciones de obra**» (DGT 13-5-99; 5-12-01; 8-4-03). En las facturas, pueden constar **otros datos**, además de los obligatorios exigidos por la normativa de facturación, siempre que no desvirtúen la naturaleza de los referidos documentos (DGT CV 10-10-86; 27-10-86).
2) Aunque exista **negativa** del destinatario de la repercusión del impuesto **a facilitar su identificación**, el empresario que expida la factura lo debe hacer en la forma y plazo establecido al efecto reglamentariamente, debiendo figurar los datos identificativos de los destinatarios de las operaciones, aunque sea de forma incompleta, que conozcan los empresarios en función de la relación contractual (escrita o verbal) que tienen con ellos o que conozcan por cualquier fuente. Todo, sin perjuicio de la facultad de interponer reclamación en vía económico-administrativa contra la negativa de identificación -nº 1485 s.- (DGT 5-12-96).
3) Si la repercusión no se efectúa conforme a Derecho, como ocurre cuando se realiza mediante una denominada «**factura proforma**», el destinatario de las operaciones no está obligado a soportar dicha repercusión, con las consecuencias que en el orden civil determine dicho incumplimiento según las estipulaciones contractuales suscritas entre las partes (DGT 7-3-03).

Jurisprudencia Cuando las partes han establecido el precio de un bien o un servicio sin **ninguna mención al IVA** y el vendedor es deudor del IVA devengado, el impuesto debe entenderse incluido en el precio si dicho vendedor carece de la posibilidad de recuperar el impuesto reclamado por la AEAT (TEAC 17-3-15). **1428**

Requisitos temporales (LIVA art.88.Tres, Cuatro y Cinco; Rgto Fac art.2.1 y 11) La repercusión del impuesto debe efectuarse al tiempo de expedir y **entregar la factura** correspondiente. **1430**
La **expedición** de la factura debe tener lugar cuando se realiza la operación. No obstante, cuando el destinatario sea un empresario o profesional que actúe como tal, las facturas deben expedirse antes del día 16 del mes siguiente a aquel en que se haya producido el devengo del IVA.

El destinatario de una operación gravada por el IVA no está obligado a soportar la repercusión del mismo con anterioridad al momento del devengo de dicho impuesto. Debe señalarse que no está prevista la **emisión anticipada** de facturas (antes del devengo del impuesto).
En conclusión, la repercusión del IVA debe efectuarse en el momento del **devengo** de la operación de que se trate mediante la emisión de la factura correspondiente, expedida en los plazos regulados en el Rgto Fac.
La **pérdida del derecho** a la repercusión tiene lugar cuando haya transcurrido el plazo de un año desde la fecha del devengo. A partir de entonces, el destinatario de la misma no está obligado a soportar la repercusión del IVA que el sujeto pasivo no efectuó en su momento. No siendo obligatoria la aceptación de la repercusión extemporánea, no obstante, si el destinatario así lo hace, el IVA soportado por él es deducible (TS 18-3-09, EDJ 38211).

1431 Precisiones 1) En las operaciones sujetas a gravamen que originen **pagos anticipados** anteriores a la realización del hecho imponible, el IVA se devenga en el momento del cobro total o parcial del precio por los importes efectivamente percibidos (nº 1275 s.). Paralelamente, se debe expedir y entregar factura por los pagos anteriores a la realización de la operación. Así, por la cuantía del pago y al expedir la correspondiente factura ha de efectuarse la repercusión del impuesto.
2) En las operaciones acogidas al **régimen especial del criterio de caja** (nº 1460), la expedición de la factura debe realizarse en el momento de la realización de tales operaciones, salvo cuando el destinatario de la operación sea un empresario o profesional que actúe como tal, en cuyo caso deben expedirse antes del día 16 del mes siguiente a aquel en que se haya realizado la operación.
3) En las **entregas intracomunitarias** de bienes exentas que no son operaciones de tracto sucesivo o continuado, la expedición de la factura debe realizarse antes del día 16 del mes siguiente a aquel en que se inicia la expedición o el transporte de los bienes con destino al adquirente (LIVA art.25 y 75.Uno.8).

1432 Ejemplo Una empresa realiza dos actividades: una como constructora de edificaciones y otra de venta mayorista de materiales de construcción. La empresa ha recibido un pago anticipado de uno de sus clientes que le encargó un pedido de ladrillos, cemento y yeso a entregar dentro de dos meses. Por otro lado, la citada empresa acaba de finalizar la construcción de un pequeño garaje anexo a un chalet. A otro cliente, para el cual está construyendo un colegio, cuya construcción está sin finalizar, y del que no recibe ningún pago parcial a cuenta, le emite certificaciones de obra en las que consigna el IVA correspondiente.
La repercusión del IVA debe efectuarse en el momento de expedición de la correspondiente factura.
Producido el devengo del IVA por el pago anticipado correspondiente a la venta de materiales de construcción, la empresa constructora debe repercutir el IVA que proceda, documentando la repercusión por dicho pago en una factura.
En el caso de la entrega del garaje se debe repercutir cuando, una vez finalizada la obra, se entregue el mismo al cliente.
No resulta procedente que la empresa constructora repercuta el IVA con anterioridad al devengo de las operaciones de construcción del colegio, pues no se ha producido la entrega del edificio ni ningún pago anticipado al respecto (nº 1275 s., nº 2010 s. y nº 8737 s.). Por otra parte, en este supuesto se produciría la inversión del sujeto pasivo si el destinatario actuara como empresario o profesional (nº 1369).

1433 Doctrina Administrativa Además de las siguientes contestaciones de la DGT, ver nº 11000 s.
1) No habiéndose repercutido IVA en un arrendamiento que, finalmente, resultó sujeto y no exento, la DGT ha establecido los siguientes criterios (DGT CV 31-10-23):
a) La repercusión debe realizarse en el **plazo** de un año contado desde la fecha de devengo de la operación gravada;
b) Es un plazo de **caducidad**, por lo que la pérdida del derecho a repercutir se refiere a los casos en los que la ausencia de repercusión se produce sin causa que lo justifique (TS 5-12-11, EDJ 292694);
c) A pesar de que el destinatario de las operaciones no estuviera obligado a soportar la repercusión, por haber caducado el derecho, no por ello se impide que aquél pueda aceptar voluntariamente soportar la **repercusión extemporánea** del impuesto (TS 18-3-09, EDJ 38211);
d) La rectificación de las cuotas no declaradas debe efectuarse mediante la presentación de **declaraciones rectificativas** de los períodos en los que no se declararon dichas cuotas, con los recargos e intereses de demora que procedan (LIVA art.89.5; LGT art.26 y 27);
e) En línea con el TJUE 7-11-13, asunto C-249/12 y C-250/12, y considerando que no se va a poder repercutir el IVA al destinatario, debe entenderse que dicha cuota estaba **incluida en la contraprestación** pactada.
2) Si una **junta de compensación** no efectuó la repercusión de cuotas por haber estimado exentas las operaciones efectuadas, pueden repercutirse las cuotas correspondientes a operaciones respecto de las que, no habiendo expedido ni entregado factura en la que se documenten, no ha transcurrido un año desde la fecha del devengo (DGT 6-10-94).

3) No procede la repercusión del IVA al haber transcurrido el plazo de un año desde la fecha del devengo del tributo por una transmisión de bienes realizada, ya que, agotado dicho plazo, **se pierde el derecho** a la repercusión. Por tanto, no se está obligado a soportar repercusión alguna del impuesto derivada de la operación.
El **plazo de un año** se cuenta desde que los bienes hayan sido puestos a disposición del adquirente o desde que la entrega de los mismos se efectuó con arreglo a la legislación que, en su caso, resulte de aplicación (DGT 26-2-96).
No obstante, con base en varias sentencias (TS 18-3-09, EDJ 38211; AN 22-4-99, Rec 461/97; TS 5-12-11, EDJ 292694; TEAC 27-4-15), la DGT ha señalado que las cuotas repercutidas extemporáneamente, que sean **soportadas voluntariamente** por el destinatario, pueden ser objeto de deducción (DGT CV 29-2-12; CV 7-10-15). Ver nº 1436 y nº 2581 s.
En el caso de **pagos anticipados**, el plazo de un año para efectuar la repercusión no se cuenta desde el momento en que se realizaron dichos pagos, sino desde el momento en el que se produzca el hecho imponible, en este caso, la entrega de las viviendas (DGT CV 14-5-09) o, en el caso de permutas de terrenos por obra futura, la entrega del terreno (nº 1435).

4) En el año N se produjo un servicio de mediación inmobiliaria. Como existía una controversia por la prestación efectuada, el prestador no expidió factura e interpuso una **demanda judicial**. Resuelta la causa judicialmente a favor del demandante, pero transcurridos 2 años desde el devengo de la operación, se ha perdido el derecho a la repercusión, sin perjuicio de la obligación de declaración e ingreso de la cuota no repercutida; el demandado no está obligado a soportar la repercusión (DGT CV 15-4-10). **1434**
5) El **arrendatario de un local de negocio** no está obligado a satisfacer cantidad alguna en concepto de IVA al arrendador del local si este último no le efectúa la repercusión conforme a Derecho, perdiendo el arrendador el derecho a la repercusión, relativo al importe de cada renta mensual, cuando haya transcurrido un año desde la fecha en que resultó exigible dicho importe y se devengó el IVA correspondiente (DGT 23-6-99).
6) Un ayuntamiento entrega mediante **subasta** unas parcelas adquiridas de la cesión por su participación en una unidad de ejecución urbanística llevada a cabo por el sistema de cooperación. Dichas entregas estaban sujetas y no exentas, pero el ayuntamiento no repercutió el impuesto. Este debe ingresar el IVA mediante una declaración-liquidación rectificativa y puede repercutir el impuesto si no ha transcurrido un año desde el devengo, salvo que la falta de repercusión pueda justificarse por un error fundado de Derecho, en cuyo caso puede consignar tal importe en una declaración-liquidación no extemporánea (DGT CV 31-8-07).

7) La **permuta de un solar** por unos particulares a cambio de la entrega futura de viviendas determina el devengo del IVA correspondiente a la entrega de estas últimas, ya que la entrega del solar constituye el pago anticipado de las viviendas. Por tanto, transcurrido un año desde la entrega del solar, sin que la empresa constructora haya efectuado la repercusión del IVA correspondiente a dicho pago anticipado, esta pierde el derecho a efectuar tal repercusión, no estando el destinatario obligado a soportar la misma (DGT CV 23-2-12; CV 5-2-15). **1435**
8) Dado que en el momento de producirse la entrega del inmueble **no se emitió factura**, no se trata de un supuesto de rectificación y, habiendo transcurrido más de un año desde la fecha del devengo de la operación, no resulta procedente la repercusión, aunque la misma se derive de una actuación inspectora (DGT 29-6-01; CV 13-5-13).
El transcurso de dicho plazo no implica que el sujeto pasivo no esté obligado a declarar el impuesto y a cumplir con el **resto de obligaciones** que la Ley le impone (DGT 20-9-04).
9) Habiéndose producido la entrega de una vivienda mediante **contrato privado** de compraventa en el año N, en el año N+6, en que se formaliza la escritura pública, se ha perdido el derecho a la repercusión del IVA (DGT 30-3-01; CV 21-12-07).
10) La normativa del IVA no impide el **pago de las cuotas con anterioridad a su devengo**, sin que el sujeto pasivo que perciba dichos importes deba consignarlos en sus declaraciones-liquidaciones, si bien debe quedar suficientemente acreditado que el importe satisfecho corresponde a las citadas cuotas impositivas y no al pago anticipado de parte del precio de la operación (DGT 8-10-98).
11) Si en la **aportación no dineraria** para la constitución de una sociedad no se expidió la correspondiente factura por tratarse de una operación sujeta y no exenta de IVA, pasado un año desde la operación no se puede repercutir el impuesto (DGT CV 21-12-07).

Jurisprudencia **1)** El plazo de un año para repercutir el impuesto no se ve afectado por circunstancias singulares que puedan concurrir en el titular del derecho, como puede ser que por propia **ignorancia** se desconozca la sujeción de la operación al IVA (TSJ Castilla-La Mancha 29-7-97, EDJ 500046). **1436**
2) Se **pierde el derecho** a la repercusión del IVA al transcurrir más de un año desde el devengo del impuesto. El momento en el que legalmente se entiende efectuada la repercusión del IVA exige, de manera simultánea, por una parte, la expedición de la factura y, por otra, la entrega de la misma (TEAC 5-4-11). Sin embargo, nada impide que se pueda repercutir el IVA en el caso de que el sujeto repercutido **decida voluntariamente soportar** la misma. La consecuencia inmediata es que el destinatario de la repercusión tiene derecho a la deducción de la cuota repercutida (TEAC 21-6-12). No cabe obligar al sujeto pasivo repercutido a que soporte dicha repercusión (TEAC 17-11-15).

3) La norma comunitaria no se opone a una práctica nacional que, en el supuesto de actos sujetos al IVA realizados por una sociedad antes de ser inscrita en el registro del IVA, fija el inicio del **plazo de prescripción** para la recaudación del impuesto en el vigésimo día del mes siguiente al trimestre en el que tiene lugar la inscripción. Dado que la norma comunitaria no determina el inicio del plazo de prescripción para la recaudación del IVA, los Estados miembros están facultados para aplicar su propia regulación procesal siempre que esta no sea menos favorable que la referente a recursos semejantes de naturaleza interna, ni se articule de tal manera que haga prácticamente imposible o excesivamente difícil el ejercicio de los derechos conferidos por el ordenamiento jurídico comunitario (TJUE 19-11-98, asunto C-85/97).

4) Se pierde el **derecho a la repercusión** cuando transcurre un año desde el devengo (LIVA art.88.Cuatro). No obstante, la rectificación no ampara una facultad libérrima, sino únicamente limitada a dos ámbitos claramente delimitados: cuando el importe de la repercusión se hubiese determinado incorrectamente, y cuando se produzcan las circunstancias que dan lugar a la modificación de la base imponible (LIVA art.89). Ninguno de estos supuestos concurre en un supuesto de **ocultación de una parte del precio** de una transacción. Tampoco se opone a lo anterior la rectificación, incluso, cuando no se hubiera repercutido cuota alguna, pues a estos efectos, se exige que se hubiera expedido factura, debiendo entender, por tanto, que tales cuotas no repercutidas se inferían de dicha factura -LIVA art.89.Dos- (TS 21-2-24, EDJ 511319).

4. Supuestos especiales de repercusión

1440 Aunque la obligación de repercutir el IVA es de carácter general para todos los sujetos pasivos del impuesto, pueden señalarse algunas **excepciones** tanto respecto de sujetos pasivos sometidos a determinados regímenes especiales, como cuando el destinatario de las operaciones sean entes públicos (nº 1461 s.).

1441 **Repercusión en determinados regímenes especiales** (Rgto Fac art.3 y 16) A continuación se van a analizar las especialidades en la repercusión del IVA en los siguientes regímenes especiales:
- agricultura, ganadería y pesca (nº 1442 s.);
- agencias de viaje (nº 1445 s.);
- recargo de equivalencia (nº 1448 s.);
- bienes usados, objetos de arte, antigüedades y objetos de colección (nº 1452 s.);
- simplificado (nº 1455);
- oro de inversión (nº 1457);
- los aplicables a las ventas a distancia y a determinadas entregas interiores de bienes y prestaciones de servicios (nº 1458);
- grupo de entidades (nº 1459);
- criterio de caja (nº 1460).

1442 **Régimen especial de la agricultura, ganadería y pesca** (Rgto Fac art.3.3 y 16.1) Los únicos sujetos pasivos del IVA que están exceptuados de repercutir el impuesto son los acogidos al régimen especial de la agricultura, ganadería y pesca (nº 3500 s.). Estos empresarios ni repercuten ni pueden deducir el impuesto soportado en sus adquisiciones de bienes o servicios, percibiendo una **compensación a tanto alzado** por las cuotas del IVA soportadas o satisfechas en el desarrollo de su actividad (nº 7304 s.).

Precisiones En relación con las **excepciones** a la obligación de liquidar e ingresar el IVA, ver nº 3715.

1443 Ejemplo Un agricultor acogido al régimen especial de la agricultura, ganadería y pesca ha vendido a una empresa de alimentación su producción agrícola de frutales. En el desarrollo de su actividad ha importado de los Estados Unidos una determinada variedad de semillas de maíz para el forraje de ganado. También ha recibido servicios de asesoramiento agrícola para el tratamiento de los frutales, prestados por un empresario francés sin EP en España.

El citado agricultor no debe repercutir el IVA por las entregas de su producción agrícola a la empresa de alimentación. Debe percibir una compensación por dichas entregas en los términos previstos en nº 3646 s.

Por la operación de importación satisface el IVA que corresponda, pero no se trata en este caso de un supuesto de repercusión del IVA, pues aun siendo el sujeto pasivo de la importación, la liquidación del mismo la practica la aduana correspondiente.

Tampoco hay repercusión del IVA, en sentido estricto, cuando proceda a liquidar el impuesto como destinatario en un supuesto de inversión del sujeto pasivo (nº 1336). La operación de asesoramiento se entiende realizada en España (nº 496) y, aunque el empresario agrícola es el sujeto pasivo, no puede hablarse de que exista repercusión, en la medida en que, aun existiendo dos sujetos en la operación (prestador francés y destinatario el empresario agrícola), la obligación de repercutir el IVA y la obligación de soportarlo recae en la misma persona.

Régimen especial de las agencias de viaje (LIVA art.147; RIVA art.52; Rgto Fac art.16.3) Los sujetos pasivos a cuyas operaciones sea de aplicación el régimen especial de las agencias de viajes (nº 4200 s.), **no** están obligados a la **consignación por separado** en factura de la cuota repercutida, debiendo entenderse, en su caso, comprendida en el precio de la operación. **1445**

No obstante, se establece la posibilidad de no aplicar el citado régimen especial, y aplicar, por tanto, el **régimen general**, operación por operación, siempre y cuando el destinatario de las operaciones sea un empresario o profesional que tenga derecho, total o parcial, a la deducción o a la devolución de las cuotas del IVA soportadas por la adquisición del viaje según lo previsto en el nº 2500 s. En tal caso, se puede consignar separadamente en factura la cuota repercutida (nº 4243).

Ejemplo Una agencia de viajes minorista ha vendido a un **consumidor final** un paquete turístico que comprende tanto el transporte como el alojamiento. El importe del mismo es de 2.300 €. Asimismo, ha vendido a una empresa editorial española un viaje para el personal de la misma, necesario para su asistencia a una feria celebrada en Valencia, en la que la empresa participa exponiendo sus productos. La factura de la agencia comprende, además del transporte en tren y avión, los correspondientes servicios de alojamiento. El importe del viaje asciende a 2.700 €. En este último caso, la agencia decide no aplicar el régimen especial de la agencia de viajes. **1446**

En la **factura** que expida al consumidor final no puede consignar separadamente el IVA del precio, entendiéndose el mismo comprendido en aquel.

Por otra parte, la factura que expide a la empresa editorial no contiene la mención «régimen especial de las agencias de viajes», y al aplicar el régimen general del IVA, se consigna separadamente la cuota del IVA repercutida, pudiendo la empresa editorial deducir el importe correspondiente.

Régimen especial del recargo de equivalencia (LIVA art.154; Rgto Fac art.3.1.b y 16.4) Los sujetos pasivos sometidos a este régimen (nº 4530 s.) deben **repercutir** a sus clientes la cuota resultante de aplicar el tipo del impuesto a la base imponible correspondiente a las ventas y demás operaciones gravadas por dicho tributo que realicen sin que, en ningún caso, puedan incrementar dicho porcentaje en el importe del recargo de equivalencia (nº 4626). **1448**

Precisiones 1) Lo anterior ha de entenderse sin perjuicio de que no vengan obligados a su ingreso, viniendo este dado por la repercusión del recargo de equivalencia que han de practicarles sus **proveedores**, recargo que al igual que las propias cuotas de IVA, son no deducibles para estos.

2) Constituye **infracción tributaria** la no repercusión del recargo de equivalencia respecto de las operaciones en las que sea exigible el mismo (nº 7450).

Resultando ellos los obligados a hacerlo, cabe entender que esta infracción tributaria es aplicable a los proveedores de los comerciantes minoristas que aplican el régimen especial.

Ejemplo Una tienda de **papelería** y de libros, cuyo titular es una persona física acogida al régimen de estimación directa por el IRPF, realiza todas sus ventas para consumidores finales. Sus compras las realiza en su totalidad a una empresa de distribución de dichos productos. Además, durante el último ejercicio ha adquirido directamente a una empresa alemana una partida de material de papelería. **1449**

La tienda de papelería-librería debe repercutir el IVA al tipo que corresponda en las operaciones de venta que efectúe, pudiendo documentar dichas operaciones mediante facturas simplificadas (nº 7237 s. y nº 7272). No puede, por tanto, en ningún caso, repercutir el recargo de equivalencia (nº 4626) que haya soportado en las adquisiciones de los bienes que comercialice.

La papelería-librería, por las **compras** de productos que efectúe a la empresa distribuidora, no es el sujeto pasivo del recargo de equivalencia, aunque esté sometida al citado régimen especial, ya que los sujetos pasivos obligados al pago del recargo de equivalencia son aquellos empresarios que efectúan las entregas de bienes sometidas al mismo, en este caso la empresa distribuidora, quienes están obligados a realizar la repercusión del recargo de equivalencia sobre los respectivos adquirentes. La repercusión se efectúa de acuerdo con los requisitos generales establecidos para la repercusión (nº 1420 s.).

En relación con la **adquisición intracomunitaria** de bienes realizada a una empresa alemana, el titular de la tienda de papelería-librería es el sujeto pasivo obligado a liquidar tanto el IVA como el propio recargo de equivalencia.

Régimen especial de bienes usados, objetos de arte, antigüedades y objetos de colección (Rgto Fac art.16.2) En las facturas que documenten las operaciones a las que resulte de aplicación el régimen especial de bienes usados, objetos de arte, antigüedades y objetos de colección **no** se puede **consignar separadamente** la cuota repercutida, debiendo entenderse comprendida en el precio total de la operación (nº 4105 y nº 7308). **1452**

Lo anterior debe entenderse sin perjuicio de que, en caso de **renuncia al régimen** especial (nº 4110 s.), se proceda a la repercusión del impuesto, como procede cuando se aplica el régimen general del tributo.

1453 Ejemplo Una entidad mercantil ha adquirido a un sujeto pasivo revendedor de objetos de arte un cuadro y una escultura destinados a decorar su sede social. El vendedor había adquirido el cuadro a otro sujeto pasivo **revendedor** que aplicó en dicha operación el régimen general del IVA. La escultura fue adquirida directamente al propio escultor. El empresario revendedor aplicó el régimen especial de bienes usados, objetos de arte, antigüedades y objetos de colección a la venta de la escultura, y el régimen general del IVA a la entrega del cuadro.
En la factura que documente la entrega de la escultura, el sujeto pasivo revendedor no puede consignar separadamente la cuota repercutida, que debe entenderse comprendida en el precio total de la operación siempre que, como sucede en el ejemplo, haya aplicado el citado régimen especial respecto de la referida operación.
En cuanto a la operación que documente la entrega del cuadro, al no resultar de aplicación el régimen especial de bienes usados, objetos de arte, antigüedades y objetos de colección, en la factura que documente dicha operación puede consignarse separadamente el IVA.

1455 **Régimen especial simplificado** (Rgto Fac art.3.1.c) Los sujetos pasivos acogidos a este régimen deben **repercutir** a sus clientes las cuotas resultantes de aplicar el tipo del impuesto que corresponda a la base imponible de las operaciones gravadas que realicen, aunque las cuotas **devengadas** por sus operaciones corrientes se estimen de forma objetiva, siendo estas últimas las que efectivamente se ingresan a la Hacienda Pública (nº 3116 s.).

1457 **Régimen especial del oro de inversión** (LIVA art.140 ter y 140 quinque) Se trata de un régimen especial de exención de cuya aplicación se deriva que, en determinadas circunstancias, se permite la **renuncia** a la exención, siendo el adquirente el sujeto pasivo de la operación (nº 4400 s.).

1458 **Regímenes especiales de servicios tecnológicos** (LIVA art.163 noniesdecies.Uno.f, 163 duovicies.Uno.f y 163 septvicies.Uno.f; Rgto Fac art.2.3.a) La peculiaridad en cuanto al **régimen exterior de la Unión**, consiste en la obligación, entre otras, de expedir y entregar factura según la normativa española cuando opten por este régimen y sea España el E.m. de identificación.
Igual obligación existe en el régimen aplicable a los **operadores establecidos** dentro de la UE y en el de las ventas a distancia de bienes importados de países o territorios terceros cuando sea España el E.m. de identificación.

Precisiones Estos regímenes especiales permiten el ingreso del tributo en el Estado de elección (**régimen exterior**) o de establecimiento de los operadores (**régimen europeo**), transfiriéndose a continuación los fondos desde dicho Estado al de residencia de los particulares adquirentes de los servicios, que es donde estos se entienden prestados (nº 9300 s.).

1459 **Régimen especial del grupo de entidades** No existe ninguna particularidad en materia de repercusión del IVA en la aplicación del régimen especial del grupo de entidades (sin perjuicio de la especial configuración de su base imponible cuando se opta por el nivel avanzado, nº 4915 s.), si bien hay que señalar que la **entidad dominante** debe cumplir con las obligaciones materiales y formales que se derivan de la aplicación de dicho régimen (nº 4800 s.).

1460 **Régimen especial del criterio de caja** (LIVA art.163 terdecies.Uno y Dos) La repercusión del Impuesto en las operaciones a las que sea de aplicación este régimen debe efectuarse al tiempo de **expedir y entregar la factura** correspondiente, pero se entiende producida en el momento del devengo de la operación según lo indicado en nº 5054.

Precisiones En este régimen, la repercusión del IVA y la expedición de factura siguen las reglas generales, pero la repercusión contenida en esa factura es objeto de **diferimiento** hasta el momento del cobro, total o parcial, de la operación o, en su caso, hasta el 31 de diciembre del año inmediato siguiente. Ello origina que el destinatario de la operación vea retrasado el momento en que pueda efectuar la **deducción** del IVA soportado (nº 5082).

1461 **Repercusión en operaciones efectuadas para los entes públicos** (LIVA art.88.Uno; RIVA art.25) En las entregas de bienes y prestaciones de servicios sujetas y no exentas al IVA cuyos destinatarios sean entes públicos se entiende siempre que los sujetos pasivos del impuesto, al formular sus **propuestas económicas**, aunque sean verbales, han incluido dentro de las mismas el IVA. Por tanto, esta regla no resulta de aplicación cuando dichos entes actúen como empresarios o profesionales y sean sujetos pasivos del impuesto.
No obstante, dicho IVA debe ser repercutido como partida independiente, cuando así proceda, en los documentos que se presenten para el cobro, sin que el importe global contratado experimente incremento como consecuencia de la consignación del tributo repercutido.
A continuación se van a analizar dos **supuestos especiales** de repercusión en operaciones para estos entes:
- cuando se produce una modificación de los tipos impositivos (nº 1470 s.); y
- cuando se realizan contratos para adquisiciones en el extranjero (nº 1475 s.).

Precisiones 1) En los contratos del sector público, la **retribución del contratista** debe consistir en un precio cierto que debe expresarse en euros, sin perjuicio de que su pago pueda hacerse mediante la entrega de otras contraprestaciones en los casos que así esté previsto. En todo caso, se ha de indicar como partida independiente el importe del IVA que debe soportar la Administración. Las referencias al IVA deben entenderse realizadas al Impuesto General Indirecto Canario (IGIC) en los territorios en que este último rija. En los umbrales para determinar la categoría de los contratos, no debe tenerse en cuenta el IVA (Ministerio de Justicia Circ 3/2008). 1462

2) La LIVA no contiene un precepto que regule estos supuestos en la **contratación en el ámbito privado**, es decir, cuando el destinatario de la operación no sea un ente público. Solo contiene una referencia a los supuestos en que no existe repercusión expresa, entendiéndose que la contraprestación no incluye dichas cuotas, pero sin entrar a determinar si las propuestas, que no la contraprestación, incluyen o no el impuesto correspondiente (LIVA art.78.Cuatro). En estos casos hay que estar a lo que hubieran pactado las partes.

3) En cuanto a los supuestos de **rectificación** de cuotas repercutidas, ver nº 1599 s.

Ejemplos 1) Una **empresa de reparaciones** ha contratado con un ayuntamiento el mantenimiento del mobiliario urbano mediante un contrato de duración anual. La propuesta económica contenida en el referido contrato relativa al año N asciende a 20.000 €. La operación se considera sujeta y no exenta al IVA aplicándose el tipo del 21%. 1463

El «importe global contratado» es de 20.000 €. La base imponible de la operación asciende a [20.000/(100 + 21)] × 100 = 16.528,93 €. La cuota repercutida es 21% × 16.528,93 = 3.471,07 €.

2) Un **ayuntamiento ha expropiado** determinados terrenos de su término municipal. Los citados terrenos, que tienen la condición de solares, son propiedad de una sociedad mercantil. El justiprecio fijado ha sido de 450 € el metro cuadrado.

Según la doctrina administrativa (DGT 6-11-98; 31-1-03) y de acuerdo con la jurisprudencia (TS 23-12-59; 18-12-73; TSJ C.Valenciana 16-1-14, EDJ 47477; TEAC 20-6-01), el justiprecio es el equivalente económico del derecho objeto de la expropiación, es decir, la indemnización que se paga por la pérdida del bien expropiado, en la que no puede entenderse incluido el IVA porque, de lo contrario, el importe percibido sería inferior a dicho equivalente económico del derecho expropiado.

Tratándose de una entrega sujeta y no exenta del IVA, pues la entrega de los terrenos la realiza una sociedad mercantil (nº 8605), dicha sociedad debe repercutir el IVA al ayuntamiento adquirente de acuerdo con las reglas que, en materia de repercusión, se contienen en la normativa del IVA, sin que en este caso proceda entender incluido el IVA en el justiprecio fijado en la expropiación.

3) Un ayuntamiento tiene **arrendado un terreno** de su propiedad para el estacionamiento en superficie de vehículos a una sociedad mercantil. El importe del arrendamiento es de 1.500 € mensuales. 1464

La regla expuesta en el nº 1461 resulta de aplicación cuando el destinatario de las entregas de bienes o prestaciones de servicios es un ente público, pero no en el caso inverso, es decir, cuando el sujeto pasivo es el ayuntamiento y el repercutido, destinatario de la operación, es una entidad mercantil. Por consiguiente, hay que estar a lo estipulado entre las partes para determinar si en el importe pactado está incluido o no el IVA que grava la operación de arrendamiento.

Doctrina Administrativa Además de las siguientes contestaciones de la DGT, ver nº 11000 s. 1465

1) Los empresarios que presten servicios en favor de **entes públicos** están obligados a repercutir el importe del IVA a los mismos, quedando estos obligados a soportarlo, siempre que la repercusión se ajuste a las disposiciones legales (DGT CV 3-11-86; CV 24-3-86).

2) En los servicios prestados por un **recaudador municipal**, salvo que la entidad local y el citado recaudador hayan pactado como contraprestación del servicio de gestión de cobro cantidad alguna, distinta del denominado premio de cobranza, se entiende que en dicho premio está incluida la correspondiente cuota del IVA (DGT 22-2-90; 1-8-01).

3) Mediante un concierto suscrito entre el **IMSERSO** y una empresa mercantil, esta presta servicios geriátricos a personas, de modo que, de la cantidad a pagar, parte la satisface el IMSERSO y parte el paciente. En el precio pactado por dichos servicios, debe considerarse incluida la cuota del IVA que, no obstante, la empresa debe repercutir de modo separado en sus facturas (DGT 26-7-95).

4) En el arrendamiento de un inmueble sujeto y no exento de IVA, efectuado para un **ayuntamiento**, debe entenderse incluido en la renta anual pactada el importe del mismo que, no obstante, debe ser repercutido por el arrendador al ayuntamiento como partida independiente en las correspondientes facturas (DGT 2-10-00; 31-5-01).

5) Una empresa entrega unas **plazas de aparcamiento** a un ayuntamiento a cambio de la cesión de un determinado aprovechamiento urbanístico. La operación de entrega de las plazas está sujeta al IVA, sin perjuicio de su exención en caso de tratarse de una segunda o ulterior entrega. En la oferta efectuada por la empresa al ayuntamiento, ha de entenderse incluido el IVA que, en su caso, grave dicha operación, de forma que el ayuntamiento no está obligado a satisfacerlo por separado (DGT 14-4-04; CV 4-4-07).

6) En una **entrega de terrenos** sujeta y no exenta efectuada para un ayuntamiento, la oferta del cedente del terreno incluye el IVA, que debe ser repercutido como partida independiente. Por tanto, el ayuntamiento no está obligado al pago del impuesto sobre dicho importe (DGT CV 18-2-10).

1466 **7)** En una entrega de determinados terrenos a la Administración, mediante expropiación forzosa, el **justiprecio** no incluye el IVA, ya que en caso contrario no representaría ya el equivalente económico del bien (DGT CV 26-12-08; CV 1-4-13). Ver nº 1855. La normativa del IVA se refiere a la presentación de ofertas en el marco de **procedimientos competitivos o de concurrencia** pero no a aquellas que determinan la fijación del justiprecio en el desarrollo de procedimientos expropiatorios, como por ejemplo, cuando la valoración de la edificación que se va a entregar al ayuntamiento no se ha obtenido de un procedimiento de concurrencia (DGT CV 2-3-06).
Considerando que la contraprestación pactada entre la Administración municipal y los contratistas tiene su origen en una previa formulación de propuestas económicas por estos en un ámbito de relaciones contractuales deducidas de un **procedimiento de licitación pública**, en el importe total pactado ha de entenderse incluido el Impuesto (DGT CV 12-12-06; CV 12-1-07). En este sentido, el abono por un tercero (propietarios de los terrenos) de parte de dicha contraprestación no altera la conclusión, y se considera que la parte de la total contraprestación abonada por los propietarios de los terrenos incluye el IVA devengado correspondiente a la misma (DGT CV 12-12-06).

1468 Jurisprudencia **1)** Aunque en **certificaciones de obra** expedidas mensualmente en las obras públicas, normalmente el organismo público incluye el importe del IVA (sujeto repercutido), ello no excluye que el contratista esté obligado a expedir la correspondiente factura (TS 2-3-98, EDJ 4050).
2) En las propuestas económicas formuladas para la Administración en los **contratos de permuta** que no tienen naturaleza administrativa, no se aplica la regla de inclusión del IVA (TS 31-1-02, EDJ 5796).
3) Procede el abono por la Administración del IVA no repercutido en un **arrendamiento**, que el sujeto pasivo consideró exento basado en un informe de la propia arrendataria, y que la inspección tributaria determinó no exento (TSJ Cataluña 5-10-95, EDJ 500011).
4) En los servicios prestados por un **recaudador**, sujetos al IVA, cuyo importe está fijado en virtud de un mandato legal, no se produce una oferta al ayuntamiento y, por tanto, no incluyen el IVA (TEAC 21-7-99; 24-9-01).
5) En un contrato de **gestión de un servicio público** efectuado por un ayuntamiento, debe entenderse incluido el IVA (TS 9-12-99, EDJ 43616). En el mismo sentido, respecto de un proyecto de **construcción de unas instalaciones** de abastecimiento y saneamiento de aguas para un ayuntamiento (TS 5-7-00, EDJ 22268; 2-7-02, EDJ 28514).
6) No pueden considerarse actos de repercusión tributaria los requerimientos realizados por un ayuntamiento, sino meras **reclamaciones de cantidad** sobre las cuales no tienen competencias para actuar los órganos económico-administrativos (TEAC 21-10-02).

1469 **7)** En el IVA, la **devolución de ingresos indebidos** debe hacerse materialmente al sujeto repercutido. Sin embargo, en la contratación administrativa, cuando se ha repercutido un tipo impositivo superior al correcto, el derecho a la devolución se le reconoce al sujeto pasivo y no al repercutido, puesto que el precio pagado es «impuestos incluidos» (TSJ Galicia 19-1-01, EDJ 10960).
8) En los **servicios prestados por empresas** (servicios de asistencia social, de intermediación laboral, etc.) en colaboración con las diferentes Administraciones públicas, resultando estas ser los clientes finales, se ha de repercutir el IVA (DGT 13-2-02; 26-10-01).
9) La inclusión del IVA en las ofertas de los adjudicatarios es una **presunción iuris et de iure** (TS 24-4-01, EDJ 11082; 9-2-05, EDJ 11927).
10) En el **justiprecio** de la expropiación de un derecho de arrendamiento, no se incluye el IVA (TEAC 23-5-01; 20-6-01). No obstante, en sentido contrario, TEAC 10-3-00.
En la expropiación de un puesto de un **mercado municipal**, el justiprecio es la contraprestación de la cesión del local y en el mismo está incluido el IVA (AN 14-1-04, Rec 447/02). Ver nº 1855.
11) Se considera que no se incluye el IVA en el **precio de licitación** de la venta de la parcela por la Administración, ya que además de no tratarse de un procedimiento de contratación, en el propio pliego de cláusulas y en el acuerdo de adjudicación se indica que el IVA queda excluido (TEAC 3-5-07).

1470 **Variación de tipos impositivos** (DGT Circ 2/1992) Particular importancia tienen las modificaciones de tipos en la **contratación administrativa**, cuando entre la fecha de la propuesta -que debe considerarse siempre, cuando la operación esté sujeta y no exenta, con el impuesto incluido- y la fecha en que se considere realizada la operación -que es cuando se produce el momento del devengo del IVA y se determina el tipo impositivo aplicable- se produce una variación de tipos que afecte a las operaciones con propuestas formuladas.
Estos supuestos han sido objeto de regulación, estableciéndose que los contratos celebrados por la Administración pública que se encuentren **pendientes de ejecución** en todo o en parte en el momento en que se produce una variación de tipos impositivos, en cuyos precios de

oferta respectiva se hubiese incluido el IVA según lo previsto en su normativa, se cumplen abonando al contratista el precio cierto de los contratos incrementado en la cuota del IVA correspondiente al momento en que se devengue el impuesto en las operaciones sujetas al mismo.

En la **práctica** debe procederse del siguiente modo:

$$\text{Precio de adjudicación} = \frac{\text{Precio de oferta (IVA incluido)}}{100 + (\text{tipo IVA oferta})} \times 100$$

Importe a pagar al contratista = Precio de adjudicación × (1 + Nuevo tipo impositivo)

Precisiones 1) Debe entenderse por **precio cierto** el de adjudicación (importe global contratado) menos la cuota del IVA calculada al tipo vigente en el momento de la adjudicación del contrato. Dicho precio de adjudicación ha de entenderse con las modificaciones contractuales que puedan afectarle, tales como proyectos reformados, revisiones de precios o cualquier otro concepto, como consecuencia de la aplicación de normas legales existentes al efecto. **1471**

2) Tratándose de **operaciones exentas**, en las que en las respectivas ofertas económicas no se incluyó el impuesto, el precio de adjudicación se corresponde con el de la respectiva oferta.

Ejemplo Una empresa constructora ha formalizado una **propuesta económica** para un ayuntamiento, relativa a la construcción de una edificación que va a utilizar para su actividad puramente administrativa. La propuesta, por importe de 400.000 €, fue presentada en el mes de octubre de N, fecha en la que el **tipo impositivo** aplicable del IVA era el 18%. En el mes de abril de N+1, una vez examinadas las propuestas recibidas, el pleno del ayuntamiento adjudica la obra a dicha empresa constructora. En la propuesta económica, al tratarse de una operación sujeta y no exenta, se incluyó el IVA correspondiente. Las obras se iniciaron en el mes de septiembre de N+1, devengándose el IVA en dicho mes en el momento del pago por el ayuntamiento de la primera certificación de obra. En dicho año N+1 (mes de septiembre) el tipo impositivo aplicable era el 21%. El importe de la citada certificación de obra correspondía a una vigésima parte de la obra presupuestada. La obra fue ejecutada y finalizada en los años N+1 a N+3, en que estuvo vigente el citado tipo del 21%. **1472**

El precio de adjudicación, es decir, la contraprestación excluido el IVA, es:

$$\text{Precio de adjudicación} = \frac{400.000 \text{ €}}{118} \times 100 = 338.983{,}05 \text{ €}$$

El IVA correspondiente a dicha propuesta, calculado al tipo vigente en el momento de formularse la propuesta (18%) ascendía a 18% × 338.983,05 = 61.016,95 €.

El cálculo del importe por pagar al contratista, referido a la totalidad de la propuesta económica, es el siguiente: 338.983,05 × 1,21 = 410.169,49 €. Como la primera certificación de obra se corresponde con una vigésima parte de la obra, el importe de la misma asciende a 410.169,49/20 = 20.508,47 €, de las cuales, 16.949,15 € es la contraprestación (338.983,05/20) y 3.559,32 € es la cuota de IVA (21% × 16.949,15) que debe ser repercutida de forma separada.

Doctrina Administrativa Además de las siguientes contestaciones de la DGT, ver nº 11000 s. **1473**

1) En relación con la **variación de los tipos en la contratación administrativa**, el tipo impositivo que se aplica es el vigente en el momento del devengo, con independencia del consignado en el momento de la oferta:
- entregas de bienes (DGT CV 1-6-10);
- operaciones de tracto sucesivo (DGT CV 15-6-10);
- ejecuciones de obras (DGT CV 19-5-10);
- suministros de electricidad (DGT CV 21-6-10); y
- prestación de servicios telefónicos (DGT CV 14-5-10).

2) En el caso de la **contratación administrativa**, cuando se produce una **elevación de los tipos** impositivos, la Administración está obligada a soportar el tipo que esté vigente en el momento de realizarse las operaciones, con independencia de que el tipo impositivo determinado al formularse la correspondiente oferta fuera inferior (DGT Resol 2-8-12; DGT CV 2-1-13).

Jurisprudencia 1) También el **TEAC** se ha pronunciado en el mismo sentido que la DGT Circ 2/1992 (nº 1470), concluyendo que en los supuestos en que exista una diferencia de tipos entre los momentos de la oferta y el de la entrega o recepción de un inmueble, el tipo aplicable es el vigente en el momento del devengo del IVA -esto es, cuando se produce la entrega o recepción del inmueble- (TEAC 21-9-95).

2) En los contratos suscritos con la Administración Pública, el precio pactado, que incluye el IVA a todos los efectos, no está sujeto a variaciones como consecuencia de **errores en la estimación** del tipo impositivo o de **cambios legislativos sobrevenidos** que supongan una alteración del mismo (TS 16-12-13, EDJ 267657).

1475 **Contratos de la Administración para adquisiciones en el extranjero** (DGT Resol 6/1997) A efectos de hacer comparables las propuestas recibidas de españoles y extranjeros, miembros o no de la UE, se ha aclarado en qué casos procede la aplicación del IVA, y cuándo debe entenderse incluido el impuesto en la oferta formulada por los adjudicatarios, en los contratos del Estado y otros entes públicos, para la adquisición de bienes y servicios en el extranjero.
Como **regla general**, se entiende que las propuestas recibidas, incluso las verbales, incluyen el IVA. No obstante, pueden plantearse los siguientes **casos particulares**:

1476 **A. Entregas desde un E.m.** de la UE:
1. Adquisición intracomunitaria. Cuando la entrega constituya una operación de este tipo, cabe distinguir:
a) En las realizadas por **entes públicos que no actúen como sujetos del IVA**, cabe la opción de tributar en destino o en origen, cuando se cumplan las condiciones del nº 5409:
- cuando se opte por la tributación en destino, el IVA no se entiende incluido en la oferta; y
- cuando se tribute en origen, debe soportar la repercusión del IVA en el E.m., debiendo estarse a las normas del mismo sobre la posibilidad de que el impuesto se incluya o no en la oferta.
b) No se entiende incluido el IVA en la oferta del adjudicatario si el contrato trata de la adquisición de **medios de transporte nuevos** (nº 5425 s.).
c) Cuando se refiera a una adquisición incluida en el régimen de **ventas a distancia** (nº 9244 s.), el vendedor también puede optar por repercutir el IVA en origen o en destino, debiendo comunicar la elección al ente público:
- si decide tributar en España, el IVA se entiende incluido en la oferta; y
- si el vendedor no efectúa la comunicación, el IVA no se entiende incluido en su propuesta.
2. No adquisición intracomunitaria. En las entregas así calificadas, las reglas aplicables son:
- cuando el vendedor se beneficie de un régimen de **franquicia** en su país, la adquisición no se sujeta al IVA en ninguno de los dos países;
- en las adquisiciones sometidas al régimen especial de **bienes usados**, objetos de arte, antigüedades y objetos de colección, en el Estado en el que se inicie el transporte o la expedición, el IVA se repercute en este y siempre está incluido en el precio;
- en el caso de bienes objeto de **instalación o montaje** en España, el IVA siempre se entiende incluido en la oferta; y
- cuando el contrato se refiera a la adquisición de bienes cuya entrega esté exenta en el país de origen por tratarse de operaciones **asimiladas a las exportaciones**, tampoco queda sujeta en el país de destino.

1477 **B.** En los contratos que impliquen la realización de **importaciones**, el ente público es sujeto pasivo del impuesto, y su importe no se considera incluido en el precio ofertado.
C. Cuando los contratos impliquen **entregas interiores** por empresarios sin EP, se aplica la regla general, de modo que el impuesto se entiende incluido en el precio.
D. En el caso de contratos de **prestación de servicios** a entes públicos, cuando se entiendan prestados en el ámbito de aplicación del impuesto, y se efectúen por empresarios no establecidos, se aplica la regla general, de manera que el importe del mismo se considera incluido en la oferta. Cuando se presten en otro territorio, la inclusión del impuesto depende de la normativa aplicable en el mismo.
E. Cuando los **entes públicos** actúen como empresarios o profesionales, se aplica la regla general, de modo que se entiende incluido en el precio ofertado el IVA correspondiente.

1480 Ejemplos **1)** Un **ayuntamiento ha adquirido en Francia** una partida de mobiliario urbano. La sociedad francesa vendedora no tiene un EP en España y la mercancía la ha suministrado el vendedor directamente desde su fábrica en Francia. El importe de la operación asciende a 150.000 €.
El ayuntamiento realiza una adquisición intracomunitaria de bienes sujeta al IVA a la que no resulta aplicable el supuesto de no sujeción contenido en la LIVA art.14.Dos, por exceder el importe de la operación del límite establecido en dicho precepto (10.000 €). El sujeto pasivo de dicha operación es el citado ayuntamiento (nº 5383 s.). En el precio de la operación el ayuntamiento no debe entender incluido el IVA que grava la AIB de la que resulta ser el sujeto pasivo.
2) La Consejería de Medio Ambiente de una Comunidad Autónoma ha **importado de los Estados Unidos** un equipo para medir la contaminación ambiental, ascendiendo el importe de dicho equipo a 180.000 €, «impuestos incluidos».
Tratándose de una importación, la Consejería debe tener en cuenta que en el precio de la operación no se incluye el IVA que grava la importación del equipo en España de la cual es el sujeto pasivo (nº 5895 s.), con independencia de que bajo el concepto de «impuestos incluidos» se comprenda aquellos que, en su caso, gravaron la compra en los Estados Unidos.

3) Un ayuntamiento fronterizo con **Portugal** ha adquirido a una empresa de dicho país los **uniformes de su banda de música**. Se trata de una compra ocasional cuyo importe ha ascendido a 6.000 €. El citado ayuntamiento no ha optado por tributar en España por la citada operación. **1481**
Se trata de una adquisición intracomunitaria de bienes no sujeta al IVA español. Dicha operación está sujeta al IVA de Portugal. En consecuencia, por ser una operación no sujeta en España no resulta aplicable a la misma lo dispuesto en LIVA art.88.Uno, aplicándose lo que la normativa portuguesa establezca al efecto acerca de la inclusión o no del IVA portugués en el precio.
4) Un **ayuntamiento** que explota un recinto ferial ha encargado a una **empresa italiana** de arquitectura la **elaboración de un estudio** de acondicionamiento del citado recinto ferial. El importe del informe asciende a 30.000 €. La empresa italiana no dispone de un EP en España.
Cuando un ente público actúa en el desarrollo de una actividad empresarial o profesional y afecta los bienes o servicios adquiridos al desarrollo de la misma, prevalece dicha afectación empresarial sobre su condición subjetiva de ente público, estando sujeto el mismo a las mismas obligaciones que con carácter general la normativa del IVA establece para los empresarios. No obstante, dado que el destinatario de la operación es un ayuntamiento (ente público), en el importe de 30.000 € debe entenderse incluido el IVA que grava la prestación de servicios, la cual se considera realizada en el territorio de aplicación de dicho impuesto (nº 525).
El sujeto pasivo de la operación es el ayuntamiento (nº 1341). En este caso, no procede abonar a la empresa italiana el importe total del precio contratado, sino que del mismo se descuenta el importe del IVA que grava la operación, cuya declaración e ingreso le corresponde efectuar al ayuntamiento como sujeto pasivo de la misma.

5. Controversias en materia de repercusión

(LGT art.227.4; LIVA art.88.Seis; Rgto Fac art.24)

Entre los actos susceptibles de **reclamación económico-administrativa** se incluyen los relativos a las obligaciones de repercutir y soportar la repercusión, así como los relativos a la obligación de expedir, entregar y rectificar facturas que incumbe a los empresarios y profesionales. **1485**
Las controversias que puedan producirse en relación con la expedición, entrega o rectificación de **facturas**, cuando estén motivadas por hechos o cuestiones de derecho de naturaleza tributaria, se consideran asimismo de esta naturaleza a efectos de las pertinentes reclamaciones económico-administrativas (DGT CV 3-10-16).
Por consiguiente, puede interponerse la correspondiente reclamación económico-administrativa, tanto respecto de la procedencia o la cuantía de las cuotas repercutidas, bien sea por cuestiones de hecho o de derecho, así como en relación con la expedición (o negativa a efectuarla), entrega y rectificación de facturas.
El **procedimiento** para interponer las correspondientes reclamaciones económico-administrativas es el aprobado por la LGT (nº 14500 s. Memento Fiscal 2026).
En cuanto a la **legitimación** para interponer las correspondientes reclamaciones económico-administrativas por los sujetos que intervienen en la repercusión, cabe deducir que la legitimación corresponde tanto al sujeto pasivo que efectúa la misma como al repercutido (LGT art.232).

Precisiones **1)** La doctrina se inclina por considerar que la **naturaleza de la repercusión** es jurídico-tributaria, al no permanecer ajena la Hacienda Pública a la relación entre quien efectúa la repercusión y quien soporta la misma. De ahí que la vía procesal para resolver las controversias es la económico-administrativa, resultando reclamables las actuaciones u omisiones de los particulares relativas a las obligaciones de repercutir y soportar la repercusión prevista legalmente (LGT art.227.4.a). **1486**
2) En relación a la **repercusión** del IVA, el **plazo** para interponer la reclamación económico-administrativa en única o primera instancia es de un mes a contar desde el día siguiente a aquel en que quede constancia de la realización u omisión de la repercusión motivo de la reclamación.
En cuanto a la obligación de **expedición y entrega de factura**, el plazo es de un mes contado a partir del transcurso de un mes desde que se haya requerido formalmente el cumplimiento de dicha obligación (LGT art.235).

Doctrina Administrativa Además de las siguientes contestaciones de la DGT, ver nº 11000 s. **1487**
1) Puede interponer reclamación económico-administrativa:
- el arrendador, cuando el arrendatario de un local de negocio se haya **negado a soportar** la preceptiva repercusión del IVA (DGT CV 28-5-86);
- el sujeto pasivo, cuando los **destinatarios se nieguen a facilitar sus datos** (NIF, etc.), lo cual imposibilita poder completar los datos a consignar en factura (DGT 3-11-86; 4-10-00);
- el adquirente, si existe **negativa a expedir una factura** o una factura rectificativa (DGT 9-4-99; 7-3-03; 6-9-00; 13-1-04).

2) Las controversias que puedan producirse con referencia a la repercusión del IVA se consideran de naturaleza tributaria, incluso cuando los destinatarios son **entes públicos** (DGT 21-7-99).

1488 Jurisprudencia 1) La **reclamación se puede interponer** por el sujeto repercutido, si se niega a aceptar la repercusión, o por el sujeto pasivo, si pretende hacerla efectiva. Cabe también que el sujeto repercutido soporte la repercusión y posteriormente ejerza pretensión de reembolso.
Según el TS, la relación jurídica que se establece entre el sujeto pasivo y el sujeto repercutido se caracteriza por ser una relación entre particulares, pero de derecho público y de naturaleza tributaria, que tiene por objeto llevar a cabo la repercusión del tributo, reiterando seguidamente, que el acto de repercusión del IVA por el sujeto pasivo no es un acto administrativo, sino una simple «actuación tributaria» entre este y el sujeto repercutido, de forma que la factura es, simplemente, una comunicación entre particulares. El TEAC también mantiene esta misma postura (TEAC 21-5-03; 24-3-04).
2) El **ingreso del IVA devengado** es una obligación que no puede hacerse depender de la controversia entre las partes acerca de la repercusión, que debe sustanciarse en el procedimiento económico administrativo (TEAC 8-7-99).
3) Procede la interposición de una reclamación económico-administrativa si el sujeto pasivo **se niega a soportar la repercusión** como consecuencia de la variación de los tipos impositivos (TSJ Valladolid 27-7-95, EDJ 500025).
4) Las controversias sobre si una **tasación de costas** comporta IVA corresponde plantearlas en vía económico-administrativa (TS 7-4-00, EDJ 12293), siendo ajena al procedimiento de tasación la inclusión o no del IVA en las costas (TS 11-4-05, EDJ 47016; 20-5-05, EDJ 83625).
5) La controversia con un **ente público** acerca de la inclusión o no del IVA en la oferta debe resolverse en vía económico-administrativa (TS 2-10-98, EDJ 27322).
6) Es procedente la vía económico-administrativa para resolver las controversias en materia de repercusión, tanto en sus aspectos materiales como formales y, en particular, para solicitar del arrendador la expedición de la correspondiente factura del **arrendamiento** de un local (TEAC 20-2-02).

1489 7) Una cosa es la posibilidad de interponer una reclamación económica-administrativa en materia de repercusión tributaria y, otra bien distinta, es la **reclamación** en orden a la obligación del **pago del impuesto repercutido** a cargo del comprador, cuya competencia corresponde a la jurisdicción civil (TS 27-1-96, EDJ 52408).
8) Quien soporta la repercusión tiene **legitimación** para solicitar y obtener la devolución del impuesto indebidamente repercutido e ingresado (TS 9-1-08, EDJ 10914; 19-11-08, EDJ 222350).
9) No habiéndose producido la **rectificación** por el sujeto pasivo repercutidor, el sujeto repercutido puede instar la rectificación de las autoliquidaciones correspondientes a los períodos en los que se produjo la repercusión y la devolución del ingreso indebido, ante el órgano administrativo competente del domicilio fiscal del empresario o profesional que efectuó la repercusión indebida (TEAC 12-3-08).
10) Son reclamables en vía económico-administrativa las actuaciones entre particulares relativas a la **obligación de expedir y entregar factura**, cuando estén motivadas por hechos o cuestiones de naturaleza tributaria, sin perjuicio de que las demás obligaciones que se exigen a los empresarios o profesionales relativas a la obligación de expedir y entregar factura en el ámbito mercantil o a efectos de la defensa de consumidores y usuarios, tengan su cauce específico de impugnación (TEAC 25-6-08).

B. Rectificación de cuotas repercutidas

(LIVA art.89)

1490

1491 La rectificación de las cuotas repercutidas debe efectuarse en los siguientes casos, conforme al procedimiento indicado en el nº 1602 s.:
- cuando se haya determinado un **importe incorrecto** de las mismas (nº 1500 s.);
- cuando se produzca **modificación de la base imponible** (nº 1520 s.).

También procede la rectificación de las cuotas repercutidas cuando, no habiéndose repercutido cuota alguna, se hubiese expedido la **factura** correspondiente a la operación. Si no se hubiera emitido factura, no se está ante una rectificación de cuotas repercutidas, sino frente a una cuestión de plazos para efectuar la repercusión (nº 1430 s.).

No obstante lo anterior, existen determinados supuestos en los que **no procede** la rectificación (nº 1565 s.).

La rectificación ha de efectuarse por el **sujeto** que llevó a cabo la repercusión de las cuotas, quedando obligado el destinatario de la repercusión a soportar, cuando proceda, la rectificación de las cuotas repercutidas.

El **plazo** para rectificar las cuotas repercutidas es de cuatro años, que se computan desde el devengo del tributo o de la circunstancia que determina la modificación de la base imponible, según corresponda.

Precisiones 1) La rectificación de las cuotas repercutidas es de **carácter obligatorio**, dado que debe efectuarse en los casos y términos regulados por la norma. También es de carácter imperativo la regulación de los supuestos en que no procede la rectificación (nº 1565 s.). 1492

2) La obligación de rectificar las cuotas repercutidas comprende tanto los supuestos en que la rectificación **implica un aumento** de las mismas, como cuando supongan **una minoración** de aquellas.

3) Dado que la normativa del IVA ha previsto la emisión de **facturas por un tercero** en nombre y por cuenta del propio sujeto pasivo, la rectificación de dichas facturas también puede efectuarse por el emisor (tercero) de las mismas (nº 7231). En este sentido se ha expresado la doctrina administrativa (nº 1583).

4) Aunque la rectificación de las cuotas deba realizarse por el sujeto que efectuó la repercusión, el repercutido puede **solicitar la rectificación** de las mismas. El obligado a soportar la repercusión solo lo está si la repercusión se ajusta a lo dispuesto en la normativa del impuesto, pudiendo exigir que la misma se efectúe de acuerdo con lo regulado en los preceptos correspondientes. En cualquier caso, el sujeto repercutido puede acudir a la vía económico administrativa para instar la repercusión, así como las rectificaciones que procedan, y consecuentemente reclamar que la misma se efectúe conforme a Derecho (nº 1610).

5) No se está ante supuestos de rectificación de cuotas repercutidas en los casos en los que el sujeto pasivo obligado a realizar la repercusión no la efectuó por estar la **calificación de la operación** sujeta a determinadas manifestaciones o actuaciones del destinatario. Así sucede en determinadas exenciones referentes a exportaciones de bienes (ver nº 6010 s.). En dichas operaciones el sujeto pasivo, ante el incumplimiento de los requisitos que fundamentaron la exención por parte del destinatario, debe repercutir el impuesto al mismo (RIVA art.9.2).

6) En relación a las **facturas rectificativas**, ver nº 7292 s.

7) En los supuestos de variación de tipos o de rectificación de cuotas repercutidas cuando el destinatario de la operación es un **ente público**, ver nº 1599 s.

Ejemplos 1) Una empresa del sector de alimentación ha autorizado a un cliente a emitir en su nombre las facturas que documentan las entregas de productos que realiza para el mismo. Como consecuencia de un **error en el tipo** impositivo aplicable, derivado de una incorrecta codificación de las mercancías, deben modificarse las cuotas repercutidas de las entregas efectuadas en el mes anterior, documentadas en las correspondientes facturas emitidas por el cliente en nombre del proveedor. 1494

Las facturas emitidas por los clientes, cuando estén debidamente autorizados a expedir las mismas en nombre y por cuenta de sus proveedores, pueden ser objeto de rectificación por los referidos clientes, siempre que la rectificación esté motivada por las causas previstas en la normativa (LIVA art.89) y las facturas de rectificación se ajusten a los requisitos contenidos en su normativa específica.

2) Una entidad mercantil fue absorbida por otra sociedad. Una vez completado el proceso de **fusión**, un cliente de la sociedad absorbida ha procedido a la **devolución** de parte de las mercancías entregadas por la sociedad absorbida, reclamando de la sociedad absorbente la modificación de la base imponible de dichas entregas y la consecuente rectificación de las cuotas repercutidas. 1495

Cuando una entidad, sujeto pasivo del IVA, ceda a otra sociedad, como consecuencia de un proceso de fusión por absorción, la totalidad de sus derechos y obligaciones corriendo por cuenta de la sociedad absorbente el riesgo y ventura de todas las operaciones efectuadas por la sociedad absorbida y, posteriormente, se produzca una **modificación de la base** imponible como consecuencia de una devolución de las mercancías entregadas por la sociedad absorbida a uno de sus clientes (u otra circunstancia que exija una rectificación de las cuotas repercutidas), la entidad **absorbente** puede practicar las correspondientes rectificaciones de las facturas emitidas por la sociedad absorbida.

A estos efectos, se entiende que la emisión de la factura rectificativa se ha producido por cuenta de la entidad absorbida, quien al transmitir el riesgo y ventura de sus operaciones autorizó implícitamente su rectificación a la absorbente cuando así fuera procedente. No obstante, en la emisión de dichas facturas rectificativas, la sociedad absorbente actúa **en nombre propio**, constando ella misma como emisora de la nueva factura por tratarse ya de una operación propia aunque derivada de otra (entrega de bienes) realizada por la sociedad absorbida. Solo en dicho sentido debe entenderse que actúa por cuenta de terceros (absorbida), pues en lo demás, se entiende que está realizando operaciones en nombre y por cuenta propia, y como tal debe documentarse, registrase y ser objeto de declaración-liquidación.

1497 Doctrina Administrativa Además de las siguientes contestaciones de la DGT, ver nº 11000 s.
1) No procede la rectificación cuando **no** se ha expedido **factura** (DGT CV 24-11-04).
2) Una cooperativa para la construcción de viviendas ha repercutido el IVA al tipo reducido por los **pagos a cuenta** recibidos por sus socios. Si estos optan por recibir de la entidad un solar sin edificar en lugar de las viviendas, dicha entrega determina el devengo del Impuesto cuando tenga lugar su puesta a disposición. En ese momento, la cooperativa debe expedir y entregar factura a cada adquirente repercutiendo el Impuesto al tipo general, si bien, debe minorar la cuota total devengada por cada entrega en el importe de los pagos a cuenta realizados previamente, aunque estos se exigieran al tipo reducido, sin que hayan de devolverse previamente tales pagos. No se trata, por tanto, de un supuesto de rectificación de cuotas repercutidas (DGT CV 11-11-05).
3) Procede la rectificación cuando se ha expedido factura y repercutido el impuesto erróneamente con motivo de la **aceptación de un pedido** por un cliente sin que posteriormente se efectúe la operación ni se hubiera percibido ningún pago anticipado (DGT CV 4-12-08).
4) Un sujeto pasivo acogido al **régimen simplificado** también está obligado a rectificar las cuotas indebidamente repercutidas, debiendo reintegrar al repercutido el importe de las cuotas repercutidas en exceso, sin que deba efectuar ninguna regularización de su situación tributaria de las previstas en la normativa del IVA, puesto que dicho régimen establece un método objetivo de cálculo de las cuotas devengadas por operaciones corrientes (DGT 27-2-03; 14-11-03).
5) En principio, la LIVA no contempla la posibilidad de efectuar la rectificación de determinadas cuotas (por modificación de la base imponible) cuando quien lo pretende no ha sido el sujeto pasivo expedidor de la factura. Sin embargo, cuando una entidad procede a la **subrogación**, por cualquier método o causa, en todos los derechos y obligaciones inherentes a determinados activos, sí cabe que efectúe dicha rectificación (DGT CV 28-11-16).

1499 Jurisprudencia 1) Cuando se emite factura, **aunque no se repercuta cuota** alguna por considerar la operación exenta, procede la rectificación de las cuotas no repercutidas. Se trata de un supuesto de rectificación y no de repercusión (TSJ Sevilla 4-5-01, EDJ 103240).
Así, en la entrega de un **inmueble para su demolición** en la que no se repercutió el IVA por considerar la operación exenta, ni se expidió factura, documentándose la misma en el acta de pago y en el contrato suscrito entre el transmitente y una junta de compensación, procede la rectificación, pues se trata de una interpretación razonable de la norma respecto de dicha operación (TEAC 9-10-01).
2) Procede la rectificación de las cuotas indebidamente repercutidas en relación con unos **servicios de publicidad** prestados por la filial, establecida en el territorio de aplicación del IVA español, a la matriz establecida en UE, no sujetos al IVA español y cuya recuperación de las cuotas soportadas denegó la Administración tributaria a la matriz (TS 8-7-09, EDJ 205356).
3) Al haber emitido factura el propietario del **bien expropiado**, la repercusión del impuesto puede realizarse dentro de los cuatro años siguientes al devengo, no estando por tanto prescrito el derecho de rectificación de las cuotas impositivas repercutidas (TEAC 21-9-17).
4) El inicio de un procedimiento de comprobación o investigación interrumpe el **cómputo del plazo** para rectificar las cuotas impositivas repercutidas, por lo que, si a la finalización del citado procedimiento, la Administración tributaria constata la existencia de cuotas por repercutir distintas de las repercutidas, el sujeto pasivo podría, en su caso, proceder a su rectificación (TEAC 25-9-18).
5) Se inician en fechas distintas, el **plazo de rectificación** de la repercusión, cuatro años desde el devengo (LIVA art.89.Uno) y el de la **regularización** de lo actuado por el contribuyente, cuatro años desde la finalización del plazo reglamentario para su presentación (LGT art.67.1.a), lo que puede dar lugar a liquidaciones respecto a las cuales no es posible la rectificación de la repercusión del IVA (TEAC 22-5-24).

1500 **Rectificación por incorrecta determinación de las cuotas repercutidas** (LIVA art.89.Uno) La primera causa de rectificación de las cuotas repercutidas se corresponde a casos en los que, bien por **errores** de hecho o de derecho, se ha producido una determinación incorrecta de las cuotas repercutidas (por la aplicación de tipos impositivos que no corresponden a la operación, por la no aplicación de una exención, por la comisión de errores aritméticos en el cálculo de las cuotas, etc.). Se trata generalmente de errores que afectan de modo directo o indirecto a la **determinación de la cuantía** de las cuotas repercutidas, como puede ser la fijación de la propia base imponible (cantidad y precio de los bienes o servicios) u otras causas que afecten a la cuantificación de la misma, distintas de las que determinan la modificación de la base imponible (nº 1520 s.) y que tengan como consecuencia una cuantificación incorrecta de las cuotas repercutidas (por ejemplo, en el caso de una incorrecta determinación del sujeto pasivo de la operación).

Precisiones Sobre la rectificación de cuotas a los **entes públicos** por incorrecta repercusión de las mismas, ver nº 1599 s.

Ejemplos 1) Una empresa de cerrajería ha adquirido a una empresa distribuidora una partida de tornillería. La **cantidad consignada** en el albarán de entrega, que sirvió como base para la emisión de la correspondiente factura, no se correspondió con la cantidad efectivamente entregada, circunstancia que a pesar de haber sido comunicada por fax a la empresa distribuidora, no fue tenida en cuenta al expedir la factura. Asimismo, dicha empresa ha detectado, como consecuencia de una auditoría efectuada en la misma, que la citada empresa distribuidora le ha aplicado un precio superior al de tarifa en el suministro de perfiles de aluminio lacado, habiendo comunicado dicha circunstancia a su proveedor. Por otra parte, al introducir los datos de las facturas en el programa de contabilidad de la empresa cerrajera, se han detectado **errores de redondeo** en el cálculo de las cuotas repercutidas correspondientes a un proveedor de varillas y otros derivados férricos. 1501

En todos los supuestos enunciados, se trata de errores en la determinación de las cuotas repercutidas, bien en la propia determinación de las mismas (errores de redondeo), o por causas derivadas de una incorrecta determinación de la base (cantidades no entregadas y facturadas o por diferencias de tarifa).

Por consiguiente, ambos proveedores de la empresa de cerrajería deben rectificar las cuotas incorrectamente repercutidas. Además, la empresa de cerrajería debe rectificar las deducciones practicadas (nº 3055).

2) Varios **consumidores finales** han adquirido en un centro comercial varios libros y una enciclopedia. Al llegar a su domicilio y ver la factura de compra, se dan cuenta de que les han aplicado el tipo del 21% en lugar del 4% que corresponde al tratarse de libros. Estos clientes, pocos días después, obtuvieron del centro comercial un cheque por el importe repercutido en exceso. El error correspondió a las ventas efectuadas en un día, no habiéndose recibido más quejas de otros clientes a los que también se les repercutió un tipo de IVA incorrecto. 1503

El centro comercial debe rectificar las cuotas de IVA repercutidas al 21% y aplicar el 4%, que es el tipo que corresponde a la operación. Se trata de un supuesto de incorrecta determinación del tipo impositivo aplicable que implica una corrección de las cuotas repercutidas. Una vez efectuada la rectificación de las cuotas repercutidas en exceso, debe regularizar sus declaraciones-liquidaciones de IVA.

La normativa no especifica el momento de devolución del importe, esto es, si debe efectuarse antes o después de efectuada la regularización de las cuotas repercutidas, habiendo optado el centro comercial por su devolución antes de efectuar la misma.

Por lo que respecta a las cuotas incorrectamente repercutidas a otros clientes no identificados, el centro comercial no puede efectuar la rectificación de dichas cuotas puesto que, al desconocer la identidad de sus clientes, no puede llevar a cabo la regularización de las cuotas. En los casos de rectificación a la baja de la repercusión efectuada, es necesario conocer la identidad del sujeto repercutido, ya que es, tanto en el supuesto del procedimiento de rectificación de autoliquidaciones como en el de regularización mediante declaración-liquidación (nº 1605), al que se le devuelve el exceso de cuotas repercutidas. En el caso de devolución, las cuotas repercutidas son devueltas por la Administración a la persona o entidad que haya soportado la repercusión (RD 520/2005 art.14). En el caso de regularización en la declaración-liquidación, el precepto exige que el importe sea devuelto por el sujeto pasivo al destinatario de las operaciones y no siendo este conocido, tampoco puede llevarse a efecto la restitución del exceso repercutido.

3) Una entidad mercantil A, cuya actividad es la **construcción**, ha adquirido a una sociedad C un solar. Por la citada compra, la sociedad C ha expedido la correspondiente factura. En el momento de formalizar la compra en **escritura pública**, la sociedad A reclama a la sociedad vendedora que modifique la factura expedida, pues en los datos de identificación del comprador se han cometido errores en cuanto a la naturaleza jurídica de la sociedad y su domicilio, circunstancia que queda acreditada por los documentos mercantiles aportados en el momento de formalizar la referida escritura pública. 1504

Dado que la factura es el vehículo formal para la repercusión del IVA, también procede la rectificación de la misma cuando su contenido es incorrecto, pues aunque no se trate en sentido estricto de uno de los supuestos de rectificación de la normativa del IVA, debe rectificarse la misma para que la repercusión, en todos sus extremos, se ajuste a Derecho, incluido el cumplimiento de todos los requisitos que han de reunir las facturas, uno de los cuales es la correcta identificación del destinatario de las operaciones (nº 7247).

4) Una academia de enseñanza ha considerado sujetos y no exentos del IVA los **cursos de informática** impartidos por la misma, repercutiendo a sus alumnos el 21% en concepto de IVA. Efectuada una consulta tributaria a instancias de sus alumnos, la Administración ha determinado que la enseñanza impartida por la academia está exenta del IVA. Los alumnos eran particulares. La repercusión del IVA está perfectamente documentada en las correspondientes facturas/recibos expedidas por la academia e identificados todos sus alumnos.

La academia debe rectificar las cuotas incorrectamente repercutidas a sus alumnos puesto que, al estar la actividad de enseñanza exenta, no debería haberse repercutido el IVA.

Como se trata de una rectificación de cuotas que supone una minoración de las mismas y, además, se trata de un supuesto de ingresos indebidos al haber efectuado una repercusión no ajustada a Derecho, la academia puede optar por cualquiera de las alternativas del nº 1605 para regularizar las cuotas incorrectamente repercutidas.

1505 **5)** Una empresa de distribución alimentaria repercutió el **recargo de equivalencia** a uno de sus clientes, el cual ha acreditado ante la misma su no sujeción a dicho régimen.
Una vez acreditado ante la empresa distribuidora la no tributación en el régimen especial del recargo de equivalencia (nº 4703), la empresa debe rectificar el recargo indebidamente repercutido.
La repercusión del recargo de equivalencia debe ajustarse a las mismas normas y requisitos que el propio IVA (LIVA art.159). Por lo tanto, su rectificación también.
6) Un particular adquirió mediante un **contrato de compraventa** privado un apartamento. Por dicha compra efectuó durante el año N y N+1 determinados pagos anticipados, habiendo repercutido la inmobiliaria vendedora el tipo vigente al 4%. En el mes de agosto del año N+3 le entregaron el apartamento. En dicho momento, la empresa inmobiliaria le repercutió el tipo entonces vigente (10%) al importe de las cantidades pendientes de pago. Además, la empresa pretendía regularizar las cuotas repercutidas al tipo del 4% por los pagos anticipados efectuados.
Aunque se haya producido una modificación de los tipos impositivos, no hay que rectificar las cuotas repercutidas pues la repercusión se efectuó conforme al tipo impositivo vigente en el momento del devengo del IVA (LIVA art.90.Dos).

1510 **Doctrina Administrativa** Además de las siguientes contestaciones de la DGT, ver nº 11000 s.
1) Cuando la rectificación de las cuotas tiene su causa en un **error fundado de Derecho**, la diferencia entre el importe de la cuota del Impuesto resultante de la rectificación y el importe de la repercusión inicial debe hacerse constar en la declaración-liquidación correspondiente al período en que se encuentre el día en que debiese efectuarse la citada rectificación, sin que sean aplicables el recargo y los intereses de demora por presentación de declaraciones fuera de plazo -LGT art.27- (DGT 13-2-98).
2) Cuando se repercutan indebidamente cuotas del IVA en **cuantía superior** a la procedente por una incorrecta determinación del tipo aplicable, el repercutido puede instar al sujeto pasivo la rectificación de las mismas y su devolución. En el supuesto de que el sujeto pasivo no se aviniera a efectuar dichas actuaciones, la controversia puede sustanciarse en la vía económico-administrativa (DGT 10-12-98; 13-9-02).
3) La DGT se ha pronunciado sobre la obligación de rectificar las cuotas repercutidas como consecuencia de una determinación incorrecta de los **tipos impositivos** aplicables en diversas contestaciones a consultas (DGT CV 8-2-12; CV 10-10-13; CV 30-10-13; CV 12-12-13). En estos casos, el sujeto pasivo debe reintegrar el importe incorrectamente repercutido.
Así, cuando un sujeto pasivo repercute el tipo general a una **comunidad de propietarios** por la realización de determinadas obras resultando de aplicación el tipo impositivo reducido, se debe efectuar la rectificación de las mismas (DGT 27-1-00).

1511 **4)** Debe rectificarse la repercusión cuando se expidió factura y repercutió el IVA por considerar que la operación no estaba **exenta**, y viceversa (DGT CV 18-1-13; CV 11-4-13; CV 31-1-14).
5) Por un **error en el programa informático**, una empresa ha incluido en sus declaraciones liquidaciones el resultado de aplicar el tipo general a las entregas de bienes efectuadas a sus consumidores finales que, sin embargo, fueron gravadas al tipo reducido. No se trata de un supuesto de rectificación de cuotas indebidamente repercutidas, sino de la incorrecta declaración de las cuotas correctamente repercutidas. No cabe rectificar las cuotas repercutidas (DGT 3-12-03).
6) Procede la rectificación de la repercusión en la **calificación incorrecta** de una operación al considerar que se había realizado una AIB -tracto único- cuando se trata de una operación de arrendamiento financiero -tracto sucesivo- (DGT CV 15-2-08). También cuando un sujeto pasivo ha adquirido diversas partidas de ganado de un proveedor por las que satisfizo la correspondiente compensación, expidiéndose los recibos oportunos, y posteriormente el proveedor le comunica que **no** estaba acogido al **régimen especial** de la agricultura, ganadería y pesca. La rectificación debe efectuarla el proveedor, considerándose los recibos expedidos como facturas (DGT 9-4-99).
7) Debe efectuarse la rectificación cuando una operación que inicialmente no se consideró sujeta al IVA resulte sujeta como consecuencia de la **contestación vinculante** a una consulta (DGT CV 11-1-06), o cuando se hubiese aplicado a los pagos anticipados un **tipo impositivo incorrecto** (DGT CV 12-12-06).
8) En el caso del **cambio de criterio de la DGT** en cuanto al momento en el que se produce el devengo del IVA en la constitución de un derecho de superficie, debe entenderse que el sujeto pasivo que actuó conforme al criterio anterior incurrió en un error fundado de Derecho y debe proceder a rectificarlo. El momento en el que se entiende producida la causa que motiva la rectificación es aquel en el que el sujeto pasivo tiene constancia del cambio de criterio de la Administración (DGT CV 18-9-07).

9) Cuando quede debidamente acreditado que los proveedores que emitieron las facturas han incurrido en un **error al repercutir el recargo de equivalencia**, procede la rectificación de las correspondientes cuotas (DGT CV 2-9-10).

10) Debe rectificarse la repercusión cuando esta no se produjo conforme a Derecho, ya sea porque fue realizada sobre unos importes considerados como **suplidos** (DGT CV 30-4-10), porque se practicó sobre los importes retenidos en **garantía** de una obra (DGT CV 3-2-12), o porque haya sido fijada de manera incorrecta la base imponible, la cual ha tenido que ser finalmente determinada por **sentencia judicial** (DGT CV 13-11-13). **1512**
11) Cuando una cooperativa de viviendas ha facturado por error a un socio un importe superior a su **cuota de participación**, se debe rectificar la repercusión (DGT CV 7-5-12).
12) Cuando un abogado que trabaja en una empresa repercutió el IVA y posteriormente la autoridad laboral determinó que existía una **relación laboral** y, por tanto, las prestaciones de servicios efectuadas por el abogado no estaban sujetas al IVA, debe rectificarse la repercusión efectuada (DGT CV 20-12-12).
13) En el caso de haberse expedido una factura con repercusión del IVA y resultar de aplicación la **regla de inversión del sujeto pasivo**, se debe rectificar la repercusión mediante la expedición de una factura rectificativa, conforme al Reglamento de facturación vigente en el momento de la rectificación (DGT CV 14-3-13; CV 26-9-16).
14) El prestador del servicio no expidió una factura válida hasta dos años después de la fecha de devengo del Impuesto, porque la factura original se expidió a nombre de una **persona distinta del prestador** del servicio y por unos servicios que no eran los efectivamente prestados. Este retraso no se debe a una incorrecta determinación de las cuotas impositivas ni a ninguna causa de modificación de la base imponible, por lo que es de aplicación la regla que establece la pérdida del derecho a la repercusión inicial cuando haya transcurrido un año desde la fecha del devengo (DGT CV 13-3-15).

Jurisprudencia 1) Una empresa emite una factura rectificativa aplicando, como consecuencia de una **elevación legal de tipos de gravamen**, un tipo superior al inicialmente repercutido al órgano de contratación de una Comunidad Autónoma. Esta no se opone al acto de rectificación, pero no paga el diferencial repercutido. Producida la rectificación y elevado el tipo, el sujeto repercutido debió interponer reclamación económico-administrativa para oponerse. Al no haberlo hecho así, el acto de repercusión ganó firmeza, resultando fiscalmente inatacable; su impago posterior se conecta con un posible incumplimiento de contrato, pero sin que exista controversia fiscal alguna (TSJ Sevilla 5-2-99, EDJ 7286). **1515**
2) Una empresa repercute a un **tipo de IVA erróneo** e impugna ante el TEAR la repercusión incorrecta. Su impugnación se rechaza, por tratarse de un acto de repercusión, no impugnable por el propio sujeto pasivo. Este, para rectificar la cuota inicialmente repercutida, debe emitir **nueva factura**, repercutiendo el IVA al tipo procedente. Solo si el destinatario de la operación sujeta no hace efectivas las mayores cuotas repercutidas puede acudir a la vía económico-administrativa (TEAC 2-12-98).
3) No procede la rectificación de cuotas debidamente repercutidas para subsanar el error de la Administración al negar la **devolución a una entidad no establecida** (TEAC 8-7-99).
4) La normativa del IVA no regula expresamente la posibilidad de que el plazo para la rectificación de las cuotas pueda verse **suspendido** en situaciones idénticas a las previstas para ejercitar el derecho a la deducción de las cuotas soportadas (TEAC 5-6-02).
5) En caso de **negativa a rectificar la repercusión**, el repercutido puede instar ante el TEAR que se haga efectiva la rectificación (TEAC 6-2-02).

6) Ante la **ausencia de un plazo** específico para instar del sujeto pasivo la expedición de una factura, dicho plazo debe establecerse en función de la finalidad que se pretende con la posesión de la factura; la deducción de las cuotas soportadas, y como dicho plazo es de cinco años (actualmente cuatro), ese es el plazo para instar su reclamación (TEAC 19-6-02). **1516**
7) La rectificación de las cuotas devengadas por el sujeto pasivo, como consecuencia de haber existido una incorrecta apreciación de los hechos al haberse considerado las adquisiciones de bienes como internas y no intracomunitarias, lo cual ha implicado un **aumento de las cuotas** inicialmente repercutidas, supone la aplicación de los **recargos** por presentación extemporánea fuera de plazo, ya que no se produce un error fundado de Derecho, el cual se exige que sea esencial en cuanto recaiga sobre la esencia o sustancia del acto o de la actuación realizada, así como excusable, de forma tal que no haya podido evitarse con una normal, ordinaria o regular diligencia, sin que pueda ser invocado por el que haya incurrido en él para anular la declaración (TEAC 25-6-08).
8) En caso de **cuotas** de IVA no devengadas e **indebidamente repercutidas**, se debe minorar el IVA indebidamente repercutido y reconocer el derecho a devolución de esas cuotas a favor de quien las soportó (TEAC 23-5-23).

Rectificación por modificación de la base imponible (LIVA art.89.Uno) También procede la rectificación de las cuotas repercutidas cuando se produzcan las circunstancias que den lugar a una modificación de la base imponible. **1520**

Las **causas** que implican la rectificación de las cuotas impositivas repercutidas, como consecuencia de una modificación de la base imponible, pueden esquematizarse como sigue (LIVA art.80):

a) Devolución de envases y embalajes	nº 1521
b) Descuentos y bonificaciones	nº 1525
c) Resolución o cancelación de operaciones	nº 1540
d) Alteraciones del precio	nº 1551
e) Concurso de acreedores	nº 1553
f) Créditos incobrables	nº 1555
g) Determinación definitiva de la base imponible	nº 1560

En los supuestos a), b), c), e) y f) anteriores, la modificación de la base imponible determina una rectificación a la baja de las cuotas repercutidas. En los supuestos d) y g), la modificación de la base imponible puede traducirse en una rectificación al alza o a la baja de las cuotas repercutidas.
En el supuesto de haberse producido una **variación de tipos** impositivos entre el momento en el que se devengaron las operaciones y el momento de la rectificación, en la factura rectificativa de modificación de la base imponible, se tiene en cuenta los tipos impositivos aplicables a las operaciones en el momento en que se realizaron y no los vigentes en el momento de la rectificación.

Precisiones En relación a las **facturas rectificativas**, ver nº 7292 s.

1521 **Devolución de envases o embalajes** (LIVA art.80.Uno.1º y 89.Uno) Los envases y embalajes **reutilizables** (nº 1940 s.) son partidas que forman parte de la base imponible (nº 1793). Por tanto, cuando por cualquier causa se produzca su devolución, debe modificarse la misma. Por el contrario, cuando los envases o embalajes no sean objeto de devolución, bien porque no sean reutilizables, o porque, siéndolo, no se devuelvan, debe entenderse que han sido consumidos en la misma medida que los bienes que contuvieron, no reduciéndose la base imponible.

Precisiones Aunque se haya **modificado el tipo impositivo** aplicado en la entrega de los envases y el vigente en el momento de su devolución, el tipo que debe aplicarse en el momento de la devolución es el que estaba vigente en el momento de la referida entrega.

1522 Ejemplo Un laboratorio de cosmética que tiene previsto cesar en su actividad devuelve a sus proveedores de productos químicos los **envases reutilizables** especiales en que dichos proveedores suministraban sus mercancías al laboratorio. Por cuestiones legales de seguridad los envases reutilizables tienen un elevado valor, ascendiendo su importe según los datos contables del laboratorio a 8.000 € (sin IVA). El **tipo impositivo** aplicable a las entregas de las mercancías en que se utilizan los envases, según consta en las correspondientes facturas de compra, fue el 21%. En el momento de la devolución efectiva, atendiendo al inventario físico, solo se devuelve el 90% de los envases adquiridos (7.200 €), pues el 10% restante se encuentra deteriorado, no admitiendo los proveedores su devolución.
Por tanto, por la devolución de los envases se expide una **factura rectificativa** con el siguiente contenido:

Devolución de envases	
BASE IMPONIBLE	-7.200,00
CUOTA IVA 21%	-1.512,00
TOTAL IMPORTE	-8.712,00

También puede efectuarse la rectificación directamente en la factura que se expida por un suministro posterior (nº 7292 s.).
Como se trata de un supuesto de rectificación de cuotas repercutidas que determina una **minoración** de las inicialmente repercutidas, los proveedores del laboratorio deben regularizar las cuotas repercutidas en las declaraciones-liquidaciones de IVA (nº 1605). Al no tratarse de ingresos indebidos, puesto que las cuotas se repercutieron inicialmente de forma correcta, no cabe recurrir al procedimiento de rectificación de autoliquidaciones -LGT art.120.3 y su normativa de desarrollo-, para la regularización de la cuotas rectificadas, debiendo procederse conforme a la letra b) del nº 1605.
Finalmente, debe señalarse que el laboratorio debe **rectificar las deducciones** de IVA en su caso practicadas (nº 3055 s.).

Descuentos y bonificaciones (LIVA art.80.Uno.2º y 89.Uno) No todos los descuentos y bonificaciones que se conceden a clientes originan una rectificación de las cuotas repercutidas, sino solo aquellos que son **concedidos con posterioridad** al momento en que la operación se haya realizado y siempre que estén debidamente justificados (nº 1944 s.). A diferencia de los que **se conceden previa o simultáneamente** a la operación de que se trate, que según la LIVA no forman parte de la base imponible (nº 1817), estos descuentos solo pueden adquirir efectividad con posterioridad al devengo de las operaciones y, consecuentemente, solo pueden materializarse mediante la correspondiente modificación de la base imponible. 1525

Ejemplos Una empresa concede a sus tiendas distribuidoras un **descuento por volumen de compras** anual, que se calcula a final del año N conforme a una escala predeterminada de consumo. Uno de los clientes, sociedad X, con un volumen de compras de 200.000 €, está en la escala del 5% de bonificación. La liquidación de la bonificación se le hace directamente, abonando al cliente el importe correspondiente. Otro cliente Y, con un volumen de compras de 40.000 €, está en la escala mínima del 1% de bonificación. A este cliente, la liquidación de la bonificación se le hace aplicando la misma a la primera factura de compra del año siguiente, que asciende a 6.000 € (base imponible). El tipo impositivo aplicable a las entregas efectuadas en el año N fue el 21%. La empresa vendedora regularizó su situación tributaria en el primer período de declaración-liquidación del ejercicio N+1. 1526
Dado que, en ambos casos, se trata de descuentos por volumen de operaciones, procede modificar la base imponible y, consecuentemente, rectificar las cuotas impositivas correspondientes.

a) **Factura rectificativa** de las compras efectuadas por **X** en el ejercicio N. Puede expedirse una factura que recoja los datos resultantes de la rectificación (nº 7292 s.): 1527

Base imponible entregas año	200.000,00
Disminución base imponible rappel (5%)	10.000,00
BASE IMPONIBLE ENTREGAS AÑO	190.000,00
CUOTA IVA 21%	39.900,00
TOTAL IMPORTE COMPRAS AÑO	229.900,00

Pero también se puede expedir una factura indicando directamente el importe de la rectificación efectuada (nº 7292 s.):

Disminución base imponible rappel (5%)	-10.000,00
CUOTA IVA 21%	-2.100,00
BASE IMPONIBLE	-12.100,00

En cualquier caso, la empresa vendedora emite el correspondiente documento de pago por importe de 12.100 € (242.000 - 229.900), según el siguiente desglose:

BASE IMPONIBLE ENTREGAS AÑO	200.000,00
CUOTA IVA 21%	42.000,00
TOTAL IMPORTE COMPRAS AÑO	242.000,00
BASE IMPONIBLE BONIFICADA AÑO	190.000,00
CUOTA IVA 21%	39.900,00
TOTAL IMPORTE COMPRAS AÑO	229.900,00

b) **Factura rectificativa** de las compras efectuadas por **Y** en el ejercicio N. Puede expedirse una factura que recoja los datos resultantes de la rectificación (nº 7292 s.): 1528

Base imponible entregas año (N)	40.000,00
Disminución base imponible rappel (1%)	400,00
BASE IMPONIBLE ENTREGAS AÑO	39.600,00
CUOTA IVA 21%	8.316,00
TOTAL IMPORTE COMPRAS AÑO	47.916,00

Pero también se puede expedir una factura indicando directamente el importe de la rectificación efectuada (nº 7292 s.):

Disminución base imponible rappel (1%)	-400,00
CUOTA IVA 21%	-84,00
BASE IMPONIBLE	-484,00

Como consecuencia del rappel concedido se genera un crédito en favor del cliente de 484 €, a deducir, según lo acordado entre las partes, de la primera factura del ejercicio de N+1, conforme al siguiente cálculo:

BASE IMPONIBLE ENTREGAS AÑO	40.000,00
CUOTA IVA 21%	8.400,00
TOTAL IMPORTE COMPRAS AÑO	48.400,00
BASE IMPONIBLE BONIFICADA AÑO	39.600,00
CUOTA IVA 21%	8.316,00
TOTAL IMPORTE COMPRAS AÑO	47.916,00

1529 c) **Factura** del vendedor al cliente Y por la primera compra del **año N+1**:

BASE IMPONIBLE ENTREGA MUEBLES	6.000,00
CUOTA IVA 21%	1.260,00
TOTAL IMPORTE FACTURA	7.260,00
(-) Importe rappel año (N)	484,00
TOTAL A PAGAR (N+1)	6.776,00

El rappel concedido (484 €) disminuye, en su caso, el importe a pagar (total importe de la operación) de la operación de entrega de bienes realizada en N+1 (7.260 €) pero en ningún caso supone una disminución de la base imponible de la citada operación, pues la base imponible que se rectifica es la relativa a las operaciones a las que se refiere la bonificación otorgada, es decir, las del año N precedente, a las que hace referencia la correspondiente factura rectificativa.
Tratándose de descuentos o bonificaciones por volumen de operaciones, no es necesario hacer mención en la correspondiente factura rectificativa a las facturas rectificadas a que se refieran, siendo en este caso suficiente la simple especificación del período al que correspondan los referidos descuentos o bonificaciones (Rgto Fac art.15.4).
Como se trata de un supuesto de rectificación de cuotas repercutidas que determina una minoración de las inicialmente repercutidas, que no tuvieron la consideración de ingresos indebidos pues las cuotas se repercutieron inicialmente de forma correcta, no cabe recurrir al procedimiento de rectificación de autoliquidaciones -LGT art.120.3 y su normativa de desarrollo-, para la regularización de las cuotas rectificadas, debiendo procederse conforme a la letra b) del nº 1605.
Si durante el período al que se refiere el cálculo de los rappels se produjera una modificación del tipo impositivo aplicable para el cálculo del rappel anual y la correspondiente rectificación de las cuotas, se debe tener en cuenta en qué período (antes o después de la fecha de la modificación del tipo) se generó (compras) el derecho a la percepción del rappel y aplicar hasta la fecha de la modificación la rectificación al tipo que proceda y a las ventas posteriores el nuevo tipo correspondiente.
Para finalizar, debe señalarse la obligación de las empresas X e Y de rectificar las deducciones practicadas (nº 3055).

1535 Doctrina Administrativa Además de la siguiente contestación de la DGT, ver nº 11000 s.
Una **central de compras** de bienes gestiona las compras de sus asociados, obteniendo un **rappel** o bonificación global que distribuye entre sus asociados conforme a las compras efectuadas.
La forma de documentar la concesión de bonificaciones o rappels por los proveedores de la central de compras a sus asociados es mediante una factura rectificativa emitida por los proveedores a los asociados.
No procede que la casa central emita una factura a sus proveedores en concepto de rappels para documentar el abono de los mismos; tampoco la emisión de facturas negativas por la casa central a sus asociados (DGT 27-4-99).

1540 **Resolución o cancelación de operaciones** (LIVA art.80.Dos y 89.Uno) Cuando por **resolución firme**, judicial o administrativa, o con arreglo a Derecho o a los usos de comercio queden sin efecto, total o parcialmente, las operaciones gravadas, la base imponible debe modificarse en la cuantía correspondiente, por lo que deben rectificarse las cuotas repercutidas (nº 1952 s.).

1541 Ejemplos 1) Por un **defecto de fabricación**, una empresa de artes gráficas ha devuelto a un proveedor de papel la última partida entregada. El importe de la misma a precios de tarifa era de 1.000 €. Dado que la fórmula de pago es al contado, se ha aplicado un descuento por pronto pago del 2% sobre los precios de tarifa. La mercancía ya había sido facturada y cobrada por el proveedor.
Se trata de uno de los supuestos de modificación de la base imponible y, por tanto, procede rectificar las cuotas repercutidas en la operación de entrega de las mercancías.

Factura emitida por el proveedor de papel:

Contraprestación precios de tarifa	1.000,00
(-) Descuento pronto pago (2%)	-20,00
BASE IMPONIBLE	980,00
CUOTA IVA 21%	205,80
TOTAL IMPORTE FACTURA	1.185,80

Los descuentos por pronto pago no forman parte de la base imponible (nº 1817). La factura rectificativa debe contener y referirse a la circunstancia que motiva la modificación de la base imponible y, por tanto, las cuotas objeto de rectificación son las efectivamente repercutidas, es decir, 205,80 €.

Tratándose de una rectificación de cuotas repercutidas que supone una minoración de las mismas, el proveedor además de rectificar las citadas cuotas debe regularizar su situación en las declaraciones-liquidaciones correspondientes (nº 1605 letra b). El cliente debe rectificar las deducciones practicadas (nº 3055).

2) Un consumidor final ha adquirido mediante pago al contado un artículo en una tienda de muebles. Después de varias semanas de espera le entregan en su domicilio el **artículo deteriorado**, por lo que se pone en contacto con la tienda, la cual, ante la demanda del cliente, opta por devolverle el importe pagado por el mismo y retirar la mercancía. **1542**

Dado que la tienda ha devuelto el importe de la venta a su cliente, debe entenderse que ha optado por regularizar la rectificación de las cuotas en sus declaraciones-liquidaciones siguientes (nº 1605 letra b) que, además, es el procedimiento correcto por no tratarse de un supuesto de «ingresos indebidos». Al ser el cliente un consumidor final, privado del derecho a la deducción del IVA soportado, no hay que rectificar deducciones practicadas (nº 3055).

3) El arrendatario de un negocio de hostelería (restaurante) **ha dejado de pagar** la correspondiente renta mensual a su arrendador. El último período arrendaticio pagado ha sido el correspondiente al mes de abril de un determinado año (N). Promovida por el arrendador la correspondiente demanda de desahucio, se dicta sentencia en el mes de octubre de dicho año, momento en el cual el arrendatario abandona efectivamente el restaurante.

Por regla general, los supuestos de impago de la contraprestación y de las cuotas de IVA correspondientes no determinan necesariamente la resolución de las operaciones. En el caso planteado, la prestación de servicios se continúa realizando hasta el momento en el que se produce la sentencia que, judicialmente, cancela la relación arrendaticia, y se materializa efectivamente el desalojo del restaurante.

Por consiguiente, no procede la rectificación de las cuotas repercutidas, sin perjuicio, en su caso, de la aplicación de lo dispuesto para las situaciones de concurso de acreedores (nº 1553) y de créditos incobrables (nº 1555), en cuyo caso sí podría resultar procedente la citada rectificación.

4) Una empresa inmobiliaria vendió un apartamento a un consumidor final repercutiendo el IVA correspondiente. Transcurridos dos años desde la operación y, por problemas de calidad de la construcción, la misma se resuelve por **sentencia judicial**, devolviéndose las partes, respectivamente, el inmueble y el precio satisfecho. Al año de la sentencia judicial, el particular insta a la empresa la rectificación de las cuotas repercutidas en el momento de la compra del apartamento.

Una vez resuelta la operación, y como no ha pasado el plazo para efectuar la rectificación (cuatro años desde la sentencia judicial), la empresa inmobiliaria debe rectificar las cuotas repercutidas.

Como no se trata de un supuesto de ingresos indebidos, la regularización de las cuotas repercutidas debe efectuarse en las declaraciones-liquidaciones correspondientes (nº 1605 letra b).

Doctrina Administrativa Además de las siguientes contestaciones de la DGT, ver nº 11000 s. **1546**

1) En el supuesto de que una operación sujeta al impuesto haya quedado sin efecto por **devolución de los bienes** objeto de la entrega previa, el sujeto pasivo puede rectificar la repercusión efectuada y regularizar su situación tributaria en la declaración-liquidación correspondiente al período en que deba efectuarse la rectificación o en las posteriores hasta el plazo de un año, a contar desde el momento en que debió efectuarse la mencionada rectificación. Además, la entidad está obligada a reintegrar al destinatario de la operación el importe de las **cuotas repercutidas en exceso** (DGT 9-3-99).

2) En un contrato de permuta en el que una empresa promotora inmobiliaria recibe un solar a cambio de viviendas, plazas de garaje y locales a construir en el mismo, devengándose el impuesto correspondiente a la entrega de los bienes en el momento en que la inmobiliaria adquiere el terreno, si finalmente los transmitentes del terreno renuncian a lo edificado a cambio de dinero en metálico, debe entenderse **resuelto el contrato de permuta**, debiendo la inmobiliaria rectificar la repercusión efectuada, con la devolución de las cuotas repercutidas (DGT 10-2-95; 19-7-01).

La misma consecuencia produce el hecho de que finalmente no se llegase a construir ni a entregar la edificación, interponiéndose una **demanda judicial** (DGT CV 5-12-12), pero no cuando la resolución del contrato se produce de **mutuo acuerdo**, entregándose a cambio una edificación ya construida (DGT CV 16-5-12).

3) En las devoluciones de bienes entregados en ejercicios anteriores, el **tipo impositivo** aplicable en las facturas rectificativas es el vigente en el momento en que se produjo el devengo de las operaciones cuyas facturas son objeto de rectificación (DGT CV 28-12-09).

4) La **reversión de los terrenos sobrantes** que no se destinaron al uso previsto a una sociedad expropiada, constituye un supuesto de resolución total o parcial de la entrega de los terrenos efectuada en su momento, procediendo la modificación de la base imponible y en consecuencia, en el supuesto de que la entrega de dichos terrenos hubiera estado sujeta al IVA, de rectificación del IVA repercutido (DGT 9-7-01).

1547 **5)** Cuando se resuelve una compraventa de un inmueble sujeta al IVA con **devolución de los pagos** efectuados por el adquirente, la parte vendedora debe rectificar la repercusión llevada a cabo y regularizar su situación tributaria en la declaración correspondiente al período en que debe efectuarse la misma o en las posteriores hasta el plazo de cuatro años siguientes, estando obligada a reintegrar al destinatario el importe del IVA repercutido en exceso, aunque el importe de la minoración de la base imponible y de la correspondiente rectificación solo se refiera a la parte del precio que se reintegra al adquirente y no al importe del precio retenido por dicha resolución (DGT CV 6-10-10).

Lo mismo ocurre respecto de la obligación de rectificar las cuotas cuando se resuelve un contrato de compraventa de una vivienda mediante un **laudo arbitral** (DGT 7-11-02).

6) Cuando se produzca el **retracto legal** por uno de los copropietarios (retrayente) de un solar, el otro copropietario que vendió su parte a cinco adquirentes, a los que repercutió el IVA expidiendo las facturas correspondientes, debe rectificarlas expidiendo una nueva factura rectificativa, en la que conste como destinatario el retrayente, al quedar subrogado en la posición de los compradores citados (DGT CV 28-11-01).

7) En el caso concreto de las viviendas en construcción, como no procede calificar como indebido el ingreso de las cuotas del IVA correctamente devengadas con los **pagos anticipados**, el procedimiento para regularizar el impuesto, una vez resuelto el contrato de compraventa de viviendas, es el regulado en la letra b) del nº 1605 (DGT CV 4-7-16; CV 31-1-14).

1551 **Alteraciones del precio** (LIVA art.80.Dos y 89.Uno) Constituye una causa **obligatoria** de modificación de la base imponible la alteración del precio de las operaciones que se produzcan con posterioridad al momento en que las mismas se hayan realizado. Las variaciones o alteraciones de precio pueden significar un aumento o una reducción de dicha base (nº 1962 s.).

Ejemplos **1)** Varias cooperativas de recolección de aceituna han entregado su producción a una planta productora y envasadora de aceite. El precio de la aceituna entregada se fija en función del «rendimiento» de la misma, es decir, la combinación de materia grasa, agua y residuo sólido. El análisis del rendimiento se efectúa en el momento de la entrega de la aceituna y mediante un procedimiento informatizado. Una vez finalizada la campaña, y al proceder al análisis del sistema informático, la dirección de la planta envasadora ha detectado un **error en el software** del sistema que ha supuesto una valoración al alza de un 3,23% en el precio satisfecho a las cooperativas que entregaron su aceite a la misma.

Se ha producido una alteración a la **baja del precio** satisfecho por el aceite y, por tanto, debe rectificarse la base imponible de las operaciones efectuadas por las cooperativas y también deben rectificarse las cuotas repercutidas.

2) Una empresa de artes gráficas ha contratado con una agencia de publicidad el manipulado de los **envíos de publicidad** directa que dicha agencia tiene previsto realizar para determinados clientes en los primeros seis meses del año. El precio del manipulado se ha fijado en función del coste standard de la hora de un operario de categoría media, tomando como dato el coste salarial del ejercicio anterior. El convenio colectivo del sector de artes gráficas del año ha determinado un **incremento salarial** del 2,25%. Dicha circunstancia, contemplada en el contrato entre la agencia y la empresa de artes gráficas, ha determinado una modificación del coste standard calculado y, por tanto, de la contraprestación inicialmente pactada.

Se ha producido una alteración al alza del coste standard de la hora y, por tanto, debe rectificarse la base imponible de las operaciones efectuadas por la empresa de artes gráficas para la agencia de publicidad debiéndose rectificar las cuotas repercutidas. En este supuesto, no cabe considerar que se ha producido un nuevo hecho imponible, sino una modificación de la base relativa a la operación correspondiente como consecuencia de la alteración del precio convenido.

En consecuencia, la empresa de artes gráficas debe regularizar las cuotas repercutidas incluyendo la diferencia correspondiente en la declaración-liquidación del período en que deba efectuar la referida rectificación (nº 1603).

Doctrina Administrativa Además de las siguientes contestaciones de la DGT, ver nº 11000 s. 1552
1) Cuando se conozcan los parámetros definitivos que impidieron en su momento determinar la base imponible de la operación que, por tanto, se fijó **de forma provisional**, debe rectificarse la base imponible y, consecuentemente, las cuotas repercutidas. El plazo para efectuar la rectificación del impuesto comienza a contar desde que se conozcan dichos parámetros (DGT 25-2-03; CV 27-4-16).
2) Aunque una **sociedad esté liquidada**, es ella, y no los socios, quien se encuentra obligada a repercutir el impuesto como consecuencia de una alteración en el precio, consecuencia de una modificación en el justiprecio (DGT CV 7-8-14).

Concurso de acreedores (LIVA art.80.Tres y 89.Uno) La base imponible puede reducirse cuando el 1553
destinatario de las operaciones sujetas al IVA no haya hecho efectivo el pago de las cuotas repercutidas siempre que**, con posterioridad al devengo** de la operación, se dicte auto de declaración de concurso (nº 1974 s.).
Se trata de un supuesto de modificación de la base imponible de carácter opcional o **voluntario**, a diferencia de otros supuestos de modificación de la base imponible. Cuando cumpliéndose los requisitos se modifique la base imponible, hay que proceder a rectificar las cuotas repercutidas.
Para un análisis más detallado de las reglas para poder aplicar este supuesto de modificación de la base imponible, ver nº 1968 s.

Ejemplo Una empresa de materiales de construcción ha suministrado mercancías a una 1554
empresa **constructora** durante el primer trimestre del año. Al finalizar el mismo, y vencido el plazo para el cobro de los primeros suministros de materiales, la empresa constructora no atiende el pago de las facturas enviadas. En el mes de abril de dicho año se ha dictado auto judicial de declaración de concurso.
En este caso, cumplidos los restantes requisitos contenidos en la normativa del IVA, la empresa de suministro de materiales puede modificar la base imponible y, en este caso, debe rectificar las cuotas repercutidas.

Créditos incobrables (LIVA art.80.Cuatro y 89.Uno) La base imponible puede reducirse proporcio- 1555
nalmente cuando los créditos correspondientes a las cuotas repercutidas por las operaciones gravadas sean **total o parcialmente** incobrables, entendiéndose que tienen ese carácter cuando se reúnan las siguientes condiciones:
a) Haber transcurrido **un año** desde el devengo del impuesto repercutido sin lograrse su cobro total o parcial.
En el caso de que la contraprestación se cobre **a plazos o con pago aplazado**, el plazo para poder modificar la base imponible es de un año desde el vencimiento del plazo o plazos impagados no aplicándose, por tanto, la otra regla del devengo de la operación.
Dos características definen este supuesto: la base imponible de la operación se reduce proporcionalmente en el importe del impago correspondiente y, además, no es preciso reclamar judicialmente cada uno de los plazos que resulten impagados.
Los empresarios o profesionales cuyo **volumen de operaciones** en el año natural inmediato anterior no haya excedido de 6.010.121,04 euros pueden modificar la base imponible una vez transcurrido un plazo de 6 meses, o bien esperar al plazo general de 1 año.
b) Reflejar esta circunstancia en los **libros registros** de IVA.
c) Actuar el **destinatario** de la operación en la condición de empresario o profesional o, en otro caso, que la base imponible de aquella, IVA excluido, sea superior a 50 euros (300 euros antes del 1-1-2023).
d) Instar el **cobro** mediante reclamación judicial o por medio de un requerimiento notarial o, desde el 1-1-2023, por cualquier otro medio que acredite fehacientemente la reclamación del cobro.
Cuando se trate de las **operaciones a plazos**, resulta suficiente instar el cobro de uno de ellos mediante cualquiera de los medios señalados en el párrafo anterior para proceder a la modificación de la base imponible en la proporción que corresponda por el plazo o plazos impagados.
Para el caso de créditos adeudados por los **entes públicos**, se debe instar el cobro mediante una certificación expedida por el órgano competente del ente público deudor de acuerdo con el informe del interventor o tesorero de aquel en el que conste el reconocimiento de la obligación a cargo del mismo y su cuantía (nº 1981 s.).
Se trata de un supuesto de modificación de la base imponible de carácter opcional o **voluntario**, a diferencia de otros casos de modificación de la base imponible.
Existe una regla especial para declarar un crédito incobrable para operaciones en el régimen especial del **criterio de caja** (nº 1981 s.).
Para un análisis más detallado de las reglas para poder aplicar este supuesto de modificación de la base imponible, ver nº 1968 s.

1556 Ejemplos 1) Una empresa cuyo volumen de operaciones en el año anterior fue de 10.000.000 euros, mantiene, entre otros, un crédito de una sociedad cliente de la misma respecto de una operación cuyo devengo se produjo el mes de marzo del año. El crédito está debidamente registrado y dotadas las correspondientes cuentas de deterioro por insolvencias. En el mes de mayo instó el correspondiente **expediente judicial**, no habiéndose resuelto el mismo.
Se dan los requisitos para la modificación de la base imponible y, producida la misma, deben rectificarse las cuotas repercutidas, cuando haya pasado un año desde la fecha del devengo de la operación cuya base se rectifica.
En este caso, al determinar la rectificación una minoración de las cuotas inicialmente repercutidas, el procedimiento para regularizar las mismas es a través de la declaración-liquidación, no estando obligada a reintegrar las cuotas a su cliente.
2) Un cliente, consumidor final, ha dejado una deuda de 15 € en un **comercio minorista**. Después de varios intentos de cobro sin haber podido recuperar la mercancía, la empresa da por perdido el importe de la operación.
Al corresponder el crédito incobrable a un particular y no ser superior a 50 €, no procede modificar la base imponible y, por tanto, no pueden rectificarse las cuotas repercutidas.

1557 Doctrina Administrativa Además de las siguientes contestaciones de la DGT, ver nº 11000 s.
1) Frente al impago y falta de devolución por el adquirente de unos bienes, las partes negocian una eventual **indemnización** por daños y perjuicios.
No son aplicables las causas de modificación de la base imponible, puesto que no quedan sin efecto, en todo o en parte, las operaciones gravadas ni se ha producido la admisión a trámite de suspensión de pagos o auto judicial de declaración de quiebra de los adquirentes (DGT 24-2-99).
2) Un **arrendador de un local comercial** cesa en su actividad aportando el mismo a una sociedad. Por **impago** de su arrendatario había instado judicialmente el cobro. Transcurridos dos años (actualmente uno) puede efectuar la rectificación (DGT 18-2-00; 21-12-01).
3) Si no se actúa en los términos previstos en la normativa, esto es, interesar el **cobro de las facturas** impagadas, no se entienden cumplidos los requisitos para la modificación de la base imponible y su rectificación (DGT CV 4-4-16).

1560 **Determinación definitiva de la base imponible** (LIVA art.80.Seis y art.89.Uno) Cuando la determinación definitiva de la base imponible no se corresponde con la fijada **provisionalmente** en el momento del devengo, debe efectuarse la oportuna rectificación (nº 1724).

1562 Doctrina Administrativa Además de la siguiente contestación de la DGT, ver nº 11000 s.
En la promoción de viviendas por una **cooperativa de viviendas**, las aportaciones de los cooperativistas con anterioridad a la puesta a disposición de las viviendas dan lugar al devengo anticipado del impuesto; posteriormente, el momento de la puesta a disposición de las viviendas supone la realización del hecho imponible y el nacimiento de la obligación de pago del impuesto por los importes pendientes no entregados anteriormente en concepto de pago anticipado. Si la base imponible no se conociese en ese momento, se ha de cuantificar provisionalmente, debiéndose modificar la base y, en su caso, la cuota repercutidas.
El **plazo** para modificar la base y las cuotas es de un máximo de cinco años (actualmente cuatro), a computar desde el momento en que se produce la alteración del precio por imputación de costes.
El **tipo impositivo** aplicable en la eventual rectificación es el mismo que se haya aplicado en el momento de puesta a disposición de las viviendas a los cooperativistas (DGT 26-2-99).

1565 Supuestos de no rectificación de cuotas repercutidas

(LIVA art.89.Tres) Los supuestos en los que no procede la rectificación de cuotas repercutidas son los siguientes:
- cuando el destinatario de la repercusión es un **consumidor final** (nº 1566 s.); y
- cuando es consecuencia de una actuación administrativa y se demuestre la participación en un **fraude**, o que sabía o debía haber sabido, utilizando al efecto una diligencia razonable, que realizaba una operación que formaba parte de un fraude (nº 1570 s.).

1566 **Destinatario consumidor final** (LIVA art.89.Tres.1º) No procede la rectificación de las cuotas impositivas repercutidas cuando la rectificación no esté motivada por las causas previstas para la modificación de la base imponible (nº 1520 s.), implique un aumento de las mismas y los destinatarios de las operaciones no actúen como empresarios o profesionales del impuesto, salvo en supuestos de **elevación legal de los tipos** impositivos, en que la rectificación puede efectuarse en el mes en que tiene lugar la entrada en vigor de los nuevos tipos impositivos y en el siguiente.
Cuando la rectificación suponga una **minoración de las cuotas** impositivas repercutidas y el destinatario no actúe como empresario o profesional, el sujeto pasivo está obligado, en todos los casos, a rectificar las cuotas incorrectamente repercutidas, de acuerdo con los criterios generales.

Ejemplos 1) Un **arrendador** de una plaza de garaje tiene arrendada la misma a un particular desde el mes de enero del año N. El arrendador, en la factura del mes de febrero de N+1 incluye, además de la contraprestación correspondiente a dicho período, el importe del **IBI** que, de acuerdo con las cláusulas contractuales, debió repercutir en el mes (exigibilidad) de noviembre del año N, que fue cuando lo pagó el citado arrendador. **1567**
El arrendador ha incrementado la contraprestación del arrendamiento de la plaza correspondiente al mes de noviembre del año N, constituida por la renta más todos los gastos que contractualmente correspondan al arrendatario que se devenguen en dicho período. Se trata de uno de los supuestos de modificación de la base que implica una rectificación al alza de las cuotas inicialmente repercutidas.
No obstante, como no se trata de un supuesto de elevación legal de los tipos impositivos ni de modificación de la base imponible y, además el destinatario es un consumidor final (particular), no pueden rectificarse las cuotas repercutidas, sin perjuicio de la obligación del sujeto pasivo (arrendador) de ingresar dichas cuotas no repercutidas. La regularización de las mismas debe efectuarla mediante la correspondiente declaración liquidación rectificativa (nº 1603).
2) Una **comunidad de propietarios** encargó a una empresa constructora la ejecución de determinadas **obras en el inmueble** de su propiedad. La empresa repercutió el tipo impositivo del 10%. No obstante, efectuada una consulta a la Administración tributaria, esta determinó que las obras efectuadas debían tributar al tipo del 21%.
No procede la rectificación de las cuotas repercutidas aunque se trate de un supuesto de elevación del tipo impositivo aplicable, puesto que dicha modificación no está originada por una elevación legal del tipo impositivo ni por una modificación de la base imponible, sino por una incorrecta determinación del mismo y la comunidad de propietarios no actúa como empresario o profesional.
La empresa constructora no puede rectificar las cuotas inicialmente repercutidas ni, en consecuencia, puede repercutir la diferencia de cuotas derivada de la incorrecta determinación del tipo aplicable, sin que dicha circunstancia la exima de ingresar las mismas. La regularización de las cuotas puede efectuarla incluyéndolas en la declaración-liquidación en que haya tenido constancia del error, en la medida en que pueda entenderse que en la determinación del tipo aplicable se incurrió en un error fundado de Derecho. En otro caso, la regularización debe efectuarse mediante la presentación de una declaración-liquidación rectificativa (nº 1603).

Doctrina Administrativa Además de las siguientes contestaciones de la DGT, ver nº 11000 s. **1568**
1) Una persona física adquirió en el año N para su **uso privado** una plaza de garaje, habiendo satisfecho en dicho año la totalidad de la contraprestación y soportado la repercusión del IVA al tipo reducido. En el año N+4, al elevar a público el contrato privado, la entidad vendedora advierte que el **tipo impositivo** aplicable debió ser el general.
No procede la rectificación de las cuotas repercutidas en el año N por la venta reseñada, sin perjuicio de la obligatoriedad de la empresa transmitente de efectuar el ingreso del importe diferencial correspondiente (DGT 7-6-93; 8-4-03).
2) Una persona no empresario ni profesional suscribió en el año N un contrato de compra de una plaza de garaje, habiendo efectuado **pagos anticipados** desde el año N al N+3. La plaza todavía no ha sido entregada por el transmitente. En el año N+3 la entidad vendedora le reclama el pago de las diferencias por las elevaciones legales de los tipos impositivos habidas en los años N+1 y N+2.
En los pagos anticipados anteriores a la realización del hecho imponible, el impuesto se devenga en el momento del cobro total o parcial del precio por los importes efectivamente percibidos. El tipo aplicable es el vigente en el momento del devengo.
Al ser el destinatario de las operaciones un particular, no resulta ajustada a Derecho la rectificación de las cuotas repercutidas por la diferencia de tipos repercutidos en años anteriores, dado que ha transcurrido el plazo para la rectificación en los supuestos de elevación legal de los tipos impositivos (DGT 15-12-93).
3) No procede la rectificación de las cuotas no repercutidas por considerar la operación exenta y posteriormente determinarse que no procedía la **exención**, puesto que el destinatario es un ente público que no actúa como empresario o profesional (DGT CV 1-7-08).

Jurisprudencia Cuando se aplica incorrectamente un **tipo reducido**, sin que pueda rectificarse el mismo, no resulta procedente exigir el incremento de las cuotas del impuesto -por la aplicación del tipo general de gravamen- calculadas sobre el mismo importe de base imponible que se empleó para calcularlo con el tipo reducido, debiendo entenderse incluida, dentro de la cuantía total efectivamente percibida, la cuota debida del impuesto, calculada al tipo general (TS 18-3-24, EDJ 524033). **1569**

Actuación administrativa (LIVA art.89.Tres.2º) No procede la rectificación de cuotas impositivas repercutidas cuando sea la Administración tributaria la que ponga de manifiesto, a través de las correspondientes **liquidaciones**, cuotas impositivas devengadas y no repercutidas mayores que las declaradas por el sujeto pasivo y resulte acreditado, mediante datos objetivos, que dicho sujeto pasivo participaba en un **fraude**, o que sabía o debía de haber sabido, utilizando al efecto una diligencia razonable, que realizaba una operación que formaba parte de un fraude (nº 1572). **1570**

1571 Ejemplos 1) En una **actuación inspectora** relativa al año N, desarrollada en N+2, se ha puesto de manifiesto que el sujeto pasivo había **repercutido el IVA a un tipo inferior** (4%) al que correspondía aplicar (10%), en operaciones efectuadas para otros empresarios. La inspección no ha demostrado que la empresa participaba en una operación fraudulenta. Por otra parte, en unas determinadas entregas de bienes efectuadas en el mes de noviembre de dicho año la empresa ha repercutido un tipo superior (21%) al procedente (10%). En algunas de las operaciones en las que se había repercutido un tipo inferior, aunque estaban correctamente registradas, no se había expedido la correspondiente factura.

En cuanto a las cuotas incorrectamente repercutidas en el año N, pueden ser objeto de rectificación tanto aquellas cuotas cuya rectificación implique una elevación de las mismas, por no haberse demostrado que el sujeto pasivo participaba en una operación fraudulenta, como las cuotas repercutidas en exceso. La regularización de unas y otras cuotas se efectúa en el ámbito de la actuación inspectora.

No obstante, en cuanto a aquellas operaciones no documentadas en facturas, el sujeto pasivo no puede efectuar la correspondiente rectificación, aunque no se hubiese acreditado que participaba en una operación fraudulenta. Es decir, que, en todos los casos, la procedencia de la rectificación debe adecuarse a los requisitos generales. Una cosa es que la rectificación no esté excluida, y otra cuestión distinta es que, además, la procedencia de la misma no deba ajustarse a los requisitos generales. Cuando el destinatario de la operación ha aceptado (no siendo procedente por no existir factura previa que rectificar) la rectificación de las cuotas repercutidas, dichas cuotas no son deducibles por no resultar la repercusión ajustada a derecho.

2) En una **actuación inspectora** relativa al ejercicio N, se ha detectado que una empresa no había incluido determinados importes en la base imponible de algunas operaciones. La inspección ha demostrado que el sujeto pasivo participaba de forma intencionada en una **operación fraudulenta**. Durante el año N+1, que no ha sido objeto de inspección, la empresa actuaba de la misma forma. Los destinatarios de todas sus operaciones son empresarios o profesionales.

No procede la rectificación de las cuotas repercutidas en el año N como consecuencia de una alteración de la base imponible, por haberse demostrado que el sujeto pasivo participaba de forma intencionada en una operación fraudulenta. Como la actuación inspectora no comprendió el año N+1, la empresa puede modificar las cuotas repercutidas cuando se cumplan los requisitos previstos al efecto (nº 1576 s.).

1572 Doctrina Administrativa Además de las siguientes contestaciones de la DGT, ver nº 11000 s.

1) La **Inspección levanta acta** a una sociedad por considerar que no liquidó a la Hacienda Pública determinadas cuotas del IVA. La sociedad suscribe el acta en disconformidad por estimar que las operaciones están exentas del IVA y recurre. El **plazo** para efectuar la rectificación de cuatro años queda interrumpido hasta la existencia de una resolución o sentencia firme (DGT CV 25-5-09).

Cuando la actuación de la Inspección está recurrida en la **vía contencioso administrativa** por ambas partes (sujeto pasivo que repercute y repercutido), la rectificación no puede efectuarse hasta que exista resolución o sentencia firme (DGT CV 16-4-09). Igual cuando se interpone **reclamación económico administrativa** (DGT 5-9-02; 15-4-02; CV 30-6-06). El **TEAC** ha interpretado que sí es posible la repercusión antes de la firmeza (ver nº 1574).

2) Cuando exista acta de inspección por el IVA de años pasados no prescritos por **anticipos** a una junta de compensación por sus miembros, la rectificación de las cuotas repercutidas debe efectuarse en los casos de incorrecta aplicación de las mismas, incluso por error en su devengo, siempre que no hubiesen transcurrido cuatro años a partir del momento en que se devengó el impuesto. No obstante, no procede la rectificación de la repercusión en tanto que el sujeto pasivo no haya dado su conformidad a la liquidación contenida en el acta. El **cómputo del plazo** para rectificar la repercusión queda interrumpido hasta la existencia de resolución o sentencia firmes (DGT CV 7-4-16).

3) Aunque los **intereses de demora** forman parte de la deuda tributaria, la interposición de un recurso en relación con su cálculo no interfiere en el derecho que tiene la parte reclamante para efectuar la rectificación de las cuotas no repercutidas. El resultado del recurso no afecta a la procedencia de la rectificación que se efectúe ni a su cuantía (DGT 22-10-03).

4) La entidad está habilitada para rectificar la repercusión del IVA, porque no participaba ni debía saber cue participaba en una operación que se enmarcaba en un **fraude**. Para eso, se exige que no hayan transcurrido cuatro años desde que se advirtieron las causas de la incorrecta determinación de las cuotas, es decir, desde que se produjo la actuación de la Administración tributaria (DGT CV 19-2-14; CV 7-4-16).

1574 Jurisprudencia 1) Cuando existe una **actuación inspectora**, el cómputo del plazo para efectuar la rectificación de las cuotas no repercutidas queda interrumpido desde el inicio de aquella hasta que exista sentencia o resolución firme, incluso en los casos de inversión del sujeto pasivo (TEAC 10-11-05; 7-5-03).

2) Estando una **actuación inspectora en curso**, no procede rectificar las cuotas repercutidas hasta la finalización de dicha actuación (TEAC 21-7-99). Notificada una liquidación se puede rectificar la repercusión, aunque el acto de liquidación, por estar **recurrido**, no sea firme (TEAC 21-6-12; 9-6-20).

3) No cabe la **denegación automática** del derecho de rectificación como consecuencia de un cumplimiento tardío o extemporáneo de la obligación de comunicación (TEAC 24-11-16).
4) Habiéndose corregido el tipo impositivo aplicado por el sujeto pasivo y **no** existiendo **ánimo defraudatorio** por parte de aquel, puede rectificarse la repercusión del impuesto, viniendo obligado el destinatario, empresario o profesional, a soportar la rectificación. De no ser así, el sujeto pasivo puede interponer la correspondiente reclamación económico-administrativa.
No puede equipararse sin más la **simple negligencia** con la concurrencia de las circunstancias previstas en la normativa del IVA (que participaba en un fraude, o que sabía o debía haber sabido, utilizando al efecto una diligencia razonable, que realizaba una operación que formaba parte de un fraude), máxime a la vista de la tipificación de las conductas infractoras previstas en la LGT (TEAC 22-2-18).
5) Las operaciones inicialmente declaradas por el contribuyente como exentas, posteriormente recalificadas por la Administración como no exentas y realizadas en el marco de un **fraude** al IVA, lo que impide la repercusión, conlleva que en los importes percibidos se entienda incluido el IVA (TEAC 15-7-25).

Requisitos (LIVA art.80.Tres y Cuatro.B y 89; Rgto Fac art.15) La rectificación de las cuotas repercutidas determina la obligación del sujeto pasivo de **rectificar las facturas** emitidas por aquel. 1576
La rectificación debe realizarse mediante la emisión de una nueva factura (**factura rectificativa** -nº 7292 s.-) en la que se hagan constar los datos identificativos de las facturas y la rectificación efectuada. La nueva factura sustituye, a todos los efectos, a la factura inicial que rectifica, pero no anula, la referida factura inicial.
El momento para efectuar la rectificación es inmediatamente después de advertirse la circunstancia que la motiva, es decir, cuando se produzcan los supuestos especificados en la normativa del IVA y, en todo caso, en los **plazos** que se indican a continuación:
a) Con **carácter general**, antes de transcurrir cuatro años desde el devengo de la operación.
b) Para los supuestos de **modificación de la base imponible** contemplados en el nº 1520 s., antes de transcurrir cuatro años desde la fecha en que se hubieran producido las circunstancias que originan la modificación de la base imponible.
Han de señalarse algunos **plazos especiales** para la rectificación:
- para las facturas rectificativas expedidas como consecuencia de expedientes de **concurso de acreedores**, debe efectuarse antes de que transcurra el plazo de dos meses contados a partir del fin del plazo máximo fijado en el auto de declaración de concurso (RDLeg 1/2020 art.28.1.4º); y
- cuando existen **créditos incobrables**, en el plazo de los seis meses siguientes a la finalización del período de 6 meses o un año, según proceda (nº 1555), desde el devengo del Impuesto que gravó la operación cuya cuota se pretende modificar. Antes del 1-1-2023 el plazo era de tres meses.

Precisiones 1) Si la rectificación está motivada por una modificación de la base imponible como consecuencia de una **devolución de mercancías** o de envases y embalajes que se realicen con ocasión de un posterior suministro que tenga el mismo destinatario, también puede efectuarse directamente en la factura que se expida con ocasión de dicho suministro, no siendo necesario la expedición de una nueva factura rectificativa. 1578
2) Los datos que deben constar en la **factura** rectificativa son los expuestos en el nº 7297.
3) Debe hacerse mención especial a la **correspondencia entre los plazos** para efectuar la rectificación de las cuotas repercutidas y los plazos para realizar la rectificación de las deducciones (nº 3057).
4) Hay que señalar la diferencia entre el plazo en que debe efectuarse la **rectificación** de las cuotas repercutidas (momento en el que se adviertan las causas de la incorrecta determinación de las mismas o se produzcan las circunstancias que determinen la modificación de la base imponible) y la determinación de la **procedencia** de la referida rectificación.

Ejemplos 1) Como consecuencia de una auditoría previa a un proceso de fusión empresarial se ha puesto de manifiesto que, debido a un **error informático** en la codificación de un producto, se ha determinado erróneamente el precio del mismo, afectando dicho error a la facturación de los últimos años. 1580
Solo se pueden rectificar las cuotas repercutidas relativas a aquellas operaciones cuyo devengo no se hubiera producido hace más de cuatro años.
2) Un consumidor ha recibido en su domicilio una comunicación de un taller de reparación de coches por la que le reclama una **diferencia de IVA** de 20 €. Dicha diferencia corresponde a una reparación de su vehículo en el que el taller facturó erróneamente la operación, puesto que por error una de las partidas de la factura quedó excluida de la base imponible. La reparación se produjo el mes anterior de recibir la referida comunicación.
Aunque no han pasado cuatro años desde la fecha del devengo de la operación, no pueden rectificarse las cuotas repercutidas pues se trata de uno de los supuestos excluidos por la normativa del IVA (nº 1566).

1582 3) Una empresa entregó a un cliente, una empresa constructora, en el año N una partida de materiales de construcción. En el año N+8, su cliente, una vez finalizadas las obras en las que utilizó dichos materiales, ha detectado, según un estudio técnico, que dichos materiales no respondían a los estándares de calidad contratados, por lo cual ha acordado con la empresa suministradora una **reducción del precio** de los citados materiales. Además, dicha empresa constructora ha devuelto a otro proveedor en el año N+8 una partida de material eléctrico recibida en el mismo ejercicio.
No se establece ningún límite temporal para la modificación de la base como consecuencia de una alteración del precio pactado. Por tanto, puede modificarse la base imponible correspondiente a la entrega de los materiales defectuosos.
Aunque hayan transcurrido más de cuatro años desde la fecha del devengo de la operación, el plazo para efectuar la rectificación de la base imponible comienza a contarse desde que se produjo la alteración del precio de los bienes citados. Por tanto, procede modificar la base imponible.
También procede modificar la base imponible y, consecuentemente, las cuotas repercutidas, por la devolución del material eléctrico. En este caso, además, no ha transcurrido un año desde el momento del devengo de la operación (nº 1430).

1583 Doctrina Administrativa Además de las siguientes contestaciones de la DGT, ver nº 11000 s.
1) En los años 1995 a 1997 un sujeto pasivo efectuó obras para una comunidad de propietarios repercutiendo el tipo general. La comunidad interpuso una reclamación económico-administrativa y el correspondiente tribunal acordó que el tipo aplicable era el reducido. El sujeto pasivo debe rectificar las **cuotas incorrectamente repercutidas**, teniendo en cuenta que el plazo de cuatro años se encontraba interrumpido hasta la fecha de resolución de la controversia, que se produce cuando el citado acuerdo sea firme (DGT 26-4-00).
2) En la transmisión por **subasta pública de un inmueble** que tiene la consideración de primera transmisión, en la que el adquirente es un empresario individual, y el sujeto pasivo emitió una factura en la que indebidamente no repercutió el IVA por considerar la operación sujeta a ITP y AJD, dicho transmitente puede rectificar las cuotas no repercutidas si no han transcurrido cuatro años desde el devengo de la operación. Si el adquirente no actuara como empresario o profesional en dicha operación, no cabría tal rectificación (DGT 11-7-00). En la actualidad, el adquirente de bienes procedentes de procedimientos administrativos y judiciales de ejecución forzosa está facultado, sujeto a determinadas condiciones, a la expedición de la factura (nº 7233).
3) Puesto que la incorrecta repercusión se puso de manifiesto a causa de un **acta de inspección**, el momento de la rectificación ha de coincidir con el momento en que dicha acta sea firme (DGT CV 27-4-05). El cómputo del plazo de cuatro años dentro del cual puede efectuarse la rectificación de cuota repercutida, queda interrumpido desde el inicio de la actuación inspectora hasta que se haya producido su finalización mediante resolución firme (DGT CV 21-3-05).
4) Si la rectificación es consecuencia de una **contestación vinculante** a una consulta, el plazo para la rectificación se inicia desde que se tuvo conocimiento de la misma (DGT CV 25-2-05; CV 11-1-06; CV 22-4-08). El plazo para efectuar la rectificación debe contarse a partir del momento en que sea notificada la correspondiente contestación a la consulta que motive la rectificación (DGT CV 11-7-07).
5) La facultad de que las facturas que deban ser emitidas por los sujetos pasivos se puedan **emitir por un tercero** se extiende a las facturas de rectificación, siempre que la rectificación esté motivada en las causas previstas en la LIVA y las facturas rectificativas se ajusten a lo previsto en su normativa (DGT 10-12-98).

1585 Jurisprudencia 1) Aunque la rectificación de la cuota tiene su causa en una regularización de la situación tributaria del sujeto pasivo por parte de los órganos de aplicación de los tributos, y el **acuerdo de liquidación no es firme** por haber sido impugnado por el sujeto pasivo, el sujeto pasivo puede proceder a la rectificación del IVA correspondiente a las operaciones controvertidas en los términos determinados en dicho acuerdo (TEAC 17-11-15).
2) Una entidad que vende **medicamentos al Sistema Nacional de Salud**, abona a este descuentos por volumen de ventas, tal como obligaba la normativa (L 29/2006 disp.adic.sexta, actualmente derogada). El descuento se concede a una persona distinta al destinatario original de la operación. La entidad debe poder rectificar el IVA repercutido, sin modificar el IVA repercutido a sus compradores, para lo cual debe expedir factura rectificativa recogiendo el descuento, pero no debe remitírsela a sus clientes puesto que ellos no se benefician del descuento y no tienen que rectificar su IVA soportado deducible, ni al Sistema Nacional de Salud porque no ha sido quien le ha comprado los productos (TEAC 17-3-16).
3) El **inicio de un procedimiento** de comprobación o investigación interrumpe el cómputo del plazo para rectificar las cuotas impositivas repercutidas, por lo que, si a la finalización del citado procedimiento, la Administración tributaria constata la existencia de cuotas por repercutir distintas de las repercutidas, el sujeto pasivo podría, en su caso, proceder a su rectificación. Asimismo, en el supuesto de ser objeto de controversia la regularización, el cese del efecto interruptivo se produciría cuando la resolución o sentencia que ponga fin al procedimiento fuera firme. Esa interrupción de la prescripción del plazo para rectificar la repercusión por parte del sujeto pasivo afecta también al derecho a rectificar el IVA soportado por el destinatario de la operación (TEAC 25-9-18, que sigue a estos efectos el criterio del TJUE 12-4-18, asunto C-8/17).

4) En un supuesto de resolución de una **permuta de suelo por obra futura**, el contribuyente que repercute ha de proceder a la expedición de la correspondiente factura rectificativa, que ha de hacerse tan pronto se tenga conocimiento en el **cese de efectos de la operación** y siempre que no hayan transcurrido cuatro años desde la circunstancia que da lugar a esta resolución contractual.
Realizada la modificación de la base imponible de este modo, el contribuyente que repercute dispone de un plazo adicional de un año para la regularización de su situación tributaria -letra b del nº 1605- (TS 5-2-18, EDJ 4912).
En el supuesto al que se refiere la reclamación, este **plazo se ha excedido con creces**, por cuanto la factura rectificativa se emitió el 28-12-2008 y la referida regularización se pretendió para el tercer trimestre de 2011, por lo que se entiende improcedente (TEAC 12-12-18). En el mismo sentido, TEAC 25-6-19.

Casos particulares (LIVA art.89.Dos) A continuación se van a analizar dos supuestos especiales de rectificación: **1590**
- cuando no se han repercutido previamente cuotas (nº 1591 s.);
- cuando existen controversias pendientes de resolución en los tribunales (nº 1596 s.); y
- cuando se realizan operaciones para los entes públicos (nº 1599 s.).

Facturas sin cuotas repercutidas (LIVA art.89.Dos) También deben rectificarse las cuotas repercutidas cuando, no habiéndose repercutido cuota alguna, se hubiese expedido la factura correspondiente a la operación. **1591**
Resulta aplicable fundamentalmente a aquellas operaciones que, **por error**, inicialmente se consideren no sujetas o sujetas pero exentas, **modificándose posteriormente** su calificación:
- en las operaciones no sujetas no se produce el hecho imponible; y
- en las operaciones sujetas pero exentas, producido el hecho imponible, no se devenga cuota alguna como resultado de la aplicación de la exención.
Cuando así sucede, hay que distinguir si se ha **emitido o no la factura** que documente la operación, de forma que, si se ha emitido, se puede efectuar la rectificación de las cuotas repercutidas, y si no se ha emitido, no puede realizarse la referida rectificación.
Por consiguiente, cuando no se haya emitido factura, no son de aplicación los **plazos** relativos a la rectificación de las cuotas repercutidas, sino los referentes a la repercusión de las mismas (nº 1430). No se trata de una incorrecta fijación de las cuotas repercutidas, sino de que la repercusión no ha existido y, además, al no haberse expedido la factura, no cabe la vía de la rectificación.

Precisiones Aunque de una **interpretación restrictiva** debe concluirse que, cuando no se expida factura, no cabe la rectificación de las cuotas repercutidas (o no repercutidas por haberse presumido la aplicación de una exención o no sujeción), debe plantearse la **duda** de si dicho requisito se aplica incluso en aquellos casos en los que la propia norma exime al sujeto pasivo de la emisión de la factura correspondiente (nº 7217 s.). Es decir, si en dichos supuestos, aunque no se haya expedido factura por no existir la obligación de expedirla, sería posible la rectificación correspondiente en el supuesto de que una determinada operación, por ejemplo un arrendamiento de bienes, no resultara exenta del IVA.

Ejemplos **1)** Una empresa trasmitió en el mes de octubre del año N un terreno de su propiedad sin repercutir el IVA, puesto que el adquirente, un consumidor final, argumentaba que no se trataba de un solar. La operación fue documentada en escritura pública **sin expedirse la factura** correspondiente. La empresa, una vez realizada la operación, formuló consulta ante el ayuntamiento correspondiente y, comprobada en noviembre del año N la calificación de solar del terreno en el momento de la transmisión, comunicó a su cliente, en el mes de diciembre del año N+1, su intención de repercutirle el impuesto correspondiente, negándose el mismo a aceptar dicha repercusión. **1592**
Dado que no se expidió la factura correspondiente, no estando eximido de dicha obligación (nº 7217 s.), no procede la rectificación de las cuotas repercutidas, en este caso no repercutidas. Tampoco cabe la repercusión, pues ha transcurrido el plazo del año para realizar la misma (nº 1430).
2) Una empresa inmobiliaria ha vendido en el mes de enero del año N una **plaza de garaje** a uno de los propietarios de una vivienda situada en el mismo inmueble que la plaza y al que en el mes de noviembre del año N-1 le había vendido la citada vivienda. Ante la controversia con el cliente sobre cuál era el tipo impositivo aplicable (10% o 21%) a la entrega de la plaza de garaje, la empresa inmobiliaria **no expidió la correspondiente factura**, documentando la operación mediante la correspondiente escritura pública. Para resolver la cuestión, la empresa inmobiliaria formuló una consulta al respecto a la Administración tributaria, la cual contestó en el mes de abril del año N que se aplicaba el tipo del 21%. En dicho mes, la empresa comunicó a su cliente el resultado de la consulta y le expidió la correspondiente factura.
No cabe la rectificación de las cuotas repercutidas, pues no se ha expedido la correspondiente factura. Sin embargo, como no ha transcurrido más de un año desde la fecha del devengo de la operación no se ha perdido el derecho a la repercusión del IVA (nº 1430).

De haberse expedido la factura en el momento de realizarse la operación se estaría ante un supuesto de rectificación al alza (del 10% al 21%) de las cuotas repercutidas y la rectificación no sería posible (nº 1566).

1593 Doctrina Administrativa Además de las siguientes contestaciones de la DGT, ver nº 11000 s.
1) Aunque una junta de compensación no ha repercutido las cuotas del IVA por haberlas estimado **inicialmente exentas** las operaciones por ella efectuadas, puede rectificar las cuotas correspondientes a las operaciones documentadas en factura en tiempo y forma, siempre que no hayan transcurrido más de cinco años (actualmente cuatro) desde la fecha del devengo (DGT 6-10-94).
2) Cuando una entrega de un bien inmueble, en la que el transmitente **renunció a la exención**, no resultara ajustada a Derecho por no concurrir los requisitos establecidos al efecto, el sujeto pasivo debe efectuar la rectificación de las cantidades que indebidamente repercutió en concepto de IVA (DGT 16-5-00; 21-2-03), pudiendo acudir al procedimiento de ingresos indebidos (DGT 21-2-03).
3) Cuando la rectificación tiene causa en que una vez realizadas las operaciones y documentadas en las correspondientes facturas, los proveedores (sujetos pasivos) detectan una aplicación **incorrecta de la exención**, los mismos deben rectificar las cuotas no repercutidas mediante la expedición de las correspondientes facturas rectificativas (DGT 27-9-04).
4) La transmisión de un terreno queda sujeta y exenta del IVA en la medida en que se destine a zona verde. Si con posterioridad al pago, pero antes de la ocupación de la finca, el terreno **cambia de calificación** de modo que su entrega deba entenderse sujeta y no exenta, la entidad transmitente debe proceder a la rectificación de la repercusión del impuesto (DGT CV 15-4-14).

1595 Jurisprudencia **1)** Una empresa expide factura sin repercutir el IVA, por considerar exenta la operación realizada. Posteriormente, la Inspección de Tributos determina que la operación no está exenta. Procede la rectificación dentro del plazo de cuatro años establecido, porque hubo emisión de factura, aunque fuera con **cuota cero** (TSJ Madrid 11-2-03, EDJ 93040).
2) Procede la rectificación de las cuotas no repercutidas cuando inicialmente no se repercutió el IVA por considerar la **operación exenta** del Impuesto y posteriormente la Inspección determinó su no exención (TEAC 14-3-07).

1596 **Controversias pendientes de resolución en los tribunales** Al contrario que en el caso del derecho a la deducción, la normativa del impuesto no ha previsto nada (excepto para los supuestos de resolución o cancelación de operaciones o los de alteración del precio -nº 1540 s.-), respecto al plazo para la rectificación de cuotas que estén pendientes de resolución de una controversia en la vía económico-administrativa o jurisdiccional. En estos supuestos puede considerarse razonablemente que, en tanto no se produzca una **resolución firme**, quede interrumpido el plazo para la rectificación (nº 1572).

1597 Ejemplo Una empresa del sector de alimentación ha estado entregando determinados productos a sus clientes desde el año N en que se constituyó la misma. Uno de sus clientes, con el que mantiene relaciones comerciales desde el año N+2, no estuvo de acuerdo con la aplicación del tipo general aplicado por la empresa de alimentación a las operaciones realizadas en dicho año. En dicho ejercicio interpuso una **reclamación económico-administrativa** contra la repercusión efectuada. Después de un largo procedimiento, en el año N+8 el TEAC dictó la correspondiente resolución, determinando que el tipo impositivo aplicable era el general del IVA, resolución aceptada por el cliente. Durante dichos años, la empresa repercutió e ingresó el IVA al tipo reducido. En el año N+8, un poco antes de conocerse la resolución del TEAC, se produjo una **actuación inspectora** a la sociedad, que determinó la incoación de un acta con motivo de la incorrecta determinación del tipo impositivo aplicable, no determinando la inspección que la empresa participó en una operación fraudulenta.
Procede la rectificación de las cuotas repercutidas respecto de las que no hayan transcurrido más de cuatro años desde su devengo, las cuales coinciden con las que fueron objeto de regularización inspectora. También debería resultar procedente la rectificación de las cuotas repercutidas correspondientes al año N+2 pues, aun habiendo transcurrido más de cuatro años desde la fecha del devengo, la determinación del tipo impositivo aplicable estaba pendiente de resolución administrativa.
Si se admitiera la rectificación de las cuotas pendientes de resolución administrativa, caso no regulado en la LIVA, su regularización debería realizarse incluyendo la diferencia correspondiente en la declaración-liquidación del período en que se deba efectuar la rectificación. Bien pudiera entenderse como un error fundado de derecho cuando la inspección no determinó que la empresa participara en una operación fraudulenta y, además, ha existido una controversia sustanciada en el procedimiento económico-administrativo.

Doctrina Administrativa Además de las siguientes contestaciones de la DGT, ver nº 11000 s. 1598
1) Cuando en una permuta de bienes (terreno por un local) el importe del suelo permutado es fijado mediante **sentencia judicial**, el plazo de cuatro años para efectuar la rectificación de la base imponible cuantificada provisionalmente en el momento de la entrega del solar debe contarse a partir de la fecha de la citada sentencia (DGT 7-6-01).
2) Una sociedad efectuó en el año N-5 una operación que consideró no sujeta al IVA, expidiendo la correspondiente factura. En el año N-3 la Inspección consideró la operación sujeta. La **liquidación fue recurrida** ante el Tribunal económico administrativo correspondiente. En el año N el Tribunal determina que la operación estuvo sujeta. El cómputo del plazo de cuatro años para efectuar la rectificación ha quedado interrumpido entre el día en que la Inspección notificó la liquidación y el día que adquirió firmeza el acuerdo del Tribunal (DGT 27-7-01).
3) Sujeto pasivo que recurre al TEAC y a la Audiencia Nacional una liquidación de un acta de Inspección. El **cómputo del plazo** de cuatro años para, en su caso, efectuar la rectificación queda interrumpido desde el inicio de la actuación inspectora hasta la finalización, mediante resolución o sentencia firme de la misma o bien, mediante desistimiento (DGT CV 6-2-07).
4) En el caso de una **rescisión anticipada** de una concesión administrativa, el plazo de cuatro años para efectuar la rectificación se computa desde que se produce la sentencia firme por la que se confirma la pérdida del derecho a la concesión (DGT CV 17-3-09).
5) Si existe una **controversia** entre las partes en cuanto al tipo impositivo aplicable y esta se está sustanciando en la vía jurisdiccional, el plazo para, en su caso, efectuar la rectificación, queda interrumpido hasta la fecha en que la sentencia en la que se determine el tipo correspondiente devenga firme (DGT CV 5-8-08).

Jurisprudencia El plazo para rectificar la repercusión queda interrumpido por la interposición de una **reclamación económico-administrativa** (TEAC 16-11-10).
No obstante, ver el criterio más reciente en el nº 1574.

Operaciones efectuadas para los entes públicos En cuanto a los supuestos de **rectificación de cuotas repercutidas** cuando el destinatario de las operaciones es un ente público, el principio general que debe aplicarse es que el precio global contratado no debe verse alterado como consecuencia de una rectificación a la baja de las cuotas repercutidas. 1599
Lo mismo sucede cuando la rectificación de las cuotas repercutidas implique una **rectificación al alza** de las mismas. En dicho supuesto, el efecto es el contrario para el contratista, que ve disminuido el importe del precio cierto al permanecer inalterado el precio global contratado.
Los supuestos de rectificación de cuotas repercutidas son los regulados con carácter general en la LIVA (nº 1490 s.), con independencia de la condición subjetiva del destinatario de las operaciones, en este caso, entes públicos.

Ejemplo Una empresa ha efectuado una **oferta económica a un ente público** por importe de 200.000 €, habiéndose aceptado la misma. En dicha oferta se ha incluido el IVA calculado al tipo impositivo del 21%. Con posterioridad y antes de transcurrir cuatro años del devengo de las operaciones, se ha determinado que era aplicable el tipo impositivo del 10%.
En el supuesto de que, una vez repercutido el impuesto, se confirme que el tipo aplicado por el contratista contenido en la oferta económica fue superior al correcto, debe corregirse la repercusión excesiva (nº 1500). Según el criterio de la DGT, debe considerarse que la oferta realizada por el contratista incluye el IVA al tipo correcto, por lo cual, para la rectificación de la cuota inicialmente repercutida debe entenderse que la base imponible es el precio de la contrata (oferta económica o importe global contratado) menos la cuota calculada al tipo aplicable, de forma que el precio global contratado no experimente modificación, si bien en la factura de rectificación se hace constar la cuota correspondiente (al tipo del 10%) y la base imponible de la operación, que es superior a la inicialmente prevista.
Datos derivados de la oferta económica (21%):

- Importe global contratado 200.000,00
- Base imponible .... 200.000/1,21 = 165.289,25
- Cuotas de IVA (tipo del 21%) .... 21% × 165.289,25 = 34.710,75

Datos derivados de la rectificación (10%):

- Importe global contratado 200.000,00
- Base imponible .... 200.000/1,10 = 181.818,18
- Cuotas de IVA (tipo del 10%) .... 10% × 181.818,18 = 18.181,82

No ha de devolverse cantidad alguna al ente público destinatario de la operación, el cual satisface el mismo precio de adjudicación, si bien el contratista ve aumentado el precio cierto del contrato.

1600 Doctrina Administrativa Además de la siguiente contestación de la DGT, ver nº 11000 s.
Cuando se deba proceder a la **rectificación** de las cuotas repercutidas debido a una incorrecta determinación del **tipo impositivo** aplicable (tipo general), debe considerarse que la oferta realizada por el contratista incluía el IVA al tipo correcto (tipo reducido), permaneciendo inalterado el precio global de la adjudicación. Para la rectificación, debe entenderse que la base imponible es el precio de la contrata, es decir, el de adjudicación menos la cuota del impuesto calculada al tipo aplicable, debiéndose hacer constar en la factura de rectificación la cuota correspondiente (al tipo reducido) y la base imponible de la operación, que es superior a la inicialmente prevista (DGT 23-2-99; CV 30-10-07).
Por tanto, si se repercutió un **IVA inferior al correcto**, el ente público no está obligado a soportar ningún importe adicional, debiendo satisfacer al contratista el precio de adjudicación, viendo disminuido este último el precio cierto del contrato (DGT CV 30-11-07); por el contrario, si se hubiera repercutido un **IVA superior al correcto**, el contratista no tiene que devolver cantidad alguna al ente público, quien está obligado a satisfacer el mismo precio de adjudicación, si bien el contratista ve aumentado el precio cierto del contrato (DGT CV 22-9-11; CV 7-3-14).

1602 **Procedimiento** (LIVA art.89.Cinco) La modificación de la cuota repercutida puede determinar tanto un aumento como una minoración de su importe, y el procedimiento a seguir es distinto en cada uno de estos supuestos. Asimismo se va analizar el procedimiento **especial** para operaciones que quedan sin efecto en procedimientos concursales (nº 1607).

1603 **Aumento de la cuota repercutida** (LIVA art.89.Cinco) Si la rectificación supone un aumento y **no** ha mediado **requerimiento previo**, se distingue:
a) Si la rectificación se produce por una de las causas de **modificación de la base** imponible (nº 1520 s.) o, tratándose de una causa distinta se debe a un error fundado de derecho (**error razonable**), el sujeto pasivo puede ingresar la diferencia en la declaración-liquidación del período en que se debe efectuar la rectificación. Estas son las rectificaciones que se originan en el desarrollo normal de la actividad o se deben a un error en la interpretación de una norma.
b) Si la rectificación procede por una **causa distinta**, el sujeto pasivo debe ingresar la diferencia en una declaración-liquidación rectificativa, aplicándose el recargo y los intereses de demora que corresponden a los ingresos extemporáneos sin requerimiento previo (ver nº 13640 s. Memento Fiscal 2026). Si interviene la Administración en vía de gestión o se levanta acta de rectificación en inspección, se liquidan únicamente intereses de demora. Si hay infracción, además, la sanción correspondiente.

Doctrina Administrativa Además de la siguiente contestación de la DGT, ver nº 11000 s.
Puede interponer **reclamación económico-administrativa** el sujeto pasivo, cuando el destinatario de una operación que ha sido objeto de rectificación se niega a satisfacer el Impuesto correspondiente a las operaciones (DGT 24-11-04).

1605 **Disminución de la cuota repercutida** (LIVA art.89.Cinco) En estos casos el sujeto pasivo puede optar entre:
a) Iniciar ante la Administración tributaria el **procedimiento de rectificación** de autoliquidaciones (ver nº 13299 Memento Fiscal 2026).
b) Regularizar la situación en la **declaración-liquidación** que corresponda al período en que debe efectuarse la rectificación, o en las posteriores hasta el plazo de un año desde la fecha en que debió efectuarse, minorando la cantidad a ingresar en el importe rectificado. En este caso, el sujeto pasivo debe reintegrar el exceso al destinatario.

Precisiones Hay que tener en cuenta que, aunque la **solicitud de devolución** la haga el sujeto pasivo, las cuotas indebidamente repercutidas se devuelven a la persona que las ha soportado, si no ha deducido su importe en una declaración-liquidación posterior.

Doctrina Administrativa Además de la siguiente contestación de la DGT, ver nº 11000 s.
Si no se efectúa la **rectificación de la repercusión** a favor de aquel que soportó indebidamente las cuotas del IVA, este está asimismo legitimado para solicitar la devolución de ingresos indebidos (DGT CV 1-4-08).

Jurisprudencia 1) La rectificación de las cuotas de IVA, en caso de modificación de la base imponible, debe realizarse en el plazo de cuatro años. Una vez realizada, si la modificación de las cuotas es a la baja, el sujeto pasivo debe **regularizar su situación** tributaria en el plazo de un año, sin perjuicio de que pueda optar por instar un procedimiento de devolución de ingresos indebidos (TS 5-2-18, EDJ 4912).
2) Cuando deban rectificarse las cuotas de IVA repercutidas en exceso mediante declaración-liquidación, el sujeto pasivo está obligado a reintegrar al destinatario de la operación el importe de las cuotas de IVA repercutidas en exceso. En caso de **demora en el cumplimiento** de su obligación, debe abonar los posibles intereses de demora al repercutido y, de no hacerlo, el repercutido puede acudir a los procedimientos legales para reclamarle el pago de lo debido, no siendo una cuestión de naturaleza tributaria susceptible de reclamación en vía económico-administrativa (TEAC 22-7-20).
3) El destinatario que soportó la repercusión de unas cuotas de IVA que devienen indebidas puede instar el correspondiente procedimiento de **rectificación de autoliquidación** (TS 27-9-22, EDJ 695041). En un caso en el que se deniega la aplicación del tipo impositivo reducido de IVA en la adquisición de un vehículo para personas con movilidad reducida y en el que posteriormente se acredita el derecho aportando el correspondiente certificado, procede a instar la rectificación de la autoliquidación del sujeto pasivo sin que conste que se hubiese requerido previamente la rectificación de la factura en la que constaba la cuota repercutida (TEAC 22-11-23; 27-9-24).
4) La Administración solo puede oponer el **enriquecimiento injusto** del sujeto pasivo solicitante si demuestra, al término de un análisis económico que tenga en cuenta todas las circunstancias pertinentes, que la carga económica que el tributo indebidamente recaudado hizo recaer en el referido sujeto pasivo ha sido neutralizada en su totalidad (TJUE 21-3-2024, asunto C-606/22).
5) El TEAC cambia su criterio y concluye que, las **cuotas repercutidas en exceso** pueden rectificarse mediante un procedimiento de rectificación de la autoliquidación originaria en el plazo de prescripción general de 4 años; o mediante la inclusión en la autoliquidación del periodo en que se emita la factura rectificativa, o en los siguientes en el año siguiente a la fecha de emisión de la factura rectificativa (TEAC 24-3-26). El criterio anterior solo consideraba válido el procedimiento de regularización mediante declaración-liquidación (TEAC 27-2-08; 17-3-16).

Reintegración concursal (LIVA art.89.Cinco) Cuando una operación gravada quede **sin efecto** como consecuencia del ejercicio de una acción de reintegración concursal u otras de impugnación ejercitadas en el seno del concurso, el sujeto pasivo debe rectificar las cuotas inicialmente repercutidas en la declaración-liquidación correspondiente al período en que fueron declaradas las cuotas devengadas. **1607**

Precisiones 1) La definición de la figura de la **reintegración concursal** está contenida en la Ley Concursal (LCon art.226 y 230).
2) Un **caso típico** de reintegración concursal es cuando el juez determina que la venta de un activo, efectuada un año antes de la declaración de concurso, tiene esa naturaleza al haber perjudicado la masa activa; en este caso, el concursado debe deshacer la operación (el bien pasa a formar parte de la masa) y rectificar el IVA repercutido en la declaración liquidación en que se efectuó la misma, y no en la del momento de realizar la modificación.

C. Cuadro recapitulativo de la repercusión-deducción y de las rectificaciones

1610 La rectificación de la repercusión se completa con la de las deducciones (nº 3055 s.) que, para facilitar una visión sistemática, también se incluyen en el siguiente cuadro:

Repercusión:	Obligatoria. En factura. En el plazo de un año desde el devengo.
Rectificación:	
Causas:	Incorrecta determinación. Modificación de la base imponible.
Tiempo:	**a)** Cuando se adviertan las causas de incorrección o se produzcan las de modificación de la base. **b)** En todo caso, cuatro años desde el devengo o desde que se producen las causas de modificación de la base. No obstante, existen unos plazos especiales para los supuestos de concurso y créditos incobrables (ver nº 1576).
Procedimiento:	**a)** Aumento repercusión: - modificación de la base, error fundado: en la declaración-liquidación del período en que deba efectuarse la rectificación (ver letra a) en tiempo rectificación); - causas distintas: declaración-liquidación rectificativa, con los recargos e intereses de demora que procedan. **b)** Minoración repercusión: Optativamente: - instar el procedimiento de rectificación de autoliquidaciones; - rectificada la cuota, minorar los ingresos en la declaración-liquidación del período en que debe efectuarse la rectificación o en la de los siguientes hasta el plazo de un año; - reintegración concursal, modificar la declaración liquidación originaria.
No procede:	**a)** Cuando se funde en causas distintas de las de modificación de la base, el destinatario no sea empresario e implique un aumento de cuotas repercutidas, salvo elevación legal del tipo impositivo; **b)** Cuando medie actuación inspectora y se participe en una operación fraudulenta (nº 1570 s.).
Deducción:	En la declaración-liquidación del período en que se soportó la repercusión o en las de los cuatro años siguientes al devengo (Compensaciones o devoluciones, ver nº 2906 s.).
Rectificación:	
Causas:	Incorrecta determinación. Rectificación de la repercusión.
Procedimiento:	**1)** Incorrecta determinación: no existe regulación específica en la LIVA, resultando aplicable la normativa tributaria general: declaración complementaria con liquidación de recargos e intereses de demora. **2)** Rectificación de la repercusión: **a)** Aumento deducción: - en general: en la declaración-liquidación del período en que se recibe la factura rectificativa o en las siguientes, hasta cuatro años del devengo de la operación o la producción de las causas de modificación de la base; - causas distintas de las de modificación de la base imponible: en el año siguiente a la fecha de expedición de la factura. **b)** Minoración deducción: - debido a la producción de causas de modificación de la base imponible o a un error fundado: en la declaración-liquidación del período en que se reciba la factura rectificativa; - en el supuesto de concurso, o si la operación gravada queda sin efecto como consecuencia del ejercicio de una acción de reintegración concursal u otras de impugnación ejercitadas en el seno del concurso, si el comprador o adquirente inicial está también en concurso: en la autoliquidación del período en que se ejerció el derecho a la deducción de las cuotas soportadas, sin recargos ni intereses de demora; - para causas distintas: en declaración-liquidación complementaria de la del período en que se ejerció la deducción, con recargo e intereses de demora.

CAPÍTULO 7

Base imponible

1700

El presupuesto comunitario se financia íntegramente con cargo a los denominados recursos propios (TFUE art.311), dentro de los cuales ocupa un lugar fundamental el llamado recurso IVA: aplicación de un tipo uniforme válido para todos los Estados miembros a la base IVA, determinada también de modo uniforme con arreglo a **normas de la UE** (Decisión 2007/436/CE art.2.1). Es por tanto esencial el establecimiento de normas que señalen con precisión el modo de determinación de la base imponible del impuesto, y que esas normas se apliquen de manera uniforme por todos los E.m. 1701

La **normativa comunitaria del IVA** hace referencia a que los Presupuestos de la UE se financian, entre otros recursos, mediante los procedentes del IVA determinados como el resultado de aplicar un tipo impositivo común a una base imponible fijada uniformemente de acuerdo con las normas comunitarias (Dir 2006/112/CE considerando octavo). Su regulación se encuentra en Dir 2006/112/CE art.72 s.

Por lo que se refiere a la **normativa interna** española, la LIVA establece reglas específicas de determinación de la base imponible para:

- las operaciones interiores: entregas de bienes y prestaciones de servicios;
- las adquisiciones intracomunitarias (nº 5372 s.);
- las importaciones (nº 5840 s.); y
- regímenes especiales del impuesto (nº 3100 s.).

En este capítulo se analiza exclusivamente la determinación de la base imponible de las **operaciones interiores**.

I. Regla general

1702

A. Contraprestación

(Dir 2006/112/CE art.73; LIVA art.78.Uno)

La base imponible se define como el elemento cuantitativo del hecho imponible sobre el que se aplica el tipo impositivo para calcular la cuota tributaria. Por **regla general** la base imponible del impuesto está constituida por el importe total de la contraprestación de las operaciones sujetas al mismo. A estos efectos, se entiende por contraprestación el importe total percibido o por percibir, como cantidad equivalente a los bienes entregados o servicios prestados. 1703

La prestación está constituida por la entrega del bien o la prestación del servicio; la contraprestación es todo lo que se entrega o se vaya a entregar a cambio de la prestación recibida.

Sin perjuicio de lo anterior, existen asimismo **reglas especiales** relativas a la base imponible que se analizan en el nº 1860 s.

En la **determinación** de la base debe tenerse en cuenta lo siguiente:

- coincide cuantitativamente con la contraprestación total, sin que sea posible la aplicación de **reducción** alguna, salvo la de aquellas partidas que expresamente la Ley dispone su no integración en la base imponible;
- comprende el **importe entregado** por el destinatario de la operación y, además, aquellos importes entregados por terceros (como en el caso de las subvenciones);
- no existe **límite temporal** para su determinación, de forma que la base está constituida tanto por la contraprestación pagada como por la que falta por pagar;

- la **cuantía** de la base viene referida a las operaciones sujetas al impuesto, incluyendo, por tanto, las operaciones exentas. Es así porque, aunque en estos supuestos de operaciones exentas no procede la repercusión del IVA, la determinación de la base imponible resulta importante a otros efectos, en particular en lo que se refiere a la regla de prorrata (ver ejemplo 3 en el nº 1707);
- cuando se produzcan operaciones con otras empresas que, simultáneamente, tengan la **consideración de clientes y proveedores**, la base se determina no por el saldo de las operaciones, sino de forma independiente respecto de cada operación realizada;
- cuando la contraprestación esté sujeta a **retención por el IRPF**, la base es la que corresponda antes de practicar la misma (ver ejemplo 5 en el nº 1709).

1705 Precisiones 1) El TJUE ha otorgado a la base imponible el rango de **concepto comunitario** y ha definido los siguientes requisitos: ha de existir un vínculo directo entre la prestación y la contraprestación; dicha contraprestación ha de poder expresarse en dinero, y ha de tratarse de un valor subjetivo, ya que la base imponible es la contraprestación realmente percibida, expresión de la voluntad de las partes y no un valor estimado según criterios objetivos (TJUE 16-10-97, asunto C-258/95; 24-10-96, asuntos acumulados C-317/94 y C-288/94; 2-6-94, asunto C-33/93, entre otras). Así, debe entenderse que es determinante que entre las partes exista un convenio sobre **intercambio de prestaciones recíprocas**, de modo que la retribución que una percibe constituya el contravalor real y efectivo del bien entregado a la otra (TJUE 15-5-01, asunto C-34/99).
2) Si el suministrador de los bienes o el proveedor de los servicios exige al cliente, como condición para aceptar el **pago mediante tarjeta** de crédito o de débito, el pago de un importe a otra empresa o a dicho suministrador o proveedor, y el precio total facturado al cliente no se ve afectado por el método de pago utilizado, dicho importe constituye también parte de la base imponible del impuesto devengado sobre el suministro de bienes o la prestación de servicios. En definitiva, la comisión abonada en concepto de gestión de los pagos con tarjeta de crédito o débito, relativa a una operación gravada, no debe reducir la base imponible (LIVA art.78 s.; Rgto UE/282/2011 art.42).
3) La base imponible de la entrega de bienes o prestación de servicios realizada en relación con **bonos polivalentes** es igual a la contraprestación pagada por el bono o, a falta de información sobre dicha contraprestación, al valor monetario indicado en el propio bono polivalente o en la documentación correspondiente, menos la cuota del IVA sobre los bienes entregados o los servicios prestados (Dir 2006/112/CE art.73 bis; DGT Resol 28-12-18 aptdo.3.3º -nº 79-).
4) En las **ventas ocultas o no declaradas** detectadas por la Administración, los importes detectados incluyen el IVA, a menos que, con arreglo al Derecho nacional, los sujetos pasivos tengan la posibilidad de proceder posteriormente a la repercusión y a la deducción del IVA controvertido (TJUE 1-7-21, asunto C-521/19). Lo anterior implica que la base imponible es el resultado de minorar el importe de ingresos no declarados detectado por la Administración, en las cuotas de IVA que deberían haberse repercutido e ingresado. En el mismo sentido se ha expresado el Tribunal Supremo (nº 1722).

1707 Ejemplos 1) Una empresa de **transporte internacional de viajeros** en autobús tiene previsto establecer una línea regular entre Sevilla y París. El precio de venta del billete antes de determinar el IVA es de 70 €.
Los servicios de transporte de personas en autobús, que discurran en parte por otros territorios y por TIVA, están sujetos a dicho impuesto por la parte del trayecto que discurra por su territorio de aplicación (LIVA art.70.uno.2º.a). Consecuentemente, la base imponible de las operaciones de transportes se determina en función de dicho trayecto, no comprendiendo la parte que discurra fuera del mismo. La empresa debe establecer el cálculo del IVA correspondiente a dicha prestación de servicios.
2) La empresa Mueble, S. A. ha entregado muebles a un **consumidor final** para el salón de su vivienda. El precio total de la operación asciende a 2.000 €, que se satisface de la siguiente forma:
- entrega a cuenta de 300 € en el momento de formalizar el pedido;
- 600 €, al instalarse los muebles en su domicilio y;
- mediante el pago aplazado a tres meses del importe restante de 1.100 €.
Sin entrar en otras consideraciones acerca del momento en que se produce el devengo del impuesto, la base imponible es el total de la contraprestación pagada o por pagar, es decir, 2.000 €.
3) La empresa Estudio, que presta **servicios de enseñanza** exentos del impuesto, ha entregado mediante precio (150 €), uniformes y otros artículos. La mensualidad por los estudios asciende a 300 €. Estas operaciones corresponden al mes de octubre.
La base imponible del IVA correspondiente a las operaciones efectuadas en el mes asciende a 450 €. Una parte, por importe de 150 € corresponde a una entrega de bienes sujeta y no exenta. El resto, por importe de 300 €, corresponde a servicios de enseñanza exentos del IVA, por los que no procede repercusión del impuesto. Ahora bien, ese importe ha de tenerse en cuenta a efectos del cálculo de la prorrata de deducción.

1709 **4)** Gráficas R, S. A., ha llevado a cabo la impresión de un catálogo para una agencia de publicidad, cuyo importe asciende a 9.000 €. A su vez, la agencia ha prestado un **servicio de publicidad** a Gráficas R, S. A., insertando un anuncio en una revista, facturando por sus servicios 750 €.

En este supuesto se producen dos operaciones independientes. La base imponible del IVA correspondiente a la operación de impresión del catálogo es 9.000 €; la del servicio de publicidad asciende a 750 €. No resulta ajustado a derecho determinar la base imponible por el saldo de 8.250 €, pues llevaría al resultado práctico de minorar la base imponible de una de las operaciones y a la anulación de la otra operación.

5) Un notario ha intervenido en la formalización de una **escritura pública de compraventa** de un local de negocios adquirido por la empresa Mueblasa S.A. Sus honorarios ascienden a 2.100 €. La liquidación que corresponde por los servicios del notario es:

Base imponible IVA	2.100
Cuota IVA: (2.100 × 21%)	+441
Retención IRPF (15%, LIRPF art.101.5.a)	-315
Total a cobrar	2.226

Doctrina Administrativa Además de las siguientes contestaciones de la DGT, ver el nº 8750 s. y nº 11000 s. 1712

1) La forma en que las partes calculan sus **costes y beneficios** para determinar la contraprestación carece de relevancia a efectos de fijar la base imponible (DGT CV 6-3-12; CV 22-10-13; CV 7-5-14). La operación **se grava en su conjunto**, en función de la totalidad de la contraprestación satisfecha por el destinatario del bien o del servicio, y no en función de los costes para el prestador a partir de los cuales se fije dicho precio o contraprestación (DGT CV 6-3-12). Así, es indiferente los costes **directos o indirectos** que se tengan en cuenta para la determinación (DGT CV 22-9-15).

La base imponible se configura como una **magnitud subjetiva** que responde a la voluntad de las partes, salvo que existan reglas especiales para su determinación (DGT CV 19-2-13; CV 12-9-16). Así, la **refacturación** de gastos puede formar parte de los servicios prestados, debiendo ser objeto de repercusión por el arrendador. A efectos de determinar la base imponible de los gastos que van a ser objeto de refacturación, hay que estar a las cláusulas establecidas en el contrato suscrito libremente entre las partes y si dicha base incluye, en su caso, el IVA que gravó la operación que se refactura (DGT CV 21-5-15; CV 23-7-15). No obstante, la **falta de independencia** en la elección de los proveedores supone que no se pueda calificar como suplido, y que la cantidad refacturada deba formar parte de la base imponible (DGT CV 2-1-23).

La base imponible está constituida por el importe total de la contraprestación de las operaciones sujetas, procedente del destinatario o de **terceras personas**, incluyendo en el concepto de contraprestación cualquier crédito efectivo a favor de quien realice la operación gravada, derivado tanto de la prestación principal como de las accesorias (DGT CV 11-3-14).

2) La base imponible del IVA no puede tener **carácter negativo**; en su caso, es cero (DGT 2-3-04). En una entrega intracomunitaria de piezas de recambio en período de garantía que se efectúa sin contraprestación, la base imponible es cero (DGT CV 7-11-11).

3) Si en el importe de la contraprestación pactada se incluye el IVA que grava la operación objeto de **mediación**, dicho importe forma parte de la base imponible de la correspondiente operación de mediación (DGT CV 12-1-06). En el mismo sentido si una empresa que repara ordenadores incluye en el precio de reparación el importe de las piezas de recambio, incluyendo el IVA que gravó su compra (DGT CV 29-3-12).

4) En el arrendamiento de un local de negocio, en el que el arrendatario asume la ejecución de obras de su acondicionamiento, obteniendo como contrapartida la **condonación de parte de la renta pactada**, la base imponible está constituida por el importe total de la contraprestación, incluido el importe que corresponda a la parte de renta condonada como consecuencia de las obras efectuadas (DGT CV 16-12-86; CV 9-5-08). El hecho de que sea el arrendatario quien ejecute y realice las obras de rehabilitación, que corresponden al arrendador, no determina que el importe de las obras minore la contraprestación del arrendamiento (DGT CV 30-1-12).

5) En las operaciones propias del juego del **bingo**, consistentes en la cesión del derecho a participar en el mismo, la base imponible es, en todo caso, el importe total de la contraprestación de dichos servicios, es decir, la cantidad total que aporta el jugador para poder participar en el juego (DGT 27-11-86; 24-1-97). No obstante, ver criterio del TJUE en el nº 1720.

Sin embargo, no forman parte de la base imponible de la sociedad que tiene por actividad la explotación de un casino las **propinas** abonadas de forma unilateral por los jugadores a los crupieres (DGT 11-12-03; CV 29-11-17).

6) En las entregas de bienes efectuadas por los **economatos laborales** a los trabajadores, la base está constituida por el importe total de la contraprestación, que incluye tanto el importe satisfecho por los trabajadores adquirentes, como el satisfecho por las empresas promotoras de dichos economatos (DGT CV 5-9-86). Este mismo criterio es aplicable respecto de un economato cuyas ventas están parcialmente sufragadas por una fundación (DGT CV 12-5-11). 1713

7) En los servicios prestados por entidades, incluso **clubes deportivos** y sociedades, a sus miembros y socios, la base imponible está constituida por el importe total de la contraprestación, cualquiera que sea la forma que adopte -cuotas de entrada, cuotas periódicas, cuotas de abono o precio por servicios concretos- (DGT CV 14-4-86).

8) La base imponible de las **entregas de edificaciones** realizadas por las comunidades de propietarios está constituida por el importe total de la contraprestación, cualquiera que sea el concepto a que se impute su pago (aportación a los gastos de constitución o financiación de la comunidad, a los gastos de funcionamiento, para la cobertura de los gastos correspondientes a bienes o servicios efectuados para la construcción de las edificaciones u otros análogos). La base imponible no puede ser inferior al coste imputable de los bienes o servicios utilizados por las comunidades de propietarios para la obtención de los bienes entregados, incluidos los gastos de personal, los financieros, los de amortización de los bienes de inversión utilizados y el coste del solar (DGT CV 6-10-86). Idem para la entrega de viviendas realizada por una **cooperativa** promotora de las mismas a los cooperativistas (DGT 4-11-02). Forman parte de la base imponible de una entrega de pisos promovidos por una cooperativa los **costes financieros** que dicha cooperativa paga a la entidad financiera y cuyo importe traslada a los cooperativistas como parte de la contraprestación pactada (DGT CV 31-3-11).

9) La base imponible de las entregas de **productos farmacéuticos** efectuadas por los fabricantes o sus distribuidores está constituida por el importe total de la contraprestación, sin que pueda minorarse como consecuencia de las entregas de dinero que los laboratorios farmacéuticos efectúen a la Seguridad Social en virtud de los conciertos celebrados al efecto, fijada en un porcentaje sobre la facturación de dichos laboratorios de los productos en cuya financiación haya participado la Seguridad Social (DGT CV 8-10-86).

La venta de medicamentos por parte de **farmacias militares** es una operación en la cual la base imponible está formada por el precio total del bien que se entrega, con independencia de la parte del precio que sea satisfecho por el cliente y la que sea satisfecha por la entidad de previsión social (DGT CV 3-3-10).

No obstante, hay que tener en cuenta la sentencia TJUE 20-12-17, asunto C-462/16, conforme a la cual el descuento que una **empresa farmacéutica** concede, en virtud de una ley nacional, a una entidad del seguro privado de enfermedad, determina una reducción de la base imponible en favor de dicha empresa, cuando el suministro de productos farmacéuticos se efectúa a través de mayoristas a farmacias, que los entregan a personas cubiertas por un seguro privado de enfermedad que reembolsa a sus afiliados el precio de compra de los productos farmacéuticos, aunque dicho seguro no forme parte de la cadena de producción y distribución de los medicamentos.

1714 **10)** En las entregas de bienes en que se atribuya al cliente el derecho a recibir **asistencia y reparación** sin cargo durante el **período de garantía**, la base imponible está constituida por el importe total de la contraprestación de las operaciones sujetas. La contraprestación pactada por dichas operaciones retribuye también los servicios de garantía cuando sean realizados por el vendedor sin percibir precio adicional alguno, en cuyo caso no se devenga cuota complementaria del IVA. Si no concurre esta circunstancia, los servicios prestados por el proveedor al cliente con posterioridad a la entrega de los bienes mediante el pago de una contraprestación específica deben tributar con independencia de las entregas de los bienes a que se refieren (DGT 18-9-98; 10-12-03). Ver el nº 1810.

11) Una subvención percibida por una entidad para financiar la gestión de **subvenciones** de sus socios en una determinada comarca, constituye la contraprestación de las prestaciones de servicios efectuadas por la sociedad para sus socios (DGT 22-12-00; 11-6-01).

12) Los importes que una empresa cargue a sus clientes con ocasión de las ventas de sus productos, en concepto de aportaciones efectuadas por la misma al sistema integrado de gestión de **envases usados y residuos** de envases al que está adherida, deben integrarse en la base imponible, con independencia de cuál sea la forma en que la empresa haga constar dichos importes en la correspondiente factura (DGT 21-6-99; DGT Resol 30-9-98). Forma parte de la base imponible el importe del **canon de reciclaje** que las empresas de venta mediante máquinas automáticas (vending) cargan a sus clientes por la gestión de los residuos generados (DGT CV 4-10-11). El coste dedicado al reciclado de luminarias, que las empresas fabricantes de dichos productos trasladan a sus clientes, forma parte de la base imponible de la venta de dichos productos (DGT CV 21-5-12).

1715 **13)** Forman parte de la base imponible de una entrega de viviendas los importes que en concepto de **arras o señal** entrega la parte compradora con ocasión de la firma del contrato de compraventa, cuando dichos importes están destinados a constituir parte del precio de la entrega futura del inmueble (DGT 9-9-02; CV 12-6-19).

14) La base imponible de las prestaciones de servicios efectuadas por los empleados de una **empresa de trabajo temporal** está constituida por el importe total satisfecho a dicha empresa (DGT 15-9-03).

15) En el ejercicio de opción de compra de un **contrato de arrendamiento financiero** la base imponible está formada por la parte de contraprestación total acordada cuya exigibilidad se produzca a partir del momento de dicho ejercicio, incluido el importe correspondiente a la propia opción de compra (DGT 4-11-03; CV 18-2-10; CV 7-7-16).

En el caso de un **derecho de opción de compra**, la base imponible es el importe real de la contraprestación, es decir, el precio pactado; cuando se ejercite la opción la base imponible es el precio fijado (DGT CV 20-7-07; CV 18-9-14).

En la cesión de la posición como **arrendatario financiero**, la base imponible es el importe total de la contraprestación entre cedente y cesionario (DGT CV 22-5-08; CV 1-2-11; CV 21-9-16).

16) En un **arrendamiento con opción de compra** la base imponible está formada por la renta mensual, así como todos los gastos que, de conformidad con el contrato y las disposiciones legales de aplicación, hayan de ser asumidas por el arrendatario. En la operación de adquisición de la vivienda, la base imponible se corresponde con la diferencia entre el precio de venta inicialmente pactado y la proporción de mensualidades que se hubiera pactado en el contrato, de forma que al final el IVA grave el precio final satisfecho en la adquisición del inmueble y no las cantidades satisfechas en concepto de arrendamiento que ya resultaron gravadas en cada una de las mensualidades exigibles (DGT CV 19-11-15).

17) La afectación a un patrimonio empresarial o profesional de un vehículo automóvil en el 50%, **1716**
debe manifestarse en todos sus extremos y no sólo en relación con la limitación inicial del derecho a la deducción. Así, la base imponible del impuesto en la entrega de un **vehículo afecto en un 50%** a un patrimonio empresarial o profesional debe computarse, asimismo, en el 50% de la total contraprestación pactada, dado que la transmisión del otro 50% se corresponde con la entrega de la parte de dicho activo no afecta al referido patrimonio, que debe quedar no sujeta (DGT CV 17-3-09; CV 16-2-16; CV 31-5-23). En el mismo sentido en la transmisión de los derechos de leasing de un vehículo turismo cuya deducción fue del 50% (DGT CV 3-4-14).

18) En la obligación que asume un empresario de efectuar la **venta con carácter preferencial** de las bebidas que le son suministradas por un proveedor, la cantidad abonada por el proveedor al citado empresario constituye la contraprestación de la obligación asumida (DGT CV 31-3-06). En el mismo sentido respecto a la venta de helados (DGT CV 26-4-07).

19) Forman parte de la base imponible en una **entrega con instalación**, los gastos de desinstalación previos (DGT CV 30-5-07).

20) En las prestaciones de servicios efectuadas por los establecimientos de hostelería a los operadores de **máquinas recreativas tipo «B»**, la base imponible es el importe total de la contraprestación, con independencia de cómo se fije -comisión, porcentaje sobre recaudación, etc.- (DGT CV 18-6-08). En el mismo sentido, respecto de la contraprestación percibida por el titular del **salón recreativo** del propietario de los terminales y máquinas (DGT CV 23-4-13).

21) La base imponible del servicio de **estacionamiento regulado** de vehículos prestado por una empresa para un ayuntamiento está constituido por el importe total recaudado por esta en nombre y por cuenta del ayuntamiento y que la empresa hace suyo (DGT CV 7-8-13; CV 11-2-14). En términos similares cuando el ayuntamiento entrega como contraprestación del servicio una cantidad con dos conceptos denominados coste del servicio y remanente (DGT CV 13-1-16).

22) La actividad de venta de **lotería con sobreprecio** o recargo constituye un servicio mixto en el que hay que distinguir entre el servicio correspondiente a la participación en la Lotería Nacional, que está exento y cuya contraprestación está constituida por la cantidad realmente jugada en el sorteo, y el servicio de gestión de venta de participaciones fraccionadas o décimos completos, que está sujeto y no exento en todo caso, con independencia de que los adquirentes sean los propios asociados o terceros, cuya contraprestación está constituida por el sobreprecio fijado en cada caso (DGT CV 13-2-09). Ver DGT CV 31-5-10 en el nº 1840.

23) El destino de parte del importe de la **operación a una ONG** no supone una minoración de la **1717**
base imponible, que es el total de la contraprestación satisfecha (DGT CV 29-6-11; CV 26-11-12).

24) Un ayuntamiento ha adjudicado la construcción y explotación de dos aparcamientos subterráneos para uso rotacional a través de un **contrato de obra pública**. La empresa concesionaria se obliga a pagar un canon y un importe en dinero equivalente a los costes de urbanización de la cubierta. La base imponible es la suma de ambos importes (DGT CV 1-3-10).

25) Un ayuntamiento licita un contrato de obra pública para la construcción de un balneario, su explotación, conservación y mantenimiento durante un período de tiempo, **financiando un porcentaje de la obra**. La base imponible es el importe financiado por el ayuntamiento (DGT CV 2-12-10).

26) Un ayuntamiento tiene otorgada una **concesión demanial** sobre determinados aparcamientos subterráneos de su municipio. Los concesionarios han satisfecho periódicamente una tasa por ocupación del dominio público, operación no sujeta a IVA. El ayuntamiento tiene la intención de vender las plazas a los concesionarios, reconociendo el importe pagado por la **tasa como un pago a cuenta** del precio de venta. Al no existir un devengo anticipado y, por tanto, no haber ninguna base imponible calculada para el pago a cuenta, la base imponible de la primera entrega de plazas de aparcamiento que se realice por parte del ayuntamiento será la total contraprestación satisfecha por el adquirente, es decir, la cantidad que se deba satisfacer en el momento de la compraventa, más la suma de las cantidades que se hayan pagado mensualmente por la concesión en concepto de tasa de ocupación (DGT CV 4-3-13).

27) Para una empresa titular de una **residencia para personas de la tercera edad**, la base imponible coincide con el precio público fijado, con independencia de que la contraprestación sea **1718**
satisfecha en una parte por los usuarios y en otra por el ayuntamiento (DGT CV 2-3-12; CV 29-4-13).

28) En la venta de productos vacacionales mediante la redención de puntos (time sharing o sistema de **alojamiento por turnos**), la contraprestación de cada uno de los servicios de alojamiento que se presten como consecuencia de la redención de los puntos a los que el socio tiene derecho cada año está formada por la parte del importe inicialmente satisfecho por la adquisición del «derecho a puntos» que proporcionalmente se corresponda con los puntos redimidos para acceder al correspondiente servicio de alojamiento (DGT CV 2-4-12).
29) En la **dación en pago de deudas** de una planta industrial, la base imponible es la contraprestación pactada por las partes, salvo que resulte aplicable alguna de las reglas especiales de determinación de la base imponible (DGT CV 20-4-11). Ver nº 1721.
30) La base imponible del **servicio de distribución o promoción** del bono es la diferencia positiva entre el precio de venta efectuada por el emisor y la cantidad que este se obliga a abonar al empresario o profesional que va a realizar la entrega del bien o la prestación del servicio a que se refiere el bono cuando sea presentado por su tenedor para su redención, con el IVA incluido en ambos casos (DGT CV 22-11-19; CV 26-10-16).

1720 Jurisprudencia **1)** La base imponible de **IVA** es el precio efectivo. La base imponible en **AJD** es el valor declarado. Ambos conceptos, respetando las peculiaridades de sus respectivas bases imponibles, deben girar alrededor de los precios de mercado, pues sería ilógico que una misma compraventa pudiera valorarse de modo distinto desde la perspectiva de su contenido -entrega de bienes- y desde su forma -documento notarial- (TS 25-6-98, EDJ 18425).
2) Cuando el comprador paga el precio de una mercancía mediante una **tarjeta de crédito** y el emisor de la tarjeta abona dicho precio al comerciante, previa retención de un porcentaje en concepto de comisión remuneradora de una prestación de servicio de este último al comerciante que vende la mercancía, dicha retención debe estar comprendida en la base imponible del impuesto que el comerciante debe ingresar (TJUE 25-5-93, asunto C-18/92).
3) En el caso de máquinas automáticas con posibilidad de **premios en metálico**, la base imponible no incluye la parte, obligatoriamente fijada por la ley, del total de las cantidades apostadas que corresponde a los premios pagados a los jugadores (TJUE 5-5-94, asunto C-38/93). En el mismo sentido para la venta de cartones de **bingo** (TJUE 19-7-11, asunto C-377/11).
En un **concurso** en el que el promotor puede disponer libremente del importe jugado, el total del importe de las apuestas percibidas constituye la base imponible de la prestación de servicios efectuada para los jugadores en que consiste la organización del referido concurso (TJUE 17-9-02, asunto C-498/99).
4) La base imponible en las operaciones realizadas por **precio inferior al coste** de las operaciones es la contraprestación recibida. Solo se puede aplicar una regla especial de base imponible para las operaciones efectuadas por un precio inferior al normal de mercado o, en su caso, inferior al coste, cuando el Consejo de la UE haya autorizado al Estado miembro interesado a aplicar tal regla (TJUE 20-1-05, asunto C-412/03).

1721 **5)** La operación por la que se entregan unos terrenos a cambio de la extinción de determinadas deudas, debe calificarse como **dación en pago de deudas** y no como dación para pago, ya que además de la posesión se cede la propiedad, siendo libre la parte acreedora de disponer de los bienes libremente. Por eso, la base imponible se determina conforme a la regla general y no como permuta de bienes -nº 1862- (TEAC 15-2-06).
6) Forma parte de la base imponible el importe del **recargo por servicio** (propina), que el cliente debe abonar obligatoriamente y que se determina por adelantado, pues dicho recargo forma parte del precio total pagado por dicho cliente como contraprestación por el servicio ofrecido por el prestador (TJUE 29-3-01, asunto C-404/99).
Por el contrario, la **propina** que el cliente paga de forma espontánea y libremente a alguno de los empleados, de carácter puramente facultativo, no forma parte de la base imponible, pues se trata de un pago meramente voluntario y aleatorio, cuya cuantía es prácticamente imposible de determinar y al que no se aplica el IVA (TJUE 3-3-94, asunto C-16/93; 29-3-01, asunto C-404/99).
7) En una prestación de **servicios de transporte**, cuando la base imponible se determina de una forma global, la localización del lugar de la prestación de dichos servicios en el lugar en el que se realiza el mismo en función de las distancias recorridas, determina que el reparto de la base imponible entre los distintos lugares de prestación se base en dicho criterio específico (TJUE 6-11-97, asunto C-116/96).
8) La base imponible de una entrega de bienes es el importe total de la contraprestación que ha de pagar el cliente y que consta en la factura expedida por el vendedor, tanto si el cliente paga al contado al vendedor, como si paga **a plazos**, sin abono de intereses, a un tercero, entidad financiera, que a su vez abona al vendedor en función de pactos contractuales que ignora el comprador, un importe inferior al precio de venta (TJUE 15-5-01, asunto C-34/99).
9) En las **operaciones de cambio** en las que no se calcula comisión ni gasto alguno por lo que respecta a determinadas operaciones específicas, la base imponible está constituida por el resultado bruto de las operaciones obtenido por quien efectúa la prestación durante un período determinado. Determinar la contraprestación equivale a determinar el importe percibido por el banco por las operaciones de cambio, es decir, la retribución de las operaciones de cambio de la que puede disponer efectivamente por su propia cuenta (TJUE 14-7-98, asunto C-172/96).

10) La base imponible de las prestaciones de servicios efectuadas por los miembros del **consejo de administración** de una empresa está constituida por la retribución obligatoria estatutaria y no por las retribuciones variables (TEAC 9-6-09). 1722

11) No tienen la consideración de derramas aportadas al capital de una cooperativa de viviendas las **aportaciones extraordinarias** efectuadas por los cooperativistas para financiar la misma; forman parte de la base imponible de las entregas de viviendas (TS 24-9-09, EDJ 234686).

12) La base imponible de una entrega de un bien inmueble es el importe total de la contraprestación. Si hubo una **opción de compra**, que debe minorar el importe de dicha contraprestación, la base imponible de la compraventa es dicho importe minorado (TEAC 25-1-11).

13) Salvo que en la operación se den componentes que lleven a pensar objetivamente que se trata de una operación única; como norma general el **arrendamiento y el suministro de agua**, electricidad y calefacción y la eliminación de residuos deben considerarse como prestaciones diferentes, que no incrementan la base imponible del arrendamiento (TJUE 16-4-15, asunto C-42/14).

14) La normativa de la UE no se opone a una normativa nacional en virtud de la cual, si no se hallan en el almacén de un sujeto pasivo las mercancías que se le suministraron ni existe registro en su contabilidad de los documentos fiscales relativos a las mismas, la Administración tributaria puede presumir que dicho sujeto pasivo vendió esas mercancías a terceros y determinar la base imponible en función de los **datos fácticos** de que disponga (TJUE 5-10-16, asunto C-576/15).

15) En **ventas no declaradas**, la regularización que practique la AEAT ha de realizarse considerando el IVA incluido en los importes percibidos, no como un importe adicional (TS 19-2-18, EDJ 15265).

16) La **emisión de créditos** que permiten a los clientes del emisor participar en subastas on-line constituyen prestaciones de servicios efectuados a título oneroso, cuya contraprestación es el importe pagado a cambio de dichos créditos. El valor de los créditos utilizados para las pujas no debe considerarse como la contraprestación recibida por el sujeto pasivo a cambio de las entregas de bienes efectuadas a los usuarios que han ganado las subastas, ni en otras fórmulas de comercialización de características similares (TJUE 5-7-18, asunto C-544/16).

Contraprestación no conocida o indeterminada (LIVA art.80.Seis) Cuando la contraprestación no sea conocida en el momento del devengo del impuesto, por no poderse cuantificar los elementos determinantes de la misma, el sujeto pasivo debe fijarla de forma **provisional** aplicando criterios fundados; esto es, atendiendo a las circunstancias de la operación y al valor de mercado de los bienes entregados, o los servicios prestados. Una vez conocida la base imponible, debe procederse a su **rectificación** (nº 1490 s.) si la base imponible definitiva no coincide con la provisional. 1724

En ningún caso la falta de cuantificación de la contraprestación en el momento de devengo del IVA correspondiente a la operación puede traer consigo que la base imponible quede sin determinar.

Precisiones Las circunstancias que pueden ocasionar la **imposibilidad de cuantificación** pueden ser variadas. Así, por ejemplo, que los productos objeto de entrega estén sujetos a cotización en el mercado, o que exista una controversia fundada acerca de la cuantificación de la operación, o bien que la contraprestación se fije en función de parámetros variables que no resulten conocidos al producirse el devengo del IVA correspondiente a la operación.

Doctrina Administrativa Además de las siguientes contestaciones de la DGT, ver el nº 8752 y nº 11000 s. 1725

1) Cuando en la contraprestación acordada entre las partes se aplace el pago de una parte hasta el momento en que se produzca una determinada **circunstancia probable** pero no segura, la base imponible está formada por el importe total de la contraprestación, incluida la parte aplazada, sin perjuicio de su posterior rectificación (DGT 22-5-98; 6-9-00). Lo expuesto es aplicable respecto al **aplazamiento del pago** de una contraprestación hasta la finalización de una promoción inmobiliaria (DGT 26-10-04). El importe total de la contraprestación está formado por el precio global del terreno, esto es, las cantidades entregadas anticipadamente a la firma de la escritura así como la parte del precio aplazado hasta la conclusión de las obras de urbanización (DGT CV 15-10-09).

2) Aunque exista un **procedimiento contencioso administrativo** entre una empresa y un ayuntamiento, debe determinarse provisionalmente el importe de la base imponible (DGT CV 30-3-07).

3) En una **cesión de derechos de imagen** de un deportista, la base imponible se fija como el mayor importe de dos conceptos: uno fijo y otro variable dependiente de los beneficios del cesionario en la explotación de los citados derechos. La base imponible debe fijarse provisionalmente con base en criterios fundados, sin perjuicio de su rectificación cuando dicho importe sea conocido (DGT CV 9-10-08).

4) Al no conocerse el importe exacto de la contraprestación hasta que no se cierra el ejercicio económico (**transporte de viajeros**) y no conocerse los datos exactos necesarios para el cálculo de la base imponible, dicha base, correspondiente a cada una de las operaciones facturadas mensualmente, se debe fijar de forma provisional hasta el momento en que se conozca de manera definitiva y exacta (DGT CV 8-2-10; CV 9-3-16).

1726 **5)** Una entidad se dedica a la **defensa y gestión colectiva** de los derechos de propiedad intelectual de sus socios. En los contratos de cesión de derechos la contraprestación se fija en función de la información facilitada por el autor. A falta de una contraprestación cierta, se debe fijar un importe basado en criterios fundados que constituya un criterio razonable que se mantenga de forma homogénea en el tiempo. A los efectos de valoración de las pruebas hay que estar a lo dispuesto en el Código civil y la Ley de Enjuiciamiento Civil, teniendo en cuenta que en nuestra normativa rige el principio general de valoración libre y conjunta de las pruebas aportadas (DGT CV 4-3-15; CV 17-7-15).

1727 Jurisprudencia **1)** La posibilidad de someter a tributación una operación no requiere que el sujeto pasivo que entregue los bienes o preste el servicio, ni la otra parte de la operación, conozcan el importe exacto de la contraprestación que sirve de base imponible, careciendo de relevancia que **las partes no conozcan la base** sobre la que se aplicará el IVA en el momento de efectuarse la operación (TJUE 24-10-96, asunto C-288/94).
2) En relación con las operaciones de carácter oneroso, pero cuya contrapartida efectiva dependa de **incidentes futuros** como el transcurso del tiempo, la base imponible debe definirse en función, entre otros factores, del interés devengado durante un período de aplazamiento del pago, aún no conocido en el momento de la celebración de la operación sujeta (TJUE 27-10-93, asunto C-281/91). En sentido contrario, TJUE 10-11-16, asunto C-432/15.

B. Integración en la base imponible de determinados conceptos

(LIVA art.78.Dos y Tres)

1730

1731 Aunque íntimamente relacionada con el precio, la **contraprestación** no se identifica exactamente con este, y puede no coincidir con él. La contraprestación, a efectos del IVA, es el resultado de adicionar y restar del precio, cuando así proceda, determinados conceptos.
Están **incluidos** en el concepto de contraprestación los gastos de comisiones, portes y transportes, seguros, primas por prestaciones anticipadas y cualquier otro crédito efectivo a favor de quien realice la entrega o preste el servicio, derivado de la prestación principal o de las accesorias a ella. Por el contrario, están **excluidos** de la misma los intereses por el aplazamiento en el pago del precio en la parte en que dicho aplazamiento corresponda a un período posterior a la realización de la operación, y otros conceptos, según se expone a continuación.

1732 **Intereses** (Dir 2006/112/CE art.78; LIVA art.78.Dos.1º) En relación con este concepto, que debe entenderse incluido dentro de la expresión «cualquier crédito efectivo», hay que distinguir dos posibilidades:
a) Quedan **incluidos en la base imponible** del IVA cuando se produzca cualquiera de las siguientes circunstancias:
- que correspondan a un período anterior a la realización de las operaciones. Este momento se determina aplicando las reglas del devengo (nº 1200 s.);
- cuando no constituyan la retribución de operaciones financieras de aplazamiento o demora en el pago del precio, exentas del IVA (nº 960 s.);
- cuando no se especifiquen separadamente en factura;
- cuando excedan del tipo de mercado aplicable, por el exceso correspondiente.
b) Por el contrario, **no forman parte de la base** imponible los intereses cuando concurran todas y cada una de las circunstancias siguientes:
- que correspondan a un período posterior a la realización de las operaciones;
- cuando constituyan la retribución de operaciones financieras de aplazamiento o demora en el pago del precio, exentas del IVA (nº 960 s.);

- que se especifiquen separadamente en factura, si bien no se trata de una de las menciones obligatorias (Rgto Fac art.6);
- que no excedan del tipo de mercado aplicable.

Precisiones 1) La regulación actual de este tema es consecuencia de una sentencia del TJUE, que vino a considerar que los **intereses derivados del pago aplazado** de una operación deben considerarse como la retribución de una operación financiera que debe tener el mismo tratamiento exento que las operaciones financieras efectuadas por terceros distintos del proveedor consistentes en la concesión de un crédito (TJUE 27-10-93, asunto C-281/91). 1734

2) Los intereses de financiación de las operaciones de **factoring** que no se incluyen en la base imponible del IVA no pueden exceder del tipo de interés usual para estas operaciones. Las cantidades que excedan de este importe se consideran como contraprestación de operaciones no exentas y se incluyen en la base imponible (DGT Resol 1/2004).

Ejemplos **1)** Serv., S.A., es una empresa dedicada a la venta por correo de artículos para el hogar. 1736
Alberto P ha comprado un equipo de música cuyo precio ascendía a 900 €, **aplazando el pago** mediante 24 pagos de 50 € cada uno, incluidos gastos de envío. En los recibos no se desglosan los intereses, ni tampoco se hace mención a los mismos en la publicidad.
Aunque se trata de un supuesto de entrega de bienes con aplazamiento del precio, al no desglosarse los intereses en los recibos, la base imponible de la operación es el importe total satisfecho por el cliente, es decir, 1.200 € (24 × 50 €). Dentro de la misma y como un gasto accesorio debe considerarse incluido el importe de los gastos de envío.
2) Alberto P ha formalizado un contrato de **compra de un apartamento** en la playa. El importe total asciende a 90.000 €. En el momento de la entrega del apartamento ha pagado 18.000 €, subrogándose en un **préstamo hipotecario** otorgado por una entidad financiera por importe de 60.000 € a cinco años, cuyos intereses ascienden a 7.200 €. La promotora le financia los 12.000 € restantes, ascendiendo los intereses a 1.800 €. Tanto la entidad financiera como la promotora aplican intereses de mercado, si bien esta última más elevados, emitiendo ambas empresas documentos de cobro con el correspondiente desglose de intereses y amortización, conforme a las tablas de financiación acordadas.
La base imponible de la operación es de 90.000 €. Tanto los intereses derivados del préstamo hipotecario concertados con la entidad financiera, como los derivados de la operación financiera concertada con la promotora, no forman parte de la base imponible, por corresponder a un período posterior a la entrega del apartamento, aunque en el caso de la promotora sean superiores a los aplicados por la entidad financiera y se hagan constar separadamente en los documentos de cobro.

3) Mueblasa ha realizado una entrega de muebles a un cliente por importe de 6.000 €, acordándose la forma de pago mediante un **efecto a 90 días**, devengándose un cargo por intereses de 120 €. Llegado el vencimiento el efecto **no es atendido**, produciéndose unos gastos de devolución de 150 € y emitiéndose un nuevo efecto a 30 días, en el que se incluyen unos intereses moratorios de 40 €. 1737
La **base imponible** se determina de la forma siguiente:

a) En la **entrega de bienes**:

Importe	6.000
Intereses por aplazamiento pago	0
Base imponible	6.000

Los intereses por aplazamiento en el pago de la operación no forman parte de la base imponible siempre que, como sucede en el supuesto, sean posteriores a la operación, se correspondan con el interés de mercado, y se especifiquen separadamente en factura.

b) Por el **impago del efecto**:

Gastos de devolución	150
Intereses por demora en el pago	40
Base imponible	0

Los intereses moratorios no forman parte de la base imponible a efectos del cálculo de la cuota correspondiente. Los gastos por devolución de efectos tampoco, pues tienen la consideración de indemnizaciones (nº 1801).

Doctrina Administrativa Además de las siguientes contestaciones de la DGT, ver el nº 8753 y el nº 11000 s. 1740

1) Forman parte de la base imponible los **gastos de negociación de las letras de cambio**, a cuyo importe se compromete a hacer frente el cliente, ya que dicho compromiso económico de pago constituye un crédito efectivo en favor del proveedor, y dichos gastos no tienen la consideración de intereses, a efectos de su exclusión de la base imponible (DGT 16-1-94). Respecto de los gastos del timbre de las letras, ver el nº 1757.

2) Los intereses establecidos por una Ley o una decisión judicial como consecuencia del retraso en el pago del precio y que tengan **naturaleza indemnizatoria** no forman parte de la base imponible, ya que estos intereses constituyen una indemnización que no es contraprestación o compensación de operaciones sujetas (DGT CV 17-2-12). Entre otros, los establecidos en la Ley de Contratos de las Administraciones Públicas (DGT 14-3-01; 9-9-02).
3) Los intereses por aplazamiento o demora en los **pagos anticipados**, anteriores a la entrega de unas viviendas, forman parte de la base imponible (DGT CV 11-4-07). Los intereses como consecuencia de la **demora en el pago** del precio correspondiente a una operación comercial no forman parte de la base imponible (DGT CV 1-9-09; CV 12-4-10).
4) En la constitución de una **renta vitalicia a cambio de un bien inmueble**, no forma parte de la contraprestación el componente financiero, puesto que dicha renta comienza a satisfacerse con posterioridad a la entrega del bien (DGT 23-5-01).

1741 **5)** Los **intereses de demora** que proceda liquidar por aplicación de la Ley General Tributaria, correspondientes a la liquidación fuera de plazo de determinada tasa, no forman parte de la base imponible del IVA en que consiste la prestación de servicios cubierta con dicha tasa (DGT 23-4-99; 24-9-02).
Tampoco se incluyen en la base imponible los intereses por demora en el pago del precio de las operaciones, establecidos conforme a la normativa de **lucha contra la morosidad** (DGT CV 18-7-07).
6) Ha de considerarse, como regla general, que los intereses derivados del **aplazamiento o demora en el pago** del precio se incluyen en la base imponible correspondiente a las respectivas entregas de bienes y prestaciones de servicios, cuando se devenguen con anterioridad a la fecha de su realización. Por el contrario, aquellos otros intereses que se devenguen con posterioridad a la realización de dichas operaciones no se incluyen en la base imponible, sin perjuicio de su consideración como contraprestación de operaciones financieras y su tratamiento a otros efectos (DGT CV 30-10-07; CV 8-4-13; CV 10-7-13).
7) No forma parte de la base imponible de una entrega de bienes el denominado **recargo financiero** incluido en la factura, puesto que dicho concepto corresponde al aplazamiento del pago (DGT 1-10-03; CV 16-5-08; CV 7-6-10). No forman parte de la base imponible los intereses por el atraso del pago de la parte dineraria de la contraprestación en una permuta de bienes (DGT CV 22-4-10).
8) No forma parte de la base imponible de las operaciones efectuadas por un ente público, el importe del **recargo de apremio**, liquidado en período ejecutivo, correspondiente a las cuotas de urbanización, que tiene la consideración de ingreso de derecho público (DGT CV 19-12-12).

1742 **9)** En la base imponible correspondiente a las **operaciones de leasing** no se incluye el importe relativo a los intereses de demora satisfechos por el arrendatario al arrendador como consecuencia del retraso en el pago de las cuotas correspondientes, por referirse a un período posterior a la realización de las operaciones, cuando dichos importes tengan la consideración de intereses, se especifiquen separadamente en factura y no excedan del tipo de mercado aplicable. Así ocurre con los intereses de demora establecidos por una sentencia judicial, en la medida en que tengan por finalidad indemnizar a la entidad de leasing por el retraso en el pago de las cuotas por parte del deudor (DGT CV 29-3-12).
Los intereses o **carga financiera** de las prestaciones de servicios de arrendamiento financiero forman parte de la base imponible de las citadas operaciones, por no corresponder a un momento posterior a su realización (DGT CV 29-4-05; CV 26-5-16).
10) Una entidad mercantil (**urbanizadora**) ha suscrito con otras dos entidades un contrato por el que estas últimas se obligan a transmitir a la primera terrenos y aprovechamientos urbanísticos, a cambio de un canon monetario y parcelas urbanizables. La urbanizadora se obliga a aceptar la transmisión de los terrenos y aprovechamientos urbanísticos que las otras entidades pongan a su disposición abonando el canon pactado en cada caso. No obstante, conserva la posibilidad de no adquirir los terrenos y aprovechamientos puestos a su disposición a cambio del pago de una compensación, denominada **coste financiero.** La entidad mercantil ha aplazado la adquisición de los terrenos y aprovechamientos que las propietarias habían puesto a su disposición renunciando a su adquisición y comprometiéndose a abonar la compensación sobre el canon correspondiente a los mismos. El pago de la compensación constituye la contraprestación de intereses devengados con anterioridad a la realización del hecho imponible y que, por tanto, forman parte de la base imponible de las entregas de terrenos y aprovechamientos urbanísticos que la promotora va a adquirir en todo caso (DGT CV 31-5-13).

1745 Jurisprudencia Ver otros pronunciamientos en el nº 8758.
1) Un proveedor de bienes o servicios que permita a su cliente **aplazar el pago** del precio mediante el pago de intereses, concede, en principio, un crédito exento conforme a la normativa comunitaria. No obstante, cuando un proveedor concede a su cliente aplazamiento de pago mediante el pago de intereses, pero únicamente hasta el momento de la entrega, dichos intereses no constituyen la retribución de un crédito, sino un elemento de la contraprestación obtenida por la entrega de los bienes o la prestación de servicios (TJUE 27-10-93, asunto C-281/91). En sentido contrario, por considerarlo una operación única, TJUE 8-12-16, asunto C-208/15.

2) Si en la escritura de compraventa de una finca se pacta excepcionalmente que el **vendedor conserva la posesión**, por lo que no se produce el efecto traslativo del dominio y, posteriormente, se otorga nueva escritura, en la que se hace constar la entrega de la posesión, es en este último momento cuando debe entenderse producida la entrega y el devengo del IVA. Los intereses incluidos en los pagos anteriores deben incluirse en la base imponible e imputarse proporcionalmente a cada uno de dichos pagos (TEAC 24-11-97).

3) Forman parte de la contraprestación los intereses satisfechos antes de la entrega del bien como consecuencia de la **obligación contractual** de hacer frente a los mismos por la parte compradora, que corresponden a un préstamo hipotecario suscrito por el vendedor (TEAC 25-4-01; 10-4-02).

Gastos accesorios (Dir 2006/112/CE art.78.b; LIVA art.78.Dos.1º) Se incluyen en el concepto de contraprestación y, por tanto, en la base imponible, los gastos de comisiones, portes y transporte, seguros, primas por prestaciones anticipadas y cualquier otro crédito efectivo a favor de quien realice la entrega o preste el servicio, derivado de la prestación principal o de las accesorias a la misma. Se incluyen, por tanto, los gastos de **carácter complementario** y accesorios a la operación principal. **1751**

Para que estos gastos resulten incluidos en la base imponible correspondiente a una operación, constituye un requisito fundamental que el empresario o profesional que la realiza y que incluye tales gastos en la factura que documenta dicha operación, haya actuado **en nombre propio** en la realización de tales gastos, aunque traslade su importe a sus clientes. Por el contrario, si el empresario o profesional que realiza la operación ha realizado los gastos **en nombre y por cuenta de sus clientes**, dichos gastos pueden tener la condición de suplidos y, consecuentemente, si cumplen determinados requisitos, no forman parte de la base imponible (nº 1828).

Doctrina Administrativa Además de las siguientes contestaciones de la DGT, ver el nº 11000 s. **1753**

1) En la **redacción de proyectos** para terceros, que luego son visados en el Colegio Oficial correspondiente, la base está constituida por el total de la contraprestación a percibir del cliente, incluyendo el importe de los **derechos de visado** que le son trasladados, por haber sido previamente satisfechos por el profesional en su Colegio Oficial (DGT 3-8-98).

2) La base imponible de las **entregas de agua** es la contraprestación total de las mismas que perciba la entidad suministradora de los destinatarios de las referidas entregas, cualquiera que sea su denominación. Los servicios de arrendamiento y **conservación de contadores** e instalación de acometidas no son servicios accesorios de la actividad principal y, por lo tanto, la base imponible correspondiente a estos servicios se debe determinar por separado (DGT CV 4-10-11; CV 4-10-11).

3) Un servicio de **transporte accesorio** a la entrega del bien, por no constituir para la clientela un fin en sí mismo, sino el medio de disfrutar en las mejores condiciones de la prestación principal (la entrega del bien), forma parte de la base imponible de la entrega del bien (DGT 13-1-00; CV 25-1-16; CV 12-5-05). Incluso si el importe del propio transporte es superior al del bien -libro- (DGT CV 28-9-09; CV 24-5-10). Ver también el nº 1888.

Los denominados servicios de **gestión de la entrega** (empaquetado, envío, transporte, facturación y gestión de cobro, entre otros) no constituyen para el distribuidor un fin en sí mismo, pues la única operación relevante es la entrega de la mercancía (distribución a través de plataforma web) en el domicilio del cliente, por lo que al ser servicios accesorios, tributan como una única operación de entrega (DGT CV 30-11-16).

4) Una empresa que realiza servicios de **asistencia en carretera** para una compañía aseguradora, en ocasiones contrata en nombre propio plazas hoteleras para los clientes de dicha compañía. El servicio de **alojamiento** no es un fin en sí mismo para la empresa, sino el medio de conseguir que le presten el servicio (asistencia) en las mejores condiciones que, a su vez, debe prestar a sus clientes (los viajeros) dentro de un contrato de asistencia en carretera o similar. No se trata de un suplido y, por tanto, forma parte de la base imponible de los servicios prestados por la empresa a la entidad aseguradora (DGT 12-2-04). **1754**

5) Una empresa se dedica a la prestación de servicios de **organización de congresos**, llevando a cabo el alquiler de locales, instalación de estands, contratación de azafatas, ponente, fotógrafos, etc. Además, también presta servicios de **alojamiento y transporte** para ponentes y congresistas. Los servicios de alojamiento y transporte no son accesorios de los de organización de congresos (DGT 19-1-01; 30-10-03).

6) En la venta de derechos de **emisión de gases de efecto invernadero** la base imponible es el precio de adquisición de los derechos junto con las comisiones y aquellos otros costes incurridos en la venta, así como el margen comercial correspondiente (DGT CV 9-2-16).

7) Se incluyen en el **concepto de contraprestación**: **1755**
- los gastos derivados de dietas, utilización de autopistas de peaje y primas de seguros, que se trasladen al cliente en los servicios de **transporte de viajeros** (DGT 30-1-86);
- las primas del **seguro obligatorio** de viajeros repercutidas a los usuarios de servicios de transporte (DGT 30-1-86);

- el importe del seguro en las operaciones de **transporte de mercancías** (DGT 8-3-02); el coste del seguro del transporte en los servicios de **mensajería** (DGT CV 4-2-08);
- el importe del seguro contratado en favor del cliente en un servicio de **mudanza** (DGT 24-4-01; CV 19-4-16);
- los gastos de alojamiento y manutención que se trasladen al cliente en los servicios de **transporte de vehículos** por carretera (DGT 31-5-04);
- las cantidades percibidas por los peritos **tasadores de seguros** de sus clientes en concepto de gastos de locomoción, hospedaje, fotografías y otros análogos efectuados para la realización de sus servicios profesionales (DGT CV 3-10-86);
- los gastos de **restaurantes, hoteles, teléfono**, autopistas, desplazamientos y otros análogos efectuados por el sujeto pasivo para la realización de las operaciones sujetas al impuesto, que sean repercutidos a sus clientes y constituyan créditos a su favor (DGT 30-6-06; CV 28-5-07; CV 25-9-09), cualquier crédito efectivo (desplazamiento u hostelería) en que incurran los comerciales que actúan por cuenta de la empresa (DGT CV 8-7-10). Ver también el nº 1841;
- en el **arrendamiento de vehículos**, las cantidades que se repercutan por el arrendador al arrendatario en concepto, entre otros: de los días de alquiler, kilómetros recorridos, seguro por los días de arrendamiento y combustibles (DGT CV 12-2-86). También las **multas y sanciones** que el arrendador de los vehículos repercuta al arrendatario derivadas de su uso (DGT 21-10-02);
- en un contrato de arrendamiento de vehículos mediante **renting**, cuando la **póliza de seguro** cubre los daños a terceros y propios del vehículo arrendado y dicha póliza es suscrita en nombre propio por dicha entidad, su importe forma parte de la base imponible de la operación de arrendamiento. Si la póliza se suscribe por el cliente contando con la intermediación en nombre ajeno de la empresa de renting, su importe no forma parte de la base imponible del arrendamiento (DGT 9-7-01). Mismo criterio en el caso de renting de calderas (DGT 14-4-04);

1756 - los **embalajes**, portes y franqueo, gastos de **franqueo**, cuyo importe se traslada al cliente, en la distribución de revistas por correo (DGT 17-3-04) o en una campaña de publicidad (DGT 30-3-04; 7-11-03);
- los **honorarios profesionales** y las cantidades repercutidas al cliente en concepto de productos suministrados, documentos oficiales utilizados, tasas devengadas y cualquier otro crédito por los profesionales veterinarios (DGT 12-5-86; 13-11-03; CV 11-11-10);
- los servicios prestados por **intérpretes** de conferencias (DGT 30-3-04);
- el importe de los gastos de contratación de mozos para la **carga y descarga** de mercancías (DGT CV 5-12-86);
- las cantidades percibidas de los clientes por las **demoras en la devolución** de los contenedores cuyo uso se les hubiese cedido (DGT CV 1-12-86);
- en los **arrendamientos de locales comerciales**, además de la propia renta y las cantidades asimilables a la misma, se incluyen en la base imponible, entre otros, los siguientes gastos: de comunidad; calefacción, agua, luz, teléfono, gas y otros suministros análogos; IBI, arbitrios, tasas y contribuciones que graven el bien arrendado; repercusiones por obras, gastos por reparaciones, basura, etc., siempre que, según las cláusulas contractuales o los pactos entre las partes, se repercutan por el arrendador al arrendatario (DGT CV 21-5-12; CV 11-7-16). En el mismo sentido, si son trasladados a los particulares cesionarios del derecho de uso de plazas de aparcamiento (DGT CV 4-4-12; CV 19-3-14); el IBI y la tasa de basuras trasladadas a particulares por el subconcesionario de una plaza de aparcamiento (DGT CV 14-2-14).
Solo se debe **repercutir el gasto real** correspondiente a dichos servicios, excluido el IVA que grava los mismos, ya que normalmente el arrendador puede deducir el IVA soportado en los gastos o suministros contratados. No obstante, si por acuerdo entre las partes o decisión del arrendador, se repercute al arrendatario una cantidad superior al gasto efectivamente realizado, incluyendo, entre las cantidades que por estos conceptos se cobra al arrendatario, partidas que no constituyen gastos reales, esa cantidad superior también forma parte de la base imponible sujeta a gravamen (DGT CV 12-7-11; CV 10-9-14).
También forman parte de la base imponible del arrendamiento los gastos de **rehabilitación** asumidos por el arrendatario (DGT CV 9-5-08), el importe de las obras de remodelación que el arrendador repercute al arrendatario (DGT CV 7-9-11), el **canon municipal** de explotación anual de un aparcamiento (DGT CV 8-5-09) y el importe inicial exigido por el arrendador al arrendatario, con independencia de la renta, en concepto de **compensación por cese en el negocio** llevado a cabo por el arrendador (DGT CV 15-11-11);
- en la **actividad de acampamento** (arrendamiento de caravanas y casas móviles), el importe total de la contraprestación percibida, con exclusión de los importes que tengan la consideración de suplidos. Por lo tanto, y salvo que tengan la consideración de suplidos, los gastos de agua y luz en los que incurra el arrendador cuyo importe traslade al cliente final, también forman parte de la base imponible (DGT CV 16-11-06);

1757 - los **gastos del «timbre»** devengados como consecuencia de la utilización como medio de pago de **efectos cambiarios**, en la medida que dichos importes constituyen un crédito efectivo frente a los clientes (DGT 8-7-98);

- en las operaciones de **derribo de edificios** y cavado de zanjas, las prestaciones accesorias de transporte de escombros, tierras y piedras a vertederos (DGT 11-4-01);
- los materiales aportados en las reparaciones o **instalaciones a domicilio** (DGT 4-10-99);
- en los servicios de **gestión de cobro**, el importe del correo cobrado a los clientes (DGT 24-4-01); el importe que se cobra por **gastos de correo o de franqueo** debe formar parte de la base imponible de los servicios de gestión de cobro y de depósito y gestión de una cartera de valores (DGT CV 29-11-04; CV 30-6-06);
- las cantidades que los laboratorios satisfagan en concepto de cuota de adhesión al sistema de **recogida de envases y residuos** de envases farmacéuticos a la entidad gestora de dicho sistema (DGT 18-12-01);
- en la cesión del derecho a reproducir una «planta matriz», el **derecho de reproducción** (DGT 7-11-01);
- el importe que en concepto de **garantía** originaria de un vehículo se cobra como más importe de la contraprestación en la entrega de un vehículo «kilómetro cero» (DGT 10-10-03). Ver en el nº 1810 el criterio de la DGT en relación con reparaciones cubiertas por garantías;
- las **extensiones de garantía**, contratadas simultáneamente a la adquisición de los equipos a que se refieren (DGT CV 23-10-07; CV 21-12-07; CV 12-7-10);
- el importe de los **materiales** utilizados en una ejecución de obra inmobiliaria (DGT CV 1-2-08);
- los gastos de **colegiación, mutualidad** y servicio médico que un abogado traslada a la empresa con la que colabora (DGT CV 23-10-08);
- los gastos de consumo de **combustible, seguros**, portes de entrega y recogida, etc. incurridos en el alquiler de maquinaria industrial y medios de transporte (DGT CV 1-4-08);
- los gastos del **transporte de agua** accesorios a la entrega (DGT CV 7-8-09);
- un servicio de **catering** accesorio a unos cursos formativos (DGT CV 22-1-10);
- la entrega de un **decodificador** accesoria a la contratación de una línea ADSL (DGT CV 1-9-09);
- el coste de **gestión de los aceites usados**, generados tras el uso de aceites industriales (DGT CV 6-5-10);
- el importe por el concepto de **atención personal** en la venta de un libro (DGT CV 24-5-10);
- los gastos por **comisiones de gestión financiera** (DGT CV 31-5-13);
- lo facturado por el **término fijo de potencia**, el término variable de peaje de acceso a las redes de transporte y distribución, el coste de la energía eléctrica, el margen de comercialización y el alquiler de los equipos de medida -contadores- (DGT CV 3-8-15);
- la refacturación del **suministro de electricidad** por un ayuntamiento al concesionario del servicio de la piscina municipal (DGT CV 23-11-16);
- las comisiones y los demás conceptos que se perciban por los servicios de mediación o de acceso -entradas- a **espectáculos deportivos** -fútbol- (DGT CV 22-12-16).

Jurisprudencia **1)** En un **arrendamiento de vehículo** sin conductor de larga duración (tres años) integran la base imponible los servicios de mantenimiento y los seguros (TEAC 12-5-98). **1759**
2) Se considera una **prestación accesoria** de una prestación principal cuando no constituye para la clientela un fin en sí mismo, sino el medio de disfrutar en las mejores condiciones del servicio principal del prestador (TJUE 21-2-13, asunto C-18/12; 10-11-16, asunto C-432/15). Adicionalmente ver el nº 1891.
3) La base imponible en la entrega de un **obsequio** que constituye la contraprestación por la **captación de un nuevo cliente** incluye, además del precio de compra de dicho obsequio, los gastos de envío cuando corren a cargo de quien entrega el obsequio (TJUE 3-7-01, asunto C-380/99).
4) La base imponible del **suministro de gas** comprende el propio suministro mediante la botella de gas butano y otra que es accesoria, correspondiente al importe en concepto de garantía de devolución del citado envase (TEAC 21-10-02).
5) Los **gastos de comunidad** que el arrendador traslada al arrendatario forman parte de la base imponible del arrendamiento; no tienen la consideración de suplidos (TEAC 21-3-01).
6) Una operación por la que un operador **entrega bienes** a un agricultor y le concede un **préstamo** destinado a la compra de dichos bienes constituye una operación única, y su base imponible está constituida tanto por el precio de los bienes como por los intereses pagados por los préstamos (TJUE 8-12-16, asunto C-208/15).
7) En los contratos de obra, bajo la modalidad de abono total del precio en el momento de finalización de la misma, la **compensación financiera por la demora** en el pago satisfecha por la Administración no puede considerarse más que una prestación accesoria de la operación principal, la entrega de bienes en que consiste la ejecución de obras (TEAC 24-11-16).

Subvenciones (Dir 2006/112/CE art.73; LIVA art.78.Dos.3º) Se distinguen dos tipos: **1761**
a) Las subvenciones **directamente vinculadas al precio** de las operaciones sujetas al impuesto. Forman parte de la base imponible. Se consideran subvenciones vinculadas al precio aquellas en las que concurran los siguientes **requisitos** (TJUE 22-11-01, asunto C-184/00; 15-7-04, asunto C-381/01; DGT CV 10-5-06):
- que la subvención constituya, total o parcialmente, la **contraprestación**, es decir, que cubra totalmente el precio de la operación, o bien solo una parte, haciendo frente al resto el destinatario de la operación;

- que la **cuantía** de la subvención se determine con anterioridad a la realización de las operaciones a que se refiera;
- que la subvención se establezca en función del **número de unidades** entregadas o del volumen de los servicios prestados;
- que la subvención sea **entregada al sujeto pasivo** que efectúa las correspondientes operaciones;
- que la subvención sea **concedida por un tercero** que, generalmente, es un ente público.

Hay que señalar que, de las condiciones indicadas, la LIVA solo exige expresamente las citadas en los guiones segundo y tercero.

Con el objeto de clarificar el concepto de subvención vinculada al precio, a efectos de su inclusión en la base imponible del IVA, no tienen esa consideración, ni integran en ningún caso el importe de la contraprestación, las **aportaciones dinerarias** que las Administraciones públicas realicen para financiar:

1. La gestión de servicios o de **fomento de la cultura** en los que no exista una distorsión significativa de la competencia.

2. Actividades de **interés general** en las que los destinatarios no sean identificables y no satisfagan contraprestación.

La percepción de estas subvenciones, que no forman parte de la base imponible del tributo, tampoco limita el derecho a la deducción de quienes las reciban (LIVA art.93.Cinco).

1763 **b)** Las subvenciones **no vinculadas al precio**. No forman parte de la base imponible aunque, económicamente, contribuyan indirectamente a la formación de tales precios, reduciendo la contraprestación de las operaciones que se efectúan en el marco de una actividad que está afectada por una subvención. En particular se excluyen las siguientes subvenciones:
- las de **capital**;
- las destinadas a cubrir los **déficits de explotación** que no se establezcan en función del número de unidades entregadas o del volumen de servicios prestados, ni con anterioridad a la realización de las operaciones;
- las concedidas para **programas de investigación**, que normalmente no se vinculan al precio de ninguna operación. No obstante, sí se incluyen en la base aquellas en las que la concesión de la subvención implique la cesión de algún derecho por el subvencionado al ente público concedente de la ayuda, sobre el resultado de la investigación realizada.

En ocasiones -fundamentalmente, cuando se trate de operaciones efectuadas para entes públicos-, se utiliza la palabra subvención para designar lo que en realidad es el precio, en sentido estricto, de la operación realizada por el empresario que percibe la denominada subvención. El concepto de subvención, en sentido propio y como se ha señalado, implica que su concedente es distinto del destinatario de la operación financiada con esta; si el concedente de la subvención es dicho destinatario, nos hallamos más bien ante el precio de la operación.

1764 Precisiones **1)** La filosofía que subyace en la inclusión en la base imponible de las **subvenciones vinculadas** al precio de las operaciones radica en la propia naturaleza del impuesto, como un tributo que grava el consumo, pues dicha finalidad no se cumpliría si parte de la contraprestación, constituida por la subvención, quedara excluida de gravamen.

2) A efectos del IVA es indiferente que las subvenciones sean **privadas** o públicas.

3) Las ayudas y subvenciones otorgadas a **Renfe Viajeros SME SA**, para la reducción del precio de abonos y títulos multiviaje no se consideran subvención vinculada al precio (RDL 11/2022 art.10.11; RDL 20/2022 art.56.11; RDL 8/2023 art.73.11; RDL 1/2025 art.21; RDL 17/2025 art.4.4 y 23.4).

1765 Ejemplo Una **Comunidad Autónoma** tiene establecidas unas ayudas (subvenciones) para la **reforestación** de su territorio. Dichas ayudas, que consisten en determinados importes en función de la superficie repoblada y el tipo de repoblación, puede solicitarlas bien el propietario de los terrenos donde se lleve a cabo la reforestación, bien los sujetos pasivos que prestan los servicios de reforestación a dichos propietarios.

La base imponible del servicio está constituida por el importe total de la contraprestación, aunque sea satisfecha por un tercero (Comunidad Autónoma) distinto del destinatario de los trabajos.

Quien realiza el trabajo de reforestación debe repercutir el impuesto sobre el destinatario (propietario de la finca reforestada), expidiendo la correspondiente factura.

1767 Doctrina Administrativa Además de las siguientes contestaciones de la DGT, ver el nº 8753.1 y nº 11000 s.

1) No constituye una subvención vinculada al precio la percibida de un ayuntamiento por una persona que **edita y distribuye un periódico gratuitamente**, y por lo que no percibe más ingreso que la subvención señalada (DGT 16-11-98).

2) Deben incluirse en la base imponible las ayudas **comunitarias** a las empresas transformadoras de **tomate** (DGT 25-9-01); las primas percibidas por las agrupaciones de **productores de tabaco** (DGT 8-5-01; 28-5-02); ayudas que perciban las organizaciones de productores por las entregas de **cítricos** a empresas transformadoras (DGT 6-4-01; 22-5-01; 8-11-01); ayudas a los productores de **aceitunas** (oleicultores) correspondientes a las entregas que realicen de dichos productos (DGT 26-11-02; CV 21-3-05; CV 7-12-07); las ayudas a los productores de **semillas** (DGT 9-10-03); determinadas subvenciones destinadas a garantizar la financiación de los programas de actividades de las organizaciones autorizadas del **sector oleícola** (DGT 23-3-04); y las primas al **sacrificio de bovinos** (DGT 17-9-03; 5-12-03; 5-12-03). No obstante, ver en el nº 1768 sobre las ayudas comunitarias.

3) Las ayudas comunitarias a empresarios productores de **alfalfa deshidratada** no forman parte de la base imponible y, por tanto, los agricultores en régimen general no deben incluir su importe en la base imponible del tributo correspondiente a las operaciones (DGT CV 7-3-06). Tampoco las ayudas a empresas de **forrajes desecados** (DGT CV 3-2-05).

4) Las **ayudas a la producción de aceite de oliva** en el sector de materias grasas y las relativas a la producción de aceitunas de mesa están reguladas de forma sustancialmente idéntica a las referidas en el Rgto CE/603/95 (actualmente Rgto UE/1308/2013). A la vista de la jurisprudencia del TJUE, las ayudas mencionadas no pueden formar parte de la base imponible (DGT CV 24-6-08).

5) Se consideran **subvenciones no vinculadas al precio** las percibidas: **1768**

- para la financiación de proyectos de **investigación** que vayan a integrar el inmovilizado del perceptor, que se asimilan a las subvenciones de capital destinadas a la compra de determinados bienes y servicios (DGT 8-7-98);
- la denominada **déficit de explotación** que se cuantifica como la diferencia entre los ingresos derivados de la prestación de servicios de transporte y los gastos necesarios para su obtención, no guardando ninguna relación con el volumen de servicios prestados ni determinándose antes de su prestación (DGT 21-2-00; 16-2-01; CV 22-9-15); la destinada a cubrir el déficit de explotación de un servicio municipal de transporte (DGT CV 11-3-11; CV 29-4-11; CV 17-1-18; CV 27-2-20).
- para **restablecer el equilibrio económico financiero** del contrato de obra pública adjudicado, derivado de un mayor coste de las expropiaciones establecidas en el propio contrato de concesión, ya que su cobro se debe a una causa sobrevenida que reviste una naturaleza indemnizatoria (DGT CV 30-11-16);
- por una persona física que tributa en el IRPF en estimación directa destinada a la promoción del **empleo autónomo** (DGT 12-12-03);
- por una sociedad de **promoción del comercio exterior** de determinada Comunidad Autónoma (DGT CV 16-12-08);
- por una agrupación empresarial que lleva a cabo acciones de **promoción internacional**, formación y proyectos de tecnología e innovación estratégica (DGT CV 9-12-08);
- por una entidad mercantil contratada por un ayuntamiento para prestar el servicio de **recogida de basuras**, consistente en una aportación extraordinaria para sufragar los nuevos costes de personal (DGT CV 23-1-09);
- por un Patronato de Vivienda que es una entidad pública empresarial, consistente en la **cesión gratuita de terrenos** por un ayuntamiento (DGT CV 20-1-09); o bien por sociedades mercantiles para la promoción de viviendas (DGT CV 21-2-08);
- por una empresa que tiene por objeto la gestión comercial del servicio público de un **canal de televisión** de titularidad estatal de una Comunidad Autónoma (DGT CV 26-11-08);
- por una entidad mercantil que presta **servicios de telefonía** fija por prestar el servicio telefónico universal (DGT CV 2-2-09);
- por una entidad de gestión de un sector de **suelo urbanizable** condicionada a la efectiva construcción de viviendas de protección oficial (DGT CV 2-11-09);
- para la realización de la actividad de adquisición y urbanización de suelo para la promoción de **vivienda protegida** (DGT CV 28-3-11);
- para la gestión del servicio municipal de **abastecimiento de agua** y alcantarillado (DGT CV 19-6-09);
- por una entidad mercantil que gestiona el servicio de un **teatro** municipal (DGT CV 13-2-09);
- por una asociación sin ánimo de lucro, organizadora de **ferias y exposiciones**, en virtud de un convenio de colaboración con un consorcio provincial (DGT CV 2-9-10);
- para el fomento del **alquiler** (DGT CV 1-3-11);
- con un parte fija y otra variable destinada a la construcción y explotación de un **aparcamiento subterráneo** (DGT CV 17-1-12);
- para reducir el coste de las actuaciones sanitarias y la compra de productos zoosanitarios efectuada a una agrupación de **defensa sanitaria** (DGT CV 9-5-12);
- para la elaboración de estudios e informes sobre turismo, procedente de Fondos Europeos de Desarrollo Regional -**FEDER** - (DGT CV 22-12-11);
- por **ayudas comunitarias**, configuradas como ayudas en forma de renta en el marco de la **Política Agraria Común** (PAC), pues dichas ayudas no se otorgan para que el operador subvencionado efectúe una entrega de bienes o una prestación de servicios (DGT CV 20-5-11); y las ayudas comunitarias en forma de renta -actualmente Rgto UE/2021/2115- (DGT CV 14-11-13). No obstante ver el nº 1767, punto 2;

- de los **Fondos de Cohesión europeos**, pues se trata de importes percibidos para la financiación general de la actividad -saneamiento de aguas- (DGT CV 1-3-11);
- para financiar un **programa europeo de vigilancia de costas** (DGT CV 7-11-12);
- para prestar el **servicio público de transporte de pasajeros**, ya que se trata de subvenciones cuya concesión no distorsiona la competencia (DGT CV 11-12-17; CV 27-2-18). En el mismo sentido respecto al servicio público de transporte escolar, DGT CV 26-7-23.

1769 **6)** Forma parte de la contraprestación de los **servicios veterinarios** la subvención convocada con anterioridad a su prestación y otorgada en función de su volumen (DGT 16-7-99).

7) La subvención percibida por una **residencia de ancianos**, determinada en función del importe de la pensión de los residentes y del precio establecido por la misma, forma parte de la base imponible de los servicios prestados por dicha residencia (DGT 22-5-98).

8) En las **operaciones de reforestación** que efectúa una entidad mercantil en favor de los propietarios de terrenos, la base imponible correspondiente a dichas operaciones está integrada por el total de la contraprestación, incluyendo el importe de las subvenciones percibidas de un ente público para dicha finalidad (DGT 23-1-01; 7-6-04). También forman parte de la base imponible las subvenciones para la **gestión de montes en régimen privado**, de las cuales pueden ser beneficiarios tanto los titulares de explotaciones o terrenos forestales, como aquellas empresas a quienes los citados titulares les hayan cedido los derechos derivados de la subvención (DGT 7-11-02).

9) Son subvenciones vinculadas directamente al precio las concedidas a un **centro de enseñanza** por una entidad que asume totalmente el precio de los cursos impartidos o bien una parte, siendo el resto a cargo del propio alumno o de un tercero (DGT 7-4-98).

En cuanto a determinadas subvenciones percibidas por las **universidades** (DGT CV 18-10-13):
- no forman parte de la base imponible las destinadas a cubrir los costes estructurales y para la mejora de la calidad, así como la actividad investigadora y transferencia tecnológica. Tampoco las destinadas a cubrir o compensar costes derivados de la normativa estatal y autonómica, las ligadas a objetivos y al plan de inversiones;
- sí forman parte de la base imponible las determinadas en función de los servicios educativos prestados y según el coste de financiación por alumno.

1769.1 **10)** La subvención concedida por un ente público para complementar el importe pagado por las empresas para financiar la beca percibida por un **alumno en prácticas**, otorgada con anterioridad a la cesión del alumno, forma parte de la contraprestación de la operación de prestación de servicios en que consiste la cesión de los citados alumnos (DGT 21-2-00).

La base imponible de la **cesión de alumnos (becarios)** efectuada por una universidad a una Consejería de determinada Comunidad Autónoma es el importe de la contraprestación, con independencia de cómo se instrumente su pago: mediante la aplicación de una partida presupuestaria o subvención (DGT CV 16-12-08; CV 19-1-09).

11) Forman parte de la base imponible las subvenciones por los servicios de retirada, transporte y destrucción de cadáveres de **animales**, concedidas por determinada Comunidad Autónoma y fijadas en función de los servicios prestados y con anterioridad a su prestación (DGT 10-6-02; 8-1-04).

12) Una sociedad cuyo capital pertenece íntegramente a un ayuntamiento presta al mismo servicios de mantenimiento de un parque y de limpieza de ciertos colegios y de edificios municipales. El precio que satisface dicho ayuntamiento es coincidente con el valor de mercado de los servicios prestados, sin embargo, los costes de la empresa la hacen incurrir continuadamente en **pérdidas**, que son sufragadas por el citado ayuntamiento, una vez aprobadas por el órgano societario. Dichas **aportaciones municipales** tienen la consideración de subvenciones vinculadas al precio de las operaciones (DGT 18-2-03).

1770 **13)** Forma parte de la base imponible la subvención destinada a compensar el coste de la **gestión de aceites usados**, cuantificándose en función de la cantidad de kilogramos de aceite tratado (DGT 5-12-03).

14) Un ayuntamiento ha suscrito un contrato con una sociedad mercantil por el cual esta se compromete a organizar un **festival comercial** anual a cambio de un precio cierto, contratando los grupos musicales y prestando todos los servicios propios del festival. La empresa fija el precio de la entrada que percibe en su totalidad. Por su parte, el ayuntamiento se obliga a realizar las infraestructuras necesarias. Las subvenciones que percibe la entidad mercantil, tanto si son dinerarias como en especie, han de considerarse vinculadas al precio de las operaciones que efectúe (DGT 30-4-04).

15) Forman parte de la base imponible las subvenciones concedidas para financiar la ejecución de programas de formación de **desempleados** y trabajadores en activo a través del FORCEM -actualmente Fundación Tripartita para la Formación en el Empleo-, aunque sean contraprestación de operaciones que pueden estar exentas (DGT 16-12-04).

16) Las subvenciones concedidas a una determinada entidad para financiar la gestión y distribución de un **carné** necesario para alojarse en los **albergues juveniles** integrados en una red internacional se entienden vinculadas al precio (DGT 5-9-03).

17) Para considerar que una subvención está vinculada al precio es determinante que su importe se fije con carácter previo y de forma específica con la prestación del correspondiente servicio y que su importe se calcule conforme al volumen de las distintas partidas de gasto en que se concrete el proyecto, apreciándose por ello una **relación**, cuando menos determinable, entre la subvención que se va a percibir y el precio del servicio que se va a prestar, precio que, sin duda, se fija en un importe inferior al que se exigiría de no mediar la percepción de la correspondiente subvención (DGT CV 30-9-05).

18) La base imponible de las entregas de viviendas del **Programa Especial de Viviendas** de una determinada Comunidad Autónoma, que hayan sido promovidas por quien resulte adjudicatario de la citada promoción, ha de incluir el importe de la subvención que por dicho concepto perciba el promotor, pues los terrenos cedidos al promotor adjudicatario merecen la calificación de subvenciones vinculadas al precio de las operaciones realizadas por él (DGT CV 3-2-06; CV 19-1-06). **1770.1**

Un ayuntamiento entrega **terrenos gratuitos** a una sociedad municipal que se destinan a su venta a demandantes de vivienda inscritos en el registro municipal de demandantes de suelo. En la medida que el precio de venta del solar no viene determinado de antemano o, en su caso, lo establece el propio ayuntamiento que realiza su entrega gratuita, podría tener la consideración de una subvención vinculada al precio de los terrenos que va a entregar la sociedad municipal a los referidos demandantes de suelo del municipio. En estas circunstancias, la base imponible de estos terrenos debe incluir el importe de la subvención que por dicho concepto perciba la mencionada empresa (DGT CV 25-7-13).

19) Las aportaciones en el **sistema de financiación mediante coworking** (financiación participativa, crowdfunding) no suponen ninguna contraprestación para el aportante ni responden a un acto de consumo, ni tampoco pueden considerarse como una subvención vinculada al precio. No obstante, si el aportante obtiene a cambio determinados bienes o prestaciones de servicios, dichas aportaciones constituyen la contraprestación de los bienes entregados o los servicios prestados, cuando dichas adquisiciones solo las puedan realizar los aportantes (DGT CV 3-10-13; CV 9-12-15; CV 21-4-16).

20) Para la adecuada **interpretación** de las subvenciones directamente vinculadas al precio (LIVA art.78.dos.3º; Dir 2006/112/CE art.73) puede atenderse al Informe de los Servicios de la Comisión Europea de 27-4-2007 que sienta los criterios para su determinación: **1771**

a) El número de **personas** que intervienen en las operaciones: en general han de ser tres (el prestador de los bienes o servicios, el cliente y el concedente de la subvención).

b) La incidencia de la subvención en el **precio**: debe tener incidencia en el precio de los bienes entregados o los servicios prestados.

c) **Proporcionalidad** entre el precio y la subvención: no necesariamente debe existir una relación biunívoca entre precio y subvención.

d) **Previsibilidad** de la subvención: debe estar prevista la existencia de aquella, aunque no esté prefijado el importe sino simplemente su forma de calcularla.

e) **Aspectos formales**: es indiferente la forma, denominación o título mediante la que se concede la subvención.

Si concurren todos esos requisitos, se trataría de subvenciones vinculadas al precio y que, por tanto, deben formar parte de la base imponible.

Sobre esta materia y teniendo en cuenta los criterios anteriores, pueden señalarse las siguientes consultas de la DGT relativas a subvenciones que sí forman parte de la base imponible:

- **fundación** que desarrolla un proyecto formativo y de inserción laboral financiado por una Comunidad Autónoma y el Fondo Social Europeo (DGT CV 1-12-08);
- entidad mercantil que gestiona la concesión de unas **instalaciones deportivas** municipales cobrando un precio público y percibiendo una subvención municipal (DGT CV 26-11-08);
- entidad mercantil que gestiona el servicio de **ayuda a domicilio** percibiendo un precio público y una subvención para cubrir los déficits de costes de prestación del servicio (DGT CV 9-6-08);
- federación de **cine clubes** que promociona el cine de determinada Comunidad Autónoma percibiendo una subvención de la misma para completar el precio de cesión de las películas a los citados cine clubes (DGT CV 16-5-08);
- unión de **cooperativas** agrarias que percibe subvenciones para prestar servicios de diferente naturaleza (formativos, etc.) a sus asociados (DGT CV 19-6-08);
- ayuntamiento que realiza las obras de **urbanización** de unos terrenos cobrando a sus propietarios y percibiendo una subvención (DGT CV 29-12-08);
- empresa que gestiona, mediante un contrato administrativo suscrito con un ayuntamiento, el **centro deportivo** municipal cobrando un precio público a los usuarios y percibiendo una aportación municipal (DGT CV 26-11-08);
- las ayudas del **Plan Renove para el cerramiento de exteriores** (DGT CV 1-4-13);
- sociedad anónima de trabajo temporal a la que se concede una subvención por la autoridad laboral de su Comunidad Autónoma para la realización de acciones de **intermediación laboral** para su inserción en el mercado laboral. El importe de la subvención se fija mediante el pago por acciones -pago fijo abonado por cada entrevista inicial efectuada- y el pago por objetivos

condicionado a la efectiva inserción laboral del personal seleccionado, por lo que puede considerarse que existe una relación directa entre los importes percibidos por dicha sociedad y los servicios que presta (DGT CV 30-12-15);
- las ayudas al funcionamiento y a la reducción de actividad de las **empresas mineras**, destinadas a reducir la diferencia entre los costes de explotación y los ingresos por ventas de carbón térmico y referidas a cada tonelada producida o unidad de producción (DGT 1-10-98).

1771.1 **21)** Si existe un vínculo directo entre el **servicio de formación**, potencialmente exento del IVA, y la contraprestación recibida (subvención), las cantidades percibidas forman parte de la base imponible (DGT CV 24-5-16).
22) Una sociedad adjudicataria de una licitación pública para la explotación de un aeropuerto percibe un ingreso denominado **precio por disponibilidad** de la Sociedad Pública contratante si cumple unos niveles de disponibilidad en términos de operatividad del aeropuerto, calidad del servicio y seguridad. Al existir una relación directa entre las transferencias recibidas y los servicios prestados, la contrapartida forma parte de la base imponible (DGT CV 19-12-16).
23) La financiación del 80% de las **obras de modernización de regadíos** constituye parte de la contraprestación de la entrega de las obras a las comunidades de regantes, y está sujeta al IVA al formar parte de la base imponible de dichas operaciones (DGT CV 5-1-22).
24) No forma parte de la base imponible el **bono social** (RDL 6/2022), ya que es un coste que las empresas comercializadoras de electricidad están obligadas a financiar y que es repercutido en las facturas finales de suministro a los clientes (DGT CV 14-11-22).

1772 Jurisprudencia **1)** Para que las subvenciones se integren como mayor importe de la base imponible es necesario que se concedan a la **entidad subvencionada** con el fin de que realice específicamente una entrega de bienes o una prestación de servicios determinada, debiendo existir una relación directa entre la subvención y el bien o servicio de que se trate, participando tres sujetos, la entidad concedente de la subvención, la que la recibe y el adquirente del bien o destinatario del servicio entregado o prestado por la entidad subvencionada (TEAC 20-4-05).
2) Las operaciones consistentes en el **almacenamiento de vino** son prestaciones de servicios sujetas y su contraprestación, instrumentada mediante una ayuda comunitaria, no tiene la consideración de subvención (TSJ Sevilla 16-1-02, EDJ 130242; 24-1-03, EDJ 61698).
3) Forman parte de la contraprestación las subvenciones para sufragar los costes de depuración, mantenimiento y explotación del servicio de **depuración de aguas**, así como para compensar el valor de las nuevas instalaciones y sufragar el déficit de explotación. No obstante, las subvenciones para sufragar el déficit de explotación no suelen reunir las características de las subvenciones vinculadas al precio de las operaciones. En el mismo sentido, respecto de los déficits de explotación en transporte ferroviario (TEAC 18-7-01).
Las **subvenciones de explotación** para cubrir el déficit no forman parte de la base imponible; no son contraprestación de dichas operaciones (TS 15-6-06, EDJ 253435; 20-2-07, EDJ 13463; 27-3-24, EDJ 530021; 2-10-24, EDJ 695625. En el mismo sentido (TEAC 22-5-24).

1773 **4)** Las operaciones efectuadas por un organismo para la **promoción del turismo** son operaciones sujetas de las que es destinatario el ente territorial que las financia, siendo las subvenciones la contraprestación de dichas operaciones. Lo mismo respecto de los servicios prestados por una sociedad mixta municipal, o en relación con las operaciones de urbanización efectuadas por un ayuntamiento (TEAC 9-5-01).
La actividad de fomento y promoción del turismo de una determinada Comunidad Autónoma realizada por una **empresa pública** no implica el desarrollo de una actividad empresarial, sino que se encuentra entre las competencias propias de un ente público y, por tanto, las subvenciones percibidas no forman parte de la base imponible de operación alguna (AN 10-12-03, EDJ 218325).
5) Las cantidades percibidas por un **club de fútbol** de la ONLAE (actualmente, Sociedad Estatal Loterías y Apuestas del Estado), en concepto de su participación en el 1% de la recaudación de las quinielas, no tienen la consideración de subvención, sino que constituyen la contraprestación de la cesión de la imagen del club por su inclusión en dicho juego (TS 20-10-11, EDJ 270613; 23-1-12, EDJ 4495).
6) El hecho de que uno de los elementos para el cálculo de la subvención sea el **número de viajeros** no implica necesariamente que se financie el precio. La subvención tiene la consideración de transferencia presupuestaria destinada a cubrir necesidades de financiación o gastos de explotación (TS 12-11-09, EDJ 283216).
En sentido contrario, se considera que las **subvenciones al transporte** recibidas han de incluirse en la base imponible (TS 22-6-20, EDJ 580835; AN 25-10-21, EDJ 736207; TEAC 17-3-15; 25-6-19).
En sentido similar, la subvención destinada a reducir el **precio de los billetes** de autobús tiene una conexión directa con el precio del servicio y cumple los requisitos para su inclusión en la base imponible del IVA. Por el contrario, la subvención destinada a cubrir el **déficit de explotación** no guarda relación directa con el precio del servicio ni con las operaciones gravadas, quedando fuera del ámbito de aplicación del impuesto, en línea con la TS 27-3-24, EDJ 530021; 27-4-24, EDJ 530022 (TEAC 18-10-24).

7) El importe pagado por un organismo público a un operador económico, en relación con un servicio de **asesoramiento energético** prestado por dicho operador a determinadas categorías de ocupantes de viviendas, forma parte de la contraprestación y está incluido en la base imponible de dicha operación (TJUE 13-6-02, asunto C-353/00). 1774

8) Las compensaciones comunitarias en concepto de reembolso a tanto alzado de los **gastos por almacenamiento de azúcar** tienen la consideración de subvenciones no sujetas, pues no constituyen una obligación de no hacer (vender) o de hacer (almacenar) y, por tanto, no forman parte de la base imponible (TEAC 10-3-04).

9) Para que una subvención se entienda vinculada al precio y, por tanto, forme parte de la contraprestación, debe acreditarse suficientemente la existencia de una relación jurídica directa entre los servicios prestados por la entidad subvencionada y las cantidades recibidas del ente público, de manera que la retribución percibida sea el contravalor efectivo del servicio prestado al citado ente. No es suficiente la prueba de **presunciones**, porque la relación ha de ser directa y ha de existir entre el otorgante y el perceptor de la subvención un vínculo jurídico que concrete la prestación y su importe (TEAC 3-7-02).

10) Una **suma a tanto alzado**, abonada por la caja de un seguro y calculada en función del número de residentes y su nivel de dependencia, constituye la contraprestación de los servicios de alojamiento y cuidados prestados por una residencia de ancianos a estos (TJUE 27-3-14, asunto C-151/13).

11) Forman parte de la contraprestación las subvenciones percibidas del **INEM** (actualmente, Servicio Público de Empleo Estatal) por la impartición de **cursos de enseñanza** a conductores (TSJ Burgos 8-10-01, EDJ 54763). La subvención otorgada en función del número de horas y de alumnos de cursos de formación y fijada con antelación a los mismos, forma parte de la base imponible (TEAC 26-5-04). 1775

12) Las ayudas otorgadas por la Unión en el sector de **forrajes** desecados no deben incluirse en la base imponible, en la medida en que no pueden considerarse como subvenciones directamente vinculadas al precio de las operaciones (TJUE 15-7-04, asuntos C-495/01 y C-381/01; TS 1-10-12, EDJ 221470).

Es una subvención vinculada al precio la entrega de bienes que realiza una organización de productores de frutas y hortalizas a sus miembros por debajo del **precio de compra** (TJUE 9-10-19, asuntos acumulados C-573/18 y C-574/18).

13) Constituye una subvención vinculada al precio el importe satisfecho por una **marca de bebidas** por distintos conceptos a una empresa distribuidora para minorar el precio de venta al público de sus productos. Es el caso de una empresa de bebidas en la que el coste de los productos que se venden a determinados clientes es asumido, en parte, por la propietaria de la marca, empresa del grupo. Dicha contribución se instrumenta mediante unas facturas emitidas por los distribuidores en concepto de gastos diversos de publicidad y marketing (TEAC 23-2-10).

14) Las **transferencias presupuestarias** de la Administración territorial de la que depende una entidad, para promocionar las empresas y los productos de esa Comunidad Autónoma en el exterior, no son subvenciones vinculadas al precio. Por tanto, esas cantidades no pueden considerarse contraprestación de las operaciones realizadas por la entidad, por lo que no forman parte de la base imponible (TEAC 22-11-23). Con esta resolución se modifica el criterio recogido del TEAC 20-11-14; 17-3-15; 25-6-19.

Tributos y gravámenes (Dir 2006/112/CE art.78.a; LIVA art.78.Dos.4º) Se incluyen dentro de la contraprestación, formando parte de la base imponible del IVA, los tributos y gravámenes, tanto estatales como autonómicos o locales, que recaigan sobre las mismas operaciones gravadas, con **excepción** del propio IVA y del Impuesto Especial sobre Determinados Medios de Transporte (IMT). 1776

Precisiones 1) La mención legal de que los tributos o **gravámenes recaigan sobre las mismas operaciones** debe interpretarse en el sentido de que dichos tributos y el IVA graven las citadas operaciones, bien sea de entrega de bienes, prestaciones de servicios o importaciones, pero no se exige para la inclusión del tributo en cuestión en la base imponible del IVA que exista plena identidad entre su hecho imponible y el del IVA.

2) La **no inclusión del IVA** dentro de la base imponible debe interpretarse referida al propio IVA devengado en la correspondiente operación, pero no respecto al IVA que hubiera gravado en fase anterior, en su caso, los factores utilizados, cuando dicho IVA no pudo ser deducido y su importe se traslada al destinatario a través de su incorporación al precio de la operación.

3) La exclusión legal del **Impuesto Especial sobre Determinados Medios de Transporte** tiene un carácter meramente didáctico, pues el sujeto pasivo de dicho impuesto no es el transmitente de dichos bienes, sino el adquirente (L 38/1992 art.67). Por tanto, el importe de dicho impuesto especial, en el supuesto de que su importe lo traslade el transmitente al adquirente tendría, en su caso, la consideración de suplido, excluido de la base imponible (nº 1828).

4) Entre los tributos que integran la contraprestación se incluyen los **Impuestos Especiales de Fabricación** exigidos en relación con los bienes que sean objeto de las operaciones gravadas, aunque no coincida el devengo ni el sujeto pasivo de ambos impuestos (IVA e IIEE).

1778 Ejemplos 1) Un **concesionario de vehículos** ha matriculado a su nombre determinado número de automóviles que no utiliza para ninguna actividad y mantiene en su stock con destino a su venta. Posteriormente los vende, incorporando en el precio de venta el importe pagado por el Impuesto Especial sobre Determinados Medios de Transporte (IMT).

En este supuesto, la base imponible del IVA correspondiente a las entregas de los citados vehículos comprende la total contraprestación percibida por el concesionario, sin que sea posible minorar dicha base imponible en el importe del IMT correspondiente a su primera matriculación y que el concesionario ha incorporado al precio de venta. Tampoco resulta procedente minorar la base imponible de las entregas de vehículos usados, cuya transmisión estuviera sujeta y no exenta del IVA, en el importe del citado tributo que, económicamente, está incorporado al precio de la operación (DGT 25-2-03). En el caso de entregas de vehículos usados por empresas arrendadoras de los mismos, DGT 22-10-03.

No obstante, se trata de un caso excepcional pues, por regla general, los vehículos se entregan por los concesionarios con anterioridad a su matriculación que, generalmente, dichos concesionarios efectúan en nombre y por cuenta de los respectivos adquirentes. En tal caso, el pago del IMT constituye un suplido y, como tal, su importe no se incluye en la base imponible del IVA que grava la entrega del vehículo (nº 1828).

1779 2) La empresa M S. A., es arrendataria del **local** en el que está ubicada la misma. En la factura que documenta la operación de **arrendamiento**, se recogen los siguientes conceptos:

- Renta arrendaticia	1.200
- Gastos de comunidad	60
- Servicio de seguridad	150
- Suministros generales de luz y agua	30
- IBI	200
Base imponible	1.640

Los gastos de comunidad, el servicio de seguridad y los suministros de luz y agua corresponden a operaciones efectuadas jurídicamente para el arrendador, en cuyas facturas figura como destinatario y que él mismo ha pagado, soportando la repercusión del correspondiente IVA, que se ha deducido conforme a las reglas generales. Las partes, arrendador y arrendatario, han acordado que el importe de dichos gastos y servicios se traslade por el primero al segundo, lo que se hace, consignando en la factura en que se documenta el arrendamiento, separadamente, la renta arrendaticia y los importes trasladados. La base imponible también incluye el IBI aunque, obviamente, no se trata de un impuesto que recaiga sobre la prestación del servicio de arrendamiento.

Los **conceptos pagados por el arrendador** en su nombre y trasladados al arrendatario (comunidad, seguridad, luz, agua) se incluyen en la base imponible correspondiente a la operación de arrendamiento. Lo normal es que el importe trasladado no incluya el IVA que gravó tales conceptos y que fue soportado y deducido por el arrendador, pues tal IVA no supone coste alguno que deba ser recuperado mediante su traslación, vía precios, al arrendatario. No obstante, en relación con esta cuestión habrá que estar a lo pactado por las partes, de forma que si estas han convenido que en el importe de los gastos trasladados al arrendatario se incluya el IVA que los gravó y que soportó el arrendador, el importe de dicho impuesto, incorporado a la contraprestación del servicio de arrendamiento y trasladado vía precio al arrendatario, forma parte de la base imponible del IVA correspondiente a dicho servicio de arrendamiento.

3) Una empresa cárnica, que entre otras operaciones presta servicios de matadero, traslada a sus clientes una determinada **tasa por control sanitario** de la cual resulta ser el sujeto pasivo, según las disposiciones autonómicas en la materia.

El importe de la referida tasa debe formar parte de la base imponible de las prestaciones de servicios efectuadas por la empresa cárnica, puesto que dicha entidad resulta ser el sujeto pasivo de la tasa y su importe constituye un crédito efectivo en favor de la misma como resultado de las prestaciones de servicios de matadero que realiza para sus clientes.

1780 Doctrina Administrativa Además de las siguientes contestaciones de la DGT, ver el nº 11000 s.

1) Las cuotas del **Impuesto sobre la Electricidad** exigidas a los destinatarios de las entregas de energía eléctrica sujetas al IVA, constituyen contraprestación de las mismas y deben incluirse en la base imponible (DGT 28-1-98; CV 16-6-06; CV 25-3-11).

2) Forman parte de la base imponible, siempre que se trasladen por el sujeto pasivo a los destinatarios de las operaciones:

- en la factura del agua de los consumidores de un municipio se incluye el «**canon de sequía**». Con este canon el ayuntamiento devuelve un préstamo suscrito para realizar unas obras en las **infraestructuras de abastecimiento** de aguas. La base imponible de las entregas citadas está constituida por el importe total de la contraprestación recibida por dichas entregas, con independencia del destino que se dé a dicha contraprestación (DGT CV 8-5-06);
- los servicios relativos al **ciclo integral del agua**, que en el uso de sus facultades un ayuntamiento presta a través de una sociedad a sus ciudadanos percibiendo un canon, financiado mediante la percepción de tasas cargadas a los usuarios (DGT CV 13-1-16; CV 7-7-16; CV 5-10-16);

- las tasas por permisos para la **tala de madera** (DGT CV 1-12-86);
- los **cánones de los ingenieros** y peritos de minas (DGT CV 29-9-86);
- las **tasas por visados de proyectos** cobradas por los arquitectos (DGT CV 30-8-06);
- la **tarifa T-3 «mercancías»** establecida por las autoridades portuarias (DGT 1-9-99);
- el Impuesto sobre Construcciones, Instalaciones y Obras -**ICIO**- y la Tasa de Servicios Urbanísticos -**TSU**- (DGT CV 20-5-09; CV 22-10-13);
- el Impuesto sobre el Incremento de Valor de los Terrenos de Naturaleza Urbana (**IIVTNU**) que una compañía de arrendamiento financiero cobra a su cliente al ejercitarse la opción de compra (DGT CV 20-12-12);
- las tasas de las **Oficinas de Registro y Patentes**, si no tuvieran la consideración de suplidos (DGT CV 19-1-10; CV 22-11-10). No obstante ver el nº 1840 s. en relación con tasas que tienen la consideración de suplidos;
- las tasas por la gestión de la **propiedad industrial** (DGT CV 6-9-11);
- en un arrendamiento, la tasa por prestación del servicio de gestión de residuos urbanos -**tasa de basuras**- (DGT CV 27-10-11; CV 15-11-11; CV 25-7-13; CV 14-2-14). El propietario de los locales o establecimientos tiene la consideración de sustituto del contribuyente y es sujeto pasivo del mismo, aunque se permita exigir la tasa a su cliente contribuyente de la misma (DGT CV 27-9-11);
- el **Impuesto sobre las Estancias en Establecimientos Turísticos** situados en Cataluña (DGT CV 20-4-13; CV 3-6-13) y en Baleares (DGT CV 7-9-16);
- el **Impuesto sobre Gases Fluorados de Efecto Invernadero** (DGT CV 27-3-15);
- respecto de las tasas que pagan los **gestores administrativos** en las jefaturas provinciales de tráfico, ver nº 1840.

3) La **tasa portuaria de seguridad al pasaje** forma parte de la base imponible del IVA y constituye la contraprestación de los servicios de inspección y control retribuido por dicha tasa, cuya liquidación y gestión corresponde a la autoridad portuaria, siendo su sujeto pasivo el consignatario del buque o, en su defecto, el naviero del buque (DGT 20-6-02). **1781**

4) El denominado **canon de estación**, destinado a compensar a determinado ayuntamiento por los cánones que soporta en concepto de derechos de superficie de los terrenos de propiedad particular donde se ubica la estación, forma parte de la base imponible de los servicios de transporte cuando dicho canon sea un tributo que recaiga sobre la misma operación gravada por el IVA y no si no recae sobre la misma operación, por tratarse de un crédito efectivo a favor del prestador del servicio, que viene incluido en el billete del correspondiente transporte (DGT 4-4-03).

5) Forman parte de la base imponible de las **entregas de carburantes** el Impuesto Especial sobre las Ventas Minoristas de Determinados Hidrocarburos -actualmente integrado en el Impuesto sobre Hidrocarburos- (DGT 6-2-02; CV 30-10-07; CV 7-6-11) y el Impuesto Especial sobre Hidrocarburos (DGT CV 28-9-11).

6) Una empresa acondiciona, almacena y gestiona **residuos radioactivos** y, en su caso, los recoge y transporta. En la base imponible de dichos servicios ha de incluirse el Impuesto sobre Depósito de Residuos Radiactivos establecido por la correspondiente Comunidad Autónoma (DGT 9-3-04; CV 2-10-06; CV 19-1-10).

Una empresa presta a sus clientes servicios de transporte de residuos a los correspondientes depósitos. Con ocasión del depósito, los entes locales le repercuten el **canon sobre disposición de residuos**, vigente en Cataluña. El importe del canon forma parte de la base imponible del servicio de transporte prestado por la empresa transportista a sus clientes (titulares de los correspondientes residuos), en la parte que corresponda a cada uno de ellos, con independencia de que dicho importe se individualice o no como una partida independiente (DGT CV 4-6-09; CV 16-1-14). El mismo supuesto, en la Comunidad Autónoma de Murcia (DGT CV 19-6-09). En relación con el Impuesto sobre Depósito de Residuos de la Comunidad de Madrid, DGT CV 31-5-13.

7) Si existe la obligación de repercusión a los clientes del canon por la **gestión de residuos de aparatos eléctricos y electrónicos**, este forma parte de la base imponible (DGT CV 7-10-15).

8) La base imponible de la entrega de un CD y DVD está constituida por el importe total de la contraprestación, incluyéndose en dicho concepto el importe de dichos productos y los importes correspondientes al canon que grava los **derechos de autor** (DGT 22-4-05).

9) Forma parte de la base imponible de las correspondientes entregas de bienes el **Impuesto sobre las Bolsas de Plástico** de un solo uso de Andalucía (DGT CV 1-2-11).

10) Solo en el caso en que sea el cliente (anunciante) el que tenga la condición de sujeto pasivo de la **tasa fiscal sobre las rifas, tómbolas, apuesta y combinaciones aleatorias** y esta hubiera sido pagada por la empresa publicitaria en atención a un mandato expreso del citado cliente tendría la condición de suplido y no formaría parte de la base imponible (DGT CV 25-5-15).

11) El canon para la mejora de infraestructuras hidráulicas de la Comunidad de Andalucía y el canon del agua de la Comunidad de Cataluña (denominados **canon del agua**), en base a la doctrina del Tribunal Supremo (TS 3-3-21, EDJ 512731, ver nº 1782), no están sujetos al IVA ni se incluyen en la base imponible de las operaciones (DGT CV 14-3-22; CV 14-3-22).

12) Existe un vínculo directo entre los servicios de depósito de residuos prestados y los servicios gravados por el **Impuesto sobre el depósito de residuos en vertederos**, la incineración y la coincineración de residuos. En consecuencia, este impuesto forma parte de la base imponible del IVA de los servicios prestados (DGT CV 8-11-23).

1782 Jurisprudencia **1)** La Junta de Saneamiento y la Agencia Catalana del Agua son **empresas públicas** que realizan una actividad económica de prestación de servicios a los consumidores y se rigen por el Derecho privado, estando dichas operaciones, salvo las meramente administrativas, sujetas al IVA. Los ingresos obtenidos por los impuestos de incremento de tarifa de saneamiento, **canon** de saneamiento y canon de agua forman parte de la contraprestación de dichos servicios (TEAC 28-7-04).

El consumo de agua no puede equipararse a la prestación del servicio de suministro de agua, por lo que el **canon del agua** no se puede incluir en la base imponible del IVA de dicho suministro (TS 3-3-21, EDJ 512731).

2) En una transmisión de bienes inmuebles sujeta y no exenta del IVA, integra la base imponible el importe del Impuesto Municipal sobre el Incremento de Valor de los Terrenos -**IIVTNU**- (TEAC 22-10-99; AN 14-11-01, EDJ 107445).

3) La **tasa de seguridad aeroportuaria** no forma parte de la base imponible del servicio de transporte. En relación con el tratamiento a efectos del IVA de la citada tasa, ver DGT Resol 4/1997 en el nº 1840.

4) Forma parte de la contraprestación del servicio de transporte aéreo de viajeros la **tasa de salida** que se incluye en el precio del billete, cuyo obligado al pago es la compañía transportista (TEAC 3-7-02).

5) Forman parte de la base imponible de la operación de **renting de vehículos** los gastos de seguro, no así los derivados del Impuesto de matriculación ni del de circulación de vehículos (TEAC 21-10-03). No se consideran suplidos (AN 20-10-11, EDJ 237925).

6) El **impuesto de matriculación** no se incluye en la base imponible del IVA (TJUE 1-6-06, asunto C-98/05). En términos similares, TJUE 22-12-10, asunto C-433/09.

7) Un impuesto sobre vehículos cuyo hecho imponible es la **venta de un vehículo** (y no su matriculación), cuyo sujeto pasivo es el vendedor del vehículo (y no el comprador) y cuyo importe se traslada por el vendedor al comprador, debe incluirse en la base imponible del IVA que grava la venta del vehículo en cuestión (TJUE 20-5-10, asunto C-228/09).

8) Un impuesto sobre vehículos, cuyo hecho imponible es la **fabricación, montaje, admisión o importación del vehículo** (no su matriculación), y cuyo sujeto pasivo es el operador, fabricante o importador del vehículo, debe incluirse en la base imponible de su entrega (TJUE 28-7-11, asunto C-106/10).

1784 **Percepciones retenidas conforme a derecho** (LIVA art.78.Dos.5º y Cuatro.2º) Se comprenden en este concepto aquellas cantidades que, indemnizatorias o no, el sujeto pasivo que efectúa las operaciones sujetas está facultado a retener, conforme a derecho, frente al destinatario, en los casos de su resolución.

Así, cuando los importes entregados en **concepto de señal** sean objeto de retención por el sujeto pasivo hay que determinar si dichos importes, al quedar sujetos al IVA, llevan incorporado o no dicho tributo.

En estos casos no se aplica la **regla general** de que cuando las cuotas del IVA que gravan las operaciones sujetas a dicho tributo no se han repercutido expresamente en la factura, se entiende que la contraprestación no incluyó tales cuotas. Así, se entiende que las percepciones retenidas incluyen la base imponible y las cuotas del IVA. Por tanto, el sujeto retenedor, con el objeto de emitir la correspondiente factura que documente la operación, debe calcular el impuesto incorporado conforme a la fórmula siguiente:

$$BI = \frac{\text{Importe retenido}}{(100 + \text{tipo aplicable})} \times 100$$

1786 Precisiones **1)** Los términos de la Ley resultan confusos en este punto. Más correcto sería hacer referencia a «las cantidades susceptibles de ser retenidas con arreglo a derecho... en los casos de resolución de las operaciones sujetas al Impuesto». Tal y como está redactada, la norma da por supuesto que ya se ha producido la **resolución de la operación** (con lo cual, parece que su ubicación sistemática más acertada se encontraría en sede de la «modificación de la base imponible»), señalando que la reducción de su base imponible (LIVA art.80.Dos) tiene un límite: el importe de las cantidades retenidas con arreglo a derecho por el sujeto pasivo que efectuó la operación.

2) Un supuesto típico lo constituyen las **arras o señal**, que en una operación de entrega de bienes, por ejemplo, una **compraventa de vivienda**, el adquirente entrega al transmitente, y que este último está facultado a retener en el supuesto de resolución de la operación por causas imputables al destinatario.

La doctrina de la DGT entiende que la cantidad del precio retenida en concepto de penalización por los perjuicios causados al vendedor al incumplirse por el comprador de una vivienda los compromisos adquiridos, no constituye contraprestación de entregas de bienes o prestaciones de servicios sujetas al IVA (DGT CV 7-3-08; CV 7-5-09, y el nº 1811).
No obstante, hay que tener en cuenta el distinto criterio establecido por el TJUE en relación con las no presentaciones a vuelo de pasajeros que previamente habían comprado sus billetes (nº 1791).
3) Las retenciones aquí referidas no han de confundirse con las retenciones en garantía de determinadas **ejecuciones de obra**, que el destinatario efectúa a su ejecutor.
En las certificaciones de obra expedidas que no supongan la puesta de la misma a disposición del cliente y que impliquen un pago anticipado, la base imponible está constituida por los importes efectivamente percibidos, sin que se consideren a tales efectos cobradas las **cantidades retenidas** como garantía de la correcta ejecución de las obras, hasta que el importe de dichas cantidades no se haga efectivo (ver el nº 1275 y nº 8731).

Doctrina Administrativa Además de la siguiente contestación de la DGT, ver el nº 8753.2 y nº 11000 s. **1790**
Forman parte de la base imponible las cantidades retenidas conforme a derecho por los **aparejadores** en los casos de resolución de las operaciones (DGT CV 29-10-86).

Jurisprudencia **1)** Las cantidades abonadas como **arras** en el marco de contratos de **prestaciones de servicio hotelero** sujetas al IVA deben considerarse, cuando esas cantidades quedan en poder del establecimiento hotelero, indemnizaciones a tanto alzado, sin relación directa con ningún servicio prestado y, como tales, no sujetas (TJUE 18-7-07, asunto C-277/05). No obstante, se ha considerado que el importe percibido por una compañía aérea por los **billetes de transporte aéreo** nacional vendidos anticipadamente y no utilizados por los pasajeros constituye la contraprestación de un servicio de transporte aéreo sujeto y no exento, devengándose el impuesto cuando se recibe dicho precio (TJUE 31-12-15, asuntos acumulados C-250/14 y C-289/14). **1791**
2) La entrega de arras con ocasión de la formalización de un contrato de **compraventa** tiene la consideración de pago a cuenta del precio de la operación. En el caso de un posterior incumplimiento, las arras responden a la finalidad de indemnizar a la otra parte por el perjuicio causado. No constituyen la retribución de ninguna operación, ni forman parte de la base imponible del IVA (TEAC 8-2-11).
3) Las retenciones sobre el precio a favor de unos vendedores en los casos de **resolución de operaciones** sujetas no se identifican con el concepto de indemnizaciones no sujetas y forman parte de la base imponible de las citadas operaciones (TEAC 19-2-15).

Envases y embalajes (Dir 2006/112/CE art.92.b; LIVA art.78.Dos.6º) Forma parte de la contraprestación el importe de los envases y embalajes de cualquier naturaleza, incluidos los reutilizables susceptibles de devolución, que se facturen por el sujeto pasivo a los destinatarios de las operaciones. **1793**
No obstante, cuando los envases y embalajes susceptibles de reutilización sean objeto de **devolución**, debe modificarse la base imponible, reduciendo la misma en el importe de los envases o embalajes devueltos (nº 1940).
El **suministro** de envases y embalajes conjuntamente con los correspondientes bienes constituye una prestación, en este caso una entrega de bienes, accesoria o complementaria de la prestación principal consistente en la propia entrega de bienes y, por tanto, sigue el mismo régimen de tributación que la operación principal.

Precisiones En relación con el **concepto** de envase, ver nº 2586.

Doctrina Administrativa Además de las siguientes contestaciones de la DGT, ver nº 11000 s. **1794**
1) Forma parte de la base imponible del **arrendamiento de cajas** para el embalaje el importe de la **fianza** para cubrir el riesgo de su posible pérdida, puesto que dicho importe es un crédito efectivo derivado de la prestación principal de arrendamiento. En el caso planteado, tal importe no cumple entre el arrendador y el arrendatario la función de garantía de devolución de los embalajes, pues esta puede efectuarse por un tercero que haya recibido los embalajes del arrendatario, al que se le entregaría el importe de dicha fianza (DGT 15-12-99; 22-3-01). En el mismo sentido respecto al alquiler de **envases reutilizables**, DGT CV 13-7-05; CV 21-9-16.
2) La base imponible correspondiente a una **venta de agua envasada** está constituida por el importe total de la contraprestación correspondiente a dicha venta que el proveedor tenga derecho a percibir por la realización de la misma, debiendo incluirse cualquier crédito efectivo a favor del referido proveedor derivado de la citada venta y, en particular, el importe correspondiente a los envases que contengan el agua objeto de venta cargado por el proveedor a su cliente, incluso en el caso en que los citados envases sean susceptibles de devolución, y cualquiera que sea el concepto por el que el proveedor perciba dicho importe (DGT 7-11-01).
3) La base imponible de las **entregas de vinagre** está constituida por el importe total de la contraprestación, incluyéndose en dicha contraprestación el importe cargado a los destinatarios de las entregas por los envases, embalajes, palés y cuarterolas, sean o no retornables, así como por su transporte (DGT CV 31-3-14).

1795 Jurisprudencia 1) La base imponible del **suministro de gas** comprende el propio suministro mediante la botella de gas butano y otra que es accesoria, correspondiente al importe en concepto de garantía de devolución del citado envase (TEAC 21-10-02).

2) Procede incluir en la base imponible las cantidades percibidas de los clientes en concepto de **fianza** sobre los **recipientes entregados**, sin perjuicio de la reducción de la base imponible si se procede a la restitución de las cantidades afianzadas contra la devolución de los envases entregados (TEAC 27-9-06).

3) Las cantidades percibidas en concepto de **fianzas por envases a devolver** forman parte de la base imponible (TS 19-10-09, EDJ 283203).

1796 **Deudas** (Dir 2006/112/CE art.73; LIVA art.78.Dos.7º) Forma parte de la contraprestación, el importe de las deudas que **asuma el destinatario** de las operaciones sujetas como contraprestación total o parcial de las mismas. A efectos del IVA, es indiferente cómo se instrumente la forma de pago de la operación. La asunción, por el destinatario de la operación, de una deuda del empresario sujeto pasivo que efectúa la misma, no es sino una especial forma de pago.

Ejemplo Una empresa inmobiliaria transmite un solar por un importe de 1.500.000 €. Dicho solar está gravado con una **hipoteca** de 300.000 €. Al formalizar la operación de compraventa, el adquirente se subroga en la citada hipoteca, entregando el comprador al vendedor un cheque por importe de 1.200.000 €.

Aunque el importe de la contraprestación satisfecha mediante cheque sea de 1.200.000 €, la contraprestación total de la misma es de 1.500.000 €, pues hay que incluir el importe de la hipoteca que grava el solar, cuya cancelación asume el comprador.

1798 Doctrina Administrativa Además de las siguientes contestaciones de la DGT, ver el nº 8753.3 y nº 11000 s.

1) En la transmisión de un inmueble hipotecado en el que el adquirente se subroga en el **crédito hipotecario**, la base imponible está formada por el crédito cedido en el cual se subroga el adquirente y por el dinero percibido en efectivo (DGT CV 29-5-07).

2) La base imponible en la adjudicación de una vivienda, que implica la **asunción de la deuda hipotecaria** que proporcionalmente le corresponda (subrogación) está formada por el importe total de la contraprestación, incluido el importe de la deuda hipotecaria asumida por el adquirente, como contraprestación total o parcial de la entrega sujeta (DGT 24-3-11; CV 2-11-11). La base imponible de la operación es el importe total de la transmisión incluyendo tanto la cuantía recibida en efectivo, como las deudas asumidas por el destinatario del inmueble (DGT CV 21-9-11).

3) No forma parte de la base imponible de la entrega de una parcela sujeta a un **convenio urbanístico** el importe de las obligaciones, cargas y compromisos asumidos por su adquirente (DGT CV 13-10-08).

4) La base imponible de la cesión efectuada por una entidad a favor de otra está constituida por la **asunción de deuda** llevada a cabo por esta última, y que se concretará en la realización material de los pagos que correspondan a la porción de suelo adquirido (DGT CV 11-8-09; CV 9-2-10).

5) La base imponible en la adjudicación de un buque en construcción mediante **subasta judicial** está formada por el importe del precio por el que se aprobó la subasta más las deudas asumidas por la entidad como contraprestación total o parcial de la entrega sujeta (DGT CV 1-3-11).

1799 Jurisprudencia Forma parte de la base imponible el importe del crédito hipotecario en el que se subroga el adquirente de un local comercial en una **subasta**, habiéndose producido la renuncia a la exención. En una transmisión de un bien inmueble forma parte de la base imponible el importe de la deuda asumida por el adquirente relativa al **préstamo hipotecario** que grava el inmueble transmitido (TS 29-4-10, EDJ 84264).

1801 **Indemnizaciones** (LIVA art.78.Tres.1º) No forman parte de la base imponible las cantidades percibidas por razón de indemnizaciones distintas de las contempladas en el nº 1784 que por su naturaleza o función, no constituyan la contraprestación o compensación de operaciones sujetas al IVA (no son una contrapartida de un **acto de consumo**), caracterizándose su percepción, precisamente, por la inexistencia del hecho imponible.

Con carácter general, las indemnizaciones son cantidades que tienen por objeto restituir económicamente los **daños** causados por incumplimientos, totales o parciales, de acuerdos contractuales o que derivan de normas legales. A estos efectos, resulta irrelevante la naturaleza pública o privada de la persona o entidad obligada a su pago.

Precisiones 1) Solo las indemnizaciones que **no sean contraprestación** de operaciones sujetas al impuesto están excluidas de la base imponible. Este precepto, en sentido negativo, es complemento de lo regulado sobre las percepciones retenidas conforme a derecho en el nº 1784.

2) Con carácter general para determinar si existe o no indemnización hay que examinar en cada caso si la cantidad abonada tiene por objeto resarcir al perceptor por la **pérdida de bienes o derechos** de su patrimonio, o bien retribuir las operaciones realizadas que constituyen el hecho imponible.

3) No forman parte de la base imponible las cantidades que las **compañías de seguros** entregan con ocasión de los accidentes, averías y siniestros acaecidos en relación con los bienes asegurados, pues dichas indemnizaciones no son la contraprestación o compensación de ninguna operación sujeta al impuesto, sino la restitución económica de los daños producidos en los bienes asegurados.

Ejemplos **1)** Una empresa **arrendadora** de un local comercial tiene intención de **resolver anticipadamente el contrato** de arrendamiento, pactando con el arrendatario su cancelación a cambio de la entrega de determinada cantidad de dinero en concepto de indemnización. **1802**
La cancelación anticipada de un contrato de arrendamiento a instancias del arrendador, constituye la renuncia a un derecho por parte del arrendatario, cuya contraprestación consiste en el importe a percibir del arrendador. Dicha renuncia tiene la consideración de una prestación de servicios sujeta, cuya contraprestación es el importe de la indemnización (LIVA art.11).
2) Una **junta de compensación** está obligada, en virtud de determinada norma urbanística que prevé la expropiación forzosa en ciertos supuestos, a indemnizar a una empresa que es propietaria de determinados terrenos.
Las entregas de terrenos efectuadas por un empresario en virtud de una norma que prevea la **expropiación forzosa** tienen la consideración de operación sujeta. La denominada indemnización no es sino la contraprestación relativa a las entregas de terrenos efectuadas y forma parte de la base imponible correspondiente a dichas entregas.

3) La empresa X S. A. se dedica al almacenamiento de fruta, disponiendo para eso de una nave frigorífica. Con ocasión de una avería en sus instalaciones, se ha producido la total **pérdida de las mercancías almacenadas**, estando obligada a restituir a sus clientes, propietarios de las mercancías, su valor económico. **1803**
La indemnización que contractualmente está obligada a satisfacer X a sus clientes, no constituye la contraprestación de ninguna operación sujeta al impuesto realizada por estos y, por tanto, los clientes no están obligados a repercutir el IVA por el importe percibido por dicho concepto.
4) La sociedad X ha contratado con una empresa la construcción de una nave frigorífica nueva, habiéndose convenido el inicio de las obras en una determinada fecha, recogiéndose en el contrato determinadas indemnizaciones en el supuesto del **incumplimiento de los plazos** por cualquiera de las partes. Por causas ajenas al contratista se demora el inicio de la construcción resultando resuelto el contrato, debiendo abonar X determinada indemnización.
La indemnización satisfecha al contratista no constituye la contraprestación de ninguna operación sujeta y, por tanto, no resulta procedente repercutir dicho impuesto en su percepción.
5) Se ha procedido a la **resolución de un contrato de compraventa** de un terreno, de acuerdo con el cual la parte vendedora se comprometía con la parte compradora al abono de determinada cantidad en el supuesto de su rescisión unilateral por causas imputables a la misma. La cantidad fijada contractualmente comprende dos conceptos: de una parte, indemnizar los perjuicios causados a la parte compradora; de otra, retribuir el compromiso aceptado por la parte compradora de no entablar acciones judiciales para exigir a la vendedora el cumplimiento de lo pactado.
El importe correspondiente a la indemnización de los **perjuicios causados** a la parte compradora no constituye la contraprestación de ninguna operación sujeta y, por tanto, no resulta procedente repercutir dicho impuesto en la percepción del importe que corresponda a dicho concepto.
El importe correspondiente a la cantidad convenida entre las partes, relativa al **no ejercicio de acciones legales** para exigir el cumplimiento del contrato, es la contraprestación de una operación sujeta consistente en una obligación de no hacer, debiendo repercutirse por la parte compradora la correspondiente cuota del impuesto.

Doctrina Administrativa Además de las siguientes contestaciones de la DGT, ver el nº 8753.4 s. y nº 11000 s. **1804**
1) No forman parte de la base imponible las siguientes indemnizaciones:
- los **gastos de renegociación** de efectos impagados por los destinatarios de las operaciones sujetas al impuesto (DGT CV 28-4-86; 30-10-86), ni los de **devolución de efectos** (DGT CV 7-7-86; CV 1-9-09; CV 1-9-09), ni los de devolución **de recibos** (DGT CV 2-3-17);
- el importe percibido por las empresas arrendadoras de vehículos relativo a los **daños causados en vehículos**, que sean a cargo de los arrendatarios de dichos vehículos (DGT CV 12-2-86). Por el contrario no son indemnizaciones los importes que satisfagan los usuarios de vehículos por determinados costes de **reparación**, cubiertos o no por un seguro, en la parte de la franquicia (DGT CV 7-10-14);
- las percibidas por los propietarios de las mercancías, como consecuencia de los **siniestros** acaecidos a los bienes transportados que hayan supuesto su deterioro, avería o extravío (DGT CV 15-9-11; CV 7-11-13);
- cuando un transportista supere el **tiempo de espera** estipulado y ejercita el derecho a reclamar a su cliente un importe (DGT CV 27-1-06);
- en general, las cantidades percibidas de las **compañías aseguradoras** en concepto de indemnización por **siniestros** y derivadas de contratos de seguro (DGT 23-7-03; CV 20-1-14);

- las cantidades percibidas por los propietarios de los **géneros textiles** en concepto de indemnización por las **taras** que se hubieran producido en las operaciones de tinte, apresto o acabado realizadas por otros empresarios (DGT CV 13-10-86), o por **mala calidad** de las mercancías (DGT CV 12-9-07);
- los gastos incurridos, satisfechos por un proveedor, como consecuencia de la retirada y destrucción de sus mercancías por **defectos de fabricación** (DGT 4-5-16);
- la cantidad abonada a la entidad concesionaria por el ente público concedente por el rescate anticipado de una **concesión administrativa** (DGT 26-3-99), incluso si el rescate se ha dictado en vía judicial (DGT CV 6-4-16; CV 29-11-16);
- las percibidas por los agricultores por **daños por heladas** en sus cosechas (DGT CV 11-1-13; CV 17-1-13);
- la cantidad percibida como consecuencia de la **renuncia** de un derecho de **opción de compra** efectuada por el cesionario (DGT 6-9-99);

1805 - la que percibe una empresa por los perjuicios causados por un cliente como consecuencia del **incumplimiento de los compromisos adquiridos** (DGT 25-1-01; CV 27-2-20);
- la que tiene por objeto compensar por los daños y perjuicios causados como consecuencia de la extinción de un **contrato de exclusividad** con una entidad bancaria (DGT 21-12-01; CV 25-2-13); o por la extinción de un **contrato de patrocinio** (DGT 9-2-04);
- las cantidades recibidas para compensar el **lucro cesante** (DGT CV 23-10-07; CV 7-10-15), y por los **daños y perjuicios** causados como consecuencia de la denegación del derecho a gozar de una determinada bonificación por volumen de compra (DGT CV 19-4-16);
- el **canon indemnizatorio** impuesto por una cooperativa ganadera a sus socios que no alcancen un determinado volumen de comercialización de leche (DGT CV 25-3-09);
- por **traslado forzoso** de instalaciones eléctricas (DGT 20-5-09);
- los importes satisfechos en concepto de **recargo de apremio** en un servicio de suministro de agua (DGT CV 19-1-10);
- la penalización por **no vender en una determinada fecha** los productos recibidos en comisión (DGT CV 5-11-09);
- el importe percibido para compensar los **sobrecostes** incurridos por el retraso en la entrega de los bienes -trenes- (DGT CV 21-6-10);
- el importe que la parte vendedora retiene de la parte compradora como consecuencia del **impago**, y causa determinante de la aplicación de la condición resolutoria (DGT CV 26-12-11);
- el importe de una **cláusula penal** fijado por un tribunal como consecuencia del incumplimiento de un contrato de arrendamiento (DGT CV 20-9-11);
- la indemnización satisfecha por una empresa, que va a construir un parque eólico, a una empresa minera por la **limitación en el ejercicio** de la actividad de esta última (DGT CV 2-4-12);
- el importe percibido por un **trabajador autónomo económicamente dependiente** al dejar de prestar sus servicios por decisión del empleador (DGT CV 4-6-12);
- el importe cargado en cuenta (**comisión**) por falta de saldo en la cuenta bancaria a la que está asociada una tarjeta de crédito (DGT CV 12-4-12);
- el importe percibido por una empresa de una UTE para resarcirla de una **contingencia fiscal** (DGT CV 3-10-12);
- los importes satisfechos por la Administración por motivo de **responsabilidad patrimonial** (DGT CV 10-6-13);
- el importe a reembolsar al comprador (precio de venta, gastos del contrato y cualquier otro pago legítimo acaecido por la venta) al hacer uso del derecho de **retracto legal** (DGT CV 23-11-15);
- el importe satisfecho a la arrendataria por **robo** de la maquinaria arrendada (DGT CV 24-5-16);
- los importes percibidos por los propietarios de unos terrenos que se van a urbanizar a través del procedimiento de cooperación y que, a causa del **proceso urbanístico**, se verán privados de la propiedad de ciertas edificaciones y de otros derechos reales (DGT CV 6-9-18);
- el importe satisfecho por un ayuntamiento que tiene por finalidad reparar los daños y perjuicios causados por la **ocupación ilegal** de un terreno (distinta al pago por la ocupación misma), así como los intereses por la demora en su pago (DGT CV 12-2-19);
- las cantidades abonadas por la Administración, como consecuencia de la declaración del **estado de alarma**, por daños y perjuicios en los supuestos de cierre de centros educativos (DGT CV 24-6-21);
- el importe recibido de una comunidad de propietarios como compensación por la **alteración de elementos comunes** consecuencia de la agregación y posterior desagregación de dos locales comerciales (DGT CV 3-3-22);

1806 - el importe de la **penalización** pagada por un viajero al cancelar un viaje antes de que se produzca (DGT CV 26-10-16). Tampoco las que debe pagar una empresa a sus clientes por el **incumplimiento de obligaciones** (DGT CV 30-6-06; CV 5-2-10);

En general las cantidades abonadas por **resolución anticipada** de un contrato venían calificándose como indemnización (DGT CV 23-3-16; CV 8-10-14), p.e. contratos de **renting** (DGT CV 14-10-15) y de **arrendamiento** (DGT CV 20-7-16). También el pago de la **cláusula de rescisión** de la relación contractual entre un jugador de fútbol y su club/SAD (DGT CV 29-7-16; CV 27-2-20).

Sin embargo, consecuencia de la jurisprudencia del TJUE, la Administración **cambia de criterio** y pasa a considerar las cantidades que se reciben por resolución anticipada de un contrato de prestación de servicios, donde se prevé la observancia de un periodo de permanencia mínima, como la retribución de un servicio realizado a título oneroso sujeto al IVA (DGT CV 17-6-20; CV 28-4-25);

- el importe pagado como **justiprecio** por una empresa por la expropiación de una serie de concesiones mineras que deben dejar de explotarse por la construcción de una presa (DGT 16-9-02). La extinción obligatoria de un derecho de arrendamiento de un inmueble, como consecuencia de un **expediente de expropiación**, no está sujeta al IVA, puesto que el arrendatario no efectúa a favor del expropiador ninguna prestación que suponga un consumo para aquel, constituyendo por tanto el justiprecio acordado una indemnización (DGT CV 26-5-06; CV 18-1-08).
Con carácter general, el importe del justiprecio que se abona en concepto de **traslado forzoso** de la actividad que el expropiado venía desarrollando en el inmueble objeto de expropiación (DGT CV 5-11-08).
Asimismo, el importe del justiprecio que se abona en concepto de **pérdidas de rentas** de la actividad que el expropiado venía desarrollando en el inmueble objeto de expropiación así como por el sobrecoste derivado de la cimentación de un nuevo inmueble a construir donde estuvo la nave expropiada, es una indemnización que no constituye contraprestación por ninguna operación sujeta (DGT CV 29-12-08; CV 23-12-10). Sin embargo, el importe satisfecho en concepto de constitución de una **servidumbre de paso** subterráneo sobre un terreno expropiado no tiene naturaleza indemnizatoria (DGT CV 29-12-08);

- el importe que una empresa tiene que pagar a otra por haberse resuelto el contrato de **distribución en exclusiva** (DGT 31-5-01);

- una empresa explota en régimen de **concesión administrativa** determinadas autopistas. Como consecuencia de unas obras en una carretera, el tráfico de vehículos se desvía por dichas autopistas sin tener que abonar el **peaje**. Las cantidades que se reciben por la empresa en los supuestos en que viene obligada a permitir libremente el paso por parte de las autopistas que explota son indemnizaciones que no forman parte de la base imponible (DGT 11-9-03).
No obstante, los importes pagados como compensación por la **supresión por ley** del peaje en unos determinados trayectos no tienen la consideración de indemnizaciones y están sujetos (DGT CV 4-1-08);

- los **intereses por demora** en el pago que se puedan percibir por una empresa, en cuanto se refieran a la demora en el pago de cantidades, en la medida que no supongan la realización de operaciones sujetas al IVA (DGT 11-9-03; CV 8-7-16). En el mismo sentido, los intereses de demora exigidos a un ayuntamiento por el retraso en el pago de las operaciones efectuadas (DGT CV 26-1-12), ni los intereses establecidos por una Ley o una decisión judicial como consecuencia del retraso en el pago del precio y que tengan naturaleza indemnizatoria (DGT CV 17-2-12), ni los intereses de demora que una junta de compensación cobra a sus miembros por el retraso en el pago de las derramas (DGT CV 9-5-12). Tampoco los intereses que una cooperativa refactura a sus cooperativistas en concepto de intereses pagados por esta, por un aumento del crédito por impago de los cooperativistas (DGT CV 13-9-13);

- los importes que una entidad debe satisfacer a una de las **empresas del grupo** al que pertenece (que es la que extingue el contrato laboral del empleado que prestó sus servicios a las diferentes empresas de dicho grupo), que corresponde al tiempo que dicho empleado prestó sus servicios a la citada entidad, tienen la consideración de indemnización y no forman parte de la base imponible de ninguna operación sujeta (DGT 20-9-04; CV 19-10-10);

- en la medida en que la indemnización fijada por el juez sea para compensar los **daños y perjuicios** ocasionados, y por tanto no sean contraprestación de ninguna operación, no debe repercutirse el impuesto (DGT 31-3-04; 4-8-04); **1807**

- las cantidades recibidas por la **paralización de la actividad** pesquera tienen naturaleza indemnizatoria y no pueden calificarse como contraprestación de ninguna operación sujeta (DGT 10-2-05). En el mismo sentido, tienen la consideración de indemnización los importes abonados por las aseguradoras a los agricultores por los **daños causados en cultivos** (DGT CV 19-12-07);

- el importe de la indemnización derivada del **pacto transaccional** suscrito entre la entidad demandante y la parte demandada, para dar cumplimiento a lo resuelto mediante sentencia judicial, no forma parte de la base imponible de ninguna operación sujeta, no debiéndose, por tanto, repercutir IVA con ocasión del pago de la indemnización por la parte demandada a la parte demandante (DGT CV 23-11-05; CV 8-2-08);

- si en los terrenos afectados por un **proyecto de planeamiento urbanístico** existen bienes que van a ser destruidos, y como consecuencia de ello se atribuye una cantidad dineraria a sus propietarios, dicha cantidad se asigna como indemnización por dichas destrucciones y, por tanto, no constituye contraprestación de ninguna operación sujeta (DGT CV 13-2-06; CV 28-7-08; CV 23-3-09).
Sin embargo, si los importes abonados por la junta de compensación corresponden a la **expropiación de urbanizaciones** ya existentes, que sean susceptibles de ser incorporadas al proceso de urbanización, dichos importes podrían no tener la consideración de indemnizaciones (DGT CV 15-4-08). Las indemnizaciones repercutidas por una entidad o agente urbanizador, al tener la naturaleza legal de **gastos de urbanización**, forman parte de la cuenta de liquidación que haya

de rendirse a los propietarios de suelo y, en consecuencia, determinan la repercusión del impuesto, sin perjuicio de que el importe de las indemnizaciones que dicha entidad haya repercutido a los propietarios del suelo afectados por la unidad de ejecución pueda no tener la consideración de contraprestación de operaciones sujetas al impuesto cuando se satisfagan a sus destinatarios finales, en la medida en que su objetivo sea el resarcimiento por el derribo de ejemplares arbóreos (DGT CV 2-12-09). Constituyen indemnizaciones los importes abonados por una **junta de compensación** por la demolición y el traslado de negocios (DGT CV 26-12-12; CV 10-7-15; CV 29-11-16). También el importe satisfecho por una junta de compensación que como consecuencia de un proceso urbanizador obliga a un empresario, arrendatario de una nave industrial y los terrenos anexos, a su abandono, resolviéndose el contrato de arrendamiento (DGT CV 11-2-14). Se considera indemnización los importes satisfechos a los propietarios de terrenos por **cierre temporal del negocio** por traslado, como consecuencia de un procedimiento de reparcelación urbanística (DGT CV 14-11-13);

- la cantidad a percibir por una entidad con ocasión de la **rebaja de las tarifas del agua** no constituye contraprestación por ninguna operación sujeta al no existir acto de consumo, sino una indemnización (DGT CV 19-11-15; CV 18-10-16). Ver el nº 1817.

1808 - la cantidad del precio retenida (**arras**) en concepto de penalización por los perjuicios causados por **incumplimiento** por el comprador de los compromisos adquiridos en un contrato de compraventa de una vivienda, no constituye contraprestación de entregas de bienes o prestaciones de servicios sujetas, se trata de una indemnización (DGT CV 7-3-08). Lo mismo sucede si el comprador se viera obligado al pago de un importe indemnizatorio por la **cancelación del contrato** (DGT CV 18-1-08).

La **devolución** que realiza la vendedora de las cantidades satisfechas por la parte compradora no supone la realización de ninguna operación sujeta, sino la restitución del precio que en su día se satisfizo. No procede, en tales circunstancias, realizar ningún acto de repercusión tributaria, sin perjuicio de que la devolución incluya la totalidad del tributo que se hubiera repercutido (DGT CV 17-3-10; CV 10-5-10; CV 22-4-10). Ver también nº 1791;

- el importe que una aseguradora paga como consecuencia del **incendio y destrucción** de determinados equipos industriales no constituye la contraprestación de ninguna operación sujeta, sino una indemnización, pues dicha cuantía tiene por objeto resarcir de los daños y perjuicios causados por el incendio (DGT CV 11-3-11);

- tiene naturaleza indemnizatoria el importe satisfecho por una empresa a una comunidad de propietarios por la **ocupación de los espacios comunes** sin su conocimiento ni consentimiento (DGT CV 23-9-14). En el mismo sentido, el importe establecido por sentencia judicial para hacer frente a los **vicios ocultos** propiciados por una constructora, cuyas obras hizo a su cargo la comunidad (DGT CV 31-3-14);

- las cantidades que en concepto de **costas judiciales** se tasen en favor de una de las partes en un proceso judicial tienen para dicha parte la consideración de indemnización y no constituyen la contraprestación de ninguna operación, sin perjuicio de la sujeción al IVA de los servicios prestados a dicha parte (DGT CV 15-11-16; CV 14-11-18);

- el importe pagado a una empresa constructora por un ayuntamiento como consecuencia de una sentencia judicial por la resolución unilateral de un **contrato de ejecución de obras** por parte de dicho ayuntamiento tiene naturaleza indemnizatoria (DGT CV 13-9-13);

- las cantidades recibidas por **abogados y procuradores** cuando prestan sus servicios en el marco de la normativa de Asistencia jurídica gratuita (L 1/1996), tienen naturaleza indemnizatoria, no resultando, por tanto, sujetas al tributo (DGT CV 30-6-17);

1809 2) Forma parte de la **base imponible**:

- la indemnización abonada en concepto de gastos de **desalojo y traslado del negocio** a la parte vendedora conjuntamente con la transmisión de la edificación, al entenderse que es parte de la contraprestación de la entrega del inmueble donde se ubicaba la actividad;

- la **penalización económica por mora**, por incumplimiento extemporáneo del contrato, cuyo importe es descontado del correspondiente pago. En este caso, como la obligación de pago y su derecho a exigir la penalidad por mora tienen su origen en la misma relación contractual y una única operación, debe considerarse como contraprestación aquella que resulte después de minorar el precio convenido en la cantidad impuesta como pena por el incumplimiento en plazo del contrato (DGT CV 19-4-07; CV 21-1-20);

- las cantidades reclamadas en concepto de **mensualidades devengadas y no satisfechas** por los servicios prestados no tienen naturaleza indemnizatoria. Sí tienen dicha consideración las cantidades reclamadas en concepto de daños y perjuicios por el incumplimiento reiterado del contrato (DGT CV 11-2-10);

- la **prima de convenio**, es decir, la contraprestación que recibe la entidad expropiada a cambio de su renuncia a la valoración de su hoja de aprecio (DGT CV 23-12-10);

- el importe que una compañía de teléfonos cobra a sus clientes en concepto de **devolución de equipos** en caso de extinción del contrato; es la contraprestación de una entrega de bienes (DGT CV 26-9-13);

- las cantidades satisfechas anualmente por una comunidad de regantes a la propietaria de la **central hidroeléctrica** constituyen la contraprestación de una operación sujeta, la cesión del derecho a usar parte de sus instalaciones con el fin de obtener un determinado volumen de agua. Lo anterior debe entenderse sin perjuicio de que las cantidades abonadas por la comunidad de regantes se fijen como una estimación de una posible pérdida de ingresos (no producción de energía eléctrica) por parte de la prestadora del servicio, es decir, la propietaria de la central (DGT CV 19-9-13);

- los importes pactados como un **aseguramiento de rentabilidad** en un contrato de arrendamiento (DGT CV 8-4-13); **1810**
- cuando una comunidad de propietarios contrata a una persona que antes era empleado de la empresa de conserjería, en provecho propio, esta operación se puede entender como una **cesión de personal** por parte de la empresa de conserjería en favor de la comunidad de propietarios, por lo que la indemnización que paga la comunidad de propietarios a la empresa de conserjería forma parte de la base imponible de una operación sujeta (DGT CV 22-5-15);
- cuando una empresa ha firma un pacto con otra sociedad por el que se compromete, a cambio de una compensación, a **no participar en proyectos** o acudir a concursos públicos que puedan generar competencia entre ambas sociedades, el importe de dicha compensación no tiene carácter de indemnización, sino que supone la contraprestación de una prestación de servicios que está sujeta (DGT CV 4-12-15);
- la contraprestación pactada a favor de la empresa española titular del **derecho de marca** no constituye una indemnización a cambio de la cual se reciben determinados servicios en provecho propio que son consumidos por la destinataria, es decir, existe un acto de consumo del servicio prestado por la empresa española, con lo cual ha de repercutirse el IVA correspondiente sobre la base de la contraprestación pactada (DGT CV 23-11-15);
- en revisiones de **actos nulos** que liquidan servicios ya efectuados, el pago es contraprestación y está sujeto a IVA. En **responsabilidad contractual sin nulidad**, la calificación depende de si el importe compensa un servicio individualizable iniciado y que el contratista estaba dispuesto a completar (sujeto a IVA), o si es un resarcimiento de daños sin consumo (no sujeto) (DGT CV 11-6-25);

- cuando una empresa pacta con un cliente el pago de determinado importe, si el mismo no alcanza la **cifra prevista de pedidos**, dicho importe no tiene la consideración de indemnización, sino que forma parte de la contraprestación de las operaciones efectuadas con el cliente (DGT 23-2-98); **1811**
- la **indemnización por clientela** por el abandono de la actividad profesional de agencia o comisión, constituye la contraprestación de los servicios prestados por el agente que suponen la obtención de beneficios por el empresario una vez concluido el contrato de agencia o comisión, y por tanto, debe formar parte de la base imponible -L 12/1992 art.28- (DGT CV 24-5-16). Cuando la indemnización corresponda a los daños y perjuicios causados al agente por la **denuncia unilateral** del contrato por el empresario, no constituye la contraprestación de ninguna operación sujeta, siempre que la misma no permita la amortización de los gastos que el agente, instruido por el empresario, haya realizado para la ejecución del contrato (DGT CV 12-7-11; CV 26-10-15); No obstante, en la **cesión de una cartera de clientes**, garantizando la cesionaria el mantenimiento del empleo y en caso de producirse algún despido es a cargo de la cedente, el importe satisfecho por la cedente es una indemnización (DGT CV 30-5-14). En los mismos términos en relación con un contrato de prestación de servicios con otra empresa, comprometiéndose en un segundo contrato a la adquisición de determinados activos y a la contratación del personal necesario proveniente de dicha empresa para gestionar tales activos (DGT CV 15-12-15);
- cuando una empresa firma un acuerdo con otra entidad mediante el cual, y tras un proceso judicial, renuncia, a cambio de la percepción de determinado importe, al derecho a distribuir los productos de aquella. Las cantidades que va a recibir la empresa por el **desistimiento irrevocable pactado** al que se compromete, se consideran contraprestación de una prestación de servicios sujeta por ser efectuada por una entidad que tiene la condición de empresario o profesional (DGT CV 11-11-10; CV 11-11-10). Lo mismo cuando la empresa firma un **pacto con el ex administrador** renunciando a percibir un importe fijado en sentencia judicial; la parte a la que se renuncia constituye una prestación de servicios (DGT CV 8-4-14).

3) La **exclusión** de la base imponible de las indemnizaciones, salvo las cantidades retenidas conforme a derecho, se refiere a las cantidades que está obligado a satisfacer a la otra parte quien le causa un daño o quien incumple una obligación (DGT 25-1-01). **1812**
4) La **garantía legal** en la venta de bienes, aunque es proporcionada mediante una garantía ajena al vendedor, es prestada por este como suya, de tal manera que es el que, asumiéndola, la presta en su propio nombre. Por tanto, las **reparaciones cubiertas legalmente** son la consecuencia práctica del ejercicio de una garantía otorgada por el vendedor directamente al destinatario del bien y, por tanto, incluida en el precio de transmisión del mismo, constituyendo una operación no sujeta. El resarcimiento pactado con empresarios o profesionales que se encuentren en un escalón superior en la cadena de distribución de venta del producto tiene carácter indemnizatorio y, por tanto, no constituye contraprestación de entrega de bienes o prestación de servicios sujeta.

En consecuencia, se ha de distinguir:
a) El **servicio de reparación** propiamente dicho. Caben a su vez dos posibilidades:
- se presta por quien vendió el bien reparado: la prestación de dicho servicio no constituye la realización de ninguna operación sujeta;
- se presta por un tercero que cobra una cantidad por sus servicios: se produce una prestación de servicios cuya contraprestación ha de hacer efectiva el empresario o profesional que comercializó el bien reparado, es decir, el garante del mismo, debiendo aparecer este como destinatario de la operación.
b) El **resarcimiento de los gastos** al empresario o profesional que comercializó el producto por parte de su distribuidor o fabricante. Esto supone la indemnización de los referidos gastos, sin que este pago deba considerarse contraprestación de servicio alguno de reparación prestado a dicho distribuidor o fabricante.
En relación con las **reparaciones prestadas** en cumplimiento de garantías convencionales o comerciales, y por analogía con lo señalado respecto a las garantías legales, solo tienen carácter indemnizatorio y, por tanto, no están sujetas, en su caso, las cantidades pactadas como tales y pagadas por quienes se encuentren en posiciones superiores en la cadena de distribución y que tengan por objeto resarcir los gastos en los que incurra el prestador de la garantía, sin que tengan este carácter indemnizatorio las sumas pagadas a cualquier empresario o profesional que se encuentre en una posición inferior en la cadena de distribución de la ocupada por el prestador de la garantía y que actúe en estas operaciones de reparación en nombre propio (DGT CV 6-11-08; CV 8-5-09; CV 6-8-09; TEAC 13-4-10).
Cuando los adquirentes de los bienes no son consumidores finales, sino **empresarios o profesionales** que destinan los bienes adquiridos al ejercicio de una actividad empresarial o profesional, los importes pagados por el garante al distribuidor no tienen carácter indemnizatorio (TEAC 15-11-12).

1814 Jurisprudencia Ver otros pronunciamientos en el nº 8758 s.
1) No están sujetas las indemnizaciones percibidas como compensación por las obras de desplazamiento de la red de distribución, ordenadas por la autoridad pública (TEAC 5-2-03). En sentido contrario TEAC 9-6-04.
No tienen la naturaleza de indemnizaciones los importes percibidos por el **traslado de redes eléctricas**, sino que son la contraprestación de las operaciones efectuadas para la entidad pública que las contrató (TEAC 20-6-01).
2) Aunque es **competencia de los órganos jurisdiccionales** del orden civil conocer de las cuestiones que se susciten respecto de la repercusión de impuestos en cumplimiento de la legislación fiscal, no corresponde a dicha jurisdicción sino a la de lo contencioso-administrativo determinar si el abono de una indemnización debe llevar o no IVA (TS 3-11-95, EDJ 24486).
3) El **compromiso de abstenerse de recoger** por lo menos el 20% de las patatas cultivadas, asumido por un agricultor, en el marco de un régimen de indemnizaciones nacionales, no constituye una prestación de servicios a efectos de la normativa comunitaria y, por tanto, la indemnización percibida no está sujeta. Este razonamiento no excluye que un pago realizado por una autoridad pública en interés general pueda constituir la contrapartida de una prestación de servicios según la normativa comunitaria (TJUE 18-12-97, asunto C-384/95). En el mismo sentido, no se considera sujeta la percepción de una indemnización por el **abandono de la producción lechera** (TJUE 29-2-96, asunto C-215/94).
4) Las cantidades exigidas a clientes en supuestos de **rescisión de contratos** con una duración mínima prevista son contraprestación de operaciones sujetas al IVA, tanto si se trata del total que queda por pagar en el normal desarrollo del contrato (TJUE 22-11-18, asunto C-295/17), como si responden a las **ventajas comerciales** concedidas al cliente y dejadas sin efecto (TJUE 11-6-20, asunto C-43/19).
En el mismo sentido, el importe contractualmente adeudado como consecuencia de la **resolución**, por el beneficiario, de un contrato válidamente celebrado que el prestador había iniciado y estaba dispuesto a finalizar (TJUE 28-11-24, asunto rhtb: Project contra Parkring 14-16 Immobilienverwaltung C-622/23).

1815 **5)** Se entiende que no están sujetas las cantidades percibidas fijadas en aras del **interés general**. Los cerdos sacrificados quedan excluidos de su normal circuito de distribución comercial, por lo que no se da un acto de consumo (TS 14-5-09, EDJ 128156).
6) Cuando un empresario concede a un cliente, por una decisión judicial, una **moratoria en el pago** no prevista contractualmente, la ausencia de una relación directa entre la operación y la contraprestación recibida determina que dicha indemnización no forme parte de la base imponible (TJUE 1-7-82, asunto C-222/81).
7) El importe del **justiprecio** percibido por la expropiación de una central eléctrica no constituye en su totalidad la contraprestación por una entrega de bienes (la central expropiada), puesto que parte de las instalaciones se desmantelaron y lo que se entrega son edificaciones (exención), no pudiéndose repercutir el IVA sobre el beneficio industrial, el control de calidad y los gastos generales. Parece acogerse la tesis de que, al menos parcialmente, se trata de una indemnización sobre la base del coste de reposición de la central expropiada (TEAC 9-10-01).

En la **expropiación de un puesto de un mercado** municipal el justiprecio es la contraprestación de la cesión del local y en el mismo está incluido el IVA (AN 14-1-04, EDJ 283304).
La indemnización percibida por el **arrendatario de un camping** al expropiarse el terreno no está sujeta; no hay consumo (TS 2-11-09, EDJ 288592).
8) El importe satisfecho por el perjuicio causado a un cliente como consecuencia del **retraso en la construcción** y entrega de una instalación industrial constituye una indemnización, y no un descuento, rebaja o reducción del precio, que no minora la base imponible de la operación relativa a la entrega de la nave industrial (TEAC 6-11-02).

9) Los importes percibidos por un **agente comercial** como consecuencia de la rescisión, de mutuo acuerdo, de un contrato de agencia y comisión, no tienen la consideración de indemnización, sino que son la contraprestación por los beneficios futuros que obtendrá el empresario tras el cese del agente (TEAC 1-6-05). **1816**
10) En virtud de la **condena en costas** se obtiene el reintegro de lo abonado de quien resulta vencido en el proceso (TS 30-11-05, EDJ 207346; 20-1-11, EDJ 8479).
11) Los importes abonados en concepto de **arras** en el marco de contratos de alojamiento hotelero, cuando el cliente hace uso de la facultad de desistimiento de que dispone y esos importes quedan en poder del empresario, deben considerarse indemnizaciones no sujetas (TJUE 18-7-07, asunto C-277/05).
12) El importe pactado entre cedente y optante en el caso de no ejercitarse la **opción de compra** por el optante es una prestación de servicios de no hacer sujeta. No tiene carácter de indemnización (TS 27-4-15, EDJ 65143; AN 20-9-12, EDJ 213416).
13) La inclusión de las indemnizaciones en el hecho imponible del impuesto está determinada por la existencia o no de un **acto de consumo**. Para determinar la existencia de una indemnización que no da lugar a tributar por IVA, resulta necesario examinar cada caso concreto para comprobar si el importe abonado tiene por objeto resarcir los daños y perjuicios a quien lo recibe por la pérdida de bienes o derechos propios o, por el contrario, si la finalidad perseguida es retribuir operaciones realizadas que quedan comprendidas dentro del ámbito objetivo de la Ley del IVA, siendo por tanto un acto de consumo, y el abono del importe una contraprestación por un servicio individualizable (TEAC 19-4-18).
14) La indemnización por **resolución de contrato de construcción y explotación de una desaladora** que nunca llega a entrar en funcionamiento, y que se cuantifica exclusivamente por referencia a la instalación construida, se califica como contraprestación de una operación sujeta, con independencia de que los pagos realizados tengan naturaleza indemnizatoria (TEAC 22-7-20).

Descuentos y bonificaciones (Dir 2006/112/CE art.79. a y b; LIVA art.78.Tres.2º) El otorgamiento de descuentos y bonificaciones constituye una práctica frecuente dentro del ámbito empresarial como un método para incentivar las ventas. La consecuencia de los mismos, con independencia del tratamiento contable que proceda, es una minoración del precio de adquisición de los correspondientes bienes o servicios. **1817**
Estos descuentos y bonificaciones pueden concederse en **metálico o en especie**. Generalmente, se trata de descuentos por pronto pago, descuentos promocionales (de temporada o estacionales, inicio de una nueva actividad, liquidación, introducción de un nuevo producto, por la condición del adquirente, etc.), descuentos por cantidad relativos a una operación y otros de análogas características.
Los descuentos o bonificaciones **no** forman parte de la **base imponible** cuando:
a) Se **justifiquen** por cualquier medio de prueba admisible en Derecho. Generalmente, el documento que justifica su práctica es la propia factura que documente la operación, sin que sea preciso que tales descuentos y bonificaciones figuren separadamente, si bien debe probarse su existencia, circunstancia particularmente relevante en operaciones vinculadas. Sin embargo, sí que se exige que en la factura consten todos los datos necesarios para la determinación de la base imponible, haciendo mención expresa, en su caso, de cualquier descuento o rebaja que no esté incluido en el precio unitario, concepto que debe figurar siempre en la factura (nº 7247).
b) Se concedan previa o simultáneamente al **momento de realización de la operación** -el de devengo del impuesto-. Esta es la práctica comercial en este tipo de descuentos, predominando aquellos que se conceden en el momento de realizarse la operación. Cuando los descuentos o bonificaciones se concedan con posterioridad al momento de realizarse la operación también afectan a la base imponible, modificándose a la baja su importe (nº 1944).
c) Se otorguen en función de tal **operación**.
d) No sean remuneración de otras operaciones efectuadas por el destinatario de la operación o por un tercero en su nombre, en favor del sujeto pasivo que realiza la operación a la que se pretenda afectar el otorgamiento de los descuentos o bonificaciones.

Precisiones **1)** En realidad, esta regla relativa a los descuentos otorgados previa o simultáneamente al momento de realización de la operación no es más que una **aplicación de la regla general** según la cual la base imponible es el importe de la contraprestación percibida por el empresario o **1818** profesional que realiza la operación. Si el precio de unos bienes asciende a 100 €, pero previamente a la realización de la operación se acuerda un descuento del 10%, y el destinatario paga exclusivamente 90 €, la base imponible son 90 €, y no por la aplicación de ninguna regla especial, sino simplemente porque la contraprestación de dicha entrega de bienes es de 90 €.

2) El último de los requisitos señalados no resulta de fácil comprensión. En estos casos en que el descuento retribuye una operación efectuada por el destinatario para el proveedor o prestador de los servicios, lo que ocurre en realidad es que el importe de la contraprestación correspondiente a la operación realizada está constituido por la cantidad efectivamente percibida por dicho proveedor de los bienes o prestador de los servicios, más la operación que en su favor realiza el destinatario de la operación, que constituye una **retribución en especie**. Se trata, por tanto, de una operación cuya contraprestación consiste parcialmente en dinero, en relación con la cual procede, para la determinación de la base imponible, la aplicación de lo señalado en el nº 1873.

Imaginemos que, en la precisión 1) anterior, el descuento del 10% constituye la **retribución de una prestación de servicios** que, a su vez, efectúa el destinatario de los bienes (empresario B) para el empresario que los entrega (A). En este caso, hay dos operaciones:

- una entrega de bienes efectuada por A para B. La contraprestación de dicha operación consiste en parte en dinero (90 €, esto es, la cantidad efectivamente percibida, teniendo en cuenta el efecto del descuento) y en parte en especie (el servicio prestado por B para A);
- una prestación de servicios efectuada por B para A, cuya base imponible se determina conforme a las reglas establecidas para las operaciones cuya contraprestación no consiste en dinero.

3) En relación con los descuentos cuando se aplica la regla especial prevista para **operaciones vinculadas**, ver nº 1920.

4) En relación con la bonificación extraordinaria y temporal del precio final de determinados **productos energéticos** de 0,2 euros por litro, ver nº 1827.

1819 Ejemplos **1)** Un hipermercado tiene en marcha una **promoción**, mediante la cual ofrece a sus clientes, por la compra de 12 unidades de un determinado producto, la entrega gratuita de dos unidades del mismo.

La base imponible es el importe de la contraprestación efectiva, es decir, el precio de la oferta por la compra de las 12 unidades del producto. No procede incrementar dicha base en el importe de las 2 unidades de regalo, pues en este caso lo que existe es un descuento en especie.

En definitiva, a lo que se llega es a la aplicación de la regla general: la base imponible es el importe de la contraprestación percibida por el vendedor de los bienes.

2) La empresa MSA tiene intención de adquirir una nueva máquina fotocopiadora por 900 €, y ha convenido con su proveedor que le va a entregar la **máquina usada como parte de la contraprestación** de la nueva, que se ha valorado en 150 €. MSA paga al proveedor 750 € y le entrega además la máquina usada.

La base imponible correspondiente a la entrega de la nueva máquina está constituida por su importe total, es decir, 900 €, sin que proceda minorar dicho importe en el valor de la máquina usada. La entrega por parte de MSA de la máquina usada constituye una entrega de bienes, cuya realización determina, en su caso, la repercusión de la cuota del impuesto que corresponda.

En realidad, en este caso nos hallamos ante un supuesto en el que el proveedor efectúa una entrega para MSA cuya contraprestación se articula parte en dinero y parte en especie, por lo que la base imponible de dicha entrega se determina en la forma prevista en el nº 1873.

3) Una empresa de ordenadores ha formalizado un contrato de arrendamiento de un local comercial en bruto, por un plazo de cinco años, habiéndose fijado el importe de la renta en 1.500 € mensuales. Dado que el local precisa de la realización de ciertas **obras de acondicionamiento**, en el contrato de arrendamiento se ha acordado que el importe de las mismas se deducirá de la renta mensual, distribuyendo su importe durante los dos primeros años. El importe de las citadas obras asciende a 12.000 €.

La base imponible de la prestación del servicio de arrendamiento asciende a 1.500 € mensuales, sin perjuicio que, durante los dos primeros años el importe efectivo neto que se satisfaga al arrendador sea de 1.000 € [1.500 € - (12.000 €/24)], una vez tenida en consideración la imputación de gastos acordada.

1820 Doctrina Administrativa Además de las siguientes contestaciones de la DGT, ver el nº 11000 s.

1) Resulta posible aplicar descuentos o rebajas en el precio, mediante las **campañas promocionales** dos por uno, entregando una mayor cantidad de producto o servicio -dos productos al precio de uno, o servicio de restaurante gratuito para el acompañante, por ejemplo-, por el precio inicialmente ofertado para una cantidad inferior. La base imponible en estos casos no incluye el valor de los productos ofrecidos sin cargo, siempre que la oferta se conceda previa o simultáneamente al momento en que la operación se realice, y en función de ella (DGT 17-3-98; CV 4-5-05).

En la concesión de **descuentos en especie**, consistentes en la entrega gratuita adicional de productos, en función del importe de la compra realizada, la entrega de productos adicionales no constituye una operación realizada sin contraprestación, sino la forma en que se materializa el descuento (DGT CV 7-7-08).

2) El importe del descuento que se concede por un establecimiento comercial, adherido a un sistema de promoción de ventas, al titular de una **tarjeta de ahorro** en el momento de la compra, minora la base imponible de la operación, pues aunque dicho titular pague el importe total, el descuento concedido se le abona en su tarjeta para ser utilizado en otros establecimientos adheridos a dicho sistema y se le descuenta al establecimiento vendedor, que solo percibe el importe minorado en dicho descuento (DGT 25-5-98).

3) No tienen la naturaleza de descuentos que minoran la base imponible los que constituyan una **mera expectativa** en función de la concurrencia de requisitos futuros (DGT 27-4-98).

4) Cuando un mismo empresario realiza **dos operaciones**, una prestación de servicios (otorgamiento de un derecho de opción) y una entrega de bienes, cuya contraprestación específicamente convenida por las partes se reduce como consecuencia de haberse realizado la concesión del derecho de opción, cada una de dichas operaciones tiene su base imponible, que es la contraprestación pactada por las partes: en la opción de compra es la contraprestación pactada por su concesión, y en la entrega del suelo en ejercicio de dicha opción es la contraprestación pactada por ella, restando, en caso de que así se haya convenido, la cantidad satisfecha por la opción (DGT CV 10-12-08).

5) La **comisión** que percibe un concesionario de vehículos de una entidad financiera por financiar sus ventas con ella no es un descuento, sino la contraprestación de una operación efectuada por este para la entidad financiera (DGT CV 6-2-14). **1821**

6) La base imponible correspondiente a la venta de un determinado producto con ocasión de la cual el vendedor admite el **canje de unos puntos** emitidos por una empresa que le reembolsará el valor dinerario atribuido a los mismos, está constituida por el importe total de la contraprestación, incluido el valor de los vales. El importe de dichos puntos no tiene la consideración de un descuento por la venta de sus productos (DGT 4-6-01).

7) El **reembolso del descuento** por parte de la entidad que comercializa el programa de fidelidad implica que esta puede minorar la base imponible del servicio de fidelización o promoción que presta en el importe del descuento que dicha empresa haya efectuado a los consumidores finales, siempre que su importe haya sido efectivamente reembolsado a la citada empresa, excluida la parte de dicho importe que corresponde a la cuota del IVA aplicable (DGT CV 25-3-09; CV 2-10-13).

8) Una entidad organiza y desarrolla un sistema de promoción comercial mediante la emisión de **vales de descuento** que vende a los establecimientos adheridos al sistema, los cuales los entregan a sus clientes cuando compran en sus establecimientos, quienes los pueden canjear en cualquiera de los establecimientos por productos sin pago alguno. La base imponible correspondiente a las entregas de bienes y prestaciones de servicios efectuadas a sus clientes mediante contraprestación por los establecimientos adheridos al sistema de promoción es el importe total de su contraprestación, sin que el suministro gratuito de cupones que el establecimiento haga al cliente con ocasión de dichas operaciones afecte a su base imponible (DGT 15-6-99).

9) El importe de los **cupones de descuento** que se entreguen en el marco de fórmulas promocionales, no constituye más que una promesa de descuento, por lo que solo cuando los cupones se hagan efectivos supondrán un descuento de la operación a la que se apliquen. Lo mismo sucede con los **puntos y bonus** acumulados en la tarjeta de fidelización, los cuales solo dan lugar a un descuento cuando se procede a su canje para la adquisición de bienes en una compra posterior a la de su obtención, minorando así la cantidad que el cliente tiene que pagar materialmente por la compra de tales bienes (DGT 21-12-05; CV 4-7-08; CV 4-5-11; 24-6-16).

10) El importe que un determinado proveedor paga a su cliente para que se encargue de la **distribución en exclusiva** de sus productos no tiene la consideración de descuento. Se trata de una prestación de servicios sujeta consistente en el servicio que dicho cliente presta a su proveedor (DGT CV 30-6-06; CV 11-10-11). Ídem respecto a la obligación de venta con carácter preferencial o en exclusiva de bebidas suministradas por un proveedor (DGT CV 6-5-10; CV 28-10-15). **1822**

11) La base imponible de la compraventa del local está constituida por la contraprestación total pactada subjetivamente entre las partes, por lo que si han decidido minorar el precio inicial pactado en el importe de las **cuotas arrendaticias** satisfechas y en el importe de la opción de compra, tales minoraciones afectan igualmente a la base imponible (DGT CV 28-7-06; CV 9-5-08).

12) Concesión de **descuentos** por una compañía en la venta de teléfonos móviles, efectuada por sus distribuidores a consumidores finales cuando se producen determinados requisitos. La base imponible de la venta por parte del distribuidor está constituida por el total de la contraprestación, no debiendo minorarse en el importe del descuento, puesto que este no es otorgado por dicha sociedad, que en este caso recibe el precio de la venta de dos pagadores, el consumidor final y la empresa de telefonía. No obstante, se permite al distribuidor modificar la base imponible si el descuento no fuera recuperado de la empresa de telefonía. La empresa de telefonía puede modificar la base imponible de la entrega de los terminales en el importe del descuento, que se entiende IVA incluido, siempre que se haya producido efectivamente el reembolso. Del importe de la modificación se debe descontar la cuota del IVA (DGT CV 15-4-15; CV 7-10-15; CV 2-12-15).

13) Promoción de venta denominada **día gratis** según la cual el importe comprado en un día concreto, determinado a su mejor conveniencia, se minora en el importe de las compras del mes anterior. En el caso de la realización de una o varias operaciones entre las mismas partes, que genere en una de ellas (el consumidor) el descuento (día gratis) al realizar una compra posterior con reducción de precio, la concesión del mencionado descuento ha de imputarse a la compra del día a la que aplica el descuento por la citada promoción, que solo es efectivo en dicho momento (DGT CV 2-12-08).

1823 **14)** En el marco de un **plan de incentivos** una sociedad establecida en Suiza satisface unas cantidades a una sociedad establecida en el TIVA, con motivo de que esta última ha adquirido a unos distribuidores establecidos en el TIVA una serie de productos fabricados por el grupo al que pertenece la sociedad suiza. No implica la rectificación de la base imponible de las entregas de bienes efectuadas por los distribuidores en España, ni de las cuotas del impuesto repercutidas por dichos proveedores a la sociedad, pues el descuento se otorga por la multinacional y no por dichos distribuidores (DGT CV 19-7-10).

15) La base imponible de las entregas de carburante, efectuadas por una empresa emisora de una **tarjeta de compra de carburante,** está constituida por el importe total de la contraprestación acordada, la cual es abonada parcialmente por la estación de servicio que suministra el carburante, en la parte denominada «aportación comercial». Esta última no incide en la determinación de la base imponible (DGT CV 8-9-10). La base imponible de las operaciones realizadas por la estación de servicio con los clientes finales en nombre y por cuenta de la entidad no se ve afectada, en ningún caso, por los descuentos que, de forma unilateral y por su propia cuenta y riesgo, quiera conceder la estación de servicio (DGT CV 8-4-10).

16) Una empresa comparte con sus clientes la **comisión** que le paga una estación de servicio cada vez que sus clientes repostan en ella. El importe de la comisión compartida es la contraprestación de las operaciones que los clientes hacen con ella, y no suponen una bonificación o descuento de otras operaciones (DGT CV 30-5-14).

1824 Jurisprudencia **1)** Si el descuento constatado en las facturas es una **contraprestación** por el servicio que presta su destinatario consistente en la utilización por parte de quien las emite de parte de las instalaciones y por la gestión de la facturación y cobro de sus trabajos, dichos descuentos forman parte de la base imponible (TEAC 24-5-00).

2) Los términos «rebajas» y «descuentos» contenidos en la normativa comunitaria no comprenden una reducción de precio correspondiente al coste total de una entrega de bienes. La entrega de bienes a un comprador de gasolina **a cambio de vales** que este ha obtenido, en función de la cantidad comprada, al pagar el precio total al por menor marcado por el surtidor, en el marco de un sistema de promoción de ventas, debe asimilarse, cuando los bienes entregados no sean de escaso valor, a una entrega efectuada a título oneroso (TJUE 27-4-99, asunto C-48/97).

3) La base imponible en las entregas de **bienes por correspondencia** a partir de un catálogo a un cliente para su uso propio, cuando el proveedor concede a dicho cliente un descuento sobre el precio de catálogo, anotando en una cuenta separada a nombre de este último el importe de dicho descuento en el momento del pago de las mensualidades al proveedor, descuento que puede entonces ser inmediatamente retirado o utilizado de otra manera por el cliente, está constituida por el precio íntegro de catálogo de los bienes vendidos al cliente, reducido en la cuantía correspondiente al importe de dicho descuento en el momento en que el cliente lo retire o utilice de otra manera (TJUE 29-5-01, asunto C-86/99). Ver también el nº 1951.

4) Los **bonos** impresos en los envases de determinados productos, que son adquiridos gratuitamente por los clientes al comprarlos y que dan derecho a quien los presenta, al efectuar una compra posterior al mismo comerciante, a una reducción en el precio por el valor nominal indicado en ellos, reducen la base imponible de dicha compra posterior (TJUE 27-3-90, asunto C-126/88).

5) Cuando un fabricante emite unos **cupones de descuento** que serán canjeados por los consumidores finales en establecimientos minoristas, los cuales aceptan los cupones como pago en la venta de los productos adquiridos previamente por el minorista a dicho fabricante, la base imponible de las entregas efectuadas por el fabricante al minorista se reduce en el importe de los cupones descuento, con independencia de si la persona que ha obtenido dicho reembolso del fabricante es un sujeto pasivo o un consumidor final y del número de personas que formen la cadena de distribución, no siendo necesario reajustar la base de las transacciones intermedias. A la misma conclusión llega el Tribunal si dichos cupones estuvieran impresos en los productos objeto de venta (TJUE 24-10-96, asunto C-317/94; 15-10-02, asunto C-427/98).

Cuando un minorista acepta, en el momento de la venta de un producto, que el consumidor final pague el precio en parte al contado y en parte mediante un cupón de descuento emitido por el fabricante de dicho producto, y este último reembolsa al minorista el importe que figura en el citado cupón, el valor nominal de este debe incluirse en la base imponible de la operación de venta efectuada por el minorista al consumidor final (TJUE 16-1-03, asunto C-398/99; 24-10-96, asunto C-288/94). Esta posibilidad no es aplicable cuando quien concede el descuento es un tercero que no forma parte de la **cadena de distribución** del producto al que se refiere como comprador y vendedor, supuesto en el que, conforme a la sentencia TJUE 16-1-14, asunto C-300/12, no cabe la aplicación de lo dispuesto por la jurisprudencia comunitaria respecto a los descuentos concedidos en operativas en cadena (TEAC 3-6-20). Así, el descuento que la **agencia minorista** concede al cliente de la agencia mayorista, no se concede ni en relación con la prestación de servicios que la agencia mayorista efectúa a dicho cliente, ni en relación con el servicio de mediación que la agencia minorista presta a la agencia mayorista, por lo que el importe del referido descuento no puede minorar la base imponible de ninguna de las dos operaciones mencionadas (TEAC 21-6-21).

6) Se trata de un supuesto de descuento cuando dos empresas tienen pactado recíprocamente el **suministro** de determinados bienes (**gas y luz**) a sus empleados a un precio reducido. No hay pagos en especie entre las empresas, pues no son las destinatarias recíprocas de las operaciones, sino los empleados (TEAC 5-2-03). **1825**

7) Los pagos efectuados por un empresario (gestor de un programa de **fidelización de clientes**) a otros que, en virtud de un acuerdo con el primero, entregan bienes o prestan servicios a diferentes destinatarios, a cambio de puntos, constituyen la contraprestación pagada por un tercero de las citadas entregas (TJUE 7-10-10, asuntos acumulados C-53/09 y C-55/09).

8) No reduce la base imponible de un arrendamiento de bienes la simple **condonación de los importes vencidos y no pagados**, puesto que no se trata del otorgamiento de un descuento sino de un perdón de obligaciones que no responde a un criterio razonable y propio de la práctica económica (TEAC 29-3-06).

9) Cuando una **agencia de viajes** presta servicios de mediación a un tour operador a cambio de una comisión y decide otorgar, con cargo a su comisión, un descuento al cliente de dicho tour operador, el descuento no reduce la base imponible correspondiente a los servicios prestados por la agencia al tour operador (TJUE 16-1-14, asunto C-300/12).

10) Los descuentos concedidos por el concesionario no minoran la base imponible de la venta de los vehículos, ya que el importe obtenido es el mismo tanto cuando se suscribe la **operación de financiación**, como cuando no es así, tratándose de una parte de la contraprestación que se paga por un tercero (la entidad financiera), lo que es independiente de que exista una labor de intermediación financiera del concesionario que, como tal, merezca la exención prevista para estas operaciones (TEAC 21-10-20).

11) El descuento que una **empresa farmacéutica** concede, en virtud de una ley nacional, a una entidad del seguro privado de enfermedad determina una reducción de la base imponible en favor de dicha empresa farmacéutica, cuando el suministro de productos farmacéuticos se efectúa a través de mayoristas a farmacias, que los entregan a personas cubiertas por un seguro privado de enfermedad que reembolsa a sus afiliados el precio de compra de los productos farmacéuticos, aunque dicho seguro no forme parte de la cadena de producción y distribución de los medicamentos (TJUE 20-12-17, asunto C-462/16). **1826**

12) La normativa comunitaria se opone a una normativa nacional que establece, que una empresa farmacéutica no puede deducir de su base imponible la parte de su volumen de negocios procedente de la **venta de medicamentos subvencionados** por el organismo del seguro de enfermedad estatal que abona a ese organismo, en virtud de un contrato celebrado entre este último y esa empresa, debido a que las cantidades abonadas por ese concepto no han sido determinadas sobre la base de modalidades fijadas previamente por dicha empresa en el marco de su política comercial, y que estos pagos no han sido efectuados con fines promocionales.

Lo mismo cabe decir si dicha normativa supedita la reducción de la base imponible al requisito de que el sujeto pasivo titular del **derecho a la devolución** disponga de una **factura** a su nombre que demuestre la realización de la transacción que da lugar a dicha devolución, aunque tal factura no se haya emitido y la ejecución de dicha transacción pueda probarse por otros medios (TJUE 6-10-21, asunto C-717/19).

13) Una **farmacia** establecida en un Estado miembro no puede reducir su base imponible cuando efectúa, como **entregas intracomunitarias** exentas en ese Estado miembro, entregas de productos farmacéuticos a una caja del seguro obligatorio de enfermedad establecida en otro Estado miembro y concede un descuento a las personas cubiertas por dicho seguro (TJUE 11-3-21, asunto C-802/19).

Bonificación del precio final de determinados productos energéticos (DGT CV 4-5-22) Entre los días 1 de abril y 31 de diciembre de 2022, se aplicó una bonificación **extraordinaria y temporal** al precio final de determinados productos energéticos. Fueron beneficiarias de esta medida las personas y entidades que adquirieron a los colaboradores en la gestión de la bonificación los productos que daban derecho a su aplicación. El importe era de 0,20 euros por litro o kilogramo, y se aplicaba sobre el precio de venta al público (RDL 6/2022 art.15 y 16). **1827**

La **base imponible** correspondiente a las entregas de combustibles y carburantes que efectuaron los colaboradores en la gestión de la bonificación, estaba constituida por el importe de la contraprestación obtenida en dichas entregas procedente del destinatario o de terceras personas. Dicha base imponible no se vio alterada por la bonificación, ya que lo que instrumentaba era un **descuento en el momento del cobro** de la operación sobre la cantidad a pagar, IVA incluido, por parte de los destinatarios de las entregas. En consecuencia, parte del importe de la contraprestación se satisfacía por un sujeto distinto del destinatario de la entrega de carburante, sin que supusiera la modificación de la base imponible de dicha entrega.

1828 **Sumas pagadas en nombre y por cuenta del cliente** (Dir 2006/112/CE art.79.c; LIVA art.78.Tres.3º) No forman parte de la base imponible los **suplidos**, es decir, las sumas pagadas en nombre y por cuenta del cliente en virtud de un mandato expreso del mismo. Normalmente, se trata de operaciones efectuadas entre un empresario y un tercero, actuando aquel en nombre y por cuenta de su cliente (mandante) y cuya contraprestación se hace efectiva por dicho empresario (mandatario). Este tipo de operaciones se producen frecuentemente en el ámbito profesional (gestores administrativos, abogados, etc.) referidas a prestaciones de servicios.

Para que los suplidos se excluyan del cómputo de la base imponible, deben cumplir los siguientes **requisitos**:

a) Sumas pagadas **en nombre y por cuenta del cliente**. Esta circunstancia se acredita, generalmente, mediante la correspondiente factura expedida a cargo del mismo, y corresponde a un mandato para que se efectúen dichos pagos en su nombre. Por lo tanto, nos hallamos ante operaciones efectuadas por un tercero y cuyo destinatario es el cliente-mandante, si bien en primera instancia el pago de dichas operaciones se realiza en su nombre y por su cuenta por el empresario-mandatario. Supone que, si la operación realizada por el tercero se documenta en factura, en ella debe figurar como destinatario el cliente (y no el empresario que paga en su nombre) y, si la operación ha sido gravada por el IVA, solo puede proceder a su deducción dicho cliente (si concurren todos los requisitos exigidos al efecto) pero no el empresario que se limita a efectuar el pago.

A estos efectos, debe tenerse en cuenta que, en las operaciones de mediación y en las de **agencia o comisión**, cuando el agente o comisionista actúe **en nombre propio** y medie en una prestación de servicios, se entiende que ha recibido y prestado por sí mismo los correspondientes servicios (nº 210). Consecuentemente, cuando se trate de sumas pagadas en nombre propio, aunque sea por cuenta de un cliente, no procede la exclusión de la base imponible de las referidas sumas. Idéntico planteamiento debe predicarse de las entregas de bienes entre comitente y comisionista (nº 160).

1829 **b)** Pagos efectuados en virtud de **mandato expreso**, verbal o escrito, del cliente por cuya cuenta se actúe. El mandato puede ser general para todos los gastos que se originen, o específico para determinada categoría. Sin embargo, su ausencia determina la inclusión en la base imponible de los gastos incurridos. También integran la base imponible aquellos gastos en que incurra el sujeto pasivo sin haber determinado previamente el cliente al que se refieren.

c) Justificación de la cuantía efectiva de los gastos, por cualquier medio de prueba admisible en Derecho. Generalmente la justificación está constituida por la factura emitida por quien realice la operación a nombre del cliente.

En los suplidos, la cantidad percibida por el mandatario o mediador debe coincidir, exactamente, con el importe del gasto en que haya incurrido su cliente (mandante).

1830 Precisiones **1)** También puede justificarse la **cuantía efectiva de los gastos** (suplidos) mediante otros documentos que, en sentido estricto, no tengan la consideración de factura (nº 7246), tales como cartas de pago de impuestos, etc.

2) No hay que confundir las denominadas **provisiones de fondos** que generalmente se entregan a determinados profesionales (notarios, abogados, etc.) con los suplidos. Las provisiones tienen la consideración de suplidos, total o parcialmente, cuando se constituyan por el cliente para compensar o reembolsar a dichos profesionales de las sumas que estos deban pagar en nombre y por cuenta del cliente en virtud del correspondiente mandato.

También pueden tener la consideración de suplidos, si concurren los requisitos expuestos (nº 1828 s.), aquellas provisiones de fondos consistentes en una **cantidad global a justificar** en función de los pagos futuros. No obstante, forman parte de la base imponible aquellas cantidades que se destinen efectivamente a retribuir las prestaciones de servicios efectuadas en nombre propio por los profesionales que las realicen, cualquiera que sea la calificación que las partes otorguen a los pagos habidos. Por tanto, si dichos pagos o provisiones no se corresponden con el concepto de suplidos, dichas cantidades tienen la consideración de pagos anticipados a efectos de la normativa del IVA. En este sentido se ha expresado la DGT (DGT CV 13-2-06).

Ejemplo La sociedad M SA ha adquirido un **inmueble** comercial en el año N, en virtud de una operación que tiene la consideración a efectos del IVA de segunda entrega de edificaciones, habiendo procedido a elevar a escritura pública la referida operación, cuyo importe ascendió a 180.000 €. El detalle de la minuta presentada por la notaría, a la que se realizó una **provisión de fondos** de 11.000 €, es el siguiente: **1832**

Concepto del gasto	Importe
• ITP y AJD	9.000,00
• Honorarios Registro de la Propiedad	238,50
• Honorarios gestoría	363,00
• Honorarios notaría	501,20
• Varios (mensajería)	60,50
Total importe	10.163,20

Como la sociedad ha entregado a cuenta, en concepto de provisión de fondos, a la notaría 11.000 €, resulta un saldo en favor de aquella de 836,80 €, según la nota de gastos generados por la citada operación.

Sin menoscabo del valor documental de la nota de liquidación de gastos, a efectos del IVA, y para determinar la base imponible de los servicios recibidos por M SA, es preciso efectuar el desglose de dicha nota, atendiendo a cada una de las **prestaciones de servicios** recibidas y a las facturas correspondientes a las mismas:

- honorarios del Registro de la Propiedad (nº 1833);
- honorarios de la gestoría (nº 1834);
- honorarios de la notaría (nº 1835);
- servicio de mensajería (nº 1836).

a) Honorarios del Registro de la Propiedad: **1833**

Concepto	Importe
- Asiento	15,00
- Compraventa	180,00
- Servicio telefónico (fax)	30,00
Base imponible	225,00
Cuota IVA 21%	47,25
Total importe	272,25
Retención 15% IRPF	-33,75
Total a pagar	238,50

En la factura del Registro de la Propiedad figura como destinataria la sociedad M SA. Todos los conceptos incluidos en la misma forman parte de la base imponible del IVA correspondiente a tales servicios, al no existir ninguna partida que pueda considerarse como suplido. Siendo el destinatario de la operación una sociedad, debe practicarse la correspondiente retención del IRPF por los honorarios profesionales del registrador. Por otro lado, los servicios prestados por el Registro no se incluyen en la base imponible del IVA correspondiente a los servicios prestados por la notaría a la que se ha efectuado la provisión de fondos por parte de la sociedad, pues dicha notaría se limita a efectuar, en nombre y por cuenta de la sociedad, el pago de las operaciones realizadas por el Registro para M SA.

b) Honorarios de la gestoría: **1834**

Concepto	Importe
- Modelo 600 Declaración ITP y AJD	9.000,00
- Modelo 901 Catastro inmobiliario	0,00
- Honorarios	300,00
Base imponible	300,00
Cuota IVA 21%	63,00
Total importe	363,00

La factura de la gestoría, que es una entidad mercantil, está emitida a nombre de la sociedad y corresponde tanto a los servicios prestados en nombre propio por la misma como a los suplidos incurridos en nombre y por cuenta de la sociedad en las gestiones efectuadas. Uno de ellos se refiere a la declaración-liquidación del ITP y AJD por importe de 9.000 € que, no obstante, por claridad de información y por su consideración de suplido, la notaría incluye como partida independiente en su nota de liquidación de gastos. También se detalla en la factura la presentación del modelo 901 que, sin embargo, no devenga importe alguno pagado a la Administración. Como en el caso de los honorarios del Registro de la Propiedad, los de la gestoría no se incluyen en la base imponible del IVA de los servicios prestados por la notaría a la que se ha efectuado la provisión de fondos, pues esta se limita a efectuar el pago en nombre y por cuenta de M SA y con los fondos que esta le ha facilitado previamente a este fin.

1835 **c) Honorarios de la notaría**:

Concepto	Importe
- Derechos notariales	360,00
- Copias autorizadas	30,00
- Copias simples	28,00
- Timbres (suplidos 3 €)	0,00
- Exceso de folios	40,00
- Testimonios	8,00
- Legitimaciones	4,00
Base imponible	470,00
Cuota IVA 21%	98,70
Total importe	568,70
Retención 15% IRPF	-70,50
Suplidos (timbres)	+ 3,00
Total a pagar	501,20

La factura de la notaría debe estar emitida a nombre de la sociedad y corresponde, tanto a los servicios prestados en nombre propio por la misma, como a los suplidos (los timbres) incurridos en nombre y por cuenta de la sociedad en las gestiones efectuadas. En cuanto al carácter de suplidos del papel timbrado utilizado por los notarios, ver el nº 1840.

Por otra parte, siendo el destinatario de la operación una sociedad, debe practicar la correspondiente retención del IRPF sobre la parte que se refiera a los honorarios notariales, que comprende no solo los derechos propiamente dichos, sino otras prestaciones retribuidas mediante el correspondiente arancel.

1836 **d) Servicio de mensajería**:

Concepto	Importe
- Envío de documentación	50,00
Base imponible	50,00
Cuota IVA 21%	10,50
Total importe	60,50

También la factura de mensajería se expide a nombre de la sociedad, con independencia de que el pago del servicio lo hubiera efectuado la notaría en nombre y por cuenta de la misma.

La exclusión de las sumas pagadas en concepto de suplidos de la base imponible correspondiente a las operaciones realizadas por quien efectúa dichos pagos, está fundamentada en que dichos pagos responden a operaciones, sujetas o no, efectuadas por terceros, bien sean otros empresarios o, como en el supuesto de tributos, la propia Administración.

Consecuentemente, cuando dichos pagos tengan su origen en operaciones sujetas, la deducción del IVA que grave dichas operaciones solo puede efectuarse por su destinatario efectivo, es decir, por el mandante o cliente, a cuyo nombre debe figurar la correspondiente factura. Así, en el ejemplo señalado, aunque es la notaría la que paga directamente el servicio de mensajería (50 €) y el IVA que grava dicho servicio (10,50 €), utilizando la provisión de fondos efectuada por M SA, la notaría no puede incluir en las declaraciones-liquidaciones que presente por el IVA como cuotas deducibles los citados 10,50 €. Dicho importe solo puede ser deducido por M SA, como destinataria real del servicio de mensajería, que debe figurar como tal, y no la notaría, en la factura expedida por la empresa de mensajería.

1840 Doctrina Administrativa Además de las siguientes contestaciones de la DGT, ver el nº 11000 s.

1) Si las **provisiones de fondos** a un abogado que las recibe en el ejercicio de su profesión, van dirigidas a retribuir, con carácter de pago a cuenta, una prestación de servicios profesionales, deben considerarse como un pago anticipado de su minuta de honorarios, y deben quedar sujetas. Por el contrario, si el importe de las provisiones va dirigido al pago de gastos en nombre y por cuenta del cliente, en virtud de mandato expreso del mismo, no forman parte de la contraprestación obtenida, y no se incluyen en la base imponible (DGT 30-12-98).

2) Constituyen **suplidos**:

- las siguientes **tasas**: la satisfecha ante la Oficina Española de Patentes y Marcas; la pagada ante la Oficina de Armonización del Mercado Interior de la Unión Europea que se realiza en calidad de representante del cliente que es quien figura como solicitante de la inscripción; y la tasa satisfecha ante la Oficina Europea de Patentes efectuadas por cuenta y en nombre del cliente (DGT CV 28-9-12; CV 8-6-15); la tasa por recogida domiciliaria de **basuras** cuyo obligado al pago, como sustituto del contribuyente (arrendatario), es el propietario arrendador del inmueble arrendado (DGT 25-6-01); las tasas pagadas por una entidad que presta un servicio de presentación de los vehículos de los clientes ante la Inspección Técnica de Vehículos (**ITV**), siendo sujetos pasivos de las tasas los clientes de la citada entidad (DGT 16-10-03); la tasa de **matriculación**, el

Impuesto de circulación y los gastos del Colegio de gestores administrativos (DGT CV 25-3-09); las tasas cuyos sujetos pasivos sean los clientes del **gestor administrativo**, relacionadas con los servicios de tramitación de vehículos que este les preste, aunque su pago se efectúe por el citado gestor ante las correspondientes Jefaturas de Tráfico (DGT 7-3-03). Cuando las citadas tasas no sean pagadas en nombre y por cuenta de sus clientes no tienen la consideración de suplidos (DGT 9-4-02); la tasa de **seguridad aeroportuaria**, que las compañías aéreas trasladen a los pasajeros por los servicios de transporte prestados (DGT Resol 4/1997; CV 27-4-07); las tasas para la obtención del **permiso de circulación** que las autoescuelas satisfacen en nombre y por cuenta de sus alumnos (DGT CV 19-3-86; CV 17-2-10);

- los gastos relativos al **pago de impuestos** (ITP y AJD, IBI, ISD, etc.) y de servicios prestados por otros profesionales (registradores de la propiedad, etc.), que los gestores administrativos satisfacen en nombre y por cuenta de sus clientes y por mandato expreso de los mismos, debidamente justificados;
- servicios **funerarios** (DGT CV 24-11-86) y de **recogida de mercancías** (DGT CV 9-12-86);
- los importes abonados en un proceso de ejecución urbanística que se correspondan con **gastos de urbanización** que tengan carácter indemnizatorio que no formen parte de la base imponible (DGT CV 22-4-08). Cuando las cantidades satisfechas por los miembros de una **junta de compensación** a la misma, para el pago de la compensación en metálico en concepto de tasas y cargas financieras de sistemas generales que tiene que satisfacer aquella, cumplan los requisitos para tener la consideración de suplidos, dichos importes no se incluyen, a efectos de determinación de la base imponible, como parte de las derramas que percibe dicha junta de sus miembros (DGT 4-3-04; 17-12-04);
- el canon satisfecho por una entidad al titular del depósito controlado donde se depositan los residuos recogidos, siendo el sujeto pasivo de dicho canon el cliente de la entidad. Dicho canon no se integra, por tanto, en la base imponible del servicio de **recogida de residuos** prestado por la citada entidad (DGT 20-9-04);
- en general, los cargos impositivos pagados por un **agente de aduanas** (actualmente representante aduanero) en nombre y por cuenta del importador (DGT CV 7-3-12);
- las cuantías que una entidad satisface en nombre y por cuenta de sus clientes, en la compra de décimos de **lotería**, no integrándose por tanto en la base imponible. Por el contrario, cuando adquiere los décimos a la administración de loterías para posteriormente venderlos a sus clientes, se trata de operaciones que forman parte de la base imponible, puesto que dichas cuantías no son pagadas en nombre y por cuenta de sus clientes, no teniendo la consideración de suplidos. No obstante, se trata de operaciones exentas siempre y cuando, al facturar estas operaciones a sus clientes, no les cobren un recargo o sobreprecio (DGT CV 31-5-10);
- el **papel timbrado** utilizado por los notarios en el desarrollo de su actividad. La acreditación de ser sumas pagadas en nombre y por cuenta del cliente se efectúa a través del propio papel timbrado en el que se confeccione el correspondiente documento notarial (DGT CV 29-6-11);
- el **Impuesto sobre las Transacciones Financieras** que grava la adquisición onerosa de acciones cotizadas de determinadas sociedades españolas (DGT CV 10-3-22; CV 10-3-22).

3) Pueden tener la consideración de **suplidos**: 1841
- los **gastos de desplazamiento** (billetes de avión o tren) así como de estancia y manutención (hoteles) en los que incurra una **empresa** en los servicios prestados a sus clientes, cuando reúnan los requisitos para ser considerados como tales (DGT 31-5-00; CV 16-11-11; CV 17-11-11). Ver también el nº 1755;
- los **gastos de manutención y viajes** facturados por un profesional para la empresa que le encarga la realización de determinados trabajos (DGT 11-4-05), los gastos por **dietas y kilometraje** que un médico cobra a las compañías de seguro que son sus clientes (DGT CV 19-10-05; CV 30-12-08) y los gastos por dietas que suponen un mayor importe por los servicios prestados en concepto de conferencias, cursos y similares (DGT CV 20-7-16);
- los importes que un **agente urbanizador** satisfaga en concepto de indemnizaciones por cuenta de los propietarios de los terrenos (DGT CV 12-7-05; CV 31-5-13);
- los importes satisfechos por determinados conceptos (anotaciones preventivas de embargo, cancelaciones, etc.) efectuados ante el **Registro de la Propiedad** (DGT CV 29-1-14);
- los importes refacturados en concepto de **tasas judiciales** (DGT CV 28-6-13);
- el importe de los certificados médicos y de las tasas por servicios sanitarios relativos a servicios de **pompas fúnebres**, cuando se trate de sumas pagadas en nombre y por cuenta del cliente, acreditándose este extremo con la correspondiente factura del médico o del ente público expedido a nombre del destinatario (DGT CV 4-4-07; CV 24-5-07);
- los gastos satisfechos por un **detective privado** (DGT CV 26-9-14);
- las cantidades satisfechas en concepto de **Impuesto sobre Estancias Turísticas** en las Illes Balears (DGT CV 6-7-17).

4) No tiene la consideración de **suplido**: 1842
- los **consumos** en los establecimientos visitados en una actividad de rutas gastronómicas (DGT CV 14-1-21);

- el importe de una **tasa** cuando el obligado al pago es la empresa que realiza la operación y que incluye el importe de la tasa en la factura que documenta esta, como un gasto más (DGT 7-4-99; 29-7-99);
- las tasas de las **Oficinas de Patentes y Marcas** cuando sus clientes no están predeterminados a priori. Si la factura que documenta el pago de los servicios de dichas oficinas no se expide a nombre del cliente del agente de la propiedad industrial, las citadas tasas han de integrar la base imponible de los servicios prestados por el agente (DGT 7-4-99);
- el importe del **franqueo** en los servicios de manipulado y envío de correspondencia (**mailing**), si la empresa de mailing actúa en nombre propio (DGT 10-5-99). Si la entidad que presta el servicio ajusta su actuación actuando en nombre y por cuenta del servicio público postal, hay que considerar que es este último el que presta el servicio de franqueo (DGT CV 9-6-06);
- las cantidades pagadas en concepto de **IBI** durante el período del arrendamiento con opción de compra, anteriores al ejercicio de la opción (DGT CV 20-12-07; CV 12-7-10);
- el **IIVTNU** que en el marco de un contrato de arrendamiento financiero el arrendador traslada al arrendatario (DGT CV 25-5-10; CV 20-12-12);
- los denominados **costes de la propiedad**, que comprenden, principalmente, tributos, seguros y honorarios de notarios y registradores, que se pagan en nombre y por cuenta del cliente y que tienen un importe máximo (por encima del mismo se asumen por el gestor integral de la obra). Estos gastos forman parte de la base imponible de las prestaciones de servicios junto con el precio cobrado por la gestión integral en la promoción, gestión y construcción de un edificio de uso residencial (DGT CV 21-1-13);
- los gastos (material, personal, etc.) en que incurra un **agente de aduanas** (actualmente representante aduanero) que tiene un contrato de servicios con una entidad mercantil a la que presta sus servicios profesionales en exclusiva, siendo la entidad la que tiene relación con los clientes (DGT CV 20-10-09);
- el importe del **seguro** que un parque solar refactura a sus propietarios (DGT CV 25-3-09);
- el canon pagado por una **concesionaria** cuyo importe se exige posteriormente al cederse la concesión a otra empresa (DGT 17-1-13).

1844 Jurisprudencia **1)** Un transportista contrata con una aseguradora los objetos que transporta. Paga mensualmente las primas a la aseguradora, y factura a sus clientes, propietarios de los bienes, el **importe del seguro** sin incluirlo en la base imponible, por considerarlo un suplido. Las indemnizaciones por roturas se pagan por el transportista, a quien la aseguradora satisface después su importe. No se trata de un seguro de transporte, sino de **responsabilidad civil** derivada del transporte. Por tanto, es un servicio accesorio al transporte. Las cantidades facturadas a sus clientes por el transportista son un coste repercutido al cliente, no un suplido, e integran la base imponible (TSJ Baleares 23-4-98, EDJ 9529).

2) Los **gastos de mantenimiento** de carácter accesorio al propio arrendamiento del vehículo, así como los gastos de seguro, forman parte de la contraprestación del arrendamiento, no teniendo la consideración de suplidos las primas de seguros (TEAC 12-5-98).

3) Se ha considerado que los gastos de **franqueo** de correspondencia ajena no forman parte de la base imponible puesto que dicho franqueo no implica ninguna actividad gravada, directa o indirectamente prestada por quien lleve a cabo el referido franqueo, ya que quien presta el servicio postal es el organismo de Correos (TSJ Baleares 26-2-03, EDJ 35859; AN 23-11-05, EDJ 218056; TSJ C.Valenciana 22-2-05, EDJ 65918).

El importe del franqueo de los sellos de las cartas enviadas por una entidad que se dedica a la propaganda no debe incluirse en la base imponible del IVA. La cuantía que la empresa de servicio de envíos destina al pago del franqueo, que es individual para cada cliente, no puede considerarse dentro de la base imponible porque a efectos de este impuesto debe calificarse como suplido (AN 13-4-09, EDJ 53054). No forman parte de la base imponible de los **servicios de publicidad** prestados por una empresa de publicidad directa, el franqueo de la correspondencia, puesto que es Correos el prestador de dicho servicio postal que, además, está exento (AN 12-2-09, EDJ 13935; TS 21-2-12, EDJ 19147). El importe facturado por las empresas de publicidad a sus clientes en concepto de franqueo no forma parte de la base imponible de los servicios de publicidad prestados a dichos clientes, siempre que el importe trasladado a sus clientes no supere el importe satisfecho a Correos (TS 17-1-11, EDJ 5207).

No forma parte de la base imponible del envío de correspondencia publicitaria el importe del franqueo que realiza el sujeto pasivo mediante una **máquina franqueadora** proporcionada por Correos, entendiéndose que es dicho organismo el que presta el referido servicio (TS 15-10-09, EDJ 259126).

4) No tiene la consideración de suplido el importe del franqueo en los envíos **contra reembolso** de productos (TEAC 23-2-00).

1845 **5)** Los **gastos de comunidad** que el arrendador traslada al arrendatario no tienen la consideración de suplidos y forman parte de la base imponible del arrendamiento (TEAC 21-3-01).

6) En un arrendamiento de vehículo mediante **renting** forman parte de la contraprestación los gastos de seguro del vehículo, puesto que el propietario arrendador contrata en nombre propio el seguro figurando como tomador y asegurado. También está incluido en la base imponible del arrendamiento el Impuesto de Circulación, pues se trata de un gasto incurrido en nombre propio, del que es sujeto pasivo el propietario arrendador (TEAC 3-12-02).

7) Los ingresos por seguros percibidos de los clientes en operaciones de arrendamiento financiero **(leasing)** o renting de vehículos no tienen carácter de suplidos (AN 20-10-11, EDJ 237925).
No obstante, si el arrendatario es el tomador del seguro y el obligado al pago de las primas, sin perjuicio de que el arrendador anticipe su pago y lo financie, reclamando al arrendatario su reembolso de forma fraccionada, el seguro tiene la consideración de suplido (TEAC 6-11-02; 22-1-03).
8) No tienen la consideración de suplidos los **gastos** por adquisiciones de bienes y servicios en nombre propio que posteriormente son distribuidos entre las **sociedades del mismo grupo** que ocupan un determinado edificio (TEAC 2-7-03).
9) La **tasa de exhibición publicitaria**, para el fomento de las artes cinematográficas y audiovisuales, facturada por la televisión a los anunciantes, forma parte de la base imponible del servicio publicitario, puesto que la misma tiene un vínculo directo con la prestación de servicios de exhibición comercial, dado que los hechos imponibles de la tasa y el IVA son coincidentes. La tasa no es un suplido, puesto que debe pagarse por el ente televisivo aunque los anunciantes no paguen la prestación publicitaria (TJUE 5-12-13, asuntos acumulados C-618/11, C-637/11 y C-659/11).
10) El importe de unas tasas que una sociedad de una red de **distribución de gas** abona a los municipios por la utilización de su dominio público y repercute seguidamente a la sociedad que comercializa el gas, quien a su vez lo repercute a los consumidores finales, debe incluirse en la base imponible aplicable a los servicios que la primera sociedad presta a la segunda (TJUE 11-6-15, asunto C-256/14).

C. Falta de repercusión expresa del IVA en factura

(LIVA art.78.Cuatro)

La repercusión del IVA debe efectuarse mediante factura, consignándose separadamente la base imponible y la cuota repercutida (LIVA art.88.Dos). Cuando las cuotas del IVA que graven las operaciones no se hubiesen repercutido expresamente en factura, debe entenderse, como **regla general**, que la contraprestación no las incluye. **1848**
Como **excepciones**, se entiende que la contraprestación incluye las cuotas del IVA, aunque no consten expresamente en factura, en los siguientes supuestos:
a) Cuando **no sea obligatoria la repercusión** expresa del impuesto. Se trata generalmente de los supuestos de emisión de facturas simplificadas (nº 7237). En estos supuestos, hay que incluir en la factura simplificada expedida el tipo impositivo aplicable y, opcionalmente, también la expresión «IVA incluido» (nº 7272).
b) En las percepciones retenidas con arreglo a derecho por el obligado a efectuar la prestación en los casos de **resolución de las operaciones** (nº 1784 s.).
En estos dos supuestos la base imponible se determina conforme a la siguiente fórmula:

$$\text{Base imponible} = \frac{\text{Contraprestación IVA incluido}}{[1 + (\text{tipo gravamen}/100)]}$$

Precisiones **1)** En la entrega de bienes por **subasta judicial**, sujetas y no exentas, hay que entender que la base imponible de dicho impuesto está constituida por el importe pagado o por pagar, determinado por el correspondiente órgano judicial (nº 145). **1849**
2) Hay ciertos **regímenes especiales** que presentan particularidades en esta materia. Así, en el régimen especial de los bienes usados, objetos de arte, antigüedades y objetos de colección, se prohíbe la consignación de la cuota repercutida separadamente de la base imponible (nº 4105) y en el de las agencias de viaje no hay obligación de proceder a dicha consignación separada (nº 4350). En estos dos casos, la base imponible correspondiente a las operaciones se determina aplicando las normas reguladoras del correspondiente régimen especial.

Ejemplos **1)** Una empresa dedicada a la realización de reformas en viviendas ha llevado a cabo determinadas obras de acondicionamiento de una vivienda. Una vez finalizado el trabajo ha emitido una factura en la que figura, como importe de los trabajos realizados, la cantidad de 2.200 €, **sin** que aparezca en la misma la **mención expresa al IVA**. Con motivo de una actuación de comprobación se ha detectado dicha irregularidad. **1851**
La base imponible de dicha operación es de 2.200 € y sobre dicho importe se aplica el tipo impositivo del IVA para determinar las cuotas correspondientes. La empresa que ha efectuado la reforma debe ingresar el IVA correspondiente y solo puede trasladar su importe al destinatario del servicio vía rectificación de la repercusión, con los límites del nº 1490 y nº 1565.
2) El importe satisfecho por una prestación de servicios asciende a 725 €. La operación se documenta en una factura simplificada, pues se trata de uno de los supuestos en que puede procederse a la emisión de este tipo de facturas. En dicha factura simplificada consta la **mención «IVA incluido»**. El tipo impositivo que grava la operación es el 10%.
Para conocer el impuesto soportado hay que operar como sigue:

$$\text{Base imponible} = \frac{725}{1 + (10/100)} = 659{,}09\ €$$

Cuota de IVA = 10% x 659,09 = 65,91 €.

En estos casos, aunque pueda conocerse cuál es el IVA soportado, no procede su **deducción** por el destinatario de la operación, cualesquiera que sean las condiciones que concurran en este, pues para ello es necesario que la operación se documente en la correspondiente factura normal o factura simplificada especial. Ver nº 7247 y nº 7272.

1855 Doctrina Administrativa Además de las siguientes contestaciones de la DGT, ver el nº 11000 s.

1) En operaciones sujetas en **régimen de precios autorizados**, en las que figure incluido el impuesto, la base imponible se calcula mediante la siguiente fórmula: Base imponible = 100 × precio tarifa/(100 + tipo gravamen) (DGT CV 8-4-86).

2) No existe precepto alguno en la normativa del IVA que autorice a considerar incluido dicho impuesto en el precio de adjudicación mediante **subasta judicial**. Por lo tanto, salvo que en las condiciones de la subasta se hiciese mención expresa en contrario, el IVA de la operación debe calcularse tomando como base imponible el precio total de adjudicación (DGT CV 3-2-12; CV 26-4-12). La base imponible sobre la que se repercute el IVA en el caso de la **cesión del remate** efectuada por el banco es el precio satisfecho en el remate (DGT CV 13-4-11; CV 20-9-11).

3) En las **expropiaciones**, en la medida en que el justiprecio o indemnización es el equivalente económico de los bienes expropiados, no debe entenderse incluido en el mismo el IVA que, en su caso, grave la operación (DGT 6-9-99; 31-1-03; CV 21-9-09; CV 26-11-10). Ver también el nº 1815.

4) La normativa del IVA no contiene un precepto que regule los supuestos de inclusión o no del IVA en el **ámbito privado** como sucede en la contratación administrativa (nº 1461). Solo se contiene una referencia a los supuestos en que no exista una repercusión expresa, debiéndose entender que la contraprestación no incluyó dichas cuotas, pero sin entrar a determinar si las **propuestas o contratos privados** incluyen o no el IVA correspondiente, circunstancia que corresponde determinar a las partes intervinientes (DGT 9-7-01; CV 24-1-06; CV 14-5-09).
Si el adjudicatario percibe como contraprestación un **precio público** por el servicio que presta a los usuarios, la base está constituida por su importe íntegro. Solo si en la tarifa de precios aprobada mediante **ordenanza municipal** figurase la expresión IVA incluido cabría entender comprendido dentro del mismo el impuesto, en cuyo caso la base sería la que resultara de descontar la cuota tributaria devengada por esta operación del importe íntegro del precio público (DGT CV 5-6-06). Al regular los precios públicos, no se hace referencia a si los precios públicos que fije la Administración por las correspondientes operaciones, cuya contraprestación se fije mediante dichos precios, incluyen o no el IVA que, en su caso, grave las correspondientes operaciones, por lo que habrá que entender, con carácter general, que dichos precios no incluyen el citado impuesto, en el caso de operaciones sujetas y no exentas, salvo que en la norma se indique lo contrario (DGT CV 14-11-12).

1856 **5)** La base imponible depende de las estipulaciones concretas que se hayan celebrado entre las partes (recaudador y ayuntamiento). De no haberse estipulado como contraprestación del servicio de **gestión de cobro** cantidad alguna distinta del denominado precio de cobranza, debe entenderse que en dicho precio está incluido el IVA (DGT 1-8-01).

6) Ni en la normativa comunitaria ni en la LIVA se regula la obligación de que los empresarios o profesionales estén obligados a **consignar diferenciadamente** el importe del IVA en los precios de los servicios o bienes ofertados (DGT 28-11-01).

7) Una empresa ha resultado adjudicataria de una concesión para la construcción de un **aparcamiento municipal** y posterior gestión del servicio. Una vez finalizada la construcción, la empresa cede el uso de un cierto número de plazas a terceros a cambio de un precio máximo de venta, fijado en el pliego de condiciones del concurso. En este caso, hay que estar a lo pactado entre la empresa y el ente público para considerar que el llamado **precio máximo de venta** incluye tanto la contraprestación por la cesión como el IVA, o bien para estimar que dicho precio representa solo la contraprestación de la operación realizada sin incluir el impuesto (DGT 23-12-03; 20-1-04).

8) Una persona física demanda judicialmente a una empresa por construir en una parcela de su propiedad. Las partes suscriben un **acuerdo transaccional** para determinar el importe de la operación. Si en el citado acuerdo no se hace mención alguna al IVA, tiene que entenderse que en dicho importe no se incluye (DGT CV 26-9-07).

9) Una asociación de vecinos explota, con autorización municipal, el servicio de **sombrillas de la playa** mediante precio que cobra directamente a los usuarios; en dicho precio no debe entenderse incluido el IVA, salvo que se deduzca otra cosa del pacto suscrito entre el ayuntamiento y la asociación (DGT CV 15-2-08).

10) Mediante **sentencia judicial**, que no se pronuncia acerca de la inclusión o no del IVA en el importe fijado por la misma, se resuelve una controversia sobre el importe convenido en una prestación de servicios de consultoría; debe concluirse que en el importe fijado por la sentencia no se incluye el IVA (DGT CV 25-3-09; CV 9-8-16). En el mismo sentido, DGT CV 17-2-12.

11) El **arancel de los administradores concursales** ha de entenderse IVA no incluido, debiendo repercutirse sobre el importe total de la contraprestación (DGT CV 4-8-10).

Jurisprudencia 1) En un contrato de **gestión de un servicio público** debe entenderse incluido el IVA (TS 9-12-99, EDJ 43616). 1857

2) En el importe del premio de cobranza que grava el juego del **bingo** no está incluido el IVA de dicho servicio de cobranza, no resultando aplicable lo dispuesto en la LIVA art.88, puesto que la obligación de prestar dicho servicio no es contractual, sino que se deriva de una Ley (TEAC 3-7-02).

3) Cuando las partes intervinientes en una operación (inmobiliaria) establecen el precio sin hacer ninguna mención al IVA y el sujeto pasivo (vendedor) es el deudor del impuesto, dicho IVA ha de entenderse incluido en el mencionado precio si el vendedor carece de la posibilidad de **recuperación del IVA** del cliente, reclamado por la Administración tributaria. En otro caso, la carga del IVA recaería sobre el vendedor, en contra del principio de que el IVA es un impuesto que recae sobre el consumidor final (TJUE 7-11-13, asuntos acumulados C-249/12 y C-250/12).

Para que no se infrinja la regla de que la Administración tributaria no puede percibir en concepto de IVA un importe superior al percibido por el sujeto pasivo, si las partes han establecido el precio de un bien o un servicio sin **ninguna mención del IVA** y el vendedor de dicho bien o el prestador del servicio es el deudor del IVA devengado por la operación gravada, el IVA debe considerarse ya incluido en el precio pactado si el vendedor carece de la posibilidad de recuperar el IVA reclamado por la Administración Tributaria (TEAC 17-3-15).

4) En las **compraventas no contabilizadas**, su precio debe ser el mismo en el IVA y en el IS, por lo que aquel ha de entenderse con IVA incluido (TS 27-9-17, EDJ 196524; 19-2-18, EDJ 15265).

5) El IVA de las prestaciones de servicios realizadas por un gestor de notificaciones judiciales y embargos en el marco de un procedimiento de ejecución forzosa se puede considerar incluido en las **tasas** cobradas por este (TJUE 10-4-19, asunto C-214/18). Interesa destacar que la normativa interna de fijación de las tasas en cuestión no permitía que se añadiese cuota alguna de IVA a su importe, lo que condujo al TJUE a la conclusión que se ha expuesto, en línea con TJUE 7-11-13, asuntos acumulados C-249/12 y C-250/12, en la que ya se había establecido que la **base imponible** del IVA que deben percibir las autoridades tributarias no debe ser superior a la contraprestación efectivamente pagada por el consumidor final y que ha servido de base para el cálculo del impuesto.

6) Cuando en unas actuaciones cuyo alcance comprenda el impuesto directo (IRPF o IS) y el IVA, la Administración tributaria acredite la existencia de **operaciones ocultas** (no declaradas) sin mención al IVA, la calificación de si los importes incluyen o no dicho impuesto debe ser la misma para todas las operaciones homogéneas o similares, incluso aunque el derecho a liquidar el IVA esté prescrito en algunos periodos (TEAC 24-9-24).

II. Reglas especiales

1860

La determinación de la base imponible se completa con diversas reglas especiales, aplicables en las operaciones señaladas en los epígrafes siguientes. No obstante, en la base imponible determinada conforme a estas reglas especiales deben incluirse o excluirse, cuando procedan, los conceptos del nº 1730 s. (LIVA art.79.Doce). 1861

En relación con la regla especial de determinación de la base imponible en las **transmisiones de determinados inmuebles** exentas del IVA (LMV art.338), ver el nº 8751.

Operaciones con contraprestación de carácter no dinerario (LIVA art.79.Uno) La definición del concepto de base imponible (nº 1703) admite, implícitamente, que el pago de la contraprestación se efectúe no solo en dinero, sino también de forma no dineraria. 1862

No obstante, la **contraprestación** es una magnitud que necesariamente debe expresarse en dinero, de forma tal que permita el cálculo de las cuotas de IVA y su declaración e ingreso. Por tanto, cuando la contraprestación no consista en dinero, la normativa del impuesto establece una regla especial.

Contraprestación de carácter totalmente no dinerario (LIVA art.79.Uno) Se considera como base imponible el importe, **expresado en dinero**, que se hubiera acordado entre las partes y, salvo que se acredite lo contrario, la base imponible coincide con los importes que resulten de aplicar las reglas previstas para los autoconsumos (nº 1893). 1864

Esta regla de valoración tiene su origen en el TJUE 19-12-12, asunto C-549/11. Como ha de estarse a la contraprestación realmente percibida por el sujeto pasivo, en estos casos se establece como regla de valoración de la base imponible el valor acordado entre las partes, que tiene que expresarse de forma dineraria, si bien se contempla como **regla mínima** de valoración las del autoconsumo, que son las que deben aplicarse cuando no pueda acreditarse el valor acordado entre las partes. En la práctica implica una regla de valoración a coste.

1866 Ejemplos **1)** El promotor de una nave industrial, situada en el centro urbano de una ciudad, transmite su propiedad y la de los terrenos accesorios a una sociedad, cuyas acciones cotizan en bolsa. En lugar de dinero, la sociedad le entrega un **local comercial** de su propiedad, y una pequeña **participación en el capital social** de la misma.

La entrega de la nave constituye una primera entrega de edificaciones, sujeta y no exenta (nº 8640 s.).

La base imponible correspondiente a la entrega de la nave está constituida por el valor acordado entre las partes, que normalmente se corresponderá con el valor de cotización de las acciones recibidas más el valor acordado entre las partes del local comercial, sin necesidad de recurrir, en principio, a las reglas de valoración de los autoconsumos.

2) Una persona física, propietaria de un solar que explota en régimen de arrendamiento, lo transmite a una sociedad cuya actividad es la promoción de edificaciones. Dicha sociedad, como contraprestación de la entrega del **solar**, se compromete a entregar los **locales comerciales** del edificio que tiene proyectado construir sobre dicho terreno. En el momento de producirse la entrega del solar, conforme a las reglas de autoconsumo, así como el atribuido a los locales comerciales futuros, según se desprende de las tasaciones solicitadas, asciende a 4.600.000 €.

Se trata de una operación de permuta de bienes, de un solar a cambio de locales comerciales. La prestación consiste en la entrega del solar, produciéndose el devengo del IVA cuando el mismo se pone a disposición de la sociedad promotora, siendo la base imponible de la citada operación 4.600.000 €, conforme al valor acordado por las partes. No es preciso modificar la base imponible, con independencia de que en el momento de la entrega haya variado su valor de mercado.

La contraprestación (pago de la prestación) consiste en la entrega futura (cuando se construyan) de determinados locales comerciales. Sin embargo, el devengo de la operación de entrega de los referidos locales se produce en el momento de la entrega del solar, que constituye el pago anticipado de dicha operación (nº 1275 s.), cuantificándose la base imponible de dicha operación de acuerdo con criterios fundados.

A estos efectos, generalmente, existe una identidad de valor entre la prestación (entrega del solar) y la contraprestación (entrega de los locales), sobre todo cuando coinciden temporalmente el momento de realización de la prestación y el de la entrega de la correspondiente contraprestación.

1868 Doctrina Administrativa Además de las siguientes contestaciones de la DGT, ver el nº 8754, nº 8755 y nº 11000 s.

Resulta de **aplicación** la regla especial de valoración de operaciones con contraprestación no dineraria a las siguientes operaciones:

- las cesiones de bienes o derechos integrantes de un patrimonio empresarial o profesional a sociedades anónimas cuya contraprestación consista en sus **acciones** (DGT CV 22-5-86; CV 14-2-07);
- una **aportación no dineraria** a otra entidad mercantil, sin que proceda aplicar los valores que los bienes aportados tenían en la entidad aportante, a los efectos del IVA (DGT CV 31-3-05; CV 18-1-10);
- las entregas de bienes (**retribución en especie**) efectuadas por las **entidades financieras a sus clientes** por las imposiciones a plazo efectuadas por los mismos (DGT CV 4-9-86). Ver también el nº 1871 punto 3;
- la **cesión del uso de un automóvil** a un empleado simultáneamente para necesidades empresariales y privadas como parte de su retribución por los servicios prestados a la empresa cedente, respecto a la parte correspondiente al uso privado (DGT CV 23-4-12; CV 25-4-12);
- los **servicios de urbanización** prestados por el agente urbanizador a los propietarios que retribuyen en especie mediante derechos de aprovechamiento urbanístico (lo cual no deja de equivaler a una entrega de terrenos) y que destinarán las parcelas a su ulterior venta (DGT CV 16-6-06);

1870

- el pago a cuenta que tiene lugar en el momento de la entrega de **terrenos a cambio de inmuebles** a construir sobre ellos (permuta), no debiendo ser objeto de recálculo cualquiera que sea la variación, al alza o a la baja, que experimente el valor de dicha edificación durante el tiempo que transcurra desde que se concluya la permuta (DGT CV 16-9-09; CV 13-10-11; CV 24-2-12);
- la **concesión del servicio público** por un ayuntamiento de la explotación de un aparcamiento subterráneo a una empresa, quien además de hacerse cargo de dichas obras, efectúa la construcción sobre rasante de un mercado público que entrega al citado ayuntamiento (DGT CV 14-11-07);

- el **suministro de energía eléctrica** efectuado por centrales hidroeléctricas sin contraprestación dineraria a los vecinos de determinados municipios donde se ubican estas, o solo en parte con contraprestación dineraria, pero teniendo en cuenta, cuando proceda, la normativa nacional reguladora de las tarifas eléctricas que deben aplicar las empresas comercializadoras de energía eléctrica y que es de aplicación para determinar la base imponible del suministro (DGT CV 19-9-11; CV 31-10-16);
- el **servicio de publicidad** que se paga mediante bonos de descuento a utilizar en la web del cliente (DGT CV 16-3-16);
- en el caso de un contrato de **alquiler ad meliorandum** de un teatro cuya titularidad corresponde a una parroquia, en el que el pago de la renta consiste en la entrega de las obras de rehabilitación (DGT CV 21-12-16);
- en un programa desarrollado por una plataforma on line donde, a cambio de una **reseña**, la persona física se queda la posesión del bien existe una permuta de servicios por bienes (DGT CV 19-8-25).

Jurisprudencia 1) Resulta de aplicación la **regla especial** de valoración de operaciones con contraprestación no dineraria a las siguientes operaciones: **1871**
- una **permuta** de bienes en la que una entidad no lucrativa entrega trigo para recibir galletas o pasta alimentaria (TEAC 12-1-00; 5-4-00);
- en una permuta de **productos de intervención** a empresas de alimentación en contraprestación de la entrega de **productos alimenticios** por dichas empresas a las ONG, determinándose la base imponible de las entregas de productos de intervención (permuta) efectuadas por el FEGA a las empresas alimentarias conforme a la regla especial de contraprestación no dineraria, y el de las entregas de los productos de alimentación según las reglas del autoconsumo de bienes (TEAC 12-9-01);
- en la **entrega de embutido** a una ONG por la entrega de carne de vacuno congelada (TEAC 15-4-04);
- las aportaciones no dinerarias para la **constitución de una sociedad**, efectuadas por los sujetos pasivos, ya que constituyen una entrega de bienes (TEAC 25-3-98). También en la aportación no dineraria de un contrato de arrendamiento para la ampliación de capital de una sociedad, ya que tiene la consideración de prestación de servicios (TEAC 5-2-03);
- la aportación de unos derechos de **arrendamiento financiero** como aportación al capital de una sociedad (TEAC 20-11-02);
- en una permuta de **terrenos por edificación futura**, sin que se modifique la base en el momento de la entrega de la edificación (TS 18-3-09, EDJ 42597; 29-4-09, EDJ 82906).

2) En una permuta de un terreno en la que se establece que el pago se realizará una parte en metálico, otra mediante la realización de obras y por último mediante la entrega de construcciones y edificaciones futuras, la **valoración de la obra futura** se conoce, ya que se valora en la propia escritura, por lo que no es de aplicación la regla de rectificación para los casos en los que la base imponible es indeterminada (nº 1724), al ser el importe de la contraprestación el valor del terreno (TS 6-10-10, EDJ 213661).

3) En las entregas de bienes (menaje, etc.) que constituyen operaciones de **retribución de pasivo bancario** la base imponible está constituida por un valor subjetivo (TEAC 18-6-15). Ver también el nº 1868.

4) La **ausencia de vinculación** entre las partes hace que en la determinación de la base imponible se esté al valor o importe acordado entre ellas, sin que tenga que aplicarse el valor de mercado atendiendo a una posterior transmisión del bien (TS 23-4-19, EDJ 568420).

5) La base imponible en la **aportación no dineraria** de unos inmuebles es el valor de emisión de las acciones (contraprestación recibida), y no el valor nominal de las mismas, siempre que las partes hayan acordado esa contraprestación y si no existe una práctica abusiva en la determinación de ese valor (TJUE 8-5-24, asunto P.sp.z o.o. C-241/23).

Contraprestación parcial en dinero (LIVA art.79.Uno) Cuando la contraprestación consiste parcialmente en dinero, la base imponible es el resultado de añadir al valor acordado de la parte no dineraria el importe dinerario, siempre que dicho resultado sea superior al valor acordado de la prestación. Es decir, en estos casos, se atiende al **mayor** de los valores siguientes: **1873**
- el acordado entre las partes para la prestación;
- el de la parte dineraria de la contraprestación más el valor acordado de la parte no dineraria de dicha contraprestación.

Ejemplo Un consumidor final, que tiene la intención de ejercer una actividad empresarial, tiene previsto adquirir una **nave industrial** de 200 m^2 a una sociedad. En pago de la misma entregaría un **solar**, situado en otro término municipal, cuyo valor catastral a efectos del IBI es de 7.000 €, y la cantidad en **metálico** de 12.000 €. **1874**

El valor acordado de la nave industrial es de 60.000 €. El valor acordado del solar es de 42.000 €. El valor de construcción por metro cuadrado en la zona asciende a 260 €.

a) Valor acordado de la prestación (nave industrial) 60.000
b) Valor de la contraprestación, parte no dineraria (solar), y el metálico:
- Parte dineraria 12.000
- Valor de acordado del solar 42.000
Total.................... 54.000

La base imponible es la mayor de las dos cantidades: 60.000 €.
El valor catastral a efectos del IBI es irrelevante en relación con el IVA en el supuesto examinado, como lo sería cualquier otro valor distinto del acordado (valor de mercado, valor contable, valor de comprobación administrativa, etc.).

1875 Doctrina Administrativa Además de las siguientes contestaciones de la DGT, ver el nº 8754, nº 8755 y nº 11000 s.
1) La base imponible de la **constitución de un derecho de superficie** es la contraprestación de dicha cesión, que está constituida por el canon anual (contraprestación dineraria) y por la edificación, que pasará a ser propiedad del dueño del suelo transcurrido un determinado período de tiempo (contraprestación en especie), siendo el resultado de añadir al valor de la parte no dineraria de la contraprestación el importe de la parte dineraria de la misma (DGT 10-1-01; CV 14-4-11; CV 22-12-11). Tanto los cánones como el valor de la construcción deben actualizarse, conforme a criterios financieros, para su comparación en términos de homogeneidad con el valor del derecho de superficie, tomando posteriormente la mayor de ambas magnitudes (DGT CV 3-7-09; CV 8-7-15).
2) La base imponible del arrendamiento de un inmueble para ser usado como oficinas, cuya contraprestación está constituida por una **renta dineraria**, así como por el importe de las **obras de mejora** que pasarán a ser propiedad de la empresa arrendadora al finalizar el contrato, tiene dos componentes: una contraprestación dineraria y una contraprestación en especie. En consecuencia, por base imponible de la operación hay que tomar el mayor entre el valor del arrendamiento y la suma de las rentas a percibir más el valor de las obras de mejora objeto de reversión. Tanto las rentas como el valor de las obras deben actualizarse, conforme a criterios financieros, para su comparación en términos de homogeneidad con el valor del arrendamiento, tomando posteriormente la mayor de ambas magnitudes (DGT CV 22-4-10).
3) En las **transferencias de cuotas lecheras** entre ganaderos de distintas CCAA, donde se deduce hasta un máximo del 20% de la cantidad transferida con destino al denominado fondo de reserva nacional, la base imponible correspondiente a la cantidad finalmente asignada al productor es la contraprestación pactada entre el transmitente y el adquirente de la cuota de producción lechera objeto de transacción (DGT 20-9-04).

1877 Jurisprudencia **1)** La **cuantificación de la base** imponible cuando la contraprestación no es de carácter totalmente dinerario es lo que se recibe realmente, y no un valor estimado conforme a criterios objetivos (TJUE 23-11-88, asunto 230/87).
2) La obligación de **inmatricular el terreno** por el comprador constituye una contraprestación en especie que forma parte de la base imponible de la venta (TJUE 19-12-19, asunto C-707/18).

1879 **Operaciones de diferente naturaleza por precio único** (LIVA art.79.Dos) Cuando en una misma operación y por un único precio, se entreguen bienes o se presten servicios de diversa naturaleza, la base imponible correspondiente a cada uno debe determinarse en proporción al **valor de mercado** de dichos bienes o servicios.
En el supuesto, no habitual, en el que el precio no coincida, por **exceso o por defecto**, con la suma de los distintos valores de mercado de los bienes entregados o servicios prestados, debe distribuirse el precio, que constituye la base imponible de la operación, en proporción a los correspondientes valores de mercado (ver ejemplo 5 en el nº 1884).
La **justificación** de esta regla es porque a cada una de las entregas de bienes o prestaciones de servicios efectuadas le puede resultar de aplicación un tratamiento tributario diferente en cuanto a exenciones, tipos impositivos o régimen de deducciones, por lo que resulta necesario determinar la parte correspondiente a cada una de dichas operaciones.
Como **excepción**, la regla no resulta de aplicación en los casos en que de las diversas prestaciones, una de ellas tenga la consideración de principal y las demás resulten accesorias; en este caso se aplica a todo el conjunto de la operación el tratamiento tributario que corresponda a la prestación principal -tipos, exenciones, etc.- (ver ejemplo 4 en el nº 1884).
Por otra parte, la aplicación de esta regla especial no excluye la posible aplicación de la **regla especial** de operaciones con contraprestación de carácter no dinerario (nº 1862), ni de las reglas generales de determinación de la base imponible (ver ejemplo 1 en el nº 1882).

1880 Precisiones **1)** Siempre que se produzca una entrega de bienes de diversa naturaleza por precio único, la determinación de la aplicación o no de la regla especial debe efectuarse **caso por caso**, teniendo en cuenta las circunstancias concretas que concurran en la operación. Es preciso delimitar si cada operación incluye prestaciones que puedan calificarse de independientes entre sí o si, por el contrario, una de las prestaciones tiene carácter principal y las demás pueden considerarse accesorias de esta.

2) Téngase en cuenta que la regla que se analiza no es tanto una regla de cuantificación de la base imponible como una **regla de reparto**, de forma que la contraprestación, cuantificada conforme a los criterios generales que se vienen exponiendo, se imputa a los diferentes bienes y servicios incluidos en la operación en proporción al valor de mercado, pero sin que este sea el valor que haya de dárseles.

Ejemplos 1) Una empresa de alimentación comercializa caramelos, bombones y, en general, todo tipo de golosinas, presentando los mismos en diferentes **envases**, tales como chupetes, biberones, huchas, envases de cerámica, etc. En la venta de los productos citados existe un precio de venta al público único. **1882**

En el caso planteado, en función del envase, deben seguirse los siguientes **criterios** para determinar la base imponible (DGT CV 19-11-10):

- si los continentes son, por sus características y coste, los **utilizados normalmente** para envasar los correspondientes productos alimenticios, según la normativa que resulte aplicable en la materia, no resulta aplicable esta regla especial. El conjunto tributa como una sola operación, conforme a la normativa que sea aplicable a la entrega de dichos productos;
- si los continentes, por sus características o **mayor valor**, adquieren un valor esencial respecto del conjunto transmitido siendo, por tanto, el contenido (los productos alimenticios), de carácter accesorio, la entrega de dichos continentes tributa como una sola operación, conforme a la normativa que sea aplicable a la entrega de dichos productos;
- si los continentes o envases tienen un **valor equivalente** al de los productos alimenticios y son susceptibles de una razonable utilización posterior, en los mismos o distintos usos, debe aplicarse la regla especial, pues se trata de una entrega de bienes de distinta naturaleza (alimentos y envases) por un precio único. La parte de contraprestación que corresponde a la entrega de los envases se liquida al tipo general; a la parte que corresponda a la entrega de los alimentos se le aplica el tipo reducido. Estas circunstancias deben hacerse constar en la correspondiente factura (nº 7268).

2) Una **floristería** vende, entre otros productos, ramos de flores en **recipientes** especiales de cerámica (jarrones, etc.), algunos de ellos de valor significativo, que pueden ser posteriormente usados, bien para contener plantas o bien como elementos decorativos. **1883**

No tiene carácter accesorio a las entregas de flores la entrega de aquellos recipientes que las contengan, cuando dichos bienes tengan una entidad propia que exceda de la propia función de un envase o embalaje, así como en los casos en los que el valor de los recipientes sea superior al de las flores que contienen -nº 1751 s.- (DGT CV 13-10-15; CV 28-11-16).

3) Una empresa de alimentación entrega **productos cárnicos en envases especiales**, estancos e isotérmicos, que son objeto de reutilización y de devolución. Dependiendo del producto que contengan, en ocasiones el valor del envase supera el valor de los productos que contiene.

El valor de los envases forma parte de la base imponible (nº 1793). Por otra parte, la entrega de dichos envases constituye una prestación accesoria de la entrega de los productos cárnicos, por lo que no resulta aplicable la regla especial, tributando el conjunto conforme a la operación principal, al tipo reducido. Es así porque con independencia de que en ocasiones su valor supere al del contenido, los envases no son susceptibles ordinariamente de otra utilización normal que no sea aquella para la que han sido concebidos.

Caso distinto del expuesto en el ejemplo sería que el objeto real de la operación fuera la entrega de los envases, en cuyo caso todo el conjunto de la operación tributaría al tipo que corresponda a la misma (al general).

4) Un **hotel** ha emitido a un cliente una factura que comprende, además del servicio propio de alojamiento, los siguientes conceptos derivados de la estancia del cliente en el hotel: lavandería, teléfono y bar-restaurante. Dentro de la propia factura incluye los servicios prestados por el club de golf anexo al hotel. **1884**

Constituyen **prestaciones accesorias a la de alojamiento** las enumeradas en la factura y, por tanto, han de seguir el mismo régimen que la prestación principal (tipo, etc.). Sin embargo, no ocurre así con los servicios relativos al club de golf, efectuados al margen del servicio de alojamiento (nº 1751 s.).

5) El **precio único** de una operación asciende a 50 €, siendo los valores de mercado de los diferentes bienes entregados y de los servicios prestados, los expuestos en el cuadro adjunto.

La base imponible por aplicación de la regla especial es:

Clase	Valor de mercado	Distribución (%)	Base imponible unitaria
Bien A	9	(50/64) × 9	7,03
Bien B	20	(50/64) × 20	15,63
Bien C	27	(50/64) × 27	21,09
Servicio D	8	(50/64) × 8	6,25
Total valor mercado	64	Total base imponible	50,00

1886 **Doctrina Administrativa** Además de las siguientes contestaciones de la DGT, ver el nº 11000 s.
1) La base imponible correspondiente a cada uno de los bienes y derechos transmitidos se determina en proporción al **valor en el mercado** de los mismos en los casos siguientes:
- una empresa cuya actividad es la **prevención de riesgos laborales** que presta servicios médicos y elabora informes técnicos (DGT 1-10-03; 2-10-03; 4-3-04);
- una empresa que presta servicios de **revisiones médicas**, análisis clínicos y tramitación de expedientes de invalidez (DGT 1-10-03);
- la realización de **obras de albañilería** en el marco de una actuación de rehabilitación (DGT 23-3-04; CV 6-5-05);
- la transmisión en una misma operación y por precio único de **viviendas y locales** (DGT 1-10-98; CV 14-6-01; 4-11-02);
- la entrega de **cestas de navidad** (DGT 13-7-05) y de cestas para regalo (DGT CV 8-2-11);
- la entrega conjunta de **libros y menaje de cocina** (DGT 11-4-01; CV 21-12-05), y la de una **caja** que contiene recetas de cocina, ingredientes, utensilios de cocina y unas claves personales para acceder a una página web, donde poder consultar recetas, foros, etc. (DGT CV 24-6-16);
- la prestación por precio único de **servicios sujetos y no exentos** y otros servicios sujetos pero exentos -asistencia sanitaria y formación o enseñanza- (DGT 12-12-01);
- la prestación por un precio único de distintos servicios que tributan a **distintos tipos impositivos**, o unos exentos y otros no. La base imponible correspondiente a cada servicio se determina repartiendo el precio único cobrado entre los distintos servicios, en proporción al valor de mercado de cada de uno de ellos, y aplicando el tipo impositivo correspondiente. No obstante, el TJUE 6-10-05, asunto C-291/03 señala que es posible acudir a otros **criterios alternativos** al valor de mercado siempre que estos reproduzcan con exactitud el verdadero contenido del precio global respecto del ejercicio fiscal en cuestión (DGT CV 9-4-08);
- la entrega en unidad de acto de **plantas vivas** de carácter ornamental, a la que corresponda aplicar el tipo reducido, y una prestación de **servicios de jardinería** a la que corresponda aplicar el tipo general, por no tener tales servicios carácter accesorio de la referida entrega (DGT CV 30-3-06);
- el desarrollo dentro de una misma función de diferentes **espectáculos y festejos taurinos** a los que se aplican diferentes tipos impositivos (DGT CV 14-9-05);
- en operaciones de **factoring**, si se hubiese pactado una contraprestación única, sin distinguir entre la parte relativa a la prestación de servicios de anticipo de fondos y el resto de prestaciones que pueda haber (DGT 22-6-04);
- el alquiler de salas y servicios de **catering** (DGT CV 24-1-07);
- un contrato de concesión de obra pública para la redacción del **proyecto, construcción y explotación** de un hospital (DGT CV 15-4-15).

1887 **2)** Una empresa que, con el fin de captar clientes, tiene establecido un sistema de promoción de ventas mediante el cual con la compra de sus productos entrega unos **vales canjeables por regalos**, no variando el precio se acepten o no los referidos vales, no efectúa una entrega de bienes por precio único (productos y regalos), sino que realiza dos entregas: la de sus productos y la derivada del canje de los vales (DGT 11-4-01).
3) La base imponible de las operaciones sujetas, consistentes en la entrega de determinados bienes y la **cesión de uso de los envases** que los contienen por un precio único, sin repercutir al destinatario cantidad adicional alguna ni siquiera en concepto de fianza, garantía o depósito de los envases cedidos, está constituida por el importe total de la contraprestación de dichas operaciones, sin que resulte procedente incrementarla en el coste de los envases cedidos (DGT CV 25-5-87).
4) Tanto en el caso en el que los abonos se suministran en sacos que se colocan sobre palés (los cuales se cobran a los clientes, teniendo estos la posibilidad de devolverlos), como cuando el abono se entrega en estado líquido contenido en cubetas reutilizables y de un coste similar al del abono (que también se cobran a los clientes pudiendo devolverse con reintegro de lo abonado), se venden dos bienes diferenciados: el abono, sólido o líquido, y los palés o las cubetas en que se suministran, cuya propiedad se transfiere de pleno derecho a los clientes. La entrega de los **palés o cubetas** no es accesoria a la entrega del abono, debiendo aplicarse a cada uno de dichos bienes el tipo que corresponda, cuya base se determina en proporción al valor de mercado de los citados bienes (DGT 18-9-01).
5) Las cesiones de uso de medios de frío constituyen una prestación accesoria de la prestación principal que es la **venta de helados** y la base imponible correspondiente a dichas entregas de helados está constituida por el importe total de la contraprestación de tales operaciones, debiendo incluirse el importe total de la contraprestación única y no diferenciada estipulada para la venta de helados y la cesión de uso de los medios de frío, incluyendo, por tanto, la parte imputable a las citadas cesiones en tanto que prestaciones accesorias a dichas ventas (DGT 24-2-00).
En los mismos términos respecto de:
- las entregas de **cerveza** y de cesión de los elementos accesorios como instalaciones relacionadas con la venta y distribución de bebidas y alimentos (DGT CV 14-2-05);
- las entregas de **café y productos derivados** junto con la cesión de equipos de hostelería: máquinas cafeteras, molinos de café y dosificadores (DGT CV 18-7-06);

- las entregas de **reactivos** para hospitales junto con la cesión de equipos médicos para la utilización conjunta con los citados reactivos (DGT CV 3-5-06; CV 10-12-08);
- la entrega de **expositores** de productos a las **farmacias** por los laboratorios farmacéuticos (DGT CV 13-4-11).

6) El elemento principal de un **curso a distancia** está constituido por la entrega de bienes (libros, cintas magnetofónicas, discos, videocasetes y otros), teniendo carácter accesorio de la misma la prestación de servicios de atención de las posibles consultas que formule el adquirente. La base imponible correspondiente a dicha entrega está constituida por el importe total de su contraprestación, incluyéndose los importes que la sociedad exija en concepto de prestación del citado servicio accesorio a la entrega (DGT 4-9-02). **1888**

7) Las operaciones de **desmontaje de una cubierta** de una nave industrial y posterior retirada de sus componentes tienen carácter accesorio respecto de la operación principal, esto es, la instalación o montaje de una cubierta, puesto que las citadas operaciones de desmontaje y retirada no constituyen para su clientela un fin en sí mismo, sino el medio de disfrutar del servicio principal, es decir, la instalación de una nueva cubierta (DGT CV 1-12-08).

8) Cuando el importe de los **gastos de envío** cargados a los clientes afecte conjuntamente a bienes a los que se aplican diferentes tipos impositivos, la distribución del importe de dichos gastos entre las distintas porciones de la base imponible a las que corresponde aplicar tipos diferentes, debe efectuarse aplicando criterios racionales de imputación, ante la ausencia de una regulación legal específica para dichos supuestos (DGT CV 21-1-16).

9) No se consideran efectuadas a **título gratuito** las entregas de bienes o prestaciones de servicios cuyos destinatarios tengan derecho a que se realicen en su favor por el hecho de ser destinatarios de otras operaciones mediante contraprestación. En tal caso, se considera que ambas operaciones son efectuadas mediante contraprestación global única (DGT 17-3-98).

10) Los servicios de **representación musical** y de acceso a una acampada para pernoctar no se pueden entender como accesorios uno de otro, sino que cada uno constituye una prestación de servicios independiente de la principal, siguiendo cada uno su propio régimen de tributación (DGT CV 9-10-15).

11) El mero hecho de que el **contrato especifique un porcentaje separado** para ambos servicios, de asesoramiento en la inversión en fondos de inversión y de recepción, transmisión y ejecución de órdenes, no cambia su calificación como servicio único. No obstante el importe del servicio de asesoramiento debe ser fijado por las partes como contraprestación, estando sujeto a modificación si cambian las condiciones (DGT CV 19-4-16).

12) Con independencia de que se facture por un precio único o se desglose el importe correspondiente a los distintos elementos, la **transmisión de un terreno y de la licencia de obra** constituye una operación conjunta por lo que resultaría improcedente realizar un fraccionamiento artificial de las operaciones en aras de su calificación fiscal (DGT CV 20-7-16).

13) En la adquisición de un inmueble con la **garantía de su arrendamiento** por una renta mínima, la asunción de la obligación pecuniaria vinculada al inmueble constituye una operación accesoria a su transmisión. Si posteriormente se verifica la condición que determina el cumplimiento de la obligación asumida por el transmitente, y este paga a la adquirente unas determinadas cuantías, estas transferencias no suponen la contraprestación de una nueva operación, sino el cumplimiento de una obligación por la que ya se tributó en el momento de la entrega del inmueble. Si la transmitente puede disponer del inmueble con ocasión de los pagos que efectúe a la adquirente, dichos pagos sí tienen la consideración de contraprestación de una prestación de servicios de arrendamiento (DGT CV 3-1-17).

Jurisprudencia 1) Una prestación debe ser considerada **accesoria de una prestación principal** cuando no constituye para la clientela un fin en sí, sino el medio de disfrutar en las mejores condiciones del servicio principal del prestador. Por tanto, el hecho de que se facture un precio único no tiene importancia decisiva, si bien es cierto que cuando un prestador proporciona a sus clientes una prestación de servicios compuesta por varios elementos contra el pago de un precio único, puede abogarse por una existencia de una prestación única, aunque, pese al precio único, lo relevante es que si los clientes entienden comprar dos prestaciones distintas, a saber, una prestación de seguro y una prestación de servicios de registro de tarjetas, sería preciso independizar las mismas, siguiendo el método de cálculo o de apreciación más sencillo (TJUE 22-10-98, asuntos acumulados C-308/96 y 94/97). Adicionalmente, ver nº 1759. **1891**

2) La entrega de **mobiliario de terraza** (sombrillas) por una empresa a sus clientes no puede considerarse como entrega accesoria a las operaciones realizadas por la entidad: no se discute que las citadas entregas pueden servir para los fines generales de la empresa, pero el concepto de **accesoriedad** hace alusión a las distintas entregas de bienes o prestaciones de servicios que se comprenden en una operación, de forma que en ella desglosamos la entrega o prestación principal de aquella que es accesoria, pero siempre delimitadas y concretadas respecto de una operación. El carácter accesorio de una entrega de bienes o prestación de servicios realizada por un empresario o profesional para un determinado destinatario, se delimita respecto de otra entrega de bienes o prestación de servicios con carácter principal efectuada por dicho empresario o profesional para el mismo destinatario (TEAC 8-6-10; 18-12-19).

1892 **3)** Una entidad benéfica de asistencia social entrega un bien por un precio único que comprende su importe y el de un **donativo**. Se trata de una operación por precio único, el cual comprende una parte de donativo que no forma parte de la base imponible de la operación (TEAC 20-10-16).
4) En los **contratos de obra modalidad de abono total** del precio en el momento de su finalización, la compensación financiera por la demora en el pago satisfecha por la Administración no puede considerarse más que una prestación accesoria de la operación principal: la entrega de bienes en que consiste la ejecución de obras (TEAC 24-11-16).
5) Una operación que prevea que un operador **entregue bienes a un agricultor y le conceda un préstamo** destinado a la compra de dichos bienes constituye una operación única, en la que la entrega de bienes es la operación principal. La base imponible está constituida tanto por el precio de los bienes como por los intereses pagados por los préstamos (TJUE 8-12-16, asunto C-208/15).
6) La facultad atribuida al arrendador de resolver el **arrendamiento** en caso de impago por el arrendatario de las cargas por servicios, constituye un indicio a favor de la apreciación de la existencia de una prestación única, aunque no sea necesariamente el factor determinante (TJUE 27-9-12, asunto C-392/11).

1893 **Autoconsumos** (Dir 2006/112/CE art.74, 75 y 76; LIVA art.79.Tres y Cuatro) A pesar de la similitud en el tratamiento valorativo de los autoconsumos de bienes y de autoconsumos de servicios (nº 1907 s.), la normativa del IVA distingue entre unos y otros al establecer, a estos efectos, distintas **reglas específicas**. Las reglas de determinación de la base imponible de los autoconsumos se aplican también a las transferencias intracomunitarias de bienes (LIVA art.9.3º; nº 5225 s.).

1894 **Autoconsumo de bienes** (Dir 2006/112/CE art.74 y 76; LIVA art.79.Tres) La regla se aplica a las categorías de operaciones que, efectuadas sin contraprestación, se asimilan a las entregas de bienes a título oneroso, es decir, los autoconsumos y las transferencias intracomunitarias de bienes (nº 235 s. y nº 5225 s.).
La principal característica de las citadas operaciones es la **falta de contraprestación**, bien por tratarse de transferencias de bienes del patrimonio empresarial al particular, de transferencias internas dentro del propio ámbito empresarial, o bien de operaciones que se efectúan a título gratuito. Ante la ausencia de contraprestación, la base ha de determinarse en función de criterios valorativos relativos a la prestación y a los factores y circunstancias que concurran en la misma.
También se considera que no existe contraprestación, es decir, que las operaciones se realizan a **título gratuito**, cuando así se deduzca de sus condiciones, aunque se hubiese fijado una contraprestación simbólica, pues lo relevante es la verdadera naturaleza jurídica de las operaciones y no la forma y denominación que les otorguen las partes.
Las **reglas de valoración** de la base imponible en los autoconsumos y transferencias intracomunitarias de bienes pueden esquematizarse de la forma que se expone en el cuadro adjunto:

1896

Tipo de bienes	Regla para la determinación de la base imponible
Bienes en el mismo estado	Base imponible de su adquisición
Bienes importados	Base imponible a la importación
Bienes elaborados o transformados	Coste, incluidos gastos de personal
Bienes sometidos a alteración (utilización, deterioro, obsolescencia, envilecimiento, revalorización, etc.)	Valor en el momento de la operación
Bienes adquiridos por entidades sin fines lucrativos (L 49/2002 art.2)*	Deterioro total

* Desde el 10-4-2022, y siempre que los bienes se destinen a actividades de interés general de la L 49/2002 art.3.1.

1898 Ejemplos Una sociedad mercantil del sector de material deportivo, que tiene previsto efectuar un cambio de actividad, ha decidido, con el objeto de liquidar las **existencias de los productos** que comercializa y de determinados bienes de su activo, entregárselos a sus empleados y personal directivo a título gratuito, mediante un sistema de **sorteo**, que garantice que todo el colectivo obtenga un importe equivalente.
Entre los bienes que van a ser objeto de entrega figuran los siguientes:
- 350 bicicletas importadas recientemente de Taiwan. El valor unitario en aduana fue de 21 €;
- 220 monopatines adquiridos a su fabricante por un importe unitario de 10 €. La cuarta parte de estos monopatines corresponde a un modelo inexistente ya en el mercado, por lo que su precio de venta al público se estima en un 25% de cualquier modelo actual;
- de las existencias de productos fabricados por la propia sociedad va a entregar 25 tiendas de campaña, cuya estimación de coste, según la contabilidad, asciende a 42 €/unidad;
- de su activo material entrega 5 equipos de megafonía interior de las tiendas que se encuentran totalmente amortizados, y 5 ordenadores personales adquiridos el año anterior por un importe unitario cada uno de 1.000 €;
- dos máquinas cortadoras, con un valor neto contable de 7.500 €, se van a transferir a la nueva actividad.

La base imponible de los referidos autoconsumos de bienes es: 1900

Tipo de bienes	Base imponible	Cuantía de la BI
Bicicletas importadas	Valor en aduana a la importación: 350 × 21	7.350,00
Monopatines nuevos	Precio de adquisición: 165 × 10	1.650,00
Monopatines anticuados	Precio de adquisición corregido en proporción a su valor mercado: 55 × 10 × 25%	137,50
Tiendas de campaña (1)	Coste de fabricación, incluido el coste de personal: 25 × 42	1.050,00
Equipos de megafonía (2)	Valor de los bienes sometidos a alteraciones..........................	Valor de los bienes
Ordenadores personales (3)	Valor de los bienes: (1.000 × 5) × 75%	3.750,00
Máquinas cortadoras (4)..........	Valor de los bienes	7.500,00
Total base imponible autoconsumos/transferencias		21.437,50 (5)

Notas: (1) Dado que la sociedad dispone de **contabilidad analítica** que incluye los costes de personal, el precio de coste de las tiendas de campaña es la base imponible de su entrega.
(2) Los equipos de megafonía están en su conjunto **plenamente amortizados** y no tienen un uso alternativo como tales, aunque algunos de sus componentes sí puedan tenerlo. Podría, por tanto, entenderse que la base imponible del impuesto correspondiente al autoconsumo efectuado es cero. Sin embargo, puede ocurrir que los equipos de megafonía tengan un claro valor en el mercado, en cuyo caso debe entenderse que la base imponible debe cuantificarse teniendo en cuenta dicho valor.
(3) La determinación del valor de los ordenadores entregados se ha efectuado aplicando los **coeficientes de amortización** previstos en la normativa del IS (LIS art.12.1, nº 3441 Memento Fiscal 2026).
(4) La determinación del valor de las máquinas cortadoras que se afectan a una actividad distinta de la que estaban siendo utilizadas se realiza por su **valor contable**, entendiendo, en el ejemplo propuesto, que dicho valor se corresponde con el valor de los bienes en el momento de proceder a su cambio de afectación.
(5) A esta cantidad hay que añadir el valor de los equipos de megafonía.

Doctrina Administrativa Además de las siguientes contestaciones de la DGT, ver el nº 11000 s. 1903

1) Constituye un autoconsumo de bienes sujeto el **suministro de energía eléctrica** a los empleados de una empresa a título gratuito; si el suministro se efectúa a un precio inferior al de mercado, es este la base imponible (DGT CV 16-12-08). Mismo supuesto en el caso de entregas de **tabaco** a empleados (DGT CV 27-3-09).

2) Una empresa promotora inmobiliaria adquiere un inmueble para construir viviendas y locales. Una vez iniciadas las obras, en el subsuelo aparecen **restos arqueológicos**. El ayuntamiento le obliga a ceder de forma gratuita el subsuelo y realizar un acceso. La base imponible está constituida por el valor del subsuelo, los restos arqueológicos y el coste de las obras de acceso (DGT CV 7-7-08).

3) Una empresa organiza el **sorteo de un piso** mediante la emisión de papeletas. La base imponible de la entrega del piso está constituida por el importe total de las papeletas vendidas, salvo que dicho importe sea de carácter simbólico en relación con el valor de la vivienda entregada, en cuyo caso la operación se califica como de entrega a título gratuito, aplicándose las reglas del autoconsumo de bienes para la determinación de la base imponible (DGT CV 14-12-09).

4) Una empresa promotora afecta un inmueble destinado a la venta después de su rehabilitación a su arrendamiento. La empresa pasa a realizar dos actividades distintas que constituyen dos sectores diferenciados, el sector promoción o rehabilitación de edificaciones y el sector arrendamiento de edificaciones para uso exclusivo como vivienda. El **cambio de afectación de viviendas** del sector promoción al sector arrendamiento, es determinante de la realización de un autoconsumo de bienes. La determinación de la base imponible se ha de efectuar según el coste o el valor en el momento de la operación dependiendo de que haya habido o no revalorización o depreciación de los inmuebles (DGT CV 28-2-10).

5) Un empresario adquiere varios **locales en construcción** con el objeto de afectarlos a la actividad de arrendamiento. No obstante, antes de estar construidos dona uno de ellos a un hijo. La base imponible está constituida por el importe de coste de la prestación del servicio de cesión, es decir, por la suma de los importes abonados al promotor de los locales (DGT CV 29-5-08). 1904

6) Una empresa promotora de un parque de atracciones, que entrega de forma gratuita las **canalizaciones de gas** construidas por ella, ubicadas en un terreno de su propiedad, efectúa un autoconsumo de bienes sujeto. Para determinar la base imponible del autoconsumo hay que estar al coste de los bienes transmitidos; no obstante, en el supuesto de que los bienes transmitidos hubiesen visto alterado su valor, la base imponible es el valor de dichos bienes, determinado por referencia al momento en que se realice la transmisión, es decir, el valor de mercado de los mismos en dicho momento (DGT CV 23-2-12). En el mismo sentido, en relación con la entrega gratuita de bienes por un proveedor (DGT CV 7-7-16).

1905 Jurisprudencia 1) La construcción de una pista de atletismo a expensas de una Junta de Compensación para su **entrega gratuita** al ayuntamiento constituye un autoconsumo externo sujeto, cuya base imponible es su coste (TEAC 21-1-02).
2) La base imponible del autoconsumo de bienes correspondiente al **uso privado de un inmueble** puede fijarse por los Estados miembros en una fracción de los costes de adquisición o construcción del inmueble, determinada en función del período de regularización de la deducción del IVA soportado por dicha adquisición o construcción. A estos efectos, hay que tener en cuenta no solo el coste de la edificación que se destina al uso privado, sino también el del terreno sobre el que la misma se levanta (TJUE 14-9-06, asunto C-72/05).
3) Si en el autoconsumo interno de un bien **inmueble** la base imponible se calcula según el precio de compra de bienes similares al que es objeto de autoconsumo, la base imponible es el precio de compra de inmuebles cuya situación, dimensión y demás características esenciales sean similares a las del inmueble controvertido. A estos efectos, carece de relevancia que una parte de dicho precio de compra corresponda al pago de intereses (TJUE 23-4-15, asunto C-16/14).
4) Los Estados miembros pueden establecer que en el caso de **cese en la actividad** y baja en el IVA, se produce el hecho imponible de entrega de bienes en concepto de autoconsumo, respecto de los bienes afectos a la actividad empresarial o profesional. La base imponible es el valor residual de los bienes, pues ha de tomarse en consideración la evolución de su valor entre la fecha de su adquisición y la fecha del cese en la actividad (TJUE 8-5-13, asunto C-142/12).
5) El precio de coste que se tiene en cuenta a efectos del cálculo de la base imponible del IVA en caso de autoconsumo interno de bienes incluye los elementos de dicho precio de coste por los que se ha pagado el IVA, cuando el impuesto ha sido deducido. Si el autoconsumo tiene por objeto un **derecho de carácter temporal**, solo se tiene en cuenta para el cálculo de la base imponible el tiempo de disfrute que resta en el momento del autoconsumo (TJUE 28-4-16, asunto C-128/14).
6) Para la determinación de la base imponible de los **autoconsumos** deben seguirse los siguientes criterios:
- el **precio de compra** de los bienes es su coste de reposición (valor residual), aquel que se debería pagar por los referidos bienes para su sustitución en el momento de producirse la afectación;
- la **valoración** debe efectuarse tomando como referencia el momento de realizarse el autoconsumo;
- la **base imponible** está constituida solo por el precio de coste a falta de precio de compra de tales bienes o de bienes similares; y
- en ningún caso puede integrarse en la base imponible el **valor de los bienes** o servicios por los que el sujeto pasivo haya soportado cuotas de IVA no deducidas. A estos efectos, tanto por repercusión directa como por repercusión indirecta, es decir, que se encuentren incluidas en el precio de los bienes o servicios adquiridos, por haber sido soportado en fases anteriores sin que aquellas hayan podido ser deducidas en alguna de dichas fases.

Por tanto, no procede incluir en la base imponible del autoconsumo el **coste de un terreno** sobre el que se construyó una vivienda, al no resultar acreditado que el precio de compra del terreno no incluía cuotas de IVA no deducidas, modificando así el criterio que se venía manteniendo el TEAC 8-10-08; 16-12-21 (TEAC 17-4-24).
7) El **precio de coste**, a efectos de lo dispuesto en la Dir 2006/112/CE art.74, incluye no solo los costes directos de fabricación o de producción, sino también los costes indirectamente imputables, como los gastos de financiación, con independencia de que estos costes hayan sido gravados o no con el IVA (TJUE 25-4-2024, asunto C-207/23, Y).

1907 **Autoconsumo de servicios** (Dir 2006/112/CE art.75; LIVA art.79.Cuatro) La base imponible se corresponde con el coste de prestación de los referidos servicios, incluyendo, en su caso, la **amortización** de los bienes cedidos. La dificultad se concreta, generalmente, en la falta de cualquier contabilidad analítica que permita determinar el coste de los servicios prestados.

Ejemplos **1)** Un colectivo de abogados colabora, sin contraprestación, en tareas de asesoría jurídica a determinados colectivos de **personas carentes de medios económicos**. En particular, por su especialización, su colaboración se refiere a trámites de extranjería y residencia.
La base imponible correspondiente a dichas prestaciones de servicios incluye, entre otras partidas, los siguientes costes: personal jurídico y auxiliar, materiales utilizados y gastos de tramitación incurridos, utilización de los equipos informáticos, etc.
2) Un empresario individual dedicado a la actividad de **mudanza** ha efectuado, con carácter gratuito, la mudanza a uno de sus amigos. El coste de los medios empleados en la operación ha sido el siguiente:

- sueldos y salarios de los empleados	360
- amortización/día (del camión)	12
- combustible utilizado	60
- imputación/día gastos generales	18
- beneficio	25%

La base imponible de la operación es de 450 €, sin que se pueda considerar el concepto relativo al beneficio empresarial.

Doctrina Administrativa Además de las siguientes contestaciones de la DGT, ver el nº 11000 s. 1909
1) El **arrendamiento de un local** de negocio, propiedad de uno de los socios de una sociedad limitada, a la propia sociedad, sin percibir contraprestación alguna, constituye un supuesto de autoconsumo de servicios sujeto y no exento. La base imponible de la operación está constituida por el coste de prestación del servicio, incluida en su caso la amortización de los bienes cedidos (DGT 17-2-98).
2) Aunque la recuperación de la posesión del bien reivindicado que se deriva de prosperar el ejercicio de la **acción reivindicatoria** por parte de las demandantes, no implica la realización de ninguna operación sujeta, la transmisión gratuita de las mejoras sobre dicho bien promovidas y financiadas por el demandado determina la realización de una operación asimilada a una prestación de servicios sujeta, cuya base imponible es el importe de los gastos de urbanización incurridos (DGT CV 9-8-16).

Jurisprudencia 1) La base imponible de un autoconsumo de servicios, consistente en el **uso para necesidades privadas** de un bien afectado a la actividad empresarial (bien en cuya adquisición se soportaron cuotas del IVA que fueron deducidas), no incluye los importes de las prestaciones de servicios relacionadas con su uso (seguro, aparcamiento, etc.) cuando las cuotas soportadas por tales servicios no han sido objeto de deducción (TJUE 25-5-93, asunto C-193/91). 1911
Por otra parte, es conforme al sistema común de IVA la no sujeción de la cesión para uso privado de un bien afectado a una empresa y **que no haya originado el derecho a deducir** las cuotas de IVA soportadas en su adquisición, aunque sí se graven los gastos de mantenimiento y de utilización del bien por los que el sujeto pasivo dedujo el IVA, pues una solución de ese tipo permitiría evitar tanto la doble imposición como la no sujeción del consumo final. Es, pues, el carácter deducible o no de dichos gastos lo que determina su inclusión en la base imponible del autoconsumo (TJUE 28-4-16, asunto C-128/14).
2) La base imponible de la gratificación en especie concedida a un empleado, que consiste en la puesta a su disposición de un **vehículo para su uso privado**, no incluye el IVA pagado por el empresario en otro Estado miembro por el alquiler de dicho vehículo, puesto que dicha base imponible no habría incluido tal impuesto de haberse alquilado en el Estado miembro del empresario (TJUE 19-11-98, asunto C-85/97).
3) La cesión por parte de una entidad mercantil del **disfrute de un inmueble**, su mobiliario y los servicios de personal constituye un autoconsumo de servicios sujeto, y al ser los socios los destinatarios, para la determinación de la base imponible se aplican las reglas de las operaciones entre partes vinculadas -nº 1913 s.- (TEAC 28-6-06).

4) Tienen la consideración de autoconsumos de servicios sujetos los servicios de **asesoramiento socio-económico** prestados a título gratuito por una **asociación** a sus miembros. La base imponible es el coste de prestación, que incluye la totalidad de los gastos, incluidos los financieros (TEAC 5-2-03). 1912
5) En un autoconsumo de servicios, cuando un bien afecto a una empresa se utilice para necesidades privadas, deben tomarse en consideración los períodos de tiempo de dicha **afectación no empresarial**, de forma que la base imponible no está formada por la totalidad de los gastos (utilización más amortización), sino exclusivamente por una parte de los mismos, proporcional a la relación que existe entre la duración total de utilización efectiva del bien y la duración de la utilización efectiva del bien para fines no empresariales (TJUE 26-9-96, asunto C-230/94).

Operaciones entre partes vinculadas (Dir 2006/112/CE art.72 y 80; LIVA art.79.Cinco) Se aplica una **regla especial** de determinación de la base imponible respecto de las denominadas operaciones vinculadas. Dicha regla solo se aplica cuando exista vinculación entre las partes (nº 1915) y solo si se dan ciertos requisitos adicionales. La operación debe encuadrarse, además, en cualquiera de los siguientes supuestos en los que se haya pactado una **contraprestación inferior** a la normal de mercado: 1913
1) Que se trate de una operación **sujeta y no exenta**, cuando su destinatario no tenga derecho a deducir en su totalidad el IVA que la grava.
2) Que se trate de una operación que **no genere el derecho a deducir** el IVA al empresario que la realiza y, además, dicho empresario esté obligado a aplicar la regla de prorrata.
También cuando se haya pactado una **contraprestación superior** a la normal de mercado y se trate de una operación que sí genera el derecho a deducir el IVA al empresario que la realiza y, además, dicho empresario está obligado a aplicar la regla de prorrata.
En cualquiera de los supuestos anteriores, la base imponible correspondiente a la operación de que se trate es su valor normal de mercado. Se entiende por **valor normal de mercado** aquel que, para adquirir los bienes o servicios en cuestión en ese mismo momento, un destinatario, en la misma fase de comercialización en la que se efectúe la entrega de bienes o prestación de servicios, debería pagar en el territorio de aplicación del IVA español en condiciones de libre competencia a un proveedor independiente.

En **ausencia** de entrega de bienes o prestación de servicios comparable, se entiende por valor de mercado:
a) Con respecto a las **entregas de bienes**, un importe igual o superior al precio de adquisición de dichos bienes o bienes similares o, a falta de precio de compra, a su precio de coste, determinado en el momento de su entrega.
b) Con respecto a las **prestaciones de servicios**, la totalidad de los costes que su prestación le suponga al empresario o profesional.
Asimismo, en relación con los supuestos anteriores, cuando no exista entrega de bienes o prestación de servicios comparable es aplicable, cuando proceda, lo dispuesto en relación con las reglas de **valoración de operaciones vinculadas** en la normativa del IS (LIS art.18, nº 4180 s. Memento Fiscal 2026).

1915 Se considera que **existe vinculación** entre las partes:
a) Cuando una de las partes intervinientes sea un **contribuyente del IS, IRPF o IRNR**, cuando así se deduzca de las normas reguladoras de dichos impuestos que sean de aplicación.
b) Respecto de las operaciones realizadas entre los sujetos pasivos y las personas ligadas a ellos por **relaciones de carácter laboral** o administrativo.
c) En las operaciones realizadas entre el sujeto pasivo y su **cónyuge** o sus parientes consanguíneos, hasta el tercer grado inclusive.
d) En las operaciones realizadas entre **entidades sin fines lucrativos** a las que se refiere el régimen fiscal especial (L 49/2002 art.2, nº 15173 Memento Fiscal 2026) y sus fundadores, asociados, patronos, representantes estatutarios, miembros de los órganos de gobierno, los cónyuges o parientes hasta el tercer grado inclusive de cualquiera de ellos.
e) Respecto de las operaciones realizadas entre una entidad que sea empresario o profesional y cualquiera de sus **socios**, asociados, miembros o partícipes.
La vinculación se puede probar por cualquier medio admitido en Derecho.

1917 Ejemplos **1)** Una empresa mercantil del sector de electrodomésticos realizó en el año N una operación de liquidación de los stocks de productos acabados, procedentes tanto de su propia fábrica como de los producidos por otros fabricantes con su propia marca. Todas las existencias fueron **vendidas a empleados y accionistas** de la sociedad (todos ellos consumidores finales). Aunque se trataba de productos de gama actual, en todas las ventas se aplicó un descuento del 75% del precio de mercado.
Tanto en las ventas a los socios como en las efectuadas a su personal existe vinculación.
Existiendo, además, un precio inferior al de mercado (25%), resulta aplicable la regla especial.
La base imponible de estas entregas se determina conforme al valor normal de mercado de dichas entregas, es decir, por el 100%.
2) Una **cooperativa agrícola** adquiere directamente a sus proveedores piensos que, posteriormente, entrega a cada uno de los cooperativistas acogidos al régimen especial de la agricultura, ganadería y pesca, para ser utilizados en sus explotaciones.
Si el importe de la contraprestación acordada entre la cooperativa y sus socios por las entregas de piensos fuese inferior al normal de mercado, al existir un supuesto de vinculación entre las partes, la base imponible es el valor normal de mercado de las entregas de dichos bienes, es decir, el de adquisición a los referidos proveedores, en el caso de que la contraprestación se hubiera realizado en condiciones de libre competencia y los proveedores fueran independientes.

1919 Doctrina Administrativa Además de las siguientes contestaciones de la DGT, ver el nº 11000 s.
1) Existe **vinculación**:
- entre una **comunidad de propietarios** de locales comerciales y uno de los propietarios respecto de los servicios prestados por aquella a sus miembros (DGT CV 29-11-05);
- en el **arrendamiento de un inmueble** adquirido por una comunidad de bienes al hijo de uno de los comuneros (DGT CV 22-4-08);
- en la **adjudicación de determinados inmuebles** a los socios de una promotora inmobiliaria como consecuencia de su disolución (DGT CV 1-2-08);
- entre una sociedad agraria de transformación y una comunidad de regantes cuyos **socios** son los mismos (DGT 13-4-98);
- entre una **empresa y un ente público** que es propietario del 100% de su capital. Las aportaciones que el ente público efectúe para reponer pérdidas han de considerarse como mayor base imponible de las operaciones (DGT 6-11-03).
2) La base imponible se determina aplicando la regla prevista para las **operaciones entre partes vinculadas**, entre otros, en los siguientes supuestos:
- en las entregas de pan a título gratuito a sus **empleados**, efectuadas por las empresas en cumplimiento de su convenio colectivo laboral (DGT 5-2-01);
- en la entrega de dos naves industriales, efectuada por una **comunidad de bienes** integrada por dos matrimonios, a cada uno de los mismos (DGT 24-1-03; 24-1-03);
- en la adjudicación a los socios **comuneros** de unas viviendas construidas por la comunidad (DGT CV 22-11-07). También en la aportación de los terrenos a la comunidad (DGT 17-3-04);
- en el arrendamiento gratuito de un local por un **socio** mayoritario de una sociedad a esta (DGT CV 2-8-10);

- en la adjudicación por una **cooperativa del suelo** sobre el que se construyen las viviendas a los cooperativistas (DGT CV 4-7-08);
- en una aportación no dineraria (terrenos) por una entidad mercantil con motivo de la **ampliación de capital** de otra sociedad en la que participa al 100% (DGT 4-2-02);
- en la adjudicación de inmuebles a socios de una sociedad como consecuencia de una **reducción de capital** (DGT CV 18-7-07);
- en las operaciones entre una **filial y su matriz** (DGT 30-4-04; CV 13-5-08);
- en las entregas de mercancías por una **cooperativa** a determinados socios que causan baja en la misma (DGT CV 15-6-05);
- en la entrega de terrenos a los socios como consecuencia de la **disolución** de una sociedad (DGT CV 18-7-07).

3) Se valora a precios de mercado el **arrendamiento** de unas plazas por una comunidad de bienes a sus miembros o comuneros, por importe inferior al precio de mercado, operación en la que existe vinculación entre las partes y dichos comuneros son particulares que no pueden deducir el IVA (DGT CV 31-5-10). **1920**

4) En la aplicación de la regla de operaciones entre partes vinculadas no se tiene en cuenta la concesión de **descuentos** (DGT CV 5-10-07).
Una empresa tiene establecido un sistema de descuento en los productos que comercializa que aplica a su personal, al personal de las empresas del grupo y otras personas terceras. La contraprestación en las operaciones vinculadas realizadas con sus trabajadores y, en particular, la concreción del valor de mercado debe efectuarse atendiendo al **precio ofertado al público** de los bienes entregados, deduciendo los descuentos que se ofrecen a colectivos similares, a los trabajadores o a terceros (DGT CV 28-5-08).

5) En los suministros de **electricidad** a empleados de compañías eléctricas, el valor de mercado no puede ser inferior al precio ofertado al público del bien, derecho o servicio de que se trate (DGT CV 12-2-09).

6) Cuando una empresa cede el uso de un vehículo automóvil (retribución en especie) a un empleado simultáneamente para **necesidades empresariales y privadas**, como parte de su retribución por los servicios prestados a esta entidad, la base imponible se determina según el valor que se hubiese acordado en condiciones normales de mercado entre partes que fuesen independientes para la cesión de uso del automóvil en cuestión por la parte correspondiente al uso privado (DGT CV 7-6-11).

Jurisprudencia **1)** Dado el carácter especial de la regla de operaciones vinculadas frente a la regla general de definición de la base imponible, no cualquier **tipo de vinculación** puede justificar la aplicación de las reglas especiales, sino únicamente los supuestos recogidos en la propia normativa del IVA (TEAC 31-5-06). **1921**

2) Es necesario que exista vinculación entre las partes, aunque se trate de un pago en especie, como es el caso cuando la contraprestación consiste exclusivamente en la **reversión del edificio** que se construye en el terreno sobre el cual se ha constituido el derecho de superficie. Si no hay vinculación entre las partes, no procede aplicar el valor de mercado, debiendo atenderse a la contraprestación pactada (TEAC 27-4-15).

3) Si no se confirma la vinculación entre las partes y que el precio por el que se transmitieron los **inmuebles** es inferior al de mercado, se debe acudir a la regla general y valorar los inmuebles de acuerdo a la contraprestación pactada por las partes (TEAC 17-3-16).

4) En la determinación de la base imponible cuando existe vinculación no es admisible un criterio de coste cuando el precio responde a los habituales de mercado. Así ocurre cuando se fija como base imponible mínima de un **arrendamiento de un inmueble** el total de los gastos, siendo la contraprestación pactada, aunque inferior al total de dichos gastos, la habitual de mercado (TJUE 29-5-97, asunto C-63/96).

5) Está sujeto el **suministro de energía eléctrica** a los empleados, siendo la base imponible la determinada según la regla sobre operaciones vinculadas (TSJ País Vasco 21-5-01, EDJ 103309; TEAC 12-5-09).

6) La aplicación de la regla del valor de mercado para la determinación de la base imponible entre empresas vinculadas solo puede aplicarse en aquellos casos en los que el **destinatario de las operaciones** no tiene derecho a la deducción total del IVA soportado (TJUE 26-4-12, asuntos acumulados C-621/10 y C-129/11).

7) En la determinación del plazo que ha de tomarse para calcular la **amortización de bienes de inversión** con los que determinar el coste que se debe imputar en la valoración de estas operaciones cuando se trata de prestaciones de servicios (Dir 2006/112/CE art.72), esta debe ser coincidente con el periodo de regularización previsto para los bienes de inversión, al ser la forma correcta de respetar el principio de neutralidad del impuesto (TJUE 14-9-06, asunto C-72/05). Justifica este proceder, en que los bienes de inversión incorporan sus costes a los bienes y servicios que comercializan los sujetos pasivos del impuesto en dicho periodo (TEAC 18-9-19).

8) Para determinar el valor de los costes que integran la base imponible del IVA conforme a la regla especial de la LIVA art.79.Cinco, párrafo 5º.b) y, en particular, la periodificación del coste de amortización de un **bien de inversión**, deben aplicarse las reglas y periodos contenidos en la LIVA art.107 para la regularización de las cuotas deducibles por bienes de inversión (TS 4-11-24, EDJ 729646).

1923 **Operaciones efectuadas por comisionistas** (LIVA art.79.Seis a Nueve) Cuando los comisionistas actúen **en nombre propio** frente a sus comitentes, tanto en operaciones de venta como de compra, se entiende que han adquirido y entregado por sí mismos los bienes o servicios objeto de la operación de que se trate (nº 160 y nº 210).
Aunque por la diferente **naturaleza de las operaciones** (bienes o servicios) la redacción de las reglas no es la misma, conducen a un resultado idéntico al determinar la base imponible de las operaciones entre comisionista y comitente en **ventas** de bienes o de servicios; es decir, descontar de la contraprestación de la operación efectuada por el comisionista para el cliente final, el importe de la comisión pactada con su comitente (ver ejemplo en nº 1925).
Cuando se trate de operaciones entre comisionista y comitente en **adquisiciones** de bienes o servicios, la base imponible correspondiente a la operación realizada es el importe de la contraprestación convenida por dicho comisionista con su proveedor más el importe de la comisión (ver ejemplo en nº 1927).
Esta regla especial se aplica, exclusivamente, a las operaciones efectuadas entre el comisionista y su comitente, y no a las efectuadas con **terceros ajenos** a dicha relación, los clientes (en la comisión de venta) o los proveedores (en la comisión de compra). La determinación de la base imponible de las operaciones efectuadas por los comisionistas para los **clientes finales o proveedores** se ajusta a las reglas generales o a las demás reglas especiales, según corresponda.

Precisiones Las reglas relativas a la determinación de la base imponible en las operaciones (entregas de bienes y prestaciones de servicios) de comisión de compra o de venta, efectuadas por los comisionistas para sus comitentes, tienen un **carácter económico** fundamentalmente, pues su finalidad es lograr que el importe de la base imponible sea el mismo, con independencia de la forma, por cuenta propia o por cuenta ajena, en que actúe el comisionista.

1925 Ejemplos 1) Un comisionista que actúa en nombre propio entrega un bien por importe de 600 €. La **comisión de venta** acordada con su comitente es del 20%.
A efectos del IVA existen dos entregas de bienes aunque jurídicamente no sea así. El devengo del IVA correspondiente a ambas operaciones se produce en el mismo momento, es decir, cuando el comisionista entrega los bienes al cliente. La base correspondiente a la entrega efectuada por el **comisionista al cliente** se determina aplicando la regla general y, en su caso, las especiales, pero la regla especial de operaciones efectuadas por comisionistas en nombre propio es la que se aplica a la otra entrega, esto es, a la realizada por el **comitente al comisionista**. Estas consideraciones son igualmente válidas para las operaciones de comisión cuando el comisionista interviene en nombre propio en la prestación de servicios.
La base imponible de la operación es:

a) Entrega del comitente al comisionista:	
Contraprestación	600
Comisión 20%	-120
BI entrega comitente al comisionista	480
b) Entrega del comisionista al cliente: BI	600

Esquemáticamente, la operación anterior puede representarse de la siguiente forma:

Comitente —(BI: 600 € - comisión)—> comisionista —(BI: 600 €)—> cliente

1927 **2)** Un comisionista que actúa en nombre propio adquiere un bien por importe de 600 €. La **comisión de compra** acordada con su comitente es del 20%.
La base imponible de la operación es:

a) BI de la entrega del proveedor al comisionista	600
b) Entrega del comisionista al comitente:	
Contraprestación	600
Comisión 20%	+120
BI entrega comisionista al comitente	720

Esquemáticamente, la operación anterior puede representarse de la siguiente forma:

Proveedor —(BI: 600 €)—> comisionista —(BI: 600 € + comisión)—> comitente

Como en el caso de la comisión de venta, a efectos del IVA también se producen dos entregas de bienes. El devengo del IVA correspondiente a ambas entregas se produce en el mismo momento, cuando el proveedor entrega los bienes al comisionista. La base imponible del IVA correspondiente a la entrega efectuada por el proveedor al comisionista se determina aplicando la regla general y, en su caso, las especiales, pero la norma específica de la compra mediante comisionista que actúa en nombre propio es la que se aplica a la otra entrega, esto es, a la realizada por el comisionista al comitente.

Doctrina Administrativa Además de las siguientes contestaciones de la DGT, ver nº 11000 s. 1928
1) Una empresa vende en un local a consumidores finales **ropa usada** para niños y sus complementos, que previamente ha sido depositada por otros **particulares**; en el momento de su venta se reparten el importe al 50%. En el momento de la venta a los consumidores finales se producen dos operaciones: una venta de los particulares a la empresa, que no está sujeta, y la venta por esta a los consumidores finales, que sí está sujeta. La base imponible de esta última operación es el precio de venta al consumidor final (DGT CV 2-10-13).
2) La base imponible de las entregas de bienes que una empresa (comitente) realiza a su comisionista que actúa en nombre propio está constituida por la diferencia entre el importe de la contraprestación total convenida por el comisionista por la venta de los bienes a un tercero, y el importe de la contraprestación bruta (comisión bruta: comisión neta más **gastos que repercute al comitente** ya sean específicos o generales) que obtiene el comisionista por su intervención en dicha operación (DGT CV 8-5-06).
3) En las **franquicias**, las entregas de bienes del franquiciador al franquiciado en virtud de contratos de comisión de venta en los que el franquiciado actúe en nombre propio, en virtud de un **contrato estimatorio** por el cual la mercancía se pone a disposición del franquiciado perteneciendo al franquiciador hasta su venta al consumidor final, la base imponible sobre la que se repercute el impuesto y, en su caso, el recargo de equivalencia, está constituida por la contraprestación convenida por el franquiciado en sus operaciones de venta a terceros menos el importe de la contraprestación bruta a percibir por dicho franquiciado en retribución de sus servicios (DGT CV 20-7-16).
4) Puesto que no se ha pactado **comisión** entre el comitente (empresa distribuidora de gas) y el comisionista (empresa comercializadora) en las entregas de gas a los clientes por este último, la base imponible de ambas entregas (del comitente al comisionista y de este al consumidor final) es el precio cobrado a dichos clientes (DGT CV 28-4-08).
5) Una empresa presta **servicios de información telefónica** a sus clientes contratando la obtención de información con un proveedor de servicios que dispone de los correspondientes datos, pagando una comisión. La base imponible del servicio prestado por la empresa a sus clientes es el precio cobrado. La base imponible de los servicios prestados por el proveedor está constituida por la diferencia entre el precio cobrado a los clientes y la comisión percibida por la empresa (DGT 20-11-08).

Operaciones efectuadas en moneda extranjera (Dir 2006/112/CE art.91; LIVA art.79.Once; RIVA art.68.1; Rgto Fac art.12.1; L 46/1998 art.36; RD 1966/1999 art.8.2) La contraprestación, como magnitud económica, puede venir expresada en **cualquier moneda**. Así, los importes que figuren en las facturas pueden expresarse en cualquier moneda, a condición de que el importe del IVA que en su caso se repercuta se exprese en euros. Ahora bien, a **efectos contables**, las anotaciones registrales deben hacerse expresando los valores en euros; cuando la factura se hubiese expedido en una unidad de cuenta o divisa distinta del euro, tiene que efectuarse la correspondiente conversión para su reflejo en los libros registro. Con este mismo formato ha de proporcionarse la información a la AEAT a través del SII por parte de los empresarios o profesionales obligados a ello. 1930

Según la normativa comunitaria, cuando los elementos utilizados para determinar la base imponible de una operación que no sea una importación de bienes, se expresen en moneda distinta de la del Estado miembro en que se efectúe la valoración, el **tipo de cambio** aplicable es el último tipo vendedor registrado, en el momento en que el impuesto es exigible, en el mercado o mercados más representativos del Estado miembro de que se trate, o un tipo determinado tomando como referencia dichos mercados con arreglo a las modalidades que establezca ese Estado miembro. La LIVA ha transpuesto dicha norma, señalando que en las operaciones cuya contraprestación se hubiese fijado en moneda o divisa distinta de la española, se aplica el tipo de cambio vendedor, fijado por el Banco de España, que esté vigente en el momento del devengo.

Tiene la consideración de **cambio oficial** de la moneda nacional frente a otras divisas el que publique para el euro el Banco Central Europeo, por sí o a través del Banco de España. El cambio oficial publicado por el Banco de España es informativo. La L 46/1998 sobre introducción del euro, ha supuesto, así, una derogación tácita de la LIVA art.79.Once. 1931

Las operaciones efectuadas en una unidad monetaria distinta del euro deben convertirse en la **moneda nacional** aplicando el tipo de cambio oficial publicado por el Banco Central Europeo y comunicado al Banco de España, en el momento del devengo, y si en dicha fecha no se hubiera publicado oficialmente el tipo de cambio, se toma el último tipo de cambio oficial publicado con anterioridad.

Diariamente, el Banco de España publica los **cambios del euro** respecto de una lista de monedas, que tienen la consideración de cambios oficiales.

Precisiones Hay que tener en cuenta que hay países de la UE que no han adoptado el euro, por lo que no forman parte de la **Unión Europea Monetaria (UEM)**: Bulgaria, Dinamarca, Hungría, Polonia, República Checa, Rumanía y Suecia, y que hay países no pertenecientes a la UEM que han acuñado monedas de euro que son de curso legal en todos los países de la zona euro (Andorra, Mónaco, San Marino y la Ciudad del Vaticano). Además existen zonas, como es el caso de los departamentos de ultramar de Francia (Guadalupe, Martinica, Guayana francesa, Mayotte y Reunión), que, al formar parte totalmente de la UE, no han necesitado ninguna disposición específica para adoptar el euro. Sin embargo, San Pedro y Miquelon, colectividades territoriales francesas que no son parte de la UE, han necesitado decisión del Consejo de la Unión acerca de la posibilidad de aplicación del euro.

1932 Ejemplo Una empresa española ha entregado a otra sociedad española determinadas mercancías, cuya tarifa de precios, debido al ámbito internacional en que opera la primera de ellas, viene fijada en dólares. El importe de la operación asciende a 25.350 $. En el momento de la entrega el $, al tipo de cambio publicado a título informativo por el Banco de España, cotizaba a 1,10 €. La operación se paga a 60 días de la fecha de la factura, fecha que coincide con la de entrega. En el momento del pago el $ cotizaba a 1,20 €.
La base imponible correspondiente a la operación es de 27.885 € (25.350 $ × 1,10 €/$) y la cuota tributaria, suponiendo que se aplica el tipo general (21%) es 5.855,85 €, con independencia de cuál resulte el importe a pagar como consecuencia de la variación del tipo de cambio €/$ en el período que media entre el devengo y el pago de la operación.

Doctrina Administrativa Además de la siguiente contestación de la DGT, ver nº 11000 s.
Nada impide que se pacte entre las partes intervinientes que se puedan expresar los **precios unitarios** en euros con más de dos decimales, si bien en los importes totales a pagar o cobrar se debe redondear por exceso o por defecto al segundo decimal que corresponda al céntimo de euro más próximo (DGT 6-11-02).

1933 **Operaciones con oro** (Dir 2006/112/CE art.82; LIVA art.79.Diez; RIVA art.24 bis) Esta regla especial de determinación de la base imponible tiene una **finalidad antifraude**, y se aplica cuando se cumplen los siguientes requisitos:
a) La operación de que se trate, independientemente de que a efectos del IVA tenga la consideración de entrega de bienes o de prestación de servicios, debe tener por **objeto o resultado** un bien que no sea oro de inversión tal como este se define en la normativa del IVA (nº 4405).
b) El **destinatario** de la operación ha de aportar oro para que sea manufacturado por el sujeto pasivo, siendo indiferente que la aportación sea del total del oro que se va a utilizar en la misma, o solo de una parte.
c) La adquisición o importación del oro aportado por el destinatario debe haber estado exenta en aplicación de la **exención** prevista en el régimen especial del oro de inversión (nº 4410) o el equivalente en la legislación de otro Estado miembro de la UE.
Cumpliéndose estos requisitos, la base imponible de la operación es el resultado de añadir a la contraprestación correspondiente, el valor de mercado del oro que el destinatario de la citada operación haya aportado, siempre que lo hubiese adquirido o importado con aplicación de la exención señalada, determinándose dicho valor de mercado a la fecha de devengo del impuesto de dicha operación.
A tal efecto, el destinatario de la operación debe acreditar al sujeto pasivo si el oro que le ha aportado para su transformación fue adquirido o importado con exención del IVA.
La concurrencia de los requisitos exigidos se puede acreditar mediante una **declaración escrita** firmada por el destinatario de las operaciones dirigida al sujeto pasivo en la que haga constar, bajo su responsabilidad, que el oro aportado fue adquirido o importado con exención del IVA.
En relación con este supuesto de base imponible, cabe señalar adicionalmente lo siguiente:
- en la **factura** expedida por quien realiza la entrega o el servicio que no tiene por objeto o resultado oro de inversión (el joyero, por ejemplo), debe constar la total base imponible del impuesto (nº 7246 s.), incluyendo no solo la contraprestación de la entrega o del servicio, sino también el valor de mercado del oro empleado;
- en el caso de **determinación incorrecta** de la base imponible, tomando solo el importe de la contraprestación recibida, el sujeto pasivo del impuesto, obligado frente a la Hacienda Pública a ingresar el total impuesto devengado, sigue siendo aquel que realizó la entrega o servicio, pero el destinatario de la operación puede ser responsable solidario (nº 1396);
- esta regla de la base imponible resulta aplicable solo si la **entrega o el servicio** se han realizado en España (en el territorio IVA), pero no si se han realizado en algún otro país de la UE (salvo en el caso de que este aplique una regla similar, como ocurre con los Países Bajos).

Ejemplo Un particular, el señor P, desea adquirir un broche de oro, cuyo precio, en joyería, asciende a 5.000 euros, más el IVA correspondiente (1.050 euros). El señor P, en vez de adquirir el broche a un joyero, acude a una vía indirecta que le va a reportar un ahorro fiscal, de manera que adquiere un **lingote de oro** con exención del IVA, pues se trata de una entrega de oro de inversión exenta del impuesto, por importe de 4.000 euros. A continuación, encarga a un joyero que, partiendo de ese lingote elabore el broche de oro, cobrando el joyero por dicha ejecución de obra la cantidad de 1.000 euros (más el IVA correspondiente: 210 euros). 1934

De esta forma, el señor P ha conseguido el broche pagando solo 5.210 euros, en lugar de los 6.050 euros que habría tenido que pagar si hubiera adquirido el broche en joyería directamente. Ese ahorro fiscal se ha logrado utilizando el oro adquirido con exención para una finalidad distinta de la que justificó dicha exención (pues el oro en cuestión se ha usado con una finalidad claramente industrial).

Para evitar estas situaciones de distorsión es por lo que se introdujo esta regla especial, de manera que en el supuesto planteado, la base imponible correspondiente a la ejecución de obra realizada por el joyero para el señor P está constituida, no solo por la contraprestación correspondiente a dicha ejecución (1.000 euros), sino también por el valor de mercado del oro aportado por el señor P, tomado dicho valor en el momento de devengo del IVA correspondiente a la ejecución de obra. Suponiendo que ese valor de mercado sigue siendo de 4.000 euros, la base imponible correspondiente a la ejecución de obra realizada por el joyero es de 5.000 euros, y el IVA correspondiente, de 1.050 euros. Se ha evitado, por tanto, la ventaja fiscal que venía determinada por la utilización del oro de inversión con una finalidad industrial.

Doctrina Administrativa Además de las siguientes contestaciones de la DGT, ver el nº 11000 s. 1935

1) Si resulta aplicable la regla especial, es el **sujeto pasivo** el que debe calcular la base imponible de la operación, agregando al importe de la contraprestación pactada, el valor de mercado del oro cuya adquisición gozó de exención. Dicho sujeto pasivo es el empresario o profesional que efectúe las operaciones gravadas en las que se aporta por el destinatario el referido oro (DGT 6-9-02).

2) Una empresa que se dedica a la fabricación de **artículos de joyería** confeccionados con el oro que le aportan los clientes debe aplicar la regla especial para determinar la base imponible de las entregas de los artículos y productos de joyería así confeccionados (DGT 20-9-04; CV 11-1-06).

3) Cuando un empresario encargue a fabricantes de objetos de **metales preciosos** la transformación del oro, aportándoles los lingotes que constituyen la materia prima, y por cuya adquisición se soportó el IVA correspondiente, el fabricante debe facturar al destinatario del servicio sin añadir al importe total de la contraprestación pactada el valor de mercado de dicho oro, dado que este último se adquirió sin exención.

No obstante, si el destinatario adquirió oro de 999 milésimas y el transmitente no renunció a la exención, procede la aplicación de la regla especial, debiendo el fabricante facturar al destinatario el servicio prestado añadiendo al importe total de la contraprestación pactada por el servicio, el valor de mercado de dicho oro a la fecha de devengo del impuesto (DGT 6-9-02; 25-11-02).

4) Un fabricante de joyería (A), en el ejercicio de su actividad, aporta oro como materia prima a otro empresario (B1) para que le fabrique unas piezas y este, a su vez, aporta parte de dicha materia prima a un tercero (B2) para que le fabrique una parte de las piezas que irán soldadas a las elaboradas por (B1). Finalmente, el fabricante (A), para finalizar la elaboración de las piezas recibidas (B1) contrata con otro empresario (C) el **pulido** o el engastado de las mismas. El fabricante (B2) debe repercutir el IVA al fabricante (B1), sobre una base imponible que viene determinada por la contraprestación de su trabajo («**hechura**») más el valor de mercado del oro que (B1) le haya aportado para su manufactura, siempre que lo hubiese adquirido o importado con aplicación de la exención del IVA, determinándose dicho valor de mercado a la fecha de devengo del impuesto de la operación efectuada por (B2). El fabricante (B1), cuando entregue al empresario (A) las piezas por él encargadas, debe repercutirle el IVA sobre una base imponible que viene determinada por la contraprestación de su trabajo («hechura») más el valor de mercado del oro que (A) le haya aportado para su manufactura, siempre que lo hubiese adquirido o importado con aplicación de la exención, determinándose dicho valor de mercado en la fecha de devengo del impuesto de la operación efectuada por (B1). Finalmente, en la operación realizada por el empresario (C) para el empresario (A), la base imponible de la misma está formada por el importe total de la contraprestación del trabajo efectuado. 1936

Si el empresario (A) entregara oro de inversión como contraprestación o pago de la entrega de las piezas de joyería fabricadas por (B1), con aportación de materiales, entre ellos el oro, hay una entrega de oro de (A) a (B1) sujeta y exenta o no del IVA, dependiendo de si dicho oro tiene la consideración de oro de inversión. Por otro lado, hay una entrega de una pieza de joyería de (B1) a (A) sujeta y no exenta, cuya base imponible está formada por el importe total de la contraprestación de dicha operación. Dado que dicha contraprestación no consiste en dinero en su totalidad, hay que aplicar la regla especial prevista para estos supuestos (nº 1862). Por tanto, la base imponible está constituida por el importe del trabajo realizado por el fabricante (B1) más el valor de mercado del oro de inversión entregado por (A) en la fecha de devengo de dicha operación, resultado coincidente con la aplicación de la regla especial del nº 1933, dirigida a asegurar que el valor de mercado del oro de inversión adquirido con exención por el destinatario de los trabajos (hechuras) se incluye en la base imponible de la operación correspondiente (DGT 17-9-02).

III. Modificación de la base imponible

(Dir 2006/112/CE art.90 y 92; LIVA art.80; RIVA art.24)

1937

1938 La base imponible, determinada conforme a lo señalado en los números anteriores, puede ser modificada cuando concurran determinadas circunstancias.
De los supuestos de modificación de la base imponible, recogidos en la normativa, todos tienen carácter **obligatorio**, salvo los resultantes del impago de las operaciones (nº 1968 s.), que son opcionales para el sujeto pasivo.
La modificación de la base imponible se traduce, generalmente, en una rectificación de la **repercusión** efectuada y, en su caso, en la rectificación de las **deducciones** practicadas.
El ejercicio de la modificación está condicionado, como regla general, a la emisión de la **factura rectificativa** correspondiente (nº 7292 s.), donde también ha de reflejarse la rectificación de la repercusión. No obstante, existe una excepción para el supuesto de devolución de mercancías o de envases y embalajes (nº 1940).

Precisiones Ver también el nº 5372, en relación con las **adquisiciones intracomunitarias** de bienes y el nº 1724, para el supuesto de **determinación provisional** de la base imponible.

Doctrina Administrativa Además de las siguientes contestaciones de la DGT, ver nº 11000 s.
1) En los supuestos de modificación de la base imponible, la rectificación debe efectuarse teniendo en cuenta los **tipos** que se aplicaron cuando se produjo el devengo de las operaciones objeto de modificación, y no el que esté vigente en el momento de realizarse la correspondiente rectificación (DGT Resol 2-8-12).
La **incorrecta aplicación** de los tipos impositivos aplicables (10% en lugar del 21%) no es causa de modificación de la base imponible, sin perjuicio de la rectificación correspondiente mediante la expedición de la correspondiente factura rectificativa (DGT CV 22-4-16; CV 7-7-16).
2) El **plazo** para efectuar la modificación de la base imponible se cuenta desde que se producen las causas que motivan dicha modificación y no desde el momento del devengo de las operaciones (TEAC 16-7-03; DGT 19-6-03; 22-3-04, entre otras). El inicio del plazo para rectificar la repercusión, correctamente efectuada en su momento en concepto de pagos anticipados, por la **entrega futura de una vivienda**, es aquel en el que adquiera firmeza la sentencia judicial en virtud de la cual la operación queda sin efecto (DGT CV 29-4-11).

1939 **3)** En las viviendas de protección oficial en régimen de **arrendamiento con opción de compra**, en las que la mitad del alquiler mensual se aplica al precio de la compra de la vivienda si se ejercita la opción, cuando se ejercite la opción el arrendamiento habrá tributado al tipo general cuando la entrega de viviendas tributa al tipo reducido, y dado que parte del precio de la entrega se ha satisfecho anticipadamente, es preciso rectificar la repercusión por la parte de la base imponible correspondiente al pago anticipado (DGT CV 4-10-11; CV 13-3-12).
4) La modificación de la base imponible solo puede hacerla el sujeto pasivo que realizó las operaciones. En el caso de una **cesión de créditos**, la modificación de la base imponible solo puede hacerla el acreedor inicial que transmite los créditos, que conserva todos los derechos y obligaciones que se derivan de su condición de sujeto pasivo; la subrogación en la posición del acreedor no modifica dicha condición (DGT CV 23-3-11).
5) La **anulación de unas derramas** por una junta de compensación ya cobradas por esta supone un caso de modificación de la base imponible, debiendo la junta reintegrar el IVA repercutido y el destinatario de la anulación de la derrama, aplicar el procedimiento de rectificación de deducciones (DGT CV 30-12-15).

Jurisprudencia Resulta conforme al Derecho de la UE supeditar la modificación de la base imponible a que el empresario, que efectuó la operación y pretende su modificación, esté en posesión de un **acuse de recibo**, suscrito por el destinatario de la operación, de haber recibido la correspondiente factura rectificativa. No obstante, cuando resulte imposible o excesivamente difícil acreditar dicha circunstancia, hay que admitir que se demuestre por otros medios que el empresario ha actuado con la diligencia necesaria para cerciorarse de que el destinatario recibió la citada factura, conoce su contenido y que la operación se ha llevado a cabo, conforme a lo señalado en la factura rectificativa (TJUE 26-1-12, asunto C-588/10).

Envases y embalajes devueltos (Dir 2006/112/CE art.92; LIVA art.80.Uno.1º; Rgto Fac art.15.2) Los envases y embalajes reutilizables son partidas que forman parte de la base imponible (nº 1793 s.). Consecuentemente, cuando por cualquier causa se produzca su **devolución**, debe modificarse la misma en el importe correspondiente a estos. En el caso de que no se devuelvan, se entiende que han sido **consumidos** en la misma medida que los bienes que contuvieron, y por tanto no procede reducir la base. 1940

Con carácter general, la modificación de la base imponible ha de documentarse mediante la expedición de una factura rectificativa. Excepcionalmente, cuando la devolución se realiza con ocasión de un **suministro posterior** que tenga el mismo destinatario, la rectificación puede efectuarse directamente en la factura que se expida con ocasión de dicho suministro, no siendo necesario la expedición de una factura rectificativa. Para ello, se resta el importe de los envases y embalajes devueltos del importe de la operación posterior. Se exige que el tipo impositivo aplicable a todas las operaciones sea el mismo, con independencia de que el resultado sea positivo o negativo.

El **tipo impositivo** que debe aplicarse en los supuestos de devolución de envases y embalajes es aquel que estaba vigente en el momento en que fueron entregados.

Ejemplos **1)** Una empresa de artes gráficas va a devolver a su proveedor el stock de **palés** disponible en su almacén, que corresponden a los suministros de papel y cartón efectuados por dicho proveedor. El importe de los palés fue cargado en las facturas que documentaron las sucesivas entregas de mercancías y ascendió a un importe de 750 €, incluyendo en dicho importe 210 € que corresponden a palés que se han deteriorado y que, por tanto, no se van a devolver. La causa de la devolución es el cese en las relaciones comerciales entre ambas empresas. 1941

La base imponible debe reducirse en el importe de los embalajes efectivamente devueltos, es decir, 540 €. Aquellos que se han deteriorado por el uso se entienden consumidos y, por tanto, su importe no determina una reducción de la base imponible.

2) Una empresa ha devuelto parte de los embalajes reutilizables que su proveedor le ha ido entregando con motivo de las distintas compras de bienes efectuadas en el último trimestre. El importe de los **embalajes devueltos**, según las correspondientes facturas de compra, ascendió a 1.350 €, más el 21% de cuota de IVA por importe de 283,50 €. La empresa ha efectuado recientemente una **nueva compra** de mercancías por importe de 15.000 €, con un cargo adicional por embalajes de 2.000 €.

Por la operación de compra y devolución de embalajes:

Importe adquisición de mercancías	+15.000
Importe embalajes entregados	+2.000
Importe embalajes devueltos	-1.350
Base imponible	15.650
Cuota IVA 21%	+3.286,50
Total importe	18.936,50

Doctrina Administrativa Además de las siguientes contestaciones de la DGT, ver nº 11000 s. 1942

1) Cuando se entregan embalajes de madera (palés) de forma independiente, sin que la entrega de dichos embalajes esté relacionada con una entrega de bienes, acordándose la posibilidad de su devolución, se producen dos **entregas independientes**; la efectuada al cliente y la que realiza dicho cliente a su proveedor, no resultando correcto modificar la base imponible de la primera entrega (DGT 21-9-98).

2) Cuando se ceden embalajes de madera (palés) de forma aislada e independiente de una entrega de bienes con el compromiso de aceptar su devolución, reduciéndose el precio de la cesión en función de su **tiempo de utilización**, la base imponible puede modificarse por haberse modificado el precio de la prestación de servicios de cesión de dichos embalajes, pero no porque se hubiera producido una devolución de los mismos, puesto que no se produjo una entrega previa (DGT 24-2-99).

3) La rectificación de la base imponible por devolución de envases reutilizables en la factura de la entrega de nuevos envases, requiere que el **tipo impositivo** aplicable sea el mismo. Así, dado que tanto a los palés objeto de entrega como a las cubetas no les es aplicable el tipo impositivo reducido que grava los abonos, la reducción de la base imponible en estos casos ha de efectuarse mediante la expedición de la factura rectificativa correspondiente (DGT 18-9-01).

4) Una entidad suministra propano a sus clientes a lo largo de un determinado período de tiempo anual, estableciéndose provisionalmente el importe de la contraprestación en función del **consumo anual del año precedente**, que se factura mensualmente. En relación con el suministro de propano y butano en bombonas, recepciona en cada entrega la correspondiente bombona, disminuyendo y aumentando por dicho concepto la base imponible en las sucesivas entregas. Si existe una **variación de tipos** impositivos entre el momento de realización de las operaciones y el momento de la rectificación, motivada en este caso por la devolución de bombonas de butano o propano, la modificación de la base imponible y de las cuotas repercutidas debe efectuarse teniendo en cuenta el tipo impositivo vigente cuando se produjeron las operaciones objeto de rectificación (entrega de las bombonas) y no el vigente en el momento de efectuarse la misma (cuando se produzca la devolución).

Si en algunas ocasiones es imposible determinar caso por caso el tipo impositivo y base imponible aplicado en la entrega de la bombona que es objeto de devolución, la entidad debe de adoptar un criterio razonable y homogéneo para la determinación del tipo impositivo y la base imponible correspondiente. Este criterio debe mantenerse en el tiempo, salvo que por causas razonables haya de modificarse (DGT CV 15-6-10).

1944 **Descuentos y bonificaciones** (Dir 2006/112/CE art.90.1; LIVA art.80.Uno.2º; Rgto Fac art.15.4) Dan lugar a la modificación de la base imponible los descuentos y bonificaciones **otorgados con posterioridad** al momento en que se haya realizado la operación. Los descuentos y bonificaciones que se concedan previa o simultáneamente a la realización de la operación no forman parte de la base imponible, ya que esta se cuantifica, directamente, teniendo en cuenta el efecto del descuento o bonificación (nº 1817 s.).

La reducción de la base imponible está condicionada no solo a la expedición de la correspondiente **factura rectificativa**, sino también a que las bonificaciones o descuentos estén debidamente justificados. También en este supuesto, cuando se produzca una **variación de tipos** impositivos, en la factura rectificativa expedida para documentar la modificación de la base imponible, en la que se determina, además de la reducción de la base, la cuota correspondiente, se aplican los tipos impositivos vigentes en el momento en que las operaciones se realizaron.

Hay que tener en cuenta que se permite una cierta flexibilidad en cuanto a la **documentación** de los supuestos de rectificación de la base imponible derivados de la concesión de descuentos o bonificaciones con posterioridad a la realización de las operaciones. Tratándose de descuentos o bonificaciones por volumen de operaciones y en los demás casos que se autoricen por el Departamento de Gestión Tributaria de la AEAT, no es necesaria la especificación de las facturas rectificadas, bastando la simple determinación del período a que se refieran.

Precisiones Son las notas de **certeza y cuantificación** en el momento de realización de la operación lo que distingue los descuentos y bonificaciones concedidos previa o simultáneamente a la realización de las operaciones, de aquellos a los que nos estamos refiriendo, pues la falta en estos últimos de su certeza y cuantificación en dicho momento, significa que solo pueden adquirir efectividad con posterioridad al devengo del IVA correspondiente a la operación y, consecuentemente, deben instrumentarse a través de la oportuna modificación de la base imponible.

1946 Ejemplo Una empresa fabricante de electrodomésticos concede a sus distribuidores un **descuento por volumen de compras anual**, conforme a una escala predeterminada de consumo, que se calcula a final de año y se aplica sobre la primera factura de compra del segundo mes del período anual siguiente. Uno de los clientes, con un volumen de compras de 450.000 € en el año 20X0, está en la escala del 10% de bonificación. La primera factura de compra del mes de febrero de 20X1 asciende a 54.000 €, IVA excluido.

Este tipo de bonificaciones anuales por volumen de compra reciben la denominación habitual de rappels. Su liquidación puede hacerse bien directamente, abonando al cliente el importe correspondiente, o bien mediante el reconocimiento de un crédito a su favor en futuras adquisiciones.

En el supuesto de que se instrumente mediante el reconocimiento de un **crédito en favor del cliente** se procede de la forma siguiente:

- Factura rectificativa de las compras efectuadas en el ejercicio 20X0:

Base imponible entregas año 20X0	450.000
Disminución base imponible rappel	-45.000
Base imponible entregas año 20X0	405.000
Cuota 21%	+85.050
Total importe compras año 20X0	490.050

Como consecuencia del rappel concedido se genera un crédito en favor del cliente de 54.450 €, conforme al siguiente cálculo:

- factura inicial: 450.000 (BI) + 94.500 (Cuota)	544.500
- factura rectificada: 405.000 (BI) + 85.050 (Cuota)	-490.050
Diferencia	54.450

- Factura del fabricante al cliente por la primera compra del segundo mes de 20X1:

Entrega de electrodomésticos	54.000
Base imponible	54.000
Cuota 21%	11.340
Total importe factura	65.340
Importe rappel año 20X0	-54.450
Total a pagar	10.890

El rappel concedido (54.450 €) disminuye, en su caso, el importe a pagar de la operación de entrega de bienes (65.340 €) pero, en ningún caso, supone una disminución de la base imponible de la citada operación, pues la base imponible que se rectifica es la relativa a las operaciones del año precedente (ejercicio 20X0), a las que hace referencia la factura rectificativa.

Doctrina Administrativa Además de las siguientes contestaciones de la DGT, ver nº 11000 s. 1948
1) La base imponible se reduce en el importe de los descuentos en dinero o en especie otorgados con posterioridad a la realización de la operación, siempre que dichos descuentos determinen una **disminución del importe total** de la contraprestación de las operaciones sujetas al impuesto (DGT CV 19-9-86). Así sucede en el caso de descuentos concedidos por los proveedores a los clientes a través de una **plataforma web** (DGT CV 27-4-16).
2) En un sistema de promoción de ventas en el cual se otorgan **puntos** a los clientes en función de las compras realizadas, que son **canjeados por vales** que dichos clientes utilizan para pagar, total o parcialmente, otras compras posteriores, debe modificarse la base imponible de las operaciones en función de las cuales se otorgan dichos puntos, en el momento en el que se produce el pago con los vales, no reduciendo la base imponible de aquellas operaciones que se pagan con dichos vales (DGT 23-3-04; CV 2-10-13). En el mismo sentido respecto a un sistema de promoción de ventas consistente en la entrega de puntos por la compra de combustibles, carburantes u otros bienes y servicios concretos, los cuales se pueden utilizar en un momento posterior a aquel en que tales compras fueron realizadas, aceptándose el sistema FIFO u otro sistema equivalente para determinar las ventas de combustibles o carburantes a las que corresponden los descuentos hechos efectivos mediante la aceptación de los puntos canjeados por los clientes (DGT 21-12-05). Ver también el nº 1821 y el nº 1824.
3) En la escritura de compra de una parcela, se acuerda por la vendedora conceder un **descuento posterior** a la compradora en el supuesto de que construya sobre la misma una vivienda en un plazo determinado. Si la vendedora practica el descuento, debe emitir y enviar a los destinatarios una nueva factura en la que se hagan constar los datos de las facturas iniciales y la rectificación efectuada, devolviendo a los compradores el IVA correspondiente a la cantidad descontada. Si los adquirentes no fuesen empresarios o profesionales, ni hubieran exigido inicialmente la expedición de una factura completa, la empresa vendedora puede emitir una nota de abono numerada, en lugar de la factura rectificativa (DGT 29-1-99).
4) Las **comisiones** que una entidad obtiene de otro empresario y que comparte con sus clientes, asociadas a un servicio de intermediación, no constituyen descuentos ni bonificaciones de las cantidades previamente facturadas a sus clientes, ni deben minorar la base imponible de esas operaciones (DGT CV 30-5-14).

5) Cuando los proveedores otorgan un rappel anual por volumen de compras, dichos proveedores deben rectificar la base imponible de las entregas de bienes efectuadas a la entidad. Puesto que el tipo impositivo aplicable es el vigente en el momento del devengo, en el caso de que exista una **variación de tipos impositivos** en un año determinado y los proveedores apliquen un rappel anual, dicho rappel debe tener en cuenta esa circunstancia, de forma que las bases imponibles y la rectificación de las mismas se determinen teniendo en cuenta el tipo impositivo aplicado en cada período en el que estuvieron vigentes los correspondientes tipos impositivos a los que correspondan los rappels (DGT CV 29-12-09). 1950
En las facturas rectificativas que se expidan con la finalidad de rectificar la base imponible del **otorgamiento de rappels**, no se consigna el tipo vigente en el momento de efectuarse la rectificación que corresponda, sino el que resulte aplicable de acuerdo con el momento del devengo del impuesto (DGT CV 19-11-10).
6) Si una vez realizada la operación, la parte vendedora decide devolver a la parte compradora parte del precio, se trata de un **descuento otorgado con posterioridad** al momento en el que la entrega se ha producido, de modo que corresponde modificar la base imponible, reduciéndola en el importe del descuento concedido. Si los descuentos se conceden mes a mes, la base imponible debe reducirse también mensualmente (DGT CV 10-9-10).
7) En una **sucesión universal o subrogación**, una empresa A ha adquirido otra empresa B subrogándose en todas las obligaciones de B, entre ellas la de practicar determinados descuentos por volumen de compras a clientes de A. Si bien es cierto que la LIVA no contempla la posibilidad de que un tercero, distinto del propio sujeto pasivo, proceda a la rectificación del IVA devengado en una operación, cuando quien pretende efectuar dicha rectificación es una entidad que ha sucedido a título universal en los derechos y obligaciones del sujeto pasivo que realizó la operación que originó el devengo del impuesto, o bien una entidad que se ha subrogado en todos los derechos y obligaciones inherentes a determinados activos directamente vinculados con dicha operación que han sido objeto de adquisición, cabe admitir dicha rectificación como una más de las consecuencias derivadas de la citada subrogación (DGT CV 29-3-12).
8) La entidad fabricante puede minorar la base imponible de las entregas realizadas a distribuidores en el importe del descuento efectuado a los **clientes finales**, excluida la parte de dicho descuento que se corresponda con la parte de la cuota del IVA que grava la venta efectuada por el intermediario al cliente final (DGT CV 28-4-22).

1951 Jurisprudencia 1) La normativa comunitaria se refiere a los casos en que la reducción de la contraprestación es el resultado de una **modificación contractual ocurrida con posterioridad** al momento en que se realizó la operación y, en consecuencia, dicha disposición no resulta aplicable cuando las relaciones contractuales prevén, desde el principio, la concesión de un descuento, aunque, en realidad, este último solo se obtenga posteriormente (TJUE 29-5-01, asunto C-86/99).
2) Los descuentos de los laboratorios al Sistema Nacional de Salud (SNS) realizados en función del **volumen de ventas de medicamentos** a pacientes del sistema tienen la naturaleza de descuentos posteriores al hecho imponible. Los laboratorios deben emitir una factura rectificativa por el descuento (no enviar a los pacientes ni al SNS); debe entenderse que en tales descuentos se incluye la cuota de IVA, por lo que los laboratorios no deben devolver cantidad alguna al SNS (TEAC 17-3-16). En un sentido similar, TJUE 12-9-24, asunto C-248/23, Novo Nordisk.
3) Conforme a la jurisprudencia comunitaria relativa a **descuentos en cadena**, solo el fabricante que concede el descuento debe minorar su base imponible. Estos descuentos no tienen incidencia en la base imponible de los demás intermediarios en la cadena (la cooperativa, en el caso analizado), dado que el valor añadido por ellos no se modifica. La cooperativa recibe lo mismo por la entrega de las mercancías a las farmacias, pues la parte de la contraprestación que no abonan las oficinas de farmacias la satisface un tercero, en este caso, el fabricante (TEAC 22-4-22).

1952 **Resolución o cancelación de operaciones** (Dir 2006/112/CE art.90.1; LIVA art.80.Dos) También se modifica la base imponible cuando por resolución firme, judicial o administrativa, o con arreglo a Derecho o a los usos de comercio, queden sin efecto, total o parcialmente, las operaciones gravadas después del momento en que se hayan efectuado.
Lo determinante para que resulte procedente la modificación de la base imponible no es la devolución de las mercancías, que es una consecuencia de la resolución de la operación de entrega, sino que la **operación quede sin efecto**. Por lo tanto, una devolución de mercancías, que no esté amparada en una **causa resolutoria**, no determina la modificación de la base imponible, como tampoco determina una reducción de la base imponible la devolución de mercancías que efectúe un tercero ajeno a la operación y adquirente final de las mismas.
Los supuestos de **impago de las operaciones** que no impliquen su resolución, no determinan la modificación de la base imponible, sin perjuicio de lo establecido en el nº 1968 s. Por otra parte, solo se produce la modificación, en las **operaciones de tracto sucesivo**, desde el momento en que queden sin efecto.

Precisiones Téngase en cuenta que, si se produce una **devolución de mercancías** con ocasión de un posterior suministro que tenga el mismo destinatario, es posible efectuar la rectificación directamente en la factura que se expida con ocasión de dicho suministro, sin necesidad de expedir una factura rectificativa (Rgto Fac art.15.2).

1954 Ejemplos 1) Una empresa ha devuelto las mercancías adquiridas por no resultar conformes a los **requisitos de calidad** exigidos a su proveedor. Como consecuencia de la devolución, el cliente ha incurrido en una serie de gastos de tramitación y gestión, cuyo importe traslada a su proveedor. En este supuesto resulta procedente modificar la base imponible de la operación de entrega de bienes. Por otra parte, los gastos incurridos en la ejecución de la devolución tienen la consideración de indemnización, por lo que en su recuperación por el cliente no se debe repercutir el IVA.
2) Una empresa ha devuelto las mercancías adquiridas debido a **causas ajenas a su proveedor**. Se había pactado contractualmente que en caso de devolución de mercancías por causas imputables al comprador, o por retraso en la entrega del vendedor, ambas partes se reconocían el derecho a percibir una determinada cantidad indemnizatoria.
También en este caso resulta procedente la modificación de la base imponible, pero solo en el importe que no corresponda a la indemnización pactada que, en este caso, el vendedor retiene al comprador.

1955 **3)** Por un **defecto de fabricación**, una empresa de alimentación ha retirado del mercado determinados productos alimenticios, abonando su importe tanto a sus distribuidores por las mercancías todavía no vendidas a los consumidores finales, como directamente a estos últimos.
En este caso, procede la modificación de la base imponible correspondiente a la entrega efectuada por el fabricante al distribuidor, respecto de las mercancías devueltas por este. Sin embargo, no procede la modificación por las entregas de productos efectuadas por el fabricante al distribuidor, que este haya vendido a los consumidores finales, que son los que las devuelven al fabricante directamente, ya que dicha devolución no se debe a la resolución de la operación efectuada entre el fabricante y el distribuidor.
4) El **arrendatario de una nave** industrial ha dejado de pagar la correspondiente renta a la empresa arrendadora, siendo el último período arrendaticio satisfecho el correspondiente al mes de enero del año 20X0. Promovida por el arrendador la correspondiente demanda de desahucio, la **sentencia judicial** se dicta en el mes de septiembre de dicho año, declarando extinguida la relación arrendaticia desde ese momento, en el cual el arrendatario abandona materialmente la nave arrendada.

Los supuestos de impago de la contraprestación y de las cuotas de IVA correspondientes no determinan, habitualmente, la resolución de las operaciones. En el caso planteado la prestación de servicios se continúa realizando hasta el momento en el que se dicta la sentencia que, judicialmente, cancela la relación arrendaticia, y se materializa el desalojo de la nave industrial arrendada.
Por tanto, no procede modificar la base imponible como consecuencia del simple impago de la renta, sin perjuicio, en su caso, de la aplicación de lo dispuesto para el caso de situaciones concursales, así como para el caso de créditos incobrables (nº 1968 s.).

Doctrina Administrativa Además de las siguientes contestaciones de la DGT, ver nº 8754.1 y nº 11000 s. **1956**
1) La base imponible se reduce cuando los **productos farmacéuticos caducados** se devuelvan a sus proveedores por los adquirentes de dichos artículos (DGT CV 7-2-86).
2) Se debe modificar la base imponible si mediante sentencia judicial resulta acreditada la **no realización de las operaciones** cuyo pago de la contraprestación fue objeto de reclamación (DGT CV 18-1-10).
3) Puede modificarse la base imponible cuando se devuelve la mercancía al proveedor, en virtud de las cláusulas del contrato o por resolución judicial o administrativa (deficiencia, incumplimiento de condiciones, etc.), o por falta de la prestación del servicio en las condiciones pactadas.
La falta de pago de la contraprestación no significa que se haya dejado de consumir el bien o el servicio recibido, ni supone una alteración del precio pactado, por lo que la **morosidad** no produce la ineficacia de la operación gravada. En estos casos, la modificación de la base solo puede producirse a través de los supuestos del nº 1968 s. (DGT CV 21-4-08).
4) Cuando el vendedor opte por la **resolución del contrato** y el comprador proceda efectivamente a la devolución de lo adquirido, el vendedor ha de modificar la base imponible de la operación, tanto cuando exista una resolución judicial firme o no, como cuando el vendedor ejercite dicha facultad de forma extrajudicial, siempre que el comprador se allane a dicha pretensión y efectivamente devuelva la cosa vendida, correspondiendo al vendedor la prueba de las circunstancias que motivan la misma (DGT 2-12-99). Ver asimismo el nº 1961.
5) Cuando existe discrepancia entre dos partes sobre el saldo comercial entre ambas y mediante un **contrato de transacción** acuerdan, para evitar un pleito, cuál es el saldo pendiente para poner fin a sus diferencias, no se produce ninguna de las causas para la modificación de la base imponible, puesto que ninguna de las operaciones efectuadas entre las partes queda sin efecto como consecuencia del acuerdo transaccional (DGT 16-3-01).
6) La **reversión** a una sociedad expropiada de los terrenos sobrantes que no se destinaron al uso previsto constituye un supuesto de resolución total o parcial de la entrega de los terrenos que en su momento efectuó la sociedad expropiada, debiéndose modificar la base imponible (DGT CV 22-4-08; CV 16-12-11). En su caso, las **mejoras** introducidas en el terreno que revierte (obras de urbanización) sí que tributan por el impuesto (DGT CV 19-4-11; CV 2-9-14) A idéntica conclusión se ha llegado en relación con **permutas inmobiliarias** que se resuelven (DGT CV 19-2-18).

7) La devolución de los terrenos como consecuencia de la **resolución de la permuta** no implica la realización de ninguna operación sujeta, por lo que no hay devolución de ingresos indebidos sino regularización en la correspondiente declaración-liquidación (DGT CV 11-12-13; CV 25-11-15). Si en la constitución de la permuta hubo **pagos en efectivo**, al resolverse deben devolverse también dichos pagos (DGT CV 24-7-13). **1957**
En el caso de una permuta de un terreno por una **edificación futura** que es objeto de rescisión también procede la modificación de la base imponible, cuyo pago anticipado está constituido por la entrega del terreno, el cual debe ser devuelto a sus titulares (DGT CV 22-1-14; CV 21-12-16).
Si lo que se entrega como consecuencia de la permuta que se resuelve es otro inmueble de las mismas características que el inicialmente previsto, no hay resolución de la operación (DGT CV 16-5-12).
Si al resolverse la permuta se recibe la misma finca y en el mismo estado en que se aportó, aunque con una **diferente calificación administrativa**, la operación queda sin efecto, procediendo la modificación de la base imponible (DGT CV 26-4-13).
Cuando como consecuencia del **desistimiento unilateral** de un contrato de permuta se va a devolver a sus propietarios iniciales la finca que estos entregaron debe entenderse que tal entrega no constituye una entrega de bienes, sino un supuesto de resolución total o parcial de la entrega de bienes (terrenos) realizada en su día. Si se han realizado una serie de trabajos sobre el terreno, se considera sujeta la parte correspondiente a dichas obras (DGT CV 7-4-15).
Si se resuelve parcialmente una permuta por el incumplimiento de determinados plazos por un ayuntamiento, y se sustituye la entrega de los derechos urbanísticos por su **equivalente monetario**, tiene lugar la restitución a su titular originario de los derechos de aprovechamiento urbanístico como consecuencia de la resolución parcial de la operación. El ayuntamiento debe modificar el IVA, al igual que la sociedad que efectuó la entrega de las fincas al ayuntamiento (DGT CV 7-5-15).

8) La **rescisión de un contrato** de compraventa no tiene incidencia alguna cuando la compraventa fue una entrega no sujeta al IVA español, por lo que no procede la modificación de la base imponible (DGT 31-7-06).

9) Para que resulte aplicable la causa de modificación de la base imponible por la resolución, total o parcial, de las operaciones, en el caso de entregas de bienes han de devolverse estos. Por ejemplo, la devolución de un vehículo por sentencia judicial por tener **defectos de fábrica** (DGT CV 7-3-08).

Si existe una **variación de tipos impositivos** entre el momento de realización de las operaciones y el momento de la rectificación, la modificación de la base imponible y de las cuotas repercutidas debe efectuarse teniendo en cuenta el tipo impositivo vigente cuando se produjeron las operaciones objeto de rectificación y no el vigente en el momento de producirse la devolución (DGT CV 28-12-09).

1958 **10)** Se trata de un caso de resolución de operaciones cuando en el ejercicio de una **opción de compra** no se cumplen determinadas condiciones, en este caso urbanísticas, y el optante no ejercita la opción (DGT CV 22-4-09). También existe resolución de operaciones si es el concedente quien no cumple determinadas condiciones y se resuelve la opción de compra (DGT CV 12-5-09).

11) En el caso de **venta anticipada de abonos**, el precio de los abonos que el club vende a los socios constituye la contraprestación de los servicios prestados por aquel, consistentes en permitir el acceso al estadio en todos los partidos de la temporada, aunque los abonados no lleguen a hacer uso de dicha posibilidad o lo hagan esporádicamente. Si el socio comunica al club su decisión de no acudir a un partido concreto y ello desencadena un procedimiento de transacción con la entrada de ese partido, no implica que la operación de venta anticipada de los abonos se considere resuelta, por lo que no procede modificar la base imponible (DGT CV 21-10-11).

12) Una empresa dispone de un único proveedor de los productos que comercializa. Ocasionalmente recibe instrucciones de dicho proveedor para que parte de la mercancía enviada sea remitida a otro empresario, actuando en nombre y por cuenta del citado proveedor, quien factura directamente las citadas mercancías a su cliente. En caso de **devolución de los productos** recibidos, pero remitiéndolos a otro empresario designado por el proveedor, actuando en nombre y por cuenta de su proveedor, debe modificarse la base imponible en la cuantía correspondiente (DGT CV 29-12-09).

13) Una empresa percibe una comisión de una compañía de telefonía por cada **cliente captado** para la misma que permanezca dado de alta un determinado período de tiempo. Si el cliente se da de baja anticipadamente procede modificar la base imponible correspondiente (DGT CV 13-4-11).

1959 **14)** Cuando se interpone una **demanda** de juicio ordinario contra una promotora por el incumplimiento del contrato de entrega de vivienda, no se puede modificar la base imponible hasta que se dicte la correspondiente resolución judicial (DGT CV 6-5-10).

15) El **plazo de rectificación** de las cuotas repercutidas es de cuatro años, contados desde el momento en que se produjeron las circunstancias que motivan la rectificación, es decir, desde el momento en que quedó resuelta la operación (DGT CV 5-3-13). El inicio del plazo para llevar a cabo la rectificación de la base imponible comienza a contar desde el momento en que se produzcan las circunstancias que motivan dicha modificación, es decir, desde que mediante la suscripción del **contrato de novación**, se deje parcialmente sin efectos el acuerdo suscrito con anterioridad (DGT CV 7-5-13).

16) Una empresa absorbente debe modificar la base imponible de una **operación de compromiso de venta** de una parcela suscrito por la empresa absorbida con un tercero cuando se resuelve dicha operación por el tercero al no cumplirse las condiciones pactadas (DGT CV 23-1-13).

17) La compraventa sometida a **condición suspensiva** solo se perfecciona cuando se cumpla la condición. Si la citada condición no se cumple, tiene lugar una modificación de las condiciones iniciales de la compraventa, produciéndose una alteración en su objeto inicial, toda vez que la transmitente se obliga, entre las dos opciones disponibles, a entregar, junto a la participación inicialmente transmitida, una nueva participación en el 45% de la propiedad de los bienes objeto de la operación. La adquirente, en lugar de optar por la devolución del precio, opta por la adquisición de otro porcentaje del 45% de la propiedad de los bienes adquiridos, aplicando el precio pagado en su momento. En consecuencia, considerando que la nueva entrega de la participación en el 45% en la propiedad de los bienes ya tributó en el momento del pago realizado en virtud del contrato original, no es necesario rectificar la repercusión realizada por la entidad transmitente (DGT CV 21-5-12).

1960 **18)** Una empresa ha resultado adjudicataria de un **concurso administrativo** para el suministro de equipamiento informático para un ayuntamiento. Las mejoras adicionales, recogidas en las cláusulas administrativas, podrán ejecutarse mediante la entrega de algún equipamiento adicional o bien mediante la **devolución de parte del precio**, opción por la que se decanta el ayuntamiento. En este caso, procede la modificación de la base imponible al haber quedado la operación parcialmente sin efecto (DGT CV 5-3-12).

19) En la actividad de distribución de prensa y revista susceptibles de ser vendidas en quioscos se utilizan, generalmente, los denominados **contratos estimatorios** y, en ese caso, aunque se produce la devolución de las mercancías no vendidas, no da lugar a la modificación de la base imponible, pues el devengo de la entrega al quiosco se produce con la entrega al consumidor final (DGT CV 17-6-13).

20) Una sociedad en **concurso de acreedores** desde 2011 suscribió en 2006 dos contratos de venta de derechos urbanísticos, por los que el comprador efectuó determinados pagos anticipados. En 2013, después de una controversia jurídica los citados contratos han quedado resueltos mediante sentencia judicial. La sociedad está obligada a modificar la base imponible de 2006, pese a estar en concurso de acreedores (DGT CV 27-5-14).

21) En la devolución del denominado **céntimo sanitario** (Impuesto sobre Ventas Minoristas de Determinados Hidrocarburos), la entidad proveedora de combustible debe modificar la base imponible y rectificar la repercusión efectuada de las ventas de combustibles sujetas al IVMDH cuyo importe hubiera formado parte de su base imponible (DGT CV 18-9-14). La devolución se efectúa a quienes soportaron el impuesto en la medida en que no hayan sido deducidas previamente por el sujeto pasivo (DGT CV 19-6-17).

22) Cuando se produce la resolución de una operación consistente en la aportación no dineraria originaria realizada por una empresa como consecuencia de la aplicación de una **demanda incidental de reintegración** planteada en el proceso concursal, la entrega por la sociedad receptora de los inmuebles a la empresa aportante no está sujeta, sino que es la restitución a su titular originario de las aportaciones efectuadas. No obstante, la empresa debe modificar la base imponible de dicha aportación anulada (DGT CV 14-10-15). En el mismo sentido en relación con la prestación de servicios, DGT CV 4-10-16.

23) Si las operaciones que fueron objeto de demanda por los **administradores concursales** quedaron sin efecto en virtud de la aplicación de la resolución judicial, se debe modificar la base imponible y rectificar la repercusión efectuada (DGT CV 19-11-15).

24) Una cooperativa de viviendas procede a la **devolución de las aportaciones** efectuadas a un socio por su baja, obligada por la normativa aplicable. Procede la modificación de la base imponible así como su rectificación, sin que el carácter positivo o negativo del saldo de las cuotas de IVA de la cooperativa tenga incidencia sobre dicha liquidación (DGT CV 4-4-16).

Jurisprudencia **1)** No puede modificarse la base imponible por **resolución de operaciones** en tanto no se pronuncien los órganos jurisdiccionales a los que ha acudido el destinatario de los servicios prestados por el sujeto pasivo (TEAC 12-5-09). **1961**

2) Un contrato de **arrendamiento financiero** relativo a un inmueble da lugar a una entrega de bienes cuando el mismo prevea la transmisión de propiedad al arrendatario al vencimiento de dicho contrato, o la puesta a disposición del arrendatario de los atributos esenciales de la propiedad del citado inmueble. En caso de **impago** de las cuotas arrendaticias por parte del arrendatario, la recuperación de la posesión del bien por el arrendador, para proceder a su venta y satisfacer con el importe obtenido el crédito pendiente, no supone anulación o rescisión de dicha entrega de bienes (TJUE 2-7-15, asunto C-209/14).

3) Cuando una entidad de **leasing** inicia un procedimiento judicial por **impago de cuotas** no se está ante un supuesto de modificación de la base imponible por dejar sin efecto las operaciones, ya que el impago de las cuotas de arrendamiento provoca la exigibilidad de las cuotas pendientes en el momento de iniciarse el procedimiento ejecutivo de cobro (TEAC 4-7-00).

Alteración del precio de la operación (Dir 2006/112/CE art.90.1; LIVA art.80.Dos) Constituye causa obligatoria de modificación de la base imponible, la alteración del precio de las operaciones **producido con posterioridad** al momento en que se hayan realizado. **1962**

A diferencia de las otras causas de modificación de la base imponible, que solo pueden determinar una reducción de la misma, las variaciones o alteraciones de precio pueden significar un **aumento o una reducción** de la misma. Cuando se produzca una alteración de la contraprestación que determine un aumento de la base imponible no hay que considerar que se ha producido un nuevo hecho imponible, sino una modificación de la base relativa a la operación correspondiente.

Precisiones Puede dar lugar a la alteración al alza o a la baja de la contraprestación, por ejemplo, el que la misma se haya fijado contractualmente en función de determinados **factores sujetos a variación**, tales como materias primas, salarios, o en función de variables de carácter económico o macroeconómico, tales como cotización de determinadas monedas, índices de precios, o de la calidad de los bienes, plazos de entrega, etc.

Ejemplo En la contraprestación correspondiente al arrendamiento de una nave industrial, el arrendador ha omitido incluir el importe del **IBI** que grava dicho bien, aun estando recogida contractualmente su repercusión. **1963**

Se trata de un supuesto de modificación de la base imponible, en este caso, derivado de un error, pero que afecta al importe de la contraprestación.

1964 Doctrina Administrativa Además de las siguientes contestaciones de la DGT, ver nº 11000 s.
1) Cuando se modifica el precio de una operación sujeta (concesión municipal de aparcamiento), con **devolución de parte del precio** satisfecho, debe modificarse la base imponible (DGT 20-10-97).
Puede modificarse la base por alteración del precio, después del devengo de la operación, cuando la misma se produzca por **causas legales** (generalmente por revisiones previstas contractualmente) (DGT CV 21-4-08).
Habiéndose fijado por sentencia judicial firme un **mayor importe de la renta** de un arrendamiento sujeto al IVA, el arrendador debe rectificar las cuotas impositivas en la medida que se modifica la base imponible aplicando el tipo impositivo que estaba vigente en dicho momento (DGT CV 30-12-15).
2) Las **diferencias** que puedan surgir entre el **precio de adjudicación de las viviendas** a los socios de las cooperativas y su coste final conocido a posteriori, deben dar lugar a la correspondiente modificación de la base imponible (DGT 26-2-99).
3) Cuando se recibe una **prestación de servicios defectuosa** no pagando su importe, y una sentencia judicial reduce el precio de la operación, debe modificarse la base imponible en el importe correspondiente, pues dicha sentencia supone una alteración del precio de dicha operación (DGT 22-10-99).
4) Mediante una sentencia judicial se determina que en una **permuta de terrenos por edificaciones**, al concluir estas últimas, han de entregarse, además de las convenidas inicialmente, otros inmuebles como compensación del precio originariamente fijado para el terreno. Da lugar a la correspondiente modificación de la base imponible, pues lo determinado por dicha sentencia supone una alteración de la contraprestación convenida al formalizarse la permuta (DGT 7-6-01).
5) Debe modificarse la base imponible en los supuestos de **subvenciones vinculadas directamente al precio**, cuando con posterioridad a su fijación provisional, por no conocerse el importe de las subvenciones ni su concesión, se concedan en un importe distinto al previamente fijado (DGT 30-10-02).
6) Una empresa transmite a otra entidad unas edificaciones destinadas al arrendamiento, calculándose el importe de la operación en función de la **renta futura** de su arrendamiento y pactándose que, si la renta realmente obtenida fuera inferior a la inicialmente calculada, la empresa transmitente vendría obligada a abonar la diferencia entre ambos importes. Se trata de un supuesto de alteración del precio que motiva la modificación de la base imponible de la operación de entrega de las edificaciones (DGT 18-2-04).

1965 **7)** Una empresa adquiere un inmueble a través de documento privado. En el momento de suscribir la escritura pública y proceder a la entrega del bien se pone de manifiesto que aquel presenta determinados **incumplimientos de equipamiento y superficie**, pactándose una minoración del precio contenido en el documento privado de compraventa. Procede modificar la base imponible correspondiente a la entrega del inmueble (DGT 15-4-04).
8) Un club deportivo emite un abono, cuyo importe, IVA incluido, da derecho a presenciar todos los partidos de una determinada temporada. Si el abonado no acude a todos los partidos puede pedir, bajo determinadas circunstancias, que el club le devuelva parte del importe, que se materializa mediante una reducción del precio del abono para la temporada siguiente. Se trata de una alteración del precio de venta del **abono de la temporada** que no se utiliza en su totalidad y no de un descuento del abono de la temporada siguiente, procediendo la correspondiente modificación de la base imponible (DGT 20-10-03).
9) Las empresas de suministro eléctrico están obligadas a compensar a sus clientes como consecuencia de las **deficiencias en la calidad del suministro**. La compensación se instrumenta con un descuento en la facturación, y supone una alteración del precio, que tiene lugar con posterioridad al momento de realización de la operación de suministro, debiendo modificarse la base imponible de dichas operaciones (DGT 5-6-03).
10) Una empresa entrega un terreno reteniendo la parte compradora un determinado importe de la contraprestación pactada hasta que se determinen los metros cuadrados del mismo. Se trata de un supuesto de **alteración de la contraprestación inicial**, cuya determinación final se produce en un momento posterior y que tiene como consecuencia una alteración de aquella, lo que determina la obligación de modificar la base imponible (DGT 6-10-03).
11) En una **operación de suministro o de tracto sucesivo** (arrendamiento), en la cual el IVA se devenga según resulta exigible la parte del precio que comprenda cada percepción, las prestaciones correspondientes a pagos exigibles no satisfechos dan lugar a la modificación de la base imponible del impuesto (nº 1981 s.), pero aquellas otras que correspondan a pagos que no han llegado a ser exigibles, se tienen por no efectuadas (DGT 18-2-00; 6-2-04).
12) Una empresa vende unos locales que serán destinados por el adquirente a salas de cine. La contraprestación se fija en función de ciertas variables. Cumplidas las **condiciones** se fija definitivamente el importe de la operación. Procede modificar la base imponible una vez determinada (DGT CV 13-2-08).

13) Una empresa transmitió un terreno con una determinada edificabilidad asociada al mismo por un determinado precio. Con posterioridad se llega a la conclusión de que el **aprovechamiento urbanístico** que se transmitió se encontraba sobrevalorado, por lo cual es necesario efectuar una rectificación. Se trata de un supuesto de modificación de la base imponible por alteración del importe de la contraprestación acordada (DGT CV 3-11-10). 1966
14) Puede considerarse que existe una alteración del precio cuando se ejercita la **opción de compra** en un contrato de arrendamiento de vivienda con opción de compra (DGT CV 13-3-12).
15) Procede modificar la base imponible cuando en atención a las **relaciones comerciales existentes** con sus clientes una empresa acuerda con estos una modificación en el precio inicialmente pactado con posterioridad al devengo de la operación y con independencia del plazo transcurrido desde que aquel tuvo lugar, y siempre sin que se hubiera iniciado un procedimiento concursal (DGT CV 3-12-12).
16) Una sociedad rescinde un contrato de leasing inmobiliario con una entidad financiera, acordando la **condonación** de la deuda restante y la devolución de la posesión del bien. La condonación de la deuda por impago determina la modificación de la base imponible en dicha cuantía por modificación del precio de la operación (DGT CV 4-2-14).
17) Una sociedad concedente de una opción de compra y la entidad destinataria de dicha opción han suscrito un **contrato de novación** en virtud del cual se modifica el precio originario del derecho de opción en el caso de que se cumplan determinadas condiciones. Cumplidas las mismas y modificado el precio de la opción debe modificarse la base imponible (DGT CV 14-7-14).
18) La empresa de telefonía está obligada a modificar la base imponible de las operaciones efectuadas al reconocer los **nuevos precios** aplicados después de la reclamación del particular, así como a devolver a dicho particular el importe de las cuotas del IVA (DGT CV 7-5-14).
19) Si se llega a un acuerdo con un deudor para establecer una **quita** de parte del importe de los créditos adeudados por el arrendatario, la base imponible se modifica en la cuantía correspondiente (DGT CV 30-11-15).
20) Si se produce la alteración del precio del servicio prestado por los **administradores concursales** con posterioridad a la realización de la operación, se debe modificar la base imponible, así como rectificar la repercusión efectuada en el plazo de cuatro años a contar desde la sentencia (DGT CV 25-2-16).

Jurisprudencia **1)** Las **revisiones de precios** suponen la modificación obligatoria de la base imponible, aplicándose dicha modificación, a efectos de la determinación de los tipos impositivos aplicables, al momento en que se produjo su devengo y no a aquel al que se refieren las modificaciones de precios (TEAC 5-11-03). 1967
2) Si un **órgano jurisdiccional** determina el precio final de una operación rebajándolo respecto al inicial, procede modificar la base imponible y rectificar la factura y la repercusión efectuada en el plazo de cuatro años desde que la resolución judicial adquiere firmeza (TEAC 22-5-14).

Impago de las operaciones (Dir 2006/112/CE art.90; LIVA art.80.Tres, Cuatro y Cinco; RIVA art.24) Se regulan dos **supuestos voluntarios** de modificación de la base imponible, a diferencia del resto, que son de carácter obligatorio. Estos supuestos proceden, siempre que se cumplan unos requisitos, cuando se produzca el impago de las cuotas de IVA repercutidas, distinguiéndose según que las operaciones: 1968
- estén incursas en procedimientos concursales (nº 1974 s.);
- no estén incursas en dichos procedimientos (nº 1981 s.).

En **ambos casos** han de tenerse en cuenta las siguientes reglas:
a) La modificación de la base imponible **no procede**, cuando se trate de créditos:
- que disfruten de **garantía real**, estén afianzados por entidades de crédito o sociedades de garantía recíproca, o cubiertos por un contrato de seguro de crédito o de caución, en la parte garantizada, afianzada o asegurada, según los casos;
- entre personas o **entidades vinculadas** a efectos del IVA (nº 1915);
- adeudados o afianzados por **entes públicos**. No obstante, esta exclusión se excepciona en el caso de modificación de la base imponible por impago de operaciones no incursas en procedimientos concursales (nº 1981);
- cuyo **deudor** no esté establecido en el territorio de aplicación del IVA, ni en Canarias, Ceuta o Melilla. Desde el 1-1-2023, se reconoce también como habilitante para la modificación, el procedimiento de insolvencia declarado por otro E.m. de la UE, siempre que a este le resulte de aplicación la normativa comunitaria sobre procedimientos de insolvencia (Rgto (UE) 2015/848). Con anterioridad, la DGT había admitido esta posibilidad (DGT CV 12-11-20).

b) En caso de **cobro parcial** con anterioridad a la modificación, se entiende siempre que en dicha cantidad está incluido el IVA.
c) La rectificación de las deducciones del destinatario de la operación determina el nacimiento del correspondiente **crédito** a favor de la Hacienda Pública.

1969 En la modificación deben cumplirse también las siguientes reglas de **procedimiento**:

a) Con carácter general, el sujeto pasivo (**acreedor**) debe expedir y remitir al destinatario de las operaciones una **factura rectificativa** (Rgto Fac art.15) y, en los casos de modificación por impago (nº 1974 s. y nº 1981 s.) acreditar su remisión. En los casos de modificación de la base imponible por operaciones incursas en procedimientos concursales (nº 1974 s.) debe asimismo remitir una copia de dicha factura a la administración concursal en el plazo de un mes desde su expedición.

b) El **acreedor** debe:

1. Haber facturado y contabilizado las operaciones en tiempo y forma.

2. Comunicar por **vía electrónica** a la AEAT (sede electrónica de la web; formulario 952) la modificación de la base imponible en el **plazo** de un mes desde la expedición de la factura rectificativa, haciendo constar:

- que no se trata de los créditos indicados en la letra a) del nº 1968 (con excepción de los adeudados o afianzados por entes públicos y, desde el 1-1-2024, por destinatarios no establecidos pero incursos en un procedimiento de insolvencia según la normativa comunitaria); y
- en el supuesto de **créditos incobrables**, que el deudor no ha sido declarado en concurso o, en su caso, que la factura rectificativa expedida es anterior a la fecha del auto de declaración de concurso o, desde el 1-1-2024, de la resolución de apertura del procedimiento de insolvencia al que resulte de aplicación la normativa comunitaria sobre procedimientos de insolvencia (Rgto (UE) 2015/848).

Además, conjuntamente debe remitir a través del registro electrónico de la AEAT, los siguientes **documentos**: copia de las facturas rectificativas, en las que se consignan las fechas de expedición de las respectivas facturas rectificadas; en el caso de créditos incobrables, los documentos que acrediten haber instado el cobro del crédito, mediante reclamación judicial, requerimiento notarial o, desde el 1-1-2023, cualquier otro medio que acredite fehacientemente la reclamación del cobro; y, en el caso de créditos adeudados por Entes públicos, el certificado establecido en la normativa del IVA.

c) El **destinatario** empresario o profesional de la operación afectada por la modificación debe:

1. Comunicar por **vía electrónica** a la AEAT (sede electrónica de la web; formulario 952) haber recibido las facturas rectificativas y la consignación en dicho formulario del importe total de las cuotas soportadas rectificadas, deducibles y no deducibles, en el mismo plazo previsto para la presentación de la declaración-liquidación del número 2) siguiente.

2. Hacer constar en la **declaración-liquidación** del período en que se reciban las facturas rectificativas, el importe de las cuotas rectificadas como minoración de las cuotas deducidas.

3. En el supuesto de operaciones incursas en **procedimientos concursales** (nº 1974 s.), las cuotas soportadas rectificadas deben hacerse constar:

a) Con carácter general, en las declaraciones-liquidaciones correspondientes a los períodos en que se hubiera ejercitado el derecho a la deducción de aquellas.

b) En la declaración-liquidación relativa a hechos imponibles anteriores a la declaración del concurso -modelo 303, modalidad preconcursal- (RIVA art.71.5), cuando:

- el destinatario no tenga derecho a la deducción total del IVA y respecto de la parte de cuota rectificada no deducible;
- el destinatario tuviera derecho a la deducción total del IVA y hubiera prescrito el derecho de la Administración tributaria a determinar la deuda tributaria del período de liquidación en que se hubiera ejercitado el derecho a la deducción de las cuotas soportadas que se rectifican; y
-desde el 1-1-2024, el destinatario hubiera sido declarado incurso en un procedimiento de insolvencia al que resulte de aplicación la normativa comunitaria (Rgto (UE) 2015/848).

4. Las rectificaciones deben efectuarse en el mismo **plazo** que la declaración-liquidación correspondiente al período de recepción de las facturas rectificativas.

Las anteriores obligaciones previstas para el destinatario recaen en la **administración concursal** cuando aquel esté en concurso de acreedores y se encuentre en régimen de intervención de facultades o se hayan suspendido sus facultades de administración y disposición.

1970 Precisiones 1) Las operaciones cuyo **devengo** se produzca antes del auto de la declaración de concurso, siguen el procedimiento previsto para operaciones incursas en procedimientos concursales (nº 1974 s.).

2) El **destinatario** de la operación cuya base imponible se modifica debe rectificar las **deducciones** efectuadas. Esa rectificación cancela el crédito del proveedor o prestador del servicio y produce el nacimiento del correspondiente crédito en favor de la Hacienda Pública, preferente respecto de los que se integran en la masa concursal.

Si el destinatario de la operación cuya base imponible se modifica no tiene derecho a la deducción total del impuesto, también resulta deudor frente a la Hacienda por el importe de la cuota del IVA no deducible.

3) El acreedor no debe enviar **copia del auto judicial** de declaración del concurso ni la certificación mercantil acreditativa de aquel.

4) En las **comunicaciones** que acreedor y deudor deben efectuar a la AEAT se utiliza el formulario 952 disponible en la sede electrónica de la web de la AEAT.

5) Si el **deudor** incumple la obligación de comunicar a la AEAT la recepción de las facturas rectificativas o la consignación -en el formulario 952- del importe total de las cuotas rectificadas (deducibles o no), no impide al acreedor efectuar la modificación de la base imponible.

6) Si el destinatario **no** tiene la condición de **empresario o profesional**, la Administración tributaria puede requerirle la aportación de las facturas rectificativas que le envíe el acreedor.

7) La aprobación del **convenio de acreedores** no afecta a la modificación de la base imponible que se hubiera efectuado previamente.

8) La **prueba de la remisión** de las correspondientes facturas rectificativas al destinatario, para el sujeto pasivo que pretenda modificar la base imponible de una operación, debe efectuarse por cualquier medio de prueba admisible en Derecho. Solo resulta obligatoria para los supuestos de modificación voluntaria de la base imponible por impago (nº 1974 s. y nº 1981 s.).

Doctrina Administrativa Además de las siguientes contestaciones de la DGT, ver nº 11000 s. **1971**

1) La **comunicación a la Administración** tributaria de la modificación de la base imponible debe realizarse en el plazo que se fije reglamentariamente. Dicha comunicación produce efectos por sí sola, sin que suponga la iniciación de un procedimiento a instancia del obligado. Por eso no da lugar a la subsanación de defectos, ni tampoco es necesaria una resolución expresa de admisión de la comunicación por parte de la Administración. Solo si la Administración considerase oportuno comprobar el correcto cumplimiento de las obligaciones tributarias del sujeto pasivo en relación con el IVA, iniciará de oficio un procedimiento de comprobación o investigación (DGT 18-11-05).

2) El **incumplimiento** por parte del destinatario de las operaciones de la obligación de comunicar a la Agencia tributaria la circunstancia de haber recibido las **facturas rectificativas**, no perjudica el derecho del sujeto pasivo para efectuar la modificación de la base imponible de las operaciones, sin perjuicio de la responsabilidad que se derive de dicho incumplimiento para el deudor (DGT 26-9-01).

3) El **crédito asegurado** es el crédito correspondiente a la cuota repercutida. En estos casos, la limitación encuentra su razón de ser en que el acreedor cuenta con garantía suficiente de cobro de la cuota del IVA correspondiente a la operación, por lo que no parece oportuno admitir una modificación de la base imponible que supone trasladar a la Hacienda Pública el riesgo de insolvencia o impago de dicha cuota por parte del deudor.

No obstante, en los casos en que el contrato de seguro de crédito excluye de forma expresa la cobertura de la cuota del IVA, el argumento anterior quiebra, de manera que podría procederse a la total modificación de la base imponible. En los demás casos en que la cantidad asegurada no cubra el total importe de la base imponible más la cuota del IVA, hay que entender que la cantidad asegurada corresponde proporcionalmente en parte a la base imponible y en parte a la cuota del IVA correspondiente a la operación, de manera que solo procede la modificación parcial de la base imponible por la parte no cubierta por el seguro (DGT CV 20-10-09; CV 21-1-15).

En el mismo sentido respecto a créditos **cubiertos solo parcialmente** por la compañía de crédito y caución, DGT CV 23-5-11; CV 26-11-15). Puesto que el crédito que ostenta el sujeto pasivo está garantizado a través de **hipoteca**, no procede la modificación de la base imponible en la parte del crédito garantizado, con independencia de que se trate de una segunda hipoteca (DGT CV 31-5-10).

4) Cuando las operaciones declaradas no son las realmente efectuadas, sino una mera estimación de las mismas, como sucede en el caso de aplicar el **régimen simplificado** del IVA, no se puede modificar su base imponible cuando resulten impagadas, ya sea porque el destinatario esté inmerso en un procedimiento concursal o por el mero impago de los créditos correspondientes (DGT CV 31-5-13).

5) Dado que la normativa del IVA no contiene una definición de **ente público**, hay que atender caso por caso a la norma de constitución y al régimen de funcionamiento de cada uno de ellos (DGT CV 6-10-09). **1972**

6) Siempre que concurran el resto de requisitos para la modificación de la base imponible, las cuotas que se hayan repercutido en el ejercicio de su actividad y que deriven de créditos que hayan sido total o parcialmente impagados deben ser rectificadas o anuladas, aunque dicha modificación tenga lugar con posterioridad al **cese en el ejercicio de la actividad** (DGT CV 27-6-16).

7) No procede la modificación de la base imponible en una operación garantizada con una **afección real**, inscrita en el Registro de la Propiedad (DGT CV 29-6-11).

8) La acreditación de la **expedición de la factura rectificativa** puede realizarse por cualquier medio de prueba admisible en Derecho, dado que no se ha dispuesto ningún medio de prueba específico al respecto (DGT CV 5-12-12).

Jurisprudencia **1)** Se considera suficientemente probada la transmisión de las participaciones con la escritura pública de compraventa de participaciones y la diligencia extendida en el procedimiento inspector en relación con el IS del ejercicio 2009, en la que se declara que no son **entidades vinculadas**. La falta de inscripción de la transmisión en el Registro Mercantil no se entiende como **1973** impedimento para lo anterior. No existiendo vinculación entre las partes a la fecha de modificación de la base imponible por impago y concurso del deudor, debe considerarse ajustada a derecho la misma (TEAC 25-1-21).

2) La rectificación de la base imponible solo puede realizarse mediante una factura rectificativa y debe afectar exclusivamente a la operación original, sin que a través de la misma puedan incluirse operaciones distintas de aquella que se rectifica. Por eso, no puede aceptarse que la rectificación se realice a través de **notas de abono** y que abarque operaciones distintas a aquella que se rectifica (TEAC 10-10-06).

3) La **naturaleza de incobrable** del crédito se adquiere en la fecha de cancelación de la garantía real; es en ese momento cuando se inicia el cómputo del plazo para la modificación de la base imponible (TEAC 18-5-22; 18-5-22).

4) La normativa comunitaria y el principio de neutralidad fiscal, no se oponen a una normativa nacional en virtud de la cual la reducción de la base imponible en caso de impago no se aplica a un **asegurador** que, en el marco de un contrato de seguro de crédito mercantil, paga al asegurado, en concepto de indemnización por el impago de un crédito, una parte del importe de la operación en cuestión, incluido el IVA, siendo que dicha parte del crédito y todos los derechos conexos han sido cedidos al asegurador conforme a lo estipulado en el referido contrato (TJUE 9-2-23, asunto C-482/21).

5) Si el destinatario de la operación está en **fase de liquidación**, la obligación de remitir las facturas rectificativas debe entenderse como remisión a la administración concursal, que es quien ostenta la representación de la entidad en ese momento (TEAC 23-5-23).

6) El **procedimiento** establecido en la normativa nacional para modificar la base imponible en el caso de créditos incobrables es acorde a lo establecido en la normativa europea (TS 31-3-25, EDJ 546839; TEAC 13-5-25).

1974 **Operaciones incursas en procedimientos concursales** (Dir 2006/112/CE art.90.2; LIVA art.80.Tres y Cinco.3ª; RIVA art.24) En este primer supuesto, la base imponible puede reducirse cuando el destinatario de las operaciones sujetas al IVA -de no estar sujetas no se habrá producido la repercusión- no haya hecho efectivo el pago de las cuotas repercutidas y exista un procedimiento concursal contra él.

Los **requisitos** aplicables son:

a) La modificación ha de efectuarse antes de que transcurra el **plazo** de dos meses contados a partir del fin del plazo máximo fijado en la normativa concursal (LCon art.28.1.4º). Así, el plazo aplicable para la modificación de la base imponible en este supuesto es de tres meses.

b) Cuando se acuerde la **conclusión del concurso** por alcanzar firmeza el auto de la Audiencia Provincial que estimando la apelación revoque el auto de declaración de concurso, por pago o consignación de la totalidad de los créditos reconocidos o la íntegra satisfacción de los acreedores por cualquier otro medio o que ya no existe la situación de insolvencia, o por alcanzar firmeza la resolución que acepte el desistimiento o la renuncia de la totalidad de los acreedores reconocidos, a menos que tras el desistimiento o renuncia resulte la existencia de un único acreedor (LCon art.465.1º, 3º y 5º), el acreedor que hubiese modificado la base imponible debe nuevamente modificarla al alza, mediante la emisión de una factura rectificativa en el plazo previsto (Rgto Fac art.15) en la que se repercuta la cuota procedente.

Las operaciones cuyo **devengo** se produzca antes de la declaración de concurso se rigen por este procedimiento de modificación de la base imponible, y no por el previsto para operaciones no incursas en procedimientos concursales (nº 1983 s.).

Asimismo, de acuerdo con la **doctrina de la DGT**, cuando no se hubiera aplicado el procedimiento para modificar la base imponible para operaciones no incursas en procedimientos concursales y el deudor sea declarado en concurso, cabe aplicar el procedimiento para operaciones incursas en procedimientos concursales (DGT CV 20-12-12; CV 21-1-15).

Precisiones **1)** La administración concursal debe **comunicar a la AEAT la declaración de concurso**, mediante el envío de un formulario electrónico disponible en la página web de la AEAT (LCon art.253).

2) El sujeto pasivo, además de al destinatario, debe expedir y remitir una copia de la factura rectificativa a la **administración concursal** en el mismo plazo (RIVA art.24.1).

1975 Ejemplo Efectuada una auditoría en una sociedad, ha aflorado la siguiente cuenta de **insolvencias de clientes.**

Un cliente, declarado en situación de concurso hace seis meses, mantiene una deuda de 3.160 €, habiéndose efectuado diferentes actuaciones para su cobro anteriores al auto judicial de **declaración de concurso**, todas ellas sin resultado efectivo.

Además, la sociedad efectuó una entrega de bienes con posterioridad a dicho auto para el mismo cliente cuyo importe ascendió a 450 €, cantidad que no ha sido pagada.

Respecto a este cliente, declarado en situación de concurso hace seis meses, procede la modificación de la base imponible correspondiente a la deuda contraída con anterioridad al auto de declaración de concurso, no así respecto de la deuda correspondiente a la operación efectuada con posterioridad a la fecha del referido auto judicial. Además, con respecto a la deuda citada en primer lugar, la modificación ha de efectuarse en el plazo señalado en el nº 1974.

En este supuesto, la sociedad debe efectuar una comunicación por vía electrónica a la Administración tributaria (nº 1969).
El deudor destinatario, debe comunicar por vía electrónica a la Administración tributaria, en el mismo plazo previsto para la presentación de la declaración-liquidación correspondiente, haber recibido las facturas rectificativas y la consignación -en el formulario 952- del importe total de las cuotas soportadas rectificadas, deducibles y no deducibles (nº 1969).

Doctrina Administrativa Además de las siguientes contestaciones de la DGT, ver nº 11000 s. **1976**
1) No se puede modificar la base imponible a través de lo indicado para el impago de operaciones no incursas en procedimientos concursales -nº 1981 s.- cuando, respecto de los créditos controvertidos a que se corresponda, se haya dictado **auto de declaración de concurso**, aunque se cumplan los requisitos establecidos por el mencionado número (DGT CV 12-1-06; CV 29-12-08). No obstante, si habiéndose dictado auto de declaración de concurso, el importe de la deuda no está comprendida dentro de la **masa acreedora**, se puede rectificar la base imponible según lo previsto para el impago de operaciones no incursas en procedimientos concursales (DGT 5-9-11).
Por su parte, tratándose de operaciones **devengadas con posterioridad** a la declaración de concurso, el crédito no tiene la naturaleza de crédito concursal, ni su acreedor de acreedor concursal y, por tanto, no procede la aplicación de lo establecido para el impago de operaciones incursas en procedimientos concursales -nº 1974-. No obstante, para estos créditos contra la masa, devengados con posterioridad a la declaración de concurso, queda abierto el procedimiento de modificación de la base imponible por impago de operaciones no incursas en procedimientos concursales -nº 1981 s.- (DGT 5-9-11; CV 4-10-16).
Una empresa que no modificó la base imponible por impago de operaciones no incursas en procedimientos concursales -nº 1981 s.- puede aplicar lo previsto para el impago de operaciones incursas en procedimientos concursales -nº 1974- si se declara el concurso del deudor (DGT CV 20-12-12).
2) Una empresa realiza una entrega de bienes a otra entidad recibiendo a cambio como contraprestación un **pago en especie**. Con posterioridad, la entidad que efectuó el pago en especie es declarada en quiebra (actualmente concurso) y el juzgado que tramita la misma comunica a la empresa que el pago en especie es nulo, condenándose a la misma al pago del importe de la operación o bien a la devolución de la mercancía obtenida como pago en especie. En este caso, procede la modificación de la base imponible de la entrega de bienes efectuada por dicha empresa (DGT 3-2-04).

3) Una entidad actúa frente a sus clientes en nombre y por cuenta de la compañía que le suministra los productos petrolíferos, por lo que es esta, y no la citada entidad, la que realiza las entregas sujetas. Así, es la citada compañía la que, en su caso, procede a modificar la base imponible en caso de impago de las operaciones. Aunque la entidad figure como **avalista** de las operaciones efectuadas para sus clientes en nombre y por cuenta de dicha compañía, de forma que si estos no pagan el suministro de productos petrolíferos, la entidad se hace cargo de la deuda, no está facultada para modificar la base imponible de esas entregas (DGT CV 1-9-09). En los mismos términos respecto a las entregas de combustibles a entidades emisoras de tarjetas que actúan en nombre propio, DGT CV 6-3-13. **1977**
4) El **archivo del expediente del procedimiento concursal** por falta de activos realizables no es óbice para que no se pueda llevar a cabo la modificación de la base imponible según el procedimiento de operaciones incursas en procedimientos concursales (DGT CV 17-9-10).
5) No hay que modificar al alza la base imponible una vez practicada su **reducción** salvo que se acuerde la conclusión del concurso por las causas previstas en la normativa (actualmente LCon art.465.1º, 3º y 5º), en cuyo caso se debe volver a modificar la base imponible al alza mediante la emisión de una factura rectificativa en la que se repercuta la cuota procedente. En el caso de que no hubiera concluido el concurso por estas causas específicas, no se debe proceder a reembolsar cantidad alguna a la Hacienda Pública (DGT CV 27-5-10).
6) En el momento en que va a producirse la declaración de concurso de acreedores ha desaparecido la **garantía hipotecaria** que afianzaba las operaciones, al haberse producido la adjudicación del solar a una entidad financiera en ejecución de una garantía hipotecaria preferente sobre el mismo solar. En estas circunstancias, el crédito habrá dejado de estar garantizado y queda abierta la posibilidad de modificar la base imponible por el procedimiento previsto para operaciones incursas en procedimientos concursales (DGT CV 17-5-12). Si en el momento en que va a producirse la declaración de concurso de acreedores sigue vigente la garantía hipotecaria, no es posible modificar la base imponible en la parte garantizada (DGT CV 4-7-16).

7) La circunstancia que determina la posibilidad de modificar la base imponible es la **declaración de concurso** del deudor con posterioridad al devengo del IVA. Por otra parte, se deben considerar **créditos concursales** las cuotas del IVA repercutidas y no pagadas por operaciones cuyo devengo se hubiera producido antes de la declaración del concurso (DGT CV 2-9-14). **1978**

8) Dado que la **UTE** es una entidad sin personalidad jurídica propia no puede ser declarada en concurso de acreedores, por lo que no resulta procedente la modificación de la base imponible por el procedimiento de operaciones incursas en procedimientos concursales cuando resulte ser la destinataria de la operación, aunque alguno de sus miembros se encuentre en situación concursal (DGT CV 10-10-14).
9) Con anterioridad a la fecha de declaración del concurso concurrían entre las dos empresas concursadas y una tercera entidad saldos deudores y acreedores vencidos, líquidos y exigibles, por lo que llegaron a un **acuerdo compensatorio** en el marco del proceso concursal. En este caso, y salvo que se acuerde la conclusión del concurso por las causas previstas en la normativa (actualmente LCon art.465.1º, 3º y 5º), no hay que modificar nuevamente la base imponible en el caso de cobro, por compensación, de la deuda acordada en el concurso (DGT CV 30-6-14).

1979 Jurisprudencia **1)** Para poder modificar la base imponible el sujeto pasivo debe acreditar el cumplimiento de los requisitos exigidos por la regulación del IVA y, en concreto, la expedición y remisión de las **facturas rectificativas** al destinatario de la operación (TEAC 21-9-10).
2) La entidad deudora está obligada a **rectificar las cuotas soportadas** una vez recibidas las facturas rectificativas de sus acreedores (TEAC 5-11-97; AN 13-1-00, EDJ 24902).
3) Cuando procede la modificación de la base imponible como consecuencia de un procedimiento de suspensión de pagos (actualmente concurso) y los acreedores hayan emitido las correspondientes facturas rectificativas, tiene lugar el nacimiento de un **crédito a favor de la Hacienda Pública** derivado de la minoración de las cuotas previamente deducidas, que se produce con posterioridad al inicio del procedimiento concursal y resulta plenamente exigible (TEAC 19-7-00).
4) Los órganos de gestión e inspección de la AEAT son **competentes** para dictar liquidaciones a los concursados que no han rectificado las cuotas soportadas deducibles, cuando reciben facturas rectificativas de los acreedores (TEAC 27-3-12).
5) La **comunicación extemporánea** a la Agencia tributaria de la modificación de la base imponible por créditos incobrables no supone la pérdida del derecho a la rectificación de aquella para minorar esas cuotas tributarias, siempre que dicho incumplimiento no impida el adecuado control administrativo (TEAC 17-7-14; 24-11-16). De igual forma, la remisión de **copia de la factura rectificada** (TEAC 25-4-17).
6) La **regulación comunitaria** de la reducción de la base imponible no se opone a una disposición nacional que no contempla la reducción en caso de impago del precio, siempre que dicha disposición incluya todas las demás situaciones en las que, según la normativa comunitaria, la reducción es obligatoria. Si bien los Estados miembros pueden establecer que el ejercicio del derecho a la reducción de la base imponible quede supeditado a determinadas formalidades, tales formalidades deben respetar el principio de proporcionalidad (TJUE 15-5-14, asunto C-337/13).
En oposición a lo anterior, una vez que resulta claro que el impago es **definitivo**, los E.m. tienen la obligación de permitir la modificación de la base imponible. La circunstancia de que el deudor o el acreedor hayan dejado de ser empresarios, o el hecho de que se haya iniciado un procedimiento de insolvencia contra el deudor, no tienen nada que ver con el carácter provisional o definitivo del impago (TJUE 15-10-20, asunto C-335/19).

1980 **7)** Los sujetos pasivos deben efectuar la **rectificación de las cuotas repercutidas** a partir del momento en que se produzcan las circunstancias que, de acuerdo con la normativa, dan lugar a la modificación de la base imponible, sin quedar por tanto sujetos al plazo de cuatro años de rectificación a partir del momento en que se devengó el impuesto. En un concurso de acreedores, es este el hecho que motiva la modificación de la base imponible, por lo que es la fecha de declaración del concurso a partir de la que el sujeto pasivo puede proceder a la modificación de la base imponible y, por tanto, a la rectificación de la repercusión originalmente efectuada (TEAC 20-7-17).
8) Es contraria a la norma del impuesto una legislación nacional que impide la modificación de la base imponible por créditos incobrables en un supuesto de **insolvencia**, cuando la imposibilidad de dichos créditos es declarada en otro Estado de la UE conforme a la legislación de este último (TJUE 29-4-20, asunto C-756/19).
9) La Directiva del impuesto es contraria a una legislación nacional que impide la modificación de la base imponible por impago cuando el **crédito no se ha declarado** en el procedimiento concursal, incluso aunque el mencionado sujeto pasivo demuestre que, si lo hubiera declarado, ese crédito no habría sido cobrado (TJUE 11-6-20, asunto C-146/19).
10) Las cuotas cuya recuperación es factible son las correspondientes a operaciones devengadas con **carácter previo a la declaración de concurso** del destinatario, no las posteriores, ni siquiera en el caso de que sean previas a la publicación del auto por el que se declara el concurso de acreedores (TEAC 25-1-21).
11) El **plazo** establecido en la LIVA es un plazo de naturaleza tributaria, por lo que debe regirse por las normas tributarias y administrativas, de lo que resulta que, para el cómputo del plazo previsto al efecto, el mes de agosto es hábil (TEAC 21-5-21).
12) Es incompatible con la Directiva del IVA una disposición que condiciona la modificación de la base imponible al requisito de que el crédito total o parcialmente no satisfecho no se hubiera adquirido en los **seis meses anteriores a la declaración del concurso** de la sociedad deudora, cuando dicho requisito no permite descartar que al final ese crédito pueda, con carácter definitivo, resultar incobrable (TJUE 11-11-21, asunto C-398/20).

Impago de operaciones no incursas en procedimientos concursales (Dir 2006/112/CE art.90.2; LIVA art.80.Cuatro; RIVA art.24) Se permite la modificación voluntaria de la base imponible por causa de impago de la contraprestación en los casos en los que el deudor no tenga la condición de **empresario o profesional**, con lo que se generaliza, aunque con ciertas limitaciones, dicha posibilidad. 1981

Así, la base imponible puede reducirse cuando los créditos correspondientes a las cuotas repercutidas por las operaciones gravadas sean total o parcialmente **incobrables**, considerándose como tales cuando el crédito reúna las siguientes condiciones:

a) Que haya **transcurrido un año** desde el devengo del impuesto repercutido sin que se haya obtenido el cobro de todo o parte del crédito derivado del mismo. No obstante, cuando se trate de **operaciones a plazos o con precio aplazado**, debe haber transcurrido un año desde el vencimiento del plazo o plazos impagados a fin de proceder a la reducción proporcional de la base imponible. En este último supuesto:

- el plazo de un año empieza a contar desde el vencimiento del plazo o plazos impagados, no desde el devengo del impuesto repercutido;
- la base imponible de la operación se reduce proporcionalmente en el importe del impago correspondiente;
- solo es preciso instar el cobro de uno de los plazos impagados para poder modificar la base imponible en su totalidad.

Se consideran operaciones a plazos o con precio aplazado aquellas en las que se haya pactado que su contraprestación deba hacerse efectiva en pagos sucesivos o en uno solo, respectivamente, siempre que el período transcurrido entre el devengo del impuesto repercutido y el vencimiento del último o único pago sea superior a un año.

Si el titular del derecho de crédito es un **empresario o profesional** cuyo **volumen de operaciones** en el año natural inmediato anterior no ha excedido de 6.010.121,04 euros, pueden modificar la base imponible bien transcurrido un plazo de seis meses desde el vencimiento, o bien según el plazo general de un año.

Como regla especial, en el **régimen especial de caja** se declara cumplido el requisito del transcurso de un año o seis meses desde el devengo del impuesto cuando se produzca el devengo del impuesto por aplicación de la fecha límite del 31 de diciembre del año inmediato posterior a la fecha de realización de la operación (nº 5054), sin tener que esperar un nuevo transcurso del plazo de seis meses o un año. No obstante, en caso de operaciones a plazos o con precio aplazado es necesario que transcurra el plazo de seis meses o un año desde el vencimiento del plazo o plazos correspondientes hasta la fecha de devengo de la operación.

b) Que esta circunstancia haya quedado reflejada en los **libros** registros exigidos para este impuesto.

c) Que el **destinatario** de la operación actúe en la condición de empresario o profesional, o, en otro caso, que la **base imponible** de aquella, IVA excluido, sea superior a 50 euros (300 antes del 1-1-2023).

d) Que el sujeto pasivo haya instado su cobro mediante **reclamación judicial** al deudor. Se admite también el **requerimiento notarial** o, desde el 1-1-2023, cualquier otro medio que acredite fehacientemente la reclamación del cobro, incluso cuando se trate de créditos afianzados por entes públicos. 1982

Cuando se trate de las **operaciones a plazos** a que se refiere la letra a) del nº 1981, es suficiente instar el cobro de uno de ellos por los medios indicados para proceder a la modificación de la base imponible en la proporción que corresponda por el plazo o plazos impagados.

En el caso de créditos adeudados por los **entes públicos**, estos medios se pueden sustituir por la expedición de una certificación por el órgano competente del ente público deudor de acuerdo con el informe del interventor o tesorero de aquel, en el que conste el reconocimiento de la obligación a cargo del mismo y su cuantía (ver el nº 1986, punto 8).

e) Que la modificación se efectúe en el **plazo** de los seis meses siguientes (antes del 1-1-2023, tres meses) a la finalización del plazo de un año (o, en su caso, del plazo de seis meses) desde el momento del devengo de la operación. En el caso de operaciones a las que sea aplicable el régimen especial del criterio de caja (REGE), el plazo para realizar la modificación se computa a partir de la fecha límite del 31 de diciembre del año inmediato posterior a la fecha de realización de la operación (nº 5054).

Así, desde el **1-1-2023** los plazos establecidos para la modificación de la base imponible por impago del cliente son:

1. Los empresarios o profesionales cuyos **volúmenes de operaciones** en el año natural inmediato anterior no hubieran excedido de 6.010.121,04 euros han de esperar seis meses desde el devengo de las operaciones, tras lo cual disponen de 12 meses para la modificación de la base imponible.

2. El **resto** de empresarios o profesionales ha de esperar 12 meses desde el devengo, tras lo cual disponen de seis meses para la modificación de la base imponible.
Las modificaciones introducidas el 1-1-2023 se acompañan de un **régimen transitorio**, donde se permite a los sujetos pasivos cuyos créditos impagados no hayan superado, en dicha fecha, el plazo de tres meses, utilizar el nuevo plazo (L 31/2022 disp.trans.5ª).

1983 Precisiones 1) Una vez efectuada la modificación, no se vuelve a rectificar al alza aunque se obtenga el cobro del crédito moroso, total o parcialmente, salvo que se trate de operaciones efectuadas para **consumidores finales**. En este caso se entiende que el IVA está incluido en las cantidades percibidas y en la misma proporción que la parte de contraprestación percibida. No obstante, cuando el sujeto pasivo **desista de la reclamación judicial** al deudor o llegue a un **acuerdo de cobro** con el mismo con posterioridad al requerimiento notarial efectuado, como consecuencia de este o por cualquier otra causa, debe modificar nuevamente la base imponible al alza mediante la expedición, en el plazo de un mes a contar desde el desistimiento o desde el acuerdo de cobro, respectivamente, de una factura rectificativa en la que se repercuta la cuota procedente. Al no haber tenido derecho a la deducción, la Hacienda Pública solo resulta acreedora del IVA en el caso de impago de la operación (LIVA art.80.Cuatro.C y Cinco.5º).
2) En las operaciones cuyo **devengo** se produzca antes de la declaración de concurso se aplica el procedimiento previsto para operaciones incursas en procedimientos concursales (nº 1974 s.).
3) En relación con los medios admitidos para demostrar que se había instado el cobro **antes del 1-1-2023**, ver el nº 1984 s. Memento IVA 2022.

1984 Ejemplos 1) Una empresa mantiene desde hace un año una deuda impagada con una sociedad por importe de 2.100 €. No existe auto judicial de declaración de concurso. No obstante, en una auditoría recientemente efectuada a la sociedad, el auditor ha puesto un reparo a la situación financiera de la misma, declarando expresamente la situación de **insolvencia** del cliente.
El mero impago del deudor no posibilita la aplicación de lo dispuesto en el nº 1974 para los supuestos de concurso, siendo irrelevante a estos efectos las declaraciones de insolvencia que emitan los profesionales de la auditoría. Sí puede resultar aplicable, en su caso, la modificación de la base imponible si concurren el resto de requisitos regulados en el nº 1981.
2) En la cuenta de **clientes de dudoso cobro** existe un saldo de 23.000 €, correspondientes a diferentes clientes, que no se encuentran en situación de concurso y respecto de los cuales no se han efectuado acciones judiciales de cobro ni presentado un requerimiento notarial, excepto en relación con uno de ellos cuyo crédito está afianzado por un seguro de crédito y caución.
No resulta aplicable a ninguno de los clientes que componen la cartera de clientes de dudoso cobro la modificación de la base imponible. Unos por no constar que se encuentren en situación de concurso (lo que imposibilita la aplicación del nº 1974) o por no haberse instado el cobro mediante reclamación judicial al deudor, requerimiento notarial o cualquier otro medio que acredite fehacientemente la reclamación del cobro (lo que determina la improcedencia del supuesto de modificación del nº 1981), y en cuanto al otro, además, por estar el crédito afianzado por una compañía de crédito y caución (ver no obstante el nº 1971).

1985 Doctrina Administrativa Además de las siguientes contestaciones de la DGT, ver nº 11000 s.
1) En aquellas operaciones cuyos destinatarios sean personas que **no actúen como empresarios o profesionales** a efectos del IVA, en el caso de que los créditos incobrables sean inferiores a 300 euros (actualmente 50), por tratarse de operaciones de tracto sucesivo cuyo devengo se produce por la parte exigible de la contraprestación aunque contractualmente sean de una duración mínima superior al año, no resulta de aplicación la modificación de la base imponible (DGT CV 30-6-05).
2) La reclamación judicial ha de dirigirse al deudor que no ha pagado su deuda, sin que sea válida a estos efectos la **reclamación judicial dirigida a un tercero**, como puede ser la reclamación judicial interpuesta contra el promotor de una obra por el impago de una factura que la consultante emitió a un contratista, por el procedimiento de acción directa del subcontratista contra el promotor derivado del CC art.1597 (DGT CV 18-6-21).
3) Se entiende que el sujeto pasivo ha instado el cobro de los créditos mediante reclamación judicial al deudor una vez que se ha planteado la **demanda**, si después es admitida (DGT 9-3-04). No tiene la consideración de reclamación judicial la demanda en la que se insta si el importe de la factura es o no debido (DGT CV 21-3-16).
4) Para la **acreditación fehaciente de la reclamación de cobro** se puede utilizar cualquier medio de prueba admitido en Derecho que permita acreditar la remisión de su contenido, identidad del remitente y destinatario, así como el resultado y la fecha de su entrega. Tal es el caso, a título de ejemplo, de la reclamación por burofax -TS Civil 22-6-22, EDJ 613997- (DGT CV 9-2-23).
5) Si habiéndose dictado auto de declaración de concurso, el importe de la deuda no está comprendida dentro de la **masa acreedora**, se puede rectificar la base imponible por impago de operaciones no incursas en procedimientos concursales (DGT 5-9-11). También para los créditos contra la masa, devengados con posterioridad a la declaración de concurso (DGT 5-9-11; CV 20-12-12). Y en el caso de una **acción de reintegración concursal** en el que un inmueble entregado por el deudor concursal, como pago de una prestación de servicios, se integra en la masa activa (DGT CV 19-9-13). También en el caso de los honorarios del administrador concursal, al tratarse de créditos nacidos con posterioridad al auto de declaración de concurso (DGT CV 5-7-13; CV 19-1-17).

6) Respecto a la expedición por el sujeto pasivo de la **factura rectificativa** como consecuencia de la modificación de la base imponible, ha de acreditarse su envío a través de cualquier medio de prueba admitido en Derecho; en particular, a través de los señalados al efecto por el Código Civil y por la Ley de Enjuiciamiento Civil (DGT 18-11-05). Puede efectuarse remitiendo la factura mediante un **burofax con copia certificada**, como una de las modalidades de envío de burofax previstas por la Sociedad Estatal Correos y Telégrafos, S.A., sin que sea preciso acreditar su recepción por el destinatario, pues lo que se exige es la acreditación de su remisión, no de su aceptación por el destinatario (DGT CV 31-3-14; CV 7-9-16).

7) Una vez practicada la **reducción de la base imponible**, no vuelve a modificarse al alza aunque haya obtenido el cobro total de la contraprestación, salvo cuando el destinatario no actúe en la condición de empresario o profesional, o bien, habiendo reclamado judicialmente la deuda, desista de dicha reclamación o, en el supuesto de que se haya efectuado un requerimiento notarial, y se llegue a un acuerdo de cobro (DGT CV 31-5-10). En el supuesto de **cobro espontáneo** total o parcial de facturas anteriormente rectificadas por considerarlas incobrables, el titular del crédito debe modificar al alza la base imponible del IVA por la parte correspondiente a la deuda cobrada (DGT CV 21-6-12). **1986**
Una vez cobrado el crédito que mantenía con el ayuntamiento por aplicación del **mecanismo de pago a proveedores** (RDL 4/2012), no procede ninguna modificación de la base imponible, pues dicho crédito ha quedado cancelado, con independencia de que, como consecuencia de una resolución judicial, derivada de un recurso contencioso administrativo interpuesto por dicho ayuntamiento, el mismo, una vez efectuado el pago, retenga el importe satisfecho (DGT CV 21-3-13).
8) Cuando se solicite en el plazo previsto el **certificado** del órgano competente, acorde con el informe del interventor o tesorero, en relación con **créditos adeudados por entes públicos**, se entiende que el plazo para la reducción de la base imponible queda interrumpido hasta que se disponga del mismo. En este sentido, el plazo de solicitud del certificado se extiende desde el vencimiento de la deuda exigible pero no pagada hasta el final de los tres meses siguientes (actualmente seis meses). En todo caso, la reducción de la base imponible no puede realizarse hasta que se disponga del certificado, cumplido el resto de requisitos previsto legal y reglamentariamente (DGT CV 11-3-11). Si la entidad deudora tiene la condición de ente público pero en sus órganos de representación no existen los cargos de interventor o tesorero, la certificación expedida por el órgano competente de dicha entidad debe basarse en el informe que debe expedir la persona o personas que tengan encomendadas las funciones interventoras o de tesorería de la entidad deudora, en el que conste el reconocimiento de la obligación a cargo de la misma y su cuantía (DGT CV 26-1-12).
9) Una entidad aplica el régimen especial de **criterio de caja** durante el año 20X0. El 31-12-20X1 se producirá el devengo de determinadas operaciones realizadas en el año 20X0 en las que no se ha producido el cobro del precio. Ese mismo día 31 de diciembre podrá realizarse la correspondiente modificación de la base imponible, emitiendo una factura rectificativa, en cuyo caso, esta última factura podrá consignarse en la última declaración-liquidación del año 20X1 (DGT CV 7-10-15). Por tanto, no es preciso proceder al ingreso de las cuotas incobradas para, posteriormente, solicitar su devolución, dado que la modificación de la base imponible puede hacerse desde el mismo momento en que se entiende producido su devengo (DGT CV 31-8-16).

10) El **plazo** en el que se debe realizar la modificación de la base imponible es de obligado cumplimiento para todos los sujetos pasivos sin que pueda alegarse la falta de conocimiento de una modificación legislativa con la finalidad de lograr la concesión de una ampliación de dicho plazo. Por tanto, no procede la modificación de la base imponible fuera de los plazos legales vigentes en cada momento, incluidos los derivados de los correspondientes regímenes transitorios (DGT CV 20-4-10; CV 20-12-10). Ello no impide que, supletoriamente, se pueda proceder a modificar la base imponible, si se ha resuelto la operación, por aplicación de lo establecido en el nº 1952 (DGT CV 7-2-11). **1987**
11) La calificación como una operación a plazos o con pago aplazado, así como el plazo legal para proceder a la modificación de la base imponible, se determina en el momento del devengo de la operación. Por tanto, la base imponible no puede ser objeto de modificación si se producen **ulteriores aplazamientos en el pago**, con posterioridad a la citada fecha de devengo, ante la falta de pago en los plazos originariamente acordados (DGT CV 22-4-14; CV 27-6-16).
Debido al **cierre judicial de un local arrendado**, el arrendatario ha dejado de pagar el arrendamiento mensual alegando causa de fuerza mayor. Si se acuerda el pago de forma fraccionada y diferida a partir de que se reanude su actividad económica, no procede modificar la base imponible (DGT CV 21-3-16).
12) En la escritura pública de un crédito en la venta a plazos de un inmueble se ha estipulado que uno de los pagos se corresponde con la cuota total del IVA de la operación. Aunque se haya pactado dicha cláusula, si el crédito resulta incobrable es posible modificar la base imponible, porque en un tributo como el IVA la base imponible y los demás elementos de la obligación tributaria no pueden ser alterados por **actos o convenios de los particulares**, llevados a cabo fuera de los requisitos legalmente establecidos (DGT CV 7-2-11).

13) El arrendamiento de un inmueble es una **operación de suministro o de tracto sucesivo**, en la cual el IVA se devenga según resulta exigible la parte de precio que comprenda cada percepción. Así, las prestaciones correspondientes a pagos exigibles no satisfechos dan lugar a la modificación de la base imponible del impuesto, pero las que correspondan a pagos que no han llegado a ser exigibles, se tienen por no efectuadas. Hasta que no se produzca el desahucio del arrendatario por orden judicial, los cobros correspondientes al contrato de arrendamiento continúan siendo exigibles. El impago de los citados pagos exigibles y no satisfechos, da lugar, en su caso, a la modificación de la base imponible (DGT CV 14-4-14; CV 21-10-15).

1988 **14)** La **transmisión de créditos** origina dos situaciones jurídicas autónomas e independientes. Por una parte, la adquisición de un derecho de crédito que sirve como compensación de una deuda preexistente y, por otra, la subrogación en la posición del acreedor inicial frente al deudor en relación con los créditos que la componen, pero sin asumir la posición jurídica de sujeto pasivo respecto de la operación que originó el crédito que va a adquirir. La modificación de la base imponible de los créditos transmitidos solo puede realizarse por el sujeto pasivo del IVA que, en el supuesto considerado, es el acreedor inicial (DGT CV 27-5-14).

15) Si en el marco de un **proceso monitorio** el deudor presentara escrito de oposición, el acreedor debe continuar con el juicio. En caso de desistir expresamente o no formular en plazo la correspondiente demanda, dictándose decreto de sobreseimiento, en su caso debe rectificarse al alza la base imponible (DGT CV 18-9-14).

16) Aunque finalmente se obtenga el **cobro** de la deuda no debe modificarse al alza la base imponible por entenderse que la entidad no ha llegado a un acuerdo con posterioridad al requerimiento notarial. Prueba de ello es la interposición de la reclamación judicial, cuya sentencia es la que determina su cobro (DGT CV 21-2-14).

17) La normativa del **turno de oficio** no permite separarse de dicho turno hasta que no hayan transcurrido dos años en fase de ejecución, lo que motiva que no se pueda iniciar una reclamación judicial o requerimiento notarial hasta producirse dicha separación, por tanto, si no se pueden cumplir los requisitos del nº 1981 y, en particular, la reclamación judicial al deudor o el requerimiento notarial, no es procedente la modificación de la base imponible en el supuesto de impago de las facturas del abogado acogido al turno de oficio (DGT CV 30-11-16). Desde el 1-1-2023 es posible reclamar el cobro por cualquier otro medio que acredite fehacientemente dicha reclamación.

18) La **solicitud de declaración de concurso** necesario por parte de un acreedor no puede ser considerada por sí misma reclamación judicial a los efectos de la modificación de la base imponible por cuotas repercutidas no satisfechas (DGT CV 27-4-16).

19) En el caso de impagos por entidades declaradas en concurso para las que no se pueda acudir al procedimiento previsto en el nº 1974 por tratarse de operaciones cuyo devengo es **posterior a la fecha de declaración del concurso**, con la comunicación del crédito a la administración concursal para su inclusión en la lista de acreedores conforme a la normativa concursal, debe entenderse cumplido el requisito de la reclamación judicial del crédito para la modificación de la base imponible (DGT CV 2-6-21).

1990 Jurisprudencia **1)** Con independencia de los supuestos de quiebra y suspensión de pagos (actualmente situaciones de concurso), en los casos de impago de las operaciones solo procede la modificación de la base imponible cuando concurran los requisitos establecidos al efecto en el nº 1981 s., no siendo suficiente el **mero impago** de la contraprestación (TEAC 20-2-02).

2) Cuando el IVA se ha recaudado, de una sola vez y en la fuente, por el fabricante o el importador de los bienes (en este caso tabaco; se trata de un régimen especial aplicable en Bélgica), no procede la reducción de la base imponible a favor de un proveedor que interviene en una **fase intermedia de la cadena de comercialización**, si el cliente no le paga el precio de los productos vendidos (TJUE 27-1-11, asunto C-489/09).

3) Los **conceptos de anulación y rescisión** utilizados en la normativa comunitaria (Dir 2006/112/CE art.90.1) incluyen el supuesto en el que, en el marco de un contrato de leasing financiero con transmisión firme de propiedad, el arrendador en el leasing ya no puede reclamar el pago de las cuotas al arrendatario por haber resuelto el contrato de leasing financiero debido al incumplimiento contractual del arrendatario (TJUE 12-10-17, asunto C-404/16).

4) Un Estado miembro **no puede supeditar la reducción de la base** imponible al carácter infructuoso de un procedimiento concursal cuando dicho procedimiento puede durar más de diez años (TJUE 23-11-17, asunto C-246/16).

5) El principio de neutralidad, conjuntamente con la Directiva 2006/112/CE art.90 y 273, no se oponen a una normativa nacional que dispone que el sujeto pasivo solo puede reducir la base imponible del impuesto en caso de **impago** cuando previamente haya comunicado al adquirente del bien o servicio, siempre que este esté sujeto al impuesto, su **intención de anular una parte o la totalidad del IVA**, a efectos de la rectificación de la deducción del importe del IVA que este último haya podido practicar (TJUE 6-12-18, asunto C-672/17).

6) Una vez que existe **razonable certeza** de que el pago no se producirá, el proveedor de los bienes o servicios tiene derecho a reducir la base imponible del IVA. Procede también la reducción en las cuotas que se hayan podido devengar en la indemnización pactada en contrato por la rescisión anticipada, cuando esta deuda tampoco va a ser saldada (TJUE 3-7-19, asunto C-242/18; 24-10-19, asunto C-292/19).

7) De acuerdo con la jurisprudencia comunitaria (TJUE 15-10-20, asunto C-335/19; 8-5-19, asunto C-127/18), no cabe supeditar la modificación de la base imponible del IVA por impago a que el destinatario de la entrega o prestación del servicio tenga la condición de sujeto pasivo de IVA. La LIVA es **conforme al Derecho de la Unión** en este sentido, pues no impide la modificación de la base imponible del IVA en los supuestos en que el destinatario no actúe como empresario o profesional, debiendo entenderse que el límite cuantitativo establecido se justifica por razones operativas y de control (TEAC 21-6-21; 22-4-22).
El límite establecido para la recuperación de las facturas impagadas de **consumidores finales** no se ajusta a lo dispuesto en la normativa comunitaria del impuesto, incumpliendo el principio de neutralidad fiscal (AN 22-1-25, EDJ 503649; 22-1-25, EDJ 503680).
8) A los efectos del requisito de que el sujeto pasivo haya instado el cobro mediante requerimiento notarial, es válida cualquier clase de **comunicación por conducto notarial**. En consecuencia, son también válidas las actas notariales de envío por correo certificado con aviso de servicio de un escrito del acreedor de reclamación de pago, que hacen prueba de la reclamación y de su conocimiento por el deudor al igual que un acta notarial de requerimiento de pago (TS 2-6-22, EDJ 600095; 9-6-22, EDJ 611594). En el mismo sentido TEAC 20-9-22, cambiando su criterio hasta la fecha. No obstante, con efectos 1-1-2023 es válido cualquier otro medio que acredite fehacientemente la reclamación del cobro (nº 1982).

Devolución de Impuestos Especiales (RIVA art.24.3; Dir (UE) 2020/262) La normativa comunitaria relativa al régimen general de los impuestos especiales contempla diversos supuestos de circulación intracomunitaria de tales productos, en los cuales el impuesto especial satisfecho en el **Estado miembro de salida u origen** debe ser objeto de devolución, dado que se produce una nueva exigencia del impuesto especial en el Estado de destino respecto de los mismos productos. Pues bien, esta devolución de los impuestos especiales tiene su incidencia en la base imponible del IVA, lo que es lógico, si tenemos en cuenta que los impuestos especiales (salvo el Impuesto Especial sobre Determinados Medios de Transporte, al que no se refiere la Directiva) forman parte de dicha base imponible. **1993**
A este efecto, el RIVA contempla las normas relativas a este supuesto de modificación que, por referirse a la base imponible del IVA correspondiente a las **adquisiciones intracomunitarias** de bienes, se examinan en el nº 5372.

IV. Métodos de determinación de la base imponible

(LIVA art.81 y 123.Dos)

El método general de determinación de la base imponible es el de **estimación directa**. La determinación de la base imponible por el método de **estimación indirecta** tiene un carácter especial y subsidiario respecto del de estimación directa, y se aplica cuando así resulte de lo dispuesto en la normativa general tributaria (LGT art.50 s.). Su aplicación comprende el importe de las adquisiciones de bienes y servicios efectuadas por el sujeto pasivo y el impuesto soportado correspondiente a las mismas. **1995**
Reglamentariamente, en los sectores o actividades económicas y con las limitaciones que se especifiquen, puede establecerse el régimen de **estimación objetiva** para la determinación de la base imponible, régimen que en ningún caso es aplicable a las entregas de bienes inmuebles, a los autoconsumos internos, a las adquisiciones intracomunitarias de bienes, a las importaciones, ni tampoco a los supuestos en que el sujeto pasivo del IVA es el destinatario de la operación (inversión del sujeto pasivo).
Cuando se trate de sujetos pasivos que hayan renunciado al **régimen simplificado**, en la estimación indirecta de la base imponible se aplican, preferentemente, los índices o módulos establecidos para dicho régimen especial.
En los supuestos de **falta de presentación** de las correspondientes declaraciones-liquidaciones del IVA, se aplica lo dispuesto en las normas que regulan la liquidación provisional de oficio (nº 6416 s.).

Jurisprudencia **1)** No es contraria a la norma del impuesto una legislación nacional que determina el total de IVA a pagar por un sujeto pasivo sobre la base de una cifra global **calculada por extrapolación**, sobre la base de estudios sectoriales aprobados por un decreto ministerial, al objeto de asegurar la correcta recaudación del tributo y de prevenir la evasión fiscal. No obstante, dicha legislación nacional debe respetar los principios de neutralidad fiscal y proporcionalidad, lo que corresponde determinar al juez nacional (TJUE 21-11-18, asunto C-648/16). **1996**
2) En situaciones en las que se hayan adquirido bienes o servicios por los que se haya **soportado el IVA**, la aplicación del método de estimación indirecta de bases imponibles ha de comprender, en lo que al IVA se refiere, tanto el devengado como el soportado deducible. Por el contrario, si no pueden acreditarse las adquisiciones, al igual que en aquellas otras situaciones en las que, existiendo dichas compras, no exista un IVA soportado por las mismas, por razón de su carácter fraudulento, habrá de descartarse la deducción de este impuesto no soportado (TEAC 24-6-20).

CAPÍTULO 8

Tipos impositivos

Una vez calculada la base imponible, la **determinación de la cuota** es el resultado de aplicar a la misma el tipo impositivo que corresponda, en función de la naturaleza de la operación de que se trate y de los bienes y servicios objeto de la misma. 2001

Precisiones La **regulación comunitaria general** de los tipos impositivos se contiene en la Dir 2006/112/CE art.93 a 129 bis.

Jurisprudencia Las **derogaciones autorizadas** a los Estados miembros en virtud de disposiciones transitorias de la Directiva IVA no pueden, una vez suprimidas por el legislador nacional, ser reintroducidas en un momento posterior (TJUE 28-2-12, asunto C-119/11).

Estructura de los tipos impositivos (LIVA art.90 y 91) Los tipos impositivos del IVA son: 2002

Tipo	%
Tipo **general**	21%
Tipo **reducido**	10%
Tipo **superreducido**	4%
Tipo **cero**	0%

Las operaciones que no estén expresamente recogidas en la normativa que regula la aplicación del tipo reducido (10%), del superreducido (4%) y del tipo 0%, tributan al tipo general (21%). No existe, pues, una categoría expresa de bienes y servicios a los que resulte aplicable el tipo general, sino que se trata de una aplicación por defecto.

La normativa del IVA no hace mención al tipo superreducido, denominación acuñada por la doctrina, que hace referencia a una de las dos categorías de tipos reducidos previstos en la normativa.

Respecto a los tipos de gravamen aplicables en la **UE**, ver nº 2017.

Precisiones 1) En el régimen especial del **recargo de equivalencia** existen unos tipos impositivos especiales (nº 4626). 2003

2) Como respuesta a la crisis en **Oriente Medio**, desde el 22-3-2026 y hasta el 30-6-2026 se reduce del 21% al 10% el tipo impositivo aplicable a la entrega, importación y AIB de los siguientes productos energéticos (RDL 7/2026 art.42):

a. **Energía eléctrica** a favor de los siguientes titulares de contratos de suministro de electricidad:
- aquellos cuya potencia contratada (término fijo de potencia) sea inferior a 10 kW, con independencia del nivel de tensión de suministro y modalidad de contratación. No obstante, téngase en cuenta que el RDL 10/2026, pendiente de convalidación a la fecha de cierre de la obra, con efectos desde **30-4-2026** y hasta el 30-6-2026, incluye dentro de la aplicación del tipo impositivo reducido a aquellos titulares de contratos de suministro de electricidad cuya potencia contratada (término fijo de potencia) sea igual a 10kW;
- perceptores del bono social de electricidad que tengan reconocida la condición de vulnerable severo o vulnerable severo en riesgo de exclusión social (RD 897/2017).

b. **Gas natural, briquetas y pellets** procedentes de la biomasa y a la madera para leña.

c. **Gasolinas, gasóleos y biocarburantes** destinados a ser usados como carburantes comprendidos en la L 38/1992 art.50.1 tarifa 1.ª epígrafes 1.2.1, 1.2.2, 1.3, 1.4, 1.5, 1.6, 1.8, 1.12, 1.13, 1.14 y 1.15. No obstante, téngase en cuenta que el RDL 10/2026, pendiente de convalidación a la fecha de cierre de la obra, con efectos desde el **30-4-2026** y hasta el 30-6-2026, elimina la referencia a gasolinas, gasóleos y biocarburante, y se hace una remisión directa a los productos comprendidos en la L 38/1992 art.50.1 tarifa 1.ª epígrafes 1.2.1, 1.2.2, 1.3, 1.4, 1.5, 1.6, 1.8, 1.12, 1.13, 1.14 y 1.15.

En su caso y de forma independiente, la aplicación de cada una de estas medidas deja de aplicarse en **junio** si en el mes de abril la **variación del IPC** de la electricidad, gas o carburantes, no supera en más de un 15% el IPC del mismo mes del año anterior, de acuerdo con la información publicada por el INE en mayo.

3) Se ha suprimido la aplicación de determinados **tipos temporales** que se aplicaban, siempre que se cumplieran ciertos requisitos, a las entregas, importaciones y adquisiciones intracomunitarias de energía eléctrica, de gas natural, briquetas y pellets (en relación a los tipos temporales aplicados a determinados **alimentos**, ver nº 2272.1 y nº 4627). En concreto, los tipos temporales que se aplicaron fueron:

a. Energía eléctrica:

- desde el 26-6-2021 a 30-6-2022, el tipo impositivo del impuesto se redujo del 21% al 10% (RDL 12/2021 art.1; RDL 29/2021 disp.adic.1ª);
- desde el 1-7-2022 al 31-12-2023, el tipo impositivo fue el 5% (RDL 11/2022 art.18);
- desde el 1-1-2024 a 31-12-2024, el tipo impositivo fue el 10% (RDL 8/2023 art.21.1).

Estos tipos se aplicaron a los titulares de contratos de suministro que reunieran los siguientes requisitos:

- cuyo término fijo de potencia era inferior o igual a los 10 kW, cuando el precio medio mensual del mercado mayorista en el mes anterior al de la facturación superó los 45 €/MWh;
- que fueran perceptores del bono social de electricidad y tuvieran reconocida la condición de vulnerable severo o vulnerable severo en riesgo de exclusión social (RD 897/2017), con independencia del precio de la electricidad del mercado mayorista.

b. Gas natural, briquetas, pellets y madera:

- desde el 1-10-2022 y vigencia hasta el 31-12-2023, el tipo impositivo se redujo del 21% al 5% a aplicar a las entregas, importaciones y adquisiciones intracomunitarias de gas natural; briquetas y pellets procedentes de la biomasa y a la madera para leña (RDL 17/2022 art.5 y 6; RDL 20/2022 art.1);
- desde 1-1-2024 a 31-3-2024, el tipo aplicable a el gas natural se incrementa hasta el 10%. Igual tipo aplican las briquetas y pellets procedentes de la biomasa y la madera para leña hasta el 30-6-2024 (RDL 8/2023 art.21.2 y 3).

2004 **Coeficientes de conversión** Para calcular la cuota del impuesto a partir de un **precio IVA incluido**, los coeficientes de conversión para determinar la cuota resultante **(CCC)** se obtienen a partir de la fórmula siguiente, en la que T es el tipo impositivo que corresponda a la operación:

$$CCC = 100 \times T/(100 + T)$$

Los coeficientes de conversión **(CCB)** que permiten obtener el **precio IVA excluido**, es decir, la base imponible partiendo del precio IVA incluido se determinan de acuerdo con la fórmula:

$$CCB = 100/(100 + T)$$

En la tabla adjunta se indican los referidos coeficientes de conversión, que corresponden a cada uno de los tipos impositivos legalmente aplicables.

	Tipo legal (%)	CCC	CCB
Tipo general	21	17,355	0,8264
Tipo reducido	10	9,090	0,9090
Tipo superreducido	4	3,846	0,9615
Tipo temporal	5	4,762	0,9524

2005 Ejemplo Si el precio de un bien, IVA incluido, cuya transmisión está gravada al 21% es 2.420 €, el importe del impuesto es: 2.420 € × 17,355% = 420 €; y el precio del bien IVA excluido: 2.420 € × 0,8264 = 2.000 €.

2006 **Aplicación temporal de los tipos impositivos** (LIVA art.90.dos) El tipo impositivo aplicable a cada operación es el que esté vigente en el momento de producirse el **devengo** de la misma, para lo cual hay que estar a las reglas de devengo contenidas en la normativa (nº 1200 s., nº 5365 y nº 5830).

Precisiones 1) Con motivo de la elevación del tipo impositivo del IVA operada en el año 1992, se emitió la DGT Circ 2/1992, que recogía los criterios para la aplicación del IVA a los **contratos del Estado** cuando se produce una variación del tipo impositivo. Esta circular sigue en vigor y sus criterios son plenamente aplicables.

2) Con el objeto de aclarar la determinación del **tipo impositivo vigente** en las entregas de bienes y prestaciones de servicios como consecuencia de la variación de los tipos impositivos y de las categorías de bienes y servicios que pasaron a ser gravadas al tipo impositivo general el 1-9-2012, se dictó la DGT Resol 2-8-12.

Ejemplos 1) Una empresa adquiere una determinada mercancía por 6.000 €. Efectuó un **pago anticipado** del 25% en el momento del pedido, estando vigente el tipo del 18%. En el momento de la entrega de los bienes el tipo impositivo aplicable es el 21%. 2007
Por el pago anticipado se repercute el tipo del 18% que es el vigente en el momento de realizarse el pago anticipado de 1.500 €. En el momento de la entrega se aplica el 21% al resto del importe de 4.500 €.
Por tanto, en la operación se aplican dos tipos impositivos diferentes, sin que haya que regularizar el tipo aplicado a los pagos anticipados.
2) Se ha formalizado un contrato de **arrendamiento de un local** comercial cuya renta resulta exigible mensualmente. En el mes de septiembre del año N el tipo impositivo ha pasado del 18% al 21%.
Particular relevancia tienen las variaciones del tipo impositivo en los arrendamientos y, en general, en todas las operaciones de tracto sucesivo.
En el ejemplo, en los vencimientos de enero a agosto se exige el tipo del 18%, y en los de septiembre a diciembre el 21%.

3) Los **contratos formalizados con la Administración**, en cuyos precios de oferta se hubiese incluido el IVA vigente en dicho momento (LIVA art.88.uno), que se encuentren pendientes de ejecución, en todo o en parte, en una fecha anterior a la modificación del tipo impositivo del IVA, respecto de los cuales no se hubiese devengado el mismo, se cumplen abonando al contratista el precio cierto de dichos contratos incrementado en la cuota del IVA (al nuevo tipo) correspondiente al momento en que se produzca el devengo de la operación. Por precio cierto se entiende el de la adjudicación menos la cuota del IVA calculada al tipo vigente en el momento de formalización del contrato. 2008
Así, por ejemplo, una empresa que hubiera efectuado una oferta en enero del año N (tipo vigente el 18%) para la construcción de un estanque en un jardín público por 400.000 € (IVA incluido) y que estuviera pendiente de ejecutar a 31-12-N en un 50%, calcula el impuesto repercutido, al variar el tipo en N+1 (vigente el 21%), del modo siguiente:
- Cálculo de la base imponible:
  (Precio oferta con IVA/100 + tipo IVA) × 100 = Contraprestación sin IVA o precio de oferta sin IVA; (400.000 €/100 + 18) × 100 = 338.983,05 €.
- Devengos de N:
  Base imponible 169.491,52 € (50% del total ofertado)
  Tipo impositivo aplicable 18%
  Cuota de IVA repercutida 30.508,47 €.
- Devengos de N+1:
  Base imponible 169.491,52 € (50% del total ofertado)
  Tipo impositivo aplicable 21%
  Cuota de IVA repercutida 35.593,22 €.

4) En el año N, un supermercado adquiere bebidas refrescantes a un proveedor. A fin de año el proveedor le hace un **rappel** sobre las compras efectuadas. También ha tenido que devolver en agosto una partida de latas compradas en mayo y, por último, un cliente le ha pedido en septiembre que le haga una factura de productos que compró en junio. 2009
Si a partir del 1-7-N el tipo impositivo pasó del 8% al 10%, hay que tener en cuenta el tipo impositivo aplicado en cada período en el que estuvieron vigentes los correspondientes tipos impositivos a los que correspondan los rappels y las devoluciones de las latas. Suponiendo que todas las compras se hicieron estando vigente el tipo del 8%, corresponde aplicar dicho tipo al rappel, así como a la devolución de la partida efectuada en agosto. Respecto del canje de facturas simplificadas por facturas, el tratamiento es el mismo: se consigna en la factura el tipo vigente en el momento de comprar los productos reflejados en la factura simplificada que se desea canjear.
5) Una empresa de catering hace un pedido de **aceite de oliva** en el mes de noviembre de 2024. En la factura se refleja el tipo impositivo general (21%). Al llegar el mes de enero de 2025 se advierte que parte del aceite viene en mal estado y se devuelve la mercancía. En este mes el tipo aplicable al aceite de oliva es del (10%).
Aunque el tipo impositivo aplicable al aceite ha pasado del tipo general (21%) al reducido (10%), al tratarse de mercancía adquirida antes de la variación del tipo, en la factura rectificativa se debe aplicar el tipo general.

Doctrina Administrativa Además de las siguientes contestaciones de la DGT, ver nº 11000 s. 2010
1) En ningún caso el tipo impositivo aplicable es el que estuviera vigente en la **fecha de expedición** de la correspondiente factura, sino el vigente en el momento del devengo de la operación (DGT CV 26-4-13).
2) El devengo en **operaciones de tracto sucesivo** se determina en los términos establecidos en los contratos en los que se fija la fecha o periodo de exigibilidad. Por tanto, en las prestaciones de servicios de electricidad, el devengo del Impuesto se produce cuando el precio resulte exigible de acuerdo con lo establecido en cada contrato relativo al suministro eléctrico, con independencia del momento en que se hubieran producido los suministros eléctricos y del momento en que se haga efectivo su pago por el destinatario de las citadas operaciones sujetas al IVA (DGT CV 12-6-25). En los mismos términos, en relación a la prestación de servicios de telefonía (DGT CV 30-4-09).

3) En un **arrendamiento** la renta se abona periódicamente por trimestres anticipados, de forma que la renta correspondiente al tercer trimestre de 2012 se abonó el 30-7-2012. Por tanto, en ningún caso procede la rectificación de la cuota impositiva correspondiente al arrendamiento del tercer trimestre de 2012, dado que el devengo de la misma se ha producido con anterioridad a la fecha de entrada en vigor del nuevo tipo impositivo (DGT CV 10-6-13).
4) En el caso de los **contratos de mantenimiento** de fotocopiadoras a largo plazo en los que los clientes son otros empresarios o profesionales, y el importe del precio de la prestación se fija o cuantifica mensualmente, pero contractualmente su importe es exigible tres meses más tarde, el devengo de dichas operaciones se produce cuando efectivamente es exigible contractualmente la contraprestación, no en el mes en el que se determina su importe (DGT CV 16-12-10).
5) Si el devengo de las operaciones de **asistencia jurídica** prestadas a la parte ganadora del procedimiento judicial tuvo lugar antes del 1-7-2010, y sus importes se han tenido en cuenta en la determinación de las costas judiciales que el perdedor del juicio debe abonar en un momento posterior, el tipo impositivo aplicable a dichas operaciones es el del devengo (DGT CV 22-11-10).
6) Los **tipos impositivos temporales** vigentes hasta el 31-12-2024 (RDL 8/2023 art.21), eran aplicables cuando se trataba de operaciones devengadas con posterioridad al 1-1-2024, aunque se refirieran a suministros anteriores a esa fecha (DGT CV 30-4-24; CV 22-5-24).
Cuando se produce un cambio en la potencia contratada a mitad del periodo de facturación, el devengo es único para cada suministro, y el tipo aplicable es el vigente en ese momento, en función de la potencia contratada en ese momento; no resultan aplicables proporcionalmente distintos tipos para un mismo suministro correspondiente a una misma fecha de devengo de la operación (DGT CV 5-6-23).

2011 **7)** En el caso de la prestación de servicios mediante la modalidad de **contratos prepago**, el devengo se produce en el momento en el que se efectúa el correspondiente **pago anticipado**, aplicándose el tipo vigente en ese momento, con independencia de que los correspondientes consumos se produzcan en un momento posterior, siempre que tales pagos anticipados identifiquen con precisión a qué servicios se corresponden (DGT CV 17-5-10; CV 17-5-10; CV 19-5-10).
8) Si durante la vigencia de los contratos celebrados con una **Administración Pública**, se produce una modificación del tipo impositivo aplicable a los mismos, el tipo que debe aplicarse es el que esté vigente en el momento del devengo de las operaciones, con independencia de cuál haya sido el tipo impositivo que se tuvo en cuenta al formular la correspondiente **oferta**. Si se efectúan **pagos a cuenta** anteriores a la realización de las operaciones objeto de consulta, el tipo impositivo aplicable es el vigente en el momento en que tales pagos se realicen efectivamente (DGT CV 19-7-11). En términos similares DGT CV 3-7-13; CV 19-9-13.
En las contrataciones administrativas concertadas con anterioridad a la modificación de los tipos de gravamen del impuesto, los contratos de **ejecuciones de obra** calificadas de entregas de bienes que se encuentren en el momento de cambio de tipos pendientes de ejecución, en todo o en parte, en cuyos precios de oferta respectivos se hubiese incluido el IVA y respecto de los cuales no se hubiese devengado el impuesto, se han de cumplir abonando al contratista el precio cierto de aquellos contratos, incrementado en la cuota del IVA correspondiente al momento en que se devengue el impuesto (esto es, en el momento en que los bienes se ponen en poder o posesión del dueño de la obra).
Se entiende como precio cierto el de adjudicación, IVA incluido, menos la cuota del impuesto calculada al tipo vigente en el momento de la adjudicación del contrato. El **precio de adjudicación** ha de entenderse con las modificaciones contractuales que conforme a ley pudieran afectarle -proyectos reformados, revisiones de precios...- (DGT 23-4-93; 9-6-94).
9) El tipo impositivo aplicable a las operaciones de instalación de ascensores es el vigente en el momento de realización de dichas operaciones, con independencia del tipo impositivo que se hubiera consignado en el momento de realizar el **presupuesto**. Si se efectúan pagos a cuenta anteriores a la realización de la operación de instalación, el tipo aplicable es el vigente en el momento en que tales pagos a cuenta se realicen efectivamente (DGT CV 26-3-10).

2012 **10)** En aquellos supuestos de **modificación de la base imponible** previstos en la LIVA a rt.80 (devolución de envases y embalajes, otorgamiento de descuentos, bonificaciones y rappels con posterioridad a la realización de las operaciones, alteraciones de precios y resolución, total o parcial de operaciones), la **rectificación** debe efectuarse teniendo en cuenta los tipos que se aplicaron cuando se produjo el devengo de las operaciones objeto de modificación, y no el que esté vigente en el momento de realizarse la correspondiente rectificación. Se procede de la misma forma en el caso de otras causas de modificación de la base imponible (inaplicación de una exención, errores en la cuantificación de la base imponible, etc.), o bien en el supuesto de una **consignación errónea** del tipo impositivo aplicable (DGT CV 18-9-24).
Al importe de cada suministro, fijado definitivamente con posterioridad a la realización de las operaciones, debe aplicarse el tipo impositivo vigente en el momento de realizarse aquellas, y no el que esté vigente en el momento de la rectificación. En el caso de que no se disponga del **dato cierto del consumo efectivo**, este se debe determinar mediante la aplicación de un criterio razonable y homogéneo que permita imputar a cada período el consumo correspondiente, con el objeto de aplicar el tipo impositivo que corresponda. Dicho criterio debe mantenerse en el tiempo salvo que por causas razonables haya de procederse a su **modificación** (DGT CV 15-6-10).

En el caso en el que por **errores materiales** se facturen incorrectamente determinados trabajos, en la factura rectificativa que se expida con la finalidad de rectificar dichos errores se debe consignar el mismo tipo impositivo que en la factura rectificada, que debió ser el que estaba vigente en el momento del devengo del impuesto (DGT CV 8-4-10). En el mismo sentido en relación con la rectificación de factura por servicios de **Internet**, DGT CV 1-10-10; y la rectificación del compromiso de venta de la parcela industrial, DGT CV 23-1-13.
En el caso de que exista una variación de tipos impositivos entre el momento de realización de las operaciones y el momento de la rectificación, motivada por la **devolución de productos**, la modificación de la base imponible y de las cuotas repercutidas debe efectuarse teniendo en cuenta el tipo impositivo vigente cuando se produjeron las operaciones objeto de rectificación, y no el vigente en el momento de realizar la rectificación. En el mismo sentido en relación con las operaciones cuyos **tiques** (actualmente facturas simplificadas) son objeto de **canje por facturas**, en las que la repercusión de las cuotas del impuesto debe efectuarse teniendo en cuenta el tipo impositivo vigente cuando se produjeron las operaciones, y no el vigente en el momento de producirse el canje (DGT CV 28-12-09).
Habiéndose fijado por sentencia judicial firme un **mayor importe** de la renta de un arrendamiento, el arrendador debe rectificar las cuotas impositivas repercutidas aplicando el tipo que hubiera estado vigente en el momento del devengo (DGT CV 30-12-15).

Tipos impositivos aplicables en la Unión Europea Los tipos del impuesto que se aplican en cada Estado miembro, pueden encontrarse en la siguiente **página web** de la UE: **2017**
https://europa.eu/youreurope/business/taxation/vat/vat-rules-rates/index_es.htm#shortcut-3
También se pueden consultar los tipos aplicables con la autoridad tributaria de cada país.

A. Tipo general

(LIVA art.90)

El tipo impositivo del 21% constituye el tipo general u ordinario. Su **ámbito de aplicación** no **2020**
está definido de manera limitativa, ya que engloba todas las operaciones gravables para las que no está previsto otro tipo distinto.

Precisiones **1)** En las **reimportaciones** (nº 5782) de bienes que hayan sido exportados temporalmente fuera de la UE para ser objeto de trabajos de reparación, transformación, adaptación, ejecuciones de obra o incorporación de otros bienes en un país tercero, se aplica el tipo impositivo que hubiese correspondido a estas operaciones si se hubiesen realizado en el territorio de aplicación del impuesto: no se aplica el tipo correspondiente a la importación de los bienes resultantes de las operaciones indicadas.
2) En las **operaciones asimiladas a las importaciones** (nº 5655) se aplica el tipo correspondiente a los servicios de los que fueron objeto los bienes mientras estuvieron en las áreas arancelarias exentas (nº 6230 s.) y en los regímenes suspensivos aduaneros y fiscales (nº 6245 s.).
3) Ver nº 2003 en relación a la **reducción** del 21% al 10% del tipo impositivo aplicable a la entrega, importación y AIB de ciertos **productos energéticos** como respuesta a la crisis en **Oriente Medio**, desde el 22-3-2026 y hasta el 30-6-2026 (RDL 7/2026 art.42).

Doctrina Administrativa Además de las siguientes contestaciones de la DGT, ver nº 11000 s. **2021**
Se aplica el **tipo general** del impuesto a:
- servicios de provisión de contenidos para su difusión en **Internet** (DGT 16-2-01); suministro de imágenes a través de Internet (DGT CV 9-6-06); servicios de dinamización de los puntos municipales de acceso a Internet (DGT CV 23-2-09); servicios de creación, mantenimiento y actualización de contenido de una **página web** (DGT 4-7-01; CV 5-6-23); servicios prestados a través de la página web de una plataforma de venta de aplicaciones digitales (DGT CV 20-1-15); suministro de **programas informáticos**, herramientas de gestión integral y software y servicios de consultoría (DGT CV 1-3-18); venta de una aplicación informática para jugar a través del teléfono móvil (DGT CV 16-4-13); creación de un programa de ordenador (DGT CV 3-4-13); entrega de productos tecnológicos (DGT CV 2-7-13); cuota a pagar por participación en torneos en línea de videojuegos (DGT CV 8-3-23); servicios como agente digitalizador en el marco de la iniciativa **Kit Digital** (DGT CV 22-12-25);
- servicios de **cesión** de: un nombre comercial (DGT 10-1-01); una marca comercial (DGT CV 3-7-14; CV 28-3-16); propiedad intelectual (DGT 24-3-04); fondo de comercio (DGT 28-6-02); uso de una patente de invención (DGT CV 26-2-08); derechos de uso de voz (DGT CV 18-7-13); derechos de imagen (DGT CV 26-11-08; CV 22-5-23); el derecho a la explotación del servicio de catering en una plaza de toros (DGT CV 7-4-22);
- cesión de derechos sobre bienes **inmuebles** (DGT CV 5-7-06); cesión de un local comercial en usufructo (DGT 6-5-04); constitución de un usufructo temporal (DGT CV 8-10-09); constitución o cesión de un usufructo sobre el local comercial (DGT CV 12-12-24); cesión de un derecho de superficie (DGT CV 29-10-09); indemnización a un arrendatario por renuncia a sus derechos (DGT CV 9-7-14; CV 15-10-07; CV 10-12-07; CV 30-10-09); donación de los derechos derivados de un contrato de compraventa de unos bienes inmuebles (DGT CV 29-5-08); concesión de una

opción de compra sobre un bien inmueble (DGT CV 22-1-14); cesión de los derechos de compra de un piso y un local comercial en construcción a favor de otra persona que se subroga desde ese momento en la condición de adquirente frente a la entidad promotora (DGT CV 15-6-05); la transmisión por un empresario o profesional de su participación en una opción de compra sobre un inmueble afecto a su actividad empresarial (DGT CV 7-5-12); cesión de apartamentos a una agencia inmobiliaria que a su vez los alquilará a terceros (DGT CV 23-9-08);
- **arrendamiento** de plaza de garaje (DGT CV 28-11-19); arrendamiento de un trastero de forma independiente al de una vivienda (DGT CV 7-6-19; CV 8-11-24); cesión de uso de **despachos** a favor de empresas (DGT CV 29-10-08); arrendamiento de una vivienda para destinarla a despacho profesional (DGT CV 6-8-09; CV 26-9-11); arrendamiento de un inmueble que será utilizado parte como vivienda y parte como despacho profesional (DGT CV 4-12-12); arrendamiento de un local comercial (DGT CV 18-9-09); arrendamiento de un negocio en marcha (DGT CV 10-11-08); arrendamiento a profesionales sanitarios de inmuebles, instrumental médico, servicios de recepcionista, citación telefónica, etc. (DGT CV 25-5-12); subarrendamiento de industria (DGT CV 20-10-11);
- entrega de **terrenos y su urbanización** (DGT CV 5-11-04; CV 13-3-08); entrega por un ayuntamiento de un solar calificado como bien patrimonial (DGT CV 17-10-11); adquisición de un terreno en subasta pública (DGT CV 19-3-07);
- entrega de una **licencia de taxi** en un proceso de subasta (DGT CV 11-12-13);
- adquisición de **contenedores** para habilitar como espacio habitable (DGT CV 20-8-18);
- cesión de espacio para **máquinas recreativas** tipo B (DGT CV 19-7-16); servicios prestados por un titular de un establecimiento de hostelería a la empresa operadora de las máquinas recreativas (DGT CV 20-9-13);
- servicios de **mediación:** de agencias de viajes minoristas (DGT 17-12-02); en la venta de inmuebles (DGT 31-3-04; CV 30-5-18); en la captación de clientes (DGT CV 6-2-14; CV 5-11-14); en compras (DGT CV 21-1-20); interjudicial (DGT CV 8-6-18); penal mercantil, familiar y civil (DGT CV 15-6-18);
- servicios de **intermediación** en servicios de transporte (DGT CV 22-5-25);
- servicios de emisión y gestión de billetes aéreos efectuados por una **agencia de viajes** (DGT CV 14-3-07; CV 21-5-13); servicios de viajes sometidos al régimen especial de las agencias de viajes (DGT CV 9-8-16; CV 26-5-21; CV 26-12-24);
- servicios de **guía turístico** (DGT CV 8-3-17);
- la transmisión del derecho de **franquicia** (DGT CV 14-9-07); canon por explotación de una franquicia (DGT CV 7-5-14); el servicio de asesoramiento al franquiciado (DGT CV 20-10-22);
- servicios de **consultoría** (DGT CV 26-9-13; CV 8-5-25); de gestoría y tramitación de expedientes (DGT 24-3-04); los servicios de asesoramiento financiero (DGT CV 26-7-23); de **publicidad** (DGT CV 5-5-06; CV 14-1-15); servicios de gestión de bonificaciones (DGT CV 31-3-10); servicios de traducción no exentos (DGT CV 10-6-13); servicios de corrección de textos (DGT CV 10-9-19); colaboraciones para radio y televisión (se incluye la redacción de textos para su emisión), así como los servicios como jefe de prensa para un equipo deportivo (DGT CV 18-1-10); impartición de una charla literaria (DGT CV 13-4-20);

2021.1 - elaboración de **informes** periciales por un ingeniero (DGT CV 25-2-14); entregas de impresos como **certificados médicos** de defunción (DGT CV 27-5-14);
- cesión del aprovechamiento de **caza** (DGT CV 30-10-09; CV 1-6-23); arrendamiento cinegético de finca rústica (DGT 12-1-06); arrendamiento de una finca rústica en explotación con todos los elementos necesarios (DGT CV 14-5-09); cesión de terrenos para caza (DGT CV 22-11-06; CV 9-1-08); adjudicación en pública subasta de permisos de caza (DGT CV 21-5-13); servicios prestados a personas físicas que practiquen el deporte de la caza (DGT CV 28-11-17);
- el **canon** recibido por un ayuntamiento por la cesión de terrenos para la instalación de parques eólicos, cuando no sea calificado de concesión administrativa (DGT CV 30-10-08); la construcción del aparcamiento y la posterior cesión del derecho de uso de tales plazas de aparcamiento en régimen de **concesión administrativa** (DGT CV 5-12-12); la cesión de los montes de utilidad pública para instalar en los mismos aerogeneradores y para su uso para escombreras (DGT CV 17-1-13); la transmisión de la concesión administrativa de explotación de una administración de loterías (DGT CV 30-7-12); cesión de uso de plazas de parking (DGT CV 7-5-14); la transmisión de los derechos inherentes a una concesión administrativa para la utilización de plazas de aparcamiento (DGT CV 24-11-11); los servicios prestados por el concesionario del servicio municipal de aparcamiento regulado al ayuntamiento (DGT CV 23-5-17); servicios de aparcamiento en las zonas verde y azul de las vías públicas (DGT CV 28-7-06; CV 4-9-06); servicios de retirada de vehículos de la vía pública y su depósito posterior en las instalaciones destinadas a ello (DGT CV 24-5-10);
- servicios de **psicología** en las siguientes especialidades: ergonomía, asesoría y orientación escolar, orientación profesional y formación ocupacional (DGT CV 25-2-05); psicólogo impartiendo talleres de estimulación cognitiva para mayores (DGT CV 3-7-14); servicios profesionales de **pedagogía** (DGT CV 9-9-14); servicios de osteopatía y acupuntura prestados por un **osteópata** (DGT CV 8-4-14) y por profesionales **naturópatas** (DGT CV 3-3-14); ver TJUE 27-6-19 en nº 844; masajes efectuados por personal no sanitario y los servicios de tratamientos faciales, y demás **tratamientos de belleza** (DGT CV 30-8-07; CV 23-5-16); servicios prestados por los **terapeutas** especialistas en la técnica del Shiatsu (DGT CV 2-4-14); servicios de prestación colectiva (actividades de promoción de la salud, asesoramiento médico-legal, estudios epidemiológicos, etc.) elaborados por las entidades de prevención de riesgos laborales (DGT CV 27-5-14);

- **préstamo de pruebas psicológicas** que forman parte de su fondo documental o bibliográfico para su utilización por los colegiados fuera de los locales del colegio (DGT CV 5-2-15);
- **arrendamiento de aparatos** médicos (DGT 5-10-93);
- **servicios de conducción** de ambulancias (DGT 13-2-01). Este servicio debe entenderse como de conducción de vehículos, siendo irrelevante el hecho de que el vehículo sea una ambulancia (DGT CV 8-5-09);
- cesión de **trabajadores**, cualquiera que sea la actividad del cesionario (DGT 16-2-98; 12-12-02); cesión de alumnos por la universidad para la consejería de la Comunidad Autónoma para que realicen prácticas en la misma (DGT CV 19-1-09); las retribuciones como miembro de un consejo de administración (DGT CV 14-2-14);
- la distribución de los **cursos de formación** o cesión de su uso (DGT CV 17-10-12; CV 30-6-14); cursos a través de una plataforma e-learning (DGT CV 22-5-24);
- servicios de **información registral** prestados por un registrador (DGT CV 1-3-12);
- mantenimiento de piscina y servicios de **socorrista** (DGT CV 26-11-13);
- servicio de **guardarropa** (DGT 13-11-00);
- entrega de dinero en concepto de **reserva de uso** de un bien (DGT CV 4-9-06);

- los servicios de carácter **deportivo** (DGT CV 14-5-15; CV 12-4-23); servicios deportivos extraescolares (DGT CV 2-10-18); alquiler temporal y la cesión de uso de un **punto de amarre** (DGT CV 6-8-10); pupilaje y alquiler de box para **caballos**, servicios de veterinario y herrador, caminador y doma de caballos, y servicios de cumpleaños de niños con merienda y paseo, al no ser servicios relacionados con el deporte (DGT CV 20-2-19); los servicios de **vigilancia, socorrismo y salvamento** en las piscinas municipales, al no tener la consideración de servicios relacionados directamente con la práctica del deporte (DGT CV 1-6-15); curso de tiro con arco (DGT CV 15-1-20); escuela de patinaje (DGT CV 29-4-20); servicios relativos a la práctica del **deporte** (DGT CV 12-4-23); **2022**
- venta de los caballos con fines recreativos (DGT CV 10-3-16); arrendamiento de reses para espectáculos (DGT CV 13-3-18);
- servicios a los propietarios de viviendas destinadas al **alquiler turístico**, tales como recibir a los arrendatarios en las viviendas, entrega de llaves, darles las explicaciones necesarias sobre el uso de la vivienda, supervisar la limpieza y orden de las viviendas y remitir a las autoridades el registro de identidad de los arrendatarios (DGT CV 25-7-18); la transmisión de un derecho de afiliación a la cooperativa que permite a sus titulares el uso privado y exclusivo de un apartamento, que tiene la consideración de prestación de servicios (DGT CV 31-3-10);
- **arrendamiento** a largo plazo de vehículos (DGT CV 12-7-10); alquiler de aeronaves (DGT CV 9-6-11);
- servicios prestados por una empresa que proporciona las **aulas** para impartir cursos de formación profesional (DGT CV 2-8-10);
- la renovación de instalaciones del sistema de **alumbrado** (DGT CV 19-7-11);
- servicios de instalación de equipos de **climatización** (DGT CV 6-5-15);
- entregas de **bolsas de plástico** donde introducir los productos adquiridos en un supermercado a cambio de un precio adicional (DGT CV 17-11-16; CV 21-1-20);
- servicios prestados en un **parque de aventuras** (DGT CV 21-9-16); servicios de distribución o promoción de un bono polivalente -cajas de experiencias- (DGT CV 26-10-16);
- servicios de **reparto a domicilio** de comidas y bebidas preparadas para su consumo en el acto, elaboradas por los restaurantes con quien contrata el repartidor, por tratarse de servicios de transporte de mercancías (DGT CV 2-11-16);
- la adquisición de la **cartera de clientes** de otro administrador de fincas (DGT CV 14-6-16);
- los servicios de **tanatorio** para los usuarios (DGT CV 7-4-14);
- venta de **urnas funerarias** a través de una plataforma digital (DGT CV 22-10-20);
- **servicios funerarios** de **animales** domésticos (DGT CV 20-5-24);
- las **velas** de cera de abeja y los aceites esenciales que se usan para las mismas (DGT CV 16-2-24);

- la **producción musical,** consistente en la grabación con medios ajenos de las composiciones musicales creadas, arregladas o adaptadas (DGT CV 17-2-12); **2023**
- organización de **mercadillos callejeros** en la vía pública (DGT CV 27-1-09); servicios prestados por el concesionario a los usuarios de puestos en el mercado a los cuales se les repercute parte del canon cobrado por la Administración (DGT CV 11-11-10);
- servicios de **restauración** de objetos antiguos (DGT CV 25-6-09); adquisiciones de **sellos de correos** obliterados o sin obliterar que no tengan ni hayan de tener curso legal en el TIVA (DGT CV 6-9-13); entregas de **chatarra** (DGT 16-12-04); venta de lote de chatarra de oro (DGT CV 25-5-09; CV 25-2-11); operaciones de reventa de joyas a particulares (DGT CV 29-3-12);
- servicios de **asistencia en carretera**, aunque incluyan gastos de hotel (DGT 12-2-04);
- suministros de **energía eléctrica y gas natural** (DGT 18-2-04; CV 20-5-05); entregas de energía eléctrica por parte de un particular que tiene **placas fotovoltaicas** en su casa (DGT CV 12-7-10); briquetas de biomasa (DGT CV 2-3-17); no obstante, tenganse en cuenta los tipos reducidos aplicables de forma transitoria como respuesta a la crisis en Oriente Medio (ver nº 2003);

- cría y venta de **animales** de compañía (DGT CV 5-11-24); entrega de animales vivos que no se destinen a consumo humano (DGT 24-2-04; CV 25-1-22);
- entregas de **corcho** (DGT CV 26-3-14); cesión de aprovechamientos de resina (DGT CV 24-6-16); entregas de productos de **plástico**, y otros como mazacota, bobinas, rafia, granza, recortes de papel o palés (DGT CV 9-8-23);
- **análisis de productos** alimenticios (DGT CV 24-11-06);
- servicios de **corte** de jamón o paletas (DGT CV 15-12-15);
- gastos de **desplazamiento, estancia y manutención** incurridos en la prestación de servicios de asistencia técnica a clientes, cuyo importe, documentado en facturas expedidas a nombre de la sociedad, se traslada a los clientes (DGT CV 14-3-07; CV 17-11-11);
- la comercialización de **máquinas de fitness** y el servicio de enseñanza y entrenamiento a sus adquirentes para su correcta utilización, al ser accesorio a dicha comercialización (DGT CV 8-1-09);
- los **servicios veterinarios** prestados a animales de compañía, silvestres, de zoológico y, en general, todos aquellos no pertenecientes a explotaciones agrícolas, forestales o ganaderas (DGT CV 20-12-12; CV 4-2-13). En el mismo sentido, DGT CV 19-2-13; CV 27-5-13; también los prestados en espectáculos taurinos y en actividades cinegéticas (DGT CV 4-2-13);
- **ensayos clínicos** y estudios observacionales y epidemiológicos (DGT CV 9-12-13); servicios de **peritaje** médico y ensayos clínicos (DGT CV 18-6-13);
- los productos utilizados en el tratamiento de **medicina estética** (DGT CV 29-5-13); los servicios de **anestesia quirúrgica** en operaciones de cirugía plástica (DGT CV 22-10-13);
- tratamiento de patologías o enfermedades músculo-esqueléticas desde la visión **rehabilitadora**, prevención e higiene postural prestados por personal no sanitario (DGT CV 13-11-13);
- entregas de **piezas anatómicas** para utilizarlas en actividad de enseñanza (DGT CV 23-4-24);
- un **centro de estética** en el que se realizan por personal médico los diagnósticos y tratamientos posteriores siguientes: varices, manchas en la piel, verrugas, dietas en pacientes que previamente se han analizado dando valores altos, depilación por láser en pacientes con foliculitis, micro pigmentación en pacientes mastectomizados (DGT CV 7-3-14; CV 27-6-14);
- **servicios prestados para médicos**, personal sanitario y pacientes sobre cómo rellenar y actualizar su **historia clínica**. Introducción de las historias médicas, una vez rellenas, en un banco de datos y facilitar a los médicos, farmacéuticos, personal sanitario y público, en general, el medio de contactar (tarjeta u otro medio identificador) a su historia clínica y poderla modificar cada vez que sea preciso (DGT CV 4-6-14);
- los servicios de **asesoramiento** y apoyo en la ejecución y gestión de la acción formativa, programación y cumplimentación de documentos y solicitudes para los cursos, redacción, cumplimiento y control de la documentación, selección de profesorado, control de asistencia, control de calidad del curso (DGT CV 28-3-19);
- los denominados servicios de arte digital, cuando se entiendan realizados en el territorio de aplicación del Impuesto, que se concretan en la **venta del NFT** (non fungible tokens) y se podrían calificar como servicios prestados por vía electrónica (DGT CV 10-3-22); la venta de ilustraciones en formato NFT en una plataforma digital que adopta la tecnología de cadena de bloques (blockchain), que cuenta con su propia critptomoneda y se consideran servicios electrónicos (DGT CV 27-10-22);
- suministro de **hormigón**, bombeándolo en las obras de los clientes, pero sin encargarse de su vibrado y extendido (DGT CV 16-5-25).

2024 Jurisprudencia **1)** Se aplica el tipo general:
- al arrendamiento financiero de **aparatos médicos** (TEAC 25-3-98);
- a los servicios de **control de calidad** de la construcción (TEAC 29-5-97);
- a los servicios de **dirección facultativa de obras** prestados por arquitectos (TEAC 13-5-97).

2) No hay inconveniente en aplicar en un mismo recibo el tipo impositivo reducido a la **cuota fija** de los suministros de gas y electricidad y el tipo general al **consumo** producido (TJUE 8-5-03, asunto C-384/01).

3) La **comisión** percibida por los subastadores profesionales en las ventas mediante **subasta de obras de arte**, antigüedades y objetos de colección, importados en régimen de importación temporal, no puede estar gravada al tipo reducido (TJUE 9-2-06, asunto C-305/03).

4) Cuando una entrega comprende **varios bienes**, uno principal (entrega de caravanas) sujeto al tipo cero de acuerdo con una derogación transitoria prevista en la normativa comunitaria y otros accesorios gravados al tipo general (elementos accesorios para amueblar la caravana), el Derecho comunitario no se opone a que estos últimos queden excluidos de la aplicación del tipo cero (TJUE 6-7-06, asunto C-251/05).

5) Los servicios consistentes en **entrenar caballos** para hacerlos aptos para la competición están gravados al tipo general, pues se trata de una entrega de bienes y no de una ejecución de obra de la que resulta un bien diferente (TJUE auto 1-6-06, asunto C-233/05).

6) Un **servicio complejo**, consistente en el entrenamiento de **caballos**, su alojamiento, alimentación y otros cuidados, no puede beneficiarse del tipo reducido (TJUE 10-11-16, asunto C-432/15).

7) Un Estado miembro que no cuenta con una derogación particular al efecto, no puede aplicar un tipo reducido a las **prendas y complementos de vestir** para bebé ni al calzado infantil (TJUE 28-10-10, asunto C-49/09).

8) No puede aplicarse un tipo reducido a los artículos destinados a la **lucha contra los incendios** y el fuego, pues no están citados en el Anexo III de la Directiva IVA (TJUE 18-12-14, asunto C-639/13).
9) Si el acceso al recorrido oficial de los **desfiles procesionales** es libre y gratuito, la venta de abonos de sillas y tribunas tributa al tipo general, puesto que el precio satisfecho no lo sería por la entrada, sino únicamente por la utilización de las sillas y tribunas (TEAC 15-12-22; 15-12-22).
10) El servicio de **asistencia en carretera** es una prestación de servicios única que no puede dividirse en cada una de las operaciones realizadas (grúa, reparación de vehículos, desplazamiento y alojamiento, según el caso). Todas las operaciones realizadas tienen el mismo tratamiento fiscal, que es el correspondiente a la prestación principal, en este caso, la asistencia mecánica del vehículo, y deben tributar al tipo general del impuesto (TEAC 20-9-23). En términos similares, TEAC 21-6-21.

B. Tipo reducido

(LIVA art.91.uno)

 2025

El tipo reducido (10%) se aplica a las operaciones que tengan por objeto determinadas categorías de bienes y servicios: 2026
- entrega, adquisición intracomunitaria o importación, indistintamente, de ciertos bienes (nº 2030 s.);
- prestaciones de servicios (nº 2090 s.);
- entrega, adquisición intracomunitaria o importación de objetos de arte e importaciones de antigüedades y objetos de colección (nº 2250 s.);
- ejecuciones de obra (nº 2390);
- construcción o rehabilitación de viviendas. La materia se expone en el capítulo de operaciones inmobiliarias (nº 8787 s.).

Precisiones La **normativa comunitaria** permite que los tipos reducidos sean incorporados a toda la cadena comercial del producto, sobre todo para evitar una complejidad innecesaria y un aumento de costes, en particular sobre los intercambios intracomunitarios. Asimismo, para favorecer un **trato homogéneo**, se establece que todos los Estados miembros pueden establecer un máximo de (Dir 2006/112/CE art.98): 2027
- dos tipos reducidos de como mínimo el 5%, aplicable únicamente a un máximo de 24 de las entregas de bienes o prestaciones de servicios que pueden aplicar estos tipos reducidos (Dir 2006/112/CE Anexo III);
- un tipo reducido inferior al 5% y una exención con derecho a deducción del impuesto soportado a un máximo de 7 de las entregas de bienes o prestaciones de servicios que pueden aplicar estos tipos reducidos (Dir 2006/112/CE Anexo III), aunque no es aplicable a todas las operaciones.
Asimismo, en consonancia con el principio de igualdad de trato, se prevé una opción, abierta a todos los Estados miembros, consistente en aplicar tipos más bajos a los mismos bienes y servicios que están sujetos a tipos más bajos en otros Estados miembros y en hacerlo en las mismas condiciones (Dir 2006/112/CE art.105 bis y 105 ter).
Finalmente se establece un **régimen transitorio** para los Estados miembros que aplicaban los tipos reducidos a más operaciones o a otro tipo de operaciones.

1. Entregas, adquisiciones intracomunitarias o importaciones de bienes

(LIVA art.91.uno.1)

Los bienes a cuya entrega, adquisición intracomunitaria o importación, indistintamente, se les aplica el tipo reducido (10%) pueden agruparse del modo indicado en el cuadro adjunto, con referencia a los comentarios que figuran en los apartados siguientes: 2030

Entregas de bienes gravadas a tipo reducido	Nº
Productos alimenticios	2031
Bienes de uso agrícola, forestal o ganadero	2040
Agua	2050
Medicamentos de uso veterinario	2055
Productos farmacéuticos, aparatos y equipos para personas con deficiencias	2060
Viviendas, garajes y anexos	2075
Flores y plantas vivas, semillas, bulbos y esquejes	2080

2030.1 Precisiones Ver nº 2003 en relación a la reducción del 21% al 10% del tipo impositivo aplicable a la entrega, importación y AIB de ciertos **productos energéticos** como respuesta a la crisis en **Oriente Medio**, desde el 22-3-2026 y hasta el 30-6-2026 (RDL 7/2026 art.42).

2031 **Productos alimenticios** (LIVA art.91.uno.1.1º y 2º) Se aplica el tipo reducido (10%) a las entregas, adquisiciones intracomunitarias o importaciones de **sustancias o productos**, cualquiera que sea su origen que, por sus características, aplicaciones, componentes, preparación y estado de conservación, sean susceptibles de ser habitual e idóneamente utilizados para la **nutrición humana o animal**, de acuerdo con lo establecido en el Código Alimentario y las disposiciones dictadas para su desarrollo.

También a los **animales, vegetales** y demás productos susceptibles de ser utilizados habitual e idóneamente para la obtención de los productos indicados, directamente o mezclados con otros de origen distinto. Quedan incluidos los animales destinados a su engorde antes de ser utilizados en el consumo humano o animal y los animales reproductores de los mismos o de otros que sirvan para la obtención de los productos indicados.

La norma distingue entre los productos alimenticios de **consumo** inmediato, bien humano o animal, y otros productos que constituyen inputs para la **elaboración** de aquellos, añadiendo entre estos últimos los animales para engorde, los reproductores y los productores de alimentos.

Respecto de los primeros, no se distingue en cuanto a su origen, efectuando la normativa del IVA una remisión externa al Código Alimentario (D 2484/1967) y sus disposiciones de desarrollo, a efectos de su calificación como sustancias o productos alimenticios.

Tienen la consideración de **alimentos**, según la normativa comunitaria, cualquier sustancia o producto destinado a ser ingerido por los seres humanos o con probabilidad razonable de serlo, tanto si han sido transformados entera o parcialmente como si no. Se incluyen las bebidas, la goma de mascar y cualquier sustancia, incluida el agua, incorporada voluntariamente al alimento durante su fabricación, preparación o tratamiento (Rgto CE/178/2002 art.2).

La propia normativa del IVA excluye del concepto de alimento las sustancias no aptas para el consumo humano o animal en el mismo estado en que hayan sido adquiridas, si bien, debe interpretarse sin perjuicio de las elaboraciones domésticas necesarias y habituales para su consumo.

Quedan **excluidos** de la aplicación del tipo impositivo reducido y, por tanto, tributan al tipo general, los siguientes bienes:

- las bebidas alcohólicas;
- las bebidas refrescantes, zumos y gaseosas con azúcares o edulcorantes añadidos;
- el tabaco;
- todos los productos y sustancias que no puedan destinarse a la alimentación humana o animal por estar adulterados, contaminados o ser nocivos;
- las sustancias no aptas para el consumo humano o animal en el mismo estado en que fueron adquiridas, a menos que se trate de inputs para la obtención de alimentos (animales, vegetales y otros productos).

Se trata de un precepto cuya aplicación es de **carácter objetivo**, en función de la naturaleza de los productos, con independencia del uso efectuado por el adquirente y de su clasificación arancelaria, aplicándose el tipo reducido a las entregas, adquisiciones intracomunitarias e importaciones de bienes, pero no a las operaciones que se califiquen de prestaciones de servicios (nº 2100 s. y nº 2390 s.).

2032 Precisiones 1) En relación con las bebidas refrescantes, zumos y gaseosas debe tenerse en cuenta:

- sus definiciones: **bebidas refrescantes** (RD 650/2011 art.2), gaseosas (D 2484/1967 epígrafe 3.29.05; RD 650/2011 art.2.2.d) y **zumos** (D 2484/1967 epígrafe 3.22.17; RD 650/2011 art.2.2.e; RD 781/2013 Anexo I.A redacc RD 1026/2025);
- las **gaseosas**, aunque se nominan de forma expresa en la normativa del IVA, son una de las categorías de productos que tienen la consideración de bebidas refrescantes (D 2484/1967 epígrafe 3.29.03; RD 650/2011 art.2.2);
- solo puede declararse que no se han añadido azúcares a un **néctar de frutas**, así como efectuarse cualquier otra declaración que pueda tener el mismo significado para el consumidor, si no se ha añadido al producto ningún monosacárido ni disacárido, ni ningún alimento utilizado por sus propiedades edulcorantes, incluidos los edulcorantes definidos en la normativa comunitaria. Cuando se realice tal declaración, en el etiquetado debe figurar la siguiente indicación: «contiene azúcares naturalmente presentes» (RD 781/2013 Anexo I.B.2 redacc RD 1026/2025).

De ello se deduce que a una gran parte de los productos que tienen la consideración de zumos, a efectos de lo señalado en el Código Alimentario y sus disposiciones de desarrollo, les es de aplicación el tipo reducido, dado que en su elaboración está prohibido añadir azúcar u otros edulcorantes (DGT CV 25-5-21; CV 16-11-21);

- la **competencia** para determinar si un determinado producto tiene la consideración de bebida refrescante o zumo en los términos señalados, corresponde al Ministerio de Agricultura, Pesca y Alimentación. Por su parte, corresponde al Ministerio de Derechos Sociales, Consumo y Agenda 2030, al que se adscribe la Agencia Española de Seguridad Alimentaria y Nutrición (AESAN), la competencia en materia de aditivos edulcorantes y el control higiosanitario de los productos;
- también tributan al tipo general las entregas, adquisiciones intracomunitarias e importaciones de los **productos** susceptibles de ser utilizados habitual e idóneamente en la **obtención de bebidas** refrescantes, zumos y gaseosas con azúcares o edulcorantes añadidos, directamente o mezclados con otros;
- cuando el consumo de esas bebidas se realice dentro de un servicio de **hostelería y/o restaurante** sigue aplicándose el tipo impositivo reducido (nº 2100 s.).

2) A determinados productos alimenticios se les aplica el **tipo superreducido** (ver nº 2270 s.).

3) Los **aditivos alimentarios**, en cualquier estado, tributan al tipo reducido (concepto, Rgto CE 1333/2008 art.3).

Ejemplos **1)** Una empresa mercantil de ganadería bovina realiza entregas de los siguientes bienes y quiere saber el tipo aplicable a cada una de ellas: **2033**
- **toros de lidia** para festejos taurinos: tributa al tipo general, pues el objeto de la operación no es la entrega de reses para carne, sino para otros usos;
- toros de lidia **para carne**, por no ser aptos para festejos taurinos: la entrega de toros de lidia, o de otro tipo de reses, para la obtención de carne tributa al tipo reducido;
- **carne envasada** y congelada procedente del sacrificio de sus reses: tributa al tipo reducido;
- platos **precocinados** de carne: tributa al tipo reducido;
- **pieles y astas** procedentes de las reses sacrificadas: tributa al tipo general, por no tratarse de alimentos ni inputs para su obtención;
- **despojos** para la fabricación de piensos para la alimentación animal: tributa al tipo reducido pues, aunque por sí mismos no son susceptibles de ser utilizados en la alimentación animal, sí se utilizan como un input de la misma;
- ganado para la **reproducción** y para realizar experimentos: la entrega de ganado para reproducción animal tributa al tipo reducido y el destinado para la experimentación tributa al tipo general.

2) Una empresa de alimentación vende los siguientes productos, y desea conocer el tipo de gravamen aplicable: **2034**
- **vinagres** de distintos tipos: tributan al tipo reducido;
- sal común, mayonesa, kétchup, mostaza y otros **condimentos** alimentarios: tributan al tipo reducido;
- **infusiones** de hierbas en bolsitas: las hierbas para infusión tributan al tipo reducido, aunque precisen de una pequeña preparación doméstica;
- aromas, **especies** y aditivos alimentarios: tributan al tipo reducido;
- **alimentos caducados** que se destinan a la elaboración de abonos y fertilizantes: tributa al tipo general, pues no tienen la consideración de alimentos, ni de productos alimenticios, destinándose, en este caso, a la elaboración de abonos y fertilizantes;
- también presta **servicios de envasado y almacenamiento** de productos a otras empresas de distribución comercial: aunque los servicios se refieran a alimentos o productos alimenticios, tributan al tipo general.

Doctrina Administrativa Además de las siguientes contestaciones de la DGT, ver nº 11000 s. **2035**

1) Se aplica el **tipo reducido** a los siguientes **alimentos**:
- **sal** para la alimentación (DGT CV 7-5-86); **especias y condimentos** (DGT CV 22-3-23);
- **algas marinas** para la obtención de alimentos (DGT CV 27-2-86), no obstante ver nº 2275; papel de mar, toallitas impregnadas en agua de mar apta para el consumo humano (DGT CV 16-4-15);
- **miel**, jalea real y polen -explotación agrícola- (DGT CV 17-1-13); jengibre en su estado natural, fresco o desecado (DGT CV 25-5-12); **aceite** de girasol (DGT CV 15-2-08);
- **mezcla de aceites** vegetales de semillas y aceites de oliva, al constituir un producto distinto al aceite de oliva y al aceite de semillas (DGT CV 30-8-24); respecto al aceite de oliva, desde el 1-1-2025, ver nº 2270;
- **vinagre** para consumo humano, si bien en el caso de productos denominados "dúos" (que incluyen aceite y vinagre por precio único), cada uno tributa a su tipo (DGT CV 10-8-23); vinagre para limpieza, si dicho producto es apto para el consumo humano, aunque esto no se indique en el etiquetado (DGT CV 10-9-19);
- **alimento precocinado** envasado conjuntamente con un elemento calefactor de un solo uso (DGT 13-1-98);
- **comida preparada** (DGT CV 20-4-23); el risotto de tomate y albahaca, al tener la consideración de comida preparada (DGT CV 16-2-24);
- alimentos vendidos por **máquinas expendedoras**, siempre que no estén expresamente excluidos por la normativa (DGT CV 25-5-21; CV 16-11-21);
- conservas vegetales de **trufas** (DGT CV 27-6-06);

- **pulpa de fruta natural congelada**, en tanto que, conforme al Código Alimentario, se considera producto derivado de las frutas (DGT CV 12-4-10); también la fruta liofilizada (DGT CV 28-2-22);
- **sésamo** torrado (DGT CV 17-3-14);
- producto a base de queso mozzarella (DGT CV 19-1-16); **productos lácteos** tales como mozzarella rallada, bocaditos de queso y queso en lonchas, cuando, conforme a la legislación alimentaria aplicable, no se correspondan con la definición de queso prevista en las normas de calidad para quesos y quesos fundidos y no sean denominados de acuerdo con la misma (DGT CV 13-9-19); también el **queso fresco** de mezcla con turrón, almendra, crocanti y chocolate o con papaya o con piña (DGT CV 28-2-22);
- **cuajo**, que se utiliza en la fabricación de queso (DGT CV 12-1-16); cuajada proveniente de la leche y utilizada para la fabricación de quesos. Debe tenerse en cuenta que la cuajada constituye un producto semisólido obtenido de la leche entera, semidesnatada o desnatada pero que no tiene la condición de alguno de los siguientes tipos de leche producida por cualquier especie animal: natural, certificada, pasterizada, concentrada, desnatada, esterilizada, UHT, evaporada y en polvo, para la aplicación del tipo impositivo superreducido (DGT CV 12-7-16);
- **leches infantiles** empleadas en la lactancia artificial (DGT CV 23-2-23);
- **jamones** o paletas (DGT CV 15-12-15);
- **tartas de golosinas** y entregas de botes de golosinas, ramos de golosinas y centros de golosinas para decorar mesas (DGT CV 13-2-15); la elaboración de "mesas dulces" (DGT CV 6-6-18);
- entrega de **cápsulas de café**, como operación principal (DGT CV 21-12-17);
- **bollería** (DGT CV 11-11-16);
- **patatas**, boniatos y vegetales asados con o sin aceite (DGT CV 15-11-16);
- **hojas de parra** envasadas al vacío previo proceso de transformación de la hoja de la planta (DGT CV 6-2-19).

2) Se considera entrega de bienes el **suministro de comidas** o alimentos recién preparados y listos para su consumo, cuando los elementos de servicio que, en su caso, acompañen dicho suministro sean irrelevantes. Asimismo, debe considerarse que, en general, la actividad de **catering** tiene la consideración de prestación de servicios, salvo que la empresa de catering se limite al mero suministro de comidas estandarizadas sin otro componente de prestación de servicios, en cuyo caso su actividad debe considerarse entrega de bienes (DGT CV 4-4-16). Se aplica el **tipo reducido** a las siguientes operaciones:
- suministro de comidas por entes públicos que prestan asistencia a personas mayores (DGT CV 27-9-11);
- la elaboración de productos de alimentación para residencias (DGT CV 27-4-16);
- entregas de comidas preparadas a personas dependientes y a otros colectivos como centros de día, residencias, viviendas comunitarias, colegios e institutos (DGT CV 11-4-12);
- suministro de comidas para llevar que no llevan asociada ninguna prestación de servicios (DGT CV 25-1-16);
- los servicios de preparación y entrega a domicilio de desayunos y meriendas personalizadas. El tipo aplicable a las entregas de los regalos, globos o flores es el que corresponda a cada producto, independientemente de que se presente conjuntamente y bajo un precio único junto con el servicio de catering (DGT CV 3-10-17);
- entrega de alimentos y bebidas a los hoteles para la reposición de minibares, salvo en el supuesto de bebidas alcohólicas (desde el 1-1-2021 tampoco a las bebidas refrescantes, zumos y gaseosas con azúcares o edulcorantes añadidos), que se someten al tipo general (DGT CV 30-7-15).

2036 **3)** Se aplica el **tipo reducido** a los siguientes productos destinados a la **elaboración de alimentos**:
- **levaduras** para la elaboración de pan y pastelería (DGT 16-5-93);
- **melazas** de caña y remolacha (DGT CV 22-7-86);
- **hielo** obtenido por solidificación de aguas aptas para la alimentación (nº 2050);
- **vino deteriorado** (DGT 31-1-86) y melazas de alcohol (DGT 14-9-94), ambos para la fabricación de vinagre;
- **aditivos alimentarios** (DGT CV 7-3-11; CV 16-11-11); **complementos alimenticios** (DGT CV 23-1-13; CV 15-6-23; CV 27-9-24) y premezclas (DGT CV 16-11-11); enzimas alimentarias susceptibles de ser habitual e idóneamente utilizadas como coadyuvantes tecnológicos (DGT CV 9-7-14); preparaciones alimenticias sin materias grasas de la leche o con un contenido inferior al 1,5% en peso (DGT CV 22-5-15); citrato trisódico, ácido cítrico, sorbato potásico, fosfato monocálcico y fosfato dicálcico (DGT CV 10-3-16); complemento alimenticio probiótico de uso humano (DGT CV 13-11-17); sulfato de hierro, utilizado como aditivo en la producción de alimentos para animales (DGT CV 18-3-21); vitamina C 99%, vitamina E 50%, vitamina B6 y DL-metionina que son aditivos para pienso animal (DGT CV 26-6-24).
- **edulcorante eritritol,** al tener la condición de aditivo alimentario apto para ser utilizado habitual e idóneamente para la obtención de los productos utilizados para la nutrición humana o animal (DGT CV 2-10-24);
- **oro y plata** para uso alimentario, por tener la consideración de aditivos colorantes (DGT CV 30-10-09);

- **esencias**, aromas y colorantes alimenticios (DGT 22-11-93; 19-4-99); carmín de cochinilla utilizado como colorante alimentario (DGT CV 13-11-19); los siguientes colorantes alimentarios: anticianina (E-163), betacoreteno (E-160A), carbón negro (E-153), carmín (E-120), curcumina (E-100), remolacha (E-162), sándalo, spirulina y vitamina (DGT CV 12-2-20; CV 12-2-20; CV 12-2-20);
- **grano entero de cacao**, sin procesar, que directamente o mezclado con otro producto sea susceptible de ser habitual e idóneamente utilizado para la obtención de productos que por sus características, aplicaciones, componentes, preparación y estado de conservación se destinen a la nutrición humana o animal (DGT CV 29-5-19);
- **animales** para su engorde (DGT 3-12-99; DGT Resol 3/1999); ganado bovino para la producción de leche (DGT CV 31-5-13); entregas de animales para consumo humano, así como subvenciones vinculadas al precio de aquellos (DGT 5-12-03); entregas de animales cazados, susceptibles de ser habitual, idónea e inmediatamente utilizados para la nutrición humana o animal (DGT CV 11-11-10); abejas reina cuya finalidad es la crianza de abejas obreras para que estas produzcan miel (DGT CV 10-3-16);
- **aceites vegetales** usados procedentes de empresas de hostelería para fabricar mantecas y piensos (DGT 23-10-03); aceite de colza (DGT CV 7-8-09); aceite vegetal de almendras, con independencia del destino que le dé el adquirente (DGT CV 12-3-09); los preparados grasos que no están dentro de la definición de aceites de oliva y de semillas (DGT CV 10-8-23);
- **pan** elaborado con mezcla de harina de trigo y otros cereales, o el pan al que se añaden aditivos y harinas enriquecidas (DGT 29-9-03); **harinas** y harinas zootécnicas, germen de maíz y sémola de maíz (DGT CV 24-9-14); preparados de harina para hacer pan y otros productos, con distintas proporciones de harina y almidón de maíz. Dichos preparados se denominan: mix panadera, mix especial pan, mix molde, mix magdalenas, mix pizza y harina repostería (DGT CV 20-10-14); harina de maíz y de cebada que no puedan utilizarse, de forma objetiva, en la elaboración de pan (DGT CV 7-9-23); harinas de garbanzo (DGT CV 20-5-24); en relación al tipo aplicable al pan, ver DGT Resol 24-2-25, en nº 2270 s.
- productos que, directamente o **mezclados** con otros productos, sean susceptibles de ser utilizados de forma habitual e idónea para la obtención de productos que se destinen a la nutrición humana o animal (DGT CV 15-6-09);
- los **subproductos de pan y bollería** adquiridos de otros fabricantes, cuando dejan de ser aptos para el consumo humano, con la finalidad de transformarlos en piensos aptos para la alimentación animal (DGT CV 29-4-22);
- mezcla **porridge keto** (DGT CV 20-5-24);
- **cebos vivos** para la pesca (DGT CV 27-6-14) -ver TEAC 22-5-14 en nº 2039-. En el mismo sentido, piensos atrayentes para la pesca deportiva (DGT CV 17-4-15); boilies y pellets, que son presentaciones en forma de bolas y cilindros, respectivamente, de piensos para peces y aves mezclados con aceites y con aromas (DGT CV 31-1-18);
- **plantas aromáticas** susceptibles de ser utilizadas habitual e idóneamente para la obtención de condimentos (DGT CV 9-10-13);
- **piñas de pino piñonero** en el supuesto de que estas sean susceptibles de ser utilizadas habitual e idóneamente para la obtención de piñones (DGT CV 31-3-14);
- **tripa artificial** destinada a la fabricación y elaboración de embutidos y preparados cárnicos (DGT CV 28-11-17);
- **spray antiadherente**, que es un desmoldeador alimenticio para fuentes, moldes y formas destinado a la repostería que podría tener la consideración de coadyuvante tecnológico (DGT CV 10-9-19);
- **ácido propiónico natural** obtenido a partir de procesos fermentativos naturales sobre un soporte de harina, que inhibe el crecimiento de bacterias y hongos. Este producto se distingue por su perfil de fermentación optimizado para distintas aplicaciones, especialmente en productos de panificación (DGT CV 10-5-19);
- **goma de garrofín**, utilizada como espesante, estabilizador y agente gelificante (DGT CV 26-3-21).

4) Se aplica el **tipo general** a los siguientes **productos**: **2037**
- **cápsulas para medicamentos** (DGT CV 1-12-86);
- **reses de lidia** para festejos taurinos (DGT 7-4-99) y vaquillas (DGT CV 6-10-11); ganado de lidia para recría (vacas-madre) (DGT CV 17-12-20);
- **caballos** con fines recreativos (DGT CV 10-3-16); caballos de carreras (DGT CV 12-7-21);
- **perdices vivas** entregadas a titulares de cotos de caza que las utilizarán en su actividad cinegética (DGT CV 3-7-15);
- **cerveza sin alcohol** (DGT 18-3-03);
- **vino** para cocinar (DGT CV 26-7-23) y vino ecológico (DGT CV 30-1-12). Si el vino desalcoholizado incluye alcohol en cualquier proporción, se considera bebida alcohólica y tributa al tipo general (DGT CV 4-8-10); vino embotellado (DGT CV 5-6-25);
- **bebida espumosa sin alcohol** elaborada a partir de mosto de manzana y sidra, cuyos ingredientes son mosto de manzana, zumo de manzana parcialmente fermentado y azúcar, y el volumen de alcohol es inferior al 1% (DGT CV 26-2-15);

- **levaduras** que por sus características, aplicaciones, componentes, preparación y estado de conservación sean susceptibles de ser solo utilizadas habitual e idóneamente en la obtención de vinos y cervezas (DGT CV 21-1-15);
- **sal** no apta para el consumo humano, utilizada en equipos de tratamiento de aguas (DGT 29-10-99; CV 7-5-86);
- **carbón activo** (DGT CV 7-3-11);
- **producto fumable**, hecho a base de miel industrial, glicerina y aroma de hierbas fumables (DGT CV 13-2-19);
- la **cesión de espacio** para poner una máquina expendedora de bebidas y aperitivos (DGT 19-9-03);
- en relación a la comercialización de **derivados del chocolate, caramelos y dulces**, preparados o acondicionados en una presentación idónea para su venta, si los continentes son por su coste y características los utilizados normalmente para envasar los mismos, el conjunto tributa al tipo reducido. Si los continentes, por sus características o mayor valor, confieren el carácter esencial del conjunto, siendo por tanto el contenido de golosinas accesorio, el conjunto tributa al tipo general por el importe total de la contraprestación (DGT CV 19-11-10).

2038 5) No se consideran **bebidas refrescantes, zumos y gaseosas** y, por tanto, tributan al tipo reducido:
- la bebida ce **agua de coco** natural sin azúcares añadidos, que únicamente contiene el propio azúcar de la fruta (DGT CV 26-1-21);
- los **granizados** y helados (DGT CV 16-9-21) y la horchata de chufa (DGT CV 29-7-21);
- las **golosinas líquidas** (DGT CV 21-5-21);
- la crema de almendras, el capuchino descafeinado y las **bebidas vegetales** (DGT CV 11-5-21);
- el concentrado de almendras (DGT CV 23-8-21) y la **leche de almendras** (DGT CV 21-5-21);
- el **sirope de frutas**, purés de frutas (DGT CV 23-8-21) y siropes aromatizados (DGT CV 10-12-21);
- **gel energético** para deportistas (DGT CV 11-5-21);
- **jarabes concentrados** (DGT CV 10-12-21).

6) Sí se encuentran incluidas en el ámbito de aplicación de la normativa aplicable en materia de bebidas refrescantes, por lo que, si en su elaboración se han **añadido azúcares u otros edulcorantes**, su entrega, adquisición intracomunitaria e importación tributa al tipo general:
- el **polvo** para diluir productos isotónicos o bebida isotónica (DGT CV 21-5-21); y polvos para la elaboración de bebidas de distintos sabores (DGT CV 13-12-21); sobre isotónicos, **bebida isotónica** para deportistas (DGT CV 10-12-21);
- la bebida de fruta más **leche tropical** (DGT CV 11-5-21);
- la bebida de **agua de coco** natural (DGT CV 26-1-21);
- la **bebida glucosada** preparada clasificada como bebida energética utilizada para realizar **pruebas diagnósticas** relacionadas con test de tolerancia y metabolización de glucosa por tratarse de una bebida refrescante (DGT CV 5-6-23).

2039 Jurisprudencia **1)** La condición específica para la aplicación del tipo reducido respecto de los **animales vivos** radica en que se utilicen habitual e idóneamente para la obtención de alimentos, lo que incluye las cerdas reproductoras. Su finalidad coincide sustancialmente con la de un animal productor de leche, por cuanto ambos tipos de animales son utilizados en la producción de bienes que se destinan al consumo humano o animal (TEAC 28-4-04). En el mismo sentido, respecto de las terneras reproductoras, TEAC 27-7-05.

No puede aplicarse el tipo reducido a las entregas de animales vivos salvo cuando estos pertenecen a una categoría que, **con carácter general y de forma habitual**, se destina a ser utilizada en la preparación de productos alimenticios, o cuando el animal concreto de que se trata se destina al sacrificio para ser utilizado en la preparación de tales productos (TJUE 14-3-13, asunto C-108/11).

2) Lo que define la sujeción al tipo reducido en los casos de entrega o importación de bienes en relación con la nutrición humana o la alimentación animal, es la **susceptibilidad**, la habitualidad, la idoneidad y la aptitud para ser utilizados en dichos fines, que son elementos objetivos antecedentes, sin aludir al destino final o efectivo que pueda dárseles ni al conocimiento que de ello tengan los intervinientes en la operación (TS 12-12-11, EDJ 320920). Luego se aplica el tipo reducido a los **gusanos vivos** para ser usados como cebo para pescar (TEAC 22-5-14). En el mismo sentido, respecto de las importaciones de melaza de remolacha y de las melazas de caña de azúcar, TS 22-10-98, EDJ 20196.

3) El concepto de productos alimenticios para consumo humano y el de productos utilizados normalmente como complemento o sucedáneo de productos alimenticios, deben interpretarse en el sentido de que se refieren a todos los productos que contienen nutrientes reconstituyentes, energéticos y reguladores del organismo humano, necesarios para el mantenimiento, funcionamiento y desarrollo de dicho organismo, consumidos con el fin de **aportar** tales **nutrientes** a ese organismo. Por tanto, los productos **afrodisíacos** solo pueden beneficiarse de un tipo reducido en la medida en que cumplan una función nutricional (TJUE 1-10-20, asunto C-331/19).

4) Una sociedad matriz vende productos a su filial comercializadora a tipos reducidos, prestando además a su filial unos **servicios adicionales** consistentes en la cesión de uso de unos **almacenes**, así como en su gestión. El servicio de almacenamiento prestado constituye un fin en sí mismo para la filial, pues no mejora la venta del producto entre la matriz y la filial, la cual puede contratar dicho servicio con terceros. Por tanto, debe aplicarse al citado servicio el tipo general del impuesto, ya que no constituye una prestación accesoria de la venta de productos alimenticios (TEAC 9-6-20).

5) Unos productos alimenticios con el **mismo ingrediente principal** y que satisfacen la misma necesidad para el consumidor medio, están sujetos a **dos tipos reducidos diferentes,** según se vendan al por menor en una tienda o se preparen y suministren calientes a un cliente para su consumo inmediato, siempre que esos productos no presenten propiedades análogas a pesar del ingrediente principal que tienen en común, o que las diferencias existentes entre ellos influyan considerablemente en la decisión del consumidor medio de adquirir uno u otro de dichos productos (TJUE 5-10-23, asunto C-146/22).

Bienes de uso agrícola, forestal o ganadero (LIVA art.91.uno.1.3º) Se establece una **lista cerrada** de bienes a cuya entrega, importación o adquisición intracomunitaria se le aplica el tipo reducido (10%) cuando, además, por sus características objetivas (envasado, presentación y estado de conservación), muestren que son susceptibles de ser utilizados en actividades agrícolas, forestales o ganaderas, de forma directa, habitual e idónea. 2040

La aplicación del citado tipo impositivo es de **carácter objetivo**, en función de las características de los bienes que se citan en el mismo, con independencia de la condición del adquirente, del cual sí se exige que sea el titular de una explotación agrícola, forestal o ganadera cuando se trata de prestaciones de servicios (nº 2110). El concepto de forma directa significa que están **excluidos** de la aplicación del tipo reducido aquellos bienes que sean las materias primas para la obtención de algunos de los productos enunciados a continuación.

Los **bienes** a los que se aplica el tipo reducido son: semillas y materiales de origen exclusivamente animal o vegetal susceptibles de originar la reproducción de animales o vegetales; fertilizantes, residuos orgánicos, correctores y enmiendas, herbicidas, plaguicidas de uso fitosanitario o ganadero (biocidas); los plásticos para cultivos en acolchado, en túnel o en invernadero y las bolsas de papel para la protección de las frutas antes de su recolección.

Precisiones **1)** En relación al concepto legal de **semilla**, ver nº 2081. Sobre la aplicación del **tipo superreducido** a determinados tipos de semillas, ver nº 2275 s.

2) En cuanto a los **fertilizantes, residuos orgánicos, correctores y enmiendas, herbicidas** y **plaguicidas** de uso fitosanitario o ganadero, hay que estar en cada caso a la consideración objetiva de dichos productos, de acuerdo con las reglamentaciones técnico sanitarias en la materia y demás normativa que regule su producción y comercialización, de forma que, con carácter general, aquellos productos que no respondan a dichas definiciones tributan al tipo general, aunque se utilicen en actividades agrícolas, forestales o ganaderas.

3) Por **material para la reproducción** hay que considerar aquel, de origen exclusivamente animal o vegetal, que es el causante directo o el que da origen a que tenga lugar la reproducción de los animales o los vegetales y que, además, sea susceptible de ser utilizado, habitual e idóneamente, en la realización de actividades agrícolas, ganaderas o forestales.

No tienen dicha consideración los de origen distinto al animal o vegetal, o que teniendo dicha naturaleza, simplemente contribuyan de forma indirecta a la reproducción o sean el lugar donde esta se produce. Tampoco la tienen aquellos materiales que por sus características objetivas estén destinados a ser utilizados habitual e idóneamente en otras actividades, aunque también puedan y suelan utilizarse en la realización de actividades agrícolas, ganaderas o forestales.

4) No se incluyen, entre los bienes a cuya entrega se aplica el tipo reducido, la **maquinaria, utensilios o herramientas** utilizadas en las actividades agrícolas, ganaderas o forestales, pues no están expresamente contenidos en la lista de bienes a los que el mismo se aplica.

Ejemplos 1) Una empresa almacenista **vende fertilizantes agrícolas** en sacos de 100 y 50 Kg. Además, también vende el mismo fertilizante envasado en bolsas de 5 Kg. 2041

Aun tratándose del mismo producto, el fertilizante vendido en bolsas de 5 Kg tributa al tipo general, pues por su envasado y presentación no puede considerarse destinado a una actividad agrícola o forestal.

Las características de los productos no solo hay que examinarlas en cuanto a la cantidad envasada, sino también en relación con su presentación (etiquetado, instrucciones, publicidad, etc.), que pongan de manifiesto, en su caso, el destino directo, habitual e idóneo en dichas actividades empresariales.

2) Una empresa de comercialización de material agrícola efectúa la venta de los siguientes bienes: 2042

a) **Semillas** certificadas de maíz y de tomate. La entrega de semillas certificadas de maíz tributa al tipo superreducido (nº 2278), al tratarse de un cereal. Sin embargo, cuando se trate de semillas de productos no comprendidos en el nº 2270 s. se aplica el tipo reducido, como en el caso del tomate.

b) **Plantas** vivas y **esquejes** de vid; plantones de lúpulo. Tributan al tipo reducido las entregas de esquejes de vid y de plantones de lúpulo, pues tienen la misma consideración que las semillas, en tanto que se trata de materiales de origen vegetal que dan origen a una planta adulta, cumpliendo la misma finalidad que las semillas, pues no todas las variedades de plantas se reproducen por semillas. Para el caso de plantas vivas de carácter ornamental, ver nº 2080.

c) **Postes** de madera, alambres y tensores para el acondicionamiento de plantaciones de lúpulo; sistemas de riego agrícola por goteo. Se trata de materiales que, si bien se destinan a la actividad agrícola, no contribuyen directamente a dicha producción, ni son de origen exclusivamente vegetal o animal y, por tanto, las entregas de dichos productos, aunque se utilicen en una actividad agrícola, tributan al tipo general.
d) **Fertilizantes**. La entrega de fertilizantes tributa al tipo reducido.

2043 3) Una empresa de suministro de productos agrícolas y ganaderos efectúa la entrega de los siguientes bienes:
- **Tractores**, cosechadoras y otra maquinaria agrícola. Tributan al tipo general.
- **Comederos**, bebederos, **jaulas** y sistemas de calefacción para **granjas avícolas**. Tributan al tipo general.
- **Incubadoras** y sus accesorios. Tributan al tipo general, pues no contribuyen directamente a la reproducción animal, ni son de origen animal o vegetal.
- **Plásticos** para cultivos en acolchado. Tributan al tipo reducido.

2044 4) Una empresa mercantil, cuya actividad es la producción de animales y productos para la reproducción animal, efectúa las siguientes entregas:
- **Animales reproductores**. Tributa al tipo reducido (nº 2031), aunque los citados animales no entran en el concepto de material de reproducción.
- **Semen** y óvulos fecundados de animales. Tributa al tipo reducido.
- Productos para la **inseminación** artificial. Tributan al tipo general, pues no son los causantes directos de la reproducción, sino que solo contribuyen indirectamente a la misma.

2045 **Doctrina Administrativa** Además de las siguientes contestaciones de la DGT, ver nº 11000 s.
1) Tributan al **tipo general**:
- los **sacos** para la recogida de productos agrícolas, las cuerdas para empacar, los tiestos, las colmenas, los comederos y bebedores de plástico y las jaulas (DGT 19-10-93);
- las entregas de plásticos y bolsas para **ensilar** (DGT 22-5-98);
- mangueras de plástico para **riegos** (DGT 21-7-99); cinta de riego por goteo (DGT CV 17-4-13);
- palos de bambú para la **guía del cultivo** de hortalizas (DGT 22-6-99); varas, fardos y mallas utilizadas en la recolección de productos (DGT 16-3-00);
- sulfatadores y **bombas de presión previa**, mallas para cercados y otros usos, portabolsas con pedal, contenedor compost, etiquetas de plantas, clips de plástico para redes, abrazadera multiusos, grapas, clips de sujeción de plásticos, bridas, cordones, cinta biodegradable y bobina de cinta, que se utilizan fundamentalmente en la agricultura (DGT CV 17-3-10);
- **tubos de polipropileno** que sirven como protección con efecto invernadero para las plantas durante su fase de crecimiento (DGT CV 21-4-08);
- **fertilizantes** que sean susceptibles de ser utilizados habitual e idóneamente tanto en actividades agrícolas como en jardinería o bien solo en la actividad de jardinería, entendida esta última como el cultivo de flores o plantas sin finalidad empresarial (DGT CV 5-2-10); biocidas que no sean fertilizantes (DGT CV 7-10-19);
- sustratos y productos ecológicos para **abono de jardines** (DGT 16-12-03); mantillo y tierra y sustrato para el cultivo (DGT CV 9-10-13); turba (sustrato jardinarium) en el caso de que dichos bienes no tengan la consideración de fertilizantes, residuos orgánicos, abonos o enmiendas (DGT CV 14-5-20); sustratos de producción que no sean fertilizantes (DGT CV 28-4-15); tierra diatomea (DGT CV 21-5-15); arena de uso exclusivo para la producción agrícola (DGT CV 12-7-21);
- **máquinas** cortacésped, biotrituradoras, cortasetos, motosierras, desbrozadoras, mangueras de riego, herramientas para la huerta y jardín, tiestos y portamacetas (DGT 6-2-03; 14-6-04);
- determinados productos destinados a la **reproducción animal**: entregas de nitrógeno líquido para conservación de semen (DGT CV 3-12-14); aparatos para observación, manipulación y tratamiento del semen; software para identificación de animales, células espermáticas y valoración de embriones; marcado, envasado de dosis seminales y congelación; instrumentos para la inseminación artificial y la transferencia de embriones (DGT CV 8-4-10);
- **crotales identificativos** del ganado bovino (DGT 25-4-00); sistemas de identificación electrónica para animales de granja (DGT 1-3-00);
- productos para la **higiene** y manejo de los animales (DGT CV 5-4-13);
- **producto limpiador** del circuito del ordeño (DGT CV 21-3-05); detergente alcalino clorado desinfectante destinado a la limpieza de máquinas de ordeño, tanques y utensilios de la industria láctea (DGT CV 8-10-14); limpieza de purines, de equipos de ordeño, y los usados como cama absorbente para animales estabulados (DGT CV 14-2-14);
- polvo secante de las **camas de paja** de los animales; y la mezcla de aceites esenciales que actúa de repelente contra insectos (DGT CV 28-4-15); virutas de papel triturado para cubrir el suelo de los habitáculos en los que engorda el ganado (DGT CV 10-3-16);
- **pellets** hechos con residuos forestales de maderas de pequeño calibre no maderable, astillas o residuos de carpintería, serrín de madera y huesos de aceituna (DGT CV 25-6-20).

2) Cuando un producto sea objetivamente apto para ser utilizado directa, habitual e idóneamente en la realización de actividades agrícolas, forestales o ganaderas, estos criterios deben primar sobre los de su **envasado y presentación**, circunstancias que hay que considerar fundamentalmente cuando se trate de productos que sean susceptibles de un uso mixto (agrícola o doméstico), que pueden determinar las aplicaciones concretas en cada caso (DGT 12-3-98). 2046

3) Las entregas de **semillas** para siembra, que puedan calificarse según la normativa vigente como frutas, verduras, hortalizas, legumbres, tubérculos o cereales, tributan al tipo superreducido (nº 2278) y, en otro caso, al tipo reducido (DGT CV 19-2-13). Tributa al tipo reducido la entrega de semillas para siembra o plantones de variedades vegetales (DGT CV 3-12-14). En el mismo sentido, entregas de semillas para la agricultura (DGT CV 12-9-18); entregas de semillas de cannabis envasadas para coleccionismo que, conforme a la normativa vigente, puedan denominarse semilla (DGT CV 15-4-19). También las semillas (tipo semillas de cáñamo) y los cogollos de cáñamo (tipo flores), pero no las resinas, que tributan al tipo general (DGT CV 25-1-22).

4) Se aplica el tipo reducido a las entregas de árboles frutales, de plantones de árboles y de árboles y arbustos ornamentales. No obstante, la entrega de los plantones de árboles y arbustos que esté directamente relacionada con la prestación de **servicios de repoblación forestal** tiene carácter accesorio respecto de esta última y, en consecuencia, sigue el régimen de tributación que corresponde a la operación principal, en este caso prestación de servicios de repoblación forestal, tributando al tipo general (DGT CV 25-6-09).

5) Tributan al **tipo reducido**:

- las entregas de **esquejes y plantones** (planta semiterminada) cuya finalidad es la obtención de una planta adulta (DGT CV 26-12-12), así como el suministro de plantas para las obras de **restauración vegetal** en el supuesto de que dichos bienes tengan la consideración de semillas, bulbos, esquejes y otros productos de origen exclusivamente vegetal susceptibles de ser utilizados en la obtención de flores y plantas vivas, cuando, en este último caso, por sus características objetivas, envasado, presentación y estado de conservación sean susceptibles de ser utilizados habitual e idóneamente en la realización de actividades agrícolas o forestales (DGT CV 19-2-13). Las obras de restauración vegetal, repoblación forestal con bambú, entendida como aquella que tiene por objeto la consolidación del terreno, evitar la erosión y pérdida de suelo y fijación del CO_2 atmosférico, la implantación de nuevos ecosistemas y el aumento de la diversidad, no puede englobarse en sentido estricto en la realización de una actividad agrícola, forestal o ganadera (DGT CV 26-2-15);
- las entregas, adquisiciones intracomunitarias e importaciones a granel de **productos fitosanitarios** -herbicidas, insecticidas y fungicidas; estos últimos son plaguicidas- (DGT 26-7-04) y los plaguicidas de uso ganadero (DGT CV 12-5-09); de carbonato cálcico utilizado en aplicaciones agrícolas (DGT CV 12-4-23); de producto para las **pulverizaciones agrícolas**, que una vez aplicado sobre la superficie vegetal, forma una película suave y elástica, que permite que los fertilizantes aplicados se mantengan durante más tiempo en contacto con la superficie vegetal (DGT CV 5-6-25);
- placas de polipropileno destinadas a proteger las plantas en invernaderos **contra las plagas** de insectos (DGT CV 13-12-18); trampas cromáticas para insectos y trampas de feromonas para insectos (DGT CV 29-6-18);
- los **abonos** destinados a ser utilizados como materia prima en la fabricación de los abonos y correctores (DGT CV 18-10-16);
- el material **lana de roca**, que es un compuesto de origen mineral, obtenido a partir de roca volcánica, que sirve como medio de cultivo, siempre que dicho bien tenga la consideración de fertilizante, residuo orgánico, abono o enmienda y de que, además, por sus características objetivas, envasado, presentación y estado de conservación sea susceptible de ser utilizado habitual e idóneamente en la realización de actividades agrícolas o forestales (DGT CV 8-9-17; CV 10-9-19);
- las entregas de pantallas enrollables, compuestas de plástico y aluminio, para el cultivo en **invernadero** (DGT 3-5-99); las mallas de polipropileno que puedan considerarse plásticos para cultivos en acolchado, en túnel o en invernadero (DGT CV 1-12-11); en el mismo sentido en relación con las mallas de polietileno (DGT CV 27-6-23); también los tubos de invernadero individuales que disponen de las especificaciones técnicas para considerarse como tales invernaderos individuales (DGT CV 17-10-11).

Jurisprudencia **1)** Se aplica el tipo general a las importaciones de determinados productos utilizados en la **elaboración de inputs agrícolas** que por sí mismos no son susceptibles de ser utilizados habitual, idónea y directamente en dichas actividades (TEAC 10-10-97). 2047

2) Se aplica el tipo general a la construcción y reparación de **invernaderos** (TEAC 21-1-02).

Agua (LIVA art.91.uno.1.4º) Se aplica el tipo reducido (10%) a las entregas, adquisiciones intracomunitarias o importaciones de las aguas aptas para la **alimentación** humana o animal o para el **riego**, incluso en estado sólido. 2050

Está **excluida** de la aplicación del tipo reducido la entrega de aguas residuales que, por sus condiciones higiénico sanitarias no puedan destinarse a la alimentación humana o animal o al riego, cualquiera que sea la finalidad del mismo.

Precisiones El Código Alimentario contempla dos tipos de **hielo**: el alimentario y el destinado a usos especiales. El primero, entre el que se encuentra el destinado a la conservación de alimentos, tributa en todo caso al tipo reducido (DGT 13-7-04), mientras que el segundo, al estar fabricado con agua no potable (de mar, salina, etc.), tributa al tipo general del impuesto.

2051 Ejemplo Una empresa suministradora de agua efectúa las siguientes operaciones:
- suministro de **agua potable**;
- suministro de agua depurada para el **riego** agrícola y de jardines públicos;
- servicios de lectura y conservación de **contadores** de agua;
- suministro de **hielo** para la conservación de alimentos.

Tributan al tipo reducido las entregas de agua potable, agua para el riego agrícola y de jardines públicos, así como de hielo para conservar alimentos.
Las prestaciones de servicios de lectura y conservación de contadores de agua tributan al tipo general.

2052 Doctrina Administrativa Además de las siguientes contestaciones de la DGT, ver nº 11000 s.
1) La aplicación del tipo reducido tiene como única exigencia la aptitud del agua para ser usada en la alimentación humana o animal o en el riego, con independencia del **uso real** al que vaya a ser destinada (DGT CV 10-12-08).
2) Tributan al **tipo reducido**:
- las entregas de **agua potable** para consumo humano o para el riego (DGT CV 8-5-06) y las entregas de **agua de mar** bacteriológicamente pura;
- el suministro de **agua para riego** procedente de un pozo común (DGT CV 19-2-13). Carece de relevancia tanto el hecho de que la asociación haya adquirido previamente el agua a otra empresa, o sea de su propio pozo, como el hecho de que se suministre el agua a sus asociados a precio de coste (DGT CV 30-1-09);
- el servicio de **abastecimiento de agua** a varios municipios prestados por una entidad pública empresarial (DGT CV 25-6-20);
- los servicios de **distribución de agua** (DGT CV 7-9-23; CV 10-4-25); por tanto, también la de **alcantarillado** (DGT CV 7-9-23);
- el servicio de **saneamiento de aguas residuales**, si es prestado en el marco del ciclo integral del agua, conjuntamente con el propio suministro y distribución de agua (DGT CV 27-12-17; CV 29-6-18; CV 12-9-19);
- la **refacturación** del agua por una comunidad de propietarios (DGT CV 22-5-09); la repercusión del consumo de agua a los no comuneros (DGT CV 6-5-20);
- determinadas **prestaciones de servicios** que tengan un carácter puramente accesorio a los suministros de agua potable y se facturen conjuntamente con los mismos, como por ejemplo las cuotas por servicios incluidas en los recibos. Por el contrario, si la empresa suministradora percibe un premio de cobranza por el canon municipal que recauda y entrega al ayuntamiento, esta prestación de servicio está sujeta al tipo general (DGT 4-2-93). Cuando el transporte se factura junto con el agua por tener el carácter de servicio accesorio, todo tributa al tipo reducido (DGT CV 7-8-09); cuando el servicio de suministro de agua se presta por separado del servicio de aducción por tener el carácter de servicio accesorio, todo tributa al tipo reducido (DGT CV 1-4-25);
- el **canon de mejora** de infraestructuras hidráulicas (DGT CV 14-2-11); el **canon de aducción** incrementado, que forma parte del ciclo integral del agua (DGT CV 15-4-19).
3) Tributan al **tipo general**:
- los arrendamientos de **contadores** de agua, conservación de los mismos e instalaciones de **acometidas** de agua (DGT CV 4-10-11), al igual que la instalación de los contadores (DGT CV 4-10-11) y las instalaciones de acometidas (DGT CV 21-9-16); los derechos de acometida a la red municipal y la formalización de la póliza de alta del servicio (DGT CV 10-5-23);
- la **cuota de contratación del suministro** de agua (DGT CV 26-11-25);
- los servicios de mantenimiento y gestión de la **infraestructura** de traída de agua desde su lugar de captación hasta los depósitos municipales (DGT 11-2-04);
- los servicios de tratamiento y gestión de una planta **potabilizadora** (DGT CV 24-3-14);
- los servicios de mantenimiento y conservación de una planta **depuradora** de aguas residuales (DGT CV 9-7-14).

2053 Jurisprudencia **1)** Se aplica el tipo general al **agua no depurada** (TEAC 12-6-97).
2) Forma parte de la actividad de suministro de agua la **instalación de la acometida individual**, que consiste en colocar una canalización que permita conectar la instalación hidráulica de un inmueble a la red fija de suministro de agua. Los Estados miembros pueden aplicar un tipo reducido a la instalación de la acometida individual a condición de respetar el principio de neutralidad fiscal (TJUE 3-4-08, asunto C-442-05).
3) La concesión administrativa de **construcción y explotación de una desaladora** se considera una única prestación de servicios consistente en desalar agua marina a través de la explotación de una planta desaladora, por lo que no resulta aplicable el tipo reducido (TEAC 18-2-21; 21-5-21).

4) Las operaciones realizadas en virtud de un **contrato de concesión mixto**, que incluye el proyecto y la construcción de una **planta desaladora** y su posterior explotación, entendida ésta como una operación compleja que obliga a la captación y el tratamiento del agua y, de modo ulterior, a su suministro, constituyen entregas de bienes que tributan al tipo impositivo reducido. Se considera que la conexión indisociable entre todas las actividades que el concesionario realiza en cumplimiento del contrato deben ser objeto de un tratamiento unitario y, en este caso, debe predominar la faceta de **entrega del agua potable** a los destinatarios o consumidores finales, atendiendo a la finalidad última a que se aspiraba la celebración del contrato administrativo y a la percepción del consumidor sobre la índole de las prestaciones examinadas (TS 19-12-24, EDJ 784994).

Medicamentos de uso veterinario (LIVA art.91.uno.1.5º) Se aplica el **tipo reducido** (10%) a las entregas, adquisiciones intracomunitarias o importaciones de los medicamentos de uso veterinario; mientras que las sustancias medicinales susceptibles de ser utilizadas, habitual e idóneamente, en su obtención, tributan al **tipo general**. **2055**

Precisiones **1)** Solo son **medicamentos** los medicamentos de uso humano y de uso veterinario elaborados industrialmente o en cuya fabricación intervenga un proceso industrial; las fórmulas magistrales; los preparados oficinales y los medicamentos especiales previstos en la normativa sobre garantías y uso racional de los medicamentos y productos sanitarios (RDLeg 1/2015 art.8).
2) El tipo impositivo se aplica con **carácter objetivo**, con independencia del uso efectivo del medicamento y la condición del adquirente.
3) En relación con los **medicamentos para uso humano**, ver nº 2300.

Ejemplos **1)** Un veterinario, después de visitar una explotación ganadera, ha prescrito los siguientes productos: a) un determinado **medicamento veterinario** para el tratamiento del ganado ovino de la explotación; b) un medicamento veterinario para uno de los gatos domésticos; c) para uno de los perros que cuida el ganado se le prescribe un **antibiótico**, que es un medicamento para uso humano. **2056**
Se aplica el tipo reducido a los medicamentos de uso veterinario, con independencia de que se administren al ganado de la explotación o a cualquier clase de animal doméstico.
Los medicamentos de uso humano tributan al tipo superreducido (nº 2300), con independencia del uso al que se destinen.
2) Un ganadero ha adquirido en un almacén de productos ganaderos, además del pienso normal que utiliza en su explotación ganadera, dos sacos de 25 kilogramos de un pienso especial, denominado **pienso medicamentoso**, para suministrar a las aves de su granja afectadas de una infección.
Se aplica el tipo reducido a las entregas de pienso (nº 2031). También a las entregas de piensos medicamentosos, al considerarse medicamento veterinario (RDLeg 1/2015 art.2.b; Rgto (UE) 2019/4 art.3.2.a).

Doctrina Administrativa Además de las siguientes contestaciones de la DGT, ver nº 11000 s. **2057**
1) Tributan a **tipo reducido** los siguientes productos:
- productos zoosanitarios consistentes en **especialidades farmacéuticas** o fórmulas magistrales, de uso veterinario (DGT 13-5-88);
- los productos de **uso veterinario**, siempre y cuando tengan la consideración de medicamento de uso veterinario (DGT CV 28-10-16);
- **chapasmedallas** para los collares de perros con finalidad antiparasitaria, siempre y cuando, según la normativa vigente, tenga la consideración de medicamento de uso veterinario (DGT CV 6-7-22).

2) El suministro de medicamentos veterinarios efectuado en el marco de una prestación de servicios veterinarios, queda sujeto al tipo impositivo correspondiente al **servicio veterinario principal** que se preste (DGT CV 16-2-24; CV 26-4-24).

Productos farmacéuticos, aparatos y equipos para personas con deficiencias (LIVA art.91.uno.1.6º y Anexo aptdo.8º) Se aplica el tipo reducido (10%) a las entregas, adquisiciones intracomunitarias e importaciones de los siguientes bienes: **2060**
a) Los **productos farmacéuticos** comprendidos en el Capítulo 30 «Productos farmacéuticos» de la Nomenclatura Combinada (NC 30), susceptibles de uso directo por el consumidor final, distintos de los incluidos como medicamentos de uso animal (nº 2055) y de uso humano (nº 2300).
b) Los **equipos médicos**, aparatos y demás instrumental expresamente establecidos (nº 2061) que, por sus características objetivas, estén diseñados para aliviar o tratar deficiencias, para uso personal y exclusivo de personas que tengan deficiencias físicas, mentales, intelectuales o sensoriales, sin perjuicio de lo previsto para los vehículos para personas con movilidad reducida (nº 2310) y para las prótesis y ortesis para personas con discapacidad (nº 2325). No se incluyen otros accesorios, recambios y piezas de repuesto de dichos bienes.

2061 Precisiones 1) Los **equipos médicos, aparatos e instrumental** a los que es de aplicación el tipo reducido son (LIVA Anexo aptdo.8º):

- Las **gafas**, monturas para gafas graduadas, lentes de contacto graduadas y los productos necesarios para su uso, cuidado y mantenimiento.
- Dispositivos de **punción**, dispositivos de lectura automática del nivel de glucosa, dispositivos de administración de insulina y demás aparatos para el autocontrol y tratamiento de la diabetes.
- Dispositivos para el autocontrol de los cuerpos cetónicos y de la **coagulación sanguínea** y otros dispositivos de autocontrol y tratamiento de enfermedades discapacitantes como los sistemas de infusión de morfina y medicamentos oncológicos.
- Bolsas de **recogida de orina**, absorbentes de incontinencia y otros sistemas para incontinencia urinaria y fecal, incluidos los sistemas de irrigación.
- Prótesis, ortesis, ortoprótesis e **implantes quirúrgicos**, en particular los previstos en la cartera de servicios comunes del Sistema Nacional de Salud y el procedimiento para su actualización (RD 1030/2006), incluyendo sus componentes y accesorios.
- Las **cánulas** de traqueotomía y laringectomía.
- **Sillas terapéuticas y de ruedas**, así como los cojines antiescaras y arneses para el uso de las mismas, muletas, andadores y grúas para movilizar personas con discapacidad.
- **Plataformas elevadoras**, ascensores para sillas de ruedas, adaptadores de sillas en escaleras, rampas portátiles y barras autoportantes para incorporarse por sí mismo.
- Aparatos y demás instrumental destinados a la reducción de **lesiones o malformaciones internas**, como suspensorios y prendas de compresión para varices.
- Dispositivos de tratamiento de **diálisis** domiciliaria y tratamiento respiratorios.
- Los equipos médicos, aparatos y demás instrumental, destinados a compensar un defecto o una incapacidad, que estén diseñados para uso personal y exclusivo de personas con **deficiencia visual y auditiva**.
- Los siguientes **productos de apoyo** que estén diseñados para uso personal y exclusivo de personas con deficiencia física, mental, intelectual o sensorial:

• Productos de apoyo para **vestirse y desvestirse**: calzadores y sacabotas con mangos especiales para poder llegar al suelo, perchas, ganchos y varillas para sujetar la ropa en una posición fija.
• Productos de apoyo para funciones de **aseo**: alzas, reposabrazos y respaldos para el inodoro.
• Productos de apoyo para **lavarse, bañarse y ducharse**: cepillos y esponjas con mangos especiales, sillas para baño o ducha, tablas de bañera, taburetes, productos de apoyo para reducir la longitud o profundidad de la bañera, barras y asideros de apoyo.
• Productos de apoyo para posibilitar el **uso de las nuevas tecnologías** de la información y comunicación, como ratones por movimientos cefálicos u oculares, teclados de alto contraste, pulsadores de parpadeo, software para posibilitar la escritura y el manejo del dispositivo a personas con discapacidad motórica severa a través de la voz.
• Productos de apoyo y dispositivos que posibilitan a personas con **discapacidad motórica** agarrar, accionar, alcanzar objetos: pinzas largas de agarre y adaptadores de agarre.
• **Estimuladores** funcionales.

2062 2) Se establece la aplicación del tipo reducido a aquellos **productos farmacéuticos**, distintos de los medicamentos, ya sean de uso humano o veterinario, que se encuentran comprendidos en el Capítulo 30 «Productos farmacéuticos» de la Nomenclatura Combinada, a los que se exige asimismo que sean susceptibles de uso directo por el consumidor final y requiere el cumplimiento de cuatro **requisitos** conjuntamente:

- que se trate de productos que se encuentren incluidos en la **categoría 30 de la Nomenclatura Combinada**. La inclusión en esta categoría implica, para algunos productos, el cumplimiento de determinados requisitos de presentación. La competencia para determinar si un producto está o no incluido en una categoría de la Nomenclatura Combinada corresponde al Departamento de Aduanas e Impuestos Especiales de la AEAT. Conviene ver las notas explicativas al «Sistema armonizado de Designación y Codificación de Mercancías Quinta edición (2012)» que hace referencia a la forma en que se acondicionan o a su modo de presentación como destinados exclusivamente a la venta directa a los usuarios (particulares, hospitales, etc.);
- que se trate de productos que **no sean medicamentos**, pues tienen su propia regulación (nº 2055 y nº 2300);
- que se trate de productos cuya entrega, adquisición o importación **no esté exenta**. Por ejemplo, la categoría 30 mencionada incluye, en la partida 30.02 a la sangre humana, que se encuentra sujeta y exenta del IVA;
- que sea susceptible de **uso directo por el consumidor** final, lo que implica que, con independencia de la persona que adquiera el producto (paciente consumidor final u otra persona, como, por ejemplo, un profesional sanitario o un hospital, un distribuidor, otro empresario mayorista), por sus características objetivas, en el momento de la entrega, adquisición o importación pueda ser susceptible de aplicación directa sobre un paciente consumidor final, lo que excluye, por ejemplo, a los deshechos farmacéuticos, que se incluyen en la partida 30.06, en los que no cabe dicha aplicación. La aplicación directa se entiende con independencia de que el producto permanezca o no en el paciente (DGT CV 29-12-14).

3) La aplicación del tipo reducido a los **equipos médicos, aparatos y demás instrumental** expresamente relacionados es una definición objetiva, con independencia de quién sea su adquirente (DGT CV 29-12-14; CV 29-4-15); no afecta el hecho de que se trate de pacientes hospitalizados o de pacientes extra hospitalarios (DGT CV 7-10-15).

Ejemplos 1) Una empresa del sector sanitario efectúa la entrega de los siguientes productos: a) **calzado** anatómico y ortopédico de diseño individualizado, b) **pilas** para aparatos para sordos, c) lentes de contacto (**lentillas**), gafas graduadas y monturas especiales para **gafas** graduadas. 2063
La entrega de calzado anatómico tributa al tipo general pues, generalmente, no tiene como finalidad exclusiva el suplir las deficiencias físicas del hombre, sin perjuicio de producir efectos beneficiosos para su salud. Sin embargo, el calzado ortopédico especialmente diseñado conforme a las patologías médicas de sus usuarios, tributa al tipo reducido.
Las entregas de pilas para aparatos para sordos tributan al tipo general.
Las entregas de gafas graduadas y lentes de contacto tributan al tipo reducido; sin embargo, las entregas de monturas sueltas tributan al tipo general. Las monturas para gafas graduadas se incluyen dentro de los elementos que tributan al tipo reducido.
2) Una empresa proveedora de material sanitario efectúa la entrega de los siguientes **productos**: a) cosméticos; b) productos para el cuidado sanitario e higiene dental (dentífricos, hilo dental, colutorios, cera dental y geles dentales); c) champú y loción antipiojos, loción desinfectante antimosquitos, jabones medicinales que eliminan los microorganismos y ectoparásitos de la piel; d) material clínico y quirúrgico tales como: bisturís, jeringuillas, espéculos, tijeras, pinzas, esparadrapos, vendas, tiritas, apósitos, etc.; e) tapones de caucho y ampollas y envases especiales para medicamentos; f) almohadillas y mantas eléctricas; g) productos sanitarios para niños, tales como: biberones y sus accesorios (esterilizadores, líquidos especiales, etc.), humidificadores, pañales, básculas, etc. Además de los pañales infantiles, también se entregan pañales especiales para tratar la incontinencia urinaria en los adultos.
Tributan al tipo reducido las entregas de esparadrapos, vendas, tiritas y apósitos que estén incluidos en alguna categoría de la NC 30 y las entregas de pañales especiales para tratar la incontinencia urinaria de los adultos. El resto de los productos citados tributa al tipo general.

Doctrina Administrativa Además de las siguientes contestaciones de la DGT, ver nº 11000 s. 2064
1) Productos farmacéuticos (LIVA art.91.uno.1.6º.a):
• Tributan al **tipo reducido**:
- **solución para ojos** que se administra vía oftálmica sobre el epitelio corneo-conjuntival incluida en la NC 30 (DGT CV 10-2-16); solución para ojos y lentes de contacto, que estén clasificados en la NC 30, partida 30049000 (DGT CV 10-2-16); gotas oftálmicas hidratantes para el alivio del problema de la sequedad ocular (DGT CV 25-1-21); **suero fisiológico** al 0,9% en formato de unidosis utilizado para lavar heridas y también como disolvente en el tratamiento de aerosoles, que estén clasificados en la NC 30, partida 3004 (DGT CV 2-11-16; CV 25-4-18); dispositivos de punción, corte y succión, **lágrimas artificiales** y el **suero salino** (DGT CV 24-3-17);
- **gasas, apósitos, vendas, suturas**, etc. incluidas en la NC 30, cualquiera que sea su destinatario -particulares, hospitales, profesionales, etc.- (DGT CV 29-12-14; CV 17-4-15); gasas, film transparente adhesivo y el drenaje, individualmente considerados, dada su inclusión en la NC 30051000 (DGT CV 1-6-16); producto adhesivo de alta viscosidad dirigido al cerramiento de heridas, tiras de sutura cutánea y adhesivo quirúrgico tópico que proporciona la fuerza y resistencia de la sutura convencional (DGT CV 6-3-18);
- **suturas quirúrgicas** para venas y arterias (DGT CV 16-7-15);
- **apósitos** y apósitos impregnados, compresas y suturas adhesivas, vendas, vendas impregnadas, vendas cohesivas y vendas compresivas, gel de primeros auxilios para quemaduras, agente de hemostático granulado (DGT CV 23-5-17); apósitos para ampollas, callos y durezas (NC 3005.10.00.00) y el protector tubular (NC 3005.90.99.00) (DGT CV 16-6-17); apósito líquido formulado para la protección de las lesiones y síntomas del herpes labial (DGT CV 5-10-18); apósitos para la sujeción de catéteres clasificados en la NC 30 (DGT 3-4-20);
- resinas, cementos y demás **productos de obturación dental** comprendidos en la NC 30 (DGT CV 21-1-16);
- productos para prevenir la **formación de adherencias** post quirúrgicas que estén clasificados en la NC 30 (DGT CV 3-5-16);
- productos para la **tos** seca y tos productiva que estén incluidos en la NC 30 (DGT CV 15-11-17);
- **taponamientos** para senos nasales y sondas de epistaxis (DGT CV 3-10-17);
- **antisépticos** de uso humano para tratamiento de la piel sana (DGT CV 8-6-17; CV 4-5-20; CV 11-5-20); **gel de aplicación tópica** indicado en caso de contusiones, hematomas y abrasiones (DGT CV 24-2-22);
- un producto sanitario que facilita el control de peso y bloqueo de grasas ingeridas (DGT CV 8-11-18); para realizar la limpieza pulmonar en pacientes con fibrosis quística y bronquiectasias (DGT CV 29-6-18);
- **gel** conductor de ultrasonidos, si está clasificado en la NC 30 (DGT CV 22-2-18); gel lubricante, clasificado en la NC 30 (DGT CV 20-2-20); geles y lubricantes (DGT CV 11-12-24);
- **pack de microenemas** de 9 g, solución de uso rectal para tratamiento de estreñimiento moderado, clasificado como no estéril (DGT CV 1-2-21); pomada de uso rectal para el tratamiento de las hemorroides que no tenga la calificación de medicamento de uso humano (DGT CV 26-7-21);
- gel **hidroalcohólico** (DGT CV 11-5-21); gel médico de hialuronato de sodio, indicado para ayudar a prevenir o reducir las adherencias postoperatorias después de una cirugía abdominal y pélvica (DGT CV 26-4-22);
- **ácido hialurónico** intravesical (DGT CV 5-7-23).

2065 • Tributan al **tipo general**:
- **reactivos** para la determinación de los grupos o de los factores sanguíneos que se utilicen sobre una muestra de tejido o sangre del paciente (DGT CV 27-3-15); reactivos para test de embarazo, ovulación, menopausia, detección de drogas en sangre y orina (DGT CV 23-4-15);
- productos sanitarios para la preparación de **plasma rico en plaquetas** a partir de la sangre del propio paciente. Son dispositivos que consisten en kits desechables que incluyen tubos con ciertos aditivos en lo que se inserta la sangre del paciente una vez extraída y se lleva a una centrifugadora específica (DGT CV 27-10-25);
- **test** de detección anticipada de diabetes (DGT CV 26-3-18); test de diagnóstico de sangre oculta en heces (DGT CV 23-4-15); test de diagnóstico de COVID, desde el 1-7-2023 (DGT CV 23-10-23);
- **paños o sábanas quirúrgicas** que se utilicen para cubrir al paciente durante la intervención quirúrgica, aunque estén incluidas en la NC 30, por no ser susceptible de uso directo por el consumidor final (DGT CV 24-6-16); **funda** de mesa mayo, paño adhesivo, paño vascular inferior, toallitas secado de campo, toallas de mano, celulosa, batas quirúrgicas, cinta adhesiva, limpia puntas de bisturí, tubos de succión, cánulas yankauer, sábana torácica, sábana adhesiva, calzas verdes, sábana adhesiva parcheado y cubremesas, aunque estén incluidas en la NC 30, por la misma razón (DGT CV 23-5-16; CV 1-6-16); **protectores desechables-impermeables** para usar en inodoros públicos, salvo que pueda estar incluido como producto farmacéutico (DGT CV 17-3-15);
- **mantas**, mantas impregnadas y mantas térmicas; **dispositivos de hemostasia**, inmovilización y extricación; **generador de oxígeno** para emergencias (DGT CV 23-5-17);
- productos utilizados en centros hospitalarios; **material para análisis** clínicos, microbiología, hematología, y anatomía patológica (DGT CV 24-2-16);
- los **torniquetes** de uso quirúrgico (DGT CV 28-10-16);
- determinados productos que se podrían catalogar como **instrumental quirúrgico** destinado a la práctica de operaciones de laparoscopia y cirugía y que por sus características objetivas no son susceptibles de uso personal y exclusivo de personas con deficiencias físicas, mentales, intelectuales o sensoriales (DGT CV 4-1-21);
- **espéculo** vaginal desechable (DGT CV 25-9-24);
- en los **botiquines** de primeros auxilios que incluyen varios productos, cada uno de los productos tributa de forma independiente al tipo impositivo que le corresponda (DGT CV 23-5-17);
- los **aceites** de uso tópico no medicinal (DGT CV 23-2-23).

2067 **2) Equipos médicos, aparatos y demás instrumental** (LIVA art.91.uno.1.6º.c):
a. Gafas, lentes de contacto graduadas y los productos necesarios para su uso, cuidado y mantenimiento.
• Tributan al **tipo reducido**:
- gafas graduadas, tanto lentes con monturas como las lentes; las lentes de contacto graduadas y los líquidos de lentillas (DGT CV 29-12-14; CV 20-1-15); gafas graduadas, si el adquirente no posee una discapacidad acreditada superior al 33%, cuando esta discapacidad se refiere al órgano visual (ver nº 2327) (DGT CV 3-10-23; CV 11-6-25);
- monturas para gafas graduadas o correctoras (DGT CV 16-11-17; CV 25-4-18);
- productos para mantenimiento de lentes de contacto (DGT CV 24-3-17).
• Tributan al **tipo general**:
- estuches para la conservación de las lentes o de las gafas, las lágrimas artificiales o soluciones oculares de limpieza, lubricación e hidratación u otras soluciones salinas (DGT CV 20-1-15);
- suero fisiológico en monodosis (DGT CV 27-3-15; CV 16-12-15);
- software para ópticos-optometristas (DGT CV 16-7-15);
- repuestos y recambios de varillas y frentes para gafas (DGT CV 27-3-17);
- lentes que no están íntegramente graduadas, sino en una fase previa de elaboración (DGT CV 21-2-22);
- gafas de sol no graduadas (DGT CV 2-10-23);
- clips solares que se adaptan a la montura de la gafa graduada y se venden juntos; cada producto tributa a su tipo, aplicándose el tipo general a los clips solares, y el tipo reducido a las gafas graduadas (DGT CV 28-3-25).
b. Dispositivos de punción, dispositivos de lectura automática del nivel de glucosa, dispositivos de administración de insulina y demás aparatos para el autocontrol y tratamiento de la diabetes.
• Tributan al **tipo reducido**:
- medidores y sus tiras reactivas, plumas de insulina y sus agujas y bombas de insulina, ya se adquieran de forma conjunta o por separado (DGT CV 20-9-16);
- glucómetro que se presenta en un conjunto (pack) con 10 lancetas para la punción y un lanzador -instrumento que soporta la lanceta- (DGT CV 10-9-18);
- kit básico para el control de cetona y glucosa en sangre, tiras reactivas de glucosa y cetona en sangre, lancetas estériles y soluciones de control de cetona y glucosa (DGT CV 14-2-22).
• Tributan al **tipo general**:
- las lancetas, dado que por sus características objetivas no son susceptibles de uso personal y exclusivo de personas con deficiencias físicas, mentales, intelectuales o sensoriales (DGT CV 20-9-16). Las lancetas y lanzador que se comercialicen por separado del producto principal (DGT CV 10-9-18);
- ligas de sujeción para portar las bombas de insulina en pierna y cintura (DGT CV 17-2-22).

c. Dispositivos para el autocontrol de los cuerpos cetónicos y de la coagulación sanguínea y otros dispositivos de autocontrol y tratamiento de enfermedades discapacitantes como los sistemas de infusión de morfina y medicamentos oncológicos.

• Tributan al **tipo reducido**:

- medidores y sus tiras reactivas, ya se adquieran de forma conjunta o por separado (DGT CV 29-12-14);
- infusores, elastómeros o bombas (DGT CV 3-11-16);
- sistemas de alimentación enteral (DGT CV 23-3-15; CV 7-10-15; CV 24-2-16);
- sistemas de branquiterapia y aceleradores lineales relacionados con el tratamiento de radioterapia a enfermos de cáncer (DGT CV 3-9-20);
- sondas esofágicas de alimentación (DGT CV 12-11-15); sondas de alimentación de seguridad, sonda nasogástrica de nutrición (DGT CV 23-11-15);
- infusor de quimioterapia y cámara implantable de titanio (DGT CV 23-11-15).

• Tributan al **tipo general**:

- los componentes fungibles de los sistemas de infusión de morfina, de medicamentos, y de alimentación enteral, como los tubos, válvulas, filtros, jeringas, agujas, cámaras, etc. (DGT CV 23-3-15; CV 7-10-15; CV 3-11-16);
- dispositivo electrónico para el acné, dispositivo electrónico para el tratamiento del herpes labial (DGT CV 29-4-15);
- bombas elastoméricas para infusión continua de medicamentos (DGT CV 16-7-18);
- un robot quirúrgico para tratar la patología cerebral con radiocirugía estereotáxica (DGT CV 9-2-22);
- dispositivo para medir el nivel de creatinina en sangre, proporcionando información sobre el funcionamiento de los riñones, y contribuyendo a la identificación temprana de la enfermedad renal, o a su seguimiento (DGT CV 10-10-22).

d. Bolsas de recogida de orina, absorbentes de incontinencia y otros sistemas para **incontinencia** urinaria y fecal, incluidos los sistemas de irrigación. **2068**

• Tributan al **tipo reducido**:

- los absorbentes de incontinencia urinaria, los pesarios y otros dispositivos para la terapia del suelo pélvico (DGT CV 13-3-15; CV 29-4-15); dispositivo que se implanta en el interior de la vagina para sostener el cuello del útero para el tratamiento de la incontinencia urinaria y el prolapso uterino (DGT CV 27-12-21; CV 27-12-21);
- los absorbentes de incontinencia de orina; sondas vesicales y para nefrostomía; bolsas de recogida de orina; colector de pene y sus tiras adhesivas; bolsas de colostomía, ileostomía y urostomía; apósitos de ostomía; placas de ostomía; sistemas de irrigación de ostomía, sus dispositivos de sujeción al estoma, las mangas o tubuladuras y el embudo para introducción del tubo de irrigación al estoma y los sistemas de colostomía continente (DGT CV 23-3-15; CV 13-10-25);
- pañales para adultos (DGT CV 29-7-15);
- braguitas pañal para niños mayores de 5 años en adelante, para aliviar la enuresis infantil (DGT CV 3-9-15); aparato sanitario/dispositivo para corregir la enuresis infantil (DGT CV 25-4-18; CV 27-11-23);
- catéteres y sondas uretrales y rectales, dispositivos para punción suprapúbica, siempre que estén destinados específicamente a situaciones de incontinencia urinaria o fecal (DGT CV 12-11-15);
- sondas nefrostomía (DGT CV 12-11-15); sondas vesicales de balón y sin balón (DGT CV 12-11-15; CV 23-11-15); sondas rectales destinadas específicamente a situaciones de incontinencia (DGT CV 13-10-25);
- bolsas de enema y orina (DGT 21-1-16);
- esfera vaginal para la tonificación y rehabilitación del suelo pélvico (DGT CV 11-5-20).

• Tributan al **tipo general**:

- las duchas vaginales, almohadillas cervicales y los empapadores (DGT CV 13-3-15; CV 23-3-15; CV 3-9-15; CV 13-10-25);
- los accesorios de ostomía; sin perjuicio de que a tales productos les pueda resultar aplicable el tipo reducido (10%), por aplicación de algún otro precepto de la LIVA y sin perjuicio de que su entrega o adquisición se realice de forma conjunta con los sistemas de infusión y de alimentación enteral y sea considerada accesoria a la entrega de la misma (DGT CV 23-3-15; CV 13-10-25);
- facilitador urinario femenino, que consiste en un elemento desechable y plegable que permite la evacuación de la orina de forma erguida (DGT CV 29-7-15);
- pañales para bebés y salvacamas (DGT CV 29-7-15);
- pera de irrigación, sondas de aspiración controlada, sondas de aspiración de meconio (DGT CV 23-11-15);
- sondas vesicales de instilación de medicación (DGT CV 21-1-16);
- sondas de una vía para medir la presión abdominal, y sondas de dos vías para uretro-cistmanometría, el conector universal para sondas uretrales y la cánula de irrigación-aspiración para laparoscopia (DGT CV 3-4-20);
- suero de irrigación -agua destilada o suero fisiológico- (DGT CV 1-2-16);

- catéteres de drenaje biliar y de drenaje multipropósito (DGT CV 1-2-16);
- drenajes (catéteres) de acceso percutáneo para evacuación de fluidos; accesorios de drenajes: tubos, conectores, sistemas de fijación de catéteres y bolsas colectoras; otros accesorios de drenaje: agujas y guías para introducir el drenaje; parche hemostático para controlar el sangrado; dispositivos diversos para obtener muestras de tejidos; equipos de marcaje de lesión: arpones de mama y marcadores para localizar zona tumoral; catéter central venoso para administración de fluidos y medicación al paciente; equipos de protección radiológica: ropa faldones de plomo, etc.; sistema de administración de gas CO_2 (DGT CV 26-9-19);
- cánulas de irrigación rectal y vaginal no destinadas específicamente a situaciones de incontinencia urinaria o fecal. Compresores de vena planos (DGT CV 21-9-16; CV 13-10-25); irrigadores, accesorios y sistemas de irrigación no destinados específicamente a situaciones de incontinencia urinaria o fecal; cánulas de irrigación rectal y vaginal no incorporados en equipos destinados a estas situaciones (DGT CV 13-10-25);
- manoplas húmedas, aceite protector, crema protectora transparente, crema protectora, espuma de limpieza, espuma protectora, jabón líquido, y toallitas húmedas para personas con incontinencia (DGT CV 25-5-17);
- botes y bolsas para la recogida de muestras fecales (DGT CV 7-2-18).

2069 **e. Prótesis**, ortesis, ortoprótesis e implantes quirúrgicos, en particular los previstos en la normativa que establece la cartera de servicios comunes del Sistema Nacional de Salud y el procedimiento para su actualización (RD 1030/2006), incluyendo sus componentes y accesorios.

• Tributan al **tipo reducido**:
- lentes intraoculares tóricas y multifocales o las prótesis mamarias (DGT CV 29-12-14); lentes intraoculares para la cirugía de cataratas (DGT CV 27-1-16);
- férulas radiológicas y férulas quirúrgicas que tengan la calificación de prótesis dental (DGT CV 1-8-18); implantes quirúrgicos (DGT CV 15-1-20); prótesis, ortesis, ortoprotesis e implantes quirúrgicos (DGT CV 30-4-18; CV 27-11-23);
- los tornillos o los productos adhesivos de las prótesis dentales, sin los cuales no puede sujetarse o implantarse la prótesis y que permanecen en el cuerpo del paciente al igual que la prótesis (DGT CV 20-1-15);
- implantes dentales (DGT CV 29-4-15); dientes artificiales (DGT CV 21-1-16); tornillo de cicatrización, tornillo protésico, pilar de carga inmediata rotacional, pilar de cicatrización cónico, implante y otras piezas para la colocación de implantes odontológicos (DGT CV 18-2-15); productos adhesivos para prótesis dentales (DGT CV 13-3-15; CV 23-4-15); almohadillas adhesivas y la crema adhesiva para dentaduras postizas (DGT CV 29-4-15); piezas adhesivas de polímero natural para fijar la prótesis de dentaduras postizas (DGT CV 29-4-15); implantes quirúrgicos para uso intraoral, como son los dientes prefabricados, ataches y elementos de implantología dental, alineadores, brackets, tubos, accesorios, bandas y soldables, arcos, ganchos y auxiliares, elásticos y elastómeros, y adhesivos (DGT CV 28-10-16); los brackets, tubos bucales, bandas, adhesivos, arcos y tornillos de expansión utilizadas en ortodoncia (DGT CV 19-4-17); arcos dentales (DGT CV 18-5-17);
- las entregas de prótesis dentales completas siempre que no sean entregadas por un protésico dental -ver nº 850 s.- (DGT 19-12-16; CV 6-8-24); y las entregas de alineadores dentales invisibles y personalizados (DGT CV 23-11-22);
- audífonos (DGT CV 20-1-15); venta al por mayor de audífonos a centros auditivos y a profesionales para su reventa y adaptación a los consumidores finales (DGT CV 1-10-19); implantes cocleares reacondicionados (DGT CV 23-11-21);
- inyecciones intraarticulares de ácido hialurónico sódico para inyectar en las articulaciones (DGT CV 13-12-16; CV 24-2-22);
- marcapasos y stents (DGT CV 3-6-15); desfibrilador, en cuanto es un marcapasos especial que se implanta en el cuerpo humano (DGT CV 14-6-16);
- aparato ortopédico basado en la terapia de tracción peneal indicado para el tratamiento del hipogonadismo masculino con micropene (DGT CV 4-3-15) y el basado en la terapia de vacío peneal para el tratamiento de la disfunción eréctil de origen funcional del sistema nervioso o vascular y que también se utiliza como rehabilitación tras intervenciones quirúrgicas -prostatectomía o radical- (DGT CV 27-12-21);
- biomaterial para reconstrucción de defectos óseos (DGT CV 17-4-15); los sustitutos sintéticos de injerto óseo (DGT CV 17-4-15);
- tubo de drenaje transtimpánico siempre que esté calificado como implante (DGT CV 4-7-19);
- kits o packs integrados por un producto principal que esté calificado como implante (válvulas), junto con todo el instrumental necesario para su implantación (DGT CV 12-3-19);
- clip hemostático endoscópico (DGT CV 6-11-20); clip hemostático endoscópico considerado implante quirúrgico, que nunca es retirado del cuerpo humano de forma expresa, utilizado para contener una hemorragia interna y cerrar dos superficies mucosas consiguiendo la hemostasia (DGT CV 17-8-20);
- clips de titanio para ligadura, entre otros, de vasos sanguíneos y estructuras de tejido que quedan dentro del paciente una vez utilizados (DGT CV 17-10-23);
- grapas destinadas a permanecer de manera indefinida en el cuerpo del paciente (DGT CV 17-10-23);

- un dispositivo sanitario con tecnología de asistencia auditiva incorporado a una montura de gafas (DGT CV 22-7-25; CV 22-7-25);
- catéter de balón que se introduce en los vasos sanguíneos y permite la liberación controlada y sostenida de un fármaco durante un período de hasta 90 días, siempre que esté calificado como implante según la normativa vigente (DGT CV 20-3-25).

• Tributan al **tipo general**:
- productos de un solo uso, que son accesorios necesarios del implante, que se utilizan en un único paciente para preparar la vía de abordaje y poder poner el implante, como por ejemplo, las cánulas, agujas de biopsia, etc. En todos los casos se trata de instrumental para la implantación de la prótesis, que una vez implantada se desechan, por lo que no cabe calificarlos de accesorios a efectos de que les resulte de aplicación el tipo reducido (DGT CV 29-12-14);
- grapadoras externas para sutura cutánea y sus puntos metálicos que se extraen a los 15 días, así como las grapadoras internas (DGT CV 17-10-23);
- accesorios que se utilizan en la colocación de los stents u otros implantes cardiovasculares, neuromodulación y afines como llaves, alargaderas, introductores, guías para permitir la entrada percutánea en los vasos y facilitar la introducción del dispositivo intravascular, balones para predilatar la lesión, balones dimensionadores para seleccionar el oclusor de tamaño correcto, catéter guía para acceder a la lesión, microcatéteres, manómetros para inflar la protesis a implantar, los introductores y las vainas de implantación para proporcionar una vía de colocación de un implante cardíaco, que o bien se comercializan y facturan junto con el implante en un kit estéril de un solo uso, o bien se comercializan por separado, pero que en ambos casos son accesorios del implante, necesarios para su implantación y de uso personal y exclusivo de personas con deficiencias, al igual que los equipos utilizados en la monitorización remota de implantes cardiacos o los dispositivos de activación de monitores cardiacos tipo holter, etc., que son de uso personal y exclusivo de personas con deficiencias. Se trata de instrumental para la implantación de la prótesis, que una vez implantada se desecha, por lo que no cabe calificarlos de accesorios (DGT CV 29-12-14);
- los stent no implantables y los catéteres, agujas, guías y dilatadores que sean necesarios para el procedimiento quirúrgico de eliminación de trombos (DGT CV 20-12-24);
- productos limpiadores de prótesis dentales: en comprimidos, sobres, en solución (DGT CV 20-1-15);
- electrodos, balones, guías, introductores y catéteres (DGT CV 3-6-15);
- material quirúrgico empleado en las actividades de odontología (DGT CV 15-6-15); material protésico, instrumental quirúrgico y motores y contra-ángulos quirúrgicos (DGT CV 15-6-15; CV 16-10-15);
- los productos fabricados en 3D consistentes en guías quirúrgicas y moldes dentales (DGT CV 30-4-18);
- productos semielaborados dentales, hechos a la medida, destinados a formar parte de una prótesis dental final (DGT CV 19-12-16);
- metales, resinas, cerámicas y composites que se utilicen en la fabricación de prótesis dentales, y que en el momento de su adquisición no sean susceptibles de uso directo sobre el consumidor final, ya que deben ser trasformados o incorporados a una estructura para la fabricación de una prótesis (DGT CV 28-10-16; CV 22-6-17);
- prótesis externa de silicona para la corrección de problemas de malformación en pabellones auditivos (DGT CV 29-7-15);
- inyectores para la implantación de lentes intraoculares de uso en varios pacientes, por tratarse de instrumental médico y no de prótesis oculares ni accesorios de las mismas (DGT CV 14-6-16);
- bolsa de drenaje peritoneal, línea de drenaje, tunelizador metálico, introductor plegable, catéteres multiusos -con independencia de su denominación, líneas, sondas, shunts- (DGT CV 12-3-19);
- prótesis capilares, removibles o no (DGT CV 23-9-20).

f. Cánulas de traqueotomía y laringectomía. 2070

• Tributan al **tipo reducido**:
- tubos traqueales, tubos nasofaríngeos, bloqueador bronquial/tubos bronquiales, mandriles de intubación, mascarillas laríngeas (DGT CV 12-11-15);
- cánulas de traqueotomía y catéteres o tubos de emergencia para acceder a las vías respiratorias (DGT CV 19-4-16).

• Tributan al **tipo general**:
- tubo de resonancia vocal fabricado en vidrio para su uso en el entrenamiento y rehabilitación de patologías de la voz (DGT CV 19-4-22; CV 9-2-23).

g. Sillas terapéuticas y de ruedas, así como los cojines antiescaras y arneses para el uso de las mismas, muletas, andadores y grúas para movilizar personas con discapacidad.

• Tributan al **tipo reducido**:
- sillas de ruedas, grúas, andadores y bastones ingleses (DGT CV 16-7-15; CV 20-2-17);
- productos de apoyo, caminadores, rollators, bastones (ingleses), muletas, y grúas para transferencia de pacientes con sus eslingas (DGT CV 30-5-18);
- bipedestador de adulto (DGT CV 23-11-15);

- aparatos calificados como ortesis destinados a personas con discapacidad física superior al 33% y que les permite poder realizar movimientos que de otra manera los tienen limitados (DGT CV 26-9-16);
- tumbona de ruedas y silla de ruedas apta para acceder a la playa y al agua (DGT CV 13-12-16);
- cojines antiescaras (DGT CV 4-1-17; CV 9-2-22);
- cojines hidrófugos para taburetes y sillas de ducha que sirven de apoyo para lavarse o ducharse personas con movilidad reducida (DGT CV 21-5-24);
- silla de ruedas con arneses para hacer senderismo (DGT CV 4-7-18); silla de ruedas que incorpora un dispositivo que permite su volteo longitudinal cuando se encuentra en su formato cama (solución de movilidad para personas dependientes) y dotada de un sistema electrónico e informático de control, adaptable a la situación física y mental del paciente dependiente (DGT CV 7-2-18); sillas de ruedas manuales (activas, pasivas y de deporte), sillas de ruedas electrónicas (propulsión delantera, trasera, central y de bipedestación), cojines antiescaras (DGT CV 30-5-18);
- sillas de ruedas multifunción autopropulsables para interiores y adicionalmente diseñadas para ducha y WC (DGT CV 21-5-24; CV 21-5-24); sillas de ruedas de evacuación (DGT CV 21-5-24); sillas de ruedas salva escaleras eléctricas (DGT CV 21-5-24); sillas de ruedas autopropulsadas (DGT CV 15-10-25; CV 15-10-25); sillas de ruedas eléctricas (DGT CV 15-10-25);
- andador de rodilla, alternativa a las muletas, que facilita al usuario el desplazamiento independiente gracias a un manillar con frenos y a sus cuatro ruedas (DGT CV 12-12-24).

• Tributan al **tipo general**:

- otro tipo de material antiescaras, distintos de los cojines antiescaras, como almohadas, asientos, colchones y colchonetas, sin perjuicio de que alguno de ellos, como las taloneras y coderas les pueda resultar aplicable el tipo reducido, por aplicación de algún otro precepto de la LIVA (DGT CV 20-1-15; CV 5-5-15); cojín de oreja antiescaras (DGT CV 13-6-24);
- colchones para cuna especiales que aumentan la seguridad frente a riesgos exógenos de muerte súbita del lactante (DGT CV 18-2-15); las camas articuladas (DGT CV 10-3-16); un colchón para cama articulada (DGT CV 10-3-16; CV 8-11-23); colchones impermeables antibacterias/hongos especialmente diseñados para personas con problemas de movilidad severa (DGT CV 21-5-24); colchones terapéuticos para aliviar lesiones lumbares (DGT CV 4-3-15); somieres eléctricos articulados para camas de personas con problemas de movilidad (DGT CV 21-5-24);
- baterías para las sillas de ruedas, accesorios y recambios para las mismas (DGT CV 4-3-15; CV 7-4-22); repuestos de reposapiés para sillas de ruedas (DGT CV 21-5-24); bolsa para silla de ruedas y andadores, que permite almacenar todo lo que se necesita a diario (documentación, medicinas, libros y comida) (DGT CV 12-12-24);
- accesorios para silla de ruedas (mochila, mesa/bandeja y soporte bastón) (DGT CV 15-10-25);
- camas ortopédicas (DGT CV 16-7-15); camas articuladas modificadoras de presión para evitar escaras, colchones antiescaras, los arneses de sujeción a la cama, los cojines de posicionamiento para su uso en cama para evitar escaras, los arneses para uso en grúas y los carros de lavado (DGT CV 3-9-15; CV 30-5-18); cama geriátrica (DGT CV 3-9-15; CV 30-5-18); camas hospitalarias con ruedas y articuladas diseñadas especialmente para el cuidado a domicilio (DGT CV 21-10-15); camas articuladas con carro de elevación, accesorios y repuestos de sillas de ruedas como respaldos, reposacabezas, reposabrazos especiales (DGT CV 4-1-17); camas de hospital de UCI y los colchones antiescaras (DGT CV 4-12-25);
- cuerdas de incorporación a cama para ayudar a personas con problemas de movilidad a incorporarse y sentarse en la cama (DGT CV 21-5-24); sábana de transferencia con asas para facilitar el giro, reposicionamiento y elevación de personas con movilidad reducida (DGT CV 14-10-25; CV 15-10-25); una sábana deslizante para facilitar el movimiento de personas mayores o pacientes con movilidad reducida (DGT CV 16-10-25); una cinta de transferencia con asas para facilitar la transferencia de pacientes encamados o en sillas de ruedas (DGT CV 19-11-25);
- sillones elevadores que facilitan la entrada y salida de la cama de personas con movilidad reducida (DGT CV 21-5-24);
- ciclos de mano (DGT CV 2-12-15); triciclos que se acoplan a las sillas de ruedas (DGT CV 21-1-16); productos de apoyo que se acoplan a las sillas de ruedas y facilitan la movilidad y autonomía de la silla facilitando la movilidad de la persona (DGT CV 2-12-15);
- dispositivos de ayuda de propulsión que se acoplan a las sillas de ruedas para motorizarlas, las eslingas para las grúas vendidas separadamente, cojines de posicionamiento, colchones antiescaras (DGT CV 10-11-16);
- bastones y muletillas (DGT CV 10-11-16); bastón multipodal de cuatro patas que permite sostenerse y desplazarse a personas con movilidad reducida (DGT CV 21-5-24); bastón ergonómico de fibra de carbono que permite sostenerse y desplazarse a personas con movilidad reducida (DGT CV 19-11-25);
- conteras específicas para andadores, muletas y sillas de baño (DGT CV 21-5-24);
- empuñaduras para andadores (DGT CV 21-5-24); fundas de neopreno axilares, de codo y de mano para muletas y andadores (DGT CV 13-6-24).

2071 **h. Plataformas elevadoras**, ascensores para sillas de ruedas, adaptadores de sillas en escaleras, rampas portátiles y barras autoportantes para incorporarse por sí mismo.

• Tributan al **tipo reducido**:

- las entregas, con o sin instalación, de plataformas elevadoras adaptadas para personas con movilidad reducida (DGT CV 5-9-17);

- las plataformas salvaescaleras, el elevador de corto recorrido, la silla salvaescaleras, las rampas portátiles y barras autoportantes (DGT CV 30-5-18); rampas inclinadas y rampas con elevación vertical (DGT CV 26-3-18); rampas inclinadas móviles que permiten salvar un hueco entre dos niveles (DGT CV 21-5-24); rampas que facilitan el paso de sillas de ruedas, andadores o scooters sobre umbrales y obstáculos, proporcionando estabilidad y seguridad (DGT CV 15-10-25);
- los elevadores de personas con la finalidad de recoger a las mismas del suelo tras haber sufrido una caída, o como ayuda de transferencia de pacientes entre el dispositivo y otras superficies (DGT CV 25-10-23).

• Tributan al **tipo general**:
- los ascensores aptos únicamente para el uso de personas con discapacidad (DGT CV 27-5-15); los ascensores normalizados (DGT CV 26-3-18; CV 26-5-2);
- una balanza con plataforma para pesar con ella a personas en silla de ruedas (DGT CV 7-4-20).

i. **Aparatos** y demás instrumental destinado a la **reducción de lesiones** o malformaciones internas, como suspensorios y prendas de compresión para varices.

• Tributan al **tipo reducido**:
- bragueros y suspensorios; tejidos elásticos destinados a la protección o reducción de lesiones o malformaciones internas; inmovilizadores; prendas de compresión de varices; medias elásticas terapéuticas y vendas enyesadas (DGT CV 29-12-14);
- medias, pantys y calcetines elásticos terapéuticas, vendas enyesadas y fajas post-parto (DGT CV 20-1-15); medias o fundas compresivas y regulables para piernas y brazos con el objeto de drenar los líquidos acumulados por trastornos del sistema linfático (DGT CV 25-4-18);
- rodilleras, tobilleras, musleras, coderas, muñequeras, hombreras, perneras, pantorrilleras y cabestrillos, que estén destinados a la reducción de lesiones, pero no cuando se trate meramente de productos destinados a prevenir las mismas. Las bandas para epicondilitis, protectores tubulares para dedos, taloneras y cazoletas de espolón, calzas para disimetrías, separadores subdigitales para dedos en garra y collarines cervicales (DGT CV 20-1-15);
- media larga antiembólica -media de compresión para varices, especial para personas encamadas- (DGT CV 2-12-15); calcetines de compresión media indicado para dolores intensos, varices (DGT CV 25-1-16);
- plantillas hechas a la medida del cliente para corregir o aliviar deformidades o lesiones funcionales, corsés de tronco para inmovilizar o corregir la columna vertebral, muñequeras, rodilleras, tobilleras, musleras y productos similares a medida (DGT CV 29-7-15);
- producto destinado a la inmovilización del esternón tras cirugías cardíacas y torácicas, con el fin de evitar la apertura de la herida, cuando tenga por objeto la reducción de lesiones (DGT CV 22-5-23).

• Tributan al **tipo general**:
- por no ser aparatos destinados a la reducción de lesiones o malformaciones internas, los protectores metatarsales para durezas plantares, apósitos para callos, protectores, correctores y separadores de juanetes, fajas, guantes, así como los productos para la reducción del dolor en lesión muscular o articular por aplicación de frío/calor (spray, parches, vendajes efecto frío, geles, compresas, cuellos para protección térmica, bolsas efecto frío/calor), sin perjuicio de que a estos productos les pueda resultar aplicable el tipo reducido, por aplicación de algún otro precepto de la LIVA, en concreto, a su consideración como medicamentos (DGT CV 20-1-15);
- calzado ortopédico especialmente indicado para pies diabéticos, artríticos, planos, valgos, con linfedema o neuropático (DGT CV 13-1-16);
- plantillas ortopédicas, guantes, dediles, deslizador para medias de compresión (DGT CV 29-4-15); plantillas ortopédicas estándar, fajas, muñequeras, rodilleras, tobilleras, musleras y productos similares estándar (DGT CV 29-7-15);
- medias de compresión ligeras profilácticas, cuando estén destinadas a un uso general de prevención, en este caso de la aparición de varices (DGT CV 28-5-15); vendaje tubular para debajo de la escayola (DGT CV 2-12-15);
- fundas de compresión para ser utilizadas en un sistema de compresión neumática intermitente cuya finalidad es prevenir la enfermedad tromboembólica venosa (DGT CV 13-7-16);
- inmovilizadores de abdomen, inmovilizadores de extremidades, protectores de codo-talón, de material textil y que sirven para inmovilizar al paciente y evitar caídas, que se incorpore o que se quite la sonda, así como para evitar escaras asociadas a largos periodos encamados (DGT CV 1-10-19);
- férula nasal externa (DGT CV 1-2-19).

j. Dispositivos de tratamiento de **diálisis domiciliaria y tratamientos respiratorios.** **2072**

• Tributan al **tipo reducido**:
- catéteres para hemodiálisis temporales y kits o conjuntos conteniendo los catéteres para hemodiálisis temporales y sus correspondientes accesorios -agujas, guías, dilatadores, tapones, etc.- (DGT CV 22-12-16);
- dispositivos para el tratamiento de la hemodiálisis en pacientes crónicos, dispositivos para la diálisis peritoneal domiciliaria para pacientes crónicos y dispositivos para la diálisis para pacientes con insuficiencia renal aguda, así como los materiales de uso prolongado, no fungibles -dispositivo dializador, monitores, catéteres de hemodiálisis- (DGT CV 3-2-16). En el mismo sentido, sin que afecte el hecho de que los tratamientos pueden realizarse tanto en el domicilio del paciente como en las unidades de diálisis de los centros sanitarios, DGT CV 25-5-17;

- dispositivo dializador o riñón artificial -dispositivo donde se produce efectivamente la eliminación de las toxinas urémicas y a través del cual se elimina el exceso de líquido del organismo- (DGT CV 25-9-18); máquinas dializadoras encargadas de bombear la sangre, hacerla circular por el filtro de sangre y de monitorizar el proceso de hemodiálisis (DGT CV 22-2-18);
- las líneas de diálisis y líneas de infusión líquido diálisis y autocebado, en tanto sean un circuito extracorpóreo sanguíneo, considerado como un dispositivo complejo integrado, y que forman parte del sistema del dispositivo dializador (DGT CV 20-4-20);
- dispositivo CPAP que se compone fundamentalmente de un ventilador, mascarilla y tubos necesarios para poder administrar la terapia (DGT CV 8-6-18). Los equipos médicos en su conjunto (compuestos por el generador de presión CPAP, la máscara CPAP y la tubuladura) para suministro de presión positiva continua en la vía aérea, que son dispositivos para tratamiento respiratorio utilizado en pacientes que sufren síndrome de apneas/hipoapneas del sueño (DGT CV 8-5-18).

• Tributan al **tipo general**:
- los aparatos de inhalación, que sirven para ayudar a una persona a inhalar o administrar medicamentos en forma de vapor, gas, spray o polvos como los inhaladores, dispositivos de aerosoles, cámaras de inhalación y mascarillas (DGT CV 20-1-15);
- gafas o cánulas nasales, mascarillas de oxígeno, tubos de oxígeno y filtros, mascarillas de anestesia (DGT CV 12-11-15);
- cartuchos de bicarbonato, ácido, sistemas de tratamiento de agua, y agujas de fístula, como productos accesorios a la entrega del dispositivo dializador (DGT CV 18-6-18);
- sillón de hemodiálisis (DGT CV 18-6-18); material fungible para el funcionamiento de la unidad de hemodiálisis (DGT CV 20-4-20);
- circuitos respiratorios para ventiladores hospitalarios de transporte (DGT CV 26-1-18); concentradores de oxígeno para terapias de respiración (DGT CV 30-4-18);
- mascarillas y filtro nasal de protección respiratoria para inmunodeprimidos y pacientes oncológicos que requieren tratamiento respiratorio (DGT CV 1-10-19);
- soporte vital extracorpóreo, ECMO, para asistencia cardiopulmonar mecánica, compuesto por un set de tubos con tratamiento de biocompatibilidad y mínimo volumen de cebado, una consola con motor reutilizable y un oxigenador de membrana (DGT CV 10-7-24).

k. Equipos médicos, aparatos y demás instrumental destinados a **compensar un defecto o una incapacidad**, que estén diseñados para uso personal y exclusivo de personas con deficiencia visual y auditiva:

• Tributan al **tipo reducido**:
- los bastones blancos para ciegos (DGT CV 20-1-15);
- los arneses específicos para perros guía de personas con discapacidad visual (DGT CV 27-4-17);
- kit compuesto por un producto electrónico que se fija a cualquier tipo de bastón y detecta los obstáculos peligrosos en el camino del usuario, en combinación con unos auriculares específicos que alertan de la presencia de los obstáculos mediante un retorno sonido 3D, para uso personal y exclusivo de personas que tengan deficiencia visual (DGT CV 7-2-22);
- kit destinado a personas con deficiencia visual compuesto por un bastón que incorpora en su mango un dispositivo electrónico que ayuda a los usuarios a reconocer objetos que se sitúen por encima del bastón (DGT CV 19-9-23);
- dispositivo de bucle de inducción magnético, calificado como ayuda técnica para personas con dificultades auditivas (DGT CV 11-2-22).

• Tributan al **tipo general**:
- chaleco con un sistema de bolas internas que ejerce un peso y presión en el sentido del tacto, y sobre la propiocepción -sensación de movimiento- en los músculos y articulaciones estimulando tales sentidos -indicado para personas con discapacidades funcionales como daños cerebrales, autismo TDH, parkinson, demencia, esquizofrenia, etc.- (DGT CV 27-11-19);
- dispositivos electrónicos para personas con discapacidad que permiten el reconocimiento de sonidos del entorno y los convierte en avisos para el usuario que son recibidos por el mismo en su teléfono móvil, reloj, etc., con la finalidad de evitar posibles situaciones de peligro (DGT CV 13-11-19);
- un auricular que capta una señal eléctrica del cerebro a través del canal auditivo que es procesada por un componente electrónico y avisa a la persona con epilepsia que va a sufrir una crisis (DGT CV 13-9-19);
- un dispositivo que captura la información visual y auditiva más relevante y la transmite a receptores mediante una red local inalámbrica en tiempo real. Las señales de imagen y/o sonido captadas son accesibles para las personas con discapacidad visual y/o auditiva mediante una aplicación informática que pueden instalar en cualquier dispositivo electrónico -PC, tablet, teléfono...- (DGT CV 12-11-20);
- fabricación y venta para equipos de regeneración ósea (DGT CV 19-7-21).

2073 **l. Productos de apoyo** que estén diseñados para uso personal y exclusivo de **personas con deficiencia física**, mental, intelectual o sensorial:

• Tributan al **tipo reducido**:
- equipo de ayuda para la ducha (DGT CV 16-7-15);

- productos sanitarios para higiene personal: elevadores de bañera, sillas de ducha y bañera, taburetes de ducha y bañera, barras de apoyo para cuartos de baño, asideros, cuadros de lavabo, elevadores de inodoro y sillas de WC (DGT CV 30-5-18). En el mismo sentido, DGT CV 7-2-22; elevadores eléctricos para inodoros (DGT CV 21-5-24); **2073** (sigue)
- alzas de inodoro, barras y/o asideros de apoyo para inodoro y bañera y reposabrazos para inodoro no montados en este -apoyados en el suelo- (estructuras para el inodoro con reposabrazos), así como los productos de apoyo para lavarse, bañarse y ducharse como: sillas para baño o ducha, taburetes, productos de apoyo para reducir la longitud o profundidad de la bañera, como la silla inodora (DGT CV 12-12-24);
- adaptadores para facilitar el agarre de objetos tales como cubiertos, cepillos de dientes o lápices (DGT CV 21-5-20);
- un alcanzador plegable adecuado para aquellas personas que tienen dificultad para agacharse y problemas de movilidad (DGT CV 21-7-23);
- grúas para movilizar personas con discapacidad (DGT CV 5-7-23);
- traje de neuromodulación, siempre que, por sus características objetivas, esté diseñado para uso personal y exclusivo de personas que tengan deficiencias físicas, mentales, intelectuales o sensoriales y pueda considerarse como un estimulador funcional (DGT CV 5-7-23);
- exoesqueleto robótico (ortesis activa de cadera y rodillas) para neurorrehabilitación (DGT CV 17-7-25); también los servicios de formación adicional de terapeutas para uso del exoesqueleto, al tratarse de servicios accesorios a la operación principal constituida por la entrega del exoesqueleto, que han de seguir el régimen jurídico aplicable a dicha entrega (DGT CV 17-7-25).

• Tributan al **tipo general**:
- filtros, humidificadores, antibacterianos, antivíricos y pediátricos para aliviar y tratar deficiencias respiratorias, máscaras para anestesia, máscara para terapia ventiladora no invasiva, así como válvulas, máquina portátil de regulación de flujos y concentración de oxígeno y analizador de concentración de oxígeno y aparatos de electroestimulación nerviosa, con electrodos y catéteres para conectarlos al cuerpo humano, por tratarse de productos que por sus características objetivas están diseñados para uso general en las áreas de reanimación (DGT CV 26-5-15);
- equipos láser y componentes (DGT CV 29-6-15);
- pantalla de diagnóstico para medir potencia visual, medidor de potencia de la lente, trazadores que sirven para digitalizar la montura y cortar la lente, retinógrafo, autorefractómetro, medidor de la tensión ocular, gafa electrónica para graduación, y aparato para tomar el centro de la pupila (DGT CV 16-7-15);
- una cabina de ducha diseñada específicamente para personas con movilidad reducida o que necesitan ayuda de terceras personas para su aseo (DGT CV 9-3-20);
- cicloergómetros diseñados para aliviar y tratar deficiencias físicas y motoras de personas físicas mediante el entrenamiento de las extremidades (DGT CV 12-5-21);
- un vaso terapéutico elevado autoportante desmontable para que pueda realizar terapia en el agua con una persona con discapacidad (DGT CV 17-5-21);
- aparato de neuromodulación destinado al alivio del dolor (DGT CV 6-10-23);
- la barandilla/barrera de cama (DGT CV 4-4-22; CV 11-7-23); el respaldo de cama ajustable para personas con problemas de movilidad (DGT CV 8-2-22); la mesa cama portátil para personas con movilidad reducida que permanecen encamadas (DGT CV 4-4-22; CV 4-4-22);
- productos de apoyo para ponerse calcetines, medias y pantys (DGT CV 7-2-22);
- lavacabezas portátiles, peldaño para acceso a bañera y bancos de transferencia de bañera; bidet acoplable inodoro y aplicadores de loción para la espalda con mangos largo (DGT CV 8-2-22);
- silla inodoro para personas que por su grado de discapacidad no pueden utilizar los inodoros convencionales (DGT CV 4-4-22); taburetes para el inodoro (DGT CV 7-2-22); estructura para inodoro con mecanismo de elevación incorporado para ayudar a una persona a levantarse y a sentarse del inodoro (DGT CV 17-10-22; CV 1-10-24); dispositivo acoplable al inodoro de presión para aplicación de agua a personas con movilidad reducida (DGT CV 8-2-22);
- los productos de apoyo, recolectores de orina y heces: orinales externos y botellas para orinar, chatas y cuñas para usar en la cama (DGT CV 8-2-22);
- cuchara adaptada, para mejorar la independencia a la hora de comer de las personas con movilidad reducida en brazos o muñecas (DGT CV 12-12-24);
- vaso adaptado, con tapa, boquilla y asa para beber de forma segura y con mayor independencia (DGT CV 12-12-24).

3) Tributan al **tipo general** los siguientes productos sanitarios (DGT CV 20-1-15):
- administrados por vía nasal para el lavado nasal: irrigaciones y duchas nasales y para el tratamiento de la congestión nasal;
- para el tratamiento de afecciones vaginales: geles, óvulos, cápsulas y comprimidos vaginales;
- contra la sequedad vaginal: lubricantes vaginales y lubricantes para favorecer las relaciones sexuales;
- para la prevención y tratamiento de infecciones urinarias (cistitis), soluciones para la limpieza de oídos, soluciones oculares humectantes, soluciones oculares para el baño ocular, lágrimas artificiales, colirios, pomadas y gotas oculares lubricantes e hidratantes para ojos;

También es aplicable el tipo general a los siguientes productos sanitarios:
- los paneles de secuenciación, soluciones, calibradores y productos varios para la determinación de la cepa COVID-19 (DGT CV 14-12-23);
- productos utilizados para la creación de salas de estimulación multisensorial: tubos de burbujas con luz, fibras ópticas con luz, cama de agua vibro-acústica, elementos de vibración, software para la planificación de escenas, elementos de video-proyección y equipos de sonido (DGT CV 5-7-23);
- protectores de escayolas (fundas de plástico que protegen las escayolas y permiten a los usuarios bañarse o ducharse sin que aquellas se deterioren) (DGT CV 11-7-23);
- una cámara hiperbárica (DGT CV 26-11-25);
- una tarima vibroacústica y los pulsadores/interruptores adaptados para personas con carencias físicas (DGT CV 14-10-25).

2074 Jurisprudencia 1) La normativa comunitaria no permite la aplicación de un tipo reducido de IVA a los productos sanitarios, material, equipos o instrumental que, objetivamente considerados, solamente puedan utilizarse para prevenir, diagnosticar, tratar, aliviar o curar enfermedades o dolencias del hombre o de los animales (actualmente Dir 2006/112/CE anexo III puntos 3 y 4). Tampoco permite aplicar un tipo reducido a los aparatos y complementos susceptibles de destinarse a suplir las deficiencias físicas de los animales.
Sobre los aparatos y complementos esencial o principalmente utilizados para suplir las deficiencias del hombre, pero que no se destinan al uso personal y exclusivo de las **personas con discapacidad**, no puede aplicarse un tipo reducido de IVA (TJUE 17-1-13, asunto C-360/11).
2) El tipo reducido relativo a los **productos farmacéuticos** solo es aplicable a productos que según el sentido habitual de los términos pueden considerarse como productos farmacéuticos; solo es aplicable cuando se trata de un producto susceptible de utilización directa por el consumidor final; es aplicable a productos utilizados normalmente para los usos citados en dicha categoría, aunque de forma residual o subsidiaria puedan utilizarse para otros fines. El tipo reducido relativo al material médico exige que se trate de equipos o instrumental para uso personal y exclusivo de personas con discapacidad (TJUE 4-6-15, asunto C-678/13).
3) Se puede aplicar el tipo general a la entrega o alquiler de **concentradores de oxígeno**, mientras que se aplica un tipo reducido del IVA a la entrega de botellas de oxígeno (TJUE 9-3-17, asunto C-573/15).
4) Un Estado miembro puede aplicar el tipo impositivo reducido a los medicamentos y dispositivos médicos suministrados con **fines terapéuticos** y el tipo general a los mismos medicamentos y dispositivos médicos suministrados con fines meramente estéticos (TJUE 27-6-19, asunto C-597/17).
5) Los distintos componentes que forman el **equipo para suministro de presión positiva** continua en la vía aérea, por separado e individualmente considerados (el generador de presión CPAP, la máscara CPAP y la tubuladura) no pueden cumplir la función de aliviar o tratar deficiencias para uso personal y exclusivo de personas que tengan deficiencias físicas, mentales, intelectuales o sensoriales, por lo que no cabe aplicar el tipo reducido (TEAC 15-7-21).
6) A la luz del principio de primacía del Derecho de la UE, no es de aplicación el tipo reducido del IVA al material desechable para **análisis clínicos**, destinado en exclusiva a su utilización en examen in vitro, porque la norma que establecía un tipo reducido en estos casos fue declarada contraria al Derecho de la Unión por el TJUE (TS 13-11-24, EDJ 744274).

2075 **Viviendas, garajes y anexos** (LIVA art.91.uno.1.7º) La materia se expone en el capítulo relativo a las operaciones inmobiliarias (nº 8771 s.).

2080 **Flores, plantas vivas de carácter ornamental, semillas, bulbos y esquejes** (LIVA art.91.uno.1.8º) Se aplica el tipo reducido (10%) a las entregas, adquisiciones intracomunitarias o importaciones de flores, plantas vivas de carácter ornamental, semillas, bulbos, esquejes y otros productos de origen exclusivamente vegetal susceptibles de ser utilizados en su obtención.
Las operaciones realizadas **de forma conjunta** con las entregas anteriores, que no tengan carácter accesorio de dichas entregas, tributan según el tipo impositivo que corresponda.

2081 Precisiones 1) A efectos de la LIVA, según el Diccionario de la Real Academia Española, se consideran **flores** los brotes reproductores de las plantas fanerógamas. A dichos efectos, no tiene la consideración de flor la que no sea natural, es decir, la denominada según el diccionario como **flores de mano**, hecha a imitación de las naturales con cualquier tipo de material (plástico, tela, papel, etc.).
2) Se definen las **semillas** como los elementos cuyo destino es reproducir la especie o establecer cultivos, así como los tubérculos, bulbos y otros órganos y material vivo que se utilicen con tales fines (L 30/2006 art.3.1). En cuanto a las semillas y plantas de vivero de especies forestales, su regulación se contiene en el RD 289/2003.
3) Tributan al tipo reducido los **árboles y arbustos frutales**, las plantas hortícolas y las plantas aromáticas utilizadas como condimento (DGT Resol 2-8-12 aptdo.II.2º).

4) En todo caso tributan al tipo reducido los productos definidos cuando, por sus **características objetivas**, envasado, presentación y estado de conservación, sean susceptibles de ser utilizados directa, habitual e idóneamente en la realización de actividades agrícolas, forestales o ganaderas.

Ejemplo Una empresa de **floristería** realiza la entrega de los siguientes **productos**: a) ramos de flores naturales que, cuando así lo demanda el cliente, se entregan en los domicilios de sus destinatarios; b) semillas y bulbos de flores; c) plantas y flores secas; d) adornos en material plástico y madera (cintas, recipientes especiales, soportes, esponjas, etc.); e) plantas vivas y esquejes que, en ocasiones, se llevan y plantan en el domicilio del cliente; f) como otra actividad de la empresa se prestan servicios de diseño, asistencia técnica y conservación de jardines; g) plantas aromáticas. **2082**
Se aplica el tipo reducido a las entregas de ramos de flores naturales, plantas vivas de carácter ornamental, semillas, bulbos y plantas aromáticas. El servicio de entrega a domicilio constituye, generalmente, una operación accesoria a la entrega de los citados productos.
Tributa al tipo reducido la entrega de flores secas, bulbos y de esquejes. Si además de la entrega, se prestasen servicios de jardinería, que no tuviesen un carácter accesorio al de la entrega de plantas, dichos servicios tributarían al tipo general.
Se aplica el tipo general a las entregas de plantas secas y de adornos en plástico y en madera.
Los servicios de diseño, asistencia técnica y conservación de jardines tributan al tipo general.

Doctrina Administrativa Además de las siguientes contestaciones de la DGT, ver nº 11000 s. **2083**
1) Se consideran flores los brotes reproductores de las plantas fanerógamas, producidos por estas últimas, es decir, las denominadas flores naturales, incluidas las **flores naturales secas** que hayan sido sometidas a un proceso de conservación, liofilización y lacado. No tienen, a estos efectos, la consideración de flor la que no sea natural, es decir, la denominada **flor de mano**, hecha a imitación de las naturales con cualquier tipo de material (plástico, tela, papel, etc.) que, por tanto, tributa al tipo general (DGT CV 26-10-22; CV 20-2-23).
Se consideran **plantas vivas de carácter ornamental** aquellas que, por su naturaleza y función, están solo destinadas a ser utilizadas como adorno (DGT 23-5-00). Los **verdes ornamentales** (ramas, hojas y tallos cortados), si bien son naturales y de carácter ornamental, no tienen la consideración de plantas vivas, por lo que tributan al tipo general. No obstante, si alguna de las especies, objetivamente considerada, fuera susceptible de continuar su proceso de crecimiento y reproducción, se le aplicaría el tipo reducido. Los verdes ornamentales que florecen en algún momento de su proceso de crecimiento no tienen la consideración de flores (DGT CV 22-2-05; CV 28-4-15; CV 3-7-15; CV 17-2-22).
2) No tienen **carácter accesorio** (nº 1751) a las entregas de flores, las entregas de recipientes que las contengan (floreros, macetas, jardineras, etc.) cuando dichos bienes tengan entidad propia, que vaya más allá de la función normal de un envase o embalaje, así como en los casos en que el valor de los recipientes sea superior al de las flores o plantas que contienen (DGT 17-7-97). En el mismo sentido respecto de las entregas de jarrones y búcaros, DGT CV 28-11-16.
Cuando mediante contraprestación única se entregan plantas vivas de carácter ornamental que tributan al tipo reducido, y se realizan otras operaciones (como es la entrega del **acuario**) que no tenga carácter accesorio de las mismas, y a las que les sea aplicable el tipo general, debe especificarse qué parte de contraprestación y, por tanto, de base imponible, corresponde a cada clase de bienes gravados a un tipo impositivo distinto (DGT CV 8-11-23).

3) Tributan al **tipo general**: **2084**
- las flores que no tengan la consideración de naturales, esto es, las **flores y plantas artificiales**, hechas a imitación de las naturales con cualquier tipo de material (plástico, tela, papel...), las plantas secas (DGT 15-1-01); las esponjas utilizadas por los floristas para pinchar las flores y que estas absorban agua (DGT 23-4-98); los troncos de madera para ser decorados con flores secas (DGT 16-11-98); y el musgo seco (DGT 15-1-01);
- la entrega de **corteza de pino** para la decoración de jardines (DGT 7-1-03).

4) Tributan al **tipo reducido**:
- las entregas de **plantones** de frutales. Este tipo impositivo reducido es igualmente aplicable a las prestaciones de servicios asociadas a la venta de plantones, tales como royalties, independientemente de que su facturación se realice por persona distinta del vendedor del plantón, siempre que se realice en favor del titular de una explotación agrícola, forestal o ganadera y dichas prestaciones de servicios sean necesarias para el desarrollo de dicha explotación (DGT CV 19-2-13; CV 17-3-14);
- las entregas de **plantas hortícolas y aromáticas** susceptibles de ser utilizadas habitual e idóneamente para la obtención de condimentos y alimentos de acuerdo con lo establecido en el Código Alimentario y las disposiciones dictadas para su desarrollo (DGT CV 28-2-13; CV 11-4-13);
- **flores naturales** cortadas de larga vida que se **secan** y conservan durante años (DGT CV 7-4-15);
- **flor fresca**, flor preservada, que es una flor fresca viva con un tratamiento de glicerina para que dure más (DGT CV 28-4-15); flores naturales ornamentales liofilizadas (DGT CV 28-11-16);

- las entregas de flores, plantas vivas y coronas realizadas por una funeraria en el ejercicio de su actividad de pompas fúnebres y prestación de **servicios funerarios** (DGT CV 23-2-16). También en servicios de tanatorio (DGT CV 2-3-16). Igualmente, en las entregas a otros clientes que no sean destinatarios de sus servicios funerarios (DGT CV 2-3-16).

2085 **5)** El tipo impositivo aplicable a los **servicios de jardinería**, en los casos en que tales servicios se presten aisladamente y en los casos en que, pese a ser efectuados conjuntamente con entregas de plantas vivas de carácter ornamental, no tengan carácter accesorio de dicha entrega por tener una entidad propia, es el general (DGT CV 29-4-15).

6) En las entregas de ramos de flores para decorar iglesias, celebraciones o escenarios, que incluyen **trabajos accesorios** de colocación y retirada, los servicios que tengan carácter accesorio de dichas entregas siguen a la operación principal (DGT CV 28-11-16). No obstante, tributan al tipo general los servicios de colocación y elaboración de las **fantasías decorativas** de flores y plantas vivas de carácter ornamental, sin aportar las flores, para otras floristerías o establecimientos (DGT CV 8-3-17).

2. Prestaciones de servicios

(LIVA art.91.uno.2)

2090 Las categorías de operaciones que tienen la consideración de prestaciones de servicios gravadas al tipo reducido son:

Prestaciones de servicios gravadas al tipo reducido (10%)	Nº
Transportes de viajeros y sus equipajes	2092
Hostelería y restaurantes	2100
Servicios agrícolas, ganaderos y forestales	2110
Limpieza urbana	2130
Recogida y tratamiento de residuos	2133
Manifestaciones culturales	2145
Asistencia social	2155
Espectáculos deportivos aficionados	2185
Ferias y exposiciones comerciales	2190
Artistas	2200
Otros servicios	2215

2092 **Transporte de viajeros y sus equipajes** (LIVA art.91.uno.2.1º) Tributan al tipo reducido (10%) los servicios de transporte de viajeros y sus equipajes. No se comprende en la aplicación del tipo reducido el transporte de **mercancías**.

No obstante, los servicios de **autopistas** y otras vías en régimen de concesión tributan al tipo general (ver nº 2097).

2093 Ejemplos **1)** Una empresa de transporte de viajeros en **autobús** tiene establecida una línea regular entre Barcelona y París, y otra entre dicha ciudad y Madrid, Valencia y Zaragoza. También realiza servicios de transporte de pequeña **paquetería** para una empresa de mensajería establecida en Almería. Tiene concertado un servicio de **autotaxi**, con tarifa reducida, para trasladar a sus clientes desde la estación de autobuses a las distintas poblaciones próximas a Barcelona. También tiene a disposición de sus clientes una reducida flota de vehículos de turismo para ser cedidos en **alquiler**. Ocasionalmente, algunos fines de semana, **arrienda sus autobuses** sin conductor a empresas de transporte discrecional de viajeros. En sus desplazamientos, la flota de autobuses utiliza habitualmente el servicio de autopistas de peaje, soportando el IVA al tipo correspondiente.

Se aplica el tipo reducido a los servicios de transporte de viajeros en **autobús** en la parte del recorrido que discurra por el territorio de aplicación del IVA. También se aplica dicho tipo a los servicios de autotaxi.

Los servicios de transporte de **paquetería** tributan al tipo general, pues no se trata de un transporte de equipajes de viajeros, sino de un transporte de mercancías.

El **arrendamiento** de sus autobuses y de los vehículos de turismo tributa al tipo general, pues la aplicación del tipo reducido no se extiende al arrendamiento de medios de transporte.

El tipo impositivo relativo a la utilización de **autopistas** de peaje por la flota de autobuses de la empresa es el general.

2) Una empresa presta servicios consistentes en **llevar a personas a alta mar** a bordo de barcos de pesca con el fin de observar la actividad pesquera.

En este caso no se está prestando un servicio de transporte de personas, sino un servicio recreativo y de disfrute, por lo que no se aplica el tipo reducido.

Doctrina Administrativa Además de las siguientes contestaciones de la DGT, ver nº 11000 s. 2094
1) Se aplica el **tipo general** a las siguientes operaciones:
- **arrendamiento** de medios de transporte, con o sin conductor (DGT CV 5-5-86; 23-9-86; 6-5-02); no obstante, respecto al arrendamiento de vehículos con conductor, ver DGT 5-11-04 en el nº 2095 y TEAC 6-11-02 en el nº 2097;
- servicios de taxi que se facturan a los destinatarios de **servicios funerarios**, por las propias funerarias, cuando se presten en el marco de un servicio funerario o de crematorio (DGT CV 22-3-16). En el mismo sentido, los servicios de coches de acompañamiento que se presten en el marco de un servicio funerario o de crematorio (DGT CV 9-8-16; CV 8-3-17). No obstante, si los referidos servicios de taxi y coches de acompañamiento se prestan al margen del propio servicio funerario o de crematorio, esto es, de forma independiente a los mismos, y son prestados en nombre propio por la funeraria, debe tenerse en cuenta lo establecido en relación con el régimen especial de las agencias de viajes (DGT CV 9-8-16; CV 5-6-17);
- transporte de **mercancías** (DGT CV 29-3-12) o de mascotas (DGT 6-10-00);
- utilización de **infraestructuras** viarias interiores, como muelles, viales y zonas de estacionamiento (DGT 10-11-97; 30-1-98);
- servicios prestados por las **estaciones de autobuses** a las empresas de transporte de viajeros por carretera (DGT 7-4-98);
- la organización de **excursiones**, comprensivas por un conjunto de prestaciones diversas tales como una travesía por mar, servicio de restaurante durante la travesía, paradas para tomar baños de mar, guía turística, etc., ya que el contrato que suscriben los empresarios con sus clientes resulta ajeno al de transporte, no teniendo aquel más finalidad que el **recreo**, disfrute o esparcimiento de los mismos sin que se aprecie propósito alguno de trasladarse de un punto a otro (DGT 6-5-03; 21-5-03);
- servicios de transporte en **embarcaciones** con tripulación profesional que se alquila a quienes solicitan realizar la práctica del buceo (DGT CV 11-4-13);
- servicio prestado por titulares de **embarcaciones de pesca** que llevan a personas a alta mar para que puedan contemplar la actividad pesquera (DGT CV 30-5-14);
- los servicios de arrendamiento de **patinetes eléctricos** para su uso urbano, ya que no son servicios de transporte de viajeros (DGT CV 11-5-21; CV 20-8-21).

2) Se aplica el **tipo reducido** a las siguientes prestaciones de servicios: 2095
- el **transporte terrestre de viajeros** cualquiera que sea la naturaleza del vehículo utilizado al efecto (DGT CV 7-2-86; CV 8-4-86); y con independencia de que se usen **medios humanos y materiales** propios o de terceros (DGT CV 14-10-05); tanto los realizados por un solo transportista como por **varios** que actúen en colaboración o por transportistas que presten sus servicios a otros transportistas (DGT CV 23-9-86; 22-6-87);
- el **arrendamiento de vehículos con conductor**, cuando de los pactos entre las partes pueda deducirse que la prestación fundamental del arrendador es un transporte de personas, de forma que este asume la posición de transportista y los riesgos y responsabilidades en caso de daños o accidentes, conservando la titularidad de la explotación de los vehículos (DGT 17-9-04; 8-10-04; 5-11-04); o con la posibilidad de realizar el seguimiento de itinerarios, histórico de los mismos etc. a través del sistema GPS o GRPS, desde una página Web con acceso reservado a los clientes del servicio de alquiler (DGT CV 7-8-09); pero si el alquiler es de un vehículo de tres ruedas sin conductor, tributa al tipo general (DGT CV 17-9-09); los servicios de alquiler de vehículos con conductor (DGT CV 10-3-16);
- transportes realizados por **teleférico** y otros medios en que la tracción se haga por cable (DGT 16-5-89);
- transporte de viajeros en autocar (DGT CV 19-11-18); transporte de **personal** en autobús desde su domicilio al centro de trabajo;
- transporte de viajeros en **coches-cama** o en trenes-hotel;
- transporte de personas en **embarcaciones** para recorridos turísticos, con idéntico punto de partida y llegada (DGT 21-9-98; CV 20-8-19); o en una embarcación de visión submarina (DGT CV 1-8-05);
- realización de **excursiones marítimas turísticas** a bordo de una embarcación entre distintos puertos establecidos en el territorio de aplicación del Impuesto (DGT CV 15-2-24); excursiones marítimas turísticas que pueden incluir la práctica de buceo y otros deportes acuáticos, sin desembarco en los posibles destinos (DGT CV 5-12-23);
- transporte de viajeros y sus equipajes del aeropuerto al hotel y viceversa, prestados por una **agencia de viajes** en nombre propio a un tour operador extranjero (DGT 16-3-99); en el mismo sentido (DGT CV 18-9-24); si se presta en nombre propio a través de medios ajenos y el destinatario del servicio es un empresario o profesional con derecho a la deducción o a la devolución del Impuesto, se puede optar por la aplicación del régimen general del Impuesto, tributando al tipo reducido (DGT CV 11-11-16; CV 28-12-17);
- la utilización de las autopistas por las **ambulancias** cuando dichos vehículos estén incluidos en la clasificación 10.43 en la correspondiente tarjeta de inspección técnica de vehículos (DGT 20-1-99);

- transportes de **enfermos o heridos** en vehículos que no estén especialmente adaptados para ello (DGT CV 29-4-11); transporte de personas con discapacidad no exento (DGT CV 21-5-15); transporte de personas mayores a **centros de día** (DGT CV 27-10-25).

2096 - transporte de **personal sanitario** conjuntamente con el transporte de los órganos humanos. No obstante, los servicios independientes de transporte de órganos humanos para trasplante tributan al tipo impositivo general (DGT CV 1-2-18);
- **traslados aéreos** en helicóptero (DGT CV 11-5-11); o en globo aerostático entre dos puntos distintos, cuando dicho servicio responda a las características del contrato de transporte y, especialmente, de la modalidad de pasaje. Se aplica el tipo general al recorrido aéreo cuando el punto de salida y de llegada sea el mismo punto, y los servicios de publicidad aérea (DGT CV 24-3-14). Ver TS 9-1-23, EDJ 500876 en el nº 2097;
- los servicios de emisión y gestión en la **expedición de billetes** accesorios al servicio de transporte aéreo de viajeros (DGT 20-1-04);
- transporte de personas por vía urbana en vehículo con un máximo de seis plazas, haciendo recorridos por los **puntos de interés histórico** y turístico de la ciudad (DGT CV 18-10-16). En términos similares, DGT CV 19-6-20;
- cuando los pasajeros que contratan los **cruceros** de los propietarios de la embarcación son trasladados en barco a lo largo de un trayecto por mar a determinados puntos concretos donde se efectúan desembarcos de pasajeros o si los pasajeros contratan el barco completo, siendo los que eligen el trayecto y determinan las paradas, ya que los servicios de tripulación y alojamiento son accesorios al de transporte (DGT CV 31-8-07);
- la venta de **tarjetas** que otorgan al adquirente el derecho a utilizar el medio de transporte durante un determinado número de trayectos (DGT CV 18-6-10);
- el servicio de **transporte discrecional** de viajeros y sus equipajes por carretera. También la denominada «intermediación» en el servicio de transporte discrecional de viajeros por carretera, porque supone un servicio de transporte que una empresa presta a otra, en nombre de la primera pero por cuenta de la segunda, para el transporte de viajeros y sus equipajes. Por el contrario, la simple **mediación en un servicio de transporte**, prestación del servicio en nombre y por cuenta ajena, no equivale a la prestación de dicho servicio y, por tanto, tributa en todo caso al tipo impositivo general, al igual que el resto de los servicios de transporte por carretera, que no sean de viajeros y sus equipajes (DGT CV 23-11-17).

3) En el concepto de transporte de viajeros pueden incluirse conceptos directamente relacionados y necesarios para la prestación principal como el control de las circulaciones, el control de accesos a las instalaciones o la atención en información al viajero. En cambio, no pueden considerarse como prestaciones de un servicio de transporte de viajeros, ni tampoco como servicios accesorios al mismo, otros conceptos incluidos en el **contrato de gestión integral**, como los de comunicación y promoción del tranvía, los de gestión técnica, administrativa y jurídica de incidentes y accidentes, explotación comercial de superficies o explotación de publicidad en distintos soportes (DGT CV 1-12-11).

2097 Jurisprudencia **1)** Los servicios de utilización de una infraestructura viaria a cambio de un **peaje** no se comprenden entre los servicios de transporte de viajeros y sus equipajes (TJUE 18-1-01, asunto C-83/99). Los servicios consistentes en permitir el uso de una red viaria a cambio de un peaje están gravados por el IVA al tipo general (TJUE 12-6-08, asunto C-462/05).

2) El **arrendamiento** de medios de transporte tributa al tipo general, pues no se trata de un servicio de transporte de viajeros (TEAC 16-3-99).

El arrendamiento de **vehículos con conductor** tributa al tipo reducido, asimilándose al de transporte de personas (TEAC 6-11-02).

3) Se aplica el tipo reducido cuando se realiza el transporte de viajeros en barco prestando **servicios accesorios**, como el de restauración (TEAC 29-3-06).

4) Un Estado miembro puede aplicar tipos diferentes al transporte en **taxi** y al transporte en vehículo de **alquiler con conductor**, salvo cuando las particulares circunstancias de la prestación determinen que estas dos modalidades de transporte deban considerarse similares (TJUE 27-2-14, asuntos acumulados C-454/12 y C-455/12).

5) Las actividades que tengan una **finalidad principalmente recreativa o turística**, realizadas a través de un globo aerostático, no pueden tener la consideración de transportes de viajeros y sus equipajes (TS 9-1-23, EDJ 500876).

2100 **Hostelería y restaurantes** (LIVA art.91.uno.2.2º) Se aplica el tipo impositivo reducido (10%) a los servicios de hostelería, acampamento y balneario, los de restaurante y, en general el suministro de comidas y bebidas para consumir en el acto, incluso si se confeccionan previo encargo del destinatario.

A efectos del IVA, se considera que **se consumen en el acto** los suministros de comidas y bebidas, incluso las realizadas por encargo, cuando se consumen en el establecimiento del empresario que se dedica a dicha actividad y se sirven por el personal de dicho empresario. Igualmente, se considera que se consumen en el acto, los suministros de comidas y bebidas que se consumen en el domicilio del cliente, cuando se sirven por el personal del empresario desplazado hasta dicho domicilio, y se utilicen para ello materiales aportados por el referido empresario, tales como mantelerías, vajilla y otros análogos. Las operaciones descritas tienen la consideración de prestaciones de servicios, tanto si se han confeccionado o no por el empresario y, en su caso, tanto si se han utilizado materias primas propiedad del empresario o suministradas por el cliente (DGT CV 11-4-12; CV 25-1-16; CV 23-10-23). El alquiler del mobiliario necesario para la prestación del servicio tributa al tipo general (DGT CV 22-7-10).

La **normativa comunitaria** autoriza a los Estados miembros a gravar con el tipo reducido los servicios de restauración y catering (España ya se beneficiaba de una norma particular que le habilitaba para aplicar un tipo reducido a estas operaciones). Con respecto a la entrega de **bebidas** en el marco de los servicios de restauración y catering, se establece explícitamente que los Estados miembros pueden incluir o excluir la entrega de bebidas, alcohólicas o no, al aplicar un tipo reducido a los servicios de restauración y catering (Dir 2006/112/CE Anexo III aptdo.12 bis).

Por el contrario, **no se entienden consumidos en el acto** los suministros de comidas y bebidas que se consumen fuera del establecimiento del empresario dedicado a dicha actividad y no se sirven por el mismo. Dichos suministros tienen la consideración de entregas de bienes, tanto si los alimentos han sido previamente elaborados, confeccionados o producidos por el empresario, utilizando bienes propios, como si no hubiesen sido previamente elaborados por el empresario, que se limita a venderlos en las mismas condiciones que son adquiridos.

Dentro de los **servicios de hostelería**, que comprenden fundamentalmente los de alojamiento, a efectos del IVA hay que entender comprendidos, entre otros, los prestados por los siguientes establecimientos: hoteles, paradores, hostales, pensiones, moteles, fondas, residencias, casas de huéspedes, casas rurales, etc. También tienen la consideración de prestaciones de servicios de hostelería el arrendamiento de apartamentos turísticos, chalets, villas, bungalós, etc., cuando presten determinados servicios propios de la industria hostelera, y los expresamente especificados en la normativa del IVA, es decir, los servicios de acampamento (campamentos, campings, albergues, centros de vacaciones, etc.) y los balnearios.

Los **servicios mixtos** de hostelería, espectáculos, discotecas, salas de fiesta, barbacoas u otras análogas tributan al tipo reducido.

Precisiones 1) En relación con la cesión de los derechos de **aprovechamiento por turno de edificios**, ver nº 8786. **2101**

2) El **alojamiento para vacaciones** a que se refiere la normativa comunitaria -Dir 2006/112/CE anexo III aptdo.12- incluye el arrendamiento de tiendas de campaña, caravanas o viviendas móviles instaladas en campings y utilizadas a modo de alojamiento (Rgto UE/282/2011 art.43).

3) En relación con el concepto comunitario de **servicios de restauración y catering** de la normativa comunitaria, ver nº 182 y nº 562.

Ejemplos 1) Una **empresa de hostelería** presta servicios de catering a empresas, colegios, residencias de ancianos y hospitales. Tiene tienda para que los clientes lleven a casa la comida y bebida preparada. También dispone de salones para la celebración de banquetes y bodas. Dichos salones, ocasionalmente, son arrendados a empresas para la celebración de reuniones y convenciones, sin que se preste ningún servicio propio de la hostelería. También realiza la actividad de explotación de máquinas automáticas expendedoras de alimentos y bebidas. **2102**

Las operaciones de **venta de comida y bebida** para llevar a casa efectuadas por la empresa, así como el servicio de **catering** a otras empresas, pero sin prestar ningún servicio de camareros, vajillas, etc. tienen la consideración de entregas de bienes y se aplica el tipo que corresponda en función de los bienes entregados, es decir, el tipo reducido cuando se trate de alimentos, y el general, si se trata de bebidas alcohólicas o bebidas refrescantes, zumos y gaseosas con azúcares o edulcorantes añadidos.

Los servicios de **catering** que se sirvan por el personal del empresario suministrador empleando medios materiales del mismo (vajilla, cristalería, mantelerías, etc.) a empresas, colegios, residencias de ancianos y hospitales, y los de restaurante, así como los de banquetes y bodas, tributan al tipo reducido. Por **servicios de restaurante** debe considerarse, a efectos del IVA, no solo los efectuados por establecimientos que respondan a dicha denominación, sino atendiendo a la naturaleza de las operaciones que, en un sentido amplio, son las realizadas, entre otros, por los siguientes establecimientos: cafeterías, bares, tabernas, heladerías, quioscos y puestos ambulantes, cervecerías, chocolaterías, pizzerías, pubs y demás establecimientos similares.

Tributa al tipo general el **arrendamiento de los salones a empresas**, pues dichas operaciones no pueden considerarse de carácter hostelero, aunque el objeto de arrendamiento sea un bien utilizado en la actividad hostelera.

Las operaciones de suministro de alimentos y bebidas efectuadas a través de **máquinas automáticas** expendedoras de dichos productos tienen la consideración de entregas de bienes y no de prestaciones de servicios, debiendo tributar conforme a la naturaleza de los bienes entregados.

2) Una empresa de **elaboración de pizzas** efectúa las siguientes operaciones: a) vende pizzas que son consumidas por los clientes en el propio establecimiento; b) vende pizzas que los clientes se llevan fuera del establecimiento (take away); c) dentro de sus actividades empresariales

también participa, con otra empresa del grupo, en fiestas infantiles, sirviendo un menú especial a domicilio de los clientes que incluye todo tipo de bebidas no alcohólicas, utilizando mantelerías y vajillas aportadas por la propia empresa que se encarga de servir el menú; d) también entrega a domicilio pizzas y todo tipo de bebidas, alcohólicas y no alcohólicas.
Tienen la consideración de prestación de servicios de restaurante las **entregas de pizzas** que son consumidas por los clientes en el propio establecimiento, y las servidas en el domicilio de los clientes en el curso de fiestas infantiles. Dichas operaciones tributan al tipo reducido.
Tienen la consideración de entrega de bienes las pizzas que son objeto de **consumo fuera** del establecimiento, es decir, las que se llevan al domicilio del cliente, y las que el propio cliente retira del establecimiento. Estas operaciones tributan al tipo que corresponda a dichas operaciones, es decir, el tipo reducido si se trata de entregas de alimentos y bebidas distintas de bebidas alcohólicas, refrescantes, zumos y gaseosas con azúcares o edulcorantes añadidos y el tipo general en el caso de las bebidas alcohólicas.

2103 3) Un empresario individual del ramo de hostelería, además de los servicios de **cafetería**, durante los fines de semana organiza **cenas con espectáculo y baile** en la planta baja de la misma. Durante la semana, en días alternos, en la propia cafetería organiza espectáculos musicales en directo con artistas locales.
Se incluye a los servicios mixtos de hostelería como prestaciones de servicios a los que se aplica el tipo reducido.
También tributan al tipo reducido los **espectáculos culturales en vivo**, de forma que el servicio de hostelería que incluye baile tributa al tipo reducido. En caso de que se cobre un acceso solo para el baile, este acceso tributa al tipo general; y el acceso a un restaurante que tiene un espectáculo en vivo tributa al tipo reducido.
4) Un **hotel** presta a sus clientes, además de servicios de alojamiento y manutención en régimen de **media pensión**, determinados **servicios accesorios**, que se incluyen en la factura, tales como: teléfono y fax, lavandería y planchado de ropa, y alquiler de TV.
Los servicios de teléfono, fax, lavandería, plancha y arrendamiento de TV, al tener un carácter accesorio al propio servicio de alojamiento efectuado por el hotel, tributan al tipo reducido (sobre el concepto de gastos accesorios, ver nº 1751 s.).

2104 5) Una persona física, titular de una residencia de montaña, además del servicio de alojamiento, presta a sus clientes, a través de una empresa, servicios de **guía de montaña** en actividades de senderismo, rafting, puenting, hidrospeed, parapente, etc., con carácter opcional.
Los servicios prestados por el albergue de montaña tributan al tipo reducido. Sin embargo, los prestados a los clientes del hotel por la empresa de servicios de guías de montaña tributan al tipo general.
6) Una empresa local se dedica, entre otras actividades, al **arrendamiento de apartamentos** a los clientes que visitan la ciudad. En algunos casos, la citada empresa actúa en nombre propio frente a los clientes, prestándoles, cuando la estancia supera la semana, servicios de **limpieza**, cambio de ropa de cama, etc. En los demás casos, actúa frente a los clientes como mediadora en nombre y por cuenta de los propietarios de los apartamentos, sin prestar ningún otro servicio.
El arrendamiento de apartamentos, cuando se prestan servicios propios del sector de hostelería, tributa al tipo reducido. El arrendamiento de los apartamentos efectuado en nombre de sus propietarios, sin la prestación de los citados servicios, está exento (nº 8670).

2105 Doctrina Administrativa Además de las siguientes contestaciones de la DGT, ver nº 11000 s.
1) Tributan al **tipo reducido:**
- la gestión de los **comedores escolares**, confección y suministro de comidas (DGT CV 22-4-08; CV 26-11-13) y los servicios de comedor escolar consistentes en elaborar, distribuir y suministrar los menús escolares que sean demandados por los centros educativos (DGT CV 26-5-15). Cuando solo se presta el servicio de preparación de alimentos con bienes aportados por el cliente, el tipo aplicable es el general (DGT 4-2-02). Los servicios de hostelería prestados a los alumnos de los cursos no son complementarios de los servicios docentes, sino que constituyen prestaciones diferentes con entidad propia e independiente a efectos del IVA, dado que constituyen un fin en sí mismo, sin perjuicio de que tales servicios de hostelería puedan contribuir a la mejor prestación de los servicios relativos a la educación (DGT CV 23-3-09);
- los servicios prestados por **residencias de ancianos** (DGT 19-4-99), ver nº 2155; los servicios de comedor para personas mayores prestados por un ayuntamiento cuando dichas personas no sean destinatarias de un servicio de asistencia social efectuado por aquel (DGT 31-8-04);
- los servicios de arrendamiento de viviendas/apartamentos a una comunidad residencial bajo la modalidad de **coliving**, donde se prestan servicios propios de la industria hotelera (DGT CV 22-12-22);
- los de alojamiento en **residencias de estudiantes** (DGT 8-6-95); también cuando además del arrendamiento de la habitación, se ofrecen otros servicios como desayuno, recepción 24 horas, limpieza quincenal, seguro de objetos personales, uso de instalaciones deportivas y zonas comunes, wifi y asistencia y participación en eventos y actividades organizadas por la entidad (servicio básico o estándar). Los servicios adicionales contratados por un precio extra (limpieza

con mayor periodicidad, restaurante para la cena, lavandería, mudanza) tributan cada uno al tipo que le corresponda -cenas y comida para llevar al tipo reducido y limpieza adicional al tipo general- (DGT CV 15-10-20); los servicios prestados por las **familias que acogen a estudiantes** extranjeros en sus casas y les prestan servicios de estancia, lavandería y manutención (DGT CV 11-12-24):
- los servicios de alojamiento y manutención prestados por las **residencias militares** (DGT CV 27-11-14);
- los servicios de alojamiento y manutención con motivo de una **cacería** (DGT CV 12-6-19);
- los servicios de alojamiento y restaurante facilitado por hoteles y otros establecimientos afines, como los **balnearios** (DGT CV 17-7-14);
- una **pensión** de huéspedes que pernoctan por periodos de corta duración inferiores a la semana, que no dan lugar a cambio de lencería o sábanas y a los que no se les prestan otros servicios adicionales de hostelería tales como desayuno o limpieza de habitación o baños; es un establecimiento de hostelería que presta servicios de hospedaje que no tienen la consideración de arrendamiento de viviendas (DGT CV 23-9-24);
- el arrendamiento de **viviendas turísticas** con prestación de servicios propios de la industria hotelera como servicios de limpieza y cambio de ropa de cama y toallas de manera periódica, servicio de conserjería, consigna de maletas, así como una recepción abierta todo el año donde los arrendatarios son atendidos y se les prestan servicios de solicitud de taxis, información turística, impresión de documentos o atención al cliente multilingüe durante 24 horas (DGT CV 22-5-24); sin embargo no son servicios propios de la industria hotelera los servicios consistentes en **atención telefónica** durante las 24 horas del día para atender incidencias relativas a la vivienda (DGT CV 22-5-24);
- los servicios que se prestan a los acampados que se financian mediante el cobro de un precio público por parte de un ayuntamiento que habilita zonas de **acampamiento temporal** para acoger al público que presencia una prueba deportiva anual, que no encuentran servicios de alojamiento de la zona durante el fin de semana en que se desarrolla (DGT CV 13-3-17);
- el servicio de alojamiento prestado por un **hotel a otro establecimiento hotelero** que no pudo alojar a su cliente al no disponer de plaza -overbooking- (DGT 8-7-98);
- los servicios que presta un **titular de un establecimiento hotelero** o restaurante con sus propios medios y solo estos (DGT 18-3-04);
- el servicio de **organización de conciertos** tributa al tipo general; por otro lado, el servicio de **venta de bebidas y comida** en barras instaladas al efecto y a las que se puede acceder libremente antes, durante y tras la celebración del concierto, que debe ser considerado como suministro de comidas y bebidas para consumir en el acto, tributa al tipo reducido (DGT CV 6-7-17). En el mismo sentido, el servicio y consumo de palomitas, algodón de azúcar y batidos saludables en actividades para niños (DGT CV 26-10-18); servicios de catering prestados para campamentos infantiles (DGT CV 23-11-18); el suministro de comidas y bebidas para su consumo en el acto en los mismos locales, con ocasión de **fiestas infantiles** (DGT CV 9-6-06; CV 7-7-06);
- los servicios de cocina prestados por el restaurante colaborador a otro restaurante que vende sus productos a través de una plataforma de reparto. Estamos ante una **ejecución de obra mobiliaria** que, al entregarse al restaurante colaborador la materia prima para elaborar las recetas, es calificada como prestación de servicios (DGT CV 1-4-25).

2) Tributan al **tipo general**: 2106
- servicios de **alquiler** de toallas y albornoces;
- alquiler de **hamacas y sombrillas** en la playa (DGT CV 17-3-08);
- servicios de **intermediación** de: forfait, excursiones, visitas y práctica de deporte, transporte de personas;
- servicios de **guía** e informadores turísticos (DGT 28-2-96);
- **alquiler de salón de actos** para convenciones, bodas y otras reuniones. Arrendamiento de un local dentro de un establecimiento hotelero (DGT 7-6-96); salones para convenciones y otras reuniones (DGT 20-10-95). No obstante, el servicio de hostelería o restauración conjuntamente con el servicio accesorio de actuación musical, baile, etc., contratado en la celebración de bodas, bautizos y otros eventos similares, tributa al tipo reducido (DGT CV 2-12-13);
- las prestaciones de servicios de **cesión de personal** relativos a la contratación de servicios de camareros, cocineros, pinches de cocina, etc. (DGT 13-7-04). En términos similares, DGT CV 10-5-21;
- las prestaciones de servicios que los establecimientos de hostelería efectúan para las empresas operadoras de **máquinas recreativas** (DGT CV 4-2-13);
- las entregas de **tabaco** en establecimientos de hostelería (DGT 15-9-00);
- los servicios de alquiler de habitaciones en un **club de alterne** donde se desarrolla la actividad, así como los servicios accesorios de restauración (DGT CV 2-3-17);
- la entrega de un **recipiente para poder llevarse los alimentos** no consumidos del servicio de restauración (DGT CV 31-10-23);
- los servicios de **intermediación** por una empresa gestora para el **arrendador del inmueble** (DGT CV 18-9-24).

3) Servicios accesorios al alojamiento. Los servicios accesorios al alojamiento, tales como el uso del teléfono y de instalaciones deportivas, tributan al tipo reducido (DGT 28-7-97; 22-7-98). Ídem para los servicios accesorios como el servicio de lavandería, caja fuerte, bar, Internet (DGT CV 2-8-10); servicios de parking cuando se ofrezcan conjuntamente con los servicios de alojamiento (DGT CV 20-2-17). La entrega de la botella de vino, como prestación accesoria al servicio de alojamiento, tributa al tipo reducido, no así los servicios consistentes en la visita turística a una bodega, pagada aparte, que tributa al tipo general (DGT CV 25-9-17).

4) Servicios no accesorios. De modo genérico, en toda clase de hoteles, los servicios no accesorios, prestados al margen de los servicios de hostelería propiamente dichos, tributan al tipo general. Este es el caso de los servicios prestados y facturados de forma independiente tales como: discoteca, piscina, sauna, garaje, teléfono, lavandería, alquiler de salones, de pistas de tenis, de tumbonas y de cajas de seguridad. Se aplica el tipo general a los siguientes servicios prestados por un establecimiento hotelero: tratamientos de estética, rayos UVA y masajes, tanto para clientes del hotel como para personas no alojadas; alquiler de salones para convenciones de clientes o empresas; venta de tabaco, toallas, albornoces, zapatillas, sets de baño (así como su alquiler) para clientes del hotel y para no alojados; y servicios de lavandería, caja fuerte e Internet para clientes no alojados (DGT CV 2-8-10).

Una entidad dedicada a la actividad hotelera ofrece a sus clientes la posibilidad de contratar otros servicios que a su vez **subcontrata** a terceros y son facturados por ésta a los clientes: compra de entradas para un monumento nacional, compra de visitas guiadas por guías oficiales y servicios de transfer. Tributan al tipo general: los servicios de **acceso al monumento** en la medida que no resulte aplicable el tipo reducido previsto para manifestaciones culturales (nº 2145); los servicios de **transfer** (transporte de viajeros y sus equipajes) prestados en nombre propio que sean accesorios al servicio de acceso al monumento, salvo que resulte de aplicación el tipo reducido al servicio principal de acceso del que es accesorio. En caso de que los servicios de transfer sean independientes, es aplicable el régimen especial de las agencias de viajes; los servicios de **visitas guiadas** prestados en nombre propio por la entidad (DGT CV 15-2-24).

5) Paquetes turísticos. Los servicios comprendidos en los paquetes turísticos que incluyen el alojamiento en hotel y tratamientos de belleza, servicios estéticos, sauna, circuito de aguas y piscina y servicios de masaje, etc. y se facturan de forma independiente de los mismos, tributan al tipo general, pues no pueden considerarse como servicios accesorios o complementarios de los servicios de alojamiento, sino que se trata de servicios principales, a los que corresponde su propia tributación; los servicios de alojamiento tributan al tipo reducido. En el mismo sentido, respecto de un paquete golf con hotel: este último tributa al tipo reducido, y los servicios de utilización de campos de golf y los servicios de spa, masajes y tratamientos de belleza tanto para clientes del hotel como para personas no alojadas, tributan al tipo general (DGT CV 14-11-18); servicios de tratamientos con aguas termales prestados en el hotel con precio independiente (DGT CV 19-10-18).

2107 **6) Bonos y tarjetas regalo**. Se aplica el tipo general a unos bonos que dan derecho a su poseedor a adquirir **servicios de hostelería** de determinados establecimientos, en las condiciones pactadas entre el emisor de los mismos y dichos establecimientos, pues la adquisición de los referidos bonos no tiene la consideración de prestaciones de servicios de hostelería, ni tampoco pueden considerarse como un medio de pago (DGT 11-4-01).

La venta de **tarjetas regalo** que permiten el alojamiento en establecimientos situados en el territorio de aplicación del impuesto se considera un pago anticipado de los alojamientos rurales y tributa al tipo reducido (DGT CV 25-3-09). En el mismo sentido respecto a la venta de tarjetas que dan derecho a alojamiento gratuito para dos personas, obligándose a contratar y abonar únicamente el servicio de media pensión, que se paga por el titular directamente al hotel (DGT CV 24-5-11).

En la venta de una tarjeta regalo que da derecho a permanecer un número de días en establecimientos hosteleros situados en el territorio de aplicación del impuesto se aplica el tipo de las prestaciones de servicios de hostelería, pues ese es el servicio que se está prestando (DGT CV 7-5-14).

7) Arrendamientos de apartamentos y asimilados. Tributan al tipo reducido los servicios de arrendamiento de apartamentos y asimilados, cuando la entidad preste, además, servicios complementarios propios de la industria hotelera. Se consideran **servicios complementarios** propios de la industria hotelera los de limpieza del interior del apartamento y cambio de ropa en el apartamento prestados con periodicidad semanal. Por el contrario, no se consideran servicios complementarios propios de la industria hotelera el de limpieza del apartamento prestado a la entrada y a la salida del período contratado por cada arrendatario, el de cambio de ropa en el apartamento prestado a la entrada y a la salida del período contratado por cada arrendatario, el de limpieza de las zonas comunes del edificio (portal, escaleras y ascensores) así como de la urbanización en que está situado (zonas verdes, puertas de acceso, aceras y calles) y el de asistencia técnica y mantenimiento para eventuales reparaciones de fontanería, electricidad, cristalería, persianas, cerrajería y electrodomésticos (DGT CV 15-1-07; CV 3-5-11; CV 16-6-11). En el mismo sentido, respecto al arrendamiento de vivienda con prestación de servicios complementarios propios de la industria hostelera (DGT CV 4-12-15); al arrendamiento de apartamentos turísticos (DGT CV 5-6-17; CV 4-11-21; CV 21-9-23); servicios de cesión de uso de habitaciones con manutención, limpieza y lavandería (DGT CV 8-3-23; CV 24-7-25); al arrendamiento de una casa rural con prestación de servicios hoteleros (DGT CV 16-7-21) y al alojamiento temporal de familiares de niños que están siendo tratados en un centro pediátrico oncológico, mientras dure el tratamiento (DGT CV 10-2-21). La duración del arrendamiento no tiene efectos en relación con la tributación señalada (DGT CV 17-12-20). Por lo contrario, el alquiler de una vivienda a una sociedad, que a su vez lo explotará como arrendamiento turístico, tributa al tipo general (DGT CV 22-10-21).

8) Camping. La cesión de determinadas plazas de camping a un tour operador inglés, con derecho al uso de las instalaciones y servicios del mismo, tributa al tipo impositivo reducido (DGT CV 17-2-04). Está sujeta la explotación del camping por parte del adjudicatario, que debe repercutir el IVA a sus clientes al tipo impositivo reducido (DGT 13-7-04). El mismo tipo debe aplicarse al suministro de energía eléctrica al tratarse de una operación accesoria a la de prestación de servicios de acampamento o camping y, por tanto, debe aplicarse el tipo que corresponda a la prestación principal (DGT CV 1-4-13).

También se aplica el tipo reducido a los servicios de **alquiler de parcelas** por una entidad, de las que se compone el camping que explota, a clientes que instalan en ellas construcciones provisionales pero con duración de estancia que la entidad denomina como de «larga duración», en la medida en que los servicios prestados puedan englobarse como servicios propios de acampamento -suministro de luz, agua, aseos, piscina, etc.- (DGT CV 25-11-14); asimismo, en el caso de una explotación de un área de autocaravanas, a los servicios de lavandería, internet y duchas calientes (DGT CV 3-6-15).

9) Servicios mixtos de hostelería. Tributan al **tipo reducido**: 2108

- los servicios de hostelería prestados en una **discoteca, bar musical, café teatro, café concierto** y establecimientos de características similares, con independencia de que el servicio de hostelería se realice conjuntamente con una prestación de servicios recreativos de cualquier naturaleza, tales como espectáculos, actuaciones musicales, discoteca, salas de fiesta, salas de baile y karaoke.

El servicio de **acceso** a discotecas, salas de fiesta, salas de baile y establecimientos similares es independiente del servicio de hostelería, por lo que este servicio de acceso debe tributar al tipo impositivo general.

Hay que valorar la naturaleza del servicio de acceso a las referidas salas cuando la entrada incluya **consumiciones** del servicio de hostelería:

a. Cuando el importe de la entrada constituya únicamente el pago anticipado del servicio de hostelería que puede disfrutarse en el mismo, queda gravado al tipo impositivo reducido, con independencia que se ofrezcan espectáculos culturales en vivo en el establecimiento;

b. Cuando el pago de la entrada incluya, además del pago anticipado de la consumición del servicio de hostelería, la contraprestación del propio servicio de acceso a la sala, deben considerarse ambos servicios como independientes y cada parte de la base imponible tributa al tipo aplicable a cada uno de los referidos servicios (DGT CV 30-6-17; CV 22-8-17; CV 29-6-23);

- un servicio de **piano-bar** consistente en un piano modificado para que en su parte posterior pueda albergar una barra donde servir cocteles y tentempiés. Todo ello se realiza mientras un músico lleva a cabo una actuación en vivo. Se trata de un servicio único consistente en el servicio de restauración o catering que, de forma secundaria o accesoria, es amenizado con un servicio de música en vivo que permite y contribuye a la realización del servicio principal (DGT CV 12-3-19);

- la gestión de una **barra de bar en un recinto municipal** (pabellón) o en la calle o una plaza pública, mediante concesión, donde el ayuntamiento respectivo ofrece en ocasiones conciertos gratuitos (DGT CV 30-5-14);

- los servicios de suministro de bebidas alcohólicas para su consumo en el acto en **ferias** (DGT CV 8-3-23).

En relación a un **área de servicio**, que incluye gasolinera, cafetería, restaurante y tienda de venta de comestibles y juguetes, entre otros artículos, donde la tienda está integrada en la cafetería y no ocupa un espacio físico diferenciado, el tipo impositivo correspondiente a las ventas debe ser determinado individualmente para cada producto: para alimentos el reducido y para juguetes el general. Para los servicios de cafetería, el tipo es el reducido (DGT CV 13-5-14).

Se aplica el tipo general a un servicio consistente en el **alquiler de habitaciones** dentro de locales que albergan la actividad de bar, discoteca y sala de fiestas con espectáculos, por el que percibirán, en su caso, un precio independiente del resto de servicios que presten (DGT CV 6-3-19).

10) Catering. Tributan al tipo reducido las prestaciones de servicios de catering a domicilio, con o sin aportación de materiales (DGT CV 24-6-16); prestaciones de servicios de catering, si consisten en el suministro de alimentos o bebidas preparados o sin preparar, acompañado de servicios auxiliares suficientes para permitir el consumo inmediato de los mismos (DGT CV 4-4-16); servicios de chef privado, aunque los clientes hayan aportado todos los materiales (DGT CV 5-3-26); servicios de bar, catering y los servicios de catering en banquetes de bodas, comuniones y reuniones (DGT CV 21-4-10; CV 18-12-12); catering a bordo de trenes cuando se localicen en el territorio de aplicación del impuesto (DGT CV 8-2-11); subcontratación del servicio de catering (DGT CV 30-4-09; CV 31-1-20); catering en el que se adquiere el producto a cocinar, y en el domicilio del cliente se cocina y sirve (DGT CV 17-3-22); servicios de restaurante y catering cuando se vean acompañados de servicios auxiliares suficientes para permitir el consumo inmediato de los mismos. Si no se presta ningún otro servicio auxiliar, se consideran entrega de comidas preparadas, que suponen una entrega de bienes (DGT CV 26-10-22). Si el envío de los platos a los domicilios de los clientes sólo va acompañado de los recipientes en los que se transporta la comida preparada y, en su caso, servilletas o cubiertos, sin que se preste ningún servicio adicional distinto del propio transporte, no se presta ningún servicio auxiliar suficiente para permitir el consumo inmediato de los productos, y estas operaciones tienen la consideración de entregas de bienes y tributan al tipo reducido del 10%, con excepción de las bebidas alcohólicas y las bebidas refrescantes, zumos y gaseosas con azúcares o edulcorantes añadidos, que quedan sujetas al tipo general (DGT CV 29-2-24, en el mismo sentido DGT CV 13-10-25); entrega de comidas preparadas a un ayuntamiento para su entrega a domicilio (DGT CV 23-5-23); el servicio de comidas prestado en una casa del mayor junto con los servicios asistenciales (DGT CV 15-9-25); servicio prestado por contrato administrativo para el suministro de comida a domicilio para personas que viven en entornos rurales (DGT CV 3-3-23).

También se aplica el tipo reducido en las operaciones de entrega de alimentos y bebidas mediante **máquinas expendedoras o quioscos**, distintas de las bebidas alcohólicas y bebidas refrescantes, zumos y gaseosas con azúcares o edulcorantes añadidos, y las prestaciones de servicios de restaurante efectuadas en los distintos recintos ubicados en el **parque acuático** (DGT CV 22-2-23).

Se aplica el tipo general a los servicios de **limpieza y lavandería**, independientemente de que se preste conjuntamente y bajo un precio único junto con el catering (DGT 30-4-04); el tipo aplicable a las entregas de los **regalos o flores** es el que corresponda a cada producto, también con independencia de que se presente conjuntamente y bajo un precio único junto con el servicio de catering (DGT CV 4-9-09).

El servicio de catering prestado por el arrendador de una sala de prensa constituye un servicio independiente del alquiler (DGT CV 19-10-05).

11) Bodas y eventos. Los servicios de cesión de la finca y restaurante o catering, para la celebración de bodas u otras celebraciones tributan al tipo impositivo reducido (DGT CV 8-6-18). También los **servicios accesorios** o complementarios a los de hostelería o restauración que se presten o facturen conjuntamente con estos últimos, como los de actuación musical, baile, etc., contratado en la celebración de bodas, bautizos y otros eventos similares.

Los servicios independientes de alquiler de salones para la celebración de convenciones y eventos empresariales tributan al tipo general (DGT CV 6-3-18).

La entrada en una fiesta para adolescentes incluye barra libre de bebidas, actuaciones en directo de disc-jockey, y acceso a diversas atracciones (toro mecánico, piscina de bolas, escape room) y talleres (sesiones de maquillaje). El servicio de acceso al evento tributa al tipo reducido, dado que las atracciones y talleres tienen carácter accesorio respecto del citado servicio, al ofrecerse conjuntamente con el mismo y sin que ello conlleve un incremento del precio de la entrada al evento, ofreciéndose con independencia de que sean utilizados o no por su destinatario (DGT CV 5-7-24).

2109 Jurisprudencia **1)** El suministro de platos preparados y bebidas para su **consumo inmediato en el mismo lugar** es el resultado de una serie de servicios que van desde la preparación de los platos hasta su entrega material, de forma que la explotación de un restaurante se caracteriza por un conjunto de elementos y actos, del que la entrega de alimentos solo es una parte y en el que predominan ampliamente los servicios, lo que no ocurre cuando la operación se refiere a alimentos **«para llevar»**, que tiene la consideración de entrega de bienes, pues no se acompaña de ninguna prestación de servicios (TJUE 2-5-96, asunto C-231/94).

2) La entrega de comidas o alimentos recién preparados listos para el consumo inmediato en puestos o en vehículos de restauración o en las antesalas de los cines constituye una entrega de bienes. La actividad de **catering** constituye, por el contrario, una prestación de servicios, salvo cuando la empresa de catering se limita a la entrega de comidas preparadas (TJUE 10-3-11, asuntos acumulados C-497/09, C-499/09, C-501/09 y C-502/09).

3) En un contrato de concesión de obra pública para la **construcción y explotación de un hospital**, se discutió si debía tributar como una única operación compleja a un tipo único, o si procedía desglosarse en servicios residenciales (de alojamiento y manutención de pacientes, con tributación a tipo reducido), y servicios relativos a la obra (con tributación a tipo general). Se concluye que, con base en las cláusulas del contrato, este tenía como único objeto la prestación de un conjunto de servicios que respondían a una finalidad común, la gestión hospitalaria, con el objetivo de atender no solo el alojamiento y manutención de los pacientes sino todas las necesidades del centro hospitalario. Se trata de una operación única que debe tributar al tipo general (TEAC 14-12-17).

4) El tipo reducido previsto en la normativa comunitaria para el arrendamiento de emplazamientos en terrenos para campings y de espacios de estacionamiento de caravanas, no es de aplicación al **arrendamiento de amarres** para embarcaciones (TJUE 19-12-19, asunto C- 715/18).

5) Un Estado miembro puede aplicar un tipo reducido al **suministro de comidas y bebidas** para consumir de inmediato, con o sin servicios auxiliares, y un tipo reducido diferente a los demás suministros de comidas y bebidas, siempre que se respete el principio de neutralidad fiscal (TJUE 22-4-21, asunto C-703/19).

6) El derecho de la Unión se opone a una normativa nacional en virtud de la cual el tipo reducido del IVA para el alojamiento facilitado por hoteles y establecimientos afines se supedita a que el establecimiento disponga de un **certificado administrativo**, en la medida en que dicha normativa no limite la aplicación del tipo reducido del IVA a aspectos concretos y específicos de la categoría de prestaciones de alojamiento facilitado por hoteles y establecimientos afines o, en el supuesto de que limite esa aplicación a tales aspectos concretos y específicos, no respete el principio de neutralidad fiscal (TJUE 8-2-24, asunto C-733/22).
7) El derecho de la Unión no se opone a una normativa nacional que permite excluir del ámbito de aplicación del tipo reducido aplicable a los servicios de **alojamiento de corta duración** prestados en hoteles y establecimientos afines, las prestaciones que no se destinan directamente a dicho alojamiento, como la puesta a disposición de plazas de **aparcamiento**, instalaciones de **fitness** y de bienestar -**spa**-, el acceso a la red wifi del hotel y el servicio de **desayuno**, aunque puedan considerarse accesorias a dicho alojamiento, habida cuenta de que se retribuyen mediante un precio global a tanto alzado pagado por el conjunto de los servicios prestados en el marco de dicho alojamiento, siempre que dicha normativa prevea la aplicación del tipo reducido a aspectos concretos y específicos de las categorías de servicios de alojamiento contemplados en la Dir 2006/112/CE Anexo III punto 12, y que se respete el principio de neutralidad fiscal (TJUE 5-3-26, asuntos acumulados C-409/24, C-410/24 y C-411/24).

Servicios agrícolas, ganaderos y forestales (LIVA art.91.uno.2.3º) Se aplica el tipo reducido (10%) a determinadas prestaciones de servicios efectuadas en favor de titulares de explotaciones agrícolas, forestales o ganaderas, necesarias para el desarrollo de las mismas. 2110
La aplicación del tipo reducido se condiciona a que el servicio prestado cumpla los siguientes **requisitos**:
a) Que se trate de alguna de las siguientes **prestaciones de servicios**: plantación, siembra, injertado, abonado, cultivo y recolección; embalaje y acondicionamiento de los productos incluido su secado, limpieza, descascarado, troceado, ensilado, almacenamiento y desinfección de los productos; cría, guarda y engorde de animales; nivelación, explanación o abancalamiento de tierras de cultivo; asistencia técnica; eliminación de plantas y animales dañinos y la fumigación de plantaciones y terrenos; drenaje; tala, entresaca, astillado y descortezado de árboles y limpieza de bosques; servicios veterinarios.
b) Quedan **exceptuadas** la cesión de uso o disfrute y el arrendamiento de bienes.
c) Que se realice en favor del **titular** de una explotación agrícola, forestal o ganadera y sea **necesario** para su desarrollo, con independencia de la condición o naturaleza del prestador.
Debe recordarse que cuando se trate de entregas de bienes de uso agrícola, forestal o ganadero, la aplicación del tipo reducido no exige que el adquirente sea el titular de una de dichas explotaciones (nº 2040).
También se aplica este tipo impositivo a las prestaciones de servicios realizadas por las **cooperativas agrarias** a sus socios, sean o no titulares de explotaciones agrícolas, como consecuencia de su actividad cooperativizada y en cumplimiento de su objeto social, incluida la utilización por los socios de la maquinaria en común. Debe tenerse en cuenta que puede darse un supuesto de vinculación para el cálculo de la correspondiente base imponible (nº 1913).

Precisiones **1)** Para interpretar el **término cultivo** debe acudirse a la noción usual del mismo contenido en el Diccionario de la Real Academia de la Lengua Española, que define cultivo como la acción y efecto de cultivar, y cultivar como dar a la tierra y las plantas las labores necesarias para que fructifiquen. 2111
2) Según la noción usual, se considera **asistencia técnica** la elaboración de planes, proyectos o estudios de carácter técnico.
3) No existe una identidad entre el concepto de explotación ganadera a efectos del IVA y de explotación ganadera a efectos de sanidad animal, cuyas explotaciones se inscriben en el correspondiente **Registro General de Explotaciones Ganaderas** (REGA), no resultando aplicable, con carácter general, el tipo impositivo reducido a los titulares de explotaciones ganaderas inscritas en el citado Registro (DGT CV 20-3-13).

Ejemplos **1)** Una empresa de servicios efectúa, entre otras, las siguientes operaciones: 2112
a. Servicios de fumigación aérea tanto para agricultores que cultivan maíz extensivamente, como para las Consejerías de Agricultura de determinadas Comunidades Autónomas en el marco de actuaciones de protección de sus parques naturales y nacionales situados en su territorio.
b. Servicios de explanación de terrenos procedentes de la concentración parcelaria.
c. Servicios integrales de mantenimiento de jardines y espacios naturales públicos a diferentes corporaciones locales.
d. Dispone de un edificio habilitado como secadero que explota, bien cediendo parte del mismo a una cooperativa agrícola, que a su vez lo cede a sus asociados para secar el maíz procedente de sus cultivos, o bien prestado directamente a los agricultores para el servicio de secado del lúpulo procedente de sus explotaciones.
e. Ocasionalmente, arrienda su maquinaria (explanadoras, máquinas recolectoras, etc.) a distintos agricultores.

Los servicios de **fumigación** aérea prestados a agricultores tributan al tipo reducido. Dichos servicios prestados a un ente público tributan, generalmente, al tipo general, pues normalmente dichos entes no tienen la consideración de titulares de una explotación agrícola, forestal o ganadera, o bien su actividad, como en el ejemplo, no consiste, estrictamente, en el ejercicio de dichas actividades.

Los servicios de **explanación de terrenos** procedentes de la concentración parcelaria tributan al tipo reducido si el destinatario de los mismos es el titular de una explotación agrícola. Sin embargo, puede suceder que el destinatario de la operación sea la empresa que ejecuta las obras necesarias para la concentración, entregando a los agricultores las tierras ya niveladas y en disposición inmediata de utilización para el cultivo. En este supuesto se aplica el tipo general.

Los servicios integrales de **mantenimiento de jardines** y espacios naturales públicos prestados a ayuntamientos tributan al tipo general, pues el destinatario no es titular de una explotación agrícola, forestal o ganadera, aunque para la prestación del servicio integral de mantenimiento se preste algún servicio incluido en la lista de aplicación del tipo reducido.

La cesión parcial del **secadero** a una cooperativa de agricultores para el secado de maíz tributa al tipo general, pues se trata de la cesión de un bien y, además, el destinatario del servicio no es el titular de una explotación agrícola, como generalmente sucede con las cooperativas, con independencia de que tal titularidad la ostenten los cooperativistas asociados a la misma. Por el contrario, la prestación de servicios de secado de lúpulo tributa al tipo reducido, así como la cesión de dicha instalación que efectúe la cooperativa a sus cooperativistas.

Finalmente, la cesión o arrendamiento de su **maquinaria**, aunque sea de forma ocasional, tributa al tipo general aunque el arrendatario o cesionario sea titular de una explotación agrícola.

2113 2) Un empresario agrícola ha contratado con una empresa del sector la **recolección** y acondicionamiento de la fruta procedente de su explotación agrícola. El **transporte** de la fruta, que semanalmente efectúa al mercado central de la capital de su provincia, lo tiene contratado con una empresa de transporte de fruta que, a su vez, le transporta otros productos de su explotación, normalmente productos hortícolas. Ante la oportunidad de arrendar determinados **terrenos agrícolas** de su término municipal, ha encargado a un ingeniero agrícola un estudio acerca de la viabilidad de los mismos para el cultivo de lino. Además de la explotación frutícola dispone de una cabaña de 25 vacas productoras de leche y carne que, con carácter trimestral, es visitada por un veterinario. En su última visita, además de inspeccionar el ganado ha vacunado al perro de un familiar que se encontraba de vacaciones en la granja.

Los servicios de **recolección y acondicionamiento** de la fruta tributan al tipo reducido. Sin embargo, el transporte de los mismos y de los productos hortícolas tributa al tipo general, salvo que el servicio de transporte sea accesorio a la entrega de los bienes citados (nº 1751).

Los servicios prestados por el **ingeniero** agrícola tributan al tipo reducido por tratarse de asistencia técnica, entendida esta, en su noción usual, como la elaboración de planes, proyectos o estudios de carácter técnico.

Los **servicios veterinarios** relativos a la inspección de la cabaña ganadera tributan al tipo reducido. La prestación de servicios de **vacunación del perro** tributa al tipo general.

2114 3) Un empresario agrícola, además de su actividad agrícola de **cultivo de cereal** extensivo, ejerce la actividad de cría y engorde de aves para otro empresario. Antes de iniciar la campaña de recolección del trigo se ha reparado la cosechadora.

La actividad de **cría y engorde** de ganado para terceros recibe la denominación de ganadería integrada, consistente básicamente en que un empresario ganadero (integrador) encarga la cría de animales de su propiedad a otros empresarios (ganaderos integrados) para que estos, en sus propias instalaciones, lleven a cabo el proceso de crecimiento y engorde, suministrándole generalmente todos los inputs necesarios para ello, tales como piensos y medicamentos (nº 3137 sobre tributación en el régimen simplificado).

El tipo impositivo aplicable a los servicios de cría y engorde de ganado es el reducido, pues se trata de una de las prestaciones de servicios expresamente incluidas en la normativa.

El tipo impositivo aplicable a los servicios de **reparación de maquinaria** es el general, pues dichos servicios no se encuentran incluidos entre los enumerados en la normativa.

4) Una empresa dedicada a la **investigación** de nuevas energías necesita los servicios de un agricultor para que en el terreno propiedad del mismo se siembre una determinada semilla. El agricultor debe realizar labores de siembra, abono y cuidado de la cosecha, y recibe a cambio una contraprestación por los servicios prestados.

Estos servicios agrícolas tributan al tipo general, salvo que el destinatario de los mismos tenga la calificación de titular de una explotación agrícola, en cuyo caso tributarían al tipo reducido.

2115 Doctrina Administrativa Además de las siguientes contestaciones de la DGT, ver nº 11000 s.

1) **No se aplica** el tipo reducido a aquellos **servicios** que no estén expresamente incluidos en la normativa. Entre otros:

- reparación y conservación de maquinaria agrícola (DGT 10-10-95) y de cabañas ganaderas (DGT CV 7-8-09);
- esquileo de ovejas (DGT CV 14-9-09; 25-9-97; CV 3-2-21); ordeño de reses vacunas (DGT CV 3-6-13);

- levantamiento de un plano de una nave agrícola por un delineante (DGT 8-8-97);
- proyectos de construcción de naves agrícolas (almacenes) y ganaderas; dirección de obra y certificación de la misma; valoraciones y tasaciones de infraestructuras agrarias y campos de cultivo; licencias de actividad para la implantación de actividades agro-ganaderas en infraestructuras existentes (DGT CV 19-2-20);
- operaciones relativas a la instalación de todo el sistema de riego, incluido la realización de un pozo para toma de agua, en una finca rústica (DGT CV 13-2-20);
- transporte de ganado (DGT 3-12-98);
- cesión de trabajadores por una empresa de trabajo temporal (DGT 6-2-03);
- servicios de acondicionamiento de caminos interiores (DGT CV 7-3-11);
- servicios de limpieza y desinfección de las granjas o explotaciones ganaderas (DGT CV 29-5-13; CV 2-4-20);
- obras de reparación y mantenimiento de caminos forestales y construcción de sistemas antiincendios (DGT CV 12-1-16); mejora de pistas forestales y mantenimiento de cortafuegos (DGT CV 6-9-18);
- blanqueo de invernaderos (DGT CV 3-7-15);
- servicios de carga y descarga de animales vivos (DGT CV 13-12-18);
- servicios de arranque de árboles a titulares de explotaciones agrícolas aisladamente consideradas (DGT CV 21-3-18);
- servicios de gestión laboral a sus cooperativistas personas físicas y jurídicas, referidos a la tramitación de altas y bajas de los trabajadores por cuenta ajena contratados por aquellos para realizar trabajos en sus respectivas explotaciones agrícolas (DGT CV 23-12-21);
- las cantidades que deben satisfacer los socios de la cooperativa como colaboración en gastos estructurales de campaña (DGT CV 6-4-21);
- elaboración de informes de valoración de daños para ejercer reclamaciones patrimoniales por responsabilidad patrimonial; elaboración de proyectos para instalación de riego, para sistemas de captación de aguas, o para la construcción de balsas de almacenamiento de agua o depósitos (DGT CV 20-4-23);
- mediciones topográficas incluidas en una explotación agrícola (DGT CV 20-4-23);
- servicios de desratización y desinsectación de las propias granjas porcinas y avícolas (DGT CV 18-5-23).

2) No se aplica el tipo reducido a los servicios cuyos **destinatarios no son titulares de explotaciones** agrícolas, forestales o ganaderas, entre los que se encuentran los prestados para: 2116
- la Administración autonómica (DGT 31-7-95; 19-9-97; CV 1-2-11; CV 19-2-13);
- el servicio territorial de Medio Ambiente (DGT CV 5-10-07);
- un ayuntamiento titular de un monte de utilidad pública (DGT CV 12-11-13);
- unas cooperativas que no sean titulares de una explotación agrícola, forestal o ganadera (DGT 3-6-96; 4-10-96); una cooperativa agraria que no es titular de una explotación agrícola, forestal o ganadera, aunque los servicios se realicen en las explotaciones agrarias de sus socios (DGT CV 3-11-17);
- una fundación (DGT CV 2-10-13; CV 20-2-20);
- una entidad mercantil en unos terrenos donde tiene instalados sistemas de energía solar (DGT CV 24-11-09);
- el propietario de los terrenos que no es titular de explotación agrícola (DGT CV 4-5-21).

3) Respecto a la **acreditación** de que el destinatario del servicio es titular de una explotación agraria, no son requisitos necesarios para calificar un sujeto como empresario o profesional ni el alta en el censo de empresarios, profesionales y retenedores, ni en el IAE. Basta con que se realice una actividad que tenga dicho carácter para que el sujeto que la lleva a cabo tenga la consideración de empresario o profesional a efectos del IVA (DGT CV 17-7-19).

4) Los servicios prestados a titulares de explotaciones agrícolas tributan al tipo reducido, independientemente de la **forma jurídica** que adopten dichos titulares -agricultores individuales, sociedades agrarias de transformación, anónimas, limitadas...- (DGT 19-2-04).

5) Tributan al **tipo reducido** los siguientes servicios, prestados a titulares de una explotación agrícola, forestal o ganadera: control lechero (DGT 26-2-99); cría, guarda y engorde de ganado ajeno (DGT CV 2-7-15; CV 4-12-17); mantenimiento de viñedos efectuados por un agricultor a una empresa cuya actividad es la de elaboración de vinos (DGT 2-10-00); poda, aclareo, descampado y arranque de viñedos (DGT 9-7-01); clavado de palos punteros en viñas emparradas (DGT 8-3-02); desbroce y roturación de tierras (DGT CV 20-2-20); reforestación (DGT CV 5-10-09); recolección de frutos y su limpieza, clasificación, manipulación y envasado, aunque estos últimos servicios se realicen en las instalaciones de la prestadora (DGT CV 12-4-10); limpieza de monte, desbroce de la maleza, quema de rastrojos, y ahoyado y plantación (DGT CV 3-8-11); plantación de esquejes o plantones de olivo para el titular de una explotación agrícola, incluidas las cantidades por bienes de carácter accesorio a dichos servicios -tutores, postes, protectores, tensores, etc.- (DGT CV 26-12-12); servicios asociados a la venta de plantones, tales como royalties, independientemente de que su facturación se realice por persona distinta del vendedor del plantón (DGT CV 19-2-13); riego y mantenimiento y reparación de los elementos de riego (DGT CV 19-12-12); aplicación de productos fitosanitarios -plaguicidas- (DGT CV 23-1-13); recogida 2117

con su maquinaria de la uva de otros agricultores, y arado, poda, abonado y recolección de la uva de las parcelas pertenecientes a una industria dedicada a la elaboración de tintes a partir de la uva (DGT CV 24-3-14); secado de maíz (DGT CV 3-12-14); fumigación de árboles y plantas siempre que el destinatario de los servicios sea titular de una explotación agrícola, forestal o ganadera (DGT CV 1-7-16); siembra (DGT CV 24-3-17); preengorde de alevines en piscifactoría, dado que se puede considerar como explotación ganadera a las piscifactorías (DGT 9-9-02); movimiento de tierras para transformar en zonas de cultivo suelo rústico que por su orografía u otras razones no se dedica a la producción agrícola (DGT CV 6-5-21); recolección de aceitunas (DGT CV 7-4-22).

2118 **6)** Se considera **asistencia técnica** a explotaciones agrarias la elaboración de planes, proyectos o estudios de carácter técnico que permitan orientar y dinamizar procesos productivos agropecuarios -por ejemplo, asesoramiento en el tratamiento de plagas y podas- (DGT CV 17-7-13; CV 2-8-13), o los que redunden en un desarrollo eficiente y mejora de las condiciones de una actividad agrícola, forestal o ganadera, como es el caso de la realización de proyectos y apoyo a las explotaciones agrarias dentro de los servicios de ingeniería técnica agraria (DGT CV 3-6-13) o los servicios de asesoramiento técnico en materia vinícola (DGT 18-6-04). También la localización y tratamiento de plagas, prestados por un ingeniero agrónomo, bien directamente o a través de una entidad mercantil (DGT 6-7-00).

Tributan al tipo reducido los servicios de asistencia y asesoramiento técnico sobre repoblaciones forestales efectuados por una entidad mercantil para titulares de una explotación forestal, y al tipo general los citados servicios, prestados por profesionales independientes, a la citada sociedad (DGT 6-5-97); seguimiento de cultivos (DGT CV 20-2-20); asistencia técnica orientada a favorecer la productividad de los recursos naturales o la mejora de infraestructuras, mediante redacción de proyectos técnicos y sus direcciones de obra, informes técnicos, levantamientos catastrales de mugas, dinamización-seguimiento de aprovechamientos forestales, redacción de documentos técnicos para la planificación y ordenación de los recursos naturales (DGT CV 17-12-20); asesoría agronómica -seguimiento del cultivo para mejorar los resultados de la explotación- (DGT CV 20-2-20); elaboración de planes, proyectos o estudios realizados por técnicos cualificados para un desarrollo eficiente y mejora de las condiciones de la actividad ganadera -por ejemplo, estudios de la composición alimentaria- (DGT CV 23-1-13); estudios de viabilidad para el dimensionado de explotaciones agro-ganaderas; memorias técnicas, proyectos de actividad y adecuación de infraestructuras para la implantación, conversión y optimización de la actividad agraria (DGT CV 19-2-20); prestaciones de servicios consistentes en la transferencia de resultados de su tecnología, realizadas por los obtentores de variedades vegetales, que redunden en una mejora de los conocimientos y las condiciones de la actividad agrícola y cuya contraprestación son los royalties que aquellos perciben (DGT CV 11-7-19); la prueba genómica (DGT CV 21-10-22); gestión de riegos por aspersión en explotaciones agrícolas como servicio de asistencia técnica (DGT CV 10-2-21); análisis foliares o de suelo, los cuales son útiles para la planificación del abonado de los cultivos (DGT CV 20-4-23).

7) Cooperativas. Tributan al tipo reducido los servicios de mediación en la venta de los productos de los cooperativistas, prestados por una cooperativa agraria a sus socios, por tratarse de servicios derivados de su actividad cooperativizada y en cumplimiento de su objeto social (DGT 31-5-00); limpieza y lavado de aceituna prestado por una cooperativa a sus socios (DGT 6-9-02); servicios de conservación de productos procedentes de las explotaciones de sus socios (DGT 13-3-02); los servicios necesarios para que la alfalfa llegue a ser comercializada (DGT CV 4-7-25).

Tributan al **tipo general** los servicios prestados para una cooperativa agrícola por un socio relativo a la conducción de maquinaria agrícola de aquella (DGT CV 21-12-05); las prestaciones de servicios efectuadas por ganaderos para la cooperativa (DGT CV 4-12-17).

8) Servicios veterinarios. El ejercicio de tareas propias de la profesión veterinaria exige la **colegiación** obligatoria en el correspondiente colegio oficial, lo cual, a su vez, requiere disponer de la licenciatura o grado en Veterinaria. Por su parte, dicho título exige tener competencias en materia de reproducción y reproducción asistida. En consecuencia, se concluye que los servicios de **inseminación** son servicios veterinarios (DGT CV 30-9-25).

Tributan al tipo reducido las prestaciones de servicios efectuadas por un veterinario cuando el destinatario de los mismos sea el titular de una explotación agrícola, forestal o ganadera y sean necesarios para el desarrollo de dicha explotación. Se incluyen los servicios relativos a la cumplimentación y emisión de certificados veterinarios oficiales y las pruebas para laboratorios (DGT CV 11-11-10) o los servicios de vacunación (DGT CV 24-3-17). En términos similares, DGT CV 21-8-24.

El suministro de medicamentos veterinarios efectuado en el marco de una prestación de servicios veterinarios, queda sujeto al tipo impositivo correspondiente al servicio veterinario principal que se preste (DGT CV 16-2-24; CV 26-4-24; CV 25-5-24).

No obstante, tributan al **tipo general** los servicios veterinarios prestados a una agrupación de defensa sanitaria ganadera, puesto que no es titular de una explotación agrícola, forestal o ganadera (DGT CV 11-2-14; CV 30-7-15).

Jurisprudencia Se aplica el tipo impositivo reducido a los servicios agrícolas, ganaderos y forestales prestados a Uniones Temporales de empresas (**UTE**) y a **Comunidades Autónomas** como titulares de explotaciones agrícolas o forestales (TEAC 27-1-09). 2119

Limpieza urbana (LIVA art.91.uno.2.4º) Se aplica el tipo reducido (10%) a los servicios de limpieza de **vías públicas, parques y jardines públicos**. Este tipo alcanza, exclusivamente, a los servicios de limpieza propiamente dichos realizados en los espacios expresamente especificados. 2130

En relación con la recogida y tratamiento de los residuos, ver nº 2133.

Ejemplos 1) Una empresa del sector de limpieza presta, entre otros servicios, los siguientes: a) limpieza de colegios y hospitales públicos; b) limpieza de edificios para comunidades de propietarios; c) limpieza de oficinas de empresas; d) tiene contratado con un ayuntamiento situado en la costa la limpieza de las calles, el mobiliario urbano y, además, la playa de la ciudad; e) con otro ayuntamiento tiene suscrito un contrato de servicio integral de mantenimiento de sus jardines públicos que comprende, entre otras prestaciones (plantación, riego, vigilancia, reparación de instalaciones, etc.), la limpieza de los mismos; f) habitualmente efectúa para una empresa promotora de viviendas la limpieza de las mismas previa a su entrega a los compradores; g) con una Diputación provincial tiene suscrito un contrato bianual de limpieza y conservación de un espacio natural situado en su territorio. 2131

Con carácter general, las prestaciones de servicios de limpieza tributan al **tipo general** del impuesto. Por tanto, tributan al tipo general las siguientes prestaciones de servicios: limpieza de colegios y hospitales públicos, de edificios para comunidades de propietarios, de oficinas de empresas, de pisos realizada para una empresa promotora de viviendas, y los servicios de limpieza y conservación de un espacio natural contratados con una Diputación provincial.

Tributa al **tipo reducido** el servicio contratado con un ayuntamiento, que comprende la limpieza de las calles, la playa y el mobiliario urbano.

El servicio integral de mantenimiento de los **jardines públicos** de un ayuntamiento, que comprende el servicio de limpieza de sus calles y jardines, tributa al tipo general. No obstante, si por las condiciones del contrato se dedujera que se realizan prestaciones de servicios de distinta naturaleza por precio único, podría resultar de aplicación lo dispuesto en el nº 1879.

2) Una Comunidad Autónoma contrata con una empresa los servicios de acondicionamiento del parque regional y el servicio de mantenimiento y conservación del parque local.

Los servicios prestados a la Comunidad Autónoma se califican como **servicios integrales de mantenimiento** de parques públicos y no solo servicios de limpieza; luego los servicios de acondicionamiento, conservación y mantenimiento de parques y jardines públicos, no son propiamente servicios de limpieza y tributan al tipo general.

Doctrina Administrativa Además de las siguientes contestaciones de la DGT, ver nº 11000 s. 2132

1) Tributan al **tipo general** los siguientes servicios:

- limpieza de bosques y otros espacios naturales (DGT 20-1-94) -no obstante, ver nº 2110-; de la superficie e instalaciones de puertos (DGT 5-12-96); de industrias, fábricas, calderas, granjas, depósitos de gasoil, piscinas públicas y privadas y canales tanto de confederaciones como de asociaciones (DGT CV 16-12-05); de los viales y zonas verdes de una comunidad de propietarios de una urbanización, obligada por sentencia judicial a ceder dichos viales y zonas verdes al ayuntamiento (DGT CV 20-2-15); de las estaciones de bombeo de aguas residuales (DGT CV 7-10-21);
- la gestión del mantenimiento de la jardinería de un municipio (DGT CV 1-4-13; CV 9-7-13);
- podas y talas en altura con camión grúa o con técnica trepa, creación, diseño, modificación y transformación de jardines, montaje de riegos automáticos para organismos oficiales -Comunidades Autónomas y Ayuntamientos- (DGT CV 23-12-21).

2) Tributan al **tipo reducido** los siguientes servicios de limpieza:

- de carreteras con máquinas quitanieves (DGT 20-11-97);
- limpieza urbana y recogida de basuras, incluido el vaciado de contenedores situados en la vía de forma permanente y los servicios accesorios de traslado de su contenido a vertederos controlados;
- de pintadas y grafitis prestados a entidades públicas, incluso cuando estos se encuentren realizados en los edificios que delimitan y conforman la vía pública (DGT CV 25-9-06);
- la limpieza viaria (DGT CV 12-11-07);
- de zonas ajardinadas públicas, mientras que los servicios de mantenimiento de dichas zonas tributan al tipo general (DGT CV 1-7-08);
- de playas públicas, paseos, accesos e instalaciones de playa. Sin embargo, tributan al tipo general los servicios de colocación, retirada y mantenimiento de las instalaciones, escaleras y accesos a dichas playas (DGT CV 30-3-10; CV 18-7-18);
- de los viales, plazas y accesos públicos de cementerios de titularidad pública (DGT CV 21-1-15);
- de vías públicas de un polígono industrial, con independencia de que el destinatario de dicho servicio sea la comunidad de propietarios de los inmuebles del mismo (DGT CV 23-9-20). En términos parecidos, DGT CV 14-5-21.

3) En un solo contrato se prestan **tres tipos de servicios de limpieza**; únicamente los servicios de limpieza viaria tributan al tipo reducido, no así los servicios de limpieza de dependencias municipales y de colegios públicos, que tributan al tipo general (DGT CV 8-6-16).

2133 **Recogida y tratamiento de residuos** (LIVA art.91.uno.2.5º) Tributan al tipo reducido (10%) las siguientes **prestaciones de servicios**:

- recogida, almacenamiento, transporte, valorización o eliminación de residuos;
- recogida o tratamiento de vertidos en aguas interiores o marítimas;
- limpieza y desratización de alcantarillados públicos;
- recogida o tratamiento de las aguas residuales;
- cesión, instalación y mantenimiento de recipientes normalizados utilizados en la recogida de residuos.

Estos servicios, cuando son prestados directamente por las **Administraciones públicas**, no están sujetos al IVA, siempre que se realicen mediante contraprestación de naturaleza tributaria (nº 335).

2134 Precisiones **1)** La aplicación del tipo impositivo reducido se extiende a todas las operaciones de **gestión de residuos** (recogida, transporte, valorización y eliminación) que, de acuerdo con la normativa sobre residuos y suelos contaminados para una economía circular constituyen las actividades básicas de la gestión de residuos, tanto si se prestan de forma independiente o asociada (L 7/2022).

2) La normativa del IVA no contiene una definición de los conceptos de residuo, tratamiento, recogida, etc., por lo que en esta materia, al igual que en otras, hay que estar a la **legislación específica** sobre la misma. El régimen jurídico básico aplicable a los residuos en España se contiene en la L 7/2022, que introduce conceptos clave que se definen en el nº 2135. Asimismo, relaciona de forma no exhaustiva las operaciones de eliminación y valorización (L 7/2022 Anexo II y Anexo III respectivamente).

También resultan aplicables el RDL 11/1995 sobre tratamiento de aguas residuales urbanas, el RD 105/2008 sobre la gestión de residuos de construcción y demolición, el RD 106/2008, sobre pilas y acumuladores y la gestión ambiental de sus residuos, el RD 110/2015, sobre residuos de aparatos eléctricos y electrónicos, y el RD 1055/2022, sobre envases y residuos de envases.

2135 **3)** Entre las **definiciones** que contiene la Ley de Residuos, destacan las siguientes (L 7/2022 art.2):

a) **Residuo**: cualquier sustancia u objeto que su poseedor deseche o tenga la intención o la obligación de desechar.

b) **Residuos domésticos**: residuos peligrosos o no peligrosos generados en los hogares como consecuencia de las actividades domésticas. También se consideran residuos domésticos los similares en composición y cantidad a los anteriores generados en servicios e industrias, que no se generen como consecuencia de la actividad propia del servicio o industria.

Se incluyen también los residuos que se generan en los hogares de, entre otros, aceites de cocina usados, aparatos eléctricos y electrónicos, textil, pilas, acumuladores, muebles, enseres y colchones, así como los residuos y escombros procedentes de obras menores de construcción y reparación domiciliaria.

Tienen la consideración de residuos domésticos los residuos procedentes de limpieza de vías públicas, zonas verdes, áreas recreativas y playas, los animales domésticos muertos y los vehículos abandonados.

c) **Residuos comerciales**: los residuos generados por la actividad propia del comercio, al por mayor y al por menor, de los servicios de restauración y bares, de las oficinas y de los mercados, así como del resto del sector servicios.

d) **Residuos industriales**: residuos resultantes de los procesos de producción, fabricación, transformación, utilización, consumo, limpieza o mantenimiento generados por la actividad industrial como consecuencia de su actividad principal.

e) **Residuo peligroso**: residuo que presenta una o varias de las características peligrosas (enumeradas en la L 7/2022 anexo I), y aquel que sea calificado como residuo peligroso por el Gobierno de conformidad con lo establecido en la normativa de la UE o en los convenios internacionales de los que España sea parte. También se incluyen los recipientes y envases que contengan restos de sustancias o preparados peligrosos o estén contaminados por ellos, a no ser que se demuestre que no presentan ninguna de las características de peligrosidad detalladas en la L 7/2022 anexo I.

f) **Aceites usados**: todos los aceites industriales o de lubricación, de origen mineral, natural o sintético, que hayan dejado de ser aptos para el uso originalmente previsto, como los aceites usados de motores de combustión y los aceites de cajas de cambios, los aceites lubricantes, los aceites para turbinas y los aceites hidráulicos, excluidos los aceites de cocina usados.

g) **Aceite de cocina usado**: residuo de grasas de origen vegetal y animal que se genera tras ser utilizado en el cocinado de alimentos en el ámbito doméstico, centros e instituciones, hostelería, restauración y análogos.

h) **Biorresiduo**: residuo biodegradable vegetal de hogares, jardines, parques y del sector servicios, así como residuos alimentarios y de cocina procedentes de hogares, oficinas, restaurantes, mayoristas, comedores, servicios de restauración colectiva y establecimientos de consumo al por menor, entre otros, y residuos comparables procedentes de plantas de transformación de alimentos.

i) **Gestión de residuos**: la recogida, el transporte, la valorización y la eliminación de los residuos, incluida la clasificación y otras operaciones previas; así como la vigilancia de estas operaciones, y el mantenimiento posterior al cierre de los vertederos. Se incluyen también las actuaciones realizadas en calidad de negociante o agente.
j) **Gestor de residuos**: la persona física o jurídica, pública o privada, registrada mediante autorización o comunicación que realice cualquiera de las operaciones que componen la gestión de los residuos, sea o no su productor.
k) **Recogida**: operación consistente en el acopio, la clasificación y almacenamiento iniciales de residuos, de manera profesional, con el objeto de transportarlos posteriormente a una instalación de tratamiento.
l) **Recogida separada**: la recogida en la que un flujo de residuos se mantiene por separado, según su tipo y naturaleza, para facilitar un tratamiento específico.
m) **Reutilización**: cualquier operación mediante la cual productos o componentes de productos que no sean residuos se utilizan de nuevo con la misma finalidad para la que fueron concebidos.
n) **Tratamiento**: las operaciones de valorización o eliminación, incluida la preparación anterior a la valorización o eliminación.
ñ) **Valorización**: cualquier operación cuyo resultado principal sea que el residuo sirva a una finalidad útil al sustituir a otros materiales, que de otro modo se habrían utilizado para cumplir una función particular, o que el residuo sea preparado para cumplir esa función en la instalación o en la economía en general.
o) **Valorización de materiales**: toda operación de valorización distinta de la valorización energética y de la transformación en materiales que se vayan a usar como combustibles u otros medios de generar energía. Incluye, entre otras operaciones, la preparación para la reutilización, el reciclado y el relleno.
p) **Preparación para la reutilización**: la operación de valorización consistente en la comprobación, limpieza o reparación, mediante la cual productos o componentes de productos que se hayan convertido en residuos se preparan para que puedan reutilizarse sin ninguna otra transformación previa y dejen de ser considerados residuos si cumplen las normas de producto aplicables de tipo técnico y de consumo.
q) **Reciclado**: toda operación de valorización mediante la cual los materiales de residuos son transformados de nuevo en productos, materiales o sustancias, tanto si es con la finalidad original como con cualquier otra finalidad. Incluye la transformación del material orgánico, pero no la valorización energética ni la transformación en materiales que se vayan a usar como combustibles o para operaciones de relleno.
r) **Regeneración de aceites usados**: cualquier operación de reciclado que permita producir aceites de base mediante el refinado de aceites usados, en particular mediante la retirada de los contaminantes, los productos de la oxidación y los aditivos que contengan dichos aceites.
s) **Eliminación**: cualquier operación que no sea la valorización, incluso cuando la operación tenga como consecuencia secundaria el aprovechamiento de sustancias o materiales, siempre que estos no superen el 50% en peso del residuo tratado, o el aprovechamiento de energía.

4) En la materia relativa a **residuos de envases** hay que referirse al RD 1055/2022, de envases y residuos de envases. De acuerdo con esta normativa, se considera residuo de envase todo envase o material que haya formado parte de un envase cuyo poseedor deseche o tenga la intención o la obligación de desechar en virtud de las disposiciones en vigor, excepto los residuos de producción generados en los procesos de fabricación de los envases (RD 1055/2022 art.2.v). En relación con el concepto de envase adicionalmente ver el nº 2586. **2136**
5) La normativa del IVA no contiene una definición del concepto de **recipiente normalizado** para la recogida de residuos, si bien la normativa sobre residuos determina que las entidades locales son las competentes para la gestión de los residuos urbanos, correspondiendo a los municipios, como servicio obligatorio, la recogida, el transporte y el tratamiento de los residuos domésticos, en la forma que establezcan las respectivas ordenanzas municipales y, por tanto, deben considerarse como recipientes normalizados aquellos que dichas ordenanzas reconozcan adecuados para tal finalidad (L 7/2022 art.12.5.a). En este sentido se ha expresado la doctrina administrativa (DGT CV 24-5-10).

Ejemplos **1)** Una empresa tiene como actividad efectuar tratamientos de **desinfección, desinsectación y desratización** para todo tipo de clientes. Entre ellos presta dichos servicios a varios ayuntamientos, colegios, empresas de transporte, salas de cine y espectáculos, establecimientos de hostelería e industrias alimentarias. **2137**
Solo los servicios de desratización del **alcantarillado público** que preste la citada empresa tributan al tipo reducido. Los servicios de desratización que presta al resto de sus clientes tributan al tipo general, así como la prestación de todos los servicios de desinfección y desinsectación, con independencia de la naturaleza del prestador y el objeto de la misma (locales, instalaciones industriales, medios de transporte, etc.).
2) Una empresa dedicada a la **gestión de residuos**, que dispone de una planta de tratamiento de residuos industriales y de un vertedero, efectúa las siguientes operaciones, en función de la naturaleza de los mismos:
a) Gestión integral desde su recogida hasta su valorización o eliminación de residuos peligrosos industriales.

b) Servicios de recogida y transporte mediante contenedores propios de residuos inertes no orgánicos (escombros, etc.) y de residuos orgánicos, sólidos o líquidos.
c) Arrendamiento de contenedores a empresas constructoras cuyo contenido ellas mismas trasladan a los correspondientes vertederos.
d) Servicios de transporte de residuos químicos mediante vehículos especiales realizados para empresas que efectúan su tratamiento.
e) Servicios de tratamiento de residuos efectuados en su propia planta para empresas que los trasladan a la misma para dicha finalidad. Los aceites reciclados y otros productos procedentes de su planta de tratamiento son vendidos a diferentes empresas del sector químico e industrial.
Los servicios de **gestión integral** de residuos peligrosos tributan al tipo reducido.
Los servicios de recogida y transporte mediante **contenedores** propios de residuos inertes no orgánicos (escombros, etc.) y de residuos orgánicos, sólidos o líquidos, tributan al tipo reducido.
El **arrendamiento de contenedores** a empresas constructoras cuyo contenido ellas mismas trasladan a los correspondientes vertederos, tributa al tipo general.
Los servicios de **transporte de residuos químicos** mediante **vehículos especiales** efectuados para empresas que efectúan su tratamiento, tributan al tipo reducido, aunque se trate de una operación aislada, distinta de la recogida y el tratamiento de los residuos.
Los servicios de **tratamiento de residuos** efectuados en su propia planta tributan al tipo reducido.
Las **entregas de los productos** procedentes de la explotación de su planta de tratamiento de residuos tributan al tipo que corresponda a la naturaleza de los mismos que, generalmente, es el tipo general.

2138 **3)** Una empresa presta servicios de recogida de residuos sólidos urbanos de carácter orgánico de los que, una vez procesados en su planta de tratamiento, obtiene fertilizantes para la agricultura y combustibles sólidos. También efectúa la recogida de residuos flotantes en el ámbito portuario de la ciudad y en la costa adyacente a la misma. Dispone de una planta de tratamiento de aguas residuales donde procesa las procedentes de su actividad de recogida de las mismas (fosas sépticas, vertidos industriales, etc.). Dentro de la propia empresa se ha creado un departamento que ha comenzado a prestar el servicio de tratamiento de aguas potables debido a la demanda de este tipo de servicios en los ciclos de sequía.
Los servicios de recogida de **residuos sólidos** urbanos de carácter orgánico tributan al tipo reducido, así como las entregas de los fertilizantes resultantes del proceso a que son sometidos dichos residuos en la planta de tratamiento, cuando concurran los requisitos establecidos en el nº 2040.
La recogida de **residuos flotantes** en el ámbito portuario de la ciudad y en la costa adyacente a la misma tributa al tipo reducido.
Los servicios de **tratamiento de aguas residuales** tributan al tipo reducido. A este respecto, hay que tener en cuenta las definiciones que de los distintos tipos de aguas residuales se contienen en el RDL 11/1995, que distingue entre: aguas residuales urbanas, domésticas e industriales y fangos. La normativa del IVA no distingue acerca del tipo de aguas residuales y, por lo tanto, el tratamiento de las mismas, sin distinción, tributa al tipo reducido.
La actividad de **tratamiento de aguas potables** tributa al tipo general.
4) Una empresa se dedica a la **recogida de envases** en empresas industriales. Parte de los envases los tritura o prensa, según los casos, y efectúa posteriormente la entrega del producto obtenido. El resto de los envases los limpia y entrega a terceros o bien a las empresas que le encargan la misma. También presta a otros empresarios servicios de gestión de residuos de envases que comprenden desde la recogida hasta la eliminación.
La entrega de los productos que obtenga del **reciclado** de los envases tributa al tipo general.
Las prestaciones de servicios de **limpieza** efectuadas para las empresas propietarias de los envases tributan al tipo general. También tributan al tipo general las **entregas** de los envases una vez limpios y acondicionados.
Los servicios de **gestión de residuos** de envases tributan al tipo reducido.

2139 Doctrina Administrativa Además de las siguientes contestaciones de la DGT, ver nº 11000 s.
1) Se aplica el **tipo general** a los siguientes servicios:
- operaciones de reacondicionamiento, limpieza y eliminación de desechos en envases para su posterior utilización. Tales operaciones no tienen la consideración de operaciones de valorización o eliminación de residuos, al no tener dichos envases la propia condición de residuos (DGT 18-11-98; 31-1-00);
- recogida de envases reutilizables (DGT 12-5-99; 7-9-00);
- asesoramiento en la clasificación de residuos y de cesión de contenedores no aptos para la recogida de residuos, conforme a la legislación municipal correspondiente (DGT 14-3-01; CV 30-8-06);
- gestión administrativa relacionada con la documentación de residuos y asesoramiento medioambiental (DGT CV 23-4-12);
- servicios de desinfectación, desinsectación y desratización de vías públicas o privadas, así como de espacios privados, y de desinfectación y desinsectación del alcantarillado público (DGT CV 23-6-10; CV 21-2-11; CV 2-12-13); de la industria alimentaria, comercio y hostelería (DGT CV 2-4-20); desratización de colegios y edificios públicos (DGT CV 9-3-21); servicios de desinsectación -eliminación de plagas de insectos- (DGT CV 14-2-14);

- limpieza y mantenimiento de la máquina separadora de grasas (DGT CV 18-9-24);
- la entrega de los productos obtenidos del tratamiento de residuos, tales como aceites minerales usados (DGT 4-7-01) y de contenedores para la recogida de residuos (DGT 27-2-01; 14-3-01); de envases reacondicionados (DGT 31-1-00); importaciones de residuos (DGT 9-3-01); entregas de residuos metálicos, plásticos, vidrio, cartón y aceites (DGT CV 4-12-17); eléctricos y electrónicos (DGT CV 20-2-17); residuos de aceites vegetales usados (DGT CV 19-3-18); plástico de solarización ya utilizado y otros residuos agrícolas (DGT CV 9-3-21);
- compra de camiones de recogida y de contenedores (DGT CV 18-7-18);
- limpieza de fosas sépticas que no implique la recogida de las aguas residuales o lodos, así como de alcantarillados no públicos y de depuradoras que no implique la recogida de los fangos; el transporte de productos que no tengan la consideración de residuos (DGT CV 7-4-15; CV 8-6-18; CV 13-2-20);
- limpieza de pozos, fosas sépticas, depósitos, calderas, etc., con independencia de que estén situados dentro o fuera del casco urbano, o en lugares donde no exista alcantarillado público (DGT 4-4-01); limpieza de fosas sépticas o pozos que no implique la recogida de las aguas residuales o lodos (DGT CV 26-12-23);
- desatasco y limpieza de conducciones, canalizaciones y desagües de aguas sucias y residuales en viviendas particulares y comunidades de propietarios, cuando no lleve consigo la recogida, transporte y tratamiento de los residuos (DGT CV 3-4-20; CV 26-12-23); limpieza de aljibes, vaciado de fosas sépticas (DGT CV 20-5-22);
- construcción e instalación, y los servicios de mantenimiento y conservación, de plantas para el tratamiento de aguas residuales (DGT CV 20-4-13);
- servicios de gestión integral de una planta de clasificación de envases ligeros (PCLAS), que comprende diversas prestaciones, como son, las de tratamiento de residuos, mantenimiento y limpieza de dicha planta (DGT CV 18-7-24);
- operaciones de desmantelamiento y clausura de instalaciones nucleares y radiactivas (DGT 29-11-04);
- transporte de contenedores vacíos y la cesión o alquiler de contenedores no aptos para la recogida de residuos, según la normativa municipal correspondiente (DGT CV 19-5-06);
- descarga efectuada para una empresa recuperadora de chatarra, cuando previamente no se ha realizado el servicio de transporte hasta la fábrica de recuperación (DGT CV 25-9-07; CV 23-6-10); 2140
- recogida y transporte de los residuos generados en la limpieza y reparación de depósitos, si tienen carácter accesorio respecto de la operación principal de limpieza y reparación de depósitos (DGT CV 19-3-07);
- servicios de mantenimiento consistentes en la inspección de tuberías mediante cámaras de televisión (DGT CV 23-6-10; CV 20-4-11) o cámara robotizada (DGT CV 20-5-22);
- limpieza de patios de una fábrica, de excavaciones y de derribos (DGT 4-7-01);
- entregas de sacos de runa (escombros), con independencia de que dichos sacos puedan considerarse como recipientes normalizados para la recogida de residuos, ya que el tipo reducido solo se aplica a prestaciones de servicios y no a entregas de bienes (DGT CV 24-5-10);
- recogida de basuras encomendado a un tercero en virtud de una concesión administrativa (DGT CV 30-12-14);
- recogida de animales vivos (DGT CV 12-3-12);
- prestación única de servicios derivada de convenios de colaboración con ayuntamientos para la gestión de un conjunto de servicios diversos: recogida de animales abandonados, recogida de animales muertos, custodia y cuidado de animales, servicios veterinarios, etc. (DGT CV 9-7-13; CV 26-9-13);
- servicio de incineración de animales muertos (DGT CV 9-4-24);
- servicios de consultoría ambiental (DGT CV 14-3-13);
- limpieza de decantadores de aceite de cocina que no implique la recogida de dicho aceite (DGT CV 16-7-14; CV 13-2-20);
- limpieza de maquinaria e instalaciones industriales (DGT CV 19-3-14);
- servicios integrales de renting de bayetas o trapos industriales (DGT CV 18-7-18);
- el arrendamiento, mediante la modalidad de renting, de vehículos para la recogida de residuos sólidos urbanos (DGT CV 10-9-19);
- entregas de residuos de aparatos técnicos y electrónicos realizada por una universidad (DGT CV 11-2-15) y de recipientes normalizados (DGT CV 17-7-15);
- retirada de máquinas de aire acondicionado usadas que se entregan a una empresa dedicada al reciclaje a cambio de una compensación económica (DGT CV 20-8-21);
- venta de los productos obtenidos tras el tratamiento de los residuos (DGT CV 12-9-19) o de residuos (DGT CV 28-2-22); venta de materias primas obtenidas del reciclaje y recuperación de desechos de plásticos (DGT CV 26-6-23);
- la refacturación del Impuesto sobre residuos sin prestar ningún servicio de tratamiento y eliminación de residuos (DGT CV 11-7-25).

2141 2) Tributan al **tipo reducido** los servicios de:
- recogida y tratamiento de aguas residuales, sea cual sea su procedencia -fosas sépticas, alcantarillado, etc.- (DGT CV 13-2-20; CV 26-12-23); depuración de aguas residuales (DGT CV 1-6-10; CV 23-6-10); la limpieza de alcantarillados públicos (DGT CV 7-4-15; CV 8-6-18);
- recepción y vertido de residuos inertes (tierras y escombros) en una zona para su relleno (DGT 18-12-95; 27-7-98) o en un vertedero privado, para su eliminación por almacenamiento (DGT 29-3-04; 14-4-04; CV 9-6-06); retirada de residuos y tierras derivadas de las excavaciones (DGT CV 21-10-19);
- recogida y transporte de residuos procedentes del aserrado y elaboración de la piedra y el mármol que, posteriormente, se deposita en un vertedero controlado, siempre que tengan la consideración de residuos (DGT CV 22-9-15);
- cesión de contenedores aptos para la recogida de residuos de la construcción (escombros) y los de recogida y transporte a los vertederos (DGT 5-4-00; CV 15-10-09); cesión, instalación o mantenimiento de contenedores de residuos orgánicos (DGT CV 18-10-16); contenedores normalizados y su transporte conteniendo residuos (DGT 15-9-00; 22-9-00; 11-10-00);
- gestión y valorización de los residuos siderúrgicos, incluido el transporte (DGT CV 29-3-12); gestión de residuos (DGT CV 16-10-17);
- servicios de eliminación de residuos, incluyendo los servicios accesorios a los mismos, que la entidad gestora del vertedero presta a la mancomunidad de municipios (DGT CV 8-8-24);
- destrucción de documentación que tenga la consideración de residuo, así como de los artículos desechables de oficinas (DGT 4-5-00; 22-9-00; CV 13-2-09); destrucción certificada de documentos mediante el uso de trituradoras industriales de papel (DGT CV 5-10-17); servicios de retirada, transporte, guarda, custodia y destrucción certificada de activos documentales, equipos de tratamiento de datos y soportes digitales de empresarios o profesionales y de particulares (DGT CV 3-10-24);
- transporte de residuos con independencia de que dicho transporte se preste por un transportista para otro transportista que subcontrató con él dicho transporte (DGT CV 23-2-06; CV 26-4-13);
- transporte de residuos no peligrosos (cartón, plástico, escombros de obras en general) (DGT CV 22-5-24);
- la realización de una prestación única de desmantelamiento de estructuras que contienen materiales peligrosos, que incluye la totalidad de operaciones realizadas para la eliminación de residuos peligrosos (DGT CV 7-7-08);
- vertido de purines con el fin de ser posteriormente tratados como fertilizantes naturales, al entenderse como un servicio de valorización de residuos (DGT CV 18-12-19); transporte de estiércol, siempre que de acuerdo con la normativa tenga la consideración de residuo (DGT CV 20-10-14); subcontratación del servicio de recogida de purines (DGT CV 10-5-19);
- transporte de Subproductos Animales No Destinados al Consumo Humano (SANDACH), cuando se destinen a la incineración, a los vertederos o sean utilizados en una planta de biogás o de compostaje (DGT CV 23-12-21);
- la indemnización percibida por haberse incumplido el contrato de transporte de residuos (DGT CV 19-1-22).

2142 3) Tributan al **tipo reducido** los servicios de recogida, almacenamiento, transporte, valorización o eliminación de los siguientes **residuos**:
- bidones con aceite usado (DGT 5-4-00); aceites usados de procedencia doméstica y hostelera (DGT CV 31-1-12); aceites comestibles usados (DGT CV 25-4-12); aceites vegetales (DGT CV 17-7-19);
- aceites minerales usados, filtros y baterías usadas (DGT 4-7-01);
- plásticos (DGT CV 28-12-09);
- tierras procedentes de obras (DGT CV 18-1-05; CV 23-11-05; CV 10-7-06);
- papel y cartón enfardados para su posterior reciclaje (DGT 22-9-00; 7-1-03); balas de recortes de papel y cartón prensados (DGT CV 24-3-14);
- materias primas de segunda generación que adquirieran la condición de residuo (DGT CV 7-5-12);
- hierros, acero y metales no férricos (DGT 11-2-02);
- chatarras, papel, cartón, tierras, escombros y materia orgánica, dado que los mismos tienen la consideración de residuos en tanto que no han sido objeto de valorización (DGT 19-1-01; 23-1-01);
- residuos y aguas residuales cualquiera que sea su procedencia -fosas sépticas, alcantarillado- (DGT 4-4-01; CV 2-12-13);
- lodos (DGT 11-2-02; CV 19-10-09);
- contenedores con sustancias o productos que tengan la consideración de residuos (DGT 4-7-01; 18-12-01; CV 22-3-10);
- residuos sanitarios de higiene femenina (DGT CV 1-7-16);
- neumáticos usados (DGT 6-9-02; CV 28-12-09; CV 6-3-13);
- aparatos eléctricos y electrónicos (DGT CV 13-9-06);
- desechos de madera (DGT 11-2-02);
- gases refrigerantes (DGT 3-12-03);

- animales muertos (DGT CV 11-6-07; CV 12-3-12; CV 9-7-13; CV 26-9-13);
- radioactivos (DGT 29-11-04; CV 6-11-06);
- basuras (DGT CV 12-11-07);
- orgánicos no peligrosos (DGT CV 9-6-08);
- vidrio y servicios de tratamiento sobre dichos residuos (DGT CV 21-4-08; CV 22-9-09);
- terrestres o marítimos en las playas (DGT CV 30-3-10);
- cabinas sanitarias (DGT CV 22-3-10);
- escorias, cenizas volantes de carbón y yeso procedentes de la combustión de carbón en una central térmica (DGT CV 7-10-21).

Jurisprudencia Se aplica el tipo general a los servicios de saneamiento y limpieza de **alcantarillados y fosas sépticas** pertenecientes a urbanizaciones que no han sido recibidas por los ayuntamientos (TEAC 26-3-99). 2143

Manifestaciones culturales (LIVA art.91.uno.2.6º) Se aplica el tipo reducido (10%) a la **entrada** a bibliotecas, archivos y centros de documentación, museos, galerías de arte, pinacotecas, salas cinematográficas, teatros, circos, festejos taurinos, conciertos, y a los demás espectáculos culturales en vivo. 2145

Precisiones 1) El **concepto de entrada** se refiere no tanto al tipo de recinto como al tipo de actividad que se realice en el mismo cuando los recintos tengan una funcionalidad polivalente. Así, la entrada a un campo de fútbol o a una plaza de toros tributa al tipo reducido cuando en dicho recinto se celebren, y la entrada sirva de acceso, a actividades de las reguladas en el nº 2145 (exposiciones de pintura, etc.). 2146

2) Según el Diccionario de la Real Academia Española, se considera **museo**:
- lugar en que se conservan y exponen colecciones de objetos artísticos, científicos, etc.;
- institución, sin fines de lucro, cuya finalidad consiste en la adquisición, conservación, estudio y exposición al público de objetos de interés cultural;
- lugar donde se exhiben objetos o curiosidades que pueden atraer el interés del público, con fines turísticos;
- edificio o lugar destinado al estudio de las ciencias, letras humanas y artes liberales.

3) Cuando se trate de **ferias o exposiciones comerciales** se aplica, en su caso, lo señalado en el nº 2190.

4) El tipo impositivo reducido solo se aplica a los ingresos obtenidos por el **cobro de la entrada** a los lugares señalados, sin que se extienda a ninguna prestación de servicios o entrega de bienes que se pueda producir en los mismos.

Ejemplos 1) Una sociedad familiar explota una **biblioteca privada**. El público accede mediante el pago de una entrada. También se prestan servicios de préstamo de libros, suministro de copias, fotocopias o reproducciones de los documentos existentes en los fondos de la biblioteca. 2147

Se aplica el tipo reducido a la entrada a la biblioteca, si bien el resto de los servicios de préstamos de libro, suministro de copias, fotocopias o reproducciones de los documentos tributan al tipo general.

2) Una empresa del sector del ocio desarrolla dos actividades. La primera consiste en la explotación de un **parque de atracciones acuático**. La segunda de ellas, que se realiza en las inmediaciones del recinto del parque, pero fuera del mismo, consiste en la explotación de varias **atracciones de feria**.

Se aplica el tipo general a los servicios prestados por el parque acuático y a las atracciones de feria.

3) Una empresa privada tiene una **colección de coches antiguos** que expone en una finca cerrada de su propiedad, calificada como museo al **aire libre**. Por dicha actividad cobra una entrada al público que la visita.

Se aplica el tipo reducido a la prestación de los referidos servicios por entenderse que se trata de un museo al aire libre, dado que de la definición del término museo se puede calificar como tal el espacio natural al aire libre donde hay objetos o curiosidades que atraen al público.

4) Un **museo de arte moderno**, propiedad de una persona física, dispone en su interior de una tienda museo donde se pueden adquirir libros, reproducciones de las obras, pósteres, ceniceros, bolígrafos y un variado merchandising relacionado con el mismo. Para acceder al mismo se cobra un precio a la entrada.

Se aplica el tipo reducido al precio de la entrada al museo. En relación con los productos vendidos en el interior de la tienda, se aplica el tipo que corresponda según el bien de que se trate.

Doctrina Administrativa Además de las siguientes contestaciones de la DGT, ver nº 11000 s. 2149

1) Tributa al **tipo reducido**:
- el acceso a un **conjunto monumental y museístico** (conjunto de bienes muebles, espacios e inmuebles, con valor histórico, artístico y cultural), expuesto con carácter permanente y abierto al público, en la medida en que conforme con la normativa se pueda calificar como museo (DGT CV 29-4-15);

- el acceso a las distintas **dependencias de un bien inmueble** que tiene una colección museográfica (DGT CV 20-1-15); recinto museo (DGT CV 16-2-18); explotación de un edificio catalogado como Monumento Histórico Artístico de Interés Nacional (DGT CV 11-7-19); edificio de interés turístico con el fin de mostrar al público los elementos arquitectónicos así como la historia (DGT CV 3-1-19); casa-museo declarada Bien Cultural de Interés Nacional y Patrimonio Mundial, siempre que sea considerada como museo (DGT CV 11-12-17; CV 23-11-18); conjunto etnográfico compuesto por una herrería antigua y sus instalaciones, siempre que se pueda calificar como museo o centro museístico (DGT CV 4-7-17); ciertas salas de una plaza de toros y exposición de objetos relacionados con la tauromaquia (DGT CV 19-9-18); finca donde se exhiben fotografías y réplicas de objetos sobre tauromaquia y su evolución a lo largo del tiempo (DGT CV 25-7-18); un centro de interpretación, siempre que pueda calificarse como museo (DGT CV 11-9-20); el museo de las ilusiones, espacio concebido como una experiencia educativa para que el visitante aprenda cosas nuevas sobre la visión, la percepción, el cerebro humano y la ciencia (DGT CV 22-7-21); una inmersión experiencial dentro de una adaptación de sagas literarias clásicas (DGT CV 17-3-22); museo/sala de exposiciones sobre la historia y vinculación marítima y pesquera artesanal cuando no esté exento (DGT CV 12-11-24);
- la entrada al **museo** anexo al **estadio de un club de futbol**, que cuenta con varias plantas para la visita, y que concluye con el acceso a parte del propio estadio, la sala de prensa y el palco, desde donde se conduce a los visitantes, a través de la tienda oficial, a la salida. El acceso parcial y paso por el propio estadio, palco y sala de prensa no constituye un fin en sí mismo para los usuarios del museo, y constituye una prestación accesoria a la principal, que es la visita al museo, debiendo seguir el régimen de tributación de esta última (DGT CV 3-2-25);
- un recorrido donde se exhiben **animales** en sus respectivos hábitats, así como reproducciones de animales disecados (DGT CV 29-9-15);
- la entrada a **representaciones teatrales** (DGT CV 26-7-17; CV 24-2-23); festejos taurinos, corridas de toros y novilladas (DGT CV 25-7-18); representación de espectáculo en vivo en un centro escolar (DGT CV 7-5-20); proyección de una película con animación, bailes en directo y canciones subtituladas para que el público cante (DGT CV 2-10-18); la actuación de un disc-jockey en una **discoteca**, por tener la consideración de espectáculo cultural en vivo (DGT CV 29-6-23; CV 31-10-23); una exhibición de una decoración con luces y sonidos relacionada con la Navidad, donde se desarrolla una animación explicando una historia cultural, histórica o tradicional directamente relacionada con la zona geográfica donde se implanta el parque de luz (DGT CV 29-12-21);
- la **reventa** de entradas de espectáculos taurinos, si la sociedad actúa en nombre y por cuenta propia, ya que se entiende que ha recibido y prestado por sí misma el correspondiente servicio de acceso a un espectáculo público (DGT CV 5-10-18);
- la entrada a **walking tours** (rutas turísticas por lugares emblemáticos de una ciudad, realizadas por actores o cómicos mediante una teatralización a lo largo de toda su duración, recreando escenas de la época o relacionadas con los lugares en cuestión), al tener la consideración de un espectáculo cultural en vivo (DGT CV 29-6-23);
- el acceso a un **festival anual de música** organizado por un ayuntamiento (DGT CV 5-5-23); las entradas para un festival de jazz (DGT CV 28-10-25).

2150 2) Tributa al **tipo general**:
- los servicios de **información y promoción** de espectáculos (DGT 16-12-99); la cesión de **carnés** que dan derecho a sus titulares a descuentos especiales en el precio de la entrada (DGT 11-4-01), y la **cesión de stands y espacios** para realizar una exposición (DGT 30-4-04); servicios denominados **evento completo** en los que un promotor organiza globalmente el evento, buscando el lugar, asesorando del contenido, prestando servicio de catering, decoración, animación, luz, sonido, personal de apoyo, soporte técnico y transporte accesorio en su caso, a los servicios de cesión de stands o espacios (DGT CV 13-2-08; CV 23-10-08); gestión y montaje de eventos culturales (DGT CV 24-6-09); **alquiler de carpas** a entidades para la organización de actos culturales, comerciales, exposiciones y fiestas, sin participación del arrendador (DGT CV 17-6-08);
- la **subcontratación** de una entidad tercera por parte de una fundación para la organización de las actividades que esta fomenta -manifestaciones culturales- (DGT CV 31-7-06);
- los servicios de **guía** en museos, salas de arte, etc. (DGT 28-10-97; CV 30-10-07); en un teatro o catedral (DGT 29-10-98; CV 13-9-06); servicios de acompañamiento o guía de visitantes por los lugares históricos de una ciudad. La escenificación de la historia de los lugares visitados constituye un servicio accesorio de la prestación principal de acompañamiento o guía de visitantes, por lo que tributa al mismo tipo al seguir el régimen de tributación que corresponde a la operación principal (DGT CV 30-10-07; CV 17-6-10; CV 8-3-17); visita guiada a las instalaciones de una bodega junto con las operaciones accesorias, en su caso, de cata de vinos y entrega de una botella de vino (DGT CV 6-3-19); visita guiada a las instalaciones de una almazara (DGT CV 15-1-19);
- cesión de guías audiovisuales en un museo (DGT CV 15-9-09); servicios de educadora de museos y biblioteca (DGT CV 2-11-11);
- **mediación** en la reventa de entradas, o un servicio accesorio de un viaje completo (DGT CV 1-9-09); intermediación prestada en nombre ajeno (DGT CV 19-6-19);
- subcontratación de una **banda de música** por el organizador del evento (DGT CV 16-10-18); servicios de **pinchadiscos** en diversos eventos, siendo los destinatarios tanto consumidores finales como los empresarios organizadores (DGT CV 19-10-18); servicios prestados por las **orquestas** a los organizadores de los distintos eventos (DGT CV 17-1-18);

- espectáculos de **fuegos artificiales** en vivo, por no considerarse espectáculos culturales (DGT CV 7-2-18);
- la explotación de carruseles de **feria** de manera itinerante por distintos pueblos y ciudades (DGT CV 7-2-18); el acceso a una atracción de feria (DGT CV 6-1-18); a espectáculos acrobáticos de motos (DGT CV 22-3-19);
- organización de visitas e información al público de **espacios naturales** protegidos o zonas de gran interés natural (DGT CV 11-11-10); la explotación de una parcela de terreno rústico como jardín de recreo mediante el pago de una entrada (DGT 16-4-98); entrada a una **cueva o gruta natural** con asistencia a una representación musical en vivo (DGT CV 6-6-18);
- el acceso a la **Alhambra**, considerada como un complejo monumental de antiguos palacios, jardines, convento, iglesia y fortaleza, que además alberga un museo de arte andalusí, la pinacoteca principal de la ciudad así como un Parador nacional, al no ajustarse al concepto de museo en su conjunto (DGT 26-5-20); el acceso a una casa señorial, en la medida en que no pueda calificarse como museo (DGT CV 9-1-20);
- la entrada que da acceso al **parque acuático,** y que permite el disfrute de determinadas instalaciones del mismo, a la prestación de servicios de alquiler de hamacas y flotadores, y a la entrega de bebidas alcohólicas y bebidas refrescantes, zumos y gaseosas con azúcares o edulcorantes añadidos (DGT CV 22-2-23);

3) La asociación, que se dedica a dar a conocer y difundir el **teatro de calle**, ha sido contratada por un **promotor** público o privado u organizador, como un ayuntamiento, que es quien prestará en nombre propio la representación a los asistentes. Es de aplicación el tipo impositivo general a los servicios prestados por la asociación a favor del promotor u organizador, sin perjuicio de la aplicación del tipo reducido del 10% al servicio de acceso a la representación efectuado por el organizador o promotor a dichos asistentes (DGT CV 23-4-24).

Jurisprudencia **1)** Los Estados miembros pueden aplicar tipos impositivos distintos a las prestaciones realizadas por los **feriantes itinerantes** y a las efectuadas por los feriantes no itinerantes que operan bajo la forma de parques de ocio, siempre que se respete el principio de neutralidad fiscal (TJUE 9-9-21, asunto C-406/20). **2152**

2) La puesta a disposición de **máquinas recreativa**s situadas en una zona delimitada en el interior de centros comerciales no está comprendida en el concepto de «derecho de acceso a parques de atracciones» del Anexo III de la Directiva IVA y por lo tanto no se beneficia del tipo reducido del IVA (TJUE auto 14-3-24, asunto C-576/23).

Asistencia social (LIVA art.91.uno.2.7º) Se prevé la aplicación del tipo impositivo reducido (10%) a los servicios de carácter social prestados a determinados colectivos de personas cuando no resulte aplicable la exención de asistencia social (nº 872 s.) ni el tipo impositivo superreducido establecido para determinados servicios de teleasistencia, ayuda a domicilio, centro de día y de noche y atención residencial (nº 2345). **2155**

Téngase en cuenta el criterio del **Tribunal Supremo** según el cual, la aplicación del tipo reducido, en relación con servicios de **protección de la infancia y la juventud**, exige que las actividades se enmarquen en programas específicos dirigidos a personas efectiva o potencialmente vulnerables. Es decir, solo son susceptibles de beneficiarse del tipo reducido las prestaciones de servicios a la infancia o la juventud que se enmarquen dentro del concepto de asistencia social y con la finalidad de protección de la infancia y de la juventud. En consecuencia, no basta con el hecho de que los servicios prestados se dirijan, como destinatarios, a niños o a jóvenes menores de 25 años, para que la actividad correspondiente pueda verse favorecida con ese tipo de gravamen reducido (TS 19-3-26, EDJ 539501).

Precisiones **1)** Por **asistencia social** debe entenderse el conjunto de acciones y actividades desarrolladas por el Sector Público o por entidades o personas privadas fuera del marco de la Seguridad Social, destinando medios económicos, personales u organizativos a atender situaciones de necesidad y otras carencias de determinados colectivos (por ejemplo, personas mayores, menores y jóvenes, personas con discapacidad, mujeres víctimas de violencia de género, víctimas de trata, etc.) de personas en situación de vulnerabilidad o riesgo de exclusión social o de otras personas que presenten necesidades sociales análogas que requieran asistencia (Inf Secretaría de Estado de Servicios Sociales e Igualdad 25-3-14).

2) Dada la naturaleza de los servicios de asistencia social cuyo ámbito objetivo enumera la exención, a algunos de los mismos puede resultar aplicable algunas de las otras **exenciones** reguladas en la normativa (sanitarios, nº 821 y nº 834; educativos, nº 905; deportivos, nº 926; y culturales, nº 937). A su vez, a algunos de dichos servicios, cuando no estén exentos y no tengan por sí mismos la naturaleza de servicios de asistencia social, puede resultar aplicable el tipo impositivo reducido (ver nº 2100, hostelería).

3) El tipo impositivo reducido se aplica con independencia de si **la facturación de los servicios** se realiza a sus destinatarios o a un tercero.

Ejemplos **1)** Una empresa, que no tiene la calificación de establecimiento privado de carácter social, presta servicios externos de **asistencia geriátrica** a personas ancianas, consistentes tanto en la propia asistencia médica como ocupacional y de ayuda domiciliaria. **2157**

Los servicios prestados por la empresa están sujetos y no exentos, tributando al tipo reducido cuando los mismos, de acuerdo con el concepto de asistencia social, puedan considerarse de dicha naturaleza, circunstancia que sucede en el ejemplo. No obstante, ver nº 2345 respecto del tipo impositivo aplicable a determinados servicios de teleasistencia, ayuda a domicilio, centro de día y de noche y atención residencial.
2) Una entidad privada que no tiene el reconocimiento como entidad privada de carácter social lleva a cabo la explotación de una **residencia geriátrica**, en la que presta los servicios propios de la actividad, es decir, **asistencia sanitaria**, social, así como el alojamiento y manutención de sus clientes.
Tratándose de una entidad privada, los servicios prestados que tengan el carácter de asistencia social están sujetos y no exentos, así como los de alojamiento y manutención accesorios de aquellos. El tipo impositivo aplicable a dichos servicios es el reducido.
Sin embargo, la prestación de servicios de **asistencia sanitaria** puede estar exenta cuando concurran los requisitos del nº 821 s. No obstante, les resulta aplicable el tipo general cuando se trate de servicios de asistencia sanitaria no exentos. Asimismo, se aplica el tipo impositivo superreducido a determinados servicios de teleasistencia, ayuda a domicilio, centro de día y de noche y atención residencial (nº 2345).

2158 **3)** Una empresa efectúa para determinados ayuntamientos y otros entes públicos la organización de **campamentos infantiles** y juveniles, estancias en albergues, granjas escuelas y colonias de verano. Los niños y jóvenes son seleccionados por dichos entes públicos en base a criterios de necesidad, marginación social, etc. Durante la celebración de las actividades se atiende fundamentalmente a la formación de los niños y jóvenes a través de charlas, excursiones, convivencias, talleres, etc. Los citados ayuntamientos y otros entes públicos pagan a la empresa una determinada cantidad por asistente en función del tipo de actividad.
Los servicios prestados por la empresa a los ayuntamientos y otros entes públicos están sujetos y no exentos, debiendo tributar al tipo reducido. Sin embargo, los citados servicios prestados por dichos ayuntamientos y otras entidades de derecho público están exentos.

2160 Doctrina Administrativa Además de las siguientes contestaciones de la DGT, ver nº 11000 s.
1) La aplicación de la exención para la prestación de servicios de asistencia social (nº 872 s.) requiere que sean prestados por entidades o establecimientos de carácter social. Cuando dicha circunstancia no concurra en las entidades mercantiles o personas físicas que prestan los citados servicios, estas actividades tributan al **tipo reducido**. En este sentido se pronuncia la DGT respecto a las siguientes **prestaciones de servicios** (no obstante, téngase en cuenta el criterio del Tribunal Supremo expuesto en el nº 2155 en relación a los servicios de **protección a la infancia o la juventud** -TS 19-3-26, EDJ 539501-):
- organización y realización de excursiones, campamentos y viajes infantiles o juveniles (DGT CV 7-8-13; CV 8-6-15); **campamentos** para niños y jóvenes menores de edad (DGT CV 1-7-24); campamentos urbanos bilingües en colegios públicos durante las vacaciones escolares (DGT CV 21-11-13); organización de excursiones y campamentos infantiles y juveniles para ayuntamientos y otros entes públicos, así como para colegios (DGT CV 4-3-14); organización y realización de campamentos que comprenden estancia, manutención y talleres de música (DGT CV 19-12-16); campamentos de invierno y verano que incluyen la práctica del esquí y de deporte (DGT CV 23-11-18; CV 29-4-19); albergue juvenil, restaurante rural, campamentos de verano y granja escuela (DGT CV 1-2-11); actividades de **ocio infantil** para conciliar la vida familiar y laboral (DGT CV 8-4-10); servicios de tiempo libre en centros cívicos para niños (DGT CV 28-12-09);
- **campamentos** para niños organizados por un ayuntamiento que versan sobre el fomento de la igualdad, resolución pacífica de conflictos, empatía, respeto mutuo y prevención de la violencia (DGT CV 28-5-24);
- **apoyo escolar** y orientación (DGT CV 17-9-09); servicios de apoyo escolar, **reeducación pedagógica**, diagnóstico pedagógico y orientación educativa a niños y adolescentes en su mayoría con alguna discapacidad o necesidades especiales (DGT CV 20-6-25); servicios profesionales de atención y ayuda de niños y adolescentes (DGT CV 17-3-22); actividades didácticas y talleres didácticos, tanto dentro del aula, como fuera de ella (DGT CV 21-11-13); actividad de animación a la lectura, cuenta cuentos y talleres (DGT CV 29-1-14);
- **actividades culturales** para **jóvenes** (DGT 7-2-05; CV 2-10-06); visitas a aviarios (DGT CV 15-6-15); salidas al campo (DGT CV 16-11-17);
- supervisión institucional, programa de **ayuda psicosocial a adolescentes** (DGT 21-3-03); los servicios prestados directamente a niños y jóvenes con **problemas de adaptación** social por una persona física, técnico superior en integración social y en práctica psicomotriz (DGT CV 23-6-25);

2161 - **guarda y custodia** de niños no exenta como servicio educativo (DGT 21-7-97; 20-1-03); la actividad denominada «madre de día» en su domicilio, consistente en la guarda y custodia de menores de 3 años (DGT CV 21-8-18); servicio de canguro para cuidar niños a domicilio o en otros lugares (DGT CV 10-9-18); cuidado de niños con monitores para excursiones, transporte escolar y campamentos (DGT 27-1-16; CV 13-9-19; CV 16-4-20);
- **transporte** escolar (DGT CV 27-6-11);

- alojamiento, manutención y asistencia sanitaria propios de una **residencia de ancianos** (DGT 3-6-97; 28-3-03; CV 21-3-05); servicio de comidas a los usuarios de una residencia de ancianos (DGT CV 4-7-17); servicios de atención residencial por una entidad mercantil (DGT CV 10-9-18);
- acompañamiento a **mayores** (DGT CV 16-2-24);
- asistencia social a personas de la **tercera edad** (DGT 31-3-05); asistencia y **cuidado domiciliario** a personas de la tercera edad, enfermos con discapacidad y cuidado de enfermos en centros sanitarios (DGT 29-9-97; 10-2-04; CV 6-3-06); las prestaciones de servicios como centro de día, centro gerontológico y de residencia de personas con discapacidad intelectual y servicio de ayuda a domicilio tienen la consideración de servicios de asistencia social (DGT CV 13-10-09); y la entrega de unas pulseras ligadas a un servicio de teleasistencia, al ser una operación accesoria (DGT CV 15-3-07); servicios de centro de día y rehabilitación para personas con discapacidad (DGT CV 5-11-21). Ver no obstante el nº 2345;
- atención y ayuda de personas con **discapacidad física, psíquica y sensorial** (DGT CV 23-12-21); **orientación laboral** a deficientes psíquicos (DGT CV 17-10-06) y a usuarios de colectivos vulnerables (DGT CV 24-3-22); actividades diversas educacionales y sociales dirigidas a personas afectadas por una enfermedad mental grave (DGT CV 18-6-13);
- promoción de la autonomía personal para personas dependientes y/o personas con discapacidad (DGT CV 5-7-13); actividades de ocio para personas con discapacidad que fomenten su autonomía (DGT CV 1-8-22); **atención individual** a personas con **autismo** (DGT CV 14-1-14); integración social de personas con autismo (DGT CV 16-2-24); integración en la sociedad de personas con capacidades diferentes (DGT CV 1-8-22; CV 16-2-24);
- servicios de **equinoterapia** prestados a determinados colectivos desfavorecidos, como pueden ser niños con discapacidad (DGT CV 31-10-23);
- los servicios de intervenciones asistidas con dos **perros de terapia**, cuando tengan la consideración de asistencia social; así ocurre siempre que tengan por objeto la integración de personas en situación de vulnerabilidad o de exclusión social (DGT CV 5-11-24);
- **servicios socioeducativos** especializados en prevención de trastornos adictivos en la población infanto-juvenil (DGT CV 22-3-13); **terapia ocupacional** (DGT CV 26-12-12);
- **talleres** para personas enfermas, cuando se consideren incluidos en un programa de asistencia social (DGT CV 6-2-19);

- **asesoramiento** en la adopción de menores (DGT 23-4-98; 28-9-98; 24-3-04); apoyo y asistencia social y psicológica en adopciones internacionales (DGT CV 23-1-06; CV 19-10-06); **2162**
- ayuda a **mujeres maltratadas** (DGT 9-1-03); atención telefónica y personal en situaciones de emergencia a mujeres víctimas de violencia de género (DGT CV 8-2-10); asistencia jurídica, legal y atención psicológica a las mujeres víctimas de violencia de género y de abusos sexuales (DGT CV 29-5-13; CV 5-7-13); información, formación y prevención de la violencia sexual para jóvenes y adolescentes (DGT CV 29-3-12); servicios de asesoría jurídica a un Punto municipal del Observatorio Regional de Violencia de Género, mediante contrato administrativo con el ayuntamiento (DGT CV 12-12-24); los servicios de Punto Violeta prestados por una persona física consistentes en la información y asistencia relacionada con personas que pueden ser víctimas de violencia de género (DGT CV 22-5-25);
- apoyo a **inmigrantes** (DGT 23-3-04; CV 12-5-17); asistencia social e inserción integral de personas en riesgo de exclusión social (DGT CV 17-3-22);
- apoyo psico-social a **refugiados**, migrantes, minorías étnicas, personas con adiciones o en riesgo de **pobreza** o exclusión social; coordinación y gestión del personal de apoyo que incluye trabajadores sociales y psicólogos; también formación de voluntarios sobre **salud mental** (DGT CV 14-10-24);
- prevención de adicciones y promoción de la **salud** (DGT 22-7-02; CV 26-5-11);
- inserción laboral en **reclusos** (DGT 14-3-02) y su reinserción (DGT CV 1-8-22; CV 16-2-24);
- consultoría y asistencia para el seguimiento y atención de menores extutelados (DGT CV 4-4-07); gestión de **pisos tutelados** (DGT CV 19-5-09; CV 31-3-10; CV 5-3-13);
- los siguientes servicios cuando estén prestados en un marco de **asistencia social**: pedagogía (DGT 28-9-98; 29-6-01); psicopedagogía (DGT CV 22-2-08; CV 25-5-12); musicoterapia (DGT CV 7-10-14); intervención terapéutica asistida con animales (DGT CV 23-3-22); talleres para enfermos de Alzheimer o estimulación cognitiva impartidos por psicólogos (DGT CV 20-6-14; CV 3-7-14).

2) No se aplica el tipo superreducido a los servicios de **teleasistencia**, ayuda a domicilio, centro de día y noche y atención residencial que no se presten mediante plazas concertadas en centros o residencias o mediante precios derivados de un concurso administrativo, o lo que es lo mismo, que se presten en **régimen privado no concertado**, cualquiera que sea la condición que tenga el usuario del servicio, disponga o no de un Programa Individual de Atención -PIA- (DGT CV 6-7-11; CV 3-7-14). Las prestaciones de todos los servicios indicados, efectuadas por empresarios o profesionales que no tengan la consideración de establecimientos privados de carácter social, tributan al **tipo reducido** (DGT CV 26-12-12; CV 10-9-14). **2164**

Los servicios prestados a domicilio por un asistente personal para el cuidado de una persona que tiene reconocido el nivel 2 de gran **dependencia** no está exento, al ser persona física. Estos servicios tributan al 10% o al 4% según las circunstancias (DGT CV 28-10-25). En el mismo sentido respectos a los servicios de ayuda a domicilio a personas en situación reconocida de dependencia (DGT CV 24-9-25).

Servicios de **ayuda a domicilio y atención residencial** en base a contratos que se suscriben con distintas congregaciones e instituciones religiosas en virtud de los cuales realizan dichos servicios en los centros privados de titularidad de estas últimas. A dichas operaciones no les resulta aplicable el tipo impositivo superreducido, tributando al tipo reducido o general, según la operación realizada (DGT CV 28-2-14).

Dentro de los servicios de **atención residencial** y de **centro de día**, la entidad va a prestar servicios como el de restauración, limpieza, mantenimiento de las instalaciones y conserjería, sin incluir el servicio de dirección del centro, que le corresponde a alguien designado por la entidad concedente. Estos servicios se encuentran incluidos dentro del servicio integral de atención residencial y centro de día que va a prestar la entidad a la entidad adjudicadora, sin que ninguno de estos servicios se preste de forma independiente, ni bajo demanda del beneficiario al margen del propio servicio de atención residencial y centro de día. En estas circunstancias, la prestación de los servicios de atención residencial y centro de día por la entidad tiene la consideración de prestación única y tributa al tipo reducido, con independencia de que no le corresponda la dirección del centro (DGT CV 26-11-25).

En el mismo sentido, los siguientes servicios: ayuda a domicilio (DGT CV 9-7-19; CV 31-3-23; CV 25-10-23); centro de día (DGT CV 20-2-15; CV 21-5-15); teleasistencia, ayuda a domicilio, centro de día y noche y atención residencial para personas en situación de dependencia (DGT CV 30-11-16; CV 7-2-20); limpieza a domicilio para usuarios de servicios sociales municipales (servicios de ayuda a domicilio), derivados de un contrato entre una entidad mercantil de capital íntegramente público y una empresa del sector, siendo los destinatarios del servicio personas dependientes y personas de la tercera edad (DGT CV 22-5-15); comidas a domicilio (DGT CV 4-12-15); atención residencial (DGT CV 9-7-20).

3) Tributa al tipo reducido el servicio de ayuda a domicilio en su modalidad de **lavandería** (DGT CV 4-8-10). Los servicios de lavandería, alquiler de ropa de cama, lavado y planchado de ropa, así como asistencia en la recogida y colocación de dichos materiales a dependientes, ancianos, menores, etc. residentes en centros y residencias concertados con la Comunidad Autónoma donde se desarrollan actividades de asistencia integral a personas dependientes, tributan al tipo general (DGT CV 18-7-14). La prestación de **servicios auxiliares** de lavandería y limpieza del centro donde se realizan las tareas asistenciales tributa al tipo general, y el transporte de los usuarios al centro de día tributa al tipo reducido (DGT CV 30-1-18).

2165 **4)** Tributan **al tipo general**:

- los servicios de **lavandería, limpieza y traslados** o movilizaciones de residentes y usuarios a los distintos servicios prestados en el centro de día o residencia, y en apoyo en el comedor, que una entidad de carácter social le presta a otra entidad de las mismas características (DGT CV 20-4-23);
- los servicios de **intermediación laboral**, al no serles de aplicación la exención (DGT CV 7-3-12). En el mismo sentido, en relación a servicios de agencia de colocación de personal para realizar servicios de asistencia social, DGT CV 19-9-18;
- los servicios de **cesión de personal**, al no tratarse de servicios de asistencia social, sin perjuicio de que el ayuntamiento al que se cede el personal, en su caso, preste servicios de asistencia social (DGT CV 24-7-25);
- los servicios consistentes en atender, **dar información y documentar** al público infantil, adolescente y juvenil sobre programas, cursos, proyectos, becas, etc. relacionados con temas de su interés -cultural, tiempo libre, ocio, mercado laboral, formación- (DGT CV 7-10-13);
- servicios de atención a llamadas que se produzcan al teléfono de **información sexual** para jóvenes desde un enfoque global; atención y contestación a los correos electrónicos y skype de las citadas materias; actualización de una base de datos para tener acceso a información por parte de los jóvenes, y actividades de asesoramiento en campañas de divulgación de materia sexual para la juventud, etc. (DGT CV 20-6-14);
- **información** y asesoramiento en materia de **servicios sociales**, ayudas, prestaciones, subvenciones, centros y recursos relacionados con la tercera edad (DGT CV 9-9-14);
- **formación dirigida a profesionales** que están en contacto con personas con enfermedades terminales (DGT CV 27-6-16);
- **peluquería** en residencias y centros de día para personas mayores y dependientes (DGT CV 18-12-19); servicios de peluquería en centros de mayores (DGT CV 22-7-25); **limpieza** de la vivienda, ayuda en cocina y mantenimiento de la casa en general para personas de la tercera edad (DGT CV 27-2-20);
- actividades de **teatro infantil** (DGT CV 23-7-14; CV 21-1-15); **cuentacuentos** (DGT CV 9-9-14), salvo que se preste el servicio en un marco de asistencia social (DGT CV 25-1-18); animación de fiestas infantiles (DGT CV 19-10-18);
- servicios relativos a los **parques infantiles** con hinchables y otros espectáculos infantiles (DGT CV 31-3-14); parque de **aventuras** (DGT CV 29-4-15);
- el **subtitulado** de programas para personas con discapacidad auditiva, por no tener la consideración de servicio de asistencia social (DGT CV 1-4-13; CV 10-6-13). Sin embargo, los servicios de intérprete del lenguaje de signos sí se incluyen entre los de asistencia social en el ámbito de la educación especial y asistencia a personas con discapacidad (DGT CV 14-2-14);
- los servicios de **investigación** (DGT CV 26-5-20).

Espectáculos deportivos aficionados (LIVA art.91.uno.2.8º) Se aplica el tipo impositivo reducido (10%) a los espectáculos deportivos de carácter aficionado, incluidos los juegos olímpicos. 2185

Precisiones 1) Los **deportistas aficionados** son los que practican el deporte sin hacerlo por cuenta y dentro del ámbito de la organización y dirección de un club o entidad deportiva, percibiendo solo compensaciones por los gastos derivados de su práctica deportiva (RD 1006/1985 art.1).
2) Tributan al tipo general los servicios **prestados a personas físicas** que practiquen el deporte o la educación física.

Ejemplo Un **club deportivo privado** que no reúne los requisitos para la aplicación de la exención (nº 926), dispone entre sus instalaciones de piscina cubierta y descubierta, gimnasio, 3 pistas de squash y 5 de tenis, un frontón y 3 pistas de baloncesto. Dos de esas pistas son polivalentes y la tercera, que está cubierta, es utilizada por el equipo de baloncesto del club que juega en la liga profesional.
Por la utilización de las instalaciones, el club cobra una entrada cuyo **precio** varía en función de la condición o no de socio del adquirente. Dentro de la piscina cubierta se organizan los partidos del equipo de waterpolo del club, las exhibiciones del equipo de natación sincronizada, y las competiciones de natación correspondientes, actividades todas de carácter aficionado, por cuya asistencia se cobra, en ocasiones, un precio de entrada meramente testimonial. Además de las operaciones indicadas, una sección del club se encarga de organizar por cuenta ajena **espectáculos deportivos** de carácter aficionado (fútbol sala, tenis, etc.) consistentes, generalmente, en torneos entre empresas, etc., en los que estos últimos figuran como organizadores y patrocinadores.
Las prestaciones de servicios consistentes en la **utilización de las instalaciones** del club por personas físicas que practican el deporte, sujetas y no exentas, tributan al tipo general.
Tributa al tipo general la **entrada a los partidos** de baloncesto profesional.
La entrada a los partidos de waterpolo, exhibiciones de natación sincronizada y a las competiciones de natación tributa al tipo reducido por tratarse de espectáculos deportivos de carácter aficionado.
La actividad de **organizador de espectáculos deportivos** tributa al tipo general, pues la aplicación del tipo reducido no alcanza a dichas operaciones de organizador por cuenta ajena, sino a la celebración de los referidos espectáculos.

Doctrina Administrativa Además de las siguientes contestaciones de la DGT, ver nº 11000 s. 2186
1) Se aplica el **tipo reducido** a los espectáculos deportivos de carácter aficionado siempre que la competición mantenga el carácter de no profesional (DGT CV 17-9-19). Las **entradas** a los partidos de un equipo de fútbol de segunda división B tributan al tipo reducido únicamente en los casos en que todos los deportistas que participen en los mismos tengan la condición de deportistas no profesionales de acuerdo con la normativa que les sea aplicable. Cuando no concurra dicha circunstancia, el tipo aplicable es el general (DGT 29-11-94). En el mismo sentido, DGT CV 20-2-19.
2) Tributa al **tipo general**:
- la venta de entradas para asistir a los partidos que se celebren en el seno de la **Copa del Rey**. Es un campeonato no profesional según el Reglamento General de la Real Federación Española de Futbol, pero en el mismo participan de forma no eventual equipos que compiten en Primera y Segunda División, que sí son competiciones profesionales, por lo que los partidos de ese campeonato no tienen carácter aficionado (DGT CV 24-9-25);
- la **organización de torneos** y enfrentamientos de carácter deportivo, a instancias de empresas, a las cuales se les factura por dicho concepto, pues actúan como patrocinadores, así como la organización de actividades deportivas para los socios de un club (DGT 20-2-94);
- la venta de botiquines deportivos, **préstamo de material** deportivo y **cesión de monitores** para fomentar y organizar actividades extraescolares deportivas de colegios e institutos (DGT CV 28-9-09);
- la **cesión de las instalaciones** para la celebración de espectáculos deportivos y la entrada a los mismos (DGT CV 11-2-16).
3) La aplicación del tipo reducido no se hace extensiva a la actividad de **organizador de espectáculos deportivos**, pues tal característica no alcanza a las operaciones del organizador por cuenta ajena de tales espectáculos, sino que es aplicable, en su caso, a la entrada a la celebración de los espectáculos (DGT CV 10-3-14; CV 10-4-25). En el mismo sentido, los servicios prestados por una entidad a pilotos aficionados, con el fin de organizar entrenamientos y **competiciones amateur** de motociclismo (DGT CV 29-11-18).

Ferias y exposiciones comerciales (LIVA art.91.uno.2.9º) Se aplica el tipo impositivo reducido (10%) a las exposiciones y ferias de carácter comercial, tanto a los servicios prestados por los organizadores de dichos eventos a los participantes o expositores, como a los asistentes a los mismos. 2190

La aplicación del citado tipo impositivo está sujeta a la concurrencia de los siguientes **requisitos**:
- que el **prestador** de los servicios sea su organizador; y
- que las **ferias** o exposiciones sean de carácter comercial.

A estos efectos, es indiferente que el organizador tenga naturaleza privada o pública. Hay que señalar que la explotación de ferias y de exposiciones de carácter comercial efectuadas por las Administraciones públicas es una de las actividades expresamente sujetas (nº 336).

El carácter comercial o cultural de una feria o exposición depende de su finalidad u objeto, de forma que tienen **carácter comercial** aquellas ferias o exposiciones cuya finalidad sea la promoción de los bienes o servicios de los participantes (DGT CV 27-9-22; CV 26-10-23; CV 5-11-24). Sobre manifestaciones culturales, ver nº 2145 s.

2191 Ejemplo Una entidad organizadora de una feria comercial de muebles, establecida en Madrid, presta a las empresas expositoras establecidas en la Península principalmente dos tipos de servicios: un servicio integral, que comprende tanto el **alquiler del stand** como su decoración, montaje y mantenimiento, los suministros necesarios, la inclusión de la empresa en la guía de la feria, aparcamiento, catering y servicios de atención al cliente mediante personal cualificado (intérpretes, etc.); o una segunda modalidad, que consiste exclusivamente en la **cesión del espacio**, corriendo por cuenta del expositor la adquisición de los bienes o servicios necesarios al efecto. La entidad organizadora cobra dos tipos de entrada, según que los asistentes sean empresarios del sector o consumidores particulares. Uno de los expositores, acogido a la fórmula de prestación integral, ha contratado con una empresa de relaciones públicas que trabaja para el organizador de la feria la prestación de un servicio de relaciones públicas a desarrollar con sus clientes, tanto dentro de la feria como fuera de ella.

El tipo impositivo aplicable al **servicio integral** prestado por el organizador de la feria, así como a la cesión de espacios para stands, es el reducido.

Los servicios contratados por los expositores (relaciones públicas) con empresas que no tengan la consideración de organizadores de la feria, aunque las operaciones de las que sean destinatarios estén relacionadas con la misma, tributan generalmente al tipo general, salvo que se trate de algunas de las operaciones a las que específicamente resulta aplicable otro tipo diferente (catering, etc.).

La entrada al recinto tributa al tipo reducido con independencia de la naturaleza del asistente.

2192 Doctrina Administrativa Además de las siguientes contestaciones de la DGT, ver nº 11000 s.

1) Tributan al **tipo reducido**:
- los servicios de **organización de ferias o exposiciones** de carácter comercial, así como las entradas de los visitantes a dichas manifestaciones (DGT CV 31-5-13); servicios de la promoción y organización del mercado temático, cuando sean prestados directamente por los organizadores de ferias y exposiciones comerciales, tanto a los participantes en las mismas como a los visitantes de dichas manifestaciones (DGT CV 24-2-17). En el mismo sentido, servicios prestados en la **feria del libro** directamente por una asociación, como organizadora, cuando tengan carácter comercial (DGT CV 21-8-24); los servicios de la promoción y organización de **mercados temáticos** para ayuntamientos (DGT CV 8-6-18) y de mercadillos de carácter comercial (DGT CV 21-10-19); y los servicios suscritos con una entidad establecida en Francia para organizar una feria anual en el territorio de aplicación del impuesto (DGT CV 18-2-21);
- los servicios de **diseño, construcción y decoración de stands** prestados a los participantes de las ferias y exposiciones de carácter comercial por la propia entidad organizadora de las mismas, cualquiera que sea la naturaleza pública o privada de dicha entidad (DGT CV 16-4-10);
- la venta de tickets de **entrada a un recinto ferial** que incluye el derecho a una cata de vinos (DGT 15-3-02); la entrada a un evento organizado por un ayuntamiento («el mesón de la tapa»), que puede ser considerado una feria de carácter comercial (DGT CV 13-6-18);
- las prestaciones de servicios consistentes en la organización de exposiciones y ferias de carácter comercial que se entiendan **realizadas en el territorio de aplicación del impuesto** (DGT CV 30-12-10), ya sean servicios prestados por los organizadores de la feria a los participantes -expositores- o a los visitantes de la misma -venta de entradas- (DGT CV 11-3-11; CV 6-9-11).

2193 **2)** Tributan al **tipo general** los servicios de **cesión de stands o espacios** que se efectúan por otras entidades no promotoras a la entidad promotora de la exposición (DGT 4-12-02; CV 20-7-05; CV 30-5-07).

3) El tipo reducido no abarca las entregas de los objetos de **merchandising** que tributa al tipo impositivo general (DGT CV 5-11-24).

4) Los **servicios de un organizador de congresos** pueden incluir, además del alquiler o cesión del espacio necesario dentro de la feria o exposición, la instalación y decoración de stands, cesión de mobiliario, agua, luz, teléfono, servicios de azafatas, publicidad, parking, y otros gastos similares necesarios para el normal desarrollo de la citada actividad de feria o exposición comercial (DGT CV 30-5-07; CV 13-1-16).

El servicio de organización de ferias, congresos o eventos empresariales tiene la consideración de un **servicio único**. Por lo tanto, el tipo reducido se aplica, en su caso, a los servicios que sean prestados directamente por los organizadores de ferias y exposiciones comerciales tanto a los participantes en las mismas (expositores) como a los visitantes de dichas manifestaciones (DGT CV 9-7-18; CV 29-10-20).
También la organización de una feria farmacéutica por una asociación internacional sin ánimo de lucro, DGT CV 16-4-20.

5) La DGT se ha pronunciado sobre la aplicación del tipo reducido a los **congresos médicos** (manifestaciones de carácter cultural), estableciendo que el ámbito objetivo de aplicación del tipo impositivo reducido está limitado a las ferias y exposiciones de carácter comercial, sin que se puedan considerar incluidas en el mismo las exposiciones, ferias o manifestaciones cuyo objeto principal sea la difusión o promoción de la cultura o el conocimiento científico. **2194**
Esta misma conclusión es aplicable incluso si en dichas ferias, exposiciones o manifestaciones culturales se comercializan productos, o se promueven comercialmente los productos de ciertos empresarios o profesionales. El carácter cultural o comercial de una feria o exposición depende de su finalidad u objeto, de forma que tienen **carácter comercial** aquellas ferias o exposiciones que tengan por objeto la promoción de los bienes o servicios de los participantes.
A tales efectos, tiene la consideración de organizador de una feria o exposición la persona o entidad que lleve a cabo la ordenación de los medios materiales y humanos o de uno de ellos con la finalidad de que tal feria o exposición se celebre. Los congresos exentos son los que puedan considerarse como **servicios culturales** o de difusión de la cultura, entre las que han de incluirse los congresos médicos.
Así, debe tenerse en cuenta que, en la actualidad, este tipo de congresos médicos de **carácter multidisciplinar**, suelen contar con el patrocinio y la financiación de laboratorios comerciales y empresas farmacéuticas, puesto que son una de las principales vías de encuentro con la comunidad científica que va a prescribir y aplicar sus tratamientos y protocolos, y donde pueden dar a conocer y divulgar el resultado de sus investigaciones que se concretan en el lanzamiento y promoción comercial de sus patentes y medicamentos. De esta forma, la finalidad del congreso podría llegar a tener un relevante contenido comercial (DGT CV 7-10-14; CV 29-5-19).
El servicio de organización de un congreso de otorrinolaringología, así como el acceso al mismo, queda gravado al tipo reducido siempre que tenga la consideración de un evento comercial (DGT CV 7-10-14). En el mismo sentido, un congreso para el fomento de la investigación y la educación en la materia de prevención, diagnóstico y terapia de las enfermedades infecciosas (DGT CV 3-10-14); un congreso de intercambio de conocimientos en el área cardiovascular (DGT CV 21-5-14); un congreso **veterinario** (DGT CV 11-5-15; CV 13-12-16); una feria comercial donde las empresas farmacéuticas exponen sus nuevos productos en relación con la medicina intensiva (DGT CV 5-1-22).
El servicio de acceso a los servicios consistentes en la celebración de congresos, jornadas, reuniones de carácter científico y profesional, evento que se pretende celebrar en el TIVA, tributa al tipo general (DGT CV 23-2-17).

Jurisprudencia No se aplica el tipo reducido a los **servicios de publicidad** prestados a una empresa en el marco de una feria o exposición (TEAC 24-10-01). **2195**

Artistas (LIVA art.91.uno.2.13º) Se aplica el tipo reducido (10%) a los servicios prestados por intérpretes, artistas, directores y técnicos, que sean personas físicas, a los productores de películas cinematográficas susceptibles de ser exhibidas en salas de espectáculos, y a los organizadores de obras teatrales y musicales. **2200**
La aplicación del tipo impositivo reducido a las operaciones citadas está sujeta a estas **condiciones**:
- que el prestador sea un empresario o profesional persona física, estando excluidos los servicios prestados por entidades mercantiles o comunidades de bienes;
- que el prestador sea un intérprete, artista, director o técnico;
- que el destinatario sea un empresario cinematográfico o un organizador de obras teatrales o musicales.

Ejemplos **1)** Un **intérprete musical** (pianista) persona física efectúa en el desarrollo de su actividad las siguientes **operaciones**: **2201**
- actuaciones como solista en conciertos musicales organizados por terceros;
- actuaciones con una orquesta en su condición de personal perteneciente a la plantilla de la misma;
- en su domicilio presta servicios de enseñanza a los alumnos del conservatorio de la ciudad donde reside;
- colabora profesionalmente con estudios de grabación de discos;
- ocasionalmente ha colaborado componiendo e interpretando la música de alguna película cinematográfica y de spots publicitarios;
- es el manager o representante de varios artistas noveles;
- percibe derechos de autor por la venta de algunas de sus grabaciones musicales.

Tributan al tipo reducido las prestaciones de servicios de **actuación musical** efectuadas para organizadores de conciertos, así como los servicios de composición e interpretación musical realizados para productores de películas cinematográficas.
La actividad de **intérprete** dentro de la orquesta no está sujeta, pues se presta en régimen de dependencia laboral (nº 310).
Los servicios de **enseñanza** musical están exentos (nº 905).
También están exentos los servicios retribuidos mediante la percepción de **derechos de autor** como compositor musical (nº 942).
Tributan al tipo general los servicios prestados a los estudios de **grabación musical**, y los de composición e interpretación musical efectuados para productores de anuncios de publicidad, así como la actividad de **manager** o representante de otros artistas.

2202 2) Una **orquesta**, constituida como entidad mercantil, efectúa actuaciones musicales, contratada por una red hotelera, en toda clase de eventos sociales para los que son requeridos sus servicios (banquetes, convenciones, ferias, etc.).
Los servicios prestados por la orquesta musical organizada como entidad mercantil, tributan al tipo general del impuesto.
3) Un grupo de actores de mimo presta sus servicios para un circo en **régimen de comunidad**.
Tributan al tipo general las prestaciones de servicios realizadas por el grupo de actores actuando en régimen de comunidad, pues los referidos servicios no son prestados jurídicamente por una persona física.
4) Un **grupo de teatro** infantil se dedica a efectuar sus representaciones en los **domicilios** de sus clientes en el marco de fiestas infantiles, cumpleaños, etc., realizando tanto actuaciones como tal grupo, o actuando los actores de forma individual en función de las necesidades de sus clientes.
El tipo impositivo aplicable a las citadas prestaciones de servicios es el general, tanto si las mismas son efectuadas por los actores en su condición de personas físicas, como si el prestador es el grupo teatral, pues el destinatario de dichos servicios es un particular.

2203 Doctrina Administrativa Además de las siguientes contestaciones de la DGT, ver nº 11000 s.
1) A efectos del IVA, hay que tener en cuenta las siguientes **definiciones** (Secretaría General Técnica del Ministerio de Cultura y Deporte Informe 26-4-2023; DGT CV 27-6-23; CV 29-6-23):
- **obras teatrales**: las obras dramáticas, dramático-musicales, coreográficas, pantomímicas y las literarias, en cuanto estas últimas sean objeto de recitación o adaptación para la escena, obras todas estas a las que puede unirse, o no, una interpretación o ejecución musical y/o una proyección de imágenes. Se consideran espectáculos o representaciones de obras teatrales, entre otros, los espectáculos de teatro, danza, ballet o baile, circo, magia o ilusionismo, cómicos o humoristas, cuentacuentos, marionetas/títeres/guiñol, mimo, variedades, video proyecciones de imágenes y video mapping;
- **obras musicales:** las que se expresan mediante una combinación de sonidos, a la que puede unirse, o no, un texto literario o una proyección de imágenes. Se consideran espectáculos o representaciones de obras musicales, entre otros, los espectáculos de música de todos los géneros, así como los conciertos y actuaciones de músicos, cantantes, solistas, cantautores, directores de orquestas, directores de coros y demás integrantes de un grupo o conjunto musical (incluidos coros, conjuntos vocales y orquestas) y de disc-jockeys;
- **técnicos de espectáculos:** aquellas personas que por sus específicos conocimientos contribuyen a la representación o ejecución de obras teatrales, musicales o audiovisuales, así como aquellas que realizan actividades técnicas o auxiliares necesarias para el desarrollo de dichas representaciones o ejecuciones en el ámbito de las artes escénicas, audiovisuales o musicales, cuando la contraprestación de dicha actividad profesional derive de una prestación de servicios que por su naturaleza, si se realizase por cuenta ajena, quedaría incluida en el ámbito de aplicación de la relación laboral especial regulada en el RD 1435/1985.
2) Tiene la consideración de **organizador de una obra teatral** o musical la persona o entidad que lleva a cabo la ordenación de los medios materiales y humanos o de uno de ellos con la finalidad de que la obra teatral o musical se represente. En particular, cuando realicen la actividad descrita, pueden tener tal condición las entidades públicas, asociaciones de diversa naturaleza, colegios públicos o privados, sindicatos, comités de empresa o partidos políticos, empresas dedicadas habitualmente a la organización de tales obras cuando asuman la organización de las obras, no limitándose a la actividad de mediación, así como las empresas que tienen otro objeto social pero que ocasionalmente organizan la representación de obras teatrales o musicales (DGT CV 21-4-08). Se pueden considerar como tales organizadores, entre otros: el Estado, las Comunidades Autónomas, ayuntamientos, asociaciones, sindicatos, empresas públicas o privadas incluso cuando no tengan por objeto social dicha actividad, etc. (DGT 29-9-98; 21-10-98); así como los particulares que, en el ámbito de eventos privados, contratan actuaciones musicales o teatrales de artistas (bodas, bautizos, cumpleaños, etc.) (DGT CV 27-6-23; CV 29-6-23).
3) Un actor contrata sus servicios con **intermediarios** contratados por el promotor para gestionar y organizar la función. Cuando el actor factura a un intermediario, este último asume la gestión y organización de la función, no limitándose únicamente a realizar una operación de simple intermediación para la prestación de los servicios al promotor de la función. En estas circunstancias, tiene la consideración de organizador de la obra teatral (DGT CV 9-9-10; CV 29-6-23). No tiene dicha consideración si realiza únicamente una actividad de mediación, limitándose a la contratación de actores, cuyos servicios posteriormente factura al promotor organizador de la función teatral (DGT CV 9-9-10).

En el mismo sentido, DGT CV 28-10-19. También cuando un guitarrista presta servicios como empresario de espectáculos o mediador, contratando a los miembros de un grupo musical, aunque sean personas físicas, para organizadores de obras musicales (DGT CV 16-9-21). Pero los servicios prestados por un cantante a personas particulares que se limiten a actuar como intermediarios, sin asumir la gestión y organización de la actuación musical tributan al tipo general (DGT CV 28-12-23).
Se aplica el tipo reducido a los servicios prestados por otros artistas e intérpretes, así como técnicos de iluminación y sonido, para un bailarín y coreógrafo que, a su vez, es contratado por un empresario teatral, cuando el bailarín/coreógrafo asume la organización de la obra, y no se limita a efectuar la actividad de mediación (DGT CV 27-6-23).

4) A efectos de la aplicación del tipo reducido, es intrascendente el **emplazamiento** donde se produzca la actuación -parques, plazas, colegios, salas de fiesta, casas de cultura, pubs, teatros u otros locales-, el procedimiento establecido para la determinación del importe de la **contraprestación** -cachet fijo o un porcentaje de recaudación de la taquilla-, y la **finalidad** específica perseguida por el organizador de la obra -fiesta popular u otros actos lúdicos de carácter gratuito para los espectadores, organización de la actividad con fines lucrativos, etc.- (DGT CV 27-6-23; CV 28-12-23). **2204**
5) Entre otros, tributan al **tipo reducido**:
- servicios prestados por una bailaora en un espectáculo de flamenco, siempre que se entiendan referidos a una obra musical y se presten al organizador de la misma; también los servicios prestados a la bailaora por otros artistas (músicos, cantaores y otros bailaores), cuando aquella asume la organización de la obra, y no se limita a efectuar la actividad de mediación (DGT CV 28-12-23); en términos similares respecto a una persona física, actor y director de escena, que ha realizado una representación teatral, contratando para ello a otros artistas (DGT CV 11-10-24);
- teatros de marionetas (DGT 25-9-95); teatros de títeres (DGT 29-9-98); actuaciones de guiñol (DGT 11-9-98); cuentacuentos (DGT CV 23-10-19; CV 21-8-24);
- actividades de ocio educativo, de tiempo libre y de educación no formal (DGT CV 21-8-24);
- recitales poéticos acompañados de intérpretes musicales (DGT 20-12-99; CV 9-7-19);
- humorista, imitador, actor y guionista (DGT CV 18-9-19);
- servicios prestados por una persona física, en el desarrollo de su actividad como actor o director, cuando los citados servicios se entiendan referidos a una obra teatral o musical y se presten al organizador de la misma, que asuman la organización de la obra y no se limiten exclusivamente a efectuar la actividad de mediación. (DGT CV 11-10-24);
- músico (DGT CV 18-6-19; CV 28-10-19); actuaciones musicales con instrumento y voz en hoteles y restaurantes, incluidos, en su caso, los prestados a los agentes artísticos y representantes que asuman la organización de las obras y no se limiten a efectuar la actividad de mediación (DGT CV 2-4-20); servicios de guitarrista cuando se entiendan referidos a una obra teatral o musical, y se presten al organizador de la misma, incluidos, en su caso, los prestados al artista que le contrata que asuma la organización de la obra y no se limite exclusivamente a efectuar la actividad de mediación (DGT CV 26-6-23);
- músico contratado para la amenización musical de eventos tanto en escena como itinerante (DGT CV 26-6-23);
- cantante (DGT CV 17-9-19; CV 21-4-08); directora musical de un coro de una asociación, que en ocasiones organiza conciertos por cuenta propia, y en ocasiones es contratada por un tercero (DGT CV 17-9-19); servicios prestados por un cantante a personas particulares para una boda o eventos en sus domicilios, cuando estas últimas asumen la gestión y organización de la actuación musical (DGT CV 27-6-23; CV 28-12-23).
- artistas y técnicos de películas cinematográficas y obras teatrales y musicales (DGT CV 23-10-19); técnico de sonido (DGT CV 18-9-19; CV 25-5-20); técnico de sonido e iluminación (DGT CV 22-4-24); servicios de lightpainting (creación de espectáculos de luces o de láser proyectados de forma efímera sobre superficies como paredes o pantallas en una obra teatral), cuando se entiendan referidos a una obra teatral o musical, y se presten al organizador de la misma (DGT CV 27-6-23);
- director de espectáculos teatrales (DGT CV 10-9-19);
- creación y diseño de instalaciones artísticas, tales como esculturas lúdicas, y posterior exhibición y espectáculo al aire libre para lograr una interacción con el público. La actividad se lleva a cabo en festivales europeos y programaciones de fiestas mayores (DGT CV 17-5-19);
- ilusionistas o mago (DGT CV 3-9-19; CV 26-2-20; CV 7-4-22); artista de circo (DGT CV 9-7-19); disc-jockey contratado para poner música en locales y/o eventos -pubs, discotecas, actos públicos al aire libre- (DGT CV 11-9-19; CV 20-2-20). En el mismo sentido, DGT CV 23-12-25.

6) Tributan al **tipo general**: **2205**
- los servicios prestados por: una entidad mercantil (DGT CV 4-12-09; CV 14-12-09; CV 16-7-10; CV 12-6-19); una comunidad de bienes (DGT 17-6-97); una sociedad civil (DGT CV 10-9-19); una compañía de teatro (DGT CV 7-9-05);
- servicios profesionales de alquiler de escenarios y material para espectáculos y su montaje (DGT 23-10-97);

- servicios técnicos de filmación de películas y videos publicitarios y musicales (DGT CV 11-1-06);
- servicios profesionales de dirección de fotografía efectuados a la productora de una serie (DGT CV 1-6-10);
- persona física que presta servicios de dirección de obras musicales, encargándose de la contratación del personal laboral necesario (DGT CV 28-11-19);
- servicios consistentes en la gestión y montaje de eventos culturales para organismos públicos (DGT CV 24-6-09);
- servicios prestados como organizador de espectáculos, al no prestar sus servicios como artista o intérprete musical (DGT CV 28-6-19);
- actuaciones en obras teatrales de títeres para distintos organizadores utilizando a artistas contratados en su actividad (DGT CV 12-9-19);
- representación de obras teatrales para los organizadores de las mismas utilizando para las actuaciones a artistas que tiene contratados en su actividad en régimen de dependencia laboral, o que le prestan sus servicios artísticos directamente (DGT CV 26-9-19); en el mismo sentido, DGT CV 21-1-20;
- servicios prestados por representantes de artistas o mediadores (DGT CV 18-9-19; CV 21-1-20; CV 14-5-20);
- servicios de grabación de música para un disco u otro soporte material, o grabación en un estudio para publicidad, prestados tanto por artistas como por técnicos. También, al no tener la consideración de personal técnico, los backliners, asistentes de producción, montadores de escenarios, tour manager y road manager (DGT CV 9-1-20);
- servicios de directora artística y musical consistentes en la elaboración de la programación artística de la temporada, presidencia de tribunales de audiciones, dirección de acciones divulgativas o asesoramiento artístico al área socio educativa (DGT CV 20-4-22).

2215 **Otros servicios** (LIVA art.91.uno.2.10º, 11º y 12º) Otros servicios que tributan al tipo reducido (10%) son:
- las ejecuciones de obra de **renovación y reparación en edificios** o partes de los mismos destinados a viviendas, cuando se cumplan determinados requisitos (nº 8785 s.);
- el aprovechamiento de **inmuebles por turno** -multipropiedad o time sharing- (nº 8786); y
- el **arrendamiento de viviendas** con opción de compra (nº 8808 s.).

3. Objetos de arte, antigüedades y objetos de colección

(LIVA art.91.uno.4 y 5)

2250 Se aplica el tipo impositivo reducido (10%) a las siguientes **operaciones**:

a) Importaciones de objetos de arte, antigüedades y objetos de colección, cualquiera que sea su importador.

b) Las **entregas** de objetos de arte realizadas por:
- los autores o derechohabientes;
- los empresarios o profesionales no revendedores que tengan derecho a la deducción del IVA que hayan soportado en su adquisición (para evitar un mayor coste a los revendedores en régimen especial, que no podrían deducirse el IVA soportado cuando adquieran dichos bienes).

c) Las **adquisiciones intracomunitarias** de los bienes cuyos proveedores sean las personas indicadas en la letra b) anterior (para aplicar la misma fiscalidad a las operaciones intracomunitarias e interiores).

La aplicación del tipo impositivo reducido a las categorías de bienes antes señaladas puede esquematizarse en el siguiente cuadro:

Tipo de operaciones y personas que las realizan	CATEGORÍAS DE BIENES Y TIPOS APLICABLES		
	Objetos de arte	**Antigüedades**	**Objetos de colección**
ENTREGAS DE BIENES	10% cuando sean efectuadas por los autores, derechohabientes y sujetos pasivos no revendedores (LIVA art.136) con derecho a deducción del 100%	21% todas las entregas	21% todas las entregas
	21% las efectuadas por otros empresarios o profesionales		
ADQUISICIONES INTRACOMUNITARIAS DE BIENES	10% cuando el proveedor (vendedor) sea el autor, derechohabientes y sujetos pasivos no revendedores (LIVA art.136) con derecho a deducción del 100%	21% todas las adquisiciones intracomunitarias	21% todas las adquisiciones intracomunitarias
	21% el resto de operaciones		
IMPORTACIONES	10% cualquiera que sea el importador	10% cualquiera que sea el importador	10% cualquiera que sea el importador

Precisiones 1) No están sujetas al IVA las **adquisiciones intracomunitarias** de bienes cuya entrega haya tributado con sujeción al régimen especial de bienes usados, objetos de arte, antigüedades y objetos de colección en el Estado miembro de origen correspondiente, ni las adquisiciones intracomunitarias de bienes cuya entrega se realice por un particular (derechohabiente) o por un empresario o profesional que se beneficie del régimen de franquicia en el Estado miembro que corresponda (nº 5260). 2251

2) En relación con el concepto de **revendedor**, objeto de arte, objeto de colección y antigüedad, ver nº 3900 s.

3) El tipo impositivo reducido solo se aplica, en su caso, a las operaciones que tengan por objeto bienes, quedando excluidas las **prestaciones de servicios**, incluidas las cesiones de derechos sobre dichos bienes, aunque algunas prestaciones de servicios artísticos pueden estar exentas (nº 942).

4) Por **autor** debe entenderse a la persona natural que crea alguna obra literaria, artística o científica. En los casos expresamente previstos en la ley pueden ser personas jurídicas, por ejemplo, obras colectivas con aportaciones de diferentes autores, que se editan y divulgan con el nombre de la persona jurídica (RDLeg 1/1996 art.5).

Ejemplos 1) Un **pintor**, persona física, realiza pinturas al óleo de **retratos por encargo** expreso de sus **clientes**. Además de dicha actividad, ha vendido dos de sus cuadros (paisajes) a una **empresa de seguros** para su patrimonio artístico. Dentro de su actividad normal ha vendido a una **galería** de arte parte de su obra (retratos anónimos) que será comercializada por esta. 2252

La actividad de pintura de cuadros al óleo consistentes en retratos tiene la consideración de entregas de bienes, no resultando aplicable por tanto la exención (nº 942 s.). El tipo impositivo aplicable a dichas operaciones es el reducido.

También tributan al tipo reducido las otras operaciones de entregas de cuadros efectuadas por el pintor.

No obstante, las entregas de dichos bienes que, en el ejercicio de su actividad, efectúe la galería de arte por tratarse de un empresario revendedor de dichos bienes, así como las entregas que, en su caso, efectúe la compañía de seguros, tributan al tipo general, pues no tiene derecho a la deducción de las cuotas soportadas en la adquisición de dichas obras.

2) Un **fotógrafo** profesional realiza, entre otras, las siguientes operaciones:

a) Colaboraciones fotográficas cuyos derechos de autor cede, indistintamente, a editores de periódicos y revistas o a editores de libros y agencias de prensa.

b) Fotografías que vende a través de la organización de **exposiciones** al efecto.

c) Fotografías artísticas que vende a una **cooperativa** de fotógrafos a la que pertenece, la cual, a su vez, vende en nombre propio dichas fotografías.

La cesión de derechos de autor de su obra fotográfica no tiene la naturaleza de entrega de bienes sino de prestación de servicios. Están sujetas pero exentas las cesiones de los derechos de autor efectuadas en favor de editores de periódicos y revistas (nº 942). Las cesiones de los derechos de autor realizadas a editores de libros y agencias de prensa están sujetas y no exentas, aplicándose el tipo general.

Las entregas de fotografías, tanto las efectuadas a través de la organización de sus propias exposiciones, como las realizadas a la cooperativa tributan al tipo reducido, cuando las referidas fotografías tengan la consideración de objetos de arte. Las entregas de fotografías que efectúe la cooperativa, actuando como un revendedor de objetos de arte, tributan al tipo general.

2253 **3)** Una persona física, que no realiza ninguna actividad empresarial o profesional, ha adquirido por **herencia dos cuadros** de gran valor. Uno de ellos lo vende a otro particular.
A efectos del IVA, y de acuerdo con lo dispuesto en la normativa de propiedad intelectual, debe considerarse artista a la persona natural que crea un objeto de arte de los definidos en la normativa del IVA (LIVA art.136.uno.2º), y por derechohabiente del artista a quien ha adquirido de este mortis causa los derechos de explotación de la obra (RDLeg 1/1996 art.5.1 y 42).
Por tanto, la primera cuestión es determinar si la transmisión se produce en el ámbito de una actividad empresarial o profesional, de acuerdo con la definición del concepto de empresario o profesional (LIVA art.5). Si, como sucede en el ejemplo, el heredero o derechohabiente no es empresario o profesional y de la realización de la venta de un solo cuadro no puede inferirse su actuación como tal, la entrega de dicho cuadro no estaría sujeta al IVA, estando sujeta al ITP y AJD. Si, por el contrario, la citada entrega del cuadro se considera efectuada en el ejercicio de una actividad empresarial o profesional, el tipo impositivo aplicable es el reducido.

2254 Doctrina Administrativa Además de las siguientes contestaciones de la DGT, ver nº 11000 s.
1) Tributan al **tipo general**:
- los servicios de **restauración de obras** (DGT 29-4-97; CV 21-4-21);
- las **ejecuciones de obras**, ya sean entregas de bienes o prestaciones de servicios, consistentes en la realización de determinados trabajos siguiendo las instrucciones de un escultor (DGT 15-4-99); pintado por encargo de monumentos falleros propiedad de terceros -artista fallero que los ha esculpido- (DGT CV 5-3-24);
- las **reproducciones a escala** de esculturas de otros escultores, efectuadas en serie y por encargo del propio escultor (DGT 23-4-97);
- las entregas de objetos de arte realizadas por un **empresario revendedor** de dichos bienes, tanto respecto de los adquiridos a los autores como los efectuados por determinados artistas para dicho empresario en el marco de una relación laboral dependiente (DGT 7-4-98); la reventa de joyas a particulares (DGT CV 14-9-10);
- las entregas de cuadros pintados sobre azulejos efectuados por una **sociedad civil** (DGT CV 13-2-06);
- las entregas de esculturas realizadas por una **sociedad mercantil** constituida por el propio escultor (DGT CV 16-6-05) y cuando la futura **entidad mercantil** que va a crear el escultor persona física no ostentara la autoría de las esculturas y pinturas entregadas de acuerdo con alguno de los supuestos en que expresamente se atribuye por la normativa tal condición a las personas jurídicas (DGT CV 4-7-17; CV 18-12-19);
- las entregas de los siguientes bienes, por no tener la consideración de **objetos de arte**: objetos de vidrio soplado obtenidas artesanalmente y efectuadas por el propio artista, incluidas en la correspondiente partida arancelaria como objetos de ornamentación (DGT 1-10-98); creación, diseño y realización de vidrieras artísticas incluidas en la partida arancelaria Código NC 7016 (DGT CV 23-10-19); esmaltes cuerda seca, vidriados cristalinos, esmaltes en suspensión, lustres -esmaltes decorativos-, papel serigrafía -colores vetrificables en papel-, grafismos -diversos dibujos realizados sobre la pieza- y aditivos -vidrios, cobre, cristales bórax- (DGT CV 13-11-20); piezas de cerámica pintadas y decoradas a mano (DGT CV 22-11-06); manualidades (DGT CV 6-3-06); figuras en cerámica que son piezas únicas, modeladas a mano, una a una, esmaltadas y terminadas a mano, sin existir proceso mecánico ni industrial alguno. Aunque las figuras, si bien son parecidas no son iguales, a efectos del IVA no se consideran obras de arte (DGT CV 18-12-19); ejemplares de cerámica que no sean únicos, aunque estén totalmente realizados por el artista y firmados por él y las pinturas sobre seda realizada a mano, que luego se coloca sobre complementos -bolsos, blusas, pañuelos, etc.- (DGT CV 23-5-11); producción en serie de productos como vajillas, cuencos o tazas (DGT CV 25-11-25); dibujos industriales o comerciales, de los artículos manufacturados decorados a mano (DGT CV 29-4-15); artesanía en cuero, pulseras, bolsos, cinturones etc. efectuados a mano (DGT CV 15-1-15); un manto bordado a mano (DGT 12-11-02), aunque sí tienen la consideración de entregas de objetos de arte, los mantos bordados a mano como obra artesanal, ejecutando en ellos dibujos originales y realizando obras únicas de las que existe un solo ejemplar, por lo que tributa al tipo reducido (DGT CV 4-11-19); dentro de la actividad artesanal de diseño y elaboración de piezas religiosas para hermandades, los ajuares, enseres, mantones, estandartes, pasos de palio, tapices y similares (DGT CV 19-2-14); tapices (DGT CV 19-2-14; CV 16-2-24); imágenes en escayola, madera, etc.; medallas, rosarios y bisutería; orfebrería; casullas, ornamentos y prendas religiosas; tejidos de ornamento religioso, con independencia del uso a que se destinen (DGT CV 3-7-15); cuadros obtenidos por medios mecánicos o fotomecánicos (DGT CV 24-10-06); elaboración artesanal de bisutería (DGT CV 26-2-20);
- la venta de **vehículos históricos** (DGT CV 4-8-10; CV 16-12-15); y su importación (DGT CV 5-11-21). No obstante, ver TEAC unif criterio 21-2-23 en nº 2257;

- el suministro de **imágenes fotográficas** consideradas como obras de arte (nº 3947) a través de una plataforma web o plataforma de venta en Internet, a la que puedan acceder clientes que vayan a descargarlas a través de la red, al tratarse de una prestación de servicios prestada por vía electrónica (DGT CV 19-4-23; CV 20-6-25).

2) Tributan al **tipo reducido**: 2255
- la entrega de una **escultura** consistente en una imagen religiosa efectuada por un escultor a una hermandad (DGT 1-2-01), a una asociación de vecinos (DGT 28-11-00) o para asociaciones religiosas o particulares. También las entregas por el artista de esculturas que reúnan las características para ser consideradas obras de arte (DGT 13-7-04). Las entregas de esculturas (**fallas**) efectuadas por su autor, cuando las mismas tengan la consideración de objetos de arte (DGT CV 23-9-16). Las entregas de esculturas realizadas por una artista plástica, tanto de concepción propia como de encargo (DGT CV 27-5-08); esculturas realizadas por su autor (DGT CV 26-5-20); ventas de esculturas originales y ejemplares únicos de **cerámica** realizados totalmente y firmados por el propio artista (DGT CV 25-11-25);
- las entregas de **figuras** originales diseñadas y elaboradas por el artista con una **tirada limitada** a ocho ejemplares (DGT CV 25-11-15);
- la entrega por un **orfebre** de una obra original de plata a una hermandad, cuando la misma tenga la consideración de objeto de arte (DGT CV 28-3-18);
- las entregas de **pinturas** efectuadas por el propio autor (DGT 30-4-99; CV 31-7-06; CV 1-7-24), ya sea directamente o a través de un intermediario que actúe frente al cliente en su nombre (DGT CV 7-4-21); la realización de **pinturas** por un artista sobre cualquier **soporte** (lienzo, tabla, pared, techo, mármoles, trampantojos, mueble, etc.) que sean objeto de entrega al cliente, efectuadas por encargo o no, cuando dichas pinturas tengan la consideración de objetos de arte (DGT 21-10-98; 9-3-01); pinturas efectuadas sobre superficies varias (muros, paredes, atracciones de feria) aportadas por los clientes (DGT CV 2-4-20); escenografía para una representación teatral (DGT CV 31-1-20); dibujos de **caricaturas** (DGT 21-10-98; 24-2-04); la realización por encargo de copias de cuadros famosos (DGT 29-4-97); entrega de **ilustraciones** (DGT CV 25-11-08); ilustraciones de dibujos en la pared de un colegio (DGT CV 23-3-21); entregas de ilustraciones personalizadas impresas, cuando las mismas tengan la consideración de objetos de arte (DGT CV 12-12-24); cartel anunciador de determinadas fiestas, efectuado por encargo para un ayuntamiento (DGT CV 24-1-07); **murales originales** efectuados por una licenciada en bellas artes que son calificados como obras de arte, en muros de edificios, parques y otros (DGT CV 25-1-18);
- las **fotografías** tomadas por el artista y reveladas e impresas por el autor o bajo su control, firmadas y numeradas con un límite de treinta ejemplares en total, con independencia de los formatos y soportes (DGT CV 23-7-15). Las entregas de fotografías que se editen y traten por medios artesanales (analógicos) para luego comercializarlas a través de una página web, cuando tengan la consideración de objetos de arte. No obstante, en el caso de que el suministro de fotografías se realice **en formato digital** a través de internet, debe analizarse si las operaciones constituyen servicios prestados por vía electrónica (DGT CV 4-12-19); también las fotografías artísticas del iris de los clientes (DGT CV 20-6-25);
- la venta de obras en formato digital -**cuadros digitales**- cuando las mismas tengan la consideración de objetos de arte (nº 3947) (DGT CV 8-3-23); venta de láminas y collages hechas por medios digitales (ordenador y tablet), tanto a particulares como galerías de arte, bien por Internet o por medios físicos, cuando los mismos tengan la consideración de objetos de arte (DGT CV 8-3-23);
- **tapices** que tengan la consideración de objetos de arte (DGT CV 16-2-24).

3) Una persona física se ha presentado a un concurso de pintura y ha obtenido un **premio** económico. Cuando el premio recibido esté **condicionado a la entrega de la obra** pictórica, que queda en poder del otorgante del premio, se considera como una entrega de bienes que tributa al tipo impositivo reducido, siempre que se trate de una obra de arte (DGT CV 28-10-19). 2256

4) Una **galería de arte** debe soportar los tipos que se indican a continuación en las adquisiciones de objetos de arte procedentes de las siguientes situaciones (ver nº 3947 respecto al concepto de obra de arte):
- esculturas originales diseñadas íntegramente por el artista en todas sus facetas, con una tirada de entre 8 o 10 esculturas numeradas: tributa al tipo reducido si la tirada está limitada a 8 ejemplares y es controlada por el artista. Si la tirada supera los 8 ejemplares todos ellos tributan al tipo general del impuesto;
- esculturas efectuadas por el artista íntegramente sin límite de tirada, todas las cuales van numeradas: tributan al tipo general;
- pinturas (óleos, acuarelas, pastel, dibujos, collages, etc.) efectuadas a mano por el artista, pueden ser obras únicas o repetidas: tributan al tipo reducido si tienen la consideración de objetos de arte (nº 3947);
- grabados, litografías, tiradas limitadas a 200 ejemplares (blanco y negro, color) procedentes de una o de varias planchas totalmente ejecutadas a mano por el artista, no por medios mecánicos o fotomecánicos: tributan al tipo reducido si las obras tienen la consideración de objetos de arte (DGT CV 30-10-07);

- las entregas que, en el ejercicio de su actividad, efectúe en nombre propio, por tratarse de un empresario revendedor de dichos bienes, tributan al tipo impositivo general (DGT CV 10-5-19).

5) El concepto de objetos de colección contenido en la normativa del IVA comprende los bienes enumerados en dicho precepto y, entre ellos, los **sellos** de correos sin obliterar que no tengan ni hayan de tener curso legal en el país de destino. Por eso tributan al tipo reducido las importaciones no exentas de sellos obliterados o sin obliterar efectuadas en el territorio de aplicación del IVA español (DGT 31-10-00; 7-6-01; CV 28-4-08).

6) Los **billetes antiguos** sin curso legal tienen la consideración de objetos de colección o de antigüedades si se encuadran dentro de unos códigos determinados. En estos casos debe liquidarse el impuesto a la importación al tipo reducido, mientras que las adquisiciones intracomunitarias deben ser liquidadas al tipo general cuando los billetes tengan tal consideración, ya que el tipo reducido solo se aplica a los objetos de arte (DGT 6-2-04). También tributan al tipo reducido las importaciones de monedas que tienen la consideración de objetos de colección o de antigüedades (DGT 13-7-04).

7) Las entregas de **libros antiguos** efectuadas por empresarios revendedores tributan al tipo superreducido, con independencia de la consideración o no como antigüedad (DGT 11-11-99, -nº 2280-); y las entregas de **libros religiosos** (DGT CV 3-7-15).

2257 Jurisprudencia **1)** En el caso de importación y subsiguiente entrega por un **subastador** (que actúa en nombre propio) de una obra de arte, solo la importación puede beneficiarse de un tipo reducido, sin que pueda extenderse a la siguiente venta la aplicación del tipo reducido (TJUE 9-2-06, asunto C-305/03).

2) Para ser consideradas objetos de arte que pueden beneficiarse del tipo reducido, las **fotografías** deben haber sido tomadas por su autor, reveladas e impresas por él o bajo su control, firmadas y numeradas con un límite de treinta ejemplares en total, con exclusión de cualquier otro criterio, en particular, la valoración, por la Administración fiscal nacional competente, de su carácter artístico (TJUE 5-9-19, asunto C-145/18).

3) Las importaciones de **vehículos históricos** tributan al tipo reducido si se acredita que cumplen las condiciones establecidas por la nota complementaria del Capítulo 97 de la nomenclatura combinada, de acuerdo con la interpretación realizada por el TJUE para ser considerados objetos de colección con interés histórico o etnográfico. No se aplica dicho tipo si la Administración demuestra que, a pesar de cumplirse las condiciones fijadas en las notas explicativas de la nomenclatura combinada, los vehículos no pueden marcar un hito en la evolución de los logros humanos ni ilustrar un periodo de dicha evolución (TEAC unif criterio 21-2-23).

C. Tipo superreducido

(LIVA art.91.dos)

2265 El tipo superreducido (4%) se aplica a las operaciones que tengan por objeto determinadas categorías de bienes y servicios expresamente enumeradas en la normativa del IVA y que se recogen en el cuadro recapitulativo adjunto.

2266 En el cuadro anterior, siguiendo la dicción legal, se estructuran las operaciones en dos grupos: por un lado, aquellos bienes a cuya entrega, adquisición intracomunitaria o importación, indistintamente, se aplica el citado tipo y, por otro lado, las prestaciones de servicios.

Asimismo, también se aplica el tipo superreducido (4%) a ciertas **ejecuciones de obra** (nº 2390).

Finalmente, hay que tener en cuenta que, tratándose de **alimentos**, generalmente, cuando no resulte aplicable el tipo superreducido, procede, en su caso, aplicar el tipo reducido del impuesto (nº 2031 s.).

1. Entregas, adquisiciones intracomunitarias e importaciones de bienes

(LIVA art.91.dos.1)

Alimentos (LIVA art.91.dos.1.1º) Además de la aplicación del tipo impositivo reducido (10%) a los alimentos e ingredientes o inputs de los mismos mencionados en el nº 2031 s., tributan al tipo superreducido (4%) las entregas, adquisiciones intracomunitarias e importaciones de los siguientes **productos alimenticios básicos**: 2270

1. El **pan** común, así como la masa de pan común congelada y el pan común congelado destinados exclusivamente a la elaboración de pan común.

Como el Tribunal Supremo (TS 15-10-24, EDJ 709243) consideró que la no aplicación del tipo superreducido a un pan considerado especial (por incluir en su elaboración ingredientes añadidos a los exigidos para su calificación como pan común, que sí es gravado con el tipo del 4%), se oponía al principio de neutralidad del IVA, y a la doctrina del TJUE, la DGT aclaró su postura en relación a esta cuestión (DGT Resol 24-2-25). Así, ha establecido que se aplica el tipo reducido del 4% a las entregas, adquisiciones intracomunitarias o importaciones de todos los productos referidos en el RD 308/2019, por el que se aprueba la norma de calidad para el pan, así como a los productos que, respondiendo a la definición de pan común, pan especial o productos semielaborados referidos en el mismo, hayan sido elaborados con harina exenta de gluten, bien sea de forma natural o porque haya sido objeto de un tratamiento especial para reducir su contenido de gluten, o en el que harina haya sido sustituida por otros ingredientes exentos de gluten de forma natural, aunque estos sean mayoritarios en su composición. Esta interpretación tiene efectos ex tunc, es decir, desde la entrada en vigor de la norma que interpreta. Para adaptarse a este criterio, con efectos desde el 1-3-2026, se han modificado las definiciones de pan común y pan especial recogidas en el RD 308/2019 (nº 2271).

2. Las **harinas** panificables.

3. Los siguientes tipos de **leche** producida por cualquier especie animal: natural, certificada, pasterizada, concentrada, desnatada, esterilizada, UHT, evaporada, en polvo y, desde el 22-12-2024, la fermentada.

4. Los **quesos**.

5. Los **huevos**.

6. Las **frutas, verduras**, hortalizas, **legumbres**, cereales y tubérculos, que tengan la condición de productos naturales de acuerdo con el Código Alimentario (D 2484/1967) y las disposiciones dictadas para su desarrollo.

7. Desde el 1-1-2025, los **aceites** de oliva.

Respecto a los **tipos temporales** aplicables a ciertos alimentos, ver nº 2272.1.

Precisiones 1) La **lista de productos** alimenticios a los que resulta aplicable el tipo superreducido es de carácter cerrado, de forma que solo procede a los productos expresamente enumerados en dicho precepto. 2271

2) El concepto de producto natural, referido fundamentalmente a las frutas, verduras, hortalizas, legumbres, tubérculos y cereales es el establecido en la DGT Resol 2/1998, según la cual debe entenderse por **productos naturales** los productos que se encuentran en el mismo estado que se obtienen de sus propios cultivos, así como estos mismos productos cuando hayan sido objeto de operaciones simples de manipulación o de conservación, manteniendo sus características originales, como son las de clasificación, limpieza, embalaje o acondicionamiento, descascarado, troceado, desinfección, desinsectación, refrigeración, congelación, pasteurización, desecación, deshidratación y otras análogas necesarias para dar a los productos una presentación idónea y habitual para el consumo o las de esterilización.

3) No se aplica el tipo superreducido a la **leche de origen no animal**.

4) Para la correcta interpretación del ámbito de aplicación hay que atender al Código Alimentario Español (D 2484/1967) y a las **reglamentaciones técnico-sanitarias** que lo desarrollan, que son, en cuanto a los productos enumerados, las siguientes:

a) Pan: la norma de calidad para el pan (RD 308/2019) recoge las siguientes definiciones:

• **Pan, sin otro calificativo** (RD 308/2019 art.2): es el producto resultante de la cocción de una masa obtenida por la mezcla de harina y agua, con o sin adición de sal, fermentada con la ayuda de levadura de panificación o masa madre. Adicionalmente, se pueden incorporar a la masa de pan los ingredientes expresamente enumerados en el RD 308/2019 art.11.2 redacc RD 142/2026.

• **Pan común** (RD 308/2019 art.3 -redacc RD 142/2026- y 4): es el pan conforme a la definición anterior, de consumo habitual en las veinticuatro horas siguientes a su cocción, elaborado con harina o harina integral de cereales. Puede incorporar en su composición salvado de cereales.

Desde el 1-3-2026, tiene también esta consideración aquel que, respondiendo a la definición del párrafo anterior, haya sido elaborado con harina exenta de gluten, bien sea de forma natural o porque haya sido objeto de un tratamiento especial para reducir su contenido de gluten, o en el que la harina haya sido sustituida por otros ingredientes exentos de gluten de forma natural necesarios para dotarle de sus atributos intrínsecos, aunque estos sean mayoritarios en su composición. No obstante, téngase en cuenta lo expuesto en el nº 2270 en relación a la DGT Resol 24-2-25.

El pan común puede recibir, entre otras, las siguientes **denominaciones**:
- pan bregado, de miga dura, español o candeal (engloba, entre otras, el pan de telera, lechugino y fabiola);
- pan de flama o de miga blanda (engloba, entre otras, el pan baguette, chapata y payés);
- pan integral;
- pan elaborado con harinas de cereales.

• **Pan especial** (RD 308/2019 art.5 -redacc RD 142/2026- y 6): es el pan no incluido en la definición de pan común, que reúna alguna de las condiciones siguientes:
a. Que se haya incorporado una harina tratada, definida en la legislación vigente; o que se haya incorporado cualquier ingrediente expresamente establecido en el RD 308/2019 art.11.3.
b. Que se haya incorporado en la elaboración un procedimiento tecnológico especial, diferente de los utilizados habitualmente para la elaboración del pan común, como es el rallado, cocido en molde, con formas especiales o con escaldado parcial de las harinas, entre otros.
c. Desde el 1-3-2026, aquel que, respondiendo a la definición de los apartados a y b, haya sido elaborado con harina exenta de gluten, bien sea de forma natural o porque haya sido objeto de un tratamiento especial para reducir su contenido de gluten, o en el que la harina haya sido sustituida por otros ingredientes exentos de gluten de forma natural necesarios para dotarle de sus atributos intrínsecos, aunque estos sean mayoritarios en su composición. No obstante, téngase en cuenta lo expuesto en el nº 2270 en relación a la DGT Resol 24-2-25.

El pan especial puede recibir, entre otras, las siguientes **denominaciones**:
- pan elaborado con harina de cereales y otras harinas;
- pan multicereal:
- pan de Viena, pan de nieve o pan bombón;
- pan tostado;
- biscote;
- colines, regañás o picos;
- pan de molde:
- pan rallado;
- otros panes especiales: pan bizcochado, pan dulce, pan de frutas, palillos, bastones, pan ácimo, pan pita, tortilla de (seguido por el nombre del cereal o cereales) y otros.

• **Productos semielaborados:** productos obtenidos mediante la interrupción del proceso de elaboración del pan, antes de obtener el producto acabado. Incluye el pan precocido, la masa congelada y otras masas semielaboradas

2272 **b) Harinas y cereales**: RD 677/2016, por el que se aprueba la norma de calidad para las harinas, las sémolas y otros productos de la molienda de los cereales.

c) Leche: RD 989/2022, por el que se establecen normas básicas para el registro de los agentes del sector lácteo, movimientos de la leche y el control en el ámbito de la producción primaria y hasta la primera descarga; RD 1086/2020, por el que se regulan y flexibilizan determinadas condiciones de aplicación de las disposiciones de la UE en materia de higiene de la producción y comercialización de los productos alimenticios y se regulan actividades excluidas de su ámbito de aplicación; y RD 271/2014, por el que se aprueba la norma de calidad para el yogur o yoghourt.

d) Quesos: RD 1113/2006, por el que se aprueban las normas de calidad para quesos y quesos fundidos, y RD 1086/2020, por el que se regulan y flexibilizan determinadas condiciones de aplicación de las disposiciones de la Unión Europea en materia de higiene de la producción y comercialización de los productos alimenticios y se regulan actividades excluidas de su ámbito de aplicación.

e) Huevos: RD 637/2021, por el que se establecen las normas básicas de ordenación de las granjas avícolas.

f) Aceites de oliva: RD 760/2021, por el que se aprueba la norma de calidad de los aceites de oliva y de orujo de oliva.

g) Aceites vegetales comestibles, RD 351/2025, por el que se aprueba la norma de calidad de los aceites vegetales comestibles.

2272.1 5) Con efectos desde el **1-1-2023 hasta el 30-6-2024** se establecieron unos **tipos temporales** rebajando el tipo impositivo en la entrega, importación y adquisición intracomunitaria de determinados alimentos (RDL 20/2022 art.72 redacc RDL 5/2023 y RDL 8/2023; RDL 4/2024 art.1):

a. Tipo impositivo del **5%** para los siguientes alimentos:
- aceites de oliva y de semilla; y
- pastas alimenticias.

b. Tipo impositivo del **0%** para los siguientes alimentos:
- el pan común, así como la masa de pan común congelada y el pan común congelado destinados exclusivamente a la elaboración del pan común;
- las harinas panificables;
- los siguientes tipos de leche producida por cualquier especie animal: natural, certificada, pasterizada, concentrada, desnatada, esterilizada, UHT, evaporada y en polvo;
- los quesos;
- los huevos;

- las frutas, verduras, hortalizas, legumbres, tubérculos y cereales, que tengan la condición de productos naturales de acuerdo con el Código Alimentario y las disposiciones dictadas para su desarrollo.
Desde el **1-7-2024 hasta el 30-9-2024**, se continuó aplicando los tipos arriba indicados a esos bienes, salvo a los **aceites de oliva**, que pasaron a tributar al tipo 0%.
Con efectos desde el **1-10-2024 hasta el 31-12-2024** se aplicaron los siguientes tipos impositivos:
- el **tipo del 7,5%** a los aceites de semillas y pastas alimenticias;
- el **tipo del 2%** a los productos alimenticios a los que se aplicaba el tipo del 0%.
Respecto a los tipos temporales del **recargo de equivalencia**, ver nº 4627.

Ejemplos 1) Una empresa del sector de alimentación distribuye, entre otros, los siguientes productos **lácteos** elaborados en una central láctea del grupo de empresas, así como productos de otra naturaleza: **2273**
a. **Quesos** de todas clases, curados, semicurados, para untar, frescos, tanto nacionales como importados.
b. **Leche** UHT y leche condensada en botes de distinto tamaño.
c. También distribuye, procedentes de una panificadora del grupo, **pan** común congelado, masa de pan común congelado y panes especiales (de centeno, avena, etc.), así como pastelería diversa.
d. **Huevos**, tanto frescos como una variedad de huevo líquido destinado a la hostelería.
e. **Batidos** y otros derivados lácteos, tales como mantequilla.
En la granja del grupo, y de acuerdo con las fluctuaciones de la demanda, parte de su producción la vende como **huevos incubados** para granjas avícolas.
Tributan al **tipo superreducido** las entregas de los siguientes productos comercializados por la empresa: todos los tipos de quesos, la leche UHT, el pan común, la masa de pan común congelado, los panes especiales y los huevos frescos.
Tributan al **tipo reducido** las entregas de los siguientes productos: leche condensada y artículos de pastelería, huevos líquidos, batidos y derivados lácteos, mantequilla incluida.
En cuanto a los **huevos incubados**, tributan al tipo general pues, de acuerdo con su normativa específica sanitaria y de consumo, no entran dentro del concepto de huevos, entendiendo por tales los huevos con cáscara de aves de corral aptos para el consumo humano en estado natural o para la utilización por las industrias de la alimentación, con exclusión de los huevos rotos, huevos incubados y huevos cocidos. Tampoco son productos aptos para la alimentación humana, ni tampoco constituyen productos susceptibles de ser utilizados en la obtención de los productos a los que se refiere el nº 2031.

2) Una cooperativa agrícola vende los productos que se indican seguidamente, tanto de producción propia (cooperativistas) como adquiridos a terceros: a) todo tipo de **verduras y hortalizas** naturales obtenidas en sus invernaderos; b) **patatas** tanto para consumo humano como para siembra; c) **harinas** panificables de trigo y de otros cereales; d) todo tipo de **cereales**, algunos de los cuales son utilizados para la alimentación animal; e) **frutas** que son objeto de clasificación, limpieza y acondicionamiento; f) **semillas** tratadas (clasificadas, desinfectadas y acondicionadas) de verduras, hortalizas y legumbres para siembra. **2274**
La cooperativa posee una pequeña **planta industrial** en la que tuesta, sala y envasa para su venta al por mayor determinadas frutas (almendras, avellanas y pipas de girasol y calabaza).
Tributan al **tipo superreducido** las entregas de verduras y hortalizas naturales, de patatas y de cereales, cualquiera que sea el destino para el que los utilice el adquirente, ya sean para la siembra (patatas) o el consumo animal (cereales).
Lo determinante es que se trate de **productos naturales** (nº 2271).
También tributan al tipo superreducido las entregas de **frutas** que son objeto de procesos de clasificación, limpieza y acondicionamiento, pues por eso no pierden la condición de productos naturales.
Por el contrario, tributan al **tipo reducido** (nº 2031) las entregas de frutos secos.
Las **harinas panificables**, bien sean de trigo o de otro tipo de cereales tributan al tipo superreducido cuando tengan la condición de tales según el Código Alimentario (epígrafe 3.20.05 y siguientes).
Las entregas de **semillas** tratadas de verduras, hortalizas y legumbres tributan al tipo superreducido, puesto que las semillas cuyo destino es la multiplicación son materiales vivos y, por tanto, naturales y se trata de semillas que por haber sido tratadas no pierden su condición de naturales.

Doctrina Administrativa Además de las siguientes contestaciones de la DGT, ver nº 11000 s. **2275**
1) Tributa al **tipo superreducido**:
- la adquisición de **pan común**, sobrante y endurecido, a fábricas panificadoras, para posteriormente entregarlo a fabricantes de piensos para alimentación animal (DGT CV 19-4-16);
- el **pan** común, masa de pan común congelada y pan común congelado, destinado exclusivamente a la elaboración del pan común, cuando dichos productos hayan sido objeto de un tratamiento especial para **reducir el contenido de gluten** (DGT CV 20-11-12);

- los siguientes **panes especiales**: pan de molde, pan de búrguer o hamburguesa (DGT CV 14-3-25; CV 14-3-25); brioches y panes tostados (DGT CV 14-3-25); pan en hogazas (DGT CV 14-3-25); masas de pan utilizando diversas harinas y en distintas proporciones (DGT CV 14-3-25); venta de pan en su modalidad de hogaza o molde utilizando diversas harinas en distintas proporciones (DGT CV 14-3-25); pan crujiente multicereal con sal (DGT CV 18-9-25); la focaccia que es una mezcla de harina de trigo, aceite de girasol y oliva, agua, fruta, especias, entre otros (DGT CV 23-9-25);
- las **harinas** panificables, es decir, todas aquellas que, objetivamente consideradas, puedan utilizarse en la elaboración de cualquier tipo de pan (DGT Resol 2/1998); las harinas panificables, en las que cabe incluir aquéllas que hayan sido objeto de un tratamiento especial para reducir el contenido de gluten (DGT CV 20-11-12); harina de castañas en diferentes formatos para la elaboración de pan y repostería (DGT CV 27-2-20); harina de trigo sarraceno (DGT CV 12-5-22). Las harinas de piensos animales tributan al tipo superreducido o al reducido dependiendo de su posible utilización en la fabricación de pan (DGT CV 11-1-06); preparados/mixes consistentes en mezclas de harinas, cereales, semillas, masa madre deshidratada (DGT CV 20-6-25); la harina para pizza (DGT CV 11-7-25);
- las siguientes variedades de **leche** de cualquier animal: naturales o crudas y las esterilizadas, certificadas, pasteurizadas, UHT, concentradas, evaporadas y en polvo, aunque hayan sufrido modificación en su composición, siempre que dicha modificación se limite a la adición y/o sustracción de sus constituyentes naturales -leches enteras, semidesnatadas, desnatadas y enriquecidas- (DGT Resol 2/1998). La entrega de leche natural pasteurizada a través de máquinas automáticas expendedoras (DGT CV 12-3-10);
- los **quesos** frescos, madurados y fundidos, sin limitación alguna (DGT Resol 2/1998) y la mozzarella para pizzas (DGT 11-6-97);
- los **huevos** de las aves de corral, excluidos los huevos rotos, incubados y cocidos (DGT Resol 2/1998); huevos para incubar (DGT 12-5-97; 15-7-99); huevos de codorniz (DGT 15-11-95); huevos de gallinas ecológicas (DGT CV 2-11-15); huevos ausentes de enfermedades infecciosas destinados a la obtención de medicamentos, pues no se trata de huevos rotos, incubados o cocidos (DGT 22-6-00);
- las **verduras y hortalizas**, comprendiendo entre estas a los frutos, bulbos, coles, hojas y tallos tiernos, inflorescencia (alcachofas), legumbres verdes, pepónides, raíces, tallos jóvenes y setas, que pueden presentarse frescos, desecados, deshidratados y congelados (DGT Resol 2/1998; CV 15-6-09); las setas y los champiñones (DGT CV 19-2-24);
- las **algas** marinas (DGT 17-5-01), no obstante ver nº 2035; las semillas de ajo (DGT 16-12-98); menestra de verduras congeladas (DGT 30-6-98); ajo en polvo (DGT 19-7-94; 14-10-97; CV 4-3-11); pimiento seco triturado (DGT CV 26-9-07); trufas comprendidas en el Código Alimentario (DGT 7-6-93; CV 21-3-05; CV 27-6-06); remolacha y/o remolacha azucarera en el mismo estado en que el tubérculo haya sido obtenido en la explotación (DGT CV 19-2-13; CV 30-10-13); productos micológicos -**setas y hongos**- (DGT CV 17-1-13); cebollas deshidratadas en polvo (DGT CV 24-3-14); ajo granulado y molido y pimienta de cayena, cuando los únicos tratamientos a los que se somete a dichos productos son: deshidratación, molienda (excepto a la pimienta de cayena en rama) y envasado no irradiado (DGT CV 11-7-18); entrega de pimiento seco para elaborar pimentón (DGT CV 21-3-18); zanahoria deshidratada en polvo, tomate deshidratado en polvo y algarroba en polvo (DGT CV 4-4-22).

2276 2) Tributan al **tipo reducido**:
- las **harinas proteínicas** donde se ven mezclados varios productos (DGT 14-4-04);
- las siguientes variedades de **leche**: condensada (DGT Resol 2/1998); batidos de leche (DGT 7-7-93); leches maternizadas (DGT 13-5-93); producto lácteo al que se le añade lactosa cuya comercialización como leche no está autorizada (DGT 23-4-01);
- las **tartas de queso** (DGT 11-10-93);
- los **huevos cocidos** y los productos derivados del huevo destinados al consumo humano (DGT Resol 2/1998);
- los **productos derivados de las verduras y hortalizas**, que no tengan la condición de naturales -encurtidos, chucrut y extractos de verduras y hortalizas- (DGT Resol 2/1998);
- las **conservas** de vegetales (DGT CV 27-6-06).

2277 3) Tributan al **tipo superreducido**:
- las frutas carnosas, secas u oleaginosas (aceitunas, cacahuetes, pipas o semillas de girasol, etc.), que conforme al Código Alimentario tengan la consideración de **frutas naturales**, con independencia del destino que les dé el adquirente (DGT Resol 2/1998); semillas de girasol (DGT CV 15-2-08);
- las **uvas**, cualquiera que sea su destino (DGT 13-11-00; 29-11-00; 9-7-01); ciruelas, melocotones y albaricoques (orejones), pimiento, pimiento redondo (ñora) y uvas pasas, todos **deshidratados** mediante hornos de secado por aire caliente (DGT 20-7-99; 14-3-01); mangos deshidratados (DGT CV 12-7-21); **semillas** de girasol para la extracción de aceite (DGT 23-2-98; 9-2-04); **habas de soja** para la obtención de aceite (DGT 24-6-98; 1-7-98); semillas de algodón (todas estas semillas son oleaginosas) para siembra (DGT 29-10-99); para **extracción de aceite** o alimentación animal (DGT 22-3-99); higos secos (DGT 24-4-98; 11-6-98); aceitunas verdes (DGT 30-1-98); aceitunas para aceite y para obtener aceituna de mesa (DGT CV 10-3-16); aceitunas naturales envasadas a granel que puedan ser consideradas productos naturales (DGT CV 2-3-17);

- la **almendra** troceada o molida (DGT 13-2-03); **coco** rallado y harina de almendra (DGT CV 6-5-14); coco rallado y desecado (DGT CV 12-12-24);
- los **cacahuetes, almendras, nueces, avellanas** con cáscara (DGT 6-6-02); piñones pelados (DGT CV 21-12-07); frutos secos con cáscara -piñones- (DGT CV 31-3-14); piñones en tarros de cristal o plástico y en saquitos de tela (DGT CV 11-2-14);
- las **legumbres** que tengan la condición de productos naturales (judías, lentejas, garbanzos, guisantes secos, habas secas, altramuces, soja, cacahuete, garrofas y algarrobas, incluidas las legumbres mondadas), distinguiendo el Código Alimentario entre legumbres secas (epígrafe 3.18.01) y frescas (epígrafe 3.21.01). Las legumbres verdes tributan según los criterios aplicables a las hortalizas (DGT Resol 2/1998; DGT 2-6-98);
- los brotes de **soja**, soja verde de consumo humano y habas de soja (DGT 6-9-00); y la **cebolla** pelada y troceada (DGT CV 27-2-07); brotes de **cilantro** (cilantro germinado) cuando puedan calificarse como frutas, verduras, hortalizas, legumbres, tubérculos o cereales (DGT CV 20-1-22);
- los **tubérculos**, es decir, las patatas frescas, peladas, conservadas, deshidratadas y congeladas, los boniatos, la batata y las chufas (DGT Resol 2/1998); patatas para siembra (DGT CV 28-2-22); **remolacha** azucarera en el mismo estado en que el tubérculo haya sido obtenido en la explotación (DGT CV 3-7-14).

4) Tributan al **tipo reducido**:
- las **frutas secas** no presentadas al consumidor en su forma natural -en especial, las sometidas a procesos de tostado o asado y complementarios-, y los **productos derivados** de las frutas: zumos y néctares, cortezas, zumo de tomate, puré, pasta y concentrado de tomate, compotas, confituras, mermeladas, jaleas, pulpas, pectinas, fruta hilada, frutas en almíbar -macedonia-, fruta confitada, fruta glaseada (DGT Resol 2/1998); polvo de fruta de papaya (DGT 25-6-98); frutas frescas, peladas y troceadas, **envasadas al vacío** (DGT 11-9-98);
- los cacahuetes, almendras, nueces o avellanas sin cáscara y **tostados** y salados (DGT 6-6-02);
- los **purés de legumbres** y las **harinas**, salvo las panificables (DGT Resol 2/1998);
- el **risotto** de setas o risotto de tomate y albahaca: no pueden ser considerados productos naturales porque en su composición hay distintos productos mezclados para obtener un producto distinto al producto original, en este caso, el arroz, y, por tanto, no se trata de actos de mera manipulación o conservación, sino de una elaboración culinaria de la preparación en crudo de uno o varios productos alimenticios que puede presentarse envasada o no y dispuesta para su consumo, bien directamente, o bien tras un calentamiento o tratamiento culinario adicional (DGT CV 21-8-24);
- los **derivados de los tubérculos**, por ejemplo, los procedentes de la elaboración de las patatas: patatas conservadas, fritas, harina, fécula y copos de patata, etc. (DGT Resol 2/1998).

5) Se aplica el **tipo superreducido** a: **2278**
- los **cereales** naturales (alpiste, arroz, avena, cebada, centeno, maíz, mijo, panizo, panizo de daimiel, sorgo, trigo y alforfón o trigo sarraceno), comprendiéndose dentro del **arroz** a las siguientes variedades: arroz cáscara, arroz cargo, arroz blanqueado, arroz partido y granos verdes (DGT Resol 2/1998); el **maíz** y la cebada, triturados o molidos, o sin triturar, aún en el caso que se entreguen mezclados, con independencia del destino que les dé su adquirente (DGT CV 31-3-08; CV 5-3-13; CV 21-1-15); **quinoa** o quinua (DGT CV 15-10-14);
- el arroz blanco vaporizado (DGT 15-6-98); maíz para palomitas (DGT 12-3-98); cereales a granel o envasados, en el mismo estado de su recolección, o troceados, partidos o molidos y mezclados con otros cereales (DGT CV 20-9-16);
- las **semillas** que tengan la calificación de frutas, verduras, tubérculos, legumbres y cereales, con independencia del destino que les dé el adquirente (DGT CV 19-2-13; CV 2-10-13); semillas/pipas de girasol peladas, de calabaza peladas, de lino dorado sin pelar, de lino marrón sin pelar, de sésamo natural sin pelar (DGT CV 17-3-14); semillas de Chia (DGT CV 5-9-17); semillas de patata que, conforme a la normativa, puedan calificarse como frutas, verduras, hortalizas, legumbres, tubérculos o cereales (DGT CV 18-5-17; CV 28-2-22); las semillas de perilla (DGT CV 25-5-21); semillas de cáñamo, chía, lino dorado, lino marrón molido, sésamo, calabaza, quinoa, mijo y las mezclas de semillas que, conforme a la normativa vigente, puedan calificarse como frutas, verduras, hortalizas, legumbres, tubérculos o cereales, que tengan la condición de productos naturales (DGT CV 20-5-24).

6) Tributan al **tipo reducido**:
- los **subproductos y productos derivados de los cereales**, obtenidos de procesos de elaboración de los mismos, excepto las harinas panificables, cuando sean aptos para la nutrición humana o animal o se utilicen habitual e idóneamente en la obtención de productos alimenticios (nº 2031), entre los cuales se comprenden, entre otros, la **sémola**, morret, salvado y cascarilla de arroz, cilindros de arroz o pellets de cascarilla, **gluten**, grañones y germen y torta de maíz, y el salvado de trigo; en caso contrario, tributan al tipo general (DGT Resol 2/1998);
- los **productos derivados y subproductos del arroz**, tales como sémola de arroz, salvado y cascarilla de arroz, así como el arroz precocinado, glaseado y enriquecido (DGT 15-7-98; CV 30-11-04);
- las entregas de distintos productos (cereales, alfalfa, naranja seca, etc.), globalmente considerados, que se entregan mezclados sin distinción de las cantidades que corresponden a cada uno, utilizados en la **alimentación de animales** (DGT 9-2-04);
- las entregas de **productos cocidos y envasados** al vacío, por no tener la consideración de naturales (DGT CV 25-9-07).

2279 Jurisprudencia 1) Se aplica el tipo superreducido a la importación de **trigo blando** apto para la fabricación de harina panificable, con independencia de la condición del adquirente (TEAC 7-2-01) y a las importaciones de **trigo duro** a granel, pues conforme al Código Alimentario tiene la consideración de cereal y estos tienen la condición de productos naturales aunque no sean aptos para la alimentación humana, y con independencia de cuál sea el destino que les de su adquirente o importador (TEAC 27-9-06).

2) La importación de las uvas, albaricoques, higos y dátiles, **secos y sin hueso**, tributan al tipo reducido, puesto que han sido objeto de operaciones de manipulado que les privan de su condición de productos naturales, como el haber sido sometidos a un proceso de secado (que excede el necesario para el objetivo de la mera conservación) así como a otros procesos de manipulado, como es el deshuesado (TEAC 2-11-00).

3) La importación de **semillas de algodón y de girasol**, así como la importación de semillas de girasol para la extracción de aceite tributan al tipo superreducido dado que, conforme al Código Alimentario, tienen la consideración de fruta (TEAC 13-9-06).

2280 **Libros, periódicos y revistas** (LIVA art.91.dos.1.2º y tres) La aplicación del tipo superreducido (4%) a las entregas, adquisiciones intracomunitarias o importaciones de estos productos, procede en los siguientes **casos**:

a) Libros, periódicos y revistas, cuando no contengan única o fundamentalmente publicidad, así como los elementos complementarios que se entreguen conjuntamente con aquellos y por precio único.

El tipo superreducido (4%) también se aplica a los libros, periódicos y revistas incluso cuando tengan la consideración de **servicios prestados por vía electrónica**, cuando no contengan única o fundamentalmente publicidad y no consistan íntegra o predominantemente en contenidos de vídeo o música audible, así como los elementos complementarios que se entreguen conjuntamente con aquellos mediante precio único. La aplicación del tipo superreducido se extiende a la **descarga** de los mismos a través de una página web o bien mediante su visualización/transmisión en directo o en continuo (streaming), aunque permitan un uso temporal de la publicación, como ocurre con el caso de préstamos de **bibliotecas en línea** (DGT CV 29-10-20). En términos similares, DGT CV 9-7-21.

Se consideran **elementos complementarios** las cintas magnetofónicas, discos, videocasetes y otros soportes sonoros o videomagnéticos similares, que constituyan una unidad funcional con el libro, periódico o revista, perfeccionando o completando su contenido, y que se vendan con ellos, salvo en los casos siguientes:

- discos y cintas magnetofónicas que contengan exclusivamente **obras musicales** y cuyo valor de mercado sea superior al del libro, periódico o revista con el que se entreguen conjuntamente;
- videocasetes y otros soportes sonoros o videomagnéticos similares que contengan **películas** cinematográficas, programas o series de televisión, de ficción o musicales, con valor de mercado superior al del libro, periódico o revista con el que se entreguen;
- **productos informáticos** grabados por cualquier medio en los soportes anteriores cuando contengan principalmente programas o aplicaciones que se comercialicen de forma independiente en el mercado.

Se entiende que los libros, periódicos y revistas contienen fundamentalmente **publicidad**, cuando más del 90% de los ingresos que proporcionen al editor se obtengan por este concepto.

b) Las **ejecuciones de obra**, cuando tengan como resultado inmediato la obtención de un libro, periódico o revista en pliego o en continuo, de un fotolito de ellos, o que consistan en la encuadernación de los mismos (ver nº 2390 acerca de las ejecuciones de obra especiales).

c) También se comprenden las **partituras, mapas** y **cuadernos de dibujo**, excepto los artículos y aparatos electrónicos. Ver nº 2290.

2281 Precisiones 1) El **componente publicitario** dificulta la aplicación del tipo impositivo. En los trabajos realizados por la **imprenta** al editor, se aplica el tipo general cuando el producto solo contiene publicidad, y el tipo superreducido cuando no contiene ninguna publicidad. Si el producto tiene publicidad en parte, la imprenta aplica un tipo u otro, según las indicaciones del editor. El **editor**, a su vez, aplica uno u otro tipo en función de los ingresos obtenidos por la publicidad en el año precedente, cuando se trate de publicaciones periódicas, o en función de los ingresos reales obtenidos por la publicación concreta, cuando no sea periódica. El **impresor** aplica el tipo superreducido o el tipo general en función de la declaración escrita que puede exigir al editor, en la que este, bajo su responsabilidad (nº 1396), le comunique el tipo procedente (DGT Resol 4-3-93).

2) De acuerdo con el Diccionario de la Real Academia de la Lengua Española, han de considerarse las siguientes definiciones:

- **libro**: atendiendo a su contenido y presentación, la obra científica, literaria o de cualquier otra índole con extensión suficiente para formar volumen, que puede aparecer impresa o en otro soporte (en relación al criterio administrativo sobre el concepto de libro, ver nº 2286);

- **periódico**: el diario o publicación que sale diariamente;
- **revista**: la publicación periódica con textos o imágenes sobre varias materias, o sobre una sola especialmente;
- **folleto**: la obra impresa, no periódica, de reducido número de hojas;
- **catálogo:** la relación ordenada en la que se incluyen o describen de forma individual libros, documentos, personas, objetos, etc., que están relacionados entre sí.

3) Se trata de un precepto cuya **aplicación** es de carácter objetivo, con independencia de la condición del adquirente.

4) La Ley de la lectura, del libro y de las bibliotecas define **libro** como la obra científica, artística, literaria o de cualquier otra índole que constituye una publicación unitaria en uno o varios volúmenes y que puede aparecer impresa o en cualquier otro soporte susceptible de lectura, entendiendo incluida dentro de su ámbito de aplicación los libros electrónicos y los libros que se publiquen o se difundan por Internet o en otro soporte que pueda aparecer en el futuro, los materiales complementarios de carácter impreso, visual, audiovisual o sonoro que sean editados conjuntamente con el libro y que participen del carácter unitario del mismo, así como cualquier otra manifestación editorial (L 10/2007 art.2.a).

5) La normativa comunitaria concede a los Estados miembros la posibilidad de aplicar a las **publicaciones** (libros, periódicos y revistas) suministradas por **vía electrónica** los mismos tipos del IVA que aplicaran a 1-1-2017 a las publicaciones impresas, lo que incluye tanto los tipos superreducidos como el tipo cero (Dir 2006/112/CE Anexo III aptdo.6). También se contempla que, para evitar que la utilización de los tipos reducidos del IVA se amplíe a los **contenidos audiovisuales**, solo se pueden aplicar los tipos reducidos si dichas publicaciones, tanto las suministradas en cualquier medio de soporte físico como por vía electrónica, no consisten íntegra o predominantemente en contenidos de música o vídeo. Se excluye a los **álbumes** de la lista de bienes a los que pueden aplicarse tipos reducidos del IVA. Sí se incluye la producción de publicaciones de organizaciones sin ánimo de lucro y servicios relacionados con dicha producción (Dir 2006/112/CE Anexo III aptdo.6).

Ejemplos **1)** Una **empresa** del sector editorial comercializa los siguientes **productos editados** por ella misma: a) una colección de libros de literatura; b) una revista que contiene exclusivamente anuncios tanto entre particulares como de empresas; c) una revista de moda; y d) una revista de periodicidad trimestral que se distribuye como un catálogo de las novedades editoriales a nivel nacional. **2282**

El tipo impositivo aplicable a la entrega de los libros es el superreducido.

Se aplica el tipo impositivo general a la revista de contenido exclusivamente publicitario. En cuanto a la **revista** de moda, hay que estar al porcentaje que los ingresos por publicidad representan respecto del total de aquellos, de forma que si dichos ingresos son inferiores al 90% se aplica el tipo superreducido y si son superiores se aplica el tipo general.

El **catálogo** de novedades que tiene la forma de publicación trimestral tributa al tipo general, pues no se trata de una revista, aunque su publicación tenga carácter periódico, sino de un catálogo.

2) Una **imprenta** realiza las siguientes operaciones: **2283**

a) La impresión de **catálogos** y folletos comerciales.

b) La impresión y encuadernación de una **guía** comercial, con direcciones y teléfonos.

c) La impresión de **libros de literatura** y ensayo que entrega totalmente terminados a una editorial.

d) La impresión de **libros de arte** y de una revista sobre arte, que entrega en pliegos al editor, cuya encuadernación encarga el cliente a una empresa especializada.

e) Confección de los correspondientes **fotolitos** de libros de texto.

f) La impresión de diverso **material lúdico infantil**, tal como cromos, recortables, cartas, etc.

g) La impresión y encuadernación de una serie especial de **agendas**.

Se aplica el **tipo superreducido** a las entregas de libros terminados de literatura y ensayo, de los pliegos de los libros de arte y de los fotolitos de los libros de texto. También se aplica dicho tipo a la entrega de los pliegos de la revista de arte. Aunque en el ejemplo no parece revestir duda, en relación especialmente con la revista, la aplicación del referido tipo está en función de la comunicación que el editor o el destinatario, en su caso, de dichas operaciones, hubiera realizado a la imprenta, cuando los libros o la revista contengan publicidad.

Tributan al **tipo general** las operaciones de impresión de catálogos, folletos comerciales, cromos, cartas y agendas.

3) Una empresa editorial especializada en viajes comercializa una **revista** de información general, entregando conjuntamente con la misma un **CD de música** étnica, cuyo valor de mercado es superior al de la propia revista. También comercializa una revista sobre plantas a la que acompaña un **vídeo** divulgativo sobre el contenido de cada revista.

Tributa al tipo superreducido la entrega de la revista y al tipo general la entrega del CD, aplicando los citados tipos a la parte de las respectivas bases imponibles en proporción al valor de mercado de ambos tipos de bienes (nº 1879). El CD, al contener exclusivamente una obra musical, no tiene la consideración de elemento complementario, siendo indiferente si complementa a la revista o constituye una unidad funcional con la misma.

Se aplica el tipo superreducido a la entrega conjunta de la revista y el vídeo divulgativo por constituir una unidad funcional con la misma y no encontrarse el vídeo entre los expresamente excluidos como elementos complementarios.

2284 Doctrina Administrativa Además de las siguientes contestaciones de la DGT, ver nº 11000 s. En relación a las siguientes consultas, debe tenerse en cuenta su fecha de evacuación cuando sea anterior a la modificación introducida en la normativa comunitaria que ha propiciado en el concepto de **libro** a efectos de la aplicación del tipo superreducido (ver nº 2281). Asimismo, se debe tener en cuenta que, desde el 23-4-2020, tributan al tipo superreducido los libros, periódicos y revistas, incluso cuando tengan la consideración de **servicios prestados por vía electrónica**, siempre que se cumplan unos requisitos (nº 2280).

1) Se aplica el **tipo superreducido** a los siguientes bienes:
- los **fascículos** totalmente terminados que se entreguen conjuntamente con periódicos y revistas (DGT 7-10-96) y los pliegos anticipados y volúmenes trimestrales (DGT Resol 3/1993);
- un libro infantil plastificado e impreso con dibujos animados y colores vivos (DGT CV 16-3-07); libros de cuentos y **publicaciones infantiles** que en ocasiones contienen fundamentalmente ilustraciones, con pocas palabras asociadas a las mismas, o bien páginas desplegables, láminas de pegatinas para adherirlas al libro o piezas de puzle que se encajan en las páginas del libro para formar ilustraciones (DGT CV 31-1-20); o con puzles tridimensionales (DGT CV 21-10-21); libros de enigmas, libros tipo diario creativo, libros para crear una historia por parte del lector y libros para aprender a leer (DGT CV 7-2-22);
- la **encuadernación** de publicaciones por fascículos, periódicos o revistas (DGT 25-4-95; 3-8-95), de libros (DGT 27-4-95) y de libros de forma artesanal (DGT 27-6-95; 14-9-03); reencuadernaciones de libros (DGT 5-2-04); impresión y encuadernación de libros y apuntes sin contenido publicitario y destinados a la enseñanza (DGT CV 7-4-15; CV 15-3-17); de tesis doctorales, siempre que el resultado de tales labores suponga un libro (DGT CV 13-6-17);
- los **libros antiguos**, aunque a su entrega se aplique el régimen especial de los bienes usados, objetos de arte, antigüedades y objetos de colección (DGT 11-11-99); libros usados (DGT CV 19-4-16);
- los **productos didácticos** (DGT 13-7-04);
- la **entrega conjunta del libro-disco** cuyo CD contiene el mismo cuento narrado y acompañado de música (DGT CV 6-9-06); el elemento videomagnético que acompaña al libro, pues tiene por objeto el completarlo (DGT CV 26-5-06);
- la entrega conjunta de la **revista de labores** de punto de cruz (sin publicidad) y que incluyen unos ovillos de hilos de colores para utilizar en las labores propuestas (DGT CV 27-2-07);
- las operaciones de ventas de **cursos de formación**, efectuadas exclusivamente mediante la entrega de manuales, o mediante la entrega conjunta de un manual y un CD-ROM complementario, cuando el manual tenga la consideración de libro (DGT CV 6-11-07; CV 20-9-10). La entrega de los libros y manuales para cursos a distancia constituyen la prestación principal, que tributa al tipo impositivo superreducido, constituyendo el acceso en línea una prestación accesoria de esta, cuya tributación sigue a la principal, es decir, tributa todo al tipo superreducido (DGT CV 1-2-19);
- la entrega de prensa a bordo de **trenes** (DGT CV 7-2-11);
- el diseño y confección del **boletín oficial y agenda municipal** de una entidad local (DGT CV 12-3-14);
- los trabajos de **preimpresión** de una revista sin publicidad (DGT 12-12-01);
- las ejecuciones de obra de impresión para la obtención de un periódico, que no contenga fundamentalmente publicidad. La facturación de dicha operación contempla tanto la impresión del periódico como el importe del papel que aporta el consultante (DGT CV 5-6-14); las ejecuciones de obra de **maquetación** del libro entregado en formato PDF a la imprenta que tengan como resultado inmediato la obtención de un libro (DGT CV 31-3-16). La regulación del tipo impositivo aplicable a estas ejecuciones de obra, no ha variado con la modificación introducida con efectos 23-4-2020 (RDL 15/2020), por lo que la doctrina de la DGT sobre la aplicación del tipo superreducido a estas operaciones sigue estando vigente (DGT CV 29-12-20);
- una publicación de 48 páginas más portadas, encuadernada con grapas, con contenido socioeconómico desarrollado por un equipo de investigadores, que no contiene publicidad (DGT CV 12-9-18);
- las entregas de **libros personalizados** con fotos e información del cliente (DGT CV 20-6-18);
- la venta de libros en un **congreso** (DGT CV 5-11-24).

2285 **2)** Tributan al **tipo general**:
- el **manual de instrucciones** y el libro del Plan General de Contabilidad de un programa informático, por ser elementos accesorios del programa (DGT 19-7-94); un producto informático en un CD junto con un manual de instrucciones (DGT CV 13-6-05) o con un folleto (DGT CV 19-9-06); las memorias corporativas, folletos y otras publicaciones de carácter publicitario (DGT 16-3-94; 15-7-99); los catálogos de subastas (DGT CV 14-9-10) o de libros universitarios (DGT 3-6-97); las ejecuciones de obra de encuadernación de fascículos, que no tengan la consideración de libros y las de encuadernación de libros de contabilidad (DGT CV 12-3-14), y las de libros de presupuestos, libros de actas, libros de resoluciones administrativas y libros de órdenes de la Policía Local (DGT CV 16-6-22);

- una **publicación sobre precios** de la construcción que contiene información relevante sobre precios de materiales y otros precios relacionados con obras de edificación, urbanización y obra civil (DGT CV 6-8-14);
- las prestaciones de servicios que tengan por objeto funciones parciales o **procesos gráficos intermedios**, tales como el diseño editorial, maquetación, composición, etc., en la elaboración de un libro, un periódico o una revista (DGT CV 2-3-17); los servicios de revisión de texto, maquetación, producción o administración (DGT CV 9-8-23); las ejecuciones de obra de artes gráficas que no tengan por objeto la obtención de un libro, periódico o revista, tales como folletos, carteles publicitarios, programas de actos, etc. (DGT 27-4-95);
- el **plastificado** de pliegos (DGT 6-9-95); de libros (DGT CV 20-10-05); y la impresión de folletos, páginas sueltas, calendarios, trípticos, dípticos, carteles, programas de exposiciones, etc. (DGT 7-10-96);
- la **fotocomposición parcial** de una publicación periódica (DGT 18-6-97); las funciones parciales que formen parte del proceso de realización de libros pero que sean distintas de las ejecuciones de obra que tengan como resultado inmediato la obtención de un libro, de un fotolito del mismo o de su encuadernación, así como las entregas o ejecuciones de obra que tengan como resultado publicaciones cuyas características no se ajusten a los conceptos de libro, periódico o revista (DGT CV 22-1-10); las funciones parciales o procesos gráficos intermedios (tales como el **diseño editorial y maquetación**), para la edición de una revista digital (DGT CV 22-5-24);
- la **conversión a formato digital** de cursos de enseñanza para su posterior edición en formato CD (DGT 21-10-98);
- una **publicación con información financiera** de un gran número de entidades mercantiles que se comercializa con un CD ROM que hace posible la gestión informática de dicha información (DGT 12-4-99);
- el **fotocopiado y grapado** de apuntes (DGT 25-1-96; 30-7-99); las entregas del material docente propio del colegio a base de fotocopias y documentos elaborados por los profesores (DGT CV 9-8-16);
- las **ejecuciones de obra de reproducción** de CD a partir de un disco maestro (DGT 15-9-00);
- un **folleto turístico** sobre una determinada ciudad (DGT 13-2-01); una guía turística (DGT CV 23-10-12; CV 4-2-16);
- la edición de una **agenda** y su posterior comercialización (DGT CV 19-6-06);
- las ejecuciones de obra para la encuadernación de los **protocolos notariales** (DGT CV 1-12-08); matrices notariales (DGT CV 2-4-09); libros registro de bodas (DGT CV 5-8-21); servicios de impresión de carpetillas para expedientes sobre la que se ha impreso una serie de datos técnicos de la construcción (DGT CV 17-10-11);
- los servicios de introducción de **correcciones**, compaginación y realización de archivos en PDF (DGT CV 20-10-14);
- la **redacción y traducción de documentos**, búsqueda de fotografías o su alquiler a agencias externas, labores de edición, maquetación, corrección y pruebas en color, dado que el resultado inmediato de dichas operaciones no es un libro, periódico o revista (DGT CV 30-4-09);
- un producto, denominado **facsímil**, consistente en la reproducción de un periódico o revista, de una fecha determinada solicitada por el cliente (por ejemplo, el día de su cumpleaños), personalizado (foto, texto o leyenda especial, etc.) conforme a las indicaciones del cliente, obtenido a partir de la edición digitalizada, facilitada por el periódico o revista (DGT CV 18-12-12; CV 9-8-16);
- una publicación de ocho hojas como **recuerdo de un parque de atracciones**, dado que no es un libro (DGT CV 12-4-23);
- la **cesión de derechos para la reproducción** de material fotográfico y material cartográfico y textos que van a ser incorporados a un libro (DGT 2-4-03).

3) Un **muñeco de trapo** no puede considerarse como un elemento complementario de un libro y se aplica el tipo general a dicho producto y el tipo superreducido al libro (DGT 13-2-01). Igual tratamiento tiene la entrega de un **atril** con un libro (DGT 27-2-04); una **lámina original** firmada por el autor del libro que se vende conjuntamente con el mismo (DGT CV 3-4-20); y la entrega de servicios médicos o publicitarios junto con una revista (DGT CV 29-4-11). **2286**

4) Si las **miniaturas** que se entregan junto al libro son accesorios que permiten desarrollar el juego de rol, podría concluirse que las mismas son un medio para disfrutar en mejores condiciones del producto principal, el libro y, por tanto, habría que considerarlas como **una única prestación** junto con la entrega del libro, tributando todo al tipo superreducido (DGT CV 21-4-16). En el mismo sentido, un libro cuyas ilustraciones incluyen piezas extraíbles para reproducir piezas mecánicas de los animales sobre los que versa el libro (DGT CV 31-5-24).
La entrega del libro constituye la prestación principal, que tributa al tipo superreducido, constituyendo la entrega de la pieza de un **objeto decorativo** o maqueta relacionado con la temática de la colección una prestación accesoria de esta, cuya tributación sigue a la principal (DGT CV 22-3-18). En el mismo sentido, un libro junto con una caja que contiene **piezas para montar** los animales que describe el libro (DGT CV 2-10-23).

5) Los **dispositivos de lectura** o de almacenamiento que permita directamente o mediante conexión a otro dispositivo la descarga de contenidos digitales para su almacenamiento y lectura, tributa al tipo general. El hecho de que incluyan un libro electrónico en su interior no implica la aplicación del tipo impositivo superreducido, dado que se trata de la entrega de un dispositivo de descarga y almacenamiento que accesoriamente contiene un libro electrónico y no ante la entrega de un libro electrónico (DGT CV 20-2-18).

6) Aunque la solicitud del **ISBN** tiene carácter voluntario, su asignación a una publicación debe apreciarse como un indicio o presunción en relación a la consideración de la misma como libro a efectos de la aplicación del tipo superreducido (DGT CV 29-10-20).

Asimismo, pueden existir ciertos productos que, al amparo de la normativa sectorial, puedan disponer de ISBN pero que deban excluirse de la aplicación del tipo superreducido, tales como películas, vídeos, programas informáticos, publicaciones donde predomine el contenido multimedia o incluso publicaciones que por la cantidad de información externa a la propia obra que pueden llegar a incorporar mediante acceso directo a través de hipervínculos participan de la naturaleza de las bases de datos, entre otros. A estos productos, entre los que se incluyen los libros y/o cuadernos de colorear y los libros y/o cuadernos de actividades, se les aplica el tipo general (DGT CV 4-1-21).

7) Las operaciones de venta de **cursos en línea** a centros de formación, ya sea vendiendo directamente las fuentes del contenido creado o bien a través de licencias de uso de dicho contenido, se consideran servicios prestados por vía electrónica si bien distintos del suministro de enseñanza a distancia. Bajo esta hipótesis, si el material objeto de suministro tuviera la consideración de libro, sería de aplicación el tipo superreducido.

No obstante, si el objeto de la operación fuera material virtual de aprendizaje de diferente naturaleza consistente en **vídeos, animaciones, simulaciones**, con una determinada estructura y funcionalidad, sin perjuicio de que se pueda apoyar también en contenidos editoriales, el tipo impositivo aplicable sería el general, al entender que se trata de un producto distinto de naturaleza asimilable a un programa o aplicación interactivos (DGT CV 30-10-20; CV 8-11-23). En el mismo sentido, DGT CV 14-10-22.

2287 **8)** En relación a los servicios prestados **vía electrónica**, se aplica el **tipo superreducido** a:

- el suministro de **libros electrónicos** mediante la descarga de los mismos a través de una página web (DGT CV 1-7-20; CV 19-5-21); el suministro de libros en formato electrónico (DGT CV 2-10-20; CV 12-4-23); la suscripción a una **biblioteca virtual** por un periodo de tiempo determinado que permite el préstamo de libros electrónicos (DGT CV 19-11-20); aunque se acompañe, de forma accesoria, de la posibilidad de acceso en línea por parte de los destinatarios a la plataforma para el uso de **otras herramientas** para el aprendizaje de la materia como visionado de vídeos o acceso a simulaciones (DGT CV 22-7-20); la venta de los informes personalizados y resúmenes de temarios (DGT CV 28-4-22); la venta de manuales (DGT CV 15-2-22);
- el suministro de libros electrónicos, así como periódicos y revistas, por ejemplo, mediante la descarga de los mismos a través de una página web o bien mediante su visualización/transmisión en directo o en continuo (**streaming**), aunque permitan un uso temporal de la publicación, como ocurre con el caso de préstamos de bibliotecas en línea (DGT CV 29-10-20);
- la suscripción a una **plataforma virtual** para acceder a una serie de libros digitales (DGT CV 18-2-21);
- el suministro de los libros que realicen los **operadores telefónicos**, en la medida en que tengan la consideración de libro; en este supuesto los operadores de servicios telefónicos ofrecen a sus clientes de servicios de telefonía la opción de contratar un paquete mediante el cual tengan también el derecho a descargar mensualmente un libro electrónico (DGT CV 12-3-24);
- la entrega de **audiolibros,** ya sea mediante su descarga o bien mediante su visionado en línea o acceso en streaming (DGT CV 9-7-21); la entrega de un cromo que contiene un audiolibro, de forma que, en el anverso, aparece el visual de un personaje histórico y en el reverso un código QR con el contenido del audiolibro con una locución sobre el personaje en cuestión; las piezas se guardan en un álbum creado específicamente para ello. La operación principal es la entrega del audiolibro que incluye como soporte el cromo, que son los objetos coleccionables, y que debe tributar al tipo superreducido, mientras que la entrega de los álbumes son prestaciones accesorias a la entrega de los citados audiolibros, cuya tributación seguiría la de la entrega principal (DGT CV 4-6-25);
- el suministro de publicaciones electrónicas, como operación principal, cuando se acompañe de ciertas **funcionalidades internas** incorporadas a la propia obra que faciliten la visualización y organización de su contenido, como los saltos del índice a secciones de la obra o bien búsqueda de contenido por voces o palabras, entre otros, que tienen como finalidad el mejor disfrute de la lectura por parte del usuario (DGT CV 29-12-20; CV 29-12-20; CV 29-12-20; CV 29-12-20);
- a aquellas publicaciones digitales que incorporen **hipervínculos** que conduzcan a repositorios externos de información, pero sin facilitar el acceso al contenido disponible a través de bases de datos, en la medida que no se accede a la información adicional y externa a la propia obra (DGT CV 29-12-20; CV 29-12-20; CV 29-12-20; CV 29-12-20);
- el suministro de **material didáctico** como los libros electrónicos, mediante la **descarga** de los mismos a través de una página web, al constituir una prestación de servicios por vía electrónica. Este tipo también es de aplicación cuando el suministro de los citados libros electrónicos, como operación principal, se acompaña, de forma accesoria, del acceso en línea de los adquirentes de dichas publicaciones a determinadas herramientas de la plataforma de aprendizaje, de tal forma que dichos contenidos digitales adicionales sean también accesorios a una versión física del

libro electrónico y no configuren un producto distinto e independiente del eventual formato físico del libro electrónico, como podría ser una aplicación o programa interactivo o una plataforma de acceso a bases de datos digitales (DGT CV 23-12-25);
- la comercialización de una publicación, en **formato pdf** para su descarga, denominada "Planes de fitness" donde se exponen un conjunto de ejercicios de entrenamiento deportivo con explicaciones del modo en que deben ejecutarse, así como fotografías ilustrativas y test autoevaluación para determinar las propias condiciones físicas del cliente, en la medida que encajen en la definición libros electrónicos (DGT CV 9-3-21);
- la transmisión de la **licencia** para acceder al libro electrónico, tanto a través de la web, como a través del QR insertado en el cuaderno de notas, en la medida en que el mismo tenga la consideración de libro (DGT CV 14-10-24).

9) En relación a los servicios prestados **vía electrónica**, se aplica el **tipo general** a: **2288**
- los servicios de **elaboración de contenidos** para hacer un curso en línea, cuando no supongan el suministro de un libro en formato electrónico (DGT CV 23-9-20). En términos similares, DGT CV 23-5-23;
- el acceso a la información mediante la puesta a disposición de **bases de datos** o su actualización mediante un servicio de correo electrónico o **alertas** (DGT CV 29-10-20);
- el suministro de otras publicaciones digitales que, incorporando o no funcionalidades, incorporen vínculos que permitan el acceso directo por parte del cliente a **información o datos externos** a los contenidos en la propia obra y que se corresponden con los que aparecen disponibles a través de la puesta a disposición de bases de datos, como pueden ser sentencias, resoluciones administrativas o formularios. En estos casos, dicho contenido digital no puede considerarse accesorio a una versión física del libro electrónico en la medida que el **contenido informativo** de la versión digital no se corresponde fundamentalmente con el disponible a través de la versión impresa de la misma publicación. Este tipo de publicaciones digitales se configura como un producto distinto e independiente del eventual formato físico del libro electrónico (DGT CV 29-12-20; CV 29-12-20; CV 29-12-20; CV 29-12-20);
- la puesta a disposición de **bases de datos** de información financiera (DGT CV 29-10-20);
- las bases de datos que ponen a disposición del usuario fundamentalmente un **conjunto heterogéneo de información**, como estudio de casos, perfiles de industria, análisis DAFO, investigaciones de mercado, reseña de productos, artículos de noticias o informes de países, incluso material audiovisual, y en su caso, también acceso a revistas y libros a texto completo; así como bases de datos de resumen e indización, por cuanto permite el acceso a reseñas bibliográficas y, en su caso, extractos de obras, pero que no parece que tengan por finalidad el propio suministro de libros, periódicos o revistas electrónicas (DGT CV 23-11-20);
- el servicio prestado relacionado con la **aplicación informática** para practicar ejercicios de matemáticas, pues es un producto distinto e independiente del eventual formato físico del libro electrónico (DGT CV 4-3-21);
- la comercialización de **podcasts y obras de audio** a través de una biblioteca en línea, al asimilarse a los servicios de radiodifusión y televisión digital a la carta (DGT CV 9-7-21).

Jurisprudencia **1)** En la entrega conjunta de **libros y otros elementos** (globos terráqueos, mantelerías, cafeteras, baterías de cocina, etc.) se aplica el tipo reducido a los libros y el general a los otros productos en función del valor de mercado de los mismos, y no de su coste de adquisición -ver nº 1879- (TEAC 26-3-99). **2289**
2) Se aplica el tipo general a las entregas de **productos informáticos** con manuales o libros para mejorar el conocimiento y aprovechamiento del programa adquirido, dado el carácter accesorio del manual o libro respecto del producto principal, que es el programa informático (TEAC 4-5-06).
3) El derecho de la UE no se opone a una normativa nacional que somete los libros impresos a un tipo reducido del IVA y los libros almacenados en otros soportes físicos, como un **CD, un CD-ROM** o una memoria USB, al tipo normal del impuesto (TJUE 11-9-14, asunto C-219/13).
4) Partiendo del hecho de que no existe una correspondencia directa entre la clasificación arancelaria de un producto y el tipo de IVA aplicable, se concluye que los productos clasificados en la posición 4903.00.00.00 (Álbumes o libros de estampas y cuadernos para dibujar o colorear, para niños) son considerados libros en cuanto a su contenido y propósito (narrar historias mediante imágenes con textos secundarios), pero no todos se benefician del tipo superreducido. Así (TEAC 14-12-23):
a. Los cuentos, libros de actividades, libros para colorear, rotulares y pegatinas tributan al tipo general. El elemento principal que los caracteriza está constituido por los **libros de actividades**.
b. Pueden aplicar el tipo superreducido:
- los **libros pop-up** y los libros que se caracterizan por tener **mecanismos para estirar**. Su clasificación arancelaria es consecuencia de que el sentido del relato se consigue por una serie de imágenes episódicas acompañadas de una simple leyenda o de una descripción somera sobre ellas, no por el hecho de que sean considerados cuadernos de actividades;
- las entregas de libros acompañadas de **figuritas, collares o puzles**, al constituir una prestación única. Los productos que acompañan al libro son elementos accesorios que constituyen un medio para disfrutar en mejores condiciones el producto principal;

- los **libros ilustrados** y libros de fotografías, los libros **con sonidos y canciones** y aquellos que tienen preguntas, **pestañas** móviles, solapas y/o texturas. Su clasificación arancelaria es consecuencia de que trata de libros en los que las ilustraciones presentan el atractivo principal frente al texto.
5) El tipo superreducido previsto para libros, revistas y periódicos puede aplicarse por los Estados miembros a las revistas de **sudokus**, a pesar de que estas contienen esencialmente cifras y no texto impreso (TJUE 1-8-25, asunto C-375/24).

2290 **Partituras, mapas y cuadernos de dibujo** (LIVA art.91.dos.1.2º) Tributan al tipo superreducido (4%), en general, las entregas de partituras, mapas y cuadernos de dibujo, excepto los artículos y aparatos electrónicos.

Precisiones **1)** El Diccionario de la Real Academia de la Lengua Española define **mapa** como la representación geográfica de la Tierra o parte de ella en una superficie plana.
2) Se trata de un precepto cuya **aplicación** es de carácter objetivo, con independencia de la condición del adquirente.
3) Los **álbumes** tributan al tipo general.

2291 Ejemplo Una empresa distribuidora de material de oficina, escolar y otros artículos de papelería entrega los siguientes bienes:
a) Material de escritorio (lápices, bolígrafos, papel blanco, etc.).
b) Álbumes para fotografías y objetos de filatelia y numismática.
c) Partituras musicales.
d) Cuadernos de dibujo adaptados a las materias de estudio del sistema educativo.
e) Vídeos educativos de ciencias naturales.
f) CD ROM interactivos para el estudio de idiomas que incluyen un software de traducción y diccionario.
g) Por encargo de una red de colegios, les confecciona y vende blocks y cuadernos de prácticas de dibujo, matemáticas, idiomas, etc., y cuadernos de evaluación docente, en los que figura impreso el nombre de los respectivos centros escolares.
Tributan al **tipo superreducido** las entregas de partituras musicales y cuadernos de dibujo, pues se trata de productos expresamente especificados en la normativa.
Se aplica el **tipo general** a las entregas de los blocks, cuadernos de prácticas escolares y de evaluación docente, así como los álbumes.
De acuerdo con la doctrina sobre la LIVA, están expresamente excluidos de la aplicación del tipo reducido los **artículos y aparatos electrónicos**. Por tanto, las entregas del material de escritorio, de los vídeos educativos y de los CD ROM interactivos tributan al tipo general.

2293 Doctrina Administrativa Además de las siguientes contestaciones de la DGT, ver nº 11000 s.
1) Se aplica el **tipo superreducido** a los siguientes bienes:
- cartografía militar (DGT 23-4-97) y mapas de carretera, mapas mundi, mapas en relieve, topográficos y murales (DGT CV 10-6-86);
- planos callejeros que constituyan representaciones geográficas de la tierra o parte de ella en una superficie plana (DGT 12-3-98);
- mapas diseñados con tinta rascable que, en su parte posterior, contienen una imagen de un monumento característico de ese lugar (DGT CV 3-6-20);
- mapas impresos sobre laminas férricas a los que se les puede magnetizar imanes para indicar los lugares visitados (DGT CV 22-1-20).
2) No existe un concepto legal de **cuaderno**. Según la Real Academia Española es el conjunto o agregado de algunos pliegos de papel, doblados y cosidos en forma de libro o en una segunda acepción libro pequeño o conjunto de papel en que se lleva la cuenta y razón, o en que se escriben algunas noticias, ordenanzas o instrucciones.
El término **bloc** se define como el conjunto de hojas de papel superpuestas y con frecuencia sujetas convenientemente de modo que no se puedan desprender con facilidad.
La LIVA utiliza el término **cuadernos de dibujo**; la DGT entiende que dentro de este concepto solo se deben incluir los cuadernos o blocs de espiral, encolados, cosidos o pegados que incluyan en su interior hojas en blanco para que sean utilizadas para dibujar, o bien hojas milimetradas para dibujo técnico. No se entienden incluidos en la aplicación del tipo superreducido, el resto de los cuadernos de espiral de hojas cuadriculadas, rayadas, etc. de diferentes tamaños y colores, las hojas sueltas de papel de dibujo, el papel vegetal, ni las hojas sueltas milimetradas, etc., aunque se puedan utilizar para dibujar (DGT CV 5-12-12).
Tributan al **tipo superreducido**: los cuadernos de música pautados (DGT CV 5-12-12); cuadernos y blocs de dibujo, incluyendo los de papel milimetrado y vegetal y blocs de acuarela en diferentes papeles, libros de formación técnica en dibujo, cuadernos con rayados pentagramas para música (DGT CV 5-12-12).

2294 **3)** Tributan al **tipo general**:
- un plano-callejero de una ciudad, por no tener la consideración de mapa o de libro (DGT 17-2-97) y los planos de ciudades que no constituyen una representación geográfica;
- hojas adhesivas sueltas o recambios de álbumes, carpetas y lupas utilizadas en filatelia (DGT 29-3-99; 15-10-99);

- la entrega de unos volúmenes encuadernados, como si fuera un álbum de fotos, cuyo contenido son fotos reveladas e impresas aportadas por el cliente, por ser una prestación de servicios de revelado de fotografías (DGT CV 4-7-06; CV 6-7-06; CV 21-9-11); el revelado fotográfico en forma de libro e impresión fotográfica en artículos tales como tazas, camisetas, bolsos, etc., por ser prestación de servicios fotográficos (DGT CV 23-6-09); prestaciones de servicios de revelado de fotografías digitales presentándose estas al destinatario en un álbum (DGT CV 26-7-17; CV 14-6-16); los foto-libros (DGT CV 23-3-21);
- cuadernos de caligrafía, así como de otros bienes tales como los lápices de cera, pinturas o mochilas infantiles (DGT CV 14-2-14); diversos cuadernos con distintos tipos de cubierta, espirales y hojas (DGT CV 15-6-17); cuadernos de escritura y caligrafía destinados a la enseñanza escolar y cuadernos de ejercicios de matemáticas (DGT CV 4-3-21);
- cuadernos de ejercicio; libro de soluciones y corrección; tests de diagnóstico y nivel; libros de notas y hojas de tiempo; tabla magnética; tablas de sumas, restas, multiplicación, fracciones, tarjetas de asistencia; fichas de matrícula y sobres de mensualidad (DGT CV 5-4-13);
- cuadernos educativos destinados a la estimulación y al desarrollo y el ejercicio de las aptitudes educativas (inteligencia) y del conocimiento de personas con algún tipo de discapacidad (DGT CV 19-2-13);
- productos de ensayo y simulación médica (muñecos para prácticas, brazos para pinchar, etc.) destinados a personal sanitario y universitario (DGT CV 24-9-13);
- producto denominado «Planet» consistente en un calendario semanal de curso escolar que incorpora recursos didácticos (DGT CV 17-5-19);
- la entrega de un álbum con la colección completa de **cromos** (DGT CV 30-6-17). En términos similares, DGT CV 22-6-22.

Medicamentos de uso humano (LIVA art.91.dos.1.3º) El tipo superreducido (4%) se aplica a los medicamentos de uso humano, así como a las formas galénicas, fórmulas magistrales y preparados oficinales. 2300
Los **cosméticos** y las sustancias y productos de uso meramente higiénico tributan al tipo general, mientras que las especialidades farmacéuticas para **fines veterinarios** lo hacen al tipo reducido (10%, ver nº 2055).

Precisiones 1) La aplicación del citado tipo se extiende, exclusivamente, a los productos que se correspondan con los enunciados en la normativa, de forma que es imprescindible determinar su **naturaleza** a efectos de aplicar el tipo que corresponda. 2301
La Ley de garantías y uso racional de los medicamentos y productos sanitarios es el texto legal básico para definir los referidos productos, así como las normas posteriores de desarrollo en la materia (RDLeg 1/2015 art.2).
Son medicamentos legalmente reconocidos, los medicamentos de uso humano y de uso veterinario elaborados industrialmente o en cuya fabricación intervenga un proceso industrial; las fórmulas magistrales; los preparados oficinales y los medicamentos especiales (RDLeg 1/2015 art.8.1).
También son medicamentos, disponiendo de una regulación específica, los medicamentos hemoderivados o de origen humano, los medicamentos inmunológicos y biológicos que comprenden los sueros, vacunas (generales o individualizadas), toxinas y alérgenos y los medicamentos homeopáticos (RD 1345/2007 art.41 s.).
2) Algunos de los productos no incluidos en la aplicación del tipo superreducido pueden tributar al **tipo reducido** (nº 2060).
3) La determinación de si un determinado producto se corresponde con los enumerados en la normativa del IVA es **competencia** del órgano sanitario correspondiente, estando supeditada la aplicación del tipo superreducido a la clasificación que corresponda.

Ejemplos 1) Un **laboratorio** farmacéutico tiene en su catálogo de productos, además de las propias especialidades farmacéuticas, vacunas de carácter inmunológico. Además, por su pertenencia a un grupo multinacional, también vende determinados productos químicos utilizados por otras industrias farmacéuticas como materias primas, así como envases especiales utilizados por la industria en la presentación de determinados medicamentos. La empresa ha desarrollado un sistema especial de capsulización despresurizada e inerte de medicamentos cuya cesión efectúa a otras empresas en sus instalaciones. 2302
Las entregas de las **especialidades farmacéuticas** y de las **vacunas** tributan al tipo superreducido, pues dichos productos tienen la consideración de medicamentos.
Por el contrario, las entregas de los productos químicos, cuando tengan la consideración de **materias primas**, definidas como toda sustancia, activa o inactiva, empleada en la fabricación de un medicamento, ya permanezca inalterada, se modifique o desaparezca en el transcurso del proceso (RDLeg 1/2015 art.2.e), tributan al tipo general. Igualmente ocurre con los productos químicos que tengan la consideración de sustancia medicinal. Las entregas de los envases especiales también tributan al tipo general.
Las prestaciones de servicios de **envasado** de medicamentos tributan al tipo general (nº 2392).
2) Un laboratorio farmacéutico está especializado en la fabricación de **productos farmacéuticos**, obtenidos fundamentalmente de plantas medicinales, que distribuye a través de la red farmacéutica. También tiene una división que comercializa **jabones**, cremas y lociones obtenidas de plantas tropicales y algas marinas, indicados todos para el tratamiento de la piel y el pelo.

La normativa contempla, expresamente, los medicamentos de **plantas medicinales** (RDLeg 1/2015 art.51). Aunque no todos los productos obtenidos de plantas medicinales y que se presenten como tales son medicamentos, los que se ajusten a dicha norma pueden tener la consideración de medicamentos y como tales tributar al tipo superreducido.
Las **cremas**, jabones y lociones, aunque tengan una aplicación terapéutica, no tienen la consideración de medicamentos, debiendo tributar al tipo general.

2303 Doctrina Administrativa Además de las siguientes contestaciones de la DGT, ver nº 11000 s.
1) Se aplica el **tipo general** a los siguientes bienes:
- cápsulas para medicamentos;
- suero estéril bovino (DGT 29-3-01); suero fetal bovino (DGT CV 16-7-10);
- células de ratón para la obtención de la hormona del crecimiento (DGT 29-3-01);
- productos que sirven de medio de purificación o filtro para obtener medicamentos (DGT 16-2-04);
- la lactosa, pues se trata de un excipiente y no está encuadrada en la categoría de medicamento (DGT CV 22-9-06);
- extracto crudo de heparina por ser un producto intermedio, y heparina sódica por ser un principio activo (DGT CV 4-3-15);
- productos cosméticos -hidrolatos y bolsitas de plantas secas para infusiones capilares- (DGT CV 12-5-21).

2) Se aplica el **tipo superreducido** a:
- los medicamentos de plantas medicinales (DGT 26-10-93);
- los medicamentos extranjeros (DGT 2-2-98);
- el oxígeno medicinal, que aun no teniendo la consideración legal de medicamento, cumple todos los requisitos para ser considerado como tal (DGT 28-11-00) y la oxigenoterapia a domicilio -contrato de suministro de oxígeno medicinal- (DGT 20-9-04; CV 23-5-11); el aire sintético medicinal, constituido por los dos componentes (nitrógeno y oxígeno) y en las proporciones adecuadas para permitir su uso en terapia respiratoria, porque tiene la consideración de medicamento (DGT CV 23-12-25);
- el nitrógeno líquido medicinal, siempre y cuando tenga la consideración de medicamento, ya que los gases medicinales se consideran medicamentos (DGT CV 13-1-16; CV 9-7-19; CV 17-12-20);
- elaboración y venta de fórmulas magistrales destinadas tanto a particulares como a otras farmacias (DGT CV 16-10-17);
- comercialización de un nuevo producto de terapia génica inmunocelular para combatir la leucemia linfoblástica aguda cuyo proceso de fabricación se inicia con la extracción de sangre que, posteriormente, es tratada para obtener el producto final. Dicho producto ha sido calificado y registrado como medicamento por la Agencia Europea del Medicamento y por la Agencia Española de Medicamentos (DGT CV 25-6-19; CV 27-6-19). En el mismo sentido, respecto de un producto para el tratamiento de ciertas formas de cáncer relacionadas con el antígeno CD 19, DGT CV 26-2-20.

2304 Jurisprudencia **1)** La normativa comunitaria (actualmente Dir 2006/112/CE anexo III aptdo.3) permite la aplicación de un tipo reducido de IVA a las sustancias medicinales únicamente si son susceptibles de **utilización directa por el consumidor final** para el cuidado de la salud, la prevención de enfermedades o el tratamiento con fines médicos o veterinarios (TJUE 17-1-13, asunto C-360/11).
2) La mercancía cuestionada consiste en comprimidos y cápsulas que son sometidos, después de su importación, a un proceso fabril de **envasado, etiquetado** e impresión del número de registro farmacéutico. El producto, ya terminado, se vende a almacenistas de productos químicos que, por medio de las farmacias, lo hacen llegar al consumidor. Todo ello hace improcedente la tributación al tipo reducido (TEAC 23-7-98).
3) El **suministro de oxígeno** líquido tributa al tipo superreducido (TEAC 31-5-06).
4) No es contrario a los principios de uniformidad y de neutralidad fiscal la aplicación de tipos impositivos reducidos diferentes a los **medicamentos semejantes** en función de ser o no su importe reembolsable al consumidor por el sistema sanitario (TJUE 3-5-01, asunto C-481/98). Ello es así porque los medicamentos reembolsables y los no reembolsables no son productos similares que compitan entre sí, ya que un medicamento, por figurar en la lista de los reembolsables, goza de una ventaja decisiva para el consumidor final respecto de otro medicamento que no sea reembolsable.
5) Se aplica el tipo superreducido a las entregas e importaciones de **hormonas** -medicamentos- (TS 19-2-12, EDJ 19156).

2310 **Vehículos para personas con movilidad reducida** (LIVA art.91.dos.1.4º; RIVA art.26 bis.dos) Se aplica el tipo superreducido (4%) a todas las operaciones de entregas, adquisiciones intracomunitarias o importaciones de vehículos para personas con movilidad reducida.
Así, el tipo superreducido se aplica respecto a los siguientes **tipos de vehículos** (ver el concepto en el nº 2311):
- sillas de ruedas para uso exclusivo de personas con discapacidad;

- autotaxis o autoturismos especiales para el transporte de personas con discapacidad en silla de ruedas, bien directamente o previa su adaptación;
- vehículos a motor que, previa adaptación o no, deban transportar habitualmente a personas con discapacidad en silla de ruedas o con movilidad reducida, con independencia de quién sea su conductor.

La aplicación de este tipo a los vehículos señalados en los dos últimos guiones requiere el previo **reconocimiento del derecho** del adquirente, que debe justificar el destino del vehículo.

A efectos de la aplicación del tipo superreducido, se consideran **personas con discapacidad** aquellas afectadas con un grado de discapacidad igual o superior al 33%. El grado de discapacidad debe acreditarse mediante certificación o resolución expedida por el Instituto de Mayores y Servicios Sociales (IMSERSO) o el órgano competente de la Comunidad Autónoma respectiva.

Precisiones 1) Se entiende por **silla de ruedas** la ortoprótesis externa con la consideración de vehículo individual que permite el traslado de una persona que haya perdido de forma permanente la capacidad de marcha funcional, adecuado a su grado de discapacidad (RD 1030/2006 anexo VI.2.2.b). 2311

2) Los **vehículos para personas de movilidad reducida** son aquellos vehículos cuya tara no sea superior a 350 Kg y que, por construcción, no pueden alcanzar en llano una velocidad superior a 45 Km/hora, proyectados y construidos especialmente (y no meramente adaptados) para el uso de personas con alguna disfunción o incapacidad física. En cuanto al resto de sus características técnicas, se les equipara a los ciclomotores de tres ruedas (RDLeg 6/2015 anexo I.11).

3) Por su parte, el **taxi** y el **autoturismo** se definen como (RD 2822/1998 Anexo II.C apartados 40 y 42):
- taxi: turismo destinado al servicio público de viajeros y provisto de aparato taxímetro;
- autoturismo: turismo destinado al servicio público de viajeros con licencia municipal, excluido el taxi.

4) Se consideran **personas con movilidad reducida** aquellas cuya movilidad se encuentra disminuida debido a causas físicas (sensoriales o motrices), deficiencias intelectuales, edad, o cualquier otra causa de discapacidad manifiesta para utilizar un medio de transporte y cuya situación requiera atención especial o adaptación de los servicios disponibles habitualmente a los pasajeros en general (DGT CV 16-5-08; CV 21-12-09).

Reglamentariamente se establece que (RIVA art.26 bis.dos.2):
- se consideran personas con **movilidad reducida** las personas ciegas o con deficiencia visual y, en todo caso, las afiliadas a la Organización Nacional de Ciegos Españoles (ONCE) que acrediten su pertenencia a la misma mediante el correspondiente certificado, y aquellas personas que sean titulares de la tarjeta de estacionamiento para personas con discapacidad emitidas por las corporaciones locales o, en su caso, por las CCAA, quienes en todo caso, tienen la obligación de contar con el certificado o resolución expedido por el IMSERSO u órgano competente de la Comunidad Autónoma correspondiente, acreditativo de la movilidad reducida;
- se consideran personas afectadas por una **discapacidad superior al 33%**: los pensionistas de la Seguridad Social que tengan reconocida una pensión de incapacidad permanente total, absoluta o de gran invalidez (actualmente, gran incapacidad); los pensionistas de clases pasivas que tengan reconocida una pensión de jubilación o retiro por incapacidad permanente para el servicio o inutilidad; las personas con discapacidad cuya incapacidad sea declarada judicialmente, si bien en este último caso, la discapacidad acreditada es del 65% aunque no alcance dicho grado;
- el **medio de prueba** de la reducción en la movilidad es el certificado o la resolución expedidos por el Instituto de Mayores y Servicios Sociales (IMSERSO) o el órgano competente de la Comunidad Autónoma en materia de valoración de discapacidades.

5) Se aplica el tipo superreducido para los vehículos a motor que, previa adaptación o no, deban transportar habitualmente a personas con discapacidad en silla de ruedas o con movilidad reducida, con independencia de quién sea su conductor. La **habitualidad** debe entenderse según el sentido usual de la palabra, es decir, la realización de una actividad o una serie de actos de manera ordinaria o frecuente, como un hábito. El medio principal de prueba para acreditar la habitualidad del transporte de personas con discapacidad en silla de ruedas o con movilidad reducida es la **titularidad del vehículo** a nombre de la persona con discapacidad. También se pueden valorar otros medios de prueba como (RIVA art.26 bis.dos.2): 2312
- que el adquirente sea cónyuge de la persona con discapacidad o tenga una relación de parentesco en línea directa o colateral hasta del tercer grado inclusive;
- que el adquirente esté inscrito como pareja de hecho de la persona con discapacidad en el Registro de parejas o uniones de hecho de la Comunidad Autónoma de residencia;
- que el adquirente tenga la condición de tutor, representante legal o guardador de hecho de la persona con discapacidad;
- que el adquirente demuestre la convivencia con la persona con discapacidad mediante certificado de empadronamiento o por tener el domicilio fiscal en la misma vivienda;
- en el supuesto de que el vehículo sea adquirido por una persona jurídica, que la misma esté desarrollando actividades de asistencia a personas con discapacidad o, en su caso, que cuente dentro de su plantilla con trabajadores con discapacidad contratados que vayan a utilizar habitualmente el vehículo.

2313 6) **Otros requisitos** previstos para la aplicación del tipo reducido son (RIVA art.26 bis.dos.1):
a. Que hayan transcurrido al menos cuatro años desde la **adquisición de otro vehículo** en análogas condiciones. No obstante, este requisito no se exige en el supuesto de siniestro total de los vehículos, certificado por la entidad aseguradora o cuando se justifique la baja definitiva de los vehículos.
No se consideran adquiridos en análogas condiciones, los vehículos adquiridos para el transporte habitual de personas con discapacidad en silla de ruedas o con movilidad reducida, por personas jurídicas o entidades que presten servicios sociales de promoción de la autonomía personal y de atención a la dependencia a que se refiere la L 39/2006, así como servicios sociales a que se refiere la Ley General de derechos de las personas con discapacidad y de su inclusión social (RDLeg 1/2013), siempre y cuando se destinen al transporte habitual de distintos grupos definidos de personas o a su utilización en distintos ámbitos territoriales o geográficos de aquellos que dieron lugar a la adquisición o adquisiciones previas.
El adquirente ha de justificar, en todo caso, la concurrencia de dichas condiciones distintas a las que se produjeron en la adquisición del anterior vehículo o vehículos.
b. Que no sean objeto de una **transmisión posterior** por actos inter vivos durante el plazo de los cuatro años siguientes a su fecha de adquisición. En caso de **incumplimiento**, se debe presentar una declaración-liquidación no periódica, modelo 309, para reintegrar el beneficio fiscal obtenido (OM HAC/3625/2003 art.1º.Dos.10º).
7) El **modelo** para solicitar la aplicación del tipo superreducido es libre; no obstante, la Administración tributaria dispone de un modelo de solicitud (nº 2320).

2314 Ejemplos 1) Una persona con discapacidad, cuya movilidad se efectúa en silla de ruedas, ha adquirido un **vehículo adaptado** para su uso exclusivamente personal.
Mediante **solicitud previa** ante la Administración de la AEAT donde radique su domicilio fiscal, la persona con discapacidad superior al 33% y movilidad reducida puede solicitar la aplicación del tipo superreducido a la adquisición del vehículo a motor. Debe aportar la documentación necesaria que acredite que cumple los requisitos exigidos en la normativa.
2) Un concesionario de vehículos ha vendido un **minibús** a una organización de personas con discapacidad para el transporte de sus asociados.
El tipo impositivo aplicable a la entrega del minibús es el general, pues ese vehículo no se encuentra entre los comprendidos en la normativa a los que se aplica el tipo superreducido. No obstante, también se puede aplicar el tipo superreducido a una persona jurídica, asociación, fundación, etc. que desarrolle actividades de asistencia a personas con discapacidad, o en su caso que cuente dentro de su plantilla con trabajadores con discapacidad contratados y alguno de los cuales vaya a utilizar habitualmente el vehículo.
3) Una persona con una discapacidad superior al 33%, pero que no tiene movilidad reducida, quiere adquirir un vehículo para transportar a su madre, que vive con ella y que necesita una silla de ruedas para moverse. Quiere matricular el vehículo a su nombre y beneficiarse del descuento en el **impuesto de matriculación**, pero también quiere que se le aplique el tipo superreducido en la adquisición al considerar que va a transportar a su madre de manera habitual.
No hay obstáculo en matricular el vehículo a nombre de una persona y acreditar que se va a transportar a otra persona con discapacidad distinta del titular. No obstante, se debe acreditar la **habitualidad en el desplazamiento** como puede ser a través del padrón, dado que vive con ella, o el grado de parentesco, y solicitar a la AEAT, antes de la adquisición del vehículo, que se tiene derecho a la aplicación del tipo superreducido. No obstante, al no tener la madre movilidad reducida, aunque tenga una discapacidad superior al 33%, no sería de aplicación el tipo superreducido.

2315 Doctrina Administrativa Además de las siguientes contestaciones de la DGT, ver nº 11000 s.
1) Para que el tipo reducido sea aplicable a los autotaxis y autoturismos es preciso, entre otros requisitos, que la **configuración objetiva** del vehículo sea su destino al transporte de personas con discapacidad en silla de ruedas. No se trata, pues, de que el vehículo se destine exclusivamente al transporte de las personas indicadas, sino que, por sus características objetivas, pueda destinarse a dicha finalidad, aunque, además, se utilice para el transporte de otro tipo de viajeros (DGT 16-6-94).
2) No procede la aplicación del tipo superreducido a las **ambulancias** ya que las mismas se destinan al transporte de enfermos o heridos, personas que si bien por determinadas circunstancias tienen en el momento de su transporte la capacidad de movimiento limitada, no son personas con discapacidad en silla de ruedas ni personas con movilidad reducida permanente (DGT CV 16-5-08). Tampoco se aplica el tipo superreducido a la realización de cursos especiales de conducción, ni a la realización de exámenes y pago de las correspondientes tasas (DGT CV 3-1-19).
3) Se aplica el tipo superreducido a las **sillas de ruedas** que por su diseño y configuración objetiva sean destinadas exclusivamente a las personas con discapacidad en los términos definidos por la normativa del IVA. En otro caso se aplica el tipo reducido -ver nº 2060- (DGT 29-10-01; CV 12-1-05; CV 16-6-11). También tributan al tipo superreducido las sillas de transferencia de ruedas anchas o estrechas (DGT CV 21-7-23), y las sillas de ruedas de autopropulsión (DGT CV 11-7-23).

La entrega de una **batería** para una silla de ruedas eléctrica tributa al tipo general (DGT CV 10-5-12; CV 3-3-14).

En este apartado no están incluidas las ruedas para las sillas de ruedas, ni accesorios o recambios para las mismas (DGT CV 4-3-15). Los servicios de **reparación** son únicamente los referidos a vehículos para personas con movilidad reducida y sillas de ruedas para uso exclusivo de personas con discapacidad (nº 2340 s.). Las reparaciones de sillas de ruedas distintas de las anteriores tributan al tipo general (DGT CV 17-7-19). Los servicios de alquiler de material ortopédico (sillas de ruedas) para uso de una persona que tiene una discapacidad superior al 33% tributan al tipo general (DGT CV 23-2-16).

La **Cruz Roja** va a comprar unas **sillas de ruedas** con arneses para hacer senderismo con personas con discapacidad. Se aplica el tipo impositivo superreducido cuando las citadas entregas se realicen a un centro hospitalario o un organismo público, siempre que el proveedor transmitente disponga de un documento expedido por dicho centro u organismo en que, bajo su responsabilidad, declaren el destino final de las citadas sillas de ruedas o la utilización exclusiva de las mismas por personas con discapacidad (DGT CV 4-7-18).

4) Se aplica el tipo superreducido a la adquisición de un vehículo nuevo para el transporte de su **madre**, con movilidad reducida (DGT CV 3-2-17; CV 16-4-19), o para el transporte de su **suegro** que tiene una discapacidad superior al 33% y que se encarga de sus cuidados; y a la adquisición de un vehículo a su nombre para transporte de una persona con discapacidad con movilidad reducida (su hijo), teniendo reconocida la condición de familia numerosa (DGT CV 28-10-19).

Para considerar a una persona con movilidad reducida se requiere que, además de tener la tarjeta de estacionamiento para personas con discapacidad emitida por las corporaciones locales o, en su caso, por las CCAA, cuente con el certificado o resolución expedido por el Instituto de Mayores y Servicios Sociales (IMSERSO) u órgano competente de la Comunidad Autónoma correspondiente, acreditativo de la movilidad reducida (DGT CV 7-4-15; CV 22-4-16). No concurren los requisitos al no tener el certificado de movilidad reducida, a pesar de tener reconocida la discapacidad del 33% (DGT CV 2-6-16; CV 28-11-17). No obstante, si la Comunidad autónoma de su domicilio social ha establecido un **carnet oficial** para las personas con discapacidad que acredita esta, suprimiendo la emisión de cualquier certificación oficial, distinta de dicho carnet, se puede entender acreditado el grado de discapacidad con la presentación por el interesado del citado carnet (DGT CV 29-12-21). Para la correcta aplicación del tipo superreducido es necesario que la persona con discapacidad, además de acreditar el grado de discapacidad, se desplace en silla de ruedas (DGT CV 7-4-22).

Corresponde a la AEAT, como **órgano competente** para reconocer el derecho a la aplicación del tipo impositivo reducido, valorar la eficacia probatoria de los medios de prueba propuestos (DGT CV 5-3-25).

5) El vendedor del vehículo puede aplicar el tipo superreducido solo cuando el adquirente acredite 2316
su derecho a través del correspondiente **reconocimiento por parte de la AEAT**. En ausencia del mismo, la aplicación de dicho tipo resulta improcedente. Para cumplir este requisito basta con dicho reconocimiento, sin que sea necesaria otra documentación (DGT CV 12-7-06). En el mismo sentido, DGT CV 27-2-20; CV 27-4-20. La **solicitud y obtención** del reconocimiento de dicho derecho por la AEAT es exigible incluso en una importación (DGT CV 14-5-13; CV 26-9-19; CV 18-12-19).

Siempre que, en el momento de presentar la solicitud del derecho a la aplicación del tipo superreducido del Impuesto ante la AEAT, la solicitante cumpla los requisitos para su aplicación, tiene derecho al mismo, con independencia de que el certificado de discapacidad haya sido concedido de forma provisional (DGT CV 14-11-23).

En aquellos supuestos en los que en la fecha de adquisición del vehículo no existiera el reconocimiento previo de la AEAT para la aplicación del tipo superreducido, y se hubiera aplicado el tipo general, pero **con posterioridad a** tal fecha se obtuviera el **certificado** que acredite el grado de discapacidad o movilidad reducida correspondiente, **con efectos anteriores a la solicitud** del reconocimiento previo y a la adquisición del vehículo, sí resultaría procedente la rectificación del tipo general aplicado originariamente (DGT CV 27-12-24).

6) Si la **notificación del acuerdo de concesión** se retrasa y se produce con posterioridad a la adquisición del vehículo y consiguiente devengo y pago del impuesto al tipo general, siempre que la solicitud se hubiera presentado con carácter previo a la citada adquisición, el interesado puede obtener la devolución de las cuotas del impuesto repercutidas en exceso, utilizando cualquiera de las siguientes opciones: instar la devolución de ingresos indebidos o solicitar al vendedor del vehículo la rectificación de la factura expedida, el cual está obligado a reintegrar al adquirente el importe de las cuotas repercutidas en exceso. En este caso, aparte del acuerdo de concesión, no existe intervención de la Administración tributaria y no procede abono alguno de los intereses de demora (DGT CV 24-7-06). Cuando, dentro del periodo de prescripción del Impuesto, se reciba certificado acreditativo del grado de discapacidad con efectos anteriores a la compra de la silla de ruedas, la diferencia entre el tipo impositivo aplicado originariamente y el tipo impositivo reducido que proceda tiene la consideración de **ingreso indebido** y se podrá pedir la devolución (DGT CV 18-9-25).

7) En la adquisición de un vehículo por un **centro especial de empleo** sin ánimo de lucro en el que trabajan personas con discapacidad, se debe acreditar que el destino del vehículo es el transporte habitual de personas con discapacidad en silla de ruedas o con movilidad reducida (DGT CV 17-12-20).

2317 8) La **habitualidad en el transporte** de personas con discapacidad en silla de ruedas o con movilidad reducida debe entenderse según el sentido usual de la palabra, es decir, la realización de una actividad o una serie de actos de manera ordinaria o frecuente, como un hábito (DGT CV 30-1-18; CV 8-11-18), lo que excluye el uso solo en época de vacaciones (DGT CV 15-3-07).

9) En la compra de un vehículo para personas con discapacidad a un sujeto pasivo que aplica el **régimen especial de bienes usados** el revendedor que aplica dicho régimen especial carga sobre el margen de beneficio determinado el tipo que corresponda al adquirente del vehículo, sin que pueda consignarse separadamente en factura la cuota repercutida. En todo caso, la aplicación del tipo superreducido está sujeta a los mismos requisitos que en la aplicación del régimen general (DGT CV 30-7-07).

10) No todos los **vehículos a motor** englobados en la definición ofrecida por el Reglamento General de Vehículos son aptos para la aplicación del tipo superreducido. La normativa exige que se trate de vehículos que deban transportar habitualmente a personas con discapacidad en silla de ruedas o con movilidad reducida, por lo que el vehículo en cuestión debe ser adecuado para poder llevar a cabo el citado transporte. Tratándose de personas con movilidad reducida, el vehículo también debe ser apto para el transporte de las mismas, por lo que una **motocicleta** no cumple este requisito (DGT CV 15-3-07; CV 13-7-18). Tributan al tipo general las entregas de motocicletas de tres y cuatro ruedas (o **scooters**) que no respondan al concepto y requisitos técnicos de vehículos para personas con movilidad reducida (DGT CV 6-8-14; 14-10-25), las que tienen batería eléctrica y dirigidas a personas mayores, incluso con minusvalías y movilidad reducida (DGT CV 8-3-17), así como un scooter eléctrico de alta autonomía para personas mayores o con movilidad reducida (DGT CV 14-10-25); bicicletas y triciclos eléctricos, ya que no responden al concepto y requisitos técnicos de vehículos para personas con movilidad reducida (DGT CV 9-10-17); alquiler de motocicletas de tres y cuatro ruedas, denominados scooters y de sillas de ruedas con motor eléctrico (DGT CV 30-5-18); motocicleta o un cuatriciclo tipo quad (DGT CV 18-9-24).

2318 11) No resulta aplicable el tipo impositivo superreducido a la adquisición del nuevo vehículo, puesto que desde la **adquisición del anterior** no han transcurrido cuatro años, salvo que previamente se haya regularizado la situación tributaria (DGT CV 22-3-10; CV 23-3-10).

El **plazo de los cuatro años** se computa desde el momento de la adquisición del vehículo, por tanto, desde la fecha de la factura de compra del mismo (DGT CV 26-4-23).

La adquisición de otro vehículo en los cuatro años anteriores no impide aplicar el tipo superreducido en la **compra de un nuevo vehículo**, siempre que en aquella adquisición no se hubiera aplicado el citado tipo (DGT CV 13-2-24).

12) La **transmisión de un vehículo** por actos inter vivos antes del transcurso del plazo de 4 años desde la matriculación del mismo determina que se incumplan las condiciones para la aplicación del tipo reducido (DGT CV 2-12-20) aunque la persona que transmite el vehículo lo ha adquirido, a su vez, mortis causa por el fallecimiento de su anterior titular. En consecuencia, la heredera debe reintegrar el importe del citado beneficio a la Hacienda Pública (DGT CV 30-5-17). Una persona dona un vehículo a su cónyuge que tiene una discapacidad del 37% y movilidad reducida y que adquirió un vehículo al tipo superreducido hace más de 10 años. Esta persona quiere adquirir un nuevo vehículo al tipo superreducido para el transporte de su cónyuge. La donación no afecta, pues aunque no han pasado más de cuatro años no se trata de un vehículo adquirido en análogas condiciones (DGT CV 25-2-21).

13) No se aplica el tipo superreducido al alquiler del vehículo en la modalidad de **renting** para su uso por una persona con discapacidad, pues tendría la consideración de prestación de servicios y no de entrega de bienes (DGT CV 23-9-20).

14) La realización de un **estudio sobre movilidad sostenible** en relación con las personas con movilidad reducida y otras discapacidades, que no pueden desplazarse con muletas ni sillas de ruedas por carecer de aceras las calles, que son de doble sentido y tienen una señalización deficitaria, tributa al tipo general, dado que se trata de un servicio y no una entrega de bienes (DGT CV 8-4-21).

15) La **convivencia** con la persona con discapacidad en silla de ruedas o movilidad reducida no es requisito indispensable para la aplicación del tipo superreducido. No obstante, constituye uno de los medios prueba preferentes establecidos en la propia normativa del Impuesto para acreditar que el destino del vehículo es el transporte habitual de personas con discapacidad en silla de ruedas o con movilidad reducida (DGT CV 25-9-24). En el mismo sentido, respecto a la **titularidad del vehículo** por la persona con discapacidad o movilidad reducida (DGT CV 14-3-24; CV 3-2-25).

2319 Jurisprudencia 1) No es aplicable el tipo impositivo superreducido en la adquisición por una persona con movilidad reducida de un vehículo que requiere adaptación, cuando no se ha solicitado el preceptivo **reconocimiento previo del derecho del adquirente** a la aplicación del expresado tipo superreducido (TEAC 12-3-08).

2) Es aplicable el tipo impositivo superreducido en la adquisición de un vehículo para una persona con movilidad reducida sin contar con el **certificado** que acreditara dicha circunstancia en el momento de la adquisición, pero que fue obtenido posteriormente con efectos desde una fecha anterior a la de adquisición del vehículo (TEAC 24-3-26; 24-3-26).

3) El **plazo de cuatro años** exigido por el reglamento también lo es en todos los supuestos, y también cualquiera que sea el adquirente. El precepto admite que el plazo sea inferior en determinadas circunstancias, que son las que habrá que tener en cuenta y comprobar si son o no análogas a las anteriores adquisiciones (TEAC 5-7-11; 14-2-12).

4) El tipo superreducido se aplica únicamente a las entregas de vehículos que se utilizan por personas con discapacidad en sillas de ruedas o personas con movilidad reducida con carácter permanente, no siendo este el caso de las **ambulancias**, que se utilizan por otro tipo de personas (TEAC 28-3-19; 15-12-20).

Modelo de solicitud de aplicación del tipo superreducido 2320

MINISTERIO DE HACIENDA Y ADMINISTRACIONES PÚBLICAS

Agencia Tributaria
Teléfono: 901 33 55 33
www.agenciatributaria.es

IMPUESTO SOBRE EL VALOR AÑADIDO
Solicitud de aplicación del tipo del 4% a vehículos destinados a transportar habitualmente a personas con discapacidad en silla de ruedas o con movilidad reducida

Solicitante (1)

Espacio reservado para la etiqueta identificativa.
NIF/NIE
Nombre o razón social

Ejercicio ....

004267334350 1

S.G.	Domicilio fiscal, nombre vía pública	Número	Esc.	Piso	Prta.	Teléfono
Municipio		Código	Provincia			Código Postal

Persona con discapacidad (2)

NIF/NIE	Nombre o Razón social

S.G.	Domicilio fiscal, nombre vía pública	Número	Esc.	Piso	Prta.	Teléfono
Municipio		Código	Provincia			Código Postal

Representante (3)

NIF/NIE	Nombre o Razón social

S.G.	Domicilio fiscal, nombre vía pública	Número	Esc.	Piso	Prta.	Teléfono
Municipio		Código	Provincia			Código Postal

Declaración (4)

El solicitante EXPONE: que está interesado en la adquisición del vehículo (marca y modelo).

Asimismo, DECLARA que el vehículo sera destinado a transportar habitualmente a la persona con discapacidad en silla de ruedas o con movilidad reducida que figura en el punto 2) quién ratifica esta declaración, y (marcar lo que proceda):

- [ ] que se trata del primer vehículo adquirido en estas condiciones.
- [ ] que han transcurrido al menos cuatro años desde la adquisición por el mismo solicitante de otro vehículo con aplicación del tipo reducido del 4% y destinado al transporte de la persona con discapacidad citada en el punto 2)
- [ ] que no han transcurrido cuatro años desde la anterior petición, por haber declarado la Compañía Aseguradora siniestro total del vehículo anterior adquirido con aplicación del tipo reducido de IVA del 4% o por haberse producido la baja definitiva del vehículo.
- [ ] que se trate de un autotaxi o un autoturismo especial para el transporte de personas con discapacidad en silla de ruedas

Solicitud (5)

El adquirente SOLICITA que en virtud de lo establecido en el art. 91.Dos.1.4° de la Ley 37/1992 del Impuesto sobre el Valor Añadido, le sea aplicado el tipo impositivo del 4% en la adquisición del vehículo citado en el punto 4). Justificantes que se aportan (original y copia).

- [ ] Certificación del IMSERSO o del órgano competente de la Comunidad Autónoma.
- [ ] Si procede, certificado de la Aseguradora, o en su defecto documentación acreditativa de la baja definitiva del vehículo.
- [ ] Otros.

Fecha y firma de la solicitud (6)

Fecha de solicitud:
Adquirente | Persona con discapacidad o movilidad reducida
Fdo.: | Fdo.:

Administración
Fecha de presentación de solicitud y sello

Prótesis y ortesis para personas con discapacidad (LIVA art.91.dos.1.5º) Se aplica el tipo superreducido (4%) a las entregas, adquisiciones intracomunitarias o importaciones de prótesis, ortesis e implantes internos para personas con discapacidad. 2325

Dado que, en general, las prótesis, ortesis e implantes requieren su adaptación a la persona afectada, actuación que generalmente se realiza por un **establecimiento sanitario** (hospital, clínica ortopédica, etc.), la aplicación del tipo superreducido comprende, además de las entregas que directamente se efectúen a las personas con discapacidad, las efectuadas a dichos establecimientos, debiendo disponer el proveedor en estos últimos supuestos de un **documento** expedido por los mismos en el que se manifieste el destino final de los aparatos (prótesis, ortesis o implantes) que justifique la aplicación del tipo superreducido. Se trata de un precepto complementario al del tipo para aparatos y equipos para personas con deficiencias (nº 2060), de forma que las entregas de algunos de los productos a las que no se aplique el tipo superreducido tributan al tipo reducido.

Precisiones Pueden definirse los citados **conceptos** de la siguiente forma (RD 1030/2006 anexo VI aptdo.2):
- **Prótesis externa**: ortoprótesis externa dirigida a sustituir total o parcialmente un órgano o una estructura corporal o su función.
- **Ortesis**: ortoprótesis externa que va destinada a modificar las condiciones estructurales o funcionales del sistema neuromuscular o del esqueleto.
- **Implante quirúrgico**: producto sanitario diseñado para ser implantado total o parcialmente en el cuerpo humano mediante intervención quirúrgica y destinado a permanecer allí después de dicha intervención. Tiene finalidad terapéutica cuando sustituye total o parcialmente una estructura corporal o una función fisiológica que presenta algún defecto o anomalía, o bien tiene finalidad diagnóstica. Los productos destinados a permanecer en el cuerpo humano menos de 30 días no se consideran incluidos en el apartado de implantes quirúrgicos, si bien los centros sanitarios facilitarán a los usuarios aquellos que, siendo seguros y eficaces, precisen para su adecuada atención, utilizando para ello la vía que consideren más adecuada para garantizar la máxima eficiencia.

2326 Ejemplo Una empresa fabricante de diverso material sanitario hace entregas a hospitales de los siguientes productos: a) válvulas cardíacas, marcapasos y otros implantes cardiovasculares; b) prótesis óseas internas; c) lentes intraoculares y prótesis auditivas; d) instrumental sanitario específico para cirugía ortopédica. La empresa dispone de una división especializada en la comercialización de diverso material ortopédico que distribuye a través de establecimientos especializados en ortopedia.
Las entregas de los **productos citados en las letras a), b) y c)** tributan con carácter general al tipo reducido (nº 2060). No obstante, tratándose de entregas de productos que tienen la consideración de prótesis, ortesis o implantes, efectuadas a hospitales, dichas entregas pueden tributar al tipo superreducido cuando dichos establecimientos justifiquen que se destinarán a personas con discapacidad. Es importante reiterar que no todas las entregas de dichos bienes tributan al tipo superreducido, sino solo aquellas de las que sean destinatarias personas con discapacidad en los términos indicados en nº 2310.
Las entregas de **instrumental** sanitario específico para cirugía ortopédica tributan al tipo general (nº 2060).
Las mismas consideraciones efectuadas respecto a las **entregas a hospitales** son aplicables a las entregas de material ortopédico a establecimientos, debiendo acreditar estos últimos el destino para personas con discapacidad.

2327 Doctrina Administrativa Además de las siguientes contestaciones de la DGT, ver nº 11000 s.
1) Las **entregas de prótesis** tributan, con carácter general al tipo reducido, salvo que el adquirente sea una persona con discapacidad, en los términos contenidos en la normativa del IVA, o un centro hospitalario, debiendo disponer el proveedor de un documento que acredite el citado destino (DGT 3-8-98; 7-11-03).
2) Se **aplica el tipo superreducido** a:
- las entregas de los productos, para personas con discapacidad y hospitales, cuando además se disponga del documento acreditativo del destino, que se indican seguidamente: válvulas para el corazón (DGT 17-6-96; 18-4-02), lentes intraoculares, marcapasos y prótesis internas de cadera (DGT 16-3-93; 31-5-95); audífonos (DGT CV 10-4-25); prótesis auditivas, prótesis traumatológicas para ser implantadas quirúrgicamente, prótesis ocular hecha a la medida (DGT 7-3-03) y prótesis de implantación coclear completa (DGT CV 30-5-14);
- las entregas de gafas graduadas, en el único caso que su adquirente posea una discapacidad acreditada superior al 33%, y que esta discapacidad sea referente al órgano visual (DGT CV 14-1-14; CV 3-10-23; CV 10-4-25).
3) El sujeto pasivo que realice la entrega debe conservar **copia de la certificación** de la discapacidad, expedida por el Instituto Nacional de Servicios Sociales o por las Entidades Gestoras correspondientes a las Comunidades Autónomas que tengan transferida su gestión (DGT CV 22-6-17; CV 1-10-19). Si las entregas se realizan a un establecimiento hospitalario, el proveedor debe disponer de un documento expedido por el mismo en que, bajo su responsabilidad, declara el destino final de dichos artículos o su utilización por personas con discapacidad (DGT CV 21-12-07).
4) Los **complementos** de las prótesis cocleares tributan al tipo reducido y su reparación al tipo general (DGT CV 25-1-06). En el mismo sentido, se aplica el tipo reducido a los componentes de un implante coclear (DGT CV 30-5-14); audífonos (DGT CV 13-12-16); audífonos retroauriculares o para introducir en el canal auditivo y varillas óseas -prótesis auditivas por conducción ósea- (DGT CV 21-5-20); los cristales graduados para gafas (DGT CV 25-2-21).

Jurisprudencia 1) Se aplica el tipo superreducido a las entregas de lentes intraoculares e implantes femorales aunque el destinatario no tenga la condición de persona con discapacidad en los términos de una Ley fiscal como la del IVA. Sobre **prótesis oculares y auditivas** ver TS 23-2-93, EDJ 1715; 23-2-93, EDJ 1738, de unificación de doctrina, aunque no se refieran al concepto fiscal (IVA) de dichos bienes. 2328
2) Los **audífonos** son prótesis porque responden al concepto común de elemento artificial reparador o supletorio de una deficiencia orgánica -auditiva- (TS 30-6-97, EDJ 5967).
3) Se aplica el tipo superreducido a las importaciones de **válvulas cardíacas implantables** puesto que, objetivamente consideradas, no son susceptibles de otro destino que no sea el de su implante en pacientes con deficiencias cardíacas graves equivalentes a un grado de discapacidad superior al 33% (TEAC 20-12-06).

Viviendas de protección oficial (LIVA art.91.dos.1.6º) La materia se expone en el capítulo destinado a operaciones inmobiliarias (nº 8810.1 s.). 2330

Productos de higiene femenina (LIVA art.91.dos.1.7º) Se aplica el tipo superreducido (4%) a las compresas, tampones, protegeslips, preservativos y otros anticonceptivos no medicinales. 2335

Precisiones Hasta el **31-12-2022**, el tipo de gravamen aplicable era el 10%.

Doctrina Administrativa Además de las siguientes contestaciones de la DGT, ver nº 11000 s. 2336
1) Tributan al **tipo superreducido**:
- diafragmas (DGT CV 29-12-14; CV 20-1-15; CV 14-5-20) y dispositivos intrauterinos (**DIU**) que se engloban en los anticonceptivos denominados «mecánicos» (DGT CV 6-4-15; CV 23-2-23);
- tampón que en su interior contiene un **prebiótico** que protege el desequilibrio microbiológico vaginal durante la menstruación (DGT CV 18-2-15); y con probiótico (DGT CV 29-4-15);
- una **copa menstrual** dado que tiene la misma finalidad y uso que los tampones, compresas y protegeslips (DGT CV 23-2-23; CV 12-3-24); no así los aplicadores comercializados por separado (DGT 24-10-17);
- compresas **desechables** de un solo uso (DGT CV 18-11-21);
- compresas y salvaeslips de tela, lavables y **reutilizables** (DGT CV 18-11-21; CV 9-8-23).

2) Tributan al **tipo reducido** las compresas de absorción de incontinencia urinaria, y las tocológicas postparto si están clasificadas en la NC 30 y cumplen el resto de requisitos -nº 2160 s.- (DGT CV 23-2-23).
3) Tributan al **tipo general** las bragas que absorben la menstruación, flujo vaginal y pérdidas de orina, al no estar expresamente mencionadas en el texto de la Ley y ser susceptibles de un uso mixto (DGT CV 15-6-22; CV 25-9-23; CV 12-3-24); un protegeslip reutilizable unido mediante un velcro a una braga menstrual, siempre que ese producto tenga consistencia independiente y separable de la braga, aunque formen un mismo paquete o pack (DGT CV 14-2-24).

2. Prestaciones de servicios

Reparación y adaptación de vehículos de personas con discapacidad o movilidad reducida (LIVA art.91.dos.2.1º) Tributan al tipo superreducido (4%) los siguientes servicios: 2340
- reparación de los **vehículos para personas con movilidad reducida y sillas de ruedas** del nº 2310;
- adaptación de los **autotaxis y autoturismos** para personas con discapacidad;
- adaptación de los **vehículos a motor** del nº 2310, independientemente de quién sea su conductor.

Precisiones Los servicios de **reparación** recogidos en la normativa del IVA son únicamente los referidos a vehículos para personas con movilidad reducida y sillas de ruedas (nº 2311). También se aplica el tipo superreducido a los de **adaptación**, a autotaxis y autoturismos, y cualquier otro vehículo a motor para el transporte habitual de personas con discapacidad en silla de ruedas o de personas con movilidad reducida.
Tanto en lo relativo a servicios de reparación como de adaptación, no es necesario el previo reconocimiento del derecho por parte de la Administración tributaria.

Ejemplos 1) Un concesionario de vehículos, en sus talleres, ha adaptado un vehículo, propiedad de un empresario del sector del taxi, para el transporte de personas con discapacidad en silla de ruedas. También, en sus talleres, ha instalado una **plataforma elevadora** especial para facilitar el acceso al interior de uno de sus modelos de furgonetas, a personas con sillas de ruedas. Entre otros vehículos también repara los autotaxis especialmente adaptados al transporte de personas en sillas de ruedas. 2341
Los servicios de **adaptación** del vehículo autotaxi tributan al tipo superreducido. Sin embargo, las operaciones de reparación normal de dicho vehículo tributan al tipo general.
La entrega de la plataforma elevadora tributa al tipo reducido (nº 2060).

2) Una empresa del sector de la ortopedia, además de comercializar otros artículos, vende todo tipo de **sillas de ruedas**, todas para personas con discapacidad tanto modelos normales, autopropulsadas o no, como especiales para la práctica deportiva. También lleva a cabo su reparación. Igualmente dispone de una sección donde se alquilan sillas de ruedas.
La **entrega** de sillas de ruedas para uso exclusivo de personas con discapacidad, es decir, aquellas que por su diseño y configuración objetiva sean destinadas a dichas personas, tributa al tipo superreducido. También se aplica el tipo superreducido a su **reparación**.
Por el contrario, el **arrendamiento** de sillas de ruedas tributa al tipo general, pues dicha prestación de servicios no se encuentra comprendida entre las enumeradas en la normativa para la aplicación del tipo superreducido.
Aquellas **otras sillas de ruedas**, distintas de las de uso exclusivo para personas con discapacidad que, por su configuración objetiva puedan destinarse para suplir las deficiencias físicas del hombre, tributan al tipo reducido (nº 2060).
3) Un taller de reparaciones de coches tiene que adaptar un embrague manual a un vehículo turismo nuevo que ha sido adquirido por una persona con discapacidad que se ha beneficiado del tipo superreducido. Al mes siguiente de la compra, el vehículo tiene que ser reparado por una avería mecánica.
El tipo superreducido se aplica por el taller al servicio de **adaptación del embrague** manual. Sin embargo, el servicio de reparación tributa al tipo general.

2342 Doctrina Administrativa Además de las siguientes contestaciones de la DGT, ver nº 11000 s.
1) Se aplica el **tipo superreducido** a:
- los servicios de **reparación de las sillas de ruedas** para uso exclusivo de personas con discapacidad (DGT CV 12-1-05);
- la **adaptación** no solo de autotaxis y autoturismos, sino también de cualquier otro vehículo a motor (p.e., microbús) para el transporte habitual de personas con discapacidad en silla de ruedas o de personas con movilidad reducida, con independencia de quién sea el propietario del vehículo (empresas, colegios, fundaciones...) siempre que se dedique al transporte habitual de estas personas (DGT CV 17-12-10; CV 11-2-14; CV 29-4-15);
- la adquisición e instalación de un **enganche para el remolque** para poder transportar la silla de ruedas que se utiliza habitualmente. Tributan al tipo superreducido de la operación principal (servicio de adaptación), siempre que se trate de una adaptación de autotaxis, autotorismos o vehículos recogidos en el nº 2340, exigiéndose además, que a la adquisición del vehículo donde se instale el enganche le haya sido de aplicación el tipo superreducido (DGT CV 26-7-23).
2) Tanto en lo relativo a servicios de reparación como de adaptación, se excluye el **previo reconocimiento** del derecho por parte de la Administración tributaria, por lo que no es necesaria tal acreditación (DGT CV 25-9-06; CV 31-10-23).
3) A los servicios de **reparación** de autotaxis y autoturismos, y de cualquier otro vehículo a motor para el transporte habitual de personas con discapacidad en silla de ruedas o de personas con movilidad reducida, adaptados o no, se les aplica el gravamen general. Este criterio se aplica con independencia de que la reparación se refiera a elementos propios del vehículo o adaptados (DGT CV 17-12-10; CV 11-2-14; CV 29-4-15). En términos similares, DGT CV 22-9-15.
4) No procede la aplicación del tipo impositivo superreducido a los servicios de reparación o adaptación de **ambulancias** (DGT CV 16-5-08; CV 11-8-09).

2343 **Arrendamientos con opción de compra de viviendas de protección oficial** (LIVA art.91.dos.2.2º) La materia se expone en el nº 8818.

2345 **Teleasistencia, ayuda a domicilio, centro de día y de noche y atención residencial** (LIVA art.91.dos.2.3º) Se aplica el tipo superreducido (4%) a los servicios de teleasistencia, ayuda a domicilio, centro de día y de noche y atención residencial -L 39/2006 art.15.1.b, c, d y e-, que no resulten exentos (nº 872 s.), siempre que se presten en **plazas concertadas** en centros o residencias o mediante **precios** derivados de un concurso administrativo adjudicado a las empresas prestadoras, o como consecuencia de una prestación económica vinculada a tales servicios que cubra más del 10% de su precio, en aplicación, en ambos casos, de lo dispuesto en la normativa de Promoción de la Autonomía Personal y Atención a las personas en situación de dependencia (L 39/2006). La referencia al precio debe hacerse al importe del servicio respectivo, IVA excluido (DGT CV 9-2-21).

2346 Precisiones **1)** Se entiende por **dependencia** el estado de carácter permanente en que se encuentran las personas que, por razones derivadas de la edad, la enfermedad o la discapacidad, y ligadas a la falta o a la pérdida de autonomía física, mental, intelectual o sensorial, precisan de la atención de otra u otras personas o ayudas importantes para realizar actividades básicas de la vida diaria o, en el caso de las personas con discapacidad intelectual o enfermedad mental, de otros apoyos para su autonomía personal (L 39/2006 art.2.2).
2) El servicio de **teleasistencia** facilita asistencia a los beneficiarios mediante el uso de tecnologías de la comunicación y de la información, con apoyo de los medios personales necesarios, en respuesta inmediata ante situaciones de emergencia, o de inseguridad, soledad y aislamiento. Puede

ser un servicio independiente o complementario al de ayuda a domicilio. Este servicio se presta a las personas que no reciban servicios de atención residencial y así lo establezca su programa individual de atención (L 39/2006 art.22).

3) El servicio de **ayuda a domicilio** lo constituye el conjunto de actuaciones llevadas a cabo en el domicilio de las personas en situación de dependencia con el fin de atender sus necesidades de la vida diaria, prestadas por entidades o empresas, acreditadas para esta función. Pueden ser los siguientes (L 39/2006 art.23):

a. Servicios relacionados con la atención personal en la realización de las actividades de la vida diaria.

b. Servicios relacionados con la atención de las necesidades domésticas o del hogar: limpieza, lavado, cocina u otros. Estos servicios solo pueden prestarse conjuntamente con los señalados en el apartado anterior.

Excepcionalmente y de forma justificada, si el Programa Individual de Atención así lo dispone, los servicios mencionados anteriormente pueden prestarse de forma separada. Para eso es necesario que esta excepción esté motivada en la resolución de concesión de la prestación por la Administración competente.

4) El servicio de **centro de día o de noche** ofrece una atención integral durante el período diurno o nocturno a las personas en situación de dependencia, con el objetivo de mejorar o mantener el mejor nivel posible de autonomía personal y apoyar a las familias o cuidadores. En particular, cubre, desde un enfoque biopsicosocial, las necesidades de asesoramiento, prevención, rehabilitación, orientación para la promoción de la autonomía, habilitación o atención asistencial y personal. La tipología de centros incluye centros de día para menores de 65 años, centros de día para mayores, centros de día de atención especializada por la especificidad de los cuidados que ofrecen y centros de noche, que se adecuarán a las peculiaridades y edades de las personas en situación de dependencia (L 39/2006 art.24).

5) El servicio de **atención residencial** ofrece, desde un enfoque biopsicosocial, servicios continuados de carácter personal y sanitario. Este servicio se presta en los centros residenciales habilitados al efecto según el tipo de dependencia, grado de la misma e intensidad de cuidados que precise la persona. La prestación de este servicio puede tener carácter permanente, cuando el centro residencial se convierta en la residencia habitual de la persona, o temporal, cuando se atiendan estancias temporales de convalecencia o durante vacaciones, fines de semana y enfermedades o períodos de descanso de los cuidadores no profesionales. El servicio de atención residencial se presta por las Administraciones Públicas en centros propios y concertados (L 39/2006 art.25).

6) Las prestaciones y servicios establecidos en la L 39/2006 se integran en la Red de Servicios Sociales de las respectivas Comunidades Autónomas en el ámbito de las competencias que las mismas tienen asumidas. La red de centros está formada por los centros públicos de las Comunidades Autónomas, de las Entidades Locales, los centros de referencia estatal para la promoción de la autonomía personal y para la atención y cuidado de situaciones de dependencia, así como los privados concertados debidamente acreditados (L 39/2006 art.16).

7) La expresión **concurso administrativo adjudicado a las empresas prestadoras** debe entenderse equivalente a la prestación de los servicios en cuestión en virtud de un contrato administrativo adjudicado por alguno de los procedimientos previstos en la normativa de Contratos del Sector Público (actualmente Ley de Contratos del Sector Público, aprobada por L 9/2017).

Entre las formas de adjudicación de los contratos administrativos (actualmente L 9/2017 art.131) no se emplea la fórmula del concurso. En consecuencia, cuando el precio obtenido por la prestación de este servicio se hubiera preestablecido por la Administración adjudicataria, esta prestación tributa al tipo superreducido (DGT CV 31-3-23; CV 25-10-23).

Doctrina Administrativa Además de las siguientes contestaciones de la DGT, ver nº 11000 s. **2347**

1) La aplicación del tipo superreducido se condiciona al cumplimiento de los siguientes **requisitos** (DGT CV 10-5-12; CV 24-6-16):

- Deben ser servicios prestados por **entidades** no calificadas como establecimiento de carácter social (nº 873) ni de carácter público; así, el prestador puede ser una persona física (DGT CV 24-2-22; CV 16-2-24).
- Debe tratarse de alguno de los siguientes **servicios**: teleasistencia, ayuda a domicilio, centro de día y noche o atención residencial, cuando dichos servicios se correspondan, objetivamente considerados, con los definidos en la normativa sobre dependencia (nº 2346). Quedan excluidos, en particular, los servicios de prevención de las situaciones de dependencia y los de promoción de la autonomía personal.
- Se efectúa con independencia de si el usuario de los mismos dispone o no de un **Programa Individual de Atención** (PIA).
- No está condicionada a la naturaleza de la **fuente de financiación** utilizada por parte de los entes públicos contratantes (Comunidades Autónomas, diputaciones provinciales y ayuntamientos) para la contratación de la prestación de los servicios, sea esta procedente de lo previsto en la L 39/2006, o de programas o proyectos de financiación propia de dichos entes públicos.
- Ha de existir un **control administrativo** sobre los precios que se cobran por los citados servicios, control que la normativa del IVA especifica por medio de la exigencia de que los citados servicios se presten mediante plazas concertadas en centros o residencias, o mediante precios derivados de un concurso administrativo adjudicado a las empresas prestadoras, o como consecuencia de una prestación económica vinculada a tales servicios que cubra más del 75% de su precio (actualmente 10%), en aplicación, en ambos casos, de lo dispuesto en la Ley de Dependencia (DGT CV 23-11-18; CV 31-3-23; CV 25-10-23).

2) Cuando se realicen las prestaciones de servicios referidas en virtud de un **contrato administrativo** de gestión de servicios públicos, la exigencia relativa al **precio** que contempla la LIVA debe entenderse referida a que el precio percibido como contraprestación se encuentre establecido por la Administración adjudicataria, lo que ocurrirá también cuando la adjudicación del servicio se realice mediante otras modalidades de contratación que existen en la Ley de Contratos del Sector Público (actualmente L 9/2017), como son: procedimiento abierto, procedimiento restringido, procedimiento negociado, dialogo competitivo y contratos menores (DGT CV 12-11-13; CV 14-1-14).
Es válido un **contrato menor** suscrito con una entidad por un ayuntamiento para prestar servicios de teleasistencia (DGT CV 2-12-13; CV 25-4-14); también un contrato de gestión de servicio público con obra de una residencia y centro de día para la tercera edad (DGT CV 9-3-16).
No es válido cuando los servicios se presten en **régimen privado no concertado**, cuya contraprestación es pactada libremente (DGT CV 28-2-22).

2348 **3)** Tributa al tipo superreducido:
- el servicio de ayuda a domicilio en su modalidad de **auxiliar domiciliario**, por tratarse de una de las prestaciones contenidas en el catálogo de servicios de la normativa sobre dependencia y cuya descripción se corresponde con el concepto de servicio de ayuda a domicilio. Tributa al tipo reducido el servicio de ayuda a domicilio en su modalidad de **lavandería**, pues dicha modalidad no se corresponde con el concepto de servicio de ayuda a domicilio antes referido (DGT CV 4-8-10);
- los servicios como **asistente personal** a una persona con discapacidad severa (DGT CV 5-6-23).

4) Los servicios prestados por el ayuntamiento a través de **empresas contratadas** mediante procedimientos públicos de licitación, que constituyen servicios de atención primaria integrados dentro de sus servicios generales de protección social y cuya prestación es de obligado cumplimiento (L 7/1985 art.25 -redacc RDL 7/2026- y 26) son servicios prestados al margen de la L 39/2006. En consecuencia, dichos servicios tributan al tipo reducido, al no ser prestados por entidades de Derecho Público o entidades o establecimientos privados de carácter social y siempre que los destinatarios de tales servicios se encuentren englobados dentro de alguno de los grupos del nº 872 s. (DGT CV 30-9-11). En el mismo sentido:
- entrega de comida a domicilio y en centros de día en el marco de la prestación de servicios sociales (DGT CV 30-9-11);
- ayuda a domicilio (DGT CV 30-9-11);
- gestión y explotación de un centro de integración sociocultural (DGT CV 20-7-11);
- atención a personas con demencia o con discapacidad física (DGT CV 20-7-11);
- residencia en estancia permanente para personas mayores no dependientes (DGT CV 20-7-11);
- servicios sociosanitarios con personal propio en residencias de personas de la tercera edad (DGT CV 29-4-11);
- personas con Programa Individual de Atención -PIA- (DGT CV 15-9-11; CV 17-10-11);
- servicios de teleasistencia, ayuda a domicilio, centro de día y noche y atención residencial efectuadas por centros privados no concertados (DGT CV 15-9-11);
- las prestaciones de servicios de ayuda domiciliaria doméstica y de limpieza en hogares que se realicen para personas no dependientes (DGT CV 10-5-12);
- suministro de comidas para personas con limitaciones (DGT CV 11-4-12);
- actividad de centro de día de cuidados y atención personal a personas mayores dependientes en grado I y II en una casa acogida en el marco de un programa de asistencia social de una Comunidad Autónoma (DGT CV 14-4-20).

5) Cuando la prestación económica vinculada a los **servicios de atención residencial** no cubra más del 75% (actualmente 10%) del precio del servicio de atención residencial, este servicio tributa al tipo impositivo reducido (DGT CV 24-3-14; CV 12-6-19; CV 14-8-19; CV 3-6-20). El 10% se calcula sobre el precio del servicio de atención residencial básico, es decir, sin incluir otros servicios prestados a demanda de los usuarios de la residencia, que tributan de forma independiente (DGT CV 27-6-22).

2349 **6)** Las operaciones de **suministro de comidas** a entidades titulares de residencias para personas mayores, que no llevan asociada ninguna prestación de servicios predominante, tienen la consideración de entregas de bienes y, por tanto, no les resulta de aplicación el tipo superreducido (DGT CV 27-4-16); el **servicio de restauración subcontratado** por la empresa para la prestación del servicio de comidas a los usuarios de los centros de día y la residencia tributa al tipo reducido, con independencia de si sus usuarios ocupan o no plazas concertadas en dichos centros (DGT CV 2-6-16).

7) Una persona está ingresada en una residencia privada para personas mayores (entidad mercantil). El centro tiene unos **servicios básicos** (estancia y tratamiento): alojamiento, alimentación, lavandería, cuidado personal, control y protección, valoración geriátrica integral, servicios médicos y de enfermería, de carácter general y programa de atención individual (PAI), así como unos **servicios complementarios**: cafetería, peluquería, podología, fisioterapia especializada bajo prescripción facultativa, logopedia, atención psicológica especializada y marcado de ropa, los cuales se facturan aparte del servicio básico, en cada caso, en función de su utilización por los residentes. Las prestaciones de servicios de atención residencial a las que no resulte aplicable el

tipo superreducido tributan al tipo reducido. Están exentos los servicios de los fisioterapeutas y psicólogos, pero tributan al tipo impositivo general los servicios individualizados de etiquetado de ropa y peluquería (DGT CV 23-10-19). También tributa al tipo general el servicio complementario de peluquería (DGT CV 16-4-24). Pero si los servicios de fisioterapia y rehabilitación se incluyen en el precio mensual, tributan el tipo superreducido (DGT CV 10-11-21).
8) Se aplica el tipo superreducido desde el reconocimiento de la **prestación económica** vinculada a un servicio de atención residencial que cubre más del 10% de su precio, aunque no la haya percibido todavía (DGT CV 13-2-19).

D. Tipo cero

(LIVA art.91.cuatro)

Donaciones (LIVA art.91.cuatro) Se aplica el tipo del 0% a las entregas de bienes realizadas en concepto de donativos a las **entidades sin fines lucrativos** (L 49/2002 art.2), siempre que se destinen por las mismas a los fines de interés general que desarrollen (L 49/2002 art.3.1º). 2370

Doctrina Administrativa Además de las siguientes contestaciones de la DGT, ver nº 11000 s.
1) Las entidades de la **Iglesia Católica** contempladas en los artículos IV y V del Acuerdo sobre Asuntos Económicos entre el Estado español y la Santa Sede, y las existentes en los acuerdos de cooperación del Estado español con otras iglesias, confesiones y comunidades religiosas se consideran entidades beneficiarias del mecenazgo.
Se aplica el 0% a las donaciones de productos de diversa índole efectuadas por empresarios y profesionales establecidos en territorio de aplicación del IVA, para una entidad que presta servicios de asistencia social y está incluida en el artículo V del Acuerdo entre el Estado español y la Santa Sede sobre asuntos económicos (DGT CV 15-7-22).
2) Una asociación va a realizar una operación de **cesión global de todos sus activos y pasivos** a título gratuito en favor de una fundación, para posteriormente disolverse. Estas entregas de bienes gratuitas, en caso de estar sujetas al Impuesto, les podría ser de aplicación el tipo cero (DGT CV 26-6-24).
3) Siempre que cumpla el requisito establecido en la L 49/2002 art.3.5º penúltimo párrafo, es aplicable el tipo 0% a las entregas de bienes realizadas en concepto de donativos a la **Cruz Roja y ONCE** (L 49/2002 disp.adic.5ª) (DGT CV 18-6-24; CV 2-10-24).

E. Ejecuciones de obra especiales. Tipos reducido y superreducido

(LIVA art.91.tres)

La aplicación del tipo reducido y del superreducido a las entregas de bienes (nº 2030 s. y nº 2270 s.) también se extiende a las ejecuciones de obra que tengan la consideración de servicios (nº 8584), cuando las mismas tengan como resultado inmediato la obtención de alguno de los bienes a cuya entrega se aplique uno de los citados tipos. 2390
Quedan **excluidas** las ejecuciones de obra que tengan por objeto la construcción o rehabilitación de VPO de régimen especial o de promoción pública, a las que no resulta aplicable el tipo superreducido, sino el reducido por aplicación de lo dispuesto en el nº 8787 s. cuando concurran los requisitos allí enunciados.

Precisiones Debe entenderse a estos efectos que las ejecuciones de obra a que se refiere el precepto son aquellas que tienen como **resultado inmediato** la obtención de un bien diferente a los materiales suministrados por el cliente, como consecuencia de la transformación de dichos materiales o de la incorporación de nuevos materiales por parte del empresario (DGT 5-4-00).

Ejemplos **1)** Un grupo de **cooperativas agrícolas** y ganaderas ponen a disposición de un fabricante de fertilizantes determinados **subproductos** obtenidos en el ejercicio de su actividad (residuos orgánicos, abono animal, etc.) para que con ellos el citado fabricante obtenga **fertilizantes** que serán entregados a la cooperativa. 2391
Las operaciones efectuadas por el fabricante de fertilizantes, utilizando básicamente los productos entregados por su cliente, son ejecuciones de obra que tienen la consideración de prestaciones de servicios que tributan al tipo reducido pues tienen por objeto la obtención de un bien (fertilizantes) cuya entrega está gravada a dicho tipo.
2) Una empresa del **sector cárnico** efectúa, entre otras, las siguientes operaciones: a) sacrificio de animales para terceros; b) envasado de productos cárnicos propiedad de terceros; c) dispone de una sección fabril de **horneado y cocción** donde efectúa dichas operaciones con los productos suministrados por sus clientes (pollos, codornices, jamón, etc.) que entrega envasados y etiquetados bajo la marca comercial de aquellos.

Las operaciones de **sacrificio** de animales y de **envasado** de productos cárnicos de terceros no tienen la consideración a efectos del IVA de ejecuciones de obra, sino de prestaciones de servicios propiamente dichas, no obteniéndose un bien distinto de aquel sobre el que se efectúan las operaciones indicadas y, por tanto, tributan al tipo general.
Por el contrario, las ejecuciones de obra, aunque tengan la consideración de prestaciones de servicios, que tienen por objeto la **obtención de un bien distinto del input** (carne fresca versus cocida u horneada) tributan al tipo aplicable al producto obtenido, es decir, al tipo reducido.

2392 Doctrina Administrativa Además de las siguientes contestaciones de la DGT, ver nº 11000 s.
1) Para establecer cuándo se produce una transformación de la materia prima (sustancia activa) en un producto diferente, hay que determinar si este último tiene, a efectos legales, la consideración de preparado. Si ocurre así, debe entenderse que se ha producido una **transformación** y siempre que el producto resultado de estos trabajos sea un bien que se beneficie de un tipo reducido, el servicio tributa, asimismo, al tipo reducido (DGT CV 2-10-06).
2) Tributan al **tipo general**:
- el manipulado y envasado de frutas (cepillado, lavado, encerado, selección, clasificación y enmallado y/o envasado), ya que tales operaciones no tienen como resultado inmediato la obtención de un bien a cuya entrega resultaría aplicable uno de los tipos reducidos (DGT 9-4-96; 30-1-98);
- el sacrificio de animales por cuenta de terceros (DGT 29-4-97; 8-7-98; CV 16-3-12);
- los servicios de maquila, consistentes en el envasado, estuchado y etiquetado de medicamentos propiedad de terceros (DGT 12-6-98); y la maquila en conservas de atún (DGT CV 23-6-22);
- el troceado, quitar la piel y deshuesado, aisladamente considerados, y el envasado de jamones (DGT 29-10-99); el deshuese y envasado al vacío de jamones (DGT 3-6-97);
- la elaboración de vino para un viticultor, propietario de la uva implicada en el proceso (DGT CV 26-11-20);
- los trabajos a realizar cuando no transformen la materia prima (sustancia activa) en preparados, al gravarse como cualquier otra prestación de servicios para la que no hay previsto un tipo reducido (DGT CV 7-2-08);
- las operaciones de adobo o salado, aisladamente consideradas, de productos tales como lomos, jamones, costillas, etc., habida cuenta de que no implican una transformación de un producto en otro diferente (DGT 6-3-97);
- el servicio de liofilización realizada para otras entidades (DGT CV 28-2-22).

2393 3) Se **aplica el tipo reducido** a las operaciones de:
- curado de jamones y paletas de cerdo en sangre, que implican una transformación de los productos puestos a disposición del empresario por el cliente, para la obtención de un bien distinto de dichos productos (DGT 3-6-97; 18-4-00; 2-10-00);
- fabricación de embutidos, esto es, las operaciones de adobo, cocido y preparación de productos cárnicos (chorizo y jamón de york) realizada conjuntamente, o la de cocido solamente (DGT 6-3-97);
- asado de pollos, tanto si los utilizados son de propiedad de quien los asa como si son suministrados por el cliente (DGT 4-3-97);
- molturación de aceituna para la obtención de aceite (DGT CV 19-11-18; CV 26-5-20) y transformación de aceitunas para obtener una nueva clase de producto no natural (DGT CV 2-10-06); el proceso de aderezo que, partiendo de la aceituna verde, da como resultado la obtención de un bien: la aceituna de mesa (DGT CV 4-7-17); una ejecución de obra (refinación) que tendría como resultado inmediato la obtención de un bien -aceite de oliva refinado- (DGT CV 13-12-18);
- fermentación del ajo para obtener ajo negro como producto terminado (DGT CV 26-12-23);
- transformación y formateado de sémola para obtener pastas alimenticias (DGT 6-5-02);
- producción de piensos (DGT CV 26-2-08);
- depósito y mantenimiento de la materia prima en condiciones aptas para su transformación en bienes destinados a la nutrición humana, así como la prestación de servicios de elaboración de productos alimenticios que tienen como resultado inmediato la obtención de un bien diferente a los materiales suministrados por el cliente (DGT CV 4-4-16);
- elaboración de zumos, bebidas de frutas, bebidas vegetales, horchata, etc. a partir de determinadas materias primas aportadas por el cliente (DGT CV 5-6-14);
- elaboración de herbicidas, insecticidas y fungicidas susceptibles de ser utilizados directa, habitual e idóneamente en actividades agrícolas (DGT CV 7-2-08).

2394 4) Se aplica el **tipo superreducido** a las operaciones de:
- obtención de hemoderivados que tengan la consideración de especialidades farmacéuticas a partir del plasma aportado por un hospital (DGT 16-5-97);
- obtención de un medicamento donde el cliente, el laboratorio comercializador, aporta el principio activo para la elaboración del medicamento (28% del total), mientras que la entidad fabricante aporta los demás ingredientes de la fórmula, realiza la transformación de los materiales junto al principio activo, encapsula, envasa y empaqueta el producto final, ya se califique la misma como entrega de bienes o ejecución de obra que tenga la consideración de prestación de servicios (DGT CV 20-1-15). La prestación de servicios cuyo resultado es la obtención de medicamentos (DGT CV 25-5-17).

CAPÍTULO 9

Deducciones y devoluciones

2500

El IVA grava, en cada fase de producción o comercialización, el valor añadido en la misma, la plusvalía referida al bien o servicio considerado, de tal modo que al término del ciclo productivo y comercial seguido -cualquiera que sea su extensión-, la carga fiscal total que lo grave se corresponda con el impuesto calculado sobre el precio de venta al consumidor final. 2510

Para alcanzar este objetivo se aplica el **mecanismo de las deducciones**, que constituye el eje del impuesto y que esquemáticamente funciona como sigue: en cada fase del proceso de producción o distribución, el sujeto pasivo calcula y factura a su cliente el impuesto que corresponde al precio de venta que aplica (**impuesto repercutido**); pero, cuando liquida a la Hacienda Pública, deduce de aquel el importe del impuesto que ha gravado los elementos de su precio de coste, como materias primas, existencias, inmovilizaciones, prestaciones de servicios adquiridas, etc... (**impuesto soportado**). El sujeto pasivo únicamente ingresa la diferencia entre el impuesto repercutido al cliente y el impuesto soportado.

Así, el principio fundamental sobre el que se basa todo el sistema del IVA consiste en que el impuesto que ha gravado los elementos que componen el precio de una operación es deducible del impuesto que grava dicha operación.

No obstante, este principio no se aplica literalmente, pues los sujetos pasivos no liquidan el impuesto operación por operación. La liquidación se efectúa por el **conjunto de operaciones** realizadas en un período determinado (mensual o trimestral), debiendo computarse globalmente el impuesto repercutido, por todas las ventas de bienes y servicios, y el impuesto soportado o satisfecho, por todas las adquisiciones o importaciones de bienes y servicios, realizadas en cada período.

Por otra parte, el principio tampoco es de aplicación absoluta, pues para tener **derecho a la deducción** del IVA soportado en la adquisición de bienes y servicios, se precisa que estos sean utilizados en la realización de operaciones que generan el derecho a deducir el IVA soportado (nº 2692).

Precisiones **1)** El derecho a la deducción del IVA soportado se ha configurado por el TJUE como un elemento esencial del IVA, imprescindible para garantizar la **neutralidad** del impuesto. El **TJUE** ha declarado que: 2512

a. El derecho a la deducción tiene por objeto liberar completamente al empresario del peso del IVA devengado o ingresado en el marco de todas sus actividades económicas.

b. El derecho a la deducción debe poder ejercitarse inmediatamente para la totalidad del IVA soportado, no admitiéndose más excepciones a este principio que las expresamente previstas en la normativa comunitaria (Dir 2006/112/CE).

c. Las disposiciones del derecho de la UE relativas al derecho a la deducción del IVA soportado -en particular, las relativas al nacimiento y alcance del derecho a la deducción-, son suficientemente precisas para tener efecto directo y confieren por lo tanto a los particulares derechos que estos pueden invocar ante el juez nacional para oponerse a una normativa nacional incompatible con tales disposiciones.

2) Es una **característica esencial** del IVA la deducción del impuesto devengado por un sujeto pasivo de los importes abonados en las etapas anteriores del proceso, de manera que, en una fase determinada, el impuesto se aplica solo al valor añadido en esa fase y que su carga final recae en definitiva sobre el consumidor (entre otras, TJUE 3-10-06, asunto C-475/03), por lo que cualquier otro impuesto que no presente dicha característica no debe ser considerado incompatible con el IVA (Dir 2006/112/CE art.401).

3) El **principio de la deducción** del IVA soportado se encuentra consagrado en la normativa comunitaria, que establece (Dir 2006/112/CE art.1.2):

- El principio del **sistema común de IVA** consiste en aplicar al comercio de bienes y servicios un impuesto general sobre el consumo exactamente proporcional al precio de los bienes y de los servicios, sea cual sea el número de operaciones que se produzcan en el circuito de producción y distribución precedente a la fase de gravamen.

- En **cada operación** es exigible el IVA, liquidado sobre la base del precio del bien o del servicio gravados al tipo impositivo aplicable a dichos bienes y servicios, previa deducción del importe de las cuotas impositivas devengadas que hayan gravado directamente el coste de los diversos elementos constitutivos del precio.

A. Ámbito de aplicación

2515

1. Sujetos pasivos con derecho a deducir

(LIVA art.93)

2520 El derecho a deducir las cuotas soportadas alcanza a los sujetos pasivos del impuesto en quienes concurran estos **requisitos**:

a) Condición de empresarios o profesionales a efectos del IVA (nº 80 s.). Hay que tener en cuenta que quienes realicen la adquisición de bienes y servicios con la intención, confirmada por elementos objetivos, de destinarlos al desarrollo de actividades empresariales o profesionales tienen, desde dicho momento, la condición de empresarios o profesionales a efectos del IVA.

También pueden hacer uso de este derecho los sujetos pasivos del impuesto que realicen entregas intracomunitarias de **medios de transporte nuevos** (nº 5425 s.), para evitar sobreimposiciones, pues estas operaciones tributan en el Estado miembro de destino.

b) Haber iniciado la realización habitual de las entregas de bienes o prestaciones de servicios correspondientes a sus actividades empresariales o profesionales.

No obstante, son deducibles las cuotas soportadas o satisfechas con **anterioridad al inicio** de la realización habitual de las entregas de bienes o prestaciones de servicios correspondientes a sus actividades empresariales o profesionales, con sujeción a lo dispuesto en el nº 3066 s.

c) No haber realizado actuaciones fraudulentas o abusivas. El TJUE ha incorporado esta condición. En el caso de que haya existido fraude o abuso, las autoridades nacionales pueden denegar el derecho a deducir el IVA soportado.

Es el caso de un operador que interviene en una cadena comercial en la que se ha producido un **fraude carrusel**. Si el operador no tiene, ni ha podido tener conocimiento del fraude empleando el grado de diligencia razonablemente exigible según las circunstancias, conserva su derecho a deducir el IVA soportado por la adquisición efectuada en dicha cadena comercial. Si, por el contrario, un operador sabe o simplemente debía haber sabido, utilizando al efecto la diligencia que razonablemente cabe esperar de un operador honesto, que mediante su adquisición participaba en una operación que formaba parte de un fraude en el IVA, dicho operador debe ser considerado **cómplice** en el fraude aunque no obtenga beneficio alguno derivado del mismo, y no debe ser autorizado a deducir el IVA soportado (TJUE 6-7-06, asuntos acumulados C-439/04 y C-440/04, ver el nº 2532).

De la misma manera, cuando el derecho a la deducción se ha fabricado de manera abusiva mediante la realización de **operaciones puramente artificiales**, efectuadas con la única finalidad de obtener una ventaja fiscal, aunque tales operaciones cumplan los criterios objetivos para ser consideradas entregas de bienes o prestaciones de servicios realizadas en el ámbito de una actividad económica, procede negar la deducción del IVA soportado.

2521 Precisiones 1) La **doble condición** exigida de ser sujeto pasivo y empresario o profesional **excluye** del régimen, entre otros:

- a los **particulares** que realicen importaciones de bienes, que son sujetos pasivos, pero no son empresarios o profesionales;
- a las **personas jurídicas que no actúen como empresarios** o profesionales, que sin embargo pueden ser sujetos pasivos del impuesto en virtud de las adquisiciones intracomunitarias de bienes realizadas (nº 5383) o en ciertos supuestos de inversión del sujeto pasivo (nº 1357 y nº 1363).

Igualmente, puede considerarse como requisito necesario que dichos empresarios o profesionales estén **establecidos** en el ámbito de aplicación del impuesto. Los no establecidos recuperan el IVA vía devolución (nº 2988 s.), salvo cuando, a pesar de no estar establecidos, resulten ser sujetos pasivos del IVA español por operaciones que estén sujetas a dicho tributo.

2) En relación con la condición de **empresario o profesional** a efectos del IVA:

- el supuesto de **empresario o profesional** del nº 81 no tiene incidencia en materia de deducciones, pues expresamente se indica que la condición de empresario o profesional en tales casos se establece solo a efectos de la aplicación de las **reglas de localización** de las prestaciones de servicios. Ver en el nº 2525 ejemplo 8.

- para ser considerado como tal, es el propio empresario o profesional quien debe **probar la intención** de destinar los bienes y servicios adquiridos al **desarrollo de una actividad** empresarial o profesional (ver el nº 3066 s.).
- la **declaración censal de comienzo** de la actividad, aunque no es un requisito para ejercer el derecho a deducir, puede constituir un criterio para afirmar el carácter de empresario de quien efectúa adquisiciones de bienes o servicios antes del inicio de la realización habitual de las entregas de bienes o prestaciones de servicios correspondientes a una actividad empresarial (DGT CV 30-11-07).
3) El cobro de **pagos anticipados** que originan el devengo del IVA es suficiente para afirmar la iniciación de las entregas de bienes o prestaciones de servicios propios de la actividad, siempre que resulte razonable a la vista de la cuantía, generalidad y continuidad de los cobros en cuestión.
4) El **cese en la actividad** empresarial o profesional no impide la deducción de las cuotas del IVA soportadas después de dicho cese que traen causa de la actividad en cuestión (ver el nº 2530 y nº 2706).

5) Los empresarios o profesionales que tributen a través de los **regímenes especiales** del impuesto han de aplicar las normas previstas en cada uno de ellos (ver el régimen concreto de que se trate en el nº 3100 s.). **2522**
6) Entes públicos duales. Son aquellos que realizan conjuntamente operaciones sujetas y no sujetas al IVA (nº 335 s.), y la normativa les permite la deducción de las cuotas soportadas por la adquisición de bienes y servicios destinados a la realización conjunta de ambos tipos de operaciones, en función de un criterio razonable y homogéneo de imputación de las cuotas correspondientes a los bienes y servicios utilizados para el desarrollo de las operaciones sujetas al impuesto. A estos efectos, se incluyen las operaciones no sujetas por aplicación de las normas de localización al entenderse realizadas fuera del ámbito territorial de aplicación del impuesto, pero que si se localizaran en el interior de dicho ámbito territorial habrían generado derecho a la deducción -nº 2692-, letra a- (LIVA art.93.cinco).
Un **criterio razonable** y homogéneo de imputación es la proporción que representa, cada año natural, el importe total de las entregas de bienes y prestaciones de servicios de las operaciones sujetas al impuesto, sin el IVA, respecto del total de ingresos obtenidos por el sujeto pasivo por el conjunto de la actividad. La doctrina administrativa considera que se trata de un criterio para aplicar con carácter preferente, sin perjuicio de que puedan resultar aplicables otros criterios distintos (DGT CV 1-2-18).
Este criterio debe mantenerse en el tiempo salvo que, por causas razonables, deba modificarse. El cálculo resultante de la aplicación de dicho criterio se puede determinar **provisionalmente** atendiendo a los datos del año natural precedente, sin perjuicio de la regularización que proceda a final de cada año.
No obstante, **no son deducibles** en proporción alguna las cuotas soportadas o satisfechas por las adquisiciones o importaciones de bienes o servicios destinados, exclusivamente, a la realización de las operaciones no sujetas (nº 335 s.).
Las deducciones referidas anteriormente deben ajustarse al cumplimiento de la totalidad de los requisitos previstos (nº 2535 s.).
Como **excepción**, estos criterios no resultan de aplicación a las actividades de gestión de servicios públicos en los que no exista una distorsión significativa de la competencia (nº 1761 s.).
7) En relación con el derecho a deducir de las **sociedades holding**, ver los criterios del TJUE en el nº 2534.1, nº 2722, nº 2753 s. y nº 9544 s.

Ejemplos **1)** El Sr. X, **funcionario**, ha **importado un ordenador** de Japón que le ha costado 4.000 €, pagando el IVA correspondiente a la Aduana. **2523**
X es el sujeto pasivo del IVA correspondiente a la importación realizada; sin embargo, como no tiene la condición de empresario o profesional (nº 80 s.), no puede deducir el IVA satisfecho a la importación. X es, por tanto, un consumidor final sin derecho a deducir el IVA pagado.
2) El Sr. Y, **empleado** por cuenta ajena, ha adquirido un **vehículo de turismo** con 2.000 Km de uso a un amigo suyo, médico alemán, por 30.000 €. El propio Y se encarga de transportar el vehículo desde Alemania hasta España.
El Sr. Y realiza una adquisición intracomunitaria sujeta al IVA español y es el sujeto pasivo del IVA correspondiente a dicha adquisición (nº 5425 s.), pero al no ser empresario o profesional, no puede deducir el IVA correspondiente a dicha adquisición.
3) El 1-3-N se constituye una **comunidad de propietarios** integrada por diez miembros, que tiene por objeto la **promoción de viviendas** para estos. Dichos comuneros efectúan, el 5-3-N, una primera derrama de 10.000 € cada uno, para hacer frente a los primeros gastos de adquisición de materiales (gastos cuya realización se inicia el 15-3-N). El coste final estimado para las viviendas es de 260.000 € cada una, estando previsto un nuevo pago de 20.000 € que se hará efectivo el 1-12-N. El resto de los pagos se hará al concluir las obras.
La realización habitual de las entregas de bienes o prestaciones de servicios correspondientes a la actividad de la comunidad de propietarios se considera iniciada el 5-3-N, aunque en dicha fecha no se ha construido ni adjudicado todavía ninguna vivienda, por aplicación de la doctrina de la DGT sobre los pagos anticipados en este ámbito.

2524 **4)** Tres personas físicas, que no vienen desarrollando actividades empresariales, el 1-1-N han constituido una **comunidad de bienes** que va a dedicarse a la actividad de alquiler de locales de negocio. A tales efectos, cada una de ellas aporta un local a la comunidad.

El 6-1-N se alquilan dos de los locales. En relación con el tercero, la comunidad de bienes inicia unas obras de reparación, para su acondicionamiento y posterior alquiler. El IVA soportado por dichas obras asciende a 1.000 €.

La comunidad de bienes **no** ha presentado la **declaración de comienzo** de la actividad. El 7-4-N presenta la autoliquidación del primer trimestre de N, en la que constan los siguientes datos:

IVA devengado .... 2.500 €.

IVA deducible .... 1.000 €.

La comunidad ingresa la diferencia entre las dos cantidades anteriores.

La comunidad de bienes ha soportado cuotas del IVA antes de presentar la declaración de comienzo de la actividad, pero después de haber iniciado las prestaciones de servicios propias de dicha actividad (alquiler de locales). Significa lo siguiente:

- No se trata de cuotas soportadas con anterioridad al inicio de la realización habitual de las entregas de bienes o prestaciones de servicios correspondientes a la actividad, dado que esta ya se había iniciado cuando se soportaron.
- La comunidad de bienes puede deducir el IVA soportado en la autoliquidación correspondiente al primer trimestre del año N, sin perjuicio de que la no presentación de la declaración censal de comienzo de la actividad pueda ser considerada infracción tributaria.

2525 **5)** Una **fundación española**, establecida en Cuenca y que no tiene la consideración de empresario o profesional a efectos del IVA, ha recibido ciertas entregas de electricidad de un empresario francés por las que resulta ser sujeto pasivo del IVA en virtud de la regla de inversión recogida en el nº 1357.

La fundación viene obligada a ingresar el impuesto, pero no puede deducirlo pues no tiene la condición de empresario o profesional.

6) La empresa X, establecida en Valladolid y dedicada a la compra-venta de productos informáticos, adquiere una partida de dichos productos de otra empresa Y, la cual a su vez los ha adquirido de un empresario alemán. En la venta de Y a X, el **precio** fijado es **sensiblemente inferior** al que esta última entidad podría conseguir si hubiera contratado la adquisición de los productos de cualquier otro operador activo en el mercado. X sospecha que Y es un **operador fraudulento** que no va a ingresar el IVA correspondiente a la operación. A pesar de ello, X contrata con Y y le paga el precio y el IVA de la operación. X deduce dicho IVA en la autoliquidación del trimestre correspondiente.

En este caso, podría proceder la exigencia de responsabilidad subsidiaria (nº 1399), de manera que si Y efectivamente no ingresa el tributo repercutido sobre X, podrían las autoridades tributarias exigir a X dicho ingreso. También podrían las autoridades tributarias, con base en la jurisprudencia del TJUE, y siempre que se confirme que Y es un operador fraudulento que no ha ingresado el IVA, negar el derecho a la deducción del IVA repercutido por Y y soportado por X (nº 2520). Ahora bien, no parece razonable que ambas medidas (responsabilidad subsidiaria y negación del derecho a la deducción) puedan imponerse simultáneamente sobre X.

7) Un matrimonio en régimen de gananciales promueve la construcción de un **inmueble** con la intención de que constituya su **residencia privada** en su totalidad. Once meses después de terminada la construcción, el marido comienza una actividad profesional y decide afectar una parte de la superficie del inmueble a dicha actividad.

No cabe deducción alguna del IVA soportado por la construcción del inmueble, pues en el momento en que se devengaron las cuotas correspondientes a dicha construcción no existía ninguna intención de afectar el inmueble a una actividad empresarial o profesional.

8) Una **asociación** con sede en Andalucía, que no realiza actividades empresariales o profesionales pero que cuenta con un **NIF/IVA español** en razón de las adquisiciones intracomunitarias efectuadas, ha recibido servicios de **publicidad** prestados por un empresario **francés** no establecido en la Península ni en Baleares.

En este caso, los servicios prestados tributan en el territorio de aplicación del impuesto, siendo sujeto pasivo (por inversión) la asociación, que a estos solos efectos (esto es, a efectos de la localización de los servicios) tiene la consideración de empresario o profesional (nº 81). La consideración de empresario de la asociación no procede a efectos de deducciones y, por tanto, la asociación debe ingresar el IVA correspondiente a los servicios de publicidad recibidos, sin poder deducirlo.

2528 Doctrina Administrativa Además de las siguientes contestaciones de la DGT, ver nº 11000 s.

1) Un profesional tiene ingresos y gastos por las **adquisiciones en común** de bienes junto con otros profesionales. Teniendo en cuenta que cada uno de los profesionales ejerce por sí mismo la profesión, cada uno puede deducir la parte proporcional que le corresponda de las cuotas del IVA soportadas por dichas adquisiciones (DGT 20-1-99).

2) Si el **régimen económico-matrimonial** de la sociedad es el de **gananciales**:
- en el caso de que la actividad efectuada por uno de los cónyuges pase a ser desarrollada por el otro, no se produce efecto alguno en el derecho a la deducción del IVA soportado (DGT CV 22-12-08);
- si los cónyuges tuvieran un inmueble afecto en su totalidad al desarrollo de una actividad empresarial o profesional, aunque esta actividad fuera realizada únicamente por uno de los cónyuges, serían deducibles en su totalidad las cuotas soportadas en su adquisición (DGT CV 22-11-06; CV 26-2-20).

3) Una **mancomunidad de propietarios** centraliza la contratación de los trabajos y servicios comunes relativos a las comunidades de propietarios que agrupa. Dado que no realiza una actividad de carácter empresarial o profesional a efectos del IVA, la mancomunidad tiene la condición de consumidor final, no pudiendo deducir las cuotas soportadas en la adquisición de los referidos bienes o servicios (DGT CV 6-5-05; 16-9-02). No obstante, ver en el nº 2560 la posibilidad de que los **miembros** de la comunidad que tengan la consideración de empresarios o profesionales puedan deducir el IVA soportado por la comunidad en la proporción correspondiente.

4) Una **comunidad de bienes** es propietaria de un local comercial adquirido mediante el ejercicio del **derecho de tanteo**. Las cuotas del IVA repercutidas por el arrendatario del local son deducibles (DGT CV 31-3-06).

5) No son deducibles las cuotas soportadas por un **ente público** que únicamente realiza operaciones a título gratuito, pues este no tiene la condición de empresario (DGT 30-4-99). En el mismo sentido, las cuotas soportadas por el Fondo Español de Garantía Agraria (FEGA) en la adquisición de alimentos que van a ser posteriormente entregados por dicho Organismo autónomo sin contraprestación (DGT CV 14-6-16). **2529**

Para la determinación del régimen de deducciones efectuado por aquellas entidades que tienen carácter dual ("**entes duales**"), esto es, que en el ejercicio de su actividad realizan **operaciones sujetas y otras no sujetas** (ver nº 2522 precisión 6), del total de cuotas soportadas han de quedar excluidas las cuotas que se corresponden íntegramente con la adquisición de bienes y servicios destinados, exclusivamente, a la realización de operaciones no sujetas, ya que no son deducibles en ninguna proporción. Respecto a las soportadas por la adquisición de bienes y servicios destinados de forma simultánea a la realización de operaciones sujetas y otras no sujetas, se debe adoptar un criterio razonable y homogéneo de imputación de las cuotas correspondientes a los bienes y servicios utilizados para el desarrollo de las operaciones gravadas, criterio que debe mantenerse en el tiempo, salvo que por causas razonables haya de procederse a su modificación. Dentro de este último grupo y cuando se trate específicamente de cuotas soportadas por bienes de inversión que se empleen en todo o en parte en el desarrollo de la actividad empresarial o profesional, se aplican los criterios del nº 2605 (DGT CV 23-2-09; CV 17-5-10; CV 20-2-19).

Una vez constatada por la Administración tributaria que la naturaleza de la actividad no sujeta desarrollada por la entidad dual precisa de un criterio basado en elementos propios de la actividad de la prestación, corresponde a la propia entidad dual la prueba de que el **sistema propuesto de imputación** constituye un criterio razonable y homogéneo, sin perjuicio de la facultad de la AEAT de constatar, en su caso, el cumplimiento de estos requisitos. La prueba del criterio de deducción justificado por la entidad dual deberá referirse tanto al fundamento y elementos tenidos en cuenta para el diseño del propio criterio como al porcentaje de deducción resultante de su aplicación.

La aplicación de un sistema basado en un **criterio financiero** debe ser el criterio preferentemente aplicable, puesto que existe una equivalencia con el propio régimen de prorrata de deducción, aplicable a los sujetos pasivos que realizan simultáneamente operaciones generadoras y no generadoras del derecho a la deducción (DGT CV 26-10-20; 29-4-21).

La gerencia de urbanismo de un ayuntamiento tiene como uno de sus objetivos la **gestión del patrimonio municipal del suelo**. Para ello realiza la ejecución de actuaciones públicas o el fomento de actuaciones privadas, previstas en el planeamiento, para la mejora, conservación y rehabilitación de zonas degradadas o de edificaciones en la ciudad consolidada. Dado que el patrimonio municipal del suelo es un patrimonio separado del resto del patrimonio municipal y está destinado por ley a incorporarse al circuito empresarial, puede deducir las cuotas soportadas en la adquisición de bienes y servicios para la realización de su actividad empresarial o profesional (DGT CV 6-2-07; CV 19-10-09).

Si el **arrendamiento de la plaza de toros** por parte de la **Administración pública** a una sociedad pública para su posterior subarrendamiento, no viniera justificado por ninguna otra motivación que la obtención de una ventaja fiscal, esto es, con el fin de deducir en sede de la sociedad las cuotas soportadas como consecuencia de realización de las obras de remodelación y rehabilitación de dicha plaza de toros, puesto que, en otro caso, la entidad pública arrendadora, por su propia esencia, tendría limitado su derecho a la deducción por la realización de operaciones no sujetas, habría de cuantificarse el citado derecho a la deducción en función de los parámetros propios de dicho ente público (DGT CV 16-11-09).

En el mismo sentido, en relación con una **fundación constituida por un club deportivo** que encargará la realización de unas obras de ampliación de las instalaciones deportivas de este último, que serán objeto de arrendamiento por parte de la fundación al club, que las destinará a su uso por sus socios (DGT CV 21-12-07). Ver, asimismo, TJUE 21-2-06, asunto C-255/02 en el nº 2614.

6) En el caso de una entidad que se constituye mediante **aportaciones no dinerarias** en las que se incluye el importe del IVA soportado por los socios con anterioridad a la constitución, como consecuencia de haber acometido determinadas actuaciones de construcción sobre los inmuebles objeto de aportación, se entiende que la entidad no tenía la condición de sujeto pasivo cuando se soportaron las cuotas, no pudiendo considerarse que al tiempo de adquirir los bienes y servicios que determinaron que se soportasen dichas cuotas la entidad los adquiriera para destinarlos al desarrollo de su actividad, por lo que las cuotas no son deducibles por la entidad (DGT 15-9-03).

7) Los clientes de una entidad dedicada a la **gestión de carteras de inversión** que limiten su actividad a la mera adquisición en propiedad y la mera tenencia de valores, participaciones sociales u obligaciones, no tienen la consideración de empresarios o profesionales, por lo que no pueden deducir el impuesto repercutido por la entidad (DGT CV 5-7-07).

2530 **8)** Una sociedad mercantil que tiene por única actividad la inversión en inmovilizado y en **participaciones de otras sociedades** no tiene la consideración de empresario a efectos del IVA, por lo que no tiene derecho a deducir el impuesto soportado en la adquisición de apartamentos y locales (DGT CV 11-10-07).

9) Un transportista de mercancías se dio de **baja en la actividad** empresarial el día 31-12-04. En el año 2005 sigue disponiendo de un vehículo que estaba afecto a su actividad y que seguía pagando mediante un contrato de **leasing**. En dicho año vende el vehículo, pero antes debe pagar íntegramente las cuotas no vencidas del leasing soportando el IVA correspondiente. La entrega del vehículo constituye una operación sujeta y no exenta, por lo que puede deducir las cuotas soportadas por el arrendamiento financiero del vehículo de la cuota devengada (DGT CV 27-2-06).

10) El **cese efectivo** en el ejercicio de la actividad empresarial o profesional no se produce mientras que el sujeto pasivo, actuando como tal, continúe llevando a cabo la liquidación del patrimonio empresarial o profesional y enajenando los bienes afectos a su actividad. Así, las cuotas del IVA soportadas como consecuencia de gastos incurridos en un proceso de **liquidación** del patrimonio empresarial son deducibles (DGT CV 7-7-11; CV 28-10-25).

11) Aunque la **sociedad esté liquidada** es la obligada a repercutir el impuesto como consecuencia de una alteración en el precio, por una modificación en el justiprecio. Por tanto, puede deducir el IVA soportado derivado de los gastos ocasionados (DGT CV 7-8-14).

12) Si una empresa que ha causado baja recibe unas **facturas rectificativas**, puede considerarse que existe una relación directa e inmediata entre la actividad ejercida por la empresa y las cuotas que, en su momento, cuando aún ejercía la actividad, soportó por el IVA y que deben ser deducidas en la actualidad (DGT CV 27-6-16).

13) Un **establecimiento permanente** en el territorio de aplicación del IVA es quien puede ejercitar la deducción del impuesto y, en su caso, la devolución de las cuotas soportadas (DGT CV 27-9-24).

2532 Jurisprudencia **1)** No cabe deducir las cuotas que soporta X por el suministro de electricidad a sus empleados por otras compañías eléctricas. Al no repercutir el IVA a sus empleados, X actúa como **consumidor final**. Es indiferente que la gratuidad en la prestación del servicio derive de una nueva liberalidad, de pacto, contrato o convenio (TEAC 18-12-98; 9-3-10; AN 6-2-08, EDJ 26882).

2) La normativa del IVA no autoriza a que el derecho a la deducción pueda ser ejercitado por una persona o entidad distinta de la que soportó directamente la repercusión del impuesto (TEAC 8-5-02). Es la compañía aseguradora, como destinataria de las operaciones de **reparación de los vehículos**, quien puede deducir el IVA, pero no el asegurado (TEAC 22-1-03).

3) La **intención y el comportamiento fraudulento** de uno de los operadores que interviene en una cadena comercial, en la que se ha producido un fraude, no puede incidir en los demás, y estos conservan, por lo tanto, el derecho a deducir el IVA pagado a sus proveedores si tales operadores no tienen, ni han podido tener, empleando el grado de diligencia razonablemente exigible según las circunstancias, conocimiento del fraude. Si, por el contrario, un operador sabía o simplemente debía haber sabido que, mediante su adquisición, participaba en una operación que formaba parte de un fraude en el IVA (cuestión esta que debe acreditarse mediante datos objetivos), dicho operador debe ser considerado como **cómplice** en el fraude, aunque no obtenga beneficio alguno derivado del mismo, y no debe ser autorizado a deducir el IVA soportado (TJUE 12-1-06, asuntos acumulados C-354/03, C-355/03 y C-484/03; 6-7-06, asuntos acumulados C-439/04 y C-440/04).

Este criterio ha sido aplicado por el TEAC en el caso de una entidad que se vio involucrada en operaciones anómalas en relación con determinados clientes y proveedores, encuadrables en la figura denominada **fraude carrusel**, por lo que el IVA que soportó y dedujo la entidad no correspondía a operaciones reales (TEAC 12-9-07). En el mismo sentido, TS 11-5-12, EDJ 141881; 21-5-12, EDJ 141882; 23-5-12, EDJ 125351. Dicha denegación procede aunque el fraude se cometa en un **Estado miembro distinto** de aquel en el que el sujeto pasivo realizó la operación y solicitó esos derechos y aunque el sujeto pasivo haya cumplido, en este último Estado miembro, los requisitos formales establecidos para poder acogerse a los mismos (TJUE 18-12-14, asuntos acumulados C-131/13, C-163/13 y C-164/13).

Asimismo, la denegación del derecho a deducir las cuotas de IVA soportadas con base en la **teoría del conocimiento** no depende de la existencia de un riesgo de pérdida de ingresos fiscales, no importando si se ha ingresado o no en el Tesoro Público el IVA devengado por las operaciones de venta anteriores o posteriores de los bienes de que se trate, por lo que puede denegarse la deducción de la totalidad de las cuotas de IVA soportadas por ese sujeto pasivo (TEAC 22-5-24; 22-5-24).

4) El derecho de la UE no puede obligar a un juez nacional a aplicar la **reformatio in peius** cuando está prohibido por el derecho nacional; no obstante, el juez nacional debe interpretar el derecho nacional en la medida de lo posible de acuerdo con la finalidad de la Directiva IVA, lo que implica rechazar la deducción en caso de fraude o abuso (TJUE 13-2-14, asunto C-18/13).

5) La Directiva IVA no se opone a la aplicación previa y obligatoria de un procedimiento administrativo nacional que tiene como objeto la **tutela judicial efectiva** de los derechos del justiciable si la Administración tributaria sospecha la existencia de una práctica abusiva (TJUE 12-2-15, asunto C-662/13).

6) Los Estados miembros pueden negar la deducción del IVA soportado a un empresario que incumplió fraudulentamente la mayoría de las **obligaciones formales** exigidas para ejercitar el derecho a la deducción (TJUE 28-7-16, asunto C-332/15). También cuando se acredita que, debido a los incumplimientos que se le imputan, la Administración tributaria no ha podido disponer de la información necesaria para comprobar que concurren los requisitos materiales que generan el derecho a la deducción del IVA soportado por el sujeto pasivo, o que este último actuó de manera fraudulenta para poder disfrutar de tal derecho (TJUE 7-3-18, asunto C-159/17).

7) Para una empresa sin derecho a la deducción total del IVA soportado, la **ventaja fiscal** resultante de optar por la adquisición de activos en régimen de leasing (prestación de servicios con devengo periódico del IVA) en lugar de optar por su adquisición directa (mediante una entrega de bienes con devengo del IVA instantáneo), consistente en el escalonamiento del IVA soportado no deducible, no constituye abuso de derecho, siempre que no se hayan manipulado artificialmente los términos del leasing para reducir el importe del IVA soportado (TJUE 22-12-10, asunto C-103/09).

8) La confirmación de la sanción por no incluir en las autoliquidaciones de IVA las operaciones con inversión del sujeto pasivo, fundamentada en la comisión de un **error negligente**, no impide la consideración de las cuotas como deducibles en el período del devengo, al no justificar la existencia de una actuación de mala fe o fraudulenta (TEAC 20-10-16).

9) Cuando una **actividad se lleva a cabo efectivamente**, aunque posteriormente la operación quede resuelta por causas sobrevenidas, las cuotas de IVA soportadas son deducibles siempre que los bienes y servicios fueran adquiridos con la intención de realizar una actividad empresarial o profesional (TEAC 28-3-07). **2533**

10) Salvo que se acredite por la autoridad jurisdiccional nacional, mediante datos objetivos, que el sujeto pasivo sabía o debía haber sabido que la operación en la que se basa el derecho a deducción formaba parte de un **fraude** cometido por dicho emisor o por otro operador anterior en la cadena de prestaciones, no puede denegarse a un sujeto pasivo la deducción del IVA por bienes o servicios que le han sido entregados o prestados cuando:

- han existido **irregularidades** imputables al emisor de la factura relativas a dichos servicios, o una de las personas que los prestaron y otras cometidas por el proveedor o por operadores anteriores en la cadena de comercialización;
- la **autoridad competente** no se ha cerciorado de que el emisor de la factura relativa a los bienes por los que se solicita la deducción tenía la condición de sujeto pasivo, que disponía de los bienes en cuestión y estaba en condiciones de suministrarlos y que cumplió con sus obligaciones en materia de declaración e ingreso del IVA, o por el motivo de que el sujeto pasivo no dispone, aparte de la citada factura, de otros documentos que puedan demostrar las anteriores circunstancias, a pesar de que se cumplen los requisitos materiales y formales para el ejercicio del derecho a deducción y de que el sujeto pasivo no disponía de indicios que permitieran sospechar de la existencia de irregularidades o de un fraude en el ámbito de dicho emisor;
- concurren las siguientes **circunstancias**: el contrato entre el empresario y su proveedor puede recibir una calificación jurídica distinta de aquella que le han dado las partes; el proveedor ha recurrido a una cadena de subcontratistas que no disponían de los medios necesarios para realizar sus prestaciones; el empresario tenía vínculos personales u organizativos con dicho proveedor o los subcontratistas (TJUE 21-6-12, asuntos acumulados C-80/11 y C-142/11; auto 10-11-16, asunto C-446/15; auto 3-9-20, asunto C-610/19; 1-12-22, asunto C-512/21; auto 9-1-23, asunto C-289/22; 11-1-24, asunto C-537/22).
- el proveedor que repercutió el IVA que se pretende deducir carezca de la **licencia administrativa** de empresario individual, no haya declarado a los trabajadores que tenía empleados o cuando el empresario que pretende ejercitar la deducción no haya verificado si existía una relación jurídica entre los trabajadores empleados en la obra y el proveedor (TJUE 6-9-12, asunto C-324/11);
- en una entrega de bienes, teniendo en cuenta los fraudes o irregularidades cometidos en una **fase anterior o posterior** a dicha entrega, se considera que esta no se realizó efectivamente (TJUE 6-12-12, asunto C-285/11);
- el sujeto pasivo no ha probado el **origen de las mercancías** ni que su proveedor las había poseído (TJUE auto 15-7-15, asunto C-123/14);
- el sujeto pasivo, o su proveedor, **no recibieron los bienes** físicamente (TJUE auto 15-7-15, asunto C-159/14);

- el proveedor que las efectuó es un **operador fraudulento**, que no estaba registrado a efectos del IVA, no presentaba declaraciones tributarias, no publicaba cuentas anuales, no estaba autorizado para la venta de los bienes en cuestión y carecía de un local de negocios apropiado (TJUE 22-10-15, asunto C-277/14);
- la reventa se efectúe por un **precio inferior al coste** del bien, ni cuando la reventa se realice para un adquirente que utilizará el bien para cederlo a título gratuito a terceros (TJUE 22-6-16, asunto C-267/15);
- el sujeto pasivo que participa en la cadena alimentaria no ha cumplido las obligaciones de identificación de sus proveedores, a efectos de la **trazabilidad de los alimentos**, que le incumben en virtud de la normativa comunitaria relativa a seguridad alimentaria (TJUE 3-10-19, asunto C-329/18);
- el comprador sabía, o debería haber sabido, que el vendedor atravesaba **dificultades financieras** o se encontraba en situación de insolvencia (TJUE 15-9-22, asunto C-227/21);
- por el mero hecho de que la **transacción es nula** con arreglo al Derecho civil nacional, sin que sea necesario acreditar que se trata de una transacción ficticia, fraudulenta o abusiva de acuerdo con el derecho de la Unión (TJUE 25-5-23, asunto C-114/22);
- por considerar insuficiente el **importe de las operaciones** sujetas al IVA realizadas por el sujeto pasivo (TJUE 7-3-24, asunto C-341/22).
- la entrega no ha sido realizada por el emisor de la factura; este ha sido asociado a la operación para que se cumplan los requisitos de concesión de un préstamo; el **precio** indicado en la factura ha sido **inflado** y el emisor solo pagó el IVA parcial y tardíamente; y la factura consigna una fecha de entrega errónea (TJUE auto 14-2-25, asunto C-270/24).

11) No obstante, puede **denegarse la deducción** del IVA soportado:
- a un sujeto pasivo que ha adquirido bienes que fueron objeto de **fraude** del IVA cometido con anterioridad en la **cadena de entregas** y que lo sabía, o debería haberlo sabido, aunque no hubiese participado activamente en dicho fraude (TJUE auto 14-4-21, asunto C-108/20). En el mismo sentido, en el caso de un operador que sabía o debería haber sabido que con su adquisición participaba en una operación que formaba parte de un fraude del IVA, y ello aun cuando el fraude no haya sido cometido por su proveedor, sino por **otro operador económico** que haya intervenido en un momento anterior o posterior en la cadena de entregas o de prestaciones y se haya cometido por un importe inferior al de la deducción (TJUE 24-11-22, asunto C-596/21).
- a un empresario («A») cuando ha indicado deliberadamente un **proveedor ficticio** en la factura que él mismo ha expedido al aplicar el régimen de inversión del sujeto pasivo, si faltan los datos necesarios para comprobar que el verdadero proveedor tenía la condición de empresario o si se acredita que «A» cometió un fraude en el IVA o sabía o debería haber sabido que la operación formaba parte de un fraude (TJUE 11-11-21, asunto C-281/20).
- cuando dicho sujeto pasivo no prueba la **condición de empresario** de su proveedor y de las circunstancias concurrentes no se desprende que el proveedor tenía dicha condición. En este caso, la Administración tributaria no está obligada a probar que el sujeto pasivo ha cometido un fraude o que sabía o debería haber sabido de la comisión de un fraude (TJUE 9-12-21, asunto C-154/20).
- cuando se constata por la Administración que la supuesta operación por la que se soportó el IVA **no ha tenido lugar** (TJUE auto 2-5-25, asunto C-501/24).

2534 **12)** La empresa **sucesora** en los derechos y obligaciones de una UTE extinguida es quien puede efectuar la deducción de las cuotas soportadas, ya que la UTE dejó de ser sujeto pasivo y obligado tributario a todos los efectos, sin capacidad para cumplimentar obligación formal alguna (TSJ Madrid 5-12-14, EDJ 229668).

13) En el caso de entrega de un bien **inmueble en pública subasta**, el agente judicial solo es un intermediario en el pago del IVA. El sujeto pasivo es el empresario embargado cuyo inmueble se transmite en subasta, el cual conserva el derecho a deducir el IVA soportado en las declaraciones que presenta por este impuesto (TJUE 26-3-15, asunto C-499/13).

14) En el caso de una **comunidad de bienes**, constituida por tres sociedades dedicadas a la promoción inmobiliaria, con la intención de que cuando se aprobara el correspondiente plan parcial, urbanizarlo, adjudicarse los terrenos y realizar las correspondientes edificaciones para su venta, es a aquella a la que se ha de atribuir la condición de sujeto pasivo, debiendo hacer frente incluso al IVA soportado antes del inicio de la actividad, al tener la intención de llevar a cabo en el futuro una actividad sujeta al tributo. En consecuencia, al desarrollar actividades empresariales, el derecho a la deducción de las cuotas de IVA soportadas corresponde a la propia comunidad y no a los miembros que la integran (TS 11-6-12, EDJ 118215).

15) La Directiva del IVA no se opone a una normativa nacional que excluye la **deducción del IVA a la importación** del que es deudor el transportista, que no es ni el importador ni el propietario de las mercancías de que se trate, sino que simplemente ha realizado el transporte de las mismas y la tramitación aduanera en el marco de su actividad de transportista (TJUE 25-6-15, asunto C-187/14).

No procede la deducción del IVA pagado por un importador cuando: (i) dicho importador no dispone de los bienes importados como si fuera su propietario; y (ii) los costes de importación son inexistentes o no se han incorporado al precio de las operaciones gravadas realizadas por el importador (TJUE auto 8-10-20, asunto C-621/19).

16) La **venta de apartamentos nuevos** realizada con el fin de obtener ingresos continuados en el tiempo está sujeta al IVA. El derecho a deducción del IVA no puede denegarse por el mero hecho de que el sujeto pasivo no estaba registrado a efectos del IVA (TJUE 9-7-15, asunto C-183/14).

17) Si el **precio de entrega es inferior al precio de coste**, la deducción no puede limitarse en proporción a la diferencia entre estos dos precios, ni siquiera cuando el precio de entrega es considerablemente inferior al precio de coste, a no ser que sea meramente simbólico (TEAC 20-10-16). Aunque la venta del inmueble se realice por un precio inferior al coste de construcción, el sujeto pasivo no pierde el derecho a deducir la totalidad del impuesto soportado. El destino que posteriormente dé al edificio el comprador no afecta a ese derecho (TJUE 22-6-16, asunto C-267/15). En términos similares, TJUE 2-6-16, asunto C-263/15. En el supuesto de un Ayuntamiento que actúa como **intermediario en nombre propio** en la prestación de servicios de transporte escolar, suministrando dichos servicios por un precio notoriamente inferior al pagado a las empresas de transporte por el propio Ayuntamiento, no realiza una actividad empresarial a efectos del IVA ni puede deducir el IVA soportado (TJUE 12-5-16, asunto C-520/14).

18) Una **holding** que interviene en la gestión de sus filiales, sin haberles facturado ni el precio de los servicios adquiridos en interés de las sociedades del grupo, ni el IVA correspondiente, no realiza una actividad empresarial a efectos del IVA, por lo que no tiene derecho a deducir el IVA soportado (TJUE auto 12-1-17, asunto C-28/16). En el mismo sentido, si los servicios facturados por una holding presentan mucha **desproporción** con las partidas de coste (como la retribución del consejo de administración), no cabe calificar a la entidad prestadora como empresario o profesional por razón de dicha prestación (TEAC 18-9-19). **2534.1**

19) Si un operador presta un servicio, emitiendo una factura en la que figuran desglosados el gasto y el IVA, y posteriormente es **declarado inactivo** por la Administración tributaria de un Estado miembro, siendo dicha declaración de inactividad pública y accesible a través de Internet para cualquier sujeto pasivo en ese Estado, cuando dicha denegación del derecho a deducción es sistemática y definitiva y no admite la prueba de la inexistencia de fraude o de pérdida de ingresos tributarios, puede denegarse el derecho a la deducción del IVA (TJUE 19-10-17, asunto C-101/16).

20) A un sujeto pasivo, establecido en el territorio de un Estado miembro, no puede denegarse el derecho a deducir el IVA devengado o pagado en dicho Estado por servicios prestados por sujetos pasivos establecidos en otros Estados miembros y utilizados para prestar servicios en otros Estados miembros distintos de aquel en el que está establecido el primer sujeto pasivo, por el hecho de estar identificado a efectos del IVA como receptor de servicios siendo sujeto pasivo por inversión o prestador de servicios localizados en otro Estado miembro con **inversión del sujeto pasivo** (Dir 2006/112/CE art.214.1.d y e). Por el contrario, puede impedirse a un sujeto pasivo establecido en el territorio de ese Estado miembro y que disfruta de un **régimen de franquicia** del impuesto, ejercer el derecho a deducir el IVA devengado o pagado en ese Estado por servicios prestados por sujetos pasivos establecidos en otros Estados miembros y utilizados para prestar servicios en otros Estados miembros distintos de aquel en el que está establecido el primer sujeto pasivo (TJUE 15-11-17, asunto C-507/16).

21) No puede denegarse al destinatario de una entrega de bienes el derecho a deducir el IVA soportado y pagado cuando, para una misma entrega, dicho Impuesto es **ingresado dos veces**: una por el proveedor, al haber consignado la cuota en la factura que ha emitido, y otra por el adquirente, cuando la normativa nacional no establece la posibilidad de rectificar el IVA si existe una resolución de regularización fiscal (TJUE auto 23-11-17, asunto C-314/17).

22) No procede denegar a un sujeto pasivo que ha efectuado adquisiciones mientras estuvo **anulado su número de identificación** a efectos del IVA (por no haber presentado declaraciones tributarias) el derecho a deducir el IVA correspondiente a estas adquisiciones mediante declaraciones de IVA presentadas -o facturas emitidas- tras reactivarse su número de identificación, basándose exclusivamente en que tales adquisiciones se efectuaron mientras este estuvo desactivado, cuando se han cumplido los requisitos materiales y el derecho a la deducción no se ha invocado de manera fraudulenta o abusiva (TJUE 12-9-18, asunto C-69/17; TJUE auto 3-6-22, asunto C-188/21).

23) La Directiva del IVA se opone a que la Administración tributaria de un Estado miembro considere que una sociedad que tiene su sede en otro Estado miembro y la **sucursal** que tiene en el primer Estado constituyen dos sujetos pasivos distintos debido a que cada una de dichas entidades dispone de un número de identificación fiscal y deniega, por esa razón, a la sucursal el derecho a deducir el IVA correspondiente a las notas de adeudo emitidas por una agrupación de interés económico de la que dicha sociedad, y no la sucursal, es miembro (TJUE 7-8-18, asunto C-16/17). **2534.2**

24) Cuando ha sido **anulada la identificación de un empresario** a efectos del IVA (debido a que en sus declaraciones presentadas por seis meses consecutivos no se mencionan operaciones sujetas) pero ese empresario continúa con su actividad, la normativa nacional puede obligar al citado empresario a pagar el IVA devengado por sus operaciones gravadas, pero debe permitir que el empresario pueda solicitar una nueva identificación a efectos del IVA y pueda deducir el IVA soportado (TJUE 18-11-21, asunto C-358/20; TJUE auto 2-5-22, asunto C-627/21).

25) Se puede denegar la deducción de las cuotas del impuesto autorrepercutidas en el régimen de inversión de sujeto pasivo cuando en la **autofactura** expedida a tal efecto no conste, de forma deliberada, el proveedor de los bienes adquiridos, impidiendo a la Administración la identificación del mismo. A estos efectos, no está condicionada la falta de derecho a deducir a la causación de una ventaja fiscal en favor del sujeto pasivo o de un tercero (TS 22-2-22, EDJ 515103).

26) La Directiva del IVA no supedita el ejercicio del derecho a la deducción del IVA soportado a un criterio relativo al **aumento del volumen de negocios** del sujeto pasivo ni, más generalmente, a un criterio de rentabilidad económica de la operación por la que se soporta el IVA (TJUE 13-6-24, asunto C-696/22).

27) El juez nacional debe comprobar si se cumplen, por parte del sujeto pasivo, los requisitos materiales y formales de deducibilidad establecidos por la Dir 2006/112/CE y puede, con tal fin, proceder al **examen de las pruebas** recabadas durante **actuaciones penales anteriores** en relación con personas distintas del sujeto pasivo, siempre que ese examen respete los derechos garantizados por el Derecho de la UE (TJUE auto 12-11-25, asunto C-475/24).

2. Cuotas deducibles

2535 Los sujetos pasivos en quienes concurran las circunstancias indicadas en el nº 2520 pueden deducir de las cuotas del IVA devengadas como consecuencia de las operaciones gravadas que realicen en el interior del país las que, devengadas en el mismo territorio, reúnan los **requisitos** que esquemáticamente se enumeran a continuación:
- que se trate de cuotas del IVA español (nº 2536 s.);
- que dichas cuotas se hayan devengado (nº 2542 s.);
- que hayan sido efectivamente soportadas (nº 2547 s.);
- que se hayan soportado por repercusión directa por el sujeto pasivo que ejercita el derecho a la deducción de tales cuotas (nº 2553 s.);
- que correspondan a determinadas operaciones (nº 2565 s.);
- no es necesario, sin embargo, que el pago de las cuotas se haya realizado efectivamente (nº 2573 s.);
- que no sean superiores al importe que proceda en Derecho ni al que figure en el documento justificativo del derecho a deducir (nº 2577 s.);
- que los bienes o servicios adquiridos lo hayan sido con la intención de destinarlos a la actividad (nº 2585 s.).

A lo anterior hay que añadir que las cuotas no se hayan soportado por **operaciones puramente artificiales**, creadas con la única finalidad de obtener una ventaja fiscal, requisito claramente exigido por el TJUE (nº 2520).

Doctrina Administrativa **1)** Aunque las **mercancías** adquiridas hubiesen sido objeto de **sustracción o robo**, el comerciante puede proceder a la deducción de las cuotas soportadas como consecuencia de su adquisición (DGT 22-9-87; CV 26-2-18).

2) El hecho de que en un ejercicio económico un empresario o profesional en el ejercicio de su actividad **no haya obtenido ingresos** por la misma no implica que no pueda ejercitar el derecho a la deducción y, en su caso, devolución del impuesto soportado por sus adquisiciones de bienes y servicios, siempre que se hayan cumplido los requisitos previstos (DGT CV 30-8-18).

2536 **Cuotas del IVA español** (LIVA art.92.uno) Ha de tratarse de cuotas soportadas por el IVA español y no por **otros impuestos**. En particular, no procede la deducción de las cantidades pagadas por el concepto «transmisiones patrimoniales onerosas» del ITP y AJD. Tampoco cabe la deducción en las autoliquidaciones que se presenten ante la Administración española de las cuotas del IVA de **otros Estados** miembros soportadas por operaciones realizadas en ellos.

Para recuperar el **IVA soportado en otro Estado miembro**, el empresario o profesional debe solicitar su devolución mediante el procedimiento que se expone en nº 2989 s., a través de los formularios dispuestos al efecto en la Sede Electrónica de la AEAT. El Estado miembro en el que se hayan soportado las cuotas es quien debe proceder a la devolución y no la AEAT.

Precisiones No pueden deducirse, en las autoliquidaciones correspondientes al IVA, las cuotas soportadas por los **otros impuestos** sobre el volumen de ventas vigentes en nuestro país: el **IGIC y el IPSI**.

2537 Ejemplos **1)** La sociedad inmobiliaria B adquiere una **vivienda usada** a una persona física Y, que trabaja como asalariado. A la vista del régimen fiscal de la operación, la inmobiliaria pide al vendedor que opte por la tributación por el IVA, para así poder deducir el impuesto soportado.

La entrega de la vivienda por Y, es una operación no sujeta al IVA, ya que no se efectúa por un empresario o profesional en el ejercicio de su actividad, pero sujeta al concepto TPO del ITP y AJD. El pago de este impuesto debe efectuarlo B, como sujeto pasivo del mismo, que no lo puede deducir, por lo que la cantidad pagada a la Hacienda Pública supone un mayor coste de la vivienda adquirida. No cabe la posibilidad de renunciar a la no sujeción del IVA para así aplicar este impuesto (y no el ITP y AJD, concepto TPO), que tendría carácter deducible para B, lo que implicaría una reducción del coste para la inmobiliaria.

2) El señor Z, **arquitecto** español residente en España, efectúa un proyecto para la construcción de un edificio en la ciudad danesa de Copenhague. Z se desplaza a dicha ciudad durante una semana, para examinar el lugar en que se va a emplazar el mismo, **alquilando un coche** para desplazarse al lugar de la obra.

El arrendamiento del vehículo se considera efectuado en Dinamarca (equivalente danés de la LIVA art.70.uno.9º), por lo que está sujeto al IVA danés y no al IVA español.
La recuperación del IVA danés por el arquitecto español no puede realizarse incluyendo la cuota del IVA danés soportada en las autoliquidaciones que, por el IVA, presente en España, ya que en las mismas solo puede deducir las cuotas del IVA español que se le hayan repercutido, pero no las del IVA de otros Estados miembros de la UE soportadas por él. La recuperación del IVA danés solo puede hacerse solicitando su devolución en la forma prevista para cuotas soportadas por operaciones efectuadas en la UE (nº 2989 s.).

Doctrina Administrativa Además de las siguientes contestaciones de la DGT, ver nº 11000 s. **2539**
1) La cuota del **Impuesto Especial sobre Determinados Medios de Transporte** no resulta deducible (DGT 13-5-03). Ver criterio del TJUE en el nº 2540.
2) Una empresa de transporte internacional adquiere **combustible** para sus vehículos en estaciones de servicio situadas tanto en España como en otros Estados de la UE, y utiliza servicios de **autopista** en dichos Estados, empleando en todos los casos una tarjeta emitida por una entidad. La emisora de la tarjeta le factura en nombre propio dichas ventas y servicios, repercutiéndole el IVA español o el del Estado que corresponda, según que el combustible sea adquirido o la autopista esté situada en uno u otro país.
La empresa de transportes puede deducir las cuotas del IVA español, pero no las del IVA de otros Estados miembros de la UE (DGT 12-3-99).
3) Una **productora de películas cinematográficas** española va a realizar una serie de programas en territorio español, por encargo de una empresa portuguesa, que adquirirá la propiedad material e intelectual de los mismos. Los costes y la elección del personal corren de cuenta de la empresa española, a la que paga la empresa portuguesa por cada programa producido. En este caso, la empresa española puede efectuar la deducción de las cuotas soportadas o satisfechas en España en la producción de programas audiovisuales, con independencia del lugar de realización de la prestación de servicios (DGT 25-9-02).
4) La adjudicataria de un contrato administrativo de concesión para el proyecto, construcción y explotación de una **línea ferroviaria de alta velocidad** que transcurre por España y Francia recibe servicios de ingeniería. Solo una parte de tales servicios corresponde a bienes inmuebles radicados en el territorio de aplicación del impuesto, por lo que solo es deducible la parte del IVA que proporcionalmente se refiera a la parte de obra civil a ejecutar en el citado territorio en función de los kilómetros de la infraestructura que se encuentren en el mismo (DGT CV 1-8-05).

Jurisprudencia Los Estados miembros no pueden autorizar que el importe de un **Impuesto de Matriculación** sea deducido del IVA devengado en el mismo modelo de declaración de este último impuesto (TJUE 19-3-09, asunto C-10/08). **2540**

Cuotas devengadas (LIVA art.92.uno) Ha de tratarse de cuotas del IVA devengadas con arreglo a Derecho, sin que quepa deducir cuotas del IVA con anterioridad al devengo de dicho tributo (nº 1200 s.), aunque las mismas se hayan facturado. **2542**

Precisiones 1) En relación con las cuotas **voluntariamente soportadas** por el destinatario de la operación fuera del plazo previsto para la repercusión de las mismas, ver el criterio administrativo y jurisprudencial en el nº 2581 s.
2) En relación con el devengo de las operaciones realizadas aplicando el **régimen especial del criterio de caja**, ver el nº 5025 s.

Ejemplos 1) El **despacho de abogados** Y acuerda con la empresa Z la emisión de un **dictamen** jurídico el 1-1-N. El precio pactado es de 10.000 €, que se hará efectivo en el momento en que se entregue el informe. **2543**
Z deduce el IVA correspondiente al servicio encargado al despacho Y en la **autoliquidación** del IVA que presenta correspondiente al primer trimestre de N. La entrega del informe y el pago íntegro del mismo tienen lugar el 2-4-N.
La conducta de Z no es ajustada a derecho, ya que esta entidad se deduce en la autoliquidación del primer trimestre de N unas cuotas de IVA que todavía no se han devengado. En efecto, el devengo del IVA correspondiente al servicio prestado por Y se produce el 2-4-N, fecha en la que se realiza o ejecuta el informe (teniendo en cuenta, además, que no han existido pagos anticipados). Por tanto, es en la autoliquidación del segundo trimestre de N, en la que puede deducir dicho IVA.
No importa, a efectos de la deducción del IVA correspondiente al informe, que Z y el despacho hayan concertado el contrato el 1-1-N y que en esa fecha se acuerde el precio que se pagará por el informe. Hay que esperar a que el IVA correspondiente al servicio prestado por el despacho se haya devengado para proceder a su deducción.
2) La empresa X, dedicada a la **reparación de maquinaria**, acuerda efectuar una reparación para la empresa Y, dedicada a la fabricación de ascensores. El precio pactado es de 20.000 € (más IVA). El contrato de reparación se concierta el 10-3-N; en esa fecha Y efectúa un **pago anticipado** de 5.000 € (más el IVA correspondiente a dicha cantidad). Y pide a X que emita la factura correspondiente a la reparación total en dicha fecha, con el fin de agilizar trámites con una empresa de seguro que ha de reembolsarle parte del coste de la reparación. X accede y emite el 10-3-N la

factura. Y deduce la totalidad del IVA consignado en la factura en el primer trimestre de N. La reparación se efectúa el 5-4-N y en esa fecha Y paga toda la parte del precio y el IVA que no abonó el 10-3-N.
La conducta de Y, en lo que se refiere a la deducción practicada en el primer trimestre de N, no es ajustada a derecho. El único IVA devengado en el primer trimestre de N es el correspondiente al pago anticipado efectuado. La parte restante del IVA se devenga en el segundo trimestre de N y solo puede ser objeto de deducción en dicho segundo trimestre. El hecho de que se haya emitido factura por la totalidad en el primer trimestre de N no modifica estas consideraciones.

2544 Jurisprudencia 1) Ante la **inexistencia de prestación** alguna de los servicios de publicidad y marketing, no se produce ni el hecho imponible ni el devengo del IVA, por tanto, cómo se califique la suma entregada, sea o no subvención, resulta irrelevante al objeto de determinar el derecho a la deducción (TS 21-6-12, EDJ 133261). En términos similares, TS 10-3-11, EDJ 25948.
2) En el contexto del ejercicio del derecho a deducir el IVA, el **concepto de entrega** de bienes y la prueba de la realización efectiva de tal entrega no están vinculados a la forma de adquisición de un derecho de propiedad sobre los bienes de que se trate (TJUE 18-7-13, asunto C-78/12).
3) El IVA facturado por **operaciones ficticias** ha de pagarse y no puede deducirse, pero cuando no hay pérdida fiscal para el Estado miembro, este debe permitir la rectificación de las facturas correspondientes y debe proceder a la devolución del IVA ficticio ya pagado (TJUE 8-5-19, asunto C-712/17).
4) La modificación en la calificación de la operación **de exenta a no exenta**, si no va acompañada de una solicitud de pago del impuesto, no supone que este se haya devengado. Por tanto, no cabe deducción del IVA por el beneficiario de una prestación cuando no se ha exigido IVA alguno a dicho beneficiario, ni este lo ha pagado (TJUE 13-1-22, asunto C-156/20).

2547 **Cuotas efectivamente soportadas** (LIVA art.99.cuatro) Es necesario que las cuotas del IVA que se pretendan deducir hayan sido efectivamente soportadas, lo que exige la concurrencia de dos **requisitos**:
- que las cuotas se hayan **devengado**, según lo indicado en el nº 2542;
- que el sujeto que pretende la deducción esté en posesión del **documento** que justifique su derecho a la deducción, elemento que se inscribe plenamente en el ámbito de los requisitos formales que condicionan la deducción (nº 2866).

Precisiones 1) En el caso de **revendedores de objetos de arte**, antigüedades y objetos de colección, el derecho a deducir el IVA soportado por la adquisición o importación de los citados bienes solo nace en el momento en que se efectúa su reventa por el revendedor en régimen general. No hay derecho de deducción del IVA soportado si la reventa se efectúa con aplicación del régimen especial de los objetos de arte, antigüedades y objetos de colección (LIVA art.98.cuatro).
2) En el régimen especial de las **agencias de viajes** (nº 4200 s.), en el supuesto de cuotas soportadas o satisfechas con ocasión de la adquisición o importación de los bienes y servicios que, efectuadas para la realización del viaje, redunden directamente en beneficio del viajero y se destinen a la realización de una operación respecto de la que se aplique el **régimen general**, el derecho a la deducción nace en el momento en el que se devengue el impuesto correspondiente a dicha operación. No hay derecho a la deducción de dichas cuotas cuando se aplique el **régimen especial** de las agencias de viajes (nº 4360).
3) El IVA correspondiente a las **importaciones** de bienes, aplicándose la regla general, puede deducirse desde el momento en que se admite la declaración (DUA) para el despacho a libre práctica de las mercancías (nº 5830). Todo sin perjuicio de que también en el caso del IVA a la importación haya que estar en posesión del documento justificativo del derecho a deducir, que es el documento en el que consta la liquidación practicada por la Administración o, si se trata de operaciones asimiladas a las importaciones, la autoliquidación en la que se consigna el IVA devengado con ocasión de su realización (nº 2906).
4) En las **adquisiciones intracomunitarias de bienes** (nº 5250 s.) y los supuestos de **inversión del sujeto pasivo** (nº 1335 s.), las cuotas devengadas autorrepercutidas por el sujeto pasivo son al mismo tiempo cuotas soportadas, de forma que la deducción de dicho IVA soportado puede efectuarse en la misma autoliquidación en que se declare el IVA devengado por tales operaciones.

2548 Ejemplos 1) Un abogado, Sr. M, adquiere un **ordenador** que va a utilizar exclusivamente en su despacho profesional, por 1.000 € más IVA (210 €). El 5-2-N, M efectúa un **pago anticipado** a cuenta del ordenador de 100 €, más IVA (21 €), no recibiendo factura por dicho pago. M se deduce el IVA pagado en la autoliquidación del IVA que presenta en abril. La entrega del ordenador y el resto del pago del precio se efectúan el 6-7-N, fecha en la que recibe M la factura relativa a la operación.
M no puede efectuar en el primer trimestre de N la deducción del IVA correspondiente al pago anticipado (100 €) aunque haya pagado los 21 € en concepto de IVA a su proveedor, ya que M solo puede deducir las cuotas del IVA que haya soportado debiendo para ello estar en posesión de la factura correspondiente al pago anticipado efectuado, cosa que no se da al no haberse emitido la factura.

2) La empresa S se dedica a la **venta de cuadros** de pintores extranjeros que previamente **importa** en España, realizando las siguientes operaciones:
a) Importa el 12-5-N un cuadro de Estados Unidos, liquidándose el IVA en la Aduana por 2.000 €, que deduce en su **autoliquidación** del IVA correspondiente al segundo trimestre del año. Posteriormente, el 1-12-N, S vende el cuadro a una empresa dedicada al arrendamiento de obras de arte a empresas y oficinas. S aplica el **régimen general** del IVA en la venta del cuadro.
Si S el 12-5-N está en posesión del documento aduanero en el que consta la liquidación practicada por la Administración, que es el documento que justifica su derecho a la deducción, podría en principio ejercitar tal derecho. Sin embargo, y como excepción, ha de esperar al momento en que efectúe la reventa del cuadro, de manera que solo en el caso de que dicha reventa se efectúe en el régimen general del IVA puede deducirse el IVA liquidado.
Por tanto, como S revende el cuadro el 1-12-N con aplicación del régimen general del impuesto, en el último trimestre puede deducir los 2.000 € que pagó el 12-5-N. No es correcta, por tanto, la actuación de S al deducir esos 2.000 € en el segundo trimestre del año N.
b) Ha adquirido un cuadro a un **artista francés**, que vive y trabaja en Francia, por 100.000 €, el 1-6-N. S autoliquida y deduce el IVA de la adquisición intracomunitaria del cuadro en la autoliquidación del segundo trimestre de N. Posteriormente, el 28-12-N, S vende el cuadro en España aplicando el **régimen especial** de los bienes usados, objetos de arte, antigüedades y objetos de colección.
En este caso, tampoco actúa correctamente. En la autoliquidación del segundo trimestre de N, S debe declarar e ingresar el IVA correspondiente a la adquisición intracomunitaria de bienes realizada, esto es: 100.000 × 10% = 10.000 €.
Sin embargo, no puede efectuar la deducción del IVA soportado en la adquisición del cuadro en la autoliquidación del segundo trimestre de N, ni en la del cuarto trimestre de N, fecha en la que revende el cuadro, dado que ha aplicado el régimen especial de bienes usados, objetos de arte, antigüedades y objetos de colección.

3) La empresa X ha adquirido un servicio de **publicidad de una empresa francesa**. El servicio se presta el 1-1-N. La empresa francesa emite en dicha fecha una factura sin IVA (pues la operación está sujeta al IVA español, siendo sujeto pasivo X). X declara el IVA correspondiente al servicio como IVA devengado e IVA deducible en la autoliquidación correspondiente al primer trimestre de N, aunque no ha emitido autofactura. **2549**
No es necesaria la emisión de autofactura en relación con las operaciones de inversión del sujeto pasivo. Lo que se exige en estos casos para ejercitar el derecho a la deducción es que el sujeto pasivo se encuentre en posesión de la factura original o el justificante contable de la operación expedido por el proveedor (nº 2867 s.), que contenga todos los requisitos exigidos en la normativa comunitaria (Dir 2006/112/CE), si el proveedor está establecido en la UE. Además, se exige que la entrega o prestación que da lugar a la inversión del sujeto pasivo esté debidamente consignada en la declaración-liquidación periódica.

4) Una compañía de telefonía móvil ofrece descuentos en determinados terminales cuando son adquiridos por sus clientes a través de distribuidores autorizados a los que previamente entregan los teléfonos adquiridos directamente de sus fabricantes. El distribuidor vende el terminal facturando su precio con minoración del descuento que previamente le ha comunicado y autorizado la compañía de telefonía móvil, procediendo esta, a continuación, al abono del mismo a dicho distribuidor. **2550**
El régimen de repercusiones y deducciones es el siguiente:
La venta sin IVA de un terminal a un distribuidor efectuada por la sociedad de telefonía móvil se produce a un precio de 60 €. Cuando el distribuidor lo entrega a su cliente, le cobra, sin IVA, 80 €. En ese momento recibe de la sociedad de telefonía móvil 20 € correspondientes al descuento. El adquirente es un empresario o profesional con total derecho a la deducción del IVA.
a) Operador de telefonía:
- IVA devengado por la venta del terminal: 12,60 € (21% × 60).
- IVA devengado por abono al distribuidor del descuento de 20 € (importe que incluye el IVA): 3,47 € [20 - (20/1,21)].
- Total IVA ingresado: 9,13 € (12,60 - 3,47).
b) Distribuidor:
- IVA devengado por la venta del terminal: 21 € [21% × (80 + 20)].
- Total IVA ingresado: 8,40 € [21,00 - 12,60 (IVA soportado en la compra del terminal, el descuento ofrecido por el operador no tiene efecto alguno sobre las deducciones del distribuidor)].
c) Destinatario que tiene la condición de empresario o profesional con total derecho a la deducción:
- IVA soportado por la compra según factura: 21 €.
- IVA deducible: 17,53 € [21 - (20 - 20/1,21 cuota del descuento que el operador abona al distribuidor)].
El IVA ingresado en la Hacienda Pública asciende a 17,53 € (9,13 del operador más 8,40 del distribuidor), importe que coincide exactamente con el IVA deducido efectivamente por el adquirente final del terminal.

Con el fin de **simplificar los cálculos**, puede realizarse una operación más sencilla que permita al destinatario de los terminales determinar el impuesto deducible por su adquisición. En particular, dicho impuesto deducible puede calcularse dividiendo primero el precio efectivamente pagado (101 €) entre 1,21 y, a continuación, multiplicar el resultado obtenido por 0,21. En el ejemplo propuesto, dicho cálculo es: 17,53 € [(101/1,21) × 0,21]
Este ejemplo se basa en la DGT CV 30-10-08.

2551 Doctrina Administrativa Además de la siguiente contestación de la DGT, ver nº 11000 s.
Una entidad está llevando a cabo una **promoción inmobiliaria** en un solar. Por una modificación del plan urbanístico, se exige a la entidad la **entrega gratuita al ayuntamiento** de un local comercial y dos plazas de garaje.
La deducción de las cuotas soportadas por la construcción de los bienes objeto de entrega es posible. La entrega que se va a realizar constituye una operación sujeta y no exenta, es decir, es una operación con derecho a la deducción. No obstante, la cuota devengada por el **autoconsumo** que se produce no es deducible, ya que las cuotas del autoconsumo son, para la entidad que entrega gratuitamente los terrenos, cuotas repercutidas y no soportadas (DGT 14-7-04).

2552 Jurisprudencia **1)** Para que sea posible deducir cuotas de IVA, este ha debido ser **efectivamente soportado**, es decir, ha debido producirse un previo acto de repercusión por parte del sujeto pasivo que realizó la operación. Fuera de los supuestos en que el sujeto pasivo es el destinatario de la operación, en los que el TEAC ha señalado que debe efectuarse una regularización completa que atienda tanto al devengo como a la deducción, si no ha existido acto de repercusión correspondiente al IVA devengado por parte del sujeto pasivo que realiza dicha operación, el IVA no ha sido soportado por el destinatario y, en consecuencia, no puede deducirse (TEAC 20-2-25).
2) Cuando en un **contrato de leasing** haya impagados que se clasifican como de dudoso cobro, no puede compensarse el IVA devengado y no cobrado, con el IVA devengado por otras operaciones. Hay que acudir, en su caso, a los procedimientos de modificación de la base imponible previstos (TS 6-11-06, EDJ 311753).
3) Una sociedad rumana construyó un inmueble afecto a su actividad, por el que soportó IVA. Durante la construcción, la empresa constructora emitió las primeras facturas aplicando el régimen de autoliquidación (**inversión del sujeto pasivo**). Sin embargo, la factura final de la obra se emitió con IVA, sin aplicar el régimen indicado, siendo pagada por la empresa que la incluyó en su declaración, obteniendo la devolución de dicho impuesto. La empresa constructora se declaró en quiebra sin ingresar el IVA pagado. Con posterioridad, la Administración tributaria denegó la deducción al no haberse respetado el régimen de autoliquidación, reclamando al contribuyente la cantidad devuelta más recargos e intereses de demora.
En el caso de una operación acogida al régimen especial de autoliquidación, tanto la Directiva IVA como el principio de neutralidad fiscal no se opone a que se prive de la deducción al IVA, incluso aunque no sea posible la corrección del error por la quiebra del prestador (TJUE 6-2-14, asunto C-424/12).
El criterio se ha matizado al establecer que si el reembolso por parte del vendedor al adquirente, del **IVA indebidamente facturado**, resulta imposible o excesivamente difícil, en particular en caso de insolvencia del vendedor, el adquirente debe poder solicitar la devolución directamente a la autoridad tributaria (TJUE 26-4-17, asunto C-564/15). Asimismo, el Derecho de la UE no se opone a una normativa nacional que no permite a un sujeto pasivo obtener la devolución del IVA soportado por una operación que, a razíz de una inspección fiscal, fue calificada por la Administración como operación no sujeta al IVA, pero si resulta imposible o excesivamente difícil para ese sujeto pasivo obtener del vendedor la devolución del IVA indebidamente pagado, dicho sujeto pasivo puede dirigir su solicitud de devolución directamente a la Administración tributaria (TJUE 13-3-25, asunto C-640/23).
No cabe la deducción del **IVA repercutido por error** en un supuesto en el que era de aplicación el mecanismo de inversión del sujeto pasivo, pero la legislación nacional debe arbitrar un procedimiento que permita al empresario indebidamente repercutido obtener la devolución de dicho IVA (TJUE 11-4-19, asunto C-691/17).
4) No puede denegarse al potencial comprador de los bienes el derecho a deducir el IVA correspondiente a un **pago anticipado a cuenta** si dicho pago ha sido efectuado y cobrado y si, en el momento de efectuarlo, podía considerarse que el adquirente conocía todos los elementos relevantes de la futura entrega y que la entrega de dichos bienes resultaba cierta. No obstante, cabe denegar el derecho a deducir el IVA al referido adquirente si a la luz de elementos objetivos queda acreditado que, cuando efectuó el pago anticipado a cuenta, sabía o no podía razonablemente ignorar que la realización de esa entrega era incierta (TJUE 31-5-18, asuntos acumulados C-660/16 y C-661/16).

2553 **Cuotas soportadas por repercusión directa** (LIVA art.92.uno) Solo procede la deducción de las cuotas del IVA cuando estas han sido soportadas por repercusión directa por el sujeto pasivo que pretende su deducción.
No cabe la deducción de las cuotas del IVA por **persona distinta del repercutido**, autorrepercutido (supuestos de inversión del sujeto pasivo, de adquisiciones intracomunitarias de bienes o de autoconsumos internos de bienes) o del sujeto pasivo del IVA (supuestos de importación u operaciones asimiladas a las importaciones).

No obstante, a través de la doctrina administrativa y la jurisprudencia se han establecido **especialidades** para determinados casos como el de sucesión universal (nº 2558 y nº 2563), transformación de sociedades (nº 2559), y las comunidades de propietarios que no realizan actividad económica (nº 2868).

Precisiones En relación con los **requisitos formales** de la deducción, ver el nº 2865 s.

Ejemplos 1) La empresa M ha concertado un contrato con una **empresa norteamericana** en virtud del cual esta le enviará, procedentes de Estados Unidos, distintas partidas de material que M utiliza en su actividad. 2554

El contrato se concierta el 6-4-N y la empresa española deduce 4.200 € en concepto de IVA correspondiente a la operación citada en la **autoliquidación** del segundo trimestre de N. La **importación** del material no tiene lugar hasta el 1-9-N, momento en que se liquida el IVA por dicha importación y se emite por la Aduana el documento en el que consta dicha liquidación. La base imponible del IVA de los materiales importados asciende a 20.000 €.

La actuación de M no resulta ajustada a derecho ya que solo puede deducir las cuotas del IVA correspondientes a las importaciones de bienes por ella efectuadas, una vez que dichas cuotas se hayan devengado y una vez que M se encuentre en posesión del documento en el que conste la liquidación del IVA a la importación, lo que no ocurre en este caso hasta el 1-9-N. Es en la autoliquidación del tercer trimestre de N en la que M puede deducir el IVA a la importación.

2) La empresa de muebles MR revende una partida de **mobiliario** de oficina a la promotora inmobiliaria P por 100.000 €. Esta encarga a MR que, antes de enviarle los muebles, los remita a un tapicero para que efectúe diversas **reformas** en los mismos. El tapicero efectúa los trabajos directamente para P y emite la factura a nombre de esta empresa, por 10.000 € más IVA; no obstante, el pago se efectúa por MR, que luego exigirá la cantidad pagada a P. Finalmente, MR envía el mobiliario ya tapizado a P con la siguiente factura (tipo impositivo: 21%): 2555

MUEBLES MR, S.A.
CIF: A-78640845
C/ Infanta Mercedes, 120
28020-MADRID

Serie A
Número 132
Madrid, 6 de febrero del año N

Cliente: Promotora Inmobiliaria P, S.A.
CIF: A-40436879
C/ Sor Ángela de la Cruz, 25
28020-MADRID

Entrega de mobiliario de oficina

Base imponible	100.000,00 €
IVA (21%)	21.000,00 €
Suplido (10.000 × 1,21)	12.100,00 €
TOTAL FACTURA	133.100,00 €

Asimismo, MR envía a P la factura expedida por el tapicero, que es la siguiente:

D. TAPICERO
NIF: 95464752V
C/ Emilio Ferrari, 19
28017-MADRID

Serie A
Número 45
Madrid, 2 de febrero del año N

Cliente: Promotora Inmobiliaria P, S.A.
CIF: A-40436879
C/ Sor Ángela de la Cruz, 25
28020-MADRID

Tapizado de mobiliario de oficina:

Base imponible	10.000,00 €
IVA (21%)	2.100,00 €
TOTAL FACTURA	12.100,00 €

En este caso, tenemos las siguientes operaciones: 2556

1º. La entrega de los muebles de oficina por MR a P.

2º. Los servicios de tapicería que presta el tapicero a P, y cuyo pago efectúa, en primera instancia, y por cuenta de P, la empresa MR. En este caso nos hallamos ante un ejemplo típico de suplido, cuyas consecuencias en materia de base imponible se recogen en el nº 1828.

En cuanto a las deducciones, hay que señalar que, aunque el pago material de los servicios prestados por el tapicero y del IVA que grava los mismos, se efectúa por MR, esta empresa no puede deducir ese IVA (2.100 €) ya que no es ella la que lo ha soportado, en sentido técnico. Ese IVA solo puede deducirse por P, que es la destinataria de los servicios prestados y que como tal figura en la factura.

MR solo puede recuperar esos 2.100 € exigiéndolos a P, ya que constituyen un crédito de derecho privado de aquella empresa frente a esta. Aunque P se negara al pago de esos 2.100 €, MR no podría en ningún caso recuperarlos por vía de deducción, ya que dichas cuotas no han sido soportadas por ella por repercusión directa.

2557 **3)** La entidad J efectúa dos tipos de **operaciones**:
- actividad aseguradora;
- arrendamiento de locales de negocio.

J aplica el régimen de deducción en sectores diferenciados de la actividad (nº 2810 s.). En el año N-1 adquirió un ordenador por 2.000 €, que afectó exclusivamente a la actividad aseguradora, deduciendo el 10% del IVA soportado, conforme a la prorrata definitiva de aquel año. En el año N, la entidad J afecta el ordenador a la actividad de arrendamiento de locales siendo su valor de mercado en dicho momento de 1.000 €.

La afectación del ordenador desde la actividad aseguradora a la de arrendamiento de locales de negocio constituye un autoconsumo interno de bienes (nº 235), cuya base imponible son 1.000 €. Por tanto, en la autoliquidación del período en que J efectúa el autoconsumo debe consignar el resultado de las siguientes operaciones: 1.000 € × 21% = 210 € (cuota devengada por el autoconsumo interno efectuado). Dichas cuotas devengadas son, al mismo tiempo, cuotas soportadas y deducibles para J, de manera que, si la prorrata aplicable en el sector de arrendamiento de locales de negocio es del 100%, puede deducir esos 210 €, por lo que en la autoliquidación del período no habrá cantidad alguna a ingresar o a deducir resultante del autoconsumo.

No obstante, J debe emitir factura por el autoconsumo (operación asimilada a entrega de bienes) efectuado, en la que debe constar como base imponible 1.000 € y como cuota repercutida 210 €.

4) A, empleado de la empresa X, dedicada a actividades de carpintería, ha adquirido material que va a ser utilizado por dicha empresa. La **factura** correspondiente a la adquisición del material se expide **a nombre del empleado** A, y no de la empresa.

En este caso, nos hallamos ante cuotas soportadas por repercusión directa por A, y no por X. Como A no tiene la condición de empresario, no puede proceder a la deducción de dichas cuotas. Tampoco puede deducirlas X, pues no se trata de cuotas soportadas por repercusión directa por dicha entidad.

2558 **Doctrina Administrativa** Además de las siguientes contestaciones de la DGT, ver nº 11000 s.

1) Si una **comunidad de propietarios** realiza actividades empresariales, es la propia comunidad la que puede deducir las cuotas soportadas relacionadas con su actividad empresarial (DGT 20-3-00).

2) La **adquisición proindiviso de un inmueble** por varias personas, profesionales del asesoramiento, que lo destinan al desarrollo de su actividad de manera independiente, aunque determina la constitución de una comunidad de bienes, no tiene la consideración de sujeto pasivo del IVA ya que no existe una asunción conjunta del riesgo y ventura derivados de la citada explotación.

El sujeto pasivo es cada socio o comunero individualmente como consecuencia del desarrollo de su actividad profesional, pudiendo deducir el impuesto soportado (DGT CV 14-9-07).

3) Cuando quien pretende ejercitar la compensación es la entidad que ha **sucedido a título universal** en los derechos y obligaciones al sujeto pasivo que originó el saldo a compensar, cabe admitir dicha compensación como una más de las consecuencias derivadas de la citada sucesión universal (DGT 15-1-99).

También cabe admitir la compensación en un supuesto de delegación de competencias en un **nuevo consorcio**, formado por entes públicos, que asumirá la condición y funciones del anterior consorcio, así como su patrimonio, derechos y obligaciones a título universal (DGT CV 31-1-05).

4) Las cuotas repercutidas por los servicios de visado de proyectos prestados por los **colegios de arquitectos** solo pueden ser deducidas por los destinatarios de estos servicios.

En la medida en que sean los colegiados los obligados al pago de los derechos de **visado de proyectos**, en las facturas en que se documenten dichos servicios debe consignarse como destinatario al colegiado, con independencia de quién haya efectuado el pago, sin perjuicio, en su caso, de hacer una mención a dicha circunstancia en la propia factura.

Si el profesional colegiado actuase frente a su colegio en **nombre de la empresa** con la cual tiene una dependencia laboral, a dicha mención debe añadirse la relativa a la empresa, a efectos de acreditar correctamente el derecho a la deducción de las cuotas soportadas (DGT 12-5-04).

2559 **5)** Los sujetos pasivos que hayan soportado las cuotas del impuesto pueden deducirlas, aunque hayan modificado su denominación, su número de identificación fiscal o el objeto de su actividad, siempre que se mantenga su personalidad jurídica.

En particular, en la **transformación de sociedades**, las sociedades anónimas que se hayan transformado en sociedades de responsabilidad limitada sin cambiar su personalidad jurídica, pueden seguir deduciendo bajo la nueva forma social las cuotas soportadas con anterioridad a su transformación (DGT 10-7-91).

6) Una entidad desarrolla su **actividad en un local ajeno**, propiedad de una persona física socio de la misma, que figura como contratante en el contrato de suministro de electricidad del local y cuya identificación aparece en las facturas al efecto. El coste del suministro es sufragado por la entidad.

Las cuotas del IVA devengadas por el suministro eléctrico en el local únicamente pueden ser deducidas por la persona que ha soportado la repercusión, que es el socio propietario del local y titular del contrato de suministro (DGT 11-1-99). En términos similares, DGT CV 13-4-11; CV 14-11-12.

7) No cabe que un sujeto pasivo se deduzca las cuotas soportadas por otra entidad, sino que es **2560**
la entidad que soportó las **cuotas por repercusión directa**, aunque se haya extinguido, la que puede practicar la deducción y, en su momento, solicitar la devolución de las cuotas no deducidas (DGT CV 5-7-06).

8) Los empresarios o profesionales que pertenezcan a una **comunidad de propietarios** (comunidad de vecinos) no pueden, en principio, deducir las cuotas del IVA que hubiesen sido soportadas por la comunidad, porque dichas cuotas han sido repercutidas directamente a la comunidad, es decir, los comuneros no soportan ninguna cuota por repercusión directa.

No obstante, si en las **facturas** que documentan las operaciones cuya destinataria sea la comunidad de propietarios se consigna, en forma distinta y separada, la porción de base imponible y **cuota repercutida** a cada uno de los propietarios, estos sí pueden deducir el impuesto que les ha sido repercutido, siempre que se trate de empresarios o profesionales. Alternativamente, según criterio del **TJUE**, los miembros de una comunidad de propietarios que por sí misma no tiene la condición de empresario o profesional, que sí tengan dicha condición, pueden deducir las cuotas soportadas por las adquisiciones de bienes y servicios efectuadas a través de la citada comunidad, para lo cual deben estar en posesión de un **duplicado de la factura** expedida a nombre de aquella, aunque en la misma no consten los porcentajes de base imponible y cuota tributaria que les corresponda en función de su participación en la comunidad (DGT CV 5-9-16). Adicionalmente, y a estos solos efectos, también es válido que los comuneros estén en posesión de una **copia de la factura** original emitida a nombre de la comunidad y que dicha copia sea certificada o diligenciada por el administrador de la comunidad de propietarios (DGT CV 12-5-16).

Esta alternativa, **excepcional**, únicamente se considera ajustada a derecho en la medida en que la comunidad que aparece como destinataria en la factura no tiene la condición de empresario o profesional (DGT CV 16-6-06). En el mismo sentido, DGT CV 21-12-07; CV 11-12-13. Ver TJUE 21-4-05, asunto C-25/03 en el nº 2616.1. La DGT, para el caso de las **comunidades de regantes**, ha negado la posibilidad de que sus miembros deduzcan el IVA facturado a la comunidad al tener estas la consideración de empresario, aunque sus operaciones estén no sujetas -nº 370 s.- (DGT CV 23-5-11; CV 16-2-24).

9) Una compañía aérea, no establecida pero sí identificada en España, realiza servicios de **trans-** **2561**
porte aéreo de pasajeros desde aeropuertos situados en el territorio de aplicación del impuesto. Esta compañía también realiza ventas a bordo. La citada compañía satisface la Tasa de Seguridad Aeroportuaria como sujeto pasivo sustituto del contribuyente (el pasajero destinatario del servicio); la misma no puede deducir el importe de la cuota del impuesto que satisfizo al ente público, sujeto pasivo de la tasa a efectos del IVA, ya que no se trata de una cuota que haya soportado por repercusión directa (DGT CV 27-4-07).

10) Un **ayuntamiento** firma un convenio con los propietarios de las parcelas situadas en las unidades de ejecución A y B consistente en que el ayuntamiento satisface los **costes de urbanización** de la unidad de ejecución A y obtiene dos parcelas en la unidad de ejecución B. El ayuntamiento no puede deducir en sus liquidaciones las cuotas del IVA no soportadas directamente por él, sino que le hubiesen sido repercutidas a los propietarios por la urbanización de la Unidad de Ejecución A, con independencia de que el importe de la contraprestación y el de las referidas cuotas se haya satisfecho por un tercero, en este caso, el propio ayuntamiento (DGT CV 6-11-07).

11) Como resultado de un juicio en que se **condena en costas** a la otra parte, el abogado y el pro- **2562**
curador de la parte ganadora giran sus minutas a la parte perdedora incluyendo la cuota del IVA. Al no ser la destinataria de los servicios profesionales, no tiene derecho a recuperar las cuotas devengadas por la prestación de los mismos ni a obtener factura a su nombre (DGT CV 14-2-14).

12) En una **escisión de una rama de actividad** no se produce una sucesión universal en el sentido de que se extinga la figura de un transmitente que pudiera ejercitar el derecho a la compensación o devolución, sino que se transmiten parte de los elementos de una empresa que se califican como unidad económica autónoma. La entidad beneficiaria de la rama de actividad se subroga en la posición de la entidad transmitente respecto al derecho a la compensación o devolución de saldos afectos a la rama de actividad objeto de escisión que no hubieran sido ejercitados por la transmitente (DGT CV 20-1-15).

Es la propia **entidad escindida** la que ha de proceder al ingreso y deducción de los correspondientes saldos de IVA devengado y soportado, determinando estas magnitudes en función de sus propios parámetros (DGT 29-10-03; CV 27-1-06; CV 23-1-14).

2563 Jurisprudencia **1)** No es conforme al Derecho comunitario una normativa que permita a determinados empresarios la deducción del IVA que grava ciertas **entregas de carburante** efectuadas para sus **empleados** puesto que las cuotas no son soportadas por los empresarios por repercusión directa. En este caso, las cuotas son soportadas por repercusión directa por los empleados (TJUE 10-3-05, asunto C-33/03).

2) El IVA soportado por un **empleado** de una empresa por gastos que le han sido facturados a él no puede ser deducido por la empresa, aunque esta resarza al empleado por los gastos (TJUE 8-11-01, asunto C-338/98).

3) La **sociedad adquirente** del patrimonio de una sociedad escindida tiene derecho a la deducción de las cuotas soportadas por la escindida, aunque esta no hubiera presentado el correspondiente modelo resumen anual (TEAC 19-1-05).

4) Un empresario individual aporta su negocio a la constitución de una sociedad, incluido el saldo de la cuenta «Hacienda Pública, Deudor por IVA». No puede prohibirse la sucesión de un crédito fiscal en caso de **transmisión en bloque** de un patrimonio empresarial a otro que continúa en el ejercicio de una misma actividad (TSJ Granada 12-5-97, EDJ 500048).

5) En el supuesto de **sucesión en la titularidad de la empresa**, con adquisición de la totalidad del patrimonio empresarial, se transmite también el derecho a deducir el IVA. Si la sucesión en la titularidad supone sucesión en las deudas y responsabilidades, también ha de implicar la sucesión en la titularidad de los créditos fiscales (TEAF Bizkaia 10-6-03).

No obstante, en sentido contrario, se ha señalado que no cabe esta **transmisión del crédito fiscal** en los supuestos en que a un socio se le paga su cuota de liquidación con parte del crédito que ostenta la entidad liquidada frente a la Hacienda Pública como consecuencia del IVA soportado y no deducido de años anteriores. No puede hacerse extensible la interpretación que en los supuestos de fusión y absorción permite deducir cuotas a la entidad que continúa la actividad, al faltar el requisito de sucesión global de los bienes, derechos y obligaciones de la otra entidad (TEAC 22-10-99).

2564 **6)** Una **cooperativa** a la que deben aportar los taxistas su vehículo no puede deducir las cuotas soportadas por aquellos en la adquisición de dicho vehículo (TSJ Cataluña 5-5-00, EDJ 117137).

7) En el caso de **adquisiciones de gasolina** efectuadas por el arrendatario de un vehículo, es este el adquirente y no la sociedad arrendadora quien puede deducir el IVA correspondiente a dichas entregas. Esto es así, aunque jurídicamente las adquisiciones se habían efectuado por el arrendatario en nombre y por cuenta de la entidad arrendadora (TJUE 6-2-03, asunto C-185/01).

8) En la adquisición de un edificio destinado a la rehabilitación por una **comunidad de bienes**, la repercusión debe efectuarse a esta, y no cabe la deducción de dicha cuota por parte de uno de los comuneros (TEAC 23-2-00).

En caso de adquisición **proindiviso** por una comunidad de bienes, el derecho a deducir corresponde a dicha comunidad y no a cada uno de los comuneros (TS 14-10-11, EDJ 249350).

9) No son deducibles las cuotas correspondientes a facturas por operaciones en las que el destinatario era otro empresario o profesional, y derivaban de compromisos asumidos por el obligado tributario (**deudas asumidas como pago**) derivados de un contrato de compraventa de derechos y obligaciones urbanísticos (TEAC 26-1-10).

10) El IVA soportado por los **gastos de inversión** relacionados con la actividad económica de una sociedad, por los **socios** de esta antes de su constitución, pueden ser deducidos, tanto por la sociedad como por los socios, aunque la factura correspondiente a tales gastos se haya expedido a nombre de los socios (TJUE 1-3-12, asunto C-280/10).

11) El IVA repercutido por **servicios de abogacía**, cuyo objeto es evitar que se impongan sanciones penales a personas físicas gerentes de una empresa en el marco de un procedimiento dirigido solo contra los gerentes y no contra la empresa, no puede deducirse por esta (TJUE 21-2-13, asunto C-104/12). En el mismo sentido, una entidad mercantil no puede deducirse el IVA repercutido por unos servicios de **asesoramiento** para la búsqueda de un socio financiero prestados a un grupo de socios de una entidad mercantil que trataba de adquirir la mayoría de su capital social (TS 20-12-13, EDJ 256937).

12) El IVA soportado por **servicios de seguridad** para la protección de inmuebles en los que tienen su vivienda determinados miembros del Consejo de Administración de una entidad mercantil, dado que no tienen la consideración de gastos generales de dicha entidad que pretende la deducción, ya que para ello sería necesaria la inclusión de su coste en el precio de los servicios prestados por ella, no puede deducirse por la citada entidad (TEAC 21-10-20). En el mismo sentido, el IVA soportado por una entidad **holding mixta** que se deduce el IVA soportado por servicios relacionados con la adquisición de participaciones en entidades filiales (TEAC 21-2-23).

13) Las comisiones de los **agentes de futbolistas** corren por cuenta de estos, no de los clubes, como así resulta de la normativa sustantiva del sector. Si el club se hace cargo de las mismas, debe entenderse que es mayor retribución del futbolista y, por tanto, el IVA soportado por el club no es deducible. No cabe la devolución de ingresos indebidos porque no se trata de cuotas indebidamente ingresadas, sino mal deducidas, al haberse practicado la deducción por parte de quien no cabía considerar como destinatario real de la prestación (TEAC 21-11-19).

14) Los principios de proporcionalidad y de neutralidad fiscal deben interpretarse en el sentido de que no obligan a conceder a un sujeto pasivo, cuando **no** disponga de **facturas a su nombre**, el derecho a deducir el IVA soportado por parte de una asociación carente de personalidad jurídica, aunque el sujeto pasivo sea deudor del impuesto en relación con dicha actividad, si no existen pruebas objetivas de que los bienes y servicios controvertidos en el litigio principal le han sido efectivamente suministrados con anterioridad por sujetos pasivos para la realización de sus propias operaciones sujetas al IVA (TJUE 16-2-23, asunto C-519/21).

Cuotas soportadas por determinadas operaciones (LIVA art.92.uno) Las cuotas del IVA que se pretenden deducir deben corresponder a ciertas operaciones: **2565**
a) **Entregas de bienes o prestaciones de servicios** efectuadas por un sujeto pasivo del IVA para la persona que pretenda deducir las cuotas.
b) **Importaciones** de bienes u operaciones asimiladas a las importaciones (nº 5600 s.).
c) **Autoconsumos** de bienes por las siguientes causas -autoconsumos internos- (nº 235 s.):
- cambio de afectación de bienes corporales de un sector a otro diferenciado de su actividad empresarial o profesional;
- afectación o cambio de afectación de bienes para su utilización como bienes de inversión.
d) Operaciones respecto de las cuales resultó de aplicación el mecanismo de **inversión del sujeto pasivo** (nº 1335 s.).
e) **Adquisiciones intracomunitarias** de bienes propiamente dichas y las operaciones **asimiladas** a las adquisiciones intracomunitarias (nº 5250 s.). No obstante, ver el criterio del TJUE 22-4-10, asunto C-536/08 en el nº 2571, según el cual no cabe la deducción del IVA soportado por ciertas adquisiciones intracomunitarias de bienes.

Precisiones **1)** En los supuestos de fraude (en particular, del denominado **fraude carrusel**), la Administración tributaria de algún Estado miembro había llegado a la conclusión de que no cabía el derecho a la deducción del IVA soportado por ninguno de los operadores intervinientes en la cadena comercial en que dicho fraude había tenido lugar. Sin embargo, el **TJUE** considera que las transacciones realizadas han de considerarse auténticas entregas de bienes y prestaciones de servicios a efectos del IVA, cuando concurren los requisitos objetivos que identifican tales operaciones a efectos del tributo. La **intención fraudulenta** de uno de los operadores no determina que las transacciones dejen de ser entregas de bienes o prestaciones de servicios a efectos del IVA. Por tanto, el derecho a la deducción del operador de buena fe no se ve afectado por el fraude cometido (ver el nº 2532). **2566**
2) Igualmente, en supuestos de **abuso de derecho**, en los que a través de operaciones puramente artificiales, esencialmente encaminadas a obtener una ventaja fiscal, se fabrica un derecho a la deducción que en circunstancias normales no habría surgido, la Administración de algún Estado miembro había entendido que no había derecho a deducción porque tales operaciones artificiales no constituían entregas de bienes ni prestaciones de servicios a efectos del IVA. El **TJUE**, sin embargo, ha rechazado dicha postura al considerar que la intención de las partes no afecta a la consideración de las transacciones como auténticas entregas de bienes o prestaciones de servicios a efectos del impuesto. Ahora bien, en estos casos, el derecho a la deducción es finalmente negado por el TJUE por el propio carácter abusivo de la deducción (ver el nº 2614).

Ejemplos **1)** La empresa H, dedicada a la venta de maquinaria, envía diez **máquinas defectuosas** a Portugal, para que sean reparadas por el Sr. P, empresario dedicado a este tipo de reparaciones. P efectúa la operación el 6-6-N por 1.000 €, enviando a continuación las máquinas a la sede de H, sita en Badajoz. **2567**
El servicio prestado por el empresario portugués está sujeto al IVA español (nº 496) y el sujeto pasivo de dicho tributo es H, por inversión. Aunque H no está obligado a emitir una autofactura, sí tiene obligación de autorrepercutirse el IVA correspondiente al servicio que se le ha prestado.
H se autorrepercutirá IVA por el siguiente importe: 1.000 × 21% = 210 €.
Pues bien, esa cuota del IVA puede deducirla H en la misma autoliquidación del período en que efectúe la repercusión de acuerdo con la prorrata que le sea aplicable.
2) El Sr. FL, **empresario inmobiliario**, ha construido un edificio de viviendas de cinco plantas, vendiendo los pisos ubicados en las cuatro plantas inferiores. En cuanto a los dos pisos ubicados en la última planta, FL los regala a sus hijos. El coste de dichos pisos fue de 200.000 €, cada uno. FL tributa por el autoconsumo de bienes efectuado, emitiendo la factura correspondiente y repercutiendo el impuesto.
El IVA repercutido por FL sobre los destinatarios de los pisos objeto del autoconsumo no puede ser deducido por él (ya que para él no se trata de cuotas del IVA soportadas, sino devengadas).

Doctrina Administrativa Además de las siguientes contestaciones de la DGT, ver nº 11000 s. **2569**
1) Una empresa ejerce la actividad de **compra-venta de ganado**, tributando en el régimen general del impuesto. Compra el ganado en España a empresarios acogidos al régimen especial de la agricultura, y lo vende a empresarios de otros países de la Comunidad Europea, enviándolo allí a tal fin. La empresa puede deducir el importe de las cuotas del IVA soportado y el importe de las compensaciones satisfechas a los ganaderos que aplican el régimen especial de la agricultura, con ocasión de las adquisiciones que efectúa en España (DGT 25-3-99).

2) Un ayuntamiento que gestiona el **servicio municipal de aparcamientos** a través de una sociedad mercantil de capital íntegramente municipal va a proceder, a través de dicha sociedad, a construir un aparcamiento nuevo, realizando asimismo obras de urbanización de una zona verde en la superficie del mismo. La **zona verde** que corresponde con la superficie del aparcamiento a construir no puede entenderse afecta al desarrollo de una actividad empresarial o profesional, por lo que las cuotas correspondientes a las obras de urbanización de la misma no son deducibles (DGT 14-10-02).
3) La posibilidad de ejercitar el derecho a la deducción de las cuotas soportadas con ocasión de la **adquisición de los terrenos** no debe verse afectada por un acto administrativo posterior a dicha adquisición que revoque un permiso de parcelación o altere la calificación de tales terrenos (DGT 23-12-02).

2570 **4)** Si la **aportación de activos** efectuada por un ayuntamiento es una operación sujeta, puede deducir las cuotas soportadas por la adquisición de bienes y servicios utilizados en su realización (DGT 19-2-02).
5) Entre las cuotas del IVA que los empresarios o profesionales tienen el derecho a deducir no figuran las derivadas de operaciones de **autoconsumo externo**, toda vez que en estos casos quien viene obligado a soportar la repercusión del impuesto es el destinatario de tales operaciones y no la entidad que efectúa la operación gravada (DGT CV 27-3-09; CV 7-7-16).
6) Al tener la consideración de consumidor final, la cuota soportada por el pago de una parte del **servicio de cantina** ofrecido a sus trabajadores no es deducible por la empresa (DGT 29-12-23).

2571 Jurisprudencia **1)** La incorporación de los propietarios de apartamentos a una **comunidad de propietarios arrendadores** constituye una mera forma de gestión común del arrendamiento de apartamentos, cediéndose, en exclusiva, el derecho arrendaticio. Así, se trata de una prestación de servicios sujeta y no exenta que genera el derecho a deducir el IVA soportado (TSJ Navarra 23-2-01, EDJ 33393).
2) En una **adquisición «a non domino»** de un solar no son deducibles las cuotas de IVA soportado, puesto que no se ha podido transmitir ni la propiedad del inmueble ni las facultades de puesta a disposición del mismo (TEAC 28-4-09).
3) No hay derecho a deducir el IVA soportado correspondiente a una **adquisición intracomunitaria** localizada en el Estado miembro de identificación del adquirente y no en el Estado miembro de llegada de los bienes (TJUE 22-4-10, asuntos acumulados C-536/08 y C-539/08). Si las adquisiciones intracomunitarias se gravan en el Estado miembro que ha atribuido el NIF-IVA, esto es, que sea de aplicación la regla antifraude, el sujeto pasivo no tiene derecho a deducir las cuotas soportadas. Si los bienes adquiridos no se introducen en dicho Estado miembro, no se destinan a las necesidades de las operaciones gravadas (TEAC 25-1-21).
4) El IVA soportado por una prestación de servicios consistente en la cesión de una parte en la cotitularidad de una invención es deducible salvo cuando existe **abuso de derecho** (TJUE 27-10-11, asunto C-504/10).
5) No se puede deducir el IVA consignado en una factura cuando esta documenta **operaciones inexistentes** de entrega de bienes o prestaciones de servicios (TS 10-3-11, EDJ 25948). En términos similares TS 21-6-12, EDJ 133261 (nº 2544). No es necesario para denegar la deducción que la Administración acredite el conocimiento, por parte del sujeto pasivo que dedujo el tributo, de la existencia de un fraude fiscal relacionado con las transacciones (TEAC 18-9-19).
6) Para denegar al sujeto pasivo destinatario de una factura el derecho a deducir el IVA de la misma, basta con la **acreditación** por la Administración de que las operaciones a las que corresponde dicha factura **no han sido realizadas** efectivamente (TJUE 27-6-18, asuntos acumulados C-459/17 y C-460/17; TJUE auto 2-5-25, asunto C-501/24).

2573 **Pago de las cuotas soportadas** No es requisito imprescindible para proceder a la deducción el que las cuotas del IVA soportado se hayan pagado efectivamente.

Precisiones **1)** Respecto a las **importaciones**, ver la doctrina administrativa del nº 2916.
2) En relación con las operaciones realizadas aplicando el **régimen especial del criterio de caja**, ver el nº 5025 s.

2574 Ejemplos **1)** La empresa española H adquiere una partida de ordenadores a una empresa holandesa. H efectúa un pago anticipado de 100.000 € el 5-3-N. Los ordenadores se reciben el 15-4-N, abonando la empresa española el resto de su precio (200.000 €) el 1-8-N.
El pago anticipado de 100.000 € no determina el devengo del IVA correspondiente a la adquisición intracomunitaria de bienes. Dicho devengo se produce cuando los ordenadores se ponen a disposición de la entidad española H, esto es, en abril. Por tanto, es en la autoliquidación del segundo trimestre de N en la que dicha empresa autorrepercutirá y deducirá el IVA de dicha adquisición, con independencia de que los pagos se hayan efectuado en el primer y tercer trimestre de N.
2) La sociedad anónima AM vende a un distribuidor valenciano una partida de productos alimenticios gravados al 10% por 50.000 €. La mercancía y la factura correspondientes se reciben el 1-3-N por el distribuidor. Este paga únicamente en dicha fecha 5.000 €.

El IVA correspondiente a la entrega se devenga el 1-3-N. Por tanto, en su declaración-liquidación del primer trimestre AM ingresa el IVA correspondiente: 50.000 € × 10% = 5.000 € y el distribuidor puede deducir esos 5.000 €, aunque no los haya pagado, ya que las cuotas se han soportado (se han devengado y el distribuidor tiene la factura).

Jurisprudencia Un Estado miembro no puede rechazar la devolución de las cuotas del IVA soportadas por un sujeto pasivo y deducibles por este por la simple razón de que el sujeto pasivo **no ha pagado a su proveedor** tales cuotas ni el precio de la operación correspondiente (TJUE 28-7-11, asunto C-274/10). En el mismo sentido, en relación con la deducción del IVA a la **importación** (TJUE 29-3-12, asunto C-414/10). 2575

Importe deducible (LIVA art.94.tres y 97.tres) En ningún caso puede practicarse la deducción por **importe superior** al que procede con arreglo a derecho, aunque la repercusión se haya efectuado erróneamente por tal importe superior (por ejemplo, cuando en una operación exenta, por error se repercute el impuesto). En estos casos, lo procedente es la rectificación de la repercusión, pudiendo deducirse la cuota resultante de tal rectificación, siempre que proceda de acuerdo con la Ley. 2577

Tampoco es posible deducir por un importe superior al que figura en el **documento justificativo** del derecho a deducir, de forma que, si la cuota del IVA que figura en tal documento es inferior a la que procede con arreglo a derecho, hay que proceder a la rectificación de dicho documento (nº 3055 s.).

Ejemplos **1)** La sociedad anónima Z vende 100.000 litros de **agua mineral** a otro distribuidor, por 30.000 €, repercutiendo el IVA al tipo impositivo del 21% (6.300 €). El distribuidor no está de acuerdo con la repercusión, ya que considera que el **tipo impositivo** aplicado es **erróneo**, procediendo el 10%, pero dado que tiene derecho a la deducción de todo el IVA soportado, paga los 6.300 € a Z y luego se los deduce en su autoliquidación del IVA, por entender que de esta forma no causa perjuicio alguno a la Hacienda Pública. 2578

La actuación del distribuidor no es ajustada a derecho. En efecto, el tipo impositivo aplicable es del 10% y, dado que en ningún caso pueden deducirse las cuotas en cuantía superior a la que legalmente corresponda, no puede deducir 6.300 €, sino solo: 30.000 € × 10% = 3.000 €.

Es así aunque el distribuidor tenga derecho a la deducción del 100% de las cuotas soportadas, y Z hubiera ingresado 6.300 € por la operación en concepto de IVA. Lo que debe hacer es pedir a Z la rectificación de la factura y que repercuta el impuesto al tipo correcto.

2) La cooperativa CE, dedicada a la venta de productos agrícolas de los cooperativistas, ha procedido al **alquiler de un tractor** a una sociedad dedicada a esta actividad, por 1.000 € más IVA, durante un año. En la factura expedida por dicha sociedad se repercute el IVA al tipo impositivo del 10%.

La cooperativa advierte a la sociedad que el **tipo impositivo** aplicado es **erróneo**, siendo el correcto el 21%, por lo que, sin rectificar la factura expedida, abona a la misma 1.210 €, procediendo a continuación a deducir los 210 € pagados en concepto de IVA en la autoliquidación trimestral correspondiente a este impuesto.

Efectivamente, el tipo impositivo aplicable al arrendamiento del tractor es del 21%, pero la actuación de la cooperativa no es conforme a derecho, porque en ningún caso puede deducir una cantidad superior a la que figura en factura como cuota repercutida.

La cooperativa debe pedir a la sociedad que rectifique la factura, repercutiendo al tipo del 21%, que es el correcto, y entonces sí podrá deducir los 210 € de IVA.

Doctrina Administrativa Además de las siguientes contestaciones de la DGT, ver nº 11000 s. 2581

1) Un **importador** de una mercancía presentó la declaración de importación, liquidándola al **tipo general**. Una vez que la liquidación, ya ingresada, adquirió firmeza, observa que el tipo aplicable es el 4%. No resulta conforme a derecho que el importador deduzca una cuota superior a la que corresponde de aplicar el tipo correcto (DGT CV 5-7-06).

2) Si la factura incluye una cuota repercutida del impuesto inferior a la que correspondería legalmente, la entidad puede deducir esa cuota que efectivamente se le ha repercutido, pero no el importe superior que hubiera correspondido de haberse realizado correctamente la repercusión. Si posteriormente se emite un **documento rectificativo** corrigiendo la repercusión incorrectamente practicada, la sociedad puede rectificar sus deducciones para incluir el importe de las cuotas soportadas que no pudo deducirse con anterioridad (DGT CV 6-9-11; CV 23-5-22).

3) Las **cuotas repercutidas extemporáneamente** que sean soportadas voluntariamente por su destinatario pueden ser objeto de deducción (DGT CV 29-2-12).

Jurisprudencia **1)** Las cuotas de IVA que no se han devengado conforme a derecho no son deducibles, aunque hayan sido repercutidas en factura y pagadas al proveedor. Lo que procede es la **rectificación de la repercusión** incorrecta efectuada por el proveedor (TJUE 13-12-89, asunto 342/87). 2582

2) Son deducibles las cuotas soportadas que fueron repercutidas por el proveedor una vez **transcurrido el plazo** de un año para efectuar la repercusión, si el destinatario acepta la repercusión, por aplicación del principio de neutralidad (TS 18-3-09, EDJ 38211; 5-12-11, EDJ 292694).

3) En una cadena de dos entregas sucesivas que implican un **único transporte intracomunitario**, cuando la segunda es una entrega intracomunitaria, el principio de confianza legítima debe interpretarse en el sentido de que el comprador final, que ejerció indebidamente el derecho a deducir el IVA soportado, no puede deducir como el pagado al proveedor únicamente sobre la base de facturas expedidas por el operador intermedio que llevó a cabo una calificación errónea de su entrega como entrega interior (TJUE 21-2-18, asunto C-628/16).

2585 Intención de destinar los bienes y servicios adquiridos a la actividad

(LIVA art.93.cuatro) Sin perjuicio de determinadas exclusiones y limitaciones concretas (nº 2640 s.), el derecho a la deducción se aplica a las cuotas del IVA soportadas o satisfechas por las adquisiciones de bienes y servicios efectuadas con la intención de destinarlos a las necesidades de la actividad empresarial o profesional.

No obstante, existen **reglas especiales** aplicables exclusivamente a los bienes de inversión (nº 3016 s.).

Aunque sujetos a reglas de deducción comunes, los bienes y los servicios poseen su propia definición:

a) **Bienes** que no se consideran de inversión. En general, se trata de todos aquellos que en la contabilidad deben figurar entre las **existencias y producción en curso** (activo corriente o circulante) y que están destinados a la venta en el mismo estado en que se adquirieron o al término de un proceso productivo, o durante su transcurso.

En particular, a efectos del IVA, **no** se consideran **bienes de inversión** (LIVA art.108.dos):

- los accesorios y piezas de recambio de los bienes de inversión utilizados por el sujeto pasivo;
- las ejecuciones de obra para la reparación de otros bienes de inversión;
- los envases y embalajes, aunque puedan reutilizarse;
- el vestuario de trabajo;
- cualquier otro bien cuyo valor de adquisición sea inferior a 3.005,06 € (por ejemplo, material de oficina, utillaje...).

Aunque dentro de estos últimos se encuentran con seguridad multitud de bienes duraderos, se excluyen del concepto de bienes de inversión para simplificar la práctica de las regularizaciones.

b) **Servicios**. Son todos los que una empresa puede recibir para cubrir las necesidades de explotación. La definición de prestación de servicios se realiza con carácter residual: toda operación sujeta al impuesto que no tenga la consideración de entrega, adquisición intracomunitaria o importación de bienes. La materia se expone en el nº 180 s.

2586 Precisiones 1) A los efectos del IVA se consideran **bienes de inversión** los bienes corporales, muebles, semovientes o inmuebles que por su naturaleza y función están normalmente destinados a ser utilizados, como instrumentos de trabajo o medios de explotación, por un período de tiempo superior al año.

2) Se considera **envase** todo producto fabricado con materiales de cualquier naturaleza y que se utilice para contener, proteger, manipular, distribuir y presentar mercancías, desde materias primas hasta artículos acabados, en cualquier fase de la cadena de fabricación, distribución y consumo. Se incluyen en este concepto todos los artículos desechables utilizados con este mismo fin. Dentro de este concepto se incluyen los envases de venta o primarios, los envases colectivos o secundarios y los envases de transporte o terciarios.

Además, se consideran envases los artículos que se ajustan a la definición mencionada anteriormente, sin perjuicio de **otras funciones** que el envase también pueda desempeñar, salvo que el artículo forme parte integrante de un producto y sea necesario para contener, sustentar o preservar dicho producto durante toda su vida útil, y todos sus elementos estén destinados a ser usados, consumidos o eliminados conjuntamente.

Por último, también se consideran envases los artículos diseñados y destinados a ser **llenados en el punto de venta** y los artículos desechables vendidos llenos o diseñados y destinados al llenado en el punto de venta, a condición de que desempeñen la función de envase.

Los elementos del envase y **elementos auxiliares** integrados en él se consideran parte del envase al que van unidos; los elementos auxiliares directamente colgados del producto o atados a él y que desempeñen la función de envase se consideran envases, salvo que formen parte integrante del producto y todos sus elementos estén destinados a ser consumidos o eliminados conjuntamente.

Son **ejemplos ilustrativos** de la interpretación de la definición de envase, los artículos que figuran en el RD 1055/2022 Anexo I (RD 1055/2022 art.2).

2587 Ejemplo Determinar si los siguientes bienes tienen o no la consideración de bien de inversión a efectos de IVA:

a) Cuadro valorado en 30.000 € que es adquirido por un **galerista** que lo destina a su reventa inmediata.

No es bien de inversión porque no está destinado a ser utilizado como instrumento de trabajo o medio de explotación por tiempo superior a un año.

b) Cuadro adquirido por una empresa como **decoración** de sus oficinas **en** su sede central.

Tampoco es bien de inversión, aunque se utilice por plazo superior a un año, porque no es instrumento de trabajo ni medio de explotación.

c) Piso usado adquirido por una empresa dedicada a la **compraventa de viviendas** usadas. No es bien de inversión porque no está destinado a ser utilizado como instrumento de trabajo o medio de explotación.
d) El mismo piso adquirido por una empresa dedicada al **alquiler de pisos**.
Sí es bien de inversión porque está destinado a ser utilizado por un período de tiempo superior a un año como instrumento de trabajo o medio de explotación.

e) Ordenador adquirido por 3.600 € por una empresa dedicada a la compraventa de ordenadores. **2588**
No es un bien de inversión porque se destina a la venta.
f) El mismo ordenador adquirido por la misma empresa, que lo destina inicialmente a la venta, pero que luego lo **afecta a su actividad** para llevar la contabilidad.
En este caso, se produce un autoconsumo interno de bienes, siempre que la empresa no aplique la prorrata del 100%, recibiendo el ordenador el tratamiento que corresponde a los bienes de inversión.
g) Ordenador adquirido por 2.700 € por una empresa que lo utiliza para **clasificar a sus clientes** y organizar las nóminas de sus trabajadores.
No es bien de inversión por ser su importe inferior a 3.005,06 €.
h) Maquinaria adquirida por una empresa por 180.000 € y **pieza de recambio** adquirida para reparar la misma por 4.000 €.
La maquinaria es bien de inversión, pero la pieza de recambio no, por exclusión expresa de la norma.
i) Caballo adquirido por una sociedad dedicada a la **actividad agrícola** y que se utiliza en las labores propias de esta. Precio de adquisición: 3.500 €.
El caballo sí es bien de inversión (la norma menciona expresamente como bienes de inversión los semovientes).

Doctrina Administrativa Además de las siguientes contestaciones de la DGT, ver nº 11000 s. **2592**
1) Una sociedad fabricante de **automóviles** destina alguno de ellos, durante un período máximo de seis meses, a atender las necesidades de la sociedad y las privadas de ciertos empleados. Transcurrido dicho plazo, los vehículos son puestos a la venta, siendo frecuente que el tiempo que tarda esta en realizarse sea superior a otros seis meses.
Los mencionados vehículos no tienen la consideración de bienes de inversión, por destinarse como instrumento de trabajo o medio de explotación por período inferior a un año. Lo anterior no puede quedar desvirtuado porque el período total de permanencia del bien en el patrimonio de la empresa sea superior a un año (DGT 25-5-98; 8-2-99).
2) No son bienes de inversión las cepas para la plantación de una viña cuyo **valor de adquisición unitario** es inferior a 3.005,06 € (DGT 18-5-99). En estos casos, solo si el bien se afecta de forma directa y exclusiva a la actividad, la cuota es deducible (DGT CV 20-2-20).
3) Aunque la normativa no indica expresamente el tratamiento que debe darse a las cuotas soportadas por la adquisición de bienes y/o servicios destinados a la **mejora de bienes de inversión** (mayor capacidad productiva o alargamiento de su vida útil estimada), se considera aplicable la regulación relativa a las cuotas de los bienes de inversión, a condición de que el valor de adquisición de tales bienes y/o servicios sea superior a 3.005,06 €. Sin embargo, dicha regulación no es aplicable a las cuotas soportadas con ocasión de la adquisición de bienes y/o servicios destinados a la **reparación o conservación** (vuelta a las condiciones de funcionamiento con su capacidad productiva normal), cualquiera que sea el valor de adquisición (DGT 3-4-01; CV 10-12-20; CV 6-5-21).

4) Las **obras de acondicionamiento** realizadas en un local comercial arrendado mediante precio se consideran inversión en inmovilizado material cuando no sean separables del activo arrendado, pudiendo tener la consideración de bien de inversión (DGT CV 11-10-11). **2593**
5) Debe entenderse como **valor de adquisición de un bien** el precio satisfecho por el adquirente que, por tanto, excluye el IVA que recaiga sobre la correspondiente operación (DGT 14-4-00). Los gastos necesarios para la puesta en funcionamiento de una máquina (montaje y puesta a punto) pueden formar parte del valor de adquisición del inmovilizado y, por tanto, incrementan el valor de la máquina (DGT CV 4-1-19). En el mismo sentido, en el caso de la instalación de **sistemas de alarma** (DGT CV 8-9-11); o de una **instalación contra incendios** en un inmueble (DGT CV 3-7-14).
6) En la **adquisición de una embarcación** para su afectación como bien de inversión a una actividad empresarial, la cuota soportada solo puede ser objeto de deducción en la medida en que vaya a utilizarse previsiblemente en el desarrollo de la actividad. El **grado de utilización** de la embarcación en la actividad económica es una cuestión de hecho y debe ser probado por el sujeto pasivo por cualquier medio de prueba admitido en derecho. No obstante, la cuota deducida debe ser regularizada cuando varíe el grado de utilización del bien aplicado inicialmente (DGT CV 26-9-07; CV 19-11-25). Si la embarcación no se adquiere con la intención de destinarla al desarrollo de una actividad empresarial, el IVA soportado no puede ser objeto de deducción, ni siquiera si, posteriormente, se afecta a la actividad. En este último supuesto, desde la afectación, las cuotas soportadas por la adquisición de bienes o servicios directamente relacionados con la embarcación son deducibles (DGT CV 10-7-17; CV 14-10-24).

2594 **7)** Dado que la adquisición de la **nave industrial** se realizó sin la intención de destinarla al desarrollo de una actividad empresarial o profesional, el impuesto soportado en dicha adquisición no resulta deducible, incluso en el supuesto de que tenga lugar su **afectación posterior** (DGT CV 23-2-09). En términos similares respecto a la adquisición de una **vivienda** (DGT CV 25-6-18).

8) Una persona física adquirió una finca sobre la que construyó un inmueble cuyas obras finalizaron en el año 2008. Una vez finalizadas las obras, se planteó la posibilidad de su **explotación turística**, lo que supuso la necesidad de realizar **nuevas obras** por las que soportó las correspondientes cuotas de IVA sin haber practicado deducción alguna. Posteriormente, la persona física arrendó el inmueble a una entidad mercantil, repercutiéndole las correspondientes cuotas por dicho arrendamiento. Considerando que el arrendamiento posterior está sujeto y no exento, son deducibles las cuotas soportadas por la realización de las obras de adecuación (DGT CV 6-11-13).

9) Las cuotas soportadas por una sociedad dedicada al arrendamiento de inmuebles por el coste de los **servicios de mantenimiento de un local vacío** son deducibles siempre que se pueda acreditar la intención de destinar dicho local al desarrollo de una actividad sujeta y no exenta, aunque a posteriori no sea posible dicha utilización por causas ajenas a la voluntad de la sociedad. Para valorar dicha **intencionalidad**, resultan plenamente válidos los criterios previstos sobre la deducción de cuotas soportadas antes del inicio de la entrega de bienes o prestaciones de servicios (nº 3067 s.) para determinar si la sociedad ha seguido destinando en todo momento los locales a la actividad empresarial, con independencia de la existencia de períodos en que estos no sean objeto de un contrato de arrendamiento (DGT CV 13-5-13; CV 12-6-18).

10) Son deducibles las cuotas soportadas siempre que pueda **acreditarse la intención**, confirmada por elementos objetivos, de que los bienes adquiridos iban a destinarse al desarrollo de una actividad sujeta y no exenta, aunque a posteriori no sea posible dicha afectación por circunstancias ajenas a la voluntad del sujeto pasivo (DGT CV 10-5-06; CV 9-2-12). No vale con su **afectación posterior** (DGT CV 21-12-07; CV 15-7-10; CV 5-6-25).

11) Las cuotas soportadas como consecuencia de la construcción de un nuevo **centro de investigación** no son deducibles si el mismo se va a afectar exclusivamente a la actividad de investigación efectuada **a título gratuito**, ni tan siquiera si el centro se afecta ulteriormente total o parcialmente a la realización de actividades empresariales (DGT CV 23-7-14).

2596 Jurisprudencia **1)** El término **bienes de inversión** que figura en la Directiva IVA (actualmente Dir 2006/112/CE) se refiere a los bienes que, utilizados para los fines de una actividad económica, se distinguen por su carácter duradero y su valor, que determinan que los costes de adquisición no sean, normalmente, contabilizados como gastos corrientes, sino amortizados en el curso de varios ejercicios.

Los Estados miembros gozan de un cierto margen de apreciación en lo que concierne a las exigencias que deben ser satisfechas en relación a la duración y al valor de los bienes, así como a las reglas de amortización aplicables, debiendo respetar la existencia de una diferencia esencial entre los bienes de inversión y los demás bienes utilizados en la gestión y en la actividad corriente de las empresas (TJUE 1-2-77, asunto 51/76).

2) Ciertas **obras de renovación de bienes inmuebles** pueden considerarse bienes de inversión a efectos de la deducción del IVA soportado y la aplicación de las regularizaciones correspondientes (TJUE 30-3-06, asunto C-184/04).

3) Para la consideración de un bien como de inversión **no se exige la utilización de forma efectiva** durante un plazo superior a un año como medio de explotación o instrumento de trabajo, pero sí que el bien vaya a ser normalmente destinado durante dicho plazo a la citada finalidad. Es el sujeto pasivo quien debe acreditarlo, con los medios de prueba admitidos en derecho (TEAC 23-7-08).

4) Difícilmente el bien **inmueble** adquirido puede encuadrarse en concepto de bien de inversión, pues falta en el mismo la condición de su **destino** como instrumento de trabajo o medio de explotación (TS 22-9-10, EDJ 201464).

5) Si en la adquisición del elemento no existía la intención de afectarlo a su actividad económica, una **afectación posterior** no convierte las cuotas soportadas en deducibles (TEAC 21-11-19).

3. Limitaciones del derecho a deducir

2600 La legislación interna española prevé un **requisito general**, que funciona como una limitación global del derecho a deducir, que exige la afectación de los bienes y servicios por los que se ha soportado el IVA a la actividad empresarial o profesional (nº 2605 s.). Además, establece una serie de limitaciones y exclusiones del derecho a deducir que funcionan con **carácter particular** respecto de determinadas categorías de bienes y servicios (nº 2640 s.).

a. Limitaciones generales

(LIVA art.95)

Con arreglo a la normativa interna, para que el impuesto que haya gravado los bienes y servicios adquiridos o importados por el sujeto pasivo pueda ser deducido, es imprescindible que tales bienes y servicios estén **directa y exclusivamente afectados** al ejercicio de su actividad empresarial o profesional. 2605

Se considera que **no cumplen la condición** anterior:

a) Los bienes que de forma habitual se destinen **alternativamente** a actividades empresariales o profesionales y a otras de naturaleza distinta.

b) Los bienes o servicios que se utilicen **simultáneamente** para actividades empresariales o profesionales y para necesidades privadas.

c) Los bienes o derechos que no figuren en la **contabilidad o registros oficiales** de la actividad del sujeto pasivo.

d) Los bienes y derechos **no integrados en el patrimonio** empresarial o profesional del sujeto pasivo. Esto ocurre cuando se excluyen del mismo en las declaraciones del Impuesto sobre el Patrimonio, salvo que se trate de los que integran el patrimonio empresarial exento de dicho impuesto (nº 2966 s. Memento Fiscal 2026).

e) Los bienes destinados a utilizarse para satisfacer **necesidades personales** o particulares del sujeto pasivo, de sus familiares o empleados, con las siguientes **excepciones:**

- los destinados al alojamiento gratuito en los locales de la empresa del personal encargado de su vigilancia y seguridad;
- los servicios económicos y socio-culturales del personal al servicio de la actividad.

Precisiones **1)** En relación con los **bienes de inversión**, ver el nº 2615 y el nº 3036.

2) El **TJUE** parece indicar que en el caso de bienes (y no ya bienes de inversión, sino también bienes corrientes) y servicios, utilizados tanto para una actividad empresarial o profesional como para otra que no tenga dicho carácter, procede la deducción del IVA soportado en la medida correspondiente a la utilización en la primera actividad (ver nº 2613).

Ejemplos **Nota**: Los siguientes ejemplos se resuelven teniendo en cuenta exclusivamente la normativa interna. No obstante, téngase en cuenta que el TJUE ha admitido la deducción en función de la utilización en la actividad empresarial o profesional (nº 2613 y nº 3036). 2607

1) Un **ayuntamiento** ha adquirido un ordenador por 2.000 € más IVA (420 €). Dicho ordenador lo utiliza tanto en la **actividad administrativa** general que realiza, como en diversas actividades de carácter **empresarial** que desarrolla (explotación de piscinas municipales a las que se accede pagando un precio, transportes públicos y residencias de la tercera edad a las que también se accede mediante precio).

El ayuntamiento no puede deducir el IVA soportado en ninguna medida ni proporción, ya que el ordenador se utiliza simultáneamente para actividades empresariales y no empresariales (ver, no obstante, nº 2522 precisión 6). A estos efectos, hay que tener en cuenta que el ordenador no puede ser calificado como bien de inversión a efectos del IVA, ya que su precio no alcanza los 3.005,06 €.

2) El Sr. AB, **violinista**, ha adquirido varias **partituras** de solfeo para su cónyuge, que ha empezado a estudiar en el conservatorio. AB se dedica exclusivamente a dar conciertos como violinista profesional y ha adquirido, además, las partituras de varias piezas que va a interpretar en sus próximos conciertos.

El IVA soportado por los métodos de solfeo no es deducible, ya que no se trata de bienes exclusivamente afectos a la actividad profesional de AB. En cambio, sí podría deducirse el IVA de las partituras, si se cumplen los demás requisitos que condicionan la deducibilidad.

3) El mismo supuesto que en el caso anterior, pero suponiendo que AB es **profesor** de violín en el conservatorio por oposición y da también conciertos de violín como **profesional** y que las partituras adquiridas se utilizan tanto en la actividad de enseñanza como en la de concertista.

En este caso no procede la deducción, ya que las partituras se utilizan tanto en una actividad profesional como en otra (la actividad docente que, como funcionario, desarrolla el Sr. AB) que no tiene dicho carácter, pues se trata de servicios prestados por AB en régimen de dependencia administrativa.

Doctrina Administrativa Además de las siguientes contestaciones de la DGT, ver nº 11000 s. 2608

Respecto a las consultas siguientes, hay que tener en cuenta lo indicado en el nº 2613 s. y nº 3036.

1) Son **deducibles** las cuotas soportadas por la adquisición de determinados bienes en la medida en que se utilicen para realizar operaciones sujetas y no exentas y se **afecten directa y exclusivamente** a la actividad empresarial o profesional:

- material para el **buceo y pesca submarina** adquirido por un empresario dedicado a la actividad pesquera. No obstante, si se utilizan simultáneamente para actividades empresariales o profesionales y para necesidades privadas, las cuotas no son deducibles (DGT CV 8-3-06);
- una **bicicleta** por un arquitecto para sus desplazamientos por trabajo (DGT CV 21-5-21);

- una **tablet** por un profesional (DGT CV 27-4-21);
- **mobiliario de oficina** por un profesional que ejerce su actividad en una parte de su vivienda habitual (DGT CV 6-5-21);
- un **inmueble en construcción** donde se van a ubicar las oficinas. La empresa tiene derecho a la deducción del impuesto correspondiente a los pagos parciales siempre que el inmueble en construcción esté afecto a la actividad empresarial o profesional (DGT CV 5-7-06);
- los **uniformes**, equipamiento y material de trabajo de los árbitros de ciclismo (DGT CV 14-2-17). Sin embargo, no son deducibles las cuotas soportadas por la adquisición de **prendas de vestir** en general, toda vez que dichos bienes no pueden considerarse afectos, directa y exclusivamente, a la actividad empresarial o profesional, siendo igualmente destinados a la satisfacción de una necesidad personal (DGT CV 28-7-14; CV 13-6-14; CV 29-9-23); ni tampoco las cuotas soportadas por la adquisición de medias de descanso por una peluquera (DGT CV 3-12-24).
- los servicios gratuitos como el **transporte al centro de trabajo** o comedor de empresa, utilizados por los empleados de la misma (DGT CV 20-5-09; CV 30-10-09; CV 26-3-10);
- los gastos inherentes al **cuidado de un perro** que un autónomo utiliza para desarrollar su actividad como especialista en intervenciones asistidas con perros, siempre que se pruebe la afectación en exclusiva del perro a la actividad desarrollada (DGT CV 14-2-20; CV 5-11-24).

2) No son deducibles las cuotas soportadas por una presentadora de espectáculos por una operación de **mamoplastia** a fin de que su imagen encaje mejor con el ejercicio de sus funciones, porque no puede considerarse afecta, directa y exclusivamente, a la actividad empresarial o profesional desarrollada (DGT CV 15-10-07).

2610 **3)** En las liquidaciones practicadas a los titulares de **depósitos aduaneros** públicos, cuando la aduana comprueba la **falta de mercancías**, se plantea un caso singular: la aduana liquida los derechos arancelarios y el IVA al depositario de las mercancías, no propietario de las mismas, estando obligado a ello por la responsabilidad que le viene impuesta en la normativa aduanera como persona autorizada para gestionar un depósito aduanero público. Los bienes que faltan del depósito aduanero no son bienes que estaban afectados directa y exclusivamente a la actividad empresarial del titular del depósito, sino que estarán, en su caso, afectados a la actividad empresarial del depositante. Cabe concluir que el depositario no tenía afectados los bienes a su actividad empresarial, por lo que no tiene derecho a la deducción del impuesto liquidado por la aduana (DGT CV 30-5-07).

4) Una **entidad de derecho público** dependiente de una Comunidad Autónoma, dedicada a la actividad de aducción, depuración y distribución de agua, ha suscrito convenios de gestión técnico comercial del servicio de distribución de agua con numerosos ayuntamientos. En estos convenios se establece que para llevar a cabo la gestión de dicho servicio la entidad efectúa unas obras de renovación y adecuación de las redes de los ayuntamientos como paso previo a la adscripción de dichas redes a la entidad mediante la suscripción del correspondiente convenio. Las cuotas soportadas por las obras son deducibles, pues las mismas se afectan al patrimonio empresarial de la entidad (DGT CV 15-4-08).

5) Un traductor para el desarrollo de su actividad profesional dedica una habitación de su **vivienda a despacho profesional**. Se plantea la deducibilidad de la parte proporcional del IVA soportado correspondiente a los gastos de luz, agua y gas derivados de la utilización del despacho profesional en la vivienda, en base a los metros cuadrados de ocupación.
Si el bien adquirido no se afecta directa y exclusivamente a la actividad empresarial o profesional, las cuotas soportadas no son deducibles salvo que se trate de **bienes de inversión**, en cuyo supuesto la afectación parcial permite la deducción parcial de las cuotas soportadas (nº 2615 s.).
Respecto a las adquisiciones de **bienes distintos de los de inversión**, así como las prestaciones de servicios, si no se afectan de forma directa y exclusiva a la actividad empresarial o profesional, no dan derecho a deducir las cuotas soportadas en su adquisición (DGT CV 22-2-10), salvo los gastos de **suministros** (luz, agua, gas, internet) en una vivienda afecta parcialmente a una actividad económica cuya deducción debe realizarse de forma proporcional a su utilización en dicha actividad económica (DGT CV 25-9-23; CV 2-10-23; CV 8-5-25). No son deducibles los gastos de teléfono móvil al no tratarse de un gasto de suministro de bienes inmuebles afectos parcialmente a su actividad, rigiéndose por la regla general de deducibilidad (DGT CV 25-9-23).
No son deducibles los servicios de un **club náutico** donde está amarrada una embarcación que se usa como vivienda y oficina para una actividad profesional (DGT CV 12-1-16). No son deducibles las cuotas de IVA soportadas por el servicio de intermediación prestado por una empresa inmobiliaria en la venta de la vivienda habitual afecta en un 30% a una actividad profesional (DGT CV 17-12-21).

2612 Jurisprudencia **1)** Debe acreditarse la realidad de las operaciones en relación con la **afectación de los bienes** a actividades empresariales que generen el derecho a deducir. La **carga de la prueba**, a la vista de los indicios aportados por el órgano gestor, corresponde al sujeto pasivo, que está situado en la posición jurídica ideal para demostrar aquello que afirma (TEAC 27-6-07; TSJ Sevilla 2-11-00, EDJ 116905). En relación con la afectación o incorporación de los bienes o servicios a la actividad empresarial, la normativa no ha establecido al efecto pruebas **tasadas o predeterminadas**, por lo que sirven todas las pruebas admitidas en derecho (TEAC 7-2-01).

2) Cuando una empresa realiza unas obras y las cede a un ayuntamiento, las cuotas soportadas no son deducibles pues el destino inmediato de las obras no es otro que su **cesión al ayuntamiento**, sin que previamente se hayan integrado en su patrimonio empresarial (TEAC 27-1-99).

3) Cuando un empresario realiza indistintamente actividades económicas, gravadas o exentas, y **2613**
actividades no económicas, la deducción del IVA soportado por los gastos incurridos con motivo de la emisión de acciones y participaciones instrumentales atípicas solo es admisible en la medida en que dichos gastos puedan imputarse a la actividad económica gravada. La determinación de los **métodos y criterios de reparto** de las cuotas soportadas del IVA entre actividades económicas y actividades no económicas está comprendida dentro de la facultad de apreciación de los Estados miembros, que, en el ejercicio de dicha facultad, deben tener en cuenta la finalidad y la estructura de la normativa comunitaria y, con ese objeto, han de establecer un método de cálculo que refleje objetivamente la parte de los gastos soportados que es realmente imputable a cada una de esas dos actividades (TJUE 13-3-08, asunto C-437/06).

4) Los Estados miembros deben establecer o aplicar **criterios de reparto de gastos** entre actividades sujetas y no sujetas, que reflejen objetivamente la parte de gastos soportados que realmente es imputable a unas y a otras. El objetivo que se persigue es garantizar el derecho a deducir cuotas soportadas en proporción a las operaciones que conllevan el derecho a deducir, no admitiendo el TJUE la pretensión del sujeto pasivo de deducirlas en su integridad, pues dichas cuotas están en parte vinculadas a operaciones no sujetas, respecto de las que no existe el derecho a deducir, ni tampoco la supresión por la autoridad fiscal del derecho a deducir en proporción alguna, pues dichas cuotas están en parte vinculadas a operaciones sujetas que generan el derecho a deducir salvo que estén exentas. Ambas posturas son contrarias al principio de neutralidad fiscal que debe presidir el sistema común del IVA (TEAC 9-2-10). Un gasto de un sujeto pasivo utilizado solamente en actividades no sujetas no genera ningún derecho a deducción de las cuotas de IVA soportadas, mientras que cuando el gasto se utilice tanto para actividades sujetas como no sujetas sí nace el derecho a deducir, pero en proporción a las operaciones que conllevan tal derecho -esa proporción no se corresponde con la regla de prorrata, que solamente es aplicable a las operaciones sujetas-TEAC 8-2-11.

El IVA soportado por bienes y servicios utilizados en **actividades empresariales y no empresariales** solo es deducible en la medida en que dichos bienes y servicios puedan imputarse a la actividad empresarial y esta esté gravada por el IVA. Este criterio es aplicable aunque la normativa nacional no haya previsto expresamente un criterio de reparto de dicho IVA soportado entre actividades empresariales y no empresariales (TJUE 8-5-19, asunto C-566/17).

La prestación de un servicio por parte de una entidad a una **corporación local**, de la que depende integramente, es una operación no sujeta al IVA que no genera el derecho a deducir el IVA soportado en la adquisición de los bienes y servicios necesarios para prestarlos. Se debe determinar, mediante un criterio razonable, el porcentaje deducible de las cuotas de IVA que el sujeto hubiese soportado en la adquisición de bienes y servicios calificados como gastos generales, en el marco de operaciones sujetas y no sujetas, cuando reviertan en un beneficio económico para la empresa por redundar en su actividad general (TS 17-12-24, EDJ 786573).

5) La Directiva IVA se opone a una normativa nacional por la que un empresario, que efectúa gastos **2614**
por los servicios de transporte, la vestimenta de trabajo, el equipamiento personal de protección y los viajes de trabajo de los trabajadores, no puede deducir el IVA relativo a dichos gastos por el hecho de que son **trabajadores cedidos por otra entidad**. Por otra parte, los Estados miembros no pueden introducir limitaciones o exclusiones del derecho a deducción en la fecha de su adhesión a la UE, salvo cuando las mismas tengan por efecto reducir el ámbito de aplicación de otras limitaciones o exclusiones aplicadas con anterioridad (TJUE 18-7-13, asunto C-124/12).

6) Una exclusión del derecho a deducir el IVA soportado por bienes y servicios utilizados esencialmente para necesidades privadas del sujeto pasivo, de su personal, o más generalmente para fines ajenos a su empresa no resulta aplicable cuando los bienes adquiridos han sido utilizados para una **actividad no empresarial** que es la propia o típica de la entidad que ha soportado el IVA (TJUE 15-9-16, asunto C-400/15).

7) Cabe la deducción de las cuotas de IVA soportadas por los **gastos de suministros** (agua, luz, gas) a bienes inmuebles que formando parte del patrimonio de la empresa, se utilicen tanto en las actividades empresariales como para uso privado. La deducción de dichas cuotas debe efectuarse de manera proporcional a su utilización a efectos de las actividades de la empresa (TEAC unif criterio 19-7-23).

8) La Directiva del IVA se opone al derecho del sujeto pasivo a deducir el IVA soportado cuando las operaciones en que se basa este derecho son constitutivas de una **práctica abusiva** o se realizan con la única finalidad de obtener una **ventaja fiscal**, aunque las mismas cumplan los criterios objetivos para ser consideradas entregas de bienes o prestaciones de servicios realizadas en el ámbito de una actividad económica (TJUE 21-2-06, asunto C-255/02; 21-2-06, asunto C-223/03). Ver criterio de la DGT CV 21-12-07 en el nº 2702, así como el nº 2532.

Criterio semejante sostiene el TEAC, según el cual no son deducibles las cuotas derivadas de un contrato de **constitución de un derecho de superficie** sobre una finca con la entidad propietaria del terreno, calificado por la Inspección como negocio indirecto, pero que es un negocio simulado en base a los elementos concurrentes (TEAC 16-3-05). En el mismo sentido, TEAC 26-1-10.

9) La mera existencia de una **cadena de operaciones** y el hecho de que se haya entregado la posesión de los bienes en las instalaciones del primer vendedor, en vez de haber sido recibidos efectivamente de quien se indica en la factura como proveedor de los bienes, no pueden por sí solos justificar la conclusión de que el sujeto pasivo no adquiriera dichos bienes y que, por lo tanto, la operación de adquisición entre ambas sociedades no tuvo lugar. En este sentido, para poder denegar el derecho a la deducción del IVA soportado es necesario que la Administración tributaria aporte pruebas sobre la existencia de una práctica abusiva (TJUE 10-7-19, asunto C-273/18).
10) Posibles **normas particulares** en el ámbito del derecho de deducción del IVA solo pueden basarse en la normativa comunitaria si el Estado miembro ha efectuado la consulta al Comité del IVA prevista (TJUE 11-9-03, asunto C-155/01).

2615 **Deducción por bienes de inversión** (LIVA art.95.tres y cuatro) No obstante lo indicado en el nº 2605 respecto a la necesidad de afectación directa y exclusiva, las cuotas soportadas por la adquisición de los bienes de inversión son deducibles en la medida en que se vayan a utilizar previsiblemente en el desarrollo de la actividad empresarial. Es decir, cabe una **deducción parcial** respecto de las mismas, de modo que, si un bien de inversión se utiliza simultáneamente en una actividad empresarial y en fines privados, las cuotas soportadas por su adquisición pueden deducirse en la proporción en que se utilice en los fines empresariales o profesionales. Esta regla se aplica en los supuestos de bienes usados de forma alternativa o simultánea en actividades empresariales o profesionales o para satisfacer necesidades personales o particulares del sujeto pasivo, sus familiares o empleados (las letras a, b y e del nº 2605). Sin embargo, se entiende que **no están afectos a la actividad** en ninguna proporción los bienes que no figuran en contabilidad y los no integrados en el patrimonio empresarial o profesional (supuestos de las letras c y d del nº 2605), por lo que las cuotas soportadas quedan excluidas del derecho a la deducción (no obstante, ver el TJUE 13-3-08, asunto C-437/06 en el nº 2613).
A efectos de la deducción parcial, se establecen **reglas especiales** para los vehículos (nº 2617 s.) y para los demás bienes de inversión (nº 2622).

Precisiones **1)** La normativa del IVA contempla la deducción por bienes de inversión no solo en el caso de adquisición de los mismos sino también a su **importación, arrendamiento o cesión de uso** por otro título, dando a todos los supuestos el mismo tratamiento a efectos del IVA.
2) La Directiva del IVA no se opone al establecimiento de un **plazo de caducidad** para que el empresario comunique la afectación de un bien al patrimonio de su empresa, transcurrido el cual la Administración podrá considerar que el bien se ha afectado al patrimonio privado del empresario y denegar la deducción del IVA soportado por la adquisición de dicho bien, siempre que el plazo sea conforme con el principio de proporcionalidad (TJUE 14-10-21, asuntos acumulados C-45/20 y C-46/20).
3) La **existencia de onerosidad** en la cesión de un vehículo está condicionada a que el empleado renuncie a una parte de su retribución en metálico y que se recoja en su contrato o documento anexo que dicha cesión constituye la contraprestación por dicha parte de su trabajo (TEAC 20-2-24).
4) Ver **criterios del TJUE** en el nº 3036 y nº 3052 s.

2616 Doctrina Administrativa **1)** Si la mitad de un **local**, adquirido en proindiviso por un **matrimonio en régimen de separación de bienes**, se dedica a la actividad empresarial de uno de los cónyuges, en tanto que la otra mitad indivisa no está afecta a actividad alguna, solo la mitad de la cuota repercutida por el vendedor del local puede ser objeto de deducción (DGT 23-2-01).
2) Una persona física que ejerce una actividad profesional se construye una casa que será destinada a **vivienda habitual**, reservando una parte para despacho profesional. Puede deducir en las autoliquidaciones que presente por el IVA las cuotas soportadas en la adquisición de la casa que se correspondan con la parte de superficie utilizada exclusivamente en su actividad empresarial o profesional (DGT 4-9-02). En el mismo sentido, respecto a la adquisición de un inmueble que va a ser utilizado en parte en la **actividad profesional** y en parte como vivienda familiar. La cuota deducida por la adquisición de dicho bien de inversión debe ser regularizada cuando varíe el grado de utilización aplicado inicialmente (DGT CV 10-1-07; CV 2-4-20). No obstante, ver nº 3036 y nº 3052 s.
3) Aunque una actividad de restaurante permanece **abierta al público** solo durante 7 meses al año, el alquiler del local se abona durante todo el año. Dado que se realiza el arrendamiento del inmueble con la intención de destinar el mismo a la actividad empresarial de la restauración, cabe la deducibilidad de las cuotas soportadas durante el **período de inactividad**, siempre que se cumplan los demás requisitos establecidos por la normativa (DGT CV 14-2-22).

2616.1 Jurisprudencia **1)** Un sujeto pasivo que opta por **afectar la totalidad de un edificio** a su empresa y que, posteriormente, hace uso de parte del mismo para sus **necesidades privadas** tiene, de un lado, el derecho a deducir el IVA soportado sobre la totalidad de los costes de construcción de dicho edificio y, de otro, la obligación de pagar el IVA sobre el importe de los gastos efectuados para la realización del mencionado uso (TJUE 8-5-03, asunto C-269/00; 18-7-13, asuntos acumulados C-210/11 y C-211/11). Criterio reiterado en TJUE 14-9-06, asunto C-72/05, sentencia que se refiere esencialmente a la base imponible en los casos de **autoconsumo** de servicios consistentes en la utilización privada de parte de un inmueble parcialmente utilizado para una actividad empresarial.

2) Cuando dos cónyuges que forman una **sociedad conyugal** adquieren un bien de inversión del que una parte es utilizada exclusivamente con fines profesionales por uno de los cónyuges copropietarios, este goza del derecho a deducir la totalidad del IVA soportado que grava la parte del bien que utiliza para las necesidades de su empresa, siempre que el importe deducido no supere los límites de la cuota de copropiedad que el sujeto pasivo posee sobre dicho bien (TJUE 21-4-05, asunto C-25/03). Mismo criterio, TEAC 10-2-09.
3) En relación con los criterios establecidos por el TJUE sobre la **afectación al patrimonio empresarial** de bienes de inversión, ver el TJUE 4-10-95 asunto C-291/92 en el nº 3052.
4) La adquisición de un bien de inversión por un sujeto pasivo actuando como tal y su inclusión en el patrimonio empresarial da derecho a deducir el IVA que grava la adquisición en el período impositivo en el que el impuesto se hace exigible, con independencia de que **no** haya sido **utilizado inmediatamente** con fines profesionales (TJUE 22-3-12, asunto C-153/11).

Vehículos (LIVA art.95.tres.2ª) Respecto a la deducción de las cuotas soportadas por la adquisición de vehículos automóviles, se presume una **afectación parcial** del 50% a la actividad empresarial a los vehículos automóviles de turismo y sus remolques, ciclomotores y motocicletas. 2617

Esta **presunción**, que puede destruirse mediante prueba en contrario, se aplica siempre que haya afectación efectiva del vehículo a la actividad, circunstancia esta última que debe probar el sujeto pasivo. En otro caso, no se deduce la cuota soportada en ninguna proporción.

Cuando se acredite que el **grado de utilización** de los bienes en el desarrollo de la actividad empresarial o profesional es diferente del que se ha aplicado inicialmente, la deducción correspondiente a los vehículos automóviles y sus remolques, ciclomotores y motocicletas debe **regularizarse** ajustándose al procedimiento establecido para la deducción y regularización de las cuotas soportadas por la adquisición de los bienes de inversión (nº 3016 s.).

El grado de utilización en el desarrollo de la actividad empresarial o profesional debe acreditarse por el sujeto pasivo por cualquier **medio de prueba** admitido en derecho. No es medio de prueba suficiente la autoliquidación presentada por el sujeto pasivo ni la contabilización o inclusión de los correspondientes bienes de inversión en los registros oficiales de la actividad empresarial o profesional.

Por otra parte, en las mismas condiciones, se admite una presunción de **afectación total**, esto es, del 100%, para los siguientes vehículos utilizados en las siguientes actividades:
- en la prestación de servicios de **transporte de viajeros** mediante contraprestación;
- en la prestación de servicios de **enseñanza** de conductores o pilotos mediante contraprestación;
- en los desplazamientos profesionales de los representantes o **agentes comerciales**;
- en servicios de **vigilancia**;
- los utilizados por sus fabricantes en la realización de **pruebas**, ensayos, demostraciones o en la promoción de ventas; y
- los vehículos mixtos utilizados en el **transporte de mercancías**.

Por el contrario, a estos efectos, **no se entienden afectos** en ninguna proporción a una actividad empresarial o profesional los vehículos automóviles de turismo y sus remolques, ciclomotores y motocicletas cuando:
- no se integren en el patrimonio empresarial o profesional del sujeto pasivo;
- no figuren en la contabilidad o registros oficiales de la actividad empresarial o profesional del sujeto pasivo.

Precisiones 1) A estos efectos, se consideran **automóviles de turismo**, remolques, ciclomotores y motocicletas los definidos como tales en la normativa sobre Tráfico, Circulación de Vehículos a Motor y Seguridad Vial (RDLeg 6/2015 anexo I), así como los definidos como vehículos mixtos en dicha normativa y, en todo caso, los denominados vehículos todo terreno o tipo jeep.
2) Ver también respecto a la deducción de estas cuotas Nota AEAT 28-7-23.

Doctrina Administrativa 1) La adquisición de un vehículo y su transmisión el mismo día a un concesionario implica que el mismo no fue adquirido con la intención de destinarlo a ser utilizado por un período de tiempo superior al año como medio de explotación, por lo que no tiene la **consideración de bien de inversión** a efectos de IVA. Por ello, se aplican los criterios generales de deducibilidad -nº 2605 s.-, no admitiéndose su afectación parcial (DGT CV 20-5-25). 2618
2) Entre los **representantes y agentes comerciales** hay que incluir a los representantes y agentes comerciales de comercio exterior, pero no a los demás intermediarios en estas operaciones (DGT 13-1-87); ni a los agentes libres de publicidad (DGT 6-5-87); ni a los agentes comerciales personas jurídicas (DGT 12-5-87); ni a los representantes técnicos del espectáculo (DGT 14-9-87); ni a los agentes de seguros (DGT 8-9-89). No obstante, debe tenerse en cuenta que el TS considera que también es aplicable para el caso de **empleados** (ver el TS 19-7-18, EDJ 529813 en el nº 2620).

3) Las cuotas soportadas por la adquisición y mantenimiento de un vehículo automóvil de turismo utilizado por un **agente comercial**, dado de alta en el epígrafe 511 de las Tarifas del IAE, cuando esté afecto a su actividad profesional, pueden ser objeto de deducción en un 100% (DGT 22-5-98; CV 22-7-20; CV 20-1-21). De tratarse de un profesional dado de alta en el epígrafe 799 de las Tarifas del IAE como otros profesionales relacionados con **actividades financieras, jurídicas y de seguros**, la deducción es en un 50% (DGT 22-5-98).

4) La **no colegiación** de los agentes o representantes comerciales no puede ser óbice a la procedencia de la presunción de afectación del 100%. Sí lo es que no lleven a cabo las labores propias de los agentes o representantes comerciales (DGT 15-9-03).

5) En relación con las cuotas del IVA soportadas por la adquisición de vehículos de turismo que tienen la consideración de bienes de inversión y que no pueden incluirse dentro de la **presunción de afectación** al 100%, hay que tener en cuenta los siguientes criterios (DGT 18-12-01; CV 17-4-07):

- el sujeto pasivo debe hallarse en condiciones de probar que el vehículo se utiliza en la actividad empresarial o profesional, pero no está obligado a probar ningún porcentaje de afectación concreto. Probada dicha utilización, opera la presunción de **afectación al 50%**, de manera que el sujeto pasivo puede deducir la mitad de las cuotas soportadas cuando esté en prorrata del 100%, o la parte que proceda de acuerdo con la regla de prorrata aplicable;
- si el sujeto pasivo prueba que la afectación es **superior al 50%**, puede deducir las cuotas soportadas en la parte que corresponde a la afectación probada y en la medida en que lo permita la regla de prorrata aplicable;
- igualmente, la **Administración** puede probar que el vehículo no se utiliza en la actividad empresarial en ninguna medida o que la afectación a tal actividad es inferior al 50%.

6) En cuanto a la **justificación de la intención** de destinar los bienes o servicios adquiridos al desarrollo de una actividad empresarial, requisito necesario para la deducibilidad, se trata de una cuestión de hecho que debe acreditarse por cualquier medio de prueba admitido en Derecho, por lo que debe tenerse en cuenta lo dispuesto en materia de prueba en la LGT (DGT CV 25-3-09).

7) La Administración tributaria no se pronuncia sobre los medios más idóneos para **acreditar la afectación real** de un vehículo. Es el interesado quien ha de presentar, en cada caso, los medios de prueba que, conforme a Derecho, sirvan para justificar la mayor afectación del vehículo a la actividad empresarial (DGT 18-11-98; 13-2-02; CV 29-11-05).

2619 **8)** En relación con la deducción de las cuotas soportadas por la adquisición de determinados **vehículos** hay que tener en cuenta:

- en cuanto a la presunción de **afectación** del 100% en el caso de vehículos mixtos utilizados en el transporte de mercancías, hay que tener en cuenta que por **transporte de mercancías** debe entenderse el transporte de bienes objeto de comercio (género vendible, cualquier cosa mueble que se hace objeto de trato o venta, cosas adquiridas por la empresa y destinadas a la venta sin transformación); y por **vehículos mixtos** únicamente los que tengan tal consideración de acuerdo con la legislación sobre Tráfico y Circulación de Vehículos. El **incumplimiento** de alguno de los citados requisitos determina que solo se presuma para los correspondientes vehículos de turismo la afectación en un 50% (DGT 16-1-02; 19-7-04);
- los vehículos de **transporte de mercancías** son los que, por su configuración objetiva, únicamente pueden utilizarse a tal fin, circunstancia que no concurre en los turismos denominados tipo ranchera, break o station wagon (DGT 21-10-88);
- la excepción relativa a los vehículos **para pruebas**, ensayos, etc., lo es en favor de los fabricantes, pero no se extiende a los adquiridos para los mismos fines por los concesionarios (DGT 15-6-87);
- cuando se afecte un vehículo todo-terreno a la actividad empresarial, las cuotas soportadas por su adquisición pueden ser objeto de deducción en un 50%. No obstante, cuando se acredite un **grado efectivo de utilización** del vehículo en el desarrollo de la actividad **diferente** del que se haya aplicado inicialmente, la deducción practicada debe regularizarse (DGT 8-1-99). En los mismos términos, cuando la adquisición del vehículo todo-terreno se efectúe mediante arrendamiento financiero (**leasing**) (DGT 10-12-98) o mediante **renting** (DGT 1-10-98). En el mismo sentido, respecto a un **vehículo mixto adaptable** adquirido por un empresario dedicado a la actividad de taller de reparación de automóviles (DGT 17-5-00); un profesional que cuenta con dos vehículos de turismo, uno para su actividad profesional y otro para utilización personal (DGT 28-9-99); un vehículo adquirido por una comunidad de bienes con actividad de estudio de arquitectura a utilizar de forma mixta por los comuneros (DGT 28-7-03); y un vehículo adquirido por un profesional autónomo (DGT 13-7-04), entre otras;
- se considera utilización empresarial la **cesión a los empleados, mediante contraprestación,** de vehículos para satisfacción de necesidades particulares de aquellos, por lo que sobre los mismos no opera la limitación al derecho a deducir (DGT 23-4-01);
- las empresas **vendedoras de vehículos usados** pueden deducir el impuesto soportado en su reparación, incluso si las entregas de los artículos reparados tributan en el régimen especial de bienes usados (DGT 7-9-87; 6-6-01; CV 6-8-14).

- la circunstancia de que un vehículo se encuentre **temporalmente inutilizado** no afecta a la consideración del citado bien de inversión como afecto directa y exclusivamente a la actividad empresarial o profesional (DGT CV 7-4-20);
- las **autocaravanas** son vehículos distintos de los turismos y vehículos mixtos por lo que, en su caso, las cuotas del IVA soportadas en su adquisición solo pueden deducirse por aplicación de lo señalado en nº 2622, en la medida en que dichos bienes vayan a utilizarse previsiblemente, de acuerdo con criterios fundados, en el desarrollo de la actividad empresarial o profesional (DGT CV 18-6-20; CV 15-10-20);
- en la adquisición, en el ejercicio de una actividad económica, de un vehículo de movilidad personal (VMP) (**patinete**), tratándose este de un bien de inversión a efectos del IVA, hay que diferenciar: si el vehículo tiene la consideración de ciclomotor o motocicleta, la deducción de la cuota soportada puede realizarse conforme a lo previsto en nº 2617 s. Si, por el contrario, el vehículo no tiene la consideración de ciclomotor o motocicleta, tratándose de un bien de inversión, se aplica lo señalado en nº 2622 (DGT CV 29-5-20);
- las cuotas soportadas por la adquisición de la **plaza de garaje** para estacionar el vehículo que se utiliza para el desarrollo de una actividad de **autotaxi** pueden ser objeto de deducción en la medida en que vaya a utilizarse previsiblemente, de acuerdo con criterios fundados, en el desarrollo de dicha actividad empresarial (DGT CV 18-2-22).
- en la adquisición de un **vehículo** que ha estado **afecto** a un patrimonio empresarial o profesional al 50%, el otro 50% se corresponde con la entrega de un activo no afecto. El adquirente que afecta el citado vehículo a una actividad que genera el derecho a la deducción, puede deducir el 50% de la cuota soportada del IVA que le fue repercutida por la entidad transmitente (DGT CV 25-9-24).

Jurisprudencia **1)** Esta regulación es compatible con la **normativa europea** y su jurisprudencia (TS 5-2-18, EDJ 15274; 20-6-18, EDJ 513412; 18-12-18, EDJ 661728). **2620**

2) La **carga de acreditar un grado de afectación distinto** al determinado por la presunción no solo se impone al contribuyente, que puede utilizar cualquier medio de prueba admitido en derecho, sino también a la Administración que debe probar esta situación, pues se encuentra legalmente obligada a regularizar la deducción derivada de la presunción si se acredita un porcentaje distinto (TS 5-2-18, EDJ 15274). La Administración debe probar que el grado efectivo de utilización en la actividad empresarial o profesional es inferior al 50%, no constituyendo prueba suficiente un criterio basado en las horas de trabajo según el convenio colectivo, si bien, puede ser considerado un indicio (TEAC 27-9-24; 26-11-24).

3) La presunción de deducibilidad del 100% de las cuotas soportadas en la adquisición de vehículos para **representantes o agentes comerciales** no se refiere exclusivamente a profesionales que desarrollan esa actividad, sino que también puede referirse a empleados de la propia empresa (TS 19-7-18, EDJ 529813).

4) La cesión de **vehículos a empleados** no se encuentra sujeta si este no realiza ningún pago, ni deja de percibir una parte de retribución como contraprestación, ni está vinculado a la renuncia de otras ventajas. La deducción del impuesto en función de la presunción de afectación del 50%, no desvirtúa la no sujeción (TS 29-1-24, EDJ 504749).

5) Debe aceptarse la deducción del 100% de las cuotas soportadas por el leasing de vehículos de turismo utilizados por los **visitadores médicos** de una sociedad (TEAC 13-9-06).

6) Corresponde a la empresa probar la afectación a las necesidades de esta en grado superior al 50% establecido legalmente, respecto del IVA repercutido en las cuotas de renting de automóviles destinados al uso de sus **empleados** (TEAC 19-4-06).

7) Para la deducción de las cuotas soportadas en la adquisición de un vehículo ha de acreditarse suficientemente la afectación del mismo a la actividad empresarial, de modo que debe **documentarse** cómo se realiza la actividad, en qué le afecta o no la existencia de vehículos y cómo se produce la utilización de dichos vehículos (TSJ Madrid 28-4-08, EDJ 78021).

8) La norma establece la deducibilidad de las cuotas soportadas en relación con la **adquisición de vehículos** del 50%, estableciendo una **presunción iuris tantum** que puede ser desvirtuada por el interesado acreditando que la afectación es exclusiva o superior al 50%, por cualquier medio de prueba admitido en derecho, no exigiéndose una prueba plena, sino resultando suficiente las pruebas indiciarias que permitan concluir en la mayor afectación (TEAC 8-6-10; 17-6-14). Corresponde al obligado tributario acreditar la afectación del vehículo a la actividad y, una vez probada, opera la presunción de afectación en un 50%, salvo que se trate de uno de los supuestos en los que opera la presunción de afectación al 100% -nº 2617- (TEAC 27-9-24; 18-10-24).

9) El Derecho comunitario se opone a una normativa nacional que autoriza a un empresario, cuyos vehículos automóviles se utilizan tanto para fines profesionales como para fines privados, a deducir íntegra e inmediatamente el IVA soportado, pero que establece posteriormente un **método de cálculo a tanto alzado** de la base imponible del autoconsumo de servicios correspondiente a la utilización privada de tales vehículos que no tiene en cuenta el alcance efectivo del uso privado (TJUE 16-2-12, asunto C-594/10).

Otros bienes de inversión (LIVA art.95.tres.1ª) En relación con los demás bienes de inversión, la cuota soportada por su adquisición puede deducirse en la medida en que dichos bienes vayan a utilizarse previsiblemente en el desarrollo de la actividad. La utilización previsible, basada en criterios fundados, determina el porcentaje de deducción aplicable en principio. **2622**

Precisiones Los comentarios sobre la **regularización, el grado de utilización y la no afectación** indicados en el nº 2617 s. en relación con los vehículos automóviles de turismo y sus remolques, ciclomotores y motocicletas, son aplicables también a los demás bienes de inversión.

Doctrina Administrativa Las cuotas de IVA soportado en la instalación de **placas solares** en la vivienda habitual del empresario, que se van a destinar en parte a la recarga del vehículo afecto a la actividad de autotaxi, únicamente son deducibles en la medida en que vayan a utilizarse, previsiblemente, de acuerdo con criterios fundados, en el desarrollo de la actividad. Si, por el contrario, no tienen la consideración de bien de inversión, al no afectarse directa y exclusivamente al desarrollo de la actividad, dichas cuotas no serían deducibles (DGT CV 22-5-25).

2624 **Bienes y servicios relacionados con bienes de inversión** (LIVA art.95.cuatro) Las reglas aplicables a los bienes de inversión (nº 2615 s.) también son de aplicación a los siguientes bienes y servicios, **directamente relacionados** con los bienes de inversión:
- accesorios y piezas de recambio para los mencionados bienes;
- combustibles, carburantes, lubrificantes y productos energéticos necesarios para su funcionamiento;
- servicios de aparcamiento y utilización de vías de peaje; y
- rehabilitación, renovación y reparación de los mismos.

Precisiones La normativa comunitaria establece una **regla particular** de deducción que los Estados miembros pueden aplicar para los bienes de inversión (Dir 2006/112/CE art.177):
- Previa consulta al Comité del IVA, cada Estado miembro puede, por razones coyunturales, excluir total o parcialmente del régimen de deducciones algunos o todos los bienes de inversión u otros bienes.
- Para mantener condiciones de competencia idénticas, los Estados miembros pueden, en vez de negar la deducción, gravar los bienes que el sujeto pasivo haya fabricado por sí mismo o haya comprado en la Comunidad, o haya importado, de manera que esta tributación no sobrepase la cuantía del IVA que gravaría la adquisición de bienes similares.
El TJUE ha indicado que esta regulación no puede ser utilizada por un Estado miembro para imponer una exclusión del derecho a deducir el IVA soportado por los vehículos automóviles de forma permanente y continuada a lo largo del tiempo (TJUE 14-9-06, asunto C-228/05).

2626 Ejemplos **1)** Doña C, **asesora fiscal,** alquila un **piso** de 200 metros cuadrados que utiliza tanto para su actividad profesional (50 metros cuadrados) como para vivienda familiar (150 metros cuadrados). La renta pagada son 1.000 € al mes.
Cabe la deducción de la cuarta parte (porción del piso destinada a la actividad profesional) del IVA soportado.
2) RH, **empresaria** de hostelería, adquiere un **edificio nuevo** de tres plantas a su promotor. La superior la va a utilizar como vivienda familiar y las dos de abajo para desarrollar su actividad empresarial. El precio pagado por el edificio son 1.500.000 €. RH adquiere, además, una opción de compra sobre un hotel, pagando por ella 100.000 € más IVA (21.000 €) que no refleja en su contabilidad.
En cuanto a la adquisición del edificio de tres plantas, RH debe pagar el IVA (suponemos que se trata de una primera entrega de edificación) y puede deducir el IVA correspondiente a la parte del edificio dedicada a la actividad empresarial. No obstante, ver nº 3036 y el nº 3052 s.
En cuanto a la opción de compra, se trata de un derecho adquirido por RH y que no se incluye en la contabilidad o registros oficiales de la actividad, razón por la que no procede la deducción del IVA soportado.
3) El Sr. Z, **agente** de publicidad, **compra dos pisos** directamente a su promotor (que no los ha utilizado con anterioridad) ubicados en las plantas tercera y quinta del mismo edificio. Uno de ellos lo utiliza como vivienda habitual y el otro exclusivamente para su actividad profesional. Los pisos se adquieren por un precio global de 300.000 €.
La operación consiste en la adquisición de dos bienes distintos (los pisos resultantes de la división del edificio en régimen de propiedad horizontal) por una contraprestación global. La base imponible de cada entrega se fija en proporción al valor de mercado de cada piso, pudiendo Z deducir el IVA correspondiente al piso exclusivamente afecto a la actividad desarrollada.

2627 **4)** La **sociedad anónima** X, dedicada a la fabricación y venta de **vehículos** turismo, afecta exclusivamente 25 de los vehículos fabricados en el año N a la actividad de promoción de ventas. El coste de cada vehículo para la sociedad asciende a 15.000 €.
No se trata de un supuesto de autoconsumo interno de bienes, ya que, aunque se afecta un bien fabricado por el sujeto pasivo para su utilización como bien de inversión, la sociedad anónima X habría podido deducir la totalidad del IVA soportado en el caso de haber adquirido los vehículos a terceros. Por tanto, la sociedad X puede deducir la totalidad del IVA soportado por la fabricación de los vehículos, al ser de aplicación la presunción del 100% de afectación.
5) El Sr. JA, **agente comercial**, adquiere un **vehículo** turismo que utiliza para el desarrollo de su actividad profesional. No obstante, los fines de semana utiliza el vehículo para desplazarse con su familia a una segunda vivienda en la playa.

El agente comercial debe hallarse en condiciones de probar que el vehículo se afecta a la actividad, para lo cual puede utilizar cualquier medio de prueba admitido en derecho. A partir de aquí, opera la presunción relativa al grado de afectación (100%), pudiendo deducir la totalidad del IVA soportado, correspondiendo a la Administración la carga de la prueba de una afectación inferior al 100%, si considera que la afectación real no se corresponde con la presunta.

Doctrina Administrativa Además de las siguientes contestaciones de la DGT, ver nº 11000 s. 2629

1) Las cuotas soportadas por los **gastos de suministros** (luz, agua, gas, internet) en una vivienda afecta parcialmente a una actividad económica pueden deducirse de forma proporcional a su utilización en dicha actividad económica (DGT CV 25-9-23; CV 16-4-24).

2) Resulta procedente deducir el 25% del IVA soportado por la **adquisición o arrendamiento** del inmueble, ya que solo ese porcentaje se afecta al patrimonio profesional. No pueden deducirse, sin embargo, las cuotas soportadas en las **obras de reforma** y acondicionamiento del inmueble que no tengan la condición de bienes de inversión y que se utilicen simultáneamente para actividades profesionales y para necesidades privadas -vivienda- (DGT CV 3-3-09; CV 22-7-19; CV 10-12-20).

Una nave se considera bien de inversión si es una construcción accesoria a una explotación agrícola y se encuentra totalmente afecta a la actividad, por lo que se pueden deducir las cuotas de IVA soportadas en la adquisición de bienes y servicios para la reparación de la misma (DGT CV 15-9-25).

3) La deducción de las cuotas soportadas por la **adquisición, mantenimiento, consumo** de combustibles, **reparaciones** y demás de un vehículo automóvil utilizado por una empresa, debe desvincularse del aplicable a la propia adquisición del vehículo. Por tanto, son deducibles siempre que su consumo se afecte al desarrollo de la actividad empresarial o profesional del sujeto pasivo y en la medida en que vaya a utilizarse previsiblemente en el desarrollo de dicha actividad, debiendo ser regularizada cuando varíe el grado de utilización aplicado inicialmente. En cualquier caso, el grado de utilización debe ser probado por el sujeto pasivo por cualquier medio de prueba admitido en derecho (DGT CV 10-12-12; CV 30-7-21; CV 13-11-25). En el mismo sentido, respecto de las cuotas soportadas en la adquisición de energía eléctrica para la recarga de un **vehículo eléctrico** utilizado en la actividad de autotaxi (DGT CV 8-11-21; CV 5-9-23).

Este criterio es aplicable incluso cuando el vehículo es **cedido de forma gratuita** por un familiar (DGT CV 26-7-17) y también cuando se trate de un **vehículo particular** que se ha afectado posteriormente a la actividad empresarial (DGT CV 14-3-24).

Jurisprudencia **1)** La cuestión de si, en un caso concreto, un sujeto pasivo ha adquirido bienes para sus **actividades económicas**, es una cuestión de hecho que debe apreciarse teniendo en cuenta todas las circunstancias del caso, entre las que se incluyen la naturaleza de los bienes de que se trate y el período transcurrido entre la adquisición de estos y su utilización para las actividades económicas del sujeto pasivo (TJUE 11-7-91, asunto C-97/90). 2632

2) Una normativa nacional con arreglo a la cual el derecho a deducir el IVA soportado que grava el conjunto de gastos relativos a los **vehículos** que no se utilizan exclusivamente con fines profesionales, se limita al 50% de dicho IVA soportado, no contraviene la normativa comunitaria, siempre que la limitación en cuestión haya sido autorizada por el Consejo de la UE (TJUE 29-4-04, asunto C-17/01).

3) Un empresario que utiliza **temporalmente** para sus **necesidades privadas** una parte de un bien de inversión afecto a su empresa, goza del derecho a deducir el IVA soportado por los gastos en que incurrió para realizar reformas duraderas en dicho bien, aunque estas se realizaran a los efectos de su utilización privada (TJUE 19-7-12, asunto C-334/10).

4) Cabe la deducción por el sujeto pasivo de las cuotas de IVA soportadas por los **gastos de suministros** (agua, luz, gas) a bienes inmuebles que, formando parte del patrimonio de la empresa, se utilicen tanto en las actividades empresariales como para uso privado. La deducción de dichas cuotas debe efectuarse de manera proporcional a su utilización a efectos de las actividades de la empresa (TEAC unif criterio 19-7-23).

b. Limitaciones específicas

(LIVA art.96)

La regulación de las limitaciones específicas -esto es, las que recaen sobre determinadas categorías de bienes o servicios- y exclusiones del derecho a deducir el IVA soportado **no está armonizada** en el ámbito de la UE. En efecto, la normativa comunitaria prevé que dicha materia se armonizará y que, hasta la entrada en vigor de dichas normas de armonización, los Estados miembros pueden mantener todas las exclusiones previstas por su legislación nacional el 1-1-1979 (Dir 2006/112/CE art.176). Esta previsión de armonización no se ha cumplido, por lo que la armonización en esta materia es todavía inexistente. Ver criterios del TJUE al respecto en el nº 2642 s. 2640

La normativa del IVA prevé exclusiones y restricciones del derecho a deducir, que afectan a ciertos bienes y servicios. El IVA soportado por tales bienes y servicios no es deducible y no debe, por tanto, incluirse en las cuotas soportadas que deben deducirse de las devengadas. Dicho IVA soportado por los bienes y servicios que se mencionan a continuación no puede ser deducido, ni siquiera en el porcentaje de prorrata que corresponda al empresario o profesional.
La normativa del IVA establece que **no pueden ser objeto de deducción**, en ninguna proporción, las cuotas soportadas como consecuencia de la adquisición (incluso por autoconsumo), importación, arrendamiento, transformación, reparación, mantenimiento o utilización de los siguientes bienes y servicios (incluso los accesorios o complementarios a los mismos):
- viajes, hostelería y restauración (nº 2645 s.);
- alimentos y espectáculos (nº 2655 s.);
- joyas y objetos elaborados con oro o platino (nº 2662 s.); y
- atenciones a clientes (nº 2666 s.).

No obstante, existen **excepciones** a las exclusiones del derecho a deducir, de modo que las mismas no son aplicables a las adquisiciones o importaciones de los bienes y servicios citados anteriormente cuando en los mismos concurra alguna de las circunstancias siguientes:
a) Que se trate de bienes de **exclusiva aplicación** industrial, comercial, agraria, clínica o científica.
b) Que se trate de bienes destinados exclusivamente a ser objeto de **entrega o cesión de uso** directamente o mediante transformación, a título oneroso.
c) Que se trate de servicios recibidos para ser prestados mediante **contraprestación** en virtud de operaciones sujetas al impuesto.

2641 Ejemplo Un empresario, con prorrata del 80%, tiene en el período impositivo una suma total de cuota repercutida de 10.000 y de cuota soportada de 6.000, habiendo adquirido una partida de bebidas por la que ha soportado una cuota de 50.
La liquidación que procede es la siguiente:

Cuota repercutida	10.000,00
Cuota soportada total	6.000,00
Cuota soportada por las bebidas (no deducible)	50,00
Cuota deducible	5.950,00
Prorrata: 80%	
Cuota a deducir: 80% × 5.950	4.760,00
A ingresar	5.240,00

2642 Jurisprudencia **1)** Respecto a las **exclusiones** del derecho a deducir establecidas **con carácter transitorio** (actualmente en la Dir 2006/112/CE art.176), si un Estado miembro, unilateralmente, ha decidido suprimir alguna exclusión del derecho a deducir que venía amparándose en dicho artículo, no puede luego volverse atrás, en un momento posterior, para restablecer la exclusión. Ahora bien, si un Estado miembro decide modificar la exclusión, no implica necesariamente que haya de atenerse al régimen general previsto en la Directiva del IVA: puede restringir parcialmente la exclusión, sin llegar a suprimirla. No obstante, no puede el Estado miembro volverse atrás en un momento posterior para restablecer en todos sus términos la exclusión (TJUE 14-6-01, asunto C-345/99; 14-6-01, asunto C-40/00).
2) La normativa comunitaria (actualmente Dir 2006/112/CE art.176) autoriza a los Estados miembros a mantener unas exclusiones generales del derecho de deducción del IVA devengado por la **compra de vehículos** de motor utilizados por el sujeto pasivo para las necesidades de sus operaciones gravadas, incluso cuando los citados vehículos sean un instrumento indispensable para el ejercicio de la actividad desempeñada por el sujeto pasivo de que se trata o cuando los referidos vehículos no puedan ser utilizados, en un supuesto concreto, para satisfacer necesidades privadas del sujeto pasivo de que se trata (TJUE 5-10-99, asunto C-305/97).
3) La normativa comunitaria (actualmente Dir 2006/112/CE art.177) no permite a un Estado miembro la exclusión de bienes del régimen de deducciones del IVA sin **consulta previa** al Comité. Tampoco se autoriza a un Estado miembro a adoptar medidas que excluyan bienes del régimen de deducciones del IVA y que no contengan indicaciones en cuanto a su limitación temporal y/o formen parte de un paquete de medidas de adaptación estructural que tengan por objeto reducir el déficit presupuestario y amortizar la deuda pública (TJUE 8-1-02, asunto C-409/99).

2643 **4)** Todo sujeto pasivo que utilice bienes para una actividad económica tiene derecho a deducir el IVA soportado en el momento de su adquisición, por pequeña que sea la **proporción de su uso** para fines profesionales. Toda norma o práctica administrativa que imponga una restricción general al derecho a deducir, cuando exista una verdadera, aunque limitada, utilización para fines profesionales, constituye una excepción a la normativa comunitaria (TJUE 11-7-91, asunto C-97/90).

5) La normativa comunitaria que autoriza a los Estados miembros a mantener transitoriamente en vigor las exclusiones del derecho a deducir que estuvieran en vigor en su normativa nacional antes del 1-1-1979 (actualmente Dir 2006/112/CE art.176) no puede invocarse para defender una normativa que no establece una auténtica exclusión del derecho a deducir, sino un verdadero **sistema de deducción distinto** (e incompatible) con el previsto en la Directiva (TJUE 30-3-06, asunto C-184/04).
6) La normativa comunitaria se opone a que, con ocasión de la adaptación de su Derecho interno a la misma, un Estado miembro derogue en su totalidad las disposiciones nacionales relativas a las limitaciones del derecho a deducir el IVA soportado en las **compras de carburante**, sustituyendo tales disposiciones, en la fecha de entrada en vigor en su territorio de dicha normativa comunitaria, por otras que establezcan nuevos criterios en esta materia, si estas últimas disposiciones han tenido como consecuencia ampliar el ámbito de aplicación de tales limitaciones. En todo caso, se opone a que un Estado miembro modifique su legislación en un sentido que suponga ampliar el ámbito de aplicación de dichas limitaciones, en comparación con la situación existente antes de esa modificación (TJUE 22-12-08, asunto C-414/07).
7) La normativa comunitaria no habilita a un Estado miembro a aplicar una exclusión del derecho a deducir el IVA soportado por prestaciones de servicios recibidas de una empresa con **domicilio en un paraíso fiscal** -actualmente, jurisdicción no cooperativa- (TJUE 30-9-10, asunto C-395/09).

8) La **normativa comunitaria no se opone**: **2644**
- a una normativa nacional, establecida antes del 1-1-1979 que excluye la deducción del IVA soportado por gastos relativos a ofrecer un medio de **transporte individual**, comida, bebida, alojamiento y actividades de recreo a los miembros del personal del sujeto pasivo y, por otra parte, a ofrecer obsequios de negocio u otras gratificaciones;
- a una normativa nacional, establecida antes del 1-1-1979 y en virtud de la cual un sujeto pasivo puede deducir el IVA pagado por la adquisición de determinados bienes y servicios que se utilizan **parcialmente** para satisfacer **necesidades privadas** y parcialmente para fines empresariales, no en su totalidad sino únicamente en proporción a su utilización para fines empresariales;
- a que un Estado miembro modifique una **exclusión del derecho de deducción**, cuando esta modificación, en principio, limita el alcance de esta exclusión, aunque no pueda descartarse que, en un supuesto particular, en algún ejercicio fiscal, amplíe el ámbito de aplicación de dicha exclusión (TJUE 15-4-10, asuntos acumulados C-538/08 y C-33/09);
- a una normativa nacional que excluye, total o parcialmente, la deducción del IVA soportado por los gastos relativos a determinados **vehículos, viajes y estancias** y gastos de entretenimiento, aun cuando dichos gastos gocen de un régimen supuestamente más favorable, en cuanto a su deducibilidad, en el contexto de un impuesto directo contemplado en su legislación nacional (TJUE auto 9-12-22, asunto C-459/21).
9) Un Estado miembro puede mantener, sin ampliar, las exclusiones del derecho a deducir el IVA existentes en el momento de su adhesión (o en el de la entrada en vigor de la Sexta Directiva IVA, si el Estado miembro ya era entonces parte de la Comunidad Europea) por servicios de **alojamiento y restauración** (TJUE 2-5-19, asunto C-225/18). En el mismo sentido, por servicios de alojamiento, alimentación, bebidas, alquiler de vehículos, combustible y peajes (TJUE auto 17-9-20, asunto C-837/19).

Viajes, hostelería y restauración (LIVA art.96.uno.6º) No son deducibles las cuotas soportadas por servicios de desplazamiento o viajes, hostelería y restauración, del propio sujeto pasivo o su personal, salvo que el importe de los mismos tuviera la consideración de gasto fiscalmente deducible a efectos del IRPF o IS (nº 1396 s. y nº 3820 s. Memento Fiscal 2026, respectivamente). No obstante, hay que tener en cuenta la posible aplicación de excepciones (nº 2640 y nº 2650 s.). **2645**

Ejemplos **1)** Un abogado, Sr. JF, tiene su despacho en pleno centro de Barcelona y su vivienda en las afueras de dicha ciudad, por lo que se ve obligado todos los días a comer en un establecimiento cercano al lugar de su trabajo. JF solicita del restaurante que le emita factura por los servicios prestados, a fin de deducir el IVA que los grava. **2647**
El IVA correspondiente a los gastos de hostelería y restauración es deducible cuando tales gastos lo sean en el impuesto personal del sujeto pasivo.
2) Los trabajadores de la empresa FL, por razón de su actividad, necesitan efectuar desplazamientos, para lo cual utilizan con frecuencia el servicio de autotaxi. FL no está segura de si el IVA correspondiente a tales servicios puede o no ser deducido por ella.
Las cuotas del IVA pueden ser deducidas cuando el gasto de desplazamiento lo sea en el IS.

Doctrina Administrativa Además de las siguientes contestaciones de la DGT, ver nº 11000 s. **2650**
1) Son deducibles las cuotas soportadas por servicios de **desplazamiento o viajes** de las personas de una empresa por necesidades de la misma, cuando el importe de los servicios tenga la consideración de gasto deducible a efectos del IRPF o del IS.
Respecto de las cuotas soportadas por servicios de **hostelería y restaurante** al personal de la empresa por necesidades de la misma, pueden ser objeto de deducción cuando dichos servicios se hayan recibido como consecuencia de un desplazamiento o viaje de dicho personal y siempre que, además, el gasto correspondiente sea deducible a efectos del IRPF o IS (DGT 8-6-98; CV 2-8-10).

Ídem en relación con los importes de los **taxis y/o las comidas de trabajo** (DGT 6-5-98) y en relación con los gastos por desplazamientos, hostelería y restauración de un profesional (DGT 8-9-03; CV 4-12-17).

2) Las cuotas del impuesto soportadas por los servicios de alojamiento y manutención de las **tripulaciones**, recibidos por los consignatarios de buques para ser prestados, mediante precio, a los armadores por cuya cuenta actúen, pueden ser deducidas por los mencionados consignatarios.

Los **consignatarios de buques** que contraten, en nombre propio y por cuenta de los respectivos armadores, los servicios de alojamiento y manutención en tierra de las tripulaciones de los buques, están obligados a repercutir a dichos armadores las cuotas devengadas por los servicios de hostelería que ellos mismos han prestado a los aludidos armadores, incluso si estos residiesen fuera del territorio de aplicación del impuesto. Las cuotas repercutidas por dichos conceptos no pueden ser deducidas por los referidos armadores (DGT 27-2-87).

3) Solo se pueden deducir las cuotas del IVA soportadas con ocasión de la adquisición de los servicios de **alojamiento y manutención** que se destinen a ser prestados a su personal dependiente sin contraprestación, cuando tales servicios no se destinen a atender necesidades particulares del personal dependiente (que el viaje se haya realizado para atender a las necesidades empresariales de la sociedad) y el importe de dichos servicios tenga la consideración de gasto fiscalmente deducible a efectos del IS (DGT CV 12-1-06).

Mismo criterio respecto de servicios de **traslados de personal** a los centros de trabajo sin que la empresa cobre cantidad alguna a sus trabajadores (DGT CV 30-4-09).

2651 **4)** Son deducibles las cuotas soportadas por gastos de viajes, alojamiento y manutención cuando los servicios sean objeto de **cesión a terceras personas** (ayuntamiento, escultores) mediante contraprestación, con repercusión del impuesto. Si el servicio que se factura es el de asistencia técnica, no pueden deducirse las cuotas de los citados servicios adquiridos (DGT 27-12-90).

5) Las cuotas soportadas por los servicios de **desplazamiento o viajes** y por los gastos de manutención y estancia del personal de la empresa pueden ser deducidas, siempre que tales servicios sean recibidos para ser prestados mediante contraprestación en virtud de operaciones sujetas al impuesto, aunque los trabajadores satisfagan a la empresa **importes inferiores** al coste de adquisición de los servicios (DGT 5-12-96).

6) Una entidad, que ejerce la actividad de intermediación en la venta de viviendas, se hace cargo del alojamiento, transporte y manutención de **potenciales clientes**. A estos servicios no les resulta de aplicación la exclusión del derecho a deducir, siempre que tengan la consideración de deducibles a efectos del IS (DGT CV 5-11-21). Si los gastos se destinaran a **atenciones a clientes** o a terceras personas (servicios a título gratuito), las cuotas no son deducibles (DGT 1-10-02; CV 20-2-07).

2653 Jurisprudencia **1)** Las cuotas de IVA soportadas en **atenciones a clientes y gastos por desplazamiento y manutención** son deducibles en la medida en que los gastos lo sean en la imposición directa. De acuerdo con la normativa reguladora del IS, lo son aquellos realizados para promocionar, directa o indirectamente, la venta de bienes y prestación de servicios, además de aquellos que estén correlacionados con los ingresos. Por tanto, la entidad no establecida que celebra seminarios en el territorio de aplicación del impuesto con concesionarios de sus productos para presentar nuevos productos, información, servicios técnicos, etc. puede deducir las cuotas soportadas para adquirir los mismos (TEAC 22-1-15).

2) La vinculación con el IRPF y el IS que establece la norma es objetiva, pero no procedimental: alude a cumplir los **requisitos objetivos** de deducibilidad contemplados en los impuestos directos, pero en ningún momento determina o exige que la verificación de dichos requisitos haya de hacerse necesariamente en primer término o en el seno de una comprobación concerniente a los impuestos directos (TEAC 26-1-17).

3) Son deducibles las cuotas soportadas por empresas farmacéuticas por **congresos médicos y desplazamientos** y alojamiento de los asistentes (médicos, facultativos y personal ajeno a la empresa), al estar estos ligados a la obtención de ingresos por dichas empresas y ser deducibles en el IS (AN 5-7-18, EDJ 533239).

4) Un Estado miembro puede mantener o reducir las exclusiones del derecho a deducir el IVA existentes en el momento de su adhesión (o en el de la entrada en vigor de la Sexta Directiva IVA, si el Estado miembro ya era entonces parte de la Comunidad Europea) por **gastos de alimentación** y aplicarlas incluso cuando el empresario que efectuó el gasto por el que se soportó el IVA puede probar que se destinó íntegramente a una actividad empresarial (TJUE 26-2-20, asunto C-630/19).

2655 **Alimentos y espectáculos** (LIVA art.96.uno.3º y 4º) No son deducibles las cuotas soportadas en las adquisiciones o importaciones de alimentos, tabaco y bebidas o por servicios de espectáculos o de carácter recreativo. En relación con la aplicación de excepciones, ver el nº 2640.

2656 Ejemplo La sociedad F viene obligada por **convenio colectivo** a prestar gratuitamente el servicio de **comida a los trabajadores** de la empresa. Esta contrata dicho servicio con una empresa de catering que factura directamente a F.

Existen, a efectos del IVA, dos prestaciones de servicios de suministros de comidas:

- Una, que efectúa la empresa de catering para F y que está sujeta y no exenta, de manera que la empresa de catering repercute el IVA sobre F al tipo impositivo del 10%.
- Otra, que realiza F para los trabajadores y que no está sujeta al IVA.

F no puede deducir el IVA que le ha repercutido la empresa de catering, ya que los servicios recibidos no se utilizan en la realización de operaciones que generen el derecho a la deducción del IVA soportado.
Nota: Téngase en cuenta que la DGT estima que, en determinadas circunstancias, si los servicios de comedor prestados gratuitamente a los trabajadores se consideran directamente afectos a la actividad empresarial y sirven a los fines de la misma, las cuotas soportadas por la prestación de dichos servicios son deducibles; incluso si se cobra a los empleados como contraprestación un precio simbólico (nº 2657).

Doctrina Administrativa Además de las siguientes contestaciones de la DGT, ver nº 11000 s. **2657**
1) En relación con los servicios prestados por los **comedores de empresa** a los asalariados, los empresarios o profesionales tienen derecho a deducir las cuotas que hayan soportado en las adquisiciones o importaciones de bienes, incluidos alimentos o bebidas, o en los servicios que reciban, en la medida en que dichos bienes o servicios se utilicen para la prestación de los servicios de comedores de empresa sujetos al IVA (DGT 18-12-98).
2) Una entidad contrata con una tercera la prestación del **servicio de comedor gratuito** en sus instalaciones a favor de sus empleados, sin que se proceda a retener en sus nóminas importe alguno. El motivo de tal servicio es que el período de comida es de solo treinta minutos. La empresa puede deducirlas en la medida en que el servicio de comedor se preste:
- considerándolo como un servicio directa y exclusivamente afecto al desarrollo de la actividad; y
- entendiendo que sirve fundamental o primordialmente a los fines de la actividad empresarial o profesional de la entidad (DGT CV 22-10-07; CV 27-10-10; CV 21-2-25).
3) No son deducibles las cuotas soportadas con ocasión de la **adquisición de alimentos** cuyo fin es la prestación gratuita del servicio de comedor a los operarios (DGT 24-1-96). No obstante, una entidad mercantil cuya actividad consiste en prestar servicios de hostelería o restaurante donde se sirven comidas y bebidas puede deducir las cuotas soportadas por la compra de los ingredientes y las propias bebidas (DGT CV 31-10-24).
4) Las cuotas soportadas por las adquisiciones de **víveres** efectuadas por una entidad mercantil propietaria de un buque de pesca, que los destina a su personal de a bordo, no pueden ser deducidas (DGT 18-2-00).
5) Una comunidad que es titular de un monte vecinal en mano común que, entre sus acciones sociales, tiene previsto incluir el pago de una **actuación musical** en las fiestas patronales de la parroquia, no puede deducir el impuesto soportado por dichos gastos (DGT CV 11-4-12; CV 11-1-13).
6) El Fondo Español de Garantía Agraria (FEGA), Organismo autónomo dependiente del Ministerio de Agricultura, Pesca y Alimentación, en cumplimiento de los **programas de ayuda alimentaria**, adquiere alimentos en el mercado para donarlos de forma gratuita para su distribución entre los desfavorecidos. El FEGA no puede deducir, en ninguna medida ni cuantía, las cuotas soportadas en la adquisición de los alimentos, por tratarse de bienes expresamente excluidos del derecho a deducir y no estar destinados exclusivamente a ser objeto de entrega o cesión de uso a título oneroso, directamente o mediante transformación por empresarios o profesionales dedicados con habitualidad a la realización de tales operaciones (DGT CV 14-6-16). **2658**
7) En ningún caso son deducibles las cuotas soportadas por gastos realizados por un periodista por entradas a **museos, conciertos o eventos culturales**, para la creación de contenidos periodísticos, por corresponderse con espectáculos y servicios de carácter recreativo (DGT CV 11-3-21).

Jurisprudencia 1) La normativa comunitaria se opone a que un Estado miembro aplique, con posterioridad a la entrada en vigor de la misma, una exclusión del derecho a deducción del IVA soportado que grava los gastos correspondientes a las **comidas ofrecidas a título gratuito** por los comedores de empresa a los visitantes comerciales y al personal con motivo de reuniones de trabajo dado que, en el momento de dicha entrada en vigor, esta exclusión no era efectivamente aplicable a dichos gastos, por motivo de una práctica administrativa que admitía la deducción del IVA soportado por tales gastos (TJUE 11-12-08, asunto C-371/07). **2659**
2) Las cuotas mensuales pagadas a un club financiero no son deducibles al tratarse de **servicios de carácter recreativo** que no sirven fundamental o primordialmente a los fines de la actividad empresarial (TEAC 23-10-17).

Joyas y objetos elaborados con oro o platino (LIVA art.96.uno.1º) No son deducibles las cuotas soportadas en las adquisiciones, arrendamiento o importaciones de los bienes de consumo suntuario siguientes: **2662**
- las joyas, alhajas, piedras preciosas y perlas naturales o cultivadas;
- objetos elaborados total o parcialmente con oro o platino.

No obstante, pudieran ser de aplicación las **excepciones** del nº 2640.

Precisiones Se consideran **piedras preciosas** a efectos del impuesto el diamante, el rubí, el zafiro, la esmeralda, el aguamarina, el ópalo y la turquesa.

2663 Ejemplo La sociedad A se dedica al **alquiler de joyas** y piedras preciosas a promotoras inmobiliarias que las exponen en sus sedes centrales. Dicha sociedad ha importado de Japón una joya que alquila a continuación a un cliente.
La sociedad A puede deducir el IVA soportado por la importación de la joya, ya que dicho bien se destina exclusivamente a ser objeto de entrega o cesión de uso a título oneroso por un empresario dedicado con habitualidad a tal actividad. Cosa distinta sería que la importación se hubiese efectuado directamente por la promotora inmobiliaria, para destinarla a adornar sus oficinas o despachos, en cuyo caso no sería posible la deducción por no estar destinada exclusivamente a ser objeto de entrega o cesión de uso.

2664 Doctrina Administrativa Además de la siguiente contestación de la DGT, ver nº 11000 s.
Son deducibles las cuotas soportadas por las adquisiciones o importaciones de **oro** destinadas a ser objeto de **reventa** por sujetos pasivos dedicados con habitualidad a la comercialización de dicho metal, aunque la empresa aumentase el volumen de sus existencias con fines de cobertura de operaciones financieras llevadas a cabo en otro sector diferenciado de su actividad empresarial distinto del de la comercialización de oro (DGT 12-5-87). Tratándose de **oro de inversión**, ver el nº 4400 s.

2666 **Atenciones a clientes** (LIVA art.96.uno.5º) No son deducibles las cuotas soportadas como consecuencia de adquisiciones de bienes o servicios destinados a atenciones a clientes, asalariados o a terceras personas. Esta exclusión es compatible con el Derecho de la Unión (TJUE 12-3-26, asunto Randstad España C-515/24).
Sin embargo, **no se consideran atenciones**:
- las muestras gratuitas y objetos publicitarios de escaso valor del nº 300 s.;
- los bienes que, habiendo sido destinados en un principio exclusivamente a ser objeto de entrega o cesión de uso directamente o mediante transformación, a título oneroso, después de su adquisición se destinen a atenciones. En este caso, las cuotas soportadas por la adquisición serían deducibles y la posterior entrega de los bienes estaría sujeta al impuesto.

2667 Ejemplos 1) La entidad financiera B ha iniciado una **campaña de promoción** con el fin de captar clientes, en virtud de la cual a cada nuevo cliente que abra una cuenta en la entidad se le hará un regalo consistente en un teléfono móvil, que adquiere previamente a empresas que desarrollan su actividad en el sector de las telecomunicaciones. De la misma forma, va a retribuir a los clientes que tienen abiertos depósitos a plazo fijo, mediante la entrega de un juego de café que previamente adquiere a una empresa dedicada a su fabricación.
a) Por lo que se refiere a los juegos de café, no parece que puedan entenderse adquiridos por B para atenciones a los clientes, ya que se utilizan para cumplir una obligación de B frente a sus clientes. Por otra parte, esos juegos de café se adquieren para ser objeto de entrega a título oneroso, ya que, aunque los impositores no pagan una cantidad específica por ello, la entrega sigue siendo a título oneroso. Lo que ocurre es que la contraprestación no tiene carácter dinerario.
Así, parece que la solución más lógica es afirmar el derecho a la deducción del IVA soportado por B al adquirir los juegos de café (esta es, además, la doctrina afirmada por la DGT CV 4-9-86).
b) En cuanto a los teléfonos móviles, la situación es distinta. Aunque teóricamente podría afirmarse que se entregan como retribución a los nuevos clientes por la apertura de las cuentas, parece que lo más razonable es entender que se adquieren para atenciones a clientes y que luego son objeto de entrega gratuita, de manera que B no puede deducir el IVA soportado por su adquisición. Ver DGT 24-4-01 en el nº 2672.

2668 2) La editorial A encarga a una imprenta la confección de 1.000 **ejemplares de un libro**. Un año más tarde, todavía tiene diez ejemplares, que entrega gratuitamente a algunos de sus mejores clientes.
La editorial puede deducir el IVA que le haya repercutido la imprenta conforme a las reglas generales, tanto el correspondiente a los 990 ejemplares que se venden con posterioridad, como el de los 10 volúmenes que se regalan a sus clientes. Estos últimos no pueden considerarse como bienes destinados a atenciones a clientes, ya que no tienen tal consideración los bienes destinados a ser objeto de entrega a título oneroso y que, en un momento posterior a su adquisición, se dedican a atenciones a clientes, como ocurre en este caso.
Practicada la deducción conforme a las reglas generales, no procede la rectificación de la correspondiente a los diez volúmenes que se entregan gratuitamente. Ahora bien, la entrega gratuita de los diez volúmenes tributa como autoconsumo (nº 235).

2670 Doctrina Administrativa Además de las siguientes contestaciones de la DGT, ver nº 11000 s.
1) Están sujetas al impuesto las entregas de **bienes para obsequio** de las empresas publicitarias a los empresarios destinatarios. Para dichas empresas es deducible el impuesto soportado en las adquisiciones de los objetos publicitarios que luego venden a terceros que, a su vez, los ceden gratuitamente (DGT CV 17-11-86).

2) El régimen de tributación por el IVA de las entregas de bienes (enseres de menaje, televisores, etc.), con fines de **promoción de ventas**, difiere según se instrumenten mediante (DGT 8-2-88):
- entrega de los bienes **condicionada a la compra** de otros productos fabricados por la empresa y a un precio más elevado por la adquisición del conjunto: se entiende que existe una transmisión de artículos de diversa naturaleza por precio único, sujeta al impuesto, siendo deducible el IVA soportado en la adquisición de los objetos ofrecidos como regalos;
- entrega de los bienes a los clientes sin contraprestación o sin vinculación a la compra de otros productos: a menos que se trate de objetos publicitarios de escaso valor, las cuotas soportadas en su adquisición no son deducibles y las posteriores transmisiones de los mismos no están sujetas.

En parecidos términos, respecto a la entrega conjunta de **libros y artículos de menaje** como regalo (DGT 11-4-01; 13-7-05).

3) Quedan excluidas del derecho a la deducción las cuotas soportadas por las operaciones que lo están en virtud de lo establecido en las exclusiones y restricciones del derecho a deducir, con independencia de que las citadas operaciones se efectúen para llevar a cabo **acciones promocionales**, aunque se realicen con el fin de motivar la red comercial y conseguir mayor cifra de ventas, ni siquiera en los casos en que dichas acciones se instrumenten mediante atenciones a clientes, asalariados o terceras personas (DGT 9-10-87).

4) Una sociedad mercantil presta servicios de mediación en nombre ajeno en la suscripción de contratos de telefonía móvil, recibiendo sus **comisiones** del operador de telecomunicaciones, y entrega aparatos de **telefonía móvil** a algunos de sus clientes con los que formaliza altas telefónicas. Dichas entregas se efectúan en ocasiones gratuitamente, en otras por su precio normal de venta y en otras por un precio bonificado. Procede la deducción cuando la entrega del aparato de telefonía móvil por la sociedad mercantil se efectúa a título oneroso, pero no cuando se realiza a título gratuito, por tratarse de cuotas soportadas por bienes destinados a atenciones a clientes. 2672

Dado que no se conoce en el **momento de la adquisición** cuál va a ser el destino de los teléfonos adquiridos, ya que parte se entregan a título gratuito, parte a título oneroso y con descuento y otra parte a título oneroso sin descuento, no cabe aplicar exclusión alguna del derecho a la deducción, pues cabe entender que todos los aparatos se han adquirido para su entrega a título oneroso, sin perjuicio de que una parte resulte finalmente entregada a título gratuito (DGT 24-4-01; CV 7-11-06). No obstante, no serán deducibles las cuotas soportadas con ocasión de las compras de terminales móviles destinados desde su adquisición a ser entregados a sus clientes a título gratuito (DGT CV 17-11-21).

Los teléfonos móviles que se entregan gratuitamente a los clientes constituyen el giro o **tráfico habitual de la actividad** comercial de la entidad, por lo que las cuotas soportadas por la adquisición de tales bienes son deducibles. La entrega posterior de los mismos, de considerarse realizada a título gratuito, estaría sujeta en concepto de autoconsumo (DGT CV 27-4-18).

5) Se aplica la exclusión del derecho a deducir a las cuotas soportadas por una sociedad dedicada a la producción de programas de televisión, por la adquisición de bienes que posteriormente entrega como **premios** a los ganadores de los concursos televisivos que dicha entidad organiza (DGT 11-4-01).

6) Una entidad tiene como actividad el comercio al por mayor de aparatos y utensilios para uso médico quirúrgico y terapéutico. Realiza atenciones con sus clientes (hospitales) consistentes en ayudas e inscripciones a **congresos, cursos, conferencias**, etc. para que asistan médicos o ATS de dichos hospitales. A tal fin, la sociedad soporta cuotas del IVA relativas a transporte, alojamiento, manutención y, en algunos casos, por las cuotas de inscripción a los mencionados cursos y congresos. 2673

La entidad suministra a sus clientes o a terceras personas determinados servicios (transporte, alojamiento, manutención y cuotas de inscripción), que no son objeto de su tráfico habitual y que, previamente, ha adquirido. Por tanto, no puede deducir, en ninguna medida ni cuantía, las cuotas del IVA soportadas con ocasión de la adquisición de los servicios referidos, por tratarse de servicios adquiridos para destinarlos a atenciones a clientes (servicios a título gratuito) o a terceras personas. No obstante, las cuotas soportadas por la entidad por servicios de **transporte, alojamiento y manutención** pueden ser deducidas siempre que el importe de dichos servicios tenga la consideración de gasto fiscalmente deducible a efectos del IS (DGT 15-7-04).

7) Una entidad dispone de una fábrica situada a cierta distancia de la ciudad donde residen sus trabajadores. Ha contratado con otra empresa el **servicio de transporte de los empleados** sin cobrar cantidad alguna. La prestación del servicio de transporte de los empleados no puede considerarse como atención a asalariados, no siendo aplicable la exclusión del derecho a deducir las cuotas que le sean repercutidas a la empresa por la realización de dicho servicio. Esta conclusión es aplicable en la medida en que el servicio de transporte se preste en las circunstancias descritas, que son tales que (DGT CV 6-3-06; CV 30-10-09):
- conducen a considerarlo como un servicio directa y exclusivamente afecto al desarrollo de la actividad;

- hacen que deba entenderse que sirve fundamental o primordialmente a los fines de la actividad empresarial o profesional de la entidad.
Mismo criterio, respecto de unos servicios de **asesoramiento jurídico gratuito** que sirven fundamentalmente a los fines de la actividad profesional del prestador (DGT CV 26-10-09). Respecto al servicio de **comedor** prestado a los empleados, ver el nº 2657.

8) Las cuotas soportadas por la adquisición de **productos promocionales del tabaco** destinados a expendedurías del mismo, actividad permitida por la normativa, son deducibles sin que resulte aplicable la exclusión del derecho a la deducción en la medida en que las citadas entregas están cubiertas por el supuesto de no sujeción de objetos de carácter publicitario (DGT CV 19-11-07).

2674 **9)** Constituye doctrina reiterada diferenciar los **esquemas de fidelización** en los que los regalos se corresponden con bienes objeto del tráfico habitual de la empresa que los entrega de aquellos en los que no es así. Si los regalos, ofrecidos como tales, forman parte del **tráfico habitual** de la actividad comercial de la empresa, debe considerarse que la contraprestación abonada por el cliente se corresponde, conjuntamente, con la adquisición a título oneroso del producto principal y del regalo, y por lo tanto las cuotas soportadas son deducibles.
Sin embargo, si los regalos no forman parte de dicho tráfico habitual, debe entenderse que su entrega tiene lugar sin contraprestación y por tanto las cuotas soportadas en su adquisición no son deducibles (DGT CV 11-2-15; CV 5-9-16; CV 2-3-17).

10) Una entidad tiene implantado un sistema de promoción según el cual por cada compra que se realice con su tarjeta de crédito, su titular puede conseguir **puntos canjeables** por distintos bienes o servicios. Dicha entidad está considerando la posibilidad de celebrar un acuerdo con una compañía aérea española a partir del cual el titular de la tarjeta puede canjear sus puntos por millas aéreas de dicha compañía, siendo estas canjeables por vuelos. La entidad realiza un pago a la compañía aérea por los puntos canjeados por millas aéreas. El contrato con la compañía aérea española será suscrito por una empresa del grupo establecida en Estados Unidos. Posteriormente, esta empresa del grupo, que centralizaría las operaciones de canje, refacturaría a la entidad el coste incurrido con la compañía aérea respecto de sus clientes.
En este caso hay tres **prestaciones sucesivas** de transporte: de la compañía aérea a la empresa americana; de esta a la entidad, y finalmente de la entidad a sus clientes. Las dos primeras se efectúan mediante contraprestación y la última a título gratuito. Las cuotas soportadas por la entidad norteamericana en la adquisición del servicio de transporte son deducibles pues se trata de servicios adquiridos para el desarrollo de la actividad empresarial. No cabe plantearse su consideración como gastos realizados para atenciones a clientes porque la entidad adquiere este servicio para ser prestado a título oneroso.
Como la prestación gratuita del servicio de transporte realizada por la entidad española no puede considerarse **autoconsumo** gravado porque la misma se realiza para los fines de la actividad empresarial, las cuotas soportadas son también deducibles sin que puedan ser consideradas como cuotas soportadas por atenciones a clientes (DGT CV 15-2-08).

11) Fabricantes de alimentación y bebidas entregan gratuitamente **objetos publicitarios** como posavasos, gorras, camisetas o servilleteros, en forma de lotes a los distribuidores para su redistribución gratuita o para su utilización por los clientes de estos últimos, y también directamente a los consumidores finales. Al IVA soportado por el fabricante en la adquisición de estos productos no le resulta de aplicación la exclusión del derecho a deducir de bienes y servicios destinados a atenciones a clientes, asalariados o terceras personas por tratarse de objetos publicitarios de escaso valor cuya entrega gratuita está no sujeta (DGT CV 11-7-08; CV 10-9-10).

12) Una empresa se dedica a la **venta** a distribuidores de herramientas. Como consecuencia del lanzamiento de un nuevo producto y con un fin de **promoción comercial**, entrega alguno de estos productos gratuitamente a sus clientes. Aunque su coste supera los 200 euros, si estas entregas gratuitas lo son con un fin de promoción de la actividad, para que sus potenciales clientes comprueben la calidad de sus productos y los demanden en lo sucesivo, y si el número de muestras entregadas por cada receptor es adecuado al cumplimiento de la finalidad promocional, las entregas están no sujetas pudiendo deducirse las cuotas del IVA soportadas (DGT CV 28-12-22).

2675 **13)** Una entidad dedicada a la distribución de productos de aluminio, plásticos de embalaje y accesorios de café para uso doméstico, para promocionar sus ventas tiene establecido con sus clientes un sistema de concesión de **descuentos en especie** consistente en la entrega adicional de productos sobre el pedido realizado en función del volumen de tales pedidos. Dichos descuentos los hace constar de forma expresa en la factura expedida, minorando la base imponible en el precio de venta sin IVA de los productos adicionales entregados. La entrega de productos adicionales constituye un rappel o descuento por volumen de ventas concedido de forma simultánea a la realización de estas, por lo que la onerosidad en la entrega de productos en que se materializa el descuento concedido hace inaplicable la exclusión del derecho a deducir (DGT CV 7-7-08).

14) Las cuotas soportadas en la adquisición de unas **plazas de garaje** por una empresa para su **cesión gratuita** a sus clientes, asalariados o terceras personas, no resultan deducibles en ninguna cuantía (DGT CV 20-5-09; CV 4-11-10).

La existencia de una dificultad objetiva en el **aparcamiento** y el uso limitado al horario laboral de las mismas, permite concluir que no existe autoconsumo en la cesión de las plazas de garaje a los empleados. Su uso sirve principalmente a la empresa, por lo que las cuotas soportadas en su arrendamiento son deducibles (DGT CV 11-5-15; CV 29-7-25).

15) Una sociedad pretende sustituir retribuciones dinerarias por las siguientes **retribuciones en especie**: **2676**
- Cesión al empleado del uso de un **vehículo** cuyo alquiler es contratado y sufragado por el empleador.
- Adquisición o arrendamiento de **equipos informáticos** para ceder su uso a los empleados, sufragando igualmente la conexión a internet de aquellos.

La cesión al trabajador del uso de un vehículo para fines particulares, ya sea de forma parcial o total, así como la cesión del uso de equipos informáticos, constituyen una prestación de servicios sujeta al impuesto, por lo que la entidad puede deducir las cuotas del IVA soportadas como consecuencia de la adquisición de los bienes o servicios objeto de cesión (DGT CV 30-5-11; CV 23-4-12; CV 18-12-18).

Sin embargo, la cesión del uso de **viviendas** a sus trabajadores por parte de la entidad constituye una retribución en especie que ha de calificarse como prestación de servicios sujeta y exenta, por lo que no origina el derecho a la deducción (DGT CV 9-5-12).

Las retribuciones en especie realizadas constituyen prestaciones de servicios sujetas y no exentas (**vales de comida**) y otras sujetas y exentas (seguro médico, guardería y cursos de formación), por lo que resultaría de aplicación el régimen de prorrata para la determinación de las cuotas soportadas deducibles en relación con las adquisiciones de bienes y servicios (DGT CV 20-2-19).

La puesta a disposición de vehículos a comerciales y directivos de una empresa, para el desarrollo de su actividad laboral y al mismo tiempo para fines privados, **sin efecto sobre su salario**, debe considerarse una prestación de servicios a título gratuito. La cesión a los **directivos** no queda sujeta a IVA, por tanto, las cuotas soportadas para la adquisición de los mismos no pueden ser objeto de deducción en ninguna proporción. En cuanto a la cesión a los **comerciales**, es un autoconsumo de servicios para fines propios de la empresa, por tanto, en este caso, y en la medida en que los mismos están afectos al desarrollo de la actividad, la deducción se efectúa en función de su grado de afectación (DGT CV 13-3-23; CV 10-6-24).

16) No son deducibles las cuotas soportadas por la celebración de la **cena de Navidad** y por la adquisición de obsequios para sortear entre los empleados, por tratarse de servicios adquiridos para destinarlos a atenciones a asalariados -en el caso de obsequios- o bien por no tratarse de servicios de hostelería prestados a consecuencia de un desplazamiento o viaje de dicho personal -en el caso de las cenas de Navidad- (DGT CV 2-12-15).

17) Un artesano de instrumentos musicales va a contratar la construcción en el patio trasero de su vivienda, afecta parcialmente a su actividad, de una zona habilitada para realizar **conciertos gratuitos** y promocionar con ello los instrumentos que vende. Las cuotas soportadas en la construcción son deducibles solo en el caso de que los conciertos se celebren con ese fin de demostración y a título gratuito. Si, por el contrario, dicha zona se destina a atenciones con clientes, las cuotas soportadas no tienen la consideración de deducibles en el IVA (DGT CV 9-10-23).

18) En la medida en que una entidad, dedicada habitualmente a la fabricación de conservas de pescados y mariscos, puede deducir las cuotas soportadas en dicho proceso de producción, las posteriores entregas gratuitas de dichos productos efectuadas por ella son operaciones de autoconsumo sujetas al Impuesto. Por tanto, dado que los bienes que dicha entidad **entrega gratuitamente** a sus clientes constituyen el giro o tráfico habitual de su actividad comercial, las cuotas soportadas en el proceso de producción de tales bienes son deducibles (DGT CV 17-9-24).

Jurisprudencia **1)** Los gastos de **invitaciones a clientes** tienen un carácter conveniente pero no necesario. Por tanto, no es deducible el IVA soportado por este concepto (TEAC 7-2-01). En el mismo sentido, respecto a la adquisición de bienes y servicios destinados a **atenciones** a clientes, tales como adquisición de bienes para regalos, comidas, cacerías, invitaciones a un palco privado en espectáculos deportivos y otros conceptos similares sin documentar (TS 31-3-11, EDJ 51421; 7-7-10, EDJ 153121); o en relación con el arrendamiento de un **palco en un estadio de fútbol** (TEAC 19-4-18) y la adquisición de **clases de golf** y entradas a partidos de futbol (TEAC 15-7-19) **2680**

2) No son deducibles las cuotas del IVA soportadas por una entidad por la adquisición de **botellas de vino** destinadas a atenciones a clientes, ya que su entrega no puede ser considerada como objetos publicitarios de escaso valor. Además, la normativa excluye del derecho a la deducción los alimentos, las bebidas y el tabaco, sin que se pueda dar un tratamiento tributario distinto a las cuotas soportadas con ocasión de la adquisición de dichos bienes, en función del destino de los mismos, excepto que se produzcan las circunstancias del nº 2640 (TEAC 7-11-07).

3) El servicio de **transporte de trabajadores** que la entidad pone a su disposición satisface necesidades propias de la empresa, por lo que las cuotas de IVA soportadas por dicho servicio son deducibles (TEAC 14-2-07).

4) Las cuotas de IVA soportadas en la adquisición de **material de terraza** (mesas, sombrillas y sillas) por una entidad que las entrega gratuitamente a sus clientes (bares y restaurantes) no son deducibles (TS 15-6-13, EDJ 134396; TEAC 22-5-14; 15-7-19). En el mismo sentido, al entender que tiene la consideración de atenciones a clientes, pero no la de muestras gratuitas u objetos publicitarios de escaso valor comercial intrínseco (AN 17-5-16, EDJ 71703).

5) Las entregas de **material promocional** que no forman parte del tráfico habitual de la empresa a cambio de puntos, han de considerarse gratuitas, no constitutivas de descuento alguno, puesto que el precio de las bebidas (producto que constituye el tráfico habitual) no resulta afectado por la entrega de dicho material, que incluso puede no llegar a realizarse. No se trata de un supuesto de entrega de bienes de diversa naturaleza en una misma operación y por precio único. Las cuotas soportadas en la adquisición de dichos bienes no tienen la consideración de deducibles (TEAC 15-7-19; 18-12-19).

6) La **limitación** establecida en LIVA art.96.uno.5º, que excluye la deducción de las cuotas soportadas por la adquisición de bienes o servicios destinados a **atenciones a clientes**, asalariados o a terceras personas, no es contraria a la Sexta Directiva art.17 y 27 (TS 25-9-20, EDJ 672011; 22-4-21, EDJ 545157; 6-10-21, EDJ 717498). En el mismo sentido, TEAC 17-3-21.

B. Cuantía del derecho a la deducción

2690 Después de haber definido el campo de aplicación del régimen de deducciones, es decir, los casos en que existe el derecho a la deducción, a continuación se exponen las reglas de determinación de la cuantía de las deducciones procedentes.

Para la determinación de dicha cuantía es preciso distinguir, dentro de las **operaciones activas** que realiza el empresario o profesional (entregas de bienes y prestaciones de servicios), las que generan el derecho a la deducción del IVA soportado y las que no lo generan.

Para el caso de empresarios o profesionales que realizan tanto operaciones que generan el derecho a deducir el IVA soportado, como otras que no generan dicho derecho, hay que tener en cuenta:

- la regla de prorrata (nº 2715 s.); y
- el régimen de deducciones en sectores diferenciados de la actividad (nº 2810 s.).

2692 **Operaciones que generan derecho a la deducción** (LIVA art.94) Como **regla general**, solo generan el derecho a la deducción del IVA soportado las operaciones sujetas y no exentas. Es decir, solo son deducibles las cuotas soportadas por la adquisición o importación de bienes y servicios que se emplean en la realización de operaciones sujetas y no exentas del impuesto.

Sin embargo, por razones de neutralidad del impuesto, **también originan el derecho** a la deducción:

a) Las operaciones **no sujetas** por aplicación de las normas de localización del impuesto, que se entienden **realizadas fuera del ámbito territorial de aplicación** del impuesto y que, si estuviesen localizadas en el interior de dicho ámbito territorial, habrían generado derecho a la deducción. Así, por ejemplo, un dictamen jurídico realizado por una empresa española para una empresa italiana no se localiza en España, sino en Italia; no obstante, genera el derecho a la deducción del IVA soportado por la empresa española porque si se hubiese localizado en España habría generado tal derecho.

b) Las operaciones con **exención plena**; es decir, las exportaciones y operaciones asimiladas a ellas, así como las operaciones exentas relativas a zonas francas, depósitos francos, otros depósitos y las relativas a regímenes aduaneros y fiscales (nº 6000 s.), las entregas intracomunitarias de bienes, incluidas las entregas de medios de transporte nuevos (sin perjuicio del supuesto de las entregas ocasionales contemplado en el nº 2693), las prestaciones de servicios cuyo valor esté incluido en la base imponible de las importaciones de bienes y los servicios prestados por las agencias de viajes exentos (nº 4278). Asimismo, hay que incluir las operaciones realizadas para la UE, que estén sujetas y exentas de acuerdo con el Protocolo de Privilegios e Inmunidades de las Comunidades Europeas (nº 6210).

También hay que incluir las entregas de bienes sujetas y exentas según LIVA art.20 bis, efectuadas a favor del empresario o profesional que facilite la entrega a través de una **interfaz digital** según LIVA art.8 bis.b) (nº 9300 s.).

c) Las operaciones de **seguro**, reaseguro, capitalización y servicios relativos a ellas, y las **bancarias o financieras**, que estarían exentas si se hubieran realizado en el ámbito de aplicación del impuesto, conforme a lo señalado en el nº 950 s., siempre que se cumpla alguna de las **condiciones** siguientes:

- que las operaciones estén directamente relacionadas con exportaciones fuera de la UE y se efectúen a partir del momento en que los bienes se expidan con tal destino, con independencia de cuándo estuviesen concertadas; o

- que su destinatario esté establecido fuera de la UE.
A estos efectos, se considera que las personas o entidades que no tienen la condición de empresarios o profesionales no están establecidas en la UE cuando no esté situado en dicho territorio ningún lugar de residencia habitual o secundaria, ni el centro de sus intereses económicos, ni presten con habitualidad en el citado territorio servicios por causa de relaciones laborales o administrativas.
Respecto a supuestos en los que el destinatario es de fuera de la UE, pero el servicio se consume o usa de forma efectiva en la UE, ver el nº 2703.

No obstante, hay que mencionar algunos **otros supuestos** de operaciones no sujetas al IVA que no recortan el derecho a deducir el IVA soportado: **2693**
a) Las prestaciones de servicios realizadas por los **fabricantes o distribuidores de bebidas** para los empresarios que las comercializan, que se indican en nº 260.
b) Las **cesiones obligatorias de terrenos** a los ayuntamientos recogidas en el nº 8558 letra c).
c) El TJUE ha declarado que las operaciones no sujetas de **transmisión global del patrimonio empresarial** no recortan el derecho a la deducción. La misma conclusión se recoge respecto a las **entregas de muestras**, objetos publicitarios y servicios de demostración del nº 300 s.
Viene a considerar que el IVA soportado por bienes y servicios que, en el curso normal de la actividad del empresario o profesional se hubieran destinado a las operaciones activas realizadas por el mismo en el marco de su actividad empresarial o profesional, sigue siendo deducible aunque, por circunstancias ajenas a la voluntad del empresario o profesional, tal circunstancia (el empleo de los bienes o servicios adquiridos en la actividad empresarial o profesional y por los que soportaron las cuotas) no haya tenido lugar. Ver sentencias del TJUE en el nº 2705.

Precisiones 1) Los sujetos pasivos del impuesto que realicen ocasionalmente **entregas exentas** de medios de transporte nuevos destinados a otro Estado miembro de la UE (nº 5425 s.), únicamente pueden deducir el impuesto soportado o satisfecho por la adquisición de tales vehículos, hasta la cuantía del impuesto que procedería repercutir si la entrega no estuviese exenta.
2) No dan derecho a deducir las operaciones interiores exentas del IVA, por lo que el empresario o profesional que las realiza traslada en el precio de las mismas el impuesto soportado que no puede deducir. A estas exenciones se las conoce como **exenciones limitadas**.
3) En el caso de que a una entrega le sean **simultáneamente** de aplicación la **exención plena** correspondiente a las entregas intracomunitarias, y la **exención limitada** correspondiente a las entregas interiores (por ejemplo, entrega de prótesis dentales efectuada por un protésico español para un empresario que comunica un NIF/IVA de un Estado miembro distinto de España, siendo las prótesis transportadas desde el territorio de aplicación del IVA español al territorio de otro Estado miembro diferente), el TJUE ha resuelto que resulta de aplicación la exención limitada, que no genera por tanto el derecho a la deducción. Ver nº 5206 y criterio del TJUE en el nº 5218.

En el siguiente cuadro se relacionan las operaciones que generan derecho a deducción, indicando dónde se efectúa su estudio. **2696**

Operaciones realizadas dentro del ámbito territorial del impuesto que generan derecho a deducción	Referencias
Entregas de bienes y prestaciones de servicios sujetas y no exentas	-
Prestaciones de servicios cuyo valor esté incluido en la base imponible de las importaciones de bienes	nº 5788 s. y nº 5840 s.
Operaciones exentas (exenciones plenas)	
- exportaciones de bienes. . . .	nº 6010 s.
- asimiladas a exportaciones. . . .	nº 6100 s.
- zonas francas, depósitos francos y depósitos temporales	nº 6230 s.
- regímenes aduaneros económicos y fiscales suspensivos	nº 6245 s.
- entregas de bienes a otro país de la UE. . . .	nº 5215 s.
- servicios de agencias de viajes exentos	nº 4278 s.
- operaciones de seguro y financieras realizadas en las condiciones del nº 2692	nº 950 s.
- entregas de bienes facilitadas a través de una interfaz digital	nº 9300 s.
Operaciones no sujetas en ciertos casos indicados por el TJUE	nº 2693 letra c; nº 2705 puntos 1 a 3 y nº 2706 punto 7.
Cesiones obligatorias de terrenos a ayuntamientos. . . .	nº 8558 letra c.
Servicios realizados por los fabricantes o distribuidores de bebidas en determinados supuestos. . . .	nº 260

2698 Doctrina Administrativa Además de las siguientes contestaciones de la DGT, ver nº 11000 s.
1) No son deducibles las cuotas soportadas por la adquisición de los **inmuebles** cuya posterior venta esté exenta por tratarse de segundas y ulteriores entregas de edificaciones después de terminada su construcción o rehabilitación (DGT 12-9-94).
Es el caso de una sociedad que se dedica exclusivamente a la venta a particulares de edificaciones que previamente ha adquirido en **subasta** a empresas inmobiliarias (DGT 4-2-99).
2) La actividad de **arrendamiento de edificios** destinados a **viviendas** es una actividad sujeta pero exenta que no origina derecho a deducción de las cuotas soportadas en su realización. En consecuencia, la promotora que soporta la facturación de honorarios profesionales de un **arquitecto técnico** relacionados con dicho edificio no puede deducir las cuotas repercutidas por este (DGT 15-4-99; 20-10-99; CV 29-3-05).
3) No se consideran realizados en España los **servicios de mediación** en nombre y por cuenta ajena prestados por una persona física o jurídica a una **sociedad francesa** en relación con las ventas de bienes que esta última realiza a empresas españolas y que son expedidos y transportados desde Francia a España. Las cuotas soportadas por el mediador son deducibles en la medida en que los bienes o servicios adquiridos se utilicen en la realización de las prestaciones de servicios mencionadas (DGT 24-1-94).
4) Están exentos los servicios prestados por un **investigador** (universidad española) a las **Comunidades Europeas** para uso oficial de estas, pudiendo el investigador deducir las cuotas soportadas en la medida en que los bienes y servicios por los que fueron soportadas se utilicen para la realización de dichos servicios (DGT 10-2-99).

2699 5) Si se realizan operaciones de **intermediación financiera** exentas, pero algunas generan el derecho a deducir el IVA soportado, puede deducir las cuotas soportadas en la medida en que los bienes o servicios se destinen a estas últimas (DGT 28-11-00).
6) Son deducibles las cuotas soportadas por la adquisición de bienes y servicios destinados a la realización de **servicios de asesoramiento y consultoría** prestados por una empresa española con destino a un empresario alemán que no dispone de establecimiento permanente en España, pues dichas operaciones, de haberse entendido realizadas en territorio de aplicación del impuesto, habrían originado el derecho a la deducción de las cuotas soportadas (DGT 9-4-99; CV 20-3-00). En el mismo sentido, para los servicios de **gestión de créditos al consumo** y créditos derivados de operaciones con tarjetas de crédito a favor de un fondo de titulización residente en Luxemburgo (DGT CV 23-11-15); así como para los servicios de **consultoría informática** para una empresa de Israel (DGT CV 10-9-20); o para la **cesión de derechos de autor** por una comunidad de bienes para una empresa francesa (DGT CV 28-10-24).
7) Resultan deducibles en su totalidad las cuotas soportadas por la importación de un buque que va a prestar servicios de **transporte entre las Islas Baleares y Barcelona** y entre las diferentes islas del archipiélago, aunque una parte del trayecto transcurra fuera de las doce millas náuticas que integran el ámbito territorial del IVA (DGT CV 29-7-99).
8) En la medida que una **entidad concesionaria del servicio de transporte municipal** realice exclusivamente operaciones sujetas y no exentas, es deducible la totalidad del impuesto soportado en la adquisición de bienes y servicios que afecte a la prestación del servicio público de transporte municipal (DGT CV 10-1-18; CV 10-1-18).

2700 9) Un **ayuntamiento** que presta el servicio de **abastecimiento de agua** de forma directa y mediante contraprestación tributaria (tasa) va a construir una potabilizadora para la mejor prestación del servicio. Dado que las operaciones de distribución de agua están sujetas y no exentas, las cuotas soportadas tienen carácter deducible (DGT CV 8-10-04). En términos similares, DGT CV 18-6-18.
Sin embargo, no son deducibles las cuotas soportadas cuando la explotación del servicio de suministro de agua haya sido cedida en **concesión administrativa** a otra entidad (DGT 1-10-96; CV 21-9-16). En el mismo sentido, las cuotas soportadas en la construcción de unas infraestructuras por un ayuntamiento que posteriormente se ceden a la entidad concesionaria para su adscripción a la concesión administrativa (DGT CV 22-8-24).
10) Una entidad que realiza operaciones sujetas y no exentas, cuyo sujeto pasivo es el destinatario de las mismas, produciéndose el mecanismo de **inversión del sujeto pasivo**, puede deducir las cuotas soportadas por la adquisición de bienes y servicios destinados al ejercicio de la actividad de que se trate (DGT CV 19-2-13; CV 16-5-25).
11) La **publicidad** inserta en los **periódicos** suministrados gratuitamente es un servicio sujeto y no exento que genera el derecho a la deducción (DGT 24-2-05).
12) La **cesión de los derechos de autor** de portadas de libros, efectuadas por una persona física establecida en el territorio de aplicación del IVA español, para una entidad establecida en la Unión Europea, no originan el derecho a la deducción, puesto que de haberse efectuado en el territorio de aplicación del IVA español habrían estado sujetas pero exentas (DGT CV 28-7-06).
En el mismo sentido, para la cesión de material artístico digital -servicios de arte digital e ilustraciones-, DGT CV 18-8-21.
Tampoco originan el derecho a la deducción las operaciones sujetas y exentas del IVA realizadas por un **colaborador** literario de periódicos, revistas y otros medios digitales (DGT CV 16-4-13).

13) Una entidad va a soportar cuotas del IVA por el arrendamiento y reforma de una casa de campo destinada a su posterior **arrendamiento como casa rural**. 2701

Si se arrienda la casa **sin prestar servicios hosteleros**, el arrendamiento estaría exento, por lo que la entidad no puede deducir las cuotas soportadas. Si **presta servicios de hostelería** (como restaurante, limpieza, etc.), el arrendamiento estaría sujeto y no exento, y por tanto sí podría deducir las cuotas soportadas (DGT CV 31-7-06). En el mismo sentido, las cuotas soportadas en la reforma de un edificio son deducibles siempre que el arrendamiento del mismo se encuentre sujeto y no exento (DGT CV 16-9-25).

14) Una entidad realiza **operaciones financieras** (cambio de moneda y cheques de viaje y transferencias) para personas físicas y empresarios o profesionales **no establecidos** en el territorio de aplicación del IVA español. Tales servicios generan el derecho a la deducción del IVA soportado siempre que el destinatario de los mismos esté establecido fuera de la Comunidad o que las citadas operaciones estén directamente relacionadas con exportaciones fuera de la Comunidad y se efectúen a partir del momento en que los bienes se expidan con tal destino, cualquiera que sea el momento en que dichas operaciones se hubiesen concertado (DGT CV 16-6-06; CV 22-1-19; CV 19-9-24).

La **intermediación** en la captación de clientes interesados en recibir financiación de una entidad establecida fuera de la Comunidad se considera una prestación de servicios realizada en el territorio de aplicación del impuesto. Si estuviese exenta del IVA, no originaría el derecho a la deducción de las cuotas soportadas en la adquisición o importación de bienes o servicios utilizados en su realización (DGT CV 10-12-19).

15) Una empresa envía mercancías de su propiedad a **almacenes aduaneros no comunitarios**, desde los cuales venderá las mercancías a los clientes de esos países. Estas exportaciones en las que no se transfiere el poder de disposición de los bienes, son operaciones cuya realización origina el derecho a la deducción (DGT CV 11-1-06).

16) Las cuotas soportadas por el coste de los servicios de mantenimiento de un **local vacío en expectativa de alquiler** son deducibles siempre que pueda acreditarse la intención, confirmada por elementos objetivos, de que dicho inmovilizado iba a destinarse al desarrollo de una actividad sujeta y no exenta, aunque, a posteriori, no sea posible dicha utilización a causa de circunstancias ajenas a la voluntad de la persona física (DGT CV 20-4-07). 2702

17) Un ayuntamiento promueve la construcción de un **polideportivo municipal**, que va a ser explotado por una empresa privada mediante una concesión administrativa o un arrendamiento. Las cuotas soportadas por el ayuntamiento son deducibles siempre que pueda acreditarse que la intención, en el momento de la promoción, era que fuese cedido, una vez finalizadas las obras, en arrendamiento (DGT CV 4-7-08).

18) Una **holding** realiza dos actividades: como holding pura constituida como centro de gasto, no sujeta al IVA, y la actividad de gestión de una sublicencia de fabricación de unos videojuegos, sujeta y no exenta. Las cuotas soportadas por gastos destinados a la utilización en ambas actividades es deducible mediante un criterio razonable y homogéneo de imputación de las cuotas correspondientes a la actividad que origina el derecho a la deducción (DGT CV 11-12-17). En el mismo sentido, respecto a una entidad que realiza, además de operaciones de transporte subvencionadas, no sujetas a IVA, otras sujetas y no exentas, por lo que podría deducir las cuotas soportadas en estas últimas (DGT CV 24-7-25). Los gastos de asesoramiento, soportados por una entidad holding mixta para la adquisición de participaciones en entidades filiales, no tienen la consideración de **gastos generales** de dicha entidad porque para ello sería necesaria la inclusión de su coste en el precio de los servicios que presta. Por ello, las cuotas de IVA soportadas por los referidos gastos no son deducibles (DGT CV 5-7-24).

19) La **agrupación de interés urbanístico** no ha podido iniciar su actividad debido a la falta de consenso con el ayuntamiento. Se puede considerar que la agrupación no ha iniciado la realización de operaciones sujetas al impuesto por causas ajenas a su voluntad, por lo que tiene derecho a la deducción de las cuotas soportadas como consecuencia de la adquisición de bienes y servicios con la intención, confirmada por elementos objetivos, de destinarlos a la realización de operaciones generadoras del derecho a la deducción (DGT CV 25-2-10).

20) Las cuotas soportadas en la adquisición y reformas de una nave industrial destinada al **arrendamiento** a terceros para su uso con fines industriales son deducibles y, en caso de no conseguir el arrendamiento inmediato de la nave, se puede solicitar la devolución de las cuotas soportadas (DGT CV 21-4-10). 2703

21) Los bitcoins, criptomonedas y demás **monedas digitales** son divisas, por lo que los servicios financieros vinculados con las mismas están exentos. Así, tanto el minado (actividad no sujeta) como las operaciones financieras exentas no confieren el derecho a la deducción del impuesto soportado para la realización de dichas actividades (DGT CV 18-6-18; CV 2-10-18).

22) Las cuotas soportadas por la adquisición de bienes o derechos necesarios para la obtención del **canon digital**, de no tener la consideración de gastos generales, no serían deducibles, sin que ello determine limitación alguna del derecho a deducir, en su caso, las cuotas soportadas por la adquisición de bienes y servicios relacionados directa y exclusivamente con la actividad gravada desarrollada por el sujeto pasivo (DGT CV 19-11-18).

23) Una sociedad recibe una comisión de una reaseguradora localizada fuera de la UE por la **intermediación en operaciones de seguro** en las que el asegurador y el asegurado se encuentran establecidos en el territorio de aplicación del impuesto. En la medida en que el consumo o uso de dicha operación no se produce en la UE, dichas operaciones se asemejan a exportaciones y, por razones de neutralidad, se permite la deducción total del impuesto. Si el uso o consumo de tales servicios no se desarrolla fuera de la UE, sino en territorio de aplicación del impuesto, no se genera tal derecho a la deducción. Por tanto, en aquellos supuestos en los que el tomador del seguro esté establecido en territorio de aplicación del Impuesto, en la medida en que el mismo, como beneficiario del seguro, es el consumidor final de dicho servicio, se entiende que dicha operación recibe el mismo tratamiento jurídico que el de una operación interna.
Cualquier solución distinta que permitiera el derecho a la deducción generaría **distorsiones en la competencia** entre operadores que prestan servicios de mediación a aseguradoras establecidas en territorio de aplicación del impuesto y los que lo prestan a otras establecidas fuera de la UE (DGT CV 27-6-11).
Las operaciones de organización de **asistencia médico-hospitalaria** prestadas por una compañía son generadoras del derecho a la deducción. En cuanto a los **servicios asistenciales,** no generan derecho a la deducción si se prestan en nombre propio, recibiendo las correspondientes facturas y repercutiendo estos servicios a las aseguradoras destinatarias. En cuanto a los servicios de **mediación** a entidades aseguradoras localizadas fuera de la UE, teniendo en cuenta que en este supuesto se cobra una comisión por la intermediación en operaciones de seguro en las que el tomador y asegurado se encuentran establecidos en territorio de aplicación del Impuesto, en la medida en que la operación de seguro sobre la que se intermedia será utilizada en territorio de aplicación del Impuesto, existen indicios que evidencian que se cumplen los requisitos que habilitan la aplicación de la cláusula establecida en la LIVA art.70.Dos.
En aquellos supuestos en los que el tomador del seguro esté establecido en territorio de aplicación del Impuesto, en la medida en que el mismo, como beneficiario del seguro, es el **consumidor final** de dicho servicio, debe entenderse que dicha operación recibe el mismo tratamiento jurídico que el de una operación interna (DGT CV 15-6-22).

2704 **24)** Una entidad tiene derecho a la deducción del importe devengado con ocasión de la **importación** de las piezas de recambios en la medida en que las mismas van a ser posteriormente enviadas a otro Estado miembro y adquiridas por otro empresario o profesional con aplicación de la exención aplicable a las entregas intracomunitarias (DGT CV 7-11-11).
25) Una empresa se dedica a la **compra de oro** a particulares y a la venta de oro materia prima a empresas mayoristas de oro. La compra de oro a los particulares se realiza sin IVA; asimismo las empresas mayoristas de oro a las que le vende materia prima compran sin repercusión del IVA, dado que se aplica en tales ventas la inversión del sujeto pasivo. No obstante, dado que la entidad soporta IVA en los gastos relativos al alquiler de locales, luz, teléfono, etc. sí puede deducir las cuotas del IVA soportadas en la adquisición de bienes y servicios utilizados en el desarrollo de su actividad económica, aunque no sea él el sujeto pasivo de las operaciones realizadas, sujetas y no exentas (DGT CV 2-2-12).
26) Las cuotas soportadas por los servicios prestados por una sociedad a sus **sociedades dependientes** pueden deducirse por estas en la medida en que tales servicios vayan a ser utilizados previsiblemente en el desarrollo de su actividad empresarial y se trate de operaciones sujetas y no exentas (DGT CV 7-3-12; CV 7-3-12).
27) Origina el derecho a deducir el IVA soportado la realización de prestaciones de servicios por **mediación** en exportaciones exentas -nº 6090- (DGT CV 28-4-15).
28) Son deducibles las cuotas soportadas con motivo de entregas de bienes y prestaciones de servicios destinadas a la actividad de **arrendamiento de un terreno** sujeto y no exento del IVA; en concreto, las de trabajos de apertura y acondicionamiento de caminos, canalizaciones y depósitos de agua (DGT CV 2-4-20).
29) En el caso de operaciones de **arrendamiento de tabletas a los alumnos**, sujetas y exentas (LIVA art.20.Uno.9º), las cuotas soportadas en la adquisición de las tabletas no son deducibles en cuantía alguna (DGT CV 3-4-20).
30) Una persona física que desarrolla la actividad de café-bar y restaurante, por la que tributa en el IVA por el régimen general, pretende organizar una **rifa de un lote de bienes** muebles: vehículos, electrodomésticos, productos alimenticios, etc., así como un viaje, cuyo coste asciende a unos 50.000 euros. Las cuotas soportadas por la adquisición de los bienes y servicios destinados al sector de actividad relativo a la rifa no son deducibles en ninguna proporción ni cuantía (DGT CV 4-11-20).

2704.1 **31)** Las entregas de bienes destinados a ser vinculados a un régimen de **depósito distinto del aduanero** y de los que estén vinculados a dicho régimen (LIVA art.24.Uno.1º.e) originan el derecho a la deducción de las cuotas soportadas para la realización de las referidas operaciones. Igualmente, si se llevaran a cabo entregas intracomunitarias de bienes y exportaciones, con motivo del abandono de los bienes del depósito fiscal y, por tanto, desvinculados del régimen de depósito distinto del aduanero, dichas operaciones originarían el derecho a la deducción (DGT CV 23-7-21).

32) Son deducibles las cuotas soportadas por los armadores que fabrican buques destinados a la flota pesquera, con motivo de la adquisición de los **derechos de pesca profesional**, siempre que dichos buques estén afectos a una actividad exenta con derecho a la deducción íntegra (LIVA art.22) y se cumplan todos los requisitos legales y reglamentarios establecidos para dicha exención (DGT CV 23-8-21).

33) La **gestión de cobro de créditos propios** no constituye una operación que forme parte del ámbito del IVA ni determina la realización de un hecho imponible en este impuesto. En estas circunstancias, tales operaciones no implican una limitación del derecho a deducir las cuotas soportadas (DGT CV 16-8-21; CV 20-2-23; CV 19-12-24).

34) Si un abogado presta únicamente servicios en el **turno de oficio** no sujetos al IVA, al no tener la consideración de empresario o profesional, no podrá practicar deducción alguna de las cuotas soportadas. Por tanto, las cuotas que soporte por la adquisición de bienes y servicios que destine, concretamente, a su actuación en el turno de oficio, no serán deducibles en ninguna medida ni cuantía (DGT CV 3-3-22; CV 9-8-23).

35) Una entidad va a importar en nombre propio una serie de mercancías que se van a vincular a un **régimen aduanero de perfeccionamiento activo** y que serán objeto de transformación (operaciones que realiza la propia entidad) mientras se encuentran vinculadas a dicho régimen. Por tanto, la entidad va a importar mercancías en nombre propio que va a emplear en la realización de prestaciones de servicios sujetos y exentos (LIVA art.24.Uno.3º.c). No obstante, se trata de prestaciones de servicios sujetas y exentas del IVA pero no limitativas del derecho a la deducción de las cuotas soportadas con motivo de la importación (DGT CV 1-8-22).

36) Las entregas de bienes que tributan al **tipo del 0%** tienen la consideración de operaciones sujetas y no exentas del IVA, que otorgan pleno derecho a la deducción (DGT CV 1-2-23).

37) Estableciendo que determinados gastos tienen la condición de **gastos generales**, el derecho a la deducción no está vinculado intrínsecamente a su correlación con una operación sujeta por la que se haya repercutido el impuesto, sino que pueden ser deducibles siempre que representen un beneficio general para el empresario o profesional (DGT CV 31-5-23).

38) Una Entidad Pública Empresarial -administradora general de infraestructuras ferroviarias- va a sustituir, por obligación legal, los pasos a nivel por pasos a distinto nivel. Para ello, subcontratará las obras de los nuevos pasos a distinto nivel, viales y accesos para, posteriormente, entregarlos a los actuales propietarios de los pasos a nivel. La entidad pública actúa en estas operaciones como empresario o profesional, siendo sujeto pasivo del IVA, por lo que tiene derecho a deducir las cuotas soportadas en la adquisición de los bienes que va a destinar a la realización de entregas sujetas y no exentas, como son los **autoconsumos de bienes** sujetos y no exentos (DGT CV 13-3-24).

39) Los costes de los servicios soportados por una operadora de productos petrolíferos para obtener los **Certificados de Ahorro Energético** (CAE) forman parte de las operaciones generales necesarias para la realización de su actividad, puesto que debe asumir la obligación de generar una cuota anual de ahorro energético. Por ello, las cuotas soportadas por dichos servicios están relacionados directa e inmediatamente con su actividad y pueden ser objeto de deducción (DGT CV 3-2-25).

40) Únicamente son deducibles las cuotas soportadas que se destinen al desarrollo de una actividad empresarial y se encuentren sujetas y no exentas de IVA. Por ello, las **entregas de prótesis dentales**, exentas del impuesto, no generan derecho a la deducción, por lo que no se pueden deducir las cuotas soportadas en operaciones de arrendamiento financiero vinculadas a dicha actividad (DGT CV 10-4-25). En el mismo sentido, las cuotas soportadas en la construcción de un centro de día por una entidad que realiza la actividad exenta de atención personalizada de personas con discapacidad (DGT CV 5-6-25). **2704.2**

41) En un programa desarrollado por una **plataforma on line**, donde, a cambio de una **reseña**, se entrega el bien objeto de la misma, existe una permuta de servicios por bienes. Por tanto, es deducible el impuesto soportado en la permuta cuya base imponible coincide, con carácter general, con el precio de los bienes objeto de reseña, siempre que cumpla con los requisitos de deducibilidad, entre los que se encuentra la obligación de estar en posesión de la factura emitida a su favor de la entrega del bien (DGT CV 10-7-25).

Jurisprudencia **1)** Las cuotas soportadas no resultan deducibles al **no haber realizado** la sociedad ni una sola **operación** de entrega de bienes o prestación de servicios objeto de su actividad en 9 años. No alteran tal conclusión los informes que acreditan que las mercancías compradas no se vendieron por la situación del mercado y la propia estrategia de la empresa, consideraciones de intencionalidad ajenas a la mecánica del impuesto (TEAC 14-1-99). En el mismo sentido se ha pronunciado el TS 31-10-07, EDJ 213217. No obstante, el TJUE sostiene que el derecho a deducir el IVA soportado en las operaciones efectuadas para la realización de un **proyecto de actividad económica** subsiste aunque la Administración tributaria sepa, desde la primera liquidación, que la actividad económica proyectada, que debía dar lugar a operaciones imponibles, no se realizará por causas no imputables al sujeto pasivo, ya que la realización de las adquisiciones con el fin probado de dedicarlas a una actividad empresarial convierten en empresario al sujeto (TJUE 8-6-00, asunto C-400/98). Ver nº 3066 s. **2705**

2) Solo puede deducirse el IVA soportado por bienes y servicios que estén directa e inmediatamente relacionados con las **operaciones sujetas** al impuesto. Cuando un sujeto pasivo presta servicios a otro sujeto pasivo que los utiliza para efectuar una operación exenta, el segundo no tiene derecho a deducir el IVA soportado, ni siquiera en el caso de que el objetivo último de la operación exenta sea la realización de una operación sujeta al impuesto (TJUE 6-4-95, asunto C-4/94). Esta necesidad de una relación directa e inmediata se ha reiterado en sentencia TJUE 8-6-00, asunto C-98/98, aunque se ha matizado al considerar que, a falta de circunstancias fraudulentas o abusivas, y sin perjuicio de las regularizaciones que eventualmente procedan, el derecho a deducir, una vez nacido, sigue existiendo cuando el sujeto pasivo, por **circunstancias ajenas a su voluntad** (modificación legislativa operada en la normativa interna), no haya podido utilizar los bienes y servicios que dieron lugar a la deducción en el marco de operaciones sujetas y no exentas (TJUE 8-6-00, asunto C-396/98; 15-1-98, asunto C-37/95).

3) Los gastos efectuados por un empresario por los servicios recibidos para realizar la **transmisión global del patrimonio empresarial** no sujeta forman parte de los gastos generales del empresario y, por tanto, están, en principio, directa e inmediatamente relacionados con el conjunto de su actividad económica. Es a la globalidad de la actividad de la empresa a lo que se destinan tales servicios y lo que debe tenerse en cuenta a efectos de la deducción del IVA soportado por ellos (TJUE 22-2-01, asunto C-408/98).

Este criterio ha sido **reiterado** por una sentencia del TJUE en la que se indica que una sociedad personalista creada únicamente con el objetivo de constituir una sociedad de capital tiene derecho a deducir el impuesto soportado por los bienes y servicios adquiridos cuando, con arreglo a su objeto social, la **única operación** de entrega de bienes o prestación de servicios realizada ha sido la transmisión de los bienes y servicios adquiridos, mediante un acto a título oneroso, a la citada sociedad de capital una vez constituida y, conforme a la legislación interna, la **transmisión de una universalidad total de bienes** no constituye una entrega de bienes ni una prestación de servicios (TJUE 29-4-04, asunto C-137/02).

No obstante, el IVA soportado por un socio de una sociedad civil de asesoría fiscal que procede a la **adquisición de una parte de la clientela** a esa sociedad con el único objetivo de traspasarla inmediata y gratuitamente a una sociedad civil de asesoría fiscal de nueva constitución, para que la misma explote profesionalmente dicha clientela, no tiene derecho a deducir el IVA soportado (TJUE 13-3-14, asunto C-204/13).

4) Procede la deducción de las cuotas de IVA soportadas por una entidad mercantil en la adquisición de bienes o servicios, en relación con operaciones no sujetas o sujetas y exentas, cuando tales bienes o servicios hayan supuesto un beneficio económico que favoreciera su actividad general. En particular, cabe deducir el IVA satisfecho por la recepción de servicios de asesoramiento en un **procedimiento expropiatorio** con la finalidad de lograr un mayor justiprecio que el inicialmente reconocido por la Administración, habida cuenta la naturaleza del bien expropiado y su relación directa de afección con la actividad propia de la empresa. Hay derecho a esa deducción del IVA soportado cuando el bien entregado o el servicio recibido a que da lugar guarde relación o suponga un **beneficio general** para el sujeto pasivo, aunque la actividad a que se dirige esté exenta o no sujeta (entrega de terrenos en virtud de un expediente de expropiación forzosa para viales, parques y jardines y obtención de una indemnización por ocupación ilegal), siempre que, además de ese beneficio general, aquí indudable, las operaciones a que se dedica quien reclama la deducción, en el marco de su actividad económica, constituyan operaciones gravadas (TS 20-12-22, EDJ 793871).

2706 **5)** Generan el derecho a la deducción las operaciones no sujetas consistentes en entregas gratuitas de **muestras y objetos publicitarios** de escaso valor (AN 2-6-00, EDJ 25158).

6) Un prestador de **servicios de telecomunicación** establecido en el territorio de un Estado miembro, puede deducir u obtener la devolución en ese Estado miembro del IVA soportado por los bienes o servicios utilizados para la prestación de sus servicios a una empresa con domicilio en otro Estado miembro, ya que de haberse prestado tales servicios en el interior del primer Estado miembro, habrían determinado el derecho a la deducción (TJUE 2-7-09, asunto C-377/08).

7) Procede considerar sujeto pasivo a una persona tras el **cese en el ejercicio de una actividad comercial**, pero que continúa abonando la renta y los gastos conexos del local que sirvió para ejercer la actividad porque el contrato de arrendamiento contiene una cláusula que impide resolverlo, permitiendo en consecuencia que dicha persona deduzca el IVA correspondiente a las cantidades pagadas por estos conceptos, siempre que exista una relación directa e inmediata entre los pagos realizados y la actividad comercial, y se haya acreditado que no existió intención de actuar de forma fraudulenta o abusiva (TJUE 3-3-05, asunto C-32/03). En el mismo sentido, respecto de las cuotas soportadas en la adquisición de bienes y servicios destinados a la realización de trabajos de restauración de terrenos, en cumplimiento de la normativa medioambiental, por una **empresa minera** con posterioridad al cese de la actividad extractiva, TEAC 11-6-08.

8) Una operación de **cesión de acciones**, prevista pero no ejecutada, cuya causa exclusiva directa no es la actividad económica imponible de la sociedad de que se trata o que no es una prolongación directa, permanente y necesaria de esta actividad económica, no está comprendida en el ámbito de aplicación del IVA. Por tanto, el IVA que grava las prestaciones de servicios de asesoramiento, con objeto de preparar la cesión de acciones, no es deducible (TJUE 8-11-18, asunto C-502/17).

9) Los **costes de los servicios de asesoramiento** a los que un sujeto pasivo ha recurrido con el fin de determinar el importe de un crédito que forma parte del patrimonio de su empresa y que se refiere a una venta de acciones celebrada antes de que el sujeto pasivo tuviera la condición de tal a efectos del IVA, no presentan, a falta de datos que demuestren que estos servicios se deben exclusivamente a la actividad económica del sujeto pasivo, una relación directa e inmediata con dicha actividad, por lo que no dan derecho a la deducción del impuesto soportado por dichos costes (TJUE 8-2-07, asunto C-435/05).

10) Se ostenta el derecho a deducir el IVA soportado por los servicios prestados por ser necesarios para una **cesión de acciones** si existe una relación directa e inmediata entre los servicios y todas las actividades económicas del sujeto pasivo. Corresponde al órgano jurisdiccional determinar si los gastos derivados de dichos servicios pueden incluirse en el precio de las acciones vendidas, en cuyo caso no habrá derecho a deducción, o si forman parte únicamente de los elementos constitutivos del precio de las operaciones relativas a las actividades económicas del sujeto pasivo, en cuyo caso procederá la deducción (TJUE 29-10-09, asunto C-29/08). En base a esta sentencia, el TS ha determinado que no son deducibles los gastos relacionados con los asesoramientos necesarios para la **adquisición de participaciones de sociedades del grupo** por una entidad holding, dado que no pueden encuadrarse en la actividad económica de la holding, que se concentra en el apoyo a las filiales mediante la prestación de servicios informáticos, contables o de asesoría (TS 1-12-16, EDJ 219652). Ver también nº 2702, punto 18. **2707**

11) El IVA soportado por la adquisición de bienes o servicios afectados a la empresa, utilizados para fines propios de la misma, pero que se traducen en **operaciones no gravadas** por el IVA, no es deducible (TJUE 12-2-09, asunto C-515/07).

12) No son deducibles las cuotas del IVA soportadas en operaciones cuya **realidad no se ha acreditado** por el sujeto pasivo. La Inspección, en su labor de comprobación e investigación, ha obtenido suficientes indicios que permiten deducir que no se trata de operaciones efectivamente realizadas (TEAC 8-9-09). En sentido similar, TEAC 23-6-09.

No procede la deducción de las cuotas soportadas en **operaciones fraudulentas**, cuya existencia debía conocer el sujeto aun no habiendo formado parte conscientemente de las operaciones (TS 28-1-13, EDJ 7193; 15-3-13, EDJ 38423).

13) El IVA soportado en un Estado miembro (EM1) por un empresario establecido en otro Estado miembro (EM2), por bienes o servicios que han sido utilizados para la realización de operaciones localizadas en el EM2 y que, de haber sido realizadas en el EM1, habrían generado el derecho a deducir, es deducible aun cuando, debido a la calificación dada a la operación en el EM2, no se haya devengado IVA en el EM2. El mero hecho de que las operaciones se hayan articulado para beneficiarse de esa **diferente calificación** en el EM1 y el EM2 no implica abuso de derecho (TJUE 22-12-10, asunto C-277/09). Este criterio ha sido asumido por el TEAC 20-6-13.

14) El IVA soportado por el arrendamiento de un **automóvil** resulta deducible al término del período al que se refiere cada uno de los pagos, siempre que exista una relación directa e inmediata entre el uso de dicho vehículo y la actividad económica del arrendatario. **2708**

En los casos de **arrendamiento financiero**, siempre que reúna las características de entrega de bienes y sea calificado como bien de inversión, si el arrendatario lo afecta en su totalidad al patrimonio de su empresa, resulta deducible el IVA soportado íntegra e inmediatamente; toda utilización del vehículo para las necesidades privadas del sujeto pasivo o de su personal o para fines ajenos a su empresa es equiparada a una prestación de servicios efectuada a título oneroso (TJUE 16-2-12, asunto C-118/11).

15) No es deducible el IVA soportado por bienes y servicios que se utilizan para una **actividad médica** exenta del IVA. Los sujetos pasivos mixtos deben calcular el IVA deducible a través de la aplicación de la regla de prorrata (TJUE auto 13-12-12, asunto C-560/11).

16) Un empresario que haya establecido un **fondo de pensiones** en forma de entidad jurídica y fiscalmente autónoma para sus trabajadores puede deducir el IVA pagado por los servicios de gestión y funcionamiento del fondo, siempre que exista un vínculo directo e inmediato con las operaciones gravadas realizadas por dicho empresario (TJUE 18-7-13, asunto C-26/12).

17) Un empresario o profesional cuyas prestaciones están exentas en virtud de una **disposición nacional contraria al derecho de la UE** no puede deducir el IVA soportado. No obstante, si la disposición del derecho de la UE vulnerada por tal exención nacional tiene efecto directo y el empresario o profesional ha repercutido el tributo, puede deducir el IVA soportado (TJUE 28-11-13, asunto C-319/12).

18) Prestación del **servicio municipal de recogida de residuos** directamente por el Ayuntamiento mediante empresa instrumental privada. El Ayuntamiento percibe directamente de los usuarios la tasa que se exige por la prestación del servicio y a su vez retribuye al prestador del servicio soportando la correspondiente cuota del IVA. No son deducibles dichas cuotas del IVA por el Ayuntamiento, pues se afectan a la realización de operaciones que no originan el derecho a deducir, al tratarse de operaciones no sujetas (TS 20-10-15, EDJ 198505).

19) Una entidad comercial realiza obras de **rehabilitación integral en un edificio** de su propiedad, para permutarlo con otro perteneciente a la Administración y de esta forma ampliar su superficie comercial; la operación está supeditada a la ejecución de las obras. El tribunal entiende que (TS 10-6-15, EDJ 105671):

- más allá de la naturaleza de las obras efectuadas, estas eran necesarias para el cumplimiento del contrato de permuta del que se derivan, pues sin su ejecución la permuta no era posible;

- dichas obras no pueden seguir el régimen establecido para los bienes de inversión, ya que el bien sobre el que se realizaron no era un bien de inversión destinado a permanecer en poder de la entidad largo tiempo, sino que su destino era salir de modo inmediato de su patrimonio.

Por lo tanto, el sujeto pasivo tiene derecho a la deducción del IVA soportado en las obras.

2708.1 **20)** El IVA soportado por la adquisición de bienes de inversión destinados a una actividad económica de **turismo rural y recreativo**, los cuales, por una parte, están directamente destinados a ser utilizados por el público de forma gratuita y, por otra parte, pueden permitir realizar operaciones gravadas, es deducible si se demuestra un vínculo directo e inmediato entre los gastos por los que se soporta el impuesto y las operaciones gravadas, o la totalidad de la actividad económica del sujeto pasivo, extremo que debe ser comprobado por el tribunal nacional (TJUE 22-10-15, asunto C-126/14).

21) No procede la deducción de las cuotas de IVA soportadas en la adquisición de un **inmueble** que se vende el mismo día, por estar sujeta y exenta sin renuncia la exención, al tratarse de una operación que no forma parte de la actividad ordinaria de la entidad vendedora (TS 16-2-16, EDJ 9683).

22) Un Ayuntamiento que actúa como intermediario en nombre propio en la prestación de servicios de **transporte escolar**, suministrando dichos servicios por un precio notoriamente inferior al pagado a las empresas de transporte por el propio Ayuntamiento, no realiza una actividad empresarial a efectos del IVA ni puede deducir el IVA soportado (TJUE 12-5-16, asunto C-520/14).

23) Los **premios en competiciones hípicas** obtenidos no constituyen contraprestación de ninguna operación sujeta al IVA. El IVA soportado en dicha actividad no es deducible (TJUE 10-11-16, asunto C-432/15).

24) Un sujeto pasivo tiene derecho a deducir el IVA soportado por una prestación de servicios consistente en construir o mejorar un bien **inmueble del que un tercero es propietario**, cuando este último se beneficia a título gratuito del resultado de esos servicios y estos son utilizados tanto por ese sujeto pasivo como por ese tercero en el marco de sus actividades económicas, en la medida en que los servicios no vayan más allá de lo que resulta necesario para permitir al referido sujeto pasivo realizar operaciones gravadas posteriormente y en que su coste esté incluido en el precio de esas operaciones (TJUE 14-9-17, asunto C-132/16).

25) Un empresario tiene derecho a deducir el IVA soportado por los gastos efectuados para las **obras de ampliación de una carretera** de propiedad de un municipio, cuando los gastos no excedan de lo necesario para permitir al empresario realizar sus operaciones económicas gravadas y siempre que el coste correspondiente a dichos gastos esté incluido en el precio de esas operaciones. En este caso, no puede considerarse que existe un autoconsumo de bienes consistente en la entrega gratuita por el empresario al municipio de las obras en cuestión (TJUE 16-9-20, asunto C-528/19).

El IVA soportado por un empresario (A), por la adquisición de bienes y servicios necesarios para su actividad económica gravada, es deducible aun cuando tales bienes y servicios se hayan puesto **gratuitamente** a disposición de un subcontratista (B) que presta servicios para A. No obstante, dicha deducción sólo es posible en la medida en que la puesta a disposición esté vinculada a la prestación de servicios por B a A (TJUE 4-10-24, asunto C-475/23).

26) Un sujeto pasivo (universidad) que ejerce actividades sujetas al IVA y actividades exentas, realiza la **inversión en un fondo** de las donaciones y dotaciones que recibe y utiliza los ingresos generados por ese fondo para cubrir los costes del conjunto de dichas actividades. No puede deducir en concepto de gastos generales el IVA soportado relativo a los gastos vinculados a dicha inversión (TJUE 3-7-19, asunto C-316/18).

2708.2 **27)** Una entidad, dedicada al **arrendamiento de vehículos**, presta otros servicios adicionales entre los que se encuentran contratos de seguros. Por su condición de operaciones de seguro (exentas), resulta no deducible una parte de las cuotas soportadas por la entidad por los servicios recibidos en relación con esas actividades de **seguro**, no accesorias a los servicios de renting, pues el servicio de cobertura de riesgos que la compañía factura de forma opcional a sus clientes es una actividad independiente del servicio de renting propiamente dicho (TEAC 21-6-21). En el mismo sentido, para el seguro de responsabilidad civil y autoseguro, TEAC 21-6-21.

28) Los servicios de **radio y televisión prestados por entes públicos**, que son financiados mediante subvenciones de la Administración pública territorial de la que dependen, sin que los usuarios satisfagan cantidad alguna por tales servicios, no constituyen prestaciones de servicios realizadas a título oneroso. En consecuencia, están fuera del ámbito de aplicación del IVA. Siguiendo el criterio del TJUE 16-9-21, asunto C-21/20, en la medida en que la entidad realiza tanto operaciones sujetas a IVA (ej. prestación de servicios de publicidad) como operaciones no sujetas, solo puede deducir las cuotas soportadas en las adquisiciones de bienes y servicios que se utilicen en operaciones sujetas y no exentas, mientras que las que correspondan a adquisiciones de bienes y servicios que se utilicen en operaciones no incluidas en el ámbito del impuesto no serán deducibles en ninguna cuantía. En cuanto a las adquisiciones que se utilicen indistintamente para ambos tipos de actividades, debe establecerse un **criterio de reparto** que refleje la parte de las adquisiciones que sean realmente imputables a cada uno de los tipos de actividad (TEAC 20-10-21; 18-3-24).

Los gastos derivados de adquisiciones de **bienes y servicios afectos** a los servicios de radio y televisión no pueden considerarse gastos generales de la actividad económica puesto que los costes incurridos no forman parte de los elementos constitutivos del precio de los servicios prestados en el marco de su actividad económica, como exige la jurisprudencia comunitaria (TEAC 23-5-23; 19-7-23).

29) A efectos de la deducción del IVA soportado, es irrelevante el hecho de que los **servicios** por los que se soportó el IVA hayan sido **adquiridos a un precio superior** al normal de mercado, y el hecho de que dichos servicios no hayan resultado en un incremento del volumen de negocios del empresario que los adquirió (TJUE 25-11-21, asunto C-334/20).
30) Las cuotas de IVA soportadas por las universidades en la actividad de **investigación básica** son deducibles, al considerarse esta actividad parte esencial de su función económica y empresarial (TS 15-12-23, EDJ 785353; 15-12-23, EDJ 780999; 12-6-24, EDJ 592746). En el mismo sentido, cambiando su criterio, TEAC 27-9-24.
31) Un empresario **promotor inmobiliario** tiene derecho a deducir el IVA soportado por los gastos relacionados con la venta de ciertos apartamentos, aun cuando dichos gastos también hayan beneficiado a un tercero, propietario de los terrenos, cuando los gastos tengan una conexión directa y principal con las operaciones gravadas realizadas por el primero y la ventaja otorgada al tercero sea sólo accesoria (TJUE 1-10-20, asunto C-405/19).
32) La Directiva IVA se opone a una práctica nacional en virtud de la cual la Administración tributaria deniega el derecho a deducir el IVA pagado por un sujeto pasivo con ocasión de la **adquisición de servicios** de otras entidades del **mismo grupo**, por razón de que esos servicios se prestaron simultáneamente a otras sociedades de ese grupo y de que su adquisición no era necesaria u oportuna, cuando se acredita que los utiliza para las necesidades de sus propias operaciones gravadas (TJUE 12-12-24, asunto C-527/23).

Deducción en función de las operaciones realizadas (LIVA art.94.uno y tres) Cuando un sujeto pasivo realiza **exclusivamente** operaciones que generan derecho a deducción, está autorizado a deducir la totalidad del impuesto soportado con arreglo a derecho (nunca en cuantía superior a la que corresponda legalmente) que haya gravado tanto los bienes de inversión como los demás bienes adquiridos y los servicios a él prestados, con las reservas establecidas por las exclusiones o restricciones del derecho a deducción previstas en determinados casos (nº 2640 s.). En la práctica, la **recuperación íntegra** del impuesto soportado alcanza a la mayoría de los sujetos pasivos. 2709
Cuando el sujeto pasivo no realiza exclusivamente operaciones que originan derecho a deducción, no puede deducir más que una **fracción del impuesto soportado**. La fracción deducible o prorrata de deducción se determina conforme a unas reglas contenidas expresamente en la normativa del impuesto (nº 2715 s.).

Ejemplos **1)** Un arquitecto, Sr. X, ha adquirido en el año N los siguientes bienes que afecta exclusiva y directamente a su actividad: 2710
- un ordenador (2.000 € más IVA);
- ha alquilado un local que utiliza exclusivamente como estudio, por 750 € al mes (más IVA).
Durante dicho año ha desarrollado su actividad prestando servicios en relación con **inmuebles ubicados** en los siguientes lugares:
- en la Península: 30.000 €;
- en Portugal: 6.000 €;
- en Canarias: 8.000 €.
Los servicios prestados por X, en su condición de arquitecto, en relación con los inmuebles radicados en la Península, están sujetos y no exentos; en cambio, los servicios realizados en relación con los inmuebles sitos en Canarias y en Portugal no están sujetos, por no entenderse realizados en el ámbito territorial de aplicación del IVA español. Sin embargo, todas esas prestaciones de servicios generan el derecho a la deducción del IVA soportado por X por la adquisición del ordenador y el alquiler del local.

2) La entidad financiera B ha efectuado las siguientes operaciones en el año N: 2711
a. ha concedido préstamos a empresarios establecidos en la Península;
b. igualmente, ha concedido créditos a empresarios y particulares de Estados Unidos, Japón y las Islas Canarias;
c. finalmente, ha concedido créditos a exportadores españoles.
La entidad B tiene su sede en Bilbao y carece de establecimientos permanentes fuera de la Península o Baleares.
En relación con los servicios prestados por B puede establecerse la siguiente clasificación:
a. la concesión de créditos a empresarios peninsulares es una operación sujeta y exenta, que no genera el derecho a deducir;
b.1. la concesión de créditos a empresarios y particulares de Estados Unidos y Japón es una operación no sujeta que genera el derecho a la deducción del IVA soportado por la entidad B. Lo mismo cabe decir de la concesión de créditos a empresarios canarios;
b.2. la concesión de créditos a particulares canarios es una operación sujeta y exenta que, a nuestro entender, genera el derecho a deducir el IVA soportado (los servicios de operaciones bancarias o financieras para consumidores finales de Canarias, Ceuta y Melilla, están sujetos y exentos, pero consideramos que su calificación como servicios cuya realización origina el derecho a deducir no ha cambiado). Esta interpretación no se ajusta al tenor literal de la LIVA, pero parece más conforme con la normativa comunitaria (Dir 2006/112/CE art.169.c), por lo que la consideramos más acertada;

c. la concesión de créditos a exportadores españoles es también una operación sujeta y exenta que genera el derecho a deducir.
De acuerdo con lo anterior, la entidad B debe aplicar la regla de prorrata (nº 2715 s.) para determinar en qué medida puede deducir el IVA soportado.

2712 3) H, **centro hospitalario** español, efectúa una **entrega de plasma** para un hospital francés por 100.000 €. El hospital francés ha comunicado un NIF/IVA de aquel país y se ha encargado de transportar el plasma hasta Francia.
Se produce la concurrencia de dos exenciones, una plena y otra limitada, aplicables a una misma operación. En efecto, a la entrega del plasma le es de aplicación la exención interna de carácter limitado y que no genera el derecho a deducir (nº 845), y también la prevista para las entregas intracomunitarias de bienes y que sí genera dicho derecho (nº 5215 s.).
Hay que decidir, por tanto, si esta operación en concreto genera o no el derecho a deducir, dado que la LIVA no ofrece criterio alguno al respecto. A nuestro entender, y por razones de neutralidad, el criterio debe ser que no existe aquí o no se genera el derecho a deducir, es decir, que prima la exención limitada, ya que, si el tratamiento es distinto cuando se compra el plasma en el interior del país que cuando se compra en otro Estado miembro de la UE, se podría producir una distorsión en el funcionamiento del mercado de este tipo de productos por razones puramente fiscales, lo que no parece aceptable. Este criterio ha sido confirmado por el TJUE (nº 854).
4) Una empresa española se dedica al **transporte en ambulancia de enfermos** y heridos. Durante el año ha desarrollado su actividad en España y Portugal, aunque carece de establecimientos permanentes fuera del territorio español. La entidad ha soportado IVA español en adquisiciones de bienes y servicios de 600 €.
La empresa realiza las siguientes operaciones:
- transporte de enfermos y heridos en España: operación sujeta y exenta que no genera el derecho a la deducción (nº 855);
- transporte de enfermos y heridos en Portugal: operación no sujeta, ya que no se entiende realizada en el territorio del IVA español (LIVA art.70.uno.2º.a), considerándolo como transporte de pasajeros. Ahora bien, esta operación, de estar sujeta, no habría generado el derecho a la deducción, por lo que hay que entender, interpretando a sensu contrario la normativa, que no genera dicho derecho.
Por tanto, la empresa no puede deducir en ninguna medida el IVA soportado.

1. Regla de prorrata

(LIVA art.102 a 106)

2715 Cuando un sujeto pasivo realiza de manera exclusiva operaciones que generan derecho a deducción, puede deducir la totalidad del impuesto soportado en la adquisición de los bienes y servicios necesarios para su actividad empresarial o profesional. Por contra, si solamente realiza operaciones que no generan derecho a deducción, no existe tal derecho, por lo que la deducción es del 0% del impuesto que soporte.
Cuando los sujetos pasivos realizan operaciones que generan el derecho a la deducción y otras que no generan tal derecho, las cuotas soportadas solo pueden deducirse en una **proporción determinada** (prorrata), que se calcula conforme a determinadas reglas.
No obstante, los sujetos pasivos pueden deducir íntegramente las cuotas soportadas en las adquisiciones o importaciones de bienes o prestaciones de servicios en la medida en que se destinen a la realización de los **autoconsumos** consistentes en:
- cambio de afectación de existencias de un sector a otro diferenciado de su actividad empresarial o profesional (nº 239); o
- la afectación o cambio de afectación de bienes para su utilización como bienes de inversión (nº 241).
La regla de prorrata presenta dos **modalidades**:
a) La **general** (nº 2730 s.), que es la que se aplica siempre que no proceda la prorrata especial. Supone calcular, para el IVA soportado por todos los bienes y servicios adquiridos, un único porcentaje de deducción tomando en consideración, para su cálculo, todas las operaciones efectuadas por el empresario y prescindiendo de la afectación o utilización concreta de cada bien o servicio adquirido.
b) La **especial**, que solamente es aplicable en determinados casos (nº 2775 s.). Toma en consideración la afectación real de cada bien o servicio adquirido, de forma que solo en los casos en que efectivamente un bien o servicio es utilizado simultáneamente en operaciones que generan el derecho a la deducción y en operaciones que no generan dicho derecho, se procede al cálculo concreto de una prorrata de deducción, de acuerdo con las normas de la prorrata general.

Precisiones En la normativa comunitaria (Dir 2006/112/CE) la regla de prorrata solo se refiere a la deducción del IVA soportado por bienes y servicios que se utilizan únicamente para la **actividad empresarial** (la cual comprende tanto operaciones que generan derecho a deducción como otras que no generan dicho derecho, como ocurre con las operaciones exentas). Por el contrario, no resulta aplicable dicha regla cuando los bienes y servicios por cuya adquisición se soportó el IVA se utilizan tanto en una actividad empresarial como en otra que no tiene dicho carácter. Para este caso, indica el TJUE que corresponde a los Estados miembros determinar las reglas de deducción, si bien el método de cálculo establecido debe reflejar objetivamente la parte de los gastos soportados que es realmente imputable a cada una de estas actividades (TJUE 13-3-08, asunto C-437/06). Ver nº 2522 precisión 6.

Doctrina Administrativa Además de las siguientes contestaciones de la DGT, ver nº 11000 s. 2716

1) Una sociedad mercantil, que se dedica a la **administración del patrimonio propio**, inicia actividades de gestión de **patrimonios ajenos**. No originan el derecho a deducir las cuotas impositivas soportadas por la gestión de la cartera de valores propia, por tratarse de una operación no sujeta al impuesto y no incluida entre las que atribuyen el mencionado derecho a deducir las cuotas soportadas. Respecto a los servicios de gestión de valores de terceros mediante contraprestación, puede deducir las cuotas soportadas aplicando la regla de la prorrata (DGT 6-7-88).

2) Tiene que aplicar la regla de prorrata un **cantante** que efectúe conjuntamente prestaciones de servicios que originan derecho a la deducción (actuaciones musicales en conciertos, sujetas y no exentas del IVA) y otras operaciones de análoga naturaleza que no habiliten para el ejercicio del citado derecho (cesiones de derechos de autor, sujetas pero exentas del impuesto) (DGT CV 26-5-20).

3) Los **arrendamientos financieros** (leasing) con opción de compra tienen la consideración de entrega de bienes desde el momento en que el arrendatario se compromete a ejercitar la opción de compra del bien arrendado.

En estos supuestos existen **dos operaciones** a efectos del IVA:

- una entrega de bienes, que normalmente origina el derecho a la deducción;
- una prestación de servicios, consistente en la concesión de un crédito, por la que la entidad permite a sus clientes aplazar el pago del precio de la operación, y cuya contraprestación está constituida por el importe de la carga financiera (intereses) exigible. Esta operación no origina derecho a deducción, por estar exenta.

Las cuotas soportadas por la adquisición o importación de bienes o servicios que se utilicen tanto en la realización de las operaciones que originan el derecho a la deducción como a aquellas que no lo hacen, pueden ser deducidas en el porcentaje resultante y por el procedimiento correspondiente a la regla de prorrata general (DGT 22-12-94).

4) Las cuotas del IVA soportadas en la adquisición de bienes y servicios para la realización de **actividades no sujetas** (por actuar como consumidor final) no son deducibles y el volumen de operaciones que corresponda a estas operaciones no sujetas no forma parte de la fracción de la prorrata, si esta fuera aplicable. No procede la aplicación del sistema de prorrata de deducción por la sola realización de las operaciones no sujetas indicadas (DGT CV 6-2-07). Ver, no obstante, nº 2522 precisión 6) y TJUE 13-3-08, asunto C-437/06, en el nº 2613. 2717

5) Una persona física es propietaria de un **solar** que no está afecto a una actividad empresarial o profesional. Tiene la intención de transmitirlo a un promotor de edificaciones **a cambio de pisos y locales** comerciales, construidos sobre el solar, que le entregará el promotor y que los destinará a su arrendamiento. La entrega del solar, al no estar este afecto a actividad alguna, no está sujeta al IVA, sino al ITP y AJD. Dicha entrega constituye un pago anticipado de las entregas de las futuras viviendas y locales, que sí están sujetas y no exentas del IVA, devengándose el mismo por dicho pago anticipado.

Los **arrendamientos** de locales (sujetos y no exentos) originan derecho a deducir, pero no los de viviendas (sujetos y exentos). Procede, por tanto, la aplicación de la regla de la prorrata (DGT 7-4-99).

6) Una sociedad, que ha realizado la **promoción de edificaciones** para su venta, va a proceder al **arrendamiento** de alguna como **vivienda**. El cambio de afectación de viviendas del sector de la promoción al sector del arrendamiento es determinante de un **autoconsumo de bienes**. Asimismo, se pueden deducir íntegramente, si no lo hubiera hecho con anterioridad, las cuotas soportadas correspondientes a las edificaciones promovidas que vayan a destinarse a las operaciones de autoconsumo. No obstante, esta deducción complementaria solamente resulta aplicable si la actividad promotora realizada no hubiera sido determinante del total derecho a la deducción del impuesto soportado, no afectando en ninguna medida al impuesto devengado por la realización del autoconsumo, ni a la posible deducibilidad de este último, que no es procedente en ninguna cuantía al ser el arrendamiento para uso exclusivo como vivienda una operación no generadora del derecho a la deducción del Impuesto (DGT CV 9-4-08; CV 25-11-08; CV 6-9-13). No obstante, ver DGT CV 19-2-10 en el nº 8823. 2718

7) Respecto de la deducibilidad de las cuotas soportadas por la **reforma de una vivienda** y suponiendo que no se aplica la modalidad especial de la regla de la prorrata, resulta procedente con arreglo al porcentaje de prorrata general que se haya determinado a lo largo de los años en que se soportaron las cuotas del impuesto por dicha reforma. A tales efectos, la entidad debe computar como operación generadora del derecho a la deducción la **venta del inmueble** si efectúa la renuncia a la exención en la prorrata del año de venta.

Las cuotas soportadas por la reforma se deducen de acuerdo con los diferentes porcentajes de prorrata que correspondan a los ejercicios durante los cuales se efectuó la reforma (DGT CV 4-8-10).

8) Una empresa ha transmitido el único inmueble de su propiedad mediante una **expropiación forzosa exenta** por destinarse a viales. Ha soportado gastos de asesoramiento en la expropiación, por los que se ha repercutido el impuesto. Posteriormente, ha comenzado a desarrollar una actividad de intermediación en alquileres de inmuebles.

Si aplica la regla de prorrata general, el IVA soportado por los servicios de asesoramiento es deducible en la proporción correspondiente, aunque dichos servicios se hayan utilizado únicamente para la realización de una actividad exenta que no genera el derecho a deducir (DGT CV 19-11-10).

2719 **9)** Si una entidad realiza exclusivamente operaciones sujetas y no exentas junto con **operaciones no sujetas**, no debe aplicar el régimen de prorrata (DGT CV 11-3-14).

10) Una entidad que presta servicios de publicidad, promoción, distribución y comercialización de una tarjeta prepago, realiza tanto **operaciones sujetas y exentas** (comisiones de distribución y comercialización de las tarjetas de pago) como **operaciones sujetas y no exentas** (promoción y publicidad), es decir, sin derecho y con derecho a deducción. En este caso, tiene que aplicar la regla de prorrata en su actividad (DGT CV 20-1-15).

11) Una entidad **holding mixta** tiene, en principio, derecho a la deducción del IVA soportado en la adquisición de bienes y servicios (gastos por asesoría e intermediarios financieros relacionados con la OPA sobre las acciones de su entidad participada) que estén relacionados con la prestación de servicios a su entidad filial, en definitiva, con la prestación de servicios de gestión sujetos (DGT CV 20-12-19; CV 30-4-20). Ver, no obstante, DGT CV 5-7-24 en el nº 2702.

2722 Jurisprudencia **1)** Los gastos efectuados por una sociedad **holding** por los distintos servicios utilizados en relación con la adquisición de participaciones en una filial, forman parte de sus gastos generales y, por consiguiente, presentan en principio una relación directa e inmediata con el conjunto de su actividad económica. Así, si la sociedad holding realiza indistintamente operaciones con derecho a deducción y operaciones que no conllevan tal derecho, únicamente puede deducir la parte de las cuotas del IVA que sea proporcional a la cuantía de las operaciones mencionadas en primer lugar (TJUE 27-9-01, asunto C-16/00). Ver el nº 9544.

Los gastos relacionados con la **adquisición de participaciones** en sus filiales soportados por una sociedad de cartera que únicamente participa en la gestión de algunas de estas y que, respecto de las demás, no ejerce ninguna actividad económica, solo forman parte parcialmente de sus gastos generales, de modo que el IVA abonado por esos gastos solo puede deducirse en proporción a los que son inherentes a la actividad económica, según los criterios de reparto definidos por los Estados miembros, quienes, en el ejercicio de esa facultad, deben tener en cuenta la finalidad y la sistemática de la normativa comunitaria y, en virtud de ello, establecer un método de cálculo que refleje con objetividad la parte de imputación real de los gastos soportados a la actividad económica y a la actividad no económica (TJUE 5-7-18, asunto C-320/17).

Una sociedad holding no puede deducir el IVA soportado por bienes y servicios que no guardan **relación directa** con las operaciones gravadas de la sociedad holding, sino con las actividades exentas de sus filiales (TJUE 8-9-22, asunto C-98/21).

2) Una **holding mixta** posee participación en varias filiales a algunas de las cuales presta **servicios de gestión**. Se trata de servicios que se retribuyen en función de los costes incurridos y de las perspectivas de negocio de las filiales en las que participa. En el ejercicio regularizado solo factura servicios a una de sus filiales, aunque manifiesta prestar servicios a todas ellas. La entidad realiza, en consecuencia, una actividad económica por la prestación de servicios retribuidos a la única filial con la que se relaciona de este modo, y otra no económica, constituida por los servicios que no son facturados a las filiales. Esto resulta en una limitación de su derecho a la deducción de las cuotas soportadas. La deducción del IVA soportado por los gastos generales en que se incurre para el desarrollo de la actividad de la entidad debe efectuarse, por tanto, conforme a un criterio de reparto que considere la actividad económica y no económica desarrollada por la sociedad (TEAC 26-2-20).

Una **sociedad de cartera mixta**, que interviene continuadamente en la **gestión de sus filiales**, está autorizada a deducir el IVA soportado en relación con la adquisición de **servicios de consultoría** en materia de prospección de mercado con miras a adquirir participaciones sociales en otra sociedad, incluso cuando esta adquisición de participaciones finalmente no se haya producido. No obstante, no está autorizada a deducir el IVA soportado en relación con la comisión pagada a una entidad de crédito por la organización y la estructuración de un empréstito de obligaciones destinado a realizar inversiones en un sector determinado, cuando tales inversiones finalmente no se hayan materializado y la totalidad del capital obtenido por medio de ese empréstito se haya entregado a la sociedad matriz del grupo en forma de préstamo (TJUE 12-11-20, asunto C-42/19).

3) La regla de prorrata es aplicable únicamente a la deducción del IVA soportado por bienes y servicios utilizados tanto para la realización de operaciones gravadas, como de operaciones exentas. Por el contrario, el IVA soportado por **bienes y servicios utilizados** únicamente para la realización de operaciones gravadas es íntegramente deducible; para la realización de operaciones exentas, no es posible su deducción en ningún caso (TJUE 6-9-12, asunto C-496/11).

Se ajusta a la Directiva del IVA una normativa nacional que no autoriza la deducción del IVA soportado para la adquisición de bienes o servicios utilizados para las necesidades de actividades exentas y que prevé, en consecuencia, que el derecho a deducir el IVA de un sujeto pasivo mixto se calcule a partir de una parte proporcional correspondiente a la relación entre el importe de las operaciones que dan derecho a la deducción y el importe total de las operaciones realizadas a lo largo del ejercicio de que se trate, incluidas las prestaciones médico-sanitarias exentas (TJUE 14-4-21, asunto C-573-20).

4) Los Estados miembros pueden calcular la prorrata de deducción del IVA soportado por una operación determinada, como es la **construcción de un inmueble de uso mixto**, mediante un criterio de reparto distinto del basado en el volumen de negocios, a condición de que el método seleccionado garantice una determinación más precisa de dicha prorrata de deducción (TJUE 8-11-12, asunto C-511/10).

a. Prorrata general

(LIVA art.104)

En esta modalidad, la **cuantía del impuesto deducible** se calcula aplicando un porcentaje (prorrata) al impuesto total soportado por la adquisición de todos los bienes y servicios utilizados en la actividad o en un sector diferenciado de la misma, sin tener en cuenta el destino o utilización efectiva de cada uno de los bienes y servicios, es decir, sin tener en cuenta si se utilizan efectivamente en operaciones que originan el derecho a deducir o en otras que no lo originan. 2730

La deducción se determina globalmente en cada **período de liquidación**, mediante la aplicación del referido porcentaje al impuesto soportado.

IVA deducible = IVA soportado × P%

En el impuesto soportado **no se computan** las cuotas que no sean deducibles:
- en virtud de las limitaciones del derecho a deducir (nº 2605 s.);
- en virtud de las exclusiones y restricciones del derecho a deducir (nº 2640 s.).

Tampoco se incluyen las cuotas que **no reúnan los requisitos** indicados en nº 2535 s. Así, por ejemplo, las cuotas del IVA soportadas en otros Estados miembros de la UE, o las cuotas que todavía no se han devengado con arreglo a Derecho, o las cuotas respecto de las cuales el sujeto pasivo no esté en posesión del documento que justifique el derecho a la deducción.

Ámbito de aplicación (LIVA art.103.dos) La prorrata general es más tosca que la especial, pero presenta la **ventaja** de la mayor simplicidad en cuanto a su determinación. Probablemente, es esta ventaja de simplicidad de cálculo de la prorrata general sobre la especial la que ha llevado al legislador a configurarla con carácter general o residual, de manera que procede siempre la aplicación de la prorrata general, salvo en dos casos: 2731

a) Que el sujeto pasivo **opte** por la aplicación de la prorrata especial (nº 2778).

b) Que la aplicación de la prorrata general suponga un **notorio perjuicio** para los intereses del Tesoro, por exceder el importe de las cuotas deducibles por aplicación de la prorrata general en un 10% del que resultaría de la aplicación de la prorrata especial.

La **aplicación** de la prorrata general puede traducirse en una situación de ventaja o desventaja para el sujeto pasivo, en comparación con la que se daría si se tuviera en cuenta la afectación real de los bienes y servicios. Si la situación es de **desventaja**, el sujeto pasivo tiene que asumirla, ya que el legislador le ha ofrecido la alternativa de optar por la prorrata especial, que no ha utilizado. Si lo que se produce es una situación de **ventaja**, el legislador, consciente de que implica un correlativo perjuicio para la Hacienda Pública, solo la admite hasta un cierto límite, superado el cual impone obligatoriamente la prorrata especial.

Esto último supone, implícitamente, que el sujeto pasivo debe **calcular** siempre el montante de las cuotas deducibles por aplicación de la prorrata especial: si ha optado por ella, porque es la que debe aplicar; si no lo ha hecho, porque tiene que comprobar que no se supera el límite señalado.

Porcentaje o prorrata de deducción (LIVA art.104.dos) Este porcentaje es el resultado de multiplicar por cien la siguiente fracción: 2733

a) En el **numerador**: el importe total, durante el año natural que corresponda, de las entregas de bienes y prestaciones de servicios (operaciones) realizadas por el sujeto pasivo en el ejercicio de su actividad empresarial o profesional, que generan derecho a la deducción (nº 2692 s.).

b) En el **denominador**: el importe total, durante el mismo período, de todas las entregas de bienes y prestaciones de servicios (operaciones) realizadas por el sujeto pasivo en el ejercicio de su actividad empresarial o profesional, incluidas, por tanto, las que no generan el derecho a deducir el IVA soportado.

$$P = \frac{\text{Importe total anual de operaciones con derecho a deducción}}{\text{Importe total anual de todas las operaciones}} \times 100$$

El resultado, de no ser exacto, se **redondea por exceso** a la unidad superior.
Los importes anuales que intervienen en la fracción se calculan por **años naturales**.

Ejemplo Un sujeto pasivo presenta en el año considerado estos datos:
- operaciones que generan derecho a deducción: 1.000 €;
- operaciones totales: 1.500 €.

Por tanto, el porcentaje de prorrata se calcula: 1.000/1.500 × 100 = 66,67%, que redondeado por exceso resulta una prorrata de deducción del 67%.

2734 **Reglas generales** (LIVA art.104) Asimismo, en el cálculo de la prorrata han de tenerse en cuenta unas reglas relacionadas con:
- las operaciones realizadas (nº 2734.1);
- las operaciones excluidas del cómputo (nº 2735);
- el importe total anual de operaciones (nº 2736); y
- la imputación temporal de las operaciones (nº 2737).

Precisiones **1)** Ver doctrina administrativa en el nº 2747 s.
2) Respecto a las **reglas especiales**, ver el nº 2746 s.

2734.1 **Operaciones realizadas** (LIVA art.104.dos) Solo se computan las operaciones realizadas por el sujeto pasivo en el desarrollo de su **actividad** empresarial o profesional o, en su caso, del sector diferenciado que corresponda.
Las únicas **subvenciones** que se computan en el cálculo de la prorrata, tanto en el denominador como en el numerador de la fracción, son las que se integran en la base imponible de las entregas de bienes o prestaciones de servicios realizadas por el sujeto pasivo, bien porque constituyan directamente la contraprestación de tales operaciones, o bien porque están directamente vinculadas al precio de las mismas. A estos efectos, se consideran subvenciones vinculadas al precio las que se conceden por un tercero distinto del proveedor y del destinatario, con anterioridad a la realización de las operaciones, y se fijan en función del número de unidades vendidas o del volumen de servicios prestados (nº 1761 s.).

Jurisprudencia **1)** Respecto a los **entes duales** que realizan actividades sujetas y no sujetas al IVA, para determinar el porcentaje de deducción debe atenderse a la proporción que representa el importe total de las entregas de bienes y prestaciones de servicios de las operaciones sujetas, respecto del total de ingresos que obtenga la entidad en cada año natural por el conjunto de su actividad, incluyendo las subvenciones recibidas puesto que son ingresos percibidos por el ente por su actividad (TEAC 27-3-25; 25-4-25).
2) Una **entidad holding** mixta realiza actividades económicas -gestión y asesoramiento- y no económicas -participación en entidades-. Para el cálculo del porcentaje de deducción de las cuotas soportadas en la adquisición de bienes y servicios comunes a ambas actividades debe atenderse a la proporción de los ingresos generados en la actividad económica -sujeta a IVA- respecto del total de ingresos obtenidos, excluyendo los derivados de operaciones accesorias o extraordinarias. Como los **dividendos** representan los ingresos procedentes de la tenencia de participaciones y valores -actividad no sujeta-, su importe debe tenerse en cuenta a efectos de cuantificar dicha proporción, incluyéndolos en el denominador de la fracción (TEAC 27-3-25).

2735 **Operaciones excluidas** (LIVA art.104.tres) No se computan en el numerador ni en el denominador de la fracción las siguientes operaciones o conceptos:
a) Las realizadas desde **establecimientos permanentes** situados fuera del territorio de aplicación del impuesto.
b) Las propias **cuotas del IVA** que hayan gravado las entregas de bienes o prestaciones de servicios indicados en el nº 2733.
c) El importe de las entregas y exportaciones de **bienes de inversión usados** por el sujeto pasivo en su actividad (reventas de estos bienes).
d) El importe de las **operaciones financieras**, exentas o no (nº 960 s.), así como las **inmobiliarias**, siempre que unas u otras no constituyan actividad habitual del sujeto pasivo (los arrendamientos siempre lo son).
e) Las **operaciones no sujetas** al impuesto (nº 270 s.).
f) Las operaciones de **autoconsumo de bienes** consistentes en la afectación o cambio de afectación de bienes para su utilización como bienes de inversión (nº 239).

Importe anual de operaciones (LIVA art.104.cuatro) Por importe total anual de operaciones se entiende, a estos efectos, la suma de las **contraprestaciones** totales que les correspondan (nº 1703 s.). En la aplicación de esta regla hay que tener en cuenta que: 2736

- también rige para las operaciones exentas y las no sujetas al impuesto;
- debe computarse la base imponible del IVA en las operaciones cuya contraprestación resulte **inferior** a aquella, como puede ocurrir en las operaciones vinculadas;
- cuando se trate de entregas con destino a **otros Estados miembros o exportaciones definitivas**, en defecto de contraprestación, se toma como importe de la operación el valor de mercado en el interior del territorio de aplicación del impuesto de los productos entregados o exportados.

Imputación temporal (LIVA art.104.seis) La imputación temporal de las operaciones (momento en que se consideran realizadas) se efectúa de acuerdo con las normas de devengo del impuesto (nº 1200 s.). 2737

Ejemplos 1) Calcular el porcentaje o prorrata de deducción que procede por las siguientes operaciones de un empresario realizadas durante un año (todos los importes se toman sin incluir el IVA que, en su caso, gravó la operación): 2739

Venta de la vivienda particular	10.000,00
Ventas sujetas y no exentas	30.000,00
Servicios exentos del impuesto:	
- con exención limitada	5.000,00
- con exención plena (exportaciones)	20.000,00
Ventas de bienes de inversión usados	8.000,00

Con los datos anteriores, conforme lo indicado en el nº 2733 s., la prorrata del año sería:

Operaciones con derecho a deducción:	
Ventas sujetas y no exentas	30.000,00
Servicios con exención plena	20.000,00
Total	50.000,00
Total de operaciones a computar:	
Ventas sujetas y no exentas	30.000,00
Servicios con exención limitada	5.000,00
Servicios con exención plena	20.000,00
Total	55.000,00

$$\text{Prorrata} = \frac{50.000,00}{55.000,00} \times 100 = 90,90\%, \text{ redondeando, } 91\%$$

Notas: 1) La venta de la vivienda del empresario no se computa a ningún efecto, ya que se trata de una operación ajena a la actividad empresarial. Si el inmueble hubiese estado afecto a la actividad, tampoco se computaría en ninguno de los términos de la fracción cuando se tratase de una operación atípica o inhabitual del empresario, pero sí en caso opuesto.
2) Las operaciones con exención plena se tienen en cuenta tanto en el numerador como en el denominador de la prorrata; no así las operaciones con exención limitada, que solo se computan en el denominador.
3) Las ventas de bienes de inversión usados (por ejemplo, maquinaria, ordenadores, etc.) no influyen al calcular la prorrata.

2) La empresa EFL, establecida en Sevilla y dedicada al arrendamiento de viviendas y locales y a la venta de electrodomésticos, cuenta con un establecimiento permanente en Francia. En el año n ha efectuado las siguientes operaciones (todas se efectúan desde la sede en Sevilla, salvo que expresamente se indique otra cosa): 2740

1. Ha vendido electrodomésticos a clientes domiciliados en la Península por 100.000 € (más IVA).
2. Ha vendido 10 ordenadores que ha venido utilizando en su actividad global de arrendamiento y de venta de electrodomésticos. El precio de cada uno de dichos ordenadores cuando fueron adquiridos fue de 4.000 €. Los ordenadores han sido utilizados por la empresa durante 7 años. El importe obtenido en la venta ha sido de 10.000 € (más IVA).
3. Ha realizado, desde su establecimiento permanente en Francia, ventas de electrodomésticos por importe de 25.000 € a clientes franceses. Los gastos asociados con tales ventas recaen directa y exclusivamente sobre el establecimiento permanente ubicado en Francia.
4. Ha suministrado de forma gratuita, conforme al convenio colectivo, el servicio de comedor a sus empleados en Sevilla. El coste de tal servicio para EFL asciende a 15.000 €.
5. Ha enviado varios electrodomésticos desde la sede en Sevilla hasta el establecimiento permanente en Francia. Los electrodomésticos fueron adquiridos por EFL a proveedores españoles por 10.000 €.
6. Excepcionalmente, ha concedido un aplazamiento en el pago a uno de sus clientes, a cambio del pago de intereses que ascienden a 2.000 €.

7. Ha efectuado operaciones de arrendamiento de locales por 35.000 € (IVA excluido) y de arrendamiento de viviendas por 15.000 €.
8. Ha percibido una subvención de 5.000 € de la Junta de Andalucía, concedida para fomentar la actividad de las empresas andaluzas en el extranjero.
EFL ha soportado IVA en España por 20.000 €. Los bienes y servicios adquiridos se utilizan indistintamente en las actividades de arrendamiento y venta de electrodomésticos.

2741 En este caso, EFL debe aplicar la regla de prorrata para determinar el importe de las cuotas del IVA soportadas en España que puede deducir, pues dicha empresa realiza tanto operaciones que generan el derecho a la deducción como otras que no lo generan. En la determinación de la prorrata de deducción hay que tener en cuenta lo siguiente:
1. El importe de la venta de electrodomésticos a clientes de la Península se computa en el numerador y en el denominador, pues se trata de operaciones que generan el derecho a deducir el IVA soportado. No se tienen en cuenta las cuotas del IVA que hayan gravado tales ventas.
2. Los ordenadores vendidos eran para EFL bienes de inversión. Por tanto, el importe de su venta no se tiene en cuenta a efectos del cálculo de la prorrata.
3. Las operaciones efectuadas desde el establecimiento permanente situado en Francia tampoco se tienen en cuenta, pues los costes de tales operaciones recaen exclusivamente sobre el establecimiento permanente francés. Aunque dichos costes hubieran recaído en el establecimiento de Sevilla, esas operaciones tampoco se tendrían en cuenta para el cálculo de la prorrata.
4. No se computa el coste del suministro gratuito del servicio de comedor, pues se trata de una prestación de servicios obligatoria y gratuita, no sujeta al IVA (nº 365).
5. El envío de electrodomésticos a Francia constituye una operación asimilada a entrega intracomunitaria, exenta del IVA con derecho a deducción (se supone que se cumplen los requisitos para la exención: nº 5225). Asumiendo que el valor de mercado es el pagado por EFL cuando se adquirieron los electrodomésticos, esto es, 10.000 € (nº 2736), es esta cantidad la que se tendrá en cuenta a efectos de prorrata. Por lo tanto, dicho importe se computa tanto en el numerador como en el denominador de la prorrata.
6. Los intereses recibidos suponen la contraprestación del aplazamiento de pago, que está exenta del impuesto. Como es una operación excepcional, hay que entender que la misma no puede ser considerada como actividad habitual de EFL y, por tanto, el importe de los intereses recibidos no se toma en cuenta a efectos de prorrata.
7. El importe de los arrendamientos de locales se computa en el numerador y en el denominador (operación gravada con derecho a deducción); el de los arrendamientos de viviendas solo en el denominador (operación exenta sin derecho a deducción).
8. El importe de la subvención no se computa a efectos de prorrata.
El porcentaje de deducción aplicable es:
[(100.000 + 35.000 + 10.000) / (100.000 + 35.000 + 10.000 + 15.000)] × 100 = 91%.
Por lo tanto, el IVA deducible es: 20.000 × 91% = 18.200 €.

2743 Jurisprudencia 1) En las **entidades bancarias** se debe incluir en el denominador de la prorrata el volumen de operaciones de transmisión de valores con pacto de recompra no opcional. Sin embargo, no se deben incluir las operaciones no habituales que consistan en la cesión de sucursales bancarias (TEAC 2-2-05).
2) La realización habitual de las operaciones de financiación y de seguros realizadas por la entidad **holding** son consideradas como actividad principal y no accesoria, lo que conlleva que los ingresos recibidos por esta deban incluirse en el denominador de la prorrata y la existencia de sectores diferenciados en la entidad (TS 1-12-16, EDJ 219652).
3) Las **subvenciones de explotación** para cubrir el déficit no forman parte de la base imponible; no son contraprestación de dichas operaciones. Tampoco afectan a la prorrata de deducción (TS 15-6-06, EDJ 253435; 17-2-16, EDJ 9682; 27-3-24, EDJ 530021).
4) Un Estado miembro puede obligar a un **banco** que ejerce, entre otras, actividades de **arrendamiento financiero**, a no incluir, ni en el numerador ni en el denominador de la prorrata, la totalidad de las rentas abonadas por sus clientes en el marco de los contratos de arrendamiento financiero, sino únicamente la parte de aquellas que corresponda a intereses, cuando la utilización de los bienes y servicios de uso mixto venga ocasionada sobre todo por la financiación y la gestión de dichos contratos (TJUE 10-7-14, asunto C-183/13).
5) La consideración como habitual de la actividad de **compra y venta de la participación en filiales**, hace que sus ingresos se deban tener en cuenta para hallar la prorrata (TS 12-5-16, EDJ 64572).
6) El derecho de la UE se opone a que, cuando un Estado miembro autoriza a los **sujetos pasivos mixtos** a efectuar la deducción del IVA soportado según el procedimiento de afectación real de los bienes y servicios, dicho Estado miembro aplique, respecto de los sectores en los que tales sujetos pasivos realicen únicamente operaciones gravadas, la regla de prorrata incluyendo las subvenciones no vinculadas al precio en el denominador (TJUE 16-2-12, asunto C-25/11).

2744 **7)** Una sociedad, cuya sede está ubicada en un Estado miembro, no puede tomar en consideración, para determinar su prorrata de deducción, el volumen de negocios realizado por sus **establecimientos permanentes** establecidos en otros Estados miembros o en Estados terceros, ni siquiera cuando dicha sociedad aplica la regla de deducción según sectores diferenciados de la actividad (TJUE 12-9-13, asunto C-388/11).

8) La obligación impuesta a los Estados miembros por la normativa comunitaria de permitir el **redondeo** del porcentaje de prorrata de deducción a la unidad superior, solo es aplicable en el caso de la prorrata general (TJUE 18-12-08, asunto C-488/07).
La regla de redondeo a la unidad superior prevista a efectos del cálculo de la prorrata no es obligatoria para los Estados miembros cuando estos aplican alguna de las modalidades especiales de cálculo de la prorrata -Dir 2006/112/CE art.173.2- (TJUE 16-6-16, asunto C-186/15).
9) A efectos de la prorrata, los Estados miembros no pueden aplicar un método de reparto que no tenga en cuenta el **valor inicial del bien** de que se trate en el momento de su entrega, en la medida en que dicho método no permite garantizar una asignación más precisa que la que resultaría de aplicar el criterio de reparto basado en el volumen de negocios (TJUE 18-10-18, asunto C-153/17).
10) En relación con los **gastos soportados por una sucursal** registrada en un Estado miembro y afectados tanto a operaciones gravadas como a operaciones exentas del IVA realizadas por la sede de dicha sucursal, establecida en otro Estado miembro, procede aplicar la prorrata de deducción que resulta de una fracción cuyo denominador está formado por el volumen de negocios, sin incluir el IVA, constituido únicamente por dichas operaciones y cuyo numerador está formado por las operaciones gravadas que también generarían derecho a deducción si fueran efectuadas en el Estado miembro en el que está registrada dicha sucursal, incluido el supuesto en el que el derecho a deducción resulte del ejercicio de una opción ejercitada por esta sucursal, consistente en someter al IVA las operaciones realizadas en dicho Estado miembro.
Por otra parte, para **determinar la prorrata de deducción** aplicable a los **gastos generales de una sucursal** registrada en un E.m. que contribuyen tanto a la realización de operaciones de dicha sucursal efectuadas en ese Estado como a operaciones realizadas por su sede establecida en otro E.m. procede tomar en consideración, en el denominador de la fracción que constituye esa prorrata de deducción, las operaciones realizadas tanto por la sucursal como por su sede. En el numerador de dicha fracción deben figurar, además de las operaciones gravadas efectuadas por la propia sucursal, únicamente las operaciones gravadas realizadas por la sede que también generarían derecho a deducción si fueran efectuadas en el Estado en el que está registrada la sucursal de que se trata (TJUE 24-1-19, asunto C-165/17). En el mismo sentido, TEAC 20-4-21.

Reglas especiales (LIVA art.104.dos, cinco y seis) Además de las reglas anteriores (nº 2734 s.), **2746**
que pueden considerarse como de incidencia más generalizada, también han de tenerse en cuenta estas otras:
a) En las **ejecuciones de obras** y prestaciones de servicios realizados fuera del territorio de aplicación del impuesto, el importe de la operación es el resultado de multiplicar la contraprestación total por el coeficiente obtenido al dividir la parte de coste soportada en territorio de aplicación del impuesto entre el coste total de la operación, sin computar en dichos costes los gastos de personal dependiente.
b) En las operaciones de **cesión de divisas, billetes y monedas** (operaciones exentas), el importe a computar en el denominador de la fracción es: contraprestación recibida por la reventa de estos medios de pago más comisiones percibidas menos precio de su adquisición. Si este último no se conociera, puede sustituirse por el precio de otros medios de pago de igual naturaleza adquiridos en el mismo período de tiempo.
c) Cuando se trate de **cesión de pagarés y valores de entidades financieras**, según que estén o no integrados en la cartera de valores de estas entidades, en el denominador de la prorrata se computan las siguientes cuantías:
- si no están integrados, el importe de la contraprestación de su reventa, incrementado, si procede, en el de los intereses y comisiones exigibles y minorado en el precio de su adquisición;
- si están integrados, los intereses exigibles durante el período de tiempo que corresponda y, cuando se transmitan, las plusvalías obtenidas.
d) El criterio de **imputación temporal**, a efectos de prorrata, de las exportaciones exentas del impuesto (nº 6010 s.), así como de las demás exportaciones definitivas, es que se consideran realizadas en el momento en que la Aduana admite la solicitud de salida.
Ver ejemplo en el nº 2783 s.

Doctrina Administrativa Además de las siguientes contestaciones de la DGT, ver nº 11000 s. **2747**
1) En el cálculo de la **prorrata general** solo se tienen en cuenta las operaciones realizadas, pero no se computan las adquisiciones, incluso cuando las mismas se declaren mediante el método de inversión del sujeto pasivo (DGT CV 12-4-10; CV 8-6-20).
2) Debe entenderse por **volumen de operaciones** exclusivamente las operaciones realizadas por un empresario o profesional en el ejercicio de su actividad empresarial y no a aquellas operaciones que el sujeto declara mediante el mecanismo de inversión del sujeto pasivo. Por tanto, dichas operaciones no deben incluirse en la prorrata de deducción siendo improcedente el análisis de su posible accesoriedad a efectos de su inclusión en la prorrata (DGT CV 10-6-22).
3) Las operaciones sujetas y exentas en las que el sujeto pasivo ha **renunciado a la exención** deben tenerse en cuenta por la transmitente como operación sujeta a los efectos de aplicar la regla de la prorrata (DGT CV 17-3-14).

4) La **referencia a las entidades financieras** contenida en el cálculo de la prorrata debe hacerse extensiva a cualquier entidad que realice operaciones financieras con carácter habitual (DGT 1-8-01).

5) Debe incluirse en la prorrata de deducción la titulización de activos (esto es, de los **derechos de crédito** de los que una entidad es titular por sus operaciones) efectuada por una sociedad de arrendamiento financiero, pues para ella las operaciones financieras son habituales (DGT 1-8-00).

6) A efectos de la prorrata, debe incluirse en el denominador el importe de los **intereses por aplazamiento** o retraso en el pago del precio que se hayan excluido de la base imponible, salvo que dicha operación financiera no sea realizada habitualmente por el sujeto pasivo (DGT 12-4-95).

7) El carácter accesorio de las **operaciones financieras** ha de ser analizado en relación con el objeto del tráfico del empresario o profesional que realice las operaciones. Cuando las operaciones realizadas constituyan para este una actividad accesoria, residual o marginal y no supongan la obtención de ingresos de forma habitual o continuada en el tiempo, entonces no procede incluir el importe correspondiente en los términos del porcentaje de prorrata. Por el contrario, cuando desarrolle tanto una actividad principal como otra actividad de carácter financiero, entonces el volumen de negocios correspondiente a esta segunda ha de ser considerado a efectos de deducciones en la forma que proceda.

La **habitualidad** en la realización de operaciones financieras viene determinada por la realización continuada, es decir, por la práctica ordinaria y frecuente de tales operaciones, lo que se entiende cumplido cuando el número de operaciones es suficientemente elevado o cuando es menor pero la magnitud y periodicidad de los ingresos es tal que su significado económico es equivalente al de un número de operaciones mayor con un importe menor para cada una de ellas (DGT CV 20-5-09; CV 2-8-10).

El hecho de que en determinados períodos puntuales un sujeto pasivo obtenga ingresos financieros superiores a los de su actividad principal no debe excluirlos automáticamente del concepto de operación accesoria, considerando que en la mayoría de los años de actividad esta situación sería la contraria. Es la **valoración conjunta** de ambos requisitos, en cada caso concreto, la que permite determinar la accesoriedad o no de las operaciones financieras (DGT CV 20-2-17; CV 30-4-20).

Una entidad participa en un sistema de «**cash-pooling**», de manera que, cuando disponga de excedentes de tesorería, puede ceder su disposición a la entidad organizadora para que sean utilizados por aquellas entidades que participan en el sistema y que los precisen por motivos de liquidez. Los recursos utilizados para la obtención de los ingresos financieros derivados del contrato del «cash-pooling» son muy limitados, ya que la puesta a disposición de los excedentes de tesorería solo exige la realización de procesos automatizados (barridos diarios de los saldos de tesorería) que se gestionan a través de una herramienta informática. En tal caso, dicha actividad debe considerarse accesoria o no habitual, y no debe incluirse en la prorrata (DGT CV 10-2-21).

2748 **8)** En el caso de una entidad de crédito que desarrolla el ejercicio de la actividad financiera con habitualidad, tanto por el número de operaciones que realiza como por su volumen, así como por la finalidad que persigue con ellas, las **transmisiones de valores** deben incluirse en el denominador de la prorrata (DGT CV 20-7-11; CV 12-5-21; CV 4-11-21). Sin embargo, la venta de una participación de una filial es una operación sujeta y exenta que ha de considerarse no habitual o accesoria en la medida en que solo suponga una utilización muy limitada de bienes o derechos por los que se debe pagar el impuesto y no se realice de forma continuada en el tiempo (DGT CV 26-4-16; CV 27-4-16).

El importe a incluir en el denominador del **porcentaje de prorrata** es la plusvalía obtenida, en su caso, en la transmisión de las participaciones, y no el importe bruto de su venta. En este caso, la entidad debe determinar la plusvalía generada en la venta de las participaciones y, si no existieran plusvalías, bien porque la diferencia entre el valor de transmisión y el valor de adquisición es negativa o cero, o la misma no se hubiera generado, no se debe incluir ningún importe en la prorrata (DGT CV 7-11-13; CV 12-11-15; CV 4-11-21).

9) Una sociedad está considerando la posibilidad de transmitir a terceros parte de su **cartera de derechos de crédito**. El importe a incluir en el denominador del porcentaje de prorrata es la plusvalía obtenida por su cesión, que es la diferencia entre la contraprestación obtenida por la misma y su valor de adquisición. Por el contrario, si no existieran plusvalías, bien porque la diferencia anterior es negativa o cero, no se debe incluir ningún importe en la prorrata (DGT CV 3-2-16). En términos parecidos, DGT CV 19-11-10; CV 22-11-10; CV 12-2-17. También respecto a los contratos de forfaiting por los que se ceden sin recurso créditos (DGT CV 17-4-18).

2749 **10)** Una entidad ha transmitido determinados préstamos a terceros no vinculados y establecidos en el territorio de aplicación del Impuesto o fuera del mismo. La entidad debe incluir la totalidad de sus operaciones de **transmisión de préstamos** en su prorrata, distinguiendo:

- Aquellas operaciones que generan derecho a la deducción (transmisiones de préstamos a empresarios que no están establecidos en la Comunidad), que se incluyen en el numerador y denominador.

- Las operaciones que no generan tal derecho (transmisión de préstamos a empresarios establecidos en el territorio de aplicación del impuesto o en la Comunidad), que solo deben computarse en el denominador.
El importe a incluir en el porcentaje de prorrata es la plusvalía obtenida por su cesión, que es la diferencia entre la contraprestación obtenida y su valor de adquisición (DGT CV 10-2-16).
11) Una entidad tiene como objeto social la promoción y el arrendamiento de viviendas para otras empresas; en la actualidad solo realiza operaciones sujetas y no exentas. Una de las viviendas afectas a su actividad se encuentra en un edificio cuya comunidad de propietarios en régimen de propiedad horizontal va a **transmitir una parte común del edificio** que pertenece por coeficientes a todos los vecinos y se venía usando como portería, repartiendo posteriormente entre los propietarios el importe de la venta según los coeficientes de propiedad.
El hecho de que la entidad perciba de la comunidad el importe correspondiente de la venta, no supone la realización de una operación inmobiliaria habitual en el ejercicio de su actividad empresarial. Por tanto, no debe aplicar la regla de prorrata a su actividad inmobiliaria (DGT CV 4-9-06).

12) Si para la determinación del porcentaje de prorrata aplicable hay que tener en cuenta la cesión por **expropiación de un terreno** destinado a viales y jardines públicos, el importe a incluir en el denominador de la prorrata como consecuencia de dicha cesión obligatoria debería ser cero (DGT CV 9-6-06). **2750**
13) Un operador en el mercado de producción de energía eléctrica lleva a cabo la **gestión de una cuenta** designada para la realización de los abonos y los pagos resultantes de las liquidaciones del mercado diario e intradiario de producción de electricidad. La cuenta corriente recoge las garantías depositadas por los vendedores, así como los cobros y pagos realizados. Los intereses devengados en la cuenta se reparten de forma proporcional a los saldos de cada agente y se conserva una determinada cantidad en concepto de comisión de gestión. La Administración considera que no debe incluirse el importe derivado de las operaciones de cobro y pago en favor de los depositantes en el cómputo de la prorrata, por tratarse de operaciones financieras no habituales u operaciones accesorias, según la normativa comunitaria (Dir 2006/112/CE). Dado que la realización de estas operaciones implica una utilización muy limitada de los bienes y servicios por los que debe pagarse el impuesto, su inclusión en el denominador de la prorrata falsearía el cálculo de la deducción (DGT CV 27-10-08).
14) Las cantidades percibidas en el marco de **convenios de colaboración** que son destinadas a la realización de sus objetivos de interés general, en virtud de los cuales una **entidad sin fin lucrativo** asume en contrapartida el compromiso de difundir la participación del colaborador, no constituyen prestación de servicios, no forman parte de la base imponible de las operaciones y no se incluyen para el cálculo del porcentaje de la prorrata (DGT CV 12-5-09).
15) Para que las **operaciones inmobiliarias** queden excluidas del cálculo de la prorrata de deducción deben calificarse como operaciones no habituales o, en términos de normativa comunitaria, como operaciones accesorias, es decir, que no se trate de actividades que formen parte del tráfico típico o característico del empresario o profesional que las realiza o constituyan la prolongación directa, permanente y necesaria de su actividad principal.
Por tanto, las transmisiones de edificaciones efectuadas por empresarios o profesionales que tienen como actividad habitual la **promoción inmobiliaria** (o la construcción por cuenta propia), forman parte, en todo caso, del tráfico típico o característico de dichos empresarios o profesionales y han de computarse a los efectos de determinar su porcentaje de prorrata, con independencia de que las edificaciones transmitidas hayan sido construidas o no por el transmitente (DGT CV 12-7-10; CV 27-10-10; CV 4-3-21).
Los **inmuebles** adquiridos con la intención de destinarlos a la actividad de **arrendamiento** tienen la consideración de bienes de inversión a efectos del IVA. El importe de las transmisiones de los inmuebles destinados al arrendamiento no debe tenerse en cuenta a efectos del cálculo de la prorrata de deducción (DGT CV 8-6-20).

16) La entrega de varios inmuebles que realiza una entidad como **pago en especie** de los gastos de urbanización, en la medida en que no se considera una operación inmobiliaria a la que se dedique con habitualidad, no forma parte de ninguno de los términos de la prorrata, ni tampoco la indemnización que percibe como consecuencia de la demolición de edificaciones (DGT CV 2-12-15). Tampoco se considera habitual la venta de una vivienda por una sociedad comanditaria que realiza dos actividades: alojamiento extra hotelero y actividad agrícola (DGT CV 28-12-17). **2751**
17) La **condonación de una deuda** que la sociedad mantiene con uno de sus socios no forma parte de la prorrata de la sociedad, ya que la operación no puede ser considerada como una entrega de bienes ni como una prestación de servicios realizada por la misma. Podría tratarse de una prestación de servicios realizada por el socio, si este tuviera la condición de empresario o profesional y las circunstancias de la operación permitiesen considerarla como tal (DGT CV 3-10-11).
18) En el contrato que tiene como objeto la cobertura sobre las fluctuaciones del precio asociada a una materia prima como es el gas, en caso de producirse una liquidación positiva en favor de la entidad, esta no se establece como intercambio derivado de una contraprestación recíproca entre el prestador y el destinatario de una prestación. Es decir, ese ingreso no retribuye ninguna prestación efectuada por la entidad a favor de la otra parte. La entidad se limita, con la

contratación de este producto financiero, a garantizar la cobertura de ciertos riesgos que pueden comprometer el buen fin de las actividades que le son propias. En consecuencia, las liquidaciones positivas por diferencias a favor de la entidad derivadas del **contrato de cobertura** no suponen la prestación de servicio alguno realizado por la entidad en favor de la otra parte y, por tanto, no están sujetas al IVA, no debiendo incluirse en el denominador de la prorrata (DGT CV 19-4-24; CV 5-7-24; CV 20-3-25). Ver TEAC 9-6-20; y TS 18-5-20, EDJ 556164 en el nº 2755.

19) Una entidad presta un **servicio de administración y gestión de activos**, así como asesoramiento jurídico. Con el objeto de garantizar la correcta prestación de tales servicios se le impone la constitución de una **garantía de desempeño** cuya devolución, total o parcial, se realizará en función del cumplimiento de dicho contrato. Las operaciones de garantía realizadas en el esquema de gestión de créditos planteado no suponen el ejercicio de una actividad financiera habitual, pues representan el requisito necesario para acceder a la actividad de gestión sin incorporar medios personales y materiales que supongan el ejercicio económico de una actividad. Así, el importe de dichas cantidades no debe incluirse en el porcentaje de prorrata (DGT CV 22-5-15).

2752 20) Las operaciones de **concesión de préstamos y avales a filiales** por una entidad holding son operaciones sujetas y exentas que han de considerarse habituales o accesorias en la medida en que la concesión de avales se produce de forma recurrente en el tiempo, aunque su importe cuantitativo no sea relevante, y la concesión de préstamos está ínsita en la propia gestión de las entidades filiales (DGT CV 30-12-15).

21) Si un terreno rústico deja de estar afecto como bien de inversión a una actividad agrícola y se afecta a la actividad de promoción inmobiliaria de terrenos, por lo que pasa a tener la consideración de **existencia**, su transmisión no tiene la consideración de entrega de bien de inversión y su importe debe figurar en el denominador de la prorrata general de deducción (DGT CV 29-5-18).

22) Una persona que realiza la actividad financiera jurídica y de seguros es director externo para la **gestión de una cuenta administrada** en el Mercado Internacional de Divisas y Materias Primas. La remuneración por tales servicios consiste en un porcentaje de los beneficios obtenidos por la gestión de la cuenta para cada uno de sus clientes. Los clientes que solicitan los servicios, y que no tienen la condición de empresario o profesional, pueden encontrarse en cualquier país de la Unión Europea o en Suiza. El importe de la base imponible de estos servicios que se debe consignar en el denominador de la prorrata se corresponde con la contraprestación positiva obtenida en operaciones relativas a divisas, siempre que dichas operaciones respondan a liquidaciones firmes que generen contraprestaciones exigibles para las partes como consecuencia de la cancelación de posiciones (DGT CV 13-11-19).

23) En caso de que el local comercial situado fuera del territorio de aplicación del Impuesto tuviese la consideración de **establecimiento permanente**, las operaciones realizadas desde el mismo no se computarían en ninguno de los términos del porcentaje de la prorrata. En caso contrario, esto es, que no tuviese la consideración de establecimiento permanente, se podrían computar, a efectos del cálculo de la prorrata general del Impuesto, los ingresos obtenidos por el **arrendamiento** del referido local en la medida en que se trata de operaciones realizadas fuera del territorio de aplicación del Impuesto que originarían el derecho a la deducción si se hubieran efectuado en el interior del mismo (DGT CV 2-4-20).

24) Se podrá computar, a efectos del cálculo de la prorrata general del Impuesto, los ingresos obtenidos por la **prestación de servicios** efectuada **para una empresa irlandesa** en la medida en que se trata de operaciones realizadas fuera del territorio de aplicación del Impuesto que originarían el derecho a la deducción si se hubieran efectuado en el interior del mismo (DGT CV 7-4-20).

25) En relación con las **cuotas soportadas** en la adquisición de determinados servicios o intangibles de terceros, la entidad puede ejercer el derecho a la deducción de acuerdo con la regla de la prorrata, toda vez que dichas cuotas se corresponden con unos gastos que están relacionados con su actividad empresarial o profesional y que se van a emplear de forma indistinta para la realización tanto de operaciones sujetas y no exentas con derecho a la deducción como de operaciones sujetas y exentas sin derecho a la deducción del Impuesto (DGT CV 8-5-23).

26) Si una entidad aplica la prorrata general, el importe de las **subvenciones** que reciba que no estén vinculadas al precio de sus operaciones, no debe computarse a efectos del cálculo de la prorrata (DGT CV 16-7-25). Tampoco se computan las cantidades percibidas en el marco de convenios de colaboración ni las donaciones percibidas como ayuda sin interés económico alguno (DGT CV 9-9-25).

2753 Jurisprudencia 1) Deben incluirse en el denominador de la prorrata los **rendimientos financieros** percibidos por una empresa de **administración de fincas** en concepto de remuneración de depósitos de fondos, efectuados por su propia cuenta, entregados por los propietarios o arrendatarios (TJUE 11-7-96, asunto C-306/94).

2) Las **subvenciones pagadas por la UE** a agricultores por el abandono definitivo de la producción lechera o por la reducción del cultivo de patatas no se incluyen en el cálculo de la prorrata, ya que no son contraprestación de operaciones empresariales o profesionales (TJUE 29-2-96, asunto C-215/94; 18-12-97, asunto C-384/95).

3) Los **dividendos** de acciones percibidos por una empresa que no es sujeto pasivo del IVA por el conjunto de sus operaciones deben excluirse del denominador de la fracción utilizada para el cálculo de la prorrata de deducción (TJUE 22-6-93, asunto C-333/91). En el mismo sentido, la percepción de dividendos no está incluida en el ámbito de aplicación del IVA (TJUE 27-9-01, asunto C-16/00). Para el tratamiento de las **sociedades holding** a estos efectos, ver el nº 101.
4) Procede excluir del denominador de la prorrata de deducción (TJUE 14-11-00, asunto C-142/99):
- los **dividendos** distribuidos por sus filiales a una sociedad holding que es sujeto pasivo del IVA por otras actividades y que presta a dichas filiales servicios de gestión; y
- los **intereses** abonados por estas últimas a la sociedad holding en razón de los préstamos que la misma les concedió, cuando dichas operaciones de préstamo no constituyen actividad económica de la sociedad holding.

5) Las actividades consistentes en la mera **venta de acciones y otros valores**, como participaciones en fondos de inversión y las **colocaciones en fondos de inversión** no constituyen prestaciones de servicios efectuados a título oneroso y, por tanto, el importe del volumen de negocios correspondiente a tales operaciones debe excluirse del cálculo de la prorrata de deducción. **2754**
En cambio, la concesión anual por una holding de **préstamos remunerados** a las sociedades en las que posee participaciones y sus inversiones en depósitos bancarios o en valores, como bonos del Tesoro o certificados de depósito, constituyen actividades económicas efectuadas por un sujeto pasivo que actúa como tal. En el cálculo de la prorrata han de considerarse operaciones accesorias, en la medida en que solo suponen una utilización muy limitada de bienes o de servicios por los que debe pagarse el IVA.
Aunque la magnitud de los ingresos generados por las operaciones financieras comprendidas en el ámbito de aplicación de la Directiva pueda constituir un indicio de que estas operaciones no deben considerarse accesorias en el sentido de dicha disposición, el hecho de que tales operaciones generen ingresos superiores a los producidos por la actividad indicada como principal por la empresa de que se trata no puede excluir, por sí solo, la calificación de aquellas como operaciones accesorias (TJUE 29-4-04, asunto C-77/01). Con base en los criterios del TJUE, se declara excluida del denominador de la prorrata una operación de transmisión de acciones (TEAC 22-10-08).
La actividad de **adquisición, tenencia y venta de participaciones** sociales constituye la prolongación directa, permanente y necesaria de la actividad económica imponible del sujeto pasivo (holding mixta), y no cabe conceptuarla como accesoria (en términos de la Directiva) o no habitual (en términos de la Ley del IVA), por lo que el importe de las operaciones de venta de participaciones ha de formar parte del denominador de la prorrata, ya que tienen el carácter de operaciones exentas (TEAC 17-3-15).
En la **transmisión** por una entidad bancaria del 100% de las **acciones de otra entidad bancaria** del grupo domiciliada en Andorra a otra entidad también domiciliada en Andorra, se entiende que es una operación accesoria puesto que no es prolongación de la actividad financiera principal, ni comporta un empleo muy significativo de bienes y servicios en los términos que, según la doctrina del TJUE, excluirían la accesoriedad. Por tanto, no se incluye en el denominador de la prorrata (TS 9-10-15, EDJ 186162).
A efectos del cálculo de la prorrata en el IVA, el beneficio obtenido por una entidad bancaria española, como consecuencia de la **transmisión de participaciones sociales en una filial** en Andorra, cuya actividad principal es plenamente coincidente con la del propietario de dicha participación, siendo así que este realiza su actividad principal en otro estado a través de la mencionada filial, no es prolongación de la actividad financiera principal, ni comporta un empleo muy significativo de bienes y servicios en los términos que, según la doctrina del TJUE, excluirían la accesoriedad, lo que determina que no pueda tenerse en cuenta para la determinación del porcentaje de prorrata general (TS 2-3-20, EDJ 516631).

6) La consideración como habitual de la actividad de **compra y venta de la participación en filiales** hace que sus ingresos se deban tener en cuenta para calcular la prorrata (TS 12-5-16, EDJ 64572). **2755**
7) Resulta procedente la inclusión en el denominador de la prorrata común a ambos sectores diferenciados el importe de las operaciones realizadas por una **holding** en el ejercicio de las actividades económicas de tenencia, adquisición y venta de **participaciones en las filiales**, financiación de sus operaciones mediante la concesión de préstamos y mediación en nombre propio en operaciones de seguro para las filiales (TS 1-12-16, EDJ 219652).
Cuando se obtienen ingresos procedentes de la transmisión que realiza una **holding** de participaciones de sus filiales, tales operaciones no merecen la calificación de operaciones accesorias o no habituales a efectos del cálculo de la prorrata en el IVA, por cuanto la holding realiza para las participadas servicios de apoyo financiero, contable, legal, técnico y comercial, mediante labores permanentes de asesoramiento, consultoría e intermediación y de concesión de préstamos, lo que permite concluir que esa venta de participaciones es realmente, prolongación directa, permanente y necesaria de la actividad principal de la holding (TS 25-2-21, EDJ 511701). Por otro lado, la **suscripción** de la holding de **derivados financieros** para cubrir riesgos de tipo de cambio o de tipo de interés, no suponen la realización de operaciones sujetas al IVA y, por tanto, no deben incluirse en el cálculo de la prorrata, dado que la suscriptora no presta un servicio al contratar el producto derivado, sino que se limita con tal contratación a garantizar la cobertura de ciertos riesgos que pueden comprometer el buen fin de las actividades que le son propias (TS 18-5-20, EDJ 556164; 19-5-20, EDJ 556165; TEAC 9-6-20).

8) Los **aplazamientos de pago posteriores** a las entregas de bienes constituyen operaciones financieras habituales a incluir en el cálculo de la prorrata (TEAC 27-10-04).

9) El valor de las **obras en curso** de ejecución efectuadas por un sujeto pasivo en el ejercicio de una actividad de construcción, cuando dicho valor no se corresponda con entregas de bienes o prestaciones de servicios ya realizadas o que hayan originado el otorgamiento de certificaciones de obra o el cobro de pagos anticipados, no debe incluirse en el denominador de la prorrata (TJUE 26-5-05, asunto C-536/03).

10) Hay que distinguir entre los **intereses por aplazamiento voluntario del pago** de las operaciones que el acreedor concede al cliente y los **intereses de demora** por incumplimiento del pago. Los primeros son operaciones sujetas y exentas que no generan derecho a la deducción, por lo que al ser operaciones empresariales habituales, deben incluirse en el denominador de la prorrata (TEAC 15-3-06).

11) Se incluyen en el denominador de la prorrata las operaciones de **transmisión de valores con pacto de recompra no opcional**, sin que se incluyan la cesión de sucursales bancarias cuando no constituyen actividad habitual de la entidad (TEAC 29-6-05).

2756 12) En la actividad de las **entidades financieras**, en relación con el cálculo de la prorrata y con las partidas a incluir en el denominador:

- en las operaciones de cesión de activos financieros con pacto de recompra (**repos**), cuando no existan plusvalías, o se produzcan minusvalías, el importe a computar en el denominador es cero (en ningún caso procede el cómputo de cantidades negativas). Por otra parte, el resultado positivo o negativo debe referirse a cada operación individualmente considerada, sin que puedan compensarse las que resulten negativas con las positivas;
- en el cómputo de los **intereses de créditos de dudoso cobro**, no se puede acudir al criterio de caja, debiendo imputarse en el período en que se devengue el IVA correspondiente (TEAC 8-5-02; 27-2-08). Ver criterio del TJUE 14-7-98, asunto C-172/96 en relación con la base imponible de las operaciones de compra y venta en divisas (y, en concreto, sobre la cantidad a incluir a efectos de prorrata cuando se trate de una operación accesoria o no habitual), en el nº 1721. En términos similares respecto a la inclusión en el denominador de la prorrata de minusvalías como consecuencia de las **transmisiones de valores**, TS 16-9-10, EDJ 201478; 1-6-11, EDJ 131232; 30-1-14, EDJ 7649.

Las **prestaciones** realizadas por una entidad financiera en virtud de **contratos de permuta financiera (swap/IRS)**, constituyen, a efectos del IVA, prestaciones de servicios realizadas a título oneroso que, cuando tengan un resultado generador de plusvalías para la entidad financiera (diferencia positiva) deben ser incluidas en el denominador de la prorrata, y cuando generan minusvalías (diferencia negativa) habrán de incluirse en la prorrata a valor cero (TS 18-5-20, EDJ 556161).

13) Un Estado miembro puede prever la aplicación del régimen de prorrata para todos los bienes y servicios adquiridos por un empresario que realiza operaciones gravadas y exentas, sin necesidad de tener en cuenta el **uso real** al que se asigna cada bien o servicio. La determinación de las **operaciones inmobiliarias y financieras accesorias** excluidas del cálculo de la prorrata puede tener en cuenta la importancia relativa de tales operaciones en relación con el volumen total de operaciones del empresario (TJUE 14-12-16, asunto C-378/15).

14) El importe de la venta, por parte de una **empresa de arrendamiento financiero**, de los vehículos que ha adquirido con el fin de arrendarlos y posteriormente venderlos a la expiración de los contratos de arrendamiento, debe computarse a efectos del cálculo de la prorrata de deducción, dado que la venta de los referidos vehículos al término de tales contratos forma parte integrante de la actividad económica habitual de dicha empresa (TJUE 6-3-08, asunto C-98/07).

2757 15) El principio de neutralidad fiscal no puede oponerse a que una empresa de construcción, que abona el IVA sobre las prestaciones de construcción que efectúa por cuenta propia (**autoconsumo**), no pueda deducir íntegramente el IVA relativo a los gastos generales ocasionados por la realización de esas prestaciones, ya que el volumen de negocios resultante de la venta de las construcciones así realizadas está exento (TJUE 29-10-09, C-174/08).

16) No puede tener carácter de **operación accesoria** una actividad que nace en el seno de la propia actividad comercial y da lugar a la obtención de rendimientos financieros con carácter habitual y que resultan esenciales para el conjunto de la empresa (TS 1-7-10, EDJ 153116). Criterio confirmado por TS 24-3-11, EDJ 34797.

17) Una sociedad entrega un terreno urbanizable como contraprestación en la operación de **permuta** por las parcelas transmitidas y unos derechos de edificabilidad otorgados por un ayuntamiento. Aunque las operaciones llevadas a cabo revistan cierta especialidad e incluso excepcionalidad, lo que ha de ser determinante, según la jurisprudencia comunitaria, no es el análisis de la operación en sí misma considerada, sino insertada en la actividad empresarial o profesional del sujeto pasivo. Dado que los acuerdos urbanísticos con los ayuntamientos se insertan con naturalidad en el tráfico habitual de la sociedad, por muy peculiar que resulta la operación, constituye la actividad de la misma (TS 24-9-13, EDJ 197237).

18) Hay que poner en relación los ingresos obtenidos como consecuencia del **aplazamiento de los pagos** con la actividad principal ejercida por el sujeto pasivo. La **proporcionalidad** entre los rendimientos de unos y otros es un elemento capital para decidir si las operaciones en cuestión son o no accesorias, a lo que hay que añadir si existe o no una auténtica actividad financiera desarrollada con este particular fin, mediante el empleo de medios específicos (TS 10-11-11, EDJ 272355).

19) No puede ser considerada como no habitual la adquisición por una **promotora inmobiliaria** de un inmueble para su demolición y posterior promoción inmobiliaria, por el hecho de que, al no haber conseguido una modificación de edificabilidad del mismo que le resultara rentable, haya procedido a su reventa a una entidad financiera en el mismo estado en que lo adquirió. El carácter no habitual o accesorio ha de venir referido necesariamente a la actividad, no a las operaciones concretas (TS 18-6-12, EDJ 147987).

20) El importe de las operaciones de intermediación en **actividades de seguros** no puede excluirse a efectos del cálculo de la prorrata de deducción (TJUE 8-7-21, asunto C-695/19).

Aplicación de la prorrata general (LIVA art.105; RIVA art.28.1.3º) La prorrata que se tiene en cuenta para calcular la cuantía del IVA deducible durante el año natural se determina **provisionalmente** en base a: **2760**

a) Las operaciones del **año precedente**, es decir, el porcentaje definitivo de dicho año.

b) De modo alternativo, mediante un porcentaje **provisional**, aprobado previamente por la Administración a propuesta del sujeto pasivo. Ocurre cuando se produzcan circunstancias que pueden variar significativamente el porcentaje definitivo del año anterior, o cuando se inicia la actividad empresarial o profesional, así como cuando se inicia la actividad correspondiente a un sector diferenciado.

Finalizado el año, la **prorrata definitiva** correspondiente al mismo se calcula teniendo en cuenta las operaciones reales efectuadas durante dicho año, y en la última autoliquidación del año se regularizan las deducciones provisionales practicadas en las autoliquidaciones anteriores del mismo año.

Una vez determinado el porcentaje de deducción definitivo según lo expuesto, se aplica a la suma de las cuotas soportadas por el sujeto pasivo durante el año natural que corresponda, excluyendo las que no sean deducibles (nº 2600 s.).

La **solicitud** de aplicación de un porcentaje provisional de deducción distinto del fijado como definitivo para el año precedente debe efectuarse en los siguientes plazos:

- en el mes de enero del año en que surte efectos;
- hasta la finalización del mes siguiente a aquel en el que se producen las circunstancias que justifican la solicitud.

El **plazo de resolución** por la Administración es de un mes desde la presentación de la solicitud, entendiéndose concedida una vez transcurrido dicho plazo sin que se haya producido la notificación de la resolución al interesado.

En estos casos, las **cuotas afectadas** por el nuevo porcentaje de deducción provisional son las soportadas a partir de la fecha que indique la Administración. Si se entiende concedida la autorización por el transcurso de un mes (regla del **silencio positivo**), se aplica el nuevo porcentaje a las cuotas soportadas a partir del primer día del período de liquidación siguiente a aquel en que se entiende concedida la autorización.

Ejemplo Un empresario viene desarrollando desde el año N la actividad de **arrendamiento de viviendas y locales,** destinando a la misma cinco viviendas y dos locales, respectivamente. Su prorrata definitiva en el año N+1 ha sido del 30%. El 2-4-N+2 adquiere diez locales que arrienda inmediatamente, lo que va a determinar un incremento notable de los ingresos correspondientes al arrendamiento de locales. **2761**

En este caso, se ha producido una circunstancia susceptible de alterar sustancialmente el porcentaje de prorrata del empresario, de manera que, seguramente, el porcentaje definitivo del año N+2 va a ser muy superior al provisional del 30% que en principio ha de aplicar con carácter provisional durante dicho año. Es previsible que puede interesar al empresario (y tanto más cuanto mayor sea el IVA soportado durante el año N+2) aplicar un porcentaje provisional de prorrata superior a ese 30%. El porcentaje en cuestión puede solicitarlo desde el 2-4-N+2 hasta el 31-5-N+2. En el caso de que sea concedido, entendemos que dicho porcentaje puede aplicarse a las autoliquidaciones de los trimestres segundo y tercero del año N+2, pero no a la del primer trimestre (pues la solicitud se ha efectuado con posterioridad, de manera que se mantiene, para ese primer trimestre, la aplicación del porcentaje del 30% que se determinó como definitivo en el año anterior), ni tampoco a la del cuarto, pues en este se aplica el porcentaje definitivo de N+2, determinado a la vista de las operaciones reales efectuadas en dicho año.

Casos particulares (LIVA art.105.tres y cinco; RIVA art.28.1.5º) En el supuesto de **interrupción de la actividad** empresarial o profesional, o de un sector diferenciado, durante uno o más años naturales, el porcentaje definitivo de prorrata que debe aplicarse durante dichos años es el que corresponda globalmente al conjunto de las operaciones realizadas durante los tres últimos años naturales de desarrollo efectivo de la actividad. La normativa no prevé qué hacer cuando los años anteriores a la interrupción solo sean uno o dos, pero parece razonable que se aplique el porcentaje que globalmente corresponda a dichos años. **2763**

En los supuestos de **inicio de la actividad o de un sector diferenciado** son de aplicación las normas que regulan la deducción de las cuotas soportadas con anterioridad al inicio de la realización habitual de las entregas de bienes o prestaciones de servicios correspondientes a la actividad (nº 3066 s.). Implica, si las normas han de ser razonablemente interpretadas, que son dos casos diferentes, pues no se justificaría si no la existencia de dos preceptos **distintos**. Así, parece que hay que entender que en un caso se trata de una actividad que ya ha comenzado, pues se efectúan adquisiciones destinadas a la actividad, pero no se ha iniciado todavía la realización de las operaciones activas (entregas de bienes y prestaciones de servicios) propias de dicha actividad, en tanto que en el otro caso habría que entender que nos hallamos ante un inicio de actividad que supone, desde el principio, la realización habitual de operaciones activas.

El **plazo** para efectuar la solicitud del porcentaje de deducción provisional en el primer año de ejercicio, y aplicable respecto de las cuotas soportadas desde dicho comienzo, es hasta la finalización del mes siguiente a aquel durante el cual se produzca el comienzo de la realización habitual de las entregas de bienes y prestaciones de servicios correspondientes. No es necesaria la presentación de la solicitud cuando las entregas de bienes o prestaciones de servicios que van a constituir el objeto de las actividades sean exclusivamente operaciones que originan el derecho a la deducción (nº 2692 s.).

2765 Precisiones 1) La solicitud se formula ante el órgano competente de la AEAT y se entiende concedida una vez transcurrido un mes, contado desde que haya tenido entrada en el registro del órgano competente para su tramitación, sin que se haya notificado resolución (regla del **silencio positivo**).

2) Las deducciones practicadas por aplicación de la prorrata provisional se **regularizan** mediante aplicación de la prorrata definitiva en la forma vista en el nº 2760.

2766 Ejemplos 1) Un profesional presenta los datos siguientes:

- Prorrata definitiva en el año N: 80%
- IVA durante el año N+1:

	Devengado (repercutido)	Soportado
1º Trimestre	120,00	100,00
2º Trimestre	110,00	150,00
3º Trimestre	230,00	200,00
4º Trimestre	300,00	250,00
	760,00	700,00

- Prorrata definitiva en el año N+1: 85%

Las liquidaciones trimestrales y su regularización son:

1º Trimestre: IVA devengado	120,00
IVA soportado deducible: 100 × 80% =	-80,00
A ingresar	40,00
2º Trimestre: IVA devengado	110,00
IVA soportado deducible: 150 × 80% =	-120,00
A compensar	-10,00
3º Trimestre: IVA devengado	230,00
IVA soportado deducible: 200 × 80% =	-160,00
Diferencia	70,00
Cuota a compensar	-10,00
A ingresar	60,00
4º Trimestre: IVA devengado anual	760,00
IVA soportado anual deducible: 700 × 85% =	-595,00
Diferencia	165,00
Ingresado 1º, 2º y 3º Trimestres (40 + 60)	-100,00
A ingresar	65,00

2767 **2)** Inicio de las adquisiciones de bienes y servicios y, simultáneamente, de las entregas de bienes o prestaciones de servicios correspondientes a la actividad, el 1-1-N.

El porcentaje provisional de deducción durante el año N es el propuesto por el empresario a la Administración, salvo que esta fije otro diferente de acuerdo con el nº 3070, que es el específicamente aplicable en este caso. Al final del año N se calcula el porcentaje de deducción definitivo correspondiente a N, según las entregas de bienes y prestaciones de servicios efectuadas durante N y se efectúa la regularización que, en su caso, proceda de las deducciones provisionales practicadas. Dado que no nos hallamos ante cuotas soportadas antes del inicio de la realización habitual de las entregas de bienes y prestaciones de servicios correspondientes a la actividad, no procede la regularización con arreglo a la prorrata global de los cuatro primeros años del nº 3080.

3) Mismo caso que el del ejemplo 2, pero la realización habitual de las entregas de bienes o prestaciones de servicios correspondientes a la actividad no se inicia hasta el 1-1-N+1.
En este caso, las cuotas soportadas durante el año N son cuotas a las que se aplica lo dispuesto en relación con las cuotas soportadas antes del inicio de la realización de las entregas de bienes o prestaciones de servicios correspondientes a la actividad empresarial o profesional (nº 3066 s.).

Doctrina Administrativa **1)** Una entidad adquirió, a principios del año N, determinados bienes de inversión para el desarrollo de su actividad. La entidad afectó dichos bienes a su actividad y dedujo las cuotas soportadas. A causa de la crisis, en el año N+1 interrumpe sus actividades. Si el período de **interrupción de la actividad** empresarial fuese de uno o más años naturales, durante los mismos procede aplicar el porcentaje de deducción que corresponda a la actividad empresarial durante los tres últimos años de actividad (DGT CV 1-10-15). **2770**
2) La **subrogación por la absorbente en el derecho a deducir** las cuotas que tuviera la absorbida hace que pueda adicionar a sus cuotas de IVA soportado el importe de las correspondientes a la entidad adquirida aplicando a la cantidad resultante la prorrata provisional de la absorbente. El porcentaje de prorrata provisional debe regularizarse a final de año. Para efectuar esta **regularización**, la absorbente debe computar, a final de año, el total de operaciones efectuadas tanto por ella como por la absorbida, determinando una prorrata definitiva que se aplica a la totalidad de cuotas soportadas tanto por la absorbente como por la absorbida, procediendo a continuación a la regularización de las deducciones provisionales (DGT CV 28-5-18).
3) Una sociedad dedicada a la **compraventa y al alquiler de inmuebles**, adquiere como existencias unas fincas urbanizables, con renuncia a la exención, deduciendo las cuotas soportadas en dichas adquisiciones en la declaración-liquidación del primer trimestre del ejercicio. Al final del ejercicio se constata que solo se habían realizado operaciones exentas, que no generan derecho a deducción, por lo que la prorrata definitiva del ejercicio es del 0%. Los terrenos no se consideran bienes de inversión para la sociedad. Por tanto, se debe proceder a la regularización de las deducciones practicadas según la prorrata provisional durante el ejercicio. Dado que las fincas son existencias para la sociedad, no procede la aplicación de las reglas de regularización de deducciones previstas para los bienes de inversión (nº 3016 s.), sino que se aplica a las cuotas soportadas en su adquisición el porcentaje de deducción correspondiente a la prorrata definitiva del año de la compra (DGT CV 27-4-20).
4) Una empresa realiza operaciones no generadoras y generadoras del derecho a la deducción del IVA respectivamente, por lo que aplica la **regla de prorrata**. Al no efectuar en el ejercicio anterior ninguna entrega sujeta al impuesto, ese año no resulta aplicable la regla de prorrata y no tiene derecho a la deducción de las cuotas soportadas. Por tanto, si en el año anterior la prorrata fue distinta del 0% y cuando soportó las cuotas del impuesto correspondiente a uno de los proyectos de su empresa dedujo provisionalmente parte de dicha cuota, siendo al final la **prorrata definitiva** del año del 0%, la empresa debe regularizar la deducción efectuada conforme a la prorrata definitiva que impide el ejercicio del derecho a la deducción por ser del 0% (DGT CV 28-4-22).

b. Prorrata especial

(LIVA art.103.dos y 106; RIVA art.28)

Como excepción a la prorrata general, existe la posibilidad de aplicar una prorrata especial para el cálculo de las deducciones. Puede ocurrir en los siguientes supuestos: **2775**
a) Por **opción** del sujeto pasivo en los plazos y forma previstos (nº 2778).
b) De forma **obligatoria**, cuando por la aplicación de la prorrata general, el importe total de las cuotas deducibles en un año natural exceda en un 10% del que resultaría de aplicar la regla de la prorrata especial.

Reglas aplicables (LIVA art.106) La regla de prorrata especial implica que solo se deducen las cuotas soportadas por los bienes y servicios adquiridos o importados en la medida en que estos se utilizan realmente en la realización de operaciones que generan el derecho a la deducción. **2776**
Los **criterios** para la deducción de las cuotas soportadas en la adquisición o importación de bienes y servicios, según sea su uso, son:
- si se utilizan exclusivamente en la realización de operaciones que **originan derecho a deducir** (nº 2692 s.), las cuotas soportadas por tales bienes y servicios se deducen íntegramente;
- si se utilizan exclusivamente en realizar operaciones que **no originan derecho a deducir**, las cuotas soportadas por los bienes y servicios correspondientes no se deducen;
- si son utilizados solo **en parte** en realizar operaciones que originan derecho a deducir, se deducen proporcionalmente conforme a las reglas y procedimiento de la prorrata general.

No pueden ser objeto de deducción en ningún caso las cuotas no deducibles. Se refiere no solo a las cuotas afectadas por las limitaciones y exclusiones del derecho a deducir (nº 2600 s.), sino a todas las que no cumplen los requisitos básicos de deducibilidad (nº 2535 s.).

2778 **Opción por la prorrata especial** (RIVA art.28.1.1º) La opción por la aplicación de la prorrata especial se ha de efectuar en los siguientes **plazos**:
- en **general**, en la última declaración-liquidación del Impuesto correspondiente a cada año natural, procediéndose en tal caso a la regularización de las deducciones practicadas durante el mismo;
- en los casos de **inicio de actividades**, constituyan o no un sector diferenciado respecto de las que ya vinieran desarrollándose con anterioridad, el plazo disponible es hasta la finalización del plazo de presentación de la autoliquidación correspondiente al período en el que se produzca el comienzo en la realización habitual de las entregas de bienes o prestaciones de servicios propias de la actividad.

La opción por la aplicación de la regla de prorrata especial surte efectos en tanto no sea revocada por el sujeto pasivo, si bien, la opción por su aplicación tiene una **validez mínima** de tres años naturales, incluido el año natural a que se refiere la opción ejercitada. Puede revocarse dicha opción, una vez transcurrido ese período mínimo, en la última declaración-liquidación correspondiente a cada año natural, procediéndose a la regularización de las deducciones practicadas durante el mismo.

Precisiones La opción y la revocación se formula ante el **órgano** competente de la AEAT.

2780 Ejemplos **1)** Un empresario A se dedica a la actividad de **arrendamiento de viviendas y locales** de negocio, habiendo efectuado tales operaciones de arrendamiento desde el año N-2, aplicando la regla de prorrata general. El 7-7-N decide que va a aplicar la regla de prorrata especial.

En este caso, el empresario A puede optar por la aplicación de la regla de prorrata especial en la última declaración-liquidación del Impuesto correspondiente al año N marcando la casilla correspondiente del modelo 303, procediendo en tal caso a la regularización de las deducciones practicadas durante dicho año N, y con efectos a partir de ese año N y los dos siguientes N+1 y N+2, como mínimo.

2) El señor A, que **con anterioridad** al año N **no venía realizando actividades** empresariales y profesionales, ha soportado cuotas del IVA a lo largo de dicho año N por la adquisición de bienes y servicios que va a destinar a la actividad de arrendamiento de viviendas y locales. Los arrendamientos se inician el 1-8-N. El señor A quiere optar por la aplicación de la regla de la prorrata especial.

En este caso, hay que distinguir:
- las cuotas soportadas antes del 1-8-N son cuotas soportadas con anterioridad al inicio de las entregas de bienes y prestaciones de servicios propias de la actividad (nº 3066 s.) y se deducen conforme al porcentaje provisional y al procedimiento señalados en el nº 3070. Dichas deducciones provisionales se regularizan en los términos señalados en el nº 3080;
- las cuotas soportadas a partir del 1-8-N son cuotas que se soportan una vez comenzadas las operaciones activas. Si el señor A opta por la aplicación de la prorrata especial antes del 21-10-N (pues el plazo de presentación de la autoliquidación del tercer trimestre del año N, período en que se inician las operaciones activas, concluye el 20-10-N) puede aplicar dicha regla a tales cuotas. En otro caso, se aplica la prorrata general (salvo que la prorrata especial sea de aplicación obligatoria). Si transcurre dicho plazo sin ejercitar la opción, el señor A puede optar por la prorrata especial en la última declaración-liquidación del Impuesto correspondiente al año N consignando una cruz en la casilla correspondiente del modelo 303, procediendo a la regularización de las deducciones practicadas durante dicho año N, y con efectos a partir de ese año N y los dos siguientes N+1 y N+2, como mínimo.

2781 **3)** Un **profesional** presenta en el año N los siguientes datos, habiendo optado en tiempo y forma por la aplicación de la **prorrata especial** (tipo impositivo: 21%).

	Importe	IVA
• Adquisiciones de bienes y servicios:		
- utilizados solo en operaciones con derecho a deducir	1.000,00	210,00
- utilizados solo en operaciones sin derecho a deducción	500,00	105,00
- utilización mixta	600,00	126,00
		441,00
• Ventas de bienes y servicios:		
- sujetas y no exentas	2.500,00	525,00
- exportaciones	800,00	0,00
- exentas con exención limitada	3.300,00	0,00

La liquidación del impuesto es:

IVA repercutido		525,00
IVA soportado:		
- íntegramente deducible	210,00	
- parcialmente deducible (1): 126 × 50% =	63,00	-273,00
A ingresar		252,00

(1) Cálculo de la prorrata: P = (2.500 + 800) / (2.500 + 800 + 3.300) × 100 = 50%.

Notas: a) En la prorrata especial no son deducibles las cuotas soportadas en las adquisiciones de bienes y servicios utilizados exclusivamente en operaciones que no dan derecho a la deducción.

b) De haber tributado en régimen de prorrata general, la liquidación habría sido:

IVA repercutido	525,00
IVA soportado: 441 × 50% =	-220,50
A ingresar	304,50

4) La empresa A, con sede en Madrid y sucursales en Tokio y Bruselas, se dedica a las siguientes actividades: 2783
- Fabricación y venta de vehículos de motor.
- Explotación de máquinas recreativas tipos A y B.
- Venta de ordenadores.
- Arrendamiento de viviendas y de locales de negocio.

En N-1 se aplica la prorrata general, siendo la prorrata definitiva en dicho año del 87%. Para dicho año N-1 y para el año N, A no ha optado por la prorrata especial. Asimismo, ninguna de las prorratas de deducción aplicables a cada una de las actividades económicas ha diferido en más de 50 puntos porcentuales respecto de las demás, con lo cual se descarta la existencia de sectores diferenciados.

Los datos de la actividad durante los cuatro trimestres de N son los siguientes:

Primer trimestre

- Compras máquinas tipo A	3.000,00
- Servicios de restaurante prestados gratuitamente a sus trabajadores, impuestos por convenio colectivo (coste). Los servicios de restaurante se prestan a A por una empresa de catering que cobra 1.000 € más 100 € IVA	1.000,00
- Venta del edificio en que desarrolla la actividad de venta de ordenadores, que fue adquirido doce años antes. No hay renuncia a la exención	10.000,00
- Venta de vehículos de motor por su sucursal de Tokio. Los vehículos se fabrican en dicha ciudad por los trabajadores de la sucursal japonesa	50.000,00
- Nóminas de los trabajadores	25.000,00
- Arrendamiento de viviendas	20.000,00
- Arrendamiento de locales	30.000,00
- Venta de ordenadores	10.000,00
- Envío de ordenadores a la sucursal de Bruselas, para ser vendidos desde dicha sucursal a clientes belgas, cuyo coste asciende a	3.000,00
- Recaudación máquinas tipo A	3.000,00
- Recaudación máquinas tipo B	2.000,00

Segundo trimestre 2784

- Importa un cuadro que destina a atención de clientes	5.000,00
- Compra varias botellas de bebidas alcohólicas que regala a ciertos clientes	1.000,00
- Pago teléfono	500,00
- Vende vehículos de motor fabricados por ella a clientes de Arabia Saudí, encargándose de su transporte desde España hasta Arabia	50.000,00
- Regala un ordenador a un directivo de la empresa. El coste del ordenador fue de	300,00
- Arrendamiento de viviendas	20.000,00
- Arrendamiento de locales	30.000,00
- Venta de ordenadores	10.000,00
- Recaudación máquinas tipo A	1.000,00
- Recaudación máquinas tipo B	500,00

Tercer trimestre

- Vende una partida de 10 ordenadores a un empresario español. Excepcionalmente, le concede un aplazamiento de pago, cobrando por ello 500 € en concepto de intereses . 10.000,00 (+ 500,00)
- Recibe una indemnización que le debía un inquilino por razón de ciertos desperfectos causados en una vivienda 500,00
- Servicios recibidos por la reparación de locales de negocios 1.000,00
- Vende a un directivo un vehículo de motor fabricado por ella, cuyo coste fue de 2.500 €, por 2.000,00
- Recibe una subvención de la Comunidad Autónoma no vinculada al precio y destinada a financiar la actividad de arrendamiento de viviendas exentas del IVA 1.000,00
- Adquiere a un empresario francés repuestos para vehículos 5.000,00
- Arrendamiento de viviendas 25.000,00
- Arrendamiento de locales 40.000,00
- Venta de ordenadores 5.000,00
- Recaudación máquinas tipo A 1.000,00
- Recaudación máquinas tipo B 1.000,00

2785 **Cuarto trimestre**

- Adquiere un edificio al promotor del mismo, que destina a la actividad de arrendamiento de locales 50.000,00
- Adquiere una edificación destinada a su demolición para posteriormente construir un edificio destinado al alquiler de viviendas 5.000,00
- Vende a clientes noruegos ordenadores, en virtud de un contrato firmado el 16 de diciembre de N. Sin embargo, la admisión por la Aduana de la solicitud de salida de los bienes no se produce hasta el 10 de enero de N+1 .... 10.000,00
- Reparación máquinas tipo A 1.000,00
- Reparación máquinas tipo B 500,00
- Ha recibido en la sede de Madrid determinados materiales necesarios para la fabricación de los coches, expedidos desde la sucursal de Bruselas. El transporte de dichos materiales se inició el 28 de diciembre, pero no llegaron a Madrid hasta el 6 de enero. El coste de los materiales es 1.000,00
- Arrienda un edificio en Madrid al Reino de Noruega, que lo va a utilizar como sede de su embajada 500,00
- Vende ordenadores a particulares alemanes, habiendo optado por la tributación en destino para las ventas a distancia intracomunitarias de bienes (nº 9249 s. y nº 9250). Los ordenadores se transportan desde Madrid hasta Alemania por A 3.000,00
- Ha reparado varios ordenadores que le ha enviado desde Alemania un empresario alemán, remitiéndose los ordenadores, una vez reparados, de vuelta a Alemania 1.000,00
- Arrendamiento de viviendas 15.000,00
- Arrendamiento de locales 25.000,00
- Venta de ordenadores 10.000,00
- Recaudación máquinas tipo A 2.000,00
- Recaudación máquinas tipo B 1.500,00

Se pide: autoliquidaciones en N.

2787 1. Dado que la prorrata definitiva del año N-1 ha sido del 87%, es esta prorrata la que, con carácter provisional, se aplica a lo largo de N.

2. **Operaciones del primer trimestre**:

• **IVA soportado**:

- Compra de máquinas tipo A: 21% × 3.000 630,00
- Servicios de catering: 10% × 1.000 100,00

730,00

• **IVA repercutido**:

Operación	IVA
- Servicios de restaurante prestados gratuitamente a sus trabajadores, obligatorios por convenio colectivo: no sujetos IVA (nº 365)	-
- Venta del edificio: segunda entrega de edificación, exenta (nº 8640 s.). No hay regularización, ya que la venta se efectúa una vez transcurridos diez años	-
- Venta vehículos motor en Tokio: no sujeta (nº 415 s.)	-
- Pago de nóminas a trabajadores: no sujeta (nº 375)	-
- Arrendamientos de viviendas: exentos (nº 8670 s.)	-
- Arrendamientos de locales: 21% × 30.000	6.300,00
- Venta de ordenadores: 21% × 10.000	2.100,00
- Envío de ordenadores a Bruselas: operación sujeta y exenta (nº 5225 s.)	-
- Recaudación máquinas tipo A: 21% × 3.000	630,00
- Recaudación máquinas tipo B: 2.000: exenta (nº 1072)	-

• **Autoliquidación del primer trimestre N**:

- IVA soportado deducible: 87% × 730 635,10
- IVA devengado: 6.300 + 2.100 + 630 .... 9.030,00
- IVA a ingresar 8.394,90

3. Operaciones del segundo trimestre: 2788

• **IVA soportado**

- Importación cuadro: 10% × 5.000 500,00
- Compra de bebidas alcohólicas: 21% × 1.000 210,00
- Pago teléfono: 21% × 500 105,00

• **IVA repercutido**

Operación	IVA
- Regalo de botellas a clientes: no sujeto (nº 2666)	-
- Venta vehículos con destino Arabia: exenta (nº 6015)	-
- Regalo ordenador: IVA repercutido (nº 235): 300 × 21%	63,00
- Arrendamiento de viviendas: exento (nº 8760)	-
- Arrendamiento de locales: 21% × 30.000	6.300,00
- Venta de ordenadores: 21% × 10.000	2.100,00
- Recaudación máquinas tipo A: 21% × 1.000	210,00
- Recaudación máquinas tipo B: exenta (nº 1072)	-

• **Autoliquidación del segundo trimestre N**:

- IVA soportado deducible: el IVA satisfecho por la importación del cuadro no es deducible, pues se trata de un bien destinado a atenciones a clientes (nº 2666). En cuanto al IVA soportado por la adquisición de bebidas alcohólicas destinadas a ser regaladas a ciertos clientes, tampoco procede la deducción (nº 2666), por lo que el subsiguiente autoconsumo no está sujeto a dicho impuesto (nº 325).

Por tanto, el único IVA soportado deducible es el correspondiente al pago de teléfono, al que hay que aplicar el correspondiente porcentaje provisional de prorrata:

- IVA soportado deducible: 87% × 105 91,35
- IVA repercutido: 63 + 6.300 + 2.100 + 210 .... 8.673,00
- IVA a ingresar 8.581,65

4. Operaciones del tercer trimestre: 2789

• **IVA soportado**

Operación	IVA
- Reparación de locales de negocio: 21% × 1.000	210,00
- Adquisición de repuestos a empresario francés (adquisición intracomunitaria sujeta y no exenta): 21% × 5.000	1.050,00

• **IVA repercutido**

Operación	IVA
- Venta de diez ordenadores a empresario español: 21% × 10.000	2.100,00
- Concesión aplazamiento de pago: operación financiera sujeta y exenta (nº 970 s.)	-
- La percepción de la indemnización no forma parte de la base imponible del IVA correspondiente a las operaciones realizadas por la empresa (nº 1801)	-
- Venta vehículos de motor directivo: base imponible (nº 1913) = 21% × 2.500	525,00
- La percepción de la subvención, al no estar vinculada al precio, no forma parte de la base imponible de las operaciones efectuadas. Tampoco se incluye en el denominador de la prorrata de deducción	-
- Adquisición intracomunitaria de repuestos: 21% × 5.000	1.050,00
- Arrendamiento de viviendas: operación exenta (nº 8670)	-
- Arrendamiento de locales: 21% × 40.000	8.400,00
- Venta de ordenadores: 21% × 5.000	1.050,00
- Recaudación máquinas tipo A: 21% × 1.000	210,00
- Recaudación máquinas tipo B: exenta (nº 1072)	-

• **Autoliquidación del tercer trimestre N**:

- IVA soportado deducible: 87% × 1.260 .... 1.096,20
- IVA repercutido: 2.100 + 525 + 1.050 + 8.400 + 1.050 + 210 .... 13.335,00
- IVA a ingresar 12.238,80

2790 5. **Operaciones del cuarto trimestre**:

• **IVA soportado**:

Operación	IVA
- Adquisición de edificio destinado al arrendamiento de locales: 21% × 50.000	10.500,00
- Adquisición de edificación: 21% × 5.000	1.050,00
- Reparación máquinas tipo A: 21% × 1.000	210,00
- Reparación máquinas tipo B: 21% × 500	105,00
- Recepción de materiales: operación asimilada a adquisición intracomunitaria de bienes (nº 5281): 21% × 1.000	210,00

• **IVA repercutido**:

Operación	IVA
- Venta de ordenadores a clientes noruegos: operación exenta (nº 6015)	-
- Recepción de materiales: operación asimilada a adquisición intracomunitaria de bienes (nº 5281): 21% × 1.000	210,00
- Arrendamiento edificio al Reino de Noruega para embajada: operación sujeta y exenta (nº 6185)	-
- Venta de ordenadores a particulares alemanes: operación no sujeta al IVA español y sí al IVA de Alemania (nº 9250 y nº 9335)	-
- Reparación de ordenadores del empresario alemán: operación no sujeta al IVA español y sí al IVA alemán (nº 545)	-
- Arrendamiento viviendas: exento (nº 8670)	-
- Arrendamiento de locales: 21% × 25.000	5.250,00
- Venta de ordenadores: 21% × 10.000	2.100,00
- Recaudación máquinas tipo A: 21% × 2.000	420,00
- Recaudación máquinas tipo B: exenta (nº 1072)	-

• **Autoliquidación del cuarto trimestre N**:

En esta autoliquidación, a presentar a la Administración tributaria del 1 al 30 de enero del año N+1 (nº 6422 s.), debe incluirse el resultado de aplicar al IVA soportado del año la prorrata definitiva del mismo. También hay que calcular el resultado que se derivaría de la aplicación de la regla de prorrata especial, de manera que, si el importe de las cuotas deducibles por aplicación de la prorrata general supera en un 10% al resultado de aplicar la prorrata especial, debe aplicarse esta última.

NOTA: Según el enunciado, no se ha optado en la última declaración-liquidación del año N por la aplicación de la prorrata especial para ese mismo año.

Por tanto, se siguen los **pasos** siguientes:

1º) Determinación de la **prorrata general definitiva** aplicable en N y cálculo de las cuotas deducibles por aplicación de la misma (nº 2791 s.).

2º) Aplicación de la regla de **prorrata especial** (nº 2799 s.).

2791 **1º) PRORRATA GENERAL DEFINITIVA DE N**:

Para la determinación de la prorrata definitiva de N hay que tener en cuenta las operaciones efectuadas durante N que generan el derecho a la deducción del IVA soportado, separándolas de las que no generan dicho derecho, a fin de calcular las cantidades que deben figurar en los dos términos de la fracción a que se refiere el nº 2733.

• **Operaciones del primer trimestre**:

a) Operaciones que **generan el derecho** a la deducción:

Operaciones	Importe
- Arrendamiento de locales	30.000,00
- Venta de ordenadores	10.000,00
- Envío de ordenadores	3.000,00
- Recaudación máquinas tipo A	3.000,00
	46.000,00

Como se observa, las **cantidades** que se tienen en cuenta para cada operación son las que corresponden a su **contraprestación**, determinadas según lo previsto en nº 1700 s.

En este sentido, por lo que se refiere al envío de ordenadores a la sucursal de Bruselas, parecería normal que se tomara como importe de la operación el coste de dichos ordenadores para A, o, en ciertos casos, su valor de mercado, ya que esa es la regla de base imponible aplicable a este tipo de operaciones (nº 1893). Sin embargo, la norma impone en todos los casos y a efectos del cálculo de la prorrata la regla del **valor de mercado**, lo cual resulta un tanto extraño. En efecto, en la norma se mencionan **dos supuestos**:

1º. **Exportaciones definitivas sin contraprestación** de bienes: el supuesto se refiere a aquellos casos en que un empresario con establecimiento permanente en la Península o Baleares y en territorios terceros, envía bienes desde el establecimiento permanente situado en el territorio

de aplicación del IVA español hasta el establecimiento permanente situado en el país tercero. Este envío de bienes no es una operación sujeta al IVA, ya que no hay entrega de bienes (ni, por supuesto, prestación de servicios, adquisición intracomunitaria o importación), pues no existe transmisión del poder de disposición sobre un bien corporal.
Estos envíos, sin embargo, **generan el derecho a la deducción** del IVA soportado por el exportador y han de computarse a efectos de prorrata, por lo que resulta lógico que el legislador ofrezca un criterio para determinar cuál es el importe por el que debe computarse la operación realizada.

2º. **Entregas sin contraprestación** con destino a **otros Estados** miembros de la UE: estas operaciones se contemplan en el nº 5225 s. y se asimilan a las entregas de bienes, estando sujetas y exentas del IVA en los términos contemplados en el nº 5215 s. Para estas operaciones sí existe una norma específica de base imponible, que es la misma que para los supuestos de autoconsumo de bienes (nº 1893). **2792**
Este último precepto establece como **base imponible**, según los casos, el coste o el valor de mercado de los bienes autoconsumidos. Pues bien, entendemos que este debería ser el criterio también a efectos del cálculo de la prorrata, y no establecer, como único criterio, el de valor de mercado.
Por último, como se puede observar, las cantidades se toman a efectos de prorrata IVA repercutido excluido, lo cual es lógico, ya que ese IVA repercutido ha de ingresarse en la Hacienda Pública y no puede considerarse como volumen de operaciones o cifra de negocios del sujeto pasivo.
b) Operaciones que **no generan el derecho** a la deducción:
Se incluyen aquí las siguientes operaciones sujetas y exentas:

Operaciones	Importe
- Arrendamiento de viviendas	20.000,00
- Recaudación máquinas tipo B	2.000,00
	22.000,00

c) Operaciones que **no se incluyen en el numerador ni en el denominador**: **2793**
- Prestación gratuita y obligatoria de **servicios de restaurante** a sus trabajadores: estas operaciones están no sujetas (nº 365), razón por la que no se computan en el numerador ni en el denominador de la fracción.
- **Venta del edificio** en que desarrollaba la actividad de venta de ordenadores: se trata de una operación inmobiliaria ocasional, que no constituye actividad empresarial habitual de A. Asimismo, se trata de la entrega de un bien de inversión que A ha utilizado en el ejercicio de su actividad. Por tanto, no puede incluirse el importe de esta venta en ninguno de los dos términos de la relación.
Por otra parte, como la entrega del edificio se efectúa una vez transcurrido el plazo de 10 años previsto para la regularización de las cuotas deducidas por la adquisición de bienes de inversión, no se plantea cuestión alguna en cuanto a dicha regularización (nº 3016 s.).
- La **venta de vehículos** de motor desde la **sucursal de Tokio**, vehículos que se fabrican en dicha sucursal, es una operación efectuada desde un establecimiento permanente situado fuera del territorio de aplicación del IVA español (Península e Islas Baleares). Dado que, además, se precisa que los vehículos han sido fabricados en dicha sucursal, es de suponer que los costes relativos a la venta de los vehículos han sido asumidos por la sucursal japonesa, y por ello, no procede la inclusión de la operación en ninguno de los dos términos de la relación. Aunque dichos costes hubieran recaído en la sede de Madrid, esas operaciones tampoco se tendrían en cuenta para el cálculo de la prorrata.
- Finalmente, el pago de las **nóminas a los trabajadores** por A es una entrega de dinero que esta efectúa como pago de la obligación o deuda que tiene frente a ellos por los servicios prestados, por lo que se trata de una operación no sujeta (nº 375) que no se incluye en ninguno de los dos términos de la fracción.

d) Operaciones que **no se tienen en cuenta** a estos efectos: **2794**
Para la determinación de la prorrata de deducción, lo que se tiene en cuenta son las entregas de bienes y prestaciones de servicios efectuados por el sujeto pasivo, sus outputs, que son los que determinan su cifra de negocios, su volumen de operaciones.
Implica que no se incluyan en ningún caso en el numerador ni en el denominador de la fracción, a pesar de que no se mencionan como operaciones excluidas, las siguientes:
- Las adquisiciones de bienes y servicios, incluidas las adquisiciones intracomunitarias de bienes y aquellas en que, por aplicación de la regla de inversión del sujeto pasivo (nº 1335), el **sujeto pasivo** del IVA es **el propio adquirente** del bien o receptor del servicio.
- Las **importaciones** de bienes efectuadas por el sujeto pasivo.
- Las cantidades recibidas en concepto de **indemnizaciones** que no integren la base imponible (nº 1801).
De lo anterior se deriva que **no se tienen en cuenta** a efectos del cálculo de la prorrata:
• las compras de las máquinas tipo A;
• los servicios de restaurante prestados por la empresa de catering a A.

2795 **Operaciones del segundo trimestre**:

a) Operaciones que **generan el derecho** a la deducción:

Operación	Importe
- Venta de vehículos a Arabia (1)	50.000,00
- Regalo de ordenador (2)	300,00
- Arrendamientos de locales	30.000,00
- Venta de ordenadores	10.000,00
- Recaudación máquinas tipo A	1.000,00
	91.300,00

(1) **Venta de vehículos** de motor con destino a **Arabia**: esta operación, exenta del IVA español (nº 6015), genera el derecho a deducir el IVA soportado, tomándose como importe de la misma el de la contraprestación correspondiente, esto es, 50.000.

(2) **Regalo de un ordenador**: se trata de un supuesto de autoconsumo externo de bienes (nº 235). Aunque no existe contraprestación, la operación se computa, a efectos de prorrata, de acuerdo con las reglas de base imponible previstas para los supuestos de autoconsumo de bienes, atendiendo por tanto al coste del ordenador (nº 1893), esto es, 300.

Nota: una cosa es que las cuotas del IVA correspondientes a estos **autoconsumos externos**, repercutidas por A, no sean deducibles para esta (lo serían, en su caso, para el adquirente de los bienes, si fuera empresario y se cumplieran los requisitos que condicionan el derecho a la deducción) y otra cosa diferente es que esos autoconsumos externos generen o no el derecho a deducir el IVA soportado o satisfecho por las adquisiciones de bienes o servicios.

Algún autor entiende que estas operaciones asimiladas a entrega de bienes no se incluyen en el cómputo de la prorrata, pero entendemos que esa opinión no es acertada: se trata de operaciones asimiladas a entregas de bienes, sujetas y no exentas, que generan el **derecho a la deducción del IVA soportado** y deben incluirse tanto en el numerador como en el denominador de la fracción relevante a efectos de la prorrata, ya que no están mencionadas dentro de las operaciones excluidas -el único autoconsumo excluido a estos efectos es el interno- (ver nº 241 letra d).

b) Operaciones que **no generan el derecho** a la deducción:

Operación	Importe
- Arrendamiento de viviendas	20.000,00
- Recaudación máquinas tipo B	500,00
	20.500,00

c) Operaciones que **no se incluyen en el numerador ni en el denominador**: Pago de teléfono (nº 375): 500.

d) **Inputs excluidos**:

• Importación del cuadro.
• Adquisición de bebidas alcohólicas.

2796 **Operaciones del tercer trimestre**:

a) Operaciones que **generan el derecho** a la deducción:

Operación	Importe
- Venta de ordenadores al empresario español	10.000,00
- Venta de vehículo de motor a directivo (1)	2.500,00
- Arrendamiento de locales	40.000,00
- Venta de ordenadores	5.000,00
- Recaudación de máquinas tipo A	1.000,00
	58.500,00

(1) Se trata de una **operación vinculada** y, por tanto, su cómputo a efectos de prorrata se hace teniendo en cuenta la regla específica de base imponible prevista en el nº 1913, pues se asume que las condiciones exigidas se cumplen en el presente caso. Por tanto, la cantidad que se toma en cuenta es de 2.500.

b) Operaciones que **no generan el derecho** a la deducción:

Operación	Importe
- Arrendamiento de viviendas	25.000,00
- Recaudación máquinas tipo B	1.000,00
	26.000,00

c) Operaciones que **no se incluyen en el numerador ni en el denominador**:

La **concesión del aplazamiento de pago** al adquirente de los diez ordenadores constituye una operación financiera exenta. No obstante, dado que esa operación tiene un carácter excepcional y no habitual, no se computa a efectos de la prorrata de deducción.

d) **Inputs excluidos**:

• Percepción de la indemnización.
• Servicios de reparación recibidos.
• Adquisición intracomunitaria de repuestos.

Operaciones del cuarto trimestre: 2797

a) Operaciones que **generan el derecho** a la deducción.

Operación	Importe
- Venta de ordenadores a clientes noruegos (1)	-
- Arrendamiento de edificio para embajada	500,00
- Ventas a Alemania: operación no sujeta que genera el derecho a deducir	3.000,00
- Reparación de ordenadores: operación no sujeta que genera el derecho a deducir	1.000,00
- Arrendamiento de locales	25.000,00
- Venta de ordenadores	10.000,00
- Recaudación máquinas tipo A	2.000,00
	41.500,00

(1) La venta de **ordenadores** a clientes noruegos es una operación sujeta y exenta que genera el derecho a deducir. Sin embargo, hay que tener en cuenta las **reglas de imputación temporal** de las operaciones a efectos de prorrata. Así, las operaciones se computan teniendo en cuenta las reglas de devengo, pero cuando se trata de entregas de bienes con destino a países terceros y de las demás exportaciones definitivas de bienes, se computan en el **momento en que sea admitida por la aduana** la correspondiente solicitud de salida. Dado que dicha admisión no se produce hasta el 10-1-N+1, la operación no puede computarse a efectos del cálculo de la prorrata de N.

b) Operaciones que **no generan el derecho** a la deducción

Operación	Importe
- Arrendamiento de viviendas	15.000,00
- Recaudación máquinas tipo B	1.500,00
	16.500,00

c) **Inputs excluidos**:
- Adquisición de edificio.
- Adquisición de piso.
- Servicios de reparación recibidos.
- Recepción de materiales (operación asimilada a adquisición intracomunitaria de bienes).

Cálculo de la prorrata definitiva: 2798

De acuerdo con los datos anteriores, la prorrata definitiva de N es la siguiente:
- Numerador: 46.000 + 91.300 + 58.500 + 41.500 = 237.300.
- Denominador: (46.000 + 22.000) + (91.300 + 20.500) + (58.500 + 26.000) + (41.500 + 16.500) = 322.300.
- Prorrata: (237.300/322.300) × 100 = 73,62 = 74% (el redondeo se hace a la unidad superior).

Por tanto, hay que aplicar esta prorrata de **deducción** al IVA soportado durante N:
Primer trimestre: 74% × 730 = 540,20 (A dedujo inicialmente 635,10).
Segundo trimestre: 74% × 105 = 77,70 (deducción inicial: 91,35).
Tercer trimestre: 74% × (210 + 1.050) = 932,40 (deducción inicial: 1.096,20).
Cuarto trimestre: 74% × (10.500 + 1.050 + 210 + 105 + 210) = 8.935,50.
Luego las **cuotas deducibles** en el año N por aplicación de la prorrata general serían:

540,20 + 77,70 + 932,40 + 8.935,50 = 10.485,80.

En la **autoliquidación del cuarto trimestre** de N deberían figurar, como cuotas deducibles, el resultado de restar de la cantidad anterior, las cantidades que han sido deducidas a lo largo del año por aplicación de la prorrata provisional, esto es:

10.485,80 - (635,10 + 91,35 + 1.096,20) = 8.663,15.

2º) APLICACIÓN DE LA REGLA DE PRORRATA ESPECIAL 2799

A debe calcular el importe de las cuotas que resultarían deducibles si se aplicara la regla de prorrata especial, para determinar si su aplicación resulta obligatoria. La aplicación de la regla de prorrata especial supone lo siguiente (nº 2776):

a) Las cuotas soportadas por la adquisición o importación de bienes o servicios utilizados exclusivamente en la realización de **operaciones que no originen el derecho** a la deducción no pueden deducirse en ninguna medida.

b) Las cuotas soportadas por bienes y servicios utilizados exclusivamente en **operaciones que generen el derecho** a la deducción pueden deducirse íntegramente.

c) Las **demás cuotas** del IVA soportado se deducen en la proporción que resulte de aplicar a ellas el porcentaje de prorrata general.

• **Operaciones del primer trimestre**:

Operación	IVA deducible
- Compras de máquinas tipo A: se deduce el 100% del IVA soportado	630,00
- Servicios de catering: suponiendo que los trabajadores beneficiados son todos los de la empresa, y no los utilizados por esta en una actividad específica, se les aplica la prorrata general: 74% × 100	74,00
	704,00

• **Operaciones del segundo trimestre**:
El IVA correspondiente a la importación del cuadro y a la adquisición de bebidas alcohólicas no es deducible. El IVA correspondiente al servicio telefónico, dado que no se especifica afectación a ninguna actividad, es deducible en la medida que resulte de la aplicación de la prorrata general: 74% × 105 = 77,70.
• **Operaciones del tercer trimestre**:
El IVA soportado por la reparación de los locales y la adquisición de los repuestos de automóviles es deducible en su integridad: 210 + 1.050 = 1.260,00.
• **Operaciones del cuarto trimestre**:
El IVA soportado por la adquisición del edificio para ser arrendado como locales de negocio, la reparación de las máquinas tipo A y la recepción de materiales para la reparación de coches es deducible en su integridad: 10.500 + 210 + 210 = 10.920,00.
Sin embargo, el IVA soportado por la adquisición de la edificación y por la reparación de las máquinas tipo B no es deducible en ninguna medida.
Por tanto, las **cuotas deducibles** por aplicación de la prorrata especial son:

$$704,00 + 77,70 + 1.260,00 + 10.920,00 = 12.961,70$$

Como las cuotas deducidas por aplicación de la prorrata general ascienden a 10.485,80, al no superar en un 10% a las resultantes de aplicar la regla de prorrata especial, se aplica la regla de prorrata general y, como hemos visto, en la autoliquidación del último trimestre las cuotas deducibles ascienden a 8.663,15.
Como se aprecia, en este caso hubiera resultado notablemente más beneficioso para el sujeto pasivo haber optado por la regla de prorrata especial en la última declaración-liquidación del año N, con efectos para ese año y los dos siguientes como mínimo.
Como se puede **optar a posteriori**, una vez se tiene toda la información, por la aplicación de la prorrata especial, en el ejemplo anterior habría sido más beneficioso para el sujeto pasivo haber ejercitado dicha opción en la última declaración-liquidación del año N consignando una cruz en la correspondiente casilla del modelo 303. En tal caso, debería **regularizar las deducciones practicadas** de la siguiente manera:
Cuotas deducibles por aplicación de la prorrata especial:

$$704,00 + 77,70 + 1.260 + 10.920 = 12.961,70$$

En la **autoliquidación del cuarto trimestre** de N deberían figurar, como cuotas deducibles, el resultado de restar de la cantidad anterior las cantidades que han sido deducidas a lo largo del año por aplicación de la prorrata provisional, esto es:

$$12.961,70 - (635,10 + 91,35 + 1.096,20) = 11.139,05$$

2800 **Observaciones**: **a)** Aunque la norma señala que **no se computan** en el impuesto soportado las cuotas que no sean deducibles en virtud del nº 2600 s., hay que entender que tampoco se computan a estos efectos las cuotas que no sean deducibles por causas distintas al no cumplir con todos los requisitos establecidos para la deducibilidad de las cuotas (nº 2535 s.).
Así ocurre con unas cuotas respecto de las que el sujeto pasivo no se encuentra en posesión del documento justificativo del derecho a la deducción, o unas cuotas respecto de las cuales no ha nacido todavía el derecho a la deducción, o que no han sido soportadas con arreglo a derecho, o unas respecto de las cuales se ha producido la caducidad del derecho a su deducción.
b) Para ciertas operaciones financieras, ejecuciones de obra y prestaciones de servicios se establecen **reglas específicas** en cuanto a su cómputo.
Así, por lo que se refiere a las primeras, se mencionan una serie de operaciones (cesión de monedas, divisas y billetes de banco, y cesión de pagarés y valores, tanto los integrados como los no pertenecientes a la cartera de las entidades financieras) cuyo cómputo en el denominador de la fracción relevante a efectos de prorrata no se establece en función del importe de la contraprestación recibida por la entidad financiera, sino más bien teniendo en cuenta el **beneficio obtenido** por la entidad en dicha cesión. Hay que aclarar que, aunque lo normal es que estas operaciones se computen en el denominador de la prorrata, puede ocurrir que hayan de incluirse también en el numerador en ciertos casos (así, cesión de monedas para un empresario o particular no comunitario), en cuyo caso, las reglas de cómputo en el numerador de la fracción deben seguir las mismas reglas (beneficio de la entidad financiera y no contraprestación total). Ver criterio del TJUE 14-7-98, asunto C-172/96 en el nº 1721.

Para las **ejecuciones de obra y prestaciones de servicios** efectuados **fuera de la Península y Baleares**, se toma como importe de la operación el resultante de multiplicar la contraprestación total por el coeficiente obtenido de dividir la parte de coste soportada en el territorio de aplicación del impuesto por el coste total de la operación, no teniendo en cuenta a estos efectos los gastos de personal.

Doctrina Administrativa Además de las siguientes contestaciones de la DGT, ver nº 11000 s. **2805**

1) Una sociedad realiza operaciones de seguro exentas y prestaciones de servicios no exentas. Solicitó y le fue reconocida la aplicación de la prorrata especial. Con posterioridad, inicia una **nueva actividad** de promoción inmobiliaria, soportando el IVA correspondiente.

La sociedad debe practicar sus deducciones según las reglas de la prorrata especial que viene aplicando, incluso respecto de las cuotas soportadas en la nueva actividad, sin que deba realizar una nueva opción por la prorrata especial (DGT 9-5-95).

2) Una persona física desarrolla la actividad de impartición de **cursos** para la obtención de los permisos de conducción A y B (sujeta y no exenta) y clases de formación continua (sujeta y exenta). Puede optar por la aplicación de la prorrata especial y deducir la totalidad de las cuotas soportadas exclusivamente afectas a la impartición de la formación de los permisos A y B, sin que en dicha elección tenga influencia alguna la circunstancia de que las clases sean impartidas en las instalaciones propias o en las de los clientes (DGT CV 19-11-15).

3) La entidad, aunque aplique la prorrata especial, puede deducir las cuotas que soporte en la adquisición e **instalación de un ascensor** que quede afecto indistintamente al arrendamiento de vivienda y al arrendamiento de locales en proporción al porcentaje resultante de la aplicación de la prorrata general. Para el cálculo no han de considerarse los metros cuadrados de los locales afectados en comparación con los totales del edificio (DGT CV 17-3-15). **2806**

4) Si una **sociedad absorbente** no inicia una nueva actividad, sino que continúa con la preexistente una vez finalizado el proceso de fusión, puede optar por la aplicación de la prorrata especial en la última declaración-liquidación de cada año natural, procediendo, en tal caso, la regularización de las deducciones practicadas (DGT CV 21-12-16).

5) Una sociedad anónima cotizada de inversión en el mercado inmobiliario (**SOCIMI**) que tiene tres líneas de negocio diferenciadas, atendiendo a la tipología de los activos: residencial, hotelero y de oficinas, ha optado por la aplicación del régimen de prorrata especial. Tiene suscrito un **contrato de gestión**, cuya contraprestación se determina en función de un porcentaje previamente pactado sobre el valor neto de los activos mantenidos en cada momento, por lo que resulta posible individualizar la parte del gasto derivado del contrato de comisión atribuible a cada tipología de inmueble y, por consiguiente, a cada línea de negocio. En consecuencia, las cuotas soportadas por los servicios de gestión que se correspondan con la actividad de arrendamiento de oficinas y hoteles son deducibles en su totalidad. Por el contrario, las cuotas soportadas en relación con la actividad de arrendamiento de viviendas no son deducibles en ninguna cuantía (DGT CV 8-3-17).

6) La **opción** por la aplicación de la **prorrata especial** en los plazos previstos por la normativa del IVA no tiene efectos retroactivos para años anteriores en los que no se optó por la prorrata especial, aplicando la prorrata general (DGT CV 21-8-24).

7) Se puede optar por aplicar la regla de la prorrata especial en la última declaración-liquidación del Impuesto del año natural en que realice la **ejecución de obra**, procediéndose a la regularización de las deducciones practicadas en dicho año, y esta opción tendrá una duración mínima de tres años naturales. Una vez transcurridos estos, el sujeto pasivo puede revocar su opción, salvo que le resulte aplicable la prorrata especial de forma obligatoria -nº 2775- (DGT CV 9-12-24).

Jurisprudencia **1)** Un empresario puede **regularizar las deducciones** del IVA soportado inicialmente efectuadas, aplicando un **criterio de deducción distinto del inicial**, cuando (i) el empresario ignoraba de buena fe, cuando eligió el criterio de deducción inicial, que parte de las operaciones por él realizadas estaban exentas del IVA; y (ii) el nuevo criterio (afectación real) permite fijar con mayor precisión que el inicial (prorrata general) la parte del IVA soportado que se refiere a operaciones que generan el derecho a la deducción (TJUE 30-4-20, asunto C-661/18). **2807**

2) El reclamante promueve la construcción de un edificio que incluye un **local comercial y viviendas,** con destino en ambos casos a su arrendamiento. La Administración resuelve que es de aplicación la regla de **prorrata especial** por concurrir la realización de operaciones sujetas y no exentas (alquiler de locales) y sujetas y exentas (alquiler de viviendas y anexos). En función del destino previsible de los bienes y servicios por los que se soportan las cuotas, reparte las mismas conforme a un criterio basado en la superficie destinada a cada actividad.

Se confirma el criterio de la Inspección en cuanto a la valoración del destino previsible conforme a criterios lógicos, objetivos y prudentes, y que la exención alcance a anexos tales como garajes.

No se comparte, sin embargo, el criterio aplicado en el **reparto de los gastos** incurridos en actividades de **urbanización y construcción**, que se realiza conforme a la superficie destinada a cada tipo de edificación, a efectos de considerarlos como cuotas soportadas exclusivamente en el desarrollo de cada actividad y con el fin de determinar si resulta aplicable la regla de prorrata especial.

Puesto que las actividades desarrolladas, alquiler de viviendas y locales, no constituyen sectores diferenciados, cualquier reparto de costes incurridos que haya de realizarse, por no poderse llevar a cabo una imputación objetiva que resulte de los propios términos del contrato o factura de prestación de servicios, habrá de efectuarse conforme al único criterio que goza de cobertura legal en la Ley del IVA, esto es, en función del volumen de operaciones, tal como se señala para el cálculo del porcentaje de prorrata (LIVA art.104.Dos) (TEAC 9-6-20).

3) El criterio de deducción de las cuotas soportadas por bienes afectos a actividades exentas y no exentas es el basado en el **volumen de operaciones** previsto en la normativa del impuesto (LIVA art.104), sin que pueda aplicarse ningún otro criterio, como pudiera ser el de la superficie construida, el cual no tiene cabida en la normativa del impuesto (TEAC 22-11-23).

2. Régimen de deducciones en sectores diferenciados de la actividad

(LIVA art.9.1º y 101)

2810 Los sujetos pasivos del impuesto pueden desarrollar, en el marco de su actividad empresarial o profesional, actividades económicas distintas.

Con el propósito de evitar posibles distorsiones de competencia, en base a la aplicación de porcentajes de deducción sobre cuotas soportadas en la adquisición de bienes o servicios destinados realmente a una actividad a la que correspondería un porcentaje inferior, la normativa del impuesto ha creado la figura de los sectores diferenciados.

El régimen se concreta en una **idea fundamental**: a cada sector diferenciado se le aplica su propio régimen de deducciones con independencia del que corresponde a los demás sectores. En el caso de que haya bienes o servicios adquiridos que se utilicen simultáneamente en varios sectores, la deducción correspondiente al IVA soportado por su adquisición se determina aplicando la regla de prorrata general, teniendo en cuenta a estos efectos todas las actividades realizadas por el sujeto pasivo en los sectores diferenciados correspondientes, salvo las relativas al sector diferenciado de actividad del grupo de entidades. Por otra parte, la **transferencia o cambio de afectación** de bienes de un sector diferenciado a otro origina el hecho imponible autoconsumo de bienes, pues dicha transferencia constituye una operación asimilada a la entrega de bienes. A través de estos mecanismos (creación de sectores diferenciados y producción del hecho imponible entrega de bienes en caso de transferencia de estos de un sector a otro) se trata de aplicar a las cuotas soportadas por la adquisición de cada bien la deducción que le corresponde en función del tipo de actividad en la que realmente se utiliza.

2811 **Concepto de sectores diferenciados** (LIVA art.9.1º.c y 163 octies.tres) Se consideran sectores diferenciados de la actividad empresarial o profesional los siguientes:

a) Aquellos que cumplan simultáneamente dos **requisitos**: que tanto las actividades realizadas como los regímenes de deducción aplicables sean distintos. Hay pues que distinguir qué se entiende por unas y por otros:

1) Son **actividades distintas** las que tienen asignados grupos diferentes en la Clasificación Nacional de Actividades Económicas -CNAE- (nº 2812), lo cual ocurre cuando su clasificación a nivel de tres dígitos no coincide (DGT 3-12-93). En todo caso, no son distintas (respecto de la propia actividad principal) las actividades accesorias de otra principal. Es **actividad accesoria** la que contribuya a la realización de la principal y cuyo volumen de operaciones no exceda del 15% del de la principal en el año precedente; si no se hubiera ejercido la actividad accesoria en el año precedente, en el año en curso el requisito relativo al mencionado porcentaje es aplicable según las previsiones razonables del sujeto pasivo, sin perjuicio de la regularización que proceda si el porcentaje real excediese del límite indicado. La accesoria se incluye en el sector de actividad de su principal.

2) Se consideran **regímenes de deducción distintos** cuando el porcentaje de deducción (prorrata, nº 2715 s.) difiere en más de 50 puntos porcentuales.

Así, constituyen sectores diferenciados de la actividad:

- De una parte, **formando un único sector**, la actividad principal -aquella en que se hubiera realizado mayor volumen de operaciones durante el año natural inmediato anterior- con sus actividades accesorias y aquellas otras actividades cuyo porcentaje de deducción no difiera en más de 50 puntos porcentuales del de la actividad principal.
- De otra, formando **otro sector único**, las actividades diferentes de la principal cuyos porcentajes de deducción difieren en más de 50 puntos porcentuales con el de aquella.

b) Las actividades acogidas a los **regímenes especiales** simplificado, del REAGP, de las operaciones con oro de inversión y del recargo de equivalencia.

c) Las operaciones de **arrendamiento financiero** (L 10/2014 disp.adic.3ª).

d) Las operaciones de **cesión de créditos o préstamos**, con excepción de las realizadas en el marco de un contrato de factoring (nº 2813).

e) El conjunto de las **operaciones intragrupo** que realice cada entidad miembro de un grupo de entidades (nº 4940).

Precisiones 1) La **Clasificación Nacional de Actividades Económicas** (**CNAE**) en vigor ha sido aprobada por el RD 10/2025 (nº 10510). **2812**
La CNAE incluye:
- un primer nivel, consistente en rúbricas identificadas mediante un código alfabético (secciones);
- un segundo nivel, consistente en rúbricas identificadas mediante un código numérico de dos cifras (divisiones);
- un tercer nivel, consistente en rúbricas identificadas mediante un código numérico de tres cifras (grupos). Este nivel tiene relevancia a efectos del IVA; y
- un cuarto nivel, consistente en rúbricas identificadas mediante un código numérico de cuatro cifras (clases).

2) En el supuesto de que sean desarrolladas **tres o más actividades** distintas, por tener grupos diferentes de CNAE, y los regímenes de deducción de cada una de ellas fuesen también diferentes, las **reglas** para constituir los sectores diferenciados son:
a) Las actividades correspondientes a los **regímenes especiales** simplificado, agricultura, recargo de equivalencia y oro de inversión y las de arrendamiento financiero y cesión de créditos o préstamos, así como el conjunto de las operaciones intragrupo que realice cada entidad miembro del grupo de entidades, constituyen sectores diferenciados cada una de ellas.
b) El **resto de actividades** solo pueden constituir dos sectores diferenciados:
- uno con la actividad principal (la de mayor volumen de operaciones), y con todas las demás en las que la prorrata aplicable no difiera más de 50 puntos porcentuales con la de aquella, incluyéndose en este sector las actividades accesorias a cada una de las principales agrupadas en él;
- otro con el resto de las actividades y sus accesorias.
c) Los **aplazamientos de pago** de otras operaciones principales no constituyen sector diferenciado si su volumen no excede del 15% del de estas.

Cesión de créditos y préstamos (LIVA art.9.1º.c) Se considera sector diferenciado de la actividad el constituido por las operaciones de cesión de créditos y préstamos. Tales operaciones están **exentas** (nº 980), de manera que su realización no genera el derecho a deducir el IVA soportado. Únicamente cuando estas operaciones se efectúan para destinatarios no establecidos en la UE (tanto si dichos destinatarios son empresarios o profesionales como si se trata de particulares) o cuando las mismas se vinculan directamente a operaciones de exportación y se efectúan a partir del momento en que los bienes se expiden con tal destino, cabe la **deducción** del IVA soportado por las adquisiciones de bienes o servicios destinados a la realización de dichas operaciones (nº 2692). En este sector diferenciado también cabe la aplicación de la **regla de prorrata especial**, al haberse admitido dicha posibilidad de forma expresa. Asimismo, se establece la **exclusión** del sector diferenciado de las operaciones de cesión de créditos y préstamos realizadas en el marco de un contrato de factoring. **2813**

Autoconsumo de bienes (LIVA art.9.1º) Constituye autoconsumo de bienes, equivalente a entrega de bienes, entre otros supuestos, el cambio de afectación de bienes corporales de un sector a otro diferenciado. **2814**
No obstante, existen supuestos en los que el **cambio de afectación** de bienes corporales de un sector a otro diferenciado de la actividad no determina la producción del hecho imponible autoconsumo de bienes:
- cuando, por una modificación en la normativa vigente, una actividad económica pasa obligatoriamente a formar parte de un sector diferenciado distinto de aquel en el que venía estando integrada con anterioridad;
- cuando, por cualquier causa, el régimen de tributación aplicable a una determinada actividad económica cambie del régimen general al régimen especial simplificado, al REAGP, al del recargo de equivalencia o al de las operaciones con oro de inversión, o viceversa, incluso cuando es por el ejercicio de un derecho de opción (ver ejemplo en el nº 2816).
La no producción del autoconsumo en estos supuestos debe entenderse sin perjuicio de:
• La **regularización** de deducciones (nº 3016 s. y nº 3080 s.).
• La **rectificación de las deducciones** practicadas, cuando estas se hubieran efectuado conforme a la regla del destino previsible (nº 2907) y el destino previsto fuera distinto del real, siempre que se trate de bienes distintos de los de inversión o de servicios adquiridos por el empresario o profesional y que no hubiesen sido utilizados en ninguna medida en la actividad en el momento en que se produce el cambio de afectación.
• La aplicación de las reglas previstas para los casos de comienzo y cese de las actividades sujetas al régimen especial del **recargo de equivalencia** (nº 4675 s.).

2816 Ejemplos 1) Un empresario que reúne todos los requisitos subjetivos y objetivos necesarios para tributar en el **REAGP**, renunció en su día a la aplicación de dicho régimen especial, con lo cual ha venido tributando en el régimen general. En un momento posterior, revoca dicha renuncia y vuelve a tributar en el régimen especial citado.
No se produce ningún autoconsumo por el hecho de que los bienes que venían estando afectados a una actividad en régimen general pasen a estarlo a la actividad en régimen especial, a pesar de que esta última constituya un sector diferenciado ex lege de la actividad. Todo ello sin perjuicio de lo previsto en nº 3729 s.

2817 2) Una empresa promotora realiza las siguientes **actividades**:

Actividad (CNAE)	Régimen deducciones	Volumen operaciones
1. Compraventa de viviendas (681)	40%	200
2. Arrendamiento de viviendas y locales (682)	0%	100
3. Administración de inmuebles (683)	100%	150
4. Arrendamiento financiero (649)	100%	80

La actividad principal es la 1 (mayor volumen de operaciones).
La actividad 2 se integra en el mismo sector diferenciado que la 1 (régimen de deducciones < 50 puntos porcentuales).
Las actividades 3 y 4 constituyen sectores diferenciados del sector 1 y entre sí ex lege (CNAE distinto y régimen de deducción > 50 puntos porcentuales).
Hay, pues, tres sectores diferenciados: el que comprende las actividades 1 y 2, el 3 y el 4.
3) Un empresario realiza simultáneamente **dos actividades** A y B clasificadas en grupos diferentes de la CNAE.
Durante un año, los datos relativos a cada una son:

Operaciones	Actividad A	Actividad B
Sujetas y no exentas	2.000	120
Exentas	500	480

La actividad A es la principal por ser la de mayor volumen de operaciones (suponemos que también lo fue en el año anterior). La actividad B no es accesoria de la A ya que sus operaciones superan el 15% de las de esta última.
La prorrata de A es: 2.000/(2.000 + 500) × 100 = 80%
La prorrata de B es: 120/(120 + 480) × 100 = 20%
Como la diferencia de prorratas es de 80 - 20 = 60, superior a 50 puntos porcentuales, ambas actividades presentan regímenes de deducción distintos, por lo que son sectores diferenciados, ya que pertenecen a grupos de la CNAE distintos.

2818 Doctrina Administrativa Además de las siguientes contestaciones de la DGT, ver nº 11000 s.
1) Las **actividades accesorias** son aquellas que coadyuvan, facilitan o complementan la realización de la actividad principal, es decir, son actividades que no se realizan aisladamente por el empresario o profesional y que no son autónomas de la actividad principal.
Por tanto, las actividades **complementarias** consistentes en la prestación de servicios de limpieza, lavandería, papelería o venta de cerámica no son accesorias de la principal, cuyo objeto consiste en defender los derechos y mejorar la calidad de vida de las personas con discapacidad intelectual y de sus familias (DGT CV 15-6-09).
Como **ejemplos de actividad accesoria** de otra principal pueden señalarse:
- la realización de estudios de solvencia de los asegurados respecto de la actividad de seguros (DGT CV 7-7-86);
- la entrega de bienes a los impositores como retribución a sus imposiciones; la de cesión temporal de ordenadores o de personal respecto de la actividad financiera de las entidades de crédito (DGT 4-6-87; CV 4-9-86);
- la edición y venta de libros a los propios alumnos respecto de la actividad de enseñanza (DGT CV 31-3-87; CV 9-9-14; CV 7-10-14);
- la venta de material escolar a los alumnos (DGT CV 22-10-13; CV 20-11-13; CV 7-10-14);
- la actividad ocasional de reventa de equipos informáticos a los alumnos respecto de la actividad de enseñanza (DGT CV 15-2-11);
- la actividad de divulgación de la ciencia respecto de la actividad de investigación, desarrollo e innovación (DGT CV 24-1-19);
- la actividad de asistencia sanitaria en una residencia para la tercera edad respecto de la actividad de atención residencial (DGT CV 9-7-20).

Como **ejemplos de actividad no considerada accesoria** de otra principal pueden señalarse la venta de uniformes y, en su caso, ordenadores respecto de la actividad de enseñanza (DGT CV 22-10-13; CV 20-11-13); la actividad de compraventa de mobiliario y la compraventa de inmuebles (DGT CV 18-9-17); la actividad de compraventa de coches y la de intermediación financiera (DGT CV 26-1-18; CV 19-10-20); la actividad de agente inmobiliario y la de intermediación financiera (DGT CV 14-4-20).

2) Son **ejemplos de sectores diferenciados** de actividad por tener grupos diferentes en la CNAE y siempre que sus prorratas difieran en más de 50 puntos, los siguientes: 2819
- la actividad de arrendamiento de oficinas y la actividad aseguradora (DGT 18-3-99);
- el alquiler de viviendas y el asesoramiento contable (DGT 14-4-89);
- la venta al por mayor de artículos de cosmética y prestación de servicios de peluquería respecto de la actividad de academia de peluquería (DGT 28-12-87);
- la promoción de edificaciones por parte de entidades financieras respecto a la actividad financiera propiamente dicha (DGT 18-1-88);
- la instalación de pavimentos y moquetas respecto de la actividad consistente en prestar con habitualidad financiación a empresas vinculadas (DGT CV 30-4-09);
- la actividad de gestión y consultoría patrimonial y la actividad de intermediación financiera (DGT CV 12-5-11; CV 14-4-20); así como la actividad de abogado y la actividad de agente financiero de una entidad de crédito (DGT CV 14-4-20);
- la actividad de arrendamiento de bienes inmuebles sujetos y no exentos más la actividad de venta al por menor de publicaciones y recuerdos en un museo y la actividad museística y cultural exenta (DGT CV 23-1-14);
- la actividad de gestión administrativa y la de captación de clientes para un corredor de seguros (DGT CV 19-11-15);
- las operaciones de cesiones de créditos efectuadas por las entidades cedentes (DGT CV 20-1-17); así como las cesiones de créditos a inversores que no se realizan en el marco de contratos de factoring y los servicios en el marco de contratos de factoring o confirming (DGT CV 8-11-24);
- la actividad de construcción y reparación de edificaciones y la actividad de venta de viviendas (DGT CV 27-5-10; CV 9-6-10);
- la actividad de parafarmacia y la de asistencia sanitaria (DGT CV 27-4-18);
- la actividad de café-bar y la de realización de una rifa (DGT CV 4-11-20);
- la actividad de compraventa de coches y la de intermediación financiera (DGT CV 26-1-18; CV 19-10-20);
- la actividad de reparación de automóviles y la de intermediación en operaciones de seguro (DGT CV 27-10-21);
- los servicios de arrendamiento de alojamientos turísticos, exentos de IVA, y otros servicios complementarios prestados -rutas de senderismo, visitas turísticas guiadas- (DGT CV 17-7-24);
- una actividad acogida al régimen especial del recargo de equivalencia y las actividades de recogida de paquetería, recargas telefónicas y gestión de venta de loterías y apuestas (DGT CV 20-6-24).

3) No constituyen **actividades diferenciadas**, al estar ambas incluidas en un mismo grupo de la CNAE, la explotación de máquinas recreativas de tipo A y la de máquinas tipo B (DGT 30-7-90).

4) Cuando un sujeto pasivo ejerce distintas actividades tributando por alguna de ellas por el régimen especial del recargo de equivalencia, dicha actividad constituye necesariamente un sector diferenciado, sin que tenga relevancia el **volumen de operaciones** de cada una de las actividades desarrolladas (DGT 11-2-86).

Si se realiza la actividad de **comercio minorista**, sujeta al régimen especial del recargo de equivalencia y la actividad de **arrendamiento de locales** sujeta al régimen general, en cada uno de los dos sectores diferenciados se aplica para los bienes y servicios utilizados exclusivamente en cada uno de ellos, el régimen de deducciones que les corresponda. Para los bienes y servicios utilizados conjuntamente en ambos sectores diferenciados, se determina el porcentaje de deducción según las reglas de la prorrata general (DGT CV 29-9-15).

5) Un **colegio profesional** tiene reconocido el disfrute de la exención por prestación de servicios y las entregas de bienes accesorias a las mismas efectuadas directamente a sus miembros por organismos o Entidades legalmente reconocidos. En el año 2000, adquirió una edificación nueva para trasladar allí su sede y en la actualidad se plantea arrendar a terceros una parte de dicha edificación que se utilizará para instalar bares y despachos. La actividad de arrendamiento sujeta y no exenta que va a comenzar a desarrollar constituye un sector diferenciado respecto de la actividad principal sujeta y exenta (DGT CV 3-3-05). 2820

6) Una entidad dedicada a la **promoción de inmuebles** destina una parte de los mismos al **arrendamiento de vivienda** mientras estaban en expectativa de venta. Se trata de dos sectores diferenciados de actividad -la actividad promotora y la actividad arrendadora-, por lo que hay que calcular para cada uno su porcentaje de prorrata de forma separada (DGT CV 13-7-07).

7) Una sociedad celebra un contrato de arrendamiento con un tercero que tiene por objeto una vivienda cuyo destino va a ser su **cesión a un empleado**, que la utilizará como su residencia privada. No cabe considerar que esta actividad de cesión sea accesoria de la principal (DGT CV 6-9-07).

8) Una entidad desarrolla diversas actividades, aplicando el régimen de deducciones en sectores diferenciados. Asimismo, cede en régimen de **concesión administrativa** a una única entidad mercantil la totalidad de la superficie e instalaciones de una zona comercial, facturando de forma conjunta a la cesionaria los importes del **suministro de energía eléctrica**. Como cuando un mismo destinatario recibe tanto la actividad principal como la que tiene carácter accesorio, esta última no tributa de manera autónoma e independiente por el IVA sino que sigue el régimen de 2821 tributación de la operación principal de la que depende, en este caso la actividad de suministro eléctrico sigue el régimen de deducciones que corresponde a la actividad de cesión, al poderse independizar e imputar dichos consumos, mediante los correspondientes contadores, a los inmuebles objeto de cesión (DGT CV 29-6-11).

9) Una entidad realiza dos actividades diferenciadas: hotelera y bingo y apuestas deportivas. Dichas actividades se desarrollan en un edificio, que es **una sola finca registral**, pero con separación total de las mismas. No existen zonas comunes ni compartidas, al tener cada actividad accesos independientes e instalaciones independientes con sus propios suministros y sin comunicación entre las plantas donde se realizan las dos actividades. Si aplica el régimen de sectores diferenciados y realiza una **reforma** interior del edificio exclusivamente en la parte relativa a la actividad hotelera, las cuotas derivadas de las obras pueden deducirse íntegramente (DGT CV 27-4-17).

2822 **Justificación del régimen** El régimen de deducción en sectores diferenciados de la actividad tiene como **finalidad** evitar o paliar, al menos, los problemas que puede plantear la prorrata especial en lo que se refiere a la deducción del IVA correspondiente a los bienes y servicios que se utilizan simultáneamente en varias actividades. En efecto, la prorrata especial supone un mayor grado de precisión y exactitud que la prorrata general, pero aun así plantea problemas.

Se plantea el siguiente ejemplo, en el que un sujeto pasivo realiza las siguientes actividades:

Actividades	% deducción	Volumen de operaciones
1. Hospitalización y asistencia sanitaria	0	1.000
2. Restaurante y hostelería	100	100
3. Transporte de enfermos y heridos	0	200
4. Arrendamiento de viviendas	0	10
Arrendamiento de locales	100	40

El sujeto pasivo aplica la regla de prorrata especial (nº 2775). Si adquiere un bien que utiliza exclusivamente en las actividades 1 y 3, no puede deducir en ninguna medida el IVA soportado por dicha adquisición. Si adquiere un bien que utiliza exclusivamente en la actividad 2, puede deducir en su integridad el IVA soportado.

Hasta aquí, el funcionamiento de la prorrata especial es óptimo, ya que la deducción practicada se corresponde exactamente con la utilización que se da a los bienes adquiridos. El problema se plantea cuando se adquieren **bienes** que se utilizan simultáneamente en **varias actividades**, supuesto en el que procede la aplicación de la regla de prorrata general.

Así, en el ejemplo, el sujeto pasivo adquiere un ordenador que utiliza exclusivamente en las actividades 2 y 4 y por cuya adquisición se han pagado 400 €, más 84 € de IVA. La prorrata aplicable sería:

$$\text{Prorrata: } [(100 + 40)/(1.000 + 100 + 200 + 10 + 40)] \times 100 = 10{,}37 = 11\%$$

Aunque el ordenador se utiliza fundamentalmente en operaciones que generan el derecho a la deducción (restaurante y hostelería y arrendamiento de locales) y que permitirían deducir en su integridad el IVA soportado, la utilización en unas operaciones de escasa relevancia económica respecto de las demás (arrendamiento de viviendas) determina, no que la prorrata de deducción se reduzca en la medida correspondiente a una utilización concreta en el arrendamiento de viviendas, sino una drástica reducción de la prorrata, puesto que en su cálculo se tienen en cuenta, no solo las actividades u operaciones en que concretamente se utiliza el bien, sino todas las efectuadas por el sujeto pasivo. Ello hace que en dicho cálculo entren en juego las actividades de hospitalización y transporte de enfermos y heridos (a pesar de que el ordenador no se utilice en ellas en absoluto), lo que provoca la caída de la prorrata de deducción al 11%.

2824 En el ejemplo, está clara la **desviación** que se produce al aplicar la regla de prorrata especial, desviación que en este caso opera en contra del sujeto pasivo, ya que la deducción que puede practicar es muy inferior a la que corresponde a la utilización real del bien. Pero puede ocurrir que esa desviación se plantee en contra de los intereses de la Hacienda Pública. Así, por ejemplo:

Actividades	% deducción	Volumen de operaciones
1. Exhibición de películas cinematográficas	100	500
2. Enseñanza	0	50
3. Venta repuestos automóviles	100	1.000
4. Alquiler de viviendas	0	6
Alquiler de locales	100	4

En este caso, el ordenador se adquiere para ser utilizado en las actividades 2 y 4. El porcentaje de deducción es el siguiente:

Prorrata = [(500 + 1.000 + 4)/(500 + 50 + 1.000 + 6 + 4)] × 100 = 96,41 = 97%

Los resultados son inversos a los del ejemplo anterior: el ordenador se utiliza fundamentalmente en una actividad que no permite deducir en ninguna medida el IVA soportado. Sin embargo, la simple utilización, aunque sea residual, en otra actividad que genera el derecho a la deducción supone la aplicación de un altísimo porcentaje de deducción, porque en la determinación de ese porcentaje entran en juego otras actividades que también generan el derecho a la deducción, con un volumen de operaciones muy elevado, aunque el ordenador no se utilice para el desarrollo de esas actividades.

Pues bien, con el **régimen de los sectores diferenciados** lo que se pretende es neutralizar o paliar al menos estas desviaciones, de forma que en el primer ejemplo (nº 2822), habría dos sectores diferenciados (nº 2811): **2825**
Sector 1º: Hospitalización y asistencia sanitaria + transporte de enfermos y heridos.
Sector 2º: Restaurante y hostelería + arrendamiento de viviendas y locales.
El arrendamiento de viviendas y el de locales son operaciones distintas, si bien constituyen una sola actividad económica por tener el mismo grupo en la Clasificación Nacional de Actividades Económicas -CNAE-, por lo que se incluyen en el mismo sector de actividad (nº 2812).
A cada sector diferenciado se le aplica su propio régimen de deducciones. Por tanto, tratándose de un ordenador que se utiliza en las actividades del sector 2, hay que aplicar, para determinar la prorrata de deducción, las reglas de la prorrata general teniendo en cuenta al efecto únicamente las operaciones efectuadas en el sector 2:

Prorrata = [(100 + 40)/(100 + 10 + 40)] × 100 = 93,33% = 94%

La diferencia con respecto al primer supuesto es clara y la deducción procedente mucho más ajustada a la utilización real del ordenador que en el caso antes examinado, cuya prorrata era del 11%.

Esto mismo puede plantearse en el segundo ejemplo propuesto (nº 2824). En este también hay dos sectores diferenciados: **2826**
Sector 1º: Exhibición de películas cinematográficas + venta repuestos automóviles.
Sector 2º: Enseñanza + alquiler de viviendas y locales.
Dado que el ordenador solo se utiliza en actividades incluidas en el sector 2, es únicamente el volumen de operaciones de ese sector el que se tiene en cuenta a la hora de concretar el porcentaje de deducción aplicable al IVA soportado por la adquisición del ordenador, de la siguiente forma:

Prorrata = [4/(50 + 6 + 4)] × 100 = 6,66% = 7%

La prorrata de deducción aplicable es del 7%, frente al 97% que resultaba de la aplicación de la regla de prorrata especial, con notorio perjuicio para la Hacienda Pública.

Por otra parte, aunque el régimen de deducción en sectores diferenciados de la actividad supone un mayor grado de perfección que la prorrata especial, no implica que resuelva todos los problemas planteados. En efecto, los sectores diferenciados resuelven el supuesto en que un bien es utilizado en común en varias actividades que se incluyen en el mismo sector, pero no solucionan el supuesto en que un bien es utilizado en común en actividades que pertenecen a distintos sectores, caso en el que pueden reproducirse las **distorsiones** que pueden producirse por la aplicación de la prorrata especial. **2827**
En efecto, se plantea un sujeto pasivo que ejerce las siguientes actividades:

Actividades	% deducción	Volumen de operaciones
1. Exhibición de películas cinematográficas	100	500
2. Enseñanza	0	50
3. Venta repuestos automóviles	100	1.000
4. Reparación de calzado	100	5

El ordenador se utiliza en las actividades 2 y 4. En este ejemplo, los sectores diferenciados son:
Sector 1º: Exhibición de películas cinematográficas + venta repuestos automóviles + reparación de calzado.
Sector 2º: Enseñanza.

Dado que el ordenador se utiliza en ambos sectores de la actividad, el porcentaje de deducción aplicable se determina tomando en cuenta todas las operaciones realizadas en los sectores diferenciados correspondientes, por lo que dicho porcentaje es el siguiente:

Prorrata = [(500 + 1.000 + 5)/(500 + 50 + 1.000 + 5)] × 100 = 96,78 = 97%

La utilización del ordenador en la actividad de reparación de calzado, de escasa relevancia económica con respecto a la de enseñanza (utilización que, además, puede ser ocasional o accesoria) acarrea la aplicación de un porcentaje de deducción muy elevado, al incluirse en el cómputo de las operaciones todas y no solo aquellas en las que concretamente se ha utilizado el bien.

2828 **Régimen de deducciones** (LIVA art.101) Cuando el sujeto pasivo realiza actividades económicas en sectores diferenciados de la actividad empresarial o profesional, para la determinación del importe de las cuotas soportadas deducibles hay que tener en cuenta una regla general (nº 2829), así como reglas especiales (nº 2830 s.).

2829 **Regla general** (LIVA art.101) El régimen de deducciones se practica de manera **independiente** para cada uno de los sectores diferenciados de la actividad. Es decir, del IVA devengado por cada sector se deduce el IVA deducible que le corresponda, aplicando, si procede, su propia prorrata general.

Respecto de los bienes o servicios adquiridos o importados para su **utilización en común** en varios sectores diferenciados, la prorrata general que procede se determina de acuerdo con las **reglas** señaladas en el nº 2734 s., pero teniendo en cuenta también estas otras:

a) No originan derecho a deducción (no se computan en el numerador de la fracción que determina la prorrata) las operaciones incluidas en los regímenes especiales de la agricultura, ganadería y pesca o del recargo de equivalencia.

b) Han de **computarse** la totalidad de las operaciones realizadas en todos los sectores diferenciados correspondientes, con excepción de las operaciones realizadas en el sector diferenciado de actividad de grupo de entidades (REGE).

c) Cuando la **utilización en común** de los bienes y servicios sea en actividades acogidas al régimen simplificado y en otras sometidas al régimen de la agricultura o del recargo de equivalencia, el porcentaje de deducción a efectos del régimen simplificado es del 50% cuando la afectación sea a dos regímenes y de 1/3 en otro caso. Esta fórmula de deducción tiene carácter subsidiario y se aplica solo cuando no pueda determinarse el volumen de operaciones correspondiente a los regímenes especiales anteriores.

2830 **Reglas especiales** (LIVA art.101; RIVA art.28.1.2º) El régimen de deducción puede realizarse conforme a:

a) La regla de **prorrata especial** (nº 2778). En cada sector diferenciado, la prorrata especial se aplica en los mismos supuestos previstos con carácter general, esto es: opción del sujeto pasivo realizada en tiempo y forma, o aplicación obligatoria cuando las deducciones que resulten de aplicar la prorrata general en el sector considerado excedan en un 10% de las que resultaría de aplicar la prorrata especial en el mismo. La prorrata especial se puede aplicar en uno o varios sectores y no en los demás. No obstante, quedan excluidos de la posibilidad de aplicación de la prorrata especial los sectores diferenciados correspondientes a los regímenes especiales (simplificado, REAGP, operaciones con oro de inversión y recargo de equivalencia).

b) Mediante un **régimen de deducción común** para el conjunto de actividades desarrolladas, excepto las de los regímenes especiales, la de arrendamiento financiero y las de operaciones de cesión de créditos y préstamos. Este régimen de deducción común precisa de **autorización administrativa previa**, a solicitud del sujeto pasivo.

Dicha solicitud debe efectuarse en los siguientes **plazos**:

- durante el mes de noviembre del año anterior a aquel en que se desea que surta efectos, en cuyo caso solo se aplica a las cuotas soportadas a partir del 1 de enero del año siguiente;
- en el supuesto de **inicio de actividades** (incluyendo el caso en que estas constituyan un nuevo sector respecto de las actividades que ya vinieran desarrollándose con anterioridad), puede presentarse hasta la finalización del mes siguiente a aquel en el que se produzca el comienzo de la realización habitual de las entregas de bienes o prestaciones de servicios correspondientes a la actividad. En este caso, solo se aplica a las cuotas soportadas a partir de la fecha en que se produzca dicho comienzo.

El régimen de deducción común surte **efectos** hasta que sea revocado por la Administración o renuncie al mismo el sujeto pasivo (mes de diciembre del año anterior al que se desea que tenga efectos), salvo que se trate de un año en el que las cuotas deducibles por aplicación del régimen de deducción común superen en un 20% las que resultarían de aplicarse el régimen ordinario (esto es, el régimen de deducción independiente para cada sector diferenciado).

Precisiones 1) Se excluyen del sector diferenciado constituido por las operaciones de cesión de créditos y préstamos, las efectuadas en el marco de un **contrato de factoring**. 2831
2) La **opción** se ejercita ante el órgano competente de la AEAT.
3) La **limitación del 20%** en relación con las cuotas deducibles en el régimen de deducción común respecto a las que resultaran de aplicar el régimen de deducción independiente para cada sector diferenciado (nº 2829), supone, en la práctica, que el sujeto pasivo autorizado para aplicar el régimen de deducción común tiene que calcular también las cuotas deducibles sin aplicación de dicho régimen, para comprobar si se supera o no el porcentaje señalado.

Ejemplos 1) La entidad X desarrolla desde el año N-3 las actividades de **hospitalización** y asistencia sanitaria y de **arrendamientos de viviendas y locales** de negocios, que constituyen dos sectores diferenciados de la actividad. El 1-3-N, la entidad decide solicitar de la Administración la aplicación de un régimen de deducción común para ambos sectores de la actividad. 2833
En este supuesto, la entidad solo puede solicitar la aplicación del régimen de deducción común en noviembre del año N, y con efectos para las cuotas soportadas a partir del 1-1-N+1.
2) La entidad Y, que no viene desarrollando actividades empresariales o profesionales, inicia el 1-1-N la adquisición de bienes y servicios destinados a la realización de **operaciones financieras** y de la actividad de **compraventa de inmuebles**. La entidad comienza la realización habitual de las entregas de bienes y prestaciones de servicios correspondientes a las actividades el 2-5-N+1 y quiere solicitar la aplicación de un régimen de deducción común para ambos sectores.
Hay que distinguir:
a) Las cuotas soportadas desde el 1-1-N hasta el 2-5-N+1 son cuotas soportadas antes del inicio de las operaciones activas; su deducción y la posterior regularización de la misma se ha de ajustar a lo señalado en el nº 3070 y nº 3080.
b) Para las cuotas soportadas desde el 2-5-N+1 se aplica el porcentaje de deducción común, siempre que se den las siguientes circunstancias:
- que la entidad Y así lo haya solicitado, para lo cual dispone de un plazo que finaliza el 30-6-N+1, día de conclusión del mes siguiente a aquel en que se han iniciado las operaciones activas. Si transcurre dicho plazo, la entidad Y solo puede solicitar el régimen de deducción común en noviembre del año N+1, con efectos para las cuotas soportadas desde 1-1-N+2;
- que la Administración lo autorice;
- que las cuotas deducibles según este régimen no superen en más del 20% a las que resultaría de la aplicación del régimen ordinario.

3) Una sociedad realiza dos actividades, A y B, clasificadas en grupos distintos del CNAE. Las **operaciones** durante el año N son (tipo impositivo aplicable: 21%): 2834

	Importe	IVA
1. Ventas:		
Actividad A:		
- operaciones sujetas y no exentas	1.000	210
- operaciones exentas	1.500	-
Actividad B:		
- operaciones sujetas y no exentas	400	84
2. Adquisiciones de bienes y servicios:		
- Exclusivamente para la actividad A	800	168
- Exclusivamente para la actividad B	200	42
- De utilización común en A y B	600	126

La **liquidación** del impuesto en el año considerado sería:
a) Cálculo de las **prorratas**:
Actividad A: [1.000/(1.000 + 1.500)] × 100 = 40%
Actividad B: [400/400] × 100 = 100%
Del conjunto de actividades: [(1.000 + 400)/(1.000 + 1.500 + 400)] × 100 = 48,2%, redondeando por exceso, 49%
Como las prorratas de A y B difieren en más de 50 puntos (100 - 40 = 60), se trata de sectores diferenciados.
b) **Liquidación** del IVA conforme a la **regla general** (nº 2829):

IVA repercutido total: 210 + 84		294,00
IVA soportado deducible:		
- Actividad A: 168 × 40%	67,20	
- Actividad B: 42 × 100%	42,00	
- Bienes comunes: 126 × 49%	61,74	-170,94
A ingresar		123,06

2837 4) El Sr. X se dedica a la realización de las siguientes actividades:

Actividad	CNAE	% deducción	Volumen de operaciones año N
1. Actividad minorista en régimen de recargo de equivalencia		0%	6.000
2. Asesoría jurídica	691	100%	8.000
3. Actividad de agente de seguros	662	0%	5.000

En N-1 efectuó las mismas actividades, siendo idéntico el volumen de operaciones en cada una de ellas. Las operaciones realizadas en N son las que se indican a continuación. Se desea determinar el importe del IVA deducible correspondiente a cada liquidación trimestral.

Primer trimestre	€
- Compra de local para actividad minorista	5.000
- Compra de ordenador que utiliza en las tres actividades	400
- Adquisición de mobiliario agencia de seguros	1.000
- Ventas actividad minorista (ingresos)	3.000
- Asesoría jurídica (ingresos)	3.000
- Agencia de seguros (ingresos)	1.000

Segundo trimestre	€
- Pago alquiler despacho asesoría	500
- Pago informe recibido relativo a las actividades minorista y de asesoría jurídica	300
- Ventas actividad minorista (ingresos)	1.000
- Asesoría jurídica (ingresos)	2.000
- Agencia de seguros (ingresos)	1.000

Tercer trimestre	€
- Compra de máquina fax para las actividades minorista y de agencia de seguros	200
- Compra de impresora para las actividades de asesoría jurídica y agencia de seguros	150
- Ventas actividad minorista (ingresos)	1.000
- Asesoría jurídica (ingresos)	1.000
- Agencia de seguros (ingresos)	1.000

Cuarto trimestre	€
- Ventas actividad minorista (ingresos)	1.000
- Asesoría jurídica (ingresos)	2.000
- Agencia de seguros (ingresos)	2.000

2838 En primer lugar, hay que **determinar si existen o no sectores diferenciados**, identificándolos. Así, en primer término, hay que concretar cuál es la **actividad principal**, que es aquella en la que se ha realizado mayor volumen de operaciones durante N-1, esto es, la actividad de asesoría jurídica. Esta actividad, junto a las que sean accesorias de ella (que, en este caso, no existen) y aquellas otras actividades distintas cuyo porcentaje de deducción no difiera en más de 50 puntos porcentuales, constituyen un sector diferenciado, luego:

Sector 1º: Asesoría jurídica.

Las **actividades distintas** cuya prorrata de deducción difiera en más de cincuenta puntos porcentuales con respecto al de la actividad principal, constituyen otro sector.

Sector 2º: Actividad de agente de seguros.

La actividad que tributa en régimen de recargo de equivalencia constituye ex lege un sector diferenciado de la actividad, luego:

Sector 3º: Actividad minorista.

Las **deducciones** procedentes, aplicando el régimen de deducciones en sectores diferenciados de la actividad, son:

• **Primer trimestre**:

- **Adquisición del local**: se considera que la actividad en recargo de equivalencia no genera el derecho a deducir.

- **Adquisición del ordenador**: como se utiliza en las tres actividades, hay que aplicar la prorrata teniendo en cuenta la totalidad de las operaciones efectuadas. En este primer trimestre habría que utilizar como prorrata provisional la que fue definitiva en N-1 y regularizar al final de año con los datos reales de N. No obstante, al haber partido de la base de que los datos de N son idénticos a los de N-1, no sería necesaria dicha regularización.

Por tanto:
Prorrata de las tres actividades: 8.000/(6.000 + 8.000 + 5.000) = 43%. Luego:
IVA soportado: 21% × 400 = 84,00
IVA deducible: 43% × 84 = 36,12
- **Adquisición del mobiliario para la agencia de seguros**. Los datos son los siguientes:
IVA soportado: 21% × 1.000 = 210,00
IVA deducible: 0,00

• **Segundo trimestre**: 2839
- **Alquiler del despacho**:
IVA soportado: 21% × 500 = 105
IVA deducible: 105
- **Informe utilizado en las actividades minorista y de asesoría jurídica**: el servicio adquirido se utiliza únicamente en dos sectores diferenciados y, por eso, para calcular la prorrata correspondiente se tienen en cuenta únicamente las operaciones realizadas en dichos sectores. Luego:
Prorrata sector 1 (asesoría jurídica) y 3 (actividad minorista):
P = 8.000/(8.000 + 6.000) = 58%
IVA soportado: 21% × 300 = 63,00
IVA deducible: 58% × 63 = 36,54
• **Tercer trimestre**:
- **Adquisición del fax**:
IVA soportado: 21% × 200 = 42,00
IVA deducible: 0,00
- **Adquisición de la impresora**:
Prorrata de las actividades de asesoría jurídica y agencia de seguros:
P = 8.000/(8.000 + 5.000) = 62%
IVA soportado: 21% × 150 = 31,50
IVA deducible: 62% × 31,50 = 19,53
Como se aprecia, teniendo todos los datos de N es fácil determinar las deducciones y el régimen aplicable durante este ejercicio. Sin embargo, en la realidad esto no es así ya que cuando el sujeto pasivo inicia sus actividades en N no conoce exactamente lo que va a ocurrir durante el año. Así, si de los datos finales de N-1 se deriva la existencia de sectores diferenciados en N y las actividades que se realizan en este último año son las mismas que en N-1, el sujeto pasivo aplicará el régimen de deducción en sectores diferenciados.
Sin embargo, pueden darse algunos **supuestos problemáticos** (primer año de ejercicio de la actividad, iniciación durante el año de una nueva actividad que constituye un sector diferenciado respecto de las que ya venían ejerciéndose, mantenimiento de las mismas actividades pero con modificación de las operaciones realizadas en cada una de ellas), por lo que hay autores que entienden que el régimen de deducción en sectores diferenciados solo debe aplicarse en el año siguiente al de la aparición de tales sectores.

5) La entidad aseguradora Y ha realizado, durante el ejercicio N, las siguientes actividades: 2840

	Actividad	CNAE	% deducción	Volumen de operaciones año N (miles €)
1.	Actividad aseguradora	651	0	100
2.	• Alquiler de viviendas	682	0	10
	• Alquiler de locales		100	50
3.	• Venta de edificios promovidos por ella	681	100	50
	• Venta de edificios adquiridos a terceros (no hay renuncia a la exención)		0	10
	• Venta de edificios adquiridos a terceros (renuncia a la exención)		100	30
4.	Asesoría jurídica relacionada con la actividad aseguradora	691	100	10
5.	Servicios de mudanzas prestados a los adquirentes de pisos vendidos por ella	494	100	1
6.	Arrendamiento financiero		100	15

Las adquisiciones efectuadas durante el ejercicio son las siguientes:
• **Primer trimestre**:
- Adquiere un **piso nuevo** a su promotor que va a dedicar a la actividad de arrendamiento financiero, por 10.000 €.
- Adquiere **mobiliario** que destina a la actividad de alquiler de viviendas por 1.000 €.
• **Segundo trimestre**:
- Compra un **camión** que dedica a la actividad de mudanzas, por 5.000 €.
- Adquiere un **piso nuevo** a un empresario por 20.000 € que destina a la venta a un particular.

• **Tercer Trimestre**:
- Paga por servicios de **publicidad** destinados a dar a conocer la actividad de asesoría relacionada con la actividad aseguradora, 500 €.
- Adquiere un producto **informático** específico que va a utilizar en las actividades aseguradora y de mudanzas, por 2.000 €.
• **Cuarto trimestre**:
Decide destinar tanto el **piso** adquirido en el primer trimestre para la actividad de arrendamiento financiero, como el mobiliario que pensaba utilizar en la actividad de alquiler, en la **actividad aseguradora**.
Se supone que el volumen de operaciones en N-1 fue el mismo que en N. Determinar el IVA deducible en cada liquidación trimestral.

2841 En primer término, hay que examinar la existencia de sectores diferenciados de la actividad:
- La **actividad aseguradora** es la principal, pues es la de mayor volumen de operaciones en N-1. Como **accesoria** de ella aparece la de asesoría jurídica relacionada con la actividad aseguradora (esta actividad contribuye a la realización de la principal). Por tanto:
Sector 1º: Actividad aseguradora + asesoría jurídica relacionada con la actividad aseguradora.
El porcentaje de deducción en este sector es (redondeando por exceso): (10.000/110.000) × 100 = 10%
- La actividad de **alquileres** presenta una prorrata de: (50.000/60.000) × 100 = 84%
Difiere en más de 50 puntos porcentuales con respecto a la actividad principal.
- La actividad de **venta de edificios** presenta una prorrata de: (80.000/90.000) × 100 = 89%
Difiere más de 50 puntos porcentuales con respecto a la actividad principal. Accesoria a esta actividad es la actividad de mudanzas y, por tanto, el segundo sector es:
Sector 2º: Alquiler de viviendas y locales + venta de edificios + mudanzas.
Finalmente, existe un tercer sector por mandato legal:
Sector 3º: Arrendamiento financiero.

2842 En cuanto a las **deducciones** que han de practicarse por los bienes y servicios adquiridos en N, procede lo siguiente:
• **Primer trimestre**:
- Adquisición del **piso**:
IVA soportado: 10% × 10.000 € = 1.000 €
IVA deducible: 1.000 € (el porcentaje de deducción en el sector 3 es del 100%).
- Adquisición de **mobiliario**:
IVA soportado: 21% × 1.000 € = 210 €
IVA deducible: Hay que determinar la prorrata de deducción aplicable en el sector 2:
Numerador (en miles) = (50 + 50 + 30 + 1) = 131
Denominador (en miles) = 10 + 50 + 50 + 10 + 30 + 1 = 151
P = (131.000/151.000) × 100 = 87%
IVA deducible = 87% × 210 = 182,70
• **Segundo trimestre**:
- Adquisición del **camión**:
IVA soportado: 21% × 5.000 € = 1.050 €
IVA deducible (aplicando la prorrata calculada para el sector 2): 87% × 1.050 € = 913,50 €
- Adquisición del **piso nuevo**:
IVA soportado: 10% × 20.000 € = 2.000 €
IVA deducible: 87% × 2.000 € = 1.740 €
• **Tercer trimestre**:
- **Servicios de publicidad**:
IVA soportado: 21% × 500 € = 105 €
IVA deducible: hay que determinar la prorrata del sector 1, ya que se supone que no ha optado por la prorrata especial. Por tanto:
P = 10.000/(100.000 + 10.000) × 100 = 10%
IVA deducible: 10% × 105 € = 10,50 €
- **Producto informático específico**:
IVA soportado: 21% × 2.000 € = 420 €
IVA deducible: hay que determinar la prorrata de deducción aplicable a los sectores 1 y 2, de la siguiente forma (cantidades en miles de €):
Numerador = 50 + 50 + 30 + 10 + 1 = 141
Denominador = 100 + 10 + 50 + 50 + 10 + 30 + 10 + 1 = 261
P = (141/261) × 100 = 55%
IVA deducible: 55% × 420 € = 231 €

• **Cuarto trimestre**: 2843
- **Afectación del piso**: se trata de un supuesto de autoconsumo interno por cambio de afectación de un bien de un sector a otro diferenciado de la actividad, de manera que la entidad debe tener en cuenta lo siguiente:
1º. El autoconsumo por cambio de afectación constituye una **operación asimilada a entrega** de bienes (en este caso, entrega de edificación), que está exenta por tratarse de segunda o ulterior entrega de edificación (nº 8640 s.). No obstante, dado que en el sector 1 podría deducirse parcialmente el IVA soportado, se puede renunciar a la exención (nº 8685).
En tal caso, la entrega de edificación estaría sujeta y no exenta, con inversión del sujeto pasivo (nº 1363), por lo que Y debe **autorrepercutirse** el impuesto, tomando como base imponible la que procede de acuerdo con el nº 1893. Si se considera que la edificación no ha experimentado alteración alguna de su valor, la base imponible es el coste, de forma que:
IVA autorrepercutido: 10% × 10.000 = 1.000 €.
En el IVA devengado del cuarto trimestre de N, hay que incluir estos 1.000 €.
2º. Ese IVA autorrepercutido por importe de 1.000 € es, al mismo tiempo, **deducible** en la medida en que proceda de acuerdo con la prorrata del sector 1. Como esta es del 10%:
IVA deducible: 10% × 1.000 = 100 €.
- **Afectación del mobiliario**: también en este caso se plantea un supuesto de autoconsumo interno por cambio de afectación de un sector a otro diferenciado de la actividad, de forma que Y debe tener en cuenta lo siguiente:
1º. Dado que inicialmente solo dedujo el 87% del IVA soportado (182,70 €), puede ahora deducir el resto de cuota no deducida entonces, esto es: 210 - 182,70 = 27,30 €.
De esta manera, en la autoliquidación del cuarto trimestre debe incrementar en el importe citado la cuantía de las deducciones procedentes.
2º. Se produce una **operación asimilada a entrega** de bienes, sujeta y no exenta, por lo que Y debe **autorrepercutirse** el impuesto, tomando como base imponible la que procede de acuerdo con el nº 1893. Si se entendiera que el mobiliario no ha experimentado alteración alguna de su valor, la base imponible sería el coste, de forma que:
IVA autorrepercutido: 21% × 1.000 = 210 €.
3º. Ese IVA autorrepercutido por importe de 210 € es, al mismo tiempo, **deducible**, en la medida en que proceda de acuerdo con la prorrata del sector 1. Como esta es del 10%:
IVA deducible: 10% × 210 = 21 €.

6) Un contribuyente realiza las siguientes actividades en N: 2844

Actividad	CNAE	% deducción	Volumen de operaciones año N (miles €)
1. Actividad financiera	641	0	100
2. Publicidad	731	100	25
3. Venta de edificios:	681		
- Promovidos por él		100	30
- Usados (no hay renuncia a la exención)		0	35
4. Actividad minorista en régimen especial del recargo de equivalencia		0	

El contribuyente viene ejerciendo estas actividades desde N-3. En N-2 solicitó y obtuvo de la Administración la aplicación de un régimen de deducción común a las actividades 1, 2 y 3 consistente en la aplicación de un porcentaje de deducción común del 30% (nº 2830). Las adquisiciones durante N son las siguientes:
Primer trimestre:
- Compra un **ordenador** que destina a la actividad financiera por 400 €.
Segundo trimestre:
- Adquiere **material de oficina** que utiliza en la actividad de publicidad por 1.000 €.
Tercer trimestre:
- Se le prestan servicios de **reparación de edificios usados** destinados a la venta por 1.000 €.
- Soporta IVA y **recargo de equivalencia** por la adquisición de bienes utilizados en la actividad sometida a dicho régimen especial por 500 €.
Cuarto trimestre:
- Compra un **piso** que destina a la actividad financiera, soportando IVA de 2.800 €.
Se pide calcular el IVA deducible.

Deducciones procedentes aplicando el **porcentaje de deducción común**: 2845
• **Primer trimestre**:
IVA soportado: 21% × 400 = 84 €
IVA deducible: 30% × 84 = 25,20 €
• **Segundo trimestre**:
IVA soportado: 21% × 1.000 = 210 €
IVA deducible: 30% × 210 = 63 €

• **Tercer trimestre**:
- **Reparación edificios** usados:
IVA soportado: 21% × 1.000 = 210 €
IVA deducible: 30% × 210 = 63 €
- El IVA y el recargo de equivalencia correspondientes a la actividad sometida a este régimen especial no son deducibles. A este sector no le es de aplicación el régimen de deducción común.
• **Cuarto trimestre**:
IVA deducible: 30% × 2.800 = 840 €
Por tanto, el IVA deducible total por aplicación del régimen de deducción común es de:
IVA deducible total = 25,20 + 63,00 + 63,00 + 840,00 = 991,20 €

2846 Es necesario determinar el montante de las cuotas deducibles por aplicación del **régimen normal de deducción** en sectores diferenciados, ya que si el montante calculado (991,20) excede en un 20% del que resulta de la aplicación de las reglas generales, son estas las que deben utilizarse (ver nº 2830).
Pues bien, los **sectores** diferenciados son:
Sector 1º: Actividad financiera + venta de edificios.
Sector 2º: Publicidad.
Sector 3º: Actividad minorista.
Las **deducciones** procedentes en el régimen normal serían:
• **Primer trimestre**:
- **Ordenador**:
Prorrata sector 1º: [30/(100 + 30 + 35)] × 100 = 19%
IVA deducible: 19% × 84 = 15,96 €
• **Segundo trimestre**:
IVA deducible (sector 2, prorrata del 100%): 100% × 210 = 210 €
• **Tercer trimestre**:
- **Reparación edificios usados**:
IVA deducible: 19% × 210 = 39,90 €
• **Cuarto trimestre**:
IVA deducible: 19% × 2.800 = 532 €
El montante **total de cuotas deducibles** es: 15,96 + 210 + 39,90 + 532 = 797,86 €.
Un 20% más de dicho importe es: 797,86 x 1,20 = 957,43 €
Como el importe deducido (991,20 €) excede en más del 20% del que resultaría de aplicar con independencia el régimen de deducciones respecto de cada sector diferenciado (957,43 €), hay que regularizar las deducciones practicadas por aplicación del régimen de deducción común en los sectores diferenciados.

2848 Doctrina Administrativa Además de las siguientes contestaciones de la DGT, ver nº 11000 s.
1) La **venta de tabaco a través de máquinas expendedoras** está sujeta al régimen del recargo de equivalencia y constituye un sector diferenciado de la actividad de café bar acogida al régimen simplificado. En cada uno de los dos sectores diferenciados se aplica para los bienes y servicios utilizados exclusivamente en cada uno de ellos, el régimen de deducciones que les corresponda. Para los **bienes y servicios utilizados conjuntamente en ambos sectores** diferenciados, se determina el porcentaje de deducción aplicable, pero si no es posible cuantificar el volumen de operaciones realizadas en actividades acogidas al régimen simplificado, las cuotas soportadas, a efectos del mencionado régimen simplificado, son deducidas exclusivamente en el 50% de su importe, por mandato expreso de la normativa (DGT CV 19-3-14; CV 13-8-19).
2) La actividad de **arrendamiento de locales** constituye un sector diferenciado respecto de la **actividad aseguradora**. La aplicación de la regla de prorrata especial dentro del sector diferenciado por la actividad de arrendamiento de locales conduciría a la deducción total de las cuotas del IVA soportadas por bienes y servicios exclusivamente utilizados para dicha actividad (DGT 18-3-99).
Criterio semejante respecto de una **fundación** dedicada al **arrendamiento de locales**, por un lado, y al cuidado, educación e instrucción de los habitantes más necesitados, fundamentalmente niños y jóvenes, así como a la atención y **cuidado de ancianos** que se encuentran exentas del impuesto, por otro (DGT CV 23-2-09).
3) Una entidad tiene como actividad principal el **cambio de moneda**, siendo además **arrendadora de un local** de negocio.
Ambas actividades constituyen sectores diferenciados de la actividad, de modo que el régimen de deducción se ajusta a lo siguiente (DGT 3-2-98):
- no son deducibles las cuotas soportadas o satisfechas por los bienes o servicios destinados a la realización de la compra-venta de moneda, pero sí cuando estén destinados a la actividad de arrendamiento de locales;
- cuando se trate de bienes o servicios utilizados en ambas actividades, para la deducción de las cuotas soportadas la entidad aplica la regla de prorrata.

4) Una persona física se dedica al **comercio al por menor de joyería y relojería**. A efectos del IVA tiene dos sectores diferenciados: por un lado, la actividad de comercio de los artículos excluidos del régimen del recargo de equivalencia (joyas, alhajas, piedras preciosas, etc.), que tributan en régimen general (sector A) y, por otro, la actividad de comercio de artículos de relojería y otros artículos incluidos en el régimen del recargo de equivalencia (sector B). **2849**

Las cuotas soportadas por bienes y servicios utilizados exclusivamente en el sector B no pueden ser objeto de deducción; cuando los bienes se destinen al sector A, las cuotas sí pueden ser deducidas íntegramente; de serlo en ambos sectores, las cuotas son deducibles en el porcentaje (prorrata) que resulte de la aplicación de la regla de prorrata general (DGT 17-3-98). En el mismo sentido, DGT 19-10-99.

5) En el caso de una sociedad que **imparte clases** de apoyo del idioma francés y **vende material didáctico** a sus alumnos, si esta última no es actividad accesoria a la de enseñanza, resulta aplicable el régimen de los sectores diferenciados (DGT 21-10-02).

6) Aunque en la normativa del impuesto no se definen las operaciones de **cesión de créditos y préstamos**, hay que considerar como tales aquellas en las que se produce una venta o transmisión que tiene por objeto un crédito o préstamo concedido previamente a un deudor, que forma parte del patrimonio empresarial o profesional del cedente, interviniendo el cedente (vendedor) y el cesionario (comprador), asumiendo este último el riesgo de insolvencia del citado deudor respecto a dichos créditos o préstamos. De acuerdo con lo anterior, la concesión de un préstamo por una entidad mercantil a otra sociedad, operación por la que se perciben mensualmente los correspondientes intereses, no se considera sector diferenciado (DGT 12-6-02).

7) Una entidad realiza una actividad sujeta y no exenta del IVA. Adquiere un inmueble para su cesión como vivienda a sus empleados sin contraprestación específica distinta de la prestación de sus servicios laborales. Dado que la actividad de **arrendamiento o cesión de uso de viviendas** constituye un sector diferenciado de la actividad empresarial principal realizada, las cuotas soportadas en la adquisición o arrendamiento de los edificios o partes de los mismos que van a ser objeto de una posterior cesión, considerando que dicha cesión es una operación exenta, no son deducibles (DGT 29-5-03). **2850**

8) Entidad que se dedica a la **promoción y rehabilitación de edificios para su venta**. En relación con la actividad de rehabilitación, adquiere determinados edificios con la intención de rehabilitarlos totalmente y proceder a su venta, sin embargo, puede ocurrir que **algunas viviendas** que lo componen se encuentren **arrendadas** en el momento de la venta, si bien se adoptan las medidas oportunas para conseguir el desalojo voluntario o el desahucio de las mismas. La utilización efectiva de las viviendas integradas en el edificio adquirido por la entidad al arrendamiento constituye una afectación de tales inmuebles a dicha actividad. La entidad realizará una operación de **autoconsumo** de bienes determinada por la afectación de las citadas viviendas a la actividad de arrendamiento (nº 235). Por lo que respecta al **Impuesto soportado** por la entidad como consecuencia de la existencia de un autoconsumo derivado del cambio de afectación de viviendas del sector promoción al sector arrendamiento, dicho Impuesto no será deducible en cuantía alguna, dado que el porcentaje de deducción del sector de arrendamiento es del 0%. La entidad podrá deducir íntegramente las cuotas inicialmente soportadas en la adquisición de las viviendas destinadas a la realización del autoconsumo, en el caso de que las mismas no hubieran sido deducidas en su totalidad -LIVA art.102.2- (DGT CV 27-11-20).

9) No hay en la normativa una definición o regla específica que delimite el concepto de **actividad accesoria**. En este sentido, del TJUE 22-10-98, asuntos acumulados C-308/96 y C-94/97, y del TJUE 25-2-99, asunto C-349/96, se concluye que las actividades accesorias son las que facilitan o complementan la realización de la actividad principal, es decir, debe tratarse de actividades que no se realizan aisladamente por el empresario o profesional y que no son autónomas de la actividad principal de asistencia sanitaria (DGT 19-6-03).

10) Las operaciones de cesión o **transmisión de créditos** cuyo destinatario es un empresario establecido en Luxemburgo no generan el derecho a la deducción, por lo que el porcentaje de prorrata de dicho sector diferenciado es cero (DGT CV 7-8-09).

11) Una entidad presta **servicios en el ámbito financiero** y entre las actividades que realiza se encuentran servicios de **arrendamiento financiero**, junto con **otros servicios financieros**. La entidad ha venido considerando la existencia de dos sectores diferenciados de actividad, uno en el que se incluye la actividad de arrendamiento financiero y el otro que incluye el resto de actividades. En el sector diferenciado en el que se incluyen las actividades distintas del arrendamiento financiero la entidad ha optado por la aplicación de la prorrata especial. Las cuotas soportadas que estuvieran exclusivamente relacionadas con las operaciones generadoras del derecho a la deducción, podrían ser deducidas íntegramente mientras que las relacionadas exclusivamente con las operaciones no generadoras del derecho a la deducción no podrían ser deducidas en ninguna medida. Sin embargo, para aquellas cuotas soportadas en el sector diferenciado en el que se incluyen las operaciones distintas del arrendamiento financiero por la adquisición de bienes o servicios a utilizar conjuntamente tanto en operaciones que originen derecho a deducir como en operaciones que no originen tal derecho, serán deducibles en la proporción resultante de aplicar el porcentaje establecido en la LIVA art.104 (DGT CV 12-2-20).

12) Una entidad realiza dos actividades que constituyen sectores diferenciados: (i) arrendamiento financiero de vehículos, con un régimen de deducción del 100%; y (ii) **financiación de vehículos**, con un régimen de deducción del 0%, por lo que los gastos comunes a ambas actividades deben deducirse por la regla de la prorrata. En la actividad de financiación, en el denominador de la prorrata, debe incluir únicamente los intereses de los préstamos concedidos, pero no la amortización del capital (DGT CV 5-7-24).

2852 Jurisprudencia **1)** Se discute si es deducible el IVA soportado en la adquisición de inmuebles, aplicando la regla de prorrata, por quienes los enajenan en régimen de **propiedad compartida**, prestando, además, los servicios de **administración e intercambio**. Se trata de actividades distintas (distinto CNAE), siendo distintos los regímenes de deducción, pues difieren en cien puntos. Ha de aplicarse, por tanto, el régimen de deducciones en actividades diferenciadas, no siendo deducibles las cuotas soportadas en la adquisición de inmuebles (TEAC 11-9-97).
2) Existiendo dos sectores diferenciados en el ámbito de las universidades respecto del IVA, el de enseñanza y el de investigación -sin apellidos-, la deducción debe realizarse en cada uno de los sectores. A tal efecto, se establece el derecho a la deducción de las cuotas del IVA soportadas por adquisiciones de bienes y servicios afectos a la actividad de **investigación básica** realizada por una Universidad, aun cuando los proyectos de investigación básica de forma inmediata y directa no conlleve contraprestación, pues han de entenderse que son necesarios para sus operaciones gravadas, en tanto supone un beneficio económico que favorece su actividad investigadora general, sujeta y no exenta (TS 15-12-23, EDJ 785353; 15-12-23, EDJ 780999; 12-6-24, EDJ 592746).
3) Una entidad financiera, que desarrolla una **actividad bancaria** y otra de **cesión de uso de inmuebles** a otras entidades pertenecientes al mismo grupo, tiene dos sectores diferenciados de actividad, por lo que el IVA soportado por los gastos correspondientes (y afectados únicamente) a la actividad de cesión de uso de inmuebles es íntegramente deducible (TS 24-3-11, EDJ 71595).
4) Las **cuotas soportadas por siniestros** (reparaciones de vehículos o derivadas de seguros del hogar, peritos, abogados, etc.), siendo de aplicación obligatoria la prorrata especial dentro del sector diferenciado de las **operaciones de seguro**, no son deducibles en ninguna medida ni cuantía cuando los citados servicios se utilizan en operaciones no generadoras del derecho a la deducción. Esta aplicación obligatoria resulta de la comparación del IVA deducible a prorrata general con el deducible a prorrata especial, superando aquel a este en más de un 20% (actualmente 10%) (TEAC 21-11-19; 9-6-20).

C. Ejercicio del derecho a la deducción

2860 Después de haber definido el ámbito de aplicación del régimen de deducciones, es decir, los casos en que existe el derecho a la deducción y el importe de las cuotas deducibles, a continuación se expone cómo debe ejercitarse este derecho, o lo que es lo mismo, las condiciones de su ejercicio. Entre estos hay que distinguir:
- requisitos formales, que se refieren esencialmente a los documentos justificativos (nº 2865 s.); y
- requisitos temporales, que conciernen a la aplicación de la deducción en el tiempo (nº 2890 s.).

1. Requisitos formales de la deducción

(LIVA art.97)

2865 El sujeto pasivo que deduce el impuesto soportado en sus adquisiciones de bienes o servicios debe estar en situación de acreditar el derecho en el momento en que se ejercita.
La acreditación existe solo cuando se posee el **documento justificativo** del derecho y se cumplen determinados requisitos formales (nº 2870).

2866 **Documentos justificativos** (LIVA art.97.uno; Rgto Fac art.6.4 y 7.2) Los documentos que justifican el derecho a la deducción de las cuotas soportadas son:
a) La **factura original** expedida por quien realice la entrega o preste el servicio o, en su nombre y por su cuenta, por su cliente o un tercero, siempre que, para cualquiera de estos casos, se cumplan los requisitos determinados reglamentariamente (ver nº 7247 s. en relación con el contenido de las facturas). También sirven los **ejemplares duplicados** de la factura cuando:
- en una misma entrega de bienes o prestación de servicios concurran **varios destinatarios**, en cuyo caso debe consignarse en el original y en cada uno de los duplicados la porción de base imponible y de cuota repercutida a cada uno de ellos;
- en los supuestos de **extravío** del original.
La **expedición de la factura** puede ser por el propio sujeto pasivo que realiza la entrega de bienes o prestación de servicios, o por un tercero en su nombre. Este tercero puede ser, incluso, el destinatario de la operación. En este sentido, la normativa establece expresamente esta

facultad en favor del destinatario de las entregas de bienes o prestaciones de servicios efectuadas en el marco de procedimientos judiciales o administrativos de ejecución forzosa, siempre que dicho destinatario tenga la condición de empresario o profesional (nº 7233).
b) En el caso de IVA soportado correspondiente a una **adquisición intracomunitaria** de bienes, la factura original expedida por quien realice la entrega que da lugar a dicha adquisición intracomunitaria, siempre que la adquisición en cuestión esté debidamente consignada en la declaración-liquidación (nº 6420 s.).
c) En el caso de **importación**, el documento en el que conste la liquidación practicada por la Administración o, si se trata de operaciones asimiladas a las importaciones, la autoliquidación en la que se consigne el impuesto devengado con ocasión de su realización.

d) En los casos de IVA soportado (autorrepercutido) en operaciones que dan lugar a **inversión del sujeto pasivo** (nº 1335 y nº 4440), la factura original o el justificante contable de la operación expedido por quien realice la entrega de bienes o la prestación de servicios que da lugar a la inversión, exigiéndose además que dicha entrega o prestación esté debidamente consignada en la declaración-liquidación del sujeto pasivo por inversión. **2867**
Además, cuando quien realice la entrega de bienes o la prestación de servicios que da lugar a la inversión esté establecido en la UE, la factura original debe contener los requisitos recogidos en la normativa comunitaria (Dir 2006/112/CE art.226).
e) El **recibo original** expedido por el empresario que paga la compensación y firmado por el titular de la explotación agrícola, forestal, ganadera o pesquera, cuando se trate de compensaciones pagadas a estos con ocasión de operaciones efectuadas con aplicación del régimen especial de la agricultura, ganadería y pesca (nº 3500 s.).

Precisiones **1)** Tiene la consideración de **justificante contable**, a estos efectos, cualquier documento que sirva de soporte a la anotación contable de la operación cuando quien la realice sea un empresario o profesional no establecido en la Comunidad (Rgto Fac art.2.4). **2867.1**
2) En la práctica, en la importación, el documento con la liquidación es el **modelo 031**, o el propio documento único administrativo (**DUA**), que se entrega por la Aduana al despachante en el momento en que este presenta el DUA (con independencia de que haya sido satisfecha o no la carta de pago del IVA a través del modelo 031), cuando las mercancías van por circuito verde. Para las que van por circuito naranja o rojo, aquel documento se entrega por la Aduana después de la comprobación documental o física de las mercancías, lo que puede originar ciertas demoras.
3) Si un Estado miembro de la UE ha implantado un sistema que permita llevar a cabo los **trámites aduaneros por vía electrónica**, la versión electrónica del documento aduanero de importación puede ser utilizada a efectos de la deducción del IVA soportado a la importación (Rgto UE/282/2011 art.52).
4) Los E.m., están habilitados para imponer a los sujetos pasivos establecidos en su territorio la obligación de expedir **factura electrónica** en las operaciones realizadas en dicho territorio, distintas de las operaciones intracomunitarias. La utilización de este documento no está sujeta a la aceptación del destinatario que esté establecido en su territorio (Dir 2006/112/CE art.218 y 232).

Doctrina Administrativa Además de las siguientes contestaciones de la DGT, ver nº 11000 s. **2868**
1) La **provisión de fondos** del importador al agente de aduanas no justifica el derecho de la deducción de las cuotas del IVA a la importación, ni tampoco el recibo entregado por el agente (DGT 16-9-86).
2) No tiene consideración de documento justificativo el **extracto bancario** en donde se detallan las operaciones de adquisición mediante tarjeta de crédito (DGT 5-4-94); tampoco el **certificado** expedido por un Ayuntamiento para acreditar el reparto de los gastos de urbanización de unos terrenos propiedad del promotor (DGT 14-1-97).
3) Determinados empresarios adquieren gasóleo utilizando como medio de pago una **tarjeta**. Periódicamente, el banco emisor de la tarjeta envía al titular un **extracto de las operaciones** realizadas. Tales extractos pueden considerarse como documentos justificativos del derecho a deducir si reúnen los requisitos establecidos en la normativa de las facturas para ser considerados como facturas expedidas por las estaciones de servicio, pero confeccionadas materialmente por un tercero que actúe en nombre y por cuenta de las mismas a tal fin.
En ningún caso puede tener dicha consideración un documento en el que se hagan constar operaciones realizadas por varios empresarios o profesionales (DGT 5-4-94).
4) En la **ejecución de créditos** de proveedor embargado sin que exista emisión de factura, el justificante del ingreso efectuado ante la Tesorería General de la Seguridad Social no es válido para la deducibilidad de las cuotas soportadas, ya que es necesaria, en todo caso, la factura expedida conforme a la normativa vigente (DGT 23-3-05). En el mismo sentido, DGT CV 22-10-09.
5) Si en las facturas que documentan las operaciones de entregas de bienes y prestaciones de servicios cuya destinataria es una **comunidad de propietarios** que no tiene la consideración de empresario o profesional, se consigna, en forma distinta y separada, la porción de base imponible y cuota repercutida a cada propietario, estos pueden deducir el IVA que les ha sido repercutido, siempre que se trate de empresarios o profesionales.

También se ha admitido la posibilidad de deducir las cuotas soportadas, aunque no consten los porcentajes de base imponible y cuota tributaria que les correspondan en función de su participación en la comunidad. Dichos porcentajes pueden acreditarse mediante otro tipo de documentos: escritura de división horizontal y obra nueva, estatutos de la comunidad, etc. (DGT 19-10-05; CV 14-3-13; CV 3-4-19). Esta posibilidad no es aplicable a las cuotas o derramas satisfechas por los **arrendatarios** de un inmueble a la comunidad de propietarios en la que, en todo caso, serán miembros sus arrendadores propietarios del inmueble y que tienen la condición de empresario o profesional (DGT CV 6-3-19).

Si la **comunidad de propietarios** tiene la condición de empresario o profesional, para que los comuneros que desarrollen a su vez una actividad empresarial o profesional puedan deducir las cuotas soportadas por la comunidad es necesario que estén en posesión de los correspondientes duplicados de la factura original en los que conste la porción de base imponible y de cuota repercutida a cada uno (DGT CV 23-7-13; CV 12-5-16). También cuando la comunidad de propietarios arrienda la terraza a una empresa de telefonía para ubicar una antena (DGT CV 29-4-19; CV 28-4-25).

2869 6) La **obligación de expedir factura** y de consignar en ella todos los datos a que se refiere la normativa sustantiva (actualmente, Rgto Fac art.6), incumbe al **sujeto pasivo** y no al destinatario de la operación. Por eso, salvo ciertos casos previstos legalmente, no se admite como factura el documento en el que es el propio destinatario el que, a través de una **página web**, hace constar sus datos de identificación (DGT CV 3-9-09).

7) No sirve como justificante para ejercitar el derecho a la deducción la **sentencia firme** en la que se condena a la entidad demandada a emitir la factura (DGT CV 30-10-09; CV 9-5-18; CV 18-9-19).

8) Ni un mero documento **justificante del transporte**, ni un justificante bancario de **pago con tarjeta** cumplen los requisitos que impone la norma para ser considerados como factura, luego las cuotas soportadas de IVA no son deducibles.

Aunque ni la Ley ni el Reglamento establecen, en sentido estricto, un **modelo de factura** específico, esto no significa que cualquier documento pueda considerarse como una factura, puesto que, para tener dicha consideración, ha de reunir todos los datos y requisitos de la normativa de facturación (actualmente, Rgto Fac art.6). Por tanto, el proveedor está obligado a la expedición de una factura, incluso en los supuestos de pagos anticipados; en caso de **negativa a la expedición** se consideran de naturaleza tributaria, a efectos de la interposición de la correspondiente reclamación económico-administrativa, las controversias que puedan producirse en relación con la expedición, rectificación o remisión de facturas -Rgto Fac art.24- (DGT CV 12-3-10).

2869.1 9) El derecho a la deducción de la cuota soportada por parte de una **sociedad civil** exige que la misma se encuentre en posesión de la factura justificativa de la operación, en la cual ha de aparecer, como uno de los requisitos exigidos, dicha sociedad civil como destinataria de la operación (DGT CV 9-12-10).

10) Dado que no es obligatoria la expedición de una factura (autofactura) por las **adquisiciones intracomunitarias** de bienes, para ejercitar el derecho a la deducción, además de declarar la operación en la declaración periódica y en la recapitulativa de operaciones intracomunitarias, se debe disponer de la factura original de la entrega exenta en Italia expedida por el proveedor (DGT CV 29-3-11).

11) Solo habilitan para el ejercicio del derecho a la deducción de las cuotas soportadas por IVA las facturas **normales y simplificadas** (DGT CV 18-7-13; CV 14-4-14).

12) En las facturas que documentan las operaciones de entregas de bienes y prestaciones de servicios, cuya destinataria sea una **persona física** y que constituyen el documento justificativo del derecho a deducir, deben figurar sus datos y no los del anterior titular de la actividad, aunque sea su cónyuge casado en régimen de gananciales (DGT CV 9-7-14).

13) En el régimen especial de **agencias de viajes**, las deducciones deben cumplir con los requisitos relativos a los documentos justificativos del derecho a la deducción, por lo que no es válido el documento de reserva expedido por la aerolínea y el pago del transporte, sin perjuicio de su valor probatorio a otros efectos (DGT CV 5-9-16).

Jurisprudencia Cumpliéndose los requisitos materiales, es posible deducir, en la liquidación del período, las cuotas soportadas, aunque la factura se reciba en un **período de liquidación posterior**, pero antes de la presentación de la autoliquidación donde van consignadas (TGUE 11-2-26, asunto I.S.A. T-689/24).

2870 **Requisitos** (LIVA art.97.dos a cuatro) Los requisitos que afectan o han de cumplirse en relación con los anteriores documentos son:

a) Han de estar expedidos de conformidad con las **normas legales y reglamentarias** que los regulan (nº 7190 s.). En otro caso no justifican el derecho a la deducción, salvo que se produzca la correspondiente rectificación del documento. El derecho a la deducción de las cuotas cuyo ejercicio se justifique mediante un **documento rectificativo** solo puede efectuarse en el período impositivo en que el empresario o profesional reciba dicho documento o en los siguientes, siempre que no haya transcurrido el plazo de caducidad y sin perjuicio de la rectificación de deducciones que en su caso proceda. En este sentido, el TJUE ha considerado que debe tener **efectos** retroactivos (TJUE 15-9-16, asunto C-518/14).

b) No se puede deducir en cuantía superior a la cuota tributaria **expresa y separadamente consignada** que haya sido repercutida o, en su caso, satisfecha según el documento justificativo de la deducción. Si en la factura consta una cuota inferior a la legalmente procedente, el destinatario de la operación tampoco puede deducir la cantidad que proceda con arreglo a derecho, sino únicamente la que figure en factura, sin perjuicio de que, una vez rectificada la repercusión mal hecha y emitida la factura rectificativa oportuna, pueda procederse a la deducción en la cuantía correcta.
c) En los **bienes o servicios adquiridos en común** por varias personas, cada uno de los adquirentes tiene derecho a deducir la parte proporcional que le corresponda, siempre que en todos los documentos justificativos (original y duplicados) esté consignada, distinta y separadamente, la porción de base imponible y cuota repercutida a cada adquirente. No obstante, en relación con los bienes adquiridos por una sociedad conyugal en la que solo un cónyuge ejerce una actividad profesional, ver TJUE 21-4-05, asunto C-25/03 en el nº 2885. Ver **criterio DGT**, que sigue el establecido por el TJUE en el nº 2560 punto 8), en el nº 2868 y en el nº 2879.

Precisiones En relación con los casos de **inversión del sujeto pasivo**, según el TJUE, el ejercicio del derecho a deducir no resulta impedido porque el sujeto pasivo no se halle en posesión de una factura expedida por quien efectuó la operación, o de una autofactura expedida por él mismo -esto es, por el sujeto pasivo- (nº 2885 s.).

Ejemplos **1)** La empresa española S, que carece de establecimientos permanentes fuera de la Península, ha enviado diversos productos a Francia, que van a ser **reparados** por un **empresario francés**, para después ser remitidos de nuevo a España. S exige al empresario francés la **factura** por los servicios prestados, en la que no consta IVA repercutido, pues se trata de una operación sujeta al IVA español, en la que procede la inversión del sujeto pasivo, siendo por tanto S quien debe autorrepercutirse el impuesto. **2872**
La empresa S no está obligada a emitir autofactura alguna por esta operación, sino que basta, como documento justificativo del derecho a deducir, la factura expedida por el empresario francés con los requisitos indicados en la normativa comunitaria (Dir 2006/112/CE art.226) y siempre que la operación se haya reflejado en la declaración-liquidación presentada por S.
2) La sociedad A ha adquirido, en **subasta judicial**, un edificio nuevo cuyo promotor ha quebrado, por 100.000 € más IVA. A quiere deducir el IVA soportado y, para ello, emite ella misma la factura en nombre y por cuenta del promotor.
Se trata de un supuesto específico de inversión del sujeto pasivo para el caso de entregas de bienes inmuebles efectuadas como consecuencia de un proceso concursal (nº 1363), por lo que la sociedad A resultará ser el sujeto pasivo de la operación viniendo obligada a presentar la autoliquidación ordinaria del IVA en nombre propio, sin actuar en nombre y por cuenta del subastado. Asimismo, de optar por la facultad prevista en el nº 145, A podrá emitir, en nombre y por cuenta del transmitente, la correspondiente factura en la que se documente la operación, en la que debe consignar la expresión "inversión del sujeto pasivo (nº 7247.1).

3) La sociedad C ha adquirido, por **precio único**, a una misma empresa, **diversos bienes** y servicios, de acuerdo con la siguiente factura: **2873**

Madrid, 9 de marzo del año N

Cliente: C, S.A.
C/ Arrazén, 2
28020 MADRID

Concepto:
- Venta de mobiliario de oficina.
- Servicios de reparación de ordenadores.
- Entrega de dos ciclomotores.
- Venta de dos pisos nuevos en la calle Vallés 8, Madrid.

Base imponible	1.000.000,00 €
IVA (21% y 10%)	82.000,00 €
TOTAL FACTURA	1.082.000,00 €

La factura emitida no puede utilizarse por C como documento justificativo del derecho a la deducción, ya que la misma no reúne los requisitos exigidos. Si la factura comprende operaciones sujetas a tipos impositivos de IVA diferentes, debe especificarse por separado la parte de base imponible correspondiente a cada una de las operaciones documentadas en la factura, lo cual no se hace en este caso. A ello hay que añadir que en la factura no figura identificado su emisor, tampoco el número ni, en su caso, serie de la factura, datos exigidos por la normativa de facturación (nº 7246 s.). Por lo tanto, es necesaria la rectificación de la factura para poder ejercitar el derecho a la deducción.

2874 **4)** La empresa española FL, cuyo objeto social consiste en la venta de electrodomésticos, adquiere a una empresa francesa, no establecida en España, una partida de frigoríficos que se expiden desde Francia hasta España. El pago se efectúa en euros y asciende, según consta en la factura emitida por la empresa francesa, a 100.000 €. FL, en su autoliquidación del período, declara y deduce el IVA correspondiente a la **adquisición intracomunitaria** efectuada, conservando como documento justificativo de la deducción la factura expedida por la empresa francesa, en la que no se ha repercutido cuota alguna de IVA.

FL efectúa una adquisición intracomunitaria en España, sujeta al IVA español, debiendo:

1º. Anotar en el libro registro de facturas recibidas la factura original expedida por la empresa francesa.

2º. Consignar la adquisición intracomunitaria de bienes en la declaración-liquidación correspondiente al período en que se efectúe la misma, adicionando las cuotas devengadas y el impuesto soportado relativas a la adquisición intracomunitaria de bienes efectuada al resto de las cuotas devengadas y soportadas de dicho período de declaración-liquidación.

5) El Sr. AV, director general de una empresa de telecomunicaciones con sede en Sevilla, efectúa un viaje por motivos de trabajo a La Coruña, ascendiendo los gastos de alojamiento y manutención en dicha ciudad a 300 €. AV exige del **hotel y del restaurante** la emisión de factura a fin de que la empresa para la que trabaja pueda proceder a la deducción del IVA correspondiente a tales servicios. En las facturas emitidas figura como destinatario de sus operaciones el propio AV.

Las cuotas del IVA soportado por los servicios de hostelería y restaurante podrían ser, en principio, deducibles por la empresa, ya que tales gastos son deducibles en el Impuesto sobre Sociedades. Sin embargo, en este caso no procede la deducción, ya que en las facturas no figura como destinatario la empresa de telecomunicaciones.

2875 **6)** La empresa F ha efectuado una **importación** de hortalizas procedentes del norte de África, liquidándose por la Aduana el IVA correspondiente. Dicha empresa ha **extraviado**, sin embargo, los **documentos aduaneros** acreditativos de la liquidación, pero conserva en su poder el **recibo** emitido por el **Representante aduanero** correspondiente a los servicios prestados por este en relación con la importación efectuada, procediendo la empresa a la deducción del IVA a la importación.

El recibo emitido por el Representante aduanero en ningún caso puede sustituir al documento aduanero a estos efectos, por lo que no procede la deducción del IVA soportado.

7) El Sr. A, que trabaja como empleado de la empresa X, efectúa frecuentes **desplazamientos** por razones de **trabajo**, utilizando para ello un **vehículo cedido** por la empresa. La gasolina necesaria para los desplazamientos la adquiere el propio Sr. A, figurando como destinatario en las facturas correspondientes a dichas adquisiciones. X le reembolsa después el importe de la gasolina, más el IVA pagado, pretendiendo deducirse el IVA pagado por las adquisiciones de gasolina.

La empresa no puede deducir el IVA correspondiente a las adquisiciones de gasolina, pues en las facturas que documentan las mismas figura como destinatario el Sr. A y no la propia empresa. El hecho de que X reembolse el importe (más el IVA) pagado por la gasolina al Sr. A no es suficiente para permitir la deducción del IVA por parte de la empresa.

2877 **Doctrina Administrativa** Además de las siguientes contestaciones de la DGT, ver el nº 2558 s. y nº 11000 s.

1) La **escritura pública** podría tener la consideración de factura si incluye el contenido establecido en la normativa de facturación y el empresario o profesional obligado a su expedición ha cumplido con los requisitos previstos -Rgto Fac art.6 y 7- (DGT CV 5-10-18). No cumple dichos requisitos un contrato de compraventa **intervenido por un fedatario público** en el que no se hace referencia expresa a si la cuota del IVA correspondiente se encuentra incluida en el precio pactado (DGT CV 12-2-19). En caso de adquisición de un bien inmueble, la factura no puede ser sustituida, a efectos de la deducción del IVA soportado, por una **manifestación notarial** emitida por el fedatario que ha intervenido en la operación (DGT 24-6-99).

2) Las facturas en las que los **datos de identificación** del destinatario de las operaciones consignadas en las mismas no coinciden con los del sujeto pasivo que pretende el ejercicio del derecho a la deducción de las cuotas soportadas, no habilitan para el ejercicio del referido derecho (DGT 12-1-01). No obstante, existen excepciones como en la sucesión a título universal (nº 2558), las comunidades de propietarios (nº 2560 y nº 2868) o matrimonios que ejercen actividad a través de una sociedad civil (nº 2879).

2878 **3)** Las facturas en las que no consten los datos de identificación del destinatario no son válidas para el ejercicio del derecho a la deducción de las cuotas soportadas contenidas en las mismas, aun en el caso de que dichos datos sean **completados con posterioridad** por el propio destinatario (DGT 26-6-00).

4) Solo sirven como documentos justificativos del derecho a la deducción las facturas originales expedidas por quien realiza la entrega o presta el servicio, sin que a estos efectos puedan servir los **tiques o billetes** justificativos de determinados servicios de transporte, de teléfono, etc. (DGT 16-3-99).

5) Para la deducción de las cuotas del IVA como consecuencia de la **dación en pago de deudas** de bienes, es necesario que el perceptor disponga de la factura original que documente dicha entrega, expedida por el sujeto pasivo o por cualquier otra persona autorizada para su expedición con arreglo a Derecho. Los documentos de dación en pago no constituyen documentos justificativos del derecho a la deducción del impuesto soportado (DGT 16-4-98).

6) En el caso de bienes adquiridos en común por un matrimonio en régimen de **sociedad de gananciales** (comunidad de bienes, en general), que se afectan a las actividades respectivas de los cónyuges (comuneros), las cuotas del IVA soportado pueden ser deducidas por cada uno de los cónyuges en el porcentaje en que cada uno afecte el bien a su respectiva actividad. Para eso, ambos deben disponer del documento justificativo de su derecho, en el que figure la porción de base imponible y cuota repercutida que es objeto de deducción (DGT 11-6-02). No obstante, ver en relación con esta cuestión el criterio del TJUE 21-4-05, asunto C-25/03 en el nº 2885 y el criterio matizado en el nº 2868. **2879**

7) No puede una **comunidad de bienes** deducir el IVA que consta en una factura en la que figura como destinatario un comunero (DGT 3-12-99). Lo mismo para una **sociedad civil** respecto de las cuotas soportadas por los socios (DGT 15-12-99).

No obstante, dicho planteamiento ha de matizarse a la luz de la sentencia del TJUE 21-4-05, asunto C-25/03 (nº 2885). Así, es válida, a los efectos de que los cónyuges ejerciten el derecho a la deducción, la factura expedida a nombre de ambos en la adquisición del local afecto a la actividad de uno de ellos o, en su caso, por la **sociedad conyugal** integrada por ambos. No obstante, puede solicitarse al transmitente del local una factura rectificativa, en la que conste como adquirente del referido local el cónyuge que va ejercer la actividad o la sociedad civil constituida por ambos (DGT CV 22-11-06; 24-2-09).

8) Un **arrendador persona física** que consta en el alta censal del impuesto como arrendador a título individual, va a alquilar un local que también pertenece a su **esposa** al ser de titularidad **ganancial**. El hecho de que la factura que documenta los servicios de arrendamiento sea expedida por el cónyuge que aparece como titular de la actividad no es impedimento para la deducción, en su caso, de las cuotas soportadas por el destinatario de la operación (DGT CV 15-6-06).

9) Los **tiques de aparcamiento** no habilitan para el ejercicio del derecho a la deducción de las cuotas del IVA. Por tanto, se debe solicitar la expedición de la correspondiente factura (DGT CV 4-9-06). **2880**

10) En relación con los documentos digitalizados conforme a la **digitalización certificada** de documentos (OM EHA/962/2007), estos se consideran justificativos del derecho a la deducción del IVA. Una vez digitalizados pueden ser destruidos (DGT CV 7-6-07).

11) No son deducibles por una sociedad las cuotas del IVA repercutidas en **facturas emitidas a nombre de su administrador** dentro de los tres meses anteriores o posteriores a su constitución, correspondientes a bienes y servicios adquiridos para la sociedad, salvo que se proceda a la rectificación de dichas facturas haciendo constar los datos de la sociedad (DGT CV 27-3-08). No obstante, ver el criterio del TJUE 1-3-12, asunto C-280/10, en el nº 2564.

12) Si los **billetes** expedidos por RENFE y por taxistas reúnen todos los datos y requisitos establecidos en la normativa sobre obligaciones de facturación, tienen la consideración de factura y permiten la deducción del IVA soportado (DGT CV 27-3-08).

13) El **DUA de importación**, como documento justificativo del derecho a la deducción de las cuotas soportadas por la realización de importaciones, al haber sido admitido a despacho por la Administración aduanera, determina el devengo del IVA correspondiente y asimismo permite la deducción inmediata de esa cuota justificada por el propio documento (DGT CV 8-4-08; CV 10-12-08).

14) En las facturas que documenten las operaciones de **suministro de carburante** para vehículos afectos a actividades empresariales o profesionales, expedidas para empresarios o profesionales, para que pueda deducirse el IVA soportado, deben reunirse todos los datos y requisitos contenidos en Rgto Fac, no siendo obligatorio consignar la matrícula del vehículo con el que se realiza dicho suministro, sin perjuicio de que tal dato conste en la citada factura (DGT CV 18-12-12; CV 16-9-21; CV 25-3-22).

15) Un empresario vende sus productos a través de una **plataforma de ventas en Internet**. La plataforma cobra un importe en concepto de comisión por venta. Un empresario luxemburgués ha emitido mal la factura por la prestación de sus servicios, pues le repercutió el IVA de Luxemburgo y no quiere rectificar la factura. Al tratarse de un supuesto de inversión del sujeto pasivo, solo cabe el derecho a la deducción cuando el consultante esté en posesión de la factura original emitida por el empresario luxemburgués, la cual debe indicar que procede la inversión del sujeto pasivo. Por tanto, la factura errónea actualmente emitida no es válida para que el consultante ejercite su derecho a la deducción. El ejercicio del derecho a la deducción requiere la rectificación de la factura actualmente emitida y, en tal caso, el derecho a la deducción se debe efectuar en el periodo en que se reciba o en los siguientes (DGT CV 6-11-20; CV 21-7-23).

Jurisprudencia **1)** La Directiva del IVA permite a los Estados miembros subordinar el ejercicio del derecho a la deducción a la tenencia de una **factura** que contenga obligatoriamente determinadas indicaciones necesarias para garantizar la percepción del IVA y su control por la Administración fiscal. Dichas indicaciones no deben, por su número o carácter técnico, hacer prácticamente **imposible** o excesivamente difícil el ejercicio del derecho a la deducción (TJUE 14-7-88, asuntos acumulados C-123/87 y C-330/87). **2882**

2) El **incumplimiento de requisitos formales** en las facturas no provoca la pérdida del derecho a deducir sino que, simplemente, impide el ejercicio de tal derecho. No hay duda de que los **errores** en las facturas son plenamente subsanables.
Cuando se proceda a la correspondiente **rectificación** de las facturas, el sujeto pasivo puede ejercitar el derecho a la deducción, en las autoliquidaciones que presente desde ese momento, siempre que no hubiera transcurrido el plazo de caducidad del derecho a deducir, que se interrumpe por las actuaciones administrativas o jurisdiccionales (TS 6-11-98, EDJ 30841).
En el mismo sentido, el incumplimiento de requisitos formales no puede dar lugar a la pérdida del derecho a la deducción, cuando la Administración dispone de los datos necesarios para determinar si se cumplen los requisitos materiales para su ejercicio (TJUE 11-12-14, asunto C-590/13).
Cumpliéndose los **requisitos materiales**, es posible deducir en la liquidación del período las cuotas soportadas, aunque la factura se reciba en un periodo de liquidación posterior, pero antes de la presentación de la declaración-liquidación donde van consignadas (TGUE 11-2-26, asunto I.S.A. T-689/24).
3) No todos los requisitos de las facturas tienen el mismo carácter y finalidad. Ninguno es tan absoluto que su defectuoso cumplimiento pueda fundamentar, sin más, la denegación del derecho a la recuperación de las cuotas soportadas, con consecuencias que repugnan el más elemental sentido de lo justo. Así sucede si un **error en el NIF**, la omisión de un número de los ocho que componen dicho NIF, o la falta del número en la factura se estima obstativo, sin posible subsanación (TSJ Navarra 29-1-99, EDJ 644).
4) No es suficientemente explícita la mención «contrato nº 1808; cuota leasing nº 23» como **descripción de la operación** sujeta al impuesto; insuficiencia que tampoco se suple a través de la escritura pública que documenta la operación a que se refieren las facturas, en la que no se menciona el contrato nº 1808 (TSJ Navarra 9-6-98, EDJ 13666).
5) No habilita para el derecho a la deducción una factura en la que no conste o conste de forma insuficiente una **descripción de las operaciones realizadas**, siendo el sujeto pasivo que pretende efectuar la deducción el que debe acreditar tal extremo (TEAC 8-5-02). La factura debe contener una **identificación individualizada de la operación** y no una identificación genérica de servicios prestados haciendo referencia a una relación contractual (AN 23-5-05, EDJ 167489). Así, no habilita para el ejercicio del derecho a la deducción una factura que contenga una **descripción genérica**, como, por ejemplo, una factura en la que no se determinan las unidades e importe de las mismas (TEAC 10-11-05) o, en relación con la prestación de unos servicios de mediación, no se especifica en qué consistieron al margen del resultado (TS 26-11-12, EDJ 263517). La descripción de la operación debe permitir su posterior comprobación (TEAC 24-10-01).
6) En relación con las facturas por **servicios médicos y hospitalarios**, el describir las actuaciones médicas realizadas atentaría contra el secreto profesional y la intimidad de los pacientes, por lo que en estos supuestos la descripción de la operación ha de ser necesariamente genérica (TS 6-3-89, EDJ 500005).

2883 7) No puede admitirse que en la factura se mencionen unos **albaranes**, y que relacionando la factura con el albarán quede suficientemente detallada y acreditada la operación (TSJ Navarra 27-10-97, Rec 854/93).
8) En un supuesto de absorción, la absorbente puede deducirse el **IVA soportado por la sociedad absorbida**. No obsta a ello el hecho de que las facturas no estén expedidas a nombre del sujeto pasivo que ejerce el derecho a la deducción. De no permitirse la deducción por la absorbente se produciría un enriquecimiento injusto de la Administración y una vulneración del principio de **neutralidad** del tributo (TSJ C.Valenciana 24-7-98, EDJ 65390; TSJ Madrid 10-1-01, EDJ 4861; TEAC 12-2-99).
9) La no solicitud del **cambio de titularidad del suministro de energía eléctrica** no puede conducir a la pérdida del derecho a deducir las cuotas de IVA soportadas, aunque vinieran facturadas a nombre del anterior ocupante de las instalaciones, por la desproporción entre la causa y el efecto producido (TEAC 11-9-97; 11-9-97).
10) Hay derecho a deducir el IVA de unas facturas en las que se aprecia, como único defecto, la **omisión del número correlativo**, constando de forma clara la identidad del emisor y su fecha, pues si por este incumplimiento se eliminase el derecho a deducir habría una desproporción entre la causa y el efecto producido (TEAC 17-11-99).
11) Las cuotas del IVA reflejadas en facturas sin que se haya podido comprobar la **afectación de los servicios** a la actividad del adquirente, y ni tan siquiera la existencia real de tales servicios, no son deducibles (TS 31-3-11, EDJ 51421). Para que proceda la deducción del IVA soportado por una operación, es necesario que dicha operación se haya efectuado y que las correspondientes cuotas se hayan devengado, circunstancia que debe **probar** quien pretende la deducción. A este efecto, la simple presentación de una factura no constituye prueba de que los servicios se hayan prestado de manera efectiva (TEAC 11-5-00).
La Administración puede exigir al sujeto pasivo que solicita la deducción del IVA soportado que presente **documentos distintos de la factura** para probar la existencia de los servicios mencionados en la misma y la utilización de estos para las operaciones gravadas de ese sujeto pasivo, siempre que sea necesario y proporcionado (TJUE 4-9-25, asunto C-726/23).

12) La Directiva del IVA autoriza a los Estados miembros a entender por **factura** no solo el original, sino también cualquier otro documento que produzca sus efectos con arreglo a los criterios fijados por los Estados miembros, y les confiere la facultad de exigir la presentación del original de la factura para justificar este derecho y la de admitir, cuando el sujeto pasivo ya no la posea, otras pruebas que demuestren que la transacción objeto de la solicitud de deducción se produjo efectivamente. Se distingue entre el **ejercicio del derecho a la deducción**, que exige, como criterio general, la posesión del original de la factura o documento equivalente, y la **prueba** del derecho a la deducción. En este caso, los Estados miembros pueden admitir, cuando el sujeto pasivo ya no posea el original de la factura, otros medios de prueba (TJUE 5-12-96, asunto C-85/95). **2884**

Las cuotas o gastos deducibles pueden probarse de otras formas, siempre que los documentos acrediten de modo fehaciente la realidad de los mismos, de forma que, si el medio de prueba empleado es el idóneo, no debe existir obstáculo para admitir la deducción, aunque se haya infringido algún requisito formal (AN 20-10-21, EDJ 731851).

13) No procede la deducción del IVA soportado documentado en una factura en la que figura como emisor un **proveedor desconocido**, que ha consignado un NIF falso y que no figura dado de alta en el censo (AN 14-7-00, EDJ 117325).

14) La Directiva del IVA se opone a una normativa nacional que no permite ni a los socios de una sociedad, ni a ella misma, ejercer el derecho a la deducción del IVA soportado por los **gastos efectuados por** dichos **socios** para las necesidades de la sociedad antes de la creación y registro de esta (TJUE 1-3-12, asunto C-280/10).

15) Si en la factura no figura la **identificación del proveedor**, no cabe la deducción del IVA soportado. El hecho de que el defecto de la factura no sea imputable al destinatario de la operación no varía la situación (TEAC 24-5-00). La identificación del destinatario (NIF) es un **requisito sustancial** exigido en la normativa, cuya ausencia impide ejercitar el derecho a la deducción en tanto no se subsane (TEAC 10-9-08).

16) En el marco de un procedimiento de autoliquidación, un sujeto pasivo que, por su condición de destinatario de servicios, por aplicación del mecanismo de **inversión del sujeto pasivo**, es deudor del IVA correspondiente a dichos servicios, no está obligado a estar en posesión de una factura expedida para poder ejercer su derecho a deducción (TJUE 1-4-04, asunto C-90/02). **2885**

La normativa comunitaria no permite a los Estados miembros, en los supuestos de inversión del sujeto pasivo, sancionar una vulneración de las obligaciones formales o contables con la **denegación del derecho a deducir** (TJUE 8-5-08, asuntos acumulados C-95/07 y C-96/07).

El IVA soportado en los supuestos de inversión del sujeto pasivo es deducible cuando se cumplen los requisitos materiales del derecho a deducir, aunque se hayan **incumplido** determinados **requisitos formales** (TJUE 30-9-10, asunto C-392/09; 11-12-14, asunto C-590/13; TS 28-1-11, EDJ 8472);

En el mismo sentido, el TEAC ha señalado que cuando la Administración regulariza el IVA de operaciones de **adquisiciones intracomunitarias de bienes**, y en los supuestos de inversión del sujeto pasivo, por no haberse emitido ni registrado las correspondientes autofacturas, las cuotas de IVA devengado que afloren deben ser consideradas deducibles siempre que se cumplan los requisitos materiales para la deducción, salvo que se acredite que se trata de operaciones que el sujeto pasivo realizó pretendiendo obtener una ventaja fiscal indebida, en fraude o en abuso de norma (TEAC 23-2-10; 14-2-12; TS 24-3-11, EDJ 34797). Mismo criterio, para el caso del IVA correspondiente a **operaciones asimiladas a importaciones** por abandono del régimen de depósito distinto de los aduaneros TS 26-1-11, EDJ 6711.

17) El **derecho a deducción** debe ejercerse en el período impositivo en el que **concurren los dos requisitos** exigidos, que se haya realizado la entrega de bienes o la prestación de servicios y que el sujeto pasivo esté en posesión de la factura o del documento que, según los criterios fijados por el Estado miembro de que se trate, se considere que produce los efectos de la factura (TJUE 29-4-04, asunto C-152/02). En el caso de la deducción de compensaciones a titulares de explotaciones agrarias, si el contribuyente no dispone de los **recibos firmados** por dichos titulares en un ejercicio económico, no puede ejercer en dicho ejercicio el derecho a la deducción de las compensaciones satisfechas, sin perjuicio de que pueda hacerlo en períodos posteriores, dentro del plazo de prescripción, una vez cumplidas aquellas exigencias (TEAC 18-4-07).

18) En relación con los bienes adquiridos por una **sociedad conyugal** en la que solo el marido ejerce una actividad profesional, la Directiva del IVA no exige que, para poder ejercer el derecho de deducción del IVA soportado, el sujeto pasivo disponga de una factura emitida a su nombre, en la que consten las fracciones del precio y del IVA, correspondientes a su cuota de copropiedad. A tal fin, basta que la factura se dirija indistintamente a los cónyuges que forman la sociedad conyugal, sin que conste tal desglose (TJUE 21-4-05, asunto C-25/03).

19) La exigencia de factura, lejos de configurarse como prueba tasada, ha de caracterizarse como **requisito de deducibilidad** (TEAC 3-5-07). **2886**

20) El derecho a la deducción de las cuotas derivadas de la aplicación de la regla de **inversión del sujeto pasivo**, que se han puesto de manifiesto mediante una actuación de comprobación inspectora, no pueden tenerse en cuenta en el momento de dictar la correspondiente liquidación, puesto que en ese momento no se había expedido factura ni se habían registrado las operaciones (TEAC 23-7-08). No obstante, ver el criterio del TJUE en el nº 2885.

21) Para acreditar la realidad en la prestación de determinados **servicios de la entidad matriz a su filial**, no basta la referencia a unos servicios genéricos de administración recogidos en contrato firmado entre dos entidades vinculadas, ni la imputación de la matriz a la filial de un porcentaje de la totalidad de los costes de la matriz, ni unas facturas que no describen o especifican los servicios prestados. Es necesario **acreditar la naturaleza** y el volumen de los servicios que se documenta en cada factura, y la correlación entre la contraprestación consignada en la factura y los servicios a que se refiere.
Resulta necesaria la **vinculación concreta de cada servicio** prestado a cada una de las filiales, el destino de tal servicio a la realización de operaciones sujetas y no exentas de forma individualizada, sin que sea posible una deducción del IVA partiendo de un reparto del IVA soportado por la matriz en los servicios comunes al grupo, en virtud de la cifra de negocios, de los activos fijos netos y del capital circulante de cada filial (TEAC 10-3-09).
22) No resulta procedente la deducción de las cuotas del **IVA** satisfechas a la **importación** por empresarios que no constan como importadores en los DUA correspondientes (TEAC 12-5-09).

2887 **23)** La normativa comunitaria se opone a una normativa o práctica nacional con arreglo a la cual las autoridades nacionales deniegan a un empresario el derecho a deducir el IVA soportado por los servicios que se le han prestado, basándose en que la factura inicial contenía una **fecha errónea** de conclusión de la prestación de servicios, si se cumplen los requisitos materiales de la deducción y si, antes de que la autoridad competente adoptara su decisión, el empresario presentó a esta última una factura rectificativa que indicaba la fecha exacta en que había concluido dicha prestación de servicios, aunque no exista una numeración continua de dicha factura y de la nota de crédito por la que se anuló la factura inicial (TJUE 15-7-10, asunto C-368/09). Así, no se puede denegar el derecho a la devolución del IVA por el único motivo de que en la factura no se indica la fecha en que se ha efectuado o concluido la entrega de bienes o prestación de servicios, a pesar de que la Administración dispone de toda la información necesaria para verificar que se cumplen los requisitos materiales para el ejercicio del derecho. La rectificación de la factura no puede ser un requisito para ejercer dicho derecho cuando el sujeto pasivo facilite dicha información (TJUE auto 14-2-25, asunto C-270/24).
24) Los Estados miembros pueden limitar transitoriamente el derecho a deducir en relación con los empresarios que hayan **incumplido una formalidad contable**, durante todo el tiempo que dure la irregularidad, siempre que la sanción en cuestión respete el principio de proporcionalidad. A estos efectos, se considera proporcionada una sanción que alcanza al 30% del IVA deducible (TJUE 29-7-10, asunto C-188/09).
La **contabilización errónea** de unas facturas, figurando en el Libro registro de facturas emitidas en lugar de en el Libro registro de facturas recibidas, no debe considerarse un requisito cuyo incumplimiento impide el derecho a la deducción del IVA. En este caso, más que de un incumplimiento formal, se trata de un error en el cumplimiento de un requisito de este carácter. Resulta desproporcionado y constituye un ejemplo de excesivo formalismo negar el derecho a la deducción del IVA por parte de la entidad en el ejercicio en que se practicó dicha deducción, con base en un error -que no omisión- en el cumplimiento de la obligación de contabilización (TS 1-12-11, EDJ 320938; 26-1-12, EDJ 11301).
25) Constituye condición imprescindible para poder ejercitar el derecho a la devolución **estar en posesión de la factura** acreditativa de haber soportado el IVA, y que cumpla todos los requisitos legales previstos para aceptarse como válida. No pueden ser objeto de devolución las cuotas correspondientes a facturas expedidas a obligados tributarios distintos del solicitante de la devolución. Sí lo serán aquellas facturas en las que el NIF del destinatario que figura en las mismas es el **NIF** a efectos de IVA suministrado por la Administración tributaria de **otro Estado miembro**, puesto que permiten identificar plenamente al obligado tributario como destinatario de las operaciones que figuran en los documentos justificativos (TEAC 9-2-10).
26) La **escritura pública**, en ausencia de factura, es suficiente para proceder a la deducción del IVA soportado (TS 11-7-11, EDJ 198119). En el mismo sentido, TS 23-11-11, EDJ 270619; 26-4-12, EDJ 95811; 9-10-14, EDJ 183950. El TEAC ha acogido este criterio (TEAC 21-6-12).
Un **contrato**, después de cuya celebración las partes no emitieron una factura, puede tener la consideración de factura a efectos del derecho a la deducción del IVA soportado siempre que contenga todos los datos necesarios para que la Administración tributaria pueda determinar si se cumplen los requisitos materiales de dicho derecho (TJUE 29-9-22, asunto C-235/21).

2888 **27)** El destinatario de una operación no puede deducir el IVA soportado sobre la base de **facturas incompletas**, aunque las mismas se hayan completado después de que la Administración haya adoptado la resolución denegatoria de la deducción. Por otra parte, el hecho de que se haya denegado la deducción no significa que la Administración no pueda exigir el ingreso del IVA correspondiente al proveedor (TJUE 8-5-13, asunto C-271/12).
No procede rectificación de factura ni deducción del IVA por el destinatario de una operación cuando: i) el proveedor no se identificó a efectos del IVA y expidió una factura sin IVA, y ii) es la administración tributaria la que descubre la falta de registro y repercusión, obligando al proveedor a pagar el IVA no repercutido al destinatario (TJUE 21-11-24, asunto C-624/23).

28) **Adquisición de unos terrenos al administrador judicial** de una sociedad francesa en liquidación, pagándose el IVA en base a una factura emitida por quien ya no era representante de la sociedad transmitente debido a la intervención judicial, que recibió el importe y no lo ingresó en las arcas públicas. No procede la deducción del IVA soportado por incumplimiento de los requisitos materiales (TS 13-10-15, EDJ 183239).
29) Unas facturas en las que se hace mención de unos «servicios jurídicos prestados desde (el día indicado) hasta la fecha» o «servicios jurídicos prestados hasta la fecha» no cumplen los requisitos legalmente exigidos para ejercitar el derecho a la deducción. No obstante, aun en tal caso procede el ejercicio del derecho a la deducción cuando el empresario ha aportado la información necesaria para acreditar que se cumplen los requisitos materiales de dicho derecho (TJUE 15-9-16, asunto C-516/14).
No puede denegarse el ejercicio del derecho a la deducción por el mero hecho de que las facturas contengan un **error en la identificación de los bienes** objeto de las operaciones de que se trate, cuando el sujeto pasivo, antes de que las autoridades fiscales adopten una decisión sobre él, les haya facilitado los documentos y explicaciones necesarios para determinar el verdadero objeto de estas operaciones y certificar su realidad (TJUE auto 13-12-18, asunto C-491/18).

30) No puede supeditarse el ejercicio del derecho a deducir el IVA soportado a que se indique en la factura la **dirección** del lugar en que su emisor ejerce su actividad económica (TJUE 15-11-17, asuntos acumulados C-374/16 y C-375/16). **2889**
31) Se puede denegar el derecho a la deducción, cuando el **incumplimiento de los requisitos formales** impide a la Administración tributaria comprobar el cumplimiento de los requisitos materiales, o que no se ha actuado fraudulentamente (TJUE 7-3-18, asunto C-159/17).
32) Un sujeto pasivo al que no le resulta posible demostrar, mediante la presentación de facturas o de cualquier otro documento, el importe del IVA previamente pagado no puede disfrutar de un derecho a deducir el IVA basándose únicamente en una estimación resultante de un **dictamen pericial** ordenado por un órgano jurisdiccional nacional (TJUE 21-11-18, asunto C-664/16).
33) En los procedimientos de **inspección del IVA**, un particular debe tener la posibilidad de que se le transmita, si así lo solicita, la **información incluida en el expediente** administrativo, a menos que la restricción del acceso a la misma esté justificada por objetivos de interés general. Ante meras sospechas de fraude, carentes de pruebas, la administración no puede exigir documentos adicionales a la factura a efectos del ejercicio del derecho a deducir el IVA soportado (TJUE 4-6-20, asunto C-430/19).
34) No se puede denegar el derecho a deducir el IVA alegando que **facturas** que contienen menciones como «servicios de desarrollo de aplicaciones» no cumplen las formalidades a que se refiere la Directiva del IVA -Dir 2006/112/CE art.226.6- (TJUE auto 24-5-23, asunto C-690/22).

2. Requisitos temporales de la deducción

(LIVA art.98 a 100)

Los requisitos que se exponen a continuación hacen referencia a la aplicación de la deducción en el tiempo. **2890**
Siguiendo un orden cronológico, es preciso determinar cuándo surge el derecho a deducir (nº 2892 s.), cuándo se ejercita (nº 2906 s.) y cuándo caduca (nº 2923 s.).

Precisiones **1)** El tratamiento de la materia en cuanto a la **regularización** de las deducciones practicadas se efectúa en el nº 3016 s.
2) La posibilidad de **rectificación** de deducciones está sometida a determinados plazos (nº 3057 s.).
3) En relación con las operaciones realizadas aplicando el régimen especial del **criterio de caja**, ver el nº 5025 s.

Nacimiento del derecho a deducir (LIVA art.98 y Anexo aptdo.6; RIVA art.73.3) El derecho a la deducción nace en momentos distintos según la naturaleza de la operación que lo motiva y nunca antes de que se hayan devengado las cuotas con arreglo a derecho. **2892**
a) En **general**, el derecho a deducir nace en el momento en que se devenga el impuesto que grava la operación (entregas de bienes, prestaciones de servicios, adquisiciones intracomunitarias), es decir, en el momento del devengo del impuesto deducible (nº 1200 s. y nº 5365).
Por lo común, la deducción del impuesto soportado se puede realizar en la declaración del mismo período en que se soporta.
Por lo que se refiere a las importaciones y operaciones asimiladas a las importaciones, procede indicar lo siguiente:
1º En el caso de las **importaciones de bienes**, se aplica a estos supuestos la **regla general**, de manera que el derecho a la deducción nace cuando se produce el devengo de las cuotas deducibles, esto es, en el momento en que haya tenido lugar el devengo de los derechos de importación de acuerdo con la legislación aduanera, independientemente de que la importación esté o no sujeta a dichos derechos de importación (nº 5830). Nacido el derecho a deducir, la deducción se efectúa en la declaración periódica del período correspondiente a dicho devengo.

2º Para las **operaciones asimiladas a las importaciones** (nº 5655 s.), el derecho a deducir el IVA soportado por estas operaciones nace cuando se devenguen las cuotas deducibles (nº 5830).
Así, las cuotas devengadas por la realización de las operaciones asimiladas a las importaciones pueden deducirse en el propio **modelo 380**, al presentar este, por lo que liquidación y deducción se pueden efectuar en el mismo modelo 380.
En cuanto a las **operaciones excluidas del concepto** de operaciones **asimiladas a las importaciones** (nº 5677), estas se liquidan en la declaración periódica (modelo 303), deduciéndose también el IVA en la propia declaración, de forma análoga a la prevista para los supuestos de inversión del sujeto pasivo.

2893 **b)** En el caso de cuotas soportadas o satisfechas por los revendedores (nº 4020), por las adquisiciones o importaciones de **objetos de arte, antigüedades y objetos de colección**, el derecho a la deducción de tales cuotas nace en el momento en que se devengue el IVA correspondiente a las entregas de dichos bienes efectuadas por el revendedor con aplicación del régimen general del impuesto. Si las entregas se efectúan por el revendedor con aplicación de su régimen especial, no hay derecho a deducir el IVA soportado o satisfecho por el revendedor por la adquisición o importación de tales bienes.
c) En el supuesto de cuotas soportadas o satisfechas con ocasión de la adquisición o importación de los bienes y servicios que, efectuadas para la realización del viaje, redunden directamente en beneficio del viajero (nº 4360) y se destinen a la realización de una operación respecto de la que **no resulte aplicable el régimen especial de las agencias de viajes** (nº 4243), el derecho a la deducción nace en el momento en el que se devengue el impuesto correspondiente a dicha operación.
d) En las entregas ocasionales de **medios de transporte** nuevos exentas del impuesto (nº 5425 s.), el derecho nace en el momento en que se efectúa la entrega.

Precisiones En relación con las cuotas soportadas por adquisiciones o importaciones de objetos de arte, antigüedades y objetos de colección, la limitación no se aplica en el caso de los **bienes usados**, porque cuando el revendedor ha soportado IVA en su adquisición, no es posible aplicar el régimen especial en la reventa.
Entendemos que, si los bienes no son objeto de entrega, sino de **cesión de uso**, también se puede proceder a la deducción del IVA soportado con ocasión de su adquisición por el sujeto que efectúa dicha cesión.

2894 Ejemplos 1) En el mes de octubre del año N se han realizado **operaciones asimiladas a las importaciones** con una base imponible de 1.000 € y una cuota de 210 €.
El sujeto pasivo puede efectuar la deducción de las cuotas correspondientes a las operaciones asimiladas a las importaciones directamente en el modelo 380 y no en la autoliquidación periódica.

2895 2) La empresa A presenta **autoliquidaciones** por IVA con periodicidad **trimestral**, se dedica a la venta de mobiliario y cuenta con sede en Madrid. Ha adquirido a otra empresa española una partida de 100 mesas, de acuerdo con los siguientes datos:
- El **contrato de compraventa** de las mesas se firmó el 2-1-N, acordándose un precio de 10.000 €. Tipo impositivo 21%.
- El 10-1-N se efectúa un **primer pago** de 3.000 € (más IVA). La empresa vendedora emite un recibo que no reúne los requisitos de la factura.
- El 20-6-N **se reciben** las 100 mesas.
- La **factura** correspondiente a la entrega de las 100 mesas se recibe el 5-7-N, fecha en la que se efectúa el pago de los 7.000 € restantes.
Hay que tener en cuenta las siguientes observaciones:
- La fecha de la firma del contrato no tiene importancia ni trascendencia alguna a efectos del ejercicio del derecho a la deducción del IVA soportado por A.
- El pago anticipado que se efectúa el 10-1-N determina el devengo del IVA correspondiente (21% x 3.000 = 630 €). Por tanto, una actuación correcta con arreglo a derecho exige que A efectúe el pago por importe de 3.630 € y que la empresa vendedora emita factura por dicho pago anticipado. Como no se ha hecho así, se producen dos consecuencias:
1ª. La empresa vendedora ha incumplido su obligación de emitir factura.
2ª. A no puede deducir los 630 € pagados en concepto de IVA, ya que tal cuota no constituye técnicamente IVA soportado, al no estar A en posesión del documento justificativo del derecho a deducir.
- La recepción de las mesas el 20-6-N determina el devengo del IVA correspondiente a la entrega de las mismas, por el importe que resta después de efectuar el pago anticipado (21% x 7.000 € = 1.470 €).
- No obstante lo anterior, como la factura no se recibe hasta el 5-7-N (tercer trimestre natural del año), A solo puede efectuar la deducción del IVA soportado total (630 + 1.470 = 2.100 €) en la autoliquidación del tercer trimestre del año, que se presenta del 1 al 20 de octubre.

3) La misma empresa A del ejemplo anterior (nº 2895) ha adquirido a un **fabricante alemán** una partida de 50 sillas, de acuerdo con los siguientes datos: 2896
1. El **contrato de compraventa** se firma el 7-1-N, acordándose un precio de 5.000 €.
2. El 15-1-N se efectúa un **primer pago** de 2.000 € y se recibe la factura del proveedor alemán.
3. El 25-6-N se **pagan** los 3.000 € restantes.
4. El 4-7-N se **reciben** las sillas.

En este caso, hay que tener en cuenta lo que sigue:
1. La firma del contrato, como en el caso anterior, no tiene trascendencia a los efectos que ahora interesan.
2. El pago anticipado que se efectúa el 15-1-N no determina el devengo del IVA correspondiente a la adquisición intracomunitaria de las sillas. No hay, por tanto, obligación de ingresar IVA alguno por dichos pagos anticipados.
3. Con respecto al nuevo pago anticipado efectuado el 25-6-N, proceden las mismas consideraciones que en el apartado anterior.
4. Finalmente, el 4-7-N se produce el devengo del IVA correspondiente a la adquisición intracomunitaria efectuada. Únicamente se exige en estos casos que el sujeto pasivo que pretende la deducción se halle en posesión de la factura original expedida por el proveedor de otro Estado miembro y que la adquisición esté debidamente consignada en la autoliquidación. Es en la autoliquidación del tercer trimestre del año, que se presenta del 1 al 20 de octubre, en la que debe declarar y puede deducir el IVA correspondiente a la adquisición intracomunitaria efectuada.

4) La misma empresa A ha **importado de Estados Unidos** determinados elementos de mobiliario que va a revender a sus clientes. La base imponible de la importación asciende a 2.000 €, liquidándose el IVA por la Aduana el 30-3-N y pagándose (al 21% = 420 €) el 20-4-N. 2897

El importador puede ejercitar la deducción en la autoliquidación del primer trimestre de N (pues en dicho trimestre se ha producido el devengo de las cuotas) siempre que se encuentre en posesión del documento en el que conste la liquidación practicada por la Aduana.

5) Una empresa establecida en el territorio de aplicación del impuesto ha solicitado un **informe de un abogado belga**, que cobra por sus servicios 1.000 €. El informe se emite el 8-9-N, el 10-9-N se recibe la factura del asesor belga que se paga el 1-1-N+1. 2898

El devengo del IVA correspondiente al servicio prestado se produce cuando se emite el informe, esto es, el 8-9-N. Dado que, además, desde el 10-9-N la empresa se encuentra en posesión de la factura, puede ejercitar la deducción en la autoliquidación del tercer trimestre del año N, aunque el pago del IVA soportado no se efectúe hasta el 1-1-N+1. Para ejercitar el derecho a deducir en los casos de inversión del sujeto pasivo, lo único que se exige, cuando el prestador está establecido en la UE, es que la factura contenga los requisitos exigidos en la normativa comunitaria (Dir 2006/112/CE art.226) y que la operación que ha dado lugar a la inversión se declare en la correspondiente declaración-liquidación presentada por la empresa establecida en el territorio de aplicación del impuesto. Hay que tener en cuenta, no obstante, que según el TJUE, no puede condicionarse la deducción a que la empresa se encuentre en posesión de la factura emitida por el abogado belga, ni a que se haya emitido autofactura en los supuestos de inversión del sujeto pasivo.

6) El Sr. X adquiere un **vehículo de turismo nuevo** el 4-3-N por 15.000 € (IVA al 21%: 3.150 €). Dicho vehículo se vende por X a un turista alemán, de paso por España, que se lo lleva a Frankfurt, el 7-4-N, por 10.000 €. 2899

El vehículo objeto de venta tiene la consideración de medio de transporte nuevo. X tiene la condición de empresario o profesional y la entrega está sujeta y exenta del IVA español, exención que genera el derecho a la deducción del IVA soportado.

En este supuesto, la deducción se canaliza por vía de la devolución, presentando a estos efectos el modelo 308 en los términos que se recogen en el nº 3012, acompañando el original de la factura de venta y de la factura de compra del vehículo por X. La particularidad en este caso radica en que la deducción que puede practicar X está limitada a la cantidad resultante de aplicar el tipo impositivo (21%) al precio de venta, esto es, 2.100 €.

7) La empresa Z, dedicada a la **reventa de antigüedades**, importa de Japón una espada antigua, liquidando y pagando el IVA a la importación por 1.000 €, el 20-3-N. Dicha espada es revendida a un coleccionista de antigüedades el 7-8-N. 2900

La importación de la espada está sujeta y no exenta del IVA, aplicándose el tipo impositivo del 10%.

La especialidad se plantea en este caso en el momento en que puede practicarse la deducción.

En efecto, dado que Z es una empresa dedicada a la reventa de antigüedades, de acuerdo con la regla general del destino previsible, debería poder deducir inmediatamente, en la autoliquidación del primer trimestre del año, los 1.000 € del IVA satisfecho. Sin embargo, existe una regla especial relativa al nacimiento del derecho a deducir las cuotas soportadas o satisfechas por la adquisición o importación de objetos de arte, antigüedades y objetos de colección. De acuerdo con esa regla especial, el derecho a la deducción en estos casos no nace hasta que se devengue el IVA correspondiente a la entrega de tales bienes por Z, de manera que esta empresa no puede practicar la deducción hasta la autoliquidación del tercer trimestre de N.

2902 Doctrina Administrativa Además de las siguientes contestaciones de la DGT, ver nº 11000 s.

1) En las **exportaciones** en las que no se transfiere el poder de disposición de los bienes, el derecho a la deducción nace en la fecha que figure en la declaración de exportación, siendo irrelevante a estos efectos que las mercancías no se hayan vendido (DGT 17-2-97; CV 11-1-06).

2) Una entidad local recibe facturas de sus proveedores que documentan operaciones devengadas pero que se califican como OPAS, es decir, obligaciones pendientes de aplicar al presupuesto, y responden a **facturas pendientes de conformar** por el responsable del contrato para proceder a su pago. Dado que el derecho a la deducción nace en el momento en que se devengan las cuotas deducibles, y estas se entienden soportadas en el momento en que el empresario o profesional que las soportó reciba la correspondiente factura, puede deducir el impuesto soportado con independencia de que la factura no haya sido aprobada o conformada por el órgano competente a efectos del pago a su proveedor (DGT CV 30-10-17).

2904 Jurisprudencia 1) El derecho a la deducción nace en el momento en que es exigible el impuesto deducible, por lo que tan solo la condición en que un sujeto actúa en ese momento puede determinar la existencia del derecho a deducir. De esta forma, si al adquirir el bien, el adquirente actuaba como **consumidor final** y no como empresario, no nace ni nacerá posteriormente ningún derecho a la deducción, aunque con posterioridad el bien se afecte al patrimonio empresarial del sujeto (TJUE 11-7-91, asunto C-97/90).

2) No cabe la deducibilidad de las cuotas soportadas en **certificaciones de obra** en un período impositivo en el que no se ha producido el devengo conforme a las normas aplicables (TEAC 3-12-08).

3) El derecho a la deducción del IVA soportado en las **importaciones** puede ejercitarse a partir del momento del devengo, sin necesidad de esperar a que se produzca el pago del impuesto, ya que la normativa no lo exige (TEAC 26-4-11).

4) El derecho a deducir las cuotas de IVA facturadas en las importaciones no nace en tanto no se haya producido el **devengo de la operación**. En este sentido, las cuotas de IVA facturadas solo se entienden soportadas cuando se haya producido el devengo del IVA según las reglas de devengo propias de las operaciones incluidas en la factura (TEAC 22-2-11).

Cuando se trata de **operaciones asimiladas a la importación** el derecho a la deducción debe reconocerse desde el momento del devengo del IVA soportado -salida del depósito- (TS 1-10-12, EDJ 221491).

5) En las liquidaciones que **incrementan el IVA repercutido en las importaciones**, la deducción del IVA soportado no ha de efectuarse en el mismo período en que la Administración incremente el IVA repercutido por las importaciones, sino que debe admitirse en el período en que el obligado tributario debió proceder a realizar su declaración por operaciones interiores con posterioridad a las importaciones realizadas, que es cuando habría estado habilitado para deducir dichas cuotas (TEAC 23-10-14).

6) No es compatible con el derecho de la Unión una norma nacional de acuerdo con la cual, cuando concurran ciertas condiciones y con independencia de la buena fe del empresario, la deducción del IVA soportado por una **adquisición intracomunitaria** solo puede realizarse en un período posterior a la declaración del IVA devengado por dicha adquisición (TJUE 18-3-21, asunto C-895/19).

2906 **Ejercicio del derecho a la deducción** (LIVA art.99) El derecho a la deducción se hace efectivo a través de las autoliquidaciones que han de presentarse.

En la autoliquidación de cada **período de liquidación** (trimestral o mensual, según proceda) o en las de los sucesivos, el sujeto pasivo puede deducir, del total impuesto devengado en el período, la cuantía global de las cuotas deducibles soportadas en ese mismo período.

Las **cuotas deducibles** se entienden **soportadas**:

- en el momento en que se recibe la factura o documento justificativo del derecho;
- si el devengo del impuesto se produce en un momento posterior al de la recepción de la factura, cuando se devenguen las cuotas;
- en las importaciones y operaciones asimiladas a las importaciones y en las entregas de objetos de arte, antigüedades y objetos de colección, en el momento en que nace el derecho a la deducción (entendemos que debe equipararse al supuesto de entrega el de cesión de uso del objeto de arte, antigüedad u objeto de colección);
- para los casos de **inversión del sujeto pasivo**, ver criterios jurisprudenciales en el nº 2885;
- para las operaciones sometidas al régimen especial del **criterio de caja**, ver el nº 5025 s.

2907 El derecho a la deducción puede ejercitarse en la autoliquidación relativa al período de liquidación en que su titular haya soportado las cuotas deducibles o en las de los sucesivos, siempre que no haya transcurrido el **plazo de cuatro años**, contados a partir del nacimiento del mencionado derecho.

No obstante, como excepción a dicha regla general, en caso de **declaración de concurso**, el derecho a la deducción de las cuotas soportadas con anterioridad a la misma, que estuvieran pendientes de deducir, deben ejercitarse en la declaración-liquidación correspondiente al período de liquidación en que se hayan soportado. En el supuesto de que no se hayan incluido las cuotas soportadas deducibles en las citadas declaraciones-liquidaciones, y siempre que no haya transcurrido el plazo de cuatro años, contados a partir del nacimiento del derecho a la deducción de tales cuotas, el concursado o la administración concursal (LCon art.260.3), en su caso, puede deducirlas mediante la **rectificación de la declaración-liquidación** relativa al período en que fueron soportadas.

Como excepción al ejercicio del derecho a la deducción, en las ventas ocasionales de **medios de transporte nuevos** exentas del impuesto (nº 5425), el derecho a deducción solo puede ejercitarse en la declaración relativa al período en que se realice su entrega.

Cuando haya mediado **requerimiento** de la Administración o **actuación inspectora**, pueden deducirse en las liquidaciones que procedan las cuotas soportadas que estuviesen debidamente contabilizadas en los libros registros del IVA, siempre que no haya transcurrido el plazo de cuatro años antes indicado. Las **cuotas no contabilizadas** son deducibles en la autoliquidación del período correspondiente a su contabilización o en las de los siguientes, con el mencionado límite temporal.

El sujeto pasivo ha de practicar las deducciones en función del **destino que prevea** para los bienes o servicios adquiridos, sin perjuicio de su rectificación posterior cuando aquel resulte alterado. No obstante, en los supuestos de **destrucción o pérdida de los bienes** adquiridos o importados, por causa no imputable al sujeto pasivo debidamente justificada, no es exigible la referida rectificación.

Precisiones 1) Cuando se trate de cuotas soportadas que se hayan deducido en un **período de liquidación posterior** a aquel en que hayan sido soportadas, pero anterior a la declaración de concurso, no procede la rectificación de las declaraciones-liquidaciones para que tales cuotas soportadas ya deducidas con anterioridad a la declaración del concurso se deduzcan en el período en que se soportaron. **2908**

2) En el supuesto de cuotas que se hayan soportado en el **período inmediatamente anterior** a la declaración de concurso (el denominado período partido, tiempo que va desde la última declaración-liquidación hasta la fecha de declaración de concurso), no debería presentarse una rectificación de ninguna declaración-liquidación, sino que es obligatorio para el sujeto pasivo en concurso deducir dichas cuotas en la autoliquidación (modelo 303), modalidad preconcursal (nº 2935).

Ejemplos 1) La entidad CF se dedica al **arrendamiento de viviendas** y locales de negocio, aplicando la regla de **prorrata especial**. El 5-1-N ha adquirido un piso en Madrid a su promotor, por el que ha pagado 300.000 € más el IVA correspondiente. CF piensa dedicarlo al alquiler como vivienda, pero es a un despacho de abogados al que alquila el piso el 17-6-N. **2909**

CF debe aplicar la regla del destino previsible y no puede deducir el IVA soportado por la adquisición del piso, ya que piensa dedicarlo a una actividad exenta del IVA y que no genera el derecho a la deducción del IVA soportado. Sin embargo, en la autoliquidación del segundo trimestre del año, visto que el uso real es un arrendamiento no exento, puede deducir el IVA soportado.

2) La sociedad anónima P se dedica a la venta y colocación de **muebles de cocina**. Dicha empresa, durante los ejercicios N-3 a N-1 **oculta parte de sus ventas** de muebles de cocina sistemáticamente y, paralelamente, las compras de dichos muebles, por las que ha pagado el IVA a los fabricantes. En N, la inspección inicia sus actividades de comprobación de la actividad de la empresa en los años citados, levantando el acta correspondiente en abril del año N. **2910**

Las cuotas soportadas por la empresa y descubiertas por la Administración ascienden a los siguientes importes:

Año N-3: 5.000 €.

Año N-2: 10.000 €.

Año N-1: 7.000 €.

P conserva las facturas correspondientes, habiendo contabilizado, de las cuotas anteriores, únicamente las soportadas en N-3.

Las cuotas soportadas en N-3 se toman en cuenta por la Administración tributaria al practicar la liquidación correspondiente. Sin embargo, respecto de las demás cuotas soportadas descubiertas por la Administración, dado que no han sido contabilizadas, solo pueden ser deducibles por P una vez finalizada la actuación inspectora, siempre que P proceda a su contabilización y siempre que no hayan transcurrido cuatro años desde el nacimiento del derecho a la deducción.

3) La entidad YO presenta declaraciones-liquidaciones por el IVA con carácter mensual. El 15-3-N es declarada en **concurso**. En tal fecha, dicha entidad presenta las siguientes circunstancias: **2911**

1. Tiene pendiente de deducir dos facturas derivadas de la compra de material de oficina que realizó el mes de octubre del año N-1, por 2.000 €, con un IVA soportado de 420 €. Estas facturas no están contabilizadas ni registradas en el libro registro de facturas recibidas.

2. Solicita a un proveedor un duplicado de una factura del mes de diciembre del año N-1 que estaba extraviada. Dicha factura es de un importe de 10.000 €, con un IVA soportado de 2.100 €. El importe de IVA soportado no ha sido deducido todavía porque no estaba en poder del documento justificativo del derecho a deducir.

3. La declaración-liquidación del mes de diciembre del año N-1 arrojó un saldo a favor de la entidad YO de 15.000 €, importe que se pensó compensar en períodos de liquidación posteriores.
4. Se comprueba que esta entidad tiene una factura de suministro de electricidad para su oficina de fecha 15-2-N-1 de 590 €, IVA incluido. La entidad YO dedujo el IVA soportado por dicho suministro en la declaración-liquidación del mes de agosto del año N-1, aunque estaba contabilizada y registrada en el libro registro de facturas recibidas en el mes de febrero citado.
En los dos primeros supuestos, dicha entidad debe proceder a rectificar las declaraciones-liquidaciones relativas a los períodos de liquidación de los meses de octubre y diciembre del año N-1 y, como el resultado del período de liquidación de diciembre será mayor importe a compensar, ha de presentar también declaraciones-liquidaciones rectificativas de los períodos de liquidación de enero y febrero del año N, puesto que dicho saldo a compensar incide en estos períodos.
En relación con la factura de suministro de electricidad, cuyo IVA soportado dedujo en el mes de agosto, la entidad YO no debe realizar rectificación de declaración-liquidación alguna, puesto que no está pendiente de deducir.

2913 Doctrina Administrativa Además de las siguientes contestaciones de la DGT, ver nº 11000 s.
1) En caso de **cese de la actividad**, son deducibles las cuotas soportadas con posterioridad al mismo, que correspondan a las reparaciones en garantía de los bienes afectos al ejercicio de la actividad (DGT 8-2-95). En el mismo sentido, en la medida en que exista una **relación directa e inmediata** entre los pagos realizados y la actividad (DGT CV 13-11-19).
2) En la adquisición de varios **inmuebles en construcción**, para destinarlos al arrendamiento, se paga el importe total más el IVA, y se formaliza la escritura pública de venta antes de su entrega. No obstante, la factura no se entrega hasta el momento de entrega de los inmuebles. Aunque el devengo se produce en el momento de la realización del pago anticipado, en dicho momento no se puede ejercitar el derecho a la deducción por carecer del documento justificativo, es decir, de la factura. En el momento de recepción de la factura, y siempre que no hayan transcurrido cuatro años desde el devengo del impuesto, se puede ejercitar el derecho a la deducción en la correspondiente autoliquidación (DGT 20-9-04).
3) Un **arrendador de locales** de negocio adquiere en el año (N-2) un local que mantiene **sin acondicionar** hasta el año N, fecha en que lo arregla y lo alquila.
El arrendador puede deducir las cuotas soportadas en la adquisición en la autoliquidación corresponciente al período de liquidación en que se soportaron o en las de los cinco años siguientes (cuatro en la actualidad), no siendo necesario que el local esté arrendado, puesto que su propietario ejerce la actividad con anterioridad a la adquisición del nuevo local (DGT 7-4-99).
4) En la aplicación de la **prorrata especial**, la deducción de las cuotas soportadas puede realizarse en su totalidad en el momento en que se soportaron, cuando los inmuebles, según su destino previsible, se utilicen exclusivamente en la realización de operaciones sujetas y no exentas que generen el derecho a la deducción, sin perjuicio de su regularización posterior si la afectación previsible no coincide con la real (DGT 4-3-03).

2914 **5)** No está establecida en la normativa la posibilidad de deducir las **pérdidas por robo**. Sin embargo, si los bienes sustraídos hubieran sido adquiridos o importados en el desarrollo de su actividad empresarial o profesional, no se tienen que rectificar las deducciones de las cuotas soportadas por la adquisición o importación de los bienes sustraídos que en su momento se hicieron, o puede ejercer el derecho a la deducción de las mismas en los plazos establecidos (DGT 7-10-03; 10-12-03).
6) No se considera alterado el destino previsible de los bienes o servicios adquiridos cuando dichos bienes, u otros obtenidos a partir de aquellos, se destruyan o deterioren durante el proceso de producción o distribución, como consecuencia de **siniestros** no imputables al sujeto pasivo, circunstancia que ha de ser probada suficientemente (DGT CV 10-11-86).
7) Un transportista adquirió en mayo del año N, mediante arrendamiento financiero, un tractocamión. El 20-11-N+1, el vehículo fue dado de **baja definitiva**, por desguace, debido a un accidente de tráfico. Se continúan pagando las cuotas de leasing. No se tienen que rectificar las deducciones de las cuotas soportadas por el arrendamiento financiero del vehículo que estaba afecto a la actividad empresarial ni, en su caso, efectuar regularización alguna, pudiendo seguir ejercitándose el derecho a la deducción de las cuotas del leasing que sigue satisfaciendo (DGT 29-12-03).
8) Con independencia de los **acuerdos de facturación** que pacten los empresarios o profesionales, las cuotas del IVA son deducibles cuando se hayan soportado efectivamente, por haberse devengado el tributo (DGT CV 5-7-06).
9) Una entidad ha sido objeto de una **actuación inspectora** en la que se determinó la existencia de **errores en la liquidación** del IVA devengado. En la propuesta de liquidación inspectora no se permitió su deducibilidad en el mismo período en que se devengaron las cuotas, al no estar debidamente registradas en los correspondientes libros registros. La entidad tiene presentada **reclamación económico-administrativa** contra la liquidación derivada del acta de inspección.
Una vez registradas las operaciones cuyo incumplimiento determinó su no deducibilidad, la entidad puede deducir las cuotas soportadas correspondientes a las mismas siempre que no hubiesen transcurrido cuatro años a partir del nacimiento del mencionado derecho. A dichos efectos, se produce la **interrupción del plazo** desde la fecha de la notificación formal del inicio

de la actuación inspectora hasta que haya adquirido firmeza la resolución económico-administrativa contra la liquidación, no pudiéndose efectuar la deducción mientras la referida resolución no se haga firme (DGT CV 4-9-06; CV 23-5-18; CV 30-10-20).
En este sentido, son deducibles las cuotas derivadas del **acta de inspección** dictada en conformidad. Por el contrario, las derivadas del acta firmada en disconformidad no son deducibles en tanto no se dicte resolución o sentencia firme al efecto (DGT CV 8-2-12).

10) Cuando la procedencia de derecho a la deducción o su cuantía está sometida a **controversia en vía administrativa o jurisdiccional**, el plazo de caducidad se cuenta desde la fecha en que la resolución o sentencia es firme (DGT CV 4-9-06). La circunstancia de que la entidad interponga un recurso contencioso-administrativo contra la resolución del TEAC, teniendo dicho recurso por objeto exclusivo la improcedencia de la liquidación de intereses de demora, adquiriendo firmeza, por tanto, la parte de la resolución del TEAC referida a la repercusión de las cuotas, no obsta para que pueda practicar la correspondiente deducción (DGT CV 29-2-12). **2915**
11) Si en un procedimiento de comprobación el contribuyente no acredita que los bienes y servicios se adquirieron con la intención de dedicarlos a una actividad que permita la deducibilidad de las cuotas correspondientes a los mismos y tal procedimiento finaliza con **resolución** que deviene **firme** estas no pueden ser deducidas en las declaraciones-liquidaciones que se presenten con posterioridad (DGT CV 24-5-16).
12) Una entidad no dejó transcurrir el plazo previsto para ejercitar el derecho a la deducción de cuotas soportadas objeto de litigio. Dentro del mencionado plazo, se inicia un **procedimiento judicial** ordinario por parte del acreedor que finaliza por auto judicial. La entidad dispone del plazo que faltara por transcurrir en la fecha de la interrupción hasta completar los cuatros años. Este plazo se cuenta a partir de la fecha en que la resolución o sentencia que ponga término al procedimiento haya devenido firme (DGT CV 2-8-07).

13) El documento justificativo del derecho a la deducción de las cuotas soportadas por la realización de **importaciones** es el DUA que, una vez admitido a despacho por la Administración aduanera, determina el devengo del IVA correspondiente y, a la par, permite la deducción inmediata de esa cuota justificada por el propio documento debidamente sellado por la Administración aduanera, cumplidos siempre el resto de las limitaciones y requisitos relativos al derecho a la deducción. No se exige el documento acreditativo del pago del IVA a la importación para deducir ese IVA, sino el DUA admitido a despacho por la Administración aduanera (DGT CV 13-3-08). **2916**
14) Se pretende presentar una **autoliquidación complementaria** del IVA correspondiente a un determinado período haciendo constar cuotas soportadas que no fueron incluidas por error en la declaración-liquidación correspondiente.
Dichas cuotas, siempre que (i) se hallen anotadas en el correspondiente libro registro, (ii) no haya mediado requerimiento ni procedimiento inspector, (iii) no hayan transcurrido más de cuatro años desde el nacimiento del derecho a deducir y (iv) no resulte de aplicación ninguna limitación ni exclusión para el ejercicio del citado derecho, pueden ser deducidas en la declaración-liquidación relativa al período de liquidación en que las haya soportado o en las de los sucesivos, pero no a través de una autoliquidación complementaria ni por medio de una solicitud de rectificación de la autoliquidación, ya que la normativa del IVA establece un procedimiento específico a seguir para el ejercicio de dicho derecho a la deducción (DGT CV 17-12-10; CV 11-1-11).
15) Una entidad **no presenta el modelo 303** correspondiente al primer trimestre por un descuido. El resultado era a compensar, procediendo a su compensación en la declaración liquidación del segundo trimestre. La no presentación de la declaración liquidación del primer trimestre impide el ejercicio del derecho a la compensación de cuotas en el segundo. No obstante, la entidad puede deducir las cuotas soportadas correspondientes en sus sucesivas autoliquidaciones, siempre y cuando no haya transcurrido el plazo de caducidad para el ejercicio del derecho a la deducción (DGT CV 23-3-11).

16) La **naturaleza del bien** no es un criterio decisivo para el ejercicio del derecho a la deducción, pero constituye un indicio importante a efectos de su valoración. El bien objeto de arrendamiento es un local comercial, por lo que en principio es razonable pensar que su alquiler será una operación sujeta y no exenta. El arrendador de un local comercial puede deducir los gastos por los que soporte cuotas del impuesto en la medida en que se consideren afectos al desarrollo de su actividad empresarial (DGT CV 1-4-14). **2917**
17) Como consecuencia de **no atender en plazo un requerimiento** de la AEAT y aportar las facturas requeridas, se le practicó al contribuyente una liquidación en la que no se tuvieron en cuenta las cuotas deducibles correspondientes al ejercicio objeto de liquidación. Las cuotas que no fueron tenidas en consideración por la Administración tributaria, al no aportar en plazo las facturas requeridas, pueden ser deducidas dentro del plazo establecido en la normativa (nº 2906 s.), una vez cumplidos todos los requisitos, incluidos el de contabilización (DGT CV 7-4-15; CV 27-6-16; CV 28-11-16). En términos similares, DGT CV 27-3-18; CV 18-10-19.
18) Si se ejerció el derecho a la deducción mediante la **consignación de las cuotas** soportadas en la declaración-liquidación del último período del ejercicio, ejercitando el derecho a la compensación del saldo a su favor generado al no solicitar su devolución, transcurridos cuatro años contados a partir de la presentación de la declaración-liquidación en que se originó dicho exceso, se puede solicitar su devolución dentro del plazo de prescripción señalado por la LGT, que es de cuatro años (DGT CV 25-10-16). En términos similares, DGT CV 20-2-19.

19) Una sociedad efectúa operaciones de importación de bienes y ha ejercitado, en tiempo y forma, la opción para el **diferimiento de la declaración** del IVA devengado con la importación. Se entiende soportado el impuesto en el momento en el que el sujeto pasivo esté en posesión de la liquidación practicada por la Administración. El derecho a deducir dichas cuotas devengadas puede ejercitarse bien en la declaración-liquidación en la que se haya incluido la cuota devengada con la importación, o en cualquier otra declaración-liquidación correspondiente a los períodos impositivos siguientes, siempre que no hayan transcurrido cuatro años desde el nacimiento del derecho a deducir (DGT CV 29-6-17).

20) Siempre y cuando acredite un porcentaje de **afectación mayor** al inicialmente tenido en cuenta a efectos de la deducción practicada en la adquisición de un vehículo de utilización exclusivamente profesional, puede deducirse la parte de la cuota no deducida inicialmente si no ha transcurrido el plazo de caducidad. De ser procedente, la deducción debe practicarse en la declaración-liquidación correspondiente al período impositivo en que el sujeto pasivo advierta el error o en las posteriores, siempre que no hayan transcurrido cuatro años desde el devengo de la operación (DGT CV 30-5-17).

21) Una vez recibidas las **facturas completas** en canje de las simplificadas o las facturas rectificativas de facturas incompletas, los clientes de la entidad pueden deducir las cuotas soportadas consignadas en las mismas, siempre que no hubiese caducado su derecho por el transcurso de cuatro años desde el devengo del impuesto (nº 1200 s.), sin perjuicio de que el ejercicio de este derecho deba realizarse en el periodo de liquidación correspondiente (DGT CV 19-4-22).

2919 Jurisprudencia **1)** El **registro de las facturas recibidas** en el libro correspondiente es un requisito establecido por la norma, pero esta no exige que haya de cumplirse antes de la deducción del IVA soportado, sino que ha de ser comprobado por la Inspección (TEAC 26-5-04).

2) Entre los requisitos formales para las deducciones se exige que consten **debidamente contabilizadas**, sin que sea suficiente su registro en el Libro de facturas recibidas. Resulta necesario cumplir este requisito para que la regularización de la Inspección las incluya en el mismo período comprobado. Dicha contabilización no precisa que se efectúe en el período en que se deduce, pero sí antes de la regularización por el órgano inspector, a fin de incluirlas en la misma si se encuentran debidamente contabilizadas. Mediando actuaciones de comprobación, en las liquidaciones resultantes de las mismas solo pueden tenerse en cuenta las cuotas de IVA soportadas deducibles que estuviesen contabilizadas con anterioridad al inicio de las mismas (TEAC 13-6-07). En el mismo sentido, para el caso de que los Libros registros se lleven a través de la sede electrónica de la AEAT -Suministro Inmediato de Información (SII)- (TEAC 27-10-25).

3) El **plazo** de cuatro años previsto en la normativa tiene la naturaleza de la prescripción, es susceptible de interrupción y resulta aplicable tanto en los supuestos de falta de repercusión como en los de rectificación de la repercusión improcedente (TEAC 24-7-07).

4) En la **liquidación del impuesto** no procede minorar el IVA devengado con la cantidad a compensar en primer lugar y luego reducir el importe en el IVA soportado deducible de ese período de liquidación (TEAC 22-10-08).

2920 **5)** La no presentación de la declaración-liquidación, susceptible de generar un resultado a compensar, impide el ejercicio del **derecho de compensación** en las autoliquidaciones posteriores. Es a partir del momento en que el obligado tributario presente la declaración-liquidación en la que se genere el exceso de cuotas soportadas y deducidas sobre las devengadas, cuando el derecho a la compensación de dicho exceso puede ser ejercido por el obligado tributario en las declaraciones-liquidaciones presentadas posteriormente y antes del transcurso de cuatro años (TEAC 24-5-18).

6) Cabe el derecho a la deducción del IVA soportado que previamente había sido denegado por la Administración mediante una **liquidación provisional** dictada por un órgano de gestión tributaria que carecía de competencia, con una motivación insuficiente y sin conceder trámite de audiencia al interesado (TS 10-10-08, EDJ 185094).

7) La **deducción de las cuotas soportadas** es un derecho y no una opción tributaria -LGT art.119.3- (TS 23-2-23, EDJ 520827). El TEAC asume este criterio y concluye que no se puede impedir su ejercicio, aunque sea de forma extemporánea, siempre que se haga dentro del plazo previsto -LIVA art.99.3- (TEAC 24-10-23).

De la misma forma, la **compensación del exceso** de cuotas soportadas sobre las repercutidas no deducidas en períodos anteriores constituye un derecho del contribuyente y no una opción. Siendo así, el ejercicio de tal derecho puede efectuarse en la autoliquidación del período de liquidación siguiente al que se genere el saldo a compensar y en los sucesivos, del mismo modo que puede modificarse posteriormente de haberse ya ejercitado, siempre que, en todo caso, nos encontremos dentro del plazo establecido (LIVA art.99.5) (TEAC 24-10-23).

2921 **8)** Una vez que ha nacido, el derecho a la deducción permanece incluso cuando **hechos posteriores** determinen que el bien o el servicio **no puede ser utilizado** (TJUE 28-2-18, asunto C-672/16); o cuando, por **circunstancias ajenas a su voluntad**, el empresario no haya podido utilizar los bienes y servicios en el marco de operaciones gravadas (TJUE 12-11-20, asunto C-734/19).

9) Denegado el derecho a deducir unas cuotas de IVA en una actuación que devino firme, estas son **deducidas de nuevo** con posterioridad por el contribuyente, que entiende que se encuentra en plazo. Esta deducción se considera improcedente porque de otro modo se estaría vaciando de contenido la firmeza de los actos administrativos (TEAC 21-11-19).

Caducidad del derecho a la deducción (LIVA art.100) El derecho a deducir las cuotas soportadas caduca cuando su titular no lo haya ejercido en los plazos y cuantías indicados en el nº 2906 s. 2923

Cuando la procedencia del derecho o su cuantía estén pendientes de una **resolución en vía administrativa o jurisdiccional**, el plazo de cuatro años de caducidad comienza a computarse desde el momento en que la resolución o sentencia sean firmes.

Precisiones Los aspectos temporales de la **repercusión** del impuesto se recogen en el nº 1430 s.

Doctrina Administrativa Además de las siguientes contestaciones de la DGT, ver nº 11000 s. 2924

1) En situación pendiente de resolución administrativa se encuentran aquellas **actas de Inspección** que modifican el impuesto soportado y que están **recurridas** ante los Tribunales económico-administrativos, hasta tanto el Tribunal resuelva (DGT 3-3-93).

2) Cuando existe una **resolución judicial** que pone fin a un procedimiento que versaba sobre la procedencia del derecho a la deducción de las cuotas del IVA soportadas por falta de forma, el plazo de caducidad de cuatro años para ejercitar el derecho a deducir se computa desde la fecha en que adquiera firmeza la correspondiente sentencia judicial dictada al efecto. Para que el sujeto pasivo pueda hacer uso del derecho a deducir las cuotas del IVA, debe contabilizar correctamente las cuotas soportadas en el Libro Registro de Facturas Recibidas (DGT CV 10-5-10).

3) La presentación ante el órgano competente de la AEAT de la petición de **rectificación de una autoliquidación** es susceptible de considerarse como controversia en vía administrativa relativa a la procedencia del derecho a deducir, por lo que el ejercicio del derecho a la deducción caduca a los cuatro años desde la firmeza de la correspondiente resolución económico-administrativa (DGT C 30-6-22). En el mismo sentido, respecto del modelo 031 (DGT CV 11-5-11).

4) La **rectificación de cuotas impositivas** incorrectamente determinadas por un proveedor procede desde el conocimiento de la firmeza del acto administrativo por el que se regulariza la situación tributaria de este último, quedando obligado a la rectificación de las facturas, siempre que no hubiesen transcurrido cuatro años a partir del momento en que se devengó el impuesto correspondiente a la operación (DGT CV 7-4-16).

5) Una entidad ejerció su derecho a la deducción mediante la consignación de las cuotas soportadas en la declaración-liquidación de un período procedente, pero la Administración tributaria determinó que las mismas no cumplían los requisitos para el ejercicio del derecho a la deducción en el correspondiente procedimiento de comprobación, sin que, a estos efectos, las mismas se volvieran a incluir para su deducción en ninguna autoliquidación posterior del Impuesto. En estas circunstancias, los criterios interpretativos manifestados por el TS 4-7-07, EDJ 213196 y TEAC 22-2-11 (ver nº 2939), no resultarían de aplicación en la medida en que la entidad no ejerció su **derecho a deducir dentro del plazo máximo** establecido por la normativa, no generándose, por tanto, un derecho a la devolución de dichas cuotas (DGT CV 30-9-21).

6) En caso de que se hubiera soportado la repercusión con anterioridad al **cese en la actividad** que determina la sujeción al impuesto, se puede rectificar la declaración liquidación correspondiente al período en que se soportó la repercusión o la de cualquiera de los períodos de declaración posteriores, siempre que en el momento de solicitar la rectificación no haya transcurrido el plazo de cuatro años desde el nacimiento del derecho (DGT CV 16-7-24).

Jurisprudencia **1)** La normativa comunitaria permite a los Estados miembros establecer un **plazo de caducidad** del ejercicio del derecho a deducir, siempre que se respeten los principios de equivalencia y de efectividad. El principio de efectividad no se infringe por el mero hecho de que la Administración fiscal disponga de un plazo para proceder a la recaudación del IVA impagado más largo que el plazo concedido a los sujetos pasivos para ejercitar su derecho a deducir (TJUE 8-5-08, asuntos acumulados C-95/07 y C-96/07). 2925

Los Estados miembros pueden establecer un plazo de dos años para ejercitar el derecho a la deducción (TJUE 28-7-16, asunto C-332/15).

Asimismo, se permite dicho plazo de caducidad siempre que no haga excesivamente difícil o imposible en la práctica el ejercicio de ese derecho, lo que corresponde decidir al juez nacional. El principio de neutralidad fiscal se opone a la existencia de una sanción consistente en denegar el derecho a la deducción en caso de pago del IVA fuera de plazo, pero no se opone al abono de **intereses de demora**, siempre que respete el principio de proporcionalidad, lo cual debe comprobar el juez nacional (TJUE 12-7-12, asunto C-284/11).

2) El derecho a deducir caduca cuando el titular del derecho no lo hubiera ejercitado en los plazos y cuantía previstos en la normativa. No obstante, en los casos de existir **controversia administrativa o judicial**, el derecho a la deducción caduca cuando hubiesen transcurrido cuatro años desde la fecha en que la resolución o sentencia sean firmes (TEAC 9-2-10).

3) No hay caducidad del derecho a recuperar los **excesos no deducidos**, aunque sí pérdida del derecho a compensar en períodos posteriores al plazo establecido, de forma que cuando no exista posibilidad para el sujeto pasivo de ejercitar la compensación por transcurso del plazo fijado, la Administración debe devolver al sujeto pasivo el exceso de cuota no deducido. Empieza entonces un período de devolución que se extiende al plazo señalado para la prescripción de este derecho, después del cual ya no cabe su ejercicio (TS 23-12-10, EDJ 279647).

4) Repercutido inicialmente el tributo (en un solo acto) en diciembre de 1987, la entidad lo dedujo en plazo en la autoliquidación correspondiente a dicho período, criterio que la Administración rectificó al considerar que, tratándose de una prestación de servicios y no de una entrega de bienes, las cuotas debían repercutirse y deducirse semestralmente, al ritmo al que eran pagadas las rentas del **arrendamiento financiero**, criterio que ratificó el TS en sentencia firme. En 1998 se rectificaron con arreglo al criterio de la Inspección las autoliquidaciones de los meses de febrero a julio de 1993 interesando la **devolución** de los correspondientes excesos, que consideraba indebidos.
Una interpretación ajustada a la jurisprudencia del TJUE debe conducir a la conclusión de que en 1987 dedujo en tiempo la cuota repercutida, y que cuando lo hizo en 1998 ateniéndose a los criterios de la Administración, estando aún pendiente de resolver la controversia sobre aquella primera deducción, no había caducado su derecho a practicarla. El único límite operativo al ejercicio de ese derecho es el del **plazo de prescripción**, el cual quedó suspendido por la realización de actos encaminados a la obtención de la devolución de los ingresos que la entidad consideró indebidos (TS 28-2-11, EDJ 16561).

2926 **5)** Habiéndose generado las cuotas a deducir en los años 1990, 1991 y tres primeros trimestres de 1992, es en esas fechas cuando se produce el nacimiento del derecho a deducir. En estos casos hay que diferenciar, por un lado, el nacimiento del derecho a deducir y, por otro lado, el ejercicio de tal derecho, para lo cual se ha de acudir al **momento del nacimiento** para que, a efectos del cómputo de la caducidad del derecho a deducir, pueda determinarse el dies a quo (TS 21-2-12, EDJ 19146).
6) El inicio del **cómputo de la caducidad** del derecho a deducir (dies a quo), comienza en el momento en que nace ese derecho. Al entender que la elección entre la compensación o la devolución de las cuotas (no el derecho a la deducción) se configura como una opción tributaria de las previstas en la LGT art.119.3, no existe posibilidad de modificar en una declaración posterior la voluntad inicial mostrada por una u otra opción (TEAC 18-3-24).
7) Es conforme a la normativa comunitaria que, en el contexto de la reducción del plazo de prescripción de las solicitudes de devolución del IVA indebidamente pagado y de las solicitudes de deducción del IVA soportado, se establezcan **períodos transitorios** distintos, de tal manera que las solicitudes correspondientes a dos ejercicios contables de tres meses están sujetas a plazos de prescripción distintos según tengan por objeto la devolución del IVA indebidamente pagado o la deducción del IVA soportado (TJUE 14-6-17, asunto C-38/16).
8) Los principios de neutralidad fiscal, de efectividad y de proporcionalidad deben interpretarse en el sentido de que se oponen a una normativa nacional que, como excepción al plazo de prescripción establecido por el Derecho nacional para la corrección de las declaraciones-liquidaciones del IVA, impide a un sujeto pasivo proceder a dicha corrección para ejercer su derecho de deducción solo porque esa corrección se refiere a un período que ya ha sido objeto de una **inspección fiscal** (TJUE 26-4-18, asunto C-81/17).
9) Si no se ejerce en plazo el derecho a deducir las cuotas soportadas, esto impide que en una **regularización posterior** estas cuotas sean deducidas, aun cuando no se haya constatado abuso de derecho o fraude (TJUE 7-7-22, asunto C-194/21; 12-9-24, asunto C-429/23).
10) Una normativa nacional que prevé, en relación con las cuotas del IVA soportadas **antes del inicio de la actividad**, que el empresario puede deducirlas en el período impositivo en el que se identifique a efectos del IVA o en los doce meses siguientes, es compatible con el derecho de la UE (TJUE 12-9-24, asunto C-429/23).

D. Modalidades de recuperación del impuesto

2930 Cuando en la autoliquidación de un período, las deducciones superen a las cuotas devengadas, el sujeto pasivo puede, en cuanto al exceso, ejercer la opción por una de estas alternativas:
1ª. Compensarlo en las autoliquidaciones posteriores (nº 2935 s.).
2ª. Solicitar la devolución del exceso (nº 2940 s.), en cuyo caso no puede compensarse en las autoliquidaciones posteriores, cualquiera que sea el tiempo que transcurra hasta que la Administración haga efectiva la devolución.

1. Compensación

(LIVA art.99.cinco; RIVA art.71.5)

2935 Si en un período la cuantía del IVA deducible supera la del IVA devengado, el sujeto pasivo puede compensar el exceso en las autoliquidaciones posteriores.
El **plazo** máximo para compensar el exceso es de cuatro años, contados a partir de la fecha de presentación de la autoliquidación que originó dicho exceso.
No obstante, como excepción a lo anterior, en los supuestos de **declaración de concurso**, en la autoliquidación referida a los hechos imponibles anteriores a la declaración de concurso (modelo 303, modalidad preconcursal -ver nº 6430 s.-), se ha de aplicar la totalidad de los saldos acumulados a compensar de períodos de liquidación anteriores a dicha declaración.

Si la autoliquidación relativa a los hechos imponibles anteriores a la declaración del concurso arroja un **saldo a favor del sujeto pasivo**, dicho saldo puede ser compensado en la autoliquidación relativa a los hechos imponibles posteriores a dicha declaración (modelo 303, modalidad postconcursal), en cuyo caso el saldo a su favor que arroje la autoliquidación relativa a los hechos imponibles posteriores a la declaración del concurso, una vez practicada la compensación mencionada, queda sujeto a las normas generales sobre compensación y derecho a solicitar la devolución. Si no se opta por la citada compensación, el saldo a su favor queda igualmente sujeto a las normas generales sobre compensación y derecho a solicitar la devolución.

Precisiones En los supuestos en los que el auto de declaración de concurso es dictado a lo largo del período de liquidación del IVA, es necesario diferenciar si los créditos son concursales o contra la masa, ya que, de acuerdo con la jurisprudencia del TS, deben calificarse como **créditos concursales** aquellos créditos de IVA por hechos imponibles anteriores a la declaración de concurso. Para determinar el crédito que ha de tener carácter concursal se han de presentar dos autoliquidaciones, una por los hechos imponibles anteriores a la declaración de concurso -en la cual se han de recoger la totalidad de los saldos a compensar correspondientes a períodos de liquidación anteriores a la declaración de concurso- y otra por los posteriores.
Esto supone que es el sujeto pasivo quien debe determinar el crédito concursal presentando dos autoliquidaciones de IVA en un mismo período de liquidación mensual o trimestral, esto es, se establece el **fraccionamiento del período** mensual o trimestral de liquidación del IVA (el denominado período partido). En cuanto al período que comprende cada una de las declaraciones, en la primera se ha de incluir desde el primer día natural del trimestre o mes en que se produce la declaración de concurso hasta el día anterior a la fecha del mismo; en la segunda, desde el día de la declaración del concurso hasta el final del período trimestral o mensual dentro del cual se produce la declaración de concurso.

Ejemplos 1) El impuesto devengado en un período trimestral es de 2.000 €, mientras el soportado deducible es de 2.500 €. 2936
No hay que realizar ningún ingreso en la autoliquidación correspondiente. El exceso de 500 € (2.000 - 2.500) puede deducirse (compensarse) en las autoliquidaciones siguientes, a menos que se solicite la devolución del mismo o haya caducado el derecho a la deducción.
2) En la autoliquidación del tercer trimestre del ejercicio N, los datos de la empresa X son los siguientes:
- IVA devengado: 3.000
- IVA deducible: 2.000
- A compensar de períodos anteriores: 0

En dicho trimestre, las cuotas del IVA deducible pueden consignarse en la autoliquidación correspondiente al mismo o en alguna autoliquidación posterior, siempre que no se exceda el plazo de caducidad de dicho derecho. X decide consignar el IVA deducible en la autoliquidación del tercer trimestre, resultando una cantidad a ingresar de 1.000 €. X no tiene opción alguna en relación con el impuesto devengado, ya que el mismo debe necesariamente consignarse en la autoliquidación del período del devengo.
En el cuarto trimestre, los datos son los siguientes:
- IVA devengado: 1.000
- IVA deducible: 5.000
- A compensar de períodos anteriores: 0

Respecto a este trimestre, X puede consignar las cuotas del IVA deducibles en la autoliquidación de este período o en las de los siguientes (siempre dentro del plazo de caducidad). X decide ejercitar el derecho a la deducción en la autoliquidación del primer trimestre de N+1, por lo que en el cuarto trimestre de N no deduce importe alguno.
En el primer trimestre de N+1, el IVA devengado es de 2.000 €. Dicho IVA devengado no es suficiente para absorber la totalidad del IVA deducible, por lo que se origina un crédito de impuesto de 3.000 € para X (suponiendo que no existe ningún otro IVA deducible en el período). Pues bien, ese crédito se puede compensar en las autoliquidaciones posteriores a la del primer trimestre de N+1, en el plazo de cuatro años, por lo tanto, hasta la autoliquidación del primer trimestre de N+5, siempre que no solicite, en dicho plazo, la devolución.
3) La entidad X, que presenta autoliquidaciones trimestrales por el IVA, es declarada en concurso -auto de declaración de fecha 10-9-N-. En la autoliquidación del segundo trimestre de dicho año hubo un saldo a compensar de 16.000 €.
En el tercer trimestre del año N, se han de presentar dos autoliquidaciones: la primera (modelo 303, modalidad preconcursal), por el período comprendido entre los días 1 de julio y el 9 de septiembre, incluyendo las cuotas devengadas y las soportadas deducibles de dicho período, sin que puedan incluirse en otro posterior, así como la totalidad del saldo a compensar de 16.000 € de la autoliquidación del trimestre anterior; y la segunda (modelo 303, modalidad postconcursal), desde el 10 hasta el 30 de septiembre.

2937 Doctrina Administrativa Además de las siguientes contestaciones de la DGT, ver nº 11000 s.

1) Al no ser las cuotas deducibles transmisibles a terceros, dado su **carácter personalísimo**, tampoco lo es su exceso sobre las cuotas devengadas que se materializa en el derecho a compensar. En consecuencia, el derecho a compensar el exceso de las cuotas soportadas deducibles del IVA del causante -padre- no es transmisible a los causahabientes -hijos- (DGT CV 15-4-10).

En el mismo sentido, en un supuesto de **adquisición por usufructo** de determinadas explotaciones agrícolas ganaderas (existencias, semovientes y elementos del inmovilizado distintos de los inmuebles) de la esposa fallecida, en el que la nuda propiedad de las fincas corresponde a los hijos del matrimonio (DGT CV 2-10-13).

2) Aunque, con carácter general, no se admite que un sujeto pasivo ejercite la compensación de saldos acreditados por un tercero, en el caso de la **disolución de una comunidad de bienes** en la que uno de los socios adquiere la totalidad de la participación del otro en la comunidad, el adquirente puede compensar, en sus autoliquidaciones del IVA, los saldos existentes a favor de la comunidad de bienes, ya que se trata de un empresario o profesional a efectos de IVA que ha sucedido a título universal en los derechos y obligaciones al sujeto pasivo (DGT 14-4-03).

3) Una comunidad de bienes procede a su **transformación en sociedad limitada**. Esta puede compensar en sus autoliquidaciones periódicas el saldo del impuesto a compensar acreditado en el balance de la comunidad de bienes, dado que sucede a esta a título universal en su actividad (DGT 15-1-99; 15-3-00; 19-2-01). En el mismo sentido, si un **empresario individual** constituye una sociedad limitada a la que aporta la totalidad de su patrimonio empresarial (DGT 22-2-01; 27-3-01).

2938 Jurisprudencia **1)** Se produce una sucesión universal de empresa en la **constitución de la comunidad de bienes**, por lo que la aportación de los bienes del comunero incluye también las cuotas del impuesto pendientes de compensar (TSJ Sevilla 7-7-16, EDJ 199592).

2) En relación con la consideración de elección entre la solicitud de compensación o de devolución como **opciones tributarias**, ver TEAC 18-3-24, en el nº 2926.

2939 **Cómputo del plazo de compensación** Deben diferenciarse los siguientes plazos:

- plazo de **deducción** de las cuotas soportadas, que se computa desde el momento que se produce el devengo (nº 2890 s.) y que caduca a los cuatro años (nº 2906 s.). Este plazo se refiere al período de tiempo para poder incluir en una autoliquidación las cuotas deducibles;
- plazo para **compensar las cuotas deducidas** en una autoliquidación, que se computa desde la presentación de la autoliquidación que originó el exceso a compensar y que caduca a los cuatro años (nº 2935); y
- plazo para **solicitar la devolución** cuando no sea posible la compensación, que se extiende al plazo de prescripción de este derecho -4 años desde el día siguiente a la finalización del plazo establecido para solicitarla (nº 13968 s. Memento Fiscal 2026)- (TS 4-7-07, EDJ 213196; 24-11-10, EDJ 269691; 20-9-13, EDJ 192515). El TEAC también ha asumido este criterio (TEAC 22-2-11; 10-5-11).

Lo anterior se puede resumir en el siguiente cuadro:

Trámite	Inicio	Plazo
Deducción cuotas soportadas	Devengo del impuesto deducible	4 años
Compensación cuotas deducidas	Presentación autoliquidación en que se origina el exceso a compensar	4 años
Solicitud devolución cuotas no compensadas (nº 2940 s.)	Fin del plazo de compensación	Prescripción (nº 13968 s. Memento Fiscal 2026)

Doctrina Administrativa **1)** Las cuotas soportadas pueden deducirse en la autoliquidación del período en que se soportan o en las de los siguientes, dentro de los cuatro años posteriores al devengo de tales cuotas. Incluidas las cuotas en una declaración posterior a la de su devengo, pero dentro de los cuatro años posteriores al mismo, y siempre que su importe supere el de las cuotas devengadas en el período a que se refiere esta última declaración, se abre un **nuevo plazo de caducidad** de cuatro años durante el cual se pueden compensar las mencionadas cuotas (DGT 9-2-04).

2) Vencido el **plazo máximo** en que las cuotas soportadas en exceso y consignadas en la autoliquidación pueden ser compensadas, el sujeto pasivo puede solicitar su devolución dentro del plazo de prescripción (DGT CV 22-3-22; CV 20-10-20; CV 11-12-23).

Jurisprudencia **1)** Debe diferenciarse el **plazo de deducción** de las cuotas soportadas, a computar desde el momento que se produce el devengo, y el plazo para compensar las cuotas deducidas en una autoliquidación, a computar desde el ejercicio del derecho a deducir (TEAC 16-3-05).

2) La petición de devolución y la opción por la compensación en un **mismo ejercicio** son excluyentes, pero nada impide que, habiendo interesado la compensación, se opte en el siguiente por la devolución del saldo de la suma no compensada anteriormente (TS 11-10-10, EDJ 219357; 30-5-11, EDJ 114052).

3) En caso de caducidad del derecho a la compensación del saldo pendiente de compensar en el IVA, nace un derecho autónomo a obtener la devolución con un nuevo plazo de 4 años de prescripción, que puede ser ejercitado mediante una petición expresa del interesado, sin que la Administración deba practicarla de oficio. La LIVA no contempla ningún procedimiento para el ejercicio de ese derecho, por lo que debe aplicarse la LGT, en lo relativo a las devoluciones derivadas de la normativa del tributo. El **plazo para solicitar la devolución** se computa desde el día siguiente a la fecha en que se produce la caducidad del derecho a compensar, sin que la inclusión del saldo a compensar en declaraciones posteriores interrumpa la prescripción del derecho a obtener la devolución (TEAC 22-9-15; 22-3-22).

2. Devoluciones

Los empresarios o profesionales tienen derecho a deducir de las cuotas devengadas por las operaciones que realizan, las soportadas por las adquisiciones de bienes y servicios que emplean en su actividad empresarial o profesional, siempre que se cumplan todos los requisitos exigidos al efecto. Cuando las cuotas soportadas deducibles excedan de las devengadas, el saldo se puede trasladar a la declaración del período o períodos siguientes, para compensar su importe (nº 2935). 2941

Cuando el sistema de las **compensación sea insuficiente** para deducir las cuotas, por la elevada cuantía de las cuotas soportadas (inversiones) o porque se produzcan, dada la especialidad de la actividad empresarial, créditos continuados en favor del sujeto pasivo (realización de operaciones exentas con derecho a deducción, ventas a tipo inferior al de las compras, realización de operaciones en las que el sujeto pasivo es el destinatario por inversión, etc.), las cuotas soportadas se pueden recuperar mediante los siguientes procedimientos de devolución:

- procedimiento general de devolución (nº 2945 s.);
- procedimiento de devolución mensual (nº 2962 s.).

Precisiones En relación con el **cómputo de los plazos** para la compensación y la devolución, ver nº 2939.

a. Procedimiento general de devolución

(LIVA art.115; RIVA art.29)

Los sujetos pasivos que no hayan podido hacer efectivas las deducciones originadas en un período de liquidación por el procedimiento de compensación (nº 2935 s.), por exceder la cuantía de las cuotas devengadas, tienen derecho a solicitar la **devolución del saldo** a su favor existente a 31 de diciembre de cada año. Esta solicitud debe formularse a través de la autoliquidación correspondiente al último período de liquidación del año. 2945

La Administración, en su caso, ha de practicar **liquidación provisional** dentro de los seis meses siguientes al término del plazo de presentación de la mencionada autoliquidación. Si de esta autoliquidación, o de la liquidación provisional, resulta una cantidad a devolver, ha de proceder a la **devolución de oficio**, sin perjuicio de la práctica de las ulteriores liquidaciones, provisionales o definitivas, que procedan. Si la liquidación provisional no se hubiese practicado en el plazo de seis meses, debe devolverse de oficio el importe total de la cantidad solicitada, sin perjuicio de la práctica de las liquidaciones provisionales o definitivas ulteriores que pudieran resultar procedentes.

Si la solicitud de devolución se presenta **fuera de plazo**, los seis meses de que dispone la Administración para practicar la liquidación provisional se computan desde la fecha de presentación.

Cuando se supere el plazo de seis meses sin que se haya efectuado la devolución, por causas imputables a la Administración, se devengan de manera automática, sin previa solicitud, **intereses de demora** a favor del sujeto pasivo, desde el día siguiente al de finalización de dicho plazo y hasta la fecha del ordenamiento de su pago.

En cuanto a la **forma** de la devolución, se realiza mediante transferencia bancaria.
No obstante, cuando concurra alguna **circunstancia** que impida la devolución por transferencia, el sujeto pasivo puede solicitar por escrito a la AEAT la devolución del IVA mediante cheque cruzado del Banco de España (OM HAC/272/2004 aptdo.quinto).
Puede ocurrir que el sujeto pasivo **cese en su actividad** durante el año natural, pero es posible solicitar la devolución, aunque sea a través de los representantes legales (por ejemplo, en caso de liquidación y disolución).

2946 Precisiones 1) La **presentación fuera de plazo** de la autoliquidación correspondiente al último período de liquidación del año no impide el ejercicio del derecho a la devolución reconocido por la Ley (ver TEAC 19-1-05 en el nº 2958).
2) En este supuesto de devolución, la Administración tributaria puede exigir de los sujetos pasivos la prestación de **garantías** suficientes (LIVA art.118).

2948 Ejemplo Un empresario, Sr. A, tal y como se refleja en sus autoliquidaciones, ha tenido los siguientes datos relativos al IVA durante el año N:

	1er trimestre N (1 al 20 de abril de N)	2º trimestre N (1 al 20 de julio de N)	3er trimestre N (1 al 20 de octubre de N)	4º trimestre N (1 al 30 de enero del N+1)
- Cuotas devengadas	2.000	3.000	3.000	5.000
- Cuotas soportadas deducibles	4.800	2.200	5.000	2.000
- A compensar (de períodos de liquidación anteriores)	-	2.800	2.000	4.000
- A ingresar	-	-	-	-
Crédito de impuesto	2.800	2.000	4.000	1.000

De las autoliquidaciones presentadas, la situación de A con respecto al IVA durante N, ha sido la siguiente:
1º En el **primer trimestre**, el resultado de la autoliquidación es de -2.800 (cuotas devengadas menos cuotas soportadas deducibles), ostentando A un crédito frente a la Hacienda Pública de 2.800. Pues bien, A no puede solicitar de la Hacienda Pública la devolución de ese crédito de impuesto, de manera que su importe puede ser compensado en las autoliquidaciones siguientes que presente el empresario A correspondientes al IVA, siempre dentro del plazo de cuatro años contado a partir del momento en que se ha originado el crédito de impuesto en cuestión.

2949 2º En el **segundo trimestre**, el resultado de la autoliquidación, una vez compensado el crédito de impuesto del trimestre anterior, es un nuevo crédito de impuesto de 2.000, que se traslada al siguiente período de liquidación.
3º En el **tercer trimestre**, la mecánica del impuesto opera de la forma expuesta, de manera que el crédito de impuesto asciende a 4.000, cantidad que se traslada al período siguiente.
4º Finalmente, en el **cuarto trimestre**, el crédito de impuesto asciende a 1.000. Pues bien, en la autoliquidación del cuarto trimestre de N, el Sr. A puede optar por una de las dos posibilidades siguientes:
a) trasladar el crédito por el impuesto como cantidad a compensar en las autoliquidaciones posteriores, compensación que debe efectuarse, como máximo, en el plazo de cuatro años; o
b) solicitar la devolución del crédito por el impuesto de 1.000. Esta solicitud sólo puede efectuarse en la última autoliquidación del año natural y, una vez formulada, determina que el Sr. A no puede compensar el crédito de 1.000 en posteriores autoliquidaciones, cualquiera que sea el período de tiempo transcurrido hasta que dicha devolución se haga efectiva.
Por otra parte, no es posible pedir la devolución de una parte del crédito de impuesto y compensar la otra. Así, en el supuesto, A no podría solicitar la devolución por importe de 500 y compensar los 500 restantes.
Como se trata de una opción, se admite que, una vez ejercitada la opción por la compensación en la autoliquidación correspondiente al cuarto trimestre, se modifique dicha opción y se solicite la devolución, siempre que se haga dentro del plazo de presentación de dicha autoliquidación. Transcurrido dicho plazo no se puede modificar la opción (ver nº 2952 y nº 2957).

2951 Doctrina Administrativa Además de las siguientes contestaciones de la DGT, ver nº 11000 s.
1) La opción por la devolución de los saldos del impuesto a favor del sujeto pasivo implica la **imposibilidad de su deducción** en autoliquidaciones posteriores, ni siquiera en caso de renuncia a la devolución solicitada (DGT 22-6-87).
2) La opción por la devolución debe referirse a la **totalidad del crédito** del impuesto existente a su favor al 31 de diciembre del año a que se refiera, incluidos los créditos del impuesto originados los años anteriores que no hubiese podido compensar (DGT 21-7-87).
3) El derecho a la devolución a favor de **comunidades de bienes** que ejercen actividades empresariales o profesionales corresponde exclusivamente a dichos sujetos pasivos y, en ningún caso, a los comuneros (DGT 1-10-86).
4) En el caso de personas físicas y comunidades vecinales en mano común que son titulares de **explotaciones forestales** por las que tributan en el régimen general del IVA, siendo frecuente que no se efectúen ventas durante períodos más o menos largos, según los ciclos de su actividad forestal, pero en las que se sigue soportando IVA por las adquisiciones que efectúan, se admite el derecho a la devolución (DGT 3-12-99).

5) En caso de **inicio de actividad en octubre**, puede solicitarse la devolución del saldo existente a 31 de diciembre (DGT 22-6-87). En términos similares, DGT CV 26-10-18. 2952

Aunque se haya producido el **cese**, para recuperar el saldo que eventualmente pudiera existir a su favor, el sujeto pasivo queda obligado a seguir presentando autoliquidaciones sin actividad, pero arrastrando el saldo a su favor, pudiendo únicamente solicitar su devolución en la declaración correspondiente al último período (DGT CV 1-12-11).

6) No puede entenderse que la opción por la compensación agota el derecho del sujeto pasivo a hacer uso de la otra alternativa, es decir, solicitar la devolución, siempre y cuando se realice dentro del plazo establecido en la Ley. Por tanto, el sujeto pasivo que **no ha optado por la devolución** del saldo existente a su favor al término de un año natural, puede optar por dicha devolución en el año o años posteriores, opción que incluirá los créditos del impuesto originados en los años anteriores que no hubiese podido compensar (DGT 6-7-00).

7) Dentro del plazo reglamentario de presentación de la autoliquidación del último período del año es posible **modificar la opción** que se haya tomado, ya sea de compensación o de devolución (DGT 11-10-95). Sin embargo, una vez que se haya ejercitado la opción y haya **concluido el período de presentación** de la autoliquidación en la cual se ha efectuado la opción, no debe admitirse la modificación de la misma. Únicamente de esta forma la Administración tributaria puede tener la certeza necesaria de la opción ejercitada por el empresario o profesional y obrar en consecuencia (DGT 15-7-03; 28-10-03).

8) Una sociedad considera la posibilidad de su **disolución con liquidación** después de solicitar la devolución del IVA correspondiente a una modificación de la base imponible. 2954

El reconocimiento del derecho a la devolución del IVA por parte de la Administración y a favor del sujeto pasivo conlleva el nacimiento del crédito. Si, con posterioridad, el sujeto pasivo se extingue o deja de existir por cualquier razón, hay que aplicar la normativa mercantil correspondiente a la liquidación de entidades para establecer el destino del crédito que la sociedad en liquidación ostenta frente a la Hacienda Pública (DGT CV 22-3-05).

9) En caso de disolución y liquidación de una **Unión Temporal de Empresas** (UTE), el derecho a solicitar la devolución del saldo del impuesto a su favor recae en la propia UTE, por lo que no procede que sea compensado proporcionalmente por las entidades socios de la misma (DGT 22-3-95).

10) La **sociedad absorbente** sucede en las obligaciones pendientes a la sociedad absorbida, como una más de las consecuencias derivadas de la sucesión universal, pudiendo por tanto compensar o solicitar la devolución de los saldos existentes del IVA a favor de la sociedad absorbida (DGT CV 24-5-05; CV 27-1-06).

11) Una entidad alemana opera en la Península a través de un **establecimiento permanente** que tiene por objeto social el desarrollo de proyectos inmobiliarios y que ha adquirido en dicho territorio diversos inmuebles. La entidad va a trasladar su domicilio social y fiscal a la Península. En el supuesto objeto de consulta no puede entenderse que se haya producido una sucesión universal de una sociedad en los derechos y obligaciones de otra, pues no se produce una transmisión, ni cambio de titularidad de los mismos, si bien la entidad consultante tendrá derecho a aplicar las cantidades del IVA pendientes de compensar por el establecimiento permanente (DGT CV 20-2-20).

12) Las cuotas soportadas por el arrendatario en concepto de **arrendamiento de un local con opción de compra** no pueden ser objeto de devolución cuando dicha opción de compra se realiza, aunque la entrega del local esté exenta y las cuotas satisfechas por el arrendamiento formen parte del precio (DGT CV 25-5-07).

13) El derecho a la devolución es **transmisible mortis causa** a los herederos (DGT CV 15-4-10). En el mismo sentido, en un supuesto de adquisición por usufructo de determinadas explotaciones agrícolas ganaderas (existencias, semovientes y elementos del inmovilizado distintos de los inmuebles) de la esposa fallecida, en el que la nuda propiedad de las fincas corresponde a los hijos del matrimonio. Se especifica que el **medio procedimental** para ejercitar tal derecho es, una vez presentada la declaración censal de baja de actividad por los herederos de la causante como consecuencia de su fallecimiento, que los herederos soliciten la devolución de las cantidades que en su momento la causante declaró a compensar, en la correspondiente autoliquidación del último período del año natural (DGT CV 2-10-13).

14) Una persona física, que hasta el año N tributaba en el régimen simplificado y pasa a tributar en el año N+1 en el **régimen general**, puede, en la última declaración del año N, a presentar en enero de N+1, solicitar la devolución del saldo a su favor a 31-12-N o compensar dicho saldo en autoliquidaciones posteriores (DGT CV 5-3-13).

15) El sujeto pasivo, al finalizar el año, a la cuota derivada del **régimen simplificado**, en la que se aplicará, en su caso, la cuota mínima establecida, deberá incrementar el importe de la cuota devengada por la transmisión de la furgoneta vieja que va a realizar y, después, podrá deducir el importe de la cuota soportada por la adquisición de la furgoneta nueva objeto de consulta. Al resultado anterior se le reducirán los pagos realizados en los tres trimestres anteriores. Si el resultado final es negativo, y resulta un saldo a favor del sujeto pasivo, este podrá solicitar su devolución (DGT CV 11-9-20).

16) Los **arrendadores de bienes inmuebles** no establecidos se excluyen de la regla de inversión del sujeto pasivo, lo que supone que deban acudir al procedimiento general de devolución del impuesto. En el caso en que se hubieran soportado cuotas con anterioridad a la modificación normativa (hasta el 31-12-2022), de forma **excepcional** y para garantizar la neutralidad del impuesto, siempre que no se haya solicitado la devolución mediante el procedimiento previsto para no establecidos; y no haya transcurrido el plazo de cuatro años desde su devengo lo que supondría la caducidad del derecho (LIVA art.100), puede deducirse o solicitarse la devolución de estas cuotas mediante el procedimiento general (DGT 14-2-23; CV 22-3-23; CV 22-3-23).

2957 Jurisprudencia 1) Una vez ejercida la opción legal de **solicitar la devolución** del exceso de cuotas soportadas, en ningún caso procede compensar esas cantidades en el período en que aún no se ha percibido la devolución (TEAC 18-12-98). El TS admite que, una vez efectuada en tiempo y forma la opción por la compensación en la declaración liquidación correspondiente, se **cambie dicha opción** por la de devolución, pero solo si la rectificación se presenta en el período reglamentario de declaración y no con posterioridad (TS 14-11-11, EDJ 269286; 26-12-11, EDJ 312085; 27-2-12, EDJ 25436).

El inicio del **cómputo de la caducidad** del derecho a deducir (dies a quo), comienza en el momento en que nace ese derecho. Al entender que la compensación o la devolución de las cuotas se configura como una opción tributaria de las previstas en LGT art.119.3, no existe posibilidad de modificar en una declaración posterior la voluntad inicial mostrada por una u otra opción (TEAC 18-3-24).

2) La interpretación de la expresión saldo existente a su favor es determinante para aclarar si resulta posible la **compensación y devolución parciales**. Siendo el saldo el resultado de una serie de cargos y abonos, constituye un importe único, sin que se admita su división en dos importes: uno para solicitar la devolución y otro para ser objeto de compensación en declaraciones futuras. Así resulta de la propia técnica del IVA, ya que al poder presentar cada sujeto pasivo una única liquidación, no puede en la misma pedir la devolución y solicitar la compensación (TEAC 13-5-97).

3) La devolución constituye un elemento más de la obligación tributaria consecuencia de haber soportado en el IVA unas cuotas superiores a las devengadas, no pudiendo afectar a la Administración los **pactos entre particulares** que sobre tal devolución se lleven a cabo (LGT art.17.5; TEAC 16-2-05). En términos similares, ver el TS 2-6-14, EDJ 85809 en el nº 2961.

4) La compensación y la devolución no operan de manera alternativa, sino excluyente, de tal modo que no puede optarse por compensar y pretender, alternativamente, la devolución del saldo diferencial (TSJ Cantabria 21-11-00, EDJ 60294). Se configuran como dos **formas complementarias** de hacer efectivo el crédito que ostenta el sujeto pasivo cuando las cuotas devengadas son insuficientes para absorber el IVA deducible. La posibilidad de solicitar la devolución al término del año se configura como una facultad reconocida al contribuyente que, una vez ejercitada, agota todos sus efectos (TEAC 2-4-08).

5) En caso de **indicios de fraude**, la Administración puede retener cautelarmente el importe de la devolución del IVA, siempre respetando el principio de proporcionalidad -en virtud del cual las medidas adoptadas por un Estado no pueden ir más allá de lo necesario para alcanzar su objetivo, ya que si no se menoscabarían los principios del sistema común de IVA y, en particular, el sistema de deducciones (TJUE 18-12-97, asuntos acumulados C-286/94, 340/95, 401/95 y 47/96)-. En concreto, para que la Administración tributaria pueda exigir garantía suficiente en los supuestos de devolución, no resulta suficiente el hecho de que la entidad esté incursa en un **procedimiento inspector** por el concepto y período al que se refiere la solicitud de devolución, sino que es necesario que se comunique al obligado tributario la existencia de indicios fundados de carácter individualizado que pudieran determinar una posible improcedencia de la devolución solicitada o bien una posible deuda tributaria no ingresada, en relación con el concepto y períodos a los que se refiere la solicitud de devolución y la exigencia de garantía (TEAC 24-7-07).

2958 6) El acuerdo de devolución del saldo acreedor, condicionado a la **prestación de garantías** suficientes, no es contrario a la Directiva siempre y cuando se ajusten a dicha finalidad y respeten el principio de proporcionalidad. En todo caso, debe justificarse suficientemente en el acuerdo, de forma más concreta e individualizada, la existencia de indicios fundados que pudieran determinar una lesión de los derechos de la Hacienda Pública (TEAC 10-2-09).

El hecho de que la Dependencia de Gestión exija como garantía **aval bancario** no vulnera los principios inspiradores del derecho comunitario y, en particular, el principio de proporcionalidad. La extensión de la garantía no puede ser indefinida; debe verificarse la **subsistencia de las causas** que motivaron la prestación de garantía (TEAC 22-2-11; 22-2-11).

No es compatible con el derecho de la Unión una normativa nacional que permite a la administración tributaria denegar la devolución del IVA soportado en el importe correspondiente a una liquidación tributaria impugnada por el sujeto pasivo, pese a que este último dispone de una **garantía bancaria** que cubre el importe del IVA reclamado y pese a que para los demás impuestos la constitución de tal garantía bancaria permite obtener dicha devolución (TJUE 10-2-22, asunto C-487/20).

7) No se puede admitir como motivo para denegar la devolución solicitada la declaración de **quiebra** (desde 1-9-2004, concurso) de la sociedad, por no estar previsto en la normativa del impuesto (TEAC 12-3-98).

8) La devolución de IVA realizada por la Administración a la **cuenta corriente** consignada en la declaración trimestral, surte plenamente efecto liberatorio para aquella, aunque el sujeto haya solicitado posteriormente por escrito que le fuese abonada en otra cuenta -CC art.1527- (TSJ Navarra 8-4-98, EDJ 65325). En el mismo sentido se ha pronunciado el TEAC en un caso en el que existió un pacto entre el sujeto pasivo y la reclamante de un **crédito con pignoración**, al tratarse de un pacto entre particulares que no puede afectar a la relación jurídico tributaria existente entre el sujeto pasivo y la Administración tributaria (TEAC 13-7-05). Ver TS 2-6-14, EDJ 85809 en nº 2961.
9) La devolución de las cuotas del IVA soportado constituye una acción alternativa a los procedimientos ordinarios de recuperación de las mismas; para eso es preciso que la solicitud se formule en la autoliquidación correspondiente al último período de liquidación del año. La **presentación fuera de plazo** no impide el ejercicio de un derecho reconocido por la Ley ya que, aunque con carácter general se exige el cumplimiento implícito de ciertos requisitos subjetivos, objetivos, temporales y formales, implícitamente en estos casos se admite la procedencia de la devolución, siempre que se cumplan los demás requisitos que la condicionan (TEAC 11-9-02; 19-1-05).
10) La devolución del impuesto por parte de la Hacienda Pública no puede efectuarse mediante la **entrega de títulos de deuda del Estado**, efectuada además tardíamente, por lo que la República Italiana ha incumplido las obligaciones que para ella derivan de la Directiva del IVA (TJUE 25-10-01, asunto C-78/00).
11) La solicitud de devolución en un **formulario incorrecto**, con el apercibimiento de la propia Administración para su subsanación antes del plazo de los seis meses, no implica retraso en la devolución imputable a la Administración (TS 15-9-11, EDJ 223447).

12) En caso de **retraso en la devolución**, los intereses no siguen el régimen de la devolución de ingresos indebidos (TS 24-7-98, EDJ 14270; AN 18-2-00, EDJ 24934). **2959**
Los Estados miembros están obligados a abonar intereses de demora sobre las cantidades que no han podido ser deducidas por el empresario o profesional por razón de una disposición de derecho interno considerada incompatible con el Derecho de la UE (TJUE auto 17-7-14, asunto C-654/13).
El **derecho de la UE**:
- se opone a la práctica de un Estado miembro consistente en calcular los **intereses** al tipo básico del banco central nacional cuando este tipo es inferior al que un empresario debería pagar para recibir un préstamo y además los intereses se devengan durante un período inferior al que transcurre hasta el pago efectivo de tales intereses;
- no se opone a una práctica de un Estado miembro que somete a un **plazo de prescripción** de cinco años las solicitudes de pago de intereses;
- no se opone a una práctica de un Estado miembro que supedita el pago de intereses a la **presentación de una solicitud** y además aplica estos intereses desde que expira un plazo de treinta o cuarenta y cinco días señalado a la Administración para la tramitación de esa solicitud, y no a partir de la fecha en la que se constituyó tal excedente (TJUE 23-4-20, asuntos acumulados C-13/18 y C-126/18).
- se opone a la práctica de un Estado miembro consistente en calcular los intereses sobre los **excedentes** del IVA deducible, retenidos por ese Estado miembro más allá de un plazo razonable infringiendo el Derecho de la Unión, mediante la aplicación de un tipo correspondiente al tipo básico del banco central nacional más dos puntos porcentuales, cuando los intereses sobre dichos excedentes del IVA se devengan durante un período comprendido entre la fecha de declaración correspondiente a un mes determinado y la fecha de la declaración correspondiente al mes siguiente, sin aplicar un interés que compense la depreciación monetaria provocada por el transcurso del tiempo tras este período y que se extiende hasta una fecha que, por una parte, es posterior al pronunciamiento de la sentencia mediante la que el Tribunal declaró la existencia de esta infracción del Derecho de la Unión y que, por otra parte, es anterior al pago efectivo de intereses sobre dichos excedentes del IVA, en la medida en que esta práctica pueda privar al sujeto pasivo de una indemnización adecuada por la pérdida ocasionada por la indisponibilidad de las cantidades en cuestión y pueda no compensar la carga económica de las cuotas del impuesto indebidamente retenidas (TJUE auto 20-6-23, asunto C-426/22).
- no obliga a abonar intereses a un empresario a contar desde el pago de un importe de IVA que posteriormente es devuelto por la Administración tributaria, cuando esta devolución es resultado, en parte, de **errores cometidos en su contabilidad** por el empresario, y, en parte, de una modificación con efectos retroactivos de las normas nacionales, si dichas normas se establecen bajo la entera responsabilidad de este último (TJUE 22-2-24, asunto C-674/22).
- no se opone a que, en el supuesto de que un sujeto pasivo solicite la devolución del IVA que anteriormente no podía solicitar debido a la aplicación de un requisito normativo que el TJUE declaró contrario a la normativa, en las condiciones previstas por el Derecho del E.m. de que se trata, pueda considerarse que esa solicitud de devolución constituye simultáneamente una **reclamación de pago de intereses de demora**, habida cuenta de la finalidad del pago de intereses sobre el excedente del IVA retenido por un Estado miembro infringiendo las normas del Derecho de la UE, que tiene por objeto compensar las pérdidas económicas generadas, en perjuicio del sujeto pasivo, por no poder disponer de las sumas en cuestión (TJUE 10-4-24, asunto C-532/23).
- no se opone, interpretando los principios de neutralidad fiscal y efectividad, a una práctica de un E.m. consistente en excluir toda obligación de la Administración tributaria de ese Estado de conceder, en el marco de una reclamación de pago de intereses de demora, presentada dentro del plazo

de prescripción y relativa a importes del IVA retenidos por dicho Estado infringiendo el Derecho de la UE, **intereses no contemplados** en dicha reclamación, pero sí se opone, con base en estos principios, a que dicha Administración considere nueva, y en consecuencia declare prescrita, una segunda reclamación de pago de intereses de demora que menciona un período que no fue objeto de la primera reclamación, cuando la segunda se refiera a intereses de demora correspondientes a importes del IVA retenidos en razón de la misma infracción del Derecho de la UE que la que motivó la primera reclamación y el sujeto pasivo solo tuvo conocimiento de la posibilidad de ampliar el ámbito temporal de la primera reclamación tras la adopción de una resolución judicial nacional a raíz de una resolución del TJUE dictada en el ejercicio de la competencia que el TFUE art.267 le confiere. Por tanto, en este último supuesto, la segunda reclamación de pago de intereses de demora debe considerarse como un complemento de la primera reclamación (TJUE 10-4-24, asunto C-532/23).

Las devoluciones del IVA que debe efectuar la Administración a un empresario, derivadas de la reducción de la base imponible del IVA o de un exceso de IVA deducible sobre el repercutido, generan el derecho a la percepción de intereses si no se efectúan en un plazo razonable (TJUE 12-5-21, asunto C-844/19). Las modalidades de aplicación de tales intereses están comprendidas dentro de la **autonomía procesal** de los Estados miembros, enmarcada por los principios de equivalencia y efectividad, en el bien entendido de que las reglas nacionales relativas en particular al punto de partida para el cálculo de los intereses que puedan devengarse no deben dar lugar a que se prive al sujeto pasivo de una indemnización adecuada de la pérdida ocasionada por la devolución fuera de plazo de dicho excedente (TJUE auto 5-10-23, asunto C-151/23).

13) No son transferibles a la entidad adquirente los **créditos por IVA** de la transmitente, ya que no es sucesora universal de una rama de actividad, al excluirse del acuerdo liquidatorio un amplio conjunto de bienes que se encuentran clara y estrechamente vinculados a la rama de actividad objeto de aportación (TEAC 16-3-05). Ver DGT CV 20-1-15 en el nº 2562.

14) Debe distinguirse, a efectos de **prescripción**, el derecho a solicitar la devolución y el derecho a obtener la devolución. El primero debe ejercerlo el obligado tributario en el plazo habilitado por la normativa, presentando la solicitud de devolución. La Administración dictará un acuerdo en el que reconozca o deniegue el derecho de la entidad a obtener la devolución y en este momento empieza el cómputo del plazo de la entidad para cobrar la devolución acordada. La prescripción del derecho a la devolución se interrumpe por cualquier acto fehaciente del sujeto pasivo que pretenda la devolución o por cualquier acto de la Administración en que se reconozca su existencia. Por tanto, en la interposición de una **reclamación económico-administrativa** para el reconocimiento de un importe superior a devolver que el acordado en el acto impugnado, al no haber sido solicitada la suspensión y ser el acto inmediatamente ejecutivo, se ha de entender producida la prescripción del derecho a obtener la devolución (TEAC 4-12-07).

15) La normativa comunitaria y el principio de proporcionalidad se oponen a una normativa nacional que, a fin de permitir los controles necesarios para evitar la evasión y los fraudes fiscales, **amplía el plazo** de 60 a 180 días, a contar desde la presentación de la declaración por el sujeto pasivo, que dispone la Administración fiscal nacional para devolver a una categoría de sujetos pasivos el excedente del IVA, salvo si estos constituyen una garantía por importe de 250.000 PLN -unos 60.000 euros- (TJUE 10-7-08, asunto C-25/07).

16) La falta de aportación, a requerimiento de la Administración, de una **certificación original bancaria** relativa a la titularidad de la cuenta en la que se solicita el ingreso de la devolución, no constituye un motivo para la denegación del citado derecho, al no constituir tal aportación un requisito exigido en la normativa del derecho a la devolución (TEAC 20-7-10).

2960 **17)** La normativa comunitaria relativa a la devolución del IVA soportado -Dir 2006/112/CE art.183- (TJUE 12-5-11, asunto C-107/10; TJUE auto 21-10-15, asunto C-120/15):

- no permite la supresión de forma retroactiva del derecho a la percepción de **intereses de demora** en caso de devolución tardía, reconocido por la normativa nacional, a través de una modificación de esta;
- no permite que el plazo normal fijado por la normativa nacional para el **inicio del cómputo** de los intereses de demora se retrase, en caso de inspección fiscal, al momento de conclusión de dicha inspección;
- admite que el **plazo para la devolución** se fije por la normativa nacional en 45 días y que la devolución se efectúe mediante compensación.

18) Un Estado miembro no puede **rechazar la devolución** de las cuotas del IVA soportadas por un sujeto pasivo, deducibles para este, por la simple razón de que el sujeto pasivo no haya pagado a su proveedor tales cuotas ni el precio de la operación correspondiente (TJUE 28-7-11, asunto C-274/10).

19) No es admisible que, basándose solo en un cálculo aritmético y sin realizar ningún análisis específico, un Estado miembro **retrase la devolución** de una parte del excedente del IVA que se produce durante un período impositivo de un mes hasta que dicha Administración examine la declaración liquidación anual del sujeto pasivo (TJUE 18-10-12, asunto C-525/11).

20) La normativa comunitaria se opone a que un sujeto pasivo que solicitó la devolución del IVA no pueda obtener intereses de demora en caso de **devolución tardía**, cuando la tardanza se deba al hecho de que se dictaron ciertos actos administrativos que excluían la devolución y que fueron posteriormente anulados por una resolución judicial (TJUE 24-10-13, asunto C-431/12).

21) Si un acuerdo de la oficina gestora deniega la devolución a no establecidos, permitiendo acudir al régimen general del impuesto para deducir las cuotas soportadas, los distintos **recursos y reclamaciones** interpuestos por el obligado tributario interrumpen el derecho a acudir a la devolución de las cuotas soportadas en régimen general en tanto no resulte ser firme el acuerdo dictado por la Administración (TEAC 16-9-14).

22) La expresión **fecha en que se ordene el pago de la devolución** debe identificarse con la fecha del acuerdo en que el órgano competente ordena realizar el pago del principal, no pudiendo extender el período de devengo de intereses de demora hasta la fecha del efectivo pago de la devolución (TEAC 24-4-14).

23) La **cesión de derechos sobre devoluciones** por IVA a una entidad financiera no tiene efectos vinculantes para la Administración tributaria, por lo que no puede afectar al cumplimiento por esta última de las obligaciones económicas y de los deberes que deriven de la aplicación de los tributos (TS 2-6-14, EDJ 85809). **2961**

24) Es conforme a la normativa comunitaria la **denegación de una solicitud** de devolución de cantidades pagadas en exceso del IVA, si el sujeto pasivo presenta dicha solicitud una vez expirado un plazo de prescripción de cinco años, aunque de una sentencia del Tribunal de Justicia pronunciada con posterioridad a la expiración de dicho plazo se derive que el pago del IVA objeto de la referida solicitud de devolución era indebido (TJUE 20-12-17, asunto C-500/16).

25) No procede la **reducción del importe de los intereses** debidos normalmente, de conformidad con el Derecho nacional, sobre un excedente del IVA no devuelto dentro de plazo por circunstancias no atribuibles al sujeto pasivo, tales como la magnitud del importe de dichos intereses en relación con el importe del excedente del IVA, la duración y las causas de la falta de devolución y las pérdidas efectivamente soportadas por el sujeto pasivo (TJUE 28-2-18, asunto C-387/16).

26) Dejar transcurrir el plazo establecido para solicitar la devolución del IVA tiene como consecuencia la **prescripción** del derecho a la devolución (TEAC 18-9-19).

27) Una **entidad no establecida**, que es sujeto pasivo del impuesto únicamente por realizar importaciones de bienes, no puede acudir al procedimiento general de devolución del nº 2945 s. Dicho procedimiento general de devolución está previsto para que puedan recuperar las cuotas soportadas aquellos sujetos pasivos que realizan entregas de bienes o prestaciones de servicios por las cuales estén obligados a repercutir e ingresar el impuesto (TEAC 3-6-20).

28) En caso de un **procedimiento de inspección** relativo a una declaración de IVA en que se solicita una devolución, la Administración debe devolver la parte de excedente de IVA correspondiente a operaciones no controvertidas en el procedimiento (ni en el momento de su inicio ni con posterioridad) siempre que estas puedan identificarse de manera clara, precisa e inequívoca (TJUE 14-5-20, asunto C-446/18).

29) Una vez presentada una autoliquidación de la que resulta una cantidad a devolver y, una vez transcurrido el plazo previsto en la normativa para dar resolución al procedimiento, surge el **derecho a obtener una devolución** derivada de la normativa del tributo (LGT art.31), cuyo régimen de prescripción es el previsto en la LGT art.66.d) (plazo) y LGT art.68.4 (interrupción); si no se verifica ninguna interrupción, transcurridos cuatro años, procede declarar prescrito el derecho del obligado tributario a obtener la devolución (TEAC 11-7-22; 26-4-22).

30) La Directiva IVA no se opone a una normativa nacional que establece que, cuando un sujeto pasivo **cesa su actividad económica**, no puede trasladar a un período impositivo siguiente un excedente del IVA declarado en el momento del cese de su actividad, y solo puede recuperar ese importe solicitando su devolución en un plazo de 12 meses a partir de la fecha de dicho cese de actividad, siempre que se respeten los principios de equivalencia y efectividad (TJUE 5-12-24, asunto C-680/23).

b. Procedimiento de devolución mensual

(LIVA art.116; RIVA art.30)

Se trata de un **procedimiento opcional** y puede ser aplicado por todos los sujetos pasivos, siempre que cumplan los requisitos exigidos al efecto. Consiste en la posibilidad de solicitar la devolución del saldo del impuesto a su favor existente al término de cada período de liquidación, con cumplimiento de los requisitos y condiciones previstos en el RIVA. El **período de liquidación** para los empresarios o profesionales acogidos a esta modalidad de devolución es de un mes, con independencia de su volumen de operaciones. **2962**

Para poder acogerse a este procedimiento, los sujetos tienen que proceder con carácter previo a la **inscripción** en el Registro de devolución mensual (nº 2968 s.).

La **forma de devolución** es exclusivamente por transferencia bancaria a la cuenta que indique el sujeto pasivo en cada una de sus solicitudes de devolución mensual.

Precisiones **1)** La Administración tributaria puede exigir de los sujetos pasivos la **prestación de garantías** suficientes para proceder a la devolución (LIVA art.118). **2964**

2) En relación con la aplicación del procedimiento de devolución mensual a los empresarios o profesionales en caso de **comienzo de la actividad**, ver el nº 2970 s.

3) Las solicitudes de devolución consignadas en autoliquidaciones que correspondan a períodos de liquidación distintos del último del año natural presentadas por **sujetos pasivos no inscritos** en el Registro de devolución mensual, no inician el procedimiento de devolución mensual.
4) Quienes estén inscritos en el Registro de devolución mensual están obligados a llevar los **libros registro** del IVA a través de la Sede electrónica de la AEAT (nº 7356 s.).
5) El régimen de devolución mensual se aplica a la «**XXXVII Copa América Barcelona**», la entidad organizadora del evento, los equipos participantes y las personas jurídicas residentes en territorio español constituidas con motivo de dicho acontecimiento por la entidad organizadora o por los equipos participantes (L 31/2022 disp.final 36ª.4). En este evento, tratándose de empresarios o profesionales no establecidos, la devolución de las cuotas soportadas se debe efectuar según lo establecido en los nº 2992 s. y nº 3005 s., siempre que reúnan los requisitos indicados en los mismos.

2968 **Registro de devolución mensual** (RIVA art.30) La inscripción en el registro se condiciona al cumplimiento de los siguientes **requisitos**:
a) La **solicitud de inscripción** debe formalizarse mediante la presentación de una declaración censal, modelo 036 (nº 6935).
b) En el **solicitante** deben concurrir las siguientes circunstancias:
1. Estar al corriente de sus **obligaciones tributarias**.
2. No encontrarse en los siguientes supuestos de **revocación del NIF**:
- no aportación en plazo por las personas o entidades a las que se ha asignado un NIF provisional, de la documentación necesaria para obtener el NIF definitivo, salvo que justifiquen la imposibilidad de su aportación;
- cuando se dé alguno de los supuestos establecidos para que la AEAT dicte acuerdo de baja provisional en el Índice de entidades (nº 5829 Memento Fiscal 2026).
- imposibilidad de practicar notificaciones al obligado tributario en el domicilio durante un período superior a un año y después de realizar al menos tres intentos de notificación o haberse dado de baja deudas por insolvencia durante tres períodos impositivos o de liquidación.
3. No encontrarse en los supuestos de **baja cautelar en el Registro** de devolución mensual (RGGI art.144.4), esto es, cuando:
- se compruebe la inexistencia de la actividad económica o del objeto social declarado o de su desarrollo en el domicilio comunicado, o que en el domicilio fiscal no se desarrolla la gestión administrativa y la dirección efectiva de los negocios;
- el obligado tributario hubiera resultado desconocido en la notificación de cualquier actuación o procedimiento de aplicación de los tributos;
- se constate la posible intervención del obligado en operaciones de comercio exterior o intracomunitarias o relativas a productos incluidos en los ámbitos objetivos de los impuestos sobre el Alcohol y Bebidas Derivadas o sobre Hidrocarburos, de las que pueda derivarse incumplimiento de obligaciones u obtención indebida de beneficios o devoluciones.
4. No realizar actividades en **régimen simplificado**.
5. Respecto de las entidades en el **REGE**, se exige que todas hayan acordado la inscripción y que todas reúnan los requisitos anteriores. El incumplimiento de los requisitos por parte de cualquiera de las entidades supone la no admisión o, en su caso, la exclusión del Registro de la totalidad de las entidades que apliquen el REGE. La solicitud de inscripción en el registro y, en su caso, la solicitud de baja, deben ser presentadas por la entidad dominante y referirse a la totalidad de las entidades del grupo.

2970 Los sujetos pasivos deben cumplir las siguientes **obligaciones formales**:
a) **Solicitud de inscripción**: debe presentarse en el mes de **noviembre** del año anterior al que deba surtir efectos. No obstante, cuando no se haya presentado en el plazo indicado o cuando no se haya iniciado la realización de entregas de bienes o prestaciones de servicios correspondientes a actividades económicas, pero se hayan adquirido bienes o servicios para destinarlos a dichas actividades, se puede presentar la solicitud de inscripción durante el plazo de presentación de las autoliquidaciones periódicas.
En ambos casos, la inscripción surte efectos desde el día en que finaliza el período de liquidación de dichas declaraciones, es decir, con efectos desde el mes siguiente.
Se entiende **desestimada** si, en los tres meses siguientes a su presentación, el solicitante no ha recibido notificación expresa de la resolución del expediente.
En relación con la solicitud de inscripción en el Registro de devolución mensual para las entidades que aplican el **REGE**, ver nº 4983 s.
b) **Mantenimiento de la inscripción**. Como regla general, debe mantenerse durante el año para el que se solicitó. No obstante, si se trata de sujetos pasivos que han solicitado la inscripción durante el plazo de presentación de las autoliquidaciones periódicas o de empresarios o profesionales que no han iniciado la realización de entregas de bienes o prestaciones de servicios, deben mantenerla al menos durante el año en el que solicitan la inscripción y el inmediato siguiente.

c) **Denegación de la inscripción o exclusión**. El incumplimiento de los requisitos indicados en el nº 2968, o la constatación de la falsedad o inexactitud de la información censal facilitada a la Administración determinan la denegación de la inscripción o, en su caso, la exclusión del Registro. La exclusión surte efectos desde el primer día del período de liquidación en el que se haya notificado el respectivo acuerdo y determina la inadmisión de la solicitud de inscripción durante los tres años siguientes a su notificación. 2971

d) **Solicitudes de baja voluntaria en el Registro**. Han de presentarse en el mes de noviembre del año anterior al que deban surtir efectos. No obstante, han de tenerse en cuenta ciertas particularidades:

- cuando se inicien actividades acogidas al régimen simplificado, ha de solicitarse la baja dentro del plazo de presentación de la declaración correspondiente al mes en el que se comiencen dichas actividades, surtiendo efectos desde el inicio de dicho mes;
- para las entidades en REGE, la solicitud de baja voluntaria se debe presentar por la entidad dominante en el plazo y con los efectos establecidos para la renuncia a la aplicación del régimen REGE (nº 4845).

Una vez solicitada la baja, no se puede volver a solicitar la inscripción durante ese año natural.

Precisiones **1)** La presentación de solicitudes de **inscripción fuera de los plazos** establecidos implica su desestimación y archivo sin más trámite que el de comunicación al sujeto pasivo.

2) La inscripción en el Registro de devolución mensual es plenamente compatible con el **alta en el servicio de notificaciones** en dirección electrónica para las comunicaciones que realice la AEAT. En el caso de entidades en REGE, la inscripción en dicho servicio debe ser cumplida, en su caso, por la entidad dominante.

3) Los sujetos pasivos inscritos deben presentar las **autoliquidaciones** por vía telemática y con periodicidad mensual. A estos efectos, ha de utilizarse el modelo 303 (nº 6430 s.).

4) Para el año 2026, a efectos de la baja en este registro se estableció un **plazo extraordinario** para su solicitud desde el 26-12-2025 a 31-1-2026 (RDL 16/2025 art.13 derog Congreso de los Diputados Resol 27-1-26), normativa que fue derogada. Igual medida, pero estableciendo el plazo desde el 6-2-2026 a 16-2-2026, fue introducida por RDL 2/2026 art.9 derog Congreso de los diputados Resol 26-2-26, norma que también ha sido derogada. En ambos casos, se hace referencia a la modificación introducida dado sus posibles efectos prácticos en el período en el que ha estado vigente. La AEAT, siguiendo los criterios de la DGT, considera **válidas** las bajas en el registro presentadas hasta el 16-2-2026 (Nota AEAT 9-4-26).

Ejemplos **1)** La solicitud de inscripción presentada en noviembre de N-1 surte efectos respecto de la primera autoliquidación de N. 2972

La presentada entre el 1 y el 20 de abril de N, surte efectos respecto de la declaración mensual de abril (que se debe presentar entre el 1 y el 20 de mayo) pero no respecto de la declaración del primer trimestre de N.

La solicitud de inscripción que se presente el 25 de abril de N, o el 27 de mayo de N, se desestima y archiva sin más trámite que su comunicación al sujeto pasivo.

2) Si la inscripción se solicita en el mes de noviembre de N-1 respecto de N, la inscripción debe mantenerse durante todo el año N.

Si se solicita del 1 al 20 de abril de N, debe mantenerse durante los meses de mayo a diciembre de N, y durante todo N+1.

Doctrina Administrativa Además de las siguientes contestaciones de la DGT, ver nº 11000 s. 2974

1) El incumplimiento de los requisitos señalados en nº 2968 por una **entidad del grupo** tiene como efecto la denegación a todas las entidades del grupo de la inscripción en el Registro de devolución mensual. No obstante, el RIVA art.30.6 diferencia entre supuestos de inadmisión y supuestos de exclusión. En este sentido, la imposibilidad de presentar una nueva solicitud durante el plazo de tres años está reservado a los supuestos de exclusión. Por tanto, la entidad cuya solicitud ha sido objeto de inadmisión, podrá presentar una nueva solicitud de admisión en dicho Registro que, en caso de cumplir con los requisitos exigidos, permitirá la inscripción de dichas entidades en el Registro de devolución mensual (DGT CV 1-3-21).

2) Un empresario o profesional presenta con carácter mensual durante los meses de enero, febrero y marzo las autoliquidaciones del IVA. El alta en el Registro de devolución mensual se produce en abril de ese mismo año con motivo de la presentación de la declaración-liquidación correspondiente al mes de abril. En este caso, se puede **solicitar la devolución** del saldo del IVA existente a su favor que debe incluir, en su caso, el crédito por impuesto derivado de cantidades a compensar de las autoliquidaciones anteriores correspondientes a los meses de enero, febrero y marzo del ejercicio en curso, sin que tenga que esperar para solicitar su devolución, con respecto a dicho crédito, a fin de año (DGT CV 25-3-22).

Jurisprudencia Los empresarios o profesionales que **no hayan iniciado** la realización de entregas de bienes o prestaciones de servicios correspondientes a actividades empresariales o profesionales, pero hayan adquirido bienes o servicios con la intención, confirmada por elementos objetivos, de destinarlos al desarrollo de tales actividades, pueden presentar las solicitudes de inscripción en el registro de devolución mensual de IVA en los plazos indicados en el nº 2970 (TEAC 18-10-24; 18-10-24). 2976

c. Actividad de transporte de viajeros o mercancías

(RIVA art.30 bis)

2980 Los sujetos pasivos que ejerzan la actividad de transporte por carretera de viajeros o mercancías, que tributen por el régimen simplificado, pueden solicitar la devolución de las cuotas soportadas deducibles por la adquisición de medios de transporte afectos a dichas actividades en los 20 días naturales del mes siguiente al de las adquisiciones (nº 3372).

d. Adquisiciones intracomunitarias de bienes por personas jurídicas

(LIVA art.116.dos)

2982 Este es un supuesto de devolución íntimamente conectado con la regulación del régimen transitorio del impuesto aplicable a las operaciones intracomunitarias (nº 5200 s.) y, en concreto, con las personas jurídicas en el régimen particular -PRES- (nº 5405). Se refiere a los casos en que una persona jurídica, que no actúa como empresario o profesional, adquiere bienes que son transportados desde un territorio tercero e importados en el territorio de aplicación del IVA español, para a continuación ser expedidos a otro Estado miembro de la UE.

En tal caso, cuando una persona jurídica, en lugar de solicitar la concesión de un tránsito aduanero, realice una **importación no exenta** en el territorio de aplicación del impuesto, y posterior e inmediatamente transporte los bienes al territorio de otro Estado miembro, en el interior del cual realice una adquisición intracomunitaria del mismo bien, obtiene en el territorio de aplicación del IVA español el derecho a la devolución del impuesto soportado en la importación.

Esta solución es independiente de la calificación que corresponda, en el territorio IVA, a la operación de traslado del bien con destino a otro Estado miembro que realice la persona jurídica en cuestión.

Sin embargo, sí se establecen las **condiciones** que deben acreditarse, para que se devuelva lo pagado por la importación:
- el **pago del impuesto** en el Estado miembro de destino; y
- la expedición o **transporte** de los bienes de un Estado a otro Estado miembro.

Precisiones **1)** El **objetivo** de esta devolución particular es evitar a la persona jurídica, que no tiene la condición de empresario o profesional, una doble imposición (en el país de importación y en el país de la adquisición intracomunitaria).

2) Las personas jurídicas no empresarios o profesionales que efectúan **importaciones** en otros países de la UE y que a continuación los expiden al territorio IVA, donde efectúan una adquisición intracomunitaria sujeta al impuesto (nº 5405 s.), tienen derecho a la devolución del IVA devengado por la importación en el país en el que dicha importación ha tenido lugar.

3) En este supuesto de devolución, la Administración tributaria puede exigir de los sujetos pasivos la **prestación de garantías** suficientes (LIVA art.118).

e. Devolución en el caso de entregas de bienes para su exportación realizadas a organismos reconocidos

2983 Este supuesto de devolución se analiza en el nº 6065 s.

f. Devoluciones a exportadores en régimen de viajeros

(LIVA art.21.2º y 117; RIVA art.9.1.2º.B; OM HAP/2652/2012)

2985 Los viajeros residentes fuera del territorio de la UE pueden acceder a la devolución de las cuotas soportadas en las adquisiciones de bienes efectuadas en la UE (nº 6036). También pueden obtener la devolución del IVA soportado a través de **entidades colaboradoras** instaladas en puertos y aeropuertos internacionales, sin necesidad de dirigirse personalmente al vendedor para que les reembolse el impuesto. Además, no es requisito necesario la obtención de una factura sujeta a un determinado modelo, basta a estos efectos una **factura normal** del empresario vendedor que se ajuste a lo dispuesto en el Reglamento de Facturación con carácter general (nº 7246).

El viajero que exporta los bienes adquiridos tiene derecho a la devolución del IVA soportado cuando sale de la Unión Europea, sea por el territorio IVA o por el de otro Estado miembro, y es la aduana del Estado de salida la que debe acreditar la exportación. No obstante, la devolución se efectúa, en todo caso, por el vendedor de los bienes, directamente o, en el caso de intervención de entidades colaboradoras, de manera indirecta. La devolución de las cuotas soportadas también procede respecto de las ventas efectuadas por los comerciantes **minoristas en recargo de equivalencia**.

El vendedor debe expedir, además de la factura, un **documento electrónico de reembolso**, que está disponible en la Sede electrónica de la AEAT, consignando los bienes adquiridos y, separadamente, el impuesto que corresponda. Adicionalmente, en dicho documento electrónico de reembolso debe consignarse la identidad, fecha de nacimiento, número de pasaporte o DNI del viajero. El proveedor o la entidad colaboradora deben comprobar su visado en la Sede electrónica de la AEAT, haciendo constar electrónicamente que el reembolso se ha hecho efectivo. Aunque es obligatorio expedir una factura, este documento electrónico de reembolso es el único que se utiliza para gestionar la devolución del IVA al viajero.

Precisiones **1)** En relación con los **requisitos y condiciones** de la exención del IVA para las exportaciones en régimen de viajeros, ver el nº 6036.

2) Los **trámites** relacionados con el **documento electrónico de reembolso** se pueden realizar en la Sede electrónica de la AEAT: https://sede.agenciatributaria.gob.es/Sede/procedimientoini/DB17.shtml. Debe de tenerse en cuenta que dicho documento es el único que se utiliza para gestionar la devolución del viajero.

3) En este supuesto de devolución, la Administración tributaria puede exigir de los sujetos pasivos la prestación de **garantías** suficientes (LIVA art.118).

4) El **procedimiento de devolución** del IVA en régimen de viajeros, aplicable también, aunque con peculiaridades, a los residentes en Canarias, Ceuta y Melilla, se expone en el nº 6036 s.

Ejemplo Un **turista** norteamericano, de viaje por España, adquiere un abrigo de piel. El procedimiento para obtener la devolución del IVA satisfecho se ajusta a lo siguiente: 2986

a) En primer lugar, el procedimiento de devolución en régimen de viajeros está condicionado a que los bienes adquiridos por el turista norteamericano no constituyan una **expedición comercial**. Esto es, ha de tratarse de bienes adquiridos por el turista norteamericano ocasionalmente, que se destinen a su uso personal o familiar o a ser ofrecidos por él como regalos y que, por su naturaleza o cantidad, no pueda presumirse que sean el objeto de una actividad comercial.

b) El turista americano debe acreditar que tiene su **residencia habitual** fuera de la Unión Europea, lo que hace mediante el pasaporte, el DNI o cualquier otro medio de prueba admisible en derecho. No se exige, por tanto, que se trate de una persona de nacionalidad extranjera. Puede ocurrir que el viajero tenga la nacionalidad española pero que resida habitualmente fuera de la UE.

c) El vendedor del abrigo repercute el IVA sobre el turista americano y le entrega la correspondiente **factura y** el documento electrónico de reembolso (**DER**) disponible en la Sede electrónica de la AEAT, en los que se consignan los bienes adquiridos (abrigo de piel) y, separadamente, el impuesto que corresponda. En el DER debe consignarse la identidad, fecha de nacimiento y número de pasaporte o, en su caso, el número del documento de identidad del turista americano. En este caso, la expedición de factura es obligatoria (nº 7212).

d) El turista americano, al salir de la Unión Europea, presenta el abrigo en la **aduana de exportación**, que acredita la salida mediante el correspondiente visado en el DER. Dicho visado se realiza por medios electrónicos cuando la aduana de exportación se encuentre situada en el TIVA, antes de que expire el tercer mes subsiguiente al mes en que compró el abrigo.

El viajero, por su parte, remite el DER al vendedor del abrigo, el cual le **devuelve la cuota repercutida** por la venta del abrigo en el plazo de los quince días siguientes mediante cheque, transferencia bancaria, abono en tarjeta de crédito u otro medio que permita acreditar el reembolso.

A su vez, el vendedor del abrigo puede **compensar el importe** de las cuotas devueltas al turista americano en sus propias autoliquidaciones correspondientes al IVA (los sujetos pasivos que tributen en régimen de recargo de equivalencia pueden recuperar el IVA reintegrado a los viajeros presentando el modelo 308, nº 3012). Respecto a la devolución mediante entidades colaboradoras, ver el nº 6038.

Finalmente, el proveedor o, en su caso, la entidad colaboradora, deben comprobar el visado del DER en la Sede electrónica de la AEAT, haciendo constar electrónicamente que el reembolso se ha hecho efectivo.

Doctrina Administrativa Además de las siguientes contestaciones de la DGT, ver nº 11000 s. 2987

1) El viajero puede optar por dos **vías para obtener la devolución** del IVA soportado en el territorio de aplicación del impuesto (DGT CV 12-9-07):

- Presentar los bienes ante la aduana y exhibir la factura para que sea visada por los servicios aduaneros. A continuación, deberá enviar la factura al proveedor que deberá efectuar el reembolso del IVA en el plazo de 15 días.
- Acudir a aquellas entidades autorizadas por la AEAT para devolver el IVA a los viajeros de forma inmediata y antes de abandonar el país. En este caso, de la devolución se detraen las comisiones correspondientes al servicio prestado, cuyos importes están previstos por la normativa (actualmente OM HAP/2652/2012).

2) Un **comerciante** que tributa en el régimen especial del **recargo de equivalencia**, en el ejercicio de su actividad entrega bienes a viajeros establecidos fuera de la Comunidad, que los exportan. Posteriormente, y en ocasiones fuera del plazo de presentación del modelo 308, recibe los documentos que acreditan la devolución hecha al viajero por las entidades colaboradoras autorizadas. Efectuado el reembolso al viajero, el comerciante puede solicitar la devolución de las cuotas de IVA reembolsadas mediante la presentación en tiempo y forma del modelo 308 (solo pueden computarse cuotas que hayan sido reembolsadas por el sujeto pasivo en el trimestre al que dicho modelo se refiere). Por otra parte, en tanto que la declaración contenida en el modelo 308 es una autoliquidación, prescribe el derecho a obtener la devolución de las cuotas repercutidas mediante el régimen de viajeros a los cuatro años contados a partir del día siguiente al que finalice el plazo para presentar la correspondiente autoliquidación (DGT CV 10-11-16).

3) El Rgto Fac alude a la obligación de expedición de facturas, así como «otros documentos justificantes de las operaciones», pudiendo entenderse que el **documento electrónico de reembolso**, en tanto que imprescindible para obtener la devolución, se encuentra entre estos últimos. Se puede interponer reclamación económico-administrativa ante la negativa del vendedor a la expedición del documento electrónico de reembolso (DGT CV 17-6-20; CV 28-10-25).

4) Podrán expedirse **facturas simplificadas** para documentar entregas de bienes que vayan a ser objeto de exportación por el adquirente (régimen de viajeros). Además, el vendedor deberá expedir el documento electrónico de reembolso en el que deberá consignar la identidad, fecha de nacimiento y número de pasaporte o, en su caso, el número de documento de identidad del viajero (DGT CV 11-9-20).

5) Un **turista noruego** se desplaza a Alemania donde procede a presentar, en el momento de la salida fuera de la Comunidad, junto a los bienes que ha adquirido en un establecimiento comercial establecido en territorio de aplicación del Impuesto, la factura de compra y el documento electrónico de reembolso (DER). La aduana alemana, al desconocer qué es el DER establecido por la Administración española, únicamente procede al **visado de la factura** de compra. En este caso, la Administración entiende que cuando la salida de los bienes se produce por un E.m. distinto de España, en el que la Aduana competente solo procede al visado de la factura, debe garantizarse la aplicación de la exención del régimen de viajeros y, por tanto, cumpliéndose el resto de requisitos materiales y formales, el debido reembolso por parte del proveedor o entidades colaboradoras (DGT CV 6-2-23).

2987.1 Jurisprudencia Para **acreditar la residencia habitual** del adquirente, a los efectos de aplicar la exención por exportación de bienes en régimen de viajeros, no basta con la aportación del pasaporte cuando en el mismo no conste la residencia habitual o domicilio del receptor de las entregas de bienes. En este caso, es necesario adicionalmente presentar otros medios de prueba que acrediten la residencia habitual del viajero.

En todo caso, corresponde al vendedor o proveedor de las mercancías, sujeto pasivo del IVA, **verificar** si el documento presentado por el viajero para poder disfrutar de la exención contiene el dato de la residencia habitual o domicilio del viajero, pudiendo, en su caso, ser dicho documento, el pasaporte, el documento de identidad o cualquier otro medio de prueba admitido en derecho (TS 19-12-22).

g. Devoluciones a empresarios o profesionales no establecidos en el Estado miembro de la UE en que soportan el IVA

(LIVA art.117 bis, 119,119 bis, 163 vicies, 163 tervicies y 163 octovicies; RIVA art.30 ter, 31 y 31 bis)

2988 El principio de neutralidad del IVA exige que todos los empresarios o profesionales, establecidos o no en la UE, puedan recuperar el impuesto soportado por las adquisiciones efectuadas en un Estado miembro de la UE, siempre que los bienes y servicios por cuya adquisición se soportaron las cuotas se empleen en sus actividades empresariales o profesionales.

Esta materia se regula, a nivel del derecho de la UE, en dos normas:

- la Dir 2008/9/CE, que se aplica a empresarios **establecidos en la UE** y que hayan soportado cuotas en un Estado miembro distinto de aquel en que se hayan establecido;
- la Decimotercera Directiva sobre el IVA (Dir 86/560/CEE), que se aplica a empresarios **no establecidos** en la UE y que hayan soportado cuotas del IVA en algún Estado miembro.

Esta regulación se caracteriza por las siguientes notas:

a) La **recuperación** del impuesto soportado se sigue articulando por vía de devolución.

b) La **solicitud** de devolución ha de presentarse a las autoridades del Estado miembro en el que está establecido el empresario solicitante, y no en el Estado miembro en el que se hayan soportado las cuotas, si bien las autoridades del Estado miembro en el que se soportaron las cuotas siguen siendo las responsables de efectuar la devolución.

c) El **procedimiento** de devolución se articula íntegramente por vía electrónica. La normativa interna del Impuesto permite distinguir tres **supuestos**:

1. Solicitudes de devolución de empresarios o profesionales establecidos en el territorio de aplicación del IVA español, Canarias, Ceuta y Melilla, correspondientes a cuotas soportadas en Estados miembros distintos de España (nº 2989 s.).
2. Solicitudes de devolución de cuotas del IVA español soportadas por empresarios no establecidos en el territorio de aplicación del impuesto, pero establecidos en el resto de la UE, Canarias, Ceuta o Melilla (nº 2992 s.).
3. Solicitudes de devolución de cuotas del IVA español soportadas por empresarios no establecidos en la UE ni en Canarias, Ceuta o Melilla (nº 3005 s.).

Empresarios establecidos en el territorio de aplicación del IVA español, Islas Canarias, Ceuta y Melilla (LIVA art.117 bis, 163 vicies, 163 tervicies y 163 octovicies; RIVA art.30 ter; OM EHA/789/2010 art.1 a 4) Los empresarios o profesionales establecidos en el territorio de aplicación del IVA español, Islas Canarias, Ceuta y Melilla tienen derecho a la devolución de las cuotas del IVA soportadas por adquisiciones o importaciones de bienes o servicios efectuadas en **Estados miembros de la UE** distintos de España. 2989

La **solicitud de devolución** se presenta por vía electrónica a través del modelo 360 (nº 6805). La AEAT ha de informar sin demora al solicitante de la recepción de la solicitud por medio del envío de un acuse de recibo electrónico y decide su remisión por vía electrónica al Estado miembro en el que se hayan soportado las cuotas, en el plazo de 15 días contados desde dicha recepción.

No procede la remisión de su solicitud cuando, durante el período al que se refiere, concurra cualquiera de las siguientes circunstancias:

- no haya tenido la condición de empresario o profesional actuando como tal;
- haya realizado exclusivamente operaciones que no originen el derecho a la deducción total del impuesto; o
- realice exclusivamente actividades que tributen por los regímenes especiales de la agricultura, ganadería y pesca o del recargo de equivalencia.

El solicitante debe estar inscrito en el **servicio de notificaciones** en dirección electrónica para las comunicaciones que realice la AEAT relativas a estas solicitudes de devolución.

[Precisiones] 1) Aunque el empresario establecido en España no pueda deducir directamente en su autoliquidación presentada en España el IVA soportado en otros países de la UE, se ha articulado un sistema intermedio, de **ventanilla única**, de manera que, aunque se mantiene el sistema de devolución efectuada por el Estado miembro donde se soportaron las cuotas, se permite al empresario presentar la solicitud de devolución en su Estado miembro de establecimiento, lo que supone una evidente simplificación. 2990

2) La **competencia de la AEAT** en este procedimiento se limita a la recepción y envío de la solicitud al Estado miembro de devolución. A partir de ahí, son las autoridades de este último Estado miembro las competentes para decidir si procede la devolución o no, su importe y eventualmente su pago al solicitante. El Estado miembro de devolución debe ajustar su actuación a los preceptos de la normativa comunitaria (Dir 2008/9/CE), que ofrece un marco armonizado a todos los Estados miembros en relación con esta materia.

No obstante, la AEAT efectúa una **comprobación inicial** de las circunstancias del solicitante, de manera que si, claramente, el mismo no tiene derecho a la devolución (porque no es empresario, porque solo efectúa operaciones sin derecho a deducción o porque tributa en un régimen especial que excluye la deducción del IVA soportado) se abstiene de remitir la solicitud de devolución al Estado miembro correspondiente. Esta circunstancia ha de ser comunicada por la AEAT al solicitante.

[Ejemplos] 1) X, empresario de publicidad establecido en Madrid, ha prestado servicios a un empresario establecido en Dinamarca y ha soportado cuotas del IVA danés, derivadas de su estancia en un hotel de Copenhague, con ocasión de un viaje a esta ciudad relacionado con la prestación de los servicios citados. X quiere recuperar el IVA danés soportado, para lo que ha de presentar la solicitud de devolución por vía electrónica a la AEAT, que es la encargada de hacer llegar la misma a las autoridades danesas. A partir de ahí, son las autoridades danesas las encargadas de tramitar la solicitud de devolución y las que, en su caso, entran en contacto con el solicitante para requerir información adicional, si fuera necesaria. 2991

2) Y, médico de profesión, establecido en Badajoz y que únicamente realiza operaciones exentas sin derecho a deducción del IVA soportado, ha pagado cuotas del IVA en Portugal derivadas de ciertas adquisiciones de carburante efectuadas allí. Y presenta ante la AEAT por vía electrónica la solicitud de devolución de dichas cuotas.

La AEAT es competente para efectuar una primera verificación de la procedencia de la devolución, de manera que si tiene constancia de que el solicitante no tiene derecho a la deducción del IVA soportado, comunica dicha circunstancia al solicitante y no remite la solicitud de devolución a las autoridades portuguesas.

[Doctrina Administrativa] 1) No procede la devolución de las cuotas soportadas en otros Estados miembros por un empresario acogido al régimen especial del **recargo de equivalencia** (DGT CV 12-11-19). 2991.1

2) Si un empresario o profesional **no puede deducir el impuesto soportado** por la adquisición de bienes o servicios que utiliza en la realización de determinadas actividades en el Estado miembro en el que está establecido, tampoco puede recuperar el impuesto soportado en otro Estado miembro por la adquisición en el mismo de bienes o servicios que utiliza en la realización de esas mismas actividades (DGT 13-1-97).

3) La **solicitud de devolución** de las cuotas soportadas por adquisiciones o importaciones de bienes o servicios efectuadas en la Comunidad Europea, con excepción de las realizadas en el territorio de aplicación del Impuesto, se efectúa obligatoriamente por vía electrónica, utilizando el modelo 360 habilitado para ello en la sede electrónica de la AEAT. La competencia de la AEAT se limita a la recepción y envío del mencionado modelo al Estado miembro donde se ha soportado el Impuesto. El Estado miembro de destino es el obligado a tramitar el expediente y decidir sobre la devolución, si bien debe ajustar su procedimiento a lo establecido en la normativa comunitaria que armoniza a todos los Estados miembros en esta materia. La normativa de **facturación** está sujeta a las normas que se apliquen en el Estado miembro en que se considere efectuada la operación correspondiente (DGT CV 14-12-15; CV 3-1-19).

4) En relación con la deducción de las cuotas soportadas en la adquisición de los bienes que sean posteriormente transmitidos por los mismos aplicando el régimen especial de los **bienes usados** ver nº 4110 s.

2992 **Cuotas del IVA español soportadas por empresarios establecidos en la UE, Canarias, Ceuta o Melilla** (LIVA art.119, 163 vicies, 163 tervicies y 163 octovicies; RIVA art.31; OM EHA/789/2010 art.5 y 6) Los empresarios o profesionales no establecidos en el territorio de aplicación del IVA español pero establecidos en la UE, Canarias, Ceuta o Melilla, pueden solicitar la devolución de las cuotas del IVA que hayan soportado por las adquisiciones o importaciones de bienes o servicios realizadas en el territorio de aplicación del IVA español. A estos efectos, tienen la **consideración de no establecidos** en el territorio de aplicación del IVA español los empresarios o profesionales que, siendo titulares de un establecimiento permanente situado en el mencionado territorio, no realicen desde dicho establecimiento entregas de bienes ni prestaciones de servicios durante el período a que se refiera la solicitud.

Precisiones 1) El **concepto de no establecido** a estos efectos no coincide con el previsto para el caso del sujeto pasivo (LIVA art.84.2). En este último caso, el estar o no establecido en el territorio de aplicación del IVA español es una cuestión que se define en función de cada operación; por tanto, un empresario que tenga un establecimiento permanente en el territorio de aplicación del IVA español y realice (en el primer trimestre del año N) desde aquel una operación sujeta al IVA en dicho territorio, se considera establecido respecto de dicha operación. Si ese mismo empresario realiza en ese mismo trimestre una operación sujeta al IVA español desde un establecimiento permanente ubicado fuera de la Península y Baleares, se considera no establecido a efectos del IVA español respecto de esta operación.

En la regulación de las devoluciones, sin embargo, el empresario anterior, al haber realizado una operación (entrega de bienes o prestación de servicios) en el primer trimestre del año N desde el establecimiento permanente ubicado en el territorio de aplicación del IVA español, es un empresario establecido, que ha de recuperar el IVA español soportado en el trimestre por la vía normal de las deducciones.

En definitiva, el concepto de establecido en un caso sirve para determinar el **sujeto pasivo** y en otro para determinar si el empresario puede o no aplicar el procedimiento especial de las **devoluciones** previsto. Si un empresario no tiene la condición de no establecido, no puede utilizar el procedimiento de las devoluciones para recuperar el IVA soportado, debiendo entenderse que, en este caso, puede utilizar el procedimiento general de las deducciones para recuperar ese impuesto (nº 2945 s.).

2) Para los empresarios o profesionales no establecidos en territorio de aplicación del impuesto español pero establecidos en el territorio de **Irlanda del Norte**, mientras esté en vigor el Protocolo específico de dicho territorio, en la medida en que se refiera a **adquisiciones de bienes o a bienes importados**, la devolución de las cuotas soportadas en el territorio español de aplicación del Impuesto se regirá por lo previsto en LIVA art.119 (DGT Resol 4-1-21).

Doctrina Administrativa El procedimiento de devolución general y el de empresarios establecidos en la UE para un mismo período impositivo, son **procedimientos incompatibles**. Así, desde el momento en que se realicen operaciones que impidan la aplicación del procedimiento de devolución para establecidos en la UE, la totalidad de las cuotas soportadas deben consignarse en el modelo 303 de declaración-liquidación periódica. No obstante, la utilización de uno u otro procedimiento para la obtención de la devolución de las cuotas correspondientes en un determinado trimestre no excluye la posibilidad de utilizar otro procedimiento en trimestres posteriores, según proceda (DGT CV 19-6-19). En el mismo sentido, en el supuesto de la **eventual devolución** del IVA en las condiciones señaladas en el art.119 bis, en relación con la compatibilidad con el procedimiento establecido en su art.115 (DGT CV 15-7-22).

2993 Jurisprudencia 1) No cabe excluir del derecho a obtener la devolución del impuesto a sujetos pasivos no establecidos, por el hecho de haber designado **representante fiscal** identificado a efectos de IVA (TJUE 6-2-14, asunto C-323/12).

2) A efectos de la normativa comunitaria que regula la devolución del IVA a los empresarios no establecidos en el Estado miembro en que han soportado dicho impuesto (actualmente Dir 2008/9/CE), pero sí en otro Estado miembro de la UE (TJUE 28-6-07, asunto C-73/06):
a. Corresponde al Estado miembro donde el empresario alega estar establecido **certificar** tanto la condición de empresario del mismo como la realidad de su establecimiento allí; dicha certificación constituye, para el Estado miembro que ha de proceder a la devolución, una presunción de que ambas circunstancias se cumplen.
b. No obstante, el Estado miembro de devolución puede cerciorarse de la **realidad de los datos** certificados a través de las medidas administrativas previstas al efecto en la normativa comunitaria sobre el IVA.
A efectos de la regulación de la devolución del IVA a los empresarios no establecidos en ningún Estado de la UE, se considera que la **sede de la actividad económica** de una sociedad es el lugar donde se adoptan las decisiones esenciales relativas a la dirección general de la sociedad y donde se desarrollan las funciones de administración central de esta.
3) La **cesión de un inmueble** a una entidad del grupo es una **operación sujeta** que, aunque tenga lugar en un período posterior al que corresponde la solicitud de devolución para no establecidos, determina que la entidad cedente del inmueble adquiera la condición de establecida en el territorio de aplicación del impuesto desde el momento de la adquisición del inmueble por ella. Siendo una entidad establecida en el territorio de aplicación del impuesto, no le es aplicable el régimen de devoluciones previsto para no establecidos, debiendo ejercer el derecho a la deducción/devolución de la cuota soportada por la vía general regulada en la normativa (TEAC 21-9-10).
4) No es aplicable el procedimiento especial de devolución para no establecidos, ya que la entidad no residente tiene un **establecimiento permanente** en el territorio de aplicación del impuesto desde el que realiza operaciones sujetas al impuesto. La entidad no residente es arrendataria de un bien inmueble situado en España y cede el uso, aunque a título gratuito, a una filial, por lo que realiza una operación sujeta y tiene ella, en vez de la filial como destinataria de la cesión gratuita del uso del local, la condición de sujeto pasivo del IVA en España por tener aquí establecimiento permanente (TEAC 12-9-07). En términos similares, TJUE auto 21-6-16, asunto C-393/15. No obstante, una entidad no establecida no dispone de establecimiento permanente en el territorio de aplicación del impuesto por el mero hecho de ser **propietaria de un inmueble** cuyo uso cede a su filial en virtud de contrato de arrendamiento. Deben concurrir los requisitos o condiciones que expresamente exige el TJUE: presencia física, permanencia, realización efectiva de una actividad económica por el establecimiento permanente, conjunto de medios humanos y técnicos suficientes para prestar los servicios de forma independiente y estable o con continuidad (TEAC 20-10-16).
Respecto a las **obras o instalaciones** de duración superior a 12 meses, el carácter de establecimiento permanente existe desde el primer momento de comienzo de las obras o instalaciones y no solo cuando se supere el plazo de los 12 meses, sin perjuicio de regularizar la situación tributaria si, teniendo previsto un plazo inferior, después se superan los 12 meses (TEAC 7-11-07).

5) Dado que la **recepción provisional** implica la terminación de la obra (L 38/1999 art.6), sin perjui- **2993.1**
cio del período de garantía posterior y las reparaciones de los desperfectos que se aprecien, la recurrente tiene derecho a la devolución del IVA por el régimen de no establecidos al no tener un establecimiento permanente (AN 1-2-12, EDJ 8005).
6) Una compañía extranjera mantiene una sucursal en España que se limita a **oficina de información**. Tal supuesto es una excepción al concepto de establecimiento permanente (actualmente Modelo de Convenio OCDE 2017 art.5.3.e). Por eso, ha de considerarse como no establecida y el procedimiento a seguir para la devolución del IVA soportado es el propio de esta clase de entidades (TEAC 27-2-98).
7) Para aplicar el sistema de devolución a no establecidos es preciso que el empresario o profesional **no tenga un establecimiento permanente** en el territorio de aplicación del impuesto o bien teniéndolo, desde dicho establecimiento permanente no se realicen operaciones sujetas al impuesto. A efectos de la exclusión del derecho a la devolución, debe comprobarse la realización efectiva de operaciones imponibles a partir del establecimiento permanente en el Estado de presentación de la solicitud de devolución, y no solo la mera aptitud del establecimiento para realizar tales operaciones (TEAC 22-9-15).
8) La norma comunitaria no establece que el establecimiento permanente no haya realizado **operaciones vinculadas** con aquellas por las que se solicita devolución, sino que no se hayan realizado operaciones con carácter general. Se requiere así que el establecimiento permanente no haya realizado ningún tipo de operaciones, pues de haberlas realizado estaría obligado a presentar autoliquidaciones de IVA en los mismos términos que los obligados tributarios nacionales del Estado miembro de que se trate, y a incluir en ellas las cuotas soportadas por la matriz o el establecimiento no establecido por las que se solicita la devolución por un procedimiento especial (TEAC 21-5-15).
9) Un empresario establecido en un Estado miembro que únicamente realiza en otro Estado miembro pruebas **técnicas o trabajos de investigación**, con exclusión de operaciones imponibles, tiene derecho a la devolución del IVA soportado en este último Estado miembro a través del procedimiento de devolución a no establecidos regulado en la normativa comunitaria (actualmente Dir 2008/9/CE). Esto no queda desvirtuado por el hecho de que el empresario tenga, en el Estado miembro de la solicitud de devolución, una **filial** propiedad suya al 100%, cuyo objeto consiste casi exclusivamente en prestarle varios servicios relativos a la realización de pruebas (TJUE 25-10-12, asuntos acumulados C-318/11 y C-319/11).

10) Una **transferencia de bienes**, efectuada por un empresario (A) desde el Estado miembro en el que está establecido (EM1) a otro Estado miembro (EM2) **no da lugar a entrega intracomunitaria** en el EM1 ni a adquisición intracomunitaria en el EM2, si A utiliza los bienes en el EM2 de forma temporal para la prestación de servicios. Si esta condición no se cumple, el IVA correspondiente a la adquisición intracomunitaria en el EM2 puede recuperarse por A mediante el procedimiento de devolución de la Dir 2008/9/CE, incluso si A no está o tendría que estar identificado a efectos del IVA en el EM2 (TJUE 11-6-20, asunto C-242/19).

11) Para poder ejercitar el derecho a la deducción, los sujetos pasivos han de encontrarse en posesión del **documento justificativo** de su derecho, documento que debe **identificar al destinatario**, de forma inequívoca, que pretende la deducción del tributo. Así, si en la solicitud de devolución de no establecidos las facturas están emitidas a nombre de otra entidad del mismo grupo mercantil pero no a nombre de la solicitante, no procede la deducción del impuesto ni su devolución (TEAC 26-2-20).

2994 **Requisitos del solicitante** (LIVA art.119) Los solicitantes de estas devoluciones deben reunir las siguientes condiciones durante el período al que se refiera su solicitud:

a) Estar **establecidos** en la UE o en Canarias, Ceuta o Melilla.

b) No haber realizado en el territorio de aplicación del IVA español **entregas de bienes o prestaciones de servicios** sujetas al mismo distintas de las que se relacionan a continuación:

- entregas de bienes y prestaciones de servicios en las que los sujetos pasivos del IVA sean sus destinatarios, por inversión del sujeto pasivo (nº 1335 y nº 1357);
- servicios de transporte y sus servicios accesorios que estén exentos (nº 5788, nº 6010 s., nº 6230 y nº 6245 s.).

c) No ser **destinatarios** de entregas de bienes ni de prestaciones de servicios respecto de las cuales tengan la condición de sujetos pasivos por aplicación del mecanismo de inversión del sujeto pasivo (nº 1335 y nº 1357).

d) Cumplir con la totalidad de los requisitos y limitaciones establecidos para el ejercicio del **derecho a la deducción** (nº 2535 s. y nº 2600 s.).

e) Destinar los **bienes adquiridos** o importados o los servicios de los que hayan sido destinatarios en el territorio de aplicación del IVA español a la realización de operaciones que originen el derecho a deducir en el Estado miembro en donde estén establecidos y en función del porcentaje de deducción aplicable en dicho Estado.

En la determinación del importe a devolver se aplican los criterios de la prorrata especial (nº 2775 s.) teniendo en cuenta cuál es la utilización de los bienes o servicios por el empresario o profesional no establecido en la realización de operaciones que le originan el derecho a deducir, en primer lugar, según la normativa aplicable en el Estado miembro en el que esté establecido y, en segundo lugar, según lo dispuesto en la LIVA.

Esto también resulta aplicable a los empresarios o profesionales establecidos en Canarias, Ceuta o Melilla, de acuerdo con las características propias de los impuestos indirectos generales sobre el consumo vigentes en dichos territorios.

f) Presentar la **solicitud** de devolución por vía electrónica a través del portal electrónico dispuesto al efecto por el Estado miembro en el que estén establecidos.

2995 Precisiones Si, con posterioridad a la solicitud, **se regularizara el porcentaje de deducción** calculado provisionalmente en el Estado miembro donde el solicitante esté establecido, se debe proceder a corregir su importe en una solicitud de devolución que se presente durante el año natural siguiente al período de devolución cuyo porcentaje haya sido objeto de rectificación.

Cuando no se hayan presentado solicitudes de devolución durante dicho año, la rectificación se realiza mediante el envío de una solicitud de rectificación por vía electrónica que se presenta a través del portal electrónico de la Administración tributaria del Estado de establecimiento con el contenido que apruebe el Ministro de Hacienda.

2996 Doctrina Administrativa **1)** Un no establecido en España que realice exclusivamente las operaciones de entregas de bienes y prestaciones de servicios a las que resulte de aplicación la regla de **inversión del sujeto pasivo**, o servicios de transporte y accesorios a los transportes exentos, solo puede recuperar las cuotas del impuesto que le hayan sido repercutidas a través del procedimiento de devolución a no establecidos (DGT 21-12-00; 30-11-00; 26-9-00). En el caso de un **transportista intracomunitario** de bienes para consumidores finales, al ser sujeto pasivo en el territorio de aplicación del IVA español, no puede utilizar este sistema y debe recurrir al régimen general (DGT CV 30-10-17).

En el mismo sentido, cuando un no establecido realiza **entregas intracomunitarias** de bienes (DGT CV 27-3-18; CV 8-6-18; CV 10-5-23); o cuando un no establecido realiza entregas de bienes con destino a la **exportación** (DGT CV 18-9-19; CV 24-3-22).

La exclusión de la regla de inversión del sujeto pasivo a los **arrendadores de bienes inmuebles** no establecidos supone que estos, desde el 1-1-2023, deban acudir al procedimiento general de devolución del impuesto. De forma excepcional, se permite a estos sujetos pasivos utilizar el procedimiento general para obtener la devolución de las cuotas soportadas con anterioridad a la modificación de la legislación (DGT CV 22-3-23; CV 22-3-23).

2) El hecho de que la entidad no establecida realice en el territorio de aplicación del impuesto **importaciones sujetas** al IVA no excluye la aplicabilidad del procedimiento de devolución a no establecidos (DGT 26-5-00).
3) La devolución de las cuotas soportadas en el territorio de aplicación del IVA español por sociedades no establecidas que, en el estado miembro de la Comunidad en el que tienen su sede, forman parte de **unidades fiscales** a efectos del IVA, que declaran conjuntamente el IVA de dichas sociedades en tales países, deben solicitarse por la sociedad que soportó las cuotas y no por la unidad fiscal de la que forma parte (DGT 9-7-99).
4) Si una oficina de representación de una empresa alemana en España se limita exclusivamente a establecer **contactos comerciales** entre los clientes españoles y dicha empresa, la cual recibe directamente los pedidos de dichos clientes, constituye un establecimiento permanente a efectos del IVA. No obstante, puede ejercitar el derecho a la devolución para no establecidos puesto que, aunque dispone de un establecimiento permanente en España, no realiza desde dicho establecimiento entregas de bienes ni prestaciones de servicios. A estos efectos, las operaciones puramente internas efectuadas por el establecimiento permanente para la central alemana no se consideran prestaciones de servicios (DGT 27-2-02).
5) Una sociedad **holding**, accionista de varias sociedades en España en las que participa al menos en un 50%, abre una **oficina de apoyo** en nuestro país (en el territorio IVA), que en ningún caso va a prestar servicios a terceros. No procede la devolución del IVA soportado por la matriz por los bienes y servicios adquiridos a través de su establecimiento permanente en España, en la medida en que se trate de bienes y servicios adquiridos para el desarrollo de actividades que no impliquen una participación directa o indirecta en la actividad de las entidades participadas, pues dicho IVA no resulta deducible (DGT CV 13-1-03).
6) Las cuotas del IVA soportado por una **sucursal** en la adquisición de bienes y servicios para la prestación de los servicios a la matriz deben considerarse soportadas por la entidad matriz (DGT CV 28-6-22).

Jurisprudencia **1)** El TJUE ha indicado que el **IVA indebidamente facturado** a un empresario no establecido no puede recuperarse por la vía de devolución a no establecidos (actualmente, Dir 2008/9/CE). Es conforme con el derecho comunitario una legislación nacional según la cual: **2997**
- en tal caso, solo el empresario que repercutió indebidamente el impuesto puede solicitar de la Hacienda Pública su devolución;
- el empresario no establecido solo puede ejercer una acción de derecho civil contra aquel que repercutió indebidamente el tributo para recuperar el importe indebidamente pagado.

No obstante, si la recuperación del impuesto indebidamente pagado a través del mecanismo anterior resulta imposible o excesivamente difícil, los Estados miembros deberán prever los instrumentos necesarios para garantizar la recuperación efectiva de las cantidades correspondientes (TJUE 15-3-07, asunto C-35/05).
El procedimiento para recuperar el impuesto soportado por un no establecido, cuando la **repercusión se realiza por error**, al no encontrarse localizadas en territorio de aplicación del IVA las operaciones, es el de devolución de ingresos indebidos, y no el procedimiento especial de devolución a no establecidos (TEAC 14-12-17).
2) Cuando en una operación se produce la **inversión del sujeto pasivo**, el destinatario de estas operaciones calificadas como entregas de bienes no puede acudir a la vía de devolución prevista para no establecidos (TEAC 22-5-14).
3) Para la devolución a una entidad no residente por el sistema de no establecidos, se requiere que las operaciones se realicen en el territorio de aplicación del impuesto. En el caso concreto, se trata de servicios de **doblaje de películas** prestados por una entidad residente a otra no residente, establecida en la Unión Europea. Conforme a la LIVA, el lugar de realización es el Estado de sede del destinatario, por lo que no procede devolución (TEAC 3-5-07; 23-10-14; TJUE 15-3-07, asunto C-35/05).
4) No se puede utilizar el sistema de devolución a no establecidos en el territorio de aplicación del IVA español para empresarios o profesionales establecidos en otro Estado miembro, **Canarias, Ceuta o Melilla** cuando se realicen las siguientes **operaciones**, dado que la regulación no las ampara:
- entregas de bienes exentas con destino a otro Estado miembro (TEAC 22-10-08; 10-2-09);
- realización de una importación, luego una operación interior (prestación de servicios cuyo lugar de realización es el Estado miembro del destinatario) y posteriormente una transferencia intracomunitaria (TEAC 20-7-10);
- operaciones asimiladas a exportaciones exentas (TEAC 24-4-14).

5) Las cuotas de IVA soportadas en atenciones a clientes y gastos por desplazamiento y manutención son deducibles en la medida en que los gastos lo sean en la imposición directa. Es lo que ocurre cuando la entidad no establecida procede a la **celebración de seminarios** en el territorio de aplicación del impuesto con concesionarios de sus productos para presentar nuevos productos, información, servicios técnicos, etc. Así, las cuotas soportadas pueden ser objeto de devolución a no establecidos (TEAC 22-1-15). **2997.1**

El **acceso a eventos** se localiza donde se celebren estos materialmente cuando quienes asisten a ellos son empresarios o profesionales que actúan como tales. Como tal acceso ha de considerarse la entrada a los mismos. Así, las cuotas soportadas pueden ser objeto de devolución a no establecidos (TEAC 26-2-20). En el mismo sentido, en relación con actividades de naturaleza formativa, TEAC 18-2-21.

En relación a la puesta a disposición de clientes de maquinaria o **equipamiento para ejecutar obras en un inmueble**, cabe distinguir (TEAC 22-11-21):

- Si la operación consiste en el mero arrendamiento de la maquinaria necesaria para la ejecución de una obra inmobiliaria (grúas, excavadoras, etc), se trata de un arrendamiento de bienes muebles que se localiza por la aplicación de la regla general prevista en LIVA art.69.uno, de manera que los servicios prestados no se localizarán en el territorio español de aplicación del impuesto cuando el arrendador sea un empresario establecido en dicho territorio y el destinatario sea un empresario o profesional establecido en otro Estado miembro. Así, las cuotas soportadas no pueden ser objeto de devolución a no establecidos.
- Cuando el arrendamiento de la maquinaria necesaria para la ejecución de una obra inmobiliaria vaya acompañado del personal cualificado para su uso, se presume, salvo prueba en contrario, que el arrendador asume la responsabilidad de la ejecución de la obra en cuestión, lo que determina que dicho arrendamiento se califique como servicio relacionado con bienes inmuebles. Siendo esto así, el servicio se localiza en el lugar en el que radique el inmueble. En este caso, las cuotas soportadas pueden ser objeto de devolución a no establecidos.

6) El Derecho comunitario se opone a que se deniegue la devolución del IVA que grava la entrega de un bien a un sujeto pasivo establecido en un Em1, distinto al Em de compra de dicho bien (Em2), cuando este **no ha salido físicamente del territorio** de Em1, salvo que deba considerarse que dicha entrega forma parte de una única prestación económica indisociable o que es accesoria a una prestación principal constituida por entregas intracomunitarias de bienes producidos mediante el referido bien y destinados a ese sujeto pasivo (TJUE 23-10-25, asunto C-234/24).

7) El sujeto pasivo establecido en un Estado miembro que ha efectuado **entregas de electricidad** a sujetos pasivos revendedores establecidos en otro Estado miembro, tiene derecho a obtener la devolución del IVA soportado en este último Estado miembro (TJUE 6-2-14, asunto C-323/12).

8) Si la actividad desarrollada por un sujeto pasivo en el Estado miembro en que está establecido es una **actividad exenta** del IVA sin derecho a deducción, dicho sujeto pasivo no puede pedir la devolución del IVA soportado en otro Estado miembro en el que esa misma actividad no está exenta y genera el derecho a la deducción (TJUE 26-9-96, asunto C-302/93).

9) Si el sujeto pasivo realiza, en el país de establecimiento, **operaciones** que generan el derecho a deducción y otras que no generan dicho derecho:

- tiene derecho a la **devolución parcial** del IVA que haya gravado, en un Estado miembro en el que no está establecido, los bienes o servicios utilizados para las necesidades de sus operaciones en el Estado miembro de establecimiento;
- en cuanto al **cálculo del importe** del IVA a devolver, en primer lugar, se calcula determinando las operaciones que confieren derecho a la deducción en el Estado miembro de establecimiento y, en segundo lugar, tomando en consideración únicamente las operaciones que conferirían igualmente derecho a deducción en el Estado miembro de la devolución si se hubieran realizado allí, así como los gastos que confieran derecho a deducción en este último Estado (TJUE 13-7-00, asunto C-136/99).

10) Una entidad establecida en Italia adquiere en Palma de Mallorca una **embarcación** por la que soportó el correspondiente IVA, y pide su devolución. Posteriormente, suscribió un contrato de arrendamiento de la embarcación con un particular alemán. La Administración española no concede la devolución porque **no consta el lugar de entrega** de la embarcación y lo considera uno de los requisitos para la devolución solicitada. La exigencia de la Administración en la determinación del lugar de puesta a disposición de la embarcación es irrelevante, ya que el lugar de puesta a disposición del bien arrendado no se configura como requisito para la devolución, al tratarse de una prestación de servicios (TS 7-10-15, EDJ 182173).

11) No puede denegarse a un sujeto pasivo que no está establecido el derecho a la devolución del IVA pagado por la **importación de bienes**, en una situación en la que en el momento de la importación estaba suspendida la ejecución del contrato en cuyo contexto el sujeto pasivo compró e importó tales bienes, finalmente no se realizó la operación para la que estos últimos debían utilizarse y el sujeto pasivo no ha aportado la prueba de la circulación posterior de los mismos (TJUE 21-9-17, asunto C-441/16).

2997.2 **12)** Una **agencia de viajes mayorista**, no establecida en el territorio de aplicación del IVA, no tiene derecho a la devolución de las cuotas soportadas en el referido territorio relativas a la adquisición de bienes y servicios que, efectuadas para la realización del viaje, redunden en beneficio del viajero. No obstante, sí son deducibles las cuotas soportadas correspondientes a operaciones que no se hayan efectuado para la realización del viaje ni hayan redundado directamente en beneficio del viajero (TEAC 20-2-19; 22-7-20).

13) El obligado tributario solicitó la devolución de las cuotas soportadas en el primer trimestre del año N, siendo la mayoría de las facturas expedidas en el ejercicio N-1. El hecho de que la normativa de devolución a no establecidos se refiera al **momento** en el que se entiendan **soportadas las cuotas** y no al momento en el que las mismas se hayan devengado, supone una medida que facilita el

ejercicio de este derecho por el destinatario de las operaciones. Aunque el devengo se haya producido con anterioridad al período de solicitud, si se ha soportado dentro de dicho período, debe admitirse la devolución.
No puede asimilarse sin más la **fecha de expedición** de la factura con el momento en que su destinatario soporta las cuotas en el caso de que este destinatario sea un empresario o profesional, ya que el proveedor de los bienes o prestador de los servicios tiene un plazo de emisión de la factura y de remisión al destinatario (TEAC 26-1-10).
14) Para la solicitud de devolución del IVA a no establecidos, la **calificación de establecimiento permanente** no puede deducirse por el mero hecho de que una sociedad posea una filial en un territorio, ni porque ambas sociedades pertenezcan al mismo grupo, debiendo realizarse dicha calificación a la luz de la realidad económica y mercantil. En este sentido, debe probarse que la filial dispone de los medios técnicos y humanos de la entidad vinculada como si fueran propios y que realiza las prestaciones de servicios por su cuenta y riesgo. En caso contrario, no se puede entender que la filial constituya un establecimiento permanente (TEAC 20-2-25).

Requisitos de la solicitud (LIVA art.119.Cinco; RIVA art.31; OM EHA/789/2010 art.5 y 6) La solicitud ha de reunir los siguientes requisitos: **2998**
a) Lugar y forma de presentación: la presentación de la solicitud se realiza por vía electrónica a través del formulario dispuesto al efecto en el portal electrónico de la Administración tributaria del Estado miembro donde esté establecido el solicitante.
b) Período de devolución y plazo: las solicitudes de devolución pueden comprender las cuotas soportadas en un período no superior al año natural ni inferior a tres meses. También podrán referirse a un período de tiempo inferior a tres meses cuando dicho período constituya el saldo de un año natural.
El plazo para la presentación de la solicitud de devolución se inicia el día siguiente al final de cada trimestre natural o de cada año natural y concluye el 30 de septiembre siguiente al año natural en el que se hayan soportado las cuotas a que se refiera.
c) Contenido e importe mínimo: la solicitud ha de comprender las cuotas soportadas por las adquisiciones de bienes o servicios por las que se haya devengado el IVA y se haya expedido factura en el período a que se refieran. En el caso de las importaciones de bienes, la solicitud debe referirse a las realizadas durante el período de devolución.
Asimismo, puede presentarse una nueva solicitud referida a un año natural que comprenda las cuotas soportadas por operaciones no consignadas en otras anteriores siempre que las mismas se hayan realizado durante el año natural considerado.
Si la solicitud de devolución se refiere a un período de devolución inferior a un año natural, pero no inferior a tres meses, el importe del impuesto incluido en la solicitud de devolución no puede ser inferior a 400 euros. No obstante, si la solicitud de devolución se refiere a un período de devolución de un año natural o a la parte restante de un año natural, el importe del impuesto incluido en la solicitud no puede ser inferior a 50 euros.
d) Información. La solicitud debe contener:
- Nombre y apellidos o denominación social y dirección completa del solicitante.
- Número de identificación a efectos del IVA o número de identificación fiscal del solicitante.
- Dirección de correo electrónico.
- Descripción de la actividad empresarial o profesional del solicitante a la que se destinan los bienes y servicios correspondientes a las cuotas del impuesto cuya devolución se solicita.
- Identificación del período de devolución a que se refiera la solicitud.
- Declaración del solicitante en la que manifieste que no realiza en el territorio de aplicación del impuesto operaciones distintas de las indicadas en el nº 2994. No obstante, los empresarios o profesionales que se acojan a los regímenes especiales aplicables a los servicios tecnológicos (nº 9300 s.), no están obligados al cumplimiento de lo anterior respecto de las operaciones acogidas a dichos regímenes.
- Identificación y titularidad de la cuenta bancaria, con mención expresa a los códigos IBAN y BIC que correspondan.
- Los datos adicionales y de codificación que se soliciten por cada factura o documento de importación en el formulario.
e) Información adicional: el órgano competente para resolver la solicitud puede requerir la información adicional necesaria al solicitante, a la autoridad competente del Estado miembro donde esté establecido aquel o a terceros, mediante un mensaje enviado por vía electrónica dentro del plazo de los cuatro meses contados desde la recepción de la misma. Asimismo, dicho órgano puede solicitar cualquier información ulterior que estime necesaria.
Cuando existan **dudas** acerca de la validez o exactitud de los datos contenidos en la solicitud o en la copia electrónica de las facturas o documentos de importación, el órgano competente puede requerir al solicitante la aportación de los originales. Los originales deben mantenerse a disposición de la Administración tributaria durante el plazo de prescripción del impuesto.
Las solicitudes de información adicional o ulterior deben ser atendidas por su destinatario en el **plazo** de un mes contado desde su recepción.

2999 Precisiones 1) Cuando se trate de solicitantes establecidos en **Canarias, Ceuta o Melilla**, la solicitud se presenta a través del portal electrónico de la AEAT, la cual comunica al solicitante o a su representante la fecha de recepción de su solicitud a través de un mensaje enviado por vía electrónica.
2) La solicitud se ha de acompañar de **copia electrónica** de las facturas o documentos de importación a que se refiera cuando la base imponible consignada en cada uno de ellos supere el importe de 1.000 euros con carácter general, o de 250 euros cuando se trate de carburante.
3) El **idioma** en el que se debe cumplimentar la solicitud de devolución y la información adicional o ulterior que sea requerida es el castellano.
4) A efectos de la **descripción de la actividad** empresarial o profesional del solicitante, el Ministro de Hacienda puede establecer que dicha descripción se efectúe por medio de unos códigos de actividad.
5) Cuando se trate de un empresario o profesional titular de un **establecimiento permanente** situado en el territorio de aplicación del IVA español, debe manifestarse que no se han realizado entregas de bienes ni prestaciones de servicios desde ese establecimiento permanente durante el período a que se refiera la solicitud.
6) Si no se trata de una **cuenta abierta** en un establecimiento de una entidad de crédito ubicado en el territorio de aplicación del impuesto, Canarias, Ceuta o Melilla, los gastos que origine la transferencia se han de detraer del importe de la devolución acordada.
7) Se considera **presentada la solicitud** de devolución únicamente cuando contenga toda la información a que se refiere la letra d) del nº 2998.

Doctrina Administrativa 1) Se considera **extemporánea** una solicitud de devolución presentada una vez transcurrido el plazo previsto para su presentación y, por consiguiente, se pierde el derecho a la devolución (DGT CV 11-10-07).
Si una vez solicitada una devolución por el procedimiento general (LIVA art.115), la Administración, tras el correspondiente procedimiento de comprobación, se pronuncia con carácter firme excluyendo la posibilidad de solicitar la devolución por el procedimiento previsto, debe permitírsele solicitar la devolución de las cuotas soportadas durante el periodo a que se refiere la solicitud, conforme al **procedimiento relativo a los no establecidos** (LIVA art.119), no procediendo la calificación de dicha solicitud como extemporánea (DGT CV 8-3-23).
2) Si se cumplen los requisitos previstos en el nº 2998, se puede solicitar la devolución de las cuotas del IVA documentadas en unas **facturas rectificativas** recibidas de otra sociedad, que se entienden soportadas en el momento en el que reciba las citadas facturas rectificativas (DGT CV 16-8-21).

3000 Jurisprudencia 1) El plazo previsto en la normativa comunitaria (actualmente Dir 2008/9/CE; ver nº 2998) para la devolución del IVA soportado por los no establecidos es un **plazo de caducidad** que impide obtener la devolución de las cuotas soportadas una vez cumplido (TJUE 21-6-12, asunto C-294/11). En base a esta sentencia, el TEAC ha confirmado la extemporaneidad de la solicitud de devolución presentada por un sujeto establecido en las Islas Canarias en el mes de octubre (TEAC 22-9-16); o 7 años después del devengo de las cuotas soportadas (TEAC 19-11-20). El cumplimiento de ese plazo no reabre la vía para obtener la devolución por otro procedimiento, en particular, por el procedimiento general de devolución (LIVA art.115) (TS 30-3-21, EDJ 527336). Al tratarse de un plazo de caducidad, la solicitud de devolución de las cuotas soportadas por un no establecido (establecido en la UE) de forma extemporánea conlleva que su denegación sea conforme a derecho, sin que ello contravenga los principios de igualdad tributaria, no discriminación y equivalencia (TS 15-7-24, EDJ 621542).
2) La solicitud de devolución del IVA soportado por un no establecido puede estar **firmada por un mandatario**, y no necesariamente por el empresario que solicita la devolución (TJUE 3-12-09, asunto C-433/08).
3) La **existencia de plazos diferentes** para el ejercicio del derecho de devolución de cuotas de IVA no conculca el principio de no discriminación, ya que se justifica en el hecho de que tenga la condición de residente o no residente (TEAC 10-3-09).
4) Este procedimiento de devolución se inicia mediante la presentación de la solicitud de **devolución por vía electrónica** a través de Internet. La no presentación por vía electrónica de la solicitud de devolución no es un mero incumplimiento de un requisito formal. No obstante, y a pesar de la rigidez de la norma, no cabe duda de que si existiese una causa de fuerza mayor, probada por el obligado tributario, o una causa imputable a la Administración tributaria, que impidiese la presentación por vía electrónica de la solicitud de devolución dentro del plazo fijado en la normativa, esta circunstancia debería ser tenida en cuenta y permitir por tanto que la solicitud presentada en formato distinto al electrónico tuviese eficacia frente a la Administración tributaria (TEAC 24-11-16).

3000.1 5) La presentación de solicitud de devolución por el no establecido en **modelo equivocado** no puede equipararse a la falta de solicitud de devolución, dado el deber de la Administración de calificar conforme a su verdadera naturaleza los escritos de los interesados (TEAC 9-6-00; 11-7-07).
6) El derecho a solicitar la devolución de las cuotas soportadas por empresarios o profesionales no establecidos en el territorio de aplicación del IVA puede ejercitarse a partir del momento en que se hayan satisfecho o soportado las cuotas cuya devolución se pretende, es decir, desde que se reciban las facturas o demás documentos justificativos del derecho a deducir o, en su caso, la **factura rectificativa**, siempre y cuando no haya caducado el citado derecho (TEAC 19-10-10).

El empresario o profesional no residente debe cumplir los requisitos de la normativa, incluidos los requisitos formales, por lo que debe estar en posesión de la factura acreditativa de haber soportado el IVA. Si existen claras **irregularidades en la factura** (falta del NIF del emisor, descripción de la operación en inglés insuficiente para identificar la operación gravada, falta del importe de la base imponible), no cumplen los requisitos necesarios (TEAC 22-11-06).

Tampoco es válido que las facturas estén **expedidas a nombre de un trabajador** de la empresa y no del sujeto pasivo (TEAC 11-6-08), ni que en la factura falte la **repercusión** del impuesto (TEAC 13-10-04).

No obstante, es posible la aportación de la **factura rectificativa** en vía de revisión, debiendo surtir efecto por referencia al período de liquidación en el que se soportó el tributo. Lo que no es aceptable es que los errores en factura se completen o corrijan por el destinatario mismo de la operación (TEAC 25-6-19; 18-9-19).

7) Se permite la posibilidad de solicitar la devolución de **cuotas soportadas en períodos anteriores**, al tratarse de facturas rectificativas por las que se había denegado el derecho a la devolución por la Administración tributaria por razones formales, esto es, por incumplimiento de los requisitos formales que deben contener las facturas. No ocurre lo mismo con períodos anteriores respecto de los cuales la Administración denegó el derecho a la devolución por razones materiales u objetivas, al no acreditarse por el interesado respecto de dichos períodos que concurrieran el resto de los requisitos objetivos que exige la norma (TEAC 22-1-15).

8) Una entidad no establecida presentó en tiempo y forma el modelo 361 de solicitud de devolución del IVA soportado cuya devolución aprobó la AEAT. Posteriormente, dicha entidad se percató que había dejado fuera de su solicitud determinadas cuotas del IVA a la importación, previamente ingresadas, por lo que solicitó la **rectificación de la solicitud original**. La AEAT le denegó la solicitud por considerar que no se trataba de una rectificación sino de una ampliación de la solicitud inicial que habría sido presentada extemporáneamente, una vez caducado el procedimiento por el transcurso del plazo para la presentación de la solicitud de devolución. El TS, confirmando la tesis de la AN, considera que dicha nueva solicitud no podía calificarse de rectificación, dado que la misma no implicaba un simple error material o aritmético respecto de los datos ya aportados, sino una ampliación de la solicitud de devolución inicial que se presentó extemporáneamente (TS 16-2-16, EDJ 9679). En términos similares, TEAC 26-1-17.

9) Existe **incompatibilidad** entre el régimen de devolución para no establecidos y la realización de actividades dentro del territorio de aplicación del impuesto en el mismo período. La solicitud de devolución por no establecidos (modelo 361) debe referirse a las cuotas soportadas por el empresario o profesional durante todo el período a que se refiere, no siendo posible diferenciar, dentro del mismo, las cuotas soportadas hasta una determinada fecha bajo la condición de no establecido, y las cuotas soportadas a partir de una determinada fecha bajo la condición de establecido (TEAC 24-12-10). Si la entidad tiene **establecimiento permanente** en el territorio de aplicación del impuesto desde una determinada fecha comprendida en el período a que se refiere la solicitud y desde dicho establecimiento permanente realizó operaciones por las que adquiere la condición de sujeto pasivo en el propio período, incumple los requisitos previstos para la devolución a no establecidos (TEAC 25-10-11).

10) El **procedimiento de devolución** de cuotas soportadas por empresarios o profesionales no establecidos en el territorio de aplicación del impuesto **no es opcional** para el empresario o profesional no establecido que pretende obtener la devolución de las cuotas soportadas. Esto es, no puede optar entre acudir a este procedimiento especial (LIVA art.119 y 119 bis) o, alternativamente, al procedimiento general de devolución (LIVA art.115). Si durante el período considerado no realiza entregas de bienes o prestaciones de servicios distintas de las que se relacionan en LIVA art.119.Dos.2º, el procedimiento que debe seguir es el especial. Ello es así aun cuando el eventual incumplimiento de algún otro requisito exigido, tal como el de reciprocidad que exige la LIVA art.119 bis, impida obtener la devolución efectiva (TEAC 21-10-20).

11) Una solicitud de devolución por importe inferior a 400 euros está **referida a un solo trimestre**, siendo denegada por la oficina gestora por este motivo, al no venir referida a todo el período anual. Dicha solicitud referida a un trimestre, que es comprensiva de una única operación anual, es compatible con la presentación en forma trimestral de una solicitud siempre que esta recoja el conjunto de las operaciones del año natural. Finalmente, si la solicitud presentada es indudable que está referida al total de las operaciones del año y que lo que ha sido irregular es la identificación del período al que se refiere la solicitud, el atribuir a esta irregularidad una consecuencia tan grave como la pérdida del derecho a la devolución, resulta desproporcionado (TEAC 21-1-16). **3000.2**

12) La devolución del IVA soportado por un empresario comunitario en un Estado miembro en el que no está establecido **no puede condicionarse**, con carácter general, a que el empresario pruebe que el IVA se pagó efectivamente al proveedor que lo repercutió (TJUE auto 30-6-16, asunto C-55/16). El **pago de las facturas** que documentan las operaciones por las que se soportan las cuotas cuya devolución se solicita no es un requisito expresamente establecido por LIVA art.119. La falta de justificación del pago de las facturas no es, por sí sola, suficiente para denegar la devolución de las cuotas soportadas por no acreditarse la realidad de las operaciones, sino que es preciso realizar un esfuerzo adicional en la comprobación que permita, razonablemente, concluir que las operaciones no se han realizado, de forma que las facturas incurren en falsedad, dado que documentarían operaciones inexistentes (TEAC 27-9-24; 27-9-24).

13) En el procedimiento de devolución a no establecidos, aunque con el requerimiento que pueda efectuar la Administración pueda exigirse la presentación de la documentación o información necesarias, si la solicitada por la Administración supone o puede suponer el ejercicio de una actividad de comprobación, debe darse el **trámite de audiencia** al interesado previo a la resolución, a fin de que este alegue lo que a su derecho convenga. La denegación de la devolución con ausencia del trámite de audiencia provoca indefensión (TEAC 22-9-15). Recae sobre las Administraciones de los Estados miembros la obligación de respetar este derecho, que incluye el derecho a ser oído, aun cuando la legislación de la Unión no establezca expresamente tal requisito formal (TEAC 22-11-23; 28-1-25).

14) Reconocido por la Administración tributaria española que las **solicitudes fueron presentadas en plazo**, no cabe, con motivo de presentar unos escritos requiriendo la devolución, denegar por presentación extemporánea, cuando no queda acreditado en el expediente que la Administración tributaria española remitiese a la del Estado miembro del establecido requerimiento con los defectos o errores que contenía la solicitud para que fuesen subsanados, ni se acredita el incumplimiento por parte de la entidad solicitante (TEAC 22-1-15).

15) No es conforme con la Directiva IVA una normativa de un Estado miembro que deniega el derecho a la devolución de un IVA facturado al sujeto pasivo y pagado por este varios años después de la entrega de los bienes, debido a que el **plazo de prescripción** establecido para el ejercicio de ese derecho había comenzado a correr a partir de la fecha de la entrega y expiró antes de que se presentara la solicitud de devolución (TJUE 21-3-18, asunto C-533/16).

16) En caso de no aportación de las **copias de las facturas** en el marco del procedimiento de devolución a no establecidos, no puede rechazarse la devolución sin requerir antes del solicitante que aporte dichas copias (TJUE 18-11-20, asunto C-371/19). Ídem para el caso de no aportación del **número de la factura** (TJUE 17-12-20, asunto C-346/19).

17) El **derecho a la devolución** del IVA por el procedimiento previsto para los empresarios no establecidos en la Dir 2008/9/CE (TJUE 21-10-21, asunto C-80/20):

- No puede ejercitarse por el empresario si este no posee una **factura**. Solo si un documento adolece de vicios tales que privan a la Administración tributaria de los datos necesarios para fundamentar una solicitud de devolución, es posible considerar que tal documento no constituye una factura.
- No puede negarse por el mero hecho de que el IVA se hizo **exigible** durante un período de devolución anterior, mientras que no fue facturado hasta el período en que se solicita la devolución.
- No procede cuando una **decisión denegatoria** de la solicitud de devolución, basada en la inexistencia o irregularidad de las facturas, ha adquirido firmeza, aun cuando con posterioridad a dicha firmeza se proceda a la emisión de facturas rectificativas.

18) En caso de devolución a no establecidos, cuando el **IVA soportado**, mencionado en factura adjunta a la solicitud de devolución, es superior al IVA cuya devolución se solicita, el Estado miembro de devolución no puede proceder directamente a la devolución de este último importe y debe instar al sujeto pasivo a que rectifique su solicitud de devolución (TJUE 21-10-21, asunto C-396/20).

19) La norma del impuesto no se opone a la denegación de la solicitud de devolución del impuesto de un no residente, cuando este **no aporta en plazo los documentos** solicitados, pero los aporta en fases del procedimiento posteriores (TJUE 9-9-21 asunto C-294/20). En el procedimiento de devolución a no establecidos, los documentos requeridos por la administración y no aportados por el solicitante en plazo deben poder aportarse por este en vía de recurso (TJUE 16-5-24, asunto C-746/22).

20) La errónea consignación por el interesado del período anual en la solicitud de devolución, habiéndose comprobado que solo en alguno o algunos de los trimestres tenía la **condición de establecido** y debía haber acudido al procedimiento general de devolución respecto de las cuotas soportadas en los mismos, no debe impedir la tramitación de la solicitud por el procedimiento especial de no establecidos en relación con los períodos en los que no concurren dichas circunstancias. Se trata del incumplimiento de un **requisito formal** que no impide la verificación del cumplimiento de los requisitos materiales (TEAC 22-4-22; 23-6-22).

3001 **Resolución de la solicitud y pago de la devolución** (RIVA art.31.8 a 10) La resolución de la solicitud debe adoptarse y notificarse al solicitante en el **plazo** de los cuatro meses siguientes a la fecha de su recepción por el órgano competente. No obstante, cuando sea necesaria la solicitud de información adicional o ulterior, la resolución debe adoptarse y notificarse al solicitante en el plazo de dos meses desde la recepción de la información solicitada o desde el fin del transcurso de un mes desde que la misma se efectuó, si dicha solicitud no fuera atendida por su destinatario. En estos casos, el procedimiento de devolución tiene una duración mínima de seis meses contados desde la recepción de la solicitud por el órgano competente.

Cuando sea necesaria la solicitud de **información adicional** o ulterior, el plazo máximo para resolver una solicitud de devolución es de ocho meses contados desde la fecha de su recepción, entendiéndose desestimada si transcurridos los plazos correspondientes no se ha recibido notificación expresa de su resolución.

Reconocida la devolución, debe procederse a su **abono** en los 10 días siguientes a la finalización de los plazos anteriores.

Transcurridos los plazos anteriores sin que se haya ordenado el pago de la devolución por causa imputable a la Administración tributaria, se aplica a la cantidad pendiente de devolución el **interés de demora** desde el día siguiente al de la finalización de dichos plazos y hasta la fecha del ordenamiento de su pago, sin necesidad de que el solicitante así lo reclame.
No obstante, no se devengan intereses de demora si el solicitante no atiende en plazo los requerimientos de información adicional o ulterior que le sean hechos. Tampoco procede el devengo de intereses hasta que no se presente copia electrónica de las facturas o documentos de importación en los casos señalados en el nº 2998.
Los **recursos** contra la desestimación total o parcial de la solicitud pueden ser presentados por el solicitante de acuerdo con lo dispuesto en la normativa general tributaria (nº 14470 s. Memento Fiscal 2026).

Precisiones Si con posterioridad al abono de una devolución se pusiera de manifiesto su **improcedencia** por no cumplirse los requisitos y limitaciones establecidos, o bien por haberse obtenido aquella en virtud de datos falsos, incorrectos o inexactos, la Administración tributaria ha de proceder directamente a recuperar su importe junto con los intereses de demora devengados y la sanción que se pudiera imponer, de acuerdo con el procedimiento de recaudación previsto para el período ejecutivo (nº 14075 s. Memento Fiscal 2026), sin perjuicio de las disposiciones sobre asistencia mutua en materia de recaudación relativas al impuesto. 3002
La falta de pago por el solicitante en período voluntario de la cuota del impuesto, de una sanción o de los intereses de demora devengados, ha de permitir adoptar las **medidas cautelares** previstas en la normativa general tributaria (nº 14008 s. Memento Fiscal 2026).

Ejemplos **1)** Un empresario búlgaro veranea con su familia en Mallorca y soporta IVA por gastos de **hostelería y restaurante** por importe de 600 €. 3003
El empresario no puede solicitar la devolución ya que no actúa como empresario o profesional y las cuotas soportadas no son deducibles (nº 2600 s.). En el caso de que presente la solicitud (cosa que debe hacer por vía electrónica a través del portal habilitado al efecto por la Administración búlgara) son las propias autoridades búlgaras las que han de rechazar directamente su solicitud, sin dar siquiera conocimiento de la misma a la AEAT. Si las autoridades búlgaras remitieran la solicitud a la AEAT, esta puede y debe denegar la devolución por no concurrir los requisitos exigidos.
2) Una empresa francesa de hostelería, A, cuenta con una **filial en la Península**, B, dedicada únicamente a la búsqueda de clientes españoles interesados en residir durante una temporada en los hoteles de la empresa citada, ubicados en Francia. B factura por los servicios de mediación prestados a A.
Un directivo de A ha pagado IVA por el **arrendamiento de un vehículo** durante una semana en Madrid, con ocasión de una estancia en dicha ciudad relacionada con la actividad empresarial de A. La factura por el servicio de arrendamiento se ha expedido a nombre de A.
En este caso, hay que distinguir las siguientes operaciones:
a) Los servicios de hostelería prestados por A están sujetos al IVA de Francia.
b) Los servicios de mediación prestados por la filial a la empresa francesa están sujetos al IVA francés. Dicha filial no constituye un establecimiento permanente de la empresa francesa, al tener personalidad jurídica propia.
c) En cuanto a la recuperación del IVA soportado por A en España, derivado del arrendamiento del medio de transporte, A debe presentar su solicitud de devolución por vía electrónica utilizando el portal puesto a su disposición por la Administración francesa. Dicha Administración ha de remitirle un acuse de recepción de la solicitud y a continuación remitir la misma a la AEAT, que es la competente para tramitar y efectuar la devolución.

3) Una entidad X, con sede en Mallorca, lleva a cabo la **venta de un solar** situado en dicha ciudad. 3003.1
La venta se realiza a una empresa alemana A, no establecida en el territorio de aplicación del impuesto, la cual lo revende inmediatamente a una empresa francesa B, no establecida en dicho territorio, la cual a su vez lo revende inmediatamente a Y, entidad radicada en Madrid y que va a utilizar el solar para construir un hotel.
En este supuesto, aparecen **dos mediadores,** A y B, que actúan en nombre propio y que, por lo tanto, y a efectos del IVA, se consideran como compradores y vendedores del solar. Todas las ventas del solar están sujetas al IVA español, al tratarse de entregas de un inmueble situado en el territorio de aplicación del tributo.
- En la venta de X a A, la primera entidad repercute el impuesto sobre la segunda.
- En la venta subsiguiente, de A a B, se aplica el mecanismo de inversión del sujeto pasivo (nº 1335) y, por lo tanto, es sujeto pasivo B.
- En la venta posterior, se vuelve a aplicar el mecanismo de inversión del sujeto pasivo y el sujeto pasivo es Y.
La cuestión es determinar cómo recuperan el impuesto soportado A y B:
- Por lo que se refiere a A, se trata de una entidad no establecida que no resulta ser sujeto pasivo por la operación realizada; por lo tanto, debe recuperar el IVA soportado a través del procedimiento específico de devolución para empresarios establecidos en el territorio de la UE (nº 2992 s.).

- Sin embargo, B se encuentra en una situación distinta. Es cierto que es un empresario no establecido, pero también lo es que resulta ser sujeto pasivo de la entrega efectuada por A, por aplicación del mecanismo de inversión del sujeto pasivo. Supone que B debe presentar una autoliquidación para declarar el IVA devengado por dicha operación. En esa misma declaración puede efectuar la deducción de ese IVA (pues el mismo es para B simultáneamente IVA devengado e IVA soportado) con arreglo al porcentaje de deducción que resulte de aplicación. Al contrario que A, la entidad B no puede recurrir al procedimiento de devolución previsto para no establecidos en el territorio de aplicación del IVA español.

4) Un **empresario** francés que carece de establecimiento permanente en la Península e Islas Baleares **alquila un camión** (como arrendatario) en Madrid, durante tres semanas, a un empresario español, que se utiliza por la empresa francesa para efectuar transportes para empresarios franceses.

En este caso, el empresario francés no llega a ser sujeto pasivo del IVA español, porque no ha efectuado ninguna operación por la que deba recibir esa calificación. En particular, los servicios de transporte prestados por él están sujetos al IVA francés.

Sin embargo, el empresario francés ha soportado el IVA español correspondiente al alquiler del camión. Para su recuperación debe presentar la solicitud de devolución por vía electrónica utilizando el portal habilitado al efecto por la Administración de dicho país. La Administración francesa remitirá la solicitud de devolución a la AEAT y es esta la que resuelve la solicitud y, en su caso, paga la devolución.

3004 Jurisprudencia **1)** Las resoluciones de las solicitudes de devolución deben estar debidamente **motivadas**, no pudiendo el órgano competente desestimar las solicitudes argumentando de forma genérica que no se ha acreditado el cumplimiento de los requisitos exigidos en la normativa indicada, sin llevar a cabo un análisis y valoración suficientes de la documentación presentada por el solicitante al tiempo de presentar la solicitud y con ocasión del requerimiento que posteriormente realizó la Administración, mermando de esta forma sus posibilidades de defensa en posteriores instancias revisoras (TEAC 16-4-08).

2) La ausencia en el **expediente administrativo** de los documentos sobre los que la Administración tributaria sostiene y fundamenta su acuerdo denegatorio de la devolución del IVA soportado por empresarios o profesionales no establecidos en el territorio de aplicación del impuesto, impone la estimación de la reclamación, toda vez que impiden al TEAC constatar las argumentaciones de la Administración (TEAC 11-10-11).

3) Cuando un procedimiento de devolución iniciado mediante solicitud termine con el inicio de un **procedimiento de comprobación limitada**, así notificado al obligado tributario con ocasión del requerimiento de documentación dirigido a verificar el cumplimiento de los requisitos para proceder a la devolución solicitada, resultan de aplicación las normas reguladoras de dicho procedimiento, debiendo notificarse propuesta de resolución y conceder el oportuno trámite de audiencia antes de dictar acuerdo denegatorio de la devolución de las cuotas soportadas (TEAC 28-9-11).

4) El plazo de un mes durante el cual el empresario o profesional comunitario no establecido en el Estado miembro de devolución debe proporcionar la **información adicional solicitada** por este, no es un plazo de caducidad. Por tanto, la inobservancia de dicho plazo no determina necesariamente la pérdida del derecho a la devolución (TJUE 2-5-19, asunto C-133/18).

5) El derecho de la Unión no se opone a una normativa nacional que deniega definitivamente la devolución del IVA cuando no se han aportado los **documentos justificativos** en vía administrativa, ni tampoco a una normativa nacional que permite la subsanación de dicha no aportación de documentos en vía jurisdiccional (o económico-administrativa) (TJUE 9-9-21, asunto C-294/20).

3005 **Cuotas del IVA español soportadas por empresarios establecidos en territorios terceros** (LIVA art.119 bis,163 vicies, 163 tervicies y 163 octovicies; RIVA art.31 bis; OM EHA/789/2010 art.7 a 10) Los empresarios o profesionales **no establecidos** en el territorio de aplicación del IVA español ni en la UE, Canarias, Ceuta o Melilla, es decir, establecidos en territorios terceros, pueden solicitar la devolución de las cuotas del IVA que hayan soportado por las adquisiciones o importaciones de bienes o servicios realizadas en dicho territorio, cuando concurran las **condiciones y limitaciones** señaladas en el nº 2994, con las siguientes especialidades:

a) Los solicitantes deben nombrar, con carácter previo, un **representante** residente en el territorio de aplicación del IVA español, que ha de cumplir las obligaciones formales o de procedimiento correspondientes y que responde solidariamente con aquellos en los casos de devolución improcedente. La Hacienda Pública puede exigir a dicho representante caución suficiente a estos efectos.

b) Los solicitantes deben estar establecidos en un Estado en que exista **reciprocidad** de trato a favor de los empresarios o profesionales establecidos en el territorio de aplicación del IVA español, Canarias, Ceuta y Melilla. El reconocimiento de la existencia de reciprocidad se efectúa por resolución de la persona titular de la Dirección General de Tributos del Ministerio de Hacienda.

Como **excepción** de lo anterior, no se precisa la existencia de reciprocidad, pudiendo cualquier empresario o profesional no establecido obtener la devolución del IVA soportado respecto de las importaciones de bienes y las adquisiciones de bienes y servicios relativas a:
- el suministro de plantillas, moldes y equipos adquiridos o importados en el territorio de aplicación del impuesto por el empresario o profesional no establecido, para su puesta a disposición a un empresario o profesional establecido en dicho territorio para ser utilizados en la **fabricación** de bienes que sean expedidos o transportados fuera de la Comunidad con destino al empresario o profesional no establecido, siempre que al término de la fabricación de los bienes sean expedidos con destino al empresario o profesional no establecido, o destruidos; y
- los servicios de acceso, hostelería, restauración y transporte vinculados con la asistencia a **ferias**, congresos y exposiciones de carácter comercial o profesional que se celebren en el territorio de aplicación del impuesto.

La **solicitud** se presenta por vía electrónica en el **modelo 361** (nº 6820).

En cuanto al **contenido** de la solicitud y el importe mínimo, las reglas son idénticas a las indicadas en el nº 2998.

La solicitud de devolución debe contener:
- una declaración suscrita por el solicitante o su representante en la que manifieste que no realiza en el territorio de aplicación del impuesto operaciones distintas de las indicadas en el nº 2994;
- compromiso suscrito por el solicitante o su representante de reembolsar a la Hacienda Pública el importe de las devoluciones que resulten improcedentes;
- certificación expedida por las autoridades competentes del Estado donde radique el establecimiento del solicitante en la que se acredite que realiza en el mismo actividades empresariales o profesionales sujetas al IVA o a un tributo análogo durante el período en el que se hayan devengado las cuotas cuya devolución se solicita.
- la **primera solicitud** de devolución que un representante presente por cuenta de un solicitante concreto, o cuando no esté vigente el poder que se hubiese aportado con anterioridad, debe necesariamente ir acompañada del correspondiente poder de representación otorgado con carácter previo a la presentación de la solicitud de devolución. Además, la solicitud se ha de acompañar de **copia electrónica** de las facturas o documentos de importación a que se refiera cuando la base imponible consignada en cada uno de ellos supere el importe de 1.000 euros con carácter general, o de 250 euros cuando se trate de carburante.

Respecto a la **información adicional** y la resolución de la solicitud y pago de la devolución, se aplican las reglas previstas para la devolución a no establecidos en el territorio de aplicación del IVA español, pero sí en otro territorio de la UE, Canarias, Ceuta o Melilla (nº 2998 y nº 3001).

Precisiones **1)** Los empresarios o profesionales no establecidos en la UE que se acojan a los **regímenes especiales relativos al comercio electrónico** (nº 9370 s. y nº 9300 s.), a efectos de las devoluciones, no están obligados: **3006**
- a incluir una declaración en la que manifieste que no realiza en el territorio de aplicación del impuesto operaciones distintas de las indicadas en nº 2994 letra b, respecto de las operaciones acogidas a dichos regímenes;
- a que esté reconocida la existencia de reciprocidad de trato a favor de los empresarios o profesionales establecidos en el territorio de aplicación del IVA;
- a nombrar representante ante la Administración tributaria (LIVA art.163 vicies, 163 tervicies y 163 octovicies).

2) La **acreditación de la representación** puede ser mediante documento público, documento privado con firma legitimada o poder otorgado apud-acta.

3) La DGT ha valorado, globalmente, el cumplimiento del **requisito de reciprocidad** en los siguientes casos: Canadá (DGT 16-5-94), Israel (DGT CV 5-10-06), Japón (DGT 10-9-96), Mónaco (DGT 24-3-94), Noruega (DGT 16-9-03), Suiza (DGT 23-9-96) y Reino Unido de Gran Bretaña e Irlanda del Norte (DGT Resol 4-1-21). Estas resoluciones suponen que los empresarios establecidos en los mencionados Estados terceros no tienen que acreditar la reciprocidad ante la Administración tributaria española.

Este requisito de reciprocidad **no se exige** en relación con los empresarios establecidos en los demás Estados miembros de la UE, respecto de los cuales el procedimiento de devolución es el recogido en el nº 2992, que no exige reciprocidad, pues en todos los Estados miembros de la UE se aplican las reglas de la normativa comunitaria (Dir 2008/9/CE).

Tampoco se exige el requisito de reciprocidad en la devolución a empresarios o profesionales no establecidos en la Comunidad que soporten o satisfagan cuotas del IVA como consecuencia de la realización de operaciones relacionadas con la **XXXVII Copa América Barcelona** (L 31/2022 disp.final.36ª.Cuatro).

4) El **Reino Unido de Gran Bretaña e Irlanda del Norte**, a efectos del IVA, tiene la consideración de tercer país. No obstante, el territorio de Irlanda del Norte sigue aplicando el Derecho de la Unión en relación con mercancías (ver nº 2992, precisión 2).

5) Cuando se trate de un empresario o profesional titular de un **establecimiento permanente** situado en el territorio de aplicación del IVA español, se ha de manifestar en dicha declaración que no se han realizado entregas de bienes ni prestaciones de servicios desde ese establecimiento permanente durante el período a que se refiera la solicitud.

3007 Ejemplos **1)** Un empresario japonés, no establecido en la Península ni en Baleares, actúa como **comisionista en nombre propio** en una venta de mercancías que efectúa un empresario barcelonés para otro de Vigo. Las mercancías no salen en ningún momento del territorio de aplicación del IVA español.

Existen dos entregas, una efectuada por el empresario barcelonés para el japonés y por la que este soporta el IVA y otra efectuada por el japonés para el vigués, en la que se produce la inversión del sujeto pasivo. El empresario japonés no es sujeto pasivo del tributo y solo puede recuperar el IVA soportado mediante este procedimiento de devolución.

2) Un **empresario japonés** sin establecimiento permanente en la Península ni en las Islas Baleares realiza las siguientes **operaciones** sujetas al IVA español durante el año N:

1. Intermedia en nombre propio en una venta de mercancías efectuada por un empresario de Sevilla para otro de Mérida. El devengo del IVA correspondiente a ambas operaciones se produce el día 2-2-N. El precio de las mercancías pagado por el empresario de Mérida asciende a 10.000 €. La comisión del japonés asciende al 10%.
2. Importa mercancías de Japón el 4-4-N. Su valor en aduana asciende a 6.000 €. Dichas mercancías se venden el 6-5-N a empresarios españoles por 10.000 €.
3. Importa otras mercancías de Japón el 6-9-N, cuyo valor en aduana asciende a 5.000 €. Dichas mercancías se venden directamente a particulares personas físicas en España durante el mes de septiembre de N y por una cantidad total de 30.000 €.

La situación del empresario japonés es la siguiente:

a) En el primer trimestre de N se producen, a efectos del IVA, dos entregas: una del empresario de Sevilla al japonés, siendo la base imponible del IVA correspondiente a dicha entrega de 9.000 € y el IVA repercutido (suponiendo un tipo impositivo del 21%) de 1.890 €, IVA soportado por el empresario japonés no establecido. La otra entrega la efectúa el empresario japonés para el empresario de Mérida. La base imponible del IVA es de 10.000 € y el sujeto pasivo, por inversión, es el propio empresario de Mérida.

Pues bien, el IVA soportado por el japonés en este primer trimestre puede ser recuperado por el procedimiento de devolución del nº 3005 s., ya que en este primer trimestre dicho empresario japonés no establecido no ha efectuado operaciones sujetas al IVA español distintas de las mencionadas en el nº 2994. El plazo para solicitar la devolución de los 1.890 € del IVA soportado se inicia el 1-4-N y concluye el 30-9-N+1.

b) En el segundo trimestre, el empresario japonés paga IVA a la importación por importe de 1.260 € y luego efectúa entregas en las que se produce la inversión del sujeto pasivo. También puede solicitar la devolución de los 1.260 € mediante este procedimiento de devolución, iniciándose el plazo el 1-7-N y concluyendo el 30-9-N+1.

Por el hecho de haber efectuado una importación sujeta al IVA no se pierde el derecho a solicitar la devolución a través de este procedimiento.

c) En el tercer trimestre, el empresario japonés paga IVA a la importación por importe de 1.050 € y luego efectúa entregas de bienes sujetas al IVA, siendo él mismo el sujeto pasivo de dicho tributo, ya que al efectuarse las ventas a particulares no procede el mecanismo de inversión del sujeto pasivo. Por tanto, en este trimestre el empresario japonés efectúa operaciones distintas de las contempladas en nº 2994 y no puede recuperar los 1.050 € del IVA satisfecho a la importación por este procedimiento de devolución.

El empresario japonés, que es en este trimestre sujeto pasivo del IVA español, debe cumplir en este tercer trimestre de N todas las obligaciones que la normativa española impone a los sujetos pasivos de tal tributo. Entre ellas, la de presentar declaración censal de comienzo de las operaciones, solicitar un NIF y presentar autoliquidación del IVA, en las que aparece como IVA devengado el correspondiente a las entregas efectuadas a los particulares (6.300 €) y como IVA deducible el satisfecho a la importación (1.050 €), resultando una cantidad a ingresar de 5.250 € y recuperando el empresario japonés el IVA satisfecho por la vía normal de las deducciones.

3007.1 **3)** Un **empresario suizo** compra tres raquetas de tenis y otro **material deportivo** para él y sus hijos, durante sus vacaciones en Gerona, soportando un IVA de 450 €. La compra se efectúa el 1-4-N y el empresario suizo no vuelve a Suiza hasta un mes después, una vez concluidas sus vacaciones en España.

No puede, en este caso, solicitarse la devolución del IVA soportado por la vía de devolución según el nº 3005 s., ya que las cuotas soportadas no tienen la consideración de deducibles (nº 2600 s.). Ahora bien, sí podría el empresario suizo solicitar la devolución del IVA satisfecho de acuerdo con el procedimiento de devolución en régimen de viajeros y siempre que se cumplan todos los requisitos exigidos (nº 2985).

4) Sea un **empresario noruego**, no establecido en la Península ni en las Islas Baleares, al que un empresario español presta en Madrid un servicio de arrendamiento de un medio de transporte por una semana, que el noruego utiliza en el marco de su actividad empresarial. El empresario noruego paga el IVA correspondiente al servicio, **no emitiéndose factura**.

No puede solicitarse la devolución por el procedimiento del nº 3005 s. si el empresario noruego no se encuentra en posesión de la factura correspondiente, ya que no se cumplen los requisitos de deducibilidad de las cuotas (nº 2866).

Doctrina Administrativa **1)** Un **banco ecuatoriano** sin establecimientos permanentes en España, que no realiza operación alguna por la que resulte ser sujeto pasivo del IVA y que soporta IVA en España, solo puede recuperar dicho IVA con arreglo a lo previsto para establecidos en territorios terceros (DGT CV 9-7-09). **3008**

2) Los servicios prestados por una **entidad suiza** a sus clientes no establecidos en la Comunidad, Canarias, Ceuta o Melilla, pero usados efectivamente en el territorio de aplicación del impuesto, no están sujetos al mismo. Por tanto, puede obtener la devolución de las cuotas del IVA que haya soportado a través del sistema de devolución previsto por los establecidos en territorios terceros (DGT CV 11-7-13).

3) Si una **entidad no establecida** en el territorio de aplicación del IVA español realiza operaciones en dicho territorio por las que resulta ser sujeto pasivo, no puede utilizar al sistema de devolución para los establecidos en territorios terceros y tiene que recurrir a las reglas generales del IVA (DGT CV 23-11-15).

Los **arrendadores de bienes inmuebles** no establecidos han sido excluidos de la regla de inversión del sujeto pasivo, lo que supone que deban acudir al procedimiento general de devolución del impuesto. En el caso en que se hubieran soportado cuotas con anterioridad a la modificación normativa (1-1-2023), de forma **excepcional** y para garantizar la neutralidad del impuesto, siempre que no se haya solicitado la devolución mediante el procedimiento previsto para no establecidos; y no haya transcurrido el plazo de cuatro años desde su devengo, lo que supondría la caducidad del derecho (LIVA art.100), puede deducirse o solicitarse la devolución de estas cuotas mediante el procedimiento general (DGT 14-2-23; CV 22-3-23; CV 22-3-23).

4) Una entidad hongkonesa, al efectuar operaciones que tributarían por el **régimen especial de agencias de viajes** si dichas operaciones se realizasen desde el TIVA, no tiene derecho a la obtención de la devolución de las cuotas soportadas relacionadas con bienes y servicios que redundan en beneficio de los viajeros. En relación con las cuotas soportadas relacionadas con bienes y servicios que no redundan en beneficio del viajero, al no existir reconocimiento de trato recíproco, tampoco puede obtener la devolución de las cuotas soportadas en el territorio de aplicación del impuesto, salvo en los supuestos indicados en la letra b) del nº 3005 (DGT CV 21-10-19).

5) No existe actualmente **reconocimiento de trato recíproco** para la devolución de las cuotas soportadas por empresarios o profesionales españoles en Islandia, no bastando la sola manifestación de dicha circunstancia por la entidad que pretende la devolución, por lo que esta no podrá obtener la devolución de las cuotas soportadas en el territorio de aplicación del Impuesto, salvo en los supuestos previstos en LIVA art.119 bis.3º (DGT CV 16-10-20).

6) La DGT Resol 4-1-21 debe interpretarse en el supuesto de aplicación de un régimen de tratamiento efectivamente recíproco al reconocido en el **Reino Unido**, que se entiende cumplido el requisito de reciprocidad a efectos de la devolución de las cuotas del IVA soportadas por la adquisición de bienes y servicios por empresarios y profesionales británicos no establecidos en el territorio de aplicación del Impuesto que los destinen a su reventa, cuando en dicha operación de **reventa** no tengan la condición de sujeto pasivo del Impuesto por la aplicación de la regla de inversión del sujeto pasivo (LIVA art.84.uno.2º.a) (DGT CV 8-11-21; CV 23-12-21; CV 18-1-22; CV 7-2-22; CV 27-12-22).

7) Una entidad soporta el impuesto por gastos realizados en territorio de aplicación del IVA. Entre otros, estos gastos contribuyen a la prestación de **servicios financieros** a empresarios establecidos en territorio de aplicación del Impuesto. Esta actividad genera derecho a la deducción en dicha entidad en su Estado de establecimiento. El importe exacto de la devolución se realizará en función del porcentaje aplicable en dicho Estado -LIVA art.119.5º- (DGT CV 16-11-22).

8) Respecto al **representante de una sociedad** establecida en Reino Unido para solicitar las devoluciones a no establecidos (LIVA art.119 bis) que, posteriormente, cesa su representación puesto que la entidad nombra a un nuevo representante para los ejercicios siguientes, el primer representante debe mantener la titularidad del aval o caución que prestó inicialmente para los ejercicios en los que estaba vigente su cargo de representante, puesto que las solicitudes de devolución presentadas durante la vigencia del mismo constituyen actos administrativos y su responsabilidad no puede transmitirse al nuevo representante, que no intervino en las actuaciones pasadas (DGT CV 4-12-25).

Jurisprudencia **1)** Tratándose de un empresario o profesional establecido en un **país tercero no comunitario**, para obtener la devolución de las cuotas de IVA soportadas en España es necesario, además del resto de los requisitos exigidos (nº 3005), que dicho país reconozca el derecho a la devolución del IVA soportado en ese territorio a los empresarios o profesionales establecidos en territorio español. Este requisito solo se entiende cumplido si existe una resolución de la DGT declarando dicha reciprocidad (TEAC 10-2-09). **3009**

2) La expresión **Estados terceros**, que figura en la normativa comunitaria, incluye el conjunto de los Estados terceros. Lo anterior no menoscaba la facultad y la responsabilidad de los Estados miembros de respetar las obligaciones que les incumben con arreglo a **acuerdos internacionales**, como el Acuerdo General sobre el Comercio de Servicios (TJUE 7-6-07, asunto C-335/05).
3) La normativa interna es transposición de las previsiones contenidas en la normativa comunitaria, que establece que deben tener consideración de **territorios terceros**, no solo los países terceros, sino también aquellos territorios que, formando parte de Estados miembros integrados en la Unión Europea, no están incluidos en el sistema armonizado del IVA.
Dado que a **Gibraltar** no le resultan de aplicación los actos de las instituciones de la Comunidad en materia de armonización de las legislaciones de los Estados miembros relativas a los impuestos sobre el volumen de negocios, se trata de un territorio tercero al que resulta exigible el requisito de acreditación de reciprocidad de trato (TEAC 22-9-09; AN 20-6-11, EDJ 114411).
4) Si el solicitante de la devolución es un **establecimiento permanente ubicado fuera de la Comunidad**, se exige un requisito específico del Estado en que se encuentre establecido el solicitante: el cumplimiento del principio de reciprocidad de trato. Por eso, si una entidad tiene diversos establecimientos permanentes ya sea en diferentes Estados miembros, ya sea en Estados no miembros de la UE, cada uno tiene a efectos del impuesto la condición de empresario o profesional y debe solicitar separadamente cada uno de ellos la devolución de las cuotas soportadas en facturas en las que se identifique al establecimiento permanente en cuestión (TEAC 16-11-10).

3010 **5)** Los empresarios no establecidos en la UE no tienen derecho a solicitar la devolución del IVA soportado en la UE por adquisiciones de bienes y servicios utilizados para la realización de **operaciones de seguro y financieras** directamente relacionadas con exportaciones o cuyos destinatarios estén establecidos fuera de la UE (TJUE 15-7-10, asunto C-582/08).
6) La concesión de **descuentos** por el fabricante exportador establecido en un país tercero sobre el precio de venta al público de productos importados y vendidos por un distribuidor en España, en su propio nombre y por cuenta propia, no generan derecho a la devolución. El exportador no ingresa IVA en la Hacienda pública española al tratase de exportaciones exentas en origen sobre las que se realizan las rebajas (TEAC 15-11-12).
7) En una **regularización por IVA a la importación**, cuando el obligado tributario no está establecido en el territorio IVA, no cabe la aplicación del principio de regularización íntegra, puesto que el sujeto pasivo no presenta autoliquidaciones periódicas en las que se proceda a la deducción del tributo, debiendo proceder a la solicitud de su devolución a través del correspondiente procedimiento regulado para no establecidos en el territorio de aplicación del IVA español (TEAC 20-11-18).
8) No cabe devolución del IVA soportado por un empresario no establecido cuando el **acto administrativo denegatorio** de la devolución deviene firme (TJUE 14-2-19, asunto C-562/17).
9) Entidad israelí que soporta determinadas cuotas en el territorio de aplicación del impuesto con ocasión de la **celebración de un evento** en el que se había de proceder a la presentación a sus clientes de un producto. No resulta aplicable lo dispuesto en LIVA art.119 bis.3º (no necesidad de **reciprocidad**) a un evento que es organizado de forma privada para una sola empresa, destinataria de la prestación, y al que solo acuden las personas invitadas por ella, con la finalidad de dar a conocer sus productos y aumentar las posibilidades de venta de los mismos (TEAC 17-9-20; 20-9-21).
10) Los sujetos pasivos no establecidos en la Comunidad, que se acojan al **Régimen exterior de la Unión** (nº 9349 s.), pueden solicitar la devolución de las cuotas soportadas en el territorio IVA mediante el procedimiento de devolución de la LIVA art.119 bis, sin que sea exigible el requisito de reciprocidad de trato (TEAC 20-1-26).
11) En relación con el **fletamento de aeronaves** utilizadas por las compañías de navegación aérea que se dediquen esencialmente al tráfico internacional, aunque la Ley del impuesto, cuando enumera las operaciones exentas permitidas al no establecido (LIVA art.119) no recoge la relativa al fletamento de aeronaves (LIVA art.22), esta omisión no puede amparar, en perjuicio del no establecido, su exclusión del régimen especial de devoluciones que le resulta aplicable conforme a la Decimotercera Directiva -Dir 86/560/CEE art.1.1.a)- (TEAC 17-3-16; 22-4-22).

h. Devoluciones por entregas a título ocasional de medios de transporte nuevos

(RIVA art.32; OM EHA/3786/2008)

3012 Para solicitar la devolución de las cuotas soportadas por los empresarios o profesionales que efectúen ocasionalmente entregas de medios de transporte nuevos exentas (nº 5425), se debe presentar el **modelo 308**, exclusivamente por vía electrónica a través de internet, en el **plazo** de 30 días naturales contados desde aquel en que tiene lugar la entrega del bien (para las normas de presentación del modelo ver el nº 6650 s.).
A la solicitud hay que acompañar los siguientes **documentos**:
- original de la factura en la que conste la cuota cuya devolución se solicita, con los datos técnicos del medio de transporte objeto de la operación (se trata, por tanto, del original de la factura que documentó la adquisición del medio de transporte efectuada por parte de quien solicita la devolución);

- original de la factura de la entrega a título ocasional, expedida por el solicitante, en la que consten los datos técnicos del medio de transporte y los de identificación del destinatario de la entrega.

E. Corrección de las deducciones iniciales

Las deducciones del impuesto regularmente practicadas por un sujeto pasivo presentan, en principio, un carácter definitivo; sin embargo, deben ser modificadas en ciertos casos previstos expresa y limitativamente por la normativa. **3015**

Estas modificaciones de las deducciones iniciales se denominan **regularizaciones**. El procedimiento para efectuarlas es distinto según que se refieran a las deducciones:

- por los bienes de inversión (nº 3016 s.);
- realizadas con anterioridad al comienzo de las entregas de bienes y prestaciones de servicios que constituyen el objeto de la actividad (nº 3066 s.);
- ocasionadas en base a la prorrata provisional (nº 2760);
- ocasionadas por la opción por la aplicación de la prorrata especial en la última declaración-liquidación del ejercicio o por la revocación de dicha opción (nº 2778);
- ocasionadas por el cálculo provisional de las cuotas soportadas por los entes públicos duales destinadas simultáneamente a operaciones sujetas y a operaciones no sujetas conforme a lo señalado en nº 335 (nº 2521, precisión 1).

En determinados supuestos, también es preciso modificar las deducciones practicadas mediante la oportuna **rectificación** (nº 3055 s.).

Jurisprudencia La ejecución de una resolución económico-administrativa que anuló una liquidación por IVA en régimen de estimación indirecta y ordenaba la retroacción de actuaciones y que se practicara liquidación en estimación directa, no obliga a que la inspección admita las cuotas deducibles determinadas en **estimación indirecta**, ya que la deducibilidad en régimen de estimación directa debe cumplir los requisitos previstos legalmente. Sin embargo, la nueva liquidación que se dicte no puede superar la cuantía de la liquidación anulada, pues vulneraría el principio de interdicción de la reformatio in peius (TEAC 27-2-08).

1. Regularización de deducciones de cuotas soportadas por bienes de inversión

(LIVA art.95.tres.3º a 5º y 107 a 110)

Una de las principales ventajas económicas del IVA es la posibilidad de deducción inmediata de las cuotas soportadas por la adquisición o importación de bienes de inversión, es decir, al tiempo de efectuar la autoliquidación del período en que fueron soportadas. No obstante, las deducciones correspondientes a los bienes de inversión deben regularizarse en los casos previstos (esencialmente, cuando durante el período de regularización se produzcan variaciones en el porcentaje de deducción del sujeto pasivo, nº 3019). **3016**

El procedimiento de regularización de deducciones por bienes de inversión parte del **presupuesto** de que el bien de inversión se encuentra totalmente afectado a la actividad empresarial, y de que se producen variaciones dentro de esta actividad entre el porcentaje de operaciones gravadas (que generan derecho a la deducción del IVA soportado) y el de operaciones exentas (que no generan el derecho a la referida deducción).

No obstante, la normativa prevé que se aplican mutatis mutandis las mismas reglas de regularización de deducciones por bienes de inversión cuando se produzcan variaciones en el **grado de afectación** a la actividad empresarial o profesional del bien de inversión. Así, por ejemplo, cuando un bien de inversión se afecta en el año de su adquisición completamente a la actividad empresarial (procediendo la deducción total del IVA soportado por dicho bien, si se da la circunstancia de que todas las operaciones realizadas generen el derecho a la deducción) y en el año siguiente se desafecta en un 50% para destinarlo a fines privados; en este supuesto procede la regularización, que se traduce en un recorte de la deducción inicialmente efectuada. La regularización en estos casos se realiza sustituyendo el porcentaje de operaciones que originan el derecho a la deducción respecto del total, por el porcentaje que represente el grado de utilización del bien en el desarrollo de la actividad empresarial o profesional.

El **grado de utilización** en el desarrollo de la actividad empresarial o profesional debe acreditarse por el sujeto pasivo por cualquier medio de prueba admitido en derecho. No es medio de prueba suficiente la autoliquidación presentada por el sujeto pasivo ni la contabilización o inclusión de los correspondientes bienes de inversión en los registros oficiales de la actividad empresarial o profesional.

A los efectos del IVA, se consideran **bienes de inversión** los bienes corporales, muebles, semovientes o inmuebles que por su naturaleza y función están normalmente destinados a ser utilizados como instrumentos de trabajo o medios de explotación, por un período de tiempo superior al año.

3016.1 Precisiones 1) Los **elementos intangibles** (no corporales), si bien pueden formar parte efectiva del patrimonio empresarial como inmovilizado intangible, nunca son bienes de inversión en el contexto del IVA.
2) El elemento fundamental de los bienes de inversión a efectos del impuesto es la posibilidad de su utilización por un **período superior al año**, razón por la cual quedan sujetos a la obligación de regularizar las deducciones practicadas en el momento de su adquisición.
3) En relación con la delimitación de **bienes de inversión**, ver nº 2585 s.
4) La normativa comunitaria ofrece a los Estados miembros la **opción** de aplicar las reglas sobre regularización de bienes de inversión a los servicios que tengan características similares a las que se atribuyen normalmente a los bienes de inversión (Dir 2006/112/CE art.190).

3017 Ejemplo Un empresario adquiere un ordenador que constituye un bien de inversión. Se conocen los siguientes datos: cuota soportada 1.000 €; utilización previsible en la actividad empresarial 80%; deducción permitida: 800 €.
Si al final del ejercicio la utilización real en la actividad empresarial resulta ser del 90%, se ha de regularizar la deducción, aplicando una deducción complementaria del 10%, hasta alcanzar una deducción total de 900 €.
Si, además, la empresa tuviese una prorrata del 70%, la cuota deducible por el bien de inversión considerado sería de 70% × 900 = 630 €.
En los siguientes años, durante el período de regularización de deducciones, procede dicha regularización si el porcentaje de afectación o el de prorrata, o ambos, varían en más de diez puntos porcentuales respecto de los que se tuvieron en cuenta (esto es, el 90% de afectación y el 70% de prorrata).

3018 Jurisprudencia 1) Los **bienes de inversión** se refieren a los bienes que, utilizados para los fines de una actividad económica, se distinguen por su carácter duradero y su valor, que determinan que los costes de adquisición no sean, normalmente, contabilizados como gastos corrientes, sino amortizados en el curso de varios ejercicios.
Los Estados miembros gozan de cierto margen de apreciación en lo concerniente a las exigencias que deben ser satisfechas en relación a la **duración y valor** de los bienes, así como a las reglas de **amortización** aplicables, debiendo respetar la existencia de una diferencia esencial entre bienes de inversión y restantes bienes utilizados en la gestión y actividad corriente de las empresas (TJUE 1-2-77, asunto 51/76).
2) La **definición de bienes de inversión** tiene un contenido más amplio que el que pueda corresponder a la cuestión de hecho de la utilización efectiva del bien. La normativa no exige que el período de duración mínima del bien vaya acompañado de una efectiva explotación del mismo, al emplear la expresión estar normalmente destinados a ser utilizados por un período de tiempo superior a un año.
Así, desde que consta que el edificio fue utilizado en el desarrollo de la actividad empresarial por un período de tiempo superior al año, para la sociedad tiene la consideración de bien de inversión (TS 17-1-06, EDJ 6391).
3) Para que un bien tenga la consideración de bien de inversión, no es exigible que el período mínimo de duración del bien vaya acompañado de una **efectiva explotación** del mismo, si bien debe acreditarse la intención de afectarse a la actividad económica (TEAC 28-4-09).
4) No pueden considerarse bienes de inversión aquellos que, aun estando destinados a permanecer afectos al activo empresarial por más de un año, no son utilizados como medio de explotación o instrumento de trabajo en la actividad, de forma que no tienen este carácter los **inmuebles** cuyo destino normal es su transmisión. Por el contrario, sí se consideran bienes de inversión los inmuebles destinados a su explotación -arrendamiento- (TEAC 10-5-11).

3018.1 5) El mecanismo de regularización de deducciones relativo a bienes de inversión no se aplica cuando la deducción del IVA se llevó a cabo inicialmente sin que existiera derecho a deducir. Por tanto, este mecanismo no se aplicaría en el caso de una **entrega de terrenos** que estaba exenta del IVA y, en consecuencia, no debería haber dado lugar ni a la percepción de dicho impuesto ni a su deducción (TJUE 11-4-18, asunto C-532/16). Siguiendo este criterio, el TEAC establece que la regularización de las **deducciones indebidamente practicadas** debe realizarse en el momento de la adquisición de los bienes y servicios, cuando procede valorar su destino previsible y el derecho a la deducción. Por ello, considera que el procedimiento de regularización de deducciones por bienes de inversión (nº 3016 s.) no puede aplicarse para regularizar deducciones si no existía inicialmente el derecho a la deducción (TEAC 20-2-24; 26-11-24).
6) Un **organismo de Derecho público** puede disfrutar del derecho a regularizar las deducciones soportadas en la adquisición de un bien inmueble cuando, aunque inicialmente podía destinarse por su naturaleza tanto a actividades gravadas como no gravadas, en un primer momento se utilizó para actividades no gravadas y el organismo público no declaró expresamente que tuviera la intención de afectar dicho inmueble a una actividad gravada, pero tampoco excluyó tal posibilidad, siempre que el análisis de conjunto de las circunstancias de hecho, cuya realización incumbe al tribunal nacional, permita concluir que el sujeto pasivo debe haber actuado en su condición de sujeto pasivo en el momento en que adquirió el bien de que se trate (TJUE 25-7-18, asunto C-140/17).

7) Los Estados miembros pueden prever, en relación con los bienes de inversión, **dos regularizaciones del IVA deducido**: una en el momento de la iniciación de la utilización del bien, y otra por cada anualidad durante el período de regularización (TJUE 17-9-20, asunto C-791/18).

Circunstancias que motivan la regularización (LIVA art.107.uno y dos) Las normas que regulan la deducción de las cuotas soportadas en la adquisición o importación de los bienes calificados de inversión son las mismas que para los bienes de otra naturaleza; pero procede su regularización cuando se produzca alguna de estas circunstancias dentro del período de regularización (nº 3023): **3019**

a) Cuando las **prorratas definitivas** de cada uno de los años del período de regularización y la que prevaleció en el año en que se soportó la repercusión del impuesto difieran en más de 10 puntos porcentuales.

b) Cuando el sujeto pasivo, durante el año de adquisición del bien, hubiese realizado **exclusivamente operaciones que originen derecho** a deducción, o que no lo originen, y posteriormente, durante el período de regularización, se modifique la situación en los términos de la letra a) anterior.

Precisiones **1)** Debe considerarse que la deducción practicada al utilizar todos los bienes de inversión en actividades del **régimen simplificado** es del 100%, o bien del 50% o de 1/3, cuando se han utilizado conjuntamente en actividades del régimen de la agricultura, del recargo de equivalencia, o de ambos.

2) También procede la regularización cuando, dentro del período de regularización, el **porcentaje de afectación** del bien de inversión a la actividad empresarial o profesional varíe en más de 10 puntos porcentuales respecto del que se tuvo en cuenta en el año en que se ejercitó la deducción del IVA soportado por dicho bien (nº 3016).

Doctrina Administrativa Además de las siguientes contestaciones de la DGT, ver nº 11000 s. **3020**

1) Lo dispuesto en relación con la regularización de la deducción de las cuotas soportadas por la adquisición de bienes de inversión que sean edificaciones, es aplicable a las cuotas soportadas con ocasión de la adquisición de bienes o servicios que se destinan a la **mejora de un local explotado en arrendamiento**, cuando concurran las siguientes circunstancias:

a) Que los referidos bienes se **incorporen de manera fija** al local y que los citados servicios se refieran al local en tanto que edificación o a bienes incorporados al mismo de manera fija.

b) Que los citados bienes no sean objetos de **uso u ornamentación**, ni se traten de los demás inmuebles por destino, y que los citados servicios no se refieran a bienes de tal naturaleza.

c) Que se produzca una **alteración** en el local comercial que determine una mayor capacidad productiva y un alargamiento en su vida útil estimada.

d) Que el importe de la adquisición de los citados bienes o servicios destinados a la mejora del local sea de 3.005,06 euros o más.

Por el contrario, **no procede la regularización** cuando:

- los citados bienes y/o servicios se destinan a la mera reparación o conservación del local comercial;
- el importe de los citados bienes o servicios supera 3.005,06 euros en su conjunto, pero no para los destinados a la mejora de cada uno de los locales afectados individualmente considerados (DGT 12-3-99; CV 9-4-24; CV 9-4-24).

Si la **ejecución de obra** supera los 3.005,06 euros y las reformas a realizar tienen por objetivo incorporar al inmueble nuevos sistemas no separables del activo arrendado, parece deducirse que lo que se incorpora al inmueble es una mejora y, como tal, sobre la misma se debe practicar la regularización para bienes de inversión (DGT CV 3-7-14).

Las cuotas soportadas con ocasión de las **obras de rehabilitación** efectuadas han de seguir el mismo régimen previsto para la regularización de deducciones por bienes de inversión y ser objeto de regularización, en su caso, durante el período de los nueve años naturales siguientes a la finalización de dichas obras de rehabilitación o bien desde el año de la utilización efectiva o puesta en funcionamiento, en caso de producirse estas circunstancias con posterioridad a la finalización de las obras de rehabilitación (DGT CV 10-3-16).

2) Se debe llevar a cabo la regularización cuando la **entrega o el autoconsumo** tengan lugar dentro del período de regularización, incluso cuando los bienes de inversión se transmitan antes de su utilización por los sujetos pasivos, por cese en la actividad del sujeto pasivo (DGT 6-11-03).

3) Solo se pueden regularizar las cuotas soportadas por la adquisición de bienes de inversión. Por tanto, no pueden regularizarse en **ejercicios futuros** las cuotas soportadas por la adquisición de bienes y servicios corrientes cuando en el ejercicio en que se soportaron resultó una prorrata del 0% (DGT CV 24-5-07; CV 8-5-09).

4) Una entidad tiene previsto adquirir una **vivienda de obra nueva** a un promotor y, posteriormente, arrendarla sin opción de compra a un particular durante cinco años. Tras dicho plazo, tiene previsto realizar otro contrato de arrendamiento por un plazo de cuatro años a una sociedad. Procede la regularización de deducciones por bienes de inversión respecto del IVA soportado por la adquisición de la vivienda (DGT CV 12-4-10). **3021**

5) Si se produce un **cambio en la actividad**, pasando de desarrollar una actividad exenta a realizar una actividad no exenta, procede practicar la regularización sobre los bienes de inversión (DGT CV 7-10-11).

6) Una sociedad, que lleva a cabo la actividad de **alquiler de oficinas y plazas de garaje**, va a iniciar en el mes de julio la actividad de arrendamiento de viviendas de su propiedad. Así, debe proceder a regularizar las deducciones practicadas por la adquisición de bienes de inversión durante el período de regularización. Dicha regularización solo procede cuando el porcentaje de deducción definitivo aplicable en cada uno de los años de regularización a la actividad a la que se encuentra afecto el bien de inversión correspondiente, ya sea en virtud de la aplicación de la regla de prorrata general o prorrata especial, exceda en más de 10 puntos porcentuales del porcentaje de deducción aplicado en el año en el que se soportó la repercusión por la adquisición de dicho bien de inversión (DGT CV 10-6-13).

7) La deducción de las cuotas soportadas en los años N-1 y N-2, por la adquisición de bienes de inversión afectos en esos años a una actividad agrícola acogida al **REAGP** y que a partir del año N pasó a tributar por el régimen general, puede ser regularizada en los años pendientes de regularización, debiendo considerar a tales efectos que el porcentaje de deducción correspondiente a los años N-1 y N-2 en que se aplicó el citado régimen especial fue cero (DGT CV 7-4-16; CV 2-8-22; CV 15-6-23). En el mismo sentido, cuando una actividad agrícola acogida al REAGP pasa a tributar por el régimen simplificado (DGT CV 8-3-23).

8) Si una vivienda cuyo destino previsible era el arrendamiento a particulares (exento), ha sido finalmente arrendada a una sociedad, procede la regularización de las cuotas soportadas en su **construcción**. En cuanto a la forma de prorratear el importe de las cuotas correspondientes a la vivienda objeto de arrendamiento no exento para su regularización, se trata de una cuestión de hecho que debe ser acreditarse por cualquier medio de prueba admitido en Derecho. Para ello, debe adoptarse un criterio homogéneo y razonable, mantenido en el tiempo, como podría ser la superficie construida que represente dicha vivienda respecto del total de la promoción (DGT CV 6-6-18).

9) Una entidad adquiere un inmueble para afectarlo a la actividad de **arrendamiento de inmuebles para uso turístico** con servicios propios de hostelería (sujeta y no exenta). A estos efectos, renuncia a la exención (nº 8685 s.). La entidad deduce la totalidad del Impuesto soportado por dicha operación. Posteriormente, se plantea destinar el inmueble al arrendamiento para **uso de vivienda** (sujeto y exento del IVA). Como en el momento del cambio de destino previsible el bien ya había entrado en funcionamiento, la regularización de deducciones debe realizarse de forma escalonada (LIVA art.107) (DGT CV 1-12-22).

3022 Jurisprudencia **1)** Un Estado miembro puede suprimir el derecho a optar por la tributación de los arrendamientos de inmuebles, con la consecuencia de una regularización de las deducciones efectuadas por los bienes de inversión inmobiliaria objeto del arrendamiento. La **supresión del marco legislativo** del que se ha beneficiado un sujeto pasivo del IVA para pagar menos impuestos, aunque no haya existido una práctica abusiva, no puede vulnerar, por sí misma, una confianza legítima basada en el Derecho comunitario (TJUE 29-4-04, asuntos acumulados C-487/01 y C-7/02).

2) Un **organismo de Derecho público** que adquiere un bien de inversión en el ejercicio de sus funciones públicas, sin tener la condición de sujeto pasivo, y que posteriormente vende dicho bien en condición de sujeto pasivo, no puede, en el marco de dicha venta, acogerse a la regularización de deducciones por bienes de inversión para proceder a la deducción del IVA soportado por la adquisición del bien (TJUE 2-6-05, asunto C-378/02).

3) La normativa comunitaria obliga a los Estados miembros a **prever la regularización de las deducciones** del IVA por lo que atañe a los bienes de inversión, y que permite a los Estados miembros, mediante la oportuna consulta al Comité del IVA, no aplicar la regularización cuando la misma dé un resultado insignificante, habida cuenta la incidencia global del impuesto en el Estado miembro de que se trate y de la necesidad de simplificaciones administrativas y siempre que no se deriven de ello distorsiones de la competencia (Dir 2006/112/CE art.191).

Además, la regularización que prevé es también aplicable en la situación en la que un bien de inversión se destina en primer lugar a una actividad exenta, que no da derecho a deducción y, posteriormente, durante el período de regularización, se utiliza para los fines de una actividad sujeta al IVA (TJUE 30-3-06, asunto C-184/04).

4) La deducción del IVA soportado por la construcción de una **cafetería ubicada en una residencia geriátrica**, que se destina simultáneamente a actividades gravadas (en un 90%) y exentas (en un 10%) del IVA, debe ser objeto de regularización en los años posteriores cuando las actividades gravadas han cesado, con independencia de la razón que haya determinado dicho cese (TJUE 9-7-20, asunto C-374/19).

5) Un empresario que no ha deducido el IVA soportado dentro del **plazo de caducidad**, previsto en la normativa nacional, no puede efectuar después dicha deducción con el argumento de que se trata de una «regularización de deducciones» (TJUE 7-7-22, asunto C-194/21).

3023 **Período de regularización** (LIVA art.107) Las cuotas soportadas deducibles por la adquisición o importación de bienes de inversión deben regularizarse:

a) Con **carácter general**, durante los cuatro años naturales siguientes a aquel en que los sujetos pasivos realicen las citadas operaciones de adquisición o importación del bien de inversión.

b) Tratándose de **terrenos o edificaciones**, durante los nueve años naturales siguientes a la correspondiente adquisición.
En ambos supuestos, si la **utilización efectiva** o entrada en funcionamiento se inicia con posterioridad a su adquisición -o, en su caso, importación- la regularización se efectúa el año en que se produzcan dichas circunstancias y los cuatro o nueve años naturales siguientes, según la clase de bienes.
También, en ambos casos, la fecha que determina la referencia para la regularización no es la de adquisición o importación de los bienes, sino la de inicio de la utilización efectiva o entrada en funcionamiento.
La regularización de las cuotas impositivas que hubiesen sido **soportadas con posterioridad** a la adquisición o importación de los bienes de inversión o, en su caso, del inicio de su utilización o entrada en funcionamiento, debe efectuarse al finalizar el año en que se soporten, con referencia a la fecha en que se hubiesen producido las circunstancias indicadas, y por cada uno de los años transcurridos desde entonces.
Lo indicado no es de aplicación en el supuesto de **transmisión global no sujeta del patrimonio empresarial o profesional** (nº 275 s.). En estas operaciones, el adquirente queda automáticamente subrogado en la posición del transmitente (nº 293), siendo la prorrata de regularización de los bienes transmitidos, durante el año en que se transmitan y los que falten del período de regularización, la que corresponda al adquirente (DGT CV 3-6-21).
Si se produce la **pérdida o inutilización definitiva** de los bienes de inversión, por causas ajenas al sujeto pasivo, no existe obligación de regularizar las deducciones practicadas por dichos bienes durante los años posteriores a aquel en que se den dichas circunstancias.

Precisiones Se entiende como momento de **entrada en funcionamiento** de un elemento aquel en que se produce su integración al proceso productivo de la empresa en condiciones normales de funcionamiento, una vez concluido el período de instalación y prueba. Las características que precisa la incorporación al proceso productivo son:
- que la inversión genere ingresos con regularidad;
- que el elemento haya alcanzado su plena capacidad productiva.
Ambas circunstancias no tienen por qué coincidir con la autorización administrativa de puesta en marcha (DGT 25-11-85).

Doctrina Administrativa **1)** En 1995 se adquirió una **vivienda para alquilar**, pero no se consiguió hasta 1998, en que se arrendó como local de negocios. La cuota soportada por la adquisición es deducible globalmente en el año 1998, al no haber transcurrido cinco años (actualmente cuatro) desde la fecha en que se soportó. Dicha cuota debe regularizarse en los nueve años naturales siguientes a los de su puesta en funcionamiento, es decir, 1998 (DGT CV 18-9-98). **3024**
2) El período de regularización de deducciones correspondiente a la adquisición de unas **naves industriales** comenzó en el momento de inicio de la utilización efectiva de los inmuebles, momento en que se entregaron, y comprende dicho ejercicio y los nueve años inmediatos siguientes (DGT CV 2-2-09).
3) Tras la pérdida de un inmueble como consecuencia de un **incendio** no procede la regularización de las inversiones realizadas a efectos del IVA (DGT CV 28-5-19).
4) Se entiende como momento de entrada en funcionamiento de un elemento, aquél en que se produce su integración al proceso productivo de la empresa en condiciones normales de funcionamiento, una vez concluido el período de instalación y prueba. En cuanto al momento de **inicio de la utilización efectiva** o entrada en funcionamiento del bien de inversión, a efectos del cómputo del plazo de regularización, se trata, en todo caso, de una cuestión de hecho que debe ser acreditada por cualquier medio de prueba admitido en Derecho (DGT CV 22-12-11; CV 12-3-24).

Jurisprudencia **1)** los Estados miembros están autorizados para establecer un **plazo para la regularización** de deducciones por bienes **inmuebles** de inversión de diez años y no pueden prever un plazo inferior a cinco años a estos efectos (TJUE auto 5-6-14, asunto C-500/13).
2) Si un Estado miembro decide ejercitar la **opción de prever un periodo de regularización** ampliado de deducciones, respecto del IVA soportado por servicios similares a bienes de inversión, debe hacerlo de conformidad con el principio de neutralidad fiscal; de manera que servicios equiparables a bienes inmuebles de inversión deben ser tratados de la misma forma que estos (TJUE 12-9-24, asunto C-243/23).

Procedimiento de regularización (LIVA art.109) El mecanismo mediante el que se procede a regularizar las deducciones se ajusta a las siguientes pautas: **3025**
a) Una vez conocida la **prorrata definitiva** de cada año del período de regularización, se calcula el importe de la deducción que procedería si la repercusión de las cuotas se hubiese soportado en el año que se considera (es decir, se aplica el porcentaje de prorrata definitiva de ese año sobre el IVA soportado al adquirir o importar el bien).
b) El importe anterior **se resta** del de la deducción efectuada en el año en que se soportaron realmente las cuotas.

c) La **diferencia,** positiva o negativa, se divide por cinco o, si se trata de terrenos o edificaciones, por diez, ya que lo que se calcula es la alícuota de un solo año, no la del período completo de regularización. El cociente que resulte es la cuantía del ingreso o de la deducción complementaria a efectuar.
d) Este ingreso o deducción complementaria se realiza en la **autoliquidación del último período** de liquidación del año natural a que se refiera la regularización.
No obstante, en el supuesto de que las cuotas soportadas lo fueran después de la adquisición del bien o de su comienzo de utilización o entrada en funcionamiento, la regularización debe realizarse dentro del mismo año en que se soporten las cuotas repercutidas.

3026 Ejemplos 1) En septiembre del año N una empresa adquiere y pone en funcionamiento un **ordenador**. El precio de adquisición fue de 10.000 más un IVA soportado de 2.100 (tipo de gravamen: 21%). Conociendo los valores de las prorratas de cada año, procede la regularización siguiente:

Años	N-1	N	N+1	N+2	N+3	N+4
Prorratas definitivas . . .	20% *	25%	10%	30%	42%	35%

* Prorrata provisional del año N.
Las prorratas definitivas de cada año se comparan con la que prevaleció en el de adquisición y, solo si difieren en más de 10 puntos, se procede a regularizar aplicando esta fórmula:

$$\text{Regularización} = \frac{(\text{Pn} - \text{Po}) \times \text{I}}{100 \times (5 \text{ o } 10)} = -/+$$

En donde:
- Pn: prorrata definitiva del año en que se regulariza.
- Po: prorrata definitiva del año en que entre en funcionamiento o se utilice el bien, o se soporte el IVA correspondiente.
- I: IVA soportado al adquirir el bien.
- En el denominador, 100 se multiplica por 10 o por 5 según se trate de terrenos o edificaciones, en el primer caso, u otros bienes de inversión, en el segundo.
- El signo significa: si es negativo, que se dedujo de más en el primer año, por lo que procede disminuir la deducción en el que se regulariza -esto es, realizar ahora un ingreso adicional-, y viceversa.
Al tratarse en este caso de un ordenador, la regularización es como sigue:

Período	Prorrata	Deducción	Regularización
3.º trim. N . .	20%	2.100 × 20% = 420	-
4.º trim. N *	25%	2.100 × 25% = 525	525 - 420 = + 105,00
4.º trim. N+1	10%	-	(10 - 25) × 2.100/500 = -63,00
4.º trim. N+2	30%	-	No procede, 30 - 25 < 10
4.º trim. N+3	42%	-	(42 - 25) × 2.100/500 = +71,40
4.º trim. N+4	35%	-	No procede, 35 - 25 = 10

* En la última autoliquidación del primer año se regulariza la deducción practicada en base a la prorrata provisional.

3027 2) Mismo supuesto del ejemplo del nº 3026, pero el **ordenador se incendia** el 2-8-N+2, sin posibilidad de reparación.
En este caso, los datos de N y N+1 serían los mismos que en el supuesto anterior. En N+2, año del incendio, procede también la regularización. Sin embargo, en N+3 y N+4 no hay regularización, siempre que el incendio no sea imputable al sujeto pasivo y sea probado por este.

3028 3) Una empresa **adquiere un solar** que va a edificar, por 50.000 € el 3-3-N-2. El solar no empieza a utilizarse hasta el 4-8-N. Prorratas definitivas de cada año:

N-3	N-2	N-1	N	N+1	N+2	N+3	N+4	N+5	N+6	N+7	N+8	N+9
50%	100%	0%	80%	50%	96%	95%	93%	91%	45%	90%	100%	95%

El tipo impositivo general aplicable en cada año es el mismo (21%).
En este caso, la empresa actúa de la siguiente manera:
N-2: en la autoliquidación del primer trimestre, deduce el 50% (prorrata provisional), esto es: IVA deducible: 21% × 50.000 × 50% = 5.250.
Al final del año hay una deducción adicional de otros 5.250 € (resultado de aplicar la prorrata definitiva de N-2).
N-1: no procede regularización alguna, ya que el bien aún no ha entrado en funcionamiento.

N: procede la regularización, prolongándose el período de regularización durante los nueve años siguientes:

$$\text{Regularización: } \frac{(80 - 100) \times 10.500}{100 \times 10} = -210 \text{ (a ingresar)}$$

$$\textbf{N+1}: \frac{(50 - 100) \times 10.500}{100 \times 10} = -525 \text{ (a ingresar)}$$

N+2 a N+5: no hay regularización.

$$\textbf{N+6}: \frac{(45 - 100) \times 10.500}{100 \times 10} = -577{,}50 \text{ (a ingresar)}$$

N+7 a N+9: no hay regularización.
La regularización procede aunque en el año de adquisición la prorrata aplicable haya sido del 100% (o del 0%).

4) Mismo supuesto del nº 3028, pero la empresa empieza a **utilizar el solar** desde el día siguiente a su adquisición y la factura por la adquisición del solar no la recibe hasta el 5-2-N-1. **3029**
N-2: no hay deducción, pues el IVA no se ha soportado todavía, al no haber recibido la factura de compra del solar.
N-1: en la autoliquidación del primer trimestre se deduce de acuerdo con la prorrata provisional de este año:
IVA deducible: 100% × 10.500 = 10.500
Al final de año, aplica la prorrata definitiva de N-1: 0% × 10.500 = 0
Supone un ingreso de 10.500.
Esta es la cuantía que hay que tener como referencia para la regularización. Por otra parte, en la autoliquidación del cuarto trimestre de N-1 hay que reflejar también el resultado de la regularización correspondiente a N-2 y que no se pudo practicar en este año por no haberse soportado todavía las cuotas. Por tanto, la regularización de N-2 es la siguiente:
La deducción que procedería en N-2 menos la deducción del año N-1 en que se han soportado las cuotas sería igual a la cantidad a deducir, esto es:

$$\frac{(100 - 0) \times 10.500}{100 \times 10} = +1.050 \text{ (a deducir)}$$

Por tanto, en la autoliquidación del último trimestre de N-1 debe constar una cantidad a ingresar de: 10.500 - 1.050 = 9.450.
El período de regularización se prolonga hasta el año N+7, tomando como referencia la prorrata definitiva de N-1, año en el que se soportaron las cuotas.
5) Mismo supuesto del ejemplo 4, pero la **factura se recibe el 1-1-N-1** y la entrada en funcionamiento del solar se produce el 7-8-N+3.
En este caso, el adquirente no puede deducir nada en N-2. En N-1 practica la deducción (primero provisional, en el primer trimestre y luego definitiva, en el cuarto). En N, N+1 y N+2 no hay regularización y esta se inicia en N+3 y se prolonga durante los nueve años siguientes, tomando como referencia la prorrata definitiva de N-1.

6) Una empresa X **transmite la totalidad de su patrimonio empresarial** a la empresa Y en virtud de una operación no sujeta, el día 10-1-N. En dicho patrimonio se incluyen los bienes siguientes: **3030**
- Maquinaria A, adquirida el 5-1-N-4 por 10.000. La prorrata definitiva de deducción en aquel año de la empresa X fue del 70%.
- Maquinaria B, adquirida el 7-9-N-1 por 5.000 (prorrata definitiva de X en aquel año: 85%) y que todavía no ha entrado en funcionamiento. El empresario Y empieza a utilizar la maquinaria el 2-1-N+1.
- Maquinaria C, adquirida el 1-9-N-1 por 2.000 y que se incendió sin culpa de Y el 30-4-N. La prorrata definitiva de X en N-1 fue del 85%.
Las prorratas definitivas de Y son las siguientes:

N	N+1	N+2	N+3	N+4	N+5
75%	75%	80%	90%	60%	58%

Procede la subrogación del adquirente en el lugar del transmitente, debiendo aquel proseguir la regularización durante el tiempo que faltaba a este, de acuerdo con las prorratas de deducción del adquirente y tomando como referencia la deducción que en su día practicó el transmitente. Los datos, por tanto, son los siguientes (suponemos, para simplificar, que el tipo impositivo general ha sido el mismo a lo largo de los años considerados):
• **Maquinaria A**
- IVA soportado por la empresa X en N-4: 21% × 10.000 = 2.100.
- Deducción efectuada en N-4: 70% × 2.100 = 1.470.
- Plazo regularización: (N-3) - N.

En la autoliquidación del último trimestre de N, Y no debe efectuar regularización alguna, ya que entre la prorrata definitiva en dicho año (75%) y la que tuvo la empresa X en el año en que se soportaron las cuotas (70%), no existe una diferencia superior a 10 puntos porcentuales.

• **Maquinaria B**

- IVA soportado por la empresa X en N-1: 21% × 5.000 = 1.050.
- Deducción efectuada en N-1: 85% × 1.050 = 892,50.
- Plazo regularización: (N+1) - (N+5).
- Regularizaciones efectuadas por Y:

N+1 a N+3: no proceden.

$$N+4: \frac{(60 - 85) \times 1.050}{100 \times 5} = -52{,}5 \text{ (ingreso adicional)}$$

$$N+5: \frac{(58 - 85) \times 1.050}{100 \times 5} = -56{,}7 \text{ (ingreso adicional)}$$

• **Maquinaria C**

No procede regularización ya que al ser el valor de adquisición inferior a 3.005,06 euros, no se considera bien de inversión a efectos del IVA.

3031 **7)** Doña LE, asesora fiscal, ha adquirido el 2-3-N un **ordenador** por 6.000 más IVA (al 21% = 1.260), que dedica exclusivamente a su actividad profesional. En el año N+2, Doña LE empieza a utilizar el ordenador también para sus **necesidades privadas**, descendiendo el porcentaje de utilización profesional al 75%. Finalmente, en el año N+4 el porcentaje de utilización profesional del ordenador vuelve a ser del 100%.

La prorrata definitiva aplicable por LE durante los años N-1 y siguientes es del 100%.

La regularización de las deducciones practicadas por bienes de inversión procede, no solo cuando varía el porcentaje de prorrata, sino también cuando varía el porcentaje de afectación del bien de inversión a la actividad empresarial o profesional, siempre que esa variación sea superior a 10 puntos porcentuales. En el ejemplo propuesto, por tanto, hay que tener en cuenta lo siguiente:

N: Deducción (100% de prorrata y 100% de afectación): 1.260.

N+1: No procede regularización alguna.

N+2: Aunque el porcentaje de prorrata no ha variado, sí lo ha hecho el de afectación del 100% al 75%. Procede, por tanto, regularizar:

$$\text{Regularización: } \frac{(75 - 100) \times 1.260}{100 \times 5} = -63 \text{ (a ingresar)}$$

N+3: Dado que el porcentaje de utilización en la actividad sigue siendo del 75%, procede la regularización en los términos ya vistos, lo que implica una cantidad a ingresar de 63 €. Por otra parte, entendemos que, tanto en este año como en el anterior, no existe autoconsumo de servicios ya que se ha efectuado el ajuste de las deducciones vía regularización de estas, lo que incluye el autoconsumo.

N+4: No hay regularización, ya que la afectación y la prorrata en este año coinciden con la del año inicial considerado.

3032 **8)** El mismo supuesto del nº 3031, pero el adquirente del ordenador es un psicólogo cuyas prorratas de deducción son las siguientes:

N-1	N	N+1	N+2	N+3	N+4
60%	60%	80%	68%	90%	53%

La situación es la siguiente:

N: La deducción provisional practicada en el primer trimestre de N es de:
60% × 1.260 = 756 €.

Al final del ejercicio no procede regularización alguna, dado que la prorrata definitiva coincide con la provisional y que la afectación del 100% inicialmente considerada se ha confirmado durante el ejercicio.

N+1: Varía la prorrata, pero no la afectación. La regularización es la siguiente:

$$\text{Regularización: } \frac{(80 - 60) \times 1.260}{100 \times 5} = 50{,}4 \text{ (deducción adicional)}$$

N+2: Varía la afectación (del 100% al 75%), en tanto que la variación de la prorrata (del 60 al 68%), al no ser superior a 10 puntos porcentuales, no se toma en cuenta. Por tanto, la regularización es la siguiente:

$$\text{Regularización: } \frac{(75 - 100) \times 1.260}{100 \times 5} = -63 \text{ (a ingresar)}$$

N+3: Varían tanto la afectación (del 75% al 100%) como la prorrata (del 60% al 90%), de manera que la regularización debe tener en cuenta ambas circunstancias:

$$\text{Regularización: } \frac{[(75 - 100) + (90 - 60)] \times 1.260}{100 \times 5} = 12{,}6 \text{ (deducción adicional)}$$

N+4: No varía la afectación y la alteración de la prorrata es inferior a 10 puntos porcentuales, por lo que no procede regularización.

Doctrina Administrativa Además de las siguientes contestaciones de la DGT, ver nº 11000 s. **3034**

1) La regularización debe entenderse sin perjuicio de la obligación de aplicar la **prorrata especial**, cuando proceda (DGT CV 26-4-99).

2) Una sociedad posee en propiedad un **edificio no dividido horizontalmente** que consta de locales y viviendas. Si bien no se ha procedido a realizar su división horizontal, es innegable que está compuesto por bienes de distinta naturaleza a efectos del IVA, por lo que la regularización de deducciones por bienes de inversión no se debe hacer de modo global para la totalidad del edificio. Cada vivienda o local ha de ser objeto de una regularización independiente (DGT CV 14-9-05).

3) Un bien de inversión se adquiere un año en el que resulta de aplicación la **prorrata general**. En el año que sea obligatoria la aplicación de la prorrata especial, se resta de la deducción efectuada en el año que tuvo la repercusión el importe de deducción que sea definitivamente aplicable en ese año, considerando que:
- si el bien se utilizó exclusivamente en la realización de operaciones con derecho a deducir, se puede deducir íntegramente;
- si el bien se utilizó en operaciones que no originen derecho a la deducción, no se puede deducir cuantía alguna;
- y si el bien se utiliza, simultáneamente, en operaciones con derecho y sin derecho a la deducción, se toma como porcentaje de deducción el que resulte de aplicar la regla de la prorrata general (DGT CV 3-7-14).

4) La entidad adquirió a principios del año N determinados bienes de inversión para el desarrollo de su actividad. La entidad afectó dichos bienes a su actividad y dedujo las cuotas soportadas. A causa de la crisis, en el año N+1 interrumpe sus actividades. Si el período de **interrupción de la actividad** empresarial fuese de uno o más años naturales, procede aplicar el porcentaje de deducción que corresponda a la actividad empresarial durante los tres últimos años de actividad. Si no se ejerciese actividad empresarial alguna con posterioridad a la interrupción de la actividad ni existieran motivos razonables de que se vaya a realizar en un futuro próximo, la deducción practicada el primer año de utilización de los bienes muebles de inversión debe regularizarse considerando que los años sucesivos a ese primer año de utilización no se han empleado en actividades que originan el derecho a la deducción (DGT CV 1-10-15).

5) Una entidad adquiere una finca rústica para el ejercicio de una actividad agraria, generadora del derecho a la deducción, por lo que solicita la renuncia a la exención del IVA que, por tanto, resultó sujeta y no exenta del mismo. La finca constituye una única finca registral y tres fincas catastrales. Por motivos sobrevenidos, dicha entidad se plantea **desafectar de la actividad** económica agraria una parte de la finca adquirida. Dado que, en el momento del cambio de destino previsible, el bien no había entrado en funcionamiento, la regularización de deducciones se debe realizar a través del propio autoconsumo, no siendo necesario realizar la regularización de bienes de inversión (DGT CV 11-4-24).

Criterios del TJUE en relación con la deducción del IVA soportado por bienes de inversión (Dir 2006/112/CE art.168 bis) La normativa comunitaria, transpuesta por los Estados miembros, contiene una disposición según la cual: **3036**

a) En el caso de un bien **inmueble**, que forme parte del patrimonio de la empresa de un sujeto pasivo, y sea utilizado por este tanto a efectos de las **actividades de la empresa** como para su **uso privado** o el de su personal o, de manera más general, con fines distintos de los de su empresa, la deducción del IVA soportado en relación con este inmueble se ha de efectuar de manera proporcional a su utilización empresarial. Las modificaciones que se produzcan en el porcentaje de utilización empresarial se tienen en cuenta a efectos de la regularización de la deducción inicial.

b) Los Estados miembros pueden aplicar también dicha norma en relación con el IVA soportado por **otros bienes** que formen parte del patrimonio de la empresa.

Por tanto, la deducción solo resulta posible **en proporción al uso empresarial** gravado, al igual que ocurre cuando un bien se adquiere para un uso gravado y otro exento del impuesto. Los Estados miembros tienen la opción de aplicar esta regla a los demás bienes distintos de los inmuebles.

3037 Ejemplos 1) Un **consumidor final** compra un piso nuevo por 100.000 € pagando el IVA por el mismo (para simplificar, se supone que el IVA es el 10%).
Dicho consumidor final ha de pagar 10.000 € en concepto de IVA que no puede deducir.
2) Sin embargo, si quien compra el piso es un **abogado** que lo utiliza en un 5% en su actividad profesional y en un 95% para fines privados, la deducción es posible en proporción al uso empresarial gravado.

3038 Jurisprudencia 1) La normativa comunitaria (actualmente Dir 2006/112/CE art.81) no se opone a que la base imponible del IVA, por el **uso privado** de una **parte de un inmueble afectado** en su totalidad por el sujeto pasivo a su empresa, se fije en una fracción de los costes de adquisición o de construcción del inmueble, determinada en función de la duración del período de regularización de las deducciones en materia de IVA. Además, la base imponible debe incluir el coste de adquisición del terreno sobre el que se ha construido el inmueble, cuando esta adquisición haya quedado sujeta al IVA y el sujeto pasivo haya obtenido la deducción del mismo (TJUE 14-9-06, asunto C-72/05).
2) En relación con la **posterior venta del bien de inversión** y la consiguiente regularización de las deducciones, ver el nº 3052.
3) Un Estado miembro puede recurrir a alguna de las **modalidades de prorrata** especial, prescindiendo de la prevista con carácter general, a condición de que aquella sea más precisa que esta. La **modificación** de la regla de prorrata determina la necesidad de regularizar las deducciones por bienes de inversión, cuando la misma entra en vigor durante el período de regularización (TJUE 9-6-16, asunto C-332/14).

3039 **Entregas de bienes de inversión durante el período de regularización** (LIVA art.110) Cuando los bienes de inversión son transmitidos antes de concluir el período de regularización de las deducciones, se efectúa una **regularización única**, por todo el tiempo del período de regularización pendiente.
Esta regularización especial debe realizarse aunque los bienes en cuestión se transmitan antes de su utilización y aunque en los años anteriores no procediera la aplicación de la regla de prorrata.
Asimismo, la regularización es aplicable no solo cuando los bienes de inversión sean objeto de entrega durante el período de regularización, sino también cuando, en ese mismo período, se destinen a fines que, de acuerdo con lo indicado en el nº 2605 s. y nº 2640 s., determinen la aplicación de limitaciones, exclusiones o restricciones del derecho a deducir.
El **procedimiento** a seguir en la regularización depende de si la entrega del bien de inversión está:
a) Sujeta y no exenta, o exenta con exención plena (en ambos casos la entrega en cuestión genera derecho a la deducción del IVA soportado), se considera, a efectos de la regularización única, que la prorrata aplicable en el año en que se realice la entrega y en los años que resten del período de regularización es del 100%.
b) No sujeta o exenta sin derecho a deducción (de manera que en ambos casos la operación de entrega del bien de inversión no genera derecho a la deducción) o el bien de inversión se destina a fines que, con arreglo a los nº 2605 s. y nº 2640 s., determinan la aplicación de limitaciones, exclusiones o restricciones del derecho a deducir, la prorrata que procede es del 0%, tanto en ese año como en los restantes del período.
Se exceptúan de esta última regla las entregas de bienes de inversión exentas o no sujetas que originen el derecho a la deducción (por ejemplo, exportaciones), a las cuales se aplica la regla del apartado a).
Ver ejemplos en el nº 3044 s.

3040 Precisiones 1) Aunque no se señala expresamente, parece lógico pensar que esta regularización debe practicarse en la autoliquidación correspondiente al **período de liquidación** en el que se haya producido el devengo de la entrega del bien de inversión.
2) En el caso de que el bien de inversión se hubiese utilizado por el transmitente en la realización de **operaciones exentas** del IVA, no se aplica a la entrega efectuada por dicho transmitente la exención técnica (nº 1041) y procede la regularización.
3) Si un **profesional adquiere un vehículo** de turismo por 20.000 (IVA al 21%: 4.200), deduce el 50% del IVA soportado y dos años después lo vende por 10.000, cabe imaginar varias soluciones:
- la venta del automóvil por el profesional está **sujeta y no exenta** del IVA y la regularización se efectúa por los años que faltan del período de regularización considerando que el grado de afectación en esos años es del 100%. Es decir:

$$\text{Regularización: } \frac{(50 - 100) \times 4.200}{100 \times 5} \times 3 = -1.260 \text{ (deducción adicional del profesional)}$$

- la venta del automóvil por el profesional está **en parte sujeta y en parte exenta** o incluso no sujeta. Se parte de la consideración de que el automóvil vendido por el profesional se ha considerado en parte afecto a la actividad profesional y en parte afecto a la actividad privada, de manera que parte de la contraprestación recibida constituye base imponible de una entrega sujeta al IVA (5.000 en este caso, dado que el grado de afectación a la actividad profesional se estimó en un 50%) en tanto que la otra parte es la contraprestación de una entrega no sujeta o exenta del IVA (con posibilidad de gravamen por el concepto TPO del ITP y AJD).
En este supuesto, la **regularización** tendría en cuenta el porcentaje de afectación del 50% por los años restantes, esto es:

$$\text{Regularización: } \frac{(50 - 50) \times 2.100}{100 \times 5} \times 3 = 0$$

En definitiva, ninguna de las soluciones apuntadas, ni otras que puedan pensarse, está exenta de problemas. La DGT, en diversas contestaciones a consulta, ha optado por la segunda solución (entre otras, DGT CV 16-2-16; CV 1-9-16; CV 1-8-22; CV 9-8-22; CV 21-10-22).

Ejemplo Si con los mismos datos del ejemplo 1 del nº 3026, se supone que la empresa vende el **ordenador** en el año N+2 por 6.000, repercutiendo un IVA de 1.260 (al tipo general en dicho año del 21%), la regularización de una sola vez a practicar en el año N+2 es como sigue: 3041
Al tratarse de una operación sujeta y no exenta, la prorrata a considerar en el año N+2 y los dos años restantes del período de regularización es del 100%, por lo que la deducción adicional es de:

$$\text{Regularización: } \frac{(100 - 25) \times 2.100}{100 \times 5} \times 3 = 945 \text{ (deducción adicional)}$$

Límites de la regularización (LIVA art.110) La deducción adicional que proceda al practicar la regularización única, por causa de la transmisión de bienes de inversión, no puede superar estas cantidades: 3042
- en **general**, el límite es la cuota repercutida al adquirente del bien revendido;
- en el caso de las entregas **exentas o no sujetas** que originen el derecho a la deducción, el límite lo constituye la cuota que resultaría de aplicar el tipo de IVA vigente para las entregas de bienes de la misma naturaleza al valor interior de los bienes exportados o enviados a otro Estado miembro de la Unión Europea.

Ejemplo En el ejemplo del nº 3041, el **importe de la enajenación** es de 6.000, con un IVA repercutido al 21% de 1.260, con lo que la regularización practicada por 945 es procedente por ser menor que aquella cantidad.
Sin embargo, si la enajenación hubiese sido por 4.000 con un IVA repercutido de 840, al ser menor este importe que el de la regularización, la deducción adicional solo podría ser por 840.

Excepción (LIVA art.110.cuatro) La regularización descrita no es aplicable, en ningún caso, a las entregas de bienes de inversión comprendidas dentro de una **transmisión del patrimonio empresarial** o profesional no sujeta al Impuesto (nº 275 s.). 3043
En este supuesto, el adquirente de los bienes es el que debe practicar la regularización de las deducciones, al quedar subrogado en la posición del transmitente, lo cual excluye toda obligación de regularizar para este último (nº 293).

Ejemplos En los ejemplos siguientes, se parte de que los bienes de inversión se han afectado exclusivamente a la actividad y que esa **afectación** no ha variado en los años posteriores. 3044
1) La empresa X adquiere en abril de N una maquinaria por valor de 10.000 que entra en funcionamiento el 7-12-N (IVA al 21%: 2.100).
Las prorratas definitivas de deducción de X son las siguientes:

N-1	N	N+1	N+2
80%	80%	10%	85%

El 6-3-N+3, X revende la maquinaria. El precio de venta es de 5.000 y el IVA repercutido por esta entrega, 1.050.
X procede de la siguiente forma:
• Deducción practicada en la autoliquidación del segundo trimestre de N:
80% × 2.100 = 1.680 (deducción definitiva de N-1 y provisional de N).
No procede, en el cuarto trimestre de N, regularización de la deducción practicada, ya que la prorrata definitiva de N coincide con la provisional.

• Regularizaciones:

$$N+1: \frac{(10 - 80) \times 2.100}{100 \times 5} = -294 \text{ (a ingresar)}$$

N+2: No procede regularización.

$$N+3: \frac{(100 - 80) \times 2.100}{100 \times 5} \times 2 = 168 \text{ (deducción adicional)}$$

Se considera que en el año de la entrega y en los restantes, el porcentaje de deducción es del 100%. Dos son los años que faltan para completar el período de regularización.
Comprobación del límite:
168 (1) < 1.050 (2)
(1) Deducción adicional.
(2) IVA repercutido por X en la entrega.
Dado que no se supera el límite previsto, procede la deducción adicional de 168.

3045 **2)** Mismo ejemplo del nº 3044, pero X efectúa la **venta** del bien de inversión por 500 (IVA repercutido: 105).
En este caso, funciona el límite, ya que: 168 > 105.
La deducción adicional es superior a la cuota del IVA repercutido en la entrega del bien de inversión, por lo que dicha deducción queda limitada al importe de la cuota citada. Por tanto, la deducción adicional que practica X asciende a 105.
3) Mismo ejemplo del nº 3044, pero la **prorrata definitiva** de X en el año N ha sido de 100%.
En estos supuestos, en los que se deduce la totalidad del IVA soportado por la adquisición del bien de inversión en el año en que se soportan las cuotas (por ser la prorrata y la afectación aplicables en dicho año del 100%) y con posterioridad, y dentro del período de regularización, se enajena el bien de inversión en virtud de una entrega que genera el derecho a la deducción, no es necesario calcular ninguna regularización, ya que el resultado de la misma es cero. Así, en el ejemplo:

$$\text{Regularización: } \frac{(100 - 100) \times 2.100}{100 \times 5} \times 2 = 0$$

En el año de la entrega y en los restantes se considera que el porcentaje de deducción y la afectación son del 100%. Dos son los años que faltan para completar el período de regularización.
4) Mismo ejemplo del nº 3044, pero X revende el bien de inversión a un **adquirente japonés** en virtud de una entrega exenta. El precio de venta pactado es de 1.500, pero el valor interior del bien en España, debido a su deterioro, es de 500.
En este caso, también se considera que el bien de inversión ha sido utilizado por X durante los años N+3 y N+4, exclusivamente en operaciones que generan el derecho a la deducción, por lo que la regularización es la siguiente:

$$\text{Regularización: } \frac{(100 - 80) \times 2.100}{100 \times 5} \times 2 = 168 \text{ (deducción adicional)}$$

El cálculo del **límite** en estos casos resulta de aplicar sobre el valor interior del bien, el tipo impositivo que sería aplicable a la entrega del mismo, de no estar dicha entrega exenta. En este caso, el límite no se calcula, por tanto, teniendo en cuenta el precio fijado para la transacción efectuada por X y el japonés (1.500), sino dicho valor interior, de forma que el límite es (se supone que resulta de aplicación el tipo general de IVA): 21% × 500 = 105. Implica que la deducción procedente no es de 168, sino de 105.

3046 **5)** Mismo ejemplo del nº 3044, pero X **vende el bien** de inversión a **un adquirente alemán** y procede a su instalación en Alemania. Dicha instalación supone la inmovilización del bien de inversión.
Esta última empresa recibe del adquirente alemán 1.500. El valor interior del bien asciende a 1.000.
La entrega del bien no se entiende realizada en el territorio de aplicación del IVA español y no está sujeta a dicho tributo; no obstante, dicha entrega genera el derecho a la deducción del IVA soportado. Por tanto, la regularización es:

$$\text{Regularización: } \frac{(100 - 80) \times 2.100}{100 \times 5} \times 2 = 168$$

Límite: 21% × 1.000 = 210
Luego procede la deducción adicional por importe de 168.

6) La entidad Z, dedicada a la actividad de arrendamiento de inmuebles, adquiere el 1-1-N a su promotor un **local de negocios**, por 20.000 más IVA (4.200). Las prorratas de deducción definitivas de Z son las siguientes:

N 80%
N+1 .... 90%

En N+2 vende el local a otra entidad. No hay renuncia a la exención.
N: La deducción practicada por Z es: 80% × 4.200 = 3.360
N+1: No procede la regularización.
N+2: Procede la regularización, teniendo en cuenta que se considera que el año en curso y los restantes el inmueble se utiliza exclusivamente en operaciones que no generan derecho a deducir, y que de los 10 años de regularización de los inmuebles faltan por regularizar ocho años, incluido N+2:

$$\text{Regularización: } \frac{(0 - 80) \times 4.200}{100 \times 10} \times 8 = -2.688 \text{ (a ingresar)}$$

7) Mismo ejemplo que el número 6, pero en vez de un local de negocios se trata de una vivienda. Z aplica la prorrata especial.
En este caso:
N: No hay deducción, ya que el inmueble se utiliza para la realización de una actividad exenta que no genera el derecho a la deducción.
N+1: No procede regularización.
N+2: La regularización es la siguiente:

$$\text{Regularización: } \frac{(0 - 0) \times 4.200}{100 \times 10} \times 8 = 0$$

Por tanto, cuando en el año en que se soportan las cuotas no se ha podido deducir el IVA soportado y después la entrega del bien de inversión se produce en virtud de una operación sujeta y exenta, que no genera el derecho a la deducción, el resultado de la regularización es cero.

8) Mismo ejemplo que el número 6 del nº 3046, pero Z, en el momento en que vende el local de negocios, **no ha empezado** todavía **a utilizar el local** en la actividad de arrendamiento ni en ninguna otra. **3047**
En este supuesto, se procede de la siguiente forma:
N: La deducción practicada por Z es: 80% × 4.200 = 3.360.
N+1: No procede regularización porque aún no ha comenzado la utilización efectiva del bien.
N+2: Procede la regularización, en los siguientes términos:

$$\text{Regularización: } \frac{(0 - 80) \times 4.200}{100 \times 10} \times 10 = -3.360 \text{ (a ingresar)}$$

Como se observa, y a diferencia de lo que ocurre en el ejemplo 6, los años que restan del período de regularización no son ocho, sino diez, ya que ese período de regularización no se ha iniciado todavía en el momento de la venta del bien. Por otra parte, el resultado de la regularización es razonable, ya que X en ningún momento ha utilizado el local adquirido en una actividad que genere el derecho a la deducción del IVA soportado, por lo que dicha deducción debe ser cero.
9) La entidad F transmite la totalidad de su patrimonio empresarial a A, empresa que va a afectar los bienes adquiridos a una actividad empresarial. F se dedica a la venta de accesorios de automóviles y en la transmisión se incluye, además de las existencias en almacén, el local propiedad de F en el que esta desarrollaba su actividad.
Dicho local fue adquirido el 1-1-N-5, produciéndose la transmisión de la totalidad del patrimonio el 6-2-N.
No procede en este caso regularización alguna por la transmisión del local efectuada por F, a pesar de que esta se produce durante el período de regularización, porque la operación citada se inscribe en el marco de la **transmisión global del patrimonio empresarial**, no sujeta.
Por tanto, en este caso, la adquirente A continúa la regularización de la deducción practicada en su día por F durante el tiempo que faltaba a esta del período de regularización (años N a N+4), teniendo en cuenta la prorrata de deducción de A en cada una de esos años y comparándola con la deducción que en su momento practicó F.

Doctrina Administrativa Además de las siguientes contestaciones de la DGT, ver nº 11000 s. **3049**
1) En una **fusión** en la que se produce la subrogación por transmisión total del patrimonio empresarial, a las cuotas por bienes de inversión de la entidad transmitida se les aplica la prorrata de deducción de la entidad absorbente durante el año de adquisición y los restantes del período de regularización (DGT CV 28-5-18).
2) Tratándose de una **operación no sujeta**, el transmitente no debe efectuar la regularización de los bienes de inversión que son objeto de entrega, por cuanto corresponde al adquirente de los mismos que se subroga en la posición del transmitente y, por ello, debe efectuar la regularización de los bienes de inversión adquiridos. Dicha regularización debe practicarse durante el año en que los mismos se transmitan y los que falten del período de regularización (DGT CV 29-12-22).

3) Si una vez iniciado el período de regularización se produce el **cambio de afectación** derivado de una alteración del destino inicialmente previsto, por una de las causas limitativas del derecho a la deducción (dejar de estar afecto a la actividad empresarial), es necesario regularizar las deducciones practicadas (DGT CV 24-4-19).

4) Si las **mejoras** efectuadas en un inmueble arrendado para uso distinto del de vivienda tienen la consideración de **bien de inversión**, debe procederse a la regularización del mismo durante el periodo de regularización (DGT CV 23-11-22). En este sentido, lo previsto en la LIVA art.107 a 110 respecto a la regularización de las cuotas de IVA soportado por la adquisición de bienes de inversión también es aplicable a las cuotas soportadas por la adquisición de bienes y/o servicios destinados a la ampliación o mejora de un determinado bien de inversión preexistente, pero no resulta aplicable si estos bienes y/o servicios se destinan a la reparación o conservación de esos bienes de inversión preexistentes (DGT CV 15-9-25).

5) De producirse una **transferencia de un vehículo al patrimonio personal** del empresario, la misma constituye una operación asimilada a la entrega de bienes que está sujeta y no exenta del IVA. Si se efectúa dentro del período de regularización de las deducciones por bienes de inversión, procede regularizar (DGT 22-2-99).

6) Una entidad realiza la actividad de alquiler de naves industriales, habiendo deducido el impuesto soportado por su adquisición. En el año N aportó a una sociedad dos naves industriales. Si la **aportación** se realizó dentro del período de regularización de deducciones y estuvo exenta, el sujeto pasivo debe regularizar en el año N la deducción de las cuotas soportadas por la adquisición de las naves aportadas, considerándose a estos efectos que los inmuebles se emplearon en operaciones que no originan el derecho a deducir durante todo el año en que se realizó la aportación y los restantes hasta terminar el período de regularización (DGT 8-4-94; 26-9-94).

3050 **7)** Una sociedad lleva a cabo la **construcción de un edificio** que se destinará en un 50% a sede social y en otro 50% a vivienda de un socio. Una vez finalizada la construcción, se decide vender dicha edificación, habiéndose deducido la sociedad la mitad del IVA soportado en la construcción. Procede la regularización de deducciones por bienes de inversión y, teniendo en cuenta que la edificación no ha sido utilizada por la entidad, la entrega es considerada como una primera entrega a efectos del IVA (DGT 25-9-02).

8) Una **comunidad de bienes** está formada por la propiedad indivisa de un local comercial. Los comuneros son un matrimonio en régimen de separación de bienes. Hasta la fecha, el local ha estado afecto a una actividad de uno de los comuneros en régimen del recargo de equivalencia. Próximamente, se va a destinar el local a la actividad de arrendamiento. Dado que la venta de la participación indivisa tiene lugar dentro del período de regularización, el cónyuge empresario viene obligado a practicar una regularización cuyo signo depende de que se efectúe o no la renuncia a la exención (DGT 29-7-04).

9) Una sociedad adquiere el 21-12-2004 un local sujeto a IVA, habiendo celebrado contrato de arrendamiento a favor de terceros el día 25-12-2004. El 28-12-2004 procedió a la **venta del local**, quedando la transmisión sujeta a ITP.

Dado que la adquisición del local estuvo sujeta y no exenta, mientras que la transmisión realizada en el mismo mes ha estado sujeta pero exenta, la aplicación de la regularización da como resultado una minoración en el Impuesto soportado deducible de la misma cuantía que la deducción efectuada, ambas a practicar en la última declaración liquidación trimestral del 2004 (DGT CV 28-9-05). En términos similares, DGT CV 28-5-07.

3051 **10)** Una entidad aseguradora que adquiere un inmueble -operación sujeta y no exenta del impuesto-, lo transmite a finales del mismo año a través de una **aportación no dineraria** sujeta y no exenta a una entidad filial de la que es socio único, que va a centralizar la actividad inmobiliaria realizada por aquella.

La deducción del impuesto soportado debe tomar como referencia el porcentaje de prorrata definitiva de dicho año. Dicho importe ha de minorarse por el correspondiente al 100% del impuesto soportado en la adquisición del inmueble al estar la operación de entrega sujeta y no exenta. El resultado de dicha operación determina una deducción adicional que no puede superar el importe del impuesto devengado como consecuencia de la transmisión del inmueble (DGT CV 21-12-06; CV 21-6-06; CV 7-5-09).

11) Aunque los inmuebles sean **transmitidos por obligación** -ya sea en el seno de una expropiación forzosa o en virtud de una obligación legal-, siempre que la entrega se produzca durante el período de regularización, procede una regularización única en el año de la entrega (DGT CV 26-12-12).

12) En caso de transmisión de inmueble, debe practicar una **regularización única** de las cuotas deducibles por la adquisición del inmueble transmitido por todo el período de regularización pendiente, incluso aunque durante los años anteriores no fuera de aplicación la regla de prorrata (DGT CV 22-9-15).

13) En relación con las cuotas soportadas por la **adquisición del vehículo**, por el ejercicio de la opción de compra una vez finalizado el arrendamiento financiero, una entidad no dedujo cuota alguna al estar el vehículo afecto a la actividad de servicios odontológicos -sujeta y exenta del impuesto-. No obstante, la entidad debe realizar la regularización por la transmisión del vehículo durante el periodo de regularización (DGT CV 24-4-20).

Jurisprudencia 1) En relación con las entregas de bienes de inversión operadas durante el período de regularización, cuando tales bienes habían sido **afectados parcialmente** a la actividad empresarial, se sientan los criterios siguientes (TJUE 4-10-95, asunto C-291/92): 3052
- cuando un sujeto pasivo vende un bien del que había optado por reservar una parte para su uso privado, no actúa, por lo que se refiere a la venta de esa parte, como sujeto pasivo;
- cuando un sujeto pasivo vende un bien y, en el momento de su adquisición, había optado por no afectar una parte de aquel a su empresa, solo ha de tenerse en cuenta, en relación con las cuotas deducibles, la parte del bien afectada a su empresa;
- la regularización de las deducciones debe limitarse a la parte del inmueble afectada a la empresa.

2) En relación con la posibilidad de **afectación parcial** de los bienes de inversión a la actividad empresarial **y posterior venta** de los mismos (TJUE 8-3-01, asunto C-415/98):
- un sujeto pasivo que adquiere un bien de inversión con el fin de utilizarlo al mismo tiempo para fines profesionales y para fines privados puede conservarlo enteramente en su **patrimonio privado** y excluirlo así completamente del sistema del IVA;
- si el sujeto pasivo ha optado por integrar enteramente en su **patrimonio profesional** un bien de inversión que utiliza al mismo tiempo con fines profesionales y con fines privados, la venta de dicho bien está íntegramente sujeta al IVA. Cuando el sujeto pasivo solo ha integrado en su patrimonio profesional la parte del bien utilizada para fines profesionales, únicamente está sujeta al IVA la venta de esta parte. Si el sujeto pasivo detrae el bien de su empresa, al no haber generado el derecho a deducir el IVA, por ende debe quedar excluida la sujeción al IVA de dicha detracción. Si, posteriormente, una vez detraído el bien de la empresa y afectado al patrimonio privado, el sujeto pasivo vende el bien, efectúa esta operación con carácter privado y, por tanto, esta se halla excluida del sistema IVA.

Hay que señalar que estos criterios, en apariencia, resultan difíciles de aplicar en la práctica, pues parece deducirse que la afectación de un bien al patrimonio empresarial no depende del hecho objetivo de su uso en la actividad empresarial, sino de un elemento puramente subjetivo -la intención del sujeto pasivo-. Así, un bien utilizado por un empresario en el ejercicio de la actividad puede permanecer afectado a su patrimonio personal si el sujeto pasivo así lo decide.

3) La Directiva del IVA no se opone a que un Estado miembro suprima el derecho a **optar por la tributación** de los arrendamientos de inmuebles (esto es, a que un Estado suprima la posibilidad de renunciar a la exención para tales arrendamientos), con la consecuencia de una regularización de las deducciones efectuadas por los bienes de inversión inmobiliaria objeto del arrendamiento (TJUE 29-4-04, asuntos acumulados C-487/01 y C-7/02). 3053

4) Se otorga un **contrato de arrendamiento de 999 años** sobre un bien de inversión a favor de una persona contra el pago de una prima considerable y se cede el derecho de propiedad residual (freehold reversion) relativo a este bien tres días más tarde a otra persona por un precio mucho menor. Si las dos operaciones se hallan indisociablemente vinculadas, consisten en una primera operación exenta y una segunda operación gravada, y por haberse transferido el poder de disposición sobre dicho bien de inversión con las facultades atribuidas a su propietario, tales operaciones constituyen entregas, se considera que, hasta la expiración del periodo de regularización, el bien ha estado afectado a una actividad económica que se presume parcialmente gravada y parcialmente exenta, según la proporción de los valores respectivos de ambas operaciones (TJUE 15-12-05, asunto C-63/04).

5) La deducción del IVA soportado por un inmueble que se destina a actividades gravadas no debe ser objeto de regularización cuando dicho inmueble es objeto de una operación de **venta con arrendamiento posterior** exenta del IVA, siempre que el empresario que efectuó la deducción (y que recibe el inmueble en arrendamiento) continúe utilizando el inmueble para la realización de actividades gravadas (TJUE 27-3-19, asunto C-201/18).

6) Las **cantidades adeudadas** como consecuencia de la regularización de una deducción del IVA deben recaudarse del empresario que practicó dicha deducción (TJUE 26-11-20, asunto C-787/18).

2. Rectificación de deducciones

(LIVA art.114; RIVA art.24.2.b.3º)

Las deducciones practicadas se pueden rectificar por las causas establecidas en la Ley. Dicha rectificación es **obligatoria** cuando implique una minoración de la deducción inicial. 3055

Causas (LIVA art.114.uno) Las deducciones se pueden rectificar (o se deben rectificar, cuando implique una minoración del importe inicialmente deducido) por haberse **determinado incorrectamente** (errores en el cálculo matemático, incorrecta aplicación de prorrata, no aplicación de las exclusiones o restricciones del derecho a deducir, etc.), o cuando previamente haya debido **rectificarse la cuota** soportada (nº 1490 s.). 3056

3057 **Procedimiento** (LIVA art.114.dos; RIVA art.24.2) No existe una regulación específica en el caso de que las deducciones se hubiesen **determinado incorrectamente**, por lo que hay que entender que han de aplicarse las disposiciones de la LGT: declaraciones complementarias en los años siguientes al período en que debieran practicarse las deducciones, con liquidación de los recargos e intereses de demora que procedan.

Si la rectificación de las deducciones se funda en la **rectificación de las cuotas soportadas**, hay que distinguir:

1. Si la rectificación supone un **aumento de la deducción** inicial, puede efectuarse en la autoliquidación del período en que se haya recibido la factura rectificativa, o en las declaraciones siguientes, siempre que no haya transcurrido el **plazo** de cuatro años desde el devengo de la operación o desde la fecha en que se hayan producido las circunstancias que determinan la modificación de la base imponible (nº 1937 s.).

No obstante, cuando se trate de **causa distinta** de la modificación de la base imponible, la rectificación debe hacerse en el plazo de un año desde la fecha de expedición de la factura rectificativa de la repercusión.

2. Si la rectificación implica una **minoración de la deducción** inicial, a su vez hay que distinguir:

a) Si la modificación de la base imponible tiene lugar por **declaración del concurso** (nº 1974 s.), la rectificación de las deducciones a la baja ha de efectuarse en la autoliquidación correspondiente al período en que se ejerció el derecho a la deducción de las cuotas soportadas. No cabe la aplicación de recargos ni de intereses de demora;

Como **excepción** a lo anterior, en la autoliquidación relativa a hechos imponibles anteriores a la declaración de concurso (modelo 303, modalidad preconcursal) cuando el destinatario de las operaciones:

- no tuviera derecho a la deducción total del impuesto y en relación con la parte de la cuota rectificada que no fuera deducible;
- tuviera derecho a la deducción del impuesto y hubiera prescrito el derecho de la Administración a determinar la deuda tributaria del período de liquidación en que se hubiera ejercitado el derecho a la deducción de las cuotas soportadas que se rectifican; o
- hubiera sido declarado incurso en un procedimiento de insolvencia (Rgto (UE) 2015/848).

La rectificación o rectificaciones deben presentarse en el mismo **plazo** que la autoliquidación correspondiente al período en que se hubieran recibido las facturas rectificativas.

b) Si la operación gravada queda sin efecto como consecuencia del ejercicio de una **acción de reintegración concursal** u otras de impugnación ejercitadas en el seno del concurso, si el comprador o adquirente inicial se encuentra también en situación de concurso, este debe proceder a rectificar a la baja las cuotas inicialmente deducidas en la autoliquidación correspondiente al período en que se ejerció el derecho a la deducción de las cuotas soportadas. No cabe la aplicación de recargos ni de intereses de demora.

c) Si tiene su origen en la modificación de la base imponible (nº 1520 s.) o en un **error** fundado de derecho, debe efectuarse en la autoliquidación del período en que se recibe la factura rectificativa.

d) Si se debe a **causas distintas**, debe hacerse en autoliquidación complementaria, con liquidación de los recargos e intereses de demora que correspondan a los ingresos extemporáneos sin requerimiento previo (nº 13640 Memento Fiscal 2026).

3057.1 Precisiones **1)** La rectificación no es exigible cuando exista **destrucción o pérdida** de los bienes adquiridos o importados, por causa ajena al sujeto pasivo, debidamente justificada (LIVA art.99.dos).

2) En los supuestos de minoración de la deducción inicial como consecuencia de la declaración del concurso o del ejercicio de la acción de reintegración concursal u otras acciones dentro del concurso, en algunos casos no implica solo la **rectificación de la autoliquidación** del período en que se ejerció el derecho a la deducción inicial, sino también la de las autoliquidaciones posteriores a aquella.

3) Ver **cuadro recapitulativo** del nº 1610.

4) Para los supuestos de rectificación de deducciones en caso de declaración de concurso de un sujeto pasivo acogido al **régimen especial del criterio de caja**, ver el nº 5075.

3058 Ejemplos **1)** La empresa R alquila una nave industrial a la entidad A, por 100.000 al mes, aplicando el tipo impositivo del 10%. De acuerdo con esto, R repercute el IVA por 10.000 cada mes y A se lo deduce.

Transcurridos tres meses, R advierte que el tipo impositivo aplicable a la operación no es el 10%, sino el 21%, y procede a rectificar las facturas inicialmente emitidas los tres primeros meses.

Existe un **error en la repercusión** que determina su rectificación y la consiguiente rectificación de las deducciones practicadas, de manera que A ha de pagar a R el IVA inicialmente no repercutido [(21.000 - 10.000) × 3 = 33.000] y puede rectificar sus deducciones, incrementándolas, en el mismo importe.

A está obligada a pagar a R los 33.000 derivados de la rectificación de la repercusión, siempre que dicha rectificación se ajuste a los requisitos legales y reglamentarios exigidos. En cambio, la deducción adicional es facultativa para A: dado que esa deducción adicional es del exclusivo interés de A y no afecta para nada a los intereses de la Hacienda Pública, la Ley deja a A que rectifique o no la deducción.

2) El 1-1-N la empresa A entrega a la empresa B una partida de 10 ordenadores que esta va a utilizar exclusivamente en operaciones que generan el derecho a la deducción. El precio es de 10.000 más 2.100 de IVA. A ingresa el IVA y B se lo deduce en la primera autoliquidación de N. Sin embargo, en el mes de abril, B comprueba que los ordenadores recibidos son defectuosos y que no se ajustan a las condiciones pactadas en el contrato, por lo que, con arreglo a estas, se resuelve la venta, devolviendo B a A los diez ordenadores y reintegrando A a B la cantidad satisfecha (12.100).

Se produce la resolución del contrato de compraventa con arreglo a derecho, lo que determina la **modificación de la base imponible** de la operación y la rectificación de la repercusión efectuada devolviendo A a B el importe del IVA correspondiente a la operación resuelta. De esta forma, B recibe el importe del IVA que pagó a A pero, como es lógico, debe rectificar la deducción de los 2.100 que en su día se practicó, rectificación que en este caso no es voluntaria, sino obligatoria.

3) La empresa conservera AC vende a la distribuidora de productos alimenticios DS una partida de latas de anchoas por 100.000, repercutiendo IVA al tipo del 21%. La entrega de las latas de anchoas se produce el 1-3-N. El 1-7-N+2, se procede a la rectificación de la repercusión aplicando el tipo impositivo correcto (10%). DS, en el período de liquidación en que recibe la factura rectificativa, debe rectificar la deducción efectuada, presentando una autoliquidación rectificativa e ingresando la cantidad correspondiente (21.000 - 10.000 = 11.000), más el recargo y los intereses de demora. **3058.1**

No obstante, si la rectificación de la deducción se debe a un **error fundado** de derecho o a la modificación de la base imponible, la rectificación se puede efectuar en la propia autoliquidación del período en que se reciba la factura rectificativa, sin abono de recargo ni de intereses de demora.

4) La entidad mercantil SI es declarada en **concurso** mediante auto del Juzgado de fecha 11-6-N. Esta entidad presenta autoliquidaciones trimestrales. Dicha entidad había adquirido diverso material a un proveedor el día 15-12-N-1 por 5.600, más el 21% de IVA (1.176), recibiendo dos días después la factura correspondiente y deduciéndose el IVA soportado por esta operación en la última autoliquidación del año N-1, cuyo resultado fue de 25.000 a compensar. En la fecha de declaración de concurso no había pagado a su proveedor el importe total de dicha factura.

El proveedor, ante la situación de concurso de la entidad SI, procedió a modificar la base imponible de la citada operación emitiendo una factura rectificativa y cumpliendo los restantes requisitos. La entidad SI recibe la factura rectificativa el día 19-7-N.

En este supuesto, la entidad SI debe rectificar la cuota soportada inicialmente deducida (1.176), minorando la deducción efectuada en ese importe. A tal efecto, debe presentar una modificación de la autoliquidación del último trimestre de N-1 y, dado que el resultado de dicha autoliquidación fue a compensar, debe rectificar también la del primer trimestre del año N.

Doctrina Administrativa Además de las siguientes contestaciones de la DGT, ver nº 11000 s. **3059**

1) La **alteración en el destino inicialmente previsto** determina la necesidad de proceder a la rectificación de las deducciones practicadas. Dicha rectificación es obligatoria cuando implique una minoración del importe inicialmente deducido. En el caso de inmuebles calificados como existencias e integrados en un patrimonio empresarial que constituya una unidad económica autónoma, cuya transmisión resultó no sujeta, la rectificación de las deducciones se efectúa por la adquirente en función del destino real y efectivo que hubieran tenido dichos bienes (DGT CV 29-9-15). La modificación de las cuotas inicialmente deducidas puede dar lugar a la presentación de **autoliquidaciones complementarias** o a la solicitud de rectificaciones de autoliquidaciones en función de que, en uno o en otro caso, resulte un importe a ingresar superior al de la autoliquidación anterior o una cantidad a devolver o a compensar inferior a la anteriormente autoliquidada (DGT CV 5-11-14). La alteración en el destino inicialmente previsto, antes del inicio del uso o entrada en funcionamiento del bien, otorga el derecho a la deducción de las cuotas soportadas en su adquisición, pudiendo proceder a la rectificación de las deducciones practicadas (DGT CV 16-5-25).

Una sociedad se dedica a la **promoción inmobiliaria** de edificaciones. En la actualidad ha iniciado obras de promoción inmobiliaria en unos terrenos de su propiedad y se plantea destinar una parte de los inmuebles en fase de construcción, e inicialmente destinados a la venta, a la actividad de arrendamiento sin opción de compra para su uso como vivienda. Como dichas viviendas iban a destinarse a su venta, sin que existieran elementos objetivos de su afectación a dicha venta, debe procederse a la regularización de la situación tributaria en los términos previstos en LIVA art.114.Dos, sin que, en ninguna de las circunstancias planteadas, concurran los supuestos de autoconsumo previstos en LIVA art.9.1º (DGT CV 29-6-20).

Una entidad, promotora de un edificio en construcción que incluye viviendas, locales comerciales y plazas de aparcamiento, desconoce por el momento si estas últimas serán arrendadas a los inquilinos o a terceros. La alteración en el destino inicialmente previsto antes del inicio del uso o entrada en funcionamiento del bien determina la necesidad de proceder a la rectificación de las deducciones practicadas. Esta rectificación se realizará en la autoliquidación en la que se produzca el **cambio de destino previsible**, que se materializará cuando las plazas de garaje que estaban destinadas a las viviendas se oferten a terceros que no van a arrendar las viviendas, o cuando, de facto, se produzca el arrendamiento de la plaza de garaje sin la vivienda. En sentido contrario, también podría producirse el cambio de destino previsible cuando las plazas de garaje que estaban destinadas a su arrendamiento independiente de las viviendas se ofrezcan al arrendamiento conjunto con las mismas. Si la entidad hubiera presentado autoliquidación sin rectificar sus deducciones, la modificación de las cuotas inicialmente deducidas daría lugar a la presentación de autoliquidaciones complementarias (mayor cantidad a ingresar o menor cantidad a devolver o a compensar) o a la solicitud de rectificación de autoliquidaciones (cuando la autoliquidación perjudique de cualquier modo sus intereses legítimos). La autoliquidación rectificativa o complementaria debe realizarse respecto a la autoliquidación del IVA correspondiente al período impositivo en que se haya producido la alteración del destino previsible (DGT CV 24-5-21). En el mismo sentido, DGT CV 6-10-21; CV 11-11-21; CV 23-12-21.

2) Un proveedor de una entidad pretende **rectificar las facturas expedidas**, como consecuencia de una actuación de la Inspección. Dado que no hubo infracción (actualmente, ver nº 1570) y se expidieron las facturas, la entidad proveedora debe rectificar las cuotas no repercutidas, siempre que no hayan transcurrido cuatro años desde el devengo de las operaciones. Por su parte, la entidad puede rectificar las deducciones practicadas en la autoliquidación correspondiente al período impositivo en que reciba la factura rectificativa o bien en las autoliquidaciones siguientes, siempre que no hubiera transcurrido un año desde la fecha de expedición de la referida factura de rectificación (DGT 4-6-03; CV 24-5-16).

3) Al ser el sujeto pasivo perfecto **conocedor de la anulación** de la operación, la recepción de la factura rectificativa no es condición necesaria para modificar las cuotas soportadas (TEAC 20-2-24).

4) En los supuestos en los que se emite una factura sin repercusión de IVA porque el proveedor considera que el sujeto pasivo es el cliente y posteriormente se verifica que no es así, una interpretación razonable lleva a concluir que el cliente, al recibir la **factura rectificativa**, debe rectificar tanto las cuotas devengadas como las cuotas soportadas por la incorrecta aplicación de la regla de **inversión del sujeto pasivo**. Así, debe consignar en la autoliquidación correspondiente al período en que se hubiera recibido dicho documento, además de las cuotas devengadas y soportadas del propio período (DGT 28-10-03):

- las cuotas devengadas, como menor IVA devengado en el período, como consecuencia de la incorrecta aplicación de la regla de inversión del sujeto pasivo;
- las cuotas soportadas, como menor IVA soportado en el período, como consecuencia de la inversión del sujeto pasivo;
- las cuotas ahora repercutidas por su proveedor, como consecuencia de la rectificación efectuada, como IVA soportado en el período.

En el **caso contrario**, es decir, cuando se emite una factura con repercusión del IVA cuando en realidad procede aplicar el mecanismo de inversión del sujeto pasivo, el cliente, al recibir la factura rectificativa debe consignar en la autoliquidación correspondiente al período en que se hubiera recibido dicho documento, además de las cuotas devengadas y soportadas del propio período (DGT CV 27-5-13):

- las cuotas rectificadas por el proveedor como menor IVA soportado por inversión del sujeto pasivo;
- las cuotas devengadas, como mayor IVA devengado, por aplicación del mecanismo de la inversión del sujeto pasivo;
- además, puede optar por ejercitar en este mismo período su derecho a la deducción de las cuotas soportadas.

En términos similares, CV 7-10-15; CV 26-9-16.

3060 **5)** Una sociedad transmite unos créditos y determinados bienes materiales a otra **entidad vinculada** con ella. Como la Inspección considera que la base imponible se debía haber calculado conforme a la regla de operaciones vinculadas, se procede a la rectificación de la cuota repercutida. Por su parte, la entidad destinataria de la operación que la motiva puede rectificar la deducción inicialmente practicada en la autoliquidación correspondiente al período impositivo en que reciba la factura rectificativa o bien en las autoliquidaciones siguientes, siempre que no hubiera transcurrido un año desde la fecha de expedición de la factura de rectificación (DGT CV 21-3-05; CV 25-1-06).

6) En relación con la posibilidad de que las **facturas rectificativas** vayan a nombre de la entidad **adquirente de los activos** (distinta de la que soportó la repercusión que se rectifica) y la posibilidad de que esta entidad pueda deducir las cuotas repercutidas con la rectificación, la normativa se refiere a la rectificación y deducción por el mismo sujeto que sufrió inicialmente una repercusión indebida y efectuó una deducción incorrecta.

No obstante, cuando quien pretende ejercitar la deducción es una entidad que ha sucedido en una **universalidad total o parcial** de bienes, derechos y obligaciones al sujeto pasivo que originó el derecho a deducir, por excepción, cabe admitir dicha deducción como una más de las consecuencias derivadas de la transmisión a título universal. No existiendo sucesión en una universalidad total o parcial de bienes, derechos y obligaciones, no procede que las facturas rectificativas vayan a nombre de la entidad adquirente de los activos de la sociedad que se extingue (DGT CV 5-7-06).

7) Se pretende rectificar las deducciones practicadas por defecto en autoliquidaciones ya presentadas en las que se aplicó indebidamente la regla de la prorrata. Esta **rectificación de las deducciones** practicadas por defecto se puede llevar a cabo en las autoliquidaciones futuras, siempre que no hubiesen transcurrido cuatro años desde el devengo de la operación determinante del impuesto soportado (DGT CV 31-8-06; CV 26-11-10; CV 7-12-21). En el mismo sentido, para rectificar las deducciones practicadas por defecto al incluir en la declaración-liquidación una cantidad menor a la real consignada en una factura (DGT CV 7-2-18). **3061**

8) El **procedimiento de inspección** interrumpe el plazo de rectificación de cuotas repercutidas desde su inicio hasta que la liquidación practicada gana firmeza. Procede rectificar la repercusión inicial expidiendo una factura rectificativa al tipo correcto, pudiéndose por ende rectificar la deducción practicada. A tales efectos, el plazo de cuatro años ha de entenderse igualmente interrumpido desde el inicio de la inspección hasta que la liquidación derivada de la misma devino firme. La deducción adicional por la diferencia de tipos impositivos puede ser realizada en la autoliquidación correspondiente al período en que la compradora reciba la factura rectificativa, siempre que se respeten los límites temporales (DGT CV 28-12-07). En términos similares en cuanto al cómputo del plazo, DGT CV 8-4-08.

9) Una entidad fue destinataria de una serie de prestaciones de servicios cuyas **facturas** fueron **expedidas por una entidad incorrecta**, distinta de la prestadora de los servicios. Advertido el error, la prestadora de los servicios expide una factura rectificativa en sustitución de las anteriores. La entidad receptora debe rectificar las declaraciones en las que incluyó las deducciones incorrectas y, una vez se encuentre en posesión de las facturas correctas, puede deducirlas en las declaraciones correspondientes (DGT CV 11-10-07).

10) El cambio de criterio de la Administración tributaria respecto a un aspecto de la tributación supone la rectificación de las cuotas devengadas en el IVA por **error fundado de derecho**, lo que permite realizar la misma sin liquidar recargos ni intereses de demora. Así, se podría solicitar la devolución de la parte de las cuotas indebidamente soportadas por esta causa, si bien las cuotas a devolver serían, como máximo, las de los cuatro años anteriores (DGT CV 18-9-07).

11) Un **promotor entra en liquidación**, por lo que se cancela la operación de compra de inmuebles por la que se había deducido el IVA. Aunque no se hayan recuperado las cuotas del IVA objeto de rectificación ni se hayan incluido en los documentos de reconocimiento de deuda que han sido recibidos, se ha de proceder a la rectificación de las cuotas soportadas deducidas en el período impositivo en el que sean emitidas las facturas rectificativas (DGT CV 2-10-12).

12) Una entidad, sometida al régimen de prorrata general, en 2010 transmitió un inmueble, resultando dicha operación exenta. En el año 2011, un Juzgado Mercantil dejó sin efectos la citada **transmisión mediante sentencia**, expidiéndose la correspondiente factura rectificativa. Se han de rectificar las deducciones practicadas debiendo recalcular el porcentaje de prorrata del ejercicio 2010 en el cual se declaró una base imponible por la venta de un inmueble que posteriormente se ha resuelto. Una vez determinado el importe de las deducciones que deben ser objeto de rectificación en el año 2010, esta se ha de efectuar en el período impositivo en que se emita la correspondiente factura rectificativa (ejercicio 2011). Sin embargo, no procede modificar la prorrata de deducción del año 2011 como consecuencia de esta rectificación (DGT CV 10-12-12). **3061.1**

13) La **renuncia a la exención con incumplimiento** de las condiciones legales determina la necesidad de rectificar, por parte del sujeto pasivo de la entrega, las cuotas que fueron indebidamente repercutidas. Por su parte, el que soportó la indebida repercusión viene obligado a rectificar las deducciones practicadas. Si los requisitos para poder renunciar a la exención se entienden cumplidos pero, con posterioridad, se modifica el destino previsible de los bienes adquiridos de tal forma que el destino real no genere derecho a la deducción del impuesto, el adquirente debe rectificar las deducciones provisionales que se hubiese practicado incorrectamente. Ahora bien, esto no implica que el sujeto pasivo de la entrega deba rectificar las cuotas repercutidas (DGT CV 16-7-15).

14) Una persona física ha recibido de la AEAT la devolución de determinados importes satisfechos en pago del Impuesto sobre las Ventas Minoristas de Determinados Hidrocarburos **(céntimo sanitario)**. La entidad proveedora del combustible debe modificar la base imponible, así como rectificar la repercusión efectuada, de las ventas de combustibles sujetas al IVMDH cuyo importe hubiera formado parte de su base imponible. Supone para el destinatario de tales operaciones el nacimiento de la obligación de rectificar las deducciones practicadas (DGT CV 8-9-15).

15) La obtención del **descuento** con posterioridad a la realización de la operación de importación, determina la obligación de rectificar las deducciones que de dichas cuotas hubiera efectuado, minorando su importe, cuando la base imponible correspondiente al IVA devengado con ocasión de la importación se modifique, de conformidad con la normativa aduanera para la devolución o condonación de los derechos arancelarios a la importación (DGT CV 13-11-19).

3062 Jurisprudencia **1)** Un vehículo se adquiere a un particular sin soportar repercusión del IVA, pero con una **cuota del IVA implícita** incluida en el precio. Después de la adquisición, se reciben servicios relacionados con el automóvil (reparaciones, pintura...) que no suponen la incorporación de nuevos bienes al automóvil y por los que se soporta IVA, que se deduce por el empresario. Si, posteriormente, el vehículo se afecta al patrimonio particular, las deducciones efectuadas deben ser objeto de regularización conforme a la normativa comunitaria (actualmente Dir 2006/112/CE art.185), que, más que a una regularización, se refiere a una rectificación de las deducciones practicadas (TJUE 17-5-01, asunto C-322/99).

2) El ejercicio por el sujeto pasivo del derecho a efectuar la deducción del IVA, previsto en la Directiva IVA, se **limita a los impuestos** que correspondan a una operación sujeta al IVA o ingresados en la medida en que se han devengado. No se extiende al impuesto que es devengado exclusivamente por estar mencionado en la factura (TJUE 13-12-89, asunto 342/87).

Esto significa que, si el IVA se ha **repercutido de forma incorrecta**, el destinatario de la operación, aunque tenga derecho a la deducción total del impuesto, no puede deducirlo; hay que rectificar la repercusión incorrecta y solo cuando el impuesto se repercuta con arreglo a derecho puede el destinatario de la operación, en su caso, deducirlo.

3) Cuando quien expide la factura haya eliminado por completo, y en tiempo oportuno, el riesgo de pérdida de ingresos fiscales, el principio de neutralidad del IVA exige que el **impuesto indebidamente facturado** pueda ser rectificado, sin que dicha rectificación pueda quedar supeditada a la buena fe del que expide la factura (TJUE 19-9-00, asunto C-454/98). En casos de incorrecta repercusión no cabe deducción del IVA por el destinatario de la operación, pero este puede exigir que la repercusión incorrecta se corrija.

4) En la **destrucción de edificios** por una empresa destinada a la producción de energía, para la posterior construcción de unos edificios más modernos destinados a la misma finalidad, al no producirse una modificación de los elementos tomados en consideración para practicar la deducción del IVA correspondiente a la adquisición de los inmuebles, no existe obligación de regularizar dicha deducción (TJUE 18-10-12, asunto C-234/11). En el mismo sentido, en relación con la adquisición de terrenos y edificaciones para ser demolidas y construirse en los mismos un nuevo **complejo residencial** (TJUE 29-11-12, asunto C-257/11).

No existe obligación de regularizar el impuesto deducido si el bien destruido o eliminado, objetivamente había perdido la **utilidad para la actividad** económica que ejerce el sujeto pasivo y existe prueba fehaciente de su destrucción (TJUE 4-5-23, asunto C-127/22).

5) Solo es posible la regularización de la deducción cuando se ha tenido previamente **derecho a deducir** el IVA (TJUE 18-7-13, asunto C-78/12). En los supuestos en los que la deducción del IVA inicialmente practicada no pudiera haberse realizado legalmente, incumbe a los Estados miembros determinar la fecha en la que nace la obligación de regularizar la deducción del IVA indebidamente practicada y el período con respecto al cual debe producirse esta regularización, con observancia de los principios del Derecho de la Unión, en particular los de seguridad jurídica y confianza legítima (TJUE 11-4-18, asunto C-532/16). Ver criterio del TEAC 20-2-24 en el nº 3018.1.

6) Las cantidades adeudadas como consecuencia de la regularización de una deducción del IVA deben recaudarse del **sujeto pasivo** que practicó dicha deducción (TJUE 10-10-13, asunto C-622/11).

7) La deducción del IVA soportado en razón de un **pago anticipado** debe regularizarse cuando la prestación finalmente no se realice, a pesar de que el proveedor siga adeudando el IVA y no haya reembolsado el pago a cuenta (TJUE 13-3-14, asunto C-107/13).

La normativa comunitaria no se opone a normativas o prácticas nacionales que supeditan la **regularización** del IVA correspondiente a un pago anticipado a cuenta efectuado con vistas a la entrega de un bien al reembolso de dicho pago por el proveedor (TJUE 31-5-18, asuntos acumulados C-660/16 y C-661/16).

3063 **8)** Un Estado miembro puede exigir la regularización de la deducción del IVA soportado cuando el sujeto pasivo ha sido víctima de un **robo** (cuyo autor no ha sido identificado) de los bienes por los que se soportó el impuesto (TJUE 4-10-12, asunto C-550/11).

9) La minoración de las cuotas soportadas deducidas por la **resolución de un contrato** no es obligatoria hasta la recepción de la factura rectificativa. La Administración tributaria no puede trasladar al destinatario de la operación los efectos del incumplimiento de la norma por el sujeto pasivo de la operación, al margen de supuestos de fraude en los que participe el destinatario (TEAC 17-3-16).

10) La reducción de las obligaciones del deudor como consecuencia de la aprobación firme de un **convenio con los acreedores** constituye una modificación en los elementos tomados en consideración para la determinación de la cuantía de las deducciones, a efectos de la regularización de las deducciones efectuadas. Para aplicar la facultad de exigir la regularización en caso de operaciones total o parcialmente impagadas (Dir 2006/112/CE art.185.2), los Estados miembros no tienen que prever expresamente una obligación de regularización de las deducciones (TJUE 22-2-18, asunto C-396/16).

11) No procede la regularización del IVA inicialmente deducido por el motivo de que un inmueble haya quedado vacío, tras la **resolución de un contrato de arrendamiento** del que era objeto, por circunstancias ajenas a la voluntad de su propietario, a pesar de que haya quedado demostrado que este aún tiene intención de utilizarlos para una actividad gravada y que emprende las gestiones necesarias a tal efecto, puesto que equivaldría a restringir el derecho a deducción a través de las disposiciones aplicables en materia de regularizaciones (TJUE 28-2-18, asunto C-672/16).

12) Cuando a raíz de una **liquidación complementaria**, se ha pagado al Estado un IVA adicional que ha sido objeto de documentos rectificativos de las facturas iniciales varios años después de la entrega de los bienes, al no haber mostrado falta de diligencia por el destinatario de la entrega de bienes, y dada la inexistencia de abuso o de colusión fraudulenta con el proveedor, no puede denegarse el derecho a la deducción del IVA pagado por el adquirente porque el plazo previsto por la normativa nacional para el ejercicio de ese derecho se computa a partir de la fecha de emisión de esas facturas iniciales y ya ha expirado (TJUE 12-4-18, asunto C-8/17).

13) En los contratos condicionados al cumplimiento de una **condición suspensiva**, cuando la condición no se cumple y el contrato queda total o parcialmente sin efecto, la rectificación de las cuotas soportadas -deducidas previamente en el IVA-, debe producirse en el periodo de autoliquidación en que se emite la factura rectificativa, y no en el periodo de autoliquidación en que se devuelve, de forma efectiva, la cuota rectificada al tercero repercutido (TS 8-7-20, EDJ 600082).

14) Los **descuentos otorgados** en relación con ciertas entregas de bienes deben imputarse necesariamente a dichas entregas y no a otras efectuadas entre las mismas partes. Tales descuentos dan lugar a la regularización del IVA deducido por el adquirente, aun cuando el proveedor de este último haya dejado de operar en el Em del adquirente y, por tanto, ese proveedor ya no pueda solicitar la devolución de una parte del IVA que pagó (TJUE 28-5-20, asunto C-684/18).

15) Un empresario que promueve la **construcción de un edificio**, que destina a arrendamiento gravado y que deduce el IVA soportado por dicha construcción, debe proceder a la regularización de la deducción cuando dicha construcción **se abandona**, de forma que el edificio no se utiliza para ninguna actividad gravada (TJUE 18-5-21, asunto C-248/20). **3064**

16) El sujeto pasivo está obligado a regularizar los bienes de inversión cuando en el caso de liquidar la sociedad y darse de baja en el **registro de sujetos pasivos** del IVA, los bienes ni se han utilizado, ni se van a utilizar ya, en operaciones grabadas (TJUE 6-10-22, asunto C-293/21).

17) La Directiva IVA se opone a una normativa nacional según la cual la apertura de un **procedimiento concursal** con respecto a un operador económico -que implica la liquidación de sus activos en beneficio de sus acreedores- conlleva automáticamente la obligación de dicho operador de regularizar las deducciones del IVA efectuadas con anterioridad, cuando la apertura de tal procedimiento no impide que prosiga la actividad económica de dicho operador (TJUE 3-6-21, asunto C-182/20).

18) Efectuada la compra de unas fincas y soportado IVA por una determinada cantidad, que se dedujo, se **anula la compraventa con posterioridad**, sin que el sujeto pasivo que soportó y dedujo el tributo rectificase la deducción practicada en su momento. Regularizada la situación del obligado tributario, se discute la procedencia de la rectificación cuando no consta que se haya recibido la correspondiente factura rectificativa. Inexistentes las operaciones, no procede deducción alguna en concepto de IVA soportado. No hay razón que justifique una interpretación distinta para el caso de las operaciones que cesan en sus efectos, por lo que debe rectificarse la cuota soportada y deducida que ha devenido improcedente.

La situación se distingue de aquellas otras en las que la rectificación de la repercusión únicamente puede ser conocida por quien la soportó por medio de la emisión de la correspondiente factura rectificativa, en las cuales, a falta de esta, no cabe exigir la rectificación de la repercusión del impuesto. No siendo este el caso, por cuanto el adquirente de las fincas es perfectamente conocedor de la anulación de la operación y el cese en sus efectos, debe proceder a la rectificación de la deducción practicada. Esta obligación de rectificación ha de considerarse independiente del curso de acción seguido por quien repercutió el impuesto (TEAC 20-4-21; 20-2-24).

F. Inicio de actividad

A continuación, se analiza la incidencia que tiene el inicio de una actividad, tanto en la deducción de las cuotas de IVA soportadas con anterioridad al inicio efectivo de la actividad (nº 3066 s.), como en la regularización de las mismas (nº 3080 s.). **3065**

1. Deducciones anteriores al comienzo de la realización habitual de operaciones

(LIVA art.5.dos, 93 y 111; RIVA art.27)

El TJUE ha establecido en diversas sentencias que el derecho a la deducción de las cuotas del IVA soportadas tiene por objeto **liberar al empresario** completamente del peso de dicho IVA soportado, por lo cual debe poder ejercitarse inmediatamente, pues lo contrario podría suponer una carga financiera para el empresario no compatible con la Directiva. **3066**

El ejercicio de este derecho no puede subordinarse al hecho de que el empresario presente una declaración previa al inicio de la actividad, ni tampoco puede retrasarse al momento en que se inicia la realización de las operaciones activas propias de la actividad (entregas de bienes o prestaciones de servicios). A estos efectos, hay que entender que el inicio de la actividad se produce con la **adquisición de bienes y servicios** destinados a ella, y no en el momento en que se inicia la realización habitual de las entregas de bienes y prestaciones de servicios propias de la actividad.

La normativa del impuesto en esta materia distingue **dos fases en la actividad** empresarial:

- una que se inicia con las adquisiciones de bienes y servicios para utilizarlos en dicha actividad; y
- otra que empieza con la realización efectiva de las operaciones sujetas al impuesto. Hay una fase preparatoria y otra de ejecución, pero las dos integran la actividad empresarial sin solución de continuidad.

La actividad empresarial se considera iniciada desde el **momento** en que se realizan las adquisiciones de bienes y servicios con la intención, confirmada por elementos objetivos, de destinarlos al desarrollo de dicha actividad. La actividad comienza con los actos preparatorios y su realización confiere a quien los efectúa la condición de empresario o profesional.

Doctrina Administrativa **1)** La actividad empresarial de **aprovechamiento forestal**, en la cual la tala y venta de madera no comienza hasta transcurridos los años necesarios para que los árboles plantados adquieran consistencia suficiente, se considera iniciada desde el momento en que realiza la adquisición de bienes y servicios con la intención, confirmada por elementos objetivos, de destinarlos al desarrollo de la citada actividad empresarial (DGT CV 31-3-08).

2) Se reinicia una actividad económica que se había ejercido anteriormente, utilizando la máquina excavadora cuyas cuotas de leasing había seguido pagando. Tales cuotas pueden considerarse como una inversión anterior al inicio de la actividad. Dado que se adquirió la maquinaria a través de un **contrato de leasing** para afectarla a la actividad que efectivamente venía realizando, que debió seguir soportando las cuotas correspondientes a la misma tras cesar en la actividad, y que nuevamente ha afectado la máquina al ejercicio de su actividad al retomar esta, cabe concluir la deducibilidad de las cuotas de leasing soportadas durante el **período de inactividad** (DGT CV 7-7-11).

3067 **Reglas** (LIVA art.111.uno; RIVA art.27) A pesar de la consideración unitaria de la actividad empresarial, el derecho a la deducción del impuesto en la **fase preparatoria** debe ajustarse a determinadas reglas específicas, dadas las especiales circunstancias que se dan en ella.

Con carácter general, para ejercitar el derecho a la deducción se exige que se haya iniciado la realización habitual de las operaciones sujetas al impuesto, pero se reconoce que las cuotas soportadas en la fase preparatoria también pueden deducirse, si bien con arreglo a un **procedimiento específico**. La deducción se condiciona a que las adquisiciones en la fase preparatoria se realicen con la intención, confirmada por elementos objetivos, de que su destino sea la realización de actividades empresariales. A continuación se detallan las reglas:

a) La condición de **empresario o profesional** a efectos del IVA se tiene desde que se realizan adquisiciones de bienes o servicios con la intención, confirmada por elementos objetivos, de destinarlos al desarrollo de actividades empresariales o profesionales, aunque no se haya realizado ninguna operación activa de entrega de bienes o prestación de servicios. La **carga de la prueba** de dicha intención, esto es, la aportación de los elementos objetivos que confirmen la misma, corresponde a quien efectúa tales adquisiciones, pudiendo la Administración exigir la aportación de los elementos de prueba.

b) Para acreditar dicha intención, cabe la utilización de cualesquiera **medios de prueba** admitidos en derecho. No obstante, se mencionan, con carácter enunciativo, diversas circunstancias y criterios que pueden ser tenidos en cuenta en esta materia, apuntados por el TJUE y por la DGT:

- la **naturaleza de los bienes** o servicios adquiridos o importados;
- el **período** transcurrido entre la adquisición de dichos bienes y servicios y el inicio de la realización de las entregas de bienes y prestaciones de servicios propias de la actividad;
- el cumplimiento de las **obligaciones formales, registrales y contables** propias de los empresarios o profesionales. En particular, la presentación de la declaración censal de comienzo de la actividad (que ya no es un requisito para deducir el IVA soportado, sino solo un medio de prueba de la intención de empresarialidad) y la llevanza de la contabilidad, la llevanza en debida forma de los libros registro exigidos por la normativa del impuesto (en particular, el libro registro de facturas recibidas y el libro registro de bienes de inversión);
- haber solicitado los **permisos**, autorizaciones o licencias necesarios para el ejercicio de la actividad;
- haber presentado declaraciones tributarias por otros impuestos distintos del IVA y correspondientes a la misma actividad empresarial.

c) Si no puede probarse la **intención de empresarialidad** en los términos citados, las cuotas del IVA soportadas por quienes no vinieran realizando actividades empresariales o profesionales no son deducibles, ni estos obtienen la condición de empresarios en virtud de dichas adquisiciones. Esto es así aunque los bienes o servicios por cuya adquisición se ha soportado el IVA se destinen con posterioridad a una actividad empresarial. **3068**

Supone que, tratándose de cuotas del IVA soportadas con anterioridad al inicio de las operaciones activas, para calificar dichas cuotas como deducibles o no, hay que estar a la situación existente en el **momento en que se soportaron**: si en ese momento podía probarse la intención de empresarialidad, los bienes y servicios se consideran adquiridos en el contexto de una actividad económica, y las cuotas son deducibles (en la medida y con los requisitos exigidos al respecto en el nº 2535 s. y nº 2600 s.); en otro caso, se considera que las cuotas no se han soportado en el marco de una actividad empresarial y no procede deducción alguna de las mismas, aunque en un momento posterior los bienes o servicios correspondientes se destinen a una actividad empresarial.

d) Finalmente, todo lo señalado en los apartados anteriores respecto de las adquisiciones de bienes y servicios efectuadas por quienes no viniesen desarrollando actividades empresariales o profesionales, se aplica igualmente a quienes ya vengan desarrollando tales actividades, pero vayan a iniciar una **nueva actividad** que constituya un sector diferenciado (nº 2811) respecto de la anterior. En relación a las cuotas soportadas por bienes o servicios destinados a este último sector, ver ejemplo en el nº 3072.

En las condiciones indicadas, la deducción alcanza a toda clase de bienes y servicios, las existencias y los bienes de inversión, incluso los terrenos.

Las deducciones de la fase preparatoria **deben regularizarse** aplicando el procedimiento señalado en el nº 3080 s.

Procedimiento (LIVA art.111.dos y tres; RIVA art.27 y 28.1.4º) La deducción del impuesto se ajusta al siguiente procedimiento: **3070**

a) Con carácter general, los sujetos pasivos vienen obligados a presentar una **declaración censal** para comunicar a la Administración el inicio de la actividad. Esta declaración sirve también para solicitar el NIF/IVA correspondiente y proponer el porcentaje provisional de deducción aplicable en la fase preparatoria; este porcentaje se propone en base a la naturaleza de la actividad y la Administración puede aceptarlo o modificarlo.

La solicitud de porcentaje provisional de deducción debe efectuarse al tiempo de presentar la declaración censal de comienzo de la actividad (nº 6955), no siendo necesaria dicha solicitud cuando todas las operaciones que vaya a realizar el sujeto pasivo (y las que viniera ya realizando, en el caso de inicio de actividad correspondiente a un sector diferenciado) generen el derecho a la deducción del IVA soportado (nº 2692). Hay que suponer que, en este caso, se autoriza al empresario o profesional para que aplique como porcentaje de deducción provisional el 100%.

La **falta de presentación** de la declaración censal no es causa de la pérdida del derecho a deducir las cuotas soportadas en la fase previa ni del retraso en ejercitar tales deducciones hasta el inicio efectivo de las entregas o servicios. Solo constituye una infracción tributaria.

b) Las deducciones han de practicarse en las correspondientes **autoliquidaciones**. El período de liquidación es trimestral, al no existir volumen de operaciones durante la fase preparatoria ni ser de aplicación la devolución mensual (pues la normativa dispone expresamente que los empresarios o profesionales pueden solicitar la devolución de las cuotas deducibles con arreglo a lo dispuesto en la regulación de la devolución anual). No obstante, cuando la fase preparatoria se refiera a un **sector diferenciado** de otra actividad desarrollada previamente por el empresario, el período de liquidación es el que corresponda a dicha actividad.

En las declaraciones se consignan las cuotas soportadas durante los períodos a que se refieren las mismas, siendo deducibles las que resulten de aplicar el porcentaje propuesto o fijado por la Administración.

c) Cuando no se hayan desarrollado **otras actividades con anterioridad**, durante la fase preparatoria, la recuperación debe hacerse mediante el procedimiento general de las devoluciones (nº 2945 s.): al finalizar cada año natural, en la autoliquidación del último trimestre se solicita la devolución del saldo a 31-12 de cada año.

Precisiones La **solicitud** del porcentaje provisional de deducción (nº 3070, letra a) se formula ante el órgano competente de la AEAT y se entiende concedida una vez transcurrido un mes, contado desde que haya tenido entrada en el registro del órgano competente para su tramitación, sin que se haya notificado resolución. **3071**

3072 Ejemplo Un empresario, con período de liquidación trimestral, que explota un centro educativo y alquila salas en el mismo para conferencias, adquiere un terreno para construir un edificio de locales comerciales que destinará a su alquiler.

	1t	2t	3t	4t
Cuotas devengadas:				
- centro educativo	1.000	1.500	1.200	1.600
Cuotas soportadas:				
- colegio	10.000	25.000	30.000	40.000
- fase previa edificio	25.000	15.000	50.000	100.000
Prorratas:				
- colegio: 10%				
- provisional edificio: 90%				
Declaraciones-liquidaciones:				
• Cuotas devengadas:	1.000	1.500	1.200	1.600
• Cuotas deducibles:				
- colegio: 10%	1.000	2.500	3.000	4.000
- edificio: 90%	22.500	13.500	45.000	90.000
Crédito a compensar:	22.500	14.500	46.800	92.400
A devolver (22.500 + 14.500 + 46.800 + 92.400) = 176.200				

3073 **Restricciones** (LIVA art.111.cuatro y cinco) Las deducciones previas no pueden practicarse en relación con las adquisiciones de bienes y servicios que se destinen a las actividades que deban quedar sometidas al régimen especial del **recargo de equivalencia** (nº 4530 s.). En este régimen no se aplican las deducciones: es un régimen a forfait en el que la liquidación del impuesto correspondiente a las entregas del minorista se realiza a través del recargo de equivalencia que aplica el mayorista.

Tampoco se aplica a las adquisiciones destinadas a las actividades acogidas al régimen especial de la **agricultura, ganadería y pesca** (nº 3500 s.). Si el empresario practica estas deducciones, no puede acogerse después al mencionado régimen especial hasta que finalice el tercer año natural de la realización habitual de las entregas de bienes o prestaciones de servicios efectuadas en el desarrollo de las actividades de dicho régimen especial. Este aplazamiento tiene los mismos efectos que la renuncia al mencionado régimen (nº 3598).

3074 Ejemplos **1)** A, **estudiante** de cuarto curso de derecho, adquiere en el año N los manuales que necesita para cursar sus estudios. Dos años después, terminada la carrera, pretende **abrir un despacho** y comienza a presentar autoliquidaciones del IVA, deduciendo el IVA que en su momento soportó por los manuales.

En este caso, la deducción no parece procedente, pues la adquisición de los manuales no se efectuó en la condición de empresario, ni tampoco con la intención de destinar los bienes a una actividad empresarial. Así parece acreditarlo el hecho de que las autoliquidaciones han empezado a presentarse transcurridos dos años desde la adquisición. Se trata de bienes que no han sido objeto de afectación directa a la actividad y, por tanto, no procede la deducción.

2) B, entidad que va a dedicarse a una **actividad de enseñanza exenta** del IVA, efectúa ciertas adquisiciones de bienes y servicios por las que soporta IVA con anterioridad al comienzo de la prestación de los servicios de enseñanza.

En este caso pueden darse, a nuestro entender, varias **situaciones**:

a) Si se ha **solicitado la fijación de un porcentaje provisional** de deducción, parece lógico que esta debería fijar el del 0% (pues la actividad de enseñanza exenta no genera el derecho a la deducción del IVA soportado), con lo cual no procedería deducción alguna. Esta no deducción podría ser regularizada posteriormente, de acuerdo con lo establecido en el nº 3080.

b) Si **no se ha solicitado** la fijación de dicho porcentaje, la falta de solicitud no impide ejercitar el derecho a la deducción (sin perjuicio de la posible infracción tributaria cometida), en cuyo caso se pueden pensar dos situaciones:

- la entidad no puede deducir, dado que el destino previsible de los bienes y servicios adquiridos es el de su utilización para la realización de operaciones que no generan el derecho a deducir el IVA soportado. No impide, en su caso, la regularización de la no deducción de acuerdo con lo dispuesto en el nº 3080. Esta es, desde nuestro punto de vista, la solución más razonable;
- la entidad deduce las cuotas soportadas, sin perjuicio de la regularización que proceda posteriormente de acuerdo con el nº 3080, pues tales deducciones tienen la consideración de provisionales.

Doctrina Administrativa Además de las siguientes contestaciones de la DGT, ver nº 11000 s. 3075

1) Si no se desarrolla ninguna actividad empresarial en el momento de efectuar los **gastos de inversión** y se efectúan sin la intención de utilizar los bienes o servicios respectivos en la realización de una actividad empresarial o profesional, las cuotas soportadas por dichos gastos no pueden ser objeto de deducción, aunque, con posteridad, dichos bienes o servicios se afecten total o parcialmente a una actividad empresarial o profesional.

No obstante, si se hubieran realizado los referidos gastos con la **intención** de dedicarlos a la realización de una actividad empresarial o profesional, la entidad debe poder acreditar los elementos objetivos que confirmen que en el momento de efectuarse dichos gastos tenía dicha intención, en cuyo caso, las cuotas soportadas pueden ser objeto de deducción (DGT 2-10-02).

2) Las cuotas soportadas en la **adquisición** y posterior **acondicionamiento de un local**, adquirido con la intención de destinarlo al desarrollo de una actividad empresarial, pueden ser objeto de deducción. En el momento de ejercitar el derecho a deducir las cuotas soportadas, debe acreditar que tenía la citada intención. Es la Administración la que debe valorar conjunta y razonadamente todas las pruebas aportadas (DGT 29-4-02).

3) El **propietario-arrendador de un apartamento** que equipa y amuebla para cederlo posteriormente en alquiler junto con una plaza de garaje, puede deducir las cuotas del IVA soportadas antes del comienzo de su actividad de arrendamiento por la adquisición del apartamento (incluida la plaza de garaje) y por su amueblamiento, si puede acreditar que dichas adquisiciones se realizaron con la intención de destinarlas a dicha actividad. Si no puede acreditar que hizo las adquisiciones con esa intención, ni se consideran realizadas en su condición de empresario, ni las cuotas soportadas pueden ser deducibles, aunque decida comenzar la actividad con posterioridad a la adquisición (DGT 7-7-03).

4) No es necesaria la presentación de la **solicitud de porcentaje de deducción provisional** cuando las entregas de bienes o prestaciones de servicios que constituirán el objeto de las actividades que se inician y, en su caso, el de las que se venían desarrollando con anterioridad, sean exclusivamente operaciones cuya realización origina el derecho a deducir. A estos efectos, no se tienen en cuenta las operaciones que no se consideran en ninguno de los dos términos de la prorrata (DGT 14-10-02).

5) Una entidad adquirió un **local comercial y dos viviendas** con la intención de afectarlos a la 3076
actividad de arrendamiento. La adquisición tuvo lugar el 27-5-2003 y la entrega de los mismos fue el 16-2-2005. Durante 2005 solamente se arrendaron las viviendas; en abril de 2006 se arrendó el local. Hasta la fecha no se ha practicado deducción alguna del impuesto soportado en la adquisición de los inmuebles. En este caso (DGT CV 18-7-07; CV 26-11-07):

a) La entidad tiene la condición de empresario o profesional desde que adquirió los inmuebles, dado que había intención de destinarlos a la actividad de arrendamiento.

b) El arrendamiento de vivienda se encuentra sujeto pero exento; mientras que el de locales comerciales, está sujeto y no exento. Por tanto, se ha de determinar un porcentaje de prorrata al efecto de calcular el impuesto deducible.

c) La entidad puede deducir el impuesto soportado cuando adquirió los inmuebles siempre que no hayan transcurrido cuatro años desde su devengo. Dado que en 2003 no había comenzado aún efectivamente la entrega de bienes o prestación de servicios, dicho porcentaje es el que debió proponerse a la Administración como porcentaje provisional de deducción.

d) La entidad ha de tener en cuenta la regularización de las cuotas deducibles correspondientes a dichos bienes de inversión. El período de regularización de dichas deducciones comenzó en el momento de inicio de la utilización efectiva de los inmuebles (16-2-2005), momento en que se entregaron, y comprende 2005 y los nueve años inmediatos siguientes.

6) Dado que no puede aplicar el **régimen especial de la agricultura**, ganadería y pesca del IVA, es posible deducir las cuotas soportadas con anterioridad al inicio de la tala y venta de madera de la explotación forestal, tanto por las adquisiciones de maquinaria forestal y plantones de árboles como por servicios de limpieza y reforestación, así como solicitar su devolución si así lo quiere (DGT CV 31-3-08).

7) El derecho a la deducción de cuotas soportadas no se pierde cuando por **causas ajenas al empresario o profesional** no sea posible la aplicación de los bienes y derechos adquiridos al ejercicio de su actividad empresarial o profesional (DGT CV 4-8-10).

8) Una entidad va a **iniciar distintas actividades** económicas, algunas de las cuales no originan 3077
el derecho a la deducción por tratarse de operaciones exentas. Con carácter previo a la realización de entregas de bienes o prestaciones de servicios, la entidad incurre en gastos por los que soporta el correspondiente impuesto.

De concluirse la existencia de **sectores diferenciados** de la actividad, es de aplicación el régimen de deducciones que corresponda a cada uno separadamente. En cada sector diferenciado de actividad son deducibles, en su caso, las cuotas soportadas por los gastos incurridos con anterioridad a la realización de las entregas de bienes o prestaciones de servicios por parte de la entidad. Estas deducciones tienen carácter provisional y se regularizan (DGT CV 21-10-10; CV 30-4-18).

9) Una persona física adquirió en 2010 una vivienda en una zona turística para destinarla a la **explotación turística**, prestando servicios propios de la industria hotelera. Por motivos personales no pudo iniciar la actividad en su momento, teniendo intención de iniciarla en breve.
Las cuotas soportadas por la adquisición del inmueble durante el año 2010 son anteriores al comienzo de la realización habitual de las entregas de bienes o prestaciones de servicios correspondientes a la actividad, por lo que pueden ser deducidas en la medida en que tal inmueble hubiera sido adquirido con la intención de destinarlo al ejercicio de la actividad económica. De ser así, las cuotas soportadas pueden deducirse desde el momento en que fueron soportadas hasta que se inicie el ejercicio habitual de las entregas de bienes y prestaciones de servicios que conforman la actividad empresarial o profesional, siempre que no hubiera transcurrido el plazo de cuatro años, contado a partir del nacimiento del derecho a deducir. En su caso, las citadas deducciones deben ser regularizadas (DGT CV 24-10-13).
10) Las cuotas soportadas por la **adquisición de un local, por un matrimonio** en régimen de gananciales, pueden ser deducidas por el cónyuge que vaya a ejercer una actividad empresarial o profesional, afectando dicho local a la correspondiente actividad, no siendo necesario que el matrimonio modifique su situación efectuando una separación de bienes y que fuese el cónyuge que en el futuro ejerza la actividad quien adquiera el mencionado local (DGT CV 27-5-14).
11) Una entidad, que fue declarada en **concurso de acreedores**, ha concluido con un convenio, aprobado por sentencia judicial, que se sustenta en un plan de viabilidad basado en la liquidación de los activos y el inicio de dos nuevas actividades.
En los ejercicios previos a la declaración del concurso, la entidad había efectuado únicamente **actividades exentas** del IVA, si bien las actividades que va a emprender tras la aprobación del plan de viabilidad estarán sujetas y no exentas del IVA. La entidad ha recibido facturas correspondientes a los honorarios del administrador concursal y abogados que han participado en el proceso concursal. Las cuotas que se hayan soportado por adquisiciones de bienes y servicios que la entidad haya afectado a la realización de una actividad empresarial o profesional sujeta al IVA serán deducibles en los términos previstos en la Ley. Sin embargo, aquellas cuotas soportadas que no están relacionadas con el ejercicio de las nuevas actividades, sino con el proceso concursal relativo a la actividad que la entidad venía desarrollando, no podrán ser objeto de deducción. En consecuencia, en la medida en que las cuotas soportadas por los servicios jurídicos y del administrador concursal se afectaron al ejercicio de una actividad exenta no generadora del derecho a la deducción, no podrán ser objeto de deducción en cuantía alguna (DGT CV 19-5-20).

3078 Jurisprudencia **1)** Una sociedad que tiene la intención de adquirir la **totalidad de las acciones** de otra sociedad para ejercer una actividad económica consistente en prestar a esta última servicios de gestión sujetos al IVA, tiene derecho a deducir íntegramente el IVA soportado por los gastos efectuados en concepto de servicios de asesoramiento en que incurrió en el marco de una oferta pública de adquisición (OPA), aunque resulte que no se ha realizado esa actividad económica, siempre que esos gastos traigan causa exclusivamente de la actividad económica prevista (TJUE 17-10-18, asunto C-249/17).
2) Cuando la Administración tributaria ha considerado como sujeto pasivo de IVA a una sociedad que ha declarado su intención de iniciar una actividad económica que da lugar a operaciones sujetas al impuesto, el encargo de un **estudio de rentabilidad** para la actividad prevista puede ser considerado como una actividad económica, aunque dicho estudio tenga el objeto de examinar en qué medida es rentable la actividad prevista.
Salvo en el caso de situaciones fraudulentas, la condición de sujeto pasivo no puede serle retirada a dicha sociedad con efecto retroactivo, cuando, a la vista de los resultados del mencionado estudio, haya decidido no pasar a la fase operativa y **liquidar la sociedad**, de modo que la actividad prevista no haya dado lugar a operaciones sujetas al impuesto (TJUE 29-2-96, asunto C-110/94).
3) La adquisición de un derecho de crédito relativo a la **transmisión futura** del derecho de propiedad sobre una parte de un **inmueble todavía por construir**, con la intención de arrendarlo en el momento oportuno, puede ser considerada como actividad económica. No excluye que la Administración exija que la intención declarada sea confirmada por elementos objetivos, tales como la aptitud específica de los locales proyectados para una explotación comercial (TJUE 14-2-85, asunto 268/83).
4) No basta, para **probar la intención de arrendar** el inmueble, con aportar fotocopias de anuncios de periódicos en los que se ofrece el local en alquiler; local que no llegó a alquilarse. Tampoco cabe admitir que los condicionamientos del mercado, que impidieron el arrendamiento, prueben la voluntad de iniciar la actividad (TEAC 27-1-99).
5) Para la deducción del IVA soportado por actividades preparatorias previas al comienzo de una actividad económica, no es determinante el **lapso temporal** transcurrido hasta el inicio efectivo de la actividad empresarial (TS unif doctrina 7-3-14, EDJ 31771).

3079 **6)** Las **actividades preparatorias** se equiparan, a efectos de la deducción del IVA soportado, a la realización de actividades empresariales, siempre que concurran en ellas elementos objetivos que acrediten la voluntad de desarrollar dichas actividades empresariales.
La Inspección considera que no se ha probado la intención de destinar las parcelas a la actividad económica en el momento de su adquisición, ya que la entidad se ha mantenido inactiva desde la fecha de la constitución hasta la fecha de la puesta de manifiesto del expediente -no tiene ninguna

licencia administrativa, ni solicitada ni concedida, no ha realizado gestión de ventas ni publicidad de ningún tipo, no se han realizado ejecuciones de obra de ninguna naturaleza sobre las parcelas de terreno adquiridas y no se ha realizado proyecto de ejecución respecto de la construcción-. A esto hay que unirle el hecho de que desde que fueron adquiridas las parcelas hasta la fecha de puesta de manifiesto del expediente se podían haber llevado a cabo actividades conducentes a la utilización de dichas parcelas en la actividad de promoción (TEAC 11-7-07).

El TS ha confirmado el criterio del TEAC considerando que en estos casos no es suficiente la mera intención, sino que es necesario que **elementos externos** ratifiquen lo que, hasta ese momento, no puede ser conocido por terceros. No se admite como elementos externos el hecho de que se haya procedido a la formalización del alta en el censo o la posterior venta del solar; ya que la simple adquisición de un inmueble y su posterior transmisión, transcurridos unos años, constituye un hecho aislado y no pone de manifiesto actividad económica alguna (TS 4-6-12, EDJ 110269).

7) La normativa comunitaria se opone a una normativa nacional que **condiciona el ejercicio del derecho** a la deducción del IVA soportado por un sujeto pasivo, con anterioridad al inicio de la realización habitual de las operaciones gravadas, al cumplimiento de determinados requisitos, y que sanciona su incumplimiento con la pérdida del derecho a la deducción o con el retraso del ejercicio del derecho hasta el inicio efectivo de la realización habitual de las operaciones gravadas (TJUE 21-3-00, asuntos acumulados C-110/98 a C-147/98).

8) El derecho a deducir el IVA soportado antes del comienzo de las entregas de bienes y prestaciones de servicios objeto de la actividad no puede denegarse por el hecho de que el empresario se haya **identificado a efectos del IVA con posterioridad** al momento en que soportó las cuotas deducibles (TJUE 21-10-10, asunto C-385/09).

9) El derecho a la deducción del IVA soportado no puede negarse por el hecho de que el proveedor que repercutió dicho IVA **no** haya presentado la **declaración de comienzo de la actividad** (TJUE 22-12-10, asunto C-438/09).

10) En las entregas de **terrenos rústicos** realizadas por un empresario, la actividad empresarial de urbanizador del adquirente se entiende iniciada desde el momento en que se adquieran bienes y servicios con la intención, confirmada por elementos objetivos, de afectarlos al ejercicio de la actividad urbanizadora, pudiendo tener derecho a deducir las cuotas soportadas aunque no se hayan iniciado las entregas de bienes. De ser así, adquiere en ese momento la condición de empresario, pudiendo tener derecho a deducir las cuotas soportadas en la adquisición de los terrenos (TEAC 11-10-11). Dicho derecho no se pierde aunque la actividad económica prevista no se llegue a materializar en operaciones sujetas a gravamen, salvo que concurran circunstancias fraudulentas o abusivas y sin perjuicio de posibles regularizaciones posteriores (TEAC 27-4-15). **3079.1**

11) La **carga de la prueba** de que en el momento en que se soportaron las cuotas del impuesto existía la intención de destinar los bienes o servicios al ejercicio de la actividad económica corresponde a quien pretende ejercitar el derecho a la deducción de las cuotas soportadas y dicha prueba debe poder aportarse en el momento en que se pretenda ejercitar el derecho a la deducción de las correspondientes cuotas, correspondiendo a la Administración tributaria efectuar la valoración conjunta y razonada de todas las pruebas que se aporten (TEAC 7-11-13).

12) El ejercicio del derecho a la deducción de las cuotas soportadas con anterioridad al inicio de la actividad exige que se pruebe la **afectación de los bienes** en el momento de su adquisición. La valoración de las pruebas se debe realizar de forma conjunta (TEAC 26-1-17).

13) Procede el derecho a deducir el IVA soportado por una **promotora inmobiliaria** en la adquisición de una finca con anterioridad al inicio de la realización de las entregas de bienes o prestaciones de servicios, si existen evidencias objetivas (tales como el encargo del proyecto de urbanización a una arquitecta, obteniendo el correspondiente visado por el Colegio Oficial de Arquitectos), de la intención de destinar dicha finca a tal fin, pese a que haya transcurrido un **plazo** superior a seis años desde la fecha de su adquisición sin haber realizado obra alguna (TS 19-7-17, EDJ 150005).

14) El **corto período de tiempo** pasado entre la compra del solar y la acción de la Administración, impide concluir que no se encuentre acreditada la intención por parte del contribuyente de destinarlo a su actividad económica de promoción inmobiliaria (AN 25-7-18, EDJ 547587).

2. Regularización de las deducciones anteriores al comienzo de la realización habitual de operaciones

(LIVA art.112 y 113)

Las deducciones provisionales de la fase preparatoria (nº 3066 s.) deben regularizarse aplicando el **porcentaje definitivo** global de los cuatro primeros años naturales de la realización habitual de las operaciones sujetas al impuesto, considerándose a estos efectos como primero de tales años aquel en el que se comience el ejercicio habitual de las entregas de bienes o prestaciones de servicios, siempre que tenga lugar antes del 1 de julio y, en otro caso, el año siguiente (LIVA art.111.seis). **3080**

Este porcentaje definitivo global se determina según lo dispuesto para la **regla de prorrata general** (nº 2730 s.), computando en el numerador el volumen de las operaciones que originan el derecho a la deducción realizadas en el indicado período y en el denominador el volumen de todas las efectuadas en el mismo período. Conocido este porcentaje, se aplica al conjunto de las cuotas soportadas en la fase preparatoria; el resultado se resta a la suma total de las deducciones practicadas en dicha fase y la diferencia, positiva o negativa, es la cuantía del ingreso o deducción complementaria que debe efectuarse.
La regularización corresponde a todos los servicios y a todos los bienes, sean o no de inversión, adquiridos en la fase preparatoria.
Si los bienes de inversión fuesen objeto de entrega antes de la terminación del período de regularización indicado, se aplica una regularización única por los años que falten de regularización desde que se realiza la entrega (nº 3039).

3081 Precisiones En el caso de **bienes de inversión** de cualquier naturaleza, una vez efectuada la regularización de la deducción provisional de la fase preparatoria, debe ser objeto de la regularización prevista con carácter general (nº 3016 s.) durante los años que, en su caso, queden por transcurrir del período de regularización de dichos bienes de inversión. A estos efectos, se considera como deducción efectuada en el año en que tuvo lugar la repercusión, la que resulte del porcentaje de deducción global de los cuatro primeros años de realización habitual de las operaciones sujetas al IVA (nº 3080).

3083 Ejemplos 1) Una empresa adquiere el 1-2-N una **edificación** de locales y viviendas destinadas al arrendamiento. El 1-1-N+2 se inicia la actividad de arrendamiento.
Las **cuotas soportadas** por la empresa han sido las siguientes:
- por la adquisición de la edificación, el 1-2-N: 16.000;
- por diversos servicios recibidos, destinados al desarrollo de la actividad, en el primer trimestre del año N: 8.000;
- por un bien mueble de inversión, adquirido el 6-8-N+1 y que entra en funcionamiento el 1-1-N+3: 4.000.

El **volumen de ingresos** total, derivado de la actividad de arrendamiento durante los años N+2 a N+5, es el siguiente:
- Arrendamiento de locales, no exentos: 50.000.
- Arrendamiento de viviendas, exentos: 45.000.

El **porcentaje de prorrata provisional**, aceptado por la Administración, es del 50%. Los porcentajes de prorrata definitivos en los años siguientes para la empresa son:
N+6: 60%.
N+7: 80%.
N+8: 55%.
Finalmente, el 1-1-N+8 vende la edificación que adquirió el 1-2-N, en virtud de una entrega exenta del impuesto.

3084 La empresa puede **deducir**, en la autoliquidación del 1er trimestre del año N:

$$(16.000 + 8.000) \times 50\% = 12.000.$$

Llegado el 4º trimestre de N, la empresa puede solicitar la devolución de esos 12.000, o bien consignarlos como cantidad a compensar en los períodos de liquidación siguientes.
En la autoliquidación del tercer trimestre del año N+1 puede incluir, como cantidad deducible:

$$4.000 \times 50\% = 2.000.$$

La **regularización** global de los cuatro primeros años se efectúa en la autoliquidación del 4º trimestre del año N+5. El porcentaje de deducción global es:

$$\frac{50.000}{50.000 + 45.000} \times 100 = 52{,}6 \quad \approx 53\%$$

La **regularización** de las deducciones de las cuotas soportadas antes del inicio de las operaciones activas es:

$$(28.000 \times 53\%) - (28.000 \times 50\%) = 840 \text{ (deducción complementaria)}$$

Con respecto al **bien mueble de inversión** adquirido el 6-8-N+1, el período de regularización (dado que el bien entra en funcionamiento el 1-1-N+3) se prolonga hasta el año N+7. Supone que:
• En el año N+6 no procede regularización, porque la diferencia entre la prorrata del año (60%) y la global de los cuatro primeros años (53%) no difiere en más de 10 puntos porcentuales.
• En el año N+7 sí procede dicha regularización complementaria:

$$\frac{(4.000 \times 80\%) - (4.000 \times 53\%)}{5} = 216 \text{ (deducción adicional)}$$

En cuanto a la **edificación**, el período de regularización complementaria alcanza desde el año N+6 hasta el año N+9. Por lo tanto:

- En el año N+6 no procede regularización.
- En el año N+7, la regularización es:

$$\frac{(16.000 \times 80\%) - (16.000 \times 53\%)}{10} = 432 \text{ (deducción adicional)}$$

Finalmente, la edificación se vende el 1-1-N+8, por lo que ha que efectuar, de una sola vez, la regularización de los años N+8 y N+9:

$$\frac{(16.000 \times 0\%) - (16.000 \times 53\%)}{10} \times 2 = -1.696 \text{ (a ingresar)}$$

2) Una **sociedad de nueva creación** comienza sus operaciones activas en el primer trimestre de N. Previamente, durante N-1, ha soportado un IVA, por servicios y bienes adquiridos, de 210 (tipo de gravamen: 21%). Los datos de las **prorratas** son: **3085**
- Año N-1: Prorrata provisional autorizada: 20%
- Años N a N+3: Prorrata global definitiva: 25%

El proceso de **regularización** a seguir es:
N-1: En la autoliquidación del 4º trimestre de este año (año anterior al inicio efectivo de las operaciones activas), la sociedad tiene derecho a compensar o bien a solicitar la devolución del IVA soportado deducible, esto es: 210 × 20% = 42.
N a N+2: No procede regularización alguna.
N+3: Al tratarse del cuarto año de ejercicio de las operaciones activas ha de procederse a efectuar la regularización única de la deducción realizada en N-1 por los bienes considerados, con lo que finaliza el proceso.
Como la prorrata provisional de aquel año (20%) es inferior a la global de los cuatro primeros años de actividad (25%), procede incrementar la deducción practicada en el importe de:
Regularización = (25 - 20) × 210/100 = 10,50.

3) Adquisición de una **edificación** en N, con IVA de 1.000. La edificación entra en funcionamiento desde el momento de su adquisición. **3086**
Prorrata provisional: 60%. Deducción en N: 1.000 × 60% = 600.
Inicio operaciones activas en primer trimestre N+3: Prorrata global N+3/N+6 = 80%.

- Regularización (1.000 × 80% - 1.000 × 60%) = 200 (deducción complementaria).
- Prorrata año N+7 = 65%. Regularización complementaria en N+7: 1.000 × 65% - 1.000 × 80% = -150; -150/10 = -15 (Ingreso complementario).
- Prorrata año N+8 = 60%. Regularización complementaria en N+8 = 1.000 × 60% - 1.000 × 80% = -200; -200/10 = -20 (ingreso complementario).

La obligación de regularización se prolonga durante los años del período de regularización que queden por transcurrir, según se establece con carácter general para los bienes de inversión (N+9 en este caso).

Doctrina Administrativa Además de las siguientes contestaciones de la DGT, ver nº 11000 s. **3087**
1) De concluirse la existencia de **sectores diferenciados** de la actividad empresarial o profesional, y por aplicación de los principios de neutralidad y de igualdad de trato, es de aplicación el régimen de deducciones que corresponda a cada uno separadamente. El volumen de actividad de cada sector diferenciado debe tenerse en cuenta a efectos de calcular la **prorrata de regularización** que debe aplicarse a los gastos realizados con anterioridad al inicio de la actividad. De esta forma, si los gastos previos se pueden imputar a un sector diferenciado en concreto, deben deducirse en ese año de acuerdo con su porcentaje de deducción; en caso contrario, es decir, cuando se trata de gastos comunes a los sectores diferenciados, se debe optar por aplicar la prorrata general entre los mismos a efectos del cálculo del porcentaje de deducción (DGT CV 10-2-11).
2) Una sociedad realiza operaciones de **préstamos** durante el año 2006. En la medida en que los intereses derivados de las primeras operaciones son exigibles en julio de 2007, se entiende que el inicio habitual de la actividad empresarial es el año 2008 -LIVA art.111.seis- (DGT CV 16-6-11).

CAPÍTULO 10

Regímenes especiales

Al margen del régimen general, la normativa del impuesto regula diversos regímenes especiales que presentan características diferentes entre sí, tanto en compatibilidad con otras operaciones en régimen general, como en lo que se refiere a la obligatoriedad en su aplicación. 3101

En este cuadro se recoge la lista y las **características** principales de la aplicación de los regímenes especiales, cuyo análisis detallado se realiza en los epígrafes siguientes:

Régimen	Carácter	Aplicación	Renuncia	nº
Régimen simplificado	Voluntario	Automática, salvo renuncia	Sí	3115
Régimen especial de la agricultura, ganadería y pesca (REAGP)	Voluntario	Automática, salvo renuncia	Sí	3500
Régimen especial de los bienes usados, objetos de arte, antigüedades y objetos de colección	Voluntario			3900
Régimen especial de las agencias de viajes	Obligatorio	Automática	No	4200
Régimen especial del oro de inversión	Obligatorio	Automática, salvo renuncia	Sí	4400
Régimen especial del recargo de equivalencia	Obligatorio	Automática	No	4530
Regímenes especiales aplicables a las ventas a distancia y a determinadas entregas interiores de bienes y prestaciones de servicios.	Voluntario			9300
Régimen especial del grupo de entidades	Voluntario		Sí	4800
Régimen especial del criterio de caja	Voluntario		Sí	5025

Volumen de operaciones (LIVA art.121; RIVA art.71.3.2º) En la aplicación de los regímenes especiales el volumen de operaciones solo influye en la delimitación del umbral de aplicación de determinadas actividades del **REAGP** (algunas pesqueras) y para el cálculo de los servicios accesorios que tributan por dicho régimen (nº 3545). En relación con la delimitación de las magnitudes de exclusión en el **régimen simplificado** se utiliza el concepto «volumen de ingresos» (nº 3191). 3106

Se entiende por volumen de operaciones el importe total de las entregas de bienes y prestaciones de servicios efectuadas por el sujeto pasivo durante el **año natural anterior**, incluidas las exentas del impuesto.

Como supuesto particular, en la **transmisión de un patrimonio empresarial o profesional** (total o parcial), además se ha de incluir el volumen de las realizadas en el mismo período por el transmitente, en relación a la parte de patrimonio transmitido. A estos efectos son consideradas transmisión de la totalidad o parte de un patrimonio empresarial o profesional, las transmisiones globales o de una rama de actividad recogidas en la normativa del IS (LIS art.76), con independencia de que resulte o no de aplicación alguno de los supuestos de no sujeción (nº 275 s.).

Quedan **excluidas** del cómputo del volumen de operaciones:
- las entregas ocasionales de bienes inmuebles;
- las entregas de bienes calificados como de inversión respecto del transmitente (nº 3016), como las ventas de maquinaria usada en la actividad, o los elementos de transporte;
- las operaciones financieras, exentas o no, así como las operaciones exentas relativas al oro de inversión (nº 4400 s.), cuando unas y otras no sean habituales de la actividad empresarial o profesional del sujeto pasivo.

Tampoco se incluyen las cuotas del IVA, ni el recargo de equivalencia, ni la compensación percibida por los titulares de explotaciones agrícolas, forestales, ganaderas y pesqueras que tributan en el REAGP.

A estos efectos, las operaciones se entienden **realizadas** cuando se produzca, o en su caso, se hubiera producido el devengo del IVA (nº 1200 s.).

3110 Doctrina Administrativa Además de las siguientes contestaciones de la DGT, ver nº 11000 s.

1) El importe de volumen de operaciones es un concepto exclusivamente definido a los efectos del IVA y que presenta algunas diferencias respecto del concepto de **importe neto de cifra de negocios**, del ámbito contable, y al que se remite la normativa del IS (DGT CV 27-3-15).

2) El volumen de operaciones debe comprender el importe total de todas las entregas de bienes y prestaciones de servicios, incluidas las exentas, realizadas en el desarrollo de la actividad empresarial o profesional. Con independencia del destinatario, igualmente deben entenderse incluidas en el volumen de operaciones las realizadas desde los establecimientos situados en TIVA, aunque por aplicación de las reglas de localización del hecho imponible, pudieran resultar **no sujetas** al impuesto (DGT 14-4-04; CV 17-6-20; CV 5-5-22).

3) Están **excluidos** del volumen de operaciones:
- los **autoconsumos** relativos a los cambios de afectación de bienes corporales de un sector a otro diferenciado de la actividad, y los relativos a las afectaciones o cambios de afectación de bienes producidos o adquiridos para su utilización como bienes de inversión, cuando el sujeto pasivo esté sometido a prorrata (DGT 17-2-97; CV 25-10-06; CV 27-10-09);
- las cantidades que tengan la consideración de **suplidos** y no se integren en la base imponible, como el importe de los derechos arancelarios satisfechos por los Agentes de Aduanas (actualmente, representantes aduaneros) en nombre y por cuenta de sus clientes (DGT 10-3-86); por el contrario, sí se tiene en cuenta en cuenta el volumen de negocios consistente en los **anticipos de clientes** (DGT 30-3-01);
- la entrega de los **vehículos** utilizados en una **actividad de alquiler** al ser bienes de inversión para el empresario que los utiliza, considerándose operaciones ocasionales de la actividad empresarial (DGT 1-7-93). En el mismo sentido, las entregas ocasionales de bienes inmuebles y las entregas de bienes calificados como de inversión respecto del transmitente (DGT CV 4-12-12; CV 4-5-17);
- los importes correspondientes a **AIB**, así como las operaciones de las que sea **sujeto pasivo por inversión** (DGT 13-3-95; 19-9-03; CV 3-2-17; CV 10-6-22);
- el importe consignado en una **certificación de obra**, sin que se haya producido el inicio de la obra ni ningún cobro anticipado correspondiente a la misma (DGT CV 3-5-07);
- los **dividendos** percibidos al no constituir la contraprestación de ninguna actividad económica (DGT CV 31-10-06; CV 26-5-17). No obstante, en el caso de holding, ver nº 3111;
- una **operación asimilada a las importaciones** -nº 5655 s.- (DGT CV 4-8-10);
- las operaciones realizadas desde **establecimientos permanentes** situados fuera del TIVA, aunque los costes relativos a dichas operaciones sean soportados por los establecimientos permanentes situados en el ámbito espacial del impuesto (DGT CV 30-1-18; CV 8-6-18; CV 19-9-18, ver nº 2735), así como las operaciones realizadas en **Canarias** a través de un establecimiento permanente, o de la sede de actividad situada en este territorio (DGT CV 18-4-18; CV 25-3-19); y
- las operaciones **no sujetas** al IVA -nº 270 s.- (DGT CV 3-8-22).

3111 **4)** Están **incluidos** en el volumen de operaciones:
- los importes resultantes de las entregas de bienes inmuebles realizadas de forma habitual por una entidad **inmobiliaria** (DGT 11-3-02);
- los **Impuestos Especiales** que recaigan sobre las operaciones efectuadas (DGT 10-3-99), como por ejemplo el Impuesto sobre Hidrocarburos (DGT CV 22-5-23) y el Impuesto sobre estancias turísticas (DGT CV 3-2-23);
- los **dividendos** cuya percepción se vincule directamente a la prestación de servicios por parte de la holding a la entidad que los abona (DGT CV 11-3-14);
- los **intereses** abonados como contraprestación del servicio de cesión de fondos (DGT CV 22-3-07) y los ingresos derivados de la actividad de cesión de la **cartera de valores** a terceros (DGT CV 22-6-09);
- el cobro de intereses por préstamos concedidos a **empresas del grupo**, así como la transmisión de determinadas participaciones de una filial (DGT CV 19-12-13);
- en los casos de **refacturación** con un margen, cuando se actúa en nombre propio frente a los clientes, la totalidad de entregas de bienes y prestaciones de servicios sujetas, incluidas las exentas, y no únicamente el importe correspondiente al margen derivado de la intermediación (DGT CV 28-11-19);

- el importe de la entrega de los **vehículos usados** que adquiere una aseguradora tras los siniestros, ya sea en régimen general o en el especial de bienes usados, objetos de arte, antigüedades y objetos de colección (DGT CV 2-12-20);
- los servicios de **gestión de cobros** propios de una entidad mercantil (DGT CV 16-8-21);
- los **fondos de titulización** que realizan operaciones exentas de manera habitual (DGT CV 28-6-19); y
- los ingresos correspondientes a la **refacturación** de gastos por servicios de control administrativo (DGT CV 8-2-23).

5) En las **entregas de combustible** efectuadas por el propietario de una estación de servicio, el cómputo del volumen de operaciones difiere en función de la condición con la que actúe: **3112**
- en las operaciones realizadas **en nombre propio**, es el importe total de las entregas de dichos bienes y de las prestaciones de servicios efectuadas en el desarrollo de dicha actividad empresarial, incluidas las exentas, debiendo computarse, además, el Impuesto sobre las Ventas Minoristas de Determinados Hidrocarburos (IVMDH) que recaiga sobre dichas operaciones (DGT 22-9-03; CV 9-6-11);
- si actúa como **comisionista en nombre ajeno**, por el importe de las comisiones facturadas a su comitente, incluido, en su caso, el importe de otras operaciones efectuadas por el empresario distintas de las citadas anteriormente, efectuadas en el desarrollo de su actividad económica (DGT 5-12-03).

6) Para determinar el volumen de operaciones de un sujeto pasivo sometido al régimen de las **agencias de viajes** se computa el importe total de las prestaciones de servicios sometidas a dicho régimen especial que realice, excluido el importe del IVA, y no la base imponible de las mismas (DGT 15-3-93).

7) En el caso de que el supermercado adquiera y entregue **en nombre propio** los productos de las distintas secciones alimenticias (carnicería, pescadería, frutería), las entregas deben computarse a efectos de su propio volumen de operaciones. Por el contrario, si el supermercado actuara como comisionista **en nombre y por cuenta ajena**, el volumen de operaciones estaría constituido por el importe de las comisiones facturadas a su comitente (DGT CV 11-11-21).

8) Las operaciones realizadas por una **UTE** que tiene la condición de sujeto pasivo del IVA deben imputarse a esta para el cálculo de su volumen de operaciones, debiendo atender las personas o entidades que participen en ella a sus propias entregas de bienes y prestaciones de servicios para determinar su volumen de operaciones, sin que este último deba incrementarse por las realizadas por la UTE (DGT CV 2-8-13).

9) La modificación de la base imponible por **impago** no supone una alteración del devengo en el impuesto, por lo que esas operaciones se han de incluir en el volumen de operaciones según se haya producido su devengo (DGT CV 29-4-21).

10) Si la **subvención** constituye en todo o en parte la contraprestación por la entrega de bienes o prestación de servicios se tiene en cuenta a efectos del volumen de operaciones (DGT CV 3-3-22).

Aunque las ayudas o subvenciones públicas hayan servido para financiar operaciones sujetas pero **exentas**, esto no afecta para el cómputo de estas últimas a efectos del volumen de operaciones (DGT CV 21-9-23).

Jurisprudencia **1)** Para la determinación del volumen de operaciones no se incluyen las **subvenciones de explotación** (TEAC 5-6-02). **3113**

2) En una **absorción de sociedades**, las operaciones realizadas entre las empresas intervinientes deben incluirse para el cálculo del volumen de operaciones de la absorbente hasta la fecha de fusión, sin que se retrotraigan los efectos a fecha de 1 de enero del ejercicio en que se produce la absorción (TEAC 29-6-05).

3) Los **pagos anticipados** por operaciones interiores se han de imputar como mayor volumen de operaciones en el ejercicio en que se produzca su devengo (TEAC 20-4-05).

4) El importe de las **operaciones no sujetas** por aplicación de las **reglas de localización** del hecho imponible debe tenerse en cuenta para calcular el volumen de operaciones (TEAC 14-2-07).

5) La parte del precio del **cartón de bingo**, fijada previamente por la normativa, que se destina al pago de los premios a los jugadores no puede considerarse como parte del volumen de negocios del organizador del juego del bingo (TJUE 19-7-12, asunto C-377/11).

6) Los **fondos de pensiones** no ejercen una actividad empresarial, por cuenta propia y con ordenación de los medios de producción, ni intervienen en la producción o distribución de bienes o servicios. Sus ingresos únicamente proceden de los intereses, dividendos o variaciones patrimoniales de su propio patrimonio, que no se pueden considerar contraprestación de la realización de operaciones sujetas al IVA, por lo que no se tienen en cuenta para el cómputo del volumen de operaciones (TEAC 21-6-21).

7) El volumen de operaciones en las **Mutuas colaboradoras de la Seguridad Social** viene dado, con carácter general, por los ingresos obtenidos en virtud del ejercicio de esa colaboración, fundamentalmente por las cuotas que le son adscritas, y los procedentes de las demás actividades permitidas (TEAC 22-2-22).

SECCIÓN 1

Régimen simplificado

3116 Surge con la finalidad de reducir la presión fiscal indirecta que soportan los pequeños empresarios. Es un régimen **optativo**, que se aplica salvo renuncia (nº 3172), por lo que se obliga al sujeto pasivo que reúne los requisitos para tributar en el régimen simplificado y que, a pesar de ello, quiere tributar en el régimen general, a que se pronuncie por la aplicación del régimen general del impuesto. Su aplicación se coordina plenamente con el método de **EO del IRPF** (módulos). Consiste, básicamente, en un método de estimación objetiva de las cuotas devengadas por operaciones corrientes, con deducción de las cuotas soportadas o satisfechas realmente en el ejercicio de la actividad.

Para el **año 2026**, la OM HAC/1425/2025 aprueba los correspondientes módulos e índices del régimen especial simplificado del IVA.

3117 Precisiones 1) En relación con los **límites cuantitativos** de aplicación del régimen especial previstos para el volumen de ingresos y el de adquisiciones de bienes y servicios, ver nº 3191.

2) Desde el 1-1-2025 entraron en vigor las modificaciones relativas al régimen especial de las pequeñas empresas (PYMES), en particular el **régimen de franquicia** (Dir 2006/112/UE art.284 s., 288 bis y 292 bis s.; Dir (UE) 2020/285 art.4). Las principales modificaciones son:

a. Se amplía el **perímetro subjetivo** de la franquicia para las PYMES a todas las empresas elegibles de la UE, estén o no establecidas en el E.m. en el que vaya a aplicarse el IVA y vaya a otorgarse dicha franquicia. A tal efecto, toda PYME susceptible de acogerse a la franquicia en un Estado miembro en el que no esté establecida, debe cumplir dos condiciones:

- su volumen de negocios anual en ese Estado miembro debe ser inferior al umbral para la franquicia aplicable en él; y
- su volumen de negocios global en la Unión Europea no debe ser superior a 100.000 euros.

b. Se fija un **límite máximo** de 85.000 euros para los umbrales nacionales previstos para la franquicia.

c. Se introduce un **período transitorio** durante el cual las PYMES que superen temporalmente en un año determinado el umbral previsto para la franquicia pueden seguir acogiéndose a ella en relación a ese año, a condición de que su volumen de negocios ese año no supere el umbral aplicable a las PYMES en más del 10%.

d. Se introducen **obligaciones simplificadas** en materia de IVA (registro y declaraciones del IVA) para las PYMES que se beneficien de la franquicia, aunque los Estados miembros conservan la posibilidad de dispensarlas de otras obligaciones (contabilidad, facturación o declaraciones recapitulativas).

e. La Comisión Europea ha hecho públicas unas **notas explicativas** sobre las normas del IVA en relación con el régimen especial de las pequeñas empresas que, si bien no son jurídicamente vinculantes, se elaboran como una herramienta de orientación y pretenden ayudar a comprender mejor la legislación adoptada en el ámbito comunitario.

3118 Jurisprudencia 1) La normativa comunitaria permite que los Estados miembros apliquen **modalidades simplificadas** de declaración e ingreso del IVA a las **pequeñas empresas**, pero no que apliquen una exoneración total de las obligaciones inherentes al sistema IVA (TJUE 28-9-06, asunto C-128/05).

2) La normativa comunitaria relativa al **régimen de franquicia para PYMES** (Dir 2006/112/CE art.284 s.) debe interpretarse en el sentido de que el concepto de «volumen de operaciones anual» se refiere al volumen de operaciones realizado por una empresa durante un año en el E.m. en el que se halla establecida (TJUE 26-10-10, asunto C-97/09). A estos efectos, si un sujeto pasivo ejerce **diversas profesiones liberales y el arrendamiento** de un bien inmueble, dicho arrendamiento no constituye una operación accesoria si se realiza en el ámbito de una actividad profesional habitual (TJUE 9-7-20, asunto C-716/18).

3) Cuando, a favor de un mismo comprador, en un **único contrato de compraventa de dos inmuebles**, vinculados por su naturaleza, se supera el límite anual del volumen de operaciones que sirve de referencia para que se aplique el régimen especial de las pequeñas empresas (régimen de franquicia) previsto en la normativa comunitaria, el sujeto pasivo debe abonar el impuesto basándose en el valor de la totalidad de la entrega de que se trata, es decir, teniendo en cuenta el valor de los dos bienes que son objeto de esa entrega, aunque si se tuviese en cuenta el valor de uno de esos bienes no se superase el referido límite anual (TJUE 2-5-19, asunto C-265/18).

4) La normativa comunitaria se opone a una normativa nacional o a una práctica administrativa nacional en virtud de la cual el volumen de negocios que sirve de referencia para la aplicabilidad del régimen especial de las pequeñas empresas (régimen de franquicia) a un sujeto pasivo, cuyas operaciones tributan en el régimen especial del margen de beneficio previsto para los sujetos pasivos revendedores (**régimen de bienes usados**) se calcula teniendo en cuenta únicamente el margen de beneficio obtenido. Tal volumen de negocios debe establecerse sobre la base de todas las cuantías, excluido el IVA, cobradas o pendientes de cobro por dicho sujeto pasivo revendedor, independientemente de las modalidades conforme a las cuáles dichas cuantías sean efectivamente gravadas, toda vez que ambos regímenes especiales son autónomos e independientes entre sí, dada su génesis y finalidad (TJUE 29-7-19, asunto C-388/18).

5) Los Estados miembros tienen un **margen de discreción** en relación con las modalidades de cumplimiento de la obligación de solicitar la inscripción en el registro IVA de los empresarios que superan el volumen de operaciones que da derecho al régimen de franquicia. Igualmente tienen un margen de apreciación a la hora de determinar las consecuencias del incumplimiento de dicha obligación (TJUE 11-4-24, asunto C-122/23).

6) Cuando se constata que la creación de una sociedad constituye una **práctica abusiva** destinada a que esta sociedad continúe disfrutando del régimen de franquicia del IVA, para una actividad que ejercía anteriormente otra sociedad que disfrutaba de ese régimen, procede denegar el beneficio fiscal derivado de una práctica abusiva, aunque el derecho nacional no contenga disposición expresa al efecto (TJUE 4-10-24, asunto C-171/23).

A. Ámbito de aplicación

(LIVA art.122; RIVA art.33 a 37; OM HAC/1425/2025)

3122

Ámbito subjetivo (LIVA art.122.Uno; RIVA art.34; OM HAC/1425/2025) Solo pueden tributar por el régimen simplificado los sujetos pasivos que reúnan los siguientes requisitos: 3125
- que sean **personas físicas** o entes en **régimen de atribución de rentas** en el IRPF (sociedades civiles sin personalidad jurídica, ni carácter mercantil; herencias yacentes; comunidades de bienes y entidades de la LGT art.35.4), siempre que todos sus miembros (socios, comuneros, herederos o partícipes), sean personas físicas y con independencia de las características individuales que concurran en cada uno de ellos. Esta regla implica que las otras **actividades individuales** que lleven a cabo los socios, partícipes, etc., no se ven afectadas por las renuncias o exclusiones del régimen simplificado de la actividad cuyo titular es el ente;
- que realicen cualesquiera de las **actividades económicas** que se señalan en el nº 3134, siempre que no superen las magnitudes de corte previstas (nº 3191).

Al tratarse de un régimen voluntario, la **opción** por el mismo debe efectuarse mediante la declaración censal (modelo 036, nº 7022), al tiempo de presentar la declaración de comienzo de la actividad o durante el mes de diciembre anterior al inicio del año natural en que deban surtir efectos.

Doctrina Administrativa Además de la siguiente contestación de la DGT, ver nº 11000 s. 3130

Desde el momento en que uno de los **partícipes de la sociedad civil** es una entidad mercantil, no puede aplicar el régimen simplificado, debiendo tributar por el régimen general, sin perjuicio de la obligación de presentar las correspondientes declaraciones-liquidaciones y declaración-resumen anual relativa a los períodos en que resultó aplicable el régimen simplificado (DGT 5-12-03).

Ámbito objetivo (LIVA art.122.Dos.1º; RIVA art.37; OM HAC/1425/2025) El régimen simplificado se aplica a las mismas actividades incluidas en el **método de EO del IRPF** (nº 1440 Memento Fiscal 2026), con excepción de aquellas a las que resulte de aplicación cualquier otro de los regímenes especiales del IVA. Esta excepción se refiere fundamentalmente a las actividades de comercio al por menor que, por lo general, tributan obligatoriamente por el régimen especial del recargo de equivalencia (nº 4530) y a aquellas actividades agrícolas, forestales, pesqueras o ganaderas susceptibles de estar incluidas en el REAGP (nº 3537 s.). 3134

La determinación de las **operaciones económicas** incluidas en cada una de las actividades debe efectuarse, en la medida en que les resulten aplicables, según las normas del IAE. La correspondiente OM incorpora de forma expresa determinadas operaciones que se consideran incluidas en cada actividad, siempre que se ejerzan de forma accesoria a la principal, aunque el

epígrafe del IAE no faculte para su ejercicio. A tal efecto, para las actividades distintas de las agrícolas, forestales y ganaderas se consideran **actividades accesorias** a la principal, aquellas expresamente citadas en el Anexo II de la OM cuyo volumen de ingresos no supere el 40% del volumen relativo a esta.
Por otra parte, quedan **excluidas** del régimen las operaciones que se señalan en el nº 3352, que dan lugar a determinados ajustes al practicar la liquidación del impuesto.

3137 Las **actividades agrícolas, forestales o ganaderas** sometidas en el **año 2026** al régimen simplificado son (OM HAC/1425/2025 art.1):

Epígrafe IAE	Actividad
División 0	Ganadería independiente **(1)**
-	Servicios de cría, guarda y engorde de ganado **(2)**
-	Otros trabajos, servicios y actividades accesorios realizados por agricultores o ganaderos que estén excluidos o no incluidos en el REAGP del IVA **(3)**
-	Otros trabajos, servicios y actividades accesorios realizados por titulares de actividades forestales que estén excluidos o no incluidos en el REAGP del IVA **(4)**
-	Aprovechamientos que correspondan al cedente en las actividades agrícolas desarrolladas en régimen de aparcería **(5)**
-	Aprovechamientos que correspondan al cedente en las actividades forestales desarrolladas en régimen de aparcería **(6)**
-	Procesos de transformación, elaboración o manufactura de productos naturales, vegetales o animales, que requieran el alta en un epígrafe de actividades industriales en las tarifas del IAE y se realicen por los titulares de las explotaciones de las cuales se obtengan directamente dichos productos naturales **(7)**

Notas: (1) El concepto de **ganadería independiente** se recoge en los apartados uno y dos de la regla 3ª de la Instrucción para la aplicación de las tarifas de la División 0 del IAE (RDLeg 1259/1991).
(2) La aplicación del **régimen simplificado** a estos servicios requiere el cumplimiento de alguno de los siguientes supuestos (LIVA art.127):
- que estos constituyan la única actividad del sujeto pasivo o sean su actividad principal;
- que constituyan un servicio accesorio de una actividad principal excluida del REAGP, o de una actividad principal susceptible de estar incluida en el REAGP, en este caso, siempre que el importe de estos servicios exceda del 20% del volumen de operaciones de la actividad agrícola, forestal, ganadera o pesquera principal en el año anterior.
(3) y (4) Para que estos **servicios o actividades accesorias** tributen por el régimen simplificado deben cumplirse los siguientes requisitos:
- que sean accesorios a la actividad principal agrícola, forestal o ganadera, por lo que su volumen de ingresos conjunto ha de ser inferior al correspondiente de la actividad agrícola y/o ganadera o forestal principal (OM HAC/1425/2025 art.3.1.b);
- que no estén incluidos en el REAGP, es decir, que se trate de servicios distintos de los indicados en el nº 3537 s.;
- que estén excluidos del REAGP, bien porque, aun estando la actividad principal en el REAGP, el importe de los servicios accesorios en el año inmediato anterior hubiera excedido del 20% del volumen total de operaciones de la actividad agrícola, forestal o ganadera principal, bien porque constituyan un servicio accesorio de una actividad principal excluida del REAGP, cualquiera que sea el importe de dichos servicios (ver nº 3537 s.).
(5) y (6) El **contrato de aparcería** se rige, entre otras disposiciones, por las relativas al contrato de sociedad (CC art.1579).
(7) Aunque la OM HAC/1425/2025 art.1 incluye esta actividad entre las actividades agrícolas, ganaderas y forestales (Anexo I), en realidad se trata más bien de una actividad de **naturaleza industrial**.

Cada una de estas actividades constituye una **actividad independiente** pues, a efectos del régimen simplificado, son actividades independientes cada una de las recogidas específicamente en la OM que regula dicho régimen. Implica que, por ejemplo, si un sujeto pasivo está matriculado en los epígrafes 653.4 y 653.5 del IAE, a efectos del régimen simplificado se consideraría una sola actividad independiente, lo que tiene especial trascendencia para el cálculo de las magnitudes de corte previstas en la OM (ver ejemplo en nº 3198).

3144 Precisiones Se hallan incluidas en el régimen simplificado determinadas actividades de **comercio al por menor,** cuya tributación en recargo de equivalencia puede no producirse por las siguientes razones:
a) Porque se faculta en las tarifas del IAE para:
- fabricar los productos que vende: epígrafes 642.1, 2 y 3, 644.1, 2, 3 y 6 y 663.1;
- instalar y reparar los artículos vendidos: epígrafe 653.2;
- la prestación de algunos servicios, como ocurre con los comerciantes minoristas matriculados en el epígrafe 659.3 por el servicio de recogida de negativos y otro material fotográfico impresionado para su procesado en laboratorios de terceros y la entrega de las correspondientes copias y ampliaciones.
b) Porque están expresamente excluidas del recargo de equivalencia en IVA: epígrafes 653.4 y 5, 654.2, 5 y 6.

Doctrina Administrativa Además de las siguientes contestaciones de la DGT, ver nº 11000 s. 3150

A. Agricultura.

1) En el contrato de **arrendamiento rústico**, dado que consiste en la cesión temporal de una finca para su aprovechamiento agrícola a cambio de una renta en dinero, limitándose el cedente a la cesión de la finca sin intervenir en la ordenación por cuenta propia de los medios de producción, no le resulta aplicable el régimen simplificado (DGT 1-8-95).

2) El titular de una **explotación cinegética** que arrienda sus terrenos a diversos agricultores y cede el derecho de caza a cambio de contraprestación dineraria, no realiza ninguna actividad agrícola. No puede incluirse dentro de la actividad «otros trabajos accesorios» prestados por agricultores y ganaderos, excluidos del REAGP, puesto que esta disposición exige que los trabajos y servicios se presten de forma directa por los titulares de la explotación agrícola, aunque tengan carácter accesorio (DGT 30-12-98).

3) No están incluidos en el REAGP, por lo que deben tributar por el régimen simplificado, los siguientes servicios: la **eliminación de plantas y animales** dañinos y **fumigación de terrenos** efectuados por un agricultor con los medios de su producción agrícola en los terrenos de una entidad mercantil donde tiene instalados sistemas de energía solar (DGT CV 24-11-09), determinadas **acciones medioambientales** (DGT CV 21-1-10), la retirada de **enjambres** de la vía pública, siempre que tenga carácter accesorio (DGT CV 21-3-11), la **polinización** realizados por un apicultor (DGT CV 10-6-20), los trabajos de ensayo y cultivo de distintas variedades de **productos hortofrutícolas** (DGT CV 7-5-19; CV 21-6-24), los **servicios accesorios** excluidos por exceder sus ingresos del 20% de los de la actividad agrícola principal (DGT CV 4-4-24) y los servicios de recolección de aceitunas prestados a un **particular** que no realiza actividad empresarial alguna (DGT CV 12-12-25).

4) No resulta aplicable el régimen simplificado del IVA a la actividad de elaboración, embotellado y venta a terceros de **vino** espumoso efectuada por un empresario que utiliza el vino con denominación de origen que previamente le ha suministrado una cooperativa (DGT 6-5-99; 6-5-99).

Por el contrario, sí se permite, si se transforma en vino exclusivamente la producción de la **uva obtenida en su explotación**, con el fin de comercializarlo directamente (DGT CV 16-7-15), aunque se contrate la elaboración del vino a una bodega para su comercialización directa (DGT CV 26-11-20).

De igual forma, cuando se contrate la **molturación de las aceitunas**, si se transforma en aceite la producción de las aceitunas obtenidas en su explotación, con el fin de comercializarlo directamente (DGT CV 10-3-22). En términos similares, DGT CV 10-11-22.

5) Están comprendidas en el ámbito de aplicación del régimen simplificado las actividades de venta de los siguientes productos: **carbón vegetal** obtenido de la transformación de un producto natural de su explotación agraria (DGT 19-11-99; CV 16-11-06), **aceite** fabricado y envasado obtenido de la transformación de las aceitunas que cultiva (DGT CV 14-5-20) y **harina** obtenida de parte de los cereales obtenidos en una explotación agrícola (DGT CV 29-6-20).

B. Animales. 3151

1) La actividad de servicios de **cría, guarda y engorde de aves** se configura en el régimen simplificado del IVA y en el método de estimación objetiva del IRPF como distinta de la avicultura, encontrándose la distinción entre ambas actividades en la propiedad de los pollitos. Mientras que en la segunda el propietario es el titular de la granja, en la primera es un tercero a quien se presta el servicio (DGT 18-6-99; CV 27-11-20), incluyéndose en la misma las operaciones de venta de los residuos obtenidos como consecuencia de dicha actividad -gallinazas- (DGT CV 14-2-18).

Asimismo, se puede tributar por el régimen simplificado por la actividad de **cría de perros** -epígrafe 069 del IAE- (DGT CV 29-9-10; CV 24-9-25), de **ganado ovino y caprino** alimentado con pastos de distintas fincas rústicas alquiladas a sus propietarios (DGT CV 14-6-13), de **halcones** para consumidores finales (DGT CV 29-9-21) y de cría de **lombrices vivas** para cebo -epígrafe 069 del IAE- (DGT CV 28-10-25).

2) Cuando el contribuyente deba matricularse exclusivamente en los epígrafes correspondientes a la **ganadería independiente** (021, 022, 023 y 069) se aplica el régimen simplificado. Por tanto, si por la actividad de explotación de una **granja canina** de cría con adiestramiento de los animales hay que matricularse en el epígrafe 979.4 del IAE, en vez de en el epígrafe 069, se ha de tributar por el régimen general del IVA. En este caso, el conjunto de sus actividades ganaderas tributaría por dicho régimen (DGT CV 15-3-16).

C. Alimentos.

1) Tributa en el régimen simplificado la **venta de embutidos** elaborados por el comerciante que hubiesen sido sometidos a curado u otro proceso análogo, así como la venta de croquetas, buñuelos y pizzas elaboradas por el comerciante con carácter accesorio a la actividad de elaboración de embutidos. No son operaciones de transformación la elaboración de salchichas, morcillas, chorizos u otros productos similares para su venta en fresco (DGT 20-3-02; CV 16-11-06; CV 4-10-16).

Lo mismo ocurre con la actividad de elaboración y venta de hamburguesas, perritos calientes y patatas fritas, así como con la venta de bebidas, cervezas y vinos realizadas en un food truck -**camión restaurante** o gastroneta- (DGT CV 19-4-18; CV 29-10-19).

2) La actividad de **fabricación de pan y bollería** y su comercialización, tanto en un local como de forma ambulante en los domicilios de los clientes, matriculada en los epígrafes 419.1 y 663.1 del IAE, respectivamente, se encuentra en el ámbito de aplicación del régimen simplificado (DGT CV 11-2-14), al igual que la **venta de pan** elaborado por el empresario a partir de la masa de pan congelada adquirida previamente (DGT 9-2-04; CV 27-2-07).

D. Transporte.

1) Los socios de una **cooperativa de transportistas** pueden aplicar el régimen simplificado del IVA, aunque la destinataria de la prestación de servicios de transporte sea la cooperativa (DGT 27-12-05).

2) La actividad de transporte de **mensajería y recadería** (epígrafe IAE 849.5) solo puede aplicar el régimen simplificado cuando la titularidad de los medios de transporte utilizados corresponda al titular de la actividad, con independencia del tipo de vehículo que se utilice (DGT CV 13-4-15). A estos efectos, el medio de transporte tiene que ser propiedad del empresario o este lo tenga a su disposición para utilizarlo en la actividad por otra forma contractual, como puede ser alquiler, renting, leasing, etc. Dichos servicios no pueden ser subcontratados con otra empresa (DGT CV 23-3-21).

3) Si la actividad de **agencia de transporte** se desarrolla con carácter accesorio a la actividad principal de transporte de mercancías por carretera, las operaciones económicas derivadas de la misma se van a entender incluidas en el rendimiento neto y en la cuota de IVA resultante de la aplicación de los índices o módulos de la actividad de transporte de mercancías por carretera. En caso de no ser una actividad accesoria, debe tributar por el régimen general (DGT CV 17-11-11; CV 23-5-13).

3152 **E. Informática y telefonía.**

1) Se encuentran acogidas al régimen simplificado las actividades de **comercio al por menor y reparación** y ajustes de telefonía -fija, inalámbrica, centrales telefónicas completas, etc.- (DGT 18-5-04).

2) Entre las actividades a las que se aplica el régimen simplificado de los epígrafes del IAE 671.4 «restaurantes de dos tenedores»; 671.5 «restaurantes de un tenedor»; 672.1, 2 y 3 «cafeterías»; 673.1 «cafés y bares de categoría especial»; y 673.2 «otros cafés y bares», se pueden considerar incluidas las operaciones derivadas de **ordenadores con conexión a Internet** con recaudación mediante monedero, siempre que se realicen con carácter accesorio a la actividad principal (DGT CV 14-9-10). En el mismo sentido, comisiones por comercialización de tarjetas prepago para **juego on line** (DGT CV 6-6-16).

F. Otras actividades. Pueden acogerse al régimen simplificado las siguientes actividades:

- las relacionadas con la **maquinaria industrial**, como ocurre con su reparación -epígrafe 692 del IAE- (DGT CV 23-1-12; CV 4-9-13; CV 20-10-14), así como con la actividad de comercio al por menor (DGT CV 4-9-13);
- comercio al por menor de **accesorios y piezas de recambio** de vehículos terrestres, epígrafe 654.2 del IAE (DGT CV 20-5-20);
- **peluquería** (epígrafe 972.1 del IAE), aunque se presten servicios fuera del local habitual (DGT CV 19-5-20);
- **reparación de vehículos** automóviles, bicicletas y otros vehículos (epígrafe 691.2 del IAE), aunque se desarrolle sin local propio, realizando las reparaciones en el domicilio del cliente (DGT CV 22-9-21);
- **gimnasio** (epígrafe 972.2 del IAE), con sala de musculación y tatami para impartir clases de kárate (DGT CV 10-3-23); y
- el alquiler de vehículo con conductor a través de una **licencia VTC** (DGT CV 27-7-23).

3153 Jurisprudencia 1) Si no se realiza una de las actividades incluidas en el ámbito objetivo del régimen simplificado, no es aplicable el régimen especial. Así, no es posible asimilar los servicios de **comedor en escuelas o colegios** (epígrafe 677.9 del IAE) con los de restaurante, dado que le caracteriza su carácter público, lo que no se da en los servicios que se prestan a un colectivo en particular (TEAC 12-9-01).

2) La actividad económica de alquiler de vehículo con conductor a través de una **licencia VTC** puede tributar por el método de estimación objetiva del IRPF y por el régimen simplificado del IVA (TEAC 20-9-22).

3156 **Compatibilidad con otros regímenes y actividades** (LIVA art.122.Dos.1º; RIVA art.36.1.e) El régimen simplificado es compatible, exclusivamente, con las siguientes **actividades** económicas:

a) Las que estén acogidas al régimen especial del recargo de equivalencia (nº 4534 s.) o al REAGP (nº 3510 s.).

b) Aquellas que en su desarrollo efectúen exclusivamente operaciones interiores exentas (nº 800 s.). No obstante, esta compatibilidad es engañosa, pues si las operaciones exentas tributan por el método de estimación directa del IRPF, supone la exclusión del método de EO en IRPF, lo que a su vez determina la exclusión del régimen simplificado del IVA (nº 3204).

c) Arrendamientos de bienes inmuebles cuya realización no constituya el desarrollo de una actividad económica a efectos del IRPF, por no contar con personal empleado con contrato laboral y a jornada completa para el desempeño de su actividad (nº 1333 s. Memento Fiscal 2026).
Ver doctrina y ejemplos en nº 3212.
Esta compatibilidad viene a determinar que las actividades acogidas al régimen simplificado constituyan un **sector diferenciado** de las restantes actividades realizadas por el sujeto pasivo (nº 2811), debiendo aplicar con independencia el régimen de **deducciones** para cada una de ellas (nº 2828 s.). Así, en los supuestos en que se efectúen adquisiciones e importaciones de bienes o servicios para su **utilización en común** en actividades acogidas al régimen simplificado y en otras compatibles con el mismo, el porcentaje de deducción aplicable a efectos del régimen simplificado va a ser del 50% si se afectasen los bienes o servicios a dos actividades, de un tercio si concurriesen tres actividades o, por último, de un cuarto si concurriesen cuatro actividades (supuesto, este último, no contemplado en la normativa -LIVA art.101- y que, según la normativa actual, podría darse).

Precisiones 1) Las actividades incluidas en la letra b) del nº 3156 solo pueden referirse a los **arrendamientos de viviendas o de terrenos exentos** realizados por particulares (nº 8670) que, solo a efectos del IVA, tienen la consideración de empresarios (nº 80), y siempre que, además, su realización no constituya una actividad económica a efectos del IRPF (supuesto de la letra c). Si bien en un principio una actividad empresarial exenta del IVA, que tuviera carácter económico en el IRPF, sería compatible con el régimen simplificado, teniendo en cuenta que tributaría en el IRPF en el método de estimación directa (salvo las previstas en la OM HAC/1425/2025, que estarían coordinadas en los dos tributos), esto implicaría la exclusión de estas actividades del método de EO del IRPF y, por tanto, del régimen simplificado del IVA (nº 3204). Por lo expuesto, parece claro que la redacción del precepto contemplaría en realidad solo arrendamientos de bienes inmuebles exentos que no supongan el desarrollo de una actividad económica en el IRPF, por lo que ya estarían incluidos en la letra c). **3164**
2) Si la **actividad principal** de un contribuyente no está incluida en módulos, pero el IAE le faculta a realizar otras complementarias cuyo epígrafe sí está, es la actividad principal la que determina la inclusión o no en el régimen simplificado.

Ejemplos 1) Una **librería posee una fotocopiadora** cuyo volumen de ingresos no supera el 15% del volumen total de facturación. La actividad de librería tributa en recargo de equivalencia, constituyendo un sector diferenciado. La fotocopiadora tributa en el régimen simplificado, si no renuncia, o en régimen general, si renuncia, con total independencia de la importancia de su facturación respecto de la venta de libros, ya que no se puede considerar actividad accesoria (epígrafe 973.3 del IAE). **3166**
2) Un empresario dedicado al **comercio al por menor de artículos relacionados con la fotografía** (epígrafe 659.3 del IAE) también realiza el servicio de recogida de material fotográfico (negativos) para su envío a laboratorio de terceros. A efectos del IVA existen dos actividades diferenciadas: la del comercio al por menor, que tributa por el régimen del recargo de equivalencia, y la de recogida de negativos y envío a laboratorios de terceros, que tributa por el régimen simplificado.

Renuncia al régimen (LIVA art.120.Cuatro y 122.Tres; RIVA art.33 y 36; OM HAC/1425/2025 art.6; RDL 16/2025 art.15 derog Congreso de los Diputados Resol 27-1-2026; RDL 2/2026 art.11 derog Congreso de los Diputados Resol 26-2-26) El régimen simplificado se aplica directamente, salvo renuncia de los sujetos pasivos. **3172**
El **ejercicio** de la renuncia ha de efectuarse al tiempo de presentar la declaración censal de alta de la actividad o en el mes de diciembre anterior al año natural en que deba surtir efecto. Para llevarla a cabo debe utilizarse el **modelo** 036. También se entiende realizada la renuncia cuando se presente en plazo, aplicando el régimen general, la **declaración-liquidación** correspondiente al primer trimestre del año natural en que deba surtir efectos o, en el caso de inicio de la actividad, la primera declaración-liquidación (modelo 303) que deba presentarse después del comienzo.
La renuncia tiene **efectos** por un período mínimo de tres años y se entiende prorrogada para cada uno de los años siguientes, salvo que se revoque expresamente en el mes de diciembre anterior al inicio del año natural en que deba surtir efecto. En caso de renunciar al comienzo de la actividad, la renuncia surte efectos desde dicho comienzo.
Cuando se produce, afecta a todas las **actividades** sujetas al régimen simplificado que ejerza el sujeto pasivo, que pasan a quedar sometidas al régimen general.

Además, también deben tenerse en cuenta las siguientes **reglas particulares**: **3175**
- en el caso de que el sujeto pasivo viniera ejerciendo una actividad acogida al régimen simplificado y durante el año fuera a **comenzar otra actividad** a la que también resultara aplicable este régimen, si se efectúa la renuncia al régimen especial por esta última actividad, la misma

no tiene efectos para la primera hasta el año siguiente. Es decir, la actividad por la que está tributando en el régimen simplificado sigue en este régimen hasta el final del año para evitar distorsiones en su aplicación (ver ejemplo 1 en nº 3182);
- cuando en el año inmediato anterior a aquel en que la renuncia debe surtir efectos se hubiesen superado los **límites de aplicación** del régimen (nº 3191 s.), la causa de exclusión prevalece sobre la renuncia (que se entiende no presentada). El sujeto pasivo, una vez desaparezca la causa de exclusión, ha de aplicar el año siguiente, salvo renuncia, el régimen especial sin esperar al período mínimo de tres años que prevalecería, en su caso, por renuncia. La renuncia tiene efectos por un mínimo de tres años; la exclusión, en principio no, pero debido a la coordinación existente entre el régimen simplificado y el método de EO del IRPF, también lo va a ser por ese período de tiempo (ver ejemplo 2 en nº 3182);
- habida cuenta la total **coordinación con el método de EO del IRPF** con el régimen simplificado, la renuncia al método de EO supone la renuncia al régimen simplificado por todas las actividades empresariales y profesionales ejercidas por el sujeto pasivo, o viceversa.

3178 Precisiones **1)** Para el año **2026**, el plazo de renuncia o revocación se estableció desde el 12-12-2025 al 31-12-2025 (OM HAC/1425/2025 art.6). Ahora bien, el RDL 16/2025 art.15, para el año 2025 otorgó un nuevo plazo para presentar las renuncias o revocaciones a este método, que abarcaba desde el 25-12-2025 hasta el 31-1-2026. Las renuncias y revocaciones presentadas durante el mes de diciembre de 2025, con anterioridad al 25-12-2025, se entienden presentadas en período hábil, sin perjuicio de que los contribuyentes pudieran modificar su opción dentro del nuevo plazo prorrogado. No obstante, dicho Real Decreto Ley fue **derogado** con fecha de 27-1-2026.
Posteriormente, el RDL 2/2026 art.11 otorgó un nuevo plazo para ejercer este derecho que abarcaba desde el 5-2-2026 al 16-2-2026. Las renuncias y revocaciones presentadas durante el mes de diciembre de 2025 o en enero de 2026, con anterioridad al 27-1-2026, se entienden presentadas en período hábil, sin perjuicio de que los contribuyentes pudieran modificar su opción dentro del nuevo plazo prorrogado. No obstante, dicho Real Decreto Ley también ha sido **derogado** con fecha de 26-2-2026.
En ambos casos, se hace referencia a la modificación introducida por estas normas dado sus posibles efectos prácticos en el período en el que ha estado vigente.
Con posterioridad, la **AEAT** ha emitido una nota sobre los efectos del RDL 16/2025 y del RDL 2/2026. En dicha nota se señala que son válidas las renuncias y revocaciones presentadas durante la vigencia de los Reales Decretos Leyes mencionados (del 25-12-2025 al 27-1-2026 y del 5-2-2026 al 27-2-2026) (AEAT Nota 1-4-2026).
2) El plazo de renuncia o revocación para el **año 2025** se estableció desde el 1-12-2024 a 31-12-2024. No obstante, el RDL 9/2024 disp.trans.única otorgó un nuevo plazo para presentar las renuncias o revocaciones a este método, que abarcaba desde el 25-12-2024 hasta el 31-1-2025. Las renuncias y revocaciones presentadas durante el mes de diciembre de 2024, con anterioridad al 25-12-2024, se entienden presentadas en período hábil, sin perjuicio de que los contribuyentes pudieran modificar su opción dentro del nuevo plazo prorrogado. No obstante, dicho Real Decreto Ley fue **derogado** con fecha de 23-1-2025, si bien se recoge la modificación introducida por el mismo dado sus posibles efectos prácticos en el período en el que ha estado vigente (de 25-12-2024 a 22-1-2025).

3179 **3)** Se habilitó un periodo excepcional de renuncia a los afectados por la **DANA** para el **año 2024** (RDL 6/2024 anexo) eliminándose la vinculación obligatoria de tres años para la renuncia al método de estimación objetiva del IRPF y a los regímenes especiales simplificado y REAGP. La renuncia al método de estimación objetiva en el IRPF, y su posterior revocación, tiene los mismos efectos y condiciones, desde 1 de enero de 2025, respecto a los regímenes especiales simplificado y REAGP (RDL 7/2024 art.12.3).
Estos contribuyentes han podido volver a determinar el rendimiento neto de su actividad económica en EO en el **ejercicio 2025 o 2026**, siempre que cumplan los requisitos para su aplicación y **revoquen la renuncia** durante el mes de diciembre anterior al inicio del año natural en que deba surtir efecto o mediante la presentación en plazo de la declaración correspondiente al pago fraccionado del primer trimestre del ejercicio 2025 o 2026, según corresponda, bajo el método de EO. La renuncia al método de EO y la posterior revocación tiene los mismos efectos respecto de los regímenes especiales del IVA o IGIC desde el 1-1-2025 (RDL 7/2024 art.12).
4) En la actividad de **carnicería** es aplicable el régimen simplificado del IVA a la actividad de elaboración de charcutería, de acuerdo con la OM de módulos. La renuncia a este régimen especial implica la renuncia a la modalidad de módulos (IRPF). No obstante, le es de aplicación el régimen del recargo de equivalencia siempre que se comercialicen los productos en fresco, sin proceso de curado u otro análogo previo.
5) Si el titular de una actividad en régimen simplificado del IVA y en módulos en el IRPF no renuncia en el plazo establecido (diciembre o bien mediante la presentación, aplicando el régimen general, de la primera declaración-liquidación del año en que opera la renuncia), aunque se da de **baja en el IAE** (cese de la actividad) y se dé de alta a los pocos días, no va a poder renunciar al régimen simplificado del IVA en el instante del nuevo alta, ya que para eso es necesario que se hubiera producido realmente un cese y, con posterioridad, un reinicio de la misma, y no una mera apariencia para evitar la inclusión en el régimen simplificado del IVA (o en la modalidad de módulos del IRPF). Por tanto, la baja en el IAE, por sí misma, no prueba el cese en la actividad.

Lo mismo ocurre cuando un empresario cesa en una actividad acogida al régimen simplificado y vuelve a iniciar la misma actividad en **local distinto**, ya que no va a poder renunciar al régimen simplificado en el transcurso del año, al no existir realmente cese y reinicio de la actividad, sino un mero cambio de domicilio.

Ejemplos **1)** Un empresario persona física matriculado en el epígrafe 673.2 del IAE «otros cafés y bares» está acogido al régimen simplificado desde 1-1-20X0. El 18-5-20X5 va a **iniciar otra actividad**, en un local distinto, dándose de alta en el epígrafe 671.4 del IAE «restaurante de dos tenedores», presentando el modelo censal 036 en el que renuncia a la aplicación del régimen simplificado. **3182**
Dicha renuncia surte efectos desde el día 18-5-20X5 (inicio del cómputo mínimo de los tres años) para la actividad del restaurante y desde 1-1-20X6 para la actividad de «otros cafés y bares» que durante el año 20X5 sigue tributando por el régimen simplificado.
2) Un empresario persona física matriculado en el epígrafe 722 del IAE durante el año 20X0, tributó por el régimen simplificado, utilizando en su **actividad de transporte de mercancías,** siete vehículos. Durante el mes de diciembre, presentó la declaración censal modelo 036 renunciando a la aplicación del régimen simplificado.
En este supuesto, dado que el sujeto pasivo superó la magnitud específica -4 vehículos cualquier día del año- (OM HAC/1425/2025 art.3.1.d), durante el año 20X1 queda excluido de la aplicación del régimen simplificado, teniéndose por no presentada la renuncia. Si durante el año 20X1 utilizara en su actividad solo 3 o menos vehículos, volverá a aplicar el régimen simplificado en el año 20X2, salvo renuncia. No obstante, debido a la coordinación existente entre este régimen y el método de estimación objetiva en IRPF, quedará excluido durante tres años (RIRPF art.34.3), por lo que también se estaría durante ese período fuera del régimen simplificado por aplicación de la exclusión del nº 3204.

Doctrina Administrativa Además de las siguientes contestaciones de la DGT, ver nº 11000 s. y nº 3255. **3184**
1) En tanto no transcurran **tres años desde la renuncia**, el renunciante no va a poder volver a tributar por el régimen simplificado (DGT CV 22-2-07; CV 8-9-11).
2) La presentación de la renuncia, expresa o tácita, al régimen simplificado del IVA conlleva que este no se pueda aplicar mientras que no se revoque la misma. La **revocación de la renuncia** no va a poder presentarse hasta que, como mínimo, transcurran tres años desde la presentación de esa renuncia. Si se ha renunciado al régimen simplificado al presentar en plazo la declaración-liquidación correspondiente, modelo 303, aplicando el régimen general del impuesto, se debe tributar por el régimen general por el conjunto de la actividad económica hasta que, como mínimo, transcurran tres años desde la presentación de la citada renuncia al régimen simplificado (DGT CV 22-12-11; CV 16-1-12). La única forma de revocar la renuncia al método de estimación objetiva es a través del modelo de **declaración censal**, es decir, las revocaciones de la renuncia no se pueden realizar de forma tácita. Por tanto, debe presentarse en el mes de diciembre anterior al inicio del año natural en que deba surtir efecto (DGT CV 13-10-20; CV 10-5-24).
3) Aunque la revocación de la renuncia al método de EO del IRPF es presentada en diciembre, si el primer **pago fraccionado** del siguiente período impositivo se presenta de acuerdo con lo previsto para la estimación directa (modelo 130), se entiende presentada nuevamente la renuncia al método de EO. La renuncia va a tener un efecto para un período mínimo de tres años (DGT CV 30-3-16).

Jurisprudencia Una vez ejercitada la **renuncia al régimen especial** simplificado del IVA, el contribuyente no puede revocar dicha opción sino por el transcurso del plazo legalmente establecido (tres años) (TEAC 19-2-15). La renuncia puede ser realizada **de manera tácita**, pero no la revocación de dicha renuncia (TEAC 21-3-18; 17-11-25). **3186**

Exclusión del régimen simplificado (LIVA art.122.Dos; RIVA art.36) La diferencia fundamental entre la renuncia y la exclusión del régimen simplificado radica en los **efectos temporales** de las mismas: la renuncia tiene efectos por un mínimo de tres años y la exclusión en principio no. No obstante, debido a la coordinación existente entre el régimen simplificado y el método de EO del IRPF, también lo va a ser por ese período de tiempo (ver nº 3182, ejemplo 2). **3190**
Son **causas** determinantes de la exclusión del régimen simplificado las siguientes:
- superar determinadas magnitudes de corte (nº 3191 s.);
- la alteración normativa que provoque la exclusión de actividades (nº 3204 s.);
- haber quedado excluido del método de EO del IRPF (nº 3204 s.);
- realizar otras actividades no compatibles (nº 3212 s.).

Exclusión por superar los límites (LIVA art.122.Dos y disp.trans.13ª; RIVA art.36; OM HAC/1425/2025 art.3) Es causa de exclusión del régimen simplificado el superar los límites o magnitudes de corte previstos en la correspondiente **para cada actividad**. Con **carácter general** la exclusión se produce el año inmediato posterior a aquel en que se superen las mencionadas magnitudes, aunque se prevé alguna excepción en el supuesto de inicio de la actividad. **3191**

Las **magnitudes de corte** aplicables son:
a) 250.000 € de volumen de ingresos anuales para las siguientes **actividades agrícolas, forestales y ganaderas**:
- ganadería independiente, así como los servicios de cría, guarda y engorde de ganado;
- otros trabajos, servicios y actividades accesorios realizados por agricultores, ganaderos o actividades forestales, que estén excluidos o no incluidos en el REAGP;
- aprovechamiento del cedente en las actividades agrícolas o forestales en aparcería;
- actividades agrícolas, ganaderas y forestales susceptibles de inclusión en el REAGP;
- transformación, elaboración o manufactura de productos naturales vegetales o animales que supongan alta en el IAE (actividades industriales), y se realicen por los titulares de las explotaciones de las que se obtengan los mismos;
- producción de mejillón en batea, con un máximo de 5 bateas en cualquier día del año -esta actividad tributa en el IVA por el REAGP (nº 3500 s.)-;
A estos efectos, solo se computan las operaciones que deban anotarse en los libros registro previstos para este régimen y el REAGP (letra b del nº 7347 y letra c del nº 7348).
b) Las **magnitudes específicas** establecidas para las restantes actividades señaladas en el nº 10510. En el supuesto de **inicio de la actividad**, si se superan estas magnitudes, la exclusión tiene efectos en el propio ejercicio de inicio de la actividad.

3192 **c)** 250.000 € de volumen de ingresos anuales para el **conjunto de las actividades que realice**, excepto las agrícolas, forestales y ganaderas, computándose al efecto la totalidad de las operaciones con independencia de que exista o no obligación de expedir factura -nº 7195 s.- (ver no obstante precisiones del nº 3193).
Por otra parte, las actividades «otros trabajos, servicios y **actividades accesorios** realizados por agricultores y ganaderos que estén excluidos o no incluidos en el REAGP» y «otros trabajos, servicios y actividades accesorios realizados por titulares de actividades forestales que estén excluidos o no incluidos en el REAGP» solo quedan sometidas al régimen simplificado si el volumen de ingresos conjunto imputable a ellas resulta inferior al correspondiente a las actividades agrícolas y/o ganaderas o forestales principales correspondientes.
d) 250.000 € de **volumen de compras anuales de bienes y servicios** (IVA excluido) para el conjunto de todas las actividades económicas (empresariales y profesionales), excluidas las compras relativas a elementos del inmovilizado (ver no obstante precisiones del nº 3193).
Se incluyen todas las adquisiciones e importaciones de bienes y servicios realizadas para dichas actividades, incluso las obras y servicios subcontratados en nombre propio.
Los sujetos pasivos previamente **excluidos** por esta causa que no superen los citados límites en ejercicios sucesivos quedan sometidos al régimen simplificado a partir del tercer año desde la exclusión (ver nº 3190), salvo que renuncien a él.
En los supuestos de las letras a), c) y d) anteriores, si el año anterior es el de **inicio de una actividad**, el volumen de ingresos o de adquisiciones e importaciones se ha de elevar al año.
Además, a efectos de lo señalado en las letras a) y c) anteriores, el volumen de ingresos ha de incluir la totalidad de los obtenidos en el conjunto de las citadas actividades, quedando **excluidos del cómputo**: subvenciones corrientes o de capital e indemnizaciones, desde el 1-1-2025 la compensación del REAGP -nº 3646 s.- (DGT CV 15-4-25; CV 15-4-25), así como el IVA y, en su caso, el recargo de equivalencia que grave la operación.
A efectos de lo indicado en todos los casos (letras a, b, c y d), cuando se trate de **entidades en régimen de atribución de rentas** deben computarse las operaciones correspondientes a las actividades económicas desarrolladas por la propia entidad y las correspondientes a las desarrolladas por sus socios, herederos, comuneros o partícipes; los cónyuges, descendientes y ascendientes de estos; así como por otras entidades en régimen de atribución de rentas en las que participen cualquiera de las personas anteriores, en las que concurran las siguientes circunstancias:
- que las actividades económicas desarrolladas sean idénticas o similares, es decir, cuando estén clasificadas en el mismo grupo en el IAE;
- que exista una dirección común de tales actividades, compartiéndose medios personales o materiales.

3193 Precisiones 1) Los **límites cuantitativos** de aplicación del régimen especial previstos para el volumen de ingresos y el de adquisiciones de bienes y servicios para los años **2016 a 2024**, se incrementan hasta los 250.000 euros (LIVA disp.trans.13ª).
Para el año **2025**, aunque el RDL 9/2024 modificó la LIVA disp.trans.13ª prorrogando para este período los límites cuantitativos excluyentes recogidos en dicha disposición, sin embargo, dicho Real Decreto Ley fue **derogado** con fecha 23-1-2025, de manera que, aunque se hace referencia a esta modificación por sus posibles efectos prácticos en el período en el que ha estado vigente (25-12-2024 a 22-1-2025), para el período impositivo 2025, los límites cuantitativos excluyentes deberían ser los señalados en la LIVA art.122.

A este respecto, tanto en el régimen simplificado como en el REAGP (nº 3500 s.) debe tenerse en cuenta la **Nota** que ha emitido la **AEAT** en la que, de conformidad con los criterios establecidos por la DGT, recoge los efectos producidos por el RDL 9/2024 como consecuencia de su derogación, y en la que se concluye que son aplicables al **año 2025** los límites vigentes en los años 2016 a 2024 (AEAT Nota 24-3-2025).

Para el año **2026**, aunque el RDL 16/2025 modificó la LIVA disp.trans.13ª prorrogando para estos períodos los límites cuantitativos excluyentes recogidos en dicha disposición, sin embargo, dicho Real Decreto Ley ha sido **derogado** con fecha 27-1-2026, y aunque posteriormente el RDL 2/2026 modificó también la LIVA disp.trans.13ª en el mismo sentido, también ha sido derogado con fecha 26-2-2026, de manera que, aunque se hace referencia a esta modificación por sus posibles efectos prácticos en los períodos en los que ha estado vigente (25-12-2025 a 27-1-2026 y desde 5-2-2026 a 26-2-2026), para el período impositivo 2026, los límites cuantitativos excluyentes deberían ser los señalados en la LIVA art.122.

A este respecto, tanto en el régimen simplificado como en el REAGP (nº 3500 s.) debe tenerse en cuenta la **Nota** que ha emitido la **AEAT** en la que, de conformidad con los criterios establecidos por la DGT, recoge los efectos producidos por los RDL 16/2025 y RDL 2/2026 como consecuencia de su derogación, y en la que se concluye que son aplicables al **año 2026** los límites vigentes en los años 2016 a 2024 -LIVA disp.trans.13ª- (Nota AEAT 1-4-2026).

2) En el año de **comienzo de la actividad** no se van a tener en cuenta los límites por volumen de ingresos, siendo de aplicación el régimen especial, salvo renuncia. Sin embargo, si en el momento del inicio de la actividad se superan las magnitudes específicas, la exclusión se produce desde dicho momento.

3) Salvo que se produzca una modificación normativa, en el año **2027** quedan excluidos del régimen simplificado los contribuyentes, cuyo volumen de ingresos o, cuyas adquisiciones e importaciones de bienes y servicios para el conjunto de sus **actividades empresariales o profesionales**, en el año inmediato anterior, haya superado el importe de 150.000 euros anuales. Para las **actividades agrícolas, forestales y ganaderas** y respecto al volumen de ingresos, el importe en el año inmediato anterior, es de 250.000 euros anuales.

Ejemplos **1)** En un salón de belleza y durante el año 20X0 trabajaron en la actividad los siguientes **empleados**: **3194**

- durante todo el año el titular y 4 trabajadores asalariados;
- durante 3 meses de verano contrató a 3 personas más.

A efectos de determinar la posible aplicación del régimen simplificado, ha de tenerse en cuenta:

La media ponderada de personas empleadas en 20X0 fue:

- titular de la actividad	1,00
- 4 trabajadores	4,00
- 3 contratados durante 3 meses (3 × 3/12)	0,75
Número medio de personas empleadas	5,75

Por tanto, durante el año 20X1 puede aplicar el régimen simplificado a esta actividad, al no superar el límite de 6 personas empleadas (OM HAC/1425/2025 art.3.1.d).

2) Empresario individual que durante el año 20X0 realizó las siguientes actividades por las que obtuvo los correspondientes **ingresos**: **3195**

a) Explotación intensiva de ganado bovino de carne que está calificada como actividad ganadera independiente	180.000
b) Servicios de cría y engorde de ganado porcino	200.000
c) Actividad incluida en el REAGP	120.000
d) Es propietario de una finca rústica que tiene cedida en régimen de aparcería y de la que obtuvo por la venta de los productos que le correspondieron	23.000
Total	523.000

En dicho volumen de ingresos no se han computado las subvenciones corrientes o de capital, las indemnizaciones ni, en su caso, la cuota del IVA devengado ni tampoco la correspondiente compensación del REAGP.

En el año 20X1 el sujeto pasivo queda excluido del régimen simplificado por las actividades a), b) y d) y del REAGP por la actividad c) (nº 3515), dado que la totalidad de los ingresos conjuntos de estas actividades agrícolas o ganaderas supera los 250.000 €.

Si en ejercicios sucesivos el volumen de ingresos de la totalidad de dichas actividades no supera dicha cifra, el sujeto pasivo queda nuevamente sometido al régimen simplificado por las actividades a las que resulte aplicable dicho régimen, salvo que renuncie al mismo, una vez cumplido el período mínimo de exclusión de tres años (ver nº 3190). Se debe presentar la correspondiente declaración censal de modificación (modelo 036).

3196 **3)** Un empresario persona física realizó durante 20X0 las siguientes **operaciones,** habiendo obtenido los siguientes ingresos:

a) **Actividad agrícola** acogida al REAGP 280.000

b) Actividad acogida al **régimen simplificado**, matriculada en el epígrafe 673.2 «Otros cafés y bares» .... - (1)

c) Servicios de **cría, guarda y engorde de aves**, no accesorios a la actividad a), acogidos al régimen simplificado 300.000

(1) De esta actividad no conoce el volumen total de ingresos, dado que no está obligado a expedir factura por algunas de las operaciones realizadas. No obstante, ha tenido que emitir factura a otros empresarios que han exigido su expedición por un importe de 10.000 € (Rgto Fac art.2.2.a).

En dicho volumen de ingresos no se han computado las subvenciones corrientes o de capital, las indemnizaciones, la cuota del IVA devengado ni la correspondiente compensación del REAGP.

El sujeto pasivo queda excluido del régimen simplificado para el 20X1, por las actividades b) y c), y del REAGP por la actividad a) (nº 3515), dado que la totalidad del volumen de ingresos de las actividades b) y c), por un lado, y de la actividad a), por otro, superan, respectivamente, los 250.000 €.

Si en ejercicios sucesivos el volumen de ingresos de la totalidad de dichas actividades no supera dicha cifra el sujeto queda sometido nuevamente al régimen simplificado una vez cumplido el período mínimo de exclusión de tres años (ver nº 3190), y en su caso, al REAGP, en el año siguiente, por las actividades a las que resulten aplicables dichos regímenes, salvo renuncia a los mismos.

3197 **4)** Un empresario persona física durante el año 20X0 ejerció **varias actividades**, habiendo realizado en cada una de ellas las siguientes adquisiciones o importaciones de bienes y servicios (IVA excluido):

a) Comercio al por menor de calzado (epígrafe IAE: 651.6): adquisiciones de calzado por 5.450 € y por suministros (luz y teléfono) 1.200 €.

b) Reparación de artículos eléctricos para el hogar (epígrafe IAE: 691.1): adquisición de una máquina para soldar y un aparato para medir la tensión eléctrica por 4.000 €, bombillas, tornillos, cables, interruptores, repuestos de aparatos eléctricos y cinta aislante por 245.000 € y adquisiciones de carburante para la furgoneta que utiliza en la actividad por 3.650 €.

En este supuesto, en el año 20X1 dicho empresario puede aplicar el régimen simplificado a la actividad b), dado que no supera el límite de 250.000 € de adquisiciones de bienes y servicios, ya que a tal efecto se computarían todos los conceptos anteriores menos el relativo a la máquina y el aparato de medición (elementos del inmovilizado).

3198 **5)** Un sujeto pasivo está matriculado en los epígrafes 653.4 y 5 del IAE durante el año 20X0. Si hubiera utilizado **varias personas empleadas** para el desarrollo de las actividades (en concreto, dos personas para cada actividad), dicho año quedaría excluido del régimen simplificado, teniendo en cuenta que la magnitud de corte para la actividad independiente (epígrafes 653.4 y 5) es de tres personas empleadas (OM HAC/1425/2025 art.3.1.d).

3199 Doctrina Administrativa Además de las siguientes contestaciones de la DGT, ver nº 11000 s.

1) Para determinar la magnitud de exclusión de la actividad de **transporte de mercancías por carretera** se han de tener en consideración, exclusivamente, los vehículos que se puedan utilizar en el desarrollo de la actividad, quedando fuera de este cómputo aquellos que, siendo propiedad del titular, no puedan utilizarse en el ejercicio de la actividad al carecer de **tarjeta de transporte**. Ahora bien, cuando los vehículos de los que se carezca de tarjeta de transporte por haberla transferido a un nuevo camión, se utilizan en la actividad, estos se han de tener en consideración a los efectos de cuantificar la magnitud específica de exclusión del régimen especial simplificado del IVA (DGT 30-9-03; CV 8-3-10; CV 9-12-09).

Aunque en el año de inicio de una actividad de transporte se puede determinar el rendimiento neto por el método de estimación objetiva, con independencia de su volumen de ingresos y compras en ese año, es necesario que el **número de vehículos** empleados al inicio de la misma no supere determinada cuantía especificada en la OM que desarrolla el método de EO y el régimen simplificado, y que depende del tipo de actividad de transporte que se ejerza (DGT CV 13-10-25).

2) Independientemente de los hechos o el lapso temporal por los que se ha tenido más de 4 vehículos destinados a la actividad, como se ha superado la **magnitud específica** establecida para la actividad el próximo ejercicio el sujeto pasivo no puede aplicar el régimen simplificado (DGT CV 10-11-16; CV 12-6-18). Incluso aunque el vehículo se haya alquilado por **avería** de otro (DGT CV 8-7-16; CV 10-11-16).

3200 **3)** A efectos de los límites excluyentes del ámbito de aplicación del método de EO no se pueden considerar incluidos en el **mismo grupo del IAE** los epígrafes 671.4 y 673.2. En efecto, el grupo 671 (servicios en restaurantes) incluye el epígrafe 671.4 «restaurantes de dos tenedores», mientras que el grupo 673 (en cafés y bares, con y sin comida) comprende el epígrafe 673.2 «otros cafés y bares», por lo que estas actividades no se encuentran incluidas en el mismo grupo del IAE, no cumpliéndose la circunstancia prevista en la normativa del IRPF para el cómputo conjunto del límite excluyente del método de EO por volumen de rendimientos íntegros (DGT CV 10-12-07).

4) Un bar que tiene instalada una **máquina expendedora de tabaco**, a efectos del límite para la aplicación del método de estimación objetiva, debe tener en cuenta los ingresos correspondientes a todas las operaciones realizadas, entre las que se encuentran las ventas de tabaco realizadas a través de la máquina expendedora, pues se realizan por cuenta y riesgo del contribuyente (DGT CV 11-12-19).
5) No aplica a las **actividades de temporada** la excepción prevista para el caso en que se haya comenzado la actividad el año pasado. Por tanto, la magnitud excluyente por volumen de ingresos va a ser en función de los ingresos que haya obtenido durante el período del año inmediato anterior en que haya ejercido la actividad (DGT CV 15-7-22).

6) Existe un **límite individualizado** que opera en función del personal empleado en la actividad o del número de vehículos destinados a la misma, teniendo en cuenta su utilización efectiva en cada actividad. Si no fuese posible determinar dicha utilización, el personal empleado o los vehículos se han de atribuir por partes iguales a cada actividad (DGT CV 2-2-05). **3201**
7) En la magnitud **volumen de ingresos** que delimita el ámbito de aplicación del método de estimación objetiva:
- sí se computa el importe de las **subvenciones del FEOGA**, que recibe como un único pago por parte de una Diputación provincial a un ganadero de bovino integrado, que tiene firmado un contrato para la cría, guarda y engorde del ganado de la empresa integradora, para el mantenimiento del número de animales, del plazo de cría, etc. (DGT 18-3-04), así como los ingresos obtenidos el año N-1 por una actividad que no se va a desarrollar en el año N (DGT CV 23-9-24).
- no se han de computar las **subvenciones corrientes ni de capital.** Entre ellas, se encuentran las subvenciones derivadas de la PAC, sin perjuicio de que las mismas se tengan en cuenta para la determinación del rendimiento neto de la actividad (DGT CV 15-4-08; CV 4-6-18; CV 29-3-21), así como tampoco la **indemnización** percibida de una compañía de seguros por disminución de la cosecha debido a las malas condiciones meteorológicas (DGT CV 15-7-22).
8) Los importes derivados de la **transmisión de bienes de inversión** no deben computarse para el cálculo de la magnitud por volumen de ingresos establecida para el régimen simplificado (DGT CV 21-1-22).

Exclusión por alteración normativa o por exclusión del método de EO (LIVA art.122.Dos.4º; RIVA art.36; OM HAC/1425/2025) La exclusión puede producirse por una alteración normativa del ámbito objetivo de aplicación del régimen simplificado, de manera que las actividades desarrolladas por el sujeto pasivo queden **fuera del nuevo ámbito**. Esta causa de exclusión produce efectos a partir del momento que se fije en la correspondiente norma de modificación. **3204**
También puede producirse la exclusión por haber quedado excluido del método de **EO del IRPF** por cualquiera de sus actividades.
Esta exclusión produce **efectos** en el mismo año en que se produzca la exclusión del método de EO del IRPF.

Precisiones Los supuestos de exclusión por haber quedado excluido del método de EO se refieren fundamentalmente a la incompatibilidad total del método de **estimación directa** con el método de EO en el IRPF, que va a determinar en muchos casos la exclusión del método de EO del IRPF de aquellas actividades que, aun tributando en un régimen compatible con el régimen simplificado, tributan en el método de estimación directa en el IRPF.

Ejemplo Un empresario individual realizó las siguientes actividades durante el año: **3207**
- es titular de una piscifactoría por la que está acogido al REAGP;
- explota un restaurante de dos tenedores (epígrafe 671.4 del IAE) por el que está acogido al régimen simplificado.
La actividad de piscifactoría tributaría en el IRPF en el método de estimación directa y, por tanto, produciría la exclusión del método de EO de la actividad de restaurante y la correlativa exclusión del régimen simplificado del IVA en el mismo año de la exclusión del método de EO, pasando a tributar en régimen general de IVA por esta última actividad y manteniéndose en el REAGP la de piscifactoría.

Doctrina Administrativa Además de las siguientes contestaciones de la DGT, ver nº 11000 s. **3208**
1) La exclusión por desarrollar la actividad fuera del ámbito de aplicación del IRPF, opera cuando la **actividad en el exterior** sea a través de una base de actividad exterior. No resulta aplicable cuando simplemente se realicen entregas de bienes fuera del territorio español sin que exista aquella base de actividad (DGT CV 11-2-05).
2) Un contribuyente ejerce la actividad económica de «reparación de maquinaria industrial», determinando su rendimiento neto por el método de EO y tributando en el IVA por el régimen especial simplificado. La actividad se desarrolla para una única empresa, que tiene domicilio fiscal en Málaga. En el caso de realizar, para esta empresa, **prestaciones de servicios en el extranjero** (dentro y fuera de la Unión Europea), no va a poder determinar el rendimiento neto de su actividad por el método de EO (DGT CV 7-7-11). En términos similares, DGT CV 22-4-19.

3) Si una entidad ejerce la actividad de **transporte de mercancías** por carretera (epígrafe IAE 722) y pretende prestar servicios a empresas en Francia y Holanda, se ha de entender que la actividad se desarrolla, en todo caso, dentro del ámbito de aplicación del IRPF, tal y como prevé la OM que desarrolla la tributación por EO y el régimen simplificado; no concurriendo, por tanto, la causa de exclusión del método de EO (DGT CV 26-3-13).

3212 **Exclusión por incompatibilidades** (LIVA art.122.Dos; RIVA art.36.1.e; OM HAC/1425/2025) También es causa de exclusión el realizar actividades económicas que tributen en un **régimen de IVA** no compatible con el régimen simplificado (nº 3156).

Esta exclusión produce **efectos** a partir del año inmediato posterior a aquel en que se produzca la causa que la motiva; salvo que el sujeto pasivo no viniera realizando actividades empresariales o profesionales, en cuyo caso surte efectos desde el momento en que se produzca el inicio de tales actividades.

Precisiones **1)** La realización por el sujeto pasivo de actividades acogidas al **régimen simplificado y** otras actividades acogidas al **régimen general**, con las dos excepciones que se recogen en nº 3156, letras b) y c), supone la exclusión del régimen simplificado para las actividades susceptibles de acogerse al mismo. Para paliar en cierta medida dicha incompatibilidad, se han incluido expresamente en las actividades susceptibles de tributar por el régimen simplificado muchas **operaciones económicas accesorias** a la actividad principal. Por ejemplo, en la actividad «transporte por autotaxis», el servicio de publicidad que utilice como soporte el vehículo utilizado en la actividad principal; o en la actividad de «peluquería de señora y caballero», los servicios de manicura, depilación, pedicura y maquillaje desarrollados con carácter accesorio a la actividad principal; o en la actividad de transporte de mercancías por carretera, excepto residuos, la derivada de las actividades auxiliares y complementarias como son las agencias de transporte, depósitos y almacenamiento de mercancías.

2) Si en el transcurso de **actuaciones de comprobación de la Inspección** de los Tributos se determinase la existencia de circunstancias excluyentes del régimen, la regularización de la situación tributaria ha de llevarse a cabo mediante la aplicación del régimen general del impuesto.

3215 Ejemplos **1)** Un empresario individual durante el año 20X0 venía realizando la actividad de «engrase y lavado de vehículos» (epígrafe IAE 751.5), por la que estaba acogido al régimen simplificado. En el mes de octubre de dicho año inició la actividad de «servicios de limpieza» (epígrafe IAE 611), pasando a tributar por **régimen general** en esta actividad.

Derivado de la causa de exclusión enunciada, así como de la exclusión del método de EO del IRPF, en el año 20X1 el empresario ha de tributar por todas sus actividades en el régimen general del IVA, puesto que la actividad que tributa en régimen general en IVA tributaría en el método de estimación directa en el IRPF, lo que conlleva la exclusión del método de EO a la actividad del epígrafe IAE 751.5 y, por ende, a la exclusión de esta actividad del régimen simplificado.

2) Un sujeto pasivo dedicado a la actividad de restaurante de dos tenedores (epígrafe IAE 671.4) tiene instaladas en su local dos **máquinas** tipo B, propiedad de un operador y, además, una máquina tipo B de su propiedad.

La máquina tipo B propiedad del titular constituye una actividad independiente clasificada en el epígrafe 969.4 del IAE y a efectos del IVA se trataría de una actividad exenta (LIVA art.20.uno.19º). Esta circunstancia, en principio, no provoca duda en cuanto a la compatibilidad con el régimen simplificado; no obstante, dado que dicha actividad tributa en el método de estimación directa simplificada en el IRPF, conlleva la exclusión del método de EO de la actividad de restaurante y, a su vez, también la exclusión del régimen simplificado (nº 3204).

3219 Doctrina Administrativa Además de las siguientes contestaciones de la DGT, ver nº 11000 s.

1) La **transmisión de una empresa**, cuyo titular esté acogido al régimen simplificado, a una sociedad, supone la no aplicación de este régimen desde que se produce dicha circunstancia (DGT 15-4-86).

2) La **cesión parcial de elementos patrimoniales afectos** a una actividad económica, para que otra persona realice con estos elementos una actividad económica de la misma índole que la desarrollada por la contribuyente, no se puede considerar incluida entre las operaciones cuya realización está permitida cuando se aplica el régimen simplificado, por lo que debe tributar por el régimen general (DGT CV 2-3-10).

3) Cuando el contribuyente se da de **alta en una nueva actividad** incluida en el ámbito objetivo del régimen simplificado, si ya estaba ejerciendo otra distinta por la que aplica el régimen general del impuesto, en dicho año va a poder aplicar el régimen simplificado a la nueva actividad, quedando excluida esta actividad de dicho régimen simplificado a partir del año siguiente (DGT CV 9-3-07).

4) Se inicia una actividad económica por la que ha de darse de alta en **distintos epígrafes del IAE**. Si una actividad (servicios de limpieza de fachadas) no está incluida en el ámbito de aplicación del régimen simplificado y no se puede acoger a ninguno de los regímenes especiales de la agricultura ni del recargo de equivalencia, queda excluido de este régimen especial para la otra actividad desarrollada, debiendo tributar en el IVA, por ambas actividades, por el régimen general (DGT CV 17-4-07).

5) La prestación de un servicio de entrega y recogida de paquetes adquiridos a través de catálogos, TV o Internet, no se encuentra recogida como actividad accesoria de la actividad de **comercio al por menor de libros** (epígrafe IAE 659.4), por lo que su rendimiento neto no se ha de entender incluido en el de la actividad principal (DGT CV 30-4-09).

6) La prestación del servicio de exclusividad, consistente en la **venta en exclusiva de bebidas** suministradas por un proveedor, no está incluida entre las operaciones accesorias de la actividad de «cafés y bares especiales» a las que resulta aplicable el régimen simplificado. Dicha prestación de servicios tributa por el régimen general, lo cual excluye del régimen simplificado la actividad de «cafés y bares especiales» en el año inmediato posterior a aquel en que se realiza la mencionada prestación de servicios (DGT 25-3-02; CV 28-7-10). Resulta aplicable aunque la exclusividad sea parcial (DGT CV 14-3-13). **3220**

En el mismo sentido, además de prestaciones de servicios de exclusividad, las derivadas de un **contrato de compra y promoción** (DGT CV 11-10-11; CV 9-5-23).

7) Se puede tributar por el régimen simplificado por los **servicios de cría, guarda y engorde de ganado**, incluyendo en los mismos los servicios de vacunación y carga y descarga de ganado que se realicen en su propia explotación. No obstante, si además se realizan servicios agrícolas y ganaderos **a terceros** prestados en granjas propiedad de otros ganaderos integrados, se debe tributar por el régimen general por el conjunto de las actividades (DGT CV 24-10-19). Iguales consecuencias por la venta de canales de cerdo a restaurantes (DGT 29-4-04).

8) Un sujeto pasivo dado de alta en el epígrafe 721.2 (**transporte por autotaxis**) del IAE que tributa por el régimen simplificado, presta servicios de transporte, en nombre propio y utilizando medios ajenos, por lo que le resultaría de aplicación el régimen especial de agencias de viajes. La tributación por el **régimen especial de las agencias de viajes** o, en caso de opción, por el régimen general, supone en ambos casos la exclusión del régimen simplificado (DGT CV 17-9-19).

El **arrendamiento de un local de negocios** que no suponga el desarrollo de una actividad empresarial según la normativa del IRPF, es compatible con la realización de otra actividad acogida al régimen simplificado -transporte en autotaxi- (DGT CV 23-2-06; CV 16-12-08). En el mismo sentido, el arrendamiento de parte de una finca rústica para la **instalación de una antena** que no suponga el desarrollo de una actividad empresarial según la normativa del IRPF, es compatible con la realización de otra actividad acogida al régimen simplificado -servicios de cría, guarda y engorde de ganado- (DGT CV 5-11-25).

9) La sujeción al régimen general de la venta de **aparatos de aire acondicionado** supone que la actividad de reparaciones de electrodomésticos quede excluido del régimen simplificado (DGT CV 27-7-22; CV 23-5-24).

B. Liquidación del IVA

(LIVA art.123; RIVA art.30 bis, 38 y 39; OM HAC/1425/2025)

La liquidación por la realización de cada actividad se efectúa por el sujeto pasivo al término de cada año natural, viniendo determinada por la **diferencia** entre «cuotas devengadas por operaciones corrientes» y «cuotas soportadas o satisfechas por operaciones corrientes» por dicha actividad. La diferencia da como resultado la «cuota derivada del régimen simplificado» (con un importe de cuota mínima para algunas actividades, nº 3343) a la que se han de sumar las cuotas derivadas de las operaciones de adquisición intracomunitaria de bienes, de adquisición de bienes o servicios con inversión del sujeto pasivo y de transmisión de activos fijos; y se han de deducir las cuotas soportadas o satisfechas por la adquisición o importación de activos fijos. **3230**

Finalmente, en su caso, al resultado anterior se le suma o resta la correspondiente **regularización** de la deducción de las cuotas soportadas o satisfechas antes del 1-1-1998, por adquisiciones o importaciones de bienes de inversión afectos a actividades en régimen simplificado.

3232

	LIQUIDACIÓN DEL IVA EN RÉGIMEN SIMPLIFICADO
+	Cuotas devengadas por operaciones corrientes (nº 3237)
	• actividades agrícolas, forestales o ganaderas (nº 3242)
	• actividades distintas de las agrícolas, forestales o ganaderas (nº 3251)
-	Cuotas soportadas o satisfechas por operaciones corrientes (nº 3330)
-	1% de la cuota devengada por gastos de difícil justificación
=	Cuota derivada del régimen simplificado (o cuota mínima) (nº 3341)
+	Cuotas relativas a operaciones no incluidas en el régimen y entregas de activos fijos (nº 3352)
-	Cuotas soportadas o satisfechas por adquisición o importación de activos fijos (nº 3352)
±	Regularización por bienes de inversión anteriores a 1-1-1998 (nº 3369)
=	A INGRESAR, COMPENSAR o DEVOLVER

3233 Precisiones 1) El régimen simplificado pretende, mediante la aplicación de índices o módulos, obtener por estimación las **cuotas devengadas** por operaciones corrientes de la actividad del sujeto pasivo, pudiéndose deducir de dicho importe las cuotas realmente soportadas o satisfechas por la adquisición o importación de bienes o servicios, distintos de los activos fijos, destinados al desarrollo de la actividad. El **importe mínimo** de las cuotas a ingresar establecido para determinadas actividades por el Ministro de Hacienda, tiene como fin evitar que la cuota devengada estimada sea absorbida por las cuotas soportadas o satisfechas por operaciones corrientes.
2) La **cuota total** a ingresar por el sujeto pasivo es la suma de las cuotas correspondientes a cada una de las actividades que ejerce, calculadas en la forma indicada.
3) Un contribuyente acogido al régimen simplificado no puede acogerse a la reducción de bases imponibles y cuotas de IVA, si a un cliente suyo inmerso en un procedimiento de **concurso** en que ya se ha abierto la fase de liquidación le hubiera repercutido el IVA y no le hubiera pagado, porque dicho régimen establece un método objetivo de cálculo de las cuotas devengadas por operaciones corrientes.

1. Cuota devengada por operaciones corrientes

(LIVA art.123.Uno; RIVA art.38; OM HAC/1425/2025)

3237

3239 El cálculo de la cuota devengada por operaciones corrientes se realiza de forma objetiva y separadamente, **actividad por actividad**, mediante la utilización de diversos índices y módulos, siguiendo un procedimiento de cálculo diferente, según se trate de actividades agrícolas, forestales y ganaderas, o de otras distintas de las anteriores. Los sujetos que incurran en el **falseamiento u omisión** de los índices o módulos, quedan sujetos al pago de las cuotas derivadas del régimen simplificado con las sanciones e intereses de demora que correspondan (LIVA art.123.Tres).

a. Actividades agrícolas, forestales y ganaderas

(OM HAC/1425/2025 Anexo I Instr.2.1)

3242 La cuota devengada por **operaciones corrientes** en las actividades en que se realice la entrega de los productos naturales o los trabajos, servicios y actividades accesorios, con excepción de las industriales de transformación, elaboración o manufactura de los productos naturales, se calcula multiplicando el volumen total de ingresos, excluidas las subvenciones corrientes o de capital, las indemnizaciones, así como el IVA repercutido y, en su caso, el recargo de equivalencia que grave la operación de cada uno de los cultivos o explotaciones, por el «índice de cuota devengada por operaciones corrientes» correspondiente (nº 10510).

Cuota devengada = volumen total de ingresos × índice de cuota

Por otro lado, las actividades que someten los productos naturales a **transformación, elaboración o manufactura**, calculan la cuota devengada por operaciones corrientes multiplicando el valor de los productos naturales utilizados en dichos procesos, a precio de mercado, por el «índice de cuota devengada por operaciones corrientes» correspondiente.
A estos efectos deben tenerse en cuenta las siguientes **reglas**:
- la **imputación de la cuota** devengada se produce en el momento en que los productos naturales se incorporen al proceso de manufactura, transformación o elaboración. Para los productos naturales que se incorporaron a los procesos de transformación en ejercicios anteriores al 1-1-1998 y cuyos productos resultantes se transmitan a partir del 1-1-2026 la imputación se ha de realizar en el momento de la transmisión;
- **no se aplican índices o módulos** en estas actividades en la medida en que los productos obtenidos de los citados procesos fuesen objeto de entregas exentas por destinarse a ser vinculados a un régimen de depósito distinto de los aduaneros -nº 5646 s.- (ver ejemplo del nº 3248).

Precisiones Los porcentajes aplicables para el cálculo de la cuota devengada por operaciones corrientes en el régimen simplificado del IVA en **2025 y 2026** para las **actividades ganaderas** que se indican, afectadas por **crisis sectoriales**, son (OM HAC/1425/2025 disp.adic.3ª):
- servicios de cría, guarda y engorde de aves: 0,06625.
- actividad de apicultura: 0,070.

Ejemplos 1) Un empresario titular de una explotación dedicada a la **cría, guarda y engorde de ganado bovino** durante el año obtuvo unos ingresos totales, excluidos subvenciones, indemnizaciones e IVA repercutido, de 150.000 €. 3245
El índice de cuota devengada de la actividad es del 0,10.

La cuota devengada por operaciones corrientes es:
150.000 × 0,10 = ... 15.000 €

2) Un sujeto pasivo tiene una finca rústica donde cultiva viñedos elaborando **vino con denominación de origen** con las uvas obtenidas en su explotación que, posteriormente, vende a mayoristas. Durante el año 20X7 realizó las siguientes operaciones: 3248
- vendió 800 litros de **vino** por 1.085 €. Este vino fue elaborado durante el año 20X0, y en el proceso se utilizaron 1.000 Kg. de uva de su cosecha cuyo precio de mercado en la fecha de elaboración era de 0,48 euros/Kg;
- obtuvo el 20-9-20X7 una cosecha de uva de 4.000 Kg. de los cuales utilizó 2.500 Kg. en la elaboración de vino y el resto lo vendió a particulares. El precio de mercado de la uva fue de 0,60 euros/Kg. Del vino obtenido de las uvas anteriores, la mitad fue vendido a una fábrica que se encuentra en régimen suspensivo en el Impuesto Especial de Fabricación correspondiente, por lo cual no repercutió cuota alguna del IVA (LIVA art.24.Uno.1º.e).
El índice de cuota devengada de la actividad es del 0,2675.
La cuota anual devengada por operaciones corrientes de dicha actividad es:
- por el vino elaborado en 20X0 y vendido en 20X7; valor de las uvas 1.000 × 0,48 = 480 €;
- de las uvas cosechadas, en un principio, solo se computan las que son objeto de transformación, que tributan por el régimen simplificado (2.500 Kg.) El resto tributa por el REAGP. De aquellas no se computa el 50%, dado que la mitad de la producción de vino se entregó exenta del IVA. Así: (2.500 × 0,5) × 0,60 = 750 €.

- Valor de los productos naturales (480 + 750) .... 1.230 €
- Cuota anual: 1.230 × 0,2675........ 329,03 €

Doctrina Administrativa Además de las siguientes contestaciones de la DGT, ver nº 11000 s. 3249
1) Para determinar la cuota devengada por operaciones corrientes derivada de la actividad de **transformación de la uva en vino** de una cosecha en 20X0, debe aplicarse el índice previsto en la Orden de módulos para el año 20X1 (en este caso, 19%) al valor de mercado de la uva de la cosecha del año 20X0 (en ningún caso, a un precio de venta estimado para el vino elaborado).
Si la posterior entrega de la totalidad del vino elaborado con dichas uvas resulta exenta del IVA (LIVA art.24), por ser entregas en régimen de depósito distinto del aduanero (LIVA Anexo aptdo. quinto), no va a proceder imputar cuota devengada alguna a dicha actividad. Así, si en el año siguiente se entrega parte del vino elaborado con las uvas de la cosecha del año 20X0 en el régimen suspensivo precitado, se habrá producido un cómputo de la cuota devengada por operaciones corrientes en el ejercicio 20X0 en exceso por dicha actividad, debiendo entonces solicitar a la Administración la devolución del correspondiente ingreso indebido, en su caso.
A tal efecto, las entregas de vino se han de entender realizadas en el año que se transmita el poder de disposición del mismo a las alcoholeras y, en ningún caso, cuando se firme el contrato (DGT 25-11-02).
2) En la actividad ganadera independiente de **cría y venta de halcones**, el volumen total de ingresos incluye, en su caso, el importe de las **exportaciones** (DGT CV 29-9-21).
3) La cuota devengada por operaciones corrientes se determina en el momento de incorporación de las aceitunas al proceso de transformación (molturación), siendo indistinto el momento de la venta del aceite. La **valoración de las aceitunas** que se sometan al proceso de transformación se ha de realizar por el precio de mercado que tengan en el momento de incorporación al proceso de transformación (DGT CV 10-3-22).

b. Actividades distintas de las agrícolas, forestales o ganaderas

(OM HAC/1425/2025 Anexo II)

En estas actividades la cuota devengada por operaciones corrientes es la suma de las cuantías correspondientes a los **módulos** de cada actividad, obtenidas multiplicando la cantidad asignada a cada uno de ellos en la OM que aprueba su valor para cada año por el número de unidades del mismo empleadas, utilizadas o instaladas en la actividad. 3251
El proceso de cálculo, de forma esquemática, es:
- imputación por el sujeto pasivo a la o las actividades que desarrolle, del **número de unidades** de módulos fijados para cada actividad;
- multiplicación del número de unidades por el **valor del módulo** fijado en la OM (nº 10510);
- la **suma de las cuotas** resultantes del guion anterior, teniendo en cuenta todos los módulos determinados para cada actividad, determina la cuota devengada por operaciones corrientes por actividad.

Los módulos empleados para la estimación de las cuotas atienden a diversas **magnitudes objetivas**. Entre dichos módulos, hay que citar:

- distancia recorrida (nº 3253);
- consumo de energía eléctrica (nº 3253);
- personal empleado (nº 3257);
- superficie del local (nº 3283);
- potencia eléctrica (nº 3287);
- superficie del horno (nº 3293);
- número de mesas (nº 3295);
- longitud de la barra (nº 3299);
- máquinas recreativas (nº 3301);
- plazas de alojamiento (nº 3305);
- número de vehículos (nº 3307);
- capacidad de carga del vehículo (nº 3309);
- número de asientos del vehículo (nº 3315);
- potencia fiscal del vehículo (nº 3317).

3253 **Aplicación de los módulos** (OM HAC/1425/2025 Anexo II Instr 2.1) Por la forma de cuantificar los módulos, estos pueden clasificarse en:

a) Módulos **no promediables**: se computan por la suma de las unidades de módulo para todo el período temporal de desarrollo de la actividad. Estos módulos son:

1. La **distancia recorrida**, que se mide en kilómetros. La definición no figura en las **Instrucciones** para la aplicación de los módulos para **2026** (OM HAC/1425/2025 Anexo II) ni en la del año 2025 (OM HAC/1347/2024 Anexo II).

No obstante, la **doctrina administrativa** ha establecido que deben computarse la totalidad de los kilómetros recorridos durante el año por el vehículo afecto a la actividad de transporte en autotaxis, incluyéndose, por tanto, los kilómetros realizados buscando clientes, de regreso a su casa e, incluso, los kilómetros que, en su caso, se hayan realizado para viajes particulares, habida cuenta de que los vehículos empleados en dicha actividad deben ser bienes exclusivamente afectos a la misma siempre que la utilización para necesidades privadas sea accesoria y notoriamente irrelevante -días u horas durante las cuales se interrumpe el ejercicio de la actividad- (DGT 23-7-93). Así, el módulo «distancia recorrida» debe cuantificarse por la totalidad de los kilómetros recorridos por el vehículo en el período impositivo (DGT CV 10-2-16), incluyendo los kilómetros recorridos desde el domicilio al inicio del municipio donde se ejerce la actividad (DGT CV 3-6-20).

2. Consumo de **energía eléctrica** (en kw/h): se toma el facturado por la empresa suministradora. Si en la factura se distingue entre energía «activa» y «reactiva», solo se computa la primera. Para su cuantificación, exclusivamente se ha de tener en cuenta el número de kilovatios/hora consumidos durante el período de tiempo que en el año correspondiente se haya ejercido efectivamente la actividad (DGT CV 28-2-11).

3. Las **comisiones** por:

- **loterías**: es el módulo de aquellas actividades en las que se desarrolla con carácter accesorio la comercialización de loterías (epígrafes del IAE: 644.1; 644.2; 644.3; 644.6; 647.1, 2 y 3, 652.2 y 3; 659.4; 662.2; 671.4; 671.5; 672.1, 2 y 3; 673.1; 673.2; 675; 676; 681);
- **máquinas de apuestas deportivas**: es el módulo de aquellas actividades en las que se desarrolla con carácter accesorio la realización de apuestas deportivas mediante máquinas (epígrafes del IAE: 671.4; 671.5; 672.1, 2 y 3; 673.1; 673.2);
- **comercialización de tarjetas** de transporte público, tarjetas de uso telefónico y otras similares, percibidas por empresarios matriculados en el epígrafe del IAE 659.4 «comercio al por menor de prensa, revistas y libros en quioscos situados en la vía pública».

4. Contraprestaciones por servicios de **publicidad exterior** prestados con carácter accesorio por los empresarios matriculados en el epígrafe 659.4 del IAE, «comercio al por menor de prensa, revistas y libros en quioscos situados en la vía pública».

3254 **b)** Módulos **de promedio**: son los restantes. El valor a considerar es el **valor medio del año**, que se obtiene multiplicando las unidades utilizadas, empleadas o instaladas por el número de días naturales del período en que se hayan utilizado, empleado o instalado y dividiendo el producto por 365 días. En años bisiestos se computan 366 días a estos efectos.

El cálculo anterior se realiza en base a las **horas trabajadas** en el supuesto de personal empleado y en base a los **días**, en el resto de los casos, sin descontar los días de vacaciones, los de descanso semanal ni los festivos (DGT CV 22-2-07; CV 7-2-23).

Deben calcularse **valores promedio** cuando se den las siguientes circunstancias:

- inicio de la actividad con posterioridad al 1 de enero;
- cese en la actividad antes del 31 de diciembre;
- ejercicio discontinuo de la actividad (sin que se tengan en consideración, a estos efectos, las vacaciones, días no laborables o descansos semanales);
- en los casos extraordinarios en que se produce la paralización de la actividad durante un período de tiempo (DGT 21-7-93; 15-1-01);
- cuando se produzcan variaciones en el año en la cuantía de las unidades de módulos utilizados.

Con carácter general, el **número de unidades** de cada uno de los módulos aplicables a la actividad de que se trate se expresa, en su caso, con dos decimales. No obstante, en los supuestos en que deban realizarse cálculos previos para determinar el número de unidades computable, dichos cálculos se efectúan tomando todos los decimales resultantes de las

correspondientes operaciones aritméticas. Una vez determinado dicho número es cuando únicamente se toman los dos primeros decimales significativos, sin efectuar ningún tipo de redondeo. Respecto a los módulos comunes a varias actividades, ver nº 3319 s.
Respecto a la posibilidad de **reducción del importe** resultante de la aplicación de los módulos por la concurrencia de circunstancias extraordinarias, ver nº 3325.

Doctrina Administrativa Además de las siguientes contestaciones de la DGT, ver nº 11000 s. **3255**
1) Los días de efectivo empleo, utilización o instalación de cada módulo comienzan a computar cuando se inicie el **ejercicio real de la actividad**. No computan los días en que la actividad no pueda desarrollarse al estar acondicionándose el local (DGT CV 14-6-22).
2) La **interrupción de la actividad** supone que no se tenga en cuenta esos días para el cálculo de los módulos (DGT CV 2-8-22).
3) Aunque la **baja definitiva** de la actividad acogida a EO se haya presentado el 30-9-2021, si la actividad ha estado cerrada durante 2021, no habrá que computar rendimiento neto alguno en dicho ejercicio, siendo competencia de los órganos de gestión e inspección de la AEAT la valoración de las pruebas presentadas (DGT CV 19-9-22).
4) Las personas físicas que desarrollen la actividad de transporte de mercancías por carretera no están obligadas a comunicar las variaciones de los elementos de transporte utilizados en la misma. Será en el momento de determinar el rendimiento neto por el método de EO cuando se deban cuantificar las unidades del **módulo «carga vehículos»** utilizadas en la actividad (DGT 21-1-04).
5) Un empresario matriculado en el epígrafe 933.9 del IAE (Otras actividades de **enseñanza**, idiomas, taquigrafía, mecanografía, preparación de exámenes y oposiciones y similares) acogido al régimen simplificado, no debe aplicar módulo alguno a efectos de dicho régimen en la medida en que efectúe operaciones exentas (DGT 27-2-01; CV 8-2-10).
6) Si se desarrolla la actividad en una **habitación de la vivienda**, al no existir una factura independiente de la empresa suministradora para el consumo de energía eléctrica de la actividad, para calcular el módulo se ha de determinar del consumo total facturado el que corresponde al consumo derivado del ejercicio de la actividad (DGT CV 15-9-16).
7) Es el interesado quien ha de presentar en cada caso los **medios de prueba** que, conforme a Derecho, sirvan para justificar la utilización efectiva (DGT CV 25-6-07).

Personal empleado (OM HAC/1425/2025 Anexo II Instr 2.1.1ª y 2ª) En su cómputo se tienen en cuenta tanto las personas asalariadas como las no asalariadas (nº 3266 s.), incluyendo al titular de la actividad. **3257**
1. Personal asalariado. Se incluyen todas las personas que trabajan en la actividad y que no pueden calificarse como personal no asalariado. Tienen esta consideración el cónyuge y los hijos menores del sujeto pasivo que convivan con él siempre que, existiendo el oportuno contrato laboral y la afiliación al régimen general de la Seguridad Social, trabajen habitualmente y con continuidad en la actividad empresarial.
Para determinar el **número efectivo de personas** asalariadas, se computa una persona como equivalente al número de horas anuales por trabajador fijadas en el convenio colectivo. En defecto de este, una persona asalariada equivale a 1.800 horas/año. En el supuesto de que determinadas personas asalariadas trabajen en la actividad, durante el año, más horas de las previstas en el convenio colectivo o, en su defecto, más de 1.800 horas, se computan como personas empleadas, la unidad más la fracción correspondiente al exceso de horas trabajadas sobre los límites anteriores. Cuando el trabajador realice un número inferior de horas, se estima como cuantía de la persona asalariada la proporción entre las horas trabajadas y las fijadas en convenio, o en su defecto, 1.800 horas (ver ejemplo en nº 3260).
No obstante, el cómputo del personal asalariados presenta las siguientes particularidades:
- se computa en un 60%, el personal asalariado **menor de 19 años** y quienes presten sus servicios bajo un **contrato de formación** en alternancia (anteriormente, contrato de aprendizaje o para la formación), durante todo el tiempo en el que se mantengan las circunstancias;
- se computan en un 40% las **personas con discapacidad** que tengan la consideración de personal asalariado, con grado de discapacidad igual o superior al 33%. Esta reducción es incompatible con la del párrafo anterior; y
- no se computan como personal asalariado, en ninguna medida ni cuantía, los alumnos de **formación profesional** específica que realicen el módulo obligatorio de formación en centros de trabajo. Los **becarios** que no estén realizando esta formación, sí computan como asalariados (DGT CV 21-2-12).

Ejemplo El Sr. P tiene un bar con un empleado que trabaja en la actividad 1.900 horas al año. El convenio colectivo fija para esa actividad 1.700 horas al año. **3260**

El módulo personal empleado asalariado es .... 1.900/1.700 = 1,11 personas
Si hubiera trabajado 800 horas al año, su cómputo sería .... 800/1.700 = 0,47 personas

3263 Doctrina Administrativa Además de las siguientes contestaciones de la DGT, ver nº 11000 s.
1) Las personas asalariadas que trabajen en la actividad deben integrarse en la misma en una relación de dependencia con respecto al titular de la actividad, que no se produce cuando el empresario contrata con otro la prestación de un servicio y es a través de la **organización empresarial del empresario subcontratado**. Este último y su personal no se han de computar como personal asalariado, mientras que si lo que se produce es una mera prestación de personal, el cual se integra en la organización del empresario que los ha contratado, estas personas («empresario subcontratado» y su personal) se han de considerar personal asalariado (DGT 13-3-01; CV 18-5-07; CV 18-1-10). Si el trabajo se realiza en una relación de dependencia laboral, aunque disfrazada a través de un contrato mercantil, las personas que lo realicen deben computarse para la cuantificación del módulo personal asalariado (DGT CV 13-1-09).
Esta relación de dependencia se da cuando el empresario contrata con una **empresa de trabajo temporal** la contratación de personal, pues estos trabajadores se integran en la organización del empresario, siendo este quien ordena la actuación de aquellos (DGT CV 5-10-07; CV 4-3-10).
2) Los supuestos de **baja por enfermedad**, del titular o del personal asalariado, pueden determinar una disminución del número de unidades del módulo «personal empleado» si el número de horas anuales efectivamente trabajadas por quien causa baja fuese inferior a las 1.800 horas -titular- o a las fijadas en el convenio colectivo o, en su caso, a 1.800 horas/año -personal asalariado- (DGT 2-2-93; CV 25-3-09).
3) El tratamiento aplicable a los trabajadores que figuran como **autónomos colaboradores** en la Seguridad Social es:
- si se trata del **cónyuge o los hijos menores** de edad del titular de la actividad, se han de computar como personal no asalariado (DGT CV 28-2-11);
- en cualquier otro caso se computan como personal asalariado. Así ocurre con el **hijo mayor de edad** que trabaja en la actividad del padre y vive en el mismo domicilio que el titular de la actividad (padre) acogido al régimen simplificado (DGT 30-9-03; CV 28-7-23; CV 28-3-25);
- si el titular de una actividad acogida al método de estimación objetiva da de alta a sus **padres** como autónomos colaboradores en el RETA, estos se computan como personal asalariado (DGT CV 23-3-21).
4) La **pareja de hecho** del titular de la actividad que trabaja en esta debe considerarse como personal asalariado (DGT CV 9-6-11; CV 9-4-13).

3264 **5)** En el caso de **ERTE**, el personal asalariado se valora exclusivamente por las horas de trabajo efectivo que realice de acuerdo con las condiciones individuales que afecten a cada trabajador, no teniéndose en consideración la parte del contrato de trabajo que se encuentre suspendida temporalmente (DGT CV 22-7-20).
6) En caso de bajas de asalariados por **finalización de contratos**, se deben tener en cuenta las horas que de acuerdo con la normativa laboral deban considerarse como horas trabajadas, como pueden ser además de las efectivamente trabajadas, las horas de baja médica, las vacaciones no disfrutadas y retribuidas, etc. Así, los días de vacaciones no disfrutados que se abonan al final del contrato deben contabilizarse como horas efectivamente trabajadas (DGT CV 8-6-20).
7) En el caso de **contratos de sustitución** por riesgo durante el embarazo solo debe considerarse que se tiene una persona asalariada, aunque haya dos personas contratadas, puesto que la persona contratada viene a reemplazar durante un período definido de tiempo (mientras que dure el riesgo) a la persona embarazada (DGT CV 5-5-20).
8) A efectos del cómputo del personal asalariado no se tiene en cuenta el **número de trabajadores** que estén trabajando en la actividad al mismo tiempo, sino el número de horas trabajadas anualmente (DGT CV 7-10-15).

3266 2. **Personal no asalariado**. Se han de hacer las siguientes matizaciones:
a) **Empresario**. Como **regla general**, se computa como una persona no asalariada. Solo se permite el cómputo inferior a una unidad en aquellos supuestos en que pueda acreditarse una **dedicación inferior a 1.800 horas/año** por causas objetivas (tales como incapacidad, jubilación, pluralidad de actividades, cierre temporal de la explotación, etc.), cuantificándose en estos casos por el tiempo efectivo dedicado a la actividad. No obstante, se establece para estos casos que las tareas de dirección, organización y planificación de la actividad por el empresario, se computan en 0,25 personas/año, salvo acreditación en contrario de dedicación efectiva a la actividad superior o inferior a dicha cifra.
b) **Resto de personas no asalariadas**. Se ha de computar como una persona no asalariada la que trabaje en la actividad al menos 1.800 horas/año. Cuando el número de horas de trabajo al año sea **inferior a 1.800**, se ha de estimar como cuantía de la persona no asalariada la proporción existente entre el número de horas efectivamente trabajadas en el año y 1.800.
En estos casos, el tiempo que se encuentren en situación de incapacidad temporal no se tiene en cuenta para la cuantificación del módulo (DGT CV 25-3-09).
c) Personal no asalariado con un grado de **discapacidad** igual o superior al 33%. Se ha de computar al 75%.

d) **Cónyuge y los hijos menores** del empresario. Se incluyen cuando convivan con él, trabajen efectivamente en la actividad y no constituyan personal asalariado de acuerdo con lo señalado en nº 3257. Se computan al 50%, siempre que el titular de la actividad se compute por entero, antes de aplicar, en su caso, la reducción por discapacidad, y no haya más de una persona asalariada. Esta reducción se practica después de aplicar, en su caso, la de discapacidad (ver ejemplo en nº 3276).
En ninguno de estos casos se aplica la reducción del 60% del nº 3257.

Precisiones 1) Cuando el mismo titular realice varias **actividades diferentes** que determinen la cuota devengada por operaciones corrientes por IVA mediante módulos, puede superar la unidad el módulo personal no asalariado como suma de las unidades de módulo a aplicar en el conjunto de dichas actividades. **3269**
2) Los **socios de una sociedad civil** dedicada al desarrollo de una actividad empresarial acogida al régimen simplificado del IVA, aparentemente no trabajan en la misma. No obstante, si tras la apariencia de no trabajar directamente en la actividad, los socios ordenan por cuenta propia los medios de producción, y efectúan tareas de dirección, organización, supervisión y planificación de la actividad, para el cálculo del módulo «personal» se computarían todas las horas dedicadas por los socios a las tareas descritas.

Ejemplos 1) El titular de un restaurante trabaja 900 horas al año, teniendo **otra actividad en local** aparte por la que tributa en el régimen especial del recargo de equivalencia (venta al por menor de frutos secos). **3272**
En principio, entendemos que existen las causas objetivas (pluralidad de actividades) que permiten computar al empresario en menos de una persona no asalariada. Por tanto, se computa como 900/1.800 = 0,50 persona no asalariada, teniendo en cuenta el tiempo efectivo dedicado a esta actividad.

2) El Sr. P tiene un **restaurante** de dos tenedores en el que trabajó 1.200 horas durante el año (no bisiesto), con 4 trabajadores en las siguientes condiciones: **3275**
- uno es hijo del titular, con contrato en prácticas, habiendo trabajado en la actividad 600 horas al año;
- dos son trabajadores con contrato laboral fijo, cuyo convenio marca 1.800 horas/año. Uno de ellos ha realizado, además, 400 horas extraordinarias;
- el cuarto ha iniciado su actividad el 1 de julio habiendo cumplido 19 años el día 20 de noviembre. Trabaja a jornada completa.

Por otro lado, trabajan en la actividad también el cónyuge y dos hijos menores del empresario, sin contratos laborales. El cónyuge trabaja 9 horas de trabajo al día durante sábados y domingos y los dos hijos trabajan solo los 3 meses de verano.
La cuantificación del personal empleado es:

A) Personal asalariado:

- Hijo con contrato (600/1.800)	0,33
- Dos trabajadores con contrato:	
• realizan las horas del convenio	2,00
• 400 horas extraordinarias de 1 trabajador (400/1.800)	0,22
- un trabajador de 19 años:	
• desde 1-7-20X0 a 19-11-20X0 = (141 días/365 días) × 0,60	0,23
• desde 20-11-20X0 a 31-12-20X0 = (42 días/365 días)	0,11
Total personal asalariado	2,89

B) Personal no asalariado:

- Titular	1,00
- Cónyuge: 2 × 9 horas × 52 semanas/1.800	0,52
- Hijos: (3/12) × 2	0,50
- Total personal no asalariado	2,02
- Total de unidades de módulo personal empleado (2,89 + 2,02)	4,91

3) El Sr. EFL es titular de un local donde realiza la actividad de **reparación de artículos eléctricos** para el hogar. Por esta actividad está acogido al régimen simplificado del IVA. En dicha actividad trabaja también un hijo menor de edad sin contrato laboral que en el año ha trabajado 900 horas. Tanto el titular como su hijo tienen reconocido por los organismos competentes un grado de discapacidad del 37% y del 42%, respectivamente. **3276**

La cuantificación del personal empleado es:

Personal no asalariado:
- Titular: 0,75 (a)
- Hijo: 900/1.800 × 0,75 × 0,50 = 0,1875 (b)

Total personal no asalariado: 0,75 + 0,1875 = 0,9375

(a) El titular se computaría como una persona, pero dado que tiene reconocido un grado de discapacidad del 37%, se computa en un 75%.

(b) El hijo tiene la consideración de personal no asalariado y se computa en la proporción entre las horas efectivamente trabajadas y 1.800 horas/año, y después, dado su grado de discapacidad reconocido (42%), se computa en un 75%. Pero, además, dado que el titular de la actividad se computa como una persona antes de la reducción del 25% por discapacidad y no existe personal asalariado, solo se computa en un 50% después de realizar la citada reducción por discapacidad.

3277 Doctrina Administrativa Además de las siguientes contestaciones de la DGT, ver nº 11000 s.

1) Solo en el caso de que el contribuyente justifique suficientemente que **ha trabajado menos de 1.800 horas** va a poder computarse una cifra inferior. Esto ocurre en los casos de ejercer varias actividades, incapacidad laboral, averías, siniestros, inicio de la actividad con posterioridad al 1 de enero, cese de la actividad antes del 31 de diciembre, cierre temporal, jubilación del titular de la actividad (DGT CV 22-1-07; CV 28-2-11; CV 14-6-13; CV 25-2-14), incapacidad permanente del titular de la actividad (DGT CV 3-1-14), baja por riesgo de embarazo, baja por maternidad (DGT CV 6-5-22) o la reducción de jornada para cuidado de menores por enfermedad grave (DGT CV 27-7-23).

2) En la actividad de **autotaxi** (epígrafe 721.2 del IAE) se quiebra la regla general de cómputo del titular de la actividad cuando no se dispone del permiso municipal o de la tarjeta de identificación de conductor, de los que se exige ser titular para el ejercicio de la actividad (DGT CV 21-1-15; CV 16-4-15), así como cuando consecuencia de infracciones de tráfico le ha sido retirado el carnet de conducir por un período de tiempo, por lo que se contrata a una persona asalariada hasta que se recupere el carnet (DGT CV 7-5-09).

3) La regla general del **cómputo del titular de la actividad** no se aplica cuando la actividad se inicie o finalice antes de terminar el periodo impositivo. En cuanto al cómputo del **cónyuge** al 50%, se entiende que el titular se computa por entero cuando el cómputo del mismo sea igual o superior al resultado de prorratear 1 entre los días que en el año se haya desarrollado la actividad y el número de días totales del año (DGT CV 7-5-09).

3278 **4)** El promedio del módulo personal empleado se determina en función de los días de efectiva utilización o instalación, si bien deben tenerse en cuenta al calcular dicho promedio los **días de descanso** normal (vacaciones, días festivos y descanso semanal). Por lo que respecta a la **prueba** de los días de ejercicio de la actividad durante cada año natural, pueden utilizarse todos los medios admitidos en Derecho. Un escrito presentado antes de que se produzcan los hechos no parece un elemento de prueba que, aisladamente considerado, pueda acreditar una cuestión de hecho como es la apertura o no de un negocio en determinados días (DGT 30-9-03).

5) Los empresarios que componen la **junta directiva de una asociación** empresarial reciben unas cantidades en compensación a una serie de actuaciones (reuniones, visitas, etc.) por el perjuicio económico causado al no poder ejercer su actividad de empresarios en dichos días. La dedicación de estos días a la asociación no puede considerarse como una circunstancia objetiva que quiebre la regla general de cómputo, ya que se realiza de **forma esporádica**. Por tanto, el titular de la actividad debe computarse como una persona no asalariada (DGT 17-12-03).

6) No procede la reducción del 50% del **cónyuge** cuando hayan estado, simultáneamente, al servicio de la actividad dos personas asalariadas (DGT CV 7-9-12), aunque estas sean contratadas a tiempo parcial (DGT CV 9-7-14); ni en el caso de dos cónyuges que son titulares de una actividad económica, pues ambos son comuneros de la comunidad de bienes constituida para el desarrollo de la misma (DGT CV 28-5-13). Para que en cada actividad sea de aplicación el cómputo al 50% del cónyuge, debe computar el titular como uno, circunstancia que no se cumple si al existir pluralidad de actividades, el titular de cada actividad no se computa por la unidad (DGT CV 20-10-14; CV 28-11-14; CV 20-2-20).

7) Cuando existe una **pluralidad de actividades**, el cómputo del empresario en 0,25 personas/año se efectúa por cada actividad, pues el rendimiento neto se calcula actividad por actividad, salvo que pueda acreditarse una dedicación efectiva superior o inferior (DGT 9-5-01; CV 16-9-10; CV 18-9-23). El titular no tiene que computarse como una persona no asalariada en la actividad acogida al régimen simplificado, sino que se ha de computar en función del **tiempo efectivo** dedicado a dicha actividad, incluyéndose en este tiempo el dedicado a las tareas de dirección, organización y planificación de la actividad. Si no se pudiese determinar el tiempo dedicado a cada actividad, se ha de prorratear por partes iguales el tiempo global dedicado a ambas actividades (DGT CV 31-3-06; CV 19-12-11; CV 4-8-21).

Esto ocurre cuando el empresario es titular de cuatro actividades y está **jubilado** (DGT 21-12-04; CV 18-5-07), así como cuando se ejerce simultáneamente una actividad económica y un trabajo por **cuenta ajena** (DGT CV 14-1-22; CV 27-6-22).

8) Cuando la actividad es desarrollada por una **comunidad de bienes** todos los comuneros tienen la consideración de empresarios. Aplicando la regla general de cómputo para el personal no asalariado, cada comunero se ha de computar por 1, salvo que, de manera individualizada, concurran las circunstancias objetivas que acrediten una dedicación inferior a 1.800 horas/año. Esto ocurre cuando el comunero que ejerce otra actividad económica (pluralidad de actividades). La apertura de la actividad en **jornada reducida** solamente se puede considerar como causa objetiva cuando el horario comercial se ve limitado por algún tipo de normativa de obligado cumplimiento (DGT CV 9-6-11; CV 27-12-11). 3279

9) Al ser una **actividad de temporada**, el cómputo del módulo personal no asalariado se realiza en función de las horas dedicadas a la actividad, entre las que deben incluirse las dedicadas a las tareas de dirección, organización y planificación de la actividad y, en general, las inherentes a la titularidad de la misma, que al menos deben valorarse en la parte proporcional que corresponda a 0,25 persona/año y el período temporal en el que se desarrolle la actividad (DGT CV 13-8-21; CV 4-1-22; CV 23-10-24). No obstante, la consideración como actividad de temporada no supone que exista una causa objetiva que acredite una dedicación inferior a 1.800 horas/año (DGT CV 10-4-06).

10) Aunque la **relación de causas objetivas** que establece la normativa no es una lista cerrada (DGT CV 3-2-11; CV 17-1-13; CV 25-4-17), no se consideran causas objetivas que quiebren la regla general de cómputo del titular como una persona no asalariada los siguientes casos:
- en la actividad de **transporte de mercancías por carretera**, carecer del permiso de conducir adecuado, así como la contratación de un gerente a tiempo parcial (DGT CV 2-10-06); en sentido contrario al carecer del permiso de conducir adecuado, DGT CV 22-12-11; CV 7-10-13);
- el hecho de que la titular de la actividad dedique la mayor parte del día a las tareas de **ama de casa**, residiendo en un municipio distinto del que se desarrolla la actividad, y que únicamente se persone en el negocio los sábados por la mañana (DGT CV 31-3-06);
- cuando el empresario es titular de cuatro actividades y está **jubilado** (DGT 21-12-04; CV 18-5-07);
- que en la actividad trabajen dos personas a jornada completa y que la titular tenga dos **hijas de corta edad** (DGT CV 15-1-14);
- cuando uno de los dos **socios de una sociedad civil**, debido a la situación económica, solo se dedica a realizar tareas de organización y planificación de la actividad (DGT CV 14-5-13);
- cuando se contrate a otro trabajador a jornada completa en **temporada alta** (DGT CV 13-12-17);
- cuando después de la jubilación, el titular de la actividad sigue prestando trabajo efectivo en la actividad económica -**jubilación activa**- (DGT CV 23-1-12; CV 2-2-15; CV 2-6-15; CV 23-2-18);
- cuando se ejerza una **actividad económica** y, además, un **trabajo por cuenta ajena** a jornada completa (DGT CV 14-1-22; CV 27-6-22).

11) Cuando el titular de la actividad desempeña servicios como **gerente-administrador** en una entidad mercantil, podría existir una causa objetiva (pluralidad de actividades) que quiebre la regla general del cómputo del empresario como personal no asalariado. En el caso de que los servicios prestados a la entidad se limitasen a las labores de administración de la misma, no se puede considerar que los mismos constituyen una causa objetiva que quiebra dicha regla general, por lo que debe computarse como una persona no asalariada. Ahora bien, si los citados servicios constituyen el desempeño de un trabajo por cuenta ajena de unas seis horas diarias para la citada entidad, sí que existiría la citada causa objetiva (DGT CV 19-11-07).

Jurisprudencia **1)** En la **actividad de transporte** el módulo de personal se ha de computar teniendo en cuenta no solo las horas dedicadas a la conducción, sino también las empleadas en cargar, descargar y tareas organizativas o administrativas (TEAC 5-6-02). 3281

2) Deben computarse en el módulo de personal empleado aquellas personas que, no ejerciendo de forma independiente su actividad, se integren plenamente en la **estructura organizativa** del sujeto pasivo acogido al régimen simplificado, con independencia del carácter, laboral o mercantil, de la relación jurídica que les una (TEAC 17-1-06).

3) La **reducción al 50%** del módulo de personal no asalariado correspondiente al cónyuge e hijos menores del empresario se efectúa siempre que este compute por entero su propio módulo en cada actividad, sin que, a estos efectos, sea admisible adicionar los porcentajes prorrateados de dicho módulo cuando el empresario ejerce varias actividades (TEAC 27-9-02).

3282 **Cuadro resumen del módulo personal asalariado**

Cómputo	Régimen simplificado	A efectos de exclusión
Cómputo al 50% cónyuge e hijos menores en determinadas circunstancias.	Sí	No (se computa el 100%)
Cómputo al 40% asalariados discapacitados con grado de discapacidad ≥33%.	Sí	No (se computa el 100%)
Cómputo al 60% asalariados menores de 19 años o que presten su servicio bajo un contrato de aprendizaje o para la formación.	Sí	No (se computa el 100%)
Cómputo de alumnos de formación profesional específica que realicen el módulo obligatorio de formación en el centro de trabajo (OM HAC/1425/2025).	No	No
Becarios que no estén realizando la formación anterior	Sí	Sí

3283 **Superficie del local** (OM HAC/1425/2025 Anexo II Instr 2.1.3ª y 4ª) Este módulo coincide con el elemento tributario «superficie de los locales» del IAE (nº 12386 s. Memento Fiscal 2026). En general, la superficie a considerar es la **superficie útil** de los locales, entendiéndose como tal la superficie comprendida dentro del polígono de los locales donde se realiza la actividad, expresada en metros cuadrados (RDLeg 1175/1990 regla 14ª.1.F.a, b, c y h), teniendo en cuenta:
- la **reducción** del 5% por huecos, ascensores, escaleras, etc. (RDLeg 1175/1990 regla 14ª.1.F.c);
- que no se computan, sino que deben deducirse, las superficies correspondientes a **guarderías** o cuidado de hijos del personal y la destinada a **actividades socioculturales** del personal (L 51/2002 disp.adic.4ª.f).

Precisiones 1) Por **local** se entiende todo aquel en que se ejerce la actividad gravada (RDLeg 1175/1990 regla 6ª). Por **local independiente** se entiende el que dispone de sala de ventas para atender al público y por local **no independiente** aquel que no disponga de sala de ventas propia para atención al público, al estar ubicado en el interior de otro local, galería o mercado (RDLeg 1175/1990 regla 14ª.1.F.h).
Cuando el sujeto pasivo disponga de **dos locales**, uno independiente y otro no independiente, ambas superficies no se acumulan si el módulo se cuantifica por separado para cada una de las dos clases de locales.
2) La superficie de **almacenes y locales accesorios** debe acumularse a la del local en que se ejerce directamente la actividad (RDLeg 1175/1990 regla 14ª.1.F.b).
3) El modo de **determinación** de la superficie es el indicado en el nº 12394 Memento Fiscal 2026.

3284 Ejemplos **1)** Un empresario individual tiene un **taller de reparación** de maquinaria industrial, está matriculado en el epígrafe 692 del IAE y no ha renunciado al régimen simplificado.
Los datos de su actividad durante el año (no bisiesto) han sido:
- en la actividad trabajan el titular y un asalariado que trabajó 1.600 horas durante el año;
- viene ejerciendo la actividad desde el año 20X0 en un local de 110 m^2, habiendo comprado el día 1-6-20X5 otro local contiguo de 60 m^2 para ampliar su negocio.
El cálculo del módulo «superficie del local» es:

1er local: 110 × 0,95 x (365/365) = 104,50 m^2 × (365/365) .... 104,50 m^2
2º local: 60 × 0,95 x (214/365) = 57 m^2 × (214/365) .... 33,42 m^2
Total .... 137,92 m^2

2) Un empresario tiene una **nave industrial** donde se dedica a la reparación de artículos eléctricos para el hogar (epígrafe 691.1 del IAE). Está acogido al régimen simplificado por la citada actividad cuyos datos en el año 20X0 han sido:
- trabajan el titular y 2 asalariados;
- la nave industrial tiene una superficie total de 528 m^2. En la misma hay acondicionada una zona específica de 15 m^2 para que los empleados se reúnan en sus ratos libres y puedan utilizarla para organizar excursiones con sus respectivas familias o para otras actividades socioculturales.
El cálculo del módulo superficie del local en el año 20X0 es:

$$528 - 15 = 513;\ 513 \times 0{,}95 = 487{,}35\ m^2$$

3285 Doctrina Administrativa Además de las siguientes contestaciones de la DGT, ver nº 11000 s.
1) Un contribuyente ejerce la actividad de **comercio al por menor de productos de papelería**, libros, prensa y revistas (epígrafe 659.4 del IAE). Proyecta vender prensa, manteniendo la venta de revistas y otros coleccionables típicos de los quioscos, incluyendo en el espacio que ocupaba esta actividad máquinas expendedoras para vender golosinas, refrescos y recargas telefónicas.

A efectos del método de estimación objetiva, existe una única actividad, pues las **máquinas expendedoras** de los productos citados constituyen una actividad accesoria de la actividad principal, por lo que se debe cuantificar la superficie del local donde se desarrolla la actividad principal. Por tanto, la superficie en que se encuentren situadas estas máquinas forma parte de la superficie de la actividad y como tal debe computarse en la misma (DGT CV 17-11-10).
2) Actividad de **reparación de vehículos** (epígrafe 691.2 del IAE) que se desarrolla en una parcela de 998 m^2. Dentro de la misma se ubica la nave industrial de 375 m^2 y el resto es de superficie descubierta destinada al aparcamiento de los vehículos antes y después de su reparación. La superficie computable sería el 95% de la superficie de la nave industrial (5% de descuento por huecos), dado que la superficie destinada a aparcamiento de los vehículos mientras se reparan no debe computarse (DGT CV 14-2-13).
3) Se considera **local independiente** el que disponga de una sala de ventas propia para atender al público, aunque el local se encuentre dentro de un centro comercial, al tratarse de un espacio cuya utilización es exclusiva del titular de la actividad (DGT CV 22-1-15).
4) No debe cuantificarse el módulo de superficie de local cuando se va a prestar el servicio de peluquería exclusivamente en el **domicilio** de los clientes (DGT CV 15-7-15; CV 25-9-20).
5) Si se ejerce por Internet la actividad de comercio al por menor de calzado infantil, la superficie del local se ha de valorar por los metros cuadrados que mide la **habitación de la vivienda** que se destina a la actividad (DGT CV 15-9-16).
6) Si en julio se produce el **cierre de parte del negocio** (un solárium), las unidades del módulo superficie del local utilizadas en el año deben calcularse promediando la superficie del local que haya utilizado desde el día 1 de enero hasta que el día que haya cerrado el solárium, y la superficie del local utilizada desde el cierre del solárium hasta el 31 de diciembre (DGT CV 14-7-20).
7) Si se ejerce una actividad económica de **reparación de vehículos y**, además, un **trabajo por cuenta ajena** a jornada completa, abriendo el taller solo por las mañanas o por las tardes, dependiendo del turno del trabajo por cuenta ajena, el local se utilizaría todos los días, aunque sea en jornada de mañana o tarde, por lo que el módulo superficie del local se computa sin ningún tipo de reducción o limitación (DGT CV 14-1-22).

Potencia eléctrica (OM HAC/1425/2025 Anexo II Instr 2.1.6ª) Para la cuantificación de este módulo se toma la **potencia contratada** con la empresa suministradora de la energía (en kilovatios) incluyendo tanto la energía lumínica como la destinada a los equipos industriales, sea monofásica o trifásica. 3287
Cuando la potencia contratada se utilice exclusivamente en la actividad para la que se trata de determinar la cuota devengada por operaciones corrientes, no es preciso realizar ningún cálculo previo, puesto que las unidades del módulo potencia eléctrica vienen determinadas directamente en el contrato suscrito con la compañía suministradora de la energía.

Precisiones Los **módulos prorrateables**, como es la potencia eléctrica, se computan en función de los días de efectivo empleo. Cuando exista una utilización parcial del módulo, el valor a computar va a ser el que resulte de su prorrateo en función de su utilidad efectiva y solo en el supuesto de no poder determinarse, por partes iguales. Por tanto, si el módulo se utiliza simultáneamente en dos actividades, se debería prorratear entre ambas, y si se utiliza en distintos días en cada una de ellas, debe atribuirse en función de los días de efectivo uso en las mismas.

Ejemplo Una cafetería que ha estado en actividad durante el año 20X0, el día 1 de octubre ha contratado un **incremento de potencia** de 20 Kw (correspondiente a la luz y fuerza motriz) a 30 Kw. 3290
La cuantía de las unidades de módulo potencia eléctrica es: (20 × 273 + 30 × 92)/365 = 22,52 Kw.

Doctrina Administrativa Además de la siguiente contestación de la DGT, ver nº 11000 s. 3291
No debe cuantificarse el módulo de consumo de energía eléctrica cuando se va a prestar el servicio de peluquería exclusivamente en el **domicilio de los clientes** (DGT CV 25-9-20).

Superficie del horno (OM HAC/1425/2025 Anexo II Instr 2.1.7ª) Por tal se entiende la que corresponde a las características técnicas del mismo, que en muchos casos figura en la autorización del Departamento de Industria de la Administración competente. La unidad del módulo es «100 dm2». En el supuesto de varias **bandejas**, se acumula la superficie de todas ellas («superficie de cocción»). 3293
Este módulo está fijado para las actividades relacionadas con las industrias del **pan, bollería, pastelería y confitería**.

Doctrina Administrativa Además de la siguiente contestación de la DGT, ver nº 11000 s.
En el cómputo superficie del módulo se tiene que considerar la superficie de los **hornos cedidos gratuitamente a los clientes**, pues los mismos forman parte del inmovilizado material de la actividad desarrollada, con independencia de que se encuentren y sean utilizados directamente por los clientes (DGT CV 27-4-07).

3295 **Número de mesas** (OM HAC/1425/2025 Anexo II Instr 2.1.8ª) En la actividad de **restaurantes y cafeterías** se utiliza el módulo «mesas». La **unidad** mesa se computa como la susceptible de ser ocupada por 4 personas. Las mesas de capacidad superior o inferior a 4 personas, aumentan o reducen la cuantía del módulo en la proporción correspondiente.

Precisiones 1) No se hace distinción entre mesas **interiores y exteriores.**

2) No deben computarse como mesas las **barras** de los restaurantes adaptadas para servir comidas.

3297 Ejemplo Una persona física propietaria de un **café de categoría especial**, tiene instaladas en el interior del local:

- dos barras de bar con 6 taburetes cada una;
- una mesa circular con 10 sillas;
- dos mesas de rincón con 6 sillas cada una;
- 12 mesas con capacidad para 3 personas cada una;
- 6 mesas con capacidad para 2 personas cada una.

Durante 3 meses de verano instala en la terraza 8 mesas con capacidad para 6 personas cada una.

El cálculo del módulo mesa, se efectúa del siguiente modo:

• **Interior del local**:

Taburetes	0,0
Mesa circular 10/4	2,5
Mesas rincón 2 × 6/4	3,0
12 mesas de 3 personas: 12 × (3/4)	9,0
6 mesas de 2 personas: 6 × (2/4)	3,0
Total mesas interior del local	17,5

• **Exterior del local**:

8 mesas 6 personas durante 3 meses: 8 × 6/4 × 3/12	3,0
Total mesas exterior del local	3,0
• **Total módulo mesas**: (17,5 + 3)	20,5

3299 **Longitud de la barra** (OM HAC/1425/2025 Anexo II Instr 2.1.15ª) Se entiende por barra el mostrador donde se sirven y apoyan las bebidas y alimentos solicitados por los clientes. Su longitud se mide por el lado del público excluyéndose la zona reservada al servicio de camareros.

Si existieran **barras auxiliares** de apoyo adosadas a las paredes, pilares, etc., con o sin taburetes, se incluye su longitud para el cómputo de este módulo. Este módulo se expresa en metros lineales con dos decimales.

3301 **Máquinas recreativas** (OM HAC/1425/2025 Anexo II Instr 2.1.13ª) Los titulares de actividades de **restaurantes, cafeterías, cafés y bares**, además de computar los módulos derivados del ejercicio de su actividad deben, en su caso, estimar las unidades de módulos relativas a las máquinas recreativas tipo A y B instaladas en sus locales (nº 3302), propiedad de terceras personas.

En general, dichos empresarios prestan un servicio sujeto y no exento al IVA, cuya **contraprestación** suele ser un porcentaje de la recaudación obtenida por la máquina y en algunas ocasiones, además, una cantidad fija que garantiza durante el período que se establezca la exclusiva instalación de máquinas de la empresa operadora. El impuesto se repercute al operador propietario de las máquinas recreativas sobre el importe total de dicha contraprestación. Cuando dichos empresarios tributan por el IVA en el régimen simplificado, liquidan las cuotas repercutidas en base a los módulos fijados en la correspondiente OM.

Las máquinas recreativas **propiedad del empresario** del establecimiento de hostelería no se computan, ya que no es una actividad de las recogidas en la OM. Así, su explotación constituye un sector diferenciado de las actividades acogidas al régimen simplificado y tributaría según el régimen general, y dada la incompatibilidad entre ambos métodos (nº 3156), todas las actividades aplicarían el régimen general (DGT 3-7-01; 26-2-02).

3302 Precisiones 1) En relación con el tipo de máquinas recreativas, el Reglamento de máquinas recreativas o de azar, recoge (RD 2110/1998 art.4 y 5):

- **máquinas tipo A** o recreativas: son todas aquellas de mero pasatiempo o recreo que se limitan a conceder al usuario un tiempo de uso o de juego a cambio del precio de la partida, sin que puedan conceder ningún tipo de premio en metálico, en especie o en forma de puntos canjeables por objetos o dinero. Asimismo, se incluyen aquellas que como aliciente adicional y debido a la habilidad del jugador ofrecen la posibilidad de continuar jugando por el mismo importe inicial en forma de prolongación de la partida o de otras adicionales que, en ningún caso, puede ser canjeada por dinero o especie;

- **máquinas tipo B** o recreativas con premio programado: son aquellas que, a cambio del precio de la partida, conceden al usuario un tiempo de uso o de juego y, eventualmente, de acuerdo con el programa de juego, un premio en metálico.
En las **máquinas recreativas múltiples, tipo B**, en que puede participar simultáneamente más de un jugador, se consideran tantas máquinas recreativas distintas como entradas de monedas o puestos de juego que permitan ser utilizados de forma independiente y simultánea, cualesquiera que sean las características administrativas de identificación o legalización de la máquina. Por el contrario, la **máquina múltiple, tipo A**, se considera una sola unidad cuando, aun teniendo varios puestos de juego diferenciados y la actuación de los jugadores sea simultánea, esta no sea independiente, participando todos en un mismo y único juego.
2) Las **máquinas grúa** no están incluidas dentro de las máquinas tipo B en el actual Reglamento de máquinas recreativas o de azar (RD 2110/1998), calificándose por algunas leyes autonómicas como máquinas **tipo D**. Por tanto, no deben computarse en el módulo de máquinas recreativas.

Ejemplo El titular de un bar ha tenido instaladas en su local durante el año (no bisiesto), las siguientes máquinas recreativas propiedad de una empresa operadora: 3303
- 1 máquina tipo A: desde el 3 de julio.
- 1 máquina tipo B: hasta el 31 de octubre.

Unidades del módulo:		
	máquinas recreativas tipo A: 181/365	0,49
	máquinas recreativas tipo B: 304/365	0,83
	Total	1,32

Doctrina Administrativa Además de las siguientes contestaciones de la DGT, ver nº 11000 s. 3304
1) En la **cuota devengada** relativa a los módulos máquina tipo A y tipo B, se entienden incluidas todas aquellas cuotas del IVA que teóricamente se repercuten sobre el importe total de la **contraprestación** a percibir, por el titular del establecimiento de hostelería acogido al régimen simplificado, del propietario de las máquinas, cualquiera que sea la forma en que se determine: comisión, porcentaje sobre la recaudación, además de una cantidad fija por garantizar la exclusividad de la instalación de las máquinas en el local (DGT 24-3-04; CV 29-11-04).
2) El empresario que tributa en el régimen simplificado por la actividad «otros cafés y bares» debe incluir en las cuotas devengadas del IVA, aquellas que repercute a un operador propietario de máquinas recreativas con el que ha firmado un contrato por el que percibe, además de una participación en la recaudación de tales máquinas, una cantidad fija por la **exclusividad** pactada, y a quien presta determinados servicios relacionados con dichas máquinas (DGT CV 21-12-06).

Plazas de alojamiento (OM HAC/1425/2025 Anexo II Instr 2.1.11ª) Se utiliza en **hostelería** y se refiere al número de unidades de capacidad de alojamiento de un establecimiento, considerándose como tales el número de plazas que se habiliten para pernoctar en el mismo. Es decir, no se refiere al número de camas (ya que puede haber camas dobles) ni al número de habitaciones (puede haber habitaciones individuales, dobles, etc.), sino al número de personas que pueden alojarse en el establecimiento. 3305
A tal efecto, las **camas dobles** se estiman como dos plazas y las **accesorias** que se instalen también se computan como una plaza más.

Número de vehículos (OM HAC/1425/2025 Anexo II) Se aplica en actividades de **enseñanza de conducción de vehículos** terrestres, acuáticos, aeronáuticos, etc. (epígrafe 933.1 del IAE), en la medida en que se utilicen en operaciones sujetas y no exentas, dado que, en algunos casos, estas actividades aplican la exención prevista para la enseñanza (nº 906). 3307
Se computan exclusivamente los vehículos afectos a la actividad que se utilicen en la enseñanza, no así aquellos otros que, aun estando afectos a la actividad, se destinen a otros **usos distintos**, tales como carga o transporte.
Además del módulo número de vehículos, también se aplica el módulo **potencia fiscal** de los vehículos (nº 3317), sin que signifique que los vehículos se computan dos veces, sino que la cuota a ingresar atribuida a cada vehículo se descompone en dos partes: una fija y otra variable en función de su potencia fiscal.

Precisiones Debe tenerse en cuenta que en las **Instrucciones** para la aplicación de los módulos para **2026** no se hace referencia al número de vehículos (OM HAC/1425/2025 Anexo II). Tampoco en la del año 2025 (OM HAC/1347/2024 Anexo II).

Doctrina Administrativa Además de la siguiente contestación de la DGT, ver nº 11000 s. 3308
En la actividad de **autoescuela** el promedio de vehículos se determina en función de los días de efectivo empleo o utilización, entendiendo por tales aquellos días en que el vehículo estuvo en disposición de ser utilizado (DGT 12-11-99).

3309 **Capacidad de carga de vehículos** (OM HAC/1425/2025 Anexo II Instr 2.1.10ª) La capacidad de carga de un vehículo o un conjunto de vehículos de transporte de la actividad se define como la diferencia entre la masa total máxima autorizada (MMA) -teniendo en cuenta las posibles limitaciones administrativas que, en su caso, se reseñen en las Tarjetas de Inspección Técnica- con el límite de cuarenta toneladas, y la suma de las taras correspondientes a los vehículos portantes (peso en vacío del camión, remolque, semirremolque y cabeza tractora) expresada en kilos o toneladas, en este último caso con dos decimales.
En el caso de **cabezas tractoras** que puedan utilizar distintos semirremolques, propiedad o no del empresario, la tara máxima a evaluar es de ocho toneladas.
Cuando el transporte se realice exclusivamente en contenedores, la tara de estos se evalúa en tres toneladas.

Precisiones La **masa total máxima autorizada** de un vehículo viene definida en el RD 2822/1998 Anexo IX redacc OM PJC/780/2025 y RDLeg 6/2015 Anexo I aptdo.37.

3311 Ejemplo Un titular de una actividad de transporte de mercancías posee una **cabeza tractora** cuyos datos, según la Tarjeta de Inspección Técnica, son: masa total máxima autorizada, 29.580 Kg; tara, 6.120 Kg. Al no disponer de semirremolque, realiza los transportes utilizando los de los clientes, de taras muy variables, comprendidas entre las 7 y 11 toneladas métricas.
Cuantificación del módulo capacidad de carga (en Tm): 29,58 Tm. - 8 Tm. = 21,58 Tm.

3313 Doctrina Administrativa Además de las siguientes contestaciones de la DGT, ver nº 11000 s.
1) La **masa total máxima autorizada** de un vehículo es la que figura en la Tarjeta de Inspección Técnica del vehículo utilizado en el ejercicio de la actividad acogida al régimen simplificado, salvo que en la misma se reseñen limitaciones administrativas que disminuyan dicha masa (DGT 15-4-03). Si existe una **limitación** que afecta a la masa máxima autorizada, se debe tomar en cuenta para restar la tara correspondiente al camión, y determinar el módulo capacidad de carga (DGT CV 16-4-20).
2) Para el ejercicio de su actividad el empresario utiliza un furgón cuyo PTMA es de 2.660 kg. y su PMA es de 2.420 kg. En este supuesto, el **cálculo de la capacidad de carga** del furgón se hace por la diferencia entre el peso máximo autorizado (PMA), dado que en el mismo ya se han tenido en cuenta las limitaciones administrativas, y la tara del furgón (DGT 29-11-04).
3) Un **transportista subcontrata** a otros transportistas para la realización de transportes de mercancías. El módulo relativo a la carga de vehículos solo se incrementa si el vehículo se integra en la organización del empresario contratante quedando afecto a su actividad, pero no cuando exclusivamente se contrata un servicio (DGT 24-3-04; CV 18-5-07).
4) La capacidad de carga debe cuantificarse en función de los días en que cada vehículo afecto a la actividad se haya utilizado en la misma, es decir, atendiendo a los **días de utilización efectiva**. A estos efectos, pueden presentarse las siguientes situaciones:
- que algunos de los vehículos afectos no sean utilizados diariamente en la actividad, en cuyo caso las unidades del módulo carga del vehículo utilizada es la resultante de sumar las capacidades de carga de cada uno de ellos, una vez prorrateada la misma en función de los días que cada uno se ha utilizado efectivamente en la actividad (DGT CV 22-10-04). En el mismo sentido, cuando se dispone de cuatro camiones, pero debido a un descenso de actividad, solo se utilizan dos (DGT CV 2-7-10).
Sin embargo, dentro de los días de utilización efectiva se han de computar los días destinados al descanso semanal o vacacional de la actividad (DGT CV 2-2-05; CV 4-4-06; CV 6-2-08);
- que un vehículo no pueda circular por no haber superado la Inspección Técnica de Vehículos (ITV) al haber resultado desfavorable, no pudiendo ser computado durante ese periodo (DGT CV 17-3-23).
La no utilización en la actividad durante ciertos días del año es una cuestión de hecho, que puede acreditarse mediante cualquiera de los **medios de prueba** generalmente admitidos en Derecho (DGT 23-12-03).

3314 **5)** Para el desarrollo de la actividad de transporte de mercancías por carretera se cuenta con un **semirremolque** en el que únicamente se pueden transportar contenedores. Dada la definición del módulo carga del vehículo, para determinar este módulo no se puede minorar la **tara de los contenedores**, dado que no se puede incluir dentro de la tara del semirremolque (DGT CV 4-4-06).
6) Para la determinación del módulo carga del vehículo se ha de tomar la que figure en la Tarjeta de Inspección Técnica, con independencia del tipo de **remolques o semirremolques** utilizados por el transportista (DGT CV 18-5-07).
7) Un contribuyente ejerce la actividad de transporte de mercancías por carretera, disponiendo de **5 cabezas tractoras y 7 semirremolques** que se usan de forma indistinta por cada cabeza tractora. Partiendo de la masa total máxima autorizada con el límite de cuarenta toneladas, por cada cabeza tractora, se debe restar la tara correspondiente a los vehículos portantes, en este caso, de la cabeza tractora y de los semirremolques. La tara a restar por cada cabeza tractora va a ser la propia de cada una de ellas y la correspondiente a los semirremolques. Como se utilizan, indistintamente, distintos semirremolques, la tara de estos para cada cabeza tractora

debe evaluarse en ocho toneladas como máximo, es decir, debe tener en cuenta la tara individual de los semirremolques que utiliza indistintamente y tomar la tara del mayor de los mismos, con el límite de ocho toneladas. Una vez determinada la capacidad de carga de cada cabeza tractora, el módulo carga del vehículo es la suma de los que hayan resultado por cada cabeza tractora (DGT CV 27-6-12). En el mismo sentido, cuando se usan semirremolques de alquiler, DGT CV 2-2-15.
8) Hay que valorar la capacidad de carga de la que dispone el contribuyente en función de sus elementos de transporte (camiones, remolques, semirremolques y cabezas tractoras), por lo que no se van a tener en cuenta la **pala cargadora** afecta a la actividad, pues esta no aumenta su capacidad de carga (DGT CV 21-3-13). En el mismo sentido, no se van a tener en cuenta un camión grúa afecto a la actividad, siempre que no pueda utilizarse para el transporte de mercancías (DGT CV 22-1-15).
9) Deben tenerse en cuenta exclusivamente los vehículos que se encuentren afectos a la actividad, es decir, los que tengan la **autorización de transporte de mercancías**, salvo que, careciendo de ella, se estuviesen utilizando en el ejercicio de la actividad (DGT CV 2-9-10).

Número de asientos de vehículos (OM HAC/1425/2025 Anexo II Instr 2.1.12ª) Se computan los que figuren como **autorizados en la Tarjeta de Inspección Técnica** del vehículo de transporte. Se excluyen los asientos del conductor y del guía, en su caso. **3315**

Precisiones **1)** Una empresa de **transporte urbano de viajeros** acogida al régimen simplificado del IVA utiliza un autobús exclusivamente para sustituir a otro cuando sufra una avería. El número de asientos de ambos autobuses se ha de prorratear en función de los días de utilización efectiva de cada uno en la actividad (se entiende por utilización efectiva el número de días en que fueron susceptibles de ser utilizados a lo largo del año).
2) No se hace distinción entre **asientos de ámbito nacional** y el resto de asientos.
3) Tratándose de vehículos dedicados al **transporte escolar**, cabe señalar las siguientes particularidades:
- en los vehículos adaptados específicamente para transporte escolar mediante instalación de asientos de tamaño reducido, para computar el módulo debe calcularse el número equivalente de asientos de personas adultas. A estos efectos, se considera que cada tres asientos para niños menores de 14 años equivalen a dos asientos de personas adultas;
- en los vehículos autorizados en la Tarjeta de Inspección Técnica a transportar a más personas en caso de transporte escolar, el número a computar es el que indique originariamente la Tarjeta de Inspección Técnica.

Potencia fiscal del vehículo (OM HAC/1425/2025 Anexo II Instr 2.1.14ª) Este módulo viene definido por la potencia fiscal que aparece en la Tarjeta de Inspección Técnica del vehículo, expresada en **caballos fiscales** (CVF). **3317**

Doctrina Administrativa Además de la siguiente contestación de la DGT, ver nº 11000 s.
1) Para poder computar el módulo potencia fiscal del vehículo, se exige que el mismo se encuentre **afecto** a la actividad (DGT 3-12-02; CV 28-5-15). En sentido contrario, DGT CV 2-3-00.
2) Si el vehículo se utiliza indistintamente en dos actividades económicas y no puede determinarse la **utilización efectiva** en cada una de ellas, se cuantifica por partes iguales (DGT CV 12-11-15).

Módulos comunes a varias actividades (OM HAC/1425/2025 Anexo II Instr 9) En aquellos supuestos en que exista una **utilización parcial** de un módulo en la actividad o sector de actividad, el valor a computar es el que resulte de su prorrateo en función de la utilización efectiva. Si no fuera posible determinarla, se imputa por partes iguales a cada una de las utilizaciones del módulo. **3319**

Ejemplo Un empresario ejerce la actividad de «reparación de otros bienes de consumo n.c.o.p.», epígrafe 691.9 del IAE, así como la actividad de «reparación de maquinaria industrial», estando dado de alta en el epígrafe 692 del IAE. **3321**
Los datos de dichas actividades durante el ejercicio (no bisiesto) son:
- tiene 1 empleado que trabaja en la actividad de reparación de maquinaria 1.800 horas durante el año y un empleado que trabajó las mismas horas en la actividad del epígrafe 691.9. En los meses de mayo y junio le ayudó un hijo de 17 años y, además, contrató a un trabajador para sacar el trabajo atrasado; cada uno de ellos trabajó 200 horas distribuidas a partes iguales en las dos actividades;
- el local donde ejerce ambas actividades tiene una superficie de 400 m^2 sin que tenga delimitadas zonas específicas para el ejercicio de las mismas (nº 3283).

El cálculo de las **unidades de módulos** utilizados en cada actividad es:

1. Actividad de reparación de otros bienes de consumo:

a) Módulo personal empleado:

- personal no asalariado:	Titular (1)	0,25
	Hijo: 1 × 100/1.800	0,05
- personal asalariado:	1 persona × 1.800/1.800..............	1,00
	1 persona × 100/1.800	0,05
	Número de unidades del módulo	1,35

b) Módulo superficie del local: 190 m^2 (2) × 365/365 .... 190 m^2

2. Actividad de reparación de maquinaria industrial:

a) Módulo personal empleado:

- personal no asalariado:	Titular (1)	0,25
	Hijo: 1 × 100/1.800....................	0,05
- personal asalariado:	1 persona × 1.800/1.800..............	1,00
	1 persona × 100/1.800	0,05
	Número de unidades del módulo	1,35

b) Módulo superficie del local: 190 m^2 (2) × 365/365 .... 190 m^2

(1) El titular de la actividad, dada la pluralidad de actividades (dos), se computa como 0,25 personas/año en cada una, pues no se acredita en el ejemplo una dedicación inferior o superior, por lo que se cuantifica por las tareas inherentes a la titularidad de la actividad.

(2) Dado que no se conoce la utilización efectiva del local para cada actividad, este módulo se computa por partes iguales, incluida la reducción del 5%.

3323 Doctrina Administrativa Además de las siguientes contestaciones de la DGT, ver nº 11000 s.

1) La **regla general** es prorratear según la utilización efectiva y solo excepcionalmente, cuando sea de todo punto imposible evaluarla, puede acudirse a la regla de imputar por partes iguales (DGT 26-1-93; CV 2-7-12).

1) Los módulos aplicables al conjunto de la actividad de **transporte de mercancías** se han de calcular conforme a lo previsto en las reglas relativas al cálculo de los mismos (personal no asalariado y capacidad de carga del vehículo). Posteriormente, dichos módulos se han de imputar a **cada sector de actividad** (transporte de residuos y transporte de mercancías distintos de los mismos), prorrateándose en función de su utilización efectiva en cada uno.

Si **no** fuera posible **determinar dicha utilización efectiva**, se imputan por partes iguales a cada una de las utilizaciones del módulo. Esto ocurre cuando un furgón es utilizado en dos actividades (DGT CV 12-11-15), así como cuando el personal asalariado es utilizado en dos actividades comerciales diferentes (DGT CV 19-7-23) y no es posible determinar la utilización efectiva en cada una de las actividades.

En estos casos, el interesado ha de presentar los **medios de prueba** que, conforme a Derecho, sirvan para justificar dicha utilización efectiva (DGT 6-11-01).

2) Empresarios matriculados en el epígrafe 644.1 del IAE, «comercio al por menor de pan, pastelería, confitería y similares y de leche y productos lácteos». En el caso de que el empresario aplique el régimen de **recargo de equivalencia** respecto de las operaciones de comercialización de los productos que haya adquirido a terceras personas y que venda en el mismo estado en que los adquirió, así como el **régimen simplificado** por el resto de su actividad, cuando no se pueda diferenciar entre el personal afecto a cada actividad, el valor del módulo personal empleado se ha de determinar en función de las horas dedicadas a cada actividad. Si esto no fuese posible, se entiende que se ha dedicado un 50% del tiempo a cada actividad (DGT CV 30-3-11; CV 31-3-11; CV 2-7-15). En el mismo sentido, empresario matriculado en el epígrafe 654.2 del IAE, que aplica el régimen especial del recargo de equivalencia respecto a operaciones de comercialización de herramientas y el régimen simplificado por la actividad de venta de accesorios y piezas de recambio de vehículos (DGT CV 10-10-13).

c. Reducción de índices o módulos por circunstancias extraordinarias

(RIVA art.38.3 y 4; OM HAC/1425/2025 Anexo III)

3325 Existe la posibilidad de reducción de los índices o módulos, **por tiempo determinado**, en los siguientes casos:

- cuando debido a incendios, inundaciones u otras circunstancias excepcionales se vea afectado el desarrollo de **actividades empresariales de un sector o zona** determinada, de modo excepcional, el Ministro de Hacienda puede autorizar, con carácter general, la reducción de los índices o módulos para los afectados;
- cuando se produzcan **alteraciones graves en el desarrollo de la actividad** (incendios, inundaciones, hundimientos o grandes averías del equipo industrial) el sujeto pasivo puede solicitar la reducción presentando un escrito ante la Administración o Delegación de la AEAT correspondiente a su domicilio fiscal, poniendo de manifiesto que se han producido las circunstancias

anteriores y se desean reducir los índices o módulos, aportando las pruebas oportunas. El plazo para su presentación es de 30 días a partir de la fecha en que se produjo la alteración. Acreditada su efectividad, se ha de acordar la reducción de los índices o módulos que proceda, con indicación del período de tiempo a que resulte de aplicación;
- en los casos en que el titular de la actividad se encuentre en situación de **incapacidad temporal** y no tenga otro personal empleado, conforme al mismo procedimiento indicado en el párrafo anterior.
Solo es posible la reducción de los módulos por las **causas** expresamente previstas en la normativa. Así, por ejemplo, el cierre del negocio por obras de reforma no es causa de reducción de los módulos.

Doctrina Administrativa Además de las siguientes contestaciones de la DGT, ver nº 11000 s. 3327
1) El régimen de **modificación de la base imponible** (nº 1937 s.) no es de aplicación a las operaciones realizadas al amparo del régimen simplificado del IVA (DGT CV 5-11-04; CV 27-3-14). En el mismo sentido respecto a la rectificación de **cuotas repercutidas en exceso**, DGT 27-2-03; 14-11-03; CV 24-3-09.
2) El sujeto pasivo acogido al régimen especial simplificado no puede reducir el importe que resulte de la aplicación de los índices y módulos por la realización de **operaciones exentas** (DGT 18-9-98; 24-2-04; CV 22-4-09); ni por el hecho de prestar **servicios no sujetos** por aplicación de las reglas de localización (DGT CV 12-7-10) o realizar operaciones en las que el **destinatario** sea el sujeto pasivo (DGT CV 10-10-13).
3) El hecho de que empresarios que tributan en régimen simplificado, por circunstancias coyunturales, hayan tenido una **menor actividad económica** en relación con otros ejercicios, no les autoriza a reducir las cantidades que hayan de ingresar a la Hacienda Pública, resultantes de la aplicación de los índices o módulos correspondientes (DGT CV 6-5-10).

2. Cuotas soportadas o satisfechas por operaciones corrientes

(LIVA art.123.Uno.A; RIVA art.38; OM HAC/1425/2025 Anexo II Instr 2.2)

De la cuota devengada por operaciones corrientes calculada según lo expuesto en el nº 3237 3330
s., los sujetos pasivos pueden deducir las cuotas soportadas o satisfechas por la adquisición o importación de bienes y servicios afectos a la actividad que tribute por el régimen simplificado de conformidad con el régimen general de deducciones (nº 2500 s.), siempre que estén en posesión del documento justificativo del derecho a deducir. A tal efecto, se contemplan las siguientes **reglas específicas** que se aplican a cualquier actividad:
a) Pueden deducirse las **compensaciones agrícolas** que satisfaga el sujeto pasivo (nº 3646) por adquisiciones de bienes o servicios efectuadas a sujetos pasivos en el REAGP.
b) Del importe de la cuota devengada por operaciones corrientes es deducible el 1% del importe de dicha cuota en concepto de cuotas soportadas por **gastos de difícil justificación**.
c) No son deducibles las cuotas soportadas por los servicios de **desplazamientos o viajes**, **hostelería y restauración** por los sujetos pasivos que desarrollen la actividad en local determinado. Se entiende por local determinado cualquier edificación con excepción de almacenes, aparcamientos o depósitos cerrados al público.

d) No pueden deducirse cuotas **soportadas fuera del ejercicio**. Las cuotas soportadas o satis- 3333
fechas solo son deducibles en la declaración-liquidación del último período impositivo del año en que deben considerarse soportadas.
La exclusión de la deducción de cuotas soportadas fuera del ejercicio se justifica por la existencia de la **cuota mínima** derivada del régimen simplificado en determinadas actividades. Se trata de evitar que se trasvasen cuotas soportadas o satisfechas por operaciones corrientes de un ejercicio a otro, cuando el sujeto pasivo haya cubierto la respectiva cuota mínima del ejercicio correspondiente.
e) Finalmente, cuando los bienes o servicios adquiridos por el sujeto pasivo sean utilizados en común en **varias actividades** sujetas al régimen simplificado, la cuota deducible en cada actividad se calcula prorrateándose en función de su utilización efectiva. En caso de no ser posible este procedimiento, se imputa por partes iguales a cada actividad.

Doctrina Administrativa Además de las siguientes contestaciones de la DGT, ver nº 11000 s. 3336
1) De las cuotas del IVA español no pueden deducirse las cuotas del IVA vigente **en otros países de la UE** soportadas por la adquisición de bienes y servicios destinados al desarrollo de actividades por las que el sujeto pasivo se encuentre acogido al régimen especial simplificado. Así, no son deducibles por un sujeto que ejerce la actividad de transporte de mercancías por carretera, acogido al régimen simplificado, las cuotas soportadas en el extranjero por gastos efectuados en Italia, Alemania o Francia. La recuperación de estas cuotas se efectúa con arreglo al procedimiento de devolución (DGT 10-12-98).

2) En caso de los siguientes contratos de **leasing** el empresario no se ve obligado a rectificar las deducciones de las cuotas soportadas por dicho contrato ni a efectuar ninguna regularización:
- cuando un empresario adquiere mediante leasing un tractocamión, el cual tiene que dar de **baja por siniestro** tras sufrir un accidente de circulación. Dado que continúa pagando las cuotas del leasing por el mencionado vehículo dado de baja, estas van a ser consideradas cuotas soportadas por operaciones corrientes, al no poder considerarse como activos fijos puesto que actualmente no se dispone del vehículo (DGT 5-12-03);
- cuando mediante contrato de arrendamiento financiero se adquiere un vehículo en **sustitución de otro vehículo averiado**, sin compromiso a ejercitar la opción de compra. Debido a que dicho vehículo presenta una serie de problemas técnicos, el vehículo debe ser paralizado y el empresario se ve obligado a la presentación de una denuncia al juzgado por fraude en la venta, produciéndose la baja temporal en Tráfico (DGT CV 26-12-12).
3) Se consideran deducibles las cuotas de IVA soportado en el caso de la actividad de transporte por **autotaxi**, dado que no se realiza en local determinado, en los siguientes casos:
- las relativas a gastos de viajes, hostelería y restauración, siempre que dichos importes sean consideran gasto fiscalmente deducible a efectos del IRPF que liquide el empresario dedicado al transporte por autotaxi (DGT 11-2-04);
- las relativas a la **reparación del vehículo** utilizado en la actividad (DGT CV 10-11-21), o el suministro de **energía eléctrica** utilizada para el vehículo (DGT CV 19-4-22).
4) Las ruedas incorporadas a un camión por un empresario acogido al régimen simplificado del IVA, no tienen, en principio, la consideración de bienes de inversión (mientras no supere su valor de adquisición unitario los 3.005,6 euros) y, por tanto, van a tener la consideración de **piezas de recambio**. No obstante, el IVA satisfecho por la adquisición de ruedas para un camión va a poder deducirse en el mismo porcentaje de deducción que corresponda al propio camión, como cuotas soportadas por operaciones corrientes (DGT CV 15-6-07).

3337 **5)** Un empresario que tributa por el régimen simplificado por su actividad de cría, guarda y engorde de ganado ajeno (aves) puede deducirse las cuotas del IVA soportado por el **alquiler de las naves** o polleras (DGT CV 23-1-18). No afecta a la deducción la **subvención** percibida (DGT 18-3-04).
6) Un contribuyente traspasa su negocio de **café y bar** por el que tributaba por el régimen simplificado. Dicha actividad la realizaba en un local del que era arrendatario, por lo que el propietario arrendador cobró un importe sobre el **derecho de traspaso** percibido repercutiéndole el Impuesto correspondiente. La deducción de las cuotas soportadas derivadas de la participación del arrendador en el traspaso del local de negocios, debe realizarse junto con las demás operaciones corrientes habida cuenta de que, a efectos del régimen simplificado, dicha operación no tiene la consideración de adquisición de un activo fijo (DGT CV 10-9-19).
7) Si se desarrolla una **actividad de temporada** a efectos del régimen simplificado, pueden deducirse las cuotas soportadas en periodos de inactividad por las reparaciones que realiza en el hostal, ajustándose en su aplicación a las normas correspondientes al régimen simplificado (DGT CV 17-7-19; CV 20-4-20).
8) El contribuyente desarrolla la actividad de «servicios de hospedaje en fondas», epígrafe 683 del IAE, tributando por el régimen especial simplificado. Una empresa holandesa de reservas hoteleras por internet le ofrece realizar reservas a través de la misma, por lo que le cobraría una comisión por las operaciones de intermediación que le preste. Como el servicio está sujeto al IVA español, siendo **sujeto pasivo por inversión** el contribuyente, debe incluir en su declaración trimestral dichos importes en la casilla correspondiente a las cuotas devengadas por inversión del sujeto pasivo y el importe de las cuotas satisfechas puede deducirse del importe de las cuotas devengadas (DGT CV 10-6-20).
9) Cuando un empresario tiene **dos actividades** (una, actividad agrícola acogida al REAGP y, otra, actividad de transformación acogida al régimen especial de simplificado), se han de aplicar las deducciones que correspondan para los bienes y servicios exclusivamente utilizados para cada uno de los sectores; en cuanto a los bienes y servicios utilizados **conjuntamente en ambos sectores**, se ha de determinar el porcentaje de deducción según las reglas del nº 2730 s. No obstante, cuando no pudiera aplicarse lo anterior, por tratarse de cuotas soportadas o satisfechas en relación con bienes y servicios utilizados **simultáneamente en ambos sectores** diferenciados resultan deducibles en un 50% a efectos del régimen simplificado (DGT CV 8-3-23).

3. Cuota derivada del régimen simplificado

(LIVA art.123.Uno; RIVA art.38 y 39; OM HAC/1425/2025 Anexo II Instr 2.3)

La cuota derivada del régimen simplificado para las actividades **agrícolas, forestales o ganaderas** se obtiene, siguiendo el esquema del nº 3232, de deducir de la cuota devengada por operaciones corrientes, las cuotas soportadas o satisfechas por operaciones corrientes. 3343

Para el **resto de actividades**, según el mismo esquema, la cuota derivada del régimen simplificado es la mayor de las dos cantidades siguientes:

- la **diferencia** entre la cuota devengada por operaciones corrientes y las cuotas soportadas o satisfechas por operaciones corrientes, corregida, en el caso de actividades de temporada, por el índice corrector correspondiente, o
- la **cuota mínima** establecida para cada actividad en un porcentaje sobre la cuota devengada por operaciones corrientes, incrementada, en su caso, en el importe de las cuotas del IVA o tributo similar soportadas por el sujeto pasivo fuera de nuestro territorio de aplicación del IVA, que le sean devueltas en el ejercicio y que correspondan a bienes o servicios utilizados en la actividad acogida al régimen simplificado. En las actividades de temporada esta cuota mínima, en caso de que prevalezca sobre la anterior, también se ha de multiplicar por el índice corrector correspondiente.

Ejemplo Un empresario matriculado en el epígrafe 722 del IAE, se dedica al **transporte de frutas** en un camión que presenta las siguientes características: MMA = 20 Tm.; peso en vacío del camión = 9.000 Kg. Dicho empresario no posee local alguno. 3346

Durante el año tuvo un total de cuotas soportadas por operaciones corrientes de 1.202 € desglosándose según las facturas aportadas de la siguiente manera:

Combustible	481,00
Restaurantes	150,00
Hoteles	180,00
Reparaciones	120,00
Otros	271,00

Por otro lado, dado que en ocasiones realiza **transportes intracomunitarios** de bienes, adquiere combustible en distintos países de la UE, habiendo soportado en concepto de IVA 240 €, que le fueron devueltas durante el año por las distintas Administraciones comunitarias.

La cuota derivada del régimen simplificado es:

- **Cuota anual devengada por operaciones corrientes**:

Módulo personal empleado: 1 × 4.149,99	4.149,99
Módulo carga de vehículos: (20 - 9) Tm × 388,55	4.274,05
Total	8.424,04 (A)

- **Cuotas soportadas o satisfechas por operaciones corrientes:**

Son deducibles todas las cuotas soportadas, dado que la actividad de transporte no se ejerce en local determinado.

Cuotas soportadas	1.202,00
Gastos difícil justificación 1% x 8.424,04	84,24
Total	1.286,24 (B)
Diferencia: (A) - (B)	7.137,80 (1)
Cuota mínima de la actividad: 10% 8.424,04	842,40
Devolución compras de combustibles en UE	240,00
Total cuota mínima	1.082,40 (2)
La cuota derivada del régimen simplificado es la mayor de (1) o (2)	7.137,80

Ajustes en la cuota del régimen simplificado (LIVA art.123.Uno.B y C; RIVA art.30 bis, 38.2 y 39; OM HAC/1425/2025 Anexo II y III) Siguiendo el esquema de liquidación expuesto en el nº 3232, para **calcular la cantidad final** a ingresar o, en su caso, a compensar o a devolver en la cuota resultante del régimen simplificado (nº 3343), deben practicarse diversos ajustes por razón de las operaciones excluidas del régimen simplificado y de las adquisiciones de activos fijos (nº 3352 s.), y de la regularización de los bienes de inversión (nº 3369). Asimismo se va a analizar un supuesto especial de adquisición de medios de transporte, según el cual es posible solicitar de forma inmediata su devolución, en lugar de consignar las cuotas deducibles en la autoliquidación (nº 3372). 3349

3352 **Operaciones excluidas del régimen simplificado y adquisición de activos fijos** (LIVA art.123.Uno.B y C; RIVA art.30 bis, 38 y 39; OM HAC/1425/2025 Anexo III) Debe tenerse en cuenta que:

a) Al importe de la cuota derivada del régimen simplificado resultante de lo expuesto en el nº 3343, deben **añadirse** las cuotas devengadas relativas a las siguientes operaciones, no incluidas en el régimen:
- las **adquisiciones intracomunitarias** de bienes (activos fijos o no);
- las adquisiciones de bienes o servicios con **inversión del sujeto pasivo** (nº 1335 s.);
- las **entregas de activos fijos** materiales o transmisiones de activos fijos intangibles.

Las cuotas devengadas en estas operaciones han de reflejarse en la declaración-liquidación del trimestre en que se haya producido el devengo, salvo que el sujeto pasivo opte por hacerlo en la correspondiente al último período de liquidación del ejercicio.

b) Es posible la **deducción** de las cuotas soportadas o satisfechas por adquisiciones o importaciones de activos fijos, con arreglo a las normas generales establecidas en el nº 2500 s.

A estos efectos, cuando se opte por liquidar en la declaración-liquidación del último período del ejercicio el IVA devengado de las adquisiciones intracomunitarias y adquisiciones con inversión del sujeto pasivo de activos fijos, la deducción de las cuotas no puede efectuarse en una declaración-liquidación anterior a esta.

Téngase en cuenta que existe un **supuesto especial** relativo a la adquisición de medios de transporte, que permiten su devolución inmediata (nº 3372).

3355 Precisiones **1)** Son **activos fijos** los elementos del inmovilizado recogidos en el PGC Grupo 2.

2) La LIVA considera activos fijos aquellos de los que se disponga en virtud de contratos de **arrendamiento financiero** con opción de compra (leasing), tanto si dicha opción es vinculante, como si no lo es, por lo que las cuotas del IVA soportadas por aquellos (sean entregas de bienes o prestaciones de servicios) son deducibles por el sujeto pasivo como cuotas soportadas por activos fijos (LIVA art.123.Uno.C).

3) La deducción de las cuotas soportadas o satisfechas en la adquisición o importación de activos fijos se realiza con arreglo a las normas generales (nº 2500 s.). En particular, deben tenerse en cuenta las limitaciones del derecho a deducir, ya que, si existe solo **afectación parcial** del activo fijo a la actividad, hay que distinguir:

a) Si el activo fijo es un **bien de inversión** (nº 3016), solo se deduce en la medida en que se afecte el bien a la actividad con las peculiaridades previstas en nº 2615 s.

b) Si el activo fijo **no es bien de inversión**, no puede realizarse deducción de cuota alguna (p.e., un ordenador cuyo valor de adquisición fue de 1.500 €, IVA incluido, que se afecte parcialmente a una actividad del sujeto pasivo acogida al régimen simplificado).

4) En las **entregas exentas de inmuebles** (LIVA art.20.Uno.20º y 22º), en las que el sujeto pasivo (transmitente) haya renunciado a la exención, el sujeto pasivo es el destinatario (nº 1363 s.), por lo que, en estas entregas de activos fijos inmuebles por empresarios acogidos al régimen simplificado no producen ingreso alguno en el Tesoro por parte de estos, ya que en dicha transmisión no se repercute el IVA.

3358 Ejemplo Un empresario matriculado en el epígrafe 973.3 del IAE, dedicado al «servicio de copias de documentos con máquinas fotocopiadoras», durante el año tuvo los siguientes datos en su actividad:

a) El día 10 de febrero adquirió a un empresario alemán una **máquina fotocopiadora** cuyo importe ascendió a 4.507 €, suministrándole su NIF/IVA español.

b) El día 28 de marzo un empresario portugués le envió 2.000 paquetes de **folios** DIN A4, ascendiendo la operación a 1.202 €. Igualmente le suministró su NIF/IVA español.

c) El día 6 de abril suscribe con una empresa española un contrato de **arrendamiento financiero** con opción de compra para la adquisición de una máquina específica para la reproducción de planos. El empresario no se ha comprometido al ejercicio de la opción de compra. Las cuotas mensuales que satisface desde 1 de mayo son de 450 € más el IVA correspondiente.

d) El día 20 de junio vende una **máquina para encuadernar** los trabajos que realiza, que había comprado hacía dos años por 1.900 €. El precio de la operación ascendió a 1.202 € (sin IVA).

e) Necesitando ampliar su negocio, solicitó un **informe técnico a un arquitecto** chino (no establecido en España) para la redistribución interior y la futura ampliación de su local, con fecha 8 de septiembre. Dicho arquitecto le pasó una factura de 902 €.

f) El día 10 de octubre la Comunidad Autónoma de Andalucía le concede una **subvención** de 4.808 € para la adquisición de una máquina fotocopiadora de última generación que va a importar de EE.UU. El día 15 de noviembre importa dicha máquina cuyo valor ascendió a 11.720 €, habiendo satisfecho el IVA correspondiente en la Aduana. La subvención se percibe en el año.

3361 La **liquidación y deducción** de las cuotas relativas a dichas operaciones en el régimen simplificado es (ver también ejemplo del nº 6525 s.):

1º) La operación de la letra a) es una **adquisición intracomunitaria de un activo fijo**.

La liquidación del IVA (21% × 4.507 = 946,47) puede realizarla en el primer trimestre (hasta el 20 de abril), o bien en la última declaración-liquidación del ejercicio, en cuyo caso, la cuota del IVA soportada por esa misma adquisición (946,47) no puede deducirla hasta esta última declaración-liquidación, o en las siguientes, hasta los 4 años desde que nació el derecho a la deducción.

2º) La operación de la letra b) constituye una **adquisición intracomunitaria de un bien distinto** de un activo fijo.

La liquidación del IVA (21% × 1.202 = 252,42) puede realizarla en el primer trimestre (hasta el 20 de abril), o bien en la última declaración-liquidación del ejercicio.

La deducción de la cuota del IVA (252,42) ha de realizarla, obligatoriamente, en la última declaración del ejercicio, dado que si no pierde el derecho a la deducción (no se pueden deducir cuotas soportadas o satisfechas por operaciones corrientes fuera del ejercicio, nº 3333), incluyéndolas con las restantes cuotas soportadas o satisfechas por operaciones corrientes para el cálculo de la cuota derivada del régimen simplificado.

3º) La operación de la letra c) es una **prestación de servicios** a efectos del IVA; no obstante, se considera activo fijo. Las cuotas soportadas son deducibles en el período de liquidación en que se soportaron o en los siguientes, sin superar los 4 años desde que nació el derecho a la deducción. El segundo trimestre puede deducir 900 × 21% = 189 €, en la declaración que presente hasta el 20 de julio; en el tercer trimestre puede deducir 1.350 × 21% = 283,50 €, en la declaración que presente hasta el 20 de octubre; y en el cuarto trimestre puede deducir: 1.350 × 21% = 283,50 €.

4º) La operación de la letra d) es una **transmisión de un activo fijo** sujeta y no exenta, que se liquida en la declaración-liquidación del segundo trimestre o bien, si el empresario quiere, en la última declaración-liquidación del ejercicio.

5º) La operación de la letra e) contempla una **prestación de servicios** que se entiende realizada en España (LIVA art.69.Uno.1º) por una persona no establecida, por lo que el sujeto pasivo es el empresario español (nº 1335).

La liquidación del IVA (21% × 902 = 189,42 €) puede realizarla en el tercer trimestre (hasta el 20 de octubre), o bien en la última declaración-liquidación del ejercicio.

La deducción de la cuota del IVA (189,42 €) la realiza obligatoriamente en la última declaración del ejercicio, ya que si no se pierde el derecho a la deducción (igual que el punto 2º anterior).

6º) En la **importación de la máquina** (operación de la letra f), se liquida el IVA en la Aduana correspondiente (21% × 11.720 = 2.461,20 €), y se puede deducir íntegramente en la última declaración-liquidación del ejercicio o en las siguientes, hasta los 4 años desde que nació el derecho a la deducción.

Doctrina Administrativa Además de las siguientes contestaciones de la DGT, ver nº 11000 s. **3364**

1) La cuota del régimen simplificado debe ajustarse positivamente en las **cuotas devengadas** de las siguientes operaciones realizadas por sujetos pasivos acogidos al régimen simplificado:

- transmisión de los **derechos** necesarios para tener ganado, efectuada por el titular de una explotación ganadera (DGT 16-12-97);
- transmisión de la posición como arrendatario financiero -**subrogación**- (DGT CV 26-3-14);
- transmisión de **parte del patrimonio empresarial**, consistente en elementos de su inmovilizado (dos camiones), a una sociedad mercantil que se va a constituir (DGT 26-4-07);
- venta de una **furgoneta afecta** a la actividad (DGT CV 11-9-20);
- venta de maquinaria cuando se **cese en la actividad** (DGT CV 11-11-21);
- transmisión de la **licencia** de una máquina de Loterías y Apuestas del Estado, por tratarse de la transmisión de un activo fijo inmaterial (DGT CV 18-6-19). En el mismo sentido, DGT CV 22-9-20;
- venta de **animales nacidos en la explotación menores de seis meses** por un empresario dado de alta en el grupo 012 «explotación intensiva de ganado bovino de leche» del IAE, al considerarse incluido en el correspondiente al del ganado reproductor, que tiene la consideración de activo fijo (DGT CV 22-4-09).

2) No se consideran activos fijos y, por tanto, las cuotas soportadas pueden deducirse incluyéndolas en las **operaciones corrientes**:

- la realización de **obras de reparación** del sistema de evacuación de agua, realizadas en el local donde se ejerce una actividad sujeta (DGT 1-10-02). En el mismo sentido para las **obras de acondicionamiento**, como son instalaciones eléctricas y otras pequeñas obras de albañilería, realizadas en un local cedido gratuitamente (DGT CV 26-1-10). No obstante, ver nº 3365;
- la adquisición del **módulo tarifario** para un vehículo afecto a la actividad de autotaxi (DGT 16-4-04).

3) La cuota del régimen simplificado debe ajustarse negativamente en las **cuotas soportadas** de las siguientes operaciones realizadas por sujetos pasivos acogidos al régimen simplificado: **3365**

- adquisición de una **parcela de suelo industrial** en la que se tiene previsto construir una nave para afectarla a la actividad de transporte de mercancías (DGT CV 4-9-09);
- adquisición por arrendamiento financiero de una **grúa** para afectarla a una actividad de transporte de mercancías por carretera (DGT CV 14-12-09);
- un **proyecto de instalación**, de las obras de acondicionamiento y reforma eléctrica, y de la propia instalación de unos fogones (DGT CV 30-4-09);
- **obras de acondicionamiento** para el aislamiento acústico de un local arrendado, pues se trata de un arrendamiento operativo (el local alquilado se arrienda durante un tiempo determinado) y el tiempo a utilizar las mismas se espera que sea superior a un año (DGT CV 21-6-11); también cuando las obras se realizan en un arrendamiento con opción de compra, antes de ejercitar la opción, si las mismas no son separables del inmueble y posteriormente se ejercita la opción (DGT CV 25-3-11). No obstante, en relación con las obras de acondicionamiento, ver nº 3364;

- incorporación del taxímetro, mampara de seguridad, emisora comercial y navegador GPS al vehículo afecto a la actividad de transporte en **autotaxi** (DGT 16-4-04);
- **sustitución del motor** de un vehículo afecto a la actividad de transporte en autotaxis, tanto si se trata de una renovación del mismo como de una gran reparación (DGT CV 28-9-11);
- la compra de una **furgoneta afecta** a la actividad (DGT CV 11-9-20).

3367 Jurisprudencia En la adquisición de un **ordenador** afecto parcialmente a la actividad, si su importe inferior a 3.005,06 € no va a tener la consideración de bien de inversión y, por tanto, no van a resultar deducibles las cuotas soportadas del IVA (TEAC 15-12-04).

3369 **Regularización de bienes de inversión** (RD 37/1998 disp.trans.3ª; OM HAC/1425/2025 Anexo III) La deducción de las cuotas **soportadas o satisfechas antes del 1-1-1998**, por la adquisición o importación de bienes de inversión afectos a actividades acogidas al régimen simplificado, puede ser objeto de regularización de acuerdo con el procedimiento descrito en el nº 3016 s., en la medida en que no haya transcurrido el período de regularización previsto (4 o 9 años, según los bienes).

Para practicar estas regularizaciones deben anotarse en el libro registro de facturas recibidas, con la debida separación, todos los datos necesarios para efectuarlas.

Precisiones En el **año 2026**, en la mayor parte de los supuestos, ya se habrá realizado esta regularización, dado que como máximo solo se pueden computar 5 años (LIVA art.107). No obstante, en algún **caso residual** podría realizarse dicha regularización más allá del citado año (p.e., en los supuestos en que el bien de inversión se hubiese adquirido antes de 1-1-1998, y se comenzara a utilizar después de dicha fecha).

3372 **Cuotas soportadas por adquisiciones de medios de transporte** (RIVA art.30 bis; OM EHA/3786/2008) Se establece la **devolución inmediata** de las cuotas deducibles por la adquisición de medios de transporte a los sujetos pasivos que cumplan los siguientes **requisitos**:
- que ejerzan la actividad de transporte de viajeros o de mercancías por carretera;
- que afecten dichos medios de transporte a sus actividades;
- que tributen por el régimen simplificado;
- que estén al corriente en las obligaciones tributarias y no incurran en las circunstancias que derivan en la baja cautelar en el Registro de devolución mensual o del NIF; y
- que no hayan consignado o, en su caso, no vayan a consignar, las citadas cuotas deducibles en sus autoliquidaciones del régimen simplificado (ver la letra b) del nº 3352).

La **solicitud** de la devolución de dichas cuotas deducibles se realiza con la presentación del **modelo 308**, obligatoriamente por vía electrónica a través de Internet, dentro de los primeros 20 días naturales del mes siguiente a aquel en el que se haya realizado la adquisición del correspondiente medio de transporte.

Precisiones **1)** Para los sujetos pasivos que ejerzan la actividad de **transporte de mercancías por carretera**, los citados medios de transporte deben estar comprendidos en la categoría N1, que tengan al menos 2.500 kilos de masa máxima autorizada, o comprendidos en las categorías N2 y N3 de la normativa comunitaria (Rgto (UE) 2018/858 art.4 y Anexo I).

La **categoría N** (vehículos de motor con al menos cuatro ruedas diseñados y fabricados para el transporte de mercancías) contempla las siguientes definiciones:
- N1: vehículos cuya masa máxima no supere las 3,5 toneladas;
- N2: vehículos cuya masa máxima sea superior a 3,5 toneladas y no supere las 12 toneladas;
- N3: vehículos cuya masa máxima supere las 12 toneladas.

2) Los **remolques y semirremolques** se encuentran incluidos en la categoría O de la normativa comunitaria, por lo que no pueden incluirse en este sistema de devolución inmediata.

3) En las cuotas deducibles con derecho a la devolución inmediata deben entenderse incluidas las soportadas por aquellos medios de transporte de los que se disponga en virtud de contratos de **arrendamiento financiero** con opción de compra (leasing), tanto si dicha opción es vinculante, como si no lo es, que tengan la consideración de entregas de bienes o de prestaciones de servicios a efectos del IVA (nº 3355).

3376 **Cuotas trimestrales** (OM HAC/1425/2025 Anexo I Instr 3 y Anexo II Instr 3) Los sujetos pasivos acogidos al régimen simplificado deben ingresar una **cantidad a cuenta** de la cuota derivada del régimen simplificado en las declaraciones-liquidaciones de los tres primeros trimestres del año. Dichas declaraciones se presentan entre el día 1 y el 20 de los meses de abril, julio y octubre, respectivamente.

El **importe a ingresar** en cada una de las citadas declaraciones-liquidaciones se calcula de distinta forma en función del tipo de actividad realizada: agrícola, forestal o ganadera (nº 3377 s.) u otras (nº 3385 s.).

Asimismo, existen unas **reglas especiales** para su cálculo (nº 3391 s.).

Actividades agrícolas, forestales y ganaderas (OM HAC/1425/2025 Anexo I Instr 3) El importe de la cuota trimestral es el **resultado** de multiplicar el porcentaje establecido para cada actividad en la orden de módulos (nº 10510), por la «cuota devengada por operaciones corrientes del trimestre» (nº 3242). 3377

Ejemplos 1) Un empresario persona física tiene una **explotación intensiva de avicultura** de huevos, habiendo obtenido durante los tres primeros trimestres del año los siguientes ingresos totales, excluidas subvenciones e indemnizaciones y el IVA repercutido. El índice de cuota devengada señalado para la actividad es del 0,04, y el porcentaje fijado para la cuota trimestral del 2%. 3379

El cálculo de la cuota trimestral a ingresar es:

Período	Ingresos (A) (€)	Índice cuota devengada (B)	A × B (C)	A ingresar 2% × C
1er trimestre	60.101	0,04	2.404,04	48,08
2º trimestre	73.924	0,04	2.956,96	59,14
3er trimestre	80.535	0,04	3.221,40	64,43

No obstante, si realizaran durante los tres primeros trimestres las operaciones excluidas del régimen, el resultado anterior puede verse incrementado o minorado con los mismos criterios apuntados en el nº 3352.

2) Un ganadero que tiene una explotación de ganadería independiente en la provincia de Ávila obtiene leche de su ganado que, posteriormente, utiliza en su totalidad para la **elaboración de queso** con denominación de origen. El índice de cuota señalado para la actividad es del 0,070 y el porcentaje fijado para la cuota trimestral del 28%. 3382

Durante los tres primeros trimestres ha realizado las siguientes **operaciones:**

Período	(A) Litros leche utilizados	(B) Precio mercado (€/litro)	(C) A × B	(D) Índice cuota devengada	(E) C × D	A ingresar 28% de (E)
1er trimestre	4.000	0,34	1.360	0,070	95,2	26,66
2º trimestre	4.500	0,32	1.440	0,070	100,8	28,22
3er trimestre	5.700	0,30	1.710	0,070	119,7	33,52

No obstante, si realizaran durante los tres primeros trimestres las operaciones excluidas del régimen, el resultado anterior puede verse incrementado o minorado con los mismos criterios apuntados en el nº 3352.

Resto de actividades (OM HAC/1425/2025 Anexo II Instr 3 y 4) El importe de las cuotas trimestrales se obtiene de aplicar el porcentaje previsto en la orden de módulos para cada actividad (nº 10510), a la cuota devengada por operaciones corrientes calculada según se indica en el nº 3251 s. 3385

A tales efectos, la cuota devengada por operaciones corrientes se determina utilizando como módulos e índices correctores iniciales en cada período anual los correspondientes a los **datos-base** del sector de actividad referidos al día uno de enero de cada año. Si alguno de estos no puede determinarse en esa fecha, se toma el del año anterior (este supuesto se aplica siempre en las actividades de temporada). Lo anterior ocurre también con los denominados **módulos no promediables** (nº 3253) distancia recorrida y consumo de energía.

En el **primer año de ejercicio** de la actividad, o cuando esta no se hubiera ejercido el año anterior, los módulos iniciales a considerar son los que correspondan a los datos-base del día en que se inicie.

Si los datos-base de cada módulo no son un número entero, se expresan con dos cifras decimales.

Ejemplo Un empresario individual que se dedica a la actividad de **reparación de artículos eléctricos** (epígrafe 691.1 del IAE), tributa por el régimen simplificado. El 1-1-20X0 (año no bisiesto) trabajan en la actividad dos trabajadores asalariados que cumplen las horas de su convenio colectivo, además del titular. La superficie del local según el IAE (una vez tenida en cuenta, por tanto, la reducción del 5% señalada en el nº 3283) es de 195 m^2 (porcentaje fijado para los pagos a cuenta trimestrales, 15%). 3388

La cuota a ingresar cada uno de los tres primeros trimestres del año es:

Personal empleado (3 × 5.819,91)	17.459,73
Superficie del local (195 × 5,71)	1.113,45
Cuota devengada por operaciones corrientes	18.573,18
Cuota trimestral (15% × 18.573,18)	2.785,98

3391 **Reglas especiales** (OM HAC/1425/2025 Anexo II Instr 5, 6 y 7) Sin perjuicio de lo anterior, en el cálculo de las cuotas trimestrales deben tenerse en cuenta también las siguientes reglas:

a) El **importe a ingresar** en cada trimestre (nº 3377 y nº 3385), puede verse incrementado o minorado por el importe de las cuotas referidas en el nº 3349 s.

b) En el caso de **inicio o cese** de una actividad acogida al régimen simplificado durante el año natural, o cuando concurran estas circunstancias simultáneamente, las cuotas trimestrales a ingresar se calculan de la siguiente forma:

- la cuota devengada por **operaciones corrientes** se calcula según lo expuesto anteriormente;
- por cada **trimestre natural completo** (de los tres primeros) se ingresa el porcentaje correspondiente a cada actividad. Por cada trimestre natural **incompleto** (de los tres primeros), la cantidad a ingresar se obtiene multiplicando la cuota correspondiente a un trimestre natural completo por el cociente resultante de dividir el número de días naturales comprendidos en el período de ejercicio de la actividad en dicho trimestre natural por el número total de días naturales del mismo. Ver ejemplo en el nº 3394.

3392 **c)** Como los módulos relativos a cada actividad se establecen de forma objetiva, calculándolos en función de su **utilización anual media**, cuando una actividad, cualquiera que sea su naturaleza (estacional o no), se realiza durante menos de 180 días - continuos o alternos- al año, tiene la consideración de **actividad de temporada o de campaña**.

En este caso el cálculo de la cuota trimestral se basa en la **cuota devengada diaria** por operaciones corrientes y en la aplicación de índices correctores al alza para evitar economías de escala. Esta se determina dividiendo la cuota devengada anual por operaciones corrientes, calculada según lo expuesto (nº 3376 s.), por el número de días de ejercicio de la actividad en el año anterior.

La cuota trimestral a ingresar es el resultado de aplicar el **porcentaje** previsto en la orden de módulos para cada actividad (nº 10510), al resultado de multiplicar el número de días naturales en que se ejerce la actividad en dicho trimestre por la cuota devengada diaria por operaciones corrientes, incrementado dicho producto por los siguientes **índices correctores**, en función de la duración de la temporada:

- hasta 60 días de temporada: 1,50;
- de 61 a 120 días de temporada: 1,35;
- de 121 a 180 días de temporada: 1,25.

Cuota trimestral = Cuota devengada diaria × núm días ejercicio actividad en el trimestre × % trimestral × índice corrector

Ver ejemplo en el nº 3395.

3393 **d)** En los supuestos de **actividades accesorias de carácter empresarial o profesional** (entre otras, comercio menor de productos alimenticios, comercio menor de toda clase de artículos, comercio menor de libros, periódicos y revistas, epígrafes del IAE: 647.1, 2 y 3, 662.2, 659.4), el importe del ingreso trimestral se cuantifica aplicando al total de los ingresos del trimestre procedentes de dichas actividades accesorias, la cantidad asignada al módulo «Importe de las comisiones o contraprestaciones», cuyo valor es 0,21. Esto quiere decir que se trata del régimen general del IVA, dado que se aplica el 21% al importe de las comisiones o contraprestaciones del trimestre y el resultado es la cuota trimestral a ingresar. Ver ejemplo en el nº 3396.

3394 Ejemplos **1)** El empresario del ejemplo del nº 3388, dedicado a la reparación de artículos eléctricos, **inicia la actividad el día 28 de enero** con los mismos datos expuestos en el citado ejemplo.

Cuota trimestral a ingresar: 2.785,98 €
Días del trimestre: 90
Días de actividad: 63

Cuota a ingresar el 1er trimestre (2.785,98 × 63/90) .... 1.950,18 €

El 2º y 3er trimestres ha de ingresar 2.785,98 € cada uno.

3395 **2)** Una **heladería** cuyo titular es una persona física matriculada en el epígrafe 676 del IAE abre durante los meses de verano. Todos los años comienza la actividad el día 15 de junio y la finaliza el día 15 de septiembre.

Los datos de su actividad durante el año 20X0 (no bisiesto) fueron:

- personal empleado: el titular, que trabajó 500 horas;
- potencia eléctrica: 8 kw. contratados;
- mesas: 4 mesas de 4 personas.

Los datos de la actividad durante el año 20X1 fueron:

- personal empleado: el titular trabajó 600 horas;
- potencia eléctrica y mesas: las mismas que en el año 20X0.

A efectos del cálculo de la cuota trimestral a ingresar durante el año 20X1, se ha de tener en cuenta que se trata de una actividad de temporada, dado que se desarrolla durante 92 días al año.

Cuota devengada anual por operaciones corrientes:

- módulo de personal empleado (500/1.800) × 3.817,55 .... 1.060,43
- módulo potencia eléctrica: (8 kw. × 92/365) × 141,72 285,77
- módulo mesas: (4 × 92/365) × 46,05 46,43

• Cuota devengada anual por operaciones corrientes 1.392,63
• Cuota devengada diaria por operaciones corrientes (1.392,63/92) 15,14
• Índice corrector 1,35

Cuotas trimestrales:

1er trimestre (6% × 15,14 × 1,35 × 0 días) 0
2º trimestre (6% × 15,14 × 1,35 × 16 días) 19,62
3er trimestre (6% × 15,14 × 1,35 × 77 días) 94,43

El 4º trimestre debe presentar la **declaración-liquidación final** calculando el promedio de los módulos utilizados en el año 20X1 y detrayendo del resultado final las cantidades liquidadas en los trimestres anteriores (ver ejemplo del nº 6525 s.).

Nota: En las actividades de campaña o temporada, el sujeto pasivo debe presentar declaraciones-liquidaciones por todos los períodos de liquidación, aunque la cuota a ingresar sea 0 €.

3) Un empresario matriculado en el epígrafe 659.4 del IAE, durante el tercer trimestre del año ha percibido de la Sociedad Estatal Loterías y Apuestas del Estado, por comisiones en la **venta de lotería**, la cantidad de 4.745 € y por servicios de publicidad en el exterior de su quiosco de prensa 2.000 €. 3396

En este caso, dicho empresario debe ingresar la siguiente cuota trimestral: (4.745 + 2.000) × 0,21 = 1.416,45 €.

Doctrina Administrativa Además de las siguientes contestaciones de la DGT, ver nº 11000 s. 3398

1) Tiene la consideración de **actividad de temporada** la desarrollada por algunas empresas situadas en **zonas turísticas**, que realizan su actividad durante un determinado período del año, que en algunos casos es inferior a 180 días al año (DGT CV 11-4-17).

2) La actividad de **reparación de vehículos con desplazamiento** al lugar donde estos se encuentran se desarrolla durante todo el año, sin perjuicio de que debido a la clientela del sujeto pasivo las reparaciones se produzcan habitualmente en ciertos días del año. Por tanto, la actividad desarrollada no puede calificarse como actividad de temporada (DGT CV 2-6-17).

Jurisprudencia Los **índices correctores** son de aplicación siempre que la duración del ejercicio de la actividad sea igual o inferior a 180 días al año. El concepto de actividad de temporada no se refiere a la estación o estaciones del año en que tenga lugar aquella (TEAC 16-3-05).

Cuota anual (LIVA art.123; RIVA art.38 y 39; OM HAC/1425/2025 Anexo I Instr 4 y Anexo II Instr 7) Cuando finalice el año o al producirse el cese de la actividad o la terminación de la temporada, en su caso, en la **declaración-liquidación final** (a presentar en los 30 primeros días del mes de enero del año siguiente en el modelo 303), los sujetos pasivos deben calcular la cuota anual derivada del régimen simplificado, según lo expuesto en el nº 3230 s., detrayendo de la misma las cantidades ingresadas en los trimestres anteriores. 3406

Ejemplos **1)** Un empresario persona física tiene una explotación intensiva de **ganado ovino de carne**, con sus correspondientes instalaciones para el ejercicio de dicha actividad, habiendo obtenido durante el año los siguientes ingresos, excluidas subvenciones, indemnizaciones, el IVA repercutido y, en su caso, el recargo de equivalencia: 3409

1er trimestre 66.111
2º trimestre 90.151
3er trimestre 60.101
4º trimestre 58.298
Total 274.661

Tuvo un total de **cuotas soportadas** por operaciones corrientes de 775, desglosándose, según las facturas recibidas, de la siguiente manera:

Restaurantes 210
Hoteles 132
Suministros 240
Piensos 148
Otros 45

Asimismo, durante dicho año realizó las siguientes **operaciones**:
a) El día 5 de junio adquirió un establo prefabricado para resguardar a las ovejas en la temporada invernal, habiendo soportado una cuota de IVA de 12.020.
b) El día 3 de agosto adquirió a un empresario francés 40.000 Kg. de piensos compuestos para el ganado ascendiendo la operación a 120.202. El empresario adquirente le suministró al vendedor francés su NIF/IVA español.
c) El día 8 de septiembre vende un tractor afecto a su actividad que había adquirido seis años antes. El precio de la operación ascendió a 7.212 (sin IVA).
El sujeto pasivo opta por liquidar o deducir las cuotas anteriores en la declaración-liquidación final del ejercicio.

3412 El cálculo de la **cuota anual** derivada del régimen simplificado y la **liquidación final** son:
1. Cálculo de las **cuotas trimestrales** que debió ingresar el empresario (índice de cuota: 0,10; porcentaje de ingreso trimestral 40%).

Período	(A) Ingresos	(B) Índice cuota devengada	A × B = (C)	Importe cuota (40% de C)
1er trimestre	66.111	0,10	6.611,10	2.644,44
2º trimestre	90.151	0,10	9.015,10	3.606,04
3er trimestre	60.101	0,10	6.010,10	2.404,04
Total ingreso a cuenta				8.654,52

2. En la **declaración-liquidación final** del ejercicio:
a) Cuota devengada por operaciones corrientes: volumen total de ingresos del año por el índice de cuota de la actividad de cada uno:

274.661 × 0,10 = 27.466,10 (P)

b) Cuotas soportadas o satisfechas por operaciones corrientes:

Cuotas soportadas por operaciones corrientes (no son deducibles las de restaurante y hoteles, dado que la actividad de ganadería independiente se ejerce en local determinado por tener instalaciones, nº 3330)	433,00
Cuota satisfecha por la adquisición intracomunitaria de piensos (10% × 120.202)	12.020,20
1% de difícil justificación s/27.466,10	274,66
	12.727,86 (H)

c) Cuota anual derivada del régimen simplificado: (P - H) = (27.466,10 - 12.727,86) = 14.738,24
d) Ajustes:

Adquisición intracomunitaria de piensos	+12.020,20
Entrega del tractor (21% de 7.212)	+1.514,52
Cuota soportada por el establo	-12.020,00
Ingresos trimestrales realizados	-8.654,52
A ingresar	7.598,44

3415 **2)** Un empresario titular de una actividad de **comercio al por menor** de accesorios y piezas de recambio para vehículos terrestres (epígrafe IAE 654.2), está acogido al régimen simplificado del IVA y al método de EO del IRPF.
• Los **datos base** de su actividad a 1-1-20X1 (año no bisiesto) fueron:
- trabajan en la actividad el titular y 2 empleados, de 30 y 17 años, que cumplen su jornada laboral;
- tiene un vehículo afecto a la actividad con una potencia fiscal de 15 CVF;
- el consumo de energía eléctrica durante el año 20X0 fue de 6.875 kw.
• Durante el año 20X1 (año no bisiesto) se produjeron las siguientes **operaciones**:
- el 15 de marzo adquiere a una empresa belga piezas de recambio para automóviles, que no tiene la consideración de activo fijo, por un importe de 21.035. El empresario español le suministra su NIF/IVA español;
- el 10 de mayo despide al empleado de 17 años;
- el 18 de julio adquiere un nuevo local a una entidad mercantil que constituye una segunda transmisión a efectos del IVA, anexo al que utiliza en desarrollo de su actividad, por 48.080 (sin IVA). La entidad mercantil transmitente renuncia a la exención de IVA y expide factura sin IVA con la mención «inversión del sujeto pasivo»;
- los gastos por operaciones corrientes durante el año tuvieron el siguiente desglose (sin IVA), según las facturas recibidas:

Compra de material, varios	1.022,00
Gastos de hostelería	180,00
Compra de repuestos	3.606,00
Compra de accesorios	2.404,00
Gastos por comidas en restaurantes	1.082,00
Otros gastos	932,00

- el consumo de energía eléctrica durante el año 20X1 fue de 11.575 kw.
El empresario opta por liquidar o deducir las cuotas, en la declaración-liquidación final.

El cálculo de la cuota anual derivada del régimen simplificado y la liquidación final del año 20X1, se efectúan como sigue: 3418

1. Cálculo de la **cuota trimestral** a ingresar en cada uno de los tres primeros trimestres.

Módulos (cálculo sobre datos base a 1-1-20X1):

- personal empleado: titular y personal asalariado (1 + 1 + 0,6)	2,6 personas;
- potencia fiscal del vehículo	15 CVF;
- consumo de energía eléctrica (datos del año 20X0)	6.875 kw.

Cuantificación módulos:

- personal empleado (2,6 × 15.558,35)	40.451,71
- potencia fiscal del vehículo (15 × 620,03)	9.300,45
- consumo de energía eléctrica (6.875/100 × 272,80)	18.755
Cuota devengada anual por operaciones corrientes	68.507,16
Cuota trimestral (de cada uno de los tres primeros trimestres; porcentaje de ingreso trimestral 4%): 4% × 68.507,16	2.740,29

2. Cálculo de la **cuota anual** devengada y la cuota derivada del régimen simplificado (utilizando las unidades reales de módulos empleadas, utilizadas o instaladas en la actividad durante el año 20X1). 3420

Módulos reales de 20X1:

- personal empleado (titular y personal asalariado) (1 + 1 + 0,6 × 130/365)	2,21 personas
- potencia fiscal del vehículo	15 CVF
- consumo de energía eléctrica	11.575 kw

Cuantificación de los módulos:

- personal empleado (2,21 × 15.558,35)	34.383,95
- potencia fiscal del vehículo (15 × 620,03)	9.300,45
- consumo de energía eléctrica (11.575/100 × 272,80)	31.576,60
• **Cuota anual devengada** por operaciones corrientes	75.261,00 (A)

• **Cuotas soportadas o satisfechas** por operaciones corrientes:

- de los gastos por operaciones corrientes no puede deducir el IVA soportado por los de hostelería y restaurante, dado que ejerce su actividad en local determinado (ver nº 3330 aptdo.c).

Por el resto deduce el 21% de (1.022 + 3.606 + 2.404 + 932)	1.672,44
- cuota satisfecha por la adquisición intracomunitaria (21% x 21.035)	4.417,35
- 1% de difícil justificación de 75.261	752,61
	6.842,40 (B)

• La **cuota derivada del régimen simplificado** es la mayor de las dos siguientes:

- diferencia (A) - (B)	68.418,60	
- cuota mínima de la actividad (13% x 75.261)	9.783,93	
• **Ajustes** (sobre la cuota derivada del régimen simplificado)		68.418,60
- adquisición intracomunitaria de bienes distintos de activos fijos		+4.417,35
- cuota devengada por adquisición del local con inversión del sujeto pasivo (21% x 48.080)		+10.096,80
- cuota soportada por la adquisición del local (21% x 48.080)		-10.096,80
- cantidades ingresadas en los tres primeros trimestres (3 x 2.740,29)		-8.220,87
A ingresar		64.615,08

Nota: ver también ejemplos sobre el régimen simplificado en nº 6525 s. y nº 6545 s.

C. Obligaciones formales

3430 El estudio detallado de las obligaciones formales se realiza en los epígrafes indicados a continuación, distinguiendo entre la liquidación del impuesto (nº 6400 s.) y otras obligaciones formales (nº 6900 s.). Sin perjuicio de ello, deben tenerse en cuenta algunas **particularidades** en relación al régimen simplificado que se recogen en los siguientes números:

Obligación formal	Reenvío
Declaración censal	
- declaración de alta	nº 6969
- declaración de modificación	nº 7022 y nº 7053
- declaración de baja	nº 7065 s.
NIF	nº 7140 s.
Facturación	nº 7190 s.
- obligación de facturación	nº 7223 y nº 7230
- conservación	nº 7328
Libros registro	nº 7348, nº 7353 y nº 7389
Operaciones con terceras personas:	
- relativas a operaciones interiores (modelo 347)	nº 7112 s.
- relativas a operaciones intracomunitarias (modelo 349)	nº 7082 s.

SECCIÓN 2

Régimen especial de la agricultura, ganadería y pesca (REAGP)

3500

3502 El REAGP se configura como un régimen de **carácter voluntario** que, no obstante, se aplica directamente cuando concurren los requisitos objetivos y subjetivos que lo definen (nº 3510 s.), salvo renuncia de los sujetos pasivos (nº 3598 s.).

Las **opciones y renuncias** al régimen simplificado y al REAGP, así como su revocación, deben efectuarse mediante la declaración censal (modelo 036), al tiempo de presentar la declaración de comienzo de la actividad o durante el mes de diciembre anterior al inicio del año natural en que deban surtir efectos.

Los empresarios acogidos a este régimen especial están exonerados, con carácter general, de las obligaciones de **repercusión**, **liquidación e ingreso del IVA** por las operaciones efectuadas en el ejercicio de las actividades a las que afecte dicho régimen, así como de las obligaciones formales correspondientes a tales operaciones, en particular, de la obligación de expedir facturas, con algunas excepciones (ver nº 7228 y nº 7230). Dichos empresarios recuperan las cuotas del IVA que hayan soportado al adquirir bienes o servicios utilizados en el ejercicio de actividades acogidas al régimen, mediante la percepción de una **compensación** que resulta de aplicar un porcentaje al precio de venta de los productos naturales que entregan o servicios accesorios que prestan.

A. Ámbito de aplicación

(LIVA art.124 a 128; RIVA art.43 a 46; OM HAC/1425/2025)

Ámbito subjetivo (LIVA art.124 y disp.trans.13ª; OM HAC/1425/2025) Solo pueden acogerse al REAGP los **titulares de explotaciones** agrícolas, forestales, ganaderas o pesqueras (empresarios que ordenen por cuenta propia los factores de producción que integran la explotación), que no hayan renunciado al régimen (ver nº 3598 s.). Por tanto, es quien ostente la titularidad de la explotación, no su propiedad, quien puede aplicar el REAGP. 3512
A estos efectos, no se consideran titulares de explotaciones:
- los propietarios de fincas o explotaciones que las cedan en **arrendamiento o aparcería**, o que de cualquier otra forma cedan su explotación. Sí pueden aplicarlo, en su caso, los arrendatarios o aparceros de dichas explotaciones;
- los propietarios de fincas o explotaciones cuando cedan el **aprovechamiento de la resina** de los pinos ubicados en sus fincas o explotaciones. Sí pueden aplicarlo, en su caso, los cesionarios (resineros) que obtengan la resina de dichas explotaciones (DGT CV 27-10-15; CV 9-10-17);
- quienes realicen explotaciones ganaderas en régimen de **ganadería integrada**. El ganadero integrado no se considera titular de una explotación agraria a efectos del REAGP por la actividad de prestación de servicios de cría y engorde de ganado ajeno.

Por otra parte, son objeto de **exclusión** de su aplicación: 3515
- los empresarios que tengan **forma jurídica** de entidad mercantil, cooperativa o sociedad agraria de transformación (SAT);
- los sujetos pasivos cuyo **volumen de operaciones** correspondiente a todas las actividades comprendidas en el REAGP hubiera excedido de 250.000 € durante el año inmediatamente anterior, salvo que dichas actividades tributen en el método de EO del IRPF, en cuyo caso se aplica el límite establecido en este (nº 3191 s.). Desde **1-1-2025**, para el cálculo de volumen de ingresos, en su caso, **no se computa** la compensación del REAGP. Para el **año 2026**, a efectos del cálculo de la magnitud excluyente por volumen de ingresos, se tendrá en cuenta el volumen de ingresos del año 2025 sin incluir, en su caso, la compensación del REAGP.
- los sujetos pasivos cuyo **volumen total de operaciones**, para todas las operaciones realizadas, excepto las incluidas en el guion anterior, durante el año inmediato anterior, haya excedido el límite indicado en dicho guion (ver ejemplo en nº 3196);
- los sujetos pasivos cuyas **adquisiciones e importaciones** de bienes y servicios para el conjunto de sus actividades empresariales o profesionales, excluidas las relativas a elementos del inmovilizado, durante el año inmediato anterior, hayan excedido de 250.000 € anuales, IVA excluido (ver ejemplo en nº 3522);
- los sujetos pasivos que hubiesen renunciado a la aplicación del método de **EO del IRPF** por cualquiera de sus actividades económicas o al régimen simplificado (nº 3115 s.).
Sin perjuicio de lo anterior, se establece también un supuesto de **exclusión temporal**, para los sujetos que soportaron cuotas del IVA que fueron deducidas con anterioridad al inicio de la actividad (nº 3598).
Para determinar el **volumen de operaciones**, se aplican las siguientes reglas:
- cuando se realicen operaciones de los regímenes **simplificado y agricultura, ganadería y pesca** solo se computan las que deban anotarse en los libros registro previstos para este régimen y el simplificado (letra b) del nº 7347 y letra c) del nº 7348);
- cuando se realicen operaciones que tributen por el **régimen general** o por un régimen especial distinto de los indicados anteriormente, las operaciones se computan según lo dispuesto en el nº 3106. En todo caso, se excluyen, los arrendamientos de bienes inmuebles cuya realización no suponga el desarrollo de una actividad económica de acuerdo con lo dispuesto en la normativa reguladora del IRPF (nº 1333 Memento Fiscal 2026).
Cuando el año anterior sea el de **inicio de las actividades**, el importe del volumen de operaciones, en cada caso, se eleva al año.

Precisiones 1) La exclusión por superar el **volumen de operaciones o de adquisiciones e importaciones** de bienes y servicios impide la aplicación del régimen mientras subsistan las circunstancias que la determinen. Si en años sucesivos no se superan dichos límites, quedan sometidos al REAGP, salvo que renuncien al mismo, debiendo comunicar la inclusión en el régimen mediante la correspondiente declaración censal de modificación (nº 7022). 3518

2) Para los ejercicios 2016 y siguientes, se redujeron los **límites cuantitativos** de aplicación del REAGP, tanto el de volumen de ingresos como el de adquisiciones de bienes y servicios (LIVA art.124.Dos.6º; RIVA art.43). No obstante, para los **años 2016 a 2024** se elevaron de 150.000 euros hasta los **250.000 euros**, las magnitudes de adquisiciones de bienes y servicios (LIVA disp.trans.13ª), al igual que el volumen de ingresos para actividades distintas de las agrícolas, forestales y ganaderas que, desde el 1-1-2019, el límite va a coincidir con el importe correspondiente al volumen de ingresos relativo a actividades incluidas en el REAGP (RIVA art.43.2.b).
El RDL 16/2025 art.12 y el RD 2/2026 art.8.Uno prorrogaban a los años 2025 y **2026** los límites cuantitativos que delimitan el ámbito de aplicación del régimen simplificado y del REAGP que resultaron aplicables en los ejercicios 2016 a 2024 (LIVA disp.trans.13ª). La derogación de estas normativas supone que los límites aplicables sean los establecidos para el régimen simplificado, en LIVA art.122. Dos.2º y 3º, y para el REAGP, en LIVA art.124.Dos.6º (Congreso de los Diputados Resol 27-1-26; Congreso de los Diputados Resol 26-2-26).
No obstante, a este respecto, debe tenerse en cuenta la **Nota** que emitió la **AEAT** en la que, de conformidad con los criterios establecidos por la DGT, recogió los efectos producidos por el RDL 9/2024 como consecuencia de su derogación, y en la que se concluyó que son aplicables al año 2025 los limites vigentes en los años 2016 a 2024 (Nota AEAT 24-3-2025). Para el **ejercicio 2026**, la AEAT ha emitido una nota en el mismo sentido (Nota AEAT 1-4-26).
3) Pueden acogerse al REAGP los municipios que sean titulares de **explotaciones forestales** (DGT Resol 30-6-86).

3521 Ejemplos **1)** Un empresario individual durante el año realiza las siguientes actividades por las que obtuvo los siguientes **ingresos**:

a) Servicio de cría y engorde de ganado	125.000,00
b) Venta de los productos que le correspondieron por la cesión en régimen de aparcería de una finca rústica de su propiedad	30.000,00
c) Explotación intensiva de ganado bovino de carne que está calificada como actividad ganadera independiente	110.000,00
d) Actividad agrícola acogida al REAGP	50.000,00
Total	315.000,00

En dicho volumen de ingresos no se computan las subvenciones corrientes o de capital, las indemnizaciones ni, en su caso, la cuota del IVA devengado ni tampoco la compensación del REAGP.
El año siguiente, el sujeto pasivo queda excluido del REAGP por la actividad (d), la única de las realizadas susceptible de tributar por dicho régimen, dado que dicha actividad tributa en el método de EO del IRPF y la totalidad de los ingresos conjuntos de las actividades agrícolas, forestales o ganaderas que realiza supera los 250.000 €.
Por último, si en ejercicios sucesivos el volumen de ingresos de la totalidad de las actividades agrícolas, forestales o ganaderas no supera los límites excluyentes, el sujeto pasivo queda nuevamente sometido al REAGP por la actividad agrícola (d), en el año siguiente, salvo que renuncie al mismo.

3522 **2)** Un empresario persona física durante el año 20X0 ejerció las actividades que se describen, habiendo realizado en cada una de ellas las siguientes **adquisiciones de bienes y servicios** (IVA excluido):
a) Es titular de una actividad agrícola-ganadera por la que está acogido al REAGP. Realizó estas adquisiciones:
- semillas: 21.200;
- fertilizantes: 12.200;
- tractor: 100.000;
- piensos: 115.000;
- máquina de ordeño: 60.000; y
- servicios veterinarios: 8.000.

b) Transporte de mercancías por carretera, acogido al régimen simplificado:
- reparación del camión: 15.000; y
- combustible: 45.000.

En este caso, durante el año 20X1 dicho empresario puede aplicar el REAGP a la actividad (a), dado que no supera el límite de 250.000 € anuales de adquisiciones de bienes y servicios (156.400), excluidos los elementos del inmovilizado: tractor y máquina de ordeño.

3524 Doctrina Administrativa Además de las siguientes contestaciones de la DGT, ver nº 11000 s.
1) Para determinar la **exclusión del REAGP** en función del volumen de operaciones de las actividades desarrolladas por el sujeto pasivo, si solo realiza operaciones relativas a actividades comprendidas en el REAGP, el límite de exclusión por volumen de operaciones previsto (para el año **2026**, 250.000 €), es referido al año anterior. No obstante, si la normativa reguladora del IRPF estableciese otra cifra a efectos de la aplicación del método de EO para la determinación del rendimiento de dichas actividades, se está a esta última cifra de volumen de operaciones (DGT 16-3-99).

Cuando se queda excluido del REAGP por haber superado el límite de volumen de ingresos fijado reglamentariamente, en el supuesto de **no superar dicho límite en el año de exclusión**, esto es el año en que tributa por el régimen general del IVA, quedará sometido al REAGP en el año posterior al de exclusión, salvo que renuncie al mismo (DGT CV 19-2-21; CV 28-5-21; CV 23-9-22).
Si en el año N un ayuntamiento ha **superado el volumen de ingresos** de 250.000 euros por todas las actividades que realiza, distintas de las que están acogidas al REAGP, en el año N+1 estas últimas actividades van a quedar excluidas del régimen especial pasando a tributar al régimen general, aunque en el año N, por las actividades acogidas al régimen especial, no se hubiera superado el límite específico de ellas (DGT CV 23-7-21; CV 25-9-24).
2) Para la determinación del **volumen de ingresos**, si el contribuyente opta por el criterio de cobros y pagos en el IRPF, en el REAGP debe utilizar el mismo criterio de imputación temporal (DGT CV 29-7-22).
3) No deben computarse a efectos del cálculo de la magnitud volumen de ingresos que delimita la aplicación del REAGP:
- la **ayuda directa en pago único** percibida por el contribuyente (DGT CV 6-5-13; CV 19-9-16; CV 9-2-21);
- las **subvenciones**, ya sean corrientes o de capital (DGT CV 8-1-16);
- la **indemnización** percibida de una compañía de seguros por disminución de la cosecha debido a las malas condiciones meteorológicas (DGT CV 20-9-22), o para compensar el **lucro cesante** (DGT CV 9-10-24);
- la **compensación** derivada del REAGP (DGT CV 21-2-25; CV 20-3-25).

4) La explotación por un ayuntamiento de los **aprovechamientos forestales de montes públicos** es actividad empresarial o profesional a efectos del IVA, si bien la entidad pública puede aplicar el REAGP, siempre que no hubiese renunciado o estuviese excluida por rebasar la cifra límite del volumen de operaciones (DGT 11-1-99; CV 9-10-17; CV 27-4-18). En el mismo sentido, la cesión del aprovechamiento forestal de un término municipal consistente en la recogida de **piñas** (DGT CV 30-4-09), la **entrega de madera** obtenida en la explotación, aunque dichas entregas se realicen a pie o bien se haya procedido a su corte por el ayuntamiento o por el adquirente de aquella (DGT CV 29-12-10; CV 9-6-21), u obtenida por personas físicas en sus explotaciones, con independencia del tamaño de las mismas (DGT CV 14-11-18); o la realizada por una asociación de vecinos que es usufructuaria de una parcela en la que hay plantados castaños (DGT CV 4-7-25); la entrega de **corcho** (DGT CV 26-3-14) o **leña** (DGT CV 2-7-18; CV 29-6-23). No obstante, **no** resultaría **de aplicación** el REAGP a la venta de **subproductos de una explotación agrícola**, tales como leñas (DGT CV 20-8-21). **3525**
Al haber cedido la explotación del monte mediante un **derecho real de vuelo** a favor de una sociedad mercantil, a cambio del derecho a una participación en el valor neto de los productos que se obtengan, el ayuntamiento debe aplicar el régimen general del IVA en relación con esta actividad (DGT CV 31-3-16).
5) Los titulares de explotaciones agrarias situadas en el **territorio peninsular español o Baleares** pueden acogerse al REAGP, siempre que se cumplan los requisitos previstos, con independencia de que su domicilio fiscal radique en Canarias (DGT 3-2-88).
6) La obligación de aplicar en el IRPF el método de **estimación directa** en todas las actividades económicas, al quedar excluido de la aplicación del método de EO por realizar una actividad (venta al por mayor de semillas) a la que no está previsto que pueda aplicarse este último método, no constituye causa de exclusión del REAGP en el IVA por su actividad agrícola. No debe confundirse tal circunstancia con la causa de exclusión del citado régimen especial relativa a la no aplicación del método de EO en el IRPF por renuncia voluntaria al mismo presentada por el empresario (DGT 21-10-02; CV 13-9-17; 30-10-23).
7) No es causa de exclusión del REAGP de una actividad acogida a dicho régimen especial, la realización por el mismo empresario de **otra actividad**, como la venta de terrenos que haya urbanizado (DGT CV 25-4-13), la actividad de estanco (DGT CV 26-2-15) o la de arrendamiento de parte de un terreno rústico (DGT CV 8-7-21; CV 21-10-21; CV 9-4-24).

8) Pueden acogerse al REAGP: **3527**
- los titulares de explotaciones agrícolas, aunque sean **socios de cooperativas** y entreguen a las mismas los productos naturales que obtengan para que se transformen por estas y posteriormente se entreguen, en nombre propio, a terceros (DGT CV 23-10-86);
- una persona física que va a comercializar los **excedentes** de un pequeño huerto del que es propietaria (DGT CV 9-7-14);
- un cultivador al cual un fabricante de conservas de espárragos le transmite la propiedad de las **semillas y plantones** mediante un precio determinado y exista una obligación de adquirir los productos obtenidos por el mismo a otro precio convenido (DGT 16-6-87);
- los titulares de las fincas rústicas que lleven a cabo explotaciones agropecuarias, aunque concierten con terceros la realización de prestaciones de diversa naturaleza que contribuyan a los fines específicos de dichas explotaciones, siempre que se atribuya a los mencionados titulares el derecho a adquirir la propiedad de todos los frutos o productos de las mismas, y con independencia de que la **contraprestación** pactada se fije en una determinada proporción de los productos obtenidos que deba transmitir el titular de la explotación a quienes realicen las prestaciones (DGT CV 16-12-86).

9) No pueden acogerse al REAGP:
- quienes **no** son **titulares de las explotaciones** agrícolas, ganaderas o pesqueras, aunque efectúen la recolección y venta de los productos naturales (DGT CV 11-6-86; 15-12-98) o la venta de **subproductos de una explotación agrícola**, tales como leñas (DGT CV 20-8-21), incluso cuando sean propietarios de la tierra (DGT CV 6-3-15);
- la entrega de agua procedente de un **pozo** situado en una explotación agrícola para riego, al encontrarse sujeto al régimen general (DGT CV 5-7-18).

3530 Jurisprudencia **1)** Aunque existen lazos familiares, las **sociedades civiles** son consideradas como empresarios independientes a efectos del IVA, al actuar en nombre propio, por cuenta propia y bajo su propia responsabilidad. El régimen de la agricultura solo puede aplicarse a los empresarios para los que la aplicación del régimen normal y del régimen simplificado del IVA dé lugar a dificultades, en particular de índole administrativa (TJUE 12-10-16, asunto C-340/15).
Si el ejercicio por parte de los **cónyuges** de una actividad agrícola dentro de la misma explotación, utilizando el patrimonio de la sociedad de gananciales, con carácter independiente y cada uno en el marco del régimen general del IVA, no presenta dificultades administrativas con respecto a la situación en la que uno de ellos estaría sujeto a dicho régimen general y el otro al régimen de tanto alzado, el Estado miembro interesado puede decidir válidamente que la renuncia, por uno de los cónyuges al régimen de tanto alzado, priva al otro cónyuge de su estatuto de agricultor en ese régimen (TJUE 24-3-22, asunto C-697/20).
2) Las **causas de exclusión** del régimen común de tanto alzado (REAGP) están tasadas en la normativa comunitaria (Dir 2006/112/CE art.296.2). Dentro de las categorías de productores que pueden excluirse no se encuentran aquellos productores agrícolas que recuperen cantidades sustancialmente superiores a las que recuperarían en caso de que se les aplicaran el régimen normal o el simplificado (TJUE 12-10-17, asunto C-262/16).

3537 **Ámbito objetivo** (LIVA art.125, 126 y 127; RIVA art.44) El REAGP se aplica a las explotaciones agrícolas, forestales, ganaderas o pesqueras, que obtengan productos naturales, vegetales o animales de sus cultivos, explotaciones o capturas para transmitirlos a terceros, así como a los servicios accesorios a dichas explotaciones (nº 3545). En particular se aplica, entre otras, a las **explotaciones** dedicadas a:
- actividades agrícolas en general. Se incluyen el cultivo de plantas ornamentales, aromáticas o medicinales, flores, champiñones, especias, simientes o plantones, cualquiera que sea el lugar de obtención de los productos (invernaderos, viveros, etc.);
- la silvicultura;
- la ganadería vinculada a la explotación del suelo (aquella en que el ganado se cría con piensos procedentes de la explotación en proporción superior al 50%, calculada según el peso del pienso utilizado). Se incluyen la avicultura, apicultura, cunicultura, sericicultura y la cría de especies cinegéticas, siempre que esté vinculada a la explotación del suelo;
- la explotación pesquera en agua dulce;
- los criaderos de moluscos y crustáceos;
- las piscifactorías.

3540 Doctrina Administrativa Además de las siguientes contestaciones de la DGT, ver nº 11000 s.
1) El REAGP **es aplicable**:
- al titular de un permiso de explotación que le habilita para realizar el **marisqueo** a pie (DGT 14-12-98; CV 20-9-11) o a flote (DGT 29-3-99; 25-5-00);
- a la entrega de **reses de lidia** criadas y alimentadas en un 90% en la finca del titular de la explotación ganadera, vinculada a la explotación del suelo (DGT 23-12-03);
- a una sociedad civil, por la actividad de cultivo de **esquejes y plantones** hasta su enraizamiento (DGT CV 29-11-05);
- por la actividad de **cultivo de uvas para vino** que se venderán sin transformación alguna (DGT CV 23-1-12);
- a las entregas de **maderas, biomasa, leña, piñas** o la planta en cepellón obtenidas directamente en una explotación forestal (DGT CV 31-3-20);
- a la actividad de cría y venta de **halcones**, cuando tenga la consideración de actividad ganadera vinculada a la explotación del suelo (ganadería dependiente) (DGT CV 29-9-21).
2) El REAGP **no es aplicable** a:
- las ventas de zahorras (**arenas**) extraídas de una finca rústica explotada por un agricultor acogido a dicho régimen especial por esa explotación agraria (DGT 13-10-99);
- una **actividad pesquera** en el delta del Ebro dado que este está formado por agua salada en *superficie* y, a partir de una determinada profundidad, por agua dulce (DGT CV 1-2-13; CV 29-1-14; CV 11-2-14); así como a la actividad pesquera de **anémona y erizo** de mar (DGT CV 22-7-21);
- la recolección y venta de **productos naturales ajenos**. Este criterio procede en los casos de las algas marinas (DGT CV 27-2-86), alcaparras (DGT CV 6-3-86), setas (DGT CV 11-6-86), trufas (DGT CV 11-6-86) y piñones (DGT CV 11-6-86);

- la adquisición de una **masa forestal en monte** para su reventa en un período de tiempo inferior a un año, ya que se considera actividad comercial de compra de madera (DGT 14-9-87).
3) Un apicultor efectúa **venta de abejas** (enjambres) **y colmenas** con abejas a otro apicultor y venta de miel a un almacenista. Dicha actividad no constituye un supuesto de ganadería no vinculada a la explotación del suelo, al no alimentarse las abejas con pienso, siéndole aplicable el REAGP (DGT 12-3-99). También al titular de una explotación intensiva de colmenas (apicultura), aunque realice la **venta ambulante** de los productos obtenidos en su explotación (DGT CV 10-6-20; CV 10-6-20; CV 14-12-21).

Servicios accesorios incluidos en el régimen especial (LIVA art.127; RIVA art.46) Además de la actividad pura de explotación agrícola, ganadera, forestal o pesquera, los sujetos pasivos pueden realizar una serie de **prestaciones de servicios a terceros** que se van a incluir en el REAGP, tributando de la misma forma que las entregas de los productos naturales, vegetales o animales obtenidos en dichas explotaciones. Para que los citados servicios puedan incluirse en el régimen deben cumplirse los siguientes **requisitos**: **3545**
- que se presten por el **titular** de una explotación agrícola, forestal, ganadera o pesquera a la cual resulte aplicable el REAGP;
- que tengan **carácter accesorio** a las explotaciones anteriores y se presten con los medios ordinariamente utilizados en las mismas (p.e., agricultor que posee una cosechadora que emplea en su explotación agrícola y, además, la utiliza para prestar servicios de recolección a otros agricultores);
- que el **destinatario de los servicios** sea un empresario agrario y que dichos servicios contribuyan a la realización de las producciones agrícolas, forestales, ganaderas o pesqueras que desarrolle, cualquiera que sea el régimen en que tribute en el IVA;
- que el **importe**, en el año inmediato anterior, del conjunto de los servicios accesorios efectuados, sea inferior o igual al 20% del volumen total de operaciones de las explotaciones agrícolas, forestales, ganaderas o pesqueras principales que tributen en el REAGP. A efectos del citado límite no se computan las actividades agrícolas o ganaderas que tributan por un régimen distinto del REAGP.

Precisiones Son **servicios accesorios**, entre otros, las labores de plantación, siembra, cultivo, recolección, transporte, embalaje y acondicionamiento de los productos; la cría, guarda y engorde de los animales; la asistencia técnica, el arrendamiento de útiles, maquinaria e instalaciones; la fumigación y el riego de plantaciones; la explotación de las instalaciones de riego o drenaje; los servicios complementarios de la silvicultura, tales como la tala, astillado y descortezado de árboles, etc. **3551**

Ejemplo Un empresario persona física es **propietario de varias fincas rústicas** en las que realiza las actividades de agricultura y explotación de ganado bovino de carne. En el año 20X0 no renunció, para el año 20X1, al REAGP. El porcentaje de compensación que se aplicó fue del 12% y del 10,5%, respectivamente (nº 3673). El volumen de sus operaciones durante el año 20X1 fue: **3554**

	Importe	Compensación REAGP	Total
Ventas de trigo y maíz	50.000	(12%) 6.000	56.000
Venta de ganado bovino de carne	35.000	(10,5%) 3.675	38.675
Servicios agrícolas prestados a otros agricultores en el REAGP	10.000	(12%) 1.200	11.200
Total	95.000		

El ganado se alimenta fundamentalmente en las fincas propiedad del empresario.
El volumen total de operaciones durante el año 20X1 de todas las explotaciones acogidas al REAGP (nº 3106), fue de 85.000 (50.000 + 35.000); el 20% del mismo asciende a 17.000. Dado que el importe de los servicios prestados (10.000) es menor que dicha cantidad, en el año 20X2 los servicios accesorios que preste el empresario han de tributar por el REAGP, cualquiera que sea su importe

Doctrina Administrativa Además de las siguientes contestaciones de la DGT, ver nº 11000 s. **3559**
1) No tienen la consideración de servicios accesorios:
- los de **mediación** que, con carácter ocasional, efectúen los empresarios agrícolas (DGT 3-2-88);
- los servicios consistentes tanto en la eliminación de plantas y animales dañinos, así como en la **fumigación** de terrenos propiedad de una empresa donde tiene instalados sistemas de energía solar (DGT CV 24-11-09);
- la **retirada de enjambres** de la vía pública (DGT CV 21-3-11);
- la **renuncia a los derechos inherentes** al contrato de arrendamiento rústico (DGT CV 22-9-06);
- la cesión temporal del derecho al uso privativo de las aguas públicas por parte de una **Comunidad de Regantes** a los distintos comuneros, los cuales no ejercen ninguna actividad económica (DGT CV 12-2-09);

- la transmisión de **derechos de riego** (DGT CV 10-6-15);
- la transmisión o cesión definitiva de **derechos de pago único** (DGT CV 8-7-15; CV 8-7-15); así como la cesión o transmisión definitiva de **derechos de ayuda básica a la renta** (DGT CV 3-10-24);
- la cesión de un **contrato de licencia de producción** de variedad protegida de cítricos (DGT CV 21-10-19);
- la realización de **ensayos y cultivos** de productos hortofrutícolas para un ente público que transferirá los resultados de la investigación a empresarios y profesionales del sector agrario y agroalimentario para mejora de las explotaciones (DGT CV 18-5-20; CV 21-6-24);
- los servicios profesionales como **enóloga** efectuados por una empresaria que, además, realiza una actividad agrícola (DGT CV 6-6-22);
- los servicios de **recolección de aceitunas** prestados a un **particular** que no realiza actividad empresarial alguna, puesto que dichos servicios no contribuyen a la producción agrícola de su destinatario (DGT CV 12-12-25).

3560 **2)** Se consideran **servicios accesorios**:
- para los titulares de **explotaciones forestales**, los de tala, entresaca, astillado, descortezado de árboles, limpieza de bosques, transporte de troncos, y demás complementarios de la silvicultura (DGT CV 6-5-86);
- los de **siembra** y otras labores agrícolas en tierras de otros agricultores (DGT CV 11-9-20).

3) Una **sociedad agraria de transformación** (SAT) pone a disposición de sus socios agricultores determinadas semillas y plantones para su cultivo y posterior devolución de los productos obtenidos. Las operaciones realizadas por los agricultores no quedan incluidas en el REAGP, dado que no se trata de una actividad de obtención directa de productos naturales de sus cultivos para su transmisión a terceros. Estas operaciones tampoco pueden calificarse como servicios accesorios incluidos en el REAGP, dado que no contribuyen a la realización de producciones agrícolas de su destinatario, la SAT, que no es un empresario agrario (DGT 14-5-98).

4) Los servicios agrícolas y ganaderos efectuados por una **sociedad civil** con los medios de su producción agraria para una cooperativa, en las explotaciones de sus socios, no están incluidos en el REAGP (DGT CV 30-11-22).

5) Al ser mayor el **volumen de operaciones** de las prestaciones de servicios que el correspondiente a la actividad agrícola, no es aplicable el REAGP a dichos servicios, por quedar excluidos del mismo (DGT CV 24-3-14). Para el cómputo del volumen total de operaciones se excluye la **compensación** a tanto alzado correspondiente (DGT CV 11-9-20).

3561 Jurisprudencia Un productor agrícola que ha cedido en **arrendamiento y/o alquiler** a largo plazo una parte de los elementos esenciales de su explotación agrícola y que, en el resto prosigue una actividad de agricultor por la que aplica el régimen común de tanto alzado, no puede incluir en este régimen los ingresos derivados del arriendo y/o alquiler. Los ingresos correspondientes deben estar sujetos al régimen normal o, en su caso, al simplificado (TJUE 15-7-04, asunto C-321/02).

3564 **Actividades excluidas del régimen especial** (LIVA art.126; RIVA art.45) Se enumeran una serie de actividades excluidas del REAGP, de manera que, en la medida en que los productos naturales obtenidos en las distintas explotaciones agrícolas, forestales, ganaderas o pesqueras se utilicen por el titular de las mismas en cualquiera de los fines siguientes, no es aplicable dicho régimen especial:

a) La **transformación, elaboración o manufactura**, directamente o por medio de terceros, de los productos naturales obtenidos en las explotaciones acogidas al REAGP para su transmisión posterior (ver ejemplo en nº 3573). Se presume que es transformación toda aquella actividad para cuyo ejercicio sea necesario el alta en un epígrafe de las actividades industriales del IAE.

No se consideran como procesos de transformación:
- los **actos de mera conservación** (entre otros, la pasteurización, la refrigeración, el congelado, el secado, la clasificación, el embalaje, el descascarado, el descortezado, el astillado, el troceado, la desinsectación o la desinfección);
- la simple obtención de **materias primas agropecuarias** que no requieran sacrificio del ganado.

b) La **venta** de los siguientes productos:
- los obtenidos en las explotaciones propias acogidas al REAGP, **mezclados** con otros productos adquiridos a terceros, aunque sean de naturaleza idéntica o similar (p.e., la comercialización de cereales obtenidos por el agricultor en su explotación mezclados con otros cereales adquiridos a otros agricultores, DGT CV 26-12-12);
- los productos naturales, de forma continuada, en **establecimientos fijos** situados fuera del lugar donde radiquen las explotaciones (sería el caso de un agricultor que vende sus productos en una tienda que posee en su mismo municipio);
- los productos naturales en los establecimientos en los que el sujeto pasivo realice, además, **otras actividades** distintas de las incluidas en el REAGP.

c) Las explotaciones **cinegéticas de carácter recreativo** o deportivo (p.e., el arrendamiento de un coto de caza).
d) La **pesca marítima**.
e) La **ganadería independiente**, que queda incluida en el ámbito objetivo del régimen simplificado (ver nº 3137).
f) Las prestaciones de **servicios accesorios** no incluidos en el REAGP (nº 3545), que también quedan incluidos en el ámbito objetivo del régimen simplificado (nº 3137).

Precisiones El sujeto pasivo acogido al REAGP no puede aplicar dicho régimen a estas actividades, sin perjuicio de que lo aplique a otras distintas. Dichas actividades están excluidas, pero no son excluyentes y se van a considerar **sectores diferenciados** respecto del REAGP, lo que determina la aplicación, en su caso, del régimen de deducciones de las cuotas del IVA soportadas (nº 2810 s.). 3570

Ejemplo Un empresario explota una actividad ganadera vinculada a la explotación del suelo de la que obtiene una producción de leche que destina en su totalidad a la **elaboración de queso** y que, posteriormente, vende a mayoristas. 3573
Como la producción de leche es para la elaboración de queso por el titular de la explotación, la actividad desarrollada por el empresario está excluida del REAGP desde un principio; es decir, no se debe considerar que hay una entrega de leche de una actividad acogida al REAGP a otra de transformación de dicho producto, sino que hay una única actividad de carácter industrial, que tributa en el régimen simplificado, salvo renuncia al mismo (nº 3115 s.).

Doctrina Administrativa Además de las siguientes contestaciones de la DGT, ver nº 11000 s. 3578
1) El REAGP no sería aplicable en ningún caso a las **cesiones del aprovechamiento** de caza (DGT CV 31-1-13), ni a las cesiones del aprovechamiento de flora cuando estas últimas consistan en el aprovechamiento de pastos y les sea por tanto aplicable la exención prevista para los arrendamientos de inmuebles -nº 8670 s.- (DGT 29-9-00).
2) Se presume, en todo caso, de carácter industrial, toda **actividad de transformación** para cuyo ejercicio sea preceptiva el alta en un epígrafe de tal naturaleza de las tarifas de IAE, como ocurre con:
- la actividad de elaboración de **aceite** (DGT 4-5-89; CV 10-11-22);
- las **entregas de carbón vegetal** debido a la transformación de los productos naturales de la explotación (DGT 19-11-99).

Por el contrario, no tiene la consideración de transformación del producto natural obtenido las actividades de **descascarado de la almendra** y su posterior venta por separado -almendra y cáscara-, resultando comprendido dentro del REAGP (DGT CV 21-10-21).
3) No se considera **establecimiento fijo**:
a) La mera comparecencia de agricultores o ganaderos en **ferias o mercados** que se celebren en lugar y día señalado con periodicidad semanal o más dilatada en el tiempo, sin ostentar titularidad permanente de lugares fijos de venta (DGT 12-1-88; CV 10-10-20).
b) Tampoco se consideran comercializados en establecimientos fijos situados fuera de las explotaciones:
- los **productos naturales** (leche) que son vendidos tanto a consumidores finales, que la comprarían en la propia explotación, como a hosteleros, en cuyo caso les llevaría la leche envasada a sus establecimientos (DGT CV 5-7-16);
- la **venta a través de internet** mediante la creación de una página web o bien mediante la recepción de pedidos a través de correo electrónico, «WhatsApp» o similar, de los productos obtenidos en la explotación agrícola ganadera, realizándose el envío de los productos al cliente con sus medios o a través de terceros (DGT CV 11-3-21; CV 18-11-25);
- la venta de los productos naturales se realice a través de una **plataforma digital** (DGT CV 2-12-22).

4) Se considera **establecimiento fijo:**
- la venta de **hojas de stevia** obtenidas, secadas y posteriormente embaladas, en una tienda física donde se comercializarán (DGT CV 15-10-24);
- la comercialización de productos cosechados en una **huerta** en un establecimiento comercial, independiente de la explotación agrícola, donde, además, se comercializan al por menor otros productos por los que tributa en el régimen especial del recargo de equivalencia (DGT CV 23-5-24).

5) Un contribuyente ejerce una **actividad ganadera**, tributando por el REAGP y determinando el rendimiento neto por el método de EO. Tiene intención de iniciar la actividad de **venta al por menor de carne** de la propia explotación en un establecimiento propio situado fuera de la explotación ganadera. La actividad acogida al REAGP va a constituir un sector diferenciado respecto de la comercialización continuada en establecimientos fijos situados fuera de la explotación agrícola, forestal, ganadera o pesquera. 3579
Los productos naturales (ganado) obtenidos en la explotación ganadera se han de imputar a uno u otro sector de actividad, según se vayan a comercializar o no de forma continuada en establecimientos fijos fuera del lugar de la explotación ganadera, pero en caso alguno habrá una entrega de un sector de actividad a otro (autoconsumo de bienes), no resultando procedente, en este

caso, el auto-reintegro de compensación alguna (DGT CV 2-6-10). En el mismo sentido, cuando el ganadero sacrifica a sus reses y se encarga de la distribución y comercialización de las canales (DGT CV 8-9-16), cuando se comercializa **aceite** obtenido de las aceitunas obtenidas en la explotación agrícola (DGT CV 4-11-20; CV 10-3-22), la venta de harina obtenida de parte de los cereales de una explotación agrícola (DGT CV 29-6-20) y la **venta de vino**, elaborado en una bodega tercera, obtenido de las uvas de la explotación (DGT CV 26-11-20).
6) El REAGP no se aplica cuando se comercialicen los productos naturales obtenidos en su propia explotación mezclados con otros **productos adquiridos a terceros**, aunque sean de naturaleza idéntica o similar (DGT CV 26-12-12), ni cuando el empresario o profesional realiza una actividad de cría, guarda y engorde de **ganado ajeno** (DGT CV 23-11-18; CV 27-11-20).

3583 Jurisprudencia **1)** La afectación de un producto obtenido en una explotación a un sector que constituya un **sector diferenciado** del régimen especial (transformación) no implica que deba satisfacerse la compensación del citado régimen (TEAC 6-4-05).
2) La Dir 2006/112/CE art.296 debe interpretarse en el sentido de que el régimen común de tanto alzado de los productores agrícolas se aplica únicamente a la entrega de productos agrícolas y a la prestación de servicios agrícolas y que las **demás operaciones** que realizan los agricultores en régimen de tanto alzado están sujetas al régimen general.
Asimismo, debe interpretarse en el sentido de que el **arrendamiento de cotos de caza** por un agricultor en régimen de tanto alzado no constituye una prestación de servicios agrícolas (TJUE 26-5-05, asunto C-43/04).

3588 **Compatibilidad del REAGP con otros regímenes** (LIVA art.128) El régimen es compatible con el resto de los regímenes del IVA, dado que los titulares de las explotaciones agrícolas, forestales, ganaderas o pesqueras pueden acogerse al REAGP aunque realicen otras **operaciones de carácter empresarial o profesional**; en tal caso, el REAGP solo produce efectos respecto de las actividades incluidas en el mismo, teniendo dichas actividades la consideración de sector diferenciado de la actividad económica del sujeto pasivo.

3590 Ejemplo Un agricultor puede realizar una actividad agrícola acogida al REAGP y otra actividad de **comercialización** de productos naturales obtenidos en su explotación mezclados con otros adquiridos a terceros en la que se aplica el régimen general.

3598 **Renuncia al REAGP** (LIVA art.111.Cinco y 124; RIVA art.33) En general, el ejercicio y los efectos de la renuncia en el REAGP coinciden con los que se señalan para el régimen simplificado en el nº 3172.
Sin perjuicio de lo anterior, se regula un **supuesto específico** de renuncia tácita que afecta únicamente a aquellas actividades agrarias en las que se utilicen bienes o servicios por cuya adquisición se soportaron cuotas del IVA que fueron deducidas con anterioridad al **inicio de la actividad**, y solo hasta que finalice el tercer año natural de realización de las entregas de bienes o prestaciones de servicios efectuadas en el ejercicio de estas actividades, no teniendo, por tanto, los mismos efectos de renuncia al REAGP que los citados en el nº 3172. Por tanto, el empresario agrario puede aplicar el régimen especial por otras actividades agrarias distintas de las anteriores (ver ejemplo en el nº 3605).

Precisiones Se habilita un periodo excepcional de renuncia a los afectados por la **DANA** para el año 2024. Esta renuncia no impide volver a aplicar este régimen para los años 2025 y 2026 (RDL 7/2024 art.12.3). Ver nº 3179.

3601 Ejemplos **1)** Un empresario tiene una **explotación agrícola** en la que obtiene lúpulo, caña de azúcar y flores ornamentales, estando acogido al REAGP desde el 1-1-20X0.
El día 20-6-20X1 va a iniciar la actividad de **explotación ganadera** de ganado porcino en otra parte de su finca, presentando el modelo censal 036 en el que renuncia a la aplicación del REAGP.
En este supuesto, la renuncia a esta segunda actividad surte efectos desde el día 20-6-20X1 (inicio del cómputo mínimo de los tres años) y desde 1-1-20X2 para la explotación agrícola, que durante el año 20X1 sigue tributando en el REAGP.
2) Durante el año 20X0 un empresario realizó la actividad de **explotación intensiva de ganado** bovino de carne (acogida al REAGP) por la que obtuvo unos ingresos de 320.000 € (sin computar las subvenciones corrientes o de capital, las indemnizaciones ni la compensación agrícola). El 20-12-20X0 presentó la declaración censal modelo 036, en la que renuncia a la aplicación del REAGP para el año 20X1.
En 20X1 el sujeto pasivo queda excluido del REAGP (nº 3515), al haber superado el límite de 250.000 € de ingresos, teniéndose por no presentada la renuncia al REAGP.
Si en el ejercicio 20X1 el volumen de ingresos por la totalidad de su actividad, incluida la compensación del REAGP, no supera los 250.000 €, el sujeto pasivo quedará nuevamente sometido al REAGP en el año siguiente (20X2), salvo que renuncie al mismo.

3) Un empresario individual se dedica a la **explotación de ganado bovino de carne** en su propia finca, estando acogido por esta actividad al REAGP. Durante el año 20X0 está preparando una parte de una finca para ejercer desde el año 20X1 la actividad de **cultivo de plantas ornamentales**. En el año 20X0 practica las deducciones de las cuotas que soporta antes del inicio habitual de las entregas de bienes propias de la nueva actividad. En este mismo año ha adquirido un invernadero, así como diversas máquinas y herramientas, soportando el IVA correspondiente. 3605
En este supuesto, el empresario, en el año 20X1, puede seguir aplicando el REAGP a la actividad de explotación de ganado bovino mientras que la actividad de cultivo de plantas ornamentales ha de tributar en el régimen general, como mínimo hasta que finalice el tercer año natural de realización de las entregas de bienes efectuadas en el desarrollo de la actividad, y, después de ese período, hasta que el empresario revoque expresamente la renuncia tácita realizada.

Doctrina Administrativa Además de las siguientes contestaciones de la DGT, ver nº 11000 s. 3610
1) El impuesto soportado por un agricultor acogido al REAGP por la compra de una cosechadora en octubre del año 20X0, fecha en la que también presenta la renuncia al régimen, no puede ser objeto de deducción en dicho año, sin perjuicio de su regularización durante los cuatro años siguientes. El **ejercicio de la renuncia** para el año 20X1 debió ejercitarse en diciembre de 20X0, estando durante todo el año acogido al REAGP (DGT 16-12-97).
2) El titular de una explotación agrícola que transmite a terceros los productos naturales, vegetales o animales directamente obtenidos de sus cultivos o explotaciones puede aplicar el REAGP, siempre que se cumplan los requisitos exigidos y no se haya renunciado a su aplicación. En el supuesto de que practique alguna de las **deducciones** por cuotas soportadas antes del inicio de la actividad, no va a poder acogerse a dicho régimen por las actividades en las que utilice los bienes y servicios en cuya adquisición hayan soportado o deducido cuotas objeto de deducción hasta que finalice el tercer año natural de realización de la entrega de bienes o prestación de servicios. Los efectos son los mismos que los de la renuncia a dicho régimen (DGT CV 14-11-18).
3) La renuncia al régimen simplificado por la **actividad hostelera**, conlleva la exclusión del REAGP por la actividad agrícola (DGT CV 4-7-16). En el mismo sentido, la renuncia al régimen simplificado por trabajos de **ensayo y cultivo** de distintas variedades de productos hortofrutícolas (DGT CV 7-5-19).

B. Contenido del régimen especial

(LIVA art.130 a 134; RIVA art.48 y 49)

 3630

El REAGP establece ventajas para los empresarios acogidos al mismo que les exoneran, con las excepciones que se señalan en el nº 3715 s., de las obligaciones de **repercusión, liquidación e ingreso del IVA** por las operaciones efectuadas en el ejercicio de las actividades a las que afecte dicho régimen, así como de las obligaciones formales correspondientes a tales operaciones. 3631
En general, dichos empresarios recuperan las cuotas del IVA que hayan soportado al adquirir bienes o servicios utilizados en el ejercicio de actividades acogidas al régimen, mediante la percepción de una **compensación** (nº 3646).

Deducción de las cuotas soportadas (LIVA art.130.Uno) Puesto que no están obligados a liquidar y repercutir el impuesto, los sujetos pasivos acogidos al régimen especial tampoco pueden deducir las cuotas soportadas o satisfechas por las **adquisiciones o importaciones de bienes** de cualquier naturaleza, o por los **servicios** que les presten, en la medida en que dichos bienes o servicios se utilicen en las actividades sometidas al REAGP. 3633
Por tanto, a efectos de la **regularización** de deducciones por **bienes de inversión**, el porcentaje de deducción aplicable a este sector de actividad (actividades acogidas al REAGP), es cero.

Doctrina Administrativa Además de las siguientes contestaciones de la DGT, ver nº 3610 y nº 11000 s. 3636
1) La deducción de las cuotas soportadas en el año 20X0 por la adquisición de **maquinaria agrícola** afecta a una actividad que a partir de 20X1 pasa a tributar por el REAGP, debe ser regularizada en los cuatro ejercicios siguientes al de su deducción, reintegrando en la declaración-liquidación del último trimestre de cada ejercicio una quinta parte del importe deducido en el año 20X0 (DGT 17-9-98).
2) Los sujetos pasivos acogidos al REAGP no pueden deducir las cuotas soportadas o satisfechas por las adquisiciones o importaciones de un **tractor** y otros útiles para la actividad, en la medida en que dichos bienes se utilicen en la realización de las actividades a las que sea aplicable este régimen especial (DGT CV 30-5-11).

Sin embargo, un agricultor que adquirió un tractor en el año 20X0 para utilizarlo en su explotación, si desde 1-1-20X1 **renuncia** a la aplicación del REAGP, la cuota soportada durante el año 20X0 por la adquisición de dicho bien, que no pudo ser objeto de deducción ese año por estar acogido al REAGP, puede ser regularizada en los cuatro años naturales siguientes. A estos efectos, se considera que el porcentaje de deducción del año 20X0 fue cero (DGT 20-1-98).
3) Un ganadero acogido al REAGP no puede deducir las cuotas soportadas por la adquisición de derechos de **vacas nodrizas** (DGT 29-10-03).
4) Dos personas físicas que explotan un **vivero flotante (batea)** no pueden deducir las cuotas soportadas por la adquisición de un vivero y concesiones administrativas a una entidad mercantil (DGT CV 13-2-19).

3646 **Compensaciones** (LIVA art.130 y 131; RIVA art.48 y 49; Rgto Fac art.16.1) No obstante lo dicho en el nº 3633, los sujetos pasivos sometidos al REAGP tienen derecho a percibir una **compensación a tanto alzado** por las cuotas de IVA que han soportado o satisfecho en las adquisiciones o importaciones de bienes, o por los servicios recibidos que se utilizan en el desarrollo de las actividades acogidas al régimen; no cuando realicen otras actividades no acogidas al REAGP.
A continuación, se analizan las siguientes cuestiones:
- operaciones que generan derecho a la compensación (nº 3647 s.);
- importe de la compensación (nº 3673 s.);
- sujetos obligados al reintegro de la compensación (nº 3678 s.); y
- deducción de la compensación satisfecha a empresarios acogidos al REAGP (nº 3696 s.).

3647 **Operaciones que generan la compensación** (LIVA art.130) La compensación se obtiene por la realización de las siguientes operaciones:
a) Entregas de productos naturales obtenidos en sus explotaciones efectuadas **a otros empresarios o profesionales**, establecidos o no en el territorio de aplicación del IVA español. Por tanto, si se efectúan a particulares, ni puede el empresario acogido al REAGP repercutir el IVA ni tiene derecho a percibir compensación.
Sin perjuicio de lo anterior, **se exceptúan** del derecho a obtener la compensación las entregas de productos naturales:
- a sujetos pasivos acogidos al REAGP que utilicen los productos en el desarrollo de actividades a las que apliquen dicho régimen;
- a empresarios o profesionales que realicen exclusivamente operaciones exentas en TIVA, que no les originen el derecho a la deducción.

3648 **b)** Las **entregas intracomunitarias** de productos naturales exentas del IVA (nº 5210 s.), cuando el adquirente sea una persona jurídica que no actúe como empresario o profesional, pero cuyas adquisiciones intracomunitarias estén sujetas en el Estado miembro de destino de los productos. Es decir, el adquirente puede ser el Estado, un ayuntamiento, etc., que han superado el umbral establecido en el país de destino o han optado por tributar en dicho país por sus adquisiciones intracomunitarias.
c) Las prestaciones de **servicios accesorios** incluidos en el REAGP, cuando se realicen en favor de otros empresarios o profesionales, establecidos o no en el territorio de aplicación del IVA español, siempre que no estén acogidos al REAGP en España.

3650 Ejemplos **1)** Un agricultor vende a un **mayorista** una partida de manzanas obtenidas en su explotación por 15.560 €.
En este supuesto, el mayorista debe abonar al agricultor, además del precio, la compensación a tanto alzado del 12% (nº 3673); es decir, le paga en total 17.427,20 € (15.560 + 1.867,20).
2) Un ganadero acogido al REAGP **vende a otro ganadero** 50 vacas por 10.540 € que también está acogido al citado régimen especial, el cual las utilizará en su actividad ganadera dependiente.
El primer ganadero solo cobra 10.540 €, dado que no tiene derecho a percibir compensación alguna ni, por otro lado, puede repercutir el IVA.
3) Un agricultor **vende a un colegio** distintos productos de su explotación dedicado exclusivamente a la enseñanza. El importe total de dicha venta asciende a 4.327 €.
En este supuesto el agricultor no debe percibir compensación alguna, dado que el adquirente es un empresario que realiza exclusivamente operaciones exentas (nº 905 s.), que no le dan derecho a la deducción de las cuotas soportadas.

3651 **4)** Un agricultor acogido al REAGP presta los siguientes **servicios de recolección** utilizando una cosechadora que emplea en su explotación: a) A un agricultor también acogido al REAGP por 1.050 €; b) A una sociedad anónima propietaria de varios terrenos donde cultiva trigo y otros cereales con la que ha pactado un precio de 3.430 €.
En el supuesto a), el agricultor que presta los servicios accesorios no ha de repercutir IVA, ni tiene derecho a percibir compensación alguna.
En el supuesto b), el agricultor va a percibir, además del precio, la compensación del 12%; es decir, 3.841,60 € (3.430 + 411,60).

Doctrina Administrativa Además de las siguientes contestaciones de la DGT, ver nº 11000 s. 3660
1) Los agricultores que sean **socios de cooperativas** y estén acogidos al REAGP, tienen derecho a percibir compensaciones a tanto alzado por las entregas de productos naturales que efectúen a dichas cooperativas. El reintegro de las compensaciones se efectúa en todo caso en el momento en que los productos agrícolas se pongan a disposición de las cooperativas, cualquiera que sea el día fijado para el pago del precio. No obstante, puede demorarse el pago de las compensaciones mediante acuerdo entre los interesados (DGT CV 23-10-86).
2) El derecho al reintegro de las compensaciones se produce a la entrega de la aceituna, si bien, mediando acuerdo de los interesados, su cobro puede realizarse en el momento del **cobro total o parcial** del precio correspondiente a los bienes y en proporción a ellos (DGT CV 14-12-12; CV 5-9-16).
3) En relación con la entrega de **productos naturales**, si ambos sujetos están acogidos al REAGP, el adquirente no está obligado a efectuar el reintegro de las compensaciones (DGT CV 27-9-17; CV 24-4-18).
Si las entregas de esos productos naturales (flores y plantas) se realizan a empresarios (floristas) sometidos al régimen especial del **recargo de equivalencia**, tienen derecho a percibir las compensaciones correspondientes al REAGP, pero no van a repercutir las cuotas del IVA ni el recargo de equivalencia al efectuar las entregas de dichos productos. Por su parte, los empresarios **comerciantes minoristas** sometidos al régimen especial del recargo de equivalencia van a estar obligados a efectuar el reintegro de dichas compensaciones, pero no deben soportar la repercusión del IVA ni del recargo de equivalencia al efectuar las adquisiciones de los mencionados productos (DGT CV 12-3-13). En el mismo sentido, **apicultores** acogidos al REAGP que realicen entregas de miel envasada (DGT CV 10-10-19); o **ganaderos** acogidos al REAGP que realicen entregas de becerros a otros empresarios para reventa (DGT CV 1-10-24).
4) Los empresarios agrarios que realicen **entregas de bienes de inversión** o de cualesquiera bienes utilizados en el desarrollo de las explotaciones agrarias a que se refiere el REAGP no tienen derecho a percibir la compensación a tanto alzado por dichas operaciones, ni siquiera en el caso en que hubiesen utilizado exclusivamente dichos bienes en la realización de actividades a las que resulte aplicable el mencionado régimen especial, como en el caso de entregas de animales de desvieje utilizados en su explotación como animales reproductores (DGT CV 12-3-19).
5) La tributación en IVA de tres agricultores que explotan fincas rústicas y constituyen una **sociedad civil para el aderezo y venta de las aceitunas** resultantes, depende de si puede considerarse la existencia de un solo sujeto pasivo (la sociedad), o de varios (la sociedad y cada uno de los socios). En el primer caso, el desarrollo de la actividad agrícola y la industrial se ha de efectuar conjuntamente, con lo que la sociedad no tendría que satisfacer compensación alguna a los socios por la entrega de los productos agrícolas. En el segundo caso, si la explotación agrícola de cada socio constituye una actividad separada, las entregas de sus productos a la sociedad, cuya única actividad es la de aderezo y venta de los mismos, podría tributar en el REAGP, obteniendo de la sociedad civil la compensación correspondiente (DGT 30-6-98).
6) Un contribuyente tiene derecho a percibir de su cliente la compensación del 12% por los servicios accesorios de **recogida de almendra** (DGT CV 30-10-13).

Importe (LIVA art.130.Dos y Cinco) La cuantía de la compensación a percibir por los sujetos pasivos acogidos al REAGP es el resultado de aplicar al precio de venta de los productos naturales obtenidos en las explotaciones y de los servicios accesorios a las mismas a los que se aplique el régimen especial, el **porcentaje** que proceda de los siguientes: 3673
- el 12% en las entregas de productos naturales o servicios de explotaciones **agrícolas o forestales**;
- el 10,5% cuando los productos o servicios procedan de explotaciones **ganaderas o pesqueras**.

Para la determinación del **precio de venta** no se computan los tributos indirectos que graven las operaciones ni los gastos accesorios o complementarios (comisiones, portes, transportes, seguros, etc.), cargados separadamente al adquirente. Por tanto, la base para el cálculo del importe de la compensación debe ser el precio neto del producto natural o del servicio, sin que se incluya ningún gasto accesorio relacionado con la operación que se cargue separadamente al adquirente.
En las operaciones realizadas **sin contraprestación dineraria**, el referido porcentaje se aplica sobre el valor de mercado de los productos entregados.

Ejemplo Un agricultor acogido al REAGP vende 1.200 Kg. de naranjas a un mayorista por 36.256 €, cobrándole aparte los **gastos de transporte** hasta el almacén de Mercabarna que ascienden a 120 €. 3674
El agricultor solo cobra la compensación a tanto alzado sobre el precio pactado: 12% × 36.256 = 4.350,72 €.

3675 Doctrina Administrativa Además de las siguientes contestaciones de la DGT, ver nº 11000 s.

1) Una **subvención** que cumple todos los requisitos para ser considerada como una subvención directamente **vinculada al precio** (LIVA art.78) por las entregas de melocotones que los agricultores efectúan a un almacén, es establecida en función de los bienes que son objeto de entrega y su importe se fija antes de que se realicen estas últimas. Si resultase aplicable el REAGP, el criterio anterior sería igualmente válido para determinar el precio de venta de los citados melocotones. Por tanto, el importe que el almacenista abona al agricultor acogido al REAGP (incluida la parte que tiene su origen en la subvención que aquel recibe y cede al agricultor) va a tener la consideración de precio de venta de los melocotones entregados por dicho agricultor al mencionado almacén, sobre el que se ha de aplicar la compensación a tanto alzado correspondiente (DGT 13-2-02).

2) Las **ayudas comunitarias** en forma de renta previstas para los agricultores en régimen especial no pueden calificarse como ayudas vinculadas al precio de las operaciones, pues no se conceden para que el operador subvencionado realice una entrega de bienes o una prestación de servicios, de hecho cabe que se concedan a un agricultor que ha abandonado la producción. Estas ayudas no deben formar parte de la base de cálculo de la compensación del REAGP (DGT CV 31-5-13; CV 14-11-13).

3) En una cooperativa agraria se obliga a los socios a contratar la póliza de **seguros agrarios** a través de la propia cooperativa, así como a designar a dicha entidad asociativa como beneficiaria de las posibles indemnizaciones que pudiesen corresponder a los socios. La cooperativa repercutiría al socio la indemnización a través de la liquidación del producto agrario después de la comercialización y descuento de los gastos de la cooperativa. La **indemnización por daños** no tiene la consideración de precio de venta de los productos naturales obtenidos en las explotaciones agrarias o de los servicios accesorios a las mismas, por lo que el pago de la misma no genera el derecho a la compensación (DGT CV 1-7-08; CV 13-8-19).

3676 **4)** La compensación del REAGP a satisfacer por una cooperativa por las **entregas de uva** que sus socios le efectúan, va a ser el resultado de aplicar el tanto por ciento correspondiente sobre el precio de las entregas de uvas que perciban sus asociados, con independencia de cuál sea el criterio (gastos fijos y variables) que se tomen en consideración para el cálculo de dicho precio (DGT CV 26-10-09).

Los gastos tanto fijos como variables que, posteriormente, la **cooperativa** carga a los cooperativistas, descontándoselos de las cantidades que perciben por la entrega de la uva, no van a minorar el precio de venta a efectos de la aplicación de la compensación (DGT CV 26-4-11), ni en las entregas de uvas, los gastos por costes fijos en la producción de vino, mostos y derivados ni los generados por las cabidas vacías (DGT CV 22-4-20).

En el mismo sentido, no han de minorar el precio los **servicios de recolección** de los cítricos de los socios que los solicitan prestados por la cooperativa (DGT CV 24-3-14), ni los servicios de **molturación de aceitunas** prestados a los socios por la cooperativa (DGT CV 12-6-19), ni los diferentes servicios prestados a los socios, necesarios para que la alfalfa llegue a ser comercializada (DGT CV 4-7-25).

5) No minoran el precio las cantidades que una **cooperativa ganadera** cobra a cada asociado por los siguientes conceptos (DGT CV 28-3-19):

- un descuento de 0,50 € por cada cabeza de ganado entregada en matadero para su sacrificio, en concepto de aportación económica por extensión (OM AAA/1024/2016);
- un descuento del 1% sobre el importe bruto de cada transacción, en concepto de gastos de comercialización y gestión en los que incurre la cooperativa;
- un cargo o descuento de importe variable relativo a costes de transporte de ganado.

6) Cuando el precio de una entrega no sea conocido en el momento en que el importe de la compensación a tanto alzado correspondiente a la misma deba ser satisfecho, se ha de fijar un **precio provisional** aplicando criterios fundados, debiendo ser objeto de rectificación ulteriormente y, por tanto, también el importe de la compensación, cuando el importe definitivo del precio fuese conocido y no coincidiese con el que se fijó provisionalmente (DGT CV 13-5-10).

7) En la venta de árboles a una empresa maderera, se incluye una **prima de certificación** correspondiente a la citada venta, siendo su finalidad certificar que los productos son obtenidos con prácticas de extracción respetuosas con el medio ambiente, mediante certificación por el Consejo de Manejo Forestal. Dicha prima forma parte del precio satisfecho por el destinatario de la madera, por lo que ha de formar parte del precio de venta y debe ser tenida en cuenta para el pago de la compensación (DGT CV 23-9-21).

3677 Jurisprudencia **1)** El momento en que se produce la **entrega a una cooperativa** del producto natural (aceituna) propiedad de los agricultores para su venta, es el momento de la transmisión del poder de disposición de dichos bienes a la cooperativa (TS 22-6-11, EDJ 147287).

2) El establecimiento por parte de Portugal de un porcentaje de compensación a **tanto alzado de nivel cero** es contrario a la normativa comunitaria (TJUE 8-3-12, asunto C-524/10).

Sujetos obligados al reintegro (LIVA art.131; RIVA art.48; Rgto Fac art.16.1) Están obligados a abonar las compensaciones a los sujetos pasivos acogidos al REAGP, por aquellas operaciones que den derecho a percibirlas (nº 3646 s.): 3678

a) La **Hacienda Pública**, en los siguientes casos:

- en las entregas de bienes que sean objeto de exportación o expedición o transporte con destino a otro Estado miembro;
- por los servicios accesorios a los que sea aplicable el REAGP, prestados a empresarios establecidos fuera del territorio de aplicación del IVA español.

El sujeto pasivo acogido al REAGP debe **solicitar el reintegro** de las compensaciones correspondientes, mediante la presentación del **modelo 341** (OM 15-12-2000), obligatoriamente por vía electrónica, en el plazo de los 20 primeros días naturales posteriores a cada trimestre natural, excepto el correspondiente al último trimestre del año, que se presenta durante los 30 primeros días del mes de enero inmediatamente posterior.

b) El **empresario o profesional adquirente** de los bienes o servicios accesorios, cuando esté establecido en el territorio de aplicación del IVA español.

El reintegro debe efectuarse en el **momento** en que se realiza la entrega de los productos naturales o se prestan los servicios accesorios, cualquiera que sea el día fijado para el pago del precio. Aunque no haya nacido el derecho a recibir la compensación, el reintegro de la misma puede efectuarse en el momento del **cobro** total o parcial del precio correspondiente a los bienes o servicios de que se trate y en proporción a ellos, mediante acuerdo de los interesados (ver ejemplo en el nº 3698).

El reintegro se documenta mediante un **recibo** que el adquirente debe expedir entregando una copia del mismo al titular de la explotación (nº 7304 s.).

Precisiones En las **entregas de bienes del comitente al comisionista** efectuadas en virtud de un contrato de comisión de venta, cuando el comisionista actúe en nombre propio y el comitente esté sometido al REAGP, tiene derecho a percibir del comisionista el reintegro de las compensaciones. 3683

Ejemplo Un empresario agrario acogido al REAGP, vendió el día 16-8-20X0 a una entidad mercantil danesa, que le suministró su **NIF/IVA danés**, una partida de manzanas obtenidas en su explotación. Dichas manzanas fueron transportadas a Dinamarca por cuenta del empresario español el día 18 de agosto. El importe de la venta ascendió a 15.025 €. 3684

Al tratarse de una entrega intracomunitaria de bienes exenta (nº 5210), el empresario agrario debe solicitar el reintegro de la compensación (12% x 15.025 = 1.803 €) a la Hacienda Pública española, presentando el modelo 341 durante los 20 primeros días de octubre de 20X0, obligatoriamente por vía electrónica.

Doctrina Administrativa Además de las siguientes contestaciones de la DGT, ver nº 11000 s. 3688

1) La obligación del pago de las compensaciones a cargo de los adquirentes de los productos no se extingue por la **renuncia** del titular al correlativo derecho (DGT 30-1-86).

2) Los **consumidores finales** no están obligados a efectuar el reintegro de las compensaciones cuando efectúen sus compras directamente a sujetos pasivos acogidos al REAGP (DGT CV 2-11-15; CV 5-7-16).

3) En el **recibo** en el que sea documentado el reintegro de la compensación ha de constar expresamente, entre otras menciones, la identificación del titular de la explotación, con indicación de que está acogido al REAGP. Si este se negara a la firma del recibo, resulta aplicable lo previsto en el reglamento de facturación sobre la resolución de controversias -Rgto Fac art.24- (DGT CV 14-11-18).

4) Las entregas de fruta realizadas por los agricultores socios a una cooperativa agraria en **régimen de depósito**, se entienden realizadas en el momento de la venta de los productos transformados por la cooperativa al tercero adquirente. En ese momento, la cooperativa debe efectuar el reintegro de las compensaciones al adquirir la fruta a personas acogidas al REAGP y expedir un recibo por dichas operaciones. Considerando que la firma del recibo por parte del transmitente no puede tener lugar razonablemente antes de que el mismo reciba el importe de la compensación, y en atención igualmente a la libertad que se establece para efectuar su reintegro, la **expedición del recibo** en el que se documenta el pago de la compensación del REAGP puede demorarse en el tiempo con respecto a la entrega de los productos de que se trate, con independencia de la expedición de otros documentos en relación con la misma (DGT CV 25-5-20).

5) La emisión de **dos recibos** por la parte adjudicataria de un lote de madera relativos a la misma operación con un mismo destinatario no es correcta, debiendo haberse emitido un solo recibo por el total de la operación (DGT CV 9-4-24).

6) En el caso de entregas efectuadas en régimen de **depósito o comisión de venta** efectuadas a las cooperativas agrarias para que estas realicen su venta en nombre propio a terceros, la entrega que realiza a la cooperativa el cooperativista empresario incluido en el régimen especial de la agricultura, ganadería y pesca se entiende producida en el momento en que aquella efectúe la entrega de los productos al tercero adquirente. En consecuencia, en estos casos, el derecho al reintegro de la compensación no nace hasta el momento de la venta posterior del bien por la cooperativa (DGT CV 14-10-19). En el mismo sentido, DGT CV 8-11-23.

3696 **Deducción de las compensaciones satisfechas** (LIVA art.134; RIVA art.49) Se reconoce a los **empresarios adquirentes**, que hayan satisfecho compensaciones a agricultores acogidos al REAGP, el derecho a deducir el importe de tales compensaciones de las cuotas devengadas por las operaciones que realicen, como si se tratara de cuotas de IVA soportadas.

La deducibilidad de dichas compensaciones está condicionada a que el empresario o profesional que las haya satisfecho tenga en su poder el **original del recibo** expedido por él mismo mediante el cual ha efectuado el reintegro al empresario agrario. Dicho recibo solo justifica el derecho a la deducción de las compensaciones que en él se reflejan cuando reúnen los datos expuestos en nº 7304, y haya sido anotado en el libro registro especial que se debe cumplimentar al efecto (nº 7345 s.).

Como **excepción**, no pueden practicar la deducción los empresarios adquirentes de productos naturales que apliquen el régimen especial del **recargo de equivalencia** (nº 4534 s.).

Precisiones Las **compensaciones satisfechas improcedentemente** a agricultores no acogidos al régimen especial no son deducibles y deben ser reintegradas a la Hacienda Pública (LIVA art.133), mediante la presentación del **modelo 309** (nº 6650 s.). Por su parte, los clientes empresarios del titular de la explotación no deben efectuar por tal motivo ni la rectificación de los recibos expedidos por ellos mediante los cuales pagaron al titular el importe de las citadas compensaciones, ni la rectificación de las deducciones que, en su caso, hubiesen practicado en sus declaraciones-liquidaciones por el IVA del importe de tales compensaciones (DGT CV 4-4-07; CV 27-7-23; CV 26-6-24).

3698 Ejemplo Un empresario agrícola de la provincia de Murcia (acogido al REAGP durante el año 20X0), vende a una **sociedad mercantil** establecida en La Rioja 10.000 Kg de uvas para vinificación.

En relación con la citada venta se señala lo siguiente:

a) La entidad mercantil, el día 10 de octubre, envía 3.250 € como anticipo a cuenta de la futura entrega.

b) El día 18 de octubre el agricultor efectúa la puesta a disposición de la entidad mercantil de la totalidad de las uvas solicitadas.

c) La sociedad y el empresario pactan que no se pagará el resto del importe de la operación, incluida la compensación del REAGP, hasta los días 15 y 23 de diciembre (50% cada día).

En relación con el derecho de percepción de la compensación agrícola, cabe señalar:

- en el caso del anticipo, la entidad mercantil no está obligada a satisfacer al agricultor la compensación (12%), dado que el derecho a percibirla no nace hasta el momento en que se pongan a disposición de la entidad mercantil las uvas; no obstante, el reintegro de la compensación puede efectuarse en el momento del cobro total o parcial del precio correspondiente a los bienes o servicios de que se trate y en proporción a ellos, mediante acuerdo de los interesados (ver letra b, nº 3678);
- al haber acuerdo entre las partes para aplazar o demorar y fraccionar el pago de la compensación, los recibos acreditativos de su reintegro deben expedirse en el momento del cobro total o parcial de la compensación a tanto alzado (15 y 23 de diciembre), aunque el nacimiento del derecho a percibir dicha compensación se produjera con anterioridad;
- la entidad mercantil solo puede deducirse la compensación cuando la haya pagado y tenga en su poder el recibo original (nº 7304) acreditativo del pago de la compensación y del cobro de la misma por el agricultor, firmado por este y debidamente anotado en el libro registro especial que debe cumplimentar (nº 7345 s.).

3700 Doctrina Administrativa Además de las siguientes contestaciones de la DGT, ver nº 11000 s.

1) Cuando las partes hayan pactado un **aplazamiento en el pago**, total o parcial, del precio y el reintegro de las compensaciones va a ser realizado en proporción a dicho pago, el derecho a la deducción de las compensaciones nace cuando estas se satisfagan y en proporción a las cantidades pagadas (DGT CV 27-2-18). Lo mismo ocurre cuando se produce el **abono parcial** del precio del recibo, que conlleva que la deducción de la compensación sea también parcial, en el importe proporcionalmente pagado (DGT CV 21-12-22).

La mera entrega de un **cheque a la vista** no puede considerarse como pago de la compensación y no determina, por tanto, el nacimiento del derecho a deducirla hasta tanto no se produzca efectivamente el cobro de aquel (DGT CV 4-12-17).

La **satisfacción de la deuda** debe entenderse en el momento en que se produzca el pago efectivo al agricultor y no con la mera cesión del recibo de la compensación a la entidad de confirming (DGT CV 14-10-19).

La deducción del IVA no se produce hasta que el recibo haya sido satisfecho por el adquirente, en particular, en el caso de **pagarés**, cuando los mismos se hayan hecho efectivos (DGT CV 7-4-20).

2) Las cantidades satisfechas en concepto de **rectificación de las compensaciones** son deducibles, aunque se haya presentado la declaración de cese en la actividad (DGT CV 24-6-08).

Los recibos expedidos, tras cesar en la actividad, como consecuencia de la adquisición de aceituna a agricultores acogidos al REAGP, tienen que ser rectificados ya que la compensación correspondiente a dicho régimen ha sido satisfecha en un importe no procedente. Respecto a esa **mayor compensación satisfecha**, esa deducción debe practicarse en la correspondiente declaración-liquidación del IVA, previa anotación de esos recibos rectificativos expedidos en el libro registro especial (DGT CV 24-3-09).

Jurisprudencia **1)** Para que sean deducibles las compensaciones agrícolas es requisito necesario que se haya producido el **pago** de las mismas al empresario acogido al REAGP (TEAC unif criterio 15-10-19). No puede considerarse que tal pago se ha producido cuando, mediando un **contrato de confirming**, con o sin recurso, entre el deudor y una entidad financiera, esta última anticipa al empresario acogido al régimen especial el cobro de dichas compensaciones (TEAC unif criterio 21-11-19). **3702**

2) La omisión en la factura o recibo del dato relativo a que el proveedor está acogido a un régimen especial de IVA no constituye un **incumplimiento formal** suficiente para denegar la deducción del IVA, cuando dicha condición, puede ser verificada por la Administración tributaria a través de otros datos contenidos en la factura, el libro registro y sus propias bases de datos, siempre que el proveedor esté perfectamente identificado (TS 9-12-25, EDJ 794459).

C. Obligaciones de los sujetos pasivos acogidos al REAGP

(LIVA art.129 y 134 bis; RIVA art.47, 49 bis y 78 a 81; Rgto Fac art.2, 3, 16.1 y 26.1)

Obligación de liquidación (LIVA art.129) Aunque, en general, los empresarios agrarios acogidos al REAGP están exonerados de las obligaciones de repercusión, liquidación e ingreso del IVA por las operaciones realizadas en el ejercicio de actividades a las que sea aplicable dicho régimen especial, sí están obligados a liquidar e ingresar el IVA y, en su caso, también a repercutirlo, en las siguientes operaciones: **3715**

a) En las entregas de bienes **inmuebles** de inversión. No obstante, ver nº 3718.

b) En las **adquisiciones intracomunitarias** de bienes; no hay que repercutir el IVA al no ser obligatoria la expedición de factura por estas operaciones (Rgto Fac art.2 y 3).

c) En las adquisiciones de bienes y servicios por las que sean sujetos pasivos (supuestos de **inversión del sujeto** pasivo, nº 1335 s.). No es obligatoria la expedición de una autofactura para documentar estas operaciones (ver nº 7212).

d) En las **importaciones** de bienes. En este caso, la liquidación y pago del IVA se ha de efectuar en la forma prevista en la legislación aduanera para los derechos arancelarios.

Cuando realicen las operaciones de las letras a), b) y c) anteriores, deben autoliquidar e ingresar el IVA que, en su caso, grava dichas operaciones mediante la presentación de declaraciones-liquidaciones de carácter no periódico -**modelo 309**- (nº 6650 s.).

Precisiones En la mayor parte de los supuestos, las **entregas de inmuebles** referidas son segundas transmisiones exentas del IVA (nº 8640), o transmisiones de terrenos rústicos exentos (nº 8605) pero con **opción a renunciar** a la misma (nº 8685 s.). **3718**

En estos casos en los que el sujeto pasivo (transmitente) haya **renunciado a la exención**, el sujeto pasivo es el destinatario (nº 1363 s.), por lo que las entregas de los citados inmuebles por sujetos pasivos acogidos al REAGP no van a producir ingreso alguno en el Tesoro por parte de estos, dado que en dicha transmisión no se va a repercutir el IVA. En la factura que se expida se ha de consignar la mención «inversión del sujeto pasivo» (Rgto Fac art.6.1.m).

Ejemplos **1)** Un agricultor sometido al REAGP vendió el 15-8-20X0 parte de unos **terrenos rústicos** a una entidad mercantil para su explotación posterior, por 18.000 €. **3721**

La entrega de los terrenos rústicos, afectos a una explotación agrícola del transmitente, está sujeta pero exenta (nº 8605). No obstante, si el vendedor renuncia a la exención, debe expedir factura (Rgto Fac art.3.3), aunque el sujeto pasivo va a ser el destinatario (nº 1363 s.). En este caso, las entregas de los citados inmuebles no van a producir ingreso alguno en el Tesoro dado que en dicha transmisión no se ha de repercutir el IVA. En la factura que expida el agricultor se ha de consignar la mención «inversión del sujeto pasivo» (Rgto Fac art.6.1.m).

2) Un empresario agrícola adquiere a un **empresario francés** una partida de fertilizantes y abonos por 12.020 € para su actividad agraria, suministrándole su NIF/IVA español.

Se trata de una adquisición intracomunitaria de bienes sujeta al IVA español, dado que el empresario ha superado el umbral de no sujeción previsto (nº 5405). Por consiguiente, debe autoliquidar dicha operación utilizando el modelo 309. El empresario ha de ingresar el IVA correspondiente (10% x 12.020 = 1.202 €), que no va a poder deducir posteriormente, al tratarse de bienes afectos a una explotación acogida al REAGP. Por esta operación no debe expedir factura alguna.

3) Un empresario ganadero acogido al REAGP ha recibido un **informe de mercado** efectuado por una **empresa estadounidense** relativo al rendimiento obtenido por el ganado bovino criado en Texas. Por dichos servicios abonó la cantidad de 1.202 €.

Dicho empresario debe autoliquidar en el modelo 309 la mencionada operación, ingresando el IVA correspondiente (21% x 1.202 = 252,42 €), pues se trata de un servicio localizado en el territorio de aplicación del IVA español (LIVA art.69.Uno.1º), siendo sujeto pasivo el empresario español (nº 1336).

3727 Doctrina Administrativa Además de las siguientes contestaciones de la DGT, ver nº 11000 s.
1) Los sujetos pasivos a quienes sea de aplicación el REAGP no están obligados a efectuar la liquidación ni el pago del IVA por las **entregas de bienes del inmovilizado material** (vacas-madre) afectos a una explotación agraria, ni van a poder repercutir el IVA a los adquirentes de los citados bienes ni tienen derecho a percibir compensaciones a tanto alzado por esas entregas (DGT 19-11-99; CV 16-5-17; CV 24-7-17). En el mismo sentido, las entregas de un **toro** semental (DGT CV 19-3-14) o la venta de **vacas para la recría** (DGT CV 1-10-24); la venta de **maquinaria usada** (DGT 17-3-99; CV 13-3-15); venta de un **barco grúa** afecto a la actividad de producción de **mejillón** en batea (DGT CV 10-5-19); venta de **animales de desvieje** utilizados en la explotación como animales reproductores (DGT CV 12-3-19).
2) La **entrega de bienes inmuebles** utilizados como bienes de inversión en la actividad agraria acogida al REAGP tributa por el régimen general. No obstante, tratándose de la transmisión de un **terreno rústico**, la operación está exenta (nº 8605 s.), si bien existe la posibilidad de renunciar a la exención, en cuyo caso el sujeto pasivo va a ser el adquirente, por lo que el transmitente no va a tener que repercutir cuota alguna del IVA ni proceder al pago y liquidación del impuesto (DGT CV 21-10-19; CV 16-12-22; CV 15-2-23; CV 16-3-23; CV 14-3-24). Ver ejemplo 1 en nº 3721.
3) El titular de una explotación agrícola que tributa por el REAGP ha adquirido de un proveedor comunitario un **tractor usado**, cuyo importe excede de 10.000 €, que va a destinar al ejercicio de su actividad, por lo que comunica su NIF/IVA español. El proveedor no le repercute el IVA de origen por dicha operación. En este caso, el titular de la explotación realiza una adquisición intracomunitaria de bienes sujeta y no exenta, debiendo utilizar el modelo 309 para realizar la liquidación y el pago del IVA. Además, debe presentar la declaración recapitulativa de operaciones intracomunitarias, modelo 349 (DGT CV 2-12-20).

3728 Jurisprudencia Están sujetas al IVA las **adquisiciones intracomunitarias** de bienes que realice un empresario, sujeto pasivo del IVA, en REAGP, que ha comunicado su NIF a efectos de operaciones intracomunitarias a su proveedor en otro Estado miembro de la UE, con independencia del importe o base imponible que le correspondiera (TEAC 9-10-01).

3729 Obligaciones al comienzo y al cese en la aplicación del régimen especial

Estas reglas tienen como finalidad restablecer el **equilibrio fiscal** para los bienes afectos a una actividad que venía tributando en régimen general y pasa a tributar por el REAGP o viceversa.

3730 **Cambio del régimen general al REAGP** (LIVA art.134 bis.Uno; RIVA art.49 bis; OM HAC/3625/2003) Cuando una determinada actividad agrícola, ganadera, forestal o pesquera cambie del régimen general al REAGP, el empresario o profesional titular de la actividad está obligado a:
1. Ingresar el importe de las **compensaciones** de la futura entrega de los productos naturales ya obtenidos y aún no entregados a la fecha del cambio. A tal fin, se han de fijar provisionalmente los precios referidos en nº 3673, con criterios fundados, sin perjuicio de su rectificación posterior.
2. Rectificar las **deducciones** de los bienes, salvo los de inversión, y servicios no utilizados ni consumidos total o parcialmente en la actividad en la fecha de cambio del régimen de tributación.
Para cumplir con dichas obligaciones el titular de la actividad debe:
a) Confeccionar un **inventario de sus existencias de bienes** destinados a ser utilizados en sus actividades a las que resulte aplicable el REAGP con referencia al día inmediatamente anterior al del inicio del REAGP. En dicho inventario deben constar los **productos naturales** obtenidos en las explotaciones y no entregados en la fecha de cambio del régimen de tributación. Dicho inventario, firmado por el titular de la explotación, debe presentarse en la Administración o Delegación de la AEAT de su domicilio fiscal en el plazo de 15 días a partir del día de comienzo en la aplicación de dicho régimen.
b) Efectuar el **ingreso de las cuotas** resultantes mediante una declaración-liquidación no periódica, modelo 309 (nº 6640 s.).

3731 Precisiones 1) La justificación del ingreso de las compensaciones y el derivado de las rectificaciones de las deducciones se encuentra en que al adquirir los bienes o servicios utilizados en la obtención de los **productos naturales** ya se dedujeron las cuotas soportadas al haber tributado en régimen general, deducción que no se hubiera podido practicar si se hubieran adquirido en el REAGP, en el que dichas deducciones se resarcen mediante la percepción de las compensaciones. Por eso, también hay que rectificar las **deducciones** practicadas en bienes, distintos de los de inversión, y servicios no utilizados ni consumidos, porque si se hubieran adquirido en el REAGP, su deducción no se *habría podido realizar* directamente.
2) En los **bienes de inversión**, el ajuste se realiza mediante la regularización por bienes de inversión (nº 3016 s.), considerando igual a cero la prorrata de deducción durante el tiempo en que la actividad esté acogida al REAGP.

Ejemplo El empresario AS es titular de una explotación agrícola-ganadera que desde el año 20X0 ha estado tributando por el régimen general. En el mes de diciembre del año 20X4 presenta una **declaración censal de modificación** (modelo 036), para optar por el REAGP para el año 20X5. Dicho empresario presenta a 31-12-20X4 la siguiente situación: 3733

- Tiene una cosechadora que adquirió el año 20X3 por 120.000 €, más IVA.
- Hay 20 comederos para el ganado que adquirió el año 20X4 por 1.200 €, más IVA, y fueron utilizados en dicho año.
- Quedan sin utilizar 4 sacos de fertilizantes y 6 de semillas cuyo valor total de adquisición fue de 7.000 €, más IVA, así como 25 sacos de pienso para el ganado que costaron 5.400 €, más IVA, siendo el tipo impositivo aplicado del 10%.
- Asimismo, en la explotación hay unas existencias de la cosecha de trigo, cebada y alfalfa del año 20X4, de 200, 300 y 250 Kg, respectivamente, cuyo precio de mercado en esa fecha era de 0,10; 0,20 y 0,17 €/kg, respectivamente.
- Por último, hay en la explotación ganadera 250 corderos (peso total de los mismos: 3.750 Kg) y 50 vacas para carne (peso total de las mismas: 17.850 Kg), en condiciones de ser vendidas. El precio de venta en esa fecha de los corderos y vacas era de 8 €/kg y 20 €/kg por unidad, respectivamente.

En este supuesto, el empresario ha de confeccionar un inventario a 31-12-20X4 y realizar la siguiente regularización:

- La cosechadora al ser un bien de inversión se debe regularizar por el procedimiento establecido en el nº 3016 s.
- Los comederos no son bien de inversión y no debe efectuarse regularización alguna dado que han sido utilizados por el empresario.
- Por los fertilizantes, semillas y pienso debe realizarse el siguiente ingreso derivado de la rectificación de las deducciones practicadas:

7.000 × 0,10	700,00
5.400 × 0,10	540,00
Total	1.240,00

- Por las existencias de trigo, cebada y alfalfa se ingresará:

200 × 0,10 × 0,12	2,40
300 × 0,20 × 0,12	7,20
250 × 0,17 × 0,12	5,10
Total	14,70

Por las existencias de corderos y vacas se ingresará:

3.750 × 8 × 0,105	3.150,00
17.850 × 20 × 0,105	37.485,00
Total	40.635,00

Doctrina Administrativa Además de la siguiente contestación de la DGT, ver nº 11000 s. 3735

El titular de una explotación ganadera, que tributaba por el régimen simplificado, ha obtenido la **calificación de explotación ganadera dependiente** por lo que ha dejado de tributar por dicho régimen y ha pasado a tributar por el REAGP, dado que no ha renunciado a la aplicación de este último. No son de aplicación a este supuesto las reglas especiales previstas para el comienzo de tributación por el REAGP -nº 3730-, ya que dichas reglas solo resultan aplicables en los casos de cambio del régimen general al REAGP (DGT CV 12-7-06).

Cambio del REAGP al régimen general (LIVA art.134 bis.Dos; RIVA art.49 bis) Cuando una actividad agrícola, forestal o pesquera cambie del REAGP al régimen general, el titular de la actividad va a tener derecho a: 3740

1) Deducir el importe de las **compensaciones** agrícolas de los productos naturales obtenidos en la explotación y no entregados en la fecha de cambio del régimen. Dicho importe se calcula sobre el precio de mercado que tuvieran los citados productos naturales en la fecha de cambio del régimen (DGT CV 22-3-05).

2) La **deducción** en la cuota resultante de aplicar al valor de los bienes afectos a la actividad, IVA excluido, los tipos vigentes a la fecha del cambio del régimen. De esta deducción se excluyen los bienes de inversión y los bienes y servicios utilizados o consumidos total o parcialmente en la actividad, así como aquellos bienes por los que no se soportó cuota alguna del impuesto (DGT CV 22-3-05).

Para ejercitar dichos derechos el titular de la actividad debe:

a) Confeccionar un **inventario** de sus existencias de bienes afectos a sus actividades acogidas al REAGP con referencia al día inmediatamente anterior al del cese en la aplicación del REAGP. En dicho inventario deben constar los **productos naturales** obtenidos en las explotaciones acogidas al REAGP y no entregados en la fecha de cambio del régimen de tributación.

Dicho inventario, firmado por el titular de la explotación, debe presentarse en la Administración o Delegación de la AEAT de su domicilio fiscal en el plazo de 15 días a partir del cese en la aplicación del REAGP.

b) Efectuar la deducción derivada de las **regularizaciones** en la declaración-liquidación correspondiente al período de liquidación en que se haya producido el cese en la aplicación del REAGP.

Precisiones En los **bienes de inversión**, el ajuste se realiza mediante la regularización por bienes de inversión (nº 3016 s.), considerando igual a cero la prorrata de deducción durante el tiempo en que la actividad esté acogida al REAGP.

3742 Ejemplo El empresario Z es titular de una explotación agrícola que tributa por el REAGP. En el mes de diciembre del año 20X2 presenta la **renuncia** al citado régimen para el año 20X3 mediante una declaración censal de modificación (modelo 036). A 31-12-20X2, presenta la siguiente situación:

- Existe en la explotación un tractor que utiliza en sus labores agrícolas y que adquirió en el año 20X0 por 15.000 €, más IVA.
- También hay diverso material (cestas, herramientas, carretillas, etc.) que compró en el año 20X2 por 2.000 €, más IVA, para reponer el material gastado en la explotación, habiéndolo usado en su totalidad.
- Quedan sin utilizar 10 sacos de abonos que costaron 600 € en total, más IVA, así como 4 sacos de semillas que le costaron 500 €, más IVA. El tipo impositivo aplicado fue del 10%.
- De la cosecha del año hay las siguientes existencias: 5.000 kg de patatas y 4.000 kg de zanahorias, cuyo precio en dicha fecha era de 0,15 €/kg y 0,08 €/kg, respectivamente.

Pues bien, en este supuesto el empresario Z ha de confeccionar un inventario de los bienes no utilizados ni consumidos en la explotación, así como de los productos naturales obtenidos y no entregados, procediendo a realizar las siguientes deducciones:

Abonos: 600 × 0,10	60,00
Semillas: 500 × 0,10	50,00
Total	110,00
Patatas: 5.000 × 0,15 × 0,12	90,00
Zanahorias: 4.000 × 0,080 × 0,12	38,40
Total	128,40

3744 Doctrina Administrativa Además de las siguientes contestaciones de la DGT, ver nº 11000 s.

Un empresario que renuncia al REAGP, pasando a tributar por el régimen general del IVA, no tiene derecho a deducir importe alguno por las **existencias de ganado** adquirido a otro ganadero y por el que no satisfizo compensación alguna, dado que no lo ha obtenido en su explotación (DGT CV 22-3-05).

Jurisprudencia Es **fruto obtenido** el separado del árbol, lo que excluye el que está sin recolectar. Ahora bien, siguiendo el principio de neutralidad, debe asegurarse que el impuesto soportado en su producción ha sido recuperado por el contribuyente (TSJ Sevilla 27-3-25, EDJ 606295).

3750 **Otras obligaciones formales y registrales** El estudio detallado de las obligaciones formales y registrales se realiza diferenciando las obligaciones de liquidación del impuesto (nº 6400 s.) de otras obligaciones formales (nº 6900 s.).

La **exoneración** de obligaciones formales de los sujetos sometidos al REAGP encuentra diversas **excepciones**:

Obligación formal	Reenvío
Facturación:	nº 7190 s.
- obligación de facturación	nº 7228 s.
- conservación	nº 7320 y nº 7328
- recibo	nº 7304
NIF	nº 7140 s.
Libros registro	nº 7347, nº 7353 y nº 7389
Operaciones con terceras personas:	
- relativas a operaciones interiores (modelo 347)	nº 7112 s.
- relativas a operaciones intracomunitarias (modelo 349)	nº 7082 s.
Declaración censal:	nº 6905 s.
- declaración de alta	nº 6969
- declaración de modificación	nº 7022 y nº 7053

SECCIÓN 3

Régimen especial de los bienes usados, objetos de arte, antigüedades y objetos de colección

 3900

La **finalidad** de este régimen especial es evitar que la aplicación del régimen general de tributación en la transmisión de determinados bienes produzca distorsiones. Se trata normalmente de bienes que se han adquirido a una persona que no pudo deducir el IVA que, a su vez, soportó en su adquisición (porque actúa como particular, o porque aun siendo empresario o profesional, la entrega que realiza está exenta del IVA, sin derecho a deducir) y que el empresario **revendedor** vuelve a introducir en el circuito económico. Las entregas que realice este empresario-revendedor dan lugar a una nueva repercusión del IVA. Así, a dicho revendedor se le traslada parte del IVA soportado y no deducido por el anterior propietario del bien como un componente más de su precio final, produciéndose un indeseable **efecto piramidación**. 3902
Para evitar los efectos negativos apuntados, el régimen establece reglas específicas en la determinación de la base imponible (nº 4055 s.), lo que conlleva a su vez la aplicación de otras reglas en cuanto a repercusión, deducciones y obligaciones formales.

A. Ámbito de aplicación

(LIVA art.120.Tres, 135, 136 y disp.trans.11ª; RIVA art.33.2)

 3915

El régimen es aplicable a las entregas efectuadas por los **revendedores** de determinados bienes: bienes usados, bienes muebles que tengan la consideración de objetos de arte o de colección y antigüedades, siempre que en la adquisición previa por el revendedor se den ciertos requisitos (nº 3965 s.). La aplicación del régimen especial requiere la presentación por el revendedor de la **declaración de comienzo** (nº 6955 s.) de las actividades empresariales o profesionales. Estas operaciones quedan, en principio, sujetas al régimen especial, pero el revendedor, cuando aplique la modalidad de determinación de la base imponible mediante el **margen de beneficio de cada operación** (nº 4058), opcionalmente, puede renunciar a la aplicación de régimen especial y aplicar el régimen general a cualquiera de las entregas que efectúe, realizando las repercusiones del impuesto y las deducciones de las cuotas soportadas, conforme a las reglas generales (ver nº 2510 s.), con la particularidad contenida en el nº 2893 en cuanto al momento de nacimiento del derecho a la deducción. La **opción** se realiza mediante la repercusión en factura del IVA aplicado sobre el importe total de la contraprestación de la operación, calculada según el nº 1703, sin que requiera comunicación previa a la Administración. 3916
En la modalidad de determinación de la base imponible mediante el **margen de beneficio global**, el régimen especial se aplica previa opción expresa del sujeto pasivo (ver nº 4080 s.).

Precisiones En relación con el tratamiento de las **operaciones intracomunitarias** realizadas en aplicación del régimen especial, ver nº 5223, nº 5245.2, nº 5260 y nº 5265. 3918
En cuanto al tratamiento de las **ventas a distancia intracomunitarias de bienes**, cuando se aplica en origen el régimen especial, ver nº 9246.

Doctrina Administrativa Además de las siguientes contestaciones de la DGT, ver nº 11000 s.
1) La posibilidad de aplicar el régimen especial de los bienes usados, objetos de arte, antigüedades y objetos de colección, únicamente se supedita al requisito que hace referencia a que el sujeto pasivo haya presentado la **declaración de comienzo** de sus actividades (DGT CV 19-3-14; CV 7-4-15; CV 7-4-15).
2) La aplicación del régimen especial de bienes usados, objetos de arte, antigüedades y objetos de colección es voluntaria y requiere la presentación de la **declaración censal de alta** en dicho régimen. Esta declaración censal es imprescindible para la aplicación del régimen ya que, desde dicho momento, el sujeto pasivo tiene las obligaciones formales previstas en la LIVA (nº 4135). En particular, llevar los libros registros en los que se consignen las primeras compras que se realicen bajo dicho régimen. Por ello, hasta la presentación de la declaración censal no se puede aplicar el régimen especial (DGT CV 13-11-25).

1. Ámbito objetivo

(LIVA art.135, 136 y disp.trans.11ª)

3920 Dentro del ámbito objetivo de este régimen especial hay que distinguir entre los **bienes** cuya reventa puede acogerse al mismo (nº 3921 s.) y el cumplimiento de determinadas **condiciones** referidas a su adquisición o importación (nº 3965 s.).

a. Tipos de bienes

3921

3922 **Bienes usados** (LIVA art.135.Tres y 136.Uno.1º y Dos) Son bienes usados aquellos que presentan las siguientes características:
- son bienes **muebles** corporales. El régimen especial no es aplicable a bienes de naturaleza inmobiliaria (terrenos, edificaciones y otros);
- de **uso duradero**, esto es, son susceptibles de una utilización posterior con los mismos fines, en el mismo estado en que son adquiridos o previa reparación (operaciones cuyo coste no exceda del precio de adquisición de los bienes reparados);
- han sido **utilizados con anterioridad** a la adquisición o importación por el revendedor por un tercero. Se excluyen los que han sido utilizados por el revendedor acogido al régimen especial.

Además, también **se excluyen** del concepto de bienes usados no siendo, por tanto, aplicable el régimen especial:
- los **materiales de recuperación**. Entre ellos, se encuentra la lana, el papel, el cartón y el vidrio usados, dado que son materiales reciclables, así como los **metales viejos** (DGT 23-1-86; 8-10-86) y los **objetos de oro** adquiridos a particulares que se venden en lotes como chatarra a intermediarios para fundirlos (DGT CV 13-6-11);
- los **envases y embalajes**, como por ejemplo el **palet o pallet** (plataforma o bandeja de carga elaborada con diferentes materiales, como madera, plástico, metal, etc., para el transporte y almacenamiento de mercancías, previamente embaladas o no, con las cuales constituye una unidad de carga) (DGT 5-8-04; CV 14-11-12);
- el **oro, el platino y las piedras preciosas**. No están excluidas las joyas elaboradas con dichos metales o piedras, así como las perlas naturales o cultivadas que, por tanto, pueden considerarse bienes usados, siempre que hayan sido adquiridas por un revendedor a un particular y no hayan sido utilizadas, renovadas o transformadas por aquel (DGT 4-2-97; CV 27-4-09);
- las entregas intracomunitarias de **medios de transporte** que tengan la consideración de nuevos a efectos del régimen relativo a las operaciones intracomunitarias (nº 5425 s.). De esta forma, se coordina de forma unitaria la tributación de dichas operaciones, que en el marco de la LIVA deben tributar en el país de destino de dichos medios de transporte, cosa que no resultaría posible si se aplicara el régimen especial de los bienes usados a las citadas operaciones;
- los bienes **utilizados, renovados o transformados** por el revendedor transmitente. A estos efectos, se consideran de renovación las operaciones que tienen por finalidad el mantenimiento de las características originales de los bienes cuando su coste exceda de su precio de adquisición. En cuanto al concepto de transformación, se considera como tal cualquier alteración de los bienes que determine la modificación de los fines específicos para los cuales eran utilizables (LIVA art.10);
- el **oro de inversión**, definido en el nº 4400 s., que también se excluye de los restantes conceptos de bienes susceptibles de aplicar este régimen especial (nº 3947 s.).

3924 Precisiones **1)** Debe entenderse por **utilización de los bienes** el empleo de los mismos para los fines a los que estén objetivamente destinados.
2) Se consideran **reparaciones** las operaciones necesarias para que el bien pueda ser utilizado según su naturaleza y características originales. No se comprenden dentro de ellas las operaciones que supongan mejoras o modificaciones de dichas características.
3) No podría aplicarse el régimen si se tratase de unos muebles usados que, por su estado, solo pueden servir para producir serrín. Es necesario que sean susceptibles de un **nuevo uso** como muebles, aunque finalmente su destino real sea otro.
4) Las **ventas ocasionales** se excluyen del régimen especial, así como las de los demás bienes adquiridos para ser utilizados por el revendedor en su actividad, no para la reventa (ver ejemplo 3 en el nº 3926).

Ejemplos 1) Un vehículo **automóvil**, adquirido por un revendedor a un particular por 1.800 €, es objeto de diversas reparaciones por importe de 2.000 €, antes de ponerlo a la venta como vehículo de ocasión. **3926**
En este supuesto, a efectos del régimen especial, no estaríamos ante una operación de reparación sino una operación de renovación y, por tanto, el vehículo no es, cuando se revende, un bien usado, sino un «bien nuevo» que no puede tributar por el régimen especial.
2) Un revendedor adquiere a un particular un **aparato de radio** de 40 años de antigüedad por 60 €, habiendo encargado su revisión para que funcione perfectamente a un técnico al que abonó 150 € más el IVA correspondiente. Posteriormente, lo revende por 600 € más IVA.
También, en este caso, el aparato de radio se considera renovado y no se considera un bien usado a efectos del régimen especial. La reventa del mismo tributa en régimen general al tipo general que se aplica sobre la contraprestación total (600 €).
3) Un revendedor de maquinaria que vende un ordenador o unos **muebles afectos a su actividad** no puede aplicar el régimen especial en la entrega de estos bienes por haberlos utilizado dicho revendedor.
4) Un revendedor adquiere a un particular un **reloj de oro** por 4.210 €, vendiéndolo, posteriormente, por 8.500 €.
En este supuesto, dicho reloj tiene la consideración de bien usado, dado que solo está excluido del régimen especial el oro y, en ningún caso, las joyas elaboradas con dicho metal. Por tanto, el revendedor puede aplicar el régimen especial a la reventa del reloj, tributando por el margen de beneficio obtenido.
5) Un anticuario adquiere a un particular una **mesa de caoba** por 480 €. Dado su estado actual, realiza en la misma una serie de restauraciones para mantener sus características originales con un coste de 670 €.
Es un caso de renovación de un bien usado, lo que determina que no se pueda aplicar a la entrega del mismo el régimen especial.

Doctrina Administrativa Además de las siguientes contestaciones de la DGT, ver nº 11000 s. **3938**
1) Es posible aplicar el régimen especial de los bienes usados a la reventa de una **autocaravana**, siempre que no tenga la consideración de bien inmueble (DGT CV 27-10-15), así como a la venta de **teléfonos móviles** usados (DGT CV 20-10-15; CV 16-5-25; CV 16-5-25).
2) Este régimen especial **no es aplicable** a:
- las entregas de bienes del **patrimonio personal** del sujeto pasivo que se afectan a su patrimonio empresarial (DGT 8-4-97; CV 24-6-16);
- las ventas de **vehículos**, adquiridos **nuevos** por un empresario que, tras utilizarlos para mostrarlos a sus clientes, se transmiten por el mismo empresario (DGT 8-1-99);
- la reventa de **vehículos usados parcialmente afectos** al patrimonio empresarial del vendedor (DGT CV 25-5-10; CV 22-11-19; CV 20-2-20);
- la compra en subasta a compañías aéreas de **equipajes extraviados y objetos olvidados**, así como mercancías abandonadas (DGT CV 30-5-14);
- la adquisición de ropa y muebles, o **stocks de ropa** deteriorada o descatalogada a empresas, por las que soporta el IVA (DGT CV 22-4-16; CV 30-11-17), salvo en el caso de ropa usada cuya adquisición se realizara mediante una entrega a la que resultó de aplicación una exención técnica (DGT CV 9-3-20).

3) Para la aplicación del régimen especial de bienes usados a las operaciones de reventa de **embarcaciones de recreo**, las entregas no han de constituir una entrega intracomunitaria que tenga la consideración de medio de transporte nuevo (DGT CV 14-3-07; CV 12-1-16). **3942**
4) Es posible aplicar el régimen especial de los bienes usados a los **muebles viejos y usados**, previamente donados por particulares, que hayan sido sometidos a procesos básicos de limpieza (DGT CV 26-6-15).
5) Aquellos vehículos ya definitivamente inutilizables como consecuencia de roturas, cortes, desgaste u otros motivos -golpes, incendio, etc.- son considerados chatarra y, por tanto, material de recuperación (DGT CV 12-1-07). No así los elementos o piezas procedentes del **desguace de vehículos** susceptibles de ser utilizados para el uso primitivo para el que fueron concebidos (DGT CV 28-4-17).
6) Los bienes usados deben haber sido objeto de **utilización anterior** con independencia de que se adquieran a un tercero distinto del fabricante. La acreditación de dicha utilización corresponde al revendedor (DGT CV 28-4-25; CV 16-5-25).

Jurisprudencia 1) No resulta aplicable el régimen especial a la venta realizada a un tercero por un empresario revendedor de un **automóvil usado** que había previamente adquirido con exención del IVA a otro empresario que tuvo derecho a la deducción parcial del IVA (60%) soportado cuando adquirió el vehículo (TJUE 19-7-12, asunto C-160/11). **3946**

2) Es de aplicación el régimen de margen de beneficio (régimen de bienes usados), a las operaciones de venta de **piezas usadas de vehículos automóviles** adquiridas a particulares y que se destinan a la venta como piezas de recambio, al ser consideradas bienes de ocasión (TJUE 18-1-17, asunto C-471/15). Lo mismo ocurre con los vehículos que al fin de su vida útil son vendidos para la **extracción de piezas**, sin que estas no hayan sido extraídas previamente y siempre que conserven las funcionalidades que tenían en estado nuevo (de forma directa o mediante reparación) (TJUE 17-5-23, asunto C-365/22).
3) Los bienes de ocasión no comprenden los bienes usados que contengan **metales preciosos o piedras preciosas** si estos bienes ya no pueden cumplir su funcionalidad inicial y solo han conservado las funcionalidades inherentes a los metales y piedras de que se trata (TJUE 11-7-18, asunto C-154/17).
Los **animales vivos** pueden considerarse bienes de ocasión (Dir 2006/112/CE art.311 s.). Así ocurre con un caballo que se compra a un particular que no es criador y que, tras ser entrenado para un uso concreto, es revendido (TJUE 1-4-04, asunto C-320/02).
4) El régimen especial de los bienes usados puede aplicarse a la entrega de **terrenos edificables**, siempre que tuvieran esta condición en el momento de su adquisición por el revendedor y el Estado miembro haya ejercitado la opción contenida en la Dir 2006/112/CE art.392 (TJUE 30-9-21, asunto C-299/20; auto 10-2-22, asunto C-191/21).

3947 **Objetos de arte** (LIVA art.136.Uno.2º) La normativa enumera aquellos bienes muebles que se consideran objetos de arte, refiriéndose a ellos según el Código de la Nomenclatura Combinada Aduanera.
En particular, se consideran objetos de arte:
a) **Cuadros**, collages y cuadros de pequeño tamaño similares, pinturas y dibujos, realizados totalmente a mano por el artista (código NC 9701).
Están exceptuados los planos de arquitectura e ingeniería y demás dibujos industriales, comerciales, topográficos o similares, los artículos manufacturados decorados a mano, los lienzos pintados para decorados de teatro, fondos de estudio o usos análogos.
b) **Grabados**, estampas y litografías originales de tiradas limitadas a 200 ejemplares, en blanco y negro o en color, que procedan directamente de una o varias planchas totalmente ejecutadas a mano por el artista, cualquiera que sea la técnica o la materia empleada, a excepción de los medios mecánicos o fotomecánicos (código NC 9702 00 00).
c) **Esculturas** originales y estatuas de cualquier materia, siempre que hayan sido realizadas totalmente por el artista; vaciados de esculturas, de tirada limitada a ocho ejemplares y controlada por el artista o sus derechohabientes (código NC 9703 00 00).
d) **Tapicerías** y textiles murales tejidos a mano sobre la base de cartones originales realizados por artistas, a condición de que no haya más de ocho ejemplares de cada uno de ellos (código NC 5805 00 00 y 6304 00 00, respectivamente).
e) Ejemplares únicos de **cerámica**, realizados totalmente por el artista y firmados por él.
f) **Esmaltes** sobre cobre realizados totalmente a mano, con un límite de ocho ejemplares numerados y en los que aparezca la firma del artista o del taller, a excepción de los artículos de bisutería, orfebrería y joyería.
g) **Fotografías** tomadas por el artista y reveladas e impresas por el autor o bajo su control, firmadas y numeradas, con un límite de treinta ejemplares en total, con independencia de los formatos y soportes. A tal efecto, no pueden ser consideradas objetos de arte cuando su origen provenga de una producción masiva, que implica un revelado e impresión confiado a laboratorios especializados, sin un control del fotógrafo sobre el efecto final (TJUE 5-9-19, asunto C-145/18).

3953 Doctrina Administrativa Además de las siguientes contestaciones de la DGT, ver nº 11000 s.
1) No tienen la consideración de **objetos de arte** las entregas de:
- un **manto bordado** para imágenes (DGT 12-11-02);
- **pinturas sobre seda** realizada a mano, que luego se coloca sobre complementos -bolsos, blusas, pañuelos, etc.- (DGT CV 23-5-11);
- ejemplares de **cerámica** que no sean únicos, es decir, que exista otro igual de su especie. Por tanto, los ejemplares semejantes o de la misma especie no tienen la consideración de objetos de arte (DGT CV 18-12-19);
- productos de artesanía de **cuero**, tales como pulseras, bolsos, cinturones, llaveros, etc. (DGT CV 15-1-15);
- **ajuares**, enseres, mantones, estandartes, pasos de palio, tapices y similares (DGT CV 19-2-14);
- **vidrieras** artísticas (DGT CV 23-10-19).
2) Sí se consideran **objetos de arte**:
- las **esculturas y estatuas** de cualquier materia, incluido el vidrio (DGT CV 20-1-15);
- una pintura encargada para un **cartel anunciador de fiestas** (DGT CV 24-1-07).

3955 **Objetos de colección** (LIVA art.136.Uno.3º) Se distingue entre:
a) **Sellos** de correos, timbres fiscales, marcas postales, sobres primer día, artículos franqueados y análogos, obliterados (es decir, anulados) o no, que no tengan ni hayan de tener curso legal (código NC 9704 00 00).

b) Colecciones y especímenes para colecciones de **zoología, botánica, mineralogía o anatomía**, o que tengan interés histórico, arqueológico, paleontológico, etnográfico o numismático (código NC 9705 00 00).

Doctrina Administrativa Además de las siguientes contestaciones de la DGT, ver nº 11000 s. 3957
1) Los **billetes antiguos sin curso legal** tienen la consideración de objetos de colección o de antigüedades si pueden encuadrarse dentro de los códigos NC 9705 00 00 y 9706 00 00, lo que viene determinado por la normativa aduanera sobre nomenclatura arancelaria (DGT 6-2-04). En el mismo sentido, las **monedas de plata de terceros países de curso legal** importadas para su reventa (DGT CV 17-11-22; CV 6-8-24) o las adquiridas a mayoristas establecidos en la Unión Europea (DGT CV 17-11-23; CV 17-11-23).
2) El concepto de objetos de colección comprende los **sellos de correos** que no tengan ni hayan de tener curso legal en el país de destino. A la comercialización de sellos de curso legal en España no resulta aplicable el régimen especial contemplado, puesto que no se encuentran incluidos en el concepto de sellos de colección (DGT CV 28-4-08).

Antigüedades (LIVA art.136.Uno.4º) A efectos del régimen especial, son antigüedades los bienes **muebles** que reúnan conjuntamente los siguientes requisitos: 3960
- que sean objetos de más de 100 años; y
- que no sean objetos de arte (nº 3947) o de colección (nº 3955).

Ejemplo Un revendedor adquiere a un particular un **cuadro del siglo XVIII**.
En este caso, dicho cuadro, aun teniendo más de 100 años, no se considera antigüedad dado que se califica como objeto de arte (ver nº 3947). Esta distinción tiene su importancia fundamentalmente a efectos del tipo impositivo aplicable en operaciones interiores (nº 4100).

b. Origen de los bienes destinados a la reventa

(LIVA art.135.Uno y disp.trans.11ª)

Para aplicar el régimen especial, no basta con que los bienes objeto de reventa se califiquen como usados, objetos de arte o de colección o antigüedades, sino que, además, es necesario que hayan sido adquiridos o importados en determinadas **condiciones**: 3965
- que hayan sido adquiridos a personas que no pudieron deducir el IVA soportado en su compra (nº 3967 s.);
- que se trate de objetos de arte adquiridos a profesionales o empresarios a tipo reducido (nº 4000); y
- que se trate de objetos de arte, de colección o antigüedades, importados por el revendedor (nº 4010).

Bienes adquiridos a personas que no pueden deducir el IVA soportado en su compra (LIVA art.135.Uno.1º) Puede aplicarse el régimen especial en los siguientes supuestos: 3967
- adquisición a particulares (nº 3968);
- adquisición a empresarios o profesionales de otros Estados miembro de la UE que tributen en el régimen de franquicia (nº 3969);
- adquisición a empresarios o profesionales que realizan operaciones exentas (nº 3980 s.);
- adquisición a empresarios o profesionales que realizan operaciones con limitación del derecho de deducción (nº 3990); y
- adquisición a otros revendedores que han aplicado el régimen especial (nº 3995).

Doctrina Administrativa Además de la siguiente contestación de la DGT, ver nº 11000 s.
El régimen especial de los bienes usados no resulta aplicable a la entrega de **motocicletas** adquiridas a particulares fuera de la Unión Europea e importadas posteriormente (DGT CV 29-4-19). Tampoco a las entregas de **bolsos** usados adquiridos en terceros países e importados posteriormente para su reventa en el territorio de aplicación del impuesto y en otros Estados miembro de la UE (DGT CV 14-2-22).

Jurisprudencia El régimen del margen de beneficio (régimen de bienes usados) no se aplica a las entregas de **bienes importados** en la Unión Europea por el propio sujeto pasivo **revendedor** en régimen normal de IVA -p.e. piezas usadas para vehículos automóviles- (TJUE 3-3-11, asunto C-203/10).

Adquisición a particulares (LIVA art.135.Uno.1º.a) En estos supuestos, el revendedor adquiere los citados bienes sin soportar el IVA, pero dado que el particular no pudo deducir el IVA soportado en su adquisición, el precio pagado por el revendedor lleva implícitamente parte de dicho tributo, sin que pueda deducirlo al no soportarlo directamente. Aplicando el régimen especial se palía el problema de **sobreimposición** que en otro caso se genera en la reventa. 3968

Ejemplo A (particular) vende a B (empresario) un vehículo usado por 5.445 € (el precio de adquisición fue de 9.000 € más 1.890 € de IVA). Posteriormente, B revende dicho vehículo por 7.500 € más el 21% de IVA.

En este supuesto, al vender A por el 50% del coste total (10.890 €), el precio lleva incorporadas también 945 € de IVA que A no ha recuperado, dado que es un consumidor final. Por tanto, cuando el empresario B revende dicho vehículo, que ha adquirido con el IVA incorporado (IVA que no puede deducir por no haberlo soportado directamente), repercute nuevamente el IVA sobre la totalidad de la base imponible (7.500 €), gravándose impuesto sobre impuesto y produciéndose una sobreimposición.

Doctrina Administrativa Además de las siguientes contestaciones de la DGT, ver nº 11000 s.

1) Un empresario español efectúa adquisiciones de **vehículos usados** terrestres a motor a particulares establecidos en otros Estados miembro de la UE. No están sujetas al IVA ni las entregas de los particulares (en el Estado de origen), ni la adquisición intracomunitaria que efectúa el revendedor español, que puede aplicar en la reventa el régimen especial de bienes usados (DGT 20-1-99; CV 8-5-09; CV 19-6-09).

2) Se aplica el régimen especial de los bienes usados a las ventas que efectúa una sociedad que ha adquirido a particulares los productos que vende, como ocurre con **vehículos** (DGT 7-6-02) y con **obras de arte** (DGT CV 31-3-23), ya que no tienen la condición de empresarios o profesionales a efectos del IVA.

3) Puede aplicarse el régimen especial de los bienes usados a la **reventa de joyas** a través de internet, sin manipular ni transformar, que se adquieren a particulares (DGT CV 1-3-19).

4) Una entidad de crédito que financia a sus clientes, no empresarios o profesionales, la adquisición de vehículos automóviles usados, en caso de impago, recibe los vehículos para cancelar el crédito (**dación en pago**). En estos casos, acuerda con una compañía dedicada a la compraventa de vehículos usados la adquisición, por esta última, de los vehículos que reciba la entidad de crédito por la dación en pago. Como los vehículos provienen de personas que no tienen la condición de empresarios o profesionales, la entidad de crédito puede aplicar el régimen especial de bienes usados en las posteriores entregas, reventas, que haga de los vehículos (DGT CV 3-2-25).

3969 **Adquisición a empresarios o profesionales que tributen por el régimen de franquicia** (LIVA art.135.Uno.1º.b) El régimen de franquicia no existe en la normativa española del IVA, pero sí se aplica en otros Estados miembros. Se trata de un régimen con exención del IVA, sin derecho a la deducción de las cuotas soportadas. Así, cuando un empresario español adquiere mercancías a otro empresario que aplica este régimen, siempre que el bien tenga para este último la consideración de **bien de inversión**, no soporta el IVA en el Estado de origen de las mercancías, aunque hay una parte de IVA incluida implícitamente en el precio. Por otra parte, tampoco debe liquidar dicha operación como adquisición intracomunitaria en España, dado que no está sujeta al IVA español (ver nº 5260).

Ejemplo Un empresario español adquiere un bien de inversión (**ordenador usado**) a un empresario belga acogido al régimen de franquicia en su país por una actividad de venta de alfombras. El empresario español adquiere el ordenador con exención en Bélgica; no obstante, el precio lleva incorporado parte del IVA belga soportado y no deducido por el vendedor. El empresario español no liquida adquisición intracomunitaria alguna, pudiendo aplicar el régimen especial de bienes usados en la entrega ulterior que efectúe del ordenador, dado que este era, para el empresario belga en régimen de franquicia de quien lo adquirió, un bien de inversión.

3975 Doctrina Administrativa Además de la siguiente contestación de la DGT, ver nº 11000 s.

Un empresario español efectúa adquisiciones de **vehículos usados** terrestres a motor a empresarios no revendedores establecidos en otros Estados miembro de la UE. Si el empresario transmitente se beneficia del régimen de franquicia del IVA en el Estado de inicio de la expedición o transporte del vehículo, la entrega está sujeta y exenta del IVA en este y no está sujeta la adquisición intracomunitaria que efectúa el revendedor español. Este último puede aplicar en la reventa el régimen especial de bienes usados únicamente si el vehículo hubiese tenido para el vendedor del otro Estado miembro de la UE la consideración de bien de inversión (DGT 20-1-99; CV 8-5-09; CV 19-6-09).

3980 **Adquisición de bienes utilizados en operaciones exentas sin derecho a deducción** (LIVA art.135.Uno.1º.c) En este caso, se trata de la adquisición de bienes a empresarios o profesionales que los han utilizado en operaciones exentas sin derecho a la deducción de las cuotas soportadas, de manera que, en la transmisión que efectúan al revendedor, se aplica la **exención técnica** del nº 1041 s.

El régimen especial también es aplicable en aquellos casos en que la entrega exenta fuese una entrega efectuada a un **revendedor español en otro Estado miembro** de la UE, de acuerdo con los criterios de nuestra normativa sobre las entregas de bienes usados en operaciones exentas -nº 1041 s.-.

Ejemplo Un revendedor de **ordenadores** ha adquirido por 1.250 € a un banco unos ordenadores personales por los que este pagó 4.810 € en el año 20X0 y por los que soportó 865,80 € del IVA. Dichos ordenadores se utilizaron por el banco para realizar **operaciones exentas** sin derecho a la deducción del IVA soportado. En el año 20X6 el revendedor los revende a otra empresa por 2.520 €. La entrega del ordenador efectuada por el banco es una entrega interior exenta del IVA (LIVA art.20.uno.24º) que lleva incorporada en el precio parte del IVA soportado y no deducido por el mismo, pudiendo el revendedor adquirente aplicar el régimen especial a la posterior venta que realiza, tributando por el margen de beneficio (1.270 €). 3982

Doctrina Administrativa Además de las siguientes contestaciones de la DGT, ver nº 11000 s. 3985
1) Un empresario español efectúa adquisiciones de **vehículos usados** terrestres a motor a empresarios no revendedores establecidos en otros Estados de la UE. Si el empresario transmitente entrega el vehículo con aplicación de una **exención similar** a la prevista en la normativa española para las entregas de bienes utilizados en operaciones exentas -nº 1041 s.-, la adquisición intracomunitaria efectuada por el empresario español está sujeta y exenta, pudiendo aplicar en la reventa el régimen especial de bienes usados (DGT 20-1-99; CV 8-5-09; CV 19-6-09).
2) El régimen no se aplica a vehículos adquiridos a empresas de **alquiler de automóviles**, ya que estas empresas no han realizado las entregas de los automóviles exentas, pudiendo efectuar la deducción de las cuotas soportadas por la adquisición, afectación o importación de los automóviles (DGT 4-12-01).

Adquisición de bienes que no originaron el derecho a deducción (LIVA art.135.Uno.1º.c) Se trata de la adquisición de bienes a empresarios o profesionales cuya adquisición o importación no determinó el derecho a deducción por ser de aplicación las **limitaciones o exclusiones** del derecho a deducir previstas en la normativa (ver nº 2600 s.). 3990

Ejemplo Una empresa adquirió a su autor en el año 20X0, por 9.105 €, un **tapiz** del siglo XX para decorar el salón de la casa del director general, habiendo soportado 910,50 € de IVA (10%). En el año 20X2 decide venderlo por 11.000 € a un revendedor de objetos de arte que a su vez lo revende por 12.000 €.
Estamos ante el supuesto típico de no deducción en ninguna medida ni cuantía de las cuotas soportadas por la no afectación (total o parcial) del bien adquirido a la actividad de la entidad. Por tanto, cuando entregue el tapiz al revendedor aplica la exención técnica (LIVA art.20.uno.25º), incorporándose al precio la cuota residual del IVA soportado y no deducido. Posteriormente, el revendedor puede aplicar el régimen especial, tributando por el margen.

Doctrina Administrativa Además de la siguiente contestación de la DGT, ver nº 11000 s.
No resulta aplicable el régimen especial de bienes usados a la operación de entrega de un **vehículo usado** adquirido a un empresario o profesional con repercusión del IVA por tratarse de una entrega sujeta y no exenta (DGT CV 11-2-14).

Adquisición a otro revendedor que ha aplicado el régimen especial (LIVA art.135.Uno.1º.d y 139) Por disposición expresa de la normativa, los revendedores no pueden deducir las cuotas soportadas o satisfechas por la adquisición o importación de bienes que sean a su vez transmitidos por revendedores en virtud de entregas sometidas a este régimen especial. 3995

Ejemplo Un particular vende a un revendedor, en el año 20X4, un juego de 6 sillas de estilo isabelino por 2.410 €, que previamente había adquirido en el año 20X0 por 4.000 € más el 21% de IVA (840 €). Dicho revendedor se lo **vende a otro revendedor**, aplicando el régimen especial, por 3.010 €, el cual a su vez lo revende por 4.750 €.
En el supuesto planteado, el particular realiza una venta no sujeta al IVA incorporando en el precio la cuota residual del IVA que soportó en la adquisición de los bienes y que no pudo deducir. Por su parte, el primer revendedor aplica el régimen especial tributando por un margen y, finalmente, el último revendedor puede aplicar asimismo el régimen especial, dado que ha soportado el IVA del margen del revendedor anterior que no puede deducir (ver nº 4105).

Doctrina Administrativa Además de las siguientes contestaciones de la DGT, ver nº 11000 s. 3997
1) Es posible aplicar el régimen especial de bienes usados a la reventa de **teléfonos móviles usados** adquiridos a empresarios revendedores establecidos en otros Estados miembro de la UE que aplicaron dicho régimen especial (DGT CV 16-5-25; CV 16-5-25).
2) Un empresario español efectúa adquisiciones de **vehículos usados** terrestres a motor a empresarios revendedores establecidos en otros Estados miembros de la UE. Deben distinguirse dos supuestos, en función del régimen aplicado en la entrega del revendedor europeo:
- si esta se efectuó con arreglo al **régimen general** del IVA, debe quedar sujeta y exenta en el Estado de origen. La adquisición intracomunitaria del empresario español queda sujeta y no exenta en España y no puede aplicar el régimen especial en la reventa que a su vez efectúe;
- si se efectuó con arreglo al **régimen especial** de bienes usados, tributa por el mismo en el país de origen y la adquisición intracomunitaria del empresario español no queda sujeta al IVA español, pudiendo aplicar en la reventa el empresario español el régimen especial de bienes usados (DGT 20-1-99; CV 22-11-19; CV 2-6-21).

A la **reventa de vehículos** que fueron adquiridos con sujeción al régimen general del IVA, ya sea en virtud de una operación triangular o en virtud de una entrega intracomunitaria de bienes, no resultaría de aplicación el régimen especial de bienes usados (DGT CV 21-5-21; CV 25-2-23).

3) Una sociedad española **adquiere en Alemania** a un empresario un **vehículo usado**, siendo transportado desde Alemania a España. La sociedad efectuaría en España, en principio, una adquisición intracomunitaria de bienes sujeta a IVA, que debería declarar y liquidar a la Hacienda Pública. Por excepción, la sociedad no realizaría el citado hecho imponible si el empresario alemán tributase por dicha venta en Alemania con sujeción al régimen especial de bienes usados del IVA. En este supuesto, la sociedad española no debería declarar ni liquidar a la Hacienda Pública, puesto que no se produce el hecho imponible adquisición intracomunitaria de bienes. A tales efectos, corresponde a la entidad acreditar que el empresario alemán ha aplicado el citado régimen especial. El que en las **facturas recibidas** de los proveedores alemanes conste que la operación se realiza con aplicación del régimen especial de bienes usados es un indicio relevante de que tal régimen ha sido aplicable (DGT 29-2-12).

4) Respecto a la **acreditación por el revendedor** de que ha adquirido los bienes a otro revendedor establecido en la UE que ha tributado aplicando dicho régimen, no se regula ningún medio específico para ello, por lo que son válidos los medios de prueba que estime oportunos, que deben valorarse por la Administración. El que en las facturas recibidas del proveedor europeo conste que la operación se realiza con aplicación de dicho régimen especial constituye un indicio relevante a estos efectos (DGT CV 29-10-25).

3998 Jurisprudencia Salvo que se demuestre que no se ha actuado de buena fe o no se adoptaron todas las **medidas razonables**, la existencia de menciones relativas tanto al régimen del margen de beneficio (régimen de bienes usados) como a la exención del IVA, habilita al sujeto pasivo para aplicar el régimen, aunque de una inspección posterior resulte que el sujeto pasivo revendedor que suministró los bienes de ocasión no había aplicado efectivamente dicho régimen a la entrega de esos bienes (TJUE 18-5-17, asunto C-624/15).

4000 **Objetos de arte adquiridos a empresarios o profesionales a tipo reducido** (LIVA art.135.Uno.3º y disp.trans.11ª) El régimen especial puede aplicarse también en las **entregas** de los objetos de arte que el revendedor haya adquirido al tipo reducido del 10% (nº 4100).

Ejemplos **1)** Un revendedor adquiere por 12.020 € (sin IVA) a los herederos de EFL un **cuadro** pintado por este. Posteriormente, lo revende a un museo por 20.500 € más IVA. Dichos herederos han vendido varias obras del autor durante este año.

La entrega del cuadro por los herederos de EFL tributa al tipo del 10%, pudiendo el revendedor aplicar el régimen especial en la entrega que efectúa al museo, tributando por el margen de beneficio.

2) Empresario con derecho a la deducción del IVA soportado que presta ciertos servicios a un artista a cambio de la entrega, por este, de una **obra de arte de la que es autor**. Posteriormente, el empresario adquirente la entrega a un revendedor que, a su vez, la revende a un museo.

En este supuesto tienen lugar las siguientes operaciones:

- entrega del autor al empresario: sujeta al IVA al tipo del 10%;
- entrega del empresario al revendedor: sujeta al IVA y no exenta, dado que el empresario puede deducir el IVA soportado en la operación anterior. Tributa al 10%;
- entrega del revendedor al museo, que puede tributar por el régimen especial. El tipo impositivo es el general del 21%.

3) Un revendedor español adquiere una **escultura en Bélgica** a su autor por 4.808 €, suministrándole su NIF/IVA español, y la revende en España a una fundación por 7.212 €.

En este supuesto se producen las siguientes operaciones:

- una entrega en Bélgica exenta del IVA por ser una entrega intracomunitaria de bienes (Dir 2006/112/CE art.138 s.);
- una adquisición intracomunitaria en España sujeta y no exenta del IVA español que tributa al 10%;
- una entrega interior sujeta y no exenta a la que el revendedor puede aplicar el régimen especial, tributando por el margen.

4002 Jurisprudencia Resulta aplicable el régimen del margen de beneficios en una entrega de **objetos de arte** que han sido entregados en una fase anterior, dentro de una entrega intracomunitaria exenta, ya sea por el autor o sus causahabientes, aunque no estén incluidos en ninguno de los supuestos recogidos en la normativa comunitaria -Dir 2006/112/CE art.314- (TJUE 29-11-18, asunto C-264/17).

4010 **Objetos de arte o de colección y antigüedades importados por el revendedor** (LIVA art.135.Uno.2º) De este supuesto quedan **excluidos** los bienes usados, dado que lo que se ha pretendido es favorecer las importaciones de los objetos de arte, de colección y antigüedades para enriquecer el patrimonio cultural comunitario, estableciendo un gravamen reducido del 10% respecto de dichas importaciones (nº 4100). La reventa de los mismos efectuada por el revendedor, con aplicación del régimen especial, tributa al tipo general.

Ejemplo Una **antigüedad** del siglo XVIII importada de China por un revendedor español cuyo valor en Aduana es de 4.750 €, se revende a un banco por 7.250 € más IVA.
En la importación el revendedor paga el 10% de IVA. Si aplica en la reventa posterior al banco el régimen especial, repercute el IVA sobre el margen al tipo impositivo general. No obstante, si el revendedor opta por aplicar el régimen general a esta operación puede deducir el IVA soportado a la importación (ver nº 4110).

Jurisprudencia El régimen del margen de beneficio es aplicable también cuando la entrega de una obra de arte se realiza a través de una **persona jurídica** constituida por el propio autor o sus derechohabientes, y constituya la primera introducción de la obra en el mercado de la Unión (TJUE 1-8-25, asunto GKG C-433/24).

2. Ámbito subjetivo

(LIVA art.136.Uno.5º)

El concepto de sujeto pasivo revendedor se delimita con los siguientes **requisitos:** **4020**
- debe tener la condición de empresario, siempre que se cumplan los requisitos previstos en el nº 80;
- debe realizar con habitualidad entregas de bienes acogidos al régimen especial;
- debe adquirir o importar los bienes para su reventa.

Además, se asimilan al revendedor los denominados **subastadores**, es decir, los organizadores de subastas públicas que median en nombre propio y por cuenta ajena en la venta de objetos de arte, antigüedades, etc.

Precisiones La asimilación viene refrendada por la propia LIVA, que establece la existencia de dos entregas de bienes en los supuestos de comisión en nombre propio y llevaría a considerar al **comisionista** en nombre propio como sujeto pasivo revendedor, dado que adquiere bienes -entrega del comitente al organizador- para su reventa -entrega del organizador al adjudicatario de la subasta- (nº 160 s.).
Conviene precisar que el régimen especial solo se aplica a las entregas de bienes usados, objetos de arte, antigüedades y objetos de colección efectuadas por el revendedor, siempre que intervenga en las mismas **en nombre propio**, tanto si lo hace por cuenta propia (por ser el propietario de los bienes), como si lo hace por cuenta ajena (entregas en virtud de contratos de comisión de venta). El régimen especial no es aplicable a las operaciones que no se califican como entregas, es decir, a prestaciones de servicios según la normativa del IVA, por consistir en contratos de comisión en nombre y por cuenta ajena.

Ejemplos **1)** Un **anticuario** que hereda unas sillas del siglo XIX que destina a su **patrimonio particular** no puede aplicar el régimen especial, en caso de entrega posterior de dichas sillas, porque no adquirió dichos bienes para su reventa. **4025**
2) Una **galería de arte** gestiona la venta directa de un cuadro de un artista al comprador, facturando al comprador su comisión de compra o al vendedor su comisión de venta.
La entrega del cuadro se efectúa por el artista para el comprador, siendo la operación de intermediación efectuada por la galería una prestación de servicios, que tributa en régimen general, no resultando aplicable el régimen especial.

Doctrina Administrativa Además de las siguientes contestaciones de la DGT, ver nº 11000 s. **4030**
1) Una entidad financiera gestiona la compra de vehículos a particulares. La entidad es titular de una **reserva de dominio** que en determinadas circunstancias ejerce, adquiriendo la propiedad del vehículo que antes pertenecía a sus clientes. Los vehículos son depositados hasta la posterior venta, que realiza la propia empresa. Aunque su actividad principal no es la reventa de los vehículos, sino su financiación, la empresa es un sujeto pasivo revendedor y a la reventa de los vehículos puede aplicarse el régimen especial de bienes usados (DGT CV 21-12-07). Ver también la DGT CV 3-2-25 en el nº 3968, en relación con la **dación en pago** de los vehículos a la entidad financiera en caso de impago del crédito.
2) Un contribuyente actúa como **comisionista de vehículos** que le son dejados en **depósito** y, una vez vendidos, transfiere el importe de la venta menos su comisión. Estas operaciones solo se asimilan al régimen de bienes usados en los supuestos en los que la comisión se realiza en nombre propio como sujeto revendedor, dado que adquiere bienes para reventa, tanto si lo hace por cuenta propia, por ser el propietario de los bienes, como si lo hace por cuenta ajena, al tratarse de entregas en virtud de comisiones de venta (DGT CV 9-5-08).
3) La actividad de **compraventa de ropa usada** realizada por una persona física puede tributar por el régimen especial de bienes usados, en las entregas de ropa usada adquirida a particulares, que no haya sido utilizada, renovada o transformada por la persona que efectúa la reventa (DGT 18-2-98; CV 27-5-13), incluso cuando ha sido depositada por los particulares en **contenedores** ubicados en ciudades (DGT CV 12-11-15; CV 20-12-16), con independencia de que se vendan en tiendas de segunda mano o al peso (DGT CV 22-4-16).

4032 Jurisprudencia El régimen de los bienes usados puede aplicarse a las reventas de vehículos efectuadas por una empresa que los adquirió de particulares y que, antes de revenderlos, los dedicó a una actividad de **leasing** (TJUE 8-12-05, asunto C-280/04).

B. Contenido del régimen especial

(LIVA art.90, 91.Uno.4 y 5, 98.Cuatro, 135.Dos y 137 a 139; RIVA art.50; Rgto Fac art.16.2)

4050

4052 El sometimiento al régimen conlleva la aplicación de **reglas especiales** que afectan al cálculo de la base imponible, a la repercusión del impuesto, al régimen de deducciones y al cumplimiento de determinadas obligaciones formales (nº 4135). En términos generales, estas reglas suponen una reducción de la base imponible (se liquida el IVA por el margen de beneficio y no por el importe total de la contraprestación recibida por el revendedor), la no deducción por el revendedor de las cuotas soportadas, en su caso, en la adquisición de los bienes que después se revenden con aplicación del régimen especial y la facturación por el revendedor sin desglose del IVA.

No obstante, si el revendedor opta por la **aplicación del régimen general** en la entrega de alguno de los bienes incluidos en el ámbito objetivo de aplicación del régimen especial, debe repercutir el IVA sobre el precio total de venta, desglosar en la factura la base imponible, el tipo impositivo y la cuota repercutida pudiendo, asimismo, deducir el IVA en su caso soportado en la adquisición del bien que transmite.

4055 **Base imponible** (LIVA art.137; RIVA art.50) Se establecen **dos sistemas** de cálculo de la base imponible: en función del margen de beneficio de cada operación (nº 4058 s.) y del margen de beneficio global (nº 4080 s.).

4058 **Cálculo mediante el margen de beneficio de cada operación** (LIVA art.137.Uno) Se realiza determinando el margen de beneficio obtenido en cada operación y minorándolo en la cuota del IVA correspondiente a dicho margen:

+ Precio total de venta (IVA incluido)
- Precio total de compra (IVA incluido)
= Margen de beneficio (IVA incluido)

$$\text{Base imponible} = \frac{\text{Margen de beneficio (IVA incluido)}}{[100 + \text{tipo impositivo aplicable}]} \times 100$$

A estos efectos, hay que tener en cuenta los siguientes conceptos:

1. **Precio de compra**. A efectos del cálculo del margen de beneficio, con carácter general, está constituido por el importe total de la contraprestación correspondiente a su adquisición, determinada de acuerdo con las reglas generales para determinar la base imponible del IVA correspondiente a las entregas de bienes, prestaciones de servicios e importaciones, más el importe del IVA que, en su caso, haya gravado la operación. A estos efectos, quedan **excluidos** del cómputo del precio de compra los gastos accesorios a la adquisición del bien facturados por un tercero al revendedor.

No obstante, existen las siguientes especialidades:

- cuando se trate de bienes adquiridos por el revendedor en virtud de una **transmisión gratuita**: el precio de compra se determina aplicando las reglas especiales de determinación de la base imponible -nº 1860- (ver ejemplo 3 en el nº 4066);
- en el caso de bienes **importados** por el revendedor: el precio de compra es el señalado en el nº 5840, más el IVA que grave la operación.

2. **Precio de venta.** Está constituido por el importe total de la contraprestación de la transmisión, determinada de acuerdo con las reglas generales para determinar la base imponible del IVA correspondiente a las entregas de bienes y prestaciones de servicios (nº 1700 s.), más el importe del IVA que, en su caso, haya gravado la operación.

4062 Precisiones En caso de **desconocimiento del precio de adquisición** de los bienes por su antigüedad, el margen de beneficio de la operación se determina, con carácter general, computando el 20% del precio de venta del bien entregado y, tratándose de vehículos automóviles, el 10% del precio de venta, considerándose como beneficio mínimo (DGT Resol 29-3-95). Pese a que dichos porcentajes actualmente no están en vigor -ya que se establecieron antes de 1997 en la LIVA como margen de beneficio mínimo y fueron derogados desde el 1-1-1997-, sigue siendo necesario utilizar dicho margen de beneficio para solucionar el problema planteado (DGT 8-4-97).

Ejemplos 1) Un **revendedor de antigüedades** compra una alacena del siglo XVIII por 3.005 € (IVA incluido) y la revende en 6.010 € (IVA incluido). 4066

- Margen de beneficio: 6.010 - 3.005 = 3.005 € (IVA incluido).
- BI = 3.005 × 100/ 121 = 2.483,47 €.
- Cuota de IVA devengada: 2.483,47 × 21% = 521,53 €.

Dicho revendedor ha de consignar en el modelo 303 el importe de la base imponible (2.483,47) y la cuota devengada (521,53).

2) Un revendedor adquiere un **objeto de arte** a su autor por 901 € más IVA, contratando dicho revendedor su transporte con un transportista que le factura dicho servicio por 120 €.

El precio de compra que el revendedor utiliza para el cálculo del margen de beneficio: [901 € + (10% de 901)] = 991,10 €.

En el supuesto de que quien contrate el transporte sea el autor, el importe del servicio se incluye en la base imponible del IVA correspondiente a la entrega efectuada por él al revendedor (nº 1751), incrementando el precio de compra que el revendedor utiliza para el cálculo del margen de beneficio: [1.021 € + (10% de 1.021)] = 1.123,10 €.

3) Un escultor **dona a un revendedor** amigo suyo una **escultura** en la que trabajó durante dos años. Dicho escultor se gastó en materiales para dicha obra 3.005 €, pudiendo evaluarse sus servicios en la realización de la escultura en 6.010 euros.

A efectos del cómputo del precio de compra, cuando el revendedor entregue dicha escultura, ha de utilizar las reglas especiales de determinación de la base imponible (nº 1860). Así, el precio de compra es 9.015 € (3.005 + 6.010) y, por tanto, el IVA que ha gravado la operación, pues se trata de un autoconsumo de bienes, es el 10% de 9.015 € = 901,50 €, siendo el importe total a computar 9.916,50 € (9.015 + 901,50), que se minora del precio de venta.

4) Revendedor que adquirió hace 40 años una **copia del cuadro** «Las Meninas», que tiene inventariado. En el año 20X0 vende dicha copia a un particular por 1.202 €.

Margen de beneficio: 20% × 1.202 = 240,40 €.

BI: 240,40 × 100/ 121 = 198,68 €.

IVA repercutido: 198,68 € × 21% = 41,72 €.

Doctrina Administrativa Además de las siguientes contestaciones de la DGT, ver nº 11000 s. 4074

1) Para determinar la base imponible de las entregas de **vehículos usados**:

- en el precio de compra no deben tenerse en consideración el importe de las **reparaciones,** materiales o repuestos que incorpore ulteriormente el revendedor (DGT 28-1-97; CV 8-9-17; CV 10-9-19), ni el importe del **Impuesto Especial sobre Determinados Medios de Transporte** satisfecho con ocasión de la matriculación a su nombre de un vehículo propiedad de la sociedad (DGT 14-5-99), excepto cuando el importe de dicho impuesto se haya repercutido a los clientes en concepto de gasto (DGT 6-6-01);
- el precio de venta no puede minorarse en el de un **seguro** que cubre las **averías** del vehículo durante el año siguiente a la venta contratado por un concesionario en nombre propio y en favor de los compradores, aunque el importe de las primas del seguro se traslade a los adquirentes del vehículo vía precio (DGT 29-9-97).

2) Cuando el precio de venta del bien sea inferior al de compra, produciéndose un **margen de beneficio negativo**, la base imponible de la operación es cero, y también el importe del IVA a ingresar. Esta circunstancia no implica que la transmisión quede sujeta al ITP y AJD (DGT 24-3-97; CV 1-7-11; CV 13-4-20).

3) A efectos de la determinación de la base imponible en el régimen especial de los bienes usados, el precio de compra de la **ropa que proviene de donaciones** es cero, tanto en la modalidad de margen de beneficio de cada operación como en la modalidad de margen de beneficio global (DGT CV 12-11-15; CV 22-4-16; CV 20-12-16). En el mismo sentido, para **muebles viejos y usados** donados por particulares (DGT CV 15-2-22).

4) En la entrega de vehículos a los que se aplica el **plan PIVE** (otros planes similares: **RENOVE, MOVES**), el revendedor debe tener en cuenta el precio de venta del vehículo aplicando solo su descuento y no la ayuda pública (aportación) recibida del IDAE (DGT CV 26-4-13).

5) Las cuotas efectivamente satisfechas por **ITP y AJD** por la adquisición de **relojes** a particulares son mayor precio de compra del bien (DGT CV 26-3-18).

Jurisprudencia 1) Si un objeto de arte se vende en **pública subasta** en régimen de admisión temporal, y se importa posteriormente en el territorio comunitario, debe distinguirse entre la venta en subasta pública y la importación, y gravar separadamente ambas operaciones. Procede distinguir en el precio de adjudicación entre la parte que corresponde a la comisión del subastador y la del valor en Aduana del bien importado. La primera constituye la base imponible para la venta en pública subasta, calculada en régimen especial de los bienes usados y gravada al tipo general; la segunda, corresponde al valor en Aduana de la mercancía que está sujeta al IVA a la importación y gravada a un tipo reducido efectivo aplicable (TJUE 9-2-06, asunto C-305/03). 4077

2) Unos artistas de unas obras de arte (o sus derechohabientes) las venden a un **marchante establecido en un Estado miembro** y son declaradas como entregas intracomunitarias exentas para aquellos y como adquisiciones intracomunitarias gravadas por este último. El concepto de precio de compra -en el que no se incluyen los elementos de los gastos que el sujeto pasivo revendedor no haya pagado al proveedor sino a terceros-, no se incluye el IVA pagado al Tesoro Público por las adquisiciones intracomunitarias de las obras de arte (TJUE 13-7-23, asunto C-180/22).

4080 **Cálculo mediante el margen de beneficio global** (LIVA art.137.Dos; RIVA art.50) Este método se utiliza en aquellos casos en los que la aplicación de la regla general (nº 4058 s.) plantea dificultades por tratarse de bienes de **escaso valor individual**, que se adquieren por el revendedor en lotes y respecto de los que no es fácil determinar la base imponible de forma individual para cada bien.

Solo es **aplicable** a los siguientes bienes:

a) Sellos, efectos timbrados, billetes y monedas, de interés filatélico o numismático.

b) Discos, cintas magnéticas y otros soportes sonoros o de imagen.

c) Libros, revistas y otras publicaciones;

No obstante, la Administración puede autorizar su aplicación a otros bienes, previa solicitud del revendedor.

Se aplica previa **opción expresa** del sujeto pasivo revendedor al presentar la declaración de comienzo de la actividad o en el mes de diciembre anterior al año en que deba surtir efectos (utilizando la declaración censal). Dicha opción se entiende **prorrogada**, salvo renuncia expresa en el mismo plazo anteriormente señalado, para los años siguientes y, como mínimo, hasta la finalización del año natural siguiente a aquel en que comenzó a aplicarse el régimen de determinación de la base imponible mediante el margen de beneficio global. Significa que el régimen se aplica como mínimo dos ejercicios, sin perjuicio de la facultad de la Administración tributaria de revocar la autorización concedida para la aplicación del régimen.

La competencia para otorgar o denegar la **autorización** corresponde al Departamento de Gestión Tributaria de la AEAT. Dicha autorización puede ser concedida cuando, por el elevado número de operaciones y el reducido precio de los bienes, existan especiales dificultades en la aplicación de la modalidad operación por operación. Se entiende **denegada** cuando no se haya producido pronunciamiento expreso de la Administración, en los tres meses siguientes a la solicitud. Esta autorización puede ser **revocada** en cualquier momento por la Administración cuando no se den las circunstancias que la motivaron.

4083 La **base imponible** del IVA correspondiente a las entregas de los bienes a que se aplique esta modalidad del margen global está constituida por el margen de beneficio global para cada período de liquidación, minorado en la cuota del IVA que corresponda a este margen.

+ Importe total de ventas del período (IVA incluido)
- Importe total de compras del período (IVA incluido)
= Margen de beneficio global (MBG, IVA incluido)

$$\text{Base imponible} = \frac{\text{MBG (IVA incluido)}}{\text{[100 + tipo impositivo aplicable]}} \times 100$$

A efectos del **cálculo del margen** de beneficio global ha de tenerse en cuenta:

- no se computan, ni en las compras ni en las ventas, los bienes que sean objeto por el revendedor de entregas exentas por exportación u operación asimilada (las relativas a zonas francas, depósitos francos y otros depósitos y a regímenes aduaneros y fiscales -nº 6010 s.-). Si no se conoce el precio de compra de tales bienes, puede utilizarse su valor de mercado en el momento de su adquisición por el revendedor (ver ejemplo 2 en el nº 4091);
- cuando el **margen** global del período es **negativo**, la base imponible es cero y dicho importe negativo se añadirá a las compras del período siguiente;
- debe efectuarse una **regularización anual de existencias**, al final del ejercicio, que incrementa o minora el margen global obtenido en el último período del ejercicio. A estos efectos, debe calcularse la diferencia entre el saldo final e inicial de las existencias de cada año y añadir esa diferencia, si fuese positiva, al importe de las ventas del último período y si fuese negativa, al importe de las compras del mismo período. En los casos de cese en la aplicación de esta modalidad, la regularización se practica en la declaración-liquidación del período en que se haya producido el cese;
- en los casos de **inicio o cese en la aplicación del procedimiento** de margen de beneficio global, el sujeto pasivo revendedor debe hacer inventario de existencias a tales fechas, a efectos de la regularización citada, consignando el precio de compra o, en su defecto, el valor del bien en la fecha de su adquisición.

El sujeto pasivo que haya optado por la aplicación de la modalidad del margen de beneficio global, debe determinar con arreglo a la misma la base imponible correspondiente a todas las entregas que de los referidos bienes realice durante el **período de aplicación** de esta, sin que quepa aplicar a las citadas entregas el régimen general del impuesto.

Precisiones Las **diferencias** existentes entre distintos bienes a los que resulta aplicable esta modalidad de determinación de la base imponible (nº 4080), son: 4087
- en relación con los citados en las letras a), b) y c), el sujeto pasivo puede aplicar la modalidad de margen global ejercitando la **opción** en la forma prevista reglamentariamente, sin necesidad de justificar o probar ante la Administración las dificultades que el cálculo del margen operación por operación le puede plantear;
- en cuanto al resto de bienes, es de **aplicación prioritaria** la modalidad del margen operación por operación y, solo cuando dicha aplicación plantee dificultades prácticas o de gestión, procede la modalidad del margen global por autorización discrecional de la Administración.

Ejemplos **1)** Un revendedor que haya optado en diciembre del año 20X0 por la aplicación del margen de beneficio global en la **entrega de sellos** debe aplicar dicho procedimiento especial al menos durante el año 20X1 y el 20X2, pudiendo efectuar la renuncia expresa a dicho procedimiento en diciembre del año 20X2 mediante la declaración censal (modelo 036), con efectos desde el año 20X3. 4091
La opción por el régimen del margen global supone que, respecto de las ventas de sellos que efectúe en 20X1 y 20X2, así como en los años sucesivos en tanto no se efectúe la renuncia, no puede aplicar el régimen de determinación de la base imponible operación por operación, ni tampoco el régimen general.
2) Un revendedor de **discos usados** que ha optado por aplicar el método de determinación de la base imponible mediante el margen de beneficio global para el año 20X0, efectúa durante dicho ejercicio las siguientes operaciones:

Trimestres	Ventas (unidades)	Importe	Compras (unidades)	Importe
1º	200	1.803,00	150	721,00
2º	100	1.502,00 (1)	300	1.202,00
3º	200	3.005,00	-	-
4º	300	2.404,00	-	-

(1) De los discos vendidos en este trimestre, 50 fueron exportados a Estados Unidos por 601 €. El exportador no conoce el precio de compra de tales bienes, pero sí se sabe que el valor de mercado de dichos discos en el año en que los adquirió fue de 120 €.

Existencias a 1-1-20X0: 600 discos valorados en 3.606 €.
Existencias a 31-12-20X0: 250 discos valorados en 1.502 €.
Las **liquidaciones** que ha de practicar el revendedor son:
- **1er trimestre**: Margen global = (1.803 - 721) = 1.082 €.
BI = 1.082/1,21 = 894,21 €.
IVA devengado: 894,21 × 21% = 187,78 €.
- **2º trimestre**: Margen global = 901 (1) - 1.082 (2) = -181 € (margen negativo a compensar en el período siguiente).
(1) De las ventas del período hay que descontar las entregas exentas por exportación.
(2) De las compras del período hay que descontar el precio de compra de los bienes exportados que se computa por el valor de mercado cuando se adquirieron.
- **3er trimestre**: Margen global = 3.005 - 181 = 2.824 €.
BI: 2.824/1,21 = 2.333,88 €.
IVA devengado: 2.333,88 € × 21% = 490,12 €.
- **4º trimestre**: Regularización de existencias: 1.502 - 3.606 = -2.104 € (que se añaden a las compras del último período, aunque en este caso no hay).
Margen global = 2.404 - 2.104 = 300 €.
BI = 300/1,21 = 247,93 €.
IVA devengado: 247,93 × 21%= 52,07 €.

Doctrina Administrativa Además de la siguiente contestación de la DGT, ver nº 11000 s. 4095
Cuando el sujeto pasivo comercialice bienes respecto de cuyas entregas aplique **distintos tipos impositivos**, debe calcular tantos márgenes globales como tipos diferentes aplique (DGT 28-4-97).

Jurisprudencia En la adquisición en subasta pública de **joyas usadas en lotes**, la determinación de la base imponible no puede hacerse por la modalidad del margen de beneficio global en el régimen especial de bienes usados, ya que no se ha acreditado la concurrencia de los requisitos de elevado número de operaciones y reducido precio de los bienes (TEAC 27-1-09).

Tipos impositivos (LIVA art.90.Uno y 91.Uno.4 y 5) Sin perjuicio de lo señalado en el nº 2000 s., en relación con las operaciones sujetas al régimen debe tenerse en cuenta: 4100
1) Como **regla general**, en las entregas de bienes en las que se aplica este régimen especial, se aplica el tipo general (21%), salvo que proceda el tipo superreducido (4%), como ocurre si el revendedor entrega libros, periódicos o revistas (LIVA art.91.Dos.1.2º).

2) Se aplica el **tipo reducido** (10%) a las siguientes operaciones:
a. **Importaciones** de objetos de arte, antigüedades y objetos de colección.
b. **Entregas** de objetos de arte efectuadas por:
- los autores o derechohabientes;
- empresarios no revendedores que tengan derecho a la deducción del IVA que hubiesen soportado en su adquisición.
c. **Adquisiciones intracomunitarias** de objetos de arte cuyos proveedores sean las personas referidas en la letra b) anterior.
En cualquier caso, hay que advertir que a ninguna de las operaciones señaladas en las tres letras anteriores les resulta de aplicación el **régimen especial**. En el caso de las señaladas en las letras a) y c) porque dicho régimen solo es aplicable a entregas de bienes y nunca a prestaciones de servicios, adquisiciones intracomunitarias de bienes o importaciones; en la letra b), porque el sujeto pasivo que efectúa la entrega no es un revendedor ni se cumplen los requisitos exigidos en relación con el origen de los bienes (nº 3965 s.).

Precisiones 1) En relación con la aplicación del **tipo** reducido a los objetos de arte, antigüedades y objetos de colección, ver nº 2250 s.
2) A efectos del IVA, debe considerarse **artista** (autor) a la persona natural que crea un objeto de arte -nº 3947- (RDLeg 1/1996 art.5.1); y por **derechohabiente** del artista a quien ha adquirido de este mortis causa los derechos de explotación de la obra (RDLeg 1/1996 art.42).

4102 Ejemplo Una empresa, cuyo objeto social es la **cesión en arrendamiento de objetos de arte**, vende en el año N a un revendedor una escultura que había adquirido el año anterior a su autor. La empresa arrendadora soportó el IVA al 10% en la adquisición de la escultura a su autor, que pudo deducir. En la reventa posterior aplica el tipo impositivo del 10% y el revendedor puede aplicar el régimen especial a la entrega posterior de la escultura, que tributa al tipo general.

Doctrina Administrativa Además de la siguiente contestación de la DGT, ver nº 11000 s.
Tributa al tipo general la importación de vehículos terrestres catalogados como **vehículos históricos** (DGT CV 4-8-10).

4105 **Repercusión** (LIVA art.138; Rgto Fac art.16.2) En las facturas que documenten las operaciones a las que se aplique este régimen especial, el revendedor no puede consignar separadamente la **cuota del IVA devengada**, debiendo entenderse esta comprendida en el precio total de venta de la operación correspondiente, y se ha de hacer constar el hecho de haber aplicado este régimen especial. En estos casos, el IVA soportado no es deducible para el adquirente (DGT CV 11-6-10; CV 27-5-14; CV 9-2-16).
La prohibición se fundamenta en la no deducibilidad de las cuotas soportadas por quienes adquieren bienes a los revendedores que han aplicado el régimen especial (tributación por el margen). Además, se justifica porque, si se exigiera la repercusión expresa del IVA en factura, se estaría obligando al revendedor a revelar su margen de beneficio al comprador, lo que no resulta aceptable desde el punto de vista de la práctica comercial.

Ejemplo Un **revendedor de antigüedades**, aplicando el régimen especial de los bienes usados, objetos de arte, antigüedades y objetos de colección, vende a una empresa una mesa de caoba por 4.808 € que previamente había adquirido a un particular por 1.803 €.
El revendedor ha de expedir una factura en la que consigna el precio total de la operación, esto es, 4.808 € sin desglosar la cuota del IVA, cuota que no puede ser deducida por el adquirente, aunque tenga la consideración de empresario o profesional. En esta factura debe consignar las menciones previstas en el nº 7247.

4107 Doctrina Administrativa Además de las siguientes contestaciones de la DGT, ver nº 11000 s.
Cuando el organizador de ventas en **subasta pública** aplica el régimen especial, no cabe que se mencione por separado la cuota del IVA que grava la operación. Solo cabe que se mencione tal cuota, calculada sobre la comisión del organizador de la subasta, cuando este actúe en virtud de un contrato de comisión de compra, en nombre y por cuenta del comprador del bien, supuesto que no es el habitual (DGT 20-10-97).

4110 **Deducción de cuotas soportadas** (LIVA art.98.Cuatro, 135.Dos y 139) La normativa del IVA no permite la deducción de las cuotas soportadas o satisfechas por el **revendedor** en la adquisición o importación de los bienes a cuya reventa aplica el régimen especial. Tales cuotas son las soportadas o satisfechas en los siguientes **supuestos**:
- por adquisiciones de bienes a otro revendedor que ha aplicado el régimen especial;
- por adquisición de un objeto de arte a su autor o derechohabiente, o a un empresario que hubiera podido deducir el impuesto soportado cuando adquirió dicho objeto;

- por importación de un objeto de arte o de colección o de una antigüedad. En este último supuesto, el revendedor satisface un 10% de IVA a la Aduana, que no puede deducir si en la reventa del bien aplica el régimen especial mencionado.
La exclusión del derecho a deducir expuesta no afecta a las cuotas soportadas por el **resto de las adquisiciones de bienes o servicios** utilizados por el revendedor en su actividad. Por ejemplo, son deducibles las cuotas soportadas por alquiler del local afecto a la actividad, por suministro de luz o teléfono de la sede de la actividad, por mobiliario, etc. (DGT CV 22-4-16).
Por otra parte, cuando las entregas de bienes se realicen con sujeción al **régimen general** del IVA, el revendedor tiene derecho a deducir las cuotas soportadas (nº 2893). No obstante, el derecho a la deducción de la cuota soportada por la adquisición de objetos de arte, antigüedades y objetos de colección (no para los bienes usados) (DGT CV 22-5-15; CV 8-1-16; CV 8-5-23), nace en el momento en que se devengue el impuesto correspondiente a la entrega de dichos bienes por el revendedor.

Ejemplos **1)** Un revendedor **adquiere a otro revendedor** un objeto de arte por 3.005 €, aplicando este último en la entrega el régimen especial. **4115**
Dado que el revendedor transmitente tributa por su margen en la venta que efectúa al otro revendedor, este no puede deducir IVA alguno, aunque en la venta posterior aplique el régimen general del impuesto, pues la factura no cumple los requisitos exigidos reglamentariamente para considerarse documento justificativo del derecho a la deducción (la consignación separada del IVA repercutido -nº 7247-).
2) Un revendedor adquiere a un **escultor** una escultura hecha por él en 4.207 € más IVA. Posteriormente la revende en 5.409 €, aplicando el régimen especial de objetos de arte.
El revendedor soporta por la adquisición al escultor el 10% de 4.207 €, esto es, 420,70 €. Total pagado, 4.627,70 €.
Posteriormente, aplicando el régimen especial a la reventa tributa por el margen:
- BI: (5.409 - 4.627,70) / 1,21 = 645,70 €.
- IVA devengado: 645,70 × 21% = 135,60 €.
El revendedor no tiene derecho a la deducción de la cuota soportada en la adquisición al autor, esto es, 420,70 €, siendo, por tanto, la cuota total de IVA de 420,70 + 135,60 = 556,30 €.
3) Un revendedor adquiere el 16-8-20X0 a un **pintor** un cuadro pintado por este en 6.010 € más IVA. El día 16-9-20X0 lo revende a un particular por 9.015 € más IVA, aplicando a esta operación el régimen general del IVA.
En la adquisición al pintor el revendedor soportó 601 €, esto es, 10% × 6.010 euros.
Dicha cuota soportada no puede deducirla hasta la declaración-liquidación del 3er trimestre del año, dado que el derecho a deducir la cuota soportada nació el día 16-9-20X0.

Doctrina Administrativa Además de las siguientes contestaciones de la DGT, ver nº 11000 s. **4117**
1) La aplicación a la operación (AIB) del régimen especial de bienes usados imposibilita que las **cuotas soportadas** sean deducidas o devueltas (DGT CV 17-6-22).
2) Pueden ser objeto de deducción por el transmitente de los **vehículos usados**, las cuotas del IVA que haya soportado al adquirir los materiales o **repuestos** cuyo coste no haya sido tenido en cuenta para el cálculo del «margen de beneficio» de la operación, con arreglo a los requisitos exigidos por la normativa del impuesto (DGT CV 6-8-14; CV 10-9-19).
3) Un importador de **productos de filatelia, monedas**, etc., que tributa por el régimen especial y paga las cuotas del IVA a la importación, en ocasiones procede a su **reexportación** por no ajustarse a pedido o ser defectuosas. Dado que realiza una entrega de los objetos de colección aplicando el régimen general, sujeta pero exenta al ser expedidos fuera de la Comunidad (nº 6015 s.), puede ejercitar la deducción de las cuotas satisfechas a la importación de los mencionados objetos de colección (DGT 30-4-04).

Jurisprudencia **1)** La Dir 2006/112/CE art.320.1 párr.1º y 320.2 se opone a una norma nacional que pospone, hasta la entrega posterior sometida al régimen normal del IVA, el derecho del sujeto pasivo revendedor a deducir la cuota del impuesto pagada por él, en aplicación de dicho régimen, en el momento de **importación de bienes** que no sean objetos de arte, de colección o antigüedades (TJUE 3-3-11, asunto C-203/10). **4119**
2) En una entrega a un revendedor de **objetos de arte**, que han sido previamente entregados dentro de una entrega intracomunitaria exenta, no resulta aplicable a la vez el régimen del margen de beneficios y la solicitud del derecho a la deducción del IVA soportado en situaciones en las que ese derecho esté excluido en los términos recogidos en la normativa comunitaria (Dir 2006/112/CE art.322.b), siempre que esta disposición no haya sido transpuesta al Derecho nacional (TJUE 29-11-18, asunto C-264/17).

C. Obligaciones formales

4135 El estudio detallado de las obligaciones formales se realiza diferenciando las obligaciones de liquidación (nº 6400 s.) de otras obligaciones formales (nº 6900 s.). No obstante, han de tenerse en cuenta una serie de **particularidades** relativas a este régimen especial:
- facturación: nº 7247.1 y nº 7308;
- libros-registro: nº 7347;
- declaración censal: alta (nº 6957 y nº 6972) y modificación (nº 7019 y nº 7053).

SECCIÓN 4

Régimen especial de las agencias de viaje

4200

4202 Este régimen permite una determinación especial de la base imponible, con el objetivo de evitar las complicaciones que podría suponer para los sujetos pasivos que organizan viajes por distintos países si tuviesen que soportar impuestos en cada uno de ellos. En caso contrario, supondría que las **cuotas soportadas** no se podrían deducir en nuestro país, teniendo que solicitar las devoluciones, en su caso, en países terceros, lo que acarrearía un gran coste administrativo y financiero.

A. Ámbito de aplicación

(LIVA art.141, 143, 144 y 147)

4205

A efectos de la aplicación de este régimen, se consideran **viajes** los servicios de hospedaje o transporte, prestados conjuntamente o por separado, y, en su caso, con otros de carácter accesorio o complementario de los mismos. De esta forma, la prestación de un único servicio de hospedaje o de transporte, cuando se cumplan los demás requisitos legales, define un viaje y tributa por el régimen especial (ver, no obstante, el nº 4232).

4207 **Operaciones incluidas** (LIVA art.141.Uno) El régimen se aplica a las **agencias de viajes**, **organizadores de circuitos turísticos** (tour operadores) y cualquier empresario o profesional que:

1. Actúa en **nombre propio** respecto de los viajeros. Se entiende, salvo prueba en contrario, que actúa en nombre y por cuenta ajena, tributando por dichos servicios en régimen general, cuando:
- los viajeros pagan directamente a los hoteles o compañías de transporte; y
- en los bonos emitidos y entregados al viajero conste expresamente que actúa como agente del hotel o transportista (DGT 23-12-86).

2. Utiliza en la realización del viaje, **bienes y servicios** suministrados por otros empresarios o profesionales.

Precisiones En los casos en que las agencias de viajes presten servicios de mediación en la contratación de **servicios sueltos prestados por empresas hoteleras** cuando el agente o comisionista actúe en nombre propio y medie una prestación de servicios, se entiende que ha recibido y prestado por sí mismo los correspondientes servicios. En consecuencia, se entiende que las empresas hoteleras prestan los servicios de hostelería a las agencias de viajes que actúen en nombre propio y que estas, a su vez, los prestan igualmente a los viajeros o usuarios (DGT 14-1-88).

Ejemplos 1) Una agencia de viajes interviene en nombre propio en la **venta de billetes de tren** del trayecto Madrid-Sevilla a particulares. 4215
En este supuesto se producen dos operaciones (nº 210):
- un servicio de transporte de viajeros efectuado por la compañía de transportes en favor de la agencia de viajes, que tributa en régimen general;
- un servicio de transporte de viajeros prestado en nombre propio por la agencia de viajes al adquirente del billete que tributa obligatoriamente en régimen especial.
2) Una agencia de viajes realiza una operación de **mediación por cuenta de un hotel** situado en territorio peninsular español. La comisión asciende a 9 € (10% del precio del servicio del establecimiento hotelero) y los gastos de gestión cargados al cliente son 3 €.
Existen las siguientes operaciones:
a) Un servicio de hostelería prestado por el hotel al cliente que se hospeda en el mismo y que se factura por el importe total de la contraprestación: 90 €, es decir:
Total factura: 90 € × 1,1 = 99 €.
b) Un servicio de mediación en nombre ajeno prestado por la agencia de viajes al establecimiento hotelero que tributa en régimen general:
Total factura: 9 € × 1,21 = 10,89 €.
La factura correspondiente debe ser expedida por la agencia, entregándola al establecimiento hotelero, el cual puede deducir la cuota soportada.
c) Por los gastos de gestión de agencia debe repercutir el IVA correspondiente en factura, debiendo liquidarse de la siguiente forma:
Total factura: 3 € × 1,21 = 3,63 €.
3) Una agencia de viajes organiza un viaje por Asturias, para lo cual contrata los servicios de una empresa de transporte y de un hotel de cuatro estrellas. Dicho viaje lo vende a sus clientes como un «**paquete turístico**» por un precio global.
En este caso, el servicio que presta la agencia de viajes tributa por el régimen especial, dado que está actuando en nombre propio y utiliza los servicios que le prestan otros empresarios o profesionales.

Doctrina Administrativa Además de las siguientes contestaciones de la DGT, ver nº 11000 s. 4219
1) Es aplicable el régimen especial a una sociedad que realiza la **preparación y organización de viajes para empresas o grupos**, reservas de hoteles, banquetes y ceremonias, aunque no sea una agencia de viajes (DGT 19-4-99; CV 25-6-09); **ferias o congresos** con viaje, alojamiento y transporte para los participantes (DGT CV 2-7-08; CV 29-6-11); **cursos especializados** para profesionales en países comunitarios y extracomunitarios, que incluyen billetes de avión, hoteles, material, servicios audiovisuales (DGT CV 1-2-08); **viajes culturales y turísticos**, propios de las agencias de viajes, que organiza una fundación solo para los participantes de sus programas y actividades (DGT CV 1-9-09); en el mismo sentido, los organizados por un Ayuntamiento, DGT CV 15-4-25; **viajes de deportistas** que comprenden servicios de transporte, alojamiento, enseñanza del deporte, entrenamientos, subcontratación de servicios, partidos, asistencia a acontecimientos y cursos de español, con independencia de si se factura a personas físicas que van a practicar deporte o a sociedades que canalizan y coordinan estas actividades para sus clientes (DGT CV 17-4-12; CV 26-12-24); **seminarios** de desarrollo personal y motivacional que incluyen servicios de hospedaje y transporte (DGT CV 5-10-16).
Sin embargo, cuando la agencia de viajes, además de prestar servicios relativos a la organización y ejecución de reuniones, conferencias, seminarios, simposios, convenciones, congresos, presentaciones de productos, programas de incentivo y cualquier otra clase de evento de naturaleza similar, segmento MICE (mítines-reuniones, incentivos, conferencias y eventos -meeting, incentives, conferencing y exhibitions), presta servicios estrechamente ligados con aquellos, van a formar una única prestación servicios, por lo que el **alojamiento o transportes** prestados por el organizador del evento no están sometidos al régimen especial de las agencias de viajes (DGT CV 31-10-22; CV 11-6-25; CV 15-9-25). En el mismo sentido, la organización y gestión integral de **"clinics" de fútbol** en territorio europeo, que incluyen una semana de entrenamiento y participación en campeonatos junto con los servicios de alojamiento, manutención y transporte al lugar de celebración (DGT CV 15-9-25).
2) Una sociedad **titular de un hostal y de un restaurante** que, además, presta a sus clientes **otros servicios** que adquiere a otros empresarios y profesionales y que factura de forma independiente de los servicios de alojamiento y manutención (excursiones, actividades deportivas, guías oficiales y otros), debe tributar por el régimen especial de las agencias de viajes por estos servicios (DGT 12-4-99).
En cuanto al servicio de acceso a las **competiciones deportivas o conciertos musicales**, tienen la consideración de servicios complementarios o accesorios de las prestaciones de servicios de viajes, a los que es de aplicación el régimen especial (DGT CV 12-11-14).

3) El régimen especial no se aplica a los siguientes **servicios de mediación:** 4220
- cuando se realicen en **nombre ajeno** para la comercialización de plazas hoteleras (DGT CV 12-6-19); y

- cuando son prestados por una persona física, a través de una **página web**, que media entre proveedores de excursiones turísticas y visitas guiadas en distintos países y los clientes finales (DGT CV 21-5-19).

4) En relación a la venta de las plazas de **vuelos chárter** efectuadas por una agencia minorista a sus clientes-viajeros, hay que distinguir:

A) **Venta de la minorista en nombre propio frente al viajero**. Si la prestación del servicio de transporte lo realiza la minorista a los viajeros, las agencias mayoristas-minoristas que prestan el servicio de transporte a la minorista deben aplicar el régimen especial de agencias de viajes. A estos efectos, se considera que las agencias de viajes actúan en nombre propio frente al viajero cuando actúen en nombre propio frente a otras agencias de viajes que prestan los servicios a dichos viajeros (DGT 23-12-86).

B) **Venta de la minorista en nombre y por cuenta de los prestadores del servicio de transporte**. El servicio de transporte al viajero es prestado por las agencias mayoristas-minoristas o por los fletadores de los vuelos. En estos casos, la minorista prestaría un servicio de **mediación** a los prestadores del servicio de transporte, ya sean agencias de viajes o los fletadores de los vuelos, que se liquida conforme al régimen general y al tipo general, aplicado al importe de la comisión (DGT 5-2-03; 27-2-04; CV 21-5-13).

Puede haber también una prestación de servicios de la minorista al viajero en la cual solo se liquida el IVA al viajero, en régimen general, por los **gastos** que facture al cliente, como consecuencia de los gastos de gestión, mediación o cualesquiera otros.

Este régimen puede aplicarse en **cadena**, de modo que la entidad que adquiere en nombre propio un servicio de viaje con el objeto de venderlo a otros intermediarios y brokers que lo van a comercializar a clientes finales es un servicio que debe aplicar el régimen especial (DGT CV 10-3-22).

4221 **5)** Se aplica el régimen especial al **alquiler de una planta de un hotel** completa, para posteriormente vender las estancias de forma individualizada ofreciendo, además, a los clientes determinados servicios complementarios (servicios extra de limpieza y mantenimiento, programa de excursiones diarias, actividades de entretenimiento, etc.) (DGT CV 1-4-16; CV 3-4-17).

6) Se debe aplicar el régimen especial de las agencias de viajes a las ventas en nombre propio que efectúen de los **viajes de estudio** -cursos que comprenden servicios de transporte, alojamiento, manutención, enseñanza, etc.- en cuya organización han utilizado bienes que les han sido entregados o servicios que les han sido prestados por otros empresarios o profesionales (DGT 15-10-02; CV 24-4-20), **colonias de verano** (DGT 10-12-02; CV 21-6-11), viajes de **cursos de idiomas** al extranjero que organiza una entidad dedicada a la enseñanza de idiomas (DGT CV 28-7-10; CV 20-12-19), **cursos de español** para extranjeros que viven en España, gestionándose en nombre propio la reserva y pago en hoteles, hostales y residencias, cuyo coste es incluido en el importe completo del curso (DGT CV 18-6-18) y contratos de arrendamiento de vivienda o apartamento, junto con la prestación de servicios accesorios (catering, limpieza,...) a **estudiantes del MIR** (DGT CV 14-10-20).

Por el contrario, no están sometidos al régimen especial cuando los **servicios de hospedaje** tengan un carácter eminentemente accesorio al servicio principal educativo o formativo (DGT CV 2-11-15; CV 20-5-22; CV 23-4-24), así como cuando los servicios ofrecidos sean **cursos en universidades** y prácticas de trabajo en los que se incorpore el servicio de alojamiento y/o transporte (DGT CV 10-7-20).

4222 **7)** La prestación del servicio de venta de cuotas que dan derecho a créditos que pueden redimirse por **estancias en apartamentos turísticos**, incluyendo la prestación de una serie de servicios (tales como limpieza, planchado de ropa, etc.), junto con otros servicios opcionales (tales como traslados desde aeropuertos, organización de excursiones y otra actividades), permite considerar a la misma como un viaje y, por tanto, procede la aplicación del régimen especial de las agencias de viajes (DGT CV 27-1-14).

8) Cuando además de la prestación de **carácter sanitario** se prestan servicios de viajes, resulta aplicable el régimen especial de las agencias de viaje. Esto ocurre cuando a pacientes extranjeros que se someten a un tratamiento médico en España, además se les prestan servicios complementarios (como desplazamientos, alojamientos, traductor, seguro, acompañamiento, etc.) en nombre propio, pero utilizando bienes o servicios prestados por otros empresarios o profesionales, cualquiera que sea el destinatario (DGT CV 30-5-18), así como cuando se prestan servicios odontológicos y se incluyen, previo pago de una cantidad adicional, servicios de alojamiento y desplazamiento a la ciudad donde se prestan aquellos (DGT CV 19-12-24).

9) Un **guía de montaña** que organiza excursiones, pudiendo contratar, asimismo, el transporte y alojamiento de los participantes, debe aplicar el régimen especial de las agencias de viajes a las ventas en nombre propio que efectúe de las excursiones que comprendan servicios de alojamiento y/o transporte en cuya organización haya utilizado bienes que le han sido entregados o servicios que le han sido prestados por otros empresarios o profesionales. Estos servicios tienen la consideración de prestación de servicios única (DGT CV 26-11-20; CV 8-10-21).

Jurisprudencia 1) Para la aplicación del régimen, no es necesario que el prestador de servicios tenga la configuración legal de agencia de viajes o tour operador. El régimen se aplica a los **operadores económicos** que organicen en su propio nombre viajes, circuitos turísticos y que para suministrar las prestaciones de servicios, generalmente vinculadas a este tipo de actividades, recurran a otros sujetos pasivos, aunque aquellos no tengan formalmente el estatuto de agencia de viajes o de organizador de circuitos turísticos (TJUE 22-10-98, asunto C-308/96 y C-94/97; TEAC 16-3-17). **4227**

2) El régimen se aplica a las entidades que organizan **viajes de estudios** e intercambio de estudiantes que incluyen una **estancia prolongada** en el extranjero, aunque tales entidades no tienen la consideración de «agencias de viajes» u «organizadores de circuitos turísticos», como exige literalmente la normativa en el marco de la UE (TJUE 13-10-05, asunto C-200/04).

3) Una empresa cuya actividad es la organización y gestión del intercambio de derechos de aprovechamiento por turno de inmuebles (**multipropiedad**) entre titulares de dicho aprovechamiento que se adhieran al programa no puede aplicar el régimen especial de las agencias de viaje, al no utilizar prestaciones de servicios de otros empresarios o profesionales (TS 20-5-10, EDJ 122321).

4) El régimen especial de las agencias de viajes se aplica a las prestaciones de servicios de viaje a **empresarios y a consumidores finales** y no permite el cálculo de una base imponible global por parte de la agencia para todo el periodo impositivo (TJUE 27-1-21 asunto C-787/19).

5) Un E.m. que, en virtud de una modificación de la legislación nacional operada durante el periodo de transposición de la Sexta Directiva IVA gravaba, antes de 1-1-1978, las operaciones de las agencias de viajes relativas a **viajes efectuados fuera de la UE**, puede seguir aplicando dicho gravamen (TJUE 13-3-14, asunto C-599/12).

6) A la **organización de congresos y eventos**, si se trata de un servicio complejo que incluye diversos servicios, íntimamente ligados, en los que el de alojamiento y transporte se configuran como accesorios, no se le aplica el régimen especial. Ahora bien, si el servicio fundamental es el de alojamiento y transporte, así como otras actividades recreativas, constando solo una única factura por alquiler de sala de conferencias, la organización del evento se consideraría accesoria, por lo que procede la aplicación del régimen especial de agencias de viaje (TEAC 18-9-19; 13-5-25).

Servicios sueltos (LIVA art.141.Uno.1º) Además de los viajes organizados, son muy diversos los servicios que puede prestar una agencia, teniendo que distinguirse entre los efectuados **en nombre propio** y los efectuados en nombre y por cuenta de las empresas que materialmente prestan el servicio (nº 4207). En relación con los prestados en nombre propio, solo pueden acogerse al régimen especial los utilizados en la realización de un viaje. La prestación de un **único servicio** de hospedaje o de transporte, cuando se cumplan los demás requisitos legales, define un viaje (nº 4207). No obstante, el TJUE ha apuntado que para que pueda aplicarse el régimen especial es necesario que se incluyan además otros servicios para las vacaciones y la reserva de viajes (ver TJUE auto 1-3-12, asunto C-220/11 en el nº 4242). **4232**

Teniendo en cuenta lo anterior, los servicios sueltos son aquellos que se prestan **al margen de un viaje organizado** y pueden utilizarse o no en la realización de un viaje. La tributación va a depender de dicha utilización y, en su caso, del régimen aplicable al viaje.

Ejemplos 1) Una agencia de viajes organiza un viaje que incluye transporte y alojamiento. Durante dicho viaje algunos viajeros quieren asistir a un **espectáculo de ópera** y otros solicitan que se les suministre un **automóvil** para visitar un parque natural. Dicha agencia ha adquirido las entradas solicitadas y, además, ha mediado en nombre propio en el alquiler de un vehículo. **4236**

En este supuesto, los servicios sueltos de venta en nombre propio de las entradas y la mediación en nombre propio en el alquiler de un medio de transporte se consideran utilizados en la realización de un viaje, ya que se trata de servicios de carácter accesorio o complementario de los de transporte o alojamiento y, por tanto, tributan en el régimen especial.

2) Una agencia de viajes vende en nombre propio a un cliente **entradas para la feria taurina de San Isidro** por 300 € (IVA excluido) que había adquirido previamente por 240 € (IVA excluido).

En este supuesto, el servicio de venta de entradas se realiza al margen de un viaje organizado, y no puede considerarse accesorio o complementario de un servicio de transporte o de hostelería, tributando en régimen general de la siguiente forma:

Repercusión de la agencia al cliente: Total factura: 300 + 10% × 300 = 330 €.

Al adquirir las entradas a la empresa taurina, la agencia soportó un IVA de 240 × 10% = 24 € que puede deducir íntegramente.

Doctrina Administrativa Además de las siguientes contestaciones de la DGT, ver nº 11000 s. **4240**

1) La **venta de entradas a espectáculos y eventos** tales como teatros, parques temáticos, zoológicos, etc., que forma parte de la organización de un viaje sí se considera como un servicio accesorio a su realización, tributando por el régimen especial (DGT CV 1-9-09; CV 20-2-23).

2) Cuando una entidad presta el servicio de arrendamiento de vivienda a sus titulares, personas físicas, para posteriormente arrendarlas en nombre propio a otras personas o entidades como **vivienda turística**, incluyéndose servicios de la industria hotelera, utilizando servicios prestados por terceros, puede acogerse al régimen de las agencias de viajes (DGT CV 6-6-18; CV 14-7-20).

3) Dentro de los **servicios funerarios** o de crematorio, si el servicio de taxi no está incluido en aquellos y solo es prestado bajo petición expresa del cliente, va a poder ser aplicado el régimen especial de agencias de viajes cuando sea prestado en nombre propio empleando medios ajenos (DGT CV 9-8-16; CV 9-8-16). El mismo criterio se aplica respecto a los vehículos de acompañamiento para el transporte de los familiares del difunto (DGT CV 8-3-17).
4) En relación con los **servicios de transporte** se aplica el régimen especial de agencias de viajes en los siguientes supuestos:
- cuando el servicio de taxi es ofrecido a sus asociados por una **asociación sin ánimo de lucro** (DGT CV 12-9-17), así como cuando es prestado por los propios socios que son los titulares de la licencia de taxi (DGT CV 11-4-18);
- cuando son prestados en nombre propio por un taxista para lo cual se sirve de los servicios prestados por **otro empresario** que también realiza la actividad de transporte por autotaxis (DGT CV 17-9-19);
- cuando una empresa ofrece **servicio de transporte con conductor** (DGT CV 28-12-17);
- cuando son prestados servicios de **transfer desde el aeropuerto** al hotel, siendo subcontratados por una tour operadora o agencia de viajes de Reino Unido (DGT CV 21-8-24; CV 20-3-25).

Por el contrario, en servicios consistentes en excursiones en **barco**, realizadas entre diferentes puertos, para las que se utilizan barcos arrendados a terceros, pero personal propio, no resulta aplicable el régimen especial de agencias de viajes, puesto que este debe reservarse a supuestos en que el empresario utiliza para el transporte servicios prestados por otros empresarios, lo cual no ocurre en este caso ya que aun siendo los barcos utilizados en régimen de arrendamiento, tal arrendamiento no implica personal (DGT CV 15-2-24).
5) La entrega de bonos a los clientes para la compra de **ropa de montaña** por parte de la entidad organizadora de las rutas de montaña no se considera accesoria o complementaria de la actividad de hospedaje llevada a cabo por aquella en nombre propio, por lo que no resulta de aplicación el régimen especial (DGT CV 23-5-23).

4242 Jurisprudencia **1)** La circunstancia de que una agencia de viajes o un organizador de circuitos turísticos no se hagan cargo del transporte del viajero y de que estos se limiten a proporcionar al viajero un **alojamiento de vacaciones,** no puede excluir las prestaciones suministradas por dichas empresas del ámbito de aplicación del régimen especial (TJUE 12-11-92, asunto C-163/91).
Cuando una agencia de viajes pone a disposición de terceros un **inmueble vacacional** que ha tomado en arrendamiento de otro, o también ofrece servicios adicionales, constituye un servicio único acogido al régimen especial, resultando de aplicación alguno de los tipos reducidos del impuesto (TJUE 19-12-18, asunto C-552/17).
Asimismo, están dentro del régimen especial las operaciones que meramente consisten en adquirir servicios de alojamientos a otros empresarios y revender a otros operadores económicas dichas **pernoctaciones**, siendo irrelevante que se presten o no servicios adicionales a efectos de su calificación (TJUE 29-6-23, asunto C-108/22), al igual que las prestaciones de un empresario consistentes en adquirir servicios de **transporte aéreo** y revenderlos a otras personas físicas, aunque estos servicios no vayan acompañados de servicios adicionales (TJUE auto 25-6-24, asunto C-763/23).
2) Una **empresa de transporte** que se limita a facilitar el transporte de personas, proporcionando un transporte en autocares a las agencias de viajes y que no presta ningún otro servicio, de tipo alojamiento, guía o asesoramiento, no efectúa operaciones que estén comprendidas en el régimen especial de las agencias de viajes (TJUE auto 1-3-12, asunto C-220/11).
3) Se excluyen de la aplicación del régimen especial de las agencias de viaje, la **venta aislada de entradas** de ópera por una agencia de viajes, sin prestación de ningún servicio de viaje (TJUE 9-12-10, asunto C-31/10).

4243 **Opción por no aplicación del régimen especial** (LIVA art.147; RIVA art.52) Se establece la posibilidad de aplicar el **régimen general** del impuesto a los servicios prestados, siempre que el destinatario de las operaciones sea un empresario o profesional que tenga derecho, total o parcial, bien a la deducción, o bien a la devolución de las cuotas del IVA soportadas por la adquisición del viaje (nº 2500 s.), con independencia del lugar donde se encuentre establecido el cliente (DGT CV 17-7-15; CV 12-11-15).
Esta **opción** debe realizarse operación por operación y exige una **comunicación** por escrito del sujeto pasivo al destinatario de la operación, con carácter previo o simultáneo a la prestación de servicios de hospedaje, transporte u otros accesorios o complementarios a los mismos. Se presume realizada dicha comunicación cuando la factura que se expida no contenga la mención «régimen especial agencia de viajes» (nº 7247.1).

4244 Doctrina Administrativa Además de las siguientes contestaciones de la DGT, ver nº 11000 s.
1) La opción por la aplicación del régimen general determina que cada prestación de servicios tribute de manera **independiente**, según las normas que le sean aplicables y, en particular, en relación con el lugar de realización del hecho imponible y tipo impositivo (DGT CV 23-4-15; CV 7-10-15).

2) En caso de que los destinatarios del servicio **no actúen como empresarios o profesionales**, o no tengan derecho a la deducción o devolución del IVA, no es posible optar a la aplicación del régimen general (DGT CV 10-3-16; CV 10-3-16; CV 24-5-16).
Por tanto, los empresarios establecidos en Noruega disfrutan del derecho a la devolución del IVA por existir **reciprocidad** con dicho Estado (DGT CV 14-6-16); a diferencia de lo que ocurre con las empresas radicadas en Estados Unidos, por no cumplirse el requisito de reciprocidad, salvo que el servicio prestado por la agencia de viajes esté relacionado con la asistencia a ferias, congresos y exposiciones de carácter comercial o profesional (DGT CV 20-9-16).
3) Al ser el destinatario del servicio **residente en otro país de la UE** y poder obtener la devolución del impuesto, es posible renunciar al régimen especial (DGT CV 3-2-17).

Operaciones excluidas (LIVA art.141.Dos) El régimen especial de las agencias de viaje no resulta de aplicación a aquellas operaciones en las que se ha utilizado exclusivamente **medios de transporte o de hostelería propios**. Si se utilizan en parte medios propios y en parte medios ajenos, el régimen especial solo se aplica respecto de los servicios prestados con los medios ajenos. **4245**

Ejemplo Una agencia de viajes organiza y presta en nombre propio a un cliente un viaje que comprende un transporte que se efectúa **con autocares de la agencia** y un hospedaje que la agencia subcontrata con otro empresario. **4250**
El servicio de transporte en el que se utilizan medios propios tributa en régimen general, mientras que al servicio de hostelería se le aplica el régimen especial (utilización de servicios suministrados por terceros y actuación en nombre propio).

Doctrina Administrativa Además de las siguientes contestaciones de la DGT, ver nº 11000 s. **4254**
1) Resulta de aplicación el régimen especial a las siguientes ventas realizadas por las **agencias**, siempre que se lleven a cabo utilizando bienes y/o servicios que le hayan sido entregados o prestados por otros empresarios o profesionales:
- de **paquetes turísticos** organizados por agencias minoristas (DGT 23-5-94); y
- de **viajes organizados** por agencias mayoristas (DGT CV 9-8-16).

2) Tributan por el régimen especial los servicios de transporte prestados en nombre propio por una agencia de viajes a un **tour operador extranjero** si estos se prestan utilizando los servicios adquiridos a su vez a otro empresario (DGT 16-3-99).

Jurisprudencia **1)** La normativa comunitaria debe interpretarse en el sentido de que cuando un operador económico sujeto al régimen especial efectúe, contra el pago de su precio global, operaciones compuestas de prestaciones de **servicios suministrados por terceros y de prestaciones propias**, no procede exigírsele que calcule la parte del precio global que corresponde a la prestación propia según el principio de costes efectivos, cuando sea posible aislar esa prestación propia del precio global sobre la base del valor de mercado de prestaciones análogas (TJUE 22-10-98, asuntos acumulados C-308/96 y C-94/97). **4259**
2) Una agencia de viajes que vende por **precio único** un viaje combinado, integrado por servicios de alojamiento, que adquiere a otros empresarios, y por servicios de transporte, que presta utilizando medios propios, no aplica el régimen especial de las agencias de viaje a las prestaciones de transporte realizadas con medios propios, que tributan por el régimen común (general) del IVA (TJUE 25-10-12, asunto C-557/11).

Lugar de realización (LIVA art.144) Todas las operaciones efectuadas por una agencia de viajes respecto de cada viajero para la realización de un viaje, sometidas al régimen especial (actuación en nombre propio y utilización de medios ajenos), tienen la consideración de una **prestación de servicio única**, aunque se le proporcionen varias entregas o servicios en el marco del citado viaje (transporte, alojamiento, manutención, visitas a museos, etc.). **4265**
La mencionada prestación de servicios única se entiende realizada en el lugar donde la agencia tenga establecida la **sede de su actividad económica** o posea un establecimiento permanente desde donde se efectúe la operación sujeta al régimen especial (DGT CV 3-3-14).

Ejemplo Una agencia de viajes **domiciliada en Alemania** organiza un paquete turístico que vende a sus clientes, compuesto de las siguientes operaciones: transporte en avión desde Alemania a Mallorca, estancia de una semana en un hotel en dicha isla, un crucero turístico por el Mediterráneo y transporte de vuelta en avión desde Mallorca a Alemania.
Dicho paquete turístico constituye una prestación de servicios única, a la que resulta aplicable el régimen especial de las agencias de viaje. No obstante, dicha prestación no está sujeta al IVA español por no encontrarse en el ámbito espacial de aplicación de dicho Impuesto el establecimiento permanente de la agencia que efectúa la operación (está domiciliada en Alemania, que es donde tributa por el régimen especial).

4273 Doctrina Administrativa Además de las siguientes contestaciones de la DGT, ver nº 11000 s.
1) No están sujetos al IVA los servicios prestados en nombre propio por las agencias de viajes, cuando la **sede de la actividad** económica o, en su caso, el establecimiento desde donde se presten, esté situado en Canarias, Ceuta, Melilla o en un país extranjero (DGT CV 6-11-20; CV 4-5-23).
2) Una sociedad domiciliada en Suiza y sin establecimiento permanente en España, que no tiene la condición jurídica de agencia de viajes, **comercializa plazas hoteleras en España**. Las operaciones no se consideran realizadas en TIVA, por no estar situado en el mismo el establecimiento desde el que la sociedad realiza las mismas (DGT 9-5-00).
3) Las operaciones realizadas actuando en nombre propio frente a los **viajeros**, utilizando servicios prestados por otros empresarios o profesionales (hospedaje y otros complementarios), prestadas por una entidad con sede en España, están sujetas en dicho país, cualquiera que sea el lugar donde esté establecido o en el que sea residente el viajero (DGT CV 25-9-07).

4274 **4)** Una **sociedad alemana** dedicada a la organización y celebración de eventos de todo tipo, sin establecimiento permanente en TIVA, va a proceder en ese territorio a la **organización de congresos** varios para empresas alemanas (todas ellas sin establecimiento permanente en el territorio de aplicación del Impuesto). La organización incluye comidas y cenas, el transporte aeropuerto-hotel, alojamiento en hoteles y programaciones recreativas. Pese a que el régimen especial se aplica a los servicios prestados en nombre propio y adquiridos a otros empresarios de alojamiento en hoteles, servicio de transporte y servicios de comidas y catering, distintos de los que cabe atribuir, estrictamente, a la celebración del congreso, dado que la sociedad no está establecida en el territorio de aplicación del mismo no están sujetos (DGT CV 13-9-11).
5) Un servicio que incluya el traslado y alojamiento, y acceso a un **espectáculo deportivo**, está sujeto al régimen especial y tiene la consideración de prestación de servicios única sujeta al IVA cuando la agencia de viajes tenga establecida la sede de su actividad económica o posea un establecimiento permanente desde donde efectúe la operación en el territorio de aplicación del Impuesto (DGT CV 3-4-19).
6) Los servicios de **caza a rececho con cazadores individuales** que incluyen la entrada al coto de caza, pago de trofeos de los animales abatidos, hoteles, restaurantes, desplazamientos, traslados y guías prestados por una organizadora establecida en el territorio de aplicación del Impuesto, se entienden realizados en el citado territorio, y les resulta de aplicación el régimen especial de las agencias de viajes (DGT CV 11-9-20).

4276 Jurisprudencia **1)** La localización de los servicios prestados por agencias de viaje a través de **establecimientos situados en otros países** debe determinarse atendiendo al control efectivo que la agencia ejerza sobre el conjunto de las actividades efectuadas por dichos establecimientos, que se refleja no solo en la titularidad de las acciones de dichas sociedades (establecimientos) sino, además, en hechos que pongan de manifiesto la falta de autonomía (TEAC 23-2-00).
2) La doctrina comunitaria sobre lo que debe entenderse por establecimiento permanente se centra en el examen de la autonomía de las **sucursales** respecto de la agencia central. Exige que la sucursal actúe como un simple auxiliar del organizador y cuente con los medios humanos y técnicos que caracterizan a un establecimiento permanente. No son precisos otros requisitos adicionales, como que la sucursal sea realmente una empresa filial de la organizadora de los viajes o que la dependencia de la sucursal respecto de la principal sea total y absoluta para todo tipo de actuación y no solo las que constituyen el objeto de la representación (AN 24-10-03).
3) La **organización de congresos** y eventos se considera como una prestación de servicios única que se localiza conforme a las reglas generales de localización de los servicios. En caso de que el servicio prestado no sea de organización del evento (prestación de servicios aislados o gestión de la asistencia a eventos), así como cuando la finalidad principal del mismo es privada, no empresarial, se aplica el régimen de las agencias de viajes (TEAC 18-9-19).

4278 **Exenciones** (LIVA art.143) Los servicios prestados por las agencias de viajes, sometidos al régimen especial, van a estar exentos cuando las prestaciones de servicios y entregas de bienes, adquiridos en beneficio del viajero y utilizados en la realización de un viaje, se realicen **fuera de la UE**. A estos efectos, hay que tener en cuenta que, a efectos del IVA, Canarias, Ceuta y Melilla no forman parte de la UE y, por tanto, los servicios prestados por la agencia de viajes van a estar exentos, en la medida en que comprendan entregas de bienes y prestaciones de servicios efectuadas en dichos territorios.
Cuando el viaje se desarrolle **en distintos países**, unos dentro de la UE y otros fuera, solo está exenta la parte del viaje que se desarrolle fuera de la misma, calculada en proporción a los costes soportados en cada territorio. Esta exención es plena, por lo que genera el derecho a deducir el IVA soportado por la agencia de viajes (ver nº 4360).

Ejemplo Una agencia de viajes ha organizado durante un trimestre un viaje por 1.802 € que transcurre en parte por territorio de la UE y en parte fuera de dicho territorio. Los gastos del viaje son (todos en euros): 4282

a) Por adquisiciones de **bienes y servicios en la UE**:

- guías contratados	90,00
- hoteles	360,00
- transportes	120,00
- entradas a espectáculos	72,00
Total	642,00

b) Por adquisiciones de **bienes y servicios fuera de la UE**:

- guías contratados	48,00
- hoteles	180,00
- transportes	90,00
- entradas a museos	42,00
Total	360,00

Los servicios prestados están exentos en la parte proporcional que corresponda a las entregas de bienes y prestaciones de servicios adquiridos a empresarios fuera de la UE: (360/1.002) × 100 = 35,93%.
Por tanto, la agencia calcula la base imponible sobre el porcentaje no exento (100% - 35,93% = 64,07%, ver nº 4320).
BI = [(1802 - 1.002) × 100/121] × 64,07% = 423,60 €.
IVA devengado de la operación: 21% 423,60 = 88,96 €.
NOTA: Este ejemplo se ha realizado siguiendo los **criterios de la DGT** que se exponen en el nº 4286. Dichos criterios tienen en cuenta esencialmente el coste de los bienes y servicios adquiridos para determinar la base imponible en los supuestos de una operación sujeta al régimen especial que esté exenta del impuesto solo en parte. No obstante, ver criterio del TJUE 6-10-05, asunto C-291/03, para un supuesto similar en el nº 4315, donde se da preferencia al valor de mercado de cada elemento comprendido en el viaje.

Doctrina Administrativa Además de las siguientes contestaciones de la DGT, ver nº 11000 s. 4286
1) La normativa del Impuesto no establece expresamente el procedimiento concreto a utilizar para determinar la **base imponible** en los supuestos de una operación sometida al régimen especial que esté exenta del Impuesto solo en parte. En estas circunstancias, la solución debe fundarse en **criterios razonables** que permitan una aplicación simple del Impuesto.
Debe aplicarse al margen total del beneficio el porcentaje que represente el coste de las entregas de bienes y prestaciones de servicios adquiridos por la agencia de viajes en beneficio del viajero y entregados o prestados por otros empresarios o profesionales en el territorio UE respecto del coste del total de las entregas de bienes y prestaciones de servicios adquiridos por la agencia de viajes en beneficio del viajero y entregados o prestados por otros empresarios o profesionales dentro y fuera del territorio UE. A estos efectos, se entienden entregados los bienes y prestados los servicios por otros empresarios o profesionales, **dentro o fuera de la UE**, cuando así resulte de las reglas de localización de las operaciones sujetas (DGT 24-10-95; 1-10-02; CV 23-4-24).
2) Una agencia de viajes minorista actúa en nombre propio respecto de los viajeros a los que presta sus servicios vendiéndoles **viajes fuera del territorio comunitario**. La parte de la prestación de servicios correspondiente a entregas de bienes o prestaciones de servicios realizadas en territorio comunitario, cualquiera que este sea, está sujeta y no exenta y el tipo impositivo aplicable es el general. Por el contrario, la parte de la prestación de servicios correspondiente a entregas de bienes o prestaciones de servicios realizadas en territorio no comunitario está exenta (DGT CV 23-5-12).
3) Una agencia de viajes, establecida en TIVA, organiza en nombre propio viajes a destinos situados exclusivamente fuera de la UE. Los servicios de viaje incluyen vuelos con **origen o destino fuera del territorio**, pero con **escala**, sin pernoctación, en ciudades de la UE. Se considera más racional y ajustado a Derecho determinar la proporción que, sobre la distancia total del trayecto recorrido, represente la parte del mismo que discurra por el territorio de la UE, frente a la determinación en función de la proporción de las pernoctaciones realizadas en la UE sobre el total de las realizadas, a efectos de su inclusión en la base imponible de la operación (DGT CV 15-9-14).

B. Contenido del régimen

(LIVA art.142, 145 y 146; Rgto Fac art.6.1.n), 7.1.i) y 16.3)

4300

4302 **Base imponible** (LIVA art.145) La nota más característica del régimen especial de las agencias de viajes es el **método** seguido para la determinación de la base imponible, que en este caso coincide con el margen bruto de la agencia.

Este **margen bruto** se define como la diferencia entre la cantidad total cargada al cliente (IVA excluido) y el importe efectivo (impuestos incluidos) de las entregas de bienes o prestaciones de servicios que, efectuadas por otros empresarios o profesionales, sean adquiridos por la agencia para la realización del viaje.

La agencia de viajes debe determinar el margen bruto operación por operación (nº 4320 s.), no siendo posible de forma global para cada período impositivo (TJUE 26-9-13, asunto C-189/11; 8-2-18, asunto C-380/16).

Respecto al procedimiento de determinación de la base imponible cuando la operación sometida al régimen especial está **parcialmente exenta**, ver nº 4286.

Precisiones **1)** Se consideran adquiridos por la agencia para la realización del viaje, y por tanto dentro del régimen especial, entre otros, los siguientes bienes o servicios **adquiridos a terceros** con dicha finalidad:
- servicios de alquiler de **transportes colectivos** utilizados conjuntamente con otros servicios para la realización de los viajes programados por las agencias mayoristas y los transportes de viajeros (billetes de avión en líneas regulares o en vuelos chárter y billetes de autocar) adquiridos con la misma finalidad;
- servicios de hoteles, restaurantes, bares y demás **establecimientos de hostelería,** incluidos los denominados apartamentos turísticos;
- arrendamiento de **medios de transporte** (embarcaciones, aeronaves, etc.) para su utilización en la realización del viaje;
- **transportes de viajeros** por vía terrestre, aérea o marítima utilizando cualquier medio de transporte;
- servicios de **guías** o acompañantes de los viajeros;
- adquisición de bienes para ofrecérselos en **obsequio** a viajeros, como las **entradas** para visitas, monumentos, museos y lugares de interés turístico;
- folletos y entradas de **espectáculos** para uso de los viajeros durante la realización del viaje;
- adquisición de **paquetes turísticos** a otras agencias de viajes para ofrecerlos en nombre propio a viajeros o a otras agencias;
- servicios de interés **deportivo** prestados durante el viaje -cursillos de esquí, etc.-;
- servicios consistentes en la **atención a viajeros** en aeropuertos y hoteles.

2) Servicios que **no** se consideran **prestados para la realización del viaje**:
- servicios de compraventa o cambio de **moneda** extranjera;
- servicios de **mediación en el alquiler** de aviones, embarcaciones, aeronaves y demás medios de transporte utilizados exclusivamente por el cliente o grupo de clientes en desplazamientos efectuados al margen y con independencia de viajes organizados;
- servicios de mediación en el alquiler de **chalets**, apartamentos y otros inmuebles no encuadrables en los de hostelería;
- gastos de **teléfono** y télex;
- gastos de promoción o **publicidad**;
- adquisición de **folletos informativos** con fines publicitarios para su distribución a posibles clientes a efectos informativos de las condiciones y circunstancias del viaje;
- **gastos generales** de la empresa (personal, limpieza, energía, etc.);
- adquisición de ordenadores, mobiliario y demás **bienes de inversión**;
- gastos de envío y **correspondencia**;
- el **alquiler de la oficina** donde se encuentra la agencia o servicios como el teléfono y material de oficina, así como los gastos de comisiones de agencias que actúan en nombre y por cuenta de la agencia de viajes.

4306 Doctrina Administrativa Además de las siguientes contestaciones de la DGT, ver nº 11000 s.

1) Si en el momento en que se devenga el IVA o en el de efectuar la declaración-liquidación se desconoce el importe efectivo de los servicios adquiridos de terceros, el margen bruto se ha de determinar en función de los **datos presupuestados**. No obstante, una vez conocidos los datos reales, cuando proceda se ha de hacer la correspondiente rectificación. A estos efectos, no puede deducir el IVA de los bienes o servicios no adquiridos, aunque estén presupuestados (DGT CV 28-2-86). En términos similares indicando que, si en el momento del devengo del Impuesto no se conocen determinados datos para calcular el margen bruto, este debe determinarse provisionalmente aplicando **criterios fundados**, sin perjuicio de que una vez que se conozcan los datos reales de facturación se procede a la rectificación (DGT CV 18-6-19; CV 29-4-21). Ver en el nº 4332 un ejemplo de criterio razonable para determinar la base imponible provisional.

2) El tratamiento de las **cantidades a cuenta** abonadas por el cliente que la agencia tiene derecho a retener en los supuestos de **cancelación de un viaje** es, a efectos de la determinación de la base imponible:

a) El importe que se corresponda con la parte del viaje a la que le resulte aplicable el **régimen especial** de las agencias de viajes, tiene la consideración de importe cargado al cliente por dicha operación en régimen especial.

b) El importe que se corresponda con la parte del viaje a la que resulte aplicable el **régimen general** del impuesto, tiene la consideración de contraprestación.

Respecto al tratamiento a dar por la agencia a las cantidades que ha satisfecho por la **reserva de servicios** que habrían de redundar directamente en beneficio del viajero y que los empresarios o profesionales que las hayan percibido tienen derecho a retener para sí, tienen la consideración de importe correspondiente a servicios efectuados por otros empresarios o profesionales adquiridos por la agencia para la realización del viaje y destinados a redundar directamente en beneficio del viajero, a efectos de determinar la base imponible correspondiente a la operación en régimen especial de las agencias de viajes (DGT 31-10-01).

3) Cuando por un **precio único** se realicen operaciones de distinta naturaleza, la base imponible correspondiente a cada servicio se ha de determinar repartiendo el precio único cobrado, entre los distintos servicios, en proporción al valor de mercado de cada de uno de ellos, y aplicando el régimen de tributación correspondiente. No obstante lo anterior, es posible acudir a otros criterios alternativos al **valor de mercado** siempre que estos reproduzcan con exactitud el verdadero contenido del precio global respecto del ejercicio fiscal en cuestión (DGT CV 17-2-16).

Jurisprudencia Cuando una entidad sometida a este régimen especial suministra un **paquete turístico** en el que se incluyen prestaciones efectuadas con sus propios medios (y, por tanto, no adquiridas de terceros), la valoración de tales prestaciones (a las que se aplica el régimen general) debe efectuarse teniendo en cuenta su valor de mercado y no su coste. La determinación de cuál haya de ser tal valor de mercado se deja, en última instancia, al juez nacional (TJUE 6-10-05, asunto C-291/03). **4315**

Determinación operación por operación (LIVA art.145) El cálculo del **margen bruto** se ajusta al siguiente esquema: **4320**

+ Precio del viaje (sin IVA) (1)
- Gastos relacionados directamente con el viaje (incluidos los impuestos soportados)

= Margen bruto

(1) El IVA devengado se calcula una vez determinado el margen bruto. No obstante, ver ejemplos en el nº 4324 s.

En las operaciones anteriores deben tenerse en cuenta las siguientes **reglas:**

a) Entre los servicios que se consideran adquiridos por las agencias para la realización del viaje y que, por tanto, se computan como gasto, se incluyen los servicios que prestan **otras agencias de viaje** con dicha finalidad, con excepción de los servicios de mediación que las agencias minoristas prestan, en nombre y por cuenta de los mayoristas, en la contratación de viajes organizados por estas últimas.

b) En la determinación del margen bruto de la agencia **no se computan**:
- las cantidades o importes correspondientes a las operaciones exentas del IVA (nº 4278), ni el importe de los bienes o servicios utilizados para su realización;
- la compra-venta de moneda extranjera, los gastos de teléfono, télex, correspondencia y otros análogos (servicios que no se consideran prestados para la realización de un viaje).

Ejemplos **1)** Una agencia de viajes domiciliada en TIVA organiza un **viaje de 10 días por Extremadura** para un cliente. El importe total cargado al cliente fue de 1.502 € (IVA incluido). Las adquisiciones de bienes y/o servicios realizadas por la agencia a otro empresario o profesional utilizados en la realización del viaje ascendieron a 751 € (IVA incluido): transporte en autocar, hoteles, entradas a monumentos, etc. **4324**

La determinación de la base imponible operación por operación se realiza de la forma siguiente partiendo del importe total cargado al cliente:

BI: (1.502 - 751) × (100/121) = 620,66 €.

Cuota de IVA devengado: 21% de 620,66 € = 130,34 €.

Esta cuota es la que la agencia consigna en su declaración-liquidación correspondiente.

Nota.- Si en el ejemplo se hubiese partido de un **precio sin IVA** (1.502 € IVA excluido), el margen bruto se hubiese determinado exactamente como se señala en el nº 4320, a partir de una simple resta (1.502 - 751). No obstante, en su operatoria habitual, las agencias de viaje suelen cobrar a sus clientes, como en este ejemplo, un precio que incluye el IVA, por lo que la determinación del margen bruto exige entonces una operación previa: la diferencia entre el precio (IVA incluido) y los gastos (IVA incluido), debe multiplicarse por 100 y dividirse por 121, para anular el IVA incluido en los 1.502 € cobrados. Ver TEAC 15-6-05 en el nº 4334.

2) La agencia del ejemplo anterior ha computado los 751 € de bienes y servicios adquiridos como **datos provisionales**, por desconocer en ese momento su cuantía real. Posteriormente, al hacer las liquidaciones respectivas con las empresas de hostelería y de transportes, determina que la cuantía exacta de dichos gastos ascendió a 991 € IVA incluido.
La agencia de viajes ha de rectificar la base imponible calculada provisionalmente de la siguiente forma:
BI provisional = 620,66 €.
BI definitiva = (1.502 - 991) × (100/121) = 422,31 €.
Diferencia: 422,31 - 620,66 = -198,35 €.
La agencia debe rectificar a la baja la base imponible y la cuota que determinó provisionalmente en el período de liquidación anterior.

4331 **3)** Una agencia de viajes domiciliada en Madrid ofrece un **viaje por el territorio de la UE** cuyo precio por persona es de 1.322 €, IVA excluido. Los gastos del viaje, IVA incluido, han sido:

Guías de la agencia	120,00
Guías contratados en la UE	180,00
Hoteles	270,00
Transportes	168,00
Entradas a museos	30,00
Teléfono y télex	66,00
Comisión de agencia minorista	132,00
Gastos de material	18,00
Total	984,00

El margen bruto o base imponible es:

a) Facturado al cliente		+1.322,00
b) Bienes o servicios adquiridos a terceros en beneficio del viajero:		
Guías contratados	180,00	
Hoteles	270,00	
Transportes	168,00	
Entradas a museos	30,00	
Total		-648,00
BI		674,00 IVA excluido
IVA devengado (21% x 674)		141,54

A efectos del cálculo del margen bruto no se han computado los gastos de teléfono, télex y material, así como los de los guías de la propia agencia, ya que solo se tienen en cuenta los prestados con medios ajenos, sin perjuicio de que, como se analiza en el nº 4360, las cuotas de IVA soportadas por dichas adquisiciones sean deducibles del IVA devengado. Tampoco se ha tenido en cuenta la comisión de la agencia minorista.

4332 Doctrina Administrativa Además de la siguiente contestación de la DGT, ver nº 11000 s.
1) Se considera un **criterio razonable** que la base imponible provisional se calcule en función del margen bruto obtenido en el año natural inmediatamente anterior correspondiente a la totalidad de las operaciones realizadas en ese período, regularizando la misma en la última declaración-liquidación del ejercicio en relación con el margen efectivo real correspondiente al mismo (DGT CV 16-1-15; CV 29-4-21; CV 5-2-25).
2) Una agencia de viajes actúa como distribuidor oficial en la venta de servicios de acceso, alojamientos y otros servicios adicionales de un parque de atracciones fuera de España a cambio de una comisión de distribución. A efectos del cálculo de su margen bruto, el precio de adquisición está constituido por los servicios adquiridos a terceros en beneficio del viajero, sin que el mismo pueda verse minorado por los servicios que la citada agencia pueda prestar con medios propios y que estén relacionados con el viaje. En concreto, el **servicio de distribución** prestado no se va a incluir en su margen bruto siempre que sea prestado con medios propios, responda a un servicio real y efectivo de distribución del viaje y cuya contraprestación sea satisfecha por el propio proveedor de la agencia de viajes al que adquiere el servicio de viajes (DGT CV 16-5-24).

4334 Jurisprudencia **1)** Para el cálculo de la **base imponible operación por operación**, al importe cargado al cliente debe sustraerse el IVA que grave la operación, que resulta de aplicar el tipo impositivo sobre el margen bruto, es decir, el importe cargado al cliente (IVA incluido) debe minorarse en el importe efectivo (impuestos incluidos), de las entregas de bienes o prestaciones de servicios que, efectuadas por otros empresarios o profesionales, sean adquiridos por la agencia para su utilización en la realización del viaje y redunden directamente en beneficio del viajero. A partir del margen bruto así determinado, la base imponible de la agencia se determina multiplicando este por cien y dividiéndolo por cien más el tipo impositivo (TEAC 15-6-05). En el mismo sentido, TS 10-5-12, EDJ 103489.

2) La cantidad total a pagar por el viajero incluye la **cantidad adicional** que una agencia de viajes intermediaria, por cuenta de un organizador de circuitos turísticos, debe abonar a este, además del precio pagado por el viajero y cuyo importe equivale al descuento concedido por dicha agencia de viajes al viajero sobre el precio del viaje que figura en el catálogo del organizador de circuitos turísticos (TJUE 19-6-03, asunto C-149/01).

Repercusión del impuesto (LIVA art.142; Rgto Fac art.6.1.n) y 16.3) Las agencias de viaje tienen la obligación de repercutir el IVA en todas las operaciones que realicen, tanto si tributan por el régimen especial como por el régimen general. 4350

La repercusión debe hacerse constar expresamente en la factura que obligatoriamente ha de emitir la agencia de viajes, salvo en aquellas operaciones comprendidas en el **régimen especial**, en las que debe entenderse, en su caso, comprendida en el precio de la operación.

No obstante, se permite la **renuncia** a ese derecho reconocido en el régimen especial, en cuyo caso se ha de consignar por separado en las facturas que documenten dichas operaciones la cuota que se repercute a sus destinatarios, resultante de aplicar el tipo general a la base imponible de la operación sujeta al régimen especial (nº 4302). Esto no es muy habitual dado que, al renunciar a su derecho, la agencia está revelando a la competencia los márgenes de comercialización de sus productos.

Doctrina Administrativa Además de la siguiente contestación de la DGT, ver nº 11000 s. 4351

En el momento de ser prestado el servicio, al producirse el **devengo**, se ha de repercutir el impuesto sobre el destinatario, salvo que se hubieran producido pagos anticipados anteriores a dicha fecha, en cuyo caso el devengo se produce en el momento del cobro total o parcial del precio (DGT CV 20-8-18).

Deducciones (LIVA art.98.Cinco y 146) Las agencias de viaje pueden practicar las deducciones de las cuotas soportadas según lo establecido en la normativa general (nº 2500 s.). En concreto, las cuotas devengadas por las operaciones sometidas a este régimen especial y las devengadas en otras operaciones realizadas por la agencia que tributen en régimen general, pueden deducirse: 4360

- las soportadas, siempre que no hayan sido tenidas en cuenta para el cálculo de la **base imponible** en régimen especial, dado que los gastos que se toman en cuenta para el cálculo del margen bruto se computan impuestos incluidos (nº 4320);
- las soportadas en las adquisiciones de bienes y servicios que, efectuadas para la realización del viaje, redunden directamente en **beneficio del viajero**, que se destinen a la realización de una operación respecto de la que se ha optado por la aplicación del régimen general (nº 4243) (DGT CV 20-1-16; CV 20-9-16; CV 24-1-17);
- las soportadas por las agencias de viaje por la adquisición de bienes o servicios utilizados en la realización de los **servicios exentos** (nº 4278). Es, por tanto, una exención plena (LIVA art.94.Uno.1º.d).

Doctrina Administrativa Además de las siguientes contestaciones de la DGT, ver nº 11000 s. 4362

1) Las agencias de viajes sometidas al régimen especial pueden efectuar la deducción de las cuotas soportadas en TIVA, aunque los bienes o servicios adquiridos o importados se utilicen en la realización de **operaciones efectuadas fuera de dicho territorio**, a excepción de las cuotas soportadas en adquisiciones o importaciones de bienes o servicios efectuadas para la realización de viajes y que redunden directamente en beneficio del viajero (DGT 11-7-89).

2) La realización por una misma agencia, mayorista o minorista, de operaciones a las que resulte aplicable el **régimen general y el régimen especial** de las agencias de viajes, no determina por sí misma la aplicación de la regla de prorrata, siendo aplicable respecto de ambas clases de operaciones el régimen general de deducciones, si bien, dichos sujetos pasivos no pueden deducir, en ninguna medida ni cuantía, las cuotas soportadas en las adquisiciones de bienes o servicios que, utilizados en la realización de un viaje que deba tributar por el citado régimen especial, redunden directamente en beneficio del viajero (DGT 11-1-94; CV 10-3-16; CV 23-9-20).

3) No cabe como **documento justificativo** del derecho a deducir el documento de reserva expedido por la aerolínea y el pago del transporte, sin perjuicio de su valor probatorio a otros efectos (DGT CV 5-9-16).

4) Si las cuotas soportadas documentadas mediante **factura rectificativa** derivan de adquisiciones de bienes o servicios efectuadas para la realización de un viaje y redundan directamente en beneficio del viajero, no son deducibles en el ámbito del régimen especial de las agencias de viajes. Por el contrario, si resultara de aplicación el régimen general o, dentro del régimen especial de las agencias de viaje, fuesen cuotas que no derivasen de adquisiciones de bienes o servicios efectuadas para la realización de un viaje que no redundaran directamente en beneficio del viajero, son deducibles (DGT CV 6-3-19). 4363

5) Una agencia de viajes que, entre otras actividades, lleva a cabo la organización de **viajes de un día** (que incluye el traslado en autocar, la visita guiada a la ciudad, la comida en un restaurante y la asistencia a una charla sobre productos de hogar), y que entrega **regalos a cada viajero** (aceite, jamón, patés e ibéricos), los cuales redundan directamente en beneficio de cada viajero, no puede deducirse las cuotas soportadas en la adquisición de dichos regalos (DGT CV 5-11-09).
6) Las cuotas de IVA soportadas por los bienes o servicios adquiridos para la realización del viaje a los que se aplica el régimen especial de las agencias de viajes no pueden deducirse, con independencia de que a las adquisiciones de bienes o servicios les resulte de aplicación o no la regla de **inversión del sujeto pasivo** (DGT CV 28-12-20).

4364 Jurisprudencia **1)** La adquisición de **bolsas de viaje** para entregar a los viajeros de determinados trayectos redunda directamente en beneficio de estos. Por eso, las cuotas de IVA soportadas son deducibles de la base y no de la cuota (TEAC 29-5-98).
2) En los viajes que son contratados a una agencia de viajes por una empresa, dado que esta posteriormente presta a sus clientes esos mismos servicios mediante **canje de puntos y/o dinero**, se ha de considerar que actúa como agencia de viajes, no resultando deducible el IVA correspondiente dado que se trata de bienes y servicios adquiridos en beneficio del viajero (TEAC 20-11-18).

C. Obligaciones formales

4390 Las agencias de viajes deben cumplir todas las obligaciones formales que, con carácter general, establece la normativa del IVA (liquidación: nº 6400 s.; otras obligaciones formales: nº 6900 s.), si bien, deben tenerse en cuenta algunas **particularidades** en relación con:
- la facturación: nº 7247.1 y nº 7311. Ver también nº 4350; y
- los libros registros: nº 7389.

Las agencias de viaje también están obligadas a la presentación de las correspondientes **declaraciones-liquidaciones periódicas** (nº 6420). Para determinar si estas han de ser mensuales o trimestrales deben calcular su volumen de operaciones. A tales efectos, el **volumen de operaciones** de un sujeto pasivo sometido al régimen especial de las agencias de viajes se calcula computando el importe total de las prestaciones de servicios sometidas a dicho régimen que realice, excluido el IVA, y no la base imponible de las mismas (DGT CV 15-3-93).

SECCIÓN 5

Régimen especial del oro de inversión

4400

4401 Se configura como un régimen especial **obligatorio**, sin perjuicio de la posibilidad de renuncia a la exención característica de este régimen especial, que se efectúa operación por operación.
El régimen tiene por **objeto** superar distorsiones de competencia, dado que, con anterioridad, las operaciones con oro de inversión tributaban en el régimen general, salvo en ciertos Estados miembros de la UE, que estaban facultados para aplicar determinadas exenciones, lo que suponía para estos una clara ventaja competitiva respecto del resto.
Con este régimen se aplica al oro de inversión un **régimen de exención** análogo al de otras inversiones financieras, autorizando, además, determinadas **deducciones** para evitar que las entregas de oro efectuadas por operadores no comunitarios (y que determinan la correspondiente importación cuando el oro se introduce en la UE) tengan un tratamiento ventajoso respecto de las entregas de oro efectuadas en el interior de la UE.

4405 **Ámbito objetivo** (LIVA art.140 y Anexo.aptdo.9º; RIVA art.51 bis) El régimen especial se aplica a ciertas operaciones que tienen por objeto oro de inversión. A estos efectos, se consideran **oro de inversión**:
a) Los **lingotes y láminas** de oro, de ley igual o superior a 995 milésimas y cuyo peso sea de los admitidos en los mercados de lingotes (12,5 Kg; 1 Kg; 500, 250, 100, 50, 20, 10, 5, 2,5 y 2 gr; 100, 10, 5, 1, 0,5 y 0,25 onzas; 10, 5 y 1 taels y 10 tolas). Los mercados de lingotes admiten las siguientes tolerancias: para los lingotes de 12,5 Kg se aceptan aquellos cuyo contenido en oro puro oscile entre 350 y 430 onzas; para los restantes pesos, se admiten las piezas cuyos pesos reales no difieran de los indicados anteriormente en más de un 2%.

A estos efectos, según la normativa europea, 1 onza = 31,1035 g; 1 tael = 1,193 onzas; 10 tolas = 3,75 onzas (Rgto UE/282/2011 Anexo III).
b) Las **monedas** de oro que cumplan los siguientes requisitos:
- que sean de ley igual o superior a 900 milésimas;
- que hayan sido acuñadas después del año 1800;
- que sean o hayan sido monedas de curso legal en su país de origen;
- que sean comercializadas habitualmente por un precio no superior en un 80% al valor de mercado del oro contenido en ellas.

Precisiones **1)** El régimen especial se aplica a aquellas **monedas** que normalmente se utilicen como inversión financiera, atendiendo esencialmente al valor del oro de que están hechas, dejando fuera del mismo tanto a las monedas cuyo valor esté sensiblemente influido por otros factores de carácter numismático, histórico, etc., que determinan su naturaleza de objetos de colección, como a otros objetos de oro (monedas conmemorativas, por ejemplo) que no se negocian normalmente en los mercados financieros con fines de inversión y que quedan excluidos del régimen especial por no ser monedas de curso legal en el país de origen. 4406
2) La **Comisión de las Comunidades Europeas** debe publicar antes del 1 de diciembre de cada año las monedas que tienen la condición de oro de inversión, presumiéndose respecto de ellas que cumplen todos los requisitos indicados.
La **relación de monedas para el año 2026** se publicó mediante la Información 2025 Serie C/2025/5923, DOUE 14-11-25. A efectos de establecer esta lista, la normativa comunitaria dispone que cada Estado miembro debe informar a la Comisión, antes del 1 de julio de cada año, de las monedas que cumplan los criterios exigidos en la Directiva y que sean objeto de operaciones en dicho Estado miembro (Dir 2006/112/CE art.345).
Así, a efectos de la lista de monedas que cada Estado miembro debe elaborar, para posteriormente comunicar a la Comisión, las referencias al «**precio**» y al «**valor en el mercado libre**» -Dir 2006/112/CE art.344.1.2- van a ser el precio y el valor en el mercado libre en fecha 1 de abril de cada año. Si dicha fecha no coincide con un día en que se proceda a la fijación de dichos valores, se han de utilizar los valores del siguiente día en que se fijen (Rgto UE/282/2011 art.57).
3) Las monedas anteriores al año 1800 se consideran **monedas antiguas**, que se comercializan fundamentalmente por su interés numismático y no tanto por su contenido en oro. Se trata, en este caso, de objetos de colección (nº 3955) más que de oro de inversión.
4) La referencia a «**peso aceptado** en los mercados de lingotes» -Dir 2006/112/CE art.344.1.1- abarca, como mínimo, las unidades y pesos de comercialización mencionadas en nº 4405 (Rgto UE/282/2011 art.56 y Anexo III).

Doctrina Administrativa Además de las siguientes contestaciones de la DGT, ver nº 11000 s. 4408
1) Las **fornituras y aprestos de joyería** elaborados con aleaciones de oro de ley superior a 325 milésimas se utilizan, con carácter general, por los fabricantes de piezas de joyería como componente y parte de la pieza terminada, y no tienen la consideración de oro de inversión a efectos del régimen especial (DGT 16-3-04).
2) La **chatarra de oro** no tiene la consideración de oro de inversión (DGT CV 27-4-09; CV 22-3-10).

Exenciones (LIVA art.140 bis y 140 ter; RIVA art.51 ter) El régimen especial es, fundamentalmente, un régimen de exención sin derecho a deducción del IVA soportado (aunque se admite la deducción de determinadas cuotas, nº 4425). Se trata de un régimen de **exención limitada**, análogo al de otras inversiones financieras, dado que las entregas de oro con fines de inversión tienen un carácter similar, que afecta a: 4410
a) Las **entregas, adquisiciones intracomunitarias e importaciones** de oro de inversión. En el concepto de entrega se comprenden los préstamos y las operaciones de permuta financiera, así como los contratos de futuro o a plazo que tengan por objeto oro de inversión e impliquen la transmisión del poder de disposición sobre el mismo.
Como **excepción**, la exención no se aplica:
- a las **prestaciones de servicios**, con excepción de los servicios de la letra b) siguiente;
- a las **adquisiciones intracomunitarias** cuando en el Estado miembro de origen se haya renunciado a la exención de la entrega. Cuando el proveedor en origen haya renunciado a la exención de la entrega (exención del régimen especial) se aplica la exención de las entregas intracomunitarias y, por tanto, la adquisición intracomunitaria correspondiente está gravada.
b) Los **servicios de mediación** en las operaciones exentas, prestados en nombre y por cuenta ajena. La exención comprende la mediación tanto en nombre del vendedor como en nombre del comprador.

Precisiones **1)** La exención del IVA en las entregas de oro de inversión se aplica a las efectuadas por **empresarios o profesionales** tanto con carácter habitual como ocasional. 4412
2) En las **entregas** de oro de inversión **con destino a otros Estados miembros** concurren dos exenciones: la limitada propia del régimen especial y la plena propia de las entregas intracomunitarias (nº 5215). Se aclara que en estos casos se aplica la exención del régimen especial, para evitar distorsiones e igualar el tratamiento de las entregas interiores y de las entregas con destino a otros

Estados miembros de la UE (pues en ambas se aplica la exención del régimen especial que es, con particularidades, una exención limitada). Supone que no se declara dicha entrega en la declaración recapitulativa (nº 7080 s.). Si se renuncia a la exención del régimen especial en las entregas con destino a otro Estado miembro, se aplica la exención de las entregas intracomunitarias (nº 5210 s.), exención plena que genera el derecho a deducir el IVA soportado.
3) En las **entregas con destino a la exportación** concurren, igualmente, dos exenciones: la limitada propia del régimen especial y la plena propia de las exportaciones (nº 6010 s.). No se aclara, en este caso, cuál de las exenciones es la aplicable. No obstante, parece que, por neutralidad y transparencia del IVA, procedería la aplicación de la exención de las exportaciones, para que se beneficien de la exención plena que corresponde a toda exportación. Idéntico criterio habría que utilizar en los servicios de mediación en nombre y por cuenta ajena relativos a dichas entregas con destino a la exportación.

4415 Ejemplo No están exentos por aplicación del régimen especial servicios tales como los de publicidad, transporte, manipulación o transformación del oro de inversión, sin perjuicio de que se apliquen otras exenciones previstas en la normativa del IVA. Por ejemplo, si se trata de un servicio de transporte de oro de inversión destinado a la exportación se aplica la exención de servicios relacionados con la exportación (nº 6075).

4417 Doctrina Administrativa Además de las siguientes contestaciones de la DGT, ver nº 11000 s.
1) Cuando un empresario adquiere, a mayoristas establecidos en otro Estado miembro, **lingotes o láminas de oro** de 999 milésimas, y el transmitente ha **renunciado a la exención**, la adquisición intracomunitaria se encuentra sujeta y no exenta, siendo sujeto pasivo de dicha adquisición intracomunitaria el empresario que adquiere oro de ley igual o superior a 995 milésimas (DGT 6-2-04). En términos similares, DGT CV 11-6-20.
2) A la **entrega de oro de ley** que cumpla los requisitos para ser considerado oro de inversión, se le aplica obligatoriamente el régimen especial. A tal efecto, dicha entrega está exenta del IVA sin perjuicio de la renuncia (DGT 6-3-01).
3) La venta de oro de inversión entre particulares no está sujeta al impuesto, por lo que los **servicios de mediación** proporcionados no se benefician de la exención (DGT CV 23-2-22).
4) La venta de **tokens** respaldados por oro o plata se considera una entrega de bienes sujeta, pero si el oro cumple con los requisitos de oro de inversión, la operación está exenta (DGT CV 15-2-24; CV 23-9-25).

4420 **Renuncia a la exención** (LIVA art.140 ter; RIVA art.51 ter) Para evitar los efectos de las exenciones limitadas, que obligan al empresario que aplica la exención a incorporar el impuesto por él soportado en la fase anterior al precio de la operación exenta, pues dicho impuesto, no deducible, actúa como un coste más para el citado empresario, se permite la renuncia a las exenciones aplicadas, en los siguientes casos:
1. En las **entregas** de oro de inversión, el transmitente puede renunciar a la exención cuando se cumplan los dos **requisitos** siguientes:
- que el vendedor habitualmente se dedique a la producción de oro de inversión o a la transformación de oro que no sea de inversión en oro de inversión, siempre que la entrega tenga por objeto oro de inversión resultante de las actividades;
- que el adquirente sea empresario o profesional y actúe en el ejercicio de sus actividades empresariales o profesionales.

El ejercicio de renuncia a la exención en la entrega determina que el **sujeto pasivo** del IVA correspondiente a la misma sea el adquirente, es decir, se produce la inversión del sujeto pasivo (nº 4440).
La renuncia se aplica operación por operación y debe ser objeto de **comunicación** por escrito al adquirente, previa o simultáneamente a la entrega, indicándole, cuando la entrega resulte gravada (lo que ocurre cuando se trate de entregas interiores), que recae sobre él la condición de sujeto pasivo.
Por tanto, **no es posible la renuncia**:
- cuando el adquirente sea un consumidor final;
- por los empresarios que realicen entregas de oro de inversión de modo ocasional.

4422 **2.** En los **servicios de mediación** en las entregas de oro de inversión, prestados en nombre y por cuenta ajena, cuando se cumplan los siguientes **requisitos**:
- haya renuncia también a la exención de la entrega en la que se medie (nº 4420);
- el destinatario del servicio de mediación sea un empresario o profesional que actúe en el ejercicio de sus actividades empresariales o profesionales.

En este caso, la renuncia debe aplicarse operación por operación y el prestador del servicio debe estar en posesión de un documento suscrito por el destinatario en el que este haga constar que en la entrega de oro a que el servicio de mediación se refiere se ha efectuado la renuncia a la exención del IVA.

Precisiones 1) No cabe la renuncia en las **adquisiciones intracomunitarias** ni en las **importaciones** de oro de inversión.
2) La posibilidad de renunciar a la exención aplicable a las entregas de oro de inversión tiene como **finalidad** permitir que no se rompa la cadena de deducciones.

Deducciones (LIVA art.140 quárter) La normativa del IVA prevé la aplicación de las **exenciones limitadas**, lo que implica la no deducción de las cuotas soportadas por la adquisición de bienes y servicios que se utilizan en las entregas de oro de inversión exentas, aunque autoriza determinadas deducciones. Es una característica de este régimen especial, que tiene por **finalidad** equiparar las entregas interiores y las importaciones, ya que en estas el oro de inversión se adquiere sin IVA. En efecto, el oro adquirido a empresarios no comunitarios y que es objeto de **importación** en la UE no lleva incorporado impuesto alguno, pues a la salida del país de origen se aplica la exención plena propia de la exportación y la importación en la UE está, asimismo, exenta. Las **entregas interiores en la UE** de oro de inversión están también exentas, pero al ser la exención limitada, supone, si no se aplica ninguna corrección, un impuesto remanente o implícito que encarece el precio del oro. **4425**
Son **deducibles** las cuotas soportadas por:
a) La adquisición o importación de bienes o servicios vinculados con la **producción** de oro de inversión o la **transformación de oro** que no es de inversión en oro de inversión, cuando el mismo es objeto de una entrega exenta efectuada por quien lo ha producido o transformado (por ejemplo, adquisición del oro empleado, del instrumental utilizado en la producción o transformación, etc.). Sin embargo, no es deducible el IVA soportado por el vendedor correspondiente al **transporte del oro** para ponerlo a disposición de los compradores o por gastos de publicidad vinculados a la comercialización, porque no son servicios vinculados a la producción o transformación.

b) La **adquisición de oro de inversión** cuando el proveedor haya **renunciado a la exención** de la entrega (nº 4420): con la renuncia a la exención, el adquirente debe liquidar el IVA (autorrepercusión) en el supuesto de inversión de sujeto pasivo previsto en la normativa (nº 4440). En este supuesto, el adquirente puede deducir el Impuesto liquidado, aunque la posterior entrega realizada por él esté exenta (ver ejemplo 1 en el nº 4429). **4426**
Lo anterior es también aplicable a las cuotas correspondientes a las **adquisiciones intracomunitarias** de oro de inversión en el caso de que el empresario que efectúe la entrega haya renunciado a la exención del impuesto en el régimen especial previsto para dicha entrega en el Estado miembro de origen, ya que en este caso se aplica el régimen general del IVA: a la entrega en origen se le aplica la exención plena propia de las entregas intracomunitarias y la adquisición intracomunitaria en España está sujeta y no exenta. En este caso, el IVA liquidado por la adquisición intracomunitaria del oro es deducible (ver ejemplo 2 en el nº 4429).
c) La **adquisición o importación del oro industrial** (esto es, del oro que no reúne las características exigidas para ser considerado como oro de inversión, especificadas en el nº 4405) que después se transforma en oro de inversión y es objeto de una entrega exenta por quien lo ha transformado (ver ejemplo 3 en el nº 4430).
d) Los **servicios** que consistan en el cambio de forma, de peso o de ley de ese oro (ver ejemplo 3 en el nº 4430).

Precisiones Las cuotas deducibles en este régimen son distintas según cual sea la **condición del empresario** o profesional que realice las entregas de oro de inversión exentas: **4427**
- la letra a) del nº 4425 comprende las deducciones autorizadas a quienes **habitualmente** se dedican a la producción de oro de inversión o a la transformación de oro industrial en oro de inversión. En este caso se permite un amplio derecho de deducción, que acerca la exención al régimen de las exenciones plenas, con objeto de evitar que los productores de oro comunitarios resulten discriminados respecto de los de terceros países;
- el resto de letras del nº 4426 comprende a los demás (los que comercializan oro de inversión o bien quienes **ocasionalmente** lo producen o transforman). En este caso el derecho de deducción alcanza a las cuotas soportadas por la adquisición del oro, fundamentalmente, y de lo que se trata es de evitar que dichas cuotas (muy elevadas, dado el precio del oro) se incorporen al precio de venta cuando en esta se aplica la exención.

Ejemplos 1) Un **productor** español de oro de inversión (X), vende un lingote fabricado por él al empresario B, por un precio de 60 €. X renuncia a la exención del IVA y B liquida el IVA en la correspondiente autoliquidación (se autorrepercute el impuesto), dado que tiene la condición de sujeto pasivo de dicha operación (nº 4440), aplicando el tipo impositivo del 21%. **4429**
B, a continuación, actuando en el ejercicio de su actividad empresarial o profesional, vende el lingote a un particular por 120 €, estando esta entrega sujeta y exenta, sin posibilidad de renuncia a la exención, pues el adquirente no es un empresario o profesional que actúe en el ejercicio de su actividad.

La entrega exenta del IVA efectuada por B para el particular genera, para B, el derecho a deducir los 12,60 € (60 x 21%) del IVA liquidado por la adquisición del citado oro de inversión. No obstante, B no puede deducir otras cuotas del IVA soportadas para la realización por él de la entrega del oro exenta. Así, si soporta cuotas del IVA por servicios de transporte del oro hasta el destinatario (particular), esas cuotas del IVA no son deducibles para B.

2) Un **empresario español** (F) **compra oro de inversión** a un fabricante holandés, el cual envía el oro desde Holanda a España, renunciando a la exención del IVA holandés aplicable a la entrega de dicho oro. Implica la aplicación en Holanda de la exención prevista para las entregas intracomunitarias de bienes, de manera que el empresario holandés no repercute el IVA de su país sobre F. El importe de la operación es de 120 €.

Ahora bien, la adquisición intracomunitaria del oro efectuada por F en España no está exenta del IVA, sino sujeta y no exenta del mismo, debiendo F anotar la factura recibida del fabricante holandés en el libro de facturas recibidas (consignando la cuota tributaria derivada de la adquisición intracomunitaria) y liquidar el IVA español en la correspondiente autoliquidación. Pues bien, el IVA correspondiente a esta adquisición intracomunitaria, esto es, 25,20 € (120 x 21%), puede ser deducido por F.

4430 **3)** Un productor de oro (E), **entrega oro en bruto**, no convertido en lingotes, láminas o monedas a otro empresario (B), que no es productor de oro, sino que se dedica habitualmente a intermediar en nombre propio en operaciones de compra y venta de lingotes de oro.

En este caso, B compra el oro en bruto a E por 60 € más 12,60 euros del IVA (la entrega de oro por X no está exenta, pues lo que se entrega no es oro de inversión). Posteriormente, solicita de un transformador de oro (C), que convierta el oro en lingotes. Por dichos trabajos de transformación, C cobra 12 €, más 2,52 € del IVA. A continuación, B vende el oro transformado en lingotes por 120 € a varios particulares, estando la entrega del oro exenta sin posibilidad de renuncia a la exención. Para efectuar estas ventas, B ha contratado servicios de publicidad por los que ha pagado 0,60 € más 0,13 € del IVA.

La realización de las entregas exentas del oro genera para B el derecho a deducir los 12,60 € del IVA soportado por la adquisición del oro, así como los 2,52 € del IVA soportado por los trabajos de conversión del oro en bruto en lingotes. No puede, sin embargo, deducir la cuota del IVA soportada por los servicios de publicidad (nº 4426).

4431 [Doctrina Administrativa] Además de las siguientes contestaciones de la DGT, ver nº 11000 s.

1) Un contribuyente tiene intención de importar oro de ley igual o superior a 325 milésimas pero inferior a 995, para posteriormente venderlo tal cual o transformado a 995 milésimas. Al ser considerado **importador** de un oro que no era de inversión y **transformador** del mismo en oro de inversión, cuando entregue el producto transformado va a tener derecho a la deducción-devolución del Impuesto soportado en la importación (DGT CV 8-6-10).

2) Una entidad que entrega oro de inversión previamente producido o transformado en tal oro por ella a partir de joyas usadas (**chatarra de oro**), va a tener derecho a la deducción de las cuotas soportadas en la adquisición o importación de los bienes o servicios vinculados con dicha producción o transformación (DGT CV 8-2-12).

3) Una entidad puede deducir las cuotas satisfechas en la adquisición de oro de inversión con **renuncia a la exención** por el transmitente, siendo el sujeto pasivo la entidad, en la medida en que se cumplan los requisitos contenidos en la normativa para su deducibilidad según el régimen general (DGT 10-1-03).

4435 **Sector diferenciado** (LIVA art.9.1º.c.b') El régimen especial de las operaciones de oro de inversión constituye un sector diferenciado de la actividad del empresario o profesional que las realice, tanto si las efectúa con carácter habitual como si las realiza ocasionalmente, incluso en el caso de que en un año natural realizase una sola entrega exenta y con independencia de su importe. Consecuentemente, tiene su propio **régimen de deducciones** (nº 4425 s.), independientemente del que se aplique a las demás actividades del sujeto pasivo. Así, si realiza operaciones con oro de inversión y operaciones con oro industrial, a las primeras se aplica el régimen especial y a las segundas el régimen general; en los «inputs» comunes se aplica la regla de prorrata general (nº 2730 s.).

4440 **Sujeto pasivo** (LIVA art.140 quinque) Se aplica la **inversión del sujeto pasivo** en las entregas de oro de inversión cuando el transmitente renuncie a la exención estando, por tanto, sujetas y no exentas dichas operaciones. Así, el sujeto pasivo en este caso es el adquirente.

La inversión **no procede** cuando se trata de entregas intracomunitarias de oro de inversión, aunque se haya renunciado a la exención prevista por el régimen especial, pues en tal caso procede la exención similar a la de las entregas intracomunitarias (nº 5215), y no hay gravamen en el estado miembro de origen (nº 4410 s.).

[Precisiones] **1)** La regla de determinación del sujeto pasivo pretende evitar ciertos **mecanismos de fraude** (repercusión del impuesto que no se ingresa) y costes financieros. Cuando el sujeto pasivo es el transmitente, el adquirente primero soporta el impuesto y después lo deduce; por el contrario, cuando lo es el adquirente, el ingreso y la deducción del impuesto por dicho adquirente son simultáneos, en la misma declaración, con lo que no hay coste financiero para él.

2) Si la entrega de oro de inversión está exenta y **no se ha renunciado** a la misma por el transmitente, el sujeto pasivo de la operación es este último, no debiendo el adquirente autofacturarse ni autorrepercutirse cuota alguna. Así, el transmitente debe expedir la correspondiente factura que ha de reflejar en el libro registro de facturas expedidas.

Doctrina Administrativa Además de las siguientes contestaciones de la DGT, ver nº 11000 s. **4442**
1) Una entidad que adquirió una partida de oro de inversión, **sin renuncia a la exención** por parte del transmitente, no tuvo por dicha operación la consideración de sujeto pasivo, ni aunque dos años después utilice dicho oro en la confección de artículos de joyería (DGT 20-9-04). Cuando no hay renuncia, el sujeto pasivo es el transmitente y es quien debe expedir una factura sin repercutir el Impuesto (DGT 1-10-02; CV 6-10-09).
2) La regla prevista de **inversión del sujeto pasivo** para las entregas de oro sin elaborar o de productos semielaborados de oro de ley igual o superior a 325 milésimas (nº 1353 s.), no es aplicable a las entregas de oro de inversión, a las que resulta de aplicación obligatoria el régimen especial (DGT 6-3-01).
3) Al haber renunciado a la exención, el **servicio de mediación** en oro de inversión está sujeto y no exento, siendo sujeto pasivo de dicha prestación el empresario prestador del servicio, ya que la regla de inversión del sujeto pasivo solo es aplicable a entregas de bienes de oro de inversión y no a prestaciones de servicios (DGT CV 17-3-15).

Obligaciones formales (LIVA art.140 sexies y 164; RIVA art.51 quater, 63 y 64) En este régimen se aplican, además de las previstas con carácter general en la LIVA (liquidación: nº 6400 s.; otras obligaciones formales: nº 6900 s.), las siguientes obligaciones formales: **4450**
a) Obligaciones de **facturación**:
1. En las **entregas de oro** de inversión, aunque estén exentas, es obligatoria la expedición de factura en los supuestos del nº 7212.
2. Los empresarios o profesionales que realicen operaciones que tengan por objeto oro de inversión, deben **conservar las copias** de las facturas relativas a dichas operaciones durante cinco años.
b) Obligaciones de **registro**:
1. Los empresarios que realicen operaciones relativas al oro de inversión y otras actividades a las que no se aplique el régimen especial deben hacer constar separadamente en el Libro Registro de **facturas recibidas** las adquisiciones que correspondan a cada sector diferenciado.
Respecto a las adquisiciones intracomunitarias de oro de inversión en las cuales el proveedor ha renunciado a la exención del régimen especial (nº 4410 s.), debe anotarse la factura recibida de dicho proveedor en el citado Libro Registro, consignando la cuota tributaria derivada de la adquisición intracomunitaria.
2. En el Libro Registro de **facturas expedidas**, se deben anotar por separado, en su caso, las facturas del primer y del segundo punto de la letra a) anterior.
3. Los empresarios o profesionales que realicen operaciones que tengan por objeto oro de inversión, deben **conservar los registros** relativos a dichas operaciones durante cinco años.

SECCIÓN 6

Régimen especial del recargo de equivalencia

4530

Con objeto de liberar a los **comerciantes minoristas** de la práctica totalidad de las obligaciones formales, de gestión o liquidación del impuesto, su tributación se realiza mediante el régimen especial del recargo de equivalencia, de carácter obligatorio. **4532**
El régimen es de **aplicación forzosa** (LIVA art.120.Dos), no pudiendo renunciarse al mismo, en el caso de comerciantes minoristas (nº 4536), cuando su actividad se desarrolle en los sectores económicos y se cumplan los requisitos establecidos por las normas reglamentarias.
Los sujetos pasivos a quienes resulte de aplicación no están obligados a ingresar en el Tesoro Público el IVA. La **exacción** del Impuesto se efectúa mediante el recargo de equivalencia, que los proveedores de los comerciantes minoristas les repercuten e ingresan en la Hacienda Pública.

A. Ámbito de aplicación

(LIVA art.148 y 149; RIVA art.54 y 59)

4534

4535 Este régimen se aplica a los sujetos pasivos en los que concurran los siguientes **requisitos**:
- que tengan la consideración de comerciantes minoristas (nº 4536);
- que sean personas físicas o entidades en régimen de atribución de rentas en el IRPF en las que todos sus socios, herederos, comuneros o partícipes, sean también personas físicas;
- que comercialicen al por menor artículos o productos de cualquier naturaleza, siempre que no estén exceptuados del régimen (nº 4573).

4536 **Comerciante minorista** (LIVA art.149; RIVA art.54) A estos efectos, se consideran comerciantes minoristas en el IVA los que cumplan los siguientes **requisitos**:

a) Que realicen, con **habitualidad**, **ventas de bienes** muebles o semovientes en el mismo estado en que fueron adquiridos. El hecho de someter a transformación los productos objeto de su actividad, por sí mismo o por medio de terceros, hace perder la consideración de comerciante minorista al sujeto pasivo del IVA, en relación con esos productos.

No obstante, **no se considera transformación** y, por tanto, aunque sean realizadas por los sujetos pasivos no suponen la pérdida de la condición de comerciante minorista:
- la clasificación y envasado de productos;
- el marcado o etiquetado, así como la preparación y corte, previos a la entrega de los bienes transmitidos;
- el lavado, desinfectado, molido, troceado, descascarado y limpieza de productos alimenticios y demás manipulaciones expuestas en el nº 3564;
- los procesos de refrigeración, congelación, troceado o desviscerado de carnes y pescados frescos;
- la confección y colocación de cortinas y visillos;
- la adaptación de las prendas de vestir confeccionadas por terceros.

4540 **b)** Que la suma de las contraprestaciones correspondientes a las **entregas a otros empresarios** o profesionales, en el año precedente, de los bienes a que se refiere la letra a) anterior, haya sido inferior al 20% del total de las entregas realizadas de dichos bienes. Esto significa que más del 80% de las ventas de los bienes citados deben efectuarse a consumidores finales. A estos efectos, las ventas efectuadas a la Seguridad Social o a sus entidades gestoras o colaboradoras, se consideran como ventas efectuadas a consumidores finales.

Como **excepción**, este requisito no se exige a los comerciantes minoristas que tengan esta condición en el IAE (estar matriculados en las agrupaciones 64, 65 y 66 de las Tarifas del IAE), cuando concurra alguna de las siguientes circunstancias:
- que no puedan calcular el porcentaje de ventas indicado por **no haber realizado actividades comerciales** el año precedente. En este caso, todos los comerciantes que reúnan los requisitos recogidos en el nº 4536 van a ser considerados minoristas el primer año de actividad si procede darse de alta como comercio al por menor en el IAE;
- que les sea de aplicación y no renuncien al método de **EO del IRPF**. A estos sujetos pasivos se les considera comerciantes minoristas cuando tengan esta condición en el IAE, con independencia de que superen el límite del 20% mencionado, y siempre que, naturalmente, se cumpla el requisito del nº 4536.

Precisiones Al centrarse en actividades de comercio al por menor, este régimen no se aplica a las entregas de bienes **inmuebles** ni a las actividades de prestación de servicios.

4544 Ejemplos **1)** Un comerciante dedicado a la **venta al por menor de productos de pastelería** vende en un establecimiento tanto los productos que él mismo elabora (pasteles, tartas, etc.) como otros que vende en el mismo estado en que los adquirió (bombones, chocolatinas, dulces, etc.).
Solo tiene consideración de comerciante minorista en relación con la entrega de bombones, chocolatinas, dulces y otros bienes en el mismo estado en que fueron adquiridos.

2) Un empresario individual, matriculado en el epígrafe 642.1 del IAE «**Comercio al por menor de carnes**», realizó durante el año 20X0 ventas por un importe total de 96.161 €. Del total, 18.030 € corresponden a las efectuadas a bares y restaurantes y, el resto, a consumidores finales.
Dicho empresario, durante el año 20X1, tiene la consideración de comerciante minorista, dado que las ventas a empresarios durante el año 20X0 fueron inferiores al 20% del total (18.030/ 96.161 = 18,75%). Sin perjuicio de que, si hubiera superado dicho porcentaje, y reuniese los requisitos recogidos en el nº 4540, también sería considerado comerciante minorista.

3) Una comunidad de bienes matriculada en el epígrafe 647.1 del IAE «Comercio al por menor de pescados» vende tanto a **consumidores finales** como a empresarios (bares, cafeterías, restaurantes). Durante el año 20X0, la proporción de ventas a cada grupo de clientes fue de un 50%. En este caso, dicha comunidad de bienes tiene, en el año 20X1, la consideración de comerciante minorista, siempre que no haya renunciado al método de estimación objetiva del IRPF (dado que dicha actividad está incluida en la correspondiente OM), con independencia de que el volumen de ventas a empresarios sea el 50% del total de las realizadas. Debe, además, cumplir el requisito señalado en nº 4536.

4) Una comunidad de bienes, formada por dos personas físicas y dada de alta en el IAE, ejerce las siguientes **actividades en distintos locales**: 4552
- Epígrafe 647.1: «Comercio al por menor de cualquier clase de productos alimenticios y bebidas en establecimientos con vendedor».
- Epígrafe 642.4: «Comercio al por menor de carnes y derivados cárnicos».
- Epígrafe 612.9: «Comercio al por mayor de otros productos alimenticios».
- Epígrafe 612.4: «Comercio al por mayor de carnes y derivados cárnicos».
- Epígrafe 647.2: «Comercio al por menor de productos cárnicos en régimen de autoservicio».

El volumen de **facturación durante el año N**, por cada una de dichas actividades, con su correspondiente desglose, fue:

Epígrafe IAE	Volumen ventas	DESTINATARIOS		Ventas a empresarios (%)
		Empresarios	Particulares	
647.1 (*)	96.161,93	6.010,12	90.151,81	6,25
642.4 (*)	66.111,33	3.005,06	63.106,27	4,50
612.9	150.253,02	120.202,42	30.050,60	80,00
612.4	156.263,15	108.182,18	48.080,97	69,23
647.2 (*)	78.131,58	16.227,33	61.904,25	20,76

(*) Estas actividades son susceptibles de tributar por el método de EO del IRPF.

Para determinar si la comunidad de bienes es comerciante minorista hay que seguir los siguientes **pasos**: 4556

1º. Se tienen en cuenta exclusivamente las entregas de bienes no transformados objeto de su comercio habitual, con independencia del número de **establecimientos** desde los cuales se efectúen las mismas. No se toman en cuenta, por tanto, las prestaciones de servicios que hayan podido realizar ni tampoco las entregas de productos elaborados, transformados o manufacturados por ellos.

2º. Para el cálculo anterior quedan **excluidas** las entregas de bienes no transformados relativas a actividades por las que la comunidad de bienes tenga la consideración de comerciante minorista en el IAE y aplique el método de EO del IRPF (epígrafes 647.1, 642.4 y 647.2). Por dichas entregas tiene siempre la consideración de comerciante minorista, con independencia del volumen de ventas a empresarios.

Dado que el régimen de EO del IRPF no es compatible con el régimen de estimación directa, a las actividades señaladas (epígrafe 647.1, 642.4 y 647.2) no se les aplica el régimen de EO, porque a las otras dos actividades del ejemplo (epígrafes 612.4 y 612.9) se les ha de aplicar obligatoriamente el régimen de estimación directa al no estar incluidas en el ámbito objetivo del método de EO del IRPF.

Por tanto, dado que ninguna de las actividades citadas tributa en EO del IRPF, en relación con todas hay que tener en cuenta el porcentaje de ventas con destino a empresarios a efectos de su calificación como minorista en IVA. Así, la comunidad no tiene la consideración de comerciante minorista por todas las entregas que realice.

Doctrina Administrativa Además de las siguientes contestaciones de la DGT, ver nº 11000 s. 4560

1) Están sometidos al régimen especial los comerciantes minoristas, personas físicas, que reúnan las condiciones y requisitos establecidos, teniéndose en cuenta todas las entregas de los bienes que no hayan sido transformados que sean objeto de su comercio habitual, con independencia de que la actividad económica por ellos realizada se califique como de **comercio al por mayor** a efectos de IAE (DGT CV 20-5-86; CV 24-3-23; CV 16-4-24).

2) Si en un año, la suma de las contraprestaciones correspondientes a las entregas efectuadas a un empresario o profesional ha **superado el 20%** del total de las entregas realizadas y, además, por haber renunciado al método de EO del IRPF, tributa en el régimen de estimación directa simplificada, al año siguiente queda excluido por su actividad del régimen especial del recargo de equivalencia (DGT CV 19-5-09; CV 7-4-15; CV 29-6-18).

Aunque se realicen más del 80% de las ventas a agricultores acogidos al **régimen especial de agricultura, ganadería y pesca**, si se tributa en IRPF por el método de EO y no se ha renunciado al mismo, se puede aplicar el régimen de recargo de equivalencia (DGT CV 14-12-21).

3) Se consideran realizadas para empresarios las ventas de bienes efectuadas a un **club deportivo** sin ánimo de lucro, con independencia de que las actividades realizadas por dicho club estén exentas (DGT CV 13-1-16).

4) El hecho de que se deje de tributar por el **régimen simplificado** en la actividad de expendedor no oficial de apuestas no supone la exclusión de la aplicación del régimen especial de recargo de equivalencia en su actividad de comerciante minorista (DGT CV 3-6-20).

4561 **5)** La relación de operaciones que **no se consideran de transformación** a efectos de tributación por los regímenes especiales del comercio minorista no tiene carácter limitativo (DGT CV 30-1-86).

Así, quedan **excluidas del concepto de transformación** y, por tanto, no van a impedir la aplicación del régimen especial del recargo de equivalencia, las siguientes operaciones:

- la elaboración de medicamentos mediante «fórmulas magistrales» efectuada por una oficina de farmacia (DGT CV 30-1-86; CV 16-10-17);
- la clasificación y envasado de medicamentos con colocación de marcas o etiquetas, bien de forma manual o mediante un robot en su caso, utilizando «pill packs» (blísteres de pastillas) o bobinas de plástico para bolsitas en la organización previa de los medicamentos de clientes de oficinas de farmacia, para la entrega posterior a estos de los medicamentos (DGT CV 7-2-20); lo anterior es aplicable incluso cuando envasan las pastillas en blísteres de plástico y aluminio y se le aplica un proceso de termosellado a los mismos para entregárselas a los clientes (DGT CV 9-7-25);
- el acoplamiento de lentes para gafas graduadas en sus monturas (DGT CV 31-3-86; CV 26-5-22);
- el sacrificio de ganado para autoabastecimiento de las carnicerías que vendan carne fresca sin someter previamente dicho producto a procesos de curado u otros análogos que determinen su transformación (DGT CV 26-6-86);
- la colocación de pilas eléctricas en los relojes o en otros aparatos eléctricos (DGT 30-6-86);
- la confección de ramos y coronas por floristerías con las flores objeto de su comercio (DGT 27-5-91); y la confección de centros de mesa con flores (DGT CV 16-7-13; CV 6-8-24);
- la elaboración de salchichas, morcillas, chorizos u otros productos similares para su venta en fresco sin someterlos a procesos de curado u otros análogos que determinen su transformación (DGT 20-3-02; CV 4-10-16);
- el mero horneado de bocadillos congelados (DGT CV 22-3-10);
- la elaboración de artículos de regalo a partir de productos previamente adquiridos que implique labores de mera ornamentación; por ejemplo, productos de alimentación (chucherías) para prepararlos en forma de regalo sin modificar su interior (DGT CV 28-11-11; CV 23-11-18; CV 21-6-19);
- las operaciones de secado y cortado de madera -leña- (DGT CV 20-2-15);
- la clasificación y envasado de perfumes con colocación de marcas o etiquetas. Este sería el supuesto de adquisición de productos a granel en envases de cinco litros para posteriormente prepararlos para su presentación en envases menores y sin suponer una modificación de su interior (DGT CV 22-9-21);
- las operaciones de cortado de espuma previamente adquirida en bloques (DGT CV 4-4-22);
- el montaje de mobiliario de decoración adquirido desmontado, es decir, en cajas con las diferentes piezas que componen el mueble para su montaje posterior, bien en la tienda o en el domicilio del cliente (DGT CV 16-3-23);
- la apertura de cajas y sobres en los que se contienen cartas de coleccionista ("Magic") que serán objeto de reventa (DGT CV 1-7-24).

4562 **6)** Quedan **incluidas como operaciones de transformación**:

- el asado de pollos (DGT 12-3-86);
- la confección de abrigos de pieles (DGT 15-4-86);
- la elaboración de cafés, incluso mediante máquinas expendedoras (DGT 18-4-94) y la torrefacción de café (DGT CV 10-11-86);
- la cocción del pulpo y su posterior aderezo con aceite, sal y pimentón (DGT 30-6-86);
- el corte de molduras y el posterior ensamblaje o montaje para construir un marco o cuadro (DGT CV 23-12-86);
- el enmarcado de láminas y óleos (DGT CV 29-12-10);
- la personalización de trofeos, copas y otros artículos similares mediante la grabación en los mismos de textos e imágenes (DGT 24-9-02), la impresión gráfica en los productos de reclamo y regalo que venderá el empresario (DGT CV 16-7-13; CV 5-4-17), el serigrafiado, impresión o grabado de productos de regalo con el nombre indicado por los clientes (DGT CV 24-11-16), así como la impresión gráfica del logo de la empresa en uniformes, zapatillas o DVDs (DGT CV 29-4-16);
- la personalización de tablas de monopatín mediante la grabación en ellas de dibujos, diseños o fotos (DGT CV 27-5-14); la personalización de prendas de vestir (DGT CV 3-12-14), como ocurre con la impresión o estampación de los diseños de la marca mediante vinilos, serigrafía u otros sistemas (DGT CV 6-2-23) o de chapas en blanco realizando el diseño solicitado por los clientes (DGT CV 22-11-19);

- la manipulación, corrección y adaptación de lentes graduadas (DGT CV 14-2-08; CV 25-1-18) y la manipulación consistente en biselar, ranurar y ajustar las lentes y las monturas (DGT CV 11-12-17; CV 12-7-21);
- la elaboración de productos de regalo relacionados con la jardinería, por ejemplo, creación de pequeños huertos presentados solos o con productos de alimentación -chucherías- (DGT CV 28-11-11);
- la instalación de sistemas operativos, aplicaciones o contactos en ordenadores de sobremesa, portátiles, tablets o móviles (DGT CV 24-6-16);
- la personalización de corsés y plantillas ortopédicas (DGT CV 27-4-16);
- el ensamblaje de los distintos componentes de ordenadores de sobremesa -caja, placa base, microprocesador, etc.- (DGT CV 1-4-16), así como la reparación de tabletas digitales para su posterior venta (DGT CV 13-10-17);
- las entregas de pan o productos de confitería elaborados por el propio comerciante (DGT 28-4-86) y la elaboración de pan a partir de masa congelada de pan (DGT CV 8-9-17);
- la fabricación de bisutería a partir de los componentes adquiridos a distintos proveedores (DGT CV 26-3-18);
- la fabricación de correas y collares para perros (DGT CV 16-2-24);
- la manipulación y programación, según las necesidades de cada cliente, de audífonos (DGT CV 16-4-24).

7) No se consideran venta al por menor: **4566**
- la recogida, revelado y obtención de copias o diapositivas de películas fotográficas para su entrega al cliente (DGT CV 29-1-86);
- la implantación de prótesis y órtesis (DGT 30-1-86);
- la colocación de papeles pintados en edificaciones (DGT 30-6-86);
- las entregas de piezas de recambio para su utilización por los reparadores, ni las propias operaciones de reparación -p.e., de relojes, electrodomésticos, radio y TV, etc.- (DGT CV 1-12-86; 28-2-03);
- la actividad de duplicado de llaves -es una ejecución de obra- (DGT 28-4-87; CV 27-5-15);
- las entregas a bares, cafés y establecimientos similares de productos para su consumo por los clientes (DGT CV 1-12-86);
- las operaciones de amueblamiento de cocinas con aportación de materiales diversos, tales como encimeras, molduras, etc. -son ejecuciones de obra con aportación de materiales-; por el contrario, la venta de muebles de cocina en el mismo estado en que fueron adquiridos sí queda sujeta al régimen especial (DGT 12-12-88). En términos similares, respecto a la venta de muebles de cocina, DGT CV 13-9-06; CV 4-12-17;
- el servicio que las farmacias prestan a una cooperativa consistente en el suministro de información, con fines estadísticos, sobre los productos que expenden (DGT CV 3-2-11);
- la actividad de distribución de lotería a cambio de una comisión (DGT CV 11-4-22);
- la recogida de paquetería para terceros en el local donde se ejerce la actividad de comercio al por menor de libros, periódicos y revistas (DGT CV 22-7-20);
- el servicio de entrega de medicamentos de dispensación hospitalaria a los pacientes que residan en ciertas zonas de un territorio, prestado por farmacias para el Servicio de Salud respectivo (DGT CV 11-12-24); así como los servicios de colaboración que prestan las farmacias en la entrega de medicamentos de dispensación hospitalaria en zonas de intensa despoblación (DGT CV 8-5-25).

8) No se puede desagregar la actividad de comercio al por menor en función de la **clase de mercancías vendidas** para quedar excluidos del ámbito de aplicación del régimen especial por la parte de actividad comercial que, aisladamente considerada, no se ajustase al requisito de porcentaje de ventas a empresarios y profesionales si concurriese tal condición considerando el conjunto de sus ventas al por menor (DGT 24-6-87). **4568**

9) Un empresario que viene realizando una actividad, que supera el porcentaje para aplicar el régimen especial (nº 4540), inicia una **nueva actividad empresarial**. Para determinar el concepto de comerciante minorista se tienen en cuenta todas las entregas de bienes muebles o semovientes que no hayan sido sometidos a proceso alguno de fabricación, elaboración o manufactura objeto del comercio habitual del empresario (DGT CV 16-4-24), por lo que el empresario no tiene la consideración de comerciante minorista ni en la actividad que venía realizando, ni en la nueva que va a iniciar, no pudiendo aplicar a ninguna el régimen especial (DGT CV 28-10-25).

10) No están sujetos al IVA ni, en consecuencia, al recargo de equivalencia, los envíos de bienes o **cambios de afectación** de los mismos de establecimientos dedicados a la venta al por mayor a establecimientos pertenecientes al mismo sujeto pasivo dedicados a la venta al detalle o por menor (DGT CV 1-2-11).

11) Un **franquiciado** persona física ha de aplicar el régimen especial del recargo de equivalencia respecto de las operaciones de comercialización de productos no excluidos del citado régimen que haya adquirido a la empresa franquicia y que venda en el mismo estado en que los adquirió, es decir, sin haberlos sometido a proceso alguno de fabricación, elaboración o manufactura (DGT 17-12-02).

12) El régimen especial del recargo de equivalencia no se aplica a la **venta de recargas de tinta** previamente rellenadas y envasadas. Por el contrario, sí tributa por dicho régimen la venta al por menor de **tóner** en el mismo estado en que se adquiere (DGT CV 3-5-06), así como la venta del **polvo o tinta** que es adquirido a granel con el que se recargan los tóner y cartuchos informáticos aportados por los clientes (DGT CV 26-12-12).

4569 13) Resulta de aplicación el régimen especial del recargo de equivalencia a las entregas de **biomasa para calderas** en el mismo estado en que se adquiere (DGT CV 11-2-14), no así las **entregas de madera** que se hayan recogido en pinares (DGT CV 20-2-15).

14) No quedan excluidos del régimen especial del recargo de equivalencia la venta de **labores de tabaco** (DGT CV 13-10-22), ni las entregas de **cigarrillos electrónicos**, atomizadores, vaporizadores y líquidos para recargarlos (DGT CV 14-2-14).

15) Aunque parte de las ventas se hagan mediante la utilización de una **página web**, si se cumplen los requisitos para ser considerado como comercio minorista, resulta de aplicación el régimen especial de recargo de equivalencia (DGT CV 27-3-14; CV 13-8-20).

16) En la actividad de **compra en supermercados** y su posterior entrega en apartamentos, se produce una entrega de bienes muebles sin estar sometidos a procesos de transformación por lo que, si el sujeto pasivo es persona física, debe aplicar obligatoriamente el régimen especial de recargo de equivalencia (DGT CV 16-11-15).

17) Una **comunidad de bienes** ejerce la actividad de venta de pescado a través de un mostrador situado en un supermercado de una gran superficie. Las compras las realiza directamente la comunidad, mientras que las ventas de pescado las cobrará el supermercado en sus cajas registradoras y, mensualmente, la comunidad emitirá al supermercado una única factura por las ventas de pescado realizada en el mes. Dado que sus ventas se realizan mayoritariamente al supermercado, que tiene la condición de empresario o profesional, debería aplicar el régimen general del IVA, salvo que la comunidad tenga la condición de comerciante minorista según las normas reguladoras del IAE y, o bien no pueda determinar el porcentaje del 20% de las ventas por no haber realizado durante el año precedente actividades comerciales, o bien, aplique el método de EO del IRPF (DGT CV 9-4-24).

18) Las **sociedades civiles** obligadas a tributar por IS no pueden acogerse al régimen especial del recargo de equivalencia (DGT CV 17-11-15; CV 14-6-16; CV 18-7-16).

4573 **Bienes excluidos del régimen** (RIVA art.59.2) El régimen no se aplica cuando la actividad comercial se refiera a los artículos siguientes:

- **vehículos** accionados a motor para circular por carretera y sus remolques. No se incluyen entre estos las bicicletas, triciclos, etc.;
- **embarcaciones** y buques;
- aviones, avionetas, veleros y demás **aeronaves**;
- **accesorios** y piezas de recambio de los **medios de transporte** anteriores (ver el concepto fiscal de accesorios de vehículos en el nº 4581). No se incluyen aquellos artículos que no tengan tal consideración (por ejemplo: guantes, cascos, botas de motocross, gafas protectoras), así como tampoco los accesorios y piezas de recambio de vehículos no incluidos en los guiones anteriores (bicicletas, triciclos);
- **joyas**, alhajas, piedras preciosas, perlas naturales o cultivadas y objetos elaborados total o parcialmente con oro o platino. Tampoco se incluye ni la bisutería fina que contenga piedras preciosas, perlas naturales o los referidos metales, aunque sea en forma de bañado o chapado, salvo que el contenido de oro o platino tenga un espesor inferior a 35 micras ni los damasquinados;

4577 - **prendas de vestir o de adorno** personal confeccionadas con pieles de carácter suntuario (nº 4580). No se comprenden en este guion los bolsos, carteras y objetos similares, así como las prendas confeccionadas exclusivamente con retales o desperdicios, cabezas, patas, colas, recortes, etc., o con pieles corrientes o de imitación;
- los **objetos de arte** originales, antigüedades y objetos de colección (ver nº 3921 s.);
- los bienes que hayan sido **utilizados** por el sujeto pasivo transmitente o por terceros con anterioridad a su transmisión;
- aparatos y accesorios para la **avicultura y agricultura**;
- **productos petrolíferos** sujetos a Impuestos Especiales (p.e., propano, butano, gas licuado);
- **maquinaria** de uso industrial;
- materiales y artículos para la **construcción** de edificaciones o urbanizaciones, por ejemplo, bañeras, grifos, lavabos, ladrillos, etc. (ver nº 4582);
- **minerales**, salvo el carbón;
- el **oro de inversión** (nº 4405);
- hierros, aceros y demás **metales** y sus aleaciones, no manufacturados.

Precisiones 1) Se consideran de **carácter suntuario** las pieles sin depilar de armiño, astracanes, breistchwaz, burunduky, castor, cibelina, cibelina china, civeta, chinchillas, chinchillonas, garduñas, gato lince, ginetas, glotón, guepardo, jaguar, león, leopardo nevado, lince, lobo, martas, martas Canadá, martas Japón, muflón, nutria de mar, nutria kanchaska, ocelote, osos, panda, pantera, pekan, pisshiki, platipus, tigre, turones, vicuña, visones, zorro azul, zorro blanco, zorro cruzado, zorro plateado y zorro shadow. 4580

2) Se consideran **piedras preciosas**, exclusivamente, el diamante, el rubí, el zafiro, la esmeralda, el aguamarina, el ópalo y la turquesa.

Doctrina Administrativa Además de las siguientes contestaciones de la DGT, ver nº 11000 s. 4581

1) No existe un **concepto fiscal de accesorios de vehículos** accionados a motor, por lo que hay que resolver este concepto conforme a su sentido jurídico, técnico o usual, según proceda. Es una cuestión de hecho a resolver en cada caso concreto, a efectos de la aplicación o no del régimen especial del recargo de equivalencia.

Por accesorios de vehículos accionados a motor deben entenderse aquellos bienes que, por su configuración objetiva, atendiendo a su diseño y funcionalidad, estén destinados fundamentalmente a ser utilizados en dichos vehículos (DGT CV 18-2-15; CV 29-12-22).

Sin embargo, **sí tributan por el régimen especial** del recargo de equivalencia las operaciones relativas a limpia-llantas, cera-abrillantador, esponjas, chalecos reflectantes, llaves inglesas y linternas (DGT CV 9-2-07); las operaciones relativas a cascos, guantes, gafas protectoras y botas (DGT CV 7-2-11); pinturas para vehículos y otros materiales de droguería para su reparación (DGT CV 16-8-21); cascos para moto con homologaciones y sus respectivos recambios; gafas de motocross; guantes con protección en palma de la mano y nudillos que cuentan con homologación para motos; cazadoras con protección en espalda, codos y hombros, que cuentan con diferentes tecnologías especiales las cuales están homologadas para motos, pantalones de diferentes materiales con protecciones rígidas en rodillas, así como protecciones y refuerzos en zonas de espinillas y caderas homologados para el piloto de la moto; calzado con protecciones de tobillo de doble capa y protección para el contacto con la palanca de cambios y lubricantes (DGT CV 29-12-22).

2) No resulta aplicable el régimen especial respecto de las entregas de tractores y demás vehículos agrícolas, sus remolques, accesorios y piezas de recambio (DGT 24-4-86), ni scooters para personas con discapacidad (DGT CV 20-2-17), ni al **remolque** en el que se ubica una tienda de camping plegable (DGT 31-5-02).

Tampoco resulta aplicable el régimen a la comercialización de rodamientos, transmisiones y repuestos, que sean accesorios o piezas de repuesto para vehículos accionados a motor para circular por carretera o sus remolques (DGT 30-10-98).

Sí resulta de aplicación el régimen especial del recargo de equivalencia a:

- la venta de piezas de recambio para patinetes eléctricos en el mismo estado en que se adquirieron (DGT CV 11-5-21);
- la venta de patinetes eléctricos de dos ruedas, bicicletas eléctricas y sillas destinadas a personas con movilidad reducida (DGT CV 18-11-21). No obstante, los patinetes eléctricos tributan por en el régimen general cuando estos no tienen la consideración de vehículo de movilidad personal (DGT CV 24-3-22).

3) Se consideran **materiales y artículos para la construcción** de edificaciones o urbanizaciones los que, objetivamente considerados, son utilizados habitual y ordinariamente con dicha finalidad, cualquiera que sea la naturaleza del establecimiento comercial o fabril que realice dichas operaciones (DGT CV 5-9-86). Son considerados materiales de construcción las bañeras, lavabos, inodoros, griferías y accesorios de tuberías (DGT CV 27-5-14), así como los aparatos de aire acondicionado y sus recambios (DGT CV 20-2-18; CV 27-7-22). A otros **electrodomésticos** distintos de los aparatos de aire acondicionado sí les resulta de aplicación el régimen especial del recargo de equivalencia (DGT CV 23-5-24). 4582

Por el contrario, **no se consideran materiales ni artículos de construcción**, entre otros, los espejos y cristales para la decoración (DGT 15-4-99); las tapas de vidrio para muebles y espejos (DGT 30-1-86); los muebles de cocina (DGT CV 29-1-14); las pinturas, barnices, alambres, cables eléctricos, enchufes, clavos (DGT CV 15-4-86); los papeles pintados (DGT 16-4-86); cortinas de baño, espejos y accesorios (DGT 23-4-97); los muebles de baño (DGT 10-6-86); los fusibles eléctricos, llaves eléctricas, cajetines eléctricos, conductores aislados, cinta aislante, tubo bergman, hilos metálicos, lámparas de incandescencia, fluorescencia y neón, lámparas arañas (DGT 30-6-86); los radiadores eléctricos que pueden colgarse a la pared o ir con ruedas y ser portátiles, así como espejos que emiten calor a través del mismo que funcionan con electricidad (DGT 12-2-03); y los muebles, lámparas, telas y cuadros (DGT CV 8-11-21).

4) Están excluidos del régimen especial los **relojes** de acero, oro y chapado con espesor superior a 35 micras (DGT 23-4-01). 4590

5) Han de entenderse incluidos en el concepto de **maquinaria de uso industrial** aquellos que, objetivamente considerados, tengan ordinaria aplicación industrial, con independencia de que el fabricante o el proveedor del comerciante minorista repercuta o no el recargo de equivalencia (DGT CV 4-2-08). Entre otros, el régimen es aplicable al comercio al por menor de **recambios**, repuestos o accesorios para este tipo de maquinaria (DGT CV 4-9-13).

Por el contrario, quedan excluidas las motoazadas, motobombas de riego, generadores de corriente, motosierras manuales y demás utensilios utilizados ordinariamente para el cuidado del césped, jardinería doméstica o el bricolaje (DGT 6-2-03).

6) Los **equipos informáticos y el software**, entendidos como productos informáticos normalizados no se incluyen en la relación de productos exceptuados de la aplicación del régimen del recargo de equivalencia (DGT 29-7-03; CV 6-10-11).

7) La venta de **vídeos y videojuegos**, siempre que se efectúe en el mismo estado en que se adquieren, queda sujeta al régimen del recargo de equivalencia (DGT 30-7-03).

8) Los bienes **consumibles para procesos de fabricación** como discos abrasivos, muelas para desgaste de piedras ornamentales y lijas, no han de incluirse en el concepto de maquinaria de uso industrial (DGT CV 11-7-06).

9) La **venta de libros usados** no puede tributar en el régimen especial del recargo de equivalencia (DGT CV 15-3-05).

10) A la importación y posterior venta de **pinturas al óleo decorativas** calificadas como objetos de arte no les es de aplicación el régimen especial del recargo de equivalencia (DGT CV 31-7-06).

11) No resulta de aplicación el régimen especial en relación con los **minerales** pulidos o tallados en diferentes formas, las **joyas**, los ejemplares de mineralogía considerados objeto de colección (nº 3955) y la **bisutería fina de plata** que contenga cualquiera de las siguientes piedras preciosas: diamante, rubí, zafiro, esmeralda, aguamarina, ópalo o turquesa.

Por otra parte, resulta aplicable el régimen especial, cuando se cumplan los requisitos para su aplicación, en la venta de **bisutería fina de plata** que también contenga minerales (DGT CV 17-5-21).

4594 Jurisprudencia No está excluido el comercio de artículos y mobiliario de **saneamiento** tales como: jaboneras, toalleros, vasos de plástico, estantes, taburetes, espejos, armarios, etc. (TSJ Murcia 17-2-03, EDJ 32898).

4598 **Sector diferenciado** (LIVA art.148.Dos) Cuando un sujeto pasivo sometido a este régimen especial realice, además, **otras actividades sujetas al IVA**, las incluidas en el régimen especial del recargo de equivalencia tienen la consideración de sector diferenciado de la actividad económica.

Ejemplo Una persona física titular de un establecimiento de venta al por menor de pasteles, bombones, tartas, chocolates, etc., tributa por el régimen especial del **recargo de equivalencia** por los artículos que venda en el mismo estado en que los adquiere (por ejemplo: bombones, chocolates) y por el **régimen simplificado** (epígrafe 644.1 del IAE) en relación con los productos elaborados por él mismo (pasteles, tartas, etc.).

La actividad de comercio al por menor de bombones, chocolates, etc., constituye un sector diferenciado del de comercio al por menor de pasteles, tartas, etc., a efectos de determinar las cuotas soportadas deducibles, dado que las operaciones incluidas en el régimen especial del recargo de equivalencia no originan el derecho a deducir, es decir, el porcentaje de deducción es del 0% (LIVA art.101).

4600 Doctrina Administrativa Además de las siguientes contestaciones de la DGT, ver nº 11000 s.

1) Si, además de una actividad en régimen especial de recargo de equivalencia, se realizan también otras actividades por las que se tributa en el régimen general, se debe aplicar el régimen de **deducciones** en sectores diferenciados de actividad (DGT 28-2-03).

2) La actividad de **comercio al por menor** de bienes sometida al régimen especial del recargo de equivalencia tiene, en todo caso, la consideración de sector diferenciado de:

- la prestación de servicios de naturopatía, que tributa por el régimen general (DGT CV 30-9-19);
- la cesión del derecho de uso de parte del rótulo luminoso (DGT CV 4-12-24); o
- los servicios de decoración y diseño de interiores (DGT CV 24-9-25).

3) La **organización de excursiones** para clientes por una sociedad civil, acogida al régimen especial, que se dedica a la venta minorista de muebles, con el objetivo de favorecer las ventas ofreciendo sus productos de manera personal, y cuyos gastos son compartidos con otras entidades a las que les refactura el porcentaje correspondiente, se considera accesoria de la operación principal, por lo que no configura un sector diferenciado de la actividad (DGT CV 4-11-09).

4) La **venta de tabaco** a través de máquinas expendedoras está sujeta al régimen especial del recargo de equivalencia y constituye un sector diferenciado de actividad del de la actividad de cafetería que se realiza simultáneamente (DGT CV 26-2-20; CV 13-5-20; CV 11-9-20). El mismo tratamiento merecen las entregas de tabaco en los puntos de gestión delegada (DGT CV 3-10-23).

5) La actividad de **óptica** (venta al por menor de gafas graduadas) desarrollada por una persona física se encuentra sujeta al régimen especial del recargo de equivalencia del IVA y constituye un sector diferenciado respecto de la actividad de mediación de seguros para gafas graduadas que se encuentra sujeta al régimen general (DGT CV 27-4-20).

B. Contenido del régimen

(LIVA art.154 y 156 a 162)

 4603

Los sujetos pasivos sometidos a este régimen especial **no** están obligados a la **liquidación e ingreso del IVA** en la Hacienda Pública por las operaciones realizadas a las que sea de aplicación este régimen, salvo cuando efectúen las operaciones que se señalan en el nº 4644. 4605

Repercusión (LIVA art.154) En general, los comerciantes minoristas repercuten el IVA en sus **ventas**, pero no lo liquidan ni lo ingresan. La misma operativa (repercusión sin liquidación ni ingreso), se aplica en la **transmisión de bienes o derechos**, utilizados exclusivamente en dichas actividades, salvo en las entregas de bienes inmuebles sujetas y no exentas (nº 4644). 4609

Las **transmisiones de inmuebles**, con carácter general, van a estar exentas. Los sujetos pasivos acogidos a este régimen pueden renunciar a dicha exención, en cuyo caso el sujeto pasivo es el destinatario (nº 1363), por lo que las entregas de los citados inmuebles por sujetos pasivos acogidos al régimen del recargo de equivalencia no producen ingreso alguno en el Tesoro, dado que en dicha transmisión no se ha de repercutir el IVA. En la factura que se expida se ha de consignar la mención «inversión del sujeto pasivo» (Rgto Fac art.6.1.m).

Los comerciantes sometidos a este régimen, en las **ventas a sus clientes**, solo han de repercutir el IVA que corresponda, pero no el recargo de equivalencia, incluso en el caso de que las ventas se efectúen a comerciantes también sometidos al régimen especial del recargo de equivalencia (DGT CV 3-11-17).

Ejemplo Un farmacéutico, que tributa por el régimen especial del recargo de equivalencia, transmite a otra persona física las **existencias y el fondo de comercio,** reservándose la propiedad del local donde ejercía su actividad. 4613

En este supuesto, el farmacéutico que efectúa la transmisión de bienes (existencias) y derechos (fondo de comercio) está obligado a repercutir el IVA que grava dichas entregas de bienes y prestación de servicios sujetas y no exentas, sobre el destinatario de las mismas. No obstante, no debe liquidar ni ingresar a la Hacienda Pública el IVA devengado por dichas operaciones.

Nota: Aunque, en principio, a esta operación no le resulta de aplicación el supuesto de no sujeción contemplado en nº 275 s., ver TJUE 10-11-11, asunto C-444/10, en nº 289.

Doctrina Administrativa Además de las siguientes contestaciones de la DGT, ver nº 11000 s. 4617

1) No existe obligación de liquidar ni ingresar en la Hacienda Pública el impuesto correspondiente, en la cesión onerosa de los **derechos de arrendamiento** del local donde se ejerce la actividad empresarial (DGT 10-7-98; CV 23-10-19); ni en la venta de un **fondo de comercio** afecto exclusivamente a la actividad desarrollada en recargo de equivalencia debe repercutirse el impuesto (DGT CV 19-11-18); ni en la venta de existencias que estaban sin vender por un **empresario jubilado** desde hacía ocho años (DGT CV 8-2-18); ni en las transmisiones de **vehículos usados** por los sujetos acogidos al recargo de equivalencia que constituyan bienes de inversión para el transmitente y se hayan utilizado exclusivamente en la realización de operaciones comerciales sometidas a dicho régimen (DGT CV 7-2-86).

2) En relación con la **transmisión de la oficina de farmacia**, no debe realizarse ni la liquidación ni el pago a la Hacienda Pública de las cuotas que en su caso se repercutan, cuando:

- estas tengan como objeto bienes o derechos utilizados exclusivamente por el transmitente en la realización de una actividad a la que resultó aplicable el régimen del recargo de equivalencia, con la única excepción de las entregas de bienes inmuebles sujetas y no exentas (DGT CV 21-9-16; CV 27-7-22);
- tenga lugar la transmisión gratuita de la oficina de farmacia a un hijo (DGT CV 25-9-19) o por uno de los cónyuges a favor del otro (DGT CV 26-9-23).

Sin embargo, cuando se produce la transmisión tanto de bienes (inmovilizado y existencias) como derechos (titularidad de la farmacia) por un farmacéutico, quedan sujetas cuando no constituyan una **unidad autónoma** capaz de desarrollar una actividad empresarial o profesional por sus propios medios (DGT CV 12-11-15; CV 22-3-17).

No impide la aplicación del supuesto de no sujeción el hecho de que se ponga a disposición de la adquirente el inmueble mediante un derecho de **arrendamiento** (DGT CV 23-3-15). Ver TJUE 10-11-11, asunto C-444/10 en nº 289.

4618 3) Al tener **naturaleza indemnizatoria**, las cantidades percibidas por unos comerciantes asociados por el lucro cesante derivado de la inactividad temporal por la construcción del nuevo centro comercial o por el abandono y cese de la actividad empresarial que hasta la fecha han llevado a cabo, no forman parte de la base imponible del impuesto, por lo que los comerciantes minoristas acogidos al régimen del recargo de equivalencia no deben repercutir el impuesto con ocasión de la percepción de las indemnizaciones (DGT CV 12-7-07).

4) Se debe efectuar la liquidación y pago del IVA, en el caso de que los derechos inherentes a un contrato de **arrendamiento** no hubieran estado exclusivamente afectados a la actividad sometida al régimen del recargo de equivalencia, como ocurre cuando el local arrendado esté afectado a varias actividades y alguna de ellas no haya estado sometida a dicho régimen especial (DGT CV 22-10-08; CV 28-10-08; CV 30-10-09).

4620 Jurisprudencia No hay obligación de liquidar ni de ingresar el IVA para un empresario acogido al régimen especial del recargo de equivalencia, en el supuesto de la **transmisión de los derechos inherentes al contrato de arrendamiento del local** donde ejercía la actividad empresarial al arrendador (TS 25-10-07, EDJ 213203).

4622 **IVA exigible a los comerciantes minoristas** (LIVA art.154.Uno y Dos y 156 a 162) La exacción del IVA a los comerciantes acogidos a este régimen se efectúa mediante la repercusión del denominado **recargo de equivalencia** por sus proveedores. Es decir, el impuesto que dichos comerciantes tuvieran que ingresar les es cobrado por sus proveedores (empresarios o profesionales) establecidos en el territorio de aplicación del impuesto, los cuales, en sus facturas, además de repercutir el IVA, les repercuten el recargo de equivalencia. El **proveedor** es el que ingresa en su autoliquidación el IVA y el recargo de equivalencia repercutido al minorista.

El recargo de equivalencia solamente deben repercutirlo los proveedores a los comerciantes minoristas en los **productos** que sean objeto de su comercio, nunca en los bienes de inversión que estos adquieran, o en los servicios que les presten (ver cuadro recapitulativo del nº 4699).

En el caso de **importaciones, adquisiciones intracomunitarias e inversión del sujeto pasivo**, la obligación de liquidar e ingresar del recargo recae sobre los propios comerciantes minoristas (nº 4644 s.).

4623 Ejemplo Un comerciante dedicado a la venta al por menor de quesos ha adquirido a sus proveedores durante el 4º trimestre del año una partida por 3.005 € más el IVA correspondiente. Asimismo, ha adquirido una báscula electrónica por 480 euros. En dicho período, además, vendió a otro comerciante minorista 50 quesos por 450 € en total (precio venta al público).

- Por la compra de quesos el minorista debe soportar el IVA y el recargo de equivalencia, por ser productos objeto de su comercio. Así, el proveedor le ha de facturar:

BI	3.005,00
IVA (4%)	120,20
Recargo de equivalencia (0,5%)	15,03
Total	3.140,23

Dicho proveedor debe liquidar e ingresar el IVA y el recargo en la Hacienda Pública.

- En la compra de la báscula, el minorista solo soporta el IVA:

BI	480,00
IVA (21%)	100,80
Total	580,80

- Finalmente, en las ventas solo repercute el IVA (no el recargo de equivalencia), incluso si el destinatario es un minorista en recargo de equivalencia. Dado que en el precio de venta al público lleva incluido el IVA, si el empresario adquirente le exige factura, el vendedor previamente debe calcular la BI y el IVA repercutido para desglosarlo en dicha factura. Así:

BI = 450/1,04	432,69
IVA (4%)	17,31
Total factura	450,00

El comerciante minorista repercute el IVA, pero no lo liquida ni lo ingresa.

4624 Doctrina Administrativa Además de las siguientes contestaciones de la DGT, ver nº 11000 s.

1) Los **servicios** prestados a sujetos en régimen de recargo de equivalencia no constituyen operaciones sometidas a dicho recargo (DGT CV 28-7-06; CV 3-7-07). De igual forma, el sujeto pasivo *no está obligado* a soportar importe alguno en concepto de recargo de equivalencia con ocasión de las compras a **otros empresarios** que también apliquen este régimen especial en sus operaciones.

2) Existe obligación de repercutir tanto el IVA como el recargo de equivalencia correspondiente en las entregas de productos que realice a comerciantes minoristas acogidos al recargo de equivalencia y que constituyan el objeto de su comercio habitual, con independencia de que

estos vayan a entregarlos como **obsequio a sus clientes** (DGT CV 22-9-06; CV 26-2-15), como **muestras comerciales** o vayan a ser utilizados en el propio desarrollo de la actividad comercial por el personal empleado (DGT CV 4-5-23).

3) Los empresarios comerciantes minoristas sometidos al régimen especial del recargo de equivalencia están obligados a efectuar el **reintegro de las compensaciones del REAGP** (nº 3646 s.), pero no deben soportar la repercusión del IVA ni del recargo de equivalencia al efectuar las adquisiciones de productos naturales, tales como flores y plantas (DGT CV 12-3-13) o miel envasada (DGT CV 10-10-19).

4) Debe repercutirse el recargo de equivalencia sobre las oficinas de farmacia acogidas a este régimen por las entregas de **productos químicos base**, incluso por la venta de fórmulas magistrales elaboradas con dichos productos químicos base (DGT CV 31-3-14).

5) Un empresario acogido al régimen especial de recargo de equivalencia no puede repercutir el recargo de equivalencia en las **ventas** que efectúa a sus clientes (DGT CV 27-6-16; CV 25-7-19; CV 21-9-22).

6) El régimen especial del recargo de equivalencia resulta aplicable respecto de las **bolsas y papel para envolver** y bandejas de cartón entregados a comerciantes minoristas sometidos al régimen especial del recargo de equivalencia, para ser entregados por dichos comerciantes conjuntamente con los objetos de su comercio habitual (DGT CV 10-9-18). En el mismo sentido, en relación con las entregas de «pill packs» (**blísteres de pastillas**) y bobinas de plástico para bolsitas a comerciantes minoristas (titulares de oficinas de farmacia) acogidos al régimen especial del recargo de equivalencia para ser entregados por aquellos conjuntamente con medicamentos (DGT CV 7-2-20; CV 9-7-25). **4625**

7) Los **estancos**, si aplican el régimen especial del recargo de equivalencia por esta actividad, no van a poder repercutir dicho recargo, cualquiera que sea la condición del destinatario; sin embargo, aquellos que apliquen el **régimen general** del IVA, cuando vendan tabaco a establecimientos autorizados a la venta con recargo acogidos al régimen especial del recargo de equivalencia por su comercialización, deben repercutir tanto el IVA como el recargo de equivalencia correspondiente sobre dichos establecimientos (DGT CV 8-5-14; CV 19-1-16; CV 20-6-22).

El mismo criterio se aplica en los supuestos de venta de labores de tabaco a través de **máquinas expendedoras** bajo la modalidad de gestión delegada, encargándose el estanco de la gestión de la máquina en bares (punto de venta con recargo), tanto del suministro del tabaco como del cobro de las ventas realizadas (DGT CV 13-12-16; CV 23-10-17).

Cálculo y tipos del recargo (LIVA art.160, 161 y 162) El recargo se determina aplicando a la base imponible, calculada conforme a lo expuesto en el nº 1700 s., el tipo que corresponda según el cuadro adjunto. **4626**

La liquidación e **ingreso del recargo** de equivalencia se efectúa conjuntamente con el IVA, ajustándose a las mismas normas previstas para la exacción de este último.

4627

Operación	Tipo del recargo de equivalencia
Entregas de bienes a las que les resulte aplicable el **tipo general** del IVA (excepto entregas de bienes objeto del Impuesto especial sobre las Labores del Tabaco)	5,2%
Entregas de bienes a los que resulta aplicable el **tipo reducido** del IVA (nº 2025)	1,4% (1)
Entregas de ciertos **alimentos** sujetos al 5% (nº 2272.1)	0,62% (2)
Entregas de ciertos **alimentos** sujetos al 7,5% (nº 2272.1)	1% (3)
Entregas de bienes a los que resulta aplicable el **tipo superreducido** del IVA (nº 2265 s.)	0,50%
Entregas de bienes objeto del **Impuesto** especial sobre las **Labores del Tabaco**	1,75%
Entregas de ciertos **alimentos** sujetos al 0% (nº 2270 y nº 2272.1)	0% (4)
Entregas de ciertos **alimentos** sujetos al 2% (nº 2270 y nº 2272.1)	0,26% (5)

(1) **Desde 1-1-2024 hasta el 30-6-2024** el tipo de recargo de equivalencia aplicable a las entregas de **briquetas y pellets** procedentes de la biomasa y a la madera para leña fue del 1,4%, resultando un tipo aplicable del 10% (RDL 8/2023 art.21.2 y 3). No obstante, desde el 1-1-2023 hasta el 31-12-2023 el tipo de recargo aplicable era del 0,62%, habiendo sido reducido el tipo aplicable al 5% (RDL 20/2022 art.1.2). Con anterioridad, al no estar definido el tipo de recargo aplicable, se aplicaba el 0,50% (DGT CV 26-10-22).

(2) **Desde el 1-1-2023 hasta el 30-9-2024** se estableció el recargo de equivalencia en el 0,62%, para los alimentos cuya entrega, importación y adquisición intracomunitaria hubieran sufrido una rebaja del tipo impositivo al 5%: aceites de oliva y de semillas y pastas alimenticias (RDL 20/2022 art.72.1 redacc RDL 5/2023 y RDL 8/2023; RDL 4/2024 art.1.Uno.1).

(3) **Desde el 1-10-2024 hasta el 31-12-2024** se estableció el recargo de equivalencia en el 1%, para los alimentos cuya entrega, importación y adquisición intracomunitaria hubieran sufrido una rebaja del tipo impositivo al 7,5%: aceites de semillas y pastas alimenticias (RDL 4/2024 art.1.Dos.1).

(4) **Desde el 1-1-2023 hasta el 30-9-2024** se estableció el recargo de equivalencia en el 0%, aplicable a las entregas de los alimentos sujetos al tipo 0% (RDL 20/2022 art.72.2 redacc RDL 5/2023 y RDL 8/2023; RDL 4/2024 art.1.Uno.2). El aceite de oliva se incluyó entre estos alimentos desde el 1-7-2024 al 30-9-2024.

(5) **Desde el 1-10-2024 hasta el 31-12-2024** se estableció el recargo de equivalencia en el 0,26%, aplicable a las entregas de los alimentos sujetos al tipo impositivo del 2% (RDL 4/2024 art.1.Dos.2).

4630 Ejemplo Un **empresario individual** A, dedicado al comercio al por menor de muebles, adquiere a un proveedor 20 sofás a 360 € cada uno y 20 mesas a 60 € cada una. Dicho empresario acredita al proveedor que está acogido al régimen especial del recargo de equivalencia.
El proveedor emite la correspondiente factura en la que repercute el IVA y el recargo de equivalencia de la siguiente forma:

FACTURA número	01524
SERIE	
FECHA EXPEDICION	31-7-N
FECHA OPERACION	31-7-N

DESTINATARIO	PROVEEDOR
A 07822555P Calle Ricardo Ortiz, 29 28017 Madrid	X, SA A078222555 Calle Montalbán, 12 28001 Madrid

DESCRIPCIÓN OPERACIONES	IMPORTE (euros)
20 sofás a 360 € cada uno = 7.200 20 mesas a 60 € cada una = 1.200	8.400,00
BASE IMPONIBLE	8.400,00
TIPO IMPOSITIVO	21%
CUOTA IVA	1.764,00
TIPO RECARGO DE EQUIVALENCIA	5,2%
CUOTA RECARGO DE EQUIVALENCIA	436,80
IMPORTE TOTAL	10.600,80
OBSERVACIONES:	

4634 Doctrina Administrativa Además de las siguientes contestaciones de la DGT, ver nº 11000 s.
1) Se incluyen los **gastos de transporte** en la base imponible de las entregas de bienes objeto del tráfico habitual del comerciante minorista para la liquidación del IVA y del recargo de equivalencia (DGT CV 24-3-22), así como los **gastos de envío** que cobra el proveedor del minorista por enviar los bienes al cliente final (DGT CV 10-2-21).
2) La **base imponible** del IVA está constituida por el importe total de la contraprestación de las operaciones sujetas al mismo, procedente del destinatario o de terceras personas, incluyéndose en el concepto de contraprestación cualquier crédito efectivo a favor de quien realice la operación gravada, derivado tanto de la prestación principal como de las accesorias de la misma (DGT CV 11-3-14).

4644 **Liquidación e ingreso por el comerciante minorista** (LIVA art.154.Uno y Dos y 158; RIVA art.61.3)
Como **excepción** a lo expuesto en el nº 4622, los sujetos pasivos acogidos al régimen tienen que efectuar la autoliquidación y el pago del IVA y del recargo de equivalencia, en su caso, por las siguientes operaciones:
- adquisiciones intracomunitarias de bienes (nº 5250 s.) e importaciones (nº 5600 s.);
- aquellas en las que se produce la inversión del sujeto pasivo, convirtiéndose en sujeto pasivo el minorista (nº 1335);
- en las entregas de bienes inmuebles sujetas y no exentas del IVA (por ejemplo, cuando el adquirente vaya a destinar el inmueble a su demolición o rehabilitación), salvo que se trate de las operaciones a las que resulta de aplicación la inversión de sujeto pasivo (nº 1363).

Precisiones En relación con la obligación de **presentación** de la declaración-liquidación, ver el nº 4715.

4648 Ejemplos **1)** Un comerciante minorista, dedicado a la venta al por menor de muebles, adquiere en el 1er trimestre del año un comedor a una **empresa alemana** por 3.606 euros que se lo envía desde su país. El minorista le suministra el NIF/IVA atribuido por la Administración española.
En este supuesto, el minorista realiza la liquidación del IVA y del recargo de equivalencia autoliquidándolos e ingresándolos en el modelo 309, teniendo la obligación de presentar dicha declaración-liquidación solo en los trimestres en que efectúe estas operaciones.

2) Un **empresario belga** presta un **servicio de publicidad** a un comerciante minorista español que tributa por el régimen especial del recargo de equivalencia. El importe de la factura expedida por el empresario belga es de 901 €. 4652
En este supuesto, se trata de un servicio que se entiende realizado en España (LIVA art.69.Uno.1º) y, como quien lo presta no está establecido en España, el comerciante minorista se convierte en sujeto pasivo (nº 1335). Así, debe ingresar el IVA (modelo 309; nº 4715), no así el recargo de equivalencia por tratarse de servicios.
Estas adquisiciones intracomunitarias de servicios deben declararse en la declaración recapitulativa de operaciones intracomunitarias (modelo 349; nº 7082 s.).

Doctrina Administrativa Además de las siguientes contestaciones de la DGT, ver nº 11000 s. 4654
1) Los comerciantes minoristas que decidan el abandono de las mercancías del **régimen de depósito distinto del aduanero** han de liquidar las operaciones a través del modelo 380 (DGT CV 25-9-07).
2) Un sujeto pasivo acogido al régimen especial del recargo de equivalencia debe presentar una declaración-liquidación no periódica (modelo 309) por las **adquisiciones intracomunitarias de bienes** que realice durante el período correspondiente, así como una declaración recapitulativa relativa a dichas adquisiciones intracomunitarias (modelo 349), con independencia de su importe. Asimismo, debe ingresar mediante la referida declaración-liquidación no periódica el IVA y el recargo de equivalencia que corresponda a los bienes adquiridos objeto de su comercio habitual (DGT CV 18-6-08; CV 13-11-25). En el mismo sentido, en relación con el modelo 309, DGT CV 25-2-21; CV 25-6-24. Igualmente, en las **adquisiciones de ordenadores portátiles**, tabletas digitales y teléfonos móviles (DGT CV 5-5-15; CV 7-10-15) y en los servicios adquiridos a un **no establecido en TIVA**, pero sí en la comunidad (DGT CV 27-4-16).
3) Un empresario sujeto al recargo de equivalencia debe presentar una declaración-liquidación no periódica (modelo 309) por las operaciones en la que se produzca la **inversión del sujeto pasivo** de las que sea destinatario. Asimismo, debe ingresar mediante dicha declaración-liquidación no periódica el IVA que corresponda a los bienes adquiridos. Tratándose de bienes inmuebles, no resulta exigible el recargo de equivalencia (DGT CV 17-7-14). En el mismo sentido, en relación con los servicios que recibe un comerciante minorista prestados por un empresario no establecido -servicios prestados por plataformas por su actividad en línea o servicios por la creación de una tienda en línea- en los que se produce la inversión del sujeto pasivo (DGT CV 14-4-20). No obstante, si el comerciante minorista, además de la actividad acogida al régimen especial del recargo de equivalencia, realiza otra u otras actividades por las que tribute por el **régimen general** del Impuesto y por las que presenta declaraciones-liquidaciones periódicas (modelo 303), el ingreso del IVA, por las operaciones con inversión del sujeto pasivo, debe realizarlo en la correspondiente declaración-liquidación periódica, modelo 303 (DGT CV 19-4-22; CV 8-7-21; CV 2-10-23).
4) Si en la venta de un local existe **renuncia a la exención** por un sujeto pasivo que aplica el recargo de equivalencia, el sujeto pasivo es el adquirente, aunque el transmitente debe expedir factura, donde se debe incluir la mención «inversión del sujeto pasivo» (DGT CV 7-9-16).
5) En las **importaciones de bienes** no exentas del IVA, el sujeto pasivo del recargo de equivalencia es el propio comerciante minorista, si bien la liquidación de dicho concepto se ha de efectuar conjuntamente con el IVA, por las autoridades aduaneras (DGT CV 8-9-17).

Deducciones (LIVA art.117.Dos y 154.Dos) En consonancia con la mecánica expuesta en el nº 4609 y nº 4622 s., los sujetos pasivos que apliquen este régimen **no pueden deducir las cuotas soportadas** por las adquisiciones, o satisfechas en las importaciones de bienes de cualquier naturaleza, o por los servicios que les hayan sido prestados, en la medida en que estos bienes o servicios se utilicen en la realización de actividades a las que afecte el régimen especial. 4662
A efectos de la **regularización** de deducciones por bienes de inversión, la prorrata de deducción aplicable al sector diferenciado de las actividades en régimen del recargo de equivalencia durante el período en que el sujeto pasivo esté sometido a dicho régimen es cero. Por otra parte, no procede efectuar regularización en los supuestos de transmisión de bienes de inversión utilizados exclusivamente para la realización de actividades sometidas a este régimen especial. Por tanto, aunque se enajenen tales bienes de inversión, durante el período de regularización, el sujeto pasivo no tiene que reintegrar a la Hacienda Pública deducción alguna, ni aunque dicha enajenación quede gravada por el IVA y se repercuta el Impuesto correspondiente.
Como **excepción**, sí tienen derecho a las devoluciones a exportadores en régimen de viajeros (nº 2985 s.).

4670 Doctrina Administrativa Además de las siguientes contestaciones de la DGT, ver nº 11000 s.

1) El porcentaje de deducción aplicable a las cuotas del IVA soportado en las adquisiciones de **bienes o servicios utilizados en común** en actividades a las que se aplique el régimen especial del recargo de equivalencia y el régimen general se determina multiplicando por cien el resultante de una fracción en la que figuren:

a) En el numerador, el importe total, determinado para el año que corresponda, de la contraprestación de las operaciones de venta de los productos elaborados por el sujeto pasivo, que no se encuentren incluidos en el régimen especial del recargo de equivalencia.

b) En el denominador, el importe total, determinado para el mismo período de tiempo, del importe total de la contraprestación de todas las operaciones realizadas por el sujeto pasivo en el ejercicio de su actividad empresarial, incluidas las correspondientes al sector de actividad sometido al régimen especial del recargo de equivalencia.

El porcentaje definitivo calculado de acuerdo con lo anterior para el año (n) es el que provisionalmente se aplique durante el año (n + 1). En la última declaración-liquidación del año se ha de practicar la regularización una vez conocida la prorrata definitiva (DGT 26-1-95).

2) No procede la regularización de la deducción de las cuotas soportadas por la **adquisición de una edificación** afecta a una actividad sometida al régimen especial del recargo de equivalencia cuando, durante el período de regularización, dicha edificación pasa a ser arrendada por el sujeto pasivo y se utiliza, por tanto, en la realización de operaciones sujetas y no exentas que originan el derecho a la deducción (DGT 24-1-95).

4671 3) Los empresarios sometidos al régimen especial del recargo de equivalencia por la **venta al por menor de tabaco** no pueden deducir las cuotas del IVA soportadas por la adquisición del mismo, como ocurre con los empresarios de hostelería matriculados en el epígrafe 673.2 del IAE (DGT 19-3-01; 10-1-03; 6-4-05), así como cuando se realiza en un quiosco (DGT CV 25-11-20).

4) No se puede solicitar la devolución de las cuotas soportadas por la adquisición de bienes que sean objeto de entregas que, de acuerdo con las reglas aplicables en su caso, **no están sujetas al IVA español**, como ocurre con los productos objeto de Impuestos Especiales (DGT CV 10-7-14), así como con las ventas a distancia intracomunitarias de bienes (DGT CV 23-9-21; CV 7-12-21).

5) No se puede deducir en ninguna medida ni cuantía la cuota soportada en la adquisición de un **vehículo** o por las reparaciones o el combustible del mismo, que se va a utilizar en la realización de una actividad acogida al régimen especial del recargo de equivalencia (DGT CV 20-10-20).

6) La regulación de las **ventas a distancia intracomunitarias** de bienes no contiene ninguna excepción para los comerciantes acogidos al régimen especial, por lo que estos no pueden deducir cuota alguna del IVA, salvo la excepción prevista legalmente relativa a las devoluciones a exportadores en régimen de viajeros -nº 2985 s.- (DGT CV 13-12-21; CV 20-3-25).

4672 Jurisprudencia No procede la regularización de bienes de inversión por transmisión del bien en los supuestos de operaciones de **cambio de afectación** de bienes corporales afectos al sector diferenciado del régimen especial del recargo de equivalencia a otro sector diferenciado, debiendo continuar la regularización de bienes de inversión prevista con carácter general para estos bienes (TEAC 16-12-99).

4675 **Casos particulares** (LIVA art.155; RIVA art.60) Se prevén reglas especiales para los siguientes supuestos:

- comienzo de actividades sujetas al régimen especial (nº 4676 s.);
- cese de actividades sujetas al régimen especial (nº 4691 s.).

4676 **Comienzo de actividades** (LIVA art.155.1º; RIVA art.60) Los sujetos pasivos que inician sus actividades en el régimen especial del recargo de equivalencia, y que con anterioridad tributaban en régimen general, deben:

- confeccionar un **inventario de existencias** de bienes que van a ser comercializados en el régimen especial con referencia al día anterior al del inicio, que debe presentarse en la Administración o Delegación de la AEAT correspondiente a su domicilio fiscal en el plazo de 15 días a partir del día de comienzo;
- efectuar la **liquidación e ingreso** de la cantidad resultante de aplicar al valor de adquisición de las existencias inventariadas (IVA excluido), los tipos del IVA y del recargo de equivalencia vigentes en la fecha de inicio.

El ingreso debe efectuarse en la declaración-liquidación correspondiente al período de liquidación en que se haya producido el inicio.

Como **excepción**, lo expuesto no resulta de aplicación cuando las existencias se hubieran adquirido a un comerciante sometido igualmente a dicho régimen especial, en virtud de una transmisión no sujeta por ser transmisión de la totalidad o parte del patrimonio empresarial -nº 275 s.-(DGT 5-1-99). En este supuesto, el comerciante en recargo de equivalencia adquiere mercancías y, al estar no sujeta la entrega, no se le repercute expresamente el IVA, pero al ser transmitente otro comerciante minorista en recargo de equivalencia, en el precio van incluidos el IVA y el recargo soportado y no deducido.

Precisiones Las operaciones citadas son necesarias, dado que el sujeto pasivo que tributaba en **régimen general** habrá deducido el IVA soportado en las adquisiciones de bienes inventariados y que se van a comercializar dentro del régimen especial. Por tanto, para equiparar dichos bienes a los adquiridos dentro del régimen especial hay que ingresar el IVA y el recargo de equivalencia que, en su caso, soportan las adquisiciones de bienes sometidos a este régimen y que no son deducibles.

Ejemplo Un comerciante minorista que tributaba en régimen general en el año 20X0, cumple en dicho año con todos los requisitos para aplicar el régimen especial de recargo de equivalencia, por lo que en el año 20X1 pasa a tributar por dicho régimen especial. El valor de las existencias (sin IVA) el 31-12-20X0, día anterior al inicio en dicho régimen especial, es de 42.070. **4677**

En este supuesto, el minorista debe presentar el inventario en los 15 primeros días del mes de enero de 20X1 y efectuar el siguiente ingreso:

Valor de las existencias	42.070	
IVA (se supone al 21%)		8.834,70
Recargo de equivalencia (5,2%)		2.187,64
A ingresar		11.022,34

Este ingreso debe efectuarlo en la autoliquidación en que se haya producido el inicio, es decir, en la correspondiente al primer trimestre de 20X1.

Doctrina Administrativa Además de la siguiente contestación de la DGT, ver nº 11000 s. **4679**

Con ocasión del **inicio en la aplicación del régimen especial** del recargo de equivalencia a la actividad de comercio al por menor de juguetes, se ha de efectuar la liquidación e ingreso de la cantidad resultante de aplicar al valor de adquisición de las existencias comerciales destinadas a tal actividad, que han sido adquiridas a una sociedad mercantil en el marco de la transmisión de la totalidad de un patrimonio empresarial no sujeta al IVA (nº 275 s.), los tipos del IVA y del recargo de equivalencia vigentes en la fecha en que se produzca el inicio (DGT 9-5-00). En términos parecidos, DGT CV 4-4-23.

Cese en el régimen especial (LIVA art.155.2º; RIVA art.60) El comerciante minorista sometido al recargo de equivalencia, que en la valoración de sus existencias incluye IVA y recargo, cuando cesa en el mismo, por no cumplir los requisitos (nº 4536 s.), debe: **4691**

- confeccionar un **inventario de existencias** referido al día inmediato anterior al de cese en el régimen, que debe presentar en el plazo de 15 días en la Administración o Delegación de la AEAT correspondiente a su domicilio fiscal;
- deducir la cuota resultante de aplicar al valor de adquisición de sus existencias inventariadas en la fecha de cese (IVA y recargo de equivalencia excluidos), los tipos del IVA y del recargo vigentes en dicha fecha. Ésta **deducción** debe efectuarse en la declaración-liquidación correspondiente al período en que se haya producido el cese en la aplicación del régimen especial.

Al comenzar a tributar en **régimen general** y repercutir e ingresar el IVA, puede deducir el IVA y recargo de equivalencia soportados en la adquisición de dichas existencias.

Como **excepción**, no puede efectuar la deducción cuando el cese en el régimen especial del recargo de equivalencia se produzca por la transmisión total o parcial del patrimonio empresarial no sujeta al IVA (nº 275 s.), y el adquirente sea un comerciante minorista que no tributa en el régimen especial del recargo de equivalencia. En este caso, el adquirente puede deducir la cuota resultante de aplicar los tipos del IVA vigentes el día de la transmisión al valor de mercado de las existencias en dicha fecha.

Ejemplos **1)** Un comerciante minorista en el año 20X0 tributa por el régimen especial del recargo de equivalencia (en el IRPF está en estimación directa). En dicho año, sus **ventas a empresarios** ascendieron al 30% del total de las realizadas durante el mismo. Las existencias inventariadas a 31-12-20X0 se valoran en 36.060, IVA y recargo de equivalencia excluidos. **4693**

En el año 20X1 el comerciante deja de reunir los requisitos para ser considerado comerciante minorista (supera el volumen de operaciones previsto), y cesa en el régimen especial del recargo de equivalencia. Así, el sujeto pasivo puede deducir:

Valor existencias	36.060	
IVA (se supone al 21%)		7.572,60
Recargo de equivalencia (5,2%)		1.875,12
Deducción		9.447,72

La deducción debe efectuarla en la autoliquidación correspondiente al período en que se ha producido el cese, es decir, en la correspondiente al primer trimestre de 20X1.

2) Un comerciante minorista tributa en el régimen especial del recargo de equivalencia y el día 18-7-20X0 cesa en su actividad por **transmitir la totalidad de su patrimonio empresarial** (dicho patrimonio constituye una unidad económica autónoma) a una entidad mercantil que continuará la misma actividad. Dentro de dicho patrimonio se incluyen mercancías (existencias) cuyo coste de adquisición (IVA y recargo excluidos) fue de 24.040. El valor de mercado de dichas existencias el día de la transmisión es de 33.055.

En este supuesto, se produce una operación no sujeta al IVA (nº 275 s.), siendo el adquirente una entidad mercantil que no puede tributar por el régimen especial del recargo de equivalencia. Por tanto, puede deducir el 21% (suponiendo que son artículos que tributan a este tipo) de 33.055, esto es, 6.941,55, en la autoliquidación del tercer trimestre de 20X0 o sucesivas.

4695 Doctrina Administrativa Además de la siguiente contestación de la DGT, ver nº 11000 s.
La entidad adquirente de la totalidad del **patrimonio empresarial**, transmitido como consecuencia del cese de su actividad sometida al régimen especial del recargo de equivalencia, puede deducir las cuotas del IVA resultante de aplicar los tipos que estuviesen vigentes el día de la fecha de la referida transmisión al valor de mercado de las existencias conforme al inventario de las mismas efectuado por el sujeto pasivo (DGT CV 3-12-14).

4697 Jurisprudencia 1) La declaración por existencias relativa al cese en el régimen especial del recargo de equivalencia puede ser ejercitada por la **persona jurídica sucesora en la actividad** a la que se aporta la totalidad del patrimonio empresarial (TEAC 29-5-97).
2) La determinación de la **condición de comerciante minorista** en función de la naturaleza de los destinatarios de las operaciones se conoce a 31 de diciembre de cada año, sin que sea preciso esperar a la formulación del cierre de las cuentas de marzo del ejercicio siguiente. La presentación del inventario y la deducción correspondiente no resulta ajustada a derecho al haberse formulado fuera de plazo (TEAC 10-10-97).

4699 Cuadro recapitulativo

Recargo de equivalencia	
Se exige	En las siguientes **operaciones** sujetas y no exentas del IVA: - en las entregas de bienes muebles o semovientes que los empresarios efectúen a comerciantes minoristas que no sean sociedades mercantiles; - en las adquisiciones intracomunitarias e importaciones de bienes realizados por dichos comerciantes minoristas; - en las entregas de bienes en las que el minorista es sujeto pasivo del IVA por aplicación de la regla de inversión (nº 1335).
No se exige	En las siguientes **operaciones**: **a)** En las entregas de los siguientes bienes: - las efectuadas a comerciantes que acrediten no estar sometidos al régimen especial (nº 4703); - las efectuadas por sujetos pasivos acogidos al REAGP a minoristas del régimen especial del recargo de equivalencia (1); - los excluidos del recargo de equivalencia. **b)** En las entregas, adquisiciones intracomunitarias e importaciones de bienes de cualquier naturaleza que no sean objeto de comercio por el adquirente (2).
Sujeto pasivo	Están **obligados a liquidar e ingresar** el recargo en la Hacienda Pública: **a)** Los **proveedores**, en las entregas de bienes en el interior del territorio de aplicación del IVA. Dicha repercusión debe realizarse expresamente en factura. **b)** Los propios **minoristas** sometidos al régimen especial en: - las adquisiciones intracomunitarias de bienes; - las entregas de bienes en las que se produce la inversión del sujeto pasivo; - las importaciones, que les liquida la Aduana previa comunicación de dichos comerciantes.
Liquidación e ingreso	El recargo se calcula aplicando a la base imponible el **tipo** que corresponda: el 5,2% (con carácter general); o 0%, 0,50%, 0,62%, 1%, 1,4% o 1,75% (según casos especiales del nº 4627).

Notas: (1) Cuando un **agricultor o ganadero** acogido al REAGP entregue productos de su explotación a un comerciante en recargo de equivalencia, tiene derecho a que este le abone la compensación del 10,5% o del 12%, pero no repercute ni el IVA ni el recargo de equivalencia.
(2) En este supuesto se encuentran las adquisiciones de **bienes de inversión** por un comerciante minorista que, como se señala en el nº 4622, solo soportan el IVA y en ningún caso el recargo de equivalencia.

C. Obligaciones formales y registrales

(LIVA art.155, 163, 170.Dos.1º y 171.Uno.1º; RIVA art.60, 61, 71 y 83)

Acreditación de la sujeción al régimen especial (LIVA art.163, 170.Dos.1º y 171.Uno.1º; RIVA art.83) Las personas o entidades que no sean sociedades mercantiles y realicen con **carácter habitual** operaciones de venta al por menor están obligadas a comunicar por escrito a sus proveedores o, en su caso, ante la Aduana, el hecho de estar sometidos o no al régimen especial, en relación con las adquisiciones o importaciones de bienes que realicen. **4703**

Se califica como **infracción tributaria grave** la adquisición de bienes por comerciantes minoristas sujetos al régimen especial del recargo de equivalencia, sin que en las facturas figure expresamente consignado el recargo de equivalencia, a menos que el minorista haya dado cuenta de ello a la Administración, mediante escrito presentado en la Delegación o Administración de la AEAT correspondiente a su domicilio fiscal. Dicha infracción se sanciona con **multa pecuniaria** proporcional del 50% del importe del recargo de equivalencia que hubiera debido repercutirse, con un importe mínimo de 30 euros por cada una de las adquisiciones efectuadas sin la correspondiente repercusión del recargo de equivalencia.

[Doctrina Administrativa] Además de las siguientes contestaciones de la DGT, ver nº 11000 s. **4706**

1) Los empresarios, sujetos pasivos del IVA, deben repercutir, en todo caso, el recargo de equivalencia en las entregas de bienes, muebles o semovientes, que sean objeto habitual del comercio al por menor del adquirente, salvo que este acredite no estar sometido al régimen especial del recargo de equivalencia mediante **comunicación** efectuada por escrito y debidamente firmada por el destinatario de las entregas (DGT 30-6-86; CV 17-4-15; CV 19-1-16).

2) Los fabricantes que efectúen entregas de bienes objeto habitual del comercio al por menor de sus adquirentes a comerciantes que sean personas físicas y no les hayan acreditado no estar sometidos al recargo de equivalencia, deben repercutir, además del IVA, el recargo de equivalencia correspondiente. En el supuesto de proceder de la forma indicada, el fabricante no va a incurrir en **responsabilidad** ante la Hacienda Pública, incluso cuando el adquirente no esté matriculado como comerciante minorista a efectos de la Licencia Fiscal de Actividades Comerciales e Industriales -actualmente IAE- (DGT 29-4-86).

3) Si un comerciante minorista realizase **simultáneamente** actividades donde aplica el régimen del recargo de equivalencia con otras donde no se aplica, debe comunicar a sus proveedores en cada caso a qué actividad se va a destinar (DGT CV 7-9-16).

[Jurisprudencia] Las facturas recogen ventas a personas físicas que actúan como comerciantes minoristas, sin que se haya repercutido el recargo de equivalencia, y sin que se haya justificado el motivo, ya que no se ha acreditado que los adquirentes no estén sometidos a dicho régimen especial. La obligación de acreditación no excusa el cumplimiento de la **obligación de repercutir el recargo** a los sujetos pasivos que efectúan las entregas sometidas al mismo (TEAC 7-11-07; 22-4-22). La obligación de pago y repercusión del recargo de equivalencia pesa sobre el proveedor, ya que los adquirentes eran comerciantes minoristas, sin que exista un solo indicio que contradiga esta afirmación (TS 26-1-12, EDJ 11301). **4707**

Facturación Además de las obligaciones de facturación exigidas con carácter general en los términos previstos en el nº 7190 s., debe tenerse en cuenta una serie de **particularidades** en relación a este régimen especial: **4709**

- obligación de facturación: nº 7222 y nº 7230;
- contenido de las facturas: nº 7247 y nº 7314;
- conservación de facturas: nº 7320.

Libros-registros El estudio detallado de esta materia se realiza en el nº 7345 s., aunque se han de tener en consideración las particularidades en relación a este régimen especial recogidas en el nº 7353 y nº 7389. **4712**

Declaración-liquidación (RIVA art.61.3 y 71.8.4º y 6º) Los sujetos pasivos que tributen por este régimen especial no están obligados a presentar declaraciones-liquidaciones periódicas. No obstante, deben presentar las correspondientes declaraciones-liquidaciones **no periódicas** en las operaciones sujetas a liquidación e ingreso a cuenta indicadas en el nº 4644. En estos casos han de utilizar el **modelo 309** (nº 6650 s.) para ingresar el IVA y el recargo de equivalencia que, en su caso, corresponda. **4715**

Adicionalmente, existe obligación de presentar declaración-liquidación cuando realicen **entregas de bienes a viajeros**, exentas por ser exportaciones, con derecho a la devolución del IVA soportado (nº 6036). En este caso, se utiliza el **modelo 308** (nº 6650 s.) para solicitar la devolución de las cantidades que hubieran reembolsado a los viajeros, acreditados con las correspondientes transferencias a los interesados o a las entidades colaboradoras que actúen en este procedimiento de devolución del IVA.

Precisiones Aparte de los citados modelos, un comerciante minorista acogido al régimen del recargo de equivalencia que saque mercancías de un **depósito distinto del aduanero** debe ingresar el IVA y, en su caso, el recargo de equivalencia, mediante el **modelo 380** -nº 4654- (DGT CV 25-9-07).

4716 Doctrina Administrativa Además de las siguientes contestaciones de la DGT, ver nº 11000 s.

1) Una persona física, dedicada a la venta al por menor de toda clase de artículos, debe presentar una declaración-liquidación no periódica (modelo 309) por las **adquisiciones intracomunitarias** de bienes que realice durante el período correspondiente, así como una declaración recapitulativa relativa a dichas adquisiciones intracomunitarias (modelo 349). Asimismo, debe ingresar mediante dicha declaración-liquidación no periódica, el IVA y el recargo de equivalencia que corresponda a los bienes adquiridos objeto de su **comercio habitual** (DGT 1-2-02; 1-2-02).

2) En el modelo 308 que se presente solo van a poder computarse cuotas que hubieran sido reembolsadas por el sujeto pasivo en el trimestre al que se refiere dicho modelo. Dado que la declaración contenida en el modelo 308 es una autoliquidación, tiene lugar la **prescripción** del derecho a obtener la devolución de las cuotas repercutidas mediante el régimen de viajeros a los cuatro años, contados a partir del día siguiente que finalice el plazo para presentar la correspondiente autoliquidación (DGT CV 10-11-16).

4717 **Información de operaciones con terceras personas** (LIVA art.164.Uno.5º; RIVA art.78 a 81; RGGI art.31 s.) Los sujetos pasivos acogidos al régimen especial del recargo de equivalencia quedan obligados a presentar, periódicamente o a requerimiento de la Administración, información relativa a sus operaciones económicas con terceras personas:

- deben facilitar información relativa a **operaciones interiores** en la declaración anual de operaciones con terceras personas, **modelo 347** (nº 7112 s.), cuando tributen en el IRPF en régimen de estimación directa, así como de aquellas otras por las que emitan factura;
- información relativa a **operaciones intracomunitarias,** en la declaración recapitulativa de las entregas y adquisiciones intracomunitarias de bienes, así como de las prestaciones y adquisiciones de servicios intracomunitarios que realicen. A estos efectos, deben presentar con carácter mensual, bimensual o trimestral dicha declaración en el **modelo 349** (nº 7082 s.).

Doctrina Administrativa Además de la siguiente contestación de la DGT, ver nº 11000 s.

Se debe presentar una declaración recapitulativa de operaciones intracomunitarias (modelo 349) por un comerciante minorista que haya adquirido servicios de una **plataforma comunitaria** por su actividad en línea a los que se haya aplicado la regla de inversión del sujeto pasivo, con independencia del importe de dichas adquisiciones de servicios (DGT CV 14-4-20).

SECCIÓN 7

Régimen especial del grupo de entidades (REGE)

4800

4805 Con la aprobación del denominado régimen especial del grupo de entidades, en adelante, **REGE**, en España se ha ejercitado la facultad que establece la norma comunitaria para considerar como **un solo sujeto pasivo** a las personas establecidas en un Estado miembro que gocen de independencia jurídica, pero que se hallen firmemente vinculadas entre sí en los órdenes financiero, económico y de organización (Dir 2006/112/CE art.11).

Este régimen especial persigue una doble **finalidad**:

- evitar costes financieros derivados de la existencia de saldos de IVA a favor y saldos en contra resultantes de las autoliquidaciones presentadas por las distintas entidades integrantes del grupo, mediante la creación de un sistema de compensaciones de dichos saldos; y

- eliminar los costes derivados del gravamen del valor añadido generado en el seno del grupo de entidades cuando se realizan operaciones intragrupo cuyo destinatario son entidades sujetas a la regla de prorrata, mediante el establecimiento de una nueva regla de determinación de la base imponible.

El REGE es de aplicación **voluntaria** y se ha introducido con dos **contenidos**, ambos de carácter opcional, que pueden denominarse:

- contenido general (o **nivel básico**) (nº 4810 s.), en el que simplemente se compensan entre sí los resultados de las declaraciones-liquidaciones de cada período entre las distintas entidades incluidas en el grupo; y
- contenido ampliado (o **nivel avanzado**) (nº 4900 s.), que comprende, ejerciéndose una segunda opción por todas las entidades integrantes del grupo que aplica el REGE, contenido general, además de la compensación de los saldos de las autoliquidaciones, reglas específicas para las operaciones intragrupo, incluyendo la valoración de las mismas y un régimen de deducciones como sector diferenciado «ex lege».

Doctrina Administrativa Además de la siguiente contestación de la DGT, ver nº 11000 s. **4807**
Los servicios prestados por la **sucursal**, entidad independiente por formar parte de un grupo de entidades, a una entidad integrada en el grupo de entidades están sujetos y exentos (siempre que se cumplan los requisitos generales para aplicar la exención en caso de mediación en operaciones financieras, nº 1016 s.), por tratarse de operaciones entre entidades independientes (DGT CV 31-5-23).

Jurisprudencia **1)** Es posible que personas que, individualmente, **no tienen la condición de empresarios** o profesionales a efectos del IVA, formen parte del régimen especial de los grupos de entidades en dicho impuesto (TJUE 9-4-13, asunto C-85/11; 25-4-13, asunto C-65/11; 25-4-13, asunto C-86/11; 25-4-13, asunto C-95/11).

2) Se puede restringir la aplicación de este régimen únicamente a las empresas del **ámbito financiero y de seguros** (TJUE 25-4-13, asuntos acumulados C-74/11 y C-480/10).

3) Los Estados miembros deben **notificar al Comité del IVA** la introducción del régimen de grupos a efectos del IVA, pero no disposiciones nacionales posteriores puramente aclaratorias y que no implican modificaciones sustanciales de dicho régimen (TJUE 25-4-13, asunto C-65/11).

4) Las prestaciones de servicios por un establecimiento principal (casa matriz) residente en un territorio tercero, a su **sucursal** establecida en un Estado miembro, están gravadas cuando esta sucursal es miembro de un grupo a efectos IVA, ya que pertenece a un sujeto pasivo distinto que es el grupo, deudor del impuesto (TJUE 17-9-14, asunto C-7/13). El mismo criterio se aplica cuando el establecimiento principal y la sucursal están situados en dos estados miembros diferentes, siempre que pertenezcan a un grupo a efectos del IVA diferente (TJUE 11-3-21, asunto C-812/19).

Una **sucursal** que continúa con la actividad de una **filial previa** y que realiza operaciones de seguro se puede considerar como sujeto pasivo, resultando las imputaciones de gastos realizadas desde su casa central sujetas a IVA en tanto constituyan prestaciones de servicios realizadas por esta última para aquella. A la misma conclusión se llega por el hecho de que la sucursal forme parte de un grupo de IVA (TEAC 23-1-20).

5) Teniendo en cuenta que el **derecho a deducir el impuesto devengado** se otorga al grupo, como un único sujeto pasivo, y no a sus miembros, en caso de prestaciones a título oneroso entre miembros de un mismo grupo no están sujetas al impuesto, independientemente de si el destinatario de la prestación puede deducir el IVA soportado (TJUE 11-7-24, asunto C-184/23).

A. Contenido general o nivel básico

(LIVA art.163 quinquies a 163 nonies y disp.adic.7ª; RIVA art.30, 61 bis y 61 ter; OM EHA/3434/2007; OM EHA/3480/2008; OM EHA/3788/2008; OM EHA/3111/2009; OM HAP/2194/2013)

4810

Requisitos subjetivos (LIVA art.163 quinquies; RIVA art.61 bis) Pueden optar por aplicar el REGE quienes: **4815**

- tengan la condición de **empresarios o profesionales**; y
- formen **parte de un grupo** de entidades, considerándose como tal el formado por una entidad dominante y sus entidades dependientes, que se hallen firmemente vinculadas entre sí en los órdenes financiero, económico y de organización, siempre que las sedes de actividad económica o establecimientos permanentes de todas y cada una de ellas radiquen en TIVA (Canarias, Ceuta y Melilla no forman parte del referido territorio). En relación con esta opción, hay que tener en cuenta que ningún empresario puede formar parte de más de un grupo de entidades a efectos de la aplicación del REGE.

Se considera que existe:
- **vinculación financiera** cuando la entidad dominante, a través de una participación de más del 50% en el capital o en los derechos de voto de las entidades del grupo, tenga el control efectivo sobre las mismas;
- **vinculación económica** cuando las entidades del grupo realicen una misma actividad económica o cuando, realizando actividades distintas, resulten complementarias o contribuyan a la realización de las mismas;
- **vinculación organizativa** cuando existe una dirección común en las entidades del grupo.
Se presume, salvo prueba en contrario, que una entidad dominante que cumple el requisito de vinculación financiera también satisface los requisitos de vinculación económica y organizativa.

4816 Precisiones 1) El REGE puede aplicarse a **entidades no mercantiles** que tengan la consideración de empresarios o profesionales en el IVA (nº 80) (p.e., UTE o AIE).
2) Quedan excluidos los grupos de entidades que integran un **sistema institucional de protección -SIP-** (nº 4829).

Doctrina Administrativa Además de la siguiente contestación de la DGT, ver nº 11000 s.
Una **agrupación europea de interés económico** (AEIE), considerada como empresario o profesional a efectos del impuesto y que tiene un establecimiento permanente fuera del territorio de aplicación del impuesto, puede formar parte de un grupo de entidades, siempre que la sede de su actividad económica se encuentre radicada en dicho territorio. En todo caso, el establecimiento permanente queda fuera del perímetro subjetivo del grupo (DGT CV 8-5-09).

4817 Jurisprudencia 1) No se exige que los integrantes del grupo posean **personalidad jurídica** y que existan **vínculos** con el órgano central del grupo mediante una relación de subordinación, salvo si ambas exigencias constituyen medidas necesarias y adecuadas para alcanzar los objetivos dirigidos de prevención de los abusos o de lucha contra el fraude y la evasión fiscales, de conformidad con el principio de neutralidad fiscal. El concepto de que los vínculos entre las personas sean «estrechos» carece de efecto directo, puesto que exige necesariamente de precisión a escala nacional (TJUE 16-7-15 asuntos acumulados C-108/14 y C-109/14).
2) Una normativa nacional que supedita la posibilidad de que una **sociedad personalista** forme, con la empresa del órgano principal, un grupo de personas que pueda considerarse un solo sujeto pasivo a efectos del IVA, no se ajusta al requisito de la Dir 2006/112/CE art.11 de que los socios de la sociedad personalista, al margen del órgano principal, sean únicamente personas vinculadas en el orden financiero a dicha empresa (TJUE 15-4-21 asunto C-868/19).
3) El derecho de la UE:
- no se opone a que un E.m. señale como **sujeto pasivo único** de un grupo a efectos del IVA a la entidad dominante de este, si dicha entidad puede imponer su voluntad a las demás entidades y siempre que ello no conlleve un riesgo de pérdida de ingresos fiscales (TJUE 1-12-22, asunto C-269/20);
- se opone a una normativa nacional que supedita la posibilidad de que una entidad forme, con la entidad dominante, un grupo, al requisito de que esta última entidad posea en aquella la **mayoría de los derechos de voto** y una **participación mayoritaria** en su capital (TJUE 1-12-22, asunto C-141/20).

4820 **Entidad dominante** (LIVA art.163 quinquies.Dos y disp.adic.7ª) Tienen la consideración de entidad dominante de un grupo de entidades la que reúna los siguientes requisitos:
a) Tener **personalidad jurídica propia**. Pueden tener la consideración de entidad dominante los establecimientos permanentes ubicados en el territorio de aplicación del impuesto respecto de las entidades cuyas participaciones estén afectas a dichos establecimientos, siempre que cumplan los demás requisitos exigidos.
b) Tener un control efectivo sobre las entidades del grupo a través de una **participación**, directa o indirecta, de más del 50% en su capital o en sus derechos de voto, y que dicha situación se mantenga durante todo el año natural.
c) Mantenimiento de la participación durante todo el año natural.
d) No tener la condición de entidad **dependiente** de ninguna otra entidad establecida en el territorio de aplicación del IVA español que reúna los requisitos para ser considerada como entidad dominante respecto de ella. La entidad dominante, sin embargo, puede ser dependiente de otra entidad no establecida en el citado territorio.
Únicamente si la entidad dominante aplica el REGE, este puede ser aplicado por el resto de entidades del grupo.
La entidad dominante ostenta la **representación del grupo** de entidades ante la Administración tributaria y debe cumplir, por tanto, las obligaciones tributarias materiales y formales específicas que se derivan del REGE.

Precisiones 1) El **cómputo de la participación** es similar al establecido en el IS para formar grupo de consolidación fiscal, aunque reduciendo el porcentaje de participación de la entidad dominante en las dominadas a más de un 50% (nº 6102 s. Memento Fiscal 2026).

Para el caso de **entidades no mercantiles** para las que, como tal, no hay un capital social al que referir la participación, dicho requisito ha de considerarse cumplido cuando la entidad dominante sea propietaria de más del 50% de los fondos, bienes o derechos de cualquier índole que, aportados por los componentes, miembros o partícipes de dichas entidades no mercantiles, tengan una función y naturaleza equivalente al capital social en una entidad mercantil.
2) En el caso de grupos en los que haya **fundaciones bancarias** se considera como dominante la entidad de crédito que determine con carácter vinculante las políticas y estrategias de la actividad del grupo y el control interno y de gestión.

Doctrina Administrativa Además de las siguientes contestaciones de la DGT, ver nº 11000 s. **4822**
1) No pueden tener la consideración de entidad dominante de un grupo una **entidad local** (DGT CV 27-3-15; CV 6-9-18) o un **fondo de capital riesgo** (DGT CV 17-10-22).
Por el contrario, sí pueden tener esta consideración las **fundaciones** (DGT CV 8-10-24) o una **asociación privada** de fines laicos (DGT CV 11-12-25).
2) Una entidad residente en el ámbito de aplicación del impuesto participada en más del 50% por otra que tribute exclusivamente en **territorio foral** puede integrarse en un grupo de entidades, como entidad dominante, con sus sociedades dependientes (DGT CV 24-5-10).
3) Pueden aplicar el régimen especial de grupo de entidades:
- si se tiene el control efectivo de la cabecera de otro grupo mediante un **acuerdo de sindicación del voto** o mediante cesión de uso de participaciones sociales, cumpliendo además los requisitos de vinculación económica y organizativa (DGT CV 23-11-15).
- una entidad que ostenta una participación de más del 50% (en concreto, del 50,000000096%), al permitir dicha participación tener el **control efectivo** de la entidad dependiente, pudiendo aplicar ambas el régimen especial (DGT CV 10-3-16; CV 30-9-16).
4) Aunque la sociedad mercantil **no** tenga la consideración de **empresario o profesional**, cumplidos los demás requisitos establecidos en la Ley, puede ser considerada como entidad dominante del grupo de entidades (DGT CV 23-3-15).
5) La **AIE** puede formar parte del grupo al tener la entidad dominante una participación mayoritaria en su capital a través de sucursales establecidas fuera del TIVA (DGT CV 13-2-17).

6) Se reconoce el **mantenimiento del régimen** de grupo de entidades por la entidad dominante: **4823**
- cuando mantiene la mayoría del capital social y los derechos de voto tras producirse una cesión del contrato para la prestación de servicios de apoyo a una entidad dependiente perteneciente al mismo grupo de entidades, así como tras la aplicación del nuevo sistema de gobierno interno de la citada dependiente (DGT CV 23-4-24); y
- en una **fusión impropia**, conservando su naturaleza de dominante durante dicho ejercicio (DGT CV 13-6-17).
7) Dado que en la definición del vínculo financiero no hace referencia a que el **porcentaje de la participación** se ostente de forma directa, debe entenderse que se cumplen los requisitos de la LIVA que permiten aplicar el REGE cuando dicho porcentaje se alcance de forma indirecta a través de participaciones en sociedades intermedias, incluso cuando alguna no se encuentre establecida en el TIVA y no pueda formar parte del grupo de entidades (DGT CV 6-10-16).
El mismo criterio se mantiene cuando el control financiero de la dominante sobre las otras entidades garantiza el control efectivo de las mismas a través de una participación de más del 50% en los **derechos de voto** que determina su control efectivo, de conformidad con la legislación mercantil, y, adicionalmente, se halla firmemente vinculada con las mismas en los órdenes económico y de organización (DGT CV 3-2-21; CV 4-12-24).

Entidad dependiente (LIVA art.163 quinquies.Tres y disp.adic.7ª) La entidad dependiente, miembro de un grupo de entidades encabezado por una entidad dominante, ha de reunir los siguientes **requisitos**: **4825**
- ser un empresario o profesional distinto de la entidad dominante;
- estar establecida en el TIVA; y
- la entidad dominante ha de poseer una participación en su capital directa o indirecta, de más del 50% en su capital o en sus derechos de voto, que dicha situación se mantenga durante todo el año natural, y le permita obtener el control efectivo.

Precisiones **1)** Un **establecimiento permanente** ubicado en el TIVA nunca puede constituir, por sí mismo, una entidad dependiente, aunque sí puede tener la consideración de entidad dominante de un grupo de entidades. **4826**
2) Una entidad dependiente puede tener o no **personalidad jurídica**, por lo que entidades tales como las comunidades de bienes, herencias yacentes o demás entidades carentes de personalidad jurídica pueden tener la condición de entidad dependiente en el REGE.
3) Las **fundaciones bancarias** pueden tener la consideración de entidades dependientes a efectos de aplicar el REGE, siempre que sean empresarios o profesionales y estén establecidas en el TIVA. Este mismo régimen se puede aplicar a las sociedades dependientes de la fundación en que esta posea más del 50% de su capital.

4827 Ejemplo Una entidad X establecida en TIVA posee el 90% del capital de otra entidad Y, no establecida en dicho territorio; a su vez, esta última tiene un establecimiento permanente en el citado territorio.
Este establecimiento permanente no puede considerarse por sí mismo una entidad dependiente de la entidad X a efectos del REGE, y por tanto no puede optar por formar parte de un grupo de entidades en el REGE.

4828 Doctrina Administrativa Además de las siguientes contestaciones de la DGT, ver nº 11000 s.
1) Una entidad establecida en el TIVA, es propietaria de más del 50% de un conjunto de entidades igualmente establecidas en el referido territorio. Una de sus participadas posee establecimientos permanentes en las **Islas Canarias y Portugal**. La entidad dependiente, al cumplir el resto de los requisitos exigidos, va a formar parte del perímetro subjetivo del grupo y puede, si así lo decide, aplicar el REGE. No obstante, los dos establecimientos permanentes situados fuera del TIVA no pueden, en ningún caso, aplicar el REGE al quedar excluidos legalmente del perímetro subjetivo del grupo (DGT CV 3-4-08).
2) Una **fundación** que, teniendo la condición de empresario o profesional, esté participada al menos en el 50% de su dotación total por una caja de ahorros, debe ser calificada como entidad dependiente de esta y, por consiguiente y cumplidos el resto de requisitos exigidos, puede optar por la aplicación del REGE. No puede ser dominante de un grupo de entidades al tener la condición de **dependiente de una caja de ahorros** establecida en el TIVA que reúne los requisitos para ser considerada dominante (DGT CV 16-5-08).

4829 **Caso particular** (RDL 11/2010 art.7.5) Como quiera que entre las entidades que se estructuran en torno a la creación de un **sistema institucional de protección** (SIP) no existe una relación de intercapitalización que permita la formación del perímetro subjetivo del grupo, para que el REGE sea aplicable a aquellas se han **adaptado los requerimientos legales** que, a efectos del IVA, permiten definir a la entidad dominante y a sus dependientes en el seno del sistema. Así, el REGE puede ser aplicado por los empresarios y profesionales que integren un SIP, teniendo en cuenta a estos efectos que:
- se considera como **dominante** la entidad central que determine con carácter vinculante las políticas y estrategias de negocio, así como los niveles y medidas de control interno y de gestión de riesgos del SIP;
- se consideran **dependientes** las entidades que pertenezcan a dicho SIP, así como aquellas en las que las mismas mantengan una participación, directa o indirecta, de más del 50% de su capital.

La entidad dominante y sus dependientes deben estar **establecidas en el TIVA**.
La **opción** por la aplicación del REGE puede ejercitarse en el plazo de los tres meses posteriores a la comprobación por el Banco de España. Una vez ejercitada la opción, el REGE va a tener efectos desde el período de liquidación del Impuesto que corresponda a la fecha en que la misma sea comunicada a la Administración tributaria.
La aplicación efectiva del régimen especial requiere la existencia de un **acuerdo expreso** del consejo de administración de cada entidad dependiente. En ausencia del mismo, el régimen especial no va a ser aplicable por la entidad o entidades que no hayan adoptado dicho acuerdo.

4830 Precisiones 1) También es válida la presentación de la **solicitud** para la aplicación del régimen especial en el plazo general (ver nº 4832).
2) En el marco de un proceso de integración llevado a cabo por medio de un SIP en el que una de las cajas de ahorro involucradas hubiera sido entidad dominante de un grupo que hubiera venido aplicando el régimen especial con anterioridad a la integración, se va a producir la **pérdida de la condición de dominante**, que va a pasar al banco que se constituya, en el momento en que este último asuma efectivamente tal condición. Esta circunstancia va a ocurrir cuando dicho banco o entidad central asuma, efectivamente y con carácter vinculante, la determinación de las políticas y estrategias de negocio, así como los niveles y medidas de control interno y de gestión de riesgos del SIP, momento que va a poder ser posterior a la constitución nominal del SIP.

Doctrina Administrativa Además de la siguiente contestación de la DGT, ver nº 11000 s.
Tienen la consideración de entidades **dependientes** en un SIP aquellas que, aun siendo participadas directa o indirectamente e individual o conjuntamente en un porcentaje igual al 50%, se posea sobre las mismas la mayoría de los derechos de voto siempre que, adicionalmente, dichos lazos financieros concurran con otros económicos y organizativos (DGT CV 26-10-10).

4832 **Condiciones de aplicación del REGE** (LIVA art.163 sexies.Uno, Dos y Cuatro y 163 nonies.Cuatro.1ª.a y b; RIVA art.61 bis; OM EHA/3788/2008) La aplicación del REGE está condicionada a que realice la **opción** por el REGE.
1. Entidades individuales. Se requiere un acuerdo formal y expreso adoptado de manera individual por las entidades que, formando parte de un grupo de entidades, deseen aplicar el régimen especial. La opción no afecta al resto de entidades del grupo que, en su caso, no opten por dicho REGE.

Los **acuerdos de opción** por el REGE deben adoptarse:
- por los respectivos consejos de administración u órganos que ejerzan una función equivalente de las entidades del grupo que deseen aplicar el régimen especial;
- antes del inicio del año natural en que vaya a resultar aplicable el REGE (antes del 1 de enero).

2. Dominante. Una vez que los miembros del grupo de entidades hayan adoptado individualmente los acuerdos de opción por la aplicación del REGE, la entidad dominante está obligada a comunicar a la **Administración tributaria**, exclusivamente por vía electrónica a través de Internet, mediante el modelo 039 (nº 4983), en el mes de diciembre anterior al inicio del año natural en el que la opción por el REGE vaya a surtir efectos, la siguiente **información**:
- identificación de los empresarios o profesionales que integren el grupo y que van a aplicar el REGE;
- en el caso de E.p de entidad no residente en TIVA que tengan la condición de entidad dominante, identificación de la entidad no residente a la que pertenecen;
- copia de los acuerdos por los que las entidades han optado por el REGE;
- relación del porcentaje de participación directa o indirecta que la entidad dominante ostenta sobre todas y cada una de las entidades que apliquen el REGE, y fecha de adquisición de las respectivas participaciones;
- manifestación de que se cumplen todos los requisitos subjetivos del REGE (nº 4815 s.), tanto respecto de la entidad dominante como de cada una de las dependientes;
- la opción, en su caso, por la aplicación de la renuncia a las exenciones de las operaciones interiores (nº 4930), así como la renuncia a la misma.

La **comunicación fuera de este plazo** tiene como consecuencia la inaplicación del régimen ya que se trata de una opción que se ejerce mediante la citada comunicación, por lo que no puede rectificarse fuera del plazo previsto (TEAC 15-7-19; 25-1-21).

La opción por el REGE tiene una **validez mínima** de 3 años, salvo que dejen de concurrir los requisitos para que dicho régimen sea aplicable. Se entiende **prorrogada** de manera automática e indefinida, salvo que se efectúe una renuncia a la aplicación del REGE (nº 4845), o bien no se cumplan los requisitos exigidos.

Precisiones 1) La **falta de adopción de los acuerdos** en tiempo y forma determina la imposibilidad de aplicar el REGE por parte de las entidades en las que falte el acuerdo, sin perjuicio de su aplicación, en su caso, al resto de entidades del grupo. **4835**

2) La Administración tributaria competente para la recepción de la comunicación, ha de comunicar a su vez a la entidad dominante el **número de grupo de entidades** otorgado.

3) En un proceso de **fusión por absorción** o por creación de una nueva entidad, la entidad absorbente, o la que se crea nueva, suceden universalmente en los derechos y obligaciones de las entidades absorbidas. Si la entidad absorbente no aplicara previamente a la fusión el régimen especial mientras que la absorbida o absorbidas sí lo hicieran, es aquella, o la sociedad de nueva creación, en la medida en que la condición de entidad **dominante** se asume por estas, la que tiene tal naturaleza a efectos del Impuesto.

La aplicación del régimen especial va a requerir que el consejo de administración de la nueva entidad dominante adopte el acuerdo de aplicar el régimen especial, ya que en caso contrario ha de cesar con efectos desde el día en que la fusión proyectada se realice. A estos efectos, en el **cómputo del plazo** de los tres años en los que como mínimo debe aplicarse el régimen especial una vez se ha optado por el mismo, se ha de sumar el plazo de tiempo trascurrido desde el inicio de dicha aplicación por la entidad absorbida que se extingue con el que se desarrolle desde que la fusión tenga lugar.

Doctrina Administrativa Además de las siguientes contestaciones de la DGT, ver nº 11000 s. **4841**

1) En un caso de **incorporación al régimen** de una entidad perteneciente a un grupo de entidades que ya lo aplicaba con anterioridad, no puede considerarse que se trate de una entidad de nueva creación, sino una entidad preexistente que no se incorporó al grupo en el momento en el que otras entidades del mismo grupo decidieron aplicar el régimen especial. Por consiguiente, procede dicha aplicación a través de la presentación por la sociedad dominante del modelo 039 (DGT CV 16-12-08).

2) En caso de **transformación de una fundación bancaria**, dado que no supone cambios en la composición del grupo, tanto en su sociedad dominante como en las dependientes, no son necesarios nuevos acuerdos societarios para la inclusión en el grupo de entidades (DGT CV 13-5-14).

3) En una operación de **fusión por absorción,** cuando la entidad absorbente adquiera todos los activos y pasivos de la entidad absorbida mediante disolución sin liquidación, debe entenderse que la entidad absorbida junto con sus entidades dependientes pasa a formar parte del grupo de entidades de la absorbente desde su adquisición, siempre que se cumplan los restantes requisitos establecidos en la LIVA. En tal caso, las entidades dependientes del grupo formado anteriormente por la entidad absorbida deben decidir si forman parte del nuevo grupo de entidades de la entidad absorbente a través de acuerdos de sus órganos de administración. Dichos acuerdos se pueden adoptar en cualquier momento anterior a la finalización del periodo de presentación de la primera declaración-liquidación en la que corresponda aplicar el REGE (DGT CV 23-6-23).

4845 **Renuncia a la aplicación del REGE** (LIVA art.163 sexies.Uno y Dos y 163 nonies.Cuatro.1ª.c; RIVA art.61 bis.5; OM EHA/3788/2008) La renuncia a la aplicación del REGE requiere un **acuerdo expreso** a tal fin, que debe ser adoptado de la misma forma que los acuerdos individuales de opción por el REGE (ver nº 4832).
La renuncia tiene un **período de validez** mínima de 3 años.
El acuerdo de renuncia debe ser comunicado por la entidad dominante a la Administración tributaria, mediante el empleo del **modelo 039** (nº 4983), durante el mes de diciembre del año anterior a aquel a partir del cual se desea que surta efectos la renuncia.

Precisiones Si es la **entidad dominante** quien acuerda y ejercita la renuncia, el REGE deje de ser aplicable también a todas las entidades dependientes de su grupo de entidades que lo viniesen aplicando, aunque estas últimas no hubiesen renunciado al régimen especial.

Ejemplos **1)** Una entidad ha optado por aplicar el REGE y lo está aplicando durante **dos años** (años 20X0 y 20X1). Al final de este último año, su consejo de administración acuerda la renuncia a la aplicación del REGE.
No es admisible la renuncia, pues no se han cumplido los 3 años de aplicación mínima del REGE, por lo que debe aplicar dicho régimen también en 20X2 y al final de este año renunciar.
2) Una entidad miembro de un grupo de entidades ha optado por aplicar el REGE y lo está aplicando durante **tres años** (años N0, N1 y N2). Al final de este último año, su consejo de administración acuerda renunciar a la aplicación del REGE.
Dicha renuncia es válida, no pudiendo optar por volver a aplicar el REGE hasta el año N5 para aplicarlo en el año N6. Los años N3, N4 y N5 tributaría por el régimen general.

4847 Doctrina Administrativa Además de la siguiente contestación de la DGT, ver nº 11000 s.
En la medida en que la entidad absorbente cumpla con los requisitos para permanecer en el grupo de entidades, el proceso de **fusión por absorción** no supone el incumplimiento de los plazos de permanencia establecidos para el régimen especial puesto que la entidad absorbente se subroga en los derechos y obligaciones de la entidad absorbida a efectos del Impuesto (DGT CV 13-5-14).

4850 **Alteraciones en la composición del grupo de entidades** (LIVA art.163 quinquies.Cuatro y Cinco, 163 sexies.Tres, 163 septies.Tres y 163 nonies.Cuatro.1ª.b; RIVA art.61 bis.1 y 4; OM EHA/3788/2008) La dinámica del REGE puede originar con frecuencia que las entidades que integran un grupo de entidades que aplique el REGE varíen una vez se haya adoptado su aplicación, ya sea por **exclusión** de entidades que formaban parte del mismo o por **inclusión** de nuevas entidades en el grupo de entidades.
Cuando se produzcan modificaciones a lo largo del año que afecten a las entidades del grupo que aplican el REGE, la entidad dominante debe comunicarlo a la Administración tributaria, mediante el **modelo 039** (nº 4983), dentro del plazo establecido para la presentación de la autoliquidación correspondiente al período de liquidación en que se produzca la modificación.

4855 **Exclusión del REGE** (LIVA art.163 quinquies.Cinco y 163 septies.Tres; RIVA art.61 ter.2) Una entidad **dependiente** que forme parte de un grupo de entidades que aplica el REGE, queda excluida de la aplicación del régimen especial cuando en el curso de un determinado año natural pierda la condición de entidad dependiente de la entidad dominante en el grupo de entidades (nº 4825).
Además, cualquier entidad perteneciente al grupo de entidades (dominante o alguna de las dependientes), queda excluida del REGE cuando al término de cualquier período de liquidación se encuentre en situación de **concurso** o en **proceso de liquidación**. Si es la entidad dominante quien se encuentra en esa situación, la exclusión del REGE la afecta a ella y también a todas las entidades dependientes.
La exclusión produce sus **efectos** desde el mismo período de liquidación en que se produzca dicha circunstancia.

Precisiones **1)** Las entidades que queden excluidas del REGE han de aplicar, en su caso, el **régimen general** del IVA desde el período de liquidación en que se produzca dicha circunstancia, presentando sus declaraciones-liquidaciones individuales, mensual o trimestralmente. Cuando la exclusión del REGE se produzca en fecha distinta al inicio de un trimestre natural y la entidad excluida deba presentar declaraciones-liquidaciones trimestrales, dicha entidad debe presentar declaración-liquidación trimestral por el período de tiempo restante hasta completar el trimestre.
2) En relación con el supuesto de exclusión de todos los miembros de un grupo de entidades por **pérdida del derecho** a aplicar el REGE, ver nº 4865.

4857 Doctrina Administrativa Además de las siguientes contestaciones de la DGT, ver nº 11000 s.
1) En un grupo de entidades una de las sociedades se encuentra **inactiva** pero no disuelta. Como no han concurrido ninguna de las causas de pérdida del derecho a la aplicación del régimen especial previstas (nº 4865) ni ha transcurrido el plazo mínimo de tres años, se debe seguir aplicando el REGE hasta que pueda optar por la baja del mismo. Tanto la entidad dominante como

la dependiente están obligadas a presentar las declaraciones-liquidaciones periódicas relativas al ejercicio de sus actividades, incluso en los casos en los que no existan cuotas devengadas (DGT CV 18-1-10).

2) Al adquirir la entidad absorbente todos los activos y pasivos de la entidad absorbida mediante disolución sin liquidación, debe entenderse que la entidad absorbida, junto con sus entidades dependientes, pasa a formar parte del grupo de entidades de la absorbente desde la **fecha de adquisición**, siempre que cumpla los demás requisitos establecidos en la Ley (DGT CV 22-12-16; CV 1-10-20).

3) En la operación de **canje de valores** y, en la medida en que no surte efecto la aplicación del nuevo régimen del grupo de entidades durante el año de adquisición de la participación, cabe continuar aplicando el régimen del grupo de entidades preexistente durante los restantes períodos de liquidación (DGT CV 5-5-16; CV 2-6-21). En el mismo sentido, cuando una holding es objeto de adquisición por una entidad dominante de otro grupo de entidades (DGT CV 3-4-20) y cuando las participaciones de la holding van a aportarse a una nueva sociedad común -joint venture- (DGT CV 3-4-20).

4) La **salida a bolsa de valores** de una entidad conlleva que deje de ser dependiente de la dominante del grupo, convirtiéndose, a su vez, en dominante respecto de sus filiales. En este caso puede mantener la aplicación del REGE con la nueva composición desde la fecha en que se produzca dicha salida a bolsa de forma indefinida (DGT CV 25-6-20). **4858**

5) Se debe volver a cumplir todo el procedimiento de acuerdos y comunicación para la **reincorporación** al grupo de una entidad excluida. En el supuesto de que durante un mismo año natural se hubieran producido salidas o entradas en el grupo de entidades, pero la composición del grupo de entidades para el año siguiente fuera idéntica, no es necesario realizar dicha comunicación en el mes de diciembre. Sin perjuicio de que en el periodo de declaración-liquidación correspondiente al periodo de liquidación en el que se produzcan las modificaciones del grupo de entidades (entrada o salida de una entidad) se debe comunicar dicha circunstancia a la Administración tributaria (DGT CV 28-12-20).

6) Queda excluido de la consideración como renuncia al régimen especial el supuesto de **pérdida de participación** en una dependiente que supone la exclusión de dicha sociedad del grupo de entidades con efectos en el periodo de liquidación en el que se produzca dicha circunstancia, y la consiguiente no aplicación del REGE en ese periodo de liquidación (DGT CV 28-12-20).

Inclusión en el REGE (LIVA art.163 quinquies.Cuatro, 163 sexies.Tres y 163 nonies.Cuatro.1ª.b; RIVA art.61 bis.1 y 4; OM EHA/3788/2008) Las entidades sobre las que se adquiera la **participación** definida en nº 4820, pueden integrarse en un grupo de entidades que aplica el REGE desde el año natural siguiente al de aquella adquisición. **4860**

En el caso de **entidades de nueva creación**, la integración puede realizarse en el momento de su constitución, siempre que se reúnan los restantes requisitos necesarios para formar parte de un grupo de entidades en el IVA.

En **otros supuestos no regulados expresamente** por la LIVA, la inclusión de una entidad determinada puede producirse, cumpliéndose los requisitos generales, cuando dejen de existir las causas que motivaron la exclusión (p.e., de cesar en la situación de concurso).

La entidad dominante está obligada a **comunicar** anualmente a la Administración tributaria, mediante el modelo 039, la relación de entidades del grupo que hayan optado por el REGE (nº 4983).

Precisiones Las entidades que se integren en el grupo de entidades y decidan aplicar el REGE, deben cumplir las **obligaciones** señaladas en nº 4832, antes del inicio del primer año natural en el que sea de aplicación. No obstante, para las **entidades de nueva creación**, que se incorporen a un grupo que ya viniera aplicando el REGE, es válida la adopción del acuerdo antes de la finalización del período de presentación de la primera declaración-liquidación individual que corresponda en aplicación del REGE, aplicándose el REGE desde el primer día del período de liquidación al que se refiera esa declaración-liquidación.

Doctrina Administrativa Además de las siguientes contestaciones de la DGT, ver nº 11000 s. **4862**

1) Como consecuencia de la **segregación intragrupo**, una entidad está íntegramente participada antes y después de la operación, y dado que no formaba parte del grupo de entidades antes de la segregación, no puede formar parte del mismo hasta el 1 de enero del año natural siguiente a la operación (DGT CV 1-10-20).

2) Si la dominante **adquiere nuevamente una participación mayoritaria** de una sociedad sobre la que perdió dicha participación, la misma se incorpora al grupo de entidades con efectos desde el año natural siguiente. En consecuencia, la entidad que perdió la condición de dependiente no puede aplicar el REGE desde el periodo de liquidación en que se produjo la pérdida de la condición de dependiente hasta el año natural siguiente (DGT CV 28-12-20).

4865 **Pérdida del derecho al REGE** (LIVA art.163 septies.Uno y Dos) Todas las entidades miembros de un grupo de entidades que viniesen aplicando el REGE han de dejar de aplicarlo en los siguientes supuestos:

a) Incumplimiento de la obligación de confección y conservación del **sistema de información** analítica (nº 4955).

b) Concurrencia de cualquiera de las circunstancias que determinan la aplicación del método de **estimación indirecta** de bases imponibles (nº 13577 s. Memento Fiscal 2026). Es suficiente con que la concurrencia de las referidas circunstancias se produzca respecto de cualquiera de las entidades que forman parte del grupo de entidades en REGE, para que todas queden excluidas de dicho régimen especial.

En ambos supuestos, la exclusión produce **efectos** en el período de liquidación en que concurra alguna de estas circunstancias y siguientes, debiendo el total de las entidades integrantes del grupo de entidades cumplir el conjunto de las obligaciones generales establecidas en la LIVA a partir de dicho período.

4870 **Sistema de compensación de saldos** (LIVA art.163 octies.Dos, Cuatro y Cinco y 163 nonies.Cuatro.2ª, Cinco y Seis; RIVA art.30, 61 ter y 71.3 -redacc L 7/2024-; OM EHA/3434/2007; OM EHA/3111/2009; OM HAP/2194/2013) Cada entidad que forme parte del grupo de entidades y que haya optado por el REGE (tanto la entidad dominante como las entidades dependientes), ha de aplicar el IVA de manera individual e independiente respecto de todas sus operaciones, tanto en el caso de sus operaciones intragrupo como en el caso de sus operaciones extragrupo.

Cada una de tales entidades ha de presentar, incluso, sus propias **autoliquidaciones individuales** por el IVA, modelo 322, en las que se ha de determinar tanto el importe de su IVA repercutido/devengado como el importe de su IVA deducible aplicando las normas que, individualmente considerada, le correspondan.

4875 **Condiciones** (LIVA art.163 octies.Dos, Cuatro y Cinco y 163 nonies.Cuatro.2ª, Cinco y Seis; RIVA art.30, 61 ter y 71.3 -redacc L 7/2024-) Consisten básicamente en:

a) Las entidades miembros del grupo de entidades deben presentar autoliquidaciones **individuales**, modelo 322, y han de ser necesariamente mensuales; en cuanto a sus resultados o saldos (a ingresar o a compensar), se han de integrar en una autoliquidación agregada del grupo, modelo 353.

b) La entidad dominante tiene que presentar cada mes una **autoliquidación agregada del grupo**, modelo 353, una vez presentadas las autoliquidaciones individuales de cada entidad miembro del grupo de entidades en REGE. No obstante, aunque alguna autoliquidación individual no se presente en el plazo reglamentario, se va a poder presentar dicha autoliquidación agregada, sin perjuicio de la aplicación de los recargos e intereses que, en su caso, procedan (nº 13577 s. Memento Fiscal 2026), sin que a tales efectos tenga incidencia alguna el hecho de que se hubiera incluido originariamente el saldo de la declaración-liquidación individual, en su caso, presentada, en una declaración-liquidación agregada del grupo de entidades en REGE. Cuando la declaración-liquidación agregada correspondiente al grupo de entidades se presente extemporáneamente, estos recargos se aplican sobre el resultado de la misma, siendo responsable de su ingreso la entidad dominante.

Resulta característico de REGE el establecimiento de un sistema de compensación de saldos resultantes de las autoliquidaciones que deben presentar las distintas entidades integrantes del grupo de entidades. Por eso, en la **autoliquidación agregada** del grupo se integran los resultados o saldos (a ingresar o a compensar) de las autoliquidaciones individuales de las entidades miembros del grupo de entidades. Si su resultado es a ingresar, el ingreso debe efectuarlo la entidad dominante.

4876 **c)** Resulta aplicable el sistema especial de **devoluciones** al término de cada período de liquidación respecto de las autoliquidaciones agregadas del grupo (nº 2962 s.), siempre que no hubiesen transcurrido cuatro años contados a partir de la presentación de las autoliquidaciones individuales en que se originó el exceso. A tal efecto, la entidad dominante debe solicitar la **inscripción** en el Registro de devolución mensual (nº 2968 s.). La inscripción en dicho Registro solo procede cuando todas las entidades del grupo que apliquen el REGE nivel básico así lo hayan acordado y reúnan los requisitos previstos al efecto.

Las **solicitudes** de inscripción o, en su caso, de baja en el Registro de devolución mensual se realizan a través del modelo 039 (nº 4983).

En este caso, no procede la compensación de dichos saldos a devolver en autoliquidaciones agregadas posteriores, cualquiera que sea el período de tiempo que transcurra hasta que la devolución se realice.

d) Las entidades que apliquen el REGE presentan **responsabilidad solidaria** respecto al pago de la deuda tributaria resultante.

Precisiones 1) En caso de que a las operaciones que realice alguna entidad incluida en un grupo de entidades en REGE les fuera de aplicación cualquiera de los **otros regímenes especiales** de la LIVA, dichas operaciones han de seguir el régimen de deducciones que les corresponda según tales regímenes. 4877

2) Los **saldos individuales** no pueden compensarse en una declaración-liquidación individual posterior, independientemente de que se aplique o no con posterioridad a la entidad correspondiente el REGE.

En caso de **autoliquidación agregada** del grupo solo se integran los saldos individuales, no consignándose las cuotas devengadas ni tampoco las cuotas soportadas o satisfechas por cada entidad integrante del grupo de entidades en el REGE.

3) En caso de que deje de aplicarse el REGE y queden **cantidades pendientes de devolución o compensación** para las entidades integrantes del grupo de entidades, estas cantidades se han de imputar a dichas entidades en proporción al volumen de operaciones del último año natural en que se aplicó el REGE (nº 3106 s.).

4) No hay que presentar una **declaración resumen anual agregada** del grupo. Adicionalmente, como los sujetos pasivos acogidos al REGE están obligados a llevar los libros registro del IVA en la Sede electrónica de la AEAT (nº 7356), están excluidos de presentar el modelo 390, salvo que no tengan que presentar la última declaración del periodo de liquidación del ejercicio.

5) Los empresarios o profesionales que apliquen el REGE no pueden acogerse al sistema de **cuenta corriente tributaria**.

Doctrina Administrativa Además de las siguientes contestaciones de la DGT, ver nº 11000 s. 4879

1) Aunque una entidad dependiente tribute en el REGE y tenga **créditos contra la Hacienda Pública**, no puede solicitar la compensación con la cuota que resulta de la autoliquidación por el IVA que presenta la entidad dependiente, ya que (DGT CV 15-11-10):

1º. Por imposición legal, la extinción de la deuda tributaria no corresponde al titular del crédito contra la Hacienda Pública, la dependiente, sino a la dominante, incumpliéndose uno de los requisitos que la norma tributaria señala como base de la compensación: el carácter unitario de la condición de acreedor y deudor.

2º. La cuota tributaria que originariamente se atribuía a la dependiente, se integra con el resto de las cuotas de las sociedades del grupo, perdiendo la individualidad exigida por la norma para que la compensación sea posible.

2) Con ocasión de la **salida del régimen especial** del grupo IVA, si se produjese una diferencia entre la posición financiera de una de las entidades frente a las restantes del grupo y la cuota que le correspondiese, en función de su volumen de operaciones, dicha diferencia va a tener la consideración, contable y fiscal, de aportación o distribución de fondos propios, en caso de no haberse acordado una compensación económica entre las entidades, por lo que, en ningún caso, va a resultar de aplicación la regla de operaciones vinculadas (DGT CV 17-10-11).

3) En una **fusión** la entidad absorbente, como nueva dominante del grupo, debe proceder a la presentación de las autoliquidaciones agregadas, que han de integrar todas las cuotas de los integrantes del grupo, incluidas las devengadas y deducidas por la absorbida hasta la fecha de efecto de la fusión (DGT CV 13-10-15).

4) Las entidades dependientes que se incorporan al régimen especial del grupo de entidades pueden compensar o deducir las cuotas o créditos generados en periodos impositivos anteriores a su integración en el grupo mediante su **declaración-liquidación individual** (modelo 322). Posteriormente, el saldo resultante de cada declaración-liquidación individual se ha de integrar en la **declaración-liquidación agregada** (modelo 353) que presenta la entidad dominante. Una vez incluido el saldo a compensar en la declaración-liquidación agregada, no puede ser compensado en declaraciones individuales posteriores (DGT CV 12-6-25). Por tanto, la entidad dominante puede compensar dichas cuotas, siempre que se hayan cumplido los requisitos formales y se hayan presentado las correspondientes autoliquidaciones individuales (DGT CV 12-6-25).

Modelos de autoliquidación en el REGE (RIVA art.61 ter.3; OM EHA/3434/2007; OM EHA/3788/2008; OM HAP/2194/2013 art.2.a.1º y 6.3) Los modelos de impresos a utilizar en el REGE son: 4880

1. Modelo 322 «Grupo de entidades. Modelo individual. Autoliquidación mensual». Debe presentarse por los sujetos pasivos del IVA que forman parte de un grupo de entidades y que han optado por aplicar el REGE, sin que lleve asociado ingreso ni solicitud de compensación o devolución.

2. Modelo 353 «Grupo de entidades. Modelo agregado. Autoliquidación mensual». Este modelo ha de ser presentado por la entidad dominante del grupo de entidades, incluyendo en él los resultados de las autoliquidaciones individuales del período de liquidación respectivo de las entidades que integren el grupo y hayan optado por aplicar el REGE.

Ambos modelos deben presentarse obligatoriamente de manera electrónica por Internet mediante un sistema de identificación, autenticación y firma electrónica, utilizando un certificado electrónico reconocido que, según la normativa vigente en cada momento, resulte admisible por la AEAT.

La **transmisión electrónica** debe realizarse en la misma fecha en que tenga lugar el ingreso resultante del mismo. No obstante, en el caso de que existan dificultades técnicas que lo impidan, puede realizarse hasta el cuarto día natural siguiente al del ingreso, sin que suponga, en ningún caso, que queden alterados los plazos de declaración e ingreso previstos.
Las declaraciones-liquidaciones deben presentarse, y en su caso ingresar, dentro del **plazo** de los 30 primeros días naturales del mes siguiente a la finalización del correspondiente período de liquidación mensual, o hasta el último día del mes de febrero en el caso de la autoliquidación correspondiente al mes de enero.

4884 Precisiones 1) El procedimiento de **domiciliación de pago de autoliquidaciones** (OM EHA/1658/2009 anexo II redacc HAC/86/2025), resulta aplicable al modelo 353. A tal efecto, el **plazo general** de presentación electrónica del modelo 353 con domiciliación de pago es desde el día 1 hasta el 25 de los meses de enero, marzo, abril, mayo, junio, julio, agosto, septiembre, octubre, noviembre y diciembre. En el caso de la autoliquidación correspondiente al mes de enero, el plazo es desde el día 1 hasta el día 23 del mes de febrero salvo, en el supuesto de año bisiesto que es del 1 hasta el día 24 del mes de febrero.
2) Existe la posibilidad de utilizar la **colaboración social** para presentar los modelos 322 y 353.

4890 Ejemplo Las sociedades A y B cumplen todos los requisitos para aplicar el REGE y han optado individualmente por su aplicación. La Sociedad A posee una participación del 75% del capital de la Sociedad B. El día 15 del mes de febrero del año 20X0, cada sociedad presenta su autoliquidación individual por IVA (modelo 322) correspondiente al mes de enero, quedando en suspenso tanto el ingreso de la deuda tributaria como la devolución/compensación que corresponda, con el siguiente desglose:

- Sociedad A	IVA devengado	5.800,00
	IVA soportado deducible	(1.650,00)
	IVA a ingresar	4.150,00
- Sociedad B	IVA devengado	800,00
	IVA soportado deducible	(1.200,00)
	IVA a compensar	(400,00)

En este supuesto, la Sociedad A, como entidad dominante, ha de presentar telemáticamente la declaración-liquidación mensual agregada del grupo (modelo 353), como fecha límite hasta el último día de febrero, en la que ha de integrar los resultados o saldos anteriores, de la siguiente forma:

Modelo 353 Presentación telemática	NIF	Resultado modelo 322	% participación al final del periodo	Código electrónico modelo 322
Entidad dominante	A	4.150,00	75	
Entidades dependientes	B	(400,00)		
Resultado		3.750,00		

B. Contenido ampliado o nivel avanzado

(LIVA art.163 sexies.Cinco, 163 octies.Uno y Tres y 163 nonies.Cuatro.1ª.d y 3ª; RIVA art.61 bis a 61 sexies; OM EHA/3788/2008)

4900

4905 El objetivo principal de este contenido ampliado es eliminar los costes derivados del gravamen del valor añadido generado en el seno del grupo de entidades cuando se realizan operaciones intragrupo cuyo destinatario son entidades sujetas a la regla de **prorrata** (los ejemplos más frecuentes son los siguientes sectores: financiero, asegurador, inmobiliario, sanitario, enseñanza, postal y el sector del juego), estableciéndose un tratamiento especial de algunos aspectos a efectos del IVA de las operaciones intragrupo.
Por **operación intragrupo** se entiende cualquier entrega de bienes o prestación de servicios, realizada en el territorio de aplicación del IVA español, que una entidad de un grupo de entidades efectúe para otra entidad del mismo grupo, cuando a ambas entidades les resulte aplicable el REGE de contenido ampliado.

Condiciones de aplicación (LIVA art.163 sexies.Cinco; RIVA art.61 bis.2; OM EHA/3788/2008) El contenido ampliado del REGE es aplicable únicamente a aquellos grupos de entidades (por el conjunto de entidades que lo integren) que, habiendo optado previamente por el contenido general del REGE, realicen una **segunda opción** expresa por tal contenido ampliado, durante el mes de diciembre anterior al inicio del año natural en que deba surtir efecto, y del mismo modo que el señalado en nº 4832, involucrando esta opción obligatoriamente a todas las entidades integrantes del grupo de entidades que aplican el contenido general del REGE. **4907**

La citada **opción** se puede ejercitar simultáneamente a la relativa por la aplicación del REGE contenido general o con posterioridad a la aplicación del REGE y tiene una validez mínima de un año natural, entendiéndose prorrogada, salvo renuncia. La opción debe ser **comunicada** por la entidad dominante a la Administración tributaria mediante el modelo 039 (nº 4983).

Se requiere la **solicitud expresa** por todas las entidades que hayan optado por la aplicación de dicho régimen, dominante y dependientes, de dicho nivel avanzado (DGT CV 25-5-07).

La **renuncia** tiene una validez mínima de un año y se ejercita con el modelo 039. Esta renuncia no va a impedir que las entidades que la formulen sigan aplicando el contenido general del REGE.

Ejemplo Un grupo de entidades está formado por cuatro entidades que han optado por la aplicación del REGE en tiempo y forma. Tres de ellas quieren ejercitar la segunda opción para la aplicación del contenido ampliado del REGE. **4910**

En este caso, no sería factible dicha segunda opción dado que tendrían que realizarla todas las entidades del grupo de entidades en REGE.

Doctrina Administrativa Además de las siguientes consultas de la DGT, ver nº 11000 s. **4913**

En relación con la posibilidad de **renuncia a la modalidad avanzada** del REGE no existe regulación legal, pero se señala que la entidad dominante debe comunicar tanto la opción por la modalidad avanzada como su posible renuncia (RIVA art. 61 bis.1.f) y 2). Por tanto, se puede concluir que la renuncia a la modalidad avanzada se debe realizar mediante **comunicación** de la entidad dominante a la Administración tributaria, sin que sea necesario la adopción de acuerdos por el consejo de administración de las entidades del grupo. Dicha renuncia va a suponer la aplicación de la modalidad básica del REGE (DGT CV 21-4-21).

Base imponible (LIVA art.163 octies.Uno; RIVA art.61 quinquies.2) La base imponible de una determinada **operación intragrupo** está constituida por el coste correspondiente a los bienes y servicios por cuya adquisición haya soportado o satisfecho efectivamente el IVA la entidad que realiza tal operación, y que hayan sido utilizados por dicha entidad en la realización de la operación intragrupo, directa o indirectamente (p.e., ordenadores o mobiliario usados para el asesoramiento de las entidades del grupo), total o parcialmente (p.e., inmueble utilizado en parte en operaciones intragrupo). **4915**

En el caso de **bienes de inversión** utilizados en la realización de operaciones intragrupo, la imputación del coste de tales bienes a las citadas operaciones debe efectuarse por completo dentro del período de regularización de deducciones previsto (cinco años en general, y diez años en el caso de bienes inmuebles), debiéndose realizar de forma lineal durante el periodo de regularización sin que sea posible la imputación completa a un único periodo impositivo (DGT CV 23-12-21). Se pretende garantizar que, una vez haya finalizado el mencionado período de regularización, se hayan incorporado a las bases imponibles de las respectivas operaciones intragrupo los costes de los bienes utilizados en esas operaciones.

Hay que tener en cuenta que la determinación de la base imponible debe estar sustentada en un **sistema de información analítica** de costes (nº 4955) que debe llevar la entidad dominante y que ha de referirse a todas las entidades miembros del grupo de entidades que aplique el contenido ampliado del REGE.

Precisiones **1)** Para el **cálculo de la base imponible** de las operaciones intragrupo no se incluyen aquellos conceptos por los cuales la entidad correspondiente no ha soportado el IVA (p.e., los salarios, los costes financieros, los márgenes de beneficio, etc.). **4920**

2) Aunque se aplique esta regla especial de determinación de la base imponible, a los efectos de cálculo de porcentajes de deducción o determinación del volumen de operaciones, la **valoración de estas operaciones intragrupo** se hace conforme a las reglas de determinación de la base imponible (nº 1700 s.).

Supone que, por ejemplo, para determinar la periodicidad con la que las entidades del grupo han de cumplir con sus obligaciones de presentación de declaraciones de retenciones, la forma de calcular sus pagos fraccionados, la obligatoriedad de presentación electrónica de determinadas declaraciones, la magnitud relevante es el importe de la contraprestación y no la base imponible especial del contenido ampliado del REGE.

3) Las operaciones intragrupo que se realicen entre entidades que apliquen el contenido ampliado del REGE deben documentarse en **factura** que ha de cumplir todos los requisitos de la normativa de facturación (nº 7247 s.). No obstante, como base imponible de las citadas operaciones se debe hacer constar tanto la base imponible de las operaciones intragrupo como la que resultaría de la aplicación de las reglas generales del IVA, identificando la que corresponda a cada caso.
Estas facturas deben expedirse en una **serie especial** y consignarse por separado, en su caso, en el libro registro de facturas expedidas.

4925 Ejemplos **1)** Las Sociedades A, B y C cumplen todos los requisitos para aplicar el REGE y han optado por su aplicación y, además, todas han ejercitado la **opción de segundo nivel** del contenido ampliado del REGE.
La entidad A ha realizado una operación para la entidad C utilizando a su personal y determinados servicios que adquirió de terceras empresas por los que soportó el correspondiente IVA y que utiliza totalmente en esta operación. Los datos que se derivan del **sistema de información analítica** que lleva la entidad dominante del grupo en relación con estos servicios son:
- Costes de personal: 12.000 €.
- Margen comercial: 1.890 €.
- Servicios adquiridos a terceros: 23.000 € (IVA no incluido).

En este supuesto, la base imponible de la operación intragrupo realizada por A para C, es de 23.000 €, con una cuota de IVA de 4.830 €, dado que no se incluyen ni los costes de personal ni el margen comercial, puesto que son conceptos por los que no soporta IVA la entidad A.

4926 **2)** Las Sociedades A, B y C cumplen todos los requisitos para aplicar el REGE y han optado por su aplicación, y, además, todas han ejercitado la **opción de segundo nivel** del contenido ampliado del REGE.
La entidad A presta determinados servicios tanto a la entidad B como a la C en el año N. El coste de dichos servicios para la entidad A, así como la imputación de aquel a cada una de las entidades del grupo es:

	Imputación a entidad B	Imputación a entidad C
Costes de personal	10.000,00	12.000,00
Gastos financieros	5.500,00	6.320,00
Bienes y servicios adquiridos a terceros (IVA no incluido), utilizados directa y totalmente en la operación intragrupo	25.000,00	32.000,00
Camión utilizado directa y parcialmente **(1)**	15.000,00	15.000,00
Inmueble utilizado directa y parcialmente **(2)**	10.000,00	10.000,00

(1) El camión tuvo en el año 20X2 un valor de adquisición de 300.000 € (IVA no incluido), se utiliza directamente en los servicios intragrupo prestados por la entidad A y su grado de utilización en estos servicios para cada una de las entidades del grupo se estima en un 20%. Dicha entidad decide que la imputación del coste de este bien de inversión se periodifica en cuatro años.
Se imputa al coste: (20% × 300.000)/4 = 60.000/4 = 15.000.
(2) El inmueble tuvo en el año 20X0 un valor de adquisición de 800.000 € (IVA no incluido), se utiliza directamente en los servicios prestados por la entidad A y su grado de utilización en los servicios prestados a cada una de las entidades del grupo se estima en un 10%. La imputación al coste de este bien de inversión se periodifica en ocho años.
Se imputa al coste: (10% × 800.000)/8 = 80.000/8 = 10.000.

En este supuesto:
A) La base imponible de la operación intragrupo realizada por A para B es de 25.000 + 15.000 + 10.000 = 50.000 €, con una cuota de IVA de 10.500 €, dado que no se incluyen ni los costes de personal ni los gastos financieros, puesto que son conceptos por los que no soporta IVA la entidad A.
B) La base imponible de la operación intragrupo realizada por A para C es de 32.000 + 15.000 + 10.000 = 57.000 €, con una cuota de IVA de 11.970 €, dado que no se incluyen ni los costes de personal ni los gastos financieros, puesto que son conceptos por los que no soporta IVA la entidad A.

4927 Doctrina Administrativa Además de las siguientes contestaciones de la DGT, ver nº 11000 s.
1) No procede computar en la base imponible de las operaciones intragrupo el coste de los **bienes de inversión** por cuya adquisición se soportó el Impuesto pero respecto de los cuales ha transcurrido íntegramente su período de regularización en el momento en el que, de acuerdo con el sistema de información analítica adoptado, dichos bienes pasen a ser utilizados directa o indirectamente, total o parcialmente, en la realización de las operaciones (DGT CV 28-4-21).
2) Una **mutualidad de previsión social** tiene intención de aplicar el régimen especial del grupo de entidades junto con un hospital, el cual periódicamente le factura la atención médica prestada a los mutualistas, resultando beneficiarios de los servicios sanitarios los mutualistas y la

destinataria de los mismos la propia mutualidad. Para determinar el tipo impositivo aplicable y la **base imponible** de las prestaciones de servicios, hay que tener en cuenta que (DGT CV 26-10-09):
- no debe incluirse el margen comercial o de explotación que eventualmente pudiera obtener la entidad dependiente por la operación, debiéndose computar únicamente las partidas de coste en que se incurra;
- de los costes que se soporten para la realización de las operaciones, solo se han de computar aquellos por los que se haya soportado o satisfecho efectivamente el Impuesto en su adquisición. Por tanto, no se tendrían en cuneta conceptos de coste por los que no soporte el tributo, tales como costes de personal (consumos no sujetos) o gastos financieros (consumos sujetos pero exentos);
- los bienes y servicios cuyo coste ha de integrarse en la base imponible son los utilizados, total o parcialmente, directa o indirectamente, en la realización de las operaciones, computándose su coste íntegro siempre que se haya soportado efectivamente el impuesto.

3) Una entidad integrante de un grupo de entidades presta **servicios de alquiler de bienes inmuebles** a sociedades del grupo. Si los inmuebles arrendados hubieran sido adquiridos sin haber soportado la repercusión del Impuesto, la sociedad no debe incluir ninguna cuantía en la base imponible de la operación intragrupo. La misma conclusión debe ser extrapolable a los costes de las obras realizadas por la adquirente originaria (DGT CV 29-1-14).
En caso de haber sido realizadas **mejoras u obras de acondicionamiento**, cabe imputar su coste siempre que no hubiera transcurrido el periodo de regularización y se cumplan los requisitos legalmente previstos para ser consideradas obras de inversión (DGT CV 7-2-22).
Si los inmuebles han sido adquiridos mediante **leasing**, la base imponible está constituida por todos los costes que la dominante esté soportando en relación con el inmueble arrendado, incluyendo las cuotas derivadas de dicho contrato (DGT CV 9-6-20).

4) Ejercitada la **opción de compra** del bien de inversión antes de empezar a aplicar la modalidad avanzada del REGE, y dado que supone que los equipos afectos al sector diferenciado de arrendamiento financiero se transmiten al sector diferenciado de grupo de entidades, en la determinación de la base imponible se debe tener en cuenta que ya ha existido un uso anterior, por lo que no se debe imputar el tanto por ciento correspondiente a esos años de uso (DGT CV 5-5-22). **4928**

5) No deben tenerse en cuenta los costes soportados por la entidad cuando la misma no haya tenido derecho a la **deducción del IVA soportado** que gravó los referidos costes. De igual forma, no se tienen en cuenta los conceptos que no tienen la naturaleza de coste, como el margen comercial (DGT CV 15-1-20; CV 17-4-20).

6) En caso de **alteración en la base imponible** de las operaciones cuyo coste se tuvo en cuenta para determinar la base imponible de las operaciones intragrupo, debe modificarse igualmente la base imponible de la referida operación intragrupo (DGT CV 5-1-16; CV 5-1-16).

7) La base imponible en la prestación de servicios intragrupo ha de tener en cuenta el coste de los bienes y servicios utilizados directa o indirectamente, total o parcialmente, como ocurre con los servicios de **limpieza y catering** y por los cuales la entidad del grupo de nueva creación soportó efectivamente el Impuesto (DGT CV 30-9-16). En cuanto a la **cesión de personal** entre entidades del grupo, la base imponible va a estar constituida por los gastos corrientes que sean imputables a los mismos según lo previsto en la contabilidad analítica; en caso de no existir gastos relacionados con dichas cesiones en los que se hubiese soportado el IVA, la base imponible resulta cero (DGT CV 1-10-24; CV 8-10-24).

8) La entidad dominante de un régimen de grupo de IVA acogido a la modalidad avanzada durante el año 20X0 ha adquirido una participación mayoritaria en una SOCIMI, que cotiza por el régimen fiscal especial, la cual le arrendaba sus oficinas a aquella. La integración de la **SOCIMI** en el REGE tiene las siguientes consecuencias:
- los bienes inmuebles (oficinas), que estaban afectos al sector diferenciado de actividad de arrendamiento, van a pasar a afectarse de forma sobrevenida al sector de operaciones intragrupo; además, una vez dentro del grupo, la SOCIMI va a continuar arrendando los inmuebles a entidades del propio grupo;
- el devengo de la operación se va a producir en el momento en que se realice el autoconsumo, que va a coincidir con el momento en que la SOCIMI pase a formar parte del REGE (1-1-20X1) (nº 1240 s.);
- constituye una segunda entrega de edificaciones sujeta y exenta del Impuesto, pudiendo ser objeto de renuncia a la exención (LIVA art.163 sexies.cinco);
- la operación va a suponer la necesidad de practicar la regularización por bienes de inversión en el supuesto en que la entrega de los bienes inmuebles se realice durante su periodo de regularización (nº 3039 s.);
- la base imponible de este autoconsumo se ha de cuantificar por los costes de los inmuebles por los que se hubiera soportado el Impuesto (DGT CV 28-4-21).

9) La entidad dependiente de un régimen de grupo de IVA pretende transmitir un inmueble, respecto del cual no se dedujo IVA en el momento de su adquisición, al haberse producido con anterioridad a la entrada en el REGE y estar sujeto a ITP y AJD. La adquirente va a ser otra sociedad del grupo con el objeto de que esta última proceda a la **demolición y construcción de una nueva edificación**, con las siguientes consecuencias:
- la transmisión del bien inmueble entre sociedades de un mismo grupo constituye una operación intragrupo sometida al REGE;

- no va a constituir segunda entrega de edificaciones sujeta y exenta del Impuesto, al ser aplicable la excepción relativa a las entregas de edificaciones que sean objeto de demolición con carácter previo a una nueva promoción urbanística (LIVA art.20.Uno.22º.c), quedando por tanto sujeta al IVA;
- la base imponible se ha de cuantificar por los costes del inmueble por los que se hubiera soportado el Impuesto. En el supuesto de bienes de inversión en los que ya ha concluido el periodo de regularización, la base imponible a computar es de 0 euros y no resulta necesario realizar la regularización de bienes de inversión (DGT 12-12-24).

10) En el caso de una **holding**, en relación con las prestaciones de servicio realizadas entre las entidades del grupo, si se aplica el régimen especial en su nivel avanzado, las operaciones intragrupo están sujetas y la base imponible está constituida por el coste de los bienes y servicios utilizados en la realización de tales operaciones y por los que la filial hubiese soportado o satisfecho el impuesto en la adquisición de bienes o servicios a otros empresarios o profesionales para la prestación de estos servicios a otra entidad del grupo (DGT CV 5-3-25).

4930 **Exenciones de operaciones interiores** (LIVA art.163 sexies.Cinco; RIVA art.61 quáter) Las entidades que realicen operaciones intragrupo dentro del contenido ampliado del REGE, a las que resulte aplicable cualquiera de los supuestos de exención para las operaciones interiores (**exenciones limitadas** cuya realización no origina el derecho a deducir, nº 800 s. y nº 8600 s.), pueden renunciar a la aplicación de tales exenciones a dichas operaciones, independientemente de que resulten exentas, en su caso, las restantes operaciones que realicen las entidades que están en el REGE.

La renuncia se realiza operación por operación, mediante la expedición de una **factura** con los siguientes requisitos:
- que conste la repercusión del IVA;
- que conste la referencia al contenido ampliado del REGE;
- que cumpla todos los requisitos previstos en la normativa de facturación (nº 7247 s.);
- que tenga el resto de los requisitos recogidos en la normativa del IVA para el contenido ampliado del REGE (nº 4920).

En los casos en que a las operaciones a que se refieran la renuncia les sea también aplicable la renuncia prevista para las **operaciones inmobiliarias** (nº 8685 s.), prevalece la facultad de renuncia de este régimen especial. En este caso, la renuncia a la exención se debe comunicar fehacientemente al adquirente con carácter previo o simultáneo a la entrega de los bienes, entendiéndose cumplida dicha comunicación fehaciente si en la factura consta la repercusión expresa del IVA.

4932 Precisiones **1)** La renuncia no depende de la **condición de empresario o profesional** con derecho a deducción de las cuotas soportadas del destinatario de las operaciones, por tanto, es irrelevante que este tenga o no pleno derecho a la deducción de las cuotas del IVA que soporte.

2) La renuncia solo es aplicable en las **operaciones intragrupo**. Cualquier otra operación, tanto las realizadas con terceros ajenos por completo al grupo como con otras entidades del grupo que no apliquen el REGE, han de seguir el régimen de exención que les corresponda.

3) El elemento clave de materialización y de comunicación de la facultad de renuncia es la **factura** que expida el sujeto pasivo, lo que significa que el requisito de que dicha comunicación se haga con carácter previo o simultáneo a la entrega de bienes se relaja considerablemente.

4935 Ejemplo Las Sociedades A, B y C cumplen todos los requisitos para aplicar el REGE y han optado por su aplicación y, además, todas han ejercitado la opción de segundo nivel del contenido ampliado del REGE.

La entidad A presta servicios de enseñanza de formación profesional para los **miembros directivos** de la entidad C, utilizando a su personal y determinados bienes y servicios que adquirió de terceras empresas por los que soportó el correspondiente IVA y que utiliza totalmente en esta operación. Los datos que se derivan del sistema de información analítica que lleva la entidad dominante del grupo en relación con estos servicios son:
- Costes de personal: 12.000 €
- Margen comercial: 1.890 €
- Bienes y servicios adquiridos a terceros: 53.000 € (IVA no incluido).

En este caso, se podría renunciar a la exención relativa a los servicios de enseñanza, en cuyo caso la base imponible de la operación intragrupo realizada por A para C, es de 53.000 €, con una cuota de IVA de 11.130 €, dado que no se incluyen ni los costes de personal ni el margen comercial, puesto que son conceptos por los que no soporta IVA la entidad A.

Doctrina Administrativa Además de la siguiente contestación de la DGT, ver nº 11000 s. 4936
Una **mutualidad de previsión social** pretende acogerse con otra entidad participada al REGE. La entidad dependiente presta servicios sanitarios exentos a personas físicas, mutualistas de la citada mutualidad. La posibilidad de renunciar a las exenciones de las operaciones interiores se circunscribe, exclusivamente, a las operaciones realizadas entre entidades de un mismo grupo que apliquen dicho régimen especial y hayan optado por el nivel avanzado del mismo. Por el contrario, para las operaciones que no forman parten del contenido del régimen especial, es decir, las entregas de bienes y prestaciones de servicios realizadas entre entidades del grupo y otras personas o entidades no pertenecientes al mismo, deben aplicarse las reglas generales del Impuesto, sin que el REGE produzca efecto alguno a estos efectos.
En cuanto a la prestación de servicios de hospitalización y asistencia sanitaria a favor de **personas físicas** que, por tanto, no forman parte del grupo y están excluidas del ámbito de aplicación de las operaciones del régimen especial, estas prestaciones de servicios quedan sujetas a las reglas generales del Impuesto, sin que sea posible la renuncia a la referida exención (DGT CV 30-12-08).

Deducciones (LIVA art.163 octies.Tres; RIVA art.61 bis.3; OM EHA/3788/2008) El conjunto de las operaciones intragrupo que realice cada entidad miembro del grupo de entidades que ha optado por el contenido ampliado del REGE, individualmente considerado, constituye un **sector diferenciado** de su actividad a efectos del IVA (nº 2810 s.). Cada entidad del grupo de entidades puede deducir las cuotas soportadas o satisfechas relativas a los bienes y servicios utilizados directa o indirectamente, total o parcialmente, en la realización de las citadas operaciones, en la medida en que las mismas generen el derecho a la deducción (nº 2692). 4940
La deducción se practica en función del **destino previsible** de los citados bienes y servicios, sin perjuicio de una rectificación posterior.
Debe estar sustentada en un **sistema de información analítica de costes** (nº 4955) que ha de llevar la entidad dominante y que debe referirse a todas las entidades miembros del grupo de entidades que aplique el contenido ampliado del REGE.
Las entidades que hayan ejercitado la opción referida en nº 4905, obligatoriamente aplican la regla de **prorrata especial** (nº 2775), en relación con el sector diferenciado de las operaciones intragrupo, sin perjuicio de las opciones que se pudieran ejercitar en relación con el resto de sectores diferenciados que, en su caso, tuvieran cada una de las entidades del grupo.

Precisiones Al tratarse de **expresiones coincidentes** las que utiliza la normativa tanto para la determinación de la base imponible de operaciones intragrupo (nº 4915) como para determinar los bienes y servicios cuyo IVA soportado o satisfecho se puede deducir en el sector diferenciado de las operaciones intragrupo (LIVA art.163 octies.Uno y Tres). En consecuencia, deben utilizarse los mismos criterios para su determinación. 4945

Ejemplos **1)** Las sociedades A, B y C cumplen todos los requisitos para aplicar el REGE y han optado por su aplicación. Todas han ejercitado la opción de segundo nivel del contenido ampliado del REGE. 4948
La entidad A presta servicios de **asesoramiento técnico** a varios directivos de la entidad C utilizando a su personal y determinados bienes y servicios que adquirió de terceras empresas por los que soportó el correspondiente IVA y que utiliza totalmente en esta operación. La sociedad A tiene derecho a deducir del 100%. Los datos que se derivan del sistema de información analítica que lleva la entidad dominante del grupo en relación con estos servicios son:
- Costes de personal: 10.000 €.
- Margen comercial: 1.200 €.
- Bienes y servicios adquiridos a terceros: 33.000 € (IVA no incluido).
En este caso, la base imponible de la operación intragrupo realizada por A para C, es de 33.000 €, con una cuota de IVA de 6.930 €, dado que no se incluyen ni los costes de personal ni el margen comercial puesto que son conceptos por los que no soporta IVA la entidad A, siendo deducible, asimismo, por la entidad A, dicha cantidad (6.930 €), que se corresponde con el IVA soportado por esta entidad que se utiliza totalmente en el sector diferenciado de las operaciones intragrupo.

2) Las sociedades A, B y C cumplen todos los requisitos para aplicar el REGE y han optado por su aplicación, y, además, todas han ejercitado la **opción de segundo nivel** del contenido ampliado del REGE. La sociedad A tiene derecho a deducir del 100%. 4949

La entidad A presta determinados servicios a la entidad B en el año N. El coste de dichos servicios para la entidad A así como la imputación de aquel a la operación intragrupo es:

	Imputación a entidad B
Costes de personal	10.000,00
Gastos financieros	5.500,00
Bienes y Servicios adquiridos a terceros (IVA no incluido), utilizados directa y totalmente en la operación intragrupo	25.000,00
Camión utilizado directa y parcialmente **(a)**	15.000,00
Inmueble utilizado directa y parcialmente **(b)**	10.000,00

(a) El camión tuvo en el año 20X2 un valor de adquisición de 300.000 € (IVA no incluido), se utiliza directamente en los servicios intragrupo prestados por la entidad A y su grado de utilización en estos servicios para cada una de las entidades del grupo se estima en un 20%. Dicha entidad decide que la imputación del coste de este bien de inversión se periodifica en cuatro años, aunque según la regulación del contenido ampliado del REGE puede realizarla hasta en cinco años.
Se imputa al coste: (20% × 300.000)/4 = 60.000/4 = 15.000.
(b) El inmueble tuvo en el año 20X0 un valor de adquisición de 800.000 € (IVA no incluido), se utiliza directamente en los servicios prestados por la entidad A y su grado de utilización en los servicios prestados a cada una de las entidades del grupo se estima en un 10%. La imputación al coste de este bien de inversión se periodifica en ocho años.
Se imputa al coste: (10% × 800.000)/8 = 10.000.

En este supuesto:
La base imponible de la operación intragrupo realizada por A para B, es de 25.000 + 15.000 + 10.000 = 50.000 €, con una cuota de IVA de 10.500 €, dado que no se incluyen ni los costes de personal ni los gastos financieros puesto que son conceptos por los que no soporta IVA la entidad A.
El IVA deducible que corresponde aplicar al sector diferenciado de la actividad de operaciones intragrupo de la entidad A es asimismo 10.500 € = 21% × (15.000 + 10.000 + 25.000).

4950 3) Las entidades A, B y C constituyen un **grupo de entidades** que ha optado por la modalidad especial o de consolidación del régimen.
En el año 20X1 la entidad A adquiere un equipo informático que utiliza en la prestación de servicios financieros (exentos) a B, a C y a terceros, en la proporción sobre el total prestado de estos servicios del 50%, 20% y 30%, respectivamente.
El coste del equipo informático es de 3.000.000 € más 630.000 € de IVA al 21% y el de gastos generales por bienes y servicios adquiridos a terceros con IVA, 2.000.000 € más 420.000 € de IVA.
La entidad A tiene en el año 20X0 una prorrata del 40% (operaciones con derecho a deducción 4.000.000, y sin derecho a deducción 6.000.000). Asimismo, la entidad A renuncia a la exención de los servicios financieros que presta a las entidades del grupo (operaciones intragrupo).
A los efectos de determinar la prorrata de la entidad A, los valores de mercado de las operaciones realizadas en el año 20X1 son:
- Servicios financieros prestados a terceros (exentos): 750.000 €
- Otros servicios prestados a terceros (no exentos): 2.000.000 €
- Servicios financieros prestados a B (exentos, renuncia a la exención): 1.250.000 €
- Servicios financieros prestados a C (exentos, renuncia a la exención): 500.000 €

4951 Considerando la utilización efectiva de los bienes y servicios en las operaciones realizadas, la base imponible de las mismas y las deducciones a practicar son:
1. Sector diferenciado constituido por las operaciones intragrupo:
Los bienes y servicios afectos al sector diferenciado de las operaciones intragrupo son la parte proporcional de los adquiridos con IVA y utilizados en dichas operaciones:
a) Del equipo informático (bien de inversión):
Por las operaciones con la entidad B: 1/5 (imputación lineal anual) × 50% (imputación de la utilización parcial) x 3.000.000 = 300.000 € y 63.000 € de IVA.
Por las operaciones con la entidad C: 1/5 × 20% x 3.000.000 = 120.000 € y 25.200 € de IVA.
b) De los gastos generales:
Por las operaciones con la entidad B: 50% × 2.000.000 = 1.000.000 € y 210.000 € de IVA.
Por las operaciones con la entidad C: 20% × 2.000.000 = 400.000 € y 84.000 € de IVA.
Base imponible:
La base imponible de las operaciones prestadas a B es:
- *por la utilización* del equipo informático: 300.000 + 63.000 de IVA.
- por la utilización de bienes y servicios comprendidos en gastos generales: 1.000.000 + 210.000 de IVA.
La base imponible de las operaciones prestadas a C es:
- por la utilización equipo informático: 120.000 + 25.200 de IVA.
- por la utilización de bienes y servicios comprendidos en gastos generales: 400.000 + 84.000 de IVA.

Deducciones:
De no haber renunciado a la exención, en el año N el importe de la deducción a practicar por la entidad A en el sector operaciones intragrupo sería cero, porque todas las operaciones realizadas en dicho sector estarían exentas sin derecho a la deducción.
Al haberse renunciado a la exención de los servicios financieros, la entidad A puede deducirse la totalidad del IVA soportado por los bienes y servicios utilizados en este sector.

2. Sector diferenciado operaciones con terceros: 4952
Los bienes y servicios afectos al sector diferenciado de las operaciones con terceros son:
- Del equipo informático (bien de inversión): 1/5 (imputación lineal anual) × 30% (imputación de la utilización parcial) × 3.000.000 = 180.000 + 37.800 de IVA
- De los gastos generales: 30% × 2.000.000 = 600.000 + 126.000 de IVA

Base imponible:
La base imponible de las operaciones realizadas en este sector es:
- por la utilización equipo informático en la prestación de los servicios financieros (exentos): 180.000 € + 37.800 € de IVA;
- por la utilización de bienes y servicios comprendidos en gastos generales en la prestación de dichos servicios: 600.000 + 126.000 de IVA.

Deducciones:
La prorrata de deducción en este sector es cero porque en él solo se realizan operaciones exentas sin derecho a deducción.

3. Liquidaciones:
a) IVA repercutido:
- Sector operaciones intragrupo: 63.000 + 25.200 + 210.000 + 84.000 = 382.200 €
- Sector operaciones con terceros: 37.800 + 126.000 = 163.800 €
Total: 546.000 €
b) IVA deducible:
- Sector operaciones intragrupo: 382.200 €
- Sector operaciones con terceros: 0
Total: 382.200 €

Doctrina Administrativa Además de las siguientes contestaciones de la DGT, ver nº 11000 s. 4954

1) La **renuncia a las exenciones** para el régimen especial conlleva que la entidad deba repercutir el Impuesto por tales operaciones con sus entidades del grupo. Asimismo, dichas operaciones intragrupo generan derecho a la deducción en el sector diferenciado de operaciones de grupo (DGT CV 25-5-07; CV 8-6-16).

2) Una sociedad del grupo cuya actividad es la **enseñanza** recibe facturas del alquiler de instalaciones de otra de las sociedades del grupo (operación intragrupo). La actividad de alquiler de edificios, con carácter general, es una actividad sujeta y no exenta. En relación con los servicios de enseñanza hay que distinguir: si son prestados a **terceros ajenos** al grupo, se trata de actividades exentas y, por tanto, carece del derecho a la deducción de las cuotas soportadas por el alquiler; en caso contrario, las cuotas de alquiler sí serían deducibles. No obstante lo anterior, si llevase a cabo actividades de enseñanza tanto exentas como no exentas, en la deducción de las cuotas se debería aplicar la regla de prorrata (DGT CV 12-4-12).

3) Si un grupo adquiere determinados **equipos informáticos**, y no son considerados bienes de inversión, quedan afectos al sector diferenciado bancario con un 5% de prorrata. No obstante, si con posterioridad son **transmitidos en una operación intragrupo**, se ha de estar ante un uso sobrevenido en las operaciones intragrupo que supondría un autoconsumo (LIVA art.9.1º.c), equiparable a las situaciones de afectación sobrevenida al sector de operaciones intragrupo. Sería posible realizar ajustes por deducción íntegra de las cuotas soportadas -nº 2715- (DGT CV 26-0-18).

4) Una entidad dominante en un régimen de grupos del IVA, que ha optado por la **prorrata especial**, está desarrollando la construcción de un inmueble, el cual va a ser destinado al arrendamiento a entidades terceras, al uso por entidades del grupo y a diversas actividades propias, tanto sujetas como no al IVA. Las consecuencias de la aplicación de la regla de prorrata especial son las siguientes:
- la deducción íntegra de las cuotas relativas a espacios cedidos en arrendamiento a terceros sujetos y no exentos del IVA por estar relacionados con una actividad que genera derecho a la deducción;
- la no deducción de las cuotas relativas a la actividad no sujeta al IVA realizada al margen del ejercicio de una actividad empresarial o profesional;
- la deducción a prorrata general de las cuotas relativas a los espacios de uso común que no se pueden vincular exclusivamente con una u otra actividad (DGT CV 15-2-24).

4955 **Sistema de información analítica** (LIVA art.163 nonies.Cuatro.3ª; RIVA art.61 quinquies.1) La empresa **dominante** debe llevar un sistema de información analítica referido a todas las entidades del grupo de entidades en REGE- contenido ampliado, que constituye un elemento esencial en la aplicación de dicho régimen y cuyo contenido ha de ser:

a) La **descripción de los bienes** y servicios utilizados total o parcialmente, directa o indirectamente, en la realización de las operaciones intragrupo y por los cuales se haya soportado o satisfecho el IVA. En esta relación se han de incluir tanto los bienes y servicios adquiridos a terceros como aquellos otros que, sin haber sido adquiridos a terceros, hayan dado lugar a cuotas soportadas o satisfechas por cualquiera de las operaciones sujetas al IVA.

b) El importe de la **base imponible** y de las **cuotas** soportadas o satisfechas por dichos bienes o servicios, conservando los justificantes documentales correspondientes.

c) El importe de las **cuotas deducidas** de las cuotas soportadas o satisfechas por dichos bienes o servicios, indicando la regla de prorrata, general o especial, aplicada por todas y cada una de las entidades que estén aplicando el contenido ampliado del REGE. En el caso de los bienes de inversión, se debe consignar, además, el importe de las regularizaciones practicadas y el inicio de su utilización efectiva.

4956 **d)** Los **criterios** utilizados para la imputación del coste de dichos bienes y servicios a la base imponible de las operaciones intragrupo y al sector diferenciado constituido por dichas operaciones, y hasta su aplicación final en la realización de operaciones con destino fuera del grupo. Estos criterios deben especificarse en una **memoria**, que va a formar parte del sistema de información, y deben cuantificarse, siendo obligatoria la conservación de los justificantes formales de las magnitudes utilizadas, en su caso, durante todo el plazo durante el cual deba conservarse el sistema de información, es decir, durante el plazo de prescripción del impuesto.

Los citados criterios han de atender, siempre que sea posible, a la **utilización real** de los citados bienes y servicios en las operaciones intragrupo, sin perjuicio de la utilización de cualesquiera otros, como la imputación proporcional al valor normal de mercado de dichas operaciones en condiciones de libre competencia, cuando se trate de bienes y servicios cuya utilización real resulte imposible de concretar. Estos criterios pueden ser sometidos a la valoración previa de la Administración tributaria. Los criterios deben ser homogéneos para todas las empresas del grupo y ser mantenidos durante todos los períodos en que sea de aplicación el REGE contenido ampliado, salvo que se modifiquen por causas razonables que han de justificarse en la propia memoria.

4960 Precisiones El **incumplimiento** de la obligación de confección y conservación de este sistema de información analítica deriva en la pérdida del derecho a la aplicación del REGE (nº 4865) y en la imposición de sanciones (nº 5000).

C. Gestión

(LIVA art.163 octies.Dos, 163 nonies.Dos, Tres, Siete y Ocho; RIVA art.30 y 61 bis a 61 sexies; OM EHA/3788/2008)

4975

4980 Además del contenido estricto del REGE, general y ampliado, es necesario tener en cuenta también los aspectos relacionados con dicho régimen especial que se analizan seguidamente.

4982 **Información censal** (RIVA art.30 y 61 bis; OM EHA/3788/2008) Las obligaciones censales relativas a la comunicación a la Administración tributaria de la aplicación del régimen que incumben a la entidad dominante son:

a) Comunicación de la **aplicación** del régimen (nº 4832). En caso de que se produzca cualquier **modificación** que afecte a las entidades del grupo que aplican el régimen especial, la dominante ha de presentar una comunicación al respecto, ver nº 4850.

b) Opción por la **aplicación del REGE contenido ampliado** (nº 4907).

c) Comunicación anual de las **entidades** que aplican el REGE (nº 4860).

d) **Renuncia** al régimen (nº 4845).

e) Solicitud de inscripción o baja en el **Registro de devolución mensual** (nº 4876).

Las anteriores obligaciones han de cumplimentarse mediante el **modelo 039** de «Comunicación de datos relativa al Régimen especial del Grupo de Entidades en el IVA». El procedimiento es: **4983**
a. **Forma de presentación**: Se presenta obligatoriamente por vía electrónica a través de Internet.
b. **Plazo de presentación.** Se presenta, con carácter general, en el mes de diciembre anterior al inicio del año natural en el que deban surtir efecto las opciones o renuncias que se comuniquen a través del mismo, con las siguientes **excepciones**:
- las **modificaciones** a lo largo del año que afecten a las entidades del grupo que aplican el régimen especial, se han de presentar dentro del plazo establecido para la presentación de la autoliquidación correspondiente al período de liquidación en que se produzca la modificación;
- si se produjese la **incorporación en el mes de diciembre** de una nueva **entidad** al grupo, la comunicación de esta circunstancia se realiza presentando el modelo 039 en el período comprendido entre la fecha de incorporación de la entidad al grupo hasta el 20 de enero siguiente;
- en el caso de **incorporación de entidades de nueva creación** al grupo, la entidad dominante debe comunicar esta circunstancia presentando el modelo 039 dentro del plazo establecido para la presentación de la autoliquidación correspondiente al período de liquidación en el que se haya producido la incorporación; y
- la **solicitud de inscripción o baja en el Registro de devolución mensual** (nº 2962 s.) se ha de presentar por la entidad dominante en el mes de diciembre del año anterior a aquel en que deba surtir efectos; no obstante, si los acuerdos para la inscripción fueran adoptados con posterioridad, la solicitud debe presentarse durante el plazo de presentación de las autoliquidaciones periódicas del IVA correspondientes al REGE, surtiendo efecto desde el día siguiente a aquel en el que finalice el periodo de liquidación de dichas autoliquidaciones.

Doctrina Administrativa Además de la siguiente contestación de la DGT, ver nº 11000 s. **4984**
Solo se prevé la aplicación del régimen especial **antes del inicio de un año natural** determinado para los supuestos de entidades de nueva creación. En el resto de supuestos, la aplicación del régimen especial se realiza siempre a partir del comienzo de un año natural (DGT CV 16-12-08).

Obligaciones (LIVA art.163 octies.Dos y 163 nonies.Dos, Tres y Cuatro; RIVA art.30, 61 bis, 61 ter y 61 quinquies; OM EHA/3434/2007; OM EHA/3788/2008; OM HAP/2194/2013) Las obligaciones de las entidades del grupo de entidades derivadas de sus operaciones con **terceros no miembros** del grupo no se ven afectadas en ninguna manera por la aplicación del REGE. **4985**
La entidad dominante y las entidades dependientes deben cumplir las obligaciones que **individualmente** les correspondan por el IVA, con excepción de la obligación de efectuar el ingreso de la deuda tributaria, o el ejercicio del derecho a la devolución o compensación en autoliquidaciones individuales posteriores, de los importes que resulten de sus autoliquidaciones individuales, puesto que tales importes deben integrarse en la autoliquidación agregada del grupo (nº 4870).
Además, la opción por el REGE impone a la entidad dominante la condición de **representante** del grupo ante la Administración tributaria, estando obligada en tal condición al cumplimiento de las siguientes obligaciones tributarias materiales y formales específicas que se derivan de la aplicación del REGE:
- **presentar** las autoliquidaciones agregadas del grupo, e **ingresar**, en su caso, la deuda tributaria resultante de las mismas;
- llevar y conservar el sistema de **información analítica** (nº 4955);
- **comunicar a la Administración** tributaria la información sobre cumplimiento de los requisitos, entidades del grupo que aplican el régimen especial, la opción por el contenido ampliado y la renuncia al REGE (nº 4832, nº 4845, nº 4850 y nº 4910);
- presentar las **solicitudes de inscripción o baja** en el Registro de devolución mensual (nº 4876); y
- realizar el alta en el **servicio de notificaciones en dirección electrónica** a efectos de las devoluciones al final de cada período de liquidación (nº 4876).
En relación con la posibilidad de **renuncia a la modalidad avanzada**, ver DGT CV 21-4-21 en nº 4913.

Jurisprudencia Procede exigir a la sociedad, que fue dominante de un grupo de entidades ya extinguido, el pago de la deuda tributaria de una **sociedad dominada declarada en concurso** -deuda consistente en el IVA rectificado anterior al concurso correspondiente a esa dominada- cuando esa sociedad dominada concursada se encontraba ya excluida del citado grupo por la situación de concurso, no siendo necesario tramitar un procedimiento que la declare responsable (TS 17-3-21, EDJ 519587).

Comprobación tributaria (LIVA art.163 nonies.Ocho; RIVA art.61 sexies; LGT art.150.1 -redacc L 7/2024-, 4 y 5; RGGI art.98.3.g) En estas actuaciones destacar que: **4995**
a) Las actuaciones de la Administración tributaria dirigidas a comprobar el cumplimiento de las obligaciones de las entidades que apliquen el REGE se entienden con la entidad **dominante** en tanto que representante del grupo, si bien pueden entenderse también con las entidades dependientes.

La comprobación, tanto si las actuaciones se dirigen contra la dominante y el grupo de entidades como con una de las dependientes, se debe realizar en un único procedimiento, donde en el caso de la dominante, se deben comprobar las obligaciones tributarias del grupo y de la dominante.
En el caso de las **dependientes**, además de las obligaciones tributarias de carácter individual en IVA, se revisan las demás obligaciones tributarias y las actuaciones de colaboración respecto a la tributación del grupo.
b) El **plazo** de las actuaciones inspectoras puede ampliarse hasta los 27 meses a contar desde el inicio de aquellas (nº 13517 s. Memento Fiscal 2026).
La solicitud por el interesado de **periodos de inactividad inspectora** o la no aportación de la documentación solicitada en plazo, así como las interrupciones justificadas y las dilaciones por causas no imputables a la Administración, que se produzcan en el curso de las actuaciones seguidas con cualquier entidad del grupo, van a afectar a la duración del procedimiento seguido con la entidad dominante o con la entidad afectada, siempre que la entidad dominante tenga conocimiento formal, pero no va a afectar a las actuaciones relativas al resto de entidades del grupo.
En el caso de periodos solicitados por el obligado tributario, en el cálculo de la extensión del plazo para la entidad dominante y el grupo, se tienen en cuenta los **períodos no coincidentes** solicitados por cualquiera de las entidades integradas en el grupo. Estas entidades pueden solicitar hasta 60 días naturales para cada uno de sus procedimientos, pero el período por el que se ha de extender el plazo de resolución del procedimiento de la entidad dominante y del grupo no va a poder exceder en su conjunto de 60 días naturales.

4996 **c)** La **documentación del procedimiento** seguido con el grupo se ha de desglosar, para la entidad dominante y para cada una de las dependientes, en un expediente relativo al IVA, con la diligencia resumen, que se ha de remitir al órgano que realiza las actuaciones de comprobación correspondientes, y otro expediente relativo a las demás obligaciones tributarias objeto del procedimiento.
Las **actas y liquidaciones** que se deriven de la comprobación del REGE deben practicarse a nombre del grupo de entidades y se extienden a la entidad dominante, haciendo constar el nombre de esta, al ser el representante y quien comparece en las actuaciones.
d) Las actuaciones de comprobación o investigación realizadas por la Administración tributaria respecto de cualquier entidad del grupo de entidades en REGE interrumpen el plazo de **prescripción** del IVA referente al total de las entidades de ese grupo, desde el momento en que la entidad dominante tenga conocimiento formal de tales actuaciones.

5000 **Infracciones y sanciones** (LIVA art.163 nonies.Siete) Cada **entidad miembro del grupo** de entidades responde de las infracciones derivadas del incumplimiento de sus propias obligaciones tributarias. Además, **todas las entidades** miembros de un grupo que apliquen el REGE resultan responsables solidarios del pago de la deuda tributaria que resulte de la aplicación del régimen, y del pago de las sanciones que le llegasen a ser impuestas a la entidad dominante -como sujeto infractor- por la comisión de las infracciones tipificadas para el incumplimiento de las obligaciones específicas derivadas de la aplicación del REGE, entre las que incluyen las derivadas:
- del ingreso de la deuda tributaria;
- de la solicitud de compensación;
- de la devolución resultante de la declaración-liquidación agregada correspondiente al grupo de entidades;
- de la veracidad y exactitud de los importes y calificaciones consignadas por las entidades dependientes que se integran en la declaración-liquidación agregada.

Constituyen infracciones tributarias **graves** de la entidad dominante:
a) La **no llevanza** o conservación del sistema de información analítica (nº 4955), que va a ser sancionada con multa pecuniaria proporcional del 2% del volumen de operaciones del grupo.
b) Las **inexactitudes u omisiones** en el sistema de información analítica, que va a ser sancionada con multa pecuniaria proporcional del 10% del importe de los bienes y servicios adquiridos a terceros a los que se refiera la información inexacta u omitida.
La imposición de las referidas sanciones es **compatible** con la imposición de las sanciones que procedan por no ingreso de la deuda, obtención indebida de devoluciones, solicitud indebida de beneficios y determinación improcedente de créditos tributarios, respectivamente -LGT art.191, 193, 194 y 195- (nº 14230 s. Memento Fiscal 2026), pero impide la calificación como de graves o de muy graves de las infracciones por no ingreso y por obtener indebidamente devoluciones (LGT art.191 y 193), aunque se produzca la no llevanza, la llevanza incorrecta o la no conservación del sistema de información analítica.

Jurisprudencia La imposición de la sanción a la entidad dominante por haber deducido de forma improcedente cuotas soportadas, una de las entidades dependientes, atenta contra el **principio de responsabilidad personal** (TEAC 15-7-16). 5002

SECCIÓN 8

Régimen especial del criterio de caja

5025

Con el denominado Régimen especial del criterio de caja (**RECC**) ha sido ejercitada por España la facultad contemplada por la normativa comunitaria de establecer una excepción al régimen general de nacimiento del derecho a deducir el IVA soportado para los sujetos pasivos cuyo IVA devengado resulte exigible cuando se produzca el cobro de las operaciones (Dir 2006/112/CE art.167 bis redacc Dir (UE) 2025/516). 5026

Este régimen especial, de carácter **optativo**, permite a los sujetos pasivos retrasar el devengo y la consiguiente declaración e ingreso del IVA repercutido hasta el momento del cobro a sus clientes, aunque la deducción del IVA soportado en sus adquisiciones de bienes y servicios se va a retardar hasta el momento en que efectúe el pago a los proveedores (es el denominado **sistema de caja doble**: el devengo del IVA se produce con el cobro y el derecho a la deducción, con el pago). Existe como **fecha límite** del 31 de diciembre del año inmediato posterior a aquel en que las operaciones se hayan efectuado.

Se puede resumir el sistema de caja doble en el siguiente esquema:

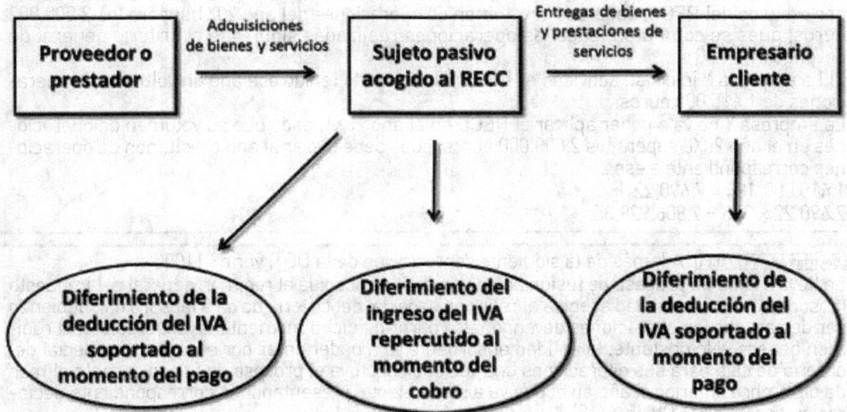

Jurisprudencia La normativa comunitaria (Dir 2006/112/CE art.66) debe interpretarse en el sentido de que se opone a una normativa nacional que establece que el IVA se hace exigible, respecto a los **servicios de transporte y expedición**, en la fecha del cobro íntegro o parcial del precio pero, como plazo máximo, a los treinta días contados desde el día de prestación de los servicios, aunque la factura se haya emitido antes y prevea un plazo de pago posterior (TJUE 16-5-13, asunto C-169/12). 5027

A. Ámbito de aplicación

(LIVA art.163 decies a 163 duodecies; RIVA art.61 septies a 61 nonies)

A estos efectos, se ha de determinar los sujetos pasivos que pueden aplicar el RECC (nº 5031 s.), qué tipo de operaciones están incluidas en este régimen (nº 5036 s.) y los aspectos y efectos a tener en cuenta en caso de opción, renuncia y exclusión de este régimen especial (nº 5040 s.). 5030

5031 **Ámbito subjetivo** (LIVA art.163 decies; RIVA art.61 nonies) Pueden aplicar el RECC los sujetos pasivos cuyo **volumen de operaciones** (nº 3106) durante el año inmediato anterior no haya superado los 2.000.000 euros ni el **cobro en efectivo**, de un mismo cliente, haya sido más de 100.000 euros. A estos efectos, se ha de tener en cuenta lo siguiente:

- en caso de inicio de actividad en el año natural anterior, el importe del volumen de operaciones se ha de elevar al año;
- si el sujeto pasivo no hubiera iniciado su actividad empresarial o profesional en el año natural anterior, en el año natural en curso va a poder aplicar el RECC;
- a efectos del cómputo del volumen de operaciones citado, se han de tener en cuenta también las operaciones cuyo devengo del IVA se produzca, o se hubiera producido, como si a las mismas no les hubiera sido aplicable el RECC, es decir, se computan todas las operaciones realizadas siguiendo el criterio general de devengo (nº 1200 s.).

Si en el año anterior se superase cualquiera de los dos **límites** excluyentes (volumen de operaciones o cobros en efectivo de un mismo cliente), procede la exclusión del régimen especial.

[Precisiones] **1)** El **volumen de operaciones** se ha de determinar conforme a lo expuesto en nº 3106. Por tanto, según los casos, las operaciones excluidas del RECC (nº 5036) también se han de tener en cuenta para su cálculo.

2) Cuando una actividad haya sido iniciada en el **año en curso**, el RECC se va a poder aplicar siempre desde la primera operación, sin atender al volumen de operaciones que se vaya a realizar o se realice en ese año.

3) En los supuestos de **inicio de la actividad el año natural anterior**, los cobros en efectivo procedentes de un mismo cliente no se elevan al año.

5034 [Ejemplos] **1)** La empresa X ha realizado las siguientes operaciones:

- En el año 20X0 tuvo un importe total de volumen de operaciones de 1.800.000 euros, IVA excluido.
- En el año 20X1 solo tuvo las siguientes operaciones: una operación por 1.800.000 euros, IVA excluido, cobrada en su totalidad; y otra operación de 350.000 euros, IVA excluido, pendiente de cobro.

En este supuesto, X va a poder aplicar el RECC en el año 20X1. Pero para el año 20X2, va a quedar excluido del RECC, dado que el volumen de operaciones del año 20X1 superó los 2.000.000 euros, pues se computan todas las operaciones realizadas siguiendo el criterio general de devengo (nº 1200 s.).

2) La empresa Y inició su actividad el 1-7-20X0, habiendo tenido ese año un volumen de operaciones de 1.415.000 euros.

La empresa Y no va a poder aplicar el RECC en el año 20X1, dado que su volumen de operaciones en el año 20X0 supera los 2.000.000 euros, pues debe elevar al año el volumen de operaciones correspondiente a ese año:

1.415.000/184 = 7.690,22

7.690,22 × 365 = 2.806.929,35.

5035 [Doctrina Administrativa] Además de la siguiente contestación de la DGT, ver nº 11000 s.

Se lleva a cabo un **proceso de fusión** entre una entidad acogida al régimen general del Impuesto (absorbente) y una entidad acogida al régimen especial del criterio de caja (absorbida), debiendo ser declaradas las operaciones devengadas a partir de dicho momento de acuerdo con el régimen general. No obstante, la entidad absorbente va a poder optar por el régimen especial del criterio de caja para sus operaciones una vez que concluya el proceso de fusión durante el mes de diciembre anterior al año en el que va a surtir efecto, presentando la correspondiente declaración censal (DGT CV 25-4-18).

5036 **Ámbito objetivo** (LIVA art.163 duodecies) Con **carácter general**, el RECC se aplica a todas las operaciones, tanto entregas de bienes como prestaciones de servicios, realizadas por los sujetos pasivos que se entiendan realizadas en el territorio de aplicación del impuesto (nº 400 s.), con independencia de la condición del destinatario: empresario/profesional o consumidor final (particular).

Como **excepción** quedan excluidas las siguientes operaciones:

a) Las acogidas a los siguientes regímenes especiales: simplificado, de la agricultura, ganadería y pesca, del recargo de equivalencia, del oro de inversión, del grupo de entidades y el aplicable a los regímenes especiales relativos al comercio electrónico o de ventanilla única (nº 9370 s. y nº 9300 s.).

b) Las entregas de bienes exentas referidas a exportaciones; operaciones asimiladas a las exportaciones; operaciones relativas a zonas francas, depósitos francos y otros depósitos; operaciones relativas a regímenes aduaneros y fiscales; y entregas intracomunitarias (LIVA art.21 a 25).

c) Las adquisiciones intracomunitarias de bienes.

d) Operaciones en las que el sujeto pasivo del Impuesto sea el empresario o profesional para quien se realiza la operación, es decir, operaciones en las que se produce la inversión del sujeto pasivo (nº 1335 s.).
e) Importaciones y las operaciones asimiladas a las importaciones.
f) Operaciones de autoconsumos de bienes -internos y externos- asimilados a entregas de bienes a título oneroso, y autoconsumos de servicios -externos- asimilados a prestaciones de servicios a título oneroso (LIVA art.9.1º y 12).

Precisiones Puede aplicarse el RECC a las operaciones realizadas entre personas **vinculadas** (nº 1913), puesto que la norma no las excluye.

Ejemplos 1) Un abogado residente en Sevilla está ejerciendo su **actividad profesional** en esa localidad. En el año 20X1 ha recibido unos servicios de asesoría jurídica de una entidad mercantil alemana de 24.000 euros. En el año 20X0 optó por la aplicación del RECC a su actividad profesional, dado que cumplía los requisitos subjetivos y objetivos correspondientes. **5038**
El abogado ha de aplicar el RECC en 20X1 para la totalidad de las operaciones correspondientes a su actividad profesional pero, en ningún caso, a los servicios recibidos de los que es sujeto pasivo por inversión (nº 1336 s.).
2) Una entidad mercantil con sede en Valencia en el año N-1 optó por el RECC para el año N, dado que cumplía los requisitos subjetivos y objetivos para su aplicación. En el año N, adquirió unas mercancías a un empresario belga, transportándose desde Bélgica a Valencia por cuenta de este último empresario, por lo que en el territorio IVA español la entidad mercantil española realizó una **adquisición intracomunitaria de bienes**.
La entidad mercantil no va a poder aplicar el RECC a la adquisición intracomunitaria de bienes, dado que está excluida de dicho régimen especial.

Doctrina Administrativa Las operaciones realizadas al amparo de las **exenciones en las operaciones asimiladas a las exportaciones** (nº 6100 s.) están excluidas de la aplicación del RECC, con independencia de que tengan la consideración de entrega de bienes o de prestaciones de servicios (DGT CV 23-9-21). **5039**

Opción, renuncia y exclusión del régimen especial (LIVA art.163 decies.Cinco, 163 undecies y 163 quaterdecies; RIVA art.61 septies a 61 nonies) **5040**

Deben tenerse en cuenta las siguientes cuestiones:
a) La **opción** por el RECC debe ejercitarse al tiempo de presentar la declaración de comienzo de la actividad (nº 6955), o bien durante el mes de diciembre anterior al inicio del año natural en el que deba surtir efecto, mediante la correspondiente declaración censal, modelo 036 (nº 6935 s.), entendiéndose prorrogada por los años siguientes en tanto no se produzca la renuncia al mismo, o la exclusión del RECC.
La opción se refiere a todas las operaciones realizadas por el sujeto pasivo que no estén excluidas del RECC (nº 5036) (DGT CV 27-4-23).
Como no existe un **plazo mínimo de permanencia** en el RECC una vez se ha optado por su aplicación.

b) La **renuncia** al RECC debe ejercitarse mediante la correspondiente declaración censal -modelo 036- (nº 7022), durante el mes de diciembre anterior al inicio del año natural en el que deba surtir efecto y tiene efectos por un período mínimo de tres años. **5042**
El sujeto pasivo puede renunciar al RECC para el año siguiente de estar aplicándolo, aunque esto le supondría que no pudiera aplicar nuevamente el RECC hasta cumplir un período mínimo anterior.
c) La **exclusión** del RECC tiene lugar cuando:
- los sujetos pasivos superen el límite de volumen de operaciones de 2.000.000 euros;
- los sujetos pasivos cobren en efectivo de un mismo destinatario durante el año natural una cuantía superior a los 100.000 euros.
La exclusión produce **efectos** en el año inmediato posterior a aquel en que se produzcan las circunstancias anteriores, es decir, se supere cualesquiera de los dos límites excluyentes (volumen de operaciones o cobros en efectivo de un mismo cliente). Cuando no se superen los límites citados en ejercicios sucesivos los sujetos pasivos van a poder optar nuevamente por la aplicación del RECC.
La renuncia o exclusión del RECC determina el **mantenimiento de las normas** reguladas en dicho régimen especial respecto de las operaciones efectuadas durante su vigencia. En estos casos, el año siguiente a aquella renuncia o exclusión, el sujeto pasivo va a tener que aplicar dos regímenes por el IVA: uno para aquellas operaciones acogidas al RECC que todavía no se hayan devengado según las reglas de este régimen especial (nº 5054), y otro régimen para las operaciones no incluidas en el RECC.

5044 Precisiones Los **efectos temporales** de la renuncia y de la exclusión del RECC son distintos. En la renuncia no se puede aplicar el régimen especial durante un período mínimo de tres años; en cambio, en los supuestos de exclusión, se puede volver a aplicar el RECC al año siguiente de aquella, siempre que se cumplan los requisitos subjetivos y objetivos.

5046 Ejemplos 1) La empresa Y está **acogida al RECC** durante el año 20X0 y a día 1 de julio de dicho año lleva contabilizado un volumen de operaciones de 2.100.000 euros.
La empresa Y puede aplicar el RECC durante todo el año 20X0, y el año 20X1 va a quedar excluida de dicho régimen especial.
2) La entidad M tuvo en el año 20X0 un volumen de operaciones de 1.500.000 euros y no realizó cobros en efectivo con un mismo destinatario superiores a 100.000 euros. En el mes de diciembre de 20X0 presentó la **declaración censa**l, modelo 036, optando por la aplicación del RECC para el año N.
En el año 20X1 el importe total de su volumen de operaciones fue de 2.200.000 euros que fueron totalmente cobrados con excepción de 250.000 euros, que se van a cobrar el 1-3-20X2, que corresponden a una venta de bienes realizada el día 10-10-20X1 a un cliente español por 400.000 euros.
En este supuesto, en el año 20X2 la entidad M va a quedar excluida del RECC dado que en el año 20X1 ha superado el volumen de operaciones de 2.000.000 euros. Aunque no haya cobrado 250.000 euros, a efectos del cómputo del volumen de operaciones sí se tienen en cuenta.
En el año 20X2 la operación pendiente de cobro (250.000 euros) va a seguir las reglas del RECC, es decir, se va a devengar cuando se cobre la parte pendiente del precio y para el destinatario va a nacer el derecho a deducir el IVA correspondiente cuando pague, en ambos casos con el límite del 31-12-20X2. Para el resto de operaciones que realice en el año 20X2 la entidad M ha de aplicar las reglas generales del Impuesto.

B. Contenido del RECC

(LIVA art.163 terdecies, 163 quinquiesdecies y 163 sexiesdecies)

5050 Se establecen **reglas específicas** tanto para los sujetos pasivos acogidos al RECC (nº 5052 s.), como para los sujetos pasivos no acogidos al RECC pero que son destinatarios de las operaciones afectadas por el RECC (nº 5080 s.), por lo que debe realizarse su examen por separado.

1. Sujetos pasivos acogidos al RECC

(LIVA art.163 terdecies, 163 quinquiesdecies y 163 sexiesdecies)

5052 En relación con los sujetos pasivos acogidos al régimen especial del criterio de caja se contemplan los siguientes aspectos:
- devengo de las operaciones afectadas por el RECC (nº 5054 s.);
- repercusión del impuesto (nº 5058 s.);
- deducciones (nº 5062 s.);
- modificación de la base imponible por el proveedor o prestador por créditos incobrables (nº 5070 s.);
- declaración de concurso del sujeto pasivo acogido al RECC (nº 5075 s.).

5054 **Devengo de las operaciones afectadas por el RECC** (LIVA art.163 terdecies.Uno) En las operaciones a las que sea de aplicación el RECC (nº 5036), el Impuesto se devenga:
- en el momento del cobro total o parcial del precio, por los importes efectivamente percibidos;
- el 31 de diciembre del año inmediato posterior a aquel en que se haya realizado la operación, si el cobro no se ha producido (no obstante, ver criterio TJUE en nº 5027).

Para el devengo de las cuotas repercutidas en los casos de **declaración de concurso** de un sujeto pasivo acogido al RECC, ver nº 5075.

Precisiones 1) En el RECC el sujeto pasivo no tiene que **ingresar el impuesto** hasta que no cobre el importe, total o parcial, de la operación, pero en el supuesto de no cobrar debe ingresarlo, en todo caso, en la declaración-liquidación correspondiente al 31 de diciembre del año inmediato posterior. No obstante, ver criterio TJUE en nº 5027.
2) El **momento del cobro**, total o parcial, del precio de la operación debe acreditarse por el sujeto pasivo acogido al RECC por cualquier medio de prueba admitido en Derecho.
3) En caso de **pagos anticipados**, a efectos de determinar cuándo se produce el cobro de una operación y, en consecuencia, el devengo del IVA en el RECC, se han de tener en cuenta los criterios expuestos en el nº 1275 s. en relación con los supuestos distintos del pago en efectivo o mediante transferencia bancaria.
4) En relación con el **límite temporal** más allá del cual no puede trasladarse el devengo del IVA en el RECC, ver TJUE 16-5-13 asunto C-169/12 en el nº 5027.

Ejemplos 1) La empresa XY ha comenzado a aplicar el RECC en el año N. El día 15-1-20X0 emite una **factura** a un cliente por 5.000 euros, más IVA. 5056
El IVA de esa factura se devenga en la fecha que ocurra primero de las dos siguientes:
- la fecha de cobro efectivo, total o parcial, de la operación; o
- el 31-12-20X1.
2) La entidad mercantil ZX acogida al RECC ha realizado el 15-12-20X0 una venta de maquinaria a un cliente establecido en TIVA por 350.000 euros, IVA excluido. Las **condiciones de pago** del precio de la operación fueron las siguientes: el 50% a la puesta a disposición de la maquinaria al cliente, el 20-12-20X0; un 25% el 20-6-20X1; y el 25% restante el 20-1-20X2. En dichas fechas el cliente pagó las cantidades correspondientes.
El devengo del IVA se produce de la siguiente forma:
- el 20-12-20X0, 175.000 × 21% = 36.750.
- el 20-6-20X1, 87.500 × 21% = 18.375.
- el 31-12-20X1, 87.500 × 21% = 18.375, dado que a esta fecha aún no se ha producido el pago total de la operación.

Doctrina Administrativa Además de las siguientes contestaciones de la DGT, ver nº 11000 s. 5057
1) El cobro de las cantidades percibidas de sus clientes mediante **adeudo domiciliado** se produce en la fecha de valor del abono en cuenta, produciéndose, en su caso, el devengo total o parcial de la operación.
Si con posterioridad a dicha fecha, el cliente procediera a la **devolución del recibo**, no se va a alterar la fecha de devengo de la operación determinada, sin perjuicio de la modificación de la base imponible por créditos incobrables -nº 1981 s.- (DGT CV 30-5-14).
2) Mientras no se produzca el **cese efectivo** el sujeto pasivo debe presentar la correspondiente declaración, para ingresar las cantidades devengadas y ejercer, en su caso, el derecho a la deducción de las cuotas soportadas (DGT CV 24-6-16).
3) El devengo se produce a medida que se produce el **cobro**, aplicable en caso de prestación de los servicios jurídicos que se van facturando al cliente en los distintos ejercicios fiscales por las actuaciones que se van realizando (DGT CV 6-3-19), así como en caso de entrega de las aceitunas en el mes de diciembre por una persona física que se dedica a la explotación de un olivar pero que hasta enero no cobra (DGT CV 31-5-23).

Repercusión del impuesto (LIVA art.163 terdecies.Dos; RIVA art.61 undecies.2; Rgto Fac art.11.3) La repercusión del Impuesto en las operaciones a las que sea de aplicación el RECC debe efectuarse al tiempo de expedir y entregar la **factura** correspondiente, pero se entiende producida en el momento del devengo de la operación (nº 5054). 5058
Esto implica que, aunque en el RECC la repercusión del IVA y la expedición de factura siguen las reglas generales, existe un **diferimiento de la repercusión** contenida en esa factura hasta el momento del cobro, total o parcial, de la operación o, en su caso, hasta el 31 de diciembre del año inmediato siguiente. A su vez, esto origina que el destinatario de la operación vea retrasado el momento en que pueda efectuar la deducción del IVA soportado (nº 5082).

Precisiones La **expedición de la factura** de las operaciones acogidas al RECC debe producirse en el momento de su realización, salvo cuando el destinatario de la operación sea un empresario o profesional que actúe como tal, en cuyo caso la expedición de la factura debe realizarse antes del día 16 del mes siguiente a aquel en que se hayan realizado.

Ejemplo La empresa XY el día 15-1-20X0 entrega a un cliente empresario unas mercancías por 5.000 €, IVA excluido. El día 30-4-20X0 percibe el importe total de dicha operación mediante **transferencia bancaria**. 5060
La empresa XY ha de expedir la factura como máximo el 15-2-20X0 repercutiendo expresamente en la factura el IVA al 21% (importe total de la factura: 6.050 euros), e indicando en la misma la mención «régimen especial del criterio de caja».
Como la operación se devenga el 30-4-20X0, aunque la repercusión sea efectuada en la factura expedida el 15-2-20X0, aquella, a efectos del RECC, se va a entender producida el 30-4-20X0.

Deducciones (LIVA art.163 terdecies.Tres) Los sujetos pasivos acogidos al RECC pueden practicar sus deducciones conforme a lo establecido con carácter general (nº 2500 s.), con la particularidad de que el **nacimiento del derecho a la deducción** de las cuotas soportadas va a tener lugar: 5062
- en el momento del pago total o parcial del precio por los importes efectivamente satisfechos;
- el 31 de diciembre del año inmediato posterior a aquel en que se haya realizado la operación si el pago no se ha producido.
Una vez producido el nacimiento del derecho a deducir, que resulta aplicable con independencia del momento en que se entienda realizado el hecho imponible efectuado por el proveedor del bien o el prestador del servicio, el sujeto pasivo acogido al RECC, desde ese momento y no antes, va a poder ejercitar tal derecho en la declaración-liquidación del **período** de liquidación del nacimiento del derecho a deducir o en las de los sucesivos, siempre que no hubiera transcurrido el plazo de cuatro años desde el nacimiento del derecho. En caso contrario, se produce la **caducidad** del derecho a la deducción de las cuotas soportadas.

No obstante, existen **reglas especiales** para el nacimiento del derecho a deducir las cuotas soportadas por los sujetos pasivos acogidos al RECC en los casos de:
- modificación de la base imponible por el proveedor de los bienes o el prestador de los servicios por **créditos incobrables** (nº 5070);
- declaración de **concurso** del sujeto pasivo acogido al RECC (nº 5075).

5064 Precisiones El **momento del pago** total o parcial del precio de la operación debe acreditarse por el sujeto pasivo acogido al RECC por cualquier medio admitido en Derecho.

5065 Ejemplo La empresa XY el día 15-3-20X0, ha adquirido mobiliario para la oficina central de la empresa por 12.000 €, IVA no incluido. El proveedor tributa por el régimen general del IVA. La entrega del mobiliario se realiza el día 20-4-20X0 junto con la correspondiente factura con repercusión del IVA (21% × 12.000 = 2.520). El pago del precio pactado se va a producir en tres plazos: 50% a los quince días de la entrega; 25% el día 15-7-20X0; y el 25% restante el 15-2-20X1. La empresa XY realiza todos los pagos en las fechas indicadas. Ambos, proveedor y cliente, presentan declaraciones-liquidaciones con carácter trimestral.
En este supuesto, en cuanto al proveedor, este debe ingresar el IVA correspondiente a la totalidad del precio (2.520 €), en la declaración-liquidación del 2º trimestre, con independencia de cuándo nazca el derecho a deducir de esa cuota para el destinatario acogido al RECC.
Por otro lado, la empresa XY acogida al RECC no puede deducir el IVA soportado en la factura de compra, hasta que no satisfaga el importe del precio de cada uno de los plazos pactados. Así, su derecho a deducir las citadas cuotas soportadas nace, respectivamente: el 5-5-20X0, el 15-7-20X0 y el 15-2-20X1.
Por tanto, según lo anterior, la empresa XY va a poder deducir 1.260 € en la declaración-liquidación del 2º trimestre de 20X0; 630 € en la declaración-liquidación del 3er trimestre de 20X0; y 630 € en la primera declaración-liquidación del año 20X1. En todos los casos anteriores, va a poder ejercitar su derecho también en los respectivos periodos siguientes hasta cuatro años contados a partir del correspondiente nacimiento del derecho a deducir.

5066 Doctrina Administrativa Además de la siguiente contestación de la DGT, ver nº 11000 s.
Un profesional dado de alta en el IVA en el criterio de caja, está pensando en adquirir un **vehículo turismo**. El derecho a la deducción nace en el momento del pago total o parcial del precio del vehículo a su proveedor por los importes efectivamente satisfechos, o si este no se ha producido, el 31 de diciembre del año inmediato posterior a aquel en que se haya realizado la adquisición (DGT CV 27-5-15).

5068 **Cuadro resumen** En el siguiente cuadro se resume el esquema relativo a la **deducción del IVA soportado** por un sujeto pasivo acogido al RECC:

Régimen aplicable al proveedor o prestador	Devengo de la operación	Nacimiento del derecho a deducir para sujeto pasivo acogido al RECC
Régimen general Régimen especial distinto al RECC	Reglas generales (nº 1200 s.) (*)	Con el pago total o parcial o el 31-12 del año inmediato siguiente a la realización de la operación.
RECC	Con el cobro total o parcial del precio o el 31-12 del año inmediato siguiente a la realización de la operación.	

(*) El proveedor debe ingresar el IVA devengado, aunque el destinatario en RECC no pueda ejercitar su derecho a la deducción de las cuotas soportadas hasta que no nazca su derecho, es decir, hasta que no pague, total o parcialmente, el precio de la operación).

5070 Modificación de la base imponible por créditos incobrables (LIVA art.163 quinquiesdecies.Dos)

En el caso de impago de la operación, la modificación de la base imponible **a la baja** efectuada por sujetos pasivos que no se encuentren acogidos al RECC (nº 1981 s.), determina el nacimiento del derecho a la deducción de las cuotas soportadas por el sujeto pasivo deudor acogido a dicho régimen especial correspondientes a las operaciones modificadas y que estuvieran aún pendientes de deducción en la fecha en que se realice la referida modificación de la base imponible.
Esta regla determina que el destinatario **sujeto pasivo acogido al RECC** tenga derecho a deducir y a ejercitar la deducción del IVA soportado e, inmediatamente, en la misma declaración-liquidación (autoliquidación), tenga que rectificar esa deducción practicada (nº 3055 s.).

Ejemplo La empresa HALL está acogida al régimen general del IVA y el año 20X0 tuvo un volumen de operaciones de 2.315.000 euros. El día 15-2-20X1 realiza la entrega de diversa maquinaria por 50.000 euros, IVA excluido, a la empresa LLA que está acogida al RECC y tiene un porcentaje de deducción del 100%. Además, expide y entrega la correspondiente factura con la repercusión del IVA (21%). Ambas empresas pactaron que el pago del precio total de la operación se realizaría el día 15-4-20X1 mediante transferencia bancaria a la cuenta corriente de la entidad proveedora. Ambas entidades presentan declaraciones-liquidaciones con periodicidad trimestral. **5072**

Llegado el vencimiento del plazo pactado, la entidad LLA no ha pagado el importe correspondiente de la operación. Por eso, la entidad HALL siguiendo el procedimiento previsto en la normativa decide modificar la base imponible de la anterior operación, emitiendo a tal efecto una factura rectificativa, con fecha 15-9-20X1. Dicha factura fue recibida por la entidad LLA el día 28-9-20X1.

En este caso, el proveedor, la entidad HALL, debe ingresar el IVA correspondiente a la totalidad del precio (10.500 euros), en la declaración-liquidación del primer trimestre de 20X1 a presentar hasta el 20-4-20X1, con independencia de cuándo nazca el derecho a deducir esa cuota para el destinatario acogido al RECC.

Por otro lado, la empresa LLA no va a poder deducir el IVA soportado en la factura inicial de compra, en tanto que no satisfaga el importe del precio en el plazo pactado o, en su caso, en la última declaración-liquidación del año 20X2, a presentar hasta el 30-1-20X3, dado que su derecho a deducir la cuota del IVA consignada en la factura no va a nacer hasta el 15-4-20X1 o, en su caso, el 31-12-20X2. No obstante, según el supuesto el día 15-8-20X1, una vez transcurridos 6 meses desde el devengo de la operación anterior, la entidad HALL considera el crédito como incobrable y modifica la base imponible de la operación emitiendo una factura rectificativa el día 15-9-20X1. Así, al recibir la entidad LLA esa factura el día 28-9-20X1, nace para ella el derecho a deducir el IVA soportado (10.500 euros), por lo que ha de incluir en la declaración del tercer trimestre del año 20X1 esa cuota como IVA soportado y, por otra parte, ha de constar el importe de las cuotas rectificadas (- 10.500 euros) en esa misma declaración-liquidación.

Declaración de concurso del sujeto pasivo acogido al RECC (LIVA art.163 sexiesdecies) 5075

La declaración de concurso del sujeto pasivo acogido al RECC determina para este, en la **fecha del auto** de declaración de concurso, las siguientes consecuencias:

a) El **devengo** de las cuotas repercutidas, realizadas con anterioridad a esa fecha, que estuvieran aún pendientes de devengo en dicha fecha (pendientes de cobro total o parcial).

b) El **nacimiento del derecho a la deducción** de las cuotas soportadas respecto de las operaciones que haya sido destinatario y a las que haya sido de aplicación el RECC, que estuvieran pendientes de pago y en las que no haya transcurrido el plazo del 31 de diciembre previsto en nº 5062.

c) El **nacimiento del derecho a la deducción** de las cuotas soportadas respecto de las operaciones que haya sido destinatario no acogidas a dicho régimen especial, que estuvieran aún pendientes de pago y en las que no haya transcurrido el plazo de la letra b) anterior.

El sujeto pasivo acogido al RECC en concurso debe declarar las cuotas devengadas y ejercitar la deducción de las cuotas soportadas referidas anteriormente en la **declaración-liquidación** (autoliquidación) correspondiente a los hechos imponibles anteriores a la declaración de concurso (modelo 303 -modalidad preconcursal-). Asimismo, el sujeto pasivo en RECC debe declarar en dicha declaración-liquidación (autoliquidación), las demás cuotas soportadas que estuvieran pendientes de deducción a dicha fecha. Las cuotas soportadas y repercutidas se refieren a antes del concurso.

En concreto, en las operaciones incluidas en el RECC, cuando una de las dos partes, proveedor o destinatario, es **declarada en concurso**, se contempla un cese inmediato de los efectos del RECC, tanto en el caso de que quien repercute como quien soporta el IVA está sometido al RECC, y con independencia de si la contraparte, proveedor o destinatario, está o no acogida al citado régimen especial.

Ejemplo La empresa XY ha comenzado a aplicar el RECC, y el día 15-1-20X0 emite una factura por importe de 10.000 euros, IVA excluido, a una entidad mercantil que tributa por el régimen general del IVA. Ambas pactaron que el importe del precio se satisfaría el día 1-4-20X0. Con fecha 3-3-20X0 se dicta auto de declaración de concurso de la entidad cliente de la empresa XY. Ambas empresas presentan declaraciones-liquidaciones (autoliquidaciones) trimestrales. **5077**

Los efectos de dicha declaración de concurso para las dos empresas son:

- la empresa XY debe incluir en su declaración-liquidación (autoliquidación) del primer trimestre un IVA devengado de 2.100 euros (21% 10.000), aunque en esa fecha todavía no hubiese cobrado el importe de la operación;
- para la entidad cliente se ha de producir en la fecha de declaración del concurso el nacimiento del derecho a deducir dicha cantidad de 2.100 euros que debe ejercitar en la declaración-liquidación (autoliquidación) del primer trimestre, modelo 303 -modalidad preconcursal-, cuyo período de liquidación irá desde 1-1-20X0 hasta 2-3-20X0, junto con el resto de cuotas pendientes de deducción a dicha fecha.

2. Sujetos pasivos no acogidos al RECC destinatarios de las operaciones afectadas por este

(LIVA art.163 quinquiesdecies.Uno; RIVA art.61 decies.2)

5080 En relación con estas operaciones se analizan, en concreto, las deducciones (nº 5082 s.) y las obligaciones formales (nº 5086).

5082 **Deducciones** (LIVA art.163 quinquiesdecies.Uno) En el caso de los sujetos pasivos no acogidos al régimen pero que sean destinatarios de las operaciones incluidas en el mismo, el **nacimiento del derecho a la deducción** de las cuotas soportadas por esas operaciones, con independencia del momento en que se entienda realizado el hecho imponible efectuado por el proveedor del bien o el prestador del servicio, tiene lugar:

- en el momento del pago total o parcial del precio por los importes efectivamente satisfechos (TJUE 10-2-22, asunto C-9/20);
- el 31 de diciembre del año inmediato posterior a aquel en que se haya realizado la operación, si el pago no se ha producido.

Precisiones El momento del **pago** total o parcial del precio de la operación debe ser acreditado por el sujeto pasivo acogido al RECC (nº 5054).

5084 Ejemplo La entidad mercantil PLUS acogida al RECC ha realizado el 15-12-20X0 una venta de maquinaria a la entidad LU, establecida en el TIVA, por 350.000 euros, IVA excluido. Las condiciones de pago del precio de la operación fueron las siguientes: el 50% a la puesta a disposición de la maquinaria al cliente, el 20-12-20X0; un 25% el 20-6-20X1; y el 25% restante el 20-1-20X2. En dichas fechas la entidad LU pagó las cantidades correspondientes. Ambos, proveedor y cliente, presentan declaraciones-liquidaciones (autoliquidaciones) con carácter trimestral.

En este supuesto, el devengo del IVA se produce de la siguiente forma:

- el 20-12-20X0, 175.000 × 21% = 36.750.
- el 20-6-20X1, 87.500 × 21% = 18.375.
- el 31-12-20X1, 87.500 × 21% = 18.375, dado que a esta fecha aún no se ha producido el pago total de la operación.

a) La entidad PLUS no debe hacer una rectificación de la declaración-liquidación (autoliquidación) en que incluye este IVA devengado (18.375 euros), aunque cobre en el año 20X2 el resto del precio, dado que el devengo se produjo por aplicación del límite temporal el 31-12-20X1 (nº 5054), y dicho cobro posterior no produce un nuevo devengo del IVA.

b) La empresa LU no va a poder deducir el IVA soportado en la factura de compra, en tanto en cuanto no satisfaga el importe del precio de cada uno de los plazos pactados. Así, su derecho a deducir las citadas cuotas soportadas va a nacer, respectivamente, el 20-12-20X0, el 20-6-20X1 y el 31-12-20X1.

Por tanto, la empresa LU va a poder deducir 36.750 euros en la declaración-liquidación (autoliquidación) del cuarto trimestre de 20X0; 18.375 euros en la declaración-liquidación del segundo trimestre de 20X1; y 18.375 euros en la última declaración-liquidación (autoliquidación) trimestral del año 20X1. En todos los casos anteriores, va a poder ejercitar su derecho también en los respectivos periodos siguientes hasta cuatro años contados a partir del correspondiente nacimiento del derecho a deducir.

5086 **Obligaciones formales** (LIVA art.163 quinquiesdecies.Uno; RIVA art.61 decies.2) Los sujetos que sean destinatarios de operaciones afectadas por el RECC deben informar de los **importes** correspondientes a las operaciones de adquisición de bienes y servicios a las que sea de aplicación o afecte el RECC.

Asimismo, en el **libro registro de facturas recibidas** (nº 7379) deben incluir las fechas de pago, parcial o total, de la operación, indicando de manera separada el importe correspondiente en su caso, así como indicar el medio de pago por el que se satisface el importe parcial o total de la operación.

C. Obligaciones formales

(LIVA art.163 terdecies.Cuatro; RIVA art.61 decies y 61 undecies; Rgto Fac art.6.1.p), 7.1.i) y 11.3)

El estudio detallado de las obligaciones formales se realiza distinguiendo entre liquidación del impuesto (nº 6400 s.) y otras obligaciones formales (nº 6900 s.). Sin perjuicio de lo anterior, deben tenerse en cuenta algunas **particularidades** en relación al RECC: **5090**

	Regla general	Especialidades
Declaración censal	nº 6905 s.	Censo de empresarios, profesionales y retenedores: nº 6922 Declaración de alta: nº 6980 Declaración de modificación: nº 7022 y nº 7053
Operaciones con terceras personas	Operaciones interiores (modelo 347): nº 7112 s.	
Facturación	nº 7190 s.	Contenido de las facturas: nº 7247.1 y nº 7272 Plazo de expedición: nº 7279 s.
Libros registro	nº 7365 s., nº 7379 y nº 7416	

Precisiones **1)** El **modelo 303 de autoliquidación del IVA** recoge en relación al RECC las siguientes características: **5092**
- en el apartado de identificación se debe indicar si el declarante ha optado o no por la aplicación del RECC, o si tiene o no la condición de destinatario de operaciones a las que se aplique el RECC;
- en caso de sujetos pasivos que opten por tributar en el RECC se deben indicar en el apartado de información adicional del modelo, los importes correspondientes a las operaciones de entregas de bienes y prestaciones de servicios a las que resulte de aplicación el RECC que se hubieran devengado por la aplicación de la regla general de devengo (nº 1205 s.);
- tanto los sujetos pasivos que opten por la aplicación del RECC, como los que sean destinatarios de operaciones afectadas por el mismo, deben informar de los importes correspondientes a la totalidad de las operaciones de adquisición de bienes y servicios a las que sea de aplicación o afecte el RECC durante el período impositivo al que se refiere la autoliquidación, con desglose agregado de la base imponible y de la cuota soportada correspondiente a todas las operaciones del período y con independencia del sector diferenciado al que se afecten y si las cuotas correspondientes a las mismas van a ser o no deducibles (DGT CV 10-10-14).

2) En el momento de efectuarse los cobros/pagos correspondientes a las operaciones sometidas al RECC se deben consignar los siguientes campos:
- en el **libro registro de facturas expedidas**: fecha de cobro, importes cobrados, medio de cobro utilizado, cuenta bancaria o medio de cobro utilizado;
- en el **libro registro de facturas recibidas**: fecha de pago, importes pagados, medio de pago utilizado, cuenta bancaria identificada mediante su numeración u otros elementos que permitan su identificación, o medio de pago utilizado que pueda acreditar el cobro parcial o total de la operación (DGT CV 4-7-16).

Las operaciones se han de anotar en los plazos generales como si a las mismas no les hubiera sido de aplicación el régimen especial, sin perjuicio de completar los datos referentes a los cobros o pagos totales o parciales en el libro correspondiente en el momento en que se efectúen los mismos, haciendo referencia a la factura de la que provienen e identificando al proveedor/cliente de la operación.

PARTE SEGUNDA

Operaciones intracomunitarias

 5150

CAPÍTULO 11

Operaciones intracomunitarias

5200

La abolición de las fronteras fiscales y la supresión de los controles en frontera en el interior de la UE, conlleva la necesidad de regular las **transacciones realizadas entre los países miembros** de la UE, y aunque en un principio el objetivo fue que estas tributaran en origen, la UE ha planteado la renuncia a ese principio. Las discusiones con los E.m. han confirmado que el principio de imposición en origen es políticamente inalcanzable, lo cual se reconoce incluso por el Parlamento Europeo, por ello la Comisión ha dedicado sus esfuerzos hacia el diseño de un sistema de IVA de la UE basado en la **imposición en el E.m. de destino** (TJUE 6-4-06, asunto C-245/04). 5201

A efectos de determinar la **territorialidad**, ver nº 405 s.

En el **comercio intracomunitario de bienes**, es necesario diferenciar entre las siguientes operaciones: 5203

1. La que tiene lugar entre sujetos pasivos del impuesto («business-to-business», **B2B**), para las que se prevé el principio general de tributación en destino, y donde se produce el desdoblamiento de las operaciones en dos **hechos imponibles**:

- una entrega de bienes (EIB), en el E.m. de origen, exenta del IVA de dicho Estado, y
- una adquisición intracomunitaria de bienes (AIB), en destino, sujeta sin exención en este último E.m.

2. Las que se producen entre un sujeto pasivo del impuesto y uno que no lo es («business-to-consumer», **B2C**), que está gravada en el país de origen.

Además, hay que tener en cuenta los **regímenes particulares** del comercio intracomunitario:

- régimen particular de determinadas personas (nº 5405 s.);
- medios de transporte nuevos (nº 5425 s.); y
- ventas a distancia (nº 9244 s.).

Precisiones **1)** Desde el 1-1-2021 las operaciones con el **Reino Unido de Gran Bretaña e Irlanda del Norte** han pasado a tener la consideración de importaciones. Como excepción, respecto a las entregas de bienes en Irlanda del Norte, sigue aplicándose la Directiva IVA, por lo que siguen calificándose como intracomunitarias (Acuerdo Brexit Protocolo sobre Irlanda/Irlanda del Norte art.8; Marco de Windsor), y deben informarse a través de la declaración recapitulativa (modelo 349). A tal efecto, los empresarios o profesionales y determinadas personas jurídicas que no actúen como tal de Irlanda del Norte, deben utilizar el NIF-IVA con prefijo «XI» (Dir 2006/112/CE art.215). 5204

2) Debido a las particularidades que presenta, el estudio del **transporte intracomunitario** de bienes se desarrolla en nº 9040 s.

Obligaciones formales en el comercio intracomunitario La supresión de los **controles en frontera** de los bienes que circulan de unos E.m. a otros, produce un mayor riesgo de fraude, que ha exigido el establecimiento de unas obligaciones formales complementarias para suministrar información a las Administraciones sobre el movimiento de mercancías y, con ello, facilitar su control. Particularmente, se exige: 5205

1. La presentación de:

- una **declaración recapitulativa** (modelo 349 -nº 7082 s.-); y
- una **declaración estadística** del comercio intracomunitario (Intrastat -nº 7107 s.-).

2. La obligación de:

- llevar un **libro registro** de determinadas operaciones intracomunitarias (nº 7405 s.);
- en el caso de empresarios o profesionales titulares de una **interfaz digital**, llevar un registro tanto de las operaciones en las que no sean sujeto pasivo, como en las que actúen en nombre propio (nº 9323); y
- desde el **1-1-2024**, en el caso de proveedores de **pagos transfronterizos**, llevar un registro de dichos pagos (nº 9326).

5206 3. La **identificación específica** a efectos del impuesto de los empresarios que realicen operaciones intracomunitarias en aquellos E.m. donde se realicen (**NIF-IVA**). Esta obligación de identificación, de carácter material y no formal a efectos de la exención (nº 5215), se extiende a los empresarios o profesionales que realicen prestaciones intracomunitarias de servicios o adquisiciones intracomunitarias de servicios, cuando en uno y otro caso se produzca la inversión del sujeto pasivo (Dir 2006/112/CE art.214.1.d y e).

Este NIF-IVA específico, que permite identificar a los **operadores intracomunitarios**, se caracteriza por la existencia de un prefijo propio de cada país, que en el caso español es el prefijo ES. En concreto, la composición del NIF-IVA de los E.m. de la UE es la siguiente (los datos están tomados de la dirección de internet: https://ec.europa.eu/taxation_customs/vies/#/faq:

País/Territorio	Código	Número
España	ES	9 caracteres
Alemania	DE	9 caracteres numéricos
Austria	AT	Letra «U» más 9 caracteres
Bélgica	BE	El número «0 o 1» seguido de 10 caracteres numéricos
Bulgaria	BG	9 o 10 caracteres numéricos
Chipre	CY	9 caracteres numéricos más una letra
Croacia	HR	11 caracteres numéricos
Dinamarca	DK	4 bloques caracteres numéricos
Eslovenia	SI	8 caracteres numéricos
Estonia	EE	9 caracteres numéricos
Finlandia	FI	8 caracteres numéricos
Francia	FR	bloque de 2 caracteres y un bloque de 9 caracteres numéricos
Grecia	EL	9 caracteres numéricos
Holanda	NL	12 caracteres
Hungría	HU	8 caracteres numéricos
Italia	IT	11 caracteres numéricos
Irlanda	IE	8 o 9 caracteres
Irlanda del Norte	XI	5, 9 o 12 caracteres
Letonia	LV	11 caracteres numéricos
Lituania	LT	9 o 12 caracteres numéricos
Luxemburgo	LU	8 caracteres numéricos
Malta	MT	8 caracteres numéricos
Polonia	PL	10 caracteres numéricos
Portugal	PT	9 caracteres numéricos
República Checa	CZ	8, 9 o 10 caracteres numéricos
República Eslovaca	SK	10 caracteres numéricos
Rumanía	RO	Entre 2 y 10 caracteres numéricos
Suecia	SE	12 caracteres numéricos

5207 Precisiones 1) Se puede **comprobar la existencia de un NIF-IVA** comunitario a través del Sistema de intercambio de información automatizado sobre el IVA -**VIES**- (VAT Information Exchange System), accesible en toda la UE, o a través de la página web de la AEAT.

2) Los empresarios y las personas jurídicas no empresarios identificados a efectos del IVA en sus operaciones intracomunitarias están obligados a comunicar a sus proveedores de bienes o prestadores de servicios su **número de identificación** a efectos del IVA tan pronto como dispongan del mismo (Rgto UE/282/2011 art.55 párrafo 1º).

3) Existe un **Registro de operadores intracomunitarios** (ROI) que forma parte del censo de empresarios, profesionales y retenedores -ver nº 6912- (RGGI art.3.3).

4) En el caso de **prestaciones intracomunitarias de servicios** efectuadas por un empresario establecido en el TIVA que conforme a las **reglas de localización** hayan de tributar en el país de destino, la acreditación del NIF/IVA por parte del destinatario (empresario o profesional, o persona jurídica que no actúe como empresario o profesional pero que esté identificada a efectos del IVA) indica al prestador que el sujeto pasivo, por inversión, es el adquirente, con lo cual no procede repercusión del tributo por parte del prestador del servicio.

5208 **Medidas de control** A pesar de lo anterior, y dado el elevado volumen de fraude existente en las operaciones intracomunitarias (especialmente a través del denominado «**fraude carrusel**»), el control de tales operaciones se ha convertido en una prioridad para las Administraciones de los E.m. de la UE.

Por eso, en el ámbito de la UE tiene mucha importancia el intercambio de información entre los E.m., regulado en el Rgto UE/904/2010 (nº 8132 s.) y Rgto UE/79/2012. En relación con las **categorías de información** objeto de dicho intercambio, son las siguientes:
a) Relativa a los sujetos pasivos **no establecidos**:
- los números de identificación a efectos del IVA a sujetos pasivos establecidos en otro E.m.; y
- las devoluciones del IVA a sujetos pasivos no establecidos en el E.m. de devolución, pero establecidos en otro E.m.

b) Relativa a los **medios de transporte nuevos**:
- las entregas intracomunitarias exentas de medios de transporte nuevos, realizadas por personas que tengan la consideración de empresario o profesional ocasional por la venta intracomunitaria de estos medios de transporte (ver nº 5426 s.);
- las entregas intracomunitarias exentas de embarcaciones y aeronaves nuevas, efectuadas por empresarios o profesionales identificados a efectos del IVA y distintos de los que figuran en el guion anterior, a personas no identificadas a dichos efectos; y
- las entregas intracomunitarias exentas de vehículos terrestres con motor nuevos, por empresarios o profesionales identificados a efectos del IVA y distintos de los que figuran en el primer guion, a personas no identificadas a dichos efectos.

SECCIÓN 1

Entregas y adquisiciones

A. Entregas intracomunitarias de bienes (EIB)

5210

1. Concepto

Las entregas intracomunitarias de bienes (EIB), son entregas de bienes expedidos o transportados desde TIVA hasta un E.m. de la UE, que presentan la particularidad de que se les aplica un **régimen específico de exención** cuando concurren determinados requisitos. Ya que genera el derecho a deducir el IVA soportado por el empresario que realiza la operación exenta, estamos ante una exención plena. 5211
Por lo demás, el concepto, las reglas de lugar de realización, la base imponible, el sujeto pasivo y los demás elementos configuradores del hecho imponible, son los mismos que para cualquier otra entrega de bienes, con alguna particularidad en materia de devengo, y sin perjuicio de las especialidades en relación con el régimen de ventas a distancia (nº 9244 s.).

Precisiones **1)** En relación con las denominadas **prestaciones y adquisiciones intracomunitarias de servicios**, ver nº 5203. 5212
2) Las EIB son **autónomas de las AIB**, aunque normalmente a una entrega de este tipo le corresponde una AIB.
3) Si el IVA se ha **repercutido en origen erróneamente**, el E.m. de destino conserva su derecho a gravar la adquisición intracomunitaria efectuada en su territorio. En tal caso, el contribuyente debe realizar la solicitud de la devolución del impuesto erróneamente repercutido en el Estado de origen para evitar la doble imposición que en otro caso se produciría (Rgto UE/282/2011 art.16).

Doctrina Administrativa Además de las siguientes contestaciones de la DGT, ver nº 11000 s. 5213
1) Una empresa española importa una mercancía por Austria, donde quiere despacharla a libre práctica y entregarla a una empresa austriaca, sin que la mercancía abandone en ningún momento dicho país. Al no producirse una entrega ni una adquisición intracomunitaria posterior, la **entrega posterior a la importación** de la mercancía, constituye una entrega interior (DGT 15-3-04; CV 6-7-16; CV 7-7-16; CV 13-9-19).
2) Con carácter previo y antes de su expedición desde España, los bienes expedidos son objeto de determinados **trabajos realizados materialmente en España** por una segunda empresa española, siendo esta quien, tras la realización de dichos trabajos, expide los bienes con **destino a los otros E.m.** La entrega efectuada es una EIB, sin que desvirtúe esta calificación el hecho de que dicho transporte tenga lugar después de que los bienes hayan sido objeto de determinadas

prestaciones de servicios, efectuadas por cuenta de las empresas comunitarias adquirentes de los mismos, durante el período de tiempo que transcurre entre el momento en que la sociedad efectúa la entrega y el momento en que los bienes se expiden al otro Estado (DGT CV 23-2-99; 20-12-01; CV 6-9-11; CV 30-6-17; CV 17-5-19).

3) El fabricante traslada desde España a Francia unos equipos para proceder a su puesta a disposición en ese país en favor de una entidad también española. Si la transmisión del poder de disposición de los equipos que se transportan a Francia tiene lugar en territorio galo, el fabricante realiza en el TIVA una operación asimilada a una EIB que se encuentra sujeta, pero exenta del Impuesto. El correlato lógico de dicha entrega asimilada es una operación asimilada a una AIB que está sometida a gravamen en Francia. En todo caso, el fabricante debe disponer de NIF-IVA otorgado por las Administraciones fiscales de España y Francia. La posterior entrega de los productos a su cliente, va a ser una **entrega interior** sujeta en Francia (DGT CV 7-8-09; CV 17-4-24).

4) No es necesario que la entidad que realiza la EIB se encuentre identificada a efectos del IVA en el E.m. de **destino final**, con independencia de que su cliente tenga la condición de empresario comunitario en ese Estado (DGT CV 31-3-16).

5) No es necesario estar inscrito en el ROI, cuando todas las entregas de bienes con destino a otro E.m. de la UE tengan por destinatarios a **particulares**, de tal manera que no se trate de EIB exentas (DGT CV 4-11-19).

6) La introducción de **mobiliario** desde un E.m. al TIVA efectuada por quien no tiene la condición de empresario o profesional, no supone la realización de hecho imponible en IVA (DGT CV 17-4-20).

2. Régimen específico de exención

(Dir 2006/112/CE art.138 y 139; LIVA art.25.Uno; RIVA art.13)

5215 La aplicación de la exención se ordena conforme a los siguientes **parámetros**:
- requisitos para poder aplicarla;
- acreditación de los requisitos (nº 5219 s.); y
- excepciones en la aplicación de la exención (nº 5221 s.).

5215.1 **Requisitos** (Dir 2006/112/CE art.138.1 y 1 bis; LIVA art.25.Uno) La exención se encuentra configurada del siguiente modo:

a) Se trata de entregas de bienes (nº 115 s.) que son objeto de **expedición o transporte** para su puesta a disposición del adquirente, iniciándose dicha expedición o transporte en TIVA (nº 431), y teniendo dicho transporte como lugar de destino un punto situado en otro E.m. de la UE.

b) La expedición o transporte se efectúa por el **vendedor**, por el **adquirente** o por un **tercero** en nombre y por cuenta de cualquiera de los anteriores.

c) El adquirente tiene que comunicar al vendedor un **NIF-IVA** (obligación material desde el 1-3-2020), atribuido por un E.m. distinto del Reino de España. Es necesario asegurarse de la autenticidad del NIF-IVA suministrado por el comprador (además de asegurarse de que el transporte a otro E.m. ha tenido lugar realmente). A estos efectos:
- quienes entreguen bienes o efectúen prestaciones de servicios intracomunitarias pueden dirigirse a la **Administración tributaria** para solicitar la confirmación de que el NIF-IVA de otro E.m. comunicado por el comprador es auténtico (nº 7165);
- es posible la **verificación del NIF-IVA suministrado** por otro operador en la siguiente dirección de internet: https://ec.europa.eu/taxation_customs/vies/#/vat-validation

Aunque la dirección es gestionada por la Comisión Europea, la información que aparece en la misma se obtiene de los E.m., por lo que la primera no asume responsabilidad sobre ella.

Puede encontrarse información sobre el NIF-IVA y su funcionamiento en la siguiente dirección de internet: https://sede.agenciatributaria.gob.es/Sede/iva/iva-operaciones-comercio-exterior.html

Los E.m. deben garantizar que cuando el proveedor no cumpla con las obligaciones de indicación en la **lista VIES** no se aplique la exención, salvo que demuestre que actúa de buena fe. En este sentido, el TJUE ha entendido que cuando el vendedor no ha podido obtener dicho NIF-IVA del adquirente, actuando de buena fe y tras haber adoptado todas las medidas que se le pueden exigir razonablemente, pero puede facilitar indicaciones que sirven para demostrar que el adquirente es un empresario que actúa como tal, sí resulta de aplicación la exención a la entrega intracomunitaria realizada para dicho adquirente (TJUE 6-9-12, asunto C-273/11; 27-9-12, asunto C-587/10).

Este NIF-IVA solo puede atribuirse a los empresarios y profesionales y, en ciertos casos, a los consumidores finales que sean personas jurídicas (nº 5405 s.). En ningún caso las entregas efectuadas a consumidores finales **personas físicas** se benefician de esta exención, salvo en el supuesto especial de medios de transporte nuevos (nº 5425 s.).

d) La aplicación de esta exención queda condicionada a que el vendedor haya incluido la operación en la **declaración recapitulativa de operaciones intracomunitarias** -modelo 349- (7082 s.).

5216
Precisiones **1)** La salida de las mercancías en las que sea aplicada alguna de las exenciones previstas para situaciones de depósito temporal y regímenes aduaneros y fiscales (LIVA art.23 o 24), con destino a otro Estado comunitario, no va a determinar una operación asimilada a la importación, ni liquidación alguna del impuesto, prevaleciendo la **calificación del destino real** de los bienes, en su caso, una EIB.
2) Se trata de una **exención plena**, lo que significa que genera, para el empresario que realiza la entrega, el derecho a la deducción del IVA soportado. Ahora bien, en una entrega con destino a otro E.m. de la UE efectuada desde el TIVA, pueden concurrir simultáneamente dos exenciones: la propia de las entregas intracomunitarias (exención plena) y una exención limitada de las contempladas en la LIVA art.20. Se plantea así un supuesto de **concurrencia de exenciones**, respecto del que la LIVA nada dice. Entendemos que en estos casos debe aplicarse la exención limitada, para equiparar las entregas interiores y las intracomunitarias de los mismos bienes.
Sin embargo, en relación con el **régimen especial del oro de inversión** (nº 4412) la normativa sí que aborda el problema de la concurrencia de exenciones.
3) Se han publicado unas **notas explicativas de la Comisión Europea** sobre los cambios introducidos en materia de IVA en la UE con respecto a los acuerdos sobre existencias de reserva, las operaciones en cadena y la exención aplicable a las entregas intracomunitarias de bienes, que si bien no son jurídicamente vinculantes, se elaboran como una herramienta de orientación y pretenden ayudar a comprender mejor la legislación adoptada en el ámbito comunitario (https://ec.europa.eu/taxation_customs/commission-guidelines_en).

5217
Doctrina Administrativa Las consultas contenidas en este apartado deben ponderarse tanto con los requisitos para la exención, como con las reglas respecto de las entregas en cadena; ver también nº 11000 s.
1) En las ventas efectuadas por una sociedad española a un empresario portugués en la que las mercancías no salen de España no puede ser aplicada la exención ante **falta de transporte efectivo** de las mercancías con destino a otro Estado de la UE distinto de España (DGT 19-4-95; 19-6-00). No obstante, ver TJUE 27-9-07, asunto C-409/04 en el nº 5218.
La puesta a disposición de las mercancías se produce en el propio TIVA; no concurriendo el requisito del transporte intracomunitario estamos ante una entrega interior (DGT CV 25-4-24).
2) La entidad que compra corcho en España comunica un NIF/IVA italiano. El corcho se remite a una empresa española para la fabricación de tapones y similares. Ultimada la fabricación, el producto resultante se remite a Italia. Se cumple el requisito del transporte de los bienes con destino a otro E.m. directamente relacionado con las mismas, sin que ello pueda quedar desvirtuado por el hecho de que este tenga lugar después de que los bienes hayan sido objeto de determinadas **prestaciones de servicios** después de su adquisición (DGT CV 12-11-07; CV 3-7-14; CV 20-10-15).
El **material de embalaje** entregado para ser agregado a los bienes que van a salir de TIVA es una operación sujeta y exenta (DGT CV 30-6-17; CV 13-11-17).
Se encuentra sujeto y no exento el material que compra un no establecido en TIVA, y que va a utilizarse en la realización de una **ejecución de obra** en un proceso de fabricación de un bien distinto. Es al bien final al que se vincula el transporte intracomunitario (DGT CV 11-7-19).
3) La **condición del cliente** determina su tributación: en operaciones B2B existe una EIB exenta; en operaciones B2C, existe una venta a distancia de bienes (DGT CV 15-2-24; CV 12-6-25).
4) La aplicación de la exención requiere que el **adquirente** (entidad norteamericana) disponga de un NIF/IVA asignado por las autoridades fiscales de un E.m. distinto del Reino de España y este sea comunicado al vendedor (DGT CV 16-4-18; CV 20-10-20). No se requiere que el NIF/IVA suministrado por el adquirente haya sido asignado por el E.m. en el que el adquirente haya establecido la **sede de su actividad** económica (DGT CV 21-1-20).
5) Están sujetas y no exentas las entregas efectuadas en España para un empresario británico que traslada las mercancías al Reino Unido y que, al tributar en su país en **régimen de franquicia**, no está identificado a efectos del IVA en su país ni en ningún otro E.m. (DGT 10-6-99).
6) El adquirente no solo comunica un NIF/IVA asignado por la Administración española, sino que adquiere el **poder de disposición** sobre los bienes mientras estos aún se encuentran en TIVA, y ello a pesar de que la adquirente pueda tener la intención de transportar los bienes al territorio de otro E.m. desde el momento de su adquisición. Por lo tanto, las entregas de bienes efectuadas a la adquirente por los proveedores están sujetas y no exentas del impuesto (DGT CV 17-8-18; CV 11-1-06; CV 27-12-21).
La comunicación de un NIF-IVA del destinatario final por parte del **intermediario** residente en TIVA supone que la operación de venta al intermediario se considere como una entrega interior y como tal, no debe ser declarada en el modelo 349 (DGT CV 20-5-22; CV 11-12-23).
No obstante, ver las condiciones de las entregas de **ventas en cadena** (nº 431 s.).

5217.1 **7)** Las operaciones de **mediación en entregas intracomunitarias** sujetas no están exentas (DGT CV 7-7-05).

8) Una empresa española vende **piezas de repuesto** a una sociedad española entregando la mercancía en el domicilio de una empresa portuguesa por orden de su cliente. También vende a una empresa alemana entregando las piezas, también por orden de su cliente, en los almacenes de una empresa española. En ambos casos, las entregas de bienes que efectúa la empresa no son entregas exentas: en el supuesto del transporte a Portugal porque este está vinculado a la venta o transferencia a otro E.m. que hace la empresa española cliente de la vendedora; y en el supuesto de la entrega a la sociedad alemana, porque no existe transporte fuera del TIVA (DGT CV 4-4-07).

9) Las **ventas a distancia** se consideran entregas interiores sujetas. Por eso, la entidad que las lleva a cabo desde otro E.m. de la UE con destino al TIVA está obligada a solicitar de la Administración un NIF, pero no a solicitar el NIF-IVA, del que deben disponer quienes realizan operaciones intracomunitarias, ni tampoco está obligada a formar parte del Registro de operadores intracomunitarios. En el supuesto de que sí realizase operaciones intracomunitarias, debe solicitar el citado NIF-IVA y formar parte del anterior Registro (DGT CV 21-2-11).

5217.2 **10)** La salida de bienes del régimen fiscal de **perfeccionamiento activo** con destino a la exportación no da lugar al hecho imponible importación. Por su parte, la salida con destino a otro E.m., en el marco de una entrega intracomunitaria exenta no va a dar lugar a la liquidación de una operación asimilada a la importación (DGT CV 3-9-15; CV 14-3-13).

La adquisición de vino en TIVA y en territorios terceros para su envío a miembros de la UE, determina, cuando se ultime el **régimen de depósito distinto del aduanero**, el devengo de una operación asimilada a la importación o una EIB (DGT 16-10-17; CV 25-10-17).

El **despacho a libre práctica** determina el devengo del Impuesto, pues en ese momento se entenderían importadas las mercancías en el TIVA; no obstante, la mercancía se va a expedir o transportar hacia otro E.m., lo que va a determinar que dicha importación no se produzca, pudiendo hablar únicamente de una EIB (DGT CV 27-10-15).

11) En las operaciones relacionadas con **neumáticos**, hay que diferenciar los siguientes supuestos:

- realiza **entregas con montaje**: cuando los destinatarios son empresarios o profesionales no establecidas en TIVA, están localizadas en dicho territorio (DGT CV 19-1-15). No obstante, la calificación como **entrega de bienes** de esta operación y, puesto que los bienes son transportados fuera de TIVA, puede suponer la existencia de una **EIB exenta**. Si además se realizan **reparaciones** en el TIVA calificadas como prestaciones de servicios, estas no van a estar sujetas al IVA (DGT CV 12-4-23; CV 21-10-25);
- realiza únicamente la venta del neumático **sin montaje**: si se entregan a empresarios o profesionales, son enviados a otro E.m. o a países terceros, dicha entrega puede resultar exenta mediante acreditación del transporte (DGT CV 31-3-16).

12) La sociedad A, establecida en **Canarias** y sin establecimiento permanente en el TIVA, dedicada al comercio al mayor de prendas de vestir, así como al comercio al menor y confección de textiles, efectúa importaciones de bienes en dicho territorio para, con posterioridad, transmitirlos tanto en este territorio como en otros Estados miembros, siendo los adquirentes tanto particulares como empresarios o profesionales. Las entregas a los **establecidos en otro E.m.** pueden resultar exentas, de conformidad con la LIVA art.25.Uno, cuando la sociedad A envíe los bienes adquiridos o importados previamente desde el TIVA (DGT CV 8-7-16; 14-2-22).

5217.3 **13)** Una empresa dedicada al recubrimiento antiadherente de piezas metálicas, realiza trabajos para una **empresa establecida en otro E.m.** En algunas ocasiones recubre piezas propiedad del cliente, devolviéndoselas a este una vez acabado su trabajo; en otras ocasiones, adquiere las piezas sobre las que aplica el recubrimiento para posteriormente venderlas al cliente intracomunitario. En el caso de que la ejecución de obra tuviese la consideración de entrega de bienes, el envío de los productos terminados con destino a otro E.m. o un país tercero va a tener la consideración de una EIB exenta (DGT CV 23-3-16).

14) Una entidad vende equipos de protección contra incendios que serán instalados en buques utilizados en la actividad de **cruceros turísticos** comunicándole el adquirente un NIF-IVA atribuido por las autoridades de otro E.m. Los bienes en cuestión no son objeto de transporte desde TIVA hasta el territorio de otro E.m., si no que se incorporan al buque, por lo que no concurren los requisitos necesarios para considerar que existe una EIB (DGT CV 15-6-17).

15) La **factura** que documente una entrega intracomunitaria exenta debe ser expedida consignando de forma obligatoria un NIF/IVA concedido a la entidad belga por las autoridades de un E.m. distinto del Reino de España, tal y como exige el Rgto Fac art.6 (DGT CV 1-8-18).

5218 Jurisprudencia Las resoluciones o sentencias contenidas en este apartado deben ponderarse tanto con los requisitos para la exención, como con las reglas respecto de las entregas en cadena en vigor desde 1-3-2020 en España.

1) Cuando se producen dos **entregas sucesivas** entre empresarios y un solo **transporte intracomunitario**, la determinación de la entrega a la que ha de asignarse dicho transporte debe efectuarse a la luz de las circunstancias concurrentes. No obstante, en el caso de que el transporte se efectúe

por el primer comprador, que obtiene el poder de disposición sobre el bien en el E.m. de origen, manifiesta al vendedor su intención de transportar el bien a otro E.m. y comunica al vendedor su NIF-IVA en este último E.m., el transporte debe asignarse a la primera entrega, si la puesta del bien a disposición del segundo comprador tiene lugar en el E.m. de destino del transporte intracomunitario (TJUE 6-4-06, asunto C-245/04; 16-12-10, asunto C-4030/09).
El transporte se asocia a la segunda entrega en el supuesto en que la **segunda transmisión del poder de disponer** del bien como propietario tenga lugar antes de que se produzca el transporte intracomunitario (TJUE 21-2-18, asunto C-628/16).
2) Aun cuando el requisito del transporte intracomunitario es esencial para que pueda afirmarse la exención de la entrega intracomunitaria de bienes, el TJUE ha matizado esta cuestión al establecer que cuando un **proveedor de buena fe**, que ha adoptado todas las medidas razonables a su alcance para cerciorarse de que la entrega por él efectuada cumplía los requisitos exigidos para beneficiarse de la exención correspondiente a las entregas intracomunitarias (en particular el transporte de los bienes a otro E.m.) ha aplicado dicha exención, la misma no puede ser denegada posteriormente si se demuestra que ha existido fraude y que las citadas condiciones en realidad no se cumplían (TJUE 27-9-07, asunto C-409/04). En relación con la deducibilidad del IVA soportado, ver el nº 2532.
3) Cuando se haya efectuado una entrega intracomunitaria, pero el proveedor haya **ocultado la identidad del adquirente** a fin de permitirle eludir el pago del impuesto en el E.m. de destino, el E.m. de origen puede acordar la **denegación de la exención** del IVA a la entrega intracomunitaria. Dicho Estado está obligado a denegar la exención cuando existan razones fundadas para pensar que el pago del impuesto debido en destino va a ser eludido (TJUE 7-12-10, asunto C-285/09).
4) La identificación a efectos del IVA del primer adquirente en un E.m. distinto del lugar de la primera entrega o del lugar de la adquisición final, no es un criterio para la calificación de una operación como operación intracomunitaria, ni tampoco, por sí sola, una prueba suficiente que demuestre el carácter intracomunitario de una operación, dado que no se ha producido ningún **transporte intracomunitario** vinculado a la primera entrega (TJUE 26-7-17, asunto C-386/16).
5) Que la empresa española en el momento de la entrega no estuviera inscrita en el **ROI** ni en el sistema VIES, así como tampoco estuviera sujeta a un régimen de tributación de las adquisiciones intracomunitarias, no es causa suficiente para impedir la aplicación de la exención, salvo que se aprecie **fraude** (TJUE 9-2-17, asunto C-21/16).
6) No procede la exención de la EIB cuando ni el proveedor ha demostrado que las mercancías se entregaron a un destinatario que tuviese la condición de sujeto pasivo en el Estado miembro de destino ni, habida cuenta de las circunstancias de hecho y de la **información facilitada** por el proveedor, se dispone de los datos necesarios para comprobar que dicho destinatario tuviera tal condición (TJUE 29-2-24, asunto B2 Energy s. r. o. C-676/22).

Acreditación de los requisitos (RIVA art.13) En la aplicación de esta exención, el proveedor debe estar en condiciones de probar ante la Administración, que han concurrido en la entrega concreta efectuada todos los requisitos que justifican su aplicación. Los **criterios** que aplican a estos efectos son: **5219**
1º. La **expedición o transporte** hasta el otro E.m., que se justifica en la forma recogida en nº 5220.
2º. La **condición del adquirente** intracomunitario se acredita, en general, mediante el NIF que aquel suministre al vendedor.
El comprador está obligado a comunicar, a su proveedor de bienes o prestador de servicios, su **número de identificación** a efectos del IVA tan pronto como disponga del mismo (Rgto UE/282/2011 art.55 párrafo 1º). No obstante, el TJUE ha admitido que en ciertos supuestos puede acreditarse dicha condición por medios distintos del NIF/IVA (TJUE 6-9-12, asunto C-273/11; 27-9-12, asunto C-587/10).
3º. En el caso de **transferencias de bienes** del sujeto pasivo para afectarlo a su actividad en otro país (nº 5225), la exención queda condicionada a que se justifique:
- el transporte de los bienes, según lo dispuesto en el primer apartado;
- sujeción a gravamen de los bienes en el E.m. de destino; y,
- estar identificado a efectos del impuesto en dicho Estado.

Prueba de transporte intracomunitario La salida de TIVA debe justificarse por cualquier medio de prueba admitida en derecho (LGT art.106) y, en particular, por el **sistema armonizado** de medios de prueba que, desde el 1-1-2020, pueden utilizar los contribuyentes a los efectos de acreditar el transporte (Rgto 282/11/UE art.45 bis). Estos elementos, que admiten prueba en contrario, son a los que se remite la normativa española (RIVA art.13.2). **5220**
En función de la persona que realice el transporte encontramos:
a) Si es el **vendedor** o un tercero en su nombre, este debe estar en posesión de dos de las evidencias directas, o de una de ellas junto con alguna de las evidencias indirectas. En ambos casos deben ser extendidas por partes independientes de comprador y vendedor.

Evidencias directas	Evidencias indirectas
- carta o documento CMR firmados; - conocimiento de embarque; y, - factura de flete aéreo o del transportista de los bienes.	- póliza de seguros relativa a la expedición o al transporte de los bienes, o documentos bancarios que prueben el pago de la expedición o del transporte de los bienes; - documentos oficiales expedidos por una autoridad pública, como un notario, que acrediten la llegada de los bienes al Estado miembro de destino; y, - recibo extendido por un depositario en el Estado miembro de destino que confirme el almacenamiento de los bienes en ese Estado miembro.

b) Si es el **comprador** o un tercero en su nombre, el vendedor, además de las pruebas anteriores, debe contar con una declaración de este dónde se informe: la fecha de emisión; el nombre y la dirección del adquirente; la cantidad y naturaleza de los bienes; la fecha y lugar de entrega de los bienes; en caso de entrega de medios de transporte, su número de identificación; y, identificación de la persona que acepte los bienes en nombre del adquirente. Esta declaración debe ser entregada al vendedor como **fecha límite** el día 10 del mes siguiente a la entrega.

5220.1 Doctrina Administrativa Además de las siguientes contestaciones de la DGT, ver nº 11000 s.

1) En los procedimientos tributarios son de aplicación las normas que sobre **medios y valoración de prueba** se contienen en el CC y en la LEC, salvo que la ley establezca otra cosa (LGT art.106.1). Esta última norma contiene una enumeración de los medios de prueba (LEC art.299) y, en lo que se refiere al valor que debe darse a estos medios, debe respetarse el principio general de libre y conjunta valoración de todas las pruebas aportadas, ya que nuestro ordenamiento jurídico descarta el sistema de prueba legal o tasada (DGT CV 3-7-07; CV 12-6-13).

2) Para que las entregas intracomunitarias estén exentas, el requisito relativo al **transporte** se cumple cuando el mismo se realiza, efectivamente, mediante el traslado de los bienes desde España a otro E.m. y cuando está **vinculado a la entrega** que se considera, sin que exista otra entrega distinta anterior a dicho transporte. La vinculación se acredita cuando la empresa adquirente declare la realización de la correspondiente AIB en el país de destino efectivo de los bienes, en el que también se entiende realizada la subsiguiente entrega al cliente final (DGT CV 6-2-14; CV 29-6-17).

3) Entre otros, se consideran **documentos válidos**:
- un certificado de recepción que contiene todos los datos relativos a la entrega y firmado tras la recepción por el adquirente comunitario (DGT CV 21-10-04; CV 8-6-06; CV 5-7-06);
- una factura (DGT CV 1-8-22), un duplicado de factura (DGT CV 17-6-02) o un documento similar (DGT 2-8-01).

No son **documentos válidos**:
- la factura de venta, los justificantes de cobro del importe de las ventas, los justificantes de los peajes y de los repostajes efectuados por cada medio de transporte, albaranes o certificados de recepción, así como la certificación del proveedor de servicios de geolocalización, o una carta de transporte (DGT CV 2-9-20; CV 23-9-20; CV 17-2-21; CV 12-5-21), sin perjuicio de que estos elementos puedan constituir elementos de prueba aportados sobre la realidad del transporte;
- una copia de la declaración de operaciones intracomunitarias presentada por el adquirente en Portugal -sin perjuicio de que pueda acreditar el hecho concreto de que el adquirente ha presentado la declaración recapitulativa de operaciones intracomunitarias en Portugal- (DGT CV 30-1-18);
- una mera declaración jurada presentada por el adquirente (DGT CV 20-8-18).

4) El **transporte realizado por los medios propios** del proveedor supone que el documento CMR no ha sido emitido por parte independiente, sin perjuicio que este documento pueda constituir elemento de prueba (DGT CV 23-9-21). Se **presume** la realidad del transporte cuando está en posesión de al menos dos documentos de los mencionados en el Rgto UE/282/201145 bis.3 o, alternativamente, un documento de los mencionados en el Rgto UE/282/201145 bis.3.b junto con, en ambos casos, la declaración escrita del adquirente que certifique que los bienes han sido expedidos o transportados por él o por un tercero en su nombre. Para que surtan efectos presuntivos e necesario que hayan sido extendidos por partes independientes no solo entre sí, sino también respecto de la parte vendedora y del adquirente (DGT CV 26-9-23; CV 26-9-23).

5) Aunque en la **carta de porte CMR** figure un destino situado en TIVA, al transportar el cliente otros bienes en el mismo medio de transporte, en la medida en que quede acreditado el transporte de los bienes al territorio de otro E.m., las entregas de bienes efectuadas por la consultante en esas condiciones están sujetas y exentas del impuesto (DGT CV 30-6-17).

5220.2 6) La respuesta negativa de **VIES** supone que el empresario que realiza la operación no puede aplicar ninguna exención a su cliente, ya que no tiene constancia de la corrección de su número de identificación (DGT 30-4-04).

7) Una sociedad española (A) vende algodón a una empresa griega (B), **no establecida**, que a su vez la vende a la sociedad española (C), que por último la vende a una sociedad portuguesa (D), remitiéndose la mercancía al país lusitano desde las instalaciones de (A). Las entregas entre (A) (B) y (C) se realizan en las condiciones del incoterm Free Carrier (FCA).
Las transmisiones entre (A), (B) y (C), son entregas sujetas y no exentas al IVA, ya que el poder de disposición de las mercancías se transmite con arreglo a la cláusula FCA, presente en los contratos de compraventa, en TIVA. La entrega comunitaria va a ser la efectuada por (C) a (D). Por consiguiente, en la entrega entre (A) y (B) va a ser sujeto pasivo la empresa española transmitente. En la entrega entre las empresas (B), griega no establecida y (C), es decir, la consultante, va a ser sujeto pasivo esta última por inversión del sujeto pasivo. Por último, (C) va a ser sujeto pasivo de la entrega intracomunitaria (DGT CV 6-2-14).
8) Las personas o entidades que realicen operaciones intracomunitarias deben solicitar ante los órganos competentes de la AEAT el NIF-IVA, el cual va a ser asignado cuando se solicite la **inclusión en el ROI**, en la forma prevista para la declaración de alta o modificación de datos censales (DGT CV 20-7-16).
La obligación de figurar inscrita en el ROI de la entidad está condicionada en función de si en el **servicio de arrendamiento** prestado por ella (inmueble situado en Portugal), corresponde al destinatario de dicha prestación la condición de sujeto pasivo por inversión (DGT CV 20-12-19).

Jurisprudencia **1)** Los elementos de prueba recogidos en Rgto UE/282/2011 art.45 bis son **presunciones**, no un sistema de pruebas tasado. Si no existen estos documentos, las administraciones nacionales están obligadas a valorar todos los medios de prueba disponibles que justifiquen el transporte intracomunitario (TJUE 13-11-25, asunto FLO veneer C-639/24. **5220.3**
2) La normativa comunitaria se opone a que las autoridades competentes del E.m. de entrega obliguen a un proveedor, que actúa de buena fe y ha presentado pruebas que justifican a primera vista su derecho a la exención en una **EIB**, a pagar posteriormente el IVA sobre los referidos bienes, cuando las correspondientes pruebas resulten ser falsas, sin que se haya demostrado la participación del referido proveedor en el fraude fiscal, siempre que este último haya adoptado toda **medida razonable** a su alcance para asegurarse de que la entrega intracomunitaria que efectúa no le conduce a participar en tal fraude. El hecho de que el adquirente haya presentado a las autoridades tributarias del E.m. de destino una declaración relativa a la adquisición intracomunitaria, puede constituir una prueba adicional dirigida a demostrar que los bienes han abandonado efectivamente el territorio del E.m. de entrega, pero no constituye una prueba concluyente a efectos de la exención del IVA de una entrega intracomunitaria (TJUE 27-9-07, asunto C-409/04).
La Administración tributaria de un E.m. no puede **denegar** la exención a una EIB que tuvo lugar efectivamente, por el único motivo de que la prueba de tal entrega no se aportó en tiempo oportuno (TJUE 27-9-07, asunto C-146/05).
3) Las **autoridades fiscales del E.m. de partida** de la expedición o del transporte de bienes en el marco de una entrega intracomunitaria no están obligadas a solicitar información a las autoridades del E.m. de destino indicado por el proveedor (TJUE 27-9-07, asunto C-184/05).
4) Los **derechos a la deducción**, a la exención o a la devolución del IVA, deben denegarse, aun cuando no existan disposiciones del Derecho nacional que prevean tal denegación, cuando resulte acreditado que el sujeto pasivo sabía o debería haber sabido que, mediante la operación realizada, participaba en un **fraude en el IVA**. Dicha denegación procede aun cuando el fraude se cometa en un E.m. distinto de aquel en el que el sujeto pasivo realizó la operación y solicitó esos derechos y aun cuando el sujeto pasivo haya cumplido, en este último E.m., los requisitos formales establecidos para poder acogerse a los mismos (TJUE 18-12-14, asuntos acumulados C-131/13, C-163/13 y C-164/13).

5) No puede considerase como prueba de que los bienes fueron expedidos o transportados a otro E.m. el hecho de que la **contabilidad** se lleve a cabo de forma correcta, ni las **facturas del expedidor** ni su contabilización, ni su correspondencia con los libros de almacén, ni las declaraciones INTRASTAT o las periódicas por IVA; ni incluso las declaraciones recapitulativas de operaciones con sujetos pasivos de la CEE (actualmente, UE). Estos documentos no se pueden considerar elementos objetivos justificativos de la existencia de un **desplazamiento físico** de los bienes entre Estados miembros, en cuanto no van acompañados de otros justificativos de la intervención del adquirente o transportista. EL **NIF del adquirente** portugués solo demostraría su condición de sujeto pasivo del IVA, pero no que los bienes fueran expedidos o transportados a Portugal (TS 28-1-10, EDJ 9959). **5220.4**
Los documentos de transporte no solo deben contener la identificación del transportista y del vehículo, lugar fuera de España donde se va a efectuar el transporte y número de factura que se corresponde con la mercancía cargada, sino que, asimismo, debe constar que dicha mercancía ha sido efectivamente entregada fuera del territorio español mediante una declaración del adquirente o **certificación del receptor** de la mercancía en el país de destino (TS 25-4-12, EDJ 87293; 18-9-13, EDJ 182553).
6) No procede imposición de sanción sobre el proveedor que aplicó indebidamente la exención en la entrega (dada la falta de transporte de los bienes a otro E.m. de la UE) pues esa **falta de transporte** es imputable al adquirente y no al proveedor, que desplegó toda la diligencia requerida para obtener información respecto de las circunstancias necesarias para apreciar la procedencia de la exención. Falta el elemento de la culpabilidad (TS 24-3-11, EDJ 34796).

7) Se puede denegar la exención al vendedor, siempre que se acredite de manera objetiva que ha incumplido las obligaciones que le incumbían en materia de prueba o que sabía o hubiera debido saber que la operación que realizó estaba implicada en un fraude cometido por el adquirente. Sin embargo, no cabe denegar la exención al vendedor por el único motivo de que la autoridad tributaria de otro E.m. haya **cancelado el NIF-IVA** del adquirente, cancelación que, pese a ser posterior a la entrega del bien, tuvo efecto, con carácter retroactivo, en una fecha anterior a tal entrega (TJUE 6-9-12, asunto C-273/11). En el mismo sentido, TEAC 16-9-14.

5220.5 **8)** Al no haberse probado el transporte de la mercancía no cabe aplicar la exención prevista en la LIVA art.25, no produciéndose con esto una quiebra de la neutralidad del impuesto (TS 28-3-14, EDJ 49559), teniéndose en cuenta que es necesario demostrar el **transporte efectivo** de los bienes desde el territorio español de aplicación del impuesto al de otro E.m., con independencia de quién se encargue del mismo, al no haber entrega intracomunitaria sin la acreditación del desplazamiento físico de los bienes entre E.m. (transporte intracomunitario) (TS 14-4-16, EDJ 38954).
Por tanto, al no haber constancia de que las mercancías saliesen del TIVA español, al no haber existido transporte físico a Portugal, se deben **recalificar** las operaciones llevada a cabo por la Inspección, consideradas inicialmente como intracomunitarias, al tratarse de entregas interiores sujetas y no exentas, debiendo haber repercutido la entidad recurrente el IVA correspondiente (TS 24-6-15, EDJ 112478).
9) La exención en la EIB no puede denegarse en el E.m. de entrega por el único motivo de que dicho medio de transporte haya sido dotado únicamente de una **matrícula temporal** en el E.m. de destino. El vendedor no puede estar obligado a ingresar el IVA si no se acredita que el régimen de matrícula temporal se ha extinguido y que el mencionado impuesto ha sido o será ingresado en el E.m. de destino, salvo que se demuestre, sobre la base de datos objetivos, que el referido vendedor sabía o hubiera debido saber que la operación estaba implicada en un fraude cometido por el adquirente y no adoptó todas las medidas razonables a su alcance para evitar su participación en ese fraude (TJUE 14-6-17, asunto C-26/16).

5221 **Excepciones** (LIVA art.25.Uno) La exención prevista para las EIB no se aplica cuando se den ciertas circunstancias en el comprador o cuando se trate de determinados bienes.

5222 **Comprador** La exención no se aplica cuando el comprador sea alguna de las siguientes **personas**:
- un empresario que tributa en REAGP;
- un empresario que únicamente realiza operaciones exentas que no generan el derecho a deducir; o
- una persona jurídica que no actúa como empresario o profesional.

En todos estos supuestos, es **condición** que las adquisiciones intracomunitarias que efectúen estos empresarios o personas jurídicas no estén sujetas al IVA en destino, por no haber superado dichas adquisiciones el umbral establecido por el E.m. de destino (para España, dicho umbral es de 10.000 euros) ni haber optado estas personas por tributar en dicho Estado de destino (conforme a las reglas del régimen particular de determinadas personas, nº 5405 s.).
En estos casos, y de acuerdo con las normas de armonización comunitarias, estos empresarios o personas jurídicas **no** pueden tener el **NIF-IVA específico** previsto para las operaciones intracomunitarias.
Se exceptúan de la no exención las entregas de los **medios de transporte nuevos**, que se gravan en destino y están exentas en origen, aunque se realicen por personas que no tienen la condición de empresarios (ver nº 5425 s.).

5223 **Bienes** No se aplica la exención a las entregas de bienes acogidas al régimen especial de **bienes usados**, objetos de arte, antigüedades y objetos de colección (nº 3900 s.).
La excepción es lógica, ya que este régimen especial se caracteriza porque la **base imponible** es el margen de beneficio del revendedor, que solo él conoce, lo que obliga a situar la tributación de la operación en el E.m. de origen.
No procede tampoco la exención en aquellos supuestos en que la entrega efectuada no esté sujeta al IVA español: así ocurre con las entregas que han de ser objeto de **instalación o montaje** antes de su puesta a disposición del adquirente, cuando la instalación o montaje se ultime en el E.m. de destino (nº 450).

[Doctrina Administrativa] Además de las siguientes contestaciones de la DGT, ver nº 11000 s.
No se aplica la exención para las **ventas de muebles usados** cuando se aplique el régimen especial de bienes usados, objetos de arte, antigüedades y objetos de colección (DGT CV 10-5-23).

5224 **Acuerdo de venta de bienes en consigna** (Dir 2006/112/CE art.17 bis; LIVA art.9 bis) De aplicación voluntaria y definido como acuerdo sobre **existencias de reserva**, se origina cuando un proveedor de un E.m. transfiere unos bienes a un empresario o profesional (comprador), de otro E.m, que previamente estaban consignados o almacenados en el territorio del E.m. del comprador.

Para que se considere que en esta transferencia se produce una sola operación (EIB y AIB), los sujetos pasivos deben cumplir los siguientes **requisitos**:

a) Los bienes deben ser expedidos o transportados por el proveedor o alguien en su nombre, para ser adquiridos en un momento posterior por un empresario o profesional, conforme el acuerdo previo existente entre ambos. Se permite que el destinatario de los bienes sea modificado.

b) El proveedor no debe estar establecido en el país miembro de destino, ni tener en el mismo un EP.

c) Antes de comenzar la expedición o transporte de los bienes, el comprador ha facilitado al proveedor además de su NIF-IVA, su filiación o razón social completa.

d) El vendedor ha recogido el envío de los bienes tanto en el libro registro (nº 7405 s.), como en la declaración recapitulativa de operaciones intracomunitarias (nº 7082 s.).

e) La puesta a disposición de los bienes se produce en los 12 meses siguientes a su llegada a destino.

En el caso de incumplimiento de alguno de los requisitos apuntados se produce una **transferencia de bienes** (nº 5225), sin que sea posible aplicar esta simplificación. Los incumplimientos y sus excepciones son: **5224.1**

Plazo	Incumplimiento	Excepción
Dentro de los 12 meses	- bienes adquiridos por comprador diferente al inicial; - transporte a país diferente al inicial; o - destrucción, pérdida o robo de los bienes.	El vendedor informa en el libro registro de la novación del adquirente. Este último cumple los requisitos exigidos para aplicar la simplificación.
12 meses y 1 día	No se ha producido la transmisión.	No se ha tomado posesión de los bienes y estos son devueltos al E.m. de procedencia. Se debe informar en el libro registro.

Precisiones La Comisión Europea ha hecho públicas unas **notas explicativas** sobre su aplicación que si bien no son jurídicamente vinculantes, se elaboran como una herramienta de orientación y pretenden ayudar a comprender mejor la legislación adoptada en el ámbito comunitario (Explanatory Notes «2020 Quick Fixes» -«Soluciones rápidas 2020»-). **5224.3**

Ejemplos **1)** Una empresa de Madrid dedicada a la venta de artículos de piel, acuerda con una entidad italiana enviarle una partida de chaquetas de cuero que intentará vender a lo largo del año. Ambas entidades están interesadas en acoger esta operación a las reglas previstas para la **venta de bienes en consigna**, por lo que firman el correspondiente acuerdo. **5224.4**

El 5-1-20X0, la mercancía es enviada a Italia por avión y depositada en un almacén, hasta que la empresa italiana efectúe su retirada, la cual se produce a los 4 meses.

En esta operación a efectos del impuesto seguimos los siguientes pasos:

- Antes de efectuar el transporte de la mercancía a Italia, el vendedor tiene los datos sociales del comprador en su poder: NIF-IVA italiano, nombre y apellidos, razón social, domicilio, etc.
- En el periodo de liquidación correspondiente (trimestral o mensual), consigna en la declaración recapitulativa de operaciones intracomunitarias, el envío.
- Consigna la operación en el libro registro de determinadas operaciones intracomunitarias.
- Al realizar el transporte a Italia por su cuenta, debe estar en posesión de los documentos que justifican el transporte (nº 5220).
- Cuando la empresa italiana tome posesión de las chaquetas, se producirá una EIB exenta en España, y una AIB sujeta en Italia.
- El devengo de la operación se produce el 15 del mes siguiente al que los bienes han sido puestos a disposición del adquirente, o bien en la fecha en que se expida la factura, de ser en un momento anterior.

2) El 1-3-20X0, la empresa italiana del ejemplo anterior, comunica a la entidad española que el comprador de la mercancía va a ser **otro empresario establecido** también en Italia, distinto del comunicado en un primer momento y del cual desconoce sus datos de identificación.

Se produce uno de los supuestos de incumplimiento de los requisitos lo que supone que el vendedor deba declarar una transferencia de bienes u operación asimilada a una EIB en el E.m. de partida y una operación asimilada a una AIB en el E.m. de llegada. Seguida después de una entrega interior en Italia, con las obligaciones de registro e identificación y obtención del NIF-IVA en Italia.

No obstante, si con el cambio del adquirente se facilitan todos los datos de identificación del nuevo comprador, se seguirá considerando que se trata de un acuerdo de ventas de bienes en consigna y se deberá registrar este cambio en el libro registro de determinadas operaciones intracomunitarias, y en la declaración recapitulativa de operaciones intracomunitarias, modelo 349.

3) Han transcurrido más de 12 meses y el empresario italiano no ha tomado posesión de los bienes depositados, lo que produce una transferencia de bienes, como se indica en el ejemplo 2). No obstante, en caso de que los bienes se **devuelven a TIVA**, no se produciría una transferencia de bienes. La devolución debe registrarse en el libro registro de determinadas operaciones intracomunitarias, y en la declaración recapitulativa de operaciones intracomunitarias.
4) Una empresa española ha realizado una venta de menaje de cocina a una empresa de **Irlanda del Norte**. La empresa irlandesa le comunica un NIF IVA que empieza por la letra XI. El transporte es de cuenta de la empresa española.
Esta operación sigue calificándose como una EIB, y debe informarse a través de la declaración recapitulativa de operaciones intracomunitarias (Acuerdo Brexit Protocolo Irlanda/Irlanda del Norte art.8; Marco de Windsor).

3. Operaciones asimiladas a las entregas intracomunitarias de bienes

(Dir 2006/112/CE art.17; LIVA art.9.3º)

5225 **Transferencia de bienes** Se trata de movimientos de bienes corporales efectuadas por un empresario que los tiene **afectados a su actividad** empresarial en un E.m., con destino a otro E.m., para afectarlos a sus necesidades empresariales en este último. No tienen esta consideración las transferencias realizadas en el marco de un **acuerdo de ventas de bienes en consigna** (nº 5224 s.).
En estas operaciones no se produce una entrega de bienes en el sentido de la LIVA (nº 115 s.), ya que **no** existe **transmisión del poder de disposición** sobre un bien corporal, pues dicho poder de disposición, antes y después de la transferencia, corresponde al mismo empresario. Constituye una operación asimilada a una entrega de bienes, **exenta** del impuesto en el Estado de origen (LIVA art.25.Tres; RIVA art.13.4), exención que debe ser justificada (nº 5215.1 s.). Asimismo, constituye una operación asimilada a una adquisición intracomunitaria en el país de destino.
Gráficamente, podemos representar esta operación de la siguiente forma:

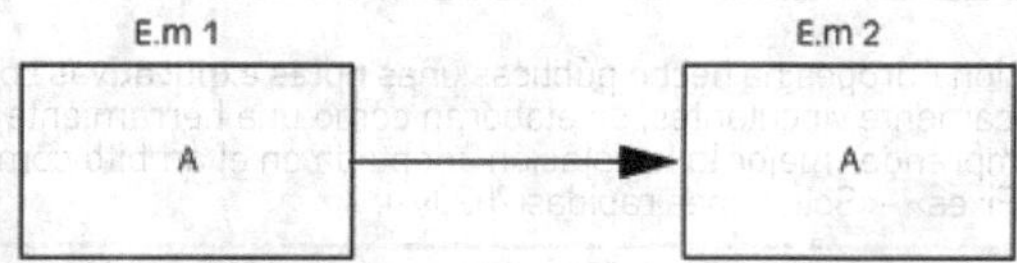

Existe una expedición o transporte de un bien corporal de un E.m. 1 a otro E.m. 2, pero no hay transmisión del poder de disposición; A sigue teniendo poder de disposición después de la transferencia.

5226 Precisiones **1)** El mecanismo que se utiliza en relación con las operaciones asimiladas a las EIB, referido más arriba, se ha arbitrado fundamentalmente con un doble objetivo:
- facilitar el **seguimiento físico de los bienes** en su circulación por el interior de la UE. Con esta finalidad, se prevé, además, que en el denominado «Libro Registro de determinadas operaciones intracomunitarias» (nº 7405) se hagan constar este tipo de transferencias de bienes, cuya recepción en el E.m. de destino, de acuerdo con las normas de armonización de la UE, se va a hacer constar, a su vez, en el correspondiente Libro homólogo que se lleve en el citado país de destino. De esta manera, cuando se envíen bienes desde un E.m. para su almacenamiento en otro E.m., se garantiza a la Administración la posibilidad de conocer en cada momento el lugar en que se encuentran los bienes. Las transferencias intracomunitarias han de incluirse también en la declaración recapitulativa de operaciones intracomunitarias (nº 7082 s.);
- evitar, con relación a los **bienes de inversión**, que se efectúen deducciones del IVA soportado por la adquisición de estos bienes que no se correspondan con la realidad.
2) La figura de la «transferencia» no se aplica respecto de las **prestaciones de servicios**. Este criterio ha sido confirmado por el TJUE (nº 5231).
3) Las operaciones aludidas pueden considerarse como **autoconsumos intracomunitarios de bienes**. En los autoconsumos de las operaciones interiores, los bienes se transfieren de un sector a otro diferenciado, o del capital circulante al fijo, de la actividad desarrollada por un empresario en el interior del país; en la transferencia, los bienes se envían de un E.m. a otro, por lo que también hay cambio de afectación, aunque, en este caso, entre las actividades desarrolladas en distintos E.m.

5227 Ejemplo Un empresario desarrolla su actividad empresarial en dos E.m., A y B, siendo la prorrata de deducción en uno de ellos (A) del 100% y en el otro (B) del 0%. Dicho empresario necesita adquirir un bien de inversión para su actividad desarrollada en el Estado B, y para conseguir un ahorro fiscal lo que hace es adquirir el bien en el Estado A, afectarlo inicialmente a su actividad

en dicho Estado, deduciendo íntegramente el IVA soportado, para a continuación enviarlo al Estado B. De esta forma, y a través de un mecanismo fraudulento, se ha conseguido deducir un IVA soportado que, de haber sido adquirido el bien en el Estado B y de haber sido afectado desde el principio a la actividad desarrollada en ese E.m., no podría haber sido deducido en ninguna medida ni proporción.
Ahora bien, esta misma situación, cuando tiene lugar respecto de prestaciones de servicios, que se transfieren por un empresario para sí mismo de un E.m. a otro de la UE, no da lugar a la transferencia intracomunitaria (ver nº 5231).

Operaciones excluidas del concepto de transferencia de bienes (Dir 2006/112/CE art.17.2; LIVA art.9.3º) Por **razones técnicas** o para evitar costes innecesarios, se excluyen una serie de operaciones del concepto de «transferencia intracomunitaria», hasta el momento en que dejen de cumplirse cualesquiera de los requisitos que las condicionan. En concreto, aquellas que tienen por objeto bienes que se utilizan en la realización de las operaciones siguientes: **5228**

a) Las entregas con instalación o **montaje en destino** (nº 450), y las entregas que se entienden realizadas en el E.m. de destino por aplicación de las normas reguladoras del régimen de **ventas a distancia** (nº 9244 s.).
En ambos casos, las entregas de los indicados bienes se consideran realizadas fuera del ámbito del impuesto (en concreto, en el E.m. donde se instalen los bienes o en el E.m. del destinatario de las ventas a distancia).
b) Las entregas efectuadas **a bordo de buques, aviones o trenes** en el curso de la parte de un transporte realizado en el interior de la UE, porque tienen su propia regla de localización. Se entienden realizadas en el E.m. en que se inicia el transporte (nº 470).
c) Las entregas efectuadas por el sujeto pasivo en el **interior del país**, exentas según LIVA art.21 (entregas de bienes que se destinan a la **exportación**, nº 6015 s.) y LIVA art.25 (entregas destinadas a otro E.m., nº 5210 s.).
Se comprenden aquí las entregas de bienes destinados a otro E.m. para ser, desde allí, exportados o enviados a un tercer E.m. Estas entregas están exentas y no constituyen AIB en el primer E.m. de destino.
d) Una **ejecución de obra realizada en el E.m. de destino** de los bienes, cuando la obra fabricada o montada sea objeto de una entrega exenta por destinarse a la exportación o a otro E.m. Se trata de bienes (materiales, materias primas) enviados por un empresario establecido en España a otro E.m., donde otro empresario, utilizando los materiales o componentes enviados, fabrica o monta un bien que se exporta o se envía a otro E.m.
e) Una **prestación de servicios sobre bienes muebles** corporales, cuando estos bienes, después de los trabajos efectuados en el E.m. de destino, se devuelven al E.m. de origen (España) al empresario que los envió con dicho objeto. Entre los citados trabajos se comprenden las reparaciones y las ejecuciones de obra que deban calificarse de prestaciones de servicios (nº 8584).
Para facilitar el control de estas operaciones se exige que el sujeto pasivo anote en el libro registro de determinadas operaciones intracomunitarias el envío y recepción de los bienes que han de ser objeto de los mencionados servicios (nº 7405).
Queda incluido el caso de los bienes enviados a otro E.m. para ser objeto de **tasación**.

f) La **utilización temporal** de los bienes, que constituyen importaciones temporales no sujetas en estos casos: **5229**
- en el territorio del E.m. de llegada de la expedición o del transporte de los mismos, en cuanto a la realización de **prestaciones de servicios** efectuadas por el sujeto pasivo establecido en España. Se incluyen los envíos de material profesional o bienes de inversión que realiza el empresario para prestar determinados servicios en el E.m. de destino. Su aplicación está sujeta al cumplimiento de dos **condiciones acumulativas**: la utilización en el E.m. de destino del bien expedido o transportado debe ser temporal; y debe haber sido expedido o transportado desde el E.m. en el que está establecido ese sujeto pasivo (TEAC 22-2-22).
- por un período que no exceda de 24 meses, en el territorio de otro E.m., en el interior del cual la importación del mismo bien procedente de un país tercero para su utilización temporal. Estas importaciones temporales no están sujetas (nº 5600 s.). En cuanto a los derechos de **importación**, gozan de exención total.
Los bienes de la misma naturaleza procedentes de otro E.m. que entran en el interior del país en las mismas condiciones, deben tener el mismo tratamiento fiscal; es decir, su llegada al E.m. de destino no puede originar una AIB gravada. Aunque no constituyen transferencias de bienes, deben ser anotados en el libro registro de determinadas operaciones intracomunitarias, para facilitar su seguimiento (nº 7405).

g) Las entregas de **gas** a través de una red de gas natural situada en el territorio de la Comunidad o de cualquier red conectada a dicha red, o las entregas de **electricidad** o las entregas de **calor o de frío** a través de las redes de calefacción o de refrigeración cuando se consideren localizadas en otro E.m. de acuerdo con lo indicado en el nº 477.
Se consideran entregas en destino y no entregas en origen.

5229.1 Precisiones **1)** Quedan **incluidas** dentro del concepto de transferencia, las siguientes operaciones:
- el **envío de bienes para su almacenamiento** en el E.m. de destino. La incertidumbre sobre el destino final de estos bienes y el momento en que se les dé ese destino, justifica que se grave la correspondiente adquisición en destino, al objeto de controlar el seguimiento de los bienes;
- el **envío de bienes de inversión** cuando no sea deducible la totalidad de la cuota soportada por la adquisición gravada en destino.

Si no se gravasen en este caso las adquisiciones, se producirían **distorsiones** cuando las **deducciones** aplicables no fuesen iguales en el E.m. de origen y en el de destino, ya que el empresario trasladaría las deducciones de origen a destino, donde el régimen aplicable es diferente.

2) Se **excluye** del concepto de transferencia el traslado por el sujeto pasivo de bienes afectos a su actividad empresarial, desde un E.m. a España para su utilización en la celebración y desarrollo del acontecimiento **«XXXVII Copa América Barcelona»**, siempre que sea por un periodo de no exceda de 10 años (L 31/2022 disp.final.36ª.Cuatro).

5230 Doctrina Administrativa Además de las siguientes contestaciones de la DGT, ver nº 11000 s.

1) Una empresa española alquila a otra portuguesa un equipo industrial de **lavado automático de vehículos**, siendo enviado el equipo desde España a Portugal para ser allí ubicado. El tiempo del contrato se fija en un determinado número de servicios de lavado prestados por la portuguesa. No constituye operación asimilada a entrega de bienes, ni está por tanto sujeta al IVA, la **transferencia del equipo**, toda vez que la sociedad española va a utilizar temporalmente dichos bienes en Portugal (el tiempo que dure el alquiler) en la realización de una prestación de servicios (el alquiler del equipo) (DGT 28-2-95).

En el mismo sentido, el **alquiler de equipos de iluminación cinematográfica** a empresas no establecidas en España con transporte de los equipos a otro país de la UE (DGT CV 6-9-07).

2) Una empresa española efectúa **ventas de material textil** a empresas no establecidas ni identificadas en la UE. Antes de su expedición fuera de la UE, dichos materiales son remitidos a otro Estado «A» miembro de la UE, a fin de que se realicen determinados **trabajos de confección** sobre los mismos, desde donde se produce la salida efectiva de los bienes fuera de la UE. Suponiendo que el material textil a su llegada al Estado «A» sea todavía propiedad de la empresa española, la transferencia de los bienes no constituye una operación asimilada a entrega de bienes (DGT 19-4-99).

3) El envío por una sociedad establecida en TIVA a Portugal de **materias primas, envases y embalajes** con el objeto de que en dicho Estado se le presten determinados servicios, no supone la realización de una entrega de bienes ni, consecuentemente, la realización de una adquisición intracomunitaria de bienes por la parte del envío de los citados bienes que se corresponda con los productos que se reexpidan desde Portugal al TIVA español. Por la parte de bienes enviados que se corresponden con productos que no son objeto de **reexpedición al TIVA**, se considera que se realiza una entrega intracomunitaria de bienes, exenta del IVA si concurren los requisitos establecidos al efecto y una adquisición intracomunitaria de bienes en Portugal (DGT CV 26-2-08).

5230.1 **4)** Las **entregas con instalación** en otro E.m., para otros empresarios o profesionales, o para quienes no actúen como tales, no se entienden efectuadas en el TIVA, sin perjuicio de la tributación que corresponda en el E.m. donde se ultime la instalación o montaje. Dado que la transferencia de bienes no constituye una operación asimilada a una entrega de bienes, en tanto que las operaciones efectuadas se encuentran localizadas en otro E.m. distinto del Reino de España, no existe obligación de consignarlas en el modelo 349 (DGT CV 7-5-20; CV 4-11-19).

5) En una **exportación** de unas mercancías previamente adquiridas en España que se realiza desde Portugal, el envío de las mercancías supondría la realización de una operación asimilada a una EIB, sujeta y exenta. Sin embargo, si la misma se realiza con el objeto de exportar las mercancías desde Portugal, quedaría excluida del Impuesto la operación, es decir, no habría operación asimilada a una EIB (DGT CV 5-11-14).

6) Una entidad va a enviar un catalizador usado desde España a Alemania para que una entidad recupere los **metales preciosos**. El catalizador usado carece de valor y se ha de destruir mientras que los metales recuperados se han de abonar en una cuenta de metales preciosos en Alemania, no dejando de pertenecer a la primera entidad. Por tanto, no cabe calificar la operación como EIB, al no existir una **puesta a disposición** a favor de la entidad alemana, pero sí constituye una operación asimilada a las entregas de bienes a título oneroso, exenta del IVA (DGT CV 2-12-15).

7) Las entregas de bienes realizadas en **eventos celebrados fuera de TIVA**, como operación asimilada a una EIB, está exenta, sin perjuicio de que en el E.m. de llegada de la mercancía contemple una operación asimilada a las AIB; por el contrario, si estas entregas son realizadas fuera de dicho territorio, no quedan sujetas al IVA (DGT CV 21-4-16).

8) Una compañía suiza no establecida ni identificada a efectos del IVA en el TIVA, pero sí **identificada en otros Estados miembros**, tiene previsto remitir desde un territorio tercero componentes semiterminados a una compañía establecida en dicho territorio, sin traspasar la propiedad de los mismos, con la finalidad de que sean objeto de trabajos de ensamblaje o transformación. Con posterioridad, va a enviar a Italia los productos ensamblados, donde se va a ultimar su montaje para luego ser reenviados fuera de la Comunidad. Dado que quedan excluidas las transferencias de bienes que se utilicen para la realización de una ejecución de obra para el sujeto pasivo, cuando los bienes sean utilizados por el empresario que la realice en el Estado miembro de llegada de la expedición o transporte de los citados bienes, siempre que la obra fabricada o montada sea objeto de una entrega exenta (LIVA art.9.3), el envío por la entidad suiza de las piezas ensambladas a Italia podría no constituir una transferencia en este sentido, no quedando sujeta al IVA (DGT CV 23-3-16; CV 29-4-19; CV 12-8-19).

9) Un **no establecido** en TIVA transporta mercancías desde sus almacenes situados en otros países de la UE a ese territorio, para a continuación transmitirlos a una entidad residente, utilizando en la factura expedida un NIF-IVA suministrado por las autoridades fiscales españolas. En esta operación se produce una transferencia de bienes, realizando el no residente una operación asimilada a una adquisición intracomunitaria. Esta se encuentra exenta si cumple los requisitos para la devolución de las cuotas a no establecidos (DGT CV 30-5-17). En el mismo sentido si se efectúan las adquisiciones por una empresa de las **Islas Canarias** (DGT CV 12-5-17).

La puesta a disposición de los bienes en el **almacén** del no establecido situado en otro E.m. supone que la operación no se localice en TIVA. El posterior traslado a ese territorio, produce una operación asimilada a una AIB (DGT CV 30-9-21).

10) Las partes suscriben un acuerdo de **venta de bienes en consigna** (nº 5224), según el cual una entidad envía a otro E.m. bienes que son almacenados en las instalaciones de una tercera entidad contratada por su cliente, donde los bienes quedan a su disposición y se pueden retirar según sus necesidades. La entrega de bienes se perfecciona en el momento en el que al adquirente retira los bienes del almacén, pues es en dicho momento en el que se produce la traslación de los riesgos inherentes a los bienes (DGT CV 29-10-19; CV 11-9-19; CV 27-12-22). Sin embargo, si cuando la mercancía sale de la empresa vendedora hacia el centro logístico, que realiza tareas de agrupación de las mercancías para la empresa vendedor, asumiendo el **cliente final** portugués los riesgos sobre la mercancía desde el momento de su llegada a las instalaciones del operador logístico, la vendedora realiza una EIB, ya que con la llegada de las mercancías a las instalaciones del operador logístico el cliente portugués obtendría el poder de disposición sobre las mercancías objeto de venta (DGT CV 7-2-23).

No obstante, pasan a considerarse una operación asimilada a una AIB cuando no existe un acuerdo de ventas de bienes en consigna (denominándose en estos casos, **operación de transfer**) (DGT CV 18-3-21), así como el transporte de los bienes que se produce como consecuencia del **incumplimiento** del plazo de 12 meses previsto para la adquisición de los bienes (DGT CV 17-2-22).

Jurisprudencia **1)** Las prestaciones de servicios efectuadas entre la **sede central** de una entidad y una **sucursal** (establecimiento permanente) de la misma situada en otro E.m. diferente son puramente internas y no constituyen entregas de bienes ni prestaciones de servicios a efectos del IVA (TJUE 23-3-06, asunto C-210/04). No obstante, las prestaciones de servicios realizadas por un establecimiento principal (casa matriz) establecido en un país tercero a su sucursal establecida en un E.m. constituyen operaciones gravadas cuando esta última es miembro de un grupo de personas que pueden considerarse como un solo sujeto pasivo a efectos del IVA (TJUE 17-9-14, asunto C-7/13). **5231**

2) Para que la expedición de un bien no se califique como **transferencia asimilada** a entrega de bienes de acuerdo con la Dir 2006/112/CE art.17 aptdo.2.f, dicho bien debe ser reexpedido con destino al sujeto pasivo en el E.m. a partir del cual había sido expedido (TJUE 6-3-14, asuntos acumulados C-606/12 y C-607/12).

3) Procede la aplicación de la exención del IVA en una transferencia intracomunitaria de bienes por un empresario que, pese a **no haber obtenido un NIF-IVA del E.m. de destino**, ha probado que cumple los requisitos para la aplicación de dicha exención, siendo procedente la imposición de sanciones por el incumplimiento de dicha obligación formal (TJUE 20-10-16, asunto C-24/15).

4) Una **transferencia de bienes**, efectuada por un empresario (A) desde el Estado miembro en el que está establecido (EM1) a otro Estado miembro (EM2) no da lugar a entrega intracomunitaria en el EM1 ni a adquisición intracomunitaria en el EM2, si A utiliza los bienes en el EM2 de forma temporal para la prestación de servicios. Si esta condición no se cumple, el IVA correspondiente a la adquisición intracomunitaria en el EM2 puede recuperarse por A mediante el procedimiento de devolución de la Dir 2008/9/CE (TJUE 11-6-20, asunto C-242/19).

4. Otras particularidades de las entregas intracomunitarias

5233 Las EIB y operaciones a ellas asimiladas, presentan otros aspectos característicos:
1. Devengo. Dado que estas entregas están exentas, este no determina el momento en que debe efectuarse el pago del impuesto correspondiente a la entrega, pero sí el momento en que deben cumplirse las demás obligaciones de carácter formal que lleva aparejada la realización de estas operaciones. Existen aquí varias **reglas** para las entregas intracomunitarias de bienes:
a) Regla general (LIVA art.75.Uno.8º): En las EIB y en las operaciones asimiladas (nº 5225 s.) distintas de las indicadas en la letra b) siguiente, el devengo del impuesto se produce el día 15 del mes siguiente a aquel en el que:
- se inicie la expedición o el transporte de los bienes con destino al adquirente;
- en las entregas de bienes efectuadas en acuerdos de ventas de bienes en consigna: los bienes se ponen a disposición del adquirente (nº 5224); o, se produce el incumplimiento de los requisitos o expira el tiempo previsto para la transmisión de los bienes (12 meses).
Salvo en el incumplimiento de los requisitos o expiración del tiempo previsto (bienes en consigna), si con anterioridad a esa fecha se hubiese expedido **factura**, será la fecha de dicha factura la que determinará el devengo de la operación.

5235 Si la relación contractual entre adquirente y proveedores estuviera instrumentada en virtud de un **contrato de comisión de ventas**, o mediante el denominado contrato **estimatorio**, el devengo de los productos entregados por los proveedores al adquirente se produciría, no en el momento en que se ponen a disposición de la misma, sino cuando son puestos a disposición de los destinatarios finales, que son las empresas establecidas en otros E.m. de la UE. Por tanto, el devengo se produciría el día 15 del mes siguiente a aquel en que se inicie la expedición o el transporte de los bienes, o en la fecha de expedición de la factura por la operación, si fuera anterior (DGT CV 18-5-18).
En esos casos, las facturas deben expedirse antes del día 16 del mes siguiente a aquel en que se inicie la expedición o el transporte de los bienes con destino al adquirente (DGT CV 26-10-18). Lo mismo ocurre en relación con las entregas de pasarelas de embarque de pasajeros (DGT CV 19-2-18) y en las EIB de productos agrícolas (DGT 4-5-18).
Como excepción, en estas operaciones no se produce el devengo del IVA por el cobro de **pagos anticipados**, contrariamente a la regla general (nº 1275).

5236 **b) Operaciones de tracto sucesivo** (LIVA art.75.Uno.7º): En los suministros y, en general, en las operaciones de tracto sucesivo o continuado que constituyan EIB y no se haya pactado precio o, cuando habiéndose pactado, no se ha determinado el momento de su exigibilidad o, la misma se ha establecido con una periodicidad superior al mes natural, el **devengo** del IVA se produce el último día de cada mes por la parte proporcional correspondiente al período transcurrido desde el inicio de la operación, o desde el anterior devengo, hasta la citada fecha.

Precisiones **1)** En el caso de las operaciones de tracto sucesivo que **no** constituyen **EIB**, la regla anterior se aplica con referencia al año natural (nº 1248).
2) Se **exceptúan de la regla anterior** las entregas de bienes efectuadas en virtud de contratos de venta con pacto de reserva de dominio o cualquier otra condición suspensiva, de arrendamiento-venta de bienes o de arrendamiento de bienes con cláusula de transferencia de la propiedad vinculante para ambas partes.
3) A las **prestaciones intracomunitarias de servicios** (nº 5203) les resulta de aplicación una regla particular de devengo similar (ver nº 1215).
4) En la entrega de una mercancía, encargada dos años antes de su envío, el devengo de la operación se va a producir el día 15 del mes siguiente a aquel en el que se inicie su expedición o transporte, salvo que la vendedora expida la factura con anterioridad a dicha fecha, en cuyo caso el devengo se va a producir en el día de la expedición de dicha factura. El devengo no va a tener lugar con ocasión de la percepción de ninguno de los **pagos anticipados** estipulados con la parte compradora respecto de las entregas intracomunitarias de bienes exentas (DGT CV 27-7-16; CV 2-3-17; CV 9-7-19). No existe la obligación de la emisión de factura con la percepción de estos anticipos (DGT CV 27-6-22; CV 6-2-23).

5238 **2. Base imponible**. En las transferencias de bienes (nº 5225), la base imponible se determina con arreglo a las normas del autoconsumo de bienes (nº 1894).
Dado que estas operaciones están normalmente exentas, la importancia del concepto de base imponible en estos casos radica en la determinación de la cuantía que debe figurar en la **declaración recapitulativa** de operaciones intracomunitarias (ver nº 7082 s.) y, si procede, en la cantidad que debe computarse a efectos del cálculo del porcentaje de **prorrata** aplicable.

3. Sujeto pasivo. Son sujetos pasivos del IVA los empresarios o profesionales para quienes se realicen las operaciones sujetas a gravamen por personas o entidades no establecidas en el TIVA (nº 1336).

No obstante, existen ciertos supuestos de **exclusión de la inversión del sujeto pasivo**, en particular, cuando se trate de EIB exentas del IVA o EIB que no cumplen alguno de los requisitos previstos para aplicar la exención (nº 5215). En estos casos, el empresario o profesional no establecido vendedor de los bienes será el sujeto pasivo de estas operaciones (LIVA art.84.Uno.2º.a.c').

Precisiones 1) En cuanto a las obligaciones de **facturación**, ver nº 7247.1.

2) Las transferencias intracomunitarias exentas del IVA y los envíos o recepción de los bienes comprendidos en un acuerdo de venta de bienes en consigna deben constar en el **Libro registro** de determinadas operaciones intracomunitarias (ver nº 7405).

5. Ejemplos

Ejemplos 1) Una empresa española, con sede en Santander y establecimientos en Hamburgo y Ámsterdam, se dedica a la venta de máquinas cortacésped, nuevas y usadas, habiendo efectuado en el año las siguientes operaciones. Siempre se realiza el **transporte desde la Península**: 5245

1º. Ha vendido varias máquinas a una empresa francesa con **sede en Lyon y sucursales en Alicante y en Murcia**, la cual le comunica un NIF-IVA francés, expidiéndose los bienes a Francia por la propia empresa española.

La entrega de bienes está sujeta al IVA español y exenta de dicho tributo ya que se cumplen los requisitos exigidos: transporte a otro E.m. y comunicación por el adquirente de un NIF-IVA de un E.m. distinto del Reino de España.

Esta exención es plena (nº 2692 s.) y, por lo tanto, genera el derecho a la deducción del IVA soportado por la empresa española, a diferencia de lo que ocurre con las exenciones en operaciones interiores (nº 800 s.), que no atribuyen dicho derecho.

2º. Ha entregado otras cinco máquinas a la empresa francesa anterior, que comunica un NIF-IVA francés. El destino de las máquinas va a ser su **establecimiento en Alicante**.

En este caso, la empresa española debe repercutir el IVA español sobre la empresa francesa, ya que no concurre uno de los requisitos exigidos para la exención: el transporte de los bienes desde España a otro E.m. Todo ello sin perjuicio de reconocer que, en este caso, la empresa francesa debería haber comunicado su NIF-IVA español.

3º. Ha vendido siete máquinas a una empresa suiza con establecimientos en Dinamarca y Portugal, la cual transporta los bienes a su sede en Suiza, comunicando a la empresa española su NIF-IVA danés. 5245.2

Tampoco en este caso se cumple el requisito del transporte a otro E.m., por lo que no es de aplicación la exención. Ahora bien, en este caso puede aplicarse la **exención a la exportación** prevista para las entregas de bienes destinados a territorios situados fuera de la UE, siempre que se cumplan los requisitos recogidos en el nº 6032, siendo también una exención plena (nº 2692 s.).

4º. Ha entregado máquinas usadas, con aplicación del **régimen especial de los bienes usados**, a las siguientes personas:

a) Un médico francés que únicamente realiza operaciones exentas en su país y que se lleva la máquina a su casa de París.

b) Un ayuntamiento portugués, encargándose la empresa española del transporte de las máquinas.

c) Un empresario alemán, que veranea en una casa de su propiedad en Mallorca y utiliza la máquina en dicha casa.

d) Un revendedor de máquinas norteamericano, enviando las máquinas a Detroit la propia empresa española.

La reventa de las máquinas cortacésped al médico francés, al ayuntamiento portugués y al empresario alemán no se beneficia de la exención, ya que la aplicación del régimen de los bienes usados excluye dicha exención. Además, en el caso del médico francés y del empresario alemán, estos actúan como particulares al realizar la adquisición, por lo que en ningún caso sería de aplicación la exención, que exige que el adquirente sea empresario (actuando en su condición de tal) o persona jurídica que no sea empresario.

En el supuesto del empresario alemán, ni siquiera se produce el transporte a otro E.m., por lo que en ningún caso sería de aplicación la exención.

En cuanto a la entrega al revendedor norteamericano, no es de aplicación la exención de las entregas intracomunitarias de bienes, pero sí la de las exportaciones, cuando se cumplan los requisitos exigidos en el nº 6015 s.

5º. Ha entregado seis máquinas cortacésped a un empresario italiano que comunica un NIF-IVA de aquel país. Sin embargo, al solicitar la empresa española del órgano competente de la Administración tributaria la confirmación del NIF-IVA suministrado, se le informa de que dicho número no es correcto. 5245.3

En este caso, la empresa española debería informar al empresario italiano de lo ocurrido, a fin de que si ha existido algún error en la actuación de este último pueda subsanarlo. No obstante, si no se produce dicha subsanación, o si se efectúa y el NIF-IVA suministrado sigue sin ser confirmado por las autoridades españolas, la vendedora no debe, en ningún caso, aplicar la exención, sino que debe repercutir el impuesto al empresario italiano. La no comunicación de un NIF-IVA de otro E.m. o la comunicación de un **NIF-IVA falso** debe considerarse como un claro indicio de una actuación fraudulenta por parte del adquirente, que probablemente pretende no pagar el IVA en el Estado de origen ni en el de destino (Rgto (UE) 282/2011 art.55 párrafo 1º).

La entidad española debe solicitar siempre la confirmación del NIF-IVA suministrado por los adquirentes de otros E.m. En otro caso, si se produce una aplicación incorrecta o indebida de la exención (p.e., porque el adquirente suministró un NIF-IVA falso que no fue objeto de confirmación), es la vendedora, como sujeto pasivo del impuesto, la que debe ingresar el IVA correspondiente a la entrega, IVA que no puede deducir, por no tratarse de un «IVA soportado» en el sentido exigido por la LIVA art.92 (nº 2535). Todo ello sin perjuicio de que el empresario italiano sea responsable solidario del pago del impuesto correspondiente a la entrega para él efectuada (nº 1396).

6º. Ha entregado otras cuatro máquinas a un empresario belga, que comunica un NIF-IVA de aquel país. Este señala a la empresa española su intención de transportar los bienes a Bélgica, pero existe **negativa a aportar la prueba** de dicho transporte.

Tampoco en este caso debe la sociedad española aplicar la exención. Para hacerlo, debe hallarse en condiciones de probar ante la Administración española la condición del adquirente intracomunitario (normalmente a través del correspondiente NIF-IVA) y el transporte de los bienes. No pudiendo probar el transporte de los bienes, la vendedora debe repercutir el impuesto, ya que, en otro caso, la Administración española, si procede a la comprobación de la actuación de la entidad, puede exigir a esta el pago del impuesto, que no puede deducir (ver jurisprudencia en el nº 5220.3 s.).

5245.5 **7º.** Ha efectuado ventas de máquinas a un empresario griego, el cual suministra a la empresa española la prueba del transporte de las máquinas a Sofía, pero se **niega a comunicar su NIF-IVA**, alegando que la normativa griega no obliga a dicha comunicación.

Nos hallamos en un caso similar al anterior: la empresa española debe repercutir el IVA sobre la griega, al no concurrir los requisitos exigidos para la aplicación de la exención. No parece que en este caso la simple negativa del empresario griego sea suficiente para considerar que al vendedor le ha resultado «absolutamente imposible» obtener dicho NIF-IVA, por lo cual no parece que resulte de aplicación la jurisprudencia del TJUE indicada en el nº 5220.3 s. Además, la afirmación del empresario griego es claramente falsa, dado que en las AIB y prestaciones de servicios intracomunitarios que reciban, los empresarios y las personas jurídicas no empresarios identificados a efectos del IVA están obligados a comunicar a sus proveedores de bienes o prestadores de servicios su NIF-IVA tan pronto como dispongan del mismo (Rgto UE/282/2011 art.55 párrafo 1º).

8º. Ha vendido máquinas nuevas por importe de 180.000 € a **particulares** alemanes, encargándose la empresa española de su transporte hasta Alemania (ver régimen de ventas a distancia en el nº 9244 s.).

5246 **2)** Una empresa española, dedicada a la fabricación y venta de azulejos, ha efectuado las siguientes operaciones en el ejercicio:

1º. Ha remitido una partida de azulejos a una **sucursal** que tiene en Atenas, para almacenarlos y venderlos posteriormente en Grecia, sin que en ese momento tenga información del cliente final.

Se trata de una transferencia intracomunitaria de bienes, que en España da lugar a una operación asimilada a entrega de bienes exenta de dicho tributo siempre que la empresa española cuente con un NIF-IVA griego y que la recepción de los bienes en destino por esta empresa haya tributado en Grecia como operación asimilada a AIB, lo cual debe poder ser acreditado por la entidad ante la Administración española (nº 5215 s.).

2º. Ha vendido azulejos a **particulares** franceses, encargándose la propia empresa española de su transporte hasta Francia (ver régimen de ventas a distancia en el nº 9244 s.).

5246.1 **3º.** Tiene ubicadas tiendas de «souvenirs» a bordo de barcos que efectúan trayectos desde Dinamarca hasta otros E.m., en las que vende azulejos decorativos a los viajeros que efectúan dichos trayectos, enviando varias partidas de azulejos a dichas tiendas.

El envío de las partidas de azulejos a las **tiendas ubicadas en los barcos** que efectúan los **trayectos intracomunitarios** desde Dinamarca no constituye transferencia de bienes (nº 5228 s.). Por otra parte, las entregas efectuadas a bordo de tales buques no están sujetas al IVA español (nº 470) sino, de acuerdo con las normas de armonización comunitaria, al IVA danés, debiendo cumplir la sociedad española las obligaciones que la normativa danesa imponga a los operadores que efectúen operaciones sujetas al IVA danés.

5246.2 **4º.** Envía a Bélgica varias partidas de azulejos, que deposita en sus **almacenes** situados en este país y que luego vende a las siguientes personas:

- a particulares y empresarios belgas;

- a empresarios daneses y holandeses, encargándose la empresa española del transporte al lugar de destino; y
- a empresarios noruegos y suizos, que transportan los bienes a sus respectivos países.
En este caso, hay que distinguir dos supuestos:
a) El envío de bienes a Bélgica para ser almacenados y luego **vendidos a particulares y empresarios belgas**, de los que en el momento de inicio del transporte no dispone de datos identificativos, es una transferencia sujeta y exenta del IVA español en concepto de «operación asimilada a entrega de bienes» (nº 5225 s.).
Las **ulteriores entregas** están sujetas al IVA belga y se han de regir por lo que disponga la normativa de aquel país.
b) El envío de bienes a Bélgica para ser almacenados y luego vendidos a **empresarios daneses y holandeses**, lo que supondría la realización por la entidad española en Bélgica de entregas intracomunitarias exentas por aplicación de criterios análogos a los de la LIVA art.25.Uno (nº 5215) y a empresarios noruegos y suizos, lo que implicaría la realización por la empresa citada, también en Bélgica, de entregas exentas por aplicación de criterios análogos a los de la LIVA art.21.
Este precepto se refiere al supuesto en que el empresario envía bienes desde España hasta otro E.m. para, desde allí, exportarlos fuera de la UE o efectuar una entrega con destino a un **tercer E.m.** Según este criterio, no hay operación asimilada a entrega de bienes en el supuesto a que se refiere este número 2º.

5º. Envía a Francia (país donde no tienen ningún establecimiento permanente) los materiales necesarios para la elaboración de los azulejos, elaboración que efectúa un empresario francés, para ser vendidos con posterioridad a empresarios alemanes y canadienses. No obstante, algunos de los azulejos fabricados se venden a empresarios franceses. **5246.3**
Hay que distinguir las siguientes operaciones:
a) El **envío de los materiales** a Francia, que no constituye «operación asimilada a entrega de bienes» ya que los materiales se envían para que con ellos se efectúe una ejecución de obra, obra que va a ser luego objeto de entrega en Francia exenta del IVA francés por destinarse a un tercer país o a otro E.m.
b) La **ejecución de obra** efectuada por el empresario francés, está sujeta y no exenta del IVA español, al ser el destinatario de la misma un empresario establecido en el TIVA. Por esta adquisición intracomunitaria de servicios la empresa española debe presentar la declaración recapitulativa de operaciones intracomunitarias (nº 7082 s.).
c) La **entrega de la obra** por la entidad española a los empresarios alemanes y canadienses, sujeta y exenta del IVA francés, y que determina para dicha entidad la necesidad de cumplir en Francia las obligaciones formales que la normativa francesa imponga a los operadores intracomunitarios.
d) Finalmente, ocurre que algunos de los azulejos que inicialmente se destinaban a la venta a empresarios alemanes y canadienses en realidad son objeto de **entregas interiores en Francia**. Ello implica que ha dejado de cumplirse, con relación a una parte de los materiales enviados, el requisito que permitía excluir del concepto de «operación asimilada a entrega de bienes» dicho envío, por lo que, en el momento en que se produce el incumplimiento, se ha de entender que existe la «operación asimilada a entrega de bienes» constituida por la transferencia de los materiales en cuestión.
Existe, por tanto, una «operación asimilada a entrega en España», exenta del IVA español y una correlativa «operación asimilada» a una AIB en Francia, sujeta y no exenta del IVA francés, debiendo reflejarse tales operaciones en las **declaraciones recapitulativas** que se presenten en cada uno de los citados E.m.

6º. Igualmente, envía a Francia varias partidas de azulejos para su **reparación y posterior remisión a España**. Sin embargo, esas partidas de azulejos, después de reparadas, se quedan en Francia y se venden en este país. **5246.4**
En principio, el envío de los azulejos no constituye «operación asimilada a entrega de bienes» (nº 5228 letra d) y los servicios de reparación están sujetos al IVA español, siendo sujeto pasivo del mismo la propia entidad española, por inversión. Por esta adquisición intracomunitaria de servicios la empresa española debe presentar la declaración recapitulativa de operaciones intracomunitarias (nº 7082 s.).
Sin embargo, los requisitos que permiten la exclusión del concepto de «operación asimilada a entrega» no se cumplen finalmente, ya que los azulejos no se reexpiden con destino a España, sino que permanecen en Francia y se venden en este país, por lo que la transferencia va a constituir dicha operación asimilada como consecuencia de tal incumplimiento.
La entrega citada está exenta del IVA español, produciéndose en Francia una correlativa «operación asimilada» a AIB, de la que va a ser sujeto pasivo la propia sociedad española. Tal adquisición está sujeta y no exenta del IVA francés.
7º. Ha enviado una partida de azulejos a Italia, con destino a una **feria de muestras** que se celebra en dicho país y que tiene una duración de seis días.
En este caso, el envío de los azulejos no constituye «operación asimilada a entrega de bienes» (nº 5228), ya que en el supuesto de una importación de azulejos en Italia procedentes de terceros países no comunitarios y con destino a la feria se beneficiaría en dicho país del régimen de importación temporal con exención total de derechos de importación. Paralelamente, no va a haber «operación asimilada» a AIB en Italia por la recepción en aquel país de los azulejos.

5246.5 **8º.** Como se dedica también a la actividad de decoración de azulejos de terceros, traslada los materiales necesarios para ello a Luxemburgo, donde va a prestar **servicios de decorado de azulejos** a un fabricante de los mismos de nacionalidad luxemburguesa.
Tampoco hay «operación asimilada a entrega de bienes» en España ni «operación asimilada a AIB» en Luxemburgo por el envío y recepción de los materiales (nº 5228), ya que los materiales son objeto de envío a Luxemburgo con carácter temporal para la realización de prestaciones de servicios por parte de la entidad española. Por esta prestación intracomunitaria de servicios la empresa española debe presentar la declaración recapitulativa de operaciones intracomunitarias (nº 7082 s.)
9º. Ha realizado para su **sucursal** situada en Atenas varios servicios consistentes en la gestión, suministro de aplicaciones informáticas y formación de personal, imputando los costes de tales servicios a la sucursal.
En este caso, no existe operación asimilada ni hecho imponible alguno a efectos del IVA, ni en España ni en Grecia, derivado de la prestación de los citados servicios. En efecto, de acuerdo con el criterio del TJUE (nº 5231), nos hallamos ante **operaciones internas** que no constituyen entregas de bienes ni prestaciones de servicios a efectos del IVA, salvo que la sucursal pertenezca a un grupo en el sentido del IVA.
10º. Ha realizado varias entregas de azulejos para un empresario francés, que comunica un NIF-IVA de aquel país. Los azulejos son transportados desde España hasta la **sucursal en Mónaco** que tiene el empresario francés.
Se cumplen los requisitos de una entrega intracomunitaria exenta del impuesto: NIF-IVA de otro E.m. y transporte a un territorio de la UE a efectos del IVA distinto de España. Aunque Mónaco no forma parte de la UE, dicho país no es considerado territorio tercero y las operaciones con origen o destino Mónaco se consideran, y reciben el mismo tratamiento, que las realizadas con origen o destino Francia (nº 405).

B. Adquisiciones intracomunitarias de bienes (AIB) y operaciones asimiladas

5250

5251 Las adquisiciones intracomunitarias de bienes (AIB) constituyen un hecho imponible propio y específico del IVA, característico del comercio intracomunitario. En efecto, al no ser aplicable el principio de tributación en origen (en el Estado de salida de los bienes) y no existir fronteras fiscales en el ámbito de la UE, fue preciso crear este hecho imponible que posibilita la **tributación en destino** -en el país de llegada de los bienes- (TS 4-3-13, EDJ 25438).

1. Conceptos

5254 Al igual que ocurre con otros hechos imponibles (entregas de bienes, prestaciones de servicios), la normativa regula unos supuestos en los que se produce el hecho imponible AIB, y otros supuestos que asimila a las mismas (nº 5280 s.).

a. Adquisición intracomunitaria de bienes

(LIVA art.13 y 15.Uno)

5255 Se entiende por AIB:
a) La obtención del poder de disposición sobre bienes muebles corporales **expedidos o transportados al TIVA**, con destino al adquirente, desde otro E.m. Dicha expedición puede ser realizada por el transmitente, el propio adquirente o un tercero en nombre y por cuenta de cualquiera de los anteriores.

b) La obtención del poder de disposición sobre bienes muebles corporales en el marco de un acuerdo de **ventas de bienes en consigna** (nº 5224).
En síntesis, estas adquisiciones tienen por objeto **bienes corporales**, que se transportan desde un E.m. a otro con destino al adquirente.

Doctrina Administrativa Además de las siguientes contestaciones de la DGT, ver nº 11000 s.
1) Una sociedad española realiza trabajos de **transformación de mercancías** propiedad de una empresa francesa, que son introducidas a tal fin en el TIVA español procedentes de otro E.m. La sociedad española expide posteriormente las mercancías a los clientes de la francesa. La entidad española realiza prestaciones de servicios en favor de la francesa, pero no adquisiciones intracomunitarias relativas a dichas mercancías, pues en ningún momento obtiene el poder de disposición sobre ellas, ni entrega las mismas, ya que al no haber obtenido el poder de disposición tampoco puede transmitirlo (DGT 28-4-99).
2) Las adquisiciones de bienes objeto de los impuestos especiales que se encuentran en **régimen suspensivo** y que son objeto de un transporte o expedición desde otro Estado miembro con destino al TIVA constituye una AIB sujeta y exenta del IVA (DGT CV 28-12-16).
3) La **filial española** de una entidad establecida en Italia tiene previsto adquirir **metales preciosos** en dicho país. Los metales van a permanecer en la fábrica de la entidad italiana hasta que se realice un pedido en que los mismos se incorporen y se reenvíen las mercancías resultantes al TIVA. La posterior entrega de los productos manufacturados que haga la entidad italiana a su filial, establecida en el TIVA, va a determinar la realización de una entrega intracomunitaria de bienes en Italia que va a producir la subsiguiente adquisición intracomunitaria en el TIVA, sujeta al IVA (DGT CV 21-12-15).
4) No se realiza ninguna operación sujeta al IVA en el TIVA en la medida que los bienes adquiridos a un empresario británico no son enviados ni recibidos en el TIVA sino **enviados directamente** al adquirente en un tercer Estado miembro de la UE (DGT CV 4-5-15).
5) La entidad canaria, dedicada a la compra y venta de bienes a través de una **plataforma comercial online** sin establecimiento permanente en el TIVA, adquiere mercancías que son directamente expedidas por sus proveedores a los clientes de aquellas, siendo estos últimos tanto particulares como empresarios o profesionales, encontrándose los clientes y proveedores establecidos tanto en el TIVA como en otro E.m., en Canarias o un país o territorio tercero. La adquisición por la sociedad X de bienes enviados al TIVA por proveedores situados en otro E.m. es una adquisición intracomunitaria de bienes sujeta al IVA, siendo el sujeto pasivo la propia sociedad X (DGT CV 7-7-16).
6) Una entidad está interesada en adquirir productos de mar directamente a pescadores franceses los cuales, aunque están autorizados por la legislación francesa a realizar ventas directas, no están inscritos en el ROI. No va a existir adquisición intracomunitaria si el empresario francés que vende los productos del mar se encuentra en **régimen de franquicia** del impuesto de conformidad con la normativa francesa (DGT CV 10-11-16).
7) Si el contribuyente careciera de NIF-IVA, su proveedor no está obligado a aplicar la **exención en origen**, repercutiendo el IVA con el tipo impositivo vigente en el Estado miembro de origen. No obstante, la operación debe tributar como una AIB en TIVA, estando obligado el contribuyente, como sujeto pasivo, a declararla en su correspondiente declaración-liquidación -modelo 303- (DGT CV 1-8-22; CV 8-3-23).

Transporte (LIVA art.72.Dos) El transporte del bien desde un E.m. a otro es un **requisito esencial** en la configuración del hecho imponible, ya que si no hay transporte intracomunitario no se produce una AIB. Ello obliga a delimitar claramente su concepto. 5256
Por transporte intracomunitario se entiende aquel cuyos **lugares** de inicio y de llegada están situados en los territorios de dos E.m. diferentes
- el lugar de **inicio** es aquel desde donde comienza efectivamente el transporte de los bienes (ver nº 535); y
- el lugar de **llegada**, donde se termina efectivamente (ver nº 9051).

Precisiones **1)** Para las operaciones de **venta en cadena**, en el que existe un solo transporte intracomunitario, ver nº 431 s. 5257
2) Respecto a la relación de **medios de prueba** que pueden utilizar los sujetos pasivos del impuesto para justificar la existencia de un transporte intracomunitario, ver nº 5220.
3) Desde la conclusión del periodo transitorio (31-12-2020), el **Reino Unido** ha dejado de estar comprendido dentro del concepto de Comunidad a los efectos del impuesto y pasa a ser considerado país tercero. Cualquier bien introducido en TIVA desde ese territorio (excepto Irlanda del Norte), supone la realización del hecho imponible importación (Acuerdo Brexit -DGT CV 6-5-20-).

Doctrina Administrativa Además de las siguientes contestaciones de la DGT, ver nº 11000 s.
1) Una entidad mercantil establecida en el TIVA contrata con una empresa alemana el suministro de unos bienes que se exportan **desde Alemania con destino a México**. No hay AIB, dado que no hay transporte de bienes desde otro E.m. hasta España (DGT 17-9-01; 14-5-03; CV 6-5-20).

2) Una entidad española adquiere **material deportivo en otros E.m.** para llevar a cabo en dichos territorios el entrenamiento de los deportistas. Como el material no abandona en ningún caso tales territorios, en los que es consumido o almacenado, la compra del mismo no tiene la consideración de AIB, ya que en ningún caso el material se expide o transporta al TIVA español (DGT CV 15-6-05).
3) Aunque el escultor sea no residente, ya que la pieza se realiza en España y la entrega es en TIVA, la ausencia de transporte supone que no exista AIB (DGT CV 25-2-05; CV 26-6-24; CV 18-7-18).
4) El laboratorio italiano efectúa la entrega de productos que ya se encuentran en TIVA, por lo que el transporte de los mismos a dicho ámbito espacial se ha efectuado con anterioridad y en un momento en que era inexistente aún la intención del laboratorio de transmitirlas a su cliente, no estando vinculado el transporte, que en su caso se hubiera tenido lugar con dicha entrega con lo que, en consecuencia, el laboratorio italiano estaría efectuando **entregas interiores**, y no una AIB (DGT CV 5-9-17).
5) En la medida en que el vino parece encontrarse **vinculado al régimen suspensivo** en el momento de su adquisición, la adquisición intracomunitaria efectuada estará sujeta, pero exenta del impuesto (DGT CV 12-9-18).
Para los **productos objeto de IIEE** que no se encontrasen en régimen suspensivo de estos impuestos en el momento de su adquisición, debe señalarse que la correspondiente adquisición intracomunitaria de bienes estaría sujeta y no exenta del IVA (DGT CV 20-2-18).
6) Una entidad canaria actúa como intermediaria en **operaciones en cadena** con un único transporte intracomunitario desde la península a la UE. Si la empresa canaria comunica un NIF-IVA no español, se considera entrega intracomunitaria exenta desde la península, en caso contrario, la entrega está sujeta a IVA interior (DGT CV 21-8-24).

5257.1 Jurisprudencia **1)** Cuando dos o más entregas sucesivas de los mismos bienes (**operaciones en cadena** -nº 431-) dan lugar a un transporte intracomunitario, solo una de las entregas puede considerarse como entrega intracomunitaria exenta. La tributación es distinta en función de cuál sea la entrega que da lugar a la expedición o al transporte intracomunitario de bienes:
- si es la **primera** de las dos entregas sucesivas existe una AIB en el E.m. de destino y la segunda entrega se considera consumada en el E.m. de llegada;
- si es la **segunda** de las dos entregas sucesivas, la primera entrega, que se supone realizada antes de la expedición o el transporte de los bienes, se considera consumada en el E.m. de partida y a la segunda entrega le corresponde una AIB en el E.m. de llegada de los bienes (TJUE 6-4-06, asunto C-245/04).
2) La normativa comunitaria debe interpretarse en el sentido de que la AIB únicamente se efectúa y la exención de la entrega intracomunitaria únicamente es aplicable cuando se haya transmitido al adquirente el **poder de disposición** del bien en calidad de propietario y el proveedor demuestre que dicho bien ha sido expedido o transportado a otro E.m., y que a resultas de lo anterior ha abandonado físicamente el territorio del Estado de entrega (TJUE 27-9-07, asunto C-409/04).
3) La calificación de una operación como entrega o adquisición intracomunitaria no está condicionada a que se respete un **plazo** determinado dentro del cual debe iniciarse o terminar el **transporte** del bien (TJUE 18-11-10, asunto C-84/09).
4) Cuando hay una **cadena de operaciones sucesivas** que solo da lugar a un único transporte intracomunitario de productos sujetos a IIEE en régimen suspensivo de tales impuestos, la adquisición efectuada por el operador que ha de pagar los referidos impuestos en el E.m. de llegada de la expedición o del transporte de dichos productos no es susceptible de calificarse como adquisición intracomunitaria sujeta al IVA cuando ese transporte no pueda imputarse a dicha adquisición. Por otro lado, el hecho de que esos productos se transporten en régimen suspensivo no constituye un hecho determinante para establecer a cuál de las adquisiciones debe imputarse el transporte a efectos de su sujeción al IVA en virtud de la referida disposición (TJUE 19-12-18, asunto C-414/17).
5) En el supuesto en que la segunda transmisión del poder de disponer del bien como propietario tenga lugar **antes de que se produzca el transporte** intracomunitario, este ya no podrá imputarse a la primera entrega en favor del primer adquirente (TJUE 21-2-18, asunto C-628/16).
6) En caso de operaciones en cadena, cuando durante el transporte se producen **entregas sucesivas** de los mismos bienes, para asignar el transporte a una de dichas entregas (TJUE 23-4-20, asunto C-401/18):
- hay que tener en cuenta todas las circunstancias concurrentes;
- debe darse relevancia al hecho de que uno de los operadores realiza el transporte con sus propios vehículos sin facturarlo a ningún otro operador, cuando este es el caso;
- no es decisivo el hecho de que el transporte haya sido realizado en régimen suspensivo de impuestos especiales.

5258 **Condición del adquirente** La condición del adquirente es esencial en la delimitación del hecho imponible AIB, teniendo que ser efectuadas a título oneroso por:
- empresarios o profesionales; o
- personas jurídicas que no actúen como empresarios o profesionales (ver ejemplo en el nº 5268).

Existe obligación de que estos empresarios comuniquen a los proveedores intracomunitarios de bienes su **número de identificación** a efectos del IVA tan pronto como dispongan del mismo (nº 5219).

Como **excepción**, se define otro de los regímenes particulares del régimen transitorio, quedando sujetas al impuesto las siguientes adquisiciones intracomunitarias:

a) Las de **cualquier clase de bienes**, que se efectúen por empresarios o profesionales y por personas jurídicas que no actúen como empresarios o profesionales, con excepción de las adquisiciones realizadas por las personas exceptuadas por serles de aplicación el régimen particular PRES (ver nº 5405 s.).

b) Las de **medios de transporte nuevos** (nº 5425 s.), que se efectúen por las personas en régimen especial o por particulares.

Precisiones **1)** Cuando los bienes adquiridos por una persona jurídica que no actúe como empresario o profesional sean transportados desde un territorio tercero e importados por dicha persona en otro E.m., dichos bienes se consideran expedidos o transportados a partir del citado **E.m. de importación** (LIVA art.15.Dos).

Para evitar la doble imposición (importación-AIB), se reconoce en estos supuestos el **derecho a la devolución** del impuesto en favor del importador, siempre que acredite la expedición o transporte de los bienes a otro E.m. y el pago del impuesto en dicho Estado (LIVA art.116.Dos).

2) En relación con la **deducción** del IVA autorrepercutido por la AIB, ver nº 5383. En cuanto a la obligación de presentar la **declaración recapitulativa** de operaciones intracomunitarias, ver nº 7082 s.

Doctrina Administrativa Además de la siguiente contestación de la DGT, ver nº 11000 s.

En caso de **vendedor sin número de identificación** a efectos del IVA por beneficiarse en el E.m. de origen de la expedición o transporte de un régimen que no le exija registrarse o identificarse como sujeto pasivo del impuesto, la recepción de los bienes por su destinatario da lugar al hecho imponible AIB (DGT 24-5-94). No obstante, si el vendedor en el Estado de origen (distinto de España) se beneficia del régimen de franquicia, ver nº 5260.

Adquisiciones no sujetas No están sujetas al impuesto las adquisiciones intracomunitarias realizadas por determinadas **personas en régimen especial** (PRES), configurando un régimen particular del régimen transitorio (nº 5405 s.). **5259**

No dan lugar a adquisiciones intracomunitarias las siguientes operaciones relativas a **medios de transporte nuevos** (Rgto UE/282/2011 art.2):

a) El traslado de un medio de transporte nuevo por una persona que no tenga la condición de sujeto pasivo con motivo de un **cambio de residencia**. Para ello se exige que, en el momento en que se efectuó la entrega del medio de transporte en origen, no fuera de aplicación la exención establecida para las entregas intracomunitarias.

b) La **devolución** de un medio de transporte nuevo, por una persona que no tenga la condición de sujeto pasivo, al E.m. desde el cual se le suministró inicialmente ese medio de transporte al amparo de la exención establecida para las entregas intracomunitarias.

Adquisiciones excluidas (LIVA art.13.1ª) No se comprenden en el hecho imponible AIB las siguientes adquisiciones: **5260**

1. Las adquisiciones de bienes cuya entrega se efectúe por un empresario o profesional que se beneficie del régimen de **franquicia** del impuesto en el E.m. desde el que se inicia la expedición o el transporte de los bienes. En este régimen, el sujeto pasivo no puede deducir las cuotas soportadas en sus adquisiciones (el impuesto es un coste que se incorpora al precio), ni puede repercutir el impuesto en las operaciones que realiza. Por consiguiente, si en estos casos los adquirentes en el interior del país no pueden soportar el impuesto formalmente, los adquirentes intracomunitarios tampoco deben soportarlo (ver ejemplo en el nº 5264).

2. Las adquisiciones de bienes cuya entrega haya tributado en origen con sujeción a las reglas del régimen especial de los **bienes usados**, objetos de arte, antigüedades y objetos de colección. La particularidad del régimen especial (en concreto, la determinación de la base imponible por el margen de beneficio) determina que la tributación deba localizarse necesariamente en origen (ver ejemplo en el nº 5265).

3. Las adquisiciones de bienes que se correspondan con entregas de bienes que hayan de ser objeto de **instalación o montaje**, cuando se cumplan los requisitos indicados en el nº 450. La aplicación de las reglas de localización de las operaciones ya determina la tributación en destino, por lo que no es necesario configurar el hecho imponible de las AIB con esta finalidad (ver ejemplo en el nº 5266).

4. Las adquisiciones de bienes que se correspondan con **ventas a distancia** intracomunitarias de bienes cuya entrega se entienda realizada en destino. Se trata de ventas que determinan una entrega en destino, por lo que no es necesario utilizar el hecho imponible AIB con el fin de conseguir dicha tributación en destino (ver ejemplo en el nº 5270 y nº 5271).

5. Las adquisiciones de bienes que se correspondan con entregas de productos objeto de **impuestos especiales** cuando dichas entregas se efectúen en las condiciones propias de las ventas a distancia intracomunitaria de bienes con destino a España, los destinatarios sean las personas relacionadas en nº 5405 s. (PRES) y estén sujetas al IVA en nuestro país (nº 9244 s.). Al igual que en los casos anteriores, se trata de operaciones que determinan una entrega en destino.
6. Las adquisiciones de bienes cuya **entrega en el E.m. de origen** esté exenta por aplicación de los criterios establecidos en LIVA art.22.Uno a Once (nº 6100 s.). Estas entregas están exentas con exención plena (no se repercute por ellas el impuesto y el empresario que las realiza puede deducirse el IVA soportado). Si estas operaciones tributasen en destino como una AIB, el adquirente intracomunitario se vería discriminado respecto del «adquirente interior» en estos mismos supuestos, dado que en este último caso no se soportaría IVA alguno, y en el primer caso sí (el IVA de la adquisición intracomunitaria) (ver ejemplo en el nº 5272).
7. Las adquisiciones de bienes que se correspondan con las **entregas de gas** a través de una red de gas natural situada en el territorio de la comunidad o de cualquier red conectada a dicha red, las entregas de **electricidad** o las entregas de **calor o frío** a través de las redes de calefacción o de refrigeración que se entiendan realizadas en el TIVA según lo indicado en el nº 477.

5262 Ejemplos 1) Una **empresa española**, cuya sede radica en Granada, dedicada a la venta de bienes muebles, ha efectuado las operaciones que se indican durante el **ejercicio**:
a) Compra a un **empresario alemán** una partida de 50 televisores que dedica a la venta y que se transportan a Granada por el propio empresario alemán. El precio son 10.000 € y los televisores se reciben el 2 de febrero.
La empresa española realiza una AIB sujeta y no exenta del IVA español, ya que se trata de una adquisición de bienes corporales procedente de otro E.m. efectuada a título oneroso por un empresario en el territorio de aplicación de dicho tributo (nº 5355), siendo el transmitente de los bienes un empresario o profesional. El **procedimiento** de actuación es el siguiente:
- La entidad española comunica al empresario alemán su **NIF/IVA español**, a fin de que este no repercuta el IVA alemán por la entrega de los televisores. Comunicado el NIF/IVA español, el empresario alemán aplica en la entrega una exención del IVA alemán paralela a la contemplada en la normativa española para las «entregas intracomunitarias de bienes» (nº 5215 s.).
De esta forma, en la factura que expida el empresario alemán no debe constar el IVA alemán. Si apareciese la repercusión de dicho tributo, la entidad española puede pedir al alemán la rectificación de la repercusión.
La empresa española tiene la obligación de comunicar a la alemana su NIF/IVA español (ver nº 5258). Si la empresa española no comunica al alemán un NIF/IVA español, el empresario alemán puede simplemente no aplicar exención alguna en la entrega de los televisores y repercutir el IVA alemán, sin perjuicio de que, si se cumplen los requisitos exigidos para ello, la operación tribute también en España como AIB.
- En España se produce el **hecho imponible** «AIB».
En definitiva, en el ejemplo se observa el funcionamiento con carácter general del **comercio empresarial intracomunitario** bajo la vigencia del denominado **régimen transitorio**, que se sustancia en el desdoblamiento de las operaciones comerciales en dos vertientes o aspectos: una entrega intracomunitaria exenta en origen y una AIB gravada en destino (sin perjuicio del posible derecho a la deducción del adquirente).

5263 **b)** Se ha realizado una **adquisición a particulares** españoles, portugueses y marroquíes equipos de sonido usados para proceder a su reventa. Dichos equipos son transportados a Granada por la propia entidad española.
En este caso, no existe entrega sujeta al IVA en origen, ya que el transmitente no es un empresario o profesional, ni tampoco AIB en destino, por la misma razón. Ahora bien, en el caso de los equipos de sonido adquiridos a particulares marroquíes, tributa por IVA como importación la introducción por la empresa española en la Península de dichos equipos procedentes de Marruecos (nº 5616 s.).
Esto no ocurre, sin embargo, con los equipos adquiridos a particulares portugueses y procedentes de Portugal, ya que no existen barreras arancelarias entre los E.m. de la UE, ni tampoco importaciones cuando se trata de operaciones entre dichos Estados.
c) Se ha publicado un **anuncio en varias revistas austriacas**, con el fin de atraer turistas de esta nacionalidad que visitan Granada a lo largo del año.
En este supuesto, las revistas austriacas prestan a la empresa española un servicio de publicidad que se entiende realizado en el TIVA español y sujeto a dicho tributo (nº 496), siendo sujeto pasivo del mismo la propia empresa española, por inversión (nº 1336).
No existe, por tanto, AIB cuando se trata de prestaciones de servicios, y ello aun cuando el prestador del servicio esté establecido en otro E.m. de la UE. En este sentido, hay que recordar que la AIB implica la «obtención del poder de disposición sobre bienes muebles corporales», cosa que en este caso no ocurre.

d) Adquiere una partida de complementos para baño y cocina a un empresario italiano que tributa en **régimen de franquicia**. **5264**

El régimen de franquicia es un régimen especial de las pequeñas empresas de carácter facultativo para los E.m. y que no ha sido introducido en nuestra normativa (Dir 2006/112/CE art.282 a 292 quinquies). En síntesis, este régimen especial implica que los pequeños empresarios a él acogidos no pueden deducir el IVA que soportan en sus adquisiciones, estando las operaciones que ellos efectúan exentas del tributo, de manera que dicho IVA soportado se recupera por estos empresarios a través del precio que fijan para los productos que comercializan.

Imaginemos, por tanto, que un empresario italiano en régimen de franquicia efectúa la siguiente operación: adquiere un bien por 1.000 € más IVA (21%, 210 €: para simplificar, suponemos que los tipos impositivos en Italia son los mismos que en España).

El empresario quiere vender dicho bien y obtener un beneficio de 500 € derivado de la operación. Dado que el IVA soportado no puede ser deducido por él, este se convierte en un coste más, de acuerdo con el siguiente esquema:

Precio de compra	1.000
IVA soportado	210
Coste total	1.210
Beneficio venta	500
Precio venta	1.710

La entrega del bien efectuada por el empresario en régimen de franquicia está exenta del IVA, y como se observa en el ejemplo anterior, una parte del precio de venta fijado está constituido por el IVA soportado, que se recupera vía precio.

Pues bien, imaginemos ahora que la venta que efectúa el empresario en régimen de franquicia italiano tiene como destinatario a un empresario español, y que los bienes vendidos se transportan a España por el vendedor o adquirente. Se produciría, en principio, una AIB en España, sujeta al IVA español, y cuya base imponible sería 1.710 €, debiendo pagar en España en concepto de IVA el 21% de dicha cantidad.

Si esto fuera así, el empresario español soporta una doble imposición: el impuesto italiano incluido en el precio (IVA que, además, no es deducible, por estar incluido en el precio) y el IVA español correspondiente a la adquisición intracomunitaria. Obviamente, una situación así no puede afirmarse, por lo que la AIB efectuada se declara no sujeta. A mayor abundamiento, si esto se permitiera, supondría una discriminación para los empresarios establecidos en otros E.m. frente a los de Italia que adquieren al empresario en régimen de franquicia, ya que en este último caso no existe problema de doble imposición.

e) Compra diversos **muebles usados** a un revendedor belga, que los transporta desde Bruselas hasta Granada. En la entrega por el revendedor belga de los muebles usados pueden darse dos situaciones: **5265**

1ª. Que aplique en la entrega el **régimen general** del impuesto. En tal caso, la entrega efectuada por el revendedor belga está sujeta al IVA belga y exenta, siempre que la empresa española le haya comunicado su NIF/IVA español (o, en general, un NIF/IVA atribuido por un E.m. de la UE distinto de Bélgica). Por otra parte, la AIB efectuada por la empresa española está sujeta al IVA español, de acuerdo con las normas generales que hemos visto en el supuesto a) anterior (nº 5262).

2ª. Que aplique en la entrega el **régimen especial de los bienes usados**, objetos de arte, antigüedades y objetos de colección (nº 3900 s.). Este régimen especial está contemplado en la normativa comunitaria y existe en todos los E.m., si bien su aplicación por los revendedores tiene carácter optativo o facultativo. Se caracteriza porque la base imponible de la entrega efectuada por el revendedor es el margen de beneficio obtenido por este en dicha entrega, y no, como es la regla general, el importe total de la contraprestación.

Si este régimen especial pretende compatibilizarse con el esquema general aplicable en el comercio intracomunitario (entrega exenta-AIB gravada) ocurriría que la **base imponible** de dicha AIB habría de estar constituida por el margen de beneficio obtenido, no por el adquirente intracomunitario (no puede hablarse con propiedad de «margen de beneficio» cuando se efectúa una adquisición) sino por el revendedor del otro E.m.

Lo anterior obligaría al revendedor a revelar al adquirente el **margen de beneficio** con el que opera, revelación que probablemente no estaría dispuesto a efectuar y que entraría en colisión con las más elementales prácticas comerciales. Por esta razón, cuando la entrega en origen ha tributado de acuerdo con este régimen especial, la tributación se localiza en dicho Estado de origen y en el de destino la AIB se declara no sujeta, para evitar la doble imposición que se produciría en otro caso.

A la vista de lo anterior, es claro que el adquirente tiene interés en saber cuál es el régimen aplicado por el revendedor en la entrega de los bienes (el especial de bienes usados o el general del IVA). Por ello, la Dir 2006/112/CE art.226.14, incluye como una de las menciones obligatorias en la factura la de que se ha aplicado el régimen especial en cuestión cuando este sea el caso. Esta mención se contiene también en el Rgto Fac art.6.1.o (nº 7247.1).

5266 **f)** Contrata la adquisición de una maquinaria con una **empresa francesa** para el desarrollo de su actividad, pactándose el **montaje** de la maquinaria en las instalaciones de la sociedad española. El precio cobrado por la empresa francesa son 200.000 €, ascendiendo el coste del montaje de la maquinaria a 40.000 €. Dicho montaje exige la **inmovilización** de los bienes entregados. Las entregas de bienes que hayan de ser objeto de instalación o montaje para su puesta a disposición del adquirente se entienden realizadas en el TIVA español y sujetas a dicho tributo cuando la instalación o montaje se ultime en el mencionado territorio y suponga la inmovilización de los bienes (nº 450).
En estos casos, desaparece el hecho imponible AIB, declarándose no sujeta dicha adquisición, localizando la tributación de la operación en destino por la simple aplicación de la regla de lugar de realización de las entregas. Por tanto, en el ejemplo, va a haber una entrega de bienes sujeta y no exenta del IVA español, cuyo sujeto pasivo (siempre que la empresa francesa no esté establecida en España) es el propio empresario español, por inversión (nº 1336).
Lo anterior no ocurre, sin embargo, si no concurren los requisitos exigidos para la localización de la entrega en España, como ocurre, por ejemplo, si el bien no se inmoviliza. En este caso, habrá una entrega sujeta y exenta del IVA francés y una AIB sujeta y no exenta del IVA español.

5267 **g)** Arrienda una **furgoneta** por un período de tres meses a una empresa con sede en Lisboa para transporte de mercancías, que se ocupa del transporte de la furgoneta desde dicha ciudad hasta Granada. No existe **poder de disposición**, por lo que no hay AIB. Nos hallamos ante una prestación de servicios que se entiende realizada en el TIVA español (LIVA art.69.Uno.1º) y que está sujeta al IVA español. La empresa española debe presentar la declaración recapitulativa de operaciones intracomunitarias (nº 7082 s.) por esta adquisición intracomunitaria de servicios.
h) Adquiere a un **empresario suizo** diversos **artículos de papelería** que se expiden por dicho empresario desde su sede en Ginebra hasta Granada, produciéndose su entrada en la UE por la Aduana de Barcelona. No existe AIB, ya que los bienes son transportados desde un territorio tercero. De esta forma, la entrada de los bienes procedentes de Suiza en el territorio peninsular constituye importación sujeta al IVA (nº 5615 s.), siendo sujeto pasivo de la misma el importador (nº 5895).
i) Adquiere a un **empresario danés**, que cuenta con un EP en Sevilla, diversos productos que se expiden por el empresario danés directamente desde el establecimiento de Sevilla a Granada. Tampoco en este caso existe AIB, ya que no hay transporte de los bienes de un E.m. de la UE a otro. Existe una entrega interior sujeta al impuesto, siendo sujeto pasivo de la misma la empresa danesa, en su calidad de establecida en TIVA.

5268 **2)** El ayuntamiento de un municipio, situado en la provincia de Oviedo, ha adquirido una partida de **libros** para la biblioteca pública municipal a una **editorial francesa**, que expide los mismos desde París. El precio de adquisición de los libros asciende a 35.000 €.
Se trata de una AIB sujeta al IVA español, aun cuando el adquirente sea una persona jurídica que no actúe como empresario o profesional, pues las adquisiciones intracomunitarias efectuadas por estas personas jurídicas también están sujetas al IVA, si bien existe respecto de ellas un régimen particular (nº 5405 s.).
Para efectuar esta operación, el **ayuntamiento** debe proceder a solicitar de la Administración tributaria española un **NIF/IVA** a efectos intracomunitarios, y debe comunicar dicho NIF/IVA al proveedor francés, pues existe una auténtica obligación de comunicar dicho NIF/IVA (nº 5258). Este debe aplicar la exención del IVA francés prevista para las entregas intracomunitarias de bienes por la normativa francesa (homólogo francés de nuestra normativa, ver nº 5215 s.), de manera que, si el empresario francés repercute el impuesto, el ayuntamiento debe pedir la rectificación de la repercusión y de la factura.
Finalmente, el ayuntamiento no puede deducir el IVA correspondiente a la adquisición intracomunitaria, ya que no actúa como empresario o profesional, debiendo soportar el impuesto como cualquier consumidor final, ingresándolo en la cuantía correspondiente (35.000 × 4% = 1.400 €), mediante una declaración-liquidación no periódica (modelo 309).

5269 **3)** Un residente en España, que trabaja como **asalariado** de una empresa española, ha adquirido, con ocasión de un **viaje por Austria**, un abrigo de visón para su mujer, por el que ha pagado 10.000 € y que él mismo transporta a España.
No existe AIB en España, ya que el adquirente no es empresario o profesional o persona jurídica que no actúe como tal. Por lo tanto, va a haber una entrega de bienes en Austria sujeta y no exenta del IVA austríaco, debiendo el contribuyente soportar la repercusión de dicho tributo sin posibilidad de deducción. Como se observa, cuando las operaciones comerciales no se realizan entre empresarios, la regla general es la de la tributación en origen.

5270 **4)** Una **fundación española**, que tiene personalidad jurídica pero que no realiza actividad empresarial o profesional alguna, ha adquirido, a una empresa griega, diversas **reproducciones artísticas** fabricadas en serie a escala reducida de monumentos y esculturas, por un precio de 2.000 €, que se expiden desde Atenas por la mencionada empresa griega. En la venta se repercute el IVA español, ya que el volumen de ventas de la misma índole, para consumidores finales españoles, efectuadas por la empresa griega en el año anterior, alcanzó los 40.000 €. La fundación no había adquirido con anterioridad bienes a empresarios de E.m. de la UE distintos de España.

La entrega efectuada por la empresa griega se entiende localizada en España y sujeta y no exenta, como tal entrega, al IVA español, por aplicación del denominado «régimen de ventas a distancia intracomunitaria» (nº 9244 s.).
Asimismo, la AIB efectuada por la fundación no está sujeta al IVA español, y ello aun cuando esta sea una persona jurídica que no actúa como empresario o profesional (nº 5222).
Por lo tanto, en el ejemplo tendremos lo siguiente:
- existe una entrega de bienes cuya localización es en destino (España) sujeta y no exenta del IVA español, siendo sujeto pasivo del mismo la empresa griega (ya que, al no ser empresario ni persona jurídica identificada el destinatario de la operación, no procede la inversión); y
- la AIB efectuada por la fundación no está sujeta al IVA español.

5) Un empresario español, dedicado a la actividad inmobiliaria, ha adquirido, mediante el sistema de **venta por catálogo**, una bicicleta de montaña a un empresario danés, que va a utilizar los fines de semana y en vacaciones. El transporte se efectúa por la propia empresa danesa. Igualmente, ha adquirido por el mismo sistema varios litros de vodka a una empresa finlandesa, que ha de utilizar para su consumo particular. Las botellas se expiden desde Helsinki hasta España por el empresario finlandés. **5271**
No existe AIB en ninguno de los dos casos, ya que, aun cuando se trata de un empresario español persona física, no actúa como tal empresario al efectuar las adquisiciones como **consumidor final**. La entrega de la bicicleta tributa en España o Dinamarca de acuerdo con los criterios de la LIVA art.68.Tres.a, y no da lugar a AIB, en tanto que la entrega del vodka tributa en España como tal entrega, sin que tampoco exista AIB (nº 9244 s.).

6) Una naviera española, dedicada al **transporte marítimo** de viajeros mediante contraprestación, ha adquirido a un **armador griego** un buque apto para navegar por alta mar que afecta a su actividad. El armador griego aplica en la entrega, conforme a la normativa de aquel país, la exención prevista para las operaciones asimiladas a las exportaciones, equivalente a nuestra LIVA art.22.Uno (nº 6105 s.). **5272**
En este punto, la LIVA no resulta excesivamente clara, ya que la AIB efectuada por la naviera española no está sujeta al IVA español (LIVA art.13.1º.f), en tanto que, según la LIVA art.26.Uno, dicha AIB está exenta del impuesto. Ver en este sentido nº 5260 y nº 5320.
En cualquier caso, la entidad española no ha de pagar el IVA, pero si el régimen que se aplica es el de exención sí debe cumplir una serie de **obligaciones formales** (declaración recapitulativa de operaciones intracomunitarias y solicitud del NIF/IVA propio de las personas o entidades que realizan operaciones intracomunitarias), que no han de cumplirse de estar la correspondiente adquisición no sujeta.
Por último, hay que entender que, de no cumplirse los requisitos que determinan la **afectación a la navegación marítima internacional** (LIVA art.22.Uno), la operación tributaría como operación asimilada a la importación (nº 5655).
7) Una empresa española adquiere una mercancía en el Reino Unido en diciembre de 2020. La mercancía es remitida hacia TIVA el 20 de diciembre, pero queda retenida en la Aduana, donde se despacha el 10-1-2021, llegando a su destino el 12-1-2021. Se cuestiona por el adquirente si se ha producido una AIB, o bien una importación.
La Dir 2006/112/CE se aplica respecto de los bienes expedidos o transportados desde el territorio del **Reino Unido** al territorio de un Estado miembro, y viceversa, siempre que la **expedición o el transporte** se haya iniciado antes del final del período transitorio y finalice después de este. Dado que el transporte se ha iniciado en diciembre de 2020, se está realizando una AIB (DGT CV 26-2-21).

Doctrina Administrativa Además de las siguientes contestaciones de la DGT, ver nº 11000 s. **5274**
1) No hay AIB en España si la entrega de un vehículo usado ha tributado en origen (Alemania) de acuerdo con el régimen de los bienes usados. A tal efecto, corresponde al adquirente la acreditación del hecho de que el empresario alemán ha aplicado en Alemania el **régimen especial de los bienes usados** (DGT CV 14-4-00). Es obligatorio recoger este aspecto en factura (Dir 2006/112/CE art.226.14).
2) Con relación a la adquisición intracomunitaria de **medios de transporte usados**, la DGT distingue las siguientes posibilidades (el adquirente era una entidad mercantil):
a) Adquisición de un vehículo usado a un empresario o profesional **no revendedor** establecido en un E.m. distinto de España, expidiéndose el vehículo con destino a la Península o Islas Baleares. En este caso, a su vez, hay que diferenciar:
- que el vendedor se beneficie del régimen de **franquicia** en el E.m. de origen, en cuyo caso la adquisición intracomunitaria en España no está sujeta al IVA;
- que el transmitente aplique una **exención en el Estado de origen** análoga a la prevista en la LIVA art.20.Uno.24º o 25º, en cuyo caso la adquisición en España está exenta del impuesto (LIVA art.26.Uno); y
- en los **demás casos**, la entrega en origen está exenta y la adquisición en destino gravada (DGT CV 10-5-19; CV 9-7-19).

b) Adquisición de un vehículo usado a un empresario **revendedor** residente en un E.m. distinto del Reino de España. En este caso, a su vez, hay que distinguir:
- si el revendedor aplica el **régimen general del IVA**, en cuyo caso la entrega en origen está exenta y la adquisición intracomunitaria en destino gravada.
- Si el revendedor aplica el **régimen especial de los bienes usados**, en cuyo caso la entrega tributa en origen y la adquisición intracomunitaria en destino no está sujeta al IVA (DGT 15-11-01; CV 16-3-16; CV 28-10-19).

5275 **3)** Un empresario español efectúa la distribución y venta en España de productos textiles, en virtud de un contrato de **comisión de venta en nombre propio** suscrito con un comitente italiano. El comitente italiano envía al comisionista español los bienes desde Italia hasta España. En la actividad descrita se dan las siguientes operaciones a efectos del IVA:
a) Una entrega de bienes del empresario italiano (comitente) al español (comisionista en nombre propio). La entrega en Italia de los bienes está exenta del IVA por tratarse de una **entrega intracomunitaria**, si el comisionista le comunica su NIF español a efectos de IVA.
b) El empresario español (comisionista) realiza una **adquisición intracomunitaria** de bienes sujeta al IVA español por los bienes que le son enviados desde Italia.
c) Una **entrega de bienes** efectuada en España por el comisionista en favor de terceras personas adquirentes sujeta al IVA español (DGT 28-6-94; CV 28-3-19).
4) Un ente público adquiere unas **licencias de uso de plataformas informáticas**. El empresario que efectúa dicha operación tiene su sede de actividad en otro E.m., pero dispone de una oficina en España. El ente público realiza algunas operaciones sujetas al Impuesto y aparece dado de alta en el censo VIES. Esta transmisión de licencias de uso de plataformas informáticas debe considerarse una puesta a disposición de algún tipo de producto informático (**software**) y puede merecer una doble calificación: entrega de bienes o prestación de servicios. En el caso de que fuera una **entrega de bienes**, debe determinarse si la adquisición de los productos informáticos se va a afectar a la actividad empresarial. Si así fuera, la adquisición intracomunitaria de los mismos está sujeta al impuesto en concepto de adquisición intracomunitaria de bienes. Si, por el contrario, no se adquieren los productos informáticos actuando en condición de empresario, dicha adquisición tan solo está sujeta cuando se haya superado el umbral de adquisiciones correspondiente o cuando se haya optado por dicha sujeción (DGT 26-3-03).

5276 **5)** La **Comisión Europea** no tiene la condición de empresario o profesional a los efectos del Impuesto, aunque la operación se califique conceptualmente como una adquisición intracomunitaria de bienes, la misma no va a estar sujeta al IVA al no ser el transmitente un empresario o profesional (DGT CV 6-5-15). El mismo criterio se mantiene respecto al **Consejo de Europa** (DGT CV 7-7-05).
6) Está sujeta al IVA la adquisición intracomunitaria de neumáticos para vehículos realizada en un E.m. de la UE, para su posterior venta en España por una persona física acogida al **régimen especial simplificado**. No le resulta de aplicación ninguna de las exenciones previstas en la Ley (DGT CV 4-5-05).
7) Una empresa alemana no establecida contrata la construcción de dos hornos, con **instalación y montaje**, con una petrolera española. A su vez, subcontrata con otra empresa alemana la realización de la obra. Esta última va a adquirir materiales en terceros países, países comunitarios y España. Hay que distinguir dos entregas con instalación, la de la empresa alemana subcontratada a la otra empresa alemana y la que realiza esta última a la petrolera española. Estos dos hechos imponibles se entienden localizados en el territorio español y no en el territorio alemán. No se comprenden entre las AIB las adquisiciones de bienes que se correspondan con las entregas de bienes que hayan de ser objeto de instalación o montaje y se consideren localizadas en el TIVA español, por lo que las entradas de materiales en el territorio español procedente de países comunitarios que tiene como destinataria la empresa subcontratada no da lugar a una AIB (DGT CV 6-11-08).
8) Una sociedad sueca (M) es la matriz de un **grupo** que dispone en el territorio de aplicación del Impuesto de una sucursal (S) y de una empresa filial (F).
La sucursal (S) realiza adquisiciones de mercancías a la empresa filial (F). Se trata en este caso de entregas interiores realizadas entre entidades establecidas en el TIVA.
La entrega de la compañía filial (F) a la matriz resulta exenta del IVA cuando el transporte de las mercancías a otro E.m. se produzca con ocasión de tal entrega. La operación debe cumplir con las exigencias que se determinan en el nº 5215 s.
Finalmente, la remisión de mercancías al TIVA efectuada desde Suecia por parte de la matriz va a ser una entrega intracomunitaria en aquel país y una adquisición intracomunitaria de bienes en el territorio de aplicación del impuesto, operación esta última de la que van a ser sujetos pasivos los clientes de la matriz que proporcionan a la empresa sueca el NIF-IVA que les ha sido atribuido por las autoridades fiscales nacionales. La empresa sueca no está obligada por estas operaciones a obligación formal alguna en el TIVA (DGT CV 25-5-12).

5277 **9)** La mercantil (A) establecida en el TIVA es una **sucursal de una empresa sudafricana** a la que adquiere mercancía que entra por el puerto de Rotterdam, contando con un representante fiscal al efecto. La mercancía se vincula a un **depósito aduanero** y cuando es vendida a un cliente

tercero, se ultima el régimen de depósito aduanero, siendo inmediatamente enviada por el representante fiscal de la mercantil (A) desde Rotterdam al TIVA o a otro Estado miembro o un país tercero, para su puesta a disposición a favor del cliente.
Por tanto, la única operación sujeta al Impuesto es la adquisición intracomunitaria que realiza el cliente de la mercantil (A) cuando recibe en el TIVA la mercancía procedente de Holanda que le envía el representante fiscal de la mercantil (A). Por tanto, la mercantil (A) no realiza ninguna operación sujeta al IVA en el TIVA, ni que deba ser declarada en el mismo. La mercantil (A) realiza únicamente importaciones, entregas intracomunitarias y, en su caso, exportaciones que, conforme a las reglas de localización aplicables, se entienden realizadas en Holanda (DGT CV 8-6-15).
10) Una empresa española compra **maquinaria** a una empresa establecida en Alemania con el objetivo de venderla a una empresa en Arabia Saudí. El material se ha de remitir directamente desde Alemania a Arabia Saudí. Estas operaciones no se entienden realizadas en el TIVA. La compra de maquinaria es una entrega interior en Alemania. La venta posterior de las mercancías a Arabia Saudí desde territorio alemán supone una exportación. Ambas operaciones se rigen por la normativa alemana (DGT CV 15-12-15). De igual forma, si la entidad residente en TIVA compra unos bienes en un E.m. diferente a España, y desde ahí son expedidos a otros Estados miembros (DGT CV 5-10-22).

Jurisprudencia **1)** Están sujetas las AIB realizadas por un empresario, sujeto pasivo del IVA acogido a **REAGP**, que ha comunicado su NIF/IVA a un proveedor de la UE, con independencia del importe o de la base imponible de la operación (TEAC 9-10-01). **5279**
2) No están sujetas al impuesto las AIB a cuya entrega se le haya aplicado, en el Estado de origen, el **régimen especial de los bienes usados**. Por el contrario, en aquellas facturas que por haberse consignado un tipo del 0%, no ha sido de aplicación el citado régimen especial, opera la sujeción de las referidas AIB con normalidad (TEAC 28-3-19).

b. Operaciones asimiladas a las adquisiciones intracomunitarias de bienes

(LIVA art.16)

Al igual que ocurre con otros hechos imponibles, como las entregas, determinadas operaciones se definen como asimiladas a las adquisiciones intracomunitarias. Son las siguientes: **5280**
- transferencias de bienes al TIVA (nº 5281);
- la adquisición de bienes destinados a la OTAN y determinadas fuerzas armadas (nº 5282); y
- operaciones calificadas como entregas internas (nº 5283).

Transferencias de bienes (Dir 2006/112/CE art.21; LIVA art.16.2º) Se trata de la **afectación** a las actividades de un empresario o profesional, desarrolladas en el TIVA, de un bien expedido o transportado por ese empresario, o por su cuenta, desde otro E.m. En este último Estado es donde el bien ha tenido que ser producido, extraído, transformado, adquirido o importado por aquel empresario o profesional, en el desarrollo de su actividad realizada en dicho Estado (ver nº 5225 s.). **5281**
Se establece una **excepción** para las operaciones excluidas del concepto de transferencia de bienes (nº 5228 s.): las que no definen una transferencia de bienes en origen tampoco determinan una AIB en destino.

Precisiones **1)** Estas operaciones asimiladas a las AIB están **definidas** por:
- una transferencia efectuada por un empresario o profesional;
- de bienes muebles corporales adquiridos o producidos en un E.m. distinto de España en el desarrollo de su actividad empresarial en ese E.m.;
- con destino al territorio IVA;
- para utilizar los bienes transferidos en la actividad empresarial que dicho empresario o profesional desarrolla en el territorio IVA.
2) En estas operaciones no hay **transferencia de propiedad** sobre los mencionados bienes, sino simple transferencia física de ellos que se hace un empresario a sí mismo.
3) Considerando las **excepciones del concepto** de transferencia contenidas en la Ley, estas operaciones asimiladas se refieren, particularmente, a bienes transferidos de un E.m. a otro para su almacenamiento en este último y a bienes de inversión que el empresario va a utilizar en el E.m. de destino que, en este caso, es el TIVA.
4) Las **transferencias de servicios** no dan lugar a ninguna operación asimilada a AIB en el E.m. de destino. Se trata de operaciones puramente internas a un empresario que no determinan la producción de ningún hecho imponible a efectos del IVA (ver criterio del TJUE en el nº 5231).

Adquisiciones de la OTAN y determinadas fuerzas armadas (Dir 2006/112/CE art.22; LIVA art.16.3º; RD 160/2008; RD 443/2023) Se asimila a un AIB, la recepción en el TIVA de bienes destinados al uso de las **fuerzas armadas** de: **5282**
- los Estados parte de la OTAN y del elemento civil que las acompaña;

- cualquier E.m., que se encuentren afectadas a un esfuerzo de defensa en el ámbito de la política común de seguridad y defensa -PCSD- y del personal civil a su servicio.
Esta asimilación se producirá si los bienes no han sido adquiridos en las condiciones normales de tributación del Impuesto en la UE, o no pudieron beneficiarse de las **exenciones** establecidas para su importación (LIVA art.62).

Precisiones Se refiere a los bienes adquiridos con **exención** en un E.m. por aplicación de los beneficios reconocidos a la OTAN, que después se remiten a España. Aquí se produce una AIB sujeta al impuesto que, no obstante, disfruta de exención si la legislación española reconoce también el beneficio fiscal a dichas adquisiciones (nº 6200 s.).
Hay que tener en cuenta que las exenciones establecidas en beneficio de la OTAN no están armonizadas en la actualidad, y se permite a cada E.m. aplicar su propia regulación en esta materia hasta que se adopte una normativa uniforme (Dir 2006/112/CE art.151).
Por ello, es posible que determinadas adquisiciones efectuadas por las fuerzas de los Estados miembros de la OTAN estén exentas en un E.m. de la UE, y que esas mismas adquisiciones en otro E.m. no se beneficien de la exención. De lo que se trata, con la **delimitación del hecho imponible** «operación asimilada» a AIB, es de garantizar que la tributación se rija por las normas del Estado en que se efectúa el consumo de los bienes.

5283 **Entrega de bienes** (Dir 2006/112/CE art.23; LIVA art.16.4º) Como **cláusula de cautela** complementaria de los preceptos anteriores, se considera también como asimilada a una AIB cualquier adquisición resultante de una operación que, si se hubiese **efectuado en el interior del TIVA** por un empresario o profesional, sería calificada como entrega de bienes de acuerdo con la legislación española (nº 115 s.). Su recepción en el TIVA debe constituir una AIB sujeta al IVA.

Precisiones **1)** Las personas que realizan las operaciones asimiladas deben cumplir las siguientes **obligaciones formales complementarias**:
- anotarlas en el libro registro de determinadas operaciones intracomunitarias (nº 7405);
- incluir dichas operaciones en la declaración recapitulativa (nº 7082); y
- como requisito formal para la deducción, se exige estar en posesión de la factura expedida en el E.m. de origen y consignar la adquisición en la declaración-liquidación. En relación con las AIB, las cuotas han de ser calculadas y anotadas en el libro registro de facturas recibidas.
2) Se aplica este supuesto de operación asimilada a las AIB, por ejemplo, en el caso de **ventas intracomunitarias bajo condición suspensiva** con destino España. Dado que esas operaciones, efectuadas en el interior de nuestro país, constituyen entregas de bienes desde que se efectúa la cesión de la posesión del bien, aun cuando todavía no se haya transmitido la propiedad (nº 150), si se efectúan a partir de otro E.m., la recepción del bien, esto es, la obtención de la posesión del mismo en España debe definir una AIB. Pero ocurre que en estos casos no se cumplen los requisitos generales de la definición de AIB (no hay todavía obtención del poder de disposición sobre el bien, cosa que no va a ocurrir hasta que no se cumpla la condición suspensiva), por ello resulta necesario acudir al concepto de operación asimilada.
Lo mismo sucede con las **transferencias intracomunitarias de bienes entre comitente y comisionista**, en las que tampoco hay, en rigor, obtención del poder de disposición (ver nº 160) y por ello, para garantizar el paralelismo entre las operaciones interiores y las intracomunitarias, se acude al concepto de operación asimilada.
Igualmente, en el caso de un **arrendamiento financiero con opción de compra** con cláusula de transferencia de la propiedad vinculante para ambas partes (ver nº 155).

5284 Ejemplos **1)** Una empresa sueca, que cuenta con un **EP** en Valladolid, fabrica y vende ordenadores y ha enviado cien de estos ordenadores de Suecia a Valladolid, donde son almacenados para su venta a consumidores finales españoles. El envío de los ordenadores desde Suecia hasta España puede desdoblarse en dos **operaciones**:
- por un lado, una «operación asimilada a entrega de bienes» en Suecia, sujeta y exenta del IVA sueco (homólogo sueco de la LIVA art.9.3º y 25.Tres, nº 5225 s.); y
- por otro lado, la recepción de los ordenadores en Valladolid constituye una «operación asimilada a AIB» efectuada por la empresa sueca (nº 5281), la cual debe tener un NIF-IVA español e incluir las cuotas correspondientes como IVA devengado e IVA deducible en la autoliquidación (esto último, de acuerdo con el porcentaje de prorrata aplicable).
Asimismo, en la declaración recapitulativa de operaciones intracomunitarias que presente en Suecia, la empresa sueca debe hacer constar el envío de los ordenadores a Valladolid, y en la declaración recapitulativa que presente en España (modelo 349) debe hacer constar la «operación asimilada a AIB» realizada (nº 7082).
Por último, en el libro registro de determinadas operaciones intracomunitarias que lleve en Suecia debe hacer constar la «operación asimilada a entrega» sujeta y exenta realizada y en el libro citado que lleve en España debe hacer constar la recepción de los ordenadores, constitutiva de la «operación asimilada a AIB» (nº 7405).
La asimilación a la AIB se efectúa con el objetivo de garantizar el **seguimiento físico** de los bienes y su localización en cada momento. Junto a ese objetivo, la regulación comunitaria pretendía, al establecer el mecanismo de las «operaciones asimiladas», garantizar el control del movimiento de los bienes de inversión, para evitar que, en el caso de empresas con establecimientos

en E.m. diversos y prorratas de deducción diferentes, los bienes de inversión se adquirieran a través de los establecimientos con prorrata de deducción más elevada y se remitieran luego a los de prorrata más reducida, practicándose la deducción conforme a la primera. Por ejemplo, el envío de una máquina utilizada en Suecia para la fabricación de ordenadores en España.
De acuerdo con lo anterior, parece que solo estaría justificado el funcionamiento del mecanismo de la «operación asimilada» en el caso de que existieran diferentes prorratas de deducción entre la actividad desarrollada en Suecia y en España.
Sin embargo, la normativa nada dice respecto a esto último y, por ello, hay que entender que el mecanismo de la «operación asimilada» funciona aun cuando se trate de bienes de inversión enviados de un establecimiento a otro y las prorratas sean idénticas.

2) La empresa anterior remite una partida de ordenadores desde Göteborg a Lisboa para ser vendidos en Portugal. El **transporte** se realiza mediante un camión y, por razones de organización, el envío es objeto de una parada temporal en España, siguiendo después las mercancías hasta su destino. **5285**
En este ejemplo existe una operación asimilada a entrega en Suecia y otra operación asimilada a AIB en Portugal.
El problema se plantea a la hora de determinar si la **parada temporal** en España constituye «operación asimilada a AIB» en este último país (nº 5281).
Aunque hay que examinar cada caso, en este caso, al producirse una simple parada temporal en España por razones de organización del transporte, de unas mercancías que se van a afectar a la actividad de la empresa en Portugal y no en España, no se puede afirmar que exista operación asimilada a AIB en España, ya que no hay «afectación a la actividad empresarial desarrollada en España», como exige la normativa al delimitar este hecho imponible. En este sentido se ha pronunciado la doctrina administrativa.

3) La compañía anterior ha enviado a Lérida, desde Göteborg, varios ordenadores para ser objeto de **reparación**. Una vez reparados, son remitidos nuevamente a Göteborg. Igualmente, ha enviado los últimos modelos de ordenadores por ella fabricados a una **feria del sector** que se celebra en Valencia durante una semana. Finalizada la feria, los modelos son remitidos nuevamente a Suecia. **5286**
En los dos supuestos no existe operación asimilada a entrega de bienes en Suecia por el envío de los ordenadores (nº 5228 s.) y por lo tanto no existe tampoco operación asimilada a AIB en España (nº 5281).
No obstante, el envío y la recepción de los bienes en España debe hacerse constar en los libros registro de determinadas operaciones intracomunitarias (nº 7405) que lleve la empresa en Suecia (el envío de los bienes) y en España (su recepción).

4) Una empresa española ha adquirido a otra alemana una **maquinaria en régimen de leasing** el 1-1-20X0. La maquinaria se recibe el 1-2-20X0 y en dicha fecha la empresa se compromete a ejercer la opción de compra el día 1-1-20X3. **5287**
Aun cuando jurídicamente no se ha producido la transmisión de la propiedad de la maquinaria el 1-2-20X0 (lo cual va a ocurrir solo cuando se ejercite la opción de compra), se produce el hecho imponible «AIB» el 1-2-20X3. Por aplicación de la normativa del IVA, se entiende producida la entrega cuando la empresa se compromete a ejercitar la opción de compra (nº 155 y nº 5283).
5) Una empresa belga ha realizado varios **servicios para su sucursal** situada en Madrid, consistentes en servicios de gestión, suministro de aplicaciones informáticas y formación de personal, imputando los costes de tales servicios a la sucursal.
No existe operación asimilada ni hecho imponible alguno a efectos del IVA, ni en España ni en el Reino de Bélgica, derivado de la prestación de los citados servicios. De acuerdo con el criterio del TJUE, nos hallamos ante operaciones puramente internas que no constituyen entregas de bienes ni prestaciones de servicios a efectos del IVA, salvo que la sucursal pertenezca a un grupo en el sentido IVA (ver nº 5231).

6) Una editorial francesa ha publicado una tirada de una nueva novela de un autor francés. Seis meses después, sigue teniendo en stock algunos ejemplares de la mencionada novela, por lo que decide hacer un **envío gratuito a una editorial española** con la que no tiene ninguna relación. **5288**
En este caso, se produce la obtención del poder de disposición por parte de la empresa española, a título gratuito, sobre unos bienes remitidos desde otro E.m. por otro empresario. Por lo tanto, al ser la adquisición a título gratuito y no a título oneroso, hay que entender que no existe AIB (LIVA art.13.1º y 15).
El problema es determinar si puede considerarse que existe en España, en este caso, una «operación asimilada a AIB». Algunas opiniones así lo afirman, basándose en la normativa del Impuesto que considera como tal «cualquier adquisición resultante de una operación que, si se hubiera efectuado en el interior del país por un empresario o profesional, sería calificada como entrega de bienes en virtud de lo dispuesto en el art.8 de esta Ley» (nº 5283). Esta sería, posiblemente, la opinión más conforme con el principio de neutralidad que informa el impuesto.
Sin embargo, hay que tener en cuenta que la consideración como entregas de bienes de las

transmisiones del poder de disposición a título gratuito no se contiene en la LIVA art.8, sino en la LIVA art.9, por lo que algunos autores, con arreglo a una interpretación literal de la Ley, entienden que en estos casos existe un autoconsumo de bienes en origen, sujeto y no exento del IVA del Estado de origen y que no existe hecho imponible alguno en el E.m. de destino.
En cualquier caso, parece claro que este tipo de operaciones tiene un carácter marginal. Más frecuente puede ser el hecho de que, entre empresas ligadas por algún vínculo particular, se pacten precios inferiores a los normales de mercado, en cuyo caso sí funciona el esquema entrega en origen exenta-adquisición en destino gravada, si bien la base imponible del IVA de esta última se determina con arreglo a lo dispuesto para las operaciones entre partes vinculadas, cuando se den los requisitos previstos al efecto (nº 1913 y nº 5372).

5290 Doctrina Administrativa Además de las siguientes contestaciones de la DGT, ver nº 11000 s.
1) Una sociedad con sede en España se dedica a la **distribución y venta de vehículos** que previamente ha adquirido a proveedores radicados en otros E.m. y en terceros países. Dicha sociedad transporta vehículos de su propiedad desde determinados recintos situados en Francia con destino a las instalaciones de **concesionarios españoles**. En los documentos de transporte, los concesionarios figuran como consignatarios de los envíos, manteniendo la sociedad consultante la propiedad de los vehículos. Con posterioridad a la llegada de los vehículos a las instalaciones de los concesionarios, y una vez transcurrido un periodo de mayor o menor duración, la sociedad va a ir realizando la venta de los vehículos a los concesionarios. En este supuesto, y dado que el transporte de los vehículos propiedad de la sociedad desde Francia no está directamente vinculado con las entregas que de dichos vehículos va a efectuar posteriormente la sociedad a los concesionarios, va a existir una operación asimilada a AIB en el TIVA, en tanto que las ulteriores entregas a los concesionarios son entregas interiores (DGT 13-7-00).
2) Una empresa establecida en España importa una **mercancía a libre práctica en Holanda**. La mercancía se expide a nuestro país. La entrada en España de la mercancía es una operación asimilada a una operación intracomunitaria de bienes, con independencia de que las posteriores entregas realizadas por la empresa se efectúen a personas o entidades establecidas o no en el TIVA (DGT 16-1-02; CV 4-1-19; CV 12-3-19).

5291 **3)** Una empresa belga A, no establecida, introduce en TIVA mercancías de su propiedad procedentes de países comunitarios. Dichas mercancías se depositan en **almacenes de empresas españolas**, hasta que estas solicitan disponer de las mismas, momento en que se produce una triple facturación: de A a una segunda empresa del grupo establecida en Bélgica (B); de B, a una tercera empresa del grupo establecida en Dinamarca (C) y de esta a la empresa española. En este supuesto se producen las siguientes operaciones en el TIVA español:
- una operación asimilada a AIB que efectúa A;
- una entrega interior de A para B;
- otra entrega interior de B para C;
- otra entrega interior de C para la empresa española (DGT 2-3-01).

4) Una empresa francesa, no establecida en el TIVA, tiene concertado en España con un tercero un **contrato de depósito**, mediante el cual son almacenados los bienes introducidos en el TIVA, procedentes de otros E.m. así como de territorios terceros, antes de su venta al cliente final. Los bienes se venden a través de un **comisionista**, establecido en el TIVA y que actúa en nombre y por cuenta ajena, con destino a clientes establecidos en España y a clientes establecidos en Portugal que tienen la condición de empresarios o profesionales. Así, se produce una transferencia de bienes propiedad de la empresa francesa con destino al TIVA y procedentes de otro E.m. para afectar dichos bienes a las necesidades de la empresa francesa en el TIVA, lo que constituye una operación asimilada a una AIB, sujeta al impuesto. En la venta de las mercancías a los clientes se produce una entrega interna de bienes por parte de la empresa francesa si los clientes son empresarios o profesionales domiciliados en el TIVA. Si los bienes se expiden o transportan por el vendedor, por el adquirente o por un tercero en nombre y por cuenta de cualquiera de los anteriores, al territorio de otro E.m. (Portugal), siempre que el adquirente sea un empresario o profesional identificado a efectos del IVA en un E.m. distinto del Reino de España (de nuevo Portugal), la entrega intracomunitaria de bienes está sujeta al Impuesto, pero exenta (ver nº 5215 s.). No existe entrega de bienes al comisionista, puesto que este actúa en nombre ajeno (DGT 14-7-04).

5292 **5)** Una sociedad establecida en Alemania transfiere mercancías a España, dejándolas en **consigna en los almacenes** de la empresa española. Cuando las mercancías, que hasta ese momento pertenecen a la sociedad alemana, son solicitadas por clientes españoles, la empresa alemana factura a la empresa depositaria que, a su vez, entrega a los distintos clientes. La remisión de las mercancías desde Alemania a España realizada por la empresa alemana para afectarlas a sus actividades empresariales constituye una operación asimilada a una AIB de la que es sujeto pasivo la empresa alemana (DGT CV 11-5-05; CV 30-9-19; CV 19-11-19).
No obstante, hay que tener en cuenta que en estos casos puede resultar de aplicación una exención (ver nº 5326).

6) Una entidad lleva a cabo el **alquiler de plataformas elevadoras** a una empresa holandesa mediante contratos de arrendamiento por un plazo de cinco años. Las plataformas se utilizan en el TIVA. El arrendamiento de las plataformas elevadoras constituye una prestación de servicios. La transferencia de los bienes desde Holanda a España hay que enmarcarla dentro de la afectación a las actividades a desarrollar en España de la empresa holandesa, propietaria de las plataformas. No obstante, dicha transferencia no encaja en el concepto de transferencia intracomunitaria puesto que las plataformas son utilizadas temporalmente en España por el sujeto pasivo aquí establecido para realizar una prestación de servicios (ver nº 5228 s.).
En consecuencia, no se produce una operación asimilada a una AIB de las plataformas en el TIVA (DGT 26-4-04).

7) Un astillero gijonés contrata la **construcción del casco de un buque** portacontenedores a una **empresa portuguesa**. Los materiales necesarios son aportados por el astillero español, provenientes directamente de España, países comunitarios e importaciones. Finalmente se transporta el casco a España. El transporte desde Portugal a Gijón del casco construido en aquel país a partir de materiales aportados por el astillero y procedentes de España, de otros países comunitarios y de fuera de la UE, una vez transformados, para continuar con la construcción del buque, constituye una operación asimilada a una adquisición intracomunitaria de bienes de la que es sujeto pasivo el astillero gijonés (DGT CV 30-5-07). **5293**

8) Una entidad **no establecida** envía mercancías a los almacenes de su único **cliente español**. Este adquiere la posesión de las mercancías desde el momento de la recepción asumiendo los riesgos desde que se produce la entrada en sus almacenes. Las entregas son facturadas conforme el cliente comunica a la entidad que retira los productos del almacén. Se trata de una EIB en el país de origen de la que es sujeto pasivo el proveedor y una AIB de la que es sujeto pasivo el cliente español, ya que desde la recepción de las mercancías puede disponer de las mismas, sin perjuicio de que la transmisión de la propiedad se pueda posponer en el tiempo (DGT CV 30-9-13; CV 28-11-16; CV 13-10-17; CV 1-2-19; CV 17-5-19).

9) Una **entidad establecida en Grecia** transporta a España **alevines de peces** para que una entidad española realice un preengorde de aquellos en sus instalaciones. Una vez obtenida la talla/peso de mercado, estos alevines son vendidos en España a empresas españolas por la entidad griega. La empresa griega realiza una operación asimilada a la AIB en España. La empresa griega tiene derecho a la devolución del Impuesto soportado en España, por lo que la operación asimilada a la AIB está exenta del impuesto (DGT CV 15-2-08; CV 12-11-15; CV 23-11-15).

10) Una entidad italiana no establecida va a transferir bienes a un almacén de una **entidad filial** situada en el TIVA que van a usarse en la realización de pruebas, por lo que va a realizar operaciones asimiladas a una adquisición intracomunitaria de bienes sujetas al impuesto, debiendo disponer de un NIF (NIF-IVA) a efectos del IVA, atribuido por la Administración tributaria española. Por tanto, las operaciones asimiladas a adquisiciones intracomunitarias de bienes efectuadas por el sujeto pasivo para la realización de pruebas en el territorio español de aplicación del IVA se van a encontrar sujetas y exentas (DGT CV 19-12-16). La consideración de la entidad filial como **establecimiento permanente** supone que el sujeto pasivo de la operación sea este, aunque no exista propiamente una entrega de mercancías (DGT CV 9-8-22).

11) La introducción de bienes en un E.m. procedentes de un **país tercero** supone la realización por parte de la entidad de una importación que está exenta en la medida en que estos van a ser objeto de una transferencia de bienes. En TIVA se produce una operación asimilada a AIB a título oneroso (DGT CV 8-3-17; CV 29-5-19).

12) Los **motores** enviados a TIVA por una entidad alemana van a ser ensamblados por una entidad establecida. Una vez finalizado el trabajo son objeto de remisión a otros E.m. o a terceros países. En este caso se producen EIB o exportaciones exentas; por su parte la recepción de dichos motores en TIVA no está sujeta al impuesto (DGT CV 7-2-17; CV 14-2-17).

13) Los bienes objeto de venta, una vez **importados** por la empresa noruega en el E.m. de importación, parece que han sido **expedidos con destino al TIVA**. Por tanto, en tal caso, el proveedor noruego habrá efectuado una entrega intracomunitaria de bienes que, en caso de estar sujeta en el E.m. de inicio del transporte, debió quedar exenta del IVA. En TIVA se produce una operación asimilada a AIB a título oneroso (DGT CV 2-10-18).

2. Exenciones en las AIB

Tipos y supuestos (Dir 2006/112/CE art.140 y 141; LIVA art.26) Estas exenciones se pueden agrupar en dos **categorías**: **5320**

1ª. Exenciones que tienen su fundamento en **razones de neutralidad** del impuesto.
Se incluyen las establecidas para las AIB cuya adquisición, vinculada a otros hechos imponibles del impuesto (entrega de bienes o importación), no hubiese determinado la obligación de soportar el tributo, por estar la correspondiente operación no sujeta o exenta de dicho tributo (nº 5324).

2ª. Exenciones que tienen su fundamento en **razones de simplificación** (nº 5326).

Se incluyen las previstas para las denominadas «operaciones triangulares» y las AIB efectuadas por operadores no establecidos en el TIVA español, que tienen derecho a la recuperación total en España del IVA correspondiente a la AIB por alguna de las vías previstas para la devolución del IVA soportado a los no establecidos.

5324 **Exención por neutralidad** (Dir 2006/112/CE art.140; LIVA art.26.Uno y Dos) En concreto, están exentas del impuesto las adquisiciones intracomunitarias siguientes:

a) Las AIB cuya **entrega en el interior** hubiera estado, en todo caso, no sujeta o exenta del IVA. Se equipara con ello el tratamiento fiscal entre operaciones interiores e intracomunitarias: aunque la entrega en origen esté exenta, también lo está la AIB en destino, de forma que el adquirente recibe los bienes en las mismas condiciones económicas que si los compra en el interior.

La exención se extiende a las adquisiciones de bienes cuya entrega interior está exenta, bien sea como entrega exenta con exención limitada (nº 800 s.) o como operaciones asimiladas a las exportaciones, nº 6100 s. (así, la adquisición de buques afectos a la navegación internacional), o por tratarse de operaciones relacionadas con las situaciones arancelarias exentas (nº 6230), o por estar relacionadas con los regímenes suspensivos (adquisición de un bien para incorporarlo a un proceso de transformación correspondiente al régimen de perfeccionamiento activo, nº 5636 s.).

Igualmente, se extiende la exención a las AIB cuya entrega en el interior hubiera estado no sujeta al IVA por aplicación de la normativa interna (nº 270 s.).

b) Las AIB cuya **importación** hubiera estado, en todo caso, exenta del impuesto (nº 5690 s.). En este caso, como en el anterior, se trata de evitar discriminaciones por razón del origen de los productos: tanto si proceden de la UE como si proceden de terceros países, el tratamiento a efectos del IVA debe ser el mismo. Ver ejemplo en el nº 5330.

5326 **Exención por simplificación** (Dir 2006/112/CE art.140.c y 141; LIVA art.26.Tres y Cuatro) En concreto, están exentas del impuesto las adquisiciones intracomunitarias siguientes:

a) Las AIB respecto de las que se atribuya al adquirente el **derecho a la devolución** total del impuesto devengado por las mismas, a través de alguno de los procedimientos previstos para la devolución del IVA a los no establecidos (nº 2992 s.).

En todos estos casos, se observa que la exención está pensada fundamentalmente para empresarios no establecidos ni registrados en ningún E.m. y para operadores identificados en otro E.m. de la UE distinto de España, cuando no se cumple el requisito, exigido para la exención de las operaciones triangulares (nº 5335 s.), de que los bienes se expidan directamente desde el Estado de origen hasta el destinatario de una entrega subsiguiente. Se trata de evitar la necesidad de recurrir al correspondiente procedimiento de devolución a un empresario o profesional que, a fin de cuentas, tiene derecho a recuperar todo el IVA de la AIB.

La exención se refiere únicamente a la **obligación de pago** del IVA correspondiente a la AIB efectuada, ya que el cumplimiento de las obligaciones formales que la realización de tal hecho imponible lleva aparejado se mantiene, a diferencia de lo que ocurre en el supuesto de las operaciones triangulares.

b) Las AIB que forman parte de una **operación triangular** (ver nº 5335 s.).

Esta exención tiene por objeto evitar el cumplimiento de las obligaciones formales del impuesto en un E.m. a quienes, identificados ya en otro E.m. de la UE, efectúen operaciones de intermediación en nombre propio en la venta de bienes que impliquen la realización de una AIB y la subsiguiente entrega de bienes en el primer E.m., siempre que los bienes se expidan directamente desde el Estado de origen hasta el destinatario de la entrega subsiguiente.

5328 Ejemplos 1) Una **empresa portuguesa**, dedicada al transporte de mercancías por carretera, lleva a cabo la **transmisión de la totalidad de su patrimonio** empresarial a una sociedad española, que lo afecta al desarrollo de una actividad empresarial. Dicho patrimonio empresarial constituye una rama autónoma de actividad y está constituido, entre otros bienes y derechos, por diez camiones, que se expiden por la sociedad portuguesa a Badajoz, donde tiene su sede la empresa española. Esta ha pagado por la operación 400.000 €.

Si la entrega global del patrimonio empresarial se hubiese efectuado por una empresa española en virtud de una entrega interior, dicha operación habría estado no sujeta al IVA (nº 275 s.) y la empresa no habría soportado la repercusión de dicho tributo.

Pues bien, en este supuesto, en el que una empresa española adquiere a una empresa portuguesa, la correspondiente AIB se beneficia de la exención. No obstante, dicha AIB debe hacerse constar en la declaración recapitulativa presentada por la empresa española, pues en dicha declaración informativa han de incluirse las AIB efectuadas sujetas al impuesto, sin excluir las exentas (nº 7082).

2) Un **hospital español** adquiere a un hospital situado en Francia diversos **equipos sanitarios** por importe de 45.000 €, comunicando al hospital francés su NIF/IVA español. Dicho hospital francés no pudo deducir el IVA francés soportado cuando adquirió dichos equipos, por haber destinado los mismos a la realización de operaciones exentas, razón por la cual aplica en la entrega de los equipos la exención reconocida en el homónimo francés de la LIVA art.20.Uno.24º. 5329

Si el hospital español hubiese adquirido los equipos a otro hospital español, en virtud de una entrega exenta (nº 1041 s.), el hospital mencionado en primer lugar no habría soportado repercusión alguna por el impuesto. Por lo tanto, en este caso la situación debe ser la misma, y por ello se declara exenta la AIB efectuada.

No obstante, el hecho de que la AIB esté exenta del IVA no implica que no haya que presentar la declaración recapitulativa de operaciones intracomunitarias, modelo 349 (nº 7082 s.).

3) El **hospital español** antes mencionado ha adquirido igualmente 200 litros de **sangre** humana destinada a ser utilizada en operaciones quirúrgicas a un hospital belga, pagando 20.000 €.

En este caso, también es de aplicación la exención, dado que la adquisición de los bienes en España habría estado exenta por aplicación de la exención reconocida para las entregas de los mismos (nº 845).

La situación, por tanto, es la misma que en el caso anterior.

4) Una naviera española dedicada al transporte de mercancías por vía marítima, ha adquirido un buque apto para navegar por alta mar que afecta a la **navegación marítima internacional** a un armador danés el 7-2-20X0, pagando 50.000 € por la adquisición. 5330

En este supuesto, y de acuerdo con nuestra normativa, parece que a la AIB efectuada le son de aplicación dos regímenes:

- el de no sujeción (nº 5260); y
- el de exención (nº 5324).

Es obvio que ambos regímenes no pueden aplicarse simultáneamente, por lo que hay que optar por uno de ellos. Entendemos, así, que debe aplicarse el régimen de exención, de manera que no hay tributación por la adquisición, pero sí deben cumplirse las obligaciones formales correspondientes.

Por otra parte, si a 31-12-20X0, se comprueba que no ha existido afectación a la navegación marítima internacional, de acuerdo con los criterios contenidos en el nº 6105 s., procede la tributación correspondiente a la operación asimilada a la importación realizada (nº 5655 s.).

5) Una empresa con sede en Madrid ha adquirido **animales de laboratorio y sustancias químicas** a otro laboratorio sueco, con fines de investigación, por importe de 15.000 €.

En este caso, la exención en la AIB se reconoce en relación con la exención del IVA a la importación (nº 5746).

6) Una empresa española con sede en Tarragona, ha adquirido a un proveedor francés mercancías que destina a su introducción en un **depósito temporal** ubicado en Barcelona.

La entrega por el proveedor francés está exenta como entrega intracomunitaria de bienes y la adquisición también lo está, por aplicación de la LIVA art.26.Uno, en relación con la LIVA art.23 (nº 6230 s.).

Doctrina Administrativa Además de las siguientes contestaciones de la DGT, ver nº 11000 s. 5332

1) Una sociedad establecida en **Francia** (A) vende mercancías a otra establecida en **Alemania** (C), la cual, a su vez, las transmite a una tercera también establecida en Alemania (D), que finalmente las vende a una sociedad establecida en **España** (B). Las mercancías se suministran directamente por (A) a (B) por cuenta de (C).

La entrega de las mercancías por (A) a (C) da lugar a la realización de una AIB por parte de (C) sujeta al impuesto español, pues el transporte intracomunitario de Francia a España se vincula a esta primera entrega.

Dado que los bienes objeto de adquisición van a ser entregados posteriormente en una operación en la cual el sujeto pasivo se determina por aplicación de la regla de inversión del sujeto pasivo (nº 1335), el sujeto pasivo de esta AIB (C) tiene derecho a la **devolución total** del impuesto que se haya devengado, suponiendo que no realice otras operaciones en España y, por tanto, la AIB que efectúa (C) está exenta del impuesto (DGT 27-4-99).

2) Ciertas empresas españolas reciben de sus casas centrales en Europa a título gratuito **material publicitario** marcado de forma indeleble con el logotipo o marcas de la empresa para repartir gratuitamente a sus clientes con motivo de las campañas comerciales a realizar en España. Tales adquisiciones intracomunitarias están exentas del IVA, cualquiera que sea su valor (DGT 20-4-94).

3) Las adquisiciones exentas son las que realizan los **empresarios no establecidos** que determinan el derecho a la devolución del impuesto, no las efectuadas por los establecidos que, en su caso, determinen el derecho a la deducción total (DGT 20-4-94; 23-2-99).

4) Una entidad realiza compras de **cerveza**, como operador no registrado, a proveedores de países de la UE, la cual viaja en **régimen suspensivo** de los Impuestos Especiales desde los citados territorios a España. Dichos productos se reciben en un centro de recepción de mercancías de la entidad, el cual no tiene la consideración de fábrica o depósito fiscal. No es 5333

aplicable la exención a la AIB efectuada por la entidad ya que, si bien la cerveza circula en régimen suspensivo de los Impuestos Especiales, dicho producto no se halla en régimen de depósito distinto del aduanero a efectos del IVA, por ser su lugar de destino en España un «depósito de recepción» y no una «fábrica» o «depósito fiscal» (DGT 12-11-99).
Las adquisiciones de licor procedentes de un depósito fiscal de Países Bajos, que son transportados a TIVA con destino a otro **depósito fiscal**, deben ser calificadas como AIB realizada en ese territorio. En todas ellas, los bienes adquiridos son objeto de una expedición o transporte desde el territorio de un E.m. al TIVA en donde se encuentra el depósito fiscal en el que son introducidos. En el caso en el que los licores se encontrasen en régimen suspensivo de los Impuestos Especiales, la AIB estaría exenta del impuesto, y se debe informar sobre dichas operaciones en la declaración recapitulativa de operaciones intracomunitarias (DGT CV 11-5-20).
5) Una entidad, dedicada a la comercialización de bienes muebles, pretende disponer de un **almacén en TIVA** propiedad de un operador logístico, que a su vez se encarga de la distribución de los productos, conservando la propiedad de los mismos. En este caso, cuando la empresa ordena el traslado de los bienes a TIVA, depositándolos en el almacén de la entidad que le presta los servicios logísticos, está afectando dichos bienes a sus necesidades en el citado territorio. Por tanto, se trata de una operación asimilada a una AIB exenta, al tener el sujeto pasivo derecho a la devolución del IVA soportado en el TIVA (DGT 20-4-94; CV 23-9-14; CV 27-3-18).
Las entregas de mercancías que efectúa la entidad a su filial española, una vez que las mismas ya se encuentran en TIVA, es una **venta interior**, sujeta a IVA, donde el sujeto pasivo es el adquirente (DGT CV 9-2-22).
6) La entidad no dispone de un establecimiento permanente en el TIVA cuando se limita a recibir **servicios logísticos** prestados por la consultante (DGT CV 18-7-18). En el caso de una empresa alemana, si además de adquirir servicios de logística y ser receptora de servicios de maquila -lo cual no determina necesariamente la existencia de un establecimiento permanente-, con posterioridad comienza a realizar una **obra de instalación y montaje** de duración superior a 12 meses en las instalaciones de una sociedad del grupo situada en León, si va a tener en todo caso la consideración de establecimiento permanente (LIVA art.69.Tres.2º.c). Si las primeras actividades se realizan sin conexión alguna con las obras de instalación y montaje, no interviniendo en la realización de aquellas el establecimiento permanente relativo a la obra de instalación y montaje, en relación con aquellas no se va a considerar establecida en el citado territorio (DGT CV 8-6-18; CV 7-5-18).
7) Dentro del TIVA, están exentas tanto las entregas de los bienes como las adquisiciones intracomunitarias de los mismos bienes y en las mismas circunstancias (DGT CV 8-5-09; CV 1-6-10; CV 8-3-17).
8) Persona física establecida en las **Islas Canarias** vende ciertos productos a una entidad establecida en el TAI, estos productos vienen directamente de su proveedor situado en otro estado miembro. En la medida en que la empresa canaria tuviera derecho a la devolución total del Impuesto devengado, dicha AIB se encontraría sujeta pero exenta del Impuesto. Al estar las AIB exentas conforme LIVA,art.26.Cuatro y no LIVA art.26.Tres, debe solicitar un NIF-IVA en un Estado miembro distinto a aquel en que se inicie el transporte y comunicarlo al transmitente. Ese número podrá utilizarse para la aplicación de la exención en otros Estados miembros de las entregas de bienes efectuadas por sus proveedores expedidos o transportados al TAI -Dir/2006/112/CE art.138- (DGT CV 5-6-25).

5335 **Operaciones triangulares** (Dir 2006/112/CE art.141; LIVA art.26.Tres) Las operaciones triangulares, de gran importancia en el tráfico intracomunitario, tienen una **regulación especial** que persigue una aplicación más sencilla del Impuesto.
En estas operaciones intervienen un proveedor, un adquirente y un intermediario, produciéndose una serie de **sucesivas entregas** entre operadores comunitarios, con un **transporte único** de los bienes objeto de dichas entregas: el que realiza el proveedor al adquirente final.
El empresario A, establecido en el E.m. 1 (EM-1), vende a B (intermediario), establecido en el EM-2, y este a C, establecido en el EM-3. Los bienes, por orden de B, se envían directamente por A al EM-3 con destino a C. En realidad, se producen dos **entregas/adquisiciones**:
- la entrega por A/adquisición por B; y
- la entrega por B/adquisición por C.
De estas dos entregas, solo una podría definir una AIB, pues solo se produce un transporte intracomunitario.
La aplicación de la **normativa general** provocaría:
- una operación intracomunitaria: entrega intracomunitaria de A a B, exenta, y una AIB de B en el EM-3, sujeta al impuesto; y
- una operación interior: entrega interior de B a C en el EM-3, realizada por B, pero cuyo sujeto pasivo sería B o C, según la legislación de dicho Estado (en España, el sujeto pasivo sería C, por «inversión del sujeto pasivo», ver nº 1335 s.).

Consecuentemente, B soportaría el **coste financiero derivado del pago** del impuesto por la citada adquisición y debería también, al realizar una adquisición y una subsiguiente entrega en el EM-3, registrarse en dicho Estado (con la consiguiente complejidad administrativa adicional).
La **normativa española** resuelve estos problemas planteados por las operaciones triangulares de la siguiente forma:
- exención de la adquisición intracomunitaria (nº 5340); y
- cumplimiento de ciertas obligaciones formales (nº 5344 s.).

Precisiones Se prevé la **opción** para los E.m. de establecer la **inversión del sujeto pasivo** para las entregas de bienes localizadas en su territorio y que se efectúen por un empresario no establecido para un establecido (Dir 2006/112/CE art.194.1). Esta opción se ha ejercitado por España (ver nº 1335 s.) y la consecuencia, en relación con las operaciones triangulares es que, siendo el destinatario de la entrega subsiguiente un empresario o profesional establecido, aun en ausencia de la exención específica de las operaciones triangulares, la AIB efectuada por el intermediario estaría exenta, en cuanto este tuviera derecho a la recuperación total del IVA correspondiente a dicha adquisición, a través del **procedimiento de devolución** a los no establecidos que resulte de aplicación, lo cual resulta posible porque, al aplicarse en la entrega subsiguiente la inversión del sujeto pasivo, el intermediario no establecido cumple los requisitos para tal devolución (LIVA art.26.Cuatro). **5336**
Por tanto, en tales casos, la única diferencia que aporta la exención de las operaciones triangulares respecto de la prevista para empresarios no establecidos con derecho a la devolución total del impuesto soportado es que, en el primer caso, no hay que cumplir **obligaciones formales** del impuesto en nuestro país.

Doctrina Administrativa **1)** Para que una entidad pueda realizar operaciones triangulares ha de estar **no identificada**, a efectos del IVA, ni en el TIVA ni en el E.m. de expedición de las mercancías (DGT CV 24-5-11). **5338**
2) Para que una **sociedad española tenga derecho a la exención** en las AIB llevadas a cabo en operaciones triangulares, debe estar en poder de los correspondientes contratos de transporte o facturas expedidas por el contratista y debe confirmar que el número de identificación de la entidad compradora es válido (DGT CV 23-3-11).
3) Un grupo de empresas con establecimiento permanente en Singapur, va a realizar entregas de material electrónico a una **empresa del grupo situada en TIVA**, que previamente va a adquirir a un proveedor en Hungría y que van a ser enviados directamente a la sociedad española. La AIB que la consultante va a realizar en TIVA podría estar exenta del Impuesto por aplicación de lo establecido en LIVA art.26.Cuatro (DGT CV 8-4-14).
4) La sociedad mercantil W, establecida en el TIVA, pertenece a un grupo empresarial y dispone de un **establecimiento permanente** en E.m.1. Procede a la adquisición de acero comercial a una entidad del grupo establecida en E.m. 2 y lo transporta directamente a E.m. 1 para ser entregado a los adquirentes finales, sin que participe en dicha transacción el establecimiento permanente de la sociedad W en E.m. 1. Los adquirentes a quienes la sociedad W transmite el acero están establecidos e identificados a los efectos del impuesto en E.m. 1. Los bienes adquiridos son objeto de una **expedición o transporte** desde un Estado miembro a otro para su puesta a disposición de la sociedad W, habiendo realizado esta una adquisición intracomunitaria de bienes cuya sujeción al IVA debe descartarse dado que el lugar de llegada del medio de transporte no es el TIVA sino E.m. 1, lugar en el que la sociedad W realiza una adquisición intracomunitaria de bienes.
Respecto de la segunda de las transmisiones, la efectuada por la sociedad a favor del **adquirente final** establecido en E.m. 1, en la medida en que los bienes no son objeto de expedición o transporte para su puesta a disposición a favor del adquirente final -al estar vinculado el transporte a la adquisición del acero efectuada por la sociedad W-, dicha entrega de bienes no se va a entender realizada en el TIVA, no quedando tampoco esta entrega sujeta al IVA.
Pese a que estas operaciones no sujetas al impuesto no deben ser objeto de **declaración** en el modelo 303 de declaración-liquidación periódica, no ocurre lo mismo con los modelos 390 y 349, en los que sí deben ser incluidas, todo ello sin perjuicio de la tributación que corresponda en el E.m. 1 (DGT CV 19-12-16; CV 29-5-19; CV 30-10-20).
5) Los bienes no deben ser enviados necesariamente a unas **instalaciones controladas por el adquirente** para la aplicación de la exención, pues eso iría en contra del objetivo de la simplificación y su aplicación efectiva. Es decir, los bienes deben ponerse a disposición del adquirente subsiguiente en la cadena en el territorio del Estado miembro donde se realiza la adquisición intracomunitaria exenta, y ello con independencia del lugar concreto, dentro del territorio del Estado miembro de destino, en donde se encuentren los bienes en el momento en el que el adquirente subsiguiente adquiere el derecho a disponer de los mismos (DGT CV 30-10-20).
6) Dado que el transporte intracomunitario de los bienes debe vincularse a la entrega anterior a la efectuada a la adquirente (que constituye la entrega subsiguiente de la operación triangular), la entrega posterior constituye una **entrega interior** sujeta al IVA por ser TIVA el lugar de la puesta a disposición de los bienes a favor de la adquirente. El sujeto pasivo de dicha entrega interior será la adquirente (DGT CV 21-5-21).

5340 **Exención de la adquisición intracomunitaria** (LIVA art.26.Tres) En el caso de que España sea el **E.m. de destino** de la operación triangular, y en el que se efectúa la entrega subsiguiente de los bienes, la AIB, realizada por el intermediario en el TIVA, se declara exenta cuando se cumplan los siguientes requisitos:

a) Quien realiza la AIB en el TIVA debe ser un **empresario no establecido ni identificado** a efectos del IVA (NIF-IVA) en dicho territorio, pero sí identificado a efectos del IVA en un E.m. distinto. Puede estar establecido en otro E.m. o en un país tercero, pero necesariamente tiene que estar identificado en un E.m. distinto de España.

b) La AIB se realiza con motivo de una **entrega subsiguiente** en el TIVA. La adquisición no es independiente de la entrega subsiguiente; en realidad, se realiza para efectuar dicha entrega.

c) Los bienes así adquiridos son objeto de transporte desde un E.m. distinto de España hasta el TIVA, no estando identificado el **intermediario** en uno ni en otro.

d) El **destinatario final** de los bienes ha de ser un empresario o persona jurídica no empresario, identificado en el TIVA.

Si el destinatario es una **persona jurídica no empresario**, solo puede estar identificado en dicho territorio cuando, en el año precedente o durante el año en curso, haya realizado en él AIB por valor superior a 10.000 €, o bien, cuando habiendo realizado AIB por valor inferior, haya optado por tributar en destino en relación con tales adquisiciones (ver nº 5408).

e) El **destinatario de los bienes** ha de ser sujeto pasivo del IVA correspondiente a la subsiguiente entrega. Si el destinatario es empresario o profesional, esto ocurre con la regla de inversión del sujeto pasivo del nº 1336 s.

Si el destinatario es una persona jurídica no empresario o profesional con NIF-IVA, esto ocurre por la regla especial de inversión del nº 1384 s. (ver ejemplo en el nº 5347 s.).

Cumplidos todos estos requisitos, resulta:

- la entrega intracomunitaria en el E.m. de origen está exenta;
- la adquisición intracomunitaria en destino (el TIVA) está exenta; y
- la subsiguiente entrega está gravada (el deudor, sujeto pasivo del impuesto, es el destinatario).

5341 Precisiones **1)** Si un empresario o profesional **identificado a efectos del IVA en España** interviene como intermediario en una operación triangular, con destino en otro E.m. distinto de España, la AIB efectuada en este último E.m. por el intermediario español está exenta del IVA en dicho país.

2) Una entidad establecida e identificada en Italia participa como **intermediaria** en la realización de operaciones triangulares sobre bienes destinados al TIVA enviados desde un tercer Estado miembro que van a ser objeto de entrega posterior a una entidad establecida en el TIVA. Si los operadores, como la empresa italiana, cumplen los requisitos exigidos por la Dir 2006/112/CE art.141, constando también como identificados en el territorio español de aplicación del Impuesto por la realización de adquisiciones intracomunitarias de bienes sujetas pero exentas o, en su caso, por la realización en dicho territorio de algunas de las operaciones que no excluyen del régimen de devolución a no establecidos (LIVA art.119), van a poder aplicar la exención (DGT CV 19-12-16).

5344 **Obligaciones formales** (RIVA art.79.1.5º y 80.1.3º) La realización de operaciones triangulares obliga al **intermediario** que se beneficia de la exención de la AIB en el E.m. de destino de los bienes a cumplir ciertas obligaciones en el E.m. en el que está identificado.

La **normativa española**, por tanto, regula las obligaciones formales que deben cumplir en España los empresarios o profesionales identificados a efectos del IVA en nuestro país, respecto de las operaciones triangulares en que intermedien y que tengan como origen y destino otros E.m. de la UE distintos de España.

Sería el caso, por ejemplo, en el que un empresario identificado a efectos del IVA en España intermedia en una operación triangular en la que los bienes se transportan desde Holanda hasta Francia, siendo este el E.m. en que se efectúa la AIB y la entrega subsiguiente de los bienes.

En tal supuesto, el **intermediario identificado en España** tiene que cumplir en nuestro país (y no en Holanda o Francia) ciertas obligaciones en conexión con la operación triangular efectuada.

En concreto, el intermediario, identificado a efectos del IVA en España, que interviene en una operación triangular con origen y destino en E.m. de la UE en los que no está identificado a efectos del IVA, está obligado a consignar separadamente en la **declaración recapitulativa** de operaciones intracomunitarias que presente en nuestro país, las referidas entregas subsiguientes con la información establecida en el nº 7086.

De este modo, la Administración española puede suministrar la información necesaria al E.m. de llegada, que puede contrastar esta información externa con la que recibe del comprador final de los bienes identificado en dicho Estado.

Precisiones El intermediario no tiene que identificarse en el E.m. de llegada de los bienes. Declarada la exención de las AIB que realiza el intermediario (nº 5340), cede la **obligación de identificación**. Con ello se evita otro inconveniente de estas operaciones intracomunitarias: la complejidad derivada del registro e identificación del intermediario en el E.m. de llegada. 5345

Ejemplos **1)** Una **empresa italiana** A, con sede en Roma, dedicada a la adquisición y venta de **fruta**, ha adquirido a una empresa **francesa** B 200 toneladas de manzanas. La entidad italiana encarga al proveedor francés que remita la fruta directamente a una empresa **española** C, a la que a su vez le ha vendido la fruta la entidad italiana. A carece de establecimiento permanente alguno en España. 5346

En este caso, nos hallamos ante una operación triangular y es aplicable la exención. El esquema de las operaciones realizadas es el siguiente: entrega exenta en Francia, AIB exenta en España, entrega interior sujeta en España cuyo sujeto pasivo, por inversión, es el destinatario último de los bienes.

El **mediador** italiano A, por su intervención en esta operación triangular

a) En España: no va a tener que cumplir obligación formal alguna ante la Administración española:

- no tiene que solicitar un NIF-IVA español;
- no tiene que presentar declaraciones censales; y
- no tiene que presentar declaración recapitulativa en España.

b) En Italia: sí debe cumplir una obligación específica impuesta por la normativa italiana: debe hacer constar de forma separada en la declaración recapitulativa que presente ante la Administración italiana la entrega efectuada a la empresa española C y los datos de esta entrega (homólogo italiano del RIVA art.79.1.5º y 80.1.3º).

2) Una empresa danesa A, dedicada a la compra y venta de mobiliario de oficina, ha adquirido a una empresa sueca B diversas piezas de mobiliario, encargando al proveedor sueco que remita el mobiliario directamente al **ayuntamiento** de un municipio de Sevilla, que ha adquirido dicho mobiliario a la empresa danesa y que lo va a utilizar en su actividad administrativa general. El transporte se efectúa por cuenta de A directamente desde Suecia hasta Sevilla. Esta empresa no cuenta con establecimiento permanente alguno en España. 5347

En este caso, hay que distinguir dos posibilidades, atendiendo a la circunstancia de que el ayuntamiento:

a) Tenga NIF-IVA suministrado por la Administración española: dicho NIF-IVA no solo han de solicitarlo los empresarios o profesionales, sino también las personas jurídicas que no actúen como tales cuando efectúen AIB sujetas al IVA (ver nº 7156).

Si el ayuntamiento cuenta con dicho NIF-IVA, se cumplen los requisitos exigidos para aplicar al mediador danés A el régimen de exención contemplado para las operaciones triangulares. No obstante, como se exige que el destinatario último de los bienes sea el sujeto pasivo de la entrega interior realizada en último lugar, dado que se trata de una persona jurídica que no actúa como tal, la regla de inversión del nº 1336 no es de aplicación, y por ello la normativa establece un supuesto singular de inversión en estos casos de operaciones triangulares, convirtiendo en sujeto pasivo de la última entrega a la persona jurídica que aparece como destinatario último de los bienes (nº 1384).

b) No tenga NIF-IVA atribuido por la Administración española: no podría aplicarse el régimen de exención, ya que no concurren todos los requisitos para su aplicación, lo que supone además la no aplicación del supuesto singular de inversión del sujeto pasivo. 5348

Por lo tanto, en este caso, se producen las siguientes operaciones:

- una entrega exenta en Suecia;
- una AIB sujeta y no exenta en España, cuyo sujeto pasivo es la entidad danesa A, que debe cumplir las obligaciones exigidas a los sujetos pasivos, incluida la de presentar autoliquidación por tal impuesto; y
- una entrega interior en España, efectuada por A para un consumidor final, sujeta al IVA, siendo sujeto pasivo A. Esta empresa no puede recuperar el IVA soportado por la AIB por la vía de devolución a los no establecidos, por lo que tampoco puede aplicar la exención de la AIB prevista para no establecidos con derecho a devolución total del impuesto soportado (ver nº 5326), pero sí, como cualquier sujeto pasivo, en las autoliquidaciones que presente ante la Administración española y, en su caso, mediante el mecanismo general de devolución del Impuesto (nº 2945).

3) Una empresa española A, dedicada a la venta de material deportivo, ha adquirido a un proveedor portugués B doscientas bolsas de deporte que inmediatamente vende a un empresario francés C. La entidad española A encarga al empresario portugués que remita las mercancías, por cuenta de la propia A, desde Lisboa hasta Marsella, sede del empresario francés. A no está establecida ni identificada en Portugal ni en Francia, pero sí en España. 5349

Nos hallamos aquí ante un supuesto de operación triangular, pero en este caso el **mediador es español** y ninguno de los dos E.m. que intervienen en la operación es España.

El esquema es el siguiente:

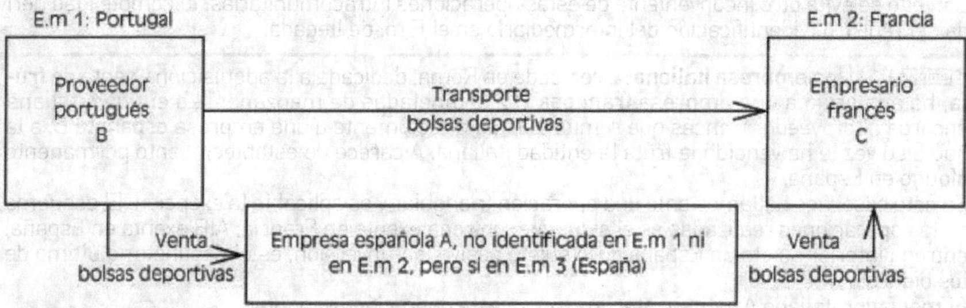

Las operaciones realizadas son las siguientes:
- una entrega intracomunitaria sujeta y exenta del IVA portugués;
- una entrega interior en Francia, sujeta al IVA francés y cuyo sujeto pasivo es el empresario francés; y
- una AIB en Francia, efectuada por la empresa española A, que está sujeta al IVA francés y exenta de dicho tributo por aplicación del homólogo francés de nuestra LIVA art.26.Tres.

La empresa española:
- en Francia: no tiene que cumplir obligación alguna derivada de esta operación;
- en España: sí debe hacer constar en la declaración recapitulativa de operaciones intracomunitarias que presente la entrega efectuada para el empresario francés, con los datos exigidos: NIF-IVA español del mediador español, NIF-IVA francés del empresario de este E.m. e importe total de la entrega efectuada al empresario francés (nº 7086).

5350 4) La empresa suiza X, dedicada a la venta de prendas deportivas, que no está establecida en la UE, ni cuenta con NIF-IVA de ningún E.m., ya que no ha efectuado hasta la fecha ninguna operación en la misma, ha adquirido a un proveedor **alemán** una partida de camisetas de deporte, que vende a continuación a un empresario español dedicado a esta misma actividad. X encarga al proveedor alemán que efectúe el transporte hasta España.

Este supuesto es distinto de los contemplados en los ejemplos anteriores, ya que el **mediador no está identificado en ningún E.m.** de la UE. Ello impide la aplicación de la exención prevista para las operaciones triangulares, por lo que solo procede, si concurren los requisitos para ello, la exención contemplada para los supuestos de devolución a no establecidos (nº 5326 letra a).

En cualquier caso, es necesario que X, para efectuar las operaciones, se identifique en algún E.m. de la UE, para lo cual tiene dos posibilidades:

a) Identificarse ante la **Administración tributaria alemana**, en cuyo caso se producen las siguientes operaciones:
- una entrega efectuada por el proveedor alemán para X, sujeta y no exenta del IVA alemán, ya que X ha comunicado al proveedor un NIF-IVA alemán;
- una entrega intracomunitaria sujeta y exenta del IVA alemán efectuada por la entidad suiza X para el empresario español (homólogo alemán de nuestra LIVA art.25.uno), ya que este comunicó un NIF-IVA español y las mercancías se trasladan por cuenta del vendedor desde Alemania a España. X debe cumplir en Alemania todas las obligaciones exigidas por la normativa alemana a quienes efectúan este tipo de operaciones (señaladamente, la presentación de la declaración recapitulativa de operaciones intracomunitarias); y
- una AIB efectuada en España por el empresario español, sujeta y no exenta del IVA.

b) Identificarse ante la **Administración tributaria española**, en cuyo caso se producen las siguientes operaciones:
- una entrega intracomunitaria sujeta y exenta del IVA alemán;
- una AIB exenta en España, ya que la entidad suiza X reúne los requisitos para solicitar la devolución del impuesto por no establecidos: no estar establecido en España y no ser sujeto pasivo de ninguna entrega de bienes o prestación de servicios sujeta al IVA español; y
- una entrega interior, sujeta y no exenta del IVA español, de la que es sujeto pasivo por inversión el empresario español.

Como se puede apreciar, de las dos alternativas, es esta última la que parece más ventajosa para la empresa suiza, pues en ella dicha empresa no soporta impuesto alguno, en tanto que en la primera la empresa suiza ha de pagar el IVA alemán correspondiente a la primera entrega que para ella se realiza, lo que implica una carga financiera por el tiempo transcurrido desde el pago del IVA hasta su recuperación.

5) La misma operación del nº 5350, si el adquirente último fuera una **persona jurídica** que no actúa como empresario o profesional y que no cuenta con un NIF-IVA español. 5351

La empresa suiza sigue teniendo las dos alternativas anteriores, pero sus consecuencias son diferentes a las vistas en el ejemplo anterior:

a) Si está **identificado en Alemania**, se producen las siguientes operaciones:

• una entrega interior en Alemania, sujeta y no exenta del IVA alemán; y

• una entrega efectuada por X desde Alemania y con destino a España, que tributa en Alemania o en España de acuerdo con las reglas previstas por el régimen de ventas a distancia. La tributación en España implica para la entidad suiza X el cumplimiento de las obligaciones a que se refiere la normativa española y, entre ellas, la de identificarse a efectos del IVA en España.

No se produce ninguna AIB.

b) Si está **identificado en España**, se producen las siguientes operaciones:

• una entrega intracomunitaria sujeta y exenta del IVA alemán;

• una AIB sujeta y no exenta del IVA español, cuyo sujeto pasivo es la empresa suiza X (no concurren los requisitos para aplicar la exención); y

• una entrega interior sujeta y no exenta del IVA en España, cuyo sujeto pasivo es la entidad suiza X. Esta empresa no puede recuperar el IVA soportado por la AIB por ninguna de las vías de devolución a no establecidos, sino mediante la presentación de las autoliquidaciones ordinarias del impuesto.

Doctrina Administrativa Desde el 1-1-2021 el Reino Unido tiene la consideración de país tercero a efectos del impuesto. por lo que las contestaciones referidas a este Estado deben ponderarse a tal efecto. Además de las siguientes contestaciones de la DGT, ver nº 11000 s. 5352

1) Un **proveedor alemán** suministra a un **cliente español** mercancías procedentes de Alemania que se ponen a su disposición en **Bélgica**. Como intermediario de la operación actúa una empresa que compra los bienes al proveedor alemán y los vende al empresario español, disponiendo el transporte de dichos bienes de Alemania a Bélgica.

Conforme a la normativa comunitaria, la entrega efectuada por el proveedor alemán está exenta del impuesto; la AIB realizada por el intermediario en el Estado de llegada material de los bienes (Bélgica) está exenta también del impuesto y la subsiguiente entrega de dicho intermediario al cliente está gravada con el impuesto del E.m. de llegada de los bienes (Bélgica). Si no se cumplieran los requisitos para considerar la operación como triangular, la operación descrita quedaría sujeta al régimen general de las operaciones intracomunitarias. En este caso, podría ocurrir que la adquisición efectuada por el intermediario estuviese gravada en España si hubiese suministrado al proveedor alemán un NIF atribuido por la Administración española y no acreditase que la mencionada adquisición hubiese estado sujeta al impuesto en Bélgica (DGT 4-1-94).

2) Una **empresa suiza** vende a una **entidad española** bienes adquiridos a un empresario inglés. Las mercancías provienen directamente del **Reino Unido** con destino a la entidad española:

a) Si el empresario suizo intermediario estuviese **identificado** a efectos del IVA en un E.m. distinto del Reino Unido y España, realizaría una AIB en España, exenta del IVA, y una posterior entrega interior, sujeta y no exenta, cuyo sujeto pasivo responsable del pago del impuesto y del cumplimiento de las correspondientes obligaciones formales sería la empresa española adquirente final. Con independencia de ello, el intermediario estaría obligado a consignar la operación en la declaración recapitulativa que debe presentar en la Administración del E.m. en el que estuviese identificado a efectos del IVA.

b) Si el intermediario **no** estuviese **identificado** a efectos del impuesto en un tercer E.m., la AIB realizada en España estaría sujeta y no exenta, siendo dicho intermediario sujeto pasivo de la misma y quedando obligado a su identificación a efectos del IVA en España. La entrega subsiguiente estaría también sujeta y no exenta, siendo el sujeto pasivo la empresa española, como adquirente de una entrega realizada por un empresario no establecido en España (DGT 23-6-94).

No obstante, se podría plantear la **aplicación de la exención** por derecho a la devolución total de las cuotas soportadas del nº 5326 letra a).

3) Como la mercancía se transporta directamente desde Holanda a Reino Unido, la entidad no realiza ninguna operación sujeta al IVA, en la medida que los bienes que le envía el empresario alemán desde Holanda no son enviados ni recibidos en TIVA. Al proporcionar el destinatario en Reino Unido un **NIF-IVA español**, no es de aplicación el régimen previsto para las operaciones triangulares (DGT CV 23-2-17).

Al realizarse la operación fuera de TIVA y no encontrarse sujeta no debe incluirse en la declaración recapitulativa de operaciones intracomunitarias (DGT CV 18-7-19).

4) Una **empresa inglesa** es matriz de dos **sucursales** situadas en España y Portugal, que han de realizar actividades económicas con un número de identificación que les proporcionan las autoridades de estos dos países. Las sucursales, que no tienen personalidad jurídica propia distinta de la casa central, realizan adquisiciones intracomunitarias en el país en el que no están establecidas para, posteriormente, realizar la entrega de dichas mercancías. La empresa británica dispone de un establecimiento permanente en nuestro país, por lo que las operaciones realizadas en el TIVA, tanto por la matriz como por cualquiera de sus sucursales sin personalidad jurídica distinta de la matriz, se han de corresponder con las realizadas por una 5353

empresa establecida en este territorio. No cabe por tanto aplicar la exención prevista para las operaciones triangulares (DGT CV 20-9-10).
5) Una mercantil española compra mercancías a una empresa francesa y las vende a una empresa portuguesa. La mercancía es **enviada directamente al cliente** portugués desde los almacenes del proveedor que radican en Francia. La empresa española participa como intermediaria de esa operación y debe recoger la operación en el modelo 349, y consignar la entrega en el Estado miembro de llegada de las mercancías, haciendo constar el NIF-IVA del adquirente de las mercancías en aquel Estado. La operación no hay que declararla en el modelo 303 (DGT CV 14-4-21; CV 23-7-21).

Jurisprudencia 1) El requisito previsto en la Dir 2006/112/CE art.141.c, relativo a las operaciones triangulares, debe interpretarse en el sentido de que se cumple cuando el sujeto pasivo está domiciliado e identificado a efectos del IVA en el E.m. desde el que los bienes son expedidos o transportados, pero dicho sujeto pasivo utiliza el número de identificación a efectos de IVA de otro E.m. para efectuar la adquisición intracomunitaria en cuestión, esto es, está **registrado en dos E.m.** (TJUE 19-4-18, asunto C-580/16).
2) No resulta de aplicación la simplificación prevista para las operaciones triangulares si la **factura** emitida por el adquirente intermedio no contiene la mención «inversión del sujeto pasivo». Dicha omisión no puede rectificarse posteriormente (TJUE 8-12-22, asunto C-247/21).
3) La simplificación prevista para las operaciones triangulares es también de aplicación en caso de una **cadena de operaciones** que involucra a cuatro operadores (TGUE 3-12-25, asunto MS KLJUCAROVCI T-646/24).

3. Lugar de realización de las AIB

(Dir 2006/112/CE art.40, 41 y 42; LIVA art.71; RIVA art.23)

5355 En esta materia hay que distinguir:
a) **Regla general**. Las AIB se consideran realizadas en el TIVA cuando se encuentre en este territorio el lugar de llegada de la expedición o transporte de los bienes con destino al adquirente.
Las adquisiciones intracomunitarias se entienden realizadas y están gravadas, por regla general, en el E.m. de llegada material de los bienes. El contrato de transporte es un medio de prueba importante al respecto.
b) **Regla particular**. Con carácter subsidiario, se consideran realizadas en el TIVA las adquisiciones intracomunitarias cuando el adquirente haya comunicado al vendedor el NIF a efectos del IVA atribuido por la Administración española, en la medida en que **no** hayan sido **gravadas** en el E.m. de llegada de la expedición o del transporte.
La **acreditación del gravamen** puede ser realizada por cualquier medio de prueba admitido en derecho. En particular, con la declaración tributaria en que hayan sido incluidas las adquisiciones. Si fuera necesario, se proporciona a la Administración un desglose de la declaración, suficiente para su comprobación.

5357 Precisiones Generalmente, el E.m. de llegada de los bienes es el que corresponde al Estado del NIF-IVA suministrado por el adquirente. Sin embargo, puede ocurrir que este diera el **NIF de un E.m. distinto al de llegada** real de los bienes, y producirse con ello situaciones de fraude.
Efectivamente, si el adquirente no declara la adquisición en el E.m. de llegada, la Administración de este último Estado tampoco puede exigir el impuesto al no tener información alguna sobre la operación, ya que dicha información la tiene el E.m. al que corresponde el NIF suministrado por el adquirente. Es por estos motivos por los que se establece la **regla particular de localización**, como fórmula de seguridad, que solo se aplica cuando el adquirente no acredite haber satisfecho el impuesto en el E.m. de llegada real de los bienes. De forma gráfica:

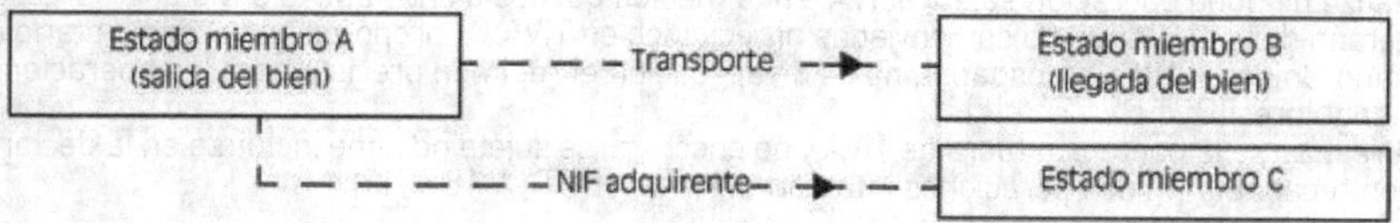

Conforme al esquema, generalmente, el adquirente ha de suministrar el NIF de B y la adquisición se grava en ese E.m. Pero si suministra el NIF del Estado C, la adquisición está sujeta en C, salvo que acredite que ha pagado el impuesto en B.

Ejemplo Una empresa española, dedicada a la fabricación de hormigón, con **sede en Madrid** y **sucursales en París y Bonn**, ha efectuado en el primer trimestre del año 20X0 las siguientes operaciones: 5358

a) Ha adquirido dos ordenadores para su sede central en Madrid a una **empresa francesa**, a la que ha comunicado un NIF-IVA español. Los ordenadores se expiden desde Nantes hasta Madrid.
La AIB efectuada por la entidad española se entiende realizada en el TIVA español y está sujeta y no exenta de dicho tributo.
b) Ha adquirido material necesario para la fabricación de hormigón a un **empresario belga**, al que ha comunicado su NIF-IVA alemán. Los materiales se remiten desde Amberes hasta París, ya que van a ser utilizados por su sucursal en esta ciudad.
Dado que la empresa española cuenta con establecimientos permanentes en Alemania y Francia, es lógico pensar que efectúa operaciones desde los mismos y que cuenta con NIF-IVA atribuidos por las Administraciones de estos E.m. En este supuesto, la AIB efectuada por la entidad española no se entiende realizada en España ni está sujeta al IVA español, ya que ni el material se recibe en España ni el adquirente ha suministrado al proveedor un NIF-IVA español.
c) Igualmente, ha adquirido materiales a un **empresario irlandés** para la fabricación de hormigón, comunicando a este su NIF-IVA francés. Sin embargo, los materiales se remiten a Madrid, ya que van a ser utilizados por la sede central de la empresa española.
La AIB está sujeta al IVA español, ya que se entiende realizada en su territorio de aplicación.

d) Ha adquirido varias partidas de materiales a una **empresa griega**, a la que comunica su **NIF-IVA español**. Dichos materiales se remiten a Bonn, ya que van a ser utilizados por la **sucursal** que tiene la empresa española en Alemania. 5359
En este supuesto, el transporte de las mercancías concluye en Alemania, pero el adquirente ha comunicado a su proveedor un NIF-IVA español, por lo que la AIB está sujeta al IVA español, salvo que la empresa española acredite que dicha AIB ha sido gravada en Alemania. Es esta una cláusula de garantía, establecida por la normativa comunitaria para evitar fraudes realizados mediante la comunicación de un NIF-IVA de un E.m. distinto del de llegada de los bienes. Según criterio del TJUE, no cabe la deducción del IVA español correspondiente a dicha adquisición (ver nº 5357).
En cuanto a la forma de acreditar ante la Administración española que la AIB de los materiales ha sido gravada en Alemania, se admite cualquier medio de prueba admitido en derecho y, en particular, la presentación por la entidad española de la correspondiente declaración presentada en Alemania, pudiendo la Administración española exigir el desglose de dicha declaración a fin de comprobar que efectivamente la cuota correspondiente a la AIB está incluida en la misma.

e) Ha adquirido otros materiales a una **empresa danesa**, que inmediatamente vende a otra holandesa, encargando a la primera que efectúe, por cuenta de la española, el transporte de los materiales, directamente desde Copenhague hasta Ámsterdam. La empresa española no está establecida ni identificada en Dinamarca ni en Holanda, y ha comunicado al proveedor danés un NIF-IVA español. 5360
Se trata de una operación triangular (nº 5335 s.), en la que la empresa española interviene como mediador, presentando al proveedor danés un NIF-IVA español. En el supuesto planteado la entidad española efectúa una AIB sujeta y exenta del IVA holandés (equivalente holandés de la LIVA art.26.Tres), debiendo la empresa española hacer constar la entrega subsiguiente que efectúa para el empresario holandés en la declaración recapitulativa de operaciones intracomunitarias que presenta en España (nº 7084) y debiendo emitir factura.
Atendiendo a los términos estrictos de la normativa interna de localización de la operación, habría que pensar que esta AIB está sujeta al IVA holandés (equivalente holandés de la LIVA art.71.Dos) y sujeta y no exenta al IVA español, ya que la entidad española ha comunicado un NIF-IVA español y la adquisición no ha sido «gravada» en el E.m. de llegada de los bienes, al estar dicha adquisición exenta en Holanda.
Sin embargo, entendemos que la expresión «adquisiciones gravadas en otro E.m.» a que se refiere la normativa debe entenderse que incluye, no solo las adquisiciones «efectivamente gravadas en otro E.m.», por estar sujetas y no exentas del IVA de dicho E.m., sino también las adquisiciones que, por estar exentas de dicho IVA con arreglo a la Ley, no han sido «efectivamente gravadas en el Estado de destino». Otra cosa supondría admitir un supuesto de doble sujeción que no tiene cabida en un contexto armonizado como es el de la UE.
f) El mismo supuesto, pero la empresa española ha comunicado al **proveedor danés** su NIF-IVA alemán.
En este caso, hay una operación triangular, pero en ningún caso procede la sujeción al IVA español, ya que el Estado de llegada de los bienes es Holanda y el NIF-IVA suministrado por la entidad española es alemán.

Doctrina Administrativa Además de las siguientes contestaciones de la DGT, ver nº 11000 s. 5362
1) Una **empresa española** que almacena mercancías en **Austria**, sin tener establecimiento permanente ni NIF-IVA austríaco, remite posteriormente las mercancías a otros Estados comunitarios y no comunitarios. Si comunica a sus proveedores su **NIF-IVA atribuido en España** realiza una AIB gravada en España, en la medida en que no haya sido gravada en Austria, país de llegada de los bienes transportados desde otros países comunitarios (DGT 2-7-03).

2) Un astillero gijonés contrata la **construcción del casco de un buque** portacontenedores a una empresa portuguesa. Los **materiales** necesarios son aportados por el astillero español, provenientes directamente de España, países comunitarios e importaciones. Si las mercancías que lleguen a Portugal procedentes de otros E.m. no siguen el régimen de tributación que les corresponda en dicho Estado y el astillero español ha suministrado el NIF-IVA español, la adquisición de dichas mercancías se entiende realizada en el TIVA español (DGT CV 26-4-07).
3) Entidad (A) establecida en el TIVA que ejerce su actividad en el sector de las **telecomunicaciones**. (A) contrata a (B), establecida también en el TIVA, para canalizar, a través de la misma, ciertas operaciones necesarias para prestar un servicio integral de telefonía, conexión a internet y otros relacionados con los anteriores a entidades establecidas en Italia. La entidad (B) adquiere cierta mercancía (terminales telefónicos, un servidor, etc.) a una entidad establecida en Alemania para su transmisión posterior a la entidad (A), pero con entrega al cliente final de esta establecido en Italia.
La entrega de bienes efectuada por la entidad alemana a (B) es una entrega intracomunitaria de bienes exenta en Alemania. En la medida en que los bienes son objeto de expedición o transporte desde Alemania a Italia con destino a (B) y en la medida en que esta haya comunicado a la entidad alemana su NIF-IVA atribuido por la Administración española, la entidad (B) habrá efectuado una AIB localizada en el TIVA siempre y cuando no hubiera sido gravada esta operación en Italia (LIVA art.71.Dos). En ese caso, la entidad (B) ha de liquidar la cuota del impuesto correspondiente (DGT CV 25-5-15).
4) Una sociedad mercantil establecida en el TIVA adquiere unos **productos químicos** de un proveedor portugués y los transmite posteriormente a un cliente chino. Los bienes son transportados directamente desde el almacén del proveedor en Portugal hasta las instalaciones del cliente chino por una empresa de transportes portuguesa. Estas operaciones se entienden realizadas en Portugal y no están sujetas al IVA, salvo el transporte, de la que es destinataria, que sí se entiende realizado en el TIVA por inversión (DGT CV 10-1-18).
5) En las **entregas sucesivas de bienes** en la que existe un único transporte intracomunitario, es necesario vincular el mismo a una de las entregas, permitiendo así que esta se encuentre exenta -nº 431- (DGT CV 26-9-19).

5363 Jurisprudencia **1)** Una entidad adquiere **vehículos** en otros E.m. y son transportados por su cuenta con destino a un país comunitario. La entidad comunica en todas las operaciones el NIF-IVA suministrado por la Administración Española. En el país comunitario la entidad los vende principalmente a **particulares**. No concurren los requisitos de tributación por el régimen especial de bienes usados, ni de tributación por el régimen de ventas a distancia, ni procede la aplicación de la exención de la entrega por operación triangular. La adquisición intracomunitaria debería gravarse en el país comunitario que es el lugar de llegada del transporte, según la regla general de la LIVA art.71. Sin embargo, al no quedar gravada la AIB en el país comunitario destinatario, la LIVA art.71.Dos faculta para que la Administración española (la correspondiente al NIF-IVA suministrado por la entidad) grave la AIB. Corresponde a la entidad la carga de probar la tributación de la AIB en el país comunitario destinatario, circunstancia que no ha quedado acreditada. No se produce doble imposición, ya que la operación solo se ha gravado en España (TEAC 12-5-09).
2) El IVA soportado correspondiente a una adquisición intracomunitaria localizada en el **E.m. de identificación** del adquirente y no en el E.m. de llegada de los bienes no es deducible (TJUE 22-4-10, asuntos acumulados C-536/08 y C-539/08). Las razones que justifican esta postura son las siguientes:
- los bienes que no han sido introducidos en el E.m. de identificación del adquirente no se han utilizado allí para las necesidades de las operaciones gravadas de este; y
- si se admitiera el derecho a deducir el IVA correspondiente a la adquisición intracomunitaria efectuada en el Estado de identificación, se suprime todo incentivo que este pudiera tener para declarar la adquisición en el Estado de llegada de los bienes. La finalidad de la medida antifraude es incentivar al adquirente a declarar la adquisición en el E.m. de llegada de los bienes, de forma que una vez efectuada esa declaración, se rectifique y deje sin efecto el gravamen en el E.m. de identificación del adquirente. El IVA correspondiente a la adquisición intracomunitaria efectuada en el E.m. de llegada va a poder ser recuperado por el adquirente con arreglo a las normas generales.

4. Devengo

(Dir 2006/112/CE art.67, 68 y 69; LIVA art.76)

5365 En las AIB el devengo del impuesto se produce en el momento en que se consideren efectuadas las entregas de bienes similares (nº 5233).
En estas operaciones no se aplica la regla general de los **pagos anticipados** (nº 1275), esto es, el cobro de los mismos no origina el devengo del impuesto (DGT CV 11-6-20).

Ejemplo Una **empresa española**, con sede en La Coruña, se dedica a la venta de accesorios de baño, contando con **sucursales en Lisboa y Roma**. Dicha empresa ha efectuado las siguientes operaciones, cuyo tratamiento a efectos del devengo es el que se indica, partiendo de la base de que la empresa presenta autoliquidaciones trimestrales por el IVA: **5366**

a) El 10-1-20X0 acuerda con un **proveedor alemán** la compra de una partida de accesorios para baño, que se reciben el 6-5-20X0. El pago de los materiales se realiza el 5-8-20X0. La factura tiene fecha de 1-4-20X0.

El IVA correspondiente a la AIB se devenga el día de expedición de la factura (1-4-20X0, nº 5233) de manera que la adquisición debe ser declarada en la autoliquidación 2T del año 20X0. Para la deducción del IVA correspondiente a dicha adquisición se exige que el adquirente intracomunitario se encuentre en posesión de la factura original expedida por el proveedor, que la adquisición se encuentre debidamente consignada en la declaración-liquidación, que se calculen las cuotas tributarias correspondientes a dicha AIB y se anote la operación en el libro registro de facturas recibidas.

b) El 3-3-20X0 acuerda otra compra de materiales con un **proveedor francés**, por importe de 50.000 €. La empresa española paga 20.000 € el 30-3-20X0 y los materiales se reciben el 10-6-20X0, efectuándose el pago restante el 17-7-20X0, que coincide con la fecha de expedición de la factura. El transporte se ha efectuado el día 5-6-20X0.

El devengo se produce el día 15 del mes siguiente a aquel en el que se inicie la expedición o el transporte de los bienes con destino al adquirente, es decir, el día 15-7-20X0 (nº 5233). A estos efectos no tienen trascendencia los pagos anticipados. Por lo tanto, debe declararse esta adquisición intracomunitaria en el 3T del año.

c) Ha firmado, el 31-12-20X0, un contrato de suministro de materiales con un **proveedor sueco**, comprometiéndose la empresa española a efectuar los pagos correspondientes a los suministros recibidos (que se inician a partir del 1-1-20X1) al final del año. De esta forma, el 31-12-20X1 efectúa el pago de los suministros recibidos desde enero hasta diciembre del año. **5367**

En este supuesto, el devengo del IVA correspondiente a la AIB se produce el último día de cada mes de 20X0 por la parte proporcional del precio correspondiente al período transcurrido desde el inicio de la operación (LIVA art.76 en relación con LIVA art.75.Uno.7º).

d) Ha comprado un ordenador a una **empresa alemana**, a cambio de la entrega de diversos accesorios que dicha empresa ha de utilizar para sus propias oficinas, recibiendo la empresa española el ordenador en La Coruña el 2-8-20X0, junto con la factura, expedida en esa misma fecha. En el contrato se ha pactado una condición suspensiva, de manera que la entidad española solo va a hacer suyo el ordenador si se efectúa el envío de los materiales a la empresa alemana antes del 1-12-20X0. **5368**

El devengo del IVA correspondiente a la AIB se produce el 2-8-20X0, fecha de expedición de la factura (nº 5233).

En el caso de que la entidad española no cumpliese su obligación en el plazo pactado, la condición suspensiva quedaría incumplida y habría de procederse a la modificación de la base imponible de la operación en caso de resolución de la misma (nº 5372).

e) Ha enviado una partida de accesorios de baño a su **sucursal en Roma**, donde van a ser almacenados y luego vendidos a clientes italianos.

Se trata de una operación asimilada a entrega de bienes (nº 5225 s.) cuyo devengo se produce el día 15 del mes siguiente a aquel en el que se inicie la expedición o el transporte de los bienes con destino al adquirente (ver nº 5233).

2) Dentro de un acuerdo de **ventas en consigna**, la empresa EFL establecida en Italia y dedicada a la venta de artículos de baño, recibe un pedido en enero de una entidad con sede en Valencia y dedicada a la construcción. La mercancía es enviada a Valencia por el vendedor italiano el 15 de enero, y depositada en un almacén en esa provincia a disposición del comprador, para que éste vaya retirándola según la precise. **5369**

Antes de efectuar el transporte de la mercancía a Valencia, el vendedor italiano ha obtenido los datos del futuro comprador español: NIF-IVA, nombre y apellidos, razón social, domicilio, etc. y, posteriormente a la expedición o transporte de la mercancía, ha registrado esta operación en el libro registro de determinadas operaciones intracomunitarias y, además, la ha consignado en la declaración recapitulativa de operaciones intracomunitarias presentada en su país. EFL no posee establecimiento permanente alguno en los otros países de la UE. Por su parte, el empresario valenciano ha consignado la recepción de las mercancías en el libro registro de operaciones intracomunitarias (nº 7405 s.).

El día 15 de marzo el empresario valenciano retira del almacén una parte de los artículos que le envió el empresario italiano. Se produce por el empresario valenciano una AIB (nº 5255) en el TIVA, que se devenga como fecha límite el 15 de abril (LIVA art.76 en relación con LIVA art.75.Uno.8º.b) y debe declararla en la declaración recapitulativa de operaciones intracomunitarias a presentar en el TIVA (nº 7082 s.).

5370 Doctrina Administrativa Además de las siguientes contestaciones de la DGT, ver nº 11000 s.
La recepción de un **pago anticipado** por una EIB no supone la obligación de expedir factura, sin perjuicio de la factura que deba expedir por la realización de la EIB, y cuyo devengo, se va a producir en todo caso el día 15 del mes siguiente a aquél en el que se inicie la expedición o transporte de los bienes con destino al adquirente, salvo que la factura se hubiera emitido antes de esa fecha (DGT CV 28-11-16; CV 13-10-17), al igual que ocurre en las AIB por las que ha sido emitida una factura de forma anticipada (DGT CV 27-6-22).

Jurisprudencia El impuesto en una AIB resulta exigible el día 15 del mes siguiente a la adquisición, o cuando se emite la **factura** (si dicha emisión es anterior a la fecha citada). La norma polaca impone el pago con anterioridad a este momento y por tanto no es compatible con el derecho de la Unión (TJUE 9-9-21, asunto C-855/19).

5. Base imponible y tipos impositivos de las AIB

(Dir 2006/112/CE art.41, 83 y 84; LIVA art.82, 90 y 91)

5372 En relación con la **base imponible**, la normativa se remite a lo dispuesto para las entregas de bienes y prestaciones de servicios (nº 1700 s.), integrándose los mismos conceptos con las mismas modificaciones.
Como **norma general**, la base está constituida por el importe total de la contraprestación satisfecha o por satisfacer por el adquirente o un tercero. No obstante, se establecen tres **normas particulares**:
1ª. La base imponible correspondiente a las **operaciones asimiladas a las adquisiciones** intracomunitarias de bienes por tratarse de transferencias de bienes (nº 5281) se determina conforme a las reglas previstas para el autoconsumo de bienes (nº 1893).
2ª. Cuando se obtenga la **devolución de los IIEE** en el E.m. de origen de la expedición o transporte de los bienes, se procede a la **regularización** de la situación tributaria, sin que ello implique modificar los importes que figuren en la declaración recapitulativa de operaciones intracomunitarias (nº 7082).
La **modificación de la cuota devengada** se ha de reflejar en la autoliquidación correspondiente al período en que se haya obtenido la devolución, a menos que ya haya sido objeto de deducción, en cuyo caso no procede regularizar los datos declarados (RIVA art.24.3).
3ª. De tratarse de AIB en la que la **finalización del transporte** se produce en un E.m. distinto de España, pero que hayan de entenderse sujetas al IVA español por haber comunicado el adquirente al proveedor un NIF-IVA español y no haber podido acreditar el primero ante la Administración española el gravamen de la adquisición en el Estado de destino de los bienes, la base imponible es la que corresponda a la AIB que no fue gravada en destino.
Por último, en relación con los **tipos impositivos**, no existe especialidad alguna, pues son los vigentes para las entregas de bienes análogas (ver nº 2000 s.).

Precisiones **1)** Tratándose de la adquisición intracomunitaria de **medios de transporte**, nuevos o usados, que hayan de matricularse en España, la base imponible del IVA correspondiente a la adquisición no incluye el importe del Impuesto Especial sobre Determinados Medios de Transporte (ver nº 1776).
2) El IVA correspondiente a una AIB es **simultáneamente IVA soportado y devengado** para el sujeto pasivo que la efectúa. Por lo tanto, si dicho sujeto pasivo tiene derecho a deducir el 100% del IVA soportado, no hay que efectuar ingreso alguno efectivo en concepto de IVA derivado de la adquisición intracomunitaria (ver nº 535).

5374 Ejemplos **1)** Una empresa española, dedicada a la realización de **actividades agrícolas**, ha adquirido a una empresa alemana una partida de **plaguicidas**, que se expiden desde Alemania el 30-7-20X0, de acuerdo con los siguientes datos:

Precio plaguicidas	20.000
Transporte	500
Seguro transporte	300
Envases plaguicidas	500

El 1-8-20X0 son recibidos los plaguicidas, junto con la factura de fecha 29-7-20X0, y el 1-11-20X0 son devueltos los envases, recibiendo la entidad española el dinero que pagó por los mismos.
La base imponible del IVA correspondiente a la AIB efectuada es de 21.300 € (nº 1730 s.). Por otra parte, el tipo impositivo aplicable es del 10% (LIVA art.91.uno.1.3º), de manera que el IVA declarado por la AIB en la declaración-liquidación del tercer trimestre del año es: 21.300 × 10% = 2.130 €.
Dicha base imponible se reduce en el importe de los envases devueltos (500 €), recuperando el IVA correspondiente (50 €) en la forma prevista en el nº 1520, así como las deducciones efectuadas, de acuerdo con el nº 3055.

2) La empresa española X encarga una partida de 25 **sillones** a una empresa portuguesa Y, solicitando a esta que antes de remitir los sillones a España proceda, en nombre y por cuenta de la empresa española, al tapizado de los mismos. La empresa portuguesa encarga el **tapizado** a un empresario portugués, que expide factura a nombre de la empresa española, aunque el pago se realiza directamente por Y. La factura expedida por este incluye los siguientes conceptos: **5375**

Precio sillones	10.000
Transporte sillones	500
Pago por tapizado de sillones (suplido)	5.000
TOTAL	15.500

Asimismo, Y remite a X la factura expedida en nombre de esta última por el tapicero portugués. La base imponible de la AIB no incluye el importe de los suplidos (LIVA art.78.Tres.3º), por lo que dicha base imponible es de 10.500 € y el IVA al 21%, 2.205 €. El tapizado de los sillones constituye un servicio diferente que tributa de acuerdo con lo dispuesto en la LIVA art.69.Uno.1º.

3) La entidad A, que cuenta con sucursales en Madrid, París y Lisboa, envía diez **ordenadores** que tiene afectos a su actividad en su **sucursal** de Lisboa a su sucursal en España, para afectarlos a la actividad que desarrolla en este E.m. Dichos ordenadores fueron adquiridos en Lisboa el 1-1-20X0, por un precio equivalente a 20.000 €. Sin embargo, el 1-9-20X2, su valor de mercado se estima en 10.000 €. **5376**
En el ejemplo existe una operación asimilada a AIB (nº 5281), cuya base imponible asciende a 10.000 € (nº 1828).
4) La empresa portuguesa X, dedicada a la **fabricación de calderas metálicas**, efectúa una venta de estos productos a su **filial** en España Y, que esta, a su vez, destina a la venta en España. El valor normal de mercado de las calderas asciende a 20.000 €, pero en la operación se ha pactado un precio de 5.000 €.
Se trata de una operación intracomunitaria que se efectúa entre partes vinculadas. La base imponible del IVA correspondiente a la AIB efectuada por la filial es el valor normal de mercado de los bienes en el caso de que dicha filial no tenga derecho a deducir totalmente el IVA correspondiente a dicha adquisición (ver nº 1913 s.).
5) La entidad A, a la que se refiere el ejemplo 3, ha adquirido a un proveedor danés una maquinaria por la que paga 40.000 €, suministrando al proveedor danés su **NIF-IVA español**. Sin embargo, A expide la maquinaria a su sucursal en Lisboa.
Si A no puede acreditar que la AIB ha tributado en el Portugal, procede la tributación en España (nº 5355), tomando como base imponible 40.000 €. Dicho IVA no es deducible (nº 5357).

[Doctrina Administrativa] Además de las siguientes contestaciones de la DGT, ver nº 11000 s. **5378**
1) La base imponible de las adquisiciones intracomunitarias está constituida por el importe total de la contraprestación de las mismas, incluyéndose en el concepto contraprestación, entre otros importes, los correspondientes a **portes y transportes** y, en general, a cualquier otro **crédito efectivo** a favor de quien realice la entrega derivado de dicha operación o de otras prestaciones accesorias a la misma (como los gastos de **manipulado de libros** en los almacenes de la casa matriz y los gastos de transporte de los libros desde Francia hasta España, ambos de carácter accesorio de las entregas de libros de la primera a la segunda) (DGT 24-10-94).
2) Las entregas, adquisiciones intracomunitarias o importaciones de bebidas alcohólicas con destino a los **depósitos de recepción de bebidas** no están exentas del IVA y tributan por el régimen general del mismo.
Cuando una empresa comunitaria efectúa este tipo de entregas a una entidad española, la cual ha de efectuar otras posteriores a sus clientes, en las primeras entregas se produce una AIB. La base imponible de tales adquisiciones está formada por el importe total de la contraprestación de las operaciones, en la que se incluye las correspondientes **cuotas de IIEE**. En las entregas posteriores a los clientes, la base imponible también incluye las cuotas de los impuestos especiales respectivas, como un coste más del proveedor (DGT 11-10-94). En las AIB sujetas el **Impuesto especial sobre los envases de plástico no reutilizables** debe incluirse en la base imponible del IVA, al formar parte de la contraprestación (DGT CV 5-6-23).
3) Una sociedad arrienda **maquinaria** propiedad de una **empresa establecida en Bélgica**. Transcurridos doce meses la sociedad debe adquirir la referida maquinaria, bien directamente o bien a través de una entidad dedicada al arrendamiento financiero que va a ceder, a su vez, la referida maquinaria a la sociedad. El arrendamiento de la maquinaria constituye una AIB (ver nº 5283). Si llegado el **vencimiento** del contrato de arrendamiento-venta, la sociedad no adquiriera la maquinaria, debe procederse a la **rectificación** de la AIB inicialmente declarada, para declararla como una prestación de servicios de arrendamiento de bienes. Esta rectificación del IVA devengado que se declaró en concepto de AIB puede realizarse en la autoliquidación correspondiente al momento en que se decida que sea una entidad de arrendamiento financiero quien adquiera la maquinaria. A tales efectos, la referida rectificación debe calcularse por diferencia entre el IVA que debió devengarse durante el arrendamiento de la maquinaria (aun cuando dicho arrendamiento habría debido tributar como una operación de tracto sucesivo) y el que se declaró como consecuencia de la AIB, operación de tracto único (DGT CV 15-2-08).

5380 Jurisprudencia No procede la modificación de bases imponibles cuando la entidad fabricante concede un **descuento** en relación con un producto en cuya cadena de distribución no participa como comprador y vendedor al no resulta aplicable no cabe la aplicación lo dispuesto por la jurisprudencia comunitaria respecto a los descuentos en este tipo de operaciones (TEAC 3-6-20).
En concreto, el TJUE establece que cuando un fabricante de un producto que no está ligado al consumidor final, y que actúa solo como cabeza en dicha cadena de operaciones, concede a este una reducción del precio mediante **cupones de descuento** que los minoristas reciben y que el fabricante les devuelve, la base imponible debe reducirse en el importe de dicho descuento (TJUE 16-1-14, asunto C-300/12).

6. Sujeto pasivo

(Dir 2006/112/CE art.200; LIVA art.85)

5383 En las AIB es sujeto pasivo del impuesto la persona que las realiza. En consecuencia, el sujeto pasivo es el destinatario de los bienes que realmente hayan llegado a TIVA, o la persona que haya comunicado un NIF-IVA español, aunque los bienes no hayan llegado a ese territorio, siempre que, en este caso, no pueda acreditar que la adquisición se ha gravado en el E.m. de la llegada real de los bienes.
El sujeto pasivo debe efectuar la **liquidación** del impuesto. Dicho impuesto es simultáneamente IVA devengado e IVA deducible, que puede deducirse por el adquirente cuando concurren los requisitos establecidos al efecto (nº 2500 s.), pudiendo hacerse en la misma declaración. Ello implica que, si el sujeto pasivo tiene derecho a la deducción total del IVA soportado, no procede ingreso alguno efectivo como consecuencia de la adquisición intracomunitaria efectuada.
No obstante, en cuanto a la deducción del IVA correspondiente a las adquisiciones intracomunitarias localizadas en el **E.m. de identificación** del adquirente, ver nº 5357.

5384 Ejemplos 1) La **empresa irlandesa** M, con **sucursal en Madrid**, envía diversos materiales desde su sede en Dublín que se han de afectar a la actividad de la sucursal en Madrid.
En este supuesto, hay una operación asimilada a entrega de bienes exenta en Irlanda (equivalente irlandés de la LIVA art.9.3º, nº 5225) y una operación asimilada a AIB en España (nº 5281) cuyo sujeto pasivo es M, la empresa irlandesa, y no la sucursal como tal, que no es sujeto pasivo del IVA. La existencia de la sucursal determina que M cuente con un establecimiento permanente en España, pero no supone la existencia de un sujeto pasivo independiente en España, constituido por la sucursal.
2) La empresa holandesa E, que cuenta con una **filial en España** F, ha enviado diversos materiales a esta filial, que ha de utilizar en su actividad en España.
Hay una EIB en Holanda y una AIB gravada en España, siendo sujeto pasivo de esta última la filial española F, y no E. En efecto, la filial constituye un sujeto pasivo distinto e independiente de la matriz, y es ella el sujeto pasivo del IVA correspondiente a la AIB.
Por otra parte, la existencia de la filial no supone que la matriz E cuente con un establecimiento permanente en España. Por lo tanto, si la entidad E, como tal empresa y en su propio nombre, efectuara alguna operación en España, por la que debiera ser considerada como sujeto pasivo del IVA, debería cumplir las obligaciones establecidas por la LIVA en relación con dichos sujetos pasivos.
3) Una **fundación** española, de carácter cultural y que no realiza actividad empresarial o profesional alguna ni presenta autoliquidaciones periódicas por IVA, ha adquirido a un empresario de Lisboa el mobiliario necesario para amueblar la sede de la fundación, por el que ha pagado 25.000 €.
La AIB efectuada está sujeta al IVA español y el sujeto pasivo es la fundación, ya que se trata de una persona jurídica que no actúa como empresario o profesional y que efectúa una AIB sujeta al IVA. Por lo tanto, los sujetos pasivos de las AIB no tienen que ser necesariamente empresarios o profesionales, pudiendo serlo las siguientes personas:
- empresarios o profesionales;
- personas jurídicas que no actúen como empresarios o profesionales (ver nº 5405 s.); y
- personas físicas que no actúen como empresarios o profesionales en las adquisiciones intracomunitarias de medios de transporte nuevos (nº 5425 s.).

5386 **4)** La entidad holandesa M, ha enviado una partida de 1.000 camisetas a España, donde las deposita, a cambio de un pago mensual, en un almacén que no es de su propiedad ni tiene alquilado. Después de tener almacenadas las mercancías durante un mes, M las vende a **clientes españoles personas físicas** que no son empresarios ni profesionales.
Dicha empresa holandesa ha designado como representante fiscal suyo ante la Hacienda española a un despacho de abogados de Madrid, el cual efectúa todos los trámites y gestiones exigidos por la normativa fiscal española en relación con las operaciones descritas.
Nota: El nombramiento del **representante fiscal** por parte de las **empresas comunitarias no establecidas** en el TIVA es voluntario. Por tanto, en el ejemplo, la empresa holandesa podría no haber nombrado representante alguno y haber cumplido directamente sus obligaciones fiscales (nº 7430).

De acuerdo con la doctrina administrativa, el **almacén** en el que deposita las mercancías la entidad holandesa no puede considerarse como establecimiento permanente de dicha entidad en España, ya que para ello sería necesario que M fuera la propietaria del almacén o pudiese disponer del mismo en su totalidad o, al menos, en una parte concreta y determinada del mismo como arrendataria o usufructuaria (nº 485.1). Por otra parte, se ha de entender por establecimiento permanente cualquier establecimiento, distinto de la sede de la actividad económica, que se caracterice por un grado suficiente de permanencia y una estructura adecuada en términos humanos y técnicos que permita la prestación de los servicios de que se trate. Tampoco parece que desde este punto de vista pueda considerarse que M tiene un establecimiento permanente en España, pues no tiene medios humanos ni técnicos propios en dicho país (Rgto UE/282/2011 art.11).
Por lo tanto, M, empresa no establecida, efectúa AIB en España, así como entregas interiores de bienes sujetas al IVA español, y es ella el sujeto pasivo del IVA correspondiente a tales operaciones (no hay inversión del sujeto pasivo porque los clientes españoles de la empresa holandesa son personas físicas no empresarios o profesionales), ya que el representante fiscal en estos casos no es sino un mandatario, un gestor del representado, que en ningún caso asume la posición de sujeto pasivo (nº 7430 s.). Por otra parte, al no tener derecho a la devolución total del IVA soportado a través de ninguno de los procedimientos de devolución a los no establecidos no se aplica la exención del nº 5326 letra a).

Doctrina Administrativa Además de las siguientes contestaciones de la DGT, ver nº 11000 s. **5388**
1) En las importaciones y en las adquisiciones intracomunitarias de **materiales de recuperación** del nº 1358, los sujetos pasivos son quienes realicen dichas operaciones (DGT 27-4-04).
2) Una **entidad no inscrita en el ROI**, adquirió bienes en Alemania que fueron transportados al TIVA. La entidad alemana inicialmente remitió las mercancías exentas del impuesto alemán, pero posteriormente modificó la factura y repercutió dicho tributo a la entidad española. En este caso, existe una adquisición intracomunitaria de bienes efectuada por la entidad en España. Para evitar la **doble imposición** (derivada del hecho de que la entidad alemana ha repercutido el IVA alemán), la entidad española debe solicitar un NIF-IVA en nuestro país, mostrarlo a la entidad alemana y requerir la **rectificación de la repercusión** efectuada por la empresa alemana (DGT CV 4-8-10; CV 4-8-10).
3) Corresponde a los empresarios o profesionales adquirentes de los bienes la condición de sujeto pasivo respecto de las **entregas sin expedición o transporte** efectuadas por la entidad irlandesa en el TIVA y ello con independencia de si los adquirentes están establecidos o no en el territorio de aplicación del impuesto (DGT CV 16-7-18). En el mismo sentido en el caso de que la entidad utilice su NIF/IVA español de **no establecido** para la entrega de los bienes enviados de otro E.m. (DGT CV 5-7-24).
4) La **matriz** alemana tiene la consideración de sujeto pasivo en las operaciones asimiladas AIB que realice, lo cual determina su obligación de solicitar un NIF-IVA español (DGT CV 28-12-17).
5) Aunque el bien se haya expedido desde un E.m., en la entrega realizada por un proveedor **no establecido** en la UE no existe una AIB sino una entrega interior en la que el sujeto pasivo es el adquirente establecido en TAI (DGT CV 3-10-25).

Jurisprudencia Los E.m. no pueden imponer obligatoriamente la designación de un **representante fiscal** a los empresarios no establecidos en su territorio pero que lo están en otro E.m. (TJUE 15-6-06, asunto C-249/05; 15-12-11, asunto C-624/10). **5390**

SECCIÓN 2

Regímenes particulares del IVA intracomunitario

5400 Propios del comercio intracomunitario su regulación se encuentra dispersa a lo largo del articulado de la norma, por lo que no deben confundirse con los regímenes especiales regulados en la LIVA (nº 3100 s.). Estos regímenes particulares persiguen diversos **objetivos**: evitar la concentración de la demanda en la UE de bienes y servicios hacia E.m. con tipos impositivos más reducidos, cuando se trata de adquisiciones efectuadas por sujetos sin derecho a deducción, y, además, garantizar en todo caso la tributación en destino de las adquisiciones que tienen por objeto bienes de relevancia económica considerable, como son las adquisiciones de medios de transporte nuevos.
El esquema general de funcionamiento de las operaciones intracomunitarias, tributación **en destino** en operación B2B y en **origen** en operaciones B2B, se ve alterado por la existencia de los siguientes regímenes particulares:
a) El régimen particular de **determinadas personas**, PRES (nº 5405 s.).
b) El régimen particular aplicable a las **entregas de medios de transporte nuevos** (nº 5425 s.).
c) El régimen particular de **ventas a distancia** intracomunitaria de bienes (nº 9244 s.).

A. Régimen particular de determinadas personas (PRES)

(Dir 2006/112/CE art.3; LIVA art.14; RIVA art.3)

5405 Se trata de un régimen facultativo de **no sujeción** de las adquisiciones intracomunitarias, en las siguientes condiciones:

Ámbito subjetivo	Límite (superado el cual deja de aplicar la no sujeción)	Excluidos del régimen
Acogidos al REAGP (nº 3512 s.), respecto de los bienes destinados al desarrollo de la actividad sometida a dicho régimen.	El importe total de las adquisiciones de bienes procedentes de los demás E.m., excluido el IVA devengado en dichos Estados, ha alcanzado 10.000 € en el año natural precedente o durante el año en curso. El importe de la contraprestación relativa a los bienes adquiridos no puede fraccionarse.	Adquisiciones de medios de transporte nuevos (nº 5425 s.) y bienes que constituyen el objeto de los IIEE. Su importe no computa a efectos del límite.
Quienes realicen exclusivamente operaciones que no originan el derecho a la deducción total o parcial del impuesto.		
Personas jurídicas que no actúen como empresarios o profesionales (p.e., ayuntamiento actuando en el cumplimiento de su función pública).		

5406 **Justificación del régimen particular** Todas las personas o entidades incluidas en el ámbito subjetivo de este régimen particular presentan una **característica común**: que no tienen derecho a la deducción de las cuotas soportadas en las adquisiciones de bienes y servicios que efectúan (sin perjuicio de la existencia de un mecanismo particular y forfatario de recuperación de ese IVA soportado para los empresarios que tributan en el REAGP).

De esta manera, el **IVA soportado** por estas personas o entidades es para ellas un coste más, lo que las lleva a localizar sus adquisiciones, una vez desaparecidas las fronteras dentro de la UE, en aquellos E.m. con tipos impositivos más bajos (nº 2017).

Lo anterior podría originar una desviación de la demanda en la UE de bienes hacia esos E.m. con tipos más bajos y por ello se ha previsto este régimen particular como elemento corrector. De esta forma, siempre que las AIB de estas personas se mantengan dentro de unos **límites** razonables (límites que fija el E.m. en el que están establecidas y en el que reciben los bienes adquiridos en otros E.m.) se les permite tributar en el Estado de origen o en el de destino, a su elección (lo que les permite escoger el E.m. con tipos impositivos más bajos), pero superado el umbral cuantitativo de AIB fijado por el E.m. en el que están establecidas y en el que reciben los bienes adquiridos se les impone obligatoriamente la tributación en dicho E.m. de destino.

El **umbral cuantitativo** de AIB que determina obligatoriamente la **tributación en destino** se fija por cada E.m., pero en ningún caso puede ser inferior a 10.000 euros (Dir 2006/112/CE art.3.2), si bien existen ciertas particularidades en ese límite en cada país miembro, que pueden ser consultadas en https://taxation-customs.ec.europa.eu/taxation-1/value-added-tax-vat/eu-country-specific-information-vat_en.

5408 **Contenido del régimen** Se puede sintetizar de la siguiente forma:

a) Las AIB efectuadas en España por las personas mencionadas en nº 5405 no están sujetas al IVA español (debiendo pagar dichas personas o entidades el **IVA en origen**, ya que la correspondiente entrega intracomunitaria efectuada en dicho E.m. de origen no está exenta) No obstante, se recogen dos **excepciones**:

• que el volumen de adquisiciones efectuadas por la persona o entidad de que se trate, en el año anterior o en el año en curso, supere la cantidad de 10.000 euros; o

• que, no habiéndose superado dicho límite, la persona o entidad de que se trate haya optado por tributar en España por razón de las AIB efectuadas.

b) El **cálculo del volumen de las adquisiciones** de bienes procedentes de otros E.m. de la UE relevante a estos efectos se efectúa del siguiente modo:

• se excluye el IVA del país de origen;

• no puede fraccionarse la contraprestación pagada por las correspondientes adquisiciones;

• se computan las adquisiciones efectuadas a empresarios que tributan con arreglo al régimen particular «ventas a distancia intracomunitarias de bienes» LIVA art.8.Tres.1º), cuando dichas ventas están gravadas por el IVA del E.m. de origen (nº 9244 s.); y

• no se computan las adquisiciones de medios de transporte nuevos ni las de los bienes que constituyen objeto de Impuestos Especiales.

c) Cuando, por aplicación de las reglas anteriores, proceda la tributación en destino de las AIB efectuadas, la persona o entidad que las realice debe **solicitar un NIF-IVA** de la Administración tributaria española (nº 7156).
Dicho NIF-IVA debe comunicarlo a su proveedor intracomunitario con el fin de que este aplique la exención del IVA de origen (equivalente, del país de que se trate, a nuestra LIVA art.25.Uno, nº 5215.1), pues en otro caso la operación se gravaría en origen y en destino, dando lugar a una doble tributación.

Ejercicio de la opción (RIVA art.3) Las **personas** incluidas en el ámbito subjetivo del régimen pueden optar por la sujeción al IVA (tributación en destino) por las AIB que realicen, aunque no hayan superado el límite de 10.000 euros. **5409**
Dicha opción se ejercita normalmente cuando el tipo impositivo del E.m. de destino es inferior al de origen (ver nº 2017).
Respecto al **procedimiento** para ejercitar esta opción, hay que tener en cuenta lo siguiente:
a) **Modo**. La opción se ejercita:
- de forma expresa: mediante la presentación de la **declaración censal** (ver nº 6935 s.), en cualquier momento; o
- de forma tácita: mediante la presentación de la **autoliquidación no periódica** en el período en que se ha efectuado la adquisición (modelo 309) (RIVA art.71.8).
Para efectuar este tipo de adquisiciones, sujetas en destino y más exactamente, para que se aplique la exención del IVA en origen, es imprescindible que el adquirente comunique a su proveedor un **NIF-IVA español**, que igualmente puede solicitarse de forma expresa- en el propio modelo censal en el que se solicite la opción al régimen-; o de forma tácita -mediante el modelo censal en el que se solicite el NIF-IVA (ello hace que la opción tácita no tenga demasiada virtualidad, pues en cualquier caso hay que presentar el modelo censal)-.
b) **Período mínimo**. La opción afecta a todas las AIB que se efectúen durante el resto del año en curso y los dos siguientes.
c) **Prórroga**. La opción es prorrogable automáticamente una vez transcurrido el período de duración mínima mencionado, salvo que se produzca una **revocación**, mediante la presentación de la declaración censal de modificación (7005 s.).

Precisiones **1)** El empresario con **derecho a la no imposición** de sus AIB (nº 5405), ha de seguir ejerciendo tal derecho cuando le haya sido asignado un número de identificación a efectos del IVA por los servicios intracomunitarios recibidos (servicios recibidos de un no establecido y respecto de los cuales el destinatario es el sujeto pasivo), o por los servicios intracomunitarios prestados por él en el territorio de otro E.m. respecto de los cuales el sujeto pasivo del IVA sea exclusivamente el destinatario. **5409.1**
No obstante, si dicho empresario comunica ese número de identificación a efectos del IVA a un proveedor con respecto a una AIB, se considera que ha ejercido la opción por tributar en destino por las adquisiciones intracomunitarias de bienes realizadas (Rgto UE/282/2011 art.4).
2) Estos empresarios que se beneficien de la no imposición de sus AIB **no** están obligados a realizar la **comunicación a sus proveedores** intracomunitarios de bienes del número de identificación a efectos del IVA que, en su caso, se les haya atribuido en virtud de las prestaciones intracomunitarias de servicios por ellos efectuadas o recibidas (Rgto UE/282/2011 art.55 párrafo 2º).

Ejemplos **1)** Unos **médicos** realizan únicamente actividades exentas (nº 834) y no han optado por tributar en destino. Se presentan diferentes situaciones, a efectos de determinar el régimen de tributación de las adquisiciones de bienes procedentes de E.m. distintos del Reino de España: **5410**
a) Médico que tiene su **consulta en Madrid** y que adquiere un aparato de **rayos X en Alemania**, el 6-8-20X2, por importe de 6.000 €. Dicho médico efectuó adquisiciones en otros E.m., IVA de origen excluido, por importe de 30.000 € en el año 20X0 (año en que inició su actividad) y de 7.200 € en el año 20X1. En el año 20X2 únicamente ha efectuado la adquisición citada.
El volumen de adquisiciones intracomunitarias efectuado en el año 20X1 no superó el umbral de 10.000 €, y dado que en el año 20X2 la única adquisición realizada tampoco ha superado dicho umbral. La entrega efectuada en Alemania está sujeta y no exenta del IVA alemán, debiendo dicho médico soportar la repercusión de tal tributo, que no puede deducir, y la adquisición en España no está sujeta al IVA español.
20X1: las adquisiciones intracomunitarias que realizó el médico sí estuvieron sujetas al IVA en España, dado que en el año anterior se había superado el umbral de 10.000 €.
20X2: las adquisiciones, una vez superado el umbral de 10.000 €, estuvieron sujetas al IVA en España, lo que implica que la entrega en origen estuvo exenta. A estos efectos, el médico debió solicitar un NIF-IVA a la Administración española (mediante la presentación del modelo censal) y comunicarlo a su proveedor, para que este procediera a la aplicación de la exención del IVA de origen.

b) El mismo supuesto del nº 5410 suponiendo que el **aparato de rayos X** ha costado 11.000 €, excluido IVA. **5411**
En este caso, aun cuando en el año anterior 20X1 no se ha superado el umbral de 10.000 €, procede la exención en origen y la tributación en destino, dado que el importe de la adquisición efectuada en 20X2 supera dicho umbral. Hay que aclarar que tributa en destino la totalidad de la

adquisición efectuada, con una base imponible de 11.000 €, sin que quepa fraccionar la contraprestación, esto es, sin que quepa tributar en Alemania por importe de 10.000 € y en España por importe de 1.000 €.

c) El mismo supuesto que la letra a) del nº 5410, pero el médico ha adquirido el 6 de agosto un **aparato de rayos X** por importe de 9.000 €, IVA excluido, y el 10 de agosto un **scanner** por importe de 6.000 €, IVA excluido.

En este caso, la adquisición efectuada el 6 de agosto tributa en origen (en 20X1 no se ha superado el umbral, y la adquisición efectuada el 6 de agosto tampoco supone una cuantía superior a 10.000 €), pero la efectuada el 10 de agosto tributa, en su totalidad, en destino, ya que dicha adquisición (cuyo importe no puede fraccionarse), implica, sumada a la anterior, la superación del umbral cuantitativo de 10.000 €.

5412 **d)** El mismo supuesto que el de la letra a) del nº 5410, pero las adquisiciones efectuadas a empresarios de otros E.m. por el médico en los **dos años anteriores** son las siguientes:

- 20X0: adquisiciones por importe de 6.000 €, IVA excluido;
- 20X1: las siguientes adquisiciones:

• adquisiciones resultantes de entregas que han tributado en España de acuerdo con el régimen de ventas a distancia (LIVA art.68.Tres.a): 600 €;

• adquisiciones resultantes de entregas que han tributado en origen de acuerdo con el régimen de ventas a distancia: 9.000 €;

• adquisiciones resultantes de entregas que han tributado en origen, efectuando el transporte de los bienes a España el propio médico: 900 €.

En este supuesto, hay que distinguir:

- las adquisiciones efectuadas en 20X1 no están sujetas al IVA español, ya que en 20X0 no se superó el umbral de 10.000 €, ni tampoco se ha superado dicho umbral en 20X1;
- las adquisiciones efectuadas en 20X2 por importe de 6.000 € tampoco están sujetas al IVA español y tributan en origen, dado que el importe de las adquisiciones a empresarios de estos E.m. durante 20X1 no ha superado el umbral de 10.000 €. A estos efectos, y para el cómputo del umbral señalado, hay que tener en cuenta lo siguiente:

• no se tienen en consideración las adquisiciones resultantes de entregas que, aun efectuadas a proveedores de otros E.m., hayan tributado en España de acuerdo con las reglas establecidas para las «ventas a distancia». Por lo tanto, no se tienen en cuenta los 600 €;

• sí se toman en consideración las adquisiciones resultantes de entregas que, aun reuniendo los datos propios de las ventas a distancia (transporte por el vendedor, bienes distintos de los enumerados en la LIVA art.68.Tres.a), hayan tributado en origen de acuerdo con las reglas establecidas para este régimen particular. Por lo tanto, las adquisiciones por importe de 9.000 € efectuadas en el año 20X1 sí se computan;

• también se toman en consideración las entregas intracomunitarias que han tributado en origen por importe de 900 €, con arreglo a las normas generales (en este caso, queda excluido el régimen de ventas a distancia al efectuarse el transporte por el propio comprador).

e) El mismo supuesto que la letra a) del nº 5410, pero el precio pagado por el aparato de rayos X asciende a 10.500 €, incluyendo el IVA de origen, que asciende a 600 €, y siendo esta la **única adquisición efectuada en el extranjero**.

La adquisición no tributa en España, ya que el importe computable asciende a 9.900 €, una vez excluido el IVA de origen, que no debe tenerse en cuenta para el cálculo del umbral cuantitativo.

5413 **2)** El ayuntamiento del municipio X desea adquirir un ordenador que va a afectar exclusivamente a su **actividad de carácter administrativo**. Consultados los precios del mercado europeo, llega a la conclusión de que el precio más ventajoso lo ofrece un empresario danés, que le vende el ordenador por 9.000 €. Sin embargo, el IVA danés es más elevado que el español, por lo que el ayuntamiento, que hasta ahora no había efectuado adquisición alguna a empresarios de otros países europeos, plantea a sus asesores si existe algún mecanismo para pagar el IVA en España.

Dado que ni en el año anterior ni en el año en curso se ha efectuado por el Ayuntamiento adquisición alguna a empresarios de otros E.m., no tiene más remedio, si quiere tributar en España, que optar por la tributación en destino (ver nº 5409).

5414 **3)** El Sr. Y, empresario **persona física**, realiza una doble actividad empresarial:

- explota una finca agrícola, tributando por el régimen especial de la agricultura;
- realiza actividades de albañilería y pequeña construcción.

El Sr. Y, que hasta el año 20X0 no había efectuado adquisición alguna fuera de España, ha comprado en dicho año diez carretillas a un empresario portugués que va a destinar a la actividad de construcción y por las que ha pagado 1.000 €.

La adquisición intracomunitaria de las carretillas está sujeta al IVA español, ya que el régimen particular que estamos examinando se aplica a los empresarios que tributan en el régimen especial de la agricultura respecto de las adquisiciones de bienes que se utilizan en las actividades que tributan en dicho régimen especial. Dado que las carretillas no se van a utilizar en la *actividad agrícola*, procede la exención de la entrega en origen y el gravamen de la adquisición en destino, conforme a las reglas generales.

4) El Sr. Z, **protésico dental**, que realiza únicamente operaciones exentas del IVA (nº 850), compra en Holanda determinados materiales para la elaboración de prótesis dentales, por importe de 25.000 €, que él mismo transporta a España. El proveedor holandés le ha repercutido el IVA de aquel país, que el Sr. Z ha pagado. Sin embargo, un abogado amigo suyo le comenta que lo

correcto hubiera sido pagar el IVA en España, por lo que Z acude a la Agencia tributaria para informarse sobre el particular.
En efecto, dado que el importe de la adquisición supera el umbral de 10.000 €, el Sr. Z, empresario que realiza actividades por las que no puede deducir total ni parcialmente el IVA soportado, debe tributar en destino, esto es, en España. Por lo tanto, Z debe dirigirse al proveedor holandés, para que rectifique la repercusión efectuada y le devuelva el IVA holandés que pagó, y debe tributar en España por la adquisición realizada.

5) La **fundación** A, que efectúa actividades no empresariales de promoción de la cultura y de las artes, ha efectuado una adquisición de un cuadro de un artista holandés a un galerista de aquel país que aplica en la entrega el **régimen especial de los bienes usados y objetos de arte**. El precio pagado ha sido de 3.000 €. **5415**
Igualmente, ha adquirido una valiosa antigüedad a un anticuario francés que aplica en la entrega el régimen general del IVA por importe de 6.500 €.
La fundación, que hasta la fecha no había efectuado adquisición alguna fuera de España, ha optado por la tributación en destino de sus adquisiciones intracomunitarias.
Hay que diferenciar las dos adquisiciones efectuadas:
• la efectuada por importe de 3.000 € tributa en origen, aun cuando la fundación haya optado por la tributación en destino de sus adquisiciones intracomunitarias, ya que las entregas efectuadas con aplicación del régimen especial de los bienes usados y objetos de arte tributan siempre en origen (LIVA art.13.1º.a, y equivalentes del mismo en los restantes E.m. de la UE);
• la otra adquisición sí tributa en destino, debido a la opción ejercitada.

6) La empresa B, establecida en Madrid, dedicada a la venta de productos informáticos, vende una partida de cinco ordenadores por importe de 6.000 € a una asociación belga. Esta le comunica que es una **asociación sin ánimo de lucro**, que no realiza actividades empresariales y que ha optado en Bélgica por la tributación en destino de las adquisiciones intracomunitarias allí efectuadas (equivalente belga del RIVA art.3), solicitando a B que le aplique la exención del IVA de origen. **5416**
B, convencida de la veracidad de las afirmaciones de la adquirente, le aplica la exención del IVA, sin solicitar de la asociación que le comunique su NIF-IVA belga.
La conducta de B no es correcta ya que debe repercutir el IVA, salvo en el caso de que el adquirente le comunique un NIF-IVA de otro E.m. (en relación con la verificación del NIF-IVA, ver nº 5206 s. y nº 7165). Este es el criterio esencial al que debe atender B para aplicar o no la exención (además del de la existencia de un transporte de los bienes a otro E.m. de la UE). Por otra parte, B no puede cumplimentar adecuadamente su declaración recapitulativa de operaciones intracomunitarias (modelo 349), ya que en ella debe hacer constar el NIF-IVA belga de la asociación adquirente (en caso de que el adquirente no disponga de NIF-IVA, ver nº 7089). Esto conlleva que la operación no se encuentre exenta.
7) El mismo supuesto que en el caso anterior, pero B solicita a la asociación que le comunique un NIF-IVA belga. La asociación comunica un **NIF-IVA ficticio** y B, sin confirmar la veracidad del NIF-IVA suministrado, aplica directamente la exención del IVA en la entrega.
Tampoco en este caso B ha actuado de forma correcta. Una vez suministrado el NIF-IVA por el adquirente intracomunitario, lo correcto es solicitar de la Administración tributaria que confirme la realidad de dicho NIF-IVA, y solo si se confirma dicha veracidad procede la aplicación de la exención.
En otro caso, si la exención se aplica de forma improcedente, la Hacienda Pública puede exigir el pago del IVA al empresario que efectúa la entrega, sin perjuicio de las acciones que este puede ejercitar frente al adquirente por razón de la conducta engañosa de este. Sólo si ha actuado diligentemente no se le puede exigir el pago del impuesto (ver nº 5219).

8) El mismo supuesto que en el apartado a) del nº 5410, pero el médico no solo efectúa operaciones sanitarias exentas, sino también otras de **cirugía estética** que no se benefician de la exención. Su **prorrata** de deducción es del 18% en el año 20X1 (provisional de 20X2). La prorrata definitiva del año 20X2 es del 10%. **5417**
La AIB tributa en España conforme a las reglas generales, ya que el régimen particular se aplica a empresarios que no tienen derecho a la deducción total ni parcial del IVA soportado y, en este caso, el empresario sí tiene derecho a dicha deducción parcial. El problema se plantea cuando el adquirente, en el año anterior a la adquisición, tuvo una prorrata definitiva de cero, y en el año de la adquisición una prorrata definitiva superior.
En este caso, la prorrata provisional aplicable durante el año de la adquisición es de cero, pero la prorrata definitiva, como queda dicho, es superior, lo que supone que el adquirente tiene derecho a la deducción parcial del IVA soportado. Parece que, en estos casos, lo procedente es rectificar las actuaciones practicadas en el caso de que las mismas, una vez conocida la prorrata definitiva, no se ajusten a las prescripciones de la Ley. Todo ello sin perjuicio de reconocer que estas rectificaciones, desde el momento en que afectan a proveedores de otros E.m., pueden plantear problemas considerables.

5420 Doctrina Administrativa Además de las siguientes contestaciones de la DGT, ver nº 11000 s.
1) Si la **institución benéfica** actúa como empresario o profesional, sujeto pasivo del IVA, debe aplicar las normas generales relativas a las operaciones intracomunitarias. Si no es sujeto pasivo, la AIB por importe de 300.000 €, queda sujeta igualmente al impuesto.
Las **obligaciones formales** se sintetizan en: obtención y comunicación al vendedor del NIF y presentación de los modelos 309 (declaración-liquidación no periódica del IVA) y 349 (declaración recapitulativa de operaciones intracomunitarias) (DGT 22-11-93).
2) Un hospital va a recibir periódicamente de un proveedor holandés **revistas científicas** por importe aproximado de 150.000 €, revistas que se expiden desde Holanda hasta el TIVA español. Se trata de una AIB efectuada por un sujeto pasivo que en el desarrollo de su actividad realiza exclusivamente operaciones que no le originan el derecho a la deducción de dicho impuesto por importe muy superior a los 10.000 €. Dichas adquisiciones intracomunitarias están sujetas al IVA español en los siguientes supuestos:
- si el importe total de las adquisiciones efectuadas por el hospital de bienes procedentes de los demás E.m., excluido el impuesto devengado en dichos Estados, excede en el año natural precedente de 10.000 €;
- cuando en el año anterior la entidad consultante no ha superado el importe señalado, a partir de la adquisición en que, en el año en curso, alcance dicho importe; y
- en todo caso, si la entidad ha optado por la sujeción al IVA español de todas las AIB efectuadas por la misma (DGT 21-6-01).

Mismo criterio respecto de una fundación sin ánimo de lucro que compra **mobiliario en Alemania** y que consulta acerca de la posibilidad de liquidar la compra en el TIVA (DGT CV 4-12-09).

B. Medios de transporte nuevos

(Dir 2006/112/CE art.2 y 9.2; LIVA art.5.Uno.e y 13.2º; RIVA art.2, 32 y 71.8)

5425 El objeto de este régimen particular es aplicar la **tributación en destino** en las adquisiciones de medios de transporte nuevos que, aplicando el régimen general, quedarían gravados en origen, y ello por la condición del comprador o del vendedor.
En relación con el **control administrativo** de la aplicación de este régimen, ver nº 5208.

5426 **Ámbito subjetivo** (LIVA art.93.Dos y 94.Dos) Hay que hacer una distinción, según haga referencia a la condición del adquirente o del transmitente:
a) Por razón del **adquirente**. Están sujetas al impuesto en destino:
- las adquisiciones intracomunitarias de medios de transporte nuevos, efectuadas a título oneroso por las personas enunciadas en el nº 5405, o por las demás personas que **no** tengan la **condición de empresario o profesional** (personas físicas consumidores finales), cualquiera que sea la condición del transmitente;
- las adquisiciones realizadas por los **empresarios** (excluidos aquellos acogidos al REAGP, cuando no tengan NIF-IVA) o las **personas jurídicas** que no actúen como empresarios y que tengan un NIF-IVA, por aplicación del régimen general; y
- las adquisiciones efectuadas por las personas citadas en el nº 5405 sin NIF-IVA o los **consumidores finales**, que no sean personas jurídicas, por aplicación de este régimen particular.

b) Por razón del **vendedor**. La tributación en destino se aplica también, cualquiera que sea la condición del vendedor:
- si es un **empresario**, se aplica el régimen general, que determina la tributación en destino. Ni siquiera se exceptúan las ventas realizadas por los empresarios en régimen de franquicia, que tendrían, por excepción a las normas reguladoras de dicho régimen, el derecho a la deducción del impuesto soportado en la adquisición del vehículo; y
- si es un **particular**, la adquisición también está sujeta, ya que, a los exclusivos efectos de esta operación, tienen la condición de empresarios o profesionales quienes realicen a título ocasional entregas intracomunitarias de medios de transporte nuevos.

También en este caso se reconoce a los particulares-empresarios el **derecho a la deducción** del IVA soportado en la adquisición del vehículo. No obstante, como **límite** a la deducción, solo pueden deducir el impuesto soportado o satisfecho por la adquisición de los medios de transporte que sean objeto de la entrega hasta la cuantía de la cuota de impuesto que procedería repercutir si la entrega no estuviese exenta -cuota calculada sobre el importe de la contraprestación correspondiente- (nº 3010).

5427 Ejemplo Adquisición: Precio = 2.000; IVA 21% = 420.
Venta: Precio = 1.000; IVA 21% = 210.
La deducción no puede exceder de 210.

Ámbito objetivo (LIVA art.13.2º; RIVA art.2) El régimen particular solo se aplica a los medios de transporte que, a efectos del IVA, tienen la consideración de **nuevos**, siempre que cumplan ciertos requisitos técnicos y de utilización temporal. 5430

Requisitos técnicos	Vehículos terrestres accionados a motor, de cilindrada superior a 48 centímetros cúbicos (c.c.), o potencia que exceda de 7,2 kilovatios (kw). Embarcaciones cuya eslora máxima sea superior a 7,5 metros, con excepción de aquellas a las que afecte la exención (nº 6105). Aeronaves cuyo peso total al despegue exceda de 1.550 kg, con excepción de las afectadas por la exención (nº 6125).
Requisitos temporales y distancia/uso (*)	a) Entregados antes de los 3 meses siguientes a la fecha de su primera puesta en servicio, salvo los vehículos terrestres accionados a motor, 6 meses siguientes a esa fecha. b) vehículos terrestres: no hayan recorrido más de 6.000 kilómetros; embarcaciones: no hayan navegado más de 100 horas; y aeronaves: no hayan volado más de 40 horas.

(*) Basta el cumplimiento de uno solo de ellos para considerar un medio de transporte como nuevo a estos efectos.

Precisiones **1)** Consecuentemente, un **vehículo** terrestre de más de 48 c.c., que se vende a los dos meses de su matriculación con más de 40.000 km es un vehículo nuevo. Y el mismo vehículo, vendido a los seis años de su matriculación, con 2.000 km recorridos, también es un vehículo nuevo. 5431

2) La **fecha de puesta en servicio** es la correspondiente a su primera matriculación en el interior de la UE; en su defecto, la que conste en el contrato de seguro más antiguo, referente al medio de transporte de que se trate, que cubriera la eventual responsabilidad civil derivada de su utilización. Subsidiariamente, la que se acredite por cualquier medio de prueba, incluida la consideración de su estado de uso.

3) Los **kilómetros y horas de funcionamiento** deben acreditarse por cualquier medio de **prueba** y, en particular, por los aparatos contadores instalados en los medios de transporte, sin perjuicio de su comprobación para determinar que no hayan sido manipulados.

4) Ver **ejemplos** en el nº 5440 s.

RESUMEN DE OPERACIONES INTRACOMUNITARIAS CON MEDIOS DE TRANSPORTE 5432

1. **Nuevos**	
Entrega por empresario (1)	EXENTA
Adquisición:	
• empresario (salvo los indicados en el nº 5405 sin NIF-IVA) • persona jurídica con NIF-IVA (nº 5405 s.)	SUJETA (régimen general)
• persona física no empresario • persona jurídica sin NIF-IVA (nº 5405) • empresario del nº 5405 sin NIF-IVA	SUJETA (régimen particular)
2. **Usados**	
Entregado por empresario (2) a:	
• empresario (salvo los citados en el nº 5405 sin NIF-IVA) • persona jurídica con NIF-IVA (nº 5405)	ENTREGA EXENTA ADQUISICION GRAVADA (régimen general)
• consumidor final persona física • persona jurídica sin NIF-IVA (nº 5405) • empresario del nº 5405 sin NIF-IVA	ENTREGA GRAVADA ADQUISICIÓN NO SUJETA
Entregado por no empresario (2) a:	
• empresario • persona jurídica, con o sin NIF-IVA (nº 5405) • consumidor final persona física	ENTREGA NO SUJETA ADQUISICIÓN NO SUJETA (3)

(1) Son también empresarios, a estos efectos, quienes realicen ocasionalmente ventas de estos bienes (consumidores finales y personas incluidas en el régimen PRES del nº 5405 sin NIF-IVA).
(2) El concepto de empresario aquí es el general del IVA. Por tanto, no es empresario a efectos de la entrega intracomunitaria de un medio de transporte usado un consumidor final persona física, o una persona jurídica no empresario, que realice ocasionalmente una venta de estos bienes.
Hay que tener en cuenta, no obstante, las siguientes particularidades:
- si la entrega se efectúa por un empresario revendedor que aplica el régimen especial de los bienes usados, la entrega está gravada en origen y la adquisición en destino está no sujeta;
- si la entrega la efectúa un empresario en régimen de franquicia o es de aplicación en la entrega la exención de la LIVA art.20.Uno.24º o LIVA art.20.Uno.25º, la adquisición intracomunitaria está no sujeta o exenta.
(3) Si la adquisición se realiza en España, está sujeta a ITP y AJD (nº 11342 Memento Fiscal 2026).

5435 **Contenido del régimen** (LIVA art.5.Uno.e, 13.2º y 25.Uno y Dos) El contenido de este régimen particular puede sintetizarse señalando que las ventas intracomunitarias de medios de transporte nuevos en todo caso han de ser objeto de **tributación en destino**, con independencia de quién sea el transmitente y el adquirente. A tal efecto:

1º. La **entrega intracomunitaria** del medio de transporte nuevo está siempre sujeta al IVA en origen (dicha entrega se considera siempre efectuada por un empresario) y exenta de tal tributo, cualquiera que sea la condición del adquirente. Es decir, el único requisito para aplicar la exención es que el medio de transporte nuevo se transporte desde la Península o Islas Baleares hasta otro E.m. de la UE, aun cuando el adquirente no haya comunicado un NIF-IVA de otro E.m.

2º. La **adquisición intracomunitaria** está siempre sujeta al IVA en destino (en España, cuando la entrega se ha efectuado en otro E.m. de la UE y el medio de transporte se ha expedido con destino a la Península o Baleares) y no exenta.

De acuerdo con lo anterior, no puede aplicarse el régimen especial de los bienes usados, objetos de arte, antigüedades y objetos de colección en las entregas intracomunitarias de medios de transporte nuevos (LIVA art.135.Tres).

Ver ejemplos en el nº 5442 s.

5436 Precisiones **1)** En las operaciones de **entrega ocasional** del medio de transporte nuevo, el adquirente tiene como única obligación el pago (mediante la presentación del modelo 309), y el empresario que realiza la entrega tiene atribuido el derecho a solicitar la devolución del IVA soportado en la adquisición de dicho medio de transporte (nº 3012). Ver ejemplos en el nº 5446 s.

2) Para poder llevar a cabo la **matriculación definitiva** del medio de transporte nuevo en España se exige la acreditación del previo pago del impuesto, mediante la presentación del denominado «ejemplar para la matriculación» del modelo 309 (LIVA art.164.Uno.6º).

3) Con objeto de evitar supuestos de **doble imposición**, en la venta desde la Península o Baleares del medio de transporte nuevo, el vendedor tiene derecho a deducir el IVA que soportó cuando adquirió el medio de transporte nuevo, conforme a las condiciones y dentro de los límites del nº 3012.

4) El importe de estas adquisiciones de medios de transporte nuevos no se tiene en cuenta a la hora de calcular el **umbral cuantitativo** del régimen particular de determinadas personas (nº 5406).

5440 Ejemplos **1) Determinación de medios de transporte nuevos.**

a) Vehículo **automóvil** de turismo **importado desde Estados Unidos** en España. La fecha de su primera puesta en servicio es el 1-1-20X0. La entrega con destino a Alemania se efectúa el 1-9-20X0 y en ese momento el automóvil ha recorrido 5.500 kilómetros.

Se trata de una importación de vehículos a la que no le resulta de aplicación el régimen particular de los medios de transporte nuevos, al ser aplicable a operaciones intracomunitarias relativas a los mismos. En cuanto a la entrega, el vehículo tiene la consideración de medio de transporte nuevo, al haber recorrido menos de 6.000 km, pese a que la entrega del mismo se efectúa 8 meses después de su primera puesta en servicio.

b) Bicicleta de montaña cuyo precio asciende a 3.000 €. Se adquirió el 1-1-20X0 y se entrega con destino a Francia el 10-1-20X0, sin haber sido utilizada por el vendedor.

La bicicleta de montaña no es un medio de transporte a efectos de este régimen particular, por lo que no es de aplicación.

c) Motocicleta de cilindrada inferior a 48 c.c., adquirida el 19-7-20X0 y vendida el 25-8-20X1, cuando ha recorrido únicamente 3.000 kilómetros.

Tampoco puede calificarse la motocicleta como medio de transporte nuevo a estos efectos.

5441 **d) Aeronave** con capacidad para transportar 100 pasajeros, adquirida por una compañía aérea dedicada esencialmente a la navegación aérea internacional. Su peso al despegue excede de 1.550 kg. y la aeronave no ha entrado todavía en servicio. En la entrega se aplica la exención prevista para las operaciones asimiladas a las exportaciones (nº 6125).

Tampoco se trata de un medio de transporte nuevo y no se le aplica el régimen particular, pues la aplicación de la exención excluye dicha caracterización. En estos casos, la entrega está exenta en origen y tampoco está gravada en destino, salvo que, por incumplirse los requisitos establecidos y que condicionan la aplicación de la exención, proceda el gravamen en destino.

e) Vehículo **automóvil** de turismo adquirido, y cuya primera puesta en servicio tiene lugar el 1-3-20X0 y vendido con destino Italia el 1-4-20X0, cuando el vehículo ha recorrido ya 25.000 km.

Es un medio de transporte nuevo.

f) Camión de transporte de mercancías adquirido y cuya primera puesta en servicio tiene lugar el 10-2-20X0 y vendido a un empresario danés el 10-3-20X0, cuando ya ha recorrido 3.500 km.

Es un medio de transporte nuevo.

g) Vagón de **locomotora** vendido por RENFE a una compañía ferroviaria francesa un mes después de su adquisición y que no ha sido utilizado ni una sola vez.

No se trata de un medio de transporte nuevo.

h) Vehículo de **turismo** adquirido el 2-2-20X5 con 100.000 km y vendido dos meses después con destino Portugal, una vez que ha sido objeto de una puesta a punto general. La primera puesta en servicio del vehículo tuvo lugar el 1-1-20X0.
Tampoco es un medio de transporte nuevo.

2) Reparaciones de vehículos. 5442
Un **taller**, dedicado a la adquisición, reparación y venta de vehículos automóviles usados, ha efectuado las siguientes operaciones en el primer trimestre del año 20X0:
a) Ha comprado un vehículo **automóvil usado a un particular** que, después de una ligera puesta a punto, vende a un particular francés que se lo lleva a Lyon. El coche, en el momento de la entrega al adquirente francés, ha recorrido 5.000 km. El taller español pretende aplicar el régimen especial de los bienes usados en dicha entrega.
Las entregas intracomunitarias de medios de transporte que tengan la consideración de nuevos a efectos del régimen particular del nº 5425 s., no pueden tributar con arreglo al régimen especial de los bienes usados, estando la entrega en España exenta del IVA español y sujeta y no exenta la AIB efectuada en Francia.
Ello es así porque la aplicación de este régimen especial supone en todo caso, incluso cuando se trata de operaciones intracomunitarias, la tributación en origen de la operación (nº 5223 y nº 5260) y, como hemos visto, lo que se pretende con este régimen particular es exactamente lo contrario: garantizar en todo caso la tributación en destino de las operaciones intracomunitarias que tienen por objeto este tipo de bienes.
No obstante, si el mismo taller (y partiendo de que el mismo puede calificarse de revendedor de acuerdo con la LIVA art.136.Uno.5º) efectúa la venta de ese mismo vehículo en el interior del país, sí puede aplicar el régimen especial de los bienes usados, si lo desea, ya que ese vehículo, nuevo a efectos de la LIVA art.13.2º, es indudablemente un bien usado en el sentido señalado por la normativa para la aplicación del régimen especial (nº 3922).

b) Ha adquirido una **furgoneta usada a un centro docente** que la ha utilizado exclusivamente en su actividad docente exenta y que, por ello, no pudo deducir el IVA que en su día soportó por la adquisición. Dicha furgoneta, que ha recorrido 4.600 km, es vendida a un particular residente en Tarragona. El taller español también pretende aplicar aquí el régimen especial de los bienes usados. 5443
En este segundo supuesto, y de acuerdo con lo que hemos visto en la letra anterior, sí puede aplicarse el régimen especial de los bienes usados. Sin embargo, si la misma furgoneta se vende en virtud de una entrega intracomunitaria, no podría aplicarse el régimen especial y la operación tributaría en destino, estando la entrega en origen exenta y la adquisición en destino gravada.
c) Ha adquirido una **motocicleta de cilindrada superior a 48 c.c.**, que ha recorrido 10.000 km y cuya primera puesta en servicio se efectuó el 1-11-20X0, efectuándose la venta por el taller dos meses después. El adquirente es un **turista alemán** que se lleva el vehículo a Hamburgo.
De acuerdo con las reglas generales previstas para el comercio intracomunitario, la operación debería tributar en origen ya que, al no ser el adquirente empresario o profesional o persona jurídica que no actúe como tal, la AIB no está sujeta al IVA en destino. Sin embargo, cuando entra en funcionamiento el régimen particular, la entrega está exenta en España y la correlativa AIB está sujeta y no exenta del IVA alemán.

d) El mismo supuesto que la letra c) del nº 5443, pero el adquirente es un **turista suizo** que se lleva el vehículo a Ginebra. 5444
En este caso, no nos hallamos ante una operación intracomunitaria, ya que el lugar de destino del bien es un país tercero. Se aplica, sin embargo, la exención prevista para las entregas de bienes que son objeto de expedición o transporte a un territorio tercero, siempre que concurran los requisitos previstos en la normativa (nº 6030 s.).
e) Efectúa una entrega de un vehículo automóvil usado a un empresario italiano que le suministra un **NIF-IVA italiano**. Dicho automóvil, en el momento de la entrega, ha recorrido 5.500 km.
La operación constituye una entrega exenta en origen y una AIB sujeta y no exenta en destino, por aplicación del régimen general previsto para las transacciones intracomunitarias (LIVA art.25.Uno y equivalente italiano de la LIVA art.13.1ª).

f) El mismo supuesto de la letra e) del nº 5444, pero por parte del empresario italiano existe **negativa a suministrar su NIF-IVA** al taller español. Este, sin embargo, conoce con certeza la condición de empresario del adquirente y que el mismo tiene atribuido un NIF-IVA italiano. 5445
Este supuesto puede resultar polémico, y en relación con el mismo cabe hacer las siguientes consideraciones:
• por un lado, el objetivo del régimen particular (garantizar en todo caso la tributación en destino de estas operaciones) parece avalar la idea de que el empresario español debe aplicar la exención del IVA en la entrega, pese a la conducta irregular del adquirente;
• por otro lado, la letra de la Ley parece permitir otra interpretación. En efecto, la LIVA art.25.Uno establece la exención del IVA aplicable a las EIB (incluidos medios de transporte nuevos) cuando el adquirente es un empresario o profesional o persona jurídica identificada a

efectos del IVA. Este es el precepto aplicable en las entregas intracomunitarias de medios de transporte nuevos cuando el adquirente es empresario (como ocurre en el ejemplo) y en él se condiciona la exención a la identificación del empresario adquirente, de manera que si este no se identifica ante el vendedor, pero consta de manera cierta y evidente su condición de empresario con NIF-IVA de otro E.m., no se aplica la exención y hay que repercutir el IVA español.

Por su parte, la exención se aplica cuando el adquirente es un **particular o empresario o profesional no identificado**. Podría pensarse que no procede la aplicación de este precepto cuando se tiene la certeza de que el adquirente es un empresario identificado, pero que, al actuar de manera irregular, no comunica su NIF-IVA al vendedor. Pero no hay que olvidar que, desde 1-3-2020, la acreditación del NIF/IVA por el adquirente es un requisito material y no formal para la aplicación de la exención de las EIB (nº 5215).

5446 **3) Adquisiciones de medios de transporte por una fundación.**

La fundación benéfico-social EFL, que no tiene atribuido NIF-IVA, ha adquirido los siguientes vehículos usados en las siguientes condiciones:

a) El 1-1-20X0 un vehículo automóvil usado con 3.000 km a un particular portugués y por el que ha pagado 20.000 €: se trata de la adquisición de un medio de transporte nuevo por lo que la AIB está sujeta y no exenta del IVA en España. La fundación debe presentar el modelo 309 e ingresar el IVA correspondiente (21% de 20.000 €: 4.200 €).

El modelo de declaración debe presentarlo en el plazo de treinta días a contar desde que se efectuó la operación y en cualquier caso, antes de la matriculación del vehículo, ya que para efectuar dicha matriculación es imprescindible presentar el «ejemplar para la matriculación» del modelo 309. La fundación no debe solicitar un NIF-IVA, ni presentar declaración de comienzo ni declaración recapitulativa.

b) El 1-1-20X0 a un particular francés otro vehículo automóvil con 15.000 km, que ha venido funcionando durante dos años, y por el que ha pagado 10.500 €: se ha adquirido un vehículo usado, por lo que no se aplica el régimen particular de los medios de transporte nuevos. Dado que se trata de la adquisición de un medio de transporte usado a un no empresario, no procede tributación por IVA, ni en Francia ni tampoco en España.

5447 **4) Adquisición de vehículo por persona física no empresario.**

El Sr. X, persona física no empresario, residente en España, ha adquirido un vehículo de turismo a un particular francés que se lo ha entregado con 2.000 km recorridos, de acuerdo con los datos que constan en el cuenta kilómetros. El precio pagado es de 20.000 €.

De acuerdo con el régimen particular de los medios de transporte nuevos, la entrega en Francia está exenta del IVA y la AIB en España está sujeta y no exenta del IVA español, debiendo el Sr. X liquidar el impuesto, presentando al efecto el modelo 309. A efectos de la acreditación ante la Administración de que los medios de transporte correspondientes reúnen los requisitos para ser considerados nuevos, aunque la RIVA art.2 menciona diversos medios de prueba posibles, se admite la utilización de cualquier medio de prueba (nº 5431).

5448 **5) Adquisición de medios de transporte por un ayuntamiento.**

Un ayuntamiento del municipio español Y, que no ha efectuado adquisiciones a proveedores de otros E.m. de la UE distintos de España antes del año 20X0, ha adquirido en dicho año los siguientes bienes que destina exclusivamente a su actividad administrativa general y no a actividad empresarial:

a) Un vehículo de **turismo nuevo** por importe de 18.000 €. La adquisición se efectúa el 6 de febrero a un **concesionario alemán**, que transporta el vehículo a España: tributa en España de acuerdo con el régimen particular de los medios de transporte nuevos. El ayuntamiento debe presentar el modelo 309 y pagar el impuesto, y no debe cumplir ninguna otra obligación a efectos del IVA.

b) Otro **vehículo de turismo** el 15 de marzo por importe de 7.000 €, a un **concesionario portugués**, encargándose el ayuntamiento de transportarlo a España. Dicho vehículo es usado (ha transcurrido un año desde su primera puesta en servicio y ha recorrido en el momento de la adquisición 10.000 km): tributa en origen de acuerdo con las reglas generales, ya que el ayuntamiento no ha superado el umbral de 10.000 € en cuanto a sus adquisiciones, ni en el supuesto se indica que haya optado por la tributación en destino (nº 5409).

c) Un **ordenador** a una empresa sueca el 1 de abril que lo envía desde Estocolmo. El precio pagado son 3.500 €, IVA excluido: implica la superación del límite de 10.000 € (3.500 € + 7.000 € vehículo usado). El ayuntamiento debe cumplir todas las obligaciones, es decir, solicitar NIF-IVA, presentar autoliquidación y presentar declaración recapitulativa.

d) Un vehículo de **turismo nuevo**, adquirido el 1 de junio a un concesionario francés, que lo transporta hasta España. El precio son 18.000 €: dado que se efectúa por un sujeto pasivo identificado a efectos de IVA en España, procede la sujeción al IVA en España de acuerdo con las reglas generales (nº 5255 s.) y no con las del régimen particular de los medios de transporte nuevos.

6) Venta de vehículo por residente en España a empresa con NIF-IVA no español. 5449

El Sr. Z, residente en España, ha vendido un vehículo automóvil de turismo de acuerdo con los siguientes datos:

Fecha de adquisición por Z: 1-1-20X0.

Fecha de venta por Z: 15-1-20X0.

Precio de adquisición: 6.500 € (más 21% de IVA): 7.865 €.

Precio de venta: 8.000 €.

Kilómetros recorridos en el momento de la venta por Z: 2.000 km.

Adquirente: Sociedad A, con sede en París y que se encarga del transporte del vehículo a dicha ciudad. El NIF comunicado es el siguiente: F25242302.

La entrega está sujeta y exenta del IVA, teniendo respecto de ella Z la condición de empresario o profesional. El Sr. Z tiene, además, derecho a deducir el IVA soportado por la adquisición del vehículo (nº 5426), devolución que se hace efectiva en la forma prevista en el nº 3010.

En el supuesto planteado, Z puede deducir los 1.365 € de IVA soportado presentando telemáticamente el modelo 308.

Además, Z debe presentar, junto con el modelo 308, los siguientes documentos (nº 3010):

- el original de la factura correspondiente a la adquisición por él del vehículo (ya que este es el medio de que dispone la Administración para conocer el IVA que soportó), en la que deben constar los datos técnicos del mismo;
- el original de la factura correspondiente a la entrega efectuada por Z, en la que consten también los datos técnicos del vehículo, así como la identificación del adquirente.

7) Venta de vehículo por residente en España a particular de otro E.m. 5450

Mismo supuesto del nº 5449, pero el precio de venta es de 5.000 €, y el adquirente es un particular francés, el señor B.

Funciona en este supuesto el límite de deducción a que se refiere la LIVA art.94.dos (1.050 €, resultado de multiplicar el precio de venta, esto es, 5.000 €, por el tipo impositivo que se habría aplicado de no estar la venta exenta, o sea, el 21%) y en relación con él hay que señalar lo siguiente:

- este límite solo procede cuando la entrega se efectúa por un sujeto pasivo ocasional;
- el objetivo de esta limitación es, fundamentalmente (y sin perjuicio de su papel como cláusula anti-fraude), el de localizar la tributación por IVA en cada E.m. de la UE en función del consumo que tiene lugar en cada uno de dichos Estados, evitando la devolución del IVA correspondiente al «consumo» del automóvil efectuado en el Estado de origen.

8) Adquisición de vehículo por empresario que tributa en régimen especial de la agricultura, ganadería y pesca. 5452

a) El Sr. C, empresario titular de una explotación agrícola que tributa en el régimen especial de la agricultura, ganadería y pesca, ha adquirido, con ocasión de un viaje que efectúa por Austria un vehículo de turismo que destina a su **uso personal y familiar** de acuerdo con los siguientes datos:

Precio de adquisición: 50.000 €.

Kilómetros recorridos en el momento de la adquisición: 1.000.

El vehículo ha sido adquirido a un concesionario austríaco que lo expide con destino a España.

El Sr. C no actúa aquí como empresario, sino como particular y debe por tanto presentar el modelo 309 en España con arreglo a lo visto anteriormente.

b) Si el mismo supuesto si el vehículo se adquiere en Suiza y es **importado** por el Sr. C a través de la Aduana de Barcelona.

En este caso no hay operación intracomunitaria, sino importación y el Sr. C debe pagar el IVA a la importación ante la Aduana.

Doctrina Administrativa Además de las siguientes contestaciones de la DGT, ver nº 11000 s. 5455

A) Vehículos de turismo usados.

1) Las **entregas por particulares** de vehículos de turismo usados efectuadas en un país comunitario no están sujetas al IVA español ni tampoco al impuesto análogo en dicho país comunitario. La empresa compradora -entidad mercantil dedicada a la **reventa de coches usados**- realiza una adquisición de bienes no sujeta al impuesto. Por ello, no procede liquidar el impuesto por dichas operaciones ni, por tanto, soportar ni deducir el IVA por las mismas (DGT 20-1-99).

2) La **adquisición a un empresario o profesional no revendedor** establecido en un E.m. de la UE distinto de España de un vehículo usado por una entidad española, con destino a la Península o Islas Baleares, cabe distinguir varias posibilidades:

a) Que el empresario transmitente se beneficie del **régimen de franquicia** del IVA en el E.m. de inicio de la expedición o transporte del bien: la entrega no está sujeta al IVA en el E.m. de origen y la AIB efectuada en España tampoco lo está. La entidad compradora española puede aplicar a la reventa del vehículo el régimen especial de los bienes usados solo si este hubiera tenido, para el empresario en régimen de franquicia al que lo adquirió, la consideración de bien de inversión.

b) Que el empresario transmitente entregue el vehículo usado con aplicación de una **exención** similar a las previstas por la LIVA art.20.Uno.24º y 25º: la AIB efectuada está sujeta y exenta del IVA (LIVA art.26.Uno) y la reventa del vehículo puede efectuarse con aplicación del régimen especial de bienes usados.

c) En los **demás supuestos**: la entrega del vehículo usado está exenta del IVA del país de origen y la AIB efectuada sujeta y no exenta del IVA español, no pudiendo aplicar la entidad española en la reventa del bien usado el régimen especial (DGT 20-1-99).

d) La adquisición de un **camión usado** en Países Bajos que es objeto de transporte al TIVA: constituye la realización de una adquisición intracomunitaria de bienes sujeta al IVA por ser el TIVA el lugar de llegada de dicho transporte (DGT CV 31-1-18).

5456 **3)** En la **adquisición por un empresario revendedor**, cabe distinguir según el régimen aplicado:

a) **Régimen general**. Si la entrega por el revendedor se efectuó con aplicación del régimen general del IVA, dicha entrega está exenta en origen y la AIB efectuada está sujeta y no exenta del IVA español, no pudiendo aplicar la entidad española, en la reventa del vehículo, el régimen especial de bienes usados.

b) **Régimen especial**. Si la entrega por el revendedor lo fue aplicando el régimen especial de bienes usados, dicha entrega tributa en el país de origen y la AIB en España no está sujeta al IVA español, pudiendo aplicar la entidad española en la reventa del vehículo el régimen especial (DGT 20-1-99).

4) Una empresa española que dispone también de un **NIF-IVA francés**, se dedica a la compraventa de automóviles en régimen general del Impuesto. Los vehículos que adquiere en España son enviados a Francia a otros empresarios o profesionales. Los proveedores españoles de la empresa que, aunque establecida en España, proporciona un NIF-IVA francés, realizan una entrega intracomunitaria exenta del Impuesto, siempre que los automóviles, nuevos o usados, se expidan o transporten a otro E.m., distinto de España (DGT CV 25-3-09).

5) Unos **vehículos** que son adquiridos en Francia, son vendidos en Francia, así como en otros países situados dentro y fuera de la Unión Europea. Si la expedición de los vehículos es iniciada en Francia, la entrega de los mismos no va a estar sujetas al IVA en España, sin perjuicio que pudiera estarlo en dicho Estado miembro; sin embargo, están sujetas en el territorio de aplicación del impuesto las adquisiciones intracomunitarias de vehículos realizadas por un **empresario establecido** en el citado territorio, cuando los mencionados vehículos son expedidos o transportados al mismo, con destino al empresario, desde Francia, por el transmitente, el propio empresario o un tercero en nombre y por cuenta de cualquiera de los anteriores, siempre que se encuentre el Península o Islas Baleares el lugar de llegada de los mencionados vehículos (DGT CV 1-6-16).

6) La entrada en el TIVA del vehículo automóvil, propiedad de un **diplomático** y adquirido con exención en Bélgica, el cual va a continuar en el patrimonio del consultante, no constituye operación sujeta al IVA, por lo que no procede liquidar cantidad alguna por este concepto (DGT CV 28-10-24).

B) Embarcaciones de recreo.

Una persona física pretende adquirir una embarcación en Francia y transportarla al TAI con el objetivo de afectarla a una **actividad empresarial**. En este caso la adquisición de la embarcación por parte del consultante que es objeto de un transporte intracomunitario que finaliza en el TAI determina la realización por este de una AIB sujeta el IVA y, por tanto, no sujeta al ITP (DGT CV 29-5-19).

5457 **C) Motocicletas.**

1) Una persona destinada como agente diplomático en Italia compra en ese país una motocicleta con exención del IVA, que lleva al TIVA por **cambio de residencia**. Dado que el vehículo en cuestión procede del territorio de la Comunidad y no está vinculado a ninguno de los regímenes previstos en la LIVA art.23 y 24 (regímenes aduaneros y fiscales, depósito temporal, etc.), su introducción en el TIVA no constituye una importación de bienes. Tampoco se dan en este supuesto ninguna de las circunstancias determinantes del devengo del hecho imponible «operación asimilada a importación» (LIVA art.19). Por otra parte, esta operación no constituye una adquisición intracomunitaria de bienes de las previstas en la LIVA art.13.2º y 15.Uno, puesto que el **traslado del patrimonio personal** de una persona física de un Estado miembro a otro de la Comunidad no supone la realización de una entrega de bienes en el Estado miembro de partida, por no haber transmisión del poder de disposición sobre los bienes. Tampoco supone, por faltar el requisito de la «obtención del poder de disposición sobre bienes muebles corporales», la realización de una adquisición intracomunitaria de bienes en el Estado miembro de destino, sin perjuicio de que el consultante parece no tener la condición de empresario o profesional a efectos del IVA. En consecuencia, la repatriación de la motocicleta no determina una operación sujeta al Impuesto (DGT CV 3-12-15; CV 3-4-19).

2) No resulta de aplicación el régimen de **ventas a distancia intracomunitarias de bienes** a la entrega de motocicletas eléctricas con un motor superior a 7,2 kw. Aunque no se puedan matricular por no ser homologables, tienen la consideración de medio de transporte nuevo (DGT CV 8-9-22).

D) Vehículos nuevos.

1) En la adquisición en Alemania de una **autocaravana** por un español ha sido satisfecho el IVA alemán, así como en el momento de matriculación del vehículo el IVA español. Dado que las adquisiciones intracomunitarias de un medio de transporte nuevo se considera que son realizadas en el TIVA (Península y Baleares), siempre que se encuentre en dicho territorio el lugar de la

llegada de la expedición o transporte con destino al adquirente, el sujeto pasivo ha de solicitar ante la Administración tributaria alemana la devolución del Impuesto eventualmente repercutido de manera indebida por el proveedor alemán e ingresado en la Hacienda Pública alemana (DGT CV 21-9-16; CV 13-4-20).

2) En la **adquisición por un particular** de un vehículo nuevo en Bélgica, aquella no debe soportar el IVA belga pues la entrega efectuada por el vendedor debe quedar exenta del impuesto. Pero debe proceder a la declaración-liquidación del impuesto por medio de la presentación del modelo 309 antes de la matriculación del vehículo en España (DGT CV 16-3-18; CV 20-5-24).

Jurisprudencia La entrega de un medio de transporte nuevo da lugar a una operación intracomunitaria, gravada en destino, cuando de las circunstancias de hecho concurrentes y de la intención del adquirente, manifestada a través de elementos objetivos, se deduzca que el **consumo final** del medio de transporte va a tener lugar en un E.m. distinto del de la entrega (TJUE 18-11-10, asunto C-84/09). **5458**

CUADRO RESUMEN DEL RÉGIMEN TRANSITORIO: ADQUISICIONES CON DESTINO ESPAÑA Y ENTREGAS CON ORIGEN ESPAÑA **5462**

Adquisiciones intracomunitarias de bienes sujetas	Las efectuadas por empresarios o profesionales que no sean PRES (*)	Régimen general
	Las de medios de transporte nuevos efectuadas por PRES (*) sin NIF-IVA y consumidores finales que no sean personas jurídicas	Régimen particular de medios de transporte nuevos
	Las efectuadas por PRES (*) con NIF-IVA	Régimen particular de las PRES
Adquisiciones intracomunitarias de bienes no sujetas	Las efectuadas por PRES (*) sin NIF-IVA y por consumidores finales que no sean personas jurídicas (salvo medios de transporte nuevos)	Régimen particular de las PRES y régimen general
Entregas de bienes gravadas	Ventas a consumidores finales que no sean personas jurídicas cuando el transporte lo efectúa el comprador Ventas a PRES sin NIF-IVA cuando el transporte lo efectúa el comprador Ventas a PRES (*) sin NIF-IVA y a consumidores finales que no sean personas jurídicas cuando el volumen anual no alcance cierto límite (10.000 €), siempre que el transporte lo efectúe el vendedor (**)	Régimen general y régimen de ventas a distancia intracomunitarias de bienes (nº 9244)
Entregas de bienes no gravadas	Ventas a PRES (*) sin NIF-IVA y a consumidores finales que no sean personas jurídicas cuando su volumen anual exceda de cierto límite (10.000 €), siempre que el transporte lo efectúe el vendedor	Régimen de ventas a distancia intracomunitaria de bienes
	Ventas a PRES (*) con NIF-IVA de otro E.m. distinto de España Ventas a empresarios o profesionales que no sean PRES (y que comunican un NIF-IVA de otro E.m. distinto de España)	Régimen particular de las PRES y régimen general
	Ventas de medios de transporte nuevos a PRES sin NIF-IVA y a consumidores finales que no sean personas jurídicas	Régimen particular de medios de transporte nuevos

(*) PRES: Personas con régimen especial (empresarios o profesionales exentos, empresarios en régimen especial de la agricultura y personas jurídicas que no actúen como empresarios: ver nº 5405 s.).
Estos PRES no tienen NIF-IVA cuando su volumen de adquisiciones procedentes de otros E.m. no alcanza los 10.000 € y además no han optado por tributar en destino por sus AIB. Cuando han superado ese límite o, sin superarlo, han optado por tributar en destino, se les atribuye un NIF-IVA.
(**) El vendedor puede optar por la tributación en destino, y en tal caso la entrega no está sujeta al IVA en España (nº 9250).

PARTE TERCERA
Importación y exportación

CAPÍTULO 12

Importación de bienes

5600

I. Hecho imponible

(Dir 2006/112/CE art.2.1.d; LIVA art.17 s.)

La supresión de las fronteras fiscales en el ámbito de la UE ha determinado que los intercambios entre los Estados miembros de la UE constituyan una AIB (nº 5250 s.), reservándose el concepto de importación de bienes para la entrada de bienes procedentes de **países o territorios terceros** (nº 5616). Están sujetas al IVA español las importaciones de bienes en la UE realizadas por el territorio de aplicación del impuesto, cualquiera que sea el fin a que se destinen los bienes y la condición del importador. 5605
Las disposiciones y procedimientos generales aplicables en el ámbito aduanero a las mercancías introducidas en el territorio aduanero de la Unión o que salgan del mismo, se encuentran reguladas por el **Código Aduanero de la Unión** -CAU- (Rgto UE/952/2013). Su aplicación práctica, se condiciona a las medidas que encontramos en Rgto UE/2446/2015.

Precisiones 1) En adelante, las **referencias a la UE o a España** deben considerarse hechas, respectivamente, al ámbito del sistema común del IVA en la UE o al territorio de aplicación del IVA en España -TIVA- (nº 405). 5606
2) Las adquisiciones intracomunitarias de bienes y las importaciones de bienes son **hechos imponibles atípicos** del impuesto, que están gravados por razones de neutralidad. El objeto típico del IVA son los outputs o salidas de las actividades empresariales o profesionales, es decir, las entregas de bienes y prestaciones de servicios.
3) En las operaciones de comercio exterior (operaciones con territorios o países terceros) se aplican los **ajustes fiscales en frontera** tanto a las exportaciones como a las importaciones. En las exportaciones, con los ajustes se devuelven los impuestos incorporados a los bienes que se exportan, al objeto de que salgan del territorio IVA libres de carga fiscal y su consumo solo esté gravado con los tributos del país de destino. En las importaciones, se exige el IVA para incorporar a los bienes procedentes de países terceros la misma carga fiscal que soportan en el interior del país los bienes de naturaleza análoga y en condiciones económicas equiparables. La aplicación de los ajustes fiscales es una exigencia del principio de neutralidad del impuesto.
4) Todas las importaciones de bienes están sujetas al impuesto, tanto si se realizan por empresarios o profesionales en el ejercicio de sus actividades económicas como por personas que no tienen esa condición o que no actúan como tales. Es así porque todas las **exportaciones** de bienes en origen determinan la devolución de los impuestos interiores en favor de quienes las realizan, sean empresarios o no, lo que hace necesario exigir en las correspondientes importaciones de bienes los impuestos interiores del país de destino, al objeto de restablecer el equilibrio fiscal en relación con los bienes importados (DGT 4-10-93).
5) Las importaciones de bienes desde el 14-10-2025, se formalizan utilizando el sistema H1; con anterioridad se utilizaba el **Documento Único Administrativo** -DUA- (Resol Dpto. Aduanas e IIEE 11-7-14).

Ejemplos 1) Un particular recibe mensualmente ejemplares de una colección de libros editada en **Argentina** a la que está suscrito. 5607
La entrada de libros en España procedente de un país tercero produce el hecho imponible importación de bienes, sujeta al IVA.
2) Un particular residente en España realiza un viaje a **EEUU** y adquiere allí prendas de vestir para uso personal que trae consigo a España.

La entrada en España de las citadas prendas constituye una importación de bienes, sujeta al IVA, sin perjuicio de las exenciones que procedan en el régimen de viajeros (nº 5820 s.) y en el caso de importaciones de pequeños envíos de bienes de escaso valor (nº 5812 s.).

3) Una empresa establecida en Barcelona adquiere una máquina de envasar en **Tokio** y la introduce en España para dedicarla a su actividad empresarial.

También en este caso se produce una importación de bienes en España que tributa por IVA.

4) Un **empresario de Noruega** adquiere un yate de recreo a una naviera canadiense que lo pone a su disposición en el puerto de Barcelona.

Se trata de una importación de bienes sujeta al impuesto, porque constituye la entrada de un bien en el territorio de aplicación del impuesto, sea cual sea la condición y nacionalidad de la persona que la realice.

5) La empresa ALFA, establecida en EEUU, transmite **por Internet** a particulares el contenido de libros y revistas, contenido que es idéntico al de los productos comercializados en formato papel. También les envía determinadas revistas.

La transmisión por Internet de los productos indicados tiene la consideración de prestación de servicios que, a efectos del IVA, no constituye importación de bienes. Su regulación se comprende en el régimen especial de los servicios electrónicos (nº 9150 s.).

El envío de revistas sí constituye a su entrada en la UE por España una importación de bienes. Solo constituyen importaciones las entradas de bienes materiales.

5610 Doctrina Administrativa Además de las siguientes contestaciones de la DGT, ver nº 11000 s.

1) Las entradas en el territorio peninsular español o Islas Baleares de crudos procedentes de yacimientos situados fuera del límite de las 12 millas náuticas del **mar territorial** (nº 405) son importaciones de bienes sujetas (DGT CV 10-12-86).

2) La importación en España de un buque destinado a una actividad comercial realizada por una **sociedad residente en Luxemburgo** está sujeta. La condición de no establecido del sujeto pasivo de la importación no es relevante para el hecho imponible de la importación, así como tampoco la finalidad que pueda darse a los bienes, sin perjuicio de la exención que proceda si resulta afecto a la navegación internacional -nº 5700- (DGT 7-6-95).

3) En caso de **resolución de una entrega de bienes** con pacto de reserva de dominio hasta completar el pago, cuya entrega originó una importación, si los bienes importados fuesen objeto de **reexpedición a origen** con derecho a la devolución de las cuotas arancelarias satisfechas a su entrada, a efectos del IVA se entiende que la importación ha quedado sin efecto y el importador puede solicitar también ante la aduana la devolución de las cuotas satisfechas por IVA a la importación. La cantidad percibida por el comprador al resolverse el contrato no constituye contraprestación de una operación sujeta, ni tampoco la cancelación de la deuda pendiente ocasionada por la resolución del contrato (DGT 21-3-94).

5612 Jurisprudencia **1)** La importación ilegal de **estupefacientes** que no se incluyan en el circuito económico, estrictamente controlado por las autoridades competentes para ser utilizados en fines médicos y científicos, es ajena a las normas comunitarias sobre definición de la base imponible y el nacimiento de la deuda fiscal en materia de IVA (TJUE 28-2-84, asunto 294/82).

2) La importación de **moneda falsa** no está sujeta al IVA (TJUE 6-12-90, asunto C-343/89).

3) El suministro por una empresa de un tercer país a una empresa comunitaria de una **aplicación informática estándar** especialmente adaptada a las necesidades de esta última, no constituye importación de bienes, aunque se haya incorporado a un soporte informático introducido en la UE por el cliente. En tal caso se produce una prestación de servicios (dado que la labor de adaptación del software resulta esencial para el cliente) que tributa en la UE (TJUE 27-10-05, asunto C-41/04).

II. Concepto de importación de bienes

(Dir 2006/112/CE art.30; LIVA art.17 y 18)

5615

5616 **Consideraciones generales** Han de tenerse en cuenta las siguientes:

1. A efectos del IVA, la importación de bienes es la introducción en la UE, realizada por el territorio de aplicación del impuesto, de los siguientes bienes:

a. Los procedentes de países o territorios terceros **no comprendidos en la unión aduanera**, que no estén en libre práctica (ver punto 2). Los países terceros son los Estados o territorios a los que no se aplica el Tratado de Funcionamiento de la UE (TFUE).

b. Los procedentes de territorios terceros **comprendidos en la unión aduanera**, aunque estén en libre práctica.

Los **territorios terceros** de la UE, incluidos o no en la unión aduanera de la Comunidad, están comprendidos en el TFUE, pero no lo están en el ámbito común del IVA de la UE (Dir 2006/112/CE art.6). En España, es el caso de Canarias, comprendido en la unión aduanera (en libre práctica en España) y de Ceuta y Melilla, no comprendidos en dicha unión (no están en libre práctica en España); ver nº 405.
Estos territorios tienen regímenes fiscales distintos del correspondiente al territorio del sistema común IVA, por lo que también se deben aplicar los ajustes fiscales en los intercambios de bienes entre aquellos territorios y los del sistema común.
2. Se consideran en **libre práctica** en un E.m. los bienes procedentes de países terceros respecto de los cuales se hayan cumplido en dicho E.m. las formalidades de importación y pagados los derechos de aduana y cualesquiera otras exacciones de efecto equivalente exigibles, siempre que no se hubieren beneficiado de una devolución total o parcial de los mismos (TFUE art.29).
3. A los efectos del Impuesto, las operaciones con Mónaco, con la isla de Man y las zonas de soberanía del Reino Unido en Akrotiri y con Dhekelia (Chipre) tienen la misma consideración que las efectuadas con Francia, Gran Bretaña y Chipre, respectivamente (Dir 2006/112/CE art.7), de forma que los intercambios de bienes entre Mónaco o las zonas de soberanía del Reino Unido en Akrotiri y Dhekelia, y los que forman parte del sistema común IVA no constituyen importaciones. Sí lo constituirían los intercambios con la isla de Man.
Los **territorios de la UE** comprendidos y no comprendidos en la unión aduanera son:

Comprendidos en la Unión Aduanera (Dir 2006/112/CE art.6.1)	**No comprendidos en la Unión Aduanera** (Dir 2006/112/CE art.6.2)
España: Islas Canarias.	España: Ceuta y Melilla.
Francia (*): los territorios franceses de Guadalupe, la Guayana Francesa, Martinica, Mayotte, la Reunión, San Bartolomé y San Martín.	Alemania: Isla de Helgoland y Territorio Büsingen.
Grecia: Monte Athos.	Italia: Livigno.
Reino Unido (**): Islas del Canal.	
Finlandia: Islas Åland.	
Italia: Campione de Italia y las aguas italianas del Lago Lugano.	

(*) Departamentos franceses de ultramar.
(**) Una vez finalizado el periodo transitorio, desde el 1-1-2021 el **Reino Unido** está fuera de la UE, lo que le convierte en territorio tercero a efectos del impuesto. No obstante, en el acuerdo de salida las partes han acordado que las **entregas de bienes** desde y hacia el territorio de Irlanda del Norte serán tratadas como una operación intracomunitaria.

4. No se produce el hecho imponible importación cuando los bienes, desde el momento de su entrada en el territorio IVA de la UE por España, se coloquen en situación de depósito tempo- **5617**
ral y otras situaciones, o se vinculan a regímenes suspensivos aduaneros o fiscales (nº 5625 s.).
En tales casos la importación se produce (LIVA art.18.Dos):
a. Con el **cese de las situaciones** (LIVA art.23) o la **ultimación de los regímenes suspensivos** (LIVA art.24), salvo que el abandono sea consecuencia de una entrega de bienes a la que resulte aplicable las exenciones del impuesto establecidas para las exportaciones (nº 6010 s.), operaciones asimiladas a las exportaciones (nº 6100 s.) o entregas intracomunitarias (nº 5210 s.).
b. Por **incumplimiento de los requisitos** que condicionan la entrada, la vinculación o la permanencia de los bienes al amparo de dichas situaciones.
5. Por **excepción** al punto 4 anterior, se produce el hecho imponible importación cuando los bienes indicados, desde su entrada en España, se vinculan al régimen de depósito distinto de los aduaneros -RDDA- (nº 5646) o al régimen de importación temporal con exención parcial de derechos de importación (nº 5639), dado que en el segundo caso los bienes son objeto de una utilización, aunque sea temporal, en el territorio IVA.

Precisiones **1)** Las mercancías procedentes de países o territorios terceros que se introducen en el **5618**
territorio aduanero comunitario deben ser objeto de una **declaración sumaria de entrada**, salvo que se trate de medios de transporte, presentarse en la aduana y trasladarse a los lugares autorizados, bajo vigilancia aduanera, quedando al amparo del régimen de depósito temporal hasta que, en un plazo máximo de 90 días, se incluyan en un régimen aduanero o se reexporten (CAU art.127, 144 y 149).

Lo mismo ocurre con las mercancías a exportar: desde que llegan a la aduana hasta que se formaliza su exportación deben introducirse en lugares autorizados por la Aduana y quedan también en situación de depósito temporal. En estas condiciones, las mercancías solo pueden ser objeto de manipulaciones usuales para su conservación.
Los referidos lugares pueden ser depósitos privados -de los operadores económicos- o públicos, autorizados para recibir las mercancías (almacenes de depósito temporal).
2) Los **destinos aduaneros** que pueden darse a las mercancías situadas en depósito temporal son el despacho a libre práctica, la introducción en zona franca, la vinculación a los regímenes suspensivos y la exportación.
3) Sin perjuicio de la autorización al Departamento de Aduanas e Impuestos Especiales de la AEAT para que adopte las medidas necesarias, con carácter general el régimen aduanero aplicable a las mercancías importadas para su utilización en la celebración y desarrollo de la «**XXXVII Copa América Barcelona**» será el que resulte de las disposiciones contenidas en el CAU, y demás legislación aduanera de aplicación (L 31/2022 disp.final.36ª.Tres). En relación con las mercancías vinculadas al régimen aduanero de importación temporal, ver nº 5639.
4) Desde 1-1-2023, se excluye expresamente del hecho imponible importación el cese o ultimación de los regímenes aduaneros, en el caso de que determine un **fletamento o un arrendamiento de buques o aeronaves**, o bien un arrendamiento de los objetos que se incorporen a dichos buques y aeronaves, a los que resulte aplicable las exenciones previstas en LIVA art.22.Uno, Dos, Cuatro y Cinco (nº 6100 s.).

5619 Ejemplo Una empresa establecida en Barcelona importa el día 1-1-20X0 por el puerto de dicha ciudad una maquinaria procedente de EEUU que, desde el momento de su entrada, se vincula al **régimen de depósito aduanero**. Su valor en aduana en ese momento es de 20.000 € y los derechos arancelarios correspondientes a su importación se elevan a 6.000 €. El 1-6-20X0, las autoridades aduaneras comprueban que, desde su vinculación al citado régimen, la maquinaria se ha utilizado en la prestación de servicios en el interior del depósito, por los que la empresa ha facturado un total de 5.000 €.
Por la vinculación de los bienes al régimen de depósito aduanero no se produce la importación de bienes, pero la utilización de la maquinaria desde su vinculación determina la producción del hecho imponible importación de bienes por incumplimiento de los requisitos del régimen. La importación se produce en el momento de la vinculación, porque el incumplimiento se ha producido desde ese momento.
Sin perjuicio de las sanciones que procedan, son exigibles los derechos de importación correspondientes al momento de la vinculación al régimen de depósito aduanero y el IVA con referencia también a ese momento. Igualmente, es exigible el IVA relativo a los servicios prestados con la maquinaria mientras estuvo al amparo del régimen suspensivo (en realidad, esos servicios no se beneficiaron de exención en ningún momento, porque no se trata de servicios relacionados con dicho bien sino de servicios prestados con la maquinaria).
Liquidación del impuesto:

Arancel	6.000,00
IVA importación: 21% × (20.000 + 6.000) -devengado en el momento de la vinculación al régimen-	5.460,00
IVA servicios: 21% × 5.000 (devengado en el momento de las prestaciones)	1.050,00
Total IVA	6.510,00

5619.1 Doctrina Administrativa Además de las siguientes contestaciones de la DGT, ver nº 11000 s.
1) Una mercancía se **despacha a libre práctica** en un recinto aduanero en España, para un sujeto pasivo establecido en Portugal y no en el TIVA, para lo cual se expide un documento de tránsito (T2L) y se reexpide la mercancía con destino a Portugal.
En el momento del despacho a libre práctica, se produce una importación de bienes en el TIVA y una posterior transferencia de bienes con destino a Portugal. Tanto la importación (nº 5708 s.) como la transferencia están exentas. El importador portugués, como sujeto pasivo del impuesto, debe cumplir con las obligaciones previstas en la normativa del IVA, en particular debe estar identificado fiscalmente para la realización de estas operaciones y presentar una declaración recapitulativa de operaciones intracomunitarias (DGT CV 22-11-10).
2) Una empresa española despacha de importación una mercancía por una **aduana alemana** y después hace **entrega de la misma en aquel territorio** a otra empresa española. Las entregas de bienes que no son objeto de expedición o transporte, se entienden realizadas donde los bienes se pongan a disposición del adquirente; por tanto, la entrega se localiza en Alemania, y no están sujetas al IVA español. Es la normativa alemana la que determina la exención y la inversión o no del sujeto pasivo de la operación (DGT CV 27-12-12).

5620 **Bienes no comunitarios** (CAU art.60; LIVA art.18.Uno) Son **mercancías originarias** de un país o territorio:
a) Las obtenidas en **ese país o territorio**: productos minerales, vegetales y animales extraídos, recolectados o criados en el mismo y los obtenidos a partir de los anteriores.

b) Si intervienen en su producción **más de un país o territorio**, son originarias de aquel en el que se haya producido su última transformación o elaboración sustancial, económicamente justificada, efectuada en una empresa equipada a tal efecto, y que haya conducido a la fabricación de un producto nuevo o que represente un grado de fabricación importante.
En consecuencia, son bienes no pertenecientes a la Unión o bienes no comunitarios los que no se hayan obtenido enteramente en un E.m. o que ningún E.m. haya intervenido en su producción en la forma indicada anteriormente.
Cuando tales bienes se introducen en el **territorio aduanero de la Unión** se produce el hecho imponible importación, tanto para los derechos de importación como para el IVA, salvo que se den los supuestos de excepción indicados en el nº 5617.
Asimismo, se produce el hecho imponible importación, aunque solo a efecto del IVA, por la entrada de bienes procedentes de territorios de la Unión integrados en el territorio aduanero, pero no en el territorio del sistema común del IVA (**territorios terceros**, nº 5616), porque tienen sistemas fiscales diferentes y es preciso aplicar los correspondientes ajustes fiscales.

Ejemplos **1)** La entrada en el territorio IVA de una partida de vino cianti originario de **Italia** no produce el hecho imponible importación, sino una adquisición intracomunitaria de bienes cuando se cumplan los requisitos legales (nº 5250 s.). **5621**
2) La adquisición de una partida de caviar procedente de **Irán** para su comercialización en España da lugar a una importación de bienes a su entrada en la UE por España.

Doctrina Administrativa Además de las siguientes contestaciones de la DGT, ver nº 11000 s. **5623**
1) El envío de bienes efectuado por conserveros desde su **establecimiento situado en Melilla** a sus almacenes cerrados al público situados en el territorio peninsular español o Islas Baleares constituye una importación de bienes -procede de un territorio UE, pero no comprendido en el ámbito del sistema común IVA- (DGT CV 17-3-86). En el mismo sentido, respecto de las mercancías procedentes de **Canarias** (DGT CV 25-9-86).
2) La importación de maderas en el territorio de aplicación del impuesto por una **sociedad francesa sin establecimiento permanente** en España constituye el hecho imponible importación de bienes (DGT 31-7-97).
3) Está sujeta y no exenta la importación en el territorio de aplicación del IVA de un **yate** propiedad de una persona física que procede de un país tercero y que ha permanecido fuera de la UE desde su construcción (DGT 16-11-98).
4) Se produce una **adquisición intracomunitaria de bienes** de una mercancía cuando esta ha sido importada en otro Estado miembro y se transporta al territorio de aplicación del IVA con destino al adquirente. Sin embargo, cuando la mercancía llega procedente de otro Estado miembro en el que no se ha producido la importación del bien, por introducirse en régimen de tránsito, la importación se produce en el territorio de aplicación del impuesto (DGT 5-10-93).
5) La entrada en España de **piezas de motocicletas** que se han enviado a Japón para su reparación constituye una importación de bienes sujeta y no exenta (DGT 26-9-00).

Jurisprudencia **1)** La entrada en un Estado miembro de un bien procedente de las **Antillas Neerlandesas** debe ser calificada de entrada en el interior de la UE a efectos de la aplicación de la normativa comunitaria, entrada que se considera importación (TJUE 28-1-99, asunto C-181/97). **5624**
2) El **lugar realización** de la importación de un vehículo matriculado en un tercer país, introducido en la Unión Europea infringiendo la normativa aduanera, se encuentra en el Estado miembro en el que está establecida la persona que cometió la infracción aduanera y en el que utiliza efectivamente el vehículo (TJUE 8-9-22, asunto R.T. C-368/21).
3) La determinación del **lugar de la importación** en el IVA se realiza según la normativa que rige el impuesto, la legislación aduanera no puede ser aplicada por analogía a estos efectos (TJUE 18-1-24, asunto G.A. C-791/22).

III. Bienes en depósito temporal y otras situaciones y regímenes suspensivos

(CAU art.210 a 262; Dir 2006/112/CE art.61; LIVA art.18.Dos)

5625

A. Consideraciones generales

5626 Debe tenerse en cuenta que:

1. Como **regla general**, cuando las mercancías procedentes de países o territorios terceros, desde el momento de su entrada en España y con cumplimiento de las correspondientes legislaciones aduanera y fiscal, se introducen en situaciones de depósito temporal y otras situaciones (nº 6233), o se vinculan a determinados regímenes suspensivos aduaneros o fiscales, no se produce el hecho imponible importación de bienes; la **importación** se produce cuando los bienes cesan en las situaciones o se ultimen esos regímenes. Las mencionadas situaciones y regímenes son (LIVA art.23 y 24):

- zonas francas (nº 5629) y depósitos temporales (nº 5630);
- regímenes aduaneros de tránsito, depósito aduanero, importación temporal con exención total de derechos de importación y perfeccionamiento activo (nº 5631 s.); y
- regímenes fiscales de perfeccionamiento activo e importación temporal con exención total (nº 5641 s.).

2. Por **excepción** a lo indicado en el punto anterior, se produce el hecho imponible importación de bienes cuando los bienes procedentes de países o territorios terceros se vinculen desde el momento de su entrada en España a los siguientes regímenes suspensivos y se cumplan los requisitos previstos en cada caso por las legislación aduanera o fiscal aplicable:

a) Régimen de **depósito distinto de los aduaneros** -RDDA- (nº 5646), si bien la importación está exenta del impuesto en los casos previstos en nº 5773 s., la vinculación de los bienes no comunitarios al RDDA requiere su previo despacho a libre práctica (pago de los derechos arancelarios, pero no el IVA).

b) Régimen de **importación temporal con exención parcial** de derechos de importación (nº 5639), dado que dichos bienes son objeto de una utilización temporal en el territorio IVA.

5627 El conjunto de las operaciones indicadas se puede agrupar de la forma siguiente:

Son importaciones:

1) La entrada de mercancías procedentes de países o territorios terceros en el territorio IVA despachadas a libre práctica.

2) La entrada de bienes procedentes de países o territorios terceros que se vinculen a:
- el régimen de depósito distinto de los aduaneros;
- el régimen aduanero de importación temporal con exención parcial.

No son importaciones:

1) La entrada de bienes procedentes de países o territorios terceros en el territorio IVA, que se vinculen a:

a. Los regímenes aduaneros de:
- tránsito externo;
- depósito aduanero;
- importación temporal con exención total de derechos arancelarios;
- perfeccionamiento activo aduanero.

b. Los regímenes fiscales de:
- perfeccionamiento activo;
- importación temporal con exención total.

2) Las entradas de bienes no comunitarios que se introduzcan en:
- zonas francas;
- depósitos temporales.

Precisiones 1) La tributación en el IVA de estas operaciones está condicionada al cumplimiento de la **legislación aduanera y fiscal**, lo que hace necesario recoger a continuación las definiciones y contenidos de las situaciones y regímenes suspensivos a que se hace referencia, de acuerdo con la normativa vigente del CAU y de la LIVA. **5628**

2) Las mercancías procedentes de países o territorios terceros, además del despacho a libre práctica con pago de los derechos de importación, pueden incluirse en cualquiera de las siguientes categorías de **regímenes especiales** (CAU art.210):

- el tránsito, que incluye el tránsito interno y el tránsito externo;
- el depósito, que comprende el depósito aduanero y las zonas francas;
- destinos especiales, que son la importación temporal y el destino final;
- el perfeccionamiento, que incluye el perfeccionamiento activo y el perfeccionamiento pasivo.

3) Con carácter general, en todas las situaciones y regímenes mencionados se aplican las siguientes normas:

a. Las mercancías que, a su entrada en el territorio aduanero de la Unión, se vinculen a dichas situaciones y regímenes suspensivos, y mientras se cumpla la legislación aplicable en cada caso, **no están sujetas** a (CAU art.201.2):

- derechos de importación;
- otros gravámenes prescritos por otras disposiciones pertinentes en vigor;
- medidas de política comercial en la medida en que no prohíban la entrada de mercancías en el territorio aduanero de la Unión o su salida de él.

b. A condición de que se garantice la buena administración del régimen, especialmente en lo relativo a la vigilancia aduanera, y previa solicitud, las autoridades aduaneras permiten la utilización en las zonas francas y los regímenes suspensivos de las denominadas **mercancías equivalentes**. Tienen esta consideración las mercancías de la Unión depositadas, utilizadas o transformadas en lugar de las mercancías incluidas en un régimen especial (se sustituyen unas por otras). Las mercancías equivalentes deben tener el mismo código de ocho dígitos de la nomenclatura combinada y ser de idéntica calidad comercial y tener las mismas características técnicas que las mercancías no comunitarias a las que sustituyan (CAU art.223).

B. Zonas francas

(CAU art.243 a 249)

Los Estados miembros pueden designar determinadas partes del territorio aduanero de la Unión como zonas francas, fijando el perímetro de cada una y los puntos de acceso y de salida de ella. La situación y funcionamiento de estas zonas debe ser comunicada a la **Comisión**. **5629**

Las mercancías introducidas se deben **presentar en la aduana** y cumplir las formalidades aduaneras cuando:

- se introducen en ellas directamente desde fuera del territorio aduanero de la Unión;
- están vinculadas a un régimen aduanero que se ultima al incluirlas en el régimen de zona franca;
- se incluyen en este régimen para beneficiarse de la devolución o condonación de los derechos de importación.

El titular del régimen debe llevar los **registros** adecuados, aprobados por las autoridades aduaneras (CAU art.214.1).

En estas zonas se permite el desarrollo de cualquier **actividad industrial, comercial o de prestación de servicios**, previa notificación a las autoridades aduaneras.

Las **mercancías de la Unión** se pueden introducir, almacenar, trasladar, utilizar, transformar o consumir en una zona franca. Las entregas o adquisiciones intracomunitarias de bienes para ser introducidos en una zona franca están exentas, siempre que no se utilicen o se consuman mientras permanezcan vinculados al régimen (LIVA art.24.Cuatro).

Las **mercancías no comunitarias**, mientras permanezcan en la zona franca, pueden ser despachadas a libre práctica o incluidas en el régimen de perfeccionamiento activo o de importación temporal, en las condiciones establecidas para dichos regímenes. Estas mercancías, al introducirse en la zona franca, no originan la importación de bienes, que se produce cuando se ultime el régimen (LIVA art.18.Dos).

La **ultimación del régimen** se produce cuando, las mercancías vinculadas a él se incluyan en otro régimen aduanero, incluido el despacho a libre práctica, hayan salido del territorio aduanero de la Unión, se hayan destruido o se abandonen en favor del Estado (CAU art.215.1).

Ejemplo La empresa ALFA SA, radicada en Vigo, importa una partida de motores eléctricos procedente de Méjico, que a su llegada a España, se introducen en la **zona franca** del puerto. Posteriormente, parte de la mercancía se vende a un empresario establecido en Madrid, transportándose hasta su establecimiento, y parte se entrega a un empresario marroquí, enviándose por barco a Casablanca.

En el momento de la entrada de la mercancía en la zona franca de Vigo no se produce la importación. En relación con las mercancías vendidas al empresario de Madrid se produce la importación en el momento de la salida de la zona franca. La venta y expedición de las mercancías a Marruecos no origina importación de bienes, en virtud de la excepción prevista para la salida de una zona franca mediante entrega exenta constitutiva de exportación (LIVA art.18.Dos).

C. Depósitos temporales

(CAU art.144 a 152)

5630 Las mercancías no pertenecientes a la Unión, que lleguen a su territorio aduanero, se mantienen en depósito temporal desde el momento de su presentación en la aduana hasta su inclusión en un régimen aduanero o su reexportación en un **plazo máximo** de 90 días.
Se encuentran cubiertas por una **declaración** de depósito temporal, que puede sustituirse por una declaración sumaria de entrada, un manifiesto u otro documento de transporte, completados con los datos de una declaración de depósito temporal.
Estas mercancías, están en **almacenes** de depósito temporal y solo pueden ser manipuladas para garantizar su **conservación** en el estado en que se encuentren, sin modificar su presentación o sus características técnicas. No podrán ser objeto de ninguna manipulación usual (Rgto UE 2015/2446 anexo 71-03).
La explotación de estos almacenes requiere autorización de la aduana y solo se concede a quienes están establecidos en el territorio aduanero de la Unión, ofrecen la seguridad necesaria para la buena ejecución de las operaciones y prestan la garantía prevista (CAU art.89).
El titular de la autorización debe llevar el **registro** de las mercancías almacenadas para su control.

D. Regímenes suspensivos aduaneros

5631

5631.1 La entrada de bienes procedentes de países terceros que, desde el momento de su entrada en el territorio IVA, se vinculan a cualquiera de estos regímenes, no determina el nacimiento de la deuda aduanera ni produce el hecho imponible importación para el IVA. La **importación** se produce cuando los bienes abandonan los mencionados regímenes aduaneros para su consumo en el territorio. Según la legislación aduanera, estos regímenes se configuran de la forma señalada en los epígrafes siguientes.

5632 **Régimen aduanero de tránsito** (CAU art.226 y 227) La normativa comunitaria admite los regímenes de:
a) **Tránsito externo**: permite que las **mercancías no pertenecientes a la Unión** puedan circular de un punto a otro dentro de su territorio aduanero sin estar sujetas a los tributos y prohibiciones que conlleva el despacho a libre práctica (CAU art.201.2).
La circulación de mercancías en las condiciones indicadas también puede efectuarse al amparo del Convenio TIR y del Convenio ATA.
Este régimen se inicia en la aduana de entrada o de despacho y se ultima presentando las mercancías en la aduana de destino. Su falta de presentación en destino supone la sustracción a la vigilancia aduanera que faculta para la correspondiente liquidación de los derechos arancelarios (TJUE 29-10-15, asunto C-319/14).
b) **Tránsito interno**: permite la circulación de **mercancías de la Unión** entre dos puntos del territorio aduanero de la Unión, pasando por un país o territorio no perteneciente al mismo.
Este régimen también puede amparar la circulación de mercancías entre dos puntos del territorio aduanero de la Unión cuando se han despachado de exportación en un punto de la UE, pero con salida hacia países terceros por un punto distinto, evitándose así que productos sometidos a medidas de exportación o que se beneficien de ellas puedan sustraerse o beneficiarse indebidamente de las mismas.

Ejemplo Una mercancía llega a España procedente de Marruecos con destino a un empresario francés y se importa al amparo del procedimiento de **tránsito externo**.
En este caso, la importación se produce en el Estado de destino (Francia), que es donde se ultima el régimen de tránsito. La entrada en España es una operación no sujeta al IVA.

Régimen de depósito aduanero (CAU art.237 a 242) Este régimen permite que las **mercancías no comunitarias** se puedan almacenar en el territorio aduanero de la Unión sin estar sujetas a tributos y políticas comerciales que supone el despacho a libre práctica (CAU art.201). 5633

Las **mercancías de la Unión** también pueden incluirse en el régimen de depósito aduanero cuando una norma específica disponga por ello el beneficio de las medidas relacionadas con la exportación (restituciones a la exportación).

El **tiempo de permanencia** de las mercancías en un régimen de depósito no está limitado.

Las mercancías no pertenecientes a la Unión que estén al amparo de este régimen quedan almacenadas en instalaciones u otros lugares autorizados bajo control aduanero (depósitos aduaneros), que pueden estar:

- a disposición de cualquier persona para el depósito de mercancías (**depósitos aduaneros públicos**);
- para el almacenamiento de mercancías por el titular de una autorización especial de depósito aduanero (**depósitos aduaneros privados**).

El régimen está previsto para el almacenamiento de las mercancías que, en principio, solo pueden ser objeto de las **manipulaciones usuales** para su conservación (CAU art.220). Cuando exista una necesidad económica y no se comprometa la vigilancia aduanera, las autoridades aduaneras pueden autorizar dentro del depósito aduanero la transformación de las mercancías, en régimen de **perfeccionamiento activo**, con sujeción a las condiciones establecidas para dicho régimen (nº 5636 s.).

La vinculación de mercancías al régimen de depósito aduanero exige su presentación en la aduana de control, la **declaración** de inclusión en el régimen y su registro.

Precisiones En el ámbito de la Unión, el **depositario** es la persona autorizada para gestionar el depósito aduanero y el **depositante** la persona vinculada por la declaración de inclusión de las mercancías en el régimen y obligada al cumplimiento de las correspondientes obligaciones.

Doctrina Administrativa Además de la siguiente contestación de la DGT, ver nº 11000 s. 5634
Según el Departamento de Aduanas, la finalidad básica del régimen de depósito aduanero es el almacenamiento de las mercancías. En cuanto a la **duración del almacenamiento**, ni el Código Aduanero ni las disposiciones de aplicación establecen un plazo mínimo para ello, pero, en todo caso, la función de almacenamiento de las mercancías no puede entenderse cumplida cuando su estancia en los citados depósitos resulte tan limitada en el tiempo que vacíe de contenido el objetivo perseguido. En estos casos, según criterio de la jurisprudencia comunitaria (TJUE 21-2-08, asunto C-425/06, entre otras), tales operaciones podrían calificarse como constitutivas de prácticas abusivas (DGT CV 11-4-13).

Jurisprudencia Una **mercancía comunitaria** pierde este estatuto aduanero cuando sale efectivamente de la UE, pero no por su vinculación al régimen de depósito aduanero (TEAC 4-5-05). 5635

Régimen aduanero de perfeccionamiento activo (CAU art.255 a 258) Es el régimen aduanero al que se pueden vincular mercancías procedentes de **países terceros** para realizar en ellas trabajos de **transformación** y posteriormente ser exportadas en forma de **productos transformados**, sin estar sujetas a derechos de importación ni a los demás gravámenes y políticas comerciales que conlleva el despacho a libre práctica (CAU art.201.2). 5636

Este régimen solo puede utilizarse en casos distintos de la reparación o destrucción de mercancías y siempre que las incluidas en el régimen, puedan identificarse en los productos transformados.

La DGT considera que solo pueden vincularse a este régimen aduanero las mercancías no pertenecientes a la Unión que estén sujetas a derechos arancelarios. Las que no estuviesen sujetas a tales derechos o no cumplan otros requisitos del régimen aduanero, no pueden vincularse a él, pero pueden hacerlo al régimen fiscal de perfeccionamiento activo (nº 5643), por ejemplo, cuando se introducen para operaciones de reparación (DGT CV 3-9-15).

Las autoridades aduaneras han de fijar el coeficiente de rendimiento de las operaciones de perfeccionamiento o el modo para su determinación (proporción entre materia prima importada y producto trasformado exportado).

Las mercancías incluidas en este régimen pueden ser sometidas a las **manipulaciones usuales** destinadas a garantizar su conservación, mejorar su presentación o su calidad comercial o preparar su distribución o reventa (CAU art.220).

En este régimen se admiten dos **modalidades** (CAU art.223):

- **compensación por equivalencia**: se pueden utilizar mercancías de la Unión equivalentes (de iguales calidad y características) a las importadas para la obtención de los productos transformados (se importan mercancías, pero en sustitución de ellas, se transforman mercancías comunitarias de la misma naturaleza);

- **exportación anticipada**: se exportan los productos transformados a partir de mercancías equivalentes antes de la importación de las mercancías de países terceros que sustituyen a las equivalentes, fijándose el plazo para la importación y vinculación al régimen de perfeccionamiento activo de las mercancías no pertenecientes a la Unión. Este plazo se estipula en meses y no puede ser superior a seis meses, aunque se puede prorrogar por causas justificadas hasta un total de doce meses. En esta modalidad no se aplican los beneficios del IVA: las operaciones relativas a las mercancías equivalentes y a las que las sustituyen no están exentas.

La ultimación del régimen debe hacerse en el plazo establecido por las autoridades aduaneras, computándose este desde que las mercancías no pertenecientes a la Unión son incluidas en el régimen.

5637 Precisiones 1) Los **productos transformados** son los que resulten de las operaciones de transformación en el marco de los regímenes de perfeccionamiento (CAU art.5.30).

2) Las **operaciones de transformación** (CAU art.5.37) son cualquiera de las siguientes:
- la manipulación de mercancías, incluidos su montaje o ensamblaje o su incorporación a otras mercancías;
- la transformación de mercancías;
- la destrucción de mercancías;
- la reparación de mercancías, incluidas su restauración y su puesta a punto;
- el uso de mercancías que no formen parte del producto transformado pero que permitan o faciliten la producción de este, incluso aunque se consuman total o parcialmente en el proceso (ayudas a la producción).

3) Desde el 1-1-2023, el **régimen de transformación en Aduana** al que se seguía refiriendo la LIVA, pero había desaparecido del CAU, ha desaparecido igualmente de la LIVA, quedando integrado, como también ocurre en la legislación aduanera, en el de perfeccionamiento activo.

Doctrina Administrativa Además de la siguiente contestación de la DGT, ver nº 11000 s.
La empresa noruega A encarga a la empresa española B, la fabricación de ciertos bienes, para lo cual la empresa española **importa determinadas mercancías** de países terceros que vincula al régimen de perfeccionamiento activo aduanero (RPAA). Además, la empresa noruega compra unas mercancías en el territorio IVA a la empresa española C, quien las cede a B para que las incorpore a los trabajos a realizar en el RPAA junto con las mercancías importadas. Las mercancías resultantes se exportarán. Las mercancías interiores vendidas por C a B se pueden vincular al RPAA y su entrega está exenta -LIVA art.24.Uno.1º.a- (DGT CV 20-5-08).

5638 Jurisprudencia El **incumplimiento** del régimen de tráfico de perfeccionamiento activo por la ausencia de justificación de las exportaciones dentro del plazo establecido, da lugar al pago de los derechos aduaneros de importación, intereses compensatorios e IVA (TEAC 10-9-99).

5639 **Régimen aduanero de importación temporal** (CAU art.250 a 253) El régimen de importación temporal permite la entrada de **mercancías procedentes de países terceros** en el territorio aduanero de la UE, para permanecer en dicho territorio durante un plazo determinado, con exención total o parcial de derechos de importación, según los casos, y sin estar sometidas a los demás gravámenes y medidas de política comercial que supone el despacho a libre práctica (CAU art.201.2).

Las mercancías vinculadas a este régimen deben ser **reexportadas** en el plazo autorizado sin haber sufrido modificación alguna, salvo la depreciación normal causada por el uso que se autorice de ellas.

El **plazo de permanencia** se fija por las autoridades aduaneras y, en principio, no puede exceder de 24 meses, si bien se puede prorrogar a solicitud del interesado cuando se justifique que el fin autorizado no pueda alcanzarse en ese plazo.

Este régimen tiene las siguientes **modalidades**:
- la **exención total** de derechos de importación, que solo corresponde a una lista limitativa de bienes, como palés, contenedores y medios de transporte; efectos personales; material médico-quirúrgico; material profesional; instrumentos de música portátiles destinados a su uso como equipo profesional; material pedagógico científico, etc. (Rgto UE/2446/2015 art.204 s.);
- la **exención parcial**, que se aplica a los bienes que no pueden beneficiarse de la exención total, principalmente a los bienes de inversión utilizados en el desarrollo de actividades empresariales o profesionales. La entrada de estos bienes origina la deuda aduanera, quedando sujeta al pago del 3% de los derechos de importación que se hubieran satisfecho por su despacho a libre práctica por cada mes o fracción de utilización de los mismos en el interior del país. El importe de estos derechos no puede exceder del que hubiese sido exigible en caso de despacho a libre práctica de las mercancías en la fecha de su inclusión en el régimen de importación temporal.

La entrada de bienes en importación temporal con exención total no origina importación a efectos del IVA, pero sí se origina cuando la importación temporal solo se beneficia de exención parcial, siendo exigible en este caso la totalidad de la cuota de IVA que correspondería a la importación definitiva (nº 5616).

Precisiones 1) En el caso de la «**XXXVII Copa América Barcelona**», las mercancías importadas bajo el régimen de importación temporal podrán permanecer bajo este régimen durante un plazo máximo de 10 años (L 31/2022 disp.final 36ª.Tres y Cuatro).
2) En relación con las finales de la **UEFA** Champions League Femenina 2024 y UEFA Europa League 2025 se previó la aplicación de este régimen con el límite de 24 meses (RDL 9/2024 art.11.Tres.2). No obstante, este Real Decreto Ley ha sido derogado con fecha de 23-1-2025, si bien se recoge la modificación introducida por el mismo dado sus posibles efectos prácticos en el período en el que ha estado vigente -25-12-2024 a 22-1-2025- (RDL 9/2024 art.11.Cuatro derog Congreso de los Diputados Resol 22-1-25).

Ejemplo Una empresa de confección de ropa establecida en Barcelona arrienda por dos meses una maquinaria para cortar patrones a una empresa radicada en Chicago (EEUU). A su entrada en España se vincula al régimen aduanero de **importación temporal** con exención parcial de los derechos de importación. El **valor en aduana** de la maquinaria es de 24.000 € y los derechos arancelarios correspondientes a su importación definitiva son 1.000 €. El alquiler de la maquinaria se conviene en 800 € mensuales. **5639.1**
La entrada en España origina el hecho imponible importación de bienes, sujeta a una parte de los derechos de importación que corresponderían a la importación definitiva (3% por cada mes o fracción de permanencia en España) y la totalidad del IVA correspondiente a la importación definitiva.
No obstante, para evitar una doble imposición, dicha importación está exenta del IVA, dado que está sujeto el arrendamiento de la maquinaria, localizado en el TIVA (nº 5801).
Importación:
Arancel: (1.000 × 3%) × 2 meses de permanencia = 60 €.
IVA: exenta.
Arrendamiento maquinaria:
800 (IVA 21%) × 2 meses = 336 €
Si el contrato se prorrogara por otra serie de meses, en las mismas condiciones, habría que hacer liquidaciones complementarias correspondientes al pago de los sucesivos cánones mensuales.

Doctrina Administrativa Además de la siguiente contestación de la DGT, ver nº 11000 s. **5640**
Una empresa ha comprado a una naviera unos contenedores, que no han sido despachados de importación. Dichos contenedores van a ser destinados a operaciones de exportación o transporte intracomunitario. Como la utilización de los **contenedores de países terceros** exige que estos se encuentren en régimen de importación temporal, su entrega está exenta del impuesto al amparo de dicho régimen, con independencia de cuál sea el posterior destino de los mismos (DGT CV 9-5-08).

Jurisprudencia 1) La inclusión en el régimen de importación temporal de una **embarcación arrendada** a una firma radicada en Malta requiere que la operación sea realizada por persona establecida fuera del territorio de la UE. Al no cumplirse el requisito aludido, se produce el devengo de los derechos de importación y del IVA, siendo sujeto pasivo de dichos tributos el destinatario de la embarcación (TEAC 24-4-02).
2) La fundación de un museo importa en régimen de importación temporal unas **obras de arte para su exhibición** en España, autorizándose por la Administración por el plazo de un año y concediéndose sucesivamente dos prórrogas más, pero la tercera se deniega argumentando que había transcurrido el plazo máximo de 24 meses previsto en la normativa comunitaria.
El **plazo de permanencia** de las mercancías en el régimen de importación temporal debe ser suficiente para alcanzar el objetivo de la utilización autorizada. El plazo máximo de 24 meses puede prorrogarse cuando circunstancias excepcionales lo justifiquen, entendiéndose por tales conforme a la normativa comunitaria, cualquier causa por la que se necesite utilizar la mercancía durante un período adicional al inicialmente previsto para poder cumplir el objetivo que ha motivado la operación de importación temporal. Así, caben cuantas prórrogas sean necesarias, siempre que se acredite la concurrencia de las circunstancias excepcionales que las justifiquen y siempre con la finalidad de hacer posible la utilización autorizada y dentro de límites razonables (TS 24-5-13, EDJ 91704).

E. Regímenes fiscales suspensivos

5641

Análogos a los aduaneros de igual denominación (nº 5631 s.), se aplican a los bienes que se vinculan a ellos el mismo régimen fiscal que a los que se vinculan a los correspondientes regímenes aduaneros. **5642**

Los **bienes procedentes de terceros países** no pueden vincularse a los regímenes suspensivos fiscales, a menos que previamente se despachen a libre práctica (pago de los derechos de importación).
Los **bienes comunitarios** no pueden vincularse a los regímenes suspensivos aduaneros, salvo que una legislación de la Unión les reconozca los beneficios aplicables a los bienes que se exportan (compensaciones agrarias). También se pueden vincular al régimen de perfeccionamiento activo cuando se autorice la utilización de mercancías equivalentes (CAU art.223) y, cuando existan razones económicas que lo justifiquen, se pueden almacenar en los depósitos de zonas francas (nº 5629) y depósitos aduaneros (nº 5633), pero en estos casos no quedan vinculados a los regímenes indicados.

5643 **Régimen fiscal de perfeccionamiento activo** (Dir 2006/112/CE art.156; LIVA art.24.Dos) Este régimen permite la entrada en el territorio IVA de las mercancías **excluidas del régimen aduanero** de perfeccionamiento activo, con el mismo régimen fiscal que se aplica en el correspondiente régimen aduanero (nº 5636).
Se pueden vincular al mismo las **mercancías procedentes de países terceros** cuya importación no está sujeta a derechos de importación o en cuya vinculación no se den los requisitos exigidos para el régimen aduanero. También se pueden vincular a este régimen las mercancías procedentes de **territorios terceros de la Unión** (nº 5616). La entrada en el territorio IVA de mercancías procedentes de países o territorios terceros al amparo de este régimen no produce el hecho imponible importación de bienes a efectos del IVA.
Asimismo, se pueden vincular a este régimen **mercancías comunitarias**, nacionales o de otros países, para utilizarlas en los procesos de transformación efectuadas al amparo del mismo.

5644 Doctrina Administrativa Además de la siguiente contestación de la DGT, ver nº 11000 s.
1) Una entidad realiza reformas de embarcaciones de recreo a favor de sociedades no establecidas en el TIVA (generalmente en países terceros). Las operaciones se efectúan en el marco de un régimen fiscal de perfeccionamiento activo previsto en la LIVA, recibiendo la entidad en nombre propio bienes y servicios de otros empresarios para los mismos fines.
Se pueden vincular al mencionado régimen **mercancías comunitarias** mediante entregas exentas y mercancías **no comunitarias** que no puedan incluirse en el régimen aduanero de perfeccionamiento activo (principalmente por no estar gravadas con derechos de importación), siempre que tales mercancías se utilicen en las operaciones de perfeccionamiento y los productos compensadores principales sean exportados.
La entrada de mercancías no comunitarias y su vinculación al citado régimen no origina importación, que se produce en el momento en que los bienes importados abandonen el régimen. No obstante, la salida de los bienes indicados no constituye importación cuando aquella determine una entrega de bienes a la que resulte aplicable las exenciones relativas a exportaciones, operaciones asimiladas a las exportaciones o entregas de bienes destinadas a otros E.m. -LIVA art.21, 22 o 25- (DGT CV 3-9-15).
2) El abandono del régimen de los **componentes residuales** que no se destinen al proceso de perfeccionamiento activo produce el hecho imponible importación u operación asimilada, en función del origen de los mismos. Los **moldes** utilizados en el proceso, mientras no se produzca su desvinculación del régimen, no dará lugar al hecho imponible (DGT CV 22-7-25).

5645 **Régimen fiscal de importación temporal** (Dir 2006/112/CE art.161; LIVA art.24. Uno.1º.c) y d) y Dos) Este régimen permite la utilización en el interior del país, sin exigencia del IVA, de mercancías procedentes de territorios de la UE **integrados en la Unión aduanera** (Canarias en España) pero no en el territorio del sistema común del IVA, para ser **reexpedidas** fuera de él sin haber sufrido modificaciones, salvo su depreciación normal causada por el uso autorizado de ellas.
Los **territorios de procedencia** indicados son los incluidos en el nº 3 del nº 5616.
Solo puede aplicarse a las mercancías que, si procedieran de otros países terceros, se beneficiarían de exención total de derechos de importación por vincularse al régimen aduanero de importación temporal; si solo se beneficiasen de exención parcial, no podrían vincularse a este régimen fiscal.

Doctrina Administrativa En el **préstamo de libros** realizado por universidades no pertenecientes a la UE se produce una importación, que puede quedar exenta si su introducción se realiza al amparo del régimen de importación temporal (DGT CV 1-8-22).

5646 **Régimen de depósito distinto de los aduaneros (RDDA)** (Dir 2006/112/CE art.157; LIVA art.18.Tres, 24, 26.Uno y Dos, 65 y Anexo aptdo.quinto; RIVA art.20) Según la LIVA, el RDDA es un régimen fiscal suspensivo al que se pueden vincular los **bienes comunitarios**, los nacionales mediante entregas o transferencias de los bienes, y los procedentes de otros Estados miembros mediante adquisiciones o transferencias intracomunitarias de bienes, beneficiándose todas estas operaciones de la exención del IVA.

Su finalidad es proporcionar a los bienes comunitarios los mismos beneficios que tienen los no comunitarios con el régimen de depósito aduanero, con sujeción a las mismas normas que se aplican en dicho régimen aduanero (nº 5633). La vinculación a este régimen se referirá exclusivamente a las mercancías recogidas en LIVA art.65.
Pueden también vincularse a este régimen:
• Las **mercancías de países terceros** cuando, previamente, se despachen a libre práctica mediante el pago de los derechos de importación. La vinculación al régimen de estos bienes origina el hecho imponible importación de bienes, que está exenta del IVA en los supuestos del nº 5773 s. La vinculación al RDDA se efectúa mediante la presentación de la Declaración de Vinculación al Depósito (DVD), que es un DUA simplificado. Sin embargo, no se aplica a los bienes destinados a su entrega a personas que no actúen como empresarios o profesionales, salvo que se destinen a ser introducidos en las tiendas libres de impuestos.
• Los **bienes** que se negocien en **mercados oficiales de futuros y opciones** basados en activos no financieros, mientras los referidos bienes no se pongan a disposición del adquirente. Sin embargo, no se aplica a los bienes destinados a su entrega a personas que no actúen como empresarios o profesionales, salvo que se destinen a ser introducidos en las tiendas libres de impuestos.
• **Productos objeto de Impuestos Especiales**. El RDDA es un régimen fiscal suspensivo, aplicable en los supuestos de fabricación, transformación o tenencia de los productos objeto de Impuestos Especiales de fabricación en fábricas o depósitos fiscales, de circulación de esos productos entre dichos establecimientos y de importación de los mismos con destino a fábrica o depósito fiscal.
• El **gas natural** entregado a través de una red situada en el territorio de la Unión o de cualquier red conectada a dicha red. En tales supuestos, dichos productos están en depósito fiscal al amparo del régimen suspensivo de IIEE y, simultáneamente, por expresa disposición legal, se consideran vinculados al RDDA para el IVA, con suspensión de ambos impuestos, que serán exigibles cuando los bienes abandonen tales regímenes.

La **vinculación al RDDA** se puede materializar introduciendo los bienes en depósitos o lugares **5647**
delimitados (almacenes, depósitos fiscales, fábricas de productos objeto de IIEE, etc.) públicos o privados, autorizados por la Administración, o bien reconociéndose por la Administración esta situación de régimen suspensivo para determinados bienes sin necesidad de introducirlos físicamente en uno de esos lugares.
Los **depósitos** correspondientes al RDDA, como los depósitos aduaneros, pueden ser públicos y privados, con el mismo contenido que en el régimen aduanero (nº 5633).
Como regla general, la **ultimación** de este régimen en los bienes a cuya importación se haya aplicado la exención, determina el hecho imponible importación de bienes. No obstante, la ultimación del régimen en los bienes objeto de IIEE determina una **operación asimilada** a la importación (DGT CV 2-6-23).
No existe importación, ni operación asimilada, si la ultimación del régimen de los bienes previamente importados supone una entrega a la que se aplique las **exenciones** previstas para las exportaciones u operaciones asimiladas, o para las EIB (LIVA art.21,22 y 25).

Precisiones Los bienes procedentes de un **país tercero** no pueden vincularse al RDDA (régimen suspensivo fiscal), salvo que se despachen a libre práctica. Cuando se trate de productos objeto de IIEE es preciso que el depósito distinto de los aduaneros se autorice también como depósito fiscal (depósito en el que se aplica el régimen suspensivo de IIEE).

Ejemplo Una empresa con domicilio en Cádiz adquiere **vino** procedente de **Israel** y lo introduce **5648**
en una destilería de su propiedad en Algeciras que tiene la consideración de **depósito fiscal** (a efectos de los IIEE) y de **depósito distinto de los aduaneros** a efectos del IVA, donde se produce su transformación en un licor para consumo nacional.
A la entrada en los depósitos indicados se produce el hecho imponible importación de bienes, pero con exención del IVA (LIVA art.65), la importación producida por la entrada de productos objeto de IIEE continúa exenta) y suspensión de la exacción del Impuesto Especial. El devengo del IVA se produce cuando la mercancía abandone dicho régimen con destino al territorio de aplicación del impuesto. En ese momento se produce también la exigencia del Impuesto Especial.

Doctrina Administrativa Además de las siguientes contestaciones de la DGT, ver nº 11000 s. **5650**
1) El **depósito fiscal** es el establecimiento autorizado en el que se pueden almacenar, recibir y expedir productos objeto de IIEE de fabricación. No se comprenden en este concepto los depósitos de recepción, ni los almacenes fiscales: a los productos introducidos en ellos no se les aplica el régimen de depósito distinto de los aduaneros (DGT 5-6-95).
2) La **finalidad básica** del RDDA es el almacenamiento de las mercancías y a esa finalidad debe obedecer su utilización, que no puede entenderse cumplida cuando la estancia en el depósito resulte tan limitada en el tiempo que vacíe de contenido el objetivo del régimen especial (DGT CV 12-1-15).

5651 Jurisprudencia A una empresa se le concede la gestión de un régimen de depósito distinto de los aduaneros privado para el almacenamiento de motores y otros materiales de **buques destinados a la navegación internacional**, con autorización de manipulaciones usuales, aunque se realizan operaciones de incorporación de los motores a los buques. Estas operaciones no incumplen las condiciones de funcionamiento del régimen de depósito distinto del aduanero, es decir, no pueden calificarse de operaciones distintas de manipulaciones usuales porque dichas operaciones solo ultiman el régimen, de acuerdo con sus propias reglas y fines, toda vez que la concesión del mismo persigue que las adquisiciones de los elementos necesarios en el proceso de construcción de los buques gocen de la exención del pago del IVA sin necesidad de esperar a la entrega de dichos buques una vez finalizada su construcción, entrega que, a su vez, está exenta por su afectación a la navegación marítima internacional, evitando así el coste financiero hasta que se acuerde la devolución (TS 15-10-12, EDJ 225990; 2-11-12, EDJ 259151; 28-11-12, EDJ 270132).

IV. Operaciones asimiladas a las importaciones

(LIVA art.19)

5655

A. Consideraciones generales

(LIVA art.19)

5656 Deben tenerse en cuenta las siguientes cuestiones:
1. Las operaciones asimiladas a las importaciones se **originan** por:
a. El **incumplimiento** de los requisitos que justifican la aplicación de las exenciones relativas a las entregas, adquisiciones intracomunitarias e importaciones de:
- los buques y aeronaves de compañías aéreas, afectos a la navegación internacional (nº 6105 s. y nº 6125 s.);
- los buques afectos exclusivamente al salvamento, asistencia marítima y pesca costera (nº 6105 s.); y
- los objetos incorporados y los avituallamientos suministrados a los buques y aeronaves indicados (nº 6135 s. y nº 6150 s.);
- los bienes destinados al uso de las embajadas, consulados y organismos internacionales o de las personas que prestan sus servicios en estas instituciones (nº 6180 s.).
b. El **abandono de los bienes de los regímenes suspensivos** a los que se han vinculado, con cumplimiento de las normas aduaneras y fiscales aplicables, mediante entregas o adquisiciones intracomunitarias exentas y también cuando se produce el incumplimiento de los requisitos exigibles a tales bienes mientras permanecen vinculados a dichos regímenes (nº 5673 s.).
2. Las exenciones de las operaciones indicadas son exenciones condicionadas a ciertos requisitos, por lo que su **incumplimiento** debería determinar la ineficacia del beneficio fiscal y la consiguiente exacción del tributo. No obstante, por razones de simplificación, la Ley ha optado por mantener la eficacia de la exención (el transmitente que aplicó la exención con fundamento en las declaraciones del adquirente no tiene que rectificar su situación tributaria), trasladando al adquirente titular de la explotación del buque o aeronave, o al adquirente o propietario de los demás bienes, la obligación de ingresar el impuesto debido (LIVA art.86.Dos.4º), creando un hecho imponible sui generis denominado operación asimilada a la importación.

5657 **3.** Las operaciones asimiladas a las importaciones se liquidan en el **modelo 380**, que debe presentarse por vía telemática. Las cuotas devengadas por estas operaciones son deducibles en el propio modelo. El **plazo para la presentación** de la declaración es (RIVA art.73.3):
- cuando se trate de las operaciones relativas a los buques y aeronaves: en los 30 primeros días del mes de enero siguientes al año natural en el que se haya devengado el impuesto;
- cuando se trate de las operaciones correspondientes a los regímenes diplomático y consular, producidas en cada trimestre natural: en los veinte primeros días del mes siguiente al indicado período trimestral, excepto la correspondiente al último período del año, que se presenta en los treinta primeros días naturales del mes de enero;
- para operaciones de abandono del régimen de depósito distinto de los aduaneros realizadas en los períodos de liquidación trimestral o mensual: en los veinte primeros días naturales del mes siguiente al correspondiente período de liquidación trimestral (treinta primeros días naturales del mes de enero en el caso de declaraciones-liquidaciones correspondientes al

último trimestre) o, en caso de liquidación mensual, durante los treinta primeros días naturales del mes siguiente al correspondiente período de liquidación mensual (hasta el último día del mes de febrero en el caso de la declaración-liquidación correspondiente al mes de enero).
4. La exigencia del IVA en las operaciones asimiladas a las importaciones tiene por **objeto** recuperar el impuesto de aquellas operaciones que se beneficiaron de la exención cuando no se den o dejen de cumplirse las condiciones que justificaron la aplicación del beneficio fiscal.

B. Buques y aeronaves

(LIVA art.19.1º, 2º y 3º)

Las operaciones asimiladas a las importaciones se producen por: **5658**
a) El **incumplimiento** de los requisitos determinantes de la afectación:
- a la **navegación marítima internacional** de los buques cuya entrega, adquisición intracomunitaria o importación se hubiesen beneficiado de la exención del impuesto (nº 5324, nº 5700 y nº 6113);
- a la **navegación aérea internacional** de las compañías que realicen actividades comerciales, en relación con aquellas de sus aeronaves cuya entrega, adquisición intracomunitaria o importación se hubiesen beneficiado de la exención del impuesto (nº 5324, nº 5700 y nº 6128).

b) La **no afectación exclusiva** al salvamento, asistencia marítima o pesca costera de los buques cuya entrega, adquisición intracomunitaria o importación se hubiesen beneficiado de la exención del impuesto en razón de la afectación a dichas finalidades (nº 5324, nº 5700 y nº 6106 s.).
c) Los **objetos incorporados y los avituallamientos** suministrados a los buques y aeronaves mediante entregas, adquisiciones intracomunitarias o importaciones exentas por su afectación a la navegación internacional que no cumplen con los requisitos que determinan dicha afectación (6135 s. y nº 6150 s.).
d) Las **reparaciones y mantenimiento** de los buques y aeronaves indicados en las letras a) y b) anteriores que se beneficiaron de la exención en función de la finalidad de tales medios de transporte cuando no se cumplen los requisitos previstos en la Ley que justifican la exención (nº 6135 s.).
Se trata de bienes, aeronaves y objetos incorporados a ellos que han sido objeto de una entrega, adquisición intracomunitaria o importación exentas en función de su destino, respecto a los cuales no se acredita posteriormente que se cumplen los requisitos que determinaron la aplicación de la exención (no se produce, en los términos legales, la afectación a la navegación internacional o la dedicación exclusiva al salvamento o a la pesca costera).

Precisiones Desde el 1-1-2023, se **excluye** expresamente del hecho imponible importación, el cese o ultimación de los regímenes aduaneros, en el caso en que determine un fletamento o un arrendamiento de buques o aeronaves, o bien un arrendamiento de los objetos que se incorporen a dichos buques y aeronaves, a los que resulte aplicable las **exenciones** previstas en LIVA art.22.Uno, Dos, Cuatro y Cinco (LIVA art.18.Dos). **5659**

Ejemplos **1)** La naviera ABC lleva el buque de su propiedad S. Elena al astillero del puerto de **Cartagena** para la reparación de una avería. El buque fue importado el 15-3-20X0 con despacho a libre práctica (pago de los derechos arancelarios) y con exención de IVA, al declarar el importador que se afectaría a la navegación internacional (nº 6105). La reparación tiene lugar el 25-9-20X0 y se aplica también la exención con base en la misma declaración de la propietaria del buque. La base imponible (valor en aduana) a la importación fue de 10 millones €, los derechos de arancel, 500.000 €, y el importe de la reparación ha sido de 3.000 €. **5660**
Al finalizar el año 20X0, se comprueba que el buque no resulta afecto a la **navegación marítima internacional**, pues sus recorridos en singladuras internacionales durante ese año no han superado el 50% del total de los mismos (nº 6113).
El incumplimiento de la afectación a la navegación internacional determina una operación asimilada a la importación respecto de la importación del buque y también respecto de la reparación porque se realiza en un período en que el buque no resulta afecto a la navegación internacional. La propietaria del buque debe presentar en los 30 primeros días del mes de enero del año 20X1 el modelo 380 con la liquidación del IVA correspondiente a la entrega del buque y a los gastos de reparación, recuperándose así las cuotas que se habían beneficiado de la exención en atención a la declaración del interesado (nº 5864).
Liquidación IVA = 21% × (10.000.000 + 500.000 + 3.000) = 2.205.630 (cuota a la que se aplicó la exención en función de la declaración del importador).

2) La empresa ALFA, S.A importa en fecha 5-1-20X0 un buque, declarando ante la aduana que lo va a afectar exclusivamente a la **pesca costera**. El valor en aduana de la importación del buque fue de 8.000.000 €, despachándose a libre práctica (pago de los derechos de importación) y aplicando la exención del IVA en función de su destino declarado. El 20-11-20X0 se somete el buque **5661**

a un proceso de transformación para dedicarlo a **actividades turísticas**, lo que ocurre a partir del 1-1-20X1. El importe de la transformación es de 1.000.000 €. El buque deja de estar afecto exclusivamente a la pesca el día 20-10-20X0, siendo su valor en el momento de la desafectación de 7.500.000 €.
La desafectación de la actividad de pesca costera determina una operación asimilada a la importación, con la que debe recuperar todo el IVA que se benefició de la exención en atención al destino declarado y no cumplido (nº 5864). La desafectación indicada se produce en el 4º trimestre del año 20X0, por lo que la empresa debe presentar en los días 1 a 30 de enero de 20X1 la declaración (modelo 380), con la liquidación de las cuotas que se beneficiaron de la exención en atención a los fines previstos y no cumplidos del buque, así como de la cuota correspondiente a los servicios de transformación que no se benefician de la exención (nº 6113).
Liquidación IVA = 21% × (8.000.000 + 1.000.000) = 1.890.000 €.
3) Una compañía aérea ha **comprado una aeronave** con exención del IVA (nº 6125) el 2-10-20X0. Al finalizar el ejercicio 20X1 se comprueba que la compañía no ha cumplido los requisitos que establece la Ley para gozar de la exención del impuesto, ya que los vuelos efectuados con todas sus aeronaves desde el momento de la importación de la citada aeronave hasta el 31-12-20X1 han correspondido, en más del 50%, a vuelos nacionales (nº 6128).
Al no resultar la compañía afecta a la navegación aérea internacional en el período 2-10-20X0 a 31-12-20X1, se produce el hecho imponible operación asimilada a la importación para la aeronave adquirida el 2-10-20X0. La compañía debe presentar el modelo 380 en los 30 primeros días del mes de enero del año 20X2, con la liquidación de la cuota que se benefició de la exención por la adquisición.

5662 Doctrina Administrativa Además de las siguientes contestaciones de la DGT, ver nº 11000 s.
1) Cuando la transformación de un **buque** afecto a la navegación internacional se hubiese beneficiado de la exención del IVA, su **posterior desafectación** de los destinos que motivan el mencionado beneficio fiscal determina la realización del hecho imponible operación asimilada a la importación de dicho buque (DGT CV 22-12-86).
2) Se entiende que las **aeronaves** han dejado de utilizarse exclusivamente por compañías que se dediquen esencialmente a la navegación aérea internacional cuando su uso se ceda a empresas no dedicadas esencialmente a tal actividad (DGT 18-11-86). Ver jurisprudencia en el nº 5701.
No obstante, hay que tener en cuenta que se entiende cumplido el requisito de que las aeronaves se utilizan exclusivamente en actividades comerciales de transporte remunerado de mercancías o pasajeros, aunque se ceda su uso a terceros en **arrendamiento** o subarrendamiento por períodos de tiempo que, conjuntamente, no excedan de treinta días por año natural (RIVA art.10.1.7º).

C. Regímenes diplomático y consular, de la OTAN y de determinadas fuerzas armadas

(LIVA art.19.4º; RD 3485/2000; OM 24-5-2001 redacc OM HAC/738/2025; RD 160/2008 art.7)

5665 Constituyen operaciones asimiladas a las importaciones las adquisiciones de bienes cuyas previas entregas, adquisiciones intracomunitarias o importaciones se hubiesen beneficiado de la **exención** del impuesto prevista para los regímenes diplomático, consular y de los organismos internacionales (nº 5324 y nº 6180 s.), cuando los bienes se utilicen o consuman en el interior del país por personas o instituciones a quienes no les corresponden los beneficios mencionados (cuando el adquirente no tenga derecho a esos beneficios). Ocurre lo mismo con los bienes que se han beneficiado de las exenciones establecidas en el marco de la OTAN y las fuerzas armadas de cualquier Estado miembro distinto a España, vinculadas al ámbito de la política común de seguridad y defensa.
Se **excluyen** de las operaciones asimiladas a las importaciones las citadas adquisiciones cuando el adquirente expida o transporte inmediata y definitivamente dichos bienes fuera del territorio de la UE.
La venta de dichos bienes debe comunicarse previamente al Ministerio de Hacienda y Función Pública (AEAT), quedando la adquisición correspondiente sujeta al impuesto como operación asimilada a la importación.
La venta sin comunicación previa determina la ineficacia de la exención, con exigencia del impuesto al destinatario de la entrega y con referencia al momento en que se efectuó la operación exenta anterior (DGT CV 8-5-25).
La **diferencia** entre ambos supuestos (con comunicación y sin comunicación) está en el momento del devengo: en el primer caso, el hecho imponible se produce en el momento de la venta; en el segundo, se retrotrae al momento de la adquisición, debiendo referirse a uno u otro momento todos los elementos relativos a la liquidación del impuesto.

Ejemplos 1) El embajador de Turquía en Madrid **adquiere un vehículo** de turismo a un concesionario establecido en esta ciudad. 5666
La operación está sujeta, pero exenta del IVA, cuando se cumplan los requisitos exigidos al efecto, ya que se limita el **número de vehículos** que pueden ser adquiridos con exención por los jefes de misión diplomática a cuatro unidades (nº 6191).
Posteriormente, el embajador **decide cambiar el coche** y vende el adquirido previamente a una persona que reside en Madrid y que no tiene derecho a los beneficios del régimen diplomático.
En el momento de la venta, se produce la operación asimilada a la importación, debiendo liquidarse el IVA por el adquirente en la forma prevista en el nº 5657.
2) En el mismo caso anterior, el embajador **vende el coche** a un compatriota suyo que reside en Turquía y envía el coche a su país.
No se produce la operación asimilada a la importación en este caso, al aplicarse preferentemente el régimen de la exportación.

D. Situaciones exentas y regímenes suspensivos

(LIVA art.19.5º)

Se definen como operaciones asimiladas a las importaciones, el cese de la situación de depósito temporal y otras situaciones (LIVA art.23), o la **ultimación de los regímenes** suspensivos de los bienes (LIVA art.24), cuya entrega o adquisición intracomunitaria para ser colocados en aquellas situaciones o vinculados a dichos regímenes se hayan beneficiado de la exención del IVA (nº 5625 s.), o de bienes que hayan sido objeto de entregas o prestaciones de servicios mientras se encontraban en las citadas situaciones, operaciones igualmente exentas. 5673
En aplicación de este régimen se deben distinguir las operaciones relativas a los **bienes comunitarios** (nº 5674) y a los **bienes no comunitarios** (nº 5675). También se prevén unas **excepciones** que no constituyen operaciones asimiladas a las importaciones (nº 5677).
En el sector de los **carburantes**, se ha previsto un régimen de garantías en su salida de los depósitos (nº 5685).

Operaciones relativas a bienes comunitarios (LIVA art.19.5º) Deben tenerse en cuenta las siguientes consideraciones: 5674
a) Las operaciones asimiladas a las importaciones se producen en las siguientes **situaciones**:
- los bienes comunitarios (nacionales o de otros Estados miembros), se vinculan a situaciones de depósito temporal y otras situaciones (LIVA art.23) o regímenes aduaneros y fiscales (LIVA art.24) mediante operaciones exentas (entregas o adquisiciones intracomunitarias) para posteriormente cesar estas situaciones o ultimar estos regímenes;
- los bienes se vinculan a las citadas situaciones o regímenes mediante operaciones no sujetas (transferencias interiores o intracomunitarias) y, mientras están al amparo de los mismos, son objeto de entregas o prestaciones de servicios también exentos, para después cesar en estas situaciones o ultimar los regímenes suspensivos.

b) La vinculación a las situaciones de depósito temporal o a los regímenes suspensivos de las mercancías de la Unión sólo puede producirse en circunstancias especiales, particularmente cuando la colocación en dichas situaciones determine la concesión de los beneficios que se aplican a las exportaciones. Asimismo, cuando haya **razones económicas** que lo justifiquen, mediante entregas o adquisiciones intracomunitarias exentas (LIVA art.24.Uno.1º.a), se pueden introducir en zonas francas (nº 5629) o depósitos aduaneros (nº 5633) y vincularse a los regímenes de perfeccionamiento activo para incorporarse a los procesos de transformación (nº 5636).
En estos supuestos, el abandono de dichas situaciones también origina una operación asimilada a la importación, pero son casos especiales que tienen escasa importancia en la mecánica aduanera.
c) El grupo más importante, con diferencia, de estas operaciones es el que se produce por la salida o abandono del régimen de **depósito distinto de los aduaneros** (RDDA) de los bienes comunitarios que se han vinculado al mismo mediante previas operaciones exentas (entregas o adquisiciones intracomunitarias).

Operaciones relativas a bienes no comunitarios (LIVA art.19.5º) A estos efectos: 5675
a) La vinculación de bienes no comunitarios a la situación de **depósito temporal** y otras situaciones, o a **regímenes suspensivos** (excepto RDDA), no originan el hecho imponible importación, que se produce cuando los bienes cesan o ultiman las situaciones indicadas (LIVA art.18.Dos). Por tanto, cuando los bienes no comunitarios ultiman los regímenes suspensivos, no originan una operación asimilada a la importación, sino una importación normal, que se liquida con aplicación de las reglas generales de las importaciones.

La normativa sólo se refiere a las entregas y adquisiciones intracomunitarias y no a las importaciones para su previa vinculación a los regímenes suspensivos. Así resulta también del RIVA, según el cual se entienden incluidas entre las operaciones de importación y se liquidan del mismo modo las mercancías que cesan en las situaciones (LIVA art.23) o ultiman los regímenes aduaneros y fiscales (LIVA art.24), con excepción del RDDA, siempre que la importación de dichas mercancías se produzca en la forma prevista -LIVA art.18.Dos- (RIVA art.73.1).

b) Es diferente el supuesto de los bienes no comunitarios que se vinculan al **RDDA**, originando con ello una importación a efectos del IVA (LIVA art.18.Dos), que está o no exenta según las previsiones recogidas en el nº 5773 s.

Estas importaciones, para poder vincularse a un régimen fiscal, como es el RDDA, primero deben ser **despachadas a libre práctica** con pago de los derechos arancelarios, convirtiéndose así en mercancías comunitarias a las que deben aplicarse ya las reglas de tales mercancías.

Debe distinguirse según la importación esté o no exenta (LIVA art.65):

1. Importación **no exenta**: a la entrada se origina una importación normal que se liquida según las reglas generales de las importaciones, referidas al momento de la vinculación al RDDA. Al quedar vinculadas al RDDA, todas las operaciones relativas a estos bienes (entregas, servicios) están exentas del IVA (LIVA art.24.Uno) y la salida o abandono del régimen produce una operación asimilada a la importación, cuyo devengo se produce en el momento del abandono del régimen (LIVA art.77).

2. Importación **exenta**: los bienes se han convertido en comunitarios por el necesario despacho a libre práctica para su vinculación al RDDA (pago de arancel y exención de IVA). Esta vinculación determina la exención de las operaciones relativas a los bienes mientras permanezcan al amparo de dicha situación, produciéndose el devengo por el abandono del RDDA.

5677 **Excepciones** (LIVA art.19.5º y Anexo aptdo.sexto) Por excepción a todo lo anterior, **no constituyen operaciones asimiladas** a las importaciones el cese de las situaciones o la ultimación de los regímenes suspensivos de los siguientes **bienes** (metales): estaño (código NC 8001), cobre (códigos NC 7402, 7403, 7405 y 7408), zinc (código NC 7901), níquel (código NC 7502), aluminio (código NC 7601), plomo (código NC 7801), indio (código NC ex 811291 y ex 811299), plata (código NC 7106) y platino, paladio y rodio (códigos NC 71101100, 71102100 y 71103100). Son bienes que se cotizan en las Bolsas internacionales y para ellos se conserva la naturaleza de la operación previa (entrega o adquisición intracomunitaria) que deja de estar exenta por el abandono de las situaciones mencionadas, resultando exigible el impuesto en los siguientes términos:

- si los bienes hubiesen sido objeto de una o varias **entregas exentas previas**, el impuesto a ingresar es el que habría correspondido a la última entrega exenta efectuada;
- si los bienes hubiesen sido objeto de una **adquisición intracomunitaria exenta** por haberse colocado en situación de depósito temporal y otras situaciones o vinculado a los regímenes indicados y no hubiesen sido objeto de una posterior entrega exenta, el impuesto a ingresar es el que habría correspondido a aquella operación de no haberse beneficiado de la exención;
- si los bienes hubiesen sido objeto de **operaciones exentas posteriores** a las entregas o adquisiciones intracomunitarias exentas o no se hubiesen realizado estas últimas operaciones, el impuesto a ingresar es el que, en su caso, resulte respecto a las mismas, incrementado en el que hubiera correspondido a las citadas operaciones posteriores exentas;
- si los bienes hubiesen sido objeto de una **importación exenta** por haberse vinculado al régimen de depósito distinto de los aduaneros y hubiesen sido objeto de operaciones exentas posteriores, el impuesto a ingresar es el que habría correspondido a la citada importación de no haberse beneficiado de la exención, incrementado en el correspondiente a las citadas operaciones exentas.

El **obligado a la liquidación** e ingreso del impuesto en los casos anteriores es el propietario de los bienes, que puede asimismo deducir las cuotas correspondientes en los términos previstos en los supuestos de inversión del sujeto pasivo, incluso si se trata de no establecidos. Esto supone que en la misma declaración-liquidación puede hacerse constar el IVA repercutido y el deducible, de manera que, si la prorrata de deducción es del 100%, no ha lugar a ingreso alguno.

Los titulares de los depósitos son **responsables solidarios** de la deuda tributaria que corresponda.

5678 Precisiones La **liquidación de las operaciones** que se producen por la salida o abandono de los bienes de las situaciones o regímenes suspensivos (nº 5673 s.) se realiza como sigue:

a) Cuando constituyan **operaciones asimiladas a las importaciones** debe utilizarse el modelo 380, en el que también puede deducirse simultáneamente el IVA soportado, aplicando la normativa general de las deducciones/devoluciones.

b) Por excepción, cuando se trate de los **metales** señalados (operaciones de las bolsas de metales, nº 5677), se utiliza el modelo 303, con deducción simultánea también del impuesto soportado, aplicando la normativa general de las deducciones/devoluciones.
c) Cuando se trate de **importaciones** debe utilizarse el documento DUA, modelo 031.

Ejemplos **1)** La empresa ALFA SA, establecida en Barcelona, es beneficiaria de un **régimen de perfeccionamiento activo** por el que puede importar, sin pago de los derechos de importación, determinadas cantidades de **chapa metálica** para la fabricación de lavadoras. Asimismo, vincula al mencionado régimen **motores** de su propiedad para utilizarlos también en la fabricación de las lavadoras. Transcurrido un tiempo, el proveedor extranjero de la chapa metálica le comunica que no puede seguir suministrándole ese producto, por lo que la empresa ALFA SA decide desvincular los motores que estaban al amparo del régimen de perfeccionamiento activo y utilizarlos en la fabricación de lavadoras de componentes exclusivamente nacionales. 5679
La transferencia de los motores para su vinculación al régimen de perfeccionamiento activo no es operación sujeta al IVA (es una operación interna de la empresa) y su posterior abandono del citado régimen no origina una operación asimilada a la importación (no ha habido entrega previa exenta y no existen, por tanto, cuotas de IVA que recuperar al producirse el abandono del régimen).
Los bienes importados deben reexportarse en forma de productos transformados, ultimándose así el régimen de perfeccionamiento activo, o importarse con pago de los derechos de arancel y del IVA que correspondan, como importaciones normales (nº 5616).
2) Mismos datos del ejemplo anterior, con una variante: la empresa ALFA SA, después de haber vinculado los motores al régimen de perfeccionamiento activo y antes de abandonarlo, decide **transmitir los motores** a la empresa BETA SA, que también es beneficiaria de un régimen de perfeccionamiento activo. Mientras los motores permanecen al amparo de dicho régimen, la empresa ZETA presta un **servicio de ajuste** de dichos motores a BETA SA. Lo mismo que en el caso anterior, el proveedor de la chapa metálica comunica la imposibilidad de suministrarla y BETA SA decide el abandono del régimen para sus bienes. ALFA SA factura a BETA SA por la venta de los motores 1.500.000 €, y por el servicio de ajuste de motores, ZETA factura a BETA 50.000 €.
La entrega de los motores de ALFA SA a BETA SA está exenta (entrega de bienes situados al amparo de un régimen suspensivo) y también los servicios de ajuste de los motores prestados por ZETA (nº 6280 s.). En este caso, sin embargo, el abandono del régimen de perfeccionamiento activo de los motores que decide BETA, origina una importación con la que se recupera el IVA de las operaciones que se han beneficiado de la exención (la entrega de los motores de ALFA SA a BETA SA y los servicios de ajuste de motores):
Liquidación del IVA por BETA SA: 21% × (1.500.000 + 50.000) = 325.500,00 €.

3) Un empresario italiano transfiere **mercancías** de su propiedad **desde Italia hasta una zona franca** situada en España. Posteriormente y mientras los bienes permanecen en la zona franca, los vende a un empresario de Zaragoza que, finalmente, decide su salida para su incorporación a los procesos productivos de su actividad empresarial. 5680
La **transferencia** de mercancías a España por el empresario italiano está sujeta como operación asimilada a las adquisiciones intracomunitarias de bienes (nº 5280), pero exenta (nº 5320).
La **venta** al empresario de Zaragoza está exenta al realizarse mientras los bienes permanecen en la zona franca (nº 6233).
La posterior **salida** de los bienes de la zona franca para su incorporación a su actividad empresarial constituye una operación asimilada a la importación de bienes.
4) La empresa ALFA **importa televisores** de EEUU, los despacha a **libre práctica**, pagando los correspondientes derechos de importación, y los introduce en **depósito distinto de los aduaneros**, vinculándolos al RDDA. Mientras permanecen al amparo de ese régimen, se realizan en ellos por otros empresarios determinadas operaciones de ajuste y acabado. Finalmente, la empresa ALFA decide el abandono del régimen de los televisores para comercializarlos en el interior del país. El valor en aduana para el despacho a libre práctica ha sido de 80.000 € y los derechos de importación satisfechos 7.500 €. El importe de los servicios prestados mientras los televisores permanecieron al amparo del régimen de depósito distinto de los aduaneros se eleva a 10.000 €.
La vinculación al RDDA de televisores procedentes de EEUU constituye una importación no exenta del IVA (nº 5773) por lo que, además de los derechos arancelarios, debe liquidarse el IVA correspondiente a la importación. El abandono del RDDA produce una operación asimilada a la importación, dado que se trata de una mercancía ya comunitaria, por el pago de los derechos de arancel y de IVA, que recibe mientras está vinculada al RDDA unos servicios exentos.
Liquidación del impuesto:
- IVA importación a la entrada: 21% × (80.000 + 7.500) = 18.375 €
- IVA abandono RDDA = 21% × 10.000 = 2.100 €

Para el ingreso del IVA a la importación se puede optar por el diferimiento del ingreso (nº 6745).

5681 Doctrina Administrativa Además de las siguientes contestaciones de la DGT, ver nº 11000 s.

1) Una **empresa alemana** no establecida en el territorio de aplicación del IVA recibe mercancías procedentes de terceros países que, desde el momento de la entrada en el territorio IVA, se vinculan al régimen de depósito aduanero. La entrada de mercancías no está sujeta al IVA, pues no se produce el hecho imponible importación. El abandono del régimen citado supone la exigibilidad del impuesto devengado al producirse el hecho imponible importación; no obstante, si los bienes abandonan el régimen como consecuencia de una **entrega con destino a terceros países** o a otros Estados miembros, no se produce el hecho imponible importación, puesto que la salida del depósito no puede calificarse simultáneamente de importación y exportación, debiendo prevalecer esta última (DGT 24-1-95; 22-5-98).

2) Una **sociedad francesa** envía productos acogidos al régimen suspensivo de los IIEE al **depósito fiscal de su distribuidora española**, la cual se hace cargo de las mercancías desde el momento de su llegada al depósito y asume los riesgos de pérdida o deterioro de los productos. Se produce una adquisición intracomunitaria de bienes por la distribuidora española, la cual está sujeta pero exenta (nº 5250 s.). Posteriormente, al ser distribuidos a los minoristas españoles los productos, estos abandonan el régimen de depósito distinto de los aduaneros y se produce una operación asimilada a la importación (DGT 24-4-98).

3) Una empresa alemana introduce mercancías de su propiedad procedentes de Alemania en una **zona franca** situada en España con el fin de suministrarlas a una empresa española a medida que esta se las demanda. Por tanto, realiza una operación asimilada a una adquisición intracomunitaria de bienes (nº 5250 s.) pero exenta (nº 5320). La entrega efectuada por el empresario alemán mientras los bienes se encuentran en la zona franca está exenta y la **salida** de los mismos de dicha zona constituye una operación asimilada a importación de bienes sujeta al IVA (DGT 22-11-94).

5682 **4)** Los **almacenes fiscales** no tienen la consideración de depósitos fiscales ni se les aplica el régimen suspensivo de IIEE ni, por tanto, los bienes que se encuentren en su interior o que se transporten con destino a los mismos se consideran vinculados al régimen de depósito distinto de los aduaneros a efectos del IVA (DGT 24-6-94).

5) La salida de las mercancías que se encuentran en régimen de **depósito distinto del aduanero** con destino a otro Estado comunitario no determina una operación asimilada a la importación, ni liquidación alguna del impuesto, sino que prevalece la calificación que responda al destino real de los bienes -entrega intracomunitaria de bienes exenta- (DGT CV 22-2-12).

6) Una empresa importa **desperdicios de cobre** (partida arancelaria 7404.00.99), vinculando los bienes importados al régimen de depósito distinto del aduanero. Esta importación está exenta (nº 5773). Cuando sale del régimen se produce una operación asimilada a las importaciones de bienes -téngase en cuenta aquí la redacción desde 1-1-2023 de LIVA art.18.Tres- (DGT CV 3-12-12).

5683 Jurisprudencia **1)** Cuando las mercancías transportadas en régimen aduanero de **tránsito externo** se introducen en el mercado comunitario mediante la realización de varios actos irregulares en el territorio de Estados miembros diferentes, el abandono de dicho régimen tiene lugar en el Estado miembro donde se realice el primer acto que pueda ser calificado de **sustracción a la vigilancia aduanera** (por la que se produce, entre otras causas, el hecho imponible importación a efectos de los derechos aduaneros). La sustracción a la vigilancia aduanera se define como todo acto u omisión que tenga como resultado impedir que la autoridad aduanera competente acceda a una mercancía bajo vigilancia aduanera y efectúe los controles previstos por la normativa aduanera comunitaria. No requiere la existencia de un elemento intencional, sino que presupone tan solo la reunión de una serie de requisitos de índole objetiva (TJUE 11-7-02, C-371/99).

2) Sustracción de mercancías sujetas a IIEE mientras se hallaban en un **depósito fiscal**. El **robo** de mercancías no constituye una entrega de bienes a título oneroso en materia de IVA en el sentido de la normativa comunitaria (actual Dir 2006/112/CE art.2) y, por tanto, no puede, en cuanto tal, estar sujeto al IVA. La circunstancia de que las mercancías estén sujetas a IIEE resulta irrelevante a estos efectos (TJUE 14-7-05, asunto C-435/03).

El robo de mercancías que se hallaban en régimen de **depósito aduanero**, según el Código Aduanero constituye una sustracción a la vigilancia aduanera de dichas mercancías, que da origen a una deuda aduanera de importación, sin que sea aplicable la exclusión referente a la introducción irregular de mercancías en la Unión Europea e incumplimiento de las obligaciones exigidas en cada régimen aduanero por pérdida irremediable de la mercancía o por causa de fuerza mayor. Nacida la deuda aduanera, en aplicación de la normativa comunitaria sobre el IVA, se producen el devengo y la exigibilidad del IVA -Dir 2006/112/CE art.71.1- (TJUE 11-7-13, asunto C-273/12).

5684 **3)** La introducción en el territorio aduanero comunitario de una **embarcación marítima de uso privado**, matriculada en un país ajeno a la Unión Europea y propiedad de un no establecido en la Comunidad, se considera vinculada al régimen de importación temporal aun sin presentación de declaración, solicitud y/o autorización, de forma que si se comprobase por las autoridades aduaneras que se utiliza y disfruta por un residente en la Unión Europea, supondría el incumplimiento de dicho régimen, desapareciendo sus beneficios fiscales y originando el devengo de los tributos procedentes (TEAC 12-5-04).

4) La Administración liquida **intereses de demora** por determinadas operaciones asimiladas a las importaciones que no se declararon ni se ingresó el IVA correspondiente, dado que la deducción del IVA en estas operaciones no opera automáticamente, sino que se condiciona a su previa declaración en tiempo y forma. La Audiencia Nacional, en aplicación del criterio del TJUE de que el derecho a la deducción es un derecho sustancial que no puede perderse por razones de carácter formal (TJUE 8-5-08, asuntos acumulados C-95/07 y C-96/07), entiende que la Administración debería haber regularizado globalmente el concepto tributario operaciones asimiladas a importaciones y considerar conjuntamente tanto el IVA devengado como el IVA soportado deducible, incluyendo este último en la liquidación, ya que el derecho a la deducción debe reconocerse desde el momento del devengo del IVA soportado (salida del depósito), sin esperar a la presentación de la declaración correspondiente. De esta forma, no existiría perjuicio para la Hacienda Pública y, por tanto, no procede la liquidación de intereses de demora (AN 23-7-13, EDJ 140382).

5) No se devenga el IVA a la importación en el caso de **mercancías no comunitarias reexportadas** como tales antes de entrar en el circuito económico de la Comunidad (TJUE 2-6-16, asuntos acumulados C-226/14 y C-228/14).

Gasolinas, gasóleos y biocarburantes destinados a uso como carburante (LIVA art.19.5º y anexo aptdo undécimo redacc L 7/2024) Con efectos para periodos impositivos iniciados a partir del 31-12-2023, se aprobó un régimen de garantías de estos productos en su salida de los depósitos aduaneros. Pendiente del desarrollo normativo de ciertos mecanismos, desde el **1-1-2026** se encuentra **operativo** y se caracteriza por lo siguiente: 5685

1. La ultimación del RDDA que se produce tras la salida de depósito fiscal de estos productos se entiende realizada, en todo caso, por el **último depositante** del producto que se extraiga del depósito fiscal, que será a quien se repercuta el Impuesto sobre Hidrocarburos correspondiente y estará obligado a liquidar el IVA de la operación asimilada o, el **titular del depósito fiscal** si este es el propietario del producto.

2. Asimismo, el último depositante o el titular del depósito fiscal (propietario del producto), estará obligado a constituir una **garantía** (aval bancario o pago a cuenta). No tendrán la obligación de prestar esta garantía los operadores que tengan reconocido la condición de operador económico autorizado -**OEA**- (CAU art.38) u **operador confiable**. La calificación como operador confiable está condicionado al cumplimiento de una serie de **requisitos** acumulativos (OM HAC/1496/2025 art.3):

Requisito	Forma de acreditación / verificación
El solicitante debe estar inscrito en el registro de extractores de depósitos fiscales (RGGI art.3.7).	**No se exige aportación documental** por el interesado; la Administración tributaria comprueba directamente la inscripción.
Volumen de extracciones en el año natural anterior ≥ **1.000 millones de litros** (a 15º C) de gasolinas, gasóleos y biocarburantes destinados a carburante.	La Administración tributaria **puede requerir** al solicitante el detalle del volumen de litros correspondientes a las operaciones asimiladas a la importación realizadas en el año natural anterior, desglosadas por producto.
Haber realizado operaciones como operador al por mayor durante los **tres años** anteriores.	Verificación administrativa de: - inscripción en el **Listado de Operadores al Por Mayor de Productos Petrolíferos** publicado por la CNMC conforme a la L 34/1998; - antigüedad superior a tres años de dicha inscripción; y - existencia en los registros fiscales de datos que acrediten operaciones como operador al por mayor durante ese periodo.
Cumplir los requisitos de solvencia financiera establecidos Rgto (UE) 952/2013 art.39 y en el Rgto (UE) 2015/2447 art.26.	El solicitante debe aportar **documentación justificativa suficiente**, pudiendo consistir en estados financieros auditados, certificaciones bancarias de saldos o datos de facturación que permitan a la Administración verificar la solvencia.

Como parte de este sistema, se ha creado el **registro de operadores confiables**, que se encuentra integrado y forma parte del registro de extractores, con independencia funcional (consulta separada); los **titulares** de depósitos fiscales podrán consultar electrónicamente, en todo momento, la pertenencia al registro (OM HAC/1496/2025 art.2). 5686

La **solicitud** de inclusión/exclusión en el registro se presenta ante la Administración competente para inspección de IVA: AEAT o Haciendas Forales (Bizkaia, Gipuzkoa, Araba, Navarra), y surte efectos desde el día siguiente a la notificación del acuerdo motivado. Cuando proceda la Administración del Estado, la solicitud se presenta en la **sede electrónica** de la AEAT, obligatoriamente por medios electrónicos.

La **resolución** corresponde a la Delegación de la AEAT del domicilio fiscal o a la Dependencia Regional de Inspección o a la Delegación Central de Grandes Contribuyentes (según adscripción), mediante acuerdo motivado notificado. El plazo máximo es **tres meses**; transcurrido sin notificación, se entiende **desestimada por silencio**.
Se prevé **baja cautelar** por incumplimiento de requisitos, que deviene definitiva con la rectificación censal. En todo caso, si el operador deja de cumplir requisitos, tiene obligación de solicitar la **baja** en el plazo de **30 días** desde el incumplimiento.

5687 **3.** En la **constitución de garantías** se permite dos modalidades:
a) **Aval**: debe ser emitido por entidades financieras o aseguradoras acreditadas en la UE, con un importe mínimo del 110% de la cuota del IVA correspondiente a las operaciones de los dos meses anteriores. En caso de no haber realizado operaciones en los dos meses anteriores se realiza una previsión motivada de actividad (mínimo 3 millones de euros). Para las extracciones que se realicen a partir del **1-2-2026,** los avales depositados en la **AEAT** (OM HAC/1497/2025):
A) En cuanto a los **requisitos** deben:
- garantizar globalmente el **pago del IVA** correspondiente a las entregas posteriores sujetas y no exentas tras la salida del depósito. Se impone de forma expresa la **actualización mensual** y, en todo caso, cuando la garantía resulte insuficiente una vez descontados los importes retenidos.
- constituirse a favor de la Administración o **Administraciones competentes** para la exacción del impuesto garantizado, pudiendo ser beneficiarias la AEAT y también las Haciendas Forales de Bizkaia, Gipuzkoa, Araba y Navarra; si concurren varias, lo serán solidariamente hasta el límite garantizado. El operador o titular del depósito debe presentar el aval ante la Administración beneficiaria que corresponda, que será la encargada de su **registro y custodia**. Si hay varias beneficiarias, la presentación se realiza ante aquella con competencia inspectora en IVA respecto del operador/titular.
Además, antes de ser admitidos, la Administración debe constatar los **poderes** de quienes firman en nombre de la entidad avalista; el presentador debe aportar los documentos notariales. Se **exceptúa** el bastanteo cuando concurren simultáneamente:
- que la AEAT sea la Administración beneficiaria; y
- que la entidad avalista esté adherida al procedimiento de validación de avales mediante código NRC.
B) Respecto a la **gestión** la Administración debe:
- si no se acredita el pago a cuenta, retener en la garantía el importe equivalente al 110% del IVA devengado por la operación asimilada. Los productos no podrán salir hasta que la Administración beneficiaria competente efectúe y registre la retención. Solo pueden registrarse retenciones si existe importe suficiente no afecto a retención en el aval.
- si el operador/titular acredita el pago efectivo de la cuota del IVA devengado, proceder al **levantamiento de la retención** y a su registro. Si finalmente una extracción autorizada no llega a producirse, el levantamiento se condiciona a la comunicación del depósito fiscal que deje constancia expresa de ello.
- **ejecutar total o parcial** cuando, transcurridos tres meses desde la extracción y abandono del régimen, el operador no haya justificado: el pago del IVA devengado por la entrega posterior sujeta y no exenta o, la utilización en un uso distinto de la realización de tal entrega.
b) **Pago a Cuenta**: pueden ser deducidos en la autoliquidación del IVA correspondiente al periodo de liquidación. Su importe será el 110% de la cuota del impuesto correspondiente a esa operación. De aplicación por primera vez a las extracciones realizadas a partir del día **1-2-2026**, y sin perjuicio de lo dispuesto en LIVA anexo aptdo undécimo 5º, este pago a cuenta se realiza mediante el **modelo 319**, cuyas principales características son (OM HAC/1495/2025):
A) Están **obligados** a su presentación, los depositantes o titulares de depósitos fiscales (LIVA anexo aptdo undécimo 1º), cuando se cumplan **simultáneamente** las siguientes condiciones:
- que dicha **garantía** consista en el pago a cuenta previsto en la normativa del impuesto (LIVA anexo aptdo undécimo 3º. b); y
- que la **competencia** para inspeccionar el IVA corresponda a la AEAT (L 12/2002 art.29; L 28/1990, art.37.7ª).
B) Su **presentación** debe efectuarse de forma obligatoria por vía electrónica a través de Internet en la sede electrónica de la AEAT, previa a la extracción de los productos del depósito fiscal. Con la presentación ha de realizarse el **ingreso** efectivo del pago a cuenta.
Ambas modalidades exigen procedimientos de actualización y verificación continuos, así como la intervención de la Administración para supervisar su suficiencia.

4. En el procedimiento de **autorización de salida**, antes de la extracción de los productos del depósito fiscal, el último depositante debe justificar al titular del depósito fiscal alguna de las siguientes circunstancias: **5688**
a) Que es OEA u operador confiable, mediante **certificación** de la Administración tributaria competente para la verificación y revisión del cumplimiento de los requisitos correspondientes.
b) Que existe **garantía suficiente**, por medio de alguna de las dos modalidades antes citadas, el volumen y la clase de producto a que se refiere.
Una vez comprobada la suficiencia de garantía o del pago por la **Administración competente**, esta autorizará expresamente o denegará la salida del producto del depósito fiscal.
Se establece igualmente la **responsabilidad solidaria** de aquellos titulares de depósitos fiscales que permitan la salida de producto sin cumplir con los requisitos anteriores.Por último, se dispone la obligación de los titulares de depósitos fiscales de gasolinas, gasóleos o biocarburantes, así como de quienes extraigan estos productos de los depósitos fiscales, de liquidar el IVA con **periodicidad mensual** (lo que implica igualmente la aplicación del SII por parte de estos empresarios o profesionales).

Precisiones **1)** Se ha dispuesto un **régimen transitorio** donde se establece que durante el mes siguiente a la entrada en vigor de la normativa que regula el procedimiento para reconocer la condición de operador confiable y la creación y el mantenimiento de su registro (1-1-2026), el último depositante o, en su caso, el titular del depósito: **5689**
- no estarán obligados a constituir garantías;
- podrán solicitar el reconocimiento como operadores confiables.

Deja de tener aplicación este régimen transitorio con la resolución de la solicitud de operador confiable o una vez transcurrido el plazo del mes.
2) El RDL 2/2026 art.8.Dos reducía a 500 millones de litros el requisito relativo al **volumen de extracciones** que se ha de tener para obtener la calificación como operador confiable, sin embargo esta normativa ha sido **derogada** por lo que el volumen de extracciones requerido vuelve a ser de 1.000 millones de litros de gasolinas, gasóleos y biocarburantes destinados a ser usados como carburante (LIVA Anexo undécimo.2º.b.b'; Congreso de los Diputados Resol 26-2-26).

V. Exenciones

(LIVA art.27 a 67)

5690

Las exenciones del IVA a la importación obedecen a los siguientes **fines**: **5691**
- **equiparación** del trato fiscal de las importaciones y las operaciones interiores, estableciéndose la exención de las importaciones de aquellos bienes cuya entrega en el interior está también exenta;
- establecer, en lo posible, un **régimen unitario** de exenciones en los ámbitos **aduanero y fiscal**, propósito recogido en la normativa comunitaria (Dir 2009/132/CE);
- reconocer los **beneficios fiscales** previstos en los Convenios sobre relaciones diplomáticas y consulares y de Organismos internacionales;
- arbitrar exenciones técnicas para evitar situaciones de **doble imposición**.

Precisiones **1)** El importador debe aportar las **pruebas** suficientes para acreditar el cumplimiento de los requisitos que condicionan la aplicación de las correspondientes exenciones a la importación (LIVA art.67).
2) Adicionalmente a las exenciones que se van a analizar a continuación, la **normativa comunitaria** prevé las siguientes:
- con efectos 19-1-2020 las importaciones de bienes efectuadas, en los Estados miembros, por las **fuerzas armadas** de otros Estados miembros para uso de dichas fuerzas o del elemento civil que las acompaña, o para el aprovisionamiento de sus comedores o cantinas, siempre que tales fuerzas estén afectadas a un esfuerzo de defensa realizado para llevar a cabo una actividad de la Unión en el ámbito de la política común de seguridad y defensa (Dir 2006/112/CE art.143.1.g bis);

- con efectos **1-7-2021**, las importaciones de bienes cuando el IVA deba declararse en virtud de las medidas de prevención de distorsiones de la competencia y del fraude fiscal previstas en el régimen especial aplicable a los **bienes de ocasión**, objetos de arte, antigüedades y objetos de colección (Dir 2006/112/CE art.342 y 343). Dentro del régimen de ventas a distancia de bienes importados, se haya facilitado a la aduana competente del Estado miembro de importación el NIF-IVA para aplicar el régimen especial del proveedor, o del intermediario que actúe por su cuenta, a más tardar en el momento de presentar la declaración de importación (Dir 2006/112/CE art.143.1.c bis).

A. Exenciones análogas a las de las entregas de bienes

(LIVA art.27; Dir 2006/112/CE art.143.1.a)

5695

5696 Para equiparar el trato fiscal de las importaciones de bienes al de las entregas interiores, la normativa comunitaria declara exentas, con carácter general, las importaciones de aquellos bienes cuya entrega interior está exenta.
La LIVA, en lugar de mantener esa declaración genérica de la Directiva IVA, hace una **enumeración** exhaustiva de las importaciones que están exentas, con la finalidad de unificar los criterios en su aplicación.
La exención de las importaciones se condiciona al cumplimiento de los mismos **requisitos** establecidos para las exenciones de las entregas de bienes de la misma naturaleza (nº 845 y nº 6100 s.).

Precisiones La **normativa comunitaria** condiciona la exención de las importaciones de bienes a la circunstancia de que las correspondientes entregas en el interior estén exentas del impuesto en cualquier caso, tratando así de evitar discriminaciones por razón del origen de los bienes: los bienes objeto de entregas interiores, de adquisiciones intracomunitarias y de importaciones deben tener el mismo trato fiscal, salvo que el principio de neutralidad en el IVA imponga alguna restricción.

5698 **Sangre, plasma sanguíneo, tejidos y otros elementos** (LIVA art.27.1º) Están exentas las importaciones de sangre, plasma sanguíneo y demás fluidos, tejidos y otros elementos del cuerpo humano para **fines médicos o de investigación** o para su procesamiento con idénticos fines. La exención se condiciona a la finalidad a que se destina el producto (fines médicos o de investigación), que es la misma que se exige para la exención de las entregas interiores de estos productos (nº 845).

5699 Doctrina Administrativa Además de las siguientes contestaciones de la DGT, ver nº 11000 s.
1) Goza de exención la importación de **glándulas congeladas** de origen humano (DGT 1-2-88), y la importación de **ADN** para ser destinado a fines médicos y de investigación, suponiendo que se trate de tejidos y otros elementos del cuerpo humano (DGT CV 16-6-06).
2) La exención de las importaciones de sangre y plasma sanguíneo no se extiende a tales productos cuando hayan sido transformados, ni a los **hemoderivados** como la inmunoglobulina y la pasta de complejo de protombina activado (DGT 15-9-89).
3) Las importaciones de **materiales y aparatos de uso técnico para la investigación**, docencia y estudios en las universidades no están exentas porque no están amparadas por ninguna de las exenciones previstas en la normativa del IVA. De la aplicación del principio de reserva de ley y del carácter armonizado del IVA con relación a la normativa comunitaria se deduce que solo son de aplicación las exenciones a la importación que contempla la propia ley del impuesto (DGT CV 7-7-05).

5700 **Buques y aeronaves** (LIVA art.27.2º a 6º; RIVA art.14.1) Las importaciones de buques y aeronaves, de los objetos que se incorporen a ellos y de los productos de avituallamiento para estos medios de transporte están exentas cuando se cumplan los **requisitos** previstos para la exención de las entregas de los mismos bienes (ver nº 6100). En particular:
a) El importador debe presentar en la aduana una **declaración** suscrita por él en la que determine el destino de los bienes a los fines que justifican las exenciones correspondientes y conservar en su poder, durante el plazo de prescripción del impuesto, las facturas y los documentos de importación y, en su caso, los contratos de fletamento o de arrendamiento y las copias autorizadas de inscripción de los buques y aeronaves en los Registros que correspondan.

b) La **incorporación a los buques de los objetos importados** debe efectuarse en el **plazo** de los tres meses siguientes a su importación y acreditarse mediante el correspondiente documento aduanero de embarque, que ha de conservar el importador como justificante de la incorporación. En el caso de las **aeronaves**, el plazo es de un año siguiente a la importación y debe acreditarse de la misma forma que en el caso de los buques.
Los **objetos** importados que pueden beneficiarse de la exención son los mismos que pueden beneficiarse de la exención a la entrega (nº 6137), siempre que la incorporación se produzca después de la matriculación de los buques o aeronaves en el Registro correspondiente.
c) En relación con los **productos de avituallamiento** (nº 6150), deben cumplirse las previsiones de la legislación aduanera. Los productos que no se introduzcan en las zonas francas (nº 5629) deben ponerse a bordo de los buques y aeronaves en el **plazo** de los tres meses siguientes a su importación, lo que debe acreditarse con el correspondiente documento aduanero de embarque, que debe conservar el importador como justificante de la exención.

Precisiones Los tribunales han establecido un criterio extensivo en la interpretación de la exención correspondiente a la importación de aeronaves, al admitir la exención cuando la importación se realiza por una **empresa de leasing**, que cede la aeronave a otra empresa aérea que la utiliza en vuelos internacionales (AN 26-5-97, EDJ 500055). 5701
La LIVA, sin embargo, mantiene un criterio restrictivo, condicionando la exención a que el importador sea la propia compañía dedicada esencialmente a la navegación internacional. Este criterio se mantiene también por la DGT y el TEAC (DGT 19-12-88; TEAC 24-3-09).
El TJUE, contrariamente, considera que la exención también debe aplicarse en la entrega de una aeronave a un **operador** que no es una compañía de navegación aérea (TJUE 19-7-12, asunto C-33/11). Ver nº 6105 y nº 6126.

Doctrina Administrativa Además de las siguientes contestaciones de la DGT, ver nº 11000 s. 5702
1) Una sociedad dedicada a labores de **investigación oceanográfica** y estudio de las especies marinas importa un buque.
La actividad indicada no está comprendida entre las que pueden beneficiarse de la exención. Las actividades de **salvamento y asistencia marítima** a las que se refiere la exención, son las que tienen por objeto auxiliar a personas o embarcaciones en dificultades, incluyendo el salvamento de la tripulación, viajeros y sus equipajes o cargamento de los buques. No se comprenden las operaciones de apoyo, colaboración, complemento o vigilancia de actividades industriales o pesqueras realizadas por otros buques en el mar (DGT 29-10-90).
2) Está exenta la importación de **contenedores** con destino a su definitiva incorporación a un buque portacontenedores afecto a la navegación marítima internacional, cuando el importador sea el titular de la explotación del buque y los contenedores se utilicen en la explotación del buque (DGT 23-6-94).
3) Queda exenta la importación de los **objetos a incorporar a helicópteros** cuando se realice directamente por las entidades públicas que los utilicen en el desarrollo de sus funciones públicas (DGT 24-5-93). De igual forma, un motor para una aeronave del Ministerio de Defensa (DGT CV 5-3-24).

4) No están exentas las importaciones de los **simuladores de vuelo**, porque estos bienes no se importan para ser incorporados a una aeronave (DGT 24-7-02). 5703
5) Está exenta la importación definitiva de una aeronave por parte de la **entidad arrendataria**, dedicada esencialmente a la navegación aérea internacional. La LIVA no contiene disposición alguna que contemple la posibilidad de limitar la exención a determinadas figuras jurídicas, como pudiera ser la propiedad de estos bienes. En principio, y cualquiera que sea la calidad del importador, la importación de una aeronave por una compañía dedicada esencialmente a la navegación aérea internacional determina el derecho a la exención (DGT CV 30-5-07). En términos similares, DGT CV 29-5-07.
6) La importación temporal de aeronaves para su fletamento total con fines de labores de **lucha contra incendios** por una entidad dependiente de una Comunidad Autónoma está exenta (DGT CV 2-12-08).

Jurisprudencia Una **sociedad estatal** propiedad en su totalidad del poder público tiene como tarea colaborar con los entes institucionales encargados de las funciones públicas en el ámbito agrario y forestal, a los que está plenamente sometida, careciendo de libertad de actuación. La importación por esta entidad de helicópteros para emplearlos en las tareas de prevención y extinción de incendios que le encarga el ICONA se integra dentro de las funciones propias de esta institución. La importación de los helicópteros se llevó a cabo por una entidad pública en cumplimiento de sus funciones y está exenta (TS 22-3-10, EDJ 45250). 5705

Billetes de banco, títulos valores y oro (LIVA art.27.7º, 8º y 10º) Está exenta la importación de: 5706
- las **divisas, billetes de banco y monedas** que sean medios legales de pago, a excepción de las monedas y billetes de colección y de las piezas de oro, plata y platino;

- los títulos valores;
- el oro importado directamente por el Banco de España.

Además, las importaciones de **oro de inversión** están exentas del IVA, cualquiera que sea quien las efectúe (nº 4400 s.).

5707 **Bienes destinados a plataformas de perforación o de explotación** (LIVA art.27.11º; RIVA art.14.2) Las importaciones de bienes destinados a la construcción, reparación, mantenimiento, transformación o equipamiento y avituallamientos de las plataformas de perforación o de explotación situadas en el mar territorial, o para unir dichas plataformas al continente (nº 6233), están exentas.

El importador debe presentar, junto con la documentación para el despacho aduanero, una declaración suscrita por él en la que indique el **destino** de los bienes que determina la exención y conservarla en su poder como justificante de la misma.

5708 **Bienes destinados a otro Estado miembro** (Dir 2006/112/CE art.143.1.d; LIVA art.27.12º; RIVA art.14.3) Las importaciones están sujetas al IVA en el Estado miembro en el que se produce la entrada de los bienes procedentes de países o territorios terceros. En ocasiones, la importación de los bienes se produce por un Estado miembro, pero su **destino final** es otro distinto. En estos casos pueden darse las siguientes situaciones:

a) Que los bienes lleguen a la UE al amparo del régimen de **tránsito externo**. En este supuesto, la importación se produce en el Estado miembro donde se ultime el tránsito -generalmente, el de destino final de los bienes- (DGT 19-10-93) y no en el Estado miembro de entrada en la UE.

b) Que los bienes **no lleguen al amparo del régimen de tránsito**. Entonces la importación se produce en el Estado miembro de entrada en la UE y el envío al Estado miembro de destino se instrumenta a través de una operación intracomunitaria (nº 5210 s., entrega exenta en el Estado miembro de entrada y adquisición intracomunitaria de bienes sujeta en el de destino). Si el empresario que importa es el mismo que ha de utilizar los bienes en destino se produce una transferencia de bienes, con el mismo tratamiento fiscal (nº 5225). La **importación** en el país de entrada está **exenta** cuando la entrega siguiente (la entrega intracomunitaria o transferencia de bienes, en su caso) esté exenta -nº 5695 s.- (DGT 3-11-94; 25-11-94).

Por consiguiente, la importación de los bienes no se grava en ninguno de los dos casos, bien porque no se produce el hecho imponible (supuesto a), bien porque se aplica la exención del IVA (supuesto b); la entrega intracomunitaria subsiguiente también está exenta y solo se grava la adquisición intracomunitaria de bienes en el Estado miembro de destino final.

5709 **Requisitos** (Dir 2006/112/CE art.143.2) Se han establecido unas condiciones mínimas, a nivel comunitario, para la aplicación de esta exención y facilitar el control fiscal de los bienes, que se han trasladado a la normativa interna española.

A estos efectos, el importador o su representante que actúe en nombre y por cuenta de aquel, debe facilitar a las autoridades competentes del Estado miembro de importación, como mínimo, la **información** siguiente:

a) Su NIF-IVA asignado por la Administración tributaria española.

b) El NIF-IVA del adquirente, al que se entreguen los bienes, asignado en otro Estado miembro.

Además, han de cumplirse los siguientes **requisitos**:
- acreditar que el importador o su representante fiscal figuran como consignatarios en los documentos de transporte;
- la expedición o transporte al Estado miembro de destino debe realizarse inmediatamente después de la importación;
- la entrega ulterior a la importación ha de resultar exenta por aplicación de la exención en entregas de bienes destinadas a otros Estados miembros (nº 5215 s.).

5710 Precisiones **1)** Cuando el transmitente **no acredita el transporte** al otro Estado miembro, es el responsable del pago del impuesto (LGT art.36). En relación con la acreditación de las condiciones para la aplicación de la exención a las entregas intracomunitarias y operaciones asimiladas, ver nº 5222 s. y nº 5215 s.

2) En relación con los criterios del **TJUE** sobre la información de la autoridad fiscal del Estado miembro de salida, las obligaciones del proveedor que actúa de buena fe y la prueba de las entregas intracomunitarias realizada de forma extemporánea, ver nº 5220.

5711 Ejemplos **1)** Una **sociedad radicada en Dinamarca** adquiere bienes procedentes de Turquía. La mercancía se introduce en la UE por Barcelona, donde se despacha de importación, enviándose posteriormente a Dinamarca. El importador es la propia empresa danesa.

La importación de bienes realizada por la empresa danesa está exenta del impuesto porque, con posterioridad, la importadora realiza una transferencia de bienes que está exenta (nº 5215 s.).

Dicha empresa debe cumplir en España las obligaciones formales exigidas en el supuesto de transferencias de bienes con destino a otro Estado miembro (nº 5225 s.).
2) La misma sociedad del ejemplo 1 importa por Barcelona una mercancía procedente de Turquía para venderla después a una persona que no tiene la condición de empresario, residente en Dinamarca.
La importación no está exenta, porque la posterior entrega está sujeta y no exenta al ser el adquirente una persona que no tiene la condición de empresario. La importación y la entrega posterior (nº 5215 s.) tributan en España. El sujeto pasivo es el empresario danés, ya que no procede inversión del sujeto pasivo en la entrega al no ser empresario o profesional el destinatario de la misma.

Doctrina Administrativa Además de las siguientes contestaciones de la DGT, ver nº 11000 s. **5712**
1) La exigencia de la **inmediatez en la expedición o transporte** debe entenderse en el sentido de que la importación tiene como único fin realizar una entrega intracomunitaria exenta y subsiguientemente una adquisición intracomunitaria en el Estado miembro de destino. No obstante, debe considerarse aplicable la exención a las importaciones de bienes que son objeto de ciertas **manipulaciones antes de su transporte** a otro Estado miembro. En cualquier caso, el importador está obligado a solicitar el NIF español desde el momento en que realice la entrega intracomunitaria (DGT 18-2-04).
2) La aduana puede exigir al importador que preste una **garantía**. Corresponde a la aduana, como órgano gestor, valorar las circunstancias que concurran en cada caso para exigir o no la citada garantía (DGT CV 4-5-98).
3) Si la introducción de mercancías no se realiza al amparo del **régimen de tránsito externo**, la importación está sujeta pero exenta ya que los bienes son objeto de transporte al territorio de otro Estado miembro, lo que constituye una entrega de bienes sujeta y exenta (nº 5215 s.). En el Estado miembro de destino de las mercancías se va a producir la correspondiente adquisición intracomunitaria de bienes (DGT 19-10-93). Si la importación se realizara al amparo del tránsito externo, la importación no se produciría en el Estado miembro de entrada, sino en el de destino, al ultimarse allí el régimen de tránsito.
4) No resulta aplicable la exención a una mercancía que se importa a través de una aduana situada en España para ser **sometida a un proceso industrial**, tras el cual será conducida al Estado miembro destinatario final de la mercancía. En este caso la operación es una importación sujeta al IVA español (DGT 6-4-01). Esta importación estaría exenta si se realizase al amparo del régimen de perfeccionamiento activo (nº 5636 s.).
5) La exención a la importación no se condiciona a que la mercancía se envíe, después de importada, al Estado miembro donde esté establecido el importador: es suficiente con que el **adquirente esté identificado** en un Estado miembro distinto de España (DGT CV 15-3-04).

Jurisprudencia **1)** La exención a las importaciones de bienes para ser objeto de una entrega ulterior con destino a otro E.m. se condiciona a que la **expedición o transporte** se efectúe inmediatamente después de la importación y solo admite las demoras e interrupciones propias de la logística del transporte o del despacho aduanero, lo que no se produce en el caso concreto en que se ha probado que despachados los bienes no fueron enviados inmediatamente al otro Estado comunitario, sino que permanecieron en territorio nacional un amplio período de tiempo (TEAC 9-6-04). **5716**
2) No es ajustada a derecho la denegación de la exención exclusivamente sobre la base de que, como consecuencia de un cambio producido tras la importación, los bienes en cuestión han sido **entregados a un sujeto pasivo distinto** de aquel cuyo NIF-IVA se había consignado en la declaración de importación, siendo que el importador ha suministrado toda la información relativa a la identidad del nuevo comprador a las autoridades competentes del Estado de importación, supuesto que ha quedado acreditado que las condiciones sustantivas para la exención de la entrega intra-UE se cumplen efectivamente (TJUE 20-6-18, asunto C-108/17).
3) La **exención** está condicionada a que el importador realice una subsiguiente entrega exenta. Ambas operaciones han de ser tratadas de manera conjunta al objeto de garantizar la lógica de la exención. El principio de **seguridad jurídica** impide que un Estado que había aceptado inicialmente los documentos presentados por el vendedor como evidencia de la procedencia de la exención exija posteriormente a dicho vendedor la correspondiente cuota de IVA como consecuencia de un fraude cometido por su cliente, fraude del que dicho vendedor no tenía ni podía tener conocimiento (TJUE 25-10-18, asunto C-528/17).

B. Exenciones análogas a las franquicias arancelarias

(LIVA art.28 s.; Dir 2006/112/CE art.143.1.b y c; Dir 2009/132/CE)

5720

5721 Se incluyen las exenciones del IVA correspondiente a las importaciones definitivas de bienes que se benefician de una franquicia aduanera distinta de la prevista en el arancel aduanero común.

La **finalidad** de estas exenciones es unificar la tributación de los regímenes aduanero (Rgto CE/1186/2009) y fiscal, si bien las diferencias de finalidad y estructura que existen entre los derechos de aduana y el IVA, particularmente en lo relativo a los objetivos de armonización fiscal, obliga a excluir del IVA las exenciones que afecten a las condiciones de competencia en el mercado interior.

Ciertas franquicias aplicadas en los Estados miembros derivan de **convenios entre los Estados miembros y terceros países**, respecto de las cuales no es útil su regulación a escala comunitaria, siendo suficiente autorizar su mantenimiento (Dir 2009/132/CE Preámbulo).

En todo caso, se trata de importaciones de bienes que no tienen carácter comercial.

A los efectos de la normativa comunitaria (Dir 2009/132/CE):

- las **importaciones de bienes** son las definidas en la Directiva IVA (Dir 2006/112/CE art.30), así como la puesta a disposición para el uso o consumo a la salida del régimen de depósito distinto del aduanero (Dir 2006/112/CE art.157.1.a) o de un régimen de admisión temporal o de tránsito (ver nº 5616);
- el término **Comunidad o Unión Europea** es el territorio de los Estados miembros en que se aplica la Directiva IVA -Dir 2006/112/CE. Se excluyen los países terceros y los territorios terceros (nº 5616).

[Precisiones] Hasta el **30-6-2021** las importaciones de **bienes de escaso valor** se encontraban exentas (LIVA art.34 derog RDL 7/2021).

1. Bienes personales de particulares procedentes de países terceros o territorios terceros

5724

5725 **Concepto de bienes personales** (Dir 2009/132/CE art.2; LIVA art.29; RIVA art.15.3º) A los efectos de la Directiva y de la LIVA:

a) Son los bienes destinados al **uso personal** del interesado o de las personas que convivan con él, o a las **necesidades de su hogar**, siempre que, por su naturaleza y cantidad, no pueda presumirse que se vayan a afectar a una actividad empresarial o profesional. Excepcionalmente, se incluyen entre ellos los instrumentos portátiles necesarios para ejercer la profesión del importador.

Estos bienes **comprenden** los efectos personales, ropa de cama o mesa, mobiliario, bicicletas, vehículos de uso privado (automóviles y sus remolques, caravanas, motocicletas, aeronaves y embarcaciones de recreo o deportivas) y los animales domésticos y de montar.

b) La importación puede efectuarse en una o en varias veces y por una o varias aduanas.

Importación de bienes por traslado de la residencia habitual (LIVA art.28; RIVA art.15.1º y 2º) La exención se condiciona al cumplimiento de los siguientes **requisitos**: 5726

a) Haber tenido la **residencia** fuera de la UE al menos doce meses consecutivos antes del traslado. Este plazo no se considera interrumpido cuando se produzca una ausencia máxima de 45 días en países o territorios terceros por vacaciones, turismo, negocios o enfermedad. La asistencia a una universidad o escuela en el territorio del IVA no implica el traslado de residencia habitual, por lo que el interesado no tiene derecho en estos casos a las exenciones propias de dicho traslado.

b) Que los bienes importados se destinen a los **mismos fines** que en la residencia anterior.

c) Que los bienes se hubiesen adquirido o importado en las **condiciones normales de tributación** en el país o territorio de origen o procedencia y no se hayan beneficiado de exención o devolución de impuestos con ocasión de su salida de dicho país. Se considera también que los bienes han sido adquiridos o importados en las condiciones normales de tributación cuando lo hayan sido al amparo de los regímenes diplomático, consular o de organismos internacionales establecidos en el Estado de origen.

d) Que los bienes hayan estado en **posesión del interesado** al menos seis meses antes del traslado o, tratándose de bienes no consumibles, que hubiesen sido utilizados por él en su antigua residencia durante el mismo **plazo**. No obstante, si se trata de vehículos de motor, sus remolques, caravanas de camping, viviendas transportables, embarcaciones de recreo o aviones de turismo, que se hubiesen adquirido o importado en el país de origen en el marco de las exenciones propias del régimen diplomático, consular o de los organismos internacionales, la exención se condiciona a que el período de utilización haya sido superior a doce meses. No se exige el cumplimiento de estos plazos en los casos excepcionales en que tampoco se exige por la legislación aduanera a efectos de los derechos de importación.

e) Que la **importación** de los bienes se produzca dentro del **plazo** de doce meses a partir de la fecha de traslado. También se pueden importar dentro de los seis meses anteriores al traslado, previo compromiso del interesado de establecer su nueva residencia antes de los seis meses siguientes a la importación, pudiendo exigirse garantía en cumplimiento de dicho compromiso. En tal caso, los plazos a que se refiere la letra d) del nº 5726 se calculan con referencia a la fecha de la importación. 5727

f) Que los bienes importados con exención **no sean transmitidos, cedidos o arrendados** en el plazo de doce meses posteriores a la importación, salvo causa justificada. El incumplimiento de este requisito determina la exacción del impuesto referido a la fecha en que se produzca dicho incumplimiento.

g) Los interesados deben presentar una **relación de los bienes** a importar y certificados de la baja en su residencia habitual fuera de la UE y del tiempo de permanencia en la residencia anterior. Cuando el interesado es de nacionalidad extranjera tiene la obligación de presentar también la carta de residencia en el territorio peninsular español o Islas Baleares o justificante de su solicitud. En este último caso, se le concede, previa prestación de garantía, el plazo de un año para conseguir la referida residencia.

Precisiones **1)** Quedan **excluidos** de la exención los siguientes bienes: el alcohol y el tabaco (respetando la franquicia vigente para el régimen de viajeros de ambos productos, nº 5820 s.), los vehículos industriales, los vehículos de uso mixto utilizados para fines comerciales o profesionales y los materiales de uso profesional, distintos de los instrumentos portátiles para el ejercicio de la profesión u oficio del importador. 5728

2) También se encuentran exentos los servicios de **transporte** vinculados a la importación de bienes muebles con motivo de un cambio de residencia (Rgto UE/282/2011 art.46).

Doctrina Administrativa Además de las siguientes contestaciones de la DGT, ver nº 11000 s. 5729

1) La importación por cambio de residencia de un vehículo todo terreno cuya **adquisición resultó exenta** del Arbitrio Insular sobre el Lujo (IGIC en la actualidad) es una importación sujeta y no exenta (DGT 18-5-95).

2) No está exenta la importación de un automóvil realizada después de transcurrido un año desde la **fecha de baja** en la antigua residencia (DGT 3-2-88).

3) Los **vehículos tipo jeep** no se consideran medios de transporte de carácter industrial ni vehículos de uso mixto para fines comerciales o profesionales (DGT 20-6-95).

4) Con excepción de los supuestos previstos en la norma (cambio de residencia, por razón de matrimonio y causa de herencia), no existe exención alguna a la **importación de vehículos** automóviles procedentes de terceros países (DGT 3-8-90).

5) Si un vehículo es **adquirido en común** por los dos cónyuges en el extranjero, matriculándose a nombre de uno solo de ellos, el requisito de la utilización previa en la antigua residencia por el plazo de seis meses y el pago del impuesto en el país de origen o procedencia deben entenderse cumplidos respecto de ambos cónyuges, por lo que la importación del vehículo está exenta

cuando se efectúe por razón de traslado de residencia de cualquiera de ellos y se cumplan los demás requisitos (DGT 19-9-88).
6) Está exenta la importación de una **embarcación deportiva** por traslado de residencia habitual desde Estados Unidos a España (DGT 17-2-97). Aunque sea socio de la entidad propietaria de la **aeronave**, la importación de este bien no cumple la condición de bien personal perteneciente a una persona física, por lo tanto no está exenta (DGT CV 9-4-24).
7) Están exentos los servicios de transporte de bienes y enseres personales para uso doméstico (**mudanzas**) cuya importación esté exenta (DGT 29-4-02).

5730 Jurisprudencia La exención a la importación para bienes personales del importador comprende también el **vehículo automóvil** del importador utilizado a título gratuito por un miembro de su familia, es decir, por una persona que convive con este o que está fundamentalmente a su cargo. Este criterio se deduce de la interpretación de la normativa comunitaria relativa a los derechos de aduana y no al IVA (actualmente Rgto CE/1186/2009).
No obstante, la exención de los derechos de importación relativa a los bienes personales contenida en dicha normativa es prácticamente idéntica a la contenida en la normativa comunitaria para la exención del IVA a la importación de bienes personales (Dir 2009/132/CE art.2 s.). Así, puede considerarse fundadamente que los criterios establecidos por el TJUE respecto de los derechos de aduana son también aplicables al IVA a la importación.
En este sentido, se ha considerado que la exención para bienes personales se refiere a bienes cuyo uso está estrechamente ligado a la vida privada de los interesados y sus familias y que no tienen ninguna intención comercial. La exención es aplicable siempre que el importador haya trasladado su residencia normal a un Estado miembro de la UE y que el hijo del importador conviva con este o esté fundadamente a su cargo (TJUE 6-9-12, asunto C-487/11).

5731 **Amueblamiento de residencia secundaria** (LIVA art.30; RIVA art.15.2º) Están exentas las importaciones de bienes personales efectuadas por particulares, con el fin de amueblar una vivienda secundaria del importador, siempre que concurran los **requisitos** siguientes:
- los señalados en las letras b), c), d), f) y g) del nº 5726 y nº 5727;
- que el importador fuese el propietario de la vivienda secundaria o, en su caso, su arrendatario, por un plazo mínimo de doce meses;
- que los bienes importados correspondan al mobiliario o ajuar normal de la vivienda secundaria.

5732 Doctrina Administrativa Además de la siguiente contestación de la DGT, ver nº 11000 s.
Los **vehículos automóviles** no están incluidos entre los bienes que pueden ser importados con exención por las personas con residencia habitual en un país tercero para destinarlos a su residencia secundaria situada en el territorio de aplicación del IVA (DGT 13-11-89).

5734 **Importación de bienes por causa de matrimonio** (LIVA art.31) Están exentas las importaciones de los bienes integrantes del **ajuar** y los objetos del **mobiliario**, incluso nuevos, pertenecientes a personas que, con ocasión de su matrimonio, trasladen su residencia habitual desde países o territorios terceros al territorio de aplicación del impuesto. La exención se condiciona al cumplimiento de los siguientes **requisitos**:
a) Los señalados en las letras a), c), f) y g) del nº 5726 y nº 5727.
b) Que el interesado aporte la prueba de su matrimonio o, en su caso, de la iniciación de las gestiones oficiales para su celebración.
c) Que la importación se efectúe dentro del período comprendido entre los dos meses anteriores y los cuatro meses posteriores a la celebración del matrimonio, pudiendo la Administración exigir garantía suficiente en los supuestos en que la importación se efectúe antes de la fecha de celebración del matrimonio. La falta de justificación del matrimonio en el plazo de cuatro meses a partir de la fecha indicada para su celebración, determina la exacción del impuesto referida al momento en que tuvo lugar la importación.
La exención alcanza también a la importación de los bienes que, en concepto de **regalos**, se ofrecen normalmente con ocasión del matrimonio, efectuados por quienes tengan su residencia habitual fuera de la UE y recibidos por las personas que cambian su residencia a causa del matrimonio, siempre que el valor unitario de los bienes ofrecidos como regalo no exceda de 200 euros.
La **exención no comprende** los vehículos de motor para circular por carretera, sus remolques, caravanas de camping, viviendas transportables, embarcaciones de recreo y aviones de turismo, salvo que sea de aplicación, con cumplimiento de los requisitos correspondientes, la exención relativa a las importaciones de bienes por cambio de residencia (nº 5726 s.).
En todo caso se excluyen de la exención las importaciones de los productos alcohólicos y del tabaco.

Ejemplo Dª XX, residente en Suiza desde hace más de 20 años, contrae matrimonio con un residente en Barcelona, trasladando su residencia a esta última ciudad por tal motivo. Un mes antes de su matrimonio importa en el territorio IVA todo el **mobiliario, ajuar y bienes personales** que tenía en su anterior residencia. Todos estos bienes estaban en su poder desde más de seis meses antes de la boda, con excepción de una nevera y un televisor que adquiere inmediatamente antes de la importación. Asimismo, importa un **vehículo** de turismo que había adquirido seis meses antes de la importación. Todos los bienes importados los había adquirido en condiciones normales de tributación. 5735
Dicha persona tiene derecho a importar con exención del IVA todos los bienes personales, ajuar y mobiliario, incluso los bienes nuevos. Sin embargo, la exención no puede aplicarse al vehículo de turismo por razón de matrimonio ni tampoco por cambio de residencia, ya que lo ha utilizado fuera de la UE por un tiempo inferior a doce meses (nº 5726).

Importación de bienes por causa de herencia (LIVA art.32; RIVA art.15.4º) Están exentas las importaciones de bienes personales adquiridos mortis causa cuando se cumplan los siguientes **requisitos**: 5737

a) Debe tratarse de **bienes personales** adquiridos por herencia, acreditándose su adquisición mediante la correspondiente escritura pública otorgada por cualquier medio admitido en Derecho.
b) El importador ha de tener **residencia habitual** en el territorio de aplicación del impuesto.
c) Los bienes deben ser importados en el **plazo** de dos años desde que el interesado hubiese entrado en posesión de ellos, salvo causas excepcionales apreciadas por la Administración.
d) La **exención no comprende** los siguientes bienes: productos alcohólicos, tabaco, vehículos industriales, materias primas, productos terminados o semiterminados, materiales de uso profesional distintos de los instrumentos portátiles necesarios para el ejercicio de la profesión del difunto, ganado vivo o productos agrícolas que excedan de las cantidades correspondientes a un aprovisionamiento familiar normal.
Esta exención también se aplica a las importaciones de bienes personales efectuadas por **entidades sin fines lucrativos** establecidas en el TIVA.

Bienes importados por estudiantes (LIVA art.33) Están exentas las importaciones de bienes que formen el **ajuar, material de estudio y equipamiento normal para una habitación** de estudiante, pertenecientes a personas que vayan a residir temporalmente en el territorio de aplicación del impuesto para realizar en dicho territorio sus estudios y que se destinen a su uso personal mientras duren los mismos. La exención se concede solo una vez por año escolar. 5738
A estos efectos, tienen la consideración de estudiantes las personas inscritas en un centro de enseñanza establecido en el TIVA.

2. Bienes de inversión por transferencia de actividades empresariales

(LIVA art.37; RIVA art.16)

La exención comprende la importación de **bienes de inversión afectos** a la actividad de una empresa de producción o de servicios situada en un país tercero, que cesa en su actividad y se traslada al territorio IVA para desarrollar una actividad similar. Como **excepción**, no se aplica cuando el traslado se produzca como consecuencia de la fusión o absorción de la empresa del país tercero por otra situada en el territorio IVA, sin que se inicie una actividad nueva. 5740
La exención no alcanza a los medios de transporte que no sean instrumentos de producción o de servicios, las existencias, combustibles y bienes consumibles.
La exención se condiciona a los siguientes **requisitos**:
- utilización de los bienes por un **período mínimo** de doce meses en el lugar de procedencia;
- importación dentro del **plazo** de doce meses siguientes al cese de actividad en el lugar de procedencia;
- utilización en el territorio de aplicación del impuesto para los **mismos usos** a que venían destinándose los bienes en el lugar de origen y que no pueden consistir fundamentalmente en una actividad exenta sin derecho a deducción; la acreditación de la naturaleza de la actividad desarrollada en origen se puede realizar con una certificación expedida por una autoridad del país de origen;
- **proporcionalidad** de los bienes importados en relación a la importancia de la empresa;
- **declaración de alta** como sujeto pasivo del impuesto, previa a la importación.

Precisiones **1)** Se considera que los bienes importados no se destinan fundamentalmente a la realización de **operaciones exentas** sin derecho a deducción cuando la prorrata correspondiente a las actividades que el importador de los bienes desarrolle en el territorio de aplicación del impuesto sea igual o superior al 90%.

2) Si la empresa que transfiere su actividad se dedica al desarrollo de una **actividad ganadera**, la exención se aplica también al ganado vivo utilizado en dicha explotación, con excepción del ganado que esté en posesión de los tratantes de ganado.

3. Productos agrícolas o de uso agrícola

(CAU art.208; Dir 2009/132/CE art.30 a 35; LIVA art.38, 39 y 59)

5742 Están exentas del impuesto las importaciones de:

a) Productos agrícolas, ganaderos, hortícolas y silvícolas procedentes de un país tercero limítrofe con el territorio de aplicación del impuesto, obtenidos por productores cuya sede de explotación se encuentre en este territorio en las proximidades inmediatas de aquel país. La importación debe efectuarse por el productor o por persona que actúe en nombre y por cuenta de él, estableciéndose ciertos requisitos en relación con:

- los productos ganaderos: deben proceder de animales criados, adquiridos o importados en las condiciones generales de tributación de la UE;
- los caballos de raza pura: no pueden tener más de 6 meses de edad y deben haber nacido en el país tercero de un animal fecundado en el territorio de aplicación del impuesto y exportado temporalmente para parir.

b) Semillas, abonos y productos para el tratamiento del suelo y de los vegetales, destinados a la explotación de tierras situadas en la proximidad inmediata de un país tercero y explotadas por productores cuya sede de actividad se encuentre en dicho país tercero, en la proximidad inmediata del territorio de aplicación del impuesto.

La exención se condiciona a que la importación se efectúe por el productor o por persona que actúe en nombre y por cuenta de él, y a que los mencionados productos se importen en cantidades no superiores a las necesarias para la explotación de las tierras a que se destinen.

5743 **c) Productos de la pesca**: están exentas del impuesto las importaciones de pesca marítima que estén exentas de derechos arancelarios y cumplan, además, los requisitos previstos en la LIVA.

El CAU declara **exentos de arancel**:

1. Los productos de la pesca marítima y los demás productos extraídos de las aguas territoriales de un país o territorio situado fuera del territorio aduanero de la Unión por buques exclusivamente matriculados o registrados en un Estado miembro y que enarbolen pabellón de dicho Estado.
2. Los productos obtenidos a partir de los anteriores a bordo de buques factoría y que cumplan las mismas condiciones indicadas.

La LIVA exige también para la **exención del IVA**:

- que la importación se efectúe por una aduana marítima;
- que se realice por el armador del buque pesquero o en nombre y por cuenta de él y proceda directamente de sus capturas;
- que los productos no hayan sido objeto de transformación (con excepción de las operaciones destinadas exclusivamente a preservarlos para su comercialización) ni de una entrega previa a la importación.

Precisiones No es aplicable la exención a los productos que lleguen a una aduana marítima y se despachen **en tránsito** a una interior, para despacharse de importación en esta última.
En caso de **transbordo** de la pesca en alta mar, solo procede la exención si el buque conductor pertenece también al armador del buque que realizó la captura.

5744 Ejemplo Un **armador español** (A), dedicado a la pesca en mares libres, **vende** el producto obtenido de la pesca a otra **empresa española** (B), que conduce dicha pesca a puerto español y la declara para su importación. Posteriormente B la revende a una tercera empresa, dentro del territorio de aplicación del impuesto.
La primera entrega efectuada por A a B no está sujeta al IVA. En el caso de entregas de bienes que son objeto de expedición o transporte que se inicia en país o territorio tercero, solo hay sujeción al IVA en las entregas que realice el importador y los sucesivos adquirentes. Por tanto, si quien entrega no es el importador de los bienes ni un adquirente posterior a este, la citada operación no queda sujeta al impuesto (nº 431 s.).
La importación realizada por B no está exenta del impuesto, porque importa productos que no han sido capturados por él y la posterior entrega es una entrega interior, sujeta y no exenta.

5745 Doctrina Administrativa Además de las siguientes contestaciones de la DGT, ver nº 11000 s.
1) No están exentas las importaciones de productos de pesca efectuadas por personas distintas de los armadores de dichos buques que actúen como **comisionistas** de aquellos, pero en nombre propio (DGT CV 2-9-86).

2) En ningún caso están exentas las importaciones de productos de pesca efectuadas por otras **aduanas distintas de las marítimas** (DGT CV 23-12-86).

3) Entidad mercantil domiciliada en Canarias armadora de un buque palangrero que faena en el caladero de Marruecos y, ocasionalmente, en la costa peninsular. Los productos de la pesca obtenidos tanto en el citado caladero como en la costa peninsular los vende en la Península.

Están sujetas las importaciones de productos de la **pesca del caladero de Marruecos**; no obstante, están exentas cuando se reúnan los siguientes requisitos:

- que se efectúen por los propios armadores de los buques pesqueros o en nombre y por cuenta de ellos y procedan directamente de sus capturas;
- que los productos se importen en el mismo estado en que se capturaron o se hubiesen sometido a operaciones destinadas exclusivamente a preservarlos para su comercialización, tales como limpieza, troceado, clasificación y embalaje, refrigeración, congelación o adición de sal;
- que dichos productos no hubiesen sido objeto de una entrega previa a la importación (DGT 23-10-97).

4. Sustancias terapéuticas, medicamentos, animales de laboratorio y sustancias biológicas

(Dir 2009/132/CE art.36 a 41; LIVA art.40 a 43; RIVA art.17)

Están exentas las siguientes importaciones: 5746

a) **Sustancias terapéuticas y reactivos** de los siguientes productos, así como de los embalajes especiales indispensables para el transporte y de los disolventes o productos necesarios para su conservación:

1. Sustancias terapéuticas de origen humano: la sangre humana y sus derivados (plasma humano desecado, albúmina humana, sustancias de proteínas plasmáticas, inmunoglobulina, fibrinógeno humano).
2. Reactivos para la determinación de los grupos sanguíneos: todos los reactivos utilizados para la determinación de grupos sanguíneos y de incompatibilidades sanguíneas.
3. Reactivos para la determinación de tejidos humanos: todos los reactivos de cualquier origen utilizados en la determinación de los grupos de tejidos humanos.

Estas exenciones se condicionan al cumplimiento de los siguientes requisitos:

- que se destinen a organismos o laboratorios autorizados por la Administración, para su utilización exclusiva en fines médicos o científicos;
- que los bienes se presenten en recipientes provistos de identificación adecuada;
- que la naturaleza y destino de los bienes se acredite mediante certificado expedido por organismo habilitado en el país de origen.

b) **Animales de laboratorio y sustancias para la investigación**: las realizadas a título gratuito, de animales especialmente preparados para ser utilizados en laboratorios y de las sustancias biológicas y químicas procedentes de países terceros, cuando estos bienes se importen por establecimientos públicos o servicios dependientes de ellos que tengan por objeto la enseñanza o la investigación científica.

También están exentas cuando se importen por establecimientos privados dedicados también esencialmente a las mismas actividades, si bien en este caso se condiciona a su previa autorización. La exención se condiciona a los mismos requisitos fijados por la legislación aduanera para la exención de los derechos arancelarios.

c) **Sustancias para el control de calidad de los medicamentos**: las muestras de sustancias referenciadas, autorizadas por la Organización Mundial de la Salud (OMS) para control de calidad de las materias utilizadas en la fabricación de medicamentos, siempre que se importen por entidades autorizadas para recibir estos productos.

d) **Productos farmacéuticos para competiciones deportivas** destinados al uso de las personas o de los animales que participen en competiciones deportivas internacionales, cuando se importen en las cantidades adecuadas al tiempo de su permanencia en el territorio del impuesto.

Las **solicitudes** de las autorizaciones administrativas que condicionan las exenciones de estas importaciones deben realizarse ante la Delegación o Administración de la AEAT en cuya circunscripción territorial esté situado el domicilio fiscal del importador y surten efectos respecto de las importaciones cuyo devengo se produzca a partir de la fecha del correspondiente acuerdo o, en su caso, de la fecha que se indique en el mismo. 5747

La autorización se entiende **revocada** en el momento en que se modifiquen las circunstancias que motivaron su concesión o cuando se produzca un cambio en la normativa que varíe las condiciones que determinaron su otorgamiento.

Doctrina Administrativa Además de la siguiente contestación de la DGT, ver nº 11000 s.
La importación de una **unidad generadora de oxígeno** efectuada por una clínica no está exenta, aunque se envíe por el proveedor a título gratuito y no se destine a una actividad lucrativa (DGT 19-9-89).

5. Bienes destinados a organismos de carácter benéfico o filantrópico

(Dir 2009/132/CE art.42 a 57; LIVA art.44, 45 y 46; RIVA art.17)

5748 Están exentas las siguientes importaciones:
a) **Bienes destinados a organismos caritativos o filantrópicos**: los bienes que se indican seguidamente cuando se realicen por entidades públicas o privadas autorizadas de carácter caritativo o filantrópico:
1. Los **bienes de primera necesidad** (alimentos, medicamentos y ropa) adquiridos a título gratuito, para su distribución gratuita a personas necesitadas.
2. Los bienes de cualquier clase, que no constituyan el objeto de una actividad comercial, remitidos a título gratuito por personas o entidades establecidas fuera de la UE para las **colectas de fondos** organizadas a favor de personas necesitadas.
3. **Materiales de oficina**, que no constituyan el objeto de una actividad comercial, remitidos gratuitamente para las necesidades de funcionamiento de los citados organismos.
Quedan **excluidos** de la exención los productos alcohólicos, el tabaco, el café, el té y los vehículos distintos de las ambulancias.
Los bienes utilizados por la entidad beneficiaria de la exención con fines distintos están sujetos a la aplicación del IVA a la importación que les sea propio.

5749 b) **Bienes para personas con discapacidad**: los bienes concebidos para la **educación, empleo o promoción social** de las personas físicas o mentalmente disminuidas, cuando se realicen por instituciones autorizadas que se dediquen a la educación o asistencia a dichas personas, y los bienes se remitan gratuitamente y sin fines comerciales.
La exención también alcanza a los **repuestos y accesorios** de los citados bienes, y a las herramientas o instrumentos utilizados en su mantenimiento, control, calibrado o reparación, siempre que se importen conjuntamente con ellos o se identifique que corresponden a los mismos.
Los citados bienes pueden ser **prestados, alquilados o cedidos**, sin ánimo de lucro, por las entidades o establecimientos beneficiarios a las personas con discapacidad sin pérdida de la exención o en favor de otras instituciones dedicadas a los mismos fines. En cualquier otro caso es necesaria la previa comunicación a la Administración (nº 5750). En caso de incumplimiento o cuando los organismos dejen de cumplir los requisitos que justificaron la aplicación de la exención, se exige el pago del impuesto con referencia a la fecha en que se produjeran dichas circunstancias.
c) **Bienes para víctimas de catástrofes**: los bienes de cualquier clase, efectuadas por entidades públicas o privadas autorizadas, de carácter caritativo o filantrópico, siempre que:
1. Se **distribuyan gratuitamente** a las víctimas de las catástrofes que afecten al territorio del impuesto.
2. Se **cedan gratuitamente** a las víctimas, pero manteniendo las mencionadas entidades la propiedad de los bienes.
También están exentas las importaciones de bienes efectuadas por **unidades de socorro** para las necesidades de su intervención.
La exención no comprende los materiales de cualquier clase destinados a la reconstrucción de las zonas siniestradas.
Esta exención está condicionada a la previa **autorización** de la Comisión de la UE, al objeto de evitar distorsiones en la aplicación del impuesto. Hasta que se conceda la autorización, puede realizarse la importación con suspensión provisional del impuesto, si el importador presta **garantía** suficiente.

5750 Los bienes citados en las letras anteriores no pueden ser utilizados, prestados, arrendados o **cedidos** a título oneroso o gratuito para fines distintos de los indicados anteriormente, sin previa comunicación a la Administración, a menos que se realicen en favor de otros organismos que cumplan los requisitos previstos en esta exención. En caso de **incumplimiento** o cuando los organismos dejen de cumplir los requisitos que justificaron la aplicación de la exención, se exige el pago del impuesto con referencia a la fecha en que se produjeron dichas circunstancias.
Las **solicitudes** de las autorizaciones administrativas que condicionan las exenciones de las importaciones de bienes comprendidos en este epígrafe deben realizarse ante la Delegación o Administración de la AEAT en cuya circunscripción territorial esté situado el domicilio fiscal

del importador, y surten efectos respecto de las importaciones cuyo devengo se produzca a partir de la fecha del correspondiente acuerdo o, en su caso, de la fecha que se indique en el mismo.
La autorización se entiende **revocada** en el momento en que se modifiquen las circunstancias que motivaron su concesión o cuando se produzca un cambio en la normativa que varíe las condiciones que determinaron su otorgamiento.

Precisiones Como consecuencia de la emergencia de salud pública por el **COVID-19** se concedió una franquicia de los derechos de importación (Rgto CE/1186/2009 art.2.1.a) y una exención del IVA a la importación (Dir 2009/132/CE art.2.1.a) en la importación de mercancías, incluidas aquellas para su despacho a libre práctica, efectuadas inicialmente entre el 30-1-2020 y el 30-6-2022, cuando se dieran estas circunstancias (Decisión (UE) 2020/491 art.1 y 3; Decisión (UE) 2021/2313 art.1 y 3): **5751**
a) Que su **destino** fuera la distribución de forma gratuita por organizaciones estatales, incluidos entes estatales, organismos públicos y otros organismos de Derecho público, o por cuenta de organizaciones autorizadas por las autoridades competentes de los Estados miembros, a personas afectadas o en situación de riesgo por COVID-19, así como los que participan en la lucha contra esta enfermedad; la puesta a disposición de forma gratuita mientras son propiedad de los entes apuntados, para las mismas personas indicadas.
b) Que cumplieran los **requisitos** establecidos en la normativa comunitaria respecto a la exclusión de franquicia de materiales y equipo destinados a la reconstrucción de las zonas siniestradas (Rgto CE/1186/2009 art.75 a 80), y respecto a la exención en el IVA de los bienes importados en beneficio de las víctimas de catástrofes (Dir 2009/132/CE art.52, 55, 56 y 57).
Este beneficio se amplió a la importación de bienes realizadas por, o por cuenta de, **agencias de ayuda** en caso de catástrofe a fin de cubrir sus necesidades durante el período en que ofrecieran auxilio a las personas afectadas o en situación de riesgo por COVID-19 o a quienes participasen en la lucha contra el brote de la enfermedad (Decisión Comisión (UE) 2020/491).
En el **Reino Unido** solo fue aplicable entre el 30-1-2020 y el 31-12-2020.

Doctrina Administrativa Además de la siguiente contestación de la DGT, ver nº 11000 s.
La importación de **bienes adquiridos a título oneroso**, producidos por organizaciones artesanales de Sudamérica, cuya venta se destina a personas necesitadas de América Latina, no está exenta (DGT 8-4-95).

6. Bienes relativos a ciertas relaciones internacionales

(Dir 2009/132/CE art.58 a 62; LIVA art.47)

Se declaran exentas las importaciones **desprovistas de carácter comercial** de los siguientes bienes: **5752**
a) Las **condecoraciones** concedidas por las autoridades de un país tercero a personas residentes en el territorio IVA.
b) Las **copas, medallas** y objetos similares que tengan carácter esencialmente simbólico y se concedan en un país tercero a personas residentes en el territorio IVA en homenaje a sus actividades en las artes, las ciencias, los deportes o los servicios públicos o con ocasión de un acontecimiento concreto, cuando se importen por el propio interesado. También cuando vayan a ser ofrecidos gratuitamente por autoridades o personas establecidas en un país tercero para ser entregados, por las mismas causas, en el interior del territorio de aplicación del impuesto.
c) Las **recompensas, trofeos y recuerdos** de carácter simbólico y de escaso valor destinados a ser distribuidos gratuitamente a personas que tengan su residencia habitual fuera del territorio de aplicación del impuesto, con ocasión de congresos, reuniones de negocios o manifestaciones que tengan lugar en el territorio IVA.
d) Los bienes **donados a los Reyes de España**.
e) Los bienes que normalmente puedan considerarse como destinados a ser utilizados o consumidos durante su permanencia oficial en el territorio de aplicación del impuesto por los **Jefes de los Estados extranjeros**, por quienes los representen o por quienes tengan prerrogativas análogas, a condición de reciprocidad.
f) Los bienes adquiridos en un país tercero por personas residentes en el territorio IVA que hubiesen realizado una **visita oficial** a dicho país y los hubiesen recibido de las autoridades del mismo en concepto de obsequio; los importados por personas que efectúen una visita oficial al territorio de aplicación del impuesto para entregarlos como regalo a las autoridades de este territorio con ocasión de dicha visita; y los que se envíen, en concepto de regalo, a las autoridades, corporaciones públicas o agrupaciones que ejerzan actividades de interés público en el territorio de aplicación del impuesto, por las autoridades, corporaciones o agrupaciones de igual naturaleza de un país tercero en prueba de amistad o buena voluntad. En todos los casos quedan excluidos de la exención los productos alcohólicos y el tabaco.

7. Bienes con fines de promoción comercial

(Dir 2009/132/CE art.63 a 71; LIVA art.48)

5754 Están exentas las importaciones de los siguientes bienes:

a) Las **muestras** de mercancías sin valor comercial estimable.

b) Los **impresos de carácter publicitario**, tales como catálogos, listas de precios, instrucciones de uso, folletos comerciales, etc. referidos a mercancías destinadas a la venta o arrendamiento por empresarios o profesionales no establecidos en el territorio de la UE, o a la prestación de servicios en materia de transporte, de seguro comercial o de banca, ofrecidas por personas establecidas en un país tercero. La exención se condiciona a los siguientes **requisitos**:

- deben llevar de forma visible el nombre del empresario o profesional que produzca, venda o alquile las mercancías o que ofrezca las prestaciones de servicios a que se refieran;
- cada envío debe comprender un solo ejemplar de cada documento o, si comprendiese varios ejemplares, el peso bruto total no puede exceder de un kilo;
- no deben ser objeto de envíos agrupados de un mismo remitente a un mismo destinatario.

c) Los **objetos de carácter publicitario**, sin valor comercial intrínseco, que se remitan gratuitamente por los proveedores a los clientes, siempre que no tengan otra finalidad económica distinta de la publicitaria.

5755 **d)** Los siguientes bienes destinados a una **exposición** o manifestación similar, con excepción de los productos alcohólicos, el tabaco y el combustible y carburante:

1. **Pequeñas muestras** representativas que sean importadas gratuitamente o que sean obtenidas en la manifestación a partir de las mercancías importadas a granel. Deben distribuirse gratuitamente al público durante la manifestación o exposición para su utilización o consumo, ser identificables como muestras de carácter publicitario de escaso valor unitario, no susceptibles de ser comercializadas, y presentarse, en su caso, en envases que contengan una cantidad de mercancías inferior a la más pequeña cantidad de la misma mercancía ofrecida efectivamente en el comercio. Tratándose de muestras de los productos alimenticios y bebidas no acondicionados en la forma indicada anteriormente, se deben consumir en el acto en la propia manifestación. En cualquier caso, su valor global y cantidad deben estar en consonancia con la naturaleza de la exposición o manifestación, el número de visitantes y la importancia de la participación del expositor.
2. Los bienes que hayan de utilizarse en la realización de **demostraciones** o para permitir el funcionamiento de máquinas o aparatos presentados en las exposiciones o manifestaciones. La exención está condicionada a que los bienes importados sean consumidos o destruidos en el curso de la manifestación o exposición y a que su valor global y cantidad sea proporcionada a la naturaleza de la exposición o manifestación, al número de visitantes y a la importancia de la participación del expositor.
3. Los materiales de **escaso valor** (pinturas, barnices, papeles pintados) utilizados en la construcción o decoración de los pabellones de los expositores.
4. Los **impresos, catálogos, carteles, calendarios**, etc. con fines de publicidad de los bienes objeto de la exposición o manifestación. Los bienes importados deben destinarse exclusivamente a ser distribuidos gratuitamente al público en el lugar de la exposición o manifestación, y su valor global y cantidad deben ser proporcionados a la naturaleza de la manifestación, al número de sus visitantes y a la importancia de la participación del expositor.

A estos efectos se entiende por **exposiciones o manifestaciones similares** las exposiciones, ferias, salones o acontecimientos análogos del comercio, la industria, la agricultura o la artesanía, las organizadas principalmente con fines filantrópicos, científicos, técnicos, de artesanía, artísticos, educativos, culturales, deportivos o religiosos o para el mejor desarrollo de las actividades sindicales, turísticas o de las relaciones entre los pueblos. Asimismo, se incluyen las reuniones de representantes de organizaciones o grupos internacionales y las ceremonias de carácter oficial o conmemorativo. No tienen esta consideración las que se organicen con carácter privado en almacenes o locales comerciales utilizados para la venta de mercancías.

5756 Doctrina Administrativa Además de las siguientes contestaciones de la DGT, ver nº 11000 s.

1) Se consideran **muestras sin valor comercial**, las muestras de géneros no consumibles cuya demostración se efectúa por la simple presentación (encendedores, bolígrafos), y las muestras de géneros consumibles cuya demostración implica su destrucción (DGT CV 25-9-86).

2) Están exentas las importaciones de **objetos publicitarios** cuando carezcan de valor comercial estimable, se remitan gratuitamente por los proveedores y se consigne en dichos objetos, de forma clara e indeleble, el nombre del proveedor (DGT CV 25-9-86).

3) Una empresa de EEUU envía a una empresa editora española expediciones de **encartes con publicidad** de sus productos y una banda perfumada para que sean insertadas en las revistas.

Las mencionadas expediciones oscilan entre 500.000 y 2.000.000 de unidades, con un peso entre los 7.000 y los 25.000 kilogramos. No se puede aplicar la exención por incumplir la normativa en cuanto a peso y número de ejemplares (DGT 13-2-01).

8. Bienes para exámenes, análisis o ensayos

(Dir 2009/132/CE art.72 a 78; LIVA art.49; RIVA art.17)

Están exentas las importaciones de los bienes para exámenes, análisis o ensayos con objeto de determinar su composición, calidad u otras características con fines de **información o investigación** de carácter industrial o comercial. Quedan **excluidos** de la exención los bienes que se utilicen en exámenes, análisis o ensayos que en sí mismos constituyan operaciones de promoción comercial. 5757

La exención solo alcanza a las cantidades de los bienes indicados que sean estrictamente necesarias para la realización de los referidos objetivos y queda **condicionada** a que los mismos sean totalmente consumidos o destruidos en el curso de las operaciones de investigación.

La exención se extiende a los **productos restantes** que pudieran resultar si, con autorización de la Administración, fuesen destruidos o convertidos en bienes sin valor comercial, abandonados en favor del Estado libres de gastos o reexportados a un país tercero.

Precisiones **1)** Se entiende por **productos restantes** los que resulten de los exámenes, análisis o ensayos, o bien las mercancías importadas con dicha finalidad que no fuesen efectivamente utilizadas.

2) La **autorización** se debe solicitar a la Delegación o Administración de la AEAT en cuya circunscripción territorial esté situado el domicilio fiscal del importador, y surte efectos respecto de las importaciones cuyo devengo se produzca a partir de la fecha del correspondiente acuerdo o, en su caso, de la fecha que se indique en el mismo.

Doctrina Administrativa Además de las siguientes contestaciones de la DGT, ver nº 11000 s. 5758

1) La exención por la importación de **muestras de vinos** para ser analizados sensorialmente y destruidos en dicho proceso con el fin de dictaminar su calidad, sin repercusión comercial alguna, se aplica directamente por la aduana donde se despachen a consumo dichos bienes, sin que sea precisa una autorización previa para la aplicación de la exención (DGT 27-2-96).

2) La exención de la importación de **anticuerpos de animales** para ser analizados se aplica directamente por la aduana donde se despachen a consumo dichos bienes cuando concurran los requisitos que delimitan la citada exención, sin que sea precisa una autorización previa para la aplicación de la indicada exención (DGT 11-4-00).

9. Importaciones diversas

(Dir 2009/132/CE art.79 a 90; LIVA art.50 a 58)

5759

Documentos de carácter turístico (Dir 2009/132/CE art.80; LIVA art.51) Están exentas las importaciones de los siguientes documentos de carácter **turístico**: 5760

a) Los destinados a ser distribuidos gratuitamente con fines de **propaganda** sobre viajes a lugares situados fuera de la UE, para asistir a reuniones de carácter cultural, turístico, religioso, deportivo o profesional, siempre que no tengan más de un 25% de publicidad comercial privada.

b) Las listas o **anuarios de hoteles** extranjeros, así como las guías de **servicios de transporte**, explotados fuera de la UE, que hayan sido publicados por organismos oficiales de turismo o bajo su patrocinio y que no contengan más del 25% de publicidad comercial privada.

c) El **material técnico** enviado a los representantes acreditados o corresponsales de organismos oficiales nacionales de turismo que no se destinen a su distribución, como anuarios, listas de abonados de teléfono o de télex, lista de hoteles, catálogos de ferias, muestras de productos de artesanía sin valor comercial estimable, documentación sobre museos, universidades, estaciones termales y otras instituciones análogas.

5761 **Otros documentos** (Dir 2009/132/CE art.79 y 81; LIVA art.50 y 52) También están exentas las importaciones de los siguientes documentos:
1. Documentos enviados gratuitamente a las **entidades públicas**.
2. Publicaciones de **gobiernos** de terceros países y de organismos oficiales internacionales para su distribución gratuita.
3. Las **papeletas de voto** convocadas por organismos establecidos fuera del territorio de aplicación del impuesto.
4. Los objetos para **pruebas** ante los tribunales.
5. **Reconocimientos de firmas** y las circulares impresas relacionadas que se expidan en los intercambios usuales de información entre servicios públicos o establecimientos bancarios.
6. Impresos oficiales dirigidos al **Banco de España**.
7. Informes, memorias de actividades, notas de información, prospectos, boletines de suscripción y otros documentos dirigidos a los tenedores de **títulos** emitidos por sociedades extranjeras.
8. Las fichas perforadas, registros sonoros, microfilmes y otros **soportes grabados** utilizados para la transmisión de información remitidos gratuitamente a sus destinatarios.
9. Expedientes, archivos, formularios y demás documentos para **reuniones, conferencias o congresos internacionales**, así como las actas y resúmenes.
10. **Planos**, dibujos técnicos, copias, descripciones y otros documentos para obtención o ejecución de **pedidos** o para participar en un concurso organizado en el territorio de aplicación del impuesto.
11. Documentos para **exámenes** organizados por instituciones establecidas fuera de la UE.
12. Formularios destinados a ser utilizados como documentos oficiales en el **tráfico internacional de vehículos o mercancías**.
13. Formularios, etiquetas, títulos de transporte y similares expedidos por **empresas de transporte u hoteleras** establecidas fuera de la UE y dirigidas a las agencias de viaje establecidas en el territorio IVA.
14. Formularios, títulos de transporte, conocimientos de embarque, cartas de porte y demás **documentos comerciales** o de oficina ya utilizados.
15. Impresos oficiales de las autoridades nacionales o internacionales y los impresos ajustados a modelos internacionales dirigidos por **asociaciones** establecidas fuera de la UE a las asociaciones correspondientes establecidas en el territorio IVA para su distribución.
16. Fotografías, diapositivas y clichés dirigidos a las **agencias de prensa** o a los editores de periódicos o revistas.
17. **Publicaciones oficiales de gobiernos de países terceros**, organismos internacionales y demás entidades públicas, así como los impresos distribuidos por organizaciones políticas extranjeras reconocidas oficialmente como tales por España con motivo de elecciones, siempre que dichas publicaciones e impresos hayan estado gravados por el IVA o un tributo análogo en el país de exportación y no hayan sido objeto de desgravación a la exportación.
18. Asimismo están exentas las importaciones de marcas, modelos o diseños y de los expedientes de solicitud de **derechos de la propiedad intelectual o industrial** destinados a los organismos competentes para tramitarlos.

5762 **Material audiovisual producido por la ONU** (Dir 2009/132/CE art.81.q; LIVA art.53) Están exentas las importaciones de materiales audiovisuales de **carácter educativo, científico o cultural** producidos por la ONU o alguno de sus organismos especializados.
Se comprenden entre dichos materiales: películas cinematográficas con registro de sonido o sin él; películas sobre sucesos de actualidad, importadas para su reproducción, en número de dos copias por tema como máximo; películas recreativas para niños y jóvenes; impresos, incluidas las estampas, grabados y fotografías; discos, cintas y demás soportes grabados; instrumentos, aparatos y modelos para demostraciones en la enseñanza o exposiciones; hologramas para proyección por láser (juegos multimedia, material de enseñanza programada).

Doctrina Administrativa Además de la siguiente contestación de la DGT, ver nº 11000 s.
La exención reconocida a las importaciones de material audiovisual producido por la ONU se refiere exclusivamente a tales bienes, sin que sea admisible la **analogía** para extender más allá de los términos estrictos el ámbito de la exención (DGT 28-5-93).

5763 **Objetos de colección o de arte** (Dir 2009/132/CE art.81.r; LIVA art.54) Están exentas las importaciones de los objetos de colección o de arte de carácter educativo, científico o cultural, que no se destinen a la venta y que se importen por **museos, galerías u otros establecimientos autorizados** para ello.

La exención está condicionada a que los objetos se importen a título gratuito o, si lo fuesen a título oneroso, que sean entregados por personas que no actúen como empresarios o profesionales.

Jurisprudencia **1)** La intervención de un **intermediario** en la importación de un cuadro que un particular entrega a favor de un museo situado en la Península está exenta (TEAC 31-1-01).
2) Una fundación dona al Estado español una parte porcentual del pleno dominio de una obra pictórica que se encontraba en importación temporal y ofrece el resto de ese pleno dominio en **dación en pago** de los impuestos que adeuda. Solo está exenta la donación de una parte del pleno dominio de la obra pictórica y no la dación en pago del resto de la misma, porque al efectuarse a título oneroso, no se cumplen los requisitos exigidos legalmente (TEAC 12-5-04).

Materiales para el acondicionamiento y protección de mercancías y animales en ruta (Dir 2009/132/CE art.82 y 83; LIVA art.55 y 56) Están exentas las importaciones de materiales para el acondicionamiento o protección de las **mercancías**, incluso térmica, durante su transporte, siempre que no sean normalmente susceptibles de reutilización y que su contraprestación esté incluida en la base imponible de las mercancías a que se refieran. 5764
Igualmente, están exentas las importaciones de los bienes destinados al acondicionamiento o a la alimentación en ruta de los **animales**, siempre que se utilicen o distribuyan durante su transporte.

Ataúdes y urnas (Dir 2009/132/CE art.89 y 90; LIVA art.58) Están exentas las importaciones de ataúdes y urnas que contengan cadáveres o restos de incineración, así como las **flores, coronas y demás objetos de adorno**, conducidos por personas residentes en un país tercero y que asistan a funerales o las utilicen para decorar las tumbas situadas en territorio IVA, siempre que se presenten en cantidades que no sean propias de una actividad comercial. 5765
La exención se extiende a las importaciones de bienes destinados a la **construcción, conservación o decoración de cementerios**, sepulturas y monumentos conmemorativos de víctimas de guerra de un país tercero, inhumadas en el territorio de aplicación del IVA, cuando las importaciones se realicen por organizaciones autorizadas.

Carburantes y lubricantes (Dir 2009/132/CE art.84 a 88; LIVA art.57) Están exentas las importaciones de carburantes y lubricantes contenidos en los **depósitos** de los vehículos industriales y de turismo y en los contenedores especiales, hasta el **límite** de las siguientes cantidades: 5766
- en los depósitos normales de los vehículos industriales y en los contenedores, hasta 200 litros;
- en los demás depósitos normales, sin limitación;
- en los depósitos portátiles, hasta el límite de 10 litros;
- los lubricantes que se encuentren a bordo de los vehículos en las cantidades que correspondan a las necesidades normales de funcionamiento de dichos vehículos durante el trayecto en curso.

Los carburantes admitidos con exención solo pueden ser utilizados en los **vehículos en que se hayan importado**. No pueden ser extraídos de los mismos, ni almacenados, salvo que los mencionados vehículos sean objeto de una reparación necesaria; tampoco pueden ser objeto de una cesión onerosa o gratuita por parte del beneficiario de la exención.

Precisiones A estos efectos, se entiende por: 5767
- **vehículo industrial**, el vehículo capaz de circular por carretera que, por sus características, resulte apto para el transporte de personas, con capacidad superior a nueve personas, o de mercancías, así como para otros usos industriales distintos del transporte;
- **vehículo de turismo**, el vehículo capaz de circular por carretera que no esté comprendido en el concepto anterior;
- **contenedores de usos especiales**, los equipados con dispositivos adaptados para sistemas de refrigeración, oxigenación, aislamiento térmico u otros similares;
- **depósitos normales**, los incorporados de manera fija por el constructor en los vehículos de serie, que permitan la utilización directa del combustible para la tracción del vehículo o, en su caso, el funcionamiento de los sistemas de refrigeración o de cualquier otro con que esté equipado el vehículo o los contenedores de usos especiales.

Jurisprudencia La normativa comunitaria establece una exención para la importación del carburante contenido en los depósitos normales de los vehículos automóviles de turismo, de los vehículos automóviles comerciales y de los motociclos (Dir 2009/132/CE art.84). Sin embargo, la exención no es aplicable al contenido en las **locomotoras**, ya que las exenciones deben interpretarse estrictamente y la exención de los vehículos pretende facilitar a los particulares el cruce de las fronteras exteriores de la Unión y simplificar los controles aduaneros y fiscales, circunstancia que no resulta necesaria en la comprobación de los depósitos de las locomotoras. 5768
No infringe el principio de igualdad de trato entre los transportes por carretera y ferroviario, dado que los distintos medios de transporte no son, en general, intercambiables y la situación de las empresas que intervienen en el sector de actividad de cada uno de estos medios de transporte no es comparable (TJUE 6-9-12, asunto C-487/11).

C. Exenciones derivadas de convenios internacionales

(LIVA art.60, 61, 62 y 65; Dir 2006/112/CE art.143.1. f, g, g bis y h)

5770 En este apartado se comprenden las exenciones correspondientes a los siguientes regímenes:
- régimen diplomático, consular y de organismos internacionales;
- régimen aplicable a la OTAN y fuerzas armadas involucradas en la política común de seguridad y defensa;
- régimen de depósito distinto de los aduaneros.

Las exenciones correspondientes a los regímenes **diplomático, consular, organismos internacionales** y el aplicable a la **OTAN y determinadas fuerzas armadas** se estudian en extenso con los procedimientos para su aplicación, juntamente con las exenciones correspondientes a las operaciones interiores, en el nº 6180 s.

A continuación, analizamos las exenciones relativas al régimen de **depósito distinto de los aduaneros**.

5773 **Régimen de depósito distinto de los aduaneros (RDDA)** (LIVA art.65 y Anexo aptdo.quinto; RIVA art.20) Deben tenerse en cuenta las siguientes consideraciones:

1. El régimen de depósito distinto de los aduaneros es un **régimen fiscal suspensivo** (nº 5646), al que pueden vincularse los bienes comunitarios y también los no comunitarios cuando previamente se despachen a libre práctica (pago de los derechos arancelarios).

La vinculación al RDDA de los bienes no comunitarios, en las condiciones indicadas, origina una importación de bienes (nº 5675), que solo está exenta del impuesto en los siguientes casos:

a. Las de los **bienes objeto de IIEE** de fabricación, incluido el gas natural entregado a través de una red situada en el territorio de la Comunidad o de cualquier red conectada a la misma (LIVA Anexo aptdo.quinto.a)).

b. Los bienes procedentes de **territorios terceros**, excluidos del territorio del sistema común del IVA, pero integrados en el territorio aduanero de la Unión -en España, Canarias- (LIVA art.3.dos.1º.b, nº 5616).

c. Las de los siguientes **bienes** (comprendidos también en la Dir 2006/112/CE Anexo V): patatas (Código NC 0701), aceitunas (Código NC 071120), cocos, nueces de Brasil y nueces de cajuil (Código NC 0801), otros frutos de cáscara (Código NC 0802), café sin tostar (Código NC 09011100 y 09011200), té (Código NC 0902), cereales (Código NC 1001 a 1005 y NC 1007 y 1008), arroz con cáscara (Código NC 1007, 1006), semillas y frutos oleaginosos (incluidas las de soja) (Código NC 1201 a 1207), grasas y aceites vegetales y sus fracciones, en bruto, refinados pero sin modificar químicamente (Código NC 1507 a 1515), azúcar en bruto (Código NC 170111 y 170112), cacao en grano o partido, crudo o tostado (Código NC 1801), hidrocarburos (incluidos el propano y el butano, y los petróleos crudos de origen mineral) (Código NC 2709, 2710, 271112 y 271113), productos químicos a granel (Código NC capítulos 28 y 29), caucho en formas primarias o en placas, hojas o bandas (Código NC 4001 y 4002), lana (Código NC 5101), estaño (Código NC 8001), cobre (Código NC 7402, 7403, 7405 y 7408), zinc (Código NC 7901), níquel (Código NC 7502), aluminio (Código NC 7601), plomo (Código NC 7801), indio (Código NC ex 811291 y ex 811299), plata (Código NC 7106) y platino, paladio y rodio (Código NC 71101100, 71102100 y 71103100).

d. Los bienes que se destinen a las **tiendas libres de impuestos** que, bajo control aduanero, existen en los puertos y aeropuertos.

e. Las **prestaciones de servicios** relacionadas con las importaciones de bienes citadas en las letras anteriores.

5774 2. Los **titulares de los depósitos** distintos de los aduaneros son responsables subsidiarios del pago de la deuda tributaria que corresponda a la salida o abandono de los bienes de estos depósitos, independientemente de que puedan actuar como representantes fiscales de los empresarios o profesionales no establecidos en el TIVA.

Desde el **11-7-2021**, se extiende esta responsabilidad subsidiaria a los titulares de depósitos fiscales de productos comprendidos en el ámbito objetivo de los impuestos especiales. No obstante, en el caso de los propietarios de depósitos fiscales cuyos productos se encuentren sujetos a los Impuestos sobre el Alcohol y Bebidas Derivadas y sobre Hidrocarburos, esa responsabilidad solo es exigible cuando el extractor no se encuentre en el Registro de extractores, al que están obligados a inscribirse.

A estos efectos, tienen la calificación de extractores, las personas o entidades que sean los sujetos pasivos de las operaciones asimiladas a las importaciones de bienes, devengadas con ocasión de la salida o el abandono de los productos comprendidos en los ámbitos objetivos de los Impuestos sobre el Alcohol y Bebidas Derivadas y sobre Hidrocarburos del régimen de depósito distinto de los aduaneros, las que realicen el envío de los bienes en régimen suspensivo con destino a otro depósito fiscal, así como las autorizadas para realizar dichas operaciones.

3. Dichas exenciones se condicionan al cumplimiento de los siguientes **requisitos**:

a. Que las correspondientes importaciones de bienes se realicen con cumplimiento de las legislaciones aduanera y fiscal que sean aplicables.

b. Que los bienes permanezcan vinculados al RDDA en las condiciones previstas por la legislación fiscal.

c. Que los bienes vinculados a dicho régimen no sean consumidos ni utilizados mientras permanezcan vinculados al mismo.

4. La entrada de bienes no comprendidos en el apartado 1 del nº 5773, procedentes de **países terceros**, pueden vincularse al RDDA, originando igualmente importaciones, pero estas importaciones no están exentas del impuesto, que se ha de exigir en el momento de producirse la importación y vinculación al régimen. Cuando estos bienes abandonen el RDDA originarán una operación asimilada a las importaciones, cuyo devengo se producirá en el momento del abandono del régimen, exigiéndose el impuesto de las operaciones que se hubiesen beneficiado de la exención (nº 5868).

5775 Precisiones La importación de bienes que se vinculen desde su entrada a los **regímenes aduaneros suspensivos** o se coloquen en situaciones de depósito temporal y otras situaciones, no se comprende en las exenciones a la importación porque no está sujeta, ya que no constituye importación (nº 5617).

Cuestión distinta son las **operaciones** que se realicen con dichos bienes mientras permanecen vinculados a los regímenes aduaneros suspensivos. Estas operaciones están sujetas al IVA porque son operaciones realizadas en el TIVA, sin perjuicio de que se beneficien de la exención si el Estado miembro ha hecho uso de la facultad prevista en la normativa comunitaria (Dir 2006/112/CE art.155), como es el caso de España (nº 6230).

5776 Doctrina Administrativa Además de las siguientes contestaciones de la DGT, ver nº 11000 s. En relación con estas contestaciones, además de los requisitos exigidos en cada caso, hay que tener en cuenta que, de acuerdo con las reglas de localización de las operaciones establecidas por la L 2/2010, adaptada a la Dir 2008/8/CE (nº 480 s.), la exención solo es aplicable cuando los correspondientes servicios se entiendan localizados en el TIVA.

1) Están exentas las prestaciones de servicios realizadas por **agentes de aduanas** cuando estén directamente relacionadas con importaciones de bienes exentas por realizarse al amparo de regímenes aduaneros suspensivos o en áreas exentas (DGT CV 17-7-86).

2) Están exentas las siguientes prestaciones de servicios relativas a bienes destinados a ser importados al amparo de regímenes aduaneros suspensivos o de áreas arancelarias exentas, los destinados a ser colocados al amparo de dichos regímenes o ya situados en ellos: servicios de **embarque y desembarque**, cesión de grúas pórtico y almacenaje (DGT CV 17-7-86; CV 3-10-86).

5777 Jurisprudencia Cuando las mercancías procedentes de un país tercero han sido colocadas al amparo del régimen de depósito aduanero en un E.m., y han sido **transformadas** posteriormente mientras se hallaban bajo el régimen de perfeccionamiento activo en forma de sistema de suspensión y seguidamente vendidas y colocadas de nuevo bajo régimen de depósito aduanero, permaneciendo, durante el desarrollo de toda esa serie de operaciones, en el mismo depósito aduanero, situado en el territorio de dicho Estado miembro, la venta de esas mercancías está gravada por el IVA, pero exenta si el mencionado Estado miembro ha hecho uso de su facultad de eximir dicha venta del impuesto (TJUE 8-11-12, asunto C-165/11).

D. Exenciones técnicas

5780

5781 Se trata de exenciones que tienen por objeto **evitar sobreimposiciones**.

5782 **Reimportación de bienes** (CAU art.203; Rgto UE/2446/2015 art.158; LIVA art.63; RIVA art.18) Están exentas del impuesto las reimportaciones de bienes cuando los bienes retornen en el **mismo estado en que fueron exportados** previamente, se efectúen por quien los hubiese exportado y se beneficien asimismo de la exención de los derechos de importación.

Reglamentariamente se establecen una serie de requisitos para disfrutar de la exención:
a) La exención en el IVA se limita a la reimportación de bienes que no fueron objeto de una **entrega previa a la exportación**, es decir, de bienes que fueron exportados temporalmente, excluyéndose por tanto las reimportaciones de bienes que hubiesen sido objeto de una exportación definitiva. No obstante, se presume cumplido este requisito cuando los bienes, aun habiendo sido exportados definitivamente, vuelven al territorio IVA:
- al ser rechazados por el destinatario, por defectuosos o no ajustarse a las condiciones del contrato;
- al recuperarse por el exportador por falta de pago o incumplimiento de contrato por el destinatario.
b) Asimismo, la exención se condiciona a los siguientes **requisitos**:
- que los bienes no hayan sido objeto de una entrega fuera de la UE;
- que la reimportación de los bienes se efectúe por la misma persona a quien la Administración autorizó la salida de los mismos;
- que se reimporten en el mismo estado en que salieron sin más demérito que el producido por el uso autorizado por la Administración, incluido el supuesto de realización de trabajos lucrativos fuera del territorio de la Comunidad;
- que no hayan recibido trabajos complementarios, salvo los que se efectúen a título gratuito por obligación contractual o los que se realicen en buques o aeronaves cuya entrega o importación estuviese exenta en virtud de la exención en las operaciones asimiladas a las exportaciones e importaciones de bienes cuya entrega en el TIVA estuviera exenta (nº 5700, nº 6105 s. y nº 6125 s.);
- que la reimportación se beneficie de la exención de los derechos de importación (nº 5785) o no estuviera sujeta a los mismos.

5784 En el **ámbito aduanero**, la exención de la reimportación de mercancías es aplicable tanto a las previas exportaciones definitivas como a las exportaciones temporales de la UE, siempre que se cumplan los requisitos establecidos en cada caso.
1) Las mercancías de la Unión pueden **salir temporalmente del territorio aduanero** de la Unión (CAU art.227) y con cumplimiento de los requisitos previstos en cada caso -régimen de tránsito interno, Convenio TIR, Convenio ATA, etc.- (CAU art.155).
2) En el caso de **previas exportaciones definitivas**, la exención debe solicitarse por el interesado, efectuarse en el **plazo** de los tres años siguientes a su exportación y volver en el mismo estado en que fueron exportadas (CAU art.203), considerándose que se reintroducen en el mismo estado cuando fuera de la Unión no hayan sido sometidas a un tratamiento o manipulación que altere su presentación o distinto del que sea necesario para su reparación o mantenimiento en buenas condiciones (Rgto UE/2446/2015 art.158).
3) Si las mercancías se han beneficiado a la exportación de medidas propias de la **política agrícola común**, deben cumplirse las condiciones siguientes (Rgto UE/2446/2015 art.159):
a. Que se hayan reembolsado las restituciones o los importes percibidos.
b. Que las mercancías se encuentren en alguna de las siguientes circunstancias:
- que no puedan comercializarse en el país de destino;
- que se hayan devuelto por el destinatario por defectuosas o no ajustadas a contrato;
- que se reimporten por haber sufrido daños producidos antes de su entrega al destinatario;
- que se hayan exportado para su consumo o venta en una feria o manifestación similar y no hayan sido consumidas ni vendidas;
- que no hayan podido ser entregadas a su destinatario por incapacidad física o jurídica de este último para cumplir el contrato en virtud del cual se exportaron;
- que no hayan podido ser entregadas a su destinatario o hayan llegado a este después de la fecha de entrega contractual como consecuencia de hechos naturales, políticos o sociales;
- que las frutas y hortalizas sujetas al régimen de organización común de mercado y enviadas en el marco de una venta en consignación, no se hayan vendido en el mercado del país de destino.
c. Que las mercancías se reimporten en los doce meses siguientes a la previa exportación.

Precisiones **1)** De lo expuesto resulta que las reimportaciones **sujetas a derechos arancelarios** están exentas del IVA cuando se cumplan los requisitos del CAU y de la LIVA; si no están sujetas a tales derechos, la exención se condiciona solo al cumplimiento de los requisitos de la LIVA.
2) También están exentas las reimportaciones de **despojos y restos de buques** nacionales, naufragados o destruidos por accidentes fuera del territorio de aplicación, previa justificación del siniestro y de la pertenencia efectiva de los bienes a los buques siniestrados (RIVA art.18.2).

Doctrina Administrativa Además de las siguientes contestaciones de la DGT, ver nº 11000 s. 5785
1) Está exenta la reimportación de los **bienes rechazados por defectuosos** o por no ajustarse a las condiciones del pedido, o recuperados por el exportador por falta de pago o incumplimiento de las condiciones del contrato por el destinatario o adquirente de los bienes, siempre que se cumplan los demás requisitos (DGT 10-12-86; 17-3-99; 6-9-00).
2) Están exentas las reimportaciones de **aeronaves y material aeronáutico** cuando dichos bienes se hubiesen exportado temporalmente, se reimporten en el mismo estado en que se exportaron y por la misma persona que los exportó y gocen, asimismo, de exención de derechos arancelarios (DGT 18-11-86).

Jurisprudencia Cumplidos los requisitos materiales y salvo que constituya tentativa de fraude, el incumplimiento de los **requisitos formales** en la reimportación de bienes no impide la aplicación de la exención prevista para estas operaciones (TJUE 12-6-25, asunto PalmstrÃ¥le C-125/24). 5786

Servicios relacionados con las importaciones (LIVA art.64; RIVA art.19) Están exentas del impuesto las prestaciones de servicios, distintas de las declaradas exentas para las operaciones interiores (nº 815 s.), cuya contraprestación esté incluida en la **base imponible de las importaciones** de los bienes a que se refieran, determinada según lo establecido en el nº 5842 s. 5788
Se trata de servicios **localizados en España**, por los que se ha satisfecho el impuesto al liquidarse el IVA de las correspondientes importaciones, al estar incluida su contraprestación en la base imponible del IVA a la importación. Esta exención evita su doble tributación.
La **justificación** de la inclusión de dichos servicios en la base imponible de las importaciones se ha de realizar con cualquier prueba admitida en Derecho. En particular, puede realizarse por medio de la aportación de una copia del ejemplar del DUA de importación con el código seguro de verificación y la documentación que justifique que el valor del servicio ha sido incluido en la base imponible declarada en aquel.
Tales documentos deben ser remitidos al prestador del servicio, dentro de los tres meses siguientes a su realización. En otro caso, el prestador del servicio debe liquidar y repercutir el impuesto que corresponda.
Esta exención es una **exención plena**, que permite deducir el IVA soportado por el empresario o profesional que presta el servicio, con lo que se evitan efectos de sobreimposición. El servicio se grava como parte integrante de la importación, pero no se grava como servicio prestado en el interior del país. Por otra parte, como exención plena, el prestador puede deducirse el impuesto de los inputs del servicio y no tiene que trasladarlo al precio como mayor coste.

Ejemplos **1)** Una empresa se dedica al **manipulado de mercancías** para su despacho en aduana, efectuando la descarga y la carga de las mismas antes de su disposición efectiva por el importador, el cual está establecido únicamente en el territorio de aplicación del IVA español. 5789
Cuando estos servicios son prestados antes de la llegada al primer lugar de destino de la mercancía, su importe se integra en la base imponible de la importación (nº 5847), por lo que están exentos y la empresa no debe repercutir el impuesto por la prestación de tales servicios.
2) Una empresa X, consignataria de buques, realiza la **descarga** de las mercancías de un buque a su llegada al puerto de Barcelona. Dicha empresa efectúa la descarga de una partida de cereales consignada a Z, a quien le factura por ese servicio un importe de 3.000 €. La entidad Z, que está establecida únicamente en el territorio de aplicación del IVA español, declara ante la aduana la importación de dicha mercancía.
Los servicios prestados por X a Z están exentos porque deben incluirse en la base imponible de la importación (nº 5847), liquidándose el impuesto de tales servicios conjuntamente con los demás componentes de la mencionada base imponible. Para justificar la exención, la entidad Z puede remitir a X una copia del documento de despacho, diligenciada por la aduana, en la que se acredite la inclusión de los referidos servicios en la base imponible de la importación.

Doctrina Administrativa Además de las siguientes contestaciones de la DGT, ver nº 11000 s. En relación con estas contestaciones, además de los requisitos exigidos en cada caso, hay que tener en cuenta que, de acuerdo con las reglas de localización establecidas por la L 2/2010, adaptada a la Dir 2008/8/CE (nº 480 s.), la exención solo es aplicable cuando los correspondientes servicios se entiendan localizados en el TIVA. 5790
1) Servicios de **reparación**: están exentos los prestados durante el período de garantía de los bienes importados en el territorio peninsular español o las Islas Baleares, siempre que se presten directamente al vendedor-exportador que efectuó la entrega de dichos bienes al importador español y el pago de la correspondiente contraprestación quede a su cargo (DGT CV 23-4-86; 15-9-86; CV 23-12-86). Por contra, están sujetos y no exentos los efectuados en TIVA por empresarios para los importadores de dichos bienes (DGT CV 1-12-86).

2) Están exentas las prestaciones de servicios relacionadas directamente con las importaciones de bienes realizadas al amparo de los regímenes aduaneros suspensivos o de áreas arancelarias exentas, incluidos los de **intermediación** de los agentes de los correspondientes despachos (DGT CV 29-4-86).

Si un exportador extranjero realiza las gestiones para contratar con terceros, en nombre y por cuenta del importador, los **servicios accesorios y complementarios** necesarios para situar las mercancías vendidas en el primer lugar de destino en el territorio de aplicación del IVA, tales servicios están exentos (DGT 21-7-89).

3) Están exentos los **servicios de descarga** prestados por consignatarios y estibadores de buques cuya contraprestación esté incluida en la base imponible de las importaciones de las mercancías a que se refieran, cualquiera que sea la naturaleza de los buques en los que se efectúe su transporte (DGT CV 17-7-86).

4) Los **servicios de frigoríficos**, prestados en los recintos aduaneros en relación con las mercancías introducidas en los mismos y con anterioridad a su despacho de importación, están exentos porque se incluyen en la base imponible de la importación (DGT CV 15-9-86).

5791 **5)** Están exentos los servicios accesorios a las importaciones de **productos de pesca** cuya contraprestación esté incluida en la base imponible de las importaciones a que se refieran, siempre que se justifique la procedencia de la exención (DGT CV 14-7-86).

Exentos también, cuando se presten para atender las necesidades del **cargamento de los buques** afectos esencialmente a la navegación marítima internacional. No se consideran como tales las realizadas con posterioridad a la descarga de las mercancías que, en consecuencia, están sujetas y no exentas (DGT CV 29-4-86).

6) Están exentos los servicios de **transporte, carga, descarga, manipulación y grúas pórticos** cuando la contraprestación esté comprendida en la base imponible de los bienes a que se refieran (DGT CV 17-7-86; CV 3-10-86; 20-1-98; 20-1-99).

7) El **servicio de transporte** entre Marruecos y España prestado por una agencia a su cliente español está sujeto por la parte de trayecto que se desarrolla en la Península y Baleares. Dicho servicio está exento si su contraprestación está incluida en la base imponible del IVA correspondiente a la importación de los bienes objeto de transporte. El servicio prestado por el transportista a la agencia está sujeto por la parte del trayecto que se desarrolla en la Península y Baleares y no se beneficia de la exención (DGT 15-7-98). En el mismo sentido, DGT 29-4-98; 8-10-99.

Los servicios de transporte marítimo de mercancías con destino u origen **Irlanda del Norte**, en la medida de que es considerado como territorio comunitario, no se encuentran exentos (DGT CV 21-11-25).

5792 **8)** En cuanto a la exención de los servicios prestados por **agentes de aduanas**:

a) Las **comisiones** percibidas por su intervención en los despachos de mercancías ante la Aduana, no se integran en la base imponible de las importaciones en la medida en que corresponden a prestaciones de servicios que se realizan con posterioridad a la descarga de las mercancías. Dichos servicios están sujetos y no exentos del IVA.

b) Cuando la contraprestación de los servicios prestados esté **incluida en la base imponible** de las importaciones de bienes (lo que ocurre cuando el primer lugar de destino no esté situado en un puerto, aeropuerto o punto aduanero fronterizo y los servicios prestados por el agente de aduanas corresponden a despachos provisionales o definitivos efectuados antes de llegar los bienes importados al lugar de destino), dichos servicios están exentos.

c) Están exentas las **prestaciones de servicios** efectuadas cuando estén directamente relacionadas con importaciones de bienes exentas por realizarse al amparo de regímenes aduaneros suspensivos y con importaciones de bienes en las áreas exentas. La efectividad de las referidas exenciones está condicionada a su justificación documental (DGT 2-10-97).

9) Los servicios de **cesión del uso de una marca**, están exentos si están incluidos en la base imponible de la importación. La aplicación de la exención se justifica mediante la copia del Documento Único Administrativo -DUA- (DGT 30-12-99).

10) No están exentos los servicios relacionados con las importaciones que no hayan podido adicionarse a la base imponible de la importación por no practicarse **liquidación** de las mismas -en los tránsitos, por ejemplo- (DGT 6-2-04).

5793 **11)** Una **mercancía es transportada en régimen de tránsito** externo desde Ámsterdam a Palma de Mallorca donde se importa a consumo. Se deben incluir en la base imponible de la importación los gastos de transporte desde Ámsterdam a Palma de Mallorca, como gastos hasta el primer lugar de destino en la UE, que, por tanto, están exentos (DGT CV 9-5-08).

12) No están exentos los **servicios de transporte** hasta el interior del país de unas importaciones de plomo procedente de Marruecos prestados por una empresa española que contrata en nombre propio dichos servicios, por no ser servicios cuya contraprestación se incluya en la base imponible de la importación (DGT CV 10-12-08).

13) Una **empresa consignataria** presta servicios a un importador y recibe servicios de otros empresarios. La contraprestación procedente del importador y abonada a la consignataria se incluye en la base imponible de la importación, mientras que las contraprestaciones de los servicios prestados por la naviera o el agente de aduanas a esta última no se incluyen en la mencionada base imponible. En consecuencia, están exentos los servicios prestados por la consignataria, pero no los que le presten a esta (DGT CV 22-11-10).

14) Una empresa comercia con café procedente de países no comunitarios. El café es vendido por la empresa a la importadora en el barco, antes del despacho de importación. La empresa recibe de una tercera empresa **servicios de transporte** que, a su vez, luego presta a la importadora. Solo pueden incluirse en la base imponible de la importación los servicios directamente prestados al importador y no los prestados a quienes actúen como **mediadores** del importador. Por tanto, no están exentos los servicios facturados por la transportista a la empresa (DGT CV 19-12-12). En términos parecidos respecto al destinatario de los servicios, DGT CV 3-11-14.

15) Los **servicios de mudanzas prestados a particulares** pueden estar exentos, si en el documento que ampara la entrada de los bienes en el TIVA figura como importador la persona física que efectúa la mudanza, así como la importación de los bienes, en el supuesto en que se facturan al importador directamente o, en su caso, a la persona que actúe por su cuenta (DGT 16-12-86; CV 1-6-10). En caso de que la importación no resultara exenta, el servicio de mudanzas que se facture directamente al importador podría estar exento, si la contraprestación del servicio de transporte estuviera incluida en la base imponible de la importación de los bienes (DGT CV 18-3-22).

Jurisprudencia 1) Según la normativa comunitaria, se incluyen en la base imponible de las importaciones los **gastos de transporte** que se produzcan hasta el primer lugar de destino de las mercancías importadas. También pueden incluirse los gastos de transporte cuando se deriven del transporte hacia otro lugar de destino, siempre que este último sea conocido. Solo están exentos los referidos gastos incluidos en la base imponible de las importaciones (TJUE 6-7-95, asunto C-62/93). **5794**

2) El registro de una operación de importación no implica la inclusión de los gastos de ese transporte en la base imponible del IVA. Los **requisitos materiales de la exención** son que el transporte se refiera a la importación y que el valor de ese transporte esté incluido en la base imponible del IVA de los bienes importados. Corresponde al prestador de servicios probar que se cumplen estos requisitos y a estos efectos, puede utilizar cualquier medio de prueba admitido en derecho (TJUE 7-9-23, asunto Cartrans Preda C-461/21).

Importación de bienes para su instalación o montaje (Dir 2006/112/CE art.36; LIVA art.66.1º; RIVA art.21) Están exentas las importaciones de bienes cuya entrega se entienda **realizada en el TIVA**, es decir, aquellas entregas de bienes que hayan de ser objeto de instalación o montaje antes de su puesta a disposición del adquirente, siempre que la instalación implique la **inmovilización de los bienes** entregados (nº 450). Por tanto, están exentas las importaciones de bienes en las que se den las siguientes circunstancias: **5796**

- que los bienes se importen para su instalación o montaje antes de su puesta a disposición del importador;
- que la instalación o montaje se ultime en el territorio IVA;
- que la instalación implique la inmovilización de los bienes entregados.

De no aplicarse esta exención, la operación se gravaría doblemente, como importación y como entrega interior (dado que las entregas efectuadas en dichas condiciones se entienden realizadas en el TIVA, nº 450). Con la exención de la importación, la operación solo tributa como entrega interior.

Precisiones 1) La instalación debe **realizarse por el proveedor o por su cuenta**, corriendo a su cargo los gastos de la misma. **5797**

2) La aplicación de la exención queda **condicionada** a que el importador acredite ante la aduana la concurrencia de los requisitos legales establecidos por cualquier medio de prueba admitido en Derecho y, en particular, mediante el contrato relativo a las operaciones. La aduana puede exigir **garantía** suficiente hasta que se acredite el pago del impuesto correspondiente a la entrega de los bienes.

Ejemplo La empresa Alfa SA, radicada en EEUU, vende una **planta industrial** a la empresa Beta SA, de Madrid. Los diferentes **componentes** de la planta se han ido importando sucesivamente. El importe total de la planta es de 3 millones € y el coste de su instalación de 500.000 €. Además, el importador ha satisfecho los siguientes tributos y gastos: derechos de importación, 150.000 €; gastos portuarios (tarifa T-3), 5.000 €; comisión del agente de aduanas que despacha la mercancía, 15.000 €; transporte de los bienes al punto de la instalación, 10.000 €; viajes y manutención de los técnicos, 12.000 €. **5798**

La comisión del agente, el transporte de los bienes, los viajes y manutención de los técnicos deben entenderse comprendidos en los gastos de instalación, en cuanto que son créditos en favor del vendedor extranjero que forman parte de la contraprestación a satisfacer por el comprador español. Por el contrario, los derechos de arancel y la tarifa T-3 deben incluirse en el concepto entrega, pero no se comprenden en la contraprestación a satisfacer por el comprador.

La entrega se ha de localizar en TIVA si la instalación se realiza por el proveedor antes de la puesta a disposición de los bienes al adquirente, dicha instalación se ultima en TIVA e implica la inmovilización de los bienes entregados; en estas condiciones la importación de los bienes está exenta del impuesto. Así, hay que liquidar el IVA de la entrega (localizada en el TIVA).
Por tanto:
- Importe total de la contraprestación: 3.000.000 + 500.000 + 15.000 + 10.000 + 12.000 = 3.537.000 €.
- IVA de la entrega: 21% × 3.537.000 = 742.770 €

5800 **Importaciones temporales** (LIVA art.66.2º) Las importaciones temporales de bienes que derivan de un contrato de **arrendamiento** en origen (país o territorio tercero) pueden producir simultáneamente dos operaciones sujetas al IVA: el arrendamiento y la importación temporal de los bienes.
a) Si la importación temporal goza de **exención total de arancel**, a efectos del IVA no se produce el hecho imponible importación (no está sujeta al IVA, nº 5626 s.) y contemplando el negocio mercantil en su conjunto -arrendamiento e importación temporal-, solo está sujeto al IVA, en su caso, el arrendamiento.
b) No ocurre lo mismo con las importaciones temporales con **exención parcial de arancel**, que están sujetas al IVA (nº 5626 s.). Para evitar la doble tributación, contraria a la neutralidad del impuesto, se declaran exentas las importaciones temporales con exención parcial cuando se produzcan tales sobreimposiciones.
Estas importaciones temporales comprenden generalmente bienes de inversión, cedidos en arrendamiento por empresarios establecidos en países terceros a otros empresarios que los importan temporalmente en el territorio IVA para su explotación en dicho territorio durante un período de tiempo determinado.
Se pueden distinguir los siguientes casos:
- importaciones temporales de bienes distintos de los medios de transporte con exención parcial (nº 5801);
- importaciones temporales de medios de transporte y contenedores con exención parcial de arancel (nº 5802 s.).

5801 **Bienes distintos de los medios de transporte** (LIVA art.66.2º, 69.Uno.1º y 70.Dos) Están exentas las importaciones temporales de bienes muebles, que se beneficien de exención parcial de los derechos de importación, cuando hayan sido cedidos por su propietario mediante **operaciones de arrendamiento** sujetas y no exentas del impuesto.
En los arrendamientos de bienes muebles corporales distintos de los medios de transporte, si el **destinatario es un empresario** actuando como tal (incluyendo aquí a las personas jurídicas que no actúen como tales y que cuenten con NIF-IVA) se aplica la regla general de localización, según la cual los citados arrendamientos se localizan donde radique el establecimiento del destinatario para el que se preste el servicio (nº 496). Consecuentemente, el arrendamiento está sujeto y no exento y la importación temporal está exenta (de IVA, no de derechos arancelarios).
Igual solución debemos dar a las operaciones donde el **destinatario no tiene la condición de empresario** actuando como tal y el bien se utiliza en TIVA. En este caso y debido a la regla de utilización efectiva, la operación se va a localizar en territorio IVA, lo que supone dejar la importación exenta, pero no así el arrendamiento del bien mueble.
Si no fuera de aplicación la regla de utilización efectiva en operaciones B2C, se aplica la regla general de localización de sede del prestador (nº 496 s.). Si el prestador está establecido fuera de la UE, el arrendamiento no está sujeto al IVA y, por tanto, la importación temporal está sujeta y no exenta al no ser de aplicación la exención para evitar la doble imposición. No obstante y a nuestro juicio, esto es un mero juego teórico, ya que este tipo de operaciones es bastante improbable que se dé.
Consecuentemente, las importaciones temporales de bienes muebles corporales que no sean medios de transporte, que disfruten de exención parcial de los derechos de importación, están exentas del IVA cuando el correspondiente arrendamiento esté sujeto y no exento por aplicación de las reglas de localización expuestas (cuando el destinatario tiene la condición de empresario o profesional, o en las operaciones B2C, se aplique la regla de utilización efectiva) y no están exentas cuando el arrendamiento no esté sujeto (operación B2C y no aplicación de la regla de utilización efectiva), evitándose con esta regla situaciones de doble tributación.

5802 **Medios de transporte y contenedores** (LIVA art.66.2º, 69.Uno.1º, 70.Uno.9º y Dos) Las importaciones temporales de medios de transporte, que se arriendan por empresarios desde establecimientos situados fuera de la UE y que se introducen en el territorio IVA para su utilización en actividades económicas (con exclusión, por tanto, de los vehículos de uso privado, cuya importación temporal tiene exención total de derechos de importación), solo gozan de **exención parcial de arancel** y en principio, están sujetas y no exentas del impuesto (nº 5800). En estos casos, se

produciría doble imposición si el arrendamiento de dichos bienes estuviera también sujeto y no exento, conculcándose así el principio de neutralidad del impuesto.
La tributación de estas operaciones es:
- **Arrendamiento de medios de transporte a corto plazo** (hasta 30 días o 90 días si se trata de buques): se localizan en el territorio IVA cuando el medio de transporte se ponga en posesión del arrendatario en dicho territorio, sea cual sea el lugar desde el que se arriende y el lugar donde radique el establecimiento o domicilio del destinatario para el que se preste el servicio y sea cual sea la condición del destinatario (empresario o no empresario).
En consecuencia, el arrendamiento de los medios de transporte, en todo caso, está sujeto cuando dichos bienes se pongan a disposición del arrendatario en el territorio IVA.
- **Arrendamiento de medios de transporte a largo plazo** (cuando el período del arrendamiento es superior a los plazos señalados): por aplicación de las reglas generales, se localizan en el territorio IVA cuando el destinatario sea un empresario y el establecimiento del mismo para el que se preste el servicio radique en dicho territorio.
- **Arrendamientos a largo plazo de embarcaciones de recreo**: esta regla solo afecta a los supuestos en los que el destinatario no tiene la condición de empresario, situación que no tiene interés a los efectos de la exención analizada.

- También se desplaza la tributación al territorio IVA, en aplicación de la **regla de utilización efectiva**, en los siguientes arrendamientos: los arrendamientos a corto plazo cuando el bien arrendado se ponga en posesión del destinatario (empresario o no empresario) en un país tercero, pero se utilice o explote efectivamente en el territorio IVA; y los arrendamientos a largo plazo cuando el prestador sea un empresario que preste el servicio desde cualquier lugar y el destinatario sea un empresario establecido en país tercero o, bien, cuando el prestador esté establecido en país tercero y el destinatario no tenga la condición de empresario, siempre que en todos estos casos el medio de transporte se utilice o explote efectivamente en el territorio IVA, y cuando el prestador sea un empresario que preste el servicio desde cualquier lugar y el destinatario sea un empresario establecido en país tercero o no tenga la condición de empresario y esté establecido o tenga su domicilio en país tercero, siempre que también en estos casos el medio de transporte se utilice o explote efectivamente en el territorio IVA. Finalmente, los arrendamientos a largo plazo de embarcaciones de recreo cuando el arrendador preste el servicio desde cualquier lugar, el destinatario sea un empresario establecido en un país tercero, o una persona no empresario domiciliada en cualquier lugar y la embarcación se ponga en posesión de tales destinatarios en un país tercero, pero se utilice o explote efectivamente en el territorio IVA. **5803**
Esta regla de utilización efectiva contempla los supuestos en los que el arrendamiento de los medios de transporte, por **aplicación de las reglas** generales y especiales descritas, se localizan fuera del territorio IVA, pero la efectiva utilización del bien en dicho territorio atrae la tributación al territorio IVA, circunstancia que solo se produce en los casos previstos por la Ley.
Las **reglas de localización** indicadas se representan en el cuadro incluido en el nº 8986.1.

Las importaciones temporales de medios de transporte para su utilización en una actividad económica producen situaciones de **doble tributación** (la importación temporal y el arrendamiento), porque la normativa del IVA no comprende en la exención estas importaciones. La LIVA solo impide la doble tributación para las importaciones temporales de bienes distintos de los medios de transporte, pero no para las importaciones temporales de los medios de transporte. La interpretación estricta de la LIVA conduce a este resultado. **5804**
La **tributación conjunta del arrendamiento y de la importación temporal** de las operaciones indicadas se recoge en el siguiente cuadro:

Operación realizada	Tributación arancel	Tributación IVA arrendamiento	Tributación IVA importación temporal
Importación temporal de bienes distintos de los medios de transporte	Exención parcial	Sujeto a IVA Tributación en destino (regla general)	Exento de IVA (LIVA art.66.2º)
Importación temporal de medios de transporte	Exención parcial	Sujeto a IVA Tributación en destino (regla general y reglas especiales)	Sujeto y no exento de IVA (posible doble tributación)

5805 Ejemplos 1) Un empresario establecido en EEUU arrienda una **maquinaria** por un período de seis meses y pago de un **canon arrendaticio** mensual, a un empresario establecido en España, para su utilización en la actividad económica de su establecimiento. La maquinaria debe volver a origen al término del período convenido.
El arrendamiento, por ser de un bien distinto de los medios de transporte, tributa en destino (España) y la importación temporal tiene exención parcial de arancel. En este supuesto la importación temporal está exenta de IVA. Solo tributa el arrendamiento, devengándose el impuesto a medida que sean exigibles los cánones mensuales.
2) Un empresario establecido en EEUU arrienda una **maquinaria** por un período de tres meses y pago de un canon arrendaticio mensual, a un empresario establecido en España, para efectuar **demostraciones**. La maquinaria debe volver a origen al término del período convenido.
El arrendamiento, por ser de un bien distinto de un medio de transporte, tributa en destino (en España) y la importación temporal tiene exención total de arancel, por lo que no está sujeta al IVA. En este supuesto solo tributa el arrendamiento, exigiéndose el impuesto a medida que sean exigibles los cánones mensuales.
3) Un empresario establecido en EEUU arrienda un **buque** por un período de seis meses y pago de un canon arrendaticio mensual, a un empresario establecido en España, para su utilización en la actividad económica de su establecimiento. El buque debe devolverse a origen al término del período convenido.
El arrendamiento del buque tributa en el territorio IVA por aplicación de la regla especial correspondiente al arrendamiento de buques a largo plazo (cuando se utilizan o explotan efectivamente en TIVA) y la importación temporal también está sujeta y no exenta.

5806 Doctrina Administrativa Además de las siguientes contestaciones de la DGT, ver nº 11000 s.
1) La importación temporal de un **automóvil de uso privado**, habiéndose satisfecho el Arbitrio de Lujo en Canarias, por persona que, sin perder su residencia habitual en Canarias, desempeña un trabajo remunerado en el territorio peninsular español, está sujeta (DGT 5-6-95).
2) Una empresa española importa en régimen de importación temporal una maquinaria de una empresa americana para efectuar ensayos por un período inferior a un año. La realización de estos ensayos va a ser objeto de retribución por parte de la empresa importadora. Según la normativa comunitaria, se concede exención total a la importación temporal de **mercancías para ensayos** que no constituyan una actividad lucrativa. En consecuencia, al utilizarse la maquinaria en una actividad lucrativa, la importación temporal solo goza de exención parcial de arancel y está exenta del IVA (DGT 22-10-02).
3) Un **laboratorio** importa temporalmente un aparato destinado a la inoculación de virus en régimen de alquiler. La importación temporal con exención parcial de derechos de importación está exenta del IVA. Solo tributa el servicio de arrendamiento de la máquina (DGT CV 10-5-10).

5808 **Importaciones de gas, electricidad, calor o frío** (Dir 2006/112/CE art.143.1.l; LIVA art.66.3º; DGT Resol 1/2005) Las entregas de estos productos procedentes de países terceros se entienden localizadas en destino (establecimiento del revendedor adquirente o lugar de consumo, nº 477), por lo que su importación está exenta para evitar la doble tributación, al igual que las importaciones de bienes para su instalación o montaje (nº 5796 s.) y las importaciones temporales (nº 5800 s.).
El alcance de esta exención se ha precisado, de forma que la exención comprende las importaciones de gas a través de una red de gas natural situada en el territorio de la Comunidad o de cualquier red conectada a dicha red, así como las entregas de electricidad o de calor o de frío a través de las **redes** de calefacción o de refrigeración, con independencia del lugar en que deban considerarse efectuadas las entregas de dichos bienes (nº 477).
Esta exención resulta igualmente aplicable a las importaciones de gas natural realizadas en **buques** que lo transporten para su introducción en una red de distribución del mismo o en una red previa de gaseoductos.

5810 **Importaciones de bienes vendidos a través de plataformas o interfaces digitales** (LIVA art.66.4º) Están exentas del impuesto las importaciones de bienes, cuando el impuesto deba declararse en virtud del régimen especial aplicable a las **ventas a distancia** de bienes importados de países o territorios terceros (nº 9370 s.) o la normativa equivalente aplicable en el E.m. de llegada de la expedición o transporte del bien, y se haya aportado a la Aduana el número de identificación individual asignado para la aplicación de dicho régimen especial, por el vendedor o por el intermediario que actúe por su cuenta, a más tardar en el momento de presentar la declaración aduanera de importación.

Precisiones Este sistema se basa en:
- la **ficción** de que la plataforma o interfaz de comercialización compra y vende los bienes en cuestión (LIVA art.8 bis);
- la definición del concepto de las ventas a distancia de bienes importados (LIVA art.8.Tres.b);
- la exención a la importación, aquí expuesta; y
- el ingreso del IVA en la posterior venta, a través del régimen especial IOSS.

E. Importaciones de pequeños envíos

(Dir 2006/79/CE; LIVA art.36)

Están exentas las importaciones de pequeños envíos, **sin carácter comercial**, provenientes de países terceros y remitidas por un particular con destino a otro particular residente en un E.m. (España, en nuestro caso). 5812

A estos efectos, en la LIVA tienen la consideración de pequeños envíos sin carácter comercial aquellos en los que se den los siguientes **requisitos**:

- que se importen ocasionalmente;
- que comprendan exclusivamente bienes de uso personal del destinatario o su familia y que, por su naturaleza o cantidad, no pueda presumirse su afectación a una actividad empresarial o profesional;
- que se envíen por el remitente a título gratuito;
- que su valor global no exceda del contravalor de 45 euros.

La importación de pequeños envíos se efectúa conforme al régimen aduanero de **paquetes postales**: los bienes llegan a la aduana al amparo de la documentación postal internacional y se despachan mediante un régimen simplificado, similar al de viajeros (nº 5820 s.).

La exención también se aplica a los bienes que figuran en el siguiente cuadro y hasta las cantidades que se señalan. Si los bienes excedieran de las cantidades indicadas, se excluyen en su totalidad del beneficio de la exención. 5813

CUADRO DE BIENES AFECTOS A LÍMITES CUANTITATIVOS

Productos	Pequeños envíos
I)	
Cigarrillos	50 uds., o
Puritos (peso máximo 3 gr./unidad)	25 uds., o
Cigarros puros	10 uds., o
Tabaco para fumar	50 gr.
II)	
Alcoholes (1)	Hasta 1 litro, o
Alcoholes (2)	Hasta 1 litro, o
Otros vinos	2 litros
III)	
Perfumes	50 gr.
Aguas de tocador	1/4 litro u 8 onzas
IV)	
Café	500 gr., o
Extractos/esencias de café	200 gr.
V)	
Té	100 gr., o
Extractos/esencias de té	40 gr.

(1) Bebidas destiladas y espirituosas de graduación alcohólica superior a 22% volumen; alcohol etílico, no desnaturalizado, de 80% volumen o más.
(2) Bebidas destiladas y espirituosas, aperitivos a base de vino o alcohol, tafia, sake o similares, de graduación alcohólica igual o inferior a 22% volumen; vinos espumosos y generosos.

Jurisprudencia La exención prevista para los pequeños envíos sin carácter comercial es aplicable con independencia de si el E.m. de residencia del destinatario y el **E.m. de entrada** de la mercancía son diferentes (TJUE 8-5-25, asunto L. s.c. v. C-405/24). 5814

F. Importación de bienes en régimen de viajeros

(Dir 2007/74/CE; LIVA art.35)

Están exentas del IVA las importaciones de bienes conducidos en sus **equipajes personales** por los viajeros procedentes de países o territorios terceros (nº 5616) en las condiciones y con los límites que se indican más adelante, siempre que el conjunto de dichos bienes no constituya una expedición comercial. 5820

A estos efectos, se entiende por **viajero** la persona que, residiendo fuera de la UE, entre en su territorio para una visita temporal o bien quien, residiendo en la UE, vuelve a ella después de permanecer fuera cierto tiempo. Los bienes no constituyen una **expedición comercial** cuando son adquiridos ocasionalmente, se destinan al uso personal del viajero o de su familia y, por su naturaleza o cantidad, no puede presumirse que se destinen a una actividad comercial.

Están **exentas** las importaciones de bienes **hasta los límites** monetarios y cuantitativos siguientes:
1. **Umbrales monetarios**: Cuando el valor global de los bienes no exceda, por persona, de los siguientes límites:
- para los viajeros en transporte marítimo o aéreo: 430 euros;
- para los viajeros en otros transportes: 300 euros; y
- para los viajeros menores de 15 años: 150 euros.

Si el valor global es superior, la franquicia solo se aplica hasta tales cantidades, teniendo presente que el valor de cada bien no se puede fraccionar. El valor de los bienes es el valor en aduana, pero también se tienen en cuenta los valores-tipo establecidos por el Departamento de Aduanas e IIEE, para evitar declaraciones de valor falsas.

5821 2. **Límites cuantitativos**:
a) Labores de **tabaco**:
- cigarrillos: 200 unidades;
- puritos (peso máximo 3 gr.): 100 unidades;
- cigarros puros: 50 unidades; y
- tabaco para fumar: 250 gr.

La exención se limita a 80 cigarrillos al mes para los viajeros residentes y trabajadores fronterizos de **Gibraltar** que, a estos efectos, comprende el territorio español que se extiende a 15 Km. en línea recta desde la frontera con Gibraltar, incluyendo los municipios que formen parte, incluso parcial, de dicha zona (LO 6/2011 disp.adic.1ª).
b) Alcohol y **bebidas alcohólicas**:
- bebidas destiladas y bebidas espirituosas de grado superior a 22% vol.; alcohol etílico, no desnaturalizado, de 80% vol o más: 1 litro en total;
- bebidas destiladas y bebidas espirituosas, aperitivos a base de vino o de alcohol, tafia, sake o bebidas similares de una graduación alcohólica igual o inferior a 22%; vinos espumosos y generosos: 2 litros en total;
- otros vinos: 4 litros en total;
- cerveza: 16 litros en total.

La franquicia se puede aplicar a cualquier combinación de los tipos de alcohol y bebidas alcohólicas mencionados, siempre que el total de los porcentajes utilizados de cada franquicia autorizada no supere el 100%.
Los viajeros **menores de 17 años** no se benefician de las franquicias relativas a los límites cuantitativos.
El valor de estos bienes no se computa para la aplicación de los umbrales monetarios.
No existen límites aplicables a los perfumes, el café y el té.

5823 Precisiones **1)** El **equipaje** del viajero es el que presenta en la aduana a su llegada, así como el que pueda presentar con posterioridad, cuando justifique su facturación como equipaje no acompañado en el momento de la salida de origen.
2) Los **depósitos portátiles con carburantes** no constituyen equipajes personales, pero su importación está exenta cuando no excedan de diez litros por cada medio de transporte para circular por carretera (nº 5766).
3) La especialidad del régimen consiste, en síntesis, en la aplicación de un **procedimiento simplificado de despacho** y de un régimen tributario particular (exención limitada a las cantidades indicadas).
4) El **despacho** de los bienes conducidos por los viajeros se realiza al amparo del régimen aduanero de viajeros, régimen simplificado que se aplica en base a la declaración verbal que este efectúa, que produce idénticos efectos jurídicos que una declaración tributaria (ver nº 13297 Memento Fiscal 2026), y que sustituye a la presentación del documento de despacho exigido para las importaciones de carácter comercial.
5) Los límites de la exención son objeto de **reducción** a la décima parte cuando los bienes se importen por el personal de los medios de transporte utilizados en el tráfico internacional y con ocasión de los desplazamientos efectuados en el ejercicio de sus actividades profesionales.

5824 Ejemplos **1)** Un viajero residente en España y procedente de California (EEUU) importa los siguientes bienes para su uso personal, con un valor global de 650 € y los valores individuales que se indican:
- un televisor: 500 €;
- un aparato de radio portátil: 150 €.

El valor global de los bienes importados con exención no puede superar los 430 € (importación por vía aérea). No obstante, si el valor global excede de esta cantidad, la exención se concede hasta el límite de la misma, exclusivamente para aquellos bienes que, importados separadamente, se hubiesen beneficiado de la exención.
Por consiguiente, solo queda exenta la importación del aparato de radio.

2) En el mismo caso anterior los bienes que se importan son:
- un aparato de radio: 150 €;
- una máquina de fotos: 100 €;
- una máquina de afeitar: 60 €.

En este caso, puede aplicarse la exención al conjunto de bienes importados, porque su valor global no excede de 430 €.

Jurisprudencia **1)** El establecimiento de una **franquicia limitada** a 10 litros (16 litros actualmente) de cerveza importada en los equipajes personales de los viajeros es contraria a la normativa comunitaria (actualmente Dir 74/2007/CE), por considerarla en todo caso una importación de carácter comercial (TJUE 6-12-90, asunto 208/88). **5825**

2) El **combustible** que no sea el carburante del vehículo que el viajero puede presentar al servicio de aduana entra en el concepto de equipaje personal en el sentido que señala la Directiva (TJUE 3-12-98, asunto C-247/97).

3) La normativa europea no se opone a que una normativa nacional prohíba o restrinja por razones de seguridad, de moralidad pública, de orden público, de protección de la vida de las personas, etc., la **importación de determinadas mercancías**, como bebidas alcohólicas, por viajeros procedentes de países terceros, o bien que, para combatir las alteraciones de orden público vinculadas al consumo de alcohol, restrinja en función de la duración del viaje la importación de bebidas alcohólicas por viajeros procedentes de países terceros (TJUE 15-6-99, asunto C-394/97).

VI. Devengo

(Dir 2006/112/CE art.70 y 71; CAU art.77; LIVA art.77; DGT Resol 1/1994)

En las importaciones de bienes el devengo del IVA se produce: **5830**

1. Regla **general**: en el momento en que se devenguen los **derechos arancelarios de importación** que, según el Código Aduanero, se devengan en el momento de la presentación y aceptación de la declaración aduanera. Si la importación no se encuentra sujeta a derechos arancelarios, el devengo se produce en el momento en que hubiera debido presentarse dicha declaración de haber estado sujeta a tales derechos.

2. Reglas **especiales**; existen las siguientes:

a) Cuando las mercancías, desde su entrada en el TIVA, se introducen en las **zonas francas** o se vinculan a **regímenes suspensivos** (nº 5625 s.), la importación se produce en el momento de abandono de dichas situaciones y el devengo tiene lugar en ese momento, que es cuando se incluyen en el régimen de despacho a libre práctica.

b) En los casos de incumplimiento de las **obligaciones establecidas en la legislación aduanera** relativa a la introducción de mercancías, a la retirada de estas de la vigilancia aduanera y a la aplicación de los regímenes aduaneros, el devengo de los derechos de importación se produce en el momento en que se den dichos incumplimientos o situaciones.

c) Cuando se trate de bienes que, desde el momento de su entrada en el TIVA, se vinculan al **régimen de depósito distinto de los aduaneros**, el abandono de dicho régimen da origen a una operación asimilada a las importaciones, cuyo devengo se produce en el momento de dicho abandono (nº 5673 s.).

d) En las demás **operaciones asimiladas a la importación**, el devengo se produce en el momento en que tengan lugar las circunstancias que determinan la realización de dichas operaciones (nº 5655 s.). Esto es:
- cuando los buques o aeronaves (o compañías que explotan las aeronaves) se entiendan desafectados de los fines que justifican la exención del IVA (nº 5658, nº 6113 y nº 6128);
- cuando se produzca la entrega de los bienes adquiridos al amparo de los beneficios de los regímenes diplomáticos, consular o de organismos internacionales y OTAN, en favor de personas o instituciones que no tienen reconocido el derecho a la exención por el uso o consumo de dichos bienes (momento de la entrega, nº 5665 s.);
- cuando los bienes abandonen los regímenes por cuya vinculación se beneficiaron también de la exención del impuesto (momento del abandono, nº 5673 s.).

Precisiones Entendido el devengo como el momento en el que se entiende realizado el hecho imponible y en el que se produce el nacimiento de la obligación tributaria principal (LGT art.21), es posible que la Ley de cada tributo establezca la **exigibilidad** de la cuota correspondiente al impuesto en un momento distinto del devengo (nº 6755 s.). **5832**

Asimismo, se prevé que la fecha del devengo determina las **circunstancias relevantes** para la configuración de la obligación tributaria (base imponible, tipo impositivo, etc.), salvo que la ley de cada tributo establezca otra cosa.

5833 Ejemplos 1) Un mayorista de ropa establecido en Madrid adquiere una partida de géneros de punto a un **fabricante de Pekín**. Dicha mercancía se importa por la **aduana** de Madrid-Barajas, solicitándose su despacho a libre práctica.
El devengo se produce en el momento en que se presente y admita la declaración de despacho a libre práctica de la mercancía (DUA).
2) Importación de una partida de **alcohol**, procedente de Israel. Dicha mercancía, sujeta a Impuestos Especiales, se despacha a libre práctica y seguidamente se vincula al **régimen de depósito distinto de los aduaneros**.
A efectos del IVA, la importación se produce cuando tiene lugar la vinculación de los bienes al citado régimen, pero se beneficia de la exención por su vinculación a ese régimen. El devengo del impuesto se produce en el momento del abandono del régimen.
3) En el mes de enero del año 20X0 se importa un **buque** con exención del IVA, al declarar el importador que lo afectaría exclusivamente a la navegación marítima internacional. Al finalizar dicho año, se comprueba que el buque no ha tenido esa afectación.
Al no resultar afecto a la navegación marítima internacional se produce una operación asimilada a la importación, quedando obligado el importador (sujeto pasivo de la operación asimilada a la importación) a presentar en la aduana, durante los 30 primeros días del mes de enero del año 20X1, una declaración para el pago de dicha operación (modelo 380).

5834 Doctrina Administrativa Además de las siguientes contestaciones de la DGT, ver nº 11000 s.
1) Una sociedad establecida en España adquiere vino en rama a una bodega A para que lo traslade en régimen suspensivo a la bodega B, en la cual se embotella por aquella sociedad. Posteriormente, el vino embotellado es vendido por la sociedad española y expedido al adquirente final: empresarios españoles, de otros Estados miembros y de terceros países.
La primera entrega descrita, de la bodega A a la empresa española para su traslado a la bodega B, está exenta por estar el vino al amparo de un **régimen suspensivo** (depósito fiscal para IIEE y RDDA para el IVA, nº 5646 s.); asimismo, están exentas las prestaciones de servicios de embotellado efectuadas en la bodega B (nº 5773). El devengo del impuesto se produce cuando la mercancía se pone a disposición del adquirente, si bien dicha entrega está exenta, no dando lugar a liquidación alguna por IVA.
Si las entregas posteriores determinan el **abandono del régimen** suspensivo:
a) La **entrega realizada a empresarios españoles** tiene la consideración de operación asimilada a la importación y el devengo se produce en el momento del abandono del régimen de depósito distinto del aduanero. En este momento procede la liquidación del impuesto.
b) La entrega **a empresarios de otros Estados miembros o de países terceros** son entregas intracomunitarias o exportaciones, exentas del impuesto (DGT 30-10-98).
2) Una empresa establecida en España adquiere mercancías en China. En ocasiones vende dichas mercancías a un cliente español que, a su vez, las vende a sus clientes no comunitarios. Las mercancías son **transportadas** siempre desde China a los países no comunitarios. No teniendo lugar la entrada física de las mercancías en el territorio de aplicación del impuesto, no se produce el devengo del hecho imponible importación. La importación se producirá en el país no comunitario y conforme a las leyes de dicho país (DGT 22-1-03).

5836 Jurisprudencia **1)** El derecho a deducir nace en el momento en que es exigible el **impuesto deducible**, sin excepción alguna, es decir, cuando se produce el devengo (TJUE 5-2-63, asunto 26/62; 15-7-64, asunto 6/64).
2) No proceden **intereses de demora** girados sobre cuotas liquidadas por el IVA a la importación mediante actuación inspectora, ya que dada la coetaneidad entre el devengo y la deducción del impuesto, no existe perjuicio para la Hacienda Pública (TEAC 14-2-12).
3) Las importaciones objeto de **contrabando** no están sujetas al impuesto cuando se refieren a bienes cuya comercialización está prohibida, de forma que no pueden competir con las comercializadas en el circuito legal -estupefacientes- (TJUE 5-2-81, asunto 50/80; 26-10-82, asunto 221/81), pero están sujetas cuando se refieren a productos cuya comercialización está permitida, como ocurre con el alcohol etílico de contrabando. Así, las disposiciones sobre hecho imponible, devengo y deuda fiscal se aplican asimismo a la importación en el territorio aduanero comunitario de **alcohol etílico** de contrabando procedente de países terceros (TJUE 29-6-00, asunto C-455/98).
4) El **robo** de unas mercancías en régimen de depósito aduanero origina una deuda aduanera de importación, y por tanto el devengo del IVA (TJUE 11-7-13, asunto C-273/12).
5) Con independencia del país miembro de entrada, en caso de **incumplimiento de una obligación** impuesta por la norma aduanera, el IVA nace en el país donde los bienes hayan entrado en el circuito económico de la Unión y se haya constatado ese incumplimiento (TJUE 3-3-21, asunto C-7/20).

VII. Base imponible

5840

A. Regla general

(Dir 2006/112/CE art.85 a 89; CAU art.69 a 74; LIVA art.83)

En las importaciones de bienes, la base imponible resulta de adicionar al **valor en aduana** los conceptos enumerados en la normativa del IVA (nº 5847 s.). El valor en aduana es un concepto definido en la legislación aduanera, representando el componente fundamental de la base imponible de los derechos de importación ad valorem (exigibles en función del valor de las mercancías a importar). Los **pagos a cuenta** no condicionan ese valor (DGT CV 3-10-25). 5842

La **deuda aduanera** de importación nace al incluir las mercancías no pertenecientes a la Unión, sujetas a derechos de importación, en el régimen aduanero de despacho a libre práctica, es decir, se va a originar en el momento de la admisión de la declaración en aduana (CAU art.77).

Precisiones En el caso de **despacho centralizado** (CAU art.179), desde el 1-1-2023 se establece expresamente que la liquidación del impuesto se realizara en base a la información facilitada por la aduana del Estado miembro de importación (LIVA 167.Dos).

Deuda en aduana (CAU art.70 y 74; AEAT Instr 1/2004 primera y segunda) El Código Aduanero establece los procedimientos para determinar el valor en aduana, en función de las condiciones de **entrega de los bienes**. Estos procedimientos deben utilizarse en el orden previsto en el Código, de forma que el segundo solo procede en defecto del primero y así sucesivamente. Además, se deben tener en cuenta los gastos que han de incluirse en el valor en aduana (nº 5844), así como los que deben excluirse del mismo (nº 5845). 5843

Tales procedimientos son:

1º. **Valor de transacción de las mercancías a importar**, que se define como el precio efectivamente pagado o por pagar por las mercancías, instrumentado de cualquier forma (dinero, compensación de deudas, etc.), cuando se venden para la exportación con destino al país de importación, ajustado en la forma prevista y previo cumplimiento de ciertas condiciones.

En la práctica, este procedimiento se aplica en la mayoría de las importaciones.

El procedimiento de valor de transacción no se aplica cuando:

- no haya venta (entrega gratuita, cesión en arrendamiento);
- el precio de venta sea el correspondiente para el consumo interior o para destino a un país distinto del de importación;
- exista vinculación entre comprador y vendedor.

2º. **Valor de transacción de mercancías idénticas**, que sean vendidas para su exportación al territorio aduanero de la Unión y se exporten a ella al mismo tiempo que las mercancías a valorar o en una fecha próxima.

3º. **Valor de transacción de mercancías similares**.

4º. Procedimiento **deductivo**: precio de venta menos gastos y beneficios.

5º. **Valor calculado**: coste de producción más beneficio del proveedor.

6º. Procedimiento de **último recurso**: utilización de criterios razonables, compatibles con los principios del GATT.

Precisiones 1) Para la **aceptación del valor de transacción** deben cumplirse las siguientes condiciones:

- que no existan restricciones para la cesión o utilización de las mercancías a importar, salvo las impuestas por las normas o las autoridades públicas de la Unión o de las limitaciones de la zona geográfica en la que las mercancías puedan ser objeto de reventa;
- que ninguna parte del producto de la reventa revierta al vendedor; y
- que no exista vinculación entre comprador y vendedor o la vinculación no tenga influencia en el precio.

2) La superación del plazo de tres años para exigir la deuda aduanera (**caducidad** -CAU art.103.1-) supone que, aunque legalmente debidos, esos derechos no sean exigibles y por lo tanto no deben formar parte de la base imponible del impuesto (TEAC 16-12-25).

5844 **Gastos incluidos** (CAU art.71; AEAT Instr 1/2004 segunda.3) Forman parte del valor en aduana las siguientes partidas cuando las soporte el comprador y no estén incluidas en el precio pagado o por pagar, que deben adicionarse como **ajustes** al valor de transacción:

1) **Comisiones y corretajes**. Las comisiones de compra, que son las sumas pagadas por el importador a su agente, no integran el valor en aduana, pero sí la base imponible del IVA (son gastos no comprendidos en el valor en aduana, producidos hasta el primer lugar de destino).

2) Coste de **envases y embalajes** que formen un todo con la mercancía.

3) Valor de los **bienes y servicios suministrados por el comprador** gratuitamente o a precios reducidos y utilizados en la producción o venta de las mercancías a valorar, en la medida que no están incluidos en el precio pagado (herramientas, matrices, trabajos de ingeniería y de diseño, planos, croquis, etc.).

4) Valor del producto de la posterior **reventa** o cesión de las mercancías importadas **que revierta** al vendedor.

5) **Cánones** o derechos de licencia que el comprador está obligado a pagar como condición de la venta.

6) Gastos de **transporte y seguro**, carga y manipulación hasta el punto de entrada de la mercancía en el territorio aduanero de la Unión.

Todos estos gastos deben ser de cuenta del comprador y no estar incluidos en el precio realmente pagado o por pagar.

5845 **Gastos excluidos** (CAU art.72; AEAT Instr 1/2004 segunda.4) No se comprenden en el valor en aduana:

a) Los gastos de **transporte** después de su entrada en la UE.

b) Los gastos relativos a trabajos de construcción y montaje, **instalación** y asistencia técnica realizados después de la entrada de las mercancías en el territorio aduanero de la Unión.

c) Los **intereses** de financiación, con independencia de que esta corra a cargo del vendedor o de tercera persona.

d) Los derechos de **reproducción**.

e) Las **comisiones** de compra.

f) Los **derechos aduaneros** de importación y otros gravámenes consecuencia de la misma.

No deben adicionarse al precio pagado para determinar el valor en aduana otros gastos como servicios de **publicidad**, promoción de mercados o **garantías**. No obstante, si se hubiesen incluido en el precio de la factura, no deben deducirse del mismo para determinar el valor en aduana.

Precisiones En las importaciones de bienes producidas después de **ventas sucesivas en cadena** de una mercancía, el importador podía elegir el precio de cualquiera de dichas entregas para determinar el valor en aduana (Rgto CEE/2454/93 art.147.1 -actualmente derogado-). No obstante, el CAU no hace referencia alguna a esta importante cuestión, como tampoco lo hace el Código de Valoración del GATT. Por tanto, en ausencia de normas, debería resolverse con la aplicación de la regla general, es decir, última entrega anterior a la importación. Ver criterio de la DGT en el nº 5854.

5846 Doctrina Administrativa Además de las siguientes contestaciones de la DGT, ver nº 11000 s.

1) Los **servicios de garantía** están exentos cuando se prestan por los compradores-importadores establecidos en el TIVA por cuenta de los vendedores-exportadores, o cuando se prestan directamente al vendedor-exportador. No están exentos los servicios de reparación de los bienes importados, aunque se efectúen durante el período de garantía, cuando se presten al importador, aunque este tuviese derecho a repercutir el coste al vendedor-exportador (DGT CV 23-4-86; CV 1-12-86; CV 23-12-86). Dichos servicios no se integran en la base imponible porque están incluidos en el precio de venta.

2) Para el cálculo del valor en aduana y su forma de cuantificación debe tenerse en cuenta que, por lo general, los **cánones y derechos de licencia** se calculan después de la importación de las mercancías que se han de valorar. La alternativa consiste, bien en demorar la determinación definitiva del valor en aduana, o bien en realizar un ajuste global en función de las comprobaciones hechas durante un período representativo y actualizado periódicamente. Esta cuestión debe resolverse mediante acuerdo entre importadores y autoridades aduaneras (DGT 16-4-04).

3) El valor en aduana de las **muestras gratuitas** o bienes adquiridos sin contraprestación se determina en función de los datos disponibles por la Administración aduanera aplicando los siguientes métodos alternativos: valor de transacción de mercancías idénticas, similares, sistema deductivo o coste de producción. Como último recurso se pueden utilizar otros criterios razonables compatibles con las normas comunitarias y el GATT (DGT CV 22-12-86; 21-12-95).

5847 **Otros conceptos** (LIVA art.83.Uno) La base imponible del IVA en la importación de bienes resulta de adicionar al valor en aduana ajustado para los derechos de importación (nº 5843 s.), los siguientes componentes, en cuanto no estén comprendidos en el mismo:

a) Los **impuestos**, derechos, exacciones **y demás gravámenes** devengados fuera de España y los que se devenguen con motivo de la importación, con excepción del propio IVA.

Entre ellos se incluyen:
- los derechos de importación (derechos de arancel, exacciones de efecto equivalente -como las exacciones reguladoras agrícolas- y demás gravámenes a la importación previstos en la política agrícola común), por el importe de las cuotas efectivamente satisfechas, resultantes de aplicar las reducciones o bonificaciones;
- los Impuestos Especiales de fabricación, y cualquier otro gravamen cuyo hecho imponible sea la importación. Por ello no se comprenden las tasas por servicios prestados (portuarias, reconocimiento e inspección), no devengadas por la importación, que pueden integrarse, no obstante, como gastos accesorios;
- el Impuesto especial sobre los envases de plástico no reutilizables (DGT CV 5-6-23).

b) Los **gastos accesorios**, como las comisiones, gastos de embalaje, transporte y seguro que, sin estar incluidos en el valor en aduana, se produzcan hasta el **primer lugar de destino** de los bienes en el interior de la UE. El primer lugar de destino es el que figure en la carta de porte o en cualquier otro documento (conocimiento de embarque, documento de tránsito) que ampare la entrada de los bienes en el interior de la UE. En defecto de esta indicación, se considera como tal el lugar en que se produce la primera desagregación de los bienes en el interior de la UE.

Según doctrina de la DGT (DGT CV 1-4-86; 17-7-86; 5-5-89, entre otras), deben incluirse en base imponible todos los gastos producidos **hasta la descarga inclusive** de las mercancías en el primer lugar de destino. Al incluirse en la base imponible del IVA a la importación, se encuentran exentos del impuesto como operaciones interiores (nº 5788 s.).

Así, los **gastos** de desembalaje y desagregación de las mercancías **producidos antes del despacho** a la importación se incluyen en la base imponible de la importación y, por tanto, están exentos como tales servicios, sin que el prestador de los mismos deba repercutir el impuesto al importador. Contrariamente, si se prestan **después del despacho** a libre práctica no están exentos y el prestador va a tener que repercutir el impuesto al importador.

Los **documentos** que justifican los servicios relacionados con las importaciones y que son necesarios para que el prestador del servicio pueda acreditar la aplicación de la exención son los mencionados en el nº 5788.

Ejemplos **1)** La Sociedad EFL, establecida en Madrid, importa unos moldes de plástico procedentes de Moscú por la aduana de Irún. **5849**

El precio de la mercancía es de 6.000 €. El **transporte** desde Moscú hasta Irún por avión ha costado 1.080 €. Los derechos arancelarios se fijan en el 2%. El porte, los gastos de **carga y descarga** hasta el almacén en la aduana han supuesto 120 €. Los honorarios del **agente** de aduanas ascienden a 180 € y los gastos de desembalaje y transporte hasta el domicilio del adquirente son de 30 €.

1. Determinación del **valor en la aduana**:

- Valor mercancía	6.000,00
- Transporte	1.080,00
Total	7.080,00

2. Determinación de la **base imponible de IVA**:

- Valor aduana	7.080,00
- Derechos arancelarios (7.080 × 2%)	141,60
- Porte y descarga	120,00
Total base imponible	7.341,60
Cuota IVA al 21% (7.341,60 × 21%)	1.541,73

Los gastos de porte, carga y descarga hasta el almacén de aduana se producen después de la llegada al punto de entrada de la UE y no forman parte del valor en aduana para la liquidación de los derechos arancelarios, pero sí se integran en base del IVA (se incluyen todos los gastos hasta la descarga de la mercancía); los honorarios del agente de aduanas y el transporte hasta el domicilio del adquirente no forman parte de la base imponible del IVA a la importación por entenderse prestados después de la importación de la mercancía, por lo que no están exentos y su prestador debe repercutir el impuesto por ellos.

2) En la aduana de Barcelona, aeropuerto, se ha recibido un cargamento de 1.000 Kg. de caucho procedente de Canadá. La empresa importadora EFL, SA, con sede en Madrid, encarga a un agente de aduanas que se ocupe del **despacho de la mercancía** y del pago de los derechos aduaneros de importación y demás impuestos. También le encarga que desagregue la mercancía haciendo dos paquetes de 500 Kg. cada uno y que envíe uno de ellos a su sede de Madrid y el otro a su almacén de Zaragoza. **5850**

Los **gastos** producidos son:

a) El precio pactado para la mercancía importada es de 30.000 €. Se paga por el comprador una **comisión de compra** sobre el precio de adquisición a un agente que asciende a 300 €.

Esta comisión forma parte de la base imponible del IVA, pero no de los derechos de importación, de conformidad con la legislación aduanera.

b) Los gastos del **transporte** en avión desde Canadá a Barcelona ascienden a 600 €. De este importe, 550 € corresponden al trayecto Canadá-punto de entrada en la UE por Portugal y 50 € al trayecto desde dicho punto de entrada hasta Barcelona. En el valor en aduana solo se incluye el transporte hasta el primer punto de entrada en la UE, pero en la base imponible del IVA también se incluye el importe del sobrevuelo hasta Barcelona.

c) Se producen gastos de **descarga** y desembalaje, así como otros producidos por la desagregación de la mercancía y su envase en dos paquetes más pequeños, por importe de 720 €. Esta cantidad forma parte de la base imponible del IVA, dado que los gastos tienen lugar antes de la desagregación de la mercancía en el primer lugar de destino.

d) Los **derechos arancelarios** aplicables al valor en aduana son del 4,40%.

e) Los gastos por **seguro** de incendios ascienden a 50 € y forman parte del valor en aduana. Estos gastos también deben prorratearse en función de los trayectos recorridos hasta el punto de entrada en la UE y desde allí a destino, valores que son, respectivamente, 45 € y 5 €.

f) Los honorarios del **agente** de aduanas son 500 €. Estos servicios no forman parte de la base imponible de IVA porque se producen después de que la mercancía ha sido descargada. Están sujetos y no exentos.

g) Los gastos de **transporte** de la mercancía desembalada y desagregada ascienden a 300 € hasta Madrid y 180 € hasta Zaragoza. Estos gastos tampoco forman parte de la base imponible del IVA a la importación, pues se producen después de la llegada al primer lugar de destino de la mercancía (Barcelona). Están sujetos y no exentos.

5851 1. **Valor en aduana**:

- Precio de la mercancía	30.000,00
- Transporte en avión	550,00
- Seguros de incendios	45,00
Total	30.595,00

2. **Base imponible del IVA**:

- Valor en aduana	30.595,00
- Derechos de importación (30.595 × 4,40%)	1.346,18
- Comisión compra	300,00
- Transporte de Portugal a Barcelona	50,00
- Seguros de incendio	5,00
- Gastos carga	720,00
Total	33.016,18
Cuota del IVA (33.016,18 × 21%)	6.933,40

5852 Doctrina Administrativa Además de las siguientes contestaciones de la DGT, ver nº 11000 s.

1) Se **incluyen en la base imponible**:

- las tasas por obtención de los documentos de importación (DGT CV 29-4-86; 10-3-00);
- el transporte con medios propios, solo en la parte correspondiente al trayecto anterior al primer lugar de destino (DGT CV 16-12-86).

2) Los **derechos de arancel adicionables** al valor en aduana para determinar la base imponible del IVA son los liquidados y efectivamente exigibles al importador, sin que puedan integrarse en dicha base imponible las cuotas de aquellos derechos cuya exigibilidad haya prescrito (DGT 5-11-90).

3) Si el comisionista adquiere en firme del proveedor extranjero las mercancías suministradas y, posteriormente, importadas, las **comisiones concedidas** por dichos proveedores no tienen el carácter de tales por constituir minoraciones o reducciones del precio pactado (DGT 20-11-86).

4) Entre los **gastos accesorios** y complementarios deben incluirse los de transporte, seguro, utilización de instalaciones portuarias, aeroportuarias o terrestres, descarga, manipulación, pesaje y medida, almacenaje y custodia, gastos de estacionamiento y demás que se produzcan hasta la descarga de las mercancías en el lugar de destino (DGT CV 1-4-86; CV 7-4-86; 17-3-98; 20-1-99).

5) Los honorarios devengados por **agentes y comisionistas** de aduanas, por su intervención en el despacho de las mercancías, no se integran en la base imponible de las importaciones de los bienes a que se refieran cuando dichos servicios se presten con posterioridad a la descarga de las mercancías importadas (DGT CV 7-4-86; CV 29-4-86; 17-3-98).

5853 **6)** No se integra en la base imponible el importe presunto de un hipotético **seguro**, cuando las mercancías importadas se adquieren a riesgo o ventura del importador y este no soporta gasto alguno en concepto de seguro (DGT CV 2-12-86).

7) Siendo los **montantes compensatorios monetarios** gravámenes devengados con ocasión de la importación, tanto si su signo es positivo como negativo, deben incluirse en la base imponible del IVA que se devenga en las importaciones (DGT 29-6-93).

8) Si los gastos accesorios y complementarios adicionables al valor en aduana **no fuesen conocidos** en el momento de realizarse la importación, el importador debe fijarlos provisionalmente aplicando las reglas de la lógica, sin perjuicio de su rectificación cuando su importe sea conocido. Si no es posible determinar dichos gastos, puede aplicarse un porcentaje sobre el valor en aduana para determinar la base imponible de las importaciones, siempre que la Administración disponga de datos suficientes para calcular el porcentaje que razonablemente representen los gastos a computar (DGT CV 16-12-86).

9) La **justificación de los gastos** incluidos en la base imponible de la importación se realiza mediante copia de la declaración de importación en la que se acredite la inclusión de los referidos servicios en dicha base (DGT 27-3-87).

10) Si se realizan **trabajos por el importador** que se repercuten al vendedor extranjero, la circunstancia de que los mismos estén incluidos o no en el precio pagado o por pagar que define el valor en aduana, depende de las condiciones estipuladas en el contrato de compra-venta, en el que habrán de figurar, según las normas de valoración de mercancías a importar, de forma expresa y concreta los trabajos a realizar y su cuantificación (DGT 2-8-90).

11) Se incluyen en el valor en aduana los **intereses por aplazamiento o demora** en el pago del precio cuando no se distingan del precio efectivamente pagado o por pagar, no exista un acuerdo escrito de financiación relativo a las mercancías importadas y concertado con el comprador, o no se demuestre, a instancias de la Administración, que el precio declarado es el real y que el tipo de interés no excede del normal en tales operaciones. Ahora bien, se incluyen en la base imponible de las importaciones cuando correspondan a un período de tiempo anterior al momento en que se realicen las referidas operaciones y su importe no se haga constar separadamente en la factura, o bien exceda del resultante de aplicar el tipo de interés usual en el mercado en similares operaciones, en la cuantía que exceda de este último importe (DGT 14-6-95).

12) Los **intereses por el aplazamiento** de pago del precio de las mercancías concedido por el proveedor al importador se han de incluir en la base imponible a la importación cuando de acuerdo con la normativa aduanera deban formar parte del valor en aduana de las mercancías importadas. Cuando no formen parte del valor en aduana, tampoco forman parte de la base imponible del IVA a la importación (DGT 26-3-01). **5854**

13) El importe satisfecho por **royalties** se incorpora a la base imponible de la importación cuando así se derive del contrato firmado entre las partes. Si esto no acontece se califica como prestación de servicios (DGT 26-4-01).

Cuando el valor en aduana de las mercancías a importar se determine aplicando el valor de transacción (precio pagado o por pagar), los cánones o royalties solo se añaden al precio pagado o por pagar si tales cánones están relacionados con la mercancía a valorar y constituyen una condición de venta de dicha mercancía. En tales circunstancias, los cánones forman parte del valor en aduana y, por tanto, de la base imponible del IVA a la importación (DGT CV 30-6-03).

14) La **llegada al primer lugar de destino** se entiende producida en el momento en que finaliza la descarga de bienes en el mencionado lugar. De esta forma, se integran en la base imponible de la importación, como gastos accesorios, todos los que se ocasionen hasta la descarga. Los producidos con posterioridad no forman parte de la base imponible (DGT 5-5-89; 20-1-98).

15) La matriz italiana de una sociedad española vende a esta última mercancía desde Brasil. La empresa brasileña de la que procede la mercancía factura a la sociedad italiana. La base imponible de la operación es el valor en aduana. Cuando la mercancía ha sido objeto de **ventas sucesivas** antes de su despacho a libre práctica, el importador puede elegir el precio de cualquiera de ellas como valor en aduana. En este caso, la empresa española puede utilizar para el despacho de la importación tanto la factura emitida por la sociedad brasileña como la factura de la entrega de la sociedad italiana (DGT 15-7-03).

16) En el caso de ventas de vehículos por un fabricante no comunitario a su distribuidor en Europa y de este a los importadores en la UE, se producen ventas sucesivas y no contratos de comisión. En la base imponible del IVA a la importación no se puede añadir al valor en aduana la diferencia entre el importe original de las mercancías (del fabricante al distribuidor) y el de la entrega subsiguiente (del distribuidor al importador) cuando esta diferencia no obedezca a los **gravámenes** devengados fuera del territorio de aplicación del impuesto y los devengados con ocasión de la importación, así como los gastos accesorios que se produzcan hasta el primer lugar de destino de los bienes en el interior de la UE y, en particular, si no tiene el carácter de comisión de compra (DGT CV 29-3-06).

17) Una empresa introduce mercancías no comunitarias por los puertos de Barcelona y Valencia. El lugar de despacho de importación es Madrid. Se adiciona al valor en aduana, en cuanto no estén comprendidos en el mismo, los **gastos de descarga, carga, seguros y transporte interior**, hasta la aduana de Madrid. La normativa comunitaria establece que se deben incluir en la base imponible los gastos accesorios cuando se deriven del transporte hacia otro lugar de destino dentro de la UE, siempre que este último lugar se conozca en el momento en que se produce el devengo del impuesto. Aunque esta regla no está expresamente recogida en la LIVA, completa y clarifica operaciones como la descrita (DGT 1-12-03). **5855**

18) Se importan unas mercancías haciéndose cargo el exportador de los gastos de transporte interior, que se incluyen en la factura que debe pagar el importador. El transporte se realiza con posterioridad al despacho de las mercancías. Se incluyen en la base imponible de la importación los **gastos por los servicios de transporte interior** siempre que se deriven del transporte de las mercancías a un punto interior de la UE cuyo importe sea conocido en el momento en que se devenga el IVA, es decir, cuando se presenta la declaración de importación (DGT CV 7-7-05).
19) El consignatario no ha de repercutir el IVA cuando traslade al propietario de los bienes el importe de la **tasa** por utilización especial de las instalaciones portuarias satisfecha a la Autoridad Portuaria, por tratarse de un suplido (DGT CV 30-5-07).
20) Una empresa española **adquiere mercancías en China**, depositándolas en unos almacenes en dicho país, contratados por ella, donde se **clasifican, paletizan y almacenan** hasta su embarque con destino a España. En relación con tales gastos, de no estar incluidos en el valor en aduana son gastos que deben incorporarse a dicho valor como parte integrante de la base imponible del IVA, como gastos accesorios. Si es la agencia de aduanas quien se hace cargo de contratar y pagar los servicios señalados, cuando refacture dichos servicios al importador no liquida el IVA, al tratarse de unos servicios de almacenaje que no se entienden prestados en el territorio IVA. Es el importador de las mercancías quien debe liquidarlos a la entrada de las mercancías en el territorio comunitario (DGT CV 10-3-08).

5856 Jurisprudencia **1)** El importe de la **tarifa T-3** que traslada el naviero al destinatario de la mercancía forma parte de la base imponible de la importación, sin que pueda considerarse suplido, por no reunir las condiciones para ello y, en particular, por ser su destinatario el propio naviero (TEAC 14-4-99).
2) Los **gastos de demora en puerto** tienen su origen en la permanencia obligada, fuera de los límites del puerto que forman la bocana del mismo o de las cabezas de los muelles o contramuelles, que los barcos tienen que realizar hasta que queden amarres libres para efectuar la descarga de las mercancías. Al estar relacionados con el transporte, carga y entrega de las mercancías tienen la consideración de gastos accesorios y complementarios, formando parte de la base imponible (TEAC 12-5-92; 22-6-95).
3) Habiéndose practicado liquidación por el **Impuesto Especial de Hidrocarburos** al titular del depósito fiscal por salidas de gasóleo destinado a receptores no facultados para su recepción, dicho impuesto ha de integrarse en la base imponible del IVA que grava la operación, aunque la cuota del impuesto especial no sea firme (TEAC 20-9-00).
4) Se incluyen en la base imponible de la importación los **gastos de depósito** originados en la **zona franca** donde el importador deposita la mercancía hasta su despacho a libre práctica y los relativos a la descarga de los contenedores, al no justificarse que estos últimos estuvieran incluidos en el valor de la mercancía declarado (TEAC 20-9-00).
5) Si en una operación de importación resulta procedente liquidar **derechos arancelarios-tarifa exterior común**, los mismos se integran en la base imponible del IVA a la importación (TEAC 8-10-08).
6) Procede incluir en el valor en aduana a la hora de la importación los pagos efectuados por el importador al proveedor de la mercancía por **comisiones de embarque y transporte**. Deben formar parte de la base imponible a la importación los gastos de descarga (TEAC 26-10-05).

5857 **7)** Un mismo producto **simultáneamente** puede estar vinculado a un régimen suspensivo para los Impuestos Especiales y al régimen de depósito distinto del aduanero para el IVA. Cuando al producto se le adicionen otros productos de distinta o igual procedencia, por ejemplo aditivos, pero de diferentes calidades, la base imponible se calcula hallando el **precio medio ponderado** que resulte de la contabilidad del sujeto pasivo o por aplicación de cualquier otro procedimiento admitido en Derecho que permita determinar de forma razonable y sin perjuicio para el Tesoro el precio del producto correspondiente.
En el presente caso, para calcular el precio medio ponderado de los productos entrados en refinería y vinculados al régimen de depósito distinto del aduanero, se deben tomar en cuenta los aditivos tanto en su peso como en su valor (TEAC 16-3-05).
8) Una sociedad importadora de automóviles tramita las importaciones a través de una **sociedad intermediaria** europea a la que realiza los pedidos con una serie de características, siendo esta última empresa la que encarga la fabricación a otra empresa no comunitaria, que los fabrica y remite directamente a la sociedad importadora española. El beneficio obtenido por la sociedad intermediaria no forma parte del valor en aduana, pero sí ha de incluirse en la base imponible del IVA a la importación (TEAC 28-4-09).
9) Las **operaciones con futuros** para garantizarse el mejor precio de las mercancías no tienen la consideración de gastos accesorios de la importación y no forman parte de la base imponible. La autonomía de los contratos de futuros es contraria a la accesoriedad y, aunque su fin sea cubrir los gastos de la operación subyacente, ni es consustancial a ella ni las convierte en accesorias de la misma (TEAC 19-9-13).

5858 **10)** Deben incluirse en el valor en aduana los cánones pagados por la utilización de **patentes y marcas** cuando constituyan una condición de venta de los productos adquiridos (TS 30-11-10, EDJ 279628).

11) La importación de un buque apto para navegación internacional en virtud de un **contrato de fletamento**, que fue objeto de embargo, constituye implícitamente una importación temporal con exención total, que produce una operación asimilada a la importación cuando no se cumplen los requisitos legales para la aplicación del beneficio fiscal. Aunque en la determinación de la base imponible la Administración admitió como valor en aduana el que se fijó a efectos de la subasta judicial, debe considerarse que el buque no fue importado como consecuencia de una venta, sino en virtud de un alquiler por lo que no se puede aplicar el criterio principal de valor de transacción, sino criterios secundarios, que pueden llegar hasta el procedimiento denominado de último recurso y, con fundamento en el mismo, establecer la base imponible en función de los alquileres previstos en el contrato de arrendamiento durante el tiempo de su duración, con deducción de los elementos extraños al valor en aduana, como son los gastos de conservación y reparación de la mercancía, gastos de explotación a cargo del importador, beneficio normal del importador, gastos de despacho, transporte y, en general, todos los necesarios para situar la mercancía a disposición del usuario, así como los derechos, impuestos y gravámenes de importación (TS 3-2-11, EDJ 8490).
12) Solo forman parte de la base imponible a la importación los gastos accesorios producidos hasta el **primer lugar de destino** de las mercancías, que es el que figura en la carta de porte o en cualquier otro documento que ampare la entrada de los bienes en el interior de la Comunidad y hasta el momento de la descarga. Se incluyen los producidos hasta el punto de entrada en la Unión Europea y no hasta el punto de destino de la mercancía. No se comprenden en la base imponible los gastos de almacenamiento y refrigeración de las mercancías en el puerto (TS 23-3-11, EDJ 25958).

B. Reglas especiales

1. Reimportación de bienes

(LIVA art.83.Dos.1ª)

La reimportación de bienes (**mercancías de retorno** según el CAU art.203) comprende las operaciones de tráfico exterior que consisten en la reintroducción en el territorio aduanero de la UE de mercancías que previamente habían sido exportadas (nº 5782). 5860
La reintroducción de estas mercancías está exenta de los **derechos de importación** y de IVA cuando se cumplen los requisitos establecidos en la legislación aduanera y fiscal, exigiéndose particularmente que las mercancías vuelvan en el mismo estado en que se exportaron.
Cuando dichas mercancías son objeto de **trabajos de reparación, transformación**, adaptación, etc., fuera de la UE y retornan al territorio IVA (exportaciones al amparo del régimen de perfeccionamiento pasivo) resulta exigible el impuesto correspondiente al valor que se ha añadido a las mercancías en el exterior.
En estas reimportaciones la **base imponible** es la contraprestación de los referidos trabajos, incluyendo además los tributos y gastos accesorios (nº 5847), cuando no estén incluidos en la contraprestación.

Ejemplo Un fabricante español de **motores** para tractores envía a Noruega una serie de elementos o partes del motor para que sean incorporadas allí unas piezas fabricadas en aquel país y ajustados en bloque. Terminadas las operaciones indicadas se reimportan en España los motores por el fabricante español. 5861
El valor de las **piezas incorporadas** en Noruega asciende a 18.000 €. La mano de obra a 3.000 €, el transporte desde Noruega asciende a 120 € y el seguro a 42 €. Los derechos aduaneros de importación son 500 €.
Hay que tener en cuenta que cuando nazca una deuda aduanera en relación con productos transformados resultantes del régimen de perfeccionamiento pasivo o con productos de sustitución mencionados recogidos en el CAU art.261.1, el importe de los derechos de importación se ha de calcular basándose en el coste de la operación de transformación llevada a cabo fuera del territorio aduanero de la Unión (CAU art.86.5).
En este caso, los derechos arancelarios, calculados sobre el coste de las operaciones de transformación realizadas en el exterior, es de 500 €.
En consecuencia, la liquidación a practicar por IVA ha de ser la siguiente:
- Contraprestación de los trabajos realizados en el exterior y demás gastos adicionales: 18.000 + 3.000 + 120 + 42 = 21.162 €.
- Importe derechos arancelarios: 500 €.
- Base imponible para la aplicación del IVA: 21.162 + 500 = 21.662 €.
- Cuota del IVA: 21.662 × 21% = 4.549,02 €.

5862 Doctrina Administrativa Además de la siguiente contestación de la DGT, ver nº 11000 s.
Una persona envía a Japón **piezas desgastadas** de una motocicleta de su propiedad para que sea reparada en este último país. Una vez **reparadas** las piezas le son nuevamente remitidas de Japón a España por correo.
La entrada en España de estas piezas constituye una importación de bienes sujeta y no exenta, siendo la base imponible el importe de los trabajos de reparación, más los gastos accesorios no incluidos en ella (DGT 26-9-00).

Jurisprudencia La normativa aduanera comunitaria prevé que el valor en aduana de las mercancías importadas es su valor de transacción (precio efectivamente pagado o por pagar por las mercancías cuando se vendan para su exportación con destino a la UE), y debe interpretarse que también se aplica para determinar el valor en aduana de mercancías importadas sobre la base de un **contrato de elaboración o de transformación**, pese a ser calificado de venta, siendo indiferente si las operaciones de elaboración o de transformación cumplen los requisitos establecidos para que las mercancías puedan considerarse originarias del país en el que se llevaron a cabo dichas operaciones -ver nº 5620- (TJUE 12-12-13, asunto C-116/12).

2. Importaciones y operaciones asimiladas a las importaciones

5863 Determinadas importaciones (nº 5625 s.), así como las operaciones asimiladas a las importaciones (nº 5655 s.), presentan **reglas especiales** para determinar la base imponible.

5864 **Buques y aeronaves** (LIVA art.83.Dos.2ª) La base imponible de las operaciones asimiladas a las importaciones relativas a los buques y aeronaves que no resultan afectos a la navegación internacional o al salvamento, asistencia marítima o pesca costera viene constituida por la **contraprestación** de todas las operaciones (entregas, adquisiciones intracomunitarias, importaciones y servicios) relativas a los correspondientes medios de transporte, efectuadas con anterioridad a la fecha en que se entiendan producidas dichas operaciones (fecha del devengo, nº 5830), que se hubiesen beneficiado de la exención.

5865 Ejemplos **1)** Una compañía de navegación aérea importa en enero del año 20X0 una **aeronave**, que incorpora a su flota. El valor en aduana es de 15 millones de euros y los derechos de importación de 300.000 euros. A lo largo del año se instalan en la aeronave importada **aparatos electrónicos**, cuya contraprestación ha sido de 18.000 euros y se han suministrado **avituallamientos** por 9.000 euros, operaciones todas ellas que se han beneficiado de la exención de IVA al haber declarado la compañía a los proveedores su afectación a la navegación internacional. Sin embargo, durante el año 20X0, la compañía ha efectuado con todas sus aeronaves un conjunto de vuelos por un total de 80.000 millas, de las que solo 25.000 euros corresponden a navegación internacional.
La compañía no resulta afecta a navegación internacional, porque el conjunto de vuelos internacionales es inferior al 50% del total de los realizados ese año. Se realiza, por tanto, con fecha 31-12-20X0, respecto de la aeronave importada en el año 20X0 y de las operaciones relativas a la misma en ese año el hecho imponible operación asimilada a la importación, produciéndose el devengo. La compañía aérea debe presentar en la aduana, durante los treinta primeros días del mes de enero del año 20X1, el modelo 380 para liquidar el impuesto (nº 5657). La base imponible de la operación asimilada a la importación es la suma de la base imponible de la importación y de las contraprestaciones de todas las operaciones realizadas hasta el devengo que se han beneficiado de la exención.
Base imponible: 15.000.000 + 300.000 + 18.000 + 9.000 = 15.327.000 euros.
IVA: 21% × 15.327.000 = 3.218.670 euros.
2) El 5-6-20X0 se importa un **buque** para afectarlo a la navegación marítima internacional y se equipa con todos los aparatos necesarios. El valor en aduana es de 6.611.133 euros, los derechos de importación de 150.000 euros, los **objetos incorporados** al buque suponen 1.202.024 euros, los **avituallamientos** durante el año han ascendido a 901.518 euros y la reparación de una **avería** costó 300.506 euros.
Al finalizar el año el buque no resulta afecto a la navegación marítima internacional, originándose el hecho imponible operación asimilada a la importación, cuyo devengo se produce el día 31-12-20X0.
En los treinta primeros días del mes de enero del año 20X1 el propietario debe presentar el modelo 380 para la liquidación del Impuesto.
La base imponible va a ser la suma de la base imponible de la importación más la contraprestación de todas las operaciones exentas realizadas antes del devengo de la operación (31-12-20X0):
Base imponible: 6.611.133 + 150.000 + 1.202.024 + 901.518 + 300.506 = 9.165.181 euros.
IVA: 21% × 9.165.181 = 1.924.688 euros.

Regímenes diplomático, consular y de organismos internacionales (LIVA art.19.4º) 5866

En las **entregas de bienes** adquiridos previamente al amparo de los regímenes diplomático, consular y de organismos internacionales, debe distinguirse según que la entrega se haya comunicado o no previamente al Ministerio de Hacienda y Función Pública: en el primer caso, la base imponible es la contraprestación de dicha entrega y, en el segundo, va a ser la base imponible de la entrega previa que se haya beneficiado de la exención (ver nº 5665).

Ejemplo El 3-3-20X0 el secretario de la embajada de Irán en España importa un **vehículo para uso personal** y con fecha día 5-8-20X0 lo vende a un particular por haber sido trasladado a otro país. El adquirente no tiene derecho a la exención en virtud del régimen diplomático. El valor en aduana fue de 30.000 €, los derechos de importación 4.000 € y el de venta posterior 22.000 €. La venta la realiza sin comunicación previa a la Administración. 5867
La venta a persona sin derecho a la exención produce una operación asimilada a la importación, que va a obligar al adquirente a presentar el modelo 380 (el particular también es sujeto pasivo a la importación). La operación de venta se ha realizado en el tercer trimestre del año 20X0, por lo que la declaración ha de ser presentada en los 20 primeros días del mes de octubre siguiente (nº 6755), con la siguiente liquidación:
Importación previa: está exenta en función del destino declarado.
Entrega posterior (operación asimilada a la importación):
Base imponible (el valor en aduana a la importación más derechos de importación): 30.000 + 4.000 = 34.000 €
IVA: 21% × 34.000 = 7.140 €
Si la venta posterior se hubiese comunicado previamente a la Administración, la base imponible sería la contraprestación de la venta (22.000 €).

Régimen de depósito distinto de los aduaneros (RDDA) (LIVA art.83.Dos.3ª y 4ª y Anexo aptdo.quinto; DGT Resol 1/1994) 5868

Hay que hacer un análisis distinguiendo los casos en los que los bienes proceden de países o territorios terceros, de aquellos en los que los bienes proceden de otro E.m. o del interior del TIVA.

a) Bienes procedentes de países o territorios terceros. Los bienes procedentes de países o territorios terceros que, desde su entrada, se vinculan al RDDA originan una importación de bienes, exenta si se trata de los bienes indicados en el nº 5773.

La **importación no exenta** se ha de liquidar como una importación propiamente dicha en el momento de la entrada, calculándose la base imponible de la forma prevista con carácter general (nº 5847), añadiendo al valor en aduana los tributos y gastos accesorios que procedan.

Si se trata de **bienes exentos**, en su vinculación al RDDA se exige la previa liquidación e ingreso de los derechos arancelarios, cuya base imponible se ha de ajustar a las reglas generales de la importación (nº 5842 s.). La exacción del IVA y de los IIEE se suspende hasta que se ultime el régimen, momento en el que salvo para los bienes objeto de IIEE, desde el 1-1-2023, se produce una importación -LIVA art.18.Tres (con anterioridad, operación asimilada), cuya base imponible es el resultado de adicionar a la contraprestación correspondiente a los servicios que hubieran quedado exentos:

- si se hubieran producido transmisiones previas, la contraprestación de la última entrega realizada durante la vigencia del régimen; o
- el valor resultante de la aplicación de la regla general.

b) Bienes procedentes de otros Estados miembros o del interior del TIVA. La salida del régimen origina una operación asimilada a la importación, cuya base imponible está constituida por el importe total de la contraprestación de la operación previa exenta (adquisición interior o intracomunitaria) en virtud de la cual se vinculó al RDDA, más el importe, en su caso, de las contraprestaciones de las entregas de bienes y servicios prestados durante la permanencia en el régimen suspensivo.

Con independencia de su procedencia, si los bienes han sido objeto de **una o varias entregas** mientras estaban vinculados al régimen, la base imponible de la operación asimilada a la importación, producida por el abandono de dicho régimen, es la contraprestación de la última entrega, a la que deben añadirse, en su caso, la de los servicios prestados con posterioridad a dicha entrega y antes del abandono del RDDA.

Si los bienes salen del régimen como consecuencia de una entrega, la base imponible es la contraprestación de la entrega en cuestión.

5869 Esquemáticamente, la determinación de la base imponible en los casos de la ultimación del RDDA se puede representar así:

Entrada	Operaciones realizadas al amparo del RDDA	Abandono
Vinculación mediante entrega BI = 1.000 (exenta)	Ninguna	BI = 1.000
Vinculación mediante entrega BI = 1.000 (exenta)	Entrega = 1.200 (exenta)	BI = 1.200
Vinculación mediante entrega BI = 1.000 (exenta)	1ª Entrega = 1.200 (exenta) 2ª Entrega = 1.300 (exenta) Servicios después 2ª entrega = 200 (exentos)	BI = 1.300 + 200 = 1.500
Vinculación sin entrega BI = 0	Entrega = 1.200 (exenta)	BI = 1.200
Vinculación por importación BI = 1.000 (exenta)	Ninguna	BI (importación) = 1.000
Vinculación por importación BI = 1.000 (exenta)	1ª Entrega = 1.200 (exenta) Servicios = 300 (exenta) 2ª Entrega = 1.600 (exenta)	BI = 1.600

Precisiones **1)** En todos los supuestos de abandono del régimen de depósito distinto de los aduaneros, sea por importación de bienes o por operación asimilada a la importación de bienes, se integra en la base imponible el **impuesto especial** exigible por el abandono de dicho régimen.
2) Es posible **optar** por diferir el ingreso del impuesto hasta la **presentación de la declaración-liquidación** correspondiente al período en que se reciba el documento en el que conste la liquidación practicada por la Administración (modelo 031) cuando el período de liquidación sea mensual. De esta forma, se pueden consignar en esa declaración las cuotas devengadas y las soportadas y, entre ellas, las correspondientes a todas las importaciones efectuadas en el período, es decir, se difiere el ingreso de las cuotas a la importación hasta que se puedan deducir de las cuotas devengadas por toda la actividad del empresario (nº 6745).
3) El Departamento de Aduanas e Impuestos Especiales ha publicado una **nota informativa** donde desarrolla la forma de declaración a efectos de la ultimación del RDDA cuando se produce el hecho imponible importación (Dpto. de Aduanas e Impuestos Especiales NI GA 05/2023).

5870 Ejemplos **1)** La empresa AAA, establecida en Barcelona, el 2-1-20X0 importa una partida de **productos químicos** del capítulo 28 de la Nomenclatura Combinada (NC) procedentes de Noruega. A su llegada a España se vincula al RDDA. La base imponible de la importación es de 18.030 € y los derechos arancelarios de 2.000 €. Posteriormente, y mientras permanece al amparo de dicho régimen, se vende al empresario B, de Tarragona, por 22.950 €, teniendo lugar la ultimación del régimen el 7-7-20X0.
La **importación** está exenta del impuesto porque el producto importado está comprendido en la LIVA art.65, pero para la vinculación al RDDA es necesario despachar previamente la mercancía a libre práctica, pagando los derechos de aduanas.
La **posterior ultimación** del RDDA produce una importación, sujeta al IVA, cuya base imponible, en principio, sería la suma del valor en aduana y derechos arancelarios (debiéndose recuperar la cuota de IVA de la importación que a la entrada se benefició de la exención), más la contraprestación de todas las operaciones realizadas en el RDDA que se hubiesen beneficiado de la exención. Sin embargo, como se ha producido una entrega en el RDDA después de su vinculación a dicho régimen, la base imponible va a ser la contraprestación de dicha entrega.
La liquidación es:
- Base imponible 22.950,00
- Cuota al 21% 4.819,50

El empresario adquirente debe liquidar el IVA en el modelo 303, en la aduana de control donde tenga lugar el abandono del RDDA, deduciéndose en el propio documento la cuota devengada con aplicación de las reglas generales de las deducciones.

Si el importador tiene una **prorrata del 80%**, la liquidación es:
- IVA soportado por operación asimilada a la importación 4.819,50
- IVA deducible 80% × 4.819,50 .... 3.855,60

A Ingresar 963,90

La **entrega al empresario de Tarragona** de la mercancía está exenta por realizarse la venta mientras la mercancía permanece al amparo del RDDA.

2) Una sociedad adquiere 1.000 hectolitros de **cerveza** de grado Plato superior a 19, procedentes **de Holanda**. La cerveza es introducida en España en régimen suspensivo de IIEE y se vincula al RDDA. El importe de dicha adquisición intracomunitaria asciende a 9.015,18 €. Mientras la cerveza permanece al amparo de este régimen suspensivo, es objeto de envasado y etiquetado, servicios cuyo importe se eleva a 3.005,06 €. Posteriormente, la sociedad envía la cerveza a un establecimiento suyo situado en Toledo, para comercializarla al por menor. **5871**
Para calcular la base imponible se tiene en cuenta el importe de los **Impuestos Especiales** exigibles por el abandono de dicho régimen:

- Base imponible de los Impuestos Especiales: 1.000 hectolitros.
- Tipo: 0,91 € por Hl.
- Total cuota IIEE: 1.000 × 0,91 + 910,00
- Base imponible del IVA: + 9.015,18(adquisición intracomunitaria)
  + 3.005,06(servicios de envasado y etiquetado)
  + 910,00(cuota IIEE)
  12.930,24
- Cuota: 12.930,24 × 21% 2.

Doctrina Administrativa Además de las siguientes contestaciones de la DGT, ver nº 11000 s. **5874**
1) En el **momento del abandono** del RDDA se produce el devengo del impuesto y a ese momento hay que referir la valoración de las distintas partidas que forman parte de la base imponible en las importaciones (DGT 10-2-93).
2) Cuando los bienes que abandonen el régimen de depósito distinto del aduanero fuesen el resultado de la mezcla de otros varios de distinta procedencia o de la misma procedencia pero de diferentes calidades (**productos de diferentes precios y naturaleza**), la base imponible se forma hallando el precio medio ponderado que resulte de la contabilidad del sujeto pasivo o por aplicación de cualquier otro procedimiento admitido en Derecho que permita determinar de forma razonable y sin perjuicio para el Tesoro el precio del producto correspondiente (DGT CV 13-3-08).

Jurisprudencia **1)** Se integra en la base imponible del IVA a la importación, que recae sobre los bienes que abandonan el RDDA, la cuota del **Impuesto sobre Hidrocarburos** liquidada y exigida por el mismo hecho imponible, aunque dicha cuota no sea firme por haber sido impugnada (TEAC 3-12-99). **5875**
2) Cuando se produzca el abandono del RDDA de bienes procedentes del interior del país que han sido objeto de una entrega para ser vinculados a ese régimen, la base imponible debe configurarse integrando en ella el **impuesto especial** que recaiga sobre los mismos (TEAC unif criterio 9-6-00).
3) En las operaciones de **compra de productos petrolíferos** efectuadas en régimen suspensivo a un determinado operador, derivadas de un contrato de intercambio de productos, para determinar el valor de los productos petrolíferos a efectos del IVA asimilado a la importación, resulta aplicable el sistema de valoración establecido para las operaciones no dinerarias o parcialmente dinerarias, teniendo en cuenta que se ha puesto de manifiesto que los precios de compra son muy inferiores a los correspondientes a las adquisiciones realizadas a otros operadores (TEAC 23-7-08).
En relación con este caso, el TS ha establecido que la regulación no es contraria a la normativa comunitaria, que no tiene una regulación específica para las contraprestaciones en especie ni a las resoluciones del TJUE, en las que resuelve la determinación de la base imponible de contraprestaciones en especie por el coste de producción del bien entregado o del servicio prestado (TJUE 9-7-92, asunto C-131/91; 20-1-05, asunto C-412/03), ya que se refieren a supuestos diferentes al que es objeto de litigio (TS 12-1-12, EDJ 15838).
4) El valor y la cantidad de los **combustibles** utilizados en los procesos productivos de **productos objeto de IIEE** realizados en un depósito fiscal (DDA para el IVA), en cuanto que son componentes del producto final que se obtenga, deben tenerse en cuenta para calcular el precio medio ponderado que debe aplicarse a dicho producto final, para determinar la base imponible de las porciones que de tal producto abandonen el régimen de depósito. Sin embargo, el precio medio ponderado no se aplica para determinar la base imponible de los combustibles utilizados, porque tales combustibles se consumen en el territorio de aplicación del impuesto tal y como fueron adquiridos, debiéndose tomar en este caso como base imponible la que corresponda a su entrega exenta (TS 18-7-11, EDJ 155444).

5) Cuando los productos que abandonan el RDDA han ido siendo objeto de incorporación de otros productos o de un **proceso de transformación**, para determinar la base imponible al producirse el abandono de dicho régimen debe calcularse el precio medio ponderado del producto final. Para ello hay que distinguir entre los productos utilizados o incorporados que ya hubiesen pagado el IVA (productos A) y aquellos otros que se hubiesen beneficiado de la exención por haberse vinculado al RDDA (productos B). El precio ponderado es el resultado de dividir el valor total de los productos con exención (productos B) por el volumen total de productos exentos y no exentos (productos A más productos B). El precio obtenido se aplica al producto final (producto C) para determinar la base imponible del mismo a efectos del IVA. **5876**

Así, si el producto A (con IVA pagado) tiene un volumen de 100 litros, el productos B (exento), de 200 litros y un precio de 10 €/litro y el producto final C, un volumen de 300 litros, el precio medio ponderado es P = [(200 × 10)/(200 + 100)] = 6,66 €/litro. La base imponible total del producto final C es 300 × 6,6 = 2.000 € y el IVA a pagar 2.000 × 21% = 420 €, impuesto adeudado al término del RDDA. Esta cantidad es la cuantía que correspondería adeudar si ninguna operación se hubiese beneficiado de la exención: el producto B, de no beneficiarse de la exención, habría pagado 200 × 10 × 21% = 420 €. De esta forma se restablece el equilibrio exigido por la normativa comunitaria -actualmente Dir 2006/112/CE art.155- (TS 15-3-12, EDJ 44828; 28-9-12, EDJ 232716).

5877 **Bienes en regímenes suspensivos y situaciones de depósito temporal y otras situaciones** (LIVA art.83.Dos.3ª y 5ª) **1.** La entrada en el territorio IVA de **bienes que proceden de países terceros** cuando, desde el momento de su entrada, se vinculan a regímenes suspensivos (excepto RDDA) o se colocan en situación de depósito temporal y otras situaciones, no produce el hecho imponible importación de bienes. El cese de tales situaciones o la ultimación de los regímenes produce una importación, cuya base imponible es, desde el 1-1-2023, el resultado de adicionar a la contraprestación correspondiente a los servicios que hubieran quedado exentos:
- si se hubieran producido transmisiones previas, la contraprestación de la última entrega realizada durante la vigencia del régimen; o
- el valor resultante de la aplicación de la regla general (5842 s.).

2. Cuando los bienes procedan de **otros Estados miembros de la UE o de España** (territorio IVA) y se hayan colocado en situación de depósito temporal y otras situaciones, o se hayan vinculado a los regímenes suspensivos, en virtud de una entrega o adquisición intracomunitaria, o hayan sido objeto de entregas o servicios exentos mientras permanezcan en dichas situaciones, el cese de esas situaciones o la ultimación de esos regímenes constituye una operación asimilada a las importaciones, cuya base imponible es la suma de las contraprestaciones de la última entrega o adquisición intracomunitaria y de los servicios prestados después de dicha entrega o adquisición.

5878 Ejemplo Una empresa francesa introduce **vehículos** de su propiedad en la **zona franca** del puerto de Vigo, donde son objeto de servicios de limpieza y pintura mientras permanecen en su interior. Posteriormente, **se entregan a un concesionario** de vehículos con domicilio en A Coruña, pero la entrega tiene lugar después de que los vehículos hayan abandonado la zona franca.
La introducción de los vehículos en la zona franca y las prestaciones de servicios relacionados con ellos están exentas. Cuando los vehículos abandonan el área exenta para ser entregados al cliente, se produce una operación asimilada a la importación y se devenga el impuesto. La base imponible es la contraprestación de la adquisición intracomunitaria exenta, más la contraprestación de los servicios que también se beneficiaron de la exención. El sujeto pasivo de la operación asimilada a la importación es la empresa francesa. Después, las entregas de los vehículos al concesionario son entregas interiores cuya base imponible es la contraprestación exigida al concesionario-adquirente.

3. Productos informáticos normalizados

(LIVA art.83.Dos.6ª)

5880 En las importaciones de productos informáticos normalizados, la **base imponible** es la correspondiente al soporte y a los programas o informaciones incorporados al mismo.
Se consideran productos informáticos normalizados los producidos en serie, de forma que puedan ser utilizados indistintamente por cualquier consumidor final. En el caso de que el producto informático no se suministre a través de un soporte físico, no va a haber importación de bienes, sino que se va a producir una prestación de servicios (nº 168).

C. Modificación

(LIVA art.83.Tres y Cuatro)

5885 La base imponible de las importaciones, determinada con arreglo a lo señalado anteriormente, puede modificarse por las mismas causas que en las **operaciones interiores** (nº 1937 s.).
Asimismo, cuando los elementos determinantes de la base imponible se hubiesen fijado en moneda o divisa distintas de las españolas, el **tipo de cambio** se determina de acuerdo con las disposiciones comunitarias en vigor para calcular el valor en aduana.

VIII. Sujeto pasivo

(LIVA art.86.Uno y Dos)

En las importaciones, los sujetos pasivos son quienes las realizan, tengan o no la condición de empresarios o profesionales, siéndolo también los consumidores finales. 5895

Se consideran importadores, siempre que cumplan en cada caso los requisitos previstos en la legislación aduanera:

a) Los **destinatarios** de los bienes importados (quienes figuran designados como tales en el documento de transporte: conocimiento de embarque, carta de porte, etc.), sean adquirentes, cesionarios o propietarios de los mismos, o consignatarios que actúen en nombre propio en la importación. El destinatario es quien está autorizado, según las normas aduaneras, a recibir las mercancías y darles un destino aduanero. Es el sujeto pasivo y el responsable frente a la Hacienda Pública del pago del impuesto.

b) Los **viajeros**, para los bienes que conduzcan al entrar en España.

c) Los **propietarios** de los bienes en los casos no contemplados en los supuestos anteriores.

d) En las **operaciones asimiladas a las importaciones** (nº 5655 s.):

- el adquirente de los buques o aeronaves que incumplan los requisitos de la afectación a la navegación internacional o de la afectación exclusiva a la pesca costera, salvamento o asistencia marítima;
- el arrendatario o fletador de los buques o aeronaves que incumplan dichos requisitos;
- el adquirente de los bienes vendidos por quien previamente los adquirió al amparo de los regímenes diplomático, consular o de organismos internacionales, OTAN y determinadas fuerzas armadas;
- el adquirente o propietario de los bienes que se encuentran en situaciones de depósito temporal y otras situaciones o al amparo de los regímenes suspensivos y que decide el cese de la situación o la ultimación del régimen.

Cuando se trate de las importaciones con destino a otro Estado miembro, y el importador actúe mediante **representante fiscal**, este último debe cumplir las obligaciones formales expuestas en el nº 5708 s.

Precisiones En relación con los **responsables** del impuesto, ver nº 1396.

Ejemplos **1)** Una persona residente en España viaja a **Nueva York** donde compra una cámara fotográfica por 1.202 €. El retorno a España se efectúa por el **aeropuerto de Barajas**. 5896

El sujeto pasivo es el viajero que introduce en el territorio de aplicación del impuesto el material importado. Dado que el importe del material sobrepasa la cantidad permitida como franquicia (430 €), se debe liquidar el IVA en la aduana, siendo dicho viajero el responsable de su pago.

2) Un empresario establecido en Vigo importa de Tailandia productos manufacturados en aquel país para luego venderlos a clientes establecidos o domiciliados en el territorio IVA. Para ello autoriza a un **consignatario** a efectuar la importación en su propio nombre, figurando como destinatario de la mercancía el consignatario autorizado.

El sujeto pasivo es el consignatario, responsable del ingreso en el Tesoro de la cantidad resultante de la liquidación, quien es, además, el que puede deducir en sus declaraciones tributarias el IVA satisfecho a la importación. Posteriormente, venderá, en su caso, los bienes al empresario gallego mediante una entrega interior con repercusión del impuesto correspondiente.

3) El empresario EFL es dueño de un buque que arrienda a otro empresario por un plazo de tres años desde el 1-1-20X0. Este último lo va a destinar a la **navegación marítima internacional** y así se lo comunica al arrendador del buque. Dicha operación queda exenta.

A lo largo del año se realizan unos **trabajos de reparación** sobre el buque a cargo del arrendatario y a los que también se les aplica la exención.

El 31-12-20X0 se comprueba que el buque no ha cumplido los requisitos para considerarse afecto a la navegación marítima internacional, perdiendo por lo tanto los beneficios previstos para ello.

Se produce el hecho imponible operación asimilada a la importación y deben tributar por IVA todas las operaciones que se beneficiaron de la exención, tanto las cuotas del arrendamiento como las reparaciones efectuadas durante el año 20X0. El sujeto pasivo de esta operación es el arrendatario del buque, que debe presentar durante los treinta primeros días del mes de enero del año 20X1 la correspondiente declaración de ingreso del impuesto.

Doctrina Administrativa Además de las siguientes contestaciones de la DGT, ver nº 11000 s. 5897

1) El sujeto pasivo es el importador de los bienes con independencia de los **pactos entre las partes**. Así, en una importación franco domicilio, en la que el vendedor es quien importa los bienes, el sujeto pasivo es dicho vendedor (DGT 9-2-95).

2) En la prestación de servicios de **gestión aduanera** a la importación, pagando en ocasiones en nombre y por cuenta del importador las cuotas devengadas del IVA y del arancel de aduanas, el sujeto pasivo es quien realice las importaciones, y no el agente de aduanas (DGT CV 22-2-12).

3) Si las importaciones son efectuadas por una **asociación empresarial** en nombre propio y por cuenta de los asociados, el sujeto pasivo es la asociación (DGT CV 31-1-86).
4) Una entidad española presta servicios de **almacenaje** de los productos (graneles sólidos) de una empresa residente en Túnez. El sujeto pasivo del IVA correspondiente a la importación de los graneles sólidos es la empresa tunecina que los introduce en el territorio español (DGT 14-10-97).
5) El **agente de aduanas** solo tiene la condición de sujeto pasivo cuando figure como consignatario de las mercancías y actúe en nombre propio en su importación (DGT 9-2-95; 7-2-96). Aunque no sea propietaria de la mercancía (DGT CV 5-12-24).
6) Una entidad española compra a una empresa británica unos bienes fabricados, vendidos y enviados a España por una empresa de EEUU. La mercancía es despachada de importación en España con un **DUA** a nombre de la empresa española. Se considera sujeto pasivo de la importación a la empresa española, al ser la importadora y destinataria de los bienes (DGT 22-2-95).

5898 **7)** En un **depósito fiscal** en el que se almacenan licores propiedad del depositario y de sus clientes, los sujetos pasivos son el depositario para el caso de mercancías de su propiedad, y sus clientes, para el caso de mercancía propiedad de los mismos (DGT CV 7-5-13).
8) En una actividad de venta al por menor que realiza una persona física tal que su **proveedor**, instalado en un país tercero, **envía directamente los bienes** en cuestión (juguetes) a sus adquirentes últimos, personas físicas igualmente, son estos los que tienen la condición de sujetos pasivos del IVA a la importación (DGT CV 28-3-18).

5900 Jurisprudencia **1)** Con independencia de que la valoración de la embarcación sea objeto de tasación pericial contradictoria, deviene deudor de los derechos de importación, y por ende sujeto pasivo del IVA correspondiente, quien conste en el **DUA** de importación como persona destinataria del bien, actuando su agente de aduanas conforme a su representación indirecta (TEAC 26-5-04).
2) La persona que importa o hace importar las mercancías es la persona a quien va destinada la mercancía y que tiene la intención de afectarla al destino declarado, tanto si es quien realiza la **declaración de aduana** o se hace representar a tal efecto. No lo es el representante de esa persona, salvo cuando este actúa en nombre propio y por cuenta propia (TJUE 6-11-08, asunto C-248/07).
3) El titular de un **régimen de tránsito interno** responde de los derechos y demás gravámenes, incluyendo estos los derechos de importación y el IVA a la importación que se devenguen con ocasión de la no ultimación del citado régimen (TEAC 24-9-03).
4) Los Estados miembros pueden disponer que el titular de un depósito distinto de los aduaneros responda solidariamente del IVA adeudado por el propietario de las mismas. Sin embargo, dicha **responsabilidad** no opera cuando el depositario ha actuado de buena fe y sin que se le pueda reprochar falta o negligencia alguna (TJUE 21-12-11, asunto C-499/10).

IX. Liquidación

5910 El estudio detallado sobre la liquidación del IVA en las importaciones y operaciones asimiladas se aborda en el correspondiente capítulo de liquidación del IVA (nº 6725 s.).
No obstante, en este apartado tratamos la modalidad prevista para aquellos importadores que no hayan optado por el **régimen de ventanilla única** prevista para importaciones que no superan 150 euros -IOSS- (nº 9370).

5911 Precisiones Con efectos 1-1-2023, expresamente se establece que la liquidación del impuesto se realizara en base a la información facilitada por la aduana del Estado miembro de importación en el caso de **despacho centralizado**, previsto en el CAU art.179 (LIVA 167.Dos).

5915 **Modalidad especial para la declaración y el pago del IVA sobre las importaciones** (LIVA art.167 bis; RIVA art.74.1b) En el caso de empresarios o profesionales que no opten por la aplicación del régimen especial para las ventas a distancia de bienes importados de países o territorios terceros -IOSS- (nº 9372 s.), la **persona que presente los bienes** en la Aduana por cuenta del importador en el territorio de aplicación del impuesto puede optar por una modalidad especial para la declaración y el pago del IVA a la importación de los bienes en que concurran los siguientes **requisitos**:
a) Que el **valor intrínseco** del envío no supere los 150 euros.
b) Que se trate de **bienes** que no sean objeto de impuestos especiales.
c) Que el **destino final** de la expedición o transporte de los bienes sea el territorio de aplicación del impuesto.
Si se opta por esta modalidad especial de declaración y pago:
- está **obligado al pago** del IVA el destinatario de los bienes importados;
- la **persona que presente los bienes para su despacho** ante la Aduana está obligada a recaudar el IVA a la importación del destinatario de los bienes importados y a efectuar el pago del IVA recaudado, debiendo adoptar las medidas necesarias para garantizar que el destinatario de los bienes importados paga el IVA a la importación.

La aplicación de esta modalidad especial de declaración y pago implica la aplicación del **tipo impositivo general** del IVA a las importaciones de bienes que se declaren utilizando esta modalidad. Asimismo, no se requiere autorización expresa del destinatario de los bienes importados para su aplicación.
Los empresarios o profesionales que utilicen esta modalidad especial de declaración y pago, están obligados a presentar por vía electrónica una **declaración mensual** con el importe total del IVA recaudado correspondiente a las importaciones realizadas durante dicho mes natural al amparo de las mismas, debiendo efectuar el **ingreso** del IVA correspondiente a cada declaración mensual hasta el día 16 del segundo mes siguiente al mes de importación.
Se presume que el IVA correspondiente a los bienes importados ha sido recaudado, salvo en los supuestos de reexpedición, destrucción o abandono.

Asimismo, los empresarios o profesionales deben llevar un **registro** de las operaciones incluidas en la declaración presentada con arreglo a esta modalidad especial de declaración y pago durante el plazo de cuatro años con la siguiente **información**: **5916**
- el número de identificación de la declaración de importación presentada;
- la fecha de presentación en Aduana de los bienes;
- el número de la declaración o notificación de reexportación o, en su caso, de la prueba de destrucción o abandono del territorio de aplicación del Impuesto, sobre envíos de bienes no entregados o rechazados por el destinatario;
- el número de identificación del envío;
- lugar y fecha de entrega de la mercancía y número de identificación de la persona a quien se efectúa;
- el valor intrínseco de los bienes;
- el importe del Impuesto recaudado;
- identificación de la persona de la que ha recibido el ingreso de la cuota del Impuesto, si es distinta del importador;
- prueba, en los términos previstos en la LGT art.106, del impago del Impuesto sobre envíos de bienes no entregados o rechazados por el destinatario, incluido el valor intrínseco de cada uno;
- identificación del número de la declaración mensual a través de la cual se efectúa el ingreso de las cuotas devengadas con ocasión de dicha importación.

Precisiones Mientras que en el régimen expuesto en nº 9372 s., se incluyen la totalidad de las **operaciones** que se realicen en la UE, esta modalidad especial de declaración y pago del impuesto se limita a las importaciones efectuadas con destino el territorio de aplicación del impuesto.

Doctrina Administrativa Además de las siguientes contestaciones de la DGT, ver nº 11000 s. **5918**
El **operador postal** no requiere ninguna autorización del destinatario para liquidar el impuesto por el sistema especial establecido para los bienes cuyo valor intrínseco no supera los 150 euros (DGT CV 18-11-22).

CAPÍTULO 13

Exportación de bienes

6000

Tanto a efectos aduaneros como del IVA, se entiende como exportación la salida de bienes del **mercado interior o único** con destino a países o territorios terceros (no aplica el sistema común del IVA). No obstante, en estas operaciones hay que diferenciar entre territorio aduanero y el territorio donde se aplica el sistema común del IVA (territorio fiscal nº 405), que no coinciden en su extensión. En el Reino de España, el territorio aduanero no comprende Ceuta y Melilla, mientras que el territorio IVA no comprende las Islas Canarias, Ceuta y Melilla (LIVA art.3). 6001

En el ámbito aduanero, la exportación es un **régimen especial** que habilita para la salida de mercancías del territorio aduanero de la UE, que exige su inclusión en ese régimen y se realiza mediante un procedimiento específico, que se inicia con la presentación en la Aduana de la mercancía y de una declaración previa a la salida (Documento Único Administrativo, **DUA**, nº 5606), comprensiva de los bienes a exportar. Se continúa con el reconocimiento de la mercancía y, en su caso, el pago de los **derechos de exportación** (exacciones reguladoras agrícolas y demás gravámenes a la exportación) y termina con la autorización de salida de la mercancía (CAU art.263 s.). 6002

La **exportación fiscal** es la salida de bienes del territorio fiscal, delimitado en los términos indicados, y con sujeción al régimen aduanero de exportación, que se beneficia de la exención del IVA.

Ahora bien, la operación exenta es la **entrega de los bienes** y no la salida física de la UE (DGT CV 11-1-06). La mera salida de los bienes no es una operación comprendida en el objeto del impuesto: así ocurre, por ejemplo, con las exportaciones temporales, en las que hay salida de bienes, pero no hay entrega de los mismos (el exportador conserva la titularidad sobre ellos).

Las exportaciones, en cuanto entregas de bienes que se transportan fuera de la UE, se localizan en TIVA, que es donde se inicia la expedición o transporte para su envío a países terceros (nº 431).

La exención del impuesto tiene el carácter de **exención plena o total**, porque atribuye el derecho a la deducción del impuesto soportado por la adquisición de los bienes o servicios que se utilizan en dichas exportaciones. Se evita así que se produzcan sobreimposiciones, ya que si el IVA soportado no fuese deducible se incorporaría al precio y el adquirente soportaría la tributación de origen (no deducida) y la de destino (exigida a la importación en el país de consumo de los bienes). 6003

Precisiones En la aplicación de las normas recogidas en este capítulo, se debe recordar que el 1-1-2021 finalizó la aplicación provisional del derecho comunitario en el **Reino Unido** de Gran Bretaña e Irlanda del Norte, por lo que a partir de esa fecha pasa a ser considerado como país tercero a efectos del impuesto. No obstante, sigue aplicándose el Derecho de la Unión respecto a las entregas y adquisiciones de bienes realizadas con Irlanda del Norte (Acuerdo Brexit Protocolo Irlanda/Irlanda del Norte; Marco de Windsor).

I. Exportaciones de bienes

(LIVA art.21; RIVA art.9)

6010

6011 Las **entregas de bienes** destinadas a la exportación, así como los servicios que se relacionan con esta, se encuentran exentos del IVA, siempre que se reúnan una serie de requisitos exigidos en cada caso. Esto permite que pueda ser deducido el impuesto soportado en las citadas entregas de bienes o servicios relacionados, en los términos que se recogen a continuación.

A. Exportaciones directas

(Dir 2006/112/CE art.146.1.a; LIVA art.21.1º; RIVA art.9.1.1º)

6015 Se consideran exportaciones directas las que se realizan por el transmitente de los bienes. A efectos del IVA, están exentas las entregas de bienes que se expidan o transporten fuera de TIVA por el transmitente o por quien ostente la condición de exportador de acuerdo con la norma aduanera (nº 6098) o por otra persona en nombre y por cuenta de los anteriores, siempre que se cumplan los siguientes **requisitos**:

1. Que exista una **entrega** de los bienes (nº 110 s.).

2. Que los bienes se **transporten fuera de la UE** por el transmitente, o por quien ostente la condición de exportador, o por cuenta de los anteriores.

3. Que la **salida efectiva** de dicho territorio se realice conforme a la legislación aduanera.

4. Que el sujeto pasivo conserve, durante el plazo de prescripción del impuesto, los **documentos** acreditativos de la operación: copias de facturas, contratos o notas de pedidos, documentos del transporte, documento aduanero de exportación, etc. (DGT CV 29-4-86).

La **salida de la UE** puede hacerse por territorio español o de otro Estado miembro. En el segundo caso, ha de darse un transporte único desde origen y la Aduana de salida debe acreditar la salida de los bienes en el documento de exportación, entregando o remitiendo el ejemplar correspondiente al exportador (ejemplar número 3 del DUA de exportación).

6016 Precisiones **1)** La exención solo procede cuando los bienes salen efectivamente de la UE, de forma que a la entrega debe seguir necesariamente la salida física de la UE o exportación. La exención implica **entrega y transporte** vinculado a la entrega con destino a países terceros.

La normativa española no fija un **plazo para la salida** de las mercancías desde la entrega, sino que se limita a señalar que esta debe hacerse conforme a la legislación aduanera. Tampoco la Directiva prevé un plazo de salida de la UE; no obstante, el TJUE ha resuelto que no es conforme a la Directiva condicionar la exención a que los bienes salgan dentro de un plazo de tres meses o de 90 días a partir de la fecha de entrega, cuando la simple superación del plazo tenga por consecuencia privar definitivamente al sujeto pasivo de la exención de dicha entrega (TJUE 19-12-13, asunto C-563/12).

La DGT también flexibiliza el criterio del plazo, considerando que la **exportación realizada fuera de los plazos** reglamentarios no debe impedir la aplicación de la exención cuando se pruebe que se ha cumplido después el requisito de salida y siempre dentro del plazo de prescripción del impuesto (DGT CV 3-12-14).

2) Con carácter general, la **vinculación del transporte** a una entrega se produce en la práctica por la facturación del transporte a quien realiza esa entrega.

3) Las exportaciones deben formalizarse en el Documento Único Administrativo -**DUA**- (ver nº 5606).

6017 Ejemplos **1)** La sociedad EFL, S.A., establecida en Madrid, se dedica a la fabricación de **envases y embalajes**. Vende una partida de los mismos a un cliente establecido en Burgos, que los utiliza para enviar sus mercancías a Irán.

La entrega de EFL a su cliente de Burgos está sujeta y no exenta, con independencia del destino que dé a los bienes el adquirente. En realidad, se trata de una entrega previa a la exportación, que no se beneficia de la exención.

A estos efectos, el TJUE sostiene que las exenciones en el IVA se aplican en atención al destino inmediato de sus bienes y no a las entregas realizadas en fases anteriores de la comercialización (TJUE 26-6-90, asunto C-185/89, entre otras).

2) Una empresa valenciana, fabricante de fuegos artificiales, vende a un empresario japonés una partida de estos productos, encargándose el vendedor del **transporte a Japón** y de cumplimentar los trámites aduaneros.
Están exentas del IVA las entregas de los bienes enviados fuera de la UE por el transmitente. También se aplicaría la exención si el transporte a Japón se efectuase por un tercero que actuara en nombre y por cuenta de la empresa valenciana, pero no si se realizara por el adquirente.

3) La sociedad X vende a la sociedad Y, ambas establecidas en TIVA, determinadas mercancías. La adquirente, a su vez, vende estas mercancías a clientes suyos establecidos en Estados Unidos y Japón, encargándose del **transporte de los bienes a destino**. **6018**
En este caso, la entrega de X a Y está sujeta y no exenta, porque no supone salida o transporte de los bienes fuera de la UE. Las entregas efectuadas posteriormente por Y están exentas, porque con ellas se produce la salida de TIVA con destino a países terceros.
4) Dos empresas españolas facturan a una **UTE española**, constituida por ellas mismas, determinados bienes. Posteriormente, la UTE vende los bienes adquiridos a clientes de países terceros y los transporta a destino.
No están exentas del IVA las entregas a la UTE, aunque esta adquiera los bienes con la intención de exportarlos de forma inmediata. Por el contrario, sí están exentas las entregas con destino a la exportación realizadas por la UTE.

5) Una empresa realiza un envío a las Islas **Canarias** de los productos que fabrica. Solo conserva como justificante de la operación la copia de la factura expedida. **6019**
Canarias tiene la consideración de territorio tercero a efectos del IVA, pero para que esta operación goce de la exención no es suficiente con la copia de la factura expedida: es necesario también que la empresa transmitente tenga en su poder la documentación que acredite la salida efectiva de los bienes con destino a Canarias.
6) La empresa AAA establecida en TIVA realiza entregas de bienes a una **sociedad con sede en Japón**, aunque cuenta con un establecimiento permanente en TIVA al que se destinan los bienes. La empresa japonesa vende los bienes adquiridos a diversos clientes establecidos en Canarias, Ceuta y Melilla, encargándose la empresa AAA de transportarlos a estos territorios para ponerlos a disposición de los clientes finales.
En la operación descrita se producen las siguientes entregas: por un lado, las entregas de la empresa AAA a la japonesa, las cuales no están exentas porque los bienes objeto de las mismas no son transportados fuera de la UE con ocasión de dichas entregas; por otro lado, entregas subsiguientes de esta última a los clientes finales establecidos en Canarias, Ceuta y Melilla, estas sí están exentas porque los bienes objeto de dichas entregas se envían fuera de la UE (Canarias, Ceuta y Melilla son territorios terceros a efectos del IVA) y los transportes realizados por la empresa AAA, y por cuenta de la empresa japonesa, vendedora de las entregas subsiguientes, están vinculados a estas entregas.

7) Un comerciante **mayorista establecido en Madrid** envía desde esta ciudad a un **establecimiento propio situado en las Islas Canarias** bienes y artículos por él adquiridos a fabricantes nacionales, cumpliendo los trámites aduaneros precisos al efecto. Posteriormente, vende los bienes exportados a un cliente domiciliado en Marruecos, encargándose de su transporte con destino al adquirente. **6020**
Los envíos que realiza desde Madrid con destino a un establecimiento propio situado en las Islas Canarias no constituyen operaciones sujetas al impuesto, ya que con ellas no se produce transmisión del poder de disposición sobre los bienes, que siguen siendo del exportador. En realidad, se trata de operaciones interiores de la empresa no sujetas al impuesto. No obstante, estas exportaciones definitivas de bienes generan para el exportador el derecho a deducir el IVA soportado en sus previas adquisiciones (LIVA art.94.Uno.1º.c y 104.cuatro).
Las posteriores ventas de los bienes, transportados desde Canarias con destino a Marruecos, no están sujetas al IVA español, sino al IGIC, porque el transporte para ponerlas a disposición del adquirente de Marruecos se inicia en Canarias. Tales entregas de los bienes con destino a Marruecos están exentas del IGIC.

8) La empresa XX, establecida en el TIVA, vende determinados bienes a la **empresa suiza** ZZ que, a su vez, los vende a la empresa AA, también establecida en Suiza. La empresa ZZ encarga a la española que envíe los bienes al **cliente final** AA. Los bienes se transportan por la empresa española a Suiza con destino al adquirente final. **6021**
En esta operación de **entregas en cadena** la exención se aplica en función de la forma de realizarse el transporte por la empresa española: si lo hace en su propio nombre, el transporte está vinculado a la entrega efectuada por la española a la empresa ZZ con destino a Suiza, quedando esta entrega exenta del impuesto y la posterior entrega, de ZZ a AA, no está sujeta al impuesto porque se entiende que los bienes ya están fuera de la UE como consecuencia de la primera entrega; por el contrario, si el transporte se hace por la empresa ZZ o en su nombre y por su cuenta, la primera entrega está sujeta y no exenta, porque no se produce un transporte fuera de la UE vinculado a dicha entrega, mientras que la entrega de la empresa ZZ a la empresa AA está exenta al exportarse los bienes como consecuencia de dicha entrega (DGT 4-7-19 0025-19).

9) La empresa Alfa, S.A., de Barcelona, vende mercancías a una empresa establecida en Marruecos, en condiciones FOB, **a bordo de un buque** que las conducirá a Marruecos. Antes de la salida del buque, el adquirente vende las mercancías a una empresa italiana y esta, finalmente, encarga a Alfa que las remita a Marruecos.
Si, con ocasión de la primera entrega, las mercancías se han despachado de exportación por la Aduana (se entiende realizada formalmente la salida del territorio UE) dicha entrega está exenta del IVA; en relación con las posteriores entregas, se consideran realizadas después de exportadas las mercancías y, por tanto, son operaciones no sujetas al impuesto.
10) La empresa Alfa, establecida en Madrid, vende mercancías a la empresa Beta, establecida en Barcelona, para su entrega a un cliente de esta última establecido en Argelia. Las **mercancías salen de la UE** por Barcelona con destino a Argelia. La entrega de Alfa a Beta está exenta si:
- Alfa figura como exportadora ante la Aduana;
- Alfa expide o transporta las mercancías fuera de la UE;
- los bienes salen efectivamente de la UE; y
- Alfa conserva los documentos y justificantes acreditativos de la operación (nº 6032).

6025 Doctrina Administrativa Además de las siguientes contestaciones de la DGT, ver nº 11000 s.
1) El **exportador** es, en cualquier caso, la persona que presente a la Aduana el DUA de exportación por su cuenta y tenga en ese momento la propiedad o derecho de disposición sobre las mercancías, dato que se acredita normalmente mediante el **documento de transporte**, debiendo concurrir en el exportador la condición de cargador o persona en cuyo nombre se cargue la mercancía con destino a país o territorio tercero (DGT 18-1-00; 5-6-00; 6-2-01).
2) Están **exentas** del impuesto:
- Las entregas de **productos de avituallamiento** con destino a las **plataformas petrolíferas** situadas fuera del mar territorial correspondiente al territorio peninsular español o las Islas Baleares (DGT CV 4-4-86).
- Las entregas de bienes exportados definitivamente al extranjero, con independencia de que los destinatarios de las citadas operaciones realicen el **pago de la contraprestación** correspondiente, en tanto las referidas entregas no queden sin efecto (DGT CV 2-12-86; CV 14-5-15).
- Las ventas realizadas por una empresa dedicada al comercio al por menor de artículos de deporte, publicitados vía Internet, respecto a los **productos** que son **transportados** fuera del ámbito comunitario (DGT 17-9-98).
3) Se admite como **documento justificativo** de la salida de los bienes la declaración de exportación, los documentos de tránsito en sus diversas modalidades, el documento de carga con los respectivos conocimientos de embarque y cualquier otro documento que, intervenido por la Aduana, acredite la efectiva salida de los bienes (DGT CV 29-4-86). La acreditación de la salida de los productos enviados gratuitamente a los **potenciales clientes** mediante el justificante del envío por correo postal certificado unido a la factura de venta, es válida como justificación de las exportaciones cuando el producto es adquirido por el cliente (DGT 7-10-98).

6026 **4)** No se devenga el IVA por los **pagos a cuenta** de futuras entregas de bienes destinados a la exportación, siempre que se acredite la existencia del correspondiente contrato de suministro futuro y que los importes percibidos se refieran a dichos suministros, sin perjuicio de las rectificaciones que procedan si, finalmente, los bienes no se destinan a la exportación (DGT 26-11-90).
5) En las **entregas en cadena** (sucesivas entregas de bienes objeto de exportación) solo está exenta la entrega a la que se vincula el transporte con destino a un país tercero (DGT 15-2-96; 19-7-96; 29-7-96; CV 18-5-23).
En las entregas en cadena, anteriores a la exportación, con transporte de los bienes fuera de la UE desde el establecimiento del primer transmitente, la **vinculación del transporte a la primera entrega** de bienes puede probarse por cualquier medio de prueba admitido en Derecho y, en especial, con la documentación aduanera en la que debe constar como exportador de los bienes el primer vendedor -quien inicia la cadena- (DGT 3-1-19). La **entrega de bienes subsiguiente** a un tercer o ulterior empresario adquirente no estaría ya sujeta al IVA, por entenderse realizada fuera del ámbito territorial de aplicación, sobre bienes ya exportados. La normativa del IVA no contempla norma alguna que establezca quién deba ser el exportador de la mercancía (DGT CV 22-3-10).

6027 **6)** Existiendo dos **entregas sucesivas de bienes** y un único transporte con destino a país o territorio tercero, la exención se aplica a la entrega a la que esté vinculado el transporte (DGT 1-3-99; 15-2-00; 23-1-01):
a. Cuando el transporte esté vinculado a la **primera entrega** de bienes, entre la empresa española transmitente inicial y el primer destinatario o adquirente, puede aplicarse la exención cuando sea el propio transmitente el que expida o transporte los bienes fuera de la UE, apareciendo ante la Aduana como exportador en nombre propio de los bienes entregados. La entrega subsiguiente a un tercer o ulterior empresario adquirente no estaría sujeta, por entenderse realizada fuera del ámbito territorial de aplicación, sobre bienes ya exportados.
b. Cuando el transporte de los bienes con destino a la exportación no se produzca con ocasión de tal entrega, la empresa que realice la operación inicial debe repercutir al destinatario el importe del IVA que grava la entrega de bienes realizada a su favor. Si el transporte con destino

a la exportación está vinculado a una **entrega posterior** que de los mismos bienes efectúe la empresa adquirente a favor de un tercero, está exenta esta última entrega, a condición de que los bienes sean expedidos o transportados fuera del ámbito comunitario por la empresa adquirente o por un tercero que actúe en nombre y por cuenta suya. Las entregas posteriores a la exportación de los bienes no están sujetas.

7) Una entidad vende mercancías a una empresa no establecida en TIVA y, previamente a su exportación, las **remite a Francia** desde donde salen hacia territorio tercero. La remisión o transferencia de las mercancías desde España a Francia no constituye una operación asimilada a una entrega de bienes (nº 5228); en consecuencia, la exportación se produce en Francia, estando sujeta al IVA de dicho Estado miembro, quedando en su caso exenta del impuesto citado si se cumplen las condiciones señaladas por la normativa francesa (DGT CV 4-9-12).

8) No están exentas del impuesto las entregas de **embalajes de madera** a empresarios exportadores ni a agentes de Aduanas (DGT 23-3-86).

9) La venta de vino entre dos sociedades españolas, cuya remisión se realiza en la Aduana de Irún mediante el **documento de acompañamiento** (modelo 500), se entiende realizada en régimen suspensivo del impuesto (régimen de depósito distinto de los aduaneros), por lo que la entrega de los vinos, al entenderse anterior a su circulación fuera de la UE, queda exenta (DGT CV 1-4-08).

Jurisprudencia **1)** La exención en operaciones de exportación es también aplicable cuando las exportaciones se efectúen infringiendo disposiciones nacionales que las supeditan a una **autorización previa** (TJUE 2-8-93, asunto C-111/92). **6029**

2) No se opone a la exención del IVA correspondiente a una entrega de bienes para la exportación fuera de la UE, cuando no se cumplen los requisitos para tal exención, pero el sujeto pasivo no podía darse cuenta de ello, aun actuando con toda la diligencia de un ordenado comerciante, a causa de la **falsificación** de la prueba de exportación presentada por el comprador (TJUE 21-2-08, asunto C-271/06).

3) Están exentas las entregas de bienes expedidos o transportados fuera de la UE por el transmitente o por un tercero que actúe en nombre y por cuenta de este. La **transmitente** aparece ante la Aduana como exportadora en nombre propio, según la propia documentación aduanera. No cabe alegar que las facturas expedidas al cliente son anteriores a la fecha de los documentos aduaneros, ya que, al efectuarse la venta en condiciones de entrega FOB, el vendedor cumple con su obligación de entrega cuando la mercancía ha sobrepasado la borda del buque en el puerto de embarque, y hasta ese momento no existía puesta a disposición del comprador y, por tanto, el transmitente tenía la propiedad o derecho de disposición sobre las mercancías.

El hecho determinante para la exención es la salida efectiva de los bienes de la UE, y esta salida fue realizada por la transmitente, sin que la circunstancia de que el comprador esté establecido en TIVA sea relevante. Así se viene pronunciando la DGT, en resoluciones en las que se mantiene la exención cuando existiendo **dos entregas sucesivas y un único transporte** con destino a país o territorio tercero, el transporte esté vinculado a la primera entrega de bienes entre la empresa transmitente inicial y el primer destinatario o adquirente (TS 4-11-10, EDJ 251879; 21-2-11, EDJ 16578).

4) Aunque el **adquirente no coincida con el destinatario** de la factura emitida por el sujeto pasivo, se debe permitir la exención prevista para las exportaciones. Solo se puede denegar su aplicación si con ese incumplimiento se impide la aportación de pruebas del cumplimiento de los requisitos materiales para la exención o si el sujeto pasivo participa deliberadamente en un fraude fiscal. De ser este el caso, se puede considerar que no existe una operación gravada y, por tanto, no es procedente deducir el IVA soportado en las compras (TJUE 17-10-19, asunto C-653/18).

B. Exportaciones indirectas

(LIVA art.21.2º; RIVA art.9.1.2º y .2)

6030

Se consideran exportaciones indirectas aquellas en las que los bienes se transportan fuera de la UE por el **adquirente** no establecido o domiciliado en TIVA, o por quien ostente la condición de exportador distinto del adquirente según la normativa aduanera (nº 6098) o bien, por otra persona que actúe en nombre y representación de los anteriores, distinguiendo entre ellas a las entregas de bienes en régimen comercial, en régimen de viajeros y en las tiendas libres de impuestos, cuando los bienes objeto de dichas entregas se destinan a la exportación. **6031**

Exportaciones indirectas en régimen comercial (Dir 2006/112/CE art.146.1.b; LIVA art.21.2º; RIVA art.9.1.2º.A) Están exentas del impuesto las entregas de bienes que se expidan o transporten fuera de la UE por el **adquirente no establecido** en TIVA o por quien ostente la condición de exportador distinto del adquirente de conformidad con la normativa aduanera (nº 6098), o por un tercero en nombre y por cuenta de estos. Los bienes se ponen a disposición del adquirente en el interior del país, siendo de su cuenta y riesgo el transporte a destino. **6032**

La exigencia de que el transporte se realice por el transmitente obedece a razones de seguridad del impuesto, por lo que también está exenta la entrega para la exportación si el **transporte fuera de la UE** lo realiza el adquirente establecido en TIVA, cuando pueda entenderse garantizada la seguridad del impuesto. Así ocurre cuando todos los elementos de la operación acrediten que la entrega se hace para la exportación y el transmitente presente en la Aduana el DUA de exportación, en el que figure él como exportador, y transporte directamente o por su cuenta las mercancías hasta la Aduana, aunque el transporte fuera del ámbito de la UE lo realice el adquirente establecido en TIVA (DGT 12-1-05; CV 5-7-17).

Salvo lo anterior, la exención no se extiende a las entregas de bienes a **empresarios establecidos** en el TIVA, aunque estos adquirentes exporten los bienes adquiridos, ya que significaría aplicar la exención en la fase anterior a la exportación.

Para su aplicación, además de los **requisitos** de las exportaciones directas (nº 6015 s.), las mercancías deben presentarse por el adquirente en la Aduana de exportación en el mes siguiente a la puesta de dichas mercancías a su disposición. El adquirente debe presentar también el DUA, en el que ha de constar la identificación del proveedor (que es quien tiene la condición de exportador) y la referencia a la factura expedida por este último a quien debe remitir el ejemplar número tres del DUA de exportación con la diligencia de la Aduana española o del Estado miembro de salida definitiva de la UE, que va a servir al proveedor para justificar la exención.

El **incumplimiento** de los requisitos exigidos para el disfrute de la exención determina la obligación para el sujeto pasivo (transmitente) de liquidar y repercutir el impuesto al destinatario de las operaciones realizadas y de ingresarlo en la Hacienda Pública como obligado al cumplimiento de la obligación tributaria principal (LGT art.36).

Quedan **excluidos de la exención** los bienes destinados al equipamiento o avituallamiento de los medios de transporte de uso privado (embarcaciones deportivas o de recreo, aviones de turismo, etc.).

Precisiones El término **medio de transporte de uso privado** abarca los que se utilicen con fines ajenos a los de la actividad económica por personas que no sean personas físicas, como los organismos de Derecho público (organismos que actúen como autoridades públicas, Dir 2006/112/CE art.13) y las asociaciones (Rgto UE/282/2011 art.47).

6033 Ejemplos **1)** La empresa Alfa, establecida en Madrid, efectúa las siguientes entregas:

- 10.000 televisores a la empresa Z, establecida en Francia, poniéndolos a disposición del adquirente en el establecimiento del vendedor; a su vez la empresa francesa los vende a la empresa H establecida en Nueva York, transportándose los televisores por la empresa francesa hasta destino;
- 20.000 televisores a la empresa Beta, establecida en Burgos, enviándose los bienes por esta última empresa a un almacén suyo situado en Marruecos;
- 30.000 televisores a la empresa Gama, establecida en Suiza, que los transporta hasta su establecimiento en este último país.

La entrega de los televisores a la empresa francesa Z está exenta porque los bienes salen de la UE y se transportan por el adquirente establecido fuera del TIVA (la empresa Z).

La entrega a la empresa Beta, de Burgos, no está exenta, porque se transportan fuera de la UE por el adquirente establecido en TIVA, a menos que dicho adquirente actuase en nombre y por cuenta de la proveedora (salvo la posibilidad de aplicar el criterio de la DGT recogido en el nº 6032).

Finalmente, la entrega a la empresa Gama está exenta porque la exportación se efectúa por el adquirente no establecido en el TIVA.

2) Una empresa dedicada al avituallamiento de buques vende a un club deportivo determinados productos que el club, a su vez, vende a embarcaciones deportivas y de recreo, nacionales o extranjeras que, de forma permanente o esporádica, atracan en el puerto del club.

La entrega de productos de avituallamiento al club está sujeta y no exenta. La posterior entrega a los buques tampoco está exenta, dado que se trata de embarcaciones deportivas y de recreo.

6034 Doctrina Administrativa Además de las siguientes contestaciones de la DGT, ver nº 11000 s.

1) La exención **no se aplica** a:

- las entregas de bienes a los **exportadores establecidos en TIVA** (DGT CV 2-10-86; 17-12-87);
- las entregas de **bienes de equipo** no destinados a la exportación, puestos a disposición de una empresa extranjera en TIVA, aunque la factura se remita al extranjero (DGT 14-5-87);
- la venta por una empresa española a una sociedad italiana de unas mercancías que esta vende posteriormente a otra empresa española, ya que hay **dos entregas sucesivas** de bienes y ambas están localizadas en TIVA, porque los bienes no se transportan fuera de la UE (DGT 24-6-99).

2) Una forma idónea de **documentar una exportación indirecta** es mencionar en el DUA que la factura del transmitente inicial al exportador de los bienes se expidió sin liquidación del IVA conforme a lo dispuesto en la norma, sin perjuicio del principio general de valoración libre y conjunta de todas las pruebas aportadas (DGT 21-3-05).

3) Una empresa española vende determinados tejidos a un empresario no establecido en TIVA para su exportación fuera de la UE. Previamente, por orden del adquirente, los **transporta a otro Estado miembro** para que se realicen ciertos trabajos sobre ellos antes de la salida definitiva de la UE. Si el adquirente no establecido se hace cargo del transporte de los bienes a otro Estado miembro y de la exportación de la mercancía, la operación estará sujeta y exenta (DGT 5-12-03).
4) Una empresa canaria adquiere bienes en TIVA comprometiéndose a exportarlos a un tercer país. Esta entrega está exenta siempre que la entidad adquirente, no establecida en dicho territorio, **expida y transporte** los bienes fuera de la UE en el plazo señalado en el nº 6032 (DGT 2-6-99).
5) La exportación de los moldes fuera del **límite temporal** establecido reglamentariamente no debe impedir la aplicación de la exención cuando se pruebe que se ha cumplido el requisito de salida de dichos bienes con posterioridad a dicho plazo y siempre dentro del plazo de prescripción del impuesto (DGT 3-12-14).

Jurisprudencia Una sociedad francesa compra a otra española diversa maquinaria en condiciones ex works, transportándose la maquinaria por la sociedad francesa a su destino final fuera de la UE. La Administración tributaria deniega la exención por **incumplimiento de los requisitos**, pues no consta en el DUA el nombre del proveedor, ni su identificación fiscal, ni la referencia a las facturas; sin embargo, el Tribunal entiende que las facturas están identificadas y fueron puestas a disposición de la Administración, el adquirente se encargó de la exportación figurando en los DUA como exportador y existe vinculación entre ese transporte y la entrega de los bienes. Por tanto, se cumple la finalidad de los requisitos exigidos del RIVA, resultando desproporcionado y contrario a la doctrina del TJUE denegar la exención cuando está cumplido el objetivo de tales exigencias formales (TS 8-4-13, EDJ 46812). **6035**

Entregas de bienes a viajeros (Dir 2006/112/CE art.147; LIVA art.21.2º.A; RIVA art.9.1.2º.B) Dentro de las exportaciones indirectas se comprenden también las entregas de bienes en régimen de viajeros, que están exentas cuando se cumplan los siguientes **requisitos**: **6036**
- que el **viajero** adquirente tenga su residencia habitual fuera de la UE, lo que puede acreditar mediante el pasaporte, documento de identidad o cualquier otro medio de prueba admitido en Derecho;
- que los **bienes adquiridos** salgan efectivamente de la UE en el plazo de los tres meses siguientes a aquel en el que se haya efectuado la entrega;
- que el **conjunto de los bienes** no constituya una expedición comercial.

En el caso de viajeros con **residencia habitual en Canarias, Ceuta y Melilla**, están exentas las entregas de bienes a los mismos, siempre que salgan de TIVA con destino a dichos territorios llevando consigo los bienes adquiridos.

Precisiones **1)** Se considera que los bienes transportados por los viajeros **no constituyen una expedición comercial** cuando se trate de bienes adquiridos ocasionalmente para su uso personal, de su familia, o para regalo, y que por su naturaleza y cantidad pueda presumirse que no se destinan a una actividad comercial. **6037**
2) La exención es también aplicable a las entregas realizadas por minoristas sujetos al régimen especial del **recargo de equivalencia** (nº 4530).

Procedimiento (RIVA art.9.1.2º.B) Las exenciones en el régimen de viajeros se hacen efectivas mediante el **reembolso del IVA soportado** en la adquisición. **6038**
Solo se aplica a la entrega de bienes documentado en factura y el **documento electrónico de reembolso (DER)**, disponible en la Sede electrónica de la AEAT, para tramitar el reembolso, donde se han de consignar los bienes adquiridos y, separadamente, el impuesto que corresponda. Adicionalmente, en dicho documento debe consignarse la identidad, fecha de nacimiento y número de pasaporte del viajero.
Se tiene en cuenta el **valor global** de todos los bienes adquiridos en cada compra, no el valor de cada bien (Rgto UE/282/2011 art.48).
Se instrumenta de la siguiente forma: **a la salida de la UE**, el viajero debe presentar los bienes y los documentos indicados en la Aduana de exportación (española o de otro Estado miembro) para que esta vise en ellos la salida. Dicho visado se ha de realizar por medios electrónicos cuando la aduana de exportación está situada en el TIVA. Seguidamente, el viajero ha de remitir estos documentos visados al proveedor y este queda obligado a reembolsarle el impuesto en los quince días siguientes mediante cheque, transferencia bancaria, abono en tarjeta de crédito u otro medio que permita acreditar el reembolso.
El reembolso puede hacerse también a través de **entidades colaboradoras** (bancos, cajas, etc.) autorizadas por la AEAT y situadas en las Aduanas españolas de salida, cuya operativa y comisiones a cobrar se determinan mediante Orden Ministerial (OM HAP/2652/2012 art.2 y anexo). En estos casos, el viajero debe presentar los documentos electrónicos visados por la Aduana en dichas entidades, que han de abonar el impuesto correspondiente, haciendo constar la conformidad del viajero. Posteriormente las entidades han de remitir los documentos electrónicos de reembolso en formato electrónico a los proveedores, quienes están obligados a efectuar el correspondiente reembolso.

El proveedor, o la entidad colaboradora en su caso, ha de comprobar el visado del documento electrónico de reembolso en la Sede electrónica de la AEAT, haciendo constar electrónicamente que el reembolso se ha hecho efectivo.

6039 Respecto a los viajeros con residencia habitual en **Canarias, Ceuta y Melilla**, además de los requisitos expuestos, deben entregar a su llegada a destino los bienes expedidos y los aludidos documentos en la oficina correspondiente de la Administración tributaria autonómica, para que haga constar en la factura su conformidad con los bienes presentados y se realicen las liquidaciones que procedan. La factura diligenciada se remite por el viajero al proveedor, quedando este obligado a devolver el IVA repercutido mediante cheque o transferencia en los quince días siguientes (DGT Resol 4/1993 para residentes en Canarias; DGT Resol 2/1996 para residentes en Ceuta y Melilla).

El **documento normalizado para acreditar la representación** de los obligados tributarios en el procedimiento de presentación telemática de los documentos electrónicos de reembolso y de comunicación de pago en el ámbito de la devolución de cuotas de IVA a no residentes en la UE es el aprobado por la Resol DG AEAT 5-11-19.

6040 Ejemplos **1)** Un grupo de personas que realiza un **crucero turístico** desembarca en Cádiz y efectúa las siguientes operaciones:

a) Un matrimonio de empresarios con residencia en Barcelona compra una escultura de Francesco Galleano por importe de 12.000 € más IVA, para su uso personal. Al no residir fuera de la UE, esta compra no está exenta.

b) Yamada Tarô, residente en Japón, compra dos abanicos pintados a mano, cuyo importe es de 70 €, más IVA. Compra exenta.

c) Jane Doe, residente en EE.UU. compra un equipo fotográfico, por importe de 1.800 €, más IVA. El buque hace escala en Vigo y Jane decide permanecer en nuestro país durante cuatro meses más, perdiendo el derecho a recuperar el impuesto al permanecer en España más de tres meses después de la compra.

6041 **2)** Un español, **residente en Suiza**, compra en una tienda de Madrid varios libros, cuyo importe global, impuestos incluidos, asciende a 78,13 € y unos discos, por importe de 60,10 €, impuestos incluidos también. A petición suya le extienden dos facturas, una por cada compra. Al salir de España no presenta en la Aduana dichas facturas para su visado reglamentario. Al llegar a Suiza las entrega en su banco, para que gestione la devolución del IVA soportado por las compras.

En este supuesto no se tiene derecho a la devolución de IVA porque el visado de la Aduana de salida es requisito imprescindible a tales efectos y no lo ha cumplido, con independencia del importe total que figure en cada factura, dado que no existe importe mínimo para aplicar la exención.

3) Una persona residente en Israel viene en **viaje de negocios** a España, donde compra varias prendas de vestir por un importe total de 180,30 € más IVA. Asimismo, se aloja durante tres noches en un hotel, cuya factura asciende a 240,40 €, más IVA. El viajero solicita la devolución del IVA de ambas facturas.

En este caso, el viajero tiene derecho a la devolución del IVA soportado en la factura por la compra de las prendas de vestir, pero no ocurre lo mismo en relación con la devolución del IVA de la factura del hotel, pues la exención solo se aplica a las entregas de bienes y no alcanza a las prestaciones de servicios.

6045 Doctrina Administrativa Además de las siguientes contestaciones de la DGT, ver nº 11000 s.

1) La exención se refiere únicamente a determinadas entregas de bienes, no resultando aplicable a las **prestaciones de servicios** (DGT 9-5-95).

2) La factura ha de ser diligenciada por la **Aduana de exportación**, que es aquella por la que el viajero sale de la UE, con independencia de cuál sea el Estado miembro de residencia del proveedor que resulte obligado al reembolso (DGT 19-9-94).

3) La Aduana de salida diligencia la factura, aunque esta pertenezca a un **comerciante de otro Estado miembro**, dado que el viajero debe justificar, con el pasaporte, que tiene su residencia en un país tercero, con independencia de su nacionalidad (DGT 24-3-00).

4) La Ley no contempla circunstancia alguna que permita exceptuar el cumplimiento del plazo de tres meses para que los bienes salgan del territorio de la UE, aunque sea por causa de **enfermedad del viajero** (DGT 10-1-97).

5) Cumplidos los requisitos previstos en la normativa del impuesto relativos a la exención de las entregas en régimen de viajeros y, en particular, una vez remitida al proveedor la factura por él expedida diligenciada por la Administración tributaria de la Comunidad Autónoma de Canarias, el viajero con **residencia habitual en Canarias** tiene derecho a la devolución del IVA soportado en el territorio de aplicación del mismo -Península e Islas Baleares- (DGT 17-7-97).

6) El único procedimiento de devolución posible es el previsto en la normativa, no siendo posible proceder a una **devolución de saldo** que le adeuda el cliente para practicar esa devolución (DGT CV 12-9-14).

7) Se excluyen de la exención las entregas de bienes destinados al **avituallamiento o equipamiento de embarcaciones** deportivas o de recreo, aviones de turismo o cualquier otro medio de transporte privado. Esta exclusión alcanza a las entregas de estos bienes a viajeros, y a las entregas de bienes en tiendas libres de impuestos (DGT 2-3-01).

Jurisprudencia **1)** La normativa comunitaria -Dir 2006/112 art.131, 146.1.b), 147 y 273- se oponen a una normativa nacional conforme a la cual, en el ámbito de las entregas de bienes para ser exportados como equipaje personal de viajeros, el vendedor debe haber alcanzado durante el año anterior un **importe mínimo de volumen de negocios** o firmar un contrato con una entidad autorizada para la devolución de IVA a viajeros, cuando el mero incumplimiento de dichas condiciones implica la pérdida definitiva para el vendedor de la exención de dichas operaciones (TJUE 28-2-18, asunto C-307/16). 6046

2) No resulta aplicable la exención para exportaciones de bienes en equipaje de viajeros, a los bienes que un particular no establecido lleva con él fuera de la UE **con fines comerciales** para su reventa en un tercer Estado, sin perjuicio de que se pueda aplicar la exención correspondiente a expediciones comerciales -nº 6032- (TJUE 17-12-20, asunto C-656/19).

3) Para la aplicación de la exención han de cumplirse los requisitos formales establecidos al respecto, no siendo factible cuando las **irregularidades** identificadas impiden la comprobación de que los bienes adquiridos son los transportados por el viajero que sale de la Comunidad. Sin embargo, y en cuanto al **carácter comercial** de la expedición, en la medida en que resulte acreditada la salida de los bienes, no procede denegar la exención porque la operación resultaría igualmente exenta en régimen de exportación, pese a no haberse completado el requisito de inclusión en el correspondiente régimen aduanero, no exigido a efectos del IVA, con base a la jurisprudencia comunitaria -TJUE 17-12-20, asunto C-656/19- (TEAC 21-6-21).

4) Para acreditar la **residencia habitual** del adquirente a los efectos de aplicar la exención por exportación de bienes en régimen de viajeros, no basta con la aportación del pasaporte, tal y como contempla el RIVA art.9.2º.B.b cuando en el mismo no conste la residencia habitual o domicilio del receptor de las entregas de bienes, siendo preciso en este caso, adicionalmente, presentar otros medios de prueba que acrediten la residencia habitual del viajero (TS 19-12-22, EDJ 769941).

5) La exigencia de que la exención en el IVA se haga efectiva mediante **reembolso del impuesto** no es un requisito material cuya inobservancia permita denegar automáticamente su aplicación. Cumplidos los requisitos materiales, solo el enriquecimiento del contribuyente, el riesgo de fraude, incorrecta repercusión o la comisión de una infracción tributaria permite limitar su aplicación (TS 31-10-25, EDJ 745228).

Entregas en tiendas libres de impuestos (Dir 2006/112/CE art.158; LIVA art.21.2º.B; RIVA art.9.1.2º.C; RD 1512/2018 disp.adic.única) Están exentas las entregas de bienes efectuadas en las tiendas libres de impuestos que estén situadas en la zona bajo control aduanero existentes en los **puertos y aeropuertos** destinada al embarque del viajero una vez superado el control de seguridad y/o el control de pasaporte para su acceso, cuando los adquirentes sean personas que salgan seguidamente con destino a países terceros, lo que se acredita con el billete de transporte. Estas, además, deben estar autorizadas como depósito aduanero y/o como depósito distinto del aduanero, en relación con las mercancías. 6048

También están exentas las entregas de bienes en **buques y aeronaves** que realicen navegaciones con destino a terceros países.

La exención no tiene límites cuantitativos, pero el conjunto de los bienes adquiridos no puede constituir una expedición comercial (nº 6037).

En este supuesto no se exige de manera obligatoria la expedición de **factura** (Rgto Fac art.2.2.d).

La exención se aplica, aunque el viajero sea **residente en la UE**, siempre que salga seguidamente con destino a un país tercero.

Precisiones **1)** El requisito de estar las **mercancías bajo control aduanero** consiste en que las no comunitarias deben estar vinculadas al régimen de depósito aduanero (nº 5633) y las comunitarias al régimen de depósito distinto del aduanero (nº 5645). En cuanto a las mercancías no comunitarias, se aplica el procedimiento simplificado de domiciliación, en el que la declaración aduanera se sustituye por el registro en la contabilidad de los locales autorizados de almacenamiento de las mercancías, regulado en la OM 21-12-1998 (Nota informativa AEAT 1/2012).

2) La OM HAC/559/2021 establece las **cantidades máximas** a las que es aplicable la exención, el procedimiento a seguir y los requisitos formales necesarios en las entregas en tiendas libres de impuestos y para la venta a bordo a viajeros.

Ejemplos **1)** Una persona, que viaja en avión en el vuelo París-Madrid, compra perfumes en la tienda libre de impuestos del **aeropuerto de París**. 6049

En este caso no es aplicable la exención, porque la exención se condiciona a que el punto de destino esté situado en territorio tercero y las ventas con destino a un lugar de la Unión Europea no están exentas. El viajero tiene que pagar el impuesto correspondiente en el aeropuerto de París.

2) Una agencia de viajes organiza un crucero marítimo. El buque tiene la salida en Barcelona y hace escala en Marsella, Roma, Venecia, Islas griegas y vuelta a Barcelona. Algunos de los viajeros compran objetos en las tiendas libres de impuestos del **buque**.
Estas ventas no disfrutan de exención porque no se cumple la condición del destino a puertos o aeropuertos situados en territorios terceros, dado que todos los puertos citados pertenecen a países de la UE. Todas las entregas que se realicen durante la realización del crucero se consideran localizadas en el territorio IVA, porque el crucero se inicia en dicho territorio -Barcelona- (nº 470).

6050 Doctrina Administrativa Además de la siguiente contestación de la DGT, ver nº 11000 s.
Están exentas las entregas de bebidas espirituosas a viajeros a bordo de buques y aeronaves que hacen el trayecto de la **Península a Canarias, Ceuta y Melilla** y viceversa (DGT 23-7-99).

C. Trabajos sobre bienes exportados

(Dir 2006/112/CE art.146.1.d; LIVA art.21.3º; RIVA art.9.1.3º)

6055 Están exentas las prestaciones de servicios que consisten en trabajos realizados sobre **bienes muebles** adquiridos o importados para ser objeto de dichos trabajos y, posteriormente, expedidos o transportados fuera de la UE. En concreto, se refiere a los de perfeccionamiento, transformación, mantenimiento o reparación de los bienes, incluso mediante la incorporación de otros bienes a los adquiridos o importados.
Como **condición** se exige que la posterior expedición o transporte fuera de la UE se realice por quien ha realizado los trabajos, por el destinatario de los mismos no establecido en el TIVA, por persona distinta de las anteriores que ostente la condición de exportador de conformidad con lo dispuesto en la normativa aduanera (nº 6098) o por persona que actúe en nombre y por cuenta de cualquiera de ellos.
Esta exención ha dejado de tener **aplicación práctica** después de la modificación de las reglas de localización de los referidos servicios por la L 2/2010. Hay que tener en cuenta que, si el destinatario resulta ser un empresario no establecido en el TIVA, los servicios se localizan fuera del TIVA por aplicación de la regla general (nº 496 s.) y, consecuentemente, no opera la exención.
En todo caso, tales servicios, aunque no sujetos al impuesto, también originan el **derecho a la deducción** (nº 2692), porque de haberse localizado en TIVA habrían originado ese derecho.
Quedan **excluidos** de la aplicación de la exención los servicios de reparación o mantenimiento de embarcaciones deportivas o de recreo, aviones de turismo o cualquier otro medio de transporte de uso privado que se encuentren en régimen de tránsito o de importación temporal, limitación que es congruente con la normativa que regula los regímenes indicados, que no permite que los bienes vinculados a ellos, y mientras permanezcan en dichas situaciones, sean objeto de los mencionados trabajos.

D. Entregas de bienes a organismos reconocidos para su exportación

(Dir 2006/112/CE art.146.1.c; LIVA art.21.4º; RIVA art.9.1.4º)

6065 Están exentas las entregas de bienes a organismos con **fines humanitarios, caritativos o educativos** para su exportación fuera de la UE en el marco de dichas actividades. Esta exención se aplica en la fase anterior de la exportación.
La exención se condiciona al cumplimiento de los siguientes **requisitos**:
a) Que exista **previo reconocimiento oficial** de los fines humanitarios, caritativos o educativos de los organismos a los que se entreguen los bienes (en este sentido, DGT 19-9-88). Dicho reconocimiento corresponde al Departamento de Gestión de la AEAT, a solicitud de los organismos y **previo informe** del Departamento ministerial respectivo, en el que se acredite que dichos organismos actúan sin fin de lucro.
b) La exportación de los bienes fuera del territorio de la UE debe efectuarse en el **plazo** de los tres meses siguientes a la fecha de su adquisición, aunque la AEAT, previa solicitud, puede autorizar un plazo superior.
c) El organismo autorizado debe remitir al proveedor **copia del documento de exportación** en el plazo de los quince días siguientes a la fecha de la salida.
d) Los demás requisitos que justifican la exención de las exportaciones (nº 6015).
Cuando la entrega de los bienes a los organismos en cuestión la efectúe un **ente público** o un **establecimiento privado de carácter social**, estos proveedores pueden solicitar a la AEAT, en el plazo de tres meses siguientes a la entrega, la devolución del impuesto soportado que no haya podido deducirse totalmente, previa justificación de su importe. La devolución debe solicitarse en el **modelo 308** (nº 6650 s.).

Ejemplo Una empresa farmacéutica vende a un comerciante mayorista una partida de **medicamentos**. Dicho comerciante vende a su vez a una **ONG**, reconocida como organismo sin fin lucrativo, parte de los productos adquiridos, para su distribución entre los habitantes de un país africano. 6068
La primera entrega de bienes del fabricante al comerciante mayorista no está exenta. En cambio, sí está exenta la posterior venta que realiza el mayorista a la ONG, siempre y cuando se cumplan los requisitos legales y reglamentarios exigidos, en especial el reconocimiento previo del derecho a la exención de la ONG.

E. Servicios relacionados con las exportaciones

(Dir 2006/112/CE art.146.1.e; LIVA art.21.5º; RIVA art.9.1.5º)

Están exentas las prestaciones de servicios, incluidas las de transporte y operaciones accesorias, distintas de las previstas para las operaciones interiores (nº 800 s.), relacionadas con las exportaciones. La exención es de **obligatoria aplicación**, sin que el prestador de los servicios pueda optar por la no aplicación de la misma (DGT 20-9-04). 6075

Quedan **excluidas** de esta exención los servicios que gozan de exención por operaciones interiores, dado que estas últimas exenciones son exenciones limitadas mientras que las relativas a servicios relacionados con las exportaciones son exenciones plenas (con derecho a deducción). La exclusión pretende dar a los servicios de la misma naturaleza el mismo trato fiscal: los servicios con exención limitada mantienen esta condición, aunque estén relacionados con las exportaciones. Sin embargo, por excepción a lo anterior, los **servicios de seguro y los financieros** (servicios con exención en operaciones interiores, nº 950 s.) originan el derecho a la deducción cuando estén relacionados con las exportaciones (nº 2692), resultando así que dichos servicios (posiblemente los más importantes de los exentos en operaciones interiores que puedan estar relacionados con las exportaciones) gozan también de exención plena.

Se entiende que los servicios están relacionados con las exportaciones cuando se presten:

a) A los **exportadores**, a los **destinatarios** de los bienes, a sus representantes aduaneros o a los transitarios y consignatarios que actúen por cuenta de unos y otros.

No obstante, los servicios prestados con ocasión de operaciones de exportación no están exentos cuando su destinatario sea un intermediario que actúa en nombre propio o un consignatario, transitario o agente de aduanas que actúa por cuenta de un intermediario que actúa en nombre propio respecto del exportador (ver nº 6087).

b) Con ocasión de las **exportaciones**.

c) A partir del momento en que los **bienes se expidan** con destino a la exportación o bien a una zona portuaria, aeroportuaria o punto fronterizo donde se realice la agregación o consolidación de la carga para su destino inmediato a la exportación.

Esta última condición no se exige para los servicios imprescindibles para realizar la exportación de los bienes, como son el arrendamiento de medios de transporte, los embalajes, acondicionamiento de la carga, etc.

Entre los **servicios** que pueden ser objeto de la exención se comprenden los de transporte, carga, descarga, conservación, custodia, almacenaje, embalaje, alquiler de medios de transporte, de contenedores y de materiales de protección de la mercancía y otros análogos.

Requisitos (RIVA art.9.1.5º) Estas exenciones se condicionan al cumplimiento de los siguientes requisitos: 6076

a) La exportación debe producirse en el **plazo** de los tres meses siguientes a la prestación de los servicios.

b) Los **documentos justificativos** de la exportación deben remitirse al prestador del servicio dentro de los tres meses siguientes a la exportación.

La salida de los bienes se puede justificar por cualquier medio de prueba admitido en Derecho.

Precisiones La exención de los servicios relacionados con las exportaciones se aplica cuando tales servicios se localicen en TIVA y se cumplan los requisitos establecidos en cada caso. En este sentido, deben tenerse en cuenta las **reglas de localización** aplicables a los servicios de transporte (nº 535), a los servicios accesorios a los transportes (nº 545 s.) y a los servicios de arrendamiento de los medios de transporte y contenedores (nº 685, nº 750 s. y nº 5802).
Si no se localizan en TIVA, los servicios están no sujetos al impuesto, aunque, en todos los casos, originan el derecho a la deducción (nº 2692).

Ejemplos **1)** La empresa EFL se dedica al transporte de vehículos fabricados en Valladolid hasta un **puerto o frontera**, donde se descargan para ser exportados, previo fletamento de un buque para su transporte. Otra empresa, situada en el puerto, presta los servicios de almacenaje, custodia y embarque precisos a tales efectos. 6078

En este supuesto se realizan varios servicios, todos relacionados con la operación principal de exportación de los vehículos. Uno, el servicio de transporte prestado por la empresa EFL para conducir los vehículos desde Valladolid hasta el puerto de embarque; otro, el fletamento del buque para el transporte marítimo de los vehículos; y otro, el servicio de guarda, custodia, almacenaje y embarque de los vehículos, dentro de la misma plaza portuaria.
Todos los servicios mencionados están exentos del impuesto cuando se cumplan los requisitos indicados en el nº 6075 s.
Los mencionados servicios no están sujetos al impuesto si se prestan a empresarios para sus establecimientos situados fuera de TIVA (nº 496).

6080 2) Una empresa se dedica al **transporte de bienes** en helicópteros con destino a las plataformas de sondeos petrolíferos situadas **fuera de las aguas jurisdiccionales** españolas.
Los mencionados servicios no están sujetos si se prestan a empresarios para sus establecimientos situados fuera de TIVA (nº 496).
3) Una empresa realiza el **transporte terrestre**, desde Elche hasta Barcelona, de los productos fabricados por una sociedad radicada en la primera ciudad, con destino a la exportación. El exportador no remite al transportista el justificante de la exportación.
No se dan en el transporte los requisitos que determinan su exención, por lo que el transportista debe repercutir el impuesto al exportador. Si esta circunstancia se descubre posteriormente por la Inspección, debe regularizarse la situación exigiendo al transportista el ingreso del impuesto correspondiente al transporte.

6081 4) Una empresa establecida únicamente en TIVA contrata con una cooperativa el **transporte de frutos** cítricos desde el lugar de su obtención hasta los almacenes en los que se procede a su lavado, secado y clasificación, como **operaciones previas a su eventual exportación** o, en su caso, envío al mercado interior.
El servicio de transporte prestado está sujeto y no exento de IVA, pues no está relacionado con una operación de exportación.
5) Una agencia de **transportes** contrata con una empresa exportadora el envío de sus productos hasta el **puerto** de embarque para la exportación. Simultáneamente subcontrata parte de estos transportes con otros empresarios.
Los servicios prestados por los **transportistas subcontratados** a la agencia no están exentos, ya que no se prestan de forma directa a la empresa exportadora, ni a intermediarios que actúen por cuenta de ella. No obstante, si la agencia de transportes actúa por cuenta del exportador, de manera que los otros transportistas facturan directamente a la exportadora y no a la agencia intermediaria, se aplica la exención siempre y cuando cumplan los requisitos.
Los servicios prestados por la **agencia de transportes** no están sujetos si se prestan a empresarios para sus establecimientos situados fuera de TIVA (nº 496).

6082 6) Una empresa de Valencia vende calzado a un mayorista de Munich y a otra empresa japonesa. La empresa vendedora pone en contacto a los clientes con una empresa de transportes, también de Valencia, concertando el transportista y los clientes el **transporte del calzado hasta destino** para poner los bienes a disposición de los adquirentes.
En todos los casos, ya sea transporte intracomunitario o no comunitario, los transportes se localizan donde radique el establecimiento del destinatario para el que se presta el servicio. En consecuencia, si se prestan al exportador español van a estar sujetos y exentos; por el contrario, si se prestan a los empresarios alemán o japonés para sus establecimientos en Alemania o Japón, no van a estar sujetos al IVA (nº 496).
7) En un **puerto** se cobran tarifas por los siguientes servicios:
a) Embarque y desembarque de mercancías.
b) Cesión de uso de grúas, utilizadas exclusivamente en operaciones de carga y descarga de mercancías destinadas a Canarias, Ceuta, Melilla o el extranjero.
c) Servicios de almacenaje y utilización de superficies, locales y edificios, destinados exclusivamente a la finalidad indicada en el apartado anterior.
d) Servicios frigoríficos de mercancías que van a ser exportadas.
e) Inspección y comprobación de la calidad de las mercancías que van a ser exportadas.
f) Otros servicios, con la misma finalidad.
Estos servicios están exentos si están directamente relacionados con los envíos de bienes fuera de la Unión Europea, tanto si se prestan a exportadores como si se realizan para personas que actúan por cuenta de los mismos y siempre que se justifique en la forma prevista.
Los mencionados servicios no están sujetos cuando se presten a empresarios para sus establecimientos situados fuera de TIVA (nº 496).

6083 8) Un bufete de abogados presta **servicios jurídicos y de asesoramiento técnico** a diversas empresas exportadoras.
El asesoramiento realizado con carácter general no está exento, aunque tenga por objeto informaciones sobre las perspectivas del mercado internacional o de las exportaciones, pues no está directamente relacionado con ninguna exportación en concreto, ni se realiza a partir del momento en que los bienes se expiden con destino a la exportación.

Si el establecimiento del destinatario para el que se prestan los servicios estuviese situado fuera de la UE, los servicios no van a estar sujetos al aplicarse la regla general que localiza tales servicios donde radique el establecimiento del destinatario para el que se prestan.

9) Una persona física traslada su residencia habitual de Madrid a Tenerife. Contrata con un **servicio de mudanzas internacionales** el traslado de todo el mobiliario y enseres domésticos a su nuevo domicilio. La empresa de mudanzas le envía una factura sin repercutirle el IVA.

Los servicios de transporte de mobiliario y enseres (mudanzas) realizados por la empresa de transporte desde la Península hasta las Islas Canarias, o viceversa, se consideran realizados en el ámbito espacial de aplicación del IVA y están, por tanto, sujetos al mismo, únicamente por la parte de trayecto de dicho transporte que transcurra por el citado ámbito de aplicación. No obstante, puede ser de aplicación la exención de los servicios relacionados con las exportaciones (nº 6075) o de los servicios relacionados con las importaciones (nº 5788), siempre que concurran los requisitos exigidos.

Doctrina Administrativa Además de las siguientes contestaciones de la DGT, ver nº 11000 s. **6085**

1) Cuando se trate de operaciones de exportación que se formalicen y resulten procedentes con arreglo a los **procedimientos de simplificación** determinados en las Instrucciones del DUA, se acepta la utilización de documentos comerciales como documentos aduaneros de salida (DGT CV 26-11-08).

2) La **legalización de documentos comerciales** como facturas, certificados de origen, de análisis y de sanidad, de productos destinados a la exportación, siendo los clientes de tales servicios de legalización las empresas exportadoras, está sujeta a IVA, aunque puede quedar exenta si dicho servicio se presta en un breve plazo anterior al envío de los bienes a un punto situado fuera de la UE o a un punto situado en zona portuaria, aeroportuaria o fronteriza para su inmediata expedición fuera de ese territorio y la salida de los bienes de la UE se realiza en los tres meses siguientes a la fecha de prestación del servicio (DGT 15-4-04).

3) Están exentas del impuesto las prestaciones de servicios realizadas por **consignatarios y estibadores de buques** directamente relacionadas con las operaciones de exportación y envío de bienes a Canarias, Ceuta y Melilla, incluidas las de carga y descarga de mercancías transportadas con destino a la exportación (DGT 17-7-86).

4) Los **servicios de gestión de cobro** prestados por empresarios o profesionales en el ejercicio de su actividad, en relación con créditos de titularidad ajena recibidos en comisión de cobranza, están exentos siempre que estén directamente relacionados con las exportaciones, se presten directamente al exportador y se cumplan los demás requisitos (DGT CV 24-11-86).

5) No están exentos los servicios prestados por un **bufete de abogados** al asesorar sobre redacción de contratos de exportación, repercusiones fiscales y trámites aduaneros (DGT CV 2-12-86).

6) Están exentos los **transportes funerarios** y servicios accesorios que tengan por objeto conducir el cadáver desde TIVA a un punto situado fuera para su inhumación (DGT 29-5-87). **6086**

7) Los **transportes de frutos cítricos** desde el lugar de su obtención hasta los almacenes en los que se procede a su lavado, secado y clasificación, como operaciones previas a su eventual exportación, están sujetos y no exentos (DGT CV 26-6-86).

8) Están exentos los **servicios de frigoríficos** prestados en los recintos aduaneros y relativos a las mercancías destinadas a la exportación (DGT CV 15-9-86).

9) La exención de los servicios relacionados con la exportación está condicionada, entre otros requisitos, a que dichos servicios se presten a partir del **momento en que los bienes se expidan con destino al extranjero**, Canarias, Ceuta o Melilla, o bien a un recinto aduanero o a un punto situado en frontera, puerto o aeropuerto para su posterior envío, dentro de los plazos reglamentarios, a un lugar situado fuera del ámbito de aplicación del impuesto. También se comprenden los situados en las proximidades de un recinto aduanero, de la frontera, de un puerto o aeropuerto, en los que se efectúen las operaciones de **agregación o consolidación** de cargas para su posterior envío, dentro de los mismos plazos, fuera del ámbito de aplicación del impuesto (DGT 23-6-86).

10) Están exentos los servicios de **transporte de mercancías** (cartas, paquetes, mensajería) que efectivamente se exporten fuera de la UE (DGT 15-3-01; 23-4-01), incluyéndose los transportes de mercancías al **Reino Unido** (DGT CV 26-5-21).

11) Están **sujetos y no exentos** los servicios de transporte y demás prestados con ocasión de una operación de exportación a favor de (DGT CV 11-7-22): **6087**

- intermediario que actúa por nombre propio y por cuenta del exportador;
- intermediario que actúa por nombre propio y por cuenta de un transitario, consignatario o agente de aduanas, que actúa en nombre propio y por cuenta del exportador;
- transitario que actúa en nombre propio y por cuenta de un intermediario que actúa en nombre propio y por cuenta del exportador;
- consignatario que actúa en nombre propio y por cuenta de un intermediario que actúa en nombre propio y por cuenta del exportador;
- agente de aduanas que actúa en nombre propio y por cuenta de un intermediario que actúa en nombre propio y por cuenta del exportador.

En todos estos supuestos en los que no se aplica la exención de la LIVA art.21.5º, el intermediario no tendrá, a su vez, la condición de transitario, consignatario o agente de aduanas.

12) Están exentos los servicios de **mudanzas** prestados **a particulares** cuando el destino de dichos bienes se encuentre fuera del territorio de la Comunidad y la persona para la que se realiza el servicio figure como exportador de los bienes, como adquirente de los mismos en destino o actúe por cuenta de quien fuera el exportador o adquirente de los bienes. En tal caso, será de aplicación la exención de la LIVA art.21.5º cuando el destino de los bienes se encuentre fuera de la Comunidad y la persona para la que se realice el servicio cumpla con estos requisitos (DGT CV 8-3-17; CV 18-3-22).

6089 Jurisprudencia **1)** La falta de un **vínculo jurídico directo** entre los servicios prestados y la exportación impide que a estos, aunque necesarios para su operativa, les sea de aplicación la exención prevista para la operaciones de exportación fuera de la UE (TJUE 29-6-17, asunto C-288/16).

2) Las prestaciones de servicios consistentes en la **cesión o arrendamiento de vagones** para uso exclusivo de determinados fabricantes de automóviles, están exentas del IVA cuando concurran los dos requisitos siguientes: que el arrendatario sea quien utilice los vagones para el transporte de bienes destinados a la exportación o a Canarias, Ceuta o Melilla, o bien la persona que actúe por cuenta de él, y que los vagones se utilicen exclusivamente en los transportes indicados (TEAC 25-3-98).

F. Servicios de mediación

(Dir 2006/112/CE art.153; LIVA art.21.6º y 70.Uno.6º)

6090 Están exentas las prestaciones de servicios realizadas por **intermediarios** que actúen en nombre y por cuenta de terceros, cuando intervengan en las operaciones de exportación. La exención comprende los servicios de mediación en las exportaciones directas e indirectas (nº 6015 s. y nº 6030 s.); en los trabajos realizados sobre bienes muebles para su posterior exportación (nº 6055 s.); en las entregas de bienes a organismos reconocidos sin fin lucrativo que los exportan en el marco de sus actividades (nº 6065 s.) y en los servicios relacionados con las exportaciones (nº 6075 s.).

Solo procede cuando se trate de servicios de mediación que, de acuerdo con las **reglas de localización**, se entiendan realizados en TIVA. Así, el servicio de mediación, cuando el **destinatario** es empresario, se localiza donde radica el establecimiento del destinatario para el que se presta el servicio, por aplicación de la regla general (nº 496).

Si el destinatario de la mediación no tiene la condición de empresario, el servicio se localiza en TIVA cuando la operación subyacente se localiza en dicho territorio, como es el caso de las exportaciones.

La **justificación** de esta exención no está contemplada en la normativa del IVA, por lo que puede hacerse mediante cualquier medio de prueba admitido en Derecho (P.e., la copia de la factura). A este respecto, la Administración ha aceptado como medio de prueba la factura expedida por el comitente para el exportador o persona que actúe en nombre y por cuenta de él (DGT 21-11-95).

Precisiones Hasta el **31-12-2022**, si el establecimiento del destinatario empresario radicaba en un país tercero, la localización de la mediación se trasladaba al territorio IVA si el servicio en el que se media (servicio subyacente) se utilizaba o explotaba efectivamente en dicho territorio (regla de utilización efectiva nº 750), circunstancia que se da siempre con las exportaciones -operaciones subyacentes de la mediación, siempre localizadas en el territorio IVA; es decir, la mediación, en estos casos, se utiliza o explota en el territorio IVA- (DGT CV 12-7-21).

6092 Ejemplos **1)** Un **agente de aduanas** contrata en nombre y por cuenta de Alfa, S.A., establecida en Barcelona, la exportación de 1.000 televisores. La empresa Alfa, S.A. suministra al agente un NIF-IVA español.

El servicio de mediación prestado por un agente de Aduanas a un exportador español se localiza en TIVA y está exento por estar relacionado con las exportaciones.

2) La agencia Alfa, S.A. contrata el **transporte fuera de la UE**, directamente por España, de aparatos de televisión vendidos por la empresa Beta, S.A., establecida en Madrid, a los siguientes clientes:

- A una empresa establecida en Francia, que le ha comprado 1.000 televisores y quiere enviarlos a Honduras.
- A una empresa establecida en Canadá, que le ha comprado 500 televisores y quiere enviarlos a Canadá.

La agencia Alfa, S.A. contrata los transportes indicados con la empresa Zeta, establecida en Madrid, en nombre y por cuenta de las mencionadas empresas de Francia y de Canadá que le suministran el NIF de los países en los que están establecidas.

El servicio de mediación prestado a la empresa francesa se localiza en Francia (regla general del establecimiento del destinatario) y el prestado a la empresa canadiense no está sujeto a IVA porque se localiza donde radica el establecimiento del destinatario para el que se presta el servicio (Canadá).
Los servicios de transporte no están sujetos al IVA porque se localizan donde radica el establecimiento del destinatario para el que se presta el servicio: Francia y fuera de la UE, respectivamente.

6094

Doctrina Administrativa Además de las siguientes contestaciones de la DGT, ver nº 11000 s.
La siguiente doctrina está dictada en base a las reglas de localización aplicables hasta el 1-1-2010, pero la exención señalada en los casos contemplados también resulta aplicable de acuerdo con la normativa vigente desde el 1-1-2010.
1) Están exentas las prestaciones de servicios efectuadas por **agentes de Aduanas** cuando estén directamente relacionadas con las exportaciones de bienes al extranjero, tanto si se efectúan con carácter definitivo como temporal, o con los envíos de bienes a Canarias, Ceuta o Melilla, igualmente con carácter definitivo o temporal (DGT CV 1-4-86; 2-10-97).
2) Los servicios de mediación, prestados en nombre y por cuenta ajena a un transportista español, en relación con **transportes** directamente relacionados con exportaciones de bienes fuera de la UE están exentos (DGT 2-6-98).
3) La exención no resulta aplicable a servicios distintos de los de intermediación, tales como los **servicios de gestión o consultoría** especializada en materia de comercio exterior y los de carácter financiero o de **gestión financiera**, ni siquiera en el caso en que dichos servicios estén directamente relacionados con operaciones concretas de exportación de bienes (DGT 12-5-98).
4) Están exentos los servicios de mediación en las operaciones de **compraventa de productos energéticos y minerales** prestados en el territorio peninsular o Baleares por intermediarios que actúen en nombre y por cuenta de terceros cuando intervengan en las exportaciones, cualquiera que sea la persona o entidad que efectúe su pago (DGT CV 22-7-86).

6095

Jurisprudencia La normativa comunitaria se opone a la práctica de un Estado conforme a la cual la exención de IVA aplicable, respectivamente, a los servicios de transporte directamente relacionados con exportaciones y a los servicios prestados por intermediarios relacionados con dichos servicios de transporte se condiciona a que el sujeto pasivo presente una **declaración de exportación** en relación con los bienes en cuestión. Dado que las autoridades competentes son las que deben examinar si concurre la condición relativa a la exportación de los bienes a efectos de la aplicación de la exención, se ha de entender que un **carnet TIR** -que es certificado por las autoridades aduaneras del tercer país al que los bienes van destinados y que es proporcionado por el sujeto pasivo-, constituye una evidencia, salvo que haya razones específicas para dudar de la autenticidad o fiabilidad de dicho documento (TJUE 8-11-18, asunto C-495/17).

G. Exportaciones realizadas por exportadores a efectos aduaneros

(LIVA art.21.7º)

6098

Están exentas las entregas de bienes expedidos o transportados fuera de la Comunidad por quien ostente de conformidad con la normativa aduanera la condición de **exportador**, distinto del transmitente o el adquirente no establecido en TIVA, o por un tercero que actúe en nombre y por cuenta del mismo. Tiene esta consideración (Rgto (UE) 2015/2446 art.1.19):
a) La persona establecida en el territorio aduanero de la UE que, en el momento en que se acepta la declaración, es **titular del contrato** con el destinatario en un tercer país y está facultada para decidir que las mercancías deben ser conducidas a un destino situado fuera del territorio aduanero de la Unión.
b) El **particular** que transporta las mercancías que se vayan a exportar cuando estas mercancías estén contenidas en su equipaje personal.
c) En los demás casos, la **persona establecida** en el territorio aduanero de la Unión, que esté facultada para decidir que las mercancías deben ser conducidas a un destino situado fuera del territorio aduanero de la Unión.
A estos efectos, deben aplicarse las siguientes **definiciones** (CAU art.5.31 y 32):
- persona establecida en el territorio aduanero de la Unión: en el caso de una persona física, cualquier persona que tenga su residencia habitual en el territorio aduanero de la Unión; en el caso de una persona jurídica o una asociación de personas, toda persona que tenga su domicilio social, sede central o un establecimiento comercial permanente en el territorio aduanero de la Unión.
- establecimiento comercial permanente: lugar fijo de negocios, donde están permanentemente presentes los recursos humanos y técnicos necesarios y a través del cual se llevan a cabo total o parcialmente las operaciones relacionadas con la aduana de una persona.

Además de que el exportador tiene que estar establecido en la Unión de alguna de las formas descritas anteriormente, hay **otro requisito** que es controvertido: la facultad de decidir que las mercancías sean exportadas o sacadas del territorio aduanero de la UE.

II. Operaciones asimiladas a las exportaciones

(Dir 2006/112/CE art.148 y 151; LIVA art.22; RIVA art.10)

6100

6101 Estas operaciones tienen por objeto bienes o servicios que se utilizan o están relacionados con:
- actividades que se desarrollan principalmente fuera de TIVA (buques y aeronaves afectos a la navegación internacional);
- instituciones o personas con derecho de extraterritorialidad (regímenes diplomático, consular y de organismos internacionales y fuerzas armadas).

Estas operaciones están exentas y tienen el mismo tratamiento a efectos del IVA que las exportaciones: son operaciones **exentas del impuesto de carácter pleno**, que originan el derecho a la deducción.

Desde **1-1-2023**, estas operaciones exentas (correspondientes a las exportaciones asimiladas), no comprenden las que gocen de exención por aplicación de los artículos que regulan las exenciones en operaciones interiores, la exención de las entregas de bienes facilitadas a través de una interfaz digital, las exenciones en las exportaciones de bienes y las exenciones en las entregas de bienes destinados a otro Estado miembro (LIVA art.20, 20 bis, 21 y 25).

6102 Precisiones 1) Las operaciones asimiladas a las exportaciones no suponen la salida física de mercancías fuera de la UE: son operaciones que se realizan en el **interior del territorio de aplicación del impuesto**, pero tienen por objeto bienes o servicios que se utilizan principalmente fuera del ámbito del impuesto, bien porque se destinan a buques y aeronaves afectos esencialmente a la navegación internacional o porque están relacionados con regímenes de extraterritorialidad, y que tienen, por tanto, el mismo significado económico que las exportaciones.

2) A los efectos de estas operaciones, el concepto de **navegación internacional** tiene como referencia el TIVA y no el territorio de la UE, de forma que dicha navegación es la que se realiza entre España y cualquier otro país extranjero, sea de la UE o país tercero.

3) El **régimen diplomático** y el de organismos internacionales se aplica con independencia del país extranjero, de la UE o no, al que corresponde la embajada, la sede del organismo y el personal de ambos.

Estas exenciones constituyen una **excepción** a un principio básico del régimen transitorio del Mercado interior, según el cual todo consumo en el interior de la UE debe quedar gravado con el impuesto. Con las operaciones asimiladas a las exportaciones se producen consumos de bienes y servicios en el interior de la UE exentos del impuesto. Es decir, se mantiene el régimen anterior al Mercado interior, hasta que, según declaraciones en actas de la Dir 91/680/CEE, que regula el régimen transitorio del IVA, se apruebe el régimen definitivo que corresponda a estas operaciones.

4) La exención prevista en la normativa comunitaria para las operaciones asimiladas a las exportaciones se aplica también a los servicios electrónicos prestados por un sujeto pasivo que se acoja al régimen especial de los **servicios tecnológicos**. La referencia a los regímenes especiales aplicables a los servicios tecnológicos debe hacerse a los regímenes especiales aplicables a las ventas a distancia y a determinadas entregas interiores de bienes y prestaciones de servicios -regímenes especiales relativos al **comercio electrónico**, nº 9300 s.- (Rgto UE/282/2011 art.49).

A. Operaciones relativas a buques

(Dir 2006/112/CE art.148.c; LIVA art.22.Uno; RIVA art.10.1)

Están exentas del impuesto las entregas, construcciones, transformaciones, reparaciones, mantenimiento, fletamento total o parcial, y arrendamiento de los buques que se indican más adelante (nº 6106), cuando se cumplan los siguientes **requisitos**: 6105

1. El **adquirente** de los buques o el destinatario de los servicios debe ser el titular de la explotación de los buques que se utilicen en las actividades que justifican la exención o, en su caso, la entidad pública que los utilice en sus fines de defensa.

El TJUE, en relación con las aeronaves, extiende la exención a las adquiridas para cederlas a otra compañía que las utilice en los fines que justifican la exención (TJUE 19-7-12, asunto C-33/11), no resultando aplicable este criterio a otros medios de transporte (como podrían ser buques, considerando lo previsto en la Dir 2006/112/CE art.148.c y f), ya que la explotación de estos medios de transporte se sujeta a normas de control y seguridad que no se dan para los demás bienes (ver nº 5701).

2. El **transmitente** o el prestador de los servicios debe estar en posesión, durante el período de prescripción del impuesto, de los documentos acreditativos de la operación: copia de la factura, contratos de fletamento o de arrendamiento y una copia autorizada de la inscripción del buque en el Registro de Matrícula que les habilite para su utilización en los fines que determinan la exención.

Cuando se trate de la **construcción** del buque, la copia autorizada de su matriculación debe ser entregada por el adquirente al transmitente en el plazo de un mes, a partir de la fecha de su inscripción en el mencionado Registro.

Asimismo, deben exigir a los adquirentes de los bienes o destinatarios de los servicios una **declaración suscrita** por ellos, en la que hagan constar la afectación o el destino de los bienes que justifique la aplicación de la exención.

Los conceptos de **arrendamiento y fletamento** han sido definidos por la DGT en relación con los contratos de las entidades públicas (ver nº 6127).

Buques a los que se refiere la exención (LIVA art.22.Uno) Son los siguientes: 6106

a) Los buques aptos para navegar por alta mar que se afecten a la **navegación marítima internacional** (nº 6113) en el ejercicio de actividades comerciales de transporte remunerado de mercancías o pasajeros, incluidos los circuitos turísticos, o de actividades industriales o de pesca. La exención no alcanza, en ningún caso, a los buques de uso privado (de recreo, deportivos).

b) Los buques afectos exclusivamente al **salvamento, asistencia marítima o pesca costera**, que es la realizada en aguas jurisdiccionales. La desafectación de un buque de las finalidades indicadas produce efectos durante un plazo mínimo de un año, excepto en los supuestos de entrega posterior del mismo.

c) Los buques de **guerra**. Aunque este supuesto no está recogido en la normativa comunitaria -Dir 2006/112/CE art.148-, se permite a España aplicar excepciones, entre las que figura este supuesto (Dir 2006/112/CE art.376).

Precisiones **1)** De acuerdo con el Arancel de Aduanas, un **buque apto para navegar** por alta mar es el que tiene capacidad de maniobrar en el mar, incluso con mar gruesa, cuya longitud de casco es, como mínimo, 12 metros. Por otra parte, la normativa del IVA considera «buques», a sus efectos, los comprendidos en las partidas 89.01; 89.02; 89.03; 89.04 y 89.06.10 del Arancel Aduanero (LIVA Anexo aptdo.primero). 6107

2) En las operaciones de **transformación, mantenimiento y reparación** de los buques hay que tener en cuenta también las normas de localización de estos servicios, según las cuales, se localizan en el TIVA cuando se prestan para los establecimientos de empresarios que radiquen en el mencionado territorio y no está sujetos cuando se prestan para establecimientos de empresarios situados fuera del territorio TIVA (nº 485).

3) Existe **transformación** de un buque o aeronave cuando la contraprestación de los trabajos excede del 50% del valor de dichos medios de transporte en el momento de la entrada en el astillero o taller con dicha finalidad.

4) La **construcción** de un buque o aeronave se entiende realizada en el momento de su matriculación en el Registro de Matrícula.

5) En los **arrendamientos** de los buques, debe distinguirse según sean:

- **a corto plazo**: se localizan en TIVA cuando los buques se pongan a disposición del destinatario en dicho territorio (nº 685);
- **a largo plazo**: se localizan en TIVA cuando radique en dicho territorio el establecimiento del destinatario para el que se preste el servicio, según la regla general.

Además, en principio, para estos arrendamientos también se aplica la regla de la **utilización efectiva** (nº 750), según la cual, aunque los medios se pongan en posesión del destinatario en país tercero (arrendamientos a corto plazo) o se presten para establecimientos situados en países terceros, incluidos Canarias, Ceuta y Melilla, el servicio se localiza en territorio IVA si el medio de transporte se utiliza en TIVA.
Sin embargo, la aplicación de esta regla resulta conflictiva porque el arrendamiento exento se refiere a buques que se utilizan dentro y fuera de TIVA (afectos a **navegación internacional**) y surge la duda de si la regla especial exige utilización única en TIVA o si es suficiente una utilización parcial en ese territorio. A estos efectos, se ha considerado que la regla es aplicable, aunque los servicios solo se utilicen parcialmente en el TIVA, en cuyo caso al producirse el cambio de localización, deben ser aplicados criterios de ponderación para cuantificar el uso en el TIVA -por ejemplo, proporción de ingresos derivados de dicho servicio en el TIVA y el total de los obtenidos por la destinataria por la total explotación- (DGT CV 24-7-13; CV 5-4-13).

6109 Doctrina Administrativa Además de las siguientes contestaciones de la DGT, ver nº 11000 s.
1) La referencia al **Registro de matrícula** de buques debe entenderse que corresponde al Registro definitivo de matrícula y no al Registro provisional, porque solo la inscripción en el Registro definitivo, una vez terminada la construcción, determina que el buque pueda desarrollar la actividad que define la exención (DGT CV 8-7-86).
2) El **fletamento total** supone la cesión a un solo fletador de la totalidad del buque para el transporte de mercancías (DGT 15-4-86).
3) No están exentos los servicios relativos a la confección de planos para la **construcción de buques** ni los servicios de supervisión de los trabajos conducentes a dicha construcción (DGT CV 21-10-86), así como tampoco los proyectos de construcción de los buques, con independencia del fin a que se dedique después el buque (DGT 14-12-93).
4) El constructor o transmitente de un buque apto para la **pesca costera** aplica la exención cuando el adquirente del mismo justifique su destino mediante la copia autorizada de la inscripción del buque en el Registro correspondiente y la declaración del adquirente en la que se haga constar, bajo su responsabilidad, que el buque se va a destinar exclusivamente a dicha actividad (DGT CV 8-7-86).
5) No está exenta la construcción y entrega de un buque apto para navegar por alta mar cuando el adquirente lo destina a ser objeto de **arrendamiento o cesión** de uso por otro título a un tercero (DGT 12-9-95).
6) Está exento el **arrendamiento financiero** y posterior venta por ejercicio de la opción de compra, de un buque que se afecte por el arrendatario-adquirente a la prestación de servicios de practicaje (asistencia marítima) en un puerto (DGT 26-2-99).

6110 **7)** En relación con los buques de **investigación oceanográfica**, dado que se considera que no realizan navegación internacional (DGT 7-7-86), no está exenta su entrega al Consejo Superior de Investigaciones Científicas para su cesión a la Armada ni las efectuadas al Ministerio de Agricultura, Alimentación y Medio Ambiente -actualmente Ministerio de Agricultura, Pesca y Alimentación- (DGT 29-3-99), así como tampoco las entregas a un organismo autónomo para la realización de investigaciones pesqueras y oceanográficas (DGT 11-1-99; 26-2-99).
8) Se consideran buques afectos exclusivamente a la pesca costera, las embarcaciones que, no estando esencialmente afectas a la navegación marítima internacional, se dediquen exclusivamente a la **pesca marítima** (DGT CV 23-12-86).
9) Las actividades de **salvamento y asistencia marítima** son las que tiene por objeto socorrer o auxiliar a personas, buques o embarcaciones en dificultades (DGT 7-7-86; 27-10-87).
Quedan **excluidas** de dicha consideración las operaciones de apoyo, colaboración, complemento o vigilancia de las actividades industriales o pesqueras realizadas por otros buques en el mar o, en general, la asistencia en aguas interiores a otras embarcaciones (DGT 22-5-00).
10) Las **piscifactorías flotantes** no se hallan comprendidas en el concepto de buques a efectos del IVA y, por tanto, los beneficios fiscales no son de aplicación a las operaciones de construcción de dichas plataformas (DGT 14-9-88).
11) No se consideran dedicados exclusivamente al salvamento los buques que realicen transportes de mercancías y pasajeros a **plataformas petrolíferas** (DGT 27-10-87).
12) No se consideran incluidos entre los buques a los que resulta aplicable la citada exención, aquellos que se destinan a **labores auxiliares de apoyo**, colaboración o complemento (DGT 22-5-98).
13) Los buques pertenecientes al **Servicio de Vigilancia Aduanera** no se encuentran comprendidos en ninguna de las categorías de buques a los que resulta de aplicación la exención (DGT 7-2-01).

6111 Jurisprudencia **1)** La exención de las operaciones comprendidas en la normativa comunitaria -Dir 2006/112/CE art.148.a, c y d- se condiciona a que los buques estén **afectos a la navegación en alta mar** y efectúen un tráfico remunerado de pasajeros o realicen una actividad comercial, industrial o pesquera (TJUE 21-3-13, asunto C-197/12). Ver otros criterios del TJUE relativos a buques en el nº 6158.

2) La exención no se aplica a las prestaciones de servicios consistentes en la puesta a disposición, a cambio de una remuneración, de un buque con tripulación a favor de personas físicas para la realización de **viajes de recreo** en alta mar (TJUE 22-12-10, asunto C-116/10).
Negociándose la embarcación bajo contrato de **arrendamiento de cosa**, el uso último es efectuado por el arrendatario, que en este caso son personas jurídicas que utilizan aquella para finalidad de recreo, lo que supone que la operación no se encuentre exenta (TEAC 25-10-18).
3) Las **plataformas petrolíferas** y, en particular aquellas que sean aptas para la navegación, tienen la consideración de buques a efectos del IVA para la aplicación de la exención correspondiente (TEAC 16-1-97).
En tanto no se utilizan para navegar, no califica para aplicar la exención la entrega de una **estructura flotante** que queda fija o estática (en este caso unidades móviles de perforación marina). El objetivo de esta exención es incentivar el transporte internacional (TJUE 20-6-19, asunto C-291/18).
4) La **cesión de derechos de desguace de buques** no se encuentra comprendida entre las operaciones a las que resulta aplicable la exención (TEAC 15-12-93).
5) El incumplimiento del requisito de inscripción en el **Registro de Matrícula** no debe impedir el disfrute de la exención si se acredita la afectación a la actividad de salvamento marítimo -requisito material- (TEAR Cataluña 2-6-20).

Afectación a navegación marítima internacional (LIVA art.22.Uno.Primero y Segundo) A los efectos de estas exenciones, se entiende por navegación marítima internacional la que se realiza en **aguas marítimas** entre un puerto situado en TIVA y otro extranjero (de la UE o país tercero), entre dos extranjeros y también la permanencia en alta mar durante más de 48 horas (buques de pesca). **6113**
En este concepto no se comprenden las **escalas técnicas** realizadas para repostar, reparar o servicios análogos.
Un buque resulta afecto a la navegación internacional cuando sus **recorridos** en dicha navegación representan más del 50% del total recorrido efectuado en los siguientes períodos de tiempo:
a) El año natural anterior a la fecha en que se efectúen las operaciones de **reparación o mantenimiento**, salvo lo que se indica en la letra siguiente.
b) El año natural en que se realicen la **entrega, construcción**, transformación, adquisición intracomunitaria, importación, fletamento, total o parcial, o arrendamiento del buque o en el que se realice la desafectación del salvamento, asistencia marítima o pesca costera, a menos que estas operaciones tengan lugar después del 30 de junio de dicho año, en cuyo caso el período a considerar es ese año natural y el siguiente.
Este mismo criterio también se aplica en relación con las operaciones mencionadas en la letra a) cuando se realicen después de las señaladas en la letra b).
Si no se produce la afectación a la navegación marítima internacional en los plazos señalados, se origina una operación asimilada a la importación (nº 5658), cuyo devengo según los casos va a tener lugar el 31-12 del año, o del año siguiente (LIVA art.22.Uno.Segundo y 77.Dos).

Precisiones **1)** También están exentas las mismas operaciones referidas a los buques que se afectan exclusivamente al **salvamento, asistencia marítima o la pesca costera** durante el período igualmente señalado. Si antes de finalizar ese período se abandonan las afectaciones exclusivas, queda sin efecto la exención aplicada y se produce también una operación asimilada a la importación (nº 5658), cuyo devengo va a tener lugar en el momento en que la Ley entiende producida la desafectación que, al igual que con la navegación marítima, va a ser el 31 de diciembre del año en que se aplicó la exención o el 31 de diciembre del año siguiente si la operación exenta tuvo lugar en el segundo semestre del año. **6114**
2) Para el caso de **reparaciones y mantenimiento** de los buques se prevé una regla especial (LIVA art.22.Uno.Segundo.a y b):
- en el caso de entrega, transformación, arrendamiento, etc. tales operaciones están exentas si el buque resulta afecto a navegación internacional durante el año en que se efectúen o durante ese año y siguiente, con independencia de las navegaciones que realice en los años posteriores, y
- del hecho de que resulte afecto a tal navegación durante el citado período, no puede deducirse que el buque ha de considerarse afecto a esa navegación durante toda su vida útil. En los años siguientes al período señalado, el buque va a resultar afecto a navegación internacional o interior en función de las navegaciones que realice en cada año.
En estas condiciones, las **normas** relativas a los servicios de reparación y mantenimiento deben aplicarse de la siguiente forma:
- si se realizan después de las operaciones de entrega, transformación, etc. y durante el período señalado para que, en relación con dichas operaciones, se determine su afectación a la navegación internacional, se aplican los mismos criterios: las reparaciones y mantenimiento están exentos cuando se realicen en ese período y el buque resulta en el mismo afecto a navegación internacional (LIVA art. 22.Uno.Segundo.b);

- si se realizan una vez transcurrido el período indicado, están o no exentas en función de las navegaciones realizadas durante el año inmediato anterior a su realización: si en ese año el buque ha realizado en navegación internacional mayor recorrido que en navegación interior, las reparaciones y mantenimientos están exentos, y no exentos en caso contrario (LIVA art.22.Uno.Segundo.a).

6115 Ejemplos **1)** La empresa EUSCAL, SA vende un buque capaz de navegar por alta mar a la naviera ROCASUR para el transporte de pasajeros desde Alicante, donde radica su sede, a otros puertos del TIVA y a otros puertos de la UE y de América del Sur. La venta se formaliza el 6-6-20X0, por 20.000.000 €. El adquirente declara por escrito que va a afectar el buque a la navegación marítima internacional, por lo que el vendedor no repercute IVA por la operación.

En noviembre del año 20X1 se repara un motor del buque cuyo coste asciende a 200.000 €, por el cual tampoco se repercute IVA dada la finalidad declarada para el buque.

Durante el año 20X0 el buque recorre 20.000 millas en viajes internacionales y 25.000 millas en viajes interiores; y durante 20X1, recorre 30.000 millas en viajes internacionales y 35.000 millas en viajes entre puertos del TIVA.

Respecto de la **entrega del buque**, este no resulta afecto a la navegación internacional, porque durante el año 20X0 el recorrido en navegaciones interiores es mayor que el de las internacionales. Por tanto, la entrega no está exenta y se produce una operación asimilada a la importación cuyo devengo tiene lugar el 31-12-20X0.

Respecto a la **reparación** del motor, el buque tampoco resulta afecto a la navegación internacional porque, finalizado el período a considerar para la entrega (31-12-20X0), se aplica la regla especial, que es el año anterior a la realización de la reparación (nº 6114), durante el cual el buque tampoco está afecto a navegación internacional. Por tanto, la mencionada reparación tampoco está exenta y se va a producir igualmente una operación asimilada a la importación cuyo devengo va a tener lugar el 31-12-20X1.

Durante el mes de enero de 20X1 el propietario del buque ha de presentar la declaración tributaria con la liquidación correspondiente a la entrega del buque y en el mes de enero de 20X2, la declaración con la liquidación relativa a la reparación del motor. La base imponible va a ser el importe de la contraprestación de las entregas del buque y de la reparación que se beneficiaron de la exención (nº 5864).

Liquidación:
Base imponible buque: 20.000.000; IVA: 21% = 4.200.000 €
Base imponible reparación: 200.000; IVA: 21% = 42.000 €

6116 **2)** La naviera ALFA adquiere un buque el 15-7-20X0 para el transporte de viajeros, por 40 millones €, y declara al vendedor que afectará el buque a la navegación marítima internacional.

El vendedor aplica la exención a la entrega, dada la declaración del comprador.

Asimismo, se han realizado trabajos de reparación y mantenimiento por los importes que se indican:
En 20X1, durante el 2º semestre: 200.000 €.
En 20X3, en el primer semestre: 150.000 €.

Las navegaciones realizadas desde el día de la compra son:

Año	Navegación interior	Navegación internacional
20X0	20.000 millas	10.000 millas
20X1	20.000 millas	25.000 millas
20X0/20X1	40.000 millas	35.000 millas
20X2	30.000 millas	35.000 millas

Resulta que:
- Año 20X0, el buque no está afecto a navegación internacional.
- Año 20X1, el buque está afecto a navegación internacional.
- Años 20X0/20X1, el buque no está afecto a navegación internacional.
- Año 20X2, el buque está afecto a navegación internacional.

En consecuencia:
- La entrega del buque no está exenta (años 20X0/20X1, no afecto a navegación internacional).
- Para las reparaciones del segundo semestre de 20X1, el buque no está afecto a navegación internacional porque en el período 20X0/20X1 no lo está.
- Para las reparaciones del primer semestre de 20X3 sí está afecto a navegación internacional porque, acabado el período 20X0/20X1, aplicable a la entrega, habrá de considerarse el período del año anterior a la reparación, es decir, el año 20X2, durante el cual el buque está afecto a navegación internacional.

Se producen las correspondientes **operaciones asimiladas a las importaciones**:
- Entrega del buque: IVA 21% x 40.000.000 = 8.400.000 €, a ingresar en enero de 20X1.
- Reparaciones del 2º semestre 20X1: IVA 21% x 200.000 = 42.000 €.
- Reparaciones del primer semestre 20X3, exentas definitivamente porque durante 20X2 el buque resultó afecto a navegación internacional.

3) Una empresa que se dedica al **transporte marítimo de pescados** y moluscos, mediante contraprestación, desde las bateas a los puertos, situados todos en TIVA, así como desde estos a las Islas Baleares, adquiere un nuevo buque para realizar estas operaciones. 6118
En este caso, la navegación que realiza el buque no responde al concepto de navegación marítima internacional. Como tampoco se dedica el buque a la pesca costera, la entrega de dicho buque no está exenta del impuesto.
4) Una empresa vende a un astillero **motores y hélices** para la construcción de un buque y otra le suministra los **planos** para su construcción. El buque, una vez construido, es vendido a una empresa que lo dedica a la navegación marítima internacional.
No están exentas las entregas de los bienes y planos para la construcción del buque. La posterior venta del buque está exenta si se cumple la condición de su efectiva afectación a la navegación marítima internacional.

5) Un astillero construye y vende una **piscifactoría** flotante a una empresa, para su explotación industrial. 6119
Esta operación no está exenta, pues dichas piscifactorías no tienen la consideración de buques, al no estar recogidas en la definición que a tales efectos se contiene en la normativa.
6) Un empresario individual decide constituir una **sociedad**, llevándose a cabo la **aportación de varios de los buques** que tiene afectos a la navegación marítima internacional, otros dedicados a la pesca costera y una embarcación deportiva.
Tales aportaciones tienen la consideración de entregas de bienes a efectos del IVA (LIVA art.8.Dos.2º), que están exentas si la sociedad adquirente los afecta efectivamente a la navegación marítima internacional y a la pesca costera. En ningún caso está exenta la entrega de la embarcación deportiva, por expresa disposición legal.
7) Una sociedad se dedica a la **reparación y mantenimiento** de navíos de guerra, buques dedicados a la pesca costera y embarcaciones de recreo, utilizando al efecto materiales adquiridos a terceros.
La compra de materiales a terceros no está exenta ni tampoco lo está la reparación de las embarcaciones de recreo. La reparación de los buques de guerra está exenta, siempre que el destinatario del servicio de reparación sea la entidad pública que utiliza los buques en sus fines de defensa. También está exenta la reparación del buque destinado a la pesca costera, siempre que esté afecto exclusivamente a esta actividad.

8) Un astillero construye para la Administración un buque destinado a funciones de **vigilancia y asistencia marítima**. 6120
Esta operación no está exenta. Para que la exención se aplique es preciso que el buque se dedique exclusivamente a la asistencia marítima y que no se simultanee esta actividad con la de vigilancia marítima. A estos efectos, no se consideran como de salvamento y asistencia marítima las funciones de apoyo, colaboración, complemento o vigilancia de las actividades industriales o pesqueras realizadas por otros buques en el mar.
9) La empresa Alfa entrega a la empresa Beta un buque apto para la navegación marítima internacional, y la empresa Beta lo **arrienda** a una tercera empresa, que explota el buque para dicha actividad.
No está exenta la entrega del buque de la empresa Alfa a la Beta porque se incumple el requisito legal de que el adquirente sea la misma compañía que realiza su explotación en la citada navegación marítima internacional. En cambio, sí está exento el arrendamiento del mismo, siempre que se cumplan los restantes requisitos legales y reglamentarios.
10) El astillero ZETA vende a JUMA S.A. el 3-3-20X0, por precio de 5.000.000 €, un buque que, según el adquirente, se va a destinar exclusivamente a la pesca costera. El 10-8-20X0 el buque **abandona el destino inicial** y desde esa fecha se destina a la exploración marina en las aguas jurisdiccionales.
El cambio de destino produce una operación asimilada a la importación, cuyo devengo se produce en el momento de la desafectación, que se entiende producida el 31-12-20X0.
Liquidación:
Base imponible: 5.000.000 €
IVA 21% x 5.000.000 = 1.050.000 €
Esta solución responde al texto de la normativa, que aplica los mismos criterios para definir la afectación a la navegación internacional que para la exclusiva afectación al salvamento, asistencia marítima y pesca costera.

Doctrina Administrativa Además de las siguientes contestaciones de la DGT, ver nº 11000 s. 6122
1) La exención **no se aplica** a:
- las operaciones relativas a los buques que transportan los **moluscos y crustáceos** desde las bateas al puerto (DGT 18-9-86);
- las entregas de buques a las **empresas de acuicultura** (DGT 4-3-99);
- las entregas de buques que, habiendo estado anteriormente afectos a la navegación marítima internacional, terminan su vida activa y se destinan por el adquirente para su **desguace** como chatarra (DGT CV 28-11-86).

2) Los **transportes intracomunitarios** tienen la consideración de transportes internacionales a los efectos de la afectación a la navegación internacional (DGT 25-3-97).
3) Las **aportaciones a sociedades** y comunidades de bienes de buques afectos esencialmente a la navegación marítima internacional cuando se efectúen por empresarios o profesionales en el ejercicio de su actividad, están exentas (DGT CV 22-12-86).
4) La **cesión** por una empresa de su **posición en el contrato** que había contraído con un astillero para la construcción de un buque que iba a ser destinado a la navegación marítima internacional en el ejercicio de actividades pesqueras, supone el incumplimiento de los requisitos exigidos por la normativa del impuesto y, por tanto, origina el devengo de la correspondiente operación asimilada a la importación (nº 5658). La cesión de los **derechos y obligaciones** a una entidad que va a destinar el buque a la finalidad antedicha, está exenta (DGT 1-3-99).

6123 5) Están exentos los **servicios de reparación y mantenimiento**, con o sin aportación de materiales, de buques que resulten afectos a la navegación marítima internacional o afectos exclusivamente a la pesca costera. Debe considerarse que la exención corresponde a los servicios que se presten al armador del buque, como titular de su explotación, o al consignatario del mismo, como representante del buque en cada puerto (DGT 23-10-97). Desde el 1-1-2010, los mencionados servicios no están sujetos al IVA si se prestan para establecimientos de empresarios situados fuera del territorio IVA.
6) Una **empresa transitaria y consignataria** presta servicios a buques de navegación marítima internacional. Los armadores son nacionales, comunitarios y de terceros países. Los servicios localizados en el territorio del IVA están exentos cuando se presten para buques aptos para navegar por alta mar que se afecten a la navegación marítima internacional en el ejercicio de actividades comerciales de transporte remunerado de mercancías o pasajeros. En particular, están exentas las prestaciones de servicios realizadas por intermediarios que actúen en nombre y por cuenta de terceros, cuando intervengan en las operaciones que estén exentas del impuesto.
Estas exenciones son aplicables tanto a los servicios que se prestan al titular de su explotación, armador del buque, como al consignatario del mismo, como representante del buque en cada puerto, pero no a los servicios que se presten a un tercero, aunque se refieran a buques afectos a la navegación marítima internacional.
En todo caso, se excluyen de la exención los servicios que tengan por objeto el traslado a y desde tierra de la **tripulación y personal del barco** (DGT CV 22-11-10).

B. Operaciones relativas a aeronaves

(Dir 2006/112/CE art.148.f; LIVA art.22.Cuatro; RIVA art.10.1)

6125 Las exenciones relativas a las aeronaves son similares a las de los buques (nº 6105 s.), con una salvedad: en el caso de los buques, cada uno de ellos se considera individualmente al objeto de determinar su afectación o destino exigido para la aplicación de las exenciones (la entrega del buque X está exenta si dicho buque resulta afecto a la navegación internacional); sin embargo, en el caso de las aeronaves, la referencia es el **conjunto de las aeronaves explotadas** por cada compañía, de forma que, si una compañía resulta afecta a la navegación internacional en función de las navegaciones realizadas por todas sus aeronaves, están exentas todas las operaciones (entregas, reparaciones, etc.) realizadas mientras se mantenga esa afectación y se refieran a todas y cada una de las aeronaves explotadas directamente por dicha compañía, independientemente de que cada aeronave, aisladamente considerada, pudiera resultar no afecta a la navegación internacional.
Si una compañía aérea no resultase afecta a la navegación internacional en los términos indicados, no están exentas las operaciones relativas a ninguna de las aeronaves explotadas por la misma.

6126 **Operaciones exentas** (LIVA art.22.Cuatro; RIVA art.10.1.7º) Están exentas las entregas, transformaciones, reparaciones, mantenimiento, fletamento total o arrendamiento de las siguientes aeronaves:
a) Las utilizadas exclusivamente por compañías dedicadas esencialmente a la **navegación aérea internacional** (nº 6128) en el transporte remunerado de mercancías o pasajeros. Se entiende cumplido este requisito, aunque se ceda su uso a terceros en arrendamiento o subarriendo por períodos de tiempo que, conjuntamente, no excedan de treinta días por año natural.
b) Las utilizadas por **entidades públicas** en el cumplimiento de sus funciones públicas.
Las exenciones señaladas solo se aplican cuando el adquirente o destinatario de las operaciones sea la propia compañía o entidad pública que realiza las actividades indicadas y utiliza las aeronaves en dichas actividades.

No obstante, el TJUE considera que la exención también se aplica a la entrega de una aeronave a un **operador** que la adquiere para su utilización exclusiva por otra compañía de esa naturaleza, es decir, a la adquisición para la explotación por un tercero. También considera que el término **tráfico internacional remunerado** comprende asimismo los vuelos internacionales fletados para atender la demanda de empresas o de particulares, porque la Directiva se refiere a tráfico internacional, sin precisar que los vuelos deban ser de carácter regular, por lo que la exención comprende tanto los vuelos regulares como los vuelos chárter (TJUE 19-7-12, asunto C-33/11).
La **justificación** del cumplimiento de los requisitos se realiza en los mismos términos que para las operaciones relativas a buques (nº 6105 s.).

Precisiones **1)** Se consideran aeronaves los **aerodinos** que funcionan con ayuda de una máquina propulsora comprendidos en la partida 88.02 del Arancel de Aduanas (LIVA Anexo aptdo.segundo). 6127
2) A estos efectos se deben tener en cuenta las siguientes consideraciones (Resol DGT 20-11-98):
- **arrendamiento**: es el contrato en virtud del cual el arrendador cede al arrendatario por un tiempo determinado la plena disponibilidad de la aeronave, trasladándose al arrendatario la titularidad de su explotación y la dirección técnica y comercial de la misma;
- **fletamento total**: es el contrato por el que el titular de una aeronave pone la totalidad de la misma a disposición del fletador, comprometiéndose frente a este último a realizar, mediante precio, un transporte de mercancías o de personas o cualesquiera otras actividades empresariales o profesionales, tales como la prevención y extinción de incendios, fumigación, vigilancia, salvamento y otras similares, en la forma y condiciones estipuladas.
3) Pese a que la normativa no hace mención expresa al **fletamiento parcial** de las aeronaves, sí contiene una precisión sobre los fletamentos parciales que debe entenderse que afecta también a las aeronaves, dado que la normativa comunitaria se refiere tanto al fletamento de buques como al de aeronaves sin restricción alguna y en los mismos términos (Dir 2006/112/CE art.148.c y f). Por consiguiente, debe entenderse que también están exentos los fletamentos parciales de aeronaves.
4) En relación con cuándo se considera que existe **transformación**, ver nº 6107.

Afectación a navegación aérea internacional (LIVA art.22.Cuatro) Se entiende por navegación aérea internacional la que se realiza: 6128
- entre un aeropuerto situado en el territorio del IVA y termina o hace escala en un aeropuerto situado fuera de dicho territorio; o
- entre un aeropuerto situado fuera del territorio del IVA y termina o hace escala en un aeropuerto situado dentro o fuera de dicho territorio.
No se comprenden las **escalas técnicas** realizadas para repostar, reparar o servicios análogos.
Se ha de entender que una compañía está afecta a la navegación internacional cuando corresponde a dicha navegación más del 50% de la **distancia total recorrida** en los vuelos efectuados por todas las aeronaves utilizadas por dicha compañía durante los siguientes **períodos de tiempo**:
a) El año natural anterior a la fecha en que se efectúen las operaciones de reparación o mantenimiento, salvo lo que se indica en la letra siguiente.
b) El año natural en que se realicen la entrega, construcción, transformación, adquisición intracomunitaria, importación, fletamento, total o parcial (nº 6126), o arrendamiento de las aeronaves, a menos que estas operaciones tengan lugar después del 30 de junio de dicho año, en cuyo caso el período a considerar es ese año natural y el siguiente.
Este mismo criterio se aplica también en las operaciones mencionadas en la letra a) anterior cuando se realicen después de las citadas en esta letra b).

Precisiones **1)** La afectación de una compañía aérea a la navegación aérea internacional resulta del **total de los vuelos** realizados por el conjunto de las aeronaves que sean utilizadas exclusivamente por ella durante los plazos previstos en la Ley. 6129
Si la compañía no resulta afecta a la navegación internacional, se va a producir el hecho imponible operación asimilada a la importación respecto de las operaciones relativas a las aeronaves que se hubiesen beneficiado de la exención en el período considerado, debiendo regularizarse la situación tributaria en la misma forma que la señalada para los buques (ver nº 6114).
2) En relación con la aplicación de las **exenciones** de las entregas, transformaciones, reparaciones, mantenimiento, etc., ver los criterios indicados en el nº 6113 para los buques.
Sin embargo, a efectos de la aplicación de las **reglas** en relación con las exenciones y de la determinación de si se produce o no operación asimilada a la importación, en su caso, la consideración de los vuelos totales realizados por la compañía debe referirse a los períodos que sean aplicables desde la **fecha de adquisición de cada aeronave**. Así, si la compañía aérea adquiere una aeronave el día 3-3-20X0 y otra el día 3-8-20X0, la exención de la entrega de la primera va a depender de los vuelos de todas las aeronaves de la compañía realizados en el año 20X0 y la exención de la segunda, de los vuelos totales realizados durante los años 20X0 y 20X1. Si los vuelos interiores realizados en el año 20X0 por todas las aeronaves de la compañía representan el 60% del total y los vuelos

interiores totales durante los años 20X0 y 20X1 significan el 40% del total, para la primera aeronave no va a resultar la compañía afecta a la navegación internacional y para la segunda sí, de forma que la entrega de la primera de las aeronaves adquiridas no va a estar exenta y, en su caso, se va a producir una operación asimilada a la importación, mientras que la entrega de la segunda va a estar exenta.

6130 Ejemplos 1) Una sociedad propietaria de una **flota de helicópteros**, acuerda con la Comunidad Autónoma de Madrid la prestación del servicio de extinción de incendios en el territorio de dicha Comunidad. La sociedad mantiene la titularidad de la explotación del helicóptero y presta el servicio con sus propios medios a la Comunidad Autónoma.

Es aplicable la exención del impuesto al servicio prestado por la sociedad a la Comunidad Autónoma, puesto que dicho servicio debe calificarse como de fletamento total (nº 6127).

2) Una compañía aérea adquiere en España, el 18-11-20X0, varias aeronaves con destino a sus **vuelos tanto nacionales como internacionales**, aplicándose en todas las correspondientes entregas la exención del IVA. La compañía destina dichas aeronaves, por exigencias tácticas, a sus vuelos Península-Baleares hasta el mes de febrero del año 20X2. A partir de esta fecha las afecta a los vuelos internacionales inicialmente previstos.

Para determinar si procede la exención en las entregas realizadas a la compañía hay que tener en cuenta el conjunto de todos los vuelos realizados por todas las aeronaves de cuya explotación es titular la compañía y que se utilizan exclusivamente por la misma. A tal efecto, se tienen en cuenta los vuelos efectuados desde el 18-11-20X0 hasta el 31-12-20X1 por todas las aeronaves, independientemente de que las aeronaves adquiridas se utilicen durante todo o parte del período indicado en vuelos interiores. Si resulta la afectación a la navegación aérea internacional de la compañía, no procede regularización alguna de la exención aplicada. En otro caso, se produce el hecho imponible operación asimilada a la importación (nº 5658) y debe procederse a la declaración e ingreso del IVA en el mes de enero del año 20X2.

6131 **3)** Una empresa con establecimiento en Madrid ha realizado **reparaciones en aeronaves**, pertenecientes a empresas establecidas en TIVA, en concreto a:

a) Las aeronaves de la compañía Alfa, que está afecta a la navegación internacional, pero utiliza las aeronaves reparadas exclusivamente en vuelos interiores.

b) Las de la compañía Beta que utiliza sus aeronaves exclusivamente en vuelos interiores.

Las reparaciones de las aeronaves de la compañía Alfa afecta a la navegación internacional están exentas, aunque se trate de reparación de las aeronaves que realizan exclusivamente vuelos interiores.

La compañía Beta no está afecta a navegación internacional, por lo que las reparaciones de sus aeronaves no están exentas.

En todo caso es necesario para la aplicación de las exenciones que la empresa que realiza las reparaciones disponga de una declaración suscrita por el destinatario de los servicios en la que justifique su derecho a la exención.

La empresa reparadora puede deducir la totalidad de las cuotas soportadas por lo que se refiere a estas operaciones, ya que tanto las realizadas a la compañía Alfa como a la compañía Beta, aunque las primeras están exentas, originan el derecho a la deducción.

6133 Doctrina Administrativa Además de las siguientes contestaciones de la DGT, ver nº 11000 s.

1) La contratación de helicópteros por **entidades públicas** solo está exenta si quedan a la plena y exclusiva disposición de estas (DGT 4-3-93; 8-6-93).

2) Están exentas las entregas de **aeronaves no tripuladas**, utilizadas exclusivamente por compañías dedicadas esencialmente a la navegación aérea internacional en el ejercicio de actividades comerciales de transporte remunerado de mercancías o pasajeros y las utilizadas por entidades públicas en el cumplimiento de sus funciones públicas (DGT CV 18-12-14).

3) Están exentos los arrendamientos de aeronaves efectuados por **comunidades de bienes** cuando el arrendatario que las utilice sea una empresa dedicada esencialmente a la navegación aérea internacional (DGT 17-11-86).

4) No está exento el arrendamiento de una aeronave por parte de una entidad residente a otra portuguesa, dedicada habitualmente al transporte internacional de mercancías y pasajeros, que la utiliza para labores de **extinción de incendios** en aquel país (DGT 27-12-99).

5) Una empresa española recibe **piezas de aeronaves** americanas para su **reparación** y posterior reexpedición a los propietarios de las aeronaves. Si dichas piezas son utilizadas por **entes públicos** radicados en un país tercero en el ejercicio de sus funciones públicas, las operaciones están sujetas al IVA, pero exentas (DGT CV 7-7-10).

6134 Jurisprudencia Están exentas del IVA las entregas de bienes y las prestaciones de servicios previstas en la normativa de la UE destinadas a aeronaves que efectúan vuelos interiores, pero que son utilizadas por compañías de navegación aérea que se dedican esencialmente al tráfico internacional remunerado. Deben considerarse compañías que se dedican esencialmente al tráfico internacional aquellas cuya **actividad no internacional** sea sensiblemente menos importante que la internacional, correspondiendo a los órganos jurisdiccionales nacionales apreciar la importancia respectiva de las actividades internacionales y no internacionales de esas compañías. Para ello deben tomarse en consideración los elementos que aporten indicios sobre la importancia relativa del tipo de tráfico de que se trata, en particular, el volumen de negocios (TJUE 16-9-04, asunto C-382/02).

C. Objetos incorporados a buques y aeronaves

(Dir 2006/112/CE art.148.c y f; LIVA art.22.Dos y Cinco; RIVA art.10.1.5º)

Están exentas las **entregas, arrendamientos**, reparaciones y mantenimiento de los objetos que se incorporen o se encuentren a bordo de los buques o aeronaves, en los períodos en que los buques y compañías aéreas resulten afectos a la navegación internacional (nº 6113 y nº 6129). 6135

Requisitos (LIVA art.22.Dos y Cinco; RIVA art.10.1.5º) La exención está condicionada a la concurrencia de los siguientes requisitos: 6136

a) El **destinatario** de las operaciones ha de ser el titular de la explotación del buque o aeronave, o, en su caso, el propietario del buque.

b) Los **objetos** tienen que ser utilizados exclusivamente en la explotación de dichos buques o aeronaves y, en el caso de aeronaves, deben estar en todo caso a bordo de las mismas.

c) Las **operaciones** deben efectuarse después de la inscripción en el Registro que habilite para su utilización en los fines que permitan la aplicación de las exenciones.

d) El **plazo de incorporación** de los objetos a los **buques** es de tres meses siguientes a su adquisición y se acredita por el proveedor con la copia del documento aduanero de embarque, que debe remitirle el titular de la explotación en los quince días siguientes a su incorporación. Este plazo es de un año para las **aeronaves**. A solicitud del interesado, tales plazos pueden prorrogarse, por causa de fuerza mayor u otras.

Los **criterios temporales** para determinar la aplicación de estas exenciones son los recogidos en el nº 6113 s. y la **justificación** del cumplimiento de los requisitos se realiza en los mismos términos que para las operaciones relativas a buques (nº 6105 s.).

Objetos que se benefician de la exención (RIVA art.10.1.5º) Los objetos cuya entrega puede beneficiarse de la exención son todos los **bienes, elementos o partes** de los medios de transporte, incluso los que formen parte indisoluble de ellos o se inmovilicen en ellos, que se utilicen normalmente o sean necesarios para su explotación. En todo caso, estos objetos han de quedar efectivamente incorporados o situados a bordo de los buques o aeronaves y formar parte del inventario de sus pertenencias. 6137

A **título enunciativo** se mencionan los siguientes: los aparejos e instrumentos de a bordo, utillaje, muebles y elementos de decoración, equipos de pesca en general (redes, cebos, anzuelos, sedales, cajas para embalaje del pescado y análogos).

Los objetos que hayan disfrutado de la exención deben **permanecer a bordo** de los mismos, salvo que se trasladen a otros que también se destinen a los fines que justifican la exención de la incorporación de dichos objetos.

Respecto a la **localización** de los servicios de reparación, mantenimiento y arrendamiento de los objetos destinados a buques y aeronaves, ver nº 496 y nº 685.

Ejemplos **1)** Un buque adquirido el 15-3-20X0, realiza los siguientes **viajes**: 6139

- Año 20X0: Total recorrido, 20.000 millas; viajes internacionales, 15.000 millas. Resulta afecto a navegación internacional.
- Año 20X1: Total recorrido, 8.000 millas; viajes internacionales, 2.000 millas. No resulta afecto a navegación internacional.
- Año 20X2: Total recorrido, 15.000 millas; viajes internacionales, 12.000 millas. Resulta afecto a navegación internacional.

Se le han incorporado los siguientes objetos:
- El día 15-6-20X0, por valor de 3.000 euros.
- El día 19-10-20X1, por valor de 1.000 euros.
- El día 6-4-20X2, por valor de 2.000 euros.

a) El buque resulta afecto a la navegación internacional en el año 20X0, por lo que van a estar exentas la entrega del buque y la de los objetos incorporados ese año, porque todas esas entregas, aisladamente consideradas, se han realizado en el primer trimestre del año.

b) Las entregas de los objetos en el año 20X1 están exentas, porque finalizado el período a considerar para la entrega (31-12-20X0) se aplica la regla especial, que es el año anterior a la realización de la entrega, el año 20X0, durante el cual el buque está afecto a navegación internacional. Por tanto, no se produce operación asimilada a la importación por las entregas de estos objetos.

c) Las entregas de los objetos en el año 20X2 no están exentas porque, aplicando la misma regla especial indicada, el buque no resulta afecto a navegación internacional en el año 20X1, produciéndose una operación asimilada a las importaciones por la incorporación de tales objetos.

2) Una empresa encarga a un astillero la construcción de un buque para la pesca marítima costera y simultáneamente compra los aperos y parte de los aparatos de navegación que piensa instalar en dicho buque.

Respecto de estas operaciones debe indicarse que el simple **encargo o contrato de construcción** del buque no está sujeto, puesto que aún no se ha producido el hecho imponible, salvo que se haya entregado a cuenta parte del precio, en cuyo caso el impuesto se devenga por la cuantía de dicho pago, aplicándose la exención si concurren las condiciones exigidas al efecto (nº 6113).
La compra de los **aperos y aparatos de navegación** está sujeta y no exenta, ya que no se cumple el requisito legal de que la entrega se realice después de la matriculación de los buques en el Registro Marítimo correspondiente.

6140 **3)** Una empresa dedicada a la **pesca costera** compra grupos electrógenos, compresores, bombas y redes en el mercado español para incorporarlos a los buques. Todos estos objetos se han ido incorporando directamente por la empresa a los buques en el plazo de 20 días siguientes a su adquisición.
La incorporación de dichos objetos a los buques debe hacerse mediante el correspondiente documento de embarque con intervención de las autoridades aduaneras. Como no se ha cumplido este requisito, la entrega de los referidos objetos no va a estar exenta, con independencia de la afectación del buque a la navegación internacional y de las fechas de la entrega del buque y de los objetos referidos.
4) Una empresa fabrica y entrega a una compañía aérea afecta a la **navegación aérea internacional** motores para ser incorporados a una de sus aeronaves que se utiliza y seguirá utilizándose exclusivamente en la realización de vuelos nacionales.
Estas entregas están exentas porque la compañía está afecta esencialmente a la navegación aérea internacional, aunque la aeronave a la que se incorporan los motores se utilice en la realización de vuelos nacionales.
5) Una compañía de navegación aérea adquiere una **aeronave** el 15-3-20X0 y otra, el día 10-10-20X0. Asimismo, adquiere **objetos** que incorpora a la primera aeronave el día 10-11-20X0 y otros objetos que incorpora a la segunda aeronave el día 6-6-20X2. Dicha compañía resulta:
- afecta a la navegación aérea internacional en el año 20X0 y no afecta a dicha navegación en el año 20X1, aisladamente considerados;
- no afecta para el conjunto de los años 20X0 y 20X1.
Estas afectaciones resultan de los vuelos realizados por todas las aeronaves explotadas por la compañía aérea en el año 20X0, en el año 20X1 y en el conjunto de los años 20X0 y 20X1, respectivamente.
En estas condiciones, la entrega de la primera aeronave está exenta, porque se realizó en el primer semestre del año 20X0, año en el que la compañía resulta afecta a navegación internacional. Sin embargo, la entrega de la segunda aeronave no está exenta, porque la entrega tiene lugar en el segundo semestre del año 20X0, y en el período 20X0/20X1 la compañía no resulta afecta a dicha navegación.
En cuanto a los **objetos incorporados** ocurre lo siguiente:
a) Las entregas de los objetos incorporados a la primera aeronave están exentas, porque se incorporan en el año 20X0, durante el cual la compañía está afecta a la navegación internacional.
b) Las entregas de los objetos incorporados a la segunda aeronave no están exentos.
La aeronave, adquirida el 10-10-20X0, no está exenta porque en el período 10-10-20X0/31-12-20X1 la compañía no resulta afecta a la navegación internacional.
Los objetos se incorporan a esta aeronave el 6-6-20X2, es decir, una vez ultimado el período a considerar para determinar la tributación de la entrega (los objetos no se incorporan después de la entrega, según los términos de la LIVA). En estas condiciones, para determinar la tributación de dichos objetos se aplica la regla especial. Por tanto, al incorporarse en el año 20X2, la exención de las entregas de tales objetos depende de la afectación de la compañía aérea en el año 20X1 (año anterior a la incorporación de los objetos). Según el planteamiento del supuesto, la compañía no está afecta a la navegación internacional en el año 20X1 y, por tanto, las entregas de los objetos incorporados en 6-6-20X2 no están exentas.

6143 Doctrina Administrativa Además de las siguientes contestaciones de la DGT, ver nº 11000 s.
1) La forma de **documentar** la exención en las **entregas de efectos navales** para su incorporación a los buques es mediante los siguientes documentos: el duplicado de la factura, la copia autorizada de la inscripción del buque en el Registro de Matrícula, una declaración suscrita por el adquirente de los bienes en la que conste la afectación o el destino de los mismos que justifique la exención y una copia del correspondiente documento aduanero de embarque de los referidos bienes (DGT 7-9-00; CV 3-12-12).
2) En el caso de entregas de bienes que se incorporen a un **buque de guerra** (DGT 18-7-94) y en un **buque pesquero**, debe acreditarse la referida incorporación al buque mediante el correspondiente documento aduanero de embarque, cuya copia debe ser remitida por el titular de la explotación del buque al proveedor en el plazo de los quince días siguientes a aquel en que se produjo la incorporación del bien al buque. Tratándose de entregas de bienes que se incorporen a **buques de pesca de altura**, los proveedores pueden justificar el embarque de los bienes en la forma prevista en la DGT CV 29-9-86 (DGT 3-12-98). En ella se admite la posibilidad de que el proveedor entregue al comprador de los objetos un ejemplar y dos copias de los **documentos** que justifiquen la entrega, debiendo el comprador hacer constar en dichos documentos el destino de los

bienes adquiridos. Los proveedores de buques de pesca que opten por este procedimiento deben confeccionar cada mes natural un documento aduanero comprensivo de todas las facturas de entregas efectuadas durante dicho período a los buques de pesca y remitirlos, en unión de una copia de dichas facturas, a la Aduana en cuya circunscripción radique el establecimiento donde se efectúen las entregas exentas.
3) Las entregas de relingas y demás **cordelería auxiliar**, utilizadas por los buques de pesca en su actividad pesquera e incorporadas efectivamente a dichos buques, están exentas (DGT CV 22-12-86).
4) Están exentas las entregas de **equipos hidráulicos** (motores y bombas) destinados a los buques pesqueros, tanto los de pesca de altura como los de pesca costera, y con independencia de la nacionalidad del buque o de su propietario o armador (DGT CV 29-9-86).
5) No está exento el **transporte de víveres, combustibles, piezas de recambio** y personas desde el muelle hasta buques dedicados o no a la navegación marítima internacional, aunque a la entrega posterior que de tales bienes efectúe el proveedor le sea de aplicación la exención (DGT 20-1-99).

6) No está exenta la **entrega de maquinaria** para ser incorporada a buques afectos a la navegación marítima internacional efectuada a una empresa, que no es la titular de la explotación de los buques ni la propietaria, aunque en las facturas se consigne el nombre del buque al que se destina (DGT 1-10-98; 15-4-99). **6144**
7) No está exenta la entrega de un **motor para aeronave** destinada a la **formación de pilotos** o a la práctica del deporte (DGT 3-9-86).
8) Están sujetas pero exentas las **ventas de repuestos y equipos de helicópteros** efectuadas para entidades públicas siempre que las aeronaves se utilicen en el desarrollo de sus funciones públicas; igualmente están exentas las prestaciones de servicios de reparación de los citados objetos (DGT 24-5-93).
9) Las entregas de los **contenedores**, así como los servicios de reparación, alquiler, depósito y demás servicios relativos a los mismos podrían estar exentos, pero se exige la utilización exclusiva de los contenedores en la explotación de buques de navegación marítima internacional y la incorporación efectiva o su situación a bordo de estos buques de los que deben formar parte del inventario, así como su permanencia a bordo del buque, salvo que se traslade a otro de la misma naturaleza (DGT CV 2-11-09). En términos parecidos, DGT CV 27-7-07. Véase nº 6166 respecto al alquiler de contenedores.

Jurisprudencia **1)** La aplicación de la exención exige la utilización exclusiva de los bienes en la explotación de buques de **navegación marítima internacional** y la incorporación efectiva o su situación a bordo de estos buques, de los que deben formar parte del inventario, así como su permanencia a bordo del buque, salvo que se traslade a otro de la misma naturaleza. La **acreditación** de la concurrencia de los requisitos anteriores corresponde al obligado tributario (TEAC 8-6-10). **6145**
2) Las prestaciones de servicios exentas son las que guardan relación directa con las necesidades de los buques marítimos y de su cargamento, es decir, las prestaciones necesarias para la explotación de dichos barcos. No podría considerarse como tal la instalación de **máquinas tragaperras** cuyo objeto es divertir a la clientela y que no tiene ninguna relación intrínseca con las necesidades de la navegación (TJUE 4-7-85, asunto C-168/84).
3) La entrega al buque de las **pinturas** necesarias para ser pintado constituye, cumpliendo el resto de requisitos, entre ellos la formalización del DUA (actualmente sistema H1), una operación exenta del impuesto con independencia de que la entrega se realice «al costado del buque» y no «a bordo» del buque (TEAR Cataluña 20-9-18).

D. Avituallamiento de buques y aeronaves

(Dir 2006/112/CE art.148.b y e; LIVA art.22.Tres y Seis; RIVA art.10.1.6º)

Están exentas las entregas de productos de avituallamiento para los buques y las compañías de navegación aérea que, a su vez, disfruten de las exenciones señaladas en el nº 6105 s. y nº 6125 s., y se realicen durante los períodos en que dichos beneficios fiscales sean de aplicación. Por tanto, afecta tanto a los avituallamientos de los buques afectos a la navegación internacional, como de las aeronaves de las compañías afectas igualmente a la navegación internacional, con independencia del viaje o vuelo para el que se avitualla el buque o la aeronave, con las siguientes **particularidades**: **6150**
- en el caso de los **buques de guerra** la exención solo procede para el avituallamiento de viajes de navegación marítima internacional, en los términos señalados en el nº 6113;
- en el caso de los **buques afectos a la pesca costera** la exención no se extiende a las entregas de provisiones de a bordo.

6151 Precisiones 1) Están exentas las entregas de **avituallamientos** para los buques y compañías de navegación indicadas y en las condiciones también señaladas. Concretamente, están exentas si se realizan en el año o en ese año y el siguiente, según los casos, en que los buques o compañías aéreas estén afectas a navegación internacional por las navegaciones efectuadas en ese período o si, transcurrido dicho período, los buques o compañías aéreas están afectas a navegación internacional en el año anterior a su realización. Como en el caso de los objetos incorporados a tales medios de transporte (nº 6135 s.), se aplican los mismos criterios que para los servicios de **reparación y mantenimiento** de los buques se precisan en el nº 6113 s.

2) Los productos de avituallamiento comprenden:

- las **provisiones de a bordo**, que son los productos destinados exclusivamente al consumo de la tripulación y de los pasajeros;
- los **combustibles, carburantes, lubricantes** y demás aceites de uso técnico, que son los productos destinados a la alimentación de los órganos de propulsión o al funcionamiento de las demás máquinas y aparatos a bordo; y
- los **productos accesorios** de a bordo son los de consumo para uso doméstico, los destinados a la alimentación de los animales transportados y los consumibles utilizados para la conservación, tratamiento y preparación a bordo de las mercancías transportadas (LIVA Anexo aptdo.3º).

3) La OM HAC/559/2021 establece las **cantidades máximas** a las que es aplicable la exención, el procedimiento a seguir y los requisitos formales necesarios en las entregas de avituallamiento y equipamiento exento a buques y aeronaves, distintos de los privados de recreo.

6152 **Requisitos** (LIVA art.22.Tres y Seis; RIVA art.10.1.6º) Para que las entregas de productos de avituallamiento estén exentas han de darse estos requisitos:

a) Los **productos** deben ser adquiridos por las compañías o entidades públicas titulares de las explotaciones de los buques o aeronaves.

b) Las **entregas** han de tener lugar durante los períodos en que los buques o las compañías que explotan las aeronaves están afectos a la navegación internacional.

c) La **acreditación** de la puesta de los productos de avituallamiento a bordo de los buques y aeronaves se realiza por el proveedor con la copia del documento aduanero de embarque, que le ha de remitir el titular de la explotación en el mes siguiente a su entrega. No obstante, la persona titular del Ministerio de Hacienda puede establecer procedimientos simplificados para acreditar el embarque.

6153 Ejemplos La tributación de los avituallamientos sigue las mismas reglas que los objetos incorporados a buques y aeronaves. Ver ejemplos en nº 6139.

1) Una empresa establecida en el puerto de Cartagena realiza entregas de productos de avituallamiento a **buques de guerra** españoles y extranjeros que realizan viajes de navegación internacional y a las **patrulleras** que no salen de las aguas jurisdiccionales españolas. También entrega a todo tipo de buques, incluidos los afectos a la pesca costera, las provisiones de a bordo que precisan.

El tratamiento de estas operaciones es diferente según los casos:

a) Están exentas las entregas de productos de avituallamiento a los buques de guerra para la realización de viajes de navegación internacional, pero no los que se entregan a las patrulleras, porque no realizan viajes de navegación internacional.

b) También está exenta la entrega de provisiones de a bordo para los buques de guerra cuando realicen viajes de navegación internacional.

c) En cambio, no están exentas, por expresa disposición de la Ley, las entregas de dichas provisiones a los buques afectos a la pesca costera.

En todo caso, las exenciones están condicionadas al cumplimiento de los requisitos indicados en nº 6152.

2) Un fabricante vende en el puerto de Vigo provisiones de a bordo a un **comerciante mayorista**, que las revende a buques afectos a la pesca marítima costera y a buques de recreo.

La venta del fabricante al comerciante mayorista no está exenta, ya que el adquirente no es el titular de la explotación de los buques. La posterior venta de los avituallamientos tampoco está exenta al tratarse de buques de pesca costera y embarcaciones de recreo.

3) Una compañía aérea adquiere **productos de avituallamiento** para consumir a bordo de sus aeronaves, tanto en los vuelos nacionales como internacionales.

Estas adquisiciones están exentas si la compañía aérea, por los vuelos que hacen la totalidad de sus aeronaves, resulta esencialmente afecta a la navegación aérea internacional. Es indiferente que el consumo se realice en los vuelos nacionales o en los internacionales, pues la exención se concede teniendo en cuenta las circunstancias que concurren respecto de la compañía y no de las aeronaves.

Doctrina Administrativa Además de las siguientes contestaciones de la DGT, ver nº 11000 s. 6156
1) En los **puertos donde no exista servicio de Aduanas**, los embarques de productos de avituallamiento se diligencian por la Guardia Civil del puesto por donde se practique y, en todo caso, con el recibí a bordo del patrón o representante del armador, señalando la fecha y hora del embarque y con su firma perfectamente legible o, en otro caso, debe indicarse el nombre completo del firmante y su calidad (DGT CV 11-11-86).
2) Las entregas de productos de avituallamiento de buques realizadas por sujetos pasivos sometidos al **régimen especial del recargo de equivalencia** están exentas en los casos y previo cumplimiento de los requisitos previstos en la normativa, los cuales no pueden sustituirse por la simple remisión a sus proveedores de una relación de todos los buques susceptibles de exención por las asociaciones de armadores o las cofradías de pescadores (DGT CV 23-12-86).
3) Las **entregas de pinturas** e imprimaciones para la reparación de buques no están exentas, salvo que constituyan productos de avituallamiento (DGT CV 11-11-86). No obstante, las entregas de pinturas cuyo destinatario sea el titular de la explotación de los buques que resulten afectos a la navegación marítima internacional, aunque estén situados en puerto o en varadero, sí está exenta siempre que sea justificado el derecho al beneficio fiscal (DGT 1-10-98).
4) Están exentas las **entregas de hielo** puestas a bordo de los buques de pesca costera (DGT CV 10-10-86).
5) Las **cajas de cartón** ondulado para el acondicionamiento del pescado congelado, capturado y preparado en alta mar tienen la consideración de productos de avituallamiento (DGT CV 7-4-86).
6) Las entregas de **chalecos salvavidas, chaquetas y pantalones** a la Cruz Roja del Mar, no son productos de avituallamiento, por lo que no se benefician de la exención (DGT 15-12-03).
7) Están exentas las entregas de productos de avituallamiento (víveres) puestos a bordo de **buques aptos para navegar por alta mar** que se afecten a la navegación marítima internacional en el ejercicio de actividades de pesca (DGT 23-10-97).
8) El suministro de avituallamiento a compañías aéreas dedicadas esencialmente a navegación internacional, para su consumo en **vuelos nacionales** de las aeronaves utilizadas exclusivamente por dichas compañías, está exento (DGT 27-4-93), como ocurre con los **periódicos** destinados al uso de los viajeros (DGT 9-7-98).

Jurisprudencia **1)** La exención de las entregas de bienes para el avituallamiento de buques solo se aplica a la entrega efectuada para el **naviero**, pero no a las entregas que se producen en fases anteriores de la cadena comercial (TJUE 26-6-90, asunto C-185/89). 6158
2) La exención de las operaciones asimiladas a las exportaciones relativas a buques que desarrollen una actividad comercial, industrial o pesquera solo se aplica cuando se trata de buques dedicados a la **navegación en alta mar**. Además, la exención de las prestaciones de servicios efectuadas para las necesidades directas de los buques dedicados a la navegación en alta mar solo procede cuando el servicio se presta al **armador**, y no cuando el servicio se presta a un empresario que interviene en una fase anterior de la cadena de comercialización de dichos servicios (TJUE 14-9-06, asuntos acumulados C-181/04 a C-183/04).
3) En caso de dos **entregas sucesivas de combustible**, una por una entidad A para un intermediario B que actúa en nombre propio y otra efectuada por este para el naviero C de un buque afectado a la navegación marítima internacional, solo está exenta la segunda entrega. No obstante, si A carga directamente el combustible en el navío de C, de forma que en la práctica B no llega a tener ningún poder efectivo de disposición sobre el bien, está exenta la entrega efectuada por A (TJUE 3-9-15, asunto C-526/13).
4) El suministro de gasóleo a las embarcaciones que se desplazan desde las **bateas** dedicadas al cultivo de mejillones hasta los puertos y viceversa no está exento porque las citadas embarcaciones no se consideran afectas a la navegación marítima internacional ni exclusivamente a la pesca costera (TEAC 16-11-10). El **cultivo de mejillones** en bateas es una actividad de pesca a los efectos del REAGP, pero no se puede considerar una actividad de pesca a los efectos de aplicar la exención prevista para el avituallamiento de buques (AN 21-2-12, EDJ 20210).
5) Los **buques oceanográficos** afectos a una actividad científica o docente, no cumplen los requisitos para que sus avituallamientos queden exentos del impuesto (TEAC 22-5-24).

E. Otras prestaciones de servicios exentas

(LIVA art.22.Siete; RIVA art.10.2)

Están exentas del impuesto las prestaciones de servicios, distintas de las mencionadas anteriormente, destinadas a atender las **necesidades directas** de los buques y aeronaves (o para atender las necesidades de su cargamento), que gozan de exención en los términos del nº 6105 s. y nº 6125 s. Estos servicios deben tener por **destinatarios** a los titulares de la explotación de dichos buques o a las compañías o entidades públicas que utilizan dichas aeronaves (DGT CV 12-12-22). 6165
Adicionalmente, y por excepción a lo anterior, están exentos los servicios de carga, estiba, descarga, desestiba y transbordo, relacionados con las necesidades de cargamento de los buques señalados en nº 6106, prestados por **profesionales estibadores**, en nombre propio, a favor de empresas estibadoras y utilizados por estas en los servicios prestados, a su vez, a los titulares de la explotación de dichos buques.

Reglamentariamente se establece una **relación enunciativa** de servicios a los que puede alcanzar la exención. Se trata de servicios prestados en puertos o aeropuertos para atender o auxiliar a los buques y aeronaves en sus operaciones de atraque, aterrizaje, despegue, etc., a los pasajeros en su embarque o desembarque y a la carga y descarga de mercancías. En los casos no mencionados expresamente, para determinar la procedencia de la exención hay que estar a la naturaleza del servicio prestado y su relación con el buque, aeronave o cargamento.
La exención de estos servicios solo se aplica respecto de aquellos que, según las reglas de localización, se entiendan **localizados** en TIVA (nº 480 s.).
En particular, están exentos los siguientes servicios:
a) En relación con los **buques**: los servicios de practicaje, remolque y amarre; utilización de instalaciones portuarias; operaciones de conservación de los buques y de los materiales de a bordo (desinfección, desinsectación, desratización, limpieza de las bodegas...); los de guarda y prevención de incendios; visitas de seguridad y peritajes técnicos; asistencia y salvamento del buque y los que realicen en el ejercicio de su profesión los corredores, consignatarios, intérpretes y agentes marítimos.

6166 **b)** En relación con el **cargamento de los buques**: las operaciones de carga y descarga; alquiler de contenedores y de material de protección de mercancías; custodia de las mercancías, estacionamiento y tracción de los vagones de mercancías sobre las vías del muelle; embarque y desembarque de los pasajeros y sus equipajes; alquileres de materiales, maquinaria y equipos utilizados para el embarque y desembarque de los pasajeros y sus equipajes; reconocimientos veterinarios, fitosanitarios y del Servicio Oficial de Inspección, Vigilancia y Regulación de las Exportaciones.
c) En relación con las **aeronaves y su cargamento**: los mismos indicados anteriormente, pero en el contexto de los aeropuertos y de estos medios de transporte.
Son generalmente servicios relacionados con el **transporte** (remolque, amarre, carga, descarga, conservación de mercancías, etc.), o trabajos sobre **muebles corporales** (conservación de buques y aeronaves y de materiales de a bordo, etc.) cuyas reglas de localización se analizan en el nº 6107, o bien servicios que se localizan según la regla general del lugar donde radica el establecimiento del destinatario para el que se presta el servicio, siempre que dicho destinatario sea un empresario actuando como tal (nº 496).

6167 Precisiones **1)** Es importante destacar la distinción entre el **servicio** como **operación autónoma**, que goza de exención cuando se comprende en los supuestos indicados, y el servicio como integrante o componente de la base imponible de las entregas o importaciones, que ha de seguir el régimen que corresponde a las mismas.
Así, por ejemplo, la **descarga de mercancías** de un buque afecto a la navegación internacional (nº 6113) está exenta, por lo que el organismo portuario que la preste no repercute el impuesto al destinatario del servicio (generalmente el consignatario del buque). Sin embargo, si las mercancías provienen de un país tercero, se produce el hecho imponible importación, y el importador, al determinar la base imponible de la importación, debe integrar en ella el gasto de descarga, debiendo liquidarse el impuesto sobre dicha base imponible y, con ella, sobre el servicio de descarga de las mercancías.
2) Respecto a las reglas de localización de los **servicios de telecomunicación** que se utilizan materialmente a bordo de buques afectos a la navegación marítima internacional o en aeronaves utilizadas exclusivamente por compañías dedicadas esencialmente a la navegación aérea internacional, incluso durante su navegación por el ámbito territorial del impuesto, se aplican las reglas previstas para estos servicios (nº 9194 s.).

6170 Ejemplos **1)** Una empresa se dedica al **asesoramiento y administración** de compañías aéreas, por cuenta propia y mediante contraprestación.
Estos servicios no están exentos, pues no se prestan para atender las necesidades directas de las aeronaves o su cargamento, como exige la normativa del impuesto.
No obstante, estos servicios se localizan donde radica el establecimiento del destinatario para el que se presta el servicio, por lo que no están sujetos cuando el destinatario no esté establecido en TIVA (nº 480).
2) Una empresa se dedica habitualmente, en sus distintas secciones, a la **limpieza de buques** y al peritaje de las averías sufridas por los mismos.
Estas operaciones están exentas siempre que los buques en relación con los cuales se prestan los servicios sean de los contemplados en el nº 6106 (estén afectos a navegación internacional).
Igualmente, estos servicios no están sujetos cuando el establecimiento del destinatario para el que se prestan no radique en el TIVA (nº 480).

Doctrina Administrativa Además de la siguiente contestación de la DGT, ver nº 6109 s. y nº 11000 s. **6173**
1) En el caso de **estibadores** que prestan sus servicios a las empresas estibadoras, siempre que realicen los servicios de carga y descarga de buques a los armadores de los buques o sus representantes en puerto, los servicios van a estar exentos (DGT CV 30-5-18). Este criterio se ha incorporado expresamente a la LIVA a partir de **1-1-2023**, como una excepción al criterio general de que la exención prevista para los servicios prestados a aeronaves y barcos se aplica cuando tales servicios se prestan a los titulares de la explotación de los buques o a las compañías o entidades públicas que utilizan las aeronaves (LIVA art.22.siete).
2) Al ser los destinatarios efectivos los miembros de la **tripulación**, no se encuentra exento del impuesto el transporte en taxis, el alojamiento en hoteles o los servicios sanitarios abonados por la consignataria (DGT CV 5-3-26).

Jurisprudencia La exención se aplica únicamente a las prestaciones de servicios para atender las necesidades directas de los buques y aeronaves de navegación internacional o para atender las necesidades de cargamento de dichos buques y aeronaves, y no puede extenderse a las prestaciones de servicios que se efectúan en una fase anterior de comercialización. Por ello, el **arrendamiento de grúas** para servicios de carga y descarga en los puertos es una operación sujeta y no exenta (TEAC 25-5-10). **6176**

F. Regímenes diplomático, consular y de organismos internacionales, fuerzas armadas y Unión Europea

(LIVA art.22 Ocho a Once; RD 3485/2000; OM 24-5-2001; OM EHA/1729/2009)

6180

1. Régimen diplomático, consular y de organismos internacionales

(Dir 2006/112/CE art.151.1.a, a bis y a ter; LIVA art.22.Ocho y Nueve; RD 3485/2000; OM 24-5-2001 redacc OM HAC/738/2025)

En aplicación del Convenio de Viena de 18-4-1961 (de relaciones diplomáticas) y del Convenio de Viena de 24-4-1963 (de relaciones consulares) y de los Convenios sobre organismos internacionales, el RD 3485/2000 regula las franquicias y exenciones correspondientes a estos regímenes, determinándose en la OM 24-5-2001 art.1 y 2 los límites de las mismas. En el marco de las relaciones diplomáticas y consulares, hasta que se adopte una normativa uniforme en la UE, las exenciones se fijan por el Estado miembro de recepción. **6185**
En relación con los **organismos internacionales** reconocidos por España, se incluyen en este grupo de exenciones las entregas, servicios y AIB destinados a la Comunidad Europea, la Comunidad Europea de la Energía Atómica, al Banco Central Europeo o al Banco Europeo de Inversiones, o a los organismos creados por las Comunidades a los que se aplica el Protocolo del 8-4-1965 sobre privilegios e inmunidades de las Comunidades Europeas, dentro de los límites de dicho Protocolo y los acuerdos de sede, siempre que no se produzcan distorsiones de competencia.
Se encuentran exentas las entregas de bienes o prestaciones de servicios a los organismos internacionales reconocidos por España, acreditadas o con sede en otro Estado miembro, siempre que justifiquen mediante presentación del correspondiente formulario la concesión por las autoridades competentes de Estado de destino el derecho a adquirir los mencionados bienes o servicios con exención. La OM EHA/1729/2009 recoge el **modelo de certificado de exención** del IVA y de IIEE para estas operaciones, el cual debe ser conservado por los sujetos pasivos que las realicen como justificante de la exención aplicada.
Asimismo, está exenta la compra de bienes y servicios por parte de la Comisión o de un órgano u organismo creado con arreglo al Derecho de la Unión en el ejercicio de sus funciones a fin de afrontar la pandemia de COVID-19. La exención incluye compras interiores e importaciones. Estas exenciones no son de aplicación en el caso de que los bienes o servicios adquiridos se utilicen para la realización de entregas ulteriores a título oneroso por parte de la Comisión o de dicho órgano u organismo.

Se trata de **exenciones plenas**, las cuales generan el derecho a deducir el IVA soportado por el empresario o profesional en las adquisiciones de bienes y servicios que utiliza en la realización de las operaciones exentas en el marco de las relaciones diplomáticas, consulares y de los organismos internacionales. **6185.1**

Precisiones 1) El reconocimiento del Consorcio de Infraestructuras de Investigación Europeas (**ERIC**) como organismo internacional y la aplicación de las exenciones correspondientes a las entregas de bienes y prestaciones de servicios están condicionados al cumplimento de una serie de requisitos (Rgto UE/282/2011 art.50).
Los límites y condiciones de dichas exenciones se establecen mediante un acuerdo entre los miembros del ERIC (Rgto CE/723/2009 art.5.1). En caso de que los bienes no se expidan o transporten fuera del Estado miembro en el que se efectúe la entrega, así como en el caso de prestaciones de servicios, el beneficio de la exención puede otorgarse a través de un procedimiento de devolución del IVA (Dir 2006/112/CE art.151.2).
2) La exención relativa a la adquisición de bienes y servicios para afrontar la pandemia de **COVID-19** tiene efectos retroactivos al 1-1-2021, por lo que las operaciones afectadas por las que se haya devengado IVA deben regularizarse.

6186 **Ámbito de aplicación** (RD 3485/2000 art.1) La normativa vigente regula las **franquicias aduaneras y fiscales** a la importación, las **exenciones** de IVA e IIEE en las entregas de bienes, prestaciones de servicios y adquisiciones intracomunitarias de bienes, de productos objeto de Impuestos Especiales de fabricación y en la matriculación de determinados medios de transporte, realizadas en el marco de los regímenes diplomático y consular y de los organismos internacionales.
A efectos de esta norma, **Organismo internacional** es cualquier entidad con personalidad jurídica internacional propia, nacida del acuerdo de al menos dos países soberanos.

Precisiones Esta regulación se aplica con **carácter supletorio** a los Convenios internacionales que formen parte de la normativa interna española y los Acuerdos de sede de los organismos internacionales.

6187 **Franquicias a la importación** (RD 3485/2000 art.2) Está exenta de toda clase de derechos e impuestos la importación de los siguientes bienes:
a) Los necesarios para uso oficial de las **misiones diplomáticas** acreditadas y residentes en España y de las **oficinas consulares** de carrera.
b) Los necesarios para el uso oficial de los **organismos internacionales** reconocidos por España, con los límites y condiciones establecidos en los acuerdos internacionales por los que se crean tales organismos o en los acuerdos de sede de los mismos.
c) Aquellos de uso y consumo de los **agentes diplomáticos y funcionarios consulares** de carrera y miembros de su familia que formen parte de su casa, incluidos los efectos destinados a su instalación, en las cantidades que se fijen por Orden Ministerial.
d) Aquellos de uso y consumo de los miembros con **estatuto diplomático** de los organismos internacionales con sede u oficina en España y los miembros de su familia que formen parte de su casa, con los mismos límites que se establezcan para la letra c) anterior, salvo cuando los convenios internacionales establezcan límites diferentes.
e) El **mobiliario y efectos** destinados al uso particular del personal administrativo y técnico de las misiones diplomáticas y de los organismos internacionales con sede u oficina en España y de los empleados consulares, así como de los miembros de su familia que formen parte de su casa que no tengan la nacionalidad española ni residencia de larga duración en España, importados con motivo de su traslado a España para tomar posesión de su cargo. Dichas importaciones deben efectuarse en el plazo de un año a partir de la toma de posesión.

Precisiones 1) Las franquicias contempladas en las letras a), c) y e) anteriores, con excepción de las relativas al personal administrativo y técnico de los organismos internacionales, quedan condicionadas a la existencia de **reciprocidad**.
2) Para las franquicias relativas a los **vehículos automóviles**, ver nº 6191 s.
3) Los módulos para determinar la adecuación de las **cantidades de bienes y efectos**, que pueden ser objeto de importación con exención, a las necesidades de las entidades o personas beneficiarias de la misma son los previstos en nº 6189.

6188 **Exenciones del IVA en las entregas de bienes, prestaciones de servicios y adquisiciones intracomunitarias** (RD 3485/2000 art.3 y 3 bis) La exención comprende las operaciones que se indican seguidamente, quedando siempre condicionadas a la existencia de **reciprocidad**:
a) Entregas de bienes cuya **importación** hubiese estado **exenta** de acuerdo con las letras a), b), c) y d) del nº 6187.
b) Entregas y arrendamientos de **edificios** o parte de los mismos y de los **terrenos** anejos, adquiridos o arrendados por Estados extranjeros para ser utilizados como sede de las representaciones diplomáticas u oficinas consulares o como residencia del jefe de la misión diplomática o jefe de la oficina consular cuando, en este último caso, sea funcionario de carrera. A estos efectos, se entiende que forman parte de la sede de una representación diplomática u oficina consular los locales destinados a albergar los servicios u oficinas que la integran y siempre que consten en el registro del Ministerio de Asuntos Exteriores, Unión Europea y Cooperación.

También están exentas las **ejecuciones de obra**, con o sin aportación de materiales, directamente formalizadas entre el correspondiente Estado extranjero y el contratista, que tengan por objeto la construcción, reforma, ampliación o rehabilitación de los edificios mencionados, así como a los **trabajos de reparación o conservación** de los mismos edificios cuando su importe, referido a cada operación aislada, exceda de 750 €.

c) Entregas de **material de oficina** para uso oficial, cuando el importe total de las adquisiciones documentadas en cada factura exceda de 300 €.

d) Suministros de agua, gas, electricidad y combustibles; servicios de telecomunicaciones, radiotelegrafía, vigilancia y seguridad, efectuados para los locales de las representaciones diplomáticas u oficinas consulares, o para la residencia del jefe de la misión diplomática o jefe de la oficina consular cuando, en este último caso, sea funcionario de carrera.

e) Prestaciones de servicios para uso oficial de **consultoría**, traducción, corrección o composición de textos, los prestados por intérpretes y los de limpieza.

f) Entregas de bienes y prestaciones de servicios comprendidas en las letras anteriores, o aquellas acordadas, destinadas a las citadas entidades y personas que tengan la sede o estén **acreditadas en otro Estado miembro** y justifiquen la concesión de la exención por las autoridades del Estado de destino.

g) AIB cuya importación o entrega esté no sujeta o exenta del impuesto.

Estas exenciones también se aplican a los **servicios tecnológicos**, prestados por un sujeto pasivo que se acoja a los regímenes especiales para los servicios prestados por vía electrónica, los aplicables a las ventas a distancia y a determinadas entregas interiores de bienes y prestaciones de servicios -regímenes especiales relativos al **comercio electrónico**, nº 9300 s.- (Rgto UE/282/2011 art.49). **6188.1**

Por último, se permite que las adquisiciones de bienes realizadas en TIVA por alguna de las personas a las que se aplica las franquicias a la importación (nº 6187), y siempre que su **residencia habitual** se encuentre fuera de la UE, estén exentas.

Quedan **excluidos** de la aplicación de las exenciones, los nacionales españoles o residentes fiscales en el país con carácter previo a su incorporación a la sede u oficina en España.

A estos efectos, se han aprobado **módulos** para determinar la adecuación de las cantidades de bienes y efectos que pueden ser objeto de importación, entrega, adquisición intracomunitaria o fabricación con franquicia o exención a las necesidades de las entidades o personas beneficiarias de la misma (RD 3485/2000 disp.final 1ª; OM 24-5-2001 art.1 y 2). Así: **6189**

a) Se establecen **baremos** sobre determinados productos, que determinan la cantidad que puede ser importada o adquirida durante un trimestre con exención del IVA por cada titular del beneficio fiscal (incluidos los miembros de su familia). Es el caso del tabaco (9.000 unidades de cigarrillos y 65 unidades de cigarros puros), alcohol y bebidas alcohólicas (90 litros de bebidas derivadas y 30 litros de vino espumoso), carburantes (1.200 litros por cada vehículo con derecho a beneficio fiscal) y lubricantes (30 litros por cada vehículo con derecho a beneficio fiscal).

Para los **jefes de misión diplomática** los límites se amplían al doble en el caso de tabaco y alcohol.

b) Para los productos distintos de los anteriores, se establecen los **límites y condiciones** siguientes a efectos de la aplicación de la exención (se incluyen en el cómputo los productos adquiridos con exención del IVA, o del IGIC o del IPSI):

- el conjunto de adquisiciones e importaciones de estos bienes que se benefician de la exención no puede exceder de 9.015,18 €, por cada trimestre natural. A efectos del cálculo de esta cantidad, no se computan los bienes citados en la letra a) ni tampoco los vehículos automóviles;
- solo se admiten las solicitudes de **devolución** de los impuestos pagados cuando las operaciones se encuentren documentadas en factura cuyo importe sea superior a 240,40 €, impuestos incluidos.

Precisiones **1)** Estas exenciones se aplican a los **organismos internacionales** con sede u oficina en España y a los miembros de los mismos con **estatuto diplomático**, salvo que se establezcan otros límites o condiciones en los acuerdos de sede respectivos. Tratándose de convenios internacionales que solo reconozcan la exención para **operaciones importantes**, se consideran como tales aquellas cuya base imponible a efectos del IVA sea superior a 300 €. **6190**

2) Cuando la operación se efectúe en TIVA español y su destinatario esté acreditado o tenga su sede **en otro Estado miembro de la UE**, se aplica la exención del IVA español por el proveedor de los bienes o el prestador de los servicios siempre que dicho destinatario justifique la concesión, por las autoridades competentes del Estado de destino, del derecho a adquirir los citados bienes o servicios con exención.

3) El **personal administrativo y técnico** de las misiones diplomáticas y de los organismos internacionales y los empleados consulares solo se benefician de la exención en el caso de las importaciones a que se refiere la letra e) del nº 6187, pero no cuando se trata de entregas interiores.
4) Se aplican las reglas de **determinación de la base imponible** del IVA, IGIC e IPSI (según cual sea el territorio en que se haya efectuado la adquisición o importación).
5) Las adquisiciones realizadas en **otros Estados miembros** al amparo de la exención propia del régimen diplomático o consular también se incluyen en el cómputo trimestral.
6) Se pueden incluir en una **misma factura** las compras realizadas por el mismo destinatario en el plazo de un mes.

6191 **Exenciones aplicables a los automóviles** (RD 3485/2000 art.12, 13 y 14; OM 24-5-2001 art.1) Se prevé la aplicación de la exención de toda clase de derechos e impuestos a la importación, entrega, arrendamiento con opción de compra o adquisición intracomunitaria de automóviles realizados por:
a) Un **Estado extranjero** dedicados exclusivamente al **uso oficial** de la misión diplomática y de las oficinas consulares de carrera, que sean razonablemente precisos para sus necesidades, dentro de los límites de aplicación del principio de reciprocidad.
b) Los **organismos internacionales** con sede u oficina en España, dentro de los límites y con las condiciones establecidas en los convenios internacionales respectivos.
c) Los **agentes diplomáticos y funcionarios consulares** de carrera para su **uso particular** y el de su cónyuge e hijos y hasta un máximo de tres, siempre que convivan y dependan económicamente del titular, no ejerzan ninguna actividad lucrativa en España y estén debidamente acreditados y documentados por el Ministerio de Asuntos Exteriores, Unión Europea y Cooperación.
d) Los **funcionarios con estatuto diplomático de los organismos internacionales** con sede u oficina en España para uso particular, con las mismas condiciones que las expuestas en la letra c), salvo que los acuerdos de sede establezcan otras diferentes. En el caso del jefe de misión diplomática, el límite máximo se amplía hasta cuatro vehículos.
e) Los miembros del **personal técnico y administrativo** de las misiones diplomáticas acreditadas y residentes en España y de los organismos internacionales con sede u oficina en España, y por los **empleados consulares** de las oficinas consulares de carrera acreditadas y residentes en España, para **uso particular**, uno como máximo y siempre que, en todos los casos, no tengan residencia de larga duración en España ni nacionalidad española y estén debidamente aceptados y documentados por el Ministerio de Asuntos Exteriores, Unión Europea y Cooperación en las correspondientes categorías.
f) Cualquiera de las personas anteriores, pero que estén acreditadas o tengan la sede de su misión en **otro Estado miembro** de la UE y que justifiquen la concesión por las autoridades competentes del Estado de destino del derecho a adquirir los mencionados automóviles con exención. En este caso son aplicables los **límites** cuantitativos fijados por la normativa del Estado de destino.

6191.1 Precisiones **1)** Como regla general, puede procederse a la **sustitución** de los vehículos objeto de las franquicias o exenciones por otros también adquiridos con exención cuando haya transcurrido al menos un año desde que se autorizó el régimen, salvo en casos de deterioro grave, accidente o robo con desaparición debidamente justificado, en los que puede autorizarse la sustitución antes del transcurso de dicho plazo.
2) Las personas o entidades que se beneficien de estas exenciones no pueden ser titulares de automóviles que se acojan al régimen de **importación temporal**.
3) También está exenta del **Impuesto especial sobre determinados medios de transporte**, la primera matriculación en España de los automóviles anteriores.
4) Se prevén **permisos y placas de matrícula especiales** al amparo de los cuales circulan los vehículos adquiridos o importados con exención. El incumplimiento de esta obligación, o el uso de tales placas o matrículas por vehículos distintos de aquellos previstos reglamentariamente, puede dar lugar al precintado e inmovilización del automóvil, sin perjuicio de los procedimientos sancionadores que procedan.

6192 **Procedimiento para la aplicación de la exención** (RD 3485/2000 art.10 y disp.adic.3ª; OM 24-5-2001 redacc OM HAC/738/2025; OM EHA/1729/2009) Dos son los procedimientos para aplicar las exenciones indicadas: la **exención directa** con reconocimiento previo del centro gestor y la exención mediante **reembolso** (ver nº 6830). Así:
a) Franquicias y exenciones relativas a las **importaciones** de bienes, a los **arrendamientos** de edificios y **ejecuciones de obra** y a los **automóviles**. Se aplican directamente por el sujeto pasivo, previa solicitud al Ministerio de Asuntos Exteriores, Unión Europea y Cooperación, en el formulario «Impuesto sobre el Valor Añadido. Solicitud de reconocimiento previo de la exención en el marco de las relaciones diplomáticas, consulares y de los Organismos Internacionales reconocidos por España», **modelo 363**. El Ministerio debe elaborar un **informe** preceptivo en el que,

en cada caso, se haga referencia a la reciprocidad y remitirlo al centro gestor para su autorización. Dicha autorización debe resolverse en los seis meses siguientes a la solicitud, entendiéndose desestimada cuando no se produzca en dicho plazo.
Los sujetos pasivos que realicen las operaciones no liquidan el impuesto, haciendo constar en la factura el reconocimiento de la exención otorgada por la AEAT, conservando dicho reconocimiento como justificante de la exención.
b) Las **demás exenciones** se hacen efectivas mediante reembolso, previa solicitud en el **modelo 362** «Impuesto sobre el Valor Añadido. Solicitud de reembolso en el marco de las relaciones diplomáticas, consulares y de los Organismos Internacionales reconocidos por España», referida a las cuotas soportadas en cada trimestre natural.

c) Cuando el destinatario de una entrega de bienes o prestación de servicios esté establecido en la Comunidad, pero en un **Estado miembro distinto** de aquel en que se lleve a cabo la operación, debe aceptarse el **certificado de exención** del IVA y/o de IIEE establecido en la normativa comunitaria (Rgto UE/282/2011 Anexo II), como confirmación de que la operación puede acogerse a la exención. Este certificado se visa por las autoridades competentes del Estado miembro de acogida, aunque puede dispensarse del visado si su normativa lo permite. **6193**
Cuando se aplique una **exención directa** en el Estado miembro en que se efectúe la entrega o el servicio, el proveedor o prestador debe exigir al destinatario el certificado mencionado anteriormente y conservarlo en sus registros. Cuando la exención se conceda a través de un **procedimiento de devolución** del IVA, el certificado se debe adjuntar a la solicitud de devolución remitida al Estado miembro en cuestión (Rgto UE/282/2011 art.51).

Precisiones **1)** Desde el 15-7-2025 el procedimiento previsto para los modelos 362 y 363 debe realizarse de forma obligatoria en **formato electrónico,** se establece además la obligación del destinatario de poseer un **NIF** y un **certificado electrónico** cualificado.
2) La exención nace de la normativa y no constituye una concesión de la Administración, por lo que pese a no haber sido tramitado en **plazo**, su posterior reconocimiento debe ser admitido a los efectos de su aplicación (TSJ Madrid 10-6-20, EDJ 631759).

Destino ulterior de los bienes (RD 3485/2000 art.8 y 9) Los bienes que se hayan beneficiado de las franquicias y exenciones solo pueden recibir ulteriormente uno de los siguientes **destinos**, con cumplimiento de los requisitos fijados para cada uno de ellos: **6194**
- la reexportación o la exportación;
- el abandono libre de todo gasto a favor de la Hacienda Pública;
- la destrucción bajo intervención oficial;
- la venta o transferencia a otra misión, oficina consular u organismo internacional, o a persona con derecho al régimen de franquicia o exención;
- la venta o transferencia a terceros sin derecho a franquicia, previo pago de los impuestos correspondientes; y
- el despacho a consumo con pago de los tributos que corresponda, en el supuesto de mercancías importadas con franquicia de derechos e impuestos.

En el caso de **venta o transferencia**, esta debe comunicarse previamente al centro gestor a través del Ministerio de Asuntos Exteriores, Unión Europea y Cooperación, con indicación detallada de las características de la operación, del destinatario de la misma y con la acreditación, en su caso, del derecho a la franquicia o exención, salvo que se trate de la venta o transferencia a otra misión, oficina consular u organismo internacional, o a persona con derecho al régimen de franquicia o exención, donde se permite realizar la comunicación en los tres meses siguientes.
Quedan **sujetas al IVA**, como operaciones asimiladas a importaciones, las adquisiciones efectuadas en TIVA español que correspondan a las entregas de bienes efectuadas por las entidades o personas cuya importación, entrega o adquisición intracomunitaria previa se hubiese beneficiado de la exención aplicable en el marco de las relaciones diplomáticas o consulares.
Las **demás operaciones** tributan de acuerdo con su verdadera naturaleza.
Las **ventas sin comunicación previa** determinan la pérdida de la franquicia o exención, con la obligación del beneficiario de liquidar el impuesto correspondiente, con abono de los intereses que procedan.
Cuando se produzca el **cese** en su puesto de las personas beneficiarias de las franquicias, estas deben dar a los bienes adquiridos con exención cualquiera de los destinos mencionados anteriormente en el plazo de tres meses. No obstante, en el caso de vehículos automóviles utilizados durante más de doce meses antes del cese, la exención no se pierde siempre que siga afecto al patrimonio de la persona durante al menos cuatro años (DGT CV 29-4-24).

6195 Precisiones De la literalidad de la norma parece derivarse que, en todo caso, la venta de los bienes que fueron adquiridos previamente con exención, una vez efectuada la comunicación previa, origina el hecho imponible **operación asimilada a la importación**. Sin embargo, en el caso de ventas efectuadas para un destinatario que, asimismo, tiene derecho a la exención en régimen diplomático o consular, no produce situación alguna que deba ser objeto de regularización, por lo que no parece justificado, en este caso, que se produzca la operación asimilada a la importación. También podría entenderse que, en este caso, la operación asimilada a la importación estaría exenta del IVA, por aplicación del propio régimen diplomático o consular.

6196 Ejemplos **1)** Una sociedad alquila un edificio de su propiedad a un Estado extranjero, que instala en la planta baja del mismo una **oficina** destinada al fomento del **turismo** en dicho país y cede el uso de los pisos de las otras plantas a los empleados de dicha oficina, que tienen la categoría de funcionarios técnicos.
Estos arrendamientos no están exentos. La exención solo se aplica cuando el inmueble arrendado se destine a sede de representaciones diplomáticas, oficinas consulares o residencia del jefe de la misión diplomática o jefe de la oficina consular, circunstancias que no concurren en los citados alquileres.
2) Una empresa vende a la embajada de un Estado extranjero, para uso oficial, el 1-1-20X0, diverso **material de oficina** por importe de 270,45 € y un mes más tarde, otro material de oficina, por importe global de 420,71 €.
Solo está exenta la segunda venta, porque supera 300 euros, aunque individualmente el precio de cada producto no lo supere.
3) Un comerciante de automóviles, nacionales y de importación, vende a un **funcionario técnico** de la embajada francesa un **automóvil**.
El personal técnico y administrativo de las misiones diplomáticas acreditadas y de los organismos internacionales, que no sean españoles ni tengan la residencia de larga duración en España, pueden adquirir un vehículo con exención o franquicia, mediante el procedimiento de exención directa.
4) Una embajada va a adquirir un **edificio para su sede**, soportando asimismo diversos gastos relacionados con la operación, tales como: notaría, registro, abogados y arquitectos, tasación y medición del edificio, mediación en la compraventa, vigilancia del edificio y conservación del mismo.
Están exentas la adquisición del edificio, obras de conservación, siempre que su importe supere 750 €, así como los servicios de consultoría.
5) La empresa EFL se encarga de la **conservación de los jardines, piscinas y zonas verdes** que rodean el inmueble de una embajada.
Estos servicios no están exentos, pues son operaciones no contempladas como exentas en la relación del RD 3485/2000.
6) Un fontanero realiza una **reparación** en la sede de la embajada de Portugal, cuyo importe asciende a 601,01 €.
Esta reparación no disfruta de exención, porque su cuantía no supera la cifra de 750 €.
7) Una empresa constructora adquiere de terceros materiales para la ejecución de las **obras de reparación** de una embajada extranjera situada en Madrid.
Las ejecuciones de obra que se indican están exentas, siempre que se cumplan los requisitos normativos exigidos (importe superior a 750 €). Sin embargo, no está exenta la adquisición de los materiales que para dichas obras efectúa la empresa constructora.

6197 **8)** Un **agente diplomático** canadiense, **acreditado en España**, que no es jefe de misión diplomática u oficina consular, adquiere en el primer trimestre del año 20X0 prendas de vestir por importe de 601,01 €; un frigorífico y una lavadora, por importe de 901,52 € y 1.051,77 €, respectivamente; un automóvil, por importe de 30.050,61 € y un ordenador portátil, para su uso personal, por importe de 2.207,08 €. Además, su cónyuge ha adquirido otras prendas de vestir por importe de 751,27 € y 60 cajetillas de cigarrillos de 20 unidades cada una, por un precio unitario de 2,10 €. Las compras de alimentos para el agente diplomático y su familia han ascendido a 2.404,05 €. Por otra parte, el diplomático ha abonado 300,51 € en concepto de servicios telefónicos para su uso particular y el de su familia y 601,01 € de un servicio de asesoría jurídica que le ha prestado un abogado en relación con un pleito que mantiene con un vecino por ciertas obras que este pretende realizar en la fachada del edificio en que habitan ambos.
La compra del **vehículo** está exenta si se respeta el límite de tres vehículos. Si ya es titular de tres vehículos adquiridos con exención, solo puede comprar otro en las mismas condiciones cuando este último sustituya a alguno de los que ya posee y siempre que haya transcurrido al menos un año desde la fecha de autorización del régimen, a menos que se trate de uno de los supuestos en que se admite la sustitución con anterioridad. Por otra parte, la exención se aplica en este caso de forma directa, con reconocimiento previo, a cuyo efecto se utiliza el modelo 363.
En cuanto a los **cigarrillos**, también procede la aplicación de la exención, porque esta se refiere a los bienes destinados al uso y consumo, no solo del agente diplomático, sino también de los miembros de su familia y no se superan los límites específicos previstos para la adquisición con exención de cigarrillos (9.000 cigarrillos en un trimestre). El mecanismo a estos efectos es el reembolso, mediante la utilización del modelo 362.

En relación con los **servicios telefónicos y de asesoría jurídica**, no procede la exención, dado que la misma solo se refiere a bienes. Solo cuando el destinatario de la operación es la propia misión diplomática, oficina consular u organismo internacional, o cuando lo es el jefe de dicha misión u oficina, procede la aplicación de la exención de ciertos servicios.

Por lo que se refiere a las **restantes adquisiciones** efectuadas en el trimestre y expuestas en el ejemplo, la exención es aplicable hasta el límite de 9.015,18 €, no computándose a estos efectos el importe correspondiente a la adquisición del automóvil ni el de los cigarrillos. En cualquier caso, es necesario que las facturas en que se documenten las adquisiciones presenten un importe superior a 240,40 €, impuestos incluidos. En el caso de **compras por importe reducido** pero que se efectúan con gran reiteración (por ejemplo, compras en supermercados) puede el diplomático solicitar del proveedor que agrupe, en una sola factura, todas las operaciones efectuadas para él en el mismo mes, pero hay que tener en cuenta que el proveedor no está obligado a atender a esta petición. El modelo que ha de utilizarse es el 362, y su plazo de presentación, los seis meses siguientes al término del primer trimestre del año 20X0. El agente diplomático debe acompañar la factura original o una copia cotejada.

Doctrina Administrativa Además de las siguientes contestaciones de la DGT, ver nº 11000 s. **6198**

1) La aplicación de las exenciones del impuesto en régimen diplomático exige que el **formulario justificativo de la exención** haya sido presentado con anterioridad al momento en que se efectúen las operaciones. Su certificación posterior puede referirse a un momento en que las circunstancias o normativa hayan sido modificadas. En todo caso, la falta de aportación del certificado en el momento de la entrega o de la prestación del servicio o su aportación con una fecha igualmente posterior a la de la entrega o a la realización del servicio, impiden la aplicación de la exención (DGT CV 1-6-10).

2) No está exento el transporte de **mobiliario y enseres** personales efectuado para el personal diplomático, consular y cultural, con ocasión del traslado de su residencia desde un Estado miembro a otro (DGT 6-9-93), ni las entregas de mobiliario y enseres personales a un miembro del cuerpo diplomático español, que aporta un certificado de residencia en el que se acredita que la residencia en el Estado extranjero se inicia con posterioridad a la fecha de entrega de los bienes en España (DGT 1-3-01). De igual forma si la exención fue **autorizada** por el país de destino con posterioridad a la entrega de los bienes; no pudiendo, por tanto, rectificarse la repercusión ni devolverse la cuota repercutida (DGT 4-5-98).

Aunque sea **residente fiscal** en España, su condición de empleado del Fondo Europeo de Inversiones le califica para solicitar la devolución de las cuotas del impuesto soportadas autorizadas por Luxemburgo (DGT CV 20-3-5).

3) Las leyes vigentes en España no establecen beneficio fiscal alguno aplicable a las entregas de bienes o prestaciones de servicios realizadas para las embajadas de países extranjeros que tengan por objeto la **edición de revistas** (DGT 21-10-88).

4) La normativa del impuesto no contempla la posibilidad de declarar exentas las prestaciones de **servicios de hostelería y restaurante** cuando su destinatario sea una embajada (DGT 26-10-95).

5) Están exentas las entregas de **edificios** o partes de los mismos y sus **terrenos anejos**, y la de vehículos automóviles de turismo, a las representaciones diplomáticas y consulares extranjeras establecidas en el territorio peninsular o Baleares, siempre que se cumplan las condiciones y requisitos previstos en la normativa del impuesto (DGT CV 10-7-86).

6) Está exento el arrendamiento de un **edificio** destinado a ser la **sede de un Consulado** General en una ciudad española (DGT 14-6-01). **6198.1**

7) No están exentas las operaciones de **pavimentación** de la vía pública de acceso a una embajada, realizadas por una empresa constructora para el ayuntamiento, aunque dicha embajada satisfaga el coste de las referidas obras (DGT 27-4-98).

8) No resulta aplicable la exención a la participación de una fundación en los programas de **intercambio de funcionarios españoles** y de diversos países candidatos a la adhesión a la Unión Europea (DGT 5-6-01).

9) No están exentas las entregas de **aparatos de rayos X** al Ministerio de Asuntos Exteriores y de Cooperación (actual Ministerio de Asuntos Exteriores, Unión Europea y Cooperación), aunque se destinen a las oficinas diplomáticas de España en el extranjero, ni los servicios de mantenimiento de dichos aparatos (DGT CV 30-5-11).

10) Las entregas de bienes y prestaciones de servicios efectuadas por la **Oficina Española de Patentes y Marcas** a favor de la Oficina Europea de Patentes están exentas a condición de que esta última justifique ante la Oficina española que tiene concedido por las autoridades competentes el derecho a adquirir los mencionados bienes o servicios con exención, mediante la presentación del formulario (actualmente certificado común de exención) expedido al efecto por dichas autoridades (DGT 20-2-95).

11) Los servicios prestados al **Banco Europeo de Inversiones** quedan sujetos y exentos (DGT CV 4-5-16).

6199 Jurisprudencia 1) En el supuesto de las exenciones previstas para las entregas de bienes y prestaciones de servicios realizadas en el marco de relaciones diplomáticas y consulares -LIVA art.22.Ocho- los **suministros** de agua, gas, electricidad, etc. deben referirse a domicilios o edificios autorizados a efectos de la exención (TEAC 20-10-16).
2) Tratándose de la exención prevista para las entregas o arrendamientos de edificios, terrenos, suministros, etc. (letra b) del nº 6188), el **procedimiento de solicitud** de la exención presenta las siguientes características:
a. La solicitud (modelo 363) se presenta ante el Ministerio de Asuntos Exteriores y de Cooperación (actual Ministerio de Asuntos Exteriores, Unión Europea y Cooperación) con carácter previo a la realización de la operación, quien la traslada al centro gestor (AEAT) para que este determine si procede o no el reconocimiento de dicha exención.
b. Debe presentarse una solicitud cada vez que vaya a efectuarse una operación a la que le sea de aplicación dicho procedimiento.
c. La solicitud debe ir acompañada de los documentos contractuales, presupuestos, notas de pedidos o cualesquiera documentos descriptivos de la operación.
d. Los sujetos pasivos del IVA que realicen las operaciones a las que les sea de aplicación dicho procedimiento de solicitud no liquidan el impuesto correspondiente a las mismas ni repercuten su importe, haciendo constar en la factura el reconocimiento de la exención otorgado por la AEAT y conservando dicho reconocimiento como justificante de la exención (TEAC 24-11-16).

2. Régimen aplicable a la OTAN y otras fuerzas armadas en el ámbito de defensa en el marco de la Unión

(Dir 2006/112/CE art.151.c y d; LIVA art.22.diez y once; RD 160/2008; RD 443/2023; OM HAP/841/2016; OM HFP/645/2023)

6200 Se encuentran exentas las entregas de bienes y prestaciones de servicios efectuadas para las fuerzas de los Estados partes de la OTAN. El RD 160/2008, desarrolla las **exenciones fiscales** y el procedimiento para su aplicación.
Asimismo, desde el **1-7-2022**, también están exentas las entregas de bienes y prestaciones de servicios efectuadas para las **fuerzas armadas** que participen en actividades de la **política común de seguridad y defensa**, para su uso o del personal civil a su servicio, así como para el abastecimiento de sus comedores o cantinas. Las exenciones fiscales en IVA, IIEE e Impuesto Especial sobre Determinados Medios de Transporte (IEMT) relativas a las importaciones, a las operaciones interiores y para las adquisiciones y entregas intracomunitarias de bienes efectuadas por estas fuerzas armadas, se regula por el RD 443/2023 (nº 6209).

Precisiones **1)** Los **tratados y convenios internacionales** ratificados por España relativos a la OTAN son:
a) Convenio relativo al Estatuto de la Organización del Tratado del Atlántico Norte, de los Representantes Nacionales y del Personal Internacional de 20-9-1951, al que se adhirió España mediante Instrumento de 17-7-1987: recoge que la OTAN y sus bienes están exentos de todos los derechos de Aduana, y se refiere a los beneficios fiscales aplicables para el caso de compras importantes efectuadas por la OTAN para su uso oficial.
b) Estatuto de los Cuarteles Generales Militares Internacionales establecidos en cumplimiento del Tratado del Atlántico Norte, de 28-8-1952, al que se adhirió España mediante Instrumento de 26-7-1995: establece que a dichos Cuarteles se les ha de eximir, en la medida de lo posible, de los derechos e impuestos relativos a los gastos hechos por ellos en interés de la defensa común y para su beneficio oficial exclusivo.
c) Convenio entre los Estados Partes del Tratado del Atlántico Norte, relativo al Estatuto de sus Fuerzas, de 19-6-1951, al que se adhirió España mediante Instrumento de 17-7-1987: prevé la exención de derechos e impuestos indirectos de las importaciones y suministros de combustibles, aceites y lubricantes destinados a ser utilizados en los vehículos terrestres, aeronaves y navíos oficiales de una fuerza o de un elemento civil de un Estado Parte del Tratado del Atlántico Norte.
d) Acuerdo entre el Reino de España y la Organización del Tratado del Atlántico Norte, representada por el Cuartel General Supremo de las Potencias Aliadas en Europa, relativo a las condiciones especiales aplicables al establecimiento y explotación en territorio español de un Cuartel General Militar Internacional, de 28-2-2000.
2) Con **carácter supletorio**, en relación con el destino ulterior de los bienes y efectos, cese de actividad y la aplicación y solicitud de la franquicia de los derechos de importación y de la exención del IVA se aplica lo establecido en el régimen diplomático, consular y de organismos internacionales -nº 6192 s.- (RD 3485/2000 disp.adic.2ª).

a. Procedimiento aplicable a la OTAN

6201 **Exenciones en las importaciones de bienes** (RD 160/2008 art.2 y 3) Están exentas del pago de los derechos e impuestos a la importación, las importaciones de:
a) Carburantes, aceites y lubricantes para ser utilizados exclusivamente por los vehículos, aeronaves y navíos oficiales de un Cuartel General o de una Fuerza de los Estados Partes del Tratado del Atlántico Norte distintos de España o de las Fuerzas Armadas Españolas cuando actúen en nombre y por cuenta de las mismas.

b) Bienes efectuadas por la **OTAN** para su uso oficial o por los **Cuarteles Generales** para su uso oficial en el ejercicio de funciones autorizadas por el Acuerdo Complementario.
c) Bienes efectuadas por las **Fuerzas Armadas Españolas** cuando actúen en nombre y por cuenta de la OTAN para los fines autorizados por el Acuerdo Complementario.
d) Bienes efectuadas por un **contratista** que ejecute un contrato para un Cuartel General en el ejercicio de funciones autorizadas por el Acuerdo Complementario, siempre que el contratista los adquiera en nombre del Cuartel General Aliado.
e) Bienes para el suministro de los **comedores**, clubes, asociaciones, restaurantes, bares, cantinas, tiendas y economatos de los Cuarteles Generales.
f) Vehículos a motor y motocicletas, efectuadas por los miembros de la Fuerza y sus personas dependientes, siempre que se trate de sus vehículos particulares.
g) Caravanas, remolques y embarcaciones de recreo, efectuadas por los miembros de la Fuerza, por el tiempo que duren sus servicios.
Respecto al **procedimiento** de aplicación de las exenciones, se establecen las siguientes reglas:
- exenciones de las letras a) a d): aplicación directa por la Aduana, acreditándose su procedencia mediante certificado, expedido por persona autorizada por la OTAN o el Ministerio de Defensa, en el que se justifique el destino de los bienes;
- resto de las exenciones: se deben autorizar por el Departamento de Aduanas e Impuestos Especiales, previa solicitud remitida por el Ministerio de Defensa, con acreditación del destinatario de los bienes.

Precisiones Por **Acuerdo Complementario** se entiende el Acuerdo entre España y la OTAN relativo a las condiciones especiales aplicables al establecimiento y explotación en territorio español de un cuartel general militar internacional, de 28-2-2000 (RD 160/2008 art.1).

Exenciones en el IVA (RD 160/2008 art.4) Están exentas del impuesto las siguientes operaciones internas e intracomunitarias: **6202**
1) Las **entregas, adquisiciones intracomunitarias de bienes y prestaciones de servicios** destinadas:
a) A la **OTAN**, exclusivamente para su uso oficial y cuya base imponible a efectos del IVA sea igual o superior a 300 €.
b) A un **Cuartel General Aliado**, siempre que se efectúen para fines oficiales en el ejercicio de las funciones autorizadas en el Acuerdo Complementario.
c) A las **Fuerzas Armadas españolas** cuando actúen en nombre y por cuenta de la OTAN para los fines autorizados en el Acuerdo Complementario.
d) Los **carburantes, aceites y lubricantes** para ser utilizados exclusivamente por vehículos, aeronaves y navíos afectos al uso oficial de un Cuartel General o de una fuerza de los Estados Partes de la OTAN, distintos de España o de las Fuerzas Armadas Españolas, cuando actúen en nombre y por cuenta de las mismas.
2) Están igualmente exentas del IVA las **entregas, adquisiciones de bienes y prestaciones de servicios** siguientes, que se destinen a:
a) Un **contratista** que ejecute un contrato para un **Cuartel General** en el ejercicio de las funciones autorizadas en el Acuerdo Complementario, siempre que el contratista los adquiera en nombre del Cuartel General.
b) El suministro de los **comedores**, clubes, asociaciones, restaurantes, bares, cantinas, tiendas y economatos de los **Cuarteles Generales**.
c) Las realizadas por los **comedores**, clubes, asociaciones, restaurantes, bares, cantinas, tiendas y economatos de los Cuarteles Generales, a favor de los **miembros de la Fuerza**, del elemento civil o de personas dependientes o a favor del personal militar y civil español y los huéspedes oficiales del **Cuartel General**, exclusivamente para ser consumidos en estos locales.
d) Las entregas de **vehículos** a motor y motocicletas para los miembros de la Fuerza y sus personas dependientes, siempre que se trate de su vehículo particular.
e) Las entregas de **caravanas/remolques y embarcaciones** de recreo con su equipo necesario para los miembros de la Fuerza por el tiempo que duren sus servicios.

Precisiones Estas exenciones originan el **derecho a la deducción** (nº 2692).

Procedimiento para la aplicación de las exenciones en IVA (RD 160/2008 art.5; OM HAP/841/2016) **6203**
Respecto al procedimiento de aplicación de las exenciones, hay que hacer las siguientes distinciones:
1) En las operaciones comprendidas en el nº 6202 aptdo.1.a y d y aptdo.2.c, d y e: las exenciones se han de aplicar **previo reconocimiento** de su procedencia por la AEAT. La solicitud que se formule debe hacerse en el **modelo 365**, acompañando una certificación expresiva del uso a que se destinen los bienes. El modelo debe presentarse por vía electrónica a través de Internet, previamente a la realización de las operaciones.

Cuando se trate de entregas de **edificios o terrenos**, la aplicación de la exención queda condicionada al otorgamiento del correspondiente documento público y a la inscripción en el Registro de la Propiedad a nombre de la OTAN.

2) En cuanto a las exenciones establecidas en el nº 6202 aptdo.1.b y c:

- si a efectos del IVA la **base imponible es inferior a 300 euros**, se han de aplicar mediante la devolución de las cuotas soportadas en cada trimestre natural por el Cuartel General, previa solicitud por parte de este a la AEAT en el modelo 364, por vía electrónica a través de Internet, en el plazo de los seis meses siguientes a la terminación del período de liquidación a que correspondan, acompañando las facturas o documentos originales, con cumplimiento de los requisitos reglamentarios (nº 7246 s.);

- para las **demás operaciones** cuya base imponible a efectos del IVA sea igual o superior a 300 euros, se ha de estar a lo dispuesto en el número 1 anterior.

3) En relación con las exenciones establecidas en el nº 6202 aptdo.2.a y b, las exenciones se han de efectuar mediante la **devolución de las cuotas** tributarias soportadas por el destinatario de las operaciones, previa solicitud por parte de este. Dichas solicitudes ante la AEAT se han de referir a las cuotas soportadas en cada trimestre natural y se han de presentar en el plazo de los seis meses siguientes a la terminación del período de liquidación a que correspondan. A dichas solicitudes se han de acompañar las facturas o documentos originales, con cumplimiento de los requisitos reglamentarios (nº 7246 s.), y una certificación del solicitante de la devolución, expresiva del uso a que se destinan los bienes a que las operaciones exentas se refieren.

6204 Ejemplos **1)** Abastecimiento de **combustibles y aceites lubricantes** para los tanques pertenecientes a Estados distintos de España que forman parte de la OTAN y que participan en maniobras militares en zonas situadas en España.

Se aplica la exención previo reconocimiento por parte de la AEAT.

2) Se construye un edificio en Madrid para ubicar una **oficina para uso oficial** de un cuartel general aliado.

Las ejecuciones de obra para la construcción de estas oficinas están sujetas pero exentas cuando cumplan los requisitos previstos. Se debe solicitar el reconocimiento previo de la exención ante la AEAT (pues se supone que el importe de la operación es superior a 300 €), de forma que el sujeto pasivo que efectúa las ejecuciones de obra pueda unir a sus facturas el justificante de la exención. En el caso de adquisiciones efectuadas por los cuarteles generales aliados, la exención se extiende a cualesquiera importaciones, entregas y adquisiciones intracomunitarias de bienes, o prestaciones de servicios que para ellos se efectúen, sin condición alguna relativa al importe o naturaleza de las adquisiciones. Lo único que se exige es que esas adquisiciones se realicen para fines oficiales. Lo que sí cambia, en función del importe, es el procedimiento para hacer efectiva la exención: inferior a 300 €, devolución del impuesto soportado; igual o superior a dicha cantidad, reconocimiento previo por parte de la AEAT.

3) Con motivo de unos ejercicios de la OTAN en España, se van a efectuar unas obras de **reparación de un inmueble** (acondicionamiento del tejado, reparación de humedades y pintura) con cargo al presupuesto de la OTAN.

Están exentas, previo reconocimiento de la AEAT, las prestaciones de servicios mencionadas, siempre que su importe sea igual o superior a 300 €.

6205 **4)** Obras de **modernización de una estación de radio** de la OTAN, pero los costes se efectúan con cargo al Ministerio de Defensa español y en la factura figura este como destinatario.

Están exentas las entregas de bienes y prestaciones de servicios que se efectúen a la OTAN para su uso oficial en las condiciones y con cumplimiento de los requisitos previstos.

No están exentas, sin embargo, las entregas de bienes y prestaciones de servicios cuyo destinatario sea el Ministerio de Defensa, aunque estén relacionadas con la OTAN. Por lo tanto, en el supuesto planteado, dado que el destinatario de la operación, según consta en la factura, es el Ministerio de Defensa, no procede la aplicación de la exención.

5) Proyecto de **asistencia técnica** para la configuración del sistema de comunicaciones de un cuartel general aliado ubicado en TIVA. El importe del proyecto asciende a 900 €.

Se trata de una prestación de servicios efectuada para un cuartel general aliado, por lo que, siempre que se realicen para fines oficiales, procede la exención previo reconocimiento de la AEAT, dado que el importe de la operación es superior a 300 €.

6206 Doctrina Administrativa Además de las siguientes contestaciones de la DGT, ver nº 11000 s.

1) No están exentas las **entregas de los vehículos** efectuadas por una empresa no establecida adquirente de los mismos para entregarlos a las fuerzas de la OTAN de cualquier Estado parte del Tratado distinto del propio Estado de destino (DGT 27-5-03).

2) El suministro de **carburante y combustible** efectuadas desde una refinería situada en TIVA, o desde un depósito fiscal de hidrocarburos, a un miembro de la OTAN situado en el ámbito territorial comunitario distinto de TIVA, se entiende realizada en régimen suspensivo. A la salida del régimen de depósito distinto del aduanero, las entregas de combustibles o carburantes están exentas si el destinatario de la misma es un Estado parte del Tratado del Atlántico Norte, distinto de España (DGT 27-4-17).

Jurisprudencia **1)** No procede la devolución de cuotas de IVA derivada de las exenciones reconocidas a favor de los Cuarteles Generales de la OTAN en España cuando el adquirente del carburante es un **militar español** para su vehículo privado, aunque esté destacado en un Cuartel General Internacional de la OTAN en España (TEAC 26-4-11).
2) El **desguace de buques** obsoletos realizado en un Estado miembro parte en el Tratado OTAN y pertenecientes a la Armada de otro Estado parte en ese Tratado, está exenta del IVA cuando:
- esa prestación sea efectuada para miembros de las Fuerzas Armadas de ese otro Estado afectadas al esfuerzo común de defensa o para el personal civil que las acompaña;
- esa misma prestación sea efectuada para miembros de las citadas Fuerzas Armadas destacadas o estacionadas temporalmente en el territorio del Estado miembro de que se trata o para el personal civil que las acompaña (TJUE 26-4-12, asunto C-225/11).

Otras exenciones (RD 160/2008 art.6) Están exentas del IVA y de todos los derechos de importación: **6207**
a) Las prestaciones de servicios y entregas de bienes accesorias de los mismos efectuadas por los **servicios públicos postales** a favor de los miembros de la Fuerza y sus personas dependientes.
b) La importación, entrega o adquisición intracomunitaria del **alcohol, tabaco y carburantes** por los miembros y las personas dependientes en las cantidades razonables convenidas en el Canje de Cartas.
c) La importación, entrega o adquisición intracomunitaria de **mobiliario y electrodomésticos** por los miembros y las personas dependientes, siempre que el precio unitario exceda de un valor acordado entre el Cuartel General Supremo de las Potencias Aliadas en Europa y el Ministerio de Defensa en el Canje de Cartas.
Estas exenciones se aplican según el **procedimiento** indicado en el nº 6201 cuando se trate de importaciones y según las reglas indicadas en el número 3 del nº 6203 en el caso de entregas, adquisiciones intracomunitarias y prestaciones de servicios.

Precisiones Por **Canje de Cartas** se entiende aquel por el que se ponga en efecto el Acuerdo Complementario de 28-2-2000 (RD 160/2008 art.1).

Enajenación de bienes adquiridos con exención (RD 160/2008 art.7) La **venta, permuta o donación** de los bienes adquiridos o importados con exención por aplicación de las reglas expuestas en el nº 6201 s. se debe comunicar previamente a la AEAT, indicando las características de la operación y el destinatario de la misma. **6208**
Si se comunican las ventas en la forma indicada, quedan sujetas al impuesto, como **operación asimilada a la importación**, las adquisiciones realizadas en TIVA que correspondan a las entregas de bienes efectuadas por las entidades o personas cuya entrega, adquisición intracomunitaria o importación previas se hubiesen beneficiado de la exención, y con referencia al momento en que se realicen las mencionadas ventas.
La **venta sin comunicación previa** determina la ineficacia de la exención, con exigencia del impuesto al destinatario de la operación que inicialmente se benefició de la exención, con referencia al momento en que se efectuaron las previas entregas o importaciones exentas y abono de los intereses que procedan.
Los bienes adquiridos o importados con exención pueden enajenarse previa comunicación a la AEAT, a las **personas y entidades cuya adquisición esté exenta** en virtud de lo expuesto en el nº 6201 s. sin que, en este caso, las ventas queden sujetas.

b. Procedimiento aplicable a las fuerzas armadas en el ámbito de defensa en el marco de la Unión

6209 **Procedimientos y Exenciones del IVA para las Fuerzas Armadas de la UE**

Hecho	Descripción	Procedimiento
Importaciones de bienes	Importaciones de carburantes, aceites y lubricantes destinados a ser utilizados exclusivamente por los vehículos, aeronaves y navíos oficiales de las fuerzas armadas (RD 443/2023 art.2.a).	Acreditación ante la Aduana con un certificado presentado por persona autorizada por la fuerza del Estado miembro o el Ministerio de Defensa (RD 443/2023 art. 3.1).
	Importaciones de otros bienes para uso de las fuerzas armadas o del personal civil a su servicio (RD 443/2023 art.2.b).	Autorización y reconocimiento por el Departamento de Aduanas e Impuestos Especiales de la AEAT, previa solicitud del Ministerio de Defensa (RD 443/2023 art.3.2).
	Importaciones de bienes destinados al suministro de comedores o cantinas de las fuerzas armadas (RD 443/2023 art.2.c).	
Operaciones interiores e intracomunitarias *	Entregas y adquisiciones intracomunitarias de: - bienes y prestaciones de servicios para uso de las fuerzas armadas o del personal civil a su servicio (RD 443/2023 art.4.1.a); - carburantes, aceites y lubricantes para vehículos, aeronaves y navíos de las fuerzas armadas (RD 443/2023 art.4.1.b). - bienes y servicios destinados a comedores o cantinas de las fuerzas armadas (RD 443/2023 art.4.1.c).	Presentación de un certificado conforme al modelo regulado en Rgto (UE) 282/2011 art.51 y anexo II. El certificado debe estar visado cuando no exonere de esta obligación la normativa del Estado miembro (RD 443/2023 art. 5.1).
	Entregas de bienes y prestaciones de servicios realizadas por comedores o cantinas a miembros de las fuerzas armadas, personal civil a su servicio y huéspedes oficiales (RD 443/2023 art.4.1.d).	
Reembolso del IVA	Reembolso de las cuotas soportadas en caso de no disponer del certificado en el momento de la operación (RD 443/2023 art.5.2).	Solicitud ante la AEAT con las facturas originales y el certificado. Las solicitudes de devolución deben referirse a las cuotas soportadas en cada trimestre natural y se formularán en el plazo de los seis meses siguientes a la terminación del período correspondiente.
Enajenación de bienes adquiridos con exención	Venta, permuta o donación de bienes adquiridos con exención (RD 443/2023 art.6.1).	Comunicación previa a la AEAT: ventas sujetas al IVA como operaciones asimiladas a las importaciones. Si no se comunica previamente: pérdida de la exención y abono de intereses.

* Estas operaciones generan para el sujeto pasivo que las realiza el derecho a la deducción (RD 443/2023 art.2).

6209.1 Precisiones El **certificado** necesario para la exención de las fuerzas armadas que participen en actividades de la política común de seguridad y defensa se aprueba por la OM EHA/1729/2009 Anexo II. Por su parte, el modelo para solicitar el reembolso (**modelo 381**), se aprueba por la OM HFP/645/2023. Al estar la exención vigente desde el 1-7-2022, el modelo 381 que corresponde al 3T y 4T 2022, y el correspondiente al 1T 2023, se ha podido presentar en el plazo correspondiente al 2T 2023.

3. Régimen de la Unión Europea

6210 La tributación por IVA de las operaciones realizadas para la Unión Europea se regula por el **Canje de Notas**, constitutivo de Acuerdo entre España y la Comisión Europea (BOE 7-2-97), relativo a las disposiciones de desarrollo del Protocolo de Privilegios e Inmunidades de las Comunidades Europeas en España, que entró en vigor provisionalmente el 2-10-1996, y según el cual los Estados miembros han de adoptar, siempre que les sea posible, las disposiciones apropiadas para la remisión o el reembolso de los derechos indirectos y de los impuestos sobre la venta incluidos en los precios de los bienes muebles o inmuebles, cuando la Unión Europea realice, para su uso oficial, compras importantes cuyo precio comprenda derechos e impuestos de esta naturaleza.

Exención Están exentas de los impuestos indirectos las entregas de bienes y las prestaciones de servicios para **uso oficial** de la Unión Europea, en los límites fijados por el Estado miembro de acogida. 6211

Estas exenciones son de **carácter pleno**, de forma que los sujetos pasivos que las realicen van a poder deducir las cuotas del IVA que hubiesen soportado en la medida en que los bienes y servicios adquiridos se utilicen en su realización.

Cuando España tenga la condición de Estado miembro de acogida, la exención solo se concede si el **valor** de los bienes o servicios, impuestos no incluidos, es igual o superior a 300 €, salvo que se trate de obras de construcción, reparación o ampliación de edificios o partes de los mismos y terrenos anejos, en cuyo caso la exención solo se aplica cuando el importe de cada operación sea igual o superior a 751 €.

Precisiones El **Estado miembro de acogida** es aquel en cuyo territorio se encuentre establecida la institución de la Unión Europea destinataria de los bienes entregados o de los servicios prestados.

Procedimiento La exención se aplica directamente, previa **justificación** del derecho a la misma mediante certificación acreditativa del destino de los bienes y servicios expedida por la Unión Europea. 6212

Cuando se trate de bienes expedidos o transportados desde España a **otro Estado miembro**, la aplicación de la exención se ha de ajustar a lo señalado en el nº 6193.

Los servicios competentes de la Unión Europea pueden visar los **formularios provisionales** cuando hayan sido autorizados para ello por las autoridades del Estado miembro de acogida.

Ejemplo Una universidad radicada en TIVA realiza un proyecto de investigación (proyecto A) financiado por la UE, pero para la propia universidad, y otro proyecto (proyecto B), también financiado por la UE para la prestación de servicios a la propia UE. 6213

Proyecto A: No están exentas las adquisiciones e importaciones de bienes y servicios que efectúa la universidad para la ejecución del proyecto A. Las exenciones solo se aplican a las adquisiciones efectuadas por la UE, no por terceros.

A estos efectos no tiene relevancia que los bienes y servicios adquiridos por la universidad se destinen al desarrollo de proyectos de investigación financiados por la UE.

Proyecto B: Están exentos los servicios prestados por la universidad a la UE cuando la propiedad o explotación de los resultados de la investigación se atribuya a las instituciones de la UE. Por el contrario, no están exentos cuando la propiedad y derechos sobre el resultado de la investigación correspondan a la propia universidad.

G. Otros supuestos

(LIVA art.22.Doce a Quince)

6215

Entregas de oro al Banco de España (Dir 2006/112/CE art.152; LIVA art.22.Doce) Están exentas las entregas de oro al Banco de España. 6216

Precisiones En caso de una entrega de oro al Banco de España, a la que sea simultáneamente aplicable esta exención y la exención propia del régimen especial del **oro de inversión**, ni la normativa interna ni la de la Unión indican cuál de ellas debe prevalecer. El TJUE considera que, en caso de colisión de una exención interior prevista en la normativa de la Unión (**exención limitada**) y la exención correspondiente a las entregas intracomunitarias, debe prevalecer la primera, por dos razones (TJUE 7-12-06, asunto C-240/05):

- porque la exención de la normativa de la Unión es más específica que la de las entregas intracomunitarias (en el supuesto concreto se trataba de entregas de prótesis dentales);
- al objeto de que no se produzcan distorsiones entre las adquisiciones interiores y las intracomunitarias.

No obstante, en caso de coincidencia de esta exención y de la correspondiente a las entregas de oro de inversión, parece que la **más específica** es la primera. Sobre esta cuestión no existe aún criterio del TJUE.

6217 Ejemplos 1) El Banco de España compra **lingotes de plata** y oro a un comerciante mayorista. Solo están exentas las entregas de oro, no las de plata.
2) El Banco de España **compra a un particular** diversos lingotes de oro.
La entrega de los lingotes no va a estar sujeta ya que la realiza una persona que no tiene la condición de empresario o profesional. La operación está sujeta y exenta del ITP y AJD.

6218 **Transporte de viajeros y sus equipajes** (LIVA art.22.Trece; RIVA art.10.3) Están exentos los transportes de viajeros y sus equipajes por **vía marítima o aérea** procedentes de o con destino a un puerto o aeropuerto situado fuera del ámbito espacial del impuesto. Se entienden incluidos los transportes por vía aérea amparados por un único título de transporte que incluya vuelos de conexión aérea.
Sin embargo, los transportes internacionales de viajeros por vía terrestre no están exentos.
En relación con esta exención debe considerarse que:
a) La exención se extiende a los transportes de **ida y vuelta** con escala en los territorios situados fuera del ámbito territorial de aplicación del impuesto.
b) La exención no alcanza a los transportes de aquellos viajeros y sus equipajes que, habiendo iniciado el viaje en territorio peninsular o Islas Baleares, terminen en estos mismos territorios, aunque el buque o el avión continúen sus recorridos con destino a puertos o aeropuertos situados fuera de dichos territorios.
La exención se refiere únicamente a la parte del transporte que se desarrolla en TIVA **español**, pues el transporte está sujeto a dicho tributo solo por esa parte (nº 535 s.).

6219 Ejemplos 1) En Barcelona se inicia un **crucero marítimo** organizado por una agencia de viajes, que expide los siguientes billetes: unos para personas que inician el viaje en Barcelona y lo terminan en Cádiz, donde la nave hace escala; otros, para viajeros que embarcan en Barcelona y terminan su viaje en Las Palmas de Gran Canaria; los restantes son billetes completos, expedidos para personas que realizan la totalidad del crucero, que hace escalas en Cádiz, Islas Canarias, Londres, Vigo y vuelta a Barcelona.
Los billetes expedidos para el transporte Barcelona-Cádiz no están exentos del IVA. En los restantes casos se aplica la exención.
2) Una empresa de transportes aéreos expide billetes, de **ida y vuelta**, con destino a **Londres**. Estos transportes están exentos, aunque el viaje sea de ida y vuelta, este hecho no desvirtúa su naturaleza de transporte con destino a un aeropuerto situado fuera del ámbito de aplicación del impuesto.
3) Una empresa de navegación aérea realiza la **cesión de algunas de sus aeronaves** a una agencia de viajes, para los vuelos chárter que esta organiza.
En este supuesto existen dos tipos de operaciones:
- una, la cesión de la aeronave, que constituye un arrendamiento o fletamento de la misma. Esta operación está exenta si concurren las condiciones del nº 6125 s.;
- otra, los contratos de transporte chárter, cuyos billetes se expiden por la agencia, que están exentos si cumplen los requisitos que la normativa exige.

6220 Doctrina Administrativa Además de las siguientes contestaciones de la DGT, ver nº 11000 s.
1) La realización de un transporte internacional de viajeros resulta de la propia documentación del transporte, es decir, del **billete** expedido por la compañía (DGT 28-1-87).
2) Cuando de los **contratos celebrados entre las compañías aéreas y los tour-operadores** resulte que la compañía sigue siendo titular de la explotación de la aeronave y asume la posición de transportista, se produce un servicio de transporte prestado por la compañía, que está exento o gravado por el impuesto, según se trate, respectivamente, de un transporte internacional o nacional (DGT 12-4-93).
3) Una empresa adquiere la totalidad o parte de las **plazas de pasaje** de un avión que realiza un vuelo internacional y, posteriormente, las vende directamente en nombre propio a tour-operadores y agencias de viajes, tanto nacionales como extranjeras. Están exentos los servicios de transporte de viajeros por vía aérea procedentes de o con destino a un aeropuerto situado fuera del ámbito espacial de aplicación del impuesto vendidos en nombre propio por la empresa (DGT 8-6-94; 24-6-94).
4) Una oficina sucursal de una empresa con residencia en China realiza la venta de billetes de vuelos de transporte de viajeros entre España y aquel país. Están exentos los servicios de transporte de viajeros y sus equipajes por vía aérea procedentes de o con destino a un aeropuerto situado **fuera del ámbito espacial** de aplicación del IVA español (DGT 23-1-97).

Jurisprudencia Están exentos los transportes de viajeros y sus equipajes por vía marítima o aérea procedentes de o con destino a un puerto o aeropuerto situado fuera del territorio IVA, incluyendo **transportes interiores en conexión** operados por la misma u otra compañía (TEAC 20-4-21; 20-4-21). Con este cambio de criterio se acoge la doctrina administrativa (DGT CV 16-2-18; CV 10-4-18) y jurisprudencial (AN 12-3-21, EDJ 519192; 16-3-21, EDJ 519255) para operaciones anteriores al 5-7-2018. Desde dicha fecha este criterio se recoge en la propia norma.

Transportes de bienes con destino o procedentes de las Islas Azores o Madeira (Dir 2006/112/CE art.142; LIVA art.22.Catorce) Están exentas las prestaciones de **transporte de bienes** con destino a las Islas Azores o Madeira o procedentes de dichas Islas. 6221

Ejemplos 1) Una empresa naviera transporta personas y mercancías entre el puerto de Cádiz y el de Madeira. La empresa destinataria del servicio de transporte de las mercancías solo está establecida en el TIVA. 6222
Respecto de estas operaciones debe indicarse:
- **transporte de personas**: está exento (nº 6218);
- **transporte de mercancías**: constituye un transporte sujeto al IVA español (nº 535), aunque exento por expreso mandato legal.

2) La misma empresa citada en el caso anterior transporta también viajeros y mercancías entre los puertos de Barcelona y **Marsella**. El empresario destinatario del servicio de transporte de las mercancías está establecido solo en el TIVA, por lo que:
- transporte de personas: está exento (nº 6218);
- transporte de mercancías: está sujeto y no exento del IVA español (nº 535).

Prestaciones de servicios realizadas por intermediarios en operaciones exentas (Dir 2006/112/CE art.153; LIVA art.22.Quince) Los **servicios de mediación** en nombre y por cuenta de terceros se localizan en el territorio de aplicación del impuesto cuando: 6223
- la operación principal se localice en TIVA y el destinatario del servicio de mediación sea un consumidor final;
- el destinatario del servicio de mediación sea un empresario o profesional y el servicio de mediación se preste para un establecimiento suyo situado en el territorio IVA.

Los servicios de mediación localizados en el TIVA están **exentos** del impuesto cuando se refieran a operaciones asimiladas a las exportaciones también exentas del impuesto (nº 6100 s.).

Ejemplos 1) La empresa EFL se dedica a la mediación en las operaciones de **fletamento total de buques** afectos esencialmente a la navegación marítima internacional. Estos servicios son realizados por dicha empresa, en nombre y por cuenta de su cliente, que en este caso es la empresa fletante del buque, establecida únicamente en el territorio IVA. 6224
Los servicios indicados están sujetos porque se prestan a un empresario establecido en el territorio IVA, pero al tratarse de la intermediación en una operación asimilada a la exportación que goza de exención (ver nº 6105), dicha intermediación está exenta.

2) La sociedad EFL realiza exclusivamente servicios de mediación en nombre y por cuenta ajena en la **venta de billetes de avión de vuelos internacionales**.
Dado que el servicio de transporte internacional de viajeros y sus equipajes por vía aérea se localiza en TIVA por el recorrido realizado por dicho territorio (nº 535), el servicio de mediación en dicho transporte se localiza también en TIVA cuando se preste a una persona que no tiene la condición de empresario (nº 8987 -en la parte que corresponde al recorrido por el territorio IVA-). No obstante, está exento.
La mediación relativa a la parte del recorrido realizado fuera de TIVA no está sujeta al IVA (nº 670).

Doctrina Administrativa Además de las siguientes contestaciones de la DGT, ver nº 11000 s. 6225
Debe tenerse en cuenta que desde 1-1-2010, están sujetos los servicios prestados a un empresario cuando se presten para un establecimiento situado en TIVA. Si se prestan para establecimientos situados fuera de TIVA son servicios no sujetos.

1) La intermediación en las **operaciones de fletamento total** de buques afectos esencialmente a la navegación marítima internacional está exenta siempre que los intermediarios actúen en nombre y por cuenta del cliente en la realización de dichas operaciones (DGT 19-2-86).
Estos servicios están sujetos y exentos cuando el destinatario sea un empresario y se presten para un establecimiento situado en el territorio IVA. Si se prestan para establecimientos situados fuera de TIVA serían servicios no sujetos.

2) Están exentos los servicios de intermediación en las **entregas o construcciones de buques** prestados por armadores de buques de pesca que actúen en el ejercicio de su actividad empresarial, aunque se efectúen con carácter ocasional, siempre que se refieran a buques afectos esencialmente a la navegación marítima internacional o los destinados exclusivamente al salvamento, a la asistencia marítima o a la pesca costera (DGT CV 23-12-86).

3) Están exentos los servicios de mediación en nombre y por cuenta ajena prestados por una sociedad en la venta de **pasajes de avión** para vuelos internacionales (DGT 24-6-94). También los servicios de mediación en nombre y por cuenta ajena en la **venta de billetes** de transporte de viajeros y sus equipajes por vía marítima entre los puertos de Tarifa y Tánger (Marruecos), ya sean prestados a la empresa naviera que realiza dichos transportes, como a otros empresarios -otras agencias de viajes, establecimientos de hostelería, etc.- (DGT 22-2-01).

III. Exenciones relativas a situaciones de depósito temporal y otras situaciones

(Dir 2006/112/CE art.154 a 163; CAU art.144 a 149; LIVA art.23; RIVA art.11)

6230 **Situaciones exentas** Con la denominación genérica de áreas arancelarias exentas se comprendían las zonas francas y los depósitos temporales, cuya descripción se contiene en nº 5629 s. El CAU suprimió los puertos francos, que quedaron absorbidos por el depósito aduanero. Las zonas y depósitos temporales son los definidos como tales en la legislación aduanera.

Las mercancías procedentes de **territorios o países terceros** que, desde su entrada en el TIVA, se introducen en las citadas áreas no producen el hecho imponible importación de bienes; la importación se produce cuando los bienes abandonan dichas situaciones para destinarse al consumo interior. Los **bienes comunitarios**, nacionales o de otros E.m., pueden también introducirse, en circunstancias especiales, en dichas áreas y ser objeto en ellas de entregas de bienes o prestaciones de servicios con exención de IVA (nº 6233).

Las mercancías procedentes de países o territorios terceros que se introducen en el territorio aduanero de la Unión deben presentarse en la aduana y permanecer en los lugares autorizados por ella, bajo su vigilancia (depósitos temporales), hasta que reciban un destino aduanero. En relación con los **destinos aduaneros**, ver nº 5628.

> Precisiones Desde **1-1-2023**, las **zonas francas** pasan a considerarse como un régimen especial. Se mantienen dentro de LIVA art.23, los depósitos temporales y las **plataformas de perforación o de explotación**, que pasan a denominarse «situaciones» en lugar de áreas exentas. Por lo demás, el régimen de exención se mantiene para estas áreas.

6233 **Operaciones exentas** (LIVA art.23) Están exentas las siguientes operaciones:

1) Las **entregas de bienes**:

a) que se encuentren en situación de **depósito temporal**;

b) que sean conducidos al mar territorial para incorporarlos a **plataformas** de perforación o de explotación para su construcción, reparación, mantenimiento, transformación o equipamiento o para unir dichas plataformas al continente; así como las entregas de bienes que se encuentren en esta situación. Se incluyen en la exención las entregas de bienes destinados al avituallamiento de estas plataformas.

2) Las **prestaciones de servicios**:

- relacionadas directamente con las entregas de bienes que se encuentren en situación de depósito temporal y las realizadas mientras los bienes se mantengan en dicha situación;
- relacionadas directamente con las entregas de bienes señalados en el apartado 1.b) anterior; las realizadas mientras los bienes se mantengan en dicha situación; así como las prestaciones de servicios directamente relacionadas con las importaciones de bienes destinados a ser colocados en las situaciones a que se refiere este apartado.

Estas prestaciones de servicios exentas no comprenden las que gocen de exención por aplicación de la normativa del IVA relativa a las exenciones en operaciones interiores, en las exportaciones de bienes y en las operaciones asimiladas a las exportaciones (LIVA art.20, 21 y 22).

> Precisiones La situación de **depósito temporal**, así como la colocación de los bienes en situación de depósito temporal, se ajustan a la definición, normas y requisitos establecidos por la legislación aduanera.

6235 **Requisitos** (LIVA art.23.tres; RIVA art.11) Las exenciones señaladas en nº 6233 se condicionan a que los bienes a que se refieren **no** sean utilizados ni destinados a su **consumo final** en las situaciones indicadas. Asimismo:

- La exención de las entregas de bienes destinados a colocarse en situación de **depósito temporal** se condiciona a que los bienes se coloquen en la situación indicada, lo que se acredita en la forma que se determine por la legislación aduanera.
- Las entregas de los bienes que se encuentren en dicha situación de depósito temporal, así como las prestaciones de servicios relativos a dichos bienes, solo van a estar exentas mientras los bienes, de conformidad con la legislación aduanera, **permanezcan** en dicha situación.
- El adquirente de los bienes o destinatario de los servicios debe entregar al transmitente o prestador de los servicios una **declaración** suscrita por él en la que manifieste la situación de los bienes que justifique la exención, pudiendo utilizar el formulario disponible a tal efecto en la sede electrónica de la AEAT y que ha sido aprobado por la Resol Dpto. Aduanas e IIEE 13-3-14.

6238

> Doctrina Administrativa 1) Los servicios de **almacenamiento en los depósitos portuarios** están exentos si dichos depósitos tienen la consideración de depósitos aduaneros (depósitos temporales en la versión vigente del CAU) de acuerdo con la legislación aduanera vigente (DGT 30-6-86).

2) Hasta que reciban un destino aduanero, las mercancías presentadas en la Aduana tienen el estatuto de **mercancías en depósito temporal**. Dicho estatuto solo corresponde a las mercancías de países terceros introducidas en el territorio aduanero de la Unión, mientras que para las mercancías comunitarias de exportación el Código aduanero solo establece la exigencia de vigilancia aduanera hasta el momento en que salgan del territorio aduanero de la Unión. Por eso, están sujetas y no exentas las entregas de bienes a persona establecida en TIVA con puesta a disposición de las mercancías en el recinto del muelle para ser despachadas de exportación por el adquirente (DGT 25-2-02).
3) Están exentas las entregas de bienes destinados a la **construcción de plataformas de perforación o de explotación** que se encuentren en el mar territorial, así como las prestaciones de servicios accesorias a dichas entregas. La exención queda subordinada al cumplimiento de un requisito formal: la constructora de la plataforma debe suscribir y entregar una declaración en la que conste la recepción de los bienes y poner de manifiesto el destino o situación de los mismos que justifica la exención (DGT 27-12-95).

IV. Exenciones relativas a regímenes aduaneros y fiscales

(Dir 2006/112/CE art.154 s.; CAU art.226 s. y 243 s.; LIVA art.24; RIVA art.11 y 12)

La enumeración y estudio de la legislación aplicable a los regímenes suspensivos aduaneros se realiza en el nº 5631 s. y la de los regímenes suspensivos fiscales en el nº 5641 s. Asimismo, las normas vigentes aplicables en el ámbito aduanero y fiscal de dichos regímenes se detallan en el nº 5606. **6245**
En el presente apartado se estudian las exenciones aplicables a las operaciones interiores, entregas y AIB que se vinculan a los citados **regímenes aduaneros y fiscales**, así como a las prestaciones de servicios relativas a dichas operaciones y a las importaciones de bienes que, igualmente se vinculan a esos regímenes.
Desde **1-1-2023**, las **zonas francas** pasan a considerarse como un régimen especial, regulándose la exención relativa al mismo en LIVA art.24.

Operaciones exentas (LIVA art.24; RIVA art.11 y 12) Están exentas las siguientes operaciones: **6280**
1. Las **entregas de bienes** que se indican a continuación:
a) Los destinados a ser vinculados al régimen de **zona franca** y los que estén vinculados a dicho régimen.
b) Los destinados a ser utilizados en los procesos efectuados al amparo de los regímenes aduanero y fiscal de **perfeccionamiento activo**, así como de los que estén vinculados a dichos regímenes, con excepción de la modalidad de exportación anticipada del perfeccionamiento activo (nº 5636 y nº 5643).
c) Los que se encuentren vinculados al régimen de **importación temporal** con exención total de derechos de importación o de tránsito externo (nº 5639 y nº 5632).
d) Cuando procedan de territorios de la UE que tengan la condición de territorios terceros (nº 5616), estando al amparo del **régimen fiscal de importación temporal** o del régimen de **tránsito interno** (nº 5645).
e) Los destinados a ser vinculados al régimen de **depósito aduanero** y los que estén vinculados a dicho régimen (nº 5633).
f) Los destinados a ser vinculados a un régimen de **depósito distinto del aduanero** y de los que estén vinculados a dicho régimen (nº 5646).
2. Las **prestaciones de servicios** relacionadas con:
a) Las **entregas** señaladas en el número 1 anterior.
b) Las **importaciones** de los siguientes bienes:
- los que se vinculen al régimen de zona franca;
- los que se vinculen al régimen de tránsito externo;
- los que procedan de territorios terceros de la UE (nº 5616) que se coloquen al amparo del régimen fiscal de importación temporal o del tránsito interno;
- los que se vinculen a los regímenes aduanero y fiscal de perfeccionamiento activo;
- los que se vinculen al régimen de depósito aduanero;
- los que se vinculen al régimen de importación temporal con exención total;
- los que se vinculen a un régimen de depósito distinto del aduanero que estén exentos (ver nº 5773);
c) Los **bienes** vinculados a los regímenes descritos en los guiones anteriores, salvo los vinculados al régimen de importación temporal con exención total.

6282 Precisiones 1) Están exentas, entre otras, las **prestaciones de servicios relacionadas directamente con las importaciones de bienes** que se vinculan a los regímenes suspensivos aduaneros. Las entradas de bienes procedentes de países terceros que se vinculan a dichos regímenes no constituyen importaciones (nº 5617). Por tanto, la exención debe referirse a los servicios relacionados con dichas entradas, aunque no constituyan importaciones.

2) Las **entregas de los bienes comunitarios** para su vinculación a los regímenes aduaneros solo pueden beneficiarse de la exención cuando una legislación comunitaria permita esa vinculación o cuando su inclusión en dichos regímenes se beneficie de medidas relacionadas con la exportación.

3) Las exenciones enumeradas en nº 6280 se justifican por la **situación de provisionalidad** en que se encuentran los bienes a efectos de su tributación, al desconocerse el destino final de los mismos, que puede ser su incorporación a la economía interior para su consumo o utilización en ella o la exportación o envío a otro Estado miembro, lo que determinaría el gravamen en el país de destino.

4) Por **razones de neutralidad** (dar el mismo trato a las operaciones interiores y a las relacionadas con el comercio exterior), las prestaciones de servicios exentas (nº 6280) no comprenden las que gocen de exención por operaciones interiores, con exención limitada (nº 800 s.). Para evitar distorsiones de competencia, cuando coinciden ambas exenciones se aplica la de operaciones interiores, que es una exención limitada sin derecho a deducción.

6283 5) Los **sujetos pasivos no establecidos** en TIVA español que realicen exclusivamente estas operaciones exentas no tienen que cumplir las obligaciones formales del nº 6900 s. (RIVA art.82.2).

6) Estas exenciones se encuadran en el sistema del impuesto, que implica respetar el **principio de neutralidad**, por lo que cuando los bienes **abandonen los regímenes suspensivos** se debe recuperar el impuesto no recaudado por aplicación de las exenciones.

Así, la **normativa comunitaria** exige expresamente que, en tales casos, la cuantía del IVA adeudada al término de los regímenes o situaciones contempladas (depósitos aduaneros, depósitos distintos de los aduaneros y regímenes similares), se corresponda con la cuantía del impuesto que se hubiera adeudado si cada una de esas operaciones se hubiera gravado en su territorio -en el interior del territorio del Estado miembro correspondiente- (Dir 2006/112/CE art.155).

Este principio se cumplimenta en la **norma española**, que señala que la base imponible de las importaciones o de las operaciones asimiladas a las importaciones (producidas por el abandono de los regímenes a que se refieren las exenciones indicadas) es, respectivamente, el valor en aduana (que incluye todos los gastos hasta el momento del devengo), o la contraprestación de la última entrega producida antes del abandono del régimen suspensivo (que incluye todos los valores añadidos al bien por servicios prestados o entregas sucesivas producidas) e, incluso, integran la base imponible los valores añadidos por servicios posteriores a la última entrega (nº 5863 y nº 5877 s.). De esta forma se recupera todo el impuesto no recaudado por las exenciones.

6285 **Requisitos** (LIVA art.24; RIVA art.11 y 12) Las exenciones de las entregas de bienes y prestaciones de servicios relacionadas con los regímenes señalados en nº 6280 se condicionan, en todo caso, a que los bienes a que se refieren **no** sean utilizados ni destinados a su **consumo final** durante la vigencia de los mismos, sin perjuicio de los bienes incorporados a los procesos de transformación que se realicen al amparo de los regímenes aduanero y fiscal de perfeccionamiento activo.

1) Todos los **regímenes suspensivos**, con exclusión del régimen de depósito distinto del aduanero, deben cumplir:

- Que las mencionadas operaciones se refieran a los bienes que se destinen a ser utilizados en los procesos efectuados al amparo de los indicados **regímenes aduaneros o fiscales** o que se mantengan en dichos regímenes, de acuerdo con lo dispuesto en las legislaciones aduaneras o fiscales que específicamente sean aplicables en cada caso. La exención guarda su eficacia mientras los bienes se mantengan vinculados a los regímenes correspondientes, en aplicación de la legislación aplicable.
- El adquirente de los bienes o destinatario de los servicios debe entregar al transmitente o prestador de los servicios una **declaración** suscrita por él en la que manifieste la situación de los bienes que justifique la exención. Para ello, el adquirente o destinatario puede utilizar el formulario disponible a tal efecto en la sede electrónica de la AEAT, aprobado por la Resol Dpto. Aduanas e IIEE 13-3-14.

2) Las exenciones relacionadas con el **RDDA** quedan condicionadas a que dichas operaciones se refieran a los bienes que se destinen a ser colocados o que se encuentren al amparo del citado régimen (nº 5773 s.).

6287 Ejemplos 1) *La empresa EFL realiza* **importaciones de materias primas** al amparo del régimen de perfeccionamiento activo y, después de realizadas determinadas operaciones de **transformación**, se venden a otra empresa que también está autorizada a participar en las operaciones de transformación de los bienes importados al amparo del régimen citado. Terminadas las operaciones de transformación se autoriza a esta última empresa el despacho a consumo de los productos obtenidos.

La introducción de las materias primas no está sujeta al IVA. Las entregas que se indican de los productos semitransformados están exentas mientras dichos productos continúen al amparo del citado régimen. Si dichos productos se reexportan, no se devenga el impuesto; si se introducen en TIVA, tributan como importaciones.

2) La empresa Alfa, S.A., establecida en Madrid, realiza una adquisición intracomunitaria del bien A procedente de Francia y compra el bien B a la empresa Beta, S.A., de Barcelona, vinculando estos bienes al **régimen de depósito distinto de los aduaneros** desde el momento en que se realizan las operaciones indicadas. Las bases imponibles para el IVA de las referidas operaciones son 3.000 € y 500 €, respectivamente. La empresa Zeta, S.A. presta a Alfa, S.A. el servicio de montaje de los bienes indicados mientras estos permanecen en el citado régimen suspensivo, facturando un total de 1.500 €. Finalmente, el producto montado se vende a la empresa Gama, S.A., de Madrid, por 7.000 €, quien se encarga de la salida o abandono del régimen del bien adquirido para trasladarlo a su establecimiento.

La adquisición intracomunitaria del bien A y la entrega por Beta, S.A. del bien B están exentas porque los bienes objeto de las mismas se vinculan al régimen de depósito distinto de los aduaneros. El servicio de montaje prestado por Zeta, S.A. también está exento porque se realiza mientras los bienes están al amparo de dicho régimen. La entrega por Alfa, S.A. a Gama, S.A. del bien montado también está exenta porque se efectúa antes del abandono del régimen de depósito distinto de los aduaneros.

El abandono del régimen, que realiza Gama, S.A., constituye una operación asimilada a la importación, cuyo devengo se produce en el momento del abandono y el sujeto pasivo es Gama, S.A. (que es quien decide el abandono del régimen). La base imponible de la operación asimilada a la importación que se produce por el abandono del régimen es la que corresponde a la última entrega realizada, que es la se produce antes de abandonar el régimen, es decir, 7.000 €, en la que se recoge el beneficio (valor añadido) por el transmitente.

3) Una **fábrica de tabacos** realiza adquisiciones intracomunitarias de determinadas clases de tabacos que se destinan a dicha fábrica, entendida esta en el sentido señalado por la L 38/1992, de IIEE. **6288**

Las citadas operaciones están exentas por su vinculación al régimen suspensivo de IIEE, lo que implica asimismo su vinculación al régimen de depósito distinto de los aduaneros del IVA mientras tales productos se mantengan en dichas situaciones.

4) La empresa Alfa, S.A., de Madrid, envía una grúa de su activo empresarial a un **almacén** de su propiedad, en la misma localidad, para el que se ha autorizado el régimen de depósito distinto de los aduaneros. En él permanece por un tiempo determinado, durante el cual no se ha efectuado operación alguna relativa a la grúa (no ha sido objeto de entregas ni con ella se han efectuado prestaciones de servicios). La intención del empresario era destinar esa grúa a la exportación, pero después decide sacarla del almacén y enviarla a Barcelona para utilizarla en una construcción inmobiliaria que realiza allí.

La transferencia de la grúa al almacén para vincularla al régimen de depósito distinto de los aduaneros no es operación sujeta al impuesto (operación interna de la empresa). Mientras permanece al amparo del régimen no se ha efectuado operación alguna, por lo que el abandono de dicho régimen no produce operación asimilada a la importación y el empresario no tiene que efectuar liquidación alguna con motivo de tal abandono (nº 5646).

5) La empresa Alfa S.A. realiza la **adquisición intracomunitaria** de unos bienes que vincula al régimen de depósito distinto de los aduaneros desde el momento de su entrada en el territorio IVA. Posteriormente los vende a la empresa Beta S.A. que, a su vez, los traslada a un depósito de su propiedad para el que tiene autorizado también el régimen de depósito distinto de los aduaneros, al que vincula los bienes adquiridos.

La entrega de los bienes de Alfa S.A. a Beta S.A. está exenta, porque esta última empresa también los vincula al régimen de depósito distinto de los aduaneros.

6) Una empresa establecida en Barcelona se dedica a prestar **servicios de almacenamiento y de frigorífico** a las mercancías perecederas que se introducen en la **zona franca** del Puerto de Barcelona, con la finalidad de mantenerlas en condiciones óptimas hasta su salida de dicha zona para su destino final. Los destinatarios de los servicios son empresarios establecidos en el territorio IVA. **6289**

Estas prestaciones de servicios, relacionadas con bienes que se encuentran en zona franca, están exentas del impuesto.

7) Un fabricante español de calzado introduce su mercancía en una **zona franca**, ajustándose a la legislación aduanera. Posteriormente hace una entrega de estos bienes a una empresa suiza, que los transporta a Suiza para su comercialización.

La entrega de los bienes a la empresa suiza está exenta del impuesto por referirse a bienes que se encuentran al amparo del régimen de zona franca.

8) Una empresa radicada en Madrid presta **servicios de limpieza** de las zonas francas de los aeropuertos de TIVA. El destinatario de los servicios de limpieza está establecido en el territorio IVA.

Los referidos servicios de limpieza no están exentos, porque no tienen relación directa con los bienes que se encuentran al amparo del régimen de zona franca.

6290 Doctrina Administrativa Además de las siguientes contestaciones de la DGT, ver nº 11000 s.

1) Están exentas las entregas de **envases metálicos** obtenidos a partir de hojalata importada al amparo del **sistema de admisión temporal** (régimen de perfeccionamiento activo), cuando el adquirente sea también beneficiario del mencionado sistema del régimen de tráfico de perfeccionamiento activo (DGT CV 30-6-86).

2) Están exentas las prestaciones de servicios realizadas por **agentes de Aduanas** cuando estén directamente relacionadas con las importaciones de bienes exentas del impuesto por realizarse al amparo de regímenes aduaneros suspensivos (DGT CV 17-7-86).

3) Una empresa suiza envía **materias primas** a una empresa española **para su maquila** y posterior envío a una empresa belga. La entrada en España de las citadas materias primas no puede acogerse normalmente al régimen de perfeccionamiento activo, en cuanto que los bienes resultantes de los trabajos realizados no se expiden fuera de la UE, sino a otro Estado miembro (DGT 23-6-94).

4) Los servicios de **remolque de buques** que transportan bienes que se encuentran en régimen de depósito distinto del aduanero no guardan relación directa con dichos bienes, sino que se refieren al buque que los transporta, por lo que no resulta aplicable la exención. No obstante, podría ser de aplicación la exención del nº 6165 s. en las condiciones y con el cumplimiento de los requisitos previstos en la normativa del impuesto (DGT 4-4-95).

6291 **5)** Para la realización de servicios de **transporte de gas entre depósitos fiscales** de una empresa petrolera se utilizan cabezas tractoras que le son cedidas por otra empresa, la cual factura a la sociedad un tanto por kilómetro recorrido. La exención, aplicable a los servicios de transporte de gas entre depósitos fiscales, no resulta sin embargo aplicable a las cesiones de las cabezas tractoras de que es destinataria dicha sociedad, toda vez que dichas cesiones no están directamente relacionadas con los bienes vinculados al régimen de depósito distinto del aduanero (DGT 7-6-95).

6) Si una empresa presta servicios de **transporte** a una agencia que factura a una consignataria la cual, a su vez, factura a una empresa que remite bienes con destino a un **depósito distinto de los aduaneros**, solo está exento el transporte que presta la consignataria a la empresa que remite los bienes con destino a un depósito distinto de los aduaneros, ya que solo este transporte puede considerarse relacionado directamente con la entrega en cuestión, pero no el prestado por los transportistas autónomos a la agencia ni el prestado por esta a la consignataria, pues estos servicios tienen lugar en una fase anterior del proceso de producción y distribución de bienes y servicios (DGT 25-1-99).

7) Una sociedad residente en España adquiere whisky a empresarios del Reino Unido, que viaja en régimen suspensivo de los IIEE con destino en nuestro país a **depósitos de recepción**, titularidad de operadores registrados. La adquisición intracomunitaria está sujeta y no exenta, pues, aunque los bienes circulan en régimen suspensivo de los IIEE, no se encuentran en régimen de depósito distinto del aduanero a efectos del IVA, por ser su lugar de destino en España un depósito de recepción y no una fábrica o un depósito fiscal (DGT CV 12-2-98). Téngase en cuenta que desde el 1-1-2021 el Reino Unido tiene la consideración de tercer país. No obstante, este criterio sigue siendo válido cuando la procedencia sea un Estado miembro.

6292 **8)** Están exentos los servicios relacionados con la importación temporal de **contenedores**, pero no los servicios que tengan lugar cuando estos contenedores estén ya importados y se considere que se encuentran en régimen de **importación temporal** con exención total, ya que la normativa no contempla la exención de los servicios relativos a los bienes que se encuentran al amparo del régimen indicado. Por consiguiente, están exentos los servicios de descarga de los contenedores vacíos, ya que estos servicios tienen una relación directa con su importación, pero no los de limpieza de los mismos ni los de transporte hasta los puntos de carga (DGT CV 7-9-07).

9) No se benefician de la exención las entregas de las mercancías comunitarias (equivalentes a las no comunitarias que se importan con posterioridad), utilizadas para la obtención de los **productos compensadores** que posteriormente son objeto de exportación, de acuerdo con el mecanismo de la modalidad de **exportación anticipada** del régimen de perfeccionamiento activo (DGT 8-8-97).

6293 **10)** Están sujetas y no exentas las entregas de **bebidas alcohólicas** y labores del **tabaco** con destino a un **almacén fiscal**, con independencia de que las posteriores entregas de dichos bienes realizadas por el titular del almacén fiscal estén exentas (DGT 29-9-97).

11) La **venta de vino embotellado** por una sociedad española a su cliente también residente en TIVA, y que se halla vinculado al régimen de depósito distinto del aduanero, está exenta (DGT 14-5-98; 6-10-99). La exención alcanza tanto a la entrega del vino propiamente dicho como a la de las botellas en donde el mismo está contenido en el momento en que dicha entrega tiene lugar y a la de las etiquetas, corchos y cápsulas de dichas botellas (DGT 24-6-99).

12) La **entrega de vino**, por un establecimiento dedicado a la elaboración de bebidas alcohólicas, a una fábrica de vinagre está exenta si los establecimientos del vendedor y del comprador tienen la consideración de **fábricas** a los efectos de los IIEE y la expedición y recepción de dicho producto se realiza en régimen suspensivo de los IIEE (DGT 26-9-00).

13) Las entregas de bienes de origen comunitario destinados a ser introducidos en una **tienda libre de impuestos**, efectuadas por sus proveedores procedentes de fábricas o de depósitos fiscales ubicados en el territorio peninsular español, y realizadas después de que los referidos bienes hayan salido de la fábrica o del depósito fiscal en donde se encuentran en régimen suspensivo de los IIEE, están sujetas y no exentas (DGT CV 12-4-99).

14) La **importación temporal con exención parcial** de un **helicóptero** constituye a efectos del IVA una importación sujeta y no exenta (DGT 2-2-95). Asimismo, la entrada de un bien cuya **importación** definitiva está sujeta a **tipo cero**, pero que no puede acogerse al régimen de importación temporal con exención total según la normativa aduanera, constituye una importación sujeta (DGT 3-4-95). **6294**

15) La adquisición de **embarcaciones de origen comunitario** puede vincularse al régimen de depósito distinto del aduanero. También puede vincularse a dicho régimen la adquisición de embarcaciones procedentes de un **territorio tercero**, una vez que hayan sido despachadas a libre práctica mediante el pago de los derechos arancelarios. Las entregas de dichas embarcaciones, mientras permanecen al amparo del régimen citado, están exentas (DGT CV 26-7-01).

16) Están sujetos y no exentos los servicios de **limpieza** prestados en las **zonas francas peninsulares**, al no tener estos servicios una relación directa con los bienes introducidos en dichas zonas (DGT 7-11-97).

17) Las **entregas de mercancías** efectuadas por una empresa española en una **zona franca** mientras tales mercancías se mantengan en dicho lugar están exentas. También están exentas, en su caso, las entregas de bienes expedidos o transportados fuera del ámbito de la UE por la empresa española o por una entidad no establecida en TIVA o por un tercero que actúe en nombre y por cuenta de cualquiera de ellos (DGT 26-12-97).

18) Están exentos los **servicios de frigoríficos** prestados en los recintos aduaneros y relativos a las mercancías destinadas a la exportación (DGT CV 15-9-86).

19) La **entrega de vehículos**, introducidos en **zona o depósito franco** por su fabricante -una empresa española-, a una compañía japonesa sin establecimiento permanente en España, está exenta, al igual que la posterior entrega de los mismos bienes por el empresario japonés no establecido en TIVA con destino a la exportación (DGT 9-6-94). Con el Rgto UE/952/2013 desaparece el concepto de depósito franco que se integra en el de zona franca.

20) Están exentas las prestaciones de **servicios financieros**, distintas de las que gocen de exención por operaciones internas, cuando estén directamente relacionadas con las entregas de bienes exentas en virtud de las exenciones relativas a áreas exentas (DGT CV 24-7-87; CV 31-7-87).

PARTE CUARTA

Gestión del Impuesto

Esta parte incluye las obligaciones formales contenidas en la LIVA art.164. Por su importancia, las de **liquidación** y sus ejemplos se desarrollan en un capítulo separado (nº 6400 s.) del resto de las obligaciones contenidas en el mencionado artículo (nº 6900 s.). 6350

CAPÍTULO 14

Liquidación del impuesto

6400

Los sujetos pasivos del IVA han de cumplir numerosas **obligaciones formales**: presentación de declaraciones-liquidaciones y de determinadas declaraciones informativas, obligaciones en materia de facturación y obligaciones contables y registrales. El **incumplimiento** de tales obligaciones determina la comisión de una infracción tributaria que se califica y sanciona conforme a lo señalado en el nº 7450. En este capítulo se van a examinar las obligaciones relativas a la liquidación del impuesto, a la solicitud de devoluciones no periódicas (nº 6800) y a la presentación de las autoliquidaciones rectificativas (nº 6875 s.), en tanto que las demás obligaciones formales se examinan en el nº 6900 s. 6402

No tienen obligación de presentar declaraciones-liquidaciones (RIVA art.71.1):

1. Los empresarios o profesionales que realicen exclusivamente las **operaciones interiores exentas**, con exención de carácter limitado, ya que no generan el derecho a deducir el IVA soportado en la fase anterior (LIVA art.20), lo cual es razonable, dado que estos empresarios no tienen obligación de ingresar cuotas del IVA ni tienen tampoco derecho a deducir el IVA soportado por las adquisiciones de bienes y servicios que efectúan. No obstante, las **exenciones plenas** relativas a las operaciones de exportación y entregas intracomunitarias, sí originan la obligación de presentación de declaraciones periódicas.

2. Los sujetos pasivos que solo realicen las **adquisiciones intracomunitarias de bienes exentas** del IVA, referidas en el nº 5250 (LIVA art.26).

La **declaración-liquidación** debe ser única para un mismo sujeto pasivo, y ha de abarcar todas las operaciones sujetas al Impuesto realizadas por él. Como **excepción**, la Administración tributaria puede autorizar la presentación conjunta, en un solo documento, de las declaraciones-liquidaciones correspondientes a diversos sujetos pasivos, en los supuestos y con los requisitos que en cada autorización se establezcan (RIVA art.71.6). Si en el plazo de tres meses la Administración no se ha pronunciado expresamente, se entiende desestimada la solicitud -silencio negativo- (RD 1065/2007 disp.adic.1ª.uno.15). No obstante, para los casos de concurso, ver nº 6413.

Por otra parte, se prevé la posibilidad de que, en relación con las entregas de bienes y prestaciones de servicios sujetas al impuesto y que se efectúen en el marco de **procedimientos administrativos o judiciales de ejecución forzosa**, el adjudicatario que tenga la condición de empresario o profesional presente, en nombre y por cuenta del sujeto pasivo del IVA, la declaración-liquidación correspondiente (LIVA disp.adic.6ª; RIVA disp.adic.5ª).

En el Régimen especial del grupo de entidades (**REGE**), se establece un sistema de compensación de saldos que declara la entidad dominante mediante la presentación de una declaración-liquidación agregada, modelo 353, independientemente de la obligación de cada entidad del grupo de presentar sus propias declaraciones-liquidaciones en el modelo 322 (nº 4875).

Ejemplos **1)** Una persona física que ejerza la actividad de **médico** exclusivamente, exenta (LIVA art.20.uno.3º), no está obligada a la presentación de ninguna declaración-liquidación respecto del Impuesto. En caso de que este profesional tenga, por ejemplo, un local comercial arrendado, sí debe presentar declaración-liquidación de IVA por los importes de las cuotas devengadas por el servicio de alquiler, pudiendo deducir las cuotas del IVA soportadas por las adquisiciones de bienes y servicios realizadas, conforme a las normas generales que regulan el ejercicio del derecho a la deducción. 6405

2) EFL, **abogado** de profesión, tiene un local comercial arrendado y posee una finca rústica en régimen de aparcería.

Las tres actividades están sujetas y no exentas y por las tres debe presentar declaración-liquidación periódica, pero esta debe ser única y ha de presentarse según las reglas expuestas en el nº 6442 s.

3) EPS posee varios **locales comerciales** en régimen de alquiler que están situados en distintas provincias españolas pertenecientes a diferentes Comunidades Autónomas (Madrid, Málaga, Burgos, Tenerife y Badajoz), planteándose la duda de si la declaración-liquidación que debe presentar es única por todos los locales comerciales, o si, por el contrario, debe presentar varias declaraciones-liquidaciones, según la Comunidad Autónoma en la que radique el inmueble arrendado.

Ha de presentar una única declaración-liquidación por todos los locales alquilados, según las reglas expuestas en el nº 6442 s. Únicamente se exceptúa de esta regla general cuando los inmuebles estén situados en Canarias, Ceuta o Melilla, pues los servicios de alquiler que tienen por objeto tales inmuebles, no están sujetos al IVA.

6406 **4)** Una multinacional dedicada a la **venta a domicilio** de productos de cosmética, tiene a su servicio a doscientas personas que trabajan para ella como agentes comerciales. Esta empresa ha solicitado al órgano competente de la AEAT la autorización necesaria para presentar la declaración de IVA conjunta para estas doscientas personas, y le ha sido concedida.

Esta multinacional que tiene la categoría de gran empresa, ha de presentar cada mes la declaración-liquidación del IVA correspondiente a sus operaciones, más las correspondientes a los agentes comerciales que trabajan para ella. De esta manera, a estas doscientas personas se les exime de la obligación de presentar declaraciones-liquidaciones trimestralmente. No obstante, deben presentar la declaración resumen anual, modelo 390, con los datos que la multinacional les facilite, en base a las declaraciones presentadas en su nombre. Estos agentes comerciales deben hacer constar en la casilla correspondiente del modelo 390 que se trata de una declaración conjunta, al efecto de facilitar la comprobación de la declaración en las oficinas de gestión de la AEAT que correspondan.

5) Una empresa con un negocio de **venta al por mayor** en las Islas Canarias va a abrir una fábrica en Almería, desde donde enviará parte de la mercancía a su comercio en las Islas Canarias y venderá en la Península el resto de los productos.

El envío de la mercancía desde el territorio de aplicación del Impuesto (a partir de ahora, TIVA) al establecimiento situado en las Islas Canarias no determina una operación sujeta al IVA, al ser una transferencia de bienes. Los productos vendidos en la Península sí son entregas interiores sujetas y se debe repercutir el IVA. Las declaraciones-liquidaciones correspondientes al IVA deben presentarse según las reglas expuestas en el nº 6442 s.

6409 Doctrina Administrativa Además de las siguientes contestaciones de la DGT, ver nº 11000 s.

1) Se deben presentar **declaraciones-liquidaciones periódicas**, así como la declaración **resumen anual**, **salvo** que (a modo de ejemplos):

- se lleven a cabo prestaciones de servicios consistentes en arrendamientos turísticos de vivienda exentos de IVA que no originan derecho a la deducción (DGT CV 21-5-19);
- solo se presten servicios de arrendamientos de vivienda exentos (DGT CV 28-4-22);
- la actividad sea únicamente la enseñanza exenta (DGT CV 28-4-22) o cursos de formación exentos (DGT CV 13-6-23);
- se trate de un escritor de libros que sólo realice operaciones exentas (DGT CV 28-12-22;
- se trate de una persona jubilada que ocasionalmente imparte conferencias y algunas clases de máster en universidades, publica algún artículo en revistas jurídicas o algún capítulo en libros de diferentes editoriales y participa en reuniones, que realiza exclusivamente operaciones exentas (DGT CV 14-6-24);
- sea una sociedad que presta exclusivamente servicios odontológicos exentos (DGT CV 23-11-22; CV 12-3-24);
- se trate de una entidad sin ánimo de lucro establecida en Suiza que organice un congreso de carácter formativo y divulgativo para profesionales médicos en Barcelona, en el que los asistentes abonarán una cuota de inscripción, siempre que en el TIVA realizara exclusivamente operaciones exentas (DGT CV 30-6-22);
- sea una entidad que organice congresos médicos (DGT CV 5-1-22; CV 22-5-24).

2) Si el empresario realiza operaciones sujetas y **exentas** junto a determinadas actividades sujetas y **no exentas**, debe presentar el modelo 303, con periodicidad trimestral o mensual, según proceda, así como el modelo 390 (DGT CV 25-7-18).

Un abogado que presta sus servicios exclusivamente en el **turno de oficio**, no debe presentar declaraciones periódicas. No obstante, sí debe presentar dichas declaraciones, cuando realiza **otras prestaciones de servicios** que sí estén sujetas al Impuesto, incluso si no existen cuotas devengadas, ni se practica deducción de cuotas soportadas o satisfechas, así como también la declaración resumen anual (DGT CV 16-2-24). Se aplica la misma regla cuando el abogado presta, adicionalmente, servicios de arrendamiento exentos (DGT CV 9-8-23).

3) No existe obligación de presentar declaraciones en el caso de una prestación de servicios de guía turística en Suiza, al entender que la sede de actividad está en Suiza, **no estando establecida** en el TIVA (DGT CV 6-10-09). En la medida en que la entidad no realice entregas de bienes ni prestaciones de servicios sujetas al impuesto, no tiene la **consideración de sujeto pasivo**, por lo que no tiene obligación de presentar los modelos 303 y 390, circunstancia que ha de constar en una declaración censal de modificación que debe presentar (DGT CV 9-7-09).

Si resulta de aplicación el mecanismo de **inversión del sujeto pasivo**, las operaciones no dan lugar a la liquidación de cuotas del IVA devengadas que deban ser objeto de declaración, sin perjuicio de que deban consignarse en la casilla relativa a las operaciones no sujetas o con inversión del sujeto pasivo que originan el derecho a deducción (DGT CV 2-6-20).

4) El **órgano competente** para otorgar las autorizaciones para la presentación de **declaraciones conjuntas** y al que deben dirigirse expresamente las solicitudes, es el Departamento de Gestión Tributaria de la AEAT (DGT 22-3-96). 6410

5) Un profesional debe presentar la declaración-liquidación periódica, aunque en el correspondiente período de liquidación **no existan cuotas devengadas** ni se practique deducción alguna de cuotas soportadas o satisfechas (DGT CV 1-12-06; CV 3-10-22).

Un **ayuntamiento** que está presentando declaraciones-liquidaciones periódicas de importe cero por el IVA por una actividad sujeta, que realizó con anterioridad, tiene obligación de continuar presentando estas declaraciones, salvo que cause la baja censal por el cese de actividades sujetas a este impuesto (DGT CV 16-10-17).

Una entidad que se dedica a prestar **servicios relacionados con el asesoramiento financiero**, además de percibir ingresos por arrendamientos exentos, debe presentar el modelo 303, así como el 390, aun en el supuesto en que en el periodo de liquidación no existan cuotas devengadas ni se practique deducción alguna de cuotas soportadas o satisfechas (DGT CV 4-10-21).

6) Una persona ha firmado un contrato de **arrendamiento de un inmueble** por un plazo de 50 años, recibiendo la totalidad de la contraprestación a la firma del contrato, por lo que el interesado repercutió el IVA correspondiente que ingresó en su correspondiente trimestre. El importe percibido constituye una cantidad a cuenta del precio final del servicio, y resulta sujeto en concepto de **pago anticipado**. El devengo se producirá con ocasión del cobro de la citada cantidad. Esta persona, sí debe presentar declaraciones-liquidaciones periódicas, así como la declaración resumen anual (si procede), incluso en los casos en que no existan cuotas devengadas, ni se practique deducción de cuotas soportadas o satisfechas (DGT CV 28-3-19).

7) Quien realiza **exportaciones** exentas del IVA debe consignar dichas operaciones en las declaraciones modelos 303 y 390 en sus correspondientes períodos de presentación (DGT CV 25-3-09). Los servicios prestados al **Banco Europeo de Inversiones** están sujetos y exentos del Impuesto. Dichas operaciones deben declararse en la casilla de Información adicional relativa a Exportaciones y operaciones asimiladas del modelo 303 (DGT CV 4-5-16).

8) Un **no residente** va a venir a España y desea darse de alta como autónomo para trabajar como representante de deportistas. Debe presentar declaraciones-liquidaciones periódicas (modelo 303) con periodicidad trimestral o mensual, según proceda, así como la declaración resumen anual (modelo 390). Corresponde a la AEAT el ejercicio de las actuaciones de información y asistencia tributaria (DGT CV 31-1-17).

9) No se aplica la regla de inversión del sujeto pasivo, a las prestaciones de servicios de arrendamiento de bienes inmuebles, sujetos y no exentos del IVA, situados en el TAI cuyo **arrendador** es un **no residente**, que tiene la consideración de empresario o profesional. El no residente está obligado a darse de alta en el Censo de obligados tributarios, y a presentar las declaraciones de forma periódica (DGT CV 21-9-23).

10) Una persona física realiza dos actividades económicas, una acogida al régimen especial del **recargo de equivalencia** y la otra que tributa por el régimen **general**. Tiene obligación de presentación del modelo 390 (DGT CV 25-2-21).

11) La prestación de u**n servicio puntual y ocasional** a un organismo público emitiendo una factura y repercutiendo las cuotas del IVA, implica la obligación de presentar las declaraciones correspondientes (modelos 303 y 390) (DGT CV 18-9-25).

Jurisprudencia **1)** Los **acuerdos privados** sobre el cambio de titularidad en la **obligación de liquidar los tributos** no tienen validez legal, constituyendo infracción grave el no efectuar el sujeto pasivo la autoliquidación del IVA que gravó la venta de un solar por haberse pactado en la escritura pública que el importe del impuesto sería satisfecho por el comprador (AN 17-9-98, EDJ 40257). 6412

2) Es compatible con la Directiva IVA una normativa nacional que, en el caso de entrega de un bien inmueble en pública **subasta**, obliga al **agente judicial** que ejecuta dicha venta a liquidar e ingresar el IVA correspondiente a tal operación (TJUE 26-3-15, asunto C-499/13).

3) La **exigibilidad del impuesto** que la declaración-liquidación o autoliquidación supone, tiene como presupuesto la realización del devengo del impuesto y, por consiguiente, deben recogerse en aquella la totalidad de las operaciones cuyo devengo se hubiera producido dentro del **período de liquidación** correspondiente, sin más excepción que los pagos anticipados (TEAC unif criterio 18-12-98).

Concurso (LIVA art.99.cinco; RIVA art.71.5) Al regular el ejercicio del derecho a la deducción para **determinar el crédito** que tiene carácter concursal, se contempla la obligación de presentar dos declaraciones-liquidaciones: 6413

a) Una por los hechos imponibles **anteriores a la declaración** de concurso, cuyo período de liquidación comprende desde el primer día natural del trimestre o mes en que se produce la declaración de concurso hasta el día anterior a la fecha del mismo.

b) Otra por los **hechos imponibles posteriores** a la declaración de concurso, cuyo período de liquidación comprende desde el día de la declaración del concurso hasta el final del período trimestral o mensual dentro del cual se produce la declaración de concurso (ver nº 2935).

Cuando la declaración-liquidación relativa a los hechos imponibles anteriores a la declaración del concurso arroje un **saldo a favor** del sujeto pasivo, dicho saldo puede compensarse en la

declaración-liquidación relativa a los hechos imponibles posteriores a dicha declaración. Es decir, en la primera de las declaraciones el concursado tiene la obligación de aplicar la totalidad de los saldos a compensar correspondientes a períodos de liquidación anteriores a la declaración de concurso.
Si el sujeto pasivo opta por la **no compensación**, el saldo a su favor que arroje la declaración-liquidación relativa a los hechos imponibles anteriores a la declaración del concurso está sujeto a las normas generales sobre compensación y derecho a solicitar la devolución (nº 2930 s.).
Si el sujeto pasivo opta por la **compensación**, el saldo a su favor que arroje la declaración-liquidación relativa a los hechos imponibles posteriores a la declaración del concurso, una vez practicada la compensación mencionada, está sujeto a las normas generales sobre compensación y derecho a solicitar la devolución.
Así, es el sujeto pasivo quien debe determinar el **crédito concursal** presentando dos declaraciones-liquidaciones de IVA en un mismo período de liquidación mensual o trimestral, esto es, se establece el fraccionamiento del período mensual o trimestral de liquidación del IVA, denominado período partido.

6414 Ejemplos **1)** Una entidad dedicada a la promoción inmobiliaria ha entrado en **concurso**, que se declara el 7-11-N. El IVA soportado es superior al IVA repercutido.
Para la declaración del 4º trimestre del año N debe presentar dos declaraciones trimestrales modelo 303, una del 1-10-N al 6-11-N, ambos inclusive, y otro modelo 303 del 7-11-N al 31-12-N.
En el modelo 303 se debe consignar si está o no declarado en concurso, así como la fecha de su declaración. También se consigna si la declaración es la preconcursal o la postconsursal. La cantidad consignada a compensar en la primera declaración (preconcursal) puede ser compensada en las siguientes declaraciones trimestrales, o bien se puede solicitar su devolución. No obstante, se presenta una sola declaración resumen anual modelo 390.
2) Una entidad dedicada a la promoción inmobiliaria ha entrado en **concurso**, que se declara el 7-11-N. Según los datos contables hay más IVA repercutido que soportado.
Para la declaración del 4º trimestre debe presentar dos declaraciones trimestrales modelo 303, una del 1-10-N al 6-11-N, ambos inclusive, y otro modelo 303 del 7-11-N al 31-12-N.
En el modelo 303 se debe consignar si está o no declarado en concurso, así como la fecha de su declaración. También se consigna si la declaración es la preconcursal o la postconcursal. En la declaración preconcursal se hace constar la cantidad a ingresar resultante a favor de la Hacienda pública, que es el importe del crédito concursal que no se puede hacer efectivo por no permitirlo la administración concursal, pero que sirve para declarar a la Hacienda Pública como acreedora preferente en esas cantidades en concreto. La declaración postconcursal se puede ingresar sin ningún problema. No obstante, se presenta una sola declaración resumen anual modelo 390.

6415 **Colaboración social** (LGT art.92 s.; RIVA art.71.9) La Administración tributaria puede hacer efectiva la colaboración social en la presentación de declaraciones-liquidaciones de IVA a través de **acuerdos** con las CCAA y otras Administraciones Públicas, con entidades, instituciones y organismos representativos de sectores o intereses sociales, laborales, empresariales o profesionales y, específicamente, con el objeto de facilitar el desarrollo de su labor en aras de potenciar el cumplimiento cooperativo de las obligaciones tributarias, con los colegios y asociaciones de profesionales de la asesoría fiscal.
Tales acuerdos pueden referirse, entre otros, a las siguientes **cuestiones**:
- campañas de información y difusión;
- asistencia en la realización de declaraciones-liquidaciones y en su cumplimentación correcta y veraz;
- remisión de declaraciones-liquidaciones a la Administración tributaria;
- subsanación de defectos, previa autorización de los sujetos pasivos;
- información del estado de tramitación de las devoluciones de oficio, previa autorización de los sujetos pasivos.

6416 **Liquidación provisional de oficio** (LIVA art.167 ter y 168; RIVA art.75 a 77) Los **órganos de gestión** tributaria pueden girar las liquidaciones provisionales que procedan de conformidad con lo dispuesto en la LGT. En este tipo de liquidaciones, transcurridos treinta días desde la notificación al sujeto pasivo del requerimiento de la Administración para que efectúe la declaración-liquidación que no realizó en el plazo reglamentario, se puede iniciar por aquella el procedimiento para la práctica de la liquidación provisional del IVA correspondiente, salvo que en el indicado plazo se subsane el incumplimiento o se justifique debidamente la inexistencia de la obligación.

Las liquidaciones se realizan en base a los **datos**, antecedentes, signos, índices, módulos o demás elementos de que disponga la AEAT y que sean relevantes al efecto, ajustándose al procedimiento que se determine reglamentariamente.

Procedimiento (RIVA art.76) Transcurrido el plazo de 30 días desde la notificación del requerimiento se produce el **inicio** del procedimiento para la práctica de la liquidación provisional de oficio, salvo que en ese período se justifique su presentación o la inexistencia de la obligación de presentarla. **6417**

El expediente se pone de manifiesto al sujeto afectado para que, en el plazo improrrogable de diez días, efectúe las **alegaciones** que tenga por conveniente.

La Delegación o Administración de la AEAT practica la liquidación provisional de oficio con posterioridad a la recepción de las alegaciones del sujeto pasivo o de la caducidad de dicho trámite.

La **resolución** se incorpora al expediente y se notifica a los interesados en el **plazo** de diez días a contar desde su fecha.

Efectos (RIVA art.77) Las liquidaciones provisionales de oficio son inmediatamente **ejecutivas**, sin perjuicio de las correspondientes reclamaciones que puedan interponerse contra ellas de acuerdo con lo establecido por las leyes. **6418**

La Administración puede efectuar ulteriormente la comprobación de la situación tributaria de los sujetos pasivos, practicando las **liquidaciones definitivas** que procedan con arreglo a lo dispuesto en la normativa general tributaria (nº 13142 s. Memento Fiscal 2026).

Las liquidaciones provisionales determinan la deuda tributaria estimada que debería haber autoliquidado el sujeto pasivo, abriéndose, en su caso, el correspondiente **expediente sancionador**.

SECCIÓN 1

Declaraciones-liquidaciones periódicas

6420

1. Períodos de liquidación

Período de liquidación trimestral (LIVA art.164; RIVA art.71.1, 3, 4 y 7; OM EHA/3111/2009) Como **regla general**, el período de liquidación del IVA coincide con el trimestre natural. No obstante, en ciertos supuestos los sujetos pasivos tienen un período de liquidación mensual (ver nº 6423 s.). **6422**

Cuando el período de liquidación es trimestral, la **presentación** de las declaraciones-liquidaciones debe efectuarse durante los veinte primeros días naturales del mes siguiente al período de liquidación, es decir, del 1 al 20 de abril, julio y octubre, y del 1 al 30 de enero la correspondiente al cuarto trimestre. Cuando el día 20 sea sábado, domingo o día festivo, el vencimiento del plazo se traslada al día siguiente hábil.

Junto con la declaración del cuarto trimestre ha de presentarse también el **resumen anual**, modelo 390, quedando **excluidos** de la obligación de presentarlo los siguientes sujetos pasivos:

1) Aquellos respecto de los que la AEAT ya posea **información** suficiente a efectos de las actuaciones y procedimientos de comprobación o investigación, derivada del cumplimiento de obligaciones tributarias por parte dichos sujetos pasivos o de terceros.

2) Aquellos que realicen exclusivamente las siguientes **operaciones** exentas: operaciones interiores (nº 800 s.), adquisiciones intracomunitarias de bienes (nº 5320), y aquellos para los que así se determine por Orden del ministro de Hacienda.

3) Los obligados a la presentación de autoliquidaciones periódicas, con periodo de liquidación trimestral que, tributando solo en territorio común, realicen exclusivamente las **actividades** siguientes (OM EHA/3111/2009 art.1):

- actividades que tributen en **régimen simplificado**;
- actividad de **arrendamiento** de bienes inmuebles urbanos.

La exclusión de la obligación de presentar la declaración-resumen anual se mantiene en el caso de que los sujetos pasivos realicen, además, actividades por las que no exista obligación de presentar autoliquidaciones periódicas.
4) Los que apliquen el sistema de llevanza de los libros registro a través de la sede electrónica de la AEAT (**SII**) (nº 7356 s.).
Los sujetos pasivos excluidos de esta obligación deben cumplimentar el apartado específico reservado a los sujetos pasivos exonerados de la declaración-resumen anual requerido a estos efectos en el modelo de **autoliquidación correspondiente al último periodo** de liquidación del año, en relación, con la información sobre el tipo de actividades a las que se refiere la declaración, en su caso, sobre el porcentaje de prorrata aplicable, sectores diferenciados y porcentajes de tributación a varias Administraciones, y el detalle del volumen total de operaciones realizadas en el ejercicio.

Precisiones La exoneración de presentar el resumen anual del IVA no procede cuando no existe obligación de presentar la autoliquidación correspondiente al último período de liquidación del ejercicio, por haber **declarado la baja en el Censo** de Empresarios, Profesionales y Retenedores antes del inicio del mismo.

6423 **Período de liquidación mensual** (LIVA art.164; RIVA art.71.3 y 4) El período de liquidación **coincide** con el mes natural cuando se trate de los siguientes **sujetos pasivos**:
a) Aquellos cuyo **volumen de operaciones**, calculado conforme a lo dispuesto en el nº 3106, hubiese excedido durante el año natural inmediato anterior de 6.010.121,04 €.
b) Aquellos que hubiesen efectuado la **adquisición** de la totalidad o parte de un **patrimonio empresarial o profesional**, cuando la suma de su volumen de operaciones del año natural inmediato anterior y la del volumen de operaciones que hubiese efectuado en el mismo período el transmitente de dicho patrimonio mediante la utilización del patrimonio transmitido, hubiese excedido de 6.010.121,04 €.
A estos efectos, se considera transmisión de la totalidad o parte de un patrimonio empresarial o profesional aquella que comprenda los elementos patrimoniales que constituyan una o varias ramas de actividad del transmitente, en los términos previstos en la normativa del IS (LIS art.76.4), con independencia de que sea aplicable o no a dicha transmisión alguno de los supuestos de no sujeción (nº 275 s.).
c) Los sujetos pasivos autorizados para **solicitar la devolución del saldo** existente a su favor del término de cada período de liquidación, e inscritos en el Registro de devolución mensual creado a estos efectos por la AEAT -REDEME- (nº 2962 s.).
d) Los que apliquen el régimen especial del **grupo de entidades** del IVA (nº 4815 s.).
e) Los titulares de los **depósitos fiscales** de gasolinas, gasóleos o biocarburantes incluidos en el ámbito objetivo del **Impuesto sobre Hidrocarburos**, así como los empresarios o profesionales que extraigan esos productos de los depósitos fiscales.
El **plazo** de presentación de las declaraciones-liquidaciones correspondientes a las personas y entidades que tengan un periodo de liquidación que coincida con el mes natural, es el siguiente: durante los treinta primeros días naturales del mes siguiente al correspondiente período de liquidación mensual, o hasta el último día del mes de febrero en el caso de la declaración-liquidación correspondiente al mes de enero.
En el caso de adquisición de la totalidad o parte de un **patrimonio empresarial o profesional**, la presentación mensual de declaraciones-liquidaciones resulta aplicable a partir del momento en que tenga lugar la referida transmisión, con efectos a partir del día siguiente al de finalización del período de liquidación en el curso del cual haya tenido lugar.

6424 Precisiones **1)** El **modelo 368** aprobado para los regímenes especiales aplicables a los **servicios tecnológicos**, se presenta por vía electrónica durante los primeros veinte días de los meses de enero, abril, julio y octubre (OM HAP/460/2015). Este modelo no ha sido derogado de forma expresa, quedando su utilización para posibles modificaciones de declaraciones anteriores.
2) En relación al **fraccionamiento del período** mensual o trimestral de liquidación del IVA (período partido) en los supuestos de **concurso de acreedores**, ver nº 6413.
3) El **modelo 369** aprobado para los regímenes especiales aplicables a los sujetos pasivos que presten servicios a personas que no tengan la condición de sujetos pasivos, que efectúen ventas de bienes a distancia y ciertas entregas interiores de bienes se presenta por vía electrónica, y según la modalidad se presenta dentro del mes natural siguiente al del final del período al que se refiera la autoliquidación:
- presentaciones trimestrales en el régimen de la Unión y en el régimen exterior de la Unión;
- presentaciones mensuales en el régimen de importaciones (OM HAC/610/2021).
4) Los empresarios o profesionales no establecidos en TIVA (así como la entidad organizadora del acontecimiento, equipos participantes y personas jurídicas residentes en territorio español constituidas con motivo de dicho acontecimiento por alguno de los primeros) que soporten o satisfagan cuotas como consecuencia de la realización de operaciones relacionadas con la «**XXXVII Copa América Barcelona**» (programa en vigor hasta el 31-12-2025) tienen derecho a la devolución de

dichas cuotas al término de cada período de liquidación. En este supuesto, el período de liquidación coincide con el mes natural. Sin embargo, las declaraciones-liquidaciones que a continuación se indican deben presentarse en los plazos especiales indicados (L 31/2022 disp.final 36ª.Cuatro.2):
- la correspondiente al período de liquidación del mes de julio, durante el mes de agosto y los veinte primeros días naturales del mes de septiembre inmediatamente posteriores; y
- la correspondiente al período de liquidación del mes de diciembre, durante los treinta primeros días naturales del mes de enero.

Ejemplos **1)** La empresa A es **absorbida** por la empresa B, el día 5-4-N. La Empresa A ha tenido un volumen de operaciones en el año N-1 de 4.800.000 €, y la empresa B el año anterior facturó por importe de 3.000.000 €. **6425**
Se ha de sumar el importe del volumen de operaciones de las dos empresas, tanto de la absorbida como de la absorbente, de lo cual resulta un volumen de operaciones de 7.800.000 €. Así, la empresa B, en lo que queda de año N, presentará declaración-liquidación trimestral por el 2º trimestre del año, del 1 al 20 de julio y por el resto del año presentará declaraciones-liquidaciones mensuales por entender que ya ha superado el volumen de 6.010.121,04 € requerido por la normativa vigente.
2) El mismo caso que el anterior, si bien el **volumen de negocios** de A hasta la fecha de absorción en el año N ha sido de 1.500.000 € y el de B por todo el año N, ha sido de 5.400.000 €.
La solución es la misma que en el supuesto anterior.
En otro caso, suponiendo que la empresa A hasta la fecha de absorción sólo facturó 300.000 €, tenemos que 300.000 € más 5.400.000 € suman 5.700.000 €, de forma que al no alcanzar el volumen de 6.010.121,04 € requerido, la obligación de la Empresa B para el año N+1 sería la de presentación trimestral de declaraciones.

Doctrina Administrativa Además de las siguientes contestaciones de la DGT, ver nº 11000 s. **6428**
1) Las **operaciones se entienden realizadas** en la fecha en que se haya producido el devengo del IVA correspondiente a las mismas, de forma que aquellas que deben incluirse en los respectivos modelos periódicos o anuales son las devengadas en cada período de declaración (DGT CV 19-3-07), aunque no se hayan cobrado en el año en que se devengó el impuesto (DGT CV 1-6-06).
2) La **sociedad absorbente puede compensar**, en las declaraciones-liquidaciones correspondientes a los períodos de liquidación que se inicien con posterioridad a la disolución de la sociedad absorbida, los saldos pendientes de compensar que esta declaró en su última declaración-liquidación por IVA. También puede optar por su devolución (DGT CV 27-2-07).
3) En los supuestos de adquisición de un patrimonio empresarial por **fusión con absorción**, en la que la entidad absorbida era gran empresa, a efectos de determinar el período de liquidación en el IVA, el momento de la transmisión debe referirse al momento en que se producen los efectos jurídicos de la fusión, que es el de su inscripción en el Registro Mercantil (19-1-2011). En consecuencia, en el año 2011 debe presentar una declaración-liquidación trimestral del IVA en los 20 primeros días del mes de abril y, a partir del 1 de abril debe presentar declaraciones-liquidaciones con carácter mensual por dicho tributo (DGT CV 24-5-11). En términos similares, DGT CV 31-1-12.
4) La **sociedad escindida** debe presentar las declaraciones-liquidaciones en las que se incluyan las operaciones realizadas en los respectivos períodos liquidativos, hasta el momento del cese de su actividad, con independencia de que, a efectos de la escisión, la operación se retrotraiga a otra fecha distinta. Asimismo, dicha sociedad debe presentar la declaración-resumen anual correspondiente a dicho año. Las entidades que surgen de la **escisión** deberán cumplir con sus obligaciones formales desde el momento de su creación (DGT CV 4-11-14).

5) El 3-7-2017 una sociedad adquirió un conjunto global de activos y pasivos constitutivos de una **unidad de negocio**. En 2016 el volumen de operaciones correspondiente al mencionado negocio adquirido superó los 6.010.121,04 euros. Hasta el 3-7-2017 la adquirente no había superado el citado volumen de operaciones. **6429**
La adquirente comenzará a tener un período de liquidación mensual, una vez producida la transmisión, con efectos a partir del día siguiente al de finalización del período de liquidación en que haya tenido lugar la adquisición. Por tanto, en el segundo semestre de 2017, se debe presentar una declaración-liquidación trimestral correspondiente al tercer trimestre y, a partir del 1-10-2017 declaraciones-liquidaciones con carácter mensual (DGT CV 29-5-19).
6) Las operaciones efectuadas **fuera del TIVA** (Canarias) a través de un establecimiento permanente o de la sede de actividad, no computan para el cálculo del volumen de operaciones que determina el periodo de liquidación del IVA. Por tanto, si el volumen de operaciones en territorio peninsular no excede de 6.010.121,04 euros, el consultante tiene un periodo de liquidación trimestral (DGT CV 30-5-18; 21-3-19; CV 25-3-19).
7) No hay posibilidad de presentar el modelo 303 **antes de su plazo** de forma telemática (DGT CV 29-10-20).
8) Las operaciones realizadas en la **gestión del patrimonio municipal** no podrían considerarse como ocasionales a los efectos de LIVA art.121, en la medida en que esta actividad constituiría la prolongación directa, permanente y necesaria de la actividad imponible del ayuntamiento. En consecuencia, debe presentar declaraciones mensuales en el ejercicio posterior a aquel en el que su volumen de operaciones hubiese excedido 6.010.121,04 euros (DGT CV 12-5-21).

9) Una empresa que presenta liquidaciones mensuales de enero a marzo, con resultado a compensar, si bien está dada de alta en el **registro de devolución mensual** con efectos 1 de abril. En la declaración-liquidación correspondiente al mes de abril, la empresa puede solicitar la **devolución del saldo existente a su favor** procedente de los meses de enero a marzo, sin que tenga que esperar a fin de año para solicitar su devolución (DGT CV 25-3-22).

6429.1 Jurisprudencia La actividad de las **mutuas colaboradoras con la Seguridad Social** tiene naturaleza económica a efectos de IVA. No resulta de aplicación a las operaciones que realizan el supuesto de no sujeción previsto en LIVA art.7.8º, al tratarse de asociaciones privadas de empresarios en las que no participa la Administración Pública. Para determinar el volumen de operaciones se debe de incluir el importe total de las entregas de bienes y prestaciones de servicios efectuadas, incluidas las exentas del Impuesto. De este modo, el volumen de operaciones vendrá dado, con carácter general, por los ingresos obtenidos en virtud del ejercicio de la colaboración con la Seguridad Social, fundamentalmente por las cuotas que le son adscritas, y los procedentes de las demás actividades permitidas conforme a lo dispuesto en la LGSS art.80 (TEAC 22-2-22).

2. Modelos

6430 La declaración-liquidación debe ajustarse al modelo que, para cada supuesto, determine la persona titular del Ministerio de Hacienda.

Los modelos existentes en la actualidad para declaraciones **periódicas** son los especificados en el siguiente cuadro (modelos de declaraciones no periódicas, ver nº 6640 s.).

Modelo	Utilización	OM aprobación
303 (1) (2) (7)	Impuesto sobre el Valor Añadido. Autoliquidación. Ingreso del Impuesto sobre el Valor Añadido a la importación liquidado por la Aduana.	EHA/3786/2008 HAP/2194/2013
318 (3)	Impuesto sobre el Valor Añadido. Regularización de las proporciones de tributación de los periodos de liquidación anteriores al inicio de la realización habitual de entregas de bienes o prestaciones de servicios	HAC/1270/2019 HAP/2194/2013
319 (6)	Pago a cuenta del IVA correspondiente a las entregas de gasolinas, gasóleos y biocarburantes posteriores a la ultimación del régimen de depósito distinto del aduanero	HAC/1495/2025 nº 5687
322 (7)	Grupo de entidades. Modelo individual. Autoliquidación mensual. Ingreso del Impuesto sobre el Valor Añadido a la importación liquidado por la Aduana.	EHA/3434/2007 HAP/2194/2013 nº 4880
341	Solicitud de reintegro de compensaciones REAGP	15-12-2000 HAP/2194/2013 nº 3678
349	Declaración recapitulativa de operaciones intracomunitarias.	EHA/769/2010 HAP/2194/2013 nº 7082
353 (2) (7)	Grupo de entidades. Modelo agregado. Autoliquidación mensual.	EHA/3434/2007 HAP/2194/2013 nº 4880
368 (4)	Declaración-liquidación periódica de los regímenes especiales aplicables a los servicios de telecomunicaciones, de radiodifusión o de televisión y a los prestados por vía electrónica	HAP/460/2015
369	Autoliquidación de los regímenes especiales aplicables a los sujetos pasivos que presten servicios a personas que no tengan la condición de sujetos pasivos, que efectúen ventas a distancia de bienes y ciertas entregas interiores de bienes.	HAC/610/2021 nº 5915 y nº 9316
379	Declaración informativa sobre pagos transfronterizos	OM HFP/1415/2023
390 (5) (8)	Declaración-resumen anual para todos los obligados tributarios	EHA/3111/2009 HAP/2194/2013

6431 **Notas: (1)** El **modelo 303** incluye todos los supuestos de presentación de autoliquidaciones que incumben a los sujetos pasivos con obligaciones periódicas de declaración (trimestral o mensual), incluidos aquellos acogidos al régimen simplificado, con la única excepción de las entidades que apliquen el régimen especial del grupo de entidades y de los sujetos pasivos que apliquen los regímenes especiales relativos al comercio electrónico (nº 9300 s.).

Desde 1-1-2023, las autoliquidaciones del modelo 303 correspondientes al **ejercicio 2023 y siguientes** no pueden presentarse mediante modelo preimpreso (OM HFP/1395/2021 art.3).

(2) La OM EHA/1658/2009 Anexo II redacc OM HAC/532/2025 y OM HAC/1198/2025, regula la posibilidad de **domiciliación bancaria**, tanto a ingresar como a devolver, de los modelos 303 y 353, siempre que se presenten electrónicamente por Internet.

El plazo de presentación del **modelo 303** cuando se produce la domiciliación es el siguiente:

- obligación trimestral de presentación: desde el 1 hasta el 15 de los meses de abril, julio y octubre, y desde el 1 hasta el 25 del mes de enero;
- obligación mensual de presentación: desde el 1 hasta el 25 de los meses de enero, marzo, abril, mayo, junio, julio, agosto, septiembre, octubre, noviembre y diciembre. En el caso de la autoliquidación correspondiente al mes de enero el plazo es desde el día 1 hasta el día 23 del mes de febrero (salvo en los años bisiestos, que será desde el 1 hasta el 24 de febrero).

El plazo de presentación del **modelo 353** cuando se produce la domiciliación se establece desde el día 1 hasta el 25 de los meses de enero, marzo, abril, mayo, junio, julio, agosto, septiembre, octubre, noviembre y diciembre. Para la autoliquidación correspondiente al mes de enero, el plazo es desde el día 1 hasta el día 23 del mes de febrero (24 de febrero en caso de año bisiesto).

(3) Debe presentarse el **modelo 318** (OM HAC/1270/2019) cuando los contribuyentes hayan estado sometidos a la competencia exaccionadora de una Administración tributaria (foral o común), en los períodos de liquidación anteriores al momento en que inicien la realización habitual de las entregas de bienes o prestaciones de servicios correspondientes a su actividad y a otra diferente en los períodos de liquidación posteriores, o cuando haya variado sustancialmente (en, al menos, un 40%) la proporción en la que tributan a las distintas Administraciones (común o forales). Esta declaración informativa deberá presentarse, en su caso, en el plazo de presentación de la última declaración del primer año natural completo posterior al inicio de las entregas de bienes o prestaciones de servicios.

(4) El **modelo 368** no ha sido derogado de forma expresa, quedando su utilización para posibles modificaciones de declaraciones anteriores.

(5) Con efectos desde 1-1-2023, se suprime la OM EHA/3111/2009 art.3 a 7, donde se regulaba la presentación del **modelo 390** en impreso, mediante mensaje SMS o de forma telemática.

(6) El **modelo 319** se utiliza por primera vez para las extracciones realizadas a partir de 1-2-2026. Este modelo se debe presentar con carácter previo a la extracción de los productos del depósito fiscal, y con la presentación debe realizarse el ingreso efectivo del pago a cuenta, que se puede deducir posteriormente de la declaración-liquidación de IVA correspondiente (OM HAC/1495/2025). Ver nº 5687.

(7) Se han modificado los **modelos 303, 322 y 353** para hacer posible la deducción del pago a cuenta realizado con el modelo 319, aplicándose por primera vez a dichas autoliquidaciones del IVA correspondientes al segundo trimestre o al mes de febrero de 2026 (OM HAC/27/2026).

(8) Se ha modificado el **modelo 390** con objeto de hacer posible la deducción del pago a cuenta realizado con el modelo 319, aplicándose por primera vez a la declaración-resumen anual del ejercicio 2026 (OM HAC/27/2026).

Doctrina Administrativa Además de las siguientes contestaciones de la DGT, ver nº 11000 s. **6433**

1) Un profesional que, por tener una actividad reducida, solo **obtiene ingresos en un trimestre del año**, está obligado a presentar las declaraciones-liquidaciones periódicas del IVA relativas al ejercicio de su actividad profesional, incluso en los casos en que no existan cuotas devengadas por tener poca actividad (DGT 22-10-01; CV 6-6-11).

2) Se considera válido el **cambio de opción** de un empresario o profesional que, habiendo presentado su declaración-liquidación en plazo sin ejercitar la opción de solicitud de devolución de las cuotas pendientes, presenta con posterioridad, dentro de dicho plazo, una nueva declaración liquidación en el que opta por la **solicitud de devolución** del saldo a su favor pendiente a 31 de diciembre (DGT 17-9-04).

3) En caso de **disolución**, se debe presentar en enero del año N la correspondiente declaración resumen anual del IVA del año N-1, por las operaciones realizadas antes de su disolución (DGT CV 14-1-08).

4) El **sujeto pasivo** de las adquisiciones intracomunitarias, importaciones o entregas intracomunitarias de bienes tiene que formalizar el modelo 303 (autoliquidación del IVA) y el modelo 349 (declaración recapitulativa de operaciones intracomunitarias) (DGT CV 22-11-11; CV 12-9-18). En el mismo sentido, para servicios de transporte intracomunitario (DGT CV 21-9-16).

La **operación asimilada a una adquisición intracomunitaria** de bienes debe ser declarada por el sujeto pasivo en el modelo 349, sin perjuicio de su declaración en el modelo 303 y en la declaración resumen anual del modelo 390 (DGT CV 7-3-11).

La operación **asimilada a la importación** realizada con ocasión de la ultimación del régimen suspensivo al que se encontraba vinculado el vino debe declararse en el modelo 380, si bien, se debe presentar también la declaración resumen anual del modelo 390 (DGT CV 12-9-18).

5) En el modelo 303 no está previsto que se incluyan las **operaciones no sujetas**, salvo que origine el derecho a la deducción, en cuyo caso sí debe consignarse (DGT CV 3-10-13; CV 3-7-14). Si la prestación de servicios se encuentra no sujeta al IVA, la operación debe incluirse en el modelo 303 en la casilla que recoge Operaciones no sujetas o con inversión del sujeto pasivo que originan el derecho a deducción, y en el modelo 390 (DGT CV 29-6-16; CV 2-6-20). **6434**

No obstante, los **servicios no sujetos por reglas de localización**, sí generan la obligación de presentar declaraciones-liquidaciones periódicas, como es el caso de un profesional cuyo único cliente se encuentra fuera del TIVA (DGT CV 22-7-19).

Una UTE ha contratado con una sociedad con sede en Portugal la construcción de un campo de golf en territorio portugués. La entrega del citado campo es una operación no sujeta, pero la UTE debe presentar periódicamente el modelo 303, en el que puede ejercer el derecho a deducir las cuotas del IVA que, en su caso, hubiera soportado o satisfecho (DGT CV 20-8-19).

6) El **período de liquidación** del IVA es, con carácter general, trimestral, salvo los que coinciden con el mes natural. No se contempla la posibilidad de autorizar períodos de liquidación distintos de los coincidentes con el trimestre o el mes natural (DGT CV 21-12-07).

7) La **solicitud de la devolución del saldo a favor** del sujeto pasivo, en los supuestos de cese de la actividad antes de finalizar el año (31 de julio), puede efectuarse a partir del día 31 de diciembre del año en que se produce el cese en el ejercicio de su actividad empresarial en la declaración-liquidación modelo 303 del último trimestre, que debe presentarse del 1 al 30 de enero (DGT CV 1-7-11; CV 1-12-11).

La **pérdida de la condición** de empresario o profesional tiene lugar cuando se cesa efectivamente en la actividad correspondiente y se formula la baja en el Censo de empresarios o profesionales. Mientras no se produce dicha baja efectiva, la entidad puede presentar la correspondiente declaración (modelo 303), para ejercer el derecho a la deducción de las cuotas soportadas y, en su caso, instar a la devolución (DGT CV 27-6-16). Mientras se ostente la condición de empresario o profesional, se está sujeto al cumplimiento de las obligaciones formales (entre ellas, la presentación de las autoliquidaciones del Impuesto). Aunque se presente el correspondiente modelo censal de baja, si no se ha producido el **cese efectivo**, no decae la obligación del cumplimiento de las correspondientes obligaciones tributarias (DGT CV 6-6-24).

6435 **8)** La **no presentación de la declaración** liquidación (modelo 303) del primer trimestre impide el ejercicio del derecho a la compensación de cuotas; no obstante, se pueden deducir las cuotas soportadas a que se refiere en sus sucesivas autoliquidaciones, siempre y cuando no hubiera transcurrido el plazo de caducidad (DGT CV 23-3-11).

El empresario cuenta con el **plazo de caducidad** de 4 años, a partir del momento en que se devengue el IVA, para proceder a la consignación de las cuotas deducibles correspondientes en las declaraciones-liquidaciones periódicas que, como sujeto pasivo, deba presentar (DGT CV 28-3-22).

9) Las **operaciones triangulares** se consignan en la autoliquidación correspondiente (modelo 303), dentro del IVA devengado, según corresponda al tipo impositivo que deba aplicarse y, por otra parte, en su caso, dentro del IVA soportado (DGT CV 3-2-11).

10) Una **sociedad holding**, al no tratarse de un sujeto pasivo del IVA por realizar operaciones no sujetas, no está obligada a presentar de forma periódica las declaraciones-liquidaciones del Impuesto (DGT CV 15-2-11).

11) Una vez **fallecido el profesional** no se prestan servicios, sin perjuicio de que exista algún **derecho de crédito** por los servicios prestados pendientes de facturación y/o de cobro. En consecuencia, los herederos deben declarar y liquidar el impuesto en la declaración trimestral correspondiente a la fecha del devengo de todas las operaciones que se hubieran realizado en ese trimestre natural (DGT CV 30-12-14; CV 17-9-19).

Mientras la herencia no haya sido aceptada, el cumplimiento de las obligaciones tributarias del causante le corresponde a la **herencia yacente** a través de su representante, lo que incluye el IVA devengado por el mes de enero de 2025 por arrendamientos, así como la obligación de emitir y remitir factura. En el mismo sentido, los herederos de una persona física fallecida que era arrendadora de un local de negocio, deben seguir presentado las declaraciones como **herencia yacente** (DGT CV 1-3-19; CV 5-5-22).

Han de ser los herederos, en su calidad de sucesores del agente comercial, quienes queden solidariamente obligados a cumplir las obligaciones tributarias del agente fallecido en nombre de este, entre las que se encuentra la presentación de la correspondiente **autoliquidación complementaria** (DGT CV 4-11-19).

Si la herencia ha sido aceptada, dado que el devengo del IVA por arrendamientos se realizó **con anterioridad al fallecimiento**, el sujeto pasivo fue el causante y se trata de una obligación tributaria pendiente, al no haberse podido realizar su declaración, que se transmite a la fundación como heredera universal única del causante (DGT CV 13-11-25).

12) Los sujetos pasivos que opten por tributar en el **régimen especial del criterio de caja**, y los destinatarios de operaciones afectadas por el mismo deben informar de los importes correspondientes a las operaciones de adquisición de bienes y servicios a las que sea de aplicación o afecte este régimen. En el **modelo 303** deben declarar la totalidad de adquisiciones de bienes y servicios que hayan realizado a empresarios o profesionales acogidos al citado régimen especial, con desglose agregado de la base imponible y de la cuota soportada, con independencia del sector diferenciado al que se afecten y si las cuotas correspondientes a las mismas van a ser o no deducibles (DGT CV 10-10-14).

6436 **13)** En el **modelo 390** se debe de especificar el importe del total de **cuotas deducibles** desglosando dicha información por tipos de gravamen y tipo de operación en la sección IVA deducible. Adicionalmente, en el apartado Prorrata se debe consignar la información relativa a la actividad económica principal de cada uno de los **sectores diferenciados**, así como el importe del conjunto de las operaciones realizadas, especificando aquellas que otorguen a la declarante el derecho a deducir. En el apartado Actividades con regímenes de deducción diferenciados se informa sobre las cuotas del impuesto deducidas por cada sector diferenciado de actividad desglosado por tipo de operación (DGT CV 18-10-16).

14) La cesión sin contraprestación de un local que ha estado afecto al ejercicio de una actividad económica, está sujeta como **autoconsumo de servicios**. La realización de esta operación implica la obligación de consignar en sus autoliquidaciones periódicas (modelo 303) y en la declaración-resumen anual (modelo 390) el importe del IVA devengado correspondiente (DGT CV 23-6-16).
15) Las **adquisiciones de servicios exentas** no deben incluirse en el modelo 303. En el modelo 390 deben incluirse en el apartado Operaciones específicas. Adquisiciones interiores exentas (DGT CV 8-6-16).
16) Una **entidad no establecida** y registrada en España con un NIF/IVA, que carece de una cuenta corriente en una entidad financiera con sucursal en el país, debe presentar e ingresar la declaración-liquidación del impuesto como consecuencia de su consideración como sujeto pasivo, al realizar ventas a distancia sujetas en el TIVA (actualmente, ventas a distancia intracomunitarias de bienes -nº 9244 s.-). La entidad debe presentar la autoliquidación, indicando que se realiza como reconocimiento de deuda. Realizada la presentación, la entidad transfiere el importe a ingresar a una cuenta designada por el Departamento de Recaudación de la AEAT (DGT CV 23-9-16).
17) El obligado tributario tributa en **régimen simplificado** por una de sus actividades y, por la otra, en el **REAGP**, en el que no existe obligación de presentar autoliquidaciones periódicas, por lo que no se encuentra obligado a presentar el **modelo 390** (DGT 11-12-18). En el mismo sentido, cuando se realizan **arrendamiento** de bienes inmuebles urbanos y una actividad en régimen especial del **recargo de equivalencia** (DGT CV 4-1-19).
18) Las exportaciones fuera del territorio de la UE, incluyendo los **envíos con carácter definitivo a Canarias, Ceuta y Melilla** se deben declarar en el modelo 303 y en el 390 (DGT CV 19-11-21).
19) Para los servicios adquiridos de una empresa holandesa por un empresario en régimen simplificado y al que se aplica la **inversión del sujeto pasivo** (ISP), se puede optar por incluir las cuotas devengadas por inversión en la declaración correspondiente al trimestre de su devengo, o bien en la correspondiente al último período de liquidación del ejercicio (DGT CV 20-6-22).
20) Las **casillas 123 o 124 del modelo 303** solo se cumplimentan cuando el empresario esté acogido a alguno de los regímenes especiales de ventanilla única allí citados. En caso contrario, el empresario no debe incluir operación alguna en dichas casillas (DGT CV 11-10-22).
21) Una entidad se dedica a la venta de productos a consumidores finales establecidos en varios Estados miembros a través del **régimen de ventanilla única de la Unión**. Las adquisiciones de bienes y servicios soportados en el TAI para realizar sus operaciones han sido objeto de deducción en el modelo 303 determinando un saldo pendiente a devolver al final del ejercicio:
a. En la declaración-liquidación del régimen especial de ventanilla única (**modelo 369**) solo se incluyen las **cuotas devengadas** del Impuesto correspondientes a las operaciones realizadas en otros Estados miembros.
b. Respecto a la deducción de las **cuotas soportadas** debe diferenciarse según se trate de:
- cuotas soportadas en otros Estados miembros relacionadas con este régimen especial: se recuperan a través del procedimiento de devolución en los términos previstos en la Dir 2008/9/CE;
- cuotas soportadas en el TAI: se realiza a través del régimen general del Impuesto (modelo 303), sin que quepa compensación alguna con cuotas devengadas declaradas en el modelo 369 (DGT CV 22-5-25).

Jurisprudencia **1)** Los **sujetos pasivos** están obligados a presentar la correspondiente declaración-liquidación trimestral del modelo 300 (actual modelo 303), aunque en el correspondiente período no se hubiese realizado la actividad, marcando la casilla «**sin actividad**» (TEAC 18-12-00). **6438**
2) El TS entiende que la presentación del **modelo 390 carece de eficacia interruptiva** del derecho de la Administración a determinar la deuda tributaria de los períodos mensuales o trimestrales del período anual correspondiente, dado que su contenido no es liquidatorio (TS 18-5-20, EDJ 556146; 23-7-20, EDJ 618490; 8-9-20, EDJ 660870).
El TEAC mantiene el mismo criterio al entender que la presentación del modelo 390 es un acto que supone el cumplimiento de una obligación que facilita la gestión del impuesto, pero cuyo objetivo inmediato no es el pago de la deuda que resulta de cada período de liquidación (TEAC 22-10-99); a ello añade el hecho de no tener que aportar en el ejercicio en cuestión que examina (2004) junto con la declaración-resumen anual uno de los ejemplares de los distintos modelos de declaración-liquidación de cada periodo presentados a lo largo del ejercicio (TEAC 22-9-16).
3) En los tributos de liquidación periódica como el IVA, la **prescripción** ha de computarse desde la finalización del plazo para declarar el último trimestre (TS 3-4-03, EDJ 25335).
4) Aunque existe una **incorrección en el modelo presentado** la oficina gestora debió tramitar la devolución, recalificando la solicitud efectuada por la entidad interesada, dada la obligación que tiene de determinar la verdadera naturaleza de los escritos de los interesados (TEAC 11-7-07).
5) En una liquidación de oficio los **intereses de demora** se exigen desde el final del plazo voluntario de declaración (TS 16-7-09, EDJ 225107).
6) Si el órgano gestor gira una sola **liquidación que comprende el año natural** sin distinguir los distintos períodos trimestrales o mensuales, nos encontramos ante un vicio que afecta al esquema liquidatorio del impuesto, alterando la relación jurídico tributaria en los términos que recoge la normativa del IVA, así como la normativa comunitaria (Dir 2006/112/CE) de la que aquella deriva (TEAC 29-6-10); no obstante, es un defecto material que no impide la práctica de nueva liquidación (TEAC 8-3-11). En el mismo sentido, pero matizando que existen dos limitaciones, a saber, la prescripción y la reformatio in peius, AN 14-4-11, EDJ 51693.

3. Formas de presentación

(OM HAP/2194/2013)

6440 A continuación de analizan las **reglas** relativas a las formas de presentación que, con carácter general, se aplican para las declaraciones informativas y las autoliquidaciones.

Precisiones La información correspondiente a las **prestaciones intracomunitarias de servicios**, y su inclusión en los **modelos 303 y 390** se efectúa de la siguiente forma:

a) Si una operación de prestación de servicios, realizada por un empresario o profesional **establecido en otro Estado miembro**, se localiza en el TIVA y se produce la inversión del sujeto pasivo (adquisición intracomunitaria de servicios), dicha operación se declara en el modelo 303 como IVA devengado del régimen general, y como IVA deducible en las casillas de cuotas de IVA soportadas en operaciones interiores.

b) Una operación de prestación de servicios realizada por un empresario o profesional **establecido en el TIVA** que se localiza en otro Estado miembro es una operación no sujeta que debe consignarse exclusivamente como operaciones no sujetas o con inversión del sujeto pasivo que originan el derecho a deducción -casilla 122 del **modelo 303**- (Comunicación del Departamento de Gestión Tributaria de la AEAT, junio 2010).

En el **modelo 390**, en las casillas 27 y 28 se consigna la suma total de las bases imponibles y de las cuotas devengadas en el ejercicio por inversión del sujeto pasivo, cuando tengan su origen en operaciones distintas de las consignadas en las casillas 545 a 552, en las que se incluyen las bases imponibles de las adquisiciones intracomunitarias de servicios sujetas y no exentas realizadas en el ejercicio, y las cuotas resultantes.

6442 **Autoliquidaciones** (OM HAP/2194/2013 art.2.a; OM HAC/610/2021) Cuando la forma de presentación de las autoliquidaciones es la **presentación electrónica** por Internet, puede realizarse de las siguientes formas:

- un sistema de identificación, autenticación y firma electrónica, utilizando un **certificado electrónico** reconocido que, según la normativa vigente en cada momento, resulte admisible por la AEAT;
- en el caso de obligados tributarios personas físicas (salvo que la presentación electrónica por Internet basada en certificados electrónicos reconocidos, tenga carácter obligatorio -nº 6443-) mediante el sistema **Cl@ve**, sistema de identificación, autenticación y firma electrónica común para todo el Sector Público Administrativo Estatal (OM PRE/1838/2014), que permite al ciudadano relacionarse electrónicamente con los servicios públicos mediante la utilización de claves concertadas, previo registro como usuario de la misma.

Precisiones Se pueden realizar **pagos con tarjeta** en la sede electrónica de la AEAT (OM HAP/2194/2013 disp.adic.1ª).

6443 **Presentación electrónica obligatoria** (OM HAP/2194/2013 art.3) La presentación electrónica por Internet con un sistema de identificación, autenticación y firma electrónica utilizando un **certificado electrónico** reconocido, tiene **carácter** obligatorio para:

- aquellos obligados tributarios que tengan el carácter de Administración Pública;
- los que se encuentren inscritos en el Registro de Grandes Empresas, bien estén adscritos a la Delegación Central de Grandes Contribuyentes o bien tengan la forma de sociedad anónima o sociedad de responsabilidad limitada;
- los obligados tributarios cuyo período de liquidación coincida con el mes natural.

Estos obligados tributarios no pueden utilizar otras formas de presentación electrónica, salvo que la Orden aprobatoria del correspondiente modelo de autoliquidación así lo prevea.

En el caso de obligados tributarios **personas físicas**, salvo que su período de liquidación sea mensual o estén inscritos en la Delegación Central de Grandes Contribuyentes o en el Registro de Grandes Empresas, pueden realizar la presentación mediante el sistema **Cl@ve** (nº 6442).

Precisiones Esta forma de presentación puede realizarse por los obligados tributarios, sus **representantes** legales, representantes voluntarios, o quien ostente la condición de colaboradores sociales en la aplicación de los tributos (OM HAP/2194/2013 art.6).

6450 **Declaraciones informativas** (OM HAP/2194/2013 art.12 s.) Cuando las declaraciones informativas se han de presentar de **forma** electrónica por Internet, la presentación puede realizarse mediante:

- un sistema de identificación, autenticación y firma electrónica utilizando un **certificado** electrónico reconocido que, según la normativa vigente en cada momento, resulte admisible por la AEAT;
- en el caso de obligados tributarios personas físicas y, para los modelos 349 y 390, mediante el sistema **Cl@ve**, en los mismos casos que las autoliquidaciones (nº 6442).

4. Ejemplos

A continuación, se van a analizar unos ejemplos de cómo deben efectuarse las declaraciones-liquidaciones de los siguientes **supuestos**: **6465**
- aplicación del régimen general del IVA, con declaración de concurso en el último trimestre (nº 6470 s.);
- aplicación del régimen simplificado del IVA (nº 6525 s.);
- aplicación del régimen general y simplificado del IVA (nº 6545 s.);
- empresa inscrita en el registro de devolución mensual (nº 6580 s.).

Ejemplos **1) Empresa que aplica el régimen general.** **6470**
La empresa EFL con CIF núm B12345678 y domicilio en la Avda. Z, núm 3 de Pozuelo, Madrid, desarrolla como actividad económica principal la fabricación y venta de muebles de madera, tanto para oficina como para otros usos. Está dada de alta en los epígrafes 468.1 y 468.2 de la tarifa del IAE. Tributa en IVA con sujeción al régimen general. A efectos de la liquidación del IVA, también ha de tenerse en cuenta:
- el importe del volumen de operaciones durante el año N-1 ascendió a 900.000 €;
- no queda ningún saldo de IVA pendiente de compensar del ejercicio anterior;
- en el ejercicio anterior no se efectuaron ventas a distancia intracomunitarias de bienes con destino a otros Estados miembros de la UE; dado que la situación económica de la empresa no es muy boyante, decide reforzar las ventas a los clientes particulares, así que, en el tercer trimestre ejercita la opción para la tributación en destino de las ventas a distancia intracomunitarias de bienes (modelo 036) y, además, opta por el Régimen de la Unión con la presentación del formulario 035, con el fin de poderlo aplicar desde el 4º trimestre (LIVA art.73; RIVA art.22) (nº 9244 s.).
Las operaciones que a continuación se describen son las realizadas por la empresa durante el ejercicio, y las cantidades no llevan incluido el IVA. Tipo impositivo aplicable: 21%.
Las liquidaciones trimestrales (nº 6471 s., nº 6475 s., nº 6479 s. y nº 6483 s.) y el resumen anual a efectuar (nº 6489), son los siguientes:

Primer Trimestre: **6471**
a) Operaciones:
1) Vende muebles de oficina a una empresa de Valencia por importe de 21.000 €.
2) Vende muebles a una tienda minorista acogida al recargo de equivalencia por importe de 12.000 €, situada en Madrid.
3) Recibe un pedido de una empresa de Valladolid por importe de 90.000 € para amueblar una oficina completa. La entrega debe realizarse en octubre de año N, y recibe como pago a cuenta la cantidad de 30.000 €.
4) Envía a Suiza un cargamento de muebles por importe de 60.000 €. El transporte lo realiza un transportista español y corre a cargo de la empresa EFL.
5) El transportista a que se refiere el número anterior le envía su factura por importe de 6.000 €.
6) El importe total de gastos corrientes de oficina asciende a 5.700 € según el siguiente desglose:

- Suministros (no se tiene en cuenta la posible aplicación de tipos temporales)	1.800 × 21% = 378,00
- Teléfono	1.200 × 21% = 252,00
- Papelería	900 × 21% = 189,00
- Regalo cumpleaños de la secretaria director	300 × 21% = 63,00
- Tóner para la impresora	300 × 21% = 63,00
- Material de oficina	600 × 21% = 126,00
- Pintura exterior nave	600 × 21% = 126,00

7) Por el alquiler trimestral del local comercial y la nave se pagan 18.000 €.
8) Compra madera de haya procedente de Canadá por importe de 30.000 €. El IVA a la importación es satisfecho en la aduana (no se opta por el diferimiento del ingreso -nº 6745-).
9) Adquiere pino procedente de Alemania por importe de 18.000 €. Es transportado por un transportista alemán a cargo de la empresa española.
10) El transportista alemán le factura por importe de 3.000 € sin IVA, pues se trata de un servicio de transporte que se entiende realizado en España por las reglas de localización de los servicios (adquisición intracomunitaria de servicios).

6472 **b) Liquidación**:

	IVA devengado
(1) Entrega interior sujeta al IVA: 21.000 × 21%	4.410,00
(2) Entrega interior sujeta al IVA a favor de un comerciante en recargo de equivalencia: 12.000 × 21%	2.520,00
12.000 × 5,2% (recargo de equivalencia)	624,00
(3) Cantidad cobrada por anticipado que devenga el Impuesto (nº 1275 s.): 30.000 × 21%	6.300,00
(4) Exportación de bienes exenta del IVA (nº 6015 s.). Se tiene en cuenta para la cumplimentación del modelo anual 390	0,00
(9) Adquisición intracomunitaria de bienes, que se consigna como IVA devengado y deducible: 18.000 × 21%	3.780,00
(10) Es una adquisición intracomunitaria de servicios con inversión de sujeto pasivo (nº 1336 s.), procediendo a contabilizar la empresa la factura del proveedor y consignando como IVA devengado y deducible: 3.000 × 21%	630,00
	18.264,00

	IVA soportado (deducible)
(5) Esta factura no refleja el IVA por tratarse de un servicio exento por estar directamente relacionado con una exportación de bienes (nº 6075 s.)	0,00
(6) Gastos deducibles a efectos del IVA (no es deducible el regalo de cumpleaños de la secretaria del director): 5.400 × 21%	1.134,00
(7) IVA soportado deducible en operaciones interiores: 18.000 × 21%	3.780,00
(8) IVA soportado por importaciones: 30.000 × 21%	6.300,00
(9) Adquisición intracomunitaria de bienes, que se consigna como IVA devengado y deducible: 18.000 × 21%	3.780,00
(10) Es una adquisición intracomunitaria de servicios con inversión de sujeto pasivo (nº 1336 s.), procediendo a contabilizar la empresa la factura del proveedor y consignando como IVA devengado y deducible: 3.000 × 21%	630,00
	15.624,00

6473 - **IVA devengado**:

• Régimen General:	+ 21.000 (1)	
	+ 12.000 (2)	
	+ 30.000 (3)	
	63.000 × 21%	13.230,000
• Adquisiciones intracomunitarias de servicios: 3.000 (10) × 21%		630,00
• Recargo de equivalencia: 12.000 (2) × 5,2%		624,00
• Adquisiciones intracomunitarias de bienes: 18.000 (9) × 21%		3.780,00
	Total cuota devengada	18.264,00

- **IVA soportado deducible**:

• Operaciones interiores:	+ 5.400 (6)	
	+ 18.000 (7)	
	23.400 × 21%	4.914,00
• Cuotas satisfechas en importaciones (8): 30.000 × 21%		6.300,00
• Adquisiciones intracomunitarias de bienes (9): 18.000 × 21%		3.780,00
• Adquisiciones intracomunitarias de servicios (10): 3.000 × 21%		630,00
	Total a deducir	15.624,00

- **Resultado de la liquidación**:

	+ 18.264,00
	- 15.624,00
A ingresar	2.640,00

6474 **c) Modelo 303** cumplimentado (ver nº 6492 s.).
La única forma de presentación de este modelo, para cualquier sujeto pasivo, es la presentación electrónica por Internet.

6475 **Segundo Trimestre**:

a) Operaciones:

11) Durante la Feria del mueble de Valencia celebrada durante el mes de abril ha realizado ventas al por menor por importe de 48.000 €. Una de las ventas, por importe de 12.000 € la ha realizado en favor de un particular residente en Nueva York y que se encontraba de paso en España. La empresa le debe expedir la correspondiente factura y, además, un documento electrónico de reembolso (DER), disponible en la Sede electrónica de la AEAT.

12) Vende a un empresario de los Emiratos Árabes una partida de muebles por importe de 90.000 €. El transporte será a cargo del destinatario de la operación.
13) Vende a unos clientes particulares que viven en Bélgica un comedor completo por importe de 6.000 €. El transporte es a cargo de la empresa EFL y lo realiza un transportista español, ascendiendo su importe a 1.200 €.
14) Vende al por mayor a una tienda de muebles de Lisboa, Portugal por importe de 30.000 €. Por pronto pago rebaja en factura la cantidad de 3.000 €.
15) Las ventas interiores a su cliente de Valencia más importante han ascendido a 60.000 €. Se efectúa un descuento que se refleja en la propia factura de venta por importe de 6.000 €.
16) Se devuelve mercancía de la vendida en el punto 1) del nº 6471 por importe de 3.000 € al llegar en mal estado.
17) La empresa adquiere un vehículo turismo Mercedes 500 para los desplazamientos oficiales del Director General. El importe del vehículo ha sido de 48.000 €.
18) El importe del alquiler trimestral del local comercial y nave industrial asciende a 18.000 €.
19) Los gastos corrientes por suministros, teléfono, papelería, etc., ascendieron a 3.000 €.
20) La empresa ha comprado una nueva máquina de cortar madera que ha costado 12.000 €.
21) Adquiere madera de pino procedente de Galicia por importe de 21.000 €. Por tratarse de un cliente habitual le efectúan en factura un descuento por importe de 3.000 €.
22) Adquiere madera de haya de Canadá por importe de 42.000 € (no se opta por el diferimiento del ingreso -nº 6745-).
23) Ha recibido la factura de un asesor jurídico establecido en Italia por importe de 6.000 €.
24) Debido a un error en una caja del envío procedente de Galicia, del punto 21, se rectifica la factura correspondiente y se devuelve el material por importe de 1.200 €.

b) Liquidación: 6476

	IVA devengado
(11) Se trata de entregas interiores sujetas al IVA: 48.000 × 21%	10.080,00
(12) Es una exportación de bienes exenta del Impuesto	0,00
(13) Entrega sujeta al IVA español y no exenta por tratarse el destinatario de un particular que no es sujeto pasivo del IVA en Bélgica, ni comunica ningún NIF/IVA intracomunitario a la empresa española: 6.000 × 21% -el año anterior no había realizado ventas a distancia intracomunitarias de bienes ni había optado por la tributación en destino de estas operaciones y hasta que llegue a los 10.000 euros puede tributar en origen-	1.260,00
(14) Entrega intracomunitaria exenta de IVA	0,00
(15) Entregas interiores sujetas al IVA: 54.000 × 21%	11.340,00
(16) Procede a rectificar el IVA devengado o repercutido: -3.000 × 21%	-630,00
(23) Se trata de una prestación de servicios (adquisición intracomunitaria de servicios) realizada por un profesional no residente en territorio español, siendo el destinatario el sujeto pasivo de IVA por entenderse efectuada dicha operación en España. Se consigna como IVA devengado y deducible: 6.000 × 21%	1.260,00
	23.310,00

	IVA soportado (deducible)
(13) La factura del transporte está sujeta a IVA español: 1.200 × 21%	252,00
(17) Se puede computar como deducible el 50% del importe por presumirse afecto a la actividad empresarial en ese porcentaje; no obstante, dicho porcentaje puede ser objeto de regularización al final del ejercicio, si se demuestra un uso oficial mayor o menor: (48.000 × 21%) × 50% (nº 2617)	5.040,00
(18) IVA soportado: 18.000 × 21%	3.780,00
(19) IVA soportado: 3.000 × 21% (no se tiene en cuenta la posible aplicación de tipos temporales)	630,00
(20) IVA soportado en bienes de inversión: 12.000 × 21%	2.520,00
(21) IVA soportado: 18.000 × 21%	3.780,00
(22) IVA satisfecho en la Aduana a la importación: 42.000 × 21%	8.820,00
(23) Se trata de una adquisición intracomunitaria de servicios realizada por un profesional no establecido en territorio español, siendo el destinatario el sujeto pasivo de IVA por entenderse efectuada dicha operación en España. Se consigna como IVA devengado y deducible: 6.000 × 21%	1.260,00
(24) Corrección IVA soportado: -1.200 × 21%	-252,00
	25.830,00

6477 - **IVA devengado**:

• Régimen General:	+ 48.000 (11)	
	+ 6.000 (13)	
	+ 54.000 (15)	
	108.000 × 21%	22.680,00
• Adquisición intracomunitaria de servicios: 6.000 (23) × 21%		1.260,00
• Modificación base imponible: -3.000 (16)		-630,00
	Total cuota devengada	23.310,00

- **IVA soportado deducible**:

• Operaciones interiores:	+ 1.200 (13)	
	+ 24.000 (17)Bien de inversión	
	+ 18.000 (18)	
	+ 3.000 (19)	
	+ 12.000 (20)Bien de inversión	
	+ 18.000 (21)	
	-1.200 (24)	
Bienes corrientes	39.000 × 21%	8.190,00
Bienes de inversión	36.000 × 21%	7.560,00
• Cuotas satisfechas en importaciones: 42.000 (22) × 21%		8.820,00
• Adquisición intracomunitaria de servicios: 6.000 (23) × 21%		1.260,00
	Total cuota a deducir	25.830,00

- **Resultado de la liquidación**: +23.310,00
-25.830,00
-2.520,00(**a compensar** en declaraciones-liquidaciones posteriores)

6478 **c) Modelo 303** cumplimentado (ver nº 6496 s.).
La única forma de presentación de este modelo, para cualquier sujeto pasivo, es la presentación electrónica por Internet.

6479 **Tercer Trimestre**:
a) Operaciones:
Dado que la situación económica de la empresa no es muy boyante, decide reforzar las ventas a los clientes particulares y ejercita la opción para la tributación en destino de las ventas a distancia intracomunitarias de bienes (modelo 036) y, además, opta por el Régimen de la Unión con la presentación del formulario 035, con el fin de poderlo aplicar desde el 4º trimestre.
25) Con fecha 3-7-año N se recibe en la empresa el DER a que se refiere el punto 11) del nº 6475, visado por la aduana con fecha 30-5-año N. Tras la comprobación de dicho visado en la sede electrónica de la AEAT, haciendo constar que el reembolso se ha hecho efectivo, se procede a efectuar la devolución de la cuota de IVA en régimen de viajeros soportada por el cliente norteamericano y se le envía una transferencia bancaria por importe de 2.520 € (12.000 × 21%).
26) A primeros de julio se recibe aviso de un cliente en el que se hace constar que la factura 320/N-3 contiene un error en el tipo impositivo pues figura el 10% en lugar del 21%. El importe de la operación documentada en dicha factura ascendía a 6.000 €.
27) Vende a comerciantes minoristas en recargo de equivalencia muebles por importe de 60.000 €.
28) Vende a su cliente de Valencia por importe de 33.000 €. Efectúa una rebaja por pronto pago de 3.000 €, que se refleja en la factura.
29) En el mes de septiembre tiene preparado parte del pedido del punto 3) del nº 6471 y lo envía al cliente de Valladolid. Por ello factura por importe de 30.000 €.
30) Compra madera de Teka procedente de Dinamarca, por importe de 48.000 €.
31) Recibe de una empresa de publicidad residente en Suiza, una factura por los servicios prestados de publicidad en la zona del Norte de Europa. Su factura asciende a la cifra de 12.000 € y no lleva el IVA por tratarse de un servicio localizado en España.
32) El importe del alquiler trimestral de la nave asciende a 18.000 €.
33) Los gastos corrientes por suministros, papelería, ascienden a 3.000 €.
34) Se han adquirido cinco televisores a fin de entregarlos gratuitamente entre los clientes que efectúen compras superiores a 3.000 €. El importe de esta adquisición es de 1.800 € y el IVA al 21% supone 378 €.
35) Importa de Canadá madera de haya por un total de 18.000 €. El IVA de la importación, pagado en aduana, asciende a 3.780 € (no se opta por el diferimiento del ingreso -nº 6745-).

b) Liquidación: 6480

	IVA devengado
(25) Se rectifica el IVA devengado, minorándolo en este importe: -12.000 × 21%. ...	-2.520,00
(26) Se procede a efectuar la rectificación de factura y se refleja en la declaración trimestral por error en el tipo: -6.000 × 10%. ...	-600,00
6.000 × 21%. ...	1.260,00
(27) Entregas interiores sujetas al Impuesto y al tratarse de minoristas también se liquida el importe del recargo de equivalencia: 60.000 × 21%. ...	12.600,00
Recargo de equivalencia: 60.000 × 5,2% ...	3.120,00
(28) IVA repercutido: 30.000 × 21% ...	6.300,00
(29) IVA repercutido: 30.000 × 21%. Aunque el pedido se hizo en el primer trimestre, el devengo se produce cuando se entrega el bien. ...	6.300,00
(30) Adquisición intracomunitaria; procede a su consignación como IVA devengado y deducible: 48.000 × 21% ...	10.080,00
(31) Se trata de un caso de inversión del sujeto pasivo por servicios prestados por un no establecido (nº 1336 s.); procede su consignación como IVA devengado y deducible: 12.000 × 21% ...	2.520,00
	39.060,00

	IVA soportado (deducible)
(30) Adquisición intracomunitaria; procede a su consignación como IVA devengado y deducible: 48.000 × 21% ...	10.080,00
(31) Se trata de un caso de inversión del sujeto pasivo por servicios prestados por un no establecido (nº 1336 s.); procede su consignación como IVA devengado y deducible: 12.000 × 21% ...	2.520,00
(32) IVA soportado: 18.000 × 21% ...	3.780,00
(33) IVA soportado: 3.000 × 21% IVA soportado (no se tiene en cuenta la posible aplicación de tipos temporales) ...	630,00
(34) Al tratarse de bienes destinados a atenciones a clientes, el IVA soportado no es deducible y se contabiliza como mayor coste de los televisores ...	0,00
(35) IVA satisfecho en la aduana de importación: 18.000 × 21% ...	3.780,00
	20.790,00

- **IVA devengado**: 6481

• Régimen General:	-12.000 (25)	
	60.000 (27)	
	30.000 (28)	
	30.000 (29)	
	108.000 × 21%	22.680,00
	Rectificación factura (26) -6.000 × 10%	-600,00
	Rectificación factura (26) 6.000 × 21%	1.260,00
• Inversión del sujeto pasivo: 12.000 (31) × 21% ...		2.520,00
• Recargo de equivalencia: 60.000 (27) × 5,2% ...		3.120,00
• Adquisición intracomunitaria: 48.000 (30) × 21% ...		10.080,00
	Total cuota devengada	39.060,00

- **IVA deducible**:

• Operaciones interiores:	+12.000 (31)	
	+18.000 (32)	
	+ 3.000 (33)	
	33.000 × 21%	6.930,00
• Cuotas satisfechas en importaciones: 18.000 (35) × 21% ...		3.780,00
• Adquisiciones intracomunitarias: 48.000 (30) × 21% ...		10.080,00
	Total a deducir ...	20.790,00

- **Resultado de la liquidación**:

	+39.060,00
	-20.790,00
	18.270,00
Compensación 2º trimestre ...	-2.520,00
Total **a ingresar** ...	15.750,00

c) Modelo 303 cumplimentado (ver nº 6500 s.). 6482

La única forma de presentación de este modelo, para cualquier sujeto pasivo, es la presentación electrónica por Internet.

6483 **Cuarto Trimestre**:

a) Operaciones:

El día 1 de noviembre se dicta auto de declaración de concurso de acreedores. Por lo tanto, la empresa debe presentar dos declaraciones modelo 303 para el 4º trimestre. Una declaración preconcursal para las operaciones del mes de octubre, y otra declaración postconcursal para las operaciones de noviembre y diciembre. El resumen anual es único.

36) En el mes de octubre entrega de forma gratuita una partida de muebles para un asilo de ancianos cuyo coste asciende a 12.000 € (no se aplica el tipo del 0% en concepto de donativos por no ser una entidad sin fines lucrativos).

37) El 15 de octubre vende a su cliente de Valladolid seis juegos de muebles de oficina. La factura comprende 1.200 € de transporte y 1.800 de seguro de incendios. El precio de la venta es de 30.000 €.

38) Adquiere el 29 de diciembre herramientas por importe de 600 € de un proveedor de Alicante. La factura la recibirá en febrero del año N+1.

39) El 20 de octubre vende a comerciantes acogidos al régimen de recargo de equivalencia por importe de 12.000 €. En noviembre y diciembre vende a los mismos comerciantes por importe de 12.000 €.

40) En diciembre vende a particulares por importe de 32.266,66 € (IVA incluido) en un rastrillo efectuado con motivo de las fiestas navideñas.

41) En octubre vende a un empresario de Rusia muebles por valor de 60.000 €. El transporte corre de cargo del exportador y asciende a 3.000 €. El transportista es residente en España.

42) En noviembre entrega unos pedidos efectuados por particulares, no empresarios ni profesionales residentes en Austria, por importe de 18.000 €. El transportista es austríaco y le factura por el servicio 1.800 €. Esta última operación tributa en la sede del destinatario, por lo que hay inversión del sujeto pasivo.

43) En octubre recibe devolución de parte de la mercancía vendida en el punto 27) del nº 6479 por ser defectuosa por importe de 6.000 €.

44) Los gastos de alquiler del cuarto trimestre de la nave industrial ascienden a 18.000 €. En el recibo consta como gastos repercutidos en noviembre la cuota del IBI por 1.200 € y la parte proporcional de gastos generales del ejercicio por importe de 3.000 €. El alquiler de octubre asciende a 6.000 €.

45) Los gastos corrientes del trimestre por suministros asciende a 2.200 €, de los que 1.000 corresponden al mes de octubre. Se añaden 6.000 € del coste de las cestas de Navidad entregadas a los empleados.

46) En diciembre adquiere un ordenador para su oficina por importe de 3.600 €.

47) En diciembre compra madera de nogal procedente de Sudáfrica por importe de 48.000 € (no se opta por el diferimiento del ingreso -nº 6745-).

48) En octubre compra un mueble nuevo para sus propias oficinas por importe de 12.000 €. Dicha adquisición se realiza a un empresario holandés; el transporte lo realiza un transportista español, pero el destinatario del servicio es la empresa holandesa.

49) En noviembre efectúa un pedido de soportes metálicos para mesas a un proveedor italiano. Le envía un anticipo de 18.000 €.

50) En noviembre se presenta a un concurso público para amueblar unas salas de un Ministerio. El concurso le es adjudicado y ha de entregar parte de los muebles el mes de diciembre. El importe de la adjudicación es de 108.000 € (incluyendo IVA al 21%) y el devengo del IVA se producirá cuando se ponga a disposición del cliente la mercancía o se cobre todo o parte de la cantidad adjudicada en el caso de pago anticipado.

51) En el mes de diciembre se entrega al Ministerio la parte del pedido comprometido en el punto 50). El importe de esta entrega es de 37.551,75 € que es pagada por el Ministerio.

52) En diciembre adquiere madera de roble procedente de Irlanda por importe de 42.000 €. La mercancía llega al puerto de Bilbao en barco y desde allí se traslada en camión por un transportista español. El transporte en barco es a cargo de la empresa irlandesa y el transporte en camión a cargo de la empresa española. El importe es de 4.200 €.

53) En diciembre realiza ventas a clientes particulares residentes en Portugal por importe de 5.000 euros y en Francia por importe de 8.000 euros (ver nº 6521 s.).

6484 **b) Liquidación**:

Preconcursal	IVA devengado
(36) Autoconsumo gravado por el Impuesto, la base imponible es el coste de los bienes: 12.000 × 21%	2.520,00
(37) La base imponible incluye cualquier crédito efectivo a favor de quien realiza la operación (30.000 + 1.200 + 1.800) × 21%	6.930,00
(39) IVA devengado: 12.000 × 21%	2.520,00
Cuota recargo equivalencia: 12.000 × 5,2%	624,00

Preconcursal	IVA devengado
(41) Operación de exportación exenta del Impuesto (nº 6015 s.). Respecto a la factura del transportista ver IVA soportado	0,00
(43) Se procede a la confección de una factura rectificativa. IVA devengado: -6.000 × 21%	-1.260,00
Cuota recargo equivalencia: -6.000 × 5,2%	-312,00
(48) Adquisición intracomunitaria de bienes de inversión; se consigna como IVA devengado y deducible (el gasto de transporte no afecta a la empresa española): 12.000 × 21%	2.520,00
	13.542,00

Postconcursal	IVA devengado
(39) IVA devengado: 12.000 × 21%	2.520,00
Cuota recargo equivalencia: 12.000 × 5,2%	624,00
(40) IVA repercutido: 32.266,66/1,21% = 26.666,66 de base imponible	5.600,00
(42) Se aplica el régimen de la Unión. Esta operación no se liquida en el modelo 303, sino en el modelo 369. Se repercute en factura el IVA austríaco del 20%. Se toma nota en el modelo 303 en información adicional casilla 123	0,00
En el caso del transportista austríaco se trata de un supuesto de adquisición intracomunitaria de servicios con inversión del sujeto pasivo, y la empresa debe consignarlo como IVA devengado y deducible: 1.800 × 21%	378,00
(50) En las propuestas económicas a los entes públicos el IVA se entiende siempre incluido (y lo fue a un tipo vigente del 21%): 108.000/1,21 = 89.256,20; IVA incluido en la propuesta 89.256,20 × 21% = 18.743,80. La liquidación se producirá cuando se devengue el impuesto	0,00
(51) Al contratar con un Ente Público, se entiende incluido el IVA (21%), y hay que desglosarlo: 37.551,75/1,21 = 31.034,48; IVA devengado 31.034,48 × 21%	6.517,24
(52) Se trata de una adquisición intracomunitaria de bienes; se consigna como IVA devengado y deducible: 42.000 × 21%	8.820,00
(53) Se aplica el régimen de la Unión. Esta operación no se liquida en el modelo 303, sino en el modelo 369. Se repercute en la respectiva factura el IVA francés del 20%, o el portugués del 23%. Se toma nota en el modelo 303 en información adicional casilla 123	0,00
	24.459,24

6485

Preconcursal	IVA soportado (deducible)
(41) No hay IVA soportado en la factura del transportista, por tratarse de un servicio directamente relacionado con una exportación de bienes (nº 6075 s.)	0,00
(44) La base imponible en los arrendamientos está formada por la renta y las cantidades asimiladas a la renta: 6.000 × 21%	1.260,00
(45) IVA soportado operaciones corrientes: 1.000 × 21% (no se tiene en cuenta la posible aplicación de tipos temporales)	210,00
(48) Adquisición intracomunitaria de bienes de inversión; se consigna como IVA devengado y como deducible (el gasto de transporte no afecta a la empresa española): 12.000 × 21%	2.520,00
	3.990,00

Postconcursal	IVA soportado (deducible)
(38) No se puede registrar como IVA deducible hasta el momento de tener la factura en poder de la empresa. No se trata de bienes de inversión por su pequeño importe	0,00
(42) En el caso del transportista austríaco se trata de un supuesto de adquisición intracomunitaria de servicios con inversión del sujeto pasivo, y la empresa española debe consignarlo como IVA devengado y deducible: 1.800 × 21%	378,00
(44) La base imponible en los arrendamientos está formada por la renta y las cantidades asimiladas a la renta: 16.200 × 21%	3.402,00
(45) El IVA soportado por la adquisición de cestas de Navidad no es deducible (atenciones con el personal asalariado, nº 2666 s.). IVA soportado operaciones corrientes: 1.200 × 21% (no se tiene en cuenta la posible aplicación de tipos temporales)	252,00
(46) IVA soportado en bienes de inversión: 3.600 × 21%	756,00
(47) El IVA a la importación se paga en aduana: 48.000 × 21%	10.080,00
(49) En este caso no hay que hacer nada pues los anticipos en las adquisiciones intracomunitarias de bienes no devengan IVA	0,00
(52) Se trata de una adquisición intracomunitaria de bienes y la empresa debe consignarlo como IVA devengado y deducible: 42.000 × 21%	8.820,00
Por otra parte, el transporte en camión está sujeto al Impuesto porque su destinatario (empresario) está establecido en el TIVA. Por este servicio la empresa puede deducirse el IVA soportado: 4.200 × 21%	882,00
	24.570,00

6486 **Preconcursal**

- **IVA devengado**:

• Régimen General:	+ 12.000 (36)	
	+ 33.000 (37)	
	+ 12.000 (39)	
	57.000 × 21%.	11.970,00
• Modificación base imponible:	-6.000 (43).	-1.260,00
• Recargo de equivalencia:	+12.000 (39).	624,00
• Modificación base imponible recargo de equivalencia:	-6.000 (43).	-312,00
• Adquisiciones intracomunitarias:	+12.000 (48).	2.520,00
Total cuota devengada preconcursal		13.542,00

- **IVA deducible**:

• Operaciones interiores:	+6.000 (44)	
	+ 1.000 (45)	
	7.000 × 21%.	1.470,00
• Adquisiciones intracomunitarias:	12.000 (48).	2.520,00
Total cuota a deducir preconcursal..........		3.990,00

- **Resultado de la liquidación**:	+13.542,00
	-3.990,00
Diferencia **a ingresar** declaración preconcursal..........	9.552,00

Esta cifra es el crédito concursal preferente que tiene la Hacienda Pública en el concurso de acreedores. No se puede ingresar hasta la resolución del concurso.

6487 **Postconcursal**

- **IVA devengado**:

• Régimen General:	+ 12.000 (39)	
	+ 26.666,66 (40)	
	+ 31.034,48 (51)	
	69.701,14 × 21%.	14.637,24
• Adquisición intracomunitaria de servicios:	+ 1.800 (42).	378,00
• Recargo de equivalencia:	+12.000 (39).	624,00
• Adquisiciones intracomunitarias:	+42.000 (52).	8.820,00
Total cuota devengada postconcursal		24.459,24

- **IVA deducible**:

• Operaciones interiores:	+ 16.200 (44)	
	1.200 (45)	
	4.200 (52)	
	21.600 × 21%.	4.536,00
• Operaciones interiores bien de inversión:	3.600 (46) × 21%.	756,00
• Cuotas satisfechas en importaciones:	48.000 (47) × 21%.	10.080,00
• Adquisiciones intracomunitarias de bienes:	+42.000 (52).	8.820,00
• Adquisiciones intracomunitarias de servicios:	+1.800 (42).	378,00
Total cuota a deducir postconcursal		24.570,00

- **Resultado de la liquidación**:	
	+24.459,24
	-24.570,00
Diferencia **a compensar** postconcursal	-110,76

6488 **c) Modelo 303** (4º trimestre). Se presentan dos declaraciones, una preconcursal (ver nº 6505 s.) y otra postconcursal (ver nº 6509 s.).
La única forma de presentación de este modelo, para cualquier sujeto pasivo, es la presentación electrónica por Internet.

Resumen anual. En el 4º trimestre, junto con el modelo 303, se presenta también la Declaración Resumen Anual, modelo 390. Ambos modelos se presentan vía electrónica por Internet. 6489

Para la correcta cumplimentación del modelo 390 (ver nº 6515 s.), deben tenerse en cuenta las siguientes cuestiones:

Casilla	Observaciones
03	• Recoge la **factura rectificativa** del tercer trimestre, por la factura que figuraba al tipo del 10% en lugar del 21%. El importe en la casilla 03 es - 6.000, y en la casilla 04 de - 600, por el IVA repercutido.
05	• Recoge las cantidades correspondientes a las operaciones en **régimen general**, ascendiendo esta cifra a 411.701,14 € de base imponible y 86.457,24 € de cuota en la **casilla 06**. Se corresponde exactamente con la suma de los cuatro trimestres de la casilla 07 y 09.
25	• Recoge las cantidades correspondientes a las **adquisiciones intracomunitarias** de bienes, ascendiendo esta cifra a 120.000 € de base imponible y 25.200 € de cuota en la **casilla 26**.
551	• Esta casilla es para incluir las adquisiciones intracomunitarias de servicios, que deben desglosarse de las operaciones de inversión del sujeto pasivo de la casilla 27. Se consigna la cantidad de 10.800 € a la que corresponde una cuota de 2.268 € para consignar en la casilla 552.
27	• Se consignan las cantidades correspondientes a las operaciones por **inversión del sujeto pasivo**, que ascienden a 12.000 €, con una cuota devengada de 2.520 €, para consignar en la **casilla 28**. Se obtiene de las casillas 12 y 13 del modelo 303.
29	• Han de hacerse constar las cantidades que correspondan a **modificación de bases** y cuotas por devolución de mercancías. También se incluyen las operaciones gravadas a tipos diferentes durante el ejercicio. La cantidad a poner en base es -9.000 € (casilla 29) y en IVA devengado, **casilla 30**, se hace constar la cuota negativa de -1.890 €.
601	• Se hace constar la parte correspondiente a la facturación en el régimen de **recargo de equivalencia**, siendo la cifra correcta, 96.000 € para la casilla 601 y 4.992 € para la **casilla 602**.
43	• Han de hacerse constar las cantidades que correspondan a la modificación de bases en recargo de equivalencia por la devolución de mercancía, -6.000 €, y la cuota, -312 € (casilla 44).
48 s.	• Respecto del **IVA soportado**, el impreso pide el desglose correspondiente a la base imponible, distinguiendo cuál corresponde a bienes y servicios corrientes y a bienes de inversión. Habrá que poner cada importe en la casilla de su tipo impositivo correspondiente.
99 s.	• A efectos de cumplimentar las cifras correspondientes al **volumen de operaciones**, ha de tenerse en cuenta, respecto del supuesto efectuado: - las operaciones interiores: 405.701,14 € (en la casilla 99 de operaciones en régimen general); - las entregas intracomunitarias exentas: 27.000 € (14) en la **casilla 103**; - las exportaciones: 60.000 € (4) 90.000 € (12) 60.000 € (41) 210.000 € **(casilla 104)** - ventas a distancia en la casilla 126 31.000 € Resultando un total de volumen de operaciones de 673.701,14 €.

Una vez cumplimentado el resumen anual, modelo 390, se procede a su envío por vía electrónica.

6492

MINISTERIO DE HACIENDA

Agencia Tributaria

Teléfono: 91 554 87 70 / 901 33 55 33
https://sede.agenciatributaria.gob.es

Impuesto sobre el Valor Añadido
Autoliquidación
Ingreso del Impuesto sobre el Valor Añadido a la importación liquidado por la Aduana.

Modelo **303**

Identificación (1)

Devengo (2) Ejercicio N Periodo 1T

NIF | Apellidos y nombre o Razón social

☐ **Tributación exclusivamente foral.** Sujeto pasivo que tributa exclusivamente a una Administración tributaria Foral con IVA a la importación liquidado por la Aduana pendiente de ingreso

Espacio reservado para numeración por código de barras

- Sujeto pasivo inscrito en el Registro de devolución mensual (art. 30 RIVA) ☐
- Sujeto pasivo que tributa exclusivamente en régimen simplificado ☐
- Autoliquidación conjunta ☐
- Sujeto pasivo acogido al régimen especial del criterio de Caja (art. 163 undecies LIVA) ☐
- Sujeto pasivo destinatario de operaciones acogidas al régimen especial del criterio de caja ☐
- Opción por la aplicación de la prorrata especial (art. 103.Dos.1º LIVA) ☐
- Revocación de la opción por la aplicación de la prorrata especial (art. 103.Dos.1º LIVA) ☐
- Sujeto pasivo declarado en concurso de acreedores en el presente período de liquidación ☐
- Sujeto pasivo acogido voluntariamente al SII ☐
- Sujeto pasivo exonerado de la Declaración-resumen anual del IVA, modelo 390 ☐
- Sujeto pasivo con volumen anual de operaciones distinto de cero (art. 121 LIVA) ☐
- Sujeto pasivo con derecho a deducir pago a cuenta de entregas de gasolinas, gasóleos y biocarburantes posteriores a la ultimación del régimen de depósito distinto del aduanero ☐

Fecha en que se dictó el auto de declaración de concurso: Día Mes Año

Si se ha dictado auto de declaración de concurso en este periodo indique el tipo de autoliquidación: Preconcursal ☐ Postconcursal ☐

Liquidación (3)

Régimen general

IVA devengado		Base imponible		Tipo %		Cuota
	150		151		152	
	165		166		167	
Régimen general	01		02		03	
	153		154		155	
	04		05		06	
	07	63.000,00	08	21	09	13.230,00
Adquisiciones intracomunitarias de bienes y servicios	10	21.000,00			11	4.410,00
Otras operaciones con inversión del sujeto pasivo (excepto adq. intracom.)	12				13	
Modificación bases y cuotas	14				15	
	156		157		158	
	168		169		170	
Recargo equivalencia	16		17		18	
	19		20		21	
	22	12.000,00	23	5,20	24	624,00
Modificaciones bases y cuotas del recargo de equivalencia	25				26	
Total cuota devengada (152 + 167 + 03 + 155 + 06 + 09 + 11 + 13 + 15 + 158 + 170 + 18 + 21 + 24 + 26)					27	18.624,00

IVA deducible		Base		Cuota
Por cuotas soportadas en operaciones interiores corrientes	28	23.400,00	29	4.914,00
Por cuotas soportadas en operaciones interiores con bienes de inversión	30		31	
Por cuotas soportadas en las importaciones de bienes corrientes	32	30.000,00	33	6.300,00
Por cuotas soportadas en las importaciones de bienes de inversión	34		35	
En adquisiciones intracomunitarias de bienes y servicios corrientes	36	21.000,00	37	4.410,00
En adquisiciones intracomunitarias de bienes de inversión	38		39	
Rectificación de deducciones	40		41	
Compensaciones Régimen Especial A.G. y P.			42	
Regularización bienes de inversión			43	
Regularización por aplicación del porcentaje definitivo de prorrata			44	
Total a deducir (29 + 31 + 33 + 35 + 37 + 39 + 41 + 42 + 43 + 44)			45	15.624,00
Resultado régimen general (27 - 45)			46	2.640,00

6493

Modelo **303**

NIF	Apellidos y Nombre o Razón social	Página 3

Información adicional

Concepto	Casilla	Importe
Entregas intracomunitarias de bienes y servicios	59	
Exportaciones y operaciones asimiladas	60	60.000,00
Operaciones no sujetas por reglas de localización (excepto las incluidas en la casilla 123)	120	
Operaciones sujetas con inversión del sujeto pasivo	122	
Operaciones no sujetas por reglas de localización acogidas a los regímenes especiales de ventanilla única	123	
Operaciones sujetas y acogidas a los regímenes especiales de ventanilla única	124	

Concepto	Casilla	Base imponible	Casilla	Cuota
Importes de las entregas de bienes y prestaciones de servicios a las que habiéndoles sido aplicado el régimen especial del criterio de caja hubieran resultado devengadas conforme a la regla general de devengo contenida en el art. 75 LIVA	62		63	

Concepto	Casilla	Base imponible	Casilla	Cuota soportada
Importes de las adquisiciones de bienes y servicios a las que sea de aplicación o afecte el régimen especial del criterio de caja	74		75	

Resultado

Concepto	Casilla	Importe
Regularización cuotas art. 80.Cinco.5ª LIVA	76	
Suma de resultados (46 + 58 + 76)	64	2.640,00
Atribuible a la Administración del Estado [65] 100 %	66	2.640,00
IVA a la importación liquidado por la Aduana pendiente de ingreso	77	
Cuotas a compensar pendientes de periodos anteriores	110	
Cuotas a compensar de periodos anteriores aplicadas en este periodo	78	
Cuotas a compensar de periodos previos pendientes para periodos posteriores (110 - 78) (No se incluyen las cuotas a compensar generadas en este periodo)	87	

Exclusivamente para sujetos pasivos que tributan conjuntamente a la Administración del Estado y a las Haciendas Forales. Resultado de la regularización anual. [68] euros

Exclusivamente para determinados supuestos de autoliquidación rectificativa por discrepancia de criterio administrativo que no deban incluirse en otras casillas. Otros ajustes [108] euros

Pago a cuenta de entregas de gasolinas, gasóleos y biocarburantes posteriores a la ultimación del régimen de depósito distinto del aduanero atribuible a la Administración del Estado (Suma de la casilla 36 de todos los modelos 319 correspondientes a entregas incluidas en esta autoliquidación) [112] euros

Concepto	Casilla	Importe
Resultado de la autoliquidación (66 + 77 - 78 + 68 + 108)	69	2.640,00
Resultado a ingresar correspondiente a la anterior autoliquidación o liquidación administrativa del ejercicio y periodo objeto de la autoliquidación*	70	
Devoluciones acordadas por la Agencia Tributaria como consecuencia de la tramitación de anteriores autoliquidaciones o liquidaciones administrativas correspondientes al ejercicio y periodo objeto de la autoliquidación	109	
Resultado (69 - 70 + 109 - 112)	71	2.640,00

* En caso de segundas y siguientes autoliquidaciones rectificativas se considerará la última autoliquidación con efectos (ver instrucciones del modelo 303)

Sin actividad (4)

Sin actividad ☐

Rectificativa (5)

Si esta autoliquidación es rectificativa de otra autoliquidación anterior correspondiente al mismo concepto, ejercicio y periodo, indíquelo marcando con una "X" esta casilla.

☐ Autoliquidación rectificativa

En este caso, consigne a continuación el número de justificante identificativo de la autoliquidación anterior. Nº. de justificante [ ]

Indique el motivo de la rectificación:

- Rectificaciones (excepto incluidas en el motivo siguiente) ☐
- Discrepancia criterio administrativo ☐

6494

Modelo **303** | NIF | Apellidos y Nombre o Razón social | Página 6

Compensación (6)

Si resulta [71] negativa consignar el importe a compensar

72 C

Ingreso (7)

Ingreso efectuado a favor del Tesoro Público, cuenta restringida de colaboración en la recaudación de la AEAT de autoliquidaciones.

Importe: I 2.640,00

IBAN

Devolución (8)

Solicito que el importe a devolver reseñado, me sea abonado mediante transferencia bancaria a la cuenta indicada de la que soy titular

Importe .... 73 D

Rectificación (9)

Solicito que el importe que, en su caso, pudiera resultar a devolver como consecuencia de la rectificación, me sea abonado mediante transferencia bancaria a la cuenta indicada de la que soy titular

Importe 111

Mediante transferencia a cuenta bancaria abierta en España

IBAN

Mediante transferencia a cuenta bancaria abierta en el extranjero:

Unión Europea/SEPA

IBAN | Código SWIFT-BIC

Resto países

Código SWIFT-BIC | Número de cuenta/Account no.

Banco/Bank name

Dirección del Banco/ Bank address

Ciudad/City | País/Country | Código País/Country code

Cumplimentación del modelo 303, 2º trimestre (nº 6475 s.): 6496

Agencia Tributaria

Teléfono: 91 554 87 70 / 901 33 55 33
https://sede.agenciatributaria.gob.es

Impuesto sobre el Valor Añadido
Autoliquidación
Ingreso del Impuesto sobre el Valor Añadido a la importación liquidado por la Aduana.

Modelo **303**

Identificación (1)

Devengo (2) Ejercicio N Período 2T

NIF | Apellidos y nombre o Razón social

☐ **Tributación exclusivamente foral.** Sujeto pasivo que tributa exclusivamente a una Administración tributaria Foral con IVA a la importación liquidado por la Aduana pendiente de ingreso

Espacio reservado para numeración por código de barras

- Sujeto pasivo inscrito en el Registro de devolución mensual (art. 30 RIVA) ☐
- Sujeto pasivo que tributa exclusivamente en régimen simplificado ☐
- Autoliquidación conjunta ☐
- Sujeto pasivo acogido al régimen especial del criterio de Caja (art. 163 undecies LIVA) ☐
- Sujeto pasivo destinatario de operaciones acogidas al régimen especial del criterio de caja ☐
- Opción por la aplicación de la prorrata especial (art. 103.Dos.1º LIVA) ☐
- Revocación de la opción por la aplicación de la prorrata especial (art. 103.Dos.1º LIVA) ☐
- Sujeto pasivo declarado en concurso de acreedores en el presente período de liquidación ☐
- Sujeto pasivo acogido voluntariamente al SII ☐
- Sujeto pasivo exonerado de la Declaración-resumen anual del IVA, modelo 390 ☐
- Sujeto pasivo con volumen anual de operaciones distinto de cero (art. 121 LIVA) ☐
- Sujeto pasivo con derecho a deducir pago a cuenta de entregas de gasolinas, gasóleos y biocarburantes posteriores a la ultimación del régimen de depósito distinto del aduanero ☐

Fecha en que se dictó el auto de declaración de concurso: Día Mes Año

Si se ha dictado auto de declaración de concurso en este período indique el tipo de autoliquidación: Preconcursal ☐ Postconcursal ☐

Liquidación (3)

Régimen general

IVA devengado

		Base imponible		Tipo %		Cuota
Régimen general	150		151		152	
	165		166		167	
	01		02		03	
	153		154		155	
	04		05		06	
	07	108.000,00	08	21	09	22.680,00
Adquisiciones intracomunitarias de bienes y servicios	10	6.000,00			11	1.260,00
Otras operaciones con inversión del sujeto pasivo (excepto adq. intracom.)	12				13	
Modificación bases y cuotas	14	- 3.000,00			15	- 630,00
Recargo equivalencia	156		157		158	
	168		169		170	
	16		17		18	
	19		20		21	
	22		23		24	
Modificaciones bases y cuotas del recargo de equivalencia	25				26	
Total cuota devengada (152 + 167 + 03 + 155 + 06 + 09 + 11 + 13 + 15 + 158 + 170 + 18 + 21 + 24 + 26)					27	23.310,00

IVA deducible

		Base		Cuota
Por cuotas soportadas en operaciones interiores corrientes	28	39.000,00	29	8.190,00
Por cuotas soportadas en operaciones interiores con bienes de inversión	30	36.000,00	31	7.560,00
Por cuotas soportadas en las importaciones de bienes corrientes	32	42.000,00	33	8.820,00
Por cuotas soportadas en las importaciones de bienes de inversión	34		35	
En adquisiciones intracomunitarias de bienes y servicios corrientes	36	6.000,00	37	1.260,00
En adquisiciones intracomunitarias de bienes de inversión	38		39	
Rectificación de deducciones	40		41	
Compensaciones Régimen Especial A.G. y P.			42	
Regularización bienes de inversión			43	
Regularización por aplicación del porcentaje definitivo de prorrata			44	
Total a deducir (29 + 31 + 33 + 35 + 37 + 39 + 41 + 42 + 43 + 44)			45	25.830,00
Resultado régimen general (27 - 45)			46	- 2.520,00

6497

Modelo **303** | NIF | Apellidos y Nombre o Razón social | Página 3

Información adicional

Concepto	Casilla	Importe
Entregas intracomunitarias de bienes y servicios	59	27.000,00
Exportaciones y operaciones asimiladas	60	90.000,00
Operaciones no sujetas por reglas de localización (excepto las incluidas en la casilla 123)	120	
Operaciones sujetas con inversión del sujeto pasivo	122	
Operaciones no sujetas por reglas de localización acogidas a los regímenes especiales de ventanilla única	123	
Operaciones sujetas y acogidas a los regímenes especiales de ventanilla única	124	

Concepto	Base imponible	Cuota
Importes de las entregas de bienes y prestaciones de servicios a las que habiéndoles sido aplicado el régimen especial del criterio de caja hubieran resultado devengadas conforme a la regla general de devengo contenida en el art. 75 LIVA	62	63

Concepto	Base imponible	Cuota soportada
Importes de las adquisiciones de bienes y servicios a las que sea de aplicación o afecte el régimen especial del criterio de caja	74	75

Resultado

Concepto	Casilla	Importe
Regularización cuotas art. 80.Cinco.5ª LIVA	76	
Suma de resultados (46 + 58 + 76)	64	- 2.520,00
Atribuible a la Administración del Estado [65] 100 %	66	- 2.520,00
IVA a la importación liquidado por la Aduana pendiente de ingreso	77	
Cuotas a compensar pendientes de periodos anteriores	110	
Cuotas a compensar de periodos anteriores aplicadas en este periodo	78	
Cuotas a compensar de periodos previos pendientes para periodos posteriores (110 - 78) (No se incluyen las cuotas a compensar generadas en este periodo)	87	

Exclusivamente para sujetos pasivos que tributan conjuntamente a la Administración del Estado y a las Haciendas Forales. Resultado de la regularización anual. [68] euros

Exclusivamente para determinados supuestos de autoliquidación rectificativa por discrepancia de criterio administrativo que no deban incluirse en otras casillas. Otros ajustes [108] euros

Pago a cuenta de entregas de gasolinas, gasóleos y biocarburantes posteriores a la ultimación del régimen de depósito distinto del aduanero atribuible a la Administración del Estado (Suma de la casilla 36 de todos los modelos 319 correspondientes a entregas incluidas en esta autoliquidación) [112] euros

Concepto	Casilla	Importe
Resultado de la autoliquidación (66 + 77 - 78 + 68 + 108)	69	- 2.520,00
Resultado a ingresar correspondiente a la anterior autoliquidación o liquidación administrativa del ejercicio y período objeto de la autoliquidación*	70	
Devoluciones acordadas por la Agencia Tributaria como consecuencia de la tramitación de anteriores autoliquidaciones o liquidaciones administrativas correspondientes al ejercicio y período objeto de la autoliquidación	109	
Resultado (69 - 70 + 109 - 112)	71	- 2.520,00

* En caso de segundas y siguientes autoliquidaciones rectificativas se considerará la última autoliquidación con efectos (ver instrucciones del modelo 303)

Sin actividad (4)

Sin actividad ☐

Rectificativa (5)

Si esta autoliquidación es rectificativa de otra autoliquidación anterior correspondiente al mismo concepto, ejercicio y período, indíquelo marcando con una "X" esta casilla.

☐ Autoliquidación rectificativa

En este caso, consigne a continuación el número de justificante identificativo de la autoliquidación anterior. Nº. de justificante

Indique el motivo de la rectificación:

Rectificaciones (excepto incluidas en el motivo siguiente) ☐

Discrepancia criterio administrativo ☐

6498

Modelo **303**

NIF | Apellidos y Nombre o Razón social | Página 6

Compensación (6)

Si resulta [71] negativa consignar el importe a compensar

72 C 2.520,00

Ingreso (7)

Ingreso efectuado a favor del Tesoro Público, cuenta restringida de colaboración en la recaudación de la AEAT de autoliquidaciones.

Importe: I

IBAN

Devolución (8)

Solicito que el importe a devolver reseñado, me sea abonado mediante transferencia bancaria a la cuenta indicada de la que soy titular

Importe .... 73 D

Rectificación (9)

Solicito que el importe que, en su caso, pudiera resultar a devolver como consecuencia de la rectificación, me sea abonado mediante transferencia bancaria a la cuenta indicada de la que soy titular

Importe 111

Mediante transferencia a cuenta bancaria abierta en España

IBAN

Mediante transferencia a cuenta bancaria abierta en el extranjero:

Unión Europea/SEPA

IBAN | Código SWIFT-BIC

Resto países

Código SWIFT-BIC | Número de cuenta/Account no.

Banco/Bank name

Dirección del Banco/ Bank address

Ciudad/City | País/Country | Código País/Country code

6500 Cumplimentación del modelo 303, 3er trimestre (nº 6479 s.):

MINISTERIO DE HACIENDA

Agencia Tributaria

Teléfono: 91 554 87 70 / 901 33 55 33
https://sede.agenciatributaria.gob.es

Impuesto sobre el Valor Añadido
Autoliquidación
Ingreso del Impuesto sobre el Valor Añadido a la importación liquidado por la Aduana.

Modelo **303**

Identificación (1)

Devengo (2) Ejercicio [N] Período [3T]

NIF [ ] Apellidos y nombre o Razón social [ ]

☐ **Tributación exclusivamente foral.** Sujeto pasivo que tributa exclusivamente a una Administración tributaria Foral con IVA a la importación liquidado por la Aduana pendiente de ingreso

Espacio reservado para numeración por código de barras

- Sujeto pasivo inscrito en el Registro de devolución mensual (art. 30 RIVA) ☐
- Sujeto pasivo que tributa exclusivamente en régimen simplificado ☐
- Autoliquidación conjunta ☐
- Sujeto pasivo acogido al régimen especial del criterio de Caja (art. 163 undecies LIVA ☐
- Sujeto pasivo destinatario de operaciones acogidas al régimen especial del criterio de caja ☐
- Opción por la aplicación de la prorrata especial (art. 103.Dos.1º LIVA) ☐
- Revocación de la opción por la aplicación de la prorrata especial (art. 103.Dos.1º LIVA) ☐
- Sujeto pasivo declarado en concurso de acreedores en el presente período de liquidación ☐
- Sujeto pasivo acogido voluntariamente al SII ☐
- Sujeto pasivo exonerado de la Declaración-resumen anual del IVA, modelo 390 ☐
- Sujeto pasivo con volumen anual de operaciones distinto de cero (art. 121 LIVA) ☐
- Sujeto pasivo con derecho a deducir pago a cuenta de entregas de gasolinas, gasóleos y biocarburantes posteriores a la ultimación del régimen de depósito distinto del aduanero ☐

Fecha en que se dictó el auto de declaración de concurso: Día [ ] Mes [ ] Año [ ]

Si se ha dictado auto de declaración de concurso en este período indique el tipo de autoliquidación: Preconcursal ☐ Postconcursal ☐

Liquidación (3)

Régimen general

		Base imponible		Tipo %		Cuota
IVA devengado	150		151		152	
	165		166		167	
Régimen general	01		02		03	
	153		154		155	
	04	- 6.000,00	05	10	06	- 600,00
	07	114.000,00	08	21	09	23.940,00
Adquisiciones intracomunitarias de bienes y servicios	10	48.000,00			11	10.080,00
Otras operaciones con inversión del sujeto pasivo (excepto adq. intracom.)	12	12.000,00			13	2.520,00
Modificación bases y cuotas	14				15	
	156		157		158	
	168		169		170	
Recargo equivalencia	16		17		18	
	19		20		21	
	22	60.000,00	23	5,20	24	3.120,00
Modificaciones bases y cuotas del recargo de equivalencia	25				26	
Total cuota devengada (152 + 167 + 03 + 155 + 06 + 09 + 11 + 13 + 15 + 158 + 170 + 18 + 21 + 24 + 26)					27	39.060,00

IVA deducible		Base		Cuota
Por cuotas soportadas en operaciones interiores corrientes	28	33.000,00	29	6.930,00
Por cuotas soportadas en operaciones interiores con bienes de inversión	30		31	
Por cuotas soportadas en las importaciones de bienes corrientes	32	18.000,00	33	3.780,00
Por cuotas soportadas en las importaciones de bienes de inversión	34		35	
En adquisiciones intracomunitarias de bienes y servicios corrientes	36	48.000,00	37	10.080,00
En adquisiciones intracomunitarias de bienes de inversión	38		39	
Rectificación de deducciones	40		41	
Compensaciones Régimen Especial A.G. y P.			42	
Regularización bienes de inversión			43	
Regularización por aplicación del porcentaje definitivo de prorrata			44	
Total a deducir (29 + 31 + 33 + 35 + 37 + 39 + 41 + 42 + 43 + 44)			45	20.790,00
Resultado régimen general (27 - 45)			46	18.270,00

6501

Modelo **303** | NIF | Apellidos y Nombre o Razón social | Pagina 3

Información adicional

Concepto	Casilla	Importe
Entregas intracomunitarias de bienes y servicios	59	
Exportaciones y operaciones asimiladas	60	
Operaciones no sujetas por reglas de localización (excepto las incluidas en la casilla 123)	120	
Operaciones sujetas con inversión del sujeto pasivo	122	
Operaciones no sujetas por reglas de localización acogidas a los regímenes especiales de ventanilla única	123	
Operaciones sujetas y acogidas a los regímenes especiales de ventanilla única	124	

Concepto	Base imponible		Cuota	
Importes de las entregas de bienes y prestaciones de servicios a las que habiéndoles sido aplicado el régimen especial del criterio de caja hubieran resultado devengadas conforme a la regla general de devengo contenida en el art. 75 LIVA	62		63	

Concepto	Base imponible		Cuota soportada	
Importes de las adquisiciones de bienes y servicios a las que sea de aplicación o afecte el régimen especial del criterio de caja	74		75	

Resultado

Concepto	Casilla	Importe
Regularización cuotas art. 80.Cinco.5ª LIVA	76	
Suma de resultados (46 + 58 + 76)	64	18.270,00
Atribuible a la Administración del Estado ... 65: 100 %	66	18.270,00
IVA a la importación liquidado por la Aduana pendiente de ingreso	77	
Cuotas a compensar pendientes de periodos anteriores	110	2.520,00
Cuotas a compensar de periodos anteriores aplicadas en este periodo	78	2.520,00
Cuotas a compensar de periodos previos pendientes para periodos posteriores (110 - 78) (No se incluyen las cuotas a compensar generadas en este periodo)	87	
Resultado de la autoliquidación (66 + 77 - 78 + 68 + 108)	69	15.750,00
Resultado a ingresar correspondiente a la anterior autoliquidación o liquidación administrativa del ejercicio y periodo objeto de la autoliquidación(*)	70	
Devoluciones acordadas por la Agencia Tributaria como consecuencia de la tramitación de anteriores autoliquidaciones o liquidaciones administrativas correspondientes al ejercicio y periodo objeto de la autoliquidación	109	
Resultado (69 - 70 + 109 - 112)	71	15.750,00

* En caso de segundas y siguientes autoliquidaciones rectificativas se considerará la última autoliquidación con efectos (ver instrucciones del modelo 303)

Exclusivamente para sujetos pasivos que tributan conjuntamente a la Administración del Estado y a las Haciendas Forales. Resultado de la regularización anual. 68 ____ euros

Exclusivamente para determinados supuestos de autoliquidación rectificativa por discrepancia de criterio administrativo que no deban incluirse en otras casillas. Otros ajustes 108 ____ euros

Pago a cuenta de entregas de gasolinas, gasóleos y biocarburantes posteriores a la ultimación del régimen de depósito distinto del aduanero atribuible a la Administración del Estado (Suma de la casilla 36 de todos los modelos 319 correspondientes a entregas incluidas en esta autoliquidación) 112 ____ euros

Sin actividad (4)

Sin actividad ☐

Rectificativa (5)

Si esta autoliquidación es rectificativa de otra autoliquidación anterior correspondiente al mismo concepto, ejercicio y periodo, indíquelo marcando con una "X" esta casilla.

☐ Autoliquidación rectificativa

En este caso, consigne a continuación el número de justificante identificativo de la autoliquidación anterior. Nº. de justificante ____

Indique el motivo de la rectificación:

Rectificaciones (excepto incluidas en el motivo siguiente) ☐

Discrepancia criterio administrativo ☐

6502

Modelo
303

NIF | Apellidos y Nombre o Razón social | Página 6

Compensación (6)

Si resulta [71] negativa consignar el importe a compensar

72 C

Ingreso (7)

Ingreso efectuado a favor del Tesoro Público, cuenta restringida de colaboración en la recaudación de la AEAT de autoliquidaciones.

Importe: I 15.750,00

IBAN

Devolución (8)

Solicito que el importe a devolver reseñado, me sea abonado mediante transferencia bancaria a la cuenta indicada de la que soy titular

Importe .... 73 D

Rectificación (9)

Solicito que el importe que, en su caso, pudiera resultar a devolver como consecuencia de la rectificación, me sea abonado mediante transferencia bancaria a la cuenta indicada de la que soy titular

Importe 111

Mediante transferencia a cuenta bancaria abierta en España

IBAN

Mediante transferencia a cuenta bancaria abierta en el extranjero:

Unión Europea/SEPA

IBAN | Código SWIFT-BIC

Resto países

Código SWIFT-BIC | Número de cuenta/Account no.

Banco/Bank name

Dirección del Banco/ Bank address

Ciudad/City | País/Country | Código País/Country code

Cumplimentación del modelo 303, 4º trimestre (nº 6483 s.): 6505

MINISTERIO DE HACIENDA

Agencia Tributaria

Teléfono: 91 554 87 70 / 901 33 55 33
https://sede.agenciatributaria.gob.es

Impuesto sobre el Valor Añadido
Autoliquidación
Ingreso del Impuesto sobre el Valor Añadido a la importación liquidado por la Aduana.

Modelo **303**

Identificación (1)

Devengo (2) Ejercicio N Periodo 4T

NIF | Apellidos y nombre o Razón social

☐ **Tributación exclusivamente foral.** Sujeto pasivo que tributa exclusivamente a una Administración tributaria Foral con IVA a la importación liquidado por la Aduana pendiente de ingreso

Espacio reservado para numeración por código de barras

- Sujeto pasivo inscrito en el Registro de devolución mensual (art. 30 RIVA) ☐
- Sujeto pasivo que tributa exclusivamente en régimen simplificado ☐
- Autoliquidación conjunta ☐
- Sujeto pasivo acogido al régimen especial del criterio de Caja (art. 163 undecies LIVA) ☐
- Sujeto pasivo destinatario de operaciones acogidas al régimen especial del criterio de caja ☐
- Opción por la aplicación de la prorrata especial (art. 103.Dos.1º LIVA) ☐
- Revocación de la opción por la aplicación de la prorrata especial (art. 103.Dos.1º LIVA) ☐
- Sujeto pasivo declarado en concurso de acreedores en el presente período de liquidación X
- Sujeto pasivo acogido voluntariamente al SII ☐
- Sujeto pasivo exonerado de la Declaración-resumen anual del IVA, modelo 390 ☐
- Sujeto pasivo con volumen anual de operaciones distinto de cero (art. 121 LIVA) ☐
- Sujeto pasivo con derecho a deducir pago a cuenta de entregas de gasolinas, gasóleos y biocarburantes posteriores a la ultimación del régimen de depósito distinto del aduanero ☐

Fecha en que se dictó el auto de declaración de concurso: Día 1 Mes 11 Año N

Si se ha dictado auto de declaración de concurso en este período indique el tipo de autoliquidación: Preconcursal X Postconcursal ☐

Liquidación (3)

Régimen general

IVA devengado		Base imponible		Tipo %		Cuota
Régimen general	150		151		152	
	165		166		167	
	01		02		03	
	153		154		155	
	04		05		06	
	07	57.000,00	08	21	09	11.970,00
Adquisiciones intracomunitarias de bienes y servicios	10	12.000,00			11	2.520,00
Otras operaciones con inversión del sujeto pasivo (excepto adq. intracom.)	12				13	
Modificación bases y cuotas	14	- 6.000,00			15	- 1.260,00
Recargo equivalencia	156		157		158	
	168		169		170	
	16		17		18	
	19		20		21	
	22	12.000,00	23	5,20	24	624,00
Modificaciones bases y cuotas del recargo de equivalencia	25	- 6.000,00			26	- 312,00
Total cuota devengada (152 + 167 + 03 + 155 + 06 + 09 + 11 + 13 + 15 + 158 + 170 + 18 + 21 + 24 + 26)					27	13.542,00

IVA deducible		Base		Cuota
Por cuotas soportadas en operaciones interiores corrientes	28	7.000,00	29	1.470,00
Por cuotas soportadas en operaciones interiores con bienes de inversión	30		31	
Por cuotas soportadas en las importaciones de bienes corrientes	32		33	
Por cuotas soportadas en las importaciones de bienes de inversión	34		35	
En adquisiciones intracomunitarias de bienes y servicios corrientes	36		37	
En adquisiciones intracomunitarias de bienes de inversión	38	12.000,00	39	2.520,00
Rectificación de deducciones	40		41	
Compensaciones Régimen Especial A.G. y P.			42	
Regularización bienes de inversión			43	
Regularización por aplicación del porcentaje definitivo de prorrata			44	
Total a deducir (29 + 31 + 33 + 35 + 37 + 39 + 41 + 42 + 43 + 44)			45	3.990,00
Resultado régimen general (27 - 45)			46	9.552,00

6506

Modelo **303**

NIF | Apellidos y Nombre o Razón social | **Página 3**

Información adicional

Entregas intracomunitarias de bienes y servicios	59	
Exportaciones y operaciones asimiladas	60	60.000,00
Operaciones no sujetas por reglas de localización (excepto las incluidas en la casilla 123)	120	
Operaciones sujetas con inversión del sujeto pasivo	122	
Operaciones no sujetas por reglas de localización acogidas a los regímenes especiales de ventanilla única	123	
Operaciones sujetas y acogidas a los regímenes especiales de ventanilla única	124	

	Base imponible	Cuota
Importes de las entregas de bienes y prestaciones de servicios a las que habiéndoles sido aplicado el régimen especial del criterio de caja hubieran resultado devengadas conforme a la regla general de devengo contenida en el art. 75 LIVA	62	63

	Base imponible	Cuota soportada
Importes de las adquisiciones de bienes y servicios a las que sea de aplicación o afecte el régimen especial del criterio de caja	74	75

Resultado

Regularización cuotas art. 80.Cinco.5ª LIVA	76	
Suma de resultados (46 + 58 + 76)	64	9.552,00
Atribuible a la Administración del Estado 65 100 %	66	9.552,00
IVA a la importación liquidado por la Aduana pendiente de ingreso	77	
Cuotas a compensar pendientes de periodos anteriores	110	
Cuotas a compensar de periodos anteriores aplicadas en este periodo	78	
Cuotas a compensar de periodos previos pendientes para periodos posteriores (110 - 78) (No se incluyen las cuotas a compensar generadas en este periodo)	87	

Exclusivamente para sujetos pasivos que tributan conjuntamente a la Administración del Estado y a las Haciendas Forales. Resultado de la regularización anual. 68 euros

Exclusivamente para determinados supuestos de autoliquidación rectificativa por discrepancia de criterio administrativo que no deban incluirse en otras casillas. Otros ajustes 108 euros

Pago a cuenta de entregas de gasolinas, gasóleos y biocarburantes posteriores a la ultimación del régimen de depósito distinto del aduanero atribuible a la Administración del Estado (Suma de la casilla 36 de todos los modelos 319 correspondientes a entregas incluidas en esta autoliquidación) 112 euros

Resultado de la autoliquidación (66 + 77 - 78 + 68 + 108)	69	9.552,00
Resultado a ingresar correspondiente a la anterior autoliquidación o liquidación administrativa del ejercicio y periodo objeto de la autoliquidación*	70	
Devoluciones acordadas por la Agencia Tributaria como consecuencia de la tramitación de anteriores autoliquidaciones o liquidaciones administrativas correspondientes al ejercicio y periodo objeto de la autoliquidación	109	
Resultado (69 - 70 + 109 - 112)	71	9.552,00

* En caso de segundas y siguientes autoliquidaciones rectificativas se considerará la última autoliquidación con efectos (ver instrucciones del modelo 303)

Sin actividad (4)

Sin actividad ☐

Rectificativa (5)

Si esta autoliquidación es rectificativa de otra autoliquidación anterior correspondiente al mismo concepto, ejercicio y periodo, indíquelo marcando con una "X" esta casilla.

☐ Autoliquidación rectificativa

En este caso, consigne a continuación el número de justificante identificativo de la autoliquidación anterior. Nº. de justificante

Indique el motivo de la rectificación:

Rectificaciones (excepto incluidas en el motivo siguiente) ☐

Discrepancia criterio administrativo ☐

6507

Modelo **303** | NIF | Apellidos y Nombre o Razón social | Página 6

Compensación (6)

Si resulta [71] negativa consignar el importe a compensar

72 C

Ingreso (7)

Ingreso efectuado a favor del Tesoro Público, cuenta restringida de colaboración en la recaudación de la AEAT de autoliquidaciones.

Importe: I 9.552,00

IBAN

Devolución (8)

Solicito que el importe a devolver reseñado, me sea abonado mediante transferencia bancaria a la cuenta indicada de la que soy titular

Importe .... 73 D

Rectificación (9)

Solicito que el importe que, en su caso, pudiera resultar a devolver como consecuencia de la rectificación, me sea abonado mediante transferencia bancaria a la cuenta indicada de la que soy titular

Importe 111

Mediante transferencia a cuenta bancaria abierta en España

IBAN

Mediante transferencia a cuenta bancaria abierta en el extranjero:

Unión Europea/SEPA

IBAN | Código SWIFT-BIC

Resto países

Código SWIFT-BIC | Número de cuenta/Account no.

Banco/Bank name

Dirección del Banco/ Bank address

Ciudad/City | País/Country | Código País/Country code

6509

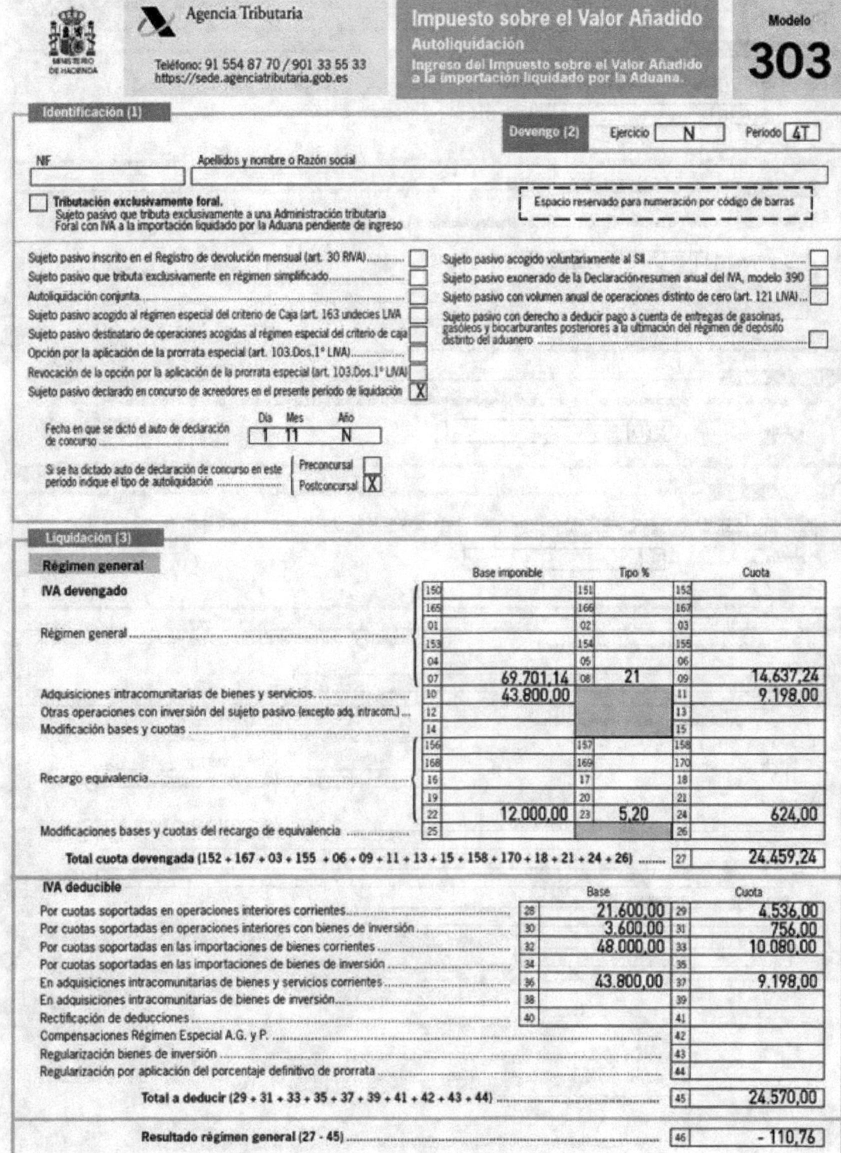

MINISTERIO DE HACIENDA

Agencia Tributaria

Teléfono: 91 554 87 70 / 901 33 55 33
https://sede.agenciatributaria.gob.es

Impuesto sobre el Valor Añadido
Autoliquidación
Ingreso del Impuesto sobre el Valor Añadido a la importación liquidado por la Aduana.

Modelo **303**

Identificación (1)

Devengo (2) — Ejercicio: N — Período: 4T

NIF — Apellidos y nombre o Razón social

☐ **Tributación exclusivamente foral.** Sujeto pasivo que tributa exclusivamente a una Administración tributaria Foral con IVA a la importación liquidado por la Aduana pendiente de ingreso

Espacio reservado para numeración por código de barras

- Sujeto pasivo inscrito en el Registro de devolución mensual (art. 30 RIVA) ☐
- Sujeto pasivo que tributa exclusivamente en régimen simplificado ☐
- Autoliquidación conjunta ☐
- Sujeto pasivo acogido al régimen especial del criterio de Caja (art. 163 undecies LIVA ☐
- Sujeto pasivo destinatario de operaciones acogidas al régimen especial del criterio de caja ☐
- Opción por la aplicación de la prorrata especial (art. 103.Dos.1º LIVA) ☐
- Revocación de la opción por la aplicación de la prorrata especial (art. 103.Dos.1º LIVA) ☐
- Sujeto pasivo declarado en concurso de acreedores en el presente período de liquidación ☒
- Sujeto pasivo acogido voluntariamente al SII ☐
- Sujeto pasivo exonerado de la Declaración-resumen anual del IVA, modelo 390 ☐
- Sujeto pasivo con volumen anual de operaciones distinto de cero (art. 121 LIVA) ☐
- Sujeto pasivo con derecho a deducir pago a cuenta de entregas de gasolinas, gasóleos y biocarburantes posteriores a la ultimación del régimen de depósito distinto del aduanero ☐

Fecha en que se dictó el auto de declaración de concurso: Día 1 — Mes 11 — Año N

Si se ha dictado auto de declaración de concurso en este período indique el tipo de autoliquidación: Preconcursal ☐ Postconcursal ☒

Liquidación (3)

Régimen general

IVA devengado

	Casilla	Base imponible	Casilla	Tipo %	Casilla	Cuota
Régimen general	150		151		152	
	165		166		167	
	01		02		03	
	153		154		155	
	04		05		06	
	07	69.701,14	08	21	09	14.637,24
Adquisiciones intracomunitarias de bienes y servicios	10	43.800,00			11	9.198,00
Otras operaciones con inversión del sujeto pasivo (excepto adq. intracom.)	12				13	
Modificación bases y cuotas	14				15	
Recargo equivalencia	156		157		158	
	168		169		170	
	16		17		18	
	19		20		21	
	22	12.000,00	23	5,20	24	624,00
Modificaciones bases y cuotas del recargo de equivalencia	25				26	
Total cuota devengada (152 + 167 + 03 + 155 + 06 + 09 + 11 + 13 + 15 + 158 + 170 + 18 + 21 + 24 + 26)					27	24.459,24

IVA deducible

	Casilla	Base	Casilla	Cuota
Por cuotas soportadas en operaciones interiores corrientes	28	21.600,00	29	4.536,00
Por cuotas soportadas en operaciones interiores con bienes de inversión	30	3.600,00	31	756,00
Por cuotas soportadas en las importaciones de bienes corrientes	32	48.000,00	33	10.080,00
Por cuotas soportadas en las importaciones de bienes de inversión	34		35	
En adquisiciones intracomunitarias de bienes y servicios corrientes	36	43.800,00	37	9.198,00
En adquisiciones intracomunitarias de bienes de inversión	38		39	
Rectificación de deducciones	40		41	
Compensaciones Régimen Especial A.G. y P.			42	
Regularización bienes de inversión			43	
Regularización por aplicación del porcentaje definitivo de prorrata			44	
Total a deducir (29 + 31 + 33 + 35 + 37 + 39 + 41 + 42 + 43 + 44)			45	24.570,00
Resultado régimen general (27 - 45)			46	- 110,76

6510

Modelo **303** | NIF | Apellidos y Nombre o Razón social | **Página 3**

Información adicional

	Casilla	Importe
Entregas intracomunitarias de bienes y servicios	59	
Exportaciones y operaciones asimiladas	60	
Operaciones no sujetas por reglas de localización (excepto las incluidas en la casilla 123)	120	
Operaciones sujetas con inversión del sujeto pasivo	122	
Operaciones no sujetas por reglas de localización acogidas a los regímenes especiales de ventanilla única	123	31.000,00
Operaciones sujetas y acogidas a los regímenes especiales de ventanilla única	124	

	Base imponible	Cuota
Importes de las entregas de bienes y prestaciones de servicios a las que habiéndoles sido aplicado el régimen especial del criterio de caja hubieran resultado devengadas conforme a la regla general de devengo contenida en el art. 75 LIVA	62	63

	Base imponible	Cuota soportada
Importes de las adquisiciones de bienes y servicios a las que sea de aplicación o afecte el régimen especial del criterio de caja	74	75

Resultado

	Casilla	Importe
Regularización cuotas art. 80.Cinco.5ª LIVA	76	
Suma de resultados (46 + 58 + 76)	64	- 110,76
Atribuible a la Administración del Estado [66] 100 %	66	- 110,76
IVA a la importación liquidado por la Aduana pendiente de ingreso	77	
Cuotas a compensar pendientes de periodos anteriores	110	
Cuotas a compensar de periodos anteriores aplicadas en este periodo	78	
Cuotas a compensar de periodos previos pendientes para periodos posteriores (110 - 78) (No se incluyen las cuotas a compensar generadas en este periodo)	87	
Resultado de la autoliquidación (66 + 77 - 78 + 68 + 108)	69	- 110,76
Resultado a ingresar correspondiente a la anterior autoliquidación o liquidación administrativa del ejercicio y periodo objeto de la autoliquidación(*)	70	
Devoluciones acordadas por la Agencia Tributaria como consecuencia de la tramitación de anteriores autoliquidaciones o liquidaciones administrativas correspondientes al ejercicio y periodo objeto de la autoliquidación	109	
Resultado (69 - 70 + 109 - 112)	71	- 110,76

Exclusivamente para sujetos pasivos que tributan conjuntamente a la Administración del Estado y a las Haciendas Forales. Resultado de la regularización anual. [68] euros

Exclusivamente para determinados supuestos de autoliquidación rectificativa por discrepancia de criterio administrativo que no deban incluirse en otras casillas. Otros ajustes [108] euros

Pago a cuenta de entregas de gasolinas, gasóleos y biocarburantes posteriores a la ultimación del régimen de depósito distinto del aduanero atribuible a la Administración del Estado (Suma de la casilla 36 de todos los modelos 319 correspondientes a entregas incluidas en esta autoliquidación) [112] euros

* En caso de segundas y siguientes autoliquidaciones rectificativas se considerará la última autoliquidación con efectos (ver instrucciones del modelo 303)

Sin actividad (4)

Sin actividad ☐

Rectificativa (5)

Si esta autoliquidación es rectificativa de otra autoliquidación anterior correspondiente al mismo concepto, ejercicio y periodo, indíquelo marcando con una "X" esta casilla.

☐ Autoliquidación rectificativa

En este caso, consigne a continuación el número de justificante identificativo de la autoliquidación anterior. Nº. de justificante

Indique el motivo de la rectificación:

Rectificaciones (excepto incluidas en el motivo siguiente) ☐

Discrepancia criterio administrativo ☐

6511

Modelo **303**

NIF | Apellidos y Nombre o Razón social | **Página 6**

Compensación (6)

Si resulta [71] negativa consignar el importe a compensar

72 C 110,76

Ingreso (7)

Ingreso efectuado a favor del Tesoro Público, cuenta restringida de colaboración en la recaudación de la AEAT de autoliquidaciones.

Importe: I

IBAN

Devolución (8)

Solicito que el importe a devolver reseñado, me sea abonado mediante transferencia bancaria a la cuenta indicada de la que soy titular

Importe .... 73 D

Rectificación (9)

Solicito que el importe que, en su caso, pudiera resultar a devolver como consecuencia de la rectificación, me sea abonado mediante transferencia bancaria a la cuenta indicada de la que soy titular

Importe 111

Mediante transferencia a cuenta bancaria abierta en España

IBAN

Mediante transferencia a cuenta bancaria abierta en el extranjero:

Unión Europea/SEPA

IBAN | Código SWIFT-BIC

Resto países

Código SWIFT-BIC | Número de cuenta/Account no.

Banco/Bank name

Dirección del Banco/ Bank address

Ciudad/City | País/Country | Código País/Country code

Cumplimentación del modelo 390, resumen anual (nº 6489): 6515

Agencia Tributaria
MINISTERIO DE HACIENDA
Teléfono: 91 554 87 70 / 901 33 55 33
https://sede.agenciatributaria.gob.es

Impuesto sobre el Valor Añadido
Declaración-Resumen anual

Pág. 1
Modelo **390**

1. Sujeto pasivo

NIF

Apellidos y Nombre o Razón social o denominación

Registro de devolución mensual en algún periodo del ejercicio ....

Régimen especial del grupo de entidades en algún periodo del ejercicio....... Nº Grupo Dominante Dependiente

Tipo régimen especial aplicable: Art. 163 sexies.cinco .... SI NO NIF entidad dominante

¿Ha sido declarado en concurso de acreedores en este ejercicio? SI X NO

¿Ha optado por el régimen especial del criterio de caja (art. 163.undecies LIVA)? SI NO X

¿Ha sido destinatario de operaciones a las que se aplique el régimen especial del criterio de caja? SI NO X

Sujeto pasivo con derecho a deducir pago a cuenta de entregas de gasolinas, gasóleos y biocarburantes posteriores a la ultimación del régimen de depósito distinto del aduanero SI NO X

2. Devengo

Ejercicio N Declaración sustitutiva ....

Declaración sustitutiva por rectificación de cuotas deducidas en caso de concurso de acreedores (art. 80.Tres LIVA) ....

Número identificativo declaración anterior

Espacio reservado para numeración por código de barras

3. Datos estadísticos

A **Actividades a las que se refiere la declaración** (de mayor a menor importancia por volumen de operaciones)

	B Código de actividad	C Epígrafe IAE
Principal: FAB. MOBILIARIO ESCOLAR Y OFICINA	A03	468.2
Otras		

Si ha efectuado operaciones por las que tenga obligación de presentar la declaración anual de operaciones con terceras personas, marque una "X" .... D X

Declaración de sujeto pasivo incluido en autoliquidaciones conjuntas

Sujeto pasivo acogido a la presentación de la autoliquidación conjunta a través de la entidad:

NIF Razón social

4. Datos del representante

Personas físicas y entidades sin personalidad jurídica

Representante

NIF Apellidos y Nombre o Razón social o denominación

Calle, Pza., Avda. Nombre de la vía pública Número Esc. Piso Prta. Teléfono

Municipio Provincia Cod. Postal

Personas jurídicas

Declaración de los Representantes legales de la Entidad

El (los) representante(s) legal(es) de la Entidad declarante, manifiesta(n) que todos los datos consignados se corresponden con la información contenida en los libros oficiales exigidos por la legislación mercantil y en la normativa del Impuesto.

Por poder,	Por poder,	Por poder,
D	D	D ....
NIF	NIF	NIF ....
Fecha Poder	Fecha Poder	Fecha Poder ....
Notaría	Notaría	Notaría ....

6516

NIF | Apellidos y Nombre o Razón social o denominación | **Pág. 2**

5. Operaciones realizadas en régimen general

IVA devengado

	Casilla	Base imponible	Tipo %	Casilla	Cuota devengada
Régimen ordinario	700		0	701	
	667		2	668	
	01		4	02	
	702		5	703	
	669		7,5	670	
	03	- 6.000,00	10	04	- 600,00
	05	411.701,14	21	06	86.457,24
Operaciones intragrupo	704		0	705	
	671		2	672	
	500		4	501	
	706		5	707	
	673		7,5	674	
	502		10	503	
	504		21	505	
Régimen especial del criterio de caja	708		0	709	
	675		2	676	
	643		4	644	
	710		5	711	
	677		7,5	678	
	645		10	646	
	647		21	648	
Régimen especial de bienes usados, objetos de arte, antigüedades y objetos de colección	712		0	713	
	679		2	680	
	07		4	08	
	714		5	715	
	681		7,5	682	
	09		10	10	
	11		21	12	
Régimen especial de agencias de viaje	13		21	14	
Adquisiciones intracomunitarias de bienes	716		0	717	
	683		2	684	
	21		4	22	
	718		5	719	
	685		7,5	686	
	23		10	24	
	25	120.000,00	21	26	25.200,00
Adquisiciones intracomunitarias de servicios	720		0	721	
	687		2	688	
	545		4	546	
	722		5	723	
	689		7,5	690	
	547		10	548	
	551	10.800,00	21	552	2.268,00
IVA devengado en otros supuestos de inversión del sujeto pasivo	27	12.000,00		28	2.520,00
Modificación de bases y cuotas	29	- 9.000,00		30	- 1.890,00
Modificación de bases y cuotas de operaciones intragrupo	649			650	
Modificación de bases y cuotas por auto de declaración de concurso de acreedores	31			32	
Total bases y cuotas IVA	33	539.501,14		34	113.955,24

6516.1

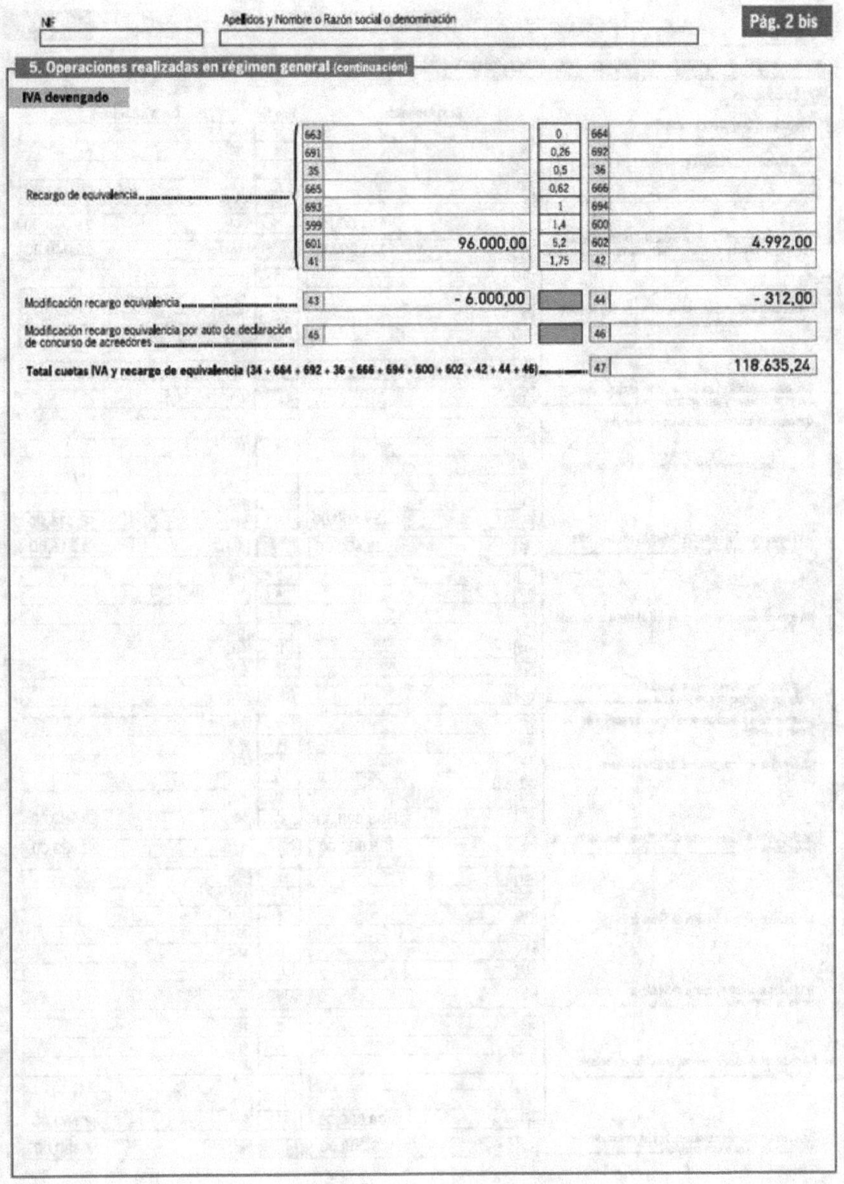

NIF | Apellidos y Nombre o Razón social o denominación | Pág. 2 bis

5. Operaciones realizadas en régimen general (continuación)

IVA devengado

	Casilla	Base	Tipo	Casilla	Cuota
Recargo de equivalencia	663		0	664	
	691		0,26	692	
	35		0,5	36	
	665		0,62	666	
	693		1	694	
	599		1,4	600	
	601	96.000,00	5,2	602	4.992,00
	41		1,75	42	
Modificación recargo equivalencia	43	- 6.000,00		44	- 312,00
Modificación recargo equivalencia por auto de declaración de concurso de acreedores	45			46	
Total cuotas IVA y recargo de equivalencia (34 + 664 + 692 + 36 + 666 + 694 + 600 + 602 + 42 + 44 + 46)				47	118.635,24

6517

NIF | Apellidos y Nombre o Razón social o denominación | **Pág. 3**

5. Operaciones realizadas en régimen general (continuación)

IVA deducible

	Casilla	Base imponible	Tipo %	Casilla	Cuota deducible
Operaciones interiores corrientes:					
IVA deducible en operaciones interiores de bienes y servicios corrientes	695		2	696	
	190		4	191	
	724		5	725	
	697		7,5	698	
	603		10	604	
	605	124.000,00	21	606	26.040,00
Total bases imponibles y cuotas deducibles en operaciones interiores de bienes y servicios corrientes	48	124.000,00		49	26.040,00
IVA deducible en operaciones intragrupo de bienes y servicios corrientes	745		2	746	
	506		4	507	
	726		5	727	
	747		7,5	748	
	607		10	608	
	609		21	610	
Total bases imponibles y cuotas deducibles en operaciones intragrupo de bienes y servicios corrientes	512			513	
Operaciones interiores de bienes de inversión:					
IVA deducible en operaciones interiores de bienes de inversión	749		2	750	
	196		4	197	
	728		5	729	
	751		7,5	752	
	611		10	612	
	613	39.600,00	21	614	8.316,00
Total bases imponibles y cuotas deducibles en operaciones interiores de bienes de inversión	50	39.600,00		51	8.316,00
IVA deducible en operaciones intragrupo de bienes de inversión	753		2	754	
	514		4	515	
	730		5	731	
	755		7,5	756	
	615		10	616	
	617		21	618	
Total bases imponibles y cuotas deducibles en operaciones intragrupo de bienes de inversión	520			521	
Importaciones y adquisiciones intracomunitarias de bienes y servicios:					
IVA deducible en importaciones de bienes corrientes	757		2	758	
	202		4	203	
	732		5	733	
	759		7,5	760	
	619		10	620	
	621	138.000,00	21	622	28.980,00
Total bases imponibles y cuotas deducibles en importaciones de bienes corrientes	52	138.000,00		53	28.980,00
IVA deducible en importaciones de bienes de inversión	761		2	762	
	208		4	209	
	734		5	735	
	763		7,5	764	
	623		10	624	
	625		21	626	
Total bases imponibles y cuotas deducibles en importaciones de bienes de inversión	54			55	
IVA deducible en adquisiciones intracomunitarias de bienes corrientes	765		2	766	
	214		4	215	
	736		5	737	
	767		7,5	768	
	627		10	628	
	629	108.000,00	21	630	22.680,00
Total bases imponibles y cuotas deducibles en adquisiciones intracomunitarias de bienes corrientes	56	108.000,00		57	22.680,00

6518

NIF | Apellidos y Nombre o Razón social o denominación | Pág. 4

5. Operaciones realizadas en régimen general (continuación)

IVA deducible

	Base imponible	Tipo %	Cuota deducible
IVA deducible en adquisiciones intracomunitarias de bienes de inversión	769	2	770
	220	4	221
	738	5	739
	771	7,5	772
	631	10	632
	633 12.000,00	21	634 2.520,00
Total bases imponibles y cuotas deducibles en adquisiciones intracomunitarias de bienes de inversión	58 12.000,00		59 2.520,00
IVA deducible en adquisiciones intracomunitarias de servicios	773	2	774
	587	4	588
	740	5	741
	775	7,5	776
	635	10	636
	637 10.800,00	21	638 2.268,00
Total bases imponibles y cuotas deducibles en adquisiciones intracomunitarias de servicios	597 10.800,00		598 2.268,00
Compensación en régimen especial de la agricultura, ganadería y pesca	60		61
Cuotas deducibles en virtud de resolución administrativa o sentencia firmes con tipos no vigentes	660		661
Rectificación de deducciones	639		62
Rectificación de deducciones por operaciones intragrupo	651		652
Regularización de bienes de inversión			63
Regularización por aplicación porcentaje definitivo de prorrata			522
Suma de deducciones (49 + 513 + 51 + 521 + 53 + 55 + 57 + 59 + 598 + 61 + 661 + 62 + 652 + 63 + 522)			64 90.804,00
Resultado régimen general (47 - 64)			65 27.831,24

6519

NIF | Apellidos y Nombre o Razón social o denominación | Pág. 6

7. Resultado liquidación anual (Sólo para sujetos pasivos que tributan exclusivamente en territorio común)

Liquidación anual

Concepto	Casilla	Importe
Regularización cuotas art. 80.Cinco.5ª LIVA	658	
Suma de resultados (65 + 83 + 658)	84	27.831,24
IVA a la importación liquidado por la Aduana (sólo sujetos pasivos con opción de diferimiento)	659	
Compensación de cuotas del ejercicio anterior	85	
Pago a cuenta atribuible a la Administración del Estado deducido en el ejercicio por entregas de gasolinas, gasóleos y biocarburantes	112	
Resultado de la liquidación (84 + 659 - 85 - 112)	86	27.831,24

8. Tributación por razón de territorio (Sólo para sujetos pasivos que tributan a varias Administraciones)

Administraciones

Administración	Casilla	%
Territorio común	87	%
Araba/Álava	88	%
Gipuzkoa	89	%
Bizkaia	90	%
Navarra	91	%

Concepto	Casilla	Importe
Regularización cuotas art. 80.Cinco.5ª LIVA	658	
Suma de resultados (65 + 83 + 658)	84	
Resultado atribuible a territorio común (84 x 87)	92	
IVA a la importación liquidado por la Aduana (sólo sujetos pasivos con opción de diferimiento)	659	
Compensación de cuotas del ejercicio anterior atribuible a territorio común	93	
Pago a cuenta atribuible a la Administración del Estado deducido en el ejercicio por entregas de gasolinas, gasóleos y biocarburantes	112	
Resultado de la liquidación anual atribuible a territorio común (92 + 659 - 93 - 112)	94	

9. Resultado de las liquidaciones

9.1 Periodos que no tributan en Régimen especial del grupo de entidades

Concepto	Casilla	Importe
Total resultados a ingresar en las autoliquidaciones de IVA del ejercicio	95	27.942,00
Total devoluciones mensuales de IVA solicitadas por sujetos pasivos inscritos en el Registro de devolución mensual	96	
Total devoluciones solicitadas por cuotas soportadas en la adquisición de elementos de transporte (Art. 30 bis RIVA)	524	
Si el resultado de la autoliquidación del último periodo es a compensar o a devolver consigne su importe: A compensar	97	110,76
A devolver	98	
Cuotas pendientes de compensación generadas en el ejercicio y distintas de las incluidas en la casilla 97	662	

9.2 Periodos que tributan en Régimen especial del grupo de entidades

Concepto	Casilla	Importe
Total resultados positivos autoliquidaciones del ejercicio (modelo 322)	525	
Total resultados negativos autoliquidaciones del ejercicio (modelo 322)	526	

10. Volumen de operaciones

Operaciones realizadas en el ejercicio

Concepto	Casilla	Importe
Operaciones en régimen general	99	405.701,14
Operaciones a las que habiéndoles sido aplicado el régimen especial del criterio de caja hubieran resultado devengadas conforme a la regla general de devengo contenida en el art. 75 LIVA	653	
Entregas intracomunitarias de bienes y servicios	103	27.000,00
Exportaciones y otras operaciones exentas con derecho a deducción	104	210.000,00
Operaciones exentas sin derecho a deducción	105	
Operaciones no sujetas por reglas de localización (excepto las incluidas en la casilla 126)	110	
Operaciones sujetas con inversión del sujeto pasivo	125	
Operaciones no sujetas por reglas de localización acogidas a los regímenes especiales de ventanilla única	126	31.000,00
Operaciones sujetas y acogidas a los regímenes especiales de ventanilla única	127	
Operaciones intragrupo valoradas conforme a lo dispuesto en los arts. 78 y 79 LIVA	128	
Operaciones en régimen simplificado	100	
Operaciones en régimen especial de la agricultura, ganadería y pesca	101	
Operaciones realizadas por sujetos pasivos acogidos al régimen especial del recargo de equivalencia	102	
Operaciones en Régimen especial de bienes usados, objetos de arte, antigüedades y objetos de colección	227	
Operaciones en régimen especial de Agencias de Viajes	228	
Entregas de bienes inmuebles, operaciones financieras y relativas al oro de inversión no habituales	106	
Entregas de bienes de inversión	107	
Total volumen de operaciones (Art. 121 Ley IVA) (99 + 653 + 103 + 104 + 105 + 110 + 100 + 101 + 102 + 125 + 126+ 127 + 128 + 227 + 228 - 106 - 107)	108	673.701,14

6520

Agencia Tributaria

Teléfono: 901 33 55 33
www.agenciatributaria.es

MINISTERIO DE HACIENDA

Declaración de inicio, modificación o cese de operaciones comprendidas en los regímenes especiales aplicables a los sujetos pasivos que presten servicios a personas que no tengan la condición de sujetos pasivos o que realicen ventas a distancia de bienes o determinadas entregas nacionales de bienes.

Pág. 1

Formulario **035**

Declaración de inicio o modificación. Régimen de la Unión

1. Causa de la presentación

[X] Inicio

[ ] Modificación

Espacio reservado para Nº justificante

2. Declarante

NIF: B12345678

Apellidos y Nombre o Razón social: EFL

Denominación comercial:

País de la sede en el extranjero si no es una empresa UE

Cod. País: País:

Si no es una empresa UE, indicar si dispone de establecimiento permanente a efectos de IVA en España ... SÍ [ ] NO [ ]

Incluido en un grupo de entidades .... [ ]

Declaración de ser una interfaz electrónica que facilita la venta de bienes .... [ ]

Declaración de no estar establecida a efectos de IVA en la UE .... [ ]

3. Datos del declarante

Teléfono: 600 000 000

Correo electrónico de contacto: efl@efl.es

Página web:

Dirección:

Calle: Num. Bloq./Portal/Escal. Planta/Puerta Distrito

Ciudad: C. Postal (ZIP) Provincia/Región/Estado Código País

Persona de contacto:

4. Datos bancarios

IBAN: Banco (BIC):

Titular:

5. Cambio de país de identificación

Código País: Número de operador en el régimen de la Unión en el país anterior:

6. Comunicación de operaciones previas

¿Ha realizado o va a realizar operaciones incluidas en el régimen especial? SÍ [X] NO [ ]

En caso afirmativo, indique la fecha de comienzo de las operaciones: 1-11-N

6521

Agencia Tributaria

Teléfono: 901 33 55 33
www.agenciatributaria.es

MINISTERIO DE HACIENDA

IMPUESTO SOBRE EL VALOR AÑADIDO

Regímenes especiales aplicables a los sujetos pasivos que prestan servicios a personas que no tengan la condición de sujetos pasivos, que efectúen ventas a distancia de bienes y ciertas entregas interiores de bienes.

Autoliquidación

Modelo 369

Pág. 1

Declaración IVA. Régimen exterior a la Unión

Espacio reservado para numeración por código de barras

1. Declarante

NIF: B12345678

Nº operador a efectos del régimen exterior a la Unión (NEUOSS): EFL

Apellidos y nombre o razón social:

2. Ejercicio y período

Ejercicio: N   Período: 4T

☐ Declaración sin actividad

3. Prestaciones de servicios

Código País EM de consumo	Tipo de IVA	Base Imponible (EUR)	Cuota IVA (EUR)

6522

NIF B12345678 | Apellidos y nombre o razón o denominación social EFL

Página 2

Modelo 369

Espacio reservado para nº justificante

4. Correcciones de autoliquidaciones de periodos anteriores (máximo 3 años)

Código País EM de consumo	Ejercicio	Periodo	Corrección de la cuota IVA (EUR)
AT	20	18.000,00	3.600,00
PT	23	5.000,00	1.150,00
FR	20	8.000,00	1.600,00

6525 **2) Persona física que aplica el régimen simplificado**.

EFL, persona física, ejerce la actividad de peluquería de señoras, tributando por el IAE en el epígrafe 972.1, sin que haya renunciado a la aplicación del régimen simplificado (ver nº 3172). A los efectos de la liquidación del IVA debe tenerse en cuenta lo siguiente:

- en la peluquería trabaja ella, la titular, durante media jornada (circunstancia que puede acreditar por causas objetivas), y tiene dos empleadas a tiempo completo y una chica en prácticas que tiene 17 años, con contrato de aprendizaje. El 1 de noviembre contrata a otra empleada a jornada completa;
- el local mide 100 m^2. El 1 de octubre adquiere un local de 50 m^2 a su promotor, anejo a la peluquería, para la ampliación de la misma, por 50.000 €, IVA incluido;
- el consumo de energía eléctrica ascendió a 33.000 Kwh durante el año anterior. El consumo de energía total a fin del ejercicio actual es de 34.000 Kwh;
- la peluquería ofrece como servicios accesorios, manicura y depilación. También vende de forma esporádica productos de cosmética, cremas, champú, espuma de pelo, etc.;
- adquiere en Alemania nuevos aparatos para secar y fijar el tinte, por importe de 9.000 €, en el mes de abril. Los gastos de transporte del aparato ascienden a 600 €. El transportista es alemán y factura sin IVA, por entenderse que el servicio está sujeto al IVA en España, donde reside el destinatario del servicio (se trata de un supuesto de adquisición intracomunitaria de servicios con inversión del sujeto pasivo);
- el importe de los gastos corrientes y suministros es el siguiente:

Primer trimestre 3.000 × 21%	630,00
Segundo trimestre 3.300 × 21%	693,00
Tercer trimestre 3.600 × 21%	756,00
Cuarto trimestre 3.700 × 21%	777,00
Total	2.856,00

6526 **Liquidación**:

Dado que la titular del establecimiento de peluquería a que se refiere el ejemplo es una persona física, tiene la condición de comerciante minorista, y está sometido al régimen especial del recargo de equivalencia por lo que respecta a todas sus ventas al por menor y, en particular, a las ventas de productos de belleza, champús y cremas realizadas en su establecimiento. Por esta actividad no tiene que presentar declaraciones-liquidaciones en el IVA.

Dicha actividad de comercio minorista tiene la consideración de sector diferenciado respecto de las demás actividades empresariales realizadas por el sujeto pasivo y, en particular, de la actividad de peluquería, epígrafe del IAE 972.1, que tributa en el régimen simplificado del IVA.

Para el cálculo de la cuota de los tres primeros trimestres (nº 6527) se aplica un porcentaje establecido en la Orden ministerial que aprueba los módulos para el año (nº 10510) distinto para cada actividad incluida en el ámbito objetivo del régimen simplificado sobre la cuota devengada por operaciones corrientes, calculada ésta en la forma señalada en la OM. El resultado es un ingreso a cuenta, que ha de detraerse de la cuota anual calculada al final del ejercicio.

6527 **1. Cuotas de los tres primeros trimestres**: En función de los **datos base existentes a 1-1-2026**:

a) Módulos:

• Valor de los módulos (OM HAC/1425/2025):
- Personal: 2.562,75 euros/persona.
- Superficie local: 41,33 euros/m^2.
- Consumo energía eléctrica: 17,48 euros/100 kwh.

• Número de unidades de módulo:

- personal (nº 3257):	el titular está media jornada	0,5
	dos empleadas a jornada completa	2,0
	una aprendiz de 17 años	0,6
	Total	3,1

- superficie del local: 100 m^2;
- energía consumida: 33.000 kwh.

• Importe de los módulos:

- personal: 3,1 × 2.562,75	7.944,52
- superficie local: Importe: 100 × 41,33	4.133,00
- Kwh consumidos: 33.000 × 0,1748	5.768,40
Total cuotas anuales devengadas	17.845,92

b) El ingreso a cuenta por los tres primeros trimestres, es el resultado de aplicar a dicha cantidad el porcentaje del 5% (fijado en la Orden ministerial para la actividad); es decir, 17.845,92 × 5% = 892,30 euros de ingreso cada trimestre.

c) En el nº 6532 s. se recoge el modelo 303 de declaración del 1er trimestre. Una declaración similar a esta ha de presentarse del 1 al 20 de julio y del 1 al 20 de octubre, correspondientes al 2º y 3er trimestre, respectivamente.

2. Cuota del 4º trimestre: Para su liquidación hay que tener en cuenta ciertas operaciones realizadas a lo largo del ejercicio, que dan lugar al devengo de las cuotas por adquisiciones intracomunitarias de bienes, adquisiciones intracomunitarias de servicios con inversión del sujeto pasivo, adquisición de activos fijos, etc. El sujeto pasivo debe liquidar las cuotas de IVA devengado en el trimestre en que tengan lugar las operaciones, o bien puede trasladarlas al cuarto trimestre. Las cuotas de IVA soportado deducible solo se pueden consignar en el cuarto trimestre (nº 3352 s.). En este ejemplo, EFL opta por trasladar la liquidación al cuarto trimestre. También se tiene en cuenta el 1% como gastos de difícil justificación, calculado sobre el total de cuota devengada. 6528

a) Adquisición de activo fijo por la compra del local en octubre:
- Base Imponible: 41.322,31 €.
- IVA soportado (deducible): 41.322,31 × 21% = 8.677,69 €.

b) Adquisición intracomunitaria de bienes por la compra de aparatos en Alemania en abril:
- Base Imponible: 9.000 €.
- IVA Devengado: 9.000 × 21% = 1.890 €.

También se consigna esta cifra (1.890 €) como IVA deducible por adquisición de activo fijo.

c) Adquisición intracomunitaria de servicios con inversión del sujeto pasivo por el servicio de transporte (nº 1336 s.):
- Base Imponible: 600 €.
- IVA Devengado: 600 × 21% = 126 €.

d) Regularización de los datos base:
- Módulo de personal: ha aumentado un nuevo empleado a jornada completa desde el 1 de noviembre, lo cual significa que hay que aumentar este módulo de la siguiente manera:

1.800 horas	-------	12 meses	
X	------	2 meses	1.800 × 2/12 = 300 horas
1 empleado	------	1.800 horas	
X	------	300 horas	300/1.800 = 0,16 empleado

Al dato base de personal empleado en los tres primeros trimestres (3,1), se le añade 0,16 y resulta 3,26: el nuevo importe del módulo es: 3,26 × 2.562,75 = 8.354,56 euros.
- Módulo de superficie: se ha adquirido un local nuevo de 50 m² con fecha 1 de octubre, luego la parte proporcional es la siguiente: (50/12) × 3 = 12,5 m².

El importe corregido del módulo es: (100 + 12,5) × 41,33 = 4.649,62.
- Módulo de consumo de energía: el consumo total de energía durante el año ha sido 34.000 Kwh. El importe real del módulo es: 34.000 × 0,1748 = 5.943,20.

e) Cálculo de la cuota (ver nº 3115 s.): 6529

- La cuota devengada, según los nuevos datos base, es: +8.354,56

+4.649,62
+5.943,20
18.947,38

La cuota devengada inicial fue 17.845,92 €, luego al haber variado las circunstancias de los datos base a lo largo del ejercicio, hay que regularizar en el cuarto trimestre de la siguiente manera:

- Cuota definitiva devengada en operaciones corrientes .... +18.947,38
- Cuota del IVA soportado por gastos corrientes y suministros, por el transporte (adquisición intracomunitaria de servicios) más el 1% de gastos de difícil justificación (2.856 + 126 + 189,47) .... -3.171,47

15.775,91

- Cuantía de la cuota mínima (nº 3343): porcentaje de cuota mínima 13% (fijado en la OM HAC/1425/2025):

0,13 × 18.947,38 .... 2.463,16

6529 (sigue) • La cuota mínima de 2.463,16 € es inferior a 15.775,91 €, que es la que prevalece y que es la cuota a ingresar, previa minoración de las cantidades ingresadas a cuenta durante los tres trimestres del año y los ajustes que procedan por adquisiciones intracomunitarias de bienes y servicios y operaciones con activos fijos (nº 3349):

- Cuota del régimen simplificado	+15.775,91
- Cantidades ingresadas a cuenta (892,30 × 3)	-2.676,90
	13.099,01
- Cuotas devengadas por operaciones de adquisiciones intracomunitarias de bienes y de servicios	+1.890,00
	+ 126,00
	2.016,00
- Cuotas soportadas o satisfechas por la adquisición de activos fijos:	
Compra local	-8.677,69
Adquisición intracomunitaria de maquinaria	-1.890,00
	-10.567,69
Resultado a ingresar (13.099,01 + 2.016 - 10.567,69)	4.547,32

• La cantidad total a ingresar del cuarto trimestre es de 4.547,32 €, una vez practicada la regularización de los módulos y determinadas las cantidades devengadas y deducibles derivadas de la actividad anual. La declaración del último trimestre se presenta en el modelo 303 (nº 6538 s.). Se excluye de la obligación de presentar la declaración resumen anual modelo 390 a aquellos sujetos pasivos que tributen en régimen simplificado del impuesto, o que realicen la actividad de arrendamiento de bienes inmuebles urbanos. La exclusión de la obligación de presentar el modelo 390 se mantiene en el caso de que los sujetos pasivos realicen, además, actividades por las que no exista obligación de presentar autoliquidaciones periódicas, como ocurre en este supuesto en que además se realiza una actividad acogida al régimen especial del recargo de equivalencia (OM EHA/3111/2009 art.1). Deben cumplimentar de manera obligatoria el apartado específico en el modelo 303 y reservado para estos sujetos pasivos exonerados de la presentación de la declaración modelo 390 (nº 6422).

Cumplimentación del modelo 303, 1er trimestre (nº 6527): **6532**

Agencia Tributaria

Teléfono: 91 554 87 70 / 901 33 55 33
https://sede.agenciatributaria.gob.es

Impuesto sobre el Valor Añadido
Autoliquidación
Ingreso del Impuesto sobre el Valor Añadido a la importación liquidado por la Aduana.

Modelo **303**

Identificación (1)

Devengo (2) Ejercicio: N Periodo: 1T

NIF: Apellidos y nombre o Razón social:

☐ **Tributación exclusivamente foral.** Sujeto pasivo que tributa exclusivamente a una Administración tributaria Foral con IVA a la importación liquidado por la Aduana pendiente de ingreso

Espacio reservado para numeración por código de barras

- Sujeto pasivo inscrito en el Registro de devolución mensual (art. 30 RIVA) ☐
- Sujeto pasivo que tributa exclusivamente en régimen simplificado ☒
- Autoliquidación conjunta ☐
- Sujeto pasivo acogido al régimen especial del criterio de Caja (art. 163 undecies LIVA) ☐
- Sujeto pasivo destinatario de operaciones acogidas al régimen especial del criterio de caja ☐
- Opción por la aplicación de la prorrata especial (art. 103.Dos.1º LIVA) ☐
- Revocación de la opción por la aplicación de la prorrata especial (art. 103.Dos.1º LIVA) ☐
- Sujeto pasivo declarado en concurso de acreedores en el presente período de liquidación ☐
- Sujeto pasivo acogido voluntariamente al SII ☐
- Sujeto pasivo exonerado de la Declaración-resumen anual del IVA, modelo 390 ☐
- Sujeto pasivo con volumen anual de operaciones distinto de cero (art. 121 LIVA) ☐
- Sujeto pasivo con derecho a deducir pago a cuenta de entregas de gasolinas, gasóleos y biocarburantes posteriores a la ultimación del régimen de depósito distinto del aduanero ☐

Fecha en que se dictó el auto de declaración de concurso: Día Mes Año

Si se ha dictado auto de declaración de concurso en este período indique el tipo de autoliquidación: Preconcursal ☐ Postconcursal ☐

Liquidación (3)

Régimen general

IVA devengado

	Base imponible	Tipo %	Cuota
Régimen general	150	151	152
	165	166	167
	01	02	03
	153	154	155
	04	05	06
	07	08	09
Adquisiciones intracomunitarias de bienes y servicios	10		11
Otras operaciones con inversión del sujeto pasivo (excepto adq. intracom.)	12		13
Modificación bases y cuotas	14		15
Recargo equivalencia	156	157	158
	168	169	170
	16	17	18
	19	20	21
	22	23	24
Modificaciones bases y cuotas del recargo de equivalencia	25		26
Total cuota devengada (152 + 167 + 03 + 155 + 06 + 09 + 11 + 13 + 15 + 158 + 170 + 18 + 21 + 24 + 26)			27

IVA deducible

	Base	Cuota
Por cuotas soportadas en operaciones interiores corrientes	28	29
Por cuotas soportadas en operaciones interiores con bienes de inversión	30	31
Por cuotas soportadas en las importaciones de bienes corrientes	32	33
Por cuotas soportadas en las importaciones de bienes de inversión	34	35
En adquisiciones intracomunitarias de bienes y servicios corrientes	36	37
En adquisiciones intracomunitarias de bienes de inversión	38	39
Rectificación de deducciones	40	41
Compensaciones Régimen Especial A.G. y P.		42
Regularización bienes de inversión		43
Regularización por aplicación del porcentaje definitivo de prorrata		44
Total a deducir (29 + 31 + 33 + 35 + 37 + 39 + 41 + 42 + 43 + 44)		45
Resultado régimen general (27 - 45)		46

6533

Modelo **303** — NIF — Apellidos y Nombre o Razón social — Página 2

Régimen simplificado

A Actividades agrícolas, ganaderas y forestales

	Actividad A_1				**Actividad A_2**			
	Código	Volumen ingresos	Índice cuota	Cuota devengada	Código	Volumen ingresos	Índice cuota	Cuota devengada
1T, 2T, 3T	Porcentaje ingreso a cuenta: %	Ingreso a cuenta: A			Porcentaje ingreso a cuenta: %	Ingreso a cuenta: A		
4T	Cuota soportada operaciones corrientes	Cuota anual derivada del Régimen simplificado: B			Cuota soportada operaciones corrientes	Cuota anual derivada del Régimen simplificado: B		

B Actividades en régimen simplificado (excepto agrícolas, ganaderas y forestales)

Actividad B_1 Epígrafe IAE 972.1 — **Actividad B_2** Epígrafe IAE

	Nº unidades de módulo (B_1)	Importe (B_1)	Nº unidades de módulo (B_2)	Importe (B_2)
Módulo 1	3,1	7.944,52		
Módulo 2	100	4.133,00		
Módulo 3	33.000	5.768,40		
Módulo 4				
Módulo 5				
Módulo 6				
Módulo 7				

	Actividad B_1	Actividad B_2
Cuota devengada operaciones corrientes ... C	17.845,92	
Reducciones ... D		
1T, 2T, 3T Índice corrector de actividades de temporada ... Z		
Porcentaje ingreso a cuenta ... E	5 %	%
Ingreso a cuenta* ([C] - [D]) x [E] ... F	892,30	

* Ver instrucciones para actividades de temporada y accesorias

Suma de ingresos a cuenta del conjunto de actividades ($A_1 + A_2 + A_3 + ... + F_1 + F_2 + F_3 + ...$) ... 47 **892,30**

4T	Actividad B_1	Actividad B_2
Cuotas soportadas operaciones corrientes ... G		
Índice corrector de actividades de temporada ... H		
RESULTADO ([C] - [D] - [G]) x [H] ... I		
Porcentaje cuota mínima ... J	%	%
Devolución cuotas soportadas otros países ... K		
Cuota mínima ... L		
Cuota anual derivada régimen simplificado ... M		

Actividades A + B

	Casilla	Importe
Suma de cuotas derivadas régimen simplificado del conjunto de actividades ($B_1 + B_2 + ... + M_1 + M_2 + ...$)	48	
Suma de ingresos a cuenta realizados en el ejercicio	49	
Resultado (48 - 49)	50	

Cuotas devengadas

	Casilla	Importe
Adquisiciones intracomunitarias de bienes	51	
Entregas de activos fijos	52	
IVA devengado por inversión del sujeto pasivo	53	
Total cuota resultante: Si 1T, 2T, 3T: (47 + 51 + 52 + 53) / Si 4T: (50 + 51 + 52 + 53)	54	892,30

IVA deducible

	Casilla	Importe
Adquisición o importación de activos fijos	55	
Regularización bienes de inversión	56	
Total IVA deducible (55 + 56)	57	

Resultado régimen simplificado (54 - 57) ... 58 **892,30**

6534

Modelo **303** | NIF | Apellidos y Nombre o Razón social | **Página 3**

Información adicional

Concepto	Casilla	Importe
Entregas intracomunitarias de bienes y servicios	59	
Exportaciones y operaciones asimiladas	60	
Operaciones no sujetas por reglas de localización (excepto las incluidas en la casilla 123)	120	
Operaciones sujetas con inversión del sujeto pasivo	122	
Operaciones no sujetas por reglas de localización acogidas a los regímenes especiales de ventanilla única	123	
Operaciones sujetas y acogidas a los regímenes especiales de ventanilla única	124	

Concepto	Base imponible	Cuota
Importes de las entregas de bienes y prestaciones de servicios a las que habiéndoles sido aplicado el régimen especial del criterio de caja hubieran resultado devengadas conforme a la regla general de devengo contenida en el art. 75 LIVA	62	63

Concepto	Base imponible	Cuota soportada
Importes de las adquisiciones de bienes y servicios a las que sea de aplicación o afecte el régimen especial del criterio de caja	74	75

Resultado

Concepto	Casilla	Importe
Regularización cuotas art. 80.Cinco.5ª LIVA	76	
Suma de resultados (46 + 58 + 76)	64	892,30
Atribuible a la Administración del Estado ... [65] 100 %	66	892,30
IVA a la importación liquidado por la Aduana pendiente de ingreso	77	
Cuotas a compensar pendientes de periodos anteriores	110	
Cuotas a compensar de periodos anteriores aplicadas en este periodo	78	
Cuotas a compensar de periodos previos pendientes para periodos posteriores (110 - 78) (No se incluyen las cuotas a compensar generadas en este periodo)	87	
Resultado de la autoliquidación (66 + 77 - 78 + 68 + 108)	69	892,30
Resultado a ingresar correspondiente a la anterior autoliquidación o liquidación administrativa del ejercicio y periodo objeto de la autoliquidación*	70	
Devoluciones acordadas por la Agencia Tributaria como consecuencia de la tramitación de anteriores autoliquidaciones o liquidaciones administrativas correspondientes al ejercicio y periodo objeto de la autoliquidación	109	
Resultado (69 - 70 + 109 - 112)	71	892,30

* En caso de segundas y siguientes autoliquidaciones rectificativas se considerará la última autoliquidación con efectos (ver instrucciones del modelo 303)

Exclusivamente para sujetos pasivos que tributan conjuntamente a la Administración del Estado y a las Haciendas Forales. Resultado de la regularización anual. [68] euros

Exclusivamente para determinados supuestos de autoliquidación rectificativa por discrepancia de criterio administrativo que no deban incluirse en otras casillas. Otros ajustes [108] euros

Pago a cuenta de entregas de gasolinas, gasóleos y biocarburantes posteriores a la ultimación del régimen de depósito distinto del aduanero atribuible a la Administración del Estado (Suma de la casilla 36 de todos los modelos 319 correspondientes a entregas incluidas en esta autoliquidación) [112] euros

Sin actividad (4)

Sin actividad ☐

Rectificativa (5)

Si esta autoliquidación es rectificativa de otra autoliquidación anterior correspondiente al mismo concepto, ejercicio y periodo, indíquelo marcando con una "X" esta casilla.

☐ Autoliquidación rectificativa

En este caso, consigne a continuación el número de justificante identificativo de la autoliquidación anterior. Nº. de justificante: ____

Indique el motivo de la rectificación:

- Rectificaciones (excepto incluidas en el motivo siguiente) ☐
- Discrepancia criterio administrativo ☐

6535

Modelo **303**

NIF | Apellidos y Nombre o Razón social | Página 6

Compensación (6)

Si resulta [71] negativa consignar el importe a compensar

72 C

Ingreso (7)

Ingreso efectuado a favor del Tesoro Público, cuenta restringida de colaboración en la recaudación de la AEAT de autoliquidaciones.

Importe: I 892,30

IBAN

Devolución (8)

Solicito que el importe a devolver reseñado, me sea abonado mediante transferencia bancaria a la cuenta indicada de la que soy titular

Importe .... 73 D

Rectificación (9)

Solicito que el importe que, en su caso, pudiera resultar a devolver como consecuencia de la rectificación, me sea abonado mediante transferencia bancaria a la cuenta indicada de la que soy titular

Importe 111

Mediante transferencia a cuenta bancaria abierta en España

IBAN

Mediante transferencia a cuenta bancaria abierta en el extranjero:

Unión Europea/SEPA

IBAN | Código SWIFT-BIC

Resto países

Código SWIFT-BIC | Número de cuenta/Account no.

Banco/Bank name

Dirección del Banco/ Bank address

Ciudad/City | País/Country | Código País/Country code

Cumplimentación del modelo 303, 4º trimestre (nº 6528 s.): 6538

MINISTERIO DE HACIENDA

Agencia Tributaria

Teléfono: 91 554 87 70 / 901 33 55 33
https://sede.agenciatributaria.gob.es

Impuesto sobre el Valor Añadido
Autoliquidación
Ingreso del Impuesto sobre el Valor Añadido a la importación liquidado por la Aduana.

Modelo **303**

Identificación (1)

Devengo (2) Ejercicio N Período 4T

NIF | Apellidos y nombre o Razón social

☐ **Tributación exclusivamente foral.** Sujeto pasivo que tributa exclusivamente a una Administración tributaria Foral con IVA a la importación liquidado por la Aduana pendiente de ingreso

Espacio reservado para numeración por código de barras

- Sujeto pasivo inscrito en el Registro de devolución mensual (art. 30 RIVA) ☐
- Sujeto pasivo que tributa exclusivamente en régimen simplificado ☒
- Autoliquidación conjunta ☐
- Sujeto pasivo acogido al régimen especial del criterio de Caja (art. 163 undecies LIVA ☐
- Sujeto pasivo destinatario de operaciones acogidas al régimen especial del criterio de caja ☐
- Opción por la aplicación de la prorrata especial (art. 103.Dos.1º LIVA) ☐
- Revocación de la opción por la aplicación de la prorrata especial (art. 103.Dos.1º LIVA) ☐
- Sujeto pasivo declarado en concurso de acreedores en el presente período de liquidación ☐
- Sujeto pasivo acogido voluntariamente al SII ☐
- Sujeto pasivo exonerado de la Declaración-resumen anual del IVA, modelo 390 ☒
- Sujeto pasivo con volumen anual de operaciones distinto de cero (art. 121 LIVA) ☒
- Sujeto pasivo con derecho a deducir pago a cuenta de entregas de gasolinas, gasóleos y biocarburantes posteriores a la ultimación del régimen de depósito distinto del aduanero ☐

Fecha en que se dictó el auto de declaración de concurso — Día Mes Año

Si se ha dictado auto de declaración de concurso en este período indique el tipo de autoliquidación — Preconcursal ☐ Postconcursal ☐

Liquidación (3)

Régimen general

IVA devengado	Base imponible	Tipo %	Cuota
Régimen general	150	151	152
	165	166	167
	01	02	03
	153	154	155
	04	05	06
	07	08	09
Adquisiciones intracomunitarias de bienes y servicios	10		11
Otras operaciones con inversión del sujeto pasivo (excepto adq. intracom.)	12		13
Modificación bases y cuotas	14		15
Recargo equivalencia	156	157	158
	168	169	170
	16	17	18
	19	20	21
	22	23	24
Modificaciones bases y cuotas del recargo de equivalencia	25		26
Total cuota devengada (152 + 167 + 03 + 155 + 06 + 09 + 11 + 13 + 15 + 158 + 170 + 18 + 21 + 24 + 26)			27

IVA deducible	Base	Cuota
Por cuotas soportadas en operaciones interiores corrientes	28	29
Por cuotas soportadas en operaciones interiores con bienes de inversión	30	31
Por cuotas soportadas en las importaciones de bienes corrientes	32	33
Por cuotas soportadas en las importaciones de bienes de inversión	34	35
En adquisiciones intracomunitarias de bienes y servicios corrientes	36	37
En adquisiciones intracomunitarias de bienes de inversión	38	39
Rectificación de deducciones	40	41
Compensaciones Régimen Especial A.G. y P.		42
Regularización bienes de inversión		43
Regularización por aplicación del porcentaje definitivo de prorrata		44
Total a deducir (29 + 31 + 33 + 35 + 37 + 39 + 41 + 42 + 43 + 44)		45

Resultado régimen general (27 - 45)	46

6539

Modelo 303 | NIF | Apellidos y Nombre o Razón social | Página 2

Régimen simplificado

A Actividades agrícolas, ganaderas y forestales

	Actividad A_1				Actividad A_2			
	Código	Volumen ingresos	Índice cuota	Cuota devengada	Código	Volumen ingresos	Índice cuota	Cuota devengada
1T, 2T, 3T	Porcentaje ingreso a cuenta	%	Ingreso a cuenta	A	Porcentaje ingreso a cuenta	%	Ingreso a cuenta	A
4T	Cuota soportada operaciones corrientes		Cuota anual derivada del Régimen simplificado	B	Cuota soportada operaciones corrientes		Cuota anual derivada del Régimen simplificado	B

B Actividades en régimen simplificado (excepto agrícolas, ganaderas y forestales)

	Actividad B_1 — Epígrafe IAE 972.1		Actividad B_2 — Epígrafe IAE	
	Nº unidades de módulo	Importe	Nº unidades de módulo	Importe
Módulo 1	3,26	8.354,56		
Módulo 2	112,50	4.649,62		
Módulo 3	34.000,00	5.943,20		
Módulo 4				
Módulo 5				
Módulo 6				
Módulo 7				
Cuota devengada operaciones corrientes	C	18.947,38	C	
Reducciones	D		D	

1T, 2T, 3T

Actividad B_1			Actividad B_2		
Índice corrector de actividades de temporada	Z		Índice corrector de actividades de temporada	Z	
Porcentaje ingreso a cuenta	E	%	Porcentaje ingreso a cuenta	E	%
Ingreso a cuenta* ([C] - [D]) x [E]	F		Ingreso a cuenta* ([C] - [D]) x [E]	F	

* Ver instrucciones para actividades de temporada y accesorias

Suma de ingresos a cuenta del conjunto de actividades ($A_1 + A_2 + A_3 + ... + F_1 + F_2 + F_3 + ...$) ..... [47]

4T

Actividad B_1			Actividad B_2		
Cuotas soportadas operaciones corrientes	G	3.171,47	Cuotas soportadas operaciones corrientes	G	
Índice corrector de actividades de temporada	H		Índice corrector de actividades de temporada	H	
RESULTADO ([C] - [D] - [G]) x [H]	I	15.775,91	RESULTADO ([C] - [D] - [G]) x [H]	I	
Porcentaje cuota mínima	J	13 %	Porcentaje cuota mínima	J	%
Devolución cuotas soportadas otros países	K		Devolución cuotas soportadas otros países	K	
Cuota mínima	L	2.463,16	Cuota mínima	L	
Cuota anual derivada régimen simplificado	M	15.775,91	Cuota anual derivada régimen simplificado	M	

Actividades A + B

Concepto	Casilla	Importe
Suma de cuotas derivadas régimen simplificado del conjunto de actividades ($B_1 + B_2 + ... + M_1 + M_2 + ...$)	48	15.775,91
Suma de ingresos a cuenta realizados en el ejercicio	49	2.676,90
Resultado (48 - 49)	50	13.099,01

Cuotas devengadas

Concepto	Casilla	Importe
Adquisiciones intracomunitarias de bienes	51	1.890,00
Entregas de activos fijos	52	
IVA devengado por inversión del sujeto pasivo	53	126,00
Total cuota resultante: Si 1T, 2T, 3T: (47 + 51 + 52 + 53) / Si 4T: (50 + 51 + 52 + 53)	54	15.115,01

IVA deducible

Concepto	Casilla	Importe
Adquisición o importación de activos fijos	55	10.567,69
Regularización bienes de inversión	56	
Total IVA deducible (55 + 56)	57	10.567,69

Concepto	Casilla	Importe
Resultado régimen simplificado (54 - 57)	58	4.547,32

6540

Modelo **303**

NIF | Apellidos y Nombre o Razón social | **Página 3**

Información adicional

Concepto	Casilla	Importe
Entregas intracomunitarias de bienes y servicios	59	
Exportaciones y operaciones asimiladas	60	
Operaciones no sujetas por reglas de localización (excepto las incluidas en la casilla 123)	120	
Operaciones sujetas con inversión del sujeto pasivo	122	
Operaciones no sujetas por reglas de localización acogidas a los regímenes especiales de ventanilla única	123	
Operaciones sujetas y acogidas a los regímenes especiales de ventanilla única	124	

Concepto	Base imponible	Cuota
Importes de las entregas de bienes y prestaciones de servicios a las que habiéndoles sido aplicado el régimen especial del criterio de caja hubieran resultado devengadas conforme a la regla general de devengo contenida en el art. 75 LIVA	62	63

Concepto	Base imponible	Cuota soportada
Importes de las adquisiciones de bienes y servicios a las que sea de aplicación o afecte el régimen especial del criterio de caja	74	75

Resultado

Concepto	Casilla	Importe
Regularización cuotas art. 80.Cinco.5ª LIVA	76	
Suma de resultados (46 + 58 + 76)	64	4.547,32
Atribuible a la Administración del Estado [65] 100 %	66	4.547,32
IVA a la importación liquidado por la Aduana pendiente de ingreso	77	
Cuotas a compensar pendientes de periodos anteriores	110	
Cuotas a compensar de periodos anteriores aplicadas en este periodo	78	
Cuotas a compensar de periodos previos pendientes para periodos posteriores (110 - 78) (No se incluyen las cuotas a compensar generadas en este periodo)	87	
Resultado de la autoliquidación (66 + 77 - 78 + 68 + 108)	69	4.547,32
Resultado a ingresar correspondiente a la anterior autoliquidación o liquidación administrativa del ejercicio y periodo objeto de la autoliquidación*	70	
Devoluciones acordadas por la Agencia Tributaria como consecuencia de la tramitación de anteriores autoliquidaciones o liquidaciones administrativas correspondientes al ejercicio y periodo objeto de la autoliquidación	109	
Resultado (69 - 70 + 109 - 112)	71	4.547,32

* En caso de segundas y siguientes autoliquidaciones rectificativas se considerará la última autoliquidación con efectos (ver instrucciones del modelo 303)

Exclusivamente para sujetos pasivos que tributan conjuntamente a la Administración del Estado y a las Haciendas Forales. Resultado de la regularización anual. [68] euros

Exclusivamente para determinados supuestos de autoliquidación rectificativa por discrepancia de criterio administrativo que no deban incluirse en otras casillas. Otros ajustes [108] euros

Pago a cuenta de entregas de gasolinas, gasóleos y biocarburantes posteriores a la ultimación del régimen de depósito distinto del aduanero atribuible a la Administración del Estado (Suma de la casilla 36 de todos los modelos 319 correspondientes a entregas incluidas en esta autoliquidación) [112] euros

Sin actividad (4)

Sin actividad ☐

Rectificativa (5)

Si esta autoliquidación es rectificativa de otra autoliquidación anterior correspondiente al mismo concepto, ejercicio y periodo, indíquelo marcando con una "X" esta casilla.

☐ Autoliquidación rectificativa

En este caso, consigne a continuación el número de justificante identificativo de la autoliquidación anterior. Nº. de justificante: ____

Indique el motivo de la rectificación:

Rectificaciones (excepto incluidas en el motivo siguiente) ☐

Discrepancia criterio administrativo ☐

6541

Modelo **303** | NIF | Apellidos y Nombre o Razón social | **Página 4**

Exclusivamente a cumplimentar en el último periodo de liquidación por aquellos sujetos pasivos que queden exonerados de la Declaración-resumen anual del IVA

A **Actividades a las que se refiere la declaración** (de mayor a menor importancia por volumen de operaciones)	B **Código de actividad**	C **Epígrafe IAE**
Principal		
PELUQUERÍA	A03	972.1
Otras		

Si ha efectuado operaciones por las que tenga obligación de presentar la declaración anual de operaciones con terceras personas, marque una "X" .... D X

Información de la tributación por razón de territorio (sólo para sujetos pasivos que tributan a varias Administraciones)

Álava..... 89 % Guipúzcoa ... 90 % Vizcaya .... 91 % Navarra...... 92 % Territorio común.... 107 100 %

Operaciones realizadas en el ejercicio

	Casilla	
Operaciones en régimen general	80	
Operaciones a las que habiéndoles sido aplicado el régimen especial del criterio de caja hubieran resultado devengadas conforme a la regla general de devengo contenida en el art. 75 LIVA	81	
Entregas intracomunitarias de bienes y servicios	93	
Exportaciones y otras operaciones exentas con derecho a deducción	94	
Operaciones exentas sin derecho a deducción	83	
Operaciones no sujetas por reglas de localización (excepto las incluidas en la casilla 126)	84	
Operaciones sujetas con inversión del sujeto pasivo	125	
Operaciones no sujetas por reglas de localización acogidas a los regímenes especiales de ventanilla única	126	
Operaciones sujetas y acogidas a los regímenes especiales de ventanilla única	127	
Operaciones intragrupo valoradas conforme a lo dispuesto en los arts. 78 y 79 LIVA	128	
Operaciones en régimen simplificado	86	
Operaciones en régimen especial de la agricultura, ganadería y pesca	95	
Operaciones realizadas por sujetos pasivos acogidos al régimen especial del recargo de equivalencia	96	
Operaciones en Régimen especial de bienes usados, objetos de arte, antigüedades y objetos de colección	97	
Operaciones en régimen especial de Agencias de Viajes	98	
Entregas de bienes inmuebles, operaciones financieras y relativas al oro de inversión no habituales	79	
Entregas de bienes de inversión	99	
Total volumen de operaciones (art. 121 Ley IVA) (80 + 81 + 93 + 94 + 83 + 84 + 125 + 126 + 127 + 128 + 86 + 95 + 96 + 97 + 98 - 79 - 99)	88	

6542

Modelo 303 | NIF | Apellidos y Nombre o Razón social | Página 6

Compensación (6)

Si resulta [71] negativa consignar el importe a compensar

72 C

Ingreso (7)

Ingreso efectuado a favor del Tesoro Público, cuenta restringida de colaboración en la recaudación de la AEAT de autoliquidaciones.

Importe: I 4.547,32

IBAN

Devolución (8)

Solicito que el importe a devolver reseñado, me sea abonado mediante transferencia bancaria a la cuenta indicada de la que soy titular

Importe .... 73 D

Rectificación (9)

Solicito que el importe que, en su caso, pudiera resultar a devolver como consecuencia de la rectificación, me sea abonado mediante transferencia bancaria a la cuenta indicada de la que soy titular

Importe 111

Mediante transferencia a cuenta bancaria abierta en España

IBAN

Mediante transferencia a cuenta bancaria abierta en el extranjero:

Unión Europea/SEPA

IBAN | Código SWIFT-BIC

Resto países

Código SWIFT-BIC | Número de cuenta/Account no.

Banco/Bank name

Dirección del Banco/ Bank address

Ciudad/City | País/Country | Código País/Country code

3) Persona física que aplica el régimen general y el simplificado. 6545

El sujeto pasivo del ejemplo 2 EFL (nº 6525 s.), adquiere un local nuevo a su promotor el 3 de abril, para dedicarlo al arrendamiento. El local lo ha adquirido a una inmobiliaria y el precio ha sido de 48.000 €, soportando 10.080 € de IVA. El coste de acondicionamiento y pintura asciende a 3.000 € más 630 € de IVA.

Lo alquila el día 1 de mayo por 1.800 € al mes, más el IVA que asciende a 378 €. Se practica por el inquilino la retención conforme a ley (nº 5667 s. Memento Fiscal 2026). Cobra una fianza de 3.600 €.

Durante el ejercicio no ha tenido más gastos relacionados con el local.

La compatibilidad entre el régimen general y el régimen simplificado solo es posible cuando el sujeto pasivo efectúe exclusivamente operaciones interiores exentas, o bien arrendamientos de bienes inmuebles cuya realización no suponga el desarrollo de una actividad empresarial en el IRPF (nº 3156).

Para cumplimentar el modelo 303, se toma en cuenta el supuesto anterior de la peluquería de señoras y el añadido en este ejemplo del arrendamiento de local de negocios.

Se excluye de la obligación de presentar la **declaración resumen anual** (modelo 390) a aquellos sujetos pasivos que tributen en régimen simplificado del impuesto, o que realicen la actividad de arrendamiento de bienes inmuebles urbanos. La exclusión de la obligación de presentar el modelo 390 se mantiene en el caso de que los sujetos pasivos realicen, además, actividades por las que no exista obligación de presentar autoliquidaciones periódicas, como ocurre en este supuesto en que además se realiza una actividad acogida al régimen especial del recargo de equivalencia (OM EHA/3111/2009 art.1). Deben cumplimentar de manera obligatoria el apartado específico en el modelo 303 reservado para estos sujetos pasivos exonerados de la presentación de la declaración modelo 390 (nº 6422).

6546 **Liquidación**:

a) 1er trimestre: La liquidación de este 1er trimestre, a presentar en el modelo 303, es la misma que la señalada en el ejemplo 2 con un resultado a ingresar de 892,30 € (ver nº 6527 y nº 6550 s.).

b) 2º trimestre:

• Operaciones en **régimen general**:

- IVA devengado:	Alquiler mayo y junio (1.800 × 2) × 21%	756,00
	Fianza (no está gravada por el IVA -nº 8753.6-)	0,00
- IVA soportado (deducible):	Adquisición local	-10.080,00
	Acondicionamiento	-630,00
		10.710,00
Resultado (756 - 10.710)		-9.954,00
• Operaciones en **régimen simplificado**: Ingreso a cuenta (igual que en el 1er trimestre)		+ 892,30
Resultado del período **(a compensar)**		-9.061,70

La declaración del 2º trimestre se presenta en el **modelo 303** (nº 6555 s.).

c) 3er trimestre:

• Operaciones en **régimen general**:

- Alquiler julio, agosto, septiembre (1.800 × 3) × 21%	1.134,00
• Operaciones en **régimen simplificado**:	
- Ingreso a cuenta (igual que en el 1er y 2º trimestre)	+892,30
	2.026,30
A compensar resultado del 2º trimestre	-9.061,70
Resultado del período **(a compensar)**	-7.035,40

La declaración del 3er trimestre se presenta en el **modelo 303** (nº 6560 s.).

6547 **d) 4º trimestre**:

• Operaciones en **régimen general**:

- Alquiler octubre, noviembre, diciembre (1.800 × 3) × 21%	1.134,00

• Operaciones en **régimen simplificado** (se regulariza igual que en el nº 6529):

- Cuota del Régimen simplificado	+15.775,91
- Ingresos a cuenta	-2.676,90
	+13.099,01
- Cuotas devengadas: adquisiciones intracomunitarias	+1.890,00
- Adquisición intracomunitaria de servicios con inversión sujeto pasivo	+126,00
- IVA deducible: adquisición activo fijo (local y maquinaria)	-10.567,69
	4.547,32
Total (1.134 + 4.547,32)	5.681,32
Compensación de períodos anteriores	-7.035,40
Resultado a devolver	-1.354,08

En la declaración del cuarto trimestre **(modelo 303)** (nº 6567), se hacen constar de manera obligatoria los datos referidos al epígrafe y actividad desarrollados, y las operaciones en régimen general, en el apartado denominado «Exclusivamente a cumplimentar en el último periodo de liquidación por aquellos sujetos pasivos que queden exonerados de la Declaración resumen anual de IVA».

Cumplimentación del modelo 303, 1er trimestre (nº 6546): **6550**

MINISTERIO DE HACIENDA

Agencia Tributaria

Teléfono: 91 554 87 70 / 901 33 55 33
https://sede.agenciatributaria.gob.es

Impuesto sobre el Valor Añadido
Autoliquidación
Ingreso del Impuesto sobre el Valor Añadido a la importación liquidado por la Aduana.

Modelo **303**

Identificación (1)

Devengo (2) Ejercicio N Periodo 1T

NIF | Apellidos y nombre o Razón social

☐ **Tributación exclusivamente foral.** Sujeto pasivo que tributa exclusivamente a una Administración tributaria Foral con IVA a la importación liquidado por la Aduana pendiente de ingreso

Espacio reservado para numeración por código de barras

- Sujeto pasivo inscrito en el Registro de devolución mensual (art. 30 RIVA) ☐
- Sujeto pasivo que tributa exclusivamente en régimen simplificado ☒
- Autoliquidación conjunta ☐
- Sujeto pasivo acogido al régimen especial del criterio de Caja (art. 163 undecies LIVA ☐
- Sujeto pasivo destinatario de operaciones acogidas al régimen especial del criterio de caja ☐
- Opción por la aplicación de la prorrata especial (art. 103.Dos.1º LIVA) ☐
- Revocación de la opción por la aplicación de la prorrata especial (art. 103.Dos.1º LIVA) ☐
- Sujeto pasivo declarado en concurso de acreedores en el presente periodo de liquidación ☐
- Sujeto pasivo acogido voluntariamente al SII ☐
- Sujeto pasivo exonerado de la Declaración-resumen anual del IVA, modelo 390 ☐
- Sujeto pasivo con volumen anual de operaciones distinto de cero (art. 121 LIVA) ☐
- Sujeto pasivo con derecho a deducir pago a cuenta de entregas de gasolinas, gasóleos y biocarburantes posteriores a la ultimación del régimen de depósito distinto del aduanero ☐

Fecha en que se dictó el auto de declaración de concurso: Día Mes Año

Si se ha dictado auto de declaración de concurso en este periodo indique el tipo de autoliquidación: Preconcursal ☐ Postconcursal ☐

Liquidación (3)

Régimen general

IVA devengado	Base imponible	Tipo %	Cuota
Régimen general	150	151	152
	165	166	167
	01	02	03
	153	154	155
	04	05	06
	07	08	09
Adquisiciones intracomunitarias de bienes y servicios	10		11
Otras operaciones con inversión del sujeto pasivo (excepto adq. intracom.)	12		13
Modificación bases y cuotas	14		15
Recargo equivalencia	156	157	158
	168	169	170
	16	17	18
	19	20	21
	22	23	24
Modificaciones bases y cuotas del recargo de equivalencia	25		26
Total cuota devengada (152 + 167 + 03 + 155 + 06 + 09 + 11 + 13 + 15 + 158 + 170 + 18 + 21 + 24 + 26)			27

IVA deducible	Base	Cuota
Por cuotas soportadas en operaciones interiores corrientes	28	29
Por cuotas soportadas en operaciones interiores con bienes de inversión	30	31
Por cuotas soportadas en las importaciones de bienes corrientes	32	33
Por cuotas soportadas en las importaciones de bienes de inversión	34	35
En adquisiciones intracomunitarias de bienes y servicios corrientes	36	37
En adquisiciones intracomunitarias de bienes de inversión	38	39
Rectificación de deducciones	40	41
Compensaciones Régimen Especial A.G. y P.		42
Regularización bienes de inversión		43
Regularización por aplicación del porcentaje definitivo de prorrata		44
Total a deducir (29 + 31 + 33 + 35 + 37 + 39 + 41 + 42 + 43 + 44)		45
Resultado régimen general (27 - 45)		46

6551

Modelo **303** | NIF | Apellidos y Nombre o Razón social | Página 2

Régimen simplificado

A Actividades agrícolas, ganaderas y forestales

	Actividad A_1	Actividad A_2
Código		
Volumen ingresos		
Índice cuota		
Cuota devengada		
1T, 2T, 3T: Porcentaje ingreso a cuenta	%	%
1T, 2T, 3T: Ingreso a cuenta	A	A
4T: Cuota soportada operaciones corrientes		
4T: Cuota anual derivada del Régimen simplificado	B	B

B Actividades en régimen simplificado (excepto agrícolas, ganaderas y forestales)

Actividad B_1 Epígrafe IAE 972.1 — Actividad B_2 Epígrafe IAE

	Actividad B_1 Nº unidades de módulo	Actividad B_1 Importe	Actividad B_2 Nº unidades de módulo	Actividad B_2 Importe
Módulo 1	3,1	7.944,52		
Módulo 2	100	4.133,00		
Módulo 3	33.000,00	5.768,40		
Módulo 4				
Módulo 5				
Módulo 6				
Módulo 7				

	Actividad B_1	Actividad B_2
Cuota devengada operaciones corrientes (C)	17.845,92	
Reducciones (D)		
1T, 2T, 3T: Índice corrector de actividades de temporada (Z)		
1T, 2T, 3T: Porcentaje ingreso a cuenta (E)	5 %	%
1T, 2T, 3T: Ingreso a cuenta* ([C] - [D]) x [E] (F)	892,30	

* Ver instrucciones para actividades de temporada y accesorias

Suma de ingresos a cuenta del conjunto de actividades ($A_1 + A_2 + A_3 + ... + F_1 + F_2 + F_3 + ...$) ..... 47 | 892,30

4T	Actividad B_1	Actividad B_2
Cuotas soportadas operaciones corrientes (G)		
Índice corrector de actividades de temporada (H)		
RESULTADO ([C] - [D] - [G]) x [H] (I)		
Porcentaje cuota mínima (J)	%	%
Devolución cuotas soportadas otros países (K)		
Cuota mínima (L)		
Cuota anual derivada régimen simplificado (M)		

Actividades A + B

	Casilla	
Suma de cuotas derivadas régimen simplificado del conjunto de actividades ($B_1 + B_2 + ... + M_1 + M_2 + ...$)	48	
Suma de ingresos a cuenta realizados en el ejercicio	49	
Resultado [48 - 49]	50	

Cuotas devengadas

	Casilla	
Adquisiciones intracomunitarias de bienes	51	
Entregas de activos fijos	52	
IVA devengado por inversión del sujeto pasivo	53	
Total cuota resultante: Si 1T, 2T, 3T: [47 + 51 + 52 + 53]; Si 4T: [50 + 51 + 52 + 53]	54	892,30

IVA deducible

	Casilla	
Adquisición o importación de activos fijos	55	
Regularización bienes de inversión	56	
Total IVA deducible [55 + 56]	57	

	Casilla	
Resultado régimen simplificado [54 - 57]	58	892,30

6552

Modelo **303** | NIF | Apellidos y Nombre o Razón social | Página 3

Información adicional

Entregas intracomunitarias de bienes y servicios	59	
Exportaciones y operaciones asimiladas	60	
Operaciones no sujetas por reglas de localización (excepto las incluidas en la casilla 123)	120	
Operaciones sujetas con inversión del sujeto pasivo	122	
Operaciones no sujetas por reglas de localización acogidas a los regímenes especiales de ventanilla única	123	
Operaciones sujetas y acogidas a los regímenes especiales de ventanilla única	124	

	Base imponible		Cuota	
Importes de las entregas de bienes y prestaciones de servicios a las que habiéndoles sido aplicado el régimen especial del criterio de caja hubieran resultado devengadas conforme a la regla general de devengo contenida en el art. 75 LIVA	62		63	

	Base imponible		Cuota soportada	
Importes de las adquisiciones de bienes y servicios a las que sea de aplicación o afecte el régimen especial del criterio de caja	74		75	

Resultado

Regularización cuotas art. 80.Cinco.5ª LIVA	76	
Suma de resultados (46 + 58 + 76)	64	892,30
Atribuible a la Administración del Estado [65] 100 %	66	892,30
IVA a la importación liquidado por la Aduana pendiente de ingreso	77	
Cuotas a compensar pendientes de periodos anteriores	110	
Cuotas a compensar de periodos anteriores aplicadas en este periodo	78	
Cuotas a compensar de periodos previos pendientes para periodos posteriores (110 - 78) (No se incluyen las cuotas a compensar generadas en este periodo)	87	

Exclusivamente para sujetos pasivos que tributan conjuntamente a la Administración del Estado y a las Haciendas Forales. Resultado de la regularización anual. [68] euros

Exclusivamente para determinados supuestos de autoliquidación rectificativa por discrepancia de criterio administrativo que no deban incluirse en otras casillas. Otros ajustes [108] euros

Pago a cuenta de entregas de gasolinas, gasóleos y biocarburantes posteriores a la ultimación del régimen de depósito distinto del aduanero atribuible a la Administración del Estado (Suma de la casilla 36 de todos los modelos 319 correspondientes a entregas incluidas en esta autoliquidación) [112] euros

Resultado de la autoliquidación (66 + 77 - 78 + 68 + 108)	69	892,30
Resultado a ingresar correspondiente a la anterior autoliquidación o liquidación administrativa del ejercicio y periodo objeto de la autoliquidación*	70	
Devoluciones acordadas por la Agencia Tributaria como consecuencia de la tramitación de anteriores autoliquidaciones o liquidaciones administrativas correspondientes al ejercicio y periodo objeto de la autoliquidación	109	
Resultado (69 - 70 + 109 - 112)	71	892,30

* En caso de segundas y siguientes autoliquidaciones rectificativas se considerará la última autoliquidación con efectos (ver instrucciones del modelo 303)

Sin actividad (4)

Sin actividad ☐

Rectificativa (5)

Si esta autoliquidación es rectificativa de otra autoliquidación anterior correspondiente al mismo concepto, ejercicio y periodo, indíquelo marcando con una "X" esta casilla.

☐ Autoliquidación rectificativa

En este caso, consigne a continuación el número de justificante identificativo de la autoliquidación anterior. Nº. de justificante

Indique el motivo de la rectificación:

Rectificaciones (excepto incluidas en el motivo siguiente) ☐

Discrepancia criterio administrativo ☐

6553

Modelo
303

NIF | Apellidos y Nombre o Razón social | Página 6

Compensación (6)

Si resulta [71] negativa consignar el importe a compensar

72 C

Ingreso (7)

Ingreso efectuado a favor del Tesoro Público, cuenta restringida de colaboración en la recaudación de la AEAT de autoliquidaciones.

Importe: I 892,30

IBAN

Devolución (8)

Solicito que el importe a devolver reseñado, me sea abonado mediante transferencia bancaria a la cuenta indicada de la que soy titular

Importe .... 73 D

Rectificación (9)

Solicito que el importe que, en su caso, pudiera resultar a devolver como consecuencia de la rectificación, me sea abonado mediante transferencia bancaria a la cuenta indicada de la que soy titular

Importe 111

Mediante transferencia a cuenta bancaria abierta en España

IBAN

Mediante transferencia a cuenta bancaria abierta en el extranjero:

Unión Europea/SEPA

IBAN | Código SWIFT-BIC

Resto países

Código SWIFT-BIC | Número de cuenta/Account no.

Banco/Bank name

Dirección del Banco/ Bank address

Ciudad/City | País/Country | Código País/Country code

Cumplimentación del modelo 303, 2º trimestre (nº 6546): 6555

Agencia Tributaria

Teléfono: 91 554 87 70 / 901 33 55 33
https://sede.agenciatributaria.gob.es

MINISTERIO DE HACIENDA

Impuesto sobre el Valor Añadido
Autoliquidación
Ingreso del Impuesto sobre el Valor Añadido a la importación liquidado por la Aduana.

Modelo **303**

Identificación (1)

Devengo (2) Ejercicio N Periodo 2T

NIF | Apellidos y nombre o Razón social

☐ **Tributación exclusivamente foral.** Sujeto pasivo que tributa exclusivamente a una Administración tributaria Foral con IVA a la importación liquidado por la Aduana pendiente de ingreso

Espacio reservado para numeración por código de barras

- Sujeto pasivo inscrito en el Registro de devolución mensual (art. 30 RIVA) ☐
- Sujeto pasivo que tributa exclusivamente en régimen simplificado ☐
- Autoliquidación conjunta ☐
- Sujeto pasivo acogido al régimen especial del criterio de Caja (art. 163 undecies LIVA ☐
- Sujeto pasivo destinatario de operaciones acogidas al régimen especial del criterio de caja ☐
- Opción por la aplicación de la prorrata especial (art. 103.Dos.1º LIVA) ☐
- Revocación de la opción por la aplicación de la prorrata especial (art. 103.Dos.1º LIVA) ☐
- Sujeto pasivo declarado en concurso de acreedores en el presente periodo de liquidación ☐
- Sujeto pasivo acogido voluntariamente al SII ☐
- Sujeto pasivo exonerado de la Declaración-resumen anual del IVA, modelo 390 ☐
- Sujeto pasivo con volumen anual de operaciones distinto de cero (art. 121 LIVA) ☐
- Sujeto pasivo con derecho a deducir pago a cuenta de entregas de gasolinas, gasóleos y biocarburantes posteriores a la ultimación del régimen de depósito distinto del aduanero ☐

Fecha en que se dictó el auto de declaración de concurso: Día Mes Año

Si se ha dictado auto de declaración de concurso en este periodo indique el tipo de autoliquidación: Preconcursal ☐ Postconcursal ☐

Liquidación (3)

Régimen general

IVA devengado

	Base imponible		Tipo %		Cuota	
Régimen general	150		151		152	
	165		166		167	
	01		02		03	
	153		154		155	
	04		05		06	
	07	3.600,00	08	21	09	756,00
Adquisiciones intracomunitarias de bienes y servicios	10				11	
Otras operaciones con inversión del sujeto pasivo (excepto adq. intracom.)	12				13	
Modificación bases y cuotas	14				15	
Recargo equivalencia	156		157		158	
	168		169		170	
	16		17		18	
	19		20		21	
	22		23		24	
Modificaciones bases y cuotas del recargo de equivalencia	25				26	
Total cuota devengada (152 + 167 + 03 + 155 + 06 + 09 + 11 + 13 + 15 + 158 + 170 + 18 + 21 + 24 + 26)					27	756,00

IVA deducible

	Base		Cuota	
Por cuotas soportadas en operaciones interiores corrientes	28	3.000,00	29	630,00
Por cuotas soportadas en operaciones interiores con bienes de inversión	30	48.000,00	31	10.080,00
Por cuotas soportadas en las importaciones de bienes corrientes	32		33	
Por cuotas soportadas en las importaciones de bienes de inversión	34		35	
En adquisiciones intracomunitarias de bienes y servicios corrientes	36		37	
En adquisiciones intracomunitarias de bienes de inversión	38		39	
Rectificación de deducciones	40		41	
Compensaciones Régimen Especial A.G. y P.			42	
Regularización bienes de inversión			43	
Regularización por aplicación del porcentaje definitivo de prorrata			44	
Total a deducir (29 + 31 + 33 + 35 + 37 + 39 + 41 + 42 + 43 + 44)			45	10.710,00
Resultado régimen general (27 - 45)			46	- 9.954,00

6556

Modelo **303** | NIF | Apellidos y Nombre o Razón social | Página 2

Régimen simplificado

A Actividades agrícolas, ganaderas y forestales

	Actividad A_1		**Actividad A_2**	
	Código / Volumen ingresos / Índice cuota / Cuota devengada		Código / Volumen ingresos / Índice cuota / Cuota devengada	
1T, 2T, 3T	Porcentaje ingreso a cuenta: %	Ingreso a cuenta: A	Porcentaje ingreso a cuenta: %	Ingreso a cuenta: A
4T	Cuota soportada operaciones corrientes	Cuota anual derivada del Régimen simplificado: B	Cuota soportada operaciones corrientes	Cuota anual derivada del Régimen simplificado: B

B Actividades en régimen simplificado (excepto agrícolas, ganaderas y forestales)

Actividad B_1 Epígrafe IAE 972.1

	Nº unidades de módulo	Importe
Módulo 1	3,1	7.944,52
Módulo 2	100,00	4.133,00
Módulo 3	33.000,00	5.768,40
Módulo 4		
Módulo 5		
Módulo 6		
Módulo 7		

Cuota devengada operaciones corrientes .... C 17.845,92

Reducciones .... D

Actividad B_2 Epígrafe IAE

	Nº unidades de módulo	Importe
Módulo 1		
Módulo 2		
Módulo 3		
Módulo 4		
Módulo 5		
Módulo 6		
Módulo 7		

Cuota devengada operaciones corrientes C

Reducciones .... D

1T, 2T, 3T

	Actividad B_1	Actividad B_2
Índice corrector de actividades de temporada .... Z		
Porcentaje ingreso a cuenta .... E	5 %	%
Ingreso a cuenta* ([C] - [D]) x [E] .... F	892,30	

* Ver instrucciones para actividades de temporada y accesorias

Suma de ingresos a cuenta del conjunto de actividades ($A_1 + A_2 + A_3 + ... + F_1 + F_2 + F_3 + ...$) 47 892,30

4T

	Actividad B_1	Actividad B_2
Cuotas soportadas operaciones corrientes .... G		
Índice corrector de actividades de temporada .... H		
RESULTADO ([C] - [D] - [G]) x [H] I		
Porcentaje cuota mínima .... J	%	%
Devolución cuotas soportadas otros países .... K		
Cuota mínima L		
Cuota anual derivada régimen simplificado .... M		

Actividades A + B

Suma de cuotas derivadas régimen simplificado del conjunto de actividades ($B_1 + B_2 + ... + M_1 + M_2 + ...$) 48

Suma de ingresos a cuenta realizados en el ejercicio 49

Resultado (48 - 49) 50

Cuotas devengadas

Adquisiciones intracomunitarias de bienes 51

Entregas de activos fijos 52

IVA devengado por inversión del sujeto pasivo 53

Total cuota resultante: Si 1T, 2T, 3T: (47 + 51 + 52 + 53) / Si 4T: (50 + 51 + 52 + 53) 54 892,30

IVA deducible

Adquisición o importación de activos fijos 55

Regularización bienes de inversión 56

Total IVA deducible (55 + 56) 57

Resultado régimen simplificado (54 - 57) 58 892,30

6557

Modelo **303**

NIF	Apellidos y Nombre o Razón social

Página 3

Información adicional

Entregas intracomunitarias de bienes y servicios	59	
Exportaciones y operaciones asimiladas	60	
Operaciones no sujetas por reglas de localización (excepto las incluidas en la casilla 123)	120	
Operaciones sujetas con inversión del sujeto pasivo	122	
Operaciones no sujetas por reglas de localización acogidas a los regímenes especiales de ventanilla única	123	
Operaciones sujetas y acogidas a los regímenes especiales de ventanilla única	124	

	Base imponible		Cuota	
Importes de las entregas de bienes y prestaciones de servicios a las que habiéndoles sido aplicado el régimen especial del criterio de caja hubieran resultado devengadas conforme a la regla general de devengo contenida en el art. 75 LIVA	62		63	

	Base imponible		Cuota soportada	
Importes de las adquisiciones de bienes y servicios a las que sea de aplicación o afecte el régimen especial del criterio de caja	74		75	

Resultado

Regularización cuotas art. 80.Cinco.5ª LIVA	76	
Suma de resultados (46 + 58 + 76)	64	- 9.061,70
Atribuible a la Administración del Estado [65] 100 %	66	- 9.061,70
IVA a la importación liquidado por la Aduana pendiente de ingreso	77	
Cuotas a compensar pendientes de periodos anteriores	110	
Cuotas a compensar de periodos anteriores aplicadas en este periodo	78	
Cuotas a compensar de periodos previos pendientes para periodos posteriores (110 - 78) (No se incluyen las cuotas a compensar generadas en este periodo)	87	

Resultado de la autoliquidación (66 + 77 - 78 + 68 + 108)	69	- 9.061,70
Resultado a ingresar correspondiente a la anterior autoliquidación o liquidación administrativa del ejercicio y periodo objeto de la autoliquidación*	70	
Devoluciones acordadas por la Agencia Tributaria como consecuencia de la tramitación de anteriores autoliquidaciones o liquidaciones administrativas correspondientes al ejercicio y periodo objeto de la autoliquidación	109	
Resultado (69 - 70 + 109 - 112)	71	- 9.061,70

* En caso de segundas y siguientes autoliquidaciones rectificativas se considerará la última autoliquidación con efectos (ver instrucciones del modelo 303)

Exclusivamente para sujetos pasivos que tributan conjuntamente a la Administración del Estado y a las Haciendas Forales. Resultado de la regularización anual.

[68] euros

Exclusivamente para determinados supuestos de autoliquidación rectificativa por discrepancia de criterio administrativo que no deban incluirse en otras casillas. Otros ajustes

[108] euros

Pago a cuenta de entregas de gasolinas, gasóleos y biocarburantes posteriores a la ultimación del régimen de depósito distinto del aduanero atribuible a la Administración del Estado (Suma de la casilla 36 de todos los modelos 319 correspondientes a entregas incluidas en esta autoliquidación)

[112] euros

Sin actividad (4)

Sin actividad ☐

Rectificativa (5)

Si esta autoliquidación es rectificativa de otra autoliquidación anterior correspondiente al mismo concepto, ejercicio y periodo, indíquelo marcando con una "X" esta casilla.

☐ Autoliquidación rectificativa

En este caso, consigne a continuación el número de justificante identificativo de la autoliquidación anterior. Nº. de justificante [ ]

Indique el motivo de la rectificación:

Rectificaciones (excepto incluidas en el motivo siguiente) ☐

Discrepancia criterio administrativo ☐

6558

Modelo
303

NIF | Apellidos y Nombre o Razón social | Página 6

Compensación (6)

Si resulta [71] negativa consignar el importe a compensar

72 C 9.061,70

Ingreso (7)

Ingreso efectuado a favor del Tesoro Público, cuenta restringida de colaboración en la recaudación de la AEAT de autoliquidaciones.

Importe: I

IBAN

Devolución (8)

Solicito que el importe a devolver reseñado, me sea abonado mediante transferencia bancaria a la cuenta indicada de la que soy titular

Importe .... 73 D

Rectificación (9)

Solicito que el importe que, en su caso, pudiera resultar a devolver como consecuencia de la rectificación, me sea abonado mediante transferencia bancaria a la cuenta indicada de la que soy titular

Importe 111

Mediante transferencia a cuenta bancaria abierta en España

IBAN

Mediante transferencia a cuenta bancaria abierta en el extranjero:

Unión Europea/SEPA

IBAN | Código SWIFT-BIC

Resto países

Código SWIFT-BIC | Número de cuenta/Account no.

Banco/Bank name

Dirección del Banco/ Bank address

Ciudad/City | País/Country | Código País/Country code

Cumplimentación del modelo 303, 3er trimestre (nº 6546): 6560

MINISTERIO DE HACIENDA

Agencia Tributaria

Teléfono: 91 554 87 70 / 901 33 55 33
https://sede.agenciatributaria.gob.es

Impuesto sobre el Valor Añadido
Autoliquidación
Ingreso del Impuesto sobre el Valor Añadido a la importación liquidado por la Aduana.

Modelo **303**

Identificación (1)

Devengo (2) Ejercicio: N Periodo: 3T

NIF | Apellidos y nombre o Razón social

☐ **Tributación exclusivamente foral.** Sujeto pasivo que tributa exclusivamente a una Administración tributaria Foral con IVA a la importación liquidado por la Aduana pendiente de ingreso

Espacio reservado para numeración por código de barras

- Sujeto pasivo inscrito en el Registro de devolución mensual (art. 30 RIVA) ☐
- Sujeto pasivo que tributa exclusivamente en régimen simplificado ☐
- Autoliquidación conjunta ☐
- Sujeto pasivo acogido al régimen especial del criterio de Caja (art. 163 undecies LIVA) ☐
- Sujeto pasivo destinatario de operaciones acogidas al régimen especial del criterio de caja ☐
- Opción por la aplicación de la prorrata especial (art. 103.Dos.1º LIVA) ☐
- Revocación de la opción por la aplicación de la prorrata especial (art. 103.Dos.1º LIVA) ☐
- Sujeto pasivo declarado en concurso de acreedores en el presente periodo de liquidación ☐
- Sujeto pasivo acogido voluntariamente al SII ☐
- Sujeto pasivo exonerado de la Declaración-resumen anual del IVA, modelo 390 ☐
- Sujeto pasivo con volumen anual de operaciones distinto de cero (art. 121 LIVA) ☐
- Sujeto pasivo con derecho a deducir pago a cuenta de entregas de gasolinas, gasóleos y biocarburantes posteriores a la ultimación del régimen de depósito distinto del aduanero ☐

Fecha en que se dictó el auto de declaración de concurso: Día Mes Año

Si se ha dictado auto de declaración de concurso en este periodo indique el tipo de autoliquidación: Preconcursal ☐ Postconcursal ☐

Liquidación (3)

Régimen general

IVA devengado

	Base imponible		Tipo %		Cuota	
Régimen general	150		151		152	
	165		166		167	
	01		02		03	
	153		154		155	
	04		05		06	
	07	5.400,00	08	21	09	1.134,00
Adquisiciones intracomunitarias de bienes y servicios	10				11	
Otras operaciones con inversión del sujeto pasivo (excepto adq. intracom.)	12				13	
Modificación bases y cuotas	14				15	
Recargo equivalencia	156		157		158	
	168		169		170	
	16		17		18	
	19		20		21	
	22		23		24	
Modificaciones bases y cuotas del recargo de equivalencia	25				26	
Total cuota devengada (152 + 167 + 03 + 155 + 06 + 09 + 11 + 13 + 15 + 158 + 170 + 18 + 21 + 24 + 26)					27	1.134,00

IVA deducible

	Base		Cuota	
Por cuotas soportadas en operaciones interiores corrientes	28		29	
Por cuotas soportadas en operaciones interiores con bienes de inversión	30		31	
Por cuotas soportadas en las importaciones de bienes corrientes	32		33	
Por cuotas soportadas en las importaciones de bienes de inversión	34		35	
En adquisiciones intracomunitarias de bienes y servicios corrientes	36		37	
En adquisiciones intracomunitarias de bienes de inversión	38		39	
Rectificación de deducciones	40		41	
Compensaciones Régimen Especial A.G. y P.			42	
Regularización bienes de inversión			43	
Regularización por aplicación del porcentaje definitivo de prorrata			44	
Total a deducir (29 + 31 + 33 + 35 + 37 + 39 + 41 + 42 + 43 + 44)			45	
Resultado régimen general (27 - 45)			46	1.134,00

6561

Modelo **303** | NIF | Apellidos y Nombre o Razón social | **Página 2**

Régimen simplificado

A Actividades agrícolas, ganaderas y forestales

Actividad A_1			
Código	Volumen ingresos	Índice cuota	Cuota devengada

1T, 2T, 3T: Porcentaje ingreso a cuenta: % | Ingreso a cuenta: A

4T: Cuota soportada operaciones corrientes | Cuota anual derivada del Régimen simplificado: B

Actividad A_2			
Código	Volumen ingresos	Índice cuota	Cuota devengada

1T, 2T, 3T: Porcentaje ingreso a cuenta: % | Ingreso a cuenta: A

4T: Cuota soportada operaciones corrientes | Cuota anual derivada del Régimen simplificado: B

B Actividades en régimen simplificado (excepto agrícolas, ganaderas y forestales)

Actividad B_1 Epígrafe IAE 972.1

	Nº unidades de módulo	Importe
Módulo 1	3,1	7.944,52
Módulo 2	100,00	4.133,00
Módulo 3	33.000,00	5.768,40
Módulo 4		
Módulo 5		
Módulo 6		
Módulo 7		

Cuota devengada operaciones corrientes ..... C 17.845,92

Reducciones ..... D

1T, 2T, 3T:

Índice corrector de actividades de temporada ..... Z

Porcentaje ingreso a cuenta ..... E 5 %

Ingreso a cuenta* ([C] - [D]) x [E] ..... F 892,30

* Ver instrucciones para actividades de temporada y accesorias

Actividad B_2 Epígrafe IAE

	Nº unidades de módulo	Importe
Módulo 1		
Módulo 2		
Módulo 3		
Módulo 4		
Módulo 5		
Módulo 6		
Módulo 7		

Cuota devengada operaciones corrientes C

Reducciones ..... D

1T, 2T, 3T:

Índice corrector de actividades de temporada ..... Z

Porcentaje ingreso a cuenta ..... E %

Ingreso a cuenta* ([C] - [D]) x [E] ..... F

* Ver instrucciones para actividades de temporada y accesorias

Suma de ingresos a cuenta del conjunto de actividades ($A_1 + A_2 + A_3 + ... + F_1 + F_2 + F_3 + ...$) 47 892,30

4T (Actividad B_1):

Cuotas soportadas operaciones corrientes ..... G

Índice corrector de actividades de temporada ..... H

RESULTADO ([C] - [D] - [G]) x [H] I

Porcentaje cuota mínima ..... J %

Devolución cuotas soportadas otros países ..... K

Cuota mínima L

Cuota anual derivada régimen simplificado ..... M

4T (Actividad B_2):

Cuotas soportadas operaciones corrientes ..... G

Índice corrector de actividades de temporada ..... H

RESULTADO ([C] - [D] - [G]) x [H] I

Porcentaje cuota mínima ..... J %

Devolución cuotas soportadas otros países ..... K

Cuota mínima L

Cuota anual derivada régimen simplificado ..... M

Actividades A + B:

Suma de cuotas derivadas régimen simplificado del conjunto de actividades ($B_1 + B_2 + ... + M_1 + M_2 + ...$) 48

Suma de ingresos a cuenta realizados en el ejercicio 49

Resultado ([48] - [49]) 50

Cuotas devengadas

Adquisiciones intracomunitarias de bienes	51	
Entregas de activos fijos	52	
IVA devengado por inversión del sujeto pasivo	53	
Total cuota resultante: Si 1T, 2T, 3T: ([47] + [51] + [52] + [53]) / Si 4T: ([50] + [51] + [52] + [53])	54	892,30

IVA deducible

Adquisición o importación de activos fijos	55	
Regularización bienes de inversión	56	
Total IVA deducible ([55] + [56])	57	

Resultado régimen simplificado ([54] - [57]) 58 892,30

6562

Modelo **303** | NIF | Apellidos y Nombre o Razón social | Página 3

Información adicional

Concepto	Casilla	Importe
Entregas intracomunitarias de bienes y servicios	59	
Exportaciones y operaciones asimiladas	60	
Operaciones no sujetas por reglas de localización (excepto las incluidas en la casilla 123)	120	
Operaciones sujetas con inversión del sujeto pasivo	122	
Operaciones no sujetas por reglas de localización acogidas a los regímenes especiales de ventanilla única	123	
Operaciones sujetas y acogidas a los regímenes especiales de ventanilla única	124	

Concepto		Base imponible		Cuota
Importes de las entregas de bienes y prestaciones de servicios a las que habiéndoles sido aplicado el régimen especial del criterio de caja hubieran resultado devengadas conforme a la regla general de devengo contenida en el art. 75 LIVA	62		63	

Concepto		Base imponible		Cuota soportada
Importes de las adquisiciones de bienes y servicios a las que sea de aplicación o afecte el régimen especial del criterio de caja	74		75	

Resultado

Concepto	Casilla	Importe
Regularización cuotas art. 80.Cinco.5ª LIVA	76	
Suma de resultados (46 + 58 + 76)	64	2.026,30
Atribuible a la Administración del Estado [65] 100 %	66	2.026,30
IVA a la importación liquidado por la Aduana pendiente de ingreso	77	
Cuotas a compensar pendientes de periodos anteriores	110	9.061,70
Cuotas a compensar de periodos anteriores aplicadas en este periodo	78	2.026,30
Cuotas a compensar de periodos previos pendientes para periodos posteriores (110 - 78) (No se incluyen las cuotas a compensar generadas en este periodo)	87	7.035,40

Exclusivamente para sujetos pasivos que tributan conjuntamente a la Administración del Estado y a las Haciendas Forales. Resultado de la regularización anual. [68] euros

Exclusivamente para determinados supuestos de autoliquidación rectificativa por discrepancia de criterio administrativo que no deben incluirse en otras casillas. Otros ajustes. [108] euros

Pago a cuenta de entregas de gasolinas, gasóleos y biocarburantes posteriores a la ultimación del régimen de depósito distinto del aduanero atribuible a la Administración del Estado (Suma de la casilla 36 de todos los modelos 319 correspondientes a entregas incluidas en esta autoliquidación) [112] euros

Concepto	Casilla	Importe
Resultado de la autoliquidación (66 + 77 - 78 + 68 + 108)	69	0,00
Resultado a ingresar correspondiente a la anterior autoliquidación o liquidación administrativa del ejercicio y periodo objeto de la autoliquidación*	70	
Devoluciones acordadas por la Agencia Tributaria como consecuencia de la tramitación de anteriores autoliquidaciones o liquidaciones administrativas correspondientes al ejercicio y periodo objeto de la autoliquidación	109	
Resultado (69 - 70 + 109 - 112)	71	0,00

* En caso de segundas y siguientes autoliquidaciones rectificativas se considerará la última autoliquidación con efectos (ver instrucciones del modelo 303)

Sin actividad (4)

Sin actividad ☐

Rectificativa (5)

Si esta autoliquidación es rectificativa de otra autoliquidación anterior correspondiente al mismo concepto, ejercicio y periodo, indíquelo marcando con una "X" esta casilla.

☐ Autoliquidación rectificativa

En este caso, consigne a continuación el número de justificante identificativo de la autoliquidación anterior. Nº. de justificante: ______

Indique el motivo de la rectificación:

- Rectificaciones (excepto incluidas en el motivo siguiente) ☐
- Discrepancia criterio administrativo ☐

6565 Cumplimentación del modelo 303, 4º trimestre (nº 6547):

MINISTERIO DE HACIENDA

Agencia Tributaria

Teléfono: 91 554 87 70 / 901 33 55 33
https://sede.agenciatributaria.gob.es

Impuesto sobre el Valor Añadido
Autoliquidación
Ingreso del Impuesto sobre el Valor Añadido a la importación liquidado por la Aduana.

Modelo **303**

Identificación (1)

Devengo (2) Ejercicio N Período 4T

NIF | Apellidos y nombre o Razón social

☐ **Tributación exclusivamente foral.** Sujeto pasivo que tributa exclusivamente a una Administración tributaria Foral con IVA a la importación liquidado por la Aduana pendiente de ingreso

Espacio reservado para numeración por código de barras

- Sujeto pasivo inscrito en el Registro de devolución mensual (art. 30 RIVA) ☐
- Sujeto pasivo que tributa exclusivamente en régimen simplificado ☐
- Autoliquidación conjunta ☐
- Sujeto pasivo acogido al régimen especial del criterio de Caja (art. 163 undecies LIVA) ☐
- Sujeto pasivo destinatario de operaciones acogidas al régimen especial del criterio de caja ☐
- Opción por la aplicación de la prorrata especial (art. 103.Dos.1º LIVA) ☐
- Revocación de la opción por la aplicación de la prorrata especial (art. 103.Dos.1º LIVA) ☐
- Sujeto pasivo declarado en concurso de acreedores en el presente período de liquidación ☐
- Sujeto pasivo acogido voluntariamente al SII ☐
- Sujeto pasivo exonerado de la Declaración-resumen anual del IVA, modelo 390 X
- Sujeto pasivo con volumen anual de operaciones distinto de cero (art. 121 LIVA) X
- Sujeto pasivo con derecho a deducir pago a cuenta de entregas de gasolinas, gasóleos y biocarburantes posteriores a la ultimación del régimen de depósito distinto del aduanero ☐

Fecha en que se dictó el auto de declaración de concurso — Día Mes Año

Si se ha dictado auto de declaración de concurso en este período indique el tipo de autoliquidación: Preconcursal ☐ Postconcursal ☐

Liquidación (3)

Régimen general

IVA devengado		Base imponible		Tipo %		Cuota
Régimen general	150		151		152	
	165		166		167	
	01		02		03	
	153		154		155	
	04		05		06	
	07	5.400,00	08	21	09	1.134,00
Adquisiciones intracomunitarias de bienes y servicios	10				11	
Otras operaciones con inversión del sujeto pasivo (excepto adq. intracom.)	12				13	
Modificación bases y cuotas	14				15	
Recargo equivalencia	156		157		158	
	168		169		170	
	16		17		18	
	19		20		21	
	22		23		24	
Modificaciones bases y cuotas del recargo de equivalencia	25				26	
Total cuota devengada (152 + 167 + 03 + 155 + 06 + 09 + 11 + 13 + 15 + 158 + 170 + 18 + 21 + 24 + 26)					27	1.134,00

IVA deducible		Base		Cuota
Por cuotas soportadas en operaciones interiores corrientes	28		29	
Por cuotas soportadas en operaciones interiores con bienes de inversión	30		31	
Por cuotas soportadas en las importaciones de bienes corrientes	32		33	
Por cuotas soportadas en las importaciones de bienes de inversión	34		35	
En adquisiciones intracomunitarias de bienes y servicios corrientes	36		37	
En adquisiciones intracomunitarias de bienes de inversión	38		39	
Rectificación de deducciones	40		41	
Compensaciones Régimen Especial A.G. y P.			42	
Regularización bienes de inversión			43	
Regularización por aplicación del porcentaje definitivo de prorrata			44	
Total a deducir (29 + 31 + 33 + 35 + 37 + 39 + 41 + 42 + 43 + 44)			45	
Resultado régimen general (27 - 45)			46	1.134,00

6566

Modelo **303** — NIF — Apellidos y Nombre o Razón social — Página 2

Régimen simplificado

A Actividades agrícolas, ganaderas y forestales

Actividad A_1 — Código / Volumen ingresos / Índice cuota / Cuota devengada

1T, 2T, 3T: Porcentaje ingreso a cuenta % / Ingreso a cuenta A

4T: Cuota soportada operaciones corrientes / Cuota anual derivada del Régimen simplificado B

Actividad A_2 — Código / Volumen ingresos / Índice cuota / Cuota devengada

1T, 2T, 3T: Porcentaje ingreso a cuenta % / Ingreso a cuenta A

4T: Cuota soportada operaciones corrientes / Cuota anual derivada del Régimen simplificado B

B Actividades en régimen simplificado (excepto agrícolas, ganaderas y forestales)

Actividad B_1 Epígrafe IAE 972.1

	Nº unidades de módulo	Importe
Módulo 1	3,26	8.354,56
Módulo 2	112,50	4.649,62
Módulo 3	34.000,00	5.943,20
Módulo 4		
Módulo 5		
Módulo 6		
Módulo 7		

Cuota devengada operaciones corrientes ...... C 18.947,38

Reducciones ...... D

1T, 2T, 3T:

Índice corrector de actividades de temporada ...... Z

Porcentaje ingreso a cuenta ...... E %

Ingreso a cuenta* ([C] - [D]) x [E]...... F

* Ver instrucciones para actividades de temporada y accesorias

Actividad B_2 Epígrafe IAE

	Nº unidades de módulo	Importe
Módulo 1		
Módulo 2		
Módulo 3		
Módulo 4		
Módulo 5		
Módulo 6		
Módulo 7		

Cuota devengada operaciones corrientes C

Reducciones ...... D

1T, 2T, 3T:

Índice corrector de actividades de temporada ...... Z

Porcentaje ingreso a cuenta ...... E %

Ingreso a cuenta* ([C] - [D]) x [E]...... F

* Ver instrucciones para actividades de temporada y accesorias

Suma de ingresos a cuenta del conjunto de actividades ($A_1 + A_2 + A_3 + ... + F_1 + F_2 + F_3 + ...$) 47

4T — Actividad B_1:

Cuotas soportadas operaciones corrientes ...... G 3.171,47

Índice corrector de actividades de temporada ...... H

RESULTADO ([C] - [D] - [G]) x [H]...... I 15.775,91

Porcentaje cuota mínima...... J 13 %

Devolución cuotas soportadas otros países...... K

Cuota mínima...... L 2.463,16

Cuota anual derivada régimen simplificado...... M 15.775,91

4T — Actividad B_2:

Cuotas soportadas operaciones corrientes ...... G

Índice corrector de actividades de temporada ...... H

RESULTADO ([C] - [D] - [G]) x [H]...... I

Porcentaje cuota mínima...... J %

Devolución cuotas soportadas otros países...... K

Cuota mínima...... L

Cuota anual derivada régimen simplificado...... M

Actividades A + B:

Suma de cuotas derivadas régimen simplificado del conjunto de actividades ($B_1 + B_2 + ... + M_1 + M_2 + ...$) 48 15.775,91

Suma de ingresos a cuenta realizados en el ejercicio 49 2.676,90

Resultado (48 - 49)...... 50 13.099,01

Cuotas devengadas

Adquisiciones intracomunitarias de bienes	51	1.890,00
Entregas de activos fijos	52	
IVA devengado por inversión del sujeto pasivo	53	126,00
Total cuota resultante: Si 1T, 2T, 3T: (47 + 51 + 52 + 53)...... Si 4T: (50 + 51 + 52 + 53)......	54	15.115,01

IVA deducible

Adquisición o importación de activos fijos	55	10.567,69
Regularización bienes de inversión	56	
Total IVA deducible (55 + 56)	57	10.567,69

Resultado régimen simplificado (54 - 57) 58 4.547,32

6567

Modelo **303** | NIF | Apellidos y Nombre o Razón social | Página 3

Información adicional

Entregas intracomunitarias de bienes y servicios	59	
Exportaciones y operaciones asimiladas	60	
Operaciones no sujetas por reglas de localización (excepto las incluidas en la casilla 123)	120	
Operaciones sujetas con inversión del sujeto pasivo	122	
Operaciones no sujetas por reglas de localización acogidas a los regímenes especiales de ventanilla única	123	
Operaciones sujetas y acogidas a los regímenes especiales de ventanilla única	124	

	Base imponible		Cuota	
Importes de las entregas de bienes y prestaciones de servicios a las que habiéndoles sido aplicado el régimen especial del criterio de caja hubieran resultado devengadas conforme a la regla general de devengo contenida en el art. 75 LIVA	62		63	

	Base imponible		Cuota soportada	
Importes de las adquisiciones de bienes y servicios a las que sea de aplicación o afecte el régimen especial del criterio de caja	74		75	

Resultado

Regularización cuotas art. 80.Cinco.5ª LIVA	76	
Suma de resultados (46 + 58 + 76)	64	5.681,32
Atribuible a la Administración del Estado [65] 100 %	66	5.681,32
IVA a la importación liquidado por la Aduana pendiente de ingreso	77	
Cuotas a compensar pendientes de periodos anteriores	110	7.035,40
Cuotas a compensar de periodos anteriores aplicadas en este periodo	78	5.681,32
Cuotas a compensar de periodos previos pendientes para periodos posteriores (110 - 78) (No se incluyen las cuotas a compensar generadas en este periodo)	87	1.354,08

Exclusivamente para sujetos pasivos que tributan conjuntamente a la Administración del Estado y a las Haciendas Forales. Resultado de la regularización anual. [68] euros

Exclusivamente para determinados supuestos de autoliquidación rectificativa por discrepancia de criterio administrativo que no deban incluirse en otras casillas. Otros ajustes [108] euros

Pago a cuenta de entregas de gasolinas, gasóleos y biocarburantes posteriores a la ultimación del régimen de depósito distinto del aduanero atribuible a la Administración del Estado (Suma de la casilla 36 de todos los modelos 319 correspondientes a entregas incluidas en esta autoliquidación) [112] euros

Resultado de la autoliquidación (66 + 77 - 78 + 68 + 108)	69	0,00
Resultado a ingresar correspondiente a la anterior autoliquidación o liquidación administrativa del ejercicio y periodo objeto de la autoliquidación*	70	
Devoluciones acordadas por la Agencia Tributaria como consecuencia de la tramitación de anteriores autoliquidaciones o liquidaciones administrativas correspondientes al ejercicio y periodo objeto de la autoliquidación	109	
Resultado (69 - 70 + 109 - 112)	71	0,00

* En caso de segundas y siguientes autoliquidaciones rectificativas se considerará la última autoliquidación con efectos (ver instrucciones del modelo 303)

Sin actividad (4)

Sin actividad ☐

Rectificativa (5)

Si esta autoliquidación es rectificativa de otra autoliquidación anterior correspondiente al mismo concepto, ejercicio y periodo, indíquelo marcando con una "X" esta casilla.

☐ Autoliquidación rectificativa

En este caso, consigne a continuación el número de justificante identificativo de la autoliquidación anterior. Nº. de justificante

Indique el motivo de la rectificación:

Rectificaciones (excepto incluidas en el motivo siguiente) ☐

Discrepancia criterio administrativo ☐

6568

Modelo 303 | NIF | Apellidos y Nombre o Razón social | Página 4

Exclusivamente a cumplimentar en el último periodo de liquidación por aquellos sujetos pasivos que queden exonerados de la Declaración-resumen anual del IVA

A Actividades a las que se refiere la declaración (de mayor a menor importancia por volumen de operaciones)	B Código de actividad	C Epígrafe IAE
Principal: PELUQUERÍA	A03	972.1
Otras: ARRENDAMIENTO LOCALES	A01	861.0

Si ha efectuado operaciones por las que tenga obligación de presentar la declaración anual de operaciones con terceras personas, marque una "X" .... D X

Información de la tributación por razón de territorio (sólo para sujetos pasivos que tributan a varias Administraciones)

Araba/Álava.. 89 % Gipuzkoa..... 90 % Bizkaia .... 91 % Navarra...... 92 % Territorio común.... 107 %

Operaciones realizadas en el ejercicio

Concepto	Casilla	Importe
Operaciones en régimen general	80	14.400,00
Operaciones a las que habiéndoles sido aplicado el régimen especial del criterio de caja hubieran resultado devengadas conforme a la regla general de devengo contenida en el art. 75 LIVA	81	
Entregas intracomunitarias de bienes y servicios	93	
Exportaciones y otras operaciones exentas con derecho a deducción	94	
Operaciones exentas sin derecho a deducción	83	
Operaciones no sujetas por reglas de localización (excepto las incluidas en la casilla 126)	84	
Operaciones sujetas con inversión del sujeto pasivo	125	
Operaciones no sujetas por reglas de localización acogidas a los regímenes especiales de ventanilla única	126	
Operaciones sujetas y acogidas a los regímenes especiales de ventanilla única	127	
Operaciones intragrupo valoradas conforme a lo dispuesto en los arts. 78 y 79 LIVA	128	
Operaciones en régimen simplificado	86	
Operaciones en régimen especial de la agricultura, ganadería y pesca	95	
Operaciones realizadas por sujetos pasivos acogidos al régimen especial del recargo de equivalencia	96	
Operaciones en Régimen especial de bienes usados, objetos de arte, antigüedades y objetos de colección	97	
Operaciones en régimen especial de Agencias de Viajes	98	
Entregas de bienes inmuebles, operaciones financieras y relativas al oro de inversión no habituales	79	
Entregas de bienes de inversión	99	
Total volumen de operaciones (art. 121 Ley IVA) (80 + 81 + 93 + 94 + 83 + 84 + 125 + 126 + 127 + 128 + 86 + 95 + 96 + 97 + 98 - 79 - 99)	88	14.400,00

6569

Modelo **303**

NIF | Apellidos y Nombre o Razón social

Página 6

Compensación (6)

Si resulta [71] negativa consignar el importe a compensar

72 C

Ingreso (7)

Ingreso efectuado a favor del Tesoro Público, cuenta restringida de colaboración en la recaudación de la AEAT de autoliquidaciones.

Importe: I

IBAN

Devolución (8)

Solicito que el importe a devolver reseñado, me sea abonado mediante transferencia bancaria a la cuenta indicada de la que soy titular

Importe .... 73 D 1.354,08

Rectificación (9)

Solicito que el importe que, en su caso, pudiera resultar a devolver como consecuencia de la rectificación, me sea abonado mediante transferencia bancaria a la cuenta indicada de la que soy titular

Importe 111

Mediante transferencia a cuenta bancaria abierta en España

IBAN

Mediante transferencia a cuenta bancaria abierta en el extranjero:

Unión Europea/SEPA

IBAN | Código SWIFT-BIC

Resto países

Código SWIFT-BIC | Número de cuenta/Account no.

Banco/Bank name

Dirección del Banco/ Bank address

Ciudad/City | País/Country | Código País/Country code

4) Empresa inscrita en el Registro de devolución mensual. 6580

Una empresa de Madrid, EFL EXPORTADOR, se dedica a fabricar y vender muebles de madera, tanto para venta nacional como para la exportación.

Se procede a realizar las operaciones correspondientes a los cuatro últimos meses del año N, y posteriormente se cumplimentan las declaraciones correspondientes al modelo 303 (nº 6587 s.) para su presentación por vía electrónica por Internet.

La empresa debe guardar todos los justificantes, DUAS, facturas y demás documentación que acrediten la veracidad de las cuotas consignadas en las declaraciones-liquidaciones, donde conste el importe correspondiente a estas operaciones. No hace falta su presentación junto con la declaración y es la Administración quien se lo pida, en su caso, a modo de control.

Este ejercicio, la empresa decide optar por el diferimiento del ingreso del IVA a la importación (nº 6745). El IVA a la importación liquidado por la Aduana, que será objeto de ingreso con la presentación mensual del modelo 303, se debe reflejar en la casilla 77 del citado modelo.

Es obligatorio, para los sujetos pasivos con obligación mensual de declarar, la presentación de los libros registro a través de la Sede Electrónica de la AEAT (nº 7356), mediante el suministro electrónico de los datos de facturación, no existiendo en este caso obligación de presentar el modelo 390 (nº 6422).

MES DE SEPTIEMBRE AÑO N

IVA devengado			
Ventas interiores	20.000	21%	4.200,00
Exportaciones	30.000		
Entregas intracomunitarias	25.000		
Ventas recargo equivalencia	5.000	5,2%	260,00
Total IVA devengado			4.460,00

IVA deducible			
Operaciones interiores	40.000	21%	8.400,00
Importaciones	20.000	21%	4.200,00
Total IVA deducible			12.600,00

Diferencia entre IVA devengado e IVA soportado = 4.460 - 12.600 .... -8.140,00
Cuotas de IVA liquidadas por la Aduana y pendientes de ingreso (casilla 77) 4.200,00
Resultado de la liquidación, a devolver .... -3.940,00

Ver el modelo 303 en el nº 6587 s.

MES DE OCTUBRE AÑO N 6581

IVA devengado			
Ventas interiores	70.000	21%	14.700,00
Transportista suizo (inversión sujeto pasivo) (1)	5.000	21%	1.050,00
Exportaciones	30.000		
Entregas intracomunitarias	10.000		
Adquisiciones intracomunitarias	20.000	21%	4.200,00
Total IVA devengado			19.950,00

IVA deducible			
Operaciones interiores (1)	40.000	21%	8.400,00
Importaciones	10.000	21%	2.100,00
Adquisiciones intracomunitarias	20.000	21%	4.200,00
Total IVA deducible			14.700,00

(1) En el IVA deducible por operaciones interiores se incluye el IVA deducible por el transporte suizo.

Diferencia a pagar: 19.950 - 14.700 .... 5.250,00
Cuotas de IVA liquidadas por la Aduana y pendientes de ingreso (casilla 77) 2.100,00
Resultado de la liquidación, a ingresar 7.350,00

Ver el modelo 303 en el nº 6591 s.

6582

MES DE NOVIEMBRE AÑO N

IVA devengado			
Ventas interiores	30.000	21%	6.300,00
Exportaciones	0		
Entregas intracomunitarias	10.000		
Adquisiciones intracomunitarias	5.000	21%	1.050,00
Total IVA devengado			7.350,00

IVA deducible			
Operaciones interiores	50.000	21%	10.500,00
Importaciones	30.000	21%	6.300,00
Adquisiciones intracomunitarias	5.000	21%	1.050,00
Total IVA deducible			17.850,00

Diferencia entre IVA devengado e IVA soportado: 7.350 - 17.850	-10.500,00
Cuotas de IVA liquidadas por la Aduana y pendientes de ingreso (casilla 77)	6.300,00
Resultado de la liquidación, a devolver	-4.200,00

Ver el modelo 303 en el nº 6595 s.

6583

MES DE DICIEMBRE AÑO N

IVA devengado			
Ventas interiores	20.000	21%	4.200,00
Exportaciones	50.000		
Entregas intracomunitarias	0		
Total IVA devengado			4.200,00

IVA deducible			
Operaciones interiores	30.000	21%	6.300,00
Importaciones	5.000	21%	1.050,00
Total IVA deducible			7.350,00

Diferencia entre IVA devengado e IVA soportado: 4.200 - 7.350	-3.150,00
Cuotas de IVA liquidadas por la Aduana y pendientes de ingreso (casilla 77)	1.050,00
Resultado de la liquidación,	-2.100,00
Resultado a devolver	-2.100,00

No tiene que presentar el modelo 390 al tener la obligación de llevar los Libros registro del IVA a través de la Sede electrónica de la AEAT (SII) (nº 7356). Por lo tanto, se debe cumplimentar obligatoriamente en la autoliquidación del modelo 303 del mes de diciembre el apartado «Exclusivamente a cumplimentar en el último período de liquidación por aquellos sujetos pasivos que queden exonerados de la Declaración-resumen anual del IVA».
Ver el modelo 303 en el nº 6599 s.

Modelo 303 mes de septiembre (ejemplo del nº 6580) 6587

MINISTERIO DE HACIENDA

Agencia Tributaria

Teléfono: 91 554 87 70 / 901 33 55 33
https://sede.agenciatributaria.gob.es

Impuesto sobre el Valor Añadido
Autoliquidación
Ingreso del Impuesto sobre el Valor Añadido a la importación liquidado por la Aduana.

Modelo **303**

Identificación (1)

Devengo (2) Ejercicio N Periodo 09

NIF

Apellidos y nombre o Razón social

☐ **Tributación exclusivamente foral.** Sujeto pasivo que tributa exclusivamente a una Administración tributaria Foral con IVA a la importación liquidado por la Aduana pendiente de ingreso

Espacio reservado para numeración por código de barras

- Sujeto pasivo inscrito en el Registro de devolución mensual (art. 30 RIVA) [X]
- Sujeto pasivo que tributa exclusivamente en régimen simplificado ☐
- Autoliquidación conjunta ☐
- Sujeto pasivo acogido al régimen especial del criterio de Caja (art. 163 undecies LIVA ☐
- Sujeto pasivo destinatario de operaciones acogidas al régimen especial del criterio de caja ☐
- Opción por la aplicación de la prorrata especial (art. 103.Dos.1º LIVA) ☐
- Revocación de la opción por la aplicación de la prorrata especial (art. 103.Dos.1º LIVA) ☐
- Sujeto pasivo declarado en concurso de acreedores en el presente periodo de liquidación ☐
- Sujeto pasivo acogido voluntariamente al SII ☐
- Sujeto pasivo exonerado de la Declaración-resumen anual del IVA, modelo 390 ☐
- Sujeto pasivo con volumen anual de operaciones distinto de cero (art. 121 LIVA) ☐
- Sujeto pasivo con derecho a deducir pago a cuenta de entregas de gasolinas, gasóleos y biocarburantes posteriores a la ultimación del régimen de depósito distinto del aduanero ☐

Fecha en que se dictó el auto de declaración de concurso — Día Mes Año

Si se ha dictado auto de declaración de concurso en este periodo indique el tipo de autoliquidación: Preconcursal ☐ Postconcursal ☐

Liquidación (3)

Régimen general

IVA devengado		Base imponible		Tipo %		Cuota
Régimen general	150		151		152	
	165		166		167	
	01		02		03	
	153		154		155	
	04		05		06	
	07	20.000,00	08	21	09	4.200,00
Adquisiciones intracomunitarias de bienes y servicios	10				11	
Otras operaciones con inversión del sujeto pasivo (excepto adq. intracom.)	12				13	
Modificación bases y cuotas	14				15	
Recargo equivalencia	156		157		158	
	168		169		170	
	16		17		18	
	19		20		21	
	22	5.000,00	23	5,20	24	260,00
Modificaciones bases y cuotas del recargo de equivalencia	25				26	
Total cuota devengada (152 + 167 + 03 + 155 + 06 + 09 + 11 + 13 + 15 + 158 + 170 + 18 + 21 + 24 + 26)					27	4.460,00

IVA deducible		Base		Cuota
Por cuotas soportadas en operaciones interiores corrientes	28	40.000,00	29	8.400,00
Por cuotas soportadas en operaciones interiores con bienes de inversión	30		31	
Por cuotas soportadas en las importaciones de bienes corrientes	32	20.000,00	33	4.200,00
Por cuotas soportadas en las importaciones de bienes de inversión	34		35	
En adquisiciones intracomunitarias de bienes y servicios corrientes	36		37	
En adquisiciones intracomunitarias de bienes de inversión	38		39	
Rectificación de deducciones	40		41	
Compensaciones Régimen Especial A.G. y P.			42	
Regularización bienes de inversión			43	
Regularización por aplicación del porcentaje definitivo de prorrata			44	
Total a deducir (29 + 31 + 33 + 35 + 37 + 39 + 41 + 42 + 43 + 44)			45	12.600,00
Resultado régimen general (27 - 45)			46	- 8.140,00

6588

Modelo **303**

NIF | Apellidos y Nombre o Razón social

Página 3

Información adicional

Concepto	Casilla	Importe
Entregas intracomunitarias de bienes y servicios	59	25.000,00
Exportaciones y operaciones asimiladas	60	30.000,00
Operaciones no sujetas por reglas de localización (excepto las incluidas en la casilla 123)	120	
Operaciones sujetas con inversión del sujeto pasivo	122	
Operaciones no sujetas por reglas de localización acogidas a los regímenes especiales de ventanilla única	123	
Operaciones sujetas y acogidas a los regímenes especiales de ventanilla única	124	

Concepto	Base imponible	Cuota
Importes de las entregas de bienes y prestaciones de servicios a las que habiéndoles sido aplicado el régimen especial del criterio de caja hubieran resultado devengadas conforme a la regla general de devengo contenida en el art. 75 LIVA	62	63

Concepto	Base imponible	Cuota soportada
Importes de las adquisiciones de bienes y servicios a las que sea de aplicación o afecte el régimen especial del criterio de caja	74	75

Resultado

Concepto	Casilla	Importe
Regularización cuotas art. 80.Cinco.5ª LIVA	76	
Suma de resultados (46 + 58 + 76)	64	- 8.140,00
Atribuible a la Administración del Estado [65] 100 %	66	- 8.140,00
IVA a la importación liquidado por la Aduana pendiente de ingreso	77	4.200,00
Cuotas a compensar pendientes de periodos anteriores	110	
Cuotas a compensar de periodos anteriores aplicadas en este periodo	78	
Cuotas a compensar de periodos previos pendientes para periodos posteriores (110 - 78) (No se incluyen las cuotas a compensar generadas en este periodo)	87	
Resultado de la autoliquidación (66 + 77 - 78 + 68 + 108)	69	- 3.940,00
Resultado a ingresar correspondiente a la anterior autoliquidación o liquidación administrativa del ejercicio y periodo objeto de la autoliquidación*	70	
Devoluciones acordadas por la Agencia Tributaria como consecuencia de la tramitación de anteriores autoliquidaciones o liquidaciones administrativas correspondientes al ejercicio y periodo objeto de la autoliquidación	109	
Resultado (69 - 70 + 109 - 112)	71	- 3.940,00

* En caso de segundas y siguientes autoliquidaciones rectificativas se considerará la última autoliquidación con efectos (ver instrucciones del modelo 303)

Exclusivamente para sujetos pasivos que tributan conjuntamente a la Administración del Estado y a las Haciendas Forales. Resultado de la regularización anual.

[68] euros

Exclusivamente para determinados supuestos de autoliquidación rectificativa por discrepancia de criterio administrativo que no deban incluirse en otras casillas. Otros ajustes

[108] euros

Pago a cuenta de entregas de gasolinas, gasóleos y biocarburantes posteriores a la ultimación del régimen de depósito distinto del aduanero atribuible a la Administración del Estado (Suma de la casilla 36 de todos los modelos 319 correspondientes a entregas incluidas en esta autoliquidación)

[112] euros

Sin actividad (4)

Sin actividad ☐

Rectificativa (5)

Si esta autoliquidación es rectificativa de otra autoliquidación anterior correspondiente al mismo concepto, ejercicio y periodo, indíquelo marcando con una "X" esta casilla.

☐ Autoliquidación rectificativa

En este caso, consigne a continuación el número de justificante identificativo de la autoliquidación anterior. Nº. de justificante: ________

Indique el motivo de la rectificación:

- Rectificaciones (excepto incluidas en el motivo siguiente) ☐
- Discrepancia criterio administrativo ☐

6589

Modelo 303

NIF	Apellidos y Nombre o Razón social

Página 6

Compensación (6)

Si resulta [71] negativa consignar el importe a compensar

72 C

Ingreso (7)

Ingreso efectuado a favor del Tesoro Público, cuenta restringida de colaboración en la recaudación de la AEAT de autoliquidaciones.

Importe: I

IBAN

Devolución (8)

Solicito que el importe a devolver reseñado, me sea abonado mediante transferencia bancaria a la cuenta indicada de la que soy titular

Importe .... 73 D 3.940,00

Rectificación (9)

Solicito que el importe que, en su caso, pudiera resultar a devolver como consecuencia de la rectificación, me sea abonado mediante transferencia bancaria a la cuenta indicada de la que soy titular

Importe 111

Mediante transferencia a cuenta bancaria abierta en España

IBAN

Mediante transferencia a cuenta bancaria abierta en el extranjero:

Unión Europea/SEPA

IBAN | Código SWIFT-BIC

Resto países

Código SWIFT-BIC | Número de cuenta/Account no.

Banco/Bank name

Dirección del Banco/ Bank address

Ciudad/City | País/Country | Código País/Country code

6591 **Modelo 303 mes de octubre** (ejemplo del nº 6581)

MINISTERIO DE HACIENDA

Agencia Tributaria

Teléfono: 91 554 87 70 / 901 33 55 33
https://sede.agenciatributaria.gob.es

Impuesto sobre el Valor Añadido
Autoliquidación
Ingreso del Impuesto sobre el Valor Añadido a la importación liquidado por la Aduana.

Modelo **303**

Identificación (1)

Devengo (2) Ejercicio N Periodo 10

NIF | Apellidos y nombre o Razón social

☐ **Tributación exclusivamente foral.** Sujeto pasivo que tributa exclusivamente a una Administración tributaria Foral con IVA a la importación liquidado por la Aduana pendiente de ingreso

Espacio reservado para numeración por código de barras

- Sujeto pasivo inscrito en el Registro de devolución mensual (art. 30 RIVA) ☒
- Sujeto pasivo que tributa exclusivamente en régimen simplificado ☐
- Autoliquidación conjunta ☐
- Sujeto pasivo acogido al régimen especial del criterio de Caja (art. 163 undecies LIVA ☐
- Sujeto pasivo destinatario de operaciones acogidas al régimen especial del criterio de caja ☐
- Opción por la aplicación de la prorrata especial (art. 103.Dos.1º LIVA) ☐
- Revocación de la opción por la aplicación de la prorrata especial (art. 103.Dos.1º LIVA) ☐
- Sujeto pasivo declarado en concurso de acreedores en el presente periodo de liquidación ☐
- Sujeto pasivo acogido voluntariamente al SII ☐
- Sujeto pasivo exonerado de la Declaración-resumen anual del IVA, modelo 390 ☐
- Sujeto pasivo con volumen anual de operaciones distinto de cero (art. 121 LIVA) ☐
- Sujeto pasivo con derecho a deducir pago a cuenta de entregas de gasolinas, gasóleos y biocarburantes posteriores a la ultimación del régimen de depósito distinto del aduanero ☐

Fecha en que se dictó el auto de declaración de concurso — Día Mes Año

Si se ha dictado auto de declaración de concurso en este periodo indique el tipo de autoliquidación: Preconcursal ☐ Postconcursal ☐

Liquidación (3)

Régimen general

IVA devengado

	Casilla	Base imponible	Casilla	Tipo %	Casilla	Cuota
Régimen general	150		151		152	
	165		166		167	
	01		02		03	
	153		154		155	
	04		05		06	
	07	70.000,00	08	21	09	14.700,00
Adquisiciones intracomunitarias de bienes y servicios	10	20.000,00			11	4.200,00
Otras operaciones con inversión del sujeto pasivo (excepto adq. intracom.)	12	5.000,00			13	1.050,00
Modificación bases y cuotas	14				15	
Recargo equivalencia	156		157		158	
	168		169		170	
	16		17		18	
	19		20		21	
	22		23		24	
Modificaciones bases y cuotas del recargo de equivalencia	25				26	
Total cuota devengada (152 + 167 + 03 + 155 + 06 + 09 + 11 + 13 + 15 + 158 + 170 + 18 + 21 + 24 + 26)					27	19.950,00

IVA deducible

	Casilla	Base	Casilla	Cuota
Por cuotas soportadas en operaciones interiores corrientes	28	40.000,00	29	8.400,00
Por cuotas soportadas en operaciones interiores con bienes de inversión	30		31	
Por cuotas soportadas en las importaciones de bienes corrientes	32	10.000,00	33	2.100,00
Por cuotas soportadas en las importaciones de bienes de inversión	34		35	
En adquisiciones intracomunitarias de bienes y servicios corrientes	36	20.000,00	37	4.200,00
En adquisiciones intracomunitarias de bienes de inversión	38		39	
Rectificación de deducciones	40		41	
Compensaciones Régimen Especial A.G. y P.			42	
Regularización bienes de inversión			43	
Regularización por aplicación del porcentaje definitivo de prorrata			44	
Total a deducir (29 + 31 + 33 + 35 + 37 + 39 + 41 + 42 + 43 + 44)			45	14.700,00
Resultado régimen general (27 - 45)			46	5.250,00

6592

Modelo **303** NIF | Apellidos y Nombre o Razón social | Página 3

Información adicional

	Casilla	Importe
Entregas intracomunitarias de bienes y servicios	59	10.000,00
Exportaciones y operaciones asimiladas	60	30.000,00
Operaciones no sujetas por reglas de localización (excepto las incluidas en la casilla 123)	120	
Operaciones sujetas con inversión del sujeto pasivo	122	
Operaciones no sujetas por reglas de localización acogidas a los regímenes especiales de ventanilla única	123	
Operaciones sujetas y acogidas a los regímenes especiales de ventanilla única	124	

	Base imponible		Cuota	
Importes de las entregas de bienes y prestaciones de servicios a las que habiéndoles sido aplicado el régimen especial del criterio de caja hubieran resultado devengadas conforme a la regla general de devengo contenida en el art. 75 LIVA	62		63	

	Base imponible		Cuota soportada	
Importes de las adquisiciones de bienes y servicios a las que sea de aplicación o afecte el régimen especial del criterio de caja	74		75	

Resultado

	Casilla	Importe
Regularización cuotas art. 80.Cinco.5ª LIVA	76	
Suma de resultados (46 + 58 + 76)	64	5.250,00
Atribuible a la Administración del Estado [65] 100 %	66	5.250,00
IVA a la importación liquidado por la Aduana pendiente de ingreso	77	2.100,00
Cuotas a compensar pendientes de periodos anteriores	110	
Cuotas a compensar de periodos anteriores aplicadas en este periodo	78	
Cuotas a compensar de periodos previos pendientes para periodos posteriores (110 - 78) (No se incluyen las cuotas a compensar generadas en este periodo)	87	

Exclusivamente para sujetos pasivos que tributan conjuntamente a la Administración del Estado y a las Haciendas Forales. Resultado de la regularización anual. [68] euros

Exclusivamente para determinados supuestos de autoliquidación rectificativa por discrepancia de criterio administrativo que no deban incluirse en otras casillas. Otros ajustes [108] euros

Pago a cuenta de entregas de gasolinas, gasóleos y biocarburantes posteriores a la ultimación del régimen de depósito distinto del aduanero atribuible a la Administración del Estado (Suma de la casilla 36 de todos los modelos 319 correspondientes a entregas incluidas en esta autoliquidación) [112] euros

	Casilla	Importe
Resultado de la autoliquidación (66 + 77 - 78 + 68 + 108)	69	7.350,00
Resultado a ingresar correspondiente a la anterior autoliquidación o liquidación administrativa del ejercicio y periodo objeto de la autoliquidación*	70	
Devoluciones acordadas por la Agencia Tributaria como consecuencia de la tramitación de anteriores autoliquidaciones o liquidaciones administrativas correspondientes al ejercicio y periodo objeto de la autoliquidación	109	
Resultado (69 - 70 + 109 - 112)	71	7.350,00

* En caso de segundas y siguientes autoliquidaciones rectificativas se considerará la última autoliquidación con efectos (ver instrucciones del modelo 303)

Sin actividad (4)

Sin actividad ☐

Rectificativa (5)

Si esta autoliquidación es rectificativa de otra autoliquidación anterior correspondiente al mismo concepto, ejercicio y periodo, indíquelo marcando con una "X" esta casilla.

☐ Autoliquidación rectificativa

En este caso, consigne a continuación el número de justificante identificativo de la autoliquidación anterior. Nº. de justificante

Indique el motivo de la rectificación:

Rectificaciones (excepto incluidas en el motivo siguiente) ☐

Discrepancia criterio administrativo ☐

6593

Modelo **303**

NIF	Apellidos y Nombre o Razón social	Página 6

Compensación (6)

Si resulta [71] negativa consignar el importe a compensar

72 C

Ingreso (7)

Ingreso efectuado a favor del Tesoro Público, cuenta restringida de colaboración en la recaudación de la AEAT de autoliquidaciones.

Importe: I 7.350,00

IBAN

Devolución (8)

Solicito que el importe a devolver reseñado, me sea abonado mediante transferencia bancaria a la cuenta indicada de la que soy titular

Importe .... 73 D

Rectificación (9)

Solicito que el importe que, en su caso, pudiera resultar a devolver como consecuencia de la rectificación, me sea abonado mediante transferencia bancaria a la cuenta indicada de la que soy titular

Importe 111

Mediante transferencia a cuenta bancaria abierta en España

IBAN

Mediante transferencia a cuenta bancaria abierta en el extranjero:

Unión Europea/SEPA

IBAN | Código SWIFT-BIC

Resto países

Código SWIFT-BIC | Número de cuenta/Account no.

Banco/Bank name

Dirección del Banco/ Bank address

Ciudad/City | País/Country | Código País/Country code

Modelo 303 mes de noviembre (ejemplo del nº 6582) 6595

MINISTERIO DE HACIENDA

Agencia Tributaria

Teléfono: 91 554 87 70 / 901 33 55 33
https://sede.agenciatributaria.gob.es

Impuesto sobre el Valor Añadido
Autoliquidación
Ingreso del Impuesto sobre el Valor Añadido a la importación liquidado por la Aduana.

Modelo **303**

Identificación (1)

Devengo (2) Ejercicio: N Período: 11

NIF: ____ Apellidos y nombre o Razón social: ____

☐ **Tributación exclusivamente foral.** Sujeto pasivo que tributa exclusivamente a una Administración tributaria Foral con IVA a la importación liquidado por la Aduana pendiente de ingreso

Espacio reservado para numeración por código de barras

- Sujeto pasivo inscrito en el Registro de devolución mensual (art. 30 RIVA) ..... [X]
- Sujeto pasivo que tributa exclusivamente en régimen simplificado ..... ☐
- Autoliquidación conjunta ..... ☐
- Sujeto pasivo acogido al régimen especial del criterio de Caja (art. 163 undecies LIVA) ☐
- Sujeto pasivo destinatario de operaciones acogidas al régimen especial del criterio de caja ☐
- Opción por la aplicación de la prorrata especial (art. 103.Dos.1º LIVA) ..... ☐
- Revocación de la opción por la aplicación de la prorrata especial (art. 103.Dos.1º LIVA) ☐
- Sujeto pasivo declarado en concurso de acreedores en el presente período de liquidación ☐
- Sujeto pasivo acogido voluntariamente al SII ..... ☐
- Sujeto pasivo exonerado de la Declaración-resumen anual del IVA, modelo 390 ☐
- Sujeto pasivo con volumen anual de operaciones distinto de cero (art. 121 LIVA) ... ☐
- Sujeto pasivo con derecho a deducir pago a cuenta de entregas de gasolinas, gasóleos y biocarburantes posteriores a la ultimación del régimen de depósito distinto del aduanero ..... ☐

Fecha en que se dictó el auto de declaración de concurso ..... Día Mes Año

Si se ha dictado auto de declaración de concurso en este período indique el tipo de autoliquidación ..... Preconcursal ☐ Postconcursal ☐

Liquidación (3)

Régimen general

IVA devengado

		Base imponible		Tipo %		Cuota
Régimen general	150		151		152	
	165		166		167	
	01		02		03	
	153		154		155	
	04		05		06	
	07	30.000,00	08	21	09	6.300,00
Adquisiciones intracomunitarias de bienes y servicios.	10	5.000,00			11	1.050,00
Otras operaciones con inversión del sujeto pasivo (excepto adq. intracom.) ...	12				13	
Modificación bases y cuotas	14				15	
Recargo equivalencia	156		157		158	
	168		169		170	
	16		17		18	
	19		20		21	
	22		23		24	
Modificaciones bases y cuotas del recargo de equivalencia	25				26	
Total cuota devengada (152 + 167 + 03 + 155 + 06 + 09 + 11 + 13 + 15 + 158 + 170 + 18 + 21 + 24 + 26)					27	7.350,00

IVA deducible

		Base		Cuota
Por cuotas soportadas en operaciones interiores corrientes	28	50.000,00	29	10.500,00
Por cuotas soportadas en operaciones interiores con bienes de inversión	30		31	
Por cuotas soportadas en las importaciones de bienes corrientes	32	30.000,00	33	6.300,00
Por cuotas soportadas en las importaciones de bienes de inversión	34		35	
En adquisiciones intracomunitarias de bienes y servicios corrientes	36	5.000,00	37	1.050,00
En adquisiciones intracomunitarias de bienes de inversión	38		39	
Rectificación de deducciones	40		41	
Compensaciones Régimen Especial A.G. y P.			42	
Regularización bienes de inversión			43	
Regularización por aplicación del porcentaje definitivo de prorrata			44	
Total a deducir (29 + 31 + 33 + 35 + 37 + 39 + 41 + 42 + 43 + 44)			45	17.850,00
Resultado régimen general (27 - 45)			46	- 10.500,00

6596

Modelo **303**

NIF | Apellidos y Nombre o Razón social | Página 3

Información adicional

	Casilla	Importe
Entregas intracomunitarias de bienes y servicios	59	10.000,00
Exportaciones y operaciones asimiladas	60	
Operaciones no sujetas por reglas de localización (excepto las incluidas en la casilla 123)	120	
Operaciones sujetas con inversión del sujeto pasivo	122	
Operaciones no sujetas por reglas de localización acogidas a los regímenes especiales de ventanilla única	123	
Operaciones sujetas y acogidas a los regímenes especiales de ventanilla única	124	

	Base imponible	Cuota
Importes de las entregas de bienes y prestaciones de servicios a las que habiéndoles sido aplicado el régimen especial del criterio de caja hubieran resultado devengadas conforme a la regla general de devengo contenida en el art. 75 LIVA	62	63

	Base imponible	Cuota soportada
Importes de las adquisiciones de bienes y servicios a las que sea de aplicación o afecte el régimen especial del criterio de caja	74	75

Resultado

	Casilla	Importe
Regularización cuotas art. 80.Cinco.5ª LIVA	76	
Suma de resultados (46 + 58 + 76)	64	- 10.500,00
Atribuible a la Administración del Estado ... [65] 100 %	66	- 10.500,00
IVA a la importación liquidado por la Aduana pendiente de ingreso	77	6.300,00
Cuotas a compensar pendientes de periodos anteriores	110	
Cuotas a compensar de periodos anteriores aplicadas en este periodo	78	
Cuotas a compensar de periodos previos pendientes para periodos posteriores (110 - 78) (No se incluyen las cuotas a compensar generadas en este periodo)	87	

Exclusivamente para sujetos pasivos que tributan conjuntamente a la Administración del Estado y a las Haciendas Forales. Resultado de la regularización anual. [68] euros

Exclusivamente para determinados supuestos de autoliquidación rectificativa por discrepancia de criterio administrativo que no deban incluirse en otras casillas. Otros ajustes [108] euros

Pago a cuenta de entregas de gasolinas, gasóleos y biocarburantes posteriores a la ultimación del régimen de depósito distinto del aduanero atribuible a la Administración del Estado (Suma de la casilla 36 de todos los modelos 319 correspondientes a entregas incluidas en esta autoliquidación) [112] euros

	Casilla	Importe
Resultado de la autoliquidación (66 + 77 - 78 + 68 + 108)	69	- 4.200,00
Resultado a ingresar correspondiente a la anterior autoliquidación o liquidación administrativa del ejercicio y periodo objeto de la autoliquidación(*)	70	
Devoluciones acordadas por la Agencia Tributaria como consecuencia de la tramitación de anteriores autoliquidaciones o liquidaciones administrativas correspondientes al ejercicio y periodo objeto de la autoliquidación	109	
Resultado (69 - 70 + 109 - 112)	71	- 4.200,00

* En caso de segundas y siguientes autoliquidaciones rectificativas se considerará la última autoliquidación con efectos (ver instrucciones del modelo 303)

Sin actividad (4)

Sin actividad ☐

Rectificativa (5)

Si esta autoliquidación es rectificativa de otra autoliquidación anterior correspondiente al mismo concepto, ejercicio y periodo, indíquelo marcando con una "X" esta casilla.

☐ Autoliquidación rectificativa

En este caso, consigne a continuación el número de justificante identificativo de la autoliquidación anterior. Nº. de justificante

Indique el motivo de la rectificación:

Rectificaciones (excepto incluidas en el motivo siguiente) .... ☐

Discrepancia criterio administrativo .... ☐

6597

Modelo **303**

NIF | Apellidos y Nombre o Razón social | Página 6

Compensación (6)

Si resulta [71] negativa consignar el importe a compensar

72 C

Ingreso (7)

Ingreso efectuado a favor del Tesoro Público, cuenta restringida de colaboración en la recaudación de la AEAT de autoliquidaciones.

Importe: I

IBAN

Devolución (8)

Solicito que el importe a devolver reseñado, me sea abonado mediante transferencia bancaria a la cuenta indicada de la que soy titular

Importe .... 73 D 4.200,00

Rectificación (9)

Solicito que el importe que, en su caso, pudiera resultar a devolver como consecuencia de la rectificación, me sea abonado mediante transferencia bancaria a la cuenta indicada de la que soy titular

Importe 111

Mediante transferencia a cuenta bancaria abierta en España

IBAN

Mediante transferencia a cuenta bancaria abierta en el extranjero:

Unión Europea/SEPA

IBAN | Código SWIFT-BIC

Resto países

Código SWIFT-BIC | Número de cuenta/Account no.

Banco/Bank name

Dirección del Banco/ Bank address

Ciudad/City | País/Country | Código País/Country code

6599 **Modelo 303 mes de diciembre** (ejemplo del nº 6583)

MINISTERIO DE HACIENDA

Agencia Tributaria

Teléfono: 91 554 87 70 / 901 33 55 33
https://sede.agenciatributaria.gob.es

Impuesto sobre el Valor Añadido
Autoliquidación
Ingreso del Impuesto sobre el Valor Añadido a la importación liquidado por la Aduana.

Modelo **303**

Identificación (1)

Devengo (2) — Ejercicio: N — Período: 12

NIF | Apellidos y nombre o Razón social

☐ **Tributación exclusivamente foral.** Sujeto pasivo que tributa exclusivamente a una Administración tributaria Foral con IVA a la importación liquidado por la Aduana pendiente de ingreso

Espacio reservado para numeración por código de barras

- Sujeto pasivo inscrito en el Registro de devolución mensual (art. 30 RIVA): X
- Sujeto pasivo que tributa exclusivamente en régimen simplificado: ☐
- Autoliquidación conjunta: ☐
- Sujeto pasivo acogido al régimen especial del criterio de Caja (art. 163 undecies LIVA): ☐
- Sujeto pasivo destinatario de operaciones acogidas al régimen especial del criterio de caja: ☐
- Opción por la aplicación de la prorrata especial (art. 103.Dos.1º LIVA): ☐
- Revocación de la opción por la aplicación de la prorrata especial (art. 103.Dos.1º LIVA): ☐
- Sujeto pasivo declarado en concurso de acreedores en el presente período de liquidación: ☐
- Sujeto pasivo acogido voluntariamente al SII: ☐
- Sujeto pasivo exonerado de la Declaración-resumen anual del IVA, modelo 390: X
- Sujeto pasivo con volumen anual de operaciones distinto de cero (art. 121 LIVA): X
- Sujeto pasivo con derecho a deducir pago a cuenta de entregas de gasolinas, gasóleos y biocarburantes posteriores a la ultimación del régimen de depósito distinto del aduanero: ☐

Fecha en que se dictó el auto de declaración de concurso: Día / Mes / Año

Si se ha dictado auto de declaración de concurso en este período indique el tipo de autoliquidación: Preconcursal ☐ Postconcursal ☐

Liquidación (3)

Régimen general

IVA devengado

Concepto	Casilla	Base imponible	Casilla	Tipo %	Casilla	Cuota
Régimen general	150		151		152	
	165		166		167	
	01		02		03	
	153		154		155	
	04		05		06	
	07	20.000,00	08	21	09	4.200,00
Adquisiciones intracomunitarias de bienes y servicios	10				11	
Otras operaciones con inversión del sujeto pasivo (excepto adq. intracom.)	12				13	
Modificación bases y cuotas	14				15	
Recargo equivalencia	156		157		158	
	168		169		170	
	16		17		18	
	19		20		21	
	22		23		24	
Modificaciones bases y cuotas del recargo de equivalencia	25				26	
Total cuota devengada (152 + 167 + 03 + 155 + 06 + 09 + 11 + 13 + 15 + 158 + 170 + 18 + 21 + 24 + 26)					27	4.200,00

IVA deducible

Concepto	Casilla	Base	Casilla	Cuota
Por cuotas soportadas en operaciones interiores corrientes	28	30.000,00	29	6.300,00
Por cuotas soportadas en operaciones interiores con bienes de inversión	30		31	
Por cuotas soportadas en las importaciones de bienes corrientes	32	5.000,00	33	1.050,00
Por cuotas soportadas en las importaciones de bienes de inversión	34		35	
En adquisiciones intracomunitarias de bienes y servicios corrientes	36		37	
En adquisiciones intracomunitarias de bienes de inversión	38		39	
Rectificación de deducciones	40		41	
Compensaciones Régimen Especial A.G. y P.			42	
Regularización bienes de inversión			43	
Regularización por aplicación del porcentaje definitivo de prorrata			44	
Total a deducir (29 + 31 + 33 + 35 + 37 + 39 + 41 + 42 + 43 + 44)			45	7.350,00
Resultado régimen general (27 - 45)			46	- 3.150,00

6600

Modelo **303** | NIF | Apellidos y Nombre o Razón social | Página 3

Información adicional

Concepto	Casilla	Importe
Entregas intracomunitarias de bienes y servicios	59	
Exportaciones y operaciones asimiladas	60	50.000,00
Operaciones no sujetas por reglas de localización (excepto las incluidas en la casilla 123)	120	
Operaciones sujetas con inversión del sujeto pasivo	122	
Operaciones no sujetas por reglas de localización acogidas a los regimenes especiales de ventanilla única	123	
Operaciones sujetas y acogidas a los regimenes especiales de ventanilla única	124	

Concepto	Base imponible	Cuota
Importes de las entregas de bienes y prestaciones de servicios a las que habiéndoles sido aplicado el régimen especial del criterio de caja hubieran resultado devengadas conforme a la regla general de devengo contenida en el art. 75 LIVA	62	63

Concepto	Base imponible	Cuota soportada
Importes de las adquisiciones de bienes y servicios a las que sea de aplicación o afecte el régimen especial del criterio de caja	74	75

Resultado

Concepto	Casilla	Importe
Regularización cuotas art. 80.Cinco.5ª LIVA	76	
Suma de resultados (46 + 58 + 76)	64	- 3.150,00
Atribuible a la Administración del Estado ... 65 100 %	66	- 3.150,00
IVA a la importación liquidado por la Aduana pendiente de ingreso	77	1.050,00
Cuotas a compensar pendientes de periodos anteriores	110	
Cuotas a compensar de periodos anteriores aplicadas en este periodo	78	
Cuotas a compensar de periodos previos pendientes para periodos posteriores (110 - 78) (No se incluyen las cuotas a compensar generadas en este periodo)	87	

Exclusivamente para sujetos pasivos que tributan conjuntamente a la Administración del Estado y a las Haciendas Forales. Resultado de la regularización anual. 68 euros

Exclusivamente para determinados supuestos de autoliquidación rectificativa por discrepancia de criterio administrativo que no deban incluirse en otras casillas. Otros ajustes 108 euros

Pago a cuenta de entregas de gasolinas, gasóleos y biocarburantes posteriores a la ultimación del régimen de depósito distinto del aduanero atribuible a la Administración del Estado (Suma de la casilla 36 de todos los modelos 319 correspondientes a entregas incluidas en esta autoliquidación) 112 euros

Concepto	Casilla	Importe
Resultado de la autoliquidación (66 + 77 - 78 + 68 + 108)	69	- 2.100,00
Resultado a ingresar correspondiente a la anterior autoliquidación o liquidación administrativa del ejercicio y periodo objeto de la autoliquidación*	70	
Devoluciones acordadas por la Agencia Tributaria como consecuencia de la tramitación de anteriores autoliquidaciones o liquidaciones administrativas correspondientes al ejercicio y periodo objeto de la autoliquidación	109	
Resultado (69 - 70 + 109 - 112)	71	- 2.100,00

* En caso de segundas y siguientes autoliquidaciones rectificativas se considerará la última autoliquidación con efectos (ver instrucciones del modelo 303)

Sin actividad (4)

Sin actividad ☐

Rectificativa (5)

Si esta autoliquidación es rectificativa de otra autoliquidación anterior correspondiente al mismo concepto, ejercicio y periodo, indíquelo marcando con una "X" esta casilla.

☐ Autoliquidación rectificativa

En este caso, consigne a continuación el número de justificante identificativo de la autoliquidación anterior. Nº. de justificante

Indique el motivo de la rectificación:

Rectificaciones (excepto incluidas en el motivo siguiente) ☐

Discrepancia criterio administrativo ☐

6601

Modelo **303** | NIF | Apellidos y Nombre o Razón social | **Página 4**

Exclusivamente a cumplimentar en el último periodo de liquidación por aquellos sujetos pasivos que queden exonerados de la Declaración-resumen anual del IVA

A **Actividades a las que se refiere la declaración** (de mayor a menor importancia por volumen de operaciones)	B Código de actividad	C Epígrafe IAE
Principal: FABRICACIÓN MUEBLES MADERA	A03	468.1
Otras		

Si ha efectuado operaciones por las que tenga obligación de presentar la declaración anual de operaciones con terceras personas, marque una "X" .... D X

Información de la tributación por razón de territorio (sólo para sujetos pasivos que tributan a varias Administraciones)

Álava..... 89 % Guipúzcoa ... 90 % Vizcaya .... 91 % Navarra...... 92 % Territorio común .... 107 %

Operaciones realizadas en el ejercicio

Concepto	Casilla	Importe
Operaciones en régimen general	80	140.000,00
Operaciones a las que habiéndoles sido aplicado el régimen especial del criterio de caja hubieran resultado devengadas conforme a la regla general de devengo contenida en el art. 75 LIVA	81	
Entregas intracomunitarias de bienes y servicios	93	45.000,00
Exportaciones y otras operaciones exentas con derecho a deducción	94	110.000,00
Operaciones exentas sin derecho a deducción	83	
Operaciones no sujetas por reglas de localización (excepto las incluidas en la casilla 126)	84	
Operaciones sujetas con inversión del sujeto pasivo	125	
Operaciones no sujetas por reglas de localización acogidas a los regímenes especiales de ventanilla única	126	
Operaciones sujetas y acogidas a los regímenes especiales de ventanilla única	127	
Operaciones intragrupo valoradas conforme a lo dispuesto en los arts. 78 y 79 LIVA	128	
Operaciones en régimen simplificado	86	
Operaciones en régimen especial de la agricultura, ganadería y pesca	95	
Operaciones realizadas por sujetos pasivos acogidos al régimen especial del recargo de equivalencia	96	
Operaciones en Régimen especial de bienes usados, objetos de arte, antigüedades y objetos de colección	97	
Operaciones en régimen especial de Agencias de Viajes	98	
Entregas de bienes inmuebles, operaciones financieras y relativas al oro de inversión no habituales	79	
Entregas de bienes de inversión	99	
Total volumen de operaciones (art. 121 Ley IVA) (80 + 81 + 93 + 94 + 83 + 84 + 125 + 126 + 127 + 128 + 86 + 95 + 96 + 97 + 98 - 79 - 99)	88	295.000,00

6602

Modelo 303 | NIF | Apellidos y Nombre o Razón social | Página 6

Compensación (6)

Si resulta [71] negativa consignar el importe a compensar

72 C

Ingreso (7)

Ingreso efectuado a favor del Tesoro Público, cuenta restringida de colaboración en la recaudación de la AEAT de autoliquidaciones.

Importe: I

IBAN

Devolución (8)

Solicito que el importe a devolver reseñado, me sea abonado mediante transferencia bancaria a la cuenta indicada de la que soy titular

Importe .... 73 D 2.100,00

Rectificación (9)

Solicito que el importe que, en su caso, pudiera resultar a devolver como consecuencia de la rectificación, me sea abonado mediante transferencia bancaria a la cuenta indicada de la que soy titular

Importe 111

Mediante transferencia a cuenta bancaria abierta en España

IBAN

Mediante transferencia a cuenta bancaria abierta en el extranjero:

Unión Europea/SEPA

IBAN | Código SWIFT-BIC

Resto países

Código SWIFT-BIC | Número de cuenta/Account no.

Banco/Bank name

Dirección del Banco/ Bank address

Ciudad/City | País/Country | Código País/Country code

SECCIÓN 2

Declaraciones-liquidaciones no periódicas

6640

6641 La presentación de declaraciones-liquidaciones no periódicas se reserva para aquellos sujetos pasivos del impuesto que realicen exclusivamente **operaciones ocasionales**, o de escasa trascendencia económica. También se utiliza por particulares que deban realizar un **reintegro por pérdida de beneficios fiscales** en relación con el IVA.

6643 **Modelos de declaración** La **presentación** de declaraciones-liquidaciones no periódicas se realiza a través de los modelos siguientes:

Modelo	Utilización	OM aprobación
308	Solicitud de devolución: recargo de equivalencia, RIVA art.30 bis, y sujetos pasivos ocasionales del IVA	EHA/3786/2008 HAP/2194/2013
309	Declaración-liquidación no periódica................ .	HAC/3625/2003 HAP/2194/2013

6645 **Obligados a la presentación** (RIVA art.30 bis y 71.8; OM HAC/3625/2003 art.primero.dos; OM EHA/3786/2008 art.2) El análisis se realiza en función del modelo de declaración que deba presentarse: modelo 308 (nº 6646) o modelo 309 (nº 6647 s.).

6646 **Obligados a presentar el modelo 308** (RIVA art.30 bis y 71.8; OM EHA/3786/2008 art.2) Los sujetos pasivos obligados a presentar esta declaración-liquidación de carácter no periódico son:

a) Los que realicen a título ocasional **entregas de medios de transporte** nuevos con destino a otro Estado miembro, exentas del Impuesto (nº 5435 s.), que soliciten la devolución de las cuotas soportadas o satisfechas en la adquisición del medio de transporte.

b) Aquellos que ejerzan la actividad de **transporte por carretera** de viajeros o de mercancías, tributen por el **régimen simplificado** y que soliciten la devolución de las cuotas deducibles soportadas en la adquisición de medios de transporte afectos a dicha actividad. Ver lo expuesto en el nº 3372.

c) Los que tributen en régimen especial de **recargo de equivalencia** cuando soliciten de la Hacienda Pública el reintegro de las cuotas devueltas a los exportadores en régimen de viajeros (nº 6036 s.).

d) Aquellos que tengan la consideración de **ente público o de establecimiento privado de carácter social**, para solicitar la devolución de las cuotas soportadas que no hayan podido deducirse totalmente, en la adquisición de bienes que sean objeto de una entrega posterior a organismos reconocidos que los exporten fuera del territorio de la Comunidad en el marco de sus actividades humanitarias, caritativas o educativas, previo reconocimiento del derecho a la exención (nº 6065 s.).

Doctrina Administrativa Además de las siguientes contestaciones de la DGT, ver nº 11000 s.

Si no se realizan exclusivamente actividades en régimen especial del **recargo de equivalencia**, no debe presentarse el modelo 308 para solicitar el reintegro de las cuotas que se hubiesen desembolsado a viajeros, correspondientes a entregas de bienes exentas del IVA (DGT 8-7-98).

En el modelo 308 solo pueden computarse cuotas que hayan sido reembolsadas por el sujeto pasivo en el trimestre al que se refiere dicho modelo (DGT CV 10-11-16).

6647 **Obligados a presentar el modelo 309** (RIVA art.71.8; OM HAC/3625/2003 art.primero.dos) Deben presentar esta declaración-liquidación especial de carácter no periódico:

a) Las personas y entidades que se indican a continuación en la medida en que realicen **adquisiciones intracomunitarias** de bienes y tengan NIF/IVA por haber alcanzado su volumen de adquisiciones intracomunitarias el límite establecido en la LIVA art.14, o por haber optado por la sujeción a que se refiere la citada disposición (nº 5405 s.):

1. Los sujetos pasivos acogidos al REAGP cuando se trate de adquisiciones intracomunitarias de bienes destinados al desarrollo de la actividad sometida a dicho régimen.

2. Los sujetos pasivos que realicen exclusivamente operaciones que no originan el derecho a la deducción total o parcial del Impuesto.

b) Los sujetos pasivos que realicen exclusivamente actividades a las que sea de aplicación el **REAGP**, cuando realicen entregas de bienes inmuebles, sujetas y no exentas (nº 3715 s.), y cuando resulten sujetos pasivos por inversión (nº 1335 s.).

c) Los sujetos pasivos que realicen exclusivamente actividades a las que sea aplicable el régimen especial del **recargo de equivalencia**, cuando:

1. Estén obligados al pago de dicho impuesto y del citado recargo por las adquisiciones intracomunitarias de bienes sujetas al Impuesto, así como en los supuestos en los que resulten sujeto pasivos por inversión (nº 1335 s.).

2. Realicen entregas de bienes inmuebles sujetas y no exentas al impuesto, salvo que se trate de entregas efectuadas en ejecución de garantía sobre bienes inmuebles.

d) Las personas o entidades que no tengan la condición de empresarios o profesionales y efectúen **adquisiciones intracomunitarias de medios de transporte** nuevos a título oneroso, sujetas al Impuesto (nº 5425 s.).

Se puede tratar, por ejemplo, de un particular español que adquiera un vehículo nuevo en un país de la UE distinto de España, que luego trae al territorio de aplicación de IVA español. Por ello está obligado a pagar el IVA en el país de destino, es decir, España.

e) Las personas jurídicas que no actúen como empresarios o profesionales, cuando efectúen **otras adquisiciones intracomunitarias** de bienes distintos de los medios de transporte nuevos que estén sujetas al Impuesto, así como cuando se reputen empresarios o profesionales de acuerdo con lo dispuesto en el nº 81.

f) Los adjudicatarios, en los procedimientos administrativos o judiciales de **ejecución forzosa**, que tengan la condición de empresarios o profesionales del Impuesto, que estén facultados para presentar en nombre y por cuenta del sujeto pasivo de dicho tributo, la declaración-liquidación correspondiente y para ingresar la cuota resultante de la operación de adjudicación (nº 145 s.). **6648**

g) Los sujetos pasivos acogidos al **REAGP** cuando deban efectuar el reintegro de las compensaciones indebidamente percibidas (nº 3696), y cuando realicen el ingreso de las regularizaciones practicadas como consecuencia del inicio en la aplicación del régimen especial (nº 3730).

h) Las personas jurídicas que no actúan como empresarios o profesionales y los sujetos pasivos que realicen exclusivamente operaciones interiores y adquisiciones intracomunitarias de bienes exentas (LIVA art.20 y 26), que resulten **deudores de un crédito a favor de la Hacienda Pública**, como consecuencia de la modificación de la base imponible de las operaciones que resulten total o parcialmente impagadas (nº 1981 s.).

i) Los beneficiarios de la aplicación del tipo superreducido del IVA, establecido para las entregas o adquisiciones intracomunitarias de **vehículos para personas con movilidad reducida** (nº 2310 s.) que, no siendo sujetos pasivos del Impuesto, incumplan el requisito de mantenerlo durante el plazo de cuatro años siguientes a su fecha de adquisición.

j) Cualquier otra persona o entidad que **no sea sujeto pasivo** del Impuesto que deba **regularizar** su situación tributaria como consecuencia del incumplimiento de los requisitos exigidos para la aplicación de beneficios fiscales en el IVA, excluidos los aplicables al hecho imponible importación.

k) Los sujetos pasivos acogidos al REAGP y al régimen especial del recargo de equivalencia que resulten **deudores de un crédito** a favor de la Hacienda Pública, como consecuencia de la **modificación de la base imponible** de las operaciones que resulten total o parcialmente impagadas (nº 1981 s.).

l) Cualesquiera **otros sujetos pasivos** para los que así se determine por Orden del ministro de Hacienda.

Doctrina Administrativa Además de las siguientes contestaciones de la DGT, ver nº 11000 s. **6649**

1) Si un hospital realiza sólo **operaciones sin derecho a deducción**, debe presentar declaración-liquidación especial de carácter no periódico, en el modelo 309, por las AIB realizadas. Sólo se presenta en los períodos en los que se hayan realizado las operaciones por las que el sujeto pasivo está obligado a liquidar el Impuesto (DGT 14-4-03). Una sociedad dedicada sólo a una actividad de enseñanza exenta, no está obligada a presentar declaraciones-liquidaciones periódicas ni la declaración resumen anual, pero debe presentar el modelo 309 correspondiente por las adquisiciones intracomunitarias de bienes y el supuesto de inversión del sujeto pasivo por los servicios recibidos de entidades no establecidas (DGT CV 4-7-16).

2) El empresario, que realiza exclusivamente operaciones sujetas y exentas, que vende el vehículo **automóvil afecto** a su actividad empresarial dentro de su período de regularización, no está obligado a presentar declaraciones-liquidaciones periódicas por el IVA, por lo que, en un principio, para efectuar la liquidación del Impuesto, debería utilizar el **modelo 309** de declaración-liquidación no periódica. No obstante, este supuesto no se contempla en dicho modelo ni en la OM que lo aprueba, por lo que, puntualmente, y sin perjuicio de los ajustes precisos que determinen los órganos competentes de la AEAT, debería utilizarse el **modelo 303** de declaración-liquidación periódica a tal efecto (DGT CV 1-7-11).

Una persona física va a adquirir un **automóvil usado en Alemania** que será matriculado en el ámbito de aplicación del Impuesto. El pago del IVA ha de llevarse a cabo a través de la presentación del modelo 309 de declaración liquidación no periódica (DGT 5-11-03).

3) En una adjudicación de bienes en virtud de **subasta judicial**, el adjudicatario puede presentar, en nombre y por cuenta del sujeto pasivo, la declaración-liquidación correspondiente e ingresar el importe del IVA resultante. El ejercicio de dicha facultad por parte del adjudicatario determina la obligación de presentar la autoliquidación del Impuesto en el modelo 309 (DGT CV 1-12-11).

No obstante lo anterior, de resultar aplicable la regla de inversión del sujeto pasivo, el adjudicatario es el sujeto pasivo de la operación, por lo que viene obligado a presentar la autoliquidación ordinaria del Impuesto en nombre propio, sin actuar en nombre y por cuenta del subastado (DGT CV 6-5-14; CV 25-2-14).

4) En una **adjudicación inmobiliaria distinta de una subasta** pública, si el transmitente, empresario o profesional, se encuentra establecido en el TIVA, el sujeto pasivo obligado a presentar la correspondiente declaración-liquidación es el transmitente y no el adjudicatario (DGT CV 17-12-10).

6649.1 **5)** En la entrega de una **licencia de taxi** en un proceso de subasta el adjudicatario debe hacer la factura y declarar la cuota del IVA. Si el adjudicatario tributa por el régimen simplificado del IVA, debe presentar la citada declaración-liquidación especial de carácter no periódico (modelo 309) e ingresar el impuesto correspondiente. En otro caso, la cuota del IVA correspondiente a la operación debe declararse e ingresarse a través del modelo 303 (DGT CV 11-12-13).

6) Un **farmacéutico** que actúa en su condición de empresario o profesional, está construyendo un **local para su farmacia**, siendo de aplicación la regla de inversión del sujeto pasivo conforme a la LIVA art.84.uno.2º.f). Debe presentar una declaración-liquidación no periódica (modelo 309) por las operaciones a que se refiere la LIVA art.84.uno.2º de las que sea destinatario (DGT CV 17-7-14). En el mismo sentido, DGT CV 19-2-14.

Una **plataforma tecnológica** establecida en Irlanda presta servicios de publicidad a un empresario autónomo, dedicado al comercio electrónico al por menor. Cuando realice exclusivamente la actividad de comercio al por menor acogida al régimen especial del **recargo de equivalencia** deberá presentar una declaración-liquidación no periódica (modelo 309), para efectuar el ingreso del IVA por las operaciones con inversión del sujeto pasivo de las que es destinatario. No obstante, si además realiza otra u otras actividades por las que tribute por el régimen general del Impuesto y por las que presenta declaraciones-liquidaciones periódicas, modelo 303, el ingreso del IVA por las operaciones mencionadas deberá realizarlo en la correspondiente declaración-liquidación periódica ya mencionada (DGT CV 8-7-21; CV 22-4-21; CV 19-4-22).

6650 **Procedimiento de declaración** (OM HAC/3625/2003; OM EHA/3786/2008; OM HAP/2194/2013) A continuación, se van a **analizar** los plazos (nº 6652) y la forma (nº 6653) de presentación de los modelos recogidos en el nº 6643.

Precisiones Respecto a la liquidación del impuesto con ocasión de las **importaciones y operaciones asimiladas**, ver el nº 6725 s.

6652 **Plazo de presentación** (OM EHA/3786/2008 art.11; OM HAC/3625/2003 aptdo.tercero) En general coincide con el de presentación de las liquidaciones periódicas trimestrales (ver nº 6422); no obstante, existen las siguientes **excepciones**:

1ª. Cuando se trate de entregas o adquisiciones de **medios de transportes nuevos**, la declaración debe presentarse en los 30 días siguientes al de la operación (modelos 308 y 309). En el supuesto de las adquisiciones intracomunitarias (modelo 309), se exige además que se presente antes de la matriculación definitiva de dichos medios de transporte.

2ª. Cuando se trate de entregas de bienes o prestaciones de servicios sujetas al IVA que se efectúen en el marco de los procedimientos administrativos y judiciales de **ejecución forzosa**, el plazo es de un mes a contar desde el pago del importe de la adjudicación (ver nº 6665) (modelo 309).

3ª. Cuando se trate de la solicitud de devolución de determinadas cuotas deducibles soportadas por **adquisiciones de medios de transporte** por sujetos pasivos que tributen en el **régimen simplificado** del Impuesto que ejerzan la actividad de transporte de viajeros o de mercancías por carretera (nº 3372), la declaración debe presentarse durante los primeros 20 días naturales del mes siguiente a aquel en el cual se haya realizado la adquisición del correspondiente medio de transporte (modelo 308).

4ª. En el caso sujetos pasivos en **recargo de equivalencia** que hayan realizado **devoluciones a exportadores en régimen de viajeros**, la declaración debe presentarse en los veinte primeros días naturales del mes siguiente a la finalización de cada trimestre del año, excepto del cuarto trimestre, que se presenta en los treinta primeros días naturales de enero del año siguiente. En la autoliquidación de cada trimestre sólo se computan las devoluciones practicadas durante el mismo por el sujeto pasivo (modelo 308).

5ª. Cuando se trate de la solicitud de devolución por parte de **entes públicos** y de **establecimientos privados de carácter social** de cuotas soportadas en la adquisición de bienes que se entreguen a organismos que los exporten fuera de la Comunidad en el marco de sus actividades humanitarias (nº 6646), el plazo de presentación es de tres meses desde que se haya realizado la entrega de bienes que origina el derecho a la devolución (modelo 308).

Doctrina Administrativa Además de las siguientes contestaciones de la DGT, ver nº 11000 s.
1) En las adjudicaciones de inmuebles en los procedimientos judiciales de **ejecución forzosa** el plazo comienza a contarse desde que se efectúa el pago del importe de la adjudicación del bien. El hecho de que dicha adjudicación no haya adquirido firmeza de acuerdo con lo dispuesto por la legislación civil existente en la materia, no altera el plazo (DGT 28-1-03).
2) El plazo para la presentación del **modelo 309**, así como para efectuar el ingreso resultante, es de un mes a contar desde que el adjudicatario realice la consignación del importe correspondiente con efectos liberatorios para el mismo. Todo ello sin perjuicio de que, si la adjudicación quedara posteriormente sin efecto, deba procederse a corregir la operación a efectos del Impuesto (DGT CV 22-7-10).

Forma de presentación (OM HAP/2194/2013 art.2) Las formas de presentación de las autoliquidaciones son las siguientes: **6653**
a) Presentación **electrónica** por Internet, que puede realizarse de las siguientes formas:
- un sistema de identificación, autenticación y firma electrónica utilizando un **certificado electrónico** reconocido que, según la normativa vigente en cada momento, resulte admisible por la AEAT;
- en el caso de obligados tributarios personas físicas (salvo que la presentación electrónica por Internet basada en certificados electrónicos reconocidos, tenga carácter obligatorio -nº 6443-) mediante el sistema **Cl@ve**, sistema de identificación, autenticación y firma electrónica común para todo el Sector Público Administrativo Estatal (OM PRE/1838/2014), que permite al ciudadano relacionarse electrónicamente con los servicios públicos mediante la utilización de claves concertadas, previo registro como usuario de la misma.

b) En el caso del modelo 309, presentación mediante papel **impreso** generado exclusivamente mediante la utilización del servicio de impresión desarrollado a estos efectos por la AEAT en su Sede Electrónica.

Cuadro recapitulativo **6665**

Operación realizada	Modelo	Obligado	Plazo
Entrega intracomunitaria de medios de transporte nuevos (solicitud de devolución).	308	- Particular. - Persona jurídica no empresario.	30 días naturales siguientes a la fecha de entrega.
Adquisición intracomunitaria de medios de transporte nuevos (liquidación con ingreso).	309	- Particular. - Persona jurídica no empresario. - Sujetos pasivos que realicen sólo operaciones sin derecho a deducción. - Sujetos pasivos en recargo de equivalencia. - Sujetos pasivos del régimen especial de agricultura, ganadería y pesca.	30 días naturales siguientes a la fecha de adquisición.
Adquisición intracomunitaria de bienes (liquidación con ingreso).	309	- Persona jurídica no empresario y LIVA art.5.cuatro. - Sujetos pasivos que realicen sólo operaciones sin derecho a deducción. - Sujetos pasivos en recargo de equivalencia. - Sujetos pasivos del régimen especial de agricultura, ganadería y pesca.	Mismo plazo que las declaraciones trimestrales.
Inversión de sujeto pasivo (LIVA art.84.uno.3º.b). Adquisición intracomunitaria de servicios (liquidación con ingreso).	309	- Persona jurídica no empresario y LIVA art.5.cuatro.	Mismo plazo que las declaraciones trimestrales.

Operación realizada	Modelo	Obligado	Plazo
Inversión de sujeto pasivo -LIVA art.84.uno.2º- (liquidación con ingreso).	309	- Sujetos pasivos que realicen sólo operaciones sin derecho a deducción. - Sujetos pasivos en recargo de equivalencia. - Sujetos pasivos en régimen especial de agricultura, ganadería y pesca.	Mismo plazo que las declaraciones trimestrales.
Reintegro de las cuotas reembolsadas a viajeros (solicitud de devolución).	308	- Sujetos pasivos en recargo de equivalencia.	Mismo plazo que las declaraciones trimestrales.
Entregas de bienes o prestaciones de servicios sujetas al IVA que se efectúen en el marco de los procedimientos administrativos y judiciales de ejecución forzosa.	309	Por los adjudicatarios, en los procedimientos administrativos o judiciales de ejecución forzosa.	Un mes a contar desde el pago del importe de la adjudicación.
Entrega de bienes de inversión de naturaleza inmobiliaria sujetas y no exentas (liquidación con ingreso).	309	- Sujetos pasivos en régimen especial de agricultura, ganadería y pesca. - Sujetos pasivos en recargo de equivalencia.	Mismo plazo que las declaraciones trimestrales.
Reintegro de las compensaciones indebidamente percibidas en el REAGP.	309	- Sujetos pasivos en régimen especial de agricultura, ganadería y pesca.	Mismo plazo que las declaraciones trimestrales.
Ingreso a consecuencia de las regularizaciones practicadas al iniciar la aplicación del REAGP.	309	- Sujetos pasivos en régimen especial de agricultura, ganadería y pesca.	Mismo plazo que las declaraciones trimestrales.
Reintegro de cuotas soportadas por adquisición de medios de transporte afectos a la actividad.	308	- Sujetos pasivos en régimen especial simplificado.	Primeros 20 días naturales del mes siguiente a aquel en que se efectuó la adquisición.
Entregas de bienes a organismos que los exporten fuera de la Comunidad en el marco de sus actividades humanitarias (solicitud de devolución).	308	- Entes públicos. - Establecimientos privados de carácter social (por la parte no deducida totalmente).	Tres meses desde la entrega de bienes que origina el derecho a la devolución.
Resultar deudores de un crédito a favor de la Hacienda Pública como consecuencia de la modificación de la base imponible según LIVA art.80.cinco.5º.	309	- Persona jurídica no empresario y LIVA art.5.cuatro. - Sujetos pasivos que realicen sólo operaciones sin derecho a deducción. - Sujetos pasivos en REAGP. - Sujetos pasivos en recargo de equivalencia.	Mismo plazo que las declaraciones trimestrales.
Incumplimiento de los requisitos para la aplicación de beneficios fiscales, entre ellos el previsto en la LIVA art.91.dos.1.4º.	309	No sujeto pasivo que haya obtenido un beneficio fiscal	Mismo plazo que las declaraciones trimestrales.

6670 Ejemplos

Ejemplos 1) EFL, persona física, es propietaria de una tienda de regalos, efectuando **ventas al por menor**. Durante los meses de julio, agosto y septiembre ha realizado ventas (IVA incluido) a turistas de diversos países según se indica a continuación:

- 1-7-N: Sr. A de California, Estados Unidos: 180,30 €.
- 30-7-N: Sr. B de Bonn, Alemania: 300,51 €.
- 2-8-N: Sr. C de Tokio, Japón: 901,52 €.
- 5-9-N: Sr. D de Casablanca, Marruecos: 60,10 €.

A todos ellos les ha entregado una factura, y en el caso de los Sres. A, C y D, además, un documento electrónico de reembolso (DER) (nº 6038), consignando los bienes y con el IVA desglosado. En los documentos electrónicos de reembolso, además, se ha consignado la identidad, fecha de nacimiento y nº de pasaporte del viajero, con las advertencias siguientes a efectos del reembolso del IVA soportado:
a) El documento electrónico de reembolso (DER) debe ser visado por la Aduana española de salida en el plazo de los tres meses siguientes a aquel en que se haya efectuado la entrega. En el caso de que el viajero continúe el viaje por otros países de la UE, también puede ser visada la factura por la aduana de salida por la que se abandone la UE. También se advierte que la Aduana de salida debe disponer de tecnología que permita el visado automatizado de los documentos electrónicos de reembolso (DER) que agiliza el trámite.
b) El importe del total de la factura de compra, IVA incluido, puede ser de cualquier cuantía. No hay límite mínimo en el importe de la compra para tener derecho al reembolso del IVA (LIVA art.21.2º.A.a).
c) El viajero debe acreditar que su residencia habitual está fuera de la UE.
El 15-10-N recibe el documento electrónico de reembolso (DER) del Sr. C visado por la Aduana. Además, el Sr. A también remite su documento electrónico de reembolso (DER).
El documento electrónico de reembolso (DER) del Sr. A está visado por la Aduana de Barajas el 10-11-N, y el del Sr. C está visado el día 9-10-N.
El sistema electrónico de reembolso es obligatorio, siendo dicho sistema el único para gestionar la devolución del régimen de viajeros.
Liquidación:
- dado que el documento electrónico de reembolso (DER) del Sr. A, se expidió con fecha 1-7-N, han transcurrido más de tres meses desde la adquisición del bien hasta el abandono de la UE por parte del turista norteamericano, luego no procede la devolución del IVA soportado;
- por incumplir el punto c) anterior, las ventas realizadas a favor del Sr. B, de Bonn, Alemania, no pueden beneficiarse de la devolución del IVA;
- los documentos electrónicos de reembolso (DER) del Sr. C y del Sr. D cumplen todos los requisitos y procede a la devolución del IVA soportado, mediante abono en su tarjeta de crédito, por importe de 156,46 € (745,05 × 1,21% = 901,52) y de 10,43 € (49,67 × 1,21% = 60,10) respectivamente. El propietario de la tienda debe comprobar el visado del documento electrónico de reembolso (DER) respectivo en la Sede electrónica de la AEAT, haciendo constar electrónicamente que el reembolso se ha hecho efectivo.
• Solicitud de devolución: El 15-1-N+1, el propietario de la tienda de regalos presenta de forma electrónica el modelo 308 (ver nº 6680), de devolución o reintegro de las cuotas del IVA reembolsadas en régimen de viajeros (166,89€).

2) Un **turista** adquiere el día 3 de junio una serie de **objetos** en un comercio en Barcelona por importe de 3.000 euros. Esta persona sale por la aduana de El Prat el día 29 de septiembre con destino a los Estados Unidos donde está su residencia habitual. **6671**
El plazo para que los bienes adquiridos salgan del TIVA es de tres meses siguientes a aquel (referido al mes de la adquisición) en que se haya efectuado la entrega (RIVA art.9.1.2º.B). Es decir que los bienes entregados durante el mes de junio, por ejemplo, deben de salir del TIVA en julio, agosto y/o septiembre, sin que sea procedente el cálculo de los tres meses del día de la compra al día de la salida de la mercancía. Luego en el caso del ejemplo el turista tiene derecho a la devolución del IVA soportado en Barcelona por las compras realizadas.
3) EFL, **particular**, residente en Cáceres, ha adquirido con fecha 30-4-N un **vehículo** Mercedes directamente en un concesionario alemán pagando por él 30.050,60 euros. El empresario alemán le ha hecho una factura sin IVA.
EFL ha de efectuar el ingreso del IVA en España mediante la presentación de un modelo 309 (ver nº 6682), ya sea de forma electrónica o utilizando el modelo preimpreso existente en la Sede de la AEAT.
IVA a ingresar: 30.050,60 × 21% = 6.310,63 euros.
El ingreso debe efectuarse antes de 30 días desde la fecha de la AIB.

4) EFL, comerciante, dedicado a la **venta al por menor** de ropa de señora, tiene un establecimiento abierto al público en Cartagena, Murcia, acogido al régimen de recargo de equivalencia; además, ha realizado las siguientes operaciones: **6672**
a) Parte de sus compras las realiza directamente a un proveedor francés. EFL está identificado a efectos del IVA en España, figura de alta en el Registro de operadores intracomunitarios y comunica el NIF/IVA intracomunitario al comerciante francés, que le presenta la factura sin repercutir IVA.
b) Aprovechando la feria de muestras de ropa «pret-a-porter» que se celebra en París durante el mes de febrero del año N, EFL ha efectuado varias adquisiciones intracomunitarias de ropa por importe de 9.015,18 €.
Por la operación a) EFL debe presentar el modelo 309 (ver nº 6684), durante los 20 días naturales siguientes al trimestre en que haya efectuado estas compras.

Por la adquisición señalada en b), en el mes de abril del año N EFL debe presentar el modelo 309 e ingresar en el Tesoro Público el importe correspondiente al IVA y al recargo de equivalencia de la ropa adquirida en Francia, según la siguiente liquidación:

9.015,18 × 21%	1.893,19
9.015,18 × 5,2%	468,79
	2.361,98

También tiene la obligación de presentar el modelo 349 de declaración recapitulativa de operaciones intracomunitarias, durante el mes de enero del año N+1 (nº 7084).

6673 **5)** El Sr. EFL de Lérida tiene una **finca rústica** que explota directamente, estando acogido al régimen especial de agricultura, ganadería y pesca (REAGP). Decide efectuar unas importantes mejoras en la finca y contrata los servicios de un ingeniero agrónomo francés a fin de que le elabore un informe sobre las posibilidades de optimización de dicha explotación agraria. Dicho informe, entregado a EFL el 11-5-N, tiene un coste de 12.020,24 €.

El ingeniero agrónomo francés no le repercute el IVA francés, al haberse identificado EFL como sujeto pasivo de IVA en España.

En este supuesto, que es una adquisición intracomunitaria de servicios, es de aplicación la inversión de sujeto pasivo. Se trata de un servicio de asistencia técnica a explotaciones agrarias (ver nº 2117). EFL debe ingresar el IVA correspondiente a este trabajo, elaborado por un profesional de otro Estado miembro, según la siguiente liquidación: 12.020,24 × 10% = 1.202,02 euros. El ingreso debe efectuarse en el modelo 309 (ver nº 6686), entre los días 1 y 20 de julio del año N.

6674 **6)** EFL ha resultado **adjudicatario de un bien inmueble** (local comercial) como consecuencia de un procedimiento judicial de ejecución forzosa el 1-7-N. El ejecutado (promotor de la edificación) está en paradero desconocido y se pregunta el adjudicatario cómo y cuándo debe ingresar el IVA correspondiente a esa transmisión, con el objeto de poder deducir el Impuesto una vez pagado. El pago de la adjudicación se hace el 15-7-N y asciende a 300.000 euros.

Está previsto el pago mediante la declaración-liquidación especial de carácter no periódico, a través del modelo 309 (ver nº 6688), que debe presentarse en el plazo de presentación, cuando la misma se exija como consecuencia de un procedimiento de ejecución forzosa, el de un mes a contar desde el pago del importe de la adjudicación. El adjudicatario debe ingresar 63.000 euros, resultantes de aplicar el 21% al valor del local comercial, antes del 15-8-N.

7) Una persona física que tributa en el **régimen simplificado** y se dedica al transporte de mercancías por carretera adquiere el día 13 de abril del año N un camión nuevo que afecta a su actividad. El precio del camión es de 35.000 euros y el IVA soportado asciende a 7.350 euros.

Durante los 20 primeros días de mayo del año N se debe presentar el modelo 308 con solicitud de devolución de 7.350 euros (ver nº 6690).

8) Una persona con una **discapacidad** superior al 33% y movilidad reducida reconocida adquiere en el año N un vehículo turismo beneficiándose de la aplicación del tipo superreducido, previo acuerdo expreso de la AEAT. La base imponible en la factura de compra del vehículo es de 20.000 euros. En mayo del año N+1, vende el vehículo.

Esta persona ha incumplido el requisito de mantener el vehículo durante el plazo de cuatro años siguientes a su fecha de adquisición (ver nº 2313), y debe reintegrar el importe del beneficio fiscal obtenido en el momento de la compra:

- 20.000 × 4% = 800 euros (cuota de IVA bonificada).
- 20.000 × 21% = 4.200 euros (cuota IVA general).
- 4.200 - 800 = 3.400 euros (cuota de IVA diferencial).

La cantidad que debe ingresar presentando el modelo 309 (nº 6692) es 3.400 euros, que es el importe del beneficio fiscal que obtuvo en la compra del vehículo y que ha perdido por vender el coche antes de transcurridos cuatro años desde su adquisición.

Declaración del ejemplo 1 (nº 6670). **6680**

MINISTERIO DE ECONOMÍA Y HACIENDA

Agencia Tributaria

Teléfono: 901 33 55 33
www.agenciatributaria.es

Impuesto sobre el Valor Añadido
SOLICITUD DE DEVOLUCIÓN
Régimen especial recargo de equivalencia, art. 30bis RIVA y sujetos pasivos ocasionales.

Modelo **308**

Identificación (1)

Espacio reservado para la etiqueta identificativa

N.I.F. | Apellidos y nombre o Razón social

Devengo (2)

Ejercicio .... N
Período 4T

Espacio reservado para la numeración por código de barras

Entregas intracomunitarias de medios de transporte nuevos y actividad de transporte de viajeros o de mercancías por carretera (Art. 30bis RIVA) (3)

Adquirente: N.I.F. | País
Apellidos y nombre o Razón social

Características del medio de transporte

Vehículos: Marca | Tipo | Modelo (denominación comercial)
Nº identificación (bastidor) | Clasificación

Embarcaciones: Fabricante | Tipo-modelo
Identificación (Nº construcción) | Eslora máxima

Aeronaves: Fabricante | Marca-Tipo-Modelo
Nº Serie | Año fabricación | Peso máximo despegue (en Kg.)

Liquidación

Precio de adquisición ... 01 | Tipo % 02 | I.V.A. soportado ... 03
Precio de venta ... 02 | Tipo % 05 | Máximo a devolver ... 06
I.V.A. a devolver por entregas intracomunitarias 07
I.V.A. a devolver actividad de transporte 18

Régimen especial del recargo de equivalencia (4)

Liquidación

Base imponible		Tipo %		Cuota	
08		09		10	
11		12		13	
14	794,72	15	21	16	166,89

I.V.A. a devolver (10 + 13 + 16) 17 166,89

Sujeto pasivo (5)

______ de ______ de ______
Firma

Devolución (6)

Manifiesto a esa Delegación que el importe a devolver reseñado deseo me sea abonado mediante transferencia bancaria a la cuenta indicada de la que soy titular.

Importe: D

Código cuenta cliente (CCC)
Entidad | Oficina | DC | Núm. de cuenta

Ejemplar para la Administración

6682 Declaración Modelo 309 del ejemplo 3 (nº 6671).

MINISTERIO DE HACIENDA Y FUNCIÓN PÚBLICA

Agencia Tributaria
Teléfonos: 91 574 87 70 / 901 33 55 33
https://sede.agenciatributaria.gob.es

IMPUESTO SOBRE EL VALOR AÑADIDO
Declaración-liquidación no periódica

Modelo 309

Espacio reservado para el número de justificante

Identificación (1)
NIF:
Apellidos o Razón Social: EFL PARTICULAR
Nombre:

Devengo (2)
Ejercicio: N
Período: 2T

Transmitente (3)
NIF: | NIF-IVA: | País:
Apellidos o Razón Social: TRANSMITENTE
Nombre:

Adjudicatario (4)
NIF: | Apellidos o Razón Social: | Nombre:

Situación tributaria (5)

1. Sujeto pasivo acogido al régimen especial de la agricultura, ganadería y pesca		4. Persona jurídica no empresario o profesional	
2. Sujeto pasivo acogido al régimen especial del recargo de equivalencia		5. Persona física no empresario o profesional	X
3. Sujeto pasivo sin derecho a deducción (art. 14.Uno, 2ª Ley I.V.A.)		6. Otras situaciones tributarias no contempladas anteriormente	

Hecho imponible (6)

1. Adquisición intracomunitaria de bienes		4. Entregas de bienes de inversión de naturaleza inmobiliaria	
2. Adquisición intracomunitaria de medios de transporte nuevos	X	5. Entregas de bienes y prestaciones de servicios en procedimientos administrativos y judiciales de ejecución forzosa	
3. Inversión sujeto pasivo		6. Otros supuestos no contemplados anteriormente	

Características y datos técnicos (7)

Vehículos
Marca: MERCEDES | Tipo: E | Modelo (denominación comercial): 380
Nº identificación (bastidor): 2XX0000BUZY | Clasificación: TURISMO

Embarcaciones
Fabricante: | Tipo-Modelo:
Identificación (Nº contrucción): | Eslora máxima:

Aeronaves
Fabricante: | Marca Tipo-Modelo:
Nº Serie: | Año fabricación: | Peso máximo despegue (en Kg.):

Liquidación (8)

	Base imponible		Tipo %		Cuota	
Régimen general	01		02		03	
	25		26		27	
	04		05		06	
	07	30.050,60	08	21	09	6.310,63
Recargo equivalencia	10		11		12	
	13		14		15	
	16		17		18	
	19		20		21	
Total cuota devengada ([03] + [27] + [06] + [09] + [12] + [15] + [18] + [21] +)					22	
A deducir (exclusivamente en caso de declaración complementaria): Resultado de la anterior o anteriores declaraciones del mismo concepto, ejercicio y período					23	
Resultado a ingresar ([22] - [23])					24	6.310,63

Declaración complementaria (9)
Si esta declaración es complementaria de otra declaración anterior correspondiente al mismo concepto, ejercicio y período, indíquelo marcando con una "X" esta casilla.
Declaración complementaria
En este caso, consigne a continuación el número de justificante identificativo de la declaración anterior.
Nº de justificante

Ingreso (10)
Ingreso efectuado a favor del Tesoro Público. Cuenta restringida de colaboración en la recaudación de la Agencia Estatal de Administración Tributaria de autoliquidaciones.
Importe: 6.310,63
Forma de pago:
Código IBAN

Firma (11)
................, a ...... de .... de ......
Firma:

Ejemplar para el sujeto pasivo

Declaración Modelo 309 del ejemplo 4 (nº 6672). 6684

Agencia Tributaria
Teléfonos: 91 574 87 70 / 901 33 55 33
https://sede.agenciatributaria.gob.es

MINISTERIO DE HACIENDA Y FUNCIÓN PÚBLICA

IMPUESTO SOBRE EL VALOR AÑADIDO

Declaración-liquidación no periódica

Modelo 309

Espacio reservado para el número de justificante

Identificación (1)

NIF:

Apellidos o Razón Social: EFL ROPA — Nombre:

Devengo (2)

Ejercicio: N
Periodo: 1T

Transmitente (3)

NIF: — NIF-IVA: — País:

Apellidos o Razón Social: — Nombre:

Adjudicatario (4)

NIF: — Apellidos o Razón Social: — Nombre:

Situación tributaria (5)

1. Sujeto pasivo acogido al régimen especial de la agricultura, ganadería y pesca		4. Persona jurídica no empresario o profesional	
2. Sujeto pasivo acogido al régimen especial del recargo de equivalencia	X	5. Persona física no empresario o profesional	
3. Sujeto pasivo sin derecho a deducción (art. 14.Uno, 2º Ley I.V.A.)		6. Otras situaciones tributarias no contempladas anteriormente	

Hecho imponible (6)

1. Adquisición intracomunitaria de bienes	X	4. Entregas de bienes de inversión de naturaleza inmobiliaria	
2. Adquisición intracomunitaria de medios de transporte nuevos		5. Entregas de bienes y prestaciones de servicios en procedimientos administrativos y judiciales de ejecución forzosa	
3. Inversión sujeto pasivo		6. Otros supuestos no contemplados anteriormente	

Características y datos técnicos (7)

Vehículos

Marca: — Tipo: — Modelo (denominación comercial):

Nº identificación (bastidor): — Clasificación:

Embarcaciones

Fabricante: — Tipo-Modelo:

Identificación (Nº contrucción): — Eslora máxima:

Aeronaves

Fabricante: — Marca-Tipo-Modelo:

Nº Serie: — Año fabricación: — Peso máximo despegue (en Kg.):

Liquidación (8)

	Casilla	Base imponible	Casilla	Tipo %	Casilla	Cuota
Régimen general	01		02		03	
	25		26		27	
	04		05		06	
	07	9.015,18	08	21	09	1.893,19
Recargo equivalencia	10		11		12	
	13		14		15	
	16		17		18	
	19	9.015,18	20	5,2	21	468,79

	Casilla	Importe
Total cuota devengada ([03] + [27] + [06] + [09] + [12] + [15] + [18] + [21] +)	22	
A deducir (exclusivamente en caso de declaración complementaria): Resultado de la anterior o anteriores declaraciones del mismo concepto, ejercicio y periodo	23	
Resultado a ingresar ([22] - [23])	24	2.361,98

Declaración complementaria (9)

Si esta declaración es complementaria de otra declaración anterior correspondiente al mismo concepto, ejercicio y período, indíquelo marcando con una "X" esta casilla.

☐ Declaración complementaria

En este caso, consigne a continuación el número de justificante identificativo de la declaración anterior.

Nº de justificante:

Ingreso (10)

Ingreso efectuado a favor del Tesoro Público. Cuenta restringida de colaboración en la recaudación de la Agencia Estatal de Administración Tributaria de autoliquidaciones.

Importe: 2.361,98

Forma de pago:

Código IBAN

Firma (11)

..................., a ...... de .... de ....

Firma:

Ejemplar para el sujeto pasivo

6686 Declaración Modelo 309 del ejemplo 5 (nº 6673).

MINISTERIO DE HACIENDA Y FUNCIÓN PÚBLICA

Agencia Tributaria

Teléfonos: 91 574 87 70 / 901 33 55 33
https://sede.agenciatributaria.gob.es

IMPUESTO SOBRE EL VALOR AÑADIDO

Declaración-liquidación no periódica

Modelo 309

Espacio reservado para el número de justificante

Identificación (1)

NIF

Apellidos o Razón Social: EFL FINCA RUSTICA

Nombre

Devengo (2)

Ejercicio .... N

Periodo 2T

Transmitente (3)

NIF — NIF-IVA — País

Apellidos o Razón Social — Nombre

Adjudicatario (4)

NIF — Apellidos o Razón Social — Nombre

Situación tributaria (5)

1. Sujeto pasivo acogido al régimen especial de la agricultura, ganadería y pesca .... [X]
2. Sujeto pasivo acogido al régimen especial del recargo de equivalencia .... [ ]
3. Sujeto pasivo sin derecho a deducción (art. 14.Uno, 2º Ley I.V.A.) .... [ ]
4. Persona jurídica no empresario o profesional .... [ ]
5. Persona física no empresario o profesional .... [ ]
6. Otras situaciones tributarias no contempladas anteriormente .... [ ]

Hecho imponible (6)

1. Adquisición intracomunitaria de bienes .... [ ]
2. Adquisición intracomunitaria de medios de transporte nuevos .... [ ]
3. Inversión sujeto pasivo .... [X]
4. Entregas de bienes de inversión de naturaleza inmobiliaria .... [ ]
5. Entregas de bienes y prestaciones de servicios en procedimientos administrativos y judiciales de ejecución forzosa .... [ ]
6. Otros supuestos no contemplados anteriormente .... [ ]

Características y datos técnicos (7)

Vehículos

Marca — Tipo — Modelo (denominación comercial)

Nº identificación (bastidor) — Clasificación

Embarcaciones

Fabricante — Tipo-Modelo

Identificación (Nº contrucción) — Eslora máxima

Aeronaves

Fabricante — Marca-Tipo-Modelo

Nº Serie — Año fabricación — Peso máximo despegue (en Kg.)

Liquidación (8)

	Base imponible		Tipo %		Cuota	
Régimen general	01		02		03	
	25		26		27	
	04	12.020,24	05	10	06	1.202,02
	07		08		09	
Recargo equivalencia	10		11		12	
	13		14		15	
	16		17		18	
	19		20		21	

Total cuota devengada ([03] + [27] + [06] + [09] + [12] + [15] + [18] + [21] +) 22

A deducir (exclusivamente en caso de declaración complementaria): Resultado de la anterior o anteriores declaraciones del mismo concepto, ejercicio y periodo 23

Resultado a ingresar ([22] - [23]) 24 1.202,02

Declaración complementaria (9)

Si esta declaración es complementaria de otra declaración anterior correspondiente al mismo concepto, ejercicio y periodo, indíquelo marcando con una "X" esta casilla.

[ ] Declaración complementaria

En este caso, consigne a continuación el número de justificante identificativo de la declaración anterior.

Nº de justificante

Ingreso (10)

Ingreso efectuado a favor del Tesoro Público. Cuenta restringida de colaboración en la recaudación de la Agencia Estatal de Administración Tributaria de autoliquidaciones.

Importe: 1.202,02

Forma de pago:

Código IBAN

Firma (11)

................, a ...... de .... de ......

Firma:

Ejemplar para el sujeto pasivo

Declaración modelo 309 del ejemplo 6 (nº 6674) 6688

MINISTERIO DE HACIENDA Y FUNCIÓN PÚBLICA

Agencia Tributaria
Teléfonos: 91 574 87 70 / 901 33 55 33
https://sede.agenciatributaria.gob.es

IMPUESTO SOBRE EL VALOR AÑADIDO

Declaración-liquidación no periódica

Modelo 309

Espacio reservado para el número de justificante

Identificación (1)

NIF:

Apellidos o Razón Social: EJECUTADO

Nombre:

Devengo (2)

Ejercicio: N

Periodo: 0A

Transmitente (3)

NIF: | NIF-IVA: | País:

Apellidos o Razón Social: | Nombre:

Adjudicatario (4)

NIF: | Apellidos o Razón Social: ADJUDICATARIO | Nombre:

Situación tributaria (5)

1. Sujeto pasivo acogido al régimen especial de la agricultura, ganadería y pesca [ ]
2. Sujeto pasivo acogido al régimen especial del recargo de equivalencia [ ]
3. Sujeto pasivo sin derecho a deducción (art. 14.Uno, 2º Ley I.V.A.) [ ]
4. Persona jurídica no empresario o profesional [ ]
5. Persona física no empresario o profesional [ ]
6. Otras situaciones tributarias no contempladas anteriormente [X]

Hecho imponible (6)

1. Adquisición intracomunitaria de bienes [ ]
2. Adquisición intracomunitaria de medios de transporte nuevos [ ]
3. Inversión sujeto pasivo [ ]
4. Entregas de bienes de inversión de naturaleza inmobiliaria [ ]
5. Entregas de bienes y prestaciones de servicios en procedimientos administrativos y judiciales de ejecución forzosa [X]
6. Otros supuestos no contemplados anteriormente [ ]

Características y datos técnicos (7)

Vehículos

Marca: | Tipo: | Modelo (denominación comercial):

Nº identificación (bastidor): | Clasificación:

Embarcaciones

Fabricante: | Tipo-Modelo:

Identificación (Nº contrucción): | Eslora máxima:

Aeronaves

Fabricante: | Marca-Tipo-Modelo:

Nº Serie: | Año fabricación: | Peso máximo despegue (en Kg.):

Liquidación (8)

	Casilla	Base imponible	Casilla	Tipo %	Casilla	Cuota
Régimen general	01		02		03	
	25		26		27	
	04		05		06	
	07	300.000,00	08	21	09	63.000,00
Recargo equivalencia	10		11		12	
	13		14		15	
	16		17		18	
	19		20		21	

Total cuota devengada ([03] + [27] + [06] + [09] + [12] + [15] + [18] + [21] +) 22

A deducir (exclusivamente en caso de declaración complementaria): Resultado de la anterior o anteriores declaraciones del mismo concepto, ejercicio y periodo 23

Resultado a ingresar ([22] - [23]) 24 63.000,00

Declaración complementaria (9)

Si esta declaración es complementaria de otra declaración anterior correspondiente al mismo concepto, ejercicio y periodo, indíquelo marcando con una "X" esta casilla.

[ ] Declaración complementaria

En este caso, consigne a continuación el número de justificante identificativo de la declaración anterior.

Nº de justificante:

Ingreso (10)

Ingreso efectuado a favor del Tesoro Público. Cuenta restringida de colaboración en la recaudación de la Agencia Estatal de Administración Tributaria de autoliquidaciones.

Importe: 63.000,00

Forma de pago:

Código IBAN

Firma (11)

.................., a ...... de .... de ......

Firma:

Ejemplar para el sujeto pasivo

6690 **Declaración modelo 308 del ejemplo 7** (nº 6674)

MINISTERIO DE ECONOMÍA Y HACIENDA

Agencia Tributaria
Teléfono: 901 33 55 33
www.agenciatributaria.es

Impuesto sobre el Valor Añadido
SOLICITUD DE DEVOLUCIÓN
Régimen especial recargo de equivalencia, art. 30bis RIVA y sujetos pasivos ocasionales

Modelo **308**

Identificación (1)

Espacio reservado para la etiqueta identificativa

N.I.F. | Apellidos y nombre o Razón social

Devengo (2)

Ejercicio .... N
Período 0 6

Espacio reservado para la numeración por código de barras

Entregas intracomunitarias de medios de transporte nuevos y actividad de transporte de viajeros o de mercancías por carretera (Art. 30bis RIVA) (3)

Adquirente: N.I.F. | País | Apellidos y nombre o Razón social

Características técnicas

Vehículos: Marca | Tipo | Modelo (denominación comercial) | Nº identificación (bastidor) | Clasificación

Embarcaciones: Fabricante | Tipo-modelo | Identificación (Nº construcción) | Eslora máxima

Aeronaves: Fabricante | Marca-Tipo-Modelo | Nº Serie | Año fabricación | Peso máximo despegue (en Kg.)

Liquidación

Precio de adquisición.. 01	35.000 00	Tipo% 02	21
I.V.A. soportado.......... 03	7.350 00		
Precio de venta......... 02		Tipo% 05	
Máximo a devolver........ 06			
I.V.A. a devolver por entregas intracomunitarias 07			
I.V.A. a devolver actividad de transporte 15			

Régimen especial del recargo de equivalencia (4) — Liquidación

Base imponible	Tipo%	Cuota
08	09	10
11	12	13
14	15	16

I.V.A. a devolver (10 + 13 + 16) 17

Sujeto pasivo (5)

________ de ________ de ______
Firma

Devolución (6)

Manifiesto a esa Delegación que el importe a devolver reseñado se me sea abonado mediante transferencia bancaria a la cuenta indicada de la que soy titular.

Importe: D 7.350 00

Código cuenta cliente (CCC)
Entidad: Oficina: DC Núm. de cuenta

Ejemplar para la Administración

Declaración modelo 309 del ejemplo 8 (nº 6674) 6692

MINISTERIO DE HACIENDA Y FUNCIÓN PÚBLICA

Agencia Tributaria
Teléfonos: 91 574 87 70 / 901 33 55 33
https://sede.agenciatributaria.gob.es

IMPUESTO SOBRE EL VALOR AÑADIDO
Declaración-liquidación no periódica

Modelo 309

Espacio reservado para el número de justificante

Identificación (1)

NIF

Apellidos o Razón Social: PÉRDIDA BENEFICIO 4%

Nombre

Devengo (2)

Ejercicio: N+1

Periodo: 2T

Transmitente (3)

NIF — NIF-IVA — País

Apellidos o Razón Social — Nombre

Adjudicatario (4)

NIF — Apellidos o Razón Social — Nombre

Situación tributaria (5)

1. Sujeto pasivo acogido al régimen especial de la agricultura, ganadería y pesca [ ]
2. Sujeto pasivo acogido al régimen especial del recargo de equivalencia [ ]
3. Sujeto pasivo sin derecho a deducción (art. 14.Uno, 2ª Ley I.V.A.) [ ]
4. Persona jurídica no empresario o profesional [ ]
5. Persona física no empresario o profesional [X]
6. Otras situaciones tributarias no contempladas anteriormente [ ]

Hecho imponible (6)

1. Adquisición intracomunitaria de bienes [ ]
2. Adquisición intracomunitaria de medios de transporte nuevos [ ]
3. Inversión sujeto pasivo [ ]
4. Entregas de bienes de inversión de naturaleza inmobiliaria [ ]
5. Entregas de bienes y prestaciones de servicios en procedimientos administrativos y judiciales de ejecución forzosa [ ]
6. Otros supuestos no contemplados anteriormente [X]

Características y datos técnicos (7)

Vehículos

Marca — Tipo — Modelo (denominación comercial)

Nº identificación (bastidor) — Clasificación

Embarcaciones

Fabricante — Tipo-Modelo

Identificación (Nº contrucción) — Eslora máxima

Aeronaves

Fabricante — Marca-Tipo-Modelo

Nº Serie — Año fabricación — Peso máximo despegue (en Kg.)

Liquidación (8)

	Base imponible		Tipo %		Cuota	
Régimen general	01		02		03	
	25		26		27	
	04		05		06	
	07	20.000,00	08	17	09	3.400,00
	10		11		12	
Recargo equivalencia	13		14		15	
	16		17		18	
	19		20		21	

Total cuota devengada ([03] + [27] + [06] + [09] + [12] + [15] + [18] + [21]) — 22

A deducir (exclusivamente en caso de declaración complementaria): Resultado de la anterior o anteriores declaraciones del mismo concepto, ejercicio y periodo — 23

Resultado a ingresar ([22] - [23]) — 24

Declaración complementaria (9)

Si esta declaración es complementaria de otra declaración anterior correspondiente al mismo concepto, ejercicio y periodo, indíquelo marcando con una "X" esta casilla.

[ ] Declaración complementaria

En este caso, consigne a continuación el número de justificante identificativo de la declaración anterior.

Nº de justificante

Ingreso (10)

Ingreso efectuado a favor del Tesoro Público. Cuenta restringida de colaboración en la recaudación de la Agencia Estatal de Administración Tributaria de autoliquidaciones.

Importe: 3.400,00

Forma de pago:

Código IBAN

Firma (11)

.................., a ...... de .... de ....

Firma:

Ejemplar para el sujeto pasivo

SECCIÓN 3

Declaración-liquidación en las importaciones y operaciones asimiladas

6730 **Importaciones** (LIVA art.167 y 167 bis; RIVA art.73 y 74) Las importaciones sujetas al impuesto (nº 5605 s.) se liquidan simultáneamente con los **derechos arancelarios**, o cuando hubieran debido liquidarse estos de no mediar exención o no sujeción, con independencia de la liquidación que pudiese resultar procedente por cualesquiera otros gravámenes.
Se entienden incluidas entre tales operaciones y, por lo tanto, se deben liquidar del mismo modo, las relativas a mercancías que cesen de las situaciones a que se refiere la LIVA art.23 (situaciones de depósito temporal y otras situaciones, ver nº 6230 s.) o se desvinculen de los **regímenes suspensivos** aduaneros (nº 5631 s.) y fiscales (nº 5641 s.), con excepción del régimen de depósito distinto de los aduaneros, siempre que la importación de dichas mercancías se produzca conforme a lo dispuesto en el nº 5626 s.
No obstante, téngase en cuenta:
1. La opción de incluir la cuota liquidada por la Aduana en la **declaración-liquidación del periodo** en que reciban el documento en el que conste dicha liquidación (nº 6745).
2. La opción por la **modalidad especial para la declaración y el pago del IVA** correspondiente a la importación de los bienes, recogida en el nº 5915, cuando los empresarios o profesionales que realicen las operaciones a que se refiere el régimen especial aplicable a las **ventas a distancia** de bienes importados de países o territorios terceros, no opten por la aplicación del citado régimen especial.
A estos efectos, y teniendo en cuenta las particularidades que pueden surgir en los supuestos citados en los números 1 y 2 anteriores, los sujetos pasivos que realicen las operaciones de importación deben presentar en la Aduana la correspondiente declaración tributaria.
Desde el **15-10-2025**, la AEAT ha sustituido oficialmente el histórico Documento Único Administrativo (**DUA**) por el nuevo **sistema H1**, una plataforma electrónica que moderniza la gestión de importaciones procedentes de países no pertenecientes a la Unión Europea. Este sistema forma parte del Proyecto de Control Aduanero de la Unión Europea (UCC), cuyo **objetivo** es armonizar y digitalizar los procedimientos aduaneros en todos los Estados miembros.
Toda la **gestión** se procesa a través del portal de e-Aduana de la AEAT, ya sea mediante introducción manual en su web para importadores de bajo volumen, o por conexión automatizada API/EDI para empresas con sistemas ERP integrados.
Este sistema sustituye al DUA en las operaciones de importación definitiva (régimen 40) y permite una **gestión totalmente electrónica** de las declaraciones, reduciendo errores y agilizando los tiempos de despacho. Entre sus principales novedades, destacan las siguientes:
- eliminación del formato papel. Todo el proceso se gestiona digitalmente a través del portal de la AEAT o mediante transmisión EDI;
- identificación automática de operadores económicos (EORI);
- mayor trazabilidad y control documental, integrando datos de transporte, facturas y licencias;
- validación en tiempo real con las bases de datos europeas.

Es importante entender que el modelo H1 contiene abundantes datos electrónicos, pero existen dos formas de verlo en formato legible:
- **borrador previo**: antes de enviarlo, los formularios web de la AEAT permiten previsualizar los datos introducidos para corregir errores;
- **certificado H1 (PDF)**: una vez que la declaración es admitida, el sistema genera un CSV (Código Seguro de Verificación). Con este código, puedes descargar desde la Sede Electrónica un documento PDF llamado Certificado H1, que es el sustituto visual del antiguo DUA, y resume toda la operación.

6731 Precisiones 1) Las principales **características del modelo H1** son las siguientes:
- estructura jerárquica: los datos de importación se dividen de forma estricta por niveles: cabecera, subcabecera y partida;
- validaciones automáticas: el sistema de la AEAT cruza la información en tiempo real reduciendo incoherencias operativas;

- Despacho Centralizado Europeo (CCI): permite presentar la declaración de importación en un Estado miembro de la UE diferente al lugar físico donde entra la mercancía;
- eliminación de documentos anexos: desaparece formalmente el formulario DV1 de valor en aduana, integrando sus datos directamente en el envío digital;
- gestión del IVA diferido: las cuotas notificadas en el levante se deben incorporar de manera digital en el modelo 303 y registrarse mediante el SII.

2) Este cambio no proviene de una única ley nacional, sino de una normativa europea de obligado cumplimiento que busca **armonizar las aduanas** en toda la Unión. A diferencia del DUA, no se trata solo de un cambio de formulario, sino de una digitalización total alineada con el Código Aduanero de la Unión (CAU) para armonizar los datos en toda Europa.

3) La declaración H1 pasó a ser completamente obligatoria en España tras el cierre definitivo del sistema anterior desde el 15-10-2025. Hasta la fecha antes indicada las **instrucciones para la formalización** del **DUA** se regulaban en la Resol Dpto. Aduanas e IIEE 11-7-14 (ver nº 6730 s. Memento IVA 2025).

Doctrina Administrativa Además de las siguientes contestaciones de la DGT, ver nº 11000 s. **6732**

1) El **devengo de los derechos de importación y del IVA** tienen lugar, simultáneamente, cuando se admita a despacho la declaración aduanera -DUA- por parte de la Administración tributaria (DGT CV 8-4-08; CV 10-12-08).

2) Una empresa despacha a libre práctica productos expresamente indicados en la LIVA art.19.5 segundo párrafo. Posteriormente, los desvincula del régimen de depósito distinto de los aduaneros. De manera particular, no procede la **liquidación del IVA a la importación** mediante la utilización del DUA de importación ni tampoco mediante la utilización del modelo 380. El legislador ha querido que este tipo de operaciones deban consignarse y liquidarse en las declaraciones periódicas a través del modelo 303 (DGT CV 26-10-09).

Ejemplos **1)** EFL, SA, importa por la Aduana de Madrid 300 **estufas de petróleo** de 19 kilos de peso, que se presentan en cajas individuales de 20 kilos cada una. **6735**

Las estufas se han fabricado en Japón y la empresa japonesa CAS las ha vendido a su proveedor situado en Bélgica, llamado OMEGA, SA. El precio de las estufas ha sido de 22.000 yens cada una. El **transporte** desde Japón al puerto de Róterdam, en barco, ha supuesto 1.100 €, y el coste del transporte, en camión, desde Róterdam a Madrid, asciende a 450 €.

La venta es firme y la presentación de Aduana se realiza para su despacho a consumo el día 1-7-N.

El tipo de cambio es de 0,65 € por 100 yens, el arancel aduanero común es el 4,4% y el tipo impositivo aplicable respecto del IVA es el 21%.

Liquidación: Desde el 15-10-2025, la AEAT ha sustituido oficialmente el histórico Documento Único Administrativo (DUA) por el nuevo sistema H1, una plataforma electrónica que moderniza la gestión de importaciones procedentes de países no pertenecientes a la Unión Europea. Este modelo se cumplimenta de forma electrónica desde la página web de la AEAT.

Según los datos del supuesto se deben liquidar los derechos de importación y el IVA a la importación en los siguientes términos:

- **Derechos de importación**:

Valor en aduana:
22.000 × 300 = 6.600.000 yens.
6.600.000 × (0,65: 100) = 42.900 €.
Se suma el gasto de transporte: 42.900 + 1.100 = 44.000 €
Arancel = 44.000 × 4,4% = 1.936,00 €.

- **IVA**:

La base imponible del IVA es la suma del valor en aduana, más los derechos de importación, más los gastos de transporte:
44.000 + 1.936 + 450 = 46.386,00 €.
Cuota IVA: 46.386,00 × 21% = 9.741,06 €.

- **Total a ingresar:** 1.936 + 9.741,06 = 11.677,06 €.

2) Un matrimonio español que ha **residido** en Suiza durante tres años, **cambia su domicilio** a Madrid. Para ello envía a su nueva residencia todos sus muebles y ajuar doméstico. Dichos bienes han de pasar por la Aduana de la Junquera. **6736**

El caso planteado es una importación de bienes exenta del IVA (nº 5725 s.). Se debe cumplimentar, desde el 15-10-2025, el modelo H1 sin liquidación de Impuestos desde la pagina web de la AEAT.

Recaudación del IVA en las importaciones (LIVA art 167.dos y 167 bis; RIVA art.74) Han de tenerse en cuenta las siguientes cuestiones: **6744**

1) Como **regla general**, la recaudación e ingreso de las cuotas tributarias correspondientes a este Impuesto y liquidadas por las Aduanas en las operaciones de importación de bienes se efectúan según lo dispuesto en el Reglamento General de Recaudación.

La recaudación e ingreso de las deudas liquidadas en los **regímenes de viajeros, postales y etiqueta verde** se efectúan en la forma prevista para los correspondientes derechos arancelarios liquidados.
Se faculta a la Aduana para exigir la constitución de **garantía** suficiente en las siguientes operaciones de tráfico exterior:
- aquellas en que la aplicación de exenciones o bonificaciones dependa del cumplimiento por el contribuyente de determinados requisitos;
- cuando concurran circunstancias que así lo aconsejen.
No obstante, si la declaración aduanera se ha presentado en otro Estado miembro siguiendo los procedimientos dispuestos para el **despacho centralizado** (CAU art.179), la liquidación se realiza en base a la información recibida de la aduana del Estado miembro donde se haya presentado la declaración.

6745 **2)** Sin perjuicio de lo anterior, deben tenerse en cuentas las siguientes cuestiones:
a) La posibilidad de determinados operadores de optar por incluir la cuota liquidada por las Aduanas en la declaración-liquidación del periodo en que reciban el documento en el que conste dicha liquidación, siendo el periodo de ingreso el que corresponda a dicha declaración-liquidación (régimen de **diferimiento del ingreso**).
Puede optar a aplicar este régimen el **importador** que cumpla los siguientes requisitos:
1. Ser empresario o profesional actuando como tal.
2. Tener un periodo de liquidación que coincida con el mes natural (nº 6422 s.).
Aquellos sujetos pasivos que no tributan íntegramente en la **Administración del Estado** deben incluir en su totalidad la cuota liquidada por las Aduanas en la declaración-liquidación presentada a la Administración del Estado. Los sujetos pasivos que tributen exclusivamente ante una **Administración tributaria Foral**, deben incluirla en su totalidad en una declaración-liquidación que presenten ante la Administración del Estado en la forma que establezca el ministro de Hacienda.
La **opción** debe realizarse mediante la presentación de una declaración censal (modelo 036) en el mes de noviembre anterior al inicio del año natural en el que deba surtir efecto. Dicha opción se entiende prorrogada para los años siguientes en tanto no se produzca la renuncia a la misma o la exclusión.
La **renuncia** a esta modalidad se debe presentar mediante declaración censal (modelo 036), durante el mes de noviembre anterior al inicio natural en el que deba surtir efecto, y tiene efecto para un periodo mínimo de tres años.
Quedan **excluidos** de esta forma de ingreso aquellos operadores cuyo periodo de liquidación deje de coincidir con el mes natural, desde el mismo momento en que cese la obligación de la presentación mensual de las declaraciones-liquidaciones.
b) La opción por la **modalidad especial para la declaración y el pago del IVA** correspondiente a la importación de los bienes, recogida en el nº 5915, cuando los empresarios o profesionales que realicen las operaciones a que se refiere el régimen especial aplicable a las **ventas a distancia** de bienes importados de países o territorios terceros, no opten por la aplicación del citado régimen especial. En este caso, se habilita una **modalidad simplificada de ingreso** del impuesto en los siguientes términos (LIVA art.167 bis; RIVA art.74.1.b):
1. La opción por esta modalidad de liquidación debe realizarse ante la Aduana mediante una declaración por vía telemática.
2. Debe presentarse una declaración mensual donde se recojan todas las mercancías importadas por cuenta de los importadores.
Asimismo, los empresarios o profesionales deben llevar un **registro** de las operaciones incluidas en la declaración presentada con arreglo a esta modalidad especial de declaración y pago (ver nº 5916).

6747 Precisiones **1)** La **finalidad de la garantía** es la de asegurar el pago de la deuda en caso de incumplimiento de las condiciones o requisitos del beneficio fiscal aplicado, o de las especiales circunstancias que puedan darse en la operación.
2) La **opción por el régimen de diferimiento** del ingreso, se refiere a todas las importaciones realizadas por el sujeto pasivo que deban ser incluidas en las declaraciones-liquidaciones periódicas.
En relación con el **ingreso** de las **cuotas**:
- la cuota liquidada por las Aduanas se incluye en la declaración-liquidación (modelo 303, casilla 77) correspondiente al periodo en que reciba el documento en el que conste dicha liquidación;
- el plazo de ingreso de las cuotas liquidadas en las operaciones de importación es el previsto en el RIVA art.72.
3) El **periodo ejecutivo** de recaudación de las cuotas del IVA a la importación para aquéllos sujetos pasivos que hayan optado por el sistema de diferimiento, comienza al día siguiente del vencimiento del plazo de ingreso de la declaración-liquidación correspondiente, respecto de las cuotas liquidadas y no incluidas en la misma por el sujeto pasivo. Se considera que las cuotas consignadas en la

declaración-liquidación corresponden a las cuotas liquidadas de acuerdo con la fecha de cada una de las liquidaciones, iniciándose por la fecha más antigua correspondiente al período (RIVA disp.adic.8ª).

4) Respecto al **régimen sancionador** aplicable ante la falta de consignación o la consignación incorrecta o incompleta en la autoliquidación, de las cuotas tributarias correspondientes a operaciones de importación liquidadas por la Administración, por aquellos sujetos pasivos que puedan diferir el ingreso del IVA al tiempo de la presentación de la correspondiente declaración-liquidación, ver nº 7451 s.

Ejemplo Ver la **cumplimentación** del modelo 303 en nº 6580 s. 6749

Doctrina Administrativa Además de las siguientes contestaciones de la DGT, ver nº 11000 s. 6750

1) El riesgo tributario derivado de la **falta del ingreso del IVA** a la importación para aquellos operadores que se hayan acogido al **régimen de diferimiento** del Impuesto, se reduce de forma importante en la medida que incluyen la cuota liquidada por la Aduana en su declaración-liquidación del Impuesto, y bajo la consideración que el IVA a la importación es deducible desde la admisión a despacho de la declaración aduanera por parte de la Administración tributaria.

A efectos meramente informativos, la AEAT publicó en su página web con fecha de 7-4-2015, un anuncio según el cual, desde la citada fecha, no es obligatoria, con carácter general, la inclusión de una **garantía** que avale la cuota por dicho impuesto. No obstante, cuando la Administración tributaria lo estime conveniente porque concurran circunstancias que así lo aconsejen, puede exigir que se constituya garantía suficiente para el pago del IVA a la importación que se derive de las declaraciones de importación presentadas (DGT CV 15-2-16).

2) Los empresarios o profesionales **no establecidos** en el TIVA pero establecidos en la Comunidad, Canarias, Ceuta y Melilla, que realicen importaciones de bienes y adicionalmente alguna de las operaciones por las que quedan excluidos del régimen de devolución del Impuesto regulado en la LIVA art.119 o, en general, cuando deban presentar las declaraciones-liquidaciones periódicas, pueden aplicar el régimen de diferimiento del Impuesto de las importaciones con cumplimiento de los requisitos exigidos (DGT CV 4-4-16).

3) Una empresa que aplica el régimen de diferimiento del impuesto respecto de las cuotas devengadas con ocasión de las importaciones que realiza, debe incluir las cuotas derivadas de las liquidaciones practicadas por las autoridades aduaneras en base a las declaraciones aduaneras simplificadas, en la declaración-liquidación mensual que corresponda según la fecha en que le sea notificada esa primera liquidación. Luego, con ocasión de la liquidación girada por las autoridades aduaneras como consecuencia de la presentación de una **declaración complementaria**, debe incluir las nuevas cuotas en la declaración-liquidación mensual que corresponda según la fecha en que sea notificada esta segunda liquidación (DGT CV 4-12-20).

En el mismo sentido, cuando se opta por el **diferimiento**, las cuotas del impuesto deberán ser incluirlas en la declaración-liquidación mensual correspondiente al período en el que la consultante reciba el documento de liquidación girado por las autoridades aduaneras (DGT CV 10-3-21).

4) La entidad A ha absorbido en una **operación de fusión** a la entidad B que venía aplicando el régimen de diferimiento del Impuesto a la importación. La DGT entiende que las conclusiones recogidas en la DGT CV 25-4-18 serían extrapolables a este supuesto por lo que la entidad A podría, como entidad absorbente, optar por la aplicación del régimen de diferimiento del IVA a la importación para sus operaciones una vez concluido el proceso de fusión (DGT CV 4-11-21). 6751

5) Una sociedad durante 2021 no ha tenido un período de liquidación mensual, si bien, en el **tercer trimestre** de dicho año **superó el volumen de operaciones** de 6.010.121,04 euros y plantea ejercer en noviembre de dicho año la opción para acogerse al régimen de diferimiento del IVA a la importación. Si la sociedad no cuenta con un **período de liquidación** mensual en el momento de presentación de la solicitud a que se refiere el citado artículo del RIVA, no cumplirá los requisitos para ejercer la opción establecida en el citado precepto para la aplicación del régimen de diferimiento del Impuesto devengado en la importación (DGT CV 8-9-22).

6) Hay dos **opciones frente a la liquidación practicada por la Aduana** por el IVA a la importación por lo que respecta a la parte del IVA devengado:

- satisfacer su importe cuando reciba el documento en que conste la liquidación de la Aduana en los términos y plazos regulados en el RGR; o
- diferir el pago al momento de presentación de la declaración-liquidación correspondiente al período en que reciba el documento en el que conste dicha liquidación, en cuyo caso debe haber optado expresamente por el régimen de diferimiento del pago en los términos expuestos. Por tanto, la casilla 77 del modelo 303 solo debe ser cumplimentada en caso de haberse acogido al régimen de diferimiento del pago del IVA a la importación. Y las cuotas soportadas y deducibles consecuencia de la operación de importación deben ser consignadas en las casillas relativas al IVA deducible, ya sea en las casillas 32 y 33 del modelo 303 (DGT CV 22-6-22).

6752 Jurisprudencia 1) La **omisión o falta de inclusión en la autoliquidación** correspondiente de IVA de una cuota de IVA a la importación, tras el levante aduanero, puede determinar el inicio del período ejecutivo de recaudación al día siguiente del vencimiento del plazo de ingreso voluntario de esa autoliquidación. La **providencia de apremio**, y el recargo correspondiente, solo es posible y legítima cuando no se haya satisfecho la deuda tributaria antes de la notificación de aquélla (TS 13-7-23, EDJ 632522).
El **TEAC** asume el criterio del Tribunal Supremo, y cambia su criterio, de forma que, ahora considera que, en los supuestos en los que se haya ejercitado la opción por el sistema de IVA diferido, no procede dictar providencia de apremio cuando, habiendo tenido el interesado la obligación de consignar e ingresar el importe correspondiente a las cuotas de IVA a la importación liquidado por la Aduana, sin que ello haya tenido lugar, haya procedido posteriormente a ingresar tales cuotas antes de que se le notificara la citada providencia de apremio. No obstante, si el reclamante realizó el ingreso de la deuda tributaria junto con el propio recargo después de haberse notificado la providencia de apremio, pero antes de la finalización del plazo previsto para el pago de la las deudas apremiadas, resulta exigible el recargo del 10% (TEAC 23-10-23 6; 20-11-23).
2) La no inclusión de las cuotas de IVA a la importación liquidadas por la Aduana en la casilla 77 de la declaración-liquidación (modelo 303) correspondiente al período en que se hubieran recibido las liquidaciones, determina el **impago** de dichas cuotas en período voluntario y el nacimiento del período ejecutivo de cobro de las mismas una vez transcurrido el plazo voluntario de presentación de dicha declaración-liquidación. No obstante, es posible el pago o cumplimiento por el interesado antes de ser notificado de apremio, a través de la presentación de una **autoliquidación complementaria** en la que incluya dichas cuotas en la casilla 77, procediendo en este caso la exigencia del recargo ejecutivo (TEAC 18-6-20).
3) La deuda se liquida en la aduana junto a los derechos arancelarios y luego se puede satisfacer con ocasión de la recepción del documento acreditativo. El **retraso** en el cumplimiento del deber de pago, conforme a este esquema, determina la **apertura del período ejecutivo**, pero no necesariamente la vía de apremio, si la deuda, como consta, se ha abonado antes del dictado de la providencia de apremio. Improcedencia de esta y del recargo correspondiente (TS 13-12-22, EDJ 767322). En el mismo sentido, TS 16-10-24, EDJ 709244.

6754 **Operaciones asimiladas a la importación** (RIVA art.73.3; OM EHA/1308/2005) La **liquidación** de las operaciones asimiladas a las importaciones (nº 5655 s.) se debe efectuar por el sujeto pasivo en las declaraciones-liquidaciones y con arreglo al **modelo 380**.
Es obligatoria en todo caso la **presentación** de este modelo por vía electrónica.
Las cuotas del IVA devengadas por la realización de las operaciones aludidas son **deducibles** en el propio modelo (nº 2892).

Modelo	Utilización	OM aprobación
380	Declaración de operaciones asimiladas a las importaciones.	EHA/1308/2005

Respecto a las operaciones asimiladas a las importaciones relativas a **situaciones exentas y regímenes suspensivos** (nº 5673 s.), puede presentarse una única **declaración-liquidación centralizada** por período de liquidación, modelo 380, ante la Aduana donde radique el domicilio fiscal del sujeto pasivo cuando:
- se hayan realizado el año anterior operaciones asimiladas a las importaciones por importe superior a 1.500.000,00 €;
- lo autorice la Administración a solicitud del interesado.

La presentación de esta declaración-liquidación centralizada, debe hacerse por medios electrónicos indicando el código de la Aduana correspondiente a su domicilio fiscal, así como los códigos de los establecimientos afectados junto con las bases imponibles, tipos aplicables y cuotas correspondientes a cada uno de ellos.

Precisiones Respecto al **modelo 319** a utilizar para el pago a cuenta del IVA correspondiente a las entregas de gasolinas, gasóleos y biocarburantes posteriores a la ultimación del RDDA, ver nº 5687.

6755 **Plazos y períodos de liquidación** (LIVA art.19; RIVA art.73.3; OM EHA/1308/2005) Son los siguientes:
- cuando se trate de las operaciones relativas a los **buques y aeronaves** (nº 5658 s.): en los 30 primeros días del mes de enero siguientes al año natural en el que se haya devengado el impuesto;
- cuando se trate de las operaciones correspondientes a los **regímenes diplomático y consular**, y de la **OTAN** y determinadas **fuerzas armadas** (nº 5665), producidas en cada trimestre natural: en los veinte primeros días del mes siguiente al indicado período trimestral, salvo la declaración-liquidación correspondiente al último período del año, que debe presentarse durante los treinta primeros días naturales del mes de enero (RIVA art.71.4);
- cuando se trate de **situaciones exentas y regímenes suspensivos** (nº 5673 s.), realizadas en los períodos de liquidación trimestral o mensual (RIVA art.71.3): en los mismos plazos que las declaraciones en régimen general (nº 6422).

Ejemplos 1) Un **buque afecto a salvamento marítimo** de forma exclusiva, pierde este carácter por afectarse también a cruceros de recreo y pesca deportiva. En el momento de la adquisición, mes de enero año N, el buque costó 6.050.000 € y se benefició de la exención del IVA. Durante los últimos cinco meses, han tenido que realizarse varias reparaciones a bordo del buque por importe de 305.000 €, que también gozaron de la exención. 6765
La desafectación se produce en mayo del año N. La empresa tiene su domicilio fiscal en Málaga. La sociedad tiene derecho a deducir el IVA al 100%.
Se produce el hecho imponible operación asimilada a la importación (nº 5658), por lo que procede liquidar el impuesto en el modelo 380 (nº 6770):
A pagar: 6.050.000 + 305.000 = 6.355.000 × 21% = 1.334.550 €.

2) EFL, cónsul en Madrid de Argentina, adquirió un **vehículo** turismo Mercedes-Benz 190, el día 7-1-N, que estuvo exento (nº 6185 s.). El importe del vehículo ascendió a 32.500 €. 6766
El 28-5-N lo vendió a un particular, de nacionalidad española, efectuando una comunicación a la AEAT a través del Ministerio de Asuntos Exteriores, Unión Europea y Cooperación e indicando las características de la operación y el destinatario de la misma (RD 3485/2000 art.8.2).
La normativa no establece con claridad quién es el sujeto pasivo de esta operación asimilada a la importación, ni tampoco cuál debe ser la base imponible para liquidar el impuesto, en este caso, en el modelo 380. En la Aduana, que es el órgano que va a recibir esta liquidación no periódica, se admite la presentación tanto por el diplomático como por el adquirente español.
La presentación del modelo 380, para su liquidación y pago, debe efectuarse durante los 20 primeros días del mes de julio del año N. La base imponible a tener en cuenta es la que se establece en las tablas que publica el Ministerio de Hacienda cada año, en las que se señala el valor de los vehículos que son transmitidos usados (valor supuesto: 19.520,00 €).
- Liquidación IVA: 19.520,00 × 21% = 4.099,20 € (a ingresar).
El modelo 380 ha de cumplimentarse haciendo constar los datos del diplomático como interesado, sin importar el hecho de que el que pague sea el mismo diplomático o el adquirente del vehículo (nº 6772). Además, ha de adjuntarse la documentación del coche, el contrato de compraventa suscrito por comprador y vendedor y los datos (DNI) del adquirente el vehículo.
Una vez pagado el IVA, la Aduana expide una certificación, haciendo constar que el vehículo ha pagado el importe correspondiente por haber perdido la exención del régimen diplomático. Esta certificación se remite al Ministerio de Asuntos Exteriores, Unión Europea y Cooperación a fin de cancelar el régimen diplomático del vehículo.
Por último, el adquirente debe matricular el vehículo a su nombre y para ello pagar el Impuesto de Transmisiones Patrimoniales considerándose una compraventa de vehículo usado.

3) EFL, SA, establecida en Valladolid, se dedica a la **producción y venta de vino**. Para ello adquiere vino a diversos viticultores de España, y en el momento de la adquisición los introduce en depósitos distintos de los aduaneros, que están repartidos por diversas zonas de la geografía española. Una vez efectuadas las operaciones de transformación, se procede a la ultimación de los mencionados depósitos. 6767
La ultimación del régimen da lugar a la liquidación de IVA que, en el momento de la introducción del producto, quedó en suspenso.
A estos efectos, debe presentarse una declaración-liquidación del modelo 380, en cada una de las aduanas de control, donde se encuentre el depósito distinto del aduanero. No obstante, la sociedad ha solicitado a la Administración autorización para presentar una única declaración-liquidación centralizada ante la Aduana de su domicilio fiscal, y le ha sido concedida. Por ello presenta un sólo modelo 380 por vía telemática por todas las operaciones realizadas en este período.

6770 Cumplimentación Modelo 380 del ejemplo 1 (nº 6765).

MINISTERIO DE ECONOMÍA Y HACIENDA

Agencia Tributaria

Delegación de

Dependencia de Aduanas e IIEE de

Código Aduana

Impuesto sobre el Valor Añadido
Operaciones asimiladas a las importaciones
Declaración - Liquidación

Modelo 380

Interesado (1)

Espacio reservado para la etiqueta identificativa

Ejercicio ... N

Periodo 0 5

N.I.F. | Apellidos y nombre o razón social

Calle, Plaza, Avda. | Nombre de la vía pública | Número | Esc. | Piso | Puerta | Teléfono

Municipio | Provincia | Código Postal

Representante (2)

N.I.F. | Apellidos y nombre o razón social

Calle, Plaza, Avda. | Nombre de la vía pública | Número | Esc. | Piso | Puerta | Teléfono

Municipio | Provincia | Código Postal

Descripción (3)

(Sólo para medios de transporte)

Declaración-Liquidación (4)

OPERACIÓN	ESTABLECIMIENTO	BASE IMPONIBLE	TIPO %	CUOTA (A)	IVA DEDUCIBLE (B)
A2		6.355.000,00	21	1.334.550,00	1.334.550,00

CUOTA A INGRESAR (A - B) 0

Sujeto Pasivo

Presentación en Aduana

Fecha: ....

Firma

Ingreso (5)

Ingreso efectuado a favor del Tesoro Público, cuenta restringida de colaboración en la recaudación de la A.E.A.T. de declaraciones-liquidaciones o autoliquidaciones.

Forma de pago: E.C. Adeudo en cuenta ☐ E.C. En efectivo ☐

Importe: I

Ejemplar para la Administración

Declaración Modelo 380 del ejemplo 2 (nº 6766). **6772**

Agencia Tributaria

Delegación de

Dependencia de Aduanas e IIEE de

Código Aduana

MINISTERIO DE ECONOMÍA Y HACIENDA

Impuesto sobre el Valor Añadido

Operaciones asimiladas a las importaciones

Declaración - Liquidación

Modelo **380**

Interesado (1)

Espacio reservado para la etiqueta identificativa

Ejercicio ... N

Período ... 05

N.I.F.	Apellidos y nombre o razón social: EFL-Particular					
Calle, Plaza, Avda.	Nombre de la vía pública	Número	Esc.	Piso	Puerta	Teléfono
Municipio		Provincia				Código Postal

Representante (2)

N.I.F.	Apellidos y nombre o razón social					
Calle, Plaza, Avda.	Nombre de la vía pública	Número	Esc.	Piso	Puerta	Teléfono
Municipio		Provincia				Código Postal

Descripción (3)

(Sólo para medios de transporte)

Mercedes 190 nº Bastidor FJK 12345 - AU 890

Declaración-Liquidación (4)

OPERACIÓN	ESTABLECIMIENTO	BASE IMPONIBLE	TIPO %	CUOTA (A)	IVA DEDUCIBLE (B)
A2		19.520,00	21	4.099,20	

CUOTA A INGRESAR (A - B) ... 4.099,20

Sujeto Pasivo

Presentación en Aduana

Fecha:

Firma

Ingreso (5)

Ingreso efectuado a favor del Tesoro Público, cuenta restringida de colaboración en la recaudación de la A.E.A.T. de declaraciones-liquidaciones o autoliquidaciones.

Forma de pago: E.C. Adeudo en cuenta ☐ E.C. En efectivo ☐

Importe: I 4.099,20

Ejemplar para la Administración

Doctrina Administrativa Además de las siguientes contestaciones de la DGT, ver nº 11000 s. **6774**

1) El adquirente de las mercancías vinculadas al **régimen de depósito distinto del aduanero** es quien, con ocasión de la desvinculación del régimen y consiguiente salida de las mercancías del depósito, presenta el modelo 380 y es sujeto pasivo de la operación asimilada a la importación (DGT CV 28-2-07).

2) El **vino** embotellado es entregado en régimen de depósito distinto del aduanero y su salida tiene como destino una **fábrica o depósito fiscal**, permaneciendo en el citado régimen. El modelo 380 debe presentarlo, en su caso, el propietario del vino cuando salga de este último depósito (DGT CV 19-1-12). En el mismo sentido, DGT CV 12-9-18.

SECCIÓN 4

Solicitud de devoluciones no periódicas

6800 Aunque no se trata propiamente de liquidaciones, a continuación se van a analizar los **formularios y modelos** que se deben presentar para solicitar la devolución de las cuotas de IVA soportadas de forma ocasional o no periódica:
- solicitud de devolución por determinados empresarios o profesionales establecidos en el TIVA (nº 6805 s.);
- solicitud de devolución por empresarios o profesionales no establecidos en el TIVA (nº 6820 s.);
- solicitudes en el marco de las relaciones diplomáticas, consulares y de los organismos internacionales reconocidos por España (nº 6830 s.);
- solicitudes relativas a la OTAN y a las fuerzas armadas de otros E.m. afectadas a la política común de seguridad y defensa (nº 6850 s.).

Modelo	Utilización	OM aprobación
360	Solicitud de devolución del IVA soportado por determinados empresarios o profesionales establecidos en el TIVA.	EHA/789/2010
361	Solicitud de devolución del IVA soportado por determinados empresarios o profesionales no establecidos en el TIVA ni en la Comunidad, Islas Canarias, Ceuta o Melilla.	EHA/789/2010
362 (1)	Solicitud de reembolso de cuotas soportadas en el marco de las relaciones diplomáticas, consulares y de los organismos internacionales reconocidos por España.	24-5-2001
363 (1)	Solicitud de reconocimiento previo de la exención del IVA en el marco de las relaciones diplomáticas, consulares y de los organismos internacionales reconocidos por España.	24-5-2001
364	Solicitud de reembolso de las cuotas tributarias soportadas relativas a la OTAN, a los Cuarteles Generales Internacionales de dicha Organización y a los Estados parte en dicho Tratado.	HAP/841/2016
365	Solicitud de reconocimiento previo de las exenciones relativas a la OTAN, a los Cuarteles Generales Internacionales de dicha Organización y a los Estados parte en dicho Tratado.	HAP/841/2016
381	Solicitud de reembolso de las cuotas tributarias soportadas por las fuerzas armadas de los Estados miembros de la Unión Europea afectadas a un esfuerzo en el ámbito de la política común de seguridad y defensa	HFP/645/2023

(1) La OM HAC/738/2025 modifica la gestión de los **modelos 362 y 363** utilizados en el régimen diplomático, consular y de organismos internacionales, imponiendo su tramitación electrónica obligatoria. Con fecha de entrada en vigor 15-7-2025 se modifica el procedimiento para solicitar el reembolso de las cuotas del IVA soportadas por los destinatarios de las operaciones exentas por franquicias y exenciones en régimen diplomático, consular y de organismos internacionales.

6805 **Solicitud de devolución por establecido** (OM EHA/789/2010 art.1 a 6) Los empresarios o profesionales establecidos en el **TIVA**, tienen derecho a la devolución de las cuotas del IVA soportadas por adquisiciones o importaciones de bienes o servicios efectuadas en Estados miembros de la UE distintos de España (nº 2989).
También han de utilizar este formulario los empresarios o profesionales establecidos en las **Islas Canarias, Ceuta o Melilla**, para solicitar la devolución de las cuotas soportadas por adquisiciones o importaciones de bienes o servicios efectuadas en el territorio de aplicación del IVA español.
La solicitud de devolución se presenta por **vía electrónica** a través del formulario **modelo 360**.
La **presentación** de la solicitud puede efectuarse bien por el propio solicitante o bien por un tercero que actúe en su representación.

El **plazo** para la presentación de la solicitud de devolución se inicia el día siguiente al final del período de devolución y concluye el 30 de septiembre siguiente al año natural en el que se hayan soportado las cuotas a que se refiera. La regulación concreta de los plazos de presentación corresponde al E.m. que ha de proceder a la devolución, lo cual ha de ajustarse, en todo caso, a la normativa comunitaria (Dir 2008/9/CE art.15 y 16).

Ejemplos **1)** La empresa española EFL, dedicada a la **construcción**, está llevando a cabo una obra en Ciudad Rodrigo (Salamanca). Los materiales de construcción como cemento, ladrillos y cerámica, los ha comprado en Portugal, soportando IVA portugués. El proveedor A le ha facturado por 10.000 euros y el proveedor B por 35.000 euros. El tipo impositivo en Portugal es el 23% (nº 2017), lo que supone un total de 10.350 euros, y se plantea el modo de recuperar el IVA portugués. **6810**

Para recuperar las cuotas soportadas en otro Estado miembro por un empresario o profesional establecido en el TIVA (nº 2989) se presenta el modelo 360. Las facturas que documentan las operaciones realizadas deben conservarse en previsión de que la Administración tributaria las solicite y se envían también por vía electrónica (ver nº 6812 s.).

2) Un empresario establecido en las **Islas Canarias** ha adquirido en Sevilla una serie de bienes para su empresa. Ha soportado unas grandes cantidades de IVA que no puede deducir de su declaración del IGIC.

Este empresario utiliza el modelo 360 para solicitar a la AEAT la devolución de las cuotas soportadas por IVA en el TIVA. Dicha solicitud se presenta por vía telemática a través del portal de la AEAT.

6812 **Declaración modelo 360 del ejemplo 1** (nº 6810).

MINISTERIO DE ECONOMÍA Y HACIENDA

Agencia Tributaria
Teléfono: 901 33 55 33
www.agenciatributaria.es

Solicitud de devolución del Impuesto sobre el Valor Añadido soportado por determinados empresarios o profesionales establecidos en el territorio de aplicación del Impuesto.

Formulario **360**
Pág. 1

1. País al que se dirige la solicitud, ejercicio y causa de presentación

País: PORTUGAL
Ejercicio: N

Causa de presentación

- [X] Solicitud de devolución
- [ ] Modificación de una solicitud de devolución. Número de registro:
- [ ] Comunicación de la prorrata definitiva del ejercicio anterior

2. Solicitante

NIF: XX
Apellidos y nombre o o denominación social: EFL

Correo electrónico:
Teléfono:

Domicilio en España:

Tipo de vía / Nombre de la vía pública / Tipo Núm. / Núm. casa / Calif. núm. / Bloque / Portal / Escalera / Planta / Puerta

Complemento domicilio (ej: Urbanización, Polígono industrial, C. comercial...) / Localidad/Población (si es distinta de Municipio)

C. Postal / Nombre del Municipio / Provincia

Dirección en el extranjero:

Domicilio

Población / C. Postal (ZIP) / Provincia/Región/Estado / Cod.País / País

Apartado de correos en España:

Número del apartado de correos / Localidad/Población (si es distinta del municipio)

C. Postal / Municipio / Provincia

Ámbito de establecimiento

- [ ] Establecido en el territorio de aplicación del IVA (excluidas las Haciendas Forales)
- [ ] Establecido en una Hacienda Foral:
- [ ] Establecido en Canarias, Ceuta o Melilla (no sujeto a IVA):

Actividades:

Código	Idioma	Descripción
		CONSTRUCCIÓN EN GENERAL

6813

MINISTERIO DE ECONOMÍA Y HACIENDA

Agencia Tributaria
Teléfono: 901 33 55 33
www.agenciatributaria.es

Solicitud de devolución del Impuesto sobre el Valor Añadido soportado por determinados empresarios o profesionales establecidos en el territorio de aplicación del Impuesto.

Formulario **360**
Pag. 1 (continuación)

3. Representante

NIF | Apellidos y nombre o o denominación social

Correo electrónico | Teléfono

Domicilio en España:

Tipo de vía | Nombre de la vía pública | Tipo Núm. | Núm. casa | Calif. núm. | Bloque | Portal | Escalera | Planta | Puerta

Complemento domicilio (ej: Urbanización, Polígono industrial, C. comercial...) | Localidad/Población (si es distinta de Municipio)

C. Postal | Nombre del Municipio | Provincia

Dirección en el extranjero:

Domicilio

Población | C. Postal (ZIP) | Provincia/Región/Estado | Cod.País | País

Apartado de correos en España:

Número del apartado de correos | Localidad/Población (si es distinta del municipio)

C. Postal | Municipio | Provincia

4. Devolución Solicitada

Importe solicitado: 10.350,00
Divisa: EUROS
Número de facturas: 2
Número de documentos de importación:

Periodo:
Fecha inicio del periodo | Fecha fin del periodo

☐ Declaración del solicitante de no haber entregado bienes ni prestado servicios que se consideren entregados o prestados en el Estado miembro de devolución durante el periodo de devolución, con excepción de las operaciones contempladas en el artículo 3, letra b), incisos i) y ii) de la Directiva 2008/9/CE.

5. Modificación Prorrata año anterior

Ejercicio | Prorrata definitiva

6. Datos bancarios

Titular de la cuenta:
Nombre | En calidad de: Solicitante/representante

Cuenta:
IBAN | Banco-BIC | Divisa

7. Anexos

Nº de Registro	Descripción
1	ADQUISICIÓN CERÁMICA
1	ADQUISICIÓN LADRILLOS

6814

MINISTERIO DE ECONOMÍA Y HACIENDA

Agencia Tributaria
Teléfono: 901 33 55 33
www.agenciatributaria.es

Solicitud de devolución del Impuesto sobre el Valor Añadido soportado por determinados empresarios o profesionales establecidos en el territorio de aplicación del Impuesto.

360
Pág. 2

Operación 1

Tipo de operación	Número factura o doc. importación	Fecha de emisión factura o doc. importación
COMPRA	20/N	3-9-N

Base imponible	Cuota IVA	Prorrata %	Importe solicitado a devolver	Divisa
10.000,00	2.300,00	100	2.300,00	EUROS

Naturaleza de los bienes y servicios adquiridos

Código	Literal	Idioma	Descripción
	CERÁMICA		

Datos del proveedor de bienes/prestador de servicios:

☐ Factura simplificada

NVAT	Cod. País	Referencia Fiscal (si carece de NVAT)	Apellidos y nombre o denominación social
P X 001			

Dirección	País	Teléfono

Operación 2

Tipo de operación	Número factura o doc. importación	Fecha de emisión factura o doc. importación
COMPRA	34/N	5-9-N

Base imponible	Cuota IVA	Prorrata %	Importe solicitado a devolver	Divisa
35.000,00	8.050,00	100	8.050,00	EUROS

Naturaleza de los bienes y servicios adquiridos

Código	Literal	Idioma	Descripción
	LADRILLOS		

Datos del proveedor de bienes/prestador de servicios:

☐ Factura simplificada

NVAT	Cod. País	Referencia Fiscal (si carece de NVAT)	Apellidos y nombre o denominación social
P X 002			

Dirección	País	Teléfono

6816 Doctrina Administrativa Además de las siguientes contestaciones de la DGT, ver nº 11000 s.

1) La **competencia de la AEAT** se limita a la recepción y envío del modelo 360 al Estado miembro donde se ha soportado el Impuesto. El **Estado miembro de destino** es el obligado a tramitar el expediente y decidir sobre la devolución, si bien debe ajustar su procedimiento a lo establecido en la Dir 2008/9/CE que armoniza a todos los estados miembros en esta materia (DGT CV 20-6-14; CV 23-7-14; CV 14-12-15). En el mismo sentido, para recuperar cuotas soportadas en Francia por un empresario residente en el TAI, ver DGT CV 30-9-21.

2) Una empresa que soporta IVA en Francia puede recuperar estas cuotas mediante la presentación del modelo 360, salvo que la normativa francesa considere a la entidad como empresario **establecido en territorio francés** y sujeto pasivo del Impuesto, por lo que debe solicitar la deducción o, en su caso, devolución del Impuesto soportado en Francia con sujeción a la normativa francesa (DGT CV 17-4-24).

3) Si las operaciones se entienden realizadas en el **Estado miembro de destino** (Alemania), las cuotas soportadas en dicho E.m. se pueden recuperar con el modelo 360 (DGT CV 28-2-18).

Solicitud de devolución por no establecido (OM EHA/789/2010 art.7 a 10) Los empresarios o profesionales no establecidos en el TIVA, ni en la Comunidad, Islas Canarias, Ceuta o Melilla, pueden solicitar la devolución de las cuotas del IVA que hayan soportado por las adquisiciones o importaciones de bienes o servicios realizadas en el territorio de aplicación del IVA cuando se cumplan ciertas condiciones, y sujetas a determinadas limitaciones (nº 3005). La solicitud mediante el **modelo 361** se realiza por **vía electrónica** a través de internet según las reglas que se exponen a continuación: 6820

1) La **presentación de la solicitud** la debe efectuar, de forma obligatoria, el representante establecido en el TIVA nombrado por el solicitante. En caso de empresas pertenecientes a un mismo **grupo fiscal** en su país de establecimiento, se debe presentar una solicitud para cada empresa perteneciente al grupo, a la que se ha de identificar de forma individualizada en la solicitud.

2) El **plazo** para la presentación de la solicitud se inicia el día siguiente al final de cada trimestre natural o de cada año natural y concluye el 30 de septiembre siguiente al año natural en el que se hayan soportado las cuotas a que se refiera.

3) El **importe mínimo del Impuesto incluido** en la devolución que se solicita, está condicionado por el período de devolución a que se refiere (RIVA art.31 bis):

- inferior a un año natural, pero no inferior a tres meses: el importe del Impuesto incluido no puede ser inferior a 400 euros;
- un año natural o la parte restante de un año natural: el importe del Impuesto incluido no puede ser inferior a 50 euros.

4) La solicitud debe ir acompañada obligatoriamente de la siguiente **documentación**: 6822

a. Copia electrónica de la **certificación**, expedida por las autoridades competentes del Estado donde esté establecido el solicitante, en la que se acredite que realiza en el mismo **actividades empresariales o profesionales sujetas** al IVA o a un tributo análogo durante el período al que se refiera la solicitud.

b. Cuando se trate de la primera solicitud que un representante presenta por cuenta de un determinado solicitante o cuando no esté vigente el poder que se hubiese aportado con anterioridad, copia electrónica del **poder de representación** original otorgado ante fedatario público a favor de un representante establecido en el TIVA. Entre los datos que deben constar, se encuentran las facultades que dicho poder le confiere, entre las que se ha de hacer constar expresamente la facultad para presentar por medios telemáticos el modelo 361, y si el representante pretende, además, estar habilitado para recibir a su nombre por cuenta del solicitante las devoluciones del IVA, debe hacerlo constar expresamente en dicho poder.

El poder deberá estar redactado íntegramente en castellano o traducido por intérprete o traductor jurado. Si el fedatario público no es español, el poder debe incorporar la apostilla de la Haya. Si el país de residencia del fedatario no ha suscrito el Convenio de la Haya, deberá ser debidamente legalizado.

c. Cuando la base imponible que figure en cada una de las facturas o documentos de importación a que se refiere la solicitud supere el importe de 1.000 euros con carácter general, o 250 euros cuando se trate de carburante, dicha solicitud debe acompañarse de copia electrónica de dichas **facturas o documentos de importación**.

d. Cuando el solicitante pertenezca a un **grupo fiscal** en su país de establecimiento y el NIF sea único para todo el **grupo fiscal**, careciendo el solicitante de número de identificación individual en el país de sede, junto con la primera solicitud de devolución de la entidad debe aportarse documentación de la estructura del grupo, y asociar el número de identificación del grupo seguido de un número de orden a cada empresa del grupo que pretenda presentar solicitudes de devolución de IVA en España.

No se considera presentada la solicitud si no va acompañada de la certificación y del poder de representación a los que se refieren las letras a y b.

Jurisprudencia **1)** En una regularización por IVA a la importación, cuando el obligado tributario no está establecido en el TIVA, no cabe la aplicación del **principio de regularización íntegra**, puesto que el sujeto pasivo no presenta autoliquidaciones periódicas en las que se proceda a la deducción del tributo, debiendo proceder a la solicitud de su devolución a través del correspondiente procedimiento regulado en la LIVA art.119 y 119 bis (TEAC 20-11-18). 6825

2) La libertad de establecimiento y los principios de igualdad tributaria, no discriminación y equivalencia, no se oponen a la **denegación de la devolución** de cuotas de IVA soportado en el TIVA, a un sujeto no establecido en el territorio de aplicación del impuesto (TIVA), pero sí en la Unión Europea, por presentar la solicitud tras haber transcurrido el plazo previsto legalmente (TS 15-7-24, EDJ 621542).

6830 **Solicitud en el marco de relaciones diplomáticas, consulares y organismos internacionales** (OM 24-5-2001 art.sexto a sexto quater redacc OM HAC/738/2025; RD 3485/2000 art.10) Están exentas del impuesto las entregas de bienes, prestaciones de servicios y adquisiciones intracomunitarias de bienes realizadas en el marco de las relaciones diplomáticas y consulares, y las destinadas a organismos internacionales (nº 6185 s.).

Existen distintos procedimientos para aplicar las exenciones indicadas:

a) Exención directa con reconocimiento previo del centro gestor, aplicable a las franquicias y exenciones relativas a las importaciones de bienes, a las entregas y arrendamientos de edificios y ejecuciones de obra y a los automóviles (RD 3485/2000 art.2, 3.1.b y 12.1.a) a e).

Los destinatarios de las operaciones exentas deben presentar, con carácter previo a la realización de la operación, la solicitud de reconocimiento previo para solicitar la aplicación de la exención del Impuesto a las citadas operaciones. Para los supuestos del RD 3485/2000 art.3.1.b y 12.1.a) a e), se ha de utilizar el formulario Solicitud de reconocimiento previo de la exención en el marco de las relaciones diplomáticas, consulares y de los organismos internacionales reconocidos por España, **modelo 363**, que se presenta ante el Ministerio de Asuntos Exteriores, Unión Europea y Cooperación. Para el supuesto del RD 3485/2000 art.2 no hay modelo y se concede por el órgano Gestor de la AEAT (Aduanas).

Desde el 15-7-2025, la cumplimentación del modelo 363 se debe realizar en la Sede electrónica del Ministerio de Asuntos Exteriores, Unión Europea y Cooperación, presentándose una solicitud cada vez que vaya a efectuarse una operación exenta, pudiendo abarcar éstas los consumos de un año o los correspondientes al período de aplicación del beneficio, si éste es menor.

Desde la fecha indicada, se debe adjuntar copia electrónica de los siguientes documentos:

- documentos contractuales, presupuestos, notas de pedidos o cualesquiera documentos descriptivos de la operación;
- certificación de destino firmada por el jefe de misión, de oficina consular, el secretario general o la persona que ostente la representación y dirección del organismo internacional con indicación del nombre y cargo del destinatario.

Dicho Ministerio valida y da traslado de la solicitud a la AEAT. Se entiende desestimada la solicitud si venciera el plazo de seis meses para la resolución sin que la AEAT haya emitido tal resolución.

La autorización de la AEAT, por la cantidad solicitada y sin exceder la cuantía máxima del módulo correspondiente, se traslada a los interesados a través del Ministerio de Asuntos Exteriores, Unión Europea y Cooperación.

b) Cuando el destinatario de una entrega de bienes o prestación de servicios esté establecido en la Comunidad pero en un **Estado miembro distinto** de aquel en que se lleve a cabo la operación, se acepta el **certificado de exención** del IVA y/o de IIEE establecido en la OM EHA/1729/2009 (Rgto UE/282/2011 art.51 y Anexo II; ver nº 6852 en relación a la implementación de un certificado electrónico en formato digital), como confirmación de que la operación puede acogerse a la exención. Este certificado se visa por las autoridades competentes del Estado miembro de acogida, aunque puede dispensarse del visado si su normativa lo permite.

Cuando se aplique una **exención directa** en el Estado miembro en que se efectúe la entrega o el servicio, el proveedor o prestador debe exigir al destinatario el certificado mencionado anteriormente y conservarlo en sus registros. Cuando la exención se conceda a través de un **procedimiento de devolución** del IVA, el certificado se debe adjuntar a la solicitud de devolución remitida al Estado miembro en cuestión (Rgto UE/282/2011 art.51).

c) Las demás exenciones se hace efectivas mediante **reembolso**, previa solicitud en el **modelo 362**, Solicitud de reembolso de las cuotas del IVA en el marco de las relaciones diplomáticas, consulares y de los organismos internacionales reconocidos por España. 6832

Desde el 15-7-2025, la cumplimentación de este modelo se debe realizar por los destinatarios de las operaciones exentas en la Sede electrónica del Ministerio de Asuntos Exteriores, Unión Europea y Cooperación en los seis meses siguientes a la terminación del periodo a que correspondan, para solicitar el reembolso de las cuotas del Impuesto que hayan soportado durante cada trimestre natural. Desde la fecha indicada, se debe adjuntar copia electrónica de los siguientes documentos:

- facturas o justificantes contables originales o una copia cotejada por la misión diplomática, oficina consular de carrera u organismo Internacional correspondiente, que cumplan los requisitos exigidos por el Rgto Fac;
- certificación de destino firmada por el jefe de misión, de oficina consular, el secretario general o la persona que ostente la representación y dirección del organismo internacional con indicación del nombre y cargo del destinatario.

Dicho Ministerio valida y da traslado de la solicitud a la AEAT. Se entiende desestimada la solicitud si venciera el plazo de seis meses para la resolución sin que la AEAT haya emitido tal resolución.

La autorización de la AEAT, por la cantidad solicitada y sin exceder la cuantía máxima del módulo correspondiente, se traslada a los interesados a través del Ministerio de Asuntos Exteriores, Unión Europea y Cooperación.

Ejemplo Una embajada va a arrendar un edificio situado en Madrid, para que sea su sede en la capital de España. El importe del alquiler anual ascenderá a 70.000 euros. 6835

Por otra parte, con el fin de amueblar la embajada, se compran muebles por valor de 14.750,48 euros, IVA incluido, a un comerciante de Valencia. Se solicita el reembolso del IVA soportado en esta compra.

A efectos de la exención del IVA debe de presentar la solicitud previa de exención en el modelo 363 (ver nº 6840).

En relación con la devolución del IVA de los muebles (2.560 euros), debe presentar el modelo 362 (ver nº 6842 s.).

6840 **Declaración del Modelo 363** (nº 6835).

MINISTERIO DE HACIENDA

Agencia Tributaria

Teléfono: 91 554 87 70 / 901 33 55 33
https://sede.agenciatributaria.gob.es

Impuesto sobre el Valor Añadido

Solicitud de reconocimiento previo de la exención en el marco de las relaciones diplomáticas, consulares y de los Organismos internacionales reconocidos por España.
(Artículo 10, apartado 1 del Real Decreto 3485/2000, de 29 de diciembre)

Modelo 363

Espacio reservado para numeración por código de barras

Identificación (1)

NIF

Apellidos y nombre o denominación social: EMBAJADA

Devengo (2) Ejercicio: N Periodo: 0A

Liquidación (3)

De acuerdo con el artículo 10, apartado 1 del Real Decreto 3485/2000, se solicita el reconocimiento previo de la exención del IVA de la operación siguiente:

[X] Entrega o arrendamiento de edificios o parte de los mismos y de los terrenos anejos, adquiridos o arrendados por Estados extranjeros para sede de su Representación diplomática u Oficina consular o como residencia del jefe de la Misión diplomática o de la Oficina consular cuando, en este último caso, se trate de funcionarios de carrera (artículo 3, apartado 1, letra b) del Real Decreto 3485/2000).

[ ] Ejecuciones de obra, con o sin aportación de materiales, directamente formalizadas entre el contratista y el Estado extranjero, que tengan por objeto la construcción, reforma, rehabilitación o ampliación, reparación o conservación de los edificios a que se refiere el apartado anterior, cuando su importe, referido a cada operación aislada, exceda de 750 euros, de acuerdo con lo dispuesto en el artículo 3, apartado 1, letra b) del Real Decreto 3485/2000.

[ ] Entrega de vehículos automóviles a Estados extranjeros, Organismos Internacionales, Agentes diplomáticos, funcionarios con estatuto diplomático de Organismos Internacionales, miembros del personal técnico-administrativo o empleados consulares (artículo 12, apartado 1, letras a) a e) del Real Decreto 3485/2000).

Base imponible (4)

Base imponible del IVA correspondiente a la operación exenta 01 70.000,00

Operaciones exentas (5)

EDIFICIOS		VEHÍCULOS	
Tipo de operación:	ARRENDAMIENTO	Marca y Modelo:	
Dirección:	C/ A nº 1	Nº bastidor:	
Destino:	SEDE EMBAJADA		
NIF proveedor:			

Declaración del Modelo 362 (nº 6835). **6842**

MINISTERIO DE HACIENDA

Agencia Tributaria

Teléfono: 91 554 87 70 / 901 33 55 33
https://sede.agenciatributaria.gob.es

Impuesto sobre el Valor Añadido

Solicitud de reembolso en el marco de las relaciones diplomáticas, consulares y de los Organismos internacionales reconocidos por España.

(Artículo 10, apartado 3 del Real Decreto 3485/2000, de 29 de diciembre.)

Modelo **362**

Espacio reservado para numeración por código de barras

Identificación (1)

NIF

Apellidos y nombre o denominación social: EMBAJADA

Devengo (2) Ejercicio: N Período: T

Liquidación (3)

De acuerdo con el artículo 10, apartado 3 del Real Decreto 3485/2000, se solicita el reembolso de las cuotas del Impuesto sobre el Valor Añadido amparadas en una exención y soportadas por repercusión en el trimestre de referencia.

IMPORTE ...... 2.560,00 euros (Suma de cuotas de IVA soportadas)

Devolución (4)

Solicito que el importe a devolver reseñado anteriormente, me sea abonado mediante transferencia bancaria a la cuenta indicada de la que soy titular.

Mediante transferencia a cuenta bancaria abierta en España

IBAN

Mediante transferencia a cuenta bancaria abierta en el extranjero:

Unión Europea/SEPA

IBAN — Código SWIFT-BIC

Resto países

Código SWIFT-BIC — Número de cuenta/Account no.

Banco/Bank name

Dirección del Banco/ Bank address

Ciudad/City — País/Country — Código País/Country code

6843

Modelo **362**

NIF	Apellidos y nombre o denominación social	Página 2
	EMBAJADA	

RELACIÓN DE FACTURAS

	Proveedor NIF	Nombre y apellidos o denominación social	Importe total (Imptos. incl.)	Nº factura	Fecha devengo	Cuota IVA
1	B-0001	VALENCIA	14.750,48	3		2.560,00
2						
3						
4						
5						
6						
7						
8						
9						
10						
11						
12						
13						
14						
15						
16						
17						
18						
19						
20						
					TOTAL cuotas IVA..................	2.560,00

6848 Doctrina Administrativa Además de la siguiente contestación de la DGT, ver nº 11000 s.

Una persona con estatuto de personal diplomático adscrita a un organismo internacional establecido en otro Estado miembro de la UE, tiene derecho a adquirir bienes con exención del IVA. Respecto al procedimiento para hacer efectiva la exención en el IVA deben tenerse en cuenta las siguientes consideraciones:

a. Esta persona física puede adquirir en España bienes, para su uso y consumo, con exención del IVA, siempre que justifique la concesión por las autoridades competentes del Estado miembro donde está establecido el organismo internacional, del **derecho a adquirir los citados bienes con exención** del Impuesto, y se cumplan el resto de los requisitos exigidos legalmente.

b. La exención **se aplica directamente**, sin repercusión del Impuesto, por el proveedor de los bienes, mediante la presentación del **certificado de exención** del IVA ajustado al modelo aprobado por la OM EHA/1729/2009, y que justifica la concesión por las autoridades competentes del Estado miembro donde está establecido el organismo internacional del derecho a adquirir los mencionados bienes con exención.
c. En el caso de no poder aportar el certificado debidamente cumplimentado en el momento de realizarse la compra, la exención debe hacerse efectiva siguiendo el **procedimiento de reembolso** de las cuotas soportadas por repercusión previsto en el RD 3485/2000 art.10. El certificado se debe aportar con posterioridad a la realización de la operación, y debe acompañar a la factura para su tramitación ante el centro gestor. El certificado debe ir visado cuando no exonere de esta obligación la normativa del Estado miembro de destino. Las solicitudes pueden abarcar los consumos de un año o los correspondientes al período de aplicación del beneficio, si éste fuera menor. El Ministerio de Asuntos Exteriores ha de dar traslado al centro gestor (la AEAT) de dicha solicitud junto con su informe, en el que se hará referencia especial a la existencia de reciprocidad, si procede. El centro gestor autorizará la franquicia o exención por la cantidad solicitada y sin exceder, en su caso, la cuantía máxima del módulo correspondiente. Dicha autorización debe ser trasladada a los interesados a través del Ministerio de Asuntos Exteriores. Si vence el plazo de seis meses para la resolución, sin que el centro gestor la haya dictado, la solicitud se entiende desestimada (DGT CV 9-7-19).

Solicitudes relativas a la OTAN y a las fuerzas armadas de otros E.m. afectadas a la política común de seguridad y defensa 6850

(RD 160/2008; OM HAP/841/2016; RD 443/2023; OM HFP/645/2023) Están exentas del impuesto las entregas de bienes, prestaciones de servicios y adquisiciones intracomunitarias de bienes realizadas a la OTAN, a sus Cuarteles Generales Internacionales y a los Estados parte en dicho Tratado, y a las fuerzas armadas de otros E.m. de la Unión Europea afectadas a un esfuerzo en el ámbito de la política común de seguridad y defensa:

1) Exenciones relativas a la **OTAN**, sus Cuarteles Generales Internacionales y los Estados parte en dicho Tratado (nº 6202): existen dos **procedimientos** para aplicar las exenciones indicadas:

a. Exención directa con reconocimiento previo de la AEAT, aplicable a las operaciones previstas en el RD 160/2008 art.5.1 y 2.b.

Se solicita por **vía electrónica** en el **modelo 365**, de Solicitud de reconocimiento previo de las exenciones relativas a la OTAN, a los Cuarteles Generales Internacionales de dicha Organización y a los Estados parte en dicho Tratado.

Este modelo debe presentarse, con carácter previo a la realización de cada operación, por los destinatarios de las operaciones exentas, sus representantes voluntarios, o por personas o entidades que ostenten la condición de colaboradores sociales en la aplicación de los tributos. Se debe acompañar un fichero con la copia electrónica de la certificación expresiva del uso a que se destinen los bienes objeto de las referidas operaciones.

b. Mediante **reembolso**, previa solicitud en el **modelo 364**, de Solicitud de reembolso de las cuotas tributarias soportadas relativas a la OTAN, a los Cuarteles Generales Internacionales de dicha Organización y a los Estados parte en dicho Tratado.

Este modelo debe presentarse por **vía electrónica** a través de Internet por los destinatarios de las operaciones exentas a que se refiere el RD 160/2008 art.5.2.a y 5.3, sus representantes voluntarios, o por personas o entidades que ostenten la condición de colaboradores sociales en la aplicación de los tributos.

Está referida a las cuotas soportadas en cada trimestre natural y debe presentarse en los seis meses siguientes a la terminación del período de liquidación que corresponda.

Al formulario se debe adjuntar un fichero con las copias electrónicas de las **facturas** y de la certificación expresiva del uso a que se destinen los bienes a que las operaciones exentas se refieren. El presentador puede sustituir la cumplimentación de la relación de facturas por la presentación de un fichero con la relación de facturas.

2) Exenciones relativas a las **fuerzas armadas de otros E.m.** de la Unión Europea afectadas a un esfuerzo en el ámbito de la política común de seguridad y defensa (PCSD) (nº 6200): existen dos **procedimientos** para aplicar estas exenciones: 6852

a. Exención directa, mediante la presentación del **certificado** (OM EHA/1729/2009), que justifique la concesión por las autoridades competentes del E.m. al que pertenezcan las fuerzas armadas del derecho a adquirir los mencionados bienes o servicios con exención. El certificado debe ir visado cuando no exonere de esta obligación la normativa del E.m. al que pertenezcan las fuerzas armadas (RD 443/2023 art.5.1).

b. Mediante **reembolso**, previa solicitud en el **modelo 381**, de Solicitud de reembolso de las cuotas tributarias soportadas por las fuerzas armadas de los Estados miembros de la Unión Europea afectadas a un esfuerzo en el ámbito de la política común de seguridad y defensa.

Este modelo debe presentarse por **vía electrónica** a través de Internet por los destinatarios de las operaciones exentas a que se refiere el RD 443/2023 art.4.1 o sus representantes legales, representantes voluntarios, o por personas o entidades que ostenten la condición de colaboradores sociales en la aplicación de los tributos

Está referida a las cuotas soportadas en cada trimestre natural, y debe presentarse en los seis meses siguientes a la terminación del período que corresponda.

Al formulario se debe adjuntar un fichero con las copias electrónicas de las **facturas,** y del **certificado** que justifique la concesión por las autoridades competentes del E.m. al que pertenezcan las fuerzas armadas del derecho a adquirir los bienes o servicios con exención. El presentador puede sustituir la cumplimentación de la relación de facturas por la presentación de un fichero con la relación de facturas.

Precisiones La UE ha aprobado la implementación de un **certificado electrónico en formato digital** para confirmar la aplicación de la exención del IVA prevista para diplomáticos o cónsules, ciertos convenios internacionales, OTAN y fuerzas armadas adscritas al esfuerzo de defensa (PCSD). Este certificado será **obligatorio** a partir del 1-7-2032. Se ha establecido un período transitorio hasta el 30-6-2032 durante el cual los E.m. podrán seguir utilizando el certificado en papel o sistemas electrónicos propios (Dir 2006/112/CE art.151 bis y 151 ter; Rgto (UE) 282/2011 art.51.1 y anexo II).

6854 Ejemplos 1) Un **fabricante de aviones** va a entregar el 15-3-N varios equipos para aviones de combate a la OTAN, por importe de 40.000 euros.

Las operaciones realizadas por la empresa fabricante de aviones están exentas del IVA siempre que su base imponible a efectos del IVA sea igual o superior a 300 euros (RD 160/2008 art.4).

Para la aplicación de dicha exención, con carácter previo a la adquisición, la OTAN debe presentar el modelo 365 por vía electrónica a través de Internet, para el reconocimiento previo de la exención por parte de la AEAT. Se debe acompañar una certificación expresiva del uso a que se destinen los bienes objeto de las referidas operaciones.

Dicho reconocimiento surte efectos desde el momento de su solicitud. Transcurrido el plazo de tres meses desde la presentación de la solicitud en el órgano competente para su reconocimiento sin que haya recaído resolución expresa, se entiende producido el reconocimiento de la procedencia de la exención (RD 160/2008 art.5.1).

El fabricante no liquida el IVA ni repercute su importe, haciendo constar en la factura el reconocimiento de la exención otorgada por la AEAT. Debe conservar dicho reconocimiento como justificante de la exención.

6856

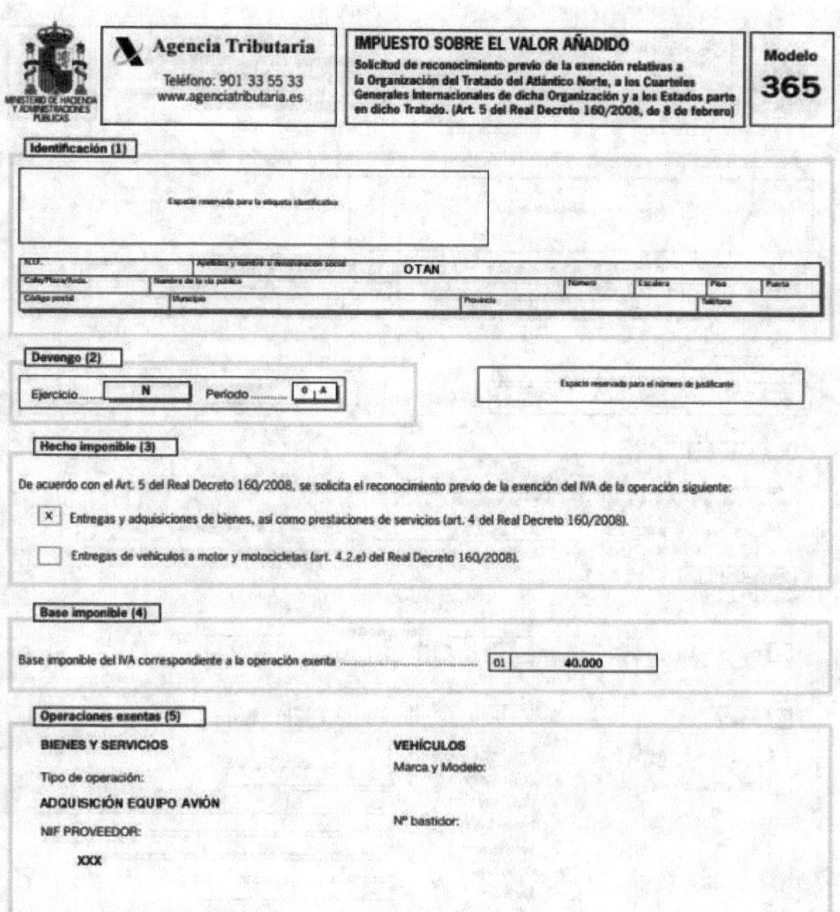

MINISTERIO DE HACIENDA Y ADMINISTRACIONES PÚBLICAS

Agencia Tributaria

Teléfono: 901 33 55 33
www.agenciatributaria.es

IMPUESTO SOBRE EL VALOR AÑADIDO

Solicitud de reconocimiento previo de la exención relativas a la Organización del Tratado del Atlántico Norte, a los Cuarteles Generales Internacionales de dicha Organización y a los Estados parte en dicho Tratado. (Art. 5 del Real Decreto 160/2008, de 8 de febrero)

Modelo 365

Identificación (1)

Espacio reservado para la etiqueta identificativa

N.I.F.	Apellidos y nombre o denominación social: OTAN				
Calle/Plaza/Avda.	Nombre de la vía pública	Número	Escalera	Piso	Puerta
Código postal	Municipio	Provincia		Teléfono	

Devengo (2)

Ejercicio........ N Periodo .... 0 A

Espacio reservado para el número de justificante

Hecho imponible (3)

De acuerdo con el Art. 5 del Real Decreto 160/2008, se solicita el reconocimiento previo de la exención del IVA de la operación siguiente:

[X] Entregas y adquisiciones de bienes, así como prestaciones de servicios (art. 4 del Real Decreto 160/2008).

[ ] Entregas de vehículos a motor y motocicletas (art. 4.2.e) del Real Decreto 160/2008).

Base imponible (4)

Base imponible del IVA correspondiente a la operación exenta 01 40.000

Operaciones exentas (5)

BIENES Y SERVICIOS

Tipo de operación:

ADQUISICIÓN EQUIPO AVIÓN

NIF PROVEEDOR:

XXX

VEHÍCULOS

Marca y Modelo:

Nº bastidor:

2) Durante el primer trimestre del año N, un Cuartel General de la OTAN situado en Madrid, ha adquirido **suministros de comida y bebida** para su economato y cantina. Ha comprado: 6858

- fruta y verdura natural al comerciante A, por importe de 1.000 euros, cuyo IVA soportado asciende a 40 euros;
- latas de conserva al comerciante B, por importe de 2.000 euros, cuyo IVA soportado asciende a 200 euros;
- bebidas edulcoradas y alcohólicas al comerciante C, por importe de 3.000 euros y 2.000 euros, respectivamente, cuyo IVA soportado es de 630 euros y 420 euros.

A estas entregas se les repercute el IVA correspondiente que es soportado y pagado por dicho Cuartel General. El Cuartel General de la OTAN debe presentar el modelo 364 de solicitud de reembolso del IVA pagado por estas entregas por vía electrónica a través de Internet.

La solicitud debe referirse a las cuotas soportadas en cada trimestre natural y se presenta en el plazo de los seis meses siguientes a la terminación del período de liquidación a que correspondan. Se debe acompañar de las facturas que documenten las adquisiciones anteriores ajustadas al Rgto Fac y de una certificación expresiva del uso a que se destinen los bienes objeto de las referidas operaciones.

6860

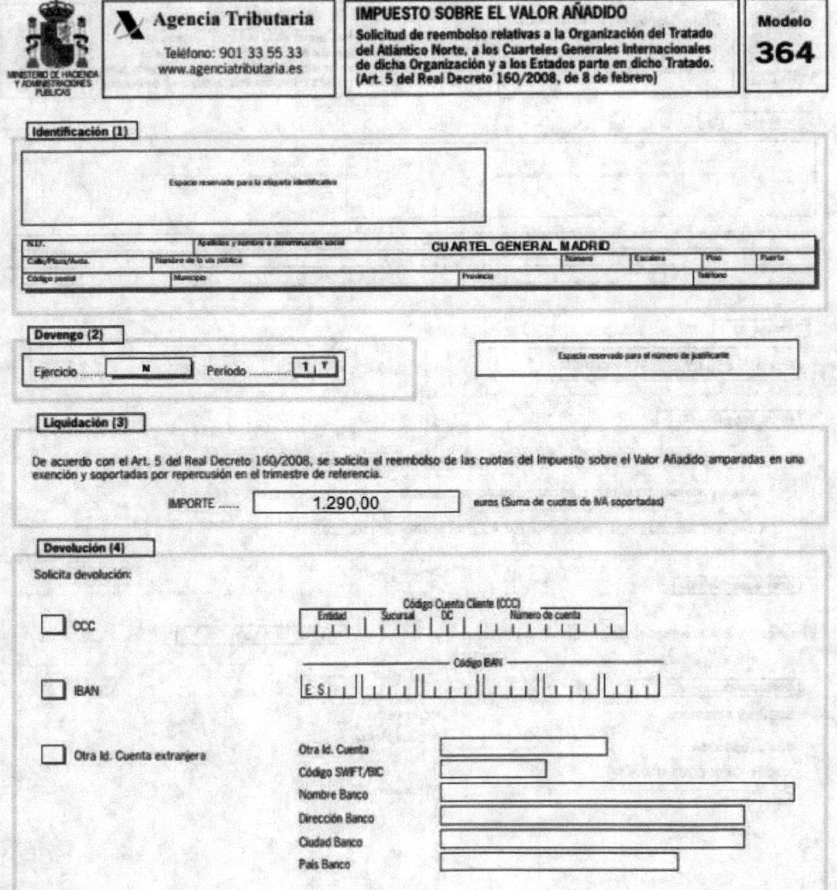

MINISTERIO DE HACIENDA Y ADMINISTRACIONES PÚBLICAS

Agencia Tributaria

Teléfono: 901 33 55 33

www.agenciatributaria.es

IMPUESTO SOBRE EL VALOR AÑADIDO

Solicitud de reembolso relativas a la Organización del Tratado del Atlántico Norte, a los Cuarteles Generales Internacionales de dicha Organización y a los Estados parte en dicho Tratado. (Art. 5 del Real Decreto 160/2008, de 8 de febrero)

Modelo 364

Identificación (1)

Espacio reservado para la etiqueta identificativa

N.I.F.	Apellidos y nombre o denominación social: CUARTEL GENERAL MADRID				
Calle/Plaza/Avda.	Nombre de la vía pública	Número	Escalera	Piso	Puerta
Código postal	Municipio	Provincia	Teléfono		

Devengo (2)

Ejercicio .... N Período .... 1 T

Espacio reservado para el número de justificante

Liquidación (3)

De acuerdo con el Art. 5 del Real Decreto 160/2008, se solicita el reembolso de las cuotas del Impuesto sobre el Valor Añadido amparadas en una exención y soportadas por repercusión en el trimestre de referencia.

IMPORTE ...... 1.290,00 euros (Suma de cuotas de IVA soportadas)

Devolución (4)

Solicita devolución:

☐ CCC — Código Cuenta Cliente (CCC): Entidad | Sucursal | DC | Número de cuenta

☐ IBAN — Código IBAN: ES

☐ Otra Id. Cuenta extranjera

Otra Id. Cuenta

Código SWIFT/BIC

Nombre Banco

Dirección Banco

Ciudad Banco

País Banco

6862

NIF	Apellidos y nombre	Página 2
		Modelo 364

Espacio reservado para nº justificante

RELACIÓN DE FACTURAS

Proveedor

	N.I.F.	Nombre y apellidos o denominación social	Importe total (Imptos. incl.)	Nº factura	Fecha devengo	Cuota IVA
1		COMERCIO A	1.000		2-2-N	40
2		COMERCIO B	2.000		20-2-N	200
3		COMERCIO C	5.000		15-3-N	1.050
4						
5						
6						
7						
8						
9						
10						
11						
12						
13						
14						
15						
16						
17						
18						
19						
20						
					TOTAL cuotas IVA...............	

3) Durante el cuarto trimestre del año N, las **fuerzas armadas francesas** han adquirido en el puerto de Algeciras, carburante y aceite para el suministro de un navío perteneciente a Francia, afecto a las fuerzas armadas para uso de las mismas en la PCSD. El importe asciende a 15.000 euros. 6864

Se presenta el certificado de exención de IVA, debidamente cumplimentado, con anterioridad al suministro del carburante y aceite con el fin de que el destinatario del mismo, la empresa suministradora, no repercuta el IVA en la factura que expida.

6865 **Certificado de exención** (nº 6852).

Agencia Tributaria
Teléfono: 901 33 55 33
https://sede.agenciatributaria.gob.es

MINISTERIO DE HACIENDA Y FUNCIÓN PÚBLICA

Certificado de exención del IVA y de los Impuestos Especiales

(Directiva 2006/112/CE - Artículo 151 y Directiva 2008/118/CE - Artículo 13)

Número de serie (optativo)

1. Organismo/persona beneficiaria

NIF

Denominación/nombre y apellidos: FUERZAS ARMADAS FRANCESAS (PCSD)

Calle y número

Código postal y localidad

Estado miembro (de la sede)

2. Autoridad competente a efectos del visado

Denominación, dirección y número de teléfono: MINISTERIO DE DEFENSA FRANCÉS

3. Declaración del organismo o persona beneficiaria

El organismo/persona beneficiaria[1] declara:

a) que los bienes y/o servicios reseñados en el recuadro 5 se destinan[2]

[X] para uso oficial de
- [ ] una misión diplomática extranjera
- [ ] una representación consular extranjera
- [ ] un organismo internacional
- [ ] la fuerza armada de un Estado signatario del Tratado del Atlántico Norte (fuerzas de la OTAN)
- [X] Las fuerzas armadas de un Estado miembro que participen en una actividad de la Unión en el marco de la PCSD
- [ ] Las fuerzas armadas del Reino Unido destacadas en la isla de Chipre

[ ] para uso personal de un miembro de
- [ ] una misión diplomática extranjera
- [ ] una representación consular extranjera
- [ ] el personal de un organismo internacional

[ ] para uso de la Comisión Europea o de cualquier organo u organismo europeo que ejerza sus funciones en respuesta a la pandemia de COVID/19

(denominación del organismo) (véase el cuadro 4)

b) que los bienes y/o servicios en el recuadro 5 se atienen a las condiciones y limitaciones aplicables a la exención en el Estado miembro de la sede señalado en el recuadro 1, y

c) que los datos anteriores han sido facilitados de buena fe. El organismo o persona beneficiaria se compromete a pagar al Estado miembro de expedición de los bienes o en el que la entrega de los bienes y/o servicios se ha realizado, el IVA y/o el Impuesto Especial que sería aplicable en el supuesto de que los bienes y/o servicios no cumpliesen las condiciones de exención, o de que dichos bienes y/o servicios no se destinasen al uso previsto.

Lugar y fecha

Nombre, apellidos y cargo del firmante

Firma

4. Sello del organismo (en caso de exención por uso personal)

Lugar y fecha

Sello

Nombre, apellidos y cargo del firmante

Firma

Ejemplar para la Administración

6866

5. Descripción de los bienes y/o servicios para cuyo consumo se solicita la exención del IVA y/o de los Impuestos Especiales

A. Información relativa al depositario autorizado

1. Nombre, apellidos y dirección

PROVEEDOR CARBURANTE Y ACEITE

2. Estado miembro

3. Número de identificación del IVA/Impuestos Especiales

B. Información relativa a los bienes y servicios

Nº	Descripción detallada de los bienes y/o servicios(4) (o referencia de la hoja de pedido adjunta)	Cantidad o número	Valor sin IVA ni/o sin Impuestos Especiales		Moneda
			Valor unitario	Valor total	
	CARBURANTE Y ACEITE			15.000,00	EUROS
		Importe total		15.000,00	EUROS

6. Certificación de la autoridad o autoridades competente(s) del Estado Miembro de la sede

La remesa/entrega de bienes y/o servicios descritos en el recuadro 5 cumple

[X] en su totalidad

[ ] hasta una cantidad de .... (4)
(número)

Lugar y fecha — Sello(s) — Nombre, apellidos y cargo(s) del (de los) firmante(s)

Firma(s)

7. Dispensa de visado (únicamente en caso de exención por uso oficial)

Mediante carta nº .... de ....
(referencia del expediente) (fecha)

.... ha sido dispensado por
(denominación del organismo beneficiario)

.... de la obligación de solicitar el visado previsto en el
(denominación de la autoridad competente del Estado miembro de la sede)

recuadro 6

Lugar y fecha — Sello — Nombre, apellidos y cargo del firmante

Firma

<u>**Ejemplar para la Administración**</u>

(1) Táchese lo que no proceda.
(2) Señálese con una cruz el recuadro o casilla correspondiente.
(3) Invalídese el espacio no utilizado. Esta exigencia se aplica igualmente a las hojas de pedido que, en su caso, se adjunten.
(4) Los productos no exentos deberán tacharse en el recuadro o casilla 5 o en la hoja de pedido adjunta.

4) Mismos datos que los del ejemplo del nº 6864, pero **no** se dispone del **certificado de exención** de IVA antes de efectuar el suministro. 6868

Se debe proceder a la solicitud de reembolso de las cuotas soportadas mediante la presentación del **modelo 381**, que se tramita de forma telemática, en el plazo de los seis meses siguientes a la terminación del período a que correspondan. Se adjunta copia electrónica de las facturas que acrediten las operaciones realizadas y del certificado de exención de IVA.

6869 **Solicitud reembolso (modelo 381)** (nº 6852).

MINISTERIO DE HACIENDA Y FUNCIÓN PÚBLICA

Agencia Tributaria

Teléfono: 91 554 87 70 / 901 33 55 33
https://sede.agenciatributaria.gob.es

Impuesto sobre el Valor Añadido

Solicitud de reembolso de las cuotas tributarias soportadas por las fuerzas armadas de los Estados miembros de la Unión Europea afectadas a un esfuerzo en el ámbito de la política común de seguridad y defensa.
(art. 5.2 del Reglamento aprobado por el Real Decreto 443/2023, de 13 de junio)

Modelo **381**

Identificación (1)

NIF/CIF	Apellidos y nombre o denominación social				
Calle/Plaza/Avda.	Nombre de la vía pública	Número	Escalera	Piso	Puerta
Código postal	Municipio	Provincia/País		Teléfono	

Devengo (2)

Ejercicio .... N Periodo .... 4 T

Espacio reservado para el número de justificante

Liquidación (3)

De acuerdo con el art. 5.2 del Reglamento por el que se desarrollan las exenciones fiscales relativas a las fuerzas armadas de los Estados miembros de la Unión Europea afectadas a un esfuerzo de defensa en el ámbito de la política común de seguridad y defensa y se establece el procedimiento para su aplicación, aprobado por Real Decreto 443/2023, de 13 de junio, se solicita el reembolso de las cuotas del Impuesto sobre el Valor Añadido amparadas por la exención prevista en el art. 4 de dicho Reglamento y soportadas por repercusión en el trimestre de referencia.

IMPORTE ...... 3.150,00 euros (Suma de cuotas de IVA soportadas)

Devolución (4)

Solicita devolución:

Titular de la cuenta:
Apellidos y nombre, razón social o denominación

☐ IBAN — Código IBAN — Código SWIFT-BIC

☐ Otra Id. Cuenta extranjera (en defecto de IBAN)

Otra Id. Cuenta
Código SWIFT/BIC
Nombre Banco
Dirección Banco
Ciudad Banco
País Banco

6870

Modelo 381

NIF/CIF	Apellidos y nombre o denominación social	Página 2

RELACIÓN DE FACTURAS

	Proveedor NIF	Nombre y apellidos o denominación social	Importe total (imptos. incl.)	Nº factura	Fecha devengo	Cuota IVA
1		PROVEEDOR CARBURANTE	15.000,00	2 XX		3.150,00
2						
3						
4						
5						
6						
7						
8						
9						
10						
11						
12						
13						
14						
15						
16						
17						
18						
19						
20						
					TOTAL cuotas IVA............	

SECCIÓN 5

Autoliquidación rectificativa

(RIVA art.74 bis; OM EHA/3786/2008 anexo I redacc OM HAC/27/2026)

6875

6876 **Ámbito de aplicación** (RIVA art.74 bis.1) Los sujetos pasivos deben **rectificar, completar o modificar** las autoliquidaciones presentadas mediante la presentación de una autoliquidación rectificativa, utilizando el modelo de declaración aprobado por la persona titular del Ministerio de Hacienda.

Quedan **excluidas** de esta forma de rectificar, completar o modificar las autoliquidaciones, las rectificaciones de cuotas indebidamente repercutidas a otros obligados tributarios (RGGI art.129), y las modificaciones de cuotas correspondientes a operaciones acogidas a los regímenes especiales aplicables a las ventas a distancia y a determinadas entregas interiores de bienes y prestaciones de servicios (nº 9300 s.).

Como **excepción**, se puede utilizar el tradicional procedimiento de solicitud de **rectificación de autoliquidaciones** (LGT art.120.3; RGGI art.126 a 128), cuando el motivo alegado sea la eventual vulneración por la norma aplicada en la autoliquidación previa de los preceptos de otra norma de rango superior legal, constitucional, de Derecho de la UE o de un tratado o convenio internacional.

6877 Ejemplos **1)** Una asociación cultural sin ánimo de lucro ha repercutido indebidamente a sus socios el IVA sobre las cuotas de asociado previstas en los estatutos. Se va a proceder a la rectificación de las facturas y a la devolución a los asociados del IVA pagado indebidamente.

Se debe instar un expediente de devolución de ingresos indebidos ante la Administración tributaria, por no ser de aplicación la presentación de la autoliquidación rectificativa por excluirlo expresamente el RIVA.

2) Una empresa ha emitido una factura por unos servicios repercutiendo el IVA que ya ha sido ingresado. Posteriormente se da cuenta que el servicio prestado no está sujeto al IVA, procediendo a emitir una factura rectificativa.

Se debe instar un expediente de devolución de ingresos indebidos ante la Administración tributaria, por no ser de aplicación la presentación de la autoliquidación rectificativa por excluirlo expresamente el RIVA.

6877.1 Doctrina Administrativa Además de las siguientes contestaciones de la DGT, ver nº 11000 s.

1) No se puede presentar la autoliquidación rectificativa por tratarse de un caso de **ingresos indebidos** y estar expresamente excluido por el RIVA art.74 bis (DGT CV 5-3-25; CV 25-3-25).

2) Dado que la rectificación se produce como consecuencia de una determinación incorrecta de las cuotas repercutidas, el sujeto pasivo debe incluir la diferencia en una declaración-liquidación complementaria correspondiente al periodo de declaración de devengo de la operación, salvo que dicha rectificación se deba a un **error fundado de derecho**, en cuyo caso también puede hacerlo en la declaración-liquidación del periodo de declaración en que se deba efectuar la rectificación (DGT CV 25-3-25).

6878 **Plazo de presentación** (RIVA art.74 bis.2) Debe presentarse antes de que haya **prescrito el derecho de la Administración** para determinar la deuda tributaria mediante liquidación o el derecho a solicitar la devolución que proceda. Si se presenta fuera del plazo de declaración, tiene el carácter de extemporánea.

6879 **Efectos** (RIVA art.74 bis.4) La autoliquidación rectificativa puede rectificar, completar o modificar la autoliquidación presentada con anterioridad. En particular:

1. Si resulta un **importe a ingresar superior** al de la autoliquidación anterior o una **cantidad a devolver o a compensar inferior** a la anteriormente autoliquidada, se aplica el régimen previsto para las autoliquidaciones complementarias en la normativa general tributaria (LGT art.122.2).

2. En los **casos no contemplados** en el número 1 anterior, si resulta una cantidad a devolver, con la presentación de la autoliquidación rectificativa se entiende solicitada la **devolución**, que se tramita conforme al régimen del procedimiento de devolución iniciado mediante autoliquidación (LGT art.124 a 127), sin perjuicio de la obligación de abono de intereses de demora (LGT art.120.3).

El plazo para efectuar la devolución es de seis meses contados desde la finalización del plazo reglamentario para la presentación de la autoliquidación o, si este hubiese concluido, desde la presentación de la autoliquidación rectificativa.
Si con la presentación de la autoliquidación previa se hubiera solicitado una devolución, y la misma no se hubiera efectuado en el momento de presentación de la autoliquidación rectificativa, con la presentación de esta última se considera finalizado el procedimiento iniciado mediante la presentación de la autoliquidación previa.
3. Si resulta una **minoración del importe a ingresar** de la autoliquidación previa y **no procede una cantidad a devolver**, se mantiene la obligación de pago hasta el límite del importe a ingresar resultante de la autoliquidación rectificativa.
Si la deuda resultante de la autoliquidación previa estuviera **aplazada o fraccionada**, con la presentación de la autoliquidación rectificativa se entiende solicitada la modificación en las condiciones del aplazamiento o fraccionamiento (RGR art.52.3).
Como **excepción**, la autoliquidación rectificativa no produce efectos respecto a los elementos que hayan sido regularizados mediante liquidación definitiva o provisional (RGGI art.126.2 y 3).

Modelo (RIVA art.74 bis.3; OM EHA/3786/2008 anexo I redacc OM HAC/27/2026) En la autoliquidación rectificativa debe constar expresamente esta circunstancia, la obligación tributaria y período a que se refiere, la totalidad de los datos que deban ser declarados, y otros que puedan establecerse, como los motivos de rectificación. A estos efectos, se deben incorporar los datos incluidos en la autoliquidación presentada con anterioridad que no sean objeto de modificación, los que sean objeto de modificación y los de nueva inclusión. **6881**

Precisiones Desde el 6-8-2024, a efectos de implantar de forma efectiva la autoliquidación rectificativa, se modificó el modelo de autoliquidación del impuesto (**modelo 303**). Teniendo en cuenta su periodo de aplicación, no pueden rectificarse a través del modelo las autoliquidaciones de periodos anteriores a septiembre de 2024, para los sujetos pasivos con periodo de liquidación mensual, o al tercer trimestre de 2024 para los sujetos pasivos con periodo de liquidación trimestral. **6882**
Al respecto, destacar las siguientes consideraciones:
- la expresión **discrepancia de criterio administrativo** (casilla 108) no es equivalente al supuesto de rectificación por vulneración de norma de rango superior al que se refiere el RIVA art.74 bis.1.párrafo segundo. De hecho, dicha vulneración no está incluida en la discrepancia de criterio administrativo;
- la casilla 111 tiene por objeto reflejar la parte del **resultado negativo** de una autoliquidación rectificativa que corresponde al resultado positivo de la autoliquidación rectificada esté ingresado o no. Según los casos puede suponer: devolución de ingresos efectuados indebidamente; modificación de importes aplazados, fraccionados o con reconocimiento de deuda; modificación de importes domiciliados; una combinación de los casos anteriores.
En función de cuál sea el resultado de la **autoliquidación previa**, pueden plantarse las siguientes circunstancias en la **cumplimentación** de las autoliquidaciones rectificativas:
1. El resultado de la autoliquidación anterior (casilla 69) es **positiva**: su importe se consigna en la casilla 70 de la autoliquidación rectificativa (Resultado a ingresar correspondiente a la anterior autoliquidación o liquidación administrativa del ejercicio y período objeto de autoliquidación).
2. El resultado de la autoliquidación anterior (casilla 69) es **negativa** y:
- se ha solicitado y obtenido la **devolución**: su importe (sin signo) se consigna en la casilla 109 de la autoliquidación rectificativa (Devoluciones acordadas por la Agencia Tributaria como consecuencia de la tramitación de anteriores autoliquidaciones o liquidaciones administrativas correspondientes al ejercicio y período objeto de autoliquidación);
- con la autoliquidación previa se solicitó una **devolución** pero ésta **no se ha obtenido** al tiempo de presentar la autoliquidación rectificativa: con la presentación de esta última se considera finalizado el procedimiento iniciado mediante la presentación de la autoliquidación previa;
- se dejó **a compensar**: la casilla 109 de la autoliquidación rectificativa se deja en blanco.

Ejemplos **1)** Una empresa ha presentado su declaración de IVA del 1er trimestre del año N. Posteriormente se ha dado cuenta de que no ha declarado dos facturas expedidas fechadas el último día del trimestre. **6884**

Declaración	Base imponible	IVA devengado	IVA deducible	Resultado declaración
Primer modelo 303	10.000,00	2.100,00	500,00	1.600,00
Segundo modelo 303	15.000,00	3.150,00	500,00	2.650,00

En este caso, debe hacer una autoliquidación rectificativa, haciendo constar el número de justificante de la declaración presentada con anterioridad y marcar el motivo de la rectificación. Debe consignar todas las operaciones realizadas en el trimestre de forma correcta, y determinar la cuota a ingresar (casilla 69), a la que se resta la cantidad abonada en la primera declaración (casilla 70).

6884.1

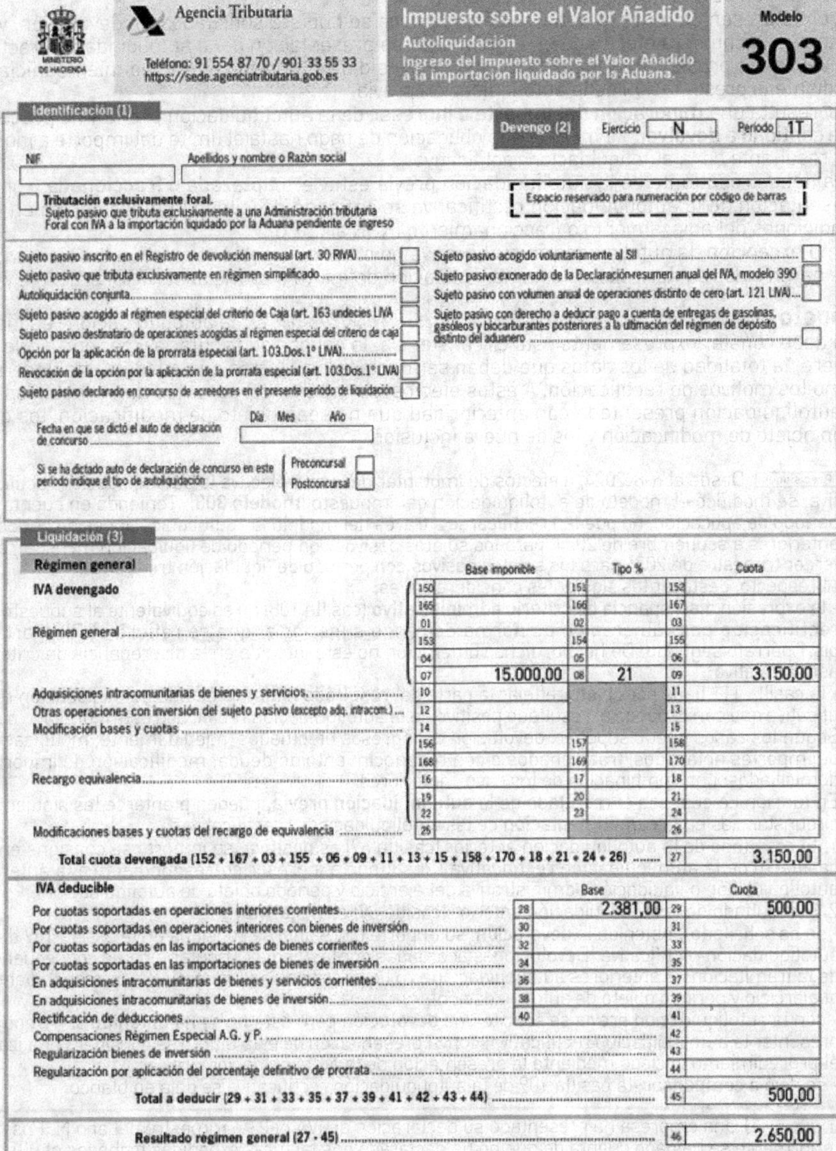

MINISTERIO DE HACIENDA

Agencia Tributaria

Teléfono: 91 554 87 70 / 901 33 55 33
https://sede.agenciatributaria.gob.es

Impuesto sobre el Valor Añadido
Autoliquidación
Ingreso del Impuesto sobre el Valor Añadido a la importación liquidado por la Aduana.

Modelo **303**

Identificación (1)

Devengo (2) Ejercicio: N Período: 1T

NIF | Apellidos y nombre o Razón social

☐ **Tributación exclusivamente foral.** Sujeto pasivo que tributa exclusivamente a una Administración tributaria Foral con IVA a la importación liquidado por la Aduana pendiente de ingreso

Espacio reservado para numeración por código de barras

- Sujeto pasivo inscrito en el Registro de devolución mensual (art. 30 RIVA) ☐
- Sujeto pasivo que tributa exclusivamente en régimen simplificado ☐
- Autoliquidación conjunta ☐
- Sujeto pasivo acogido al régimen especial del criterio de Caja (art. 163 undecies LIVA) ☐
- Sujeto pasivo destinatario de operaciones acogidas al régimen especial del criterio de caja ☐
- Opción por la aplicación de la prorrata especial (art. 103.Dos.1º LIVA) ☐
- Revocación de la opción por la aplicación de la prorrata especial (art. 103.Dos.1º LIVA) ☐
- Sujeto pasivo declarado en concurso de acreedores en el presente período de liquidación ☐
- Sujeto pasivo acogido voluntariamente al SII ☐
- Sujeto pasivo exonerado de la Declaración-resumen anual del IVA, modelo 390 ☐
- Sujeto pasivo con volumen anual de operaciones distinto de cero (art. 121 LIVA) ☐
- Sujeto pasivo con derecho a deducir pago a cuenta de entregas de gasolinas, gasóleos y biocarburantes posteriores a la ultimación del régimen de depósito distinto del aduanero ☐

Fecha en que se dictó el auto de declaración de concurso: Día Mes Año

Si se ha dictado auto de declaración de concurso en este período indique el tipo de autoliquidación: Preconcursal ☐ Postconcursal ☐

Liquidación (3)

Régimen general

IVA devengado

	Base imponible		Tipo %		Cuota	
Régimen general	150		151		152	
	165		166		167	
	01		02		03	
	153		154		155	
	04		05		06	
	07	15.000,00	08	21	09	3.150,00
Adquisiciones intracomunitarias de bienes y servicios	10				11	
Otras operaciones con inversión del sujeto pasivo (excepto adq. intracom.)	12				13	
Modificación bases y cuotas	14				15	
Recargo equivalencia	156		157		158	
	168		169		170	
	16		17		18	
	19		20		21	
	22		23		24	
Modificaciones bases y cuotas del recargo de equivalencia	25				26	
Total cuota devengada (152 + 167 + 03 + 155 + 06 + 09 + 11 + 13 + 15 + 158 + 170 + 18 + 21 + 24 + 26)					27	3.150,00

IVA deducible

	Base		Cuota	
Por cuotas soportadas en operaciones interiores corrientes	28	2.381,00	29	500,00
Por cuotas soportadas en operaciones interiores con bienes de inversión	30		31	
Por cuotas soportadas en las importaciones de bienes corrientes	32		33	
Por cuotas soportadas en las importaciones de bienes de inversión	34		35	
En adquisiciones intracomunitarias de bienes y servicios corrientes	36		37	
En adquisiciones intracomunitarias de bienes de inversión	38		39	
Rectificación de deducciones	40		41	
Compensaciones Régimen Especial A.G. y P.			42	
Regularización bienes de inversión			43	
Regularización por aplicación del porcentaje definitivo de prorrata			44	
Total a deducir (29 + 31 + 33 + 35 + 37 + 39 + 41 + 42 + 43 + 44)			45	500,00
Resultado régimen general (27 - 45)			46	2.650,00

6884.2

Modelo **303** | NIF | Apellidos y Nombre o Razón social | Página 3

Información adicional

Entregas intracomunitarias de bienes y servicios	59	
Exportaciones y operaciones asimiladas	60	
Operaciones no sujetas por reglas de localización (excepto las incluidas en la casilla 123)	120	
Operaciones sujetas con inversión del sujeto pasivo	122	
Operaciones no sujetas por reglas de localización acogidas a los regímenes especiales de ventanilla única	123	
Operaciones sujetas y acogidas a los regímenes especiales de ventanilla única	124	

	Base imponible	Cuota
Importes de las entregas de bienes y prestaciones de servicios a las que habiéndoles sido aplicado el régimen especial del criterio de caja hubieran resultado devengadas conforme a la regla general de devengo contenida en el art. 75 LIVA	62	63

	Base imponible	Cuota soportada
Importes de las adquisiciones de bienes y servicios a las que sea de aplicación o afecte el régimen especial del criterio de caja	74	75

Resultado

Regularización cuotas art. 80.Cinco.5ª LIVA	76	
Suma de resultados (46 + 58 + 76)	64	2.650,00
Atribuible a la Administración del Estado 65 100 %	66	2.650,00
IVA a la importación liquidado por la Aduana pendiente de ingreso	77	
Cuotas a compensar pendientes de periodos anteriores	110	
Cuotas a compensar de periodos anteriores aplicadas en este periodo	78	
Cuotas a compensar de periodos previos pendientes para periodos posteriores (110 - 78) (No se incluyen las cuotas a compensar generadas en este periodo)	87	
Resultado de la autoliquidación (66 + 77 - 78 + 68 + 108)	69	2.650,00
Resultado a ingresar correspondiente a la anterior autoliquidación o liquidación administrativa del ejercicio y periodo objeto de la autoliquidación(*)	70	1.600,00
Devoluciones acordadas por la Agencia Tributaria como consecuencia de la tramitación de anteriores autoliquidaciones o liquidaciones administrativas correspondientes al ejercicio y periodo objeto de la autoliquidación	109	
Resultado (69 - 70 + 109 - 112)	71	1.050,00

* En caso de segundas y siguientes autoliquidaciones rectificativas se considerará la última autoliquidación con efectos (ver instrucciones del modelo 303)

Exclusivamente para sujetos pasivos que tributan conjuntamente a la Administración del Estado y a las Haciendas Forales. Resultado de la regularización anual. 68 euros

Exclusivamente para determinados supuestos de autoliquidación rectificativa por discrepancia de criterio administrativo que no deban incluirse en otras casillas. Otros ajustes 108 euros

Pago a cuenta de entregas de gasolinas, gasóleos y biocarburantes posteriores a la ultimación del régimen de depósito distinto del aduanero atribuible a la Administración del Estado (Suma de la casilla 36 de todos los modelos 319 correspondientes a entregas incluidas en esta autoliquidación) 112 euros

Sin actividad (4)

Sin actividad ☐

Rectificativa (5)

Si esta autoliquidación es rectificativa de otra autoliquidación anterior correspondiente al mismo concepto, ejercicio y periodo, indíquelo marcando con una 'X' esta casilla.

[X] Autoliquidación rectificativa

En este caso, consigne a continuación el número de justificante identificativo de la autoliquidación anterior. Nº. de justificante: 3035244966460

Indique el motivo de la rectificación:

Rectificaciones (excepto incluidas en el motivo siguiente) [X]

Discrepancia criterio administrativo ☐

6884.3

Modelo 303 | NIF | Apellidos y Nombre o Razón social | Página 6

Compensación (6)

Si resulta [71] negativa consignar el importe a compensar

72 C

Ingreso (7)

Ingreso efectuado a favor del Tesoro Público, cuenta restringida de colaboración en la recaudación de la AEAT de autoliquidaciones.

Importe: I 1.050,00

IBAN

Devolución (8)

Solicito que el importe a devolver reseñado, me sea abonado mediante transferencia bancaria a la cuenta indicada de la que soy titular

Importe .... 73 D

Rectificación (9)

Solicito que el importe que, en su caso, pudiera resultar a devolver como consecuencia de la rectificación, me sea abonado mediante transferencia bancaria a la cuenta indicada de la que soy titular

Importe 111

Mediante transferencia a cuenta bancaria abierta en España

IBAN

Mediante transferencia a cuenta bancaria abierta en el extranjero:

Unión Europea/SEPA

IBAN | Código SWIFT-BIC

Resto países

Código SWIFT-BIC | Número de cuenta/Account no.

Banco/Bank name

Dirección del Banco/ Bank address

Ciudad/City | País/Country | Código País/Country code

6885 **2)** Una empresa se dedica a la prestación de servicios de transportes y a la realización de operaciones de seguros, y tiene que rectificar parte de las cuotas repercutidas incorrectamente que pasarían a estar sujetas y exentas (ver nº 951 s.).

Por otra parte, la realización de estas operaciones sujetas y exentas del Impuesto que no generan el derecho a la deducción, suponen la necesidad de minorar la prorrata de deducción aplicada en las declaraciones previas.

La rectificación de las cuotas repercutidas y del porcentaje de deducción aplicable a las cuotas soportadas por la empresa, dan como resultado un importe a ingresar inferior al de la autoliquidación anterior, o una cantidad a devolver o a compensar superior, por lo que la regularización de dicha situación puede realizarse, en su caso, por el procedimiento de rectificación de autoliquidaciones.

En este caso debe hacer una autoliquidación rectificativa, haciendo constar el número de justificante de la declaración presentada con anterioridad y marcar el motivo de la rectificación. Debe consignar todas las operaciones realizadas en el trimestre de forma correcta, y determinar la cuota resultante (casilla 69) a la que se resta la cantidad abonada en la primera declaración (casilla 70).

Declaración	Base imponible	IVA devengado	IVA deducible	Resultado declaración
Primer modelo 303	20.000,00	4.200,00	1.500,00	2.700,00
Segundo modelo 303	15.000,00	3.150,00	500,00	2.650,00

6885.1

MINISTERIO DE HACIENDA

Agencia Tributaria

Teléfono: 91 554 87 70 / 901 33 55 33
https://sede.agenciatributaria.gob.es

Impuesto sobre el Valor Añadido
Autoliquidación
Ingreso del Impuesto sobre el Valor Añadido a la importación liquidado por la Aduana.

Modelo **303**

Identificación (1)

Devengo (2) Ejercicio N Periodo 1T

NIF | Apellidos y nombre o Razón social

☐ **Tributación exclusivamente foral.** Sujeto pasivo que tributa exclusivamente a una Administración tributaria Foral con IVA a la importación liquidado por la Aduana pendiente de ingreso

Espacio reservado para numeración por código de barras

- Sujeto pasivo inscrito en el Registro de devolución mensual (art. 30 RIVA) ☐
- Sujeto pasivo que tributa exclusivamente en régimen simplificado ☐
- Autoliquidación conjunta ☐
- Sujeto pasivo acogido al régimen especial del criterio de Caja (art. 163 undecies LIVA ☐
- Sujeto pasivo destinatario de operaciones acogidas al régimen especial del criterio de caja ☐
- Opción por la aplicación de la prorrata especial (art. 103.Dos.1° LIVA) ☐
- Revocación de la opción por la aplicación de la prorrata especial (art. 103.Dos.1° LIVA) ☐
- Sujeto pasivo declarado en concurso de acreedores en el presente período de liquidación ☐
- Sujeto pasivo acogido voluntariamente al SII ☐
- Sujeto pasivo exonerado de la Declaración-resumen anual del IVA, modelo 390 ☐
- Sujeto pasivo con volumen anual de operaciones distinto de cero (art. 121 LIVA) ☐
- Sujeto pasivo con derecho a deducir pago a cuenta de entregas de gasolinas, gasóleos y biocarburantes posteriores a la ultimación del régimen de depósito distinto del aduanero ☐

Fecha en que se dictó el auto de declaración de concurso: Día Mes Año

Si se ha dictado auto de declaración de concurso en este período indique el tipo de autoliquidación: Preconcursal ☐ Postconcursal ☐

Liquidación (3)

Régimen general

IVA devengado		Base imponible		Tipo %		Cuota
Régimen general	150		151		152	
	165		166		167	
	01		02		03	
	153		154		155	
	04		05		06	
	07	15.000,00	08	21	09	3.150,00
Adquisiciones intracomunitarias de bienes y servicios	10				11	
Otras operaciones con inversión del sujeto pasivo (excepto adq. intracom.)	12				13	
Modificación bases y cuotas	14				15	
Recargo equivalencia	156		157		158	
	168		169		170	
	16		17		18	
	19		20		21	
	22		23		24	
Modificaciones bases y cuotas del recargo de equivalencia	25				26	
Total cuota devengada (152 + 167 + 03 + 155 + 06 + 09 + 11 + 13 + 15 + 158 + 170 + 18 + 21 + 24 + 26)					27	3.150,00

IVA deducible		Base		Cuota
Por cuotas soportadas en operaciones interiores corrientes	28	2.381,00	29	500,00
Por cuotas soportadas en operaciones interiores con bienes de inversión	30		31	
Por cuotas soportadas en las importaciones de bienes corrientes	32		33	
Por cuotas soportadas en las importaciones de bienes de inversión	34		35	
En adquisiciones intracomunitarias de bienes y servicios corrientes	36		37	
En adquisiciones intracomunitarias de bienes de inversión	38		39	
Rectificación de deducciones	40		41	
Compensaciones Régimen Especial A.G. y P.			42	
Regularización bienes de inversión			43	
Regularización por aplicación del porcentaje definitivo de prorrata			44	
Total a deducir (29 + 31 + 33 + 35 + 37 + 39 + 41 + 42 + 43 + 44)			45	500,00
Resultado régimen general (27 - 45)			46	2.650,00

6885.2

Modelo **303** | NIF | Apellidos y Nombre o Razón social | Página 3

Información adicional

Entregas intracomunitarias de bienes y servicios	59	
Exportaciones y operaciones asimiladas	60	
Operaciones no sujetas por reglas de localización (excepto las incluidas en la casilla 123)	120	
Operaciones sujetas con inversión del sujeto pasivo	122	
Operaciones no sujetas por reglas de localización acogidas a los regímenes especiales de ventanilla única	123	
Operaciones sujetas y acogidas a los regímenes especiales de ventanilla única	124	

	Base imponible	Cuota
Importes de las entregas de bienes y prestaciones de servicios a las que habiéndoles sido aplicado el régimen especial del criterio de caja hubieran resultado devengadas conforme a la regla general de devengo contenida en el art. 75 LIVA	62	63

	Base imponible	Cuota soportada
Importes de las adquisiciones de bienes y servicios a las que sea de aplicación o afecte el régimen especial del criterio de caja	74	75

Resultado

Regularización cuotas art. 80.Cinco.5ª LIVA	76	
Suma de resultados (46 + 58 + 76)	64	2.650,00
Atribuible a la Administración del Estado 65 100 %	66	2.650,00
IVA a la importación liquidado por la Aduana pendiente de ingreso	77	
Cuotas a compensar pendientes de periodos anteriores	110	
Cuotas a compensar de periodos anteriores aplicadas en este periodo	78	
Cuotas a compensar de periodos previos pendientes para periodos posteriores (110 - 78) (No se incluyen las cuotas a compensar generadas en este periodo)	87	

Exclusivamente para sujetos pasivos que tributan conjuntamente a la Administración del Estado y a las Haciendas Forales. Resultado de la regularización anual. 68 ____ euros

Exclusivamente para determinados supuestos de autoliquidación rectificativa por discrepancia de criterio administrativo que no deban incluirse en otras casillas. Otros ajustes 108 ____ euros

Pago a cuenta de entregas de gasolinas, gasóleos y biocarburantes posteriores a la ultimación del régimen de depósito distinto del aduanero atribuible a la Administración del Estado (Suma de la casilla 36 de todos los modelos 319 correspondientes a entregas incluidas en esta autoliquidación) 112 ____ euros

Resultado de la autoliquidación (66 + 77 - 78 + 68 + 108)	69	2.650,00
Resultado a ingresar correspondiente a la anterior autoliquidación o liquidación administrativa del ejercicio y periodo objeto de la autoliquidación*	70	2.700,00
Devoluciones acordadas por la Agencia Tributaria como consecuencia de la tramitación de anteriores autoliquidaciones o liquidaciones administrativas correspondientes al ejercicio y periodo objeto de la autoliquidación	109	
Resultado (69 - 70 + 109 - 112)	71	- 50,00

* En caso de segundas y siguientes autoliquidaciones rectificativas se considerará la última autoliquidación con efectos (ver instrucciones del modelo 303)

Sin actividad (4)

Sin actividad [ ]

Rectificativa (5)

Si esta autoliquidación es rectificativa de otra autoliquidación anterior correspondiente al mismo concepto, ejercicio y periodo, indíquelo marcando con una "X" esta casilla.

[X] Autoliquidación rectificativa

En este caso, consigne a continuación el número de justificante identificativo de la autoliquidación anterior. Nº. de justificante: 3035244966460

Indique el motivo de la rectificación:

Rectificaciones (excepto incluidas en el motivo siguiente) [X]

Discrepancia criterio administrativo [ ]

6885.3

Modelo **303** | NIF | Apellidos y Nombre o Razón social | Página 6

Compensación (6)

Si resulta [71] negativa consignar el importe a compensar

72 C

Ingreso (7)

Ingreso efectuado a favor del Tesoro Público, cuenta restringida de colaboración en la recaudación de la AEAT de autoliquidaciones.

Importe: I

IBAN

Devolución (8)

Solicito que el importe a devolver reseñado, me sea abonado mediante transferencia bancaria a la cuenta indicada de la que soy titular

Importe .... 73 D

Rectificación (9)

Solicito que el importe que, en su caso, pudiera resultar a devolver como consecuencia de la rectificación, me sea abonado mediante transferencia bancaria a la cuenta indicada de la que soy titular

Importe 111 50,00

Mediante transferencia a cuenta bancaria abierta en España

IBAN

Mediante transferencia a cuenta bancaria abierta en el extranjero:

Unión Europea/SEPA

IBAN | Código SWIFT-BIC

Resto países

Código SWIFT-BIC | Número de cuenta/Account no.

Banco/Bank name

Dirección del Banco/ Bank address

Ciudad/City | País/Country | Código País/Country code

3) Una empresa dedicada a la exportación e inscrita en el Registro de devolución mensual, ha presentado su declaración de IVA (modelo 303) del mes de febrero con un resultado a devolver. Posteriormente y antes de que finalice el plazo de la presentación, se da cuenta de que ha declarado unas ventas que corresponden al mes de marzo. Procede presentar la autoliquidación rectificativa consignando los datos correctos. En este caso, el resultado de la liquidación es una cantidad mayor a devolver, por lo que se anula la anterior declaración, resultando válida solo la segunda presentada. Al presentarse el modelo rectificativo antes de finalizar el plazo de presentación, solo se tiene en cuenta la segunda declaración. 6886

Declaración	Base imponible	IVA devengado	IVA deducible	Resultado declaración
Primer modelo 303	1.000,00	210,00	2.500,00	-2.290,00
Segundo modelo 303	300,00	63,00	2.500,00	-2.437,00

6886.1

MINISTERIO DE HACIENDA

Agencia Tributaria

Teléfono: 91 554 87 70 / 901 33 55 33
https://sede.agenciatributaria.gob.es

Impuesto sobre el Valor Añadido
Autoliquidación
Ingreso del Impuesto sobre el Valor Añadido a la importación liquidado por la Aduana.

Modelo **303**

Identificación (1)

Devengo (2) Ejercicio N Período 02

NIF | Apellidos y nombre o Razón social

☐ **Tributación exclusivamente foral.** Sujeto pasivo que tributa exclusivamente a una Administración tributaria Foral con IVA a la importación liquidado por la Aduana pendiente de ingreso

Espacio reservado para numeración por código de barras

Sujeto pasivo inscrito en el Registro de devolución mensual (art. 30 RIVA)	X
Sujeto pasivo que tributa exclusivamente en régimen simplificado	☐
Autoliquidación conjunta	☐
Sujeto pasivo acogido al régimen especial del criterio de Caja (art. 163 undecies LIVA	☐
Sujeto pasivo destinatario de operaciones acogidas al régimen especial del criterio de caja	☐
Opción por la aplicación de la prorrata especial (art. 103.Dos.1º LIVA)	☐
Revocación de la opción por la aplicación de la prorrata especial (art. 103.Dos.1º LIVA)	☐
Sujeto pasivo declarado en concurso de acreedores en el presente período de liquidación	☐
Sujeto pasivo acogido voluntariamente al SII	☐
Sujeto pasivo exonerado de la Declaración-resumen anual del IVA, modelo 390	☐
Sujeto pasivo con volumen anual de operaciones distinto de cero (art. 121 LIVA)	☐
Sujeto pasivo con derecho a deducir pago a cuenta de entregas de gasolinas, gasóleos y biocarburantes posteriores a la ultimación del régimen de depósito distinto del aduanero	☐

Fecha en que se dictó el auto de declaración de concurso — Día Mes Año

Si se ha dictado auto de declaración de concurso en este período indique el tipo de autoliquidación — Preconcursal ☐ Postconcursal ☐

Liquidación (3)

Régimen general

IVA devengado	Base imponible		Tipo %		Cuota	
Régimen general	150		151		152	
	165		166		167	
	01		02		03	
	153		154		155	
	04		05		06	
	07	300,00	08	21	09	63,00
Adquisiciones intracomunitarias de bienes y servicios	10				11	
Otras operaciones con inversión del sujeto pasivo (excepto adq. intracom.)	12				13	
Modificación bases y cuotas	14				15	
Recargo equivalencia	156		157		158	
	168		169		170	
	16		17		18	
	19		20		21	
	22		23		24	
Modificaciones bases y cuotas del recargo de equivalencia	25				26	63,00
Total cuota devengada (152 + 167 + 03 + 155 + 06 + 09 + 11 + 13 + 15 + 158 + 170 + 18 + 21 + 24 + 26)					27	

IVA deducible	Base		Cuota	
Por cuotas soportadas en operaciones interiores corrientes	28	11.904,00	29	2.500,00
Por cuotas soportadas en operaciones interiores con bienes de inversión	30		31	
Por cuotas soportadas en las importaciones de bienes corrientes	32		33	
Por cuotas soportadas en las importaciones de bienes de inversión	34		35	
En adquisiciones intracomunitarias de bienes y servicios corrientes	36		37	
En adquisiciones intracomunitarias de bienes de inversión	38		39	
Rectificación de deducciones	40		41	
Compensaciones Régimen Especial A.G. y P.			42	
Regularización bienes de inversión			43	
Regularización por aplicación del porcentaje definitivo de prorrata			44	
Total a deducir (29 + 31 + 33 + 35 + 37 + 39 + 41 + 42 + 43 + 44)			45	2.500,00
Resultado régimen general (27 - 45)			46	- 2.437,00

6886.2

Modelo **303**

NIF | Apellidos y Nombre o Razón social | **Página 3**

Información adicional

Concepto	Casilla	Importe
Entregas intracomunitarias de bienes y servicios	59	
Exportaciones y operaciones asimiladas	60	20.000,00
Operaciones no sujetas por reglas de localización (excepto las incluidas en la casilla 123)	120	
Operaciones sujetas con inversión del sujeto pasivo	122	
Operaciones no sujetas por reglas de localización acogidas a los regímenes especiales de ventanilla única	123	
Operaciones sujetas y acogidas a los regímenes especiales de ventanilla única	124	

Concepto	Base imponible		Cuota	
Importes de las entregas de bienes y prestaciones de servicios a las que habiéndoles sido aplicado el régimen especial del criterio de caja hubieran resultado devengadas conforme a la regla general de devengo contenida en el art. 75 LIVA	62		63	

Concepto	Base imponible		Cuota soportada	
Importes de las adquisiciones de bienes y servicios a las que sea de aplicación o afecte el régimen especial del criterio de caja	74		75	

Resultado

Concepto	Casilla	Importe
Regularización cuotas art. 80.Cinco.5ª LIVA	76	
Suma de resultados (46 + 58 + 76)	64	- 2.437,00
Atribuible a la Administración del Estado ... [65] 100 %	66	- 2.437,00
IVA a la importación liquidado por la Aduana pendiente de ingreso	77	
Cuotas a compensar pendientes de periodos anteriores	110	
Cuotas a compensar de periodos anteriores aplicadas en este periodo	78	
Cuotas a compensar de periodos previos pendientes para periodos posteriores (110 - 78) (No se incluyen las cuotas a compensar generadas en este periodo)	87	

Exclusivamente para sujetos pasivos que tributan conjuntamente a la Administración del Estado y a las Haciendas Forales. Resultado de la regularización anual. [68] euros

Exclusivamente para determinados supuestos de autoliquidación rectificativa por discrepancia de criterio administrativo que no deban incluirse en otras casillas. Otros ajustes [108] euros

Pago a cuenta de entregas de gasolinas, gasóleos y biocarburantes posteriores a la ultimación del régimen de depósito distinto del aduanero atribuible a la Administración del Estado (Suma de la casilla 36 de todos los modelos 319 correspondientes a entregas incluidas en esta autoliquidación) [112] euros

Concepto	Casilla	Importe
Resultado de la autoliquidación (66 + 77 - 78 + 68 + 108)	69	- 2.437,00
Resultado a ingresar correspondiente a la anterior autoliquidación o liquidación administrativa del ejercicio y periodo objeto de la autoliquidación*	70	
Devoluciones acordadas por la Agencia Tributaria como consecuencia de la tramitación de anteriores autoliquidaciones o liquidaciones administrativas correspondientes al ejercicio y periodo objeto de la autoliquidación	109	
Resultado (69 - 70 + 109 - 112)	71	- 2.437,00

* En caso de segundas y siguientes autoliquidaciones rectificativas se considerará la última autoliquidación con efectos (ver instrucciones del modelo 303)

Sin actividad (4)

Sin actividad [ ]

Rectificativa (5)

Si esta autoliquidación es rectificativa de otra autoliquidación anterior correspondiente al mismo concepto, ejercicio y periodo, indíquelo marcando con una 'X' esta casilla.

[X] Autoliquidación rectificativa

En este caso, consigne a continuación el número de justificante identificativo de la autoliquidación anterior. Nº. de justificante: 3035244966460

Indique el motivo de la rectificación:

Rectificaciones (excepto incluidas en el motivo siguiente) .... [X]

Discrepancia criterio administrativo .... [ ]

6886.3

Modelo 303 | NIF | Apellidos y Nombre o Razón social | Página 6

Compensación (6)

Si resulta [71] negativa consignar el importe a compensar

72 C

Ingreso (7)

Ingreso efectuado a favor del Tesoro Público, cuenta restringida de colaboración en la recaudación de la AEAT de autoliquidaciones.

Importe: I

IBAN

Devolución (8)

Solicito que el importe a devolver reseñado, me sea abonado mediante transferencia bancaria a la cuenta indicada de la que soy titular

Importe .... 73 D 2.437,00

Rectificación (9)

Solicito que el importe que, en su caso, pudiera resultar a devolver como consecuencia de la rectificación, me sea abonado mediante transferencia bancaria a la cuenta indicada de la que soy titular

Importe 111

Mediante transferencia a cuenta bancaria abierta en España

IBAN

Mediante transferencia a cuenta bancaria abierta en el extranjero:

Unión Europea/SEPA

IBAN | Código SWIFT-BIC

Resto países

Código SWIFT-BIC | Número de cuenta/Account no.

Banco/Bank name

Dirección del Banco/ Bank address

Ciudad/City | País/Country | Código País/Country code

6887 **4)** Mismos datos que los del ejemplo del nº 6886 s., pero el error se detecta después de vencido el plazo mensual y después de haber obtenido la devolución correspondiente.

En este caso la nueva autoliquidación rectificativa recoge el nuevo importe de la devolución y el importe ya devuelto (casilla 109), debiendo consignarse el importe que falta por devolver (casilla 111).

6887.1

MINISTERIO DE HACIENDA

Agencia Tributaria

Teléfono: 91 554 87 70 / 901 33 55 33
https://sede.agenciatributaria.gob.es

Impuesto sobre el Valor Añadido
Autoliquidación
Ingreso del Impuesto sobre el Valor Añadido a la importación liquidado por la Aduana.

Modelo **303**

Identificación (1)

Devengo (2) Ejercicio: N Periodo: 02

NIF: ____ Apellidos y nombre o Razón social: ____

☐ **Tributación exclusivamente foral.** Sujeto pasivo que tributa exclusivamente a una Administración tributaria Foral con IVA a la importación liquidado por la Aduana pendiente de ingreso

Espacio reservado para numeración por código de barras

- Sujeto pasivo inscrito en el Registro de devolución mensual (art. 30 RIVA): [X]
- Sujeto pasivo que tributa exclusivamente en régimen simplificado: ☐
- Autoliquidación conjunta: ☐
- Sujeto pasivo acogido al régimen especial del criterio de Caja (art. 163 undecies LIVA): ☐
- Sujeto pasivo destinatario de operaciones acogidas al régimen especial del criterio de caja: ☐
- Opción por la aplicación de la prorrata especial (art. 103.Dos.1º LIVA): ☐
- Revocación de la opción por la aplicación de la prorrata especial (art. 103.Dos.1º LIVA): ☐
- Sujeto pasivo declarado en concurso de acreedores en el presente período de liquidación: ☐
- Fecha en que se dictó el auto de declaración de concurso: Día ____ Mes ____ Año ____
- Si se ha dictado auto de declaración de concurso en este período indique el tipo de autoliquidación: Preconcursal ☐ Postconcursal ☐
- Sujeto pasivo acogido voluntariamente al SII: ☐
- Sujeto pasivo exonerado de la Declaración-resumen anual del IVA, modelo 390: ☐
- Sujeto pasivo con volumen anual de operaciones distinto de cero (art. 121 LIVA): ☐
- Sujeto pasivo con derecho a deducir pago a cuenta de entregas de gasolinas, gasóleos y biocarburantes posteriores a la ultimación del régimen de depósito distinto del aduanero: ☐

Liquidación (3)

Régimen general

IVA devengado

	Casilla	Base imponible	Casilla	Tipo %	Casilla	Cuota
Régimen general	150		151		152	
	165		166		167	
	01		02		03	
	153		154		155	
	04		05		06	
	07	300,00	08	21	09	63,00
Adquisiciones intracomunitarias de bienes y servicios	10				11	
Otras operaciones con inversión del sujeto pasivo (excepto adq. intracom.)	12				13	
Modificación bases y cuotas	14				15	
Recargo equivalencia	156		157		158	
	168		169		170	
	16		17		18	
	19		20		21	
	22		23		24	
Modificaciones bases y cuotas del recargo de equivalencia	25				26	
Total cuota devengada (152 + 167 + 03 + 155 + 06 + 09 + 11 + 13 + 15 + 158 + 170 + 18 + 21 + 24 + 26)					27	63,00

IVA deducible

	Casilla	Base	Casilla	Cuota
Por cuotas soportadas en operaciones interiores corrientes	28	11.904,00	29	2.500,00
Por cuotas soportadas en operaciones interiores con bienes de inversión	30		31	
Por cuotas soportadas en las importaciones de bienes corrientes	32		33	
Por cuotas soportadas en las importaciones de bienes de inversión	34		35	
En adquisiciones intracomunitarias de bienes y servicios corrientes	36		37	
En adquisiciones intracomunitarias de bienes de inversión	38		39	
Rectificación de deducciones	40		41	
Compensaciones Régimen Especial A.G. y P.			42	
Regularización bienes de inversión			43	
Regularización por aplicación del porcentaje definitivo de prorrata			44	
Total a deducir (29 + 31 + 33 + 35 + 37 + 39 + 41 + 42 + 43 + 44)			45	2.500,00
Resultado régimen general (27 - 45)			46	- 2.437,00

6887.2

Modelo 303 | NIF | Apellidos y Nombre o Razón social | Página 3

Información adicional

	Casilla	Importe
Entregas intracomunitarias de bienes y servicios	59	
Exportaciones y operaciones asimiladas	60	20.000,00
Operaciones no sujetas por reglas de localización (excepto las incluidas en la casilla 123)	120	
Operaciones sujetas con inversión del sujeto pasivo	122	
Operaciones no sujetas por reglas de localización acogidas a los regímenes especiales de ventanilla única	123	
Operaciones sujetas y acogidas a los regímenes especiales de ventanilla única	124	

	Base imponible	Cuota
Importes de las entregas de bienes y prestaciones de servicios a las que habiéndoles sido aplicado el régimen especial del criterio de caja hubieran resultado devengadas conforme a la regla general de devengo contenida en el art. 75 LIVA	62	63

	Base imponible	Cuota soportada
Importes de las adquisiciones de bienes y servicios a las que sea de aplicación o afecte el régimen especial del criterio de caja	74	75

Resultado

	Casilla	Importe
Regularización cuotas art. 80.Cinco.5ª LIVA	76	
Suma de resultados (46 + 58 + 76)	64	- 2.437,00
Atribuible a la Administración del Estado [65] 100 %	66	- 2.437,00
IVA a la importación liquidado por la Aduana pendiente de ingreso	77	
Cuotas a compensar pendientes de periodos anteriores	110	
Cuotas a compensar de periodos anteriores aplicadas en este periodo	78	
Cuotas a compensar de periodos previos pendientes para periodos posteriores (110 - 78) (No se incluyen las cuotas a compensar generadas en este periodo)	87	
Resultado de la autoliquidación (66 + 77 - 78 + 68 + 108)	69	- 2.437,00
Resultado a ingresar correspondiente a la anterior autoliquidación o liquidación administrativa del ejercicio y periodo objeto de la autoliquidación*	70	
Devoluciones acordadas por la Agencia Tributaria como consecuencia de la tramitación de anteriores autoliquidaciones o liquidaciones administrativas correspondientes al ejercicio y periodo objeto de la autoliquidación	109	2.290,00
Resultado (69 - 70 + 109 - 112)	71	- 147,00

* En caso de segundas y siguientes autoliquidaciones rectificativas se considerará la última autoliquidación con efectos (ver instrucciones del modelo 303)

Exclusivamente para sujetos pasivos que tributan conjuntamente a la Administración del Estado y a las Haciendas Forales. Resultado de la regularización anual. [68] euros

Exclusivamente para determinados supuestos de autoliquidación rectificativa por discrepancia de criterio administrativo que no deban incluirse en otras casillas. Otros ajustes [108] euros

Pago a cuenta de entregas de gasolinas, gasóleos y biocarburantes posteriores a la ultimación del régimen de depósito distinto del aduanero atribuible a la Administración del Estado (Suma de la casilla 36 de todos los modelos 319 correspondientes a entregas incluidas en esta autoliquidación) [112] euros

Sin actividad (4)

Sin actividad ☐

Rectificativa (5)

Si esta autoliquidación es rectificativa de otra autoliquidación anterior correspondiente al mismo concepto, ejercicio y periodo, indíquelo marcando con una "X" esta casilla.

[X] Autoliquidación rectificativa

En este caso, consigne a continuación el número de justificante identificativo de la autoliquidación anterior. Nº. de justificante: 3035244966460

Indique el motivo de la rectificación:

Rectificaciones (excepto incluidas en el motivo siguiente) [X]

Discrepancia criterio administrativo ☐

6887.3

Modelo
303

NIF	Apellidos y Nombre o Razón social	Página 6

Compensación (6)

Si resulta [71] negativa consignar el importe a compensar

72 C

Ingreso (7)

Ingreso efectuado a favor del Tesoro Público, cuenta restringida de colaboración en la recaudación de la AEAT de autoliquidaciones.

Importe: I

IBAN

Devolución (8)

Solicito que el importe a devolver reseñado, me sea abonado mediante transferencia bancaria a la cuenta indicada de la que soy titular

Importe .... 73 D

Rectificación (9)

Solicito que el importe que, en su caso, pudiera resultar a devolver como consecuencia de la rectificación, me sea abonado mediante transferencia bancaria a la cuenta indicada de la que soy titular

Importe .... 111 - 147,00

Mediante transferencia a cuenta bancaria abierta en España

IBAN

Mediante transferencia a cuenta bancaria abierta en el extranjero:

Unión Europea/SEPA

IBAN | Código SWIFT-BIC

Resto países

Código SWIFT-BIC | Número de cuenta/Account no.

Banco/Bank name

Dirección del Banco/ Bank address

Ciudad/City | País/Country | Código País/Country code

CAPÍTULO 15

Otras obligaciones formales

El cumplimiento de las obligaciones formales en el IVA cobra especial trascendencia en la mecánica de **liquidación del Impuesto**, al constituir una condición necesaria para que los sujetos pasivos del impuesto puedan ejercitar los derechos que tienen reconocidos. 6901

En este capítulo se analizan las obligaciones que se señalan en la normativa del IVA, salvo las que se refieren a la liquidación del IVA expuestas en el nº 6400 s.

I. Obligaciones censales

De todos los instrumentos censales que posee la Administración, el más importante es el elaborado a partir de las **declaraciones** de alta, modificación y baja de las actividades, que sirven para la gestión del IVA y aportan a la Administración tributaria una importante información. 6907

A continuación, se analiza en primer lugar las cuestiones comunes a los tres tipos de declaraciones censales y, en segundo lugar, la utilización concreta, a efectos del IVA, de cada una de ellas. A estos efectos debe tenerse en cuenta que la **presentación** de las declaraciones censales produce los efectos propios de la presentación de las declaraciones relativas al comienzo, modificación o cese en el ejercicio de las actividades económicas sujetas al IVA (RGGI art.14.1).

A. Consideraciones generales

Censos tributarios (LGT disp.adic.5ª; RGGI art.3) En la normativa tributaria se ha previsto la formación de los siguientes censos y registros: 6912

a) Censo de obligados tributarios. Está formado por la totalidad de las personas o entidades que han de tener un NIF para sus relaciones de naturaleza o con trascendencia tributaria (nº 7140 s.).

b) Censo de empresarios, profesionales y retenedores. Forma parte del Censo de obligados tributarios y está integrado por todas las personas y entidades que desarrollen o vayan a desarrollar en territorio español las actividades u operaciones detalladas en el nº 6925. Están obligados a darse de alta en él, además, las personas o entidades que desarrollen o vayan a desarrollar en territorio español actividades empresariales o profesionales o satisfagan rentas sujetas a retención o ingreso a cuenta.

Dentro del Censo de empresarios, profesionales y retenedores existen los siguientes registros:
1. **Registro de operadores intracomunitarios** (ROI), en el que se ha de dar de alta aquel que tenga asignado un NIF/IVA (nº 7156) y que se encuentre en alguno de los siguientes supuestos:
- personas o entidades que vayan a efectuar entregas o adquisiciones intracomunitarias de bienes sujetas al IVA;
- empresarios o profesionales que sean destinatarios de servicios prestados por empresarios o profesionales no establecidos en el territorio de aplicación del IVA, respecto de los cuales sean sujetos pasivos (nº 1300 s.);
- empresarios o profesionales que presten servicios que, conforme a las reglas de localización (nº 480 s.), se entiendan realizados en el territorio de otro Estado miembro (prestaciones intracomunitarias de servicios), cuando el sujeto pasivo sea el destinatario de los mismos;
- personas o entidades acogidas al régimen particular de determinadas personas (PRES) que vayan a realizar adquisiciones intracomunitarias de bienes sujetas a IVA (nº 5405 s.).

6913 2. **Registro de devolución mensual**, integrado por los sujetos pasivos del IVA que tienen derecho a la devolución al final de cada período de liquidación (nº 2962 s.).
3. **Registro de grandes empresas** en el que están incluidos aquellos obligados tributarios cuyo volumen de operaciones durante el año natural inmediato anterior supere los 6.010.121,04 euros (nº 3106).
4. Desde el 25-4-2023, el **Registro de extractores de depósitos fiscales** de productos incluidos en los ámbitos objetivos de los Impuestos sobre el Alcohol y Bebidas Derivadas o sobre Hidrocarburos. Está integrado por las personas o entidades, cualquiera que sea su condición, que extraigan de los depósitos fiscales los productos incluidos en los ámbitos objetivos de los citados Impuestos, con independencia de la persona o entidad a cuyo favor preste servicios el depósito fiscal (nº 5774). En aquellos casos en los que dicha persona o entidad autorice a otra a la retirada de productos, el autorizado también debe inscribirse en este Registro.
La **extracción** (LIVA Anexo aptdo.quinto) se produce, y por tanto se exige la inscripción en el registro:
- siempre que se produzca el abandono del régimen de depósito distinto del aduanero (nº 5646) y se determine para el extractor el devengo de una operación asimilada a la importación de bienes del IVA;
- cuando se produzca una salida en régimen suspensivo con destino a otro depósito fiscal.
Sin embargo, **no se exige el registro** cuando la entrega efectuada por el extractor tras la extracción que ultime el régimen de depósito distinto del aduanero esté exenta del IVA.
Dentro de este Registro se ha creado el registro de operadores confiables (OM HAC/1496/2025 art.2). Ambos registros son independientes y se pueden consultar de forma separada.

6915 Precisiones **1)** En relación con las obligaciones censales específicas en el ámbito del régimen especial del **grupo de entidades**, ver nº 4982. Respecto a los regímenes especiales relativos al **comercio electrónico**, ver nº 9300 s.
2) La inclusión en el **Registro de extractores** se realiza previa solicitud del interesado, especificando el tipo de producto al que se refiera, en la forma prevista para la declaración de alta o de modificación de datos censales.
La **inclusión o exclusión** de cualquier persona o entidad del Registro de extractores, ha de venir referida al tipo de producto de que se trate. Es efectiva desde el día siguiente al de la adopción por el órgano competente del correspondiente acuerdo motivado de inclusión o exclusión, que debe ser notificado a la persona o entidad interesada (RD 249/2023 disp.adic.única).
3) Los **operadores de hidrocarburos** que se encuentren en el listado de operadores al por mayor de productos petrolíferos gestionado por la Subdirección General de Hidrocarburos y Nuevos Combustibles, y las personas y entidades que figuren identificadas como destinatarias de la repercusión de las cuotas de los Impuestos Especiales sobre el Alcohol y Bebidas Alcohólicas en las declaraciones informativas de cuotas repercutidas (modelo 548), presentadas en 2022, se consideran incluidos en el Registro de extractores, en el momento de entrada en vigor de la regulación relativa a dicho Registro. A estos efectos, recibieron de oficio el alta en dicho Registro, sin perjuicio de las comprobaciones que posteriormente proceda realizar (RD 249/2023 disp.trans.segunda).

6917 Doctrina Administrativa Además de las siguientes contestaciones de la DGT, ver nº 11000 s.
1) Un empresario persona física realiza para los clientes de una sociedad luxemburguesa el mantenimiento de programas informáticos y consultas telefónicas a distancia. Dichos servicios se consideran **prestaciones intracomunitarias de servicios**, por lo que la sociedad está obligada a disponer de un NIF/IVA y, por tanto, a solicitar a la AEAT la inscripción en el ROI (DGT CV 15-4-10).

2) Una sociedad alemana sin EP en España realiza **adquisiciones intracomunitarias** de bienes procedentes de Portugal que vende a un cliente español manteniéndolos en un almacén propiedad de este y facturándoselos a medida que los utiliza, es decir, la sociedad alemana es la propietaria de los bienes hasta que su cliente los usa. Dado que la entidad alemana realiza en TIVA adquisiciones intracomunitarias de bienes sujetas pero exentas, debe formar parte del ROI (DGT CV 4-5-11). Ver nº 5224 s. en relación a las **ventas de bienes en consigna**.
3) Es necesario que una persona física figure de alta en el ROI y obtenga un NIF/IVA si adquiere mercancías sujetas a impuestos especiales que se encuentran almacenados, en régimen suspensivo, en **depósitos fiscales** en países de la UE, para posteriormente transportarlos a otro depósito fiscal sito en TIVA, manteniendo su condición fiscal hasta que son transmitidos por la persona física en dicho territorio a clientes españoles que ultiman dicho régimen y despachan a consumo la mercancía (DGT CV 30-7-15).
4) Una sociedad limitada obtiene ingresos del **alquiler de tres viviendas** residenciales, sin disponer de plantilla ni local propio ni realiza ninguna actividad adicional. Aunque no desarrolla una actividad económica conforme a la normativa del IS, es una persona jurídica contribuyente del IS y forma parte del Índice de entidades, por lo que está obligada a su inscripción en el Censo de Empresarios, Profesionales y Retenedores (DGT CV 22-5-25).

Jurisprudencia **1)** La **baja en el ROI** por el mero transcurso de 12 meses sin efectuar operaciones intracomunitarias debe ir acompañada de una apreciación global de las circunstancias concretas del sujeto pasivo que demuestre que hay indicios fundados de que el NIF/IVA se va a utilizar de forma fraudulenta; pues en otro caso nos encontramos ante una medida que va más allá de lo necesario para alcanzar el objetivo perseguido de combatir el **fraude fiscal** y garantizar la recaudación del impuesto (TEAC 23-10-14). **6918**
2) Procede la **denegación de la inscripción en el ROI** cuando existen indicios, fundados en una apreciación global, aportados por la Administración relativos a la existencia de posibles operaciones de fraude o de participación en trama organizada de fraude (TEAC 22-1-15).
3) Los Estados miembros no están obligados al **registro de oficio** de un sujeto pasivo con vistas a la recaudación del IVA únicamente sobre la base de declaraciones fiscales distintas de las relativas al IVA, aunque estas hayan permitido constatar que el sujeto pasivo ha sobrepasado el límite máximo exento del IVA (TJUE 9-7-15, asunto C-144/14).
4) El derecho de la UE se opone a una normativa nacional que prevé la posibilidad de que la autoridad tributaria dé de baja en el registro del IVA a un sujeto pasivo por haber **incumplido sus obligaciones en materia de IVA**, sin analizar la naturaleza de las infracciones cometidas y la conducta del sujeto pasivo de que se trate (TJUE 3-4-25, asunto C-164/24).

Contenido del Censo de obligados tributarios (RGGI art.4) En la inscripción de cada obligado tributario en dicho censo deben constar los siguientes **datos**: **6920**
a) Para **personas físicas**:
- nombre y apellidos, sexo, fecha y lugar de nacimiento, estado civil y fecha del estado civil;
- NIF español;
- NIF de otros países, en su caso, para los residentes;
- CIF del Estado de residencia, en su caso, para no residentes;
- número de pasaporte, en su caso;
- condición de residente o no residente en territorio español;
- domicilio fiscal en España y referencia catastral del inmueble, en su caso;
- domicilio en el extranjero, en su caso;
- nombre y apellidos o razón social o denominación completa y NIF de los representantes legales para las personas que carezcan de capacidad de obrar en el orden tributario (actualmente capacidad para el pleno ejercicio de derechos y obligaciones).

b) Para **personas jurídicas** y demás entidades: **6921**
- razón social o denominación completa, así como el anagrama, si lo tuviera;
- NIF español;
- NIF de otros países, en su caso, para los residentes;
- CIF del Estado de residencia, en su caso, para no residentes;
- condición de persona jurídica o entidad residente o no residente en territorio español;
- constitución en España o en el extranjero, incluyendo en su caso el país de constitución;
- fecha de constitución y, en su caso, fecha del acuerdo de voluntades para la constitución de la persona jurídica o entidad, y fecha de inscripción en el registro público correspondiente;
- capital social de constitución;
- domicilio fiscal en España y referencia catastral del inmueble, en su caso;
- en su caso, domicilio en el extranjero;
- nombre y apellidos o razón social o denominación completa y NIF de los representantes legales;
- declaración de que la entidad se constituye con la finalidad específica de la posterior transmisión a terceros de sus participaciones, acciones y demás títulos representativos de fondos

propios, y de que no se realizará actividad económica hasta dicha transmisión. Hasta este momento, la entidad queda excluida de los registros señalados en los puntos 1 a 3 en el nº 6912 s.;
- desde el 1-2-2024, nombre, apellidos y NIF y, en su caso, el NIF de otros países, para los residentes, el código de identificación fiscal del país de residencia, para no residentes, el NIF/IVA u otro NIF de su país de residencia, de quienes tengan la consideración de titulares reales de la entidad conforme con lo previsto en la regulación sobre prevención del blanqueo de capitales y la financiación del terrorismo (L 10/2010 art.4.2).

6922 **Contenido del Censo de empresarios, profesionales y retenedores** (RGGI art.5) En este Censo, además de los datos que constan en nº 6920 s., se incluye para cada persona o entidad, exclusivamente en relación con el IVA, la siguiente información:
a) Las declaraciones o **autoliquidaciones** que deba presentar periódicamente por razón de sus actividades empresariales o profesionales.
b) Su **situación tributaria** en relación con, entre otros, los siguientes extremos:
- la sujeción del obligado tributario al régimen general o a algún régimen especial del IVA;
- la inclusión, renuncia, revocación de la renuncia o exclusión del régimen simplificado, del REAGP o, del régimen especial del criterio de caja;
- la inclusión o baja en el ROI;
- la inscripción o baja en el Registro de devolución mensual;
- la inclusión o baja en el Registro de grandes empresas;
- desde el 25-4-2023, la inclusión o baja en el Registro de extractores de depósitos fiscales de productos incluidos en los ámbitos objetivos de los Impuestos sobre el Alcohol y Bebidas Derivadas o sobre Hidrocarburos;
- la clasificación de las actividades económicas desarrolladas de acuerdo con la codificación prevista en la Clasificación Nacional de Actividades Económicas (CNAE).
c) El número de **teléfono** y en su caso, la dirección de **correo electrónico** y el nombre de dominio o dirección de Internet, a través del cual desarrolle sus actividades.

6923 **Información censal complementaria** (RGGI art.6, 7 y 8) Se establece la obligación de presentar información censal complementaria, para los siguientes obligados tributarios incluidos en el Censo de empresarios, profesionales y retenedores:
a) Personas físicas residentes en España: el lugar donde tengan efectivamente centralizada la gestión administrativa y la dirección de sus negocios en territorio español, cuando sean distinto del domicilio fiscal.
b) Entidades residentes o constituidas en España:
- Estado o territorio de residencia, nacionalidad y la forma jurídica o clase de entidad sin personalidad jurídica según su derecho nacional, así como nombre y apellidos o razón social o denominación completa, con el anagrama, si lo hubiera, NIF, domicilio social cuando sea distinto al domicilio fiscal y la referencia catastral del inmueble;
- fecha de cierre del ejercicio económico;
- forma jurídica o clase de entidad; identificación, NIF y domicilio fiscal de cada uno de los socios, miembros o partícipes fundadores o que promuevan su constitución. También en el caso de las entidades de la LGT art.35.4, indicando su cuota de participación y de atribución si dichas cuotas no coincidan. Si los socios, miembros o partícipes no son residentes en España, su residencia fiscal y la identificación de su representante fiscal en España, si lo hubiera;
- identificación, NIF de los sucesores de entidades extintas;
c) Personas o entidades **no residentes o no establecidas**, así como de las no constituidas en España:
- domicilio fiscal y nacionalidad de su representante en España;
- si opera en territorio español por medio de uno o varios establecimientos permanentes que realicen actividades claramente diferentes y cuya gestión se lleve de modo separado, cada establecimiento debe inscribirse individualmente con los mismos datos y en las mismas condiciones que las personas o entidades residentes, e identificar la persona o entidad no residente de la que dependan y comunicar los datos relativos a aquella del guion anterior. También debe identificarse con una denominación específica que comprende una referencia a la persona o entidad no residente de la que dependa y un NIF propio y la referencia catastral del inmueble donde esté situado el establecimiento permanente. Asimismo, la forma de determinación de la base imponible en el IRNR;
- si opera en territorio español por sí misma y por medio de uno o varios establecimientos permanentes, la inclusión en el censo debe realizarse tanto por la persona o entidad no residente como por sus establecimientos permanentes. También los datos del primer guion, y cada establecimiento permanente debe identificar e indicar la clase de establecimiento que constituya y la referencia catastral del inmueble;

- las entidades en régimen de atribución de rentas con presencia en territorio español, la identificación, NIF, domicilio fiscal y nacionalidad de cada uno de los miembros o partícipes de aquella, con indicación de su cuota de participación y de atribución.

Obligados a presentar las declaraciones (RGGI art.3; RIVA art.82.2; OM EHA/1274/2007 art.2 y 3) 6925

En relación con el IVA están incluidos en el Censo de empresarios, profesionales y retenedores y, por tanto, obligados a presentar las declaraciones del nº 6907:

a) Las personas o entidades **establecidas** en España (territorio IVA) que según la LIVA tengan la consideración de empresarios o profesionales (ejemplos 1 a 3 del nº 6927), aunque desarrollen su actividad fuera del territorio de aplicación del impuesto. En relación con el concepto de establecido y de establecimiento permanente, ver nº 1321 y nº 4832 s. respectivamente.

b) Las personas o entidades **no establecidas** en España cuando sean sujetos pasivos del Impuesto (ejemplos 4 y 5 del nº 6927 s.), excepto que hubieran realizado exclusivamente operaciones exentas relativas a situaciones de depósito temporal y otras situaciones (nº 6230 s.) o relativas a los regímenes aduaneros y fiscales (nº 6280 s.), en cuyo caso no tienen que cumplir las obligaciones formales a que se refiere la normativa del IVA, entre ellas la de presentar declaraciones censales.

c) Las personas jurídicas que **no actúen como empresarios** o profesionales, cuyas AIB estén sujetas al IVA (nº 5258 y nº 5405 s.).

No obstante, no están incluidos en el Censo de empresarios, profesionales y retenedores y, por tanto, quedan **exceptuados** de presentar las declaraciones censales las personas o entidades que realicen exclusivamente las siguientes operaciones exentas del IVA (ejemplos 6 a 9 del nº 6928 s.):

- arrendamientos de bienes inmuebles que no constituyan actividad económica según el IRPF (nº 8670 s.);
- entregas a título ocasional de medios de transporte nuevos (nº 5425 s.);
- AIB efectuadas en el contexto de una operación triangular (nº 5335 s.).

Precisiones El RGGI se entiende sin perjuicio de lo previsto en la **normativa propia de cada tributo** (RGGI art.1.1). Por lo que se da preferencia a la norma especial (RIVA) sobre la norma general (RGGI), como así se deriva de la propia exposición de motivos del RGGI. 6926

Ejemplos **1)** Una entidad mercantil que va a realizar adquisiciones de bienes y servicios con la intención de ejercer una actividad empresarial, pero que **no ha iniciado** la realización habitual de las entregas de bienes y prestaciones de servicios objeto de **su actividad,** debe presentar la declaración censal de alta (LIVA art.164.Uno.1º). Ahora bien, el hecho de que no presente dicha declaración no impide la deducción de las cuotas soportadas por tales adquisiciones (TJUE 21-3-00, asuntos acumulados C-110/98 a 147/98). 6927

2) Un **particular** que va a arrendar un local de negocio debe presentar la declaración censal de alta, dado que tiene la consideración de empresario a efectos del IVA (LIVA art.5.Uno.c) y desarrollará una actividad empresarial. No obstante, quedarían exceptuados de esta obligación quienes arrienden edificios o parte de los mismos destinados exclusivamente a viviendas. Tales arrendamientos están exentos del IVA.

3) Una **empresa francesa** va a realizar en el territorio español las obras necesarias para la construcción de un pabellón deportivo para un ayuntamiento, que van a tener una duración aproximada de dos años.

Esta empresa también debe presentar una declaración censal de alta dado que, a efectos del IVA, está establecida en TIVA (LIVA art.69.Tres.2º.c) y es sujeto pasivo del IVA correspondiente a las operaciones que realice en el citado territorio (LIVA art.84.Uno.1º).

4) Un **arquitecto alemán** realiza un proyecto para la construcción de una vivienda en España para un particular.

La operación ha de entenderse localizada en TIVA (LIVA art.70.Uno.1º), siendo sujeto pasivo de la misma el arquitecto alemán (LIVA art.84.Uno.1º). Por tanto, estaría obligado a presentar la declaración censal de alta en el Censo de empresarios, profesionales y retenedores.

5) Un ayuntamiento ha adquirido en el año N a una **empresa alemana** una máquina fotocopiadora cuyo importe asciende a 20.000 euros. Dicha máquina se afectará a la actividad pública administrativa de la entidad local. 6928

En este caso, el ayuntamiento realiza en España una **AIB** sujeta al Impuesto (LIVA art.13 y 14.Dos). Por tanto, el ayuntamiento debe presentar una declaración censal para dar conocimiento a la Administración tributaria de que todas las AIB que realice durante ese año y el siguiente tributarán en España.

Asimismo, debe presentar una declaración censal cuando, aun no habiendo superado el umbral para la tributación en origen señalado en la normativa del impuesto, optase por tributar en nuestro territorio (nº 5406 s.).

6) Un **particular arrienda una vivienda** a una familia sin prestar los servicios propios de hostelería.

En este caso este particular no está obligado a presentar las declaraciones censales si sólo realizase dicha operación exenta (nº 8670 s.).

6929 **7)** Un particular **vende un vehículo** a un empresario alemán que lleva matriculado 5 meses y ha recorrido 4.000 Km.
La LIVA considera a dicho particular empresario a título ocasional por efectuar entregas intracomunitarias de medios de transporte nuevos (LIVA art.5.Uno.e y 13). No obstante, no está obligado a presentar declaraciones censales al no estar incluido en el Censo de empresarios, profesionales y retenedores.
8) Un particular ha adquirido en Francia un **vehículo nuevo** que inmediatamente es enviado a España.
En este caso, el particular realiza una adquisición intracomunitaria de un medio de transporte nuevo (LIVA art.13.2ª), debiendo liquidar el IVA e ingresarlo en la Hacienda Pública española. No obstante, no debe presentar declaraciones censales, dado que no tiene la consideración de empresario o profesional a efectos del IVA.

6930 Doctrina Administrativa Además de las siguientes contestaciones de la DGT, ver nº 11000 s.
1) La **comunidad de bienes** constituida por la propiedad indivisa de un local arrendado, en su condición de sujeto pasivo del Impuesto está obligada a asumir las obligaciones materiales y formales derivadas del mismo (DGT 22-4-03; 24-3-04). Por ello, la **declaración de alta** en el Censo, debe de incluir una relación de la totalidad de los copropietarios del local, aunque alguno se niegue a suscribir la declaración (DGT 22-4-03).
2) Existe obligación de registrarse cuando las **entidades no establecidas** en el territorio de aplicación del IVA resulten ser sujetos pasivos del mismo. Sin embargo, no existe obligación alguna de registro para las empresas no establecidas en nuestro país que realicen en dicho territorio exclusivamente operaciones no sujetas a IVA (DGT 4-11-03).
3) Unos empresarios holandeses que adquieran en el territorio de aplicación del IVA desechos de papel y cartón, entregados por empresas españolas, por las que resulten ser sujetos pasivos, por aplicación de la regla de **inversión del sujeto pasivo** (nº 1358 s.), deben formar parte del Censo de empresarios, profesionales y retenedores y disponer del correspondiente NIF atribuido por la Administración española (DGT CV 29-12-08).

6931 **4)** Un **hospital**, en tanto que sujeto pasivo del IVA en relación con los ensayos clínicos que realiza para laboratorios, debe presentar la declaración de comienzo de la actividad ante la Administración tributaria (DGT 21-7-99).
5) Una **persona física** que tiene intención de **arrendar un local** de su propiedad, como sujeto pasivo del IVA, está obligado al cumplimiento de las obligaciones censales (DGT CV 19-4-06; CV 26-3-15). En el mismo sentido, en relación con una persona física que va a alquilar una plaza de garaje, DGT CV 30-9-14.
6) Una **persona física** que realiza exclusivamente la actividad de **arrendamiento de una vivienda**, no está obligada a cumplimentar el modelo de alta en el Censo de empresarios, profesionales y retenedores (DGT CV 16-11-06). En el mismo sentido, respecto a una persona física que alquila habitaciones de una vivienda sin prestar servicios complementarios (DGT CV 20-11-17).
El alquiler de una vivienda para su posterior **subarrendamiento** está sujeto y no exento de IVA, por lo que el propietario de la misma está obligado a darse de alta en el Censo de empresarios, profesionales y retenedores (DGT CV 14-12-11).
7) La constitución de una **servidumbre de paso aéreo** sobre un terreno es una operación exenta de IVA (nº 8670 s.), por lo que la persona física propietaria del mismo no tiene que repercutir el impuesto ni está obligada a darse de alta en el Censo de empresarios, profesionales y retenedores (DGT CV 29-7-11).

6932 **8)** Una entidad alemana que va a **importar** en España almendras sin cáscara que, posteriormente, serán objeto de diversos trabajos para después ser **expedidas a Alemania**, puede solicitar el alta en el Registro de exportadores y otros operadores económicos (actualmente, Registro de devolución mensual) y vendrá obligada a solicitar el alta en el ROI a través de una declaración censal (DGT CV 22-11-06).
9) Una entidad mercantil alemana, que opera en el territorio de aplicación del Impuesto a través de un **establecimiento permanente**, va a **trasladar su domicilio** social y fiscal a dicho territorio. La entidad debe presentar la declaración de alta en el Censo de empresarios, profesionales y retenedores si pretende desarrollar directamente una actividad económica en España, así como la declaración de baja del establecimiento permanente con el que venía operando (DGT CV 20-2-20).
10) Por la venta de aceitunas a una **cooperativa** se realiza una actividad económica de carácter agrícola, por la que está obligado a darse de alta en el Censo de empresarios, profesionales y retenedores (DGT CV 24-10-22).
11) Una empresa dedicada al comercio de artículos de perfumería tiene **varios centros en todo el territorio**, que se encuentran ubicados en el interior de grandes superficies. Debe presentarse la declaración censal de alta por la actividad desarrollada por la entidad mercantil, pero no se contempla la obligación de presentar declaración censal de forma independiente por cada uno de los distintos centros de trabajo, siempre que en ellos se realice la misma actividad y no constituyan una persona jurídica distinta (DGT CV 2-9-22).

12) Si se tiene el 40% del **usufructo** de un local comercial arrendado y varios hermanos diferentes participaciones en la nuda propiedad y plena propiedad del mismo, existe una comunidad de bienes sobre el usufructo. Así, si la comunidad tiene la consideración de empresario o profesional y actúa como tal, puede darse de alta como tal en el Censo de Empresarios, Profesionales y Retenedores (DGT CV 18-4-23).

Modelo de declaración censal (RGGI art.13; OM EHA/1274/2007 art.1 y 2) Desde el **3-2-2025** existe un único modelo de declaración censal, el **modelo 036**. Declaración censal de alta, modificación y baja en el Censo de empresarios, profesionales y retenedores. **6935**

Precisiones Antes de dicha fecha existía el **modelo 037** de Declaración censal simplificada de alta, modificación y baja en el Censo de empresarios, profesionales y retenedores.

Formas de presentación (RGGI art.13; OM EHA/1274/2007 art.12 y 13) La presentación de la declaración censal (**modelo 036**) puede realizarse en impreso o por vía electrónica. **6938**

La presentación **electrónica** puede efectuarse por el propio interesado, por su representante o por las personas o entidades que tengan la condición de colaboradores sociales, utilizando:

a) Un **certificado electrónico** reconocido que resulte admisible por la AEAT según la normativa vigente en cada momento. En todo caso, es **obligatoria** la presentación del modelo 036 con certificado electrónico, para aquellos que tengan el carácter de Administración Pública o bien estén adscritos a la Delegación Central de Grandes Contribuyentes o a alguna de las Unidades de Gestión de Grandes Empresas de la AEAT o sean S.A. o S.L., o cuando se utilice para solicitar la inscripción en el REDEME y para comunicar la opción o renuncia a la llevanza de los libros registro en la Sede electrónica de la AEAT, o comunicar el alta y baja en la obligación de expedir factura por los destinatarios de las operaciones o por terceros.

b) El sistema **Cl@ve**, sistema de identificación, autenticación y firma electrónica común para todo el Sector Público Administrativo Estatal (OM PRE/1838/2014) en el caso de personas físicas, salvo en los supuestos señalados de presentación obligatoria con certificado electrónico reconocido.

Si la declaración censal debe acompañarse de otros documentos (p.e., escritura pública de constitución de la entidad o sus estatutos sociales), han de presentarse en el registro electrónico de la AEAT, de acuerdo con la AEAT Resol 28-12-09.

Lugar de presentación (RGGI art.13; OM EHA/1274/2007 art.12.3) La declaración **en impreso** se presenta en la Administración o, en su defecto, Delegación de la AEAT del domicilio fiscal del declarante en el momento de presentación de la declaración censal. **6940**

La presentación en impreso del modelo 036 puede realizarse mediante entrega directa en las oficinas indicadas o enviándolo por correo certificado a las mismas.

Las **personas o entidades no residentes** en España o no establecidas en el territorio de aplicación del IVA, han de presentar sus declaraciones censales en la Administración o Delegación de la AEAT que corresponda al domicilio fiscal de su representante y si no lo han nombrado, a la del lugar donde operen.

Comprobación de declaraciones censales (RGGI art.144) Se atribuyen a la Administración, para el desarrollo de estas actuaciones, **facultades de examen y requerimiento** de documentación y las facultades de entrada y reconocimiento de fincas atribuidas para el desarrollo del procedimiento de inspección (RGGI art.172, nº 13451 Memento Fiscal 2026). Así, la comprobación de la veracidad de los datos comunicados en las declaraciones censales de alta, modificación y baja se ha de realizar de acuerdo con los datos comunicados o declarados por el propio obligado tributario, con los datos que obren en poder de la Administración, así como mediante el examen físico y documental de los hechos y circunstancias en las oficinas, despachos, locales y establecimientos del obligado tributario. **6943**

Asimismo, se puede acordar la **baja cautelar** en el ROI, en el Registro de devolución mensual y, desde el 25-4-2023, en el de extractores de productos de depósitos fiscales de productos incluidos en los ámbitos objetivos de los Impuestos sobre el Alcohol y Bebidas Derivadas o sobre Hidrocarburos, de las personas o entidades incluidas en ellos, mediante acuerdo motivado del delegado o del director de departamento competente de la AEAT en los siguientes **supuestos**:

- cuando en una actuación o procedimiento tributario se constate la inexistencia de la actividad económica o del objeto social declarado o de su desarrollo en el domicilio comunicado, o que en el domicilio fiscal no se desarrolla la gestión administrativa y la dirección efectiva de los negocios;
- cuando el obligado tributario haya resultado desconocido en la notificación de cualquier actuación o procedimiento de aplicación de los tributos;
- cuando se constate la posible intervención del obligado tributario en operaciones de comercio exterior o intracomunitario o, desde el 25-4-2023, relativas a productos incluidos en los

ámbitos objetivos de los Impuestos sobre el Alcohol y Bebidas Derivadas o sobre Hidrocarburos, de las que pueda derivarse el incumplimiento de la obligación tributaria o la obtención indebida de beneficios o devoluciones fiscales en relación con el IVA.

6945 **Rectificación de la situación censal** (RGGI art.145 y 146) El **procedimiento** de rectificación de la situación censal puede iniciarse mediante requerimiento de la Administración para que el obligado tributario aclare o justifique la discrepancia observada o los datos relativos a su declaración censal o mediante la notificación de la propuesta de resolución cuando la Administración tributaria cuente con datos suficientes para formularla.
Cabe, además, la posibilidad de que la Administración proceda a la rectificación **de oficio** de la situación censal. La rectificación así efectuada debe ser comunicada al obligado tributario, salvo que durante un período superior a un año hubiera resultado imposible la práctica de notificaciones en el domicilio fiscal declarado.

Precisiones Para un análisis más detallado, ver nº 5697 s. Memento Procedimientos Tributarios 2026-2027.

B. Declaración de alta

6955

6957 **Contenido** (RGGI art.9; OM EHA/1274/2007 art.2.1) Los sujetos pasivos señalados en el nº 6925 están obligados a presentar una declaración de alta en el Censo de empresarios, profesionales y retenedores. El cumplimiento de esta obligación es requisito imprescindible en el IVA para la aplicación del **régimen especial de bienes usados**, objetos de arte, antigüedades y objetos de colección (LIVA art.120.Tres).
Además de para dar a conocer a la Administración el inicio de las actividades empresariales y facilitar los datos identificativos (nº 6920 s.), la declaración de alta en el Censo de empresarios, profesionales y retenedores también se utiliza, **a efectos del IVA**, en relación con:
- solicitudes (nº 6967);
- renuncia a regímenes especiales (nº 6969);
- opciones (nº 6972);
- ventas a distancia intracomunitarias (nº 6978);
- servicios tecnológicos (nº 6979);
- comunicaciones (nº 6980);
- comienzo de operaciones activas (nº 6981).

6958 Precisiones 1) Se entiende que se produce el **comienzo de una actividad** empresarial o profesional desde que se realizan cualesquiera entregas, prestaciones o adquisiciones de bienes o servicios, se efectúen cobros o pagos o se contrate personal laboral, para intervenir en la producción o distribución de bienes o servicios (RGGI art.9.4; OM EHA/1274/2007 art.11.1).
2) La utilización del **Documento Único Electrónico** (DUE) sustituye a la presentación de las declaraciones censales de alta, modificación o baja que deben presentar las personas o entidades para el desarrollo de su actividad económica, en aquellos casos en que la normativa autorice su uso, sin perjuicio de la presentación posterior de las declaraciones censales que correspondan si varía o debe ampliarse la información y circunstancias comunicadas mediante dicho Documento Único Electrónico (LGT disp.adic.5ª.8; RGGI art.15; OM EHA/1274/2007 art.6).
3) Las **entidades en régimen de atribución de rentas** que desarrollen actividades empresariales o profesionales deben presentar un único modelo 036 de declaración censal de alta, cumplimentando la relación de socios, herederos, miembros o partícipes en el impreso de la declaración al efecto.
Cada socio, heredero, miembro o partícipe de las entidades indicadas ha de presentar también su propia declaración para comunicar las obligaciones tributarias que deriven de su condición de miembro (OM EHA/1274/2007 art.10.2).

6967 **Solicitudes** (RGGI art.9.3.a, g y v) En relación con el IVA, mediante la declaración censal de alta se puede solicitar:
a) La asignación del **NIF**, independientemente de que la persona jurídica o entidad solicitante no esté obligada a la presentación de la declaración de alta en el Censo de Empresarios, Profesionales y Retenedores. La asignación del NIF, a solicitud del interesado o de oficio, determina la inclusión automática en el Censo de obligados tributarios.
b) La inclusión en el **ROI** en los supuestos del nº 6912. Para los sujetos pasivos incluidos en el **régimen particular de determinadas personas** (nº 5405) que deseen tributar en España por las AIB, la inclusión en el Registro es obligatoria.

c) Desde el 25-4-2023, la inclusión en el **Registro de extractores de depósitos fiscales** de productos incluidos en los ámbitos objetivos de los Impuestos sobre el Alcohol y Bebidas Derivadas o sobre Hidrocarburos (nº 6913).

Ejemplo Un médico que realiza exclusivamente operaciones exentas del IVA tiene previsto **adquirir en Dinamarca un equipo** de electromedicina por valor de 3.000 euros. Dicho profesional quiere que la citada operación tribute en España porque se aplicará un tipo impositivo del IVA inferior al que se aplicaría en Dinamarca, realizando la correspondiente opción.
En este caso, el citado profesional, al presentar la declaración censal de alta, debe consignar la opción en el modelo 036. Dicha opción implica que, durante un período mínimo de dos años naturales, todas las AIB que realice tributan en España (LIVA art.14). A tal efecto, cada vez que efectúe alguna AIB debe comunicar su NIF/IVA al proveedor comunitario, para que dicho proveedor le aplique la exención en origen a la entrega intracomunitaria de bienes.

Doctrina Administrativa Además de la siguiente contestación de la DGT, ver nº 11000 s. 6968
Un **médico** que quiere realizar una **adquisición intracomunitaria** de bienes debe informar a la Administración tributaria, mediante el modelo 036, de su renuncia a la no sujeción de la misma para que pueda formar parte del ROI (DGT 25-5-10).

Renuncia a regímenes especiales (RGGI art.9.3.c) Mediante la declaración censal se puede manifestar la renuncia a los regímenes especiales simplificado y de la agricultura, ganadería y pesca -REAGP- (nº 3172 y nº 3598). 6969

Precisiones La renuncia al régimen simplificado y al REAGP tiene que ser realizada por la entidad en régimen de **atribución de rentas**, consignando esta circunstancia en la relación de miembros, que debe ser firmada por todos ellos. Su revocación debe efectuarla la entidad a través de la oportuna declaración de modificación siendo suficiente que la relación de socios, herederos, miembros o partícipes sea firmada por cualquiera de ellos (OM EHA/1274/2007 art.10.2).

Ejemplos **1)** Un empresario persona física tiene intención de iniciar la actividad de fabricación de pan y bollería, para lo cual se dará de alta en el epígrafe 419.1 del IAE. La actividad se comenzará en el año N, no queriendo el empresario acogerse al régimen simplificado del IVA.
Dicho empresario, al presentar la declaración censal de alta (modelo 036) debe renunciar al régimen simplificado del IVA. Si no renuncia expresamente se aplica dicho régimen especial, al estar la actividad del epígrafe 419.1 del IAE entre las incluidas en el ámbito objetivo del mismo.
2) Un agricultor vende todos los productos obtenidos de sus cultivos (patatas, lechugas, zanahorias, etc.) a empresarios personas físicas que, a su vez, los comercializan en mercados de productos agrícolas. Dicho agricultor desea renunciar al **REAGP** del IVA.
En este supuesto, en la declaración censal de alta debe renunciar al REAGP del IVA. No obstante, en relación con el IRPF dicha actividad estaría en el régimen de estimación objetiva y, dado que existe coordinación entre este régimen y el REAGP, supondría también la renuncia al régimen de estimación objetiva.

Opciones (RGGI art.9.3.f, j, p y q) Se pueden manifestar las siguientes opciones en el IVA: 6972
- por el método de determinación de la base imponible mediante el margen de beneficio global en el régimen de los **bienes usados,** objetos de arte, antigüedades y objetos de colección;
- por la aplicación de la regla de **prorrata especial**;
- por el **diferimiento del ingreso** de las cuotas del IVA a la importación;
- por la llevanza de los libros registro del IVA a través de la Sede electrónica de la AEAT (nº 7354 s.).

Ventas a distancia intracomunitarias (RGGI art.9.3.h e i) En relación con estas ventas (nº 9244 s.) la declaración censal de alta sirve para: 6978
a) La **opción** por la no sujeción de las citadas ventas cuyo transporte se inicia en el territorio de aplicación del IVA español, cuando no se haya superado el umbral establecido, dado que, si se supera dicho umbral, la tributación en destino es obligatoria (nº 9244).
b) La **comunicación** por parte de los sujetos pasivos establecidos en otros Estados miembros, de la sujeción al IVA en España de las citadas ventas, cuyo transporte no se inicia en España (LIVA art.68.Tres.a) y, en todo caso, por las entregas de productos sometidos a Impuestos Especiales a las personas referidas en el nº 5405 s. (PRES) en las condiciones establecidas para las ventas a distancia intracomunitarias de bienes -nº 9182- (LIVA art.68.Cinco), siempre que, en ambos casos, el declarante no se encuentre ya registrado en el censo.

Servicios tecnológicos (RGGI art.9.3.s y t) En relación con estos servicios (nº 9194 s.) para: 6979
a) La opción por la **no sujeción al IVA** de las prestaciones de servicios realizadas por establecidos cuyo destinatario sea un consumidor final no establecido o con residencia o domicilio habitual en territorio distinto al de aplicación del impuesto, cuando no se haya superado el umbral establecido (nº 9205).

b) La comunicación de la **sujeción al IVA** de las prestaciones de servicios realizadas por no establecidos cuyo destinatario sea un consumidor final establecido o con residencia o domicilio habitual en el territorio de aplicación del impuesto (nº 9212), siempre que el declarante no se encuentre ya registrado en el Censo.

6980 **Comunicaciones** (RGGI art.9.3.b, o y r) Se pueden realizar las siguientes:
- aplicación del **régimen** general o especial en el IVA;
- condición de empresario o profesional **revendedor** de plata, platino, paladio, teléfonos móviles, videojuegos, ordenadores portátiles y tabletas digitales (nº 1380 s.);
- opción por el cumplimiento de la obligación de expedir **factura** por los destinatarios de las operaciones o por terceros por quienes tengan que aplicar el SII (nº 7354), indicando la fecha a partir de la cual la ejercen.

6981 **Comienzo de operaciones activas** (RGGI art.9.3.d y e) Indicar si el inicio de las operaciones activas (**entregas de bienes o prestaciones de servicios**) es previo, simultáneo o posterior al de las adquisiciones de bienes y servicios destinados a la actividad. En este último caso, la declaración de alta sirve para solicitar de la Administración la aplicación del **porcentaje provisional de deducción** de las cuotas soportadas antes del comienzo de las operaciones activas (nº 3066 s.).

Ejemplo Un empresario individual que tiene previsto iniciar la realización habitual de las entregas de bienes o prestaciones de servicios objeto de su actividad **dentro de siete meses**, ha adquirido un bien inmueble para destinarlo a la sede de la misma, así como determinado mobiliario de oficina con la misma finalidad.

En este caso, dicho empresario debería presentar una declaración de alta antes de realizar dichas adquisiciones, reflejando en la misma, por un lado, que el comienzo de las operaciones habituales de su actividad se producirá con posterioridad al comienzo de las citadas adquisiciones de bienes y, por otro, el porcentaje provisional de deducción que se propone a la Administración.

6982 Doctrina Administrativa Además de la siguiente contestación de la DGT, ver nº 11000 s.

En el momento en que se presenta la declaración censal de comienzo de la actividad (de alta) es cuando se puede presentar la **solicitud del porcentaje provisional de deducción**, correspondiente a las cuotas soportadas con anterioridad al comienzo de las entregas de bienes o prestaciones de servicios propias de la actividad. Este porcentaje se propone con base en la naturaleza de la actividad y la Administración puede aceptarlo o modificarlo (DGT 30-4-04).

6989 **Presentación** (RGGI art.9.4 y 23.2; OM EHA/1274/2007 art.11.1) Como **norma general**, las declaraciones de alta han de ser presentadas, según proceda, antes del inicio de las actividades o de la realización de las operaciones.

Las declaraciones que manifiestan opciones o comunicaciones deben presentarse en los plazos previstos en las disposiciones que regulan cada una ellas. En particular:

a) **Declaración de inicio de actividad o alta en el censo**. Debe presentarse con anterioridad al inicio de las actividades o al inicio de la realización de operaciones intracomunitarias.

b) **Solicitud del NIF**. Las personas jurídicas y entidades sin personalidad jurídica que vayan a realizar actividades empresariales o profesionales, deben solicitarlo antes de la realización de cualesquiera entregas, prestaciones o adquisiciones de bienes o servicios, de la percepción de cobros o el abono de pagos, o de la contratación de personal laboral, efectuados para el desarrollo de su actividad. En todo caso, la solicitud se debe formular dentro del mes siguiente a la fecha de su constitución o de su establecimiento en territorio español.

Respecto al **lugar de presentación**, ver lo señalado en el nº 6940.

6990 Doctrina Administrativa Además de las siguientes contestaciones de la DGT, ver nº 11000 s.

1) Un matrimonio que **arrienda un local de negocio** debe presentar la declaración censal de comienzo de la actividad de alquiler antes del inicio de las prestaciones de servicios de arrendamiento o bien de la realización de adquisiciones de bienes o servicios para dicha actividad (DGT 25-9-03).

2) Una **persona física**, no empresaria ni profesional, que transmite un **terreno rústico** en curso de urbanización, debe presentar su declaración de alta en el censo en el momento en que comienza su actividad empresarial, es decir, desde que se le empiezan a girar las cargas de urbanización correspondientes (DGT CV 27-7-05; 4-7-08). En el mismo sentido y respecto a una persona física que posee unas fincas en las que se está ejecutando un **plan de actuación urbanística** y a la que se han adjudicado las correspondientes parcelas resultantes de la reparcelación, DGT CV 22-2-07.

3) Una persona física ha adquirido un local comercial con la finalidad de dedicarlo al arrendamiento. En la declaración de alta, presentada **antes del inicio** de las correspondientes **actividades**, debe indicar si el inicio de la realización habitual de las prestaciones de servicios que constituyen el objeto de la actividad será posterior al comienzo de la adquisición de bienes destinados al desarrollo de la actividad empresarial. Posteriormente, habrá de comunicar el inicio efectivo de la realización habitual de las prestaciones de servicios correspondientes a sus actividades empresariales, mediante la presentación de una declaración censal de modificación -nº 7005 s.- (DGT CV 11-7-06).

4) La **rehabilitación y reforma de una casa** con el fin de construir en la misma varios inmuebles para su **posterior venta a terceros**, contratando con terceros todas las actividades de proyecto y construcción, obliga al propietario a darse de alta en el censo desde el momento que comience a realizar actividades empresariales o profesionales y adquiera la condición de empresario o profesional por efectuar adquisiciones o importaciones de bienes o servicios con la intención, confirmada por elementos objetivos, de destinarlos a la realización de actividades de tal naturaleza (DGT CV 7-4-11).

Documentación complementaria (RGGI art.12.1 y 24) La asignación del **NIF provisional** a las personas jurídicas o entidades sin personalidad determina su alta en el Censo de obligados tributarios y, en su caso, en el Censo de empresarios, profesionales y retenedores. Pero para solicitar el **NIF definitivo** es necesario que la entidad aporte la documentación que se indica en el nº 7152. **6992**

C. Declaración de modificación

 7005

Contenido (RGGI art.10; OM EHA/1274/2007 art.2.2) La declaración de modificación se utiliza para comunicar a la Administración la **variación de cualquier dato** recogido en la declaración de alta en el Censo de empresarios, profesionales y retenedores o en cualquier otra declaración de modificación posterior, o bien las modificaciones que afecten a las obligaciones periódicas de los declarantes. Respecto al **lugar de presentación**, ver nº 6940. **7007**

En concreto, a efectos del IVA, esta declaración se utiliza para cumplimentar:

a) En el régimen de los **bienes usados**, objetos de arte, antigüedades y objetos de colección: **7019**
- para optar por el método de determinación de la base imponible mediante el margen de beneficio global;
- para revocar la opción que se hubiere efectuado en la declaración de alta.

b) Solicitar la inscripción en el **ROI** cuando se vayan a producir, una vez presentada la declaración censal de alta, las **circunstancias** previstas en el nº 6912, o para revocar dicha solicitud.
Deben presentar una declaración censal de modificación solicitando la **baja** en dicho registro los siguientes **sujetos pasivos** del IVA:
- los que cesen en el desarrollo de las actividades sujetas a dicho impuesto, sin que ello determine su baja en el Censo de empresarios, profesionales y retenedores;
- los que durante los 12 meses anteriores no hayan realizado entregas o adquisiciones intracomunitarias de bienes sujetas al IVA, o no hayan prestado o sido destinatarios de las prestaciones intracomunitarias de los servicios indicados en los supuestos 2 y 3 del nº 6912.

En particular, en relación con los sujetos pasivos que realicen **AIB no sujetas** (nº 5405):
- para comunicar la tributación en nuestro país por las AIB que realizan, cuando hayan superado el umbral de 10.000 €, o por opción voluntaria (RIVA art.3);
- cuando habiendo optado previamente por tributar en nuestro país, las adquisiciones no superen en el año anterior el umbral de 10.000 € y deseen tributar en los países de origen de los bienes.

Ver ejemplos 1 y 2 en el nº 7026.

c) En relación con las **ventas a distancia** intracomunitarias de bienes (nº 9244 s.) para: **7020**
- optar por la no sujeción de las citadas ventas cuyo transporte se inicia en el territorio de aplicación del IVA español, cuando no se haya superado el umbral establecido (nº 9244), dado que si se supera dicho umbral, la tributación en destino, es obligatoria (LIVA art.68.Cuatro);
- la revocación de dicha opción;
- comunicar, por parte de los sujetos pasivos establecidos en otros Estados miembros, la sujeción al IVA en España de las citadas ventas, cuyo transporte no se inicia en España (LIVA art.68.Tres.a) y, en todo caso, por las entregas de productos sometidos a Impuestos Especiales a las personas referidas en el nº 5405 s. (PRES), en las condiciones establecidas para las ventas a distancia intracomunitarias de bienes -nº 9182- (LIVA art.68.Cinco).

7021 **d)** En relación con los **servicios tecnológicos** (nº 9194 s.) para:
- optar por la **no sujeción** de las prestaciones de servicios realizadas por establecidos cuyo destinatario sea un consumidor final no establecido o con residencia o domicilio habitual en territorio distinto al de aplicación del impuesto, cuando no se haya superado el umbral establecido (nº 9205), cuando no se hubiese realizado en la declaración de alta, o en su caso, para revocar esta opción;
- comunicar la **sujeción** de las prestaciones de servicios realizadas por no establecidos cuyo destinatario sea un consumidor final establecido o con residencia o domicilio habitual en el territorio de aplicación del impuesto (nº 9212), o en su caso, revocar dicha comunicación, siempre que el declarante no se encuentre ya registrado en el censo.

e) Solicitar la inclusión en el **Registro de devolución mensual** o la baja en el mismo. Ver ejemplo 3 en el nº 7026.

f) Comunicar el **cambio del período de liquidación** (mensual o trimestral) del IVA a causa del volumen de operaciones - gran empresa (nº 6913)-, o por pasar a estar inscrito en el Registro de devolución mensual. Ver ejemplo 4 en el nº 7027.

7022 **g)** Comunicar la **pérdida de la condición**:
- de empresario o profesional **revendedor** de plata, platino, paladio, teléfonos móviles, consolas de videojuegos, ordenadores portátiles y tabletas digitales (nº 1380), o;
- de **comerciante minorista**, por no haber excedido durante el año natural precedente las entregas a la Seguridad Social a sus entidades gestoras o colaboradoras o a quienes no tengan la condición de empresarios o profesionales, el 80% del total de las entregas realizadas (DGT CV 19-1-16).

h) Efectuar la **renuncia o revocación de la renuncia**, a los siguientes regímenes especiales, así como comunicar la inclusión o la exclusión de los mismos: simplificado, REAGP y del criterio de caja. Ver ejemplos 5 y 6 en el nº 7027.

i) Solicitar la asignación de un **NIF definitivo**, cuando la persona o entidad en constitución que tenga asignado el NIF provisional aporte la documentación necesaria pendiente (nº 7152), salvo que en virtud de algún convenio la AEAT tenga conocimiento a través de otros organismos e instituciones de la información necesaria para asignar el NIF definitivo, en cuyo caso la AEAT puede exonerarla de presentar la declaración censal solicitando la asignación.

Desde el 1-2-2024, también solicitar la rehabilitación del NIF en los términos previstos en nº 7176.

7023 **j)** Comunicar el **inicio** de la realización habitual **de las operaciones activas** correspondientes a la actividad empresarial o a un sector diferenciado de la misma, cuando previamente se hubiera presentado otra declaración censal de alta comunicando que el inicio de las operaciones activas se produciría con posterioridad al de las adquisiciones de bienes o servicios correspondientes. Ver ejemplo en el nº 7028.

k) En caso de inicio de actividades que constituyan o no un **sector diferenciado**, para comunicar que las **operaciones activas** correspondientes al nuevo sector se iniciarán con posterioridad a dicho inicio (proponiendo en tal caso el porcentaje provisional de prorrata que corresponda) y para ejercitar la opción por la prorrata especial respecto de dicha actividad, constituya o no un sector diferenciado respecto de las actividades que se venían desarrollando, en su caso.

7024 **l)** Optar por la llevanza de los **libros registro** del IVA a través de la Sede electrónica de la AEAT (nº 7354 s.) o, en su caso, por la revocación de dicha opción.

m) Comunicar la opción por el cumplimiento de la obligación de **expedir factura** por los destinatarios de las operaciones o por terceros, por quienes tengan que aplicar el sistema de llevanza de los libros registro en la Sede electrónica de la AEAT (nº 7354), indicando la fecha a partir de la cual la ejercen o, en su caso la renuncia, a dicha obligación indicando la fecha de efecto. También para revocar, en su caso, esta opción.

n) Desde el 25-4-2023, solicitar la inclusión en el **Registro de extractores de depósitos fiscales** de productos incluidos en los ámbitos objetivos de los Impuestos sobre el Alcohol y Bebidas Derivadas o sobre Hidrocarburos (nº 6913), cuando se vayan a producir, una vez presentada la declaración censal de alta, las circunstancias que lo requieran, así como la baja en dicho registro.

7026 Ejemplos 1) Un empresario acogido al REAGP ha realizado en el mes de marzo del año N una AIB procedente de Holanda por 4.000 euros. Posteriormente, en el mes de mayo realiza otra AIB en Alemania por importe de 10.000 euros.
Mediante una declaración censal, debe comunicar que ha superado el umbral existente para las AIB, tributando por la operación en TIVA.

2) Otro empresario en el REAGP, que tributaba en nuestro país por sus AIB por opción y en el año N no ha superado el umbral de 10.000 €.
Dicho empresario debe comunicar a la Administración española la baja en el ROI así como la no sujeción en TIVA durante el año N+1 de sus AIB.
3) Un empresario dedicado a la fabricación de juegos de ordenador inició su actividad en el año N. En el año N+1 va a realizar diversas inversiones en mobiliario y medios informáticos. Dicho empresario quiere solicitar la inscripción en el Registro de devolución mensual con efectos desde el año N+1 para así obtener la devolución de los saldos a su favor al final de cada período de liquidación.
El citado empresario presentará telemáticamente a través de Internet la correspondiente declaración censal de modificación.

4) Una empresa española dedicada a la fabricación de hormigón tuvo en el año N un volumen de operaciones de 66.000.000 €. **7027**
En este caso dicha empresa, que venía presentando declaraciones trimestrales en el año N, salvo que estuviese inscrita en el Registro de devolución mensual, debe presentar la declaración censal de modificación correspondiente a sus obligaciones periódicas, para presentar desde el año N+1 declaraciones-liquidaciones mensuales.
5) En el ejemplo nº 3195, por las actividades a), b) y d) el empresario queda excluido en el año N+1 del régimen simplificado y del REAGP por la actividad c). Pues bien, si en el año N+1 o en los sucesivos no supera los 250.000 € de volumen de operaciones por el total de actividades (nº 3193), quedará sometido nuevamente por las mismas al régimen simplificado o al REAGP, una vez cumplido el período mínimo de exclusión de tres años (ver nº 3190), debiendo presentar la declaración censal de modificación comunicando su inclusión en dichos regímenes, salvo que renuncie a los mismos.
6) El empresario SL presentó declaración censal de modificación (modelo 036) en el mes de diciembre del año N optando por la aplicación del régimen especial del criterio de caja para el año N+1, dado que cumplía todos los requisitos para su aplicación. A finales de N+1, el empresario estima que no le compensa seguir en dicho régimen especial por lo que quiere renunciar al mismo. Para ello, debe presentar una declaración censal de modificación. Dicha renuncia tiene una validez mínima de tres años (nº 5042).

7) Un sujeto pasivo del IVA que se dedica a la actividad de restaurante y hostelería en el año N, y que presentó en su momento la correspondiente declaración de alta en el censo de la actividad, va a iniciar una nueva actividad, de arrendamiento de viviendas. A tal efecto, el día 21-5-N adquiere un edificio de viviendas a un promotor inmobiliario, teniendo previsto iniciar en un plazo de tres meses los arrendamientos. **7028**
El sujeto pasivo debe presentar una declaración de modificación comunicando que el inicio de las operaciones activas de arrendamientos se iniciará con posterioridad a las adquisiciones de bienes y servicios destinados a la misma y otra ulterior declaración de modificación comunicando el inicio de los arrendamientos.

Doctrina Administrativa Además de la siguiente contestación de la DGT, ver nº 11000 s. **7035**
Se debe presentar una declaración censal de modificación para comunicar la variación de la situación tributaria en relación con el cambio del régimen de tributación en el IVA de unos **servicios accesorios** que quedan excluidos del REAGP, pasando a tributar por el régimen simplificado o, en su caso, por el régimen general (DGT CV 4-4-24).

Presentación (RGGI art.10.4 y 12; OM EHA/1274/2007 art.10.2 y 11) Los **plazos generales** para la presentación de la declaración de modificación son: **7052**
- las modificaciones de **datos,** en el plazo de un mes a contar desde el día siguiente a aquel en que se producen (p.e., para la notificación del cambio del domicilio fiscal de una entidad mercantil);
- las modificaciones de **obligaciones**, hasta el vencimiento del plazo para la presentación de la primera declaración periódica afectada por la variación, o de la que se hubiese tenido que presentar de no haberse producido dicha variación (p.e., en el cambio del período de liquidación).
No obstante, se establecen los siguientes **plazos particulares**:
a) Durante el mes de **noviembre** anterior al inicio del año natural en que haya de surtir efecto para:
- solicitar la inscripción o, en su caso, la baja en el Registro de devolución mensual. No obstante, también puede presentarse la solicitud de inscripción, cuando no se hubiera hecho en el plazo anterior, durante el plazo de presentación de las declaraciones-liquidaciones periódicas (RIVA art.30.4). En caso de empezar a ejercer una actividad en **régimen simplificado** durante el ejercicio, la solicitud de baja debe presentarse en el plazo de presentación de la declaración-liquidación correspondiente al mes en que se produzca dicha circunstancia (RIVA art.30.8). En relación con el REGE ver nº 4876 y nº 4982;

- comunicar al **órgano competente** de la AEAT la condición de empresario o profesional **revendedor** de teléfonos móviles, videojuegos, ordenadores portátiles y tabletas digitales -nº 1380 s.- (RIVA art.24 quinquies);
- optar por el **diferimiento del ingreso** de las cuotas del IVA a la importación (RIVA art.74.1.a).

7053 **b)** Durante el mes de **diciembre** anterior al año natural en que haya de surtir efecto:
- la opción o renuncia o la revocación de esta, en su caso, por los **regímenes especiales** simplificado y REAGP (RIVA art.33);
- la opción o renuncia o la revocación de esta, en su caso, por el régimen especial del **criterio de caja** (RIVA art.61 septies.1 y 61 octies);
- la opción por el método de determinación de la base imponible mediante el margen de beneficio global en el **régimen de bienes usados**, objetos de arte, antigüedades y objetos de colección (RIVA art.50.1);
- la opción por la tributación en destino para las **ventas a distancia** intracomunitarias de bienes a otros Estados miembros (LIVA art.68.Cuatro), o su revocación, y para las prestaciones de servicios tecnológicos (LIVA art.70.Uno.8º). Dicha opción produce efectos, como mínimo, por dos años naturales, debiendo ser reiterada por el empresario o profesional una vez transcurridos, pues en caso contrario, la opción queda automáticamente revocada (nº 9250). En el año de inicio de la actividad, la opción ha de ser presentada antes de la realización de dichas operaciones (OM EHA/1274/2007 art.11.2.e).

c) La opción por la aplicación de la regla de **prorrata especial**, en los casos de inicio de actividades empresariales o profesionales, constituyan o no un sector diferenciado de actividad, respecto de las que vinieran desarrollando con anterioridad, la declaración de modificación se presenta hasta la finalización del plazo de presentación de la declaración-liquidación correspondiente al periodo en que se produzca el comienzo habitual de las entregas de bienes o prestaciones de servicios correspondientes a tales actividades (RIVA art.28.1.1º).

d) Para el inicio de nuevas actividades empresariales o profesionales que constituyan, a efectos del IVA, un **sector diferenciado** de actividad respecto de las que se venían desarrollando, con anterioridad al momento en que se inicie la nueva actividad (RIVA art.28.1.1º).

7054 **e)** Para el alta en el **ROI**, con anterioridad al momento en que se produzcan las circunstancias recogidas en el nº 6912.

f) Dentro del **mes siguiente** a su consecución: las comunicaciones de haber alcanzado en el año en curso los límites establecidos para las **operaciones intracomunitarias**. No obstante, si dichos límites se refieren al año natural precedente, la declaración debe realizarse durante el mes de enero del año en que deba surtir efectos (nº 7090).

g) En cualquier momento:
- la opción por la sujeción al IVA respecto de las AIB (RIVA art.3);
- la opción por la llevanza de los libros registro en la Sede electrónica de la AEAT, surtiendo efecto para el primer periodo de liquidación que se inicie después de que se haya ejercido dicha opción (RIVA art.68 bis).

h) La presentación por las **personas jurídicas o demás entidades** de la copia de las escrituras o documentos que modifiquen los anteriormente vigentes, cuando las **variaciones** impliquen la presentación de una declaración de modificación de datos (nº 7005), en el plazo de un mes desde la inscripción en el registro correspondiente o, si dicha inscripción no es necesaria, desde su otorgamiento.

i) Las entidades constituidas con la finalidad específica de la posterior **transmisión a terceros de sus participaciones** de fondos propios (nº 6921), han de comunicar en el plazo de un mes desde la fecha de formalización, las modificaciones que se hayan producido respecto de los datos consignados en las declaraciones anteriores, incluidos los relativos a los socios, miembros o partícipes.

j) Desde el 25-4-2023, la solicitud de inclusión en el **Registro de extractores de depósitos fiscales** de productos incluidos en los ámbitos objetivos de los Impuestos sobre el Alcohol y Bebidas Derivadas o sobre Hidrocarburos (nº 6913), debe presentarse con anterioridad al momento en el que se realicen las operaciones que determinan la obligación de inscripción (RGGI art.3.7).

7056 Precisiones Para el año 2026 se estableció un **plazo extraordinario** desde el 26-12-2025 al 31-1-2026 en el que se permitió la **renuncia** a la llevanza de los libros en la Sede Electrónica de la AEAT -SII-, y solicitar la baja en el registro de devolución mensual del impuesto -REDEME- (RDL 16/2025 art.13 derog Congreso de los Diputados Resol 27-1-26). Igual medida se estableció entre el 6-2-2026 y el 16-2-2026 (RDL 2/2026 art.9 derog Congreso de los Diputados Resol 26-2-26). En ambos casos, esta posibilidad ha sido **derogada**, si bien se recoge la modificación introducida dado sus posibles efectos prácticos en el período en el que ha estado vigente. No obstante debe tenerse en cuenta que la **AEAT** ha emitido una nota en la que considera que las renuncias realizadas durante este plazo son plenamente válidas (AEAT Nota 9-4-2026).

D. Declaración de baja

(RGGI art.11; OM EHA/1274/2007 art.2.3 y 11.3)

Esta declaración se ha de presentar por: 7065

- las personas o entidades que **cesen** en el ejercicio de sus actividades empresariales o profesionales sujetas al IVA;
- quienes no teniendo la condición de empresarios o profesionales, dejen de satisfacer rendimientos sujetos a **retención o ingreso a cuenta**;
- las personas jurídicas que no actúan como empresarios o profesionales, cuando sus **AIB** deben resultar no sujetas al IVA (nº 5405). Han de hacerlo a efectos de la baja en el ROI.

El **plazo** de presentación general es de un mes a partir del día siguiente al indicado cese. El **lugar** de presentación se señala en el nº 6940.

Precisiones 1) Si se trata de la **disolución de una sociedad** o entidad, ha de presentarse en el plazo de un mes desde que se haya realizado la cancelación efectiva de los correspondientes asientos en el Registro Mercantil. Si no constan dichos asientos, la Administración tributaria debe poner en conocimiento del Registro Mercantil la solicitud de baja para que este extienda una nota marginal en la hoja registral de la entidad. Cuando la Administración Tributaria tiene constancia del cese de la actividad de una entidad, lo debe comunicar al Registro Mercantil para que este extienda de oficio una nota marginal.

2) En los supuestos de **sucesión** de personas físicas y de personas jurídicas y entidades sin personalidad jurídica (LGT art.39 y 40), en la declaración de baja es obligatorio informar de los datos relativos a la identificación de los sucesores.

En caso de **fallecimiento** del obligado a declarar, la obligación corresponde a sus herederos en el plazo de seis meses desde el fallecimiento. Los herederos también están obligados a comunicar la modificación de la titularidad de cuantos derechos y obligaciones con trascendencia tributaria permanezcan vigentes con terceros y a presentar la declaración o declaraciones de alta procedentes, todo ello en un plazo máximo de seis meses.

3) Se permite el empleo del **Documento Único Electrónico** (DUE), para el cese de la actividad de los empresarios individuales y los emprendedores de responsabilidad limitada, así como para el cese de la actividad y extinción de las SL (RD 867/2015 art.5.e).

7068

Ejemplo Un ayuntamiento que no realiza actividades empresariales y que durante el año N optó por tributar en España por sus AIB tiene intención de revocar dicha opción durante el año N+4, sin que haya superado el umbral existente en nuestro país para dichas operaciones. A tales efectos, tiene la obligación de presentar la declaración censal de baja.

Doctrina Administrativa Además de las siguientes contestaciones de la DGT, ver nº 11000 s. 7069

1) Una persona física realiza ocasionalmente servicios de **intermediación** percibiendo una comisión exclusivamente si las operaciones inmobiliarias en las que interviene se concluyen con éxito. Debe presentar la declaración de baja cuando cese en el desarrollo de su actividad, supuesto que no concurre cuando efectúa los citados servicios sin que las operaciones lleguen a concluirse con éxito (DGT CV 15-7-05).

2) La condición de **sujeto pasivo** a efectos del IVA se mantiene hasta que no se produzca el **cese efectivo en el ejercicio de la actividad** del empresario o profesional, el cual no se puede entender producido en tanto el sujeto pasivo, actuando como tal, continúe llevando a cabo la liquidación del patrimonio empresarial o profesional y enajenando los bienes afectos a su actividad. El empresario o profesional que cesa en su actividad debe presentar la correspondiente declaración censal de baja, sin perjuicio de que deba presentar las restantes declaraciones y cumplir las obligaciones tributarias que le incumban. En consecuencia, mientras no se produzca la baja del Censo de empresarios, profesionales y retenedores, el sujeto pasivo debe cumplir con las obligaciones tributarias formales (DGT CV 19-12-08). En términos similares, DGT CV 9-2-12; CV 11-12-12; CV 27-5-14.

La cooperativa no ha cesado plenamente en su actividad, dado que no se ha producido aún la liquidación de la totalidad del patrimonio empresarial. La condición de sujeto pasivo se mantiene aunque se haya presentado la declaración de baja en el Censo de empresarios, profesionales y retenedores, sin necesidad de presentar nuevamente el alta censal (DGT CV 8-10-20).

Un empresario tiene un mes de plazo para presentar la declaración de baja en el censo desde que se efectúe la **transmisión** de la totalidad de su **patrimonio empresarial**, pues es en ese momento cuando cesa en sus actividades empresariales (DGT CV 12-12-06).

3) El cese en la actividad como consecuencia de la **intervención judicial** de la entidad destinataria de los servicios, no supone la baja en el cumplimiento de las obligaciones tributarias, aunque se presentara el correspondiente modelo censal de baja (DGT CV 31-1-07).

4) La baja en sus obligaciones fiscales presentada por un **agente comercial** mediante el correspondiente modelo censal, no resulta ajustada a derecho cuando sigue cobrando comisiones por clientes captados con anterioridad a dicha baja (DGT CV 22-1-07). 7070

5) El propietario de un **terreno rústico en proceso de urbanización**, que viene abonando las cargas urbanísticas con el IVA correspondiente, cuya intención es vender el solar resultante, tiene un mes de plazo para presentar la declaración de baja en el Censo desde que se produzca la

venta del inmueble pues es en ese momento cuando cesan sus actividades empresariales; mientras no se produzca la venta, debe seguir dado de alta en el Censo (DGT CV 27-9-11).

6) Cuando una persona física que ha presentado el alta en el Censo de empresarios, profesionales y retenedores, así como la declaración previa de inicio de actividades a efectos del IVA, **finalmente no desarrolla actividades** empresariales o profesionales, está obligada a presentar la correspondiente declaración censal de baja, no siendo admisible la caducidad de la declaración censal de alta (DGT CV 6-6-11).

7) Una entidad mercantil alemana, que opera en el territorio de aplicación del Impuesto a través de un establecimiento permanente, va a proceder al **traslado de su domicilio** social y fiscal a dicho territorio. La entidad debe presentar la declaración de alta en el Censo de empresarios, profesionales y retenedores si pretende desarrollar directamente una actividad económica en España, así como la declaración de baja del establecimiento permanente con el que hasta ahora venía operando (DGT CV 20-2-20).

II. Otras obligaciones de información

7080

A. Declaración recapitulativa de operaciones intracomunitarias

7082 Se establece la obligación de presentar una declaración recapitulativa (**modelo 349**), por las entregas y adquisiciones intracomunitarias de **bienes**, y por las prestaciones y adquisiciones intracomunitarias de **servicios** definidas en el nº 7086 que realicen los empresarios y profesionales del IVA (LIVA art.164.Uno.5º y Tres).

7084 **Obligados a presentar la declaración** (RIVA art.79; OM EHA/769/2010 art.2) Están obligados a presentar la declaración los siguientes empresarios o profesionales, incluso cuando tengan esta condición con arreglo a lo dispuesto en el nº 81:

- los que realicen las operaciones que se señalan en el cuadro del nº 7086;
- los identificados a efectos del IVA en España, que intervengan como intermediarios en una operación triangular realizada en otro Estado miembro de la UE.

Doctrina Administrativa Además de la siguiente contestación de la DGT, ver nº 11000 s.

Si **no se ha realizado ninguna de las operaciones** que deban ser objeto de información en la declaración recapitulativa, el contribuyente no está obligado a presentar dicha declaración para el trimestre en que no hubo operaciones (DGT CV 27-5-20).

7086 **Operaciones que deben declararse y contenido de la declaración** (RIVA art.79 y 80; OM EHA/769/2010 art.2) Tienen obligación de presentar la declaración recapitulativa los empresarios y profesionales que realicen alguna de siguientes operaciones:

Operaciones	Contenido
Entregas de bienes con destino a otro E.m. exentas (LIVA art.25).	* Datos identificativos del adquirente: - NIF/IVA. - Nombre. * Base imponible de la operación. Clave E.
Transferencia de bienes **a otro E.m.** (LIVA art.9.3º) incluyendo, en su caso, las entregas ulteriores derivadas de una previa importación exenta por LIVA art.27.12º.	* Datos identificativos del sujeto pasivo en el otro Estado miembro (NIF/IVA). * Base imponible de la operación. Clave E, H y M.
AIB sujetas al IVA.	* Datos identificativos del proveedor: - NIF/IVA. - Nombre. * Base imponible de la operación. Clave A.
Transferencia de bienes **desde otro E.m.** (LIVA art.16.2º) incluyendo, en su caso, las AIB previamente importados en otro E.m., con exención en las mismas condiciones que LIVA art.27.12º.	* Datos identificativos del sujeto pasivo en el otro Estado miembro (NIF/IVA). * Base imponible de la operación. Clave A.

7086 (sigue)

Operaciones	Contenido
Prestaciones intracomunitarias de servicios (PIS). Se entienden como tales aquellas en las que concurran los siguientes requisitos: - que, conforme a las reglas de localización aplicables, se entiendan prestadas en otro E.m. y estén sujetas y no exentas del IVA en el mismo; - que su destinatario sea un empresario o profesional actuando como tal y radique en dicho E.m. la sede de su actividad económica, o tenga en el mismo un establecimiento permanente o, en su defecto, el lugar de su domicilio o residencia habitual, o bien sea una persona jurídica que no actúe como empresario o profesional pero tenga asignado un NIF/IVA suministrado por ese E.m.; y - que el sujeto pasivo sea el destinatario anterior.	* Datos identificativos del destinatario: - NIF/IVA. - Nombre. * Base imponible de la operación. Clave S.
Adquisiciones intracomunitarias de servicios (AIS). Se entienden como tales aquellas en las que concurran los siguientes **requisitos**: - las prestaciones de servicios sujetas y no exentas al IVA en el TIVA español; - que su prestador sea un empresario o profesional cuya sede de actividad económica o establecimiento permanente desde el que las preste, o en su defecto, el lugar de su domicilio o residencia habitual, se encuentre en la Comunidad pero fuera del TIVA español; y - desde el 1-1-2024, que el sujeto pasivo sea el destinatario.	* Datos identificativos del prestador: - NIF/IVA. - Nombre. * Base imponible de la operación. Clave I.
Operaciones triangulares: el empresario o profesional que utilice un NIF/IVA español en otro E.m. para la AIB, y la subsiguiente entrega de estos bienes (LIVA art.26.Tres). Si el destinatario de esta operación triangular ya figura en otra línea por entregas exentas, se hará constar la operación triangular en línea separada.	* NIF/IVA que utilice el que realiza la operación. * NIF/IVA atribuido por el Estado miembro de llegada del bien, suministrado por el adquirente de la entrega subsiguiente. * El importe total de la base imponible de las entregas subsiguientes. Clave T.
Transferencias de bienes expedidos o transportados desde el TIVA en el marco de acuerdos de **venta de bienes en consigna** (nº 5224 s.)	* NIF/IVA del empresario al que inicialmente van destinados los bienes. * NIF/IVA del empresario que sustituye al empresario al que inicialmente fueron destinados los bienes en el marco de un acuerdo de ventas de bienes en consigna (LIVA art.9 bis.Tres.a'). * El importe estimado del valor de los bienes enviados. Clave R.
Rectificaciones de las operaciones realizadas anteriormente, ya sean devoluciones de entregas o adquisiciones intracomunitarias o entregas subsiguientes derivadas de una operación triangular, o bien por cualquier otra alteración derivada de circunstancias de LIVA art.80, tanto en esas operaciones como en las prestaciones y las adquisiciones intracomunitarias de servicios, que se hayan declarado previamente en el modelo 349, ya se deriven de rectificaciones por error en el NIF comunitario consignado. Asimismo, el vendedor de bienes en el marco de un **acuerdo de ventas de bienes en consigna** (nº 5224 s.), debe comunicar cualquier modificación de la información presentada. No obstante, **no procede la rectificación** en los casos de adquisiciones intracomunitarias de bienes en las que el adquirente obtenga la devolución de los Impuestos Especiales en el E.m. de inicio de la expedición o transporte de los bienes (RIVA art.24.3.2º párrafo).	* Datos identificativos del cliente, el proveedor, el prestador o el destinatario: - NIF/IVA. - Nombre. * Importe de la base imponible rectificada. * Importe de la base imponible declarada anteriormente. * El ejercicio y el período en que se declaró la operación original. Claves A, E, H, I, M, S o T. * Devoluciones de bienes desde otro E.m. Clave D. * Sustituciones del empresario o profesional inicial: - NIF/IVA del empresario que, en su caso, sustituya al anterior. Clave C.

7087 Precisiones 1) Las operaciones citadas deben consignarse en la declaración recapitulativa correspondiente al **período de declaración** (nº 7090) en el que se hayan devengado.
En los casos de envíos de bienes en el marco de un acuerdo de **venta de bienes en consigna** (nº 5224 s.), la información mencionada en el cuadro del nº 7086, se debe consignar en la declaración recapitulativa correspondiente:
- al periodo de declaración relativo a la fecha de la expedición o transporte de los bienes al empresario al que inicialmente van destinados los bienes; o
- al periodo de declaración en el que se haya anotado en el libro registro de determinadas operaciones intracomunitarias (nº 7405), los datos identificativos del empresario que sustituye al empresario anterior.
2) Los **pagos anticipados** relativos a PIS o AIS sí deben consignarse en la declaración recapitulativa correspondiente.
3) Las **rectificaciones** se anotan en la declaración recapitulativa del período de declaración en el que haya sido notificada al destinatario de los bienes o servicios.
4) Cuando la contraprestación de las operaciones se establezca en **moneda o divisa distinta del euro**, su base imponible debe reflejarse en euros al tipo de cambio vendedor, fijado por el Banco de España, en vigor en el momento del devengo del impuesto.
5) Los términos **PIS** o **AIS** son conceptos autónomos exclusivamente a efectos de la declaración recapitulativa de operaciones intracomunitarias, y no suponen nuevos hechos imponibles en el IVA.
6) Es un requisito material imprescindible para aplicar la **exención de una entrega intracomunitaria** de bienes que el proveedor haya declarado la operación en la correspondiente declaración recapitulativa de operaciones intracomunitarias (nº 5215 s.).
7) Desde 1-1-2021, con motivo del **Brexit**, las operaciones entre España y el Reino Unido de **Gran Bretaña e Irlanda del Norte** ya no se califican como intracomunitarias y, por tanto, dejan de informarse a través de la declaración recapitulativa (modelo 349).
No obstante, conforme al Protocolo sobre Irlanda/Irlanda del Norte que forma parte del Acuerdo de Retirada del Reino Unido de Gran Bretaña e Irlanda del Norte, en relación con las mercancías, la normativa comunitaria (Dir 2006/112/CE) sigue aplicándose en Irlanda del Norte. Por tanto, las operaciones relativas a bienes entre España e Irlanda del Norte siguen calificándose como intracomunitarias y deben informarse a través de la declaración recapitulativa (modelo 349). A tal efecto, los empresarios o profesionales y determinadas personas jurídicas que no actúen como tales de Irlanda del Norte, deben utilizar el NIF/IVA con prefijo «XI» (Dir 2006/112/CE art.215).

7089 **Operaciones excluidas de la declaración recapitulativa** (RIVA art.79) El modelo 349 no se presenta en los siguientes supuestos:
- en las entregas de **medios de transporte nuevos** realizadas ocasionalmente por las personas señaladas en el nº 80 s.;
- en las entregas realizadas por los sujetos pasivos del Impuesto para destinatarios que no tengan un **NIF/IVA** atribuido por cualquier E.m. de la UE;
- por las **prestaciones de servicios**, tanto recibidas como efectuadas, con empresarios o profesionales de otros E.m. en las que no concurran todos los requisitos referidos en el nº 7086 para ser consideradas PIS o AIS.

7090 **Procedimiento de declaración** (RIVA art.81; OM EHA/769/2010; OM HAP/2194/2013 art.12, 13 y 17.1) Cabe distinguir:
a) Modelo de declaración: es el modelo 349, de formato electrónico.
b) Períodos de declaración y plazo de presentación. Son los siguientes:
1. **Mensual**: El período de declaración comprende, con carácter general, las operaciones realizadas en cada mes natural, y se presenta durante los 20 primeros días naturales del mes inmediato siguiente al correspondiente período mensual, salvo la del mes de julio, que puede presentarse durante el mes de agosto y los 20 primeros días naturales de septiembre.
2. **Trimestral**: Cuando ni durante el trimestre de referencia (trimestre en curso) ni en cada uno de los cuatro trimestres naturales anteriores el importe total acumulado de las entregas de bienes y prestaciones intracomunitarias de servicios que deban consignarse en la declaración recapitulativa supera los 50.000 euros, IVA excluido.
En este caso, la declaración recapitulativa se presenta durante los 20 primeros días naturales del mes inmediato siguiente al correspondiente período trimestral.
Si al final de cualquiera de los meses que componen cada trimestre natural se supera la cifra indicada anteriormente, debe presentarse una declaración recapitulativa para el mes o los meses transcurridos desde el comienzo de dicho trimestre natural durante los veinte primeros días naturales inmediatos siguientes; es decir, si al final del segundo mes de un trimestre natural el importe total acumulado de las entregas de bienes y prestaciones intracomunitarias de servicios que deban consignarse en la declaración recapitulativa supera los 50.000 euros, IVA excluido, el período de declaración es **bimestral**. En este caso, la declaración recapitulativa se presenta durante los 20 primeros días naturales inmediatos siguientes al correspondiente período bimestral.

3. Con independencia de que el período de declaración sea mensual o trimestral, la declaración recapitulativa del **último período del año** natural debe presentarse durante los treinta días naturales del mes de enero.

c) Formas de presentación: la presentación debe realizarse de forma **electrónica por Internet**, la cual puede efectuarse mediante: 7091

- un sistema de identificación, autenticación y firma electrónica utilizando un certificado electrónico reconocido que, según la normativa vigente en cada momento, resulte admisible por la AEAT (en todo caso, es obligatoria para: aquellos obligados tributarios que tengan el carácter de Administración Pública o bien estén adscritos a la Delegación Central de Grandes Contribuyentes o a alguna de las Unidades de Gestión de Grandes Empresas de la AEAT o bien tengan la forma de sociedad anónima o sociedad de responsabilidad limitada);
- en el caso de personas físicas, el sistema Cl@ve, sistema de identificación, autenticación y firma electrónica común para todo el Sector Público Administrativo Estatal (OM PRE/1838/2014), salvo en los supuestos de presentación obligatoria con un sistema de identificación, autenticación y firma electrónica.

d) Validación online: permite la validación en línea de la declaración presentada y en el caso de que existan datos erróneos proceder a su subsanación mediante la modificación de los registros o presentando de forma global una declaración. En ningún caso se considera presentada la declaración mientras persistan los errores.

Precisiones **1)** Cuando **no se realicen entregas de bienes** que deban ser objeto de declaración ni PIS, o si sólo se realizan AIB y AIS, el período de declaración del modelo 349 será trimestral.

2) En aquellos supuestos en que por **razones de carácter técnico** no fuera posible efectuar la presentación por Internet, en el plazo correspondiente, dicha presentación puede efectuarse durante los cuatro días siguientes a la finalización de dicho plazo (OM HAP/2194/2013 art.17.2).

Ejemplos **1)** Un empresario ha realizado durante el año N-1 las siguientes operaciones (en euros) que deben consignarse en la declaración recapitulativa de operaciones intracomunitarias (modelo 349): 7092

	1º Trim	2º Trim	3º Trim	4º Trim
Entregas de bienes	5.000	5.000	5.000	5.000
PIS	5.000	5.000	5.000	5.000
Total	10.000	10.000	10.000	10.000

En el **primer trimestre** del año N ha realizado las siguientes operaciones que deben incluirse en la citada declaración (modelo 349):

	Enero	Febrero	Marzo
Entregas de bienes	4.000	4.000	4.000
PIS	4.000	4.000	4.000
AIB	5.000	5.000	5.000
AIS	1.000	1.000	1.000
Total	14.000	14.000	14.000

En el **segundo trimestre** del año N ha realizado las siguientes operaciones que deben incluirse en la citada declaración (modelo 349):

	Abril	Mayo	Junio
Entregas de bienes	10.000	20.000	10.000
PIS	10.000	10.000	10.000
AIB	5.000	5.000	5.000
AIS	5.000	5.000	5.000
Total	30.000	40.000	30.000

En este supuesto, tomando como **trimestre de referencia** el **primero** del año N, el empresario debe presentar el modelo 349 con periodicidad trimestral pues en los cuatro trimestres anteriores o en el trimestre en curso, el importe total acumulado de las entregas de bienes y las PIS que deben consignarse en dicha declaración, no supera los 50.000 €, IVA excluido.
Cuando el trimestre de referencia sea el **segundo**, en principio la periodicidad de la declaración recapitulativa será trimestral, no obstante, dado que en ese trimestre al final de mayo el importe total acumulado de las entregas de bienes y las PIS que deben consignarse en dicha declaración, supera los 50.000 €, IVA excluido, el empresario debe presentar un modelo 349 correspondiente a los meses de abril y mayo del año N, durante los veinte días naturales inmediatos siguientes al correspondiente período bimestral **(1)**. Posteriormente, los siguientes modelos de declaración recapitulativa los presentará mensualmente. Sólo si durante los trimestres que transcurren desde julio del año N a junio del año N+1 (ambos incluidos) no volviera a superar dicho umbral, podría presentar el modelo 349 con periodicidad trimestral para los períodos posteriores a junio del año N+1.
(1) En este caso, el declarante debe consignar una «X» en la casilla anexa al «período», para indicar que se trata de una declaración mensual con operaciones correspondientes a los primeros meses del trimestre.

7093 **2)** La empresa LAR, con NIF B-12345678 y domicilio en Barcelona, tiene como actividad la venta de motores para maquinaria industrial. Durante los dos últimos trimestres del ejercicio N-1, el importe total de entregas de intracomunitarias de bienes que realizó fue de 214.000 €. Por tanto, en el año N su período de declaración para la declaración recapitulativa coincide con el mes natural.
Las **operaciones** realizadas en el mes de abril del año N han sido las siguientes:
1. Vende a un empresario de **Irlanda** motores por importe de 30.050 €. El NIF/IVA del adquirente es IE X0000008, y el nombre de la empresa «J.O'CONOR LTD». El transporte lo efectúa un transportista francés con cargo a la empresa «LAR, S.L» que se localizaría en el territorio de aplicación del IVA español (LIVA art.69.Uno.1º), siendo el sujeto pasivo la empresa española (LIVA art.84.Uno.2º). Este transporte constituye una adquisición intracomunitaria de servicios (nº 7086) para la empresa «LAR, S.L» que debe incluirla en la declaración recapitulativa de operaciones intracomunitarias. La factura expedida por el transportista por un importe de 600 €, sin repercutir el IVA, tiene como expedidor al empresario TABLE, con NIF/IVA FR XY874568123.
2. Adquiere en **Grecia** piezas por importe de 12.020 €. El proveedor es la empresa «TRANS», con NIF/IVA EL123456789.
3. Adquiere unas guías especiales de montaje rápido a un **librero francés** por importe de 1.085 €. La factura viene a nombre de Mr. Dubois, con NIF/IVA FR YZ123456789.
4. Adquiere unos motores a un **empresario danés**, «DÖRF», con NIF/IVA DK 87654321 por 31.200 € y posteriormente los entrega a una **sociedad alemana** llamada «STRASSE GMBH» con NIF/IVA DE 987654321, por 42.507 €. El motor lo envía directamente el danés a Alemania, siendo todo una operación triangular.
5. Vende a la **entidad alemana** anterior otros productos por importe de 18.030 €.

Ejemplo **Modelo 349 cumplimentado** (ejemplo del nº 7093) 7094

MINISTERIO DE HACIENDA

Agencia Tributaria

Teléfono: 901 33 55 33
www.agenciatributaria.es

Declaración recapitulativa de operaciones intracomunitarias

Art. 78 al 81 del Reglamento del IVA aprobado por el R.D. 1624/1992, de 29 de diciembre (BOE del 31)

Hoja Resumen

Modelo **349**

Declarante

N.º de identificación fiscal (NIF): B 12345678

Apellidos y nombre (por este orden), denominación o razón social del declarante: LAR S.L.

NIF del representante legal:

Número justificante:

Ejercicio

Ejercicio (con 4 cifras): N

Periodo: 04

Consigne una "X" si se trata de una declaración mensual con operaciones correspondientes a los dos primeros meses del trimestre:

Persona y teléfono de contacto

Apellidos y nombre (por este orden) de la persona con quien relacionarse:

Teléfono de contacto:

Resumen de los datos incluidos en la declaración

Número total de operadores intracomunitarios	01	6
Importe de las operaciones intracomunitarias	02	104.292
Número total de operadores intracomunitarios con rectificaciones	03	
Importe de las rectificaciones	04	

Declaración complementaria o sustitutiva

Si la presentación de esta declaración tiene por objeto incluir operaciones que, debiendo haber sido relacionadas en otra declaración del mismo periodo presentada anteriormente, hubieran sido completamente omitidas en la misma o si el objeto es modificar parcialmente el contenido de la anteriormente presentada, se marcará con "X" la casilla "Declaración complementaria".

Cuando la presentación de esta declaración tenga por objeto anular y sustituir por completo a otra declaración del mismo ejercicio presentada anteriormente, en la cual se hubieran consignado datos inexactos o erróneos, se indicará su carácter de declaración sustitutiva marcando con "X" la casilla correspondiente.

En ambos casos, se hará constar el número de 13 dígitos identificativo de la declaración del mismo ejercicio anteriormente presentada o el de la última de ellas, si se hubieran presentado varias.

Declaración complementaria:

Declaración sustitutiva:

Número identificativo de la declaración anterior:

Fecha y firma

Fecha: 15 MAYO N

Firma del declarante o de su representante:

Fdo.: D. / D.ª

Cargo o empleo:

Espacio reservado para la Administración

7095

Agencia Tributaria | Resumen operaciones con la Unión Europea | Relación de operaciones intracomunitarias | Hoja interior

Modelo **349**

Datos identificativos de esta hoja interior

NIF del declarante	Ejercicio	Período	Hoja interior n.º
B 12345678	N	04	1/ 1

Número justificante:

Operador 1

Código país	NIF comunitario	Apellidos y nombre, denominación o razón social	Clave	Base imponible
IE	X0000008	J. O'CONOR LTD	E	30.050

A cumplimentar exclusivamente en caso de clave de operación C:

Código país	NIF comunitario	Apellidos y nombre, denominación o razón social

Operador 2

Código país	NIF comunitario	Apellidos y nombre, denominación o razón social	Clave	Base imponible
EL	123456789	TRANS	A	12.020

A cumplimentar exclusivamente en caso de clave de operación C:

Código país	NIF comunitario	Apellidos y nombre, denominación o razón social

Operador 3

Código país	NIF comunitario	Apellidos y nombre, denominación o razón social	Clave	Base imponible
FR	YZ123456789	DUBOIS	A	1.085

A cumplimentar exclusivamente en caso de clave de operación C:

Código país	NIF comunitario	Apellidos y nombre, denominación o razón social

Operador 4

Código país	NIF comunitario	Apellidos y nombre, denominación o razón social	Clave	Base imponible
DE	987654321	STRASSE GMBH	T	42.507

A cumplimentar exclusivamente en caso de clave de operación C:

Código país	NIF comunitario	Apellidos y nombre, denominación o razón social

Operador 5

Código país	NIF comunitario	Apellidos y nombre, denominación o razón social	Clave	Base imponible
DE	987654321	STRASSE GMBH	E	18.030

A cumplimentar exclusivamente en caso de clave de operación C:

Código país	NIF comunitario	Apellidos y nombre, denominación o razón social

Operador 6

Código país	NIF comunitario	Apellidos y nombre, denominación o razón social	Clave	Base imponible
FR	XY874568123	TABLE	I	600

A cumplimentar exclusivamente en caso de clave de operación C:

Código país	NIF comunitario	Apellidos y nombre, denominación o razón social

Operador 7

Código país	NIF comunitario	Apellidos y nombre, denominación o razón social	Clave	Base imponible

A cumplimentar exclusivamente en caso de clave de operación C:

Código país	NIF comunitario	Apellidos y nombre, denominación o razón social

Operador 8

Código país	NIF comunitario	Apellidos y nombre, denominación o razón social	Clave	Base imponible

A cumplimentar exclusivamente en caso de clave de operación C:

Código país	NIF comunitario	Apellidos y nombre, denominación o razón social

Total de esta hoja interior

Consigne en esta casilla la suma de todas las bases imponibles relacionadas en esta hoja — Base imponible: 104.292

7099 Doctrina Administrativa Además de las siguientes contestaciones de la DGT, ver nº 11000 s.

1) Una empresa de un país comunitario que realiza en España operaciones asimiladas a las AIB (exentas), seguidas de entregas interiores de bienes con inversión del sujeto pasivo, en tanto que únicamente es sujeto pasivo de operaciones exentas del Impuesto (LIVA art.26.Cuatro), no estaría obligada a efectuar declaraciones-liquidaciones relativas al mismo (DGT 16-2-01).

2) Un **particular** que adquiere en un país comunitario una **embarcación nueva** para uso particular y que matriculará en España, no debe presentar por esta operación el modelo 349 (DGT CV 25-5-09).

3) El **suministro de combustible** se entiende realizado en el lugar donde radica la estación de servicio, de forma que las operaciones de suministro realizadas desde una estación de servicio situada en España para una empresa establecida en otro Estado miembro no dan lugar a una

entrega intracomunitaria de bienes y no se incluyen en la declaración recapitulativa (DGT 5-10-00). En el mismo sentido, por la utilización de **vías de peaje** o las «eurovinetas» (DGT CV 7-3-12).
4) Deben consignarse en la declaración las modificaciones de la base imponible de una AIB por **devolución de las mercancías** (DGT 14-1-00). También las modificaciones derivadas de la obtención de un **descuento** tras la realización de una AIB, en la declaración recapitulativa correspondiente al periodo en que se hubiera recibido la factura rectificativa del proveedor comunitario (DGT CV 13-11-19; CV 7-4-22).
5) Una empresa española que adquiere bienes en Portugal y, posteriormente, los vende en ese país a una empresa portuguesa **sin que los bienes salgan de Portugal**, no está obligada a presentar la declaración recapitulativa (DGT CV 1-12-08).
En el mismo sentido, no está obligada a presentar declaración recapitulativa, por las operaciones realizadas por una empresa consistentes en la compra y venta de bebidas alcohólicas y otros **productos en depósitos fiscales y aduaneros** situados en **otros países** comunitarios, por realizarse dichas operaciones exclusivamente en el Estado miembro donde se sitúan los citados depósitos (DGT CV 29-12-10).
Tampoco deben incluirse en la declaración recapitulativa las compras de mercancías en países de la UE, **sin traslado al TIVA**, para remitirlas posteriormente a terceros países (DGT CV 7-12-21).

6) Por las **ventas de ganado** exentas a clientes portugueses hay obligación de presentar las **7100**
declaraciones recapitulativas de operaciones intracomunitarias (DGT 25-3-99).
7) Una entidad tiene su **sede en Italia**, si bien al realizar **ventas por catálogo en España**, tanto a particulares como a empresarios, tiene un NIF atribuido por la Administración española, y un representante legal para presentar las declaraciones trimestrales del IVA, por las ventas en este territorio a clientes particulares. Las operaciones realizadas, localizadas en España, no se encuentran incluidas entre las operaciones por las que existe obligación de presentar la declaración recapitulativa (DGT 10-4-02).
8) Las entregas de **vehículos usados** efectuadas en Alemania, aplicando el régimen especial de bienes usados, quedan sujetas y no exentas allí, y no dan lugar a una AIB en nuestro país, por lo que no deben incluirse en el modelo 349 (DGT 29-4-02; CV 12-11-07).
9) Las operaciones que deben ser recogidas en la declaración recapitulativa de operaciones intracomunitarias son las relativas a las entregas de los bienes, no a los **pagos anticipados** (DGT CV 22-6-04; CV 6-2-23).
10) La **entrega con instalación de un órgano** a la que resulta aplicable la LIVA art.68.Dos.2º, realizada en otro Estado miembro de la UE distinto de España, no está entre las operaciones por las que existe obligación de presentar la declaración recapitulativa -modelo 349-, no existiendo obligación de consignarlas en la citada declaración ni en el momento de los cobros parciales, ni en el momento de la entrega definitiva (DGT CV 4-11-19). En términos similares, en relación a la construcción de **elementos de hormigón** para naves industriales, tales como vigas, pilares y paneles, llevando a cabo en muchos casos la instalación de los mismos en la obra, DGT CV 1-3-19.

11) Las entregas de mercancías a **operadores comunitarios no establecidos** en el territorio IVA **7101**
español que se van a remitir directamente a países no comunitarios, constituyen entregas interiores de mercancías que van a ser objeto de exportación y que resultan exentas del IVA, por lo que dichas operaciones no deben consignarse en la declaración recapitulativa al no tratarse de operaciones intracomunitarias (DGT 11-2-04).
12) No procede consignar en la declaración recapitulativa el **material deportivo** adquirido en otros Estados miembros de la UE para el entrenamiento de deportistas, cuando dicho material no abandona dichos territorios, sino que es consumido o almacenado en aquellos (DGT CV 15-6-05).
13) Debe incluirse en la declaración recapitulativa la compra efectuada por una empresa española a otra holandesa que envía las mercancías a España desde una fábrica radicada en la UE, consignando la base imponible y la identificación del **proveedor** -nombre y NIF/IVA de la empresa holandesa- (DGT CV 23-11-05).
14) Debe presentarse la declaración recapitulativa por la adquisición por una empresa española en Portugal de materias primas en **régimen suspensivo de IIEE** que le son remitidas a su fábrica, al estar la operación sujeta al Impuesto y no incluida en ninguno de los supuestos excluidos de dicha declaración (DGT CV 12-1-06). Deben informarse en la declaración recapitulativa todas las adquisiciones intracomunitarias de bienes sujetas al IVA, incluso cuando estén **exentas** del mismo (DGT CV 28-12-16).
15) Una bodega española remite productos objeto de IIEE en **régimen suspensivo** a un **depósito fiscal** belga, donde permanecen hasta que son vendidos a un cliente de otro país de la UE y enviados a este país. La realización de estas operaciones determina la obligación de la bodega de presentar una declaración recapitulativa de operaciones intracomunitarias (DGT CV 16-6-06; CV 3-7-14; CV 5-11-14). En el mismo sentido, debe declararse en la declaración recapitulativa las adquisiciones intracomunitarias de vino de una bodega portuguesa (DGT CV 12-9-18) o las adquisiciones intracomunitarias de licores de un depósito fiscal de los Países Bajos (DGT CV 11-5-20).

7102 **16)** Una empresa española importa unas mercancías por una aduana holandesa utilizando los servicios de un agente de aduanas (actualmente, representante aduanero) holandés. El despacho se efectúa a libre práctica. Se remiten las mercancías, exentas del IVA a la **importación** a España. En la declaración recapitulativa, la empresa española debe consignarse a sí misma como proveedora, incluyendo como número de identificación comunitario el que le haya atribuido la administración holandesa (DGT CV 10-5-06; CV 24-1-07). En términos similares, DGT CV 12-3-19.

17) El envío de almendra que realiza una entidad alemana a Alemania para su distribución y venta en dicho país, una vez aquella ha sido objeto de trabajos de repelado y triturado en el territorio IVA español, tiene la naturaleza de **transferencia de bienes** sujeta al IVA español. La entidad alemana está obligada a incluir las citadas transferencias de bienes que realice en la declaración recapitulativa de operaciones intracomunitarias, debiendo consignar el NIF otorgado por la Administración fiscal alemana (DGT CV 22-11-06). En el mismo sentido, deben consignarse las transferencias de bienes que realiza una empresa española para su **almacenaje** en otro E.m. donde quedan a disposición de su cliente en ese estado miembro (DGT CV 29-10-19). No obstante, ver nº 5224 s. en relación con los acuerdos de ventas de bienes en consigna.

18) Están obligados a presentar la declaración recapitulativa de operaciones intracomunitarias los sujetos pasivos de las entregas intracomunitarias, tanto si en dicha entrega transmiten el poder de disposición de las mercancías como si no. En los supuestos de **transferencia**, desde otro Estado miembro, de un bien de la empresa con destino a nuestro país para afectarlo a las necesidades de la empresa en este territorio, el sujeto pasivo que «entrega» debe consignar, en el modelo 349, el NIF que le hubieran asignado en el otro Estado miembro. A la inversa, cabe deducir que cuando la remisión es desde el territorio de aplicación del IVA debe disponer de un NIF/IVA atribuido por la Administración española (DGT CV 24-10-07).

19) La remisión de bienes que se encontraban en territorio holandés **despachados a libre práctica** en dicho Estado al territorio de aplicación del Impuesto español, determina en este territorio el hecho imponible adquisición intracomunitaria de bienes por la empresa adquirente, que debe ser objeto de declaración periódica mensual o trimestral y que, igualmente, se declara en el modelo 349, por el sujeto pasivo de la adquisición, y no por la empresa que entrega intracomunitariamente las mercancías, ya que la obligación en las entregas intracomunitarias nace, únicamente, respecto de aquellas entregas cuyo hecho imponible se localiza en nuestro país.
Las operaciones intracomunitarias requieren la utilización y declaración del NIF/IVA de la empresa que realiza la adquisición intracomunitaria. En el caso de las remisiones de mercancías de un Estado miembro al territorio de aplicación del Impuesto en España por la misma empresa que luego será en nuestro país destinataria como adquirente intracomunitario, se exige que en las declaraciones recapitulativas se consigne el número de identificación asignado al sujeto pasivo en el otro Estado miembro (DGT CV 16-12-08).

7103 **20) No deben consignarse** en la declaración recapitulativa las ventas de energía eléctrica a países de la Unión Europea que, de acuerdo con las reglas de localización aplicables, no están sujetas al IVA español (DGT CV 11-12-09). Ni tampoco las adquisiciones de electricidad a países de la UE (DGT CV 4-8-10) o las adquisiciones intracomunitarias de servicios sanitarios exentos (DGT CV 14-1-14; CV 27-2-14). Tampoco las **prestaciones de servicios** sujetas pero exentas en el estado miembro del destinatario del servicio (DGT 25-5-16).

21) Deben consignarse en la declaración recapitulativa las **prestaciones intracomunitarias de servicios** siguientes:
- los prestados sobre bienes muebles (DGT CV 30-3-10; CV 12-7-10);
- mantenimiento de programas informáticos y consultas telefónicas a distancia (DGT CV 15-4-10);
- mediación en la venta de ropa de una empresa francesa (DGT CV 31-5-10; CV 18-7-11);
- asesoramiento jurídico de hipotecas a bancos (DGT CV 9-6-10);
- seguimiento técnico de entregas de productos (DGT CV 17-6-10);
- fotografía y diseño web (DGT CV 15-4-10);
- asistencia en carretera (DGT CV 4-8-10);
- alquiler de materiales (DGT CV 2-9-10);
- montaje e instalación de estanterías para almacenamiento de productos (DGT CV 2-9-10);
- carga, descarga y de almacenamiento frigorífico (DGT CV 2-9-10);
- los prestados por un agente comercial (DGT CV 2-9-10);
- traducción (DGT CV 30-11-10);
- escenografía de una ópera y cesión de los derechos de su explotación (DGT CV 30-11-11);
- maquila del acero (DGT CV 6-9-11);
- acceso a una base de datos médica (DGT CV 4-4-11);
- distribución de revistas (DGT CV 7-3-11);
- transmisión de derechos de pesca en aguas internacionales (DGT CV 28-2-11);
- dirección de la coreografía de una película (DGT CV 9-7-12);
- diseño y montaje de stands en ferias (DGT CV 3-1-13);
- cesión de personal (DGT CV 14-3-13);
- los prestados por vía electrónica -venta dispositivos móviles, libros electrónicos, etc., a través de plataformas de descargas- (DGT CV 24-6-13; CV 24-6-13; CV 5-7-13);

- suministro de contenido audiovisual en formato electrónico (videos) para su visionado a través de una plataforma de internet -Youtube- (DGT CV 25-10-21);
- ejecuciones de obra que no tengan la consideración de entrega de bienes -venta con instalación de conductos de aire acondicionado- (DGT CV 3-10-13);
- preparación, coordinación y realización de ejecuciones de obras en inmuebles de otro Estado miembro (DGT CV 23-5-16);
- comisaría deportiva en competiciones internacionales (DGT CV 30-10-14);
- los relativos a la compra de una interfaz o plataforma online (DGT CV 23-11-23).

22) Deben consignarse en la declaración recapitulativa las **adquisiciones intracomunitarias de servicios** siguientes: 7104
- los publicitarios utilizando como soportes vallas (DGT CV 22-3-10);
- los prestados por un técnico informático (DGT CV 15-4-10);
- confección de prendas textiles (DGT CV 23-6-10);
- seguimiento y localización de vehículos mediante una tecnología similar al GPS (DGT CV 4-8-10);
- intermediación en la venta de productos textiles (DGT CV 1-2-11) o en el alquiler de un inmueble recibido de una plataforma tecnológica (DGT CV 15-1-20; CV 3-4-20);
- los prestados por un coro musical (DGT CV 5-12-12);
- traducción no exentos por prestarse por una entidad mercantil (DGT CV 3-1-13);
- compra de una tarjeta prepago de servicios de telefonía - servicios de telecomunicaciones- (DGT CV 3-12-14);
- reservas de servicios de transporte en línea, adquiridos por un empresario en régimen simplificado (DGT CV 26-5-22).

23) Las prestaciones de servicios que tengan lugar entre el territorio de aplicación del impuesto, o cualquier otro Estado miembro de la UE, y las **Islas Canarias** no tienen la consideración de prestaciones o adquisiciones intracomunitarias de servicios. De acuerdo con todo lo anterior, las entregas de bienes o prestaciones de servicios que tengan lugar entre el TIVA, u otro Estado miembro de la UE, y las Islas Canarias no deben ser incluidas en la declaración recapitulativa de operaciones intracomunitarias por no tener dichas operaciones tal calificación (DGT CV 27-10-10; CV 26-10-18). Tampoco debe incluirse en la declaración recapitulativa el servicio de mediación en nombre y por cuenta ajena en la reserva de plazas hoteleras prestado por una agencia de viajes **suiza** a un hotel establecido en el TIVA (DGT CV 6-2-14).

24) En la compra de bienes por una entidad italiana a un proveedor alemán, disponiendo el transporte de los bienes de Alemania a España, para ponerlos aquí a disposición del cliente final, sujeto pasivo de la **entrega interior**, dicha entrega no se encuentra entre las operaciones que deben consignarse en la declaración recapitulativa de operaciones intracomunitarias (DGT CV 3-2-11). 7105

25) La adquisición en Portugal de prendas textiles para enviarlas directamente a otro país de la UE que no es España, es una **operación triangular**, pero no le es aplicable la exención (LIVA art.26.Tres) pues la adquisición intracomunitaria está exenta y la siguiente entrega no tiene lugar en el TIVA. Por lo tanto, en la declaración recapitulativa de operaciones intracomunitarias debe consignarse la entrega en el Estado miembro de llegada de las mercancías, haciendo constar el NIF/IVA del adquirente de las mismas en aquel. La operación no hay que declararla en el modelo 303 (DGT CV 19-9-11). En el mismo sentido, DGT CV 25-6-18; CV 23-7-21.

26) La **importación a libre práctica** en Portugal y posterior remisión de las mercancías **al TIVA** es una operación asimilada a una adquisición intracomunitaria de bienes, por lo que debe ser declarada en el modelo 349, sin perjuicio de su declaración, como tal adquisición intracomunitaria, en el modelo 303 y en la declaración resumen anual del modelo 390. En la formalización del modelo 349 que realice en el TIVA el adquirente intracomunitario, debe declarar como tal un NIF/IVA español y un NIF/IVA portugués en su condición de sujeto pasivo de una entrega intracomunitaria en Portugal. Todo, sin perjuicio de las formalidades que deba cumplimentar en este último país, como empresa que realiza una entrega intracomunitaria exenta (DGT CV 7-3-11).
No deben consignarse en la declaración recapitulativa las entregas de bienes, previamente importados a libre práctica en un estado miembro, para ser **enviados a otro E.m.**, ambos estados distintos de España (DGT CV 18-7-19).

27) En la importación de piezas de recambio de maquinaria de su matriz americana por una empresa establecida en el TIVA para enviar a sus clientes en otros Estados miembros a **coste cero** en período de garantía, la base imponible que debe hacerse constar en la declaración recapitulativa es cero. No obstante, dado que no es posible dar un valor cero en la aplicación informática que soporta la declaración del modelo 349, sin perjuicio de que se señale al órgano gestor esta circunstancia, se puede utilizar un valor simbólico permitido por la aplicación para la declaración de esta operación (DGT CV 7-11-11).

28) Un ingeniero informático, contratado por un **organismo internacional** domiciliado en Alemania, que no dispone de NIF/IVA, por no actuar como empresario, pero sí de un certificado de exención del impuesto emitido por las autoridades alemanas, no debe formular declaración recapitulativa, puesto que los servicios que presta no tienen la consideración de prestaciones intracomunitarias de servicios (DGT CV 18-10-11).

29) Son adquisiciones intracomunitarias de servicios las adquisiciones no exentas de **entradas para eventos deportivos** que tienen como destinatario a quien tiene como actividad la compraventa, en nombre propio, de dichas entradas, si están sujetas en el TIVA, es decir, si los eventos tienen lugar en este territorio, y se prestan por un empresario o profesional cuya sede de actividad económica o establecimiento permanente desde el que las presta o, en su defecto, el lugar de su domicilio o residencia habitual, se encuentra en la Comunidad pero fuera del TIVA (DGT CV 7-10-11).

7106 **30)** Una **compañía suiza** realiza envíos desde otros Estados miembros a los almacenes del cliente final establecido en el TIVA. El cliente asume, desde el momento de la recepción, el riesgo sobre el producto depositado, y dispone del mismo para su uso industrial o comercial, sin que su poder de disposición sobre las mercancías tenga limitación alguna, al menos esencial. La operación constituye una **entrega intracomunitaria** en el Estado miembro de origen de la que es sujeto pasivo la empresa suiza y una adquisición intracomunitaria de bienes en nuestro país de la que es sujeto pasivo el cliente español, sin perjuicio de que la transmisión de la propiedad se pueda posponer en el tiempo. La entidad suiza no realiza, pues, una operación asimilada a una adquisición intracomunitaria de bienes en el territorio de aplicación del IVA, por lo que no está obligada a la presentación de la declaración recapitulativa. Es el cliente, establecido en el TIVA, quien debe formular la citada declaración como sujeto pasivo de la adquisición (DGT CV 21-1-13). En el mismo sentido, DGT CV 27-2-13; CV 27-2-13; CV 28-11-16; CV 1-2-19. Ver nº 5224 s., relativo a los acuerdos de ventas de bienes en consigna.

31) No existe obligación de consignar en la declaración recapitulativa, modelo 349, los **servicios odontológicos** recibidos por una entidad que estén exentos del IVA (DGT CV 26-3-14). Asimismo, tampoco hay que presentar declaración recapitulativa por las prestaciones de servicios de **arrendamientos de inmuebles** situados en Alemania, realizados por un establecimiento permanente de una entidad española situado en dicho país (DGT CV 24-9-14).

32) El día 15 del mes siguiente a aquel en que se inicie el **transporte de los bienes** marca para el destinatario el devengo del Impuesto por la adquisición intracomunitaria de bienes y, consiguientemente, la obligación de presentar, en los plazos fijados por la normativa del Impuesto, la declaración recapitulativa (DGT CV 30-1-15).

33) Una mercantil es destinataria de unos bienes corporales enviados desde otro Estado miembro por la **Comisión Europea**, que no es empresario o profesional y que, en virtud de los tratados comunitarios para esta operación, queda exonerada de tributación por IVA. En consecuencia, esta operación no debe ser objeto de declaración por la mercantil ni en su declaración-liquidación periódica, modelo 303, ni en la declaración recapitulativa de operaciones intracomunitarias, modelo 349 (DGT CV 6-5-15).

34) La entidad que intermedia en la realización de **operaciones triangulares** exentas, no está obligada a informar de tal operación a través del modelo 349, sin perjuicio de las obligaciones de información que haya de cumplir en el E.m. donde se encuentre establecida (DGT CV 19-12-16).

B. Declaración estadística del comercio intracomunitario (INTRASTAT)

(OM HFP/1480/2021; AEAT Resol 24-1-22)

7107 **Obligados a presentar declaración** (OM HFP/1480/2021 art.3 y 5) A través de la declaración Intrastat, las unidades informantes deben declarar las operaciones de comercio internacional de bienes dentro de la UE.

Están obligados a presentar la declaración Intrastat, de exportación o importación, las **unidades informantes** a que se refiere la normativa comunitaria sobre especificaciones técnicas de las estadísticas europeas sobre el comercio internacional de bienes, en especial el comercio de bienes por características de las empresas (Rgto (UE) 2020/1197 Anexo V), siempre que el valor de las mercancías objeto de importación o exportación durante el año natural anterior al periodo de referencia sea igual o superior al **umbral de exención** (flujo de importación: 400.000 euros; flujo de exportación: 400.000 euros).

Están **exentos de presentar** la declaración, los operadores de comercio internacional de bienes dentro de la UE que, durante el año natural anterior al periodo de referencia, hayan efectuado operaciones de importación o exportación inferior al umbral de exención de operaciones. No obstante, dichos operadores están obligados a presentar la declaración a partir del periodo de referencia en el que superen el umbral de exención. La primera declaración a presentar es la que corresponda al mes en el que se alcanzó o superó el umbral de exención, que solo debe incluir las operaciones realizadas en dicho mes.

La obligación de presentar la declaración Intrastat se establece de forma independiente para los flujos de importación y exportación.

También está obligado a presentar la declaración Intrastat, en relación con los **flujos de electricidad**, el operador que actúe como transportista del sistema eléctrico español.

Precisiones 1) Con la abolición de las fronteras fiscales, el 1-1-1993, desaparecieron las importaciones de bienes procedentes de los Estados miembros de la UE, dando paso a las AIB. Por este motivo, la información que se obtenía en la aduana sobre operaciones económicas con otros países desapareció. En su lugar, se establecieron nuevas obligaciones formales para obtener la información necesaria de las **operaciones intracomunitarias**. Por un lado, se creó el modelo 349 (nº 7082 s.) y, por otro lado, se implantó la declaración estadística del comercio intracomunitario, llamada INTRASTAT.
2) Las **instrucciones para la elaboración** de la declaración intrastat son las recogidas en la AEAT Resol 24-1-22.
3) El **territorio estadístico español** es el formado por el territorio español, salvo las ciudades autónomas de Ceuta y Melilla.

Presentación (OM HFP/1480/2021 art.3.5, 6 y 10) Respecto a la presentación de la declaración INTRASTAT deben tenerse en cuenta las siguientes consideraciones: **7109**
a) Plazo de presentación: hasta el día 12 del mes siguiente a la finalización del periodo de referencia, o inmediato hábil posterior, si este fuera inhábil.
El **período de referencia** es el mes natural al que se imputan las operaciones realizadas en la correspondiente declaración. Sin embargo, existen ciertas reglas particulares para determinar el período de referencia:
1. Mercancías para las que se devengue el IVA en las adquisiciones o entregas intracomunitarias de bienes y operaciones asimiladas: es el mes natural en el que tenga lugar dicho devengo. No obstante, cuando el lapso de tiempo entre la importación o la exportación de los bienes y el devengo del impuesto sea superior a dos meses naturales, el periodo de referencia es el mes en el que tengan lugar la importación o la exportación.
2. Entrega de bienes a buques y aeronaves: es el mes en el que los bienes se entreguen a un buque o aeronave.
3. Entrega de bienes a instalaciones en alta mar y procedentes de ellas: es el mes en el que los bienes se entreguen a la instalación en alta mar o desde ella.
4. Exportaciones e importaciones de productos del mar: es el mes en el que se desembarquen en un puerto o el mes en el que tenga lugar su adquisición.
5. Exportaciones e importaciones de buques, aeronaves y naves espaciales: es el mes en el que tenga lugar la transferencia de la propiedad económica, salvo en el caso de operaciones de perfeccionamiento de buques y aeronaves, que es el mes natural en el que tenga lugar la importación o exportación.
6. Envíos fraccionados: es el mes en que se reciba (importaciones) o expida (exportaciones) el último envío.
7. Exportaciones e importaciones de gas natural y electricidad: es el mes de exportación o importación.
8. Resto de los casos, tales como en las operaciones de perfeccionamiento, en las de tracto sucesivo o continuado y otras distintas de las anteriores: es el mes natural en el que haya tenido lugar la exportación o importación de las mercancías.

b) Tipos. Se pueden presentar las siguientes declaraciones: **7110**
- con operaciones: cuando se han realizado operaciones de importación o exportación en el período de referencia;
- sin operaciones (cero): cuando, respecto al flujo de que se trate, no se hayan realizado operaciones de importación o exportación en el período de referencia.
c) Forma de presentación: por vía electrónica a través de la sede electrónica de la AEAT.
El **incumplimiento** de las obligaciones estadísticas se sanciona de acuerdo con la normativa sobre la Función Estadística Púbica (L 12/1989) y, desde el **1-2-2025**, conforme al Reglamento de procedimiento sancionador de las infracciones por incumplimiento de las obligaciones derivadas de las estadísticas del comercio internacional de bienes dentro de la UE (RD 1305/2024). La competencia para acordar la iniciación e instrucción del procedimiento sancionador corresponde a la persona titular de la Dependencia Regional de Aduanas e Impuestos Especiales de la Delegación Especial de la AEAT en cuyo ámbito territorial se encuentre el domicilio fiscal de la unidad informante en el momento de iniciarse el procedimiento sancionador o, en su defecto, en el que se encuentre el domicilio fiscal de su representante, sin que un posterior cambio de domicilio fiscal afecte a dicha competencia. El órgano competente para acordar la resolución del procedimiento sancionador es la persona titular del Departamento de Aduanas e Impuestos Especiales de la AEAT.

Precisiones Hasta el **31-1-2025** el procedimiento sancionador se regía por el RD 1572/1993, actualmente derogado.

C. Declaración anual de operaciones con terceras personas

7112 Aunque no se trata de una obligación específica del IVA (LGT art.29), tanto por el número de los sujetos pasivos del Impuesto que pueden quedar obligados a presentar la declaración, como por los datos referidos al Impuesto que deben incluirse en la misma, conviene tratar aquí diversos aspectos desde la óptica del IVA, sin perjuicio de la más detallada exposición que se realiza en el nº 15090 s. Memento Fiscal 2026.

7115 **Obligados a presentar declaración** (RGGI art.31 y 32) La obligación de presentar esta declaración alcanza, entre otras, a las personas físicas o jurídicas, públicas o privadas, y entidades de la LGT art.35.4 que desarrollen actividades empresariales o profesionales (nº 83).

Las entidades a las que sea de aplicación la L 49/1960, sobre la propiedad horizontal, así como los establecimientos privados de carácter social a que se refiere la normativa del IVA (nº 873), y determinadas personas y entidades que forman parte de las autoridades que tienen la obligación de informar y colaborar (LGT art.94.1 y 2), deben incluir también en la declaración las adquisiciones de bienes o servicios que efectúen al margen de las actividades empresariales o profesionales (con determinadas excepciones), incluso en aquellos casos en que no realicen dichas actividades empresariales o profesionales.

Las sociedades, asociaciones, colegios profesionales u otras entidades que realicen **funciones de cobro**, por cuenta de sus socios, asociados o colegiados, de honorarios profesionales o de derechos derivados de la propiedad intelectual, de autor u otros, tienen la obligación de incluir estos rendimientos en la declaración.

Como excepción, **no están obligados** a presentar la declaración:

1) Aquellos que no hayan realizado operaciones que, en su conjunto, respecto de otra persona o entidad, superen las **cuantías** siguientes durante el año natural:

- en general, 3.005,06 €;
- 300,51 € cuando se trate de personas o entidades que realicen funciones de cobro por cuenta de terceros de honorarios profesionales o de derechos derivados de la propiedad intelectual, industrial o de autor u otros por cuenta de sus socios, asociados o colegiados.

2) Las **personas físicas** y entidades en régimen de **atribución de rentas** en el IRPF, por las actividades que tributen en dicho impuesto por el método de estimación objetiva y, simultáneamente, en el IVA por los regímenes especiales simplificado o de la agricultura, ganadería y pesca o del recargo de equivalencia, salvo por las operaciones por las que emitan factura. Los sujetos pasivos acogidos al régimen simplificado deben suministrar información no solo de las operaciones por las que emitan factura, sino también de aquellas por las que reciban factura y que deban anotarse en el Libro Registro de facturas recibidas (nº 7379).

3) Quienes realicen en España actividades empresariales o profesionales sin tener en territorio español la sede de su actividad, establecimiento permanente o su domicilio fiscal o, en el caso de entidades en régimen de atribución de rentas constituidas en el **extranjero**, sin tener presencia en territorio español.

4) Los que hayan realizado exclusivamente operaciones **no** sometidas al **deber de declaración** (nº 7118 s.).

5) Los que apliquen el sistema de llevanza de libros a través de la Sede electrónica de la AEAT -SII- (nº 7354).

7116 Doctrina Administrativa **1)** Una entidad que realiza exclusivamente **arrendamientos** de vivienda exentos, no está obligada a presentar la declaración anual de operaciones con terceras personas, siempre que no exista obligación de expedir y entregar factura por las mismas (DGT CV 23-2-06). No obstante, si se realizan arrendamientos de inmuebles sujetos y **exentos** (viviendas) y, además, otros sujetos y **no exentos** (locales comerciales), se debe presentar la declaración por la totalidad de los arrendamientos, salvo las operaciones que sean declaradas en una obligación periódica de suministro de información, como es la declaración contenida en el modelo 180 (DGT CV 21-3-18).

2) En la **adquisición de mercancías** a un proveedor establecido en **China** y posterior venta de las mismas a clientes ubicados tanto en la Unión Europea como en terceros países, realizándose la puesta a disposición del producto en el puerto de embarque de China con asunción por cada cliente de los costes y riesgos del transporte e importación en su país respectivo, el adquirente en China debe presentar la declaración anual de operaciones con terceras personas en la medida en que realice operaciones tanto sujetas y no exentas como no sujetas o exentas, que, en su conjunto para cada una de dichas personas o entidades, hayan superado la cifra de 3.005,06 euros, durante el año natural correspondiente, siempre que tales operaciones hayan requerido la expedición de la correspondiente factura o documento sustitutivo -actualmente, factura simplificada- (DGT CV 7-6-11).

3) Es la empresa de la que depende laboralmente el profesional colegiado quien tiene que consignar en la declaración anual de operaciones con terceras personas los **servicios de visado** solicitados al colegio profesional, al ser la adquirente de dichos servicios y, por tanto, la destinataria de la operación (DGT CV 13-5-15).

4) Cuando la **adquisición de todos los derechos y obligaciones** de la sociedad que queda inactiva se efectúa a través de un negocio jurídico que determina la obtención por parte otra entidad de la condición de titular jurídica de los derechos y obligaciones de la entidad transmitente, la adquirente es quien está efectuando la operación de **leasing** y, en consecuencia, quien debe incluir la misma en su declaración de operaciones con terceras personas (DGT CV 23-1-14).

5) Todo obligado tributario que realice exclusivamente operaciones que tengan la consideración de **exportaciones** de bienes, no está obligado a presentar la declaración anual de operaciones con terceras personas por tratarse de operaciones excluidas de tal deber (DGT CV 3-3-21). **7117**

6) No tienen la condición de empresarios o profesionales, no estando obligados a presentar la declaración anual relativa a sus operaciones con terceras personas, los **Fondos de inversión** ni los Fondos de capital-riesgo (DGT CV 5-11-24; CV 5-11-24).

En cambio, sí están obligados a presentarla, salvo que concurra algún supuesto exceptuado del deber de declaración, las **sociedades de inversión** -son Instituciones de Inversión Colectiva- y las sociedades de capital-riesgo (DGT CV 5-11-24; CV 5-11-24).

7) El autónomo que tributa por el **método de estimación objetiva** en el IRPF y ha recibido ayudas y subvenciones, no está obligado, con carácter general, a la presentación de la declaración de operaciones con terceras personas, salvo por las operaciones por las que emita factura (DGT CV 30-10-23).

Contenido

(RGGI art.33) Los obligados a presentar la declaración deben relacionar en la misma a las personas o entidades con quienes hayan efectuado **operaciones** que, en su conjunto y para cada una de ellas, **superen los 3.005,06 euros** durante el año natural que se declara. **7118**

La información sobre dichas operaciones se ha de suministrar desglosada trimestralmente. No obstante, tanto los sujetos pasivos acogidos al régimen especial del **criterio de caja** (nº 5025 s.), como los sujetos pasivos destinatarios de estas operaciones, deben suministrar la información exclusivamente atendiendo a su cómputo anual, y no trimestral; de igual forma deben realizarlo las comunidades de bienes en régimen de **propiedad horizontal**.

Las **operaciones económicas** que se consideran son tanto las ventas (entregas de bienes y prestaciones de servicios) realizadas por el declarante como sus compras (adquisiciones de bienes y servicios), que se han de computar separadamente. En ambos casos se incluyen las operaciones típicas y habituales, las ocasionales, las operaciones inmobiliarias y las subvenciones, auxilios o ayudas no reintegrables que puedan otorgar o recibir.

Con respecto al **IVA**, han de relacionarse las operaciones sujetas y no exentas, y las no sujetas o exentas del mismo.

Los sujetos pasivos que realicen operaciones a las que sea de aplicación el régimen especial del **criterio de caja**, así como los sujetos pasivos que sean destinatarios de las operaciones incluidas en el mismo, están obligados a incluir en su declaración anual los importes devengados durante el año natural, conforme a la regla general de devengo (nº 1205 s.); dichas operaciones deben incluirse también en la declaración anual por los importes devengados durante el año natural de acuerdo con el régimen especial (nº 5054 s.).

No deben relacionarse las siguientes operaciones: **7119**

a) Las que hayan supuesto entregas de bienes o prestaciones de servicios por las que los obligados a declarar no debieron:

- expedir y entregar **factura**, o consignar los datos de identificación del destinatario; o
- firmar el **recibo** emitido por el adquirente en el REAGP.

Estos supuestos de exclusión no son aplicables a las declaraciones de las entidades aseguradoras.

b) Las operaciones realizadas **al margen de la actividad** empresarial o profesional del obligado tributario.

c) Las entregas, prestaciones o adquisiciones de bienes o servicios efectuadas a **título gratuito** no sujetas o exentas de IVA.

d) Los **arrendamientos** de bienes exentos del IVA, realizados por personas físicas o entidades sin personalidad al margen de cualquier otra actividad empresarial o profesional.

e) Las adquisiciones de **efectos timbrados** o estancados y signos de franqueo, a menos que tengan la consideración de objetos de colección conforme a la LIVA (nº 3955).

f) Las operaciones realizadas por las entidades o establecimientos que tengan **carácter social** (nº 873), siempre que correspondan al sector de su actividad exento de IVA, sin perjuicio de lo expuesto en el nº 7115. En relación con el resto de operaciones, no deben incluir las siguientes:

- las de suministro de agua, energía eléctrica y combustibles;
- las derivadas de seguros.

g) Las **importaciones y exportaciones** de mercancías, así como las operaciones realizadas directamente desde o para un establecimiento del declarante, situado fuera del territorio español, a menos que aquel tenga su sede en España y la persona o entidad con quien se realice la operación actúe desde un establecimiento situado en territorio español.
h) Las entregas y adquisiciones de bienes que supongan **envíos** entre la península o las Islas Baleares y las **Islas Canarias, Ceuta y Melilla**.
i) En general, todas aquellas operaciones respecto de las que exista una **obligación periódica de información** a la Administración tributaria estatal y que como consecuencia de ello hayan sido incluidas en declaraciones específicas diferentes y cuyo contenido sea coincidente con la declaración de operaciones con terceros.
j) Las entidades a las que sea de aplicación la normativa sobre **propiedad horizontal** (L 49/1960) no han de incluir las siguientes operaciones:
- suministro de energía eléctrica y combustibles de cualquier tipo con destino a su uso y consumo comunitario;
- suministro de agua con destino a su uso y consumo comunitario;
- las derivadas de seguros que tengan por objeto el aseguramiento de bienes y derechos relacionados con zonas y elementos comunes.

7120 Precisiones **1)** En la declaración han de constar los importes superiores a 6.000 euros percibidos **en metálico** de cada una de las personas o entidades relacionadas en la misma (RGGI art.34.1.h).
2) Las **aseguradoras** también han de incluir en su declaración las operaciones de seguros, atendiendo al importe de las primas o contraprestaciones percibidas y a las indemnizaciones o prestaciones satisfechas.
3) Se han previsto ciertas **reglas particulares** en relación al contenido de la declaración respecto a (Rgto Fac disp.adic.3ª.5, 4ª.3 y 6ª.7):
- determinadas entregas de **energía eléctrica**;
- la intermediación de **agencias de viajes** en nombre y por cuenta ajena, en la comercialización de servicios de **transporte aéreo**;
- las funciones de liquidación y pago en las actividades de **producción y distribución de energía eléctrica** en régimen especial atribuidas a la **Comisión Nacional de Energía**.
4) En las operaciones a las que sea de aplicación el régimen especial de **devolución para no establecidos** en el territorio de aplicación del impuesto pero establecidos en la comunidad, islas Canarias, Ceuta o Melilla (nº 2992 s.), en los casos de ausencia de NIF atribuido por la Administración española, se debe consignar, en su caso, el NIF atribuido al empresario o profesional con el que se efectúe la operación por el Estado Miembro de establecimiento (RGGI art.34.1.b).

7122 Doctrina Administrativa Además de las siguientes contestaciones de la DGT, ver nº 11000 s.
1) Debe consignarse en la declaración anual de operaciones con terceros las **comisiones sobre las primas** cobradas a las **entidades aseguradoras** por los corredores de seguros, exentas del IVA (DGT 7-10-04).
Una entidad tiene como objeto principal la gestión y administración de **seguros agrarios combinados**, cuyos contratos son formalizados por dicha entidad para que después, el posible resultado próspero o adverso, se distribuya entre una agrupación de compañías de seguros (que cada año varía). En principio, la entidad debe declarar las primas o contraprestaciones percibidas y las indemnizaciones o prestaciones satisfechas. No obstante, no existe la obligación de incluir los pagos realizados a terceros en concepto de indemnización, ya que estarían consignados en la obligación de informar sobre las subvenciones o indemnizaciones derivadas del ejercicio de actividades agrícolas, ganaderas o forestales (DGT CV 15-1-13).
La percepción de la **indemnización** de la compañía de seguros es una operación por la que no debe expedirse factura, por lo que no debe incluirse en la declaración anual de operaciones con terceras personas (DGT CV 5-9-14). Tampoco debe incluirse en la declaración, la indemnización abonada como consecuencia de una sentencia judicial por un arquitecto por responsabilidad civil por daños y defectos en la construcción de un inmueble al dueño de la misma, abonando la diferencia entre la indemnización fijada y el importe cubierto por el seguro, dado que el profesional no debe expedir factura (DGT CV 5-2-19), ni las prestaciones de cese de actividad en la modalidad de reducción de la facturación en más del 75%, abonadas por una mutua aseguradora (DGT CV 24-5-23).
No quedan exceptuadas del deber de declaración la adquisición de un **seguro de responsabilidad civil** y de diversos servicios de formación de idiomas para sus empleados (DGT CV 8-6-16).
Una entidad aseguradora no está obligada a expedir y entregar factura, por tanto, quien tiene suscrito varias pólizas de seguro con la misma aseguradora no tiene obligación de consignar las primas de seguro correspondientes en el modelo 347 (DGT CV 13-6-17).
Cuando la asociación actúe como mera **representante** de sus miembros y no realice actividad empresarial o profesional en dicha representación y gestión a los asegurados, y siempre que no estuviera obligada a emitir factura por dichas operaciones, no tiene la obligación de relacionar en la declaración anual de operaciones con terceras personas las operaciones que realice con los asegurados. Todo esto sin perjuicio de la obligación de relacionar otras operaciones basadas en su relación de **tomador** con la entidad de gestión de seguros o con las aseguradoras correspondientes (DGT CV 28-3-19).

2) Las **estaciones de servicio** deben incluir la siguiente información en la declaración anual de operaciones con terceros por el suministro de combustible que efectúen, diferenciando según actúen como **comisionistas**: 7123
- en nombre propio: el importe de la correspondiente contraprestación, cuotas y recargos;
- en nombre y por cuenta ajena: el importe de la comisión junto a las cuotas del IVA repercutidas o soportadas (DGT CV 7-4-05).

3) En los supuestos de **inversión del sujeto pasivo** los empresarios o profesionales que resulten ser sujetos pasivos deben consignar en la declaración anual de operaciones con terceros el importe de la contraprestación, IVA excluido, de las operaciones (compras) de las que sean sujetos pasivos. El mismo criterio deben aplicar los correspondientes proveedores al cumplimentar la declaración por las operaciones (ventas) realizadas para aquellos (DGT CV 29-4-05).

4) Las operaciones con terceras personas que han de ser objeto de declaración son aquellas que hayan sido objeto de **facturación en el año natural** al que se refiera la correspondiente declaración (DGT CV 19-3-07).

El criterio determinante para la inclusión de una operación en la declaración anual es el criterio de la **fecha de recepción** de la factura. Por tanto, la consignación de una factura fechada en diciembre y recibida en febrero, debe realizarse en este último período. En el caso de una factura recibida en su momento, pero **extraviada**, y encontrada en el ejercicio siguiente, debe incluirse en la declaración anual correspondiente al ejercicio en que se recibió (DGT CV 29-6-12; CV 13-4-15; CV 26-4-22).

5) La actividad consistente en el **descuento de pagarés**, cobrando a cambio al cedente intereses por el descuento, así como los gastos de la operación, está exenta del impuesto. La entidad cesionaria debe consignar en la declaración anual de operaciones con terceras personas el importe total de las operaciones exentas realizadas con cada persona o entidad, entendiendo como tal el importe de la contraprestación percibida (DGT CV 15-6-09). 7124

6) Una entidad recibe cantidades por importe superior a 6.000 euros mediante **cheque al portador y transferencia** bancaria. Por cantidades percibidas en metálico, a efectos de la obligación de incluir la operación en la declaración (nº 7120), deben entenderse exclusivamente aquellas en las que se recibe moneda o billete, sin que comprenda a los cheques al portador o transferencias bancarias (DGT CV 8-6-09).

7) La subvención se declara en el ejercicio en el que se expida la **orden de pago** y de no existir, cuando se efectúe el pago (DGT CV 24-4-12).

Las operaciones han de declararse por el neto, por lo que en caso de **devolución parcial** de una subvención declarada en un ejercicio anterior, tal devolución ha de consignarse también en la declaración anual del año natural en el que se produzca dicha circunstancia, teniendo en cuenta el importe de las subvenciones recibidas de la misma persona o entidad concedente de la subvención en dicho período (DGT CV 3-7-12).

Una entidad debe incluir en la declaración informativa de operaciones con terceras personas las **subvenciones públicas** recibidas si las mismas no son reintegrables, se han percibido en relación con la actividad empresarial o profesional, y además el importe anual procedente de cada Administración Pública supera los 3.005,06 euros. La clave con la que, en su caso, se deben consignar las subvenciones recibidas en el modelo 347 es la B: entregas de bienes y prestaciones de servicios superiores a 3.005,06 euros, al asimilarse la subvención a un ingreso por ventas (DGT CV 13-3-14). En términos similares, respecto a una fundación que desarrollara actividades empresariales o profesionales, DGT CV 3-6-25.

Un ayuntamiento tiene obligación de incluir en la declaración anual de operaciones con terceras personas a todos los beneficiarios de las **ayudas de comedor** en centros escolares que conceda, cualquiera que sea el importe de la ayuda (DGT CV 10-3-16). En el mismo sentido subvenciones de carácter social para el pago del IBI y de tasas (DGT CV 20-6-16) o para la adquisición de libros de texto (DGT CV 20-6-16) o para cubrir parte o la totalidad del coste del servicio de comedor y transporte escolar (DGT CV 13-12-16) o para pago de alimentos, suministros básicos de agua y luz, ropa y alojamiento de urgencia (DGT CV 9-3-17).

8) Una **federación deportiva** desarrolla una actividad **sin ánimo de lucro**, financiándose únicamente con las cuotas de los socios así como de subvenciones concedidas por diversos organismos. Como en la declaración anual de operaciones con terceras personas no se incluyen las operaciones por las que no debió emitir y entregar factura, la federación no debe incluir aquellas que estén sujetas pero exentas (nº 887 s.). Por otra parte, la federación tiene la obligación de incluir en su declaración anual de operaciones con terceros, cuando se supere el importe de 3.005,06 euros, las subvenciones, sean recibidas de otras entidades, sean concedidas a otras asociaciones, que no constituyan operaciones excluidas del contenido de la declaración (DGT CV 31-3-10). 7125

9) Una **federación deportiva** autonómica recauda de sus federados (clubs, deportistas, árbitros y jueces) las licencias deportivas, cuotas de afiliación, cuotas de colegiación, cursos, etc., a través de los clubs donde están asociados. Algunas recaudaciones las comparte con la Federación Española. A efectos de presentar su declaración anual de operaciones con terceras personas, debe dejar de analizar la corriente financiera de pagos y cobros para analizar con carácter principal la **corriente de bienes y servicios** que generan esos pagos y cobros. Y, en consecuencia, ajustarse al ámbito de información a suministrar correspondiente a sus actividades empresariales o profesionales (DGT CV 5-10-17).

10) Los pagos efectuados por los propietarios a las **comunidades de propietarios** por el simple hecho de ser propietarios, no tienen que consignarse en la declaración (DGT CV 17-7-15; CV 24-6-24).

11) No se incluyen en la declaración anual de operaciones con terceras personas las operaciones que sean declaradas en una **obligación periódica de suministro de información**, como es la declaración contenida en el modelo 180 (DGT CV 26-2-14; CV 10-4-15) o las declaradas en el modelo 190 (DGT CV 3-5-16; CV 4-2-21; CV 24-3-22; CV 24-5-23).

7126 **12)** Los titulares de las **oficinas de farmacia** no han de incluir en la declaración las cantidades que perciben del respectivo Colegio provincial de farmacéuticos en pago de la parte que le corresponde del fondo que los laboratorios farmacéuticos tienen obligación de dotar con los **descuentos** establecidos -RDL 8/2010- (DGT CV 23-3-11).

13) No es necesaria la inclusión en la declaración las operaciones de **Tráfico de Perfeccionamiento Activo** (DGT CV 3-9-15).

14) Las **prestaciones de servicios** relacionados con bienes **inmuebles** no sujetas al IVA por aplicación de las reglas de localización de los servicios se deben declarar, dado que no pueden incluirse en el supuesto de excepción de presentación de la declaración anual de operaciones con terceras personas relativa a las operaciones de importación y exportación de mercancías (DGT CV 10-4-12).

15) Un avalista avala a un cliente durante un plazo de 5 años cobrando por ello unas comisiones anuales dependiendo del riesgo vivo. Como consecuencia de dicho **aval**, el avalado recibe una subvención que otorga la Comunidad Autónoma por la totalidad de las comisiones que ha de pagar durante los 5 años, si bien la subvención es percibida directamente por el avalista, lo que supone que está percibiendo anticipadamente el importe de servicio que presta al cliente. Las **cantidades recibidas anticipadamente** deben incluirse en la declaración anual cuando se reciba el importe del anticipo. Como el avalista recibe en el momento inicial la totalidad del precio del servicio vía subvención, no existe obligación de incluirlo en las declaraciones futuras de los 5 años restantes (DGT CV 4-3-13).

16) En la medida en que los empresarios y profesionales están obligados a expedir factura por las entregas de bienes que han de ser objeto de **instalación o montaje** antes de su puesta a disposición (LIVA art.68.Dos.2º) localizadas fuera del TIVA, dichas operaciones han de incluirse en la declaración anual de operaciones con terceras personas (DGT CV 3-10-13).

7128 **17)** El cobro de la **prestación por desempleo** en su modalidad de pago único no debe incluirse en el modelo 347 (DGT CV 10-3-14). Los ingresos y pagos regulados por la **normativa laboral** o de seguridad social no se deben consignar en la declaración, como tampoco, las operaciones que realizan los entes públicos no sujetas al IVA por las que se cobran **tasas** (DGT CV 15-4-15)

18) La entidad financiera no tiene obligación de expedir factura por la concesión del **préstamo**, por lo que dicha operación no debe consignarse en la declaración (DGT CV 22-12-15).

19) Las operaciones que tanto el prestador como el adquirente de determinados servicios no puedan declarar en el modelo 349 por no constarles el NIF de los empresarios o profesionales adquirentes o prestadores de dichos servicios, respectivamente, al no estar obligados a disponer de un **NIF/IVA** en sus E.m de establecimiento, han de declararse en el modelo 347 (DGT CV 12-1-15; CV 20-1-15; CV 20-8-19).

20) La **modificación de la base imponible** consecuencia de la promoción realizada por la entidad fabricante de los teléfonos móviles no conlleva la modificación de las deducciones realizadas por sus clientes, por lo que no debe incluirse esta operación en la declaración (DGT CV 2-12-15).

21) Una entidad realiza **subastas** de objetos de arte y antigüedades actuando como mediadora entre el propietario de los bienes subastados y los posibles compradores, por lo que cobra una comisión tanto al vendedor como al comprador. La entidad debe relacionar todas las operaciones que haya realizado en el ejercicio de su actividad de mediación que hayan superado, respecto de cada persona o entidad por cuya cuenta actúa, el importe de 3.005,06 euros durante el año natural (DGT CV 7-4-16).

7129 **22)** Las operaciones realizadas en la actividad de explotación de **máquinas recreativas** no deben incluirse en la declaración anual de operaciones con terceras personas, al no existir obligación de expedir factura respecto de las mismas, por tratarse de una actividad exenta del IVA (DGT CV 22-6-16; CV 19-7-16).

23) A los efectos de tener en cuenta el límite de 3.005,06 euros anuales, se deben computar de forma separada las entregas y las adquisiciones de bienes y servicios. En consecuencia, siempre que no se realicen en el año otras operaciones con la **persona que es a su vez proveedor y cliente**, que impliquen que se supere el importe de 3.005,06 euros (IVA incluido) en las entregas de bienes o servicios, o bien que se supere el citado importe en las adquisiciones de bienes y servicios, no debe relacionar al mismo en la declaración anual de operaciones con terceras personas (DGT CV 21-3-19).

24) El obligado tributario que realice operaciones que tengan la consideración de prestaciones de servicios de **transporte** de bienes **directamente relacionadas con exportaciones**, debe incluirlas en la declaración anual de operaciones con terceras personas en la medida que en su conjunto y para cada uno de sus destinatarios supere la cifra de 3.005,06 euros durante el año natural correspondiente (DGT CV 16-8-21).

25) Habiéndose fijado para la **Administración del Estado** el criterio de imputación temporal de la fecha de reconocimiento de la obligación para las operaciones realizadas con cargo al Presupuesto de gastos del Estado por el procedimiento de **pago directo** (RGGI disp.adic.7ª), criterio que posee un grado de certidumbre semejante al del registro de la factura recibida en el desarrollo de una actividad empresarial o profesional, por analogía, el ayuntamiento debe imputar al año natural de la fecha de reconocimiento de la obligación, las adquisiciones de bienes y servicios que efectúe al margen de cualquier actividad empresarial o profesional (DGT CV 6-7-21). 7130
26) Una **asociación empresarial sin ánimo de lucro** realiza exclusivamente entregas de bienes o prestaciones de servicios a título gratuito. No debe incluir en la declaración anual relativa a sus operaciones con terceras personas las entregas de dinero, en cuanto se efectúan en pago de las cuotas asociativas sin adquirir por ello servicio o bien alguno (DGT CV 20-7-22).
27) Si se realizan pagos superiores a 3.005,06 € a una empresa de viajes que en parte le han sido reintegrados al ser imposible la realización de los mismos, para determinar si hay que declarar la operación, hay que descontar de las adquisiciones el importe a devolver por las **operaciones que quedan sin efecto** en el mismo año natural (DGT CV 13-4-23).
28) La inclusión de operaciones es independiente del **abono** o no de la factura al proveedor (DGT CV 16-2-24).

Procedimiento de declaración (OM EHA/3012/2008 art.1, 2 y 10; OM HAP/2194/2013 art.12, 13 y 17.1) Las principales reglas para presentar la declaración son: 7138
a) Modelo de declaración. Es el **modelo 347**, debiendo tenerse en cuenta en su confección, para el código de países y territorios consignados en dicho modelo, lo previsto en la OM EHA/3496/2011 disp.adic.1ª.
b) Forma de **presentación**. Ha de utilizarse la presentación electrónica por **Internet**, la cual puede efectuarse:
- con un sistema de identificación, autenticación y firma electrónica utilizando un **certificado electrónico** reconocido que, según la normativa vigente en cada momento, resulte admisible por la AEAT (en todo caso, es obligatoria para aquellos obligados tributarios que tengan el carácter de Administración Pública o bien estén adscritos a la Delegación Central de Grandes Contribuyentes o a alguna de las Unidades de Gestión de Grandes Empresas de la AEAT o bien tengan la forma de sociedad anónima o sociedad de responsabilidad limitada);
- en el caso de **personas físicas**, mediante el sistema Cl@ve, sistema de identificación, autenticación y firma electrónica común para todo el Sector Público Administrativo Estatal (OM PRE/1838/2014), salvo en los supuestos señalados de presentación obligatoria con un sistema de identificación, autenticación y firma electrónica. Sin límite de registros a declarar.

c) Plazo de presentación. Durante el mes de febrero de cada año en relación con las operaciones realizadas durante el año natural anterior.
d) Validación online. Se permite la validación en línea de la declaración presentada y en el caso de que existan datos erróneos proceder a su subsanación mediante la modificación de los registros o presentando de forma global una declaración. En ningún caso se considera presentada la declaración mientras persistan los errores.

Doctrina Administrativa Además de la siguiente contestación de la DGT, ver nº 11000 s. 7139
Una entidad sin fines lucrativos **cambia el periodo impositivo** pasando de año natural a periodos impositivos que van de 1 de septiembre a 31 de agosto del año siguiente. El año del cambio, la entidad tiene dos períodos impositivos distintos. La declaración informativa de operaciones con terceras personas es una declaración tributaria de carácter informativo, que contiene el conjunto de las operaciones realizadas a lo largo del año natural, por lo que la entidad solo debe presentar un único modelo anual (DGT CV 18-1-23).

III. Número de Identificación Fiscal

7140

Toda persona física o jurídica, así como los obligados tributarios a que hace referencia la LGT art.35.4, han de tener un Número de Identificación Fiscal (NIF) para sus relaciones de naturaleza o con trascendencia tributaria (RGGI art.18). A efectos del impuesto, dichas personas deben comunicar su NIF y acreditarlo en determinados supuestos: 7141
- es uno de los requisitos exigidos para que las **facturas** puedan considerarse como documentos justificativos del derecho a deducir (nº 2866);

- en el régimen de las **operaciones intracomunitarias,** a efecto de considerar exenta una entrega de bienes destinado a otro Estado miembro, se exige como condición material y no formal, que el adquirente disponga de un NIF/IVA atribuido por un Estado miembro distinto de España que haya comunicado al empresario o profesional que realice la entrega intracomunitaria (nº 5215 s.);
- la **asignación de un NIF/IVA** a personas jurídicas que no actúen como empresarios o profesionales les reputa como empresarios o profesionales actuando como tales respecto de todos los servicios que le sean prestados, determinando, en su caso, que dichos servicios se localicen en el territorio de aplicación del IVA español (nº 480 s.) y, por tanto, aquellas sean consideradas sujetos pasivos del IVA con la obligación de ingresar el IVA correspondiente en el Tesoro así como, si procede, de presentar la declaración recapitulativa -modelo 349- (nº 7082 s.).

7143 Doctrina Administrativa Además de las siguientes contestaciones de la DGT, ver nº 11000 s.

1) La forma indubitada de acreditar el NIF es la exhibición del documento expedido para su constancia por la Administración tributaria, del DNI o del documento oficial en que se asigne el número personal de identificación de extranjero (RGGI art.18). Es posible utilizar **otras formas de acreditación** admitidas en Derecho que deben reunir los requisitos de certeza, como puede ser la exhibición de documento legitimado notarialmente (DGT CV 31-3-08).

2) Un **comité de empresa** tiene el deber de obtener el NIF para emplearlo en sus relaciones de naturaleza o con trascendencia tributaria cuando la normativa le confiere la posibilidad de constituirse en un patrimonio separado susceptible de imposición (DGT CV 13-10-11).

3) Una **cooperativa de viviendas por fases** no puede solicitar un NIF independiente para cada fase de promoción (DGT CV 6-7-11).

4) El NIF ha de ser único y específico para cada **comunidad de bienes o propietarios**, debiendo hacerlo constar en las facturas, no el de las personas que constituyan la comunidad (DGT CV 18-4-86).

5) En el **régimen económico de gananciales**, el cónyuge titular de una actividad sujeta al IVA debe solicitar el NIF, con independencia del que puede corresponder al otro cónyuge por el ejercicio, en su caso, de otra actividad empresarial o profesional.
Lo mismo ocurre con el **menor de edad** que sea sujeto pasivo del IVA, que debe solicitar su NIF por medio de su representante legal (DGT CV 18-4-86; CV 21-9-15).

6) Una empresa italiana **no establecida** debe estar identificada al figurar como **exportador** de la mercancía (DGT 21-3-05; CV 17-1-07).

7) Los **socios de una UTE** están obligados a tener el NIF, ya que todo socio, residente o no residente, de una entidad residente en España debe disponer del citado número de identificación para sus relaciones de naturaleza o con trascendencia tributaria realizadas en España (DGT 21-1-05).

8) Una **comunidad de propietarios de pisos** debe tener un NIF para sus relaciones de naturaleza o con trascendencia tributaria cuando constituya una entidad de la LGT art.35.4 con carácter independiente, para lo cual es necesario el correspondiente título constitutivo. Si la comunidad del local garaje y de las viviendas tienen un título constitutivo diferente, forman comunidades de bienes independientes y cada una debe tener su NIF; si tienen el mismo título constitutivo, forman una única comunidad de bienes y deben tener un NIF común (DGT CV 9-3-09).

7145 **Asignación del NIF** (RGGI art.19 a 24; L 28/2022 art.9) Para obtener la asignación de este número caben dos posibilidades: que lo solicite el interesado o que sea asignado de oficio por la Administración. El análisis de la materia se realiza diferenciando según se trate de personas físicas (nº 7146 s.), o personas jurídicas o entidades sin personalidad jurídica (nº 7151 s.). Deben tenerse en cuenta las particularidades en relación a los inversores en empresas emergentes (nº 7155).

7146 **Personas físicas** (RGGI art.19, 20 y 21) El análisis se va a realizar diferenciando según se trate de personas físicas:

1) Con nacionalidad española. Con carácter general, su NIF es el número de su DNI seguido por el código de verificación (letra mayúscula). La expedición del DNI implica, de modo automático, la inclusión en el **Censo de obligados tributarios** sin necesidad de solicitar el alta en él.

Sin embargo, los españoles que realicen o participen en operaciones de naturaleza o con trascendencia tributaria y **no estén obligados a obtener el DNI** por residir en el extranjero o por ser menores de 14 años, deben obtener un NIF propio. Para ello, pueden:

a. Solicitar el DNI con carácter voluntario.

b. Solicitar de la Administración tributaria la asignación de un NIF. La **solicitud** se realiza presentando el modelo 030, adjuntando la documentación necesaria en el plazo de presentación establecido. No obstante, las personas físicas que sean empresarios o profesionales, pueden solicitar la asignación del NIF por medio de la declaración censal, modelo 036.

Cuando no se solicite el NIF, la Administración tributaria puede proceder **de oficio** a darles de alta en el Censo de obligados tributarios y a asignarles el NIF que corresponda.

2) Sin nacionalidad española. El NIF de estas personas es el Número de identidad de extranjero (NIE). Su expedición implica, de modo automático, la inclusión en el **Censo de obligados tributarios** sin necesidad de solicitar el alta en él. 7148
Cuando estas personas van a realizar operaciones de naturaleza o con trascendencia tributaria, y **no disponen del NIE**, de forma transitoria por estar obligados a tenerlo, o de forma definitiva al no estar obligados a ello, pueden solicitar a la Administración tributaria la asignación de un NIF. La solicitud se realiza presentando el modelo 030, adjuntando la documentación necesaria en el plazo de presentación establecido. No obstante, las personas físicas que sean empresarios o profesionales, pueden solicitar la asignación del NIF por medio de la declaración censal, modelo 036. Este NIF tiene carácter **transitorio** hasta que obtenga el NIE. La tarjeta acreditativa del NIF se expide por un período de tres meses, transcurrido este plazo, si aún no ha obtenido el NIE, debe renovar la tarjeta (DGT CV 21-7-08; CV 1-9-08).
Cuando no lo soliciten, la Administración tributaria puede proceder **de oficio** a darles de alta en el Censo de Obligados Tributarios y a asignarles el NIF que corresponda.

Persona jurídica o entidades sin personalidad jurídica (RGGI art.22, 23 y 24) Deben solicitar la asignación de un NIF cuando vayan a ser titulares de relaciones de naturaleza o con trascendencia tributaria, debiendo asignarlo la AEAT en el plazo máximo de 10 días. Cuando no lo soliciten, la Administración tributaria puede proceder de oficio a darles de alta en el **Censo de obligados tributarios** y a asignarles el NIF que corresponda. 7151
Las personas jurídicas y entidades sin personalidad jurídica que van a realizar actividades empresariales o profesionales, deben solicitar el NIF mediante la presentación de la declaración censal, **modelo 036,** antes de que concurra cualquiera de las siguientes circunstancias:
- realización de entregas, prestaciones o adquisiciones de bienes o servicios;
- percepción de cobros o abono de pagos;
- contratación de personal laboral, efectuados para el desarrollo de su actividad.

En todo caso, debe solicitarse dentro del mes siguiente a la fecha de su constitución o de su establecimiento en territorio español.

El NIF tiene **carácter provisional** mientras la entidad interesada no aporte: 7152
- copia de la escritura pública o documento fehaciente de su constitución;
- copia de los estatutos sociales o documento equivalente;
- certificación de su inscripción, cuando proceda, en un registro público.

Cuando se asigne un NIF provisional, la entidad está obligada a aportar la **documentación pendiente** necesaria para la asignación del NIF definitivo en el plazo de un mes desde la inscripción en el registro correspondiente o desde el otorgamiento de las escrituras públicas o documento fehaciente de su constitución y de los estatutos sociales o documentos equivalentes de su constitución, cuando no fuera necesaria la inscripción de los mismos en el registro correspondiente. Transcurrido dicho plazo o vencido el plazo de seis meses desde la asignación de un NIF provisional, sin que se haya aportado la documentación pendiente, la Administración tributaria puede requerir su aportación, otorgando un plazo máximo de 10 días para presentarla o para que se justifiquen los motivos que lo impidan, indicando el interesado el plazo necesario para su aportación definitiva. La falta de atención en tiempo y forma del requerimiento para la aportación de la documentación pendiente puede determinar, previa audiencia al interesado, la revocación del NIF asignado.
Cumplida esta obligación, se asigna el **NIF definitivo** previa solicitud a través de la oportuna declaración censal de modificación (nº 7022), en la que consten todas las modificaciones producidas respecto de los datos consignados en la declaración presentada para solicitar el NIF provisional no comunicados a la Administración en anteriores declaraciones censales de modificación, a la que acompañará la documentación correspondiente.

Doctrina Administrativa Además de las siguientes contestaciones de la DGT, ver nº 11000 s. 7153

1) Los **representantes legales** de las personas jurídicas extranjeras que realicen operaciones de naturaleza o con trascendencia tributaria deben obtener un NIF español siempre que vayan a ejercer con poder suficiente la función de representación legal de la entidad en los procedimientos con la Administración tributaria española (DGT CV 3-8-11).

2) Cuando una sociedad aún no ha sido inscrita en el Registro Mercantil, los gastos notariales por la constitución de la citada sociedad deben facturarse a la **sociedad en formación**, no a los socios de la sociedad, los cuales deben solicitar un NIF provisional para la sociedad en formación (DGT CV 7-9-11).

3) Una entidad no residente realiza dos tipos de actividades en España: servicios de logística y almacenamiento a través de un **almacén**, así como ventas de mercancías que previamente han sido remitidas desde un almacén sito en Alemania que se acogen al régimen de **ventas a distancia** del IVA (actualmente ventas a distancia intracomunitarias de bienes -nº 9244 s.-). La entidad debe disponer de dos NIF: uno como persona o entidad no residente que desarrolla la actividad incluida dentro del régimen de ventas a distancia del IVA que comenzará con la letra N; y otro

NIF para identificar el establecimiento permanente a través del cual desarrolla los servicios de logística y almacenamiento que irá encabezado con la letra W (DGT CV 9-4-13).

En términos similares, una entidad alemana desarrolla en el TIVA la actividad de venta de productos **con y sin la intervención de establecimiento permanente**, y se trate de actividades claramente diferenciables y de gestión separada (DGT CV 10-12-24).

7154 **4)** Cuando una entidad no establecida en el TIVA cuente con dos o más **establecimientos permanentes** que realicen actividades claramente diferenciadas en dicho territorio, cada establecimiento permanente debe solicitar un NIF distinto del asignado, en su caso, a la entidad no establecida (DGT CV 12-6-13).

5) En la **modificación de la forma jurídica** de una comunidad de bienes (que tiene intención de constituir una sociedad de responsabilidad limitada), el obligado tributario tiene la obligación de comunicar a la Administración tributaria dicha modificación, mediante la correspondiente declaración y, consecuentemente, el NIF asignado variaría (DGT CV 1-2-21).

Es correcto utilizar el NIF de sociedad anónima que una sociedad tenía asignado antes de su transformación en sociedad de responsabilidad limitada, hasta que se lleve a cabo su inscripción en el Registro Mercantil (DGT CV 19-9-05).

6) Si tras la aceptación de la herencia existe un **caudal hereditario** que consta de varias parcelas de terreno rústico en una finca y forman una comunidad hereditaria, debe atribuírsele la condición de entidad de la LGT art.35.4, a efectos de obtención de un NIF. Aunque se celebran varios contratos de arrendamiento para el aprovechamiento de la finca con distintas utilidades, existe una única entidad, ya sea en su consideración genérica de comunidad de bienes o bajo la denominación específica de comunidad hereditaria, por lo que solo se puede expedir un único NIF a nombre de dicha entidad (DGT CV 10-12-24).

7155 **Inversores en empresas emergentes** (L 28/2022 art.9) Desde el 23-12-2022, debe tenerse en cuenta que:

- cuando las **personas físicas** que carecen de la nacionalidad española desean invertir en empresas emergentes españolas y no residen en España, deben solicitar un NIF a la AEAT, no estando obligadas, a estos efectos, a obtener un NIE;
- cuando el inversor es una **persona jurídica o una entidad sin personalidad jurídica** de nacionalidad extranjera, se exige que el representante que solicite en su nombre el NIF tenga asignado un NIF. Su poder de representación puede constar en un documento notarial o en un contrato de mandato con representación en el que conste expresamente la aceptación de la representación fiscal. Si el documento notarial se ha emitido por un notario extranjero, no se exige adecuar su contenido al ordenamiento jurídico español.

Cuando la inversión tenga lugar para la **constitución de una empresa** y esta se tramita por vía electrónica a través del Centro de Información y Red de Creación de Empresas (CIRCE), mediante Documento Único Electrónico (**DUE**), el inversor puede solicitar a la AEAT, a través del Punto de Atención al Emprendedor, la asignación de un NIF para sí. En otro caso, el notario actuante debe enviar, de forma inmediata, copia de la escritura a la AEAT, solicitando la asignación de un NIF para el inversor.

Los notarios también pueden solicitar la asignación del NIF para los extranjeros, cuando se incorporen como socios a una empresa emergente con ocasión de una **ampliación** de su capital social u otra operación societaria.

Precisiones La AEAT ha habilitado un procedimiento electrónico, a efectos de la solicitud del NIF para invertir en **empresas emergentes**, que debe resolverse en el plazo de diez días hábiles desde la presentación de la solicitud del NIF, acompañada de cierta documentación. Los modelos para solicitarlo están disponibles en formato electrónico y su presentación puede realizarse utilizando un certificado electrónico cualificado (L 39/2015 art.9.2.a y b) que resulte admisible por la AEAT.

7156 **Asignación del NIF/IVA** (RGGI art.25) El NIF/IVA se asigna cuando el interesado solicite la **inclusión en el ROI** mediante una declaración de alta o modificación de datos censales (nº 6955 s.). La AEAT puede denegar la asignación de este número en determinados supuestos. Si la AEAT no hubiera resuelto en un plazo de tres meses, puede considerarse denegada la asignación del número solicitado.

El NIF/IVA se asigna a las siguientes personas o entidades:

1) Los **empresarios o profesionales** siguientes:

- los que realicen entregas de bienes o AIB sujetas al IVA, aunque utilicen los bienes objeto de dichas adquisiciones intracomunitarias en el ejercicio de actividades empresariales o profesionales en el extranjero (p.e., entidad mercantil que realice habitualmente entregas de bienes en España);
- los que sean destinatarios de servicios prestados por empresarios o profesionales no establecidos en el territorio de aplicación del IVA español respecto de los cuales sean sujetos pasivos;

- los que presten servicios que, conforme a las reglas de localización, se entiendan realizados en el territorio de otro E.m. cuando el sujeto pasivo sea el destinatario de los mismos.
2) Las personas jurídicas que **no actúan como empresarios o profesionales**, cuando tributen en España por sus AIB (nº 5408).

Como **excepción** a lo anterior, el NIF/IVA no se asigna a: **7158**
a) Las personas que se indican a continuación, cuando sus **AIB no estén sujetas** al IVA español por aplicación del régimen particular de determinadas personas -PRES- (nº 5405 s.):
- los sujetos pasivos que realicen exclusivamente operaciones que no atribuyen el derecho a la deducción total o parcial del Impuesto (p.e., hospitales, médicos, colegios privados, etc.);
- quienes realicen exclusivamente operaciones a las que resulte aplicable el REAGP;
- las personas jurídicas que no actúan como empresarios o profesionales.
b) Las personas o entidades de la letra a) anterior y las demás que no actúan como empresarios o profesionales, cuando realicen adquisiciones intracomunitarias de **medios de transporte nuevos**, independientemente de que en estos casos estas adquisiciones tributen siempre en nuestro país.
c) Los **particulares** que tienen la consideración de empresarios ocasionales por efectuar entregas intracomunitarias exentas de medios de transporte nuevos (nº 80 y nº 5425 s.).
d) Los empresarios o profesionales **no establecidos** en el territorio de aplicación del Impuesto que realicen en el mismo exclusivamente las siguientes operaciones:
- aquellas por las que no sean sujetos pasivos a causa de la aplicación de la denominada regla de «inversión del sujeto pasivo» -nº 1335 s.- (ver nº 7159, ejemplo 1);
- AIB exentas y entregas subsiguientes en territorio español -nº 5335 s.- (ver nº 7159, ejemplo 2).

Precisiones Los empresarios o profesionales a quienes se les asigne un NIF/IVA y las personas jurídicas que no sean sujetos pasivos, pero estén identificadas a efectos del IVA, están obligados, cuando actúen en calidad de tales, a la **comunicación** a sus proveedores de bienes o prestadores de servicios de su NIF/IVA tan pronto como dispongan del mismo.
No están obligados, los sujetos pasivos incluidos en el régimen particular de determinadas personas -**PRES**- (nº 5405), que se beneficien de la no sujeción de sus AIB, cuando este se les asigne porque reciban en su territorio servicios de los cuales sean deudores del IVA o porque presten servicios en el territorio de otro E.m. en el cual el deudor del IVA sea exclusivamente el destinatario del servicio (Dir 2006/112/CE art.214.1.d y e; Rgto UE/282/2011 art.55).

Ejemplos **1)** Un **empresario japonés** ha realizado para un empresario español un servicio de asesoría relativo a un estudio del mercado japonés para introducir determinados bienes. **7159**
Dicha operación se entendería realizada en España siendo sujeto pasivo de la misma el empresario español. Por tanto, el empresario japonés, si solo realizara esta operación en España, no tendría atribuido un NIF/IVA español, ni podría solicitarlo.
2) Empresario A: establecido e identificado solo en el país miembro 1.
Empresario B: establecido e identificado solo en el país miembro 2 (intermediario).
Empresario C: establecido e identificado solo en el país miembro 3.
El empresario A entrega un bien al empresario B poniéndoselo a su disposición en el país comunitario 3. A factura a B; con posterioridad, B entrega en el país 3 dicho bien a C, B factura a C.
En este caso, B realizaría en el país miembro 3 una AIB exenta (por tratarse de una operación triangular) y una entrega subsiguiente en dicho país miembro y, por tanto, si realizara exclusivamente esta operación en el país miembro 3 no tendría atribuido un NIF/IVA de dicho país miembro 3.
Gráficamente, esta operación sería así:

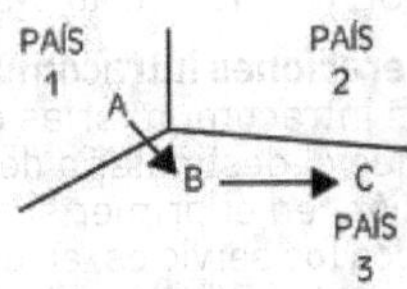

Doctrina Administrativa Además de las siguientes contestaciones de la DGT, ver nº 11000 s. **7160**
1) Una empresa italiana que realiza en el territorio de aplicación del Impuesto **operaciones asimiladas a las adquisiciones intracomunitarias** de bienes sujetas, aunque exentas, debe solicitar el NIF/IVA (DGT CV 23-9-14). En términos similares, DGT CV 30-9-19.

2) Para la adquisición de productos sujetos a **impuestos especiales** que se encuentran almacenados en régimen suspensivo en otros países de la UE, que serán transportados a TIVA manteniendo su situación, es necesario solicitar el alta en el ROI y obtener un NIF/IVA (DGT CV 30-7-15).
3) Los **importadores**, sujetos pasivos de la operación de importación, no están obligados a disponer, a efectos del IVA, de un NIF atribuido por la Administración española por esta operación, ya que la obligación nace de la realización de entregas, prestaciones de servicios y adquisiciones intracomunitarias. No obstante, sí deben disponer del NIF español si las mercancías importadas son posteriormente transportadas desde el territorio de aplicación del Impuesto a otros Estados miembros, es decir, si hacen entregas intracomunitarias, de las que son sujetos pasivos, sin que pueda aplicarse la regla de inversión del sujeto pasivo (DGT 18-2-04).
4) En las **operaciones triangulares** entre España y otros Estados miembros, los intermediarios no establecidos en el territorio de aplicación del Impuesto, que realizan las adquisiciones y las entregas subsiguientes, no tienen que estar identificados a efectos del IVA en España, al estar estas exentas del impuesto (DGT CV 8-2-07).
5) Una sociedad mercantil establecida en el TIVA adquiere a una entidad con domicilio en Reino Unido (empresa que factura a la mercantil) determinadas mercancías, si bien el transporte al TIVA se realiza directamente desde la empresa fabricante radicada en Francia. De acuerdo con la normativa armonizada, el lugar de realización de dichas entregas será previsiblemente Francia, lugar donde parece iniciarse la expedición o transporte de los bienes. Por tanto, de forma previsible el proveedor británico que desee realizar **entregas intracomunitarias** de bienes desde Francia con destino al TIVA deberá contar, asimismo, con un NIF/IVA atribuido por algún Estado Miembro, que previsiblemente será Francia (DGT CV 19-4-22).

7161 **6)** Una **sociedad establecida en Francia** fabrica ciertos productos. Cuenta con un distribuidor establecido en España donde se depositan tales productos, los cuales son enviados por el distribuidor a sus propios clientes a medida que estos realizan los pedidos. Cada mes, el distribuidor comunica a la sociedad francesa sus consumos y esta los factura como venta intracomunitaria. La sociedad francesa debe solicitar un NIF/IVA de la Administración española, ya que realiza adquisiciones intracomunitarias de bienes sujetas al impuesto y exentas -LIVA art.26.Cuatro- (DGT CV 4-4-07). En términos similares, DGT CV 23-9-14; CV 19-11-19.
7) Cuando una empresa alemana **monte, desmonte o arriende stands en ferias** o congresos celebrados en el territorio de aplicación del impuesto y sus clientes se encuentren establecidos en el mismo, el sujeto pasivo de dichas operaciones es su destinatario. En estos casos, la empresa alemana no tiene que registrarse en España a efectos del IVA. Sin embargo, si celebrándose la feria o congreso en el territorio de aplicación del impuesto, los citados servicios se prestan a no establecidos, no opera la inversión del sujeto pasivo. En esta situación, la empresa alemana debe solicitar un NIF/IVA a la Administración española, para poder repercutir el impuesto.
Si los clientes son de ambos tipos -establecidos y no establecidos-, se aplica la regla de inversión del sujeto pasivo para los primeros. Para los segundos no se aplica tal regla y se procede como se describió anteriormente. En cualquier caso, la empresa alemana debe registrarse a efectos del impuesto en España (DGT CV 25-5-07).

7163 Jurisprudencia La normativa comunitaria se opone a que la Administración tributaria de un Estado miembro deniegue la atribución de un NIF/IVA a una sociedad por el mero hecho de que esta no disponga, a juicio de dicha Administración, de **medios materiales, técnicos y financieros** para ejercer la actividad económica declarada y de que el titular de las participaciones de dicha sociedad haya obtenido con anterioridad en varias ocasiones ese número para sociedades que **nunca ejercieron realmente una actividad económica** y cuyas participaciones fueron cedidas inmediatamente después de la atribución del citado número, cuando la Administración tributaria no ha demostrado, que haya indicios fundados que permiten sospechar que el NIF/IVA atribuido vaya a utilizarse probablemente de modo fraudulento (TJUE 14-3-13, asunto C-527/11).

7165 **Confirmación del NIF/IVA en las operaciones intracomunitarias** (RGGI art.25.4 y 5) En los dos últimos casos del nº 7141 -entregas intracomunitarias exentas, y en el de localización de determinados servicios-, es básico que el destinatario de la operación haya suministrado el NIF/IVA, tanto para aplicar la exención, en el primer supuesto, como para conocer el país miembro donde se entienden prestados los servicios, en el segundo caso.
Por tanto, para la **comprobación** de que el NIF/IVA facilitado por el destinatario es correcto, se ha establecido un sistema informático que permite a quienes realicen las operaciones confirmar el NIF/IVA suministrado por sus clientes, en las distintas Administraciones o Delegaciones de la AEAT, o bien en la página web de la AEAT (https://sede.agenciatributaria.gob.es/Sede/inicio.html), cuando se disponga del correspondiente certificado.
Se contempla, asimismo, que las personas o entidades que entreguen bienes o efectúen prestaciones de servicios que se localicen en otros Estados miembros, puedan también confirmar el NIF atribuido por otro Estado miembro de la UE a los destinatarios de dichas operaciones, solicitándolo a la Administración tributaria.

Composición del NIF (RGGI art.19, 20, 22 y 25.1; OM EHA/451/2008) La composición de este número es: 7168

a) Para las **personas jurídicas y entidades sin personalidad**, el número de identificación fiscal asignado por la Administración tributaria. Este número es invariable cualquiera que sean las modificaciones que experimenten aquellas, salvo que cambie su forma jurídica o nacionalidad. Su composición incluye una letra, que informa sobre la forma jurídica, un número aleatorio de siete dígitos y un carácter de control.

b) Para las **personas físicas**:

- con nacionalidad española, su número de DNI más el código o carácter de control (DNI + letra mayúscula);

- sin nacionalidad española, el Número de Identificación de Extranjero (NIE) que facilita el Ministerio del Interior.

c) Para las personas o entidades que realicen **operaciones intracomunitarias** (nº 5200 s.), el NIF que les corresponda según las letras anteriores, con el prefijo ES.

Ejemplo Un empresario individual cuyo NIF es 85777657W va a realizar una compra de bienes en Alemania a un empresario alemán. A efectos de que este le aplique la exención en origen y así liquidar posteriormente la AIB en España, suministra al empresario alemán su **NIF/IVA** español, que es: ES85777657W.

Revocación y rehabilitación del NIF (RGGI art.3.3 y 147; L 28/2022 art.9.1) La Administración 7175
tributaria puede revocar el NIF asignado cuando en el curso de las actuaciones de comprobación censal, o en las demás actuaciones y procedimientos de aplicación de los tributos, se acredite alguna de las siguientes **circunstancias**:

1. No aportación en plazo por las personas o entidades a las que se ha asignado un NIF provisional, de la **documentación** necesaria para obtener el NIF definitivo (nº 7152), salvo que justifiquen la imposibilidad de su aportación.

2. Concurrencia de alguno de los supuestos establecidos para que la AEAT dicte acuerdo de baja provisional en el **Índice de entidades** (LIS art.119).

3. Imposibilidad de practicar **notificaciones** al obligado tributario en el domicilio durante un período superior a un año y después de realizar al menos tres intentos de notificación o haberse dado de baja deudas por insolvencia durante tres períodos impositivos o de liquidación.

4. Comunicación mediante declaración censal a la Administración tributaria del desarrollo de **actividades económicas inexistentes**.

5. Constitución de una sociedad por uno o varios fundadores y transcurso del plazo de tres meses desde la solicitud del NIF sin haber **iniciado la actividad** económica o los actos que de ordinario son preparatorios para el ejercicio efectivo de la misma, salvo acreditación suficiente de la imposibilidad de realizar dichos actos en el mencionado plazo.

En el caso de entidades constituidas con la finalidad específica de la **posterior transmisión a terceros de sus participaciones** (nº 6921), se pospone el cómputo del plazo hasta la presentación de la declaración censal por la que se debe comunicar, en el plazo de un mes desde la transmisión, las modificaciones existentes respecto de los datos consignados en las declaraciones anteriores (nº 7054).

6. Constatación de que el mismo **capital** ha sido utilizado para constituir una pluralidad de sociedades, de forma que, de la consideración global de todas ellas, se deduce que no se ha producido el desembolso mínimo exigido legalmente.

7. Comunicación del desarrollo de actividades económicas, de la gestión administrativa o de la dirección de los negocios, en un **domicilio aparente o falso**, sin justificar la realización de dichas actividades o actuaciones en otro domicilio diferente.

8. Desde el 25-4-2023, que se constate el incumplimiento durante cuatro ejercicios consecutivos de la obligación de depositar las **cuentas anuales** en el Registro Mercantil.

9. Desde el 1-2-2024, que concurra la **baja cautelar** del censo correspondiente del «operador de plataforma obligado a comunicar información» (LGT disp.adic.25ª.6).

10. El hecho de que las personas o entidades que realizan operaciones intracomunitarias en régimen especial (PRES, nº 5405 s.), dejen de estar incluidas en el ROI, implica la revocación automática del **NIF/IVA** específico asignado.

Por otra parte, desde el 23-12-2022, si no se acredita la inversión en una **empresa emergente** en el plazo de seis meses desde la asignación del NIF del inversor (nº 7155), la AEAT puede revocar el NIF asignado al inversor extranjero.

El acuerdo de revocación requiere la previa **audiencia** al obligado tributario por un plazo de 10 7176
días, contados a partir del día siguiente al de la notificación de la apertura de dicho plazo, salvo que dicho acuerdo se incluya en la propuesta de resolución del procedimiento de rectificación censal. La revocación debe **publicarse** en el BOE y notificarse al obligado tributario. La

revocación del NIF determina que no se emita el certificado de estar al corriente de las obligaciones tributarias y la baja, entre otros, en los Registros de operadores intracomunitarios, de devolución mensual y, desde el 25-4-2023, de extractores de depósitos fiscales de productos incluidos en los ámbitos objetivos de los Impuestos sobre el Alcohol y Bebidas Derivadas o sobre Hidrocarburos.
La Administración tributaria puede proceder a la **rehabilitación** del NIF, previa solicitud de la entidad interesada dirigida al órgano que dictó la revocación, mediante acuerdo, el cual está sujeto a los mismos requisitos de publicidad que para la revocación. Las solicitudes de rehabilitación solo se tramitan, archivándose sin más trámite en otro caso, cuando se acredite que han desaparecido las causas que motivaron la revocación y, en caso de sociedades, se comunique, además, quiénes ostentan la titularidad del capital de la sociedad, y desde el 1-2-2024, quiénes tienen la consideración de titulares reales de la entidad (L 10/2010 art.4.2), con identificación completa de sus representantes legales, el domicilio fiscal, así como documentación que acredite cuál es la actividad económica que la sociedad va a desarrollar. Desde el 25-4-2023, cuando se trate de la causa de revocación por no depositar las cuentas anuales en el Registro Mercantil (nº 7175), la rehabilitación solo es posible si se constata la subsanación de dicho incumplimiento.
La falta de resolución expresa de dicha solicitud en el plazo de tres meses determina que la misma se entienda denegada.

IV. Obligaciones de facturación

(LIVA art.164.Uno.3º)

7190

7191 La observación de las obligaciones de facturación es básica para la aplicación y liquidación del IVA. Así:
a) La factura es el medio que han de utilizar los sujetos pasivos para cumplir la obligación de **repercusión del IVA** sobre aquel para quien se realiza la operación gravada. La repercusión ha de efectuarse mediante la factura (nº 1420 s.).
La obligación de expedir y entregar factura por cada una de las operaciones que realicen, alcanza a todos los empresarios y profesionales, con las excepciones señaladas en el nº 7217 s. El empresario o profesional que expide la factura debe, asimismo, conservar copia o matriz de la misma.
b) El destinatario de una operación sujeta al IVA debe estar en posesión de una factura para poder efectuar la **deducción de las cuotas** del IVA soportado (nº 2866).
El desarrollo de la obligación de facturación prevista en la normativa del IVA, se encuentra recogida en el Reglamento por el que se regulan las obligaciones de facturación (**Rgto Fac**) aprobado por el RD 1619/2012.
La OM EHA/962/2007 ha desarrollado determinadas disposiciones sobre facturación telemática y conservación electrónica de facturas, que mantiene su vigencia en aquello que no se oponga a Rgto Fac.

Precisiones **1)** Las **controversias** que puedan producirse en relación con la expedición, rectificación o remisión de facturas, cuando estén motivadas por hechos o cuestiones de derecho de naturaleza tributaria, se pueden resolver a través de las pertinentes reclamaciones económico-administrativas (Rgto Fac art.24).
2) Respecto a los criterios relativos a la factura como documento justificativo del derecho a la **deducción** del IVA soportado, ver nº 2865 s.
3) Desde 1-1-2013, las referencias hechas al RD 2402/1985 y al RD 1496/2003 (**Rgto Fac/2003**) se entienden realizadas al Rgto Fac (Rgto Fac disp.adic.5ª).

7192 Doctrina Administrativa Además de las siguientes contestaciones de la DGT, ver nº 11000 s.
1) La factura es un documento que justifica el suministro de bienes o la prestación del servicio y la repercusión del Impuesto, pero no acredita el **pago del precio** ni del impuesto. Por otra parte, no es necesario que contenga la propia palabra factura. El **recibo** es el documento que acredita el pago del precio (DGT 4-5-98).

Los sujetos pasivos del IVA no están obligados a emitir **albaranes** acreditativos de la puesta a disposición del cliente de las mercancías entregadas. Los albaranes que, en su caso, puedan expedir no están sujetos a requisito formal alguno en las normas reguladoras del citado tributo (DGT CV 15-3-07).
Un albarán de entrega documenta circunstancias de naturaleza comercial, como puede ser la entrega física de una mercancía, pero en sí mismo no puede ser considerado, a los efectos del impuesto, como una factura y, tampoco producir sus efectos probatorios. El Rgto Fac así como la doctrina de la DGT en relación con las disposiciones de dicho Rgto no les son aplicables (DGT CV 22-6-17).
2) En la ejecución de una obra pública para la Administración, las **certificaciones de obra** tienen los efectos que les otorguen las normas de contratación, pero no se consideran facturas ni producen sus efectos en el IVA (DGT 9-12-98).
3) Un empresario que compra **billetes de metro** para el transporte de sus empleados debe estar en posesión de una factura que reúna los requisitos exigidos por la normativa aplicable para poder deducirse el IVA soportado (DGT 6-8-04). En el mismo sentido con los **billetes de Renfe** (DGT CV 27-3-08), incluso los adquiridos por internet (DGT CV 16-3-09).
4) Se puede interponer **reclamación económico-administrativa** cuando:
- los destinatarios de las operaciones se nieguen a facilitar su **NIF** (DGT 4-10-00);
- existan **controversias** en relación con la rectificación de facturas, en el plazo de un mes desde que se haya requerido formalmente el cumplimiento de la obligación de rectificar que, en su caso, corresponda a los acreedores y proveedores (DGT CV 20-10-05; CV 12-12-06);
- exista una negativa al **canje** de una factura simplificada por una factura (DGT CV 11-2-14);
- la **forma de expedición** de las facturas no permite que se conserven en su forma original durante el plazo de prescripción del Impuesto (DGT CV 5-7-06).

5) La normativa tributaria, y en particular el Rgto Fac, no regula las denominadas **facturas pro forma**, cuyos datos, requisitos y forma de utilización quedan al margen de la regulación tributaria (DGT CV 12-12-12). **7193**
6) No son objeto de regulación por el Rgto Fac los **resúmenes de caja** en los que se incluyen todas las ventas realizadas en un período determinado (DGT CV 12-12-13).
7) El **traslado de los suplidos** al sujeto pasivo no es una operación que tenga la naturaleza de entrega de bienes o prestación de servicios, y no tiene la consideración de factura el soporte documental mediante el cual se trasladan al sujeto pasivo importador los conceptos impositivos pagados por el representante aduanero. La normativa del Impuesto relativa a la facturación no resulta aplicable, en este caso, a la solicitud de reembolso que pueda plantear el representante aduanero (DGT 8-5-18).
8) La **escritura pública** puede tener la consideración de factura si incluye el contenido establecido en el Rgto Fac (nº 7246 s.) y el empresario o profesional obligado a su expedición ha cumplido con los requisitos señalados en el mismo (DGT CV 5-10-18).
9) La factura expedida por el proveedor del combustible es el único documento que puede servir a su adquirente, como justificación de las cuotas soportadas en la **adquisición de combustible**, sin que la emisión de un informe emitido por un tercero y al margen del propio proveedor (que les permite conocer de forma exacta todos los detalles relacionados con los trayectos efectuados con sus vehículos, así como el importe exacto de combustible adquirido, desglosado entre base imponible, tipo de gravamen y cuota), pueda sustituir ni la expedición de la factura por parte del proveedor, ni el valor de la factura por este expedida como documento justificativo de las cuotas soportadas del impuesto en la adquisición del combustible (DGT CV 8-10-19).

Jurisprudencia **1)** Es procedente la **vía económico-administrativa** para solicitar del arrendador la expedición de la correspondiente factura del arrendamiento de un local (TEAC 20-2-02). **7194**
2) El **valor probatorio** de las facturas es equiparable al del resto de los documentos privados; aun siendo incompleto o incorrecto no tiene por qué carecer de relevancia cuando mediante otros medios se corrobora su contenido, en virtud de la llamada apreciación conjunta de la prueba (TSJ Valladolid 10-12-07, EDJ 323499). No obstante, en aras a la deducibilidad del IVA, se admite como documento sustitutivo de la factura la **escritura pública** que documenta la operación, pues acredita que se ha soportado la carga, y dicha escritura contiene todos los elementos relevantes para la identificación de la operación contenidos en la factura (TS 11-7-11, EDJ 198119). Ver nº 2887.
Un **contrato** puede tener la consideración de factura, siempre que contenga todos los datos necesarios para que la Administración tributaria pueda determinar si se cumplen los requisitos materiales del derecho a la deducción del IVA soportado (TJUE 29-9-22, asunto C-235/21).

A. Obligación de expedir factura

7195

7196 **Ámbito de aplicación** (LIVA art.164.Uno.3º; RIVA art.61 sexiesdecies.4; Rgto Fac art.2.3 y 19.1.b) La obligación de expedir factura (nº 7201 s. y nº 7212 s.) se debe ajustar a las normas previstas en Rgto Fac exclusivamente en los siguientes supuestos:

A) Para las operaciones a las que resulten aplicables los regímenes especiales relativos al **comercio electrónico** (nº 9300 s.), cuando sea España el Estado miembro de identificación.

B) Para **otras operaciones** distintas de las incluidas en la letra A) anterior, cuando:

1) Las operaciones se entiendan **realizadas en el territorio de aplicación de IVA español**, salvo cuando el proveedor del bien o prestador del servicio no está establecido en dicho territorio, se produzca la inversión del sujeto pasivo, y el destinatario no expida la factura por cuenta del proveedor o prestador (p.e., una prestación de servicios de abogacía realizados por un abogado belga para una empresa española y esta no emite la factura por cuenta del abogado belga).

2) El proveedor o prestador está establecido en el territorio de aplicación de IVA español o tiene en el mismo un establecimiento permanente, o en su defecto el lugar de su domicilio o residencia habitual, a partir del cual se efectúa la entrega de bienes o prestación de servicios, y dicha entrega o prestación, **no se entienda realizada en el territorio de aplicación del Impuesto** en los casos siguientes:

a. Cuando la operación se localice en otro Estado miembro de la UE, se produzca la inversión del sujeto pasivo, y el destinatario no expida la factura por cuenta del proveedor o prestador.

b. Cuando la operación se entienda realizada fuera de la UE.

Precisiones Estas reglas resultan de aplicación a todas las normas recogidas en el Rgto Fac, salvo a las correspondientes a la **conservación** de las facturas expedidas (nº 7320 s.).

7197 Ejemplos **1)** Un asesor danés presta sus servicios a una empresa española. El servicio se localiza en España y el sujeto pasivo es la empresa española. Sin embargo, la factura se debe ajustar a las reglas aplicadas en Dinamarca, a menos que el asesor y la empresa española hayan acordado que sea esta última la que emita la factura en nombre de dicho asesor, en cuyo caso se deben aplicar las reglas del Rgto Fac.

2) Una empresa de consultoría española presta un servicio a una entidad alemana. La legislación alemana prevé la aplicación de la inversión del sujeto pasivo a estas operaciones. En este caso, el servicio se localiza en Alemania y el sujeto pasivo es la entidad alemana. La factura que expide la empresa española se debe ajustar al Rgto Fac, salvo que las dos entidades hayan acordado que sea la entidad alemana quien emita la factura en nombre de la empresa española, en cuyo caso se aplican las reglas alemanas sobre facturación.

3) Un arquitecto español presta un servicio a una empresa china en relación con la construcción de una presa en este país. En este caso, la operación no se localiza en la UE y la factura que expida el arquitecto se ha de ajustar a Rgto Fac.

7198 Doctrina Administrativa Además de las siguientes contestaciones de la DGT, ver nº 11000 s.

1) Una entidad va a enviar unas mercancías a Francia para venderlas mediante subasta en dicho territorio. Las mercancías se almacenarán en un depósito de un tercero (entidad intermediaria) hasta que sean objeto de venta. Cuando la entrega de las mercancías se realiza previo depósito de las mismas en los almacenes de la entidad intermediaria, se produce una **transferencia de bienes con destino a otro E.m**. Se trata de una operación asimilada a una entrega intracomunitaria de bienes que tiene lugar en el TIVA y que, en principio, se halla sujeta y exenta del Impuesto. La entidad está obligada a expedir factura por cada transferencia de bienes exenta que realice y posteriormente, cuando se realice la **subasta** de los bienes en el territorio de dicho E.m., se producirán distintas entregas de bienes que tributarán y se facturarán conforme a la legislación del citado E.m. (DGT CV 2-10-13). En el mismo sentido, DGT CV 11-9-19; CV 29-10-19.

2) En el caso de una entrega intracomunitaria de bienes que se entienda realizada en otro E.m. realizada por un **proveedor no establecido** ni identificado a efectos del IVA en España, a favor de una entidad establecida en España, no es de aplicación el Rgto Fac, sino la normativa de facturación de dicho E.m. La factura original emitida por el proveedor francés debe cumplir los requisitos exigidos por la normativa francesa del impuesto que estará armonizada con la normativa comunitaria -Dir 2006/112/CE art.226- (DGT CV 10-11-16). En el mismo sentido, una **prestación de servicios intracomunitaria** realizada por un empresario establecido en otro E.m. para un empresario español (DGT CV 14-12-16).

3) Aunque el bien en ese momento se encuentre en un **país tercero**, en la medida en que la sede de la sociedad se encuentra en el TIVA, la factura para su venta debe ser emitida según lo dispuesto en el Rgto Fac (DGT CV 21-9-16). 7199

Existe obligación de expedir factura conforme al Rgto Fac, por los servicios de gestión de cobro no sujetos al IVA a un cliente establecido en Malasia que se dedica a la compra y venta de monedas virtuales (DGT CV 10-2-21). En el mismo sentido, por los servicios de transcripción al castellano de una serie de audios para una empresa norteamericana (DGT CV 3-6-21) y por el suministro de un contenido audiovisual en formato electrónico para su visionado a través de una plataforma de internet norteamericana (DGT CV 28-11-23; CV 23-9-25).

4) Una sociedad debe emitir factura por la entrega de un órgano con **instalación y montaje** en otro E.m. y los pagos a cuenta recibidos con anterioridad a la realización de aquella, si bien como el destinatario no es un sujeto pasivo del IVA, debe cumplir con los requisitos de facturación del E.m. donde se entiende realizada la operación (DGT CV 5-10-18). Si el destinatario de la operación actúa como sujeto pasivo del Impuesto por inversión en el E.m. de destino, la sociedad que realiza la entrega emite la factura por la operación descrita y los pagos a cuenta recibidos con anterioridad a la realización de la entrega del órgano con instalación y montaje, ajustándose a la normativa contenida en el Rgto Fac (DGT CV 4-11-19).

5) Las facturas expedidas deben ajustarse a las normas del Rgto Fac, cuando se correspondan con entregas que se entiendan realizadas en el TIVA, pero no a las entregas de bienes que se entiendan realizadas en otros Estados miembros en aplicación del régimen de **ventas a distancia** (actualmente ventas a distancia intracomunitarias de bienes -nº 9244 s.-) (DGT CV 23-5-18).

6) En el caso de una **prestación intracomunitaria de servicios** realizada por un empresario español para otro empresario establecido en otro E.m., la factura original emitida por el empresario español debe ajustarse a los requisitos del Rgto Fac, aunque se trate de una operación que se entienda realizada fuera del territorio de aplicación del Impuesto y, por tanto, no sujeta al IVA (DGT CV 3-9-19).

7) Una **asociación sin ánimo de lucro** con sede en Estados Unidos pretender organizar un **congreso médico** en TIVA. La asociación debe expedir y entregar factura por el servicio de acceso que presta a los congresistas en TIVA, con independencia de que el mismo esté exento, cuando el destinatario sea empresario o profesional a efectos del Impuesto. La factura expedida en estos casos, se debe ajustar a las normas establecidas en el Rgto Fac, salvo en el caso de que el destinatario de las operaciones asuma la condición de sujeto pasivo mediante el mecanismo de inversión del sujeto pasivo y no sea este último quien emita materialmente la factura (DGT CV 3-4-20). 7200

8) Una persona física ejerce la actividad de **mediación** para una entidad noruega e interviene en la captación de clientes españoles. El mediador actúa siempre en nombre y por cuenta de la entidad noruega, y percibe de esta una comisión por cada cliente que logra captar. La factura debe expedirse observando los requisitos previstos en el Rgto Fac (DGT CV 17-8-20).

9) Cuando exista un acuerdo de **ventas de bienes en consigna**, se produce únicamente una adquisición intracomunitaria de bienes en el momento de la puesta a disposición de los bienes a favor del adquirente de los mismos. La única factura que debe documentar dichas operaciones ha de ser la expedida por el proveedor de los bienes con ocasión de la realización de la entrega intracomunitaria que, además, será expedida de conformidad con las disposiciones de facturación del E.m. de salida de la expedición o transporte de los bienes donde se realiza la entrega intracomunitaria de bienes (DGT 2-6-20).

10) Una persona física residente en **Portugal** tiene la intención de **arrendar** un edificio de su propiedad, situado en TIVA, a una empresa española. Previamente al arrendamiento, realiza ciertas **obras de ampliación** realizadas por empresas establecidas en España, que tendrán una duración estimada de cinco meses. La normativa portuguesa es la que determine la forma de facturar dichos servicios de arrendamiento, puesto que es Portugal el E.m. en que el prestador está establecido o tiene su residencia habitual (DGT CV 27-2-20).

11) La factura expedida por las operaciones realizadas por una **compañía aérea** debe ajustarse a las normas previstas en el Rgto Fac si la compañía aérea está establecida en TIVA. Cuando la compañía aérea no está establecida en TIVA, y la destinataria de la operación si lo esté, se produce la inversión del sujeto pasivo, de forma que la factura solo debe expedirse conforme a las reglas previstas en el Rgto Fac, si existe un acuerdo de facturación con el destinatario de la operación (DGT CV 19-4-22; CV 19-4-22).

Operaciones por las que se debe expedir factura (LIVA art.164.Uno.3º; Rgto Fac art.2.1) Los empresarios o profesionales así como aquellos que no tengan tal condición pero sean sujetos pasivos del IVA (nº 1384), están obligados a expedir factura y copia de esta por las **entregas de bienes y prestaciones de servicios** que realicen en el desarrollo de su actividad, incluso si están no sujetas o exentas del impuesto, sin más **excepciones** que las previstas en el nº 7217 s. 7201

También debe expedirse factura y copia de esta por los **pagos recibidos con anterioridad** a la realización de las entregas de bienes o prestaciones de servicios por las que deba asimismo cumplirse esta obligación conforme a lo expuesto anteriormente, a excepción de las entregas de bienes exentas por estar destinados a otro Estado miembro (nº 5215 s.). Esta excepción

viene motivada porque los pagos anticipados por dichas operaciones no tienen consecuencia alguna en lo que se refiere a la repercusión del IVA ni en cuanto a su consignación en la declaración recapitulativa de operaciones intracomunitarias (nº 7082 s.).
Esta obligación incumbe asimismo a los empresarios o profesionales acogidos a los **regímenes especiales** del IVA. Sin perjuicio de lo señalado en los números siguientes, ver también lo expuesto en el nº 3100 s. y nº 7302.
En relación con los regímenes especiales aplicables al **comercio electrónico**, ver nº 9300 s.

7202 Precisiones 1) No hay obligación de expedir factura en los supuestos en los que **no exista operación** a efectos del IVA, así como cuando se trate de operaciones efectuadas por un empresario o profesional que no actúa como tal.
2) La obligación de expedir facturas por operaciones **no sujetas** realizadas por empresarios o profesionales debe entenderse referida respecto a aquellas cuya realización tenga incidencia en algún aspecto sustancial de la mecánica de liquidación del IVA. En este sentido se ha expresado la doctrina administrativa (nº 7204). Entendemos que afecta principalmente a las operaciones no sujetas por no entenderse localizadas en el territorio de aplicación del impuesto.
3) La **obligación genérica** de expedición de factura abarca todas las operaciones realizadas en el desarrollo de una actividad empresarial o profesional.
4) Una vez determinado qué operaciones deben facturarse, esta obligación puede cumplirse mediante la expedición de una **factura completa** o, en su caso, de una **factura simplificada**.
5) No existen **importes mínimos** para no estar obligado a expedir factura, aunque sí existan para la expedición de facturas simplificadas (nº 7238).

7203 Doctrina Administrativa Además de las siguientes contestaciones de la DGT, ver nº 11000 s.
1) La actividad realizada por una **comunidad de propietarios** en régimen de propiedad horizontal consistente en la adquisición de los bienes y servicios necesarios para el funcionamiento del inmueble, y en la distribución de los gastos efectuados por tal concepto entre sus miembros, no constituye una actividad de carácter empresarial o profesional a efectos del IVA. Por tanto, no tiene la obligación de expedir factura por el cobro de los gastos de comunidad correspondientes a un ayuntamiento (DGT 21-1-00).
2) Una comunidad de propietarios no tiene obligación de expedir una factura para documentar el consumo de **gasóleo de calefacción** efectuado por una entidad que desarrolla su actividad en el edificio en régimen de arrendamiento. La factura debe solicitarse al empresario o profesional suministrador del combustible (DGT CV 12-1-06).
3) La cantidad que el «ganadero integrado» entrega a una sociedad del importe de una **subvención**, no constituye contraprestación de entrega de bienes o prestación de servicios alguna, sino que tiene su causa en el acuerdo entre ambas partes. Por tanto, no resultaría ajustado a derecho que la sociedad emitiese una factura, dado que dicho documento se referiría a unos servicios inexistentes. Sin perjuicio de lo anterior, puede documentar la entrega mediante cualquier otro documento (recibo, justificante, etc.) al que no den la consideración de factura a efectos tributarios, y que refleje fielmente la causa de su emisión (DGT 21-12-01).
4) Las **aportaciones realizadas por los cooperativistas** a la cooperativa, con el objeto de contribuir a la financiación de la construcción de las viviendas, constituyen **pagos anticipados** de las citadas entregas de las viviendas, devengándose el Impuesto en el momento del cobro de dichas aportaciones. Por eso, las cantidades percibidas en concepto de pagos anticipados deben documentarse mediante factura (DGT CV 13-3-07). Debe expedirse la factura y repercutir el impuesto cuando se produzca su **devengo**, es decir, cuando se produzcan los pagos anticipados por las prestaciones futuras, ya se refieran estas a períodos trimestrales, semestrales o anuales (DGT CV 7-9-06).
Aunque en el momento de devengo de la operación ya se ha satisfecho la totalidad del impuesto debido a la realización de pagos anticipados, se debe cumplir con la obligación de expedir factura, con independencia de que la base imponible resulte ser cero o cualquier otro importe (DGT CV 9-10-06; CV 9-7-19).
Cuando los clientes de una entidad mercantil dedicada a la **explotación hotelera**, realizan una **reserva**, la entidad emite una factura por la totalidad del importe de la estancia. Una vez finalizada la misma sin haber recibido ningún servicio adicional que determine el devengo de ninguna nueva operación sujeta al IVA, no es obligatoria la expedición de factura por la entidad, sin perjuicio de que la operación se puede plasmar en otro tipo de documento equivalente a la factura para dejar constancia de la misma (DGT CV 22-9-22). Debe expedirse factura por los ingresos a cuenta por reservas que percibe a través de operadores externos (DGT CV 6-2-23).
No existe obligación de emitir factura cuando se recibe un anticipo a cuenta de una **entrega intracomunitaria** de bienes, sin perjuicio de la factura que debe expedirse por la realización de la citada entrega. No obstante, sí debe expedirse factura cuando se reciba un anticipo a cuenta de una futura **exportación** (DGT CV 9-7-19).

7204 **5)** La percepción de la **indemnización** no constituye la realización de ninguna operación, por lo que no existe obligación de expedir una factura, sin perjuicio de que el cobro de la misma se registre en otro tipo de documento a tales efectos (DGT CV 6-9-07; CV 27-5-20; CV 23-8-21). Lo expuesto es aplicable respecto al pago de la **condena en costas** por la parte perdedora en un proceso, dada su naturaleza indemnizatoria de los gastos en que incurrió la parte ganadora por servicios de asistencia jurídica (DGT CV 30-11-07; CV 4-2-08), así como también a los gastos originados por la **devolución de los efectos impagados**, que posteriormente son cargados al cliente (DGT CV 1-9-09), y por los **intereses de demora** que paga un ayuntamiento a sus proveedores por retraso en el pago del precio que tienen naturaleza indemnizatoria (DGT CV 26-1-12). En el mismo sentido, en el caso de la percepción de rentas arrendaticias cuando el **arrendamiento** es una operación inexistente desde el punto de vista del IVA (DGT CV 8-2-18). Tampoco existe obligación de expedir factura en el supuesto de una **subvención** que no tiene la consideración de subvención vinculada al precio, ni de contraprestación de operación alguna sujeta al IVA (DGT CV 22-10-20).

6) La obligación de expedir factura por las operaciones **no sujetas** realizadas por empresarios o profesionales debe entenderse referida respecto de aquellas operaciones cuya realización tenga incidencia en algún aspecto sustancial de la mecánica de liquidación del Impuesto (DGT 17-12-03; CV 13-6-05).

El mismo criterio, en el caso de operaciones no sujetas relativas a prestaciones de servicio a través del **turno de oficio** (DGT CV 11-9-07). También en el supuesto de una **concesión administrativa** para la explotación de un palacio de congresos y exposiciones no sujeta al IVA (DGT CV 30-12-08), y en el supuesto de los importes percibidos correspondientes a contratos de patrocinio y de convenios de colaboración no sujetos al IVA (DGT CV 11-8-09), y por las transferencias recibidas de un ayuntamiento por un órgano técnico-jurídico del mismo (DGT CV 20-5-09).

Sin embargo, es **obligatoria la expedición de factura** por las siguientes operaciones no sujetas:

- en la **transmisión global de un patrimonio** (DGT CV 23-1-09; CV 10-11-16);
- la entrega de bienes no sujeta al IVA por realizarse **fuera del territorio de aplicación** del Impuesto y que, en caso de realizarse en dicho territorio, generaría el derecho a la deducción (DGT CV 13-2-08; CV 7-3-11). También por prestaciones de servicios no sujetas por realizarse fuera del territorio de aplicación del Impuesto (DGT CV 7-1-15; CV 1-6-16; CV 19-6-19);
- operación realizada por los sujetos acreedores de la compensación equitativa por copia privada (**canon digital**), o bien por las entidades de gestión de los derechos de autor, en nombre y por cuenta de aquellos (DGT CV 10-1-18).

Aunque el congreso médico se encuentre exento, la entidad debe expedir y entregar factura por el **servicio de acceso** que presta a los congresistas en TIVA, cuando el destinatario sea empresario o profesional a efectos del Impuesto (DGT CV 31-3-16).

7) El **envío** que se realiza desde territorio peninsular a otro establecimiento propio situado en las **islas Canarias** no determina operación alguna sujeta al Impuesto, ya que no se produce transmisión del poder de disposición sobre los bienes. En realidad se trata de una operación interior de la empresa, que no obstante genera para el exportador el derecho a deducir el IVA soportado. No existe obligación alguna de expedir factura al no estar sujeta la operación (DGT 6-2-04).

8) Las entregas de **materiales de recuperación** a que se refiere el nº 1358 efectuadas por **particulares** que no tienen la consideración de empresarios a efectos del IVA, no están sujetas al Impuesto y, por tanto, dichos particulares no están obligados a expedir factura. La normativa que regula las obligaciones de facturación no ha previsto que los empresarios que adquieran dichos productos deban expedir una factura para documentar tales operaciones, sin perjuicio de que expidan cualquier otro tipo de documento para justificar el gasto incurrido en esas adquisiciones (DGT 5-3-04; CV 7-4-05).

9) Es preciso expedir factura por las comisiones abonadas por parte de una **compañía de confirming** a favor del cedente de los créditos (DGT 22-6-04). **7206**

10) Un **Registro Mercantil** está obligado a emitir factura por los servicios prestados por las instancias que facilita mediante precio (DGT 6-8-04).

11) Las entidades públicas o privadas a las que presta su **patrocinio** una fundación sin ánimo de lucro deben expedir la correspondiente factura para documentar las operaciones sujetas y no exentas que realicen para esta última. Si las entidades públicas o privadas aludidas se encuentran entre las **entidades beneficiarias del mecenazgo** (nº 15265 Memento Fiscal 2026) y, por tanto, las actividades que efectúan para la fundación no constituyen una prestación de servicios sujeta al IVA, dichas entidades no están obligadas a expedir una factura para documentar las aportaciones económicas realizadas por la entidad sin ánimo de lucro, sin perjuicio de que puedan emitir cualquier otro tipo de justificante al efecto (DGT 16-9-04).

12) Un **arrendador de un inmueble** está obligado a expedir factura por la prestación de sus servicios de arrendamiento a un empresario (DGT 20-9-04).

13) Transferencia de cuota lechera entre ganaderos de distintas CCAA donde se deduce hasta un máximo del 20% de la cantidad transferida con destino al fondo de reserva nacional. Por la transmisión de la «**cuota láctea**» que finalmente es asignada al productor, es preceptiva la emisión de factura. Por el porcentaje de cuota de producción lechera asignada a la reserva nacional, no es necesario expedir factura, ya que se trata de una operación que no existe a efectos del Impuesto. Todo, sin perjuicio de la expedición de cualquier otro documento que se considere oportuno para el reflejo de la operación (DGT 20-9-04).

7207 **14)** Los **ayuntamientos** no están obligados a expedir factura al emitir **certificados de empadronamiento** por los que cobran la correspondiente tasa, al no tratarse de una operación efectuada por un empresario o profesional en el desarrollo de su actividad (DGT CV 6-5-05). Tampoco por el cobro de la **tasa municipal por aparcamiento** en la vía pública recaudada a través de máquinas expendedoras, sin que a los documentos que justifican el pago se les exijan unos requisitos mínimos (DGT CV 22-2-10; CV 28-7-10; CV 15-7-15; CV 5-1-16).

No existe obligación de expedir factura por el otorgamiento de la concesión y percepción del **canon** para el uso privativo de una parcela de dominio público que el ayuntamiento recibe de una sociedad mercantil siempre que se encuentren no sujeto al IVA, sin perjuicio de la expedición de otro tipo de documentos para documentar dicha operación (DGT CV 6-11-17).

Una **diputación provincial** no está obligada a expedir factura por las tasas que cobra a través de sistemas telemáticos (DGT CV 30-10-13).

15) Un **ayuntamiento** debe expedir factura en la entrega de una parcela que realiza a un **agente urbanizador** como pago en especie de los servicios de urbanización que aquel recibe (DGT CV 15-9-05), y para los destinatarios de las obras de urbanización por él efectuadas mediante el **sistema de cooperación** (DGT CV 3-3-05; CV 28-12-07).

También está obligado a expedir facturas en los casos de **abono en especie del justiprecio** (entrega de un local comercial que se construirá sobre el suelo expropiado) correspondiente a una expropiación llevada a cabo en ejecución de un plan especial de reforma interior (PERI), porque en el momento de la entrega del terreno tiene lugar un pago anticipado de la entrega del local situado en la edificación que promoverá el ayuntamiento (DGT CV 15-10-07). Asimismo, una entidad local que realiza la venta de **materiales de recuperación** consistentes en papel y cartón a una empresa papelera, aunque no tenga la condición de sujeto pasivo del Impuesto debe emitir factura cuando realice las entregas de dichos materiales de recuperación, si bien en la factura que emita no debe repercutir el IVA por no ser la entidad local el sujeto pasivo de la operación (DGT CV 16-5-11). En el mismo sentido, cuando dichos materiales de recuperación los entrega una persona física (DGT CV 6-9-11).

16) No existe obligación de expedir factura si se ha pactado que el **servicio de mediación** solamente se entiende prestado cuando se concluye con éxito, al no existir operación que documentar hasta su prestación (DGT CV 15-7-05).

Tampoco existe obligación de expedir factura por parte de una empresa que se limita a distribuir a las empresas españolas a las que representa los **rappels por ventas** obtenidos de distribuidores europeos, dado que dichos rappels no tienen relación con compra alguna a los fabricantes europeos (DGT CV 19-11-10).

17) Las personas físicas que presten **servicios de arbitraje**, en representación de asociaciones de consumidores y usuarios y de sectores empresariales, sujetos al IVA, deben expedir la correspondiente factura para el ayuntamiento (DGT CV 11-10-06).

7208 **18)** Un empresario o profesional que no ha entregado una factura por las operaciones que ha realizado, existiendo una **controversia judicial** pendiente de resolución, está obligado a expedir y entregar factura cuando exista sentencia firme, aunque haya transcurrido el plazo de conservación de las facturas (DGT CV 26-5-06).

19) La transmisión de **derechos de emisión** a favor de un empresario o profesional establecido en otro E.m. se localiza en el Estado de destino. La entidad transmitente debe expedir y entregar factura al destinatario del servicio sin repercusión alguna del Impuesto (DGT CV 7-7-06).

20) Los servicios prestados por las **agencias mayoristas** (en los que la agencia minorista sólo presta servicios de mediación, en nombre y por cuenta de aquellas) deben ser facturados al destinatario del servicio (cliente final) por las agencias mayoristas (DGT CV 4-9-06). No obstante, ver nº 7235.

21) Una **agencia de viajes minorista** debe expedir y entregar factura a una empresa mayorista por la mediación en los viajes organizados por esta, no siendo válida una factura enviada por la mayorista detrayendo el importe de la comisión en la factura que emite a la minorista (DGT CV 9-5-08; CV 18-9-08).

22) La participación de una entidad mercantil como consejero en el **consejo de administración** de otra sociedad es una prestación de servicios sujeta al IVA, debiendo aquella entidad expedir y entregar factura por dicha operación (DGT CV 4-1-07).

23) No está obligado a expedir factura un abogado que lleva la **su propia defensa jurídica** en relación con una reclamación de cobro de honorarios (DGT CV 31-8-07).

24) Si las entregas de producto sin coste tienen la consideración de **autoconsumos** de bienes, existe obligación de expedir factura (DGT CV 4-5-05).

25) Un empresario dedicado a la **albañilería** que efectuó reparaciones en su vivienda habitual con aportación de mano de obra del personal dependiente y materiales de su empresa debe repercutir íntegramente el importe de las cuotas del IVA que gravan el **autoconsumo** sobre el destinatario (el propio empresario a título particular) mediante factura (DGT CV 5-11-08).

7209 **26)** En la **venta de terrenos** que pertenecen en **pro indiviso** a varias personas, son sujetos pasivos del IVA cada uno de los copropietarios de los mismos, estando obligado cada uno a expedir una factura por la parte de terreno que les corresponda (DGT CV 24-1-07).

27) El Rgto Fac alude a la obligación de expedición de facturas, así como «otros documentos justificantes de las operaciones», pudiendo entenderse que el **documento electrónico de reembolso**, en tanto que imprescindible para obtener la devolución, se encuentra entre estos últimos (DGT CV 17-6-20).
28) Las **operaciones asimiladas a las entregas intracomunitarias** de bienes deben quedar documentadas mediante la expedición de una factura, que debe expedirse de conformidad con lo dispuesto en el Rgto Fac (DGT CV 11-5-20).
29) La entidad está obligada a expedir y entregar factura a los destinatarios de sus operaciones, por tratarse de una obligación establecida por la normativa tributaria general así como por la propia del IVA, obligación que no puede ser alterada por las partes intervinientes en las operaciones (LGT art.17.5), aunque el **destinatario** de las mismas **renuncie a su recepción** (DGT CV 6-11-20; CV 2-6-21; CV 9-8-22).
30) En las operaciones realizadas por las **comunidades de regantes** para la ordenación y aprovechamiento de las aguas no sujetas, por realizar dichas operaciones al margen de una actividad empresarial o profesional, no existe obligación de expedir factura, sin perjuicio de que puedan expedirse otros documentos que puedan utilizarse a otros efectos, como puede ser para la cuantificación de la contraprestación (DGT CV 3-3-22).
31) Existe obligación de expedir factura cuando se trate de **servicios de traducción exentos**, aunque los destinatarios no sean empresarios o profesionales actuando como tales (DGT CV 5-10-23).
32) No existe obligación de expedir factura por quienes presten **servicios religiosos** al margen de una actividad empresarial o profesional (DGT CV 10-8-23; CV 23-4-24).

Jurisprudencia Una vez **transcurrido un año** desde la fecha del **devengo** de la operación, caduca el derecho a repercutir el IVA y, por tanto, no existe obligación de expedir factura (TEAC 25-6-08). **7210**

Personas obligadas (LIVA art.164.Uno.3º; Rgto Fac art.2) A efectos del IVA tienen obligación de expedir y entregar factura: **7211**
a) Los **sujetos pasivos** de dicho tributo (nº 1300 s.).
b) Aquellos que **no** siendo **sujetos pasivos** tengan, sin embargo, la condición de empresarios o profesionales. En este caso se encuentran aquellos que realizan las siguientes operaciones:
- aquellas que, de acuerdo con las reglas del lugar de realización del hecho imponible (nº 400 s.), están **no sujetas** al IVA español;
- aquellas en las que se produce la **inversión del sujeto pasivo** (nº 1353, nº 1358, nº 1362, nº 1363, nº 1369 y nº 1380).

Doctrina Administrativa Además de las siguientes contestaciones de la DGT, ver nº 11000 s.
1) En un contrato de arrendamiento que tiene por objeto un local comercial propiedad de un matrimonio, en **régimen de gananciales**, siendo el arrendador uno de los cónyuges a título individual, la factura puede ser emitida por el citado cónyuge, dada la naturaleza del régimen económico-matrimonial (DGT CV 15-6-06).
2) Una vez **fallecido** el agente comercial, no se prestan servicios, sin perjuicio de que exista algún derecho de crédito por los **servicios prestados pendientes de facturación** y/o de cobro. Los herederos, en su calidad de sucesores del agente comercial, quedan solidariamente obligados a cumplir las obligaciones tributarias del agente fallecido en nombre de este, entre las que se encuentra la de expedir las correspondientes facturas conforme a lo previsto en el Rgto Fac, siendo destinatario de las mismas la empresa que contrató los servicios del profesional fallecido (DGT CV 4-11-19).
En el caso de un arrendador de un local comercial fallecido, la factura y los duplicados deben ser expedidos por quien realice las operaciones sujetas al IVA a favor de los destinatarios de estas, es decir, por el representante de la **herencia yacente** -el administrador judicial de la herencia cuando no hay herederos- (DGT CV 7-12-21).
3) Una persona física adquirió un bono a través de una página web a una entidad ubicada en Irlanda. Este bono lo presentó y canjeó en una entidad localizada en TIVA dedicada a la prestación de servicios de alquiler de vehículos, con la cual formalizó un contrato de alquiler de un automóvil durante un tiempo determinado.
Debe diferenciarse según la **entidad emisora del bono** haya actuado:
- **en nombre y por cuenta ajena**: la obligación de emitir la factura es de la empresa que prestó efectivamente el servicio (la empresa de alquiler de vehículos);
- **en nombre propio**: se trata de un **bono univalente**, pues en el momento de su emisión ya se conoce que dará derecho a su titular a reservar un vehículo en TIVA. La obligación de emitir la factura recae sobre la entidad irlandesa emisora del bono (DGT CV 9-6-20).
4) Aunque se haya dado de **baja en el censo** como empresario o profesional, si un abogado continúa con su condición de empresario o profesional para concluir los asuntos pendientes de juicio, debe cumplir con las obligaciones formales previstas para los sujetos pasivos, entre las que se encuentran expedir y entregar facturas de sus operaciones, así como presentar las declaraciones-liquidaciones correspondientes e ingresar, en su caso, el importe del Impuesto resultante (DGT CV 3-2-25).

7212 **Operaciones específicas que deben facturarse** (Rgto Fac art.2.2) Debe expedirse **factura y copia** de esta, en cualquier caso, en las siguientes operaciones:

a) Cuando el destinatario es un **empresario o profesional que actúa como tal**, con independencia del régimen aplicable al empresario o profesional que realice la operación, así como cuando el destinatario de la operación así lo exija para el ejercicio de cualquier otro derecho de naturaleza tributaria.

b) Las **entregas** de bienes destinados a otros Estados miembros de la **UE exentas** del IVA (nº 5215 s.).

c) Las **exportaciones** de bienes directas e indirectas exentas (nº 6015 s. y 6030 s.), salvo las ventas en las tiendas libres de impuestos.

d) Las entregas de bienes a personas jurídicas cuando **no actúen como empresarios o profesionales**, con independencia de dónde estén establecidas.

e) Aquellas cuyos destinatarios sean las **Administraciones públicas** (actualmente L 39/2015 art.2.3). Por ejemplo, la venta de papel de fotocopiadora a un Ayuntamiento.

f) Ventas a distancia intracomunitarias de bienes localizadas en el territorio español (LIVA art.68.Tres.a -nº 9244 s.-), y por las entregas de productos sometidos a Impuestos Especiales a las personas referidas en nº 5405 s. (PRES), en las condiciones establecidas para las ventas a distancia intracomunitarias de bienes (LIVA art.68.Cinco, nº 9182).

No obstante, cuando a dichas ventas a distancia intracomunitarias de bienes les resulte de aplicación el régimen de la Unión (nº 9335 s.), y el Estado miembro de identificación no sea España, es dicho Estado de identificación quien determina si existe la obligación de expedir factura.

g) Entregas de bienes que han de ser objeto de **instalación o montaje** antes de su puesta a disposición (nº 450 s.).

Sin perjuicio de lo expuesto, en el nº 7217 s. se exponen una serie de operaciones por las que **no hay obligación de expedir factura**.

Precisiones Los sujetos pasivos por inversión y en las entregas de oro de inversión con renuncia a la exención (LIVA art.84.Uno.2º y 3º y 140 quinque, nº 1335, nº 1384 y nº 4440), no tienen la obligación de expedir una «**autofactura**» por las operaciones de las que sean destinatarios. Tanto la factura original como el justificante contable de la operación expedido por quien efectuó la entrega o prestó el servicio, son los **documentos justificativos** para ejercitar la deducción del IVA (nº 2867).

7213 Ejemplos **1)** Empresario español que vende plátanos a una **empresa alemana** que le suministra el NIF/IVA de su país, enviándoselos a Alemania.

En este caso se trata de una entrega intracomunitaria exenta (LIVA art.25.Uno) y el empresario debe emitir una factura en la que indique dicha exención o la referencia a la LIVA art.25 (nº 7247.1).

2) Un empresario español envía **mercancías a Nigeria** a un cliente residente en este país, habiendo realizado por medio de un representante aduanero todos los trámites aduaneros necesarios.

Dicho empresario realiza una entrega de bienes exenta del IVA (LIVA art.21.1º) y, con independencia del régimen en que tribute en el impuesto, está obligado a emitir una factura como justificante de dicha exención con las menciones del nº 7247.1.

3) Una empresa española envía una fotocopiadora a un **ayuntamiento belga**, efectuando el transporte por su cuenta y poniéndola a disposición de dicho ayuntamiento en su país. El precio de la fotocopiadora es de 4.000 euros. Dicho ayuntamiento no suministra ningún NIF/IVA de otro Estado miembro. La empresa española no ha efectuado ninguna otra venta en estas condiciones con destino a Bélgica, ni a ningún otro Estado miembro distinto de España, en este año ni en el anterior, ni ha optado por la tributación en destino de las ventas a distancia intracomunitarias de bienes realizadas desde España.

En este supuesto, dado que dicho ayuntamiento no actúa como empresario o profesional al no suministrar NIF/IVA alguno, se produce una entrega que tributa en España (LIVA art.68.Tres.b), estando la empresa española obligada a expedir factura por dicha operación, por ser el destinatario una persona jurídica que no actúa como empresario o profesional.

7214 **4)** Un empresario francés realiza ventas de electrodomésticos con destino a España en las que concurren los requisitos de la LIVA art.68.Tres.a (nº 9244 s.). En el año N-1 realizó ventas a distancia intracomunitarias de bienes dentro de la Unión Europea, por un importe de 45.000 €. En el mes de enero del año N realiza una venta de varios electrodomésticos a un particular español por valor de 1.000 €.

En este caso, el empresario francés está obligado a expedir una factura para documentar dicha operación, de la que es sujeto pasivo, y debe ingresar el IVA en España. No obstante, si este empresario opta por acogerse al régimen de la Unión en su país (nº 9335 s.), si Francia no obliga a expedir factura por estas operaciones no tendrá que expedirla.

5) Una empresa española del sector de artes gráficas ha adquirido a una empresa holandesa una máquina de impresión cuyo importe asciende a 650.000 €. En dicho importe no se incluye la instalación de la misma que realiza dicha empresa holandesa y cuyo importe es de 125.000 €.

La entrega de la máquina se entiende realizada en España puesto que la misma ha de ser objeto de instalación y montaje antes de su puesta a disposición de la empresa española (nº 450), suponiendo, además, la inmovilización de dicha máquina. En este caso, la empresa holandesa, aunque no esté establecida en España ni sea sujeto pasivo de la operación (nº 1335), porque lo sería la empresa española, ha de expedir una factura que documente la operación sin repercutir cuota de IVA alguna.
La empresa española no está obligada a expedir una autofactura, siendo la factura original recibida de la empresa holandesa su documento justificativo para efectuar la deducción del IVA. A tal efecto, debe anotar en el libro registro de facturas recibidas lo señalado en el nº 7379.

Doctrina Administrativa Además de las siguientes contestaciones de la DGT, ver nº 11000 s. **7215**
1) En las prestaciones de servicios de **almacenamiento de correspondencia** por retraso en la retirada de un paquete postal, cuando el destinatario así lo exija para poder practicar las correspondientes minoraciones o deducciones en la base y en la cuota de aquellos tributos de los que sea sujeto pasivo, el Organismo Autónomo Correos y Telégrafos debe expedir y entregar factura al destinatario (DGT 17-3-97; CV 16-3-09).
2) Los empresarios que efectúen las operaciones de **transporte de viajeros** están obligados, en todo caso, a expedir y entregar una factura completa por aquellas operaciones en las que el destinatario de las mismas así lo exija para poder practicar las correspondientes minoraciones o deducciones en la base o en la cuota de aquellos tributos de los que sea sujeto pasivo (DGT 8-8-97).
3) Una entidad puede no expedir factura por los servicios de enseñanza que realice y a los que resulte aplicable la **exención** (nº 905 s.), salvo que el destinatario de la operación sea una **Administración Pública**, en cuyo caso quien realiza la operación debe expedir factura completa por la misma (DGT 21-11-97; CV 25-4-06). En el mismo sentido, en relación con los servicios prestados por una asociación declarada de utilidad pública, cuyos miembros o socios son ayuntamientos, que tienen reconocida la exención -nº 887 s.- (DGT CV 20-9-16).
Un consorcio formado por una diputación provincial y distintos entes locales, tiene por objeto principal la prestación a los entes consorciados de los servicios de recogida y tratamiento de residuos u otros servicios, que voluntariamente decidan encomendarle a cambio del pago de una contraprestación económica que tiene naturaleza de precio público. Aunque las actividades empresariales que el consorcio presta a las Administraciones Públicas consorciadas **no están sujetas** (nº 335 s.), sí existe obligación de expedición de factura en relación con dichas operaciones (DGT CV 20-2-19). En términos similares, DGT CV 29-5-19.
En el mismo sentido, una persona física que imparte **clases de música** contratada por un ayuntamiento (DGT CV 22-11-07; CV 3-11-08), o imparte **conferencias** o charlas sobre materias informáticas en empresas (DGT CV 15-10-09).
4) Deben expedir factura los distintos **colaboradores de una publicación científica** por los servicios exentos (nº 942 s.), en la medida que el destinatario de la operación es una editorial y, por tanto, un empresario o profesional actuando como tal (DGT CV 7-12-22).

5) Si los destinatarios de los servicios de enseñanza del idioma inglés prestados son **personas físicas** que no actúan como empresarios o profesionales no es obligatoria la expedición de factura a efectos del IVA (DGT 23-3-04). **7216**
6) Las **estaciones de servicio** deben expedir factura, en todo caso, cuando el destinatario sea un empresario o profesional que actúe como tal, así como cualesquiera otras en las que el destinatario así lo exija para el ejercicio de cualquier derecho de naturaleza tributaria. A estos efectos es independiente que se reposte el vehículo de forma ocasional o esporádica en una determinada estación de servicio (DGT 28-4-04).
7) En las cesiones del **servicio de estacionamiento** de vehículos en la vía pública a una empresa tercera por un ayuntamiento, aquella debe documentar sus operaciones mediante facturas. En particular, debe expedirse factura cuando el destinatario de las operaciones es empresario o profesional (DGT CV 28-7-06).
8) Los titulares de **terrenos con viñas** plantadas objeto del **arrendamiento** para su explotación, sujeto y exento del IVA, deben expedir factura y copia de esta en todo caso (DGT CV 13-5-09).
9) Por arrendamiento de **apartamentos turísticos** sujetos y no exentos debe expedirse la correspondiente factura (DGT CV 15-11-16). Asimismo, debe expedirse factura por el arrendamiento de una vivienda sujeto y exento del IVA, cuando el destinatario así lo exija para el ejercicio de cualquier derecho de naturaleza tributaria (DGT CV 3-11-17).
10) Los **pilotos profesionales** que participan en las carreras prestando servicios sujetos y no exentos a los organizadores de dichos eventos están obligados a expedir y entregar la correspondiente factura en la que se repercuta el IVA por los premios recibidos (DGT CV 20-7-16).

Operaciones por las que no hay obligación de expedir factura (Rgto Fac art.3) Sin perjuicio de las operaciones específicas que deben facturarse (nº 7212 s.), están exceptuadas de la obligación genérica de expedir factura las siguientes operaciones: **7217**
- operaciones exentas (nº 7218 s.);
- recargo de equivalencia (nº 7222);

- régimen simplificado (nº 7223 s.);
- operaciones autorizadas (nº 7225);
- operaciones financieras y de seguro (nº 7226 s.);
- REAGP (nº 7228 s.).

Precisiones Un **cuadro resumen** de las operaciones exceptuadas de la obligación de expedir facturas se recoge en el nº 7230.

7218 **Operaciones exentas** (Rgto Fac art.3.1.a) No hay obligación de expedir facturas por la realización de operaciones **interiores** exentas (nº 800 s.), con **excepción** de las operaciones financieras y de seguros citadas en el nº 7226 y de las siguientes operaciones:
- servicios de hospitalización o asistencia sanitaria realizadas por entidades de Derecho público o por entidades o establecimientos privados en régimen de precios autorizados o comunicados (nº 821 s.);
- servicios prestados por profesionales médicos o sanitarios (nº 834 s.);
- entregas de sangre, plasma sanguíneo y demás fluidos, tejidos y otros elementos del cuerpo humano efectuadas para fines médicos o de investigación o para su procesamiento con idénticos fines (nº 845 s.);
- servicios prestados por estomatólogos, odontólogos, mecánicos dentistas y protésicos dentales, así como la entrega, reparación y colocación de prótesis dentales y ortopedias maxilares realizadas por los mismos (nº 850 s.);
- transporte de enfermos o heridos en ambulancias o vehículos adaptados para ello (nº 855 s.);
- las entregas de terrenos no edificables y segundas o ulteriores entregas de edificaciones (nº 8605 s. y nº 8640 s.);
- las exenciones técnicas (nº 1040 s.);
- las operaciones realizadas por los partidos políticos con motivo de manifestaciones destinadas a reportarles un apoyo financiero para el cumplimiento de su finalidad específica y organizadas en su exclusivo beneficio (nº 1080).

7220 Ejemplos **1)** Un empresario individual **transmite una nave industrial**, adquirida hace 7 años a otro empresario, a una entidad mercantil que aplica, en materia de deducciones del IVA, el régimen de prorrata general.
Dicha operación está exenta (LIVA art.20.Uno.22º), aunque se puede renunciar a la exención (LIVA art.20.Dos) al poderse deducir parcialmente la cuota que, en su caso, soportaría el adquirente. En este punto, el empresario individual estaría obligado a documentar dicha operación mediante una factura, con independencia de que la operación se formalice en escritura pública y de que el sujeto pasivo, en caso de renuncia, sea el adquirente (nº 1363).
2) Una entidad aseguradora ha vendido diverso **material de oficina** (mobiliario, ordenadores, etc.) a un particular, estando dicha operación exenta, dado que la entidad aseguradora no pudo deducir el IVA soportado en la adquisición de dicho material (LIVA art.20.Uno.24º).
En este supuesto, dicha entidad está obligada a expedir y entregar una factura para documentar la operación.

7221 Doctrina Administrativa Además de las siguientes contestaciones de la DGT, ver nº 11000 s.
1) En el caso de las operaciones interiores exentas no existe obligación de expedir factura (con algunas excepciones). Sin embargo, incluso en tal supuesto, prevalece la obligación de expedir factura para aquellas operaciones en las que el **destinatario sea un empresario o profesional** que actúe como tal, así como para cualesquiera otras en las que el destinatario así lo exija para el ejercicio de cualquier derecho de naturaleza tributaria (DGT 27-9-04; CV 17-9-19).
2) No existe obligación de expedir factura por aquellas operaciones efectuadas mediante la utilización de **máquinas tipo B**, puesto que dichas operaciones están exentas (nº 1072 s.). Sí existe obligación de expedir factura en las operaciones efectuadas mediante la utilización de **máquinas recreativas tipo A** (DGT CV 25-7-06).
3) Una **agrupación de mariscadores** formada en el seno de una cofradía de pescadores, la cual tutela y dirige su funcionamiento, ha establecido el cobro de una cuota mensual a sus asociados para sufragar sus gastos. Es aplicable la obligación de expedir factura en todo caso y sin excepción en aquellas operaciones en las cuales el destinatario sea empresario o profesional, como es el caso de los cofrades pescadores. En consecuencia, es preceptiva la expedición de la factura por estas operaciones, tanto si están exentas como si no (DGT CV 24-4-07).
4) No se está obligado a expedir factura por las operaciones relativas a **arrendamiento de apartamentos** turísticos exentos del IVA, salvo que el arrendatario sea un empresario o profesional en el ejercicio de su actividad (DGT CV 26-2-07). En el mismo sentido, el **arrendamiento de vivienda junto con servicios** de cambio de ropa de cama y limpieza accesorios que se presta al inquilino (DGT CV 2-10-18), o el **arrendamiento de un terreno** donde la entidad arrendataria tiene instaladas **placas solares** para el desarrollo de su actividad económica (DGT CV 27-7-22).

5) Una persona física desarrolla dos actividades relacionadas con el **alquiler turístico de inmuebles**: por un lado, actúa como intermediario entre los propietarios de dichos inmuebles y las plataformas de alquiler, percibiendo una comisión, realizando la entrega y recogida de llaves; y por otro lado, es arrendatario de viviendas que posteriormente subarrienda con fines turísticos. Esta persona no está obligada a expedir factura por los subarrendamientos que realiza a particulares exentos (nº 8670 s.), pero sí por la actividad de intermediación no exenta (DGT CV 27-3-19).
6) Las **asociaciones médicas subcontratadas** por una entidad sin ánimo de lucro para la elaboración de determinados informes están obligadas a expedir factura, mientras que esta última entidad ha de emitir a su vez factura por la refacturación de los servicios a la Comunidad Autónoma con la que contrató (DGT CV 28-4-11).
7) Existe la obligación de expedir factura en las operaciones de entrega y colocación de aparatos de ortodoncia por un **ortodoncista** (DGT CV 12-8-21).
8) Una clínica dental tiene obligación de expedir factura por los **pagos anticipados** mensuales correspondientes a las prestaciones de servicios que realiza, aunque las mismas estén exentas (DGT CV 1-2-18).

Recargo de equivalencia (Rgto Fac art.3.1.b y 26.1) Con carácter general, por las operaciones realizadas por **empresarios o profesionales** a los que sea de aplicación el régimen especial del recargo de equivalencia (nº 4530 s.) no existe obligación de expedir factura. Como **excepción** y, por tanto, debe expedirse factura y copia de esta: 7222
- cuando dichos empresarios tributen en el IRPF por el régimen de estimación directa;
- en las entregas de bienes inmuebles sujetas y no exentas (nº 4644).

Ejemplos **1)** Un comerciante **minorista** matriculado en el epígrafe 642.1 del IAE, que no ha renunciado al método de estimación objetiva del IRPF, vende con habitualidad carne fresca a un establecimiento de hostelería (restaurante de 2 tenedores).
El comerciante minorista reúne todos los requisitos para quedar excluido de la obligación de expedir factura. No obstante, sí que tiene obligación de expedir y entregar factura al tener el restaurante la condición de empresario actuando como tal (nº 7212).
2) Una empresaria adquiere determinados artículos en una farmacia para el **botiquín de su empresa**, exigiendo al farmacéutico que le expida una factura para poder deducirse el gasto correspondiente. Dicha farmacia tributa por el régimen especial del recargo de equivalencia.
En este caso, el titular de la farmacia, aunque está eximido del deber de expedir factura, debe expedir y entregar una factura.

Doctrina Administrativa Además de las siguientes contestaciones de la DGT, ver nº 11000 s.
1) El consultante, por su actividad de **venta de prendas textiles**, calzado y complementos, cuando tributa en el régimen especial del recargo de equivalencia del IVA no está obligado con carácter general a expedir factura. No obstante, está obligado a expedir factura cuando su cliente sea un empresario o profesional en el desarrollo de sus actividades (DGT CV 12-2-08). En términos similares, DGT CV 26-12-24.
2) Una persona física que tributa por el régimen especial del recargo de equivalencia, no está obligada a expedir factura simplificada por la actividad de venta al por menor de carne **a consumidores finales** (DGT CV 11-12-13).
3) La excepción de expedir factura en el régimen especial del recargo de equivalencia no se extiende a las operaciones realizadas con **terceros países**, así como a las entregas a otros países de la UE que tengan la condición de entregas de bienes localizadas en TIVA (DGT CV 26-10-15).

Régimen simplificado (Rgto Fac art.3.1.c) No hay obligación de expedir facturas por las operaciones realizadas por empresarios o profesionales en el ejercicio de actividades que tributen en el régimen especial simplificado. Como **excepción**, debe expedirse factura en los siguientes casos: 7223
- cuando la determinación de las cuotas devengadas por operaciones corrientes en dicho régimen se efectúe en función del volumen de ingresos;
- en las transmisiones de activos fijos -elementos del inmovilizado- (nº 3352 s.).

Ejemplo Un empresario matriculado en el epígrafe 671.5 del IAE, acogido al régimen simplificado del IVA se dedica a la actividad de restaurante de un tenedor. En el año N **vende un congelador** utilizado en la actividad, a un particular, para comprar uno nuevo.
En esta operación el empresario debe expedir factura, dado que se trata de la transmisión de un activo fijo material afecto a la actividad.

Doctrina Administrativa Además de las siguientes contestaciones de la DGT, ver nº 11000 s. 7224
1) Una persona que tributa en el régimen simplificado del IVA, al no determinar las **cuotas devengadas en atención a los ingresos**, no está obligada a expedir factura. No obstante, cuando su cliente sea un empresario o profesional en el desarrollo de sus actividades, o una persona jurídica, siempre tiene que expedir factura (DGT 24-3-04).

2) Un sujeto pasivo del IVA acogido al régimen simplificado que **aporta parte de su patrimonio empresarial** para la constitución de una entidad mercantil, debe expedir factura por dicha operación (DGT 26-4-07).
3) Un sujeto pasivo acogido al régimen simplificado debe expedir factura cuando vende una **furgoneta vieja afecta** a su actividad (DGT CV 11-9-20).

7225 **Operaciones autorizadas** (Rgto Fac art.3.1.d) No existe obligación de expedir factura por aquellas operaciones que, con referencia a sectores empresariales o profesionales o empresas determinadas, sean autorizadas por el **Departamento de Gestión Tributaria de la** AEAT, con el fin de evitar perturbaciones en el desarrollo de las actividades empresariales o profesionales.

Precisiones Así, se ha autorizado con determinadas condiciones, entre otras operaciones, a no expedir facturas en los siguientes casos:
- entregas de bienes mediante máquinas de expedición automática;
- alquiler de artículos de deporte a través de máquina expendedora de bolas de golf;
- venta al por menor de pan a domicilio;
- servicios telefónicos con pago mediante tarjeta de crédito (recargas en cajeros automáticos).

Al no expedirse factura, el destinatario de la operación no puede deducir, en ningún caso, el **IVA soportado**. Para eso, puede exigir al empresario o profesional que realice la operación la expedición de dicha factura (ver nº 7212, letra a).

7226 **Operaciones financieras y de seguro** (Rgto Fac art.3.2) No existe obligación de expedir factura por las siguientes prestaciones de servicios exentas:
- operaciones de seguro, reaseguro y capitalización (nº 951 s.); y
- operaciones financieras (nº 960 s.).

Como **excepción**, deben ser objeto de facturación, en todo caso, cuando conforme a las reglas de localización aplicables, se entiendan realizadas en:
- TIVA o en otro Estado miembro de la UE y estén sujetas y no exentas del IVA; o
- TIVA, Canarias, Ceuta o Melilla, estén sujetas y exentas al IVA y sean realizadas por empresarios o profesionales, distintos de entidades aseguradoras, sociedades gestoras de instituciones de inversión colectiva, entidades gestoras de fondos de pensiones, fondos de titulización y sus sociedades gestoras, entidades de crédito, a través de la sede de su actividad económica o establecimiento permanente situado en el citado territorio.

Precisiones **1)** A diferencia de las operaciones exentas del nº 7218, para estas operaciones exentas no hay obligación de expedir factura en los casos del nº 7212, cualquiera que sea la **naturaleza del destinatario**, incluso si este actúa como empresario o profesional.
2) El Departamento de Gestión Tributaria de la AEAT tiene la facultad de **eximir de la obligación** de expedir factura por dichas operaciones a otros empresarios o profesionales, previa solicitud de los mismos, siempre que las prácticas comerciales o administrativas del sector de actividad de que se trate o las condiciones técnicas de expedición de estas facturas, lo justifiquen.
3) A estos efectos, tiene la consideración de entidad de crédito la Sociedad de Gestión de Activos Procedentes de la Reestructuración Bancaria -**SAREB**- (Rgto Fac disp.adic.7ª).

7227 Doctrina Administrativa Además de las siguientes contestaciones de la DGT, ver nº 11000 s.
1) Las **entidades financieras** tienen que **expedir factura** por los servicios de:
- **gestión de cobro** de recibos, sujetos y no exentos del IVA (DGT CV 17-1-13; CV 23-4-15), los de gestión de cobro de ingresos municipales con tarjeta de crédito o débito, así como la gestión de recibos domiciliados -son servicios de gestión de cobro- (DGT CV 8-2-22);
- alquiler de **caja de seguridad** sujeto y no exento el IVA (DGT CV 7-10-15);
- **traspaso de valores** a otra entidad bancaria, sujetos y no exentos del IVA, siempre que puedan considerarse como servicios de gestión de valores (DGT CV 5-10-18).

2) No existe la obligación de expedir factura:
- por los servicios de seguro prestados por una **entidad aseguradora**, incluso aunque el destinatario de la operación sea un empresario o profesional que actúe como tal (DGT CV 13-6-17);
- por los servicios prestados por **establecimientos financieros de crédito**, si la operación se encuentra exenta (DGT CV 1-9-16);
- por los servicios de asignación e imputación del gasto de análisis financiero prestados por las **sociedades gestoras** a los fondos de inversión que están exentos del IVA (DGT CV 29-4-19)

3) El **proyecto TIPS** es un sistema que permite garantizar a nivel europeo de manera uniforme la liquidación de pagos interbancarios en dinero de banco central en tiempo real y de manera continuada. El Banco de España actúa como Banco Central Proveedor, y presta servicios a los titulares de cuentas dedicadas de efectivo TIPS abiertas en el Banco de España. Las operaciones no sujetas realizadas en el marco del proyecto TIPS, tienen una naturaleza equivalente a las operaciones financieras sujetas pero exentas por las que no existe obligación de expedir factura, por lo que tampoco es necesaria la expedición de factura por las referidas operaciones. La misma conclusión puede extenderse a los efectos, en el TIVA, de los justificantes contables emitidos por otros Bancos centrales por las operaciones realizadas en el marco de proyecto TIPS (DGT CV 3-10-19).

4) Cuando las operaciones se entienden realizadas en el TIVA, Canarias, Ceuta o Melilla, tienen obligación de expedir factura las siguientes entidades distintas de los empresarios o profesionales previstos en el segundo guion del nº 7226: **7227.1**
- una entidad que ha concedido un **préstamo** a otra entidad, a la que le cobra intereses por el mismo (DGT CV 12-7-21);
- una entidad dedicada a la compraventa de **criptomonedas**, principalmente a través de una plataforma de internet; esta plataforma actúa como intermediaria, efectuándose la entrega de criptomonedas entre usuarios de la plataforma directamente (DGT CV 16-6-21);
- los **socios profesionales** de una sociedad por la mediación en operaciones financieras para la sociedad (DGT CV 23-3-15);
- una sociedad que concede préstamos a particulares en la compra de productos por Internet (DGT CV 13-10-17; CV 13-10-17);
- una sociedad por los servicios derivados de los contratos de **swap o permuta financiera**, sujetos y exentos (DGT CV 3-6-22);
- una persona física que presta servicios a través de la explotación de **cajeros automáticos** referentes a la retirada de efectivo, sujetos y exentos (DGT CV 3-2-22);
- una sociedad civil que **intermedia** en la obtención de préstamos para sus clientes (DGT CV 27-12-17);
- una entidad que ha concedido un **préstamo** a otra entidad a la cual le cobra intereses por el mismo (DGT CV 12-7-21);
- las **entidades mediadoras de seguros** por sus servicios de mediación exentos (nº 915 s.), cuando sus destinatarios tengan la condición de empresarios o profesionales (DGT CV 13-2-14; CV 27-11-14);
- una entidad cobra una cantidad por el arrendamiento de los envases reutilizables de plástico, y otra en concepto de **fianza** por cada envase, por los servicios derivados de la constitución de la fianza global, con independencia de que sus destinatarios tengan o no la condición de empresarios o profesionales (DGT CV 26-10-18);
- empresarios o profesionales por los servicios de asignación e imputación del gasto de **análisis financiero** prestados a Instituciones de Inversión Colectiva y Fondos de Pensiones (DGT CV 29-4-19);
- una entidad mercantil que ha creado una **plataforma digital** que permite a otras entidades mercantiles obtener dinero para que estas hagan frente a anticipos de sus empleados. La solicitud la realizan los propios trabajadores a través de la plataforma, y el dinero es transferido directamente por la mercantil en nombre y por cuenta de sus empleadores, clientes de la mercantil. Esta percibe a cambio una comisión fija de sus clientes y obtiene la devolución del principal a medida que su cliente lo detrae de la nómina del trabajador correspondiente al tiempo de abonársela (DGT CV 27-4-20).

REAGP (Rgto Fac art.3.3, y 26.1) Los **empresarios o profesionales** no tienen obligación de expedir facturas por las operaciones realizadas en el desarrollo de actividades que tributen por REAGP (nº 3500 s.). Como **excepción**, en los siguientes casos deben expedir factura: **7228**
- en las entregas de bienes inmuebles que hubieran renunciado a la exención (nº 3718 s.);
- cuando dichos empresarios tributen en el IRPF por el régimen de estimación directa, aunque en este caso la obligación viene impuesta por el IRPF y no por el IVA. Es el caso de actividades pesqueras, distintas de la producción del mejillón en batea, con un máximo de 5 bateas cualquier día del año.

Precisiones A diferencia de los regímenes especiales de recargo de equivalencia y simplificado (nº 7222 s.), en el REAGP no hay obligación de expedir factura en los casos del nº 7212.

Doctrina Administrativa Además de las siguientes contestaciones de la DGT, ver nº 11000 s. **7229**

1) Un empresario acogido al REAGP que entrega un **bien de inversión** (cosechadora) afecto a su actividad, no está obligado a expedir una factura por dicha operación, sin perjuicio de cómo se documente la misma (DGT CV 25-11-05).

2) El vendedor del terreno rústico en que se ha optado por renunciar a la exención, debe expedir una factura en la que consignará la mención **inversión del sujeto pasivo** (DGT CV 20-2-15).

3) Los titulares de **viveros flotantes** (bateas) acogidos al REAGP no están obligados a expedir factura por las operaciones realizadas en el desarrollo de las actividades que se encuentren acogidas al citado régimen especial (DGT CV 28-3-16).

7230 **Cuadro resumen de operaciones exceptuadas de la obligación de expedir factura en el IVA**

Operaciones	Excepciones
Operaciones exentas, excepto operaciones financieras y de seguros (LIVA art.20.Uno.16º y 18º a) a n)	- Exenciones sanitarias (LIVA art.20.Uno.2º, 3º, 4º, 5º y 15º) - Exenciones inmobiliarias -no arrendamientos- (LIVA art.20.Uno.20º y 22º) - Exenciones técnicas (LIVA art.20.Uno.24º y 25º) - Exenciones partidos políticos (LIVA art.20.Uno.28º) - Operaciones de facturación obligatoria (Rgto Fac art.2.2)
Empresarios en recargo de equivalencia	- Operaciones de facturación obligatoria (Rgto Fac art.2.2) - Operaciones inmobiliarias sujetas y no exentas del IVA - Si tributan en IRPF en estimación directa
Empresarios en régimen simplificado	- Operaciones de facturación obligatoria (Rgto Fac art.2.2) - Operaciones con módulo en función del volumen de ingresos - Entregas de activos fijos
Operaciones que autorice el Departamento de Gestión Tributaria (AEAT)	- Operaciones de facturación obligatoria (Rgto Fac art.2.2)
Operaciones financieras y de seguros (LIVA art.20.Uno.16º y 18º.a) a n)	- Cuando conforme a las reglas de localización aplicables, se entiendan realizadas en el TIVA o en otro Estado miembro de la UE y estén sujetas y no exentas. - Cuando conforme a las reglas de localización aplicables, se entiendan realizadas en el TIVA, Canarias, Ceuta o Melilla, estén sujetas y exentas al IVA y sean realizadas por empresarios o profesionales, distintos de entidades aseguradoras, sociedades gestoras de instituciones de inversión colectiva, entidades gestoras de fondos de pensiones, fondos de titulización y sus sociedades gestoras y entidades de crédito, a través de la sede de su actividad económica o establecimiento permanente situado en el citado territorio.
Empresarios en REAGP	- Ventas de inmuebles afectos a la actividad - Si tributan en IRPF en estimación directa

7231 **Facturas expedidas por el destinatario o por un tercero** (LIVA art.164.Dos; Rgto Fac art.5, 6.1.a.1º, 7.1.a.3º, 8.1 y 9) Las facturas pueden ser expedidas por los destinatarios de las operaciones (clientes) de los empresarios o profesionales obligados a su expedición, o por terceros que actúen en nombre y por cuenta de los mismos.

Los **requisitos** para que el destinatario de las operaciones, que no es sujeto pasivo del IVA por estas, expida la factura, son:

a) Existencia de un **acuerdo previo** entre el empresario o profesional que realice las operaciones y el destinatario de estas por el que el primero autoriza al segundo a expedir las facturas, especificando las operaciones a las que se refiere.

b) La **aceptación** de cada factura así expedida por el empresario o profesional que ha realizado la operación. Este procedimiento se debe ajustar a lo que determinen las partes.

c) La **remisión** por el destinatario de las operaciones de una copia de la factura al empresario o profesional que las realizó.

d) La **expedición** de la factura en nombre y por cuenta del empresario o profesional que ha realizado las operaciones. La expedición puede realizarse por cualquier medio, en papel o en formato electrónico (no obstante, ver nº 7332 s.), siempre que, en este último caso, el destinatario de las facturas haya dado su consentimiento.

La factura, en papel o electrónica, debe garantizar la autenticidad de su origen, la integridad de su contenido y su legibilidad, desde la fecha de expedición y durante todo el periodo de conservación.

e) Expedición con una **serie específica**.

f) Previa **comunicación a la AEAT**, si el destinatario o el tercero que expida las facturas no está establecido en la UE, salvo que lo esté en Canarias, Ceuta o Melilla o en un país con el cual exista un instrumento jurídico de asistencia mutua con un ámbito de aplicación similar al previsto por la normativa comunitaria (Dir 2010/24/UE; Rgto UE/904/2010). Actualmente el citado instrumento de asistencia mutua sólo existe con Noruega.

La obligación de expedir factura también puede ser cumplida mediante la **contratación de un tercero** al que se encomienda su gestión, siendo de aplicación también en este caso lo expuesto en las letras anteriores.

Precisiones 1) Lo expuesto en el nº 7231 también puede aplicarse a los sujetos pasivos obligados a la expedición de facturas, aunque **no** tengan la condición de **empresarios o profesionales** (nº 1384). 7232

2) Todos los documentos que deben expedirse en cumplimiento de la **obligación de expedir factura** se pueden expedir por los clientes o terceros.

3) El empresario o profesional obligado a expedir la factura es **responsable** del cumplimiento de la obligación de documentar la operación a efectos del IVA, aunque dicha factura sea expedida por el destinatario o por un tercero.

4) Las facturas expedidas por clientes o terceros tienen un **contenido** idéntico (nº 7247 s.) a las que expiden los empresarios o profesionales y los sujetos pasivos personas jurídicas no empresarios o profesionales (nº 1384), salvo la serie de facturación, que es específica para estos casos.

5) Los empresarios o profesionales que apliquen el **SII** (nº 7354 s.) y hayan optado por el cumplimiento de la obligación de expedir factura por los destinatarios de las operaciones o por terceros, deben presentar una declaración censal (nº 6980 y nº 7024) comunicando dicha opción, la fecha a partir de la cual la ejercen y, en su caso, la renuncia a la misma y la fecha de efecto de esta última.

Doctrina Administrativa Además de las siguientes contestaciones de la DGT, ver nº 11000 s. 7232.1

1) Dos sujetos pasivos (ayuntamiento y entidad mercantil) que llevan a cabo el suministro de agua, han utilizado el **mismo documento** (soporte papel) para consignar de forma separada en el mismo sus respectivas operaciones y datos correspondientes a las operaciones realizadas, resumiendo en una sola cifra el importe a pagar, cuyo cobro gestiona una de dichas entidades. Cabe entender que una de dichas entidades ha encargado a la otra que le expida la correspondiente factura de sus operaciones, utilizando en su expedición un solo soporte -papel- (DGT CV 16-11-12; CV 3-9-15).

2) Una entidad mercantil, que se dedica a la venta al por menor de productos alimenticios mediante la explotación de un **supermercado**, subarrienda parte de su establecimiento a otras empresas encargadas de la sección de carnicería, frutería, pescadería, etc. La facturación de los productos de estas **secciones**, así como de los productos propios, las realiza la entidad mercantil a través de los lineales de caja existentes en el supermercado. Las cajas registradoras de la entidad no pueden diferenciar los cobros por cuenta de terceros y los de la actividad de venta al por menor propios. En este caso, deben hacerse constar los datos identificativos de cada uno de los sujetos pasivos que realizan las operaciones, con indicación de las operaciones facturadas por cada uno de ellos. Esto es, la identificación de los titulares de las distintas secciones que realizan las ventas en nombre propio, y en caso de que el mismo documento recoja entrega de bienes efectuadas por la entidad, los suyos propios, sin perjuicio de que se expida un único documento en el que se resuma en una sola cifra, además, el importe total a pagar por el destinatario (DGT CV 11-11-21).

3) Una entidad puede contratar con otra empresa o tercero la expedición de sus facturas, con independencia de los medios empleados, bien sea en papel o por medios electrónicos. La circunstancia de que sea la **matriz alemana** de la entidad la encargada de la facturación no supone impedimento alguno, pues la matriz tiene la consideración de tercero (DGT CV 27-7-07).

4) Una **comunidad de propietarios** en régimen de propiedad horizontal destinataria de obras, instalaciones u otras adquisiciones de bienes y servicios puede expedir válidamente factura en nombre y por cuenta de los empresarios o profesionales que han realizado dichas operaciones. No obstante, los **datos** que deben consignarse en la factura así expedida, no se modifican por el hecho de que la obligación la cumpla un sujeto distinto, debiendo figurar el nombre y apellidos, razón o denominación social completa del empresario o profesional que realiza las operaciones como sujeto obligado a expedir factura, aunque dicha obligación sea cumplida por la comunidad de propietarios cuyos datos deben constar en los correspondientes al destinatario de las operaciones (DGT CV 26-11-08).

5) Cada factura expedida deber ser objeto de un procedimiento de **aceptación** por parte de los proveedores que se debe ajustar a lo que determinen las partes. Es válido un procedimiento en el que las facturas sean **firmadas a través de un programa informático** por el empresario o profesional correspondiente, acordándose que dicha firma constituya la aceptación de la factura por parte de los mismos. Asimismo, también es válido un procedimiento de aceptación basado en la remisión de la aceptación de cada factura por **correo electrónico** (DGT CV 21-11-13). También es válido un procedimiento en el que las facturas sean firmadas por el empresario o profesional correspondiente, acordándose que dicha firma constituya la aceptación de la factura por parte del mismo (DGT CV 16-2-24). 7232.2

6) Una entidad ofrece a sus clientes un servicio consistente en una plataforma que obtiene **descuentos** de los proveedores de sus clientes a cambio de adelantar la fecha de pago de las facturas. Se permite a los proveedores de los clientes que autoricen a la entidad para que emita las nuevas facturas rectificativas en su nombre (DGT CV 27-4-16).

7) No cabe que el acuerdo de facturación por el destinatario de las operaciones se refiera a servicios realizados **antes de la existencia del acuerdo** (DGT CV 8-11-18).

8) Los proveedores de los clientes de una entidad pueden autorizar a esta para que emita las **facturas de canje** de las facturas simplificadas emitidas por aquellos. Estas facturas de canje pueden ser emitidas en formato electrónico, siendo necesario que los destinatarios de estas facturas hayan dado su consentimiento el canje de facturas simplificadas (DGT CV 15-1-20; CV 11-5-21).

9) Aplicada la regla de **inversión del sujeto pasivo**, el adjudicatario puede emitir en nombre y por cuenta del transmitente la factura (DGT CV 8-7-15).

7233 **Casos particulares** Han de tenerse en cuenta las siguientes reglas:

a) Procedimientos de ejecución forzosa (LIVA disp.adic.6ª; RIVA disp.adic.5ª; Rgto Fac art.6.1.a.3º). En los procedimientos administrativos y judiciales de ejecución forzosa, el **adjudicatario** que tenga la condición de empresario o profesional cuenta, entre otras facultades, con la de expedir, en nombre y por cuenta del sujeto pasivo del IVA (el empresario a que se refiere la ejecución), la factura que documente las operaciones efectuadas en el marco de tales procedimientos.

El ejercicio por el adjudicatario de esta facultad debe manifestarse **por escrito** ante el órgano judicial o administrativo que esté desarrollando el procedimiento respectivo, de forma previa o simultánea al pago del importe de la adjudicación.

El adjudicatario está obligado a poner **en conocimiento del sujeto pasivo** del impuesto correspondiente a dicha operación o a sus representantes que ha ejercido esta facultad, remitiéndole copia de la comunicación presentada ante el órgano judicial o administrativo, en el plazo de 7 días siguientes al de su presentación ante aquel. No es obligatoria dicha remisión cuando se trate de las operaciones en las que el adjudicatario sea el sujeto pasivo por aplicación de la regla de inversión del sujeto pasivo (nº 1335 s.).

El ejercicio de esta facultad por el adjudicatario determina que el sujeto pasivo o sus representantes no pueden confeccionar la factura en que se documenta la operación.

La expedición de la factura debe efectuarse en el **plazo** previsto con carácter general (nº 7279 s.), tomando como fecha de devengo aquella en la que se dicta el decreto de adjudicación.

Dicha factura debe confeccionarse por el adjudicatario, y en ella se ha de hacer constar, como **expedidor** de la misma, al sujeto pasivo titular de los bienes o servicios objeto de la ejecución y como **destinatario** de la operación, al adjudicatario.

Estas facturas han de tener una **serie especial** de numeración.

El adjudicatario ha de **remitir una copia de la factura** al sujeto pasivo del impuesto, o a sus representantes, en el plazo de los 7 días siguientes a la fecha de su expedición, debiendo quedar en poder del adjudicatario el **original** de la misma.

Cuando no sea posible remitir al sujeto pasivo o a sus representantes la comunicación del ejercicio de esta facultad, por causas no imputables al adjudicatario, la copia de la factura ha de remitirse en el plazo de 7 días, desde el momento en que exista constancia de tal imposibilidad, a la AEAT indicado tal circunstancia.

7234 **b) Entregas de energía eléctrica** (Rgto Fac disp.adic.3ª). Los intercambios de energía eléctrica asociados al mercado de producción de energía eléctrica (L 24/2013 art.28 y 30 -redacc RDL 7/2024-) han de documentarse según las siguientes reglas:

1. Las entregas de energía eléctrica se deben documentar mediante facturas expedidas por el **operador de sistema** en nombre y por cuenta de las entidades suministradoras de la energía, con los requisitos y datos del nº 7247 s., excepto la identificación del destinatario, que debe sustituirse por la identificación del operador del sistema. Este debe conservar el original de la factura expedida, que tiene la consideración de factura a todos los efectos legales y, remitir la copia al suministrador.

2. El **operador del sistema** debe expedir factura por las entregas efectuadas a cada **adquirente**, con todos los requisitos del nº 7247 s., sustituyendo la identificación del expedidor por la del operador del sistema, quien debe conservar copia de la factura, que tiene la consideración de factura a todos los efectos legales y, remitir el original a su destinatario.

El operador del sistema puede **habilitar a un tercero** para que se interponga como **contraparte central** entre las entidades suministradoras y las adquirentes de energía eléctrica. En tal caso, se sustituyen los datos relativos a la identificación del destinatario de la operación y del expedidor por los de dicho tercero habilitado como contraparte central, asumiendo este las obligaciones de facturación anteriores, asignadas al operador del sistema que le haya habilitado para actuar como contraparte central.

c) Gestión de ciertas **tasas sujetas al IVA** (RIVA disp.adic.6ª.1.b). Los contribuyentes y sustitutos del contribuyente, así como quienes vengan obligados legalmente en su plazo voluntario a recaudar, por cuenta del titular o del concesionario del servicio o actividad pública, las tasas o precios que constituyan las contraprestaciones de aquellas, están obligados, cuando la operación está sujeta al IVA, a expedir la factura relativa a dicha operación, en nombre y por cuenta del sujeto pasivo del IVA. No obstante, el Departamento de Gestión Tributaria de la AEAT puede autorizar fórmulas simplificadas para cumplir esta obligación.

d) Determinadas prestaciones de servicios en los que intervienen **agencias de viaje**, intermediando **en nombre y por cuenta ajena**, en los que concurran, además, los siguientes **requisitos** (Rgto Fac disp.adic.4ª): 7235
- que, cualquiera que sea la condición del **destinatario**, solicite a la agencia de viajes la expedición de la factura correspondiente a tales servicios;
- que se trate de los siguientes **servicios**: transporte de viajeros y sus equipajes; hostelería, acampamento y balneario; restauración y catering; arrendamiento de medios de transporte a corto plazo; visitas a museos, galerías de arte, pinacotecas, monumentos, lugares históricos, jardines botánicos, parques zoológicos y parques naturales y otros espacios naturales protegidos de características similares; acceso a manifestaciones culturales, artísticas, deportivas, científicas, educativas, recreativas, ferias y exposiciones; seguros de viajes; y servicios de viajes a los que sea de aplicación el régimen especial de las agencias de viajes (nº 4205 s.).

Las facturas expedidas en este supuesto deben contener los **datos** siguientes, sin perjuicio de cualesquiera otras menciones:

1º. Indicación expresa de que se trata de una factura expedida por la agencia de viajes al amparo del Rgto Fac disp.adic.4ª.

2º. Datos y requisitos de las facturas completas (nº 7247 s.) o de las facturas simplificadas (nº 7272 s.). No obstante, debe tenerse en cuenta que:
- como datos relativos al obligado a expedir la factura (nombre y apellidos, razón o denominación social, NIF y, en su caso, domicilio) se consignan los de la agencia de viajes, y no los del empresario o profesional prestador del servicio a que se refiere la prestación;
- las facturas deben expedirse en series separadas del resto.

3º. Referencia inequívoca que identifique todos y cada uno de los servicios de transporte documentados en ellas, así como las menciones del destinatario de las operaciones relativas al nombre y apellidos, razón o denominación social, NIF y domicilio.

También pueden documentarse en estas facturas los servicios de **mediación** en nombre y por cuenta ajena relativos a los servicios que la agencia de viajes preste al destinatario de los mismos. En este caso, en la factura han de figurar por separado los datos relativos al mencionado servicio de mediación que deban constar en la misma.

Las agencias de viajes pueden documentar en una **misma factura** expedida por ellas servicios prestados por distintos empresarios o profesionales a un mismo destinatario en el plazo máximo de un mes.

A las facturas expedidas en estos supuestos le resultan aplicables las previsiones del **Rgto Fac** (remisión, conservación, facturas recapitulativas, etc.).

e) Función de liquidación y pago en las actividades de **producción y distribución de energía eléctrica en régimen especial** (Rgto Fac disp.adic.6ª). La **Comisión Nacional de Energía** tiene atribuida esta función respecto de las primas equivalentes, las primas, los incentivos y los complementos que correspondan a los **productores** de electricidad en régimen especial. La Comisión ha de documentarla mediante facturas expedidas en nombre y por cuenta de las entidades productoras, o en nombre y por cuenta de sus representantes, con los requisitos y datos del nº 7247 s., excepto la identificación del destinatario, que debe sustituirse por la identificación de la Comisión Nacional de Energía. 7236

Asimismo, la Comisión ha de expedir facturas en nombre y por cuenta de los **distribuidores** de energía eléctrica que se correspondan con los requerimientos de ingreso que efectúe la citada Comisión por las primas equivalentes, las primas, los incentivos y los complementos a que se refiere la normativa del sector eléctrico, que hayan sido cobrados por aquellos a los consumidores de dicho bien, con todos los requisitos del nº 7247, sustituyendo la identificación del expedidor por la identificación de la Comisión Nacional de Energía.

La Comisión Nacional de Energía debe conservar el original de las facturas expedidas y remitir copia de las mismas al distribuidor y al productor o, en su caso, a su representante.

Precisiones A las facturas expedidas en estos supuestos le resultan aplicables las previsiones del **Rgto Fac** (remisión, conservación, facturas recapitulativas, etc.). 7236.1

Doctrina Administrativa Además de las siguientes contestaciones de la DGT, ver nº 11000 s.

1) La normativa reguladora del sector eléctrico establece que los titulares de **instalaciones fotovoltaicas** perciben las retribuciones por sus ventas de energía eléctrica, bien directamente o a través de sus representantes. Los suministros efectuados por la consultante que actúa a través de representante no deben entenderse efectuados directamente al mercado sino a otra mercantil que le presta servicios de representación y venta al mercado mayorista.

Los representantes del mercado de electricidad adquieren la condición de comprador/vendedor de los suministros de energía eléctrica que reciben de sus representados y que venden en el mercado.

La consultante entrega la energía producida en el mercado a través de su representante que interviene en el mismo, siendo OMIE quien casa las ofertas de producción con las demandas de consumo. Igualmente la Comisión Nacional de Energía (CNE) satisface al representante las compensaciones correspondientes a los suministros eléctricos efectuados por la consultante. La consultante debe emitir facturas por los suministros de energía eléctrica al representante que luego serán facturados por este último a través de OMIE y de la CNE, que emiten, por cuenta de los representantes, la correspondiente factura por la entrega de la electricidad a los compradores de energía (DGT CV 5-11-14).

7236.2 **2)** Hay que tener en cuenta las excepciones que existen a la regla general de inexistencia de obligación de facturación por las **agencias de viajes** que intervienen en nombre y por cuenta de los mayoristas. En consecuencia, la agencia de viajes está obligada a emitir las facturas que le soliciten sus clientes, por la actividad de mediación que desarrolle, siempre que se trate de uno de los supuestos previstos (DGT CV 18-9-08). En cualquier caso, la agencia de viajes está obligada a emitir la oportuna factura a la agencia de viajes mayorista con la que contrate, por las **comisiones** que perciba por el trabajo de intermediación que realice y que merecen la calificación de rendimientos de la actividad profesional.

3) En lo que respecta a la **agencia mayorista** y, en general, a los empresarios o profesionales que prestan servicios a clientes finales a través de **agencias minoristas** que median en nombre y por cuenta de los mismos, quedan obligadas a expedir y entregar factura por las operaciones que realicen, en los términos que determina el Rgto Fac. Se entiende cumplida esta obligación cuando la agencia mayorista, o el proveedor de los servicios (nº 7235), expida un documento que cumpla con todos los requisitos exigidos por dicho Reglamento, pero en el que figure como destinatario del servicio la agencia minorista que va a actuar en nombre y por cuenta de la agencia mayorista (DGT CV 8-5-19).

7237 **Facturas simplificadas** (Rgto Fac art.4) La obligación de expedir factura se puede cumplir con el empleo de facturas simplificadas en las que los datos a consignar son menores que en una factura completa. Estas facturas simplificadas no habilitan para la **deducción del IVA soportado**, salvo en el caso de que cumplan ciertos requisitos de contenido adicionales (nº 7273).

Precisiones **1)** La factura simplificada tiene el **contenido** expuesto en el nº 7272 s., pero no existe un **modelo** en sentido estricto.

2) En los supuestos en que **no hay obligación de expedir factura** (nº 7217 s.), tampoco existe obligación de expedir factura simplificada, dado que la expedición de estas no es más que una forma alternativa de cumplir con la obligación de facturación.

3) Existe la posibilidad de **sustituir o canjear** una factura simplificada, expedida correctamente, por una factura completa, en un momento posterior (Rgto Fac art.15.6).

4) Desde el 1-1-2013, las facturas simplificadas sustituyeron a los documentos sustitutivos (**tiques**), con algún dato adicional, y a las **facturas abreviadas** (Rgto Fac/03 art.6.8).

7238 **Regla general** (Rgto Fac art.4.1, 2 y 3) Se admite la expedición de una factura simplificada y copia de la misma en los siguientes supuestos:

a) Cuando su importe no excede de **400 €**, IVA incluido, es decir, que el importe total de las operaciones realizadas para un mismo destinatario en un determinado momento no supere dicha cuantía.

b) Cuando debe expedirse una **factura rectificativa** (nº 7292 s.); esto es así incluso cuando la factura rectificada sea una factura completa.

c) Cuando su importe no exceda de **3.000 €**, IVA incluido, y se trate de alguna de las siguientes operaciones:

- ventas al por menor;
- ventas o servicios en ambulancia;
- ventas o servicios a domicilio del consumidor;
- transporte de personas y sus equipajes;
- servicios de hostelería y restauración prestados por restaurantes, bares, cafeterías, horchaterías, chocolaterías y establecimientos similares, así como suministros de bebidas o comidas para consumir en el acto;
- servicios prestados por salas de baile y discotecas;
- servicios telefónicos, mediante cabinas de uso público o mediante tarjetas que no permitan la identificación del portador;
- servicios de peluquerías e institutos de belleza;
- utilización de instalaciones deportivas;
- revelado de fotografías y servicios prestados por estudios fotográficos;
- aparcamiento y estacionamiento de vehículos;
- alquiler de películas;
- servicios de tintorería y lavandería;
- utilización de autopistas de peaje.

d) En supuestos distintos de los anteriores, mediante **autorización** del Departamento de Gestión Tributaria de la AEAT cuando las prácticas comerciales o administrativas del sector de actividad de que se trate, o las condiciones técnicas de expedición de las facturas, dificulten la inclusión en estas de todos los requisitos previstos para las facturas completas (nº 7247 s.).

Precisiones **1)** Tienen la consideración de **ventas al por menor** las entregas de bienes muebles corporales o semovientes cuando el destinatario no actúe como empresario o profesional, sino como consumidor final de aquellos; se excluyen aquellas que tengan por objeto bienes que, por sus características objetivas, envasado, presentación o estado de conservación, sean principalmente de utilización empresarial o profesional.
2) El Departamento de Gestión Tributaria de la **AEAT ha autorizado** a expedir tiques (actualmente, facturas simplificadas) en lugar de facturas, entre otros casos, en el de prestación de servicios de fotocopias de documentos y de explotación de un negocio de parque infantil.

Ejemplo Una empresa dedicada al transporte interurbano de viajeros tiene obligación de expedir y entregar factura por cada operación que realice. No obstante, dicha obligación puede sustituirse por la de expedir facturas simplificadas. **7239**
Lo anterior se entiende sin perjuicio de que el destinatario sea un empresario o profesional que actúa como tal o, en otro caso, así lo exija para el ejercicio de cualquier otro derecho de naturaleza tributaria.

Doctrina Administrativa Además de las siguientes contestaciones de la DGT, ver nº 11000 s. **7240**
Los siguientes criterios son extrapolables a las facturas simplificadas en tanto que, desde 1-1-2013, sustituyen a los tiques o documentos sustitutivos con un contenido mínimo prácticamente similar a estos.
1) No resultaría ajustada a derecho la emisión de un **tique resumen diario** de las ventas de pan efectuadas (DGT 8-10-98).
2) Cuando las operaciones de **venta al por menor** se documenten mediante tiques, dichos tiques pueden emitirse bien englobando en uno solo todos los bienes entregados en la misma operación de venta, o emitiendo un tique individual por cada artículo vendido (DGT 20-11-98).
3) Los servicios de **reparación y mantenimiento de ascensores** tienen la consideración de servicios prestados a domicilio del consumidor (DGT 4-10-00). En el mismo sentido, respecto a las obras de mantenimiento y reparación en **viviendas particulares** (DGT CV 3-2-17).
4) Los tiques emitidos pueden ser remitidos a través de **internet** a sus destinatarios, los cuales, en su caso, procederían con sus propios medios (impresión remota) a la confección material de los mismos, siempre que los tiques así emitidos cumplan todos los requisitos reglamentarios (DGT 21-12-00).
5) No resulta ajustado a derecho la expedición del «**parte diario**» que recoja las ventas de carburante efectuadas, en sustitución de la expedición de facturas o, en su caso, tiques (DGT 25-7-03).
6) La normativa que regula las obligaciones de facturación no define en sentido estricto el concepto de **bienes principalmente de utilización empresarial o profesional**, si bien se cualifican o delimitan atendiendo a sus características objetivas, así como por su envasado, presentación o estado de conservación y, además se atienen a una amplia utilización no solo industrial, sino en cualquier actividad empresarial o profesional. Por todo ello, la consideración de un bien como de utilización principalmente empresarial o profesional es una cuestión de hecho a resolver en cada caso particular (DGT CV 13-6-05). Al no existir un concepto fiscal de bienes de utilización empresarial o profesional, hay que resolver ese concepto conforme a su sentido jurídico, técnico o usual, según proceda (DGT CV 20-10-10).

7) Una entidad presta servicios de reconocimiento médico-deportivos así como otras **prestaciones médico-deportivas** en sus **instalaciones deportivas**. En la relación de actividades en las que se puede expedir tique se incluye la utilización de instalaciones deportivas, pero los servicios médico-deportivos no quedan encuadrados en esta actividad, aunque se presten en aquellas instalaciones (DGT CV 10-5-06). **7241**
8) Una **asociación de radio taxi** presta en nombre propio servicios de transporte de viajeros a los clientes que solicitan sus servicios, generalmente empresarios o profesionales. Dichos servicios son prestados materialmente por los socios taxistas de la asociación. En estos casos la asociación no está obligada a la expedición de una factura, si bien sí debe expedir el correspondiente tique (DGT CV 28-2-08).
9) El **canje de tiques por facturas** es un supuesto que se produce cuando, realizada una determinada operación, bien por error o porque el cliente no demanda en ese momento la expedición de la correspondiente factura, con posterioridad a la expedición del tique, se solicita que se canjee por una factura comprensiva de las operaciones documentadas en aquel. Tales facturas no tienen la consideración de facturas rectificativas, ni de factura recapitulativa (DGT CV 28-12-09). El **empresario** se encuentra obligado a efectuar el canje solicitado por sus clientes (DGT CV 13-11-25).
Respecto al **plazo** concreto en el que una factura simplificada expedida previamente puede ser canjeada por una factura completa, no se regula expresamente en la normativa que regula las operaciones de facturación, si bien de acuerdo con el TEAC 19-6-02, es el correspondiente al plazo de cuatro años que el destinatario de la factura dispone para ejercitar el derecho a la deducción de las correspondientes cuotas soportadas (DGT CV 8-9-17; CV 8-2-18; CV 25-3-22).

Cuando la solicitud del destinatario de la operación para la sustitución de una factura simplificada previamente emitida por una completa se presente en un momento posterior, dentro de los cuatro años correspondientes al ejercicio de su derecho a la deducción, se deben respetar los **plazos de expedición** de facturas, teniendo en cuenta la fecha de la solicitud de canje efectuada por el destinatario (DGT CV 25-9-18).

La factura resultante del canje debe estar referida en todos sus términos a la factura simplificada objeto de canje, incluida la fecha de expedición, y reunir todos los datos y requisitos exigidos. Estas facturas de canje no abren un nuevo plazo para el ejercicio del derecho a la deducción. La aportación de las facturas simplificadas cuyo canje se solicite se puede efectuar entregando físicamente las citadas facturas, o bien mediante la remisión de dichos documentos, resultantes de la digitalización certificada (DGT CV 11-2-14).

7242 **10)** Nada impide que un cliente, que no tenga la consideración de empresario o profesional, pueda solicitar el **canje** de una factura simplificada normal por una **factura simplificada especial** a efectos de practicar la deducción de las cuotas soportadas (DGT CV 14-2-14).

En relación con la acreditación de que quien solicita el canje ha sido el destinatario de la operación documentada en la correspondiente factura simplificada, la normativa española del IVA no prevé medios de prueba específicos a tal fin. Por eso cabe atenerse a lo dispuesto en materia de **prueba** en la LGT. En particular, cuando se establece que en los procedimientos tributarios son de aplicación las normas que sobre medios y valoración de prueba se contienen en el CC y en la LEC, salvo que la ley establezca otra cosa (LGT art.106.1) y que en los procedimientos de aplicación de los tributos quien haga valer su derecho debe probar los hechos constitutivos del mismo (LGT art.105). En cuanto a la **valoración de las pruebas**, en el ordenamiento jurídico español rige el principio general de valoración libre y conjunta de todas las pruebas aportadas, quedando descartado como principio general el sistema de prueba legal o tasada (DGT CV 12-9-14).

11) No se comprenden dentro de los **servicios de hostelería** los de alojamiento u hospedaje, porque este tipo de servicios no son los propios de los establecimientos que se mencionan en la normativa (Rgto Fac art.4.2). No obstante, los establecimientos que presten servicios de alojamiento u hospedaje sí pueden expedir facturas simplificadas cuando el importe no exceda de 400 euros o sea una factura rectificativa -Rgto Fac art.4.1- (DGT CV 9-7-13; CV 1-7-14). En el mismo sentido, respecto a los servicios de alojamiento en **apartamentos turísticos** (DGT CV 17-4-17).

7243 **12)** Se pueden consignar en una misma factura simplificada **varias operaciones** de diferente naturaleza, siempre y cuando respeten los límites cuantitativos previstos en la normativa vigente (DGT CV 12-11-14).

13) Se pueden hacer facturas simplificadas en las operaciones en las que aplique el **régimen especial** de bienes usados, objetos de arte, antigüedades y objetos de colección; el Rgto Fac no establece ninguna exclusión al respecto (DGT CV 15-6-16).

14) Las ventas de **derechos de suscripción a descargas**, que tienen la consideración de servicios prestados por vía electrónica, nunca exceden, impuesto incluido, del importe de 400 euros, por lo que la sociedad puede documentar sus prestaciones de servicios mediante la expedición de una factura simplificada. Igualmente, puede expedir una factura simplificada para documentar los servicios que preste a sus clientes establecidos en otros Estados miembros de la Comunidad siempre que dichos servicios estén sujetos (LIVA art.70.Uno.8º). Por último, la sociedad puede expedir una factura simplificada cuando los servicios prestados a particulares establecidos en otros Estados miembros no estuvieran sujetos al IVA, pero la consultante aplicase el régimen especial aplicable a los **servicios tecnológicos** por los servicios prestados por empresarios o profesionales establecidos en la comunidad, pero no en el estado miembro de consumo, y España sea su Estado miembro de identificación (DGT CV 26-3-19). Actualmente la referencia a los regímenes aplicables a los servicios tecnológicos, debe hacerse a los regímenes especiales aplicables a las ventas a distancia y a determinadas entregas interiores de bienes y prestaciones de servicios (regímenes especiales relativos al **comercio electrónico** -nº 9300 s.-).

15) Pueden expedirse facturas simplificadas para documentar entregas de bienes que vayan a ser objeto de **exportación** por el adquirente -régimen de viajeros- (DGT CV 11-9-20).

7244 Jurisprudencia Es ajustado a derecho el acuerdo de la AEAT por el que denegó a una fundación la autorización para no expedir factura por los servicios de asistencia social y culturales prestados de forma gratuita y para emitir tique (actualmente, factura simplificada) cuando se presten de forma onerosa, basándose en la **excepcionalidad** con la que ha de permitirse la salida del régimen ordinario de facturación, ya que dicho régimen es considerado por el ordenamiento como el más adecuado para llevar a cabo el necesario control en la correcta liquidación de los tributos. Admitiendo el **importante coste** que en este caso concreto puede suponer para la fundación el cumplimiento de las normas de facturación, ello no puede conllevar que se ponga en entredicho unas formas de control que el ordenamiento considera idóneas (TS 3-7-12, EDJ 154776).

Excepciones (Rgto Fac art.4.4) Las siguientes operaciones quedan excluidas del ámbito de las facturas simplificadas, por lo que, en todo caso, se debe expedir **factura completa**: 7245
- entregas de bienes destinados a otros Estados miembros de la UE exentas del IVA (nº 5215 s.);
- ventas a distancia intracomunitarias de bienes localizadas en el TIVA -LIVA art.68.Tres.a- (nº 9244 s.), salvo cuando les resulte aplicable el régimen de la Unión (nº 9335 s.);
- entregas de bienes o prestaciones de servicios que se entiendan realizadas en el TIVA, cuando el proveedor del bien o prestador del servicio no se encuentre establecido en el citado territorio, el sujeto pasivo del IVA sea el destinatario para quien se realice la operación sujeta al mismo y la factura sea expedida por este último;
- entregas de bienes o prestaciones de servicios referidas en el apartado nº 2 de la letra B del nº 7196. Ver en el nº 7243, la DGT CV 26-3-19.

Precisiones Por las **ventas a distancia intracomunitarias** incluidas en la LIVA art.68.Cinco (nº 9247), puede expedirse factura simplificada.

Doctrina Administrativa Está vetada la posibilidad de expedir facturas simplificadas en el caso de prestaciones de **servicios localizadas fuera de la Comunidad**. Debe expedirse una factura completa (DGT CV 13-5-14; CV 6-8-14). En el mismo sentido en relación con una escuela de perfeccionamiento del deporte que ofrece cursos en línea para entrenadores situados fuera de la UE (DGT CV 16-4-24).

B. Contenido de las facturas

7246

Facturas completas (Rgto Fac art.6 y 7.1.a) Las facturas completas y sus copias han de contener unos **datos mínimos** que se detallan a continuación, sin perjuicio de las menciones que puedan resultar obligatorias a otros efectos y de la posibilidad de incluir otras menciones: 7247
1) El **número** y en su caso, la **serie**. La numeración de las facturas dentro de cada serie debe ser correlativa.
Se pueden utilizar **series separadas** si existen razones que lo justifican (p.e., cuando el obligado a su expedición tiene varios establecimientos o realiza operaciones de distinta naturaleza).
Es obligatoria la utilización de series específicas cuando se expidan facturas:
- por los destinatarios de las operaciones o por terceros (nº 7231), para cada uno de los cuales debe existir una serie distinta;
- rectificativas (nº 7292 s.);
- en procedimientos de ejecución forzosa (nº 7233);
- por agencias de viaje en los supuestos del nº 7235;
- completas simultáneamente con facturas simplificadas (nº 7272 s.);
- por aplicación de la regla de inversión del sujeto pasivo en las entregas de plata, platino, paladio, teléfonos móviles, videojuegos, ordenadores portátiles y tabletas digitales (nº 1380);
- para operaciones intragrupo en REGE nivel avanzado (nº 4920);
- determinadas prestaciones de servicios en los que intervienen agencias de viaje, intermediando en nombre y por cuenta ajena (nº 7235).
2) La **fecha** de su expedición.
3) El **nombre** y los apellidos, la razón o denominación social completa, del obligado a expedir factura y del destinatario de las operaciones.
4) El **NIF** atribuido por la Administración española o por la de otro Estado miembro de la UE, con el que ha realizado la operación el obligado a expedir la factura.
5) El **NIF** del destinatario en los siguientes supuestos:
- entregas intracomunitarias exentas (nº 5215 s.);
- operación cuyo destinatario es el sujeto pasivo del IVA correspondiente a aquella (inversión del sujeto pasivo: nº 1335 s., nº 1384 y nº 4440);
- operaciones realizadas en el territorio de aplicación del impuesto cuando el empresario o profesional obligado a expedir la factura se considera establecido en dicho territorio.
6) El **domicilio** del obligado a expedir factura y del destinatario de las operaciones.
7) La **descripción de las operaciones**, consignándose todos los datos necesarios para la determinación de la base imponible del IVA (nº 1700 s.) y del importe de aquellas, incluyendo el precio unitario sin IVA de dichas operaciones, así como cualquier descuento o rebaja no incluido en dicho precio unitario.

8) El tipo o **tipos impositivos** aplicados a las operaciones, incluyendo, en su caso, los del recargo de equivalencia, que deben constar separadamente.
9) La **cuota tributaria** que, en su caso, se repercuta, consignada por separado. Dicha cuota debe expresarse en euros (nº 7283).
10) La **fecha** de realización de las operaciones que se documentan o, en su caso, en la que se haya recibido el pago anticipado, siempre que se trate de fecha distinta a la de expedición de la factura.

7247.1 **11)** Cuando se trate de **operaciones exentas** del IVA, una referencia a las disposiciones correspondientes de la normativa comunitaria -Dir 2006/112/CE- o a los preceptos correspondientes de la LIVA o una indicación de que la operación está exenta del IVA. Lo expuesto es aplicable también cuando se documentan varias operaciones en una única factura y la circunstancia se refiera únicamente a parte de ellas.
12) En las **entregas de medios de transporte** nuevos exentas del IVA por estar destinados a otro Estado de la UE (nº 5435), se han de hacer constar en la factura los siguientes datos:
- las características de los vehículos;
- la fecha de su primera puesta en servicio; y
- las distancias recorridas u horas de navegación o vuelos realizadas hasta la entrega.

13) Cuando la factura se expida materialmente por el **adquirente o destinatario** de la operación (nº 7231 s.), la mención «facturación por el destinatario».
14) Si el sujeto pasivo del IVA es el **adquirente o destinatario** de la operación, la mención «inversión del sujeto pasivo».
15) Cuando se aplique el régimen especial de las **agencias de viajes**, la mención «régimen especial de las agencias de viajes».
16) Cuando se aplique el régimen especial de los **bienes usados, objetos de arte, antigüedades y objetos de colección**, la mención «régimen especial de los bienes usados», «régimen especial de los objetos de arte» o «régimen especial de las antigüedades y objetos de colección».
17) Cuando se aplique el **régimen especial del criterio de caja**, la mención «régimen especial del criterio de caja».

7248 Precisiones **1)** Cuando el obligado a expedir factura o el destinatario de las operaciones tienen **varios lugares fijos de negocio**, debe indicarse como domicilio la ubicación de la sede de actividad o establecimiento al que se refieren aquellas, si es que esta información es relevante para determinar el régimen de tributación de las operaciones.
2) La obligación de mencionar el **precio unitario** en las facturas expedidas puede entenderse válidamente cumplida cuando de la descripción de las operaciones pueda deducirse de forma automática y sin dificultad alguna el citado precio unitario, aunque expresamente no se consigne el mismo. Por ejemplo, sin necesidad de autorización administrativa, se puede consignar en las facturas el **precio global** de un determinado número de unidades de un producto, en lugar del precio unitario.
3) En las facturas pueden incluirse **otras menciones obligatorias** en otros ámbitos distintos del fiscal. Lo dispuesto en el Rgto Fac ha de entenderse sin perjuicio de cuantos deberes sean exigidos respecto a la expedición, entrega y conservación de factura o documento análogo por parte de empresarios y profesionales en el ámbito mercantil, financiero y asegurador, del régimen de sus actividades profesionales, en materia de subvenciones o ayudas públicas, o a efectos de la defensa de los consumidores y usuarios (Rgto Fac disp.adic.1ª).
Así, entre otros casos, se ha regulado la información adicional que debe añadirse:
- desde el 1-9-2022, en las facturas que se expidan con ocasión de ventas o entregas de **gases fluorados** o de productos, equipos o aparatos que los contengan (RD 712/2022 art.3.5);
- desde el 20-10-2022, en las facturas de **electricidad** al consumidor final (RDL 18/2022 disp.adic.4ª).

4) A efectos de su consideración como documento justificativo del derecho a la **deducción en el IVA** solo se considera factura aquella que tenga los datos y reúna los requisitos previstos (nº 7247 s.), no existiendo, en sentido estricto, un modelo de factura. No obstante, ver nº 7273 en relación con las facturas simplificadas.
5) Entre los datos que deben reunir las facturas no se exige que esta lleve **firma**.
6) En relación con determinados **datos particulares** a incluir en la factura completa, ver nº 7268 s.

7249 Doctrina Administrativa Además de las siguientes contestaciones de la DGT, ver nº 11000 s.
1) La obligación de consignar la **descripción de las operaciones** se puede cumplir haciendo mención en la factura a otros documentos que formen parte integrante de la misma en los que sí se consignen todos los datos necesarios para la determinación de la base imponible, incluyendo el precio unitario sin IVA de dichas operaciones, así como cualquier descuento o rebaja que no esté incluido en dicho precio unitario (DGT CV 18-3-05). Las facturas recapitulativas emitidas con mención de los correspondientes tiques (actualmente factura simplificada) no cumplen los requisitos exigidos legalmente si tales tiques no incluyen la

descripción de las operaciones exigida para las facturas o si no se incluye tal descripción al menos en un documento electrónico que se adjunte a los clientes con la factura electrónica, como parte integrante de la misma (DGT CV 1-4-11).
Si para dar cumplimiento al requisito de la descripción de las operaciones se utiliza la información contenida en los **albaranes**, en la factura se debe hacer mención a dicha circunstancia. El albarán debe conservarse debidamente anexado a la factura, puesto que, al servir como soporte documental de la descripción de las operaciones, debe considerarse que forma parte de la misma (DGT 23-3-04; CV 28-7-06).
Las exigencias relativas a la «**descripción de la operación**» se estiman cumplidas siempre que la información aportada a la Administración Tributaria sea lo suficientemente ilustrativa de la operación, aunque existan discrepancias insignificantes en los cálculos aritméticos por efecto de los redondeos (DGT CV 11-1-06; CV 5-7-06; CV 29-6-18).
Si para la determinación de la contraprestación fijada para el servicio de adaptación prestado, resulta necesaria la inclusión en algunos casos de **proyectos técnicos**, informes de laboratorios o dictámenes realizados, debe incluirse en la descripción (DGT CV 18-7-06). En las facturas que expidan los sujetos pasivos que documenten entregas de vehículos acogidos al **plan de ayudas PIVE** (actualmente Plan Renove), se pueden especificar las menciones que se regulan en la Resolución que aprueba las bases reguladoras de este Plan y, en particular, la aplicación de los descuentos que en la misma se especifican (DGT CV 26-4-13).
La descripción de las operaciones contenidas en una factura debe ajustarse a la realidad de las efectuadas por el empresario o profesional, pudiendo expresarse con el **detalle** que las partes hayan pactado al efecto, con independencia de cuál sea el grado de exigencia a efectos tributarios (DGT 19-12-01).
Con respecto a una **central de compras** que realiza un elevado número de operaciones comerciales con sus asociados, no resulta ajustada a derecho la fórmula de adjuntar a las facturas emitidas para sus asociados, las recibidas de los proveedores en cada operación respectiva, en las que sí se contiene una descripción detallada de dichas operaciones (DGT 13-2-02).

2) No resultaría ajustada a derecho la **sustitución de los datos de identificación** de los empresarios o profesionales, tanto en las facturas expedidas como en las recibidas, por los de su representante fiscal en España (DGT 27-10-97). Asimismo, las facturas en las que conste la **denominación comercial o marca** de la destinataria, en lugar de la denominación social completa, no tienen la consideración, a efectos del IVA, de documentos justificativos del derecho a la deducción (DGT 17-2-98). Cuando existan limitaciones informáticas, que no permitan hacer constar en las facturas los datos de identificación completos del destinatario, pueden utilizarse a tales efectos **abreviaturas** de uso común y generalmente aceptado (DGT 16-9-02). En todo caso resulta cumplido dicho requisito cuando la denominación o razón social abreviada que conste en las facturas recibidas sea la que conste en la tarjeta de identificación fiscal (DGT 13-4-04). **7250**
Siendo el sujeto pasivo adquirente una **comunidad de bienes**, nada impide que en las facturas se hagan constar otras menciones no obligatorias, como la participación de cada uno de los comuneros en el bien adquirido (DGT 15-12-03). Pueden incluirse en las facturas que se expidan otros **datos distintos** de los que deben figurar con carácter obligatorio, siempre que no dificulten o distorsionen la comprensión de la factura y/o la de la operación que se documenta (DGT 4-6-01).
En la entrega de un solar en régimen de proindiviso a dos personas jurídicas que resultan copropietarias de aquel y han constituido una **UTE**, dicha UTE es la que debe figurar como destinataria en la factura que expida el transmitente (DGT CV 28-1-05).
Es necesario consignar, en su caso, el nombre y apellidos del destinatario de la operación en las facturas expedidas y el libro registro de las facturas expedidas. A estos efectos, debe atenderse con carácter preferente al señalado en **documentos oficiales identificativos** de la persona física que se encuentren vigentes, como el DNI, el NIF, la tarjeta de identidad de extranjeros o el NIE y, a falta de los anteriores el que figure en el pasaporte en vigor u otro documento que acredite su identidad, expedida por las autoridades competentes del país de origen o de procedencia (DGT CV 5-11-24).
En las operaciones efectuadas en clínicas y otros establecimientos sanitarios no es obligatorio consignar el nombre completo y número de colegiado del **facultativo** que ha prestado el servicio médico, sin perjuicio de que dicha información pueda constar en la factura sin desvirtuar dicha condición (DGT CV 5-6-25).
3) En las facturas debe constar tanto el **domicilio** del expedidor como del destinatario, considerándose como tal el domicilio fiscal que figure a efectos censales. No obstante, nada impide que en las mismas se haga mención a los **centros de trabajo** a los que se remite la mercancía (DGT 4-5-98; CV 17-12-10).
El domicilio que debe hacerse constar en las facturas expedidas por una **persona física** que desarrolla una actividad económica es el correspondiente al lugar donde se desarrolla la misma, sin perjuicio de que en dichas facturas también pueda hacer constar su residencia habitual, si se considera conveniente (DGT CV 14-9-05; CV 27-1-06; CV 26-3-21).

7251 **4)** La **numeración** debe ser correlativa. Debe haber una correspondencia entre este deber de correlación y la fecha en que se emita. Por tanto, la **fecha relevante** para determinar la correlación en la numeración de las facturas es la fecha de su expedición, y no la fecha de realización de las operaciones que en las mismas se documentan (DGT CV 21-2-22).

El sistema informático de una empresa asigna automáticamente un número correlativo de factura al solicitarse por cada operación de transporte. Como las operaciones se facturan en la fecha en que se produce el transporte de las mercancías, distinta de la que correspondió al asignarse el número de la misma, se produce una **alteración entre el orden correlativo** de las facturas y el orden de fechas de las mismas. Por tanto, no resultaría ajustado a derecho el sistema de numeración de las facturas expedidas al no cumplir los requisitos (DGT 2-10-98).

Cuando, por cualquier circunstancia, se produzca la **interrupción** de la secuencia correlativa de la numeración de las facturas emitidas, debe utilizarse una nueva serie de facturación (DGT 21-7-99).

Un empresario puede establecer una **serie distinta para cada cliente** cuando existan razones de carácter informático y contable que así lo justifiquen (DGT CV 17-1-05). También se considera válido el sistema de utilización de una serie de facturación diferente **por cada promoción inmobiliaria** (DGT 23-12-99) o de una serie especial de facturación mensual, en la que claramente se especifica dicha naturaleza y su numeración es correlativa dentro de cada serie (DGT CV 6-4-06).

Pueden utilizarse series específicas de facturación siempre que su existencia esté **justificada** y su utilización no constituya un impedimento para las correspondientes tareas de comprobación, no estando sujetos a ningún procedimiento de autorización (DGT 20-4-04; CV 22-12-06). Por ejemplo, en los casos de reestructuración administrativa e informática desde una determinada fecha (DGT CV 1-12-08). Las posibles razones justificativas de la expedición de facturas en serie separadas constituyen una cuestión de hecho que se puede **acreditar** por cualquier medio de prueba admisible en Derecho (DGT CV 13-11-17).

7252 Las facturas y vales tienen su propio sistema de **numeración** correlativa o secuencial que debe respetarse en todo caso. La emisión de un **tique sustitutivo de una factura** (actualmente, factura simplificada), no puede alterar la numeración correlativa de las facturas de una serie que debe seguir su orden correspondiente. Los tiques han de llevar su propia numeración debiendo los sujetos pasivos conservar los rollos en los que se anoten estas operaciones (DGT 19-10-00).

No existe obligación de hacer constar físicamente en las facturas y documentos recibidos el **número correlativo de recepción** de aquellos, asignado por un sistema de gestión informática y que consta en el Libro registro de facturas recibidas (DGT CV 19-4-06).

Cuando se produce un **salto en la numeración correlativa de las facturas**, como consecuencia de un error en la aplicación informática, cabe considerar que dicho salto no altera la correlación numérica, siempre y cuando dicha circunstancia quede debidamente acreditada y la misma no dificulte la comprobación por la Administración tributaria de las obligaciones del sujeto pasivo. Aunque no se contemple el supuesto objeto de consulta como uno en los que resulte obligado utilizar una serie específica de facturación, es posible iniciar una nueva serie específica, cuando dicha utilización permita una mejora en la organización administrativa y coadyuve a las correspondientes comprobaciones de la Administración tributaria (DGT CV 16-11-09). En el mismo sentido, incluso en el caso de que dicho salto no sea simultáneo en las diversas tiendas de la entidad (DGT CV 21-1-20).

Una entidad en el desarrollo de su actividad económica puede expedir facturas cuyo inicio de numeración se corresponda con el **comienzo del año natural** correspondiente, guardando una correlación entre las fechas de expedición y la correspondiente numeración (DGT CV 11-2-14).

No es conforme a Derecho un sistema de numeración que implique, sistemáticamente, que las facturas puedan quedar identificadas, dentro del mismo año natural y por motivo de la configuración de las máquinas que las expiden, con el **mismo número** (DGT CV 14-6-16).

Es obligatoria la expedición en series específicas de las **facturas realizadas por terceros**, para cada uno de los cuales debe existir una serie distinta. Es decir, debe existir una serie distinta y específica para cada uno de los terceros que expidan factura en nombre y por cuenta de una entidad, pero no necesariamente por cada cliente de la entidad cuyas facturas sean expedidas por dichos terceros (DGT CV 16-12-11).

7253 **5)** Tratándose de una **entidad no establecida** en España pero que dispone de un **NIF** atribuido por la Administración española por realizar otras operaciones, el NIF que ha de consignarse en las facturas que documenten las entregas de bienes a empresarios establecidos es el que le hubiera atribuido la Administración española (DGT 29-9-99; CV 9-6-08). Si la entidad no establecida actúa a través de un **establecimiento permanente** en el territorio español, dado que utiliza los medios materiales y humanos del establecimiento para la realización de sus operaciones, en las facturas emitidas se debe consignar el NIF atribuido por la Administración española a este establecimiento (DGT CV 1-3-19; CV 13-9-19).

Si las facturas se emiten por servicios prestados al establecimiento permanente situado en TIVA, debe constar el **NIF** atribuido por la Administración española a dicho establecimiento permanente, así como su domicilio, puesto que dicha referencia resulta relevante para la determinación del régimen de tributación correspondiente a las operaciones documentadas en las facturas (DGT 15-12-03; CV 6-9-11).

Puesto que los destinatarios de las operaciones **no disponen de NIF**, basta con indicar en la factura su nombre y apellidos o denominación social y su domicilio (DGT CV 1-8-00). En caso de una **organización internacional** que tienen su sede en un país de la UE y tiene reconocida por sus autoridades tributarias la exención en el impuesto, pero carece de NIF, no es preceptivo consignarlo (DGT CV 9-9-16).

Una **empresa no establecida** en TIVA recibe servicios de almacenaje y depósito prestados por una empresa establecida. La no establecida dispone de NIF atribuido por la Administración española a efectos de la declaración recapitulativa e INTRASTAT. En la factura expedida por la empresa española para la entidad no establecida, deben figurar los datos de identificación de dicha entidad no establecida, debiendo constar el **NIF** atribuido por la Administración del Estado miembro de residencia de dicha entidad no establecida (DGT 3-3-03). En este sentido, se requiere que se consigne el NIF del destinatario en determinados supuestos, pero no se exige que se trate de un número atribuido por la Administración española (DGT 10-6-08; 10-6-08).

No resulta ajustado a derecho que en la factura se consigne un NIF que no se corresponda con los datos de **identificación del titular** de dicho número, o viceversa (DGT 4-3-04).

En las operaciones en las que el **destinatario es el sujeto pasivo** del IVA es preceptiva la consignación del NIF atribuido por la Administración tributaria española al destinatario (DGT CV 3-1-13; CV 13-10-15).

La consignación del NIF del destinatario de una operación, atribuido por la Administración tributaria española o, en su caso, por la de otro Estado miembro de la UE, no es obligatoria en una operación de **venta a distancia** (actualmente ventas a distancia intracomunitarias de bienes -nº 9244 s.-) realizada sin la intervención de un establecimiento permanente, en el territorio español de aplicación del Impuesto, cuando el destinatario sea un consumidor final que no actúe como sujeto pasivo del impuesto (DGT CV 9-4-13). **7254**

Los sujetos que necesiten disponer de un NIF/IVA, otorgado por la Administración española, por ser destinatarios de servicios prestados por **empresarios o profesionales no establecidos** en el TIVA respecto de los cuales sean sujetos pasivos, deben hacerlo constar en las facturas correspondientes a este tipo de operaciones que lleven a cabo con dicha condición, puesto que tal referencia resulta relevante para la determinación del régimen de tributación correspondiente a las operaciones documentadas en las facturas (DGT CV 7-5-13).

Debe hacerse constar el NIF/IVA atribuido por la Administración española en las facturas que documenten las **entregas intracomunitarias** de bienes de las que se es sujeto pasivo del Impuesto. Por lo que respecta a las facturas correspondientes a **adquisiciones interiores** de bienes de las que resulta destinataria, es obligatoria la consignación del NIF del destinatario, pero nada impide que en la factura consten otros datos o requisitos no obligatorios distintos de los contenidos en el Rgto Fac, como la mención del NIF/IVA otorgado por el Estado miembro de establecimiento (DGT CV 22-11-11).

En las **entregas intracomunitarias** de bienes sujetas y **exentas** del IVA, el sujeto pasivo obligado a expedir factura debe consignar su NIF, así como el NIF del destinatario de las operaciones (DGT CV 9-7-19). En las **transferencias de bienes** a otro E.m. el sujeto pasivo debe consignar, entre otros datos, el NIF/IVA atribuido por el E.m. de llegada de los bienes (DGT CV 11-9-19).

Una sociedad mercantil con sede en el TIVA forma parte de un grupo de empresas y **vende a otra entidad del grupo establecida en Bélgica**. Los productos vendidos a la entidad belga tienen distintos destinos, de forma que unos son entregados a la adquirente en el TIVA y otros son expedidos por orden de esta hacia otros E.m. o hacia un país o territorio tercero:

- en las facturas expedidas por entidad para documentar las entregas de bienes interiores realizadas a favor de la entidad belga, solo es preceptiva la consignación del NIF de aquella, que es la obligada a expedir la factura;
- respecto de las entregas de bienes exentas por ser los bienes objeto de exportación, no debe la entidad con sede en el TIVA consignar de forma obligatoria número alguno de identificación de la entidad belga;
- en cuanto a los bienes que son objeto de expedición o transporte a otros E.m., la factura que documente dicha entrega debe ser expedida consignado de forma obligatoria un NIF/IVA concedido a la entidad belga por las autoridades de un E.m. distinto de España (DGT CV 1-8-18).

6) Una sucursal en el territorio de aplicación del impuesto de una entidad alemana, identificada en el Censo de obligados tributarios con la clave «W» como **establecimiento permanente** de una entidad no residente en territorio español, es la responsable de comercializar al por mayor los bienes de la casa central en el citado territorio. Todas las ventas a clientes españoles efectuadas por la entidad alemana son facturadas, indicando en la factura el número de identificación asignado a la misma por las autoridades españolas, con clave «W», incluidas aquellas operaciones de venta en las que los bienes vendidos son transportados directamente desde las instalaciones de la casa central en Alemania, a las instalaciones de los clientes en el territorio de aplicación del impuesto. En el caso de las entregas interiores, en la factura debe consignarse el NIF atribuido por la Administración tributaria española a la casa central con clave «W», sin perjuicio de las funciones que puede tener asignadas la sucursal española por la casa central, como pudiera ser la expedición material centralizada de las facturas que tuvieran por destinatarios a los clientes del mercado español, consignando el NIF que proceda dependiendo de la naturaleza de la operación realizada y la intervención del establecimiento permanente (DGT CV 16-7-20). **7255**

7) Un **colegio oficial** cobra a sus colegiados unas **cuotas** denominadas «derechos de incorporación» así como los denominados «derechos por intervenciones profesionales sujetas a visado». En algunas ocasiones, estas cuotas o derechos son pagadas a los colegiados por las empresas para las que trabajan, tanto si lo hacen por cuenta propia como por cuenta ajena.
En la medida en que los **colegiados** sean los obligados al pago de las cantidades exigidas por el Colegio Oficial, deben aparecer en las facturas como destinatarios de los servicios prestados, con independencia de quién haga efectivo su pago. No obstante, si el profesional colegiado actuase frente a su colegio profesional en nombre de la empresa con la cual tiene una dependencia laboral, pero como consecuencia de la regulación colegial y, por tanto, a otros efectos no estrictamente fiscales, debiera consignarse al profesional, a dicha mención debe añadirse la de la entidad bajo cuya dependencia laboral actúa aquel, en su condición de destinataria de los servicios de visado de proyectos encargados por el profesional en nombre y por cuenta de su empresa (DGT CV 17-10-11; CV 1-10-13; CV 27-8-18; CV 25-3-22; CV 30-9-25).

7256 **8)** En ausencia de contraprestación (**autoconsumo** de bienes) debe entenderse como destinatario de las operaciones a la persona física o jurídica que hubiera resultado obligada frente al sujeto pasivo a efectuar el pago de la contraprestación o, dicho en otros términos, al beneficiario de la entrega a título gratuito de la misma (DGT 17-12-03; CV 12-4-10).
9) Debe entenderse por **destinatario**, cuya identificación ha de consignarse en la correspondiente factura, la persona física o jurídica destinataria jurídica de las operaciones, obligada frente al sujeto pasivo a efectuar el pago de la contraprestación, con independencia, en cualquier caso, de quién sea la persona o entidad que efectúe su pago material. Por tanto, la factura debe emitirse al destinatario jurídico de los servicios prestados de acuerdo con las condiciones contractuales pactadas (DGT CV 15-2-24).
Si **no resulta clara** la determinación de quién es el destinatario de los servicios, se debe atender al criterio del obligado al pago de los mismos, o de quien proceda al sostenimiento de los gastos como consecuencia del desarrollo de la actividad (DGT 9-2-04).
10) Una entidad realiza operaciones de entrega de bienes para un cliente que, además de tener su sede social en Madrid, dispone de otros **establecimientos en Canarias, Ceuta y Melilla**. En el caso de que el lugar al que se refieran las operaciones sea relevante para determinar la tributación de las mismas, en la factura expedida debe especificarse, además del domicilio fiscal del cliente o destinatario, la ubicación de la sede de actividad o establecimiento al que se refieran las mismas, es decir, los envíos a Canarias, Ceuta y Melilla (DGT CV 23-5-08).
En las facturas debe indicarse además del domicilio fiscal, la sede de la actividad o del establecimiento al que se refieran las operaciones que se documenten (DGT CV 7-10-15; CV 30-6-22).
11) Si unos **documentos bancarios de cobro** reúnen la totalidad de los requisitos exigidos legalmente respecto al contenido de las facturas, tienen la consideración de factura (DGT 14-6-04; 20-9-04; CV 23-2-05; CV 3-4-08).
12) Las facturas que esté obligada a expedir una entidad para documentar las operaciones de las que sean destinatarias las **Administraciones Públicas**, deben reunir todos los datos y requisitos exigidos legalmente respecto al contenido de las facturas (nº 7247 s.), incluida la consignación de la cuota repercutida separadamente de la base imponible (DGT 16-9-04).
13) Los registradores mercantiles están obligados a expedir facturas cuando se documenten operaciones sujetas a IVA, pero no están obligados a incluir en ellas la **retención a cuenta del IRPF**, si es que esta debe practicarse (DGT 6-8-04). En el mismo sentido de no hacer mención a la retención del IRPF en los supuestos de arrendamientos de un local de negocios, DGT CV 8-6-07; CV 7-11-17.

7257 **14)** Se puede pactar entre las partes que se expresen los precios unitarios en euros con **más de dos decimales** y operar con ellos para el cálculo de las cuotas del IVA, o bien expresar dichos precios unitarios con dos decimales y posteriormente efectuar los correspondientes cálculos, si bien, en todo caso, en los importes totales a pagar o cobrar se deben redondear por exceso o por defecto al segundo decimal que corresponda al céntimo de euro más próximo. Las cuotas impositivas así calculadas son las que deben consignarse en la correspondiente factura y ser objeto de declaración-liquidación (DGT CV 28-9-09; CV 7-7-05; CV 29-6-18).
15) Al efectuar una entrega de bienes mediante contraprestación, con la entrega de una **cantidad adicional de producto a coste cero** a los clientes como consecuencia de una determinada campaña promocional, existe la obligación de emitir la correspondiente factura, teniendo en cuenta que en la descripción de las operaciones deben incluirse todos los datos necesarios para la determinación de la base imponible del Impuesto correspondiente a aquellas y su importe, haciendo mención a las entregas de producto sin coste (DGT CV 4-5-05; CV 23-2-17).
16) En las facturas expedidas deben consignarse todos los datos necesarios para la determinación de la base imponible del Impuesto, incluyendo, entre otros conceptos, el importe de los gastos de **portes o transportes** cobrados a los clientes (DGT CV 12-5-05; CV 7-9-06).
17) La prestación de un servicio de promoción y marketing, consistente en la ubicación preferente de sus productos en sus establecimientos, obliga a expedir una factura, que reúna los datos y requisitos exigidos legalmente, con independencia de que en la misma figure o no el **término factura** (DGT CV 9-6-06).
El destinatario no puede exigir la inclusión en la factura de la **denominación específica "factura"** o "factura simplificada", dado que no son menciones específicas exigidas (DGT CV 31-10-23).

18) Las **subvenciones** que reciben empresarios del taxi para la instalación de equipos de seguridad GPS-GSM deben aparecer consignadas en las correspondientes facturas, al incluirse en la contraprestación de la adquisición de dichos equipos (DGT CV 29-11-06). 7258

19) No se impone la obligación de consignar el dato del **lugar de realización** de las operaciones, pero tampoco se impide que en las facturas puedan incluirse otras menciones no obligatorias, distintas de las exigidas legalmente, si así lo estima conveniente el sujeto pasivo (DGT CV 28-7-06).

20) En una actividad desarrollada por un matrimonio casado en **régimen de gananciales**, es válida la factura expedida por los proveedores a nombre de ambos cónyuges o de uno cualquiera de ellos. Igualmente, es válida la factura emitida por las ventas realizadas a nombre de ambos cónyuges o de uno sólo de ellos (DGT CV 22-2-07).

21) La **consignación agrupada** en la factura de las **cuotas del IVA** según el tipo impositivo aplicable por dicho impuesto, no resulta suficiente para dar cumplimiento a la normativa que regula las obligaciones de facturación, porque obliga al destinatario de la factura a efectuar el correspondiente cálculo para averiguar cuáles han sido los tipos aplicados a cada una de las categorías de productos entregados (DGT CV 15-12-06).

22) En el supuesto de que los **gastos accesorios** (fotocopias, hoteles, comidas, taxis, kilometraje, autopistas, billetes de avión y tren etc.) incurridos en la prestación de servicios a los clientes, no tengan la consideración de suplidos y, por tanto, formen parte de la base imponible de las operaciones efectuadas, el importe de dichos gastos debe consignarse en las correspondientes facturas, como parte de los honorarios o precio de las operaciones, o de forma separada (DGT CV 1-12-08).

23) Se debe consignar de forma expresa en la factura la relación de artículos que se entregan sin cargo como consecuencia del sistema de **rappels** establecido, al no estar dicho descuento incluido en el precio unitario de los artículos solicitados por el cliente y afectar a dicho precio unitario (DGT CV 7-7-08). En el mismo sentido, deben consignarse expresamente en la factura los **descuentos** concedidos por el proveedor (DGT CV 8-7-08). 7259

24) Las **provisiones de fondos** tienen la consideración de pagos anticipados por lo que su cobro implica el devengo del IVA. La factura que se emita debe expedirse a nombre de la persona obligada a su pago (DGT CV 4-9-09).

25) Cuando se adquieren bienes de inversión **antes de la constitución** de una sociedad civil por parte de uno de los futuros socios, pero con el objeto de destinarlos a la realización de la actividad objeto de esta sociedad, las adquisiciones deben realizarse a nombre de la sociedad civil, mediante el uso del NIF provisional de la entidad. Es decir, las facturas deberían expedirse a nombre de la sociedad civil siempre que esta fuera realmente la destinataria de los bienes adquiridos y ya existiera, en dicho momento, un acuerdo de voluntades para la constitución de esa persona jurídica (DGT CV 19-6-09).

Cuando una sociedad aún no ha sido inscrita en el Registro Mercantil, los gastos notariales por su constitución deben facturarse a la **sociedad en formación**, no a los socios de la sociedad, los cuales deben solicitar un NIF provisional para la sociedad en formación (DGT CV 7-9-11).

26) La entidad **proveedora de un comerciante minorista** en régimen especial del recargo de equivalencia, debe repercutirle el IVA devengado y, además, el recargo de equivalencia, excepto cuando el comerciante minorista acredite, por escrito, no estar sometido a dicho régimen. En las facturas se debe consignar, separadamente, la base imponible, el tipo, la cuota repercutida y, en su caso, el recargo de equivalencia (DGT CV 13-2-09).

27) En las facturas que se expidan para documentar las obras de reforma y reparación, puede hacerse constar expresamente la circunstancia de que dichas obras cumplen con el requisito de que el **coste de los materiales** no excede del 33% (actualmente 40%) de la base imponible de la operación, lo que permite la aplicación de un tipo impositivo reducido (DGT CV 29-12-10). 7260

28) Una entidad tiene como actividad la recogida de aceites vegetales usados fundamentalmente a pequeños empresarios del sector de la hostelería. Estos empresarios le entregan el aceite vegetal para su reciclado y venta, y como contraprestación, la entidad les entrega productos de limpieza o les realiza servicios de limpieza de los utensilios relacionados con dichos residuos. La entidad puede facturar la entrega del aceite vegetal usado en nombre de los empresarios hosteleros, pero no puede **incluir en una misma factura** tanto la entrega de los empresarios hosteleros, como la entrega de los productos de limpieza o los servicios de limpieza que efectuaría como contraprestación de aquella entrega (DGT CV 17-7-19).

29) En el proceso de producción, una entidad obtiene un subproducto que entrega a otras empresas por **precio negativo**, es decir, que abona una cantidad por tonelada de subproducto para su recogida y eliminación. La entidad es destinataria de un servicio que está sujeto y no exento del IVA. Por lo tanto, está obligada a soportar la repercusión del impuesto, sin que resulte procedente expedir facturas con signo negativo o realizar una compensación y minoración de la base imponible correspondiente a otras operaciones (DGT CV 5-11-09).

30) En las **entregas de oro de inversión exentas** a una entidad, y en las que no se haya producido la renuncia a la exención por el transmitente, este es el sujeto pasivo de la operación y quien debe expedir factura en la que conste que la operación está exenta y el precepto de la LIVA en que se basa la exención (DGT CV 6-10-09).

7261 **31)** En una **transmisión de inmuebles** sujeta y exenta del IVA en la que se ha **renunciado a la exención**, siendo sujeto pasivo el adquirente, la entidad transmitente debe expedir su correspondiente factura sin repercusión del IVA, debiendo constar la mención inversión del sujeto pasivo (DGT CV 22-10-13; CV 20-2-14).

32) En las operaciones relativas a los inmuebles, cuando los notarios solicitan de los registradores de la propiedad la titularidad y el estado de cargos de los mismos en cumplimiento del Reglamento notarial, deben consignarse como destinatarios de las operaciones a los **notarios** demandantes de la información registral (DGT CV 24-5-11).

33) El ayuntamiento que ha ejecutado unos avales a una empresa para proceder a la **ejecución subsidiaria de unas obras**, es el que debe figurar como destinatario de las facturas expedidas por las empresas que han realizado las obras, con independencia de que el pago de las citadas obras se realice con el importe obtenido por la ejecución del aval (DGT CV 7-3-11).

34) El destinatario de los servicios prestados por el **albacea**, y quien debe figurar como destinatario en la correspondiente factura, es la persona que le ha realizado el encargo, es decir, el propio testador, en este caso, la herencia yacente, aunque sean los herederos los que se beneficien del resultado (DGT CV 16-11-11; CV 4-6-14).

35) En el caso de las facturas expedidas por los **protésicos dentales**, debe entenderse por destinatario de la operación, cuya identificación ha de consignarse en la correspondiente factura, el facultativo o, en su caso, el paciente que hubiera encargado la elaboración de la prótesis y siempre que este fuese el obligado a su pago (DGT CV 16-3-11).

7262 **36)** En las facturas que documenten las operaciones de transporte de viajeros en **vehículos autotaxis**, expedidas para otros empresarios o profesionales, para que estos últimos puedan deducir el IVA soportado en dichas operaciones, no es obligatorio consignar la matrícula del vehículo mediante el cual se preste el servicio de transporte, sin perjuicio de que tal dato conste en la citada factura (DGT CV 18-1-12).

37) En las facturas debe constar la **fecha de su expedición** que, generalmente, coincide con el momento de realizarse la operación. Cuando no sea así, es decir, cuando la fecha de expedición no coincida con aquella en la que se hubieran efectuado las operaciones, debe hacerse constar esta última en la factura correspondiente (DGT CV 26-3-14).

En la factura emitida por un **pago anticipado** no es necesario incluir la fecha de la operación futura, solo la fecha en la que se recibe el pago anticipado cuando sea distinta de la de emisión de la factura (DGT CV 9-12-24).

38) Sin perjuicio de la afección real de los terrenos prevista en la normativa urbanística, los destinatarios de los servicios prestados por la **junta de compensación** son los propietarios fundadores (DGT 8-6-16).

39) La regulación contenida en Rgto Fac no impide que una parte de la factura sea **completada de manera manual**, aunque esta haya sido creada utilizando medios mecánicos o electrónicos. Por tanto, se puede completar manualmente (a bolígrafo) las facturas después de su impresión, y estas no pierden la consideración de factura a los efectos del IVA cuando contenga las menciones específicas previstas y garantice la autenticidad de su origen y la integridad de su contenido (DGT CV 25-9-18).

7264 Jurisprudencia **1)** A efectos de la deducción y devolución de las cuotas del IVA, las facturas deben reunir todos los **requisitos legales**, como el DNI, sin que se puedan distinguir requisitos formales y sustanciales, teniendo todos el mismo valor (TSJ Navarra 9-11-94, Rec 96/91).

2) En relación con las facturas por **servicios médicos y hospitalarios**, el describir las actuaciones médicas realizadas atentaría contra el secreto profesional y la intimidad de los pacientes, por lo que en estos supuestos la descripción de la operación ha de ser necesariamente genérica (TS 6-3-89, EDJ 500005; AN 1-12-05, EDJ 321142).

3) El importe que se menciona como IVA en la factura extendida por una persona que presta servicios al Estado mediante una **relación de subordinación**, no debe calificarse de IVA en el caso de que dicha persona crea por error que presta los servicios como independiente (TJUE 6-11-03, asuntos C-78/02 a C-80/02).

4) Las facturas deben contener una descripción detallada de las operaciones, pero para cumplir con este requisito, es insuficiente una descripción genérica de las mismas, sin determinar unidades e importe, o la mención «según órdenes adjuntas» o similares que remitan a los **albaranes** de la entrega (TEAC 10-11-05).

5) Ante la inexistencia de normativa comunitaria específica, corresponde a los Estados miembros determinar las reglas y los métodos de **redondeo** de las cuotas del IVA. El Derecho comunitario, en su estado actual, no incluye ninguna obligación específica en virtud de la cual los Estados miembros deban autorizar a los sujetos pasivos a redondear a la baja la cuota del IVA (TJUE 10-7-08, asunto C-484/06).

Puesto que los comerciantes que calculan los **precios** de sus ventas de bienes y de sus prestaciones de servicios **con inclusión del IVA**, se encuentran en una situación diferente respecto de aquellos que realizan el mismo tipo de operaciones a precios sin IVA, los primeros no pueden alegar el principio de neutralidad fiscal con objeto de reivindicar la autorización para practicar igualmente el redondeo a la baja de las cuotas de IVA devengadas en el nivel de la clase de productos y de la operación (TJUE 5-3-09, asunto C-302/07).

6) La simple indicación de «**Honorarios**» contenida en la factura no cumple las exigencias de especificación de los servicios prestados (TSJ Burgos 16-10-09, EDJ 254426). 7265

7) La normativa europea no impone al sujeto pasivo que realiza entregas de bienes en relación con **animales sometidos al sistema de identificación** y registro la obligación de indicar las marcas auriculares de los animales en las facturas relativas a las entregas de los mismos (TJUE 18-7-13, asunto C-78/12).

8) El **NIF** del expedidor debe constar siempre, pero no así el del **destinatario**, que tiene algunas excepciones. No obstante, debe figurar en las entregas intracomunitarias de bienes, en los supuestos de inversión del sujeto pasivo y cuando se trate de operaciones que se entiendan realizadas en TIVA y el empresario o profesional obligado a la expedición de la factura haya de considerarse establecido en dicho territorio.

No es necesaria la consignación del NIF si se trata de facturas simplificadas no cualificadas para ejercitar el derecho a la deducción (anteriormente documentos sustitutivos), puesto que estas no dan derecho a deducir.

En los supuestos en que el destinatario se encuentre establecido fuera de la UE, el expedidor cumple indicando en la factura respecto del destinatario de la operación su nombre y apellidos o denominación social y su domicilio (TEAC 16-7-15; 16-7-15).

9) Unas facturas en las que sólo se hace mención de unos «servicios jurídicos prestados desde [el día indicado] hasta la fecha», no cumplen, a priori, los **requisitos** exigidos en la normativa comunitaria -Dir 2006/112/CE art.226.6 y 7- (TJUE 15-9-16, asunto C-516/14).

Datos particulares de las facturas completas (Rgto Fac art.6.2, 3 y 5). Además de los datos mínimos que deben tener las facturas (nº 7247 s.), existe una serie de particularidades que deben recogerse en las facturas expedidas, que se detallan a continuación: 7268

a) Debe especificarse por separado la parte de **base imponible** de cada una de las operaciones que se documenten en una misma factura, cuando se incluyan operaciones:

- exentas del IVA y otras en las que no se dan dichas circunstancias;
- en las que el sujeto pasivo del IVA es su destinatario y otras en las que no se da esta circunstancia;
- sujetas a diferentes tipos del IVA.

b) Cuando se trate de las operaciones citadas en la letra a) del nº 2 del apartado B del nº 7196, se puede omitir la información relativa a la **descripción** de las operaciones, **tipo impositivo** y **cuota tributaria** (nº 7247), e indicar en su lugar el importe sujeto al IVA de tales bienes o servicios mediante referencia a la cantidad o al alcance de los bienes o servicios suministrados y su naturaleza.

c) En el caso de facturas generadas por los **sistemas informáticos** que soporten los procesos de empresarios y profesionales, y la estandarización de formatos de los registros de facturación (RD 1007/2023 art.7), además debe incluirse en la factura el siguiente contenido:

- la **representación gráfica** del contenido parcial de la factura mediante un código "QR". En el caso de factura electrónica, la representación gráfica puede ser sustituida por el contenido que representa el código "QR";
- deben incorporar la frase "**Factura verificable** en la sede electrónica de la AEAT" o "VERI*FACTU", únicamente en los casos en los que el sistema informático realice la remisión de todos los registros de facturación a la AEAT (RD 1007/2023 art.15 y 16).

En vigor desde 7-12-2023, los obligados tributarios (empresarios o autónomos), deben adaptarse a estos procedimientos con anterioridad a 1-1-2027 (RD 1007/2023 disp.final 4ª redacc RDL 15/2025).

Precisiones No obstante lo expuesto anteriormente, en estos supuestos no existe impedimento para que las citadas operaciones se documenten en **facturas independientes**, si así lo considera el obligado a expedir la factura.

Doctrina Administrativa Además de la siguiente contestación de la DGT, ver nº 11000 s. 7270

Cuando por precio único se presten servicios sujetos y no exentos del Impuesto y otros servicios sujetos pero exentos, la base imponible correspondiente a cada prestación de servicios se debe determinar repartiendo el **precio único** cobrado entre los distintos servicios en proporción al valor de mercado de cada uno de ellos (DGT 4-3-04; CV 30-12-08; CV 8-6-18). Nada impide que dichas operaciones puedan ser facturadas en una sola factura, o en facturas separadas, a elección del sujeto pasivo, siempre y cuando se desglosen las bases imponibles correspondientes a cada servicio (DGT 4-3-04; CV 30-12-08).

7272 **Facturas simplificadas** (Rgto Fac art.7) Las facturas simplificadas y sus copias han de contener unos **datos mínimos**, que se detallan a continuación, sin perjuicio de los datos o requisitos que puedan resultar obligatorios a otros efectos y de la posibilidad de incluir otras menciones:
a) El **número** y en su caso, la **serie**. La numeración de las facturas simplificadas dentro de cada serie ha de ser correlativa. Se pueden expedir mediante series separadas si concurren razones que lo justifiquen, como ocurre, entre otros casos, cuando:
- el obligado a expedirlas tiene varios establecimientos para realizar las operaciones o realiza operaciones de distinta naturaleza;
- son expedidas por los destinatarios de las operaciones o por terceros (nº 7231 s.), para cada uno de los cuales debe existir una serie distinta;
- son rectificativas (nº 7292 s.).

Si el empresario o profesional expide facturas simplificadas y **facturas completas** para la documentación de las operaciones efectuadas en un mismo año natural, es obligatoria la expedición mediante series separadas de unas y otras.
b) La **fecha** de su expedición.
c) La **fecha** en que se hayan efectuado las operaciones que se documentan o en la que, en su caso, se haya recibido el pago anticipado, siempre que se trate de una fecha distinta a la de expedición.
d) El **NIF**, nombre y apellidos, razón o denominación social completa del **obligado** a su expedición.
e) La identificación de los **bienes entregados** o de los **servicios prestados**.
f) El **tipo impositivo** aplicado, y, con carácter opcional, la expresión «IVA incluido». Cuando una misma factura comprenda operaciones sujetas a **diferentes tipos impositivos** del IVA, debe especificarse por separado, además, la parte de base imponible correspondiente a cada una de las operaciones.
g) La **contraprestación** total.
h) En caso de **facturas rectificativas**, la referencia expresa e inequívoca de la factura rectificada y de las especificaciones que se modifican.
i) En su caso, las menciones del nº 7247.1.

7273 **Datos particulares** (Rgto Fac art.7.2 a 5) Además de los datos mínimos que deben tener las facturas simplificadas (nº 7272) existen una serie de particularidades que deben recogerse en las facturas simplificadas expedidas, que se detallan a continuación:
a) A efectos de practicar la **deducción de las cuotas soportadas**, el expedidor de la factura simplificada debe hacer constar los siguientes datos, cuando el destinatario de la operación sea un **empresario o profesional** y así lo exija:
- NIF atribuido por la Administración tributaria española o, en su caso, por la de otro Estado miembro de la UE, así como el domicilio del destinatario de las operaciones;
- la cuota tributaria que, en su caso, se repercuta, que debe consignarse por separado.

b) También pueden hacerse constar los datos recogidos en el apartado a) anterior, cuando **no siendo empresario o profesional** el destinatario de la operación, así lo exija para el ejercicio de cualquier derecho de naturaleza tributaria.
Las facturas simplificadas que contengan simultáneamente estos requisitos y los del nº 7272, se consideran **documento justificativo** del derecho a la deducción en el IVA (nº 2866).

7274 **c)** El Departamento de Gestión Tributaria de la **AEAT**, cuando aprecie que las prácticas comerciales o administrativas del sector de actividad de que se trate, o bien las condiciones técnicas de expedición de las facturas simplificadas, recomienden la consignación de mayores o menores menciones de las señaladas (nº 7272 s.), puede:
1. Exigir la inclusión de **menciones adicionales** a las señaladas en los citados números que, en ningún caso, puede exceder de las exigidas para la factura completa (nº 7247 s.).
2. Autorizar la **omisión** en la factura simplificada de los siguientes datos:
- número y serie de la factura;
- fecha en la que se han realizado las operaciones o se ha recibido el pago anticipado;
- tipo impositivo, y en su caso, la expresión «IVA incluido»;
- contraprestación total;
- en su caso, las menciones del nº 7247.1;
- en su caso, los datos del nº 7273.

Cuando las menciones omitidas sean las relativas al tipo impositivo y la contraprestación total, se exige que conste la cuota tributaria o los datos que permitan calcularla.
d) Desde el 7-12-2023, en el caso de facturas generadas por los **sistemas informáticos** que soporten los procesos de empresarios y profesionales, y la estandarización de formatos de los registros de facturación, las menciones del nº 7268, letra c).

Precisiones Los acuerdos del Departamento de Gestión Tributaria de la **AEAT** deben ser objeto de la debida publicidad.

Doctrina Administrativa Además de las siguientes contestaciones de la DGT, ver nº 11000 s. **7275**
Los siguientes criterios son extrapolables a las facturas simplificadas en tanto que, desde el 1-1-2013, sustituyen a los tiques o documentos sustitutivos con un contenido mínimo prácticamente similar a estos.

1) El requisito de que los vales o tiques sean **correlativos** no puede entenderse cumplido si la secuencia numérica de los referidos documentos se renueva cada día (DGT 22-4-87). Tampoco cuando se produce un **salto en la numeración** de las facturas simplificadas cada vez que se abre el cajón de la máquina registradora (DGT CV 19-12-13).

Se deben utilizar **series separadas** para la expedición de facturas completas y de facturas simplificadas; la numeración en ambos casos ha de ser correlativa (DGT CV 20-10-15; CV 22-6-16).

2) Puede entenderse cumplido de forma excepcional el requisito de la **numeración correlativa** de los tiques cuando por razones técnicas deba reiniciarse la numeración de los mismos durante un año natural, siempre que la numeración permita identificar inequívocamente distintos tiques expedidos con el mismo número.

En cualquier caso, se deben acomodar los dispositivos de facturación de forma que solo excepcionalmente se produzcan las circunstancias que exijan iniciar de nuevo la numeración de los tiques expedidos. No resulta ajustado a Derecho que durante el mismo año natural se produzca reiteradamente la renumeración de los tiques cuando dicha práctica dificulte la comprobación por la Administración tributaria de las obligaciones del sujeto pasivo (DGT 15-12-03).

3) No resulta ajustado a derecho que en los tiques emitidos por el consultante conste, además de su **NIF**, el de otro sujeto pasivo, puesto que dicha posibilidad no se contempla (RD 2402/1985, actualmente Rgto Fac).

4) Si se implanta un sistema de promoción denominado «**día gratis**», en virtud del cual cada mes se elige (a conveniencia) un día del mes anterior que otorga a los clientes que hubieran efectuado compras ese día el derecho a obtener en su próxima compra un descuento equivalente al importe de las realizadas en el referido día, se deben expedir tiques en los que conste el importe total de la contraprestación a pagar por el cliente, IVA incluido -precio de los artículos adquiridos, IVA excluido, menos el descuento de las compras realizadas el «día gratis» sin IVA- (DGT CV 2-12-08).

5) La inclusión de la mención **servicio de restauración** puede ser suficiente para identificar el tipo de servicio prestado siempre que la factura documente servicios de restaurante que no tengan la consideración de un servicio mixto de hostelería (DGT CV 2-10-13).

6) Entre los datos y requisitos que han de figurar en las facturas simplificadas, no consta que deba incluirse la mención al **tipo de factura expedida** (factura simplificada), sin perjuicio de que puedan incluirse otras menciones no obligatorias como sería la relativa al tipo de factura expedida. Lo mismo cabe decir de la obligación de expedir una **factura simplificada rectificativa** mediante una serie separada. El Rgto Fac no establece dicha obligación pero, sin embargo, se incluye como uno de los casos en que quedaría justificada la expedición mediante una serie separada (DGT CV 12-12-13).

Jurisprudencia Tras la denegación por el Departamento de Gestión Tributaria de la AEAT de la autorización solicitada para no hacer constar en las facturas emitidas, como consecuencia de ejecuciones de obra, el requisito relativo a la fecha en la que se efectuaba la operación o en la que, en su caso, hubiera recibido el pago anticipado, se considera que, aunque entre los requisitos ineludibles que debe contener la factura, no se incluye el de la indicación del **devengo del IVA**, no significa, ni mucho menos, que no deba figurar. El devengo no es un mero requisito formal, sino componente consustancial al propio tributo. Sin devengo, no sólo no resulta viable la factura, que a la postre no es más que la documentación del IVA, sino el propio hecho imponible que se pretende acreditar. En definitiva, estamos hablando de un elemento de la obligación tributaria que no puede ser alterado o dejado en manos de los particulares (TS 20-3-12, EDJ 50042). **7276**

C. Otros requisitos de las facturas

7277

Forma de expedición (Rgto Fac art.8) Las facturas pueden expedirse por cualquier **medio**, ya sea en papel o en formato electrónico, siempre que permita garantizar al obligado a su expedición, desde la fecha de expedición y durante el período de conservación: **7278**

- la **autenticidad de su origen**: garantiza la identidad del obligado a su expedición y del emisor de la factura;

- la **integridad de su contenido**: garantiza que el mismo no ha sido modificado;
- su **legibilidad**.

La autenticidad del origen y la integridad del contenido de la factura pueden garantizarse por cualquier medio de prueba admitido en Derecho. En particular, mediante controles de gestión usuales de la actividad empresarial o profesional del sujeto pasivo, que deben permitir crear una pista de auditoría fiable que establezca la necesaria conexión entre la factura y la entrega de bienes o prestación de servicios que la misma documenta. En relación con la autenticidad e integridad de la factura electrónica, ver nº 7334.

Desde el 7-12-2023, se presume **acreditada** la autenticidad del origen e integridad del contenido de la factura, cuando la factura se haya expedido utilizando un sistema o programa informático o electrónico que soporte los procesos de facturación de empresarios y profesionales (RD 1007/2023 art.7 y 8).

Precisiones En relación con la obligación de utilizar **factura electrónica**, ver nº 7332 s.

7278.1 Doctrina Administrativa Además de la siguiente contestación de la DGT, ver nº 11000 s.
Corresponde al sujeto pasivo elegir la **forma de expedir** la factura, en papel o en formato electrónico, sin que, con carácter general, el destinatario de la misma pueda exigir al emisor uno u otro medio de expedición de factura. La garantía de la autenticidad del origen y la integridad del contenido de la factura electrónica no precisa de condiciones o requisitos adicionales respecto de la expedida en papel. En cualquier caso, corresponde al obligado a su expedición la prueba de esta garantía, el cual puede poner en conocimiento de la AEAT los **sistemas de control y garantía** propuestos para que sean validados con carácter previo a la utilización del sistema de facturación (DGT CV 15-1-14; CV 8-4-14). No obstante, en relación con la utilización del formato electrónico, ver nº 7332 s.

7279 Plazo de expedición (Rgto Fac art.11)

Las facturas deben ser expedidas en los siguientes plazos:
- como **regla general**, en el momento de realizarse la operación;
- si el destinatario de la operación es un **empresario o profesional** que actúe como tal, antes del 16 del mes siguiente a aquel en que se haya producido el devengo del IVA correspondiente a la citada operación;
- en las **entregas intracomunitarias** de bienes distintas de las exentas -nº 5215 s.- y de las transferencias exentas de bienes corporales de una empresa con destino a otro Estado miembro, para afectarlos a las necesidades de la empresa en este Estado -nº 5225 s.-, antes del día 16 del mes siguiente a aquel en que se inicie la expedición o el transporte de los bienes con destino al adquirente;
- en las operaciones acogidas al régimen especial del **criterio de caja** (nº 5025 s.), en el momento de la realización de tales operaciones, salvo cuando el destinatario de la operación es un empresario o profesional que actúe como tal, en cuyo caso deben expedirse antes del día 16 del mes siguiente a aquel en que se haya realizado la operación.

Respecto al plazo de expedición de las facturas **recapitulativas** y de las facturas **rectificativas** ver nº 7285 y nº 7295, respectivamente.

Precisiones Desde 1-3-2020, se han establecido nuevas reglas de devengo para determinadas operaciones relacionadas con acuerdos de **ventas de bienes en consigna** (nº 1270), pero no se ha modificado, a su vez, el Rgto Fac para ajustar los plazos para la expedición de las facturas en relación con estas operaciones (nº 5224 s.). Entendemos que dicho plazo sería, antes del día 16 del mes siguiente:
- a aquel en el que los bienes se pongan a disposición del adquirente, en las entregas de bienes efectuadas en las condiciones previstas (nº 5224);
- al del momento en que, dentro de los 12 meses desde la llegada de los bienes al Estado miembro de destino, se produzca el incumplimiento de las condiciones previstas (nº 5224.1);
- al del día siguiente de la expiración del plazo de 12 meses desde la llegada de los bienes al Estado miembro de destino sin que el empresario o profesional haya adquirido el poder de disposición de los bienes (LIVA art.9 bis.Cuatro).

7279.1 Ejemplo Una entidad mercantil A, dedicada a la venta de papel para imprimir, ha realizado entregas de dicho papel a una empresa de artes gráficas en las siguientes fechas: 1-5-N, 15-6-N y 28-6-N. El período de liquidación de la entidad A es trimestral.
Al tratarse de operaciones efectuadas para un empresario, la entidad A tiene de plazo para expedir la correspondiente factura antes del día 16 del mes siguiente a aquel en que se haya producido el devengo de las operaciones. Por tanto:

Fecha operación	Fecha máxima de expedición de factura
1-5-N	15-6-N
15-6-N	15-7-N
28-6-N	15-7-N

Doctrina Administrativa Además de las siguientes contestaciones de la DGT, ver nº 11000 s. **7280**
1) Es la fecha de cobro por el acreedor, y no la de pago del deudor, la que determina el devengo por **pago anticipado**, momento al cual debe atenderse para la expedición de la correspondiente factura (DGT CV 9-2-05).
Una sociedad va a adquirir una máquina con un precio de 100.000 euros, que tiene un plazo de entrega de un año aproximadamente. Efectuará **pagos a cuenta** durante el proceso de fabricación, por los cuales el proveedor emitirá facturas. El momento correcto para la expedición de la factura correspondiente a cada uno de los devengos ocasionados por los pagos anticipados, es el momento del citado devengo, o en cualquier caso antes del día 16 del mes siguiente (DGT CV 8-10-21). En términos similares, DGT CV 9-12-24.
2) En el momento de producirse del **devengo del IVA** por la entrega del terreno, nace la obligación de repercutir el Impuesto mediante la expedición de la correspondiente factura, que debe efectuarse en los plazos exigidos legalmente, con independencia de que el pago de la contraprestación por la entrega de dicho terreno se formalice mediante **pagarés** con vencimientos posteriores a la citada operación (DGT CV 4-2-08).
3) Que no se emitan las facturas en el plazo establecido, no exime al sujeto pasivo del cumplimiento de sus obligaciones de facturación una vez **superados los plazos** establecidos al efecto (DGT CV 8-9-16).
Una factura expedida con **anterioridad** al momento de devengo del Impuesto no surte efecto en cuanto al IVA (DGT CV 11-5-07).
4) En las entregas de bienes, la expedición de la correspondiente factura no puede realizarse en un momento posterior al establecido en la normativa que regula las obligaciones de facturación por el hecho de que la **recepción técnico formal** de los bienes se produzca en un momento posterior a su puesta a disposición (DGT CV 7-4-05).
5) El sujeto pasivo del IVA debe expedir las facturas de sus operaciones con arreglo a lo exigido legalmente, no pudiendo facturar las mismas **una vez al año** (DGT CV 9-12-05).

6) La factura correspondiente a las **entregas de bienes con instalación** en Canarias debe expedirse en los plazos exigidos legalmente, sin perjuicio de que pueda expedirse cualquier otro documento que sirva para documentar la salida de los bienes del territorio de aplicación del IVA con destino a Canarias, que es donde tendrá lugar la correspondiente puesta a disposición del adquirente (DGT 31-3-05). **7281**
7) Tratándose de destinatarios **consumidores finales** la factura debe expedirse en el momento de realizar la operación (DGT CV 21-10-15).
8) Las facturas por la prestación de los **servicios de correos** que recibe un ayuntamiento, que no actúa como empresario o profesional, deben expedirse en el momento en el que se produzca el devengo del IVA, teniendo en cuenta la consideración de prestación de servicios de tracto sucesivo (DGT CV 6-6-11).
9) La expedición de la factura por el sujeto pasivo para documentar una prestación de **servicios de tracto sucesivo** efectuada para otro empresario o profesional, ha de realizarse dentro del plazo comprendido entre la fecha de devengo del impuesto y el día 15 del mes siguiente a aquel en el que se haya producido dicho devengo (DGT CV 4-2-14).
10) La emisión de facturas por el **administrador concursal** debe efectuarse al recibir los pagos anticipados por sus servicios y, en su caso, al finalizar el servicio prestado (DGT CV 8-2-18).
11) Una **compañía aérea** debe respetar los plazos de expedición de las facturas, sin que pueda excederlos en el caso de que existan pagos anticipados y el último vuelo correspondiente a la reserva realizada se efectúe fuera de los citados plazos (DGT CV 8-5-25).
12) Ver nº 7241 respecto al plazo para expedir una factura con ocasión del **canje de una factura simplificada**.

Jurisprudencia No puede considerarse pago anticipado, a efectos de determinar el devengo de la operación de **entrega de bienes embargados**, el importe que el adjudicatario entrega al acreedor. Por tanto, el plazo para expedir la factura correspondiente a la operación se cuenta desde el auto judicial que cancela la hipoteca y libera al deudor (TS 2-7-09, EDJ 217479). **7282**

Moneda (Rgto Fac art.12.1) Los importes que figuran en las facturas pueden expresarse en cualquier moneda, siempre que la **cuota del IVA** que, en su caso, se repercuta se exprese en euros. **7283**

Precisiones Debe utilizarse el **tipo de cambio** vendedor fijado por el Banco de España, vigente en el momento del devengo (nº 1930).

Doctrina Administrativa Además de las siguientes contestaciones de la DGT, ver nº 11000 s.
1) Es posible que, si se pacta entre las partes intervinientes, se puedan expresar los precios unitarios en euros con más de dos **decimales**, si bien en los importes totales a pagar o cobrar se debe redondear por exceso o por defecto al segundo decimal que corresponda al céntimo de euro más próximo (DGT 6-11-02; CV 8-10-04). Ver también nº 7257 y nº 7264.
2) Un profesional tiene previsto facturar sus servicios mediante **criptomonedas** (bitcoin o ethereum). Es admisible la utilización de aquellas fuentes de publicación de tipos de cambio que reúnan ciertas características, como que sean representativos, que no presenten diferencias

significativas respecto de los tipos de cambio de referencia que publica el Banco Central Europeo, que dichas fuentes sean de uso generalizado y aceptados para la conversión de divisas, que sean de fácil acceso y que sean utilizadas de manera recurrente y mantenida en el tiempo por el sujeto pasivo (DGT CV 20-12-19).

7284 **Lengua** (LIVA art.164.Cuatro; Rgto Fac art.12.2) Las facturas pueden expedirse en cualquier lengua, pero cuando la Administración tributaria lo considere necesario a los efectos de la comprobación de la situación tributaria del empresario o profesional o sujeto pasivo, puede exigir una **traducción** al castellano, o a otra lengua oficial en España de las siguientes facturas:
- las **expedidas** en una lengua no oficial que documenten operaciones realizadas en el TIVA;
- las **recibidas** por los empresarios o profesionales o sujetos pasivos establecidos en el TIVA.

Jurisprudencia Los Estados miembros, o sus circunscripciones territoriales, no pueden imponer la obligación de que las empresas domiciliadas en el respectivo territorio redacten las facturas en la **lengua oficial** de dicho Estado o circunscripción territorial -en las transacciones transfronterizas- (TJUE 21-6-16, asunto C-15/15).

7285 **Facturas recapitulativas** (Rgto Fac art.13) Existe la posibilidad de incluir en una sola factura distintas operaciones efectuadas en diferentes fechas para un **mismo destinatario**, siempre que se hayan realizado dentro del mismo mes natural. Se trata de facturas en las que se realiza un agrupamiento de operaciones, realizadas para un mismo destinatario, referidas a un determinado ámbito temporal.
Respecto al **plazo** para su expedición:
- ha de hacerse como **máximo** el último día del mes natural en el que se hayan efectuado las operaciones, salvo que el destinatario sea un **empresario o profesional** que actúe como tal, en cuyo caso la expedición debe realizarse antes del día 16 del mes siguiente a aquel en el curso del cual se hayan realizado las operaciones;
- en las **entregas intracomunitarias** de bienes distintas de las exentas -nº 5215 s.- y de las transferencias exentas de bienes corporales de una empresa con destino a otro Estado miembro, para afectarlos a las necesidades de la empresa en este Estado -nº 5225 s.-, deben expedirse antes del día 16 del mes siguiente a aquel en que se inicie la expedición o el transporte de los bienes con destino al adquirente. Ver lo expuesto a este respecto en el nº 7279 s.

Precisiones **1)** Estas facturas deben ser **remitidas** en los plazos del nº 7315.
2) Las facturas recapitulativas pueden ser facturas **completas o simplificadas**.

7286 Ejemplo Una entidad mercantil LP, cuya actividad es la venta de equipos informáticos ha realizado diversas operaciones para la empresa Z en las siguientes fechas: 1-10-N, 7-10-N, 20-10-N y 29-10-N. Su período de liquidación es trimestral.
En este supuesto, la entidad LP debe expedir la factura recapitulativa para la empresa Z antes del día 16-11-N.

7287 Doctrina Administrativa Además de las siguientes contestaciones de la DGT, ver nº 11000 s.
1) No resulta ajustado a derecho:
- la emisión y entrega de una factura completa en la que se documenten todas las operaciones realizadas para un mismo destinatario cuyo devengo se produzca durante un **período de doce meses** (DGT 16-12-97; CV 12-9-07);
- la emisión de una sola factura comprensiva de todas las operaciones realizadas en un mismo día para **distintos clientes** (DGT 25-1-01; CV 9-2-16);
- la expedición de facturas recapitulativas en las que se documenten operaciones efectuadas con **distintos proveedores**, cualquiera que sea el plazo temporal al que se refieran (DGT 23-3-04);
- que en una factura recapitulativa se engloben las operaciones realizadas por distintos empresarios (**taxistas asociados a una asociación**) para un mismo cliente (DGT CV 4-7-13);
- expedir una factura recapitulativa con la simple indicación del **importe de la facturación mensual** (DGT CV 26-10-09).
2) Es válida la expedición de una factura única comprensiva de la totalidad de los servicios sujetos al IVA prestados por una entidad a una empresa establecida tanto en el territorio peninsular como en las Islas **Canarias** (DGT CV 27-7-05).
3) Los **médicos** que presten servicios a una clínica pueden emitir una factura recapitulativa siempre que los servicios a favor del mismo destinatario se hayan efectuado dentro de un mismo mes natural. En la misma se ha de desglosar por fechas cada operación realizada a lo largo del mes natural y puede emitirse antes del día 16 del mes siguiente a aquél en el curso del cual se hayan realizado las operaciones (DGT CV 10-12-25).
4) El requisito de la **descripción de las operaciones** en las facturas recapitulativas se entiende cumplido haciendo alusión a las fechas y números de los **albaranes** expedidos con anterioridad, siempre que estos queden anexados a aquellas y se consignen las descripciones de las operaciones y los datos necesarios para la determinación de la base imponible, incluyendo el precio unitario sin Impuesto de tales operaciones, así como cualquier descuento o rebaja que no esté incluido en ese precio unitario (DGT CV 17-12-04). En el mismo sentido respecto a los albaranes, DGT CV 26-10-09.

5) Cuando el destinatario de las operaciones es empresario o profesional, actuando como tal, y la **expedición** se realice **con posterioridad al mes en el que se hayan realizado** las operaciones y antes del día 16 del mes siguiente a aquel, el contenido de la factura debe incluir la fecha de expedición de la misma, aunque sea posterior a la finalización del mes de realización de las operaciones y anterior al día 16 del mes siguiente, así como la fecha de realización de las operaciones (DGT CV 20-6-17). 7288

6) En el caso de **facturas simplificadas**, es posible efectuar una factura recapitulativa de varias operaciones, aunque la suma de todas supere los 400 euros (DGT CV 12-11-14).

7) Un **promotor de viviendas** percibe de sus clientes cantidades a cuenta del precio de la compraventa. Debe expedir las facturas a sus clientes cuando se producen los **pagos parciales** de estos, pudiendo agrupar los pagos realizados por un mismo cliente durante un mes natural. No es conforme a derecho el procedimiento de facturar todos los pagos parciales en una sola factura en la firma de la escritura pública de compraventa (DGT CV 9-12-05). En el mismo sentido, una **cooperativa de viviendas** para sus socios cooperativistas (DGT CV 27-2-07).

8) La ley por la que se establecen medidas de lucha contra la morosidad en las operaciones comerciales (L 3/2004), admite la posibilidad de agrupar facturas a lo largo de un período determinado no superior a 15 días, mediante una factura comprensiva de todas las entregas realizadas en dicho período (**factura resumen periódica**), o agrupándolas en un único documento a efectos de facilitar la gestión de su pago (**agrupación periódica de facturas**).

Dichas facturas, agrupación de otras facturas expedidas con anterioridad, o el documento a que se ha hecho referencia en segundo lugar, no tienen, en ningún caso, la consideración, en el ámbito del IVA, de facturas recapitulativas, puesto que en tales casos no se comprenden en una sola factura varias operaciones realizadas en un determinado período, sino varias facturas emitidas en tal periodo. Por tanto, los plazos para la expedición de estas facturas no son los regulados para las facturas recapitulativas.

Tampoco se trata de **facturas rectificativas**, pues dicho supuesto no se encuentra contenido entre los supuestos de expedición obligatoria de facturas rectificativas (DGT CV 28-10-10; CV 7-2-11; CV 9-6-23).

Duplicados de facturas (Rgto Fac art.14) Los empresarios y profesionales sólo pueden expedir un **original** de cada factura. 7289

Es admisible la expedición de duplicados de los originales, con la misma **eficacia** que estos (acreditativos del derecho a deducir el IVA), siempre que conste en ellos la expresión «duplicado», en los siguientes **casos**:

- cuando en una misma entrega de bienes o prestación de servicio concurran **varios destinatarios**, debiendo consignarse en el original y en cada duplicado la parte de base imponible y de cuota repercutida a cada uno de ellos; o
- cuando exista **pérdida** del original por cualquier causa.

Precisiones Los duplicados de las facturas deben tener una **identidad de contenido** con la factura original.

Ejemplo Un empresario que había adquirido una máquina de fotocopiar en el mes de enero del año N, al confeccionar la declaración-liquidación del IVA del primer trimestre de dicho año comprueba que ha **perdido el original** de la factura relativa a dicho bien. Por tanto, se dirige a su proveedor para que le emita un duplicado de la misma a efectos de poder deducir el IVA soportado en dicha operación.

Este es el supuesto más habitual para expedir duplicados de facturas con los mismos efectos que estas (ver documentos justificativos del derecho a deducir en el nº 2866 s.), siempre que en dichos duplicados conste la expresión «duplicado».

Doctrina Administrativa Además de las siguientes contestaciones de la DGT, ver nº 11000 s. 7290

1) El destinatario de las obras efectuadas para una **comunidad de vecinos** es la propia comunidad. No existiendo, por tanto, una pluralidad de destinatarios, no puede exigirse la expedición de ejemplares duplicados (DGT 7-11-02).

2) En las operaciones realizadas por una entidad para **distintos destinatarios** puede expedirse una **factura individualizada a cada uno** de los mismos en la que se haga constar, para cada uno exclusivamente la parte que corresponda de la base imponible y cuota repercutida, así como el resto de los datos y requisitos exigidos legalmente.

Si la entidad opta por expedir **una sola factura**, en la misma han de constar todos los datos y requisitos regulados en la normativa de facturas, referidos a la operación objeto de facturación globalmente considerada, debiéndose anotar, además, en forma distinta y separada la porción de base imponible y de cuota repercutida que corresponda a cada uno de los destinatarios de la operación, así como los datos de identificación de cada uno.

Los ejemplares duplicados de la factura original global que expida la entidad deben tener una **identidad de contenido** con dicha factura original (DGT 14-3-03).

3) Una entidad, que desarrolla su actividad en un edificio del que es arrendataria, puede solicitar al empresario o profesional que suministra el gasóleo de calefacción la expedición de una factura duplicada donde se consigne la porción de base imponible y de cuota repercutida que se

correspondan con los consumos realizados por la misma. Dicha expedición no puede exigirse a la **comunidad de propietarios** del edificio, ya que no es quien realiza el suministro de gasóleo (DGT CV 12-1-06).
No obstante, si entre la comunidad de propietarios y los empresarios o profesionales que realizan las operaciones que tienen por destinataria a aquella, se llega a un acuerdo en virtud del cual, la primera expide las facturas que correspondería expedir a los segundos por las operaciones en las que la comunidad sea la destinataria, esta misma comunidad está facultada a expedir duplicados de las referidas facturas en los supuestos en los que legalmente corresponda (DGT CV 26-11-08; CV 24-5-10).

7291 **4)** Una entidad A es propietaria junto con otras tres sociedades y una persona física de un solar que adquirieron proindiviso a fin de promover en el mismo una edificación. La entidad A va a **transmitir su participación en la comunidad de bienes** a favor de las otras tres sociedades. Han de considerarse destinatarias de la transmisión de la participación propiedad de la entidad A, a las tres sociedades adquirentes de la misma en la parte proporcional correspondiente a cada una, no a la comunidad de bienes. En la expedición de la factura debe de considerarse la posibilidad de expedir ejemplares duplicados de los originales de las facturas, cuando en una misma prestación de servicios concurriesen varios destinatarios. En este caso, debe consignarse en el original y en cada uno de los duplicados la porción de base imponible y de cuota repercutida a cada uno de ellos (DGT CV 5-11-07).
5) Una entidad está adquiriendo mediante arrendamiento financiero (leasing) un inmueble al 50% con otra entidad. Ambas empresas están vinculadas. La entidad financiera sólo expide la factura a nombre de una. Al tratarse de la **adquisición de un bien en común** en la que concurren dos destinatarios, la entidad financiera puede expedir un duplicado de la factura que documente la operación de arrendamiento financiero, cuyos destinatarios son las dos entidades; debiendo hacer constar en la factura y en el duplicado la porción de base imponible y cuota repercutida a cada uno de los dos destinatarios (DGT CV 7-5-14).
6) La expedición de los **canjes de la factura simplificada**, a petición del destinatario, para hacer constar los datos establecidos para la deducción de las cuotas soportadas (letra a del nº 7273), no tiene la consideración de duplicado del original de la factura (DGT CV 22-11-19).

7292 **Facturas rectificativas** (LIVA art.89; Rgto Fac art.15) Las facturas deben rectificarse en los siguientes **casos**:
a) Omisión de algún **dato**.
b) Incumplimiento de alguno de los **requisitos** exigidos en relación a su contenido (nº 7247 s. y nº 7272 s.).
c) Incorrecta determinación de las **cuotas repercutidas** (nº 1500 s.).
d) Concurrencia de alguna de las circunstancias que dan lugar a la **modificación de la base imponible** del IVA (nº 1937 s.). No es necesaria la expedición de una factura rectificativa en los supuestos de modificación causados por la **devolución de mercancías o de envases y embalajes** cuando concurran los siguientes requisitos:
- la devolución se realiza con ocasión de un posterior suministro (sean o no las mismas mercancías) al mismo destinatario;
- por la operación en la que se entregaron se ha expedido factura;
- el tipo impositivo aplicable a todas las operaciones es el mismo, con independencia de que su resultado sea positivo o negativo.

En estos supuestos basta con practicar la rectificación en la factura que se expida por la **operación posterior** con el mismo destinatario, restando el importe de los envases y embalajes o mercancías devueltas del importe de dicha operación posterior, aunque en esta operación no se entreguen nuevos envases o embalajes de los que deducir el importe de los devueltos ni, en su caso, las mismas mercancías. Se debe repercutir al destinatario de las operaciones únicamente el importe de la diferencia, cualquiera que sea el resultado entre ambas magnitudes, positivo o negativo.

Precisiones **1)** Una factura rectificativa puede rectificar **varios documentos originales** expedidos con anterioridad.
2) Solo tienen la consideración de facturas rectificativas las que se expidan por las **causas** expresamente tasadas y cuya expedición se ajuste a lo establecido. No se consideran facturas rectificativas las facturas que se expidan para sustituir facturas simplificadas si estas fueron expedidas cumpliendo los requisitos del nº 7272.
3) Una factura rectificativa **no anula la factura rectificada** previamente expedida.

7292.1 Ejemplos **1)** La Sociedad EFL, dedicada a la edición de libros, ha adquirido papel para impresión a la empresa distribuidora X. La entidad EFL ha comprobado que la factura expedida por X contiene varias incorrecciones. Por un lado, al NIF de EFL le falta un número y, por otra parte, el precio unitario del papel difiere en 1 euro del que previamente habían acordado, por lo que ha comunicado estas circunstancias al proveedor X.

En supuestos de incorrecta consignación del NIF del destinatario e incorrecta determinación de la base imponible (por diferencias en el precio), la empresa X debe rectificar la factura expedida mediante la expedición de una factura rectificativa. 7292.1 (sigue)

2) La empresa XY adquirió el 15-2-N a la entidad BB unas determinadas mercancías (10.000 bombillas) por un importe de 4.200 € (precio unitario 0,40 €), del cual 200 € corresponden a embalajes susceptibles de devolución. El día 15-5-N adquiere a dicho proveedor 10.000 lámparas halógenas por importe de 2.150 € (precio unitario 0,20 €), del cual 150 € corresponde a embalajes susceptibles de devolución. En esta fecha la empresa XY le devuelve a su proveedor parte de los embalajes entregados el 15-2-N, cuyo importe es de 170 €.

La factura que la empresa BB debe expedir el **15-2-N** es:

FACTURA número	00054
SERIE	A
FECHA EXPEDICIÓN	15-2-N
FECHA OPERACIÓN	15-2-N

EXPEDIDOR	DESTINATARIO
BB, SA A78222555 Calle Ricardo Ortiz, 29 28017 Madrid	XY, SA A02225552 Calle Fosca, 25 28015 Madrid

DESCRIPCIÓN OPERACIONES	IMPORTE (euros)
Entregas de 10.000 bombillas Precio unitario: 0,40 euros Embalajes susceptibles de devolución	4.000,00 200,00
BASE IMPONIBLE	4.200,00
TIPO IMPOSITIVO	21%
CUOTA IVA	882,00
IMPORTE TOTAL	5.082,00

La empresa BB expide el **15-5-N** una **factura normal**, no una factura rectificativa, que puede ser como la siguiente:

FACTURA número	00105
SERIE	A
FECHA EXPEDICIÓN	15-5-N
FECHA OPERACIÓN	15-5-N

EXPEDIDOR	DESTINATARIO
BB, SA A78222555 Calle Ricardo Ortiz, 29 28017 Madrid	XY, SA A02225552 Calle Fosca, 25 28015 Madrid

DESCRIPCIÓN OPERACIONES	IMPORTE (euros)
Entregas de 10.000 lámparas halógenas Precio unitario: 0,20 euros Embalajes susceptibles de devolución (-) Devolución de embalajes	2.000,00 150,00 (170,00)
BASE IMPONIBLE	1.980,00
TIPO IMPOSITIVO	21%
CUOTA IVA	415,80
IMPORTE TOTAL	2.395,80

7292.2 3) La empresa XY compró el 20-5-N a la empresa BB una partida de 2.200 latas de cerveza por un importe de 550 € (precio unitario 0,25 €). Al llegar dichas mercancías, junto con la factura correspondiente, la empresa XY detecta que varios lotes están deteriorados (latas abiertas, otras abolladas, etc.) porque durante el transporte no iban bien asegurados. La empresa XY acuerda con BB la devolución de dichos lotes (1.000 latas), cuyo importe es de 250 €, en el momento de la entrega de 40 botellas de vino tinto que BB le realizará el 11-6-N por importe de 200 € (precio unitario 5 €).
La factura que la empresa BB debe expedir el **20-5-N** es:

FACTURA número	00054
SERIE	A
FECHA EXPEDICIÓN	20-5-N
FECHA OPERACIÓN	20-5-N

EXPEDIDOR	DESTINATARIO
BB, SA A78222555 Calle Ricardo Ortiz, 29 28017 Madrid	XY, SA A02225552 Calle Fosca, 25 28015 Madrid

DESCRIPCIÓN OPERACIONES	IMPORTE (euros)
Entregas de 2.200 latas de cerveza Precio unitario: 0,25 euros	550,00
BASE IMPONIBLE	550,00
TIPO IMPOSITIVO	21%
CUOTA IVA	115,50
IMPORTE TOTAL	665,50

La empresa BB expide el **11-6-N** una **factura normal**, no una factura rectificativa:

FACTURA número	00258
SERIE	A
FECHA EXPEDICIÓN	11-6-N
FECHA OPERACIÓN	11-6-N

EXPEDIDOR	DESTINATARIO
BB, SA A78222555 Calle Ricardo Ortiz, 29 28017 Madrid	XY, SA A02225552 Calle Fosca, 25 28015 Madrid

DESCRIPCIÓN OPERACIONES	IMPORTE (euros)
Entregas de 40 botellas de vino tinto Precio unitario: 5 euros (-) Devolución de 1.000 latas de cerveza	200,00 (250,00)
BASE IMPONIBLE	(-50,00)
TIPO IMPOSITIVO	21%
CUOTA IVA	(-10,50)
IMPORTE TOTAL	(-60,50)

7292.3 4) Un supermercado (empresa DA) adquiere a un proveedor (entidad PESA) distintos productos lácteos con fecha de consumo preferente, entre los que se encuentran los yogures. El día 18-3-N adquiere una partida de 500 yogures por 100 € (precio unitario 0,20 €). Posteriormente,

el día 28-3-N adquiere otra partida de 300 yogures de distintos sabores por un importe de 60 € (precio unitario 0,20 €) y devuelve a su proveedor 80 yogures de la remesa anterior, una vez pasada la fecha de consumo preferente.
La factura que la empresa PESA debe expedir el **18-3-N** es:

FACTURA número	00258
SERIE	A
FECHA EXPEDICIÓN	18-3-N
FECHA OPERACIÓN	18-3-N

EXPEDIDOR	DESTINATARIO
PESA, SA A78222555 Calle Ricardo Ortiz, 29 28017 Madrid	DA, SA A02225552 Calle Fosca, 25 28015 Madrid

DESCRIPCIÓN OPERACIONES	IMPORTE (euros)
Entregas de 500 yogures Precio unitario: 0,20 euros	100,00
BASE IMPONIBLE	100,00
TIPO IMPOSITIVO	4%
CUOTA IVA	4,00
IMPORTE TOTAL	104,00

La empresa PESA expide el **28-3-N** una **factura normal**, no una factura rectificativa:

FACTURA número	00598
SERIE	A
FECHA EXPEDICIÓN	28-3-N
FECHA OPERACIÓN	28-3-N

EXPEDIDOR	DESTINATARIO
PESA, SA A78222555 Calle Ricardo Ortiz, 29 28017 Madrid	DA, SA A02225552 Calle Fosca, 25 28015 Madrid

DESCRIPCIÓN OPERACIONES	IMPORTE (euros)
Entregas de 300 yogures Precio unitario: 0,20 euros (-) Devolución de 80 yogures después de su fecha de consumo preferente (precio unitario 0,20)	60,00 (16,00)
BASE IMPONIBLE	44,00
TIPO IMPOSITIVO	4%
CUOTA IVA	1,76
IMPORTE TOTAL	45,76

Doctrina Administrativa Además de las siguientes contestaciones de la DGT, ver nº 11000 s. **7293**
1) La factura rectificativa no anula ni deja sin efectos a la **factura inicialmente expedida** que es objeto de rectificación (DGT 5-2-04); ni siquiera en el caso en que la rectificación esté originada por el hecho de que las operaciones documentadas en la factura inicialmente expedida queden totalmente sin efecto, sino que únicamente la rectifica. No resulta, por tanto, ajustado a derecho hacer constar en la factura de rectificación que la misma anula a la factura objeto de rectificación (DGT 22-5-96).

2) La facultad de **emisión por un tercero** se extiende a las facturas de rectificación, siempre que dicha emisión esté motivada por las causas previstas en la normativa del IVA y se ajusten a los requisitos establecidos (DGT 10-12-98).

3) Cuando resulte aplicable la rectificación de las cuotas repercutidas, la rectificación debe realizarse mediante la expedición de una nueva factura o documento en el que se hagan constar los datos identificativos de las facturas iniciales y la rectificación efectuada, no siendo, por tanto, ajustado a derecho el documento denominado «**factura resumen**» (DGT 26-6-01).

4) Si una **sentencia judicial** determina una valoración distinta del precio de la operación objeto de litigio que originó la correspondiente repercusión del impuesto, se debe expedir y entregar una factura rectificativa, como consecuencia de la modificación de la base imponible por alteración del precio de la operación (DGT CV 7-2-11).

5) Cuando se ha expedido una factura a nombre de un **destinatario** existente pero diferente de aquel para el que se realizó la correspondiente operación, debe expedirse una factura rectificativa en la que, constando el mismo destinatario, se consignen con signo negativo las magnitudes de la misma. Además, debe expedirse una factura para el destinatario real de las operaciones, factura que no tiene la consideración de factura rectificativa. Si en la factura originalmente expedida se ha cometido un error distinto del anterior, por ejemplo, una incompleta denominación del nombre o razón social del destinatario, basta con que la factura rectificativa subsane, de forma clara e inteligible, el error incurrido (DGT CV 16-6-06; CV 3-4-19; CV 8-7-19; CV 4-5-23).

7293.1 **6)** La consignación en las facturas de un **NIF** incorrecto es una de las causas de rectificación de las facturas (DGT CV 23-2-06; CV 12-11-07). En el mismo sentido, debe expedirse factura rectificativa cuando se haya consignado incorrectamente la **fecha** de expedición de la misma (DGT CV 28-4-22; CV 19-12-24).

7) Cuando se ha expedido erróneamente una factura por una operación que **nunca ha llegado a realizarse** y procede su anulación, se está ante un supuesto de sustitución de aquella factura por otra que la anula, que en ningún caso tiene el carácter de factura rectificativa (DGT CV 11-3-11).

8) Cuando se fija la **base imponible de forma provisional**, la contraprestación inicialmente pactada solo deviene firme cuando la renta obtenida por el arrendamiento de las fincas transmitidas sea igual o superior a un nivel mínimo estimado, lo cual no se ha logrado.

Conocida la contraprestación definitiva, se debe efectuar la modificación de la base imponible para ajustarla a dicho importe, expidiendo y entregando a la adquirente una factura de rectificación donde se haga constar la nueva base imponible y, por consiguiente, la rectificación de la cuota inicialmente repercutida (DGT 18-2-04).

Una sociedad mercantil vende a otra su participación en la copropiedad de un inmueble por un determinado precio bajo la condición de incrementar el importe de este si en un plazo fijado ocurre una circunstancia determinada. Cumplida dicha condición reclama el **incremento del precio**. La sociedad que emitió la factura reflejando la contraprestación por un determinado precio debe reflejar su incremento mediante una nueva factura de carácter rectificativo en la que refleje el importe de esta rectificación (DGT CV 13-1-14; CV 26-10-22).

7294 **9)** Cuando es posible practicar la rectificación en la factura que se expida por un suministro posterior, la rectificación también puede efectuarse en una **factura recapitulativa** si para documentar la realización de posteriores entregas se expide este tipo de facturas (DGT CV 25-2-05).

10) Una entidad contrata las operaciones con sus clientes a través de **leasing o renting** y emite facturas rectificativas como consecuencia de la modificación de la base imponible de las operaciones realizadas para las empresas de leasing o renting. Las facturas rectificativas no las puede expedir a favor de sus clientes, sino que debe hacerlo a favor de las empresas de leasing o renting, por ser estas las destinatarias de sus operaciones (DGT CV 23-3-05).

11) Una entidad utiliza el sistema de «**facturación en origen**». Esta práctica consiste en la expedición de una factura que documenta una entrega de bienes y, posteriormente, cuando se produce una nueva entrega, en la nueva factura se incluyen los datos de ambas entregas, disminuyendo la base imponible de la nueva factura en el importe de la factura anterior, y así sucesivamente, durante un determinado período. Tales facturas expedidas sucesivamente no tienen la consideración de facturas rectificativas, puesto que cada nueva factura tiene por objeto documentar una nueva entrega (DGT CV 20-10-05).

12) Cuando la operación sujeta al IVA ha quedado sin efecto por **rescisión de contrato** y ha tenido lugar una devolución de los bienes objeto de la entrega previa, el proveedor puede rectificar la repercusión efectuada. La forma de documentar las operaciones anteriores es mediante una factura rectificativa emitida por el proveedor (DGT CV 2-11-05; CV 7-3-08). En el mismo sentido, en el supuesto de la resolución de una **permuta** de terreno por edificación futura (DGT CV 27-12-17).

13) Entre las causas que determinan la obligación de expedir facturas rectificativas no se contempla el supuesto en el que, en una misma operación de entrega de bienes, se consignan en la factura junto con los correspondientes importes positivos, determinados importes negativos para ajustar las cantidades realmente entregadas a las **cantidades previamente presupuestadas** (DGT CV 11-1-06).

14) Una entidad recibe una factura rectificativa de una **compañía eléctrica** que documenta un incremento de la cuota devengada por el IVA. Dicha factura rectificativa se expide comprendiendo los datos de la operación, una vez efectuada la rectificación y no por diferencias, que en este caso hubieran sido de carácter positivo. Por tanto, no es preciso que se expida una factura negativa que rectifique la anteriormente expedida, siendo la factura rectificativa expedida y enviada a la entidad el documento que debe servir de base para efectuar las correspondientes rectificaciones contables y registrales en el IVA, así como para regularizar la deducción efectuada (DGT CV 22-11-10).

15) Una entidad que dispone de una **póliza de crédito** paga al contado a sus proveedores, razón 7294.1
por la cual estos le conceden un descuento por pronto pago que se fija en los intereses del crédito dispuesto por aquella. La citada entidad no debe refacturar los intereses satisfechos por el proveedor, sino que este último debe rectificar las cuotas repercutidas emitiendo una factura rectificativa (DGT CV 26-7-05).

16) El proveedor está obligado a expedir una factura rectificativa por la concesión del **descuento o rappel** por volumen anual de operaciones (DGT CV 5-7-06; CV 2-11-09; CV 8-4-10).

En los **descuentos por pronto pago**, cuando se concedan previa o simultáneamente a la realización de las operaciones, que es la práctica usual, no forman parte de la base imponible y directamente se consignan en la factura que se expida para documentar las operaciones. En otro caso, es decir, si se conceden con posterioridad a la realización de las operaciones, se debe expedir una factura rectificativa (DGT CV 2-11-09).

En un descuento por pronto pago referente a una operación en la que fue de aplicación la regla de **inversión del sujeto pasivo**, no debe procederse a la rectificación de la repercusión (DGT CV 3-1-17).

17) Cuando la rectificación de las facturas tenga su causa en la concesión de **otro tipo de descuentos o bonificaciones** distintos de los que se concedan en función del volumen de operaciones, debe expedirse factura rectificativa (DGT CV 25-2-05; CV 25-2-05).

Una entidad va a gestionar una campaña promocional de sus clientes, que son fabricantes de productos, consistente en la emisión de **cupones de descuento** en nombre de los mismos, que podrán ser utilizados por sus clientes finales al adquirir productos de dichos fabricantes en cualquiera de sus distribuidores establecidos en España, procediendo al reembolso de su importe a dichos distribuidores o directamente a los consumidores finales. La entidad fabricante puede minorar la base imponible de las entregas de productos por ella realizadas en el importe del descuento efectuado a los clientes finales, excluida la parte de dicho descuento que se corresponda con la parte de la cuota del IVA que grava la venta efectuada por el distribuidor al consumidor final. Dicha minoración debe documentarse a través de la expedición de una factura rectificativa. De dicha factura se debe expedir únicamente su original, que será conservado por la entidad en su contabilidad, sin que resulte procedente entregar copia al distribuidor al que haya entregado los productos objeto de descuento. No obstante, es necesario consignar en la factura la identidad del destinatario de la operación, es decir, de la entidad distribuidora, aunque no se le envíe copia de la misma (DGT CV 12-9-22).

18) La incorrecta consignación del **tipo impositivo** en las facturas es una de las causas de rectificación, puesto que dicho requisito es uno de los que deben contener las facturas (DGT CV 25-9-06).

19) El **fraccionamiento**, a petición del cliente, de una factura ya expedida en varias facturas, es un supuesto de sustitución de aquella factura por estas, que en ningún caso tienen carácter de facturas rectificativas (DGT CV 22-12-06). En el mismo sentido DGT CV 28-12-09.

20) Una sociedad ha suscrito un contrato privado de compraventa de una vivienda y ha recibido unos pagos a cuenta del comprador. Por estos pagos anticipados repercutió el IVA. El comprador decide resolver este contrato y la parte vendedora le devuelve los pagos realizados, salvo una cantidad que retiene en concepto de **penalización**. La sociedad debe devolver al comprador la cuota impositiva que corresponda a la parte del precio objeto de devolución y expedir una factura rectificativa en la que se haga constar tanto la disminución de la base imponible como la rectificación de la repercusión efectuada.

Respecto de las cantidades retenidas, no procede su rectificación ya que no son objeto de devolución. En este supuesto la base imponible estará constituida por las cantidades retenidas (DGT CV 11-7-07; CV 15-9-08).

21) La cantidad del precio retenida en concepto de **penalización por los perjuicios causados** al incumplirse por el comprador los compromisos adquiridos, no constituye contraprestación de entregas de bienes o prestaciones de servicios sujetas, por lo que la promotora no debe repercutir el citado tributo por la retención de la referida cantidad, estando obligada a la emisión de una factura rectificativa por el total de las cantidades anticipadas por el comprador (DGT CV 7-3-08).

22) Una entidad se dedica a la venta de determinados productos a mayoristas quienes, a su vez, 7294.2
los venden a minoristas. Esta entidad ha acordado con estos últimos concederles directamente una **bonificación** cuando adquieran a los mayoristas sus productos en un determinado importe, lo que le da derecho a minorar la base imponible correspondiente a las entregas de los citados productos efectuadas a sus clientes (distribuidores mayoristas). La sociedad no está obligada a

rectificar las facturas correspondientes a las entregas de bienes efectuadas a sus clientes mayoristas cuya base imponible es objeto de minoración ni, por tanto, a rectificar la repercusión del Impuesto que inicialmente les efectuó.

No obstante, la sociedad debe **documentar** la minoración mediante documentos expedidos por ella al efecto, en los que consten los datos relativos a la minoración de la base imponible que realice (identificación de las bonificaciones efectuadas; importe total de la minoración de la base imponible y de la cuota del Impuesto; período de tiempo a que la minoración se refiere). La sociedad debe expedir únicamente el original del referido documento, que debe ser conservado en su contabilidad (DGT CV 4-4-07).

23) El consultante durante los años 2001, 2002 y 2003 aplicó a su actividad el régimen especial de la agricultura. En un procedimiento de inspección se le ha indicado que en dichos años debía haber tributado en el régimen general del Impuesto, por lo que debe reintegrar a la Hacienda Pública las **compensaciones indebidamente cobradas** y se le practica la liquidación del IVA correspondiente a las cuotas devengadas que no repercutió ni ingresó.

El consultante puede repercutir a sus clientes empresarios las cuotas del IVA que gravaron las entregas que realizó en los años señalados, mediante la expedición de las correspondientes facturas, siempre que no hubiesen transcurrido cuatro años desde la fecha de devengo del Impuesto correspondiente a tales entregas. Dichas facturas tienen la consideración de «**facturas de rectificación**», y en ellas deben constar, además de todos los datos y requisitos exigidos, los datos identificativos de los recibos mediante los cuales le fueron reintegradas indebidamente las compensaciones del régimen especial de la agricultura por sus clientes y una mención a tal circunstancia (DGT CV 4-4-07; CV 27-11-18; CV 3-4-20).

7294.3 **24)** El consultante, en el desarrollo de su actividad empresarial, efectúa **adquisiciones intracomunitarias** de bienes sujetas y no exentas al IVA. Con posterioridad a la realización de dichas operaciones, el proveedor comunitario le otorga determinados **descuentos** por dichas adquisiciones.

Los sujetos pasivos del Impuesto que realicen adquisiciones intracomunitarias de bienes sujetas al IVA español **no están obligados a expedir ningún documento** al respecto debiendo, exclusivamente, consignar las cuotas derivadas de dichas operaciones en la correspondiente declaración-liquidación, así como estar en posesión de la factura original expedida por el proveedor, correspondiente a la entrega que da lugar a la adquisición intracomunitaria.

A todos los efectos relativos a la aplicación del IVA español, tiene la consideración de factura rectificativa el **documento o mensaje rectificativo**, emitido por el proveedor del otro Estado comunitario, ajustado a la normativa de dicho Estado, que modifique o haga referencia expresa e inequívoca a la factura inicial y en la que se plasme la rectificación. Dicho documento o mensaje debe conservarse junto con la factura original (DGT CV 26-4-07).

25) La entidad es una asociación en la que algunos de los asociados modifican la base imponible de determinadas operaciones en caso de **impago**, procediendo judicialmente contra el deudor. En tal circunstancia, lo más adecuado parece la expedición de una factura rectificativa en la que se mantenga el dato relativo a la base imponible en los términos en que se procedió a la expedición del documento original, consignando corregido el dato de cuota tributaria que se deja de repercutir al cliente precisamente como consecuencia de la modificación de la base imponible, dejando claro que dicho dato se hace igual a cero.

Si, una vez practicada la reducción de la base imponible y expedida la factura rectificativa, los sujetos pasivos lograran el **cobro de la deuda** que motivó la rectificación, el tratamiento es diferente según el destinatario de las operaciones sea:

- un empresario o profesional: como no debe modificarse nuevamente al alza la base imponible, no es preciso expedir ninguna factura rectificativa;
- un particular: debe modificarse nuevamente la base imponible, esta vez al alza, y expedir una nueva factura rectificativa (DGT CV 26-11-08).

En el mismo sentido, DGT CV 11-2-14.

7294.4 **26)** En caso de **fallecimiento** del sujeto pasivo, son los herederos los que, en su caso, deben expedir la correspondiente factura rectificativa (DGT CV 17-11-09). Asimismo, si fallece el destinatario del servicio, se puede solicitar la rectificación de la factura por los herederos (DGT CV 11-12-23).

27) Es posible la expedición de **una única factura** que rectifique la totalidad de las facturas impagadas por un cliente, siempre y cuando el documento rectificativo identifique claramente las facturas que se rectifican, salvo que cuente con la correspondiente autorización administrativa, en cuyo caso basta la determinación del periodo al que se refieran las mismas (DGT CV 30-4-09).

28) Los intereses exigidos a un cliente como consecuencia de la demora de este en el pago, deben expresarse separadamente en la factura que documente dicha operación. Si los **intereses de demora** son exigidos con posterioridad a la expedición de la factura de la operación, ha de expedirse una factura rectificativa para hacer constar, de forma separada, tales intereses (DGT CV 1-9-09).

29) Una sociedad adquiere con subrogación en el préstamo con garantía hipotecaria una promoción inmobiliaria compuesta por varias viviendas en construcción. La entidad se **subroga en la posición del vendedor** respecto a los contratos celebrados con terceros adquirentes de las

futuras viviendas. Producida dicha transmisión, ciertos adquirentes rescinden sus contratos de compraventa de viviendas por incumplimiento del plazo de entrega. En la medida en que la entidad ha asumido expresamente la obligación de reintegrar en nombre propio las cantidades y el Impuesto correspondientes a las compraventas que quedan sin efecto, debe expedir y entregar factura rectificativa a los compradores que así lo soliciten (DGT CV 8-6-10).
La LIVA no contempla la posibilidad de que un tercero, distinto del propio sujeto pasivo, proceda a la rectificación del IVA devengado en una operación. Pero cuando quien pretende efectuar dicha rectificación es una entidad que ha **sucedido a título universal** en los derechos y obligaciones del sujeto pasivo que realizó la operación que originó el devengo del impuesto o bien, una entidad que se ha subrogado en todos los derechos y obligaciones inherentes a determinados activos directamente vinculados con dicha operación que han sido objeto de adquisición, cabe admitir dicha rectificación como una consecuencia más de las derivadas de la sucesión universal o subrogación (DGT CV 7-8-13).
30) Si se hubiera expedido una factura con repercusión del impuesto y, sin embargo, resultara de aplicación la regla de **inversión del sujeto pasivo**, se debe rectificar la repercusión efectuada mediante la expedición de una nueva factura, aplicando la normativa que esté vigente en el momento de producirse dicha rectificación (DGT CV 14-3-13; CV 14-3-13). En términos similares, DGT CV 1-3-19. También cuando no se ha incluido la mención de "inversión del sujeto pasivo", aunque la rectificación de la factura no dé lugar a una rectificación de las cuotas repercutidas (DGT CV 9-2-23).
31) Si se compra un tractor que incluye como equipos una pala, un tripuntal y un GPS y en la factura se determina la **base imponible de manera global** pero no el precio de cada uno de los equipos, se incumple una de las menciones necesarias exigidas para las facturas, por lo que debe rectificarse (DGT CV 9-6-23).

Jurisprudencia La **subsanación de errores formales** ha de realizarse con unas garantías mínimas, lo cual exige que dichos errores sean objeto de enmienda por el expedidor de la factura, y no por la propia entidad que pretende el ejercicio del derecho (TEAC 25-6-19). **7294.5**

Plazo para su expedición (Rgto Fac art.15.3) La expedición de la factura rectificativa debe efectuarse tan pronto como el obligado a expedirla tenga **constancia de las circunstancias** que obligan a realizarla, siempre que no hubieren transcurrido cuatro años a partir del momento en que se devengó el IVA correspondiente a la operación gravada o, en su caso, de la fecha en que se hayan producido las circunstancias que den lugar a la modificación de la base imponible (nº 1937 s.). **7295**

Ejemplo Una empresa española que se dedica a la fabricación de lejías tiene establecido un acuerdo con sus clientes minoristas en virtud del cual todos aquellos que durante un año natural superen los 6.000 euros de compras obtienen un «**rappel**» del 15% del total comprado.
Los descuentos que otorgue con posterioridad a la realización de las operaciones dan lugar a una modificación de la base imponible y una rectificación de las cuotas repercutidas, expidiéndose una factura rectificativa, a partir del momento en que se conceda el descuento.

Doctrina Administrativa Además de las siguientes contestaciones de la DGT, ver nº 11000 s. **7296**
1) El plazo para reclamar del vendedor la expedición de una factura rectificativa conforme a derecho es de cuatro años. Cuando existe una **controversia pendiente en vía administrativa** de cuya resolución depende la procedencia o no del derecho a deducir, se computa desde que adquiera firmeza la citada resolución (DGT CV 15-6-09).
2) Con carácter general, solo es posible la expedición de la factura rectificativa dentro del plazo de los cuatro años siguientes al momento en que se devengó el Impuesto. No obstante, este plazo podría ser diferente (superior o inferior), si la rectificación trae causa en los motivos que determinan la **modificación de la base imponible** (DGT CV 7-5-14).
3) En los supuestos de rectificación de cuotas indebidamente repercutidas, si se opta por iniciar ante la Administración tributaria el **procedimiento de rectificación de autoliquidaciones**, no se debe emitir factura rectificativa hasta que resuelva el procedimiento la Administración tributaria, y siempre de acuerdo con lo resuelto por la misma (DGT CV 1-12-25).

Requisitos de las facturas rectificativas (Rgto Fac art.6.1.a.2º, 7.1.a.4º y h, 15.4 y 5) La rectificación debe realizarse mediante la expedición de una nueva factura en la que se hagan constar los siguientes **datos**: **7297**
1) El **contenido** exigido para las facturas completas (nº 7247 s.) o para las facturas simplificadas (nº 7272 s.), respectivamente. En el caso de las **facturas completas**, los datos de la factura rectificativa relativos al tipo o tipos impositivos, la descripción de las operaciones (base imponible) y la cuota tributaria deben expresar la rectificación efectuada. En particular, los dos últimos datos se pueden consignar indicando directamente el importe de la rectificación, cualquiera que sea su signo, o bien tal y como queden tras la rectificación efectuada, señalando en este caso también el importe de dicha rectificación.

Los datos de una **factura simplificada** rectificativa relativos al tipo impositivo y la contraprestación total y, en su caso, cuando el expedidor de la factura simplificada tuvo que consignar por separado la cuota tributaria repercutida (nº 7273) deben expresar la rectificación efectuada, indicando directamente el importe de la rectificación o bien tal y como quedan tras la rectificación efectuada, señalando en este caso también el importe de dicha rectificación.
2) Los datos identificativos de las **facturas rectificadas**.
3) La **rectificación** efectuada.
4) Una **serie** especial de rectificación.
5) En el caso de factura simplificada, las **especificaciones** que se modifican.
Se pueden rectificar **varias facturas** en un único documento de rectificación, pero identificándose, en este caso, todas las facturas rectificadas. No obstante lo anterior, en los supuestos de concesión de descuentos o bonificaciones por volumen de operaciones (**rappels** sobre ventas), así como en los demás **casos autorizados** por el Departamento de Gestión Tributaria de la AEAT, no es necesaria la especificación de las facturas rectificadas, bastando la simple determinación del período a que se refieran.
El Departamento de Gestión Tributaria de la AEAT puede autorizar, previa solicitud del interesado, **otros métodos de rectificación** de las facturas, siempre que las prácticas comerciales o administrativas del sector económico lo justifiquen.

7298 Precisiones 1) No es preciso que en las facturas rectificativas conste expresamente la **causa** que motiva la rectificación, ni que es una factura rectificativa.
2) En las facturas rectificativas expedidas como consecuencia de expedientes de **concurso de acreedores** (nº 1974 s.) o cuando se produzcan **créditos incobrables** (nº 1981 s.), se deben hacer constar las fechas de las facturas rectificadas o modificadas (RIVA art.24.2.a.2º.a').

7299 Ejemplos 1) La entidad EFL ha adquirido el día 15-5-N a la empresa LUZ una partida de 100 mantas cameras por un precio unitario de 20 €. EFL recibió en perfectas condiciones la mercancía con el albarán de entrega correspondiente, pero cuando le llegó la factura expedida por su proveedor el día 12-6-N, observa que el precio unitario que aparece consignado en la misma es de 22 €, por lo que se pone en contacto con dicha empresa para que rectifique la factura, la cual está de acuerdo y le expide una factura rectificativa 4 días después.
La empresa LUZ expide el día **15-5-N** una factura de la siguiente forma:

FACTURA número	01598
SERIE	A
FECHA EXPEDICIÓN	15-5-N
FECHA OPERACIÓN	15-5-N

EXPEDIDOR	DESTINATARIO
LUZ, SA A78222555 Calle Ricardo Ortiz, 29 28017 Madrid	EFL, SA A02225552 Calle Fosca, 25 28015 Madrid

DESCRIPCIÓN OPERACIONES	IMPORTE (euros)
Entregas de 100 mantas cameras Precio unitario: 22 euros	2.200,00
BASE IMPONIBLE	2.200,00
TIPO IMPOSITIVO	21%
CUOTA IVA	462,00
IMPORTE TOTAL	2.662,00

El **16-6-N** la empresa LUZ expide una **factura rectificativa** de la siguiente forma:

FACTURA número	0098
SERIE	rectificativa (1)
FECHA EXPEDICIÓN	16-6-N
FECHA OPERACIÓN	16-6-N

EXPEDIDOR	DESTINATARIO
LUZ, SA A78222555 Calle Ricardo Ortiz, 29 28017 Madrid	EFL, SA A02225552 Calle Fosca, 25 28015 Madrid

DESCRIPCIÓN OPERACIONES	IMPORTE (euros)
Entregas de 100 mantas cameras Precio unitario: 20 euros	2.000,00
BASE IMPONIBLE	2.000,00
TIPO IMPOSITIVO	21%
CUOTA IVA	420,00
IMPORTE TOTAL	2.420,00
OBSERVACIONES: Factura rectificativa de nº 01598 serie A (1)	

(1) No es preciso que en la factura conste su condición de factura rectificativa.

2) La empresa PI concede a sus clientes un descuento por volumen de compras (rappel) semestral del 1%, siempre que superen los 100.000 € de adquisiciones. Uno de sus clientes, el empresario FU, durante el primer semestre del año N ha realizado las siguientes operaciones por las que se expidieron las correspondientes facturas: **7299.1**

Fecha	Importe operación	IVA (10%)	Total factura
15-1-N	12.500,00	1.250,00	13.750,00
17-2-N	23.200,00	2.320,00	25.520,00
19-3-N	16.580,00	1.658,00	18.238,00
20-4-N	40.570,00	4.057,00	44.627,00
24-5-N	21.270,00	2.127,00	23.397,00
27-6-N	16.790,00	1.679,00	18.469,00

Total del semestre: 130.910.

La empresa PI expide el mes siguiente a la finalización del semestre la correspondiente factura rectificativa, abonando a la empresa FU el importe que resulta del descuento en efectivo. Así, la factura rectificativa que expide la empresa PI puede ser de la siguiente forma:

FACTURA número	0598
SERIE	rectificativa (1)
FECHA EXPEDICIÓN	15-7-N
FECHA OPERACIÓN	15-7-N

EXPEDIDOR	DESTINATARIO
PI, SA A78222555 Calle Ricardo Ortiz, 29 28017 Madrid	FU, SA A02225552 Calle Fosca, 25 28015 Madrid

DESCRIPCIÓN OPERACIONES	IMPORTE (euros)
Operaciones del primer semestre de N (-) Descuento por volumen de compras en el primer semestre de N (1%)	130.910,00 (1.309,10)
BASE IMPONIBLE	129.600,90
TIPO IMPOSITIVO	10%
CUOTA IVA	12.960,10
IMPORTE TOTAL	142.561,00

(1) No es preciso que en la factura conste su condición de factura rectificativa.

7300 Doctrina Administrativa Además de las siguientes contestaciones de la DGT, ver nº 11000 s.

1) La expedición de la factura rectificativa debe ajustarse a los requisitos exigidos legalmente, pero esta disposición no impide que en las facturas rectificativas se consigne cualquier otra **información complementaria**, ni tampoco que, además, se expidan **otros documentos distintos** de tales facturas (DGT 2-6-04; 13-7-04).

2) En las facturas rectificativas debe constar la **fecha** en que han sido expedidas (DGT CV 6-10-09).

3) La factura rectificativa que debe expedirse debe modificar las facturas expedidas anteriormente, calculando el importe total de las **bases imponibles** gravadas a cada tipo impositivo, puesto que la concesión del descuento no se aplica a un producto concreto, sino que implica una reducción de todas las bases imponibles consignadas en las facturas emitidas anteriormente, de manera que la reducción afecte de forma proporcional a todas ellas (DGT CV 8-2-12).

4) Si el destinatario de la operación está incurso en un **proceso concursal**, lo más adecuado es la expedición de una factura en la que se mantenga el dato relativo a la base imponible en los términos en que se procedió a la expedición del documento original, consignando corregido el dato de la cuota tributaria que se deja de repercutir al cliente precisamente como consecuencia de la modificación de la base imponible, dejando claro que dicho dato se hace igual a cero (DGT CV 3-3-05).

5) En el supuesto de que las **facturas rectificativas contengan algún error** por el cual deban ser objeto de rectificación, debe expedirse una nueva factura rectificativa que haga referencia a la anterior factura rectificativa y no a la factura original que ya fue objeto de rectificación (DGT CV 25-2-05).

6) Existiendo **sucesión** en una universalidad total o parcial de bienes, derechos y obligaciones, procede que las facturas rectificativas vayan a nombre de la entidad adquirente de los activos de la sociedad que se extingue (DGT CV 5-7-06).

7301 **7)** Cuando por **errores materiales** se facturen incorrectamente determinados trabajos, en la factura rectificativa que se expida se debe consignar el mismo **tipo impositivo** que en la factura rectificada, que debió ser el que estaba vigente en el momento del devengo del Impuesto. No se consigna, pues, el tipo vigente en el momento de la rectificación, sino el que aplicable de acuerdo con el devengo del Impuesto (DGT CV 8-4-10).

8) Si existe **variación de tipos impositivos** en un año determinado, el rappel anual debe tener en cuenta dicha circunstancia, de forma que las bases imponibles y su rectificación se determinen teniendo en cuenta el tipo impositivo aplicado en cada período en el que estuvieron vigentes los correspondientes tipos impositivos a los que correspondan los rappels (DGT CV 8-4-10).

9) La factura rectificativa que deben expedir los proveedores de la entidad para documentar la modificación de la base imponible, como consecuencia del otorgamiento de un **rappel anual**, debe expedirse en el momento de otorgarse dichos rappels, con independencia de que la factura, expedida en un año determinado, tenga por objeto documentar rappels concedidos en el año precedente (DGT CV 29-12-09).

10) La normativa de facturación no se opone a que la factura rectificativa se expida con **signo negativo**, incluso por el importe total de la factura previamente expedida, expidiéndose posteriormente una nueva factura en la que se contemplen correctamente todos los datos (DGT CV 4-4-16).

Este supuesto excepcional debe ser matizado puesto que el Rgto Fac prevé la emisión de una única factura rectificativa, salvo que la factura rectificada, sea a su vez, objeto de una nueva rectificación. De esta forma, cuando el procedimiento de rectificación de una factura se realice mediante la **emisión de dos facturas** (una con signo negativo, incluso por el importe total de la factura previamente expedida; otra posterior que rectifica la inicial que se anula con la factura anterior y que contiene la información correcta correspondiente a la factura inicial después de efectuar su rectificación), debe considerarse como factura ordinaria la primera que se expida con signo negativo, y como rectificativa la que se expida conteniendo correctamente los datos que se documentan en la misma tras la rectificación (DGT CV 28-3-19; CV 28-4-22; CV 5-7-23).

En caso de subsanar un error en una factura expedida mediante la emisión de dos facturas, es necesario que tanto en la factura ordinaria que se expida con signo negativo, como la factura rectificativa que se expida conteniendo correctamente los datos que se documentan en la misma tras la rectificación, hagan constar la fecha de expedición y la fecha de realización de las operaciones, que no será coincidente con la fecha de expedición (DGT CV 5-3-24).

11) Las **facturas simplificadas rectificativas** pueden incluirse dentro de la misma serie con el resto de facturas simplificadas en las que se documenten las operaciones efectuadas en el mismo año natural. La numeración de las facturas dentro de la serie debe ser correlativa (DGT CV 22-6-16).

D. Regímenes especiales

(Rgto Fac art.16)

7302 Sin perjuicio de lo expuesto en los números anteriores, el Rgto Fac establece una serie de **particularidades** respecto a la obligación de documentar las operaciones en los siguientes regímenes especiales del IVA:
- REAGP (nº 7304 s.);
- bienes usados, objetos de arte, antigüedades y objetos de colección (nº 7308 s.);
- agencias de viajes (nº 7311);
- recargo de equivalencia (nº 7314).

7304 Régimen especial de la agricultura, ganadería y pesca (REAGP) (Rgto Fac art.16.1)

Los empresarios o profesionales que deben efectuar el reintegro de las compensaciones (nº 3678) al adquirir los bienes o servicios a personas acogidas a este régimen, están obligados a expedir un **recibo** del que han de entregar una copia al titular de la explotación agrícola, forestal, ganadera o pesquera, con los siguientes **datos:**
- serie y número (numeración correlativa);
- nombre y apellidos, razón social o denominación social completa, NIF y domicilio del expedidor y del titular de la explotación, con indicación de que está acogido al REAGP;
- descripción de los bienes entregados o de los servicios prestados, así como lugar y fecha de realización material y efectiva de las operaciones;
- precio de los bienes o servicios (sobre su cálculo, ver nº 3673);
- porcentaje de compensación aplicado (nº 3673);
- importe de la compensación;
- firma del titular de la explotación agrícola, forestal, ganadera o pesquera.

En relación con la obligación de facturación, ver nº 7228.

Precisiones 1) A diferencia de lo que ocurre con las facturas (nº 7247 s.), en este caso sí se exige la constancia en el recibo del **lugar de la operación**, así como la **firma** del empresario que efectúa la entrega o presta los servicios incluidos en el REAGP.
2) Las disposiciones aplicables a las facturas en el **Rgto Fac** son aplicables, en la medida en que resulte procedente, a estos recibos.

7306 Ejemplo La entidad COPSA ha adquirido a don Juan L. una partida de **naranjas** procedentes de su explotación que está acogida al REAGP. Dicha entidad ha pagado las naranjas a un precio de 0,10 euros/kg., habiendo adquirido 7.000 kg. en total. La compensación vigente a la fecha de devengo de la operación es del 12%.
En este supuesto, la entidad COPSA emite un recibo en la forma que se indica, que debe ir firmado por el transmitente (don Juan López). Posteriormente se refleja en el libro especial que se menciona en el nº 7347:

<table>
<tr><td>Recibo núm 1
Serie A
Fecha operación: agosto-N
Lugar operación: Játiva (Valencia)</td><td colspan="3">Expedidor: COPSA
NIF: A46590823
Domicilio: C/ Marcos, 56 (Madrid). 28003</td></tr>
<tr><td>Descripción operación</td><td>Precio total (euros)</td><td>Porcentaje compensación</td><td>Cantidad a compensar (euros)</td></tr>
<tr><td>7.000 Kg de naranjas a 0,10 euros/kg ....</td><td>700</td><td>12%</td><td>84</td></tr>
<tr><td colspan="4">Destinatario: Juan López, acogido al régimen especial de la agricultura, ganadería y pesca.
NIF: 9856432-R Domicilio: Finca Lotos (Játiva). 46010
Firma del transmitente (titular de la explotación)</td></tr>
</table>

7307 Doctrina Administrativa Además de las siguientes contestaciones de la DGT, ver nº 11000 s.
1) La **firma del sujeto pasivo** acogido al REAGP en el recibo mediante el cual se le efectúa la compensación a tanto alzado, puede ser sustituida por la de la persona designada como su **representante** a tal fin, debiéndose hacer referencia expresa a tal circunstancia en el recibo (DGT 10-5-99; CV 20-9-10; CV 24-3-17).
El sujeto pasivo puede designar como representante al presidente o cualquier otro responsable administrativo de la cooperativa, que debe expedir el recibo en su condición de adquirente de los bienes o destinataria de los servicios comprendidos en el régimen especial (DGT 10-5-99; CV 20-9-10; CV 24-3-17).
La falta de la firma en el recibo expedido por la cooperativa comporta la invalidez del recibo como documento justificativo del derecho de la cooperativa a la deducción de la compensación a tanto alzado que hubiese satisfecho al agricultor (DGT 10-5-99).

2) La **firma autógrafa o manual** del apoderado puede ser sustituida por cualquier otro sistema de estampación de la misma, siempre que el mismo garantice fehacientemente el pago de la compensación (DGT 23-11-00).
En el supuesto de expedición del recibo por **medios electrónicos**, la firma autógrafa o manual del representante puede ser sustituida por firma digital siempre que pueda garantizarse la autenticidad del origen y la integridad del contenido del recibo firmado en los términos señalados en el Rgto Fac (DGT CV 27-3-17; CV 27-3-17; CV 3-2-21).
3) Contra la **negativa a firmar el recibo** por parte del titular de la explotación acogido al régimen especial, el adquirente de los productos puede interponer la correspondiente reclamación económico-administrativa (DGT CV 9-6-86).
4) A estos efectos, no se exige **representación** en documento público, sino que puede acreditarse por cualquier medio válido en derecho que deje constancia fidedigna (DGT 27-4-04).
La posibilidad de nombrar un representante debe cumplir con los requisitos de **acreditación y apoderamiento** que se establecen para la representación voluntaria -LGT art 46; RGGI art.111- (DGT CV 24-3-17).
5) Los recibos acreditativos del reintegro de las compensaciones no son sustituibles por **otros documentos**, en particular por órdenes de abono en cuenta bancaria de los agricultores (DGT 28-4-86).
6) Si se ha satisfecho la compensación en un **porcentaje que no es el procedente**, se puede rectificar mediante la emisión de un nuevo recibo en el que se hagan constar los datos identificativos del recibo rectificado (DGT CV 8-2-07; CV 24-6-08).
7) En el recibo no deben incluirse **otros conceptos** distintos de los contemplados en el Rgto Fac/2003, como liquidaciones de gastos (DGT CV 26-10-09).

7308 **Régimen especial de bienes usados, objetos de arte, antigüedades y objetos de colección** (Rgto Fac art.16.2) Los sujetos pasivos acogidos a este régimen (nº 3900 s.) deben cumplir, respecto de las operaciones afectadas por el mismo, las siguientes **obligaciones**:
a) Respecto de las facturas que documenten las **entregas de bienes** efectuadas por el revendedor y sujetas al régimen especial, ha de tenerse en cuenta que:
- no se puede consignar de forma separada la cuota repercutida, debiendo entenderse comprendida en el precio total de la operación;
- debe constar en ellas la mención «régimen especial de los bienes usados», «régimen especial de los objetos de arte» o «régimen especial de las antigüedades y objetos de colección».
b) En los supuestos de **adquisiciones de bienes** a quienes **no** tengan la condición de **empresarios o profesionales** actuando como tales, los revendedores deben expedir un documento por cada adquisición realizada, que debe ser firmado por el transmitente (particular) y debe contener los datos y requisitos de las facturas completas (nº 7247 s.), al objeto de que su contabilidad pueda figurar respaldada por la correspondiente documentación en dichas adquisiciones, con todos los datos precisos que permitan conocer el origen del bien y su precio de compra.

7309 Ejemplos **1)** Un revendedor español de **vehículos usados** ha realizado la venta de una partida de automóviles usados a un empresario alemán. Dicho revendedor ha aplicado a dicha operación el régimen especial de los bienes usados, objetos de arte, antigüedades y objetos de colección, tributando en España por el margen bruto de la operación.
En este caso, el revendedor debe hacer constar expresamente en la factura que emita la mención «régimen especial de los bienes usados». De esta manera, el adquirente alemán puede saber que en la operación se ha aplicado el régimen especial de los bienes usados y que, por lo tanto, se le ha repercutido el IVA español, por lo que no procede tributación alguna en Alemania por la AIB efectuada en dicho país.
2) La Sociedad ML, S.A dedicada a la compraventa de vehículos de ocasión ha adquirido el 31-1-N a un particular (EFL) un vehículo marca Seat Toledo TDI que tiene 2 años de antigüedad y 34.000 km., con matrícula 0123-XYZ. El precio satisfecho por la Sociedad ha sido de 14.000 €.
El documento que debe expedir la Sociedad ML para justificar la compra del vehículo es:

Documento compra número	003
FECHA EXPEDICIÓN	31-1-N
FECHA OPERACIÓN	31-1-N

EXPEDIDOR	DESTINATARIO
EFL 78222555D Calle del Pez, 25 28035 Madrid	ML, SA A78222555 Calle Ortiz, 29 28001 Madrid

DESCRIPCIÓN OPERACIONES	IMPORTE (euros)
Entrega del vehículo SEAT Toledo TDI, matrícula 0123-XYZ	14.000,00
BASE IMPONIBLE	
TIPO IMPOSITIVO	
CUOTA IVA	
IMPORTE TOTAL	14.000,00
OBSERVACIONES: Firma del transmitente (EFL):	

Doctrina Administrativa Además de las siguientes contestaciones de la DGT, ver nº 11000 s. **7310**

1) No resulta ajustado a derecho que la obligación de expedir una factura por cada una de las adquisiciones de vehículos usados efectuadas a quienes no tengan la condición de empresarios o profesionales actuando como tales, se sustituya por la **emisión de un listado** comprensivo de la adquisición de diferentes bienes a distintas personas (DGT CV 27-1-06).

2) El objeto de la obligación del revendedor de expedir un documento por cada una de las adquisiciones realizadas a quienes no tienen la condición de empresarios o profesionales es conocer, en compras a particulares, los datos precisos que permitan determinar el origen del bien y su precio de compra. En consecuencia, la firma de un **albarán** y el envío de un correo electrónico por el particular no es suficiente para considerar cumplido dicho requisito al no permitir detallar los elementos de las facturas completas -nº 7247 s.- (DGT CV 27-5-13).

3) Cuando el consultante adquiera objetos de arte a quienes no tengan la condición de empresarios o profesionales actuando como tales, incluso a través de la **mediación de una sala de subastas**, debe expedir un documento que justifique cada una de las adquisiciones efectuadas. Dicho documento de compra debe ser firmado por el transmitente y debe contener los datos y requisitos de las facturas completas (nº 7247 s.). La factura expedida por la sala de subastas por su mediación no exime al consultante de dicha obligación (DGT CV 3-7-14). En el mismo sentido, por la adquisición de **ropa infantil** de segunda mano (DGT CV 3-8-15) u otros bienes usados (DGT CV 28-4-25).

Régimen especial de agencias de viajes (Rgto Fac art.16.3) Respecto a las operaciones a las que resulte aplicable este régimen (nº 4200 s.) deben aplicarse las siguientes **reglas**: **7311**

- las agencias no están obligadas a consignar separadamente en factura la **cuota repercutida**, debiendo entenderse, en su caso, comprendida en el precio de la operación;
- debe constar en ellas la expresión «**régimen especial de las agencias de viajes**».

Régimen especial del recargo de equivalencia (Rgto Fac art.16.4) Los empresarios o profesionales que efectúen entregas de bienes en las que se deba repercutir el recargo de equivalencia deben expedir **facturas separadas** para documentar las entregas en las que se repercuta el recargo de equivalencia, consignando el tipo del recargo aplicado y su importe. **7314**

Precisiones Cuando los comerciantes minoristas realicen simultáneamente otras **actividades en sectores distintos**, deben tener documentadas en facturas diferentes, la adquisición de mercaderías destinadas respectivamente a las actividades incluidas en dicho régimen y al resto de actividades.

E. Remisión de facturas

(LIVA art.164.Uno.3º; Rgto Fac art.17 y 18)

Los **originales** de las facturas expedidas deben remitirse a los destinatarios de las operaciones por las personas obligadas a su expedición (nº 7211) o por otra persona en su nombre (nº 7231), en los siguientes **plazos**: **7315**

- en el mismo momento de su expedición (nº 7279 s.); o
- si el destinatario es un **empresario o profesional** que actúe como tal, antes del día 16 del mes siguiente a aquel en que se haya producido el devengo del Impuesto correspondiente a la citada operación. En el caso de las operaciones acogidas al régimen especial del **criterio de caja**, o de **facturas rectificativas**, la remisión debe efectuarse antes del día 16 del mes siguiente a aquel en que se haya realizado la operación o se haya expedido la factura respectivamente.

Precisiones 1) En determinadas entregas de **energía eléctrica**, ver lo señalado en el nº 7234.
2) En los supuestos de realización de las funciones de liquidación y pago en las actividades de producción y distribución de energía eléctrica en régimen especial atribuidas a la **Comisión Nacional de Energía**, ver nº 7236.
3) En los **procedimientos de ejecución forzosa**, ver nº 7233.

7317 Doctrina Administrativa Además de las siguientes contestaciones de la DGT, ver nº 11000 s.
1) La entidad está **obligada a entregar factura** a los destinatarios de sus operaciones, por tratarse de una obligación establecida por la normativa tributaria general, así como por la propia del IVA, obligación que no puede ser alterada por las partes intervinientes en las operaciones, aunque el destinatario de las mismas renuncie a su recepción (DGT CV 28-1-08; CV 6-11-20; CV 2-6-21).
La circunstancia de que las facturas sean **expedidas por terceros** legalmente obligados a ello no exime al sujeto pasivo de tal responsabilidad, para lo cual estos deben remitirle dichas copias. Si los obligados a expedir las facturas se niegan a remitir las copias de las mismas, puede interponerse la correspondiente reclamación económico-administrativa (DGT 30-3-04).
2) El Rgto Fac permite que las facturas emitidas y rectificadas por la consultante **en nombre de los proveedores y clientes** sean objeto de remisión por la propia consultante en los términos que hubieran fijado las partes en su acuerdo (DGT CV 27-4-16).
3) La validez de remitir **electrónicamente** las facturas no queda desvirtuado por el hecho de que la factura sea remitida a distintas direcciones de correo electrónico facilitadas, y/o se permita a diferentes personas autorizadas designadas por su cliente el acceso al portal para su descarga (DGT CV 19-7-16).
4) Las facturas que deben remitir los proveedores a la universidad son las originales, debiendo quedar en poder de los proveedores las **copias** de las mismas, pudiendo solo expedir duplicados de las ya expedidas en aquellos supuestos tasados previstos -nº 7289 s.- (DGT CV 15-6-17).

F. Conservación de facturas y otros documentos

7320 **Obligación de conservación** (LIVA art.165; Rgto Fac art.19) Los empresarios o profesionales o un tercero que actúe en nombre y por cuenta de cualquiera de ellos (nº 7231), están obligados a conservar, durante el **plazo** de prescripción de la LGT, los siguientes **documentos**:
a) Las facturas recibidas.
b) Las copias o matrices de las facturas expedidas.
c) Los justificantes contables previstos para los casos de inversión del sujeto pasivo (letra d del nº 2867).
d) Respecto al REAGP, los recibos a que se refiere el nº 7304, tanto el original por el expedidor, como la copia por el titular de la explotación.
e) En el caso de las importaciones, el documento en el que conste la liquidación practicada por la Administración o, si se trata de operaciones asimiladas a las importaciones, la autoliquidación en la que se consigne el impuesto devengado con ocasión de su realización (letra c del nº 2866).
También están obligados a conservar la documentación citada:
- los empresarios o profesionales acogidos a los **regímenes especiales** del IVA (nº 3100 s. y nº 7328);
- quienes, **no siendo empresarios o profesionales**, son sujetos pasivos del IVA (nº 1384), aunque en este caso sólo alcanza a las facturas recibidas y a los justificantes contables previstos para los casos de inversión del sujeto pasivo (letra d del nº 2867).

7321 Precisiones 1) Los documentos deben conservarse con su **contenido original** y ordenadamente. A tal efecto, la OM EHA/962/2007 art.6.2 declara «a sensu contrario» que tienen la consideración de documentos originales los obtenidos mediante su conversión, por un proceso de digitalización certificada o mediante impresión de las facturas recibidas en los términos de la propia Orden.
2) Aunque el tercero cumpla materialmente la obligación de conservar la documentación, el empresario o profesional o sujeto pasivo continúa siendo el **responsable** del cumplimiento de todas las obligaciones.
3) Es necesaria la previa comunicación a la AEAT si el **tercero no está establecido** en la UE, salvo que lo esté en Canarias, Ceuta o Melilla o en un país con el cual exista un instrumento jurídico de asistencia mutua con un ámbito de aplicación similar al previsto en la normativa comunitaria (Dir 2010/24/UE; Rgto UE/904/2010). Actualmente solo existe con Noruega.
4) En relación con los **conceptos de copia o de matriz**, ver nº 7338.1.

7322 Doctrina Administrativa Además de la siguiente contestación de la DGT, ver nº 11000 s.
Una **gestoría** que actúa en nombre de sus clientes frente a terceros, recibiendo de estos las correspondientes facturas y otros documentos a nombre de aquellos, que le sirven de base documental para expedir sus propias facturas, no está obligada a conservar fotocopias de dichos documentos (DGT CV 31-10-06).

Formas de conservación (Rgto Fac art.20) La conservación de los documentos enunciados en el nº 7320, en papel o formato electrónico, debe hacerse por cualquier medio que permita al obligado a su conservación **garantizar**: 7324

- la autenticidad de su origen, la integridad de su contenido y su legibilidad (nº 7278); y
- el acceso a ellos por parte de la Administración tributaria sin demora, salvo causa debidamente justificada.

Para la **conservación electrónica** ver nº 7338 s.

Doctrina Administrativa Además de las siguientes contestaciones de la DGT, ver nº 11000 s.

1) Aunque no existe un criterio determinado para el **archivo** de las facturas, se exige que la documentación se conserve de manera ordenada, vinculándose tal orden con el de las fechas (DGT CV 23-4-12).

2) Puesto que las facturas pueden expedirse por cualquier medio, en papel o soporte electrónico, los documentos expedidos pueden conservarse en cualquiera de dichos soportes, o bien ser objeto de la correspondiente conversión entre soportes.

Las **facturas y los documentos sustitutivos** (actualmente facturas simplificadas) deben conservarse con su contenido original, lo cual no implica necesariamente que deban conservarse en su soporte original (DGT CV 11-10-07; CV 30-10-08).

3) Lo que debe conservarse es el contenido original de los documentos justificativos, no exigiendo que dicho contenido se conserve en el mismo formato en el que se expidieron o recibieron los correspondientes documentos, ni tampoco con idéntico diseño o presentación.

De acuerdo con lo expuesto la conservación de las **copias de los tiques** (actualmente facturas simplificadas) expedidos por una **báscula** se considera válidamente cumplida mediante la conservación de un documento impreso generado con carácter semanal que comprenda íntegramente el contenido original de los tiques expedidos durante dicho período (DGT 10-2-04).

4) Se considera **incumplida** la obligación de conservación de las facturas en los siguientes casos:

- la información almacenada en una **báscula dotada de un sistema informático** de facturación, que emite los originales de los tiques (actualmente, facturas simplificadas) ajustados a los requisitos legales, pero que solo conserva grabado un registro con el resumen de pesos y productos vendidos (DGT 30-4-99);
- sustitución de facturas por un **documento de cierre de caja**, que no contiene los datos de las mismas, sino solo un resumen de lo facturado (DGT 3-12-98);
- la emisión de un **listado diario de las operaciones** efectuadas por cada uno de los sujetos pasivos que comparten un terminal de venta puesto que, según se deduce, en dicho listado no se comprenden todos los datos contenidos en los tiques -actualmente factura simplificada- (DGT 13-12-01).

Lugar de conservación (Rgto Fac art.22; OM EHA/962/2007 art.9.2) Puede ser determinado por el empresario o profesional o el sujeto pasivo obligado a la conservación de las facturas o documentos del nº 7320, siempre que ponga toda la documentación o información así conservada a disposición del órgano de la **Administración tributaria** que realice una actuación dirigida a la comprobación de su situación tributaria, ante cualquier solicitud de dicho órgano y sin demora injustificada. 7326

Si la conservación se efectúa **fuera de España** es necesario que se haga uso de medios electrónicos (nº 7338 s.).

Casos particulares de conservación (LIVA art.140 sexies, 165.Uno; RIVA art.49.3) La normativa del IVA contiene las siguientes normas específicas en la materia: 7328

1) En las operaciones relacionadas con **oro de inversión** debe conservarse copia de las facturas durante cinco años.

2) Cuando las facturas recibidas o expedidas se refieran a adquisiciones por las cuales se hayan soportado o satisfecho cuotas del IVA cuya deducción esté sometida a un **período de regularización**, deben conservarse durante su correspondiente período de regularización y los cuatro años siguientes. Tratándose de **bienes de inversión**, según los casos, es de ocho o trece años, a contar desde que se inicie la utilización efectiva o entrada en funcionamiento (nº 3023). Ver ejemplos en el nº 7329.

3) Los **recibos** (originales y copias) emitidos por el adquirente de los productos naturales a los que se aplica el **REAGP**, deben conservarse, tanto por el adquirente como por el transmitente, durante el periodo de prescripción del Impuesto. No obstante, según la normativa que regula las operaciones de facturación dichos recibos se conservan durante el plazo previsto en la LGT (nº 7320).

4) En determinadas entregas de **energía eléctrica**, ver lo señalado en el nº 7234.

5) En los supuestos de realización de las funciones de liquidación y pago en las actividades de **producción y distribución de energía eléctrica** en régimen especial atribuidas a la Comisión Nacional de Energía, ver nº 7236.

6) En el **régimen simplificado** deben conservarse los justificantes de los índices o módulos aplicados de conformidad con lo que, en su caso, disponga la Orden Ministerial que los apruebe.

7329 Ejemplos 1) Una entidad mercantil adquirió en el año N un edificio para sede de su actividad. Durante dicho año se acondicionó el citado **inmueble** y a partir de 1-1-N+1 se empezó a utilizar como oficina para la actividad.
En este caso, la factura recibida que documentó dicha operación debe conservarse durante 13 años, dado que se trata de una edificación cuyo período de regularización son 9 años y por ser bien de inversión se suman 4 años más, todo ello a contar desde la utilización efectiva o entrada en funcionamiento del inmueble (N+1).
2) Adquisición de un **ordenador** que es un bien de inversión por el empresario E, por la que se soporta el IVA correspondiente. Dicha adquisición se efectúa el 1-1-N; la factura correspondiente se recibe el 30-1-N y el bien de inversión comienza a utilizarse por E en su actividad el 2-3-N+1.
En este caso, el período de regularización de la deducción del IVA soportado por la adquisición del ordenador abarca desde el año N+1 hasta el año N+5 (nº 3023). Por lo tanto, la factura recibida debe conservarse por E hasta el año N+9.
3) Adquisición de bienes y servicios por un empresario con anterioridad al **inicio de la realización habitual de las entregas** de bienes y prestaciones de servicios propias de la actividad.
En este caso, las deducciones inicialmente practicadas tienen carácter provisional y están sometidas a regularización (nº 3080 s.). Por otro lado, las facturas recibidas en que se documenten estas adquisiciones deben conservarse durante su período de regularización y los cuatro años siguientes.

G. Facturación electrónica

7330

7331 Se considera que la factura electrónica es aquella que se ajusta a lo establecido en el Rgto Fac y que ha sido expedida y recibida en **formato electrónico**. No obstante, ver la precisión 2.
Este formato de factura ya se utiliza de **forma obligatoria** en las relaciones con el sector público (conocido como relaciones «B2G»), resultando obligatorio para determinados proveedores desde 2015, y está prevista su utilización entre empresarios o profesionales en sus relaciones comerciales con otros empresarios o profesionales (conocido como relaciones «B2B»), si bien existen unos plazos en función del volumen de operaciones (ver nº 7332 s.).
Hasta que entre en vigor la obligación de facturación electrónica entre empresarios y profesionales, y en el **resto de casos**, la expedición de la factura electrónica es voluntaria (nº 7333).
El **desarrollo de la facturación electrónica** prevista en la normativa del IVA, se encuentra recogida en el Rgto Fac y en la OM EHA/962/2007, por la que se desarrollan determinadas disposiciones sobre facturación telemática y conservación electrónica de facturas, que mantiene su vigencia en aquello que no se oponga a Rgto Fac. Asimismo debe tenerse en cuenta el RD 238/2026 por el que se desarrolla el sistema de facturación electrónica obligatoria entre empresarios y profesionales, cuya entrada en vigor se producirá con la aprobación de la Orden Ministerial que especifique los elementos técnicos necesarios para la adecuada implantación y mantenimiento de la solución pública de facturación electrónica.
Por otro lado, se establecen obligaciones relativas a los **sistemas informáticos de facturación** o de gestión (conocido como **Veri*factu**). Aunque no es propiamente factura electrónica, debido a su relación con la misma y a su novedad, se analiza en el nº 7343 s.

Precisiones **1)** Todas las referencias efectuadas en el Rgto Fac/2003 (actualmente Rgto Fac) al concepto de factura deben entenderse realizadas al **documento original** en el soporte físico o electrónico creado por el expedidor obligado a su realización y remitido o puesto a disposición del destinatario, con independencia de quién sea el expedidor material y siempre que cuente con los contenidos exigibles para las facturas o tiques -actualmente facturas simplificadas, nº 7246 s.- (OM EHA/962/2007 art.1).
2) Con efectos desde la aplicación práctica de la facturación electrónica entre empresarios y profesionales (nº 7332 s.), en el **concepto** de factura electrónica se incluye, junto a la expedición y recepción, la transmisión en formato electrónico (Rgto Fac art.9 redacc RD 238/2026).

Factura electrónica obligatoria (L 56/2007 art.2 bis redacc L 18/2022; Rgto Fac art.8 bis redacc RD 238/2026) 7332
Aunque en un primer momento solo estaba prevista para las relaciones con el sector público (nº 7332.1), se ha impulsado la adopción generalizada de la factura electrónica, ampliando la obligación de expedir, transmitir y remitir facturas electrónicas a **todos los empresarios y profesionales** en sus relaciones comerciales con otros empresarios o profesionales.
Inicialmente estaba previsto que los **efectos** de esta modificación se produjeran de forma escalonada en función del volumen de facturación de los empresarios y profesionales, contándose los plazos a partir de la aprobación del desarrollo reglamentario (L 18/2022 disp.final 8ª).
Sin embargo, el desarrollo reglamentario se ha aprobado, pero se ha condicionado su aplicación práctica a la entrada en vigor de la OM que especifique los elementos técnicos necesarios para la adecuada implantación y mantenimiento de la solución pública de facturación electrónica (RD 238/2026 disp.final 4ª). Así, una vez entre en vigor esta OM, la **aplicación práctica** de la obligación de facturación electrónica entre empresarios y profesionales es:
- doce meses para aquellos cuyo volumen de operaciones haya excedido de 8 millones de euros durante el año natural anterior (nº 3106); y
- veinticuatro meses para el resto de empresarios y profesionales.

En este sentido, se establece que será obligatoria la factura electrónica en las condiciones establecidas en la normativa de medidas de Impulso de la Sociedad de la Información (L 56/2007) y en su normativa de desarrollo, cuando el **destinatario** de la operación sea un empresario o profesional que tenga en España la sede de su actividad económica, o un establecimiento permanente o, en su defecto, el lugar de su domicilio o residencia habitual, siempre que se trate de operaciones que tengan por destinatarios a dicha sede, establecimiento permanente, domicilio o residencia habitual.
Como **excepción** no será de aplicación cuando se expida factura simplificada (nº 7237 s.), salvo cuando se trate de las expedidas con datos particulares para que el destinatario pueda practicar la deducción de las cuotas soportadas (facturas simplificadas cualificadas, nº 7273 letra a). Asimismo se prevé que la persona titular del Ministerio de Economía, Comercio y Empresa pueda excluir temporal o definitivamente de la obligación de expedición de factura electrónica a otras operaciones en atención al buen funcionamiento económico del sector concernido.

Precisiones **1)** La **entrada en vigor** de esta regulación (L 18/2022 art.12) estaba **supeditada** a la obtención de la excepción comunitaria a la Dir 2006/112/CE art.218 -redacc original- y 232 -redacc Dir 2010/45/UE- (L 18/2022 disp.final 8ª). No obstante, desde el 14-4-2025, la normativa comunitaria habilita a los Estados miembros para que establezcan, si así lo desean, la obligación de expedir facturas electrónicas a los empresarios o profesionales del impuesto, sin que su emisión deba quedar necesariamente sujeta a la aceptación por el destinatario. Esta posibilidad no se extiende a las entregas y prestaciones de servicios intracomunitarias ni a las entregas locales en el marco de operaciones triangulares, y queda limitada a los empresarios o profesionales que estén establecidos en el Estado miembro en cuestión -tanto emisores como destinatarios de las facturas- (Dir 2006/112/CE art.218 y 232 redacc Dir (UE) 2025/516). Con esta modificación se cumple automáticamente la condición a que quedaba sometida la obligación de expedición de factura electrónica en operaciones entre empresarios contenida en L 18/2022 disp.final 8ª. En definitiva, desde esa fecha, los Estados miembros pueden implementar la facturación electrónica obligatoria para transacciones nacionales y no es necesaria una autorización previa de la Comisión Europea, siempre que estas medidas se limiten a los contribuyentes establecidos en su territorio. 7332.1
2) A la fecha de cierre de esta obra, está pendiente de aprobación la **Orden Ministerial** que especifique los elementos técnicos necesarios para la adecuada implantación y mantenimiento de la solución pública de facturación electrónica. Según el proyecto de OM sometido a información pública su entrada en vigor está prevista para el 1-10-2026.
3) En el ámbito de las relaciones entre proveedores de bienes y servicios y las **Administraciones Públicas**, la L 25/2013 ha regulado la obligación de presentación de facturas ante un registro administrativo, así como la creación de un registro contable de facturas en cada uno de los sujetos incluidos en el ámbito de aplicación de la citada norma, y el procedimiento para la tramitación de las facturas en las Administraciones Públicas. También regula el uso de la factura electrónica en el sector público, que tiene los mismos efectos tributarios que la factura en soporte papel, pudiendo ser utilizada a efectos de la deducibilidad de la operación según la normativa de cada tributo (L 25/2013 disp.adic.3ª).
La normativa comunitaria, relativa a la facturación electrónica en la contratación pública, que se refiere al uso de facturas electrónicas a efectos del IVA, declara que esta Directiva debe entenderse sin perjuicio de las disposiciones de la Dir 2006/112/CE, relativa al sistema común del IVA (Dir 2014/55/UE art.9).
Así, una agencia de viajes que tiene la consideración de sociedad anónima o de responsabilidad limitada, está obligada al uso de la factura electrónica en su relación con una **Universidad Pública**, debiendo incluirse esta factura en el registro contable de facturas -L 25/2013 art.8- (DGT CV 26-12-24).

7332.2 **4)** El desarrollo del **sistema de facturación electrónica obligatoria** entre empresarios y profesionales (RD 238/2026) tiene por objeto establecer los requisitos técnicos y de información de dicho sistema; los requisitos exigibles a las plataformas de intercambio de facturas electrónicas, entre ellos, los de interoperabilidad e interconexión mínima entre estas; y la solución pública de facturación electrónica que preste los servicios de facturación electrónica de aquellos empresarios o profesionales que así lo elijan y sirva de repositorio universal y obligatorio de todas las facturas electrónicas expedidas, remitidas o recibidas.

Asimismo, dada la obligación de proporcionar información sobre los **estados de la factura** (L 56/2007 art.2.1 redacc L 18/2022), se establece que los destinatarios deben informar al obligado a expedir la factura electrónica sobre la aceptación o rechazo comercial de la factura y fecha en que se produce, así como del pago efectivo completo de la factura y su fecha efectiva de pago. Adicionalmente, se podrá informar de las aceptaciones o pagos parciales y sus fechas y de la cesión de la factura a un tercero para su cobro o pago, con identificación del cesionario y su fecha de cesión. Dicha información debe remitirse en un plazo máximo de cuatro días naturales, excluyendo sábados, domingos y festivos nacionales, desde la fecha en que se produce el estado que se informa en cada caso (RD 238/2026 art.10).

La AEAT debe desarrollar una **aplicación o formulario gratuito** que, bajo determinadas condiciones y requisitos, permita a todos los empresarios y profesionales y, en su caso, a sus autorizados, la expedición de facturas electrónicas, la generación de la información sobre el estado de las facturas electrónicas, incluido su pago efectivo completo, y la puesta a disposición de las contrapartes y de la Administración Pública de dicha información utilizando para ello la solución pública de facturación electrónica.

7333 **Factura electrónica voluntaria** (LIVA art.164.Dos; Rgto Fac art.9; OM EHA/962/2007 art.2; DGT Informe 21-12-12) En aquellos casos en los que no es obligatoria la facturación electrónica (nº 7332), su expedición queda **condicionada** a que su destinatario haya dado su consentimiento.

Sobre la **forma** en que debe producirse este consentimiento la DGT ha establecido que:

a) La recepción de una factura electrónica, precisa en sede del destinatario contar con los **mínimos conocimientos y medios informáticos** que posibiliten su recepción.

b) Esta aceptación puede ser **expresa o tácita**.

c) La necesidad de que el destinatario disponga de los conocimientos y equipos necesarios para la recepción de la factura electrónica precisa que esta aceptación constituya un **consentimiento informado**, pues necesariamente aquel que estuviera recibiendo las facturas en papel, debe haber tenido que ser previamente informado por ese mismo medio por parte del expedidor de que, a partir de la fecha en que quede constancia de su aceptación, se procederá a la remisión de facturas en formato electrónico.

El consentimiento informado debe precisar la forma en que una vez aceptado, se debe proceder a recibir la factura electrónica, así como la posibilidad de que el destinatario, que haya dado su consentimiento expreso o tácito, pueda revocarlo y la forma en que puede realizarse esa revocación.

No es suficiente que el expedidor conozca o solicite una dirección electrónica del destinatario de la factura, o la mera información al mismo de la posibilidad de acceder y recepcionar su factura a través de un portal o buzón electrónico desde el que con conexión a internet pueda descargar o consultar la factura.

Es necesaria la **constancia expresa** (por ejemplo, mediante la remisión expresa de la aceptación o, en su caso, de la no aceptación de la factura electrónica) **o tácita** (por ejemplo, mediante la constatación de que el destinatario ha accedido a la página web o portal electrónico del expedidor en el que se ponen a su disposición la facturas electrónicas y no ha comunicado su rechazo a la recepción de las facturas electrónicas) de que el destinatario ha dado su consentimiento informado a la factura electrónica.

d) Debe ser siempre posible la **revocación** de la aceptación y la comunicación de la misma, que ha de poder realizarse en papel o por medios electrónicos y preferentemente a través del medio en el que el destinatario viene recibiendo las facturas electrónicas.

7334 **Requisitos de la factura electrónica** (LIVA art.164.Uno.3º; Rgto Fac art.8, 9 y 10; OM EHA/962/2007 art.2, 3 y 4) Salvo lo indicado en el nº 7332 s., las facturas pueden expedirse por cualquier medio, ya sea en papel o en formato electrónico, siempre que permitan **garantizar** al obligado a su expedición, desde la fecha de expedición y durante el período de conservación:

- la autenticidad de su origen: garantiza la identidad del obligado a su expedición y del emisor de la factura;
- la integridad de su contenido: garantiza que el mismo no ha sido modificado;
- su legibilidad.

La autenticidad del origen y la integridad del contenido de la factura pueden garantizarse con los siguientes **medios**:

a) Con **carácter general**, por cualquier medio de prueba admitido en Derecho, en particular, mediante los **controles de gestión usuales** de la actividad empresarial o profesional del sujeto pasivo, que deben permitir crear una pista de auditoría fiable que establezca la necesaria conexión entre la factura y la entrega de bienes o prestación de servicios que la misma documenta.

b) La **firma o sello electrónico avanzado** basados en un certificado electrónico cualificado de firma o de sello (actualmente Rgto UE/910/2014 art.26.1).
c) El **intercambio electrónico de datos** -EDI- (Recomendación 94/820/CE Anexo I art.2) cuando el acuerdo relativo a este intercambio prevea la utilización de procedimientos que garanticen la autenticidad del origen y la integridad de los datos.
d) Mediante **otros medios comunicados a la AEAT** con carácter previo a su utilización y validados por esta. La solicitud de validación puede ser presentada por empresarios, profesionales o cualquier otra persona o entidad obligada a expedir facturas establecida o residente en España. Debe presentarse previamente ante el Director del Departamento de Inspección Financiera y Tributaria de la AEAT. Si la solicitud no incluye todos los elementos necesarios para permitir la verificación de los requisitos exigidos legalmente, se puede requerir al solicitante para que subsane los defectos en el plazo de 10 días, contados a partir del día siguiente al de la notificación del requerimiento. La solicitud se debe resolver en un plazo de seis meses. Si, por cualquier motivo, la verificación no ha finalizado en ese plazo o no se ha dictado resolución expresa, la solicitud puede entenderse estimada por silencio administrativo (RDL 8/2011 art.26). La presentación de esta solicitud tiene carácter **potestativo**.
Ver nº 7337 en relación a las facturas electrónicas recibidas de **terceros países**.

Precisiones 1) Se permite la implantación de la factura electrónica **sin necesidad de validación** por la AEAT, si se está en condiciones de probar que se cumplen los requisitos de autenticidad, integridad y legibilidad, sobre la base de controles de gestión de empresa. **7334.1**
2) En los **lotes** que incluyen varias facturas electrónicas remitidas simultáneamente al mismo destinatario, los detalles comunes a las distintas facturas pueden mencionarse una sola vez, siempre que se tenga acceso para cada factura a la totalidad de la información.
3) La expedición de documentos en un soporte (papel o electrónico), no condiciona el medio por el que deben remitirse en un momento ulterior al mismo destinatario, o el medio por el que deben remitirse las **facturas rectificativas** relacionadas con aquellos, o los **duplicados** de facturas remitidas con anterioridad (OM EHA/962/2007 art.2.1).
4) Desde el 7-12-2023, se presume acreditada la **autenticidad** del origen e integridad del contenido de la factura, cuando la factura se haya expedido utilizando un sistema o programa informático o electrónico que soporte los procesos de facturación de empresarios y profesionales -RD 1007/2023 art.7 y 8- (Rgto Fac art.8.4).
5) Cuando resulte **obligatoria la facturación electrónica** (nº 7332), la misma deberá reunir las características técnicas previstas para la interoperabilidad de formatos (RD 238/2026 art.7). Adicionalmente, la autenticidad del origen y la integridad del contenido se acreditará mediante los procedimientos previstos para la interoperabilidad de formatos de factura electrónica -firma electrónica avanzada- y la solución pública de facturación electrónica (RD 238/2026 art.7.3 y 11.7).

Doctrina Administrativa Además de las siguientes contestaciones de la DGT, ver nº 11000 s. No obstante debe tenerse en cuenta la obligación de facturación electrónica entre empresarios y profesionales (nº 7332 s.). **7335**
1) Respecto a la posibilidad de remitir **facturas a través de Internet**, no existen impedimentos, siempre que cumplan las condiciones legales de emisión (DGT 30-4-99).
2) Una entidad tiene previsto implantar un **sistema electrónico de gestión documental** para el archivo interno y la consulta y comunicación a sus concesionarios de determinados documentos, entre los que se incluyen las facturas expedidas por dicha entidad. Los concesionarios tendrán acceso al sistema a través de una **extranet**, pudiendo efectuar consultas y descargar las facturas. El sistema garantiza la integridad del contenido de las facturas, así como la autenticidad de su origen.
Las facturas expedidas por la entidad podrán ser remitidas por vía telemática a sus concesionarios para su impresión remota, siempre que las mismas tengan el contenido exigido legalmente y queden garantizadas su autenticidad y su integridad, así como su conservación durante el período de prescripción (DGT 2-10-02). En términos similares respecto al acceso, impresión y descarga de las facturas a través de una **página web**, DGT 25-10-01.
3) Una **factura en formato electrónico** (como pudiera ser una factura en papel escaneada) que reúna todos los requisitos establecidos en el Rgto Fac y que sea expedida y recibida en dicho formato a través de un **correo electrónico**, tiene la consideración de factura electrónica a los efectos de la LIVA y del Rgto Fac (DGT CV 15-9-14; CV 12-7-16; CV 16-3-20). En el mismo sentido, la recibida en **formato PDF** por correo electrónico (DGT CV 8-11-18; CV 17-9-19; CV 16-3-20), con independencia de que no haya sido firmada digitalmente (DGT CV 6-11-20). En el mismo sentido, la factura expedida en formato electrónico por proveedores, condicionada a la aceptación de los destinatarios (DGT CV 8-8-24).

4) El sistema de facturación electrónica denominado **factura on line** a través de una nueva **web segura de validación de facturas** en las que están disponibles las facturas de los clientes, cumple con los requisitos exigidos por las normas que regulan las obligaciones de facturación, cuando la entidad que propone el sistema puede garantizar a través de su propios controles de gestión, la autenticidad del origen y la integridad del contenido de las facturas y de todos los datos incluidos y mostrados en la plataforma del sistema de facturación que pretenden aplicar, creando una **pista de auditoría fiable** (DGT CV 29-1-13). **7336**

5) La garantía de la autenticidad del origen y la integridad del contenido de la factura electrónica no precisa de condiciones o requisitos adicionales respecto de la expedida en papel. El sujeto pasivo obligado a su expedición puede poner en conocimiento de la AEAT los sistemas de control y garantía propuestos para que sean **validados con carácter previo** a la utilización del sistema de facturación (DGT CV 29-1-13; CV 15-1-14).
La resolución que deba recaer debe pronunciarse sobre la validación del sistema propuesto por el sujeto pasivo, pero sin que su utilización quede subordinada a autorización previa. De esta forma, la denegación de la validación del procedimiento propuesto no obsta a que el sujeto pasivo pueda garantizar la autenticidad del origen y la integridad de la factura electrónica mediante otros controles de gestión usuales de su actividad empresarial o profesional que permitan crear una pista de auditoría fiable que ponga de manifiesto la necesaria conexión entre la realidad de la entrega de bienes o prestación de servicios que la factura electrónica documenta (DGT CV 29-1-13). En términos similares, DGT CV 21-10-15; CV 31-8-16.
6) La entidad A va a implantar un **sistema de tarjetas comerciales**. Una vez efectuada una adquisición de bienes o servicios con dichas tarjetas, el banco del proveedor remite por vía telemática la factura al banco del cliente, el cual se la remite al mismo por dicha vía. Los proveedores autorizan a sus clientes a expedir la factura en su nombre, guardando copia electrónica de la misma. Dichas facturas pueden ser **remitidas por vía telemática** o mediante soportes informáticos para su impresión remota por los referidos clientes, siempre que tengan el contenido exigido legalmente y quede garantizada la autenticidad de su origen y la integridad de su contenido, y los medios utilizados para su impresión permitan su conservación durante el período de prescripción del derecho de la Administración para determinar la deuda tributaria. La circunstancia de que la remisión no se realice directamente entre el proveedor y su cliente, por efectuarse a través de las entidades financieras adheridas al sistema, no desvirtúa las conclusiones anteriores (DGT 18-12-01).

7336.1 **7)** Una entidad que tiene como objeto social la prestación de servicios relacionados con las tecnologías de la información y la comunicación, presta a terceros **servicios de subfacturación** por medios telemáticos, disponiendo de un sistema de verificación, bien de forma masiva e indiscriminada o bien de forma selectiva conforme a determinados criterios, de los certificados utilizados por los proveedores de sus clientes en la expedición de facturas electrónicas. En la medida en que el sistema propuesto realiza sólo la **comprobación sobre una muestra de las facturas** recibidas y no sobre la totalidad de las mismas, se considera que no se cumple con la obligación de verificación de la firma y disponer del procedimiento de control interno que permita verificar la validez de los certificados utilizados -OM EHA/962/2007 art.6.1- (DGT CV 11-6-08). En términos similares, DGT CV 12-11-07.
8) Una entidad ha desarrollado un sistema de facturación a través de firma electrónica. Esta entidad va a ser autorizada por determinadas empresas españolas para elaborar las facturas que las empresas están obligadas a expedir como consecuencia de su actividad económica, utilizando para ello dicho sistema electrónico. Con periodicidad mensual o menor, la referida entidad remite a cada cliente de las empresas autorizantes un **estadillo de las operaciones** realizadas con las mismas en el que se incluyen todos los datos que deben constar en una factura de acuerdo con la normativa vigente.
Cuando la remisión electrónica de las facturas se efectúe mediante una firma electrónica avanzada, es válida cualquier firma electrónica reconocida. En lo que respecta a la **relación de operaciones** recibidas por cada cliente vía electrónica, dichos documentos tienen la consideración de facturas y, por tanto, son justificativos del derecho a la deducción en el IVA siempre y cuando el contenido de los mismos se ajuste a lo exigido por las normas que regulan las obligaciones de facturación (DGT CV 30-12-08). En términos similares, respecto a la remisión de la factura en **«formato pdf»**, mediante la utilización de una determinada firma electrónica, DGT CV 8-9-10; CV 11-2-15.
9) Si el **programa informático de contabilidad** de la empresa dispone de archivos o registros que cumplan con el concepto de matriz de una factura, no es necesario que la empresa expida materialmente la copia de la factura original expedida, en el momento de expedir esta última (DGT CV 30-10-08).
10) La obligación de verificar las **firmas electrónicas** de todas las facturas recibidas en soporte electrónico que vengan acompañadas de las mismas, no puede sustituirse por un mecanismo o procedimiento de verificación periódica de la firma de determinadas facturas (DGT CV 14-9-10).

7337 **Facturas recibidas de terceros países** (OM EHA/962/2007 art.4) A los efectos de garantizar la autenticidad de **origen** y la integridad del **contenido**, los requisitos exigibles son los mismos establecidos para los documentos expedidos y remitidos en territorio español (nº 7334). No obstante, si el sistema utilizado es la **firma electrónica**, esta debe ser una firma electrónica reconocida, entendiendo por tal la que cumpla lo dispuesto en la normativa comunitaria (actualmente Rgto UE/910/2014 art.3.11, 15 y 23).
El **destinatario** del documento residente en España debe asegurarse, previamente a aceptar la recepción, de que la firma electrónica utilizada es una firma electrónica reconocida. A estos efectos, debe disponer del **software** de verificación de firma y del procedimiento que le permita comprobar la validez de los certificados extranjeros, en los mismos términos que los expuestos en la letra b) del nº 7339.

Conservación electrónica de las facturas y otros documentos (LIVA art.165; Rgto Fac art.19 a 23; OM EHA/962/2007 art.5 a 9) En el nº 7320 se analizan reglas generales aplicables respecto a la obligación de conservación de las facturas y documentos, admitiéndose la opción de poder conservarlos en formato electrónico. 7338

Esta obligación puede ser realizada directamente por el propio **obligado tributario o un tercero** que actúe en nombre y por cuenta del primero, si bien el obligado tributario es el único responsable del cumplimiento de todas las obligaciones de conservación.

Para la conservación de los originales de las facturas y los justificantes contables, pueden utilizarse medios electrónicos siempre que se cumplan los siguientes **requisitos**:

- que garanticen la **legibilidad** de los documentos en el formato original en el que se hayan recibido o remitido, y la de los datos asociados y mecanismos de verificación de firma u otros elementos autorizados que garanticen la autenticidad de su origen y la integridad de su contenido;
- que los documentos conservados por medios electrónicos se gestionen y conserven con medios que garanticen un **acceso en línea** a los datos, así como su carga remota y su utilización a la Administración Tributaria, ante cualquier solicitud de esta y sin demora injustificada.

La **gestión de la conservación** de los documentos expedidos o recibidos (nº 7320) y de las copias o matrices de esos documentos, debe hacerse ordenadamente, de modo que se garantice la legibilidad de los mismos, debiendo el obligado tributario facilitar, a requerimiento de la Administración Tributaria, el descifrado y la decodificación de datos no auto explicativos.

El obligado tributario también debe facilitar el **acceso completo y sin demora** injustificada a tales documentos.

Precisiones 1) La conservación por **medios electrónicos** es la efectuada por medio de equipos electrónicos de tratamiento, incluida la compresión numérica, y almacenamiento de datos, utilizando medios ópticos u otros medios electromagnéticos. 7338.1

2) Se entiende por **acceso completo y sin demora** aquel que permite la consulta directa de todos y cada uno de los documentos, copias o matrices conservados, cualquiera que sea su soporte.

Cuando se utiliza un **sistema informático** en la llevanza y conservación de los documentos y, por tanto, estos tienen un soporte electrónico, tanto en un sistema de almacenamiento local como remoto, el acceso completo es aquel que posibilita una consulta en línea a los datos que permite la visualización de los documentos con todo el detalle de su contenido, la búsqueda selectiva por cualquiera de los datos que deben reflejarse en los libros registro (nº 7347 s.), la copia o descarga en línea en los formatos originales, y la impresión a papel de aquellos documentos que son necesarios para la verificación o documentación de las actuaciones de control fiscal.

3) La Administración tributaria puede exigir en cualquier momento al remisor o receptor de los documentos su transformación en **lenguaje legible**.

4) El obligado tributario debe asegurarse de la existencia de las **copias de seguridad** necesarias, y de que se apliquen las medidas técnicas y los planes de contingencias necesarios que permitan garantizar la recuperación de los archivos informáticos en caso de **siniestro o avería** del sistema informático en el que se almacenan las facturas electrónicas.

5) Se entiende por **copia** de una factura, en soporte papel, un documento que tenga el mismo soporte, formato y contenido que el original. En las facturas electrónicas, la copia es un fichero idéntico al original. Cuando el original haya sido firmado electrónicamente, la copia se refiere al fichero firmado.

6) Se entiende por **matriz** de una factura o conjunto de facturas expedidas, un conjunto estructurado de datos, tablas, base de datos o sistema de ficheros que contienen todos los datos reflejados en las facturas junto a los programas o aplicaciones que permiten al expedidor la generación de las facturas y la obtención de copias y de duplicados.

Obligaciones de los destinatarios (OM EHA/962/2007 art.6) La obligación de conservación por los destinatarios se refiere a las **facturas recibidas** en el formato y soporte original en el que estas han sido remitidas, salvo que el destinatario opte por alguna de las formas alternativas de conversión autorizadas (digitalización certificada -OM EHA/962/2007 art.7; AEAT Resol 24-10-07- o impresión de facturas remitidas en formato electrónico -OM EHA/962/2007 art.8-), en cuyo caso la conservación se refiere a dichos formatos y soportes. 7339

Si entre las facturas recibidas existen documentos electrónicos en cuya remisión se optó por la utilización de **firma electrónica**, el destinatario debe:

a) Conservar **de forma ordenada** las facturas recibidas así como las firmas electrónicas asociadas a cada uno de ellas, cuando no vengan incluidas en el propio fichero que contenga cada documento.

b) Disponer de los **dispositivos de verificación** de firma y de un procedimiento de control interno que garantice de forma adecuada la validez de los certificados electrónicos utilizados por los expedidores, de modo que se adviertan aquellos que pudieran estar caducados, revocados o suspendidos en el momento de la expedición (nº 7334).

Cuando el **emisor y/o receptor de facturas** electrónicas es un **tercero** que actúa en nombre y por cuenta de los obligados tributarios, debe cumplir con los requisitos expresados anteriormente. Puede poner a disposición de sus clientes aplicaciones informáticas que gestionen un **repositorio de facturas** emitidas o recibidas junto con la firma electrónica generada o verificada en los términos previstos en el desarrollo de determinadas disposiciones sobre facturación telemática y conservación electrónica de facturas (OM EHA/962/2007), proporcionando un **código de autenticación** de mensajes asociado a cada documento. Este código permite el acceso al documento asociado existente en el repositorio y garantiza, al que accede, que cumple con los requisitos previstos.

Precisiones 1) Cualquier **conversión de soporte o de formato** de los documentos recibidos distinta de la digitalización certificada o impresión efectuada por el destinatario, da origen a un nuevo documento que no tiene la consideración de documento original.
2) Para facilitar la práctica de las **comprobaciones administrativas** en relación con los documentos de facturación telemática, se deben conservar, durante los plazos que resulten de la normativa tributaria, los datos en soporte informático legibles y tratables por otros sistemas informáticos distintos a aquellos que se utilizaron en su generación. Para eso, las **aplicaciones informáticas** utilizadas por el contribuyente en la generación de los datos deben disponer de la adecuada funcionalidad de exportación de datos que garantice, en su caso, su importación por otros sistemas y aplicaciones informáticas distintas a las utilizadas por el contribuyente en el momento de su generación y que sean accesibles en el mercado en el momento en que la Administración tributaria necesite comprobar los datos del contribuyente (OM EHA/962/2007 disp.adic.1ª).

7340 Doctrina Administrativa Además de las siguientes contestaciones de la DGT, ver nº 11000 s.
1) Las **copias** de las facturas simplificadas expedidas, conservadas por medios electrónicos, han de contener los mismos datos y requisitos que las correspondientes facturas simplificadas originales, de forma que cuando se proceda a su **reimpresión**, la factura simplificada nuevamente obtenida sea un fiel reflejo de la original, conservada por medios electrónicos, incluyendo, en su caso, los datos del destinatario de la misma. Cuando el Rgto Fac hace referencia al formato electrónico se refiere a los medios utilizados en la expedición y conservación de las facturas, en cuanto a su configuración tecnológica, y no al diseño, propiamente dicho, de dichos documentos, que pueden expedirse por cualquier medio, en papel o en formato electrónico (DGT CV 12-12-13).
2) Una vez **digitalizados** los documentos pueden ser **destruidos** y los documentos resultantes de la digitalización se consideran documentos justificativos del derecho a la deducción del IVA (DGT CV 12-6-07). Dicha documentación en soporte electrónico puede ser válida como medio de prueba en los procedimientos realizados ante la Administración tributaria (DGT CV 1-4-08; CV 22-4-08).
3) La obligación de conservar las copias de las facturas expedidas hasta la fecha por la entidad, en este caso los cupones de los billetes de pasaje, durante el período de prescripción del Impuesto puede sustituirse por la utilización de un **soporte fotográfico PDF** que contenga todos los datos de dichos documentos, siempre que se garantice a la Administración tributaria tanto el acceso en línea a dichos documentos como su carga remota y utilización (DGT 30-7-03). En el mismo sentido, DGT 16-3-00.
4) Teniendo en cuenta que las **cajas registradoras** disponen de un soporte magnético en el que quedan almacenados todos y cada uno de los datos de los tiques emitidos (actualmente, facturas simplificadas), la obligación de conservar las copias de dichos tiques durante el período de prescripción del IVA puede sustituirse directamente por la utilización de dicho soporte que contenga todos los datos de dichos documentos, sin que previamente sea precisa la expedición física de las copias citadas.
La conservación por dichos medios electrónicos de las copias de los tiques expedidos debe garantizar a la Administración tributaria tanto el acceso en línea a dichos tiques como su carga remota y utilización (DGT 1-12-03).
5) El proceso de digitalización es aplicable a las **cartas de porte CMR**, al considerarse las mismas como «otros documentos o justificantes» acreditativos de las operaciones (OM EHA/962/2007 art.7). De esta forma el obligado tributario puede prescindir de los originales en papel que les sirvieron de base, sin perjuicio del cumplimiento de las obligaciones que, en otros ámbitos (mercantil, etc.), afecten a la conservación de dichos documentos (DGT CV 9-3-20).

7341 **Lugar de conservación** (Rgto Fac art.22 y 23; OM EHA/962/2007 art.9) Los obligados a la conservación de las facturas destinatarios de los ejemplares originales y los expedidores, respecto de las copias o matrices de dichos documentos, pueden determinar el lugar de cumplimiento de dicha obligación **en territorio español o en el extranjero**. Para ello, se exige que pongan a disposición del órgano de la Administración tributaria que desarrolle una actuación de comprobación de su situación tributaria, ante cualquier solicitud de dicho órgano y sin demora injustificada, toda la documentación o información así conservada.

Cuando la conservación se efectúe **fuera de España**, tal obligación únicamente se considera válidamente cumplida si se realiza mediante el uso de medios electrónicos que garantice el acceso en línea, así como la carga remota y utilización por parte de la Administración tributaria de la documentación o información así conservadas.
Cuando se desee cumplir la obligación de conservación fuera del citado territorio debe realizarse una **comunicación previa** de esta circunstancia a la AEAT.
Cuando el lugar seleccionado para la conservación sea un **tercer país no perteneciente a la UE** o con el cual no exista un instrumento jurídico relativo a la asistencia mutua con un ámbito de aplicación similar al previsto por la normativa comunitaria (Dir 2010/24/UE; Rgto UE/904/2010, actualmente sólo existe con Noruega), únicamente cabe la conservación de facturas en dichos terceros países cuando la conservación es realizada de forma directa por el propio obligado tributario o bien se encomienda a terceras personas previa comunicación a la AEAT.

Doctrina Administrativa Además de la siguiente contestación de la DGT, ver nº 11000 s. 7342
Las facturas expedidas y remitidas por medios electrónicos por la matriz alemana de una entidad, en nombre y por cuenta de esta última entidad, pueden ser objeto de **conservación en Alemania** (DGT CV 27-7-07).

Veri*factu (LGT art.29.2.j; RD 1007/2023). Dentro del objetivo de lucha contra el fraude fiscal, se han 7343
establecido obligaciones relativas a los **sistemas informáticos de facturación** (SIF), para todas las entidades y empresarios o profesionales que desarrollen actividades económicas, de acuerdo con la definición de la normativa del IRPF (LIRPF art.27), cuando utilicen software de facturación integrados, es decir, aquellos que, además de emitir y conservar facturas, generen de forma automática libros de contabilidad, IVA o IRPF. La regulación principal se recoge en el conocido como Reglamento Veri*factu.
A estos efectos se considera que un SIF es el **conjunto de hardware y software** utilizado para expedir facturas, y que debe permitir la entrada de información de facturación por cualquier método, conservar esa información, y procesarla.
El Reglamento Veri*factu es de **aplicación** a los siguientes obligados tributarios:
a) Los contribuyentes del **IS**, con excepción de las entidades exentas totalmente. Las entidades parcialmente exentas solo deben aplicarlo por las operaciones que generen rentas que estén sujetas y no exentas.
b) Los contribuyentes del **IRPF** que desarrollen actividades económicas.
c) Los contribuyentes del **IRNR** que obtengan rentas mediante establecimiento permanente.
d) Las **entidades en régimen de atribución de rentas** que desarrollen actividades económicas, sin perjuicio de la atribución de rendimientos que corresponda efectuar a sus miembros.
Como **excepción**, no resulta de aplicación a quienes lleven los libros registros según el SII (nº 7373 s.), ni a las siguientes operaciones:
- la facturación de determinadas operaciones relacionadas con la entrega de energía eléctrica (nº 7234 y nº 7236);
- las documentadas en facturas por operaciones realizadas a través de EP que se encuentren en el extranjero;
- las que se documenten mediante facturas expedidas materialmente por el destinatario de la operación, o por tercero como consecuencia de la aplicación de disposiciones normativas de obligado cumplimiento, siempre y cuando lleven sus libros registros por el SII.
Las entidades y empresarios que utilicen SIF deben tenerlos **adaptados e implementados** en las fechas siguientes (RD 1007/2023 disp.final 4ª redacc RDL 15/2025):
a) Los contribuyentes del **IS**, a partir del 1-1-2027.
b) El **resto** (contribuyentes del IRPF que realicen actividades económicas, del IRNR que obtengan rentas mediante EP, y entidades en régimen de atribución de rentas que desarrollen actividades económicas), a partir del 1-7-2027.
Los obligados tributarios que utilicen SIF pueden utilizar una de las dos **opciones** siguientes:
1. Un SIF que garantice la integridad, conservación, accesibilidad, legibilidad, trazabilidad e inalterabilidad de los registros, sin interpolaciones, omisiones o alteraciones de las que no quede la debida anotación en los SIF. Si son utilizados por el obligado tributario para remitir efectivamente por medios electrónicos a la AEAT de forma continuada, segura, correcta, íntegra, automática, consecutiva, instantánea y fehaciente todos los registros de facturación generados tendrán la consideración de sistemas de emisión de facturas verificables o sistemas Veri*factu.
2. La aplicación informática que desarrolle la Administración tributaria. La misma tiene la consideración de sistema Veri*factu.

7344 En ambos casos se han de cumplir unos **requisitos**:

a) La **integridad e inalterabilidad** de los registros de facturación, su trazabilidad (deben estar encadenados para que pueda verificarse su rastro siguiendo su secuencia de creación desde el primero al último) y su conservación, accesibilidad y legibilidad.

b) Contar con un **registro de eventos** que recoja automáticamente, en el momento en que se produzcan, determinadas interacciones, guardando los datos correspondientes a cada uno de ellos, que deben poder consultarse desde el propio SIF.

c) Tener disociado el **acceso a la información** con trascendencia tributaria del acceso a la posible información confidencial de carácter no patrimonial.

d) Generar automáticamente un **registro de facturación de alta** de forma simultánea o inmediatamente anterior a la expedición de cada factura, con la información prevista.

e) Generar un **registro de facturación de anulación** cuando se haya emitido erróneamente una factura, con ciertos datos.

f) Añadir una **huella o hash** a los registros de facturación de alta y de anulación, y ser firmados electrónicamente.

g) Posibilidad de **remisión** de los registros generados a la Administración tributaria.

Los sistemas Veri*factu no tienen que cumplir con los requisitos de firma electrónica de los registros de facturación

Precisiones **1)** El Reglamento Veri*factu también se aplica a los **productores y comercializadores** de los SIF en las cuestiones relativas a sus respectivas actividades de producción y comercialización de los sistemas informáticos puestos a disposición de los obligados tributarios.

2) La persona titular del Departamento de Inspección Financiera y Tributaria de la AEAT, previa solicitud del interesado, podrá resolver la **no aplicación** de este Reglamento en relación con sectores empresariales o profesionales o con contribuyentes determinados, cuando quede justificado por las prácticas comerciales o administrativas del sector de que se trate, o con el fin de evitar perturbaciones en el desarrollo de las actividades económicas, y en relación con las operaciones respecto de las cuales se aprecien circunstancias excepcionales de índole técnico que imposibiliten dicho cumplimiento.

3) El **receptor de la factura**, ya sea empresario o consumidor final, puede proporcionar de forma voluntaria determinada información de la misma a la AEAT, facilitando los datos contenidos en el código QR de la factura.

4) Existe un **régimen sancionador** específico para los casos de incumplimiento de las obligaciones relativas a los SIF (LGT art.201 bis).

Doctrina Administrativa Además de las siguientes contestaciones de la DGT, ver nº 11000 s.

1) Si un contribuyente utiliza **hojas de cálculo**, procesadores de textos o bases de datos, no se puede concluir que no resulte obligado por el Reglamento Veri*factu, pues dichos programas pueden tener utilidades de procesamiento de datos y conservación que pueden implicar su consideración como SIF y resultar, en consecuencia, sujeto al Reglamento (DGT CV 4-11-25).

2) La fecha de adaptación de los sistemas informáticos de facturación a Veri*factu, para el caso de que su **comercializador no hubiera cumplido con la fecha** límite de 29-7-2025, depende de si antes de dicha fecha, los obligados suscribieron un contrato de mantenimiento plurianual o un contrato distinto (DGT CV 8-10-25).

V. Obligaciones de registro

(LIVA art.164.Uno.4º; RIVA art.62 s.)

7345

7346 Al objeto de determinar con precisión en cada período de liquidación el importe total del IVA repercutido a los clientes y el soportado por el sujeto pasivo por sus adquisiciones o importaciones de bienes o por los servicios recibidos, incluso por los autoconsumos y la cuota tributaria deducible, se establece la obligación de llevanza de determinados **libros registro**.

Doctrina Administrativa Además de la siguiente contestación de la DGT, ver nº 11000 s.

Los **programas de facturación y contabilidad** que adopten los sujetos pasivos para gestionar las obligaciones tributarias en relación con el IVA deben permitir determinar para cada período de liquidación el IVA devengado y soportado por el sujeto pasivo, para trasladar su resultado a la correspondiente declaración-liquidación por dicho impuesto (DGT CV 26-3-14).

Jurisprudencia La normativa comunitaria que exige que todos los sujetos pasivos deben llevar una **contabilidad suficientemente detallada** para hacer posible la aplicación del IVA y su control por la Administración tributaria (Dir 2006/112/CE art.242), debe interpretarse en el sentido de que no se opone a que el Estado miembro interesado exija, dentro de los límites establecidos en la misma, a todos los sujetos pasivos que observen a este respecto todas las normas nacionales de contabilidad conformes con las normas internacionales de contabilidad, siempre que las medidas adoptadas en este sentido no excedan de lo que es necesario para alcanzar los objetivos de **garantizar la correcta recaudación** del IVA y prevenir el fraude. A este respecto, la Directiva se opone a una disposición nacional conforme a la cual un servicio se considera prestado en la fecha en que se reúnen las condiciones para el reconocimiento de los ingresos que ha generado la prestación de que se trate (TJUE 13-2-14, asunto C-18/13).

Alcance de la obligación (RIVA art.40.1, 47.1, 49.2, 51.a y b, 62 y 69.3) Con **carácter general**, y con las excepciones que se establecen en el nº 7353, los empresarios o profesionales y otros sujetos pasivos del IVA, no empresarios o profesionales (nº 1384) deben llevar los siguientes libros: 7347

- Libro Registro de facturas expedidas (nº 7365 s.);
- Libro Registro de facturas recibidas (nº 7379);
- Libro Registro de bienes de inversión (nº 7393);
- Libro Registro de determinadas operaciones intracomunitarias (nº 7405).

Además, se establecen otros **libros específicos** para determinados regímenes especiales:

a) En el **régimen especial de bienes usados**, objetos de arte, antigüedades y objetos de colección, uno cuando se determine la base imponible mediante el margen de beneficio de cada operación y otro para cuando la base imponible se determine mediante el margen de beneficio global. Ver ejemplos en el nº 7350 s.

b) Los **adquirentes** de bienes o servicios a sujetos pasivos acogidos al **REAGP** deben llevar un Libro Registro específico de los recibos emitidos. A dicho libro le son aplicables los mismos requisitos establecidos para el libro registro de facturas recibidas (nº 7379 s.). En este sentido, las facturas recibidas deben anotarse en el libro registro por el orden que se reciban, y dentro del período de liquidación en que proceda efectuar su deducción.

Por otra parte, los **sujetos pasivos acogidos al REAGP** están obligados a llevar un libro registro en el que anotar las operaciones comprendidas en el régimen especial. Aunque no tienen obligación de expedir factura, han de computar los recibos que se expidan por los adquirentes.

c) Los sujetos pasivos acogidos al **régimen simplificado** deben llevar: 7348

- por actividades cuyos índices o módulos operen sobre el volumen de ingresos realizado, un Libro registro para anotar las **operaciones** efectuadas en desarrollo de dichas actividades;
- un Libro Registro de facturas recibidas para anotar las **facturas** relativas a las adquisiciones e importaciones de bienes y servicios por los que se haya soportado o satisfecho el impuesto y destinados a su utilización en las actividades, por las que resulte aplicable el referido régimen especial. Deben anotarse con la debida separación las importaciones y adquisiciones de activos fijos, haciéndose constar, en relación con estos, todos los datos necesarios para efectuar las oportunas regularizaciones.

d) En relación con el registro de operaciones que deben llevar los sujetos pasivos acogidos a los regímenes especiales aplicables al **comercio electrónico**, así como los empresarios o profesionales titulares de una **interfaz digital** y los proveedores de servicios de **pagos transfronterizos**, ver nº 9320 s.

Precisiones **1)** Los Libros Registro que con carácter general han de llevar los sujetos pasivos del IVA pueden ser sustituidos, previa autorización del Departamento de Gestión Tributaria de la AEAT, por **otros sistemas de registro diferentes,** siempre que respondan a la organización administrativa y contable del sujeto pasivo y se garantice plenamente la comprobación de sus obligaciones tributarias. En este sentido se ha autorizado la llevanza de dos libros registro de facturas recibidas, siempre que los documentos recibidos correspondientes a cada uno de los libros tengan numeración independiente y siempre que se traslade, al menos con periodicidad mensual, el contenido de los citados libros a un Libro Registro General que debe llevarse en el domicilio fiscal. 7349

Los sujetos pasivos acogidos al **SII** (nº 7354 s.), que hayan obtenido una autorización de este tipo, deben identificar los registros que suministran siguiendo dicha autorización (OM HFP/417/2017 art.5.2).

2) Quienes sean titulares de **diversos establecimientos** situados en el territorio de aplicación del IVA pueden llevar, en cada uno de ellos, los libros registros establecidos con carácter general, en los que deben anotar por separado las operaciones efectuadas desde dichos establecimientos, siempre que los asientos resúmenes de los mismos se trasladen a los correspondientes libros registro generales que deben llevarse en el domicilio fiscal. En caso de estar acogido al **SII** (nº 7354 s.), se deben llevar unos únicos libros registro en los que anotar las operaciones de todos los establecimientos situados en el territorio de aplicación del Impuesto.

3) Los libros o registros, de carácter informático o no, que, en cumplimiento de las obligaciones fiscales o contables, deben llevar los empresarios o profesionales y otros sujetos pasivos del IVA, se pueden utilizar también para el IVA, siempre que se ajusten a lo previsto en la normativa reguladora de este impuesto. Así, los **libros registros regulados para el IRPF** (nº 1605 s. Memento Fiscal 2026), pueden ser utilizados a efectos del IVA, siempre que se ajusten a lo previsto en el RIVA (OM HAC/773/2019 art.12).

7350 Ejemplos **1)** Un ejemplo de modelo de este Libro es (las personas o entidades que apliquen el SII, deben incluir además la información mencionada en el nº 7354 s.):

LIBRO REGISTRO ESPECÍFICO EN EL RÉGIMEN ESPECIAL DE LOS BIENES USADOS, OBJETOS DE ARTE, ANTIGÜEDADES Y OBJETOS DE COLECCIÓN
(Base imponible: margen beneficio de cada operación -RIVA art.51.a-)
Folio núm ....

Descripción del bien	Núm factura de compra (1)	Precio de compra	Núm factura de venta	Precio de venta	IVA repercutido (2)	Aplicación del régimen general a la operación de venta

Notas.- (1) En su caso, se debe poner el número del documento de compra expedido por el propio sujeto pasivo o el número de documento de importación del bien.
(2) En caso de existir una exención se ha de indicar expresamente cuál se aplicó.

LIBRO REGISTRO ESPECÍFICO EN EL RÉGIMEN ESPECIAL DE LOS BIENES USADOS, OBJETOS DE ARTE, ANTIGÜEDADES Y OBJETOS DE COLECCIÓN
(Base imponible: margen de beneficio global -RIVA art.51.b-)
Folio núm ....

Descripción de los bienes	Núm factura de compra (1)	Precio de compra	Núm factura de venta	Precio de venta	Exención aplicada (2)	Valor de existencias iniciales (Año...)	Valor de existencias finales (Año...)

Notas.- (1) En su caso, se debe poner el número del documento de compra expedido por el propio sujeto pasivo o el número de documento de importación del bien.
(2) Solo se rellena esta columna cuando resulte aplicable alguna exención.

7351 **2)** Un revendedor de objetos de arte adquirió una escultura a su autor por un precio de 6.000 euros. Posteriormente vendió dicha obra a un museo por 9.000 euros. En esta operación aplicó el régimen especial de bienes usados, objetos de arte, antigüedades y objetos de colección. El **reflejo de la operación** en el Libro Registro específico de este régimen es:

Descripción del bien	Núm factura de compra (1)	Precio de compra (2)	Núm factura de venta (3)	Precio de venta	IVA repercutido (4)	Aplicación del régimen general a la operación de venta
Escultura de barro	17	6.600 €	12	9.000 €	416,53 €	NO

(1) Es el número de la factura que emitió el autor.
(2) El precio de compra lleva el IVA -LIVA art.137.Uno- (6.000 × 1,10 = 6.600).
(3) Es el número de la factura expedida por el revendedor.
(4) El IVA repercutido es:
B.I. = (9.000 - 6.600)/1,21 = 1.983,47
IVA = 21% de 1.983,47 = 416,53 euros

7352 Doctrina Administrativa Además de la siguiente contestación de la DGT, ver nº 11000 s.
No se establece la **obligación de diligenciar** los libros registro (DGT 22-3-01; CV 4-4-06; CV 1-12-06).

Excepciones a la obligación general de llevanza de libros registros (RIVA art.40.1, 47, 61.2 y 62.2) **7353**
No están obligados a llevar los libros registro expuestos en el nº 7347 los siguientes empresarios o profesionales y otros sujetos pasivos del IVA (nº 1384):
a) Quienes realicen **entregas intracomunitarias** ocasionales de medios de transporte nuevos (nº 5425 s.).
b) Los acogidos a los **regímenes especiales** simplificado, recargo de equivalencia y REAGP, salvo en los casos siguientes:
- los sujetos pasivos que estén acogidos simultáneamente a varios de estos regímenes, deben llevar el Libro registro de facturas recibidas (nº 7379), anotando separadamente las adquisiciones de cada sector diferenciado;
- cuando un sujeto pasivo esté acogido a alguno de estos regímenes especiales y, simultáneamente, a cualquier otro régimen distinto de los anteriores, debe llevar todos los Libros registro establecidos con carácter general (nº 7347) y anotar en el de facturas recibidas, de forma diferenciada, las adquisiciones correspondientes a los citados regímenes especiales.
La exclusión de la obligación general se entiende sin perjuicio de las obligaciones registrales específicas de cada uno de los regímenes señalados.

Doctrina Administrativa Además de la siguiente contestación de la DGT, ver nº 11000 s.
El consultante realiza actividades acogidas al régimen especial del **recargo de equivalencia** y al **régimen general** del Impuesto, por lo que tiene la obligación de llevar los libros registros establecidos con carácter general para los empresarios o profesionales en relación con las operaciones sujetas al régimen general, y asimismo, debe anotar en el libro registro de facturas recibidas, de forma diferenciada, las adquisiciones correspondientes a la actividad acogida al régimen especial del recargo de equivalencia (DGT CV 18-2-22).

Llevanza de los libros registro a través de la Sede electrónica de la AEAT (RIVA art.62.6, 65.6, 68 bis, 68 ter y 69 bis; OM HFP/417/2017) **7354** Mediante el sistema de llevanza de los Libros Registros del IVA (nº 7347), conocido como **Suministro Inmediato de Información** (SII), dichos documentos deben ser confeccionados y mantenidos a través de la Sede electrónica de la AEAT, mediante la remisión electrónica de los registros de facturación, vía servicio web o, en su caso, a través de un formulario electrónico.
A continuación se analiza el ámbito subjetivo de aplicación del SII (nº 7356), y los plazos de remisión electrónica de los registros de facturación (nº 7358).

Precisiones **1)** El **incumplimiento** de la obligación de llevanza de los libros registros a través de la Sede electrónica de la AEAT tiene la consideración de dilación no imputable a la Administración tributaria. La dilación se computa desde el inicio de un procedimiento en el que pueda surtir efectos, hasta la fecha de su presentación o registro (RGGI art.104.i). Ver nº 7452. **7355**
2) Los empresarios o profesionales acogidos a este sistema de llevanza de los libros registro del IVA quedan exonerados de la presentación del resumen anual y de la declaración de operaciones con terceras personas -**modelos 347 y 390**- (RGGI art.32.e; OM EHA/3111/2009 art.1.3.b).
3) El sujeto pasivo propietario de los libros debe, con **carácter previo**, disponer de un NIF y estar inscrito en el Censo de Empresarios, profesionales y retenedores (OM HFP/417/2017 art.6.2.a).
4) Se permite el uso del sistema Cl@ve a los sujetos pasivos **personas físicas**, que utilicen el formulario web para suministrar la información (OM HFP/417/2017 art.6.2).

Ámbito subjetivo (RIVA art.62.6 y 68 bis) Deben aplicar el SII: **7356**
a) De forma **obligatoria**, aquellos empresarios o profesionales cuyo periodo de liquidación sea mensual (nº 6423).
b) De forma **voluntaria**, quienes opten por dicho sistema. Esta opción se puede ejercer a lo largo de todo el ejercicio, mediante la presentación de la correspondiente declaración censal, que surte efecto para el primer periodo de liquidación que se inicie después de que se hubiera ejercicio dicha opción (DGT CV 12-11-24).
La opción se entiende **prorrogada** por los años siguientes, salvo renuncia, que debe efectuarse mediante la presentación de una declaración censal en el mes de noviembre del año anterior al inicio del año natural en el que deba surtir efecto.
En cualquier caso, quienes opten por incluirse en el SII, deben aplicarlo durante al menos el año natural para el que se ejercita la opción.

Precisiones **1)** Salvo que su periodo de liquidación continúe siendo mensual, dejan de aplicar el SII los sujetos pasivos que: **7357**
- queden excluidos del **REDEME** (nº 2971), desde el primer día del periodo en que se haya notificado el acuerdo de exclusión;
- cesen en **REGE**, desde el día en que este sea efectivo.
2) De **forma extraordinaria** desde el 26-12-2025 al 31-1-2026 se permitió la **renuncia** a la llevanza de los libros en la Sede Electrónica de la AEAT -SII- (RIVA disp.trans.4ª redacc RDL 16/2025 art.13 derog Congreso de los Diputados Resol 27-1-26). Igual medida se estableció entre el 6-2-2026 y el

16-2-2026 (RIVA disp.trans.4ª redacc RDL 2/2026 art.9 derog Congreso de los Diputados Resol 26-2-26). En ambos casos, esta posibilidad ha sido **derogada**, si bien se recoge la modificación introducida dado sus posibles efectos prácticos en el período en el que ha estado vigente. No obstante debe tenerse en cuenta que la **AEAT** ha emitido una nota en la que considera que las renuncias realizadas durante estos plazos son plenamente válidas (AEAT Nota 9-4-2026).

3) El periodo de liquidación del IVA es mensual para los empresarios o profesionales no establecidos en el TIVA, que tengan la condición de sujetos pasivos y que soporten o satisfagan cuotas como consecuencia de la realización de operaciones relacionadas con la **XXXII Copa América Barcelona**. Esta misma regla es aplicable a la entidad organizadora del acontecimiento, a los equipos participantes y a las personas jurídicas residentes en territorio español constituidas con motivo de dicho evento por la entidad organizadora o por los equipos participantes (L 31/2022 disp.final 36ª.Cuatro.2). Ello determina la obligación para ellos de llevar los libros registro del Impuesto a través de la Sede Electrónica de la AEAT.

En las finales de la **«UEFA Champions League Femenina 2024» y «UEFA Europa League 2025»** (vigentes desde el 25-12-2024 hasta el 23-1-2025), se exceptuó de la llevanza de los libros registros a través de la Sede Electrónica de la AEAT (RDL 9/2024 art.11.Cuatro.3 derog Congreso de los Diputados Resol 22-1-25).

Doctrina Administrativa Además de la siguiente contestación de la DGT, ver nº 11000 s.

Si un sujeto pasivo opera en otro punto distinto fuera del territorio de aplicación del Impuesto, a través de un **establecimiento permanente**, las operaciones efectuadas desde estos establecimientos permanentes no se incluyen en el volumen de operaciones del sujeto pasivo, a efectos del cómputo del volumen de operaciones que determina la obligación de presentación de declaraciones con periodicidad mensual. En caso de no superarlo, no está obligado al SII (DGT CV 18-4-18; CV 26-2-20).

7358 **Plazos** (RIVA art.65.6, 68 ter y 69 bis) El suministro electrónico de los registros de facturación debe realizarse, con carácter general, en los siguientes **plazos**:

a) La información correspondiente a las **facturas expedidas**, en el plazo de 4 días naturales desde la expedición de la factura (8 días naturales en el caso de facturas expedidas por el destinatario o por un tercero, nº 7231). En todo caso, el suministro de información debe efectuarse antes del día 16 del mes siguiente a aquel en que se hubiera producido el devengo del Impuesto correspondiente a la operación que debe registrarse. En las **operaciones no sujetas** por las que se haya debido expedir factura, el plazo anterior se determina con referencia a la fecha en que haya realizado la operación.

Si no procede la emisión de factura rectificativa y debe anotarse en el libro registro de facturas expedidas las **regularizaciones o ajustes** de la base imponible y cuota calculadas inicialmente en operaciones acogidas al régimen especial de las **agencias de viajes** o al régimen especial de los **bienes usados**, objetos de arte, antigüedades y objetos de colección, consecuencia de descuentos u otras circunstancias posteriores al devengo de la operación, el registro de estas anotaciones debe realizarse antes del día 16 del mes siguiente a aquel en que se hayan advertido estas regularizaciones o ajustes. Este plazo es aplicable respecto de ajustes que deban incluirse en las autoliquidaciones correspondientes a periodos impositivos que se inicien a partir del 1-7-2023.

b) La información correspondiente a las **facturas recibidas**, en un plazo de 4 días naturales desde la fecha en que se produzca el registro contable de la factura y, en todo caso, antes del día 16 del mes siguiente al periodo de liquidación en que se hayan incluido las operaciones correspondientes.

En el caso de **importaciones de bienes**, los 4 días naturales se deben computar desde que se produzca el registro contable del documento en el que conste la cuota liquidada por las aduanas y, en todo caso, antes del día 16 del mes siguiente al final del periodo al que se refiera la declaración en la que se hayan incluido.

c) Respecto a las operaciones a incluir en el libro registro de determinadas **operaciones intracomunitarias**:

1. La información correspondiente a las operaciones incluidas en las letras a), b) y c) del nº 7405, se suministra en el plazo de 4 días naturales desde el momento de inicio de la expedición o transporte o, en su caso, desde el momento de la recepción de los bienes a que se refieran dichas operaciones.

2. La información correspondiente a las operaciones incluidas en la letra d) del nº 7405, se suministra como fecha límite el día 15 del mes siguiente:

- a la fecha de llegada de los bienes al almacén;
- de la puesta a disposición del adquirente; o
- de la operación que deba registrarse.

d) La información correspondiente a las **facturas rectificativas** expedidas o recibidas, en el plazo de 4 días naturales desde la fecha en que se produzca la expedición o el registro contable de la factura. Sin embargo, cuando esta rectificación determina un incremento de las cuotas inicialmente deducidas (nº 3057), debe remitirse en el plazo previsto en la letra b) del nº 7358 para las facturas recibidas. **7359**

e) La información correspondiente al **documento electrónico de reembolso** -DER- (nº 6038), antes del 16 del mes siguiente al periodo de liquidación en que se incluya la rectificación del impuesto correspondiente a la devolución de la cuota soportada por el viajero.

f) Los registros de información correspondientes al libro registro de **bienes de inversión** deben remitirse en su totalidad, con carácter general, dentro del plazo de presentación correspondiente al último periodo de liquidación de cada año natural. No obstante, si se causara baja en el Censo de empresarios, Profesionales y Retenedores, se deben suministrar la totalidad de los registros dentro del plazo de presentación correspondiente a la última declaración-liquidación del Impuesto que tengan la obligación de presentar, salvo en los supuestos de baja de oficio (RGGI art.146), en que el plazo de presentación es el correspondiente al último período de liquidación de cada año natural.

g) Los sujetos pasivos que hayan comenzado a llevar los libros registro en la sede electrónica de la AEAT **en fecha diferente del primer día del año natural**, deben remitir los registros de facturación del periodo anterior a dicha fecha correspondientes al mismo año natural. Esta información debe suministrarse identificando que se trata de operaciones correspondientes al periodo de tiempo anterior a su inclusión en el SII. El plazo para remitir los registros de facturación correspondientes a este periodo es el comprendido entre el día de la inclusión y el 31 de diciembre del ejercicio en que se produzca la misma. El libro registro de bienes de inversión, que deba llevarse a través de la Sede electrónica de la AEAT, debe incluir las anotaciones correspondientes a todo el ejercicio. Aquella otra información con transcendencia tributaria que deba remitirse, ha de incluir las operaciones correspondientes a todo el ejercicio.

A efectos del **cómputo del plazo** de los 4 u 8 días naturales citados en las letras a) a d) anteriores, el RIVA especifica que se han de excluir los sábados, los domingos y los declarados **festivos** nacionales.

Precisiones **1)** En el caso de operaciones acogidas al régimen especial del **criterio de caja**, son de aplicación los plazos generales anteriores (nº 7358 s.), sin perjuicio de los datos a suministrar en el momento del pago o cobro total o parcial de la operación. La información correspondiente a los cobros y pagos ha de realizarse en el plazo de 4 días naturales desde el cobro o pago correspondiente. **7360**

2) Si se hubiera producido algunos de los supuestos que exigen una **rectificación de las anotaciones** registrales (nº 7419), las modificaciones se deben remitir antes del día 16 del mes siguiente al final del periodo en que el obligado tributario tenga constancia del error en que ha incurrido.

3) Si no fuera posible por **razones técnicas** efectuar en plazo el suministro de la información, o este no pudiera completarse porque no fuera posible consultar los registros previamente presentados, se permite su envío en los cuatro días naturales siguientes a la finalización de dicho plazo (OM HFP/417/2017 art.7.3).

Doctrina Administrativa Además de las siguientes contestaciones de la DGT, ver nº 11000 s. **7361**

1) El plazo para la remisión de los registros de facturación se determina en el SII, para el caso de las facturas recibidas, a partir de la fecha en que se produzca el **registro contable de la factura**. El registro contable de la factura hace referencia a la entrada en el sistema contable de la misma con independencia de la fecha reflejada en el asiento contable (DGT CV 18-5-18; CV 29-6-18; CV 17-9-19), y cuya fecha puede no coincidir con la de anotación de la factura en el Registro Contable de Facturas del Sector Público -L 25/2013- (DGT CV 13-10-17).

2) Como la consultante tiene su **domicilio fiscal en territorio foral** y su periodo de declaración coincide con el mes natural, si la competencia inspectora corresponde a los órganos de la Administración del Estado, está obligada a la presentación de los Libros Registros a través de la Sede electrónica de la AEAT (DGT CV 11-12-17; CV 11-12-17; CV 17-4-18).

3) Un comerciante minorista realiza dos actividades, una de las cuales se encuentra acogida al **régimen general**, y otra se encuentra acogida al régimen especial del **recargo de equivalencia**. Debe llevar los libros registros a través de la Sede electrónica de la AEAT, y suministrar los registros de facturación correspondientes a (DGT CV 12-3-18):

- las operaciones por las que exista obligación de expedir factura, es decir, aquellas acogidas al régimen general que son objeto de anotación en el libro registro de facturas expedidas;
- las facturas recibidas correspondientes a las adquisiciones efectuadas tanto por la actividad acogida al régimen general, como por la actividad acogida al régimen especial del recargo de equivalencia.

4) En la medida que no exista obligación de expedir factura por tratarse de **servicios educativos exentos**, si no se emite factura por los mismos, la información correspondiente a los recibos emitidos a alumnos particulares no es objeto de suministro a través del SII (DGT CV 13-3-18).

5) Se debe suministrar a través del SII la información relativa a las facturas expedidas por una empresa española para documentar entregas de bienes **no sujetas** al IVA, con especial indicación de que dichas operaciones no están sujetas al IVA español por entenderse realizadas en otro estado de la Unión Europea (DGT CV 13-9-19).

6) Una entidad financiera presta servicios de mediación de seguros exentos a una mutua de seguros. Esta última emite dos facturas anuales a la entidad financiera siendo el proveedor del servicio la entidad financiera y el cliente la mutua. La mutua de seguros es destinataria de un **servicio de mediación exento** del Impuesto, por lo que la factura que se haya expedido, tiene la consideración para dicha entidad de factura recibida, debiendo proceder al suministro de información (SII) correspondiente a las facturas recibidas (DGT CV 20-9-19).

7) En la **adquisición de una unidad de negocio**, la información a suministrar correspondiente al periodo previo a la inclusión en el SII, debe incluir también los registros de facturación correspondientes a la unidad de negocio adquirida (DGT CV 18-4-18).

8) La remisión de los registros de facturación correspondientes a las facturas expedidas debe realizarse en el plazo de cuatro días naturales desde su expedición, con independencia de que sean objeto de agrupación en un **asiento resumen** (DGT CV 29-5-18).

7362 **9)** En las operaciones que tengan la consideración de **suplidos**, en la medida que no exista obligación de expedir factura, la información correspondiente al soporte documental mediante el cual se trasladen a los clientes los citados gastos pagados, no es objeto de suministro a través del SII. Sin embargo, sí deben remitirse los registros de facturación correspondientes a las facturas emitidas por las operaciones que realice por las que exista obligación de expedir factura, incluidas aquellas que no tengan la consideración de suplidos. Del mismo modo, respecto de las facturas expedidas a su nombre, incluidas las correspondientes a las operaciones en las que la consultante actúe en nombre propio pero por cuenta de su cliente, implican la remisión de los registros de facturación correspondientes a través del SII (DGT 8-5-18).

10) Mientras la sociedad no solicite la **baja voluntaria** en el Registro de devolución mensual, sigue teniendo un periodo de liquidación mensual, y está obligada a remitir los registros de facturación a través del SII (DGT CV 30-5-18).

11) La sociedad tiene un periodo de liquidación que coincide con el mes natural, y está obligada a remitir los registros de facturación a través del SII con independencia de que se encuentre **en fase de liquidación**. Mientras no se produzca el cese total de la actividad, la sociedad mantiene la condición de empresario o profesional y debe cumplir con las obligaciones fiscales derivadas del desarrollo de su actividad, incluidas las relativas al SII (DGT CV 4-7-18).

12) A efectos del SII, no hay obligación de suministrar la información relativa a las adquisiciones en general de bienes y servicios que efectúen al margen de las actividades empresariales o profesionales las entidades a las que sea de aplicación la **Ley sobre la propiedad horizontal** (L 49/1960), así como, las **entidades o establecimientos privados de carácter social** -nº 873- (DGT CV 21-6-18).

13) La remisión de los registros de facturación debe realizarse en el plazo de los cuatro días naturales desde la expedición de la factura. Así, si el devengo de una operación, cuyo destinatario es un empresario o profesional, se produce el día 15 de enero, se puede expedir la factura en una fecha posterior pero antes del día 16 de febrero, debiendo remitir los registros de facturación en los cuatro días naturales siguientes. Pero el 15 de febrero sería en todo caso la **fecha límite** para la expedición de las facturas y para la remisión de los registros de facturación a través del SII (DGT CV 23-11-18).

Lo mismo en relación con las **facturas recapitulativas** cuando el destinatario es un empresario o profesional. Pueden expedirse antes del día 16 del mes siguiente a aquel en el curso del cual se hayan realizado las operaciones. Una vez expedida la factura, el plazo para la remisión de los registros de facturación, para los sujetos acogidos al SII, es de 4 días naturales desde la expedición de la factura, salvo en los casos de facturas que hayan sido expedidas por el destinatario o por un tercero, que es de 8 días, y en todo caso el suministro debe realizarse antes del día 16 del mes siguiente a aquel en que se haya producido el devengo del impuesto correspondiente a la operación (DGT CV 15-6-22).

En el mismo sentido, cuando las ventas se realicen a través de una **plataforma de ventas**, con independencia del plazo de remisión de la información por parte de la plataforma (DGT CV 14-2-24).

7363 **14)** Una **entidad no establecida** en el TIVA como sujeto pasivo del Impuesto, está obligada a la llevanza de los libros registro del Impuesto, por lo que debe remitir los registros de facturación correspondientes a las facturas emitidas por las operaciones que realice por las que exista obligación de expedir factura, aunque las mismas no se hayan emitido conforme a las normas contenidas en el Rgto Fac. Las facturas expedidas a su nombre, que sean objeto de recepción, implican también la remisión de los registros de facturación correspondientes a través del SII (DGT CV 22-5-19).

15) Una sociedad, establecida en el TIVA, ha decidido contratar un almacén en Alemania. La mercancía recibida en el almacén situado en Alemania podrá enviarse a diversos destinos, incluyendo clientes que tienen la condición de empresarios o profesionales establecidos en Alemania o Francia, enviándose la mercancía en este último caso a Francia, así como también se enviará a otro almacén que la sociedad tiene en el TIVA. La sociedad debe incluir en el SII los registros de facturación correspondientes a las facturas expedidas por ella o las que haya recibido, sin que deban ser objeto de inclusión las facturas expedidas por su **establecimiento permanente** (almacén) situado en Alemania (DGT CV 26-2-20).

Libro registro de facturas expedidas (RIVA art.61 decies.1 y 63; OM HFP/417/2017 art.2) En este libro han de anotarse de **forma individualizada** las facturas expedidas (completas o simplificadas) relativas a todas las operaciones sujetas al IVA, incluyendo, por tanto, las exentas y las derivadas de autoconsumos. Dichas anotaciones pueden efectuarse en hojas separadas, que después han de ser numeradas y encuadernadas correlativamente para formar el Libro Registro. **7365**

La **anotación**, una por una, de las facturas, ha de reflejar los siguientes **datos**:

- número de factura y serie;
- fecha de expedición;
- fecha de realización de las operaciones, si es distinta de la anterior;
- nombre y apellidos, razón social o denominación completa y NIF del destinatario;
- base imponible o importe de la operación;
- tipo impositivo aplicado y, opcionalmente, también la expresión «IVA incluido»;
- cuota tributaria;
- si la operación se ha efectuado conforme al régimen especial del criterio de caja, se deben incluir las siguientes menciones: las fechas del cobro, parcial o total, de la operación, con indicación por separado del importe correspondiente, así como la cuenta bancaria o medio de cobro utilizado que acredite el cobro total o parcial de la operación.

Cuando no proceda la emisión de factura rectificativa, se deben anotar las regularizaciones o ajustes de la base imponible y cuota calculadas inicialmente en operaciones acogidas al régimen especial de las **agencias de viajes** o al régimen especial de los **bienes usados**, objetos de arte, antigüedades y objetos de colección, consecuencia de descuentos u otras circunstancias posteriores al devengo de la operación. Esta regla se aplica respecto de ajustes que deban incluirse en las autoliquidaciones correspondientes a periodos impositivos que se inicien a partir del 1-7-2023.

Como **excepción** al registro separado, uno a uno, de los documentos de facturación expedidos, se permite la anotación de **asientos-resúmenes** de facturas numeradas correlativamente y expedidas en la misma fecha, siempre y cuando se cumplan simultáneamente los siguientes **requisitos**: **7366**

- que en las facturas expedidas no sea preceptiva la identificación del destinatario, conforme a lo dispuesto en el Rgto Fac (actualmente esto sólo es posible en las facturas simplificadas -nº 7272-);
- que el devengo de las operaciones documentadas en las facturas se haya producido dentro del mismo mes natural.

En el asiento-resumen han de constar los siguientes **datos**:

- la fecha en que se hayan expedido las facturas;
- la base imponible global correspondiente a cada tipo impositivo;
- los tipos impositivos;
- la cuota global de facturas numeradas correlativamente y expedidas en la misma fecha;
- los números inicial y final de las facturas; y
- si las operaciones se han efectuado conforme al régimen especial del criterio de caja, se deben incluir, además, las siguientes menciones: las fechas del cobro, parcial o total, de la operación, con indicación por separado del importe correspondiente, así como la cuenta bancaria o medio de cobro utilizado que acredite el cobro total o parcial de la operación.

Igualmente, es válida la anotación de una misma factura en varios asientos correlativos cuando incluya operaciones que tributen a distintos tipos impositivos.

No obstante, se han de anotar de forma separada las **facturas rectificativas** (nº 7292). En este supuesto se deben reflejar los siguientes datos: número, fecha de expedición, identificación del proveedor, base imponible, tipo impositivo y cuota tributaria.

Precisiones 1) Las **agencias de viajes** que expidan facturas cuando actúen como mediadoras por cuenta ajena (nº 7235), deben anotarlas en el libro registro de facturas expedidas. Las anotaciones deben realizarse diferenciando los importes de las operaciones por determinadas prestaciones de servicios en las que intervengan intermediando en nombre y por cuenta ajena, en los que el destinatario solicite la factura (Rgto Fac disp.adic.4ª.1), los importes de los servicios de mediación en nombre y por cuenta ajena relativos a los servicios que preste al destinatario de los mismos (Rgto Fac disp.adic.4ª.3), y los importes de otras operaciones que hubieran documentado. **7367**

2) Existe la posibilidad de que el Departamento de Gestión Tributaria de la AEAT autorice, previas las comprobaciones oportunas, que **no consten todas las menciones** o toda la información referida en los libros registros de facturas expedidas, así como la realización de **asientos resúmenes** de facturas en condiciones distintas de las señaladas con carácter general, cuando aprecie que las prácticas comerciales o administrativas del sector de actividad de que se trate así lo justifican, o bien las condiciones técnicas de expedición de las facturas, justificantes contables y documentos de Aduanas, dificulten la consignación de dichas menciones e información (RIVA art.62.5.b).
3) Respecto a los obligados tributarios que apliquen el **SII**, ver el nº 7373 s.

7368 Ejemplo Un ejemplo de modelo de este Libro sería (las personas o entidades que apliquen el SII, deben incluir además la información mencionada en el nº 7373 s.):

Nº de asiento	Nº de factura y serie (1)	Fecha de expedición (2)	Fecha de realización de las operaciones (3)	Datos de identificación del destinatario (cliente) (4)	Base imponible o importe de la operación (5)	Tipo impositivo (%) (6)	Cuota tributaria (7)	Importe total (8)

(1) Normalmente se ha de anotar solo una factura, salvo en el caso de asientos-resúmenes, en que se indican los números inicial y final de las facturas anotadas.
(2) En los supuestos de asientos-resumen ha de constar la fecha en que se hayan expedido las facturas.
(3) Solo es necesario anotar la fecha de realización de las operaciones en el caso de que esta no coincida con la de expedición de la factura consignada en la columna anterior.
(4) Se consignan el nombre y apellidos, razón social o denominación completa y el número de identificación fiscal del destinatario de la operación. En las facturas simplificadas no es obligatorio anotar estos datos (nº 7272).
(5) La anotación se efectúa en euros aún en el caso de que la factura expedida se exprese en otra moneda. En caso de asientos-resumen se indica la base imponible global correspondiente a cada tipo impositivo.
(6) En caso de asientos-resumen, si hubiera varios tipos impositivos aplicados, se indican los mismos.
(7) Este importe se registra en euros. En caso de asientos-resumen se indica la cuota global.
(8) Sólo es obligatorio rellenar este campo en el caso de facturas simplificadas (nº 7272). En el caso de asientos-resumen se indica el importe global.

7369 Si las operaciones se efectúan conforme al régimen especial del **criterio de caja**, han de incluirse, además, las siguientes columnas:

Fecha de cobro, total o parcial, de la operación	Importe	Cuenta bancaria o medio de cobro utilizado

7370 Doctrina Administrativa Además de las siguientes contestaciones de la DGT, ver nº 11000 s.
1) Los titulares de bares están obligados a anotar en el libro registro de facturas emitidas (actualmente, Libro registro de facturas expedidas), los tiques (actualmente, facturas simplificadas) emitidos por las **máquinas registradoras**, sin que sea suficiente a este efecto, la conservación de los rollos expedidos por dichas máquinas (DGT 16-6-86).
2) El sujeto pasivo resume al final del día en una **hoja desglose todas las ventas diarias** de donde obtiene el IVA repercutido y a la que une los tiques (actualmente, facturas simplificadas) expedidos y procede a su contabilización. La consultante puede efectuar la anotación de los tiques expedidos con base en el documento que obtiene diariamente -RIVA art.63.4- (DGT CV 21-3-05).
3) La llevanza del Libro Registro de facturas emitidas (actualmente, Libro registro de facturas expedidas) no implica que, obligatoriamente, en cada período de liquidación correspondiente, se totalicen y consignen en el mismo los resultados de dicha totalización, sino solamente que del mismo se pueda extraer el **importe total**, por cada período de liquidación, de las cuotas repercutidas por el IVA, sin perjuicio de que sea preciso disponer de otra información adicional para cumplimentar las correspondientes declaraciones-liquidaciones. De acuerdo con lo expuesto, el importe de la totalización para cada período de liquidación (se consigne o no en el Libro registro de facturas emitidas), de los datos relativos a base imponible, cuota y total reflejados en el citado libro, es el resultado de la suma de dichos datos individuales (DGT 4-9-03).
4) La obligación de registro de las **facturas rectificativas** expedidas en el Libro Registro de facturas expedidas, no se cumple con la simple anotación con signo negativo, o por diferencias, del importe correspondiente a la rectificación efectuada que se documenta en la factura rectificativa expedida (DGT 15-4-04).

5) Las **facturas rectificativas** han de estar anotadas en el libro de facturas expedidas en el momento en que se realice la liquidación y pago del impuesto relativo a tales operaciones o, en cualquier caso, antes de que finalice el plazo legal para realizar la referida liquidación y pago en período voluntario. El sistema de anotación de las facturas rectificativas en el citado libro registro debe permitir determinar con precisión en cada período de liquidación el importe total del IVA que se hubiera repercutido a los clientes (DGT 25-2-05; 18-4-05; CV 1-7-11).

6) Una entidad está desarrollando un programa informático de gestión empresarial y de contabilidad, en el que se contabilizan y registran las facturas expedidas y recibidas. En la práctica, muchas empresas facturan mensualmente, recogiendo en una sola factura todas las operaciones de entrega de bienes, realizadas en dicho período y documentadas en sus correspondientes albaranes. Cuando se expidan **facturas recapitulativas**, la fecha de realización de las operaciones corresponde al mes natural en el que se hayan efectuado las mismas. Adicionalmente, hay que consignar la fecha de expedición de las correspondientes facturas. Ambas fechas deben anotarse en los correspondientes Libros registro de facturas expedidas y recibidas (DGT CV 10-6-08). **7371**

7) En el supuesto de que no concurran las causas de rectificación obligatoria de una factura, como es el caso en el que se expidió una factura erróneamente por una **operación que no llegó a realizarse**, la sustitución de aquella factura por otra que la anula en ningún caso tiene el carácter de factura rectificativa. Esta factura debe consignarse en los respectivos libros-registro obligatorios a efectos del IVA (DGT CV 11-3-11).

8) El sujeto pasivo debe contabilizar las cuotas devengadas y soportadas derivadas de la realización de **operaciones asimiladas a la importación** en los Libros Registros del Impuesto (DGT CV 1-2-11).

9) La expedición de facturas u otros documentos **con anterioridad al momento del devengo** del Impuesto, supone que dichos documentos o facturas no tienen la consideración de factura a efectos del IVA y, por tanto, no deben registrarse en el correspondiente Libro Registro de facturas expedidas y, consecuentemente, tampoco se tienen en cuenta al cumplimentar el modelo de autoliquidación del IVA (DGT CV 9-2-12).

10) La expedición de una factura en el año 2013, en **sustitución de un tique** (actualmente, factura simplificada) expedido con anterioridad, o de varios, expedidos en los años 2009 a 2012, supone la anulación de la anotación registral del tique previamente expedido, no así de la correspondiente operación. El registro de dicha factura debe ser el que permita que, registrándose la correspondiente factura, no dé lugar a una duplicación de los datos, y depende del procedimiento de registro que lleve a cabo la entidad (DGT CV 19-9-13).

11) Han de incluirse en el libro registro de facturas expedidas las facturas expedidas por las operaciones realizadas, incluidas aquellas a las que sea de aplicación el mecanismo de **inversión del sujeto pasivo** (DGT CV 3-2-17).

12) Cuando **no exista obligación de expedir factura** por todas las operaciones según el Rgto Fac, no es necesaria la llevanza del libro registro de facturas expedidas (DGT CV 26-2-07; CV 27-2-18; CV 21-3-18).

13) Aunque la expedición material de la factura por las operaciones efectuadas por la **agencia mayorista** al cliente final, va a ser realizada por la agencia minorista, la agencia mayorista debe incluir en el libro registro de facturas expedidas el total de las facturas expedidas, entre los que debe incluir los documentos correspondientes a los servicios que la agencia minorista haya expedido materialmente la factura al cliente final (Rgto Fac disp.adic.4ª). Estos documentos deben cumplir con todos los requisitos exigidos por el Rgto Fac pero deben indicar como **destinatario** de los citados servicios a la agencia minorista, para garantizar la necesaria coherencia entre dichos libros registros y la declaración de operaciones con terceras personas que deba presentar, en su caso, con la información suministrada por la agencia minorista. Por tanto, la agencia mayorista debe informar de las operaciones que realice, ya sea a través del modelo 347 o en su caso del SII, identificando como **destinatario** de las operaciones en las que la agencia minorista expida la factura, a la propia agencia minorista (DGT CV 8-5-19). **7372**

14) Es necesario identificar en el libro registro de facturas expedidas el **NIF del destinatario** de las operaciones, sin que se establezca expresamente si debe ser el atribuido por la Administración tributaria española o la de otro Estado miembro. De la información aportada se deduce que los **destinatarios no están establecidos** en el TIVA, pero disponen de un NIF atribuido por la Administración tributaria española para acceder al reembolso parcial del correspondiente Impuesto sobre Hidrocarburos. Con carácter preferente, se debe consignar en la factura y en el libro registro de facturas expedidas, el NIF otorgado por el Estado Miembro en el que están establecidos los destinatarios, sin perjuicio de que pueda también consignarse a estos efectos el NIF atribuido por la Administración tributaria española (DGT CV 28-3-19). En el mismo sentido, DGT CV 26-11-25.

15) Las facturas derivadas del **envío de mercancías** entre el territorio de aplicación del Impuesto e **Italia** tienen que registrarse en el libro registro de facturas expedidas. Además, dichas operaciones deben consignarse en el libro registro de determinadas operaciones intracomunitarias (DGT CV 11-5-20; CV 7-12-21).

16) Una persona física presta servicios a clientes que no tienen la consideración de empresario o profesional por **importe inferior a 400 euros**. En el libro registro de facturas expedidas se deben inscribir, una por una, las facturas expedidas, con indicación de los datos previstos, entre los que se encuentra el nombre y apellidos, razón social o denominación completa y número de identificación fiscal del destinatario. No obstante, la anotación individualizada de las facturas se puede sustituir por la de asientos resúmenes (nº 7366), ya que en las facturas simplificadas expedidas no es preceptiva la identificación del destinatario, y siempre que el devengo se haya producido dentro de un mismo mes natural (DGT CV 31-10-23).

7373 **Suministro inmediato de información** (RIVA art.63.3; OM HFP/417/2017 art.2.2 y 3) Además de la información anterior (nº 7365 s.), las personas o entidades que apliquen el SII (nº 7354 s.), deben incluir la siguiente información:

a) Tipo de factura expedida, indicando si es completa o simplificada.

b) Identificación de si se trata de una rectificación registral.

c) Descripción de las operaciones.

d) En las facturas rectificativas, indicar tal condición, haciéndose referencia a las facturas rectificadas o a las especificaciones modificadas e identificar el motivo.

e) En las facturas sustitutivas de otra o, en caso de canje de facturas simplificadas anteriores, es necesario hacer referencia a la factura sustituida o canjeada o, en su caso, las especificidades sustituidas o canjeadas.

f) Los empresarios o profesionales que realicen operaciones que tengan por objeto **oro de inversión** y otras actividades a las que no se aplique el régimen especial, las adquisiciones o importaciones que correspondan a cada sector diferenciado de actividad.

g) En el **régimen especial de grupos de empresas** que apliquen el contenido ampliado (nº 4900 s.), poner como base imponible de las operaciones tanto la que resulte de la aplicación del régimen especial como del régimen general, identificando la que corresponda a cada caso. Estas últimas facturas deben consignarse por separado.

h) También referencias a que la factura está exenta del impuesto, a la facturación por el destinatario, a la inversión del sujeto pasivo, al régimen especial de las agencias de viajes, al régimen especial de los bienes usados, al régimen especial de los objetos de arte o régimen especial de las antigüedades y objetos de colección y al régimen especial del criterio de caja.

i) Período de liquidación de las operaciones.

j) Indicar si la operación no está sujeta al IVA.

k) En el caso de que la factura haya sido expedida en virtud de una autorización en materia de facturación de las previstas en el Rgto Fac, la referencia a la autorización concedida.

l) En las operaciones acogidas al régimen especial de los bienes usados, objetos de arte, antigüedades y objetos de colección y al régimen especial de las agencias de viajes, el importe total de la operación.

7374 **m)** Como consecuencia de la eliminación de otras obligaciones formales (modelo 347 y modelo 390), se deben informar una serie de cuestiones con trascendencia tributaria adicionales a las tradicionalmente informadas en los libros registro:

1. Las **agencias de viajes**, deben identificar las facturas que emiten como consecuencia de un servicio en el que actúan como mediadoras en nombre y por cuenta ajena (Rgto Fac disp.adic.4ª.6).
2. Identificación de las facturas emitidas por operaciones de **arrendamiento de locales de negocios**. Si la operación no se encuentra sometida a retención, se deben especificar las referencias catastrales de los inmuebles y los datos necesarios para su localización.
3. Identificación de cobros **por cuenta de terceros** de honorarios profesionales o de derechos derivados de la propiedad intelectual, industrial, de autor u otros por cuenta de sus socios, asociados o colegiados efectuados por sociedades, asociaciones, colegios profesionales u otras entidades que, entre sus funciones, realicen las de cobro.
4. Importes recibidos que se perciban por la transmisión de **inmuebles** que constituyan entregas sujetas en el IVA.
5. Importes superiores a 6.000 € percibido en **metálico** de una misma persona o entidad.
6. Las entidades de **seguros**, de las operaciones de seguros.

La información de los dos últimos números se debe proporcionar con carácter anual.

7375 **n)** A los efectos de identificar **tipologías** de las facturas (completa, simplificada, rectificativa, expedida en sustitución de facturas simplificadas expedidas con anterioridad, letras a), d) y e) del nº 7373), se debe informar si:

- se emite en los términos a que refieren el Rgto Fac art.6 o 7;
- tiene la consideración de **factura rectificativa** y motivo. A los efectos de su suministro electrónico, no es obligatorio la identificación de las facturas rectificadas;

- es una factura emitida **en sustitución de facturas simplificadas**. A los efectos de su suministro electrónico, no es obligatorio identificar las facturas sustituidas;
- se trata de un **asiento resumen** (RIVA art.63.4);
- la factura se ha **emitido por un tercero o autorizado** (nº 7231 s.). Se debe informar también de aquellas otras facturas que se expidan por un tercero de acuerdo con lo previsto para los supuestos de entregas de energía eléctrica (nº 7234) y la expedición por la Comisión Nacional de Energía por cuenta de los distribuidores y de los productores de energía eléctrica (nº 7236), o en el Anexo I apartado 6.3 de la Resol 9-6-23, de la Secretaria de Estado de Energía, por la que se aprueban las reglas del mercado organizado de gas y el contrato de adhesión;
- el destinatario no tiene NIF o este empieza por la letra «N», se debe distinguir si es una prestación de servicio o entrega de bienes. En todo caso se debe indicar la **naturaleza del objeto** de la operación.

Precisiones Si las facturas se expiden siguiendo una **autorización de simplificación**, el contribuyente con carácter previo al primer envío, debe remitir copia de la autorización (OM HFP/417/2017 art.5.1).

Libros especiales (RIVA art.40.1 y 47) Los sujetos pasivos acogidos al **régimen simplificado** por actividades cuyos índices o módulos operen sobre el volumen de ingresos realizado, deben llevar un Libro Registro donde anotar las operaciones efectuadas por dichas actividades. **7376**
En relación con el **REAGP**, los sujetos pasivos acogidos al mismo están obligados a llevar un libro registro en el que anotar las operaciones comprendidas en el régimen especial. Aunque no tienen obligación de expedir factura han de computar los recibos que se expidan por los adquirentes.
En relación con el registro de operaciones que deben llevar los sujetos pasivos acogidos a los regímenes especiales aplicables al **comercio electrónico**, así como los empresarios o profesionales titulares de una **interfaz digital** y los proveedores de servicios de pago transfronterizos, ver nº 9320 s.

Libro registro de facturas recibidas (RIVA art.61 decies.2 y 64; OM HFP/417/2017 art.3) En este libro deben anotarse, de **forma individualizada**, todas las facturas, justificantes contables (nº 7212) y documentos de aduanas, relativos a los bienes adquiridos o importados y a los servicios recibidos en el ejercicio de la actividad empresarial o profesional. Dichas facturas y documentos se numeran correlativamente según la fecha de recepción de los mismos, pudiendo realizar dicha numeración, por razones justificadas, mediante **series separadas**. Dichas anotaciones pueden efectuarse en hojas separadas, que después han de ser numeradas y encuadernadas correlativamente para formar el libro registro. **7379**
También en este libro se sigue el criterio de **anotación separada**, por lo que todas las facturas y demás documentos se han de anotar, uno por uno, indicando los siguientes **datos**:
- número de recepción asignado;
- fecha de expedición;
- fecha de realización de las operaciones, en caso que sea distinta de la anterior;
- nombre y apellidos, razón social o denominación completa y NIF del obligado a su expedición;
- base imponible;
- tipo impositivo;
- cuota tributaria;
- si la operación se ha efectuado conforme al régimen especial del criterio de caja, se deben incluir las siguientes menciones: las fechas del pago, parcial o total, de la operación, con indicación por separado del importe correspondiente, así como el medio de pago utilizado en el desembolso del importe parcial o total de la operación.

Como **excepción** al registro separado, uno a uno, de los documentos de facturación recibidos, la normativa del IVA permite: **7380**
a) Realizar un **asiento-resumen global** de las facturas recibidas que reúnan los siguientes requisitos:
- que procedan de un único proveedor;
- que hayan sido recibidas en la misma fecha;
- que el importe total de las operaciones, IVA no incluido, no exceda de 6.000 euros, y que el importe de las operaciones documentadas en cada una de ellas no supere 500 euros, IVA no incluido.
En dicho asiento-resumen debe hacerse constar los siguientes **datos**:
- los números inicial y final asignados por el destinatario a las facturas recibidas incluidas en el asiento;
- la suma global de la base imponible correspondiente a cada tipo impositivo;
- la cuota impositiva global correspondiente a las facturas incluidas en el asiento-resumen;

- si la operación se ha efectuado conforme al régimen especial del criterio de caja, se deben incluir las siguientes menciones: las fechas del pago, parcial o total, de la operación, con indicación por separado del importe correspondiente, así como el medio de pago utilizado en el desembolso del importe parcial o total de la operación.

b) Anotar una **misma factura en varios asientos** cuando incluya operaciones a las que resulten aplicables distintos tipos de IVA.

7381 Precisiones **1)** Las facturas originales recibidas y, en su caso, los justificantes contables previstos para los casos de inversión del sujeto pasivo (letra d del nº 2867), se deben anotar en el libro registro de facturas recibidas. Además, las cuotas tributarias correspondientes a las entregas de bienes o prestaciones de servicios en ellas documentadas, han de calcularse y consignarse en la anotación relativa a dichas facturas o justificantes contables. Todo viene motivado por la no obligación de expedir **autofactura** en las operaciones en las que existe **inversión del sujeto pasivo** (LIVA art.165).

2) En este libro debe anotarse la **factura expedida** por el empresario de otro Estado miembro que realiza una entrega exenta en otro Estado, que da lugar a la **adquisición intracomunitaria** de bienes sujeta al IVA español. Además, las cuotas tributarias correspondientes a dicha adquisición intracomunitaria de bienes sujeta al IVA español han de calcularse y consignarse en la anotación relativa a dichas facturas. Todo viene motivado por la no obligación de expedir factura (autofactura) por las adquisiciones intracomunitarias de bienes (LIVA art.165).

3) Existe la posibilidad de que el Departamento de Gestión Tributaria de la AEAT autorice, previas las comprobaciones oportunas, que **no consten todas las menciones** o toda la información referida en los libros registros de facturas recibidas, así como la realización de **asientos resúmenes** de facturas en condiciones distintas de las señaladas con carácter general, cuando aprecie que las prácticas comerciales o administrativas del sector de actividad de que se trate así lo justifican, o bien las condiciones técnicas de expedición de las facturas, justificantes contables y documentos de Aduanas, dificulten la consignación de dichas menciones e información (RIVA art.62.5.b).

4) Respecto a los obligados tributarios que apliquen el **SII**, ver el nº 7387 s. y respecto a los que apliquen **regímenes especiales**, ver el nº 7389 s.

7382 Ejemplo Un **ejemplo** de modelo de este Libro es (las personas o entidades que apliquen el SII, deben incluir además la información mencionada en el nº 7387 s.):

LIBRO DE FACTURAS RECIBIDAS

Núm de asiento	Núm de recepción de factura (1)	Fecha de expedición (2)	Fecha de realización de las operaciones (3)	Datos de identificación del expedidor (proveedor) (4)	Base imponible (5)	Tipo impositivo (%)	Cuota tributaria (6)	Importe total (7)

(1) Número asignado por el receptor a la factura o documento de aduanas. En caso de **asiento-resumen**, se consignan los números inicial y final asignados por el destinatario-receptor a las facturas recibidas incluidas en el asiento, procedentes de un único proveedor y recibidas en la misma fecha.
(2) Debe ponerse la fecha de expedición que consta en la factura recibida.
(3) Solo es necesario anotar la fecha de realización de las operaciones en el caso de que esta no coincida con la de expedición de la factura consignada en la columna anterior y así conste expresamente en el correspondiente documento.
(4) Se consignan el nombre y apellidos, razón social o denominación completa, y el NIF del obligado a la expedición de la factura.
(5) En los asientos-resumen se anota la base imponible global correspondiente a cada tipo impositivo.
(6) En los casos de adquisiciones intracomunitarias de bienes sujetas, se debe calcular y consignar la cuota tributaria correspondiente a aquellas, derivada de las entregas de bienes que dan lugar a las mismas y documentadas en facturas anotadas en este libro. Asimismo, en los supuestos de inversión del sujeto pasivo, se debe calcular y consignar la cuota tributaria correspondiente a las entregas de bienes o prestaciones de servicios documentadas en las facturas o justificantes contables expedidos por quienes realizan dichas operaciones y anotadas en este libro. En los asientos-resumen se indica la cuota impositiva global.
(7) Este campo solo es obligatorio rellenarlo en el caso de facturas simplificadas (nº 7272). En el caso de asientos-resumen se indica el importe global.

7383 Si las operaciones se efectúan conforme al régimen especial del **criterio de caja**, han de incluirse, además, las siguientes columnas:

LIBRO DE FACTURAS RECIBIDAS

Fecha de pago, total o parcial, de la operación	Importe	Medio de pago utilizado

Doctrina Administrativa Además de las siguientes contestaciones de la DGT, ver nº 11000 s. **7384**

1) Los sujetos pasivos del IVA que realicen **adquisiciones intracomunitarias de bienes** deben anotar en el libro registro de facturas recibidas la factura original expedida por el empresario o profesional de otro Estado miembro que da origen a la adquisición intracomunitaria de bienes sujeta al IVA español (DGT 5-2-04).

La entrega intracomunitaria que ha dado lugar a la adquisición intracomunitaria de bienes ha sido efectuada por el proveedor noruego, que es el obligado a garantizar la expedición de la factura, y por tanto la adquirente debe consignar en el libro registro el nombre y apellidos, razón social o denominación completa y NIF del obligado a la expedición de la factura (DGT CV 2-10-18).

2) Un empresario y sujeto pasivo del IVA que, en virtud de las normas reguladoras del **IRPF** está obligado a llevar un **libro de compras y gastos**, a efectos del IVA puede utilizar dicho libro en sustitución del libro registro de facturas recibidas y el libro registro especial de recibos emitidos que deben llevar los adquirentes de bienes o servicios a sujetos pasivos del REAGP (DGT CV 23-2-05).

3) La entidad debe trasladar al Libro Registro General de facturas recibidas, que debe llevar en su domicilio fiscal, los **asientos resúmenes** contenidos en los Libros Registro que lleva en las estaciones de servicios (DGT 29-12-99).

4) No se establece ningún sistema de **numeración de las facturas** recibidas siempre que el que se utilice salvaguarde el criterio de ordenación correlativa en función de la fecha de recepción de las mismas (DGT 30-10-00). No existe obligación de hacer constar físicamente en las facturas y documentos recibidos el **número correlativo de recepción** de dichos documentos, que consta en el Libro registro de facturas recibidas y que es asignado por el sistema informático de gestión (DGT CV 19-4-06; CV 5-7-06).

5) No puede sustituirse la anotación individualizada en el libro registro de facturas recibidas por la de un asiento resumen cuando, entre otros requisitos, se incumpla el que las **facturas no sean correlativas** (DGT 8-6-98).

6) Los documentos que han de servir de soporte para las correspondientes anotaciones en el Libro Registro de facturas recibidas son, exclusivamente, aquellos que se mencionan en la normativa del impuesto y, en consecuencia, no resultan válidas las anotaciones registrales efectuadas en el referido Libro Registro, tomando como soporte los datos contenidos en los **albaranes** recibidos (DGT 3-11-03).

7) Es necesaria la llevanza del libro registro de facturas recibidas, con carácter general, por el empresario o profesional, con independencia que la actividad realizada se encuentre totalmente **exenta** del Impuesto y **sin derecho a la deducción** de las cuotas soportadas en la adquisición de bienes y servicios para dicha actividad (DGT CV 20-6-17; CV 22-1-19; CV 16-6-21). **7385**

8) Los sujetos pasivos del IVA deben anotar en el libro registro de facturas recibidas todas las facturas recibidas, relativas a las adquisiciones de bienes y servicios destinados al desarrollo de su actividad empresarial o profesional, entendiéndose incluidas entre ellas las facturas relativas a **operaciones no sujetas y las sujetas pero exentas**.

También deben anotarse aquellas facturas que documenten operaciones sujetas y no exentas, aunque las cuotas soportadas no sean total o parcialmente deducibles (DGT CV 25-6-07; CV 8-6-16).

9) La circunstancia de que en un documento recibido no conste expresamente la mención del término «factura» no implica que quede excluido de la obligación de ser debidamente anotado en el libro registro de facturas recibidas (DGT CV 25-6-07).

10) Los sujetos pasivos del Impuesto por la **adquisición de materiales de recuperación**, inscritos en el Registro de exportadores y otros operadores económicos (actualmente registro de devolución mensual), a partir de 1-1-2011 deben anotar en el Libro Registro de facturas recibidas las facturas originales (no procede la emisión de autofactura alguna) o, en su caso, los justificantes contables de la operación expedidos por quien realice una entrega de bienes a la consultante, sujeto pasivo del Impuesto -LIVA art.84.Uno.2º.c- (DGT CV 2-11-11).

Se deben anotar en el libro registro de facturas recibidas, las facturas recibidas en las que los proveedores hayan aplicado la **inversión del sujeto pasivo**, debiendo calcular, además, las cuotas tributarias del impuesto correspondientes a dichos bienes y servicios que deben incorporarse al asiento registral (DGT CV 18-3-21).

11) No resulta ajustado a derecho el sistema de llevanza de los libros registro de facturas recibidas, con **exclusión** de las operaciones de **leasing y de adquisición de bienes de inversión** que se anotan en otro libro, puesto que en el libro de facturas recibidas, generado informáticamente, no se contienen todas las facturas y operaciones que deben ser objeto de registro, y en el libro de bienes de inversión, llevado de forma manual, se registran indistintamente las adquisiciones de bienes de inversión y otras operaciones (DGT 29-6-01).

12) Las facturas que documenten las **operaciones asimiladas a adquisiciones intracomunitarias de bienes** con ocasión de la recepción de la mercancía deben anotarse en el libro registro de facturas recibidas. Además, dichas operaciones deben consignarse en el libro registro de determinadas operaciones **intracomunitarias** -nº 7405 s.- (DGT CV 11-5-20).

13) Si un empresario o profesional ha realizado compras, cuyo valor intrínseco no supera los 150 euros, a un proveedor chino a través de una plataforma digitalse produciría una **importación**, por lo que debe registrar el documento de Aduanas (actualmente Sistema H1) correspondiente a los bienes importados, consignando como número de identificación el número de referencia, así como la base imponible y la cuota del IVA correspondiente devengada con ocasión de la importación, sin que deba registrarse la factura o documento contable del proveedor no comunitario (DGT CV 12-2-25).

7387 **Suministro inmediato de información** (RIVA art.64.4; OM HFP/417/2017 art.3.1 y 2) Además de la información anterior (nº 7379 s.), las personas o entidades que apliquen el **SII**, deben incluir la siguiente información:

a) Número y, en su caso, serie que figure en la factura, que sustituye al número de recepción utilizado por quienes no lleven el libro registro de facturas recibidas a través de la Sede electrónica.

b) Identificación, en su caso, de si se trata de una rectificación registral.

c) Descripción de las operaciones.

d) En el **régimen especial de grupos de empresas** que apliquen el contenido ampliado (nº 4900 s.), poner como base imponible de las operaciones tanto la que resulte de la aplicación del régimen especial como del régimen general, identificando la que corresponda a cada caso (RIVA art.61 quinquies.2).

e) Las siguientes **menciones**: a la facturación por el destinatario, a la inversión del sujeto pasivo, al régimen especial de las agencias de viajes, al régimen especial de los bienes usados, al régimen especial de los objetos de arte o régimen especial de las antigüedades y objetos de colección y al régimen especial del criterio de caja (Rgto Fac art.6.1.l) a p)).

f) Si se trata de una adquisición intracomunitaria de bienes.

g) La **cuota tributaria deducible** correspondiente al período de liquidación en que se realiza la anotación. La regularización de la deducción, en su caso, se realiza aplicando lo establecido al efecto en la normativa del Impuesto (nº 3016 s.), según corresponda, sin que implique la modificación de la cuota deducible registrada.

h) **Período de liquidación** en el que se registran las operaciones a que se refieren las facturas recibidas.

i) En las operaciones de **importación**, se consigna la fecha de contabilización de la operación y el número del correspondiente documento aduanero donde se liquida el IVA o, en su caso, del número de liquidación complementaria de la Aduana.

j) En las operaciones acogidas al régimen especial de **los bienes usados**, objetos de arte, antigüedades y objetos de colección, y al régimen especial de las **agencias de viajes**, el importe total de la operación.

k) Proporcionar las siguientes **especificaciones**:
- si se emite como completa o simplificada (Rgto Fac art.6 y 7);
- si se corresponde con un asiento resumen de facturas (nº 7380);
- fecha de registro contable de la factura, del justificante contable o del documento de Aduanas.

7388 **l)** Como consecuencia de la eliminación de otras obligaciones formales (modelo 347 y modelo 390), se debe informar de una serie de cuestiones con trascendencia tributaria adicionales a las tradicionalmente informadas en los libros registro:
- identificación de las facturas recibidas correspondientes a operaciones de **arrendamiento de locales** de negocio;
- las agencias de viajes que actúan como mediadoras deben comunicar las prestaciones de servicios en cuya realización intervienen actuando como mediadoras en nombre y por cuenta ajena (Rgto Fac disp.adic.4ª.7.b);
- las personas o entidades que tengan la condición de empresarios o profesionales a efectos del IVA (nº 80 s.) y los sujetos pasivos del impuesto que realicen entregas intracomunitarias de medios de transporte nuevos, deben informar de los servicios o bienes adquiridos al margen de cualquier actividad empresarial o profesional;
- las entidades aseguradoras deben informar de las operaciones de seguros previstas en las normas comunes de los procedimientos de aplicación de los tributos (RGGI art.32.c, 33.1 y 2.i), sin perjuicio de la información a proporcionar por las facturas recibidas;
- aquellas entidades a las que sea de aplicación la normativa sobre propiedad horizontal (L 49/1960), y las entidades o establecimientos privados de carácter social (nº 873), las adquisiciones de bienes o servicios al margen de cualquier actividad empresarial o profesional en los mismos términos que en el nº 7112 s., cuando no están incluidas en el SII.

La información solicitada en este apartado, a las agencias de viajes y las entidades aseguradoras, se debe enviar con **carácter anual** y agrupada por las personas o entidades con las que se hubiera realizado dichas operaciones.

Normas relativas a los regímenes especiales (RIVA art.40.1, 47.2, 51 quater, 53 y 61.2) Se establecen las siguientes reglas específicas: 7389
a) **Régimen simplificado**: los sujetos pasivos acogidos a este régimen están obligados a llevar un Libro registro de facturas recibidas en el que se han de anotar:
- las facturas y documentos por adquisiciones e importaciones de bienes y servicios por los que hayan soportado o satisfecho el IVA y se hubieran destinado a ser utilizados en actividades acogidas al régimen simplificado;
- las importaciones y adquisiciones de los activos fijos de la LIVA art.123.Uno.B y C (nº 3352), debidamente separadas del resto de operaciones, con los datos precisos para, en su caso, efectuar las regularizaciones que procedan;
- cuando realicen otras actividades compatibles con este régimen especial, las facturas relativas a las adquisiciones correspondientes a cada sector diferenciado, con la debida separación.
b) **REAGP**:
- cuando realicen otras actividades a las que se aplique el régimen simplificado o el régimen especial del recargo de equivalencia, deben llevar el Libro registro de facturas recibidas, anotando separadamente las adquisiciones correspondientes a cada régimen especial;
- cuando realicen otras actividades a las que se aplique el régimen general del IVA o cualquier otro régimen distinto de los mencionados en el guion anterior, han de cumplir las obligaciones formales establecidas con carácter general o específico en el RIVA. En el Libro Registro de facturas recibidas deben anotarse separadamente las adquisiciones relativas al REAGP.
c) **Recargo de equivalencia**. Los comerciantes minoristas que tributan por el régimen especial no están obligados a llevar Libros registro en relación con el IVA, excepto cuando realicen otras actividades a las que se aplique:
- el REAGP o el régimen simplificado, en cuyo caso deben llevar el Libro registro de facturas recibidas, anotando separadamente las adquisiciones correspondientes a cada régimen especial;
- el régimen general del Impuesto o cualquier otro régimen distinto de los mencionados en el guion anterior, en cuyo caso deben cumplir las obligaciones formales establecidas con carácter general o específico en el RIVA. En el Libro registro de facturas recibidas deben anotarse separadamente las adquisiciones correspondientes al régimen del recargo de equivalencia.
d) **Régimen especial de las agencias de viaje**: los sujetos pasivos deben anotar separadamente las adquisiciones de bienes o servicios efectuadas directamente en interés del viajero.
e) **Régimen especial del oro de inversión**: los sujetos pasivos que realicen operaciones que tengan por objeto oro de inversión y otras actividades a las que no se aplique el régimen especial, deben registrar, separadamente, las adquisiciones o importaciones que correspondan a cada sector diferenciado. Se deben conservar los registros relativos a dichas operaciones durante cinco años (LIVA art.140 sexies).

Ejemplos **1)** Un empresario individual que se dedica al comercio al por menor de patatas, frutas y verduras por el que tributa en el régimen especial del **recargo de equivalencia**, tiene, además, un local de negocio arrendado a una entidad mercantil. 7390
En este caso, dicho empresario está obligado a llevar todos los Libros Registro establecidos con carácter general y anotar en el Libro Registro de facturas recibidas, de forma diferenciada, las adquisiciones correspondientes al régimen especial del recargo de equivalencia.
2) Una **agencia de viajes minorista** ha organizado un viaje a Asturias para 50 personas, habiendo adquirido en nombre propio tanto los servicios de hostelería como los de transporte por autobús de los viajeros.
En este caso, la agencia debe anotar, separadamente, en el Libro Registro de facturas recibidas los servicios de hostelería y de transporte que recibe.

Doctrina Administrativa Además de las siguientes contestaciones de la DGT, ver nº 11000 s. 7391
1) Un laboratorio farmacéutico comercializa medicamentos a distintas farmacias. Debido a un error, en diciembre de 2021 expidió a una farmacia, acogida al régimen especial de recargo de equivalencia, una factura que no corresponde a una operación real, y una vez conocido el error se emitió una factura rectificativa con el correspondiente abono en enero de 2022 por el mismo importe. La farmacia lleva el libro registro de facturas recibidas. Si bien no tiene derecho a la deducción por estar acogida al régimen especial de recargo de equivalencia, debe igualmente anotar en el libro registro de facturas recibidas, la **factura rectificativa** recibida del laboratorio, con la debida separación respecto de las que no correspondan con actividades acogidas al régimen especial de recargo de equivalencia, por el orden en el que la misma se haya recibido (DGT CV 26-4-22).
2) El consultante realiza actividades acogidas al régimen especial del **recargo de equivalencia** y al **régimen general** del Impuesto. Está obligado a llevar los libros registros establecidos con carácter general para los empresarios o profesionales en relación con las operaciones sujetas al régimen general, y a anotar en el libro registro de facturas recibidas, de forma diferenciada, las adquisiciones correspondientes a la actividad acogida al régimen especial del recargo de equivalencia (DGT CV 18-2-22).

7393 **Libro registro de bienes de inversión** (RIVA art.65; OM HFP/417/2017 art.4) Este libro solamente debe llevarse, en la forma prevista en el nº 7413, por los sujetos pasivos que deban practicar **regularización de las deducciones** efectuadas por adquisiciones de bienes de inversión (nº 3016 s.), es decir, con carácter general cuando se aplique la regla de **prorrata** (nº 2715 s.).

En el libro se registran los siguientes **datos**:

- individualmente, los bienes de inversión adquiridos por el sujeto pasivo, con independencia de que esa misma factura ya se haya anotado en el Libro de facturas recibidas;
- los datos precisos para identificar las facturas y documentos de aduanas de cada bien;
- fecha de comienzo de utilización del bien;
- prorrata anual definitiva;
- regularizaciones efectuadas de las deducciones, ya sean positivas o negativas.

La **transmisión de los bienes de inversión** durante el período de regularización obliga a darles de baja en este Libro, indicando el asiento del Libro registro de facturas expedidas en el que se recoge dicha entrega, así como la regularización de la deducción efectuada con motivo de la misma.

7394 Precisiones En aquellos sujetos pasivos acogidos al **SII** (nº 7354 s.), la llevanza de este libro se debe realizar en la Sede electrónica de la AEAT, mediante la remisión de la totalidad de los registros dentro del plazo de presentación correspondiente al último periodo de liquidación de cada año natural.

La baja del sujeto pasivo en el Censo de empresarios, profesionales y retenedores, obliga a presentar esta información dentro del plazo de la última declaración-liquidación obligado a presentar, salvo que se produzca la baja de oficio en dicho censo (RGGI art.146), en donde el plazo de presentación corresponde al último periodo de liquidación de cada año natural.

7397 Ejemplos **1)** Un ejemplo de Libro Registro de bienes de inversión puede ser el siguiente:

LIBRO REGISTRO DE BIENES DE INVERSION

Folio núm ....

Núm asiento	Bien inversión	Identificación de facturas y documentos de aduanas	Fecha de comienzo de utilización del bien	Prorrata anual definitiva + Regularización anual (1) (2)					Baja por entrega		
				Año 1	Año 2	Año 3	Año 4	Año 5	Referencia del libro de facturas expedidas	Regularización practicada	Fecha de transmisión

(1) Cuando proceda se ponen 10 años (edificaciones y terrenos, nº 3023).
(2) Los importes negativos deben ponerse entre paréntesis.

7400 **2)** Una entidad mercantil adquirió el día 1-7-N un **camión** por valor de 10.666,66 euros, habiendo soportado una cuota de IVA, al tipo del 21%, de 2.240 euros. Dicho camión no comenzó a utilizarse hasta el día 20-10-N+1. La citada empresa se encuentra en prorrata general, habiendo tenido los siguientes porcentajes definitivos durante los años que se indican:

	N	N+1	N+2	N+3	N+4	N+5
Prorrata definitiva...... .	90	85	70	85	76	90

Para efectuar la **regularización** se compara la prorrata definitiva del año de adquisición del bien (N) con las prorratas definitivas de cada año y sólo si difieren en más de 10 puntos porcentuales se procede a regularizar (nº 3019).

Año	Prorrata	Deducción efectuada	Regularización
N (3.º trimestre).................	90	2.016	-
N+1 (4.º trimestre)	85		
N+2 (4.º trimestre)	70	-	(70 - 90) × 2.240/100 × 5 = -89,6
N+3 (4.º trimestre)	85	-	-
N+4 (4.º trimestre)	76	-	(76 - 90) × 2.240/100 × 5 = -62,72
N+5 (4.º trimestre)	90	-	

Tanto la adquisición como las posteriores regularizaciones del bien de inversión se reflejan en el Libro Registro de bienes de inversión de la forma que sigue:

Núm asiento	Bien de inversión	Identificación de facturas	Fecha de comienzo de utilización	PRORRATA ANUAL DEFINITIVA + REGULARIZACIÓN									
				Año N+1		Año N+2		Año N+3		Año N+4		Año N+5	
2	Camión	Núm 5763	20-10-N+1	85	-	70	(89,6)	85	-	76	(62,72)	90	-

Doctrina Administrativa Además de las siguientes contestaciones de la DGT, ver nº 11000 s. 7402
1) La **adquisición intracomunitaria de bienes de inversión** debe registrarse, cuando así proceda, en el Libro Registro de bienes de inversión, no regulándose ninguna regla especial por proceder los bienes de un país comunitario (DGT 4-6-99).
2) Los sujetos pasivos acogidos al **régimen simplificado del IVA** no están obligados a llevar el libro registro de bienes de inversión para anotar las adquisiciones o importaciones de activos fijos destinados a su utilización en las actividades a las que resulte aplicable el mencionado régimen especial. Dichas operaciones deben anotarse en el Libro registro de facturas recibidas (DGT 14-1-00; CV 11-9-20).

Libro registro de determinadas operaciones intracomunitarias (RIVA art.66 y 67.3; OM HFP/417/2017 art.4) Los sujetos pasivos que intervengan en las operaciones intracomunitarias que se señalan deben reflejar en este Libro registro el movimiento de los bienes objeto de las mismas. Este libro debe permitir conocer la situación de los bienes a que se refieren las operaciones intracomunitarias, en tanto no tenga lugar el devengo de dichas operaciones. 7405

Las **operaciones** que deben anotarse son:

a) El envío o recepción de bienes muebles para la realización de los informes periciales o trabajos señalados en el nº 545. Ver ejemplo 1 del nº 7410.

b) Las transferencias de bienes realizadas por un sujeto pasivo de un bien corporal de su empresa con destino a otro Estado miembro, para afectarlo a las necesidades de aquella en este último y las AIB por afectación a las actividades de un empresario o profesional desarrolladas en el TIVA de un bien expedido o transportado por ese empresario, o por su cuenta, desde otro Estado miembro. Ver ejemplo 2 del nº 7410.

c) A efectos de control, las siguientes operaciones excluidas del concepto de transferencia:
- bienes que se envían a otro Estado para que se realice en ellos algún tipo de informe pericial, trabajo o reparación. Ver ejemplo 3 del nº 7410;
- bienes que se van a utilizar temporalmente en determinadas prestaciones de servicios en otro Estado miembro. Ver ejemplo 4 del nº 7410;
- bienes que se van a utilizar temporalmente, por un período que no exceda de veinticuatro meses, en el territorio de otro Estado miembro en el interior del cual su importación procedente de un país tercero para su utilización temporal se beneficiaría del régimen de importación temporal, con exención total de los derechos de importación.

d) El envío o recepción de los bienes comprendidos en un acuerdo de venta de bienes en consigna (nº 5224 s.).

Los **datos** que deben constar en el Libro en relación con todas las operaciones menos la de acuerdo de venta de bienes en consigna son:
- operación y fecha;
- descripción de los bienes con referencia a la factura de adquisición o título de posesión;
- otras facturas o documentos relativos a las operaciones de que se trate;
- identificación del destinatario o remitente, indicando su NIF/IVA, razón social y domicilio;
- Estado miembro de origen o destino de los bienes;
- plazo que, en su caso, se haya fijado para la realización de las operaciones.

Los **datos** que deben constar en el Libro, en relación con las operaciones las operaciones de acuerdo de **venta de bienes en consigna** son: 7406

1. Por parte del **vendedor**:
a. El Estado miembro a partir del cual los bienes han sido expedidos o transportados y la fecha de expedición o transporte de los bienes.
b. El NIF/IVA del empresario o profesional al que van destinados los bienes, asignado por el Estado miembro al que se expiden o transportan los bienes.
c. El Estado miembro al que se expiden o transportan los bienes, el NIF/IVA del depositario de los bienes cuando este es distinto del empresario o profesional mencionado en la letra b anterior, la dirección del almacén en el que se almacenan los bienes tras su llegada y la fecha de llegada de los bienes al almacén.
d. El valor, la descripción y la cantidad de los bienes que han llegado al almacén.
e. El NIF/IVA del empresario o profesional que sustituye al empresario o profesional al que inicialmente fueron destinados los bienes (LIVA art.9 bis.Tres segundo párrafo letra a'), y la fecha en que tenga lugar la sustitución.
f. La descripción, base imponible, cantidad y precio unitario de los bienes entregados en las condiciones señaladas en LIVA art.9 bis.Dos primer guión, fecha de dicha entrega y el NIF/IVA del empresario o profesional adquirente.
g. Descripción, base imponible, cantidad y precio unitario de los bienes transferidos en las condiciones señaladas LIVA art.9 bis.Tres primer párrafo, fecha en que tuvieron lugar las condiciones que motivaron dicha transferencia de bienes y el motivo por el que se ha producido.
h. Descripción, cantidad y valor de los bienes devueltos en las condiciones señaladas en LIVA art.9 bis.Tres segundo párrafo letra b'), así como la fecha de la devolución.

7407 2. Por parte del empresario o profesional **a quien inicialmente van destinados los bienes y de quienes le sustituyan**:
a. El NIF/IVA del vendedor que transmita los bienes en el marco de un acuerdo de ventas de bienes en consigna.
b. La descripción y cantidad de los bienes enviados para ser puestos a su disposición.
c. La fecha de llegada al almacén de los bienes enviados para ser puestos a su disposición.
d. La descripción, base imponible, cantidad y precio unitario de los bienes adquiridos y fecha en que se realiza la AIB prevista en LIVA art.9 bis.Dos segundo guión.
e. La descripción, cantidad y valor de los bienes que son retirados del almacén por el vendedor y dejan de estar a su disposición, así como la fecha en que aquellos se retiran.
f. La descripción, cantidad y valor de los bienes destruidos o desaparecidos del almacén y la fecha en que se produce o se descubre la destrucción, pérdida o robo de los bienes.
No obstante, este empresario o profesional solo debe anotar los datos citados en las letras a, b y d anteriores, cuando los bienes se expidan o transporten para su depósito a un empresario o profesional distinto de él mismo.

7409 Precisiones Para los sujetos pasivos que aplican el **SII** (nº 7354 s.), el contenido de este libro es exactamente el mismo. La llevanza de este libro registro se debe realizar a través de la Sede electrónica de la AEAT, mediante el suministro electrónico de la información del detalle de cada una de las operaciones que se deben anotar en el mismo.
La identificación de los registros correspondientes a **ventas de bienes en consigna** se debe efectuar mediante una codificación que garantice la identificación unívoca de cada registro y, en su caso, la identificación del registro relativo a la expedición o recepción con la que esté vinculado.

7410 Ejemplos 1) Una empresa española ha enviado una máquina a Bélgica para que se la reparen y, posteriormente, se la devuelvan a su sede en España.
Dicha empresa debe anotar en el Libro de determinadas operaciones intracomunitarias el envío de la máquina. A su vez, el empresario belga debe anotar, en el Libro registro de determinadas operaciones intracomunitarias que lleva en Bélgica la recepción de los bienes para su reparación.
2) Empresa española que envía bienes a Holanda en consignación, es decir, los deposita en un almacén para que cuando sus clientes holandeses los necesiten, se proceda a su entrega en el menor plazo posible.
La entidad española realiza una operación asimilada a una entrega de bienes a título oneroso exenta del IVA (LIVA art.9.3º y 25.Tres). En dicho supuesto, debería reflejarse en el Libro registro de determinadas operaciones intracomunitarias el movimiento de los bienes enviados en consignación a Holanda. No obstante, estas operaciones pueden simplificarse en los supuestos de acuerdos de ventas de bienes en consigna (nº 5224 s.).
3) Se ha de anotar en el Libro registro de determinadas operaciones intracomunitarias el envío de un automóvil afectado a una actividad empresarial por su titular a otro Estado miembro de la Unión Europea para su reparación.
4) Debe reflejarse en el Libro registro de operaciones intracomunitarias la utilización por un pintor durante un período de 3 meses de los utensilios o herramientas que lleva para prestar servicios en otro Estado miembro durante el citado período.

7411 Doctrina Administrativa Además de las siguientes contestaciones de la DGT, ver nº 11000 s.
1) Una entidad establecida en el TIVA **envía a Portugal materias primas** y embalajes para que en dicho Estado una empresa portuguesa elabore piensos, parte de los cuales son reexpedidos a España y otra se entrega en dicho territorio a clientes portugueses de dicha entidad. Además, la referida entidad también envía materias primas para la elaboración de dichos piensos desde otros Estados miembros y desde países terceros. La entidad está obligada a llevar el Libro registro de determinadas operaciones intracomunitarias para recoger el movimiento de mercancías entre el TIVA y Portugal, es decir, el envío de materias primas y de envases y embalajes, y la recepción de piensos (DGT CV 26-2-08).
2) El **envío de piezas o bienes** a otro estado miembro que dan lugar a una entrega **con instalación o montaje**, constituye una excepción correspondiente a la LIVA art.9.3.a), por lo que no se ha de incluir en el libro registro de determinadas operaciones intracomunitarias (DGT CV 1-3-19; CV 4-11-19).
3) El envío de mercancías entre el territorio de aplicación del Impuesto e **Italia** tiene que consignarse en el libro registro de determinadas operaciones intracomunitarias (DGT CV 11-5-20).

7413 **Forma de llevar los libros** (RIVA art.62.5 y 68) Los libros registro no están sometidos a ningún **formato** especial, de manera que pueden utilizarse los mismos libros fiscales o contables que el sujeto pasivo lleve, siempre que, cualquiera que sea el procedimiento utilizado, se cumplan los siguientes **requisitos**:
- claridad y exactitud;
- anotaciones por orden de fechas;

- sin espacios en blanco, interpolaciones, raspaduras ni tachaduras; como excepción, se admiten los espacios en blanco en el libro registro de bienes de inversión, en previsión de la realización de los sucesivos cálculos y ajustes de la prorrata definitiva;
- valores expresados en euros (convirtiendo, en su caso, las unidades de cuenta o divisas distintas reflejadas en factura);
- páginas numeradas correlativamente.

Los **errores u omisiones** deben salvarse en el momento en que se adviertan.

Precisiones 1) El Departamento de Gestión Tributaria de la AEAT puede autorizar la **modificación de los requisitos exigidos** para las anotaciones registrales, siempre que respondan a la organización administrativa y contable del sujeto pasivo y se garantice plenamente la comprobación de sus obligaciones tributarias.
2) Los empresarios o profesionales acogidos al **SII** (nº 7354 s.) no están obligados a cumplir con las exigencias formales previstas en relación con la llevanza de los libros registro, a excepción de que los valores sean expresados en euros.

Plazo para las anotaciones en los Libros (RIVA art.69) Las **operaciones** que hayan de ser objeto de anotación registral deben anotarse en el libro correspondiente en el momento en que se realice la liquidación y pago del impuesto relativo a dichas operaciones o, en cualquier caso, antes de finalizar el plazo legal para realizar la citada liquidación y el pago en período voluntario. Ver el ejemplo 1. **7416**

Cuando se trate de operaciones para las que no se expide factura, el plazo es de siete días a partir de la realización de las operaciones, siempre que este plazo sea menor que el señalado en el párrafo anterior.

Las **facturas recibidas** deben anotarse en su libro (nº 7379 s.) por el orden que se reciban y dentro del período de liquidación en que proceda efectuar su deducción. Ver el ejemplo 2.

Las operaciones del Libro registro de determinadas **operaciones intracomunitarias** (nº 7405 s.) deben anotarse en el plazo de siete días a partir del momento de inicio de la expedición o transporte de los bienes a que se refieran.

Las operaciones a las que se aplique el régimen especial del **criterio de caja**, susceptibles de anotación registral, deben hallarse asentadas en los correspondientes libros registro generales en los plazos referidos anteriormente, como si a dichas operaciones no les fuera aplicable el citado régimen especial, sin perjuicio de los datos que deban completarse en el momento en que se efectúen los cobros o pagos totales o parciales de las operaciones.

En el caso de las personas y entidades acogidas al **SII**, ver nº 7358.

Ejemplos **1)** Una factura expedida el día 15-5-N debe anotarse en el Libro registro de facturas expedidas antes del 20-7-N (última fecha del plazo para realizar la liquidación del IVA del trimestre).
2) Una factura recibida el día 1 de marzo por una entrega de bienes debe numerarse por el orden en que se reciba y a la vez anotarse en el Libro registro de facturas recibidas antes del día 20 de abril.

Doctrina Administrativa Además de las siguientes contestaciones de la DGT, ver nº 11000 s. **7417**
1) Puesto que las facturas recibidas deben ser numeradas correlativamente y anotadas en el correspondiente Libro registro de **facturas recibidas** en el orden en que se reciban, la **fecha** para efectuar la anotación es la correspondiente al día en que se reciban, con independencia de la fecha de expedición que figura consignada en aquellas (DGT 30-4-04).
En el caso de **facturas rectificativas**, su anotación en el Libro también se debe hacer por el orden en que se reciban y dentro del período de liquidación a que se refieran, es decir, al que corresponda su anotación (DGT CV 29-12-09)
2) La factura que documente la operación debe anotarse en el Libro registro de **facturas recibidas** en el periodo impositivo en el que se reciba la misma, salvo que el **devengo** de la operación se produjese con posterioridad, en cuyo caso se debe atender a este último (DGT 22-3-05).
3) La contabilización de las facturas recibidas en el libro registro de **facturas recibidas** debe haberse efectuado, a partir de la **recepción** de las mismas, con anterioridad a la finalización del plazo reglamentariamente establecido para la presentación de la declaración-liquidación en la que se haya decidido consignar y deducir las cuotas del impuesto previamente soportadas (DGT CV 7-10-14).
4) Es válida la realización de una sola **anotación mensual** en el libro registro de facturas expedidas, siempre que se cumplan los requisitos para realizar asientos resumen y, dado que el consultante no está obligado a la expedición de facturas, que dicha anotación se efectúe en un plazo máximo de siete días desde la realización de las operaciones (DGT CV 20-7-16).

Rectificación de las anotaciones registrales (RIVA art.70) Cuando los empresarios o profesionales incurran en algún **error material** al efectuar sus anotaciones registrales, estas deben rectificarse tan pronto tengan constancia de que se ha producido. **7419**

Dicha rectificación debe efectuarse en una **anotación o grupo de anotaciones** que permita determinar, para cada período de liquidación, el correspondiente impuesto devengado y soportado, una vez practicada aquella.
Esto es aplicable a los obligados que apliquen el **SII** (nº 7354 s.).
Cuando se trate de **bienes de inversión** y las rectificaciones afecten a la regularización de las deducciones, se deben anotar en el Libro registro de bienes de inversión (nº 7393 s.), junto a la anotación del bien a que se refieran dichas rectificaciones, debiendo identificarse como una rectificación.

7422 Ejemplo Una entidad mercantil adquirió el 1-6-N un camión a un fabricante español. En la factura que documentó la operación figuran consignadas las siguientes cantidades: BI, 12.000 euros; IVA, 21%; IVA repercutido, 2.520 euros. Posteriormente, en el año N+1, el citado fabricante se da cuenta de que ha consignado erróneamente el importe de la base imponible que era de 12.500 euros, expidiendo inmediatamente una factura rectificativa y remitiéndola a la entidad mercantil.
En este supuesto, la entidad mercantil está obligada a consignar la rectificación en el Libro registro de bienes de inversión junto a la anotación del bien (camión), dado que afecta a la regularización practicada el año anterior.

VI. Representante fiscal

(LIVA art.119 bis y 164.Uno.7º; RIVA art.31 bis y 82)

7430 En la normativa del IVA se contemplan los siguientes supuestos en los que resulta **obligatorio el nombramiento** de un representante fiscal y que se refieren siempre a no establecidos:
- cuando son sujetos pasivos del IVA (nº 7431 s.); y
- cuando soliciten la devolución del IVA soportado en España (nº 7440 s.).

7431 **Sujetos pasivos no establecidos** (LIVA art.164.Uno.7º; RIVA art.82; RGGI art.8.1.c y 9.2) Los empresarios o profesionales no establecidos en TIVA, que realicen en España hechos imponibles por los que se les haya de atribuir la condición de sujeto pasivo del IVA deben nombrar representante fiscal. No obstante, existen las siguientes **excepciones**:
a) Aquellos que realicen exclusivamente **operaciones exentas** del IVA relativas a situaciones de depósito temporal y otras situaciones (nº 6230 s.) y a los regímenes aduaneros y fiscales (nº 6245 s.).
b) Los sujetos pasivos no establecidos que se encuentren en cualquiera de las siguientes **situaciones**:
- que estén establecidos en la otro Estado miembro de la UE, Canarias, Ceuta o Melilla;
- que estén establecidos en un Estado con el que existan instrumentos de asistencia mutua análogos a los instituidos en la Comunidad (sólo Noruega);
- que se acojan a los regímenes especiales aplicables a las ventas a distancia y a determinadas entregas interiores de bienes y prestaciones de servicios (regímenes especiales relativos al comercio electrónico, nº 9300 s.).
Lo expuesto anteriormente se entiende salvo cuando proceda nombrar representante fiscal por solicitud de devolución de las cuotas soportadas en TIVA (nº 7440 s.).
Como representante fiscal puede designarse a cualquier persona física o jurídica domiciliada en TIVA, sin que se precise autorización de la Administración tributaria. El **nombramiento** debe efectuarse antes de la realización de las operaciones sujetas al IVA y su comunicación a la Administración se realiza a través del modelo censal -036- (nº 6925 s.).
El representante fiscal no tiene **responsabilidad** alguna frente a la Hacienda Pública, salvo la que corresponde a cualquier gestor o mandatario del principal, y su nombramiento no altera la condición de no establecido del empresario extranjero ni las responsabilidades que este tiene frente a la Administración.

7433 Precisiones En relación con las finales de la **UEFA Champions League Femenina 2024 y UEFA Europa League 2025**, se previó la no necesidad de nombrar representante. No obstante, debido a la no convalidación del RDL por el que se aprobó, esta previsión solo tuvo efectos desde el 25-12-2024 al 22-1-2025 (RDL 9/2024 art.11.4 derog; Congreso de los Diputados Resol 22-1-25).

Ejemplo Un **empresario andorrano** adquiere gasolina en Francia a una empresa francesa y la vende posteriormente a una estación de servicio situada en España. La empresa francesa factura a la empresa andorrana y esta a la empresa española. La gasolina se expide directamente desde Francia a España.

En este supuesto, el empresario andorrano realizaría en España una AIB sujeta al IVA, aunque exenta (LIVA art.13.1 y 26.Cuatro), debiendo nombrar un representante fiscal en España para el cumplimiento en nuestro país de sus obligaciones formales.

Solicitud de devolución de cuotas soportadas (LIVA art.119 bis.Uno.1º; RIVA art.31 bis) Deben nombrar representante fiscal los empresarios o profesionales no establecidos en la UE ni en las Islas Canarias, Ceuta o Melilla, pero que **no son sujetos pasivos** y pretenden solicitar la devolución del IVA soportado en España (nº 3005 s.). **7440**

Dicho representante es **responsable** solidario con el empresario no establecido, en caso de devoluciones improcedentes.

Precisiones Desde el 1-7-2024, la **primera solicitud de devolución** que un representante presente por cuenta de un solicitante concreto, o cuando no esté vigente el poder que se hubiese aportado con anterioridad, necesariamente debe ir acompañada del correspondiente poder de representación, otorgado con carácter previo a la presentación de la solicitud de devolución. No es necesario la aportación de dicho documento con carácter previo a la presentación de la solicitud.

Ejemplo Una **empresa rusa** ha realizado en España determinados transportes de mercancías para empresas españolas. Como consecuencia de ello ha soportado el IVA tanto en servicios de autopistas de peaje como en suministros de gasoil.
En este supuesto, la empresa, para solicitar la devolución del IVA soportado en nuestro país, estaría obligada a nombrar un representante fiscal en España.

Doctrina Administrativa Además de las siguientes contestaciones de la DGT, ver nº 11000 s. **7442**
1) El hecho de nombrar representante fiscal, no determina que la empresa belga disponga de **establecimiento permanente** en nuestro país (DGT 19-2-04).
2) Una entidad de un país de la UE no precisa nombrar un representante para la solicitud de devolución de cuotas soportadas, en la medida en que se encuentra **establecida en el territorio de la Comunidad** (DGT CV 23-11-05). En términos similares, DGT CV 25-2-05.
3) Los empresarios establecidos en **Reino Unido** que realicen operaciones sujetas al IVA en el TIVA de las que resulten sujetos pasivos, deben nombrar un representante fiscal, salvo que existan con Reino Unido instrumentos de asistencia mutua análogos a los instituidos en la Comunidad. En la fecha de contestación de la presente consulta, no existen dichos instrumentos de asistencia mutua, no pudiéndose entender como tal el propio Acuerdo de Retirada (DGT CV 25-3-22).

Jurisprudencia Los E.m. no pueden imponer obligatoriamente la designación de un representante fiscal a los empresarios no establecidos en su territorio pero que lo están en **otro E.m. de la UE** (TJUE 15-6-06, asunto C-249/05). **7444**

VII. Infracciones y sanciones

(LIVA art.170 y 171; RIVA art.83)

Las infracciones tributarias en este impuesto se califican y sancionan conforme a la LGT. No obstante, se prevén unas infracciones **específicas**: **7450**

a) La adquisición de bienes por parte de los sujetos pasivos acogidos al régimen especial de **recargo de equivalencia** sin que en las correspondientes facturas esté expresamente consignado el recargo de equivalencia, salvo si el adquirente ha dado cuenta de tal circunstancia a la Administración mediante escrito presentado en la Delegación de AEAT correspondiente a su domicilio fiscal.
Se sanciona con **multa** pecuniaria proporcional del 50% del importe del recargo de equivalencia que debió repercutirse, con un importe mínimo de 30 € por cada una de las adquisiciones efectuadas sin la correspondiente repercusión del recargo de equivalencia.
b) La obtención, mediante acción u omisión culposa o dolosa, de una **incorrecta repercusión del Impuesto**, siempre y cuando el destinatario de la misma no tenga derecho a la deducción total de las cuotas soportadas. Son sujetos infractores las personas o entidades destinatarias de las referidas operaciones que sean responsables de la correspondiente acción u omisión.
Se sanciona con **multa** pecuniaria proporcional del 50% del beneficio indebidamente obtenido.
c) La **repercusión improcedente** en factura, por personas que no sean sujetos pasivos del impuesto, de cuotas impositivas sin que se haya procedido a su ingreso.
Se sanciona con **multa** pecuniaria proporcional del 100% de las cuotas indebidamente repercutidas, con un mínimo de 300 € por cada factura en que se produzca la infracción.
d) La **no consignación** en la autoliquidación que se debe presentar por el período correspondiente de las cantidades de las que sea sujeto pasivo el destinatario de las operaciones por inversión del sujeto pasivo (nº 1335 s.), por aplicación de la regla singular de personas jurídicas no empresarios o profesionales (nº 1384), por AIB y operaciones asimiladas a las mismas (nº 5383) y por aplicación del régimen especial del oro de inversión (nº 4440 s.).

Se sanciona con **multa** pecuniaria proporcional del 10% de la cuota correspondiente a las operaciones no consignadas en la autoliquidación.

e) La falta de presentación o la presentación incorrecta o incompleta de las declaraciones-liquidaciones relativas a **operaciones asimiladas a importaciones** por cese de la situación de depósito temporal y otras situaciones o la ultimación de los regímenes suspensivos de los bienes (nº 5673 s.).

Se sanciona con una **multa** pecuniaria proporcional del 10% de las cuotas devengadas correspondientes a las operaciones no consignadas o consignadas incorrectamente o de forma incompleta en las declaraciones-liquidaciones. No obstante, cuando se trate de declaraciones-liquidaciones relativas al abandono del régimen de depósito distinto del aduanero, dicha multa solo se aplica cuando la suma total de cuotas declaradas en la declaración-liquidación sea inferior al de las efectivamente devengadas en el periodo.

7451 **f)** La falta de comunicación en plazo o de forma incorrecta de los destinatarios de las operaciones en las **entregas por ejecución de garantía** sobre inmuebles (nº 1363), a quienes las realicen, de la circunstancia de estar actuando en su condición de empresarios o profesionales.

Se sanciona con una **multa** pecuniaria proporcional del 1% de las cuotas del IVA devengadas correspondientes a las entregas y operaciones respecto de las que se haya incumplido la obligación de comunicación, con un mínimo de 300 euros y un máximo de 10.000 euros.

g) La falta de comunicación en plazo o la comunicación incorrecta, por parte de los empresarios o profesionales destinatarios de las **ejecuciones de obra inmobiliaria** (nº 1369), a quienes las realicen, de las siguientes circunstancias:

- que están actuando, con respecto a dichas operaciones, en su condición de empresarios o profesionales;
- que tales operaciones se realizan en el marco de un proceso de urbanización de terrenos o de construcción o rehabilitación de edificaciones.

Se sanciona con una **multa** pecuniaria proporcional del 1% de las cuotas del IVA devengadas correspondientes a las entregas y operaciones respecto de las que se haya incumplido la obligación de comunicación, con un mínimo de 300 euros y un máximo de 10.000 euros.

h) La falta de consignación o la consignación incorrecta o incompleta en la autoliquidación, de las cuotas tributarias correspondientes a operaciones de **importación** liquidadas por la Administración, por aquellos sujetos pasivos que puedan diferir el ingreso del IVA al tiempo de la presentación de la correspondiente declaración-liquidación (nº 6745).

Se sanciona con **multa** pecuniaria proporcional del 10% de las cuotas devengadas correspondientes a las liquidaciones efectuadas por las aduanas correspondientes a las operaciones no consignadas en la autoliquidación.

Las sanciones se reducen por conformidad a la liquidación y a la sanción e ingreso de esta última, conforme a la normativa general tributaria (nº 14314 s. Memento Fiscal 2026).

Las sanciones de las letras d), e) y h) se reducen por acuerdo o conformidad con arreglo a lo dispuesto en la normativa general tributaria (nº 14314 s. Memento Fiscal 2026).

7452 El Reglamento general del régimen sancionador tributario regula la infracción derivada del **retraso en la obligación de llevar los libros registros** del IVA a través de la Sede electrónica de la AEAT -**SII**- (nº 7354 s.) en los siguientes términos (RD 2063/2004 art.16.3):

a) Se entiende por **retraso** el suministro de los registros con posterioridad a la finalización del correspondiente plazo previsto en la normativa reguladora de la obligación (nº 7358 s.).

b) Procede la multa proporcional del 0,5% del importe de la factura prevista en la **infracción por incumplir obligaciones contables o registrales** (LGT art.200.3), en los retrasos relativos a los Libros Registro de facturas expedidas y facturas recibidas.

Dicho porcentaje se aplica sobre el importe total que corresponda a cada registro de facturación, incluyendo las cuotas, recargos repercutidos y soportados, así como las compensaciones percibidas o satisfechas del IVA que, en su caso, deriven de la operación.

En el caso de los registros de facturación que se correspondan con operaciones a las que sea de aplicación el régimen especial del **criterio de caja**, se considera como importe total:

- en el supuesto de que se trate del registro correspondiente a la factura de la operación, el relativo a la misma, con independencia de que, junto a ella se remita la información del cobro o pago que corresponda;
- en el supuesto de que se trate únicamente del registro relativo al cobro o pago correspondiente, el que se refiera a la magnitud monetaria a informar (RIVA art.61 decies).

Para la aplicación del mínimo y máximo trimestral se tiene en cuenta el conjunto de infracciones cometidas en cada trimestre natural.

c) Los retrasos relativos a los libros registro de **bienes de inversión** y de determinadas operaciones intracomunitarias se sancionan con una multa fija de 150 euros por registro.

Precisiones 1) Como norma común las infracciones de las letras a) a h) del nº 7450 s., la sanción de **pérdida del derecho a obtener beneficios fiscales** no es de aplicación en relación con las exenciones establecidas en la LIVA y demás normas reguladoras del IVA. 7453

2) La LGT ha previsto un régimen de infracciones y sanciones en materia en facturación y **libros registro**. La materia se recoge en el nº 14230 s. Memento Fiscal 2026.

3) En el supuesto de la infracción por **no consignación** de las cantidades de las que sea sujeto pasivo el destinatario de las operaciones (letra d del nº 7450), existe incompatibilidad (no se impondrán) con las sanciones por las infracciones por incumplir obligaciones contables y registrales (LGT art.200) y por incumplir obligaciones de facturación o documentación (LGT art.201) en relación con las operaciones efectuadas por aquel incumplimiento (AEAT Nota 1-2-11 núm 1/11).

Doctrina Administrativa Además de las siguientes contestaciones de la DGT, ver nº 11000 s. 7454

1) Un comerciante minorista que tributa por el régimen especial del **recargo de equivalencia** debe comunicar a sus proveedores tal circunstancia. Si, a pesar de ello, los proveedores no le repercuten el recargo de equivalencia en sus correspondientes facturas, el comerciante puede poner en conocimiento de la Delegación o Administración de la AEAT dicha circunstancia mediante la presentación de un escrito, con objeto de no incurrir en infracción tributaria (DGT 30-5-01).

2) La **presentación extemporánea** de declaraciones del IVA, sin que exista perjuicio económico para la Administración, debe conceptuarse como infracción tributaria simple (actualmente infracción tributaria leve), sin que elimine la responsabilidad el hecho de que no exista perjuicio económico para la Hacienda Pública. Solo habrá lugar a la exoneración de responsabilidad por infracción tributaria si se da alguno de los supuestos específicamente regulados -LGT art.179.2- (DGT CV 15-2-11).

Jurisprudencia **1)** Procede la sanción por las cuotas de IVA devengado que se ingresan en autoliquidaciones posteriores a la fecha de devengo sin hacer constar que se trata de una autoliquidación **complementaria** -actualmente rectificativa- (TEAC 16-2-05). 7455

2) La normativa comunitaria aplicable al IVA (Dir 2006/112/CE) no se opone a que un Estado miembro establezca en su legislación interna la imposición de sanciones administrativas por **irregularidades** en las declaraciones de un sujeto pasivo del IVA (TJUE 15-1-09, asunto C-502/07).

No es contrario a la legislación de la UE la imposición de una sanción administrativa por el incumplimiento de la obligación de declarar el **inicio de una actividad económica** aunque el producto de esta actividad no supere el límite de exención subjetiva del IVA para las pequeñas empresas -régimen de franquicia- (TJUE 30-9-15, asunto C-424/14).

3) El IVA facturado por **operaciones ficticias** ha de pagarse y no puede deducirse, pero cuando no hay pérdida fiscal para el Estado miembro, este debe permitir la rectificación de las facturas correspondientes y proceder a la devolución del IVA ficticio ya pagado. Una multa de importe igual a la deducción (indebidamente efectuada) del IVA ficticio es desproporcionada si dicha deducción no provocó pérdida fiscal alguna al Estado miembro (TJUE 8-5-19, asunto C-712/17).

4) La sanción por no cumplir en plazo oportuno su obligación de consignar la **anulación de una factura**, no es contraria al principio de neutralidad fiscal, pues no constituye un impuesto que entrañe una doble imposición, sino que es una multa que se impone porque el sujeto pasivo ha incurrido en una irregularidad. Respecto al **principio de proporcionalidad**, es el órgano jurisdiccional nacional el que debe apreciar, a la luz de la normativa comunitaria -Dir 2006/112/CE-, si la cuantía de la sanción impuesta va más allá de lo necesario para alcanzar los objetivos de garantizar la recaudación exacta del impuesto y prevenir el fraude, a la vista de las circunstancias del litigio principal, y en particular, del plazo en que se rectificó la irregularidad, de su gravedad y de la posible existencia de fraude fiscal (TJUE 20-6-13, asunto C-259/12).

5) No se adecúa al **principio de proporcionalidad** la sanción por no consignar cuotas en la autoliquidación, que cuantifica la sanción en un porcentaje fijo (LIVA art.171.Uno.4º), sin posibilidad de valorar las circunstancias concurrentes, en una conducta en que no existe perjuicio para la Hacienda Pública y no se aprecia indicios de fraude fiscal (TS 25-7-23, EDJ 666250; 26-7-23, EDJ 636054). En el mismo sentido, TEAC 17-12-24 7456

Tampoco se adecúa la sanción del 10% de la cuota dejada de consignar por **falta de presentación** o presentación incorrecta o incompleta de las declaraciones-liquidaciones relativas a operaciones asimiladas a importaciones por cese de la situación de depósito temporal y otras situaciones o la ultimación de los regímenes suspensivos de los bienes (letra e del nº 7450), sin posibilidad de ponderar la inexistencia de perjuicio económico para modular la sanción, en una conducta omisiva en que no se ocasiona tal perjuicio a la Hacienda pública y es ajena a toda idea de fraude fiscal (TS 31-10-24, EDJ 729677). En el mismo sentido, TEAC 13-5-25.

6) Es contrario al principio de proporcionalidad que las autoridades tributarias nacionales impongan a un sujeto pasivo que ha adquirido un bien a cuya entrega le es aplicable el régimen de **inversión del sujeto pasivo** una sanción del 50% del importe del IVA que está obligado a pagar a la Administración tributaria, aunque esta última no ha sufrido una pérdida de ingresos fiscales y no existen indicios de fraude fiscal (TJUE 26-4-17, asunto C-564/15).

La parte recurrente recibió una factura que documentaba una operación en la que se debía aplicar el mecanismo de inversión del sujeto pasivo. Dicha compañía, que tenía pleno derecho a la deducción del IVA soportado, registró la factura en el libro registro de facturas recibidas. No obstante, como consecuencia de un error, no la consignó en la autoliquidación del IVA correspondiente al periodo de devengo. El principio de proporcionalidad se vulnera con la imposición de una sanción que atiende a **parámetros automáticos**, sin tener en cuenta las circunstancias del caso, como la ausencia de perjuicio económico para la Hacienda Pública, la existencia de la factura en la que consta la operación y el registro de la propia operación en el libro registro de facturas recibidas, pese a que no se consignara en la autoliquidación (AN 12-5-21, EDJ 576278).

7) La Administración se limita a detallar la conducta del sujeto pasivo (dejar de ingresar ciertas cantidades, como consecuencia de haber regularizado la prorrata del ejercicio 2005 en enero de 2006), sin explicar el **grado de culpabilidad** que concurre en esa conducta ni cómo queda acreditada dicha culpabilidad, aun en grado de simple negligencia. La mera constatación de la falta de ingreso no permite fundar la imposición de sanciones tributarias, dado que estas no pueden ser el resultado de cualquier incumplimiento de las obligaciones tributarias, esto es, no puede fundarse la existencia de infracción en la mera referencia al resultado de la regularización practicada por la Administración. Además, la no concurrencia de alguno de los supuestos de exoneración de la responsabilidad no es suficiente para fundamentar la sanción (TEAC 7-6-11).

7457 **8)** Es sancionable la **consignación de cuotas a compensar** procedentes de periodos anteriores que no se ajustan a las inicialmente declaradas. Si esas cuotas son consecuencia de una **incorrecta autoliquidación** en el ejercicio origen de la misma la infracción tributaria por determinar de modo incorrecto dicha cuota a trasladar a ejercicios siguientes se debe sancionar en el ejercicio origen en que se autoliquidó, de modo improcedente, la cuota a compensar (TEAC 22-4-15). En términos similares, TEAC 14-12-17.

9) La Directiva IVA (Dir 2006/112/CE) y el TFUE no se oponen a una normativa nacional que establece que la **falta de pago**, dentro de los plazos legales, del IVA resultante de la declaración anual para un ejercicio determinado constituye una infracción penal sancionada con una **pena privativa de libertad** únicamente cuando el importe del IVA impagado rebase un umbral de incriminación de 250.000 euros, mientras que en el caso de la infracción de falta de pago de las retenciones a cuenta del impuesto sobre la renta dicho umbral se fija en 150.000 euros (TJUE 2-5-18, asunto C-574/15).

10) Es contrario a la Directiva IVA y al principio de proporcionalidad una norma nacional que impone una sanción, con independencia de si ha existido o no indicios de **fraude y pérdida de ingresos** para la Hacienda Pública (TJUE 15-4-21, asunto C-935/19).

11) Ni el derecho de la UE, ni los principios constitucionales que rigen el ejercicio de la potestad sancionadora en el ámbito tributario, quedan vulnerados por la posibilidad de la imposición de una sanción que castiga el diferimiento de la declaración de la cuota del IVA devengada y repercutida a un trimestre posterior, con inobservancia de los requisitos exigidos a las declaraciones extemporáneas -identificación expresa del período impositivo de liquidación y que contenga únicamente los datos relativos a dicho período- (LGT art.191.6), aunque el efecto de la aplicación de la norma sancionadora supone una multa por importe superior a lo que debería abonar el contribuyente por el **recargo por declaración extemporánea** sin requerimiento previo, cuando no resulta posible la aplicación de dicho recargo, por voluntad propia del sujeto pasivo, que no se ha ceñido a las exigencias legales (TS 13-10-21, EDJ 722535; 29-6-22, EDJ 622914; 31-10-22, EDJ 728786).

7458 **12)** La normativa comunitaria (Dir 2006/112/CE art.273; CDFUE art.50) se opone a una normativa nacional en virtud de la cual puede imponerse a un contribuyente, por **una misma infracción** y al término de procedimientos distintos, una sanción pecuniaria y una medida de precintado de un local comercial, cuando dicha normativa no asegure una coordinación de los procedimientos que permita reducir a lo estrictamente necesario la carga adicional que supone la acumulación de dichas medidas y no permita garantizar que las sanciones impuestas se correspondan con la gravedad de la infracción (TJUE 4-5-23, asunto C-97/21).

13) Es compatible con el derecho de la Unión una normativa nacional en virtud de la cual el **incumplimiento de la obligación de declarar e ingresar** el IVA se sanciona con una multa del 20% del IVA que se habría adeudado antes de la imputación del IVA deducible (TJUE 17-5-23, asunto C-418/22).

14) Es contraria al derecho de la UE una normativa nacional que limita el control jurisdiccional de la ejecución provisional de la medida de **precintado del local** únicamente a la existencia de perjuicios graves o difícilmente reparables y que excluye toda posibilidad de que el juez aprecie si está justificada, de hecho y de Derecho, por argumentos que pudieran revelar la ilegalidad de la medida en cuestión (TJUE 3-7-25, asunto C-605/23).

15) La normativa de la UE se opone a una normativa nacional que prevé la imposición de una sanción pecuniaria a un sujeto pasivo debido a que no ha expedido **comprobantes de caja** relativos a ventas realizadas, cuando esta infracción ya ha dado lugar a la imposición de una medida administrativa coercitiva de precintado del local comercial en el que se ha cometido la infracción, acompañada de la prohibición de acceder al mismo. También cuando dicha normativa prevé, como sanción administrativa, una multa de un importe elevado sin que el órgano jurisdiccional que conozca de la impugnación de esta multa disponga de la posibilidad procesal de imponer un importe inferior al previsto por esta normativa u otro tipo de pena más leve (TJUE 3-7-25, asunto C-733/23).

PARTE QUINTA

IVA en el marco de la UE

CAPÍTULO 16

IVA en el marco de la UE

El IVA es un **impuesto armonizado** en el ámbito de la Unión Europea, lo que supone que la normativa interna de los Estados miembros (desde ahora, E.m.) debe adaptarse a lo establecido en las normas de la UE que operan dicha armonización. 8001
La norma UE básica en este ámbito era, hasta el 31-12-2006, la Sexta Directiva. Dicha Directiva fue derogada y reemplazada por la Dir 2006/112/CE, que refunde la Sexta Directiva y que no introduce modificaciones sustantivas en la regulación del impuesto, sino que presenta de forma clara y racional las disposiciones reguladoras del mismo.
La dimensión UE del IVA se ha hecho en los últimos tiempos cada vez más evidente. Por un lado, la creación del **mercado interior** ha determinado un incremento de las operaciones transfronterizas en el interior de la Unión Europea. Ello ha obligado a los empresarios a enfrentarse con numerosas normativas diferentes, una para cada E.m. y ha avivado el interés por conocer el denominador común de todas ellas, esto es, la Dir 2006/112/CE.

Por otra parte, el número de sentencias dictadas por el **Tribunal de Justicia de la Unión Europea** (TJUE) en los últimos tiempos en materia de fiscalidad y, en particular, en el ámbito del IVA, se ha incrementado de manera notable. Es en este tributo, así como en los Impuestos Especiales, donde resulta más decisiva la armonización establecida a nivel UE. Resulta de gran trascendencia dado el principio de **primacía del derecho de la UE**, hoy aceptado sin discusión. Este principio supone que las normas del derecho de la UE prevalecen sobre las de derecho interno en caso de conflicto, lo que realza la importancia del papel de este Tribunal, encargado de garantizar la uniformidad en la interpretación de la normativa UE. El TJUE no es el único órgano competente para la interpretación del derecho UE, ya que es una labor compartida con los órganos jurisdiccionales nacionales, pero sí es el órgano encargado de evitar que ese reparto de competencias conduzca a interpretaciones divergentes de la normativa UE. 8002
A este efecto, la doctrina del TJUE se impone a los propios **órganos legisladores nacionales** de manera que, si estos han incorporado al ordenamiento interno una norma de la UE de forma divergente a como esta ha sido interpretada por el TJUE, se ven en la obligación de modificarla. Esto es así sin necesidad de que el pronunciamiento del TJUE haya sido reiterado en varias sentencias, pues una sola es suficiente para crear **doctrina vinculante**.

Precisiones **1)** A la hora de abordar los principales aspectos que presenta el IVA en el ámbito UE, vamos a prescindir del análisis de las normas ya incorporadas a nuestra **normativa interna** del IVA por vía de transposición (LIVA y RIVA). Esas normas internas son objeto de exhaustivo análisis en los demás capítulos de esta obra. 8003
Como excepción, se va a analizar la regulación relativa a la **asistencia mutua para el cobro de créditos** (nº 8180 s.) que, si bien fue transpuesta a nuestro ordenamiento interno a través de la modificación de la LGT operada por el RDL 20/2011, al referirse a diversos impuestos (no solo al IVA), no se analiza en otros capítulos de este libro.
2) Además de la Dir 2006/112/CE, hay que citar estas **otras Directivas comunitarias** también relativas al IVA:
- Dir 2008/9/CE, de 12-2-2008, por la que se establecen disposiciones de aplicación relativas a la **devolución** del IVA, prevista en la Dir 2006/112/CE, a sujetos pasivos no establecidos en el Estado miembro de devolución, pero establecidos en otro Estado miembro;
- Dir 86/560/CEE, de 17-11-1986, en materia de armonización de las legislaciones de los Estados miembros relativas a los **impuestos sobre el volumen de negocios** (modalidades de devolución del IVA a los sujetos pasivos no establecidos en el territorio de la Comunidad);
- Dir 2009/132/CE, de 19-10-2009, que delimita el ámbito de aplicación de la Dir 2006/112/CE art.143.b y c en lo referente a la **exención** del IVA de algunas importaciones definitivas de bienes;
-Dir 2006/79/CE, de 5-10-2006, relativa a las franquicias aplicables a la importación de mercancías objeto de **pequeños envíos sin carácter comercial** provenientes de terceros países;
- Dir 2007/74/CE, de 20-12-2007, relativa a la franquicia del IVA y de los impuestos especiales de las **mercancías importadas por viajeros** procedentes de terceros países.

3) Atendiendo a las circunstancias particulares del caso, un empresario puede **aplicar selectivamente** el derecho de la UE y el derecho nacional, contrario a aquel, para obtener un ahorro en términos fiscales y un resultado que no era el perseguido ni por la Ley nacional ni por la normativa de la UE (TJUE 3-9-14, asunto C-589/12).

A. Principios fundamentales en materia de fiscalidad en el ámbito UE

8005

8005.1 **Tratado de funcionamiento de la UE** El Tratado de Funcionamiento de la UE (desde ahora, **TFUE**), que reemplazó al Tratado constitutivo de las Comunidades Europeas a partir del 1-12-2009, se ocupa de las disposiciones fiscales en sus art.110 a 113 y de la aproximación de las legislaciones en los art.114 a 118. Las **competencias UE** en materia de fiscalidad se contienen, fundamentalmente, en el TFUE art.113 a 115.
A continuación, se analizan los siguientes aspectos:
- fiscalidad indirecta (nº 8006 s.);
- aproximación de legislaciones (nº 8008);
- procedimiento legislativo ordinario (nº 8009);
- recursos propios (nº 8010);
- otros preceptos (nº 8011 s.).

8006 **Fiscalidad indirecta** (TFUE art.113) El Consejo, por unanimidad, con arreglo a un procedimiento legislativo especial, y previa consulta al Parlamento Europeo y al Comité Económico y Social, ha de adoptar las disposiciones referentes a la **armonización de las legislaciones** relativas a los impuestos sobre el volumen de negocios, los impuestos sobre consumos específicos y otros impuestos indirectos, en la medida en que dicha armonización sea necesaria para garantizar el establecimiento y el funcionamiento del mercado interior y evitar las distorsiones de la competencia.
En materia de fiscalidad indirecta el ámbito de actuación de la UE es muy amplio debido a que este tipo de fiscalidad, que recae sobre el **consumo de los bienes**, tiene una incidencia directa sobre el funcionamiento del mercado interior. El mercado interior implica un espacio sin fronteras interiores, en el que la **libre circulación** de mercancías, personas, servicios y capitales está garantizada de acuerdo con las disposiciones de los Tratados (TFUE art.26).
Ahora bien, la amplitud del campo de actuación UE se ve coartada en el ámbito fiscal, ya que este ámbito sigue siendo uno de los pocos en los que las **decisiones del Consejo** han de adoptarse por unanimidad, un obstáculo para la eficacia de la labor de las instituciones de la UE que se ha incrementado con la ampliación de la Unión Europea.

8007 Precisiones 1) La **consulta** al Parlamento Europeo y al Comité Económico y Social tiene carácter preceptivo, pero no vinculante. La ausencia de dicha consulta en la elaboración de una norma UE dictada al amparo del TFUE art.113 supone un vicio sustancial y determina la posibilidad de impugnar la norma en cuestión; sin embargo, efectuada la consulta, el Consejo no está obligado a tener en cuenta la opinión de las instituciones de la UE consultadas.
2) En materia de fiscalidad indirecta se sigue un **procedimiento legislativo especial**, que implica que la norma (directiva, reglamento o decisión) se adopta por el Consejo, con la participación del Parlamento Europeo (TFUE art.289). Situación muy diferente a la que se da en el denominado **procedimiento legislativo ordinario** (TFUE art.294) que se aplica a la gran mayoría de materias en el derecho UE y que otorga un relevante papel decisorio a ambas instituciones (nº 8009).

8008 **Aproximación de legislaciones** (TFUE art.115) El Consejo, a través de un procedimiento legislativo especial (nº 8006), ha de adoptar Directivas para la aproximación de las disposiciones legales, reglamentarias y administrativas de los E.m. que incidan directamente en el establecimiento o funcionamiento del **mercado interior**.

Precisiones Esta regulación ha sido utilizada reiteradamente como fundamento jurídico de las Directivas dictadas en materia de **fiscalidad directa**.

8009 **Procedimiento legislativo ordinario** (TFUE art.114) Se prevé la utilización de este procedimiento para la aprobación de normas relativas al **mercado interior** (TFUE art.26), si bien se excluyen expresamente de su ámbito las disposiciones fiscales.
Este procedimiento supone que **no** se exige la **unanimidad** de los miembros del Consejo para la adopción de las decisiones y que el poder decisorio no es exclusivo del Consejo, sino también del Parlamento Europeo (TFUE art.289).

Jurisprudencia Frente a las pretensiones de la Comisión, el TJUE ha indicado que esta regulación no puede constituir la base jurídica de las disposiciones relativas a la **cooperación administrativa** en el ámbito de la fiscalidad, lo que supone que hace falta unanimidad en el Consejo para aprobar tales disposiciones (TJUE 29-4-04, asunto C-338/01; 26-1-06, asunto C-533/03).

Recursos propios (TFUE art.311) Sin perjuicio del concurso de otros ingresos, el **presupuesto UE** se financia íntegramente con cargo a los recursos propios. El Consejo, con arreglo a un procedimiento legislativo especial, por unanimidad y previa consulta al Parlamento Europeo, adopta las disposiciones relativas al sistema de recursos propios de la UE, recomendando a los E.m. su adopción de conformidad con sus respectivas normas constitucionales. **8010**

Precisiones Este precepto constituye la base jurídica sobre la que se adoptó, en su día, la Decisión 70/243/CEE, relativa a la **sustitución de las contribuciones financieras** de los E.m. por los recursos propios de las Comunidades. En dicha Decisión, hoy derogada, se incluyó como recurso propio de la UE un porcentaje aplicado sobre la base imponible del IVA, calculada de manera uniforme para todos los E.m. Esto obligó a una mayor armonización del IVA, que encontró su expresión en la Sexta Directiva (actualmente Dir 2006/112/CE).
La materia se regula ahora en la Decisión 2007/436/CE, Euratom y el Rgto CE-EURATOM/609/2014.

Otros preceptos Pueden citarse otros preceptos que tienen incidencia en el ámbito de la **fiscalidad** en general, aunque solo de manera indirecta en lo que se refiere al IVA: **8011**
a) Al establecer los objetivos a los que debe tender la actuación de la UE en relación con la **investigación y el desarrollo tecnológico**, previendo la supresión de los obstáculos jurídicos y fiscales que se opongan a la cooperación en este ámbito (TFUE art.179).
b) Al prever la aplicación de la regla de la unanimidad para la adopción de medidas de carácter fiscal relativas al **medio ambiente** (TFUE art.192). No obstante, el IVA no ha sido utilizado en el ámbito UE como instrumento fiscal para la consecución de objetivos medioambientales. Los **impuestos especiales** son el mecanismo que se ha considerado más adecuado a estos efectos (Dir 2003/96/CE).

c) Otros preceptos (TFUE art.28, 30, 34, 37 y 110 a 112) han sido utilizados por el TJUE como base jurídica de numerosos pronunciamientos en materia de fiscalidad. Se refieren a la **libre circulación de mercancías** y han tenido gran importancia, fundamentalmente hasta el establecimiento del mercado único, que supuso la supresión de las importaciones y las exportaciones entre E.m. Así, el TJUE 5-5-82, asunto Schul 15/81, sobre las importaciones de bienes en un E.m. que proceden de un particular de otro E.m., señaló que la normativa comunitaria del IVA (actualmente Dir 2006/112/CE art.2.1.d) debe ser interpretada de manera que su aplicación no suponga obstáculo alguno para el cumplimiento de las obligaciones de no gravar los productos de los demás E.m. con tributos superiores a los internos, o que protejan indirectamente producciones internas (actualmente TFUE art.110). **8012**
Este último precepto está siendo reiteradamente utilizado por el TJUE en materia de fiscalidad de **vehículos**, en lo que se refiere al impuesto de matriculación. Se trata de que las normas relativas a este impuesto no penalicen en mayor medida a los vehículos producidos en otros E.m. de la UE en relación con los que constituyen la producción nacional (TJUE 22-2-01, asunto C-393/98; 20-9-07, asunto C-74/06; 3-6-10, asunto C-2/09; 7-4-11, asunto C-402/09).
d) Las disposiciones relativas a la **libre circulación de personas, de servicios, de capitales** y a la libertad **de establecimiento** (TFUE art.45, 49, 56, 63 y 65) se han utilizado como fundamento de decisiones del TJUE en materia de fiscalidad directa, tanto en el ámbito de la imposición de las personas físicas como de las jurídicas. Se trata de evitar las discriminaciones fiscales entre los nacionales de los E.m. fundadas en el criterio de la residencia. En algún caso, tales disposiciones también han sido invocadas en asuntos relativos al IVA (p.e., TJUE 26-10-10, asunto C-97/09).

Primeras Directivas en materia de IVA Las dos primeras Directivas que fijaron los grandes **principios** de este impuesto en el ámbito UE fueron la Dir 67/227/CEE y la Dir 67/228/CEE. **8015**
La **Primera** Directiva ha estado parcialmente en vigor hasta el 31-12-2006; a partir de dicha fecha ha sido reemplazada por la Dir 2006/112/CE.
En cuanto a la **Segunda** Directiva, si bien dejó de estar en vigor a partir de la vigencia de la Sexta Directiva (actualmente, Dir 2006/112/CE), conserva en cierta medida su interés, ya que existen criterios del TJUE válidos en la actualidad y que se elaboraron en relación con preceptos de esta Segunda Directiva.

Precisiones La Dir 2006/112/CE art.1 recoge los elementos de la Primera Directiva que a 31-12-2006 estaban todavía en vigor. De acuerdo con dicho precepto: **8018**
- El principio del sistema común de IVA consiste en aplicar al comercio de bienes y servicios un impuesto general sobre el consumo exactamente proporcional al **precio de los bienes y de los servicios**, sea cual sea el número de operaciones que se produzcan en el circuito de producción y distribución precedente a la fase de gravamen.

- En cada operación es **exigible** el IVA, liquidado sobre la base del precio del bien o del servicio gravado al tipo impositivo aplicable a dichos bienes y servicios, previa deducción del importe de las cuotas impositivas devengadas que hayan gravado directamente el coste de los diversos elementos constitutivos del precio.
- El sistema común de IVA se aplica hasta la **fase** de venta al por menor, incluida esta.

B. Informes y Comunicaciones elaborados por la Comisión Europea

8100 Los informes y comunicaciones elaborados por la Comisión Europea en materia de fiscalidad resultan de gran interés, pues en ellos, en unos casos se refleja la realidad de la **aplicación** por los E.m. de la normativa UE en esta materia y, en otros, se exponen las **líneas directrices** de la actuación futura de la propia Comisión.

Precisiones Se puede acceder a estos informes en la **web** «www.europa.eu».

C. Intercambio de información y asistencia mutua en materia de IVA

8130 En el ámbito de la UE tiene gran importancia la regulación de la **cooperación administrativa** en el ámbito del IVA (nº 8132 s.), así como la relativa a la asistencia mutua en materia de **cobro de créditos y otras medidas** (nº 8180 s.).

Precisiones De aplicación a partir de 1-1-2024, se ha aprobado la normativa que da cumplimiento a lo establecido en el Rgto (UE) 904/2010 art.24 sexies, que obliga a la Comisión a adoptar medidas técnicas y de gestión, de conexión e interoperabilidad con los sistemas nacionales, a establecer el **formulario electrónico normalizado** para enviar la información, las **formas de identificación** de los funcionarios que acceden al sistema, las **medidas de seguridad** técnica y organizativa y los cometidos y responsabilidad de los Estados miembros que deben regir el **CESOP** -Central Electronic System of Payment Information- (Rgto (UE) 2022/1504).

1. Reglamento relativo a la cooperación administrativa en el ámbito del IVA

(Rgto UE/904/2010)

8132

8135 **Ámbito de aplicación** (Rgto UE/904/2010 art.1) El Reglamento establece las normas relativas al **intercambio de información** entre E.m. exclusivamente en el ámbito del IVA. Por lo tanto, la norma no se refiere a los impuestos directos ni tampoco a los impuestos especiales.

Precisiones **1)** Las disposiciones del Reglamento no afectan a la aplicación en los E.m. de las normas relativas a la asistencia mutua en **materia penal** (Rgto UE/904/2010 art.1.3).
2) Se han establecido **normas de aplicación** de determinadas disposiciones a través del Rgto UE/79/2012 y el Rgto (UE) 2020/194.

8136 **Definiciones** (Rgto UE/904/2010 art.2 a 6) A efectos del Reglamento, se entiende por:
a) **Oficina central de enlace**: la oficina designada por cada E.m., cuya responsabilidad principal son los contactos con otros E.m. en materia de cooperación administrativa. Cada E.m. designa una sola oficina de enlace, informando a la Comisión y a los demás E.m.

b) **Servicio de enlace**: cualquier oficina, distinta de la oficina central de enlace, designada para intercambiar directamente información con arreglo a lo dispuesto en el Reglamento. Se designan en cada E.m. por la autoridad competente.
c) **Funcionario competente**: todo funcionario autorizado para intercambiar directamente información.
d) **Autoridad requirente**: la oficina central de enlace, el servicio de enlace o el funcionario competente de un E.m. que formule una solicitud de asistencia en nombre de la autoridad competente.
e) **Autoridad requerida**: la oficina central de enlace, el servicio de enlace o el funcionario competente de un E.m. que reciba una solicitud de asistencia en nombre de la autoridad competente.
f) **Transacciones intracomunitarias**: la entrega intracomunitaria de bienes y la prestación intracomunitaria de servicios.
g) **Entrega intracomunitaria de bienes**: toda entrega de bienes que deba declararse en la declaración recapitulativa de operaciones intracomunitarias (nº 7082).
h) **Prestación intracomunitaria de servicios**: cualquier prestación de servicios que deba ser declarada en la declaración recapitulativa de operaciones intracomunitarias (nº 7082). Son los servicios transfronterizos gravados en el E.m. de destino, que se han prestado por un empresario no establecido en dicho E.m., y cuyo sujeto pasivo es el destinatario del servicio, por aplicación del mecanismo de inversión.
i) **Adquisición intracomunitaria de bienes**: tal y como se define en el nº 5255.

j) **Número de identificación a efectos del IVA**: el número a que se refiere el nº 7140 s. **8137**
k) **Investigación administrativa**: todos los controles, comprobaciones y acciones emprendidos por los E.m. en el ejercicio de sus funciones con el fin de garantizar la aplicación correcta de la legislación sobre el IVA.
l) **Intercambio automático**: la comunicación sistemática y sin solicitud previa a otro E.m. de informaciones predefinidas a intervalos periódicos fijados de antemano.
m) **Intercambio espontáneo**: la comunicación no sistemática de información, en cualquier momento y sin solicitud previa, a otro E.m.
n) **Persona**: las personas físicas; las personas jurídicas; cuando lo prevea la legislación vigente, una asociación de personas a las que se reconozca la facultad de realizar actos jurídicos, pero que carezca de personalidad jurídica; o cualquier otro acuerdo jurídico de cualquier naturaleza y forma, con personalidad jurídica o sin ella, y que realice transacciones que estén sujetas al IVA.
ñ) **Acceso automatizado**: la posibilidad de acceder sin dilación a un sistema electrónico para consultar determinada información contenida en el mismo.
o) **Por vía electrónica**: por medio de equipamientos electrónicos de tratamiento (incluida la compresión digital) y almacenamiento de los datos, y utilizando el teléfono, la radio, los medios ópticos u otros medios electromagnéticos.
p) **Red CCN/CSI**: la plataforma común basada en la Red Común de Comunicación (CCN) y el Interfaz Común de Sistema (CSI) desarrollados por la Unión para asegurar todas las transmisiones por vía electrónica entre autoridades competentes en materia de aduanas e impuestos.
q) **Control simultáneo**: el control coordinado de la situación fiscal de uno o varios sujetos pasivos ligados entre sí, organizado por al menos dos E.m. participantes, que tengan intereses comunes o complementarios.
r) **Proveedor de servicios de pago**: cualquiera de las categorías de proveedores de servicios de pago enumeradas en Dir (UE) 2015/2366 art.1.a a d, o una persona física o jurídica que se acoja a una exención de acuerdo a Dir (UE) 2015/2366 art.32.
s) **Pago**: a reserva de las exclusiones (Dir (UE) 2015/2366 art.3), se trata de una «operación de pago» (Dir (UE) 2015/2366 art.4.5), o un «servicio de envío de dinero» (Dir (UE) 2015/2366 art.4.22).
t) **Ordenante**: definición según se recoge en Dir (UE) 2015/2366 art.4.8.
u) **Beneficiario**: definición según se recoge en Dir (UE) 2015/2366 art.4.9.

Precisiones **1)** El Reglamento se refiere a las **autoridades competentes**, que son aquellas en cuyo nombre se aplican las disposiciones del propio Reglamento (Rgto UE/904/2010 art.3). La lista de autoridades competentes en cada E.m. se ha publicado en el DOUE, siendo la autoridad competente en España el Secretario de Estado de Hacienda (C 155, DOUE 18-5-17). **8138**
2) Cuando un servicio de enlace o un funcionario competente efectúen o reciban una **solicitud de asistencia** o una respuesta a una solicitud de asistencia, han de informar a la oficina central de enlace de su E.m. conforme a las condiciones establecidas por este. Si en estos casos se requiriese una acción fuera de su circunscripción territorial u operativa, la deben transmitir sin demora a la oficina central de enlace de su E.m. e informar a la autoridad requirente (Rgto UE/904/2010 art.5 y 6).

8140 **Modalidades de intercambio de información** El Reglamento **prevé** las siguientes modalidades de intercambio de información:
- intercambio previa solicitud (nº 8142 s.);
- intercambio sin solicitud previa (nº 8145 s.); e
- información de retorno (nº 8148).

8142 **Intercambio previa solicitud** (Rgto UE/904/2010 art.7 a 12) Se trata del supuesto en el que la autoridad requirente de un E.m. solicita información a la autoridad requerida de otro E.m. con la finalidad de ejercer adecuadamente el **control del funcionamiento** del impuesto.

La **solicitud** de información puede incluir una solicitud motivada de que se realice una investigación administrativa específica. Si la autoridad requerida considera que la investigación administrativa no es necesaria, ha de informar inmediatamente a la autoridad requirente de los motivos que la han llevado a adoptar esa postura.

Para obtener la información solicitada o para llevar a cabo la investigación administrativa solicitada, la **autoridad requerida** ha de comunicar, mediante informes, declaraciones y cualesquiera otros documentos, o mediante copias autenticadas o extractos de aquellos, todas las informaciones pertinentes de que disponga o que haya conseguido, así como los resultados de las investigaciones administrativas. Los **documentos originales** solo se han de facilitar cuando las disposiciones vigentes en el E.m. en el que la autoridad requerida tenga su sede no se opongan a ello.

El **plazo** para facilitar la información solicitada es de tres meses, si bien se reduce a un mes cuando dicha información ya estuviera en poder de la autoridad requerida. No obstante, se admiten plazos diferentes en ciertos casos justificados. El posible incumplimiento del plazo debe ser comunicado por escrito y establecer un plazo previsto de entrega.

Una solicitud de investigación sobre los **importes declarados** o que deberían haber sido declarados, por un sujeto pasivo establecido en el E.m. de la autoridad requerida y relacionados con aquellas entregas de bienes o prestaciones de servicios de ese sujeto pasivo que sean imponibles en el E.m. de la autoridad requirente, solo se puede rechazar por motivos tasados y especificados en el Reglamento.

8143 Precisiones Las solicitudes de información y de investigaciones administrativas se han de transmitir mediante un **formulario normalizado**, excepto en los casos contemplados en relaciones con terceros países (nº 8165) o en casos excepcionales, cuando la solicitud incluya los motivos por los que la autoridad requirente explique por qué no era apropiado el formulario normalizado (Rgto UE/904/2010 art.8).

8145 **Intercambio de información sin solicitud previa** (Rgto UE/904/2010 art.13, 14 y 15) La autoridad competente de cada E.m. ha de transmitir la información sin necesidad de solicitud previa a la autoridad competente de otro E.m. interesado en cualquiera de las **situaciones** siguientes:
- cuando la **imposición** deba tener lugar en el E.m. de destino y el control exija forzosamente información facilitada por el E.m. de origen;
- cuando un E.m. tenga motivos para creer que se ha cometido o puede haberse cometido una **infracción** de la legislación sobre el IVA en otro E.m.; y
- cuando exista riesgo de **pérdidas** de ingresos fiscales en el otro E.m.

En cualquier caso, las autoridades competentes de los E.m. pueden remitirse mediante **intercambio espontáneo** toda la información relevante de la que tengan conocimiento a efectos del control del impuesto.

El intercambio de información sin solicitud previa puede ser automático o espontáneo:

a) Intercambio **automático**. Debe determinarse, a través del procedimiento de ejercicio de las competencias de ejecución atribuidas a la Comisión, lo siguiente:
- las **categorías** de información que han de intercambiarse automáticamente;
- la **frecuencia** del intercambio automático de cada categoría de información;
- las **modalidades prácticas** del intercambio automático de información. A estos efectos, un E.m. puede abstenerse de participar en el intercambio automático de información con respecto a una o varias categorías, si la recogida de información para ese intercambio exigiese imponer nuevas obligaciones a las personas sujetas al pago del IVA o imponer cargas administrativas desproporcionadas al E.m.

b) Intercambio **espontáneo**. Las autoridades competentes de los E.m. han de comunicar a las autoridades competentes de los demás E.m. la información citada que no haya sido transmitida mediante el intercambio automático, de la que tengan conocimiento y que, en su opinión, les pueda ser de utilidad a dichas autoridades competentes.

8146 Precisiones 1) La información se ha de transmitir por medio de **formularios normalizados**, salvo que sea un país tercero el que transmita la información (nº 8165) o cuando las respectivas autoridades competentes consideren otros medios seguros más adecuados y acuerden utilizarlos (Rgto UE/904/2010 art.13.3).

2) Los resultados del **intercambio automático** de información han de ser revisados una vez al año para garantizar que este tipo de intercambio solo se produzca cuando sea el medio más eficaz de intercambio de información (Rgto UE/904/2010 art.14.1).
3) La autoridad competente de cada E.m. debe proceder, en particular, a un intercambio automático de información que permita a cada E.m. de consumo determinar si los sujetos pasivos no establecidos en su territorio declaran y pagan correctamente el IVA devengado por **servicios de telecomunicaciones**, de radiodifusión y de televisión, y servicios electrónicos, tanto si los sujetos pasivos aplican el régimen especial del nº 9150 s., como si no lo hacen. El E.m. de establecimiento ha de informar al E.m. de consumo de las posibles discrepancias de las que tenga conocimiento (Rgto UE/904/2010 art.14.2).
4) Las **categorías y subcategorías de información** que pueden ser objeto de intercambio de información sin solicitud previa se precisan en el Rgto UE/79/2012 art.2 y 3.

Información de retorno (Rgto UE/904/2010 art.16) Cuando la autoridad competente facilite información (nº 8140 s.), puede solicitar a la autoridad competente que reciba la información que envíe información de retorno sobre la información recibida. En dicho caso, la **autoridad competente** que reciba la información debe enviar, sin perjuicio de la normativa relativa al secreto fiscal y a la protección de datos aplicable en su E.m. y siempre que no suponga cargas administrativas desproporcionadas, la información de retorno a la autoridad competente que facilitó la información sin dilación. **8148**
Las **modalidades prácticas** han de ser determinadas por el Comité permanente de cooperación administrativa (nº 8203).

Almacenamiento e intercambio de información específica (Rgto UE/904/2010 art.17 a 24) **8150**

Se tratan los siguientes aspectos:
- **contenido** de la información almacenada (nº 8151);
- **acceso automático** a la información almacenada (nº 8152); y
- **supuestos de invalidez** del NIF/IVA (nº 8153).

Precisiones En cuanto al **sistema electrónico central de información sobre pagos** -CESOP-, ver precisiones del nº 8130.

Contenido de la información almacenada (Rgto UE/904/2010 art.17 a 20) Todo E.m. debe almacenar en un **sistema electrónico** la información siguiente: **8151**
a) La información que recoja en las **declaraciones recapitulativas** (nº 7082).
b) Los datos relativos a la **identidad**, la actividad, la forma jurídica y el domicilio de las personas a las que haya asignado un NIF/IVA (nº 7140 s.), así como la fecha en que se asignó ese número.
c) Los datos relativos a los **NIF/IVA** que ha asignado y **que han dejado de ser válidos**, así como las fechas en que fueron invalidados.
d) La información que recoja en relación con los sujetos pasivos que tributen por los regímenes especiales relativos al **comercio electrónico** (nº 9300 s.).
e) Los datos relativos a los números de identificación a efectos del IVA, asignados a los sujetos acogidos al Régimen especial aplicable a las **ventas a distancia** de bienes importados de terceros territorios o de terceros países (Directiva 2006/112/CE art.369 octodecies), y por cada número de identificación a efectos del IVA asignado por un E.m., el valor total de las importaciones exentas correspondiente a cada mes, y desde el 14-5-2025, por E.m. de consumo (donde llega la expedición o transporte de los bienes).
f) La información que se recoge en las exenciones en la importación (Dir 2006/112/CE art.143.2.a y b), así como el país de origen, el país de destino, el código de la mercancía, la moneda, el importe total, el tipo de cambio, el precio del artículo y el peso neto. La Comisión debe determinar mediante actos de ejecución el **contenido específico** de esta información.
g) En relación con las **franquicias**, también debe almacenarse la información que se recoja de conformidad con lo dispuesto en la Dir 2006/112/CE art.284.3 y 4, y 284 ter.

Precisiones **1)** La información debe estar **disponible** durante un plazo mínimo de cinco años a partir del final del primer año natural en que se debe dar acceso a la información. Los E.m. deben velar por que la información se mantenga al día de manera completa y precisa (Rgto UE/904/2010 art.18 y 19).
2) La **incorporación de la información** en el sistema electrónico debe ser sin tardanza. No obstante, la información sobre las declaraciones recapitulativas ha de ser incorporada en el plazo máximo de un mes a partir del final del período cubierto por la información. Cuando se corrija o añada información al sistema electrónico, tal información debe ser incorporada como máximo en el mes siguiente al período en el que se hubiera recogido la información (Rgto UE/904/2010 art.20).

Acceso automatizado a la información almacenada (Rgto UE/904/2010 art.21, 21 bis y 22) Cada E.m. ha de proporcionar a: **8152**
- la autoridad competente de cualquier **otro E.m.** acceso automatizado a la información del nº 8151;

- los **funcionarios de su Administración** encargados de controlar el cumplimiento de los requisitos previstos para las importaciones de bienes expedidos o transportados a partir de un territorio tercero o de un país tercero en un E.m. distinto del de llegada de la expedición o del transporte, en el caso en que la entrega de dichos bienes esté exenta, acceso a la información de las letras a), b) y c) del nº 8151 respecto de la cual los demás E.m. concedan un acceso automatizado.

Por lo que se refiere a la información sobre las **declaraciones recapitulativas**, deben ser accesibles, al menos, los siguientes detalles:

a) Los **NIF/IVA** asignados por el E.m. que recibe la información.

b) El **valor total** de todas las entregas intracomunitarias de bienes y el valor total de todas las prestaciones intracomunitarias de servicios a personas titulares de un NIF/IVA efectuadas por todos los operadores identificados a efectos del IVA en el E.m. que facilita la información.

c) Los **NIF/IVA** de todas las personas que hayan realizado entregas intracomunitarias de bienes y prestaciones intracomunitarias de servicios.

d) El **valor total** de las entregas intracomunitarias de bienes y prestaciones intracomunitarias de servicios efectuadas por cada una de las personas contempladas en la letra c) y destinadas a cada una de las personas a las que se haya asignado el NIF/IVA.

e) El **valor total** de las entregas intracomunitarias de bienes y prestaciones intracomunitarias de servicios efectuadas por cada una de las personas contempladas en la letra c) y destinadas a cada una de las personas a las que **otro E.m.** haya asignado un NIF/IVA con las siguientes condiciones:

- el acceso esté relacionado con una investigación acerca de una sospecha de fraude o tenga por objeto detectar un fraude; y
- que se encargue del acceso un funcionario de enlace de Eurofisc, que ha de tener una identificación personal de usuario para los sistemas electrónicos que permita el acceso a dicha información.

Los valores contemplados en las letras b), d) y e) se han de expresar en la moneda del E.m. que facilita la información y se han de referir a los períodos de presentación de la declaración recapitulativa propios de cada sujeto pasivo.

También se permite el acceso de forma automática a los datos identificativos de **vehículos** y de sus propietarios o titulares (Rgto UE/904/2010 art.21 bis).

Asimismo, desde 1-1-2025, son accesibles ciertos datos relacionados con la información que debe almacenarse en relación con las **franquicias** (nº 8151) (Rgto (UE) 2021/2007 art.3).

Precisiones Los E.m. han de adoptar las medidas necesarias para asegurarse de que los **datos facilitados** por los sujetos pasivos y personas jurídicas no sujetas al impuesto para su identificación a efectos del IVA sean completos y precisos. Además, han de establecer **procedimientos para la comprobación** de estos datos en función de los resultados de su evaluación de riesgos (Rgto UE/904/2010 art.22).

8153 **Invalidez del NIF/IVA** (Rgto UE/904/2010 art.23) Los E.m. se han de asegurar de que el NIF/IVA aparezca como inválido en el **sistema electrónico** al menos en las situaciones siguientes:

a) Las personas identificadas a efectos del IVA que declaren el **cese** en su actividad económica o cuya administración fiscal competente considere que han cesado en su actividad económica.

b) Las personas que hayan declarado **datos falsos** para obtener la identificación a efectos del IVA o no hayan comunicado cambios en sus datos y, de haber tenido conocimiento la Administración fiscal, esta habría denegado o retirado la identificación a efectos del IVA.

Precisiones La **Administración puede presumir** que una persona ha **cesado en su actividad** cuando, a pesar de estar obligada a hacerlo, no haya presentado ni declaraciones del IVA ni declaraciones recapitulativas durante un año tras la expiración del plazo de presentación de la primera declaración del IVA o declaración recapitulativa omitida. El interesado tiene derecho a demostrar la existencia de una actividad económica por otros medios.

8154 **Solicitud de notificación administrativa** (Rgto UE/904/2010 art.25, 26 y 27) A petición de la autoridad requirente, la autoridad requerida ha de proceder a la **notificación al destinatario**, según la normativa del E.m. de la autoridad requerida, de todos los actos y decisiones relativos a la aplicación de la legislación sobre el IVA en el E.m. de la autoridad requirente.

La **autoridad requerida** ha de informar sin demora a la autoridad requirente del curso dado a la petición de notificación y, en particular, de la fecha en la que el acto o la decisión haya sido notificado al destinatario.

Precisiones Las solicitudes de notificación, en las que se ha de mencionar el **objeto del acto o de la decisión** que haya que notificar, han de indicar el nombre, la dirección y cualquier otra información pertinente para la identificación del destinatario (Rgto UE/904/2010 art.26).

Participación en las investigaciones administrativas (Rgto UE/904/2010 art.28) Por acuerdo entre la autoridad requirente y la autoridad requerida, y de conformidad con las modalidades establecidas por esta última, los **funcionarios autorizados** por la autoridad requirente pueden estar presentes, a fin de intercambiar información, en las oficinas administrativas del E.m. requerido o en cualquier otro lugar donde dichas autoridades desempeñen sus funciones. Cuando la información figure en documentos a los que tengan acceso los funcionarios de la autoridad requerida, deben facilitarse a los funcionarios de la autoridad requirente **copias** de los mismos. 8155

En las mismas circunstancias, pueden estar presentes, en las **investigaciones administrativas** llevadas a cabo en el E.m. requerido, funcionarios autorizados por la autoridad requirente, si bien son exclusivamente los funcionarios de la autoridad requerida quienes han de realizar las investigaciones.

Asimismo, por acuerdo entre las autoridades requirentes y la autoridad requerida, y de conformidad con las modalidades establecidas por esta última, se permite la **participación de los funcionarios autorizados** por la autoridad requirente en las investigaciones administrativas llevadas a cabo en el territorio del E.m. requerido a fin de recabar e intercambiar la información. Estas investigaciones se realizan de forma conjunta, bajo la dirección de la autoridad requerida y de conformidad con la legislación del E.m. requerido. Los funcionarios de las autoridades requirentes tienen **acceso** a las mismas instalaciones y documentos que los funcionarios de la autoridad requerida y, en la medida en que la legislación del E.m. requerido lo permita a sus propios funcionarios, pueden entrevistar a los sujetos pasivos y ejercer las mismas facultades de control que los funcionarios del E.m. requerido, únicamente a efectos de la realización de la investigación administrativa. Por acuerdo entre las autoridades requirentes y la autoridad requerida, y de conformidad con las modalidades establecidas por esta última, las autoridades participantes pueden redactar un informe común de la investigación.

Precisiones 1) Los **funcionarios de la autoridad requirente**, salvo que participen en la investigación, no pueden ejercer la facultad de control que se reconoce a los funcionarios de la autoridad requerida. Sin embargo, pueden tener acceso a los mismos locales y documentos que estos últimos, por mediación de los funcionarios de la autoridad requerida y únicamente a efectos de la investigación administrativa en curso.

2) Los funcionarios de la autoridad requirente personados en otro E.m. deben poder presentar en todo momento un **mandato escrito** en el que consten su identidad y su condición oficial.

Controles simultáneos (Rgto UE/904/2010 art.29 y 30) Los E.m. pueden convenir la realización de controles simultáneos cuando consideren que van a resultar más eficaces que los efectuados por un único E.m. 8156

En estos casos, un E.m. ha de identificar a los **sujetos pasivos** que tiene la intención de proponer para que sean objeto de control simultáneo. La autoridad competente de dicho E.m. ha de informar a las autoridades competentes de los otros E.m., justificar su elección y especificar el período durante el cual deberían llevarse a cabo esos controles.

La autoridad competente del E.m. que reciba la propuesta para un control simultáneo ha de confirmar a la autoridad homóloga su aceptación o su denegación motivada, en principio en el **plazo** de dos semanas a partir de la recepción de la propuesta, y siempre dentro del plazo de un mes.

Cada una de las autoridades competentes de los E.m. afectados ha de designar a un **representante** que va a ser responsable de dirigir y coordinar el control.

Información sobre sujetos pasivos (Rgto UE/904/2010 art.31 y 32) Las autoridades competentes de cada E.m. han de velar por que a las personas que efectúan entregas intracomunitarias de bienes o prestaciones intracomunitarias de servicios y a las personas que, siendo sujetos pasivos no establecidos, prestan servicios, se les permita obtener **confirmación por vía electrónica** de la validez del NIF/IVA de una persona determinada, así como el nombre y dirección correspondientes. 8157

Cada E.m. ha de confirmar por medios electrónicos el nombre y la dirección de la persona que tiene asignado el NIF/IVA, de conformidad con sus respectivas normas nacionales en materia de protección de datos.

Desde 1-1-2025, cada Estado miembro debe confirmar por medios electrónicos que el sujeto pasivo al cual se ha asignado el número de identificación individual para la aplicación de la **franquicia** (Dir 2006/112/CE art.284.3) es una pequeña empresa beneficiaria de la misma. La confirmación debe incluir el nombre del Estado miembro o Estados miembros en que el sujeto pasivo se acoge a la franquicia.

Precisiones 1) La Comisión ha de publicar en su sitio **web**, sobre la base de la información facilitada por los E.m., los pormenores de las disposiciones aprobadas por cada E.m. que incorporen a su Derecho nacional lo establecido en la Dir 2006/112/CE art.167 bis, el título XI, capítulo 3, y el título XII, capítulo 1 (en relación al régimen optativo de diferimiento del derecho a deducir, obligaciones en materia de facturación, y régimen especial de las pequeñas empresas).
2) Los **detalles y el formato** de la información que debe comunicarse se han de decidir por el Comité permanente de cooperación administrativa (nº 8203).

8158 **Eurofisc** (Rgto UE/904/2010 art.33 a 37) Para promover la cooperación multilateral en la lucha contra el fraude del IVA, se establece una **red** para el intercambio rápido, el tratamiento y el análisis de información específica sobre fraude transfronterizo entre los E.m. y para la coordinación de cualquier acción de seguimiento, denominada Eurofisc, en cuyo ámbito los E.m. han de:
a) Establecer un **mecanismo multilateral** de alerta temprana para combatir el fraude en el IVA.
b) Llevar a cabo y coordinar el **intercambio multilateral rápido** y el tratamiento y análisis conjuntos de información específica sobre fraude transfronterizo en las áreas temáticas en las que opere Eurofisc.
c) Coordinar el trabajo de los **funcionarios de enlace** de Eurofisc en respuesta a las alertas y a la información recibida.
Las autoridades competentes de cada E.m. han de designar, al menos, un funcionario de enlace de Eurofisc. Los funcionarios de enlace de los E.m. que participen en un determinado ámbito de trabajo de Eurofisc han de designar un **coordinador** entre ellos, por un período limitado de tiempo. Los coordinadores han de recoger la información recibida de los funcionarios de enlace de Eurofisc, y poner toda la información a disposición de los demás funcionarios de enlace, que se intercambia por vía electrónica.
d) Coordinar las **investigaciones administrativas** de los E.m. participantes acerca de los fraudes identificados por los funcionarios de enlace de Eurofisc, sin la facultad de solicitar a los E.m. que realicen investigaciones administrativas.

Precisiones 1) Los E.m. han de participar en los **ámbitos de trabajo** de Eurofisc de su elección y pueden también decidir dar por terminada su participación.
2) La **información intercambiada** es confidencial.
3) La Comisión ha de proporcionar a Eurofisc **respaldo de índole técnica y logística**.
4) Los **funcionarios de enlace** de Eurofisc son funcionarios competentes (nº 8136) y han de realizar las actividades descritas (letras a, b, c y d anteriores). Estos funcionarios siguen siendo responsables únicamente ante sus respectivas administraciones nacionales. Acuerdan el establecimiento y la terminación de los ámbitos de trabajo de Eurofisc, examinan cualquier cuestión relacionada con el funcionamiento operativo de Eurofisc, evalúan como mínimo con periodicidad anual, la eficacia y eficiencia del desarrollo de las actividades de Eurofisc, y aprueban un informe anual.
5) Los **coordinadores** han de velar porque la información recibida sea objeto de tratamiento y análisis junto con la respectiva información específica sobre fraude transfronterizo comunicada o recogida según lo convenido por los participantes en el ámbito de trabajo y han de poner el resultado a disposición de los funcionarios de enlace de Eurofisc participantes; han de aportar información de retorno a los funcionarios de enlace de Eurofisc participantes y presentar a los funcionarios de enlace un informe anual sobre las actividades desarrolladas en el ámbito de trabajo.
Pueden solicitar información pertinente a la Agencia de la Unión Europea para la Cooperación Policial (Europol) y a la Oficina Europea de Lucha contra el Fraude (OLAF).

8159 **Regímenes especiales** (Rgto UE/904/2010 art.43 a 47 Terdecies) Se refieren a los siguientes aspectos del sujeto pasivo que aplican alguno de los regímenes previstos para los sujetos pasivos que presten servicios a personas que no tengan la condición de sujetos pasivos o realicen ventas a distancia de bienes (nº 9300 s.).
a) **Declaración censal**. La información al E.m. de identificación del sujeto pasivo no establecido en la Comunidad, cuando este dé comienzo a sus actividades sujetas al régimen especial, se presenta electrónicamente.
El **E.m. de identificación** ha de transmitir dicha información por vía electrónica a las autoridades competentes de los demás E.m. en el plazo de diez días a partir del final del mes en el que haya recibido la información del sujeto pasivo no establecido. Se ha de comunicar de la misma manera a las autoridades competentes de los demás E.m. el NIF asignado al operador.
El E.m. de identificación ha de comunicar sin tardanza por vía electrónica a las autoridades competentes de los demás E.m. la **exclusión** de un sujeto pasivo no establecido del registro de identificación.
b) **Declaración-liquidación**. Se ha de presentar de forma electrónica y la información en ella contenida se ha de transmitir por el E.m. de identificación al E.m. de consumo a más tardar veinte días después del final del mes en que se haya recibido la declaración.

c) Pago del impuesto. El E.m. de identificación ha de velar por que el importe pagado por el sujeto pasivo acogido a alguno de los regímenes especiales se transfiera a la cuenta bancaria en euros designada por el E.m. de consumo en el que se haya devengado el impuesto. Si el sujeto pasivo **no paga** la deuda tributaria total, el E.m. de identificación se ha de asegurar de que el pago se transfiera al E.m. de consumo proporcionalmente al importe devengado en cada E.m., informando de ello por vía electrónica a las autoridades competentes de los E.m. de consumo.

Precisiones 1) Los E.m. que hayan exigido que la **declaración-liquidación** se realice en una moneda distinta del euro deben convertir los importes en euros utilizando el tipo de cambio válido en la última fecha del período de declaración. El cambio debe realizarse con arreglo a los tipos de cambio publicados por el Banco Central Europeo en ese día o, de no haber habido publicación en ese día, al siguiente día de publicación. 8161
2) El E.m. de identificación ha de transmitir por **vía electrónica** al E.m. de consumo la información necesaria para asociar cada ingreso a la declaración fiscal correspondiente.
3) Los E.m. han de notificar por vía electrónica a las autoridades competentes de los demás E.m. los correspondientes **números de cuentas bancarias** para recibir los pagos y los cambios de tipo impositivo normal también a la Comisión.
4) La **transferencia** se ha de efectuar a más tardar veinte días después del final del mes en que se haya recibido el pago.

Intercambio y conservación de la información en procedimientos de devolución (Rgto UE/904/2010 art.48) La Dir 2008/9/CE introdujo nuevas reglas para la devolución del IVA soportado a **sujetos pasivos no establecidos** en el E.m. de devolución, pero sí en otro (ver nº 2988 s.). 8163
Para articular el intercambio de información entre los E.m. necesario para implementar el procedimiento de devolución, se introducen las siguientes normas:
a) Cuando la autoridad competente del **E.m. de establecimiento** recibe una solicitud de devolución del IVA, la ha de transmitir a todos los E.m. de devolución afectados, en los 15 días civiles siguientes a su recepción y por vía electrónica, confirmando si el solicitante es o no un sujeto pasivo y si el número de identificación facilitado por él es válido durante el período de devolución.
Solo procede si no concurre ninguna de las circunstancias en que se excluye la devolución, que son las siguientes (Dir 2008/9/CE art.18):
- que el solicitante no sea sujeto pasivo a efectos del IVA;
- que solo realice entregas de bienes o prestaciones de servicios que están exentas sin derecho a deducción;
- que se beneficie del régimen de franquicia (que no permite recuperar el IVA soportado); y
- que se beneficie del régimen común a tanto alzado de los productores agrícolas (el cual tampoco permite recuperar el IVA soportado).
b) Las autoridades competentes del **E.m. de devolución** han de remitir por vía electrónica a las autoridades competentes de los demás E.m. toda la **información adicional** que estos hayan decidido (información adicional solicitada por el E.m. de devolución en relación con la aplicación de limitaciones del derecho a la deducción del IVA soportado en dicho E.m., Dir 2008/9/CE art.9.2).
c) Las autoridades competentes de cada E.m. de devolución deben notificar por vía electrónica a las autoridades competentes de los demás E.m. si desean hacer uso de la posibilidad de exigir al **solicitante** que haga una descripción de su actividad comercial mediante códigos armonizados.
Se permite, en las devoluciones de **cuotas soportadas** a sujetos pasivos no establecidos que mantengan deudas con su E.m. de residencia, que el E.m. que va a realizar la devolución recabe la autorización del sujeto pasivo para transferir esa cantidad directamente a las autoridades tributarias. El E.m. de residencia está obligado a informar al sujeto pasivo si esa cantidad cubre o no, la totalidad de la deuda que mantiene con la Administración.

Relaciones con la Comisión (Rgto UE/904/2010 art.49) El papel de la Comisión en el marco de la cooperación administrativa se traduce en lo siguiente: 8164
a) Los Estados y la Comisión deben realizar la **evaluación del funcionamiento** del dispositivo de cooperación administrativa previsto en el Reglamento.
b) Los E.m. han de comunicar a la Comisión **cualquier información disponible** para la aplicación del Reglamento.
c) Los E.m. pueden **comunicar a la OLAF** cualquier información pertinente a fin de permitirle emprender la acción que considere oportuna de conformidad con su mandato. Cuando dicha información se hubiera recibido de otro E.m., este último puede exigir que la transmisión de la información esté supeditada a su acuerdo previo.

d) Los E.m. han de comunicar **datos estadísticos** a la Comisión, así como cualquier otra información relativa al control del impuesto.
e) La Comisión ha de comunicar las **informaciones recibidas** de un E.m. a los demás E.m., así como cualquier información que les permita luchar contra el fraude en el ámbito del IVA tan pronto como la obtenga.
f) La Comisión, a petición de un E.m., puede facilitar la **opinión de sus expertos**, asistencia técnica o logística, o cualquier otro respaldo que pueda servir para alcanzar los objetivos del Reglamento.

8165 **Relaciones con terceros países** (Rgto UE/904/2010 art.50) Cuando un tercer país comunique **información** a la autoridad competente de un E.m., este último puede transmitírsela a las autoridades competentes de los E.m. susceptibles de verse afectados por ella y, en cualquier caso, a los que la soliciten, siempre que lo permitan las modalidades de asistencia establecidas con ese tercer país.
Las autoridades competentes pueden comunicar a terceros países, respetando sus disposiciones internas aplicables a la comunicación a terceros países de datos de carácter personal, la información obtenida con arreglo al presente Reglamento, cuando se cumplan las siguientes **condiciones**:
a) Que la autoridad competente del E.m. del que procede la información haya dado su consentimiento.
b) Que el tercer país se comprometa a proporcionar la cooperación necesaria para reunir todos los elementos de prueba del carácter irregular de las operaciones que parezcan ser contrarias a la legislación sobre el IVA.

8166 **Condiciones aplicables al intercambio de información** (Rgto UE/904/2010 art.51 a 57) Se establecen las siguientes condiciones aplicables al intercambio de información:
a) La **autoridad requerida** ha de facilitar la información siempre que:
- el número y la naturaleza de las peticiones de información realizadas dentro de un plazo específico por la autoridad requirente no impongan una carga administrativa desproporcionada;
- la autoridad requirente haya agotado las fuentes habituales de información que hubiera podido utilizar para obtener la información.
b) No hay obligación de llevar a cabo **investigaciones o comunicar informaciones** cuando la legislación o la práctica administrativa del E.m. que debiera proporcionar la información no autorice al E.m. a efectuar estas investigaciones, ni a recoger o a utilizar esta información para las propias necesidades de ese E.m.
c) La autoridad competente de un E.m. requerido puede **negarse** a facilitar información cuando el E.m. requirente no pueda, por motivos jurídicos, facilitar este tipo de información.
d) Puede negarse la transmisión de informaciones en caso de que ello condujese a la **divulgación de un secreto** comercial, industrial o profesional, o un procedimiento comercial, o una información cuya divulgación fuese contraria al orden público.
e) Cualquier información que se transmita está amparada por el **secreto oficial** y goza de la protección que la legislación nacional del E.m. que la haya recibido otorgue a la información de la misma naturaleza.
f) Cuando la autoridad requirente considere que las informaciones recibidas pueden ser útiles a la autoridad competente de un **tercer E.m.**, puede transmitírselas, informando por adelantado a la autoridad requerida. La autoridad requerida puede supeditar la transmisión de la información a una tercera parte a su acuerdo previo.
g) El E.m. de la autoridad requirente puede utilizar como **elementos de prueba**, del mismo modo que los documentos equivalentes transmitidos por otra autoridad de su propio país, los informes, declaraciones y cualquier otro documento transmitidos a la autoridad requirente.

8167 Precisiones **1)** La autoridad requerida no puede negarse a facilitar información sobre un sujeto pasivo identificado a efectos del IVA en el E.m. de la autoridad requirente exclusivamente por el hecho de que esa información obre en poder de un **banco u otra entidad financiera**, un representante o una persona que actúe en calidad de intermediario o agente fiduciario, o porque esté relacionada con la participación en el capital de una persona jurídica.
2) La autoridad requerida ha de informar a la autoridad requirente de los motivos de **denegación** de la petición de asistencia.
3) Los E.m. han de tomar todas las medidas necesarias para garantizar el **buen funcionamiento** del intercambio de información. Por su parte, la Comisión ha de transmitir con la mayor brevedad a cada E.m. toda la información que reciba y que pueda facilitar.
4) La **transmisión de la información**, siempre que sea posible, ha de ser por vía electrónica. Cuando la solicitud no haya sido formulada en su totalidad por vía electrónica, la autoridad requerida debe enviar por vía electrónica acuse de recibo de la solicitud en un plazo máximo de cinco días hábiles después de la recepción. Cuando una autoridad reciba una solicitud sin ser el destinatario previsto, ha de emitir un mensaje por vía electrónica en el mismo plazo.

5) Las **solicitudes de asistencia** pueden formularse en cualquier lengua acordada entre la autoridad requirente y la autoridad requerida. Dichas solicitudes han de ir acompañadas de una traducción en la lengua oficial del E.m. de la autoridad requerida cuando dicha autoridad requerida dé un motivo para solicitar una traducción.
6) La información puede utilizarse para determinar la **liquidación**, la recaudación o el control administrativo de los tributos. Además, puede utilizarse en relación con procedimientos judiciales que puedan dar lugar a sanciones, emprendidos como consecuencia del incumplimiento de la legislación fiscal.
7) Los E.m. han de renunciar a cualquier demanda de **reembolso de los gastos** efectuados excepto por lo que se refiere a los honorarios abonados a expertos.
8) En materia de **confidencialidad** se efectúa una remisión a la normativa de la UE y en concreto a la regulación sobre la protección de las personas físicas en lo que respecta al tratamiento de datos personales y a la libre circulación de estos datos, restringiendo el alcance y los derechos previstos en el tratamiento de datos personales y libre circulación de los mismos a lo estrictamente necesario para salvaguardar los intereses económicos o financieros importantes de la Unión o de un E.m., inclusive en los ámbitos fiscal, presupuestario y monetario, la sanidad pública y la seguridad social (Rgto (UE) 2016/679 art.12 a 15, 17, 21 y 22).
Asimismo, se establece que el período de **conservación de la información** viene determinado por la legislación interna de cada E.m., sin que pueda superar los diez años.

Disposiciones finales (Rgto UE/904/2010 art.58 a 62) Además de las disposiciones derogatorias y de las relativas a la entrada en vigor, se incluyen aquí algunas disposiciones de importancia, en particular, las siguientes: **8168**
a) La Comisión está asistida por el **Comité permanente** de cooperación administrativa.
b) El Reglamento no afecta a la ejecución de obligaciones más amplias en materia de **asistencia mutua** resultantes de otros actos jurídicos, incluidos posibles acuerdos bilaterales o multilaterales.
c) Cada cinco años, la Comisión está obligada a presentar un **informe** al Parlamento Europeo y al Consejo sobre la aplicación del Reglamento.

2. Directiva relativa a la asistencia mutua para el cobro de créditos

(Dir 2010/24/UE)

La asistencia mutua regulada en esta Directiva debe consistir en que la autoridad requerida pueda proporcionar a la autoridad requirente la **información** que esta última precise para el cobro de los créditos nacidos en su propio E.m., y notificar al deudor todos los documentos relativos a tales créditos que emanen de este último E.m. Asimismo, la autoridad requerida debe poder proceder, a petición de la autoridad requirente, al **cobro de los créditos** nacidos en el E.m. requirente, o adoptar medidas cautelares destinadas a garantizar el cobro de dichos créditos. **8180**
El **contenido** de la Directiva es el siguiente:
- disposiciones generales (nº 8183);
- intercambio de información (nº 8184);
- asistencia para la notificación de documentos (nº 8185);
- medidas de cobro o medidas cautelares (nº 8186); y
- normas generales para todos los tipos de solicitud de asistencia (nº 8187).

Precisiones Con motivo del **Brexit**, el Acuerdo de Retirada del Reino de Gran Bretaña e Irlanda del Norte establece que en materia de cobro de créditos, la Dir (UE) 2010/24 se aplique entre los E.m. y el Reino Unido durante el **período transitorio** que finaliza el 31-12-2025, conforme a las directrices legalmente establecidas. En este período, el Reino Unido puede acceder a las redes, sistemas de información y base de datos de la UE para cumplir sus obligaciones (Acuerdo Brexit art.100).

Disposiciones generales (Dir 2010/24/UE art.1 a 4) Especifican el **objeto y ámbito** de aplicación de la Directiva y contienen disposiciones referentes a la organización, esto es, las autoridades competentes en cada E.m. para proceder a la asistencia mutua. **8183**
Por lo que respecta al ámbito de aplicación, la Directiva se aplica al **conjunto de impuestos y derechos recaudados**, bien por un E.m. por cuenta del mismo, bien por cuenta de la UE, y al conjunto de impuestos y derechos recaudados por las subdivisiones territoriales o administrativas de los E.m., o por cuenta de las mismas.

Precisiones 1) La **lista de autoridades competentes** responsables de la aplicación de esta Directiva en cada E.m. se ha publicado en el DOUE, siendo la autoridad competente en España la Agencia Estatal de Administración Tributaria (C 301, DOUE 12-10-11).
2) Esta Directiva no es una Directiva exclusiva del IVA, sino una norma que, con **carácter general**, tiene por objeto la protección de los intereses financieros de la UE y de los E.m. La misma se ha transpuesto a nuestro ordenamiento interno a través del RDL 20/2011.
3) Las **disposiciones de aplicación** de determinadas normas se establecen en el Rgto UE/1189/2011.

8184 **Intercambio de información** (Dir 2010/24/UE art.5, 6 y 7) Junto a la posibilidad de solicitar información, se añade la **obligación** de intercambiar información de manera espontánea.

Por otra parte, los **funcionarios del E.m. requirente** pueden estar presentes en las oficinas administrativas del E.m. requerido o tomar parte activa, con las mismas facultades que los funcionarios del E.m. requerido, en las investigaciones administrativas que se realicen en el territorio de este último.

8185 **Asistencia para la notificación de documentos** (Dir 2010/24/UE art.8 y 9) Se establece el sistema mediante el cual, a petición de la autoridad requirente, la autoridad requerida ha de notificar al **destinatario** todos los documentos que emanen del E.m. requirente en relación con los créditos de cuyo cobro se trate.

8186 **Medidas de cobro o medidas cautelares** (Dir 2010/24/UE art.10 a 20) Entre otras medidas, pueden **indicarse** las siguientes:

a) En principio, la autoridad requirente no puede presentar petición de cobro si el **crédito y/o el instrumento** que permita su ejecución en el E.m. requirente han sido impugnados en dicho E.m. No obstante, la autoridad requirente puede, con arreglo a las disposiciones legales y reglamentarias y a las prácticas administrativas vigentes en su propio E.m., solicitar a la autoridad requerida el cobro de un **crédito impugnado**, en la medida en que las disposiciones legales y reglamentarias y las prácticas administrativas vigentes en el E.m. requerido lo permitan. Si el resultado de la impugnación resultara **favorable al deudor**, la autoridad requirente debe hacerse cargo de la devolución de todo importe cobrado, junto con las indemnizaciones debidas, con arreglo a las disposiciones vigentes en el E.m. requerido.

b) Antes de que la autoridad requirente presente una petición de cobro, han de aplicarse los **procedimientos de cobro** previstos en el E.m. requirente, salvo en caso de que:

- sea evidente la **ausencia de bienes** en el E.m. requirente o que dichos procedimientos no dan lugar al pago íntegro del crédito, y la autoridad requirente posee información específica que indique que la persona afectada dispone de bienes en el E.m. requerido;
- el recurso a estos procedimientos en el E.m. requirente dé lugar a **dificultades desproporcionadas**.

c) Toda petición de cobro ha de ir acompañada de un instrumento que permita la adopción de **medidas de ejecución del cobro** en el E.m. requerido. Dicho instrumento no está sujeto a acto alguno de reconocimiento, adición o sustitución en ese E.m. y contiene la información mínima especificada en la Directiva.

d) No existe obligación de **conceder asistencia** por la autoridad requerida en determinados casos: cuando debido a la situación del deudor el cobro del crédito pueda crear graves dificultades económicas o sociales en el E.m. requerido; cuando la petición se refiera a créditos de más de cinco años; o cuando el importe total del crédito cubierto por la Directiva para el que se solicite la asistencia sea inferior a 1.500 euros.

e) Las cuestiones referentes a los **plazos de prescripción** se rigen exclusivamente por las disposiciones legales vigentes en el E.m. requirente.

8187 **Normas generales para todos los tipos de solicitudes de asistencia** (Dir 2010/24/UE art.21, 22 y 23) Se establecen normas generales relativas a la utilización de **impresos normalizados**, la comunicación por vía electrónica, el régimen lingüístico y la divulgación de información y de documentos.

D. Comités relativos al IVA y órganos de la Comisión competentes en materia de fiscalidad

8200 Aunque han existido desde la implantación del IVA en el ámbito de la UE diversos Comités a nivel UE competentes en relación con el impuesto, en la actualidad solo siguen siendo verdaderamente **operativos** el Comité permanente de la cooperación administrativa en el ámbito del IVA (nº 8203) y el Comité del IVA (nº 8204). No obstante, también hay que tener en cuenta el grupo de expertos del IVA (https://ec.europa.eu/taxation_customs/business/vat/vat-expert-group_en), y el foro del IVA (http://ec.europa.eu/taxation_customs/business/vat/eu-vat-forum_en).

8203 **Comité permanente de la cooperación administrativa en el ámbito del IVA** (Rgto UE/904/2010 art.58) Su procedimiento de actuación se rige por lo dispuesto en la regulación que establece las normas y los principios generales relativos a las modalidades de control por parte de los Estados miembros del ejercicio de las competencias de ejecución por la Comisión (Rgto UE/182/2011 art.5).

Comité del IVA (Dir 2006/112/CE art.398) El Comité está compuesto por representantes de los E.m. y de la Comisión, y presidido por un representante de la Comisión. La secretaría del Comité está a cargo de los servicios de la Comisión. 8204
Con independencia de los supuestos de **consulta obligatoria** al Comité previstos en la Directiva IVA, el mismo examina las cuestiones planteadas por su presidente, sea por iniciativa de este o por solicitud del representante de un E.m., relativas a la aplicación de las disposiciones UE que se refieran al IVA.

Órganos de la Comisión Europea competentes en materia de fiscalidad Las cuestiones fiscales y aduaneras corresponden a la **Dirección General de Fiscalidad y Unión Aduanera**. 8206
Esta Dirección general integra cinco **Direcciones**:
- Dirección A: Aduanas.
- Dirección B: Realización Digital de las Políticas Aduanera y Fiscal.
- Dirección C: Fiscalidad Indirecta y Administración Fiscal.
- Dirección D: Fiscalidad Directa, Coordinación Fiscal, Análisis Económico y Evaluación.
- Dirección E: Resources and General Affairs.

La Dirección C, por su parte, está subdividida en cinco **Unidades**:
- C-1: Value Added Tax Policy.
- C-2: CBAM, Energy and Green Taxation.
- C-3: Behavioural Taxation and Other Indirect Taxes.
- C-4: Administrative Cooperation and Legal Issues.
- C-5: Economic Analysis and Taxation of Exempted Sectors.

Dentro de la Dirección C, resulta especialmente relevante para los ciudadanos UE la **Unidad C-4**, encargada de los asuntos jurídicos y del control de la aplicación de las disposiciones fiscales UE por parte de los E.m. Dicha Unidad se ocupa de las frecuentes denuncias presentadas por los ciudadanos en relación con las normativas fiscales nacionales cuando estos estiman que las mismas vulneran el derecho UE.

E. IVA en la era digital

(Dir (UE) 516/2025; Rgto (UE) 2025/517; Rgto (UE) 2025/518)

Adoptado el 11-4-2025 por el Consejo de la Unión Europea, y con fecha de entrada en vigor el **14-4-2025**, se han implementado las medidas sobre el IVA en la Era Digital (Vat in the Digital Age -**ViDA**-). La efectividad de estas modificaciones se extiende de forma progresiva hasta el 1-1-2035. La normativa incide en varias cuestiones: 8210
1. Facturación electrónica (aplicable a partir del **1-7-2030**):
a) Nueva definición de factura electrónica: aquella que se expida, remita y reciba en formato electrónico estructurado y que contenga los datos exigidos para realizar los suministros de información a la Administración.
b) Los Estados miembros podrán condicionar la deducción del IVA a la tenencia de una factura correctamente expedida.
c) Se exigirá los datos bancarios del proveedor para el pago.
d) En las operaciones intracomunitarias, será obligatoria la factura electrónica en formato estructurado (no será válido el formato óptico). Este formato será también obligatorio en los nuevos supuestos subjetivos obligatorios de inversión del sujeto pasivo.
e) El plazo para la expedición de las facturas será de diez días desde el devengo.
f) Este formato estructurado en la facturación electrónica será también la regla general para las operaciones domésticas. Para ello, se recomienda el uso del estándar europeo; no obstante, los Estados miembros podrán seguir permitiendo otros estándares distintos y aceptar facturas en papel o formatos electrónicos distintos de las facturas electrónicas estructuradas, pudiendo, en ese caso, imponer el requisito de la aceptación del destinatario.

Precisiones Desde la fecha de entrada en vigor de esta norma (14-4-2025), los E.m. están habilitados para establecer como **obligatoria** la utilización de la factura electrónica, sin que sea necesario solicitar la autorización de la Comisión. Se permite que su utilización no esté condiciona a la aceptación del destinatario (Dir 2006/112/CE art. 218 y 232 redacc Dir (UE) 2025/516).

2. Suministro digital de información en tiempo real en **operaciones intracomunitarias**, muy similar al Suministro Inmediato de Información (SII) existente en España (nº 7354). El sistema que se ha dispuesto a nivel comunitario a partir del **1-7-2030** implica lo siguiente: 8212
a) La información se podrá suministrar a través del archivo electrónico de la nueva factura electrónica y será operación a operación (no de forma agregada).
b) La exención de las EIB quedará condicionada al correcto suministro de la información.

c) La información se suministrará en el mismo momento en que se emita la factura (5 días si es emitida por un tercero).
d) Cada Estado miembro facilitará los medios de transmisión de la información a través del portal web de sus autoridades fiscales.
e) Se habilita a los Estados a implementar sistemas digitales de suministro de información para las operaciones domésticas B2B y B2C. Los Estados podrán limitar esta obligación a determinadas categorías de sujetos pasivos. Los plazos de suministro serán los mismos que para las operaciones intracomunitarias.

Precisiones Los E.m., que tuvieran en vigor antes del 1-1-2024 un sistema de suministro digital de operaciones en tiempo real, o estuvieran en proceso de adoptar uno en esa fecha, deben alinear sus sistemas con el estándar europeo a más tardar el 1-1-2035 (Dir (UE) 2025/516 art.6.5).

8214 3. Modificaciones en la **Ventanilla única** (a partir del **1-7-2028**):
a) Se prevé la inclusión de las transferencias de bienes como algo optativo, pero, una vez que se aplique, será obligatorio para la declaración de todas las realizadas.
b) Será necesario presentar una declaración electrónica mensual con el detalle por cada Estado de envío y de llegada de los bienes. En tal caso, las transferencias no se incluirán en la declaración recapitulativa de operaciones intracomunitarias (modelo 349).
c) Las AIB asimiladas así declaradas estarán exentas en el Estado de llegada.
d) Se exigirán unos registros específicos que deberán conservarse 10 años.
e) El Régimen de la Unión se amplía a las entregas domésticas de bienes realizadas a particulares por empresarios no establecidos en el Estado donde se realiza la entrega, así como a las entregas de bienes con instalación o montaje, gas, electricidad o a bordo de un barco, un avión o un tren.

8216 **4. Plataformas digitales**:
a) A partir del **1-1-2027** se considerará sujeto pasivo a la plataforma que facilite entregas de bienes efectuadas dentro de la Comunidad por sujetos pasivos no establecidos en la Comunidad, con independencia de la condición de particular o empresario o profesional del destinatario.
b) A partir del **1-7-2028**:
- en arrendamientos de alojamiento de corta duración (máximo: 30 noches) o transporte de viajeros por carretera dentro de la Comunidad, serán sujeto pasivo asimilado, salvo que el proveedor subyacente facilite un NIF-IVA expedido en el Estado en el que se efectúe la prestación y declare que repercutirá el IVA del servicio;
- esta regla no se aplicará a los servicios cubiertos por el REAV;
- los servicios prestados por la plataforma se localizarán donde se efectúe la operación subyacente;
- el servicio del proveedor subyacente a la plataforma estará exento; y
- deberán llevar un registro de las operaciones y conservarlo 10 años, además de otras obligaciones de información sobre los ingresos obtenidos por los vendedores que utilizan sus servicios y de diligencia debida.

PARTE SEXTA

Contabilización

CAPÍTULO 17

Contabilidad del IVA

La contabilización del IVA debe realizarse conforme a las normas del Derecho contable (nº 285 s. Memento Contable 2026), y en especial conforme a los criterios contenidos en el Plan General de Contabilidad (**PGC**), aprobado por RD 1514/2007, y el Plan General de Contabilidad adaptado a las Pymes (**PGC PYMES**), aprobado por RD 1515/2007. 8252

El IVA y el Impuesto General Indirecto Canario (IGIC) son tratados en las Normas de Registro y Valoración (PGC NRV 12ª; PGC PYMES NRV 14ª), no produciéndose cambio alguno entre ambas normas. Cabe destacar:

a) El **cuadro de cuentas** integra cuentas específicamente destinadas a reflejar el crédito fiscal por el IVA soportado deducible, la deuda fiscal por el IVA repercutido, y los gastos o ingresos originados por las regularizaciones previstas en aplicación de la regla de prorrata.

b) El **balance** integra, en la partida «III. Deudores comerciales y otras cuentas a cobrar» del apartado «B) Activo corriente», el posible crédito fiscal por IVA, recogiendo en la partida «V. Acreedores comerciales y otras cuentas a pagar» del apartado «C) Pasivo corriente», la posible deuda fiscal por IVA.

c) La **cuenta de pérdidas y ganancias** recoge de forma expresa, en la partida «7. Otros gastos de explotación», el punto «b) Tributos».

d) El PGC NRV 12ª y el PGC PYMES NRV 14ª establecen los criterios de contabilización en los supuestos de **no deducibilidad** del IVA soportado y de los **ajustes de deducibilidad** previstos cuando resulte de aplicación la regla de prorrata. También resulta de aplicación, en tanto que el Instituto de Contabilidad y Auditoría de Cuentas (en adelante ICAC) no las modifique, la ICAC Resol 16-12-92 sobre el IGIC y la ICAC Resol 20-1-97 por la que se desarrolla el tratamiento contable de los regímenes especiales establecidos en el IVA y en el IGIC, en todo lo que desarrolla y no contradiga los criterios establecidos por el PGC.

Precisiones El **Código de Comercio** y la **Ley de Sociedades de Capital**, aunque no contienen disposiciones específicamente aplicables al tratamiento contable del IVA, establecen normas relativas al tratamiento de créditos y deudas, y de gastos e ingresos que, de forma indirecta, también resultan de aplicación.

A. Principios y normas de valoración

(PGC NRV 12ª; PGC PYMES NRV 14ª)

Con carácter **general**, los principios y normas de valoración aplicables son los previstos para el registro de créditos y deudas, aunque en el actual PGC no existe norma de registro y valoración específica para ellos, y se encuentran incluidos en la relativa a Instrumentos financieros y en las relativas a Activos financieros y Pasivos financieros (PGC NRV 9ª y PGC PYMES NRV 8ª y 9ª, respectivamente). 8255

No obstante, cuando el **IVA soportado** no resulte total o parcialmente deducible, el tratamiento contable a aplicar difiere del señalado. En este caso, el IVA soportado ha de integrarse como mayor importe del gasto incurrido o de la inversión materializada. También existen especialidades en la contabilización del **IVA repercutido** que no es reintegrable explícitamente, ya que se consigna como mayor importe de la venta o prestación de servicios efectuada (nº 8340 s.).

En consecuencia, resulta de aplicación el PGC NRV 12ª y el PGC PYMES NRV 14ª relativas al Impuesto sobre el Valor Añadido (IVA), Impuesto General Indirecto Canario (IGIC) y otros impuestos indirectos, en las que se establecen las reglas de registro contable de aquellas operaciones que se separan del sistema general de funcionamiento tributario de este impuesto, obviando cualquier referencia al tratamiento contable general, salvo la precisión de que el IVA repercutido no forma parte del ingreso derivado de las operaciones gravadas por dicho impuesto o del importe neto obtenido en la enajenación o disposición por otra vía en el caso de baja en cuentas de activos no corrientes.

Para tales **singularidades** tributarias se prevé lo siguiente:
a) El **IVA soportado no deducible** constituye mayor importe de los bienes o servicios adquiridos.
b) En el caso de **autoconsumo interno**, el IVA no deducible se adiciona al coste de los respectivos activos no corrientes.
c) Los **ajustes** en el IVA soportado no deducible, consecuencia de las regularizaciones previstas en la regla de prorrata, no alteran las valoraciones iniciales de los bienes y servicios adquiridos, incluida la regularización de bienes de inversión.

B. Procedimientos y relaciones contables más usuales

8260

8262 **Sistema de cuentas** Aunque de aplicación no obligatoria, en el **cuadro de cuentas** previsto por el PGC y el PGC PYMES para el tratamiento contable del IVA, se establece el siguiente esquema de cuentas:

8264 **Grupo 4.** ACREEDORES Y DEUDORES POR OPERACIONES COMERCIALES.
Subgrupo 47. Administraciones Públicas.
• **Cuenta 470** «Hacienda Pública, deudora por diversos conceptos».
- **Subcuenta 4700** «Hacienda Pública, deudora por IVA».
Recoge el exceso, en cada período impositivo, del IVA soportado deducible sobre el IVA repercutido.
En caso de **compensación** lo es contra el IVA repercutido de un período posterior, por tanto, abono con cargo a la cuenta 477 «Hacienda Pública, IVA repercutido». Si se solicita su **devolución** es necesario esperar hasta el momento en que la Hacienda Pública proceda a su reintegro, registrando un abono con cargo a cuentas del subgrupo 57. Tesorería.
• **Cuenta 472** «Hacienda Pública, IVA soportado».
- **Subcuenta 4720** «Hacienda Pública, IVA soportado».
Refleja el **IVA devengado y soportado** con motivo de la adquisición e importación de bienes y servicios y otras operaciones legalmente previstas, siempre que tenga carácter deducible y concurran las circunstancias que habilitan para el ejercicio del derecho a la deducción.
Se **compensa** periódicamente, en cada liquidación, anulando su saldo con el IVA repercutido del período y, si este resultase insuficiente para proceder a la compensación total, la diferencia se recoge en la cuenta 4700 «Hacienda Pública, deudora por IVA».
También incluye las diferencias positivas que resultan en el IVA deducible derivadas de las regularizaciones (con abono a la cuenta 639 «Ajustes positivos en la imposición indirecta» o cuentas de desarrollo). Se reduce por el importe de las diferencias negativas (con cargo a la cuenta 634 «Ajustes negativos en la imposición indirecta» o cuentas de desarrollo), y se modifica su saldo por ajustes por alteraciones en los precios posteriores a la realización de las operaciones gravadas, o reducciones por descuentos y bonificaciones posteriores al devengo, o por la anulación de las operaciones.
- **Subcuenta 4721** «Hacienda Pública, IVA soportado facturado».
Recoge, en el régimen especial del criterio de caja (nº 8470 s.), el IVA soportado que se ha devengado contablemente, aunque aún no se ha producido el devengo fiscal al no haberse pagado al proveedor.
- **Subcuenta 4722** «Hacienda Pública, IVA soportado facturado y devengado».
Recoge, en el régimen especial del criterio de caja, el IVA soportado que ya se ha devengado fiscalmente al haberse pagado al proveedor.

8265 • **Cuenta 475** «Hacienda Pública, acreedora por conceptos fiscales».
- **Subcuenta 4750** «Hacienda Pública, acreedora por IVA».
Refleja el **exceso**, tras cada liquidación, del IVA devengado sobre el IVA soportado deducible. Se salda tras el correspondiente pago.
• **Cuenta 477** «Hacienda Pública, IVA repercutido».
- **Subcuenta 4770** «Hacienda Pública, IVA repercutido».
En ella se integra el **IVA devengado** en la entrega de bienes, prestaciones de servicios realizadas por el sujeto pasivo y otras operaciones en las que legalmente se establezca (supuestos de inversión del sujeto pasivo y adquisiciones intracomunitarias). También el IVA devengado en los casos de retirada de bienes con destino al consumo del titular de la explotación o a su patrimonio personal.

Se **liquida** periódicamente, saldándola contra el IVA soportado. El posible **exceso no compensado** lo recoge la cuenta 4750 «Hacienda Pública, acreedora por IVA».
Se modifica su saldo por ajustes por alteraciones en los precios posteriores a la realización de las operaciones gravadas, o reducciones por descuentos y bonificaciones posteriores al devengo, o por la anulación de las operaciones.
- **Subcuenta 4771** «Hacienda Pública, IVA repercutido facturado».
Recoge, en el régimen especial del criterio de caja (nº 8470 s.), el IVA repercutido que se ha devengado contablemente, aunque aún no se ha producido el devengo fiscal al no haberse producido el cobro del cliente.
- **Subcuenta 4772** «Hacienda Pública, IVA repercutido facturado y devengado».
Recoge, en el régimen especial del criterio de caja, el IVA repercutido que se ha devengado fiscalmente al haberse producido el cobro del cliente.

Grupo 6. COMPRAS Y GASTOS. **8266**
Subgrupo 63. Tributos.
• **Cuenta 631** «Otros tributos».
Con el desarrollo que resulte preciso, esta cuenta ha de recoger las liquidaciones de IVA **a tanto alzado**, si su importe no se aplica a ajustar los gastos e inversiones que han recogido el IVA soportado no deducible y los ingresos por ventas en que se ha integrado el IVA repercutido no liquidable.
Su contrapartida en el haber es, por lo general, cuentas del subgrupo 47. Administraciones Públicas.
• **Cuenta 634** «Ajustes negativos en la imposición indirecta».
- **Subcuenta 6341** «Ajustes negativos en IVA de activo corriente».
- **Subcuenta 6342** «Ajustes negativos en IVA de inversiones».
Estas subcuentas recogen el importe de las diferencias negativas que resultan de **regularizaciones** en el IVA soportado deducible en aplicación de la regla de prorrata y del régimen de regularización de bienes de inversión. Su **contrapartida**, en el haber, es la cuenta 4720 «Hacienda Pública, IVA soportado».
• **Cuenta 637** «Imposición Indirecta, regímenes especiales».
- **Subcuenta 6371** «Régimen simplificado, IVA».
- **Subcuenta 6373** «Régimen de la agricultura, ganadería y pesca, IVA».
Esta cuenta y subcuentas, previstas por la ICAC Resol 20-1-97, norma 8ª, aunque no se contemplan de forma expresa en el PGC, pueden utilizarse según el siguiente movimiento:
a) Se **cargan** por el importe a ingresar a la Hacienda Pública en el régimen simplificado, con abono, en general, a la cuenta 475 «Hacienda Pública, acreedora por conceptos fiscales».
b) Se **abonan**:
- por el importe recibido como compensación en el régimen de la agricultura, ganadería y pesca, con cargo generalmente a cuentas del subgrupo 43. Clientes o 57. Tesorería;
- al cierre del ejercicio en el régimen simplificado con cargo, en general, a cuentas del subgrupo 70. Ventas de mercaderías, de producción propia, de servicios, etc. o 75. Otros ingresos de gestión.
c) Se **abonan o cargan**, con cargo o abono a la cuenta 129 «Resultado del ejercicio».
• **Cuenta 639** «Ajustes positivos en la imposición indirecta».
- **Subcuenta 6391** «Ajustes positivos en IVA de activo corriente».
- **Subcuenta 6392** «Ajustes positivos en IVA de inversiones».
Recogen el importe de las diferencias positivas que resultan de **regularizaciones** en el IVA soportado deducible en aplicación de la regla de prorrata y del régimen de regularización de bienes de inversión. Su **contrapartida**, en el debe, es la cuenta 4720 «Hacienda Pública, IVA soportado».

Precisiones El **IVA soportado no deducible** forma parte del precio de adquisición de los activos corrientes y no corrientes, así como de los servicios que son objeto de las operaciones gravadas por el impuesto (PGC NRV 12ª), mientras que el IVA soportado deducible se registra en la cuenta 472 «Hacienda pública, IVA soportado», cuyo movimiento y motivos de cargo y abono, se recogen en el PGC Parte 5ª (ICAC consulta núm 3, BOICAC núm 98). **8267**

Operaciones que confieren derecho a la deducción Contablemente el **IVA soportado** constituye un crédito fiscal y el **IVA devengado** (repercutido) una deuda fiscal, susceptibles de compensación recíproca en las liquidaciones que periódicamente se practican. **8270**
El **registro contable** de las operaciones cuyo IVA confiere derecho a deducción se expone a través del ejemplo del nº 8274.

Precisiones Respecto al tratamiento fiscal del **derecho a deducir** el IVA soportado, ver el nº 2500 s.

8274 Ejemplo De la empresa X se conocen, con respecto al IVA, los siguientes datos:
1. Al comienzo de un período de liquidación, el IVA compensable asciende a 62 € (saldo de la cuenta 4700 «Hacienda Pública, deudora por IVA»).
2. Durante el período de liquidación han tenido lugar, presentadas de forma sintética, las siguientes operaciones:
a) Se han adquirido bienes y servicios por 1.200 €. De ellos, 200 € corresponden a operaciones exentas, 100 € soportan un IVA del 10%, y para el resto el tipo aplicado es del 21%.
b) Se ha anticipado a proveedores la cantidad de 80 €, más el correspondiente IVA al 21%.
c) Se han devuelto materias primas por 60 €, que habían soportado IVA al 21%.
d) Se han vendido productos por 1.500 €. En factura se ha repercutido un 21% de IVA sobre la base imponible.
e) Los clientes han devuelto ventas por 50 € (+ IVA). En concepto de rappels se les ha reconocido 45 € (+ IVA).

8276 Los **registros contables** a efectuar son:
a) Por la adquisición de bienes y servicios:
- IVA soportado = 10% × 100 + 21% × 900 = 199.

Núm	Cuenta	Debe	Haber
2/6	Inmovilizado/Compras y gastos	1.200,00	
4720	Hacienda Pública, IVA soportado	199,00	
40/41	Proveedores/Acreedores varios		1.399,00

b) Por el anticipo a los proveedores: IVA soportado = 21% × 80 = 16,80.

Núm	Cuenta	Debe	Haber
407	Anticipos a proveedores	80,00	
4720	Hacienda Pública, IVA soportado	16,80	
57	Tesorería		96,80

c) Por la devolución de las materias primas: IVA soportado = 21% × 60 = 12,60.

Núm	Cuenta	Debe	Haber
40	Proveedores	72,60	
608	Devoluciones de compras y operaciones similares		60,00
4720	Hacienda Pública, IVA soportado		12,60

8278 **d)** Por la venta: IVA repercutido = 21% × 1.500 = 315.

Núm	Cuenta	Debe	Haber
43/44	Clientes/Deudores varios	1.815,00	
70	Ventas de mercaderías, de producción propia de servicios, etc.		1.500,00
4770	Hacienda Pública, IVA repercutido		315,00

e) Por la devolución de las ventas y el rappel sobre ventas: IVA repercutido = 21% × (50 + 45) = 19,95.

Núm	Cuenta	Debe	Haber
708	Devoluciones de ventas y operaciones similares	50,00	
709	«Rappels» sobre ventas	45,00	
4770	Hacienda Pública, IVA repercutido	19,95	
43/44	Clientes/Deudores varios		114,95

El asiento de **liquidación** al final del período es:

Núm	Cuenta	Debe	Haber
4770	Hacienda Pública, IVA repercutido	295,05	
4720	Hacienda Pública, IVA soportado		203,20
4700	Hacienda Pública, deudora por IVA		62,00
4750	Hacienda Pública, acreedora por IVA		29,85

8280 **Operaciones que no confieren derecho a la deducción** El ejercicio por una empresa de operaciones exentas con **exención limitada** (nº 2520) determina, por regla general, la no deducibilidad del IVA soportado en sus adquisiciones de bienes y servicios. Desde una perspectiva contable, el IVA soportado en esas adquisiciones incrementa el precio de adquisición.

El registro contable del IVA correspondiente a estas operaciones se estudia a través del ejemplo del nº 8284.

Ejemplo Una sociedad anónima presta servicios de diagnóstico médico, exentos de IVA. Durante un determinado período lleva a cabo, entre otras, las siguientes operaciones: 8284
1. Adquiere un aparato de rayos X por 12.000 €. La operación devenga IVA al tipo reducido del 10%.
2. La factura por el consumo de energía eléctrica presenta una base imponible de 100 € (21% IVA).
3. Factura a una clínica durante el período considerado la cantidad de 6.000 € (exenta de IVA).
Proceden los siguientes **registros contables**:
1) Por la adquisición del aparato de rayos X:
Inmovilizado material = 12.000 + (10% × 12.000) = 13.200.

Núm	Cuenta	Debe	Haber
21	Inmovilizaciones materiales	13.200,00	
40/57	Proveedores/Tesorería		13.200,00

2) Por el consumo de energía: 100 + (21% × 100) = 121.

Núm	Cuenta	Debe	Haber
628	Suministros	121,00	
41	Acreedores varios		121,00

3) Por la facturación a la clínica:

Núm	Cuenta	Debe	Haber
43/57	Clientes/Tesorería	6.000,00	
705	Prestaciones de servicios		6.000,00

Realización conjunta de operaciones que confieren y no confieren derecho a la deducción (PGC NRV 12ª; PGC PYMES NRV 14ª) Contablemente se obliga a considerar como **mayor importe** de los bienes o servicios adquiridos el IVA soportado no deducible. 8286
En relación con la **regla de prorrata** (nº 2715 s.), se impide alterar las valoraciones iniciales como consecuencia de las regularizaciones derivadas de la prorrata definitiva y del régimen de regularización de los bienes de inversión.
Las posibles **diferencias** que resulten por efecto de tales regularizaciones constituyen, por tanto, un aumento o una disminución de los derechos por IVA soportado frente a la Hacienda Pública, cuya contrapartida son gastos o ingresos a recoger en las cuentas 6341 «Ajustes negativos de IVA de activo corriente», 6342 «Ajustes negativos de IVA de inversiones» (gastos), y en las cuentas 6391 «Ajustes positivos de IVA de activo corriente», 6392 «Ajustes positivos de IVA de inversiones» (ingresos).

Ejemplo Una compañía mercantil realiza simultáneamente actividades de asesoramiento fiscal, contable y laboral (sujetas y no exentas a IVA) y actividades de agencia de seguros (sujetas y exentas). Se aplica un régimen común de deducciones para las adquisiciones que se utilizan en las dos actividades. 8290
Se conocen además los siguientes datos:
1. Durante el año N-1 el importe total de la cifra de negocios fue de 1.800 €. La cifra de negocios atribuible a las operaciones de asesoramiento contable, fiscal y laboral fue de 810 €.
2. Al comienzo del ejercicio no existe IVA compensable.
3. Durante el ejercicio, las ventas en cada período de liquidación son (tipo de IVA: 21%).

Período	Operaciones exentas	Operaciones no exentas
1T	300,00	150,00
2T	250,00	200,00
3T	400,00	250,00
4T	200,00	250,00
	1.150,00	850,00

4. Durante el ejercicio, las adquisiciones que soportan IVA (tipo: 21%), en cada período de liquidación son:

Períodos	Sin derecho a deducción	Con derecho a deducción	Mixtas	Total
1T	100,00	50,00	30,00	180,00
2T	50,00	20,00	240,00 (*)	310,00
3T	80,00	50,00	60,00	190,00
4T	70,00	30,00	70,00	170,00
	300,00	150,00	400,00	850,00

(*) En este período se ha adquirido el único bien de inversión del ejercicio, un equipo informático integrado, de uso en todas las actividades desarrolladas por la empresa, cuyo precio ha sido de 200 € (esta cifra solo es válida a los efectos del ejemplo, ya que solo tienen la consideración de bienes de inversión los elementos cuyo valor de adquisición es de al menos 3.005,06 €, nº 2585). En consecuencia, del total de operaciones mixtas del año (400), 200 corresponden a bienes de inversión y otros 200 a activos corrientes.

5. Durante los siguientes cuatro años, el porcentaje de prorrata ha sido: N+1: 50%; N+2: 60%; N+3: 40%; N+4: 30%.

8292 Con relación al IVA, los **registros contables** a efectuar en las fechas señaladas son:

• **1T N**:

- IVA repercutido = 21% × 150,00 = 31,50.

Aunque la cifra total de ventas asciende a 450,00, el IVA solo opera sobre las ventas no exentas (150,00).

Núm	Cuenta	Debe	Haber
43	Clientes	481,50	
705	Prestaciones de servicios		450,00
4770	Hacienda Pública, IVA repercutido		31,50

- Prorrata provisional N = (810,00/1.800,00) × 100 = 45%.
- IVA soportado deducible = (21% × 50,00) + (21% × 45% × 30,00) = 13,33.
- IVA soportado no deducible que tiene la consideración de gasto = 180,00 × 21% - 13,33 = 24,47.
- Importe de compras y gastos = 180,00 + 24,47 = 204,47.

Núm	Cuenta	Debe	Haber
6	Compras y gastos	204,47	
4720	Hacienda Pública, IVA soportado	13,33	
40/41	Proveedores/Acreedores varios		217,80

• **31-3-N**. Liquidación del IVA del 1er trimestre:

Núm	Cuenta	Debe	Haber
4770	Hacienda Pública, IVA repercutido	31,50	
4720	Hacienda Pública, IVA soportado		13,33
4750	Hacienda Pública, acreedora por IVA		18,17

8293 • **2T N**:

- IVA repercutido = 21% × 200,00 = 42,00.

Núm	Cuenta	Debe	Haber
43	Clientes	492,00	
705	Prestaciones de servicios		450,00
4770	Hacienda Pública, IVA repercutido		42,00

- IVA soportado deducible = (21% × 20,00) + (21% × 45% × 240,00) = 26,88.
- IVA soportado no deducible que tiene la consideración de gasto = 310,00 × 21% - 26,88 = 38,22.
- Importe de compras y gastos = 110,00 + (50,00 × 21%) + (240,00 - 200,00) × 55% × 21% = 125,12.
- Importe de equipos de proceso de información = 200,00 + 200,00 × 55% × 21% = 223,10.

Núm	Cuenta	Debe	Haber
6	Compras y gastos	125,12	
217	Equipos procesos de información	223,10	
4720	Hacienda Pública, IVA soportado	26,88	
40/41	Proveedores/Acreedores varios		375,10

• **30-6-N**. Liquidación del IVA del 2º trimestre:

Núm	Cuenta	Debe	Haber
4770	Hacienda Pública, IVA repercutido	42,00	
4720	Hacienda Pública, IVA soportado		26,88
4750	Hacienda Pública, acreedora por IVA		15,12

• **3T N**: 8294

- IVA repercutido = (21% × 250,00) = 52,50.

Núm	Cuenta	Debe	Haber
43	Clientes	702,50	
705	Prestaciones de servicios		650,00
4770	Hacienda Pública, IVA repercutido		52,50

- IVA soportado deducible = (21% × 50,00) + (21% × 45% × 60,00) = 16,17.
- IVA soportado no deducible que tiene la consideración de gasto = 190,00 × 21% - 16,17 = 23,73.
- Importe de compras y gastos = 190,00 + 23,73 = 213,73.

Núm	Cuenta	Debe	Haber
6	Compras y gastos	213,73	
4720	Hacienda Pública, IVA soportado	16,17	
40/41	Proveedores/Acreedores varios		229,90

• **30-9-N**. Liquidación del IVA del 3er trimestre:

Núm	Cuenta	Debe	Haber
4770	Hacienda Pública, IVA repercutido	52,50	
4720	Hacienda Pública, IVA soportado		16,17
4750	Hacienda Pública, acreedora por IVA		36,33

• **4T N**: 8295

IVA repercutido = 21% × 250,00 = 52,50.

Núm	Cuenta	Debe	Haber
43	Clientes	502,50	
705	Prestaciones de servicios		450,00
4770	Hacienda Pública, IVA repercutido		52,50

- IVA soportado deducible = (21% × 30,00) + (21% × 45% × 70,00) = 12,91.
- IVA soportado no deducible que tiene la consideración de gasto = 170,00 × 21% - 12,91 = 22,79.
- Importe de compras y gastos = 170,00 + 22,79 = 192,79.

Núm	Cuenta	Debe	Haber
6	Compras y gastos	192,79	
4720	Hacienda Pública, IVA soportado	12,91	
40/41	Proveedores/Acreedores varios		205,70

• **31-12-N**:
- Ingresos totales: 1.150,00 + 850,00 = 2.000,00
- Prorrata definitiva N = (850,00/2.000,00) × 100 = 42,5%; redondeando (nº 2733), 43%.
- Regularización del activo corriente = (45 - 43)% × 21% × (400,00 - 200,00) = 0,84.
- Regularización de las inversiones = (45 - 43)% × 21% × 200,00 = 0,84.

Núm	Cuenta	Debe	Haber
6341	Ajustes negativos en IVA de activo corriente	0,84	
6342	Ajustes negativos en IVA de inversiones	0,84	
4720	Hacienda Pública, IVA soportado		1,68

- Liquidación del IVA del 4º trimestre:

Núm	Cuenta	Debe	Haber
4770	Hacienda Pública, IVA repercutido	52,50	
4720	Hacienda Pública, IVA soportado (12,91 - 1,68)		11,23
4750	Hacienda Pública, acreedora por IVA		41,27

8296 • **31-12-N+1 y 31-12-N+3**:

- No procede regularizar el IVA soportado en la adquisición del equipo informático ya que la diferencia de porcentajes de prorratas en esos años, respecto de la definitiva del año N, es de menos de 10 puntos:

N+1: 50% - 43% = 7%.
N+3: 40% - 43% = -3%.

• **31-12-N+2**:

- En este ejercicio la diferencia de porcentajes de prorrata supera los 10 puntos, por lo que procede la regularización de la inversión:

(60 - 43)% × 21% × 200,00/5 = 1,43.

Núm	Cuenta	Debe	Haber
4720	Hacienda Pública, IVA soportado	1,43	
6392	Ajustes positivos en IVA de inversiones		1,43

• **31-12-N+4**:

- La diferencia de porcentajes de prorrata supera los 10 puntos, por lo que procede la regularización de la inversión:

(30 - 43)% × 21% × 200,00/5 = -1,09.

Núm	Cuenta	Debe	Haber
6342	Ajustes negativos en IVA de inversiones	1,09	
4720	Hacienda Pública, IVA soportado		1,09

C. Operaciones especiales de contabilización

8300

1. Operaciones Intracomunitarias

8305 Las operaciones intracomunitarias se desdoblan en una entrega o prestación en origen exenta y una adquisición o servicio en destino sujeta (nº 5200 s.).

8307 **Entregas de bienes y prestaciones de servicios** Las entregas y servicios intracomunitarias están exentas del impuesto (nº 5211), por lo que la factura emitida por el vendedor español no debe incluir el IVA. Su contabilización responde al **modelo**:

Núm	Cuenta	Debe	Haber
57	Tesorería	xxx	
25/43/44	Reconocimiento de créditos concedidos	xxx	
70	Ingresos por ventas o prestación de servicios		xxx
20/21	Bienes del activo fijo		xxx

Precisiones Las **ventas en consignación**, si cumplen los requisitos previstos, tienen el mismo tratamiento que las entregas de bienes intracomunitarias (nº 5210 s.).

8308 Ejemplo Una empresa española vende fruta por 3.000 € a un mayorista francés, que acepta una letra a pagar a tres meses:

Núm	Cuenta	Debe	Haber
431	Clientes, efectos comerciales a cobrar	3.000,00	
70	Ventas		3.000,00

Adquisiciones de bienes y servicios La adquisición de bienes procedentes de otros Estados miembros de la UE queda sujeta al IVA en España, por lo que se devenga la cuota del impuesto, que debe ser objeto de **autorrepercusión** por el destinatario (repercute y soporta el IVA simultáneamente -nº 5250 s.-). En el momento de la adquisición el reflejo contable de la operación es, utilizando las cuentas 4723 «Hacienda Pública, IVA soportado en operaciones intracomunitarias» y 4773 «Hacienda Pública, IVA repercutido en operaciones intracomunitarias» (ICAC consulta núm 13, BOICAC núm 12): 8310

Núm	Cuenta	Debe	Haber
6/2	Compras, prestación de servicios, adquisición de bienes activo fijo	xxx	
57	Tesorería		xxx
1/4/5	Reconocimiento de deudas contraídas		xxx
4723	Hacienda Pública, IVA soportado en operaciones intracomunitarias	xxx	
4773	Hacienda Pública, IVA repercutido en operaciones intracomunitarias		xxx

Ejemplo Una empresa española adquiere maquinaria a un proveedor alemán; el valor de la maquinaria abonado al contado es de 4.000 €. Posteriormente, la vende al contado por 4.500 € a un cliente de Francia (IVA del 21%). 8312

a) Asientos de la **compra**:

Núm	Cuenta	Debe	Haber
60	Compras	4.000,00	
57	Tesorería		4.000,00
4723	Hacienda Pública, IVA soportado en operaciones intracomunitarias	840,00	
4773	Hacienda Pública, IVA repercutido en operaciones intracomunitarias		840,00

Al tratarse de una adquisición intracomunitaria gravada en destino, el IVA autorrepercutido que corresponde es de 840 € (4.000,00 × 21%).

b) Asiento de la **venta**:

Núm	Cuenta	Debe	Haber
57	Tesorería	4.500,00	
70	Ventas		4.500,00

El asiento de venta no produce repercusión del IVA por tratarse de una entrega intracomunitaria exenta en origen.

2. Operaciones de autoconsumo

Para el estudio de su tratamiento contable deben distinguirse los supuestos de autoconsumo externo e interno (nº 235 s.). 8320

Autoconsumo externo En este caso el devengo del IVA repercutido se produce por el valor de mercado de los bienes entregados o de los servicios prestados, con contrapartida en la cuenta 550 «Titular de la explotación» o en cuentas de gastos extraordinarios. Su **registro contable** se expone mediante el ejemplo siguiente. 8322

Precisiones Si la empresa realiza una **donación** por la que está obligada a repercutir el IVA, y acuerda que el donatario no va a abonar dicho importe, por un lado, el donante ha de contabilizar un mayor gasto por donación del citado IVA repercutido; por otro lado, el donatario ha de reconocer dicho importe como una donación y, por tanto, un ingreso (ICAC consulta núm 1, BOICAC núm 115).

Ejemplo El Sr. X retira de su patrimonio empresarial un ordenador, afectándolo a su servicio particular. En relación con dicho elemento patrimonial se sabe: 8324

1. Que el valor contable del bien es de 50 € (valor de adquisición: 250 €; amortización acumulada: 200 €).

2. Que su valor de mercado es de 50 € (tipo IVA: 21%).

El **reflejo contable** en la contabilidad de la empresa del Sr. X de esta transferencia a su patrimonio particular es:
- IVA repercutido = 21% × 50 = 10,50.

Núm	Cuenta	Debe	Haber
550	Titular de la explotación	60,50	
281	Amortización acumulada del inmovilizado material	200,00	
217	Equipos para procesos de información		250,00
4770	Hacienda Pública, IVA repercutido		10,50

8328 **Autoconsumo interno** Contablemente se debe registrar una deuda fiscal con cargo a las cuentas de gastos por ajuste de IVA.
El **registro contable** de estos supuestos se expone en el ejemplo del nº 8330.

8330 Ejemplo Una compañía mercantil se dedica al alquiler de locales de negocio (actividad sujeta y no exenta) y a la actividad de seguros (actividad sujeta y exenta), a las que considera actividades en sectores diferenciados y sobre las que practica el régimen de deducciones de forma independiente. En relación con uno de los inmuebles se conocen los siguientes datos (IVA 21%):
1. Fue adquirido el 1-3-N con destino al alquiler de locales de negocio por 2.500.000 € (+ 21% IVA).
2. Tras su explotación durante un cierto período de tiempo en su utilización original, el 1-6-N+1 se destina a la actividad de seguros. En esa fecha su valor neto contable es de 2.450.000 € (amortización acumulada: 50.000 €).
Procede efectuar las siguientes **anotaciones contables** en las fechas señaladas:
• 1-3-N:
- IVA soportado deducible = 21% × 2.500.000 = 525.000,00.

Núm	Cuenta	Debe	Haber
221	Inversiones en construcciones (inversiones inmobiliarias)	2.500.000,00	
4720	Hacienda Pública, IVA soportado	525.000,00	
523	Proveedores de inmovilizado a corto plazo		3.025.000,00

• 1-6-N+1:
Por el cambio de uso se puede hacer:

Núm	Cuenta	Debe	Haber
221	Inversiones en construcciones (inversiones inmobiliarias)		2.500.000,00
282	Amortización acumulada de las inversiones inmobiliarias	50.000,00	
211	Construcciones	2.450.000,00	

- IVA devengado = 21% × 2.450.000 = 514.500,00.

Núm	Cuenta	Debe	Haber
6342	Ajustes negativos en IVA de inversiones	514.500,00	
4720	Hacienda Pública, IVA soportado		514.500,00

3. Regímenes especiales

El tratamiento contable del IVA en los regímenes especiales (nº 3100 s.) presenta ciertas peculiaridades con respecto al régimen general. 8341
La ICAC Resol 20-1-97 desarrolla el tratamiento contable que las empresas sometidas a cada uno de estos regímenes en el IVA deben realizar en relación con los mismos, y es de aplicación si no se opone a lo establecido en el PGC en vigor.
Sobre la contabilización del régimen especial del criterio de caja se ha pronunciado el ICAC consulta núm 5, BOICAC núm 96 (nº 8470 s.).

Régimen simplificado (LIVA art.122 y 123; ICAC consulta núm 2, BOICAC núm 56) En este régimen la deducibilidad de las cuotas soportadas en las adquisiciones de bienes y servicios prácticamente se equipara a la prevista en el régimen general, aplicándose el sistema de módulos exclusivamente para calcular la cuota devengada por operaciones corrientes (el equivalente al IVA repercutido por operaciones corrientes). 8342
En términos generales, el **esquema liquidatorio** anual del régimen simplificado, para las actividades acogidas al mismo, es el que se expone en el nº 3232 s.

En relación con la liquidación del régimen simplificado, constatada la inaplicabilidad sobrevenida de algunos de los **criterios establecidos por el ICAC** en su resolución por la que se desarrolla el tratamiento contable de los regímenes especiales establecidos en el IVA y en el IGIC, el ICAC emitió una contestación a consulta en la que se propone el siguiente tratamiento contable: 8346
a) Las **cuotas soportadas** en las adquisiciones de bienes y servicios por **operaciones corrientes** -incluidas las adquisiciones intracomunitarias y las de inversión del sujeto pasivo y las de importación de esa naturaleza-, en cuanto sean deducibles, no forman parte del precio de adquisición o coste de producción de los mismos. Las cuotas soportadas o satisfechas en la adquisición o importación de **activos fijos**, si resultan deducibles con arreglo a las normas generales del impuesto, tampoco forman parte del precio de adquisición o coste de producción de los mismos.
En ambos casos, se registran en una cuenta que recoja transitoriamente -hasta la liquidación- el derecho de crédito frente a la Hacienda Pública por IVA soportado deducible: 4720 «Hacienda Pública, IVA soportado». Podría arbitrarse la creación de una subcuenta de desarrollo que recoja de forma más precisa este derecho transitorio: 47200 «IVA soportado en operaciones corrientes», o 47201 «IVA soportado en operaciones de adquisición de activos fijos», respectivamente.
b) Las **cuotas** del impuesto, implícita o explícitamente **repercutidas** en las entregas de bienes o prestaciones de servicios, no se registran conjuntamente con el importe de la venta o servicio prestado, sino que se registran autónomamente en una cuenta que recoja transitoriamente -hasta la liquidación- la obligación frente a la Hacienda Pública por IVA devengado: 4770 «Hacienda Pública, IVA repercutido».
Una **alternativa simplificadora** consistiría en registrar a lo largo del ejercicio, conjuntamente, el importe del ingreso por ventas o prestación de servicios y el impuesto repercutido, dejando para el cierre del ejercicio, con ocasión de la liquidación del impuesto y la inclusión de la cifra de negocios en la cuenta de pérdidas y ganancias, la práctica de un registro de **ajuste de la cifra de ingresos** -sobredimensionada por el impuesto-, disminuyendo la misma en el importe del IVA repercutido y utilizando como contrapartida no la cuenta 6371 «Régimen simplificado IVA», sino directamente la cuenta que con carácter general recoge la obligación transitoria por IVA devengado: 4770 «Hacienda Pública, IVA repercutido» (ICAC Resol 20-1-97 norma 1ª y 8ª).

8350 Los **asientos tipo** a practicar según esta alternativa de registro, en relación con las ventas corrientes son:
- Ventas durante el ejercicio de 1.000 € (+21% IVA):

Núm	Cuenta	Debe	Haber
430	Clientes	1.210,00	
70	Ventas		1.210,00

- Ajuste al cierre del ejercicio:

Núm	Cuenta	Debe	Haber
70	Ventas	210,00	
4770	Hacienda Pública, IVA repercutido		210,00

c) Los **ingresos a cuenta** practicados en abril, julio y octubre constituyen simplemente una categoría específica de derechos transitorios frente a la Hacienda Pública en relación con la liquidación definitiva anual del IVA, siendo perfectamente equiparables a otras categorías de retenciones y pagos a cuenta imputables a otros impuestos. La cuenta más idónea para su registro es cualquiera de desarrollo de la 473 «Hacienda Pública, retenciones y pagos a cuenta», por ejemplo, la 4738 «Hacienda Pública, ingresos a cuenta IVA».

8352 **d)** La ficción legal de las **cuotas soportadas de difícil justificación**, una vez se cuantifique su importe al cierre del ejercicio, debe recibir un tratamiento de ajuste positivo en la imposición indirecta. La cuenta idónea para registrarlo sería la 4720 «Hacienda Pública, IVA soportado», que se carga por su importe, con contrapartida de abono en la cuenta 6398 «Ajustes positivos régimen simplificado IVA» o, alternativamente, en la cuenta 6371 «Régimen simplificado IVA», antes mencionada.

e) La **diferencia entre el impuesto realmente repercutido** por operaciones corrientes **y la cuota devengada** por operaciones corrientes (calculada en aplicación del sistema de módulos), una vez se cuantifique su importe al cierre del ejercicio, debe recibir un tratamiento de ajuste positivo o negativo, según proceda, en la imposición indirecta. La cuenta idónea para registrarlo sería la 4770 «Hacienda Pública, IVA repercutido», que se carga o abona por su importe, con contrapartida de abono en la cuenta 6398 «Ajustes positivos régimen simplificado IVA», o de cargo en la cuenta 6348 «Ajustes negativos régimen simplificado IVA», según proceda. Alternativamente, la diferencia podría cargarse o abonarse, según proceda, en la cuenta 6371 «Régimen simplificado IVA».

f) El posible **mayor importe** al cierre del ejercicio de la «**cuota mínima** por operaciones corrientes» respecto de la cuota diferencial derivada de esa clase de operaciones (IVA repercutido - IVA soportado), debe recibir un tratamiento de ajuste negativo en la imposición indirecta. La cuenta idónea para registrarlo sería la 4720 «Hacienda Pública, IVA soportado», que se abona por dicho importe, con contrapartida de cargo en la cuenta 6348 «Ajustes negativos régimen simplificado IVA» o, alternativamente, en la cuenta 6371 «Régimen simplificado IVA».

g) Al **cierre del ejercicio**, con ocasión de la liquidación anual del impuesto, se cancela el saldo de las diversas cuentas que en relación con este impuesto registran transitoriamente derechos -472 «Hacienda Pública, IVA soportado»- y obligaciones -477 «Hacienda Pública, IVA repercutido»- frente a la Hacienda Pública, con cargo o abono, tras compensar los ingresos a cuenta -4738 «Hacienda Pública, ingresos a cuenta IVA»-, según proceda, a las cuentas 4700 «Hacienda Pública, deudora por IVA» o 4750 «Hacienda Pública, acreedora por IVA», respectivamente.

8354 Ejemplo La empresa del Sr. A se dedica a la actividad de transporte de mercancías por carretera, conociéndose los siguientes datos a efectos de liquidación y contabilización del IVA (el importe de los módulos y los porcentajes utilizados son hipotéticos):

1. Al 1-1 del año en curso dispone de tres **camiones**, de 24 Tm de carga cada uno, con tres personas empleadas, incluido el Sr. A.

Los **módulos** anuales de aplicación son:
a) Persona empleada: 502 €.
b) Tm de carga: 47 €.

Los valores medios de las unidades de los módulos de aplicación se han mantenido constantes durante el ejercicio, en relación con los existentes el 1-1.

2. La **cuota mínima** por operaciones corrientes está establecida en el 30% de la cuota devengada por operaciones corrientes.
3. El porcentaje de aplicación para determinar el **ingreso a cuenta** por operaciones corrientes es del 10% cada trimestre.
4. Procedente del ejercicio anterior existen **cuotas a compensar** de 532 €.

5. Las **prestaciones de servicios** de transporte durante el ejercicio han ascendido, para cada trimestre natural, a las siguientes cantidades:

Período	Importe	IVA repercutido (21%)
1T	10.000,00	2.100,00
2T	12.000,00	2.520,00
3T	9.000,00	1.890,00
4T	15.000,00	3.150,00
Total	46.000,00	9.660,00

6. Las **adquisiciones de bienes y servicios** corrientes durante el ejercicio han ascendido, para cada trimestre natural, a las siguientes cantidades:

Período	Importe	IVA soportado
1T	3.000,00	400,00
2T	4.000,00	600,00
3T	2.000,00	280,00
4T	6.000,00	920,00
Total	15.000,00	2.200,00

7. En el cuarto trimestre ha adquirido una **cabeza tractora** valorada en 15.000 € (+21% IVA). En el momento de la adquisición hizo entrega de una cabeza tractora usada cuyo precio de adquisición fue de 12.000 € -amortizada en 8.000 €-, que se valoró en 3.000 € (+21% IVA). 8358

La **liquidación y contabilización del IVA** es:

1er trimestre:

a) **Adquisiciones** de bienes y servicios del período:

Núm	Cuenta	Debe	Haber
6	Compras y gastos	3.000,00	
47200	Hacienda Pública, IVA soportado en operaciones corrientes	400,00	
40/41	Proveedores/acreedores		3.400,00

b) **Portes** facturados:

Núm	Cuenta	Debe	Haber
43	Clientes	12.100,00	
705	Prestaciones de servicios		10.000,00
4770	Hacienda Pública, IVA repercutido		2.100,00

c) **Ingreso a cuenta** (liquidación trimestral 20-4).

- Cuota devengada por operaciones corrientes: (502 × 3) + (47 × 24 × 3) = 4.890 €.
- Ingreso a cuenta del primer trimestre: (10% × 4.890) - 532 = -43 € (compensa 489 €, quedando pendientes 43 € para liquidaciones posteriores).

Núm	Cuenta	Debe	Haber
4738	Hacienda Pública, ingreso a cuenta IVA	489,00	
4700	Hacienda Pública, deudora por IVA		489,00

2º trimestre: 8360

a) **Adquisiciones** de bienes y servicios del período:

Núm	Cuenta	Debe	Haber
6	Compras y gastos	4.000,00	
47200	Hacienda Pública, IVA soportado en operaciones corrientes	600,00	
40/41	Proveedores/acreedores		4.600,00

b) **Portes** facturados:

Núm	Cuenta	Debe	Haber
43	Clientes	14.520,00	
705	Prestaciones de servicios		12.000,00
4770	Hacienda Pública, IVA repercutido		2.520,00

c) **Ingreso a cuenta** (liquidación trimestral 20-7):

- Cuota devengada por operaciones corrientes: (502 × 3) + (47 × 24 × 3) = 4.890 €.

- Ingreso a cuenta del segundo trimestre: (10% × 4.890) - 43 = 446 € (compensa los 43 € pendientes del 1er trimestre).

Núm	Cuenta	Debe	Haber
4738	Hacienda Pública, ingreso a cuenta IVA	489,00	
4700	Hacienda Pública, deudora por IVA		43,00
57	Tesorería		446,00

8362 **3er trimestre**:

a) **Adquisiciones** de bienes y servicios del período:

Núm	Cuenta	Debe	Haber
6	Compras y gastos	2.000,00	
47200	Hacienda Pública, IVA soportado en operaciones corrientes	280,00	
40/41	Proveedores/Acreedores		2.280,00

b) **Portes** facturados:

Núm	Cuenta	Debe	Haber
43	Clientes	10.890,00	
705	Prestaciones de servicios		9.000,00
4770	Hacienda Pública, IVA repercutido		1.890,00

c) **Ingreso a cuenta** (liquidación trimestral 20-10):
- Cuota devengada por operaciones corrientes: (502 × 3) + (47 × 24 × 3) = 4.890 €.
- Ingreso a cuenta del tercer trimestre: 10% × 4.890 = 489 €.

Núm	Cuenta	Debe	Haber
4738	Hacienda Pública, ingreso a cuenta IVA	489,00	
57	Tesorería		489,00

Los cálculos de la liquidación del 3er trimestre son los mismos que los efectuados en los trimestres anteriores (no hay saldos pendientes de compensar).

8364 **4º trimestre**:

a) **Adquisiciones** de bienes y servicios del período:

Núm	Cuenta	Debe	Haber
6	Compras y gastos	6.000,00	
47200	Hacienda Pública, IVA soportado en operaciones corrientes	920,00	
40/41	Proveedores/acreedores		6.920,00

b) **Portes** facturados:

Núm	Cuenta	Debe	Haber
43	Clientes	18.150,00	
705	Prestaciones de servicios		15.000,00
4770	Hacienda Pública, IVA repercutido		3.150,00

c) Compra de la **cabeza tractora**:
- IVA soportado en la adquisición: 15.000 × 21% 3.150,00
- IVA deducible: 100% de 3.150 .... 3.150,00

Núm	Cuenta	Debe	Haber
218	Elementos de transporte	15.000,00	
47201	Hacienda Pública, IVA soportado en operaciones de adquisición de activo fijo	3.150,00	
523	Proveedores de inmovilizado		18.150,00

Por la **entrega de la cabeza tractora** usada:

Núm	Cuenta	Debe	Haber
523	Proveedores de inmovilizado a corto plazo	3.630,00	
281	Amortización acumulada del inmovilizado material	8.000,00	
671	Pérdidas procedentes del inmovilizado material	1.000,00	
218	Elementos de transporte		12.000,00
4770	Hacienda Pública, IVA repercutido (3.000 × 21%)		630,00

d) **Ajustes previos a la liquidación final** (31-12):
- Cuotas soportadas de difícil justificación (1% de la cuota devengada por operaciones corrientes -nº 3330-): 1% de 4.890 = 48,90 €.

Núm	Cuenta	Debe	Haber
47200	Hacienda Pública, IVA soportado en operaciones corrientes	48,90	
6371	Régimen simplificado IVA		48,90

- Diferencia entre cuotas efectivamente repercutidas (reales) y cuota devengada por operaciones corrientes (según módulos): 9.660,00 - 4.890,00 = 4.770,00.

Núm	Cuenta	Debe	Haber
4770	Hacienda Pública, IVA repercutido	4.770,00	
6371	Régimen simplificado IVA		4.770,00

e) **Liquidación anual del impuesto** (31-12): 8366

• Cuota mínima por operaciones corrientes: 30% de 4.890 (cuota devengada por operaciones corrientes) 1.467,00
• Cuota derivada del régimen simplificado:
- cuota devengada por operaciones corrientes 4.890,00
- cuotas soportadas por operaciones corrientes .... -2.200,00
- cuotas de difícil justificación .... -48,90
TOTAL 2.641,10

Prevalece la mayor de ambas (la derivada del régimen simplificado), por lo que no procede ajuste por cuota mínima.
• Cuota anual de liquidación:
- cuota derivada del régimen simplificado .... +2.641,10
- IVA repercutido entregas de inmovilizado -cabeza tractora antigua- (3.000 × 21%) . +630,00
- IVA soportado adquisición inmovilizado -cabeza tractora nueva- (15.000 × 21%) .... -3.150,00
TOTAL 121,10

Contabilización de la cuota anual de liquidación (31-12):

Núm	Cuenta	Debe	Haber
4770	Hacienda Pública, IVA repercutido (4.890 + 630)	5.520,00	
47200	Hacienda Pública, IVA soportado en operaciones corrientes (2.200 + 48,90)		2.248,90
47201	Hacienda Pública, IVA soportado en operaciones de adquisición de activo fijo		3.150,00
4750	Hacienda Pública, acreedora por IVA		121,10

Compensación de la cuota anual de liquidación con los ingresos a cuenta (31-12):

Núm	Cuenta	Debe	Haber
4750	Hacienda Pública, acreedora por IVA	121,10	
4700	Hacienda Pública, deudora por IVA	1.345,90	
4738	Hacienda Pública, ingresos a cuenta IVA		1.467,00

Importe de la cuenta 4700 «Hacienda Pública, deudora por IVA»: 121,10 - (3 × 489) = -1.345,90.

Régimen de la agricultura, ganadería y pesca (ICAC Resol 20-1-97 norma Segunda y Octava) 8370

En general, cuando los agricultores y ganaderos se someten a este régimen especial del IVA suelen quedar exonerados de obligaciones contables. No obstante, es posible que el titular de la explotación sea una persona jurídica, que quede sujeta a llevar la contabilidad (nº 505 s. Memento Contable 2026), y que, además, se someta a este régimen especial (nº 3512 s.). En estos casos la resolución del ICAC prevé lo siguiente:

1. Empresas sometidas al régimen especial:

a) El **impuesto soportado** en las operaciones comprendidas en el régimen, se incluye como parte del precio de adquisición o coste de producción de las mismas.

b) La **compensación** recibida en las entregas de bienes y prestación de servicios comprendidas en el régimen (nº 3646 s.) ha de contabilizarse como un ingreso (compensación de gastos).

2. Empresas que satisfacen la compensación: la contabilizan como un mayor importe del impuesto soportado, de acuerdo con los criterios habituales.

El **registro contable** de estas operaciones se expone en el ejemplo del nº 8372.

Precisiones Existen **reglas fiscales especiales** para los supuestos de cambio de la aplicación del REAGP al régimen general y cese en el régimen general para comenzar a aplicar el REAGP. En estos casos deben efectuarse los ajustes y regularizaciones en las cuotas del IVA y en las compensaciones agrarias que se detallan en el nº 3729 s.

8372 Ejemplo Un agricultor sometido al régimen especial de la agricultura, ganadería y pesca realiza, con posterioridad al **1-1-N**, durante un determinado período de tiempo, las siguientes operaciones:

a) Adquiere abono por 1.200 € (+21% IVA).
b) Adquiere un tractor por 60.000 € (+21% IVA).
c) Vende cereales por 4.000 € (+12% compensación, nº 3673).

Los **asientos contables** a efectuar por cada operación son:

• Por la compra del abono:

Núm	Cuenta	Debe	Haber
601	Compras de materias primas (1.200 × 1,21)	1.452,00	
400	Proveedores		1.452,00

• Por la compra del tractor:

Núm	Cuenta	Debe	Haber
213	Maquinaria (60.000 × 1,21)	72.600,00	
523	Proveedores de inmovilizado a corto plazo		72.600,00

• Por la venta: 4.000 + (12% × 4.000) = 4.480,00.

Núm	Cuenta	Debe	Haber
430	Clientes	4.480,00	
6373	Régimen de la agricultura, ganadería y pesca, IVA		480,00
701	Venta de productos terminados		4.000,00

8376 Régimen de los bienes usados, objetos de arte, antigüedades y objetos de colección

(ICAC Resol 20-1-97 norma Tercera) Contablemente el **IVA soportado** en las entregas de bienes sometidas a este régimen especial (nº 3900 s.) forma parte del precio de adquisición o coste de producción de los mismos.

El **IVA repercutido** en las entregas de bienes comprendidas en el régimen se registra conjuntamente con el importe del ingreso derivado de la operación.

Al formular las **cuentas anuales**, y al objeto de que los ingresos del período figuren netos de impuestos en la cuenta de pérdidas y ganancias, debe calcularse el impuesto a ingresar, según las normas generales (nº 4055 s.), ajustándose la cifra de ingresos con cargo a la cuenta 4770 «Hacienda Pública, IVA repercutido».

A estos efectos, hay que tener en cuenta que la **base imponible** de las entregas de bienes a las que se aplica el régimen especial de los bienes usados, objetos de arte, antigüedades y objetos de colección está constituida por el margen de beneficio de cada operación aplicado por el sujeto pasivo revendedor, minorado en la cuota del IVA correspondiente a ese margen (nº 4055 s.).

El **reflejo contable** de este régimen se expone a través del ejemplo del nº 8378.

8378 Ejemplo Una empresa concesionaria de automóviles de turismo, acogida al régimen especial de los bienes usados, en relación con la compra-venta de vehículos usados realiza las siguientes operaciones:

1. Adquiere de un particular un vehículo de turismo que valora en 500 €.
2. Al cabo de un tiempo lo vende por 600 € (21% IVA incluido).

Procede practicar los siguientes **asientos contables**:

• Por la compra del vehículo usado:

Núm	Cuenta	Debe	Haber
600	Compras de mercaderías	500,00	
40/41	Proveedores/Acreedores varios		500,00

• Por su venta:

Base imponible del IVA: (600 - 500)/1,21 = ... 82,64
IVA repercutido: 82,64 × 21% = ... 17,36

Núm	Cuenta	Debe	Haber
43/44 700	Clientes/Deudores varios Ventas de mercaderías	600,00	 600,00

• Ajuste de la cifra de negocios, para la exclusión del IVA repercutido:

Núm	Cuenta	Debe	Haber
700 4770	Ventas de mercaderías Hacienda Pública, IVA repercutido	17,36	 17,36

Régimen de las agencias de viaje (ICAC Resol 20-1-97 norma Cuarta; LIVA art.141 a 147) Contablemente, el **IVA soportado** en las adquisiciones de bienes y servicios afectas a operaciones sujetas a este régimen especial (nº 4200 s.) no es deducible y constituye un mayor importe de los bienes y servicios adquiridos. 8384

El **IVA repercutido** con motivo de las operaciones comprendidas en el régimen se registra conjuntamente con el importe del ingreso derivado de la operación.
El **movimiento contable** correspondiente es el que se recoge en el ejemplo del nº 8388.

Ejemplo Durante un período de liquidación, una agencia de viajes realiza las siguientes operaciones: 8388

a) Vende un viaje, sometido al régimen especial de las agencias de viajes, por 27.500 € (IVA no incluido). El margen bruto de forma global de la agencia fue del 10% en las operaciones acogidas al régimen especial en el ejercicio anterior.
b) Adquiere a terceros bienes y servicios afectos a operaciones sujetas a este régimen por 20.295 € (+10% IVA).
Debe realizar las siguientes **anotaciones contables**:
- Por la venta de viajes se aplica el tipo general sobre el margen estimado calculado con base al margen global bruto del ejercicio anterior:
Margen estimado: [27.500,00 - (27.500,00/(1 + 10%))] = 2.500:

Núm	Cuenta	Debe	Haber
43 705 4770	Clientes Prestaciones de servicios Hacienda Pública, IVA repercutido [27.500 - (27.500/(1+10%))] x 0,21	28.025,00	 27.500,00 525,00

- Por las adquisiciones afectas al régimen especial:

Núm	Cuenta	Debe	Haber
6 40/41	Compras y gastos (20.295 x 1,10) Proveedores/Acreedores varios	22.324,50	 22.324,50

- Ajuste del IVA repercutido conforme al margen bruto global del final del ejercicio:
Considerando que no se realizaron operaciones adicionales, el margen global bruto de la agencia al final del ejercicio fue del 23,18%:
Margen global bruto = (27.500 - 22.324,50)/22.324,50 = 23,18%.
IVA que debe repercutirse considerando el margen real: (27.500,00 - 22.324,50) x 21% = 1.086,86.
IVA repercutido pendiente de ingresar: 1.086,86 - 525,00 = 561,86:

Núm	Cuenta	Debe	Haber
705 4770	Prestaciones de servicios Hacienda Pública, IVA repercutido	561,86	 561,86

Régimen del recargo de equivalencia (ICAC Resol 20-1-97 norma Quinta.2) El tratamiento contable de las operaciones de las empresas sometidas a este régimen (nº 4530 s.) considera el **IVA soportado**, más el recargo de equivalencia (tipos impositivos: nº 4627), como mayor valor de los productos adquiridos, mientras que el teórico **IVA repercutido** en los bienes comercializados incrementa el importe de la cifra de ventas. 8394

Ejemplo El Sr. X, titular de un supermercado y sometido al régimen del recargo de equivalencia a efectos de IVA, desarrolla un día las siguientes operaciones: 8396

1. Adquiere a la cadena mayorista productos de droguería y bebidas por 200 € (+ 21% IVA + 5,2% recargo de equivalencia) y productos de alimentación por 500 € (+ 10% IVA + 1,4% recargo de equivalencia).

2. Las ventas del día, según arqueo de las cajas, ascienden a 1.000 € (incluido el teórico IVA repercutido que corresponda).
En su **contabilidad** debe registrar:
• Por las adquisiciones:
- IVA soportado = (21% × 200) + (10% × 500) 92,00
- Recargo de equivalencia = (5,2% × 200) + (1,4% × 500) 17,40

Núm	Cuenta	Debe	Haber
600	Compras de mercaderías (200 + 500 + 92 + 17,40)	809,40	
400	Proveedores		809,40

• Por las ventas:

Núm	Cuenta	Debe	Haber
57	Tesorería	1.000,00	
700	Ventas de mercaderías		1.000,00

8397 **Régimen especial del oro de inversión** (LIVA art.140 a 140 sexies y Anexo aptdo. noveno) Este régimen especial se regula por imperativo de la normativa comunitaria (nº 4400 s.).
Se aplica al oro de inversión, que comprende los elementos que se indican en el nº 4405.
No obstante, en general, las operaciones sujetas a este régimen están **exentas** (no hay que repercutir IVA), sin perjuicio de determinadas excepciones y de la posibilidad de renuncia a la misma. La exención alcanza a:
- las entregas, adquisiciones intracomunitarias e importaciones de oro de inversión;
- los servicios de mediación en las operaciones exentas, prestados en nombre y por cuenta ajena.
La **exención no se aplica** a las prestaciones de servicios, con excepción de los servicios de mediación, ni a las adquisiciones intracomunitarias cuando en el Estado miembro de origen se haya renunciado a la exención de la entrega. Cuando el proveedor en origen haya renunciado a la exención de la entrega (exención del régimen especial) se aplica la exención de las entregas intracomunitarias y, por tanto, la adquisición intracomunitaria correspondiente está gravada.
En determinados supuestos es posible la **renuncia** a las exenciones mencionadas. Cuando esta se produce, el sujeto pasivo de la entrega correspondiente pasa a ser el adquirente del oro de inversión, dando lugar a un supuesto de **inversión del sujeto pasivo**, y a la obligación de **autorrepercusión** del impuesto (nº 8310).
Aunque la Ley prevé, en principio, la aplicación del régimen de las exenciones limitadas (no deducibilidad de las cuotas soportadas por la adquisición de bienes y servicios que se utilizan en las entregas de oro de inversión exentas), se autoriza la **deducción de cuotas soportadas** por (nº 4425 s.):
- la adquisición o importación de bienes o servicios vinculados con la producción de oro de inversión o la transformación de oro en oro de inversión, cuando el mismo es objeto de una entrega exenta efectuada por quien lo ha producido o transformado (adquisición del oro empleado, del instrumental utilizado en la producción o transformación, etc.);
- la adquisición de oro de inversión cuando su proveedor haya renunciado a la exención de la entrega;
- la adquisición del oro industrial (distinto del oro de inversión) que después se transforma en oro de inversión y es objeto de una entrega exenta por quien lo ha transformado;
- por los servicios que consistan en el cambio de forma, de peso o de pureza, de ese oro.

8398 Ejemplo Una empresa A se dedica habitualmente a la **producción de oro de inversión**. Ha adquirido oro industrial por 50.000 €. Parte de dicho oro lo transforma en oro de inversión con sus propios medios y otra parte la contrata con una empresa B, la cual le ha facturado 1.000 € (+ IVA al 21%).
La empresa ha vendido, renunciando a la exención, lingotes y láminas de oro que cumplen los requisitos para ser calificados como oro de inversión a otra empresa C, por 70.000 €. También ha vendido oro de inversión a un particular por 3.000 €. Además, la empresa A ha adquirido servicios que no consisten en el cambio de forma, ley y peso del oro de inversión por 500 € (+ IVA al 21%).
Todas estas operaciones las ha efectuado al contado el primer trimestre del año N. En el año N-1 todas las operaciones efectuadas estuvieron exentas por aplicación del régimen especial.
Registro contable de la empresa A:
• Por la adquisición del oro industrial para transformarlo en oro de inversión:

Núm	Cuenta	Debe	Haber
600	Compras	50.000,00	
4720	Hacienda Pública, IVA soportado	10.500,00	
57	Tesorería		60.500,00

Al tratarse de cuotas de IVA soportado deducibles, de acuerdo con los principios generales de registro contable del IVA no forman parte del coste de adquisición de esos bienes.

• Por las operaciones de transformación de oro efectuadas por la empresa B:

Núm	Cuenta	Debe	Haber
607	Trabajos realizados por otras empresas	1.000,00	
4720	Hacienda Pública, IVA soportado	210,00	
57	Tesorería		1.210,00

También son deducibles las cuotas de IVA soportado en la adquisición de los servicios de transformación del oro de inversión.

• Por la entrega de oro de inversión a la empresa C: 8399

Núm	Cuenta	Debe	Haber
57	Tesorería	70.000,00	
70	Ventas		70.000,00

Al cumplirse los requisitos, la entrega exenta de oro de inversión puede ser objeto de renuncia por la empresa transmitente. La exención se practica operación por operación y deben cumplirse los requisitos establecidos al efecto (nº 4420 s.), en particular la empresa A debe comunicar a la empresa C la condición de esta última como sujeto pasivo de la operación. Esa es la razón por la cual, aunque la operación realizada por la empresa A está gravada por el impuesto, no se registra contablemente ningún IVA repercutido. Es la empresa C adquirente la que se autorrepercute el impuesto correspondiente.

• Por la entrega de oro de inversión al particular:

Núm	Cuenta	Debe	Haber
57	Tesorería	3.000,00	
70	Ventas		3.000,00

En las entregas de oro de inversión a particulares no es posible que la empresa A renuncie a la exención, puesto que dicho supuesto no está entre los contemplados en la normativa. Por tanto, no existe repercusión del impuesto.

• Registro contable de la adquisición de los servicios:

Núm	Cuenta	Debe	Haber
62	Servicios exteriores (500 × 1,21)	605,00	
57	Tesorería		605,00

Las cuotas del IVA soportado en la adquisición de dichos servicios no son deducibles, por lo que incrementan el valor de adquisición del bien o servicio de que se trate, en la medida en la que se utilicen en la realización de entregas de oro de inversión exentas, puesto que esas cuotas no están expresamente incluidas entre las que generan derecho a su deducción. Como en el año N-1 la empresa A efectuó únicamente operaciones exentas, no puede deducir en este momento ningún importe de ese IVA soportado, sin perjuicio de la regularización anual que proceda, en función de las operaciones no exentas (por renuncia) y las exentas del año N, pues al menos, durante el trimestre del ejemplo ha efectuado operaciones de ambas clases.

Regímenes especiales de ventanilla única (LIVA art.163 septiesdecies a 163 octovicies) La norma del impuesto da la posibilidad a los empresarios o profesionales que prestan servicios de telecomunicaciones, de radiodifusión o de televisión y a los que prestan servicios por vía electrónica, así como a los que realizan ventas a distancia y determinadas entregas interiores de bienes y prestaciones de servicios, de acogerse a los siguientes regímenes de ventanilla única para liquidar el impuesto: 8405

- **régimen exterior de la Unión** (nº 9349 s.): aplicable a los servicios prestados por empresarios o profesionales no establecidos en la Comunidad a destinatarios que no tengan la condición de empresarios o profesionales actuando como tales;
- **régimen de la Unión** (nº 9335 s.): aplicable a los servicios prestados por empresarios o profesionales establecidos en la Comunidad, pero no en el Estado miembro de consumo, a destinatarios que no tengan la condición de empresarios o profesionales actuando como tales, y a las ventas a distancia intracomunitarias de bienes y a las entregas interiores de bienes imputadas a los titulares de interfaces digitales que faciliten la entrega de estos bienes por parte de un proveedor no establecido en la Comunidad al consumidor final; y,
- **régimen de importación** aplicable a las ventas a distancia de bienes importados de países o territorios terceros (nº 9370 s.): pueden acogerse aquellos que realicen ventas a distancia de bienes importados cuyo valor intrínseco no exceda de 150 euros.

8406 **Contablemente** los empresarios acogidos a estos regímenes especiales han de:

a) Reflejar el **IVA repercutido**, según el importe recogido en las facturas emitidas, en la cuenta correspondiente, esto es, cuenta 477 «Hacienda Pública, IVA repercutido». Entendemos que sería conveniente realizar un desglose de las cuotas repercutidas en función de los Estados miembros en donde se localizan las operaciones.

b) El registro del **IVA soportado** en la cuenta 472 «Hacienda Pública, IVA soportado» depende de si España es el estado miembro de consumo o identificación:

1. Si es el **Estado miembro de consumo**, las cuotas por adquisiciones o importaciones de bienes o servicios que se destinen a la **prestación de servicios en el Estado de consumo** se recuperan mediante la solicitud de devolución de empresarios o profesionales establecidos en el territorio de aplicación del impuesto de cuotas soportadas por operaciones efectuadas en la UE (nº 2988 s.). Por tanto, estas cuotas no pueden deducirse del IVA repercutido a la hora de efectuar la liquidación correspondiente, y deberían registrarse en una cuenta deudora con la Hacienda Pública, como la 4700. «Hacienda Pública, deudora por IVA», con el desglose que sea necesario.

2. Si es el **Estado miembro de identificación**, las cuotas soportadas en la adquisición o importación de bienes y servicios que se entiendan realizadas en el territorio de aplicación del impuesto y se destinen a la prestación de este tipo de servicios, pueden deducirse a través de las correspondientes declaraciones-liquidaciones conforme el régimen general, es decir, deduciéndolas del IVA repercutido por las operaciones localizadas en el territorio de aplicación del impuesto. En este caso sí se registran en la cuenta 472 «Hacienda Pública, IVA soportado».

c) En la **declaración-liquidación periódica** también debe realizarse el ingreso de las cuotas repercutidas en los Estados miembros de consumo distintos al de identificación por aplicación de este régimen especial.

8410 **Grupo de entidades** (LIVA art.163 quinquies a 163 nonies; RIVA art.61 bis a 61 sexies) Este régimen, denominado régimen especial del grupo de entidades (**REGE**), se desarrolla en el nº 4800 s. El régimen es voluntario y se aplica por **opción** de todas las entidades que lo integran.

El REGE presenta **dos contenidos o modalidades**, ambas de carácter opcional, que pueden denominarse:

1. Contenido **general** (nivel básico o modalidad simplificada). En él simplemente se compensan entre sí los resultados de las declaraciones-liquidaciones de cada período de las distintas entidades incluidas en el grupo. A efectos contables, cada sociedad del grupo tiene un crédito o débito con la sociedad dominante (suponiendo que es la que efectivamente realiza el pago de la liquidación por IVA), en función de que las autoliquidaciones propias de cada filial resulten a devolver o a ingresar (nº 8412 s.).

Las **relaciones entre las filiales y su dominante** deben registrarse utilizando cuentas financieras del grupo 5, concretamente la cuenta 552 «Cuenta corriente con otras personas y entidades vinculadas» del PGC. También se podría utilizar, en paralelo con lo establecido en la resolución del ICAC sobre la contabilización del Impuesto sobre Beneficios para los créditos y débitos entre sociedades derivadas del régimen de tributación de grupos de sociedades en el Impuesto sobre Sociedades (ICAC Resol 9-2-16 art.11):

- subcuenta 1639 «Deudas a largo plazo con empresas del grupo por REGE»;
- subcuenta 2429 «Créditos a largo plazo con empresas del grupo por REGE»;
- subcuenta 5139 «Deudas a corto plazo con empresas del grupo por REGE»;
- subcuenta 5329 «Créditos a corto plazo con empresas del grupo por REGE».

2. Contenido **ampliado** (nivel avanzado o modalidad especial). Se ejerce mediante una segunda opción por todas las entidades integrantes del grupo que aplica el contenido general del REGE. Comprende, además de la compensación de los saldos de las declaraciones-liquidaciones, reglas específicas de determinación de la base imponible y, en consecuencia, del IVA devengado para las operaciones intragrupo, incluyendo su valoración y un régimen de deducciones como sector diferenciado ex lege constituido por tales operaciones intragrupo (nº 8434 s.).

8411 Las **declaraciones-liquidaciones** del impuesto en el REGE son mensuales y consisten en:

a. Las **empresas que forman el grupo** deben presentar las declaraciones individuales mensuales del IVA, pero los resultados de esas declaraciones se integran en una declaración agregada del grupo a presentar por la dominante, que es quien ostenta la representación del grupo. La declaración tiene efectos tributarios de ingreso, compensación o devolución.

b. Si el resultado de la declaración agregada es a ingresar, el **ingreso** lo realiza la dominante, aunque cada una de las sociedades del grupo es responsable solidariamente del pago de la deuda tributaria. Por el contrario, si el resultado es negativo, la **compensación** la realiza la sociedad dominante en posteriores declaraciones agregadas. Se puede solicitar la **devolución** por parte de la dominante en la declaración agregada correspondiente al mes de diciembre.

Financieramente, el REGE persigue una doble finalidad:
1ª. Evitar **costes financieros** derivados de la existencia de saldos de IVA a favor y saldos en contra resultantes de las autoliquidaciones presentadas por las distintas entidades integrantes del grupo, mediante la creación de un sistema de compensaciones de esos saldos.
2ª. La **eliminación**, mediante el establecimiento de una regla específica de determinación de la base imponible, de los costes derivados del gravamen del valor añadido generado en el seno del grupo de entidades cuando se realizan **operaciones intragrupo** cuyos destinatarios son entidades sujetas a la regla de prorrata.

Contabilización del contenido general El análisis de las diferentes anotaciones contables derivadas de la aplicación del régimen se realiza a través de los ejemplos prácticos que siguen. 8412

Ejemplo Sean tres empresas A, B y C que constituyen un grupo, al cumplir todos los requisitos para aplicar el REGE, y han optado individualmente por la aplicación del nivel básico. Los datos en relación con el IVA de cada una de las sociedades que integran el grupo, relativos al primer trimestre del año N son: 8414

Sociedad	ENERO			FEBRERO			MARZO		
	IVA Soportado	IVA Repercutido	Saldo	IVA Soportado	IVA Repercutido	Saldo	IVA Soportado	IVA Repercutido	Saldo
A, dominante	15	80	+65	10	40	+30	40	90	+50
B	95	15	-80	30	5	-25	70	80	+10
C	30	20	-10	30	35	+5	45	30	-15
Total			-25			+10			+45
Compensación			-			-10			-15
Resultado de la Autoliquidación			-25			0			+30
Saldo a compensar			-25			-15			0

El registro contable de las autoliquidaciones por IVA durante el primer trimestre en cada una de las sociedades del grupo es: 8416
A) Enero:
1. Sociedad dominante A, por la autoliquidación de su IVA del mes de enero:

Núm	Cuenta	Debe	Haber
477	Hacienda Pública, IVA repercutido	80,00	
472	Hacienda Pública, IVA soportado		15,00
4750	Hacienda Pública, acreedora por IVA		65,00

Por el registro del saldo de la declaración-liquidación agregada, que en este caso resulta a compensar:

Núm	Cuenta	Debe	Haber
4750	Hacienda Pública, acreedora por IVA	65,00	
4703	Hacienda Pública, deudora por IVA agregado	25,00	
5523	Cuenta corriente con empresas del grupo, sociedad B		80,00
5523	Cuenta corriente con empresas del grupo, sociedad C		10,00

2. Sociedad B, por la autoliquidación de su IVA del mes de enero: 8417

Núm	Cuenta	Debe	Haber
477	Hacienda Pública, IVA repercutido	15,00	
4700	Hacienda Pública, deudora por IVA	80,00	
472	Hacienda Pública, IVA soportado		95,00

Por el registro de la compensación con la dominante, puesto que al estar integrada en el REGE ha cedido a la entidad dominante tanto sus créditos como sus débitos por IVA:

Núm	Cuenta	Debe	Haber
5523	Cuenta corriente con empresas del grupo, sociedad A dominante	80,00	
4700	Hacienda Pública, deudora por IVA		80,00

3. Sociedad C, por la autoliquidación de su IVA del mes de enero:

Núm	Cuenta	Debe	Haber
477	Hacienda Pública, IVA repercutido	20,00	
4700	Hacienda Pública, deudora por IVA	10,00	
472	Hacienda Pública, IVA soportado		30,00

Por el registro de la compensación con la dominante, puesto que al estar integrada en el REGE ha cedido a la entidad dominante tanto sus créditos como sus débitos por IVA:

Núm	Cuenta	Debe	Haber
5523	Cuenta corriente con empresas del grupo, sociedad A dominante	10,00	
4700	Hacienda Pública, deudora por IVA		10,00

8418 **B) Febrero**:

1. Sociedad dominante A, por la autoliquidación de su IVA del mes de febrero:

Núm	Cuenta	Debe	Haber
477	Hacienda Pública, IVA repercutido	40,00	
472	Hacienda Pública, IVA soportado		10,00
4750	Hacienda Pública, acreedora por IVA		30,00

Por el registro del saldo de la declaración-liquidación agregada:

Núm	Cuenta	Debe	Haber
4750	Hacienda Pública, acreedora por IVA	30,00	
5523	Cuenta corriente con empresas del grupo, sociedad C	5,00	
5523	Cuenta corriente con empresas del grupo, sociedad B		25,00
4753	Hacienda Pública, acreedora por IVA agregado		10,00

Núm	Cuenta	Debe	Haber
4753	Hacienda Pública, acreedora por IVA agregado	10,00	
4703	Hacienda Pública, deudora por IVA agregado		10,00

Queda un saldo de 15 en la cuenta 4703 «Hacienda Pública, deudora por IVA agregado».

8419 **2. Sociedad B**, por la autoliquidación de su IVA del mes de febrero:

Núm	Cuenta	Debe	Haber
477	Hacienda Pública, IVA repercutido	5,00	
4700	Hacienda Pública, deudora por IVA	25,00	
472	Hacienda Pública, IVA soportado		30,00

Por el registro de la compensación con la dominante, puesto que al estar integrada en el REGE ha cedido a la entidad dominante tanto sus créditos como sus débitos por IVA:

Núm	Cuenta	Debe	Haber
5523	Cuenta corriente con empresas del grupo, sociedad A dominante	25,00	
4700	Hacienda Pública, deudora por IVA		25,00

3. Sociedad C, por la autoliquidación de su IVA del mes de febrero:

Núm	Cuenta	Debe	Haber
477	Hacienda Pública, IVA repercutido	35,00	
472	Hacienda Pública, IVA soportado		30,00
4750	Hacienda Pública, acreedora por IVA		5,00

Por el registro de la compensación con la dominante, puesto que al estar integrada en el REGE ha cedido a la entidad dominante tanto sus créditos como sus débitos por IVA:

Núm	Cuenta	Debe	Haber
4750	Hacienda Pública, acreedora por IVA	5,00	
5523	Cuenta corriente con empresas del grupo, sociedad A dominante		5,00

C) Marzo: 8420

1. Sociedad dominante A, por la autoliquidación de su IVA del mes de marzo:

Núm	Cuenta	Debe	Haber
477	Hacienda Pública, IVA repercutido	90,00	
472	Hacienda Pública, IVA soportado		40,00
4750	Hacienda Pública, acreedora por IVA		50,00

Por el registro del saldo de la declaración-liquidación agregada:

Núm	Cuenta	Debe	Haber
4750	Hacienda Pública, acreedora por IVA	50,00	
5523	Cuenta corriente con empresas del grupo, sociedad B	10,00	
5523	Cuenta corriente con empresas del grupo, sociedad C		15,00
4703	Hacienda Pública, deudora por IVA agregado		15,00
4753	Hacienda Pública, acreedora por IVA agregado		30,00

Núm	Cuenta	Debe	Haber
4753	Hacienda Pública, acreedora por IVA agregado	30,00	
572	Bancos e instituciones de crédito c/c vista, euros		30,00

2. Sociedad B, por la autoliquidación de su IVA del mes de marzo: 8421

Núm	Cuenta	Debe	Haber
477	Hacienda Pública, IVA repercutido	80,00	
472	Hacienda Pública, IVA soportado		70,00
4750	Hacienda Pública, acreedora por IVA		10,00

Por el registro de la compensación con la dominante, puesto que al estar integrada en el REGE ha cedido a la entidad dominante tanto sus créditos como sus débitos por IVA:

Núm	Cuenta	Debe	Haber
4750	Hacienda Pública, acreedora por IVA	10,00	
5523	Cuenta corriente con empresas del grupo, sociedad A dominante		10,00

3. Sociedad C, por la autoliquidación de su IVA del mes de marzo:

Núm	Cuenta	Debe	Haber
477	Hacienda Pública, IVA repercutido	30,00	
4700	Hacienda Pública, deudora por IVA	15,00	
472	Hacienda Pública, IVA soportado		45,00

Por el registro de la compensación con la dominante, puesto que al estar integrada en el REGE ha cedido a la entidad dominante tanto sus créditos como sus débitos por IVA:

Núm	Cuenta	Debe	Haber
5523	Cuenta corriente con empresas del grupo, sociedad A dominante	15,00	
4700	Hacienda Pública, deudora por IVA		15,00

Cualquier modificación que se produzca en el IVA agregado como consecuencia de posibles liquidaciones practicadas por la administración, y toda vez que se pueda determinar en cada momento a qué sociedad del grupo corresponde, da lugar a las correspondientes correcciones en el importe de los créditos y débitos recíprocos por IVA entre las sociedades del grupo.

8427 **Saldos pendientes de la dominante al abandonar el REGE** (LIVA art.163 nonies.Cuatro.2ª) La norma regula la posibilidad de que deje de aplicarse el régimen especial y que en esa fecha existan saldos pendientes de compensación. En tal caso, estas cantidades se imputan a las entidades en proporción al volumen de operaciones del último año natural en que el régimen especial hubiera sido de aplicación.

8428 Ejemplo El grupo de entidades Z presenta las siguientes magnitudes en relación con el IVA, correspondiente al mes de febrero del año N.

Entidad	IVA repercutido mes febrero	IVA soportado mes de febrero	Liquidación mes de febrero	Volumen de operaciones año N-1
A (dominante)	120.000,00	20.000,00	100.000,00	10.000.000,00
B	40.000,00	200.000,00	-160.000,00	3.000.000,00
C	30.000,00	110.000,00	-80.000,00	7.000.000,00
Total			-140.000,00	20.000.000,00

En el mes de marzo devienen circunstancias que suponen la pérdida del derecho a aplicar el REGE, por lo que en ese mismo mes cada una de las sociedades debe cumplir con las obligaciones generales establecidas en la normativa del IVA.
Así, la sociedad A y C atendiendo al volumen de operaciones del año anterior presentan su autoliquidación mensual y la sociedad B presenta su autoliquidación trimestral, pero todas tienen derecho a compensar en sus propias liquidaciones individuales el saldo global (suponemos que no quedan otras cantidades pendientes de compensación), que se reparte como sigue:
- Para A: -140.000 × 10/20 = 70.000 €.
- Para B: -140.000 × 3/20 = 21.000 €.
- Para C: -140.000 × 7/20 = 49.000 €.

Como se puede apreciar, la atribución de los saldos pendientes de compensar no se realiza a las entidades que los hayan generado, sino en proporción al volumen de operaciones.

8429 El registro contable de la liquidación del mes de febrero en cada una de las sociedades del grupo es:
a) **Sociedad dominante A**, por la autoliquidación de su IVA del mes de febrero:

Núm	Cuenta	Debe	Haber
477	Hacienda Pública, IVA repercutido	120.000,00	
472	Hacienda Pública, IVA soportado		20.000,00
4750	Hacienda Pública, acreedora por IVA		100.000,00

Por el registro del saldo de la declaración-liquidación agregada, que en este caso resulta a compensar:

Núm	Cuenta	Debe	Haber
4750	Hacienda Pública, acreedora por IVA	100.000,00	
4703	Hacienda Pública, deudora por IVA agregado	140.000,00	
5523	Cuenta corriente con empresas del grupo, sociedad B		160.000,00
5523	Cuenta corriente con empresas del grupo, sociedad C		80.000,00

8430 b) **Sociedad B**, por la autoliquidación de su IVA del mes de febrero:

Núm	Cuenta	Debe	Haber
477	Hacienda Pública, IVA repercutido	40.000,00	
4700	Hacienda Pública, deudora por IVA	160.000,00	
472	Hacienda Pública, IVA soportado		200.000,00

Por el registro de la compensación con la dominante, puesto que al estar integrada en el REGE ha cedido a la entidad dominante tanto sus créditos como sus débitos por IVA:

Núm	Cuenta	Debe	Haber
5523	Cuenta corriente con empresas del grupo, sociedad A	160.000,00	
4700	Hacienda Pública, deudora por IVA		160.000,00

c) **Sociedad C**, por la autoliquidación de su IVA del mes de febrero:

Núm	Cuenta	Debe	Haber
477	Hacienda Pública, IVA repercutido	30.000,00	
4700	Hacienda Pública, deudora por IVA	80.000,00	
472	Hacienda Pública, IVA soportado		110.000,00

Por el registro de la compensación con la dominante, puesto que al estar integrada en el REGE ha cedido a la entidad dominante tanto sus créditos como sus débitos por IVA:

Núm	Cuenta	Debe	Haber
5523	Cuenta corriente con empresas del grupo, sociedad A	80.000,00	
4700	Hacienda Pública, deudora por IVA		80.000,00

La **contabilización del reparto del saldo global** en la parte que resulta atribuible a cada sociedad supone realizar en el mes de marzo el siguiente asiento en cada una de las sociedades del grupo. 8432

1) **Sociedad A dominante**:

Núm	Cuenta	Debe	Haber
4700	Hacienda Pública, deudora por IVA	70.000,00	
5523	Cuenta corriente con empresas del grupo, sociedad B	21.000,00	
5523	Cuenta corriente con empresas del grupo, sociedad C	49.000,00	
4703	Hacienda Pública, deudora por IVA agregado		140.000,00

2) **Sociedad B**:

Núm	Cuenta	Debe	Haber
4700	Hacienda Pública, deudora por IVA	21.000,00	
5523	Cuenta corriente con empresas del grupo, sociedad A		21.000,00

3) **Sociedad C**: 8433

Núm	Cuenta	Debe	Haber
4700	Hacienda Pública, deudora por IVA	49.000,00	
5523	Cuenta corriente con empresas del grupo, sociedad A		49.000,00

Así, los importes que se han reconocido como crédito por IVA en cada una de las sociedades pueden compensarse en las próximas autoliquidaciones a presentar por cada una de ellas (bien mensual, bien trimestral) correspondientes al mes de marzo y siguientes.

Los créditos y débitos que mantienen entre sí las empresas del grupo se han rebajado y lo lógico es que la sociedad A transfiera a las sociedades B y C lo que les debe, pero esto es una cuestión de gestión de tesorería, cuya política está fijada a nivel de grupo no solo para el IVA, sino para otros tipos de operaciones comerciales, financieras, etc.

Si, por el contrario, lo que ocurre es que solo **una entidad deja de aplicar el REGE**, no existe previsión en la norma que regule lo que hay que hacer en caso de que a la fecha en que abandona el régimen especial haya cantidades pendientes de compensar. En todo caso, y en la medida en que las cantidades en cuestión ya se han consignado en declaraciones-liquidaciones agregadas, no cabe recuperación por la vía tributaria y, por lo tanto, solo cabe que las cantidades correspondientes se hagan efectivas vía transferencia de fondos desde la sociedad dominante.

Contabilización en la modalidad avanzada del régimen (LIVA art.163 octies.Uno y Tres y 163 nonies.Cuatro.3ª) Esta modalidad es de gran utilidad e interés cuando en las operaciones realizadas entre entidades pertenecientes a un mismo grupo fiscal haya entidades destinatarias de las mismas que estén sujetas a la **regla de prorrata**. En estos casos, la empresa receptora del bien o servicio incurre en mayores costes como consecuencia del incremento de la base imponible, por el aumento del valor añadido que se genera en el seno del grupo (que integra conceptos por los cuales la entidad no ha soportado IVA, como los salarios, costes financieros, margen de beneficios, etc.). Esto da lugar a un mayor IVA devengado y repercutido que no puede deducirse luego en su integridad por la entidad del grupo destinataria de tales operaciones internas. 8434

Para evitar este efecto, las entidades que apliquen el régimen pueden ejercer una segunda opción, referida al conjunto de entidades, consistente en aplicar una **regla especial** de determinación de la **base imponible** en las operaciones intragrupo, en virtud de la cual aquella está constituida por el coste de los bienes y servicios utilizados directa o indirectamente, total o parcialmente, en las entregas de bienes o prestaciones de servicios para el grupo, por los cuales se haya soportado o satisfecho efectivamente el impuesto. Por tanto, quedan excluidos aquellos conceptos por los que la entidad no hubiera soportado IVA (salarios, costes financieros, márgenes de beneficio, etc.), de tal manera que el impuesto que se repercute a la entidad destinataria de las operaciones intragrupo que realiza operaciones exentas se reduce y, en consecuencia, también el coste en términos de IVA no deducible por aplicación de la regla de prorrata.

No obstante, en el caso de **bienes de inversión** utilizados en la realización de operaciones intragrupo, la imputación del coste de tales bienes a las citadas operaciones debe efectuarse por completo dentro del período de regularización de deducciones previsto, que es de cinco años en general, y de diez años para los bienes inmuebles.

Las operaciones realizadas intragrupo en este régimen especial no pueden tenerse en cuenta a efectos de cálculo de la prorrata común en caso de empresarios que realicen actividades en **más de un sector diferenciado**, al margen del régimen especial del grupo de entidades.

8435 La determinación de la base imponible debe estar sustentada en un **sistema de información analítica** de costes que debe llevar la entidad dominante y que ha de referirse a todas las entidades que apliquen el REGE con el contenido ampliado (nº 4955 s.). Ese sistema de información constituye un elemento esencial en la aplicación del contenido ampliado del REGE que permite:

a) Determinar los **bienes y servicios** por cuya adquisición se ha soportado o satisfecho IVA que se destinan exclusivamente a la realización de las operaciones intragrupo, así como el grado real y efectivo de utilización de tales bienes y servicios en la realización de las distintas operaciones intragrupo. Estas últimas, a efectos del derecho a deducir en el IVA, se clasifican en operaciones intragrupo que originan el derecho a deducir a la entidad que las realiza; y en operaciones intragrupo que no originan el referido derecho.

b) Que las **cuotas del IVA soportado o satisfechas** por la adquisición de bienes y servicios que, en todo o en parte, se utilicen en las operaciones intragrupo puedan ser deducidas en función de cuál sea el grado real y efectivo de utilización de esos bienes y servicios en la realización de cada clase de operaciones intragrupo (operaciones que originan o que no originan el derecho a deducir en el IVA).

Este sistema de información analítica debe estar basado en **criterios razonables de imputación** de los bienes y servicios utilizados por cada entidad del grupo en la realización de operaciones intragrupo, y hasta su aplicación final en la realización de operaciones con destino fuera del grupo. Debe incluir, asimismo, una memoria justificativa de los criterios de imputación utilizados, que deben ser homogéneos para todas las empresas del grupo.

8436 Ejemplos 1) Sea la entidad A que realiza operaciones exentas en un 40% y sujetas y no exentas en un 60%. Dispone de un centro de investigación (I+D) en el que desarrolla sus propios productos. Los costes en que ha incurrido esta sección (centro de Investigación, sección I+D) durante un determinado período, según información suministrada por el departamento de contabilidad interna y analítica de la empresa son (IVA del 21%):

Tipo de coste	Importe	IVA soportado
Gastos de personal	2.000,00	0,00
Consumos (materiales)	300,00	63,00
Servicios exteriores	500,00	105,00
Gastos financieros	200,00	0,00
Total	3.000,00	168,00

Asimismo, se estima que la parte correspondiente a gastos de administración de tal sección asciende a 400,00, cuya naturaleza del coste es únicamente gastos de personal de la propia empresa.

Por aplicación de la regla de prorrata, de todo el IVA soportado únicamente puede deducir el 60%, es decir, 168 × 60% = 100,80; el resto es mayor coste de los bienes y servicios adquiridos.

El esquema es:

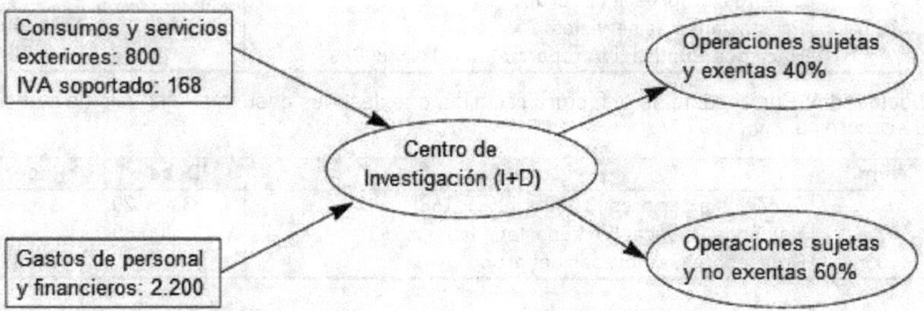

IVA deducible: 168 × 60% = 100,80.
Mayor coste por prorrata: 168 × 40% = 67,20.

La entidad A decide crear una **filial**, entidad B, para realizar la actividad de investigación, que facturará a la dominante por los servicios que le preste, con lo cual tal actividad estará externalizada. La entidad B, dada la actividad que realiza, tiene prorrata del 100%. La operación realizada es entre entidades vinculadas, y la destinataria (la dominante) está sujeta a la regla de prorrata, por lo que la base imponible se determina por la contraprestación o por el valor de mercado de la operación, y cuando no exista un servicio comparable, por la totalidad de los costes que su prestación le suponga al empresario o profesional, si este resulta ser superior (nº 1913 s.). Por lo tanto, la base imponible para facturar a la sociedad A es como mínimo de 3.400 € (3.000 de costes + 400 de la parte de los gastos de administración), que es el importe total de los costes en que incurre B. 8437

Así, en el ejemplo, la sociedad B tiene que repercutir a la entidad A la cantidad de 714,00 (3.400 × 21%), ingresando por diferencia entre el IVA devengado (714,00) y el soportado deducible (168,00) la cantidad de 546,00. Por su parte, la sociedad A pasa de soportar un IVA de 168,00 a hacerlo en una cuantía de 714,00, que, al aplicar la regla de prorrata, supone pasar de 67,20 de IVA soportado no deducible, a la cantidad de 285,60 (714 × 40%), resultando como consecuencia de la especialización unos costes adicionales por IVA de 218,40 (285,60 - 67,20).

Para evitar el efecto descrito, se crea la **regla de valoración de la base imponible** que pretende evitar que se incorporen a la misma factores respecto de los cuales no se ha soportado IVA. En este ejemplo, la base imponible de la operación intragrupo (solo a los efectos del IVA) es de 800,00 y el IVA soportado para la entidad A de 168,00, quedando en idéntica situación que la de partida. De este modo el IVA no supone un coste que afecte a las decisiones estratégicas y de especialización que puedan adoptar las entidades que realizan operaciones exentas.

Gráficamente, la situación expuesta es:

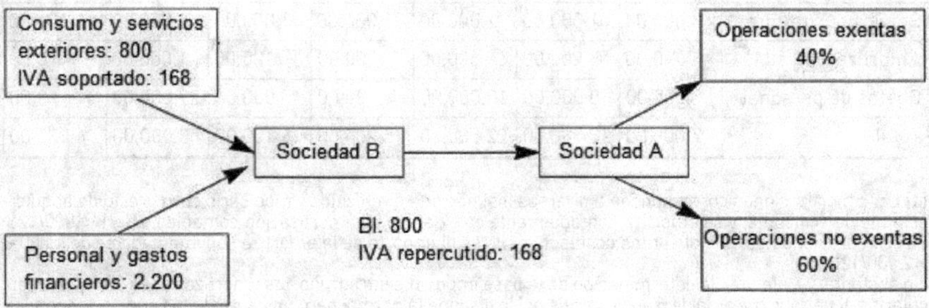

Coste de prorrata: 168 × 40% = 67,20.
Coste de especialización: 0,00.

Contabilización: 8438

a) **Sociedad B**. Por los servicios que presta a la sociedad A:

Importe de los servicios prestados 3.400 o cualquier otra cantidad superior por inclusión del beneficio empresarial, e incluso en algunos casos puede ser inferior. En todo caso, cualquiera que sea el importe facturado por el servicio, no afecta a la base imponible a efectos del IVA.

Base imponible especial a efectos de IVA: 800 × 21% = 168,00.

Núm	Cuenta	Debe	Haber
433	Clientes, empresas del grupo	3.568,00	
705	Prestaciones de servicios		3.400,00
477	Hacienda Pública, IVA repercutido (21% × 800)		168,00

b) **Sociedad A**. Por el gasto de la factura recibida, que después destina al ejercicio de su actividad económica:

Núm	Cuenta	Debe	Haber
62	Servicios exteriores (3.400 + 40% × 168)	3.467,20	
472	Hacienda Pública, IVA soportado (60% × 168)	100,80	
403	Proveedores, empresas del grupo		3.568,00

8440 2) Sea la sociedad A, con prorrata del 0% (a efectos de simplificación), cuya actividad económica principal es la enseñanza en todos los niveles y grados del sistema educativo, la cual contaba hasta el momento con un comedor propio que prestaba el servicio integral de restaurante a los alumnos y con autobuses para darles servicio de transporte.

A decide externalizar dichos servicios a través de la creación de 2 filiales (sociedades B y C) que le prestan respectivamente el servicio de restauración (sociedad B), tanto al propio centro de enseñanza -sociedad A- como a otros de la zona, y el servicio de transporte (sociedad C).

Las tres sociedades constituyen un grupo de entidades que han ejercitado la opción prevista para tributar por el REGE y, además, han ejercitado la opción del contenido ampliado del REGE.

Los datos de organización, gestión, estadística interna de costes y volumen de negocios de las sociedades B y C, que cuentan con un sistema centralizado y global de información que dirige la dominante, son:

8442 • **Sociedad B**

Para el período considerado de un mes, esta filial con prorrata del 100% ha incurrido en los costes que se detallan en el cuadro de reparto adjunto. El grupo lleva para cada empresa un sistema de contabilidad de costes basado en secciones de actividad. La sociedad presta los servicios de comedor para el grupo, así como para otros centros de enseñanza externos. El menú es el mismo para todos los centros y el precio por menú es igual para las operaciones intragrupo que para terceros. La facturación total del período (cuyos costes asociados son los expuestos en el cuadro) asciende a 120.000 € de los que el 30% corresponde a servicios a la dominante A.

Cuadro de **reparto de costes** a los centros de actividad:

Costes	Aprovisionamiento	Manipulación	Cocina	Reparto	Administración	Total Costes	IVA Soportado (2)
Materias primas y otros aprovisionamientos	2.000,00	3.000,00	10.000,00	0,00	0,00	15.000,00	3.150,00
Servicios Exteriores	3.000,00	1.000,00	2.000,00	1.000,00	1.000,00	8.000,00	1.680,00
Amortizaciones (1)	0,00	200,00	500,00	200,00	100,00	1.000,00	0,00
Gastos de personal	2.000,00	8.000,00	10.000,00	4.000,00	5.000,00	29.000,00	0,00
Total	7.000,00	12.200,00	22.500,00	5.200,00	6.100,00	53.000,00	4.830,00

8444 (1) Las amortizaciones corresponden a diversas instalaciones, vehículos y mobiliario cuyo precio de adquisición fue de 144.000 €, y se amortiza contablemente en 12 años. La amortización contable es de 144.000/12 = 12.000 euros anuales, que al ser los costes mensuales el importe de la amortización imputada es de 1.000 € (12.000/12).

No obstante, y a efectos de determinación de la base imponible intragrupo, las amortizaciones hay que recalcularlas al período máximo de 5 años, ya que así lo dispone la norma, pero únicamente las que corresponden a los bienes utilizados real y efectivamente en operaciones para el grupo. En este caso el importe que tiene que tenerse en cuenta en materia de amortizaciones es de 8.640 € anuales:

(144.000 × 30%)/5 = 8.640 € (facturación a A = utilización efectiva de tales inmovilizados),

por lo tanto, la amortización mensual del período es: 8.640/12 = 720 €.

Si no se hubiera tenido que ajustar, el importe a imputar a la base imponible del grupo por amortizaciones sería: 1.000 × 30% = 300 €.

(2) Por motivos de simplificación se supone que tanto el IVA soportado correspondiente a la totalidad de inputs externos, como el que repercute por el servicio de comedor que presta, es el 21%.

8446 Así, el importe facturado por B a A es de 120.000 × 30% = 36.000 € y la base imponible a efectos del REGE es: (15.000 + 8.000) × 30% + 720 = 7.620 €, por lo que repercute una cuota de 1.600,20 (21% × 7.620).

El importe de la facturación a terceros asciende a 120.000 × 70% = 84.000 €, por lo que repercute una cuota de IVA de 17.640,00 (21% x 84.000).
Nota: El reparto de los costes por secciones hubiera resultado necesario si el menú ofrecido a cada centro fuera diferente, ya que en este caso se tendría que calcular el coste de cada tipo de menú, teniendo en cuenta el valor añadido en cada sección, el cual no tiene por qué estar condicionado por la facturación.
Contabilización:
a) **Sociedad B**. Por la facturación a la sociedad A:

Núm	Cuenta	Debe	Haber
433	Clientes, empresas del grupo	37.600,20	
705	Prestaciones de servicios		36.000,00
477	Hacienda Pública, IVA repercutido		1.600,20

b) **Sociedad A**. Por el gasto de la factura recibida, que después destina al ejercicio de su actividad económica:

Núm	Cuenta	Debe	Haber
62	Servicios exteriores (36.000 + 21% × 7.620)	37.600,20	
403	Proveedores, empresas del grupo		37.600,20

NOTA: La sociedad A (dominante) tiene una prorrata de cero, por lo que no puede deducir cantidad alguna del IVA soportado.

Además de los asientos realizados, habría que presentar por parte de la dominante liquidación global agregada correspondiente a cada una de las liquidaciones individuales de las sociedades que integran el grupo.

• **Sociedad C** **8448**
Esta filial, con prorrata del 100%, presta el servicio de transporte escolar tanto a empresas ajenas al grupo como a su matriz a través de una flota de 5 autobuses. Concretamente, destina al servicio del transporte escolar de la matriz un autobús en exclusiva y a tiempo completo, cuyo precio de adquisición fue de 180.000 €. Su amortización contable, que sirve de base para la imputación de costes, se realiza en 9 años. La matriz lleva un sistema de costes internos de todas las actividades que realiza el grupo, de forma que esta filial imputa como coste directo la amortización del autobús que tiene asignado para cada centro y como indirectos dispone de tres secciones: una de mantenimiento (con dos mecánicos) cuyos costes son fundamentalmente gastos de personal y consumo de repuestos que se adquieren del exterior, otra de administración cuyos costes son únicamente el personal de administración de la empresa y una tercera de servicios generales a la que imputan los gastos externos fijos y de estructura de la empresa.
El criterio de **asignación de costes a las secciones** y la imputación de sus costes a los servicios que esta filial presta es:
- **Mantenimiento**:
A través de los partes internos de trabajo se identifica el número de horas que la sección trabaja para el mantenimiento de cada autobús y, además, se identifica cada repuesto adquirido con el autobús en el que se coloca al efectuar la reparación. El sistema de costes informa que la actividad de la sección durante el período considerado ha sido 180 horas y sus costes, excluidos los repuestos, han sido de 45.000 €. El número de horas que ha trabajado para el autobús que presta el servicio de transporte a la matriz ha sido de 36 horas.
Por otra parte, los partes internos de trabajo ponen de manifiesto que los repuestos utilizados en la reparación del autobús que utiliza el grupo ascienden a 2.000 €.
- **Administración**:
Los costes de esta sección, que son exclusivamente de personal, han ascendido en el período considerado a 5.000 € y se reparten en función de la facturación. A estos efectos, se sabe que la facturación global del período ha sido de 100.000 €, de los que 15.000 € son los que C ha facturado a su matriz A.
- **Servicios generales**:
Los costes de esta sección son todos externos y se ha soportado IVA por su totalidad. Ascienden en el período considerado a 20.000 € y se reparten de forma lineal entre el total de los autobuses que tiene la empresa.

8449 Según la información anterior, aunque la **sociedad C** ha facturado a su matriz en el período considerado 15.000 €, la **base imponible** a efectos del REGE sobre la que debe repercutir el IVA a la matriz es:
1. Por amortización del autobús utilizado totalmente en el servicio de transporte a la empresa del grupo (la LIVA no permite exceder de 5 años para muebles y de 10 para inmuebles): 180.000/5 × 1/12 = 3.000 €.
2. Por la imputación de los gastos de la sección de mantenimiento, solo por los repuestos efectivamente utilizados en la reparación del autobús, 2.000 €, ya que los costes de personal no forman parte de la base imponible del REGE, dado que respecto de los mismos no se ha soportado IVA.

3. Por la imputación de los gastos de administración no procede asignar a la base imponible cantidad alguna, ya que se trata de gastos de personal.
4. Por la imputación de los costes de la sección servicios generales, que al utilizar una base de reparto lineal en función del número de autobuses es: 20.000/5 × 1 = 4.000 €.
Así, la base imponible es: 3.000 + 2.000 + 4.000 = 9.000 €, por lo que repercute una cuota de 1.890,00 (21% × 9.000).
El importe de la facturación a terceros asciende a 85.000 €, por la que repercute una cuota de IVA al 21% de 17.850,00.

8450 **Contabilización** de las prestaciones de servicios entre sociedades del grupo:
a) **Sociedad C**. Por la facturación a la sociedad A:

Núm	Cuenta	Debe	Haber
433	Clientes, empresas del grupo	16.890,00	
705	Prestaciones de servicios		15.000,00
477	Hacienda Pública, IVA repercutido		1.890,00

b) **Sociedad A**. Por el gasto de la factura recibida, que después destina al ejercicio de su actividad económica:

Núm	Cuenta	Debe	Haber
62	Servicios exteriores (15.000 + 21% × 9.000)	16.890,00	
403	Proveedores, empresas del grupo		16.890,00

La sociedad A dominante tiene una prorrata de cero, por lo que no puede deducir cantidad alguna del IVA soportado.
Nota: Si en el supuesto analizado la matriz realizara, por ejemplo, operaciones sujetas 75% y exentas 25%, la solución sería idéntica pero del IVA soportado, al tener prorrata del 75%, podría deducirse esa cantidad. No obstante, el propio REGE en sí constituye un sector diferenciado ex lege (nº 4940 s.), por lo que si realizara dos tipos de actividades intragrupo distintas (LIVA art.9.1º.c) se estaría en presencia del mismo y, en este caso, podría deducir las cuotas soportadas relativas a los bienes utilizados en las operaciones intragrupo en función del destino de los bienes y servicios destinados a la realización de tales operaciones. Las operaciones realizadas intragrupo en este régimen especial no pueden tenerse en cuenta a efectos de cálculo de la prorrata común en caso de empresarios que realicen actividades en más de un sector diferenciado, al margen del REGE.

8452 **3)** Sea un grupo formado por dos sociedades: la dominante A y la dependiente B.
La sociedad B se dedica al transporte. Posee una flota de vehículos adquiridos a principios de año por 10.000,00 y un inmueble para la realización de la actividad también adquirido a principios de año por 30.000,00.
La actividad de la sociedad B está dedicada en su totalidad a la sociedad A. La facturación total del año de las operaciones realizadas para la sociedad A es:
- Suministros que devengan IVA: 4.000,00.
- Otros gastos que devengan IVA: 3.000,00.
- Gastos de personal: 2.000,00.
- Amortización de camiones: (10.000/5)* = 2.000,00.
- Amortización de bienes inmuebles: (30.000/10) = 3.000,00.
- Beneficios: 8.000,00.

Total precio de venta 22.000,00.

* Para la determinación del coste de los bienes de inversión utilizados en la realización de las operaciones intragrupo ha de atenderse a lo previsto en el período de regularización de las deducciones de la LIVA para bienes de esta naturaleza, establecido en cinco años (4 + 1) con carácter general y en diez años (9 + 1) para el caso de bienes inmuebles.

El REGE consiste en que el IVA de la operación intragrupo no se calcula sobre el precio de venta de 22.000,00, que sería el total de la facturación y la base imponible en caso de no aplicar el régimen, sino sobre el coste de las operaciones que han soportado IVA y se han afectado a esta operación (en este caso la totalidad). Por lo tanto, el coste de esta operación con IVA soportado asciende a:
- Suministros que devengan IVA: 4.000,00.
- Otros gastos que devengan IVA: 3.000,00.
- Amortización de camiones: 10.000/5 = 2.000,00.
- Amortización de bienes inmuebles: 30.000/10 = 3.000,00.

Total 12.000,00.
Por lo que el IVA repercutido por la sociedad B a la sociedad A (suponiendo un tipo del 21%) es de 12.000,00 × 21% = 2.520,00. Así, la base imponible es de 12.000,00, en lugar de 22.000,00 (importe de la venta).

El asiento contable a realizar por la sociedad B es: 8453

Núm	Cuenta	Debe	Haber
433	Clientes, empresas del grupo sociedad A	24.520,00	
705	Prestaciones de servicios		22.000,00
477	Hacienda Pública, IVA repercutido		2.520,00

Mientras que la sociedad A registra:

Núm	Cuenta	Debe	Haber
629	Otros servicios	22.000,00	
472	Hacienda Pública, IVA soportado	2.520,00	
403	Proveedores, empresas del grupo sociedad B		24.520,00

La sociedad A soporta el IVA de la operación intragrupo con la sociedad B por el coste de los bienes y servicios utilizados. Se trata de que estas operaciones intragrupo tributen como si fuese la dominante quien las realiza directamente (en este ejemplo, en otro caso podría ser cualquier sociedad del grupo la compradora).

Siguiendo con el ejemplo, y suponiendo que la única operación del año que ha realizado la sociedad B es con la sociedad A, y que ha soportado IVA al tipo del 21% sobre las siguientes operaciones: 8454

- Adquisición de camiones: 10.000,00.
- Adquisición de inmueble: 30.000,00.
- Servicios: 4.000,00.
- Otros gastos: 3.000,00.

Total 47.000,00.

IVA soportado: 47.000,00 × 21% = 9.870,00.

IVA repercutido (operación intragrupo): 2.520,00.

Suponiendo también que el único IVA soportado por la sociedad A es el correspondiente a la operación intragrupo (2.520,00), y que el importe total de las ventas asciende a 50.000,00, con un IVA repercutido de 10.500,00, la **declaración agregada** a presentar por la sociedad A (dominante) es:

- Total IVA agregado soportado del grupo: 9.870,00 + 2.520,00 = 12.390,00.
- Total IVA agregado repercutido del grupo: 2.520,00 + 10.500,00 = 13.020,00.

Total IVA a ingresar por el grupo: 13.020,00 - 12.390,00 = 630,00.

a) Contabilización de la sociedad A. 8455

La sociedad dominante A que ostenta la representación del grupo es la responsable del ingreso, por lo tanto, el registro contable es:

1. Por el asiento de **liquidación del IVA**:

Núm	Cuenta	Debe	Haber
477	Hacienda Pública, IVA repercutido	10.500,00	
472	Hacienda Pública, IVA soportado		2.520,00
4750	Hacienda Pública, acreedora por IVA		7.980,00

2. Por el reconocimiento de la **liquidación del IVA del grupo**:

Núm	Cuenta	Debe	Haber
4750	Hacienda Pública, acreedora por IVA (9.870 - 2.520)	7.980,00	
4753	Hacienda Pública, acreedora por IVA agregado		630,00
5523	Cuenta corriente con empresas del grupo, sociedad B		7.350,00

El saldo total de la cuenta 4753 «Hacienda Pública, acreedora por IVA agregado» asciende a 630,00 (7.980,00 - 7.350,00), que es la cantidad que la sociedad A ingresa a la Administración.

3. Por el **pago de la deuda tributaria** por parte de la sociedad A:

Núm	Cuenta	Debe	Haber
4753	Hacienda Pública, acreedora por IVA agregado	630,00	
572	Bancos e instituciones de crédito c/c vista, euros		630,00

La sociedad B tiene un derecho de cobro por el IVA frente a la sociedad A, y la sociedad A una obligación de pago al ostentar la representación del grupo de 9.870,00 - 2.520,00 = 7.350,00.

8456 **b) Contabilización de la sociedad B.**
Por el asiento de **liquidación del IVA**:

Núm	Cuenta	Debe	Haber
477	Hacienda Pública, IVA repercutido	2.520,00	
5523	Cuenta corriente con empresas del grupo, sociedad A	7.350,00	
472	Hacienda Pública, IVA soportado		9.870,00

Conclusiones: Las operaciones internas intragrupo no tributan sobre el valor añadido generado internamente, siendo la sociedad que transmite al exterior del grupo los bienes y servicios la que tributa por el total al realizar esa transmisión. Para eso la dominante debe llevar una contabilidad de costes capaz de determinar el coste de los productos y servicios transmitidos entre las diversas sociedades del grupo.
La problemática contable de este régimen se centra en que todas las empresas que formen parte del grupo han de disponer de un sistema de costes adecuado y en la contabilización del IVA soportado en la que recibe el bien o servicio de acuerdo con la prorrata que en su caso tenga.

8460 Renuncia a las exenciones aplicables a las operaciones intragrupo (LIVA art.163 sexies.Cinco)

Conforme a la regulación del régimen especial, cada una de las operaciones exentas del impuesto realizadas entre entidades del grupo puede ser objeto de renuncia por parte de la entidad que realiza las entregas o presta los servicios inicialmente exentos. Sus repercusiones contables se analizan a través del ejemplo del nº 8461 s.

8461 Ejemplo Supongamos que el grupo del ejemplo del nº 8440 crea una sociedad filial D (participada al 100% por A) dedicada a suministrar servicios financieros y bancarios a la filial B, que presta los servicios de comedor (filial B, con prorrata 100%), y a la filial C, que presta los servicios de transporte (filial C, con prorrata 100%), así como a la dominante A, que en este caso se supone que se dedica a la enseñanza y asesoría, por lo que tiene una prorrata del 25%. La sociedad D no presta servicios a sociedades externas al grupo.
Para el período de un mes que se considera, el estado de costes y el porcentaje de dedicación de D -según cálculos del departamento de análisis interno de la dominante- para las sociedades A, B y C es:

	Coste	IVA soportado
Consumos varios	3.000,00	630,00
Servicios exteriores	5.000,00	1.050,00
Amortización (en 5 años) (*)	2.000,00	0,00
Gastos de personal	10.000,00	0,00
Total	20.000,00	1.680,00

(*) Se supone que la inversión estuvo gravada con IVA.

	% de dedicación y facturación
Para la sociedad A	20,00
Para la sociedad B	30,00
Para la sociedad C	50,00
Total	100,00

8462 Se sabe que la sociedad factura a todas las empresas del grupo con un beneficio del 20%, sobre sus costes totales.
Si esta sociedad D no estuviera incluida en el REGE, dado que su actividad está comprendida entre las exentas, el IVA soportado es mayor coste ya que se trata de una actividad sujeta y exenta con prorrata cero o muy próxima a cero, es decir, sin derecho a la deducción de las cuotas de IVA soportadas. Sin embargo, por las operaciones que realiza para el grupo puede renunciar a la exención; en consecuencia, repercute IVA y tiene derecho a la deducción del IVA soportado, que en el ejemplo es por el 100%, ya que únicamente presta servicios al grupo.
Así, la facturación global de 24.000 € (20.000 × 1,2) se reparte para cada sociedad del grupo como sigue:

	Facturación
Sociedad A	24.000 × 20% = 4.800,00
Sociedad B	24.000 × 30% = 7.200,00
Sociedad C	24.000 × 50% = 12.000,00

Y la base imponible a efectos del REGE es 10.000 (3.000 + 5.000 + 2.000), que se distribuye entre las sociedades del grupo como sigue:

	Base Imponible	IVA repercutido (21%)
Sociedad A	10.000 × 20% = 2.000,00	420,00
Sociedad B	10.000 × 30% = 3.000,00	630,00
Sociedad C	10.000 × 50% = 5.000,00	1.050,00

El IVA soportado es deducible al 100% en las sociedades B y C ya que tienen prorrata al 100%, y al 25% en la sociedad A.

Contabilización. El registro contable de las prestaciones de servicios entre sociedades del grupo es: 8463

a) **Sociedad D**. Por la facturación a la sociedad A:

Núm	Cuenta	Debe	Haber
433	Clientes, empresas del grupo	5.220,00	
705	Prestaciones de servicios		4.800,00
477	Hacienda Pública, IVA repercutido		420,00

Por la facturación a la sociedad B:

Núm	Cuenta	Debe	Haber
433	Clientes, empresas del grupo	7.830,00	
705	Prestaciones de servicios		7.200,00
477	Hacienda Pública, IVA repercutido		630,00

Por la facturación a la sociedad C:

Núm	Cuenta	Debe	Haber
433	Clientes, empresas del grupo	13.050,00	
705	Prestaciones de servicios		12.000,00
477	Hacienda Pública, IVA repercutido		1.050,00

b) **Sociedad A**. Por la contabilización de la factura recibida de D: 8464

Núm	Cuenta	Debe	Haber
62	Servicios exteriores	5.115,00	
472	Hacienda Pública IVA soportado (420 × 25%)	105,00	
403	Proveedores, empresas del grupo		5.220,00

c) **Sociedad B**. Por la contabilización de la factura recibida de D:

Núm	Cuenta	Debe	Haber
62	Servicios exteriores	7.200,00	
472	Hacienda Pública, IVA soportado	630,00	
403	Proveedores, empresas del grupo		7.830,00

d) **Sociedad C**. Por la contabilización de la factura recibida de D:

Núm	Cuenta	Debe	Haber
62	Servicios exteriores	12.000,00	
472	Hacienda Pública, IVA soportado	1.050,00	
403	Proveedores, empresas del grupo		13.050,00

Si por ejemplo D facturara el 80% al grupo y el 20% a terceros y entendiendo que los costes incurridos son proporcionales a la facturación por el importe que factura a estos últimos, no cabe la renuncia a la exención. En consecuencia, si al registrar las compras y gastos reflejó el IVA soportado por su totalidad, debe corregirse en el importe no deducible, lo que daría lugar al siguiente asiento:

Núm	Cuenta	Debe	Haber
60/62	Compras/gastos (630 + 1.050) × 20%	336,00	
472	Hacienda Pública, IVA soportado		336,00

8470 **Régimen especial del criterio de caja** (LIVA art.120.Uno.9º y 163 decies a 163 sexiesdecies; RIVA art.61 septies a 61 undecies; ICAC consulta núm 5, BOICAC núm 96) Este régimen, **voluntario**, permite a determinados sujetos pasivos retrasar el devengo del IVA repercutido hasta el momento del **cobro** total o parcial a sus clientes o, si este no se ha producido, el devengo se entiende producido el 31 de diciembre del año inmediato posterior a aquel en que se haya realizado la operación, con el consiguiente retraso en la declaración e ingreso del impuesto. Asimismo, de manera indirecta el régimen también afecta a los empresarios destinatarios de las operaciones realizadas por aquellos a los que es de aplicación el régimen, ya que la deducción de las cuotas de IVA soportadas por los destinatarios de las operaciones se demora hasta el momento en el que las paguen completa o parcialmente al empresario acogido a dicho régimen.

El régimen del criterio de caja se aplica a todas las **operaciones** que se entiendan realizadas en el territorio de aplicación del impuesto (no cabe una aplicación operación por operación), si bien se excluyen determinadas operaciones (nº 5036).

El **derecho a la deducción** de las cuotas soportadas por los sujetos pasivos acogidos al régimen presenta las siguientes particularidades:

a) Nace en el momento del **pago** total o parcial del precio por los importes efectivamente satisfechos o, si este no se ha producido, el 31 de diciembre del año inmediato posterior a aquel en que se haya realizado la operación (sistema denominado de caja doble: en general, el devengo del impuesto se produce con el cobro; mientras que el derecho a la deducción, con el pago).

b) Solo puede **ejercitarse** en la declaración-liquidación relativa al período de liquidación en que haya nacido el derecho a la deducción de las cuotas soportadas o en las de los sucesivos, siempre que no haya transcurrido el plazo de cuatro años, contados a partir del nacimiento del mencionado derecho.

El estudio de conjunto del régimen se realiza en el nº 5025 s.

8472 El **ICAC** se ha pronunciado en relación con el tratamiento contable del régimen, señalando que la **normativa** a considerar son las normas de registro y valoración relativas al Impuesto sobre el Valor Añadido, Impuesto General Indirecto Canario y otros impuestos indirectos (PGC NRV 12ª) y a los Ingresos por ventas y prestación de servicios (PGC NRV 14ª), así como las definiciones y relaciones contables recogidas en el PGC en referencia a las cuentas utilizadas y su contenido (PGC Parte 5ª).

En la contabilización del **IVA devengado**, en la venta se abona en la cuenta 477 «Hacienda Pública, IVA repercutido» en el momento de expedir y entregar la factura, pero no se entiende devengado hasta el momento del devengo fiscal del impuesto, que es cuando se cobre la factura.

En el caso del **IVA soportado deducible** en la adquisición, los sujetos pasivos ven retardada su deducción hasta el momento en que efectúen el pago total o parcial a proveedores y para eso el PGC propone la cuenta 472 «Hacienda Pública IVA soportado» (cargo). Al igual que ocurría en la venta, si este pago no se ha producido, tiene como fecha máxima el 31 de diciembre del año inmediato posterior al que se haya realizado la operación.

La empresa, cuando recibe el bien o el servicio, debe contabilizar el devengo contable de la operación y la obligación de pago, y la entidad que presta el servicio o vende el bien la operación contraria, es decir, el derecho de cobro.

Así, el registro de la operación en el momento que nace el derecho o la obligación no cambia. Ahora bien, para que la realidad jurídico-fiscal y económica se reflejen, hasta que no se produzca el **devengo fiscal** las empresas pueden establecer nuevas cuentas que desglosan las anteriormente expuestas, para contabilizar el débito y crédito frente a Hacienda diferenciando:

- «IVA facturado» (en el momento en el que se produce la operación y se produce el devengo contable);
- «IVA facturado y devengado» (en el momento en el que se produce el cobro o pago que sería cuando se produce el devengo fiscal).

En todo caso, hay que tener en cuenta que no tienen carácter vinculante los movimientos contables incluidos en el PGC Parte 5ª y los aspectos relativos a numeración y denominación de cuentas incluidos en la Parte 4ª, excepto en los aspectos que contengan criterios de registro o valoración.

8474 Ejemplo Una empresa dedicada a la compraventa de teléfonos móviles, que se ha acogido al régimen especial del criterio de caja del IVA, ha realizado las siguientes operaciones durante los años N y N+1 (IVA aplicado del 21%):

a) Con fecha de 15-10-N vende 50 terminales a una empresa por 100 euros/unidad, haciéndose cargo de los gastos de envío que ascienden a 200 euros, y que se facturan al cliente. Dado el volumen adquirido se hace un descuento del 10% por unidad sobre el precio de venta, que figura en la factura, sin incluir los gastos de envío. Se pacta el cobro a cuatro meses, incluido los gastos de envío.

b) Con fecha de 20-11-N ha adquirido a su proveedor 80 terminales al precio medio de 60 euros/unidad, aplazando el pago de los mismos tres meses. El 1-12-N cuando recibe el pedido hay 10 terminales que no cumplen las características fijadas y decide quedárselos, pero con un descuento de 20 euros/unidad (únicamente de aquellos que no cumplían con lo pactado).
c) En el mes de enero de N+1 la empresa realiza la liquidación del IVA a la Hacienda Pública, teniendo en cuenta que las operaciones antes reflejadas son las únicas sujetas al IVA.
d) En el mes de febrero de N+1 cobra la factura de la venta realizada en octubre y paga a sus proveedores en las fechas pactadas.
e) En abril de N+1 realiza la liquidación del IVA a la Hacienda Pública, suponiendo que durante el primer trimestre de N+1 no ha hecho ninguna operación sujeta a IVA.
El registro contable de las operaciones descritas durante los años N y N+1 es:
a) Por la venta de los móviles el 15-10-N:

Núm	Cuenta	Debe	Haber
430	Clientes (vencimiento a 15-2-N+1)	5.687,00	
700	Venta de mercaderías [50 × (100 - 10)] + 200		4.700,00
4771	Hacienda Pública, IVA repercutido facturado (1) (4.700 × 0,21)		987,00

(1) Recoge el IVA repercutido que ya se ha devengado contablemente y que figura en la factura, aunque aun no se ha producido el devengo fiscal al no haberse cobrado.

b) Por la **compra de los móviles** al proveedor el 20-11-N: 8475

Núm	Cuenta	Debe	Haber
600	Compra de mercaderías (80 × 60)	4.800,00	
4721	Hacienda Pública, IVA soportado facturado (2) (4.800 × 0,21)	1.008,00	
400	Proveedores (vencimiento a 20-2-N+1)		5.808,00

(2) Recoge el IVA soportado que ya se ha devengado contablemente y que figura en la factura, aunque aun no se ha producido el devengo fiscal al no haberse pagado.

c) Por el registro de la **rebaja** concedida al quedarse parte del pedido a un precio inferior el 1-12-N:

Núm	Cuenta	Debe	Haber
400	Proveedores (vencimiento a 20-2-N+1)	242,00	
608	Devoluciones de compras y obligaciones similares (10 × 20)		200,00
4721	Hacienda Pública, IVA soportado facturado (200 x 0,21)		42,00

d) Por la **liquidación del IVA** con la Hacienda Pública en enero de N+1:
Dado que la empresa está sujeta al régimen especial de caja del IVA y no ha cobrado ni pagado el IVA correspondiente a las facturas del último trimestre del ejercicio anterior, no debe liquidar el IVA correspondiente a las ventas y compras facturadas en dicho trimestre.

e) Por el **cobro y pago de las facturas** correspondientes al cliente y a sus proveedores: 8476
- Por el **cobro** al cliente el 15-2-N+1:

Núm	Cuenta	Debe	Haber
4771	Hacienda Pública, IVA repercutido facturado	987,00	
572	Bancos e instituciones de crédito c/c vista, euros	5.687,00	
430	Clientes		5.687,00
4772	Hacienda Pública, IVA repercutido facturado y devengado (3)		987,00

(3) Recoge el IVA repercutido que ya se ha devengado fiscalmente.

- Por el **pago** a sus proveedores el 20-2-N+1:

Núm	Cuenta	Debe	Haber
400	Proveedores	5.566,00	
4722	Hacienda Pública, IVA soportado facturado y devengado (4)	966,00	
4721	Hacienda Pública, IVA soportado facturado		966,00
572	Bancos e instituciones de crédito c/c vista, euros		5.566,00

(4) Recoge el IVA soportado que ya se ha devengado fiscalmente.

f) Por la **liquidación correspondiente a la Hacienda** Pública por IVA el 15-4-N+1:

Núm	Cuenta	Debe	Haber
4772	Hacienda Pública, IVA repercutido facturado y devengado	987,00	
4722	Hacienda Pública, IVA soportado facturado y devengado		966,00
4750	Hacienda Pública, acreedora por IVA		21,00

- 20 abril N+1. Por el **pago del IVA** a la Hacienda Pública:

Núm	Cuenta	Debe	Haber
4750	Hacienda Pública, acreedora por IVA	21,00	
572	Bancos e instituciones de crédito c/c vista, euros		21,00

4. Modificación de la base imponible

(LIVA art.80; ICAC consulta núm 4, BOICAC núm 98)

8480 La modificación de la base imponible del IVA puede producirse en los supuestos señalados en el nº 1937 s.

Contablemente el tratamiento de las situaciones en las que se produce la modificación de la base imponible del IVA es:

a) Registro del **deterioro de los créditos**:

Los derechos de cobro comerciales se catalogan como activos financieros a coste amortizado, cuyo tratamiento contable es (PGC NRV 9ª):

Definición	**Derechos de cobro** por: - Operaciones comerciales: originados por venta de bienes y prestación de servicios en operaciones de tráfico. - No comerciales (no instrumentos financieros derivados ni instrumentos de patrimonio).
Valoración inicial	**Valor razonable** (1): precio de la transacción (valor razonable de la transacción entregada más gastos de transacción atribuibles).
Valoración posterior	**Coste amortizado** (2): intereses devengados con el método de interés efectivo (3) a la cuenta de pérdidas y ganancias.
Deterioro de valor	**Causa**: hay evidencia objetiva de que en un crédito o conjunto de ellos ha ocurrido un hecho que puede provocar la reducción o retraso de los flujos futuros. **Valoración**: diferencia entre valor en libros y valor actual de los flujos de efectivo descontados a tipo de interés efectivo en fecha de reconocimiento. **Dónde**: en la cuenta de pérdidas y ganancias como gasto (e ingreso cuando haya una reversión de la pérdida).

(1) Los créditos comerciales con vencimiento no superior a un año y sin interés contractual, y algunos no comerciales a corto plazo (créditos al personal, dividendos a cobrar y desembolsos pendientes sobre instrumentos del patrimonio) se pueden valorar por su nominal cuando el efecto de no actualizar los flujos de efectivo no sea significativo.
(2) Créditos comerciales con vencimiento inferior a un año que se hayan valorado inicialmente por su nominal, continúan por el nominal, salvo deterioro.
(3) En caso de no estar fijado el interés efectivo de la operación, es a interés de mercado para operaciones similares.

Para realizar las estimaciones y valoraciones necesarias debe aplicarse el principio de prudencia, que establece la necesidad de ser prudente en las estimaciones en condiciones de incertidumbre y tener en cuenta todos los riesgos tan pronto sean conocidos (PGC MC aptdo.3).

8481 **b)** Registro de la **reducción** de la base imponible del IVA. Cuando además se produzcan las circunstancias que de acuerdo con la legislación fiscal hagan efectiva la reducción de la base imponible de este impuesto, la entidad debe:

- registrar la disminución de la partida de deudas con la Hacienda Pública por el **IVA devengado**: cuenta 477 «Hacienda Pública, IVA repercutido»;
- como contrapartida a la disminución de la deuda se reconoce un **ingreso**, como un ajuste a la imposición indirecta (por ejemplo, la cuenta 639X «Ajustes positivos en IVA por créditos fallidos»).

c) Si posteriormente se produce el **cobro total o parcial del crédito** que originó el ajuste en la base imponible del IVA:

- inicialmente se debe revertir el deterioro de valor de los créditos contra la cuenta 794 «Reversión del deterioro de créditos por operaciones comerciales» (ICAC consulta núm 4, BOICAC núm 98);
- en relación con el IVA se registra el correspondiente ajuste negativo en la imposición indirecta.

Así, en caso de producirse una disminución en la base imponible del IVA contablemente debe reducirse la deuda con la Hacienda Pública y recoger un ingreso por ajuste fiscal.

Precisiones Todo lo anterior se entiende sin perjuicio de lo establecido por el régimen especial del **criterio de caja** cuyo tratamiento se analiza en el nº 8470 s.

Ejemplos 1) La empresa X, dedicada a la venta de equipos informáticos a empresas, llega a un acuerdo el 1-2-N con la empresa Y para la instalación de todos los equipos informáticos de la empresa así como aquellos dispositivos necesarios para su funcionamiento en red. 8482

El 1-3-N finalizan las tareas de instalación y X le factura a la empresa Y por los equipos y los servicios prestados 250.000 euros a cobrar en dos meses, documentando la operación con una letra de cambio aceptada (IVA aplicado del 21%). Al cierre del ejercicio y dada las dificultades económicas y financieras por los que atraviesa la empresa Y, X califica contablemente al cliente como de dudoso cobro, registrando el consiguiente deterioro. En este momento se cumplen las circunstancias previstas en la normativa fiscal para reducir la base imponible del IVA.

En el ejercicio N+1 se llega a un acuerdo con la empresa Y y se consigue cobrar el 50% del total del efecto, dando de baja el resto del importe por insolvencia definitiva del deudor, dado que la empresa Y ha **cesado su actividad**.

Los asientos contables a practicar en la contabilidad de X en las fechas indicadas son:

Ejercicio N:

- Por la venta y servicio prestado a la empresa Y:

Núm	Cuenta	Debe	Haber
431	Clientes, efectos comerciales a cobrar	302.500,00	
700	Venta de mercaderías		250.000,00
477	Hacienda Pública, IVA repercutido		52.500,00

El IVA de esta operación habrá sido ingresado por la empresa X a la Hacienda Pública en su correspondiente declaración trimestral.

- Al cierre de ejercicio por la estimación del deterioro, el 31-12-N:

Núm	Cuenta	Debe	Haber
694	Pérdida por deterioro de créditos por operaciones de la actividad	302.500,00	
490	Deterioro de valor de créditos por operaciones de la actividad		302.500,00

- Por la calificación del cliente como de dudoso cobro, el 31-12-N:

Núm	Cuenta	Debe	Haber
436	Clientes de dudoso cobro	302.500,00	
431	Clientes, efectos comerciales a cobrar		302.500,00

- Por la disminución de la deuda con la Hacienda Pública:

Núm	Cuenta	Debe	Haber
477	Hacienda Pública, IVA repercutido	52.500,00	
6391	Ajustes positivos en IVA de activo corriente		52.500,00

Posteriormente, al realizar la liquidación trimestral con Hacienda del IVA, la empresa recoge una menor deuda con la Hacienda Pública por los 52.500 euros que en su momento ingresó en la Hacienda Pública.

Ejercicio N+1: 8483

- Por el cobro parcial del derecho, dando el resto por perdido:

Núm	Cuenta	Debe	Haber
572	Bancos e instituciones de crédito c.c. a la vista, euros	151.250,00	
650	Pérdida de créditos incobrables derivados de la actividad	151.250,00	
436	Clientes de dudoso cobro		302.500,00

- Por la aplicación del deterioro:

Núm	Cuenta	Debe	Haber
490	Deterioro de valor de créditos por operaciones de la actividad	302.500,00	
794	Reversión del deterioro de créditos por operaciones comerciales		302.500,00

- Por el incremento de la deuda con la Hacienda Pública al haber cobrado parcialmente la factura, y por tanto el IVA:

Núm	Cuenta	Debe	Haber
6341	Ajustes negativos en IVA por activo corriente	26.250,00	
477	Hacienda Pública, IVA repercutido		26.250,00

8485 **2)** La compañía mercantil X, el 25-3-N, vende a Y mercancías por 800 € (+21% IVA). A partir de ese momento se producen las siguientes incidencias:
1. El 25-11-N, X, sin haber cobrado ninguna cantidad de Y, recibe noticias de la declaración en situación concursal de esta compañía, por lo que reclasifica contablemente el crédito subsistente y refleja la pérdida por insolvencia en su totalidad.
2. El 18-12-N modifica la base imponible del IVA devengado correspondiente a la cantidad pendiente de cobro.
3. El 15-4-N+1 el convenio de acreedores con la concursada determina una quita del 40%, cobrándose el resto con carácter inmediato.

8486 Los **asientos contables** a practicar en la contabilidad de X en las fechas indicadas son:
- **25-3-N**:

- IVA repercutido = 21% × 800 = 168,00.

Núm	Cuenta	Debe	Haber
430	Clientes	968,00	
70	Ventas de mercaderías, de producción propia, de servicios, etc.		800,00
477	Hacienda Pública, IVA repercutido		168,00

- **25-11-N**:

Núm	Cuenta	Debe	Haber
436	Clientes de dudoso cobro	968,00	
430	Clientes		968,00
694	Pérdidas por deterioro de créditos por operaciones comerciales	968,00	
490	Deterioro de valor de créditos por operaciones comerciales		968,00

- **18-12-N**:

- IVA repercutido = 21% × (968/1,21) = 168,00.

Núm	Cuenta	Debe	Haber
477	Hacienda Pública, IVA repercutido	168,00	
436	Clientes de dudoso cobro		168,00
490	Deterioro de valor de créditos por operaciones comerciales	168,00	
794	Reversión del deterioro de créditos por operaciones comerciales		168,00

- **15-4-N+1**:

Se tiene que emitir factura y repercutir IVA en proporción a lo cobrado:

Núm	Cuenta	Debe	Haber
57	Tesorería (968 × 0,6)	580,80	
436	Clientes de dudoso cobro		800,00
490	Deterioro de valor de créditos por operaciones comerciales	800,00	
794	Reversión del deterioro de créditos por operaciones comerciales		800,00
650	Pérdidas de créditos comerciales incobrables	320,00	
477	Hacienda Pública, IVA repercutido (168 × 0,6)		100,80

D. Ubicación en las cuentas anuales

Los modelos de balance y cuenta de pérdidas y ganancias, así como el de la memoria, son los establecidos por el propio PGC y el PGC PYMES, cuya normalización se produce por los Reales Decretos en los que se aprueban dichos planes. **8490**

A continuación se presenta, en el **modelo normal** de cuentas anuales, las cuentas e información complementaria que, en relación con la contabilización del IVA, está prevista en sus esquemas.

Precisiones En principio, los modelos **abreviados** y los correspondientes a las **cuentas anuales consolidadas** no difieren de forma significativa en los aspectos que se tratan del modelo normal, por lo que se evita su reiteración.

Balance El reflejo contable del IVA en el balance es el que se expone a continuación: **8491**

ACTIVO

B) ACTIVO CORRIENTE

III. DEUDORES COMERCIALES Y OTRAS CUENTAS A COBRAR

6. Otros créditos con las Administraciones Públicas.
cuenta 4700 «Hacienda Pública, deudora por IVA».
cuenta 472 «Hacienda Pública, IVA soportado».

PATRIMONIO NETO Y PASIVO

C) PASIVO CORRIENTE

V. ACREEDORES COMERCIALES Y OTRAS CUENTAS A PAGAR

6. Otras deudas con las Administraciones Públicas.
cuenta 4750 «Hacienda Pública, acreedora por IVA».
cuenta 477 «Hacienda Pública, IVA repercutido».

Cuenta de pérdidas y ganancias La cuenta de pérdidas y ganancias integra la contabilización del IVA de la siguiente manera: **8492**

A) OPERACIONES CONTINUADAS

7. Otros gastos de explotación

b) Tributos

cuenta 631 «Otros tributos».
cuenta 6341 «Ajustes negativos en IVA de activo corriente».
cuenta 6342 «Ajustes negativos en IVA de inversiones».
cuenta 6391 «Ajustes positivos en IVA de activo corriente» (-).
cuenta 6392 «Ajustes positivos en IVA de inversiones» (-).

Memoria Ninguno de los modelos de memoria, ni el normal ni el abreviado, hacen referencia expresa al IVA. No obstante, es necesario indicar **cualquier otra información**, no incluida en el modelo de la memoria, que sea necesaria para facilitar la comprensión de las cuentas anuales objeto de presentación (PGC NECA 10ª.2). **8493**

En consecuencia, en los supuestos de **no deducibilidad** del IVA soportado, en cuanto que este pasa a engrosar las cuentas de gastos (y, en su momento, de existencias) y de inversiones, alterando las cifras de ventas, debe dejarse constancia en la memoria de tales circunstancias, al menos en los siguientes **apartados**:

a) 4. Normas de registro y valoración: **8494**

1) Inmovilizado intangible.

2) Inmovilizado material.

8) Existencias.

Con respecto a todas estas partidas del balance, debe indicarse si su valor incluye el IVA soportado no deducible en sus adquisiciones y en qué proporción.

11) Ingresos y gastos.

En el caso de los **gastos** también debe indicarse si su importe incluye el IVA soportado no deducible y en qué proporción.

Para los **ingresos**, la información a incluir hace referencia a aquellos que integran de forma implícita el IVA (operaciones exentas que soportaron IVA no deducible en anteriores fases de la producción y regímenes especiales), incluyendo estimaciones sobre la distorsión que esta circunstancia introduce en el importe de la cifra de negocios.

8495 **b) 12. Situación fiscal.**

Tanto en el modelo de memoria normal (2. Otros tributos) como en el abreviado (apartado 9. Situación fiscal. 2. Otros tributos), se indica que se debe informar sobre cualquier circunstancia de carácter significativo en relación con otros tributos, en particular cualquier contingencia de tipo fiscal.

Así, debe incluirse un apartado que señale el **régimen de aplicación** de IVA, indicando en todo caso el derecho o no a la deducción del IVA soportado por la empresa en sus adquisiciones y la proporción de deducibilidad.

En los casos en que resulte de aplicación la **regla de prorrata**, deben indicarse los bienes de inversión sujetos a regularización del porcentaje de deducción del IVA soportado, el porcentaje aplicado y los años pendientes de posibles ajustes.

También debe informarse sobre los distintos **regímenes especiales** del IVA (y del IGIC) que resulten aplicables a la empresa, indicando el criterio seguido para la valoración y registro, las operaciones sometidas a cada régimen y los posibles cambios de régimen de tributación (ICAC Resol 20-1-97 norma Séptima).

PARTE SÉPTIMA

Especialidades sectoriales

CAPÍTULO 18

Operaciones inmobiliarias

8500

La importancia que reviste el sector inmobiliario en el ámbito económico y las **particularidades** que este tipo de operaciones presentan en la normativa reguladora del IVA justifican el que se dedique un capítulo específico a este sector de actividad. 8501

I. Hecho imponible

8505

Por lo que se refiere al **concepto** de empresario o profesional y a la **delimitación** del hecho imponible del IVA en relación con las operaciones inmobiliarias, hay que estar a lo dispuesto en la normativa de carácter general (ver nº 50 s.). No obstante, conviene citar algunos aspectos que revisten especial importancia. 8506

Coordinación entre el IVA y el ITP y AJD (LIVA art.4.cuatro; LITP art.7.5) La complementariedad del IVA y del ITP y AJD en el gravamen de las operaciones inmobiliarias es uno de los aspectos básicos de la **interconexión** de ambos tributos, los cuales se excluyen entre sí, es decir, las operaciones sujetas a IVA no lo están al concepto transmisiones patrimoniales onerosas (TPO) del ITP y AJD. En concreto: 8507

a) El **IVA** recae sobre las operaciones inmobiliarias realizadas por empresarios o profesionales que actúan en el ejercicio de su actividad.

b) La modalidad **TPO** del ITP y AJD tiene por objeto las operaciones inmobiliarias realizadas por quienes no tienen tal condición o por, quienes teniéndola, no actúan en su calidad de empresarios o profesionales. No obstante, quedan sujetas a la modalidad de TPO del ITP y AJD determinadas operaciones efectuadas por empresarios o profesionales actuando en el ejercicio de su actividad (y que, por tanto, también están sujetas al IVA, sin perjuicio de su exención en este impuesto, pues la doble sujeción no implica doble gravamen) (ver nº 385).

Precisiones 1) Con carácter general, están exentas las **transmisiones de valores**, salvo cuando se pretenda eludir el pago de los tributos que habrían gravado la transmisión de los inmuebles a los que representen dichos valores, en cuyo caso tributan en el impuesto al que estén sujetas como transmisiones onerosas de bienes inmuebles (LMV art.338). 8508

2) La **incompatibilidad** del IVA y del ITP y AJD solo se da, sin embargo, con la modalidad TPO del ITP y AJD, y no con las otras dos modalidades del ITP y AJD -la de operaciones societarias (OS) y la de actos jurídicos documentados (AJD)-, respecto de las que puede producirse el gravamen concurrente de ambos tributos (ver nº 8512).

3) Aunque no procede el doble gravamen por IVA y la modalidad TPO del ITP y AJD para una sola operación, pueden darse sin embargo supuestos de **doble tributación** en los casos en que la operación inmobiliaria está gravada por TPO y exenta del IVA y el bien inmueble lleva incorporado un IVA residual que no se ha podido deducir, total o parcialmente, de una fase comercial anterior. Así ocurre con:

- las entregas exentas del IVA de bienes inmuebles que no sean bienes de inversión. Estas entregas no originan el derecho a la deducción del IVA soportado en la adquisición del bien, con lo que generalmente dicho IVA se incorpora al precio. Además, la operación tributa por ITP y AJD;

- las entregas exentas del IVA de bienes inmuebles de inversión. Estas entregas determinan el reembolso a la Hacienda Pública, por parte del sujeto pasivo que efectúa la entrega, de parte (o la totalidad) del IVA deducido por él mismo con ocasión de la adquisición del bien vía regularización (nº 3016 s.), con el mismo efecto.

8509 **4)** El hecho de que las transmisiones de inmuebles estén gravadas en nuestro país por dos tributos diferentes, IVA e ITP y AJD, puede generar en la práctica **problemas**.

En ocasiones, la delimitación sobre qué tributo aplicar no es clara, o aun siéndolo, las partes aplican en la transmisión el impuesto improcedente, situación que exige que se proceda a la **devolución del impuesto** que se ingresó. No obstante, los plazos de prescripción (nº 13968 Memento Fiscal 2026), las reglas relativas a la legitimación para solicitar la devolución de ingresos indebidos (nº 14679 Memento Fiscal 2026) y las que afectan a los plazos de ingreso y suspensión de la ejecución de las deudas tributarias (nº 13844 Memento Fiscal 2026) o, incluso, fuera ya del ámbito de la normativa tributaria general, la propia mecánica del IVA (en particular, el hecho de que en el IVA el sujeto pasivo obligado a ingresar el impuesto a la Hacienda Pública no es la persona que verdaderamente soporta el peso económico del impuesto) han podido generar situaciones en las que aquella devolución no sea posible y en las que, por tanto, el adquirente del inmueble acabe pagando tanto el IVA como el ITP y AJD. A ello se une la propia complejidad de la **regularización del IVA** cuando una operación que ha sido tratada como gravada por dicho impuesto por las partes se considera posteriormente por la Administración como exenta del tributo y sujeta a ITP y AJD -teniendo que regularizarse no solo de las cantidades repercutidas e ingresadas, sino también de las deducciones practicadas por el adquirente-, ya que no siempre es fácil la concurrencia de las dos partes de la transacción.

Dado que ambos tributos son competencia de dos **Administraciones territoriales diferentes** (estatal, para el IVA, y autonómica, para el ITP y AJD), se requiere una adecuada coordinación entre ambas, exigiéndose a estos efectos por la Ley de financiación de las CCAA la adopción de los **dictámenes** sobre la tributación aplicable en materia del IVA -Impuesto sobre la Producción, los Servicios y la Importación en las Ciudades de Ceuta y Melilla- y el ITP y AJD; en caso de desacuerdo, se plantea el supuesto conflictivo ante la DGT del Ministerio de Hacienda, quien lo resuelve con carácter vinculante (L 22/2009 art.65 y 66).

8510 Ejemplos **1)** Una inmobiliaria vende en el año N una **vivienda a un particular** que, dos meses antes, había adquirido a su promotor-constructor, soportando el IVA.

Se trata de una segunda entrega de edificación, sujeta y exenta del IVA (nº 8640) y que no puede ser objeto de renuncia (nº 8685), ya que el adquirente es un particular. Por tanto, está sujeta a la modalidad TPO del ITP y AJD y el transmitente (la inmobiliaria) no puede deducirse el IVA soportado en la adquisición de la vivienda.

2) Una entidad mercantil vende una **nave industrial** a la empresa EFL, que tiene derecho a la deducción total de las cuotas soportadas. La vendedora adquirió dicha nave hace seis años a otra entidad mercantil. La empresa EFL acuerda con la vendedora que se va a renunciar a la exención del IVA.

En principio, se trata de una operación sujeta y exenta del IVA (nº 8640), pero al renunciar a la exención (nº 8685) tributa por el IVA y no por la modalidad TPO.

3) Una empresa inmobiliaria lleva a cabo el **arrendamiento de una vivienda** a una persona física que la va a utilizar como su residencia habitual.

Se trata de un arrendamiento sujeto y exento del IVA (nº 8670) y que tributa por la modalidad TPO del ITP y AJD (nº 11327 Memento Fiscal 2026).

Doctrina Administrativa El acuerdo de **distribución de dividendos** de una sociedad a sus socios, con entrega de bienes inmuebles supone, además de la distribución de dividendos, la entrega de los inmuebles que constituye una segunda o ulterior entrega exenta del IVA. Por tanto, y dado que se produce una transmisión patrimonial onerosa a la que no le resulta aplicable el supuesto de no sujeción (LIVA art.7.1), la operación queda sujeta a la modalidad de TPO del ITP y AJD, aunque se realice por un empresario o profesional en el ejercicio de su actividad económica (DGT CV 23-9-25).

Cuadro recapitulativo. Delimitación IVA-ITP y AJD El cuadro recoge solo las entregas **realizadas por empresarios o profesionales** sujetas al IVA (las operaciones realizadas por particulares no están sujetas al IVA y solo se someten -con exención o no- al ITP y AJD). 8511

Las operaciones que se enumeran coinciden con las que se citan en la normativa del IVA.

Operación	IVA	ITP y AJD
A. TRANSMISIONES (entregas)		
1) De edificaciones		
a) Edificaciones en construcción	no exenta	AJD DN
b) Edificaciones terminadas		
- 1ª transmisión.	no exenta	AJD DN
Excepciones:		
• Utilizada más de 2 años por el promotor antes de la 1ª transmisión	exenta:	
	• renuncia	AJD DN
	• no renuncia	TPO
• Utilizada por el usufructuario, inquilino, o habitacionista, más de 2 años antes de la 1ª transmisión a una persona distinta . .	exenta:	
	• renuncia	AJD DN
	• no renuncia	TPO
- 2ª transmisión y siguientes	exenta:	
	• renuncia	AJD DN
	• no renuncia	TPO
Excepciones:		
• Transmisión por empresa de leasing en caso de ejercicio de la opción de compra inherente al arrendamiento financiero, siempre que el contrato tenga una duración mínima de 10 años . . .	no exenta	AJD DN
• Transmisión para rehabilitación	no exenta	AJD DN
• Transmisión para demolición	no exenta	AJD DN
• 2ª transmisión tras la resolución de la 1ª entrega	no exenta	AJD DN
2) De terrenos		
a) Edificables (solares y otros aptos para edificar).	no exenta	AJD DN
b) No edificables (rústicos y otros no edificables)	exenta:	
	• renuncia	AJD DN
	• no renuncia	TPO
c) Casos especiales (edificables y no edificables):		
• Terrenos urbanizados (1)	no exenta	AJD DN
• Terrenos en curso de urbanización (1)	no exenta	AJD DN
• Terrenos con edificaciones terminadas (2)	no exenta	AJD DN
• Terrenos con edificación en curso (2)	no exenta	AJD DN
• Terrenos no edificables con construcciones agrarias, derruidas, paralizadas o ruinosas.	exenta:	
	• renuncia	AJD DN
	• no renuncia	TPO
• Terrenos juntas de compensación (3)	no exenta:	AJD DN
B. ARRENDAMIENTOS (4)		
1) De edificaciones		
a) En general -incluidos edificios para ser subarrendados; los asimilados a viviendas; los garajes y trasteros independientes de la vivienda; los locales comerciales- (5)	no exento	AJD DN

Operación	IVA	ITP y AJD
b) De viviendas (garajes y trasteros incluidos)	exento	TPO
Excepciones:		
• Viviendas con opción de compra	no exento	AJD DN
• Viviendas amuebladas que incluyen servicios hoteleros	no exento	AJD DN
2) De terrenos		
a) En general	exento	TPO
b) Excepciones:		
• Terrenos con construcciones para actividades de ganadería independiente	no exento	AJD DN
• Terrenos para estacionamiento de vehículos	no exento	AJD DN
• Terrenos para depósito o almacenaje de mercancías	no exento	AJD DN
• Terrenos para instalación de elementos de una actividad empresarial	no exento	AJD DN
• Terrenos con opción de compra cuya entrega estuviese sujeta y no exenta	no exento	AJD DN
• Terrenos para exposiciones o publicidad	no exento	AJD DN
C. DERECHOS REALES (6)		
1) Derechos de goce o disfrute (sobre terrenos o edificios de viviendas)	exento	TPO
Excepciones:		
• Sobre terrenos para: estacionamiento de vehículos; depósito o almacenaje; instalación de elementos de una actividad empresarial; exposiciones o publicidad	no exento	AJD DN
• Sobre viviendas amuebladas que incluyen servicios hoteleros	no exento	AJD DN
• Sobre edificios para ser subarrendados	no exento	AJD DN
2) Derecho de superficie	no exento	AJD DN

(1) Se exceptúan los terrenos **destinados exclusivamente** a parques y jardines públicos o a superficies viales de uso público, en cuyo caso la entrega está exenta.
(2) Cuando los **terrenos y las edificaciones** se transmitan conjuntamente y la entrega de estas últimas esté, al igual que la de los terrenos, sujeta y no exenta.
(3) Ver nº 8630.
(4) El tratamiento se refiere solo a los arrendamientos que tengan la consideración de prestación de servicios, por lo que deben excluirse los **arrendamientos-venta** y asimilados, que tienen la consideración de entrega de bienes (nº 155 y nº 8572).
Los arrendamientos quedan siempre sujetos al IVA, dado que el arrendador, aunque sea particular, tiene carácter de empresario a efectos de este impuesto.
(5) Se incluye el arrendamiento de edificios o partes de los mismos destinados a su posterior arrendamiento por **entidades gestoras de programas públicos** de apoyo a la vivienda o por sociedades acogidas al régimen especial de entidades dedicadas al arrendamiento de viviendas establecido en el IS (nº 7330 s. Memento Fiscal 2026).
(6) En la **constitución o transmisión** de derechos reales. A estos efectos, se supone que la operación se efectúa por un empresario o profesional.

8512 Jurisprudencia **1)** Es posible la percepción de la **cuota gradual** o proporcional **de la modalidad AJD** del ITP y AJD, en la formalización de una compraventa realizada por un empresario cuya actividad consiste en la compraventa de inmuebles o su compra para su posterior transformación o arrendamiento (TJUE 27-11-08, asunto C-151/08).
2) La normativa de la UE no se opone a que un Estado miembro, con ocasión de la adquisición de una parcela sin construir, incluya **prestaciones futuras de obras de construcción** en la base imponible sobre la que se calculan los impuestos sobre transmisiones inmobiliarias, como el «Grunderwerbsteuer» alemán (impuesto semejante a nuestro TPO, que no obstante se exige en ciertos casos en relación con operaciones inmobiliarias gravadas por el IVA). De este modo, una operación que ya está sujeta al IVA es gravada además con esos otros impuestos, siempre que estos últimos no tengan carácter de impuesto sobre el volumen de negocios (TJUE 27-11-08, asunto C-156/08).

8514 **Concepto de empresario o profesional** (LIVA art.5) Son empresarios o profesionales las personas o entidades que realizan **actividades económicas**. Como tales se consideran aquellas que impliquen la ordenación por cuenta propia de factores de producción, materiales y humanos o de uno de ellos, con la finalidad de intervenir en la producción o distribución de bienes o servicios. Asimismo, tienen dicha consideración quienes efectúan las operaciones del nº 80 s., aunque sean ocasionales o aisladas.

A efectos del IVA, el **inicio de las actividades** empresariales o profesionales se produce desde el momento en que se realice la adquisición de bienes o servicios con la intención, confirmada por elementos objetivos, de destinarlos al desarrollo de tales actividades. De esta forma, quienes realicen tales adquisiciones tienen desde dicho momento la condición de empresarios o profesionales a efectos del impuesto.

La figura del **autopromotor** puede plantear problemas, pues puede ocurrir que, en principio, el inmueble no se destine a la venta, sino al uso propio pero que, por alguna razón, acabe siendo objeto de entrega. En estos casos, la doctrina administrativa ha optado por la no calificación como empresario o profesional del autopromotor.

La Administración tributaria puede exigir la **acreditación** de los elementos objetivos que confirmen que, en el momento en que se efectuó la adquisición o importación de los bienes o servicios, existía dicha intención. La acreditación puede efectuarse a través de cualquiera de los medios de prueba admitidos en Derecho, y en particular, pueden tenerse en cuenta las circunstancias indicadas en el nº 3067.

Ejemplos 1) Una sociedad dedicada con habitualidad a la actividad de compraventa de inmuebles, efectúa, durante el primer trimestre del año N, las siguientes operaciones: **8517**

a) Vende por 300.000 € un **edificio de pisos** ubicado en Madrid que había adquirido años antes, en un momento en que los precios del mercado inmobiliario eran superiores, por 350.000 €. La sociedad considera que la venta del edificio por ella realizada no debe tributar por el IVA, ya que no puede considerarse que exista un «valor añadido» en dicha venta, al ser el precio de la misma inferior al de adquisición.

La venta del edificio tributa por el IVA, ya que concurren todos los requisitos exigidos por la norma. En efecto, se trata de una entrega de bienes efectuada en el territorio de aplicación del impuesto a título oneroso y en el desarrollo de la actividad empresarial de la entidad.

Lo anterior no queda desvirtuado por el hecho de que no se obtenga beneficio alguno por la entidad vendedora, al ser inferior el precio de venta al de adquisición, ya que la sujeción al IVA se produce con independencia de los fines o resultados perseguidos en la actividad empresarial o profesional o en cada operación en particular.

b) Adquiere dos **garajes de un particular**, que tiene intención de vender posteriormente a otro particular y a una sociedad anónima que desarrolla actividades empresariales, respectivamente. La sociedad no tiene clara la tributación por el ITP o por el IVA de las ventas a realizar, ni tampoco tiene claro el régimen tributario de la adquisición de los garajes que realizó.

Hay que distinguir dos tipos de operaciones: por una parte, la venta de los garajes efectuada por el particular a la sociedad y, por otro lado, la venta de los garajes a efectuar por esta última entidad. La primera operación no está sujeta al IVA, ya que falta en este supuesto uno de los requisitos necesarios para la realización del hecho imponible: que la entrega se efectúe por un empresario o profesional que actúe en cuanto tal. Por lo tanto, dicha entrega está sujeta al concepto TPO del ITP y AJD, siendo la sociedad el sujeto pasivo de dicho tributo.

Distinto es el caso de las entregas de los garajes que efectúa la sociedad. Estas entregas sí están sujetas al IVA. No obstante, están exentas al tratarse de segundas entregas de edificaciones (nº 8640 s.), por lo que han de tributar por el concepto de TPO (nº 8507 s.).

De esta forma, el principio general de incompatibilidad del IVA y del concepto TPO del ITP y AJD presenta una excepción en los supuestos de entregas, arrendamientos y demás operaciones que tienen por objeto bienes inmuebles. En estos casos, la operación está sujeta al IVA y al concepto TPO citado, si bien solo está gravada de forma efectiva por este último, ya que en el IVA existe un régimen de exención.

Por último, si se renunciara a la exención del IVA (renuncia que no cabe en la venta del garaje al particular y que solo podría admitirse con ciertos requisitos en la segunda operación, ver nº 8685), la operación tributaría exclusivamente por el IVA.

c) Adquiere, en virtud de subasta judicial, un **solar** que un empresario tenía afecto a su actividad. **8518**
La sociedad considera que la operación no debe tributar por IVA y que no está obligada a soportar la repercusión de tal tributo.

Se trata de una entrega por un empresario de un bien afecto a su actividad empresarial, operación que se considera efectuada en el desarrollo de su actividad y sujeta al IVA. De acuerdo con la doctrina administrativa, no importa que intervenga en la entrega el juez que ordene la subasta, ya que el transmitente es el empresario embargado, propietario de los bienes subastados. En la actualidad se trata de un supuesto específico de inversión del sujeto pasivo (nº 1363 y nº 8714).

2) Una **fundación**, que realiza exclusivamente operaciones a título gratuito, cede gratuitamente una parcela a un ayuntamiento, que la destina a zona verde.

La entrega no está sujeta al IVA, ya que dicha fundación no se considera empresario o profesional a efectos de dicho tributo, pues realiza exclusivamente operaciones a título gratuito.

3) Un **funcionario retirado** va a realizar el **arrendamiento** de dos pisos de los que es propietario: uno, lo va a arrendar a un despacho de abogados por 500 € al mes, y el otro, lo va a alquilar para vivienda a una familia por 400 € mensuales.

Las operaciones de arrendamiento realizadas están sujetas al impuesto, pues tiene la consideración de empresario a efectos del IVA y actúa en el ejercicio de su actividad empresarial de arrendamiento. El arrendamiento del piso destinado exclusivamente a vivienda está exento del IVA (nº 8670), en tanto que por el otro debe repercutir dicho tributo sobre el arrendatario y cumplir las obligaciones que la normativa impone a los sujetos pasivos del IVA (nº 6400 s. y nº 6900 s.).

8519 **4)** Un particular lleva a cabo la **cesión gratuita a su hijo** de un piso del que es propietario y el **arrendamiento a una empresa** de otro piso por tres años, pactándose un único pago de 60.000 € al iniciar el primer año.

La cesión del piso no se efectúa con el fin de obtener ingresos continuados en el tiempo. Por tanto, el particular no puede considerarse empresario ni la cesión gratuita del piso está sujeta al IVA, ni siquiera como autoconsumo de servicios (nº 8593 s.), ya que este, para existir, debe efectuarse por un empresario o profesional que actúe en el desarrollo de su actividad.

Distinto es el arrendamiento por el que se recibe una contraprestación, que percibe de una sola vez. Desde el punto de vista económico, es sustancialmente idéntica a la que se realizaría de haberse pactado una renta periódica, por lo que debe repercutir el IVA sobre el arrendatario e ingresarlo a la Hacienda Pública, cumpliendo las obligaciones que se deriven.

5) Un funcionario ha realizado la construcción de un chalet que pretende utilizar como **vivienda habitual**. Sin embargo, una vez construido se produce su **traslado** a otra localidad, por lo que se ve obligado a venderlo.

Dado que no ha construido el chalet para su venta, no puede ser considerado como empresario a efectos del IVA. Por el contrario, si lo hubiese construido con la finalidad de venderlo, adjudicarlo o cederlo por cualquier título, tendría la consideración de empresario a efectos del IVA y la entrega del chalet estaría sujeta.

8520 **6)** Un **ayuntamiento** efectúa las siguientes operaciones:

a) Realiza diversas **obras de carpintería y fontanería** en el interior del museo de la ciudad, sin que estén conexas con una obra estructural del edificio.

Las obras de carpintería y fontanería efectuadas en el museo no determinan, por sí solas, que el ayuntamiento pueda ser considerado como empresario, ya que no se trata de la rehabilitación de una edificación para su venta o adjudicación.

b) Adquiere unos **terrenos que urbaniza** con la finalidad de vender parte de los solares y promover, en los demás, edificaciones que posteriormente serán vendidas.

La urbanización de terrenos para su venta determina para el ayuntamiento la consideración de empresario a efectos del IVA. Esta consideración la tiene el ayuntamiento desde que efectúa la adquisición de los terrenos en cuestión.

Por otra parte, si el solar hubiera sido adquirido por el ayuntamiento en virtud de la cesión obligatoria y gratuita prevista por la normativa urbanística, su ulterior entrega por el ayuntamiento estaría sujeta al IVA, pues en todo caso se entendería que el solar forma parte del patrimonio empresarial del ayuntamiento (ver nº 8558).

c) Vende una **cantera** de su propiedad que no utilizaba en actividad alguna, así como un solar que adquirió por donación y que tampoco está afecto a ninguna actividad.

La venta de la cantera no implica, por sí sola, la consideración del ayuntamiento como empresario, ni tampoco la venta del solar no afecto a actividad alguna. Ahora bien, si el terreno hubiese sido urbanizado por el ayuntamiento para proceder a la posterior venta del solar resultante de dicha urbanización, sí tendría la consideración de empresario a efectos del impuesto.

d) Cede el **aprovechamiento cinegético** de un coto de caza de su propiedad a cambio de un precio.

La cesión del aprovechamiento cinegético del coto de caza determina la condición de empresario del ayuntamiento a efectos del IVA y la realización de una actividad empresarial.

e) Vende el inmueble en que estaba ubicado el **mercado** de venta de pescado y que el ayuntamiento venía empleando mediante arrendamiento con el fin de que el adquirente proceda a su demolición y construcción de un centro comercial.

La venta del inmueble afecto a una actividad empresarial desarrollada por el ayuntamiento (en concreto, el arrendamiento) es una operación sujeta al IVA, ya que el ayuntamiento, en su condición de arrendador, es empresario a efectos de dicho tributo y la entrega se realiza en el ejercicio de su actividad empresarial. A dicha entrega, además, no le es de aplicación la exención prevista para las segundas o ulteriores entregas de edificaciones (nº 8640 s.) y ello a pesar de que el mercado tiene la consideración de edificación a efectos del impuesto.

8521 **7)** Un particular lleva a cabo el **arrendamiento de una plaza de garaje** de su propiedad mediante contraprestación.

Tiene la consideración de empresario a efectos del IVA.

8) Un bar situado en los bajos comerciales de un edificio solicita a la comunidad de propietarios del mismo la concesión del **derecho de paso** por una zona común de un sistema de aire acondicionado. Dicho bar abona a la comunidad una cantidad mensual durante los meses en que se utilice el sistema de refrigeración.

En tal caso, la comunidad de propietarios tiene la condición de empresario por la explotación de un bien (zona común del edificio) con el fin de obtener ingresos continuados en el tiempo.

Doctrina Administrativa Además de las siguientes contestaciones de la DGT, ver nº 11000 s. 8522

1. Urbanización.

- Se considera que los propietarios de suelo adquieren la condición de **empresario o profesional** a efectos del IVA, cuando no tuvieran previamente tal condición, desde el momento en que comiencen a serles imputados los correspondientes costes de urbanización. La condición de empresario o profesional está íntimamente ligada a la intención de venta, cesión o adjudicación por cualquier título de los terrenos que se urbanizan, convirtiéndoles en urbanizadores (DGT 26-7-04; CV 8-11-23). Esto ocurre en los casos de imputación de **costes** a los propietarios del suelo resultantes de la reparcelación o a los propietarios de los terrenos, cediendo al urbanizador los derechos de aprovechamiento urbanístico que le corresponden (DGT CV 13-10-17; CV 13-10-17), así como a la comunidad de bienes, o en su caso, a los comuneros propietarios de los terrenos, siempre que los costes de urbanización sean abonados con la intención de afectar el suelo resultante a una actividad empresarial o profesional (DGT CV 18-3-22).
- Si se ha efectuado la **urbanización de la parcela** objeto de la entrega, el urbanizador es empresario o profesional, y la entrega de la parcela está sujeta al IVA. Por el contrario, si no ha efectuado la urbanización de la parcela objeto de la entrega, la operación está sujeta al ITP y AJD (DGT 11-6-01). Una vez iniciado el proceso de **ejecución material** de la urbanización, las transmisiones posteriores se encuentran sujetas (DGT 4-12-14).
- El hecho de que una persona física que adquirió de otra persona física un solar resultante de un proyecto de urbanización a través de una Junta de Compensación nunca se haya deducido las cuotas del IVA soportadas en las obras de urbanización del terreno, puede constituir un **indicio** de que no tenía intención de vender o ceder por cualquier título el solar y, por tanto, de que no actuaba como empresario o profesional a efectos del Impuesto, en relación con su participación en la referida urbanización del terreno (DGT CV 4-4-22).
- Está sujeta y no exenta del IVA la transmisión de un solar urbano resultado de un proceso de reparcelación plan parcial por el **sistema de compensación** en el cual, los ahora transmitentes aportaron sus anteriormente fincas rústicas que, mediante la Junta de Compensación, se procedieron a urbanizar, asumiendo ellos los costes correspondientes de la urbanización (DGT CV 13-12-21).
- Dos matrimonios crean una **comunidad de bienes** para adquirir un terreno y construir en el mismo su vivienda habitual. Tras la obtención de un NIF provisional, la comunidad adquiere el terreno y sufraga los costes de la construcción de las viviendas con los fondos obtenidos de los comuneros. La comunidad emite facturas a estos en concepto de pago a cuenta de la futura entrega de las viviendas. Dicha comunidad tiene la consideración de empresario a efectos del IVA (DGT 8-3-02).
- Un **ayuntamiento**, en cuanto urbanizador de determinados terrenos para su posterior venta o cesión, tiene la condición de empresario o profesional (DGT CV 8-5-06). Al realizar el ayuntamiento las gestiones necesarias para la **creación de suelo edificable** en un polígono industrial, realizando la urbanización de los terrenos integrantes del mismo, tiene la condición de empresario o profesional (DGT CV 16-1-14).
- La aportación de unos terrenos en curso de urbanización a una sociedad mercantil mediante una **ampliación de capital** se considera entrega de bienes, quedando sujeta al IVA si es realizada por un empresario (DGT CV 20-1-22).

2. Intención de venta. 8523

A estos efectos se han de diferenciar los supuestos en los que sí existe intención de venta -en cuyo caso se considera que se actúa con la condición de empresario o profesional a efectos del IVA-, de aquellos en los que no se realiza con esa intención -en cuyo caso no van a adquirir la condición de empresario o profesional quienes no la ostentaran con anterioridad-.

a. **Existe intención de venta** en los siguientes casos:

- Adquisición de un **solar** por una cooperativa con la intención de afectarlo a una actividad empresarial de cesión de uso de viviendas, quedando por tanto su posterior transmisión sujeta a IVA (DGT CV 16-8-22); adquisición de un **terreno segregable** con la intención de destinarlo a su venta una vez segregado en diversas parcelas.Si puede acreditarse por elementos objetivos que *la intención inicial era afectar* el inmueble al ejercicio de una actividad económica, como pudiera ser la de promoción inmobiliaria de terrenos, adquirirá la condición de empresario o profesional a efectos del Impuesto (DGT CV 2-10-18).
- Adquisición de un **local** por una persona física para destinarlo al alquiler y que se da de alta en el censo de empresarios, con la intención de destinarlo al desarrollo de esa actividad, pero que vende el local antes de arrendarlo. Corresponde al interesado probar el inicio de la actividad y la afectación del inmueble a una actividad empresarial o profesional (DGT CV 25-9-24).
- Promoción por una persona física o entidad mercantil de la **construcción de una vivienda** con destino a su venta, aunque sea ocasionalmente (DGT CV 12-7-10; CV 16-4-24).

b. **No existe intención de venta** en los siguientes casos:

- Los **juntacompensantes** que no tuvieran previamente la condición de empresario o profesional, dado que no adquieren tal condición en el momento en el que comiencen a serles imputados los correspondientes costes de urbanización en forma de derramas, ya que las mismas tienen que ser abonadas con la intención de afectar el suelo resultante de la reparcelación a una actividad empresarial o profesional (DGT CV 2-12-15).

- Un **particular** que se da de alta en el epígrafe de constructores del IAE y promueve la **construcción para uso propio** de una vivienda, al quedar desvirtuada la presunción del ejercicio de actividades empresariales (DGT CV 13-3-13; CV 8-6-16; CV 19-5-21), aunque posteriormente decida venderla a un tercero, incluso si la venta se produce sin haber sido acabado el edificio, al no haber sido realizada por un empresario o profesional en el ejercicio de su actividad (DGT CV 23-6-20; CV 12-8-25). Si el transmitente del inmueble no ostentaba con anterioridad la condición de empresario o profesional, solo adquiriría dicha condición si la promoción se hubiera efectuado con la intención de destinar el inmueble a la venta, cesión o adjudicación por cualquier título (DGT CV 24-5-21; CV 28-6-23); en caso contrario, al no formar parte de su patrimonio empresarial ni estar afecto a actividad empresarial o profesional, queda sujeta a ITP y AJD (DGT CV 4-4-22).
- La **aportación a la sociedad de gananciales** de una parcela privativa después de su reparcelación sobre la que, en parte, va a construir su vivienda familiar, ya que el aportante no tiene la condición de empresario o profesional, y no cabe considerar que la urbanizó para su venta, adjudicación o cesión a terceros (DGT CV 5-5-06).
- Una comunidad de bienes propietaria de un inmueble para reformar, aunque tenga la consideración de **promotor de la obra**, no adquiere por ello la condición de empresario o profesional dado que falta el requisito de la intención de venta o explotación económica de las viviendas (DGT CV 17-11-16).

Lo que caracteriza la actividad de **promoción inmobiliaria**, además de realizarse por cuenta propia, es que el promotor, en virtud de un título que tiene sobre un inmueble que le faculta a edificar sobre este, decide la construcción de una edificación para su posterior venta o enajenación por otro título, asumiendo el riesgo de esta promoción inmobiliaria. Así, si un **agente de la propiedad inmobiliaria** se limita a adquirir dos viviendas con la intención de venderlas una vez se encuentren terminadas, no tiene la condición de promotor de una edificación. La adquisición de estas viviendas, aisladamente realizada, no confiere por sí misma la condición de empresario a quien la realiza (DGT CV 10-12-07). A estos efectos, el **promotor delegado** no es en sentido estricto promotor de la edificación que se va a construir sobre una finca propiedad de un tercero, aunque efectúe tareas como la redacción del proyecto técnico de la promoción, obtención de licencias, ejecución de obras de construcción, recepción de obras y entrega a la propiedad, asemejándose más a la figura del contratista principal (DGT CV 25-5-16).

8524 **3. Obligaciones formales.**

- La **baja en el IAE** no conlleva automáticamente la pérdida de la condición de empresario o profesional en tanto no se cese en dicha actividad y se formule la baja en el censo de empresarios o profesionales, estando sujeto, hasta que se produzca dicha baja, al cumplimiento de las obligaciones formales que correspondan. Si la baja en el IAE supone el **cese efectivo** en la actividad empresarial o profesional del promotor, se entiende que los bienes que en ese momento están afectos al patrimonio empresarial se transfieren a su patrimonio personal y dicha transferencia está sujeta al IVA en concepto de autoconsumo (DGT CV 11-12-17).
- Mientras no se produzca la **liquidación definitiva** del patrimonio de la entidad, por la transmisión a terceros de los inmuebles promovidos por la misma o por su adjudicación a los socios, no tiene lugar una entrega de bienes (DGT CV 22-3-13; CV 7-10-15) y no habrá cesado plenamente en su actividad (DGT CV 12-6-19; CV 28-11-19).
- La condición de sujeto pasivo a efectos del IVA se mantiene hasta que no se produzca el cese efectivo en el ejercicio de la actividad del empresario o profesional, el cual no se puede entender producido en tanto el sujeto pasivo, actuando como tal, continúe llevando a cabo la **liquidación del patrimonio empresarial o profesional**, enajenando los bienes afectos a su actividad o prestando servicios, aunque estos se realicen durante varios años y sean los únicos que se presten. Por tanto, la transmisión de las fincas rústicas que integraban el patrimonio empresarial de la comunidad de bienes se encontrará sujeta al IVA (DGT CV 6-2-24).

Ante la imposibilidad de vender un solar en los años de crisis económica, la sociedad se dio de **baja en el censo** de empresarios hace varios años. Actualmente se va a volver a intentar la venta del solar. Mientras que no haya liquidado completamente su patrimonio, no habrá cesado plenamente en su actividad y la transmisión del solar va a estar sujeta y no exenta del IVA (DGT CV 31-1-19; CV 12-9-19).

En el caso de dos inmuebles que estuvieron afectos a la actividad económica desde su adquisición hasta el cese de la misma, dándose la circunstancia de que uno de los inmuebles ha estado **en expectativa de venta** desde dicho cese hasta la actualidad, mientras que el otro inmueble nunca estuvo en expectativa de venta, si se produce su transmisión, la misma estará sujeta a IVA, dado que dichos inmuebles se afectaron a una actividad empresarial y el patrimonio empresarial no se ha liquidado totalmente (DGT CV 30-6-22).

8525 **4. Afectación.**

- La transmisión de un solar por una persona física se encuentra sujeta y no exenta de IVA cuando esa persona tenga la consideración de empresario o profesional y el inmueble se encuentre

afecto a su patrimonio empresarial (DGT CV 16-9-25). Se considera afecto a una actividad económica un solar propiedad de una persona física, que lo explota mediante la colocación de **vallas publicitarias** (DGT CV 1-4-16).
- Cuando la única actividad que realiza una sociedad es la **cesión del uso** de los elementos de su patrimonio **a los socios**, dicha entidad no tiene afectos sus elementos patrimoniales a ninguna actividad, no teniendo la consideración de empresario o profesional a los efectos de IVA (DGT CV 18-5-17).
- Está sujeta a IVA la transmisión de una vivienda como consecuencia de un procedimiento judicial de **subasta**, siempre que el inmueble se encontrase afecto al desarrollo de actividades empresariales o profesionales del transmitente (DGT CV 8-11-18), incluso cuando es propiedad de la propia sociedad promotora (DGT CV 9-8-23), así como la transmisión de unos trasteros por decreto de adjudicación en una subasta judicial, al constituir una primera entrega (DGT CV 9-1-20).
Por el contrario, no está sujeta al IVA la enajenación mediante subasta extrajudicial de la vivienda habitual y un terreno rústico en el que no se ha desarrollado actividad económica alguna hecha por una persona física en el marco de un **procedimiento concursal personal** (DGT CV 17-5-21).
- Está sujeta al IVA la transmisión por una **Autoridad Portuaria** de una parcela que estuvo afecta como bien demanial al servicio público portuario hasta su desafectación, pasando después a integrarse en su patrimonio (DGT CV 10-6-24).

5. Condición de empresario o profesional. **8526**
- La **cesión gratuita de un local de un cónyuge a otro**, no desarrollando el primero ninguna actividad empresarial o profesional, no está sujeta al IVA, por no tener quien efectúa esta cesión la condición de empresario o profesional (DGT 11-11-94; 21-7-99).
- Los actuales propietarios de las parcelas, los cuales, aunque no soportaron de manera directa los costes de urbanización, se han **subrogado en la posición del causante** al haber heredado sus cuotas de propiedad de la parcela ya urbanizada, van a tener también la condición de empresario o profesional a efectos del Impuesto siempre que, desde la adquisición de dichas cuotas de propiedad, hubiesen tenido la intención de destinarlas a la promoción inmobiliaria, venta, cesión o adjudicación por cualquier título de las mismas (DGT CV 3-4-19).
Cuando **no** se aprecian **indicios suficientes** para considerar que los herederos han adquirido el terreno con la intención de afectarlo a una actividad empresarial o profesional, al no haber llevado a cabo ellos la urbanización del mismo ni haber realizado ninguna otra operación diferente de su mera adquisición mortis causa, no se pueden considerar empresarios con la finalidad de sujetar al IVA la transmisión. En este sentido, el mero hecho de darse de **alta en el censo** de empresarios, profesionales y retenedores no constituye por sí solo un elemento suficiente para acreditar la intención de afectar el inmueble a una actividad económica, si bien puede constituir un elemento probatorio a valorar conjuntamente con las restantes circunstancias de la operación (DGT CV 4-3-21).
- Una fundación docente, propietaria de un terreno, constituye sobre este un **derecho de superficie** a favor de una sociedad anónima, que ha de satisfacer un canon periódico y, transcurrido un plazo, el edificio que se construya sobre el terreno va a revertir a dicha fundación. En este caso, la fundación tiene la condición de empresario y el derecho de superficie está sujeto y no exento (DGT 10-1-01). La constitución de un derecho de superficie, aunque se realice sobre una parcela adscrita al patrimonio municipal, en la medida en que el canon pactado, en metálico o en especie, permite la obtención de unos ingresos continuados en el tiempo, lleva a concluir que se realiza por quien tiene la condición de empresario o profesional, y está sujeta al IVA (DGT 21-3-02).En el mismo sentido, respecto a la constitución sobre un terreno rústico de un **derecho de servidumbre de paso** aéreo de energía eléctrica a cambio de un gravamen de carácter indefinido, realizada por una persona física, DGT CV 29-7-11.
- Una entidad mercantil va a adquirir al **obispado** de su localidad un inmueble que se utilizó años atrás como colegio y, posteriormente, como central de peregrinaciones de la Iglesia. De tales hechos parece deducirse que dicho inmueble pasó del patrimonio empresarial del obispado a su consumo privado, en la medida en que el mismo se dedicó a labores no empresariales. La posterior transmisión de ese inmueble por el obispado es una operación no sujeta a IVA, porque se realiza por un sujeto que no es empresario o profesional (DGT CV 18-11-25).
- La **UTE** constituida por dos entidades mercantiles y dedicada a la promoción de una edificación para su ulterior adjudicación por partes a aquellas, tiene la consideración de empresario o profesional a efectos del IVA (DGT CV 18-1-06).
- Los **Fondos Activos Bancarios** (FAB) que desarrollan la actividad de promoción inmobiliaria con la intención de vender a terceros y de alquilar los inmuebles que les fueron aportados o adjudicados, tienen la condición de empresario o profesional en el IVA (DGT CV 14-2-23).
- Una **comunidad de bienes** que urbaniza terrenos para su venta, adjudicación o cesión adquiere la condición de empresario o profesional. La disolución con adjudicación de fincas a los comuneros constituye entrega de bienes sujeta al IVA si los terrenos forman parte de su patrimonio empresarial (DGT CV 23-6-20).
- La consideración como sujeto pasivo del impuesto de la comunidad de bienes compuesta por los copropietarios requiere que las operaciones que han de efectuarse se puedan entender

referidas a una **actividad empresarial o profesional** ejercida por dicha comunidad y no por sus miembros o comuneros. Para ello, sería necesario que las operaciones, y el riesgo o ventura que de ellas derive, se refiriese a la citada comunidad de forma indiferenciada y no a sus miembros o componentes, así como que la normativa sustantiva de la actividad por desarrollar sea tal que permita su ejercicio a través de una entidad con esta configuración.

En caso de que las operaciones se refieran a los **miembros o componentes de la entidad**, de manera que sean estos, y no la entidad, quienes asuman las consecuencias empresariales de tales operaciones, no se podrá considerar a efectos del impuesto la existencia de una entidad que, por sí misma y con independencia de sus miembros, tenga la condición de sujeto pasivo. En caso contrario, es decir, si existe una ordenación conjunta de medios y una asunción igualmente conjunta del riesgo y ventura de las operaciones, deberá considerarse que la entidad de que se trate, sociedad civil o comunidad de bienes, tiene la condición de sujeto pasivo del tributo (DGT CV 19-4-24; CV 19-4-24).

La **adquisición pro indiviso de un inmueble** por varias personas determina la existencia de una comunidad de bienes. No obstante, si no existe intención por parte de los comuneros de explotar en común la actividad consistente en la construcción de una edificación de viviendas y su posterior venta o cesión a terceros, asumiendo cada comunero el riesgo y ventura sobre la parte que se le adjudica, es cada comunero, y no la comunidad, quien tiene la consideración a los efectos del IVA de empresario y promotor de la edificación (DGT CV 21-8-17). En el caso que las partes intervinientes construyan conjuntamente un hotel, el cual finalizada la construcción será aportado a una sociedad de nueva creación, el sujeto pasivo de esta operación sujeta es la comunidad de bienes promotora de la construcción, devengándose el IVA cuando el inmueble se ponga a disposición de la entidad adquirente (DGT CV 29-6-17; CV 15-6-18).

- Una sociedad de responsabilidad limitada que se va a dedicar a la **mera tenencia de inmuebles**, pese a su condición de entidad mercantil, no tiene la condición de empresario o profesional a efectos del IVA, ya que no realiza operaciones o actividades que permitan atribuirle esta condición (DGT CV 5-7-06). Así, no se encuentra sujeta la transmisión de un inmueble en construcción cuando es realizada por una sociedad que no realiza ninguna actividad económica (DGT CV 23-10-14; CV 1-4-16; CV 15-4-25), así como tampoco cuando la realiza un particular que ha adquirido el inmueble por herencia y que en el momento de adquirirla se encontraban paralizadas las obras, no habiendo realizado actuación alguna sobre la finca rústica en la que se encuentra la misma (DGT CV 16-3-23).

8528 **6. Actividad de arrendamiento.**

Son operaciones sujetas y no exentas del IVA:

- la entrega de plazas de aparcamiento arrendado mediante contratos de **arrendamiento financiero previos** por un año, con opción de compra, habiendo sido ejercitadas dichas opciones por los arrendatarios al finalizar los correspondientes contratos (DGT CV 6-6-05);
- la entrega de **terrenos previamente arrendados** por el transmitente y que forman parte de su patrimonio empresarial (DGT CV 21-4-08);
- la entrega de suelo destinado al arrendamiento para la **instalación de vallas publicitarias**, aunque eventualmente el terreno no se arriende por ausencia de anunciantes (DGT 7-11-02);
- el arrendamiento por una **mancomunidad de propietarios** de una parte de las zonas comunes, siendo deducible el IVA soportado por las adquisiciones de bienes o servicios destinados a dicha actividad de arrendamiento. Sin embargo, la actividad consistente en la adquisición de los bienes y servicios necesarios para el mantenimiento, utilización, funcionamiento, etc., de los bienes, elementos, pertenencias y servicios comunes, y en la distribución de los gastos efectuados por tal concepto entre los miembros de la mancomunidad, no constituye una actividad de carácter empresarial o profesional a efectos del IVA (DGT CV 6-5-05). En el mismo sentido, respecto a una **comunidad de propietarios** en régimen de propiedad horizontal, matizándose que en la adquisición de bienes y servicios para la rehabilitación, renovación y reparación de un bien de inversión que se emplee en todo o en parte en el desarrollo de la actividad empresarial o profesional, puede deducir las cuotas soportadas en la medida en que dichos bienes o servicios vayan a utilizarse previsiblemente, de acuerdo con criterios fundados, en el ejercicio de la actividad, DGT CV 30-9-04.

Tiene la consideración de empresario a efectos de IVA:

- el **usufructuario** de locales de negocio, que arrienda (DGT CV 11-4-05);
- una comunidad de bienes constituida como consecuencia de la **herencia yacente**, que pretende transmitir un bien que años antes se encontraba arrendado, bajo la hipótesis de que dicho inmueble sigue formando parte del patrimonio empresarial o profesional, aunque se haya presentado la declaración de baja en el Censo de Empresarios, Profesionales y Retenedores (DGT CV 16-4-20);
- una comunidad de bienes constituida por la **propiedad indivisa de un local comercial**, desde que dicho local se afecta a la actividad de arrendamiento (DGT CV 15-9-05).

El **arrendamiento** de un inmueble, con carácter **previo a su venta**, con el único motivo de obtener un beneficio fiscal, esto es, con el fin de que el transmitente adquiriera la condición de empresario y la venta quede sujeta al IVA en lugar de a TPO, puede conllevar, en los casos de práctica abusiva, a que el transmitente pierda la condición de empresario o profesional (DGT CV 13-10-17).

7. Otras cuestiones. **8530**
- El IVA tiene un **carácter preponderante** frente al ITP y AJD, por lo que siempre es necesario constatar en primer lugar si se aplica el IVA, para poder discernir si resulta aplicable la modalidad de TPO del ITP y AJD (DGT CV 15-1-16).
- La transmisión de un local de negocios propiedad de un matrimonio en régimen de **separación de bienes**, en el que solo uno de los cónyuges ejerce una actividad empresarial, está sujeta al IVA por la transmisión de la parte del cónyuge empresario y al ITP y AJD por la parte del cónyuge no empresario (DGT 16-2-00; 23-2-01).
- Una persona física paga en especie (mediante la cesión de **derechos de aprovechamiento urbanístico**) las derramas por los gastos de urbanización que la agrupación repercute a cada propietario. Posteriormente, la agrupación transmite estos derechos a uno de sus miembros a cambio de un pago en efectivo. Se identifican dos **entregas de bienes**: la primera, del propietario persona física a la agrupación, y la segunda, de la agrupación a uno de sus miembros. Ambas entregas están sujetas y no exentas de IVA, al tratarse de entregas de terrenos urbanizados o en curso de urbanización (DGT CV 16-12-08). En el mismo sentido, cuando los juntacompensantes ceden a la Junta parte de los terrenos con la finalidad de ser transmitidos a terceros (DGT CV 28-4-14; CV 13-3-18).
- Las **indemnizaciones** pagadas por la Junta de Compensación son la compensación que reciben los propietarios por ser privados de bienes o derechos incompatibles con el proceso urbanístico, pero no supone ninguna ventaja para la entidad urbanística que pueda permitir considerarla como consumidora de un servicio. No constituyen contraprestación de una operación sujeta al Impuesto, no formando parte de la base imponible del mismo (DGT CV 28-4-21).
- Está sujeta a IVA la prestación de servicios de mantenimiento de zonas comunes efectuado por una **entidad urbanística colaboradora de conservación**, a cambio de las cuotas obligatorias satisfechas por los propietarios de los inmuebles incluidos en su ámbito de actuación (DGT 11-7-00; 6-11-03;). No obstante, está exenta la prestación de servicios efectuados por estas entidades para la conservación de la obra urbanizadora, de los espacios libres de dominio y uso público (DGT CV 5-11-08).
- La declaración de innecesariedad, alienabilidad y desafectación de bienes inmuebles por el Ministerio Fiscal, con su **integración en el patrimonio empresarial** de una entidad, conlleva la sujeción a IVA de su posterior transmisión (DGT 28-11-01; 21-2-02).
- No está sujeta a IVA la transmisión del **derecho de vuelo** sobre una edificación efectuada por la comunidad de propietarios, si no consta la realización por esta de otras actividades empresariales o profesionales (DGT CV 2-10-18).
- No está sujeta a IVA y sí al ITP y AJD, la transmisión de un vial público **no afecto** a ninguna actividad empresarial o profesional a cambio de una compensación económica (DGT CV 10-1-18).

Jurisprudencia **1)** Son **sujetos pasivos** de IVA: **8532**
- una **persona física arrendadora** de bienes inmuebles, con independencia de que no reúna tal condición a efectos del IRPF (TEAC 13-10-05);
- las **comunidades de autopromoción**, al tratarse de comunidades de bienes que realizan la promoción de edificaciones destinadas a su venta, adjudicación o cesión por cualquier título, aunque sea ocasionalmente (TEAC 14-4-09);
- una **comunidad** formada por tres sociedades dedicadas a la **promoción inmobiliaria**, que adquiere unas fincas con la intención, cuando se apruebe el correspondiente plan parcial, de urbanizarlas, adjudicarse los terrenos y realizar las correspondientes edificaciones para su venta (TS 11-6-12, EDJ 118215).

2) Si no se considera constituida una **comunidad de bienes** frente a terceros, la operación urbanizadora y la cesión de terrenos se considera efectuada por los copropietarios, y son estos los que tienen la condición de urbanizador sujeto pasivo del IVA (TS 20-1-11, EDJ 6710).

3) Cuando un sujeto pasivo del IVA adquiere parcelas de terreno, afectando algunas de ellas a su patrimonio privado y otras al de su empresa, y promueve, en su condición de sujeto pasivo, la construcción de un centro comercial sobre el conjunto de las parcelas, para después vender dicho centro junto con las parcelas sobre las que este se ha construido, la venta de las parcelas afectas al **patrimonio privado** del sujeto pasivo está sujeta al IVA dado que, al realizar dicha operación, el sujeto pasivo actúa como tal (TJUE 9-7-15, asunto C-331/14).

4) La posibilidad de que los **entes públicos** sean sujetos pasivos del IVA está condicionada a que la operación correspondiente tenga lugar en el ámbito de una actividad empresarial. En este caso, no puede entenderse que exista tal actividad, ya que la enajenación del inmueble se decide cuando deja de servir al fin público que justificaba su permanencia en el patrimonio de la Administración (TS 11-1-18, EDJ 1621).

5) Constituye una **actividad empresarial** a efectos de IVA: **8533**
- la constitución de un **derecho de superficie** a favor de otra persona a cambio de un canon periódico (TJUE 4-12-90, asunto C-186/89);
- la obtención de ingresos en el tiempo derivado de la constitución de un **derecho de usufructo** vitalicio sobre locales comerciales (TSJ Baleares 19-12-03, EDJ 199375). También está sujeta al IVA la **transmisión** del derecho de usufructo por quien es sujeto pasivo del impuesto (TEAC 22-10-15);

- las actuaciones de **demolición**, que suponen la transformación física de los terrenos, ya que son una actividad de promoción inmobiliaria (TEAC 10-3-09).

6) Las **entidades de conservación urbanística** realizan la prestación de diversos servicios, entre ellos algunos claramente calificables como de naturaleza empresarial, como la gestión del agua entre los vecinos o el servicio de limpieza y vigilancia de la urbanización. Dichos servicios se prestan a título oneroso desde el momento en que los destinatarios de los mismos (los propietarios de las parcelas) se ven obligados a pagar las cuotas correspondientes por su disfrute. Por ello, dichas entidades tienen la condición de empresarios a efectos del IVA (TEAC 25-6-08).

7) No debe confundirse la naturaleza empresarial de una persona física o jurídica con el ánimo de lucro en orden a su consideración como sujeto pasivo del IVA. A efectos de este impuesto, lo exigible es la naturaleza empresarial de la actividad, la cual resulta de la ordenación de bienes y servicios con destino a la producción, siendo evidente que tal condición se da en la **agrupación de propietarios de viviendas** que gestiona bienes y servicios para mantener y mejorar la urbanización. El hecho de que la agrupación carezca de fin de lucro no modifica la naturaleza empresarial que tiene (TS 8-7-04, EDJ 142068).

8535 **8)** Está **sujetoy no exento** de IVA el arrendamiento por una mutua patronal de accidentes laborales de un local privativo de su patrimonio a la Seguridad Social (TS 10-3-04, EDJ 31502).

9) **No está sujeta** a IVA:

- La transmisión por **particulares** de terrenos a una sociedad pública encargada de realizar las obras de urbanización, ya que aquellos no se transforman en empresarios, ya se trate de terrenos rústicos o no urbanizables (TEAC 13-2-08), o de parcelas ya urbanizadas (TEAC 10-3-09).

La **entrega aislada de terrenos edificables** efectuada por una persona física que no desarrolla una actividad de fabricación, comercio o prestación de servicios, está sujeta al IVA si el Estado miembro en que se realiza la entrega ha utilizado de forma expresa la opción prevista en la Directiva de someter al IVA las operaciones ocasionales, y siempre que dicha operación no constituya el simple ejercicio del derecho de propiedad por el dueño del terreno (TJUE 15-9-11, asuntos acumulados C-180/10 y C-181/10).

- La transmisión de un único activo inmobiliario por una **sociedad meramente patrimonial** a sus socios a cambio de la adquisición de todas las acciones propias, siendo que la sociedad no está dada de alta en el IAE y no ha realizado ninguna operación comercial desde su constitución, limitándose a satisfacer los gastos de la propiedad del terreno (TEAC 26-5-09). En el mismo sentido, respecto de una **sociedad inactiva** que entrega un terreno a sus accionistas como pago de la disolución (TEAC 3-11-09) o una entidad mercantil que adquiere un **terreno rústico** como único activo de la empresa y que lo transmite sin haber realizado ninguna actividad (TEAC 3-11-09);

- la venta de la **parte de una edificación** que no estaba afecta a ninguna actividad empresarial o profesional (TS 21-11-11, EDJ 281159).

10) El miembro, no empresario, de una **junta de compensación** no adquiere la condición de sujeto pasivo del IVA por el mero hecho de que la junta urbanice los terrenos aportados. El sujeto pasivo real del IVA es la junta, por ser quien realiza la auténtica urbanización de los terrenos y no una mera actividad mediadora (TEAC 5-11-97).

En una **urbanización de terrenos**, para que los titulares del terreno sean considerados como empresarios, es necesario que estos asuman costes de la transformación física del terreno, no siendo suficiente los gastos administrativos previos (TS 13-3-14, EDJ 38942). En el caso de transmitentes de fincas rústicas incluidas en un plan de urbanismo, respecto del que no se han realizado todavía obras físicas de transformación de los terrenos, tratándose por tanto de terrenos que no se encontraban previamente en curso de urbanización, se considera que no tienen la condición de urbanizador, ni por tanto de empresario (TEAC 23-10-14).

El pliego de cláusulas administrativas particulares y de prescripciones técnicas que rigió la enajenación de una parcela efectuada antes de iniciarse el proceso de urbanización incluía una cláusula por la que la sociedad adquirente asumía los **costes de urbanización** del proyecto. Por ello, la **Diputación** transmitente no tiene la consideración de empresaria y la citada transmisión no está sujeta al IVA, sino a ITP y AJD, modalidad TPO (TSJ Burgos 14-5-04, EDJ 45944).

11) Tampoco está sujeta a IVA la entrega a título gratuito de terrenos por un **Ayuntamiento** a una sociedad municipal de viviendas, puesto que dicha entrega se enmarca en el ejercicio de su función pública (TS 16-4-09, EDJ 92426).

12) La transmisión de bienes mediante **subasta pública** la efectúa el empresario y no el juzgado (TS 5-10-05, EDJ 188377), ya que el juzgado interviene en la venta como mero mediador, pero no cambia la posición del adquirente ni la del transmitente (TS 3-7-07, EDJ 152432).

8536 **Concepto de edificación** (LIVA art.6) Los bienes inmuebles reciben un tratamiento especial en el impuesto, configurado por el conjunto de normas que les son aplicables (exenciones, tipos, regularización de deducciones, etc.). Dentro de la categoría de los bienes inmuebles, hay que diferenciar los terrenos de las edificaciones, ya que existen normas específicas para unos y otras.

A efectos del IVA, se consideran edificaciones las **construcciones** unidas permanentemente al suelo o a otros inmuebles, efectuadas tanto sobre la superficie como en el subsuelo, cuando son susceptibles de utilización autónoma e independiente.

En particular, se consideran edificaciones las construcciones siguientes, siempre que estén unidas a un inmueble de una manera fija, de suerte que no puedan separarse de él sin quebranto de la materia ni deterioro del objeto:
- los **edificios**, que son construcciones permanentes, separadas e independientes, concebidas para su utilización como viviendas o para servir al desarrollo de una actividad económica;
- las **instalaciones industriales no habitables**, tales como diques, tanques, cargaderos, etc.;
- las **plataformas** para exploración o explotación de hidrocarburos;
- los **puertos**, aeropuertos y mercados;
- las instalaciones de **recreo y deportivas** que no sean accesorias de otras edificaciones;
- los caminos, canales de navegación, líneas de ferrocarril, carreteras, autopistas y demás **vías de comunicación** terrestres o fluviales, así como los puentes o viaductos y túneles relativos a las mismas; y
- las instalaciones fijas de **transporte por cable**.

Precisiones La **normativa comunitaria** establece el concepto de bien inmueble a efectos del IVA (Rgto UE/282/2011 art.13 ter):
a) Un **área** determinada de la corteza terrestre, ya sea en su superficie o en su subsuelo, en la que pueda fundarse la propiedad o la posesión.
b) Cualquier **edificio o construcción** fijado al suelo, o anclado en él, sobre o por debajo del nivel del mar, que no pueda desmantelarse o trasladarse con facilidad.
c) Cualquier **elemento instalado** que forme parte integrante de un edificio o de una construcción y sin el cual estos no puedan considerarse completos, como, por ejemplo, puertas, ventanas, tejados, escaleras y ascensores.
d) Cualquier **elemento, equipo o máquina** instalados de forma permanente en un edificio o en una construcción, que no pueda trasladarse sin destruir o modificar dicho edificio o construcción.

Exclusiones (LIVA art.6.tres) Por el contrario, no se consideran edificaciones: **8537**
- las **obras de urbanización** de terrenos, en particular las de abastecimiento y evacuación de aguas, suministro de energía eléctrica, redes de distribución de gas, instalaciones telefónicas, accesos, calles y aceras;
- las construcciones accesorias de **explotaciones agrícolas** que guarden relación con la naturaleza y destino de la finca aunque el titular de la explotación, sus familiares o las personas que con él trabajen tengan en ellas su vivienda;
- los **objetos de uso y ornamentación**, tales como máquinas, instrumentos, utensilios, estatuas, relieves y pinturas; y
- las minas, canteras o escoriales, pozos de petróleo o de gas u otros lugares de **extracción de productos naturales**.

Ejemplo Una sociedad anónima que desarrolla actividades empresariales ha vendido una explo- **8538**
tación agrícola que incluye una nave destinada al almacenamiento y conservación de los productos de la explotación, una colmena y los abonos necesarios para la obtención de los productos.
La venta está sujeta al IVA. Aunque el objeto de la venta está constituido por bienes inmuebles (CC art.334), dichos inmuebles no tienen la consideración de edificaciones a efectos del IVA, razón por la cual no es de aplicación a la entrega el régimen particular de exención de edificaciones (nº 8640) y sí, en su caso, el previsto para las entregas de terrenos (nº 8605).

Doctrina Administrativa Además de las siguientes contestaciones de la DGT, ver nº 11000 s. **8539**
1) A estos efectos, tienen la consideración de **edificaciones**, entre otras:
- las estaciones depuradoras (DGT CV 20-2-13; CV 14-10-14);
- las bombas de presión en edificaciones (DGT CV 26-2-13);
- los parques acuáticos (DGT CV 20-2-13);
- las farolas y luminarias en carreteras, autovías y autopistas (DGT CV 18-4-13);
- las estaciones de servicio (gasolineras) (DGT CV 1-4-13), así como los gaseoductos, las plantas de regasificación o licuefacción, los almacenamientos estratégicos y el resto de las instalaciones de transporte de gas mencionadas en el RD 1434/2002 art.4.1;
- las instalaciones industriales, tales como las subestaciones y centros de transformación eléctrica (DGT CV 16-5-13; CV 26-3-14);
- los aerogeneradores, que constituyen instalaciones especiales para la producción de electricidad y que se encuentran unidos al terreno donde se cimientan de forma fija. No obstante, los elementos que conforman un aerogenerador una vez desmontado o demolido el mismo, considerados de forma independiente o en su conjunto, no se consideran edificación (DGT CV 1-9-09);
- las líneas de ferrocarril, incluyendo los elementos que la conforman, tales como la infraestructura y la superestructura de vía y las instalaciones ferroviarias, no así las estaciones y terminales u otros edificios o instalaciones de atención al viajero y los demás elementos que conforman la infraestructura ferroviaria distintos de la línea ferroviaria -sin perjuicio de que muchos de estos elementos que componen la infraestructura ferroviaria tengan a su vez la consideración de edificaciones- (DGT CV 10-6-13);

- los establos (DGT CV 9-7-14), las naves avícolas (DGT CV 20-10-14) y para albergar ganado (DGT CV 22-4-16);
- un invernadero para la producción agrícola que está unido al suelo mediante cimentación (DGT CV 30-8-24);
- los puertos (amarres) e instalaciones de recreo y deportivas que no sean accesorias (DGT CV 12-12-13; CV 2-6-14);
- el dragado de los puertos y canales (DGT CV 24-3-14);
- la ampliación de un establecimiento hotelero (DGT CV 9-7-13);
- un sistema de innivación artificial completo (DGT CV 6-11-15);
- una pista de tenis (DGT CV 4-5-16).

2) Por el contrario, **no se consideran edificaciones**, entre otras, las siguientes:
- una instalación de maquinaria de lavado de coches (DGT CV 26-2-13);
- las minas y canteras (DGT CV 2-10-13; CV 6-5-14);
- los invernaderos agrícolas (DGT CV 23-1-14) y pabellones agrícolas (DGT CV 2-9-14). No obstante, ver DGT CV 30-8-24 en punto 1) anterior;
- un parque infantil en un edificio de viviendas (DGT CV 2-10-13) así como un parque de aventura que consiste en unos circuitos a recorrer entre los arboles que incluyen plataformas, puentes y tirolinas y que se anclan a los arboles (DGT CV 12-4-16);
- las bases, torres, aisladores, cables y demás elementos utilizados en las líneas de transporte de energía eléctrica distintos de las propias subestaciones, de los centros de transformación y de las instalaciones de interconexión eléctrica transfronterizas (DGT 6-6-90; CV 3-6-13);
- las instalaciones de antenas de telefonía (DGT CV 8-4-14);
- un vivero flotante (batea) de cultivo de mejillón (DGT CV 23-10-08; CV 20-1-09);
- un parquímetro (DGT CV 10-7-14);
- las casetas en módulos no ancladas al suelo (DGT CV 4-5-16);
- las placas solares que pueden ser desmontadas sin menoscabo o quebranto para ubicarlas en un lugar diferente (DGT CV 19-1-09; CV 8-2-12; CV 27-5-13). Sin embargo, se considera edificación la totalidad de los elementos que componen un parque solar, incluidas, entre otras, las instalaciones fotovoltaicas (placas solares), líneas de conexión o evacuación de la energía producida, centros de entrega y transformación de energía y las líneas de conexión de generación (DGT CV 8-2-12).

II. Operaciones no sujetas

8540

8542 **Transmisión del patrimonio empresarial** (LIVA art.7.1º) Desde el punto de vista de las operaciones inmobiliarias, los aspectos más relevantes son los siguientes:

a) Se **excluyen de la no sujeción** las siguientes transmisiones:
- La mera cesión de bienes.
- Las realizadas por quienes tengan la condición de empresarios o profesionales exclusivamente por realizar una o varias entregas de bienes o prestaciones de servicios que supongan la explotación de un bien corporal o incorporal con el fin de obtener ingresos continuados en el tiempo (nº 80), cuando dichas transmisiones tengan por objeto la mera cesión de bienes.
- Las realizadas por quienes tengan la condición de empresarios o profesionales exclusivamente por la realización ocasional de las operaciones de urbanización de terrenos o la promoción, construcción o rehabilitación de edificaciones destinadas, en todos los casos, a su venta, adjudicación o cesión por cualquier título (nº 80). Ver nº 277 s.

b) El **adquirente se subroga en la posición del transmitente** a efectos de la aplicación de la exención a las segundas entregas de edificaciones y de la deducción del IVA soportado por los bienes y derechos objeto de transmisión. Ver el nº 293 s.

Precisiones **1)** Para un **análisis detallado** de este supuesto de no sujeción, ver el nº 275 s.
2) La razón de las exclusiones al supuesto de no sujeción es la ausencia de una **unidad económica susceptible de funcionamiento autónomo**, circunstancia que no concurre ante un conjunto de bienes arrendados, pero sin organización alguna, o bien cuando, aun transmitiendo la totalidad de un patrimonio empresarial (p.e., terreno urbanizado de forma ocasional), dicho patrimonio no se puede considerar una empresa capaz de funcionar con autonomía.

8543 Ejemplos **1)** La entidad EFL se dedica a tres **actividades diferentes**: compraventa de solares, arrendamiento de vehículos sin conductor y venta de equipos informáticos.
Esta entidad va a transmitir todos los bienes y derechos incluidos en el sector de compraventa de solares a la sociedad X, y los bienes y derechos incluidos en el sector de venta de equipos

informáticos a un banco, que los va a utilizar en su actividad financiera (no para la venta). EFL continuará la actividad de arrendamiento de vehículos sin conductor, conservando los bienes y derechos afectos a esta actividad.
En este supuesto procede lo siguiente:
a) Transmisión de bienes y derechos afectos a la actividad de **compraventa de solares**. La transmisión está no sujeta siempre y cuando todos los bienes y derechos transmitidos constituyan una unidad empresarial capaz de funcionar por sí misma y que el adquirente acredite su intención de mantener los bienes y derechos afectos a una actividad empresarial. La no sujeción no se ve obstaculizada por el hecho de que la transmisión no englobe la totalidad del patrimonio empresarial de EFL, ni tampoco por el hecho de que sean dos personas jurídicas distintas (X y el banco) los adquirentes de los bienes y derechos transmitidos por EFL.
b) Transmisión de bienes y derechos afectos a la actividad de **venta de equipos informáticos**. Es aplicable lo expuesto anteriormente para la transmisión de bienes y derechos afectos a la actividad de compraventa de solares. No es obstáculo a la no sujeción el hecho de que el banco destine los bienes adquiridos a una actividad distinta de aquella para la que EFL los venía utilizando, pues la normativa no exige que el adquirente continúe la misma actividad que el transmitente.
Por otra parte, dado que se prevé la subrogación del adquirente en el lugar del transmitente a efectos de todo el régimen de deducciones, y no solo respecto de las normas sobre regularización de deducciones por bienes de inversión, parece que las deducciones efectuadas por EFL del IVA soportado por los bienes y derechos incluidos en el sector de equipos informáticos se consolidan, sin necesidad de corrección por el hecho de que el banco utilice los bienes y derechos adquiridos para una actividad que no genera el derecho a la deducción del IVA soportado. Solo en el caso de los bienes de inversión, y respecto de aquellos que se encuentren todavía dentro del período de regularización de deducciones, debe el banco proceder a las regularizaciones oportunas.

2) Una persona física, propietaria de un **local de negocios que tiene alquilado** a una empresa de publicidad, va a proceder a la transmisión del local a la sociedad X. El local constituye todo el patrimonio empresarial de la citada persona física. **8544**
En este caso no procede la no sujeción, expresamente excluida por la normativa (ver nº 8542).
3) D. EFL, asesor fiscal, va a transmitir su patrimonio profesional a un **abogado**, que va a continuar la misma actividad de aquel, incluyendo el local de negocio en que viene ejerciendo su actividad, pero no el ordenador que utilizaba.
Procede la no sujeción, siempre que los bienes y derechos transmitidos constituyan una unidad empresarial capaz de funcionar por sí misma, y que el adquirente acredite su intención de mantener la afectación de tales bienes y derechos a una actividad empresarial o profesional, sin que sea necesario que el adquirente continúe la misma actividad del transmitente. Todo ello sin perjuicio de la tributación que proceda por la modalidad TPO del ITP y AJD.
4) D. EFL, titular de un café-bar, que ejerce su actividad en un **local arrendado**, va a transmitir su patrimonio empresarial, incluido el derecho de traspaso del local, a un solo adquirente que va a continuar el ejercicio de su actividad.
En este caso, se aplica el régimen de no sujeción.

5) La sociedad EFL, dedicada al **arrendamiento de solares**, ha transmitido los bienes y derechos integrantes de su patrimonio empresarial a la sociedad X. En la transmisión se ha aplicado el supuesto de no sujeción, pues los bienes y derechos transmitidos constituyen una unidad empresarial autónoma y el adquirente ha acreditado su intención de afectarlos a una actividad empresarial. Transcurridos dos meses, X procede a la venta de dos de los diez solares transmitidos por EFL. **8545**
La desafectación de los solares por X no da lugar a la sujeción retroactiva de la previa transmisión efectuada por EFL. Según criterio de la DGT, la normativa simplemente prevé que la entrega operada por X de los dos solares está sujeta al IVA, con aplicación del régimen que corresponda (ver el nº 275).
6) Un empresario X posee un **patrimonio constituido exclusivamente por las edificaciones** A, B y C. X es promotor de A y B, pero no de C. La edificación A la ha utilizado durante más de dos años y la B durante seis meses. El empresario X transmite su patrimonio al empresario Y. Esta transmisión está no sujeta, al suponerse cumplidos todos los requisitos. Posteriormente, y dentro de los seis meses siguientes, Y transmite todas las edificaciones adquiridas.
La calificación de la entrega efectuada por Y de cada edificación es la siguiente:
- transmisión de A: segunda entrega (entrega realizada por el promotor después de utilizar la edificación por un período superior a dos años, ver nº 8640): exenta de IVA, sujeta a la modalidad de TPO del ITP y AJD;
- transmisión de B: primera entrega (realizada por el promotor, no habiendo sido utilizada por él por un período superior a dos años; a estos efectos se tiene en cuenta tanto el período de utilización de X como el de Y): sujeta y no exenta del IVA;
- transmisión de C: segunda entrega (X no tenía la condición de promotor respecto de esta edificación y por tanto Y no ha podido subrogarse, respecto de ella, en la condición de promotor): exenta de IVA, sujeta a la modalidad de TPO del ITP y AJD.

En todo caso, debe también tenerse en cuenta que el sujeto pasivo puede renunciar a la exención de las segundas entregas, si se cumplen los requisitos establecidos al efecto, lo cual determinaría la tributación por IVA y no por la modalidad de TPO del ITP y AJD. Ver nº 8685 s.

8546 Doctrina Administrativa Además de las siguientes contestaciones de la DGT, ver nº 11000 s. En las siguientes consultas hay que tener en cuenta su fecha de evacuación, cuando esta sea anterior al 1-1-2015. Ver asimismo las consultas del nº 280 s., algunas de las cuales se refieren a supuestos de no sujeción que tienen por objeto inmuebles.

1) Es necesario determinar si los elementos transmitidos constituyen una **unidad económica autónoma** capaz de desarrollar una actividad empresarial o profesional por sus propios medios. En ese caso, la operación queda no sujeta, como ocurre, entre otras, con las siguientes operaciones:

- una **escisión de rama de actividad** en la que se transmiten la totalidad de los elementos materiales y humanos necesarios para su funcionamiento, excepto el local, que va a ser arrendado, siempre que de las características del contrato se deduzca que el adquirente puede disponer del inmueble de forma duradera para el ejercicio de la actividad económica (DGT CV 20-1-15);
- una **escisión parcial** en la que se transmite la actividad de venta de viviendas terminadas, que incluye la totalidad de las viviendas junto con sus correspondientes préstamos hipotecarios, así como el personal encargado de la limpieza y mantenimiento del edificio, las relaciones contractuales mantenidas con terceros, el mobiliario y los enseres, la vivienda piloto, las cuentas bancarias asociadas a la promoción y los contratos firmados con distintas agencias para la comercialización de las viviendas (DGT CV 23-3-15);
- la **transmisión en bloque** de todo el patrimonio de una sociedad que se dedica a la actividad inmobiliaria y que ha ejecutado una promoción de viviendas para el **alquiler con opción de compra** (DGT CV 16-8-21);
- una **subrogación** del adquirente en los **contratos de gestión inmobiliaria** (DGT CV 14-8-19; CV 21-10-19);
- la transmisión de todo el activo y pasivo que integra el patrimonio de la entidad transmitente, con excepción de una pequeña parte del activo que se transmitirá al resto de socios. En particular, se va a producir la **sucesión universal de todas las relaciones jurídicas** subrogándose el adquiriente en todos los derechos y obligaciones y en todos los contratos administrativos, mercantiles y privados existentes, recibiendo todos los inmuebles del patrimonio de la transmitente y comprometiéndose a la continuación de la actividad de la transmitente (DGT CV 6-10-21).

8547 2) Por el contrario, cuando la transmisión no va acompañada de una **estructura organizativa** que permite su **funcionamiento autónomo** para desarrollar una actividad económica, queda sujeta. Entre otras, se encuentran las siguientes operaciones:

- la transmisión de un inmueble, el cual constituye el único activo de una sociedad dedicada al **arrendamiento de inmuebles** (DGT CV 2-4-20);
- las transmisiones de bienes inmuebles que van a ponerse de manifiesto como consecuencia de la operación de **fusión** en cada una de las sociedades absorbidas, debiendo tributar cada elemento de forma independiente y según las normas que le sean aplicables (DGT CV 30-5-17);
- una sociedad íntegramente participada por un ayuntamiento que ha promovido la construcción de un edificio subterráneo de aparcamientos y trasteros. Tras la formalización del **acta de entrega parcial de la obra**, pese a no haber sido finalizada la promoción, el ayuntamiento procede a su adquisición (DGT CV 13-9-11);
- la **disolución** de una sociedad, cuyo socio único es un ayuntamiento, estando constituido su patrimonio por terrenos, los cuales son adjudicados al ayuntamiento al integrar la cuota de liquidación resultante. Se trata de una mera cesión de bienes, al no verse acompañada la transmisión de la necesaria estructura organizativa de factores de producción (DGT CV 6-10-20);
- la transmisión de un **parque solar en construcción**, al no constituir una transmisión de un conjunto de elementos capaces de desarrollar una unidad económica autónoma. No obstante, si lo que se transmite es el parque fotovoltaico ya finalizado con todos sus elementos e instalaciones, la posible aplicación de la no sujeción a la transmisión será independiente de que el parque se encuentre conectado o no a la red eléctrica, ya que la transmisión de los elementos integrantes de una planta que estuviera conectada a la red que no se acompañe de un soporte técnico-administrativo suficiente quedaría sujeta al Impuesto. A sensu contrario, la transmisión de todos los elementos de la planta acompañada del referido soporte técnico-administrativo podría constituir una unidad autónoma susceptible de desarrollar una actividad económica, como la producción de energía eléctrica, aunque no estuviera conectada a la red (DGT CV 20-12-12);
- la **cesión gratuita** a una **fundación** de los activos de una sociedad cuyo objeto es la explotación de bienes inmuebles en alquiler, con el fin de incorporar a la fundación elementos patrimoniales *cuyos rendimientos* aseguren su financiación (DGT CV 17-9-19).

8547.1 3) Siempre que la **transmisión por fallecimiento** estuviera no sujeta, las entregas de edificaciones efectuadas por el cónyuge supérstite o por los herederos serán primeras o segundas entregas en función de si hubieran sido primeras o segundas entregas las que hubiese realizado el causante en las mismas condiciones (DGT 29-4-93). Está sujeta y no exenta la transmisión de dos chalets

constituidos en herencia yacente que los herederos tienen intención de transmitir en el momento de aceptar la herencia, al constituir primeras entregas tras su promoción (DGT CV 15-2-22).
4) Si la operación de transmisión al ayuntamiento del activo y pasivo de la sociedad municipal no se sujeta al IVA, este se **subroga en la posición** de la sociedad municipal pasando a ser considerado promotor de la edificación (DGT CV 23-2-17).
5) La adquisición del 50% del inmueble a un comunero persona física que no es empresario o profesional a efectos del IVA, dado que la actividad de arrendamiento la realiza la **comunidad de bienes** en la que participa, no determina para el comunero la realización de operación alguna sujeta a IVA (DGT CV 16-5-25).

Jurisprudencia En los siguientes pronunciamientos, hay que tener en cuenta su fecha, cuando se refiera a hechos anteriores al 1-1-2015. Ver también la jurisprudencia que se cita en el nº 289 s. **8548**
1) En caso de transmisión del patrimonio empresarial integrado por inmuebles, cuando ha sido inscrita en el **Registro de la Propiedad**, debe entenderse que se ha transmitido todo el patrimonio empresarial, al concurrir los requisitos del título y el modo, considerándose que la inscripción opera como un medio de publicidad y de protección de terceros (TS 2-11-07, EDJ 213210).
2) Están **no sujetas** las siguientes operaciones:
- la **transmisión global** de un negocio empresarial, con continuación de la actividad por el adquirente. Puede quedar sujeto a tributación por la modalidad de TPO del ITP y AJD en el caso de que existan bienes inmuebles (TEAC 23-6-10);
- cuando lo único que no se transmite son **elementos de carácter accesorio** del principal, que es el que se transmite (TS 28-9-11, EDJ 237644).

3) Se excluyen del supuesto de no sujeción, entre otras, las siguientes operaciones: **8549**
- la **transmisión parcial de un patrimonio** empresarial, no desvirtuando dicha conclusión el que la parte del patrimonio no transmitido consista en un inmueble protegido, pues las especiales circunstancias de protección del mismo no suponen que no forme parte del patrimonio empresarial (TEAC 19-1-05);
- la **transmisión de un terreno** cuando no se puede considerar que se trate de un establecimiento mercantil o una parte autónoma de una empresa (TEAC 2-4-08);
- la transmisión por parte de una promotora de un solar en el que se había iniciado mínimamente la obra, por cuanto no se transmite más que el inmueble, sin transmitir **estructura empresarial** alguna afecta al mismo (TEAC 5-11-08);
- la transmisión de un **edificio-fábrica** por una comunidad de bienes, siendo su único activo (TEAC 12-5-09);
- la transmisión de los **derechos urbanísticos** inherentes a la parcela restante de un Proyecto de Compensación (TS 9-12-11, EDJ 306627).
4) La adjudicación de bienes a los comuneros tras la **disolución de una comunidad de bienes** está sujeta a IVA, incluso si la actividad continúa, salvo que los bienes transmitidos constituyan una unidad económica autónoma, dependiendo de las circunstancias y de la intención de continuar la explotación (TS 7-4-25, EDJ 548868).

Operaciones realizadas por Administraciones públicas (LIVA art.7.8º) Como transposición de lo establecido en la Dir 2006/112/CE art.13, no están sujetas las entregas de bienes y prestaciones de servicios efectuadas por las Administraciones Públicas (nº 335.1) o las entidades del nº 335.2, siempre que las realicen directamente y sin contraprestación o mediante contraprestación de naturaleza tributaria. **8553**
No obstante, las Administraciones Públicas siempre van a tener la condición de **empresarios** o profesionales cuando desarrollen las actividades del nº 336, en cuyo caso esas operaciones están sujetas.

Precisiones Para un **estudio detallado**, ver nº 335 s.

Doctrina Administrativa Además de las siguientes contestaciones de la DGT, ver nº 11000 s. **8554**
1) Cuando un ayuntamiento cede mediante una aportación de capital un **terreno edificable a su entidad participada** al 100%, dedicada a la gestión y promoción de viviendas de protección pública, aunque el ayuntamiento no haya realizado ninguna actuación urbanizadora, al entenderse que la operación ha sido llevada a cabo en su calidad de empresario o profesional, se considera una entrega de bienes sujeta al impuesto (DGT CV 23-6-22).
2) No están sujetos al Impuesto los **servicios** prestados por una **empresa** cuyo capital pertenece por completo a un ayuntamiento exclusivamente en aquellos casos en que el destinatario de los mismos es la Administración pública de la que depende o bien otras personas o entidades que dependen íntegramente de la misma, al tener la consideración de órgano técnico-jurídico de derecho público y ejercer una función pública que no se lleva a cabo en concurrencia con el sector privado. Quedan sujetos, en todo caso, los servicios prestados a terceros así como las entregas de bienes cualquiera que sea su destinatario (DGT CV 19-6-09).
3) Está **no sujeta**:
- La transmisión de terrenos no urbanizados afectos a la actividad de defensa, por parte de un **organismo** dependiente del Ministerio de Defensa (DGT CV 23-2-17).

- Las obras de urbanización que promueve un ayuntamiento en beneficio de los vecinos de la zona, cuya contraprestación es una **contribución especial** (contraprestación de naturaleza tributaria) (DGT 28-5-99).
- La transmisión por un ayuntamiento de unas parcelas en pago de una expropiación para la construcción de un centro social y cultural y zona verde (esto es, **funciones públicas**), pues no las cede con la finalidad de intervenir en la producción o distribución de bienes o servicios (DGT CV 23-12-10).

8555 **4)** El **patrimonio municipal del suelo** constituye, sin excepción, un patrimonio empresarial, por lo que todas las actividades que se lleven a cabo con el fin de gestionar dicho patrimonio, tendrán, de igual forma, carácter empresarial. Por tanto, está sujeta al Impuesto la transmisión de los bienes integrantes de dicho patrimonio, en el ejercicio de la actividad de gestión del mismo, en la medida en que dicha transmisión se realice mediante **contraprestación** (DGT CV 12-11-15). En este sentido, en relación a la enajenación por un ayuntamiento de **plazas de garaje** adquiridas mediante cesión gratuita efectuada por un promotor de viviendas, DGT CV 2-4-20; a la transmisión por un ayuntamiento mediante contraprestación de un **solar a cambio de una edificación** (permuta), realizada en el ejercicio de la actividad de gestión del patrimonio municipal del suelo, DGT CV 17-5-21; y a la adjudicación de unos terrenos al ayuntamiento por **disolución** de la sociedad mercantil de titularidad pública, DGT CV 21-10-21.

5) Están **sujetas y no exentas** las siguientes operaciones, al considerar que la Administración pública (el ayuntamiento) actúa como empresario o profesional:
- La transmisión mediante contraprestación del **derecho de propiedad sobre el suelo** a los propietarios de las viviendas construidas por el superficiario (la empresa constructora que adquirió el derecho de superficie al ayuntamiento) (DGT 16-3-99).
- La ejecución subsidiaria de la **demolición de un edificio**, incluso por razones de interés y seguridad pública (DGT CV 18-5-05). Respecto a la aplicación de la regla de inversión del sujeto pasivo, ver nº 1369 s.

8557 Jurisprudencia **1)** Está sujeta al IVA la transmisión por un ayuntamiento de una finca de su **patrimonio municipal del suelo**, adquirida en virtud de la cesión obligatoria por normas urbanísticas, teniendo el citado ayuntamiento la consideración de empresario o profesional a efectos del IVA (TEAC 30-1-08).

2) No procede repercutir IVA por las **cesiones gratuitas de parcelas** que un ayuntamiento efectúa a favor de una empresa municipal de la vivienda, ya que se trata de una entrega realizada por un ente público sin contraprestación para la construcción de viviendas protegidas (TEAC 28-4-09).

8558 **Otros supuestos** (LIVA art.7.7º, 9º y 12º, 9 y 12.1º; DGT Resol 2/2000) Entre otros supuestos de no sujeción relativos a operaciones inmobiliarias cabe destacar los siguientes:

a) Autoconsumo de bienes y de servicios en los supuestos indicados en el nº 325, que implica que el sujeto pasivo que efectúa el autoconsumo no tuvo atribuido el derecho a la deducción de los bienes o servicios que son objeto de autoconsumo.

b) Las **concesiones y autorizaciones administrativas** (ver nº 355), con excepción de las que tengan por objeto:
- la cesión del derecho a utilizar el dominio público portuario;
- la cesión de los inmuebles e instalaciones en aeropuertos;
- la cesión del derecho a utilizar infraestructuras ferroviarias; y
- la prestación de servicios al público y el desarrollo de actividades comerciales e industriales en el ámbito portuario.

c) Las **cesiones obligatorias de terrenos a los ayuntamientos** efectuadas en virtud de la normativa sustantiva (RDLeg 7/2015 art.18.1.b). Estas cesiones no se consideran entregas de bienes, ni prestaciones de servicios a efectos del IVA, porque en estos casos no se produce una cesión de aprovechamientos urbanísticos a la Administración, sino un **reparto** de los citados aprovechamientos entre aquella y los titulares de los terrenos. No hay, por tanto, ninguna operación sujeta al IVA por esta cesión.

Por otra parte, los terrenos que se incorporan al patrimonio municipal en virtud de estas cesiones obligatorias pasan a formar parte, en todo caso, de un patrimonio empresarial, por lo que su **posterior transmisión** por el ayuntamiento está sujeta al IVA, ya que se realiza en el desarrollo de una actividad empresarial (TEAC 8-7-09).

d) Las **entregas de dinero** a título de contraprestación o pago. Los terrenos que se incorporan al patrimonio municipal en virtud de la **cesión obligatoria** forman parte, en todo caso y sin excepción, de un patrimonio empresarial, por lo que la posterior transmisión de los mismos por el ayuntamiento se considera efectuada en el desarrollo de una actividad empresarial, quedando sujeta al IVA (DGT Resol 2/2000). Cuando dicha cesión se **sustituye por una compensación económica**, la cesión de terreno no tiene lugar. Con base en este criterio, no resulta aplicable la citada Resolución, ya que en estos supuestos los terrenos no llegan a formar parte del patrimonio municipal, sustituyéndose la obligación de cesión o reparto de aprovechamientos dispuesto por la Ley por su compensación en metálico. Esta compensación no constituye la contraprestación de operación alguna (entrega de bienes o prestación de servicios) sujeta al Impuesto y realizada por el ayuntamiento en favor de los propietarios de los terrenos afectados por el acuerdo urbanístico específico (DGT CV 5-5-08).

Ejemplo Una empresa ha resultado adjudicataria de una concesión administrativa para la construcción y explotación de un aparcamiento para residentes. De acuerdo con lo previsto en el pliego de condiciones administrativas de la concesión, la adjudicataria transfiere a terceros el derecho de uso y disfrute en exclusiva de las plazas de aparcamiento. **8559**
En este supuesto hay que distinguir dos operaciones:
a) En primer lugar, la adjudicación mediante **concesión administrativa** del derecho a la construcción y explotación del aparcamiento, operación no sujeta (nº 355).
b) En segundo término, la transferencia del **derecho de uso y disfrute** de las plazas de aparcamiento, que es una prestación de servicios sujeta y no exenta, debiendo la entidad concesionaria de la explotación del aparcamiento repercutir el IVA a los residentes a quienes transmite el derecho citado.

Doctrina Administrativa Además de las siguientes contestaciones de la DGT, ver nº 358 y nº 11000 s. **8560**
1) No están sujetas a IVA las siguientes **concesiones y autorizaciones administrativas**:
- la cesión de los **montes de utilidad pública** así como la cesión de los distintos aprovechamientos de dichos montes, no está sujeta al Impuesto cuando la misma se efectúe mediante el otorgamiento de una concesión o autorización administrativa por tener dichos montes la consideración de bienes de dominio público (DGT 15-1-990043-99; CV 17-6-20);
- para el aprovechamiento de un **coto de caza** adjudicado mediante subasta pública por un ayuntamiento a favor de una empresa (DGT CV 11-1-06);
- para el uso y aprovechamiento de una **parcela** dentro de un Plan Especial de actuación (DGT 23-10-98);
- para la ocupación de las vías públicas y **utilización privativa del dominio público** local, mediante la instalación de sillas en paseos y plazas públicas (DGT 26-7-91);
- para la explotación de **embarcaciones de recreo** y de instalaciones deportivas y recreativas sitas a orillas de determinados ríos, dado que dichas instalaciones no forman parte del dominio público portuario (DGT 18-1-00);
- para la ejecución de obra pública y explotación de un **camping** propiedad de un ayuntamiento (DGT 13-7-04);
- para la construcción y explotación de un **aparcamiento municipal** (DGT CV 30-11-05);
- para la construcción de una **infraestructura ferroviaria** que, una vez concluida, sea objeto de explotación a través de la cesión de su uso a operadores ferroviarios. En este caso no nos hallamos ante una concesión que tenga por objeto la cesión del derecho a utilizar una infraestructura ferroviaria (concesión que sí estaría sujeta) sino ante una concesión correspondiente a una fase previa del contrato entre la Administración concedente y la entidad adjudicataria: la fase relativa a la construcción de la infraestructura (DGT CV 1-8-05);
- para la asignación de **espacios de enterramiento** en el cementerio municipal efectuadas por un ayuntamiento, con independencia de cuál sea la naturaleza de la contraprestación establecida por ello -precio público o tasa- (DGT 5-11-99);
- una autorización administrativa que permite a un ayuntamiento la ocupación del suelo y del subsuelo de los terrenos de dominio público de otro ayuntamiento para la construcción de un **colector de aguas** para uso de sus vecinos (DGT 13-2-04).
2) La **transmisión de la concesión administrativa** que tiene por objeto la explotación de varios inmuebles rústicos de dominio público marítimo terrestre consistentes en salinas y esteros y que incluyen diversas edificaciones que van a ser objeto de rehabilitación, se considera entrega de bienes para cada uno de los inmuebles y está sujeta al IVA (DGT CV 6-10-21).

3) Si el propietario de los terrenos cede al ayuntamiento un aprovechamiento menor del que en principio le correspondería, asumiendo el propietario la urbanización de los terrenos en cuestión, hay dos operaciones efectuadas por el propietario para el ayuntamiento: **8561**
- la **cesión de terrenos**, no sujeta; y
- la **urbanización de terrenos**, no sujeta si constituye un servicio obligatorio y gratuito, o sujeta en otro caso (DGT CV 5-11-04; CV 10-5-05).
4) Los **excesos y defectos de aprovechamiento urbanísticos** son operaciones que tienen por objeto derechos de aprovechamiento urbanístico todavía sin incorporación de cargas de urbanización. Por tanto, las compensaciones pagadas o cobradas por este concepto son, en principio, contraprestaciones de operaciones no sujetas o, en su caso, exentas. Las entregas realizadas como consecuencia de defectos de aprovechamiento urbanístico son operaciones no sujetas cuando el transmitente no tenga la condición de empresario o profesional (DGT CV 11-11-05).
5) Una promotora inmobiliaria, que construye una edificación incluida en un plan general de ordenación urbana, debe ceder gratuitamente determinados locales a un ayuntamiento a consecuencia del **cambio de uso de la edificación**. No resulta de aplicación el criterio establecido en la DGT Resol 2/2000 (nº 8558) por no tratarse de una forma de reparto del aprovechamiento urbanístico, sino de una auténtica entrega (primera entrega) al ayuntamiento

(más concretamente, un autoconsumo de bienes que se asimila a una entrega de bienes a título oneroso), y queda sujeta sin exención (DGT 14-7-04).

6) El plan general de un ayuntamiento ha previsto que la ordenación urbanística de un terreno pueda efectuarse mediante un **acuerdo urbanístico específico** con los propietarios de los terrenos, comprometiéndose estos a financiar y ejecutar una actuación de interés municipal y a la entrega de una cantidad en metálico a favor de dicho ayuntamiento.

No cabe hablar de un reparto de derechos de aprovechamiento urbanístico, sino de entrega de bienes del promotor a favor del ayuntamiento, por lo que las **entregas de los inmuebles** de los propietarios de los terrenos al ayuntamiento en aplicación del acuerdo urbanístico constituyen entregas de bienes sujetas. Adicionalmente, la aplicación del acuerdo urbanístico con el consiguiente establecimiento de un determinado índice de aprovechamiento para unos terrenos por parte del ayuntamiento no se realiza en el desarrollo de ninguna actividad empresarial o profesional sino que se trata de una actuación en la que el ayuntamiento actúa en el desarrollo de sus funciones como autoridad pública. En consecuencia, la cantidad de **dinero** que percibe el ayuntamiento no es contraprestación de operación alguna sujeta (DGT CV 5-5-08).

8563 Jurisprudencia Además de la siguiente jurisprudencia, ver asimismo la que se contiene en el nº 270 s.

1) Cuando un sujeto pasivo -concretamente un **empresario de la construcción**- adquiere un terreno con el único objetivo de utilizarlo para fines privados, pero construye en él, en el marco de su actividad profesional, una vivienda para ocuparla él mismo, debe considerarse que únicamente la casa, pero no el terreno, es objeto de autoconsumo para sus **necesidades privadas** (TJUE 6-5-92, asunto C-20/91).

2) Un contrato de **permuta de inmuebles** suscrito por un ayuntamiento, aunque fuera el instrumento de un convenio urbanístico, no tiene naturaleza administrativa, sino que es un pacto civil sometido en su cumplimiento al derecho privado y está sujeto (TS 31-1-02, EDJ 5796).

3) En la **concesión de una obra pública** (hospital) y de su explotación no se puede disociar la concesión y la explotación en dos operaciones, tratándose, por tanto, de una concesión administrativa no sujeta. No están sujetas al impuesto las ejecuciones de obra correspondientes (TEAC 6-3-02).

4) La cesión de terrenos gratuita y obligatoria, en el contexto de una **ejecución urbanística mediante el sistema de cooperación**, debe tributar por IVA. La cesión no puede calificarse de gratuita, pues el ayuntamiento recibe, como contraprestación, la ejecución y financiación de las obras de urbanización de un polígono; tal contraprestación no es de naturaleza tributaria (supuesto de no sujeción), enmarcándose en la actividad empresarial del ayuntamiento, sujeta a Derecho privado (TSJ La Rioja 22-10-98, EDJ 65199).

Por el contrario, el TEAC ha indicado que la cesión obligatoria y gratuita de los terrenos se establece por Ley y opera desde el inicio del procedimiento de planeamiento urbanístico, con el que deben contar los propietarios del suelo para calcular su aprovechamiento real. De ello se desprende que no se está ante una auténtica cesión, porque **no depende de la voluntad de los propietarios**, sino que se produce «ope legis» y de forma automática, y porque supone un condicionante de su propio derecho, que lo reduce cualitativa y cuantitativamente (TEAC 21-3-01).

5) Las **cesiones obligatorias de aprovechamientos** a los ayuntamientos incumbe a los propietarios de terrenos y no a las juntas de compensación fiduciarias. Así, la adjudicación de los terrenos por la junta a los propietarios incluye los afectados por la cesión obligatoria sustituida en este caso por la compensación económica. Si en la compensación económica han participado todos los propietarios en proporción a los terrenos que aportaron a la junta, no existe exceso ni defecto de adjudicación. En caso contrario, sí podrían producirse excesos de adjudicación derivados de entregas de derechos de aprovechamiento entre los juntacompensantes (propietarios), por lo que la entrega de bienes se produciría entre ellos y no por una junta de compensación que nunca adquirió los derechos de aprovechamiento constitutivos del posible exceso de adjudicación (TEAC 24-2-09).

Constituye el hecho imponible del IVA la **transmisión** por un ayuntamiento -por permuta o por cualquier otro título jurídico oneroso- de **derechos de aprovechamiento urbanísticos** que, en virtud de las cesiones obligatorias y gratuitas que la legislación urbanística establece, han de derivarse en favor de esa Administración, aunque estos aprovechamientos urbanísticos no se hayan materializado en bienes inmuebles concretos al tiempo de la cesión (TS 10-11-21, EDJ 748369).

III. Operaciones interiores

8565

1. Entregas de bienes

(LIVA art.8)

Las entregas de bienes, junto con las prestaciones de servicios, constituyen los hechos impo- 8566
nibles propios del IVA, en cuanto que con ellas se manifiesta el desarrollo de las actividades empresariales o profesionales (sin perjuicio de que la actividad empresarial o profesional se entiende iniciada desde el momento en que se efectúan adquisiciones de bienes y servicios con la intención, confirmada por elementos objetivos, de destinarlos al desarrollo de tales actividades).

Las entregas de bienes se definen como la **transmisión del poder de disposición** sobre bienes corporales, entre los que se comprenden el gas, el calor, el frío, la electricidad y demás modalidades de la energía.

También se consideran entregas de bienes otras operaciones en las que no se produce la transmisión del poder de disposición, pero tienen **efectos económicos equiparables**. Son las siguientes:

- ejecuciones de obra (nº 8567 s.);
- aportaciones y adjudicaciones no dinerarias (nº 8569 s.);
- transmisiones por resolución administrativa o judicial (nº 8570 s.);
- ventas con reserva de dominio (nº 8571);
- arrendamientos-venta y asimilados (nº 8572 s.);
- operaciones entre comitente y comisionista (nº 8574); y
- transmisión de valores cuya posesión asegure la atribución de la propiedad, uso o disfrute de un inmueble (nº 8575 s.).

Precisiones Ver análisis detallado de esta materia en el nº 115 s.

Doctrina Administrativa Además de las siguientes contestaciones de la DGT, ver nº 11000 s. 8566.1

1) En la transmisión de dos fincas de uso industrial con **reserva del usufructo temporal** sobre las mismas, hasta que el vendedor reubique su actividad fabril, el contrato de compraventa de las fincas implica la realización de una entrega de bienes ya que permite al adquirente disponer de las fincas con las facultades atribuidas a su propietario (DGT CV 8-5-06).

2) Una sociedad firma un convenio con un ayuntamiento en el que se compromete a construir a su cargo un aparcamiento subterráneo en un subsuelo propiedad del ayuntamiento, que se cederá gratuitamente a este último a cambio del **derecho de explotación** del aparcamiento durante 25 años. No se puede considerar que el ayuntamiento deviene propietario, ya que en ningún momento adquiere las facultades inherentes al propietario de una cosa, como son las de usar y disponer, ya que el uso de la obra objeto del convenio queda para la sociedad, por lo que no existe entrega de bienes. No es impedimento para la anterior interpretación ni el hecho de que la titularidad jurídica o formal de las obras afectas corresponda al ayuntamiento ni tampoco la posibilidad de que efectivamente se produzca su entrega al mismo al término del período de explotación (DGT CV 8-3-06). En el mismo sentido, respecto de la entrega al Gobierno autonómico de una plataforma logística ferroviaria en el marco de un convenio de colaboración que comprende tanto la construcción como la posterior explotación por la constructora. A efectos del IVA, la **efectiva entrega** de la plataforma se produce cuando finalice la explotación por la constructora y no en el momento de su recepción por el Gobierno autonómico en virtud de la cesión previa instrumental que va a realizar la constructora una vez finalizada la construcción de la infraestructura ferroviaria con carácter previo a su explotación. La entrega de la infraestructura cuando finalice el plazo de explotación se considera segunda o ulterior entrega de edificación, sujeta pero exenta (DGT CV 16-5-25).

3) La sustitución de las cuotas de un **condominio** sobre una parcela resultante de un proceso de reparcelación mediante el pago de una cantidad de dinero por uno de los comuneros al resto, es una transmisión de bienes (DGT CV 27-9-06).

Al resolverse el condominio, la sociedad A recibe un suplemento en metálico a cuenta de una menor adjudicación de cuota realizada en la parcela adjudicada, lo que supone la cesión de un derecho en beneficio del otro copropietario inicial (sociedad B), operación que queda sujeta al IVA (DGT CV 18-9-23).

4) En relación con una entrega de inmuebles en la que la transmisión del **poder de disposición** a efectos del IVA tiene lugar con posterioridad a la formalización jurídica de la operación, ver DGT CV 22-4-08 en el nº 8756.

8567 **Ejecuciones de obra** (LIVA art.8.Dos.1º) Se consideran entregas de bienes las ejecuciones de obra que tengan por objeto la **construcción o rehabilitación** (nº 8642 s.) de una edificación (nº 8536), cuando el empresario que ejecute la obra aporte una parte de los materiales utilizados cuyo coste exceda del 40% de la base imponible del IVA correspondiente a la obra realizada.

Las ejecuciones de obra deben entenderse como trabajos realizados por un empresario por encargo de un cliente para obtener un resultado.

Por tanto, en las ejecuciones de obra o trabajos por encargo se pueden utilizar **materiales aportados** solo por el empresario que las efectúa o solo por el cliente que las encarga, o bien materiales aportados por ambos:

- si los aporta solo el **empresario** que realiza dicha ejecución de obra, esta tiene la consideración de entrega de bienes, muebles o inmuebles, dado que se realiza la transmisión del poder de disposición sobre los mismos (ver nº 120);
- si los aporta solo el **cliente**, las ejecuciones de obra, tanto mobiliarias como inmobiliarias, no se consideran entregas de bienes sino prestaciones de servicios, debido a su carácter residual (ver nº 181); y
- si se aportan en parte por el **empresario y** en parte por el **cliente**, hay que distinguir las ejecuciones de obra relativas a bienes muebles y las de bienes inmuebles. Las de bienes muebles son, en todo caso, prestaciones de servicios, salvo en el caso de que la aportación de materiales por el cliente sea tan insignificante o reducida que la operación pueda calificarse, en definitiva, como transmisión del poder de disposición sobre un bien mueble corporal por el empresario, en cuyo caso dicha operación constituye una entrega de bienes. Las inmobiliarias son entregas de bienes cuando la aportación de materiales por el empresario supere el 40% de la base imponible del IVA correspondiente a la obra, y prestaciones de servicios, en caso contrario.

Precisiones 1) La **normativa de la UE** precisa que cuando el empresario se limite a ensamblar las piezas de una máquina que se hayan suministrado en su totalidad por el cliente, la operación se considera una prestación de servicios (Rgto UE/282/2011 art.8).
2) Para un **estudio** más detallado de las ejecuciones de obra y doctrina administrativa sobre el devengo del IVA, ver nº 1231 s.

8568 Ejemplos **1)** Un empresario-constructor efectúa la construcción de una **vivienda unifamiliar** para un particular. El importe de la obra asciende a 60.000 euros (sin IVA), dentro de los cuales se incluyen 18.000 euros de materiales aportados por el empresario, además de otros 30.000 euros de mano de obra. Por su parte, el cliente ha aportado otros materiales de construcción por un importe de 15.000 euros.

A efectos de calcular la relación existente entre el coste de los materiales aportados por el empresario y la base imponible del IVA correspondiente a la operación, se toma únicamente el coste de los que aporta el empresario, con independencia de los que aporte el cliente. Así, 18.000/60.000 = 30%, que supone menos del 40% de la base imponible. La obra se califica de prestación de servicios, porque el coste de los materiales aportados por el empresario no excede del 40% de la base imponible de la operación.

2) Un particular, propietario de un **edificio de pisos que tiene arrendado**, solicita a una constructora que realice diversas obras de reconstrucción del inmueble, que consisten en la consolidación de vigas, muros y de su fachada. El importe pagado a la constructora es de 60.000 €. El valor de mercado del edificio en el momento en que se efectúa la rehabilitación (excluido el valor del terreno sobre el que se asienta el edificio) es de 120.000 €, aportando la constructora la totalidad de los materiales necesarios para la rehabilitación, cuyo coste asciende a 26.000 €.

La ejecución de obra realizada debe ser calificada de entrega de bienes ya que se cumplen los requisitos exigidos:

- puede ser calificada como «rehabilitación» a efectos del IVA, pues su importe (60.000 €) es superior a la cuarta parte del valor de mercado del edificio (excluido el terreno sobre el que se asienta) y se refiere a elementos estructurales del mismo (nº 8642 s.);
- el coste de los materiales aportados por la constructora (26.000 €) es superior al 40% de la base imponible del IVA correspondiente a la ejecución de obra realizada por ella (60.000 €).

3) Por encargo de doña EFL, propietaria de un piso adquirido por 180.000 €, una constructora ha realizado diversas **mejoras en la vivienda** consistentes en trabajos de fontanería, carpintería y rehabilitación energética, sin conexión con obra estructural alguna, por importe de 120.000 €, aportando materiales por valor de 50.000 €. El resto de los materiales, cuyo coste asciende a 18.000 €, han sido aportados por doña EFL.

La ejecución de obra no tiene la consideración de entrega de bienes, sino de prestación de servicios ya que, aunque el coste de los materiales aportados por la empresa supera el 40% de la base imponible correspondiente a la obra ejecutada (50.000 > 40% de 120.000), dicha ejecución de obra tiene por objeto obras de fontanería, carpintería y rehabilitación energética, que por sí solas no pueden considerarse como constitutivas de una rehabilitación. Para que fuera así, sería necesario que tales obras fueran conexas a obras de consolidación o de tratamiento de elementos estructurales o a obras análogas.

Doctrina Administrativa Además de la siguiente contestación de la DGT, ver nº 11000 s. **8568.3**
Una entidad realiza para las Administraciones públicas actividades de viabilidad, mantenimiento, rehabilitación, mejora y vigilancia en relación con determinadas vías públicas en virtud de contratos de una duración de dos o tres años, emitiéndose certificaciones de obra mensualmente y produciéndose el cobro a los sesenta días desde la emisión de las mismas. A efectos del IVA, tienen la consideración de entregas de bienes o de prestaciones de servicios según el **coste de los materiales** exceda o no del 33% (actualmente el 40%) de la base imponible del Impuesto correspondiente a la ejecución de obra en la que se utilicen (DGT CV 18-7-11).

Jurisprudencia Una ejecución de obra existe cuando un empresario obtiene un **bien nuevo** a partir de materiales que le son confiados por su cliente. A estos efectos, se entiende por bien nuevo aquel cuya función, desde el punto de vista de la persona que utiliza el bien, es distinta de aquella propia de los materiales que le fueron confiados al empresario (TJUE auto 1-6-06, asunto C-233/05). **8568.4**

Aportaciones y adjudicaciones no dinerarias (LIVA art.8.Dos.2º) Son entregas de bienes las aportaciones no dinerarias de elementos del **patrimonio empresarial o profesional** a sociedades, comunidades de bienes o cualquier otro tipo de entidades, así como las adjudicaciones de esta naturaleza en caso de disolución o liquidación de aquellas. Ver el nº 137. **8569**
También constituye entrega de bienes la adjudicación de los inmuebles (terrenos o edificaciones) promovidos por **comunidades de bienes** a sus comuneros, en proporción a su cuota de participación.

Ejemplos **1)** Una constructora entra a formar parte de una cooperativa constituida para el desarrollo de actividades inmobiliarias, aportando a la misma un **solar** que adquirió ya urbanizado de un tercero.
La aportación del solar constituye una entrega de bienes.
2) Un empresario persona física dedicado al ejercicio de la actividad de ferretería aporta a una cooperativa de viviendas un **terreno sin urbanizar** que heredó de sus padres para que esta construya un edificio de viviendas tanto sobre dicho terreno como sobre otros aportados por otros particulares. Posteriormente, la cooperativa se disuelve sin terminar la construcción de las viviendas, adjudicándose a cada uno de los cooperativistas viviendas sin terminar de construir para que estos les den el uso que deseen.
Este supuesto de aportación del terreno sin urbanizar no determina la sujeción al IVA, pues no se trata de un elemento integrado en el patrimonio empresarial del aportante.
Por otro lado, las adjudicaciones de las viviendas sin terminar, que efectúe la cooperativa al disolverse, tienen la consideración de entregas de bienes por tratarse de elementos integrantes del patrimonio empresarial del transmitente, habida cuenta de que la cooperativa tiene la condición de empresario y efectúa las operaciones en el ejercicio de una actividad empresarial.

Doctrina Administrativa Además de las siguientes contestaciones de la DGT, ver nº 11000 s. **8569.1**
1) La **aportación de un inmueble** efectuada por una sociedad en una ampliación de capital es una entrega de bienes sujeta (DGT CV 22-1-07), al igual que la aportación del socio único de una sociedad a esta última de varias viviendas, en su mayoría arrendadas (DGT CV 16-12-08).
2) Constituye una entrega de bienes sujeta al impuesto la **disolución total del proindiviso** existente sobre un terreno de una comunidad de bienes afecto a una actividad económica, consolidándose la propiedad en uno de los comuneros (DGT CV 12-3-07; CV 6-4-18). Si la comunidad de bienes no tuviera la condición de empresario o profesional, la disolución de la misma y la consiguiente adjudicación de las fincas a los comuneros no estaría sujeta a IVA (DGT CV 22-8-18). En el mismo sentido, respecto de la adjudicación de los locales por una sociedad limitada a sus socios, o en su caso a la comunidad de bienes, como consecuencia de la disolución y liquidación de la misma, DGT CV 21-1-20.

Jurisprudencia **1)** La aportación de un tercio del **derecho de usufructo** sobre locales comerciales a una comunidad de bienes constituye una entrega de bienes sujeta (TSJ Baleares 19-12-03, EDJ 199375). **8569.2**
2) La normativa incluye en el concepto «entrega de bienes» operaciones con evidente eficacia traslativa junto a otras de contenido económico análogo. Así, es innegable la transmisión mediante la **venta de su participación**, aunque sea indivisa, por parte de uno de los comuneros en favor de otro que permanece en la actividad, con la consiguiente disolución de la comunidad (TSJ Sevilla 20-3-98, EDJ 40932).
3) Está sujeta a IVA la atribución a los socios, como consecuencia de la **disolución y liquidación** de una sociedad, de los derechos de edificación futura que correspondían a la sociedad en virtud de un contrato de opción de compra, cuando la sociedad hubiera liquidado el IVA correspondiente con motivo de la operación contractual mediante la que adquirió los derechos de edificación futura y hubiera deducido las cuotas soportadas (TS 13-12-23, EDJ 790804).
4) Las adjudicaciones de bienes (o cuotas de participación en ellos) realizadas con ocasión de la disolución y liquidación de una **comunidad de bienes** sujeto pasivo del IVA, constituye una entrega de bienes sujeta a IVA, aunque la actividad económica que realizaba la comunidad (en este caso el arrendamiento) se siga desarrollando por los comuneros tras la extinción y disolución de la comunidad (TS 7-4-25, EDJ 548868).

8570 **Transmisiones por resolución administrativa o judicial** (LIVA art.8.Dos.3º y disp.adic.6ª; RIVA disp.adic.5ª) Las transmisiones de bienes en virtud de una norma o de una resolución administrativa o jurisdiccional, incluida la **expropiación forzosa**, se consideran entregas de bienes (ver el nº 145 en general y el nº 8714 en relación con las entregas de inmuebles efectuadas en subasta judicial, respecto de las que se prevé un supuesto específico de inversión del sujeto pasivo).

Ejemplos **1)** Como consecuencia de una **expropiación forzosa**, una constructora ha transmitido a un ayuntamiento un terreno que esta había urbanizado con el fin de construir un edificio de pisos para proceder a su ulterior venta. El ayuntamiento en cuestión también ha expropiado varios solares contiguos al de la constructora, propiedad de varios particulares y que estos adquirieron ya urbanizados.
La transmisión del solar de la constructora al ayuntamiento en virtud de expropiación forzosa constituye una entrega de bienes a efectos del IVA sujeta y no exenta. No es obstáculo para afirmar dicha sujeción el hecho de que la transmisión del solar no se efectúe de forma voluntaria por la entidad expropiada: lo único que importa, a efectos del impuesto, es que, voluntaria u obligatoriamente, se haya transmitido el poder de disposición sobre un bien corporal, e implica la realización de una entrega de bienes. Dicha entrega está además sujeta porque concurren los requisitos exigidos: el transmitente es un empresario o profesional y la operación se realiza en el ejercicio o desarrollo de dicha actividad.
En cuanto a la expropiación forzosa de los solares contiguos al de la constructora, también en este caso existe una entrega de bienes, de acuerdo con el concepto que de la misma ofrece la normativa del IVA, pero esta entrega no está sujeta ya que la misma no se efectúa por un empresario o profesional en el desarrollo de su actividad.
2) A una constructora le ha sido adjudicado, mediante **subasta judicial**, un piso que el propietario venía utilizando como sede de un despacho de abogados.
También este caso constituye una entrega de bienes.

8570.1 Doctrina Administrativa Además de las siguientes contestaciones de la DGT, ver nº 11000 s.
1) Un ayuntamiento lleva a cabo la **expropiación forzosa** de un solar, propiedad de personas físicas no empresarios, entregando en concepto de justiprecio otro solar recientemente urbanizado. La entrega de este último está sujeta cuando:
- la parcela transmitida estuviese afecta a una actividad empresarial o profesional desarrollada por la entidad pública o fuese un terreno que hubiera sido urbanizado por dicha entidad (aunque ya no se precisa que el terreno urbanizado sea entregado por el promotor de su urbanización);
- la transmisión de la parcela efectuada por el ente público determine por sí misma el desarrollo de una actividad empresarial, al implicar la ordenación de un conjunto de medios personales y materiales, con independencia y bajo su responsabilidad, para intervenir en la producción o distribución de bienes o de servicios, asumiendo el riesgo y ventura que pueda producirse en el desarrollo de la actividad; y
- el solar que se adjudica en concepto de justiprecio se hubiese incorporado al patrimonio municipal en cumplimiento del deber de cesión establecido en las normas urbanísticas (DGT CV 24-11-04).
2) La entrega que se ordena por **sentencia judicial** de un inmueble está sujeta siempre que se realice por un empresario o profesional en el ejercicio de su actividad empresarial; por el contrario, si se realiza por un particular, la citada entrega del inmueble no está sujeta (DGT CV 9-4-08).
El **retracto legal** solo tiene por objeto que el adquirente otorgue el título de compraventa, en forma voluntaria o forzosa, mediante sentencia judicial, a favor del retrayente y le entregue la posesión de la cosa. Por ello, no alcanza la plenitud de efectos hasta que por la sentencia firme que lo reconoce se opera la modificación jurídica que implica la subrogación de tal derecho, por lo que hasta ese momento el adquirente sigue siendo el dueño de la cosa. Por tanto, han de entenderse producidas dos transmisiones patrimoniales perfectamente válidas y con plenitud de efectos: la inicial, a favor del adquirente demandado de retracto, y la posterior a favor de la entidad retrayente como consecuencia de la sentencia judicial firme (DGT CV 12-5-09).
3) La **reversión de un terreno** a quien previamente fue expropiado del mismo no constituye entrega a efectos del IVA (ver DGT CV 22-4-08 en el nº 8756).

8570.2 **4)** La operación por la que un particular resulta ejecutante en un proceso judicial, recibiendo un local comercial de una entidad promotora en **situación concursal**, está sujeta como primera venta (DGT CV 13-1-14).
5) Una cesión del uso o disfrute de terrenos, propiedad de una entidad, por **expropiación temporal**, está sujeta (DGT CV 1-4-13).
6) Está sujeta y no exenta la transmisión de un **solar** para ser integrado por el ayuntamiento expropiante en la red primaria de equipamientos comunitarios (DGT CV 9-5-13); así como la entrega por un ayuntamiento de una parcela incorporada al **patrimonio municipal del suelo**, como pago del justiprecio correspondiente a la expropiación de unas parcelas a un particular (DGT CV 31-5-13; CV 12-6-19).

7) Las transmisiones por expropiación forzosa de **terrenos rústicos** o que no tengan la condición de edificables o de terrenos destinados exclusivamente a parques, jardines o viales públicos, que formen parte de un patrimonio afecto a una actividad empresarial, son operaciones sujetas pero exentas del Impuesto, por lo que, en su caso, el cedente de los inmuebles no tendría que repercutir dicho tributo con ocasión de la percepción del justiprecio recibido a cambio de la transmisión (DGT CV 15-3-17). En este sentido, respecto de la transmisión de terrenos afectos al desarrollo de la actividad ferroviaria, en la medida que no tengan la condición de edificables, ni sean de aplicación otros supuestos de excepción, DGT CV 22-3-19.
8) Cuando el objeto de la expropiación es un **inmueble restaurado** previamente por la empresa propietaria, la entrega por el promotor de la rehabilitación queda sujeta y no exenta, al tratarse de una primera entrega, siempre que la rehabilitación cumpla los requisitos del nº 8642 s. (DGT CV 16-4-20).

Jurisprudencia 1) La **expropiación** como consecuencia de un convenio urbanístico tiene la considera- **8570.3**
ción de entrega de bienes a efectos del IVA y está sujeta y no exenta, pues se trata de un terreno (plaza de toros) edificable (TS 18-11-09, EDJ 283225). El mismo criterio se ha mantenido respecto a la expropiación de unos terrenos propiedad de un municipio -sujeto pasivo del IVA-, a favor del Tesoro Público, aunque el pago de la indemnización únicamente se haya efectuado mediante una transferencia interna en el marco del presupuesto municipal (TJUE 13-6-18, asunto C-665/16).
2) Con relación a las entregas de bienes en **subasta judicial**, ver el nº 8535, punto 12) y el nº 8714.

Ventas con reserva de dominio (LIVA art.8.Dos.4º) Se consideran entregas de bienes las **8571**
ventas con reserva de dominio, ventas a plazos de bienes cuyo dominio se reserva el transmitente hasta el pago del último plazo convenido (ver el nº 155).
La ley extiende el concepto a las cesiones de bienes cuya venta se supedita a alguna **condición suspensiva**, que impida la transmisión del dominio hasta su cumplimiento.

Arrendamientos venta y asimilados (LIVA art.8.Dos.5º) Se consideran entregas de bienes **8572**
las **cesiones** de bienes en virtud de arrendamientos-venta y asimilados (ver el nº 155).

Ejemplo Una constructora celebra los siguientes contratos:
a) Un contrato de arrendamiento con opción de compra con otra sociedad anónima que tiene por objeto un edificio nuevo, promovido por la constructora. En virtud de dicho contrato, el arrendatario se compromete a pagar una renta de 6.000 € mensuales durante un año y a comprar a continuación el edificio por 180.000 €.
El arrendamiento con opción de compra en el que el arrendatario se ha comprometido desde el inicio frente al arrendador a ejercitar dicha opción tiene la consideración de entrega de bienes, devengándose el IVA correspondiente a dicha entrega en el momento de la puesta del edificio a disposición del destinatario de la operación, y por el total importe de la contraprestación correspondiente a este, es decir: (6.000 × 12) + 180.000 = 252.000 €, que es la base imponible de la entrega del edificio.
b) Ha concedido a la misma sociedad anónima, y a cambio de 3.000 €, un derecho de opción sobre un solar en cuya virtud esta podría exigir de forma unilateral de la constructora la entrega del solar en el plazo de los tres meses siguientes por un precio de 160.000 €.
La simple concesión de una opción de compra, sin que conste el compromiso vinculante del destinatario de dicha operación de ejercitar la opción concedida, tiene la consideración de prestación de servicios y no de entrega de bienes. Ahora bien, en el momento en que dicho destinatario se compromete a ejercitar la opción se produce una entrega de bienes.
c) Finalmente, ha concertado con un particular un contrato de opción de compra, que tiene por objeto una vivienda nueva promovida por la constructora, a cambio de 4.000 €. En dicho contrato, el particular se obliga a ejercer la opción y adquirir el inmueble en el plazo de dos meses a contar desde la firma del contrato de opción por 120.000 €.
En este caso nos hallamos desde el principio ante una entrega de bienes. La base imponible de la entrega es: 124.000 € (4.000 + 120.000).

Doctrina Administrativa Además de las siguientes contestaciones de la DGT, ver nº 11000 s. **8573**
1) El consultante resulta adjudicatario de un **derecho de superficie** sobre un terreno del IVIMA. El derecho de superficie se concede por 20 años, transcurridos los cuales el IVIMA hará suyo lo edificado sin indemnización alguna. Como contraprestación al derecho de superficie, se acuerda un canon equivalente a un 2% sobre el valor del terreno. El superficiario se compromete a edificar viviendas en las condiciones establecidas por el propietario del terreno, y a arrendarlas a este durante el plazo de concesión del derecho, a cambio de un precio mensual. En este contexto, la cesión de la edificación en arrendamiento por el superficiario al propietario del terreno se califica de entrega de bienes, ya que dicha edificación pasará a ser propiedad del arrendatario, en cualquier caso, transcurrido el plazo pactado (DGT CV 25-1-07; CV 19-10-11). Si el transmitente del derecho de superficie ostentase, al tiempo de la transmisión, todas las facultades de disposición inherentes al derecho de **propiedad** de la edificación, y con la transmisión del derecho de superficie se produjese la transmisión del poder de disposición del local, dicha transmisión se calificaría como entrega de bienes (DGT CV 25-11-25).

2) La cesión de la edificación en **arrendamiento** por diez años por parte del propietario (cooperativa) al arrendatario (cooperativista) tiene la calificación de entrega de bienes, ya que dicha edificación pasará a ser propiedad del arrendatario a través del ejercicio obligatorio de la opción de compra transcurrido el citado plazo (DGT CV 6-6-08).
3) La elevación a público y posterior **inscripción en el Registro** de la Propiedad de un contrato de arrendamiento financiero no tiene consecuencias a efectos del IVA, salvo que el arrendatario se comprometa en dicho acto al ejercicio de la **opción de compra**, en cuyo caso se consideraría como una entrega de bienes (DGT CV 24-9-10).
4) Un ayuntamiento promueve la construcción de un edificio de viviendas que destina a su venta. Para ello suscribe contratos de **compraventa con pacto de reserva de dominio** y pago aplazado del precio. En este caso, el devengo del IVA se produce cuando se pongan en posesión del adquirente las viviendas, salvo que se hubieran producido pagos anticipados anteriores a dicha entrega, en cuyo caso el IVA se devenga en el momento del cobro total o parcial del precio por los importes efectivamente percibidos (DGT CV 25-9-17).

8574 **Operaciones entre comitente y comisionista** (LIVA art.8.Dos.6º) Son entregas de bienes las **transmisiones** de bienes entre comitente y comisionista que actúe en nombre propio, efectuadas en virtud de contratos de comisión de venta o de compra (ver el nº 160).

Doctrina Administrativa Además de la siguiente contestación de la DGT, ver nº 11000 s.
Si una sociedad concierta con contratistas la construcción de un edificio, actuando en nombre y por cuenta del promotor destinatario de dicha obra, la referida operación se entiende concertada directamente entre el **mandante** y los **contratistas**. Por el contrario, si la sociedad contrata la realización de la obra con los constructores actuando en nombre propio, se considera que los contratantes efectúan sus operaciones de construcción para la sociedad y que esta las efectúa a su vez para el promotor (DGT 9-2-88).

8575 **Transmisión de valores cuya posesión asegure la atribución de la propiedad, uso o disfrute de un inmueble** (LIVA art.8.Dos.8º) Se consideran entregas de bienes las transmisiones de valores cuya posesión asegure, de hecho o de derecho, la atribución de la propiedad, el uso o disfrute de un inmueble o de una parte del mismo, en los supuestos previstos en nº 1007 s.

Precisiones **1)** Para que un Estado miembro pueda establecer la **exclusión de la exención** a la venta de valores (nº 1007 s.) que atribuyan la propiedad, el uso o disfrute de un inmueble, previamente debe calificar la transmisión de dichas acciones o participaciones como entrega de bienes, para lo cual dicho Estado ha de hacer uso de la posibilidad, prevista en la legislación de la UE, de considerar bienes corporales las participaciones y las acciones cuya posesión asegure, de derecho o de hecho, la atribución de la propiedad o del disfrute de un inmueble (TJUE 5-7-12, asunto C-259/11).
2) En concordancia con la actual redacción de LIVA, el precepto que regula las exenciones en IVA e ITP y AJD de las transmisiones de valores, señala expresamente que aquellas que estén **sujetas y no exentas del IVA**, tendrán la consideración de entregas de bienes (LMV art.338).

8575.1 Doctrina Administrativa **1)** La transmisión de las participaciones que cumplan los requisitos para ser considerada como **transmisión de edificaciones** está, en su caso, sujeta y no exenta del IVA, pues se ha renunciado a la exención. El sujeto pasivo de la operación es el adquirente de las mismas (DGT CV 9-2-12; CV 19-9-16).
2) Si la **transmisión de valores** a calificar no se realiza con el ánimo de eludir el pago del IVA o del ITP y AJD al que estaría sujeta la transmisión de los inmuebles propiedad de la entidad representada por dichos valores, la transmisión no tributa por IVA. En estos casos no resulta aplicable la excepción a la exención prevista en la LMV/15 art.314 (actualmente, LMV art.338) (DGT CV 3-12-18).

2. Autoconsumo de bienes

(LIVA art.9.1º)

8576 La tributación de los autoconsumos -también considerados entregas de bienes- tiene por objeto evitar consumos privilegiados, sin pago del IVA (autoconsumo externo) o el ejercicio de deducciones que no corresponden a la utilización real de los bienes (autoconsumo interno). Para un estudio más detallado, ver el nº 235 s.

8577 Ejemplos **1)** D. EFL construye un **edificio de viviendas y bajo comercial**, destinando una de las viviendas a su uso particular y las demás para su venta.
D. EFL, como promotor, se considera empresario a efectos del IVA, debiendo repercutir el tributo sobre los adquirentes de las viviendas cuando se efectúe su entrega. La afectación de una de las viviendas a su uso particular tiene la consideración de operación asimilada a entrega de bienes, autoconsumo, debiendo EFL autorrepercutirse el impuesto, expidiendo la correspondiente

factura (nº 7190 s.). No puede deducirse el IVA autorrepercutido, ya que no lo soporta en su condición de empresario, sino como consumidor final (nº 2520).

2) Una empresa promotora-constructora construye un **inmueble para su venta** (existencias) que termina en el año N, habiendo soportado cuotas de IVA a estos efectos por 10.818 euros. La empresa, en el año de terminación, aplica una prorrata del 50% (nº 2715 s.). Dicha edificación la afecta como local para sus oficinas centrales.

En este supuesto, estamos ante un autoconsumo de bienes, pues de haberse adquirido el bien inmueble a un tercero, no habría derecho a deducir íntegramente la cuota soportada, lo que sucede cuando se aplica la regla de prorrata.

- Construcción:

IVA soportado: 10.818 euros.

IVA deducido (50%): 5.409 euros.

- Autoconsumo: afectación como bien de inversión.

IVA autorrepercutido: 10.818 euros.

IVA deducible (50%): 5.409 euros.

Esta última cuota deducida (5.409 euros) será objeto de posterior regularización de acuerdo con la variación de la prorrata de los años siguientes hasta finalizar el período de regularización.

No obstante, para evitar sobreimposiciones (una doble aplicación de la regla de prorrata) el empresario o la empresa podría deducirse el IVA no deducido con ocasión de la construcción del inmueble (LIVA art.102.Dos).

Doctrina Administrativa Además de las siguientes contestaciones de la DGT, ver nº 11000 s. 8578

1) Está sujeta la operación por la que un constructor realiza la **transmisión a su patrimonio personal** de las viviendas construidas por él mismo en el ejercicio de su actividad empresarial (DGT 10-6-94; 29-1-04).

El traspaso de los bienes integrantes del patrimonio empresarial o profesional de un sujeto pasivo a su patrimonio personal por **cese en la actividad** es un supuesto de autoconsumo de bienes sujeto (DGT CV 9-9-14).

2) Una empresa se dedica a la promoción de bienes inmuebles. Varios de los inmuebles que ha promovido son arrendados mientras están en expectativa para su venta. La entidad presenta dos **sectores diferenciados** en su actividad: promoción de obra nueva y arrendamiento de inmuebles. Por consiguiente, el cambio de afectación de una o varias edificaciones desde el sector diferenciado de promoción inmobiliaria al sector diferenciado de arrendamientos, constituye un supuesto de autoconsumo sujeto (DGT 27-2-03; 14-11-03; CV 16-10-15), incluso si solo parte de las viviendas se destinan al arrendamiento (DGT CV 28-10-08; CV 13-11-09).

No obstante, cuando el autoconsumo tiene lugar en relación con bienes por cuya adquisición no se ha atribuido al sujeto pasivo el derecho a efectuar la **deducción total o parcial** del impuesto, tal autoconsumo está no sujeto (DGT CV 24-9-14; CV 2-12-15).

El cambio de afectación de viviendas desde la actividad de rehabilitación para su venta a la actividad de arrendamiento prestando servicios hoteleros, no supone la realización de una operación de autoconsumo, pues dichas actividades tienen el **mismo régimen de deducción** (DGT CV 15-3-17).

3) En el autoconsumo de bienes por **afectación o**, en su caso, **cambio de afectación**, solo existe afectación a un destino o a un uso cuando hay, y en la medida en que la hay, una **utilización efectiva** en ese destino o uso, por lo que prima dicho uso efectivo sobre la intencionalidad del sujeto pasivo. Así, en el caso de que un edificio esté integrado por distintas viviendas, locales o almacenes, solo se produce el hecho imponible de autoconsumo en relación con las partes concretas del edificio que sean efectivamente objeto de arrendamiento (DGT CV 7-8-13).

4) Una sociedad que en ocasiones promueve la construcción de edificaciones destinadas exclusivamente a su inmediato arrendamiento, desarrolla únicamente la actividad de **alquiler de inmuebles**. En consecuencia, la actividad promotora no determina la existencia de dos sectores diferenciados de la actividad, promoción y arrendamiento, por lo que la afectación de las edificaciones promovidas a la actividad de arrendamiento no supone la realización del supuesto de autoconsumo (DGT CV 6-11-06). 8579

5) Los autoconsumos internos no agotan por sí mismo la **primera entrega** de la edificación a efectos de la exención (DGT CV 28-12-17).

6) La **cesión gratuita** de un inmueble para su utilización por un tercero constituye un autoconsumo por parte del cedente (DGT CV 28-4-06).

Un ayuntamiento suscribe un convenio con una sociedad estatal por el que el primero promueve, y la sociedad ejecuta, una actuación urbanística. La sociedad cede al ayuntamiento, a título gratuito, unas parcelas de uso social y de uso deportivo. La entrega gratuita de parcelas es una operación de autoconsumo sujeta. Solo si el **derecho a la deducción** de la sociedad en el proceso de adquisición o producción de los bienes hubiese sido cero y se hubiese soportado el impuesto efectivamente, la posterior entrega gratuita de las parcelas habría resultado no sujeta (DGT CV 23-11-06).

7) La **donación** de una nave industrial por parte de una sociedad a sus socios constituye un autoconsumo de bienes, pues se transmite un bien que formaba parte del patrimonio empresarial. Dicho autoconsumo es una operación asimilada a una entrega de bienes, sujeta al IVA (DGT CV

13-4-16). En el mismo sentido, respecto de la donación de una vivienda a un ayuntamiento, DGT CV 5-6-24; o de la donación por un empresario a su esposa del 50% de un inmueble destinado al arrendamiento, DGT CV 15-12-08.

8580 Jurisprudencia 1) En relación con ciertos criterios del TJUE relativos al autoconsumo de parte de un edificio construido por el empresario que lo utiliza en parte para sus **necesidades privadas**, ver TJUE 8-5-03, asunto C-269/00 en el nº 8680.
2) No se produce autoconsumo de bienes cuando un sujeto pasivo causa **baja en el IAE**, puesto que los bienes inmuebles construidos para terceros no pasan a su patrimonio personal, permaneciendo afectados a su venta hasta que esta se produzca (TEAC 24-4-02).
3) Constituyen supuestos de autoconsumo la **entrega gratuita** de un edificio por un empresario en el ejercicio de su actividad (TS 26-1-12, EDJ 7113); así como la construcción de una pista de atletismo por una junta de compensación para un ayuntamiento. No es una cesión de terrenos a este último y tampoco puede considerarse una permuta de un bien por un servicio (TEAC 21-1-02).
4) La existencia de un **autoconsumo interno** no supone que se produzca una primera transmisión del inmueble. El gravamen del autoconsumo interno para ajustar las deducciones no puede incidir en la calificación de la entrega posterior de los inmuebles que realice su promotor por causa distinta del uso que de los mismos se haga. Es decir, solo en el caso de que se produzca un **uso efectivo del inmueble** durante un plazo ininterrumpido igual o superior a dos años en el sector de actividad de arrendamiento, supone que la **posterior entrega** que del inmueble se realice tenga la consideración de segunda entrega, teniendo en cuenta que el autoconsumo interno gravado no agotó la primera entrega (TEAC 18-2-21).
5) El objetivo de someter a gravamen los cambios de afectación entre **sectores diferenciados** es el de permitir el ajuste de las deducciones practicadas, adecuando las mismas a la utilización real del bien. Como regla general, en el cambio de afectación desde el sector inmobiliario al sector de arrendamiento se produce el hecho imponible del autoconsumo, cuyos efectos tributarios son los siguientes (TS 19-5-14, EDJ 81725; TEAC 24-5-17):
- se devenga una cuota de IVA como consecuencia de la desafectación del bien del sector de la promoción inmobiliaria, actividad sujeta y no exenta; y
- la cuota de IVA soportada generada no es deducible al afectarse el bien a un sector, el del arrendamiento, que no genera el derecho a la deducción.

Se excluye el cambio de actividad necesario para que se produzca el autoconsumo si se prueba que la entidad no ha dedicado las viviendas a arrendamiento en lugar de su venta. Al no haberse consumido la primera transmisión y existir una **opción de compra**, no se entienden cumplidos los requisitos para considerar que se ha producido el hecho imponible de autoconsumo (TS 9-5-16, EDJ 59296).
El cambio de afectación de un sector diferenciado a otro se entiende producido en el momento en que la decisión económico-empresarial se ejecuta o implementa, sin que sea necesario un plazo de consumación o permanencia (TEAC 18-12-19).

3. Prestaciones de servicios

(LIVA art.11)

8581 Esta categoría tiene **carácter residual**, ya que se corresponde con todas las operaciones sujetas al IVA que no constituyen entregas de bienes, adquisiciones intracomunitarias o importaciones de bienes (ver nº 180 s.). Legalmente se realiza una enumeración enunciativa de operaciones que tienen esta consideración, de entre las que destacamos, desde la óptica inmobiliaria, las siguientes:
- los **arrendamientos** de bienes, industria o negocio, empresas o establecimientos mercantiles (nº 8582 s.);
- las **ejecuciones de obra** que no tengan la consideración de entregas de bienes (nº 8584);
- los **traspasos** de locales de negocio (nº 8585 s.);
- las operaciones de **mediación** y de **agencia o comisión** (nº 8588); y
- las **cesiones del uso o disfrute** de bienes (nº 8589 s.).

8581.1 Ejemplo Una sociedad X, que desarrolla actividades empresariales, ha concedido un derecho de **opción de compra** sobre dos pisos de su propiedad a otra sociedad Y, a cambio de 5.000 €. Esta no se compromete al ejercicio de la opción de compra, quedando facultada, de acuerdo con los términos del contrato, para ceder las opciones a un tercero dentro de un plazo. Procede a ejercitar la opción respecto de uno de los pisos dentro del plazo previsto al efecto, y cede la opción correspondiente al otro piso a un particular, que paga por ella 6.000 €. Acto seguido, el particular ejercita la opción de compra y X le vende el piso correspondiente por 180.000 €.
En primer lugar, la concesión de las opciones de compra por X constituye prestaciones de servicios, ya que suponen la obligación asumida por esta de vender los pisos a Y si esta se decide a ejercitar la opción, así como el compromiso de no vender los pisos a nadie distinto, en tanto esté vigente la opción.

Si Y se hubiese comprometido con carácter vinculante al ejercicio de la opción y a la adquisición de los pisos, se trataría de auténticas entregas de bienes (nº 8572). En el momento en que se comprometa a ejercitar la opción de compra se produce el hecho imponible (entrega de bienes), pudiendo estar esta operación exenta o no, de acuerdo con el nº 8640 s.
La cesión del derecho de opción por Y a un particular constituye, asimismo, un servicio prestado por aquella a este que está sujeto y no exento.
Finalmente, en el momento en que el particular se compromete al ejercicio de la opción de compra, se produce el hecho imponible entrega de bienes.

Doctrina Administrativa Además de las siguientes contestaciones de la DGT, ver nº 11000 s. **8581.2**
1) La concesión de una **opción de compra sobre un bien inmueble** que esté afecto a una actividad empresarial se considera prestación de servicios, ya que se trata de un derecho a favor del beneficiario de la opción, que podrá o no ejercitarlo llegado el momento. Mientras que la concesión de la opción no supone la transmisión del poder de disposición sobre el inmueble (DGT 2-8-04; CV 26-12-02), sin embargo, la entrega del inmueble en ejercicio de la opción de compra concedida se califica como una compraventa, esto es, una entrega de un bien por un precio determinado (DGT CV 27-12-18).
2) Una sociedad promotora formaliza la venta de tres inmuebles en construcción en documento privado con una sociedad, que no se eleva a público hasta la fecha en que se produzca la entrega de los inmuebles. La sociedad compradora, con la que se ha celebrado el contrato privado, y que satisface parcialmente el precio de los inmuebles en concepto de pago anticipado, va a proceder a la **cesión de sus derechos sobre los inmuebles** a terceras personas. Dado que el cedente no tiene la condición de propietario del inmueble, ya que en nuestro sistema jurídico la adquisición de la propiedad está condicionada a un doble requisito: la concurrencia del título -contrato de compraventa-, que sí ha tenido lugar, y el modo o entrega del bien, que aún no se ha producido, no se trata de la transmisión de un inmueble, sino de los derechos que ostenta el cedente frente a la entidad promotora, a consecuencia de la celebración del contrato privado de compraventa del referido inmueble (DGT CV 5-7-06).
3) La extinción obligatoria de un **derecho de subarrendamiento** de unos inmuebles como consecuencia de un expediente de **expropiación forzosa** de un terreno en el que se ubican aquellos no está sujeta, puesto que el subarrendatario no efectúa a favor del órgano expropiador ninguna prestación que suponga un consumo para aquel. El justiprecio acordado constituye una indemnización (DGT 3-5-04).

Arrendamiento de bienes, industria o negocio, empresas o establecimientos mercantiles (LIVA art.11.Dos.2º) Se incluyen aquí como servicios, de un modo muy amplio, los arrendamientos de bienes y derechos de toda clase, **con o sin opción de compra**, siempre que no constituyan entregas de bienes. Ver el nº 193. **8582**

Ejemplos **1)** Un particular, propietario de un piso, lo arrienda por 1.000 € mensuales a la sociedad anónima EFL, la cual lo utiliza como sede de su actividad empresarial. Transcurridos varios meses, EFL decide **subarrendar** el piso a otra sociedad (que también va a utilizarlo como sede de su actividad) por 1.400 € al mes, por lo que el propietario incrementa la renta en un 20%.
El arrendamiento efectuado por el propietario para EFL constituye una prestación de servicios sujeta y no exenta. Por tanto, el arrendador debe repercutir dicho tributo, siendo la base imponible del mismo la renta pagada (1.000 € mensuales).
El subarrendamiento del piso por EFL también es una prestación de servicios (nº 8589), sujeta y no exenta, por lo que EFL debe repercutir el impuesto sobre el subarrendatario, siendo la base imponible del tributo la contraprestación pagada por este (1.400 € al mes).
Finalmente, en el momento en que el arrendador eleva la renta un 20%, EFL debe abonarle la cantidad de 1.200 € mensuales, con lo que sigue prestándose el servicio por el arrendador al arrendatario-subarrendador, si bien la base imponible que grava tal operación se incrementa en la cuantía correspondiente.

2) Una sociedad ha arrendado un bajo comercial a una entidad financiera que lo utiliza para el emplazamiento de una sucursal. El contrato de arrendamiento tiene una duración prevista de un año; sin embargo, transcurridos seis meses la sociedad manifiesta a la entidad financiera su voluntad de **dar por terminado el arrendamiento**, pagando a dicha entidad una indemnización de 20.000 €. La entidad financiera accede a lo solicitado por la sociedad. **8583**
El arrendamiento del bajo comercial a la entidad financiera constituye una prestación de servicios sujeta y no exenta. Por otra parte, y de acuerdo con reiterada doctrina administrativa, la **renuncia por el arrendatario** a los derechos inherentes a un contrato de arrendamiento, efectuada por aquel a favor del arrendador y mediante compensación o indemnización, constituye una prestación de servicios sujeta cuando, como ocurre en el ejemplo propuesto, el arrendatario tenga la condición de empresario o profesional y hubiese concertado el arrendamiento en el ejercicio de su actividad empresarial o profesional.

Por tanto, en este caso, en el que la renuncia a los derechos derivados del contrato de arrendamiento está sujeta, es sujeto pasivo la entidad financiera arrendataria, que debe repercutir el impuesto sobre el importe total de la indemnización percibida como contraprestación de la renuncia (20.000 €).

3) Una sociedad, propietaria de dos pisos, los ha arrendado durante un año. En el primero, los arrendatarios han efectuado obras sin contar con la preceptiva autorización de la propietaria, por lo que abonan a esta la cantidad de 600 € en concepto de **indemnización**.

Respecto del segundo, el arrendatario ha manifestado a la propietaria su voluntad de dar por finalizado el contrato, abonando al arrendador la suma de 1.500 € como compensación.

Las indemnizaciones abonadas a la propietaria por los arrendatarios no constituyen la contraprestación o compensación de operación alguna sujeta al IVA efectuada por la sociedad en favor de los mismos. Se trata, en estos supuestos, de indemnizaciones en sentido estricto destinadas a evitar a la propietaria un daño injusto o un perjuicio derivado del incumplimiento de sus obligaciones contractuales por parte del arrendatario. No hay, por tanto, repercusión del IVA por la propietaria sobre los arrendatarios.

8583.1 Doctrina Administrativa Además de las siguientes contestaciones de la DGT, ver nº 8674 s. y nº 11000 s.

1) Constituye una prestación de servicios sujeta:

- La autorización del arrendador para la primera **cesión-subrogación** del contrato de arrendamiento que un arrendador tiene con un arrendatario, para que un nuevo arrendatario pueda continuar la misma actividad del primer arrendatario y se mantenga la misma duración del contrato (DGT CV 22-9-06).
- La **renuncia a los derechos** inherentes a un contrato de arrendamiento mediante indemnización, siempre que el arrendatario tenga la condición de empresario o profesional y hubiera contratado en el ejercicio de su actividad (DGT 2-3-93).
- El arrendamiento del **aprovechamiento del pasto** de bellotas y otros frutos existentes en terrenos propiedad de la entidad arrendadora (DGT 18-3-99; CV 13-7-18).
- El arrendamiento de una **explotación agrícola** junto con otros elementos materiales accesorios (como el sistema de regadío y el arbolado, entre otros) y la licencia para poder desarrollar la actividad que venía realizando el arrendador (DGT CV 7-2-20).

2) Como consecuencia de la renuncia por parte del arrendatario al arrendamiento de un local donde realiza su actividad empresarial, el arrendador satisface dos indemnizaciones, una por la propia **renuncia al arrendamiento** y otra en **compensación de los perjuicios** que le ocasiona el abandono de la actividad. La primera indemnización se considera una prestación de servicios sujeta; la segunda, no se encuentra sujeta (DGT 13-2-04).

3) No existe obligación de repercutir IVA en las siguientes indemnizaciones percibidas por el arrendador:

- como consecuencia de la **cancelación anticipada** del contrato por el arrendatario. El desistimiento unilateral del contrato por parte del arrendatario no se asimila a una renuncia de derechos (DGT 22-2-96);
- por ocupar el arrendatario la finca una vez **finalizado el plazo de vigencia** del contrato de arrendamiento (DGT 19-5-04).

4) Ver asimismo DGT 3-5-04 y 1-10-01 en el nº 8590 y nº 11004, respectivamente.

8583.2 Jurisprudencia Ver nº 8678 s.

8584 Ejecuciones de obra no calificadas como entregas de bienes

(LIVA art.11.Dos.6º) Las ejecuciones de obra pueden ser calificadas como entregas de bienes y como prestaciones de servicios (ver nº 8567).

CONCEPTO	ENTREGA DE BIENES	PRESTACIÓN DE SERVICIOS
Ejecución de obra inmobiliaria	Cuando el constructor aporta materiales por valor superior al 40% de la contraprestación, con independencia de los aportados por el cliente.	Cuando el constructor aporta materiales por importe igual o inferior al 40% de la contraprestación.
Ejecución de obra mobiliaria	Solo cuando el constructor aporte todos los materiales o los aportados por el cliente sean insignificantes (LIVA art.8.Uno).	Resto de supuestos.

Doctrina Administrativa En el desarrollo de los **contratos de concesión de obra pública**, las únicas operaciones relevantes existentes a los efectos del IVA son las prestaciones de servicios a que dé lugar su ejecución. La entrega material de las obras ejecutadas, una vez que tiene lugar la finalización de dichos contratos, ha de considerarse como una mera operación instrumental, carente de efectos desde el punto de vista de la existencia de hechos imponibles en el IVA (DGT CV 1-12-08; CV 22-4-10).

Traspaso de local de negocio (LIVA art.11.Dos.7º) En estos traspasos debe distinguirse, según se desprende de la doctrina administrativa, el derecho del propietario a ceder el **uso del local** a un tercero y el derecho del arrendatario a ceder el **fondo de comercio**. El propietario presta un servicio al arrendatario, al consentirle que traslade el uso del local al tercero, y el arrendatario presta un servicio al tercero al cederle su fondo de comercio. Son sujetos pasivos el propietario y el arrendatario, quienes deben efectuar la liquidación y el pago del impuesto. 8585

Ejemplos 1) Una entidad mercantil que tiene la sede de su actividad en un local arrendado, ha decidido adquirir uno nuevo en propiedad y, por otro lado, traspasar dicho local arrendado. El día 1-1-N llega a un acuerdo con una tercera persona traspasando el local por 125.000 euros. El porcentaje que legalmente percibe el arrendador por su participación en el traspaso es del 10%.
Se trata de dos prestaciones de servicios: por un lado, el servicio que el propietario del local (arrendador) presta al arrendatario, al consentirle que traslade el uso del local al tercero y, por otra parte, el servicio que presta el arrendatario al tercero al cederle su fondo de comercio. En consecuencia, se producen las siguientes liquidaciones:
- repercusión del arrendador al arrendatario = 12.500 × 21% = 2.625 euros; y
- repercusión del arrendatario al tercero = 125.000 × 21% = 26.250 euros.
2) Una sociedad, arrendataria de un local de negocio en el que desarrolla su actividad, ha decidido traspasarlo a un tercero. Sin embargo, el propietario del inmueble decide ejercitar su **derecho de tanteo** sobre el inmueble, pagando a la arrendataria la cantidad de 1.000 €.
De acuerdo con la doctrina administrativa, la arrendataria debe repercutir el IVA sobre el propietario del local, aplicando el tipo impositivo general de dicho tributo (21%) sobre la base imponible (1.000 €), ya que se considera que la operación por la cual la arrendataria reintegra el local comercial a cambio de un precio a su propietario es una prestación de servicios sujeta y no exenta.

Doctrina Administrativa Además de las siguientes contestaciones de la DGT, ver nº 11000 s. 8586
Hay que tener en cuenta que la doctrina que se expone a continuación responde a un período en que se encontraba vigente la Ley de arrendamientos urbanos de 1964. Dicha Ley regulaba de forma expresa la figura del «traspaso de local de negocio», correspondiéndose la referida doctrina con la regulación contenida en dicha normativa. Por el contrario, la vigente Ley de Arrendamientos urbanos (L 29/1994) no se refiere de forma expresa al traspaso de locales de negocio, regulando simplemente la **cesión del contrato y subarriendo** (L 29/1994 art.32). No obstante, la LIVA art.11.Dos.7º sigue refiriéndose al traspaso de locales de negocio, por lo que se considera conveniente reflejar la doctrina administrativa sobre esta cuestión.
1) Están sujetos los servicios prestados tanto por el arrendador como por el arrendatario con ocasión de los **traspasos de locales de negocio** actuando en el ejercicio de su actividad empresarial o profesional (DGT CV 14-7-86).
También están sujetos los servicios prestados por los arrendadores o arrendatarios a terceros con ocasión de dichos traspasos (DGT 16-12-86).
2) En relación con la no sujeción del derecho de traspaso cedido en el contexto de una **transmisión del patrimonio empresarial**, ver el nº 285.

Jurisprudencia 1) La enajenación del **derecho de uso de un establecimiento mercantil** o traspaso del mismo está sujeta en todo caso, con independencia de que pueda tratarse de una actividad ocasional (TEAC 17-4-98). 8587
2) La **renuncia al derecho de traspaso** por parte del arrendatario de local de negocio está sometida a gravamen, ya que equivale al traspaso al propietario del local o a un tercero (TEAC 29-1-98).

Operaciones de mediación, agencia o comisión (LIVA art.11.Dos.15º) Se consideran prestaciones de servicios las operaciones de mediación y las de agencia o comisión cuando el agente o comisionista actúe **en nombre ajeno**. Cuando actúe **en nombre propio** y medie en una prestación de servicios, se entiende que ha recibido y prestado por sí mismo los correspondientes servicios. Ver el nº 210. 8588

Doctrina Administrativa Además de las siguientes contestaciones de la DGT, ver nº 11000 s.
Los servicios que realiza una **junta de compensación** en nombre propio pero por cuenta de sus miembros en ejecución de los fines asignados, tienen la calificación de prestaciones de servicios sujetas, siendo destinatarios de las mismas los propios junteros a quienes la junta ha de repercutir el impuesto con las **derramas** (DGT 4-3-04; CV 13-2-06).
Las **indemnizaciones** pagadas por la Junta de Compensación son la compensación que reciben los propietarios por ser privados de bienes o derechos incompatibles con el proceso urbanístico, pero no supone ninguna ventaja para la entidad urbanística que pueda permitir considerarla como consumidora de un servicio. No constituyen contraprestación de una operación sujeta al Impuesto, no formando parte de la base imponible del mismo (DGT CV 28-4-21).

8589 **Cesiones de uso o disfrute** (LIVA art.11.Dos.3º) Son prestaciones de servicios cualquier operación consistente en la cesión del uso o disfrute sobre **bienes**, ya sean muebles o inmuebles.

Ejemplos **1)** La sociedad anónima EFL, propietaria de un edificio de pisos, efectúa las siguientes operaciones:
- Ha constituido un derecho real de **usufructo** sobre uno de los pisos, recibiendo como precio 10.000 € con periodicidad anual.
- Ha constituido una **servidumbre de paso** sobre el inmueble en favor de otro perteneciente a distinto dueño, percibiendo a cambio 2.500 € por año.
- Ha adquirido de una sociedad limitada el **derecho de superficie** sobre un solar, lo que le permite construir sobre el mismo una edificación y disponer de esta, pagando al propietario del suelo la cantidad de 50.000 €.

La constitución del derecho real de usufructo constituye una prestación de servicios, ya que puede conceptuarse como una cesión del uso o disfrute de un bien, que está sujeta, pudiendo quedar o no exenta de acuerdo con el nº 8640 s.
La constitución de la servidumbre de paso, que al igual que el usufructo es un derecho real limitado, puede calificarse como prestación de servicios, ya que supone la asunción por parte del propietario del inmueble de la obligación de permitir el paso por o a través del mismo por parte de un tercero.
Por último, y por lo que se refiere al derecho de superficie, su constitución por parte del propietario del solar es igualmente una prestación de servicios, por lo que EFL debe soportar la repercusión del IVA efectuada por el propietario del solar.
2) El Ayuntamiento de Madrid adjudica, mediante **concesión administrativa**, la construcción y explotación de un aparcamiento para residentes a una sociedad. Esta sociedad, de acuerdo con lo previsto en el pliego de condiciones administrativas de la concesión, transfiere el derecho de uso y disfrute en exclusiva de las plazas de aparcamiento a los residentes a cambio de un precio.
La adjudicación, mediante concesión administrativa, de la construcción y explotación del aparcamiento no está sujeta (nº 8558). En cambio, la transferencia o cesión del derecho de uso y disfrute en exclusiva de las plazas de aparcamiento a los residentes, mediante precio, constituye una prestación de servicios que tiene por objeto una edificación.

8590 Doctrina Administrativa Además de las siguientes contestaciones de la DGT, ver nº 8674 s. y nº 11000 s.
1) Está **sujeta y no exenta**:
- La **cesión del derecho de superficie**, tanto si se efectúa por una entidad mercantil, siempre que concurran los demás requisitos (DGT 3-5-04; TJUE 4-12-90, asunto C-186/89 en el nº 8532), como cuando recae sobre el uso de plazas de garaje para particulares y personas jurídicas (DGT 4-2-00).
- La transmisión del **derecho de uso y disfrute** de plazas de garaje en exclusiva a residentes, efectuadas por una entidad en ejercicio de la concesión obtenida (DGT 8-3-94; CV 30-10-08).
- La **cesión de los derechos de compra** de un piso y un local comercial en construcción por una sociedad mercantil a favor de otra persona que se va a subrogar desde ese momento en la condición de adquirente frente a la promotora (DGT CV 15-6-05).

2) Si una sociedad queda obligada a la **transmisión de los derechos de superficie** sobre determinadas estaciones de servicio en favor de los propietarios del suelo correspondiente o de quienes han explotado hasta la fecha tales estaciones de servicio, se produce, por un lado, una prestación de servicios sujeta y no exenta por la transmisión de derechos de superficie; y, por otro, una entrega de bienes por la reversión anticipada de las instalaciones promovidas por la sociedad sobre el suelo afectado (DGT CV 27-2-07).
3) Una cooperativa inmobiliaria holandesa constituye una sucursal en España, donde adquiere un terreno para construir un complejo residencial. Los **derechos de afiliación a la cooperativa** conceden un derecho de uso privado y exclusivo a perpetuidad de un apartamento concreto y el uso de zonas y servicios comunes. El hecho de que se pueda disponer del propio derecho de afiliación per se, no implica que exista la facultad de disposición respecto del bien inmueble. Por tanto, lo que verdaderamente se ha transmitido es un derecho de uso y disfrute de los apartamentos o villas en cuestión que tiene la calificación de prestación de servicios (DGT CV 2-8-11-06).

8592 Jurisprudencia Además de la siguiente jurisprudencia, ver nº 8678 s.
1) Se consideran prestaciones de servicios a efectos del IVA:
- permitir la **utilización de una infraestructura viaria** a cambio del pago de un peaje (TJUE 18-1-01, asunto C-83/99; 12-9-00, asunto C-260/98 en el nº 351);
- la puesta a disposición de terceros de locales u otras **instalaciones**, así como de accesorios o aparatos para la práctica del **deporte** y la educación física (TJUE 18-1-01, asunto C-150/99);
- la cesión de derechos y obligaciones sobre bienes **inmuebles en construcción** destinados a viviendas (TEAC 25-10-06).

2) La constitución de un **derecho de superficie** sobre un terreno con **condición suspensiva** produce el hecho imponible en el IVA por la firma del contrato y pago del precio, con independencia de que si la condición no se cumple se abrirán para el transmitente las posibilidades de devolución que la LIVA establece, o la modificación de la base imponible (TS 11-12-12, EDJ 295676).

4. Autoconsumo de servicios

(LIVA art.12)

Se consideran **operaciones asimiladas** a prestaciones de servicios a título oneroso los autoconsumos de servicios. Tienen tal consideración las siguientes operaciones realizadas sin contraprestación: 8593

a) Las transferencias de bienes y derechos, **no** comprendidas en los supuestos de **autoconsumo de bienes**, del patrimonio empresarial o profesional al patrimonio personal del sujeto pasivo.

b) La aplicación total o parcial al **uso particular o a fines ajenos** a su actividad, de los bienes integrantes del patrimonio empresarial o profesional.

c) Las restantes prestaciones de servicios a **título gratuito**, siempre que se realicen para fines ajenos a los de una actividad empresarial o profesional -teniendo en cuenta que los realizados para fines propios de la actividad empresarial o profesional de quien presta los citados servicios no están sujetos (ver el nº 260 s.)-.

Doctrina Administrativa Además de las siguientes contestaciones de la DGT, ver nº 11000 s. 8595

1) Se considera autoconsumo de servicios, **sujeto y no exento**:

- La **cesión de uso de locales de negocio** efectuadas a título gratuito por su propietario a favor de un tercero (DGT 25-7-95); o de un inmueble efectuada por una Caja de ahorros a favor de una fundación (DGT CV 30-5-05).
- La cesión gratuita del **usufructo** del patrimonio inmobiliario de una cooperativa, integrado en su patrimonio empresarial y explotado mediante arrendamiento, a favor de una **fundación** (DGT CV 13-1-06).
- El **arrendamiento a título gratuito** de unas oficinas a una Comunidad Autónoma para que se desarrollen en la misma unos cursos de formación profesional (DGT CV 2-3-05).
- La cesión temporal sin contraprestación de **apartamentos turísticos** a favor de inversores belgas o de otros E.m., con prestación de servicios hoteleros (DGT CV 21-9-23).

2) Un ayuntamiento ha suscrito un **convenio urbanístico** conforme al cual va a percibir del agente urbanizador terrenos totalmente urbanizados por él en sustitución del deber de cesión obligatoria de terrenos (ver nº 8558, letra c). La urbanización de los terrenos a costa de quienes efectúan dicha cesión supone una prestación de servicios que se lleva a cabo a título gratuito a favor del ayuntamiento. Si esa urbanización resulta obligatoria para quien la realiza en virtud de una norma urbanística, no está sujeta; por el contrario, si la urbanización de los terrenos no resulta de lo dispuesto por la legislación urbanística, la operación está sujeta (DGT CV 10-5-05).

3) Una sociedad va a realizar con su propio personal trabajos de mejora en un **local afecto a la actividad** que desarrolla. Aunque la normativa establece la sujeción de determinadas prestaciones de servicios efectuadas sin contraprestación, no se incluye la realización de servicios por el sujeto pasivo para las necesidades de su empresa, por lo que la realización de las obras descritas no está sujeta (DGT CV 6-5-05).

4) Si la **cesión gratuita** de la finca rústica fuera la **única operación** realizada por el vendedor, dado que todas sus operaciones serían a título gratuito, no tendría la consideración de empresario o profesional a efectos del IVA y sus operaciones no quedarían sujetas a dicho tributo, así como tampoco estaría sujeta a dicho impuesto la transmisión de la citada finca (DGT CV 11-12-24).

IV. Exenciones

(LIVA art.20.Uno.20º, 22º y 23º y 20.Dos)

8600

Las exenciones propias de estas operaciones definen en gran medida la especialidad del régimen de los inmuebles en el IVA. Este impuesto ha optado por una amplia sujeción de este tipo de operaciones, para lo cual el concepto de empresario en relación con las mismas se regula con notable amplitud (nº 8514 s.). Ahora bien, una vez incluido en el ámbito de la sujeción la mayor parte del proceso inmobiliario, la normativa establece un amplio régimen de exenciones, que pueden agruparse: 8601

- entregas de **terrenos**: si son edificables, están gravadas; en el caso de no edificables, están exentas, excepto las entregas de terrenos urbanizados o en curso de urbanización;

- entrega de **edificaciones**: con carácter general, queda gravado todo el proceso de construcción, hasta su terminación, incluida la primera entrega de la edificación terminada; por lo que se refiere a las segundas y ulteriores entregas, están exentas.
Se reconoce, de acuerdo con la normativa de la UE, la posible **renuncia a la exención**, para no interrumpir el mecanismo de las deducciones (nº 8685 s.).

Precisiones 1) En relación con la **calificación** del suelo, ver nº 1060 s. Memento Urbanismo 2026.
2) Aparte de las exenciones que se tratan a continuación, existen ciertas exenciones inmobiliarias dentro del **régimen diplomático**, consular y de los organismos internacionales (ver el nº 6188).

A. Terrenos no edificables

(LIVA art.20.Uno.20º)

8605 Están exentas las entregas de terrenos **rústicos** y demás que no tengan la condición de edificables, incluidas las construcciones de cualquier naturaleza en ellos enclavadas, indispensables para el desarrollo de una **explotación agraria**.
La exención no se extiende, aunque no tengan la condición de edificables, a las entregas de:
- **terrenos urbanizados** o en curso de urbanización, salvo los destinados exclusivamente a parques y jardines públicos o superficies viales de uso público, cuando se transmitan por cualquier empresario o profesional que los tenga afectos a su actividad, sin tener en cuenta quién los haya urbanizado; y
- terrenos en los que se hallen enclavadas **edificaciones en curso** de construcción o terminadas, cuando se transmitan **conjuntamente** con las mismas y las entregas de dichas edificaciones estén sujetas y no exentas.

Precisiones 1) Están exentas las entregas de terrenos no edificables en los que existan construcciones **paralizadas, ruinosas o derruidas**. Ver DGT CV 26-10-16 en nº 8621.
2) El **inicio de las actuaciones de urbanización** se entiende producido en el momento en que, aprobados y eficaces los instrumentos de ordenación y ejecución que legitimen las obras de urbanización, empiece su ejecución material (RDLeg 7/2015 art.7.4). Se presumen iniciadas cuando exista un acta administrativa o notarial que de fe del comienzo de las obras (ver criterios administrativos en el nº 8617 s. y criterios jurisprudenciales en el nº 8627 s.).
Por tanto, cuando el transmitente no haya soportado **costes de urbanización** relacionados con la transformación material del terreno, o no se han iniciado las obras de urbanización, la transmisión se encuentra sujeta y exenta (DGT 21-1-20).

8606 **Urbanizador** Dado que la exención no se aplica a las entregas de terrenos urbanizados o en curso de urbanización, con independencia de que dichas entregas sean realizadas o no por el promotor de su urbanización (DGT CV 20-2-15; CV 8-7-15), hay que concretar varios conceptos sobre quién tiene la consideración de urbanizador a efectos del IVA, y los sistemas de urbanización que se emplean habitualmente, lo que exige distinguir:
• En el **sistema de compensación**, es urbanizador la propia junta de compensación si los propietarios de los terrenos transmiten a esta su propiedad, o los mismos propietarios, en el caso de que no transmitan a la junta la propiedad de los terrenos, actuando esta como fiduciaria con pleno poder dispositivo sobre los mismos.
• En el **sistema de cooperación**, en el que los propietarios aportan el suelo de cesión obligatoria y la Administración ejecuta las obras de urbanización con cargo a los mismos, también los propietarios de los terrenos adquieren la condición de promotores de la urbanización.
• En el **sistema de expropiación**, la Administración adquiere los terrenos con la intención de urbanizarlos directamente o a través de una entidad concesionaria, por lo que corresponde al ente público actuante la condición de promotor de la urbanización a efectos del IVA.

Precisiones Para un **estudio** más en profundidad de estas figuras, ver nº 5745 s. Memento Urbanismo 2026.

8607 Ejemplos 1) La entidad EFL, S.A., dedicada a la actividad inmobiliaria, adquiere dos **solares**, uno a un ayuntamiento y otro a una sociedad constructora.
a) Adquisición al ayuntamiento.
Solo está sujeta en concepto de entrega de bienes cuando dicho ayuntamiento tenga la consideración de empresario o profesional y actúe en el desarrollo de su actividad empresarial o profesional. Tal ocurre, por ejemplo, si el ayuntamiento hubiera urbanizado por sí el terreno para destinarlo a su venta, adjudicación o cesión por cualquier título y también si el solar hubiera estado afectado a una actividad de carácter empresarial por el ayuntamiento (arrendamiento o utilización como aparcamiento público cobrando un precio por hora a los usuarios).
Igualmente puede ocurrir que la actuación por parte del ayuntamiento en la enajenación del solar se inscriba en el marco de una actividad empresarial (nº 83).

Asimismo, estaría sujeta la entrega del solar efectuada por el ayuntamiento si este, a su vez, lo hubiera adquirido en virtud del deber de cesión obligatoria y gratuita regulada en la normativa urbanística (ver nº 8558, letra c).
Si la entrega del solar por el ayuntamiento no estuviese sujeta al IVA, dicha operación estaría sujeta a la modalidad de TPO del ITP y AJD, sin que quepa la posibilidad de renunciar a la no sujeción del IVA, ya que la renuncia solo cabe en determinados supuestos de operaciones sujetas y exentas (ver nº 8685), pero no cuando las operaciones no están sujetas.
Si la entrega del solar efectuada por el ayuntamiento estuviera sujeta al IVA de acuerdo con los criterios anteriormente establecidos, dicha operación no podría beneficiarse de la exención del impuesto, ya que la misma no se aplica a las entregas de terrenos edificables.
b) Adquisición a la empresa constructora. Es una operación sujeta y no exenta de IVA, dado el carácter empresarial de la constructora.

2) La empresa EFL adquiere un **terreno edificable con una construcción en estado ruinoso**. **8608**
El régimen fiscal de esta operación depende de la condición del transmitente:
a) El transmitente no tiene la condición de empresario o profesional o, teniéndola, no actúa en el desarrollo de una actividad empresarial o profesional: la operación no está sujeta al IVA, pero sí a la modalidad de TPO del ITP y AJD.
b) El transmitente tiene la condición de empresario o profesional, actuando en su condición de tal: la entrega del terreno edificable está sujeta al IVA, no siendo aplicable a dicha entrega la exención.
El **régimen de las entregas** de terrenos en los que se hallen enclavadas edificaciones en curso de construcción o terminadas, cuando se transmitan conjuntamente terrenos y edificaciones, es el siguiente:
- la entrega del terreno sigue el régimen correspondiente al de la **edificación**, de modo que cuando la entrega de esta última está sujeta y no exenta, también lo está la del terreno.
- Lo anterior no se aplica cuando en el terreno esté enclavada una construcción de carácter agrario indispensable para su explotación, o bien una construcción paralizada, ruinosa o derruida. Por tanto, cuando la construcción enclavada en el terreno responda a estas características, la entrega conjunta de terreno y construcción sigue, a efectos del IVA, las reglas generales de los **terrenos**, es decir, si el terreno es edificable está sujeta y no exenta del IVA y, si el terreno no es edificable, está sujeta y exenta del IVA. En este último caso, el sujeto pasivo puede renunciar a la exención (nº 8685), en cuyo caso el transmitente ha de expedir una factura sin repercusión del IVA con la mención «inversión del sujeto pasivo», dado que EFL será el sujeto pasivo por inversión de esta operación (nº 1363 y nº 8714) y quien debe liquidar e ingresar el IVA correspondiente.

3) La empresa EFL adquiere dos **terrenos no edificables en curso de urbanización**. La entrega **8609**
la efectúa una sociedad mercantil, dedicada a actividades empresariales, que había iniciado la urbanización de ambos terrenos.
Dado que la entrega de los terrenos la efectúa una sociedad mercantil que desarrolla actividades empresariales, dicha entrega está sujeta. El problema se plantea entonces a la hora de determinar la posible exención o no de esta operación.
Al haber iniciado la entidad la urbanización de los terrenos, se produce una entrega de terrenos sujeta y no exenta, por lo que debe repercutirse el impuesto sobre EFL, que a su vez está obligada a soportarlo.

4) La entidad EFL adquiere un **terreno rústico** en el que está enclavada una **nave** necesaria para **8610**
el desarrollo de la explotación de naranjas que en dicho terreno se ha venido efectuando.
Las construcciones agrarias no tienen la consideración de edificaciones (nº 8537), de manera que la entrega del terreno, siempre que sea efectuada por un empresario o profesional actuando en su condición de tal, es una entrega sujeta y exenta. No obstante, este es un ejemplo en que puede darse un supuesto de concurrencia de exenciones.
Si el transmitente del terreno lo hubiese tenido afectado a la actividad de arrendamiento y dicho arrendamiento hubiera estado exento, al producirse la entrega del terreno son de aplicación dos exenciones, la de terrenos no edificables (nº 8605) y la exención técnica del nº 1041 por tratarse de un bien que ha sido utilizado por el transmitente en la realización de operaciones exentas, siempre que la entrega del terreno se produzca una vez transcurrido el período de regularización de las deducciones, si dicho terreno tiene la consideración de bien de inversión. La determinación de cuál de las dos es la aplicable es una cuestión importante, ya que la primera de ellas es renunciable, mientras que la segunda no.
Al objeto de evitar las distorsiones que plantea la aplicación de exenciones del IVA en una fase intermedia del proceso de producción y comercialización de bienes y servicios y de garantizar la neutralidad del tributo, la Ley señala que, en estos supuestos de concurrencia de exenciones, la exención aplicable es la contemplada específicamente para las operaciones inmobiliarias.

5) La empresa EFL inicia las actividades necesarias para construir una **nueva edificación** en un **8611**
terreno en el que está enclavada una **construcción en estado ruinoso**. A estos efectos, contacta con un arquitecto que elabora un proyecto de edificación.

EFL puede deducir el IVA soportado por las adquisiciones de bienes y servicios que efectúe para llevar a cabo la construcción. Además, en el caso de que proceda a la enajenación de la edificación en curso de construcción, dicha entrega estará sujeta y no exenta.
La prestación de servicios efectuada por el arquitecto está directamente relacionada con el inmueble y se entiende efectuada en el territorio de aplicación del IVA español cuando en dicho territorio se encuentre el inmueble en cuestión. El arquitecto debe, por tanto, repercutir el IVA y EFL está obligada a soportar dicha repercusión.
6) EFL vende un **terreno no edificable** que había adquirido en curso de urbanización, sin haber realizado sobre él actividad alguna de urbanización y sigue la actividad urbanizadora en otro terreno que había adquirido en el mismo estado.
La entrega está sujeta y no exenta.
7) Aprobada la **recalificación de un terreno** adquirido cuando era rústico, EFL inicia las actividades de urbanización del mismo. Pasado un año, recibe una buena oferta de una entidad por el terreno, por lo que decide venderlo.
En este caso la entidad que efectúa la entrega es la promotora de la urbanización, estando dicha entrega está sujeta y no exenta.
Para que la entrega esté sujeta y no exenta, basta que el terreno esté urbanizado o en curso de urbanización, con independencia de que las entregas de los mismos sean realizadas o no por el promotor de su urbanización.

8613 **8)** EFL es propietaria de tres terrenos rústicos que, **previa calificación como urbanizables**, van a ser urbanizados por el sistema de **cooperación**. Uno de ellos estuvo afecto a la actividad agrícola y otro lo está en la actualidad. EFL enajena uno de ellos antes de ser urbanizado y los otros dos con posterioridad a la realización de la urbanización.
La entrega que tiene por objeto un terreno antes de ser urbanizado está sujeta y exenta, mientras que la que tiene por objeto terrenos ya urbanizados o en curso de urbanización, están sujetas y no exentas.
9) EFL transmite **parcelas calificadas como rústicas** pero a las que ha provisto de luz y de agua y cuya urbanización está prevista en el planeamiento urbanístico.
La entrega del terreno está sujeta y no exenta siempre que este pueda ser considerado como un terreno en curso de urbanización. En este sentido, por urbanizar debe entenderse dotar a un terreno de los servicios e infraestructuras fijados en el planeamiento o, en su defecto, en la legislación urbanística para que adquiera la condición de solar. A estos efectos, se incluye el abastecimiento y evacuación de agua y el suministro de energía eléctrica, como elementos de la urbanización.
De acuerdo con lo anterior, la entrega por EFL de los terrenos a los que ha provisto de agua y luz es una entrega sujeta y no exenta, ya que es una entrega de un terreno en curso de urbanización.

8614 **10)** La entidad EFL vende a un particular unos terrenos calificados registralmente como rústicos, pero que han sido **urbanizados por la junta de compensación** a la que fueron aportados por ella. La venta de estos terrenos se realiza una vez adjudicados por la junta a la vendedora.
El hecho de que los terrenos urbanizados objeto de la entrega tengan la **calificación registral** de rústicos no afecta al tratamiento que dicha entrega debe recibir a efectos del IVA. Nos hallamos ante la entrega de unos terrenos que, de acuerdo con la normativa urbanística, deben recibir la calificación de solares y ello con independencia de la calificación (como suelo rústico o urbano) que reciba el inmueble en el Registro de la Propiedad. Por tanto, la entrega del terreno está sujeta y no exenta.
11) EFL vende terrenos de los que es propietaria calificados como **suelo urbanizable** y en los que ha realizado antes de la transmisión determinadas gestiones encaminadas a la aprobación del correspondiente plan parcial.
Para calificar la operación a efectos del IVA hay que atender al estado de los terrenos que son objeto de la entrega. En este sentido, tales terrenos no son edificables ni tampoco puede entenderse que son terrenos urbanizados o en curso de urbanización, ya que la realización de estudios y trámites administrativos previos no determina que tales terrenos puedan considerarse en curso de urbanización a efectos del IVA según la doctrina administrativa (ver el nº 8617). Por tanto, la entrega de los terrenos está sujeta y exenta.

8615 **12)** Un **ayuntamiento** realiza las siguientes operaciones inmobiliarias:
a) Adquiere a una sociedad anónima dedicada a actividades empresariales un terreno, en virtud de expediente de expropiación forzosa, destinado a viales públicos.
b) *Se efectúan a su favor varias* cesiones obligatorias y gratuitas de terrenos por los propietarios de estos, de acuerdo con lo dispuesto en la normativa urbanística. El ayuntamiento se ocupa de la urbanización de los terrenos y, en ocasiones, procede a vender los solares resultantes.
La entrega efectuada por la sociedad anónima está sujeta al IVA, aunque el adquirente sea un ente público y la transmisión se opere por vía de expropiación. No obstante, y dado que el terreno se destina a viales públicos, tal entrega está exenta.

En cuanto a las cesiones de terrenos obligatorias y gratuitas, efectuadas en cumplimiento de la normativa urbanística, no nos hallamos ante entregas de bienes sujetas (ver el nº 8558, letra c). Finalmente, la entrega por el ayuntamiento de los solares resultantes está sujeta y no exenta.

13) La **Tesorería General de la Seguridad Social vende** varios terrenos: un solar, un terreno urbanizado resultante de la aportación inicial de terrenos efectuada por dicha entidad a una junta de compensación que actuó como fiduciaria de sus miembros y un terreno urbanizado en el que se halla enclavada una edificación en curso de construcción, pero que no tiene la condición de edificable. **8616**
El hecho de que la venta se efectúe por un ente público no prejuzga la calificación que la misma debe recibir a efectos del IVA. Los entes públicos tienen la condición de empresarios o profesionales cuando ordenen un conjunto de medios materiales y personales, con independencia y bajo su responsabilidad, para desarrollar una actividad empresarial o profesional, y, en todo caso, cuando sean urbanizadores de terrenos o promotores o rehabilitadores de edificaciones para su venta, adjudicación o cesión por cualquier título. Por tanto, son operaciones sujetas al IVA y no exentas las entregas de solares, de terrenos urbanizados y de terrenos en los que se hallen enclavadas edificaciones en curso o terminadas.

[Doctrina Administrativa] Además de las siguientes contestaciones de la DGT, ver nº 11000 s. **8617**
A. Concepto de urbanización (DGT 11-3-93 382-92; CV 29-11-05; CV 16-10-15). La urbanización consiste en dotar a un terreno de los servicios e infraestructuras previstos en el planeamiento o, en su defecto, en la legislación urbanística, para que pueda adquirir la condición de solar. Comprende las **actuaciones materiales** destinadas a dotar al terreno de elementos como acceso rodado, abastecimiento y evacuación de aguas, suministro eléctrico y demás infraestructuras necesarias para servir a la edificación existente o futura.
Por tanto, no basta la existencia de estudios, trámites administrativos, aprobación de instrumentos de planeamiento o actuaciones preparatorias. Mientras no comiencen las actuaciones materiales de **transformación física** del terreno, no cabe hablar, a efectos del IVA, de terreno en curso de urbanización. Ver criterio del Tribunal Supremo en nº 8627.
B. Costes de urbanización (DGT CV 30-10-08; CV 11-9-17; CV 4-7-19; CV 21-10-19; CV 31-10-22). Cuando la transmisión se produce antes de la conclusión de la urbanización, hay que atender a las características objetivas del elemento transmitido. Si el propietario ha asumido costes de urbanización, aunque sea parcialmente, la transmisión posterior tiene por objeto un terreno urbanizado o en curso de urbanización. En tal caso, el propietario adquiere la condición de urbanizador y, por tanto, de empresario o profesional a efectos del IVA, siempre que la urbanización se haya realizado con intención de venta, adjudicación o cesión por cualquier título.
C. Momento de la entrega de terrenos afectos a una actividad económica (DGT CV 28-10-16; CV 23-12-19; CV 12-12-24). La entrega de terrenos afectos a una actividad empresarial o profesional puede producirse en tres momentos:
a) **Antes del inicio del proceso urbanizador**. Si no se han iniciado obras materiales de urbanización ni se han asumido costes dirigidos a la transformación material del terreno, la entrega de terrenos rústicos o no edificables está sujeta pero exenta, salvo renuncia procedente.
b) **Una vez iniciado o concluido el proceso urbanizador**, pero sin condición de solar. Si el transmitente ya ha incorporado todo o parte de los costes de urbanización, o la transformación física ya se ha iniciado, el terreno se considera urbanizado o en curso de urbanización. La entrega está sujeta y no exenta si la realiza un empresario o profesional.
c) Cuando el terreno ya es **solar o edificable**. Si el terreno es solar o cuenta con licencia administrativa para edificar, la entrega está sujeta y no exenta.

D. Operaciones no sujetas. **8619**
1) Transmisión por particular antes de asumir costes de urbanización. Si la transmisión del terreno se realiza por una persona física que no tiene la condición de empresario o profesional, y antes de soportar costes de urbanización, la operación no está sujeta al IVA. En tal caso, procederá analizar la tributación por la modalidad de TPO del ITP y AJD (DGT CV 26-4-06; CV 16-10-15; CV 6-3-18).
2) Particular que no adquiere la condición de empresario en junta no fiduciaria. Cuando el proceso urbanizador lo realiza una junta de compensación no fiduciaria, los pagos de sus miembros no se consideran costes de urbanización asumidos directamente por estos, sino pagos a cuenta de la futura entrega de terrenos urbanizados. Si el transmitente no ostentaba previamente la condición de empresario o profesional, la venta posterior queda al margen del IVA, sin perjuicio del ITP y AJD (DGT CV 27-4-20).
3) Parcela no afecta a la actividad empresarial. No está sujeta al IVA la venta de una parcela urbana por una sociedad dedicada al arrendamiento de locales e inmuebles cuando la parcela nunca ha estado afecta a su actividad económica, no se ha realizado actuación urbanística alguna sobre ella, y su transmisión no se lleva a cabo en el marco de una actividad empresarial o profesional (DGT CV 15-2-24).

E. Entregas sujetas y exentas. **8621**
1) Terrenos rústicos o no edificables. Está sujeta pero exenta la entrega de terrenos rústicos o no edificables, aunque el adquirente pretenda construir en el futuro una vez obtenida la recalificación. La intención futura del adquirente no transforma por sí sola la naturaleza del terreno transmitido (DGT 18-4-01; CV 19-7-21).

8621 (sigue) También está exenta la transmisión de fincas rústicas en las que se desarrolla la actividad de alojamiento hotelero cuando la transmisión no incluye elementos afectos a la actividad distintos de los propios inmuebles (DGT CV 9-7-14).

La entrega de inmuebles utilizados como bienes de inversión en una actividad agraria acogida al régimen especial de agricultura, ganadería y pesca tributa por el régimen general, pero si lo transmitido es un terreno rústico, la operación queda exenta (DGT CV 21-10-19).

Está sujeta y exenta la transmisión por un ayuntamiento de parcelas ubicadas en una zona de implantación ganadera, con infraestructuras de servicio como pista ganadera, suministro eléctrico y abastecimiento de agua, si se trata de terrenos rústicos o no edificables (DGT CV 7-11-17).

2) Terrenos urbanizables sin inicio material de urbanización. La entrega de un terreno urbanizable está sujeta pero exenta si no se han iniciado las actuaciones materiales de transformación urbanística ni se han soportado costes de urbanización dirigidos a esa transformación material. Por ejemplo: terrenos urbanizables entregados a un agente urbanizador sin haberse iniciado las obras de urbanización (DGT CV 10-3-22); terrenos en los que no se han iniciado actuaciones de transformación urbanística que permitan considerarlos en curso de urbanización (DGT CV 4-4-13; CV 23-11-18; fincas incluidas en una junta de compensación con proyecto de reparcelación en fase de alegaciones y sin derramas imputables por no haberse iniciado las obras (DGT CV 19-12-24).

3) Suelo urbanizable sectorizado. La aplicación o no de la exención depende de la fase de urbanización en que se encuentre. Si no se han iniciado las obras materiales, la entrega está sujeta pero exenta; si se han iniciado, está sujeta y no exenta (DGT CV 25-9-17).

4) Terrenos previamente urbanizados que precisan nueva urbanización. Si un terreno ya fue urbanizado, pero por modificación del planeamiento, nulidad del plan u otras circunstancias urbanísticas debe ser objeto de una nueva urbanización para recuperar la condición de edificable, deja de considerarse urbanizado a efectos de IVA mientras no se inicie el nuevo proceso urbanizador (DGT CV 14-4-21; CV 12-7-21; CV 10-6-22). Por tanto, si todavía no han comenzado las nuevas obras de urbanización, la entrega está sujeta pero exenta (DGT CV 23-6-20; CV 9-7-25; CV 23-9-25); y si ya se ha iniciado el nuevo proceso urbanizador, la entrega está sujeta y no exenta.

Este mismo criterio se aplica cuando las **parcelas** y aprovechamientos urbanísticos se ubican en un sector que precisa nuevas obras de urbanización debido a la nulidad de un plan parcial anterior, sin que tales obras hayan comenzado materialmente (DGT CV 27-9-24).

5) Terrenos industriales previamente urbanizados que pierden edificabilidad. Una promotora adquiere una planta industrial, demuele las edificaciones y queda el terreno en proceso de recalificación sin inicio material de nuevas obras de urbanización. Aunque el terreno estuvo urbanizado y fue edificable en el pasado, si en su situación actual debe volver a urbanizarse para ser edificable, la transmisión está sujeta pero exenta (DGT CV 2-12-09).

6) Dación en pago antes de la nueva ordenación urbanística. La entrega de una finca en dación en pago está sujeta pero exenta si, en el momento de la transmisión, el terreno sigue sujeto al planeamiento anterior y no se han iniciado obras de urbanización, aunque esté en trámite una revisión del plan general que pudiera convertirlo posteriormente en urbano. La calificación posterior no altera la calificación de la operación en el momento de la entrega (DGT CV 15-2-12; CV 21-2-13).

7) Terrenos destinados a parques, jardines públicos o superficies viales de uso público. Está sujeta pero exenta la entrega a un ayuntamiento de terrenos destinados a parques y jardines públicos o a superficies viales de uso público, incluso si el terreno tiene la consideración de solar (DGT 25-2-99; 4-4-02; CV 23-3-15; CV 7-10-19.

También está exenta la entrega mediante expropiación de una finca calificada como **zona verde**, aunque en un momento posterior vaya a destinarse a la construcción de un colegio, siempre que antes de la ocupación no se califique como suelo edificable (DGT CV 7-8-09).

Si un ayuntamiento adquiere una parcela urbana con edificaciones antiguas en mal estado, la exención se limita a la parte de la parcela destinada a jardines públicos (DGT CV 1-10-14).

Un ayuntamiento adquiere un terreno con vivienda en ruinas calificado como vial público en suelo de núcleo rural tradicional. La entrega está sujeta pero exenta y no cabe renuncia si el ayuntamiento no actúa como empresario o profesional (DGT CV 30-5-17).

No existe un medio tasado para acreditar la intención municipal de destinar el terreno a parques, jardines públicos o superficies viales de uso público (DGT CV 20-2-15).

8) Expropiaciones para autopistas, carreteras o infraestructuras públicas. En expropiaciones forzosas, está sujeta pero exenta la transmisión de terrenos urbanos destinados a la construcción de autopistas o superficies viales de uso público (DGT 31-10-01; 29-10-02).

9) Terrenos con edificaciones paralizadas, ruinosas o derruidas. Se transmite una parcela con edificación paralizada desde hace más de diez años, sin licencia municipal y sin poder determinarse con exactitud la naturaleza del terreno: si el terreno se califica como rústico o no edificable, la entrega está exenta de IVA; y si se trata de solar, terreno con licencia para edificar, terreno urbanizado o terreno en curso de urbanización, la entrega está sujeta y no exenta (DGT CV 26-10-16; CV 30-5-18).

10) Vivienda con terreno accesorio y exceso de superficie. Si una entidad transmite una vivienda como promotora, la entrega de la vivienda constituye primera entrega sujeta y no exenta. No obstante, si la parcela tiene 20.000 m^2 y la superficie que excede de 5.000 m^2 no puede considerarse terreno urbanizado accesorio, y no puede segregarse para una transmisión independiente, dicho exceso se considera no edificable y su transmisión está sujeta pero exenta (DGT CV 2-7-14).

8623

F. Entregas sujetas y no exentas.

1) Terrenos urbanizados o en curso de urbanización. Está sujeta y no exenta la transmisión de terrenos urbanizados o en curso de urbanización cuando el transmitente actúa como empresario o profesional. Se considera que existe entrega de terreno en curso de urbanización cuando la transmisión se realiza incorporando todo o parte de los costes de urbanización, o cuando la transformación física del terreno ya se ha iniciado (DGT CV 4-7-19; CV 12-12-24).

2) Asunción de costes de urbanización por persona física. Si una persona física que inicialmente no era empresario o profesional paga la primera derrama correspondiente a servicios de urbanización, incorporando así costes de urbanización al terreno, la transmisión posterior queda sujeta y no exenta (DGT CV 21-8-17).

3) Obras iniciadas aunque no exista proyecto de reparcelación aprobado. La entrega está sujeta y no exenta si se han iniciado las obras de urbanización, aunque todavía no se haya tramitado el correspondiente proyecto de reparcelación (DGT CV 5-5-22).

También está sujeta y no exenta cuando, como consecuencia de una modificación del PGOU, se realizan obras de urbanización sobre la base de un **nuevo proyecto** de urbanización todavía no aprobado, si esas obras son necesarias para que los terrenos vuelvan a ser edificables (DGT CV 7-4-22; CV 5-5-22).

4) Sociedades en liquidación, concurso o extinción. Si una sociedad en liquidación ha cumplido las cargas urbanísticas correspondientes al suelo de su titularidad -cesión obligatoria al ayuntamiento y conexión con redes de servicio existentes- y el terreno es susceptible de obtener licencia de edificación, debe asimilarse a solar. La entrega está sujeta y no exenta (DGT CV 27-6-16).

Si una entidad en concurso acuerda su extinción, cierre registral y baja censal, y posteriormente transmite parcelas aportadas a una junta de compensación para su urbanización, la entrega está sujeta y no exenta si se trata de terrenos en curso de urbanización (DGT CV 17-11-21).

5) Cooperativas y adjudicación de parcelas en liquidación. En caso de disolución y liquidación de una cooperativa, la adjudicación de parcelas a los socios cooperativistas mientras se encuentran en proceso de urbanización constituye entrega sujeta y no exenta (DGT CV 8-6-20).

6) Junta de compensación. Está sujeta y no exenta la entrega de una parcela urbana efectuada por una junta de compensación propietaria que la ha urbanizado (DGT 2-12-99).

También está sujeta y no exenta la entrega de terrenos urbanizados por el sistema de compensación, formando parte la transmitente de la junta de compensación correspondiente (DGT CV 12-12-18).

7) Parcelas entregadas en pago de derramas de urbanización. Los terrenos transmitidos en pago de derramas de urbanización están sujetos y no exentos si, en la fecha de entrega, se encontraban en curso de urbanización (DGT CV 27-9-16).

La retribución a un urbanizador mediante la entrega de parcelas edificables resultantes de la reparcelación, al tratarse de una entrega de terrenos urbanizados, está sujeta y no exenta (DGT 10-2-99).

8) Entrega de parcelas por mercantil a ayuntamiento. Una mercantil dedicada a la urbanización y construcción entrega cinco parcelas edificables para uso residencial a un ayuntamiento a cambio de otras tres parcelas del mismo sector, adscritas al patrimonio municipal del suelo. La entrega está sujeta y no exenta (DGT CV 1-3-19).

9) Terrenos transmitidos por ayuntamiento tras actuaciones urbanizadoras. Está sujeta y no exenta la transmisión de un terreno urbano industrial, al haber realizado el ayuntamiento la transformación urbanística de suelo urbanizable a suelo urbano industrial a través de un plan de sectorización y haber urbanizado dichos terrenos, adquiriendo la condición de empresario o profesional (DGT CV 26-2-13).

10) Patrimonio municipal del suelo. Los terrenos que se incorporan al patrimonio municipal en virtud de la cesión obligatoria de terrenos a los ayuntamientos forman parte, en todo caso y sin excepción, de un patrimonio empresarial, por lo que la posterior transmisión de los mismos se considera efectuada en el desarrollo de una actividad empresarial, quedando sujeta al IVA sin excepción (DGT Resol 2/2000). De lo anterior se deduce que el patrimonio municipal del suelo constituye, sin excepción, un patrimonio empresarial, por lo que todas las actividades que se lleven a cabo con el fin de **gestionar dicho patrimonio**, tienen, de igual forma, carácter empresarial (DGT CV 18-6-19).

En consecuencia, la transmisión de terrenos integrantes del patrimonio municipal del suelo está sujeta y no exenta cuando los terrenos sean edificables, estén urbanizados o en curso de urbanización, o incorporen edificaciones en curso o terminadas cuya entrega esté sujeta y no exenta (DGT CV 12-11-15). En el mismo sentido, respecto de la transmisión por un ayuntamiento de un solar a cambio de una contraprestación dineraria (DGT CV 7-10-15; CV 27-6-23); de una parcela sobrante de vía pública perteneciente al ayuntamiento como bien patrimonial (DGT CV 20-6-14); o de unas parcelas de terreno urbanizadas entregadas por el ayuntamiento como pago del justiprecio derivado de una **expropiación** forzosa (DGT CV 23-12-21).

Ello es aplicable tanto si los terrenos fueron adquiridos por el ayuntamiento por **cesión obligatoria y gratuita** (DGT 13-12-01; 28-6-02) como si no derivan de la cesión obligatoria de un planeamiento urbanístico -por ejemplo, fueron cedidos gratuitamente al ayuntamiento en virtud de un **convenio urbanístico**- (DGT CV 18-1-22).

En caso contrario, si los terrenos no son edificables ni urbanizados o en curso de urbanización, puede resultar aplicable la exención de terrenos no edificables.

11) **Reparcelación**. Está sujeta y no exenta la entrega de una finca urbana objeto de reparcelación en varias ocasiones que ya tiene la consideración de terreno urbanizado (DGT CV 3-9-19).

8625 G. **Solares y terrenos edificables**. Está sujeta y no exenta:
- La transmisión de solares, parcelas y terrenos edificables con carácter general (DGT CV 3-2-25; 12-2-25; 24-7-25), con independencia de que no sean edificables desde el punto de vista de los **fines subjetivos** perseguidos por su propietario (DGT CV 23-6-10).
- La entrega de un solar a un socio mediante **reducción de capital** (DGT CV 7-9-23).
- La transmisión de una parcela urbana calificada como solar por un **no residente** (DGT CV 3-2-23).
- La transmisión de una finca rústica con **licencia de urbanización y edificación**. Son edificables los terrenos calificados como solares por la legislación urbanística y los terrenos aptos para la edificación por contar con licencia administrativa (DGT CV 23-10-17).

La **cesión de una licencia** de obras **vinculada a la transmisión** de un terreno constituye operación accesoria a dicha transmisión. Si la entrega del terreno está sujeta y no exenta, la cesión de la licencia también estará sujeta y no exenta (DGT CV 20-7-16).
- La transmisión de un terreno sobre el que ya se han realizado actuaciones de urbanización, junto con **licencia municipal de obra** (DGT CV 21-12-16).
- La transmisión de un solar previo a la aprobación definitiva de la modificación puntual del PGOU para el **cambio de uso** a equipamiento de uso público (DGT CV 29-10-25).
- La entrega de una parcela urbana o solar urbano destinada por el adquirente a construir su **vivienda habitual**, o actuando el adquirente como autopromotor. El destino residencial del adquirente no convierte el terreno en no edificable (DGT CV 7-2-18; CV 20-12-19; CV 8-10-20; CV 15-2-24).
- La entrega de una **parcela industrial** que constituye solar edificable para la construcción de una nave industrial (DGT CV 18-7-24).

H. Derechos de aprovechamiento urbanístico.

1) **Transmisión**. Las transmisiones de derechos de aprovechamiento urbanístico se consideran entregas de bienes. Su régimen de exención depende del tipo de suelo sobre el que recaigan.Si los aprovechamientos recaen sobre suelo urbano o en curso de urbanización, la entrega está sujeta y no exenta (DGT CV 21-7-23; CV 9-8-23; CV 4-12-24).

Tras la aprobación del proyecto de reparcelación de una finca urbana con edificios declarados bien del Patrimonio Cultural, si lo que se transmite es un conjunto de derechos de aprovechamiento que en el futuro se materializarán en fincas urbanizadas y edificables una vez realizadas las obras, la transmisión está sujeta pero exenta (DGT CV 20-4-10).

2) **Cesión.** Si una persona física paga en especie derramas de urbanización mediante la cesión de derechos de aprovechamiento urbanístico a una agrupación de interés urbanístico, y esta transmite después tales derechos a uno de sus miembros, se producen dos entregas de bienes. Ambas están sujetas y no exentas si recaen sobre terrenos urbanizados o en curso de urbanización (DGT CV 16-12-08).

3) **Sustitución por cantidades en metálico.** En la sustitución total o parcial de aprovechamientos urbanísticos por metálico deben distinguirse varios supuestos (DGT 5-9-02):

a) Propietario que no alcanza parcela mínima edificable: si su adjudicación teórica se sustituye por indemnización en metálico, la operación está sujeta pero exenta, salvo que el transmitente sea particular, en cuyo caso no estará sujeta. Si el terreno no está urbanizado, la operación estará exenta.

b) Propietario que, superando la extensión mínima, sustituye su adjudicación por compensación metálica. La conclusión es la misma que en el caso anterior si el propietario no ha asumido costes de urbanización de lo transmitido.

c) Propietario que solicita no participar tras la aprobación del proyecto de compensación. Si transmite el terreno incorporando ya parte de los costes de urbanización, se le considera empresario o profesional y la entrega está sujeta y no exenta.

d) Propietario que impaga la primera cuota y renuncia. Si no ha incorporado costes de urbanización y los asume el adquirente, la transmisión por particular no está sujeta.

e) Propietario que renuncia una vez iniciado el proceso. Si ya ha satisfecho costes de urbanización, la transmisión voluntaria o forzosa está sujeta y no exenta, al tratarse de un terreno, al menos, en curso de urbanización.

8626 **I. Terrenos con edificaciones.**

1) **Terreno no urbanizable con edificaciones**. Si un ayuntamiento adquiere dos terrenos calificados como suelo no urbanizable de protección con edificaciones y precio único, deben distinguirse: a) la entrega de terrenos no edificables, que está exenta; y b) la entrega de nave taller enclavada en finca rústica, incluidos terrenos accesorios, que está exenta si se trata de segunda transmisión en los términos aplicables a segundas entregas de edificaciones (DGT CV 23-11-04).

2) **Parcela urbana solar con edificaciones anexas.** La transmisión de una parcela urbana, solar, con edificaciones anexas está sujeta y no exenta. En cambio, si lo transmitido es una edificación con terreno anexo, en principio la operación estará sujeta y exenta como segunda entrega de edificación, salvo renuncia u otra excepción (DGT CV 30-6-15).

3) **Edificación destinada a demolición**. La entrega de un solar o terreno con edificación destinada a demolición está sujeta y no exenta (DGT CV 8-7-15; CV 31-10-23; CV 15-4-25; CV 16-5-25).

Si, con motivo del ejercicio de una opción de compra, la optante demuele la construcción existente para realizar una nueva promoción de viviendas, la entrega del inmueble junto con el terreno está sujeta y no exenta (DGT CV 10-5-21).
Si el terreno en el que se enclava la edificación que va a ser demolida necesita de la ejecución de un nuevo proceso urbanizador, sin que se hayan iniciado materialmente las nuevas obras de urbanización, la entrega está sujeta y exenta (DGT CV 23-9-25).
4) Segunda entrega de edificación y reducción de capital. Está sujeta la transmisión de un inmueble afecto a la actividad de arrendamiento realizada por una sociedad a favor del socio mayoritario con ocasión de una reducción de capital y liquidación. Si se trata de segunda entrega de edificación, estará exenta con posibilidad de renuncia (DGT CV 9-9-24).
5) Parcelas arrendadas con edificaciones de arrendatarios. La adquisición de parcelas edificables arrendadas, con edificaciones construidas por los arrendatarios y subrogación del adquirente en los arrendamientos, implica: a) la mera subrogación en el arrendamiento sin contraprestación no queda sujeta al IVA; y b) la transmisión de las parcelas edificables está sujeta y no exenta (DGT CV 24-2-22; CV 3-8-22).
6) Derecho de superficie con edificación comercial. La transmisión de un terreno sobre el que existe un derecho de superficie con edificación destinada a supermercado, subrogándose el adquirente en la relación con el superficiario, está sujeta y no exenta (DGT CV 10-2-22).

Jurisprudencia **1)** Se considera edificable el terreno calificado como **solar**, así como el terreno apto para la edificación por haber sido autorizada por la correspondiente licencia administrativa. No basta que un terreno sea edificable y urbanizable, sino que debe tratarse, propiamente, de un solar o de un terreno con licencia de obras (TEAC 26-1-95). **8627**
En este sentido, se considera solar el **terreno urbano** que ha completado su urbanización y por ello se puede edificar. Para completar la urbanización, además de concurrir los requisitos para la calificación del terreno como urbano -su transformación (urbanización) o situación en una zona urbana-, deben cumplirse las condiciones establecidas en la legislación urbanística (como pueden ser las cesiones obligatorias y el reparto de cargas del planeamiento y costes de urbanización), y en definitiva, tanto si existe como si no una previa aprobación de planes generales o parciales, exige la necesaria aprobación definitiva de la **licencia de edificabilidad**, que es la que atribuye a dicho terreno la condición de solar (TEAC 3-11-09).
2) El concepto de **terreno edificable** a efectos de IVA, que debe ser definido por los Estados miembros (TJUE 28-3-96, asunto C-468/93), es considerado como aquel que cuenta con los preceptivos **permisos o licencias** para poder edificar (TEAC 14-4-09).
3) La definición de lo que ha de entenderse por **curso de urbanización** ha de hallarse en las normas urbanísticas. A estos efectos, es necesaria la transformación topográfica del terreno, es decir, que existan operaciones materiales de transformación física del mismo, como por ejemplo, cuando se realizan no solo trabajos de replanteo topográfico sino también de excavación (TEAC 24-4-12), no siendo suficiente a estos efectos que simplemente estén incluidos en el plan parcial definitivamente aprobado por el ayuntamiento, con proyectos de urbanización y compensación también aprobados (TEAC 10-7-98).
Asimismo, el TS establece que el hecho de que un proyecto de urbanización esté en fase de ejecución, en el sentido urbanístico del término, para lo cual es relevante que exista junta de compensación, no es bastante para declarar la exención, pues lo que prima es la **preparación material del suelo** para la construcción de viviendas (TS 19-4-03, EDJ 29734; 29-11-06, EDJ 364886), teniéndose que haber iniciado las operaciones materiales de **transformación física** de los terrenos, no siendo suficiente la integración del terreno en un plan de ordenación de centro de interés turístico nacional, la existencia de junta de compensación, así como tampoco la aprobación del instrumento de planeamiento urbanístico (TS 3-4-08, EDJ 48977; 6-11-14, EDJ 197507). También resulta indiferente a estos efectos que el terreno se encuentre afectado por un **plan parcial** de urbanismo o un **estudio de detalle** e incluso que se encuentre aprobado el proyecto de urbanización de los terrenos (TEAC 12-6-97).
Las expresiones «terrenos urbanizados o en curso de urbanización» no deben entenderse en su sentido estrictamente jurídico, sino comprensivas de todos aquellos suelos en los que existen **operaciones materiales para su transformación** en urbano y que, por lo tanto, ya se han incorporado al proceso de producción de edificaciones. Aunque técnicamente no les corresponda la calificación de solar ni cuenten con una licencia de edificación, se considera una entrega de bienes sujeta porque supone un eslabón en la cadena de producción de edificaciones (TS 10-5-10, EDJ 84284). En el mismo sentido, TS 24-2-11, EDJ 11733 y 13-1-11, EDJ 8485, añadiendo esta última que en caso de cesión de terrenos sometidos a **condición suspensiva** consistente en que se apruebe y se inscriba en el Registro de la Propiedad el proyecto de compensación, y supuesto que se produzca la iniciación de la urbanización antes de cumplirse la condición, la cesión es una entrega de bienes sujeta y no exenta del IVA.

4) En la entrega de **terrenos en vías de urbanización**, respecto de los que se han aprobado los proyectos de urbanización pero no se han iniciado todavía las obras materiales de ejecución de la urbanización, los transmitentes no tienen la consideración de empresarios a efectos del IVA, y la operación no queda sujeta al IVA, ya que solo se consideran terrenos en curso de urbanización **8628**

cuando se hayan iniciado materialmente las obras para ello (TEAC 26-5-09; TS 11-10-04, EDJ 159819; 8-11-04, EDJ 192490).

5) Está exenta la compra de terrenos rústicos para su adecuación como explotaciones agrícolas de **invernaderos** y posterior venta a agricultores, ya que aquellos pueden considerarse construcciones indispensables para el desarrollo de la explotación (TEAC 9-7-97; TS 10-6-04, EDJ 82833).

6) La exención se limita exclusivamente a la entrega de terrenos rústicos y demás no edificables. No encaja en tal exención la constitución de un **derecho de superficie** sobre un terreno (TEAC 9-7-97).

7) La exención de las entregas de terrenos no se vincula a la tributación por la **contribución territorial rústica o urbana** (podría no tributar por la misma y no estar exenta), sino que el criterio es el de la urbanización (AN 21-1-99, EDJ 86988).

8) Entrega de un terreno respecto del cual se ha concedido por el ayuntamiento **licencia para la construcción** de viviendas, previniéndose en su notificación su **caducidad** si no se utiliza en el término de seis meses. Dado que la caducidad no ha sido declarada por el ayuntamiento, el terreno mantiene su carácter edificable y no es aplicable la exención (AN 5-12-00, EDJ 117314).

8629 **9)** Está exenta la transmisión de un terreno no edificable que según **certificación municipal** tiene la consideración de suelo no urbanizable, aunque en su transmisión anterior de una parte indivisa se hubiera calificado dicha parte como edificable (AN 23-1-01, Rec 1099/99).

10) Quedan sujetas al IVA las cesiones de terrenos que, aún no urbanizados, ya se han incorporado a una **cadena de producción de edificaciones**, aunque técnicamente no les corresponda la calificación de solar ni cuenten con una licencia de edificación. Desde esta perspectiva, pasa a segundo plano la condición de cedente. Se exonera del IVA a las entregas de terrenos que no sean inmediatamente aptos para la edificación, no extendiéndose la exención a los terrenos en los que existan edificaciones en curso de construcción ni a las primeras transmisiones de terrenos urbanizados. La finalidad de esta medida responde al criterio de someter a gravamen efectivo exclusivamente el proceso de producción de las edificaciones (TEAC 8-11-11).

11) Está sujeta y no exenta la entrega de un terreno edificable por un ayuntamiento mediante **contraprestación no tributaria**, que había adquirido por incorporación al patrimonio municipal en virtud de cesión obligatoria (TS 4-10-12, EDJ 233821).

12) A efectos de la aplicación de la exención de entregas de **terrenos rústicos**, lo relevante no es el estado físico del terreno a la fecha en que se produce la adquisición, sino el estado del terreno que el transmitente se compromete a poner a disposición del adquirente (TS 28-10-15, EDJ 192679; TEAC 28-1-25). En el mismo sentido, en los contratos con **condición suspensiva**, el hecho imponible y el devengo se producen cuando se cumple la condición, momento en que debe analizarse la naturaleza del terreno (TS 14-3-17, EDJ 23531).

13) La excepción a la exención en el IVA, respecto de las segundas y ulteriores entregas de edificaciones, incluidos los terrenos en que se hallen enclavadas, cuando tengan lugar después de terminada su construcción o rehabilitación, solo resulta de aplicación cuando las **edificaciones a demoler** estén asentadas en terrenos edificables (TS 18-9-17, EDJ 196508; 27-9-17, EDJ 196509).

14) Entrega de unas naves industriales para su demolición y posterior urbanización. Habiendo tributado por IVA y por la cuota ordinaria de **AJD**, la Comunidad Autónoma liquidó la **cuota incrementada** argumentando que la no exención traía causa de la renuncia a la exención, lo que fue recurrido y estimado por el TEAR Aragón. Interpuesta la alzada, la primera pretensión del reclamante fue la consideración de la operación como única y atinente al suelo, que es el sustrato real de la misma. Como se trataba de un suelo que no era edificable como tal y la operación anterior al 1-1-2015 (fecha en la que se cambió la norma), se pretendía la declaración de la operación como exenta para aplicar la cuota incrementada de AJD.

Efectivamente, el sustrato económico de la operación es el suelo, por lo que ha de atenderse a este en el análisis de la exención. Ocurre, sin embargo, que la doctrina del TEAC previa a la modificación de la norma ya había indicado que la no exención de las entregas de **suelo en curso de urbanización**, pero **todavía no edificables**, debía interpretarse en términos objetivos, en atención a la situación o naturaleza del suelo transmitido, con independencia de la condición de su transmitente (la redacción previa de la norma limitaba la no exención a las transmisiones de suelo urbanizado o en curso de urbanización, aunque todavía no edificable, que se efectuasen por los promotores de la urbanización). En interpretación conjunta de los dos criterios anteriores, se concluye que la operación realizada estaba efectivamente sujeta y no exenta de IVA, no siendo aplicable la cuota incrementada de AJD existente en Aragón (TEAC 15-7-19).

15) El TJUE entiende que la entrega de un terreno sobre el que ya se levanta un edificio que se encuentra en perfecto estado de uso, y la posterior reventa de ese bien, son económicamente independientes y no forman parte de una operación única, pese a que la intención de las partes fuera la demolición total o parcial del edificio a fin de dejar espacio para un nuevo edificio. Por tanto, concluye que no puede calificarse de entrega de un terreno edificable la venta de un **terreno junto con un edificio**, *supeditada a* la posterior venta y demolición del edificio (TJUE 4-9-19, asunto C-71/18).

16) Para la **consideración de un terreno como edificable** a los efectos de la exención de la LIVA art.20.Uno.20º, se ha de tener en cuenta la calificación y realidad urbanística a la fecha de la transmisión, pero cuando estas características no resuelvan el problema, debe llevarse a cabo una apreciación global de las circunstancias, incluida la intención de las partes (TS 29-10-21, EDJ 734565).

17) La entrega de un terreno dotado exclusivamente de **cimientos para viviendas** constituye una entrega de un terreno edificable y no una entrega de un «edificio o parte del mismo» a efectos del IVA (TJUE 7-11-24, asunto C-594/23).

B. Juntas de compensación

(LIVA art.20.Uno.21º derog L 28/2014)

Las entregas y adjudicaciones de terrenos realizadas entre la junta de compensación y los propietarios de aquellos, desde 1-1-2015, no están exentas. Con esto se evita la distorsión que causaba el distinto tratamiento de la actuación en los procesos de urbanización de dichas juntas, según intervinieran en su condición o no de fiduciarias. **8630**
Desde esa fecha, la transmisión de los terrenos por los juntacompensantes, que sean **empresarios o profesionales**, a la junta de compensación no fiduciaria, puede resultar exenta (nº 8605). Esta exención puede ser objeto de renuncia (nº 8685). Si el transmitente es un **particular**, no está sujeta al IVA.
Posteriormente, la transmisión de estos terrenos, **una vez urbanizados**, por parte de la junta de compensación a los juntacompensantes, está sujeta y no exenta (nº 8605). Esto conlleva la posibilidad de ejercer el derecho a la deducción por parte de la junta de compensación del IVA soportado por los costes de la urbanización.

C. Segundas y ulteriores entregas de edificaciones

(LIVA art.20.Uno.22º)

Se encuentran exentas las segundas y ulteriores entregas de edificaciones, incluidos los terrenos en que se hallen enclavadas, cuando tengan lugar después de **terminada su construcción o rehabilitación**. **8640**
El objetivo de la ley es gravar una sola vez todo el proceso edificador, desde la construcción hasta su terminación. El terreno, la urbanización, las obras de construcción hasta su ultimación y la primera entrega que el promotor realice están sujetas y no exentas. Las entregas posteriores están exentas.
Constituye **primera entrega** la realizada por el promotor que tenga por objeto una edificación cuya construcción o rehabilitación esté terminada. Por el contrario, quedan **excluidas** de la consideración de primera entrega las siguientes:
- la realizada por el promotor tras la **utilización ininterrumpida** del inmueble por un plazo igual o superior a **dos años** por su propietario o por titulares de derechos reales de goce o disfrute o en virtud de arrendamiento sin opción de compra, salvo que el adquirente sea quien utilizó la edificación durante dicho plazo. No se computan los períodos de utilización por los adquirentes, en los casos de resolución de las operaciones en cuya virtud se efectuaron las correspondientes transmisiones;
- la que realiza una persona que **no sea promotor**;
- la que tiene por objeto un **edificio en construcción**.

A efectos de primeras o ulteriores entregas, no tienen la consideración de entregas las transmisiones de edificaciones comprendidas en una **transmisión global**, no sujetas al impuesto (nº 275 s. y nº 8542 s.). En consecuencia, las posteriores entregas pueden ser, en su caso, primeras entregas, aunque se realicen por personas que no sean los promotores de la edificación (DGT 15-3-94).
Por tanto, cuando la vendedora **no** tiene la **condición de promotora** de la edificación, se trata de una segunda entrega de edificaciones sujeta y exenta (DGT CV 4-5-17).

Precisiones 1) Las entregas de las edificaciones comprenden los terrenos en que están construidas, incluyéndose aquellos a los que se extienden las obras de urbanización. Cuando se trate de **viviendas unifamiliares**, los terrenos comprendidos en las entregas de las edificaciones no pueden exceder de 5.000 metros cuadrados; el resto, tributa como terreno, no como edificación.
2) **Promotor** es la persona dueña del terreno que construye o encarga la construcción del edificio. Ver criterios de la DGT en el nº 8797.
3) Un **edificio en construcción** puede ser objeto de sucesivas entregas, todas ellas sujetas y no exentas, si se realizan por empresarios o profesionales en el desarrollo de su actividad, en tanto no finalice la construcción.

Con el objeto de permitir la aplicación del mecanismo de deducciones en determinadas transmisiones de inmuebles efectuadas entre empresarios, **no se extiende la exención** a determinadas segundas o ulteriores entregas: **8641**
- entregas de edificaciones efectuadas en el ejercicio de la opción de compra inherente a un contrato de arrendamiento, por empresas dedicadas habitualmente a realizar operaciones de

arrendamiento financiero, y siempre que la duración mínima de ese contrato sea de 10 años (DGT CV 28-12-17; CV 25-4-18);
- las entregas de edificaciones para su **rehabilitación** por el adquirente, con el fin de evitar que el rehabilitador soporte IVA no deducible; y
- las entregas de edificaciones que sean objeto de **demolición** con carácter previo a una nueva promoción urbanística.

8641.1 Doctrina Administrativa Además de la siguiente contestación de la DGT, ver nº 11000 s.

1) Tratándose de un contrato de **arrendamiento financiero** con una duración mínima de 10 años:
- si se produce el ejercicio anticipado de la opción de compra del inmueble **antes del plazo de los 10 años**: constituye una entrega de bienes sujeta pero exenta, sin perjuicio de que pueda optarse por la renuncia a la exención si se cumplen los requisitos (nº 8685) (DGT CV 28-10-15; CV 14-4-16). En estos casos, se entiende producida la resolución del contrato de arrendamiento financiero y, por consiguiente, la excepción a la exención no es aplicable a la entrega del inmueble (DGT CV 9-10-17); y
- si el ejercicio anticipado de la opción de compra del inmueble se produce **transcurrido el plazo mínimo de 10 años**: constituye una entrega de bienes sujeta y no exenta (DGT CV 31-3-16; CV 10-4-17).

2) No resulta relevante el tipo de **uso** al que se destine la vivienda objeto del arrendamiento financiero. Por tanto, si el arrendatario del contrato de arrendamiento financiero simplemente **modifica el destino de la vivienda** (antes para oficina y ahora para vivienda), la adquisición de la vivienda como consecuencia del ejercicio futuro de la opción de compra va a estar sujeta y no exenta (DGT CV 14-3-16).

3) La **entrega** de la edificación **por el promotor** al arrendatario que la viene ocupando, en virtud de un contrato de arrendamiento con opción de compra, tiene siempre la consideración de primera entrega (DGT CV 29-4-19; CV 16-3-21), ya sea el adquirente el propio arrendatario optante, ya sea un tercero distinto del anterior (DGT CV 28-12-17; CV 18-9-18). El uso de una vivienda en virtud de contratos de **arrendamiento con opción de compra** no agota la primera entrega de una edificación (DGT CV 19-2-10), por muy dilatados o sucesivos que sean en el tiempo (DGT CV 8-10-14). La transmisión de la vivienda, promovida por el vendedor, al actual arrendatario mediante el ejercicio de la opción de compra tendría la consideración de primera entrega, sujeta y no exenta (DGT CV 8-9-23).

Sin embargo, si la vivienda que se va a adquirir, pese a haber estado destinada al arrendamiento con opción de compra, **no es transmitida por su promotor** sino por otra entidad que a su vez adquirió a este, la entrega que efectúa la sociedad transmitente no promotora tiene la consideración de segunda entrega de edificación sujeta y exenta (DGT CV 25-1-18). Lo mismo ocurre con la transmisión de la edificación consistente en una vivienda unifamiliar que se presupone que no ha sido promovida por la entidad transmitente (DGT CV 6-3-19).

4) Cuando la vivienda haya sido objeto de un arrendamiento con opción de compra anterior, en el que dicha **opción no fue ejercitada por su titular**, no puede entenderse que haya existido una entrega previa por parte del promotor vendedor (DGT CV 29-4-11; CV 21-12-11; CV 13-9-19). Resulta aplicable también en el caso de viviendas de protección pública (DGT CV 9-6-11; CV 26-11-25), así como de viviendas unifamiliares (DGT CV 4-7-16) o de locales (DGT CV 3-2-25).

5) No se produce una primera entrega de un inmueble cuando su propiedad es consecuencia de una operación de **fusión y transformación** de una caja de ahorro en banco, al considerarse como no sujeta dicha operación por haberse transmitido una unidad económica autónoma (DGT CV 12-9-14).

6) Si una **parte independiente del edificio** susceptible de uso autónomo ha sido utilizada ininterrumpidamente durante más de dos años, por persona distinta del futuro adquirente, la entrega posterior de la misma tiene la consideración de segunda entrega sujeta y exenta (DGT CV 22-3-19; CV 28-4-21).

8641.2 **7)** La subrogación del adquirente en la posición del transmitente de la edificación (LIVA art.7.1º) implica necesariamente que no se agota el concepto de primera entrega, en su caso, con ocasión de la **transmisión de un patrimonio empresarial** no sujeta. Si el transmitente tenía la condición de promotor de una edificación, la posterior transmisión de dicha edificación tendrá la consideración de primera entrega sujeta y no exenta (DGT CV 12-9-16).

8) La compraventa tiene la consideración de primera entrega de edificación efectuada por su promotor, sujeta y no exenta, tanto en los casos en los que el contrato de arrendamiento sin opción de compra ha sido suscrito con una sociedad, la cual a su vez tenía **subarrendada** la vivienda a la persona que adquiere la vivienda, dado que la ha venido utilizando de manera interrumpida desde que fue puesta en arrendamiento por su promotor (DGT CV 12-6-19), como cuando el adquirente ha estado como arrendatario cuatro años y los inquilinos anteriores no han estado más de dos años cada uno (DGT CV 25-2-21).

Por el contrario, cuando una **comunidad de bienes** transmite una finca en la que existe una nave industrial construida hace más de 10 años por dicha comunidad, merece la consideración de segunda entrega de edificaciones siempre que la misma se haya utilizado durante un plazo igual o superior a dos años por la comunidad de bienes propietaria o por titulares de derechos reales de goce o disfrute o en virtud de contratos de arrendamiento sin opción de compra por personas distintas del futuro adquirente, en cuyo caso estaría sujeta pero exenta (DGT CV 15-10-19). En el mismo sentido, DGT CV 23-9-25.

9) Los arrendamientos previos a la transmisión de la vivienda **no lo han sido de forma ininterrumpida** por plazo igual o superior a dos años, de manera que, a falta de otros elementos de prueba, dicha transmisión tendría la consideración de primera entrega y se encontraría sujeta y no exenta (DGT CV 1-10-19), como ocurre con los contratos de **alquiler vacacional** (DGT CV 22-12-20; CV 3-3-22; CV 10-6-24).

En los locales que van a ser objeto de transmisión se habría producido la **utilización ininterrumpida** de los mismos por un plazo igual a superior a dos años desde su construcción, por su propietario o por titulares de derechos reales de goce o disfrute o en virtud de contratos de arrendamiento sin opción de compra por sujetos distintos de los que van a ser sus adquirentes. La entrega de los mismos tendría la consideración de segundas entregas y se encontrarían sujetas pero exentas (DGT CV 31-5-21; CV 14-10-25). La justificación del uso ininterrumpido del local por un período igual o superior a dos años después de su terminación es una cuestión de hecho que debe acreditarse por cualquier medio admitido en Derecho (DGT CV 29-6-23). En el mismo sentido, está sujeta y exenta la adquisición de una vivienda a un promotor que la ha tenido alquilada durante, al menos, los cuatro años previos a la venta (DGT CV 21-8-24).

10) Unas **viviendas de protección pública** que fueron promovidas por un ayuntamiento y cedidas en arrendamiento, tras haber pasado el plazo de treinta años en el que dichas viviendas debían tener esa calificación, van a convertirse en viviendas de régimen libre. Solo van a tener la consideración de primera entrega -sujeta y no exenta del Impuesto- las que sean realizadas a favor de quienes venían siendo los arrendatarios originales; por el contrario, cualquier otra entrega de las viviendas a otro arrendatario distinto del original, o a sucesores de estos durante al menos dos años, van a ser consideradas segundas o ulteriores entregas -sujetas pero exentas del Impuesto- (DGT CV 26-10-22).

11) La adjudicación de un edificio de viviendas destinadas al arrendamiento protegido por parte de una **UTE** a favor de las fundaciones socias de la misma, en proporción a su cuota de participación, se considera primera entrega, sujeta y no exenta al Impuesto (DGT CV 14-11-22).

12) Una sociedad que desde años atrás ha venido ejerciendo la actividad de **hotel por temporada** en un inmueble de su propiedad, arrienda dicho inmueble con opción de compra a otra sociedad que va a continuar con la actividad hotelera. Al no resultar aplicable el supuesto de no sujeción (LIVA art.7.1º), la transmisión del inmueble está sujeta y exenta, con posibilidad de renuncia a la exención (DGT CV 3-2-25).

Jurisprudencia **1)** No se considera que existe ejercicio anticipado de la opción de compra cuando se produce la **previa resolución del contrato** de arrendamiento financiero y, una vez resuelto, se procede a la compraventa del edificio, quedando sujeta pero exenta la entrega de dicho inmueble (TS 11-6-12, EDJ 159218; TEAC 15-11-12). **8641.3**

2) Cuando mediante el ejercicio de la **opción de compra** de un edificio se pone fin a un arrendamiento financiero, no resulta exigible el plazo mínimo de duración ya que los contratantes pueden adelantar la opción por su propia voluntad (TS 28-5-13, EDJ 89666).

Concepto de rehabilitación (LIVA art.20.Uno.22º; RIVA art.8.2) El concepto de rehabilitación, que puede hacer que la segunda o ulterior transmisión de edificaciones no esté exenta de tributación, ha sufrido varias **modificaciones**, por lo que a continuación se analizan los criterios aplicables en la actualidad. **8642**

Son obras de rehabilitación de edificaciones las que reúnan los siguientes **requisitos**: **8643**

a) Que su **objeto principal** sea la reconstrucción de las mismas, entendiéndose cumplido este requisito cuando más del 50% del coste total del proyecto de rehabilitación se corresponda con obras de consolidación o tratamiento de elementos estructurales, fachadas o cubiertas o con obras análogas o conexas a las de rehabilitación. El proyecto puede contener, por tanto, obras que no sean propiamente de rehabilitación, ni análogas o conexas con las mismas, siempre que el coste de tales obras sea inferior al 50% del coste total del proyecto.

b) Que el **coste total** de las obras a que se refiera el proyecto exceda del 25% del precio de adquisición de la edificación si se hubiese efectuado aquella durante los dos años inmediatamente anteriores al inicio de las obras de rehabilitación o, en otro caso, del valor de mercado que tuviera la edificación o parte de la misma en el momento de dicho inicio. A estos efectos, se descuenta del precio de adquisición o del valor de mercado de la edificación la parte proporcional correspondiente al suelo.

Se consideran **obras análogas** a las de rehabilitación: **8644**

- las de adecuación estructural que proporcionen a la edificación condiciones de seguridad constructiva, de forma que quede garantizada su estabilidad y resistencia mecánica;
- las de refuerzo o adecuación de la cimentación, así como las que afecten o consistan en el tratamiento de pilares o forjados;

- las de ampliación de la superficie construida, sobre y bajo rasante;
- las de reconstrucción de fachadas y patios interiores; y
- las de instalación de elementos elevadores, incluidos los destinados a salvar barreras arquitectónicas para su uso por personas con discapacidad.

Son **obras conexas** a las de rehabilitación las que cumplan los siguientes requisitos:
- que su coste total sea inferior al derivado de las obras de consolidación o tratamiento de elementos estructurales, fachadas o cubiertas y, en su caso, de las obras análogas a estas (en este sentido, DGT CV 3-2-16);
- que estén vinculadas a las de consolidación o tratamiento de elementos estructurales, fachadas o cubiertas y, en su caso, de las obras análogas a estas de forma indisociable y no consistan en el mero acabado u ornato de la edificación ni en el simple mantenimiento o pintura de la fachada; y
- solo se incluyen las obras de albañilería, fontanería y carpintería; las destinadas a la mejora y adecuación de cerramientos, instalaciones eléctricas, agua y climatización y protección contra incendios; y las de rehabilitación energética.

8645 Precisiones 1) El 25% se refiere al **coste total de las obras** recogido en el proyecto de rehabilitación, el cual puede incluir tanto operaciones de rehabilitación propiamente dicha, como obras análogas y/o conexas a las mismas, o incluso obras que no son ni de rehabilitación, ni análogas o conexas con las mismas (siempre que representen menos del 50% del coste total del proyecto). También el coste de tales obras se tiene en cuenta a efectos del cómputo del 25% citado.

2) Se consideran **obras de rehabilitación energética** las destinadas a la mejora del comportamiento energético de las edificaciones reduciendo su demanda energética, al aumento del rendimiento de los sistemas e instalaciones térmicas o a la incorporación de equipos que utilicen fuentes de energía renovables.

8649 **Esquema de aplicación de la exención** El funcionamiento de estas exenciones en las **entregas de edificaciones** se puede esquematizar de la siguiente forma:

1) Entrega efectuada por un particular........	No sujeta
2) Entrega de edificación cuya construcción o rehabilitación no ha concluido, efectuada por un empresario, tanto si es promotor como si no........	Sujeta y no exenta
3) Entrega de edificación cuya construcción o rehabilitación ha concluido, efectuada por un empresario que no es el promotor de la edificación	Sujeta y exenta
4) Entrega de edificación cuya construcción o rehabilitación ha concluido, efectuada por el promotor de la edificación:	
a) Si la edificación no ha sido utilizada, sea cual sea el tiempo transcurrido desde que se concluyó su construcción o rehabilitación........	Sujeta y no exenta
b) Si la edificación ha sido utilizada:	
- si la edificación ha sido destinada a un uso distinto del arrendamiento o usufructo y han transcurrido menos de dos años desde su construcción o rehabilitación........	Sujeta y no exenta
- si la edificación ha sido destinada a un uso distinto del arrendamiento o usufructo y han transcurrido dos o más años desde que finalizó su construcción o rehabilitación........	Sujeta y exenta
- si la edificación ha sido arrendada o cedida en usufructo antes de su entrega:	
• Si solo ha existido un arrendamiento o usufructo y la entrega se efectúa al arrendatario o usufructuario........	Sujeta y no exenta
• Si ha habido varios arrendamientos o usufructos constituidos en favor de diversas personas y ninguno de ellos se ha prolongado por un período de dos años o superior........	Sujeta y no exenta
• Si ha habido varios arrendamientos o usufructos y uno de ellos se ha prolongado por un período de dos años o superior, salvo que el adquirente sea el propio arrendatario o usufructuario que se mantuvo en el inmueble durante dos años o más........	Sujeta y exenta
5) Entrega efectuada por empresas de leasing, siempre que la duración mínima del contrato sea de 10 años........	Sujeta y no exenta
6) Entrega efectuada por empresas de leasing en supuestos distintos del anterior (salvo que se trate de primera entrega)........	Sujeta y exenta
7) Entrega de edificación para rehabilitación........	Sujeta y no exenta
8) Entrega de edificación para demolición........	Sujeta y no exenta

Ejemplos 1) EFL, empresario del sector de la construcción, va a efectuar **trabajos de rehabilitación y reparación** de una edificación propiedad del empresario X, que este va a **revender** a continuación. El valor de la obra de rehabilitación asciende a 1.000.000 €, que se reparte de la siguiente forma: 8651

- Obras de consolidación de la fachada del edificio: 550.000 €.
- Refuerzos de la cimentación: 150.000 €.
- Obras de fontanería en algunos pisos de la edificación, no conexas con las obras anteriores: 300.000 €.

En este caso, las obras efectuadas se consideran de rehabilitación, pues se cumple el requisito de que más del 50% del coste total del proyecto de obra consiste en obras de rehabilitación y análogas a las mismas (700.000 € supera el 50% de 1.000.000 €, que es el valor total de la obra efectuada). Por lo tanto, la ulterior entrega de la edificación efectuada por X es primera entrega, no exenta.

2) Mismo supuesto que el número 1, pero las **obras de consolidación** ascienden a 400.000 € y las de **fontanería** a 150.000 €.

En este caso las obras también se consideran de rehabilitación ya que el importe de las obras de rehabilitación y análogas a las mismas (550.000 €) superan el 50% del coste total de la obra (50% × 700.000 €).

3) Don Y, propietario de una vivienda adquirida diez años antes y valorada en 100.000 €, decide reparar y modernizar su **sistema de calefacción**. El valor de los servicios recibidos asciende a 30.000 €.

En este caso los servicios recibidos no pueden considerarse como rehabilitación, pues se trata de obras de rehabilitación energética prestadas de forma aislada, no conexas con obras de rehabilitación o análogas. Por tanto, no se cumplen ni el requisito cuantitativo ni el funcional para considerar estas obras como conexas a las de rehabilitación.

4) Mismo caso que el número 3 del nº 8651, pero además de las obras de **rehabilitación energética** se prestan a Y, por el mismo empresario, obras de **consolidación de la fachada** de la vivienda por importe de 20.000 €, estando vinculadas y conectadas las primeras a las segundas. 8652

En este caso no parece que los servicios prestados puedan considerarse como rehabilitación ya que:

- los servicios de rehabilitación energética no pueden considerarse conexos a los de consolidación de la fachada, pues aunque se cumplen los requisitos funcionales y el relativo a la naturaleza de las obras, no se cumple el requisito cuantitativo (el valor de las obras de rehabilitación energética es superior al de las obras de consolidación). Por lo tanto, estos servicios de rehabilitación no pueden tomarse en consideración a efectos de calcular el objeto principal de la obra efectuada; y
- las obras de consolidación, tomadas aisladamente, no suponen más del 25% del valor de mercado de la edificación (20.000 € es inferior a 25.000 €), con lo cual no se cumplen los requisitos necesarios para que dichas obras, tomadas aisladamente, se puedan considerar de rehabilitación.

5) Mismo caso que el número 3 del nº 8651, pero suponiendo que los servicios de consolidación alcanzan 30.000 €, mientras que los de rehabilitación energética ascienden solo a 20.000 €.

La obra realizada se califica globalmente como rehabilitación porque:

- los servicios de rehabilitación energética se consideran conexos a los de consolidación, pues se cumplen todos los requisitos exigidos al efecto (cuantitativo, funcional y el relativo a la naturaleza de las obras);
- el objeto principal de la obra es la reconstrucción de la edificación; y
- el valor de la obra (50.000 €, pues ahora sí se incluyen los servicios de rehabilitación energética por cumplirse los requisitos para ser considerados conexos) supera el 25% del valor de mercado de la edificación (25.000 €).

6) Un **promotor transmite su patrimonio** empresarial (terrenos, edificaciones por él promovidas y maquinaria) a otro empresario. 8653

La transmisión global no está sujeta (nº 275 s. y nº 8542 s.). Respecto de las edificaciones, el adquirente se subroga en la posición del transmitente (si este es promotor, el adquirente también tiene tal condición). Si el transmitente no hubiese utilizado la edificación más de dos años, el adquirente, al subrogarse, mantiene la misma posición ante la edificación; la posterior entrega que realice de la edificación es primera entrega, sujeta, siempre que en el momento de la entrega la edificación no se haya utilizado durante más de dos años, contando a estos efectos el tiempo de utilización por el que transmitió la totalidad del patrimonio y por el que adquirió dicha totalidad.

7) La sociedad anónima EFL, dedicada a la actividad inmobiliaria, adquiere en **subasta judicial un edificio** por importe de 10.000 €. Dicho edificio era propiedad de una constructora, que había concluido su rehabilitación el año anterior.

La entrega del edificio la efectúa un empresario en el ejercicio de su actividad, aun cuando la misma se haya realizado mediante subasta judicial (nº 8532). Por tanto, dicha entrega está sujeta al IVA, pero no es aplicable la exención, ya que se trata de una primera entrega de edificación, puesto que la efectúa el promotor de la rehabilitación de la misma, antes de transcurridos dos años desde que se concluyó dicha rehabilitación (ver nº 145).

8) La entidad EFL vende un **piso vacío correspondiente a una promoción** inmobiliaria cuya construcción concluyó el año anterior, no habiéndose dedicado a actividad alguna ni ocupado en ningún momento.

Igualmente, vende un piso perteneciente a otra promoción cuya construcción concluyó tres años antes y que no ha sido empleado en actividad alguna desde dicha fecha.

La venta del primer piso es una primera entrega de edificación, a efectos del IVA, sujeta y no exenta, ya que se efectúa por el promotor de la edificación, sin que dicha edificación haya sido utilizada desde que se concluyó su construcción en actividad alguna.

Por lo mismo, la venta del segundo piso debe considerarse como primera entrega de edificación, sujeta y no exenta, sin que a estos efectos tenga relevancia el hecho de que hayan transcurrido más de dos años desde que se concluyó la construcción, dado que el plazo de los dos años no cuenta a efectos de la exención cuando se trata de edificaciones que no han sido utilizadas por el promotor con anterioridad al momento de la entrega.

8654 **9)** La sociedad EFL adquiere por 200.000 € un piso en el que realiza **obras de carpintería y fontanería no estructurales** por importe de 150.000 €. A continuación, vende dicho piso a un médico por 400.000 €. Además, ha adquirido un edificio de viviendas por importe de 300.000 € (parte proporcional del precio de adquisición correspondiente al suelo: 200.000 €). En dicho edificio ha realizado obras de reconstrucción del mismo, fundamentalmente de remodelación de estructuras y fachada, por importe de 50.000 €. A continuación, vende dicho edificio por un precio de 400.000 €.

En relación con el piso, no concurren los requisitos necesarios para que la actuación desarrollada por esta entidad pueda ser considerada como rehabilitación ya que, si bien el importe de las obras realizadas excede del 25% del precio de adquisición del piso, no se cumple el requisito de que las obras efectuadas tengan por objeto principal la rehabilitación del mismo, puesto que las obras realizadas ni suponen «consolidación y tratamiento de estructuras, fachadas, cubiertas o análogos», ni se encuentran conexas con obras de esta naturaleza. Por tanto, la entrega del piso no es una primera entrega de una edificación rehabilitada y está sujeta y exenta del IVA y sujeta al ITP y AJD, sin posibilidad de renuncia a la exención del IVA, dada la condición del adquirente.

En cuanto al edificio adquirido, concurren los requisitos para que la obra sea considerada de rehabilitación a efectos del IVA. En particular, y en cuanto al requisito cuantitativo, porque 50.000 > 25.000 (25% de 100.000). La entrega efectuada por EFL es primera entrega, sujeta y no exenta del IVA.

10) La empresa EFL **vende a los propios arrendatarios** dos pisos alquilados como viviendas desde el año anterior. Esto mismo ocurre con otros dos pisos que han estado alquilados durante tres años. En ambos casos, los arrendatarios lo han sido desde que se concluyó la construcción de los pisos.

Las entregas de tales pisos están sujetas y no exentas, ya que los adquirentes son los propios arrendatarios que habían venido utilizándolas. No importa que el arrendamiento haya durado menos o más de dos años, ni tampoco que el arrendamiento haya estado exento o no. En cualquier caso, no procede tampoco la exención si, en vez de tratarse de un arrendatario, el adquirente hubiera venido utilizando el piso como usufructuario o titular de otro derecho real de uso o disfrute.

11) La empresa EFL, una vez **concluido el arrendamiento** de un piso que se inició tres años antes, lo vende a una persona distinta del arrendatario del mismo.

La entrega del piso efectuada a una persona distinta del arrendatario que lo ha utilizado más de dos años está sujeta y exenta. Hay que recordar que hablamos de arrendamientos sin opción de compra.

12) La empresa EFL **transmite a título gratuito** un piso a la hija del accionista mayoritario de la sociedad. La construcción de dicho piso se concluyó el año anterior y desde entonces no había sido utilizado como oficinas por la entidad.

Se trata de una operación asimilada a una entrega de bienes a título oneroso en concepto de autoconsumo que constituye una primera entrega de edificación a efectos del IVA y que está sujeta y no exenta.

8655 **13)** Una inmobiliaria ha iniciado la **construcción de una edificación** en una zona próxima al centro de Madrid. Antes de concluir la construcción, la vende a otra empresa que le ofrece un buen precio por ella.

La entrega de la edificación en curso de construcción constituye una entrega sujeta y no exenta, ya que la exención solo procede en relación con entregas de edificaciones cuya construcción o rehabilitación se haya terminado.

Siendo esto así, la entrega de una edificación en curso de construcción solo puede estar sujeta y no exenta cuando la entrega la efectúa un empresario o profesional que actúa en su condición de tal, o no sujeta al IVA y sujeta a TPO cuando el vendedor no tiene la condición de empresario o profesional (así, el particular autopromotor de su propia vivienda, que no tiene intención de vender sino de utilizarla como residencia, y que por circunstancias sobrevenidas procede a su enajenación antes de que esté concluida la construcción).

14) Una empresa inmobiliaria realiza una **concesión de una opción de compra** a otra entidad a cambio de 10.000 € sobre un edificio que adquirió a un particular, fijándose un plazo de 2 meses para el ejercicio de la opción. Transcurridos 15 días, el titular de la opción la ejercita y adquiere el edificio.
La concesión de una opción de compra no constituye entrega de bienes a efectos del IVA, sino prestación de servicios, por lo que no procede aplicar la exención. Con posterioridad, al ejercitarse la opción de compra se produce el hecho imponible entrega de bienes, aplicándose entonces, en su caso, la exención.
15) Una empresa adquiere un garaje procedente de la **división de un local** comercial adquirido por los transmitentes.
El problema que puede plantearse en relación con la entrega del garaje es el de determinar si la división del local comercial por parte de los transmitentes puede considerarse como rehabilitación, en cuyo caso la venta del garaje con posterioridad a dicha rehabilitación es una primera entrega de edificación sujeta y no exenta del IVA. Hay que determinar si las obras efectuadas pueden entenderse incluidas en alguno de los tipos definidos por la legislación (conceptos de obras análogas y conexas a las de rehabilitación). Si fuera el caso, las obras podrían considerarse de rehabilitación y la entrega ulterior del garaje, una entrega sujeta y no exenta del IVA.

16) Una inmobiliaria **vende un piso** correspondiente a una promoción efectuada por ella y que no ha sido utilizado por 300.000 €. Sin embargo, y con arreglo a lo dispuesto en el contrato de venta, cinco meses después se produce la resolución de la venta, procediéndose a la devolución del piso y del precio por las partes. Transcurridos otros tres meses, vuelve a vender el piso a otro particular. **8656**
La venta por 300.000 € constituye una primera entrega a efectos del IVA, sujeta y no exenta. La resolución de la venta da lugar a la modificación de la base imponible (nº 1937 s.), a la rectificación de la repercusión (nº 1490) y, si el adquirente hubiese sido un sujeto pasivo del IVA con derecho a deducción, a la rectificación de las deducciones practicadas (nº 3055).
La venta posterior efectuada por la inmobiliaria es, asimismo, una primera entrega de edificación, sujeta y no exenta, de manera que a estos efectos no se tiene en cuenta la venta efectuada en primer lugar y que fue resuelta con arreglo a Derecho.
17) La empresa de **leasing inmobiliario** EFL realiza las operaciones siguientes:
a) Adquiere a un promotor inmobiliario un edificio de nueva construcción y otro edificio que este había adquirido, a su vez, a un médico estomatólogo.
La entrega del edificio de nueva construcción por el promotor constituye una primera entrega a efectos del IVA sujeta y no exenta. El transmitente debe repercutir el impuesto sobre la empresa de leasing y esta está obligada a soportar dicha repercusión. La empresa de leasing puede deducir el IVA soportado, siempre que se cumplan los requisitos que condicionan el derecho a la deducción y de acuerdo, en su caso, con el porcentaje que se fije a efectos de prorrata.
La entrega del edificio usado está sujeta y exenta del IVA y sujeta al ITP y AJD, salvo en el caso de que se efectúe la renuncia a la exención del IVA (nº 8685 s.). Puede practicarse la renuncia a la exención si, como ocurre en este caso, la empresa de leasing puede deducir parcialmente las cuotas soportadas por la adquisición del edificio.

b) Arrienda un edificio cuya construcción ha sido promovida por ella misma, en régimen de arrendamiento con opción de compra. Dos de los inquilinos proceden al ejercicio de la opción de compra transcurridos dos meses desde que se inició el arrendamiento. **8656.1**
El arrendamiento con opción de compra efectuado por la empresa de leasing es una prestación de servicios sujeta y no exenta del IVA incluso aunque el objeto de dicho arrendamiento sean edificios destinados exclusivamente a viviendas, ya que la ley excluye de la exención de los arrendamientos de viviendas a los arrendamientos con opción de compra de viviendas cuya entrega estuviese sujeta y no exenta del impuesto.
El ejercicio de la opción de compra, o simplemente el compromiso vinculante de ejercitar dicha opción, determina la producción del hecho imponible entrega de bienes, devengándose el impuesto correspondiente a dicha entrega en el momento en que la edificación o parte de la misma se pone en poder y posesión del destinatario de la entrega, es decir, en el momento en que se formaliza el compromiso vinculante de ejercicio de la opción de la compra, dado que los bienes ya se encontraban en posesión del arrendatario. Dicha entrega está sujeta y no exenta del IVA, ya que aunque no se aplique la excepción a la exención porque el contrato de leasing ha tenido una duración de dos meses (inferior a 10 años; nº 8641), nos encontramos ante la primera entrega de la edificación, dado que EFL fue su promotor.
c) Vende un chalet de nueva construcción por ella promovido y otro usado.
La entrega del chalet nuevo está sujeta y no exenta por tratarse de una primera entrega de una edificación. Distinto es el caso de la entrega del chalet usado: tal entrega está sujeta y exenta por tratarse de una segunda o ulterior entrega de edificación, salvo que se efectúe la renuncia a la exención del impuesto, con los requisitos correspondientes, o que dicha entrega se efectúe por la empresa de leasing en el ejercicio de la opción de compra inherente a un contrato de arrendamiento.
d) Adquiere un solar que, a continuación, arrienda en régimen de arrendamiento financiero con opción de compra. El arrendatario ejercita posteriormente la opción de compra.

La entrega del solar a la empresa de leasing no presenta particularidad alguna por el hecho de que esta sea la adquirente: no sujeción al IVA y sujeción al ITP y AJD si el transmitente no es un empresario o profesional que actúe como tal, y sujeción al IVA sin exención en otro caso. Por el contrario, el arrendamiento del terreno por la empresa de leasing sí presenta particularidades, ya que a los arrendamientos con opción de compra de terrenos cuya entrega esté sujeta y no exenta del impuesto, no les resulta de aplicación la exención prevista para los arrendamientos de terrenos. Finalmente, la entrega del solar, al ejercitar el arrendatario la opción de compra, está sujeta y no exenta del IVA sin que el hecho de que el transmitente sea una empresa de leasing introduzca aquí diferencia alguna en relación con el tratamiento que recibiría dicha entrega en el caso de ser efectuada por otro empresario o profesional.

8656.2 **18)** La sociedad EFL **vende un edificio usado** por 100.000 € a una constructora, la cual le asegura que va a proceder a la rehabilitación del edificio. En lugar de eso, la constructora enajena inmediatamente el edificio a un tercero.

La constructora adquirente ha realizado una manifestación o declaración no ajustada a la realidad, lo que ha llevado a EFL a no aplicar, indebidamente, la exención. De esta forma, en la entrega efectuada por EFL se ha aplicado de forma indebida el IVA, cuando en realidad lo que debía haberse aplicado es el ITP y AJD.

No puede considerarse, a estos efectos, que se haya producido una renuncia a la exención por parte del sujeto pasivo, debiéndose regularizar la situación tributaria, lo que implica las siguientes actuaciones:

- la deducción del IVA soportado por la constructora es improcedente ya que no se trata de cuotas del impuesto devengadas conforme a Derecho, por lo que hay que proceder, en su caso, a su rectificación (nº 3055);
- tampoco es correcta la repercusión del IVA efectuada por EFL, por lo cual hay que proceder a la rectificación de dicha repercusión (nº 1490). La rectificación de la repercusión, o más bien la aplicación de la exención del IVA, determina la modificación del porcentaje de prorrata aplicable a EFL e impone una alteración a la baja en su derecho a deducir el IVA por ella soportado; y
- la constructora adquirente debe pagar TPO por la operación.

8656.3 **19)** Una inmobiliaria **vende un piso usado** por 100.000 € (parte del precio correspondiente al terreno: 50.000 €) a un particular, el cual realiza obras de reconstrucción de estructuras y cubiertas por valor de 80.000 €. El particular destina el piso a vivienda habitual.

La venta del piso al particular está sujeta y no exenta del IVA. Por tanto, el hecho de que el adquirente rehabilitador no destine la edificación rehabilitada a la venta no obsta para que se aplique la exclusión de la exención. El particular está así obligado a soportar el IVA al tipo reducido (siempre que el edificio sea apto para su utilización como vivienda, nº 8771), IVA que no puede deducir.

20) La entidad EFL vende por 200.000 € una **nave industrial** destinada a su rehabilitación por el adquirente y que, sin embargo, con posterioridad a su entrega, es objeto de demolición con carácter previo a una promoción urbanística.

Aunque parece que el destino inicial previsto no se ha llevado a cabo (rehabilitación), no resulta necesario proceder a regularización alguna, ya que la ley prevé para la demolición previa a una promoción el mismo tratamiento que para los casos de rehabilitación por el adquirente.

8656.4 **21)** Una inmobiliaria **vende un piso a una sociedad**, aplicando la exención del IVA por tratarse de una segunda entrega de edificación. El adquirente, a continuación, rehabilita el piso, sin haber manifestado a la vendedora su intención de proceder a dicha rehabilitación.

El supuesto planteado consiste, en definitiva, en la aplicación indebida por la inmobiliaria de la exención del IVA correspondiente a las segundas y ulteriores entregas de edificaciones. En efecto, no procede en este caso la exención, ya que la operación implica una entrega de edificación destinada a su rehabilitación por el adquirente. Procede, por tanto, la regularización de la situación tributaria:

- la inmobiliaria debe proceder a la repercusión del IVA siempre que no haya transcurrido un año desde la fecha del devengo de la operación (nº 1420). Si hubiera transcurrido más de un año desde el devengo, no puede practicar la repercusión, pero sí la rectificación de la repercusión (nº 1490). Esta rectificación de la repercusión solo es posible si la inmobiliaria hubiera expedido la factura correspondiente a esta operación, siempre que no hayan transcurrido cuatro años desde el devengo del IVA;
- el adquirente que disfrutó de una exención del IVA no ajustada a Derecho responde solidariamente de la deuda tributaria correspondiente (nº 1396);
- la liquidación efectuada, en su caso, por el ITP y AJD tampoco resulta procedente, por lo que hay que regularizar también dicha liquidación; y
- el derecho a la deducción de la inmobiliaria se ve igualmente afectado.

Doctrina Administrativa Además de las siguientes contestaciones de la DGT, ver nº 11000 s. Hay que tener en cuenta que alguna de las siguientes consultas han sido evacuadas con arreglo a la normativa en vigor antes del 14-4-2010. **8657**

1) Para decidir el carácter de rehabilitación de unas obras, hay que tener en cuenta no solo las realizadas en los **elementos privativos** de una vivienda (requisitos, DGT CV 31-3-15; CV 13-1-16), sino también las efectuadas en los **elementos comunes**, en la parte correspondiente a dicha vivienda (DGT 7-5-99). Siempre que las obras de rehabilitación cumplan con los requisitos señalados en nº 8643, la entrega posterior que se realice de la misma tendrá la consideración de primera entrega, sujeta y no exenta (DGT CV 4-1-19; CV 3-9-19; CV 17-9-19). Para ser calificadas como obras de rehabilitación deben cumplirse todos los **requisitos y límites cualitativos y cuantitativos**, como es el caso de la rehabilitación integral de un edificio destinado al alquiler de viviendas a particulares y de sus bajos comerciales para negocios (DGT CV 22-8-17). En el mismo sentido, las obras de rehabilitación en una casa en estado ruinoso para realizar una **reforma integral** (reconstrucción de los elementos estructurales, tabiquería, sustitución de tejas, electricidad y fontanería) de la misma y convertirla en una vivienda habitable (DGT CV 26-12-24). Las obras de división del local sótano en plazas de garaje y la construcción de trasteros no anexos a viviendas, para su posterior transmisión de manera independiente, son primera entrega si las obras cumplen los requisitos para ser consideradas como rehabilitación (DGT CV 5-3-24).
Asimismo, se encuentran sujetas y no exentas: la adquisición de una vivienda que forma parte de una **propiedad horizontal** por una entidad mercantil dedicada a la promoción inmobiliaria de edificaciones para reformarlos o rehabilitarlos para su posterior venta a empresas o particulares, teniendo en cuenta que el coste total del proyecto de rehabilitación afecta al 50% de los elementos estructurales del inmueble y el coste total de las obras excede el 25% del precio de adquisición del mismo (DGT CV 9-7-19; en el mismo sentido, DGT CV 26-5-20); las obras realizadas por una entidad mercantil en un **hotel** adquirido el año anterior en mal estado, para reconvertirlo en apartamentos turísticos, consistente en la eliminación y reconstrucción de los tabiques interiores, la instalación integral de la fontanería y electricidad, la realización de nuevos aislamientos en los cerramientos, soleras y cubierta, así como la sustitución de carpinterías, excediendo el valor de la obra el 50% del valor de compra del establecimiento (DGT CV 9-7-19); la adquisición por una entidad mercantil de una edificación que se encuentra enclavada en un terreno edificable para su rehabilitación y posterior transmisión como múltiples viviendas (DGT CV 13-8-19; CV 3-10-25); la transmisión de un inmueble declarado en ruina inminente para su rehabilitación por el adquirente (DGT CV 28-10-25); las obras de transformación del **local comercial** que pretende realizar el adquirente cumplen los requisitos exigidos por la norma para su consideración como obras de rehabilitación (nº 8643) (DGT CV 11-7-19). Constituye una primera entrega si la entrega del inmueble se hace después de haberse realizado sobre el mismo obras de rehabilitación (DGT CV 23-4-24).

2) Aunque el **coste de la obra** puede exceder del 25% del precio de adquisición de la edificación original, para que la obra pueda ser calificada de rehabilitación debe dirigirse única o principalmente a tratar o consolidar los elementos estructurales del edificio y, solo accesoriamente a las operaciones de reforma y redistribución para el nuevo uso del mismo (DGT CV 23-11-04). A efectos de prueba, resulta necesario disponer de suficientes **elementos de prueba** que acrediten la verdadera naturaleza de las obras proyectadas (rehabilitación) tales como, entre otros, dictámenes de profesionales específicamente habilitados para ello o el visado y, si procede, calificación del proyecto por parte de colegios profesionales (DGT CV 4-7-16; CV 8-5-15; CV 8-7-24; CV 24-7-25). En nuestro ordenamiento jurídico rige el principio general de **valoración libre y conjunta** de todas las pruebas aportadas, quedando descartado como principio general el sistema de prueba legal o tasada (DGT CV 10-12-19). **8657.1**
Por tanto, sí son encuadrables como **obras de rehabilitación**:
- la instalación del **sistema de agua caliente por energía solar** incluido en un proyecto global de rehabilitación (DGT CV 20-12-13);
- la mejora de la **eficiencia energética** y eliminación de **barreras arquitectónicas** (DGT CV 9-2-16);
- las obras incluidas dentro de las obras de rehabilitación de un edificio protegido amparadas por la **licencia municipal** exigidas por el organismo competente (DGT CV 9-7-13);
- la **reforma de dos locales** para convertirlos en viviendas, siempre que cumplan los requisitos *exigidos por la norma* (DGT CV 2-12-13);
- la **instalación de un ascensor** junto con todas las obras necesarias tales como modificación de las escaleras y acometida eléctrica del edificio, supresión de barreras arquitectónicas del portal, obras en la cubierta, etc. (DGT CV 13-4-20);
- las obras de **aislamiento** de fachadas, tejado y suelo, sustitución de ventanas por unas con aislamiento térmico, sustitución de sistema de calefacción e instalación de placas solares para la autosuficiencia energética, siendo el coste de las mismas superior al 25% del coste de adquisición de la construcción, excluyendo la parte proporcional correspondiente al suelo (DGT CV 10-5-21);
- el tratamiento de **estructuras,** demolición y construcción de nuevos tabiques, así como las **obras** de fontanería, electricidad e instalación de mobiliario de cocina y baños cuando merezcan la calificación de rehabilitación (DGT CV 16-8-22); y

- las obras de reforma en la edificación adquirida (cuartel militar) para adaptarla a su nuevo uso como facultad (DGT CV 8-11-23).

Por el contrario, **no** pueden calificarse como **obras de rehabilitación** aquellas que consisten en abrir en unas plantas el hueco del patio existente y en las demás eliminar todas las escaleras de comunicación que había, acondicionando todas las oficinas y cambiando las instalaciones en zona bajo rasante, reubicándolas y aumentando la superficie para aparcamiento, además de efectuar obras para la incorporación de elementos de prevención de incendios (DGT CV 22-12-04).

3) En caso de **resolución de la primera transmisión**, la ulterior entrega a un nuevo adquirente, es decir, distinto del adjudicatario original o en virtud de un contrato de acceso diferido a la propiedad (DGT CV 13-6-18) tiene nuevamente la consideración de primera entrega (DGT 10-2-95; CV 8-10-21), sin tener en cuenta la utilización de las viviendas en los períodos anteriores (DGT CV 19-2-13).

4) En la **permuta** de un solar de una congregación religiosa por unas plazas de garaje construidas por una constructora sobre el solar, la entrega de las plazas a la congregación es primera transmisión; la que efectúe posteriormente la congregación a terceros tiene carácter de segunda entrega, que queda sujeta y exenta si se hace en el ejercicio de una actividad empresarial, y no sujeta si la congregación no actúa como empresario (DGT 28-11-96). En el mismo sentido, respecto de la permuta de solares por un particular (que no los tiene afectos a una actividad económica) con un ayuntamiento (DGT CV 16-5-25). Lo mismo respecto a una promotora que permuta un terreno con una constructora a cambio de viviendas (DGT 25-5-01).

En relación con las posibles **entregas posteriores de las viviendas y locales recibidos** por la entidad como consecuencia de la permuta de un terreno por edificaciones futuras, teniendo en cuenta que la primera entrega es realizada por el constructor-promotor a la propia entidad como consecuencia de la permuta, las entregas posteriores van a tener la consideración de segunda o ulterior entrega de las mismas (DGT CV 14-9-21).

8658 **5)** No se aplica la exención a la entrega de una edificación destinada a su **demolición** por el adquirente con carácter previo a una nueva promoción urbanística (DGT 2-3-99; CV 21-4-08; CV 25-1-16), ya que el auténtico objeto de interés económico es el suelo sobre el que se asienta (DGT CV 8-3-07). Por tanto, no está exenta la venta de una nave que estuviera paralizada, ruinosa o derruida o fuera a ser objeto de rehabilitación o demolición por el adquirente (DGT CV 17-7-15); la venta de unos inmuebles en **estado de ruina**, cuyo destino va a ser la demolición para la construcción de una nueva promoción (DGT CV 15-1-16; CV 11-7-18), así como la entrega de las parcelas resultantes del proyecto de reparcelación en las que se encuentra una edificación que va a ser demolida por el adquirente (DGT CV 3-4-20). La transmisión de la parcela resultante de un proyecto de urbanización está sujeta y no exenta (DGT CV 15-2-24).

No obstante, y atendiéndose a la naturaleza del terreno, si sobre el terreno existiese alguna construcción que no tenga carácter agrario, su entrega está exenta del IVA siempre que se trate de un terreno **no edificable** y la construcción se encuentre paralizada por la autoridad competente por construir incumpliendo algún requisito legal requerido al efecto -por ejemplo, por falta de licencia de edificación-, o tenga carácter inhabitable -construcción ruinosa o derruida- (DGT CV 29-4-21).

6) Si una constructora recibe de una promotora por **dación en pago de deudas** una vivienda terminada, la ulterior entrega que aquella haga del inmueble se considera segunda entrega y resulta, por tanto, exenta (DGT 20-1-98), al igual que la transmisión de unas viviendas llevadas a cabo por una entidad financiera, la cual adquirió previamente la totalidad de la promoción de viviendas totalmente terminadas como dación en pago por una constructora, con la intención de destinarlas a arrendamiento con opción de compra (DGT CV 24-11-10). En el mismo sentido, la entrega de una vivienda a un particular, por una entidad mercantil que resultó adjudicataria del inmueble en un procedimiento judicial de **embargo y ejecución hipotecaria** es una segunda entrega exenta de IVA y sin posibilidad de renuncia (DGT CV 19-11-18).

7) La transmisión de una vivienda por una entidad que la ha adquirido a su promotora está generalmente exenta. No obstante, no se aplica la exención cuando la operación por la que la entidad adquirió el inmueble a la promotora no estuvo sujeta al impuesto por tratarse de la transmisión de una **rama de actividad** (DGT 11-9-98).

8) Las entregas de **plazas de aparcamiento** efectuadas por una sociedad que las adquirió en concepto de **aportación no dineraria** en una operación de ampliación de capital de la misma, no tienen la consideración, a efectos del IVA, de primera entrega de bienes (DGT 17-9-98).

8659 **9)** Para calificar una entrega de edificaciones como primera o segunda o ulterior entrega y aplicar, en su caso, la exención, es requisito esencial que se trate de una edificación cuya *construcción o rehabilitación esté terminada*.

En cuanto al concepto de **edificación terminada**, la DGT ha señalado los siguientes criterios:

- a falta de una definición legal y reglamentaria, debe atenderse a criterios generales que deben matizarse a la vista de cada supuesto concreto. Se considera terminada una edificación cuando es objetivamente **apta para un uso concreto** (oficinas, aparcamiento, vivienda), sin necesidad de que el adquirente realice obra adicional alguna (DGT CV 14-1-15);

- la transmisión de un inmueble tras haber realizado en el mismo obras de **rehabilitación** se considera primera entrega, con independencia de que posea cédula de habitabilidad, licencia de ocupación o autorización semejante, pues la aptitud de la utilización como vivienda de una edificación se desprende de las características objetivas del diseño y construcción de la misma, en conjunción con el destino legal posible en cuanto debe estar dedicado a satisfacer la necesidad de vivienda (DGT CV 10-4-25); **8659** (sigue)
- el **certificado de finalización de la obra** expedido por el arquitecto es un elemento de prueba de la finalización de la misma (DGT CV 21-7-06; CV 19-11-21), si bien cabe que se encuentre terminada sin tal calificación. En el caso de viviendas, la licencia de primera ocupación es un trámite legal necesario para su utilización como tales, por lo que no se considera terminada la vivienda que se entregue sin haber obtenido dicha licencia.

A estos efectos, en el caso de adquisición de unas viviendas unifamiliares por una entidad mercantil a la **SAREB**, respeto de los cuales ha sido emitido el certificado de final de obra pero no la licencia de primera ocupación, la cual es exigida para poder realizar unas obras necesarias no estructurales antes de proceder a su entrega, se ha considerado que, dado que ha sido emitido dicho certificado, merecen la condición de primera entrega. En cuanto a la posterior entrega de las viviendas después de realizadas las obras, una vez haya sido obtenida la licencia de primera ocupación, si las mismas no consisten en obras de rehabilitación, van a ser consideradas segunda o ulterior entrega, encontrándose sujetas y exentas (DGT 10-12-20);

- por otra parte, las **zonas comunes** (jardines, viales interiores, zonas deportivas) son elementos complementarios, de manera que si el objeto principal de la entrega (la vivienda) se encuentra terminado, el hecho de que no lo estén los demás elementos complementarios no obsta para que se califique la entrega como primera entrega de edificación terminada (DGT 10-9-98). No ocurre lo mismo cuando falta la implantación de **servicios urbanísticos esenciales** -agua potable- (DGT CV 30-4-09; CV 13-6-13).

Se adquieren unas edificaciones que cuentan con el certificado final de obra, sin embargo, las obras de **urbanización de los terrenos** en los que se asientan aquellas **no se encuentran finalizadas ni recepcionadas** completamente al tiempo de su transmisión, no habiéndose ejecutado, entre otras, las obras de electrificación y alumbrado público, redes de abastecimiento, saneamiento o riego. No tiene la consideración de primera entrega de edificaciones, ni su transmisión tendrá, en consecuencia, la consideración de segunda entrega de edificaciones exenta del IVA (DGT CV 3-11-21).

Cuando un local es recibido en bruto, habiendo sido **terminadas las obras** por sus arrendatarios, se entienden finalizadas las obras en la segunda fase, que es cuando se obtuvo la licencia de primera ocupación (DGT CV 12-7-10). Asimismo, en relación con un edificio de **viviendas y oficinas** promovido con posterioridad al otorgamiento de la correspondiente certificación final de obra pero con carácter previo a la concesión de la licencia de primera ocupación, su transmisión una vez emitida aquella tiene la consideración de primera entrega de edificaciones terminadas (DGT CV 20-12-12; CV 20-8-18).

Aunque las edificaciones transmitidas no se hallen inscritas en el **Registro de la Propiedad**, a efectos del IVA se entiende que existe una entrega de bienes sujeta, en la medida en que existe una transmisión del poder de disposición sobre dichos bienes. Además, al no ser realizada por un promotor o rehabilitador, debe considerarse como una segunda entrega de edificación sujeta y exenta (DGT CV 30-10-17; CV 10-10-22).

10) Por el contrario, no resulta aplicable la exención en el caso de una **edificación en fase de construcción** o no terminada, cuando es realizada por empresarios o profesionales en el ejercicio de su actividad (DGT 30-9-98; CV 1-4-22; CV 8-11-24), siendo el destino final su venta (DGT 13-11-01). Una vez finalizada la construcción va a tener la consideración de primera entrega de edificación efectuada por su promotor (DGT 3-8-98; CV 21-9-21; CV 16-8-21).

A título de ejemplo, se encuentra la transmisión de una edificación en la que todavía quedan **trabajos pendientes de realizar** (un 7,5% de la obra) y no se ha emitido la certificación final de obra (DGT CV 3-10-16); la transmisión de una edificación que se encuentra en **fase de ejecución**, y en la medida en que la construcción de dicho inmueble no está terminada (DGT CV 8-3-17); la adquisición de un **solar**, incluso aunque se encuentre en el mismo una construcción semiderruida que figura en los registros catastrales como suelo urbano, para convertirla en vivienda habitual (DGT CV 9-9-16; CV 9-7-19).

Mientras el edificio se encuentra en construcción, el contrato de compraventa entre promotor y particular solo da lugar a que se realicen unos **pagos anticipados**, respecto de los cuales solo se devenga el correspondiente IVA. Por tanto, si el particular pacta la posibilidad de escriturar a nombre de un tercero que designa con anterioridad a la firma del contrato privado, una vez sea finalizada la construcción, la entrega de la misma a la persona que figura en la escritura de compraventa va a estar sujeta y no exenta, existiendo además la obligación de tener que tributar por ITP y AJD por la transmisión de los **derechos derivados del contrato de compraventa** de la vivienda a un tercero (DGT 28-3-03).

11) Una persona física va a adquirir una vivienda de una entidad mercantil que, a su vez, la adquirió de otra mercantil que la había adquirido, en construcción, mediante **subasta pública**. Dicha entidad transmitió la vivienda a su actual propietaria mediante una aportación en especie a cambio de participaciones sociales de la adquirente. Como la previa adquisición de la vivienda mediante subasta se produjo cuando se encontraba todavía en construcción, teniendo la primera entidad adquirente que realizar las obras correspondientes para finalizar dicha construcción, no tendría la consideración de primera entrega. En cuanto a la siguiente transmisión de dicha vivienda, realizada mediante **aportación no dineraria** a la actual entidad propietaria, merecía la consideración de primera entrega, encontrándose sujeta y no exenta. En consecuencia, la entrega a la persona física se encuentra sujeta y exenta, siempre que la misma tenga la consideración de segunda o ulterior entrega (DGT CV 28-12-20).

8660 12) Está sujeta y exenta la entrega de una **nave industrial** que es propiedad pro indiviso de un padre y su hijo, en la cual este, titular del 50% de la nave, realizaba la actividad de almacenaje y distribución de material de construcción, pagando a su padre, titular del otro 50% de la nave, cantidades periódicas en concepto de arrendamiento (DGT CV 12-11-99). Está sujeta y exenta la transmisión de un **local comercial** del propietario al arrendatario, salvo que se renuncie a la exención (DGT CV 10-7-24).

13) Dentro de los supuestos que constituyen **primera entrega de edificaciones**, sujeta y no exenta, se encuentran:

- la entrega efectuada por quienes han utilizado las mismas desde la terminación de su construcción o rehabilitación, tanto por derechos reales de goce o disfrute como por relaciones obligacionales de naturaleza personal (DGT CV 22-6-18), equiparándose a estos efectos el uso o utilización en virtud de una concesión administrativa, aunque el titular de la concesión se jubilase hace tres años y cesara en su actividad empresarial (DGT 15-11-99);
- la entrega de un inmueble que **nunca ha sido ocupado ni arrendado** desde la finalización de su construcción o rehabilitación hasta el momento de su transmisión, ya se trate de un local comercial entregado por un promotor-constructor, haya sido o no acondicionado (DGT 9-7-01; CV 23-2-09), de una vivienda (DGT CV 15-12-17) o de un patrimonio empresarial o profesional, integrado por cuatro viviendas, un local comercial y otras plazas de garaje (DGT CV 19-4-22);
- la venta de viviendas efectuada por el **ayuntamiento** promotor de las mismas, una vez finalizada su construcción (DGT CV 25-9-17), así como por el **Instituto para la Vivienda de las Fuerzas Armadas** (INVIFAS), siempre que el adquirente no haya hecho uso de la misma en régimen de arrendamiento más de dos años (DGT CV 28-7-05; CV 16-4-09); y
- la transmisión de la vivienda al **socio** que ha venido utilizándola desde su construcción, ya que la vivienda siempre ha formado parte del patrimonio empresarial de la entidad (DGT CV 31-3-16).

14) En relación con el **cambio de uso** de los inmuebles, hay que distinguir:

- en las obras en **locales**, si las obras para acondicionarlos como trasteros o viviendas tiene la consideración de rehabilitación a efectos del IVA (ver nº 8643), constituye una primera entrega; en caso contrario, la venta posterior de los trasteros va a estar exenta, al tener la consideración de segunda o ulterior entrega de edificaciones (DGT CV 24-6-19; CV 15-4-20; CV 11-11-21). Un local comercial que se va a transformar en viviendas para su venta, mediante la ejecución de obras consistentes, entre otras, en demolición de tabiques, modificación de la fachada e instalación de electricidad y fontanería, será primera entrega si se considera rehabilitación (DGT CV 5-5-23; CV 5-7-23);
- en las obras en un **edificio**, con la intención de demoler todo el interior del mismo y llevar a cabo el cambio de uso de oficinas por viviendas y la modificación de los sótanos eliminando plazas de garaje y obteniendo trasteros, se han de analizar individualmente desde un punto de vista técnico las obras realizadas, resultando necesario disponer de suficientes elementos de prueba que acrediten la verdadera naturaleza de las obras proyectadas, tales como, entre otros, dictámenes de profesionales específicamente habilitados para ello o el visado y, si procede, calificación del proyecto por parte de colegios profesionales. Por tanto, si las obras resultan ser de rehabilitación, la adquisición de la referida edificación no está exenta del IVA y la entrega posterior que se realice va a tener la consideración de primera entrega (DGT CV 22-12-21).

8661 **15)** La construcción de unas **plazas de aparcamiento** merece distinto tratamiento según sean consideradas:

- **primera transmisión** de la edificación, quedando fuera del ámbito de la exención: esto ocurre cuando hayan sido promovidas por un ayuntamiento a través de una sociedad, para su posterior transmisión a terceros (DGT 10-5-01); los adquirentes tengan adjudicado su uso privativo en virtud de concesión administrativa, fijándose la contraprestación en un valor residual, al constituir las cantidades satisfechas por la concesión como pagos a cuenta del precio de venta (DGT CV 4-3-13);
- **segunda entrega de edificaciones**, quedando sujeta y exenta: cuando las plazas que transmite el concesionario al ayuntamiento han sido objeto de utilización ininterrumpida por un plazo igual o superior a dos años y se produce la transmisión posterior por el ayuntamiento a terceros no empresarios o profesionales (DGT CV 9-9-14).

En estos casos, resulta determinante quién es el adquirente de las plazas de aparcamiento: si es quien ha sido hasta ese momento **cesionario temporal** del aparcamiento, la entrega está sujeta y no exenta; por el contrario, si es persona diferente a quien la utilizó, depende del período de uso previo por el cesionario, ya que si fue superior a dos años, ese uso agotaría la primera entrega, quedando la transmisión a terceros sujeta y exenta (sin perjuicio de la tributación que,

en su caso, proceda por ITP y AJD) y, si fue inferior a dos años, no se agotaría y por tanto la transmisión estaría sujeta y no exenta del IVA (DGT CV 31-5-10; CV 2-11-12).
En caso de **renuncia unilateralmente** por parte de la empresa concesionaria, transmitiendo al ayuntamiento los tres aparcamientos ya construidos y uno en fase de construcción, la transmisión de los aparcamientos está exenta, al tratase de una primera entrega efectuada por el promotor, sin perjuicio de la tributación que proceda por ITP y AJD (DGT CV 17-12-10).

16) En los contratos de compraventa de **viviendas en construcción** entre promotor y particular, con el derecho a favor del particular de **escriturar a nombre de un tercero** designado por este con anterioridad a la firma del contrato privado, a efectos del IVA, mientras el edificio se encuentra en construcción, el contrato de compraventa de viviendas en construcción entre promotor y particular solo da lugar a que se realicen unos **pagos anticipados** que determinan el devengo del IVA correspondiente a dichos pagos, pero no se ha producido el hecho imponible (entrega del bien); posteriormente, una vez finalizada la construcción, la entrega de la misma a la persona que figura en la escritura de compraventa está sujeta y no exenta. Todo ello además de la obligación de tener que tributar por ITP y AJD por la transmisión de los **derechos derivados del contrato de compraventa** de la vivienda a un tercero, teniendo en cuenta que en los casos en los que se produzca un supuesto de no sujeción al ITP y AJD no resulta aplicable lo dispuesto respecto al IVA (DGT 28-3-03). **8662**
17) Una sociedad transmite a sus socios, como **retribución de dividendos en especie**, la propiedad de la nave industrial en la que está ubicada. La transmisión de la nave industrial está sujeta y exenta salvo renuncia a la exención (DGT CV 5-12-06).

18) En la transmisión del 75% de las **participaciones de carácter preferente** de una AIE, atribuidas a la transmitente como consecuencia de la aportación de un inmueble destinado a oficinas, como la exención de la transmisión de títulos valores no es aplicable a aquellos cuya posesión asegure de hecho o de derecho la propiedad, en relación con el uso o el disfrute exclusivo de la totalidad o parte de un bien inmueble, como ocurre en este caso, la exclusión de exención debe matizarse con la exención prevista para la segunda o ulterior transmisión de edificaciones, dada la naturaleza del bien a que se refieren las participaciones transmitidas. Así, la transmisión de las referidas participaciones constituye una prestación de servicios sujeta pero exenta (DGT CV 4-9-06). **8663**
19) La **ocupación ilegal** durante más de dos años por terceras personas de un edificio nuevo antes de su venta, no cumple los requisitos para considerar su transmisión como una segunda entrega y, por tanto, exenta del impuesto (DGT CV 28-4-08). En el mismo sentido, se considera primera entrega la subasta de las viviendas que han estado ocupadas sin justo título más de dos años (DGT CV 12-11-24).
20) Un particular va a adquirir en ejercicio de un derecho de **retracto legal** una vivienda que venía ocupando en arrendamiento desde su construcción. La transmisión la va a efectuar una sociedad mercantil absorbente de la promotora de la vivienda. En la absorción de la promotora por la sociedad mercantil se aplicó el supuesto de no sujeción. Por ello, la transmisión de la sociedad mercantil al particular es primera entrega, sujeta y no exenta del IVA (DGT CV 26-11-08).
21) A la transmisión de **participaciones en una comunidad de bienes** que implica la transmisión de la propiedad de un inmueble no le resultan de aplicación las exenciones financieras, sino la de edificaciones cuando se trate de segunda entrega, salvo renuncia (DGT CV 4-6-09).

22) Una promotora transmite una **vivienda de nueva construcción**, con la particularidad de que los cónyuges adquieren el derecho de usufructo vitalicio, el cual al recaer sobre una parte del edificio destinada exclusivamente a vivienda, merece la calificación de prestación de servicios sujeta pero exenta del IVA; por otra parte, al hijo le es transmitida la nuda propiedad, considerándose primera entrega sujeta y no exenta del IVA (DGT CV 7-2-11). **8664**
23) Una empresa dedicada a la actividad inmobiliaria en general (promoción, compraventa, arrendamiento, etc.) adquiere, mediante escritura pública, un conjunto de **viviendas en construcción** con la intención de celebrar posteriormente contratos de arrendamiento con opción de compra sobre las mismas, subrogándose en el crédito que la entidad transmitente tenía suscrito para la financiación de la construcción. Aunque esta última se compromete a terminar las obras y obtener las licencias de ocupación de las viviendas, a efectos del IVA, desde el momento en que se produce el otorgamiento de escritura pública, como equivale a la entrega de la promoción inmobiliaria en construcción, la entidad compradora se convierte en promotora de la edificación, encontrándose dicha entrega sujeta y no exenta del IVA. Por lo que se refiere a la construcción del resto del inmueble hasta su finalización, constituye una prestación de servicios o una entrega de bienes, según el caso, que también está sujeta y no exenta del IVA.
Cuando las viviendas adquiridas en construcción sean objeto de **contratos de arrendamiento con opción de compra**, tales arrendamientos están sujetos y no exentos del IVA al tener la consideración de primera entrega a efectos de la exención de edificaciones, tanto si se entrega al arrendatario que la viene ocupando (DGT CV 12-7-11; CV 6-11-15), a una entidad mercantil distinta de la arrendataria titular de dicha opción (DGT CV 11-5-20), como si ha estado alquilada a diversos arrendatarios, aunque en algunos casos haya sido por períodos ininterrumpidos de

más de dos años (DGT CV 26-4-22). El uso en virtud de contratos con opción de compra, por muy dilatados o sucesivos en el tiempo que sean, no pueden agotar nunca la primera entrega. Este último aspecto es de gran importancia, ya que es determinante de que por más contratos que se sucedan de arrendamiento con opción de compra, seguirá siendo de aplicación la exclusión en los arrendamientos con opción de compra de terrenos o viviendas cuya entrega estuviese sujeta y no exenta (LIVA art.20.Uno.23º.d') y, por tanto, estos arrendamientos seguirán estando sujetos y no exentos como vía de traslado al consumo final del valor añadido de la promoción inicial (DGT CV 15-2-24).

24) Dado que se exige un **período mínimo** igual o superior a dos años y la utilización del inmueble de manera ininterrumpida, si la vivienda ha sido alquilada en sucesivas ocasiones, al menos uno de los arrendamientos debe ser igual o superior al período mínimo, no permitiendo la suma de períodos (DGT CV 22-8-17; CV 6-6-18). La **utilización ininterrumpida** por un plazo superior a dos años hace que la entrega del inmueble de la promotora al adquirente tenga la consideración de segunda entrega (DGT CV 12-5-21), ya haya sido utilizado por su propietario o por titulares de derechos reales de goce o disfrute, así como por persona distinta del futuro adquirente (DGT CV 4-3-21).

La edificación que va a transmitirse fue promovida por el vendedor con la intención de destinarla a ser utilizada como **almacén** de una de las sociedades en las que es socio, habiéndose destinado a este uso por un período superior a dos años. Esta utilización agota la primera entrega del inmueble, por lo que la transmisión a otra persona va a tener la consideración de segunda transmisión sujeta y exenta (DGT CV 13-11-17).

25) Si una **promotora inmobiliaria**, una vez finalizada su construcción y ante las dificultades para su venta, decide un **cambio de actividad**, se considera que ha existido un autoconsumo de bienes, como consecuencia del cambio de afectación de los inmuebles promovidos en el sector diferenciado «actividades inmobiliarias por cuenta propia» al sector diferenciado «alquiler de bienes inmobiliarios». Por tanto, la transmisión posterior de las viviendas se encuentra sujeta pero exenta del IVA, al tratarse de una segunda entrega de edificaciones como consecuencia de haberse agotado la primera entrega en la operación de autoconsumo (DGT CV 10-5-12).

8665 **26)** Una **planta industrial** donde el transmitente desarrolla su actividad, es adquirida por un ayuntamiento, el cual va a transmitirla por precio único y como una única unidad registral (tanto el terreno como los edificios construidos en el mismo). Como particularidad, el terreno, clasificado como suelo urbano, se divide en dos sectores: consolidado y no consolidado, encontrándose la planta industrial en el sector de suelo urbano consolidado. En cuanto a la entrega de la finca que se corresponde con el sector de suelo urbano no consolidado, está exenta del IVA (nº 8605), al igual que la entrega de la planta industrial con los terrenos accesorios a la misma (sector de suelo urbano consolidado), siempre que se trate de una segunda transmisión de edificaciones (DGT CV 13-3-13).

Unos terrenos calificados como **suelo urbano no consolidado** que deban ser objeto de una nueva urbanización, no se consideran urbanizados si no se hubiera iniciado el nuevo proceso urbanizador (DGT CV 23-6-20; CV 11-7-23).

27) El Ente público titular de un **derecho de superficie** sobre un suelo en el que se construyó un edificio acogido al régimen de viviendas de protección oficial, el cual explota en régimen de alquiler, transmite dicho derecho en un 50% a favor de quien había sido arrendatario de la edificación y en otro 50% a un tercero, constituyendo una **comunidad de bienes**. La transmisión de los derechos de superficie va a suponer, asimismo, la transmisión del inmueble existente sobre el suelo afectado. La operación se puede hacer de dos maneras: si los propios miembros asumen las consecuencias empresariales de las mismas, y no la entidad, a efectos del IVA se producen dos transmisiones, constituyendo una primera entrega sujeta y no exenta la realizada al arrendatario (siempre y cuando la vendedora hubiera sido la promotora del inmueble), frente a la segunda o ulterior entrega sujeta y exenta al tercero, sin perjuicio de la posibilidad de renuncia al impuesto. En caso contrario, es decir, si hay una ordenación conjunta de medios y una asunción igualmente conjunta del riesgo y ventura de las operaciones, la comunidad de bienes tiene la condición de sujeto pasivo del IVA, produciéndose en este caso una segunda o ulterior entrega de edificaciones sujeta y exenta, sin perjuicio de la posibilidad de renunciar a dicha exención (DGT CV 29-7-13; CV 23-5-17).

Si con la transmisión del derecho de superficie se produjese la transmisión del **poder de disposición** de la edificación, dicha transmisión debería calificarse como entrega de bienes a efectos del IVA; además, al ser segunda entrega, estaría sujeta y exenta (DGT CV 27-12-19). La transmisión del derecho de superficie, cuyo cambio de titularidad será inscrito en el correspondiente Registro de la Propiedad, implica la realización de una prestación de servicios sujeta y no exenta, que tributa al tipo general (DGT CV 3-1-19).

28) Constituye segunda transmisión, sujeta pero exenta, aunque sea posible la renuncia a dicha exención, la adjudicación a un empresario o profesional de un inmueble ya terminado ejecutado en una **subasta** realizada por una Administración (DGT CV 25-2-14). En el mismo sentido, respecto a la adjudicación en subasta administrativa a una persona física de locales y plazas de garaje (DGT CV 11-12-25); o de local adquirido en subasta judicial (DGT CV 1-12-25).

También es segunda transmisión de inmueble, sujeta y exenta, la efectuada por una entidad dedicada a la compraventa de bienes inmuebles por cuenta propia a favor de una persona física (DGT CV 10-12-20).

29) Si la entrega de viviendas a un comunero procedente de la **liquidación de la sociedad de gananciales** tiene la consideración de primera entrega, las posteriores transmisiones de viviendas a particulares tienen la consideración de segundas entregas de edificaciones, que están sujetas y exentas sin posibilidad de renuncia a la exención (DGT CV 28-3-14).

30) La entidad A adquirió el 55% de una **edificación en curso de construcción** en una operación no sujeta. Con posterioridad, una vez finalizada la obra, adquiere el 45% restante. La entidad A se subroga en la posición del anterior transmitente de la edificación por el 55% inicialmente adquirido. Si el transmitente tenía la condición de promotor de una edificación, la posterior transmisión de la misma se considera primera entrega sujeta y no exenta. En cuanto al 45% restante de la edificación adquirido una vez finalizada la misma, teniendo en cuenta que se adquirió en una permuta y que dicha entrega tuvo la consideración de segunda entrega sujeta y exenta, su posterior transmisión también constituirá una segunda entrega, sujeta y exenta (DGT CV 3-10-16).

31) La transmisión de una vivienda por una **entidad de crédito** a una persona física se califica de segunda entrega sujeta y exenta, salvo que la entidad se hubiera subrogado en la condición de promotor del anterior transmitente, en cuyo caso sería primera entrega (DGT CV 27-4-17).

32) La entrega del hospital (por reversión) que realiza el **concesionario** a la Administración tiene la consideración de segunda entrega, al haber sido objeto de utilización ininterrumpida por un plazo igual o superior a dos años. Dicha entrega está sujeta y exenta, sin perjuicio de que pueda resultar aplicable la renuncia a la exención (DGT CV 16-10-17).

33) Mediante una **concesión administrativa** una entidad mercantil procede a la construcción y **8665.1**
explotación de un centro comercial sobre unos terrenos demaniales de la autoridad portuaria. Tras la desafectación del terreno, convirtiéndose en un bien patrimonial, la edificación fue transmitida en varias ocasiones a otras entidades mercantiles. La autoridad portuaria mantiene la propiedad del suelo y el derecho a la reversión de la construcción, teniendo intención de transmitírselos al actual titular del vuelo. Dado el carácter indisociable del suelo y la edificación, resultan aplicables las normas relativas a las entregas de edificaciones, y teniendo en cuenta que el vuelo ha sido objeto de varias transmisiones, la entrega del suelo va a tener igualmente la consideración de segunda o ulterior entrega de edificación, sujeta y exenta, existiendo posibilidad de renuncia (DGT CV 26-4-22).

34) Las **entregas gratuitas de las infraestructuras** consistentes en la supresión de los pasos a nivel existentes sustituyéndolos por pasos a distinto nivel que realice una entidad pública empresarial, son un autoconsumo de bienes y se consideran operaciones asimiladas a una entrega de bienes a título oneroso y, por tanto, sujetas a IVA. El hecho de que la entidad titular del paso a nivel deba en determinados supuestos financiar parcialmente el coste de las obras, no desvirtúa la naturaleza de las operaciones efectuadas por imperativo legal. Por tanto, la entidad pública empresarial tendrá la consideración de promotor y la entrega de las infraestructuras por parte de la misma a sus distintos destinatarios será una primera entrega sujeta y no exenta (DGT CV 13-3-24).

35) Los locales serán **entregados** al ayuntamiento adquirente **tras finalizar su construcción** por lo que, en estas circunstancias, dicha entrega se considera primera entrega de edificación, sujeta y no exenta (DGT CV 30-4-24).

Jurisprudencia Hay que tener en cuenta que los siguientes criterios interpretativos corresponden a **8666**
situaciones producidas en su mayoría con arreglo a la normativa en vigor antes del 14-4-2010.

1) Para hablar técnicamente de rehabilitación en sentido propio debemos encontrarnos ante obras que afecten a **elementos constitutivos** o sustentantes -derribos, movimientos de tierra y de cimientos, etc.-, y no ante reparaciones menores -trabajos de carpintería, instalaciones eléctricas, pinturas, etc.- (TEAC 16-1-97). Se trata de supuestos de reparación de un inmueble en los que, con o sin cambio de uso, se realizan obras que, por su envergadura, superan lo que tradicionalmente se ha conocido como reforma interior, diferenciándose por tanto de la remodelación o transformación (TSJ Cataluña 10-3-97, EDJ 500049). Implica la **reconstrucción** mediante la consolidación y el tratamiento de estructuras sustanciales del inmueble, siendo elemento esencial afectar a la propia estructura del inmueble (TEAC 20-10-09).

2) Las ejecuciones de obra consistentes en la **reforma, readaptación, redistribución, mejora o reconstrucción** de edificaciones cuya construcción ya esté terminada, que no tenga única o principalmente por objeto el tratamiento o consolidación de elementos estructurales de la edificación (estructuras, cubiertas, fachadas o análogas), no se consideran de rehabilitación, con independencia de que el coste de dichas obras exceda del 25% del precio de adquisición o verdadero valor de la edificación (TEAC 23-6-09).

3) No es rehabilitación la transmisión de un inmueble con destino a ser **derruido** para construir otro nuevo (TSJ Asturias 16-4-97, EDJ 500054), ni las obras consistentes en la incorporación de **plantas adicionales** a las existentes en el momento de la adquisición, ni las de **redistribución interior** (TEAC 14-12-10).

4) Cuando existe un **contrato único de ejecución de obras** o un proyecto general de la obra, la calificación como obras de rehabilitación debe hacerse para el conjunto de la obra, atendiendo a que la prestación principal, definida normalmente así por su coste relativo, tenga por objeto la consolidación y tratamiento de la estructura, fachadas, cubiertas u otras análogas (TEAC 22-9-16).

8667 **5)** En la adjudicación de un edificio en **subasta pública judicial** debe comprobarse si se está ante una segunda entrega, lo que determinaría la exención de IVA y correlativa sujeción a ITP y AJD, ya que aunque se trata de la promotora del inmueble subastado, se ha de acreditar que no ha sido utilizado por plazo igual o superior a dos años (TEAC 11-6-98).

6) Se equipara la **demolición** al remozamiento o reconstrucción total (TEAC 27-2-98).

7) Las entregas de bienes y las prestaciones de servicios distintas a la entrega de un terreno, realizadas en el marco de un «haz» de **contratos de ejecución de obra** y de prestaciones de servicios encaminadas a la construcción de un edificio, no están exentas del IVA. A estos efectos, ninguna disposición del Derecho de la Unión se opone a que una operación sujeta sea sometida por un Estado miembro a **otros impuestos** sobre transmisiones y transacciones, siempre y cuando estos últimos no tengan carácter de impuestos sobre el volumen de negocios (TJUE 8-7-86). Esto parece afirmar la posibilidad de someter ciertas operaciones inmobiliarias exentas del IVA a un impuesto que no tiene el carácter de impuesto sobre el volumen de negocios (TPO). Ver en el nº 8512 el criterio del TJUE que confirma la **compatibilidad** del IVA y el concepto **AJD** del ITP y AJD sobre una operación inmobiliaria.

8668 **8)** En materia de exenciones la suerte de la **edificación en construcción** está ligada a la del terreno en que se enclava, aunque la LIVA no lo expresa con claridad ya que, si bien señala que las entregas de edificaciones incluyen los terrenos en que se hallen enclavados y los accesorios, no dice inversamente que las entregas de terrenos incluyen las de las edificaciones en curso de construcción (TEAR Aragón 22-7-99).

9) Mientras la edificación no está terminada, la transmisión de una **obra en curso** sigue el régimen del suelo sobre el que se asienta, por lo que, si se está realizando sobre suelo urbano, quedan gravadas, sin exención, todas las transmisiones que se produzcan antes de que tenga lugar la ultimación de las obras. No se considera obra en curso la entrega de un edificio terminado cuando la compraventa se convenga estando en fase de construcción pues, en este caso, existe primera entrega una vez que se realice esta, teniendo por objeto el edificio terminado, por lo que su posterior transmisión, también en fase de construcción, tiene la consideración de segunda entrega de edificación (TS 17-1-06, EDJ 6419).
Hay que distinguir entre la entrega de una inmueble en fase de construcción haciéndose cargo el comprador de su finalización, de la entrega de un edificio terminado, aunque en el momento de la operación se encuentre en fase de construcción (TS 30-9-09, EDJ 251527).

10) Dado que las manifestaciones del comprador recurrente de que destinaba el local adquirido a su rehabilitación no se hallan apoyadas en las correspondientes pruebas, ni existe una descripción pormenorizada de las obras efectuadas, procede estimar que se trata de **obras para la adaptación del local** comercial a las necesidades del comprador y en ningún caso obras de rehabilitación. Por otra parte, no pueden identificarse «edificación» y «vivienda», pues de acuerdo con la LIVA art.6, tienen la consideración de edificación, en particular, los edificios, considerándose como tales toda construcción permanente, separada e independiente, concebida para ser utilizada como vivienda o para servir al desarrollo de una actividad económica (TEAC 10-9-99).

8669 **11)** La recurrente ha realizado **reformas en un hotel** para su conversión en apartamentos, a lo que hay que añadir el otorgamiento de escritura de **división horizontal** de la finca, que antes no era necesaria al no existir viviendas, pues el inmueble estaba destinado a hotel. La posterior venta de los apartamentos, efectuada tras la profunda transformación de la edificación, tanto en relación a su destino como en su interior, debe considerarse primera entrega, pues la remodelación o adaptación puede equipararse a rehabilitación del edificio (TSJ Málaga 24-3-00, EDJ 27025).
La entrega de apartamentos nuevos resultantes de la transformación de un antiguo edificio destinado a otros usos está sujeta y no exenta (TJUE 9-3-23, asunto C-239/22).

12) El **ejercicio anticipado de la opción de compra** en un contrato de arrendamiento financiero o de leasing no puede considerarse inherente a dicho tipo de contratos, sino una transmisión más dentro del tráfico mercantil y, por tanto, no resulta aplicable la exención relativa a las entregas de edificaciones en el marco de esos contratos, considerándose una segunda o ulterior transmisión de inmuebles y por tanto sujeta pero exenta (TEAC 27-7-05).

13) En los supuestos de **permuta de terrenos por edificaciones futuras**, la primera entrega es la efectuada por el que recibe los terrenos y se compromete a entregar las edificaciones, de forma que la posterior entrega se califica de segunda (TEAC 13-6-07).

14) Si se adquiere un inmueble para su **rehabilitación** y esta **no se lleva a efecto**, dicha operación está sujeta pero exenta de IVA, tributando por ITP y AJD. No desvirtúa dicha conclusión el hecho de que la rehabilitación no pudiera llevarse a efecto por la negativa de los arrendatarios a abandonar el edificio, pues la situación arrendaticia era conocida por el adquirente (TS 28-3-08, EDJ 48975).

8669.1 **15)** La exención prevista para las entregas de edificaciones no se aplica a la entrega de un terreno sobre el que se levanta un viejo edificio, que hay que derribar para erigir en su lugar una nueva construcción y cuyo **derribo** a tal fin, asumido por el vendedor, ya ha comenzado antes de esa

entrega. La entrega de un terreno no edificado, con independencia de cómo estén de avanzadas las obras de derribo del antiguo edificio en el momento de la entrega efectiva del terreno, forman parte de una operación única a efectos del IVA (TJUE 19-11-09, asunto C-461/08).
Sin embargo, cuando se entrega un terreno y un **edificio viejo**, el cual está siendo **transformado** en un edificio nuevo pero que, en el momento de dicha entrega en el edificio viejo solo se habían efectuado obras de demolición parcial y todavía se seguía utilizando, al menos en parte, está exenta del IVA (TJUE 12-7-12, asunto C-326/11).
16) La **utilización por el promotor** de los bienes durante un período superior a dos años hace referencia a la afectación de los bienes a un destino distinto al de su venta. En el caso de bienes arrendados la utilización por el arrendador es distinta a la utilización por el arrendatario, o, en su caso, subarrendatario. Así, el destino al arrendamiento por un período superior a dos años determina que la posterior entrega a la persona distinta al arrendatario tenga la consideración de segunda entrega exenta, sin perjuicio de la posibilidad de renuncia a la exención (TEAC 8-7-09). Cuando los bienes se incorporan al inmovilizado de la empresa promotora para ser destinados al arrendamiento durante un plazo superior a dos años, siendo objeto de varios contratos de arrendamiento, y posteriormente se venden a persona distinta del arrendatario que hubiera venido utilizando durante dicho período los bienes, dicha venta tiene la consideración de segunda entrega exenta del impuesto (TEAC 13-4-10).
17) Dentro del concepto **otras obras análogas** se encuentran las destinadas, entre otras, a la consolidación y saneamiento de los cimientos de la edificación, o los drenajes efectuados para preservar los muros de humedades. Cuando existe un **contrato único** de ejecución de obras o un proyecto general de la obra, la calificación como obras de rehabilitación debe hacerse para el conjunto de la obra, atendiendo a la prestación principal, definida normalmente así por su coste relativo y siempre que tenga por objeto la consolidación y tratamiento de la estructura, fachadas, cubiertas u otras análogas. Con respecto a la prueba, presentado el proyecto de ejecución de obras por el sujeto pasivo ante la Administración tributaria, esta debe justificar y acreditar el rechazo a considerar dicho proyecto como de rehabilitación, sin que baste incorporar al acuerdo de liquidación el importe de las obras que considera de rehabilitación sin especificar o motivar adecuadamente (TEAC 7-6-11).
18) No se trata de segunda entrega de edificaciones, ya que las primitivas fueron **demolidas** con la ampliación del estadio y lo que se transmite es una edificación nueva que constituye, por tanto, primera entrega y una operación sujeta al impuesto (AN 8-9-16, EDJ 166332).
19) Están exentas las entregas de bienes inmuebles que se producen después de que estos hayan sido objeto de una utilización efectiva por su propietario o arrendatario. No obstante, esta regla encuentra su límite en el **principio de prohibición de prácticas abusivas**, que en este caso debe interpretarse en el sentido de que las entregas no pueden tener como resultado la obtención de una ventaja fiscal contraria al objetivo de la Sexta Directiva (TJUE 22-11-17, asunto C-251/16).
20) No es contrario al derecho de la UE que una normativa nacional supedite la aplicación de la exención al requisito de que, en caso de «mejora» de un edificio existente, los gastos realizados con ese fin no hayan sobrepasado el 30% del valor inicial del edificio, siempre que este concepto de mejora se interprete del mismo modo que el concepto de «transformación», es decir, en el sentido de que el edificio de que se trate debe haber sufrido **modificaciones sustanciales** destinadas a modificar su uso o a cambiar considerablemente las condiciones de ocupación del mismo (TJUE 16-11-17, asunto C-308/16).
21) La existencia de un **autoconsumo interno** no supone que se produzca una primera transmisión del inmueble. El gravamen del autoconsumo interno para ajustar las deducciones no puede incidir en la calificación de la entrega posterior de los inmuebles que realice su promotor por causa distinta del uso que de los mismos se haga. Es decir, solo en el caso de que se produzca un uso efectivo del inmueble durante un plazo ininterrumpido igual o superior a dos años en el sector de actividad de arrendamiento, supone que la posterior entrega que del inmueble se realice tenga la consideración de segunda entrega, teniendo en cuenta que el autoconsumo interno gravado no agotó la primera entrega (TEAC 18-2-21).

D. Arrendamientos

(LIVA art.20.Uno.23º)

8670 *Están* **exentos** *los arrendamientos* que tengan la consideración de servicios, con arreglo a lo dispuesto en el nº 193 (prestaciones de servicios) y la constitución y transmisión de derechos reales de goce y disfrute (usufructo, uso y habitación, servidumbres, enfiteusis y censos), que tengan por objeto:
a) **Terrenos**, incluidas las construcciones agrarias usadas para la explotación de una finca rústica. Se exceptúan las construcciones dedicadas a ganadería independiente.
b) Edificios o partes de los mismos destinados exclusivamente a **viviendas**, incluidos los **garajes** y anexos accesorios, y los muebles, arrendados conjuntamente con aquellos. La exención se extiende a los edificios o parte de los mismos destinados a su posterior arrendamiento por **entidades gestoras de programas públicos** de apoyo a la vivienda o por sociedades acogidas al régimen especial de **entidades dedicadas al arrendamiento de viviendas** en el IS (ver nº

7330 s. Memento Fiscal 2026), con sus garajes y anexos accesorios a las viviendas y los muebles, arrendados conjuntamente con aquellos.
La exención no comprende los siguientes arrendamientos:
a) De terrenos para **estacionamiento** de vehículos, para **depósito** o almacenaje o para instalar en ellos elementos de una actividad empresarial, así como para **exposiciones** o publicidad.
b) De terrenos o viviendas **con opción de compra**, cuya entrega estuviese sujeta y no exenta.
c) De **apartamentos o viviendas amueblados** cuando el arrendador se obligue a la prestación de servicios complementarios propios de hostelería (restaurante, limpieza, lavado de ropa, etc.).
d) De edificios o partes de los mismos para ser **subarrendados**, salvo aquellos que sean destinados a su posterior arrendamiento por entidades gestoras de programas públicos de apoyo a la vivienda o por sociedades acogidas al régimen especial del IS de entidades dedicadas al arrendamiento de viviendas.
e) De edificios o partes de los mismos **asimilados a viviendas** de acuerdo con la Ley de Arrendamientos Urbanos (estos arrendamientos asimilados a viviendas no existen en la vigente Ley de Arrendamientos Urbanos -L 29/1994-).
f) La constitución o transmisión de **derechos reales de goce o disfrute** sobre los bienes citados en los puntos a), b) y c) anteriores y del derecho real de **superficie**.

8672 Ejemplos 1) Don EFL, propietario de una **finca rústica**, realiza las siguientes operaciones:
- Arrienda a una persona los pastos de la finca.
- Arrienda a terceros una parte de la finca dedicada a invernadero para el cultivo de hortalizas, incluyéndose un almacén y una balsa de riego, así como cierto número de hectáreas (donde se han edificado naves, cuadras y viviendas necesarias al efecto) dedicadas a explotación agropecuaria.
- Arrienda como coto de caza una parte de la finca.
En este supuesto se incluyen en el ámbito de la exención las dos primeras operaciones.
Respecto del **arrendamiento de terrenos de caza**, debemos puntualizar que mientras la DGT y el TS han entendido que dicho arrendamiento está sujeto y no exento, al cederse el derecho de caza o su aprovechamiento cinegético (nº 8682), algunos Tribunales económico-administrativo regionales han mantenido criterios opuestos, considerando exentos tales arrendamientos.
2) Una sociedad construye un inmueble y destina el sótano a garajes; la planta baja y la primera, a locales de negocios y oficinas; el resto, a viviendas. La empresa realiza las siguientes operaciones:
a) Alquila algunos garajes conjuntamente con algunas viviendas.
b) Alquila otros garajes a terceras personas.
c) Alquila la planta baja para oficinas del ayuntamiento.
d) Cambia el destino de la planta primera, que dedica a viviendas de alquiler.
e) Alquila otros pisos destinados a viviendas a un partido político, para su sede, y a una asociación sin ánimo de lucro, para sus actividades específicas.
En el supuesto a), procede la exención siempre que el arrendatario destine efectiva y exclusivamente el piso a **vivienda**. No procede la exención si utilizase el piso, por ejemplo, como despacho profesional, o si dedicase una parte del piso a vivienda y otra a despacho profesional. Esto mismo puede señalarse respecto del supuesto contemplado en la letra d).
En el supuesto b), no procede la exención, ya que se trata de un arrendamiento no destinado exclusivamente a vivienda (se trata de **garajes**).
Tampoco procede la exención en los casos c) y e), ya que los pisos no se destinan exclusivamente a viviendas, aunque los pisos alquilados sean aptos, objetivamente, para su utilización como viviendas.
En definitiva, es una **exención finalista**, cuya aplicación exige que el destino real, efectivo y exclusivo de la edificación arrendada sea el de vivienda. No obstante, algunos pronunciamientos jurisdiccionales en los últimos tiempos se están apartando de la interpretación administrativa en esta materia (ver el criterio de la DGT en el nº 8674 s. y del TSJ y el TEAC en el nº 8679).

8673 **3)** Un propietario de un terreno vallado, donde ha construido un campo de fútbol y sus vestuarios, lo arrienda a un ayuntamiento, para sus **actividades de tipo social y deportivo**.
Procede la exención en este caso únicamente en el supuesto de que el ayuntamiento no vaya a utilizar el campo de fútbol para desarrollar una actividad de carácter empresarial.
4) Un propietario de un edificio lo arrienda a una persona física para que esta destine **cada planta a diferentes usos**: la primera planta para su vivienda habitual y el sótano, que tiene acceso independiente, para sus negocios. Se especifica en el contrato la parte de alquiler correspondiente a cada uso.
En este supuesto, debe considerarse exento el alquiler correspondiente a la parte del edificio destinado a vivienda, siempre que se cumpla la condición de que tenga acceso independiente. Está sujeta y no exenta la correspondiente al negocio, aunque el contrato sea único. Si el precio del alquiler fuera único habría que determinar la base imponible correspondiente a cada servicio (nº 1879 s.), aplicando el tipo general sobre la correspondiente al arrendamiento del local de negocio.

5) Una empresa alquila un piso a una persona, médico de profesión, para que lo destine a su **vivienda y consulta médica**.
Se entiende que no disfruta de exención, pues el piso alquilado se destina a usos exentos y no exentos, sin división del mismo ni especificación de usos. Debe recordarse que la Ley exige que los inmuebles se dediquen exclusivamente a viviendas.
6) Una promotora inmobiliaria celebra con un particular un contrato de **arrendamiento con opción de compra** sobre un piso de nueva construcción.
El arrendamiento no está exento, ya que la entrega del piso por la promotora al arrendatario sería una primera entrega de edificación, no exenta y la Ley excluye de la exención los arrendamientos con opción de compra de viviendas cuya entrega estuviese sujeta y no exenta.

Doctrina Administrativa Además de las siguientes contestaciones de la DGT, ver nº 11000 s. **8674**
La regulación de esta exención no es una exención de carácter objetivo que atienda al bien que se arrienda para determinar la procedencia o no de la misma, sino que se trata de una exención de **carácter finalista** que hace depender del uso de la edificación su posible aplicación, siendo la exención preceptiva cuando el destino efectivo del objeto del contrato es el de vivienda, pero no en otro caso (DGT CV 11-4-14).
1) Arrendamiento de vivienda.
a) **No está exento**:
- el arrendamiento de edificaciones y de garajes y anexos accesorios a las mismas **de manera conjunta**, que a su vez son objeto de una cesión posterior por parte de su arrendatario en el ejercicio de una actividad empresarial (DGT CV 30-5-11);
- el arrendamiento de vivienda, cuando en el contrato no figura concreta y específicamente la persona o personas físicas usuarias últimas de la misma, pudiendo el arrendatario designarlas posteriormente, dando lugar a una **cesión o subarrendamiento posterior** que impide la aplicación de la exención (DGT CV 3-1-19), como ocurre cuando una empresa arrienda una vivienda, con la intención de subarrendarla posteriormente, sin indicarse las personas físicas concretas usuarias de la misma (DGT CV 2-4-20; CV 7-9-20), o cuando se arrienda para su uso por los trabajadores de la sociedad arrendataria en los desplazamientos laborales, incluyéndose servicios complementarios propios de la industria de hostelería, que igualmente se encuentran sujetos y no exentos (DGT CV 17-10-19). Ver, sin embargo, pronunciamientos jurisprudenciales contrarios en el nº 8679; el arrendamiento de viviendas por determinados inversores a otra empresa para su explotación, en la medida en que la arrendataria, encargada de la gestión de los arrendamientos, va a subarrendar las viviendas a terceros en el ejercicio de una actividad económica (DGT CV 21-9-23; CV 26-12-23); el arrendamiento de una vivienda que ha pasado a destinarse al subarrendamiento por parte del arrendatario original, con conocimiento del arrendador según se ha acreditado judicialmente (DGT CV 31-10-23);
- el arrendamiento de un edificio de viviendas a una asociación que lo destina a la rehabilitación y **acogimiento de drogadictos** de manera gratuita (DGT 20-1-99; CV 15-6-22); el arrendamiento a una **Diputación Provincial** que cede su uso a un tercero (DGT 15-6-01); la cesión gratuita del uso por un **ayuntamiento** a un tercero (DGT 31-5-01), o a una **parroquia** para destinar las viviendas al acomodamiento de ancianos (DGT CV 28-1-05; CV 13-1-16);
- el arrendamiento de vivienda por una **fundación** para ser cedido a beneficiarios de su acción, salvo que en el contrato de arrendamiento se determinen concretamente las personas físicas usuarias (DGT CV 9-12-14; CV 30-4-20);
- el arrendamiento de viviendas para el **acogimiento residencial de menores** que se encuentran bajo la tutela de la comunidad autónoma adjudicadora del proyecto (DGT CV 12-7-21);
- el arrendamiento de vivienda **con opción de compra**, teniendo la arrendataria que repercutir la cuota correspondiente durante los años de vigencia del contrato de arrendamiento (DGT CV 2-12-13; CV 28-10-15). En el mismo sentido, el arrendamiento de **vivienda de protección pública** en régimen de arrendamiento con opción de compra, de cuyo alquiler mensual se aplica la mitad al precio de la compra de la vivienda, para el supuesto en el que se ejerce la opción (DGT CV 30-7-07). La entrega de la vivienda por el **promotor** al arrendatario que la viene ocupando, en virtud de un contrato de arrendamiento con opción de compra (DGT CV 11-11-10), sin que afecte el hecho de que se establezca un plazo mínimo antes de poderse ejercitar la mencionada opción (DGT CV 21-12-11);
- la cesión del uso de inmuebles, incluso de viviendas, a cambio de una determinada cantidad de dinero, para el rodaje de **películas** (DGT CV 12-9-16); y
- el arrendamiento de una vivienda a una sociedad mercantil (DGT CV 7-9-23).
b) **Está exento**:
- el arrendamiento de una vivienda destinado directa y exclusivamente por el arrendatario o su familia (DGT CV 12-1-16; CV 22-6-17), quedando incluida la **vivienda** -entendida como el edificio o parte del mismo destinado a habitación o morada de persona física o de una familia, que constituye su hogar o sede de su vida doméstica-, incluyéndose dentro de este concepto a los **lofts** (DGT CV 3-5-10), así como los **garajes y anexos** cuando sean accesorios a viviendas que igualmente se cedan en arrendamiento y este resulte exento (DGT CV 20-1-16);
- el arrendamiento de un apartamento a una empresa que lo destina a **vivienda de los empleados identificados** en el contrato, sin que pueda subrogarse (DGT CV 17-3-22);

- el arrendamiento de una vivienda si el arrendatario **no** tiene la condición de **empresario o profesional**, pues realiza exclusivamente entregas de bienes o prestaciones de servicios a título gratuito, o actúa, por cualquier otra razón, como consumidor final, ya sea persona física o jurídica (DGT CV 23-2-06; CV 31-5-10). A título de ejemplo, ocurre con los servicios residenciales a **menores** en situación de desamparo (DGT CV 30-10-13); en el caso de pisos cedidos de forma gratuita a voluntarios de una **asociación** -arrendataria- (DGT CV 14-5-14); con la cesión gratuita a personas **inmigrantes** como centros de acogida (DGT CV 29-10-14), a personas en situaciones de marginalidad y **exclusión social** (DGT CV 12-4-13; CV 2-10-18), o a personas en situación de **precariedad sanitaria** o social para lograr su rehabilitación (DGT CV 24-9-14; CV 20-9-16); con el arrendamiento de viviendas para su cesión a beneficiarios de un **programa de exclusión social** puesto en marcha por una fundación sin ánimo de lucro, sin que exista contraprestación por parte de los destinatarios ni de terceras personas (DGT CV 23-10-17; CV 4-1-21; CV 17-5-21), como ocurre con el arrendamiento de una vivienda a una fundación sin ánimo de lucro que cede a título gratuito la misma a personas desfavorecidas para facilitar su integración (DGT CV 14-6-22) o a jóvenes tutelados (DGT CV 3-2-25); el arrendamiento de un inmueble que se va a ceder como vivienda a personas con trastorno mental grave o como viviendas tuteladas supervisadas, cuando dicha cesión no se realiza a título oneroso sino que se limita a permitir el uso del inmueble en las condiciones señaladas, sin que exista por ello ningún tipo de contraprestación por parte de los destinatarios ni de terceras personas (DGT CV 17-5-23);
- el arrendamiento de **pisos-residencia con asistencia** promovidos por una fundación que la misma cede a los mayores a cambio de un dinero, ya que los servicios complementarios que presta la fundación son de carácter asistencial (DGT CV 6-6-11); el arrendamiento de viviendas a terceros para **programas residenciales** de carácter social de prevención de la marginación y el apoyo a la integración social y laboral de personas con enfermedades psíquicas (DGT CV 14-12-21); el arrendamiento a favor de un **ayuntamiento** que lo va a ceder gratuitamente a personas físicas (DGT CV 19-2-18);
- el arrendamiento de viviendas utilizadas por diferentes personas en riesgo de exclusión social, cuando la entidad que suscribe el mismo merece la calificación de **entidad gestora de programas públicos de apoyo a la vivienda** (DGT CV 26-2-20; en el mismo sentido, DGT CV 26-3-21);
- el arrendamiento de un edificio de viviendas para **subarrendarlas** individualmente a terceros con el derecho a la utilización de una serie de **servicios comunes** que no son prestados directamente por la entidad ni subcontratados por la misma (DGT CV 4-12-12);
- el servicio de arrendamiento que presta una **sociedad estatal** a los consumidores finales con el objeto de fomentar un mercado de alquiler de viviendas más extenso y profesional, ofreciendo al arrendador su colaboración en la gestión y explotación en alquiler de los inmuebles, recibiendo las viviendas que los propietarios aportan al **programa de alquiler** (DGT CV 29-4-11; CV 11-4-13); y
- la cesión gratuita de uso de la vivienda por parte de la entidad a su **socio-administrador** (DGT CV 13-4-21).

2) Arrendamiento de vivienda afecta a la actividad económica.
No está exento el arrendamiento de vivienda utilizada parcialmente como oficina (DGT 6-11-98) o **despacho profesional** (DGT CV 6-9-13; CV 11-4-14), teniendo que ser repercutido sobre el arrendatario, por el importe total del arrendamiento, el Impuesto desde el momento en el que se produce esta circunstancia (DGT CV 29-4-22); un contrato de arrendamiento de vivienda habitual suscrito por un matrimonio, donde queda reflejado que una parte de la vivienda va a ser utilizada para llevar a cabo la **actividad empresarial** de la esposa, administradora de la sociedad (DGT CV 29-5-19); el arrendamiento de un apartamento para una **agencia de viajes** (DGT 14-6-04).

8675 **3) Arrendamiento para uso turístico.**
a) **No está exento**:
- el arrendamiento de vivienda cuando con el mismo se presten **servicios complementarios** propios de la industria hotelera, como el servicio de buffet que presta el arrendador (DGT CV 15-11-16). Quedan excluidos los servicios de recepción y los consumos de suministros incluidos en el precio del alquiler (DGT CV 14-3-13; CV 7-10-15), así como los servicios de limpieza a la entrada y salida del periodo contratado por el arrendatario, a diferencia de los servicios de limpieza que se prestan durante la estancia de los inquilinos (DGT 26-2-99; CV 4-1-21; CV 29-9-21); arrendamiento de viviendas turísticas completas o por habitaciones en los que el arrendador se obliga a prestar los servicios propios de la industria hotelera (DGT CV 21-9-23; CV 11-12-24); alquiler de apartamentos turísticos hoteleros en el que se prestan servicios propios de la industria hotelera como los de recepción con carácter permanente, custodia de maletas y limpieza diaria en las zonas comunes y semanal en los distintos apartamentos, además de disponer de zonas comunes con piscina y aparcamiento (DGT CV 23-5-23; CV 24-5-24; CV 11-6-24; CV 3-2-25);
- el arrendamiento a un **operador turístico** de varios apartamentos, durante un año y por una cantidad global en la que se incluyen los servicios de mantenimiento y limpieza de los apartamentos (DGT 28-3-01);

- el arrendamiento de alojamientos turísticos a **personas jurídicas** (DGT CV 11-7-23); el arrendamiento conjunto de terrenos y una casa rural para determinados eventos (bodas, bautizos) a una persona jurídica (DGT CV 23-5-23);
- el arrendamiento de **casas de turismo rural** (DGT 15-12-99; CV 26-2-18), de viviendas vacacionales (DGT CV 12-3-18) y de viviendas (DGT CV 3-2-22), siempre que el arrendador se obligue a prestar servicios propios de la industria hotelera. El alquiler puede ser completo o por habitaciones (DGT CV 4-1-21);
- el arrendamiento de vivienda que incluye la limpieza de la casa y cambio de ropa de hogar, a demanda del cliente, la **atención personalizada** las 24 horas a través de teléfono móvil, y el servicio de desayunos incluido en el precio del alojamiento (DGT CV 16-4-19; CV 18-10-19);
- el servicio de alojamiento turístico que no dispone de la correspondiente **licencia de primera ocupación**, por no ser un requisito exigido por la Comunidad Autónoma donde se sitúa el inmueble, al no poder calificarlo como apto para su utilización como vivienda (DGT CV 16-4-09);
- el servicio de alojamiento a **estudiantes**, en el que además del arrendamiento de la habitación, se incluyen los servicios de desayuno para llevar, la recepción durante 24 horas, la limpieza y cambio de ropa quincenal, seguros de objetos personales, uso de las instalaciones deportivas y zonas comunes, wifi y la asistencia y participación a eventos y actividades organizadas (DGT CV 15-10-20); acogimiento de estudiantes por familias que les dan alojamiento y les prestan otros servicios como manutención y lavandería (DGT CV 11-12-24);
- el servicio de alojamiento propio de la industria hotelera que se presta a los familiares de menores que van a alojarse en su **residencia** (DGT CV 10-2-21);
- los arrendamientos de viviendas o apartamentos a una comunidad residencia bajo la modalidad de «**coliving**», en la cual además de los servicios básicos se ofrecen una serie de servicios como suministros (agua, luz y electricidad), desayuno, recepción 24 horas, seguro para los objetos personales, gimnasio, piscina, uso de salas, wifi, actividades lúdicas,...), además de otros servicios adicionales con precio independiente (p.e., servicio de mudanza, de limpieza a demanda del arrendatario,...) (DGT CV 22-12-22);
- el arrendamiento de viviendas «**senior living**» con prestación de servicios complementarios propios de la industria hotelera, siempre que tales servicios se encuentren incluidos en el contrato de arrendamiento y no sean de solicitud voluntaria por el arrendatario (DGT CV 24-9-25);
- el arrendamiento de viviendas de uso turístico en la **Comunidad Valenciana** con prestación de servicios complementarios propios de la industria hotelera, con independencia de la duración del arrendamiento (DGT CV 22-4-25);
- servicios de **intermediación en el arrendamiento** de apartamentos turísticos (DGT CV 23-4-24; CV 18-9-24);
- si la empresa gestora arrendara las viviendas para proceder posteriormente a su **arrendamiento** a terceras personas en **nombre propio**, el arrendamiento efectuado por el propietario en favor de la empresa gestora estaría sujeto y no exento en la medida en que tiene lugar una cesión o subarrendamiento posterior que impide la aplicación de la exención. Todo ello con independencia de que los distintos subarrendamientos posteriores que realiza la empresa como habitaciones para uso de vivienda pudieran encontrarse exentos -siempre que no se encuentren excluidos de la referida exención- (DGT CV 13-2-24).

b) **Está exento**: **8675.1**
- el arrendamiento de viviendas a **estudiantes** siempre que el arrendador no preste los servicios propios de la industria hostelera (DGT 3-6-98; CV 19-5-22);
- el arrendamiento de vivienda a una persona física por una **fundación** (DGT CV 30-4-25);
- el arrendamiento de edificios de nueva construcción a familias para su **uso con carácter temporal** como viviendas (por una o dos semanas) (DGT 15-3-01);
- el arrendamiento de **vivienda o apartamento con fines turísticos** a personas físicas, siempre que no sean prestados otros servicios, excepto el de limpieza a la entrada y salida de los arrendatarios (DGT CV 17-9-19; CV 3-3-22; CV 12-12-22). No afecta el hecho de que de manera independiente al contrato de arrendamiento sean ofrecidos **servicios adicionales** propios de la industria hotelera, los cuales serán facturados de manera independiente al arrendatario (DGT CV 27-6-22); ni que sea obligatorio tener la oportuna licencia municipal de apertura y el alta en la actividad económica de alquiler de apartamentos turísticos (DGT CV 26-7-23);
- el arrendamiento de una **casa rural**, cuando se destine para su uso exclusivo como vivienda, siempre y cuando no se presten servicios complementarios de la industria hotelera (DGT CV 28-11-19);
- el arrendamiento de viviendas en los establecimientos de alojamiento en la modalidad de apartamentos turísticos en **Castilla y León** sin prestación de servicios complementarios propios de la industria hotelera. Si junto al alojamiento se prestan esos servicios, incluidos en el importe del alojamiento y que no sean de solicitud voluntaria para los clientes, el arrendamiento estará sujeto y no exento (DGT CV 19-8-25);
- el arrendamiento de **pisos** para personas de la **tercera edad** cuando no se presten ninguno de los servicios complementarios propios de la industria hotelera (DGT CV 3-8-15);

- el alquiler de viviendas en régimen de arrendamiento colaborativo («**cohousing**») sin prestar servicios propios de la industria hotelera (DGT CV 15-9-25). Sí está sujeto y no exento el arrendamiento de viviendas a una entidad sin ánimo de lucro que, a su vez, destina el inmueble al arrendamiento colaborativo para sus asociados (DGT CV 5-3-25);
- el arrendamiento de viviendas destinadas a la **convivencia de pacientes** con problemas psicológicos, si no se prestan servicios propios de la industria hotelera (DGT CV 21-2-25);
- el arrendamiento con fines turísticos por **periodos cortos** y a través de **internet**, prestando exclusivamente servicios de limpieza y cambio de ropa a la entrada y a la salida de los distintos arrendatarios, sin contar con ningún empleado para la gestión de dicho alquiler (DGT CV 28-2-19; CV 9-7-19; CV 17-6-21). Si, efectivamente, no se prestan otro tipo de servicios propios de la industria hotelera y además la vivienda se arrienda únicamente a arrendatarios que sean personas físicas y que la destinan para su uso exclusivo como vivienda, tales servicios de arrendamiento de vivienda estarán exentos (DGT CV 15-2-24). En el mismo sentido, respecto del arrendamiento de viviendas destinadas al alquiler turístico a través de una **plataforma** sin prestación de servicios complementarios propios de la industria hotelera (DGT CV 16-7-25; CV 13-11-25; CV 14-11-25).
En la adquisición de un inmueble dotado de mobiliario, menaje, servicio de Internet, etc., para destinarlo al alquiler como **vivienda no permanente**, no pudiendo durar la ocupación menos de tres días y contratando a una empresa concesionaria para que se encargue de la explotación, gestión y limpieza (siempre que la duración de la estancia sea superior a una semana, ya que en el caso contrario se le cobra al inquilino), etc., la exención depende de la condición del arrendatario: si es persona jurídica, queda sujeto y no exento, con independencia de que se presten o no adicionalmente servicios propios de la industria hotelera; por el contrario, si es una persona física, si no se prestan servicios de limpieza, o si se le ofrecen, pero no se le prestan ni se cobran, queda sujeto y exento (DGT CV 16-6-11);
- el arrendamiento de viviendas cuando no va acompañado de la prestación de **servicios complementarios** propios de la industria hotelera, ya que solo se hace referencia a la disponibilidad de diferentes productos como café o bebidas no alcohólicas, así como un servicio de auto consigna para las maletas, servicios que por sí solos no cualifican para considerar que el arrendamiento se acompaña de los servicios complementarios propios de la industria hotelera (DGT CV 2-10-23). Los servicios adicionales prestados con **precio independiente** como son: el servicio de limpieza de la habitación bajo demanda, de lavandería, alquiler de bienes muebles como trona, ventilador, sombrilla, etc., no tendrían la consideración de servicios propios de la industria hotelera (DGT CV 4-4-23). En el caso de una cooperativa cuyos socios pagan cantidades fijas por el uso de las viviendas y variables en función de los servicios que utilicen, está exento el arrendamiento de las habitaciones a personas físicas, dado que no se prestan servicios propios de la industria hotelera (DGT CV 11-11-24);
- el **subarrendamiento** de habitaciones, dado que no se prestan servicios propios de la industria hotelera (DGT CV 7-11-24).

8676 **4) Arrendamiento de locales comerciales**.
No está exento el arrendamiento de locales comerciales (DGT CV 29-11-16; CV 30-9-20), incluso cuando es celebrado con una **asociación de culto** eclesiástica sin ánimo de lucro (DGT CV 17-10-19), con una **ONG** destinada a actividades lúdicas sin ánimo de lucro (DGT CV 31-1-20), o con una **asociación de mujeres** para sus reuniones, sin que ejerzan actividad económica alguna en dicho local (DGT CV 21-12-15). Tampoco está exenta la **cesión de uso** de un local propiedad de una comunidad de bienes a uno de los comuneros (DGT CV 10-10-14), así como la que realizan los propietarios de los apartamentos a favor de la entidad operadora del complejo hotelero para su explotación por esta en nombre propio (DGT CV 15-9-25). .

5) Arrendamiento de terrenos.
- En el arrendamiento de una finca rústica de la que se destina una parte al cultivo de olivos y otra parte a albergar las instalaciones necesarias para el desarrollo productivo de aceite de oliva, está exento el arrendamiento de la parte del terreno destinada al **cultivo de olivos** (DGT 5-2-01). Asimismo, está exenta la **cesión temporal de un terreno rústico** que la entidad cesionaria utiliza para la plantación y cultivo de viñas y posterior obtención de vino, y no exenta la cesión temporal de ese terreno rústico cuando la entidad cesionaria lo utilice para instalar en el mismo por su cuenta elementos de su actividad vitivinícola empresarial -construcciones, instalaciones, etc.- (DGT CV 21-7-06).
- Arrendamiento de una finca dotada con instalaciones de riego, por una entidad dedicada a la realización de actividades agrícolas, que además va a encargarse del servicio de riego durante su desarrollo y del mantenimiento y de las reparaciones necesarias. Dado que del precio pactado la mitad se corresponde con el arrendamiento de la tierra y la otra mitad con los servicios adicionales, mientras que los servicios preparatorios de la tierra pueden calificarse como accesorios del servicio principal de arrendamiento, sujeto pero exento, los servicios de riego, así como el mantenimiento y reparación de los elementos del mismo que va a recibir el destinatario con posterioridad al arrendamiento, al ser **servicios independientes** y no accesorios del servicio principal de arrendamiento, están sujetos y no exentos (DGT CV 19-12-12).

- La operación consistente en la **cesión de derechos de ayuda** (pago único), cuando va acompañada de la cesión de un número equivalente de hectáreas admisibles, ya sea con carácter temporal (arrendamiento) o definitivo (venta), no constituye un fin en sí mismo, por lo que sigue el mismo régimen que la operación principal de cesión del terreno, con la aplicación, cuando proceda, de los supuestos de exención contemplados en LIVA art.20.uno.20º y 23º (DGT CV 8-7-15; CV 8-5-18).
En el caso que plantea esta consulta, existen dos operaciones: una operación principal, que es la venta de las tierras por el propietario al nuevo adquirente una vez finalizado el plazo del arrendamiento suscrito con el primer arrendatario; y una operación accesoria a la misma, que es la cesión de los derechos de pago único que realizaría el primer arrendatario (cedente) al nuevo propietario (cesionario). Si bien el destinatario de las dos operaciones es el mismo, no estamos ante dos elementos de una misma prestación o servicio, ya que no derivan de un mismo empresario o profesional, por lo que constituyen operaciones separadas e independientes a las que les resulta aplicable, a efectos del IVA, el régimen jurídico propio de cada una de ellas, sin que pueda considerarse en este caso que la cesión de los derechos de ayuda básica es una prestación accesoria a la de la venta de las tierras (DGT CV 3-10-24).
- El arrendamiento de un terreno, incluido en su caso, las construcciones inmobiliarias de carácter agrario utilizadas para la **explotación de una finca rústica**, está exento. No obstante, si el objeto del arrendamiento fueran unas instalaciones, construcciones inmobiliarias, para el desarrollo de una **actividad ganadera independiente** de la explotación del suelo, el mismo quedaría sujeto y no exento (DGT CV 25-2-21). En el mismo sentido, el arrendamiento del terreno para la instalación de **antenas de telefonía** por parte de empresas de telecomunicaciones (DGT CV 13-4-21); o el arrendamiento de terrenos para colocar **puntos de recarga** de coches eléctricos (DGT CV 7-10-21; CV 14-1-22).
a) **No está exento**:
- el arrendamiento o cesión de terrenos para la caza, ya que el objeto del contrato es el **aprovechamiento cinegético**, salvo que tales arrendamientos o cesiones tengan la consideración de autorizaciones o concesiones administrativas (DGT CV 23-3-21; CV 2-6-21; CV 21-9-21). No afecta el hecho de que la cesión o arrendamiento de aquellos terrenos para la caza se produzca mediante **pública subasta** (DGT 12-1-06), o sea realizado por un **ayuntamiento** (DGT CV 23-7-13; CV 22-9-15);
- la cesión de un terreno de **gestión pública** para derechos de caza (DGT CV 21-3-18); la cesión de los aprovechamientos cinegéticos (DGT CV 1-10-19; CV 1-6-23) o de aprovechamiento de pastos (DGT CV 8-7-22); el arrendamiento de un terreno rústico para el desarrollo de una actividad de **ganadería equina** independiente de la explotación del suelo (DGT CV 1-6-16); el arrendamiento de un terreno rústico para **explotación** de una finca rústica (DGT CV 25-6-18); el arrendamiento de un terreno que permita instalar en él elementos de una **actividad empresarial** (DGT CV 23-12-21); o el arrendamiento no solo del terreno y las naves, sino también de la maquinaria necesaria para el desarrollo de la actividad agrícola y ganadera que se venía desarrollando, al tratarse de un arrendamiento de negocio (DGT CV 15-2-23);
- el arrendamiento de un terreno rústico para destinarlo al **estacionamiento de vehículos** (DGT CV 9-3-21); a la ubicación de un **mercadillo** y un aparcamiento a cargo de un ayuntamiento (DGT CV 19-1-22); así como a la instalación de un **chiringuito** de playa (DGT CV 29-4-22), dado que su destino es la instalación de elementos de una actividad económica;
- el arrendamiento de un terreno rústico a una sociedad para la instalación de una **planta fotovoltaica** al objeto de generar energía limpia (DGT CV 5-10-20); de unas placas solares para generar energía (DGT CV 27-7-22; CV 27-6-23; CV 23-11-23); o de un **parque eólico** (DGT CV 29-4-22), puesto que va a afectarse a una actividad empresarial;
- el arrendamiento de terreno urbano cuyo destino es el uso como **jardín** para que los niños de la guardería arrendataria puedan jugar (DGT CV 15-12-17);
- el arrendamiento conjunto de unas edificaciones (un edificio principal con laboratorio, almacenes de limpieza, baños, cocina, comedor, sala de juntas, biblioteca, un galpón de uso agrícola, invernaderos, etc) y el terreno donde se ubican (DGT CV 26-6-23).

b) **Está exento**: 8676.1
- el arrendamiento de un terreno, junto con las construcciones para el desarrollo de la actividad agraria, incluso con la maquinaria necesaria, unas tierras de labor, así como un terreno para destinarlo a **huertos de ocio** (DGT CV 26-9-13; CV 10-1-14) huertos **ecológicos** (DGT CV 20-8-18) y el cultivo de la **vid** (DGT CV 10-12-19).
Lo mismo ocurre con el arrendamiento del terreno que va a ser dividido en varias parcelas, las cuales van a ser subarrendadas a particulares y destinadas a huerto y/o gallinero para su autoconsumo y recreo, incluyendo el suministro de agua, cuyo consumo es limitado y en un horario establecido a cambio de un precio (DGT CV 5-5-22);
- el arrendamiento de terreno con construcciones inmobiliarias de carácter agrario utilizadas para la explotación de una finca rústica, sin que el hecho de que también se cedan conjuntamente otros elementos tales como **instalaciones de riego**, maquinaria de abono, entre otras, desvirtúe el objeto del arrendamiento (DGT CV 20-6-14; CV 12-12-18). En el mismo sentido, los

gastos de agua refacturados se consideran accesorios de la prestación principal de arrendamiento del terreno rústico y reciben el mismo tratamiento que la prestación principal, por lo que están sujetos pero exentos (DGT CV 20-11-24);
- el arrendamiento con **opción de compra** de un terreno rústico cuya entrega se encontrará en principio exenta del IVA (DGT CV 18-4-18);
- la cesión de uso de parcelas o huertos agrícolas que son cultivadas por los clientes para su **autoconsumo** (DGT CV 4-2-14), no adquiriendo los arrendatarios de los huertos la condición de empresario o profesional (DGT CV 29-11-18);
- la constitución de los derechos de usufructo sobre los terrenos rústicos, dado que parece que van a destinarse a la realización de **plantaciones forestales**, sin perjuicio de que su finalidad sea la absorción de dióxido de carbono (DGT CV 29-12-21);
- el arrendamiento de terrenos para el aprovechamiento de **sumideros de carbono**, al tener por objeto el uso y disfrute de dichos terrenos para desarrollar una actividad forestal (DGT CV 23-4-24);
- el arrendamiento de fincas rústicas por sus propietarios al ayuntamiento, así como de este a una sociedad que destinará los terrenos a **explotación agrícola** (DGT CV 6-2-23).

8677 **6) Constitución o transmisión de derechos reales**.
a) **No está exenta**:
- la constitución de un derecho de **usufructo temporal** sobre varios apartamentos y plazas de garaje en favor de una sociedad anónima (DGT 7-4-98);
- la constitución de un **derecho de servidumbre** en una parte de un local propiedad de una entidad mercantil en favor de una comunidad de propietarios, para la instalación en el mismo del ascensor de la citada comunidad (DGT CV 17-7-14); y
- la cesión del **derecho de superficie** del arrendador- superficiario a una entidad de crédito al no comprender solo el derecho a cobrar la renta del IVIMA (actualmente, Organismo Autónomo Agencia de Vivienda Social de la Comunidad de Madrid), sino también toda una serie de derechos y obligaciones (tales como la reparación y conservación, etc.) (DGT CV 7-10-11; CV 1-2-18).
b) **Está exenta**:
- la transmisión del derecho de **usufructo** que recae sobre unos terrenos aún no edificables, siempre que no se trate de alguno de los supuestos que se encuentran excluidos en la LIVA (DGT CV 30-10-20); y
- la constitución del **derecho de servidumbre** de paso aéreo sobre un terreno (DGT CV 23-9-14; CV 18-7-22; CV 21-6-22; CV 4-12-25); de una servidumbre de paso sobre un terreno rústico que va a constituir una sociedad en favor de una finca colindante propiedad de otra entidad (DGT CV 27-5-20); o de una servidumbre de vuelo para la instalación de un aerogenerador (DGT CV 1-12-25).

8678 Jurisprudencia **1)** En relación con la **renuncia a sus derechos** por parte del arrendatario en favor del arrendador, como consecuencia de la resolución convencional del contrato acompañada de indemnización, el TJUE ha señalado que aunque cualquier modificación referente al contrato queda incluida en el ámbito de la exención, un Estado miembro no puede gravar una indemnización pagada en cumplimiento del contrato de arrendamiento cuando la misma se encuentra exenta (TJUE 15-12-93, asunto C-63/92).
2) En relación con la interpretación de la normativa de la UE relativa a las **excepciones a la exención** del arrendamiento de bienes inmuebles, se ha de considerar que:
- el concepto de arrendamiento de **espacios para el estacionamiento de vehículos** (arrendamiento no exento) comprende el arrendamiento de toda superficie destinada al estacionamiento de vehículos, incluidos los garajes cerrados;
- los Estados miembros no pueden eximir del IVA los arrendamientos de **espacios para estacionamiento de vehículos**, excepto cuando estén estrechamente ligados a otros arrendamientos de inmuebles exentos; y
- el concepto de **arrendamiento de bienes inmuebles** incluye, aparte del arrendamiento de los bienes que constituyen el objeto principal del mismo, el de todos los bienes accesorios a estos (TJUE 13-7-89, asunto C-173/88).
3) Aunque el concepto de arrendamiento de bienes inmuebles comprende el arrendamiento de espacios en el agua previstos para el amarre de **embarcaciones**, así como de espacios en tierra firme para el almacenamiento de estas embarcaciones en la zona portuaria, no está exento, ya que la normativa de la UE excluye de la exención expresamente «los arrendamientos de espacios para estacionamiento de vehículos» y las embarcaciones deben considerarse «vehículos» a estos efectos (*TJUE 3-3-05, asunto C-428/02*).
Sin embargo, la exención sí comprende el arrendamiento de una **embarcación habitable**, incluidos el espacio y el muelle correspondientes, que está inmovilizada mediante amarras -que no son fácilmente movibles- fijadas a la orilla de un río, que se encuentra en un emplazamiento delimitado de las aguas fluviales y que está destinada exclusivamente a la explotación permanente de un restaurante-discoteca en ese lugar (TJUE 15-11-12, asunto C-532/11).

4) El arrendamiento de un edificio construido con **elementos prefabricados** incorporados al suelo de modo que no sean fácilmente desmontables ni fácilmente trasladables constituye un arrendamiento de un bien inmueble, aunque dicho edificio vaya a ser desmontado al término del contrato de arrendamiento y utilizado de nuevo en otro terreno. A estos efectos, para determinar si un arrendamiento constituye un arrendamiento de un bien inmueble no es relevante el hecho de que el arrendador ceda al arrendatario el uso del terreno y del edificio o solo del edificio que haya construido en el terreno del arrendatario. El arrendamiento y, por lo tanto, la exención, puede referirse solo a un edificio (TJUE 16-1-03, asunto C-315/00). **8679**

5) No está exento el arrendamiento de **tiendas de campaña** y caravanas, aunque constituyan instalaciones fijas reservadas al alojamiento (TJUE 3-7-97, asunto C-60/96).

6) Está exento el arrendamiento realizado por una persona jurídica que destina el inmueble arrendado a **vivienda para sus empleados**, cuando se cumplan los siguientes requisitos: en el contrato de arrendamiento aparezca designada específicamente la persona que va a ocupar la vivienda, se prohíba su cesión o subarriendo por el arrendatario y este no pueda designar con posterioridad a la celebración del contrato las personas que la van a utilizar (TEAC 15-12-16). Se acomoda la Administración de esta forma a diversos pronunciamientos jurisprudenciales que contradicen la doctrina. Ver también nº 8767.

7) La finalidad del contrato de arrendamiento debe ser únicamente servir de vivienda a una concreta persona, de forma que cuando en el contrato de **cesión de los inmuebles a otra entidad** se determina la finalidad de la cesión del uso como explotación de viviendas como apartamentos turísticos a cambio de un porcentaje de los ingresos obtenidos en dicha explotación, no puede aplicarse la exención (TEAC 25-1-18).

8) No está exento el arrendamiento de **apartamentos amueblados** cuando el arrendador se obligue a la prestación de servicios propios de la industria hotelera (TSJ Cataluña 18-11-04, EDJ 198427). Cuando en el arrendamiento de **apartamentos turísticos** y viviendas vacacionales no incluyen servicios de industria hotelera están sujetos pero exentos; por el contrario, si se incluye la prestación de servicios complementarios, quedan sujetos y no exentos (TEAC 22-2-22).

Por tanto, el alquiler de un bien inmueble y el **servicio de limpieza** de sus partes comunes deben considerarse, en circunstancias en que uno y otro servicio pueden separarse sin dificultad, como operaciones autónomas, disociables entre sí, de modo que el citado servicio de limpieza no está exento (TJUE 11-6-09, asunto C-572/07).

9) Está exento el arrendamiento de un inmueble destinado a vivienda, cuando su arrendatario, una fundación para la integración social del enfermo mental, lo utiliza para proveer de **vivienda a enfermos mentales** dentro de un programa de pisos protegidos (TEAC unif criterio 15-12-04).

10) La normativa de la UE se opone a una legislación nacional que, aun cuando **no se reúnen las características** de un arrendamiento, considera como arrendamiento exento el uso, para las necesidades privadas del personal de un empresario persona jurídica, de parte de un edificio construido o poseído por dicho empresario (TJUE 29-3-12, asunto C-436/10). En este sentido, si no se ha estipulado el pago de una **renta en dinero** por la puesta a disposición del administrador de parte del inmueble perteneciente a la sociedad para satisfacer sus necesidades privadas, no constituye alquiler exento del IVA (TJUE 18-7-13, asuntos acumulados C-2010/11 y C-211/11). **8680**

11) No procede la aplicación de la exención prevista para los arrendamientos de inmuebles cuando el sujeto pasivo utiliza para sus necesidades privadas (**autoconsumo**) una parte de un edificio que está afectado a su empresa en su totalidad (TJUE 8-5-03, asunto C-269/00).

12) La normativa de la UE permite asimilar al arrendamiento de bienes inmuebles la constitución, por un plazo pactado y a cambio de una retribución, de un derecho real que confiera a su titular un poder de utilización sobre un bien inmueble, como el **usufructo**, asimilándose así al arrendamiento la **constitución y transmisión de derechos reales** de goce y disfrute (TJUE 4-10-01, asunto C-326/99).

13) El concepto de la UE de arrendamiento de bienes inmuebles comprende la operación por la que una sociedad otorga simultáneamente, mediante contratos diferentes, a empresas vinculadas, un **derecho de ocupación en precario** sobre el mismo edificio, a cambio de una compensación fijada fundamentalmente en función de la superficie ocupada, siempre que los contratos, atendiendo a su ejecución, tengan por objeto esencialmente la puesta a disposición pasiva de locales o superficies de inmuebles, mediando una retribución vinculada al transcurso del tiempo, y no den lugar a una prestación de servicios que deba recibir otra calificación (TJUE 18-11-04, asunto C-284/03). **8681**

14) La exención prevista para los arrendamientos no se extiende a los servicios consistentes en aceptar, mediante contraprestación, la **cesión del contrato de arrendamiento** por el arrendatario, asumiendo las obligaciones que venían correspondiendo a este (TJUE 9-10-01, asunto C-409/98).

15) El TJUE, en relación con la posibilidad de que la **cesión de un campo de golf** pueda ser considerada como «arrendamiento de bienes inmuebles» a efectos del IVA, no ha contestado directamente, pero sí ha proporcionado los **criterios** con arreglo a los cuales deben los órganos jurisdiccionales nacionales resolver esta cuestión, para lo cual se han de tener en cuenta las circunstancias en que se desarrolle la operación de que se trate a fin de investigar sus elementos característicos, que la actividad de gestión de un campo de golf implica por lo general no solo la puesta a disposición pasiva de un terreno, sino también un gran número de actividades comerciales (no constituyendo, por lo general, el alquiler del campo de golf el elemento preponderante), así como que la duración del período de disfrute del bien inmueble constituye un elemento esencial del contrato de arrendamiento (TJUE 18-1-01, asunto C-150/99).

16) La puesta a disposición durante un número reducido de días al año de un **estadio de fútbol** en virtud de un contrato que reserva determinados derechos al propietario y que prevé la prestación, por parte de este, de servicios de mantenimiento, limpieza, conservación y de adecuación a las normas, que representan el 80% de la contraprestación prevista en el contrato, no constituye, en principio, un «arrendamiento de bienes inmuebles» exento del IVA (TJUE 22-1-15, asunto C-55/14).

8682 17) La **concesión de una zona del dominio público** marítimo destinada a almacenar, elaborar y conservar hidrocarburos, por parte de un organismo público que no actúa en condición de autoridad pública, por un período determinado y a cambio de una retribución, se considera como «arrendamiento de inmuebles» a efectos del IVA. Sin embargo, la concesión a título oneroso del derecho a practicar la pesca en determinadas aguas no constituye un arrendamiento de inmuebles a esos mismos efectos cuando dicha concesión no confiera el derecho a ocupar el bien inmueble de que se trata, ni a impedir que cualquier otra persona disfrute de tal derecho (TJUE 6-12-07, asunto C-451/06).

18) Cuando se arrienda una finca rústica, así como los accesorios (las construcciones inmobiliarias de carácter agrario utilizadas para su explotación), está claro que su objeto no es un inmueble sino una **explotación agropecuaria** (había maquinaria, aperos y ganado, por más que no operara una explotación ganadera independiente). Por tanto, no está exento (TS 27-2-12, EDJ 24682).

19) La exención relativa al arrendamiento de bienes inmuebles se aplica a un contrato de **cesión de una explotación agrícola de fincas rústicas** constituidas por viñas, por un plazo de un año, renovable automáticamente (TJUE 28-2-19, asunto C-278/18). España ha hecho uso de la facultad establecida en la Dir 2006/112/CE art.135.2, en virtud de la cual los Estados miembros podrán establecer exclusiones suplementarias del ámbito de aplicación de la exención, excluyendo «los arrendamientos de terrenos para depósito o almacenaje de bienes, mercancías o productos, o para instalar en ellos elementos de una actividad empresarial».

20) El arrendamiento del **aprovechamiento cinegético** en un terreno por un tiempo determinado y mediante precio, conservando el ayuntamiento cualquier otro tipo de aprovechamiento del terreno, no está exento, ya que tiene encaje en el concepto de prestación de servicios de caza mediante la cesión de uso o disfrute de un bien, quedando limitada la exención a los terrenos. Además, el disfrute del aprovechamiento cinegético no se refiere ni implica los medios normalmente utilizados en las explotaciones agrícolas o forestales, teniendo una finalidad de ocio o recreativa, aunque se desarrolle en el entorno rústico (TS 27-10-22, EDJ 728758; 15-11-22, EDJ 740389; 28-2-23, EDJ 519862).

El arrendamiento, la constitución y transmisión de derechos reales de goce y disfrute del monte para su aprovechamiento cinegético no está incluido en la referida exención, limitada al caso de terrenos, incluidas las construcciones inmobiliarias de carácter agrario utilizadas para la explotación de una finca rústica, que no es el caso (TS 28-2-23, EDJ 519862; 14-5-24, EDJ 566146; 23-5-24, EDJ 566136).

21) El arrendamiento de **herramientas y maquinaria de instalación fija** está exento de IVA cuando dicho arrendamiento constituya una prestación accesoria a una prestación principal de arrendamiento de un edificio exenta de dicho impuesto (TJUE 4-5-23, asunto C-516/21).

E. Renuncia a la exención

(LIVA art.20.Dos; RIVA art.8.1)

8685 Las exenciones relativas a los **terrenos no edificables** (nº 8605 s.) y **segundas y ulteriores entregas** de edificaciones (nº 8640 s.) pueden ser objeto de renuncia por el sujeto pasivo, cuando:

1. El **adquirente** sea un sujeto pasivo del IVA que actúe en el ejercicio de sus actividades empresariales o profesionales, y además:

- se le atribuya el derecho a efectuar la **deducción total o parcial** del impuesto soportado al realizar la adquisición; o
- en función de su **destino previsible**, los bienes adquiridos vayan a ser utilizados, total o parcialmente, en la realización de operaciones que originen el derecho a la deducción.

2. La renuncia debe **comunicarse fehacientemente** al adquirente con carácter previo o simultáneo a la entrega de los bienes. Se practica por **cada operación**, y debe justificarse mediante una **declaración** del adquirente en la que conste: su condición de sujeto pasivo, con derecho a deducción total o parcial del IVA soportado por las adquisiciones de los correspondientes bienes inmuebles o, en otro caso, que el destino previsible para el que vayan a ser utilizados los bienes adquiridos le habilita para el ejercicio del derecho a la deducción, total o parcialmente. Ver nº 8686, precisión 4.

En los **procedimientos** administrativos y judiciales de **ejecución forzosa**, los adjudicatarios que actúen como empresarios o profesionales están facultados en nombre y por cuenta del sujeto pasivo para expedir factura, para efectuar, en su caso, la renuncia a la exención, así como para repercutir la cuota del impuesto y presentar e ingresar el modelo 309, salvo en los

casos de entregas de inmuebles en la que el sujeto pasivo, por aplicación de la inversión del sujeto pasivo, sea su destinatario (LIVA art.84.Uno.2º.e y disp.adic.6ª).
El **adjudicatario** debe manifestar por escrito al órgano correspondiente el cumplimiento de los requisitos de la renuncia. Igualmente debe comunicarlo al sujeto pasivo que, en estas circunstancias, no puede renunciar a la exención, ni facturar e ingresar el IVA devengado por la operación (RIVA disp.adic.5ª, ver el nº 145).

Precisiones 1) La renuncia solo es aplicable a las operaciones exentas indicadas, pero no a las **operaciones no sujetas** que tengan por objeto los inmuebles relativos a tales exenciones. Así, si la entrega de un inmueble se efectúa por un consumidor final no empresario, a un empresario o profesional, la operación está no sujeta al IVA con lo cual no cabe la renuncia a la exención del IVA y la operación tributa por TPO (ver nº 8687 s.). **8686**
2) Para aquellas en que sea factible, es posible la renuncia a la exención cuando en una misma entrega de bienes exista **concurrencia de exenciones** para las que se permita su ejercicio, con otras para las que no se permita (DGT 19-4-95). Este criterio se ha recogido en la normativa (nº 1041).
3) Se permite la renuncia a aquellos empresarios o profesionales que, estando en regla de prorrata (nº 2730 s.), puedan renunciar a la exención, si en el momento de la adquisición tienen derecho a deducir, total o parcialmente, el IVA soportado. O bien, si no se cumple el requisito anterior, cuando el bien inmueble adquirido vaya a ser previsiblemente utilizado en una **actividad con derecho a deducir** total o parcialmente el IVA soportado. De esta manera, no pueden renunciar a la exención aquellos empresarios o profesionales que realicen únicamente actividades exentas del impuesto y vayan a afectar el bien inmueble adquirido a sus actividades habituales. No obstante, si el destino previsible del inmueble es para la realización de una actividad sujeta y no exenta (por ejemplo, alquiler de locales de negocio), sí se puede renunciar a la exención del IVA por esta operación (DGT CV 8-6-15).
4) Conforme a la regla de **inversión del sujeto pasivo** (nº 1363 y nº 8714) aplicable a las entregas de bienes inmuebles sujetas pero exentas por tratarse de terrenos no edificables o segundas y ulteriores transmisiones de edificaciones, en las que el sujeto pasivo haya renunciado a la correspondiente exención, el transmitente no repercute el IVA, sino que expide una factura en la que ha de consignar la mención «inversión del sujeto pasivo» (Rgto Fac art.6.1.m), correspondiendo al adquirente, sujeto pasivo por inversión, la obligación de liquidación y declaración del IVA por esa operación. Ver nº 8698, en relación con el criterio del TEAC y el TS sobre la renuncia a la exención en supuestos de inversión del sujeto pasivo anteriores a dicha modificación.
5) Los minoristas incluidos en el **recargo de equivalencia** que vendan inmuebles utilizados en su actividad (nº 4609), cuando constituyan segundas entregas de edificaciones (nº 8640 s.) y renuncien a la exención por cumplirse los requisitos citados en el nº 8685, han de expedir una factura sin repercutir el IVA en la que han de consignar la mención «inversión del sujeto pasivo» (Rgto Fac art.6.1.m), dado que el sujeto pasivo de esa operación es el adquirente (DGT CV 7-9-16).

Ejemplos 1) Una persona física efectúa dos tipos de actividades: es titular de un despacho de abogados que tiene su sede desde hace varios años en un edificio de pisos de Madrid, y se dedica a la venta al por menor de mobiliario para jardines y terrazas, actividad por la que tributa en el régimen del recargo de equivalencia. Dicha actividad se desarrolla en un local en Madrid. Procede a la venta de los siguientes inmuebles: **8687**
a) Vende el piso en el que tiene su **residencia habitual**, pues desea trasladarse a otro mayor con su familia. El adquirente es un asesor fiscal que va a utilizar el piso en el ejercicio de su actividad.
b) Vende el piso en el que desarrolla la **actividad de abogacía**, pues desea trasladar el despacho a otro local más céntrico. El adquirente es una empresa de publicidad.
c) Vende el **local** en que desarrolla la actividad de venta al por menor, pues va a trasladarse a otro contiguo de mayores dimensiones. El adquirente es una imprenta.
Por lo que se refiere a la venta del piso en el que tiene su residencia habitual, y a pesar de que el adquirente es un profesional que presumiblemente tiene derecho a deducir la totalidad de las cuotas del IVA por él soportadas, no cabe renuncia a la exención dado que el piso transmitido no está afectado a la actividad económica del vendedor. Por tanto, el asesor fiscal adquirente debe *pagar el ITP y AJD por la adquisición.*
La venta del piso donde se desarrolla la actividad profesional está sujeta y exenta, pudiendo el sujeto pasivo renunciar a la exención si concurren los requisitos formales exigidos y siempre que el adquirente tenga derecho a deducir total o parcialmente el IVA soportado por la adquisición del piso, lo que probablemente ocurrirá, dado que el adquirente es una empresa de publicidad. Ver el nº 8686, precisión 4.
La venta del local donde se ejerce la actividad empresarial está sujeta pero exenta, siendo posible la renuncia a la exención, si el adquirente reúne los requisitos exigibles al efecto.

2) Un empresario que tributa en el régimen general del IVA realiza la **venta de su patrimonio empresarial** por 1.000.000 €. En dicha transmisión incluye el local en el que había venido ejerciendo su actividad. El adquirente es un empresario con derecho a la deducción de la totalidad **8688**

del IVA soportado que acredita su intención de afectar los bienes adquiridos al desarrollo de una actividad empresarial.
No es posible la renuncia a la exención del IVA porque la transmisión citada no está exenta, sino no sujeta (nº 275 s.) y en estos casos las transmisiones de inmuebles incluidos en la totalidad del patrimonio transmitido están sujetas a ITP y AJD.
3) Un médico ha venido desarrollando su actividad profesional en una consulta privada ubicada en un piso que adquirió nuevo en el año N. Con motivo del **traslado de su consulta**, vende el piso doce años después.
Se trata de un caso típico de concurrencia de exenciones, siendo una de ellas renunciable y la otra no:
a) Exención correspondiente a las segundas y ulteriores entregas de edificaciones, la cual es renunciable.
b) Exención en las entregas de bienes utilizados en la realización de actividades exentas que no generan el derecho a la deducción (nº 1041), dado que la actividad médica desarrollada está exenta, siendo la exención limitada. Esta exención no es renunciable.
La normativa declara expresamente aplicable la exención de las operaciones inmobiliarias, lo que permite que se efectúe la renuncia.

8689 **4)** La entidad EFL realiza dos tipos de actividades:
- **Actividad aseguradora**, por la que ha obtenido en el año N un volumen de ingresos de 1.000.000 €.
- **Arrendamiento de locales** de negocio, por la que ha obtenido en dicho año 250.000 €.
En el año N+1, EFL decide impulsar la actividad de arrendamiento. Para ello adquiere un edificio de oficinas por 300.000 €. El vendedor de dicho edificio no es su promotor.
La entidad EFL presenta dos sectores diferenciados de actividad (nº 2811). Ello significa que aplica con independencia el régimen de deducciones en cada uno de ellos, de manera que puede deducir la totalidad del IVA soportado por las adquisiciones de bienes y servicios que utilice exclusivamente en la actividad de arrendamiento de locales (prorrata del 100%).
La entrega a EFL del edificio por persona que no es su promotor está exenta, pudiendo renunciar a la exención el sujeto pasivo, dado que EFL tiene derecho a deducir la totalidad del IVA soportado, por encontrarse en prorrata del 100% en el sector diferenciado en que va a utilizar el edificio. Ver nº 8686, precisión 5.
5) Un particular es titular de un bar por el que tributa en el **régimen simplificado** del IVA y quiere comprar un local de negocio contiguo al suyo, que va a utilizar en la actividad de bar, a una sociedad que no fue promotora de dicho local.
La entrega del local por la sociedad está exenta como segunda o ulterior transmisión, pero dicha exención es renunciable, ya que los empresarios en régimen simplificado pueden deducir las cuotas soportadas, con lo cual se cumple el requisito de que el adquirente tenga derecho a la deducción total o parcial de las cuotas soportadas como consecuencia de la adquisición del inmueble.

8690 **6)** Una entidad bancaria desea adquirir un edificio para el **inicio de la actividad de arrendamiento** de locales de negocio. El vendedor del edificio, empresario, no fue su promotor. El banco ha aplicado una prorrata provisional de deducción autorizada por la Administración para el sector de arrendamiento de locales, conforme al nº 3070, del 100%.
La entidad financiera, una vez que inicie la actividad de arrendamiento de locales, va a tener dos sectores diferenciados de la actividad: el constituido por la actividad financiera y el de arrendamiento de locales, por lo que aplica con independencia el régimen de deducciones en cada sector. Dado que el porcentaje provisional de deducción en el sector de arrendamiento (en el que se va a utilizar exclusivamente el edificio) es del 100%, puede renunciarse a la exención, ya que el adquirente reúne el requisito de que puede deducir la totalidad del IVA soportado.
7) Una entidad dedicada a la **compraventa de inmuebles de segunda mano**, incluye en su escritura de constitución una mención según la cual dicha entidad acepta la renuncia a la exención del IVA en la entrega de inmuebles que realice siempre que concurran los requisitos necesarios para ello.
Dicha mención genérica a la aceptación de la renuncia a la exención no es válida, ya que la renuncia a la exención se ha de formular por el sujeto pasivo operación por operación y con cumplimiento en cada entrega concreta de los requisitos sustantivos y formales que la condicionan.

8692 Doctrina Administrativa Además de las siguientes contestaciones de la DGT, ver nº 11000 s.
En relación con la aplicación de la **regla de inversión del sujeto pasivo** y de la ampliación del **ámbito objetivo de la renuncia**, ver nº 8686.
1) La renuncia a la exención debe realizarse, en todo caso, con carácter previo o simultaneo a la entrega de los bienes inmuebles, entendiendo que la misma se produce en el momento en que se produzca la **reducción de capital** (DGT CV 27-1-16).
2) Cuando los **adquirentes no son sujetos pasivos del impuesto** no es posible el ejercicio de la renuncia a la exención (DGT CV 29-6-15), como ocurre en el caso de adquisición de su vivienda por un particular al promotor (DGT 23-4-99; CV 27-6-16), en la adquisición de un inmueble a un

particular por una entidad donde va a desarrollar su actividad económica (DGT CV 23-2-22), así como en la adquisición por una persona física de una **plaza de amarre** (DGT CV 15-3-17).

3) La venta a particulares de edificaciones previamente adquiridas en **subasta** a empresas inmobiliarias está exenta y, en consecuencia, la vendedora no tiene derecho a la deducción en ninguna medida ni cuantía de las cuotas de IVA que soporte. Por ello, las empresas inmobiliarias (sujetos pasivos) a quienes adquiere las edificaciones no pueden renunciar a la exención (DGT 4-2-99).

4) Cuando la **entrega de un terreno por un ayuntamiento** esté exenta, cabe la renuncia a la exención siempre que: el adquirente del terreno sea un empresario o profesional que actúe en el ejercicio de sus actividades empresariales o profesionales, tenga derecho a la deducción total del impuesto soportado en las correspondientes adquisiciones de bienes o servicios en función del destino que dé a los mismos, y la renuncia se comunique fehacientemente al adquirente con carácter previo o simultáneo a las correspondientes entregas (DGT 9-3-99). Al resultar el adquirente el sujeto pasivo, en estos casos el ayuntamiento no está obligado a repercutir cuota alguna (DGT CV 13-3-13). Se puede renunciar a la exención en la transmisión de una **finca rústica** que actualmente se destina al arrendamiento como coto de caza y en arrendamiento rústico, y el adquirente tiene derecho a deducir al 100% (DGT CV 23-12-21).

Por el contrario, no se puede renunciar cuando el ayuntamiento adquiere un inmueble con calificación urbanística de **suelo no urbanizable** dado que no realiza actividades empresariales o profesionales ni tiene previsto destinar el inmueble a un fin empresarial, no teniendo por tanto derecho a la deducción (DGT CV 1-12-22). Lo mismo ocurre cuando el ayuntamiento tenga la intención de destinar el inmueble a la prestación de **servicios públicos** (DGT CV 21-2-22).

5) La **aportación no dineraria** de una nave industrial promovida por una entidad, después de haber utilizado dicha nave durante más de diez años, está sujeta pero exenta, sin perjuicio de la posible renuncia a la aplicación de la exención (DGT CV 18-11-14). **8693**

6) La transmisión de locales efectuada por una entidad bancaria a una persona física con la **intención** de destinarlos al arrendamiento constituye una entrega de bienes sujeta y exenta, en la que es posible la renuncia a la exención. El adquirente tiene la consideración de arrendador de un bien corporal, de empresario o profesional y, por tanto, sujeto pasivo del impuesto incluso con anterioridad al inicio efectivo de la actividad siempre que, en atención a la intención objetiva del mismo, vaya a destinarlos al arrendamiento, dada la naturaleza de los bienes objeto de la operación y la confirmación del arrendamiento posterior de los mismos (DGT CV 24-9-14).

7) Es admisible la renuncia, siempre que se cumplan los requisitos, en el caso de adquisición, por un empresario que tributa en el régimen general, de unas fincas rústicas a una persona que desarrolla en ellas una **actividad acogida al REAGP** (DGT 27-1-00; CV 20-2-15). La entrega de bienes inmuebles (finca rústica) utilizados como bienes de inversión en una actividad agrícola acogida al REAGP tributa por el régimen general, pudiendo renunciar a la exención en la transmisión del terreno y produciéndose la inversión del sujeto pasivo (DGT CV 16-3-23). No obstante, no será posible la renuncia a la exención cuando el adquirente de la finca rústica se encuentre acogido al REAGP, dado que no tendrá derecho a practicar deducción de cuota soportada alguna, ni tampoco será aplicable el mecanismo de inversión del sujeto pasivo (DGT CV 24-10-24).

8) Deben considerarse afectos a la realización de actividades empresariales por una entidad financiera los inmuebles recibidos de sus clientes **por impago de créditos**, aunque no hayan sido utilizados como sucursales, oficinas o centros administrativos o de gestión. La venta de los mismos por la entidad financiera está sujeta y procede la renuncia a la exención cuando concurran los requisitos exigidos (DGT 12-11-98).

9) La **transmisión de la nuda propiedad** del inmueble no está sujeta al IVA si se realiza por quien no tiene la condición de sujeto pasivo a efectos de dicho impuesto. En tal caso, procedería la sujeción a ITP y AJD. Sin embargo, la **transmisión del derecho de usufructo** por quien sí es sujeto pasivo determina la sujeción al IVA, aunque en este caso no resulta de aplicación la exención (nº 8640), ni tampoco es posible la renuncia (DGT 9-10-02; CV 23-10-18).

10) La necesidad de que la renuncia a la exención de las operaciones inmobiliarias se efectúe previa o simultáneamente a la realización de las mismas y de que se comunique fehacientemente al adquirente tiene como objetivo aportar la seguridad jurídica necesaria al tráfico, determinándose con ella la tributación, IVA o ITP y AJD, en sus distintas modalidades que les corresponda. *No cabe admitir*, por tanto, la **revocación de la renuncia**, ya que la misma supondría, de facto, dejar sin efecto el requisito que se ha señalado y atentaría contra el citado principio de seguridad jurídica (DGT CV 31-8-07). El adjudicatario de la subasta judicial no procedió a la renuncia a la exención en el plazo establecido, habiéndose encontrado facultado para ello (LIVA disp.adic.6ª) y no se puede rectificar más tarde (DGT CV 3-2-23). **8694**

Por tanto, debido a esa irrevocabilidad, en los casos en los que habiéndose renunciado a la exención posteriormente no se cumplan los requisitos exigidos legalmente, lo que procede es la **rectificación** de las cuotas indebidamente repercutidas y, por parte del que soportó la indebida repercusión, las deducciones practicadas, todo ello sin perjuicio de la tributación que proceda por ITP y AJD por la compraventa (DGT CV 31-1-14).

11) Para determinar el **destino previsible** de un bien puede considerarse un criterio razonable atender a su naturaleza, toda vez que en función a la misma puede preverse si en la posterior

entrega cabrá la renuncia a la exención o no. En todo caso, el destino previsible del inmueble debe estar debidamente justificado por elementos objetivos, pudiendo ser objeto de comprobación posterior (DGT CV 5-5-09; CV 8-6-15; AEAT 18-9-09). Un ayuntamiento que adquiere un local para destinarlo a piscina municipal (actividad deportiva exenta) no tiene derecho a la deducción del IVA, luego no cabe renuncia a la exención (DGT CV 18-12-24).
Si el terreno, cualquiera que fuese su calificación, se destina a **parques y jardines públicos** o a **superficies viales de uso público**, su entrega estará sujeta y exenta. En la medida en que la parcela se integre en el patrimonio municipal del suelo y, por tanto, se encuentre afecta al patrimonio empresarial, será posible, en su caso, la renuncia a la exención, si se cumplen los requisitos exigidos, en particular, que el ayuntamiento tenga derecho a la deducción total o parcial del impuesto soportado al realizar su adquisición. Si la parcela no integrase el patrimonio municipal del suelo y, por tanto, no se encontrase afecta a ninguna actividad empresarial o profesional del ayuntamiento, no se cumplirían los requisitos que determinan la posibilidad de renuncia a la exención (DGT CV 9-9-24). Solo resulta procedente la renuncia a la exención cuando el adquirente del inmueble tenga **derecho a la deducción total o parcial** del impuesto soportado en su adquisición (DGT CV 25-11-24; CV 27-2-25; CV 5-3-25). En el mismo caso, si la vivienda se va a destinar a mantenerse en el activo de la empresa (DGT CV 25-11-24) o en la adquisición de un local comercial para convertirlo en vivienda y proceder a su transmisión una vez terminadas las obras de reforma y obtenida la correspondiente licencia de primera ocupación (DGT CV 25-11-24).
Si **con posterioridad se modifica el destino** previsible de los bienes adquiridos, no generando el destino real derecho a la deducción, implica la rectificación de las deducciones provisionales practicadas incorrectamente, pero no que el sujeto pasivo de la entrega deba rectificar las cuotas repercutidas (DGT CV 16-7-15).
12) En los casos de **arrendamiento**, cuando no se tenga derecho a la deducción de las cuotas soportadas, no es posible la renuncia a la exención, como ocurre en los siguientes supuestos:
- arrendamiento de **vivienda y garaje**, exento de IVA, ya que al no conferir a quien lo realiza el derecho a su deducción, en caso de venta de los inmuebles no se pude renunciar a la exención, salvo que el arrendamiento del garaje se haga por separado del de la vivienda y se sujete a IVA (DGT CV 26-7-17);
- adquisición de un edificio por una entidad para destinarlo íntegramente al **arrendamiento exento de viviendas**, ya que al aplicarse la prorrata especial a efectos de la deducibilidad de las cuotas del IVA, no se va a tener derecho a la deducción de las cuotas soportadas en su adquisición (DGT CV 17-6-20; y
- adquisición de inmuebles para destinarlos al **alquiler vacacional**, al estar exento del IVA (DGT CV 18-1-22).
13) Para hacer posible la renuncia a la exención se exige que el **adquirente** sea un sujeto pasivo del IVA, que tenga derecho a efectuar al menos la deducción parcial del impuesto soportado en su adquisición o el destino previsible de que se va a utilizar en la realización de una actividad que originará el derecho a la deducción. No se establecen limitaciones en función del derecho a deducir que tenga el **transmitente** en la operación (DGT CV 1-3-17).
Cuando el adquirente tiene derecho a la **deducción parcial**, si cumple los restantes requisitos, puede solicitar al transmitente la renuncia a la exención (DGT CV 27-6-16; CV 20-12-18). Si en el momento de la adquisición del edificio se aplica un porcentaje provisional de prorrata general de deducción superior al 0%, se tiene derecho a la deducción, al menos parcial, de las cuotas que soporte en la adquisición del local atendiendo a la finalidad a la que va a destinarlo, lo que, de concurrir los demás requisitos, habilitará al transmitente a renunciar a la exención (DGT CV 22-8-19).

8695 **14)** El **cambio de afectación de un local** entre sectores diferenciados, pasando del de arrendamiento al de comercio al por menor, sujeto al régimen especial del recargo de equivalencia, determina la realización de un autoconsumo de bienes, operación que está sujeta pero exenta del IVA al tratarse de la segunda entrega de un bien inmueble, lo cual no permite la renuncia a la exención, ya que el local se destina a una actividad en la que no cabe la deducción del impuesto (DGT CV 20-4-13).
15) La **reversión** al ayuntamiento por la empresa concesionaria de la piscina cubierta constituye una entrega de bienes sujeta al IVA. No obstante, a la citada reversión le podría ser de aplicación la exención prevista para segundas y ulteriores entregas de edificaciones, lo cual implica que previsiblemente, aunque el ayuntamiento afecta la piscina a su patrimonio empresarial o profesional, los servicios que preste derivados de la explotación de la piscina municipal estén exentos y, por tanto, no sea posible renunciar a la exención (DGT CV 26-4-13; CV 29-11-16). En el mismo sentido, DGT CV 23-5-16.
16) La **naturaleza ganancial del inmueble** determina que este se entienda afecto en su totalidad al desarrollo de una actividad empresarial o profesional, aun cuando se haya ejercido únicamente por uno de los cónyuges (DGT CV 21-12-15; CV 8-6-16).
17) Es la **comunidad de bienes** la que ostenta la condición de empresario o profesional y la que puede solicitar la renuncia a la exención (DGT CV 22-4-16).
Para que la comunidad de bienes sea sujeto pasivo del IVA es necesario que tenga la condición de empresario o profesional y actúe en el desarrollo de una actividad empresarial o profesional

a efectos del Impuesto, teniendo que estar permitido su ejercicio a través de una entidad de este tipo, y las operaciones y el **riesgo o ventura** que de ellas se deriven se han de referir a la comunidad de forma indiferenciada y no a sus miembros o componentes (DGT CV 9-5-17).

18) La **persona obligada a emitir la factura** en el caso de renuncia a la exención, que en el caso concreto de la adquisición de un terreno rústico es el agricultor transmitente, debe consignar la mención «inversión del sujeto pasivo» (Rgto Fac art.6.1.m). No obstante, hay que tener en cuenta el criterio del Tribunal Supremo que establece que cuando las **escrituras públicas** contengan todos los datos de una factura completa pueden tener la consideración de facturas, indicando también que estas escrituras sirven como documento justificativo del derecho de deducción (DGT CV 16-12-22).

19) Un matrimonio adquiere de una sociedad en concurso de acreedores y en fase de liquidación un local comercial, el cual va a ser objeto de una **segregación**. El 40% del mismo va a ser transmitido a un tercero empresario o profesional que lo va a destinar a su arrendamiento y el otro 60% el matrimonio lo va a destinar al arrendamiento. La renuncia a la exención en caso de transmisión tras realizarse la segregación es posible siempre que el ulterior adquirente sea también un sujeto pasivo que actúe en el ejercicio de sus actividades empresariales o profesionales y se le atribuya el derecho a efectuar la deducción total o parcial del Impuesto soportado al realizar la adquisición o, cuando no cumpliéndose lo anterior, en función de su destino previsible, los bienes adquiridos vayan a ser utilizados, total o parcialmente, en la realización de operaciones que originen el derecho a la deducción (DGT CV 7-3-22).

Jurisprudencia Ver las matizaciones del nº 8692. **8696**

1) La normativa de la UE configura la **renuncia a la exención** de las operaciones inmobiliarias como una norma que los Estados miembros pueden o no incluir en su legislación interna, pudiendo un Estado miembro que haya hecho uso de la facultad (y que, de ese modo, haya concedido a los sujetos pasivos el derecho de optar por la tributación de ciertos arrendamientos inmobiliarios) suprimir, mediante una Ley posterior, el citado derecho de opción y restablecer la exención (TJUE 3-12-98, asunto C-381/97), con la consecuencia de una regularización de las deducciones efectuadas por los bienes de inversión inmobiliaria objeto del arrendamiento (TJUE 29-4-04, asuntos acumulados C-487/01 y C-7/02).

Cuando la renuncia a la exención de las operaciones inmobiliarias sea limitada por la legislación de un Estado miembro a ciertas operaciones o ciertos empresarios, se ha de respetar siempre el principio de **neutralidad fiscal**, vulnerándose dicho principio cuando un organismo sin fin lucrativo que se beneficia de la exención aplicable a las prestaciones de servicios relacionadas con el deporte y que efectúa una entrega de un inmueble no puede renunciar a la exención inmobiliaria, mientras que otra entidad que presta servicios deportivos análogos y que no se beneficia de la exención de las actividades deportivas (por ser una entidad lucrativa) sí puede efectuar dicha renuncia (TJUE 12-1-06, asunto C-246/04).

2) Un Estado miembro puede fijar las **condiciones y términos** para que los empresarios efectúen la renuncia a la exención de las operaciones inmobiliarias, como ocurre cuando en las operaciones inmobiliarias exige que el adquirente sea un empresario ya identificado a efectos del IVA en el momento de la operación (TJUE 30-6-22, asunto C-56/21).

Sin embargo, no puede utilizar esa **discrecionalidad** para alterar el régimen de deducciones establecido en la Directiva. Por lo tanto, efectuada la renuncia, el empresario renunciante (que realiza una entrega gravada de un inmueble) puede deducir el IVA soportado conforme a los términos de la Directiva, sin que la legislación nacional pueda introducir requisitos o limitaciones adicionales por el hecho de la renuncia (TJUE 30-3-06, asunto C-184/04).

3) No contraviene la normativa de la UE una norma nacional con arreglo a la cual la renuncia a la exención del arrendamiento exige la **aprobación previa por parte de la Administración** tributaria, no teniendo dicha aprobación previa efecto retroactivo (TJUE 9-9-04, asunto C-269/03).

4) Aunque no aparezca literalmente en la escritura una **renuncia expresa** del transmitente a la exención, resulta suficiente la constancia de haberse repercutido el impuesto en la propia escritura de compraventa. De esta forma es incuestionable que adquirente y transmitente manifiestan su intención y conocimiento indubitado de que la operación queda sujeta al IVA (TS 21-5-12, EDJ 103491; 30-5-16, EDJ 75296). Este criterio ha sido adoptado por el TEAC, que en relación con las exenciones inmobiliarias del IVA, ha establecido que se puede sujetar la operación a dicho impuesto, sin que resulte esencial que aparezca literalmente en la escritura una renuncia expresa y sin más requisitos formales que la constancia de que se haya repercutido el impuesto en la propia escritura (TEAC 19-10-12).

A estos efectos, se admite que se realice bien mediante la utilización del término «renuncia» en la escritura, o bien a través de **cualquier otro medio** del que pueda derivarse que el transmitente renuncia, explícita o implícitamente, a la exención (TS 20-1-11, EDJ 5212; 6-5-13, EDJ 70779). Así, a través de la **escritura de compraventa** en la que el representante de la sociedad transmitente manifiesta que ha recibido del comprador por el concepto de IVA una cantidad o de la propia escritura de venta del inmueble, cabe inferir la existencia de la renuncia a la exención del IVA por parte del transmitente (TS 5-10-05, EDJ 188377; 24-1-07, EDJ 8565).

Incluso se ha entendido que se ha producido la renuncia a la exención cuando, aunque desde un punto de vista estrictamente formalista, no se han cumplido en puridad las prescripciones reglamentarias, las dos partes son sujetos pasivos del IVA y de la escritura de compraventa se desprende inequívocamente que la voluntad de las **partes** era someter la operación al IVA (TSJ Burgos 18-3-00, EDJ 32122).

5) Si bien en la **escritura pública** de compraventa no aparece literalmente una renuncia expresa del transmitente a la exención, resulta evidente que con las reiteradas menciones a la repercusión del IVA hechas por el transmitente, queda perfectamente claro que ambas partes manifiestan con eficacia frente a terceros su intención y conocimiento indubitado de que la entrega quede sujeta efectivamente a IVA. Así ocurre cuando se acredita con respectivos escritos anteriores a la escritura y con tres facturas (pagos anticipados) en las que se repercutía IVA (AN 18-7-00, EDJ 117317; TS 15-1-15, EDJ 2135).

8698 6) La renuncia a la exención, para que sea eficaz, necesita que se haga antes o simultáneamente a la entrega, o sea, a la escritura pública. Por tanto, no tiene valor la renuncia realizada después de la entrega. La escritura pública posterior de **subsanación** no puede producir efectos jurídicos, pues no se limitó a corregir errores de hecho (TSJ Baleares 2-5-00, EDJ 117122).

7) Se considera que se produjo la declaración fehaciente del adquirente cuando queda acreditada a través del **acta notarial de rectificación** de la escritura pública de compraventa en la que se hace constar por el notario que se transcribieron de forma incorrecta las manifestaciones de los comparecientes (TEAC 26-5-09). En el mismo sentido, cuando se acredita mediante **diligencia notarial de rectificación** de escritura pública (TS 15-1-15, EDJ 2135); o mediante una **segunda escritura** de aclaración para hacer constar la renuncia realizada (TSJ Galicia 24-2-21, EDJ 534460).

8) Para la renuncia a la exención en las operaciones inmobiliarias en el supuesto de **inversión del sujeto pasivo**, teniendo tal condición el adquirente, es suficiente la acreditación de que en el momento de la adquisición el sujeto pasivo tenía derecho a la deducción total del IVA soportado, no siendo aplicables los requisitos formales de comunicación previstos con carácter general (TEAC 9-6-00; TSJ Sevilla 18-5-02, EDJ 130238). Esto ocurre porque al no exigirse que la renuncia deba hacerse por el transmitente, sino que la **comunicación** debe hacerse fehacientemente al adquirente, en estos casos de inversión de sujeto pasivo, este coincide con el adquirente, y siendo la misma persona es evidente que se cumple el requisito de la comunicación (TS 12-5-11, EDJ 91211).

9) No puede entenderse producida la renuncia al no haber actuado el adquirente en el ejercicio de su actividad empresarial o profesional ni en una **dación en pago** de deudas de una finca, ya que la misma ha sido recibida como recuperación de un crédito impagado (TSJ Baleares 15-9-98, EDJ 65106; TS 24-1-07, EDJ 8565). En el mismo sentido, en relación con la simple adquisición de terrenos previamente aportados a la sociedad y su inmediata **reventa sin transformación** a un tercero (TEAC 24-7-07).

8699 10) Si la transmisión de unos terrenos rústicos no está sujeta a IVA, la **renuncia tácita** ejercitada en la escritura pública de compraventa al repercutir IVA no produce efectos (TEAC 28-4-09).

11) Si un empresario acogido a la **prorrata especial** afecta el inmueble adquirido a la actividad que genera el derecho a la deducción, se puede renunciar a la exención (TEAC 14-4-09).

12) Si se adquiere un inmueble para desarrollar una actividad distinta de la que se realizaba, constituyendo un **sector diferenciado** de actividad, para ver si se puede renunciar a la exención hay que atender al régimen de deducciones de cuotas soportadas en dicho sector y no al de la actividad que se venía desarrollando con anterioridad (TEAC 26-5-09).

13) Procede la renuncia a la exención en la entrega de unos inmuebles a una **compañía de leasing** que los va a ceder en arrendamiento financiero (TEAC 28-4-09).

14) No procede la renuncia a la exención del IVA por la **transmisión** de unas **fincas rústicas**, pues a pesar de cumplirse la prorrata del 100% el destino previsible de los bienes adquiridos en el momento de la adquisición era el arrendamiento rústico, no el industrial, tratándose por tanto de una actividad exenta de IVA (TS 6-6-17, EDJ 96428).

15) En la adquisición de unas **naves industriales** cuyo destino previsible era su arrendamiento sujeto y no exento, como así se hizo, es válida la renuncia y, con ella, la deducibilidad del IVA así soportado. Lo anterior es aplicable incluso en un supuesto en que la entidad adquirente aplica la regla de **prorrata** para determinar su IVA deducible y el porcentaje aplicable en el año de la adquisición del inmueble es inferior al 100% (TEAC 28-3-19).

16) Venta de suelo en la que se repercute IVA cuya deducción la Administración deniega porque consta en el **Registro de la Propiedad** como suelo rústico. Teniendo en cuenta que el Registro de la Propiedad da fe de la situación jurídica de los inmuebles en él inscritos (que efectivamente el suelo transmitido está urbanizado), pero no de las demás cuestiones de hecho relativas a los mismos (certificaciones administrativas, etc.), procede reconocer la deducción (TS 3-7-11). Subsidiariamente, se acepta la renuncia a la exención como consecuencia de la repercusión del impuesto alegada, aunque sin dejar de señalar que las cuotas indebidamente repercutidas, en aplicación de la inversión del sujeto pasivo, no son deducibles (TEAC 15-7-19).

17) Como en el contrato de **arrendamiento con opción de compra** la tributación de las cuotas depende del tratamiento de la posterior entrega, en el caso de terrenos rústicos tanto la entrega como el arrendamiento estarían sujetos pero exentos, sin que en ningún momento quepa considerar la posibilidad de renuncia a la exención en la entrega del terreno rústico que se produzca con el ejercicio de la opción de compra (TEAC 9-6-20).

V. Lugar de realización, sujeto pasivo, devengo y base imponible

8700

8701 En este capítulo dedicado a las operaciones inmobiliarias se trata de resaltar aquellos aspectos que presentan especiales características en el ámbito inmobiliario.

A. Lugar de realización

(LIVA art.68.Dos.3º, 69.Uno.1º y 70.Uno.1º)

8705 Además de las reglas generales aplicables en relación con el lugar de realización (ver nº 400 s.), tanto las **entregas de bienes** que tienen por objeto inmuebles como las **prestaciones de servicios** relacionadas con los mismos, se localizan en el lugar en que radica el inmueble.
Se consideran, entre otros, relacionados con bienes inmuebles los siguientes **servicios** (nº 525 s.):
- el arrendamiento o cesión de uso por cualquier título de dichos bienes, incluidas las viviendas amuebladas;
- los servicios relativos a la preparación, coordinación y realización de las ejecuciones de obra inmobiliarias;
- los de carácter técnico relativos a dichas ejecuciones, incluidos los prestados por arquitectos, arquitectos técnicos (aparejadores) e ingenieros;
- los de vigilancia o seguridad relativos a bienes inmuebles;
- los de gestión relativos a bienes inmuebles y operaciones inmobiliarias;
- los de alquiler de cajas de seguridad;
- los de utilización de las vías de peaje; y
- los de alojamiento en establecimientos de hostelería, acampamento y balneario.

No obstante, en relación con la **prestación de servicios** relacionados con inmuebles, además de las reglas referentes al lugar de realización (nº 496 s. y nº 525 s.), se ha de tener en cuenta la regla de utilización efectiva (nº 750 s.).

8706 Precisiones 1) Debe tenerse en cuenta que:
- los servicios prestados por intermediarios que actúen en nombre y por cuenta de terceros consistentes en la **intermediación en la provisión de alojamiento** en el sector hotelero o en sectores con una función similar no se consideran relacionados con inmuebles y no siguen la regla especial de localización de los servicios relacionados con bienes inmuebles (LIVA art.70.Uno.1º). Estos servicios se localizan en la sede del destinatario, cuando este sea empresario; en otro caso, se localiza allí donde se localice la operación en la que se media (Rgto UE/282/2011 art.31);
- salvo en los casos en que los bienes que estén siendo objeto de ensamblaje vayan a pasar a formar parte de un bien inmueble, el lugar de realización de la prestación de servicios destinados a una persona que no tenga la condición de sujeto pasivo y que consistan exclusivamente en el montaje por un sujeto pasivo de las diferentes piezas de una máquina que le hayan sido suministradas en su totalidad por su cliente, es el lugar de realización material de la ejecución de obra (Rgto UE/282/2011 art.34). De esto parece deducirse que si los bienes ensamblados pasan a formar parte de un bien inmueble, se debe entender aplicable la Dir 2006/112/CE art.47, de forma que el **servicio de montaje** se considera prestado donde radique el inmueble. Esto resultaría aplicable no solo cuando el destinatario del servicio de montaje sea consumidor final, sino también cuando sea empresario.

2) El Rgto UE/282/2011 art.13 ter define el **concepto** de bien inmueble a efectos de la aplicación de la normativa comunitaria sobre el IVA (ver las precisiones del nº 8536).

3) Se delimitan asimismo las **prestaciones de servicios vinculadas** a bienes inmuebles, a efectos de la aplicación de la normativa comunitaria sobre el IVA (Dir 2006/112/CE art.47), estableciendo que solo abarcan los servicios que tengan una vinculación suficientemente directa con un bien inmueble, de la siguiente forma:
- cuando se deriven de un bien inmueble y dicho bien sea un elemento constitutivo de los servicios y sea básico y esencial para los mismos; y
- cuando se presten en relación con un bien inmueble o se destinen a él y tengan por objeto la modificación física o jurídica de dicho bien.

Se incluyen, además, sendas listas no exhaustivas de servicios que hay que considerar que son, respectivamente, servicios relacionados o vinculados con un bien inmueble, y servicios que hay que considerar que no son servicios relacionados o vinculados con un bien inmueble (Rgto UE/282/2011 art.31 bis).

4) La puesta a disposición de un cliente de maquinaria o equipamiento para ejecutar obras en un bien inmueble, solo se considera una prestación de servicios vinculada a bienes inmuebles en caso de que el prestador asuma la responsabilidad de la **ejecución de las obras**. Este hecho se presume cuando se ceda al cliente la maquinaria o el equipamiento, y personal suficiente para utilizarlo con vistas a la ejecución de esas obras. Dicha presunción puede refutarse por cualquier medio pertinente de hecho o de Derecho (Rgto UE/282/2011 art.31 ter).

5) Las **notas explicativas** de la Comisión Europea de 26-10-2015 sobre las normas de la UE referentes al lugar de realización de las prestaciones de servicios relacionados con bienes inmuebles a efectos del IVA, si bien no son jurídicamente vinculantes, sirven como una herramienta de orientación y pretenden ayudar a comprender mejor la legislación adoptada en el ámbito comunitario.

6) Respecto de los **servicios publicitarios**, los servicios relacionados con bienes inmuebles (arrendamiento, cesión y demás operaciones relacionadas con vallas, marquesinas, cabinas telefónicas y análogos) que se destinen a fines publicitarios, se entienden localizados donde radican los inmuebles. Se trata, en este caso, del arrendamiento o cesión del inmueble a la agencia de publicidad que lo va a utilizar con fines publicitarios (DGT Resol 4/1994).

7) En relación a la **doctrina y jurisprudencia** relacionada con la materia, ver nº 530 s. y nº 534 s., respectivamente.

B. Sujeto pasivo

(LIVA art.84.Uno.2º.a.d'), a.e'), e) y f); RIVA art.24 quater)

8714 Además de tener en cuenta las reglas generales aplicables en relación con el sujeto pasivo (ver nº 1300 s.), a efectos de evitar el fraude en este tipo de operaciones, la normativa de la UE permite la aplicación de la **inversión del sujeto pasivo** (se trata simplemente de una opción para los Estados miembros) para los siguientes casos (Dir 2006/112/CE art.199):

- la prestación de servicios de construcción, incluidos los servicios de reparación, limpieza, mantenimiento, modificación o demolición relacionados con bienes inmuebles, así como la entrega de obras en inmuebles considerada entrega de bienes a efectos del IVA;
- la puesta a disposición de personal que desempeñe actividades cubiertas por el guion anterior;
- la entrega de bienes inmuebles, cuando el proveedor haya renunciado a la exención del IVA;
- la entrega de bienes entregados como garantía por un sujeto pasivo a otro en ejecución de dicha garantía;
- la entrega de bienes a raíz de la cesión de la reserva de propiedad a un cesionario, en el ejercicio de este derecho por parte del mismo; y
- la entrega de bienes inmuebles vendidos por el deudor judicial en un procedimiento obligatorio de liquidación.

De esos supuestos de inversión del sujeto pasivo el legislador ha traspuesto a la **normativa interna**:

a) Las entregas de inmuebles que se deriven de un **proceso concursal** en cualquiera de sus fases, tanto en la fase común como en la fase de liquidación.

b) Las entregas, sujetas pero exentas de terrenos rústicos (nº 8605 s.) y en las segundas y ulteriores entregas de edificaciones (nº 8640 s.) en las que se **renuncie a la exención**, por concurrir los requisitos establecidos en el nº 8685 s.

c) Las entregas de bienes inmuebles efectuadas en **ejecución de la garantía** constituida sobre los mismos. Este supuesto se extiende expresamente al caso de transmisión de inmuebles a cambio de:

- la extinción total o parcial de la deuda garantizada (dación del inmueble en pago); o
- la obligación de extinguir la deuda garantizada por el acreedor adquirente.

d) Las **ejecuciones de obra inmobiliaria**, con o sin aportación de materiales, así como las cesiones de personal para su realización, consecuencia de contratos directamente formalizados entre el promotor y el contratista, que tengan por objeto la urbanización de terrenos o la construcción o rehabilitación de edificaciones. Lo anterior también se aplica cuando los destinatarios de las operaciones sean a su vez el contratista principal u otros subcontratistas.

Asimismo, se establecen dos **excepciones a la regla general** de inversión del sujeto pasivo, de forma que esta no se produce cuando se trate de:

- prestaciones de servicios de arrendamiento de bienes inmuebles que estén sujetas y no exentas que sean efectuadas por personas o entidades no establecidas en el territorio de aplicación del impuesto español; y
- prestaciones de servicios de intermediación en arrendamientos de bienes inmuebles.

El supuesto de inversión del sujeto pasivo es de **aplicación preferente** al relativo a entregas de inmuebles efectuadas en ejecución de la garantía constituida sobre los mismos (DGT CV 26-10-16).

Precisiones 1) Para un estudio más detallado de estos supuestos de **inversión del sujeto pasivo**, ver el nº 1363 s.
2) En estos supuestos no son aplicables las previsiones relativas a los adquirentes de bienes como consecuencia de **procedimientos administrativos y judiciales** de ejecución forzosa (nº 7233).
3) Los **destinatarios** de las citadas operaciones (quedando incluidos, entre otros, los entes públicos, las personas físicas, las asociaciones, las cooperativas y las demás entidades sin ánimo de lucro) deben comunicar expresa y fehacientemente, y con carácter previo o simultáneo a la adquisición de los bienes o servicios en que consistan las referidas operaciones, al empresario o profesional que realice la entrega, al contratista o contratistas principales, o a los subcontratistas, que están actuando, con respecto a dichas operaciones, en su condición de empresarios o profesionales (RIVA art.24 quater). Por tanto, no es necesaria dicha comunicación cuando no actúan con la condición de empresario o profesional, ya que no opera el supuesto de inversión del sujeto pasivo (DGT CV 17-6-13).

Doctrina Administrativa Además de las siguientes contestaciones de la DGT, ver nº 1363 s. y nº 11000 s. **8715**
1) Hay inversión del sujeto pasivo al tratarse de **ejecuciones de obras** efectuadas para la construcción de una edificación destinada a colegio y cuyo destinatario tiene la condición de empresario o profesional (DGT CV 29-4-19). También en la ejecución de obras de construcción de dos viviendas y un centro de día cuando la asociación promotora actúe como empresario o profesional (DGT CV 5-12-23; CV 5-6-25); y en las ejecuciones de obra efectuadas para la construcción o rehabilitación de edificaciones realizadas a favor de un empresario o profesional (DGT CV 30-4-24). Por el contrario, no se aplica la inversión del sujeto pasivo cuando el destinatario es una comunidad de propietarios que no tiene la consideración de empresario o profesional (DGT CV 5-9-25).
El mecanismo de inversión no se aplica a las **prestaciones de servicios** de suministros e instalación de elementos de protección o andamios, al no considerarse ejecuciones de obra (DGT CV 14-3-25). En este sentido, la inversión del sujeto pasivo no se aplica a las prestaciones de servicios de arrendamiento de inmuebles sujetas y no exentas, efectuadas por personas o entidades no establecidas en el territorio de aplicación del Impuesto (DGT CV 29-7-25).
2) Resulta de aplicación la inversión del sujeto pasivo en las entregas efectuadas en **ejecución de la garantía** constituida sobre los bienes inmuebles, cuando se reúnan los siguientes requisitos:
a) El destinatario de las operaciones sujetas debe actuar con la condición de empresario o profesional.
b) Las operaciones realizadas deben tener la naturaleza jurídica de entregas y tener por objeto un bien inmueble que esté afectado en garantía del cumplimiento de una obligación principal.
c) Las operaciones deben tratarse de entregas de bienes distintas de aquellas en las que se produce la inversión del sujeto pasivo por entregas consecuencia de procesos concursales y las exentas en las que se renuncie a la exención (ver el nº 8714 letras a y b).
d) Las entregas realizadas deben ser consecuencia de la ejecución de la garantía constituida sobre los bienes inmuebles, si bien, la inversión del sujeto pasivo también se produce en los casos de transmisión de inmuebles otorgados en garantía a cambio de la extinción total o parcial de la deuda garantizada o de la obligación de extinguir tal deuda por el adquirente (DGT CV 24-4-13; CV 4-4-16). Ver no obstante el criterio del TEAC 20-9-22 en nº 8715.2. Se aplica la inversión del sujeto pasivo en un supuesto de transmisión de un inmueble gravado con una **garantía real hipotecaria** en el momento en que se devenga dicha transmisión, en el que el adquirente va a retener parte del precio de venta para destinarlo a la **cancelación posterior** de dicha hipoteca (DGT CV 19-2-25). Sin embargo, cuando la retención de parte del precio de transmisión de los inmuebles por parte de la entidad compradora se destina a la cancelación del importe pendiente de las hipotecas que gravan los mismos **con anterioridad o en el mismo acto** de otorgamiento de la escritura de transmisión, los inmuebles se transmiten ya libres de cargas hipotecarias. En estas circunstancias y de conformidad con la doctrina del TEAC (ver nº 8715.2), no resulta aplicable el supuesto de inversión del sujeto pasivo (DGT CV 31-3-25; CV 28-10-25). Esta conclusión supone un cambio de criterio respecto del contenido, entre otras, en DGT CV 3-4-20.
Este supuesto de inversión del sujeto pasivo resulta aplicable a la transmisión de terrenos afectos al pago de las **cargas de urbanización** (DGT CV 19-11-15; CV 13-3-18; CV 28-3-25; CV 30-4-25). La inversión del sujeto pasivo en las entregas efectuadas en ejecución de la garantía constituida sobre los bienes inmuebles resulta aplicable, en todo caso, en las transmisiones de inmuebles afectos al pago de cargas urbanísticas vigentes (DGT CV 9-2-23; CV 15-2-23; CV 5-6-23). Si los derechos de aprovechamiento que van a ser objeto de transmisión se refieren a una parcela concreta y específica y determinan un derecho de propiedad específico de una finca resultante del proyecto de reparcelación, cuya afección al pago de las cargas urbanísticas se encontrase inscrita y vigente registralmente, resultaría aplicable la inversión del sujeto pasivo. En caso contrario, de no encontrarse inscrita y vigente dicha afección al pago de las cargas urbanísticas correspondientes, la inversión del sujeto pasivo no resultaría aplicable (DGT CV 8-4-24; CV 4-12-24; CV 5-2-25; CV 31-3-25). Ver asimismo jurisprudencia al respecto en nº 8715.2.

Por tanto, procede la **inversión del sujeto pasivo**, quedando obligado el adquirente a extinguir la deuda tributaria, en las siguientes operaciones:
- **daciones en pago** con extinción total o parcial de la deuda; entrega de inmueble dado en garantía del cumplimiento de una deuda con extinción total o parcial de dicha deuda para el transmitente o, en su caso, deudor, ya sea subrogándose el adquirente en la posición deudora de la relación obligacional o mediante el pago de una contraprestación que se vincula necesariamente a dicha extinción, así como en la entrega de un inmueble otorgado en garantía sin extinción de la obligación garantizada para el transmitente o en su caso deudor (DGT CV 1-8-18; CV 10-3-20; CV 10-3-20);
- adjudicación de inmuebles mediante **subasta** por concurso de acreedores (DGT CV 26-2-18), así como adquisición en subasta judicial de una nave industrial para el desarrollo de su actividad empresarial, donde el adjudicatario va a resultar ser el sujeto pasivo de la operación (DGT CV 16-6-22); y
- adquisición de unos terrenos como **pago de una deuda** que tiene la entidad propietaria (DGT CV 21-1-20), a diferencia de lo que ocurre cuando el adquirente es un particular (DGT CV 5-8-21). En una subasta judicial de una vivienda propiedad de una entidad mercantil promotora de la misma, el sujeto pasivo de la transmisión es la entidad propietaria de la vivienda, que debe repercutir en factura el impuesto correspondiente, quedando el particular adquirente obligado a soportarlo (DGT CV 9-8-23). La adjudicación a un empresario, en subasta judicial por ejecución hipotecaria, de un solar que pertenecía a una entidad mercantil, implica que el sujeto pasivo es el adjudicatario (DGT CV 16-2-23).

3) Cuando se transmitan bienes inmuebles con la finalidad de extinguir las deudas garantizadas con tales inmuebles conjuntamente con otros inmuebles destinados a extinguir **deudas sin garantía real**, el mecanismo de inversión del sujeto pasivo solo opera respecto de las transmisiones que tengan por objeto inmuebles gravados con un derecho de garantía (DGT CV 17-6-13; CV 18-2-15).

8715.1 **4)** La inversión del sujeto pasivo se aplica a las obras que puedan calificarse como **obras de rehabilitación**, debiendo tener en cuenta que:
- se incluyen las adiciones y mejoras que incrementan el valor de las edificaciones, a diferencia de lo que ocurre con las obras de mantenimiento, reparación y conservación de edificaciones (DGT CV 20-2-20).
- se excluyen las obras que consisten en la adecuación de habitaciones, baños y pasillos, así como de determinados elementos de carpintería, al tratarse de actuaciones de reforma o reparación de una edificación, no resultando por tanto aplicable la inversión del sujeto pasivo (DGT CV 15-3-17);
- si la actuación en su conjunto no puede ser calificada como de construcción o rehabilitación de edificaciones, el mecanismo de inversión del sujeto pasivo no resulta aplicable ni a las operaciones efectuadas directamente por el contratista principal ni a aquellas que pueda efectuar otra **entidad subcontratada** a favor del contratista principal (DGT CV 23-9-16). En el caso de que existan varios contratistas principales, lo relevante es que la ejecución de obra llevada a cabo en su conjunto por todos ellos se realice en el marco de un proceso de urbanización de terrenos o de construcción o rehabilitación de edificaciones, sin que haya que atender a cada una de las ejecuciones de obra llevadas a cabo por cada uno de los contratistas (DGT CV 28-4-22). Cuando la reforma no sea rehabilitación, el contratista deberá repercutir en factura el IVA por las ejecuciones de obra realizadas (DGT CV 23-5-24);
- pueden realizarse en edificaciones que sean propiedad tanto del rehabilitador como de terceros, incluyéndose las ejecuciones de obras de rehabilitación llevadas a cabo por el arrendatario de un local de negocios en el que desarrolla su actividad (DGT CV 11-7-17).

5) Una SOCIMI que tiene por actividad principal la adquisición y promoción de inmuebles de naturaleza urbana para el arrendamiento de viviendas, no comunicó a sus proveedores que hicieran la inversión del sujeto pasivo en relación con unas obras de rehabilitación. En este caso, se deben **rectificar las facturas** expedidas con repercusión (DGT CV 4-7-19).

6) No se especifica que se esté desarrollando ninguna actividad en relación con el inmueble en cuestión, aunque sí se dice que el mismo está incorporado al patrimonio empresarial de uno de los tres comuneros. Así pues, no parece haber una asunción conjunta del riesgo y ventura de una actividad de explotación del inmueble, por lo que debe considerarse como sujeto pasivo, en su caso, a cada uno de los integrantes de la **comunidad de bienes** en relación con su parte proporcional del inmueble (DGT CV 8-2-19).

7) Una persona jurídica en situación de **concurso de acreedores** en fase de liquidación, titular de una parcela de suelo urbano residencial, va a realizar la dación en pago de la misma a un acreedor financiero con privilegio especial dentro del concurso. Se produce la inversión del sujeto pasivo, ostentando tal condición el acreedor adquirente de la parcela, quien debe incluir en la declaración- liquidación correspondiente al período en que se realice la operación la cuota del Impuesto (DGT CV 14-2-19).

8) Desde 1-1-2023, se excluye de la aplicación de la regla de inversión del sujeto pasivo las prestaciones de servicios de **arrendamiento de inmuebles** sujetas y no exentas del impuesto, efectuadas por **personas o entidades no establecidas** en el TAI. Por tanto, los inversores belgas son sujetos pasivos del IVA en la prestación de los servicios de arrendamiento descritos, no siendo aplicable la inversión del sujeto pasivo (DGT CV 21-9-23). La sociedad civil francesa es sujeto pasivo del arrendamiento de un apartamento turístico sujeto y no exento (DGT CV 4-5-23). En el mismo sentido, DGT CV 9-2-23; CV 14-2-23; CV 15-2-24.

9) En caso de inversión del sujeto pasivo, el transmitente del inmueble no repercute en **factura** cantidad alguna en concepto de IVA, debiendo incluir en la misma la mención «inversión del sujeto pasivo» (DGT CV 30-8-24).

10) Se aplica la inversión del sujeto pasivo a las **derramas** expedidas a los juntacompensantes que tengan la condición de empresarios o profesionales, en la medida en que se trate de derramas correspondientes a las ejecuciones de las obras de urbanización de terrenos (DGT CV 3-10-24).

Jurisprudencia 1) Los Estados miembros pueden aplicar la **inversión del sujeto pasivo** para cualquier venta de un bien inmueble realizada por el deudor de un crédito ejecutivo, no solo en el marco de un proceso de liquidación de su patrimonio, sino también en el marco de un proceso concursal anterior a tal procedimiento de liquidación (TJUE 13-6-13, asunto C-125/12). **8715.2**

2) No se debe realizar la inversión del sujeto pasivo en las entregas de bienes inmuebles que constituyen la garantía de un **préstamo a otro empresario**, a cambio de un precio que se destina a cancelar (total o parcialmente) dicho préstamo hipotecario. Hay que tener en cuenta que ni se ha producido la entrega del inmueble en ejecución de la garantía, ni aquella se produce a cambio de la extinción de la deuda, dado que el transmitente es el que asume la deuda con parte del precio convenido (TEAC 20-9-22).

3) En esta resolución, el TEAC manifiesta que, para el caso de transmisión de inmuebles afectos al pago de las **cargas urbanísticas**, sí resulta aplicable el supuesto de inversión del sujeto pasivo previsto en la norma para las entregas efectuadas en ejecución de la garantía constituida sobre los bienes inmuebles (LIVA art.84.Uno.2º.e), tercer guión) (TEAC 20-10-22).

C. Devengo

Además de las reglas generales aplicables en relación con el devengo (ver nº 1200 s.), en relación con operaciones inmobiliarias, la normativa establece para las entregas de bienes y prestaciones de servicios tanto reglas generales (nº 8717 s.), como reglas especiales (nº 8725 s.). **8716**

1. Regla general

(LIVA art.75.Uno.1º, 2º y 2º bis)

Atendiendo al tipo de operación de que se trate, hay que distinguir: **8717**

a) **Entregas de bienes**: el devengo del IVA se produce, como regla general, cuando tiene lugar la puesta a disposición del adquirente o, en su caso, cuando se efectúan conforme a la legislación que sea aplicable (ver nº 1206 s.).

Salvo en el supuesto de **pagos anticipados** (nº 8737), el devengo determina la exigencia de la totalidad del IVA correspondiente, aunque no se haya producido el pago total de la contraprestación de la operación sujeta.

b) **Prestaciones de servicios**: el IVA se devenga cuando se presten, ejecuten o efectúen las operaciones gravadas (ver nº 1215 s.). No obstante en las prestaciones de servicios en las que el sujeto pasivo se determine por inversión, que se lleven a cabo de forma continuada durante un **plazo superior a un año** y que no den lugar a pagos anticipados durante dicho periodo, el devengo se produce a 31 de diciembre de cada año por la parte proporcional correspondiente al periodo transcurrido desde el inicio de la operación o desde el anterior devengo hasta la citada fecha, en tanto no se ponga fin a dichas prestaciones de servicios.

Doctrina Administrativa Además de las siguientes contestaciones de la DGT, ver nº 1210 s., nº 1217 s. y nº 11000 s. **8718**

1) En las **ventas a plazos** sin pacto de reserva de dominio se devenga el impuesto cuando los bienes entregados se ponen a disposición del adquirente (DGT 30-11-85).

2) En el supuesto de entrega de bienes por **expropiación forzosa**, el momento de devengo se produce con la ocupación de la finca por vía administrativa (DGT 29-1-99), la cual puede producirse con el otorgamiento de la escritura pública que documenta dicha transmisión (DGT CV 9-5-13), o con el otorgamiento del acta de ocupación en el caso de que la finca haya sido expropiada por el ayuntamiento, salvo que con anterioridad se haya llevado a cabo el pago en concepto de justiprecio, ya que dicho pago determina el devengo del IVA correspondiente al constituir un pago anticipado (DGT CV 15-3-17).

3) En las entregas de edificaciones efectuadas por **comunidades de propietarios** (promotoras) a sus comuneros, el IVA se devenga cuando, una vez concluida la construcción, los bienes entregados se pongan en poder y posesión de los comuneros. Sin embargo, si la comunidad ha recibido con anterioridad las contraprestaciones de dichas operaciones, el impuesto se devenga en el momento del cobro total o parcial por los importes efectivamente percibidos (DGT CV 6-10-86).

4) Cuando la venta se realiza mediante **escritura pública**, su otorgamiento, ya sea anterior o posterior, equivale a la entrega de la cosa objeto del contrato, salvo que de la misma resulte o se deduzca claramente lo contrario, produciéndose en ese momento el devengo (DGT 23-1-97; CV 3-2-12; CV 4-1-22), y con independencia de la fecha en la que se produjo su inscripción registral, que puede haber sido en un momento posterior (DGT CV 11-4-12). Cuando de la escritura se deduzca claramente un momento distinto de **puesta en poder y posesión** de la cosa entregada, el devengo se produce en el momento en que, efectivamente, tenga lugar dicha puesta en poder y posesión del adquirente (DGT CV 20-1-17). Todo ello sin perjuicio de lo previsto en la norma para el caso de que se efectúen pagos anticipados (DGT CV 29-5-19).
5) El concepto de entrega de bienes a los efectos del IVA es un concepto del Derecho de la Unión que, por tanto, precisa de una interpretación también de la UE. Así, en relación con la existencia de una entrega de bienes a estos efectos, han de analizarse las facultades que se atribuyen al destinatario de una operación para su comparación con las que se confieren al propietario. Dado que el **contrato privado** determinó para el comprador del terreno la adquisición de la totalidad de las facultades inherentes al propietario y su toma de posesión, concurren título y modo, por lo que si la entrega está sujeta y no exenta, el devengo se produce en la fecha del contrato privado y no en la de su elevación a escritura pública (DGT CV 31-8-06).
6) En los supuestos de **permuta**, con carácter general, el devengo se produce a la recepción del terreno y tiene además carácter de pago anticipado respecto de la contraprestación (viviendas futuras, locales...), como ocurre con las permutas:
- de terrenos por **viviendas futuras** (DGT 28-11-96; CV 9-12-14; CV 22-8-17);
- de un solar a cambio de **viviendas, garajes y trasteros** (DGT CV 22-5-23);
- de terrenos por **locales** (DGT CV 25-11-15);
- de un terreno de un ayuntamiento **por obra futura** (DGT CV 23-2-17);
- de una finca rústica integrada en un plan parcial urbanístico que va a ser expropiada por un ayuntamiento a cambio de unos **derechos de aprovechamiento urbanístico** correspondientes a un suelo de uso industrial (DGT CV 29-4-21);
- de una edificación, que consta de cuatro viviendas en estado ruinoso, a cambio de una vivienda futura de nueva construcción, tras un proceso de rehabilitación por parte de la entidad adquirente (DGT CV 8-7-22);
- de locales a cambio de la construcción futura de apartamentos (DGT CV 24-5-24).

Ver asimismo el nº 8737 s.
7) La entrega de las **parcelas urbanizadas** en que se materializa parte de la contraprestación de la entrega del **terreno expropiado** tiene lugar cuando concluya su urbanización y se encuentra sujeta y no exenta. El devengo de dicha entrega se produce cuando tenga lugar la transmisión del poder de disposición de la misma (DGT CV 12-4-10).
8) La entrega de la **edificación terminada** en que se materializa la contraprestación de la entrega del terreno tiene lugar cuando concluya su construcción y se encuentra sujeta y no exenta, al tener la condición de primera entrega. El devengo de dicha entrega se produce cuando tiene lugar la transmisión del poder de disposición de la misma (DGT CV 1-6-10; CV 24-11-25). Si del contenido de la **escritura pública** se deduce que esta constituye la entrega de la vivienda terminada, implica el devengo por la totalidad del precio final de la vivienda (DGT CV 4-3-11).
Si la entrega es de una **vivienda en construcción**, el devengo se produce con ocasión de su puesta a disposición, sin perjuicio de la existencia de pagos anticipados, en cuyo caso el devengo se produce con el cobro total o parcial del precio por los importes efectivamente percibidos (DGT CV 10-3-16). La puesta a disposición del adquirente tiene lugar cuando la construcción se halle terminada (DGT CV 31-5-10; CV 20-10-10).
Es mediante la **entrega del inmueble**, ya sea anterior o simultánea al otorgamiento de la escritura, cuando se produce el devengo (DGT CV 16-11-07).
9) La entrega de la plaza de toros constituye un **pago a cuenta en especie** de la entrega de la edificación futura (nueva plaza de toros multiusos). Este pago está sujeto y no exento, produciéndose el devengo de dicha entrega cuando tenga lugar la transmisión del poder de disposición de la misma (DGT CV 7-6-10). Mismo criterio respecto a la transmisión de unas fincas a cambio de la construcción de unas instalaciones deportivas (DGT CV 27-10-10).

8719 **10)** En los servicios de visado y legalización efectuada por los **colegios profesionales**, el IVA se devenga en el momento de prestación de dichos servicios, aunque el cobro de la contraprestación se efectúe en momento posterior (DGT 2-6-86).
11) Respecto a los **arquitectos** podemos distinguir:
- solo efectúan los proyectos, como trabajo único o autónomo: el devengo se produce cuando dichos proyectos se ponen a disposición del cliente, que puede retirarlos del colegio;
- *realización del proyecto* y *dirección de obra* hasta su terminación: la determinación del momento del devengo está condicionada al contenido de los pactos suscritos por las partes. Así, si se conciertan distintas prestaciones autónomas, el impuesto se devenga cuando se realiza cada una de ellas por la contraprestación correspondiente; por el contrario, si se concierta una sola prestación configurada unitariamente, aunque su ejecución se efectúe en diferentes fases, el impuesto se devenga cuando concluye totalmente la prestación contratada (DGT 17-11-86).

12) Ante la existencia de una **condición suspensiva**, el devengo se va a producir en los siguientes momentos:
- si se trata de una **cesión de terrenos** en pago de deudas por el cedente, de manera que la contraprestación de dicha cesión está constituida por la extinción de la deuda del cedente: en el momento en que el terreno se pone en posesión del cesionario o bien, si es anterior, en el momento en que se produce la extinción de la deuda del cedente, que opera en tal caso como pago anticipado de dicha cesión (DGT 9-4-99);
- si se trata de **entregas de bienes**: el impuesto se devenga cuando los bienes que constituyan su objeto se pongan en posesión del adquirente, que en su caso tiene lugar en el momento de la formalización del contrato entre el ayuntamiento y el correspondiente adjudicatario al entenderse producida en ese momento la entrega de la posesión de los bienes objeto de licitación (DGT CV 13-3-13).
Si la **permuta** de suelo por edificación solamente tiene virtualidad si el cambio de calificación del terreno se produce antes de transcurridos seis años desde su adquisición, la permuta ha de entenderse realizada en el momento en que tuvo lugar el cambio de calificación del terreno dentro del plazo señalado (DGT CV 20-1-06; CV 23-12-16).
13) En caso de **impago por el arrendatario** de un local de negocio, hasta que se produce la declaración de desahucio del inquilino, los pagos son exigibles y siguen devengando el IVA (DGT 18-2-00).
14) En una transmisión de inmuebles con **reserva del usufructo temporal**, el devengo del impuesto se produce en el momento en que los inmuebles se ponen a disposición del adquirente, lo que tiene lugar en el momento de celebración del contrato, sin que exista devengo alguno en el momento de la consolidación del dominio (DGT CV 8-5-06).
15) La entrega de **letras de cambio** solo produce los efectos del pago cuando hubiesen sido realizadas (CC art.1170). En consecuencia, en los supuestos normales, la entrega de una letra de cambio para el pago de una vivienda antes de su entrega no puede considerarse como pago anticipado del precio de una operación sujeta hasta que dicho efecto se realice, de forma que no se produce el devengo anticipado del impuesto hasta el momento del cobro de su importe, si este se produce con anterioridad al hecho imponible. Si la puesta de los bienes a disposición del adquirente es anterior al cobro del importe de la letra, es aplicable la regla general de devengo, sin que este se anticipe por la entrega del referido documento (DGT 21-2-03).
16) Si las actividades que realiza la comisión gestora se efectúan con la intención, confirmada por elementos objetivos, de constituir una **junta de compensación**, se infiere que las aportaciones que efectúen sus miembros para su constitución y funcionamiento han de considerarse, al igual que el resto de aportaciones efectuadas a juntas de compensación, como contraprestación de operaciones sujetas al impuesto, devengándose el mismo con ocasión de su realización (DGT 7-3-03).

17) La existencia de un contrato de compraventa de vivienda unido a la firma de un documento privado en que las partes hacen constar que se efectúa la **entrega de llaves** y toma de posesión de la vivienda, suponen la puesta en poder y posesión de la citada vivienda, incluso si el otorgamiento de la escritura es posterior. En el citado documento público las partes deberían hacer constar que los adquirentes ya han tomado posesión de la vivienda, para que se dé correcta fe de los hechos. No obstante, si dicha entrega se produce mediante **acta notarial**, el devengo se produce con el otorgamiento de esta (DGT CV 2-11-11). En el mismo sentido, en relación con la entrega de un local, y ante la duda sobre si el devengo del IVA se produce en la fecha de firma del documento privado, en el momento de la entrega de llaves, o en la elevación a público del contrato, se resuelve que el devengo está asociado al momento de la entrega de llaves (DGT CV 3-1-17; CV 26-6-23). **8721**
18) En la formalización de un **derecho de opción de compra** sobre un determinado inmueble, el devengo se produce en el momento de formalizarse la referida opción (DGT CV 27-7-07; CV 7-5-14). La operación de concesión del derecho de opción es una operación **de tracto único**, no de tracto sucesivo o continuado en el tiempo, en que el Impuesto se devenga de una sola vez en el momento en que se produce dicha concesión, que será, normalmente, con motivo del otorgamiento del contrato de arrendamiento y por el total importe de la contraprestación convenida, sea única o esté constituida por la suma de sucesivas rentas periódicas (DGT CV 19-11-21).
19) Cuando el contrato de **arrendamiento financiero** da lugar a una entrega de bienes, el devengo se produce en el momento en que se formaliza la cláusula vinculante de transferencia de la propiedad o, cuando esta exista desde el principio, con la puesta en posesión del arrendatario. Y durante el tiempo en que la ejecución del contrato de arrendamiento constituye una prestación de servicios, el devengo se produce, por tratarse de una operación de tracto sucesivo, cuando resulte exigible la parte del precio que comprenda cada percepción (DGT CV 10-4-17).
20) Un promotor delegado vende en escritura pública dos solares urbanos a dos promotores inversores, comprometiéndose a llevar a cabo la construcción de unas viviendas sobre las parcelas objeto de compraventa y a su entrega a las compradoras una vez finalizada dicha construcción. A efectos del IVA, la única operación relevante existente es la entrega a los adquirentes de las **edificaciones junto con los terrenos** en los que las mismas se asientan, por lo que se devenga el impuesto cuando se pongan a disposición de los adquirentes. Las cantidades percibidas por la compraventa de los solares, en la medida en que tienen la consideración de pago a

cuenta respecto del precio total a pagar por la entrega de las viviendas, determinan el devengo y la obligación de repercutir las correspondientes cuotas del impuesto (DGT CV 2-12-08).

21) Si los titulares de inmuebles de los distintos complejos residenciales han disfrutado y dispuesto necesariamente de las **zonas comunes** generales de la urbanización desde el origen, la transmisión del poder de disposición de estas zonas comunes se produjo necesaria y conjuntamente con la entrega del inmueble. El devengo se produjo en el momento en que los inmuebles se pusieron a disposición del adquirente (DGT CV 15-4-10).

22) En el caso de las **cooperativas**, el devengo se produce cuando la vivienda se pone a disposición del cooperativista tras su adjudicación. Si han existido aportaciones previas efectuadas por los cooperativistas, deben ser consideradas como pagos anticipados efectuados a cuenta de la futura entrega de las viviendas, determinando estos el devengo del impuesto (DGT CV 29-3-12). No obstante, si parte de las aportaciones se destina a la construcción de los locales, como estos forman parte del patrimonio de la cooperativa y no de los socios que realizan las aportaciones, no constituyen la contraprestación de entregas de bienes o prestaciones de servicios efectuadas por la cooperativa a favor de los socios y, por tanto, no daría lugar a la repercusión del IVA por parte de la cooperativa (DGT CV 20-1-22).

En una actuación urbanística a través del **sistema de cooperación**, si el ayuntamiento repercute a los propietarios de los terrenos las correspondientes cuotas urbanísticas de manera anticipada, las entregas de cantidades a cuenta al ayuntamiento determinan el devengo del IVA, por los importes efectivamente percibidos (DGT CV 29-11-16).

8721.1 **23)** En las **modificaciones de los tipos impositivos**, los pagos anticipados satisfechos a cuenta de la futura entrega de la vivienda no deben ser objeto de regularización, aunque la elevación a escritura pública y la entrega de la vivienda se produzcan con posterioridad a la modificación de dichos tipos (DGT CV 18-7-11; CV 22-12-11). En los pagos anticipados el tipo aplicable es el vigente en el momento de su devengo (DGT CV 18-2-15).

Se aplica el nuevo tipo impositivo a las ejecuciones de obra para la construcción de una vivienda, documentadas en las correspondientes **certificaciones de obra** cuyo devengo se produzca una vez entrada en vigor la modificación del tipo, es decir, a las certificaciones de obra efectivamente pagadas desde dicha fecha, puesto que la finalización de la construcción todavía no se ha producido (DGT CV 17-4-13).

24) Una sociedad mercantil desea adquirir un inmueble a una congregación religiosa que venía desempeñando en el mismo labores de docencia exentas del IVA. Una vez adquirida dicha edificación, procederá a su **rehabilitación** para destinarla al ejercicio de actividades sujetas y no exentas del Impuesto. En contraprestación, dicha sociedad construirá, sobre un solar propiedad de la congregación, determinados inmuebles. La entrega del edificio por la congregación religiosa tendrá lugar una vez la sociedad haya puesto a disposición de aquella los inmuebles resultantes de la ejecución de obra que pretende realizar. De acuerdo con lo anterior, el devengo de las respectivas entregas se produce en el mismo momento temporal, la puesta a disposición de la **ejecución de obra** efectuada por la mercantil a favor de la congregación (DGT CV 1-10-12).

25) Una entidad arrendataria ejercita el derecho de opción de compra del contrato de arrendamiento para uso distinto de vivienda con opción de compra. El **ejercicio de la opción de compra** fue comunicado al presidente de la arrendadora fehacientemente mediante acta notarial de notificación y requerimiento. En dicha acta se convocaba para un día determinado a la persona con poder suficiente para otorgar la correspondiente escritura de compraventa, no personándose en dicha fecha nadie con la capacidad suficiente para otorgarla. El IVA se devenga en el momento de la notificación fehaciente al optatario, siempre que se hubiera realizado en tiempo y forma conforme a las normas aplicables en dichos supuestos (DGT CV 25-5-12). Las entregas de bienes relativas a las viviendas se producirán cuando los arrendatarios ejerciten, en su caso, la respectiva opción de compra, y se encontrarán sujetas al IVA, pudiendo encontrarse exentas solo si se trata de una segunda o ulterior entrega de las mismas (DGT CV 6-10-21).

8721.2 **26)** El devengo en la entrega de la cuota de suelo a los superficiarios por parte del ayuntamiento se produce en el momento del otorgamiento de la escritura pública, que es cuando se produce la puesta en poder y posesión de los adquirientes de los inmuebles vendidos. No obsta a lo anterior el hecho de que posteriormente se proceda a la **subsanación, mejora o ratificación de la escritura pública** y siempre que de la escritura original de compraventa no se dedujera lo contrario (DGT CV 19-11-12).

27) El devengo en la adquisición de bienes inmuebles en el marco de procedimientos de **ejecución hipotecaria** (cesión de remate) se produce en el momento en que se notifica al adjudicatario el testimonio judicial (auto) del decreto de adjudicación (DGT CV 13-3-14). En cuanto a la entrega de las parcelas para el pago de las deudas pendientes de su titular, el devengo se produce cuando se efectúe la transmisión del poder de disposición de las mismas por parte del deudor a favor de la Junta acreedora (DGT CV 3-10-24).

28) El IVA se devenga en el momento en que tenga lugar la puesta a disposición de los comuneros de los **terrenos urbanizados**. No obstante, la comunidad de bienes viene obligada a repercutir el impuesto devengado por los pagos a cuenta que cada comunero efectúe con carácter previo a dicha puesta a disposición y que correspondan con la respectiva parcela (DGT CV 27-9-13).

29) Cuando se produce la **disolución de una sociedad** entregando bienes a favor de su único socio se devenga el IVA (DGT CV 25-9-15; CV 12-12-18). No obstante, las entregas de las edificaciones que va a realizar la entidad a sus socios como consecuencia de su disolución, están exentas cuando tengan la consideración de segunda o ulterior entrega (DGT CV 1-10-21). Una sociedad se liquida y en la disolución se adjudican a los socios varias plazas de garaje, unas construidas por la sociedad y otras adquiridas a terceros. En la escritura pública de disolución y adjudicación a los socios, nada se señala sobre la renuncia a la exención y la posible afectación a una actividad empresarial o profesional efectuada por el socio adquirente. En estas condiciones, las entregas de garajes que tengan la condición de segunda o ulterior entrega estarán sujetas y exentas, mientras que las que tengan la condición de primera entrega estarán sujetas y no exentas (DGT CV 24-4-24).

30) El devengo en la **cesión de derechos de edificabilidad** se produce en el momento de dicha cesión a un tercero, es decir, en el caso concreto, con ocasión del otorgamiento de la escritura pública en la que se formaliza la referida cesión (DGT CV 4-5-11). **8721.3**

31) Si como consecuencia del **desistimiento unilateral de un contrato de permuta**, se va a devolver a su propietaria inicial la finca que entregó en virtud del citado contrato, no constituye entrega de bienes a efectos del IVA. Sin embargo, si el bien que se reintegra no es exactamente el mismo por haber sufrido **mejoras**, se considera la existencia de una operación sujeta, por lo que con motivo de la anulación del contrato se debe repercutir el impuesto en la parte que corresponda a los gastos previos a la urbanización del terreno de los que se beneficie la propietaria original (DGT CV 8-4-13).

También en el caso de devolución de **aprovechamientos urbanísticos** como consecuencia de la resolución de la operación (DGT CV 7-5-15).

32) La entrega de **derechos de aprovechamiento urbanístico** como pago en especie a cambio de la prestación de servicios de urbanización se entiende realizada en el momento en que se produce su anuncio público (publicación en el Boletín Oficial, en el tablón de anuncios del ayuntamiento o en un periódico de la provincia de difusión corriente en la localidad, así como su inscripción registral), prevaleciendo el que se produzca con anterioridad en el tiempo (DGT CV 6-3-14; CV 13-3-18).

33) El IVA se devenga, en principio, cuando se presten los **servicios de urbanización**, es decir, cuando las obras de urbanización se entiendan finalizadas, momento este que coincide con la aprobación de la liquidación definitiva (DGT CV 2-12-20).

34) Como consecuencia del **cambio de uso** de un inmueble se produce un autoconsumo, cuyo devengo tiene lugar a la fecha del cambio. A estos efectos, puede considerarse razonable atender al momento en que se solicita formalmente a la Administración Pública competente que proceda a la autorización del cambio de destino del inmueble (DGT CV 28-12-17).

35) En cuanto al devengo de la referida entrega, al ser la **contraprestación no dineraria** (la propia constitución del derecho de superficie), a medida que se produzca el devengo del derecho de superficie, en tanto la edificación no se ponga en posesión del superficiante, se produce el devengo de la entrega de la edificación como consecuencia del pago anticipado de la operación. Una vez que la edificación se ponga en posesión del superficiante, se devenga la entrega de bienes por la parte del impuesto que reste por imputar (DGT CV 23-5-17; CV 2-7-18). Ver también la DGT CV 15-11-17 en el nº 8736.

Jurisprudencia Además de los siguientes pronunciamientos, ver nº 1213 s. y nº 1223 s. **8722**

1) El devengo es el momento en que quedan cumplidas las condiciones legales precisas para la exigibilidad del tributo, que se produce, normalmente, cuando se efectúa la entrega de bienes o prestación de servicios. En los **contratos de obras** que se concluyen y entregan en tramos, se paga mediante certificaciones lo hecho, por lo que la cuota va naciendo al mismo tiempo, conforme se entrega el tramo correspondiente o se paga anticipadamente el mismo (TSJ Sevilla 5-2-99, EDJ 7286).

2) En el supuesto de **compensación de los créditos** que representan las certificaciones de obra con deudas tributarias, el devengo se produce, no en el momento de la resolución de tal compensación, sino en el momento en que el órgano gestor reconoce dicho crédito a efectos de la compensación, fecha que permite su exigibilidad y que debe utilizarse como equivalente al pago a efectos de determinar el tipo aplicable (TEAC 2-12-98).

3) *Una compraventa de inmuebles* se formaliza en escritura pública el 2-5-1989. Se pactó la entrega de los terrenos para el 15-9-1989, si bien se produjo la **ampliación del plazo de la entrega**, produciéndose finalmente el 30-9-1992. El precio de los terrenos se satisfizo mediante **pagos aplazados** y devengados en 1989, 1990 y 1991, con sus intereses.

De la escritura resulta claro que la tradición del bien se ha producido el 2-5-1989, lo que ocurre es que, si bien la posesión mediata corresponde al comprador, la inmediata corresponde al vendedor, sin que esto haya impedido que, en virtud de la escritura pública, el bien haya quedado bajo el dominio del adquirente. Implica que la **transmisión de la propiedad** de los terrenos se ha producido el 2-5-1989.

La «entrega» a la que ha de atenderse para valorar si la operación de aplazamiento es crediticia o es una consecuencia del entramado de derechos y obligaciones del negocio jurídico que opera la transmisión, es la **entrega material** de los bienes. La transmisión jurídica opera el poder de disposición sobre los bienes, y tal es el concepto utilizado por la Ley para determinar el concepto de entrega de bienes y por ello establecer en ese momento el devengo del impuesto. Ahora bien, el aplazamiento de la contraprestación puede obedecer a un crédito, en cuyo caso aparece desvinculado de las condiciones de dicha transmisión, o a derechos que se reserva el adquirente respecto de la operación jurídico transmisora, en cuyo caso no existe crédito alguno, sino contraprestación de la entrega y equilibrio en las prestaciones (AN 31-1-01, EDJ 103077).

8723 **4)** El devengo en las entregas de bienes se produce en el momento en que el adquirente dispone de las facultades correspondientes a un propietario. Tratándose de la venta de unas parcelas, la escritura pública es un posible medio instrumental para la «traditio» de la cosa vendida, pero no excluye que por otros medios se ponga la cosa en poder y posesión del comprador.

En el caso concreto, el **contrato de compraventa** identifica con precisión tanto el objeto como el precio del mismo y establece de forma expresa e indubitada que la cantidad que se entrega a la celebración del contrato privado de compraventa es en concepto de pago parcial del precio de la misma, quedando el resto aplazado. La condición resolutoria por falta de pago del precio aplazado no afecta a la puesta a disposición del comprador del bien objeto del contrato y, por tanto, no opera como condición suspensiva. Además, el hecho de que la compradora encargase un proyecto de edificación sobre las parcelas una vez que se firmó el contrato privado de compraventa supone que la entidad actuaba en el ejercicio de unas facultades análogas a las del propietario (TEAC 18-4-07).

5) En una adjudicación de bienes efectuada en **subasta judicial** el devengo se produce con el auto de adjudicación dictado por el Juez, salvo que se acredite que la puesta a disposición del bien se ha producido con anterioridad, correspondiendo la carga de la prueba a quien beneficie la acreditación de dicha circunstancia, no resultando de aplicación la doctrina del TS invocada en relación con la aprobación del remate, por referirse al hecho imponible y devengo correspondientes a otro impuesto, cuya norma los regula de forma distinta a como lo hace la normativa del IVA (TEAC 28-4-09). En el mismo sentido, el devengo en subasta judicial se produce en la fecha en que se dicta el auto de adjudicación por el juez (TS 10-2-14, EDJ 11873).

6) El **pago anticipado** hecho por un tercero no supone que el procedimiento judicial produzca efecto liberatorio para el deudor ejecutado, pues solo tiene lugar cuando el Juzgado dicta el Auto, momento en el que se produce el devengo. Este pago es una consignación, no un pago anticipado (TS 2-7-09, EDJ 217479).

7) Si el ayuntamiento tiene la posesión material de unas fincas, pero no existió **cesión de facultades** del propietario, la única entrega y puesta a disposición tiene lugar a través de la escritura de permuta (TS 30-1-14, EDJ 7652).

8) Si en la escritura de compraventa no se estipula que las fincas continúan en poder del vendedor, pero se concede a la vendedora la **posesión pacífica y gratuita** durante el tiempo pactado, desde su otorgamiento el comprador tiene el derecho de gozar y disponer a título de dueño. No cabe identificar puesta a disposición con posesión inmediata del bien, por lo que se entiende producida la entrega jurídica de un bien cuando el vendedor ponga la cosa vendida a disposición del comprador, aunque materialmente no la posea (TS 29-11-13, EDJ 256926).

9) La existencia de una **cláusula en los contratos** que dispone que, con la conformidad con la factura emitida por el subcontratista se pone a disposición los trabajos realizados, supone el devengo del impuesto con ese acto (AN 18-7-16, EDJ 120462; TS 18-12-17, EDJ 264777).

10) No es procedente **fraccionar el ingreso** del IVA devengado en función del momento de su cobro (TEAC 17-12-03).

11) El devengo en los casos de **expropiación forzosa** de un inmueble se produce con la firma del acta de ocupación (TS 3-5-06, EDJ 253205; TEAC 21-9-17).

12) La cesión de derechos de aprovechamiento sobre terrenos efectuada por los juntacompensantes a la **Junta de compensación** se produce cuando se pongan a disposición de la Junta adquirente, lo cual se produce cuando el acto de reparcelación surta efectos mediante su notificación a los interesados o su publicación en el Boletín Oficial de la provincia (o Comunidad Autónoma uniprovincial), en el tablón de anuncios del ayuntamiento o en un periódico de la provincia de difusión corriente en la localidad, prevaleciendo la publicación que se produzca con anterioridad en el tiempo (TEAC 20-10-22).

8724 **Ejecuciones de obra para la Administración** (LIVA art.75.Uno.2º bis) En las ejecuciones de obra realizadas para la Administración, con o sin aportación de materiales, el devengo del IVA se produce en el momento de **recepción de la obra**, en la forma prevista en la normativa sustantiva (L 38/1999 art.6).

2. Reglas especiales

(LIVA art.75)

8725 Junto a la regla general (nº 8717 s.), existen algunas reglas especiales (ver nº 1225 s.), analizándose a continuación las siguientes:
- entregas sin transmisión de la propiedad;
- ejecuciones de obra (nº 8730 s.);
- operaciones de tracto sucesivo (nº 8734 s.); y
- pagos anticipados (nº 8737 s.).

Entregas sin transmisión de la propiedad (LIVA art.75.Uno.1º) Las entregas de bienes implican, generalmente, la **transmisión jurídica de la propiedad** del bien. Sin embargo, hay operaciones que no determinan la transmisión de la propiedad en el momento en que se realizan, sin que impida su calificación como entregas, pues sus efectos económicos son semejantes. 8727

Así sucede en las entregas efectuadas en virtud de:
- contrato de venta con pacto de reserva de dominio, o cualquier otra condición suspensiva;
- arrendamiento-venta de bienes;
- arrendamiento de bienes con cláusula de transferencia de la propiedad vinculante para ambas partes (leasing con compromiso de ejercitar la opción de compra).

En estas operaciones, el IVA se devenga cuando los bienes objeto de la entrega se ponen en **posesión del adquirente**, aunque en ese momento no se produzca la transferencia de la propiedad (ver DGT 30-11-85 en el nº 8718), salvo que se efectúen **pagos del precio anteriores** a tal momento, en cuyo caso, por los importes satisfechos, el devengo del tributo se produce en el momento del cobro de dichos importes (DGT 11-9-98).

Jurisprudencia 1) En un contrato por el que un empresario vende un inmueble a otro comprometiéndose a entregarlo una vez construido, sin que conste la **cesión de los derechos sobre el inmueble en construcción**, el devengo no se produce con la firma del contrato privado, sino cuando el bien inmueble se ponga a disposición del adquirente (TEAC 20-10-09). 8729

2) Un ente público (IVIMA, actualmente Organismo Autónomo Agencia de Vivienda Social de la Comunidad de Madrid) adjudica un derecho real de superficie para la construcción y explotación por un período de 20 años de un centro de mayores, revirtiendo el centro al ente público al finalizar dicho plazo. El superficiario se compromete, una vez construido el centro, a cederlo en arrendamiento al ente público propietario de los terrenos durante el plazo a que se extiende el derecho de superficie. Se trata de un negocio jurídico complejo en el que la **cesión del centro en arrendamiento** debe calificarse como entrega de bienes, pues se trata de cesión equiparable a un arrendamiento-venta o asimilado. El impuesto se devenga cuando el centro se cede en arrendamiento, resultando exigible en ese momento en su totalidad (TS 13-4-11, EDJ 71623). En consecuencia, no se devenga IVA alguno con ocasión del pago de las cuotas periódicas correspondientes al arrendamiento (TEAC 20-3-14).

Ejecuciones de obra (LIVA art.75.Uno.2º) Se trata de ejecuciones de obra distintas de aquellas que tienen como destinatarias a las Administraciones Públicas (nº 1232 s. y nº 8724), pudiendo ser calificada como: 8730

a) **Entrega de bienes** (nº 1231): se aplica la regla general, es decir, la puesta a disposición del adquirente (nº 8717).

b) **Prestación de servicios** (nº 8567): ha de distinguirse:
- el empresario no aporta materiales: se aplica la regla general de los servicios, es decir, cuando se realicen; y
- el empresario aporta materiales: se aplica la regla general de las entregas.

Para el caso en que se produzcan **pagos anticipados**, ver nº 8737 s.

Doctrina Administrativa Además de las siguientes contestaciones de la DGT, ver nº 11000 s. 8731

1) Cuando se trate de ejecuciones de obra con aportación de materiales, el devengo se produce cuando se entregue la totalidad de la obra al finalizar la misma o por cada una de las entregas parciales correspondientes cuando, por tratarse de **unidades de obra autónomas e independientes**, sean factibles dichas entregas parciales. No obstante, cuando se produzcan pagos anticipados anteriores a la puesta a disposición de los bienes, el devengo se produce en el momento del cobro total o parcial, por los importes efectivamente cobrados (DGT 15-1-99). No se consideran efectivamente cobradas las **cantidades retenidas** como garantía de la correcta ejecución de los trabajos objeto del contrato hasta que el importe de las mismas se haga efectivo al empresario (DGT 15-1-99; CV 8-2-10).

En las ejecuciones de obra con o sin aportación de materiales por las que se emitan certificaciones de obra, originándose un pago anticipado con anterioridad a la puesta a disposición de las mismas del que la empresa no puede disponer, sino que queda obligada a formalizar una **imposición a plazo fijo** por el importe total percibido, el devengo del impuesto se produce en el momento del cobro total o parcial por los importes efectivamente percibidos, no considerándose efectivamente cobradas las cantidades depositadas a plazo fijo sino cuando se van retirando para hacer efectivas las certificaciones de obra (DGT 8-7-03).

2) Si no se ha efectuado la entrega de la edificación y se hubiera emitido una **letra** con determinado **vencimiento**, el devengo se produce en el momento del cobro efectivo de la letra citada, siempre que sea anterior al momento de la entrega, y no en el momento de su vencimiento que, además, puede resultar diferente cuando la letra hubiera resultado impagada y se hubiese aplazado su pago a un momento posterior al de su vencimiento original (DGT 20-1-98).

3) La presentación o expedición de las **certificaciones de obra**, con o sin aportación de materiales, no determina el devengo, salvo en los casos de pago anticipado del precio con anterioridad a la puesta a disposición de la obra (DGT CV 17-4-13; CV 21-5-19).
Por otra parte, la negociación de **pagarés** recibidos al entregar certificaciones de obra expedidas no puede considerarse como pago anticipado de las ejecuciones de obra, puesto que el pago de los citados pagarés se entiende producido, en su caso, en la fecha de vencimiento de los mismos, entendiéndose efectivamente percibidos en ese momento los importes en ellos consignados (DGT 9-12-99). No se entiende cobrada la certificación de obra con la emisión de un pagaré sino únicamente en el momento de su pago por el deudor al vencimiento (DGT CV 15-10-19).
4) Si el contratista encargado de la ejecución de la obra no la pone a disposición por tramos, sino una vez **concluida e inspeccionada** por el destinatario, iniciándose en ese momento el período de garantía, el devengo se produce en el momento de la puesta a disposición, salvo en el caso de que hayan existido pagos anticipados (DGT 12-12-00).
5) El devengo se produce en el momento en que los bienes objeto de ejecución se pongan a disposición del dueño de la obra. Si las obras ya ejecutadas por una constructora se ponen a disposición de una entidad en virtud del otorgamiento del **acta de paralización**, por abandono de tales obras transfiriendo todos los riesgos inherentes a las mismas a la entidad, en dicho momento tiene lugar una entrega de bienes por la parte de las obras ya ejecutadas, determinando la exigibilidad de la totalidad de las cuotas impositivas que correspondan, aunque no se haya procedido al pago total de la contraprestación de la operación sujeta (DGT CV 2-11-12).
6) Debe considerarse como fase o parte de una obra completa y terminada a la totalidad de **elementos o unidades de obra** que globalmente considerados configuran un bien o producto apto para su utilización con la finalidad o en la función para la cual tal obra, en su conjunto, fue contratada, de acuerdo con su naturaleza. Fuera de estos casos, las certificaciones de obra solo dan lugar al devengo cuando como consecuencia de las mismas se produzca el cobro total o parcial de la parte de la obra certificada y por el importe efectivamente cobrado (DGT CV 26-12-12).
7) Ver también la doctrina del nº 8721.1.

8733 Jurisprudencia **1)** No hay ejecución de obra, en el sentido de la normativa de la UE, hasta que un empresario no obtenga un **bien nuevo** a partir de los materiales que el cliente le haya suministrado. Esta novedad está presente cuando del trabajo del empresario resulte un bien cuya función, a los ojos del público que lo utiliza, sea diferente de la que tenían los materiales suministrados (TJUE 14-5-85, asunto 139/84).
2) En los casos de **ejecuciones de obra privada con aportación de materiales**, el concepto de puesta a disposición establecido en la normativa del IVA no requiere la existencia de una posibilidad material de uso o destino efectivo al fin para el que la obra fue construida, sino simplemente la facultad de disponer del bien por parte del adquirente. Puesto que en nuestro ordenamiento interno la transmisión de la propiedad implica la obtención del poder de disposición sobre el bien, no hay razón para negar que el devengo del IVA se produzca en el mismo momento en que se adquiere su propiedad, o más concretamente y respecto del caso enjuiciado, en el momento en que se adquiere la propiedad de las partes de obras ejecutadas, con independencia, por tanto, de que se efectúe o no el pago por parte del adquirente del precio acordado por dicha ejecución (TS 28-2-12, EDJ 36290).

8734 **Operaciones de tracto sucesivo** (LIVA art.75.Uno.7º) En los arrendamientos, los suministros, y, en general, en las operaciones de tracto sucesivo o continuado, las reglas de devengo del IVA son las siguientes:
a) **Regla general**: en el momento en que resulta exigible la parte del precio que comprenda cada percepción, excepto en el caso de entregas sin transmisión de la propiedad (nº 8727).
b) **Regla especial**: aplicable en las operaciones de tracto sucesivo en las que concurra alguna de las siguientes **circunstancias**:
- que no se haya pactado el precio;
- que no se haya determinado el momento de su exigibilidad; y
- que la exigibilidad se haya establecido con periodicidad superior al año natural.

En estos supuestos, el devengo del impuesto se produce el 31-12 de cada año por la parte proporcional correspondiente al período transcurrido desde el inicio de la operación, o desde el anterior devengo, hasta la citada fecha.
No obstante, la regla especial de devengo **no resulta aplicable** si se han pactado precio y exigibilidad, procediendo esta con periodicidad no superior al año natural, pero el destinatario de la operación no paga en el plazo pactado.

Precisiones Para determinar el devengo, ha de estarse a los **términos de los contratos**, en los que se fija la fecha o período en que es exigible el pago del precio, con independencia de los períodos en que se hubieran consumido los bienes entregados o los servicios prestados.

8735 Ejemplos **1)** Arrendamiento de un **local de negocio**, por un período de diez años, que se inicia el 1-1-N. Se pacta el pago por el arrendatario de una cantidad de 200.000 euros, que resultan exigibles al término del contrato.

En este supuesto, el IVA se va devengando el 31 de diciembre de cada uno de los años de duración del contrato, siendo la base imponible del impuesto correspondiente a cada uno de estos devengos, la décima parte de la renta total pactada, esto es, 20.000 euros. Ello significa que, a 31-12 de cada año, el arrendador debe emitir la factura y repercutir el impuesto al tipo general. El arrendatario debe soportar dicha repercusión y el arrendador debe ingresar el impuesto devengado en la declaración-liquidación correspondiente al período en que se ha producido el devengo.

2) Arrendamiento de otro local de negocio, por un período de cinco años, habiéndose pactado el pago por el arrendatario de una **renta mensual**, exigible el día 5 de cada mes. Transcurridos cinco meses, el arrendatario deja de pagar, pese a lo cual se mantiene en el inmueble.

En este supuesto, se aplica la regla de devengo que atiende al momento de la exigibilidad de los pagos, y no al pago efectivo. Por lo tanto, el IVA sigue devengándose el día 5 de cada mes por el importe de la renta impagada, y el arrendador debe ingresar el impuesto en sus declaraciones-liquidaciones periódicas. Todo sin perjuicio de la posibilidad de **modificación de la base imponible** en el caso de situación de concurso del arrendatario (nº 1974) o en el supuesto de que el crédito correspondiente a la renta debida resulte incobrable (nº 1981), o en el caso de que la operación quede sin efecto por resolución firme, judicial o administrativa (nº 1952 s.).

Doctrina Administrativa Además de las siguientes contestaciones de la DGT, ver nº 1250 s. y nº 11000 s. **8736**

1) En los **arrendamientos de bienes** el impuesto se devenga cuando resulta exigible la parte del precio que comprende cada percepción, aunque el arrendatario no efectúe el pago o se demore en el mismo.

La presentación de una **demanda judicial** por falta de pago no interrumpe, por sí misma, el arrendamiento, por lo que el impuesto se continúa devengando por la cantidad total exigible y en el momento en que sea exigible hasta que, con arreglo a Derecho, no sea exigible cantidad alguna por el arrendador.

Por tanto, el arrendador está obligado a efectuar periódicamente la declaración-liquidación del IVA mientras se continúe devengando (DGT CV 18-4-86).

2) Se produce la absorción de la sociedad arrendataria por la sociedad arrendadora del local. Si se hubiese pagado anticipadamente el canon arrendaticio, y el IVA se hubiese devengado, en el momento de la **fusión por absorción** se produce la extinción del arrendamiento, debiendo rectificarse la base imponible y la cuota repercutida, minorándola en la parte correspondiente a los servicios no prestados. Si el canon fuese exigible en fecha posterior a la de absorción, en el momento de esta se ha producido la exigibilidad del precio del arrendamiento prestado hasta esa fecha y, por tanto, el devengo del IVA por los servicios prestados (DGT 17-2-93).

3) En el arrendamiento de nave industrial sin cláusula de transferencia de la propiedad del local y con un **período de carencia de renta**, el devengo se produce en el momento en que resulte exigible por el arrendador el precio del arrendamiento, una vez cumplido el período de carencia. Se exceptúa el caso en que dicha carencia corresponda a una minoración en la contraprestación del arrendamiento por la asunción por el arrendatario de determinadas obligaciones u otras prestaciones a favor del arrendador, o bien se trate de una prestación de servicios a título gratuito entre empresas vinculadas o no, o concurra cualquier otro hecho que desvirtúe el concepto de carencia (DGT 4-7-01; 17-9-03).

Cuando la relación contractual exija el pago de la renta arrendaticia con periodicidad mensual y **el arrendador renuncie a su cobro** sin contraprestación alguna (carencia) se darían los requisitos para la existencia de un autoconsumo de servicios, y se seguirá devengando el IVA correspondiente al arrendamiento, de acuerdo con la exigibilidad de las cuotas de arrendamiento que se hubiera pactado (DGT CV 16-7-25).

4) En un **derecho de superficie** en el que la contraprestación de su constitución consiste en un **canon periódico**, el impuesto se devenga a medida que se hacen exigibles dichos cánones (DGT CV 30-12-08), teniendo que tener en cuenta:

- si la construcción ha de revertir al propietario del terreno transcurridos veinte años desde la constitución del derecho de superficie, el devengo de dichas entregas es independiente, sin perjuicio de que el devengo de ambos actos resulte coincidente (DGT CV 1-2-11; CV 2-7-18; CV 12-8-25);
- si dichos cánones tienen carácter simbólico, la contraprestación está constituida, exclusivamente, por la reversión de las instalaciones. Al tratarse de una operación de tracto sucesivo y tener la exigibilidad del precio una **periodicidad superior a un año natural**, el devengo se produce a 31 de diciembre de cada año, por la parte proporcional correspondiente al período transcurrido desde el inicio de la operación, o desde el anterior devengo, hasta la citada fecha (DGT CV 3-7-07; CV 13-6-08; CV 17-4-13). En el mismo sentido, cuando **no se fija un canon periódico** por el derecho de superficie y a los efectos de determinar el momento del devengo, se atiende únicamente a la reversión del edificio como única contraprestación del derecho (DGT CV 15-11-17). La **prórroga** del derecho de superficie tiene unas consecuencias similares a la constitución de un nuevo derecho de superficie. No obstante, si las cuotas del Impuesto relativas a la reversión de la edificación, en caso de no encontrarse exenta dicha reversión, no se hubieran devengado por completo al tiempo de acordarse la prórroga por haberse acordado esta antes de la finalización del plazo original del derecho de superficie, las cuotas pendientes

se devengarán en los términos señalados teniendo en cuenta el nuevo plazo definitivo de duración del derecho de superficie (DGT CV 21-7-23; CV 6-9-23).

5) La cuantía del **depósito** que, como consecuencia de que el contrato mantiene su vigencia, una entidad hace suya el 31 de diciembre de cada año, debe considerarse no como indemnización, sino como parte del precio del arrendamiento, por lo que se devenga el impuesto en dicho momento (DGT CV 31-3-16).

8736.1 Jurisprudencia En los supuestos de constitución de un derecho de superficie, en los que se establece como contraprestación el pago de un canon y la reversión de la propiedad de lo edificado, el devengo ha de coincidir con la **exigibilidad de los pagos**, es decir, con el pago de los cánones y con el momento de la entrega del bien objeto de reversión; dado que la exigibilidad del precio, por lo que respecta a la reversión, se establece con una periodificación superior a un año natural, el devengo se produce a 31 de diciembre de cada año, por la parte proporcional correspondiente hasta la reversión de la edificación (TS 13-4-11, EDJ 71623; 19-10-11, EDJ 249347; TEAC 18-7-13).

8737 **Pagos anticipados** (LIVA art.75.Dos) En las operaciones que originan pagos anticipados anteriores a la realización del hecho imponible, el impuesto se **devenga** en el momento del cobro total o parcial del precio, por los importes efectivamente percibidos.

El pago ha de ser **efectivo**. Si no existe (aunque haya, por ejemplo, certificación de obra), no se origina el devengo.

8738 Ejemplos **1)** Un promotor vende una **vivienda en construcción** por 20.000 €. Forma de pago: 5.000 € antes de la entrega; 6.000 € a la entrega; 9.000 € quedan aplazados.

En el momento del cobro de los 5.000 €, se devenga el IVA correspondiente: 5.000 × 10% = 500 €. En el momento de la entrega de la vivienda, se devenga el resto del precio total: 15.000 × 10% = 1.500 €. Total IVA = 2.000 €.

2) Una cooperativa de viviendas ha recibido de cada uno de los cooperativistas anticipos por importe de 20.000 € el día 2-2-N. El 6 de junio de ese año, la cooperativa exige un nuevo pago por importe de 20.000 € para hacer frente a los intereses de los préstamos solicitados a varios bancos. La escritura de adjudicación se formaliza el 1-3-N+1, debiendo cada cooperativista entregar seis meses después 80.000 € que faltaban para completar el pago de las viviendas.

El devengo del IVA se produce en este caso de acuerdo con el siguiente esquema:

a) Anticipo de 20.000 € efectuado el 2-2-N: los cooperativistas deben pagar, además, el IVA al tipo reducido.

b) Anticipo de 20.000 € efectuado el 6 de junio: los cooperativistas deben pagar, además, el IVA al tipo reducido. Es indiferente que la cooperativa utilice el dinero para hacer frente a los intereses del préstamo o para cualquier otra actividad; a efectos del IVA, se trata de un pago anticipado efectuado por los cooperativistas a la cooperativa a cuenta de la futura entrega de la vivienda, lo que justifica que el tipo impositivo aplicable, en este caso como en el anterior, sea el reducido.

c) De acuerdo con la doctrina de la DGT, en las entregas de inmuebles, conforme a lo dispuesto en el CC art.1462, el devengo del IVA se produce en el momento de otorgamiento de la escritura pública, salvo que de dicha escritura se deduzca claramente una fecha distinta (y dejando a salvo, por supuesto, la regla de los pagos anticipados). Por tanto, el 1-3-N+1 se devenga el IVA correspondiente a los 80.000 € que ha de entregar cada cooperativista, con independencia de que este pago efectivo se produzca seis meses después.

8739 Doctrina Administrativa Además de las siguientes contestaciones de la DGT, ver nº 1278 s. y nº 11000 s.

1) Una venta inmobiliaria se pacta con el siguiente calendario de pagos: firma del contrato, el 5-2-1992; pagos trimestrales, con vencimiento el 30-6-1992, 30-9-1992, 30-12-1992 y 30-3-1993. Los inmuebles se terminan en junio de 1993. Con independencia de las fechas de vencimiento de las **letras de cambio** giradas, debe considerarse como pago anticipado la realización o cobro efectivo del efecto (DGT 4-2-93).

2) En una **comunidad de propietarios** se produce el devengo cuando los comuneros satisfacen cantidades con objeto de sufragar las cuotas de la construcción (DGT 24-7-96).

3) En el caso de **permutas inmobiliarias**, la entrega inicial de los terrenos supone tanto el devengo del IVA correspondiente a dicha entrega, como el devengo del impuesto correspondiente a la entrega de las edificaciones a construir, considerándose la entrega del terreno como pago anticipado de la entrega de las edificaciones, que se ha de producir en el futuro, una vez la construcción haya concluido (DGT CV 26-10-09; CV 14-9-21; CV 5-2-25; CV 5-3-25). En el mismo sentido, la permuta del **derecho de vuelo** de una finca a cambio de un local comercial en el futuro edificio (DGT CV 20-8-19). La entrega de los locales por viviendas futuras supone que el devengo por los apartamentos se haya producido en ese momento (DGT CV 24-5-24). Incluso si la transmisión se produce por **expropiación** (DGT CV 15-10-07).

Si en el acuerdo de permuta no se ha previsto ningún **pago adicional** por la adquisición de las plazas de garaje, y el precio ha quedado satisfecho en el momento del pago anticipado, cuando finalice la obra, en el momento de entrega de las plazas de garaje, no se produce el devengo de ninguna cuota adicional (DGT CV 5-2-15; CV 8-2-18).

El devengo del impuesto conlleva la obligación de repercutir el mismo sobre el destinatario de la operación a través de la expedición y entrega de la correspondiente **factura** (DGT CV 14-9-21).

4) La entrega de cantidades a cuenta a una **junta de compensación** por parte de sus integrantes, en la medida en que supone el pago anticipado por la prestación de los servicios de urbanización por parte de aquella, genera el devengo del impuesto por los importes efectivamente percibidos (DGT 24-6-99).
Este mismo criterio es aplicable a los pagos a cuenta efectuados por los propietarios de los terrenos al **ayuntamiento** que preste servicios de urbanización en función de un plan a través del sistema de cooperación (DGT 8-7-99).
Las nuevas derramas que, como consecuencia del **impago de las derramas** por dos juntacompensantes, emite una Junta de Compensación fiduciaria a los restantes juntacompensantes para que aporten el dinero necesario para finalizar las obras, no se corresponden con nuevos servicios de urbanización que la Junta vaya a prestar a estos últimos en proporción a su participación en el proceso urbanístico, ni con ninguna otra entrega de bienes o prestación de servicios efectuada por la Junta a favor de estos, por lo que el pago de estas nuevas derramas constituye una mera aportación monetaria del resto de juntacompensantes en tanto se reclaman las derramas impagadas y las mismas no constituyen la contraprestación de operación alguna sujeta a IVA (DGT CV 19-12-24).
5) En la compra de una **vivienda en construcción** se firma un contrato privado por el que el adquirente se obliga a pagar al constructor determinadas cantidades mensuales hasta la conclusión de las obras. En su momento, ha de otorgarse la correspondiente escritura pública y se ha de hacer entrega de la vivienda. En adelante, ha de pagarse mensualmente el resto del precio pactado.
El IVA se devenga en el momento del cobro de los pagos anticipados, por el importe de estos y, por el resto del precio, en el momento de la entrega del inmueble («entrega de llaves»), ya sea esta anterior o simultánea al otorgamiento de la escritura (DGT 5-4-00).

6) Mientras el **edificio** se encuentra **en construcción**, el contrato de compraventa de viviendas en construcción entre promotor y particular solo da lugar a que se realicen unos pagos anticipados por los adquirentes que determinan el devengo correspondiente a dichos pagos, pero no se ha producido el hecho imponible (entrega del bien) (DGT CV 29-7-21). **8740**
La **primera entrega** de la vivienda es la realizada por la promotora una vez finalizada su construcción, es decir, cuando se ponga a disposición del adquirente que figura en la escritura pública de compraventa. Dicha entrega está sujeta y no exenta, produciéndose en ese momento el devengo del IVA de la entrega del bien (DGT CV 14-9-07). En el mismo sentido cuando se hayan cedido los **derechos sobre el inmueble** en construcción y quien escriture sea distinto a quien firmó el contrato privado (DGT CV 27-3-07; CV 21-1-08).
7) Cuando el pago de las cargas de urbanización se realiza en especie, a través de la entrega de **derechos de aprovechamiento**, se está ante otro caso de devengo anticipado, puesto que el terreno que se entrega constituye la total contraprestación por los servicios de urbanización. Se trata, por tanto, de un pago anticipado por dichos servicios, produciéndose el devengo cuando tiene lugar el público conocimiento del acto de reparcelación: su publicación en el Boletín Oficial de la provincia (o Comunidad Autónoma uniprovincial), en el tablón de anuncios del ayuntamiento o en un periódico de la provincia de difusión corriente en la localidad, así como su inscripción registral, dada la función de publicidad que tiene el Registro de la Propiedad, prevaleciendo el que se produzca con anterioridad en el tiempo (DGT CV 16-11-07; CV 4-12-25). En el mismo sentido, aunque el pago anticipado no suponga el total de la contraprestación de los servicios de urbanización (DGT CV 14-4-16).
Si la entrega del terreno al ayuntamiento se produce **de manera anticipada** a la entrega de los derechos de aprovechamiento, dicha entrega tendrá la consideración de pago anticipado de los mismos, produciéndose el devengo del IVA de dicha entrega (DGT CV 8-1-12; CV 30-9-20).
Un ayuntamiento va a tramitar un expediente de ocupación directa de una parcela a cambio de entregarle a sus propietarios unos derechos de aprovechamiento en otra unidad de actuación con exceso de aprovechamiento. La entrega del terreno constituye un pago anticipado respecto de la entrega de los derechos de aprovechamiento urbanístico que se debe realizar en el futuro. Este pago lo percibe el ayuntamiento e implica el devengo del Impuesto en lo que se refiere a la cesión de los citados derechos de aprovechamiento urbanístico (DGT CV 2-11-22).
El devengo del IVA en la entrega de bienes tiene lugar cuando los bienes se pongan a disposición del adquirente, salvo que se hubieran producido pagos anticipados anteriores a dicha fecha, en cuyo caso el impuesto se devengará en el momento del cobro total o parcial del precio por los importes efectivamente percibidos. En este caso, la recalificación del terreno por parte del ayuntamiento determinó la realización de una prestación de servicios efectuada a favor de una entidad mercantil, cuya contraprestación se concretó en la entrega del local. En consecuencia, dicha prestación de servicios constituyó un **pago a cuenta en especie** de la entrega futura del local comercial. Por tanto, el IVA de la entrega del local se habría devengado con motivo de dicha recalificación (DGT CV 22-9-22).
8) En relación con las ejecuciones de obra, con o sin aportación de materiales, por las que se emitan **certificaciones de obra**, ver lo señalado en nº 8731.

8741 Jurisprudencia Respecto al devengo del IVA en la expedición de certificaciones de obra para la Administración pública, ver nº 1237.

1) La **expedición de una certificación** no comporta la entrega de bienes, pues esta no se produce hasta la recepción provisional de la obra (AN 23-11-12, EDJ 270450).

2) Las **certificaciones de obra** carecen de relevancia a efectos del devengo, ya que se produce cuando la obra se pone a disposición del adquirente. Como regla general, el **tipo aplicable** es el correspondiente a la entrega de los bienes, pero cuando existen pagos anticipados a la realización del hecho imponible del IVA, el devengo se produce en el momento del cobro del precio, ya sea total o parcial, y por los importes efectivamente percibidos y no con el momento de expedición de las ejecuciones de obras (TS 29-4-04, EDJ 44651; TSJ Madrid 29-4-15, EDJ 96902; 10-6-20, EDJ 614680).

3) En el caso de una ejecución de obra documentada en unas facturas en las que se hace constar el pago anticipado mediante **pagarés**, esta forma de pago no es efectiva hasta que se produce la realización efectiva del pago (TSJ Burgos 7-5-07, EDJ 33670; AN 29-11-18, EDJ 658232).

8743 4) Cuando se constituye un **derecho de superficie** a favor de una sociedad con el fin de que construya un edificio, siendo entregados en contraprestación de los **servicios de construcción** una serie de inmuebles de dicho edificio llave en mano, el IVA correspondiente a tales servicios de construcción es exigible en el momento en el que se constituye el derecho de superficie, siempre que en ese momento todos los elementos del servicio de construcción sean ya conocidos y el valor de dicho derecho pueda expresarse en dinero (TJUE 7-3-13, asunto C-19/12; auto 21-3-13, asunto C-153/12).

5) En caso de **pago en especie de las cargas de urbanización**, a través de la entrega de terreno urbanizado a la junta de compensación, se produce un devengo anticipado de los gastos de urbanización que corresponden al propietario que realiza la cesión, puesto que el terreno que se entrega constituye la total contraprestación por los servicios de urbanización (TEAC 18-4-07).

6) En las transmisiones de terrenos efectuadas por los miembros de una **junta de compensación**, como contraprestación de los servicios de urbanización, se produce el devengo del IVA con ocasión de dichas transmisiones por tratarse de un pago anticipado. El devengo del IVA se produce cuando tenga eficacia el acto de aprobación del proyecto de compensación. Como la normativa específica en materia urbanística requiere que este acto sea objeto no solo de notificación individual sino de publicación, habría que determinar la fecha en que se publica y estar a esa fecha para entender producido el devengo (TEAC 12-7-06).

La adjudicación de las parcelas al agente urbanizador con ocasión del proceso de **reparcelación**, una vez publicada en el boletín correspondiente, constituye un pago en especie anterior a la ejecución de las obras de urbanización, con la consideración de pago anticipado en el IVA, determinante de la exigibilidad del impuesto correspondiente a los servicios de urbanización (TEAC 14-3-13).

7) Se califica como **permuta con precio anticipado** la transmisión de edificaciones futuras a cambio de cuotas de participación en la junta de compensación (TS 17-1-13, EDJ 5025).

8) En la permuta inmobiliaria de **terrenos por edificación futura**, la entrega inicial del terreno supone el devengo correspondiente a dicha entrega en el momento en que se pone a disposición del adquirente. La entrega del terreno en pago de las futuras edificaciones constituye un pago anticipado a la entrega de dichas edificaciones, hecho imponible que se producirá en el futuro, esto es, cuando las edificaciones o parte de las mismas se pongan a disposición del destinatario -quien efectuó previamente la entrega de los terrenos- (TEAC 8-2-11). En términos similares, TEAC 8-3-11; 11-10-11.

D. Base imponible

(LIVA art.78 y 79)

8745 Como **regla general**, la base imponible está constituida por el importe total de la **contraprestación** de las operaciones sujetas, procedente del destinatario o de terceras personas. Respecto a los conceptos a incluir en la contraprestación, ver el nº 1702 s.

En determinadas ocasiones, la base imponible del IVA se calcula en función de **reglas especiales** (ver el nº 1860 s.).

A continuación, se van a analizar los criterios jurisprudenciales (nº 8758 s.) y administrativos (nº 8750 s.) sobre esta materia, diferenciando en este último caso en función de la problemática concreta a la que hacen referencia las contestaciones a consulta:

a) Contraprestación, en general (nº 8750 s.).

b) Contraprestación no conocida o indeterminada (nº 8752).

c) Derechos de opción de compra (nº 8752.1).

d) Intereses (nº 8753).

e) Subvenciones (nº 8753.1).

f) Percepciones retenidas conforme a Derecho (nº 8753.2).

g) Deudas (nº 8753.3).

h) Indemnizaciones (nº 8753.4 s.).

i) Indemnizaciones en arrendamientos (nº 8753.6).
j) Contraprestación de carácter no dinerario (nº 8754).
k) Resolución o cancelación de operaciones (nº 8754.1).
l) Permuta (nº 8755).
m) Expropiación forzosa (nº 8756).

Precisiones La base imponible, cuando se trate de **transmisiones de valores** sujetas y no exentas que tienen la consideración de entregas de bienes, se calcula en proporción al valor de mercado de los bienes que deben computarse como inmuebles. En las aportaciones de inmuebles realizadas como consecuencia de la constitución de sociedades o de la ampliación de su capital social, la base imponible del IVA se determina por la parte proporcional del valor de mercado de los inmuebles en su día aportados correspondiente a las acciones o participaciones transmitidas (LMV art.338.3.4ª).

Ejemplos **1)** A entrega a B un **terreno** para su edificación. B entrega a cambio posteriormente dos viviendas del edificio construido sobre el terreno. **8747**
Si A y B son empresarios, hay dos operaciones sujetas: la entrega del terreno y la de las viviendas. La base imponible correspondiente a la entrega de las viviendas (que se devenga al tiempo de la entrega del terreno) es el valor acordado por las partes en tal momento, sin que proceda rectificar dicha base imponible al tiempo de finalizar la construcción.
2) Un médico vende un solar a una promotora el año N a cambio de una de las viviendas y de una de las plazas de garaje que la promotora va a construir en dicho solar. La entrega de la vivienda y la plaza de garaje se prevén para el año siguiente.
En este supuesto existen las siguientes operaciones:
a) **Entrega del solar** por el particular a la promotora, que no está sujeta ya que el solar no está afecto al patrimonio profesional del transmitente.
b) **Entrega futura de una de las viviendas** y de una plaza de garaje por la promotora al particular: es una entrega sujeta y no exenta (primera entrega). En cuanto al devengo y a la base imponible, ver ejemplo 1 anterior.

3) La empresa EFL vende a una inmobiliaria un solar en el año N a cambio de 50.000 € y de la construcción de cinco viviendas en otros solares de EFL. Dichas viviendas deben entregarse el año N+2. **8748**
En este caso hay que distinguir las siguientes operaciones a efectos del IVA:
a) **Entrega del solar** por EFL a la inmobiliaria: entrega sujeta y no exenta del IVA. El devengo se produce en el momento en que el solar se pone a disposición de la inmobiliaria. La base imponible es el valor acordado entre las partes.
b) **Entrega de dinero** (50.000 €) por la inmobiliaria a EFL: es una entrega a título de contraprestación o pago, no sujeta (nº 375).
c) **Futura entrega de las viviendas** por la inmobiliaria a EFL: se trata de una entrega sujeta y no exenta (primera entrega). El devengo se produce en el momento en que tiene lugar la entrega del solar por EFL a la inmobiliaria, ya que dicha entrega del solar constituye un pago anticipado a cuenta de la futura entrega de las viviendas. La base imponible es el valor acordado entre las partes.
4) Igual que el ejemplo 3, pero EFL vende el solar bajo **condición suspensiva**, que se entiende cumplida cuando se le entreguen las viviendas.
La situación no varía con respecto a lo indicado en el ejemplo anterior. El IVA correspondiente a la entrega del solar, aunque esta se efectúe bajo condición suspensiva, se devenga en el momento en que el solar se pone a disposición del adquirente, sin perjuicio de que, si no llega a cumplirse la condición y no se produce la transmisión de la propiedad, devolviéndose el solar a EFL, se rectifique la base imponible del IVA.

5) La sociedad EFL ha construido una nave industrial que vende a una sociedad de leasing, la cual, a su vez, la arrienda a EFL, concediéndole una opción de compra sobre la nave. **8749**
Se trata de una típica operación de **lease-back inmobiliario** en la que hay que distinguir, a efectos del IVA:
a) La entrega por EFL a la sociedad de leasing de la **nave industrial**: es una primera entrega sujeta y no exenta, cuyo devengo se produce cuando la nave se pone a disposición de esta última. La base imponible es la contraprestación percibida por la entrega.
b) El **arrendamiento con opción de compra** efectuado por la sociedad de leasing a EFL: en principio se trata de una prestación de servicios, produciéndose el devengo en el momento en que resulta exigible la renta correspondiente, siendo la base imponible el importe de dicha renta.
En el momento en que el arrendatario se compromete a **ejercitar la opción** de compra, nos hallamos ante una entrega de local, devengándose el impuesto por la cantidad total que haya de pagar el adquirente, con exclusión de los intereses por aplazamiento que reúnan las condiciones exigidas en el nº 1732 s. No se aplica a esta entrega la exención de las segundas entregas de edificaciones, siempre que el contrato de leasing tenga una duración mínima de 10 años. En otro caso, se aplica la exención (nº 8640 s.), sin perjuicio de poder ejercitar la renuncia a la misma (nº 8685 s.).

8750 Doctrina Administrativa Además de las siguientes contestaciones de la DGT, ver nº 11000 s.

A) Regla general: contraprestación.

1) En los contratos de **arrendamiento de inmuebles**, la base imponible está constituida por el importe total de la contraprestación del referido servicio, incluyéndose en dicho concepto no solo el importe de la renta, sino también las cantidades asimiladas a la renta y cualquier crédito efectivo del arrendador frente al arrendatario derivado de la prestación arrendaticia y de otras accesorias a la misma (como el sueldo del portero o conserje, los gastos de agua, electricidad, basura, contribuciones especiales, obras y mejoras, comunidad de propietarios y el importe del IBI), que según la legislación aplicable o las cláusulas contractuales, se repercutan por el arrendador al arrendatario (DGT CV 13-11-09; CV 9-7-19; CV 9-7-19).

En el caso de **local de negocio**, la base imponible incluye el importe de los conceptos que según contrato se repercuten por el arrendador, como puede ser el IBI (DGT 14-7-04) o el impuesto sobre estancias turísticas (DGT CV 23-2-17). A efectos de los **gastos** que van a ser objeto de refacturación, hay que tener en cuenta las cláusulas establecidas en el contrato suscrito entre el arrendador y el arrendatario o, en otro caso, a lo que ambas partes pacten libremente. Solo debe trasladarse el gasto real correspondiente a dichos gastos, excluido, en su caso, el IVA que grava los mismos, ya que el arrendador va a poder normalmente deducir el IVA soportado en los gastos o suministros satisfechos (DGT CV 10-4-18).

En parecidos términos, en relación con la cesión del **derecho de uso** de plazas de **parking** (DGT CV 4-4-12).

2) En la **cesión de los derechos de compra** de un piso y un local comercial en construcción a favor de otra persona, que se subroga desde ese momento como adquirente frente a la promotora, la base imponible está constituida por el importe total percibido del cesionario o de terceras personas y no por el margen de beneficio que se obtiene en la operación (DGT CV 15-6-05; CV 25-9-07).

La base imponible está constituida por el importe de las cuotas que quedan por pagar y el importe de la opción de compra, sin que se incluya el importe que corresponda a la **carga financiera** que se devengue a partir de la entrega por pago aplazado del precio. Estos intereses se indican de forma separada en la factura que emite el sujeto pasivo (DGT CV 28-12-17).

3) En relación con el **derecho de superficie**, la base imponible en caso de cesión viene determinada por la suma de todas las cantidades periódicas percibidas durante el período de cesión más el valor de mercado de la edificación construida (DGT 9-12-98; 22-2-99).

La **valoración inicial** a efectos de determinar tanto la base imponible de la prestación de servicios en que consiste dicho derecho, como de la entrega futura de la edificación en el momento de la reversión, no puede ser objeto de modificación, manteniendo este valor su vigencia a lo largo de todo el plazo de duración de la operación (DGT CV 8-2-18). En el mismo sentido, DGT CV 4-6-21.

4) La contraprestación por los servicios de urbanización prestados por un **agente urbanizador** es aquella que satisface el destinatario de los mismos, que incluye tanto los distintos conceptos de coste (materiales, proyectos, mano de obra, etc.), como el concepto de beneficio del empresario (DGT 9-2-05).

5) En la entrega de un terreno urbano sobre el que recae una **carga urbanística** (obligación de hacer), la base imponible está constituida por la total contraprestación pactada. No procede minorar la misma en el importe estimado por las partes para la realización de las obras derivadas de dicha carga urbanística (DGT 14-6-05).

6) Hay que modificar la base imponible en la cesión de un suelo dotacional a cambio de la reserva de aprovechamiento cuando posteriormente tiene lugar una **modificación de la permuta inicial**, percibiéndose en lugar de una contraprestación en especie por la entrega de su terreno, que venía dada por la reserva de aprovechamiento, una cuantía monetaria (DGT CV 22-3-19).

8751 **7)** Los **costes o gastos de urbanización** del terreno se incluyen en la base imponible correspondiente a la transmisión del solar, tanto si se encuentran incorporados al mismo, como si se efectúa la asunción de la deuda por el destinatario como parte de la contraprestación recibida (DGT CV 4-9-06).

En el **sistema de cooperación**, no procede llevar a cabo un neteo o compensación entre las cantidades abonadas en concepto de indemnizaciones y la exigencia de derramas correspondientes a los gastos de urbanización, al tratarse de dos operaciones diferentes (DGT CV 5-7-07). En este sentido, si bien no se repercute cuota de IVA por parte de los propietarios de los terrenos que reciban indemnizaciones, el importe de las mismas sí formará parte de las cuotas de liquidación que se giren a cada uno de los propietarios por parte de la entidad urbanística de colaboración cuando se exijan las correspondientes derramas sujetas y no exentas del IVA (DGT CV 3-1-19).

8) La base imponible de la primera entrega de **plazas de aparcamiento por el ayuntamiento** es la total contraprestación satisfecha por el adquirente, la cual está constituida por la cantidad que se deba satisfacer en el momento de la compraventa más la suma de las cantidades que se hayan pagado mensualmente por la concesión (DGT CV 4-3-13).

9) No se considera incluido el IVA en el precio de adjudicación mediante **subasta judicial** de un bien, teniéndose que tomar para su cálculo el precio total de adjudicación del inmueble, salvo que en las condiciones de la subasta se hiciese mención expresa en contrario (DGT CV 13-2-15).

10) Cuando existe **vinculación**, como en el supuesto de una operación realizada entre la comunidad de bienes transmitente y uno de sus miembros, la base imponible a efectos de IVA viene determinada por el valor de mercado del inmueble (DGT CV 13-11-17).

B) Contraprestación no conocida o indeterminada. Ver otras contestaciones en el nº 1725 s. **8752**

1) La contraprestación establecida por la compra de un terreno edificable se desglosa en una cantidad fija a satisfacer en el momento de la firma de la escritura, y otra determinada y futura, establecida en función del incremento probable de la edificabilidad del terreno. La base imponible está constituida por el total de la contraprestación, incluida la parte aplazada supeditada a la **variación de la edificabilidad**. No obstante, si transcurrido el plazo fijado en la escritura no se ha dado tal circunstancia, ha de minorarse la base y rectificarse la repercusión inicial (DGT 22-5-98).

2) Cuando se transmitan unas parcelas de terreno pactando que una parte del precio se calcula en función de **parámetros futuros**, una vez concluidas las edificaciones a construir sobre el mismo, la base imponible debe fijarse de forma provisional. Cuando se disponga de todos los elementos necesarios para calcular el componente variable de la base imponible, debe modificarse, siendo dicho momento el que determina el inicio del cómputo del plazo para rectificar las cuotas repercutidas (nº 1490), sin perjuicio de que en el curso de un procedimiento judicial posterior, instruido como consecuencia de las discrepancias entre las partes, se fije un precio definitivo diferente, en cuyo caso debe modificarse nuevamente la citada base imponible (DGT 25-2-03).

C) Derechos de opción de compra. **8752.1**

1) En el caso de un derecho de opción de compra, la base imponible es el **importe real de la contraprestación**, es decir, el precio pactado; cuando se ejercite la opción, la base imponible es el precio fijado (DGT CV 20-7-07).

2) En una entrega del local parte del precio está formado por las **mensualidades pagadas de antemano** en concepto de arrendamiento con opción de compra de dicho local. A efectos del IVA, la base imponible es la contraprestación satisfecha y esto es independiente del modo de cálculo de la misma. Es decir, resulta irrelevante que al precio determinado inicialmente se le resten las cantidades satisfechas en concepto de arrendamiento. Lo determinante a la hora de establecer el importe de la base imponible es la cantidad satisfecha con motivo de la propia entrega. Por tanto, las cantidades pagadas con motivo del arrendamiento del local no forman parte de la base imponible de su entrega, sino que forman parte de la base imponible del propio arrendamiento. El hecho de que estas cantidades se utilicen en el método de cálculo de la base imponible de la entrega no afecta a la configuración de dicha base imponible (DGT CV 25-5-07; CV 28-10-15). Mismo criterio respecto del arrendamiento con opción de compra de una **nave industrial** (DGT CV 20-12-07).

3) Cuando un empresario realiza dos operaciones, una prestación de servicios -consistente en el otorgamiento de un derecho de opción, con su contraprestación-, y una entrega de bienes -cuya contraprestación específicamente convenida por las partes se reduce como consecuencia de haberse realizado esta operación anterior-, cada una de dichas operaciones tiene su base imponible, que es la contraprestación pactada por las partes. No hay en este caso neteo alguno, sino la determinación de la base imponible de las operaciones por el importe convenido por las partes para cada una de ellas. En consecuencia, la base imponible de la **opción de compra** es la contraprestación pactada por su concesión y la base imponible de la **entrega del suelo** en ejercicio de dicha opción es la contraprestación pactada por ella, restando, en caso de que así se haya convenido, la cantidad satisfecha por la opción (DGT CV 5-7-07).

4) Desde el momento en que existe un **compromiso por el arrendatario** frente al arrendador a ejercitar la opción de compra y adquirir la propiedad del local comercial, el arrendamiento tiene la consideración de entrega de bienes. La base imponible de esta entrega está formada por la contraprestación que el adquirente está obligado a satisfacer como consecuencia del ejercicio de la opción (DGT CV 15-3-11).

5) Debe tenerse en cuenta que, en todo caso, las cantidades abonadas en concepto de opción de compra, así como de las cuotas arrendaticias, han constituido la contraprestación de prestaciones de servicios sujetas al IVA durante la vigencia del contrato de **arrendamiento con opción de compra**, mientras que esta no se haya ejercitado, o incluso aunque se ejercite dicha opción, siempre que las condiciones del contrato no estipulen que las mismas se aplicarán al precio de la futura compraventa. De esta forma, parece deducirse que la naturaleza de estas operaciones no puede quedar condicionada al hecho de que su importe pueda o no descontarse del precio final de la vivienda que se va a entregar.

En efecto, cuando el importe satisfecho por la opción de compra y las rentas del contrato de arrendamiento son **descontados del precio** de la entrega de la vivienda, parece que no puede considerarse que las prestaciones de servicios que constituyeron la constitución del derecho de opción de compra y la cesión del inmueble, vigente el arrendamiento, deban ser objeto de resolución porque dichas operaciones pasen a transformarse en pagos a cuenta de una operación independiente, pero con la que guardan relación, esto es, la entrega futura de la edificación en el supuesto de que se ejercite la opción. Debe, por tanto, señalarse que estas operaciones constituyen prestaciones de servicios sustantivas e independientes de la entrega de la edificación y que, por tanto, no deben ser objeto de rectificación en el caso de que se ejecute la opción.

En consecuencia, no resulta procedente la modificación de las **cuotas del IVA originariamente devengadas** en la constitución del derecho de opción de compra ni en las rentas arrendaticias objeto de consulta (DGT CV 9-7-19). En el mismo sentido, DGT CV 6-10-23.

8753 **D) Conceptos que integran la base imponible: intereses**. Ver otras contestaciones en el nº 1732 s.

En relación con las **certificaciones de obra** que determinen la realización de pagos anticipados anteriores a la puesta de la obra a disposición del cliente, los intereses que se devenguen como consecuencia de una **demora** o aplazamiento en el pago de las mismas, forman parte de la base imponible (nº 8731). Sin embargo, en los casos en los que dichas certificaciones no implican su entrega, los intereses por el **aplazamiento en el pago** que se devenguen desde su expedición hasta el momento en que se produzca dicha entrega no han de formar parte de la base imponible (DGT 28-11-01). No obstante, ver la jurisprudencia al respecto en el nº 8758, punto 3).

8753.1 **E) Conceptos que integran la base imponible: subvenciones**. Ver otras contestaciones en el nº 1761 s.

1) Tienen la consideración de subvenciones vinculadas al precio las destinadas a financiar las **ejecuciones de obras de urbanización** que un ayuntamiento efectúa para los propietarios de los correspondientes terrenos (DGT CV 7-7-05), así como los **terrenos cedidos** por un ayuntamiento a una empresa pública que iba a realizar la promoción de ciertas viviendas (DGT CV 25-2-05).

2) Forma parte de la base imponible de las entregas de las **viviendas de protección oficial**, el importe que una empresa constructora percibe de un ente público para financiar parte de su precio (DGT 10-5-00). Mismo criterio si el promotor percibe como pago en especie los terrenos donde se ubican las viviendas (DGT 5-4-04).

3) Se consideran subvenciones vinculadas al precio las percibidas por una **promotora de edificaciones** del Ministerio de Fomento, calificadas como subvenciones al promotor en régimen especial VPO y VPP familias numerosas, puesto que las mismas se calculan en función del precio de las viviendas entregadas o de los servicios prestados, para el caso del arrendamiento (DGT 31-5-04).

4) Un ayuntamiento va a rehabilitar un polígono industrial mediante el sistema de cooperación, financiándose las obras entre los propietarios y su Comunidad Autónoma a través de la concesión de un **crédito cofinanciado** con fondos Feder. En este caso, dicha subvención no se considera vinculada al precio de las operaciones de **urbanización**, ya que no está relacionada con el volumen de los servicios prestados, sino que se calcula en función del coste de las obras (DGT 20-1-03).

5) Las subvenciones que puedan otorgarse sin relación con operación alguna sujeta al IVA no han de considerarse vinculadas al precio. Es el caso de una subvención para la **rehabilitación de inmuebles** que puede ser concedida a personas o entidades que no realizan ninguna actividad de promoción o rehabilitación de edificaciones (DGT 3-2-04).

8753.2 **F) Conceptos que integran la base imponible: percepciones retenidas conforme a Derecho**. Ver otras contestaciones en el nº 1784.

1) En las **ejecuciones de obra**, la base imponible está constituida por el importe total de la contraprestación, incluyendo, en su caso, las cantidades retenidas como **garantía** de la correcta construcción de las obras. No obstante, cuando se produzca el devengo del impuesto con ocasión de un pago anticipado, la base imponible se cuantifica por los importes efectivamente percibidos, sin computar las cantidades retenidas en garantía (DGT 16-12-03; CV 9-5-05).

2) En un contrato de **cancelación de obligaciones de urbanización**, si hubiese percepciones retenidas con arreglo a Derecho, deben incluirse en la base imponible de la operación objeto del contrato (DGT 20-2-03).

8753.3 **G) Conceptos que integran la base imponible: deudas**. Ver otras contestaciones en el nº 1796.

1) La base imponible en la adquisición por una cooperativa de una **obra en curso** a una promotora incluye, además del importe satisfecho a la promotora, el importe de las deudas con los proveedores y con quienes hicieron pagos anticipados, que se asumen por la adquirente (DGT 12-5-99).

2) La base imponible en las **adjudicaciones de viviendas** efectuadas por una cooperativa está constituida por el importe total de la contraprestación, incluyendo el incremento del coste derivado de las obras realizadas en las viviendas y el importe del préstamo en el que, en su caso, se subroguen los cooperativistas en el momento de dicha adjudicación (DGT 16-12-98).

8753.4 **H) Conceptos que no integran la base imponible: indemnizaciones**. Ver otras contestaciones en el nº 1801.

1) No forma parte de la base imponible la indemnización, materializada en la atribución a los miembros de una **junta de compensación** de una mayor cantidad de terrenos por la demolición de las edificaciones ubicadas en sus parcelas, efectuada por la citada junta que actúa de forma fiduciaria (DGT 1-4-03). En el mismo sentido cuando la indemnización es por la destrucción de plantaciones (DGT 31-5-01) o por la eliminación de algunos elementos (vallas, cancelas, plantaciones, etc.) existentes en la parcela a urbanizar (DGT 4-4-03), o por la demolición de unas construcciones, así como por el cese del negocio llevado a cabo en unos terrenos afectados por un programa de actuación urbanística (DGT CV 25-5-07).

2) Tampoco forma parte de la base imponible:

- la indemnización por el **retraso en la construcción** de un centro comercial, satisfecha por la empresa arrendadora a los arrendatarios de los locales comerciales (DGT 26-3-02; CV 12-11-07) ni la percibida por el retraso en la construcción de un edificio de viviendas que comprende las cantidades correspondientes a los intereses del préstamo satisfechos por la promotora del edificio (DGT 2-4-04);
- la indemnización percibida por una empresa por la **resolución de un contrato de compraventa** por parte del comprador de una vivienda, como compensación por los daños y perjuicios causados por dicha resolución (DGT CV 18-1-08), las indemnizaciones que por incumplimiento del contrato debe satisfacer una promotora a sus clientes, que deben rescindir el contrato de construcción de una vivienda (DGT CV 14-11-07), así como el importe pagado por el vendedor de una vivienda al comprador por las obras efectuadas por este último con ocasión de la resolución del contrato de compraventa de dicha vivienda (DGT 4-4-02);
- las indemnizaciones por **defectos** en la construcción (DGT CV 6-9-07; CV 21-12-07), así como el importe determinado en ejecución de una sentencia por **daños y perjuicios** por la defectuosa construcción de unas naves industriales, por el lucro cesante y por la depreciación de dichas construcciones a causa de unos vicios ruinógenos (DGT CV 14-6-05); y
- las indemnizaciones para la **compensación de los gastos** de proyecto incurridos relativos a la venta de un solar (DGT CV 12-11-07).

3) En un contrato de **cancelación de obligaciones de urbanización**, los destinatarios de los ser- 8753.5
vicios de urbanización pueden exigir la resolución de la obligación con el abono de la indemnización que se acuerde o se establezca. Esta alternativa no implica la realización de un hecho imponible del IVA ni que la indemnización percibida sea, por tanto, la contraprestación de una operación sujeta (DGT 20-2-03).

4) Las indemnizaciones repercutidas en el concepto de **cargas de urbanización** en un proyecto de reparcelación son la compensación que recibe el propietario al ser privado de bienes o derechos incompatibles con el proceso urbanístico. Estas indemnizaciones tienen la condición legal de gastos de urbanización, por lo que también forman parte de la cuenta de liquidación que se ha de girar definitivamente a cada uno de los propietarios, y por tanto sobre las mismas se debe repercutir el IVA, salvo que tengan el carácter de suplido, en cuyo caso no procedería la anterior repercusión, si reúnen los requisitos regulados en la normativa (DGT CV 21-12-06).

5) Los importes que un **agente urbanizador** satisfaga en concepto de indemnizaciones por cuenta de los propietarios de los terrenos pueden tener la consideración de suplidos (DGT CV 12-7-05).

l) Conceptos que no integran la base imponible: indemnizaciones en arrendamientos. Ver pre- 8753.6
cisión 1 en el nº 8754.1.

1) No forman parte de la base imponible las **fianzas** entregadas por el arrendatario al arrendador en los arrendamientos de inmuebles, que deban ser objeto de devolución a la resolución de la relación arrendaticia (DGT CV 24-2-86).

2) El arrendador no está obligado a repercutir el IVA por la indemnización recibida del arrendatario por la **cancelación anticipada** del contrato de arrendamiento, salvo en la parte que represente percepción retenida con arreglo a Derecho por resolución del contrato (DGT CV 7-7-05).

3) No integra la base imponible la indemnización abonada por una junta de compensación a un arrendatario por la **extinción de un contrato de arrendamiento** y cese de la actividad desarrollada, ya que la misma tiene como objetivo permitir a la junta realizar la urbanización de los terrenos afectados para su posterior adjudicación a los junteros. Así, no constituye contraprestación de una prestación de servicios del titular de la actividad (DGT 1-4-03).

4) La cantidad abonada por el arrendador al arrendatario de un local de negocio por la **resolución anticipada** del arrendamiento no se considera indemnización, sino contraprestación por la renuncia a sus derechos arrendaticios efectuada por un arrendatario en favor del arrendador (DGT 24-7-98; CV 21-3-05). En el mismo sentido, respecto al importe satisfecho al arrendatario de un terreno que lo debe abandonar como consecuencia de una **expropiación forzosa** (DGT 13-12-01).

5) La rescisión del contrato de arrendamiento por un **arrendador** de un local de negocios y su consiguiente desalojo, constituye una renuncia de los derechos del arrendatario a favor del arrendador, que tiene la consideración de prestación de servicios sujeta. Sin embargo, la **compensación económica**, percibida por el arrendatario por los perjuicios causados por el cese de la actividad, es una indemnización no sujeta (DGT 13-2-04).

6) No se incluye en la base imponible la indemnización recibida por el arrendatario como consecuencia de las **obras** que ha realizado en el local comercial que ha arrendado, siempre que dicha indemnización realmente no constituya ningún tipo de contraprestación o compensación de entregas o prestaciones de servicios sujetas al impuesto (DGT 30-3-04).

8754 **J) Contraprestación de carácter no dinerario**. Ver otras contestaciones en el nº 1862. Téngase en cuenta que desde el 1-1-2015 la regla de valoración de la base imponible para estos supuestos es el valor acordado entre las partes (antes, el valor de mercado del bien). En relación con las permutas inmobiliarias, ver el nº 8755.

1) Una entidad va a constituir un **derecho de superficie** a favor de una Universidad Pública para la construcción de una edificación, que va a revertir conforme se extinga el derecho de superficie a favor de la entidad, sin contraprestación económica alguna. La base imponible de la constitución del derecho de superficie está constituida por la edificación (contraprestación en especie), es decir, por el valor dado al derecho de superficie por las partes en el momento de la firma del contrato, con el límite del importe que resultaría de aplicar las reglas de determinación de la base imponible de los autoconsumos. Dicho importe se debe repartir proporcionalmente a lo largo de la duración del contrato, imputándose periódicamente en función de su exigibilidad, que en el presente caso es cada 31 de diciembre, en proporción al valor correspondiente a cada período debidamente actualizado conforme a criterios financieros (DGT CV 8-7-15).

2) En unos servicios de urbanización prestados por un agente urbanizador a los propietarios que retribuyen en especie mediante derechos de aprovechamiento urbanístico, la contraprestación consiste en la entrega de ciertos **derechos de aprovechamiento urbanístico**, lo cual no deja de equivaler a una entrega de terrenos, es decir, es una contraprestación en especie. La base imponible de esta prestación de servicios está constituida por su valor de mercado (DGT CV 17-6-05).

3) En la entrega de una **finca** a una **junta de compensación** a cambio de dinero en metálico y de dos casas unifamiliares o de determinados solares ya urbanizados, la base imponible es el resultado de añadir al valor de mercado de la parte no dineraria de la contraprestación el importe de la parte dineraria de la misma, siempre que dicho resultado sea superior al acordado en condiciones normales de mercado, en la misma fase de producción o comercialización, entre partes independientes (DGT 23-12-02).

En el mismo sentido, respecto a un **agente urbanizador** que recibe unos terrenos a cambio de la **ejecución de obra del aparcamiento**, siendo la base imponible el valor de mercado de la obra más la compensación económica percibida por el ayuntamiento en sustitución del deber de cesión obligatoria de terrenos, siempre que dicho importe sea superior a la contraprestación total que se hubiera determinado en condiciones normales de mercado entre partes independientes (DGT 15-3-04).

4) Cuando el **arrendatario** de un local de negocio asume la **ejecución de obras** de acondicionamiento del mismo, pactándose un período de carencia de renta, la base imponible está constituida por el importe total de la contraprestación durante todo el contrato de arrendamiento, que incluye la totalidad de las rentas satisfechas en metálico más el valor de mercado de la obra efectuada por el arrendatario, siempre que la suma de ambos no sea inferior al valor de dicho contrato de arrendamiento en el mercado (DGT 24-11-04; CV 19-1-16).

Si se pacta la carencia de diez años en el arrendamiento a cambio de pagar los gastos de comunidad, IBI y Tasas de Basura, la base imponible es el importe de esos gastos (DGT CV 19-1-16; CV 2-10-18). Si parte de la contraprestación correspondiente al servicio de arrendamiento lo constituyeran la demolición y construcción de las nuevas naves, la base imponible estaría constituida por el importe total de la contraprestación, donde se verían incluidas el importe de las obras (DGT CV 19-11-19).

8754.1 **K) Resolución o cancelación de operaciones**. Ver otras contestaciones en el nº 1952.

1) En relación con las **arras o señal**, la cantidad del precio retenida en concepto de penalización por los perjuicios causados al vendedor al incumplirse por el comprador de una vivienda los compromisos adquiridos, no constituye contraprestación de entregas de bienes o prestaciones de servicios sujetas. En este sentido, ver DGT CV 7-3-08; CV 15-9-08 en el nº 1786.

2) En el caso de **resolución de una compraventa** (por ejemplo, de vivienda junto a plaza de garaje, solo de plaza de garaje, etc.), cuyo adquirente soportó el correspondiente impuesto, si es devuelto el precio y la cosa vendida, quedaría sin efecto la operación y habría que modificar la base imponible, regularizar su situación tributaria y reintegrar el importe repercutido; sin embargo, si la venta inicial quedara en firme, no procedería dicha modificación, pues lo que se realiza es una reventa de la misma por su adquirente (DGT 11-7-00; 7-9-01).

3) Con el ejercicio del **derecho de reversión** se cumple una condición que reintegra al ente local transmitente (en este caso, al ayuntamiento que cedió gratuitamente el terreno) a la misma situación que tenía con anterioridad a la enajenación. Tal reversión no constituye una entrega de bienes a efectos del IVA sino un supuesto de resolución total o parcial de la cesión del terreno y, por consiguiente, no puede considerarse una operación sujeta al impuesto (DGT CV 2-3-17).

8755 **L) Permuta**. Téngase en cuenta que desde el 1-1-2015 la regla de valoración de la base imponible para estos supuestos es el valor acordado entre las partes (antes, el valor de mercado del bien).

1) La base imponible del **pago a cuenta** que se produce con la entrega de terrenos a cambio de inmuebles a construir sobre ellos coincide con el valor de mercado de la edificación futura en el momento en el que se realiza la operación, por lo que no debe ser objeto de recálculo, con independencia de la variación de valor que experimente dicha edificación durante el tiempo que transcurre desde la permuta (DGT CV 16-9-09).

2) Una empresa permuta una **edificación por locales comerciales** que se construirán en el terreno donde está la citada edificación, una vez demolida aquella. Además de los locales, la empresa percibe un determinado importe en concepto de indemnización por desalojo y traslado del negocio al que está afecta la edificación. La indemnización abonada conjuntamente a la transmisión de la edificación forma parte de la contraprestación de dicha entrega, formando parte de la base imponible (DGT 4-3-04).

3) Cuando en una permuta de un **solar por viviendas**, el adquirente del solar opte en el futuro por no entregar las viviendas sino una cantidad en metálico, debe entenderse que queda sin efecto la operación inicialmente gravada -entrega futura de viviendas- (DGT 25-10-00). Mismo criterio si se trata de una permuta de unos excedentes de aprovechamientos urbanísticos por la construcción de una **piscina municipal**, sin que la obligación de construir dicha piscina se sustituya por la obligación de cesión de terrenos por parte de la empresa constructora (DGT 3-11-03; 16-2-04).

4) Si las partes realizan una **modificación de la escritura** o, en su defecto, una cancelación de la misma, cambiando la permuta por una compraventa, dicha modificación, no prevista en la operación de permuta inicialmente concluida por las partes, determina la procedencia de la modificación de la base imponible, la cual determina, asimismo, la rectificación de las cuotas inicialmente repercutidas (DGT 12-6-03).

5) En los supuestos de **resolución de permutas** de un terreno por edificación futura, no se produce ingreso indebido alguno por parte del sujeto pasivo con ocasión de la repercusión inicial, dado que dicha repercusión que ahora se quiere rectificar se entiende que se efectuó originalmente conforme a Derecho, luego procede la rectificación de las cuotas inicialmente repercutidas (DGT CV 7-4-15).

6) En una **permuta de terrenos** por edificación futura, la base imponible de la entrega de la edificación (de la que la entrega del terreno constituye un pago a cuenta determinante del devengo), calculada conforme a la regla de operaciones con contraprestación no dineraria, coincide con el acordado entre las partes al tiempo en que se efectúa la operación, no debiendo ser objeto de recálculo cualquiera que sea la variación (alza o baja) que experimente el valor de dicha edificación durante el tiempo que transcurra desde que se concluyó la permuta (fecha usada para la determinación de la base imponible), hasta que se entregue efectivamente la edificación una vez haya finalizado su construcción. Ver ejemplos en el nº 8747 s. y jurisprudencia en el nº 8759, punto 7).

M) Expropiación forzosa. 8756

1) La **extinción del derecho de arrendamiento** de unos inmuebles, como consecuencia de la expropiación forzosa de un terreno en el que se ubican aquellos, no está sujeta puesto que la empresa arrendataria no efectúa a favor del órgano expropiador ninguna prestación que suponga un consumo para aquel. El justiprecio acordado constituye, por tanto, una indemnización (DGT 27-4-04; 3-5-04). Lo mismo en caso de extinción obligatoria de un derecho de **subarriendo** de bienes inmuebles (DGT 16-5-05).

2) En la entrega como consecuencia de un expediente de expropiación forzosa de un **terreno**, el importe del **justiprecio** comprende, además de la parte correspondiente a la entrega del terreno, el relativo a la indemnización por el cese temporal en la actividad y por el traslado de la actividad, debiendo considerarse que el importe correspondiente a dichas indemnizaciones no constituye la contraprestación por ninguna operación sujeta al impuesto efectuada por la empresa en favor del órgano que lleva a cabo la expropiación y, por tanto, dicha empresa no debe repercutir cuota alguna en concepto de IVA con ocasión del cobro de la parte correspondiente del citado justiprecio (DGT 30-4-04). El mismo tratamiento respecto a un empresario agrícola, comprendiendo el justiprecio la indemnización por extinción del derecho de arrendamiento, por afectación de las cosechas pendientes y de las instalaciones e infraestructuras dedicadas a la actividad, por traslado de dicha actividad y por reinstalación (DGT CV 29-11-05).

3) La **reversión de un terreno previamente expropiado** no constituye entrega de bienes y, por consiguiente, no puede considerarse una operación sujeta, sino un supuesto de resolución total o parcial de la entrega de bienes (terrenos) que en su día realizó el expropiado en virtud del procedimiento de expropiación forzosa, tanto si dicha entrega estuvo sujeta como si no (DGT CV 22-4-08).

4) En caso de expropiación de una finca por parte de un **ayuntamiento**, dado que el justiprecio representa el valor económico del bien expropiado, no puede entenderse incluido en el justiprecio el importe del IVA que, en su caso, grava la operación de entrega de los bienes expropiados (DGT CV 21-2-22).

Jurisprudencia **1)** La **cesión de una licencia de obras** no es ajena a la transmisión del solar al que se refiere y, por tanto, la indemnización percibida por la cesión de los derechos contenidos en la licencia se incluye en la base imponible de la transmisión del solar (TEAC 3-11-03). 8758

2) El devengo se produce en el momento de formalizar la **escritura pública de venta** del inmueble, pero se incluyen en la base imponible los intereses correspondientes al período transcurrido hasta la posterior entrega material (AN 31-1-01, EDJ 103077).

3) No se incluyen en la base imponible los **intereses por demora** en el pago de certificaciones de obra (TSJ Madrid 17-10-02, EDJ 84284; TSJ Murcia 26-9-03, EDJ 133838). En sentido contrario, AN 6-6-01, Rec 668/98; TEAC 9-6-99.
4) El **justiprecio** no tiene la consideración de indemnización, estando sujeto. En el justiprecio no se incluye el IVA (TEAC 23-5-01; 20-6-01).
5) Forma parte de la base imponible el importe percibido por el comprador de un edificio por su renuncia a una rebaja del precio del mismo, por haberse pactado su compra en estado de arrendamiento y que, al no haberse cumplido dicha condición, el vendedor le abona en concepto del **arrendamiento no percibido** -lucro cesante- (TEAC 21-7-99).

8759 6) Tiene la consideración de indemnización no sujeta el importe percibido por el arrendatario de un bien inmueble por el **cese del arrendamiento** como consecuencia de un expediente de expropiación forzosa de los terrenos sobre los que se ubica el mismo (TEAC 10-3-04).
7) La base imponible de la entrega de la futura edificación en una **permuta** de terrenos por edificación futura es el valor de mercado atribuido a la misma en ese momento, sin que se deba efectuar su modificación en el momento de la entrega de la edificación, aunque su valor haya variado (TS 18-3-09, EDJ 42597; 29-4-09, EDJ 82906). Desde el 1-1-2015 la regla de valoración de la base imponible para estos supuestos es el valor acordado entre las partes (antes, el valor de mercado del bien).
8) La determinación de si en la **propuesta económica** formulada por la entidad a la **Diputación Provincial** estaba incluido o no el IVA correspondiente a la operación es una cuestión de naturaleza tributaria relacionada con la repercusión, por lo que su conocimiento está encomendado a los órganos económico-administrativos. En el caso concreto, no se incluye el IVA en el precio de licitación de la venta de la parcela por la Administración, ya que no es un procedimiento de contratación al que se aplique lo dispuesto en la LIVA art.88.Uno y en el propio pliego de cláusulas y en el acuerdo de adjudicación se indicaba que el IVA quedaba excluido (TEAC 3-5-07).
9) Si el **arrendamiento de inmuebles** lleva aparejada el suministro de agua, electricidad, calefacción y la eliminación de residuos, estos constituyen prestaciones separadas, que deben considerarse de forma diferente a efectos del impuesto, salvo que en el contrato se den elementos tan estrechamente ligados que permitan considerarlos como una prestación económica única (TJUE 16-4-15, asunto C-42/14).
10) Cuando, en el supuesto de **autoconsumo interno** de un bien inmueble, la base imponible se calcula según el precio de compra «de bienes similares» al que es objeto de autoconsumo, la base imponible es el precio de compra de inmuebles cuya situación, dimensión y demás características esenciales sean similares a las del inmueble controvertido. A estos efectos, carece de relevancia que una parte de dicho precio de compra corresponda al pago de intereses (TJUE 23-4-15, asunto C-16/14).

VI. Tipo impositivo

(LIVA art.90 y 91)

8760

8761 Determinada la base imponible, es preciso aplicar el tipo impositivo para cuantificar la cuota tributaria. En todo caso, el tipo procedente es el vigente en el momento del **devengo** del impuesto (nº 8716 s.). Sobre la aplicación temporal de los tipos impositivos, ver el nº 2006 s.

8762 **Estructura de los tipos** Los tipos de IVA vigentes son:
- el tipo **general** (nº 8765 s.);
- el tipo **reducido** (nº 8770 s.);
- el tipo **superreducido** (nº 8810 s.).

Los tipos reducido y superreducido se aplican exclusivamente a determinadas operaciones enumeradas expresa y limitativamente en la LIVA. Excepto cuando procede uno de estos tipos específicos, todas las demás operaciones son gravadas al tipo general.
Asimismo, se aplica el **tipo del 0%** a las entregas de bienes realizadas en concepto de **donativos** a las entidades sin fines lucrativos definidas en la L 49/2002 art.2, siempre que se destinen por las mismas a los fines de interés general que desarrollan (LIVA art.91.Cuatro).

8763 Doctrina Administrativa Además de las siguientes contestaciones de la DGT, ver nº 11000 s.
1) Cuando existen **variaciones del tipo impositivo**, en las **operaciones de tracto sucesivo** (arrendamientos, por ejemplo) el tipo aplicable es, conforme a la norma general, el que esté vigente en el momento del devengo del impuesto. Esto es, cuando resulte exigible la parte del precio que comprenda cada percepción (DGT CV 26-3-10; CV 22-8-17).

2) Si existe una variación de tipos impositivos entre el momento de realización de las operaciones y el momento de la **rectificación**, motivada en este caso por la devolución de productos, la modificación de la base imponible y de las cuotas repercutidas debe efectuarse teniendo en cuenta el tipo impositivo vigente cuando se produjeron las operaciones objeto de rectificación y no el vigente en el momento de producirse la misma (DGT CV 28-12-09).

3) En las **contrataciones administrativas** concertadas con anterioridad a la modificación de los tipos de gravamen del impuesto, los contratos de **ejecuciones de obra** calificadas de entregas de bienes que se encuentren en el momento de cambio de tipos pendientes de ejecución, en todo o en parte, en cuyos precios de oferta respectivos se hubiese incluido el IVA y respecto de los cuales no se hubiese devengado el impuesto, se han de cumplir abonando al contratista el precio cierto de aquellos contratos, incrementado en la cuota del IVA correspondiente al momento en que se devengue el impuesto (esto es, en el momento en que los bienes se ponen en poder o posesión del dueño de la obra).

Se entiende como **precio cierto** el de adjudicación, IVA incluido, menos la cuota del impuesto calculada al tipo vigente en el momento de la adjudicación del contrato. El **precio de adjudicación** ha de entenderse con las modificaciones contractuales que conforme a la ley pudieran afectarle: proyectos reformados, revisiones de precios, etc. (DGT 9-6-94).

4) El tipo aplicable es el vigente en el momento de realización de las operaciones, con independencia del tipo impositivo que se haya consignado en el momento de realizar el **presupuesto** (DGT CV 26-3-10).

5) Los **pagos a cuenta** realizados con **anterioridad a la modificación** de los tipos impositivos, correspondientes a operaciones cuyo devengo tenga lugar con posterioridad a esa fecha, no deben ser objeto de rectificación. En la entrega de las viviendas, que se produce en el momento de la firma de la correspondiente escritura pública, se aplica el tipo impositivo vigente en dicho momento, por la parte del precio que reste por pagar, incluida la parte que corresponda a la deuda con garantía hipotecaria (DGT CV 19-5-10; CV 15-2-11). **8764**

6) En las **certificaciones de obras**, cuando se produce la modificación de tipos, se aplican los siguientes:

a. El **tipo previo a la modificación** en los siguientes supuestos:

- certificaciones que no hayan sido objeto de recepción, pero cuyo pago efectivo se produzca con anterioridad a la entrada en vigor de la modificación;
- certificaciones finales, ya sean totales o parciales, que documenten obras que hayan sido objeto de recepción con anterioridad a la entrada en vigor de la modificación, aunque su pago se produzca con posterioridad a dicha fecha (DGT CV 25-3-11).

b. El **nuevo tipo** a las certificaciones correspondientes a obras que sean objeto de recepción con posterioridad a la entrada en vigor de la modificación, salvo que su importe se abone anticipadamente antes de esa fecha (DGT CV 8-2-11). Así, en caso de **incremento sobrevenido del tipo** de IVA, el tipo de gravamen aplicable no es el que estaba vigente en la fecha de emisión de la certificación de obra o factura, sino el vigente en la fecha en que hubiera tenido lugar el pago (TSJ Madrid 26-2-98, EDJ 65260).

Cuando se haya expedido una **factura** en la que se repercuta un tipo impositivo distinto al que corresponda, se debe expedir una factura rectificativa aplicando el tipo correcto (DGT CV 19-5-10; CV 28-10-10; CV 26-7-23).

A. Tipo general

(LIVA art.90)

El tipo impositivo del 21% constituye el tipo general u ordinario. Su **ámbito de aplicación** no está definido de manera limitativa, ya que engloba todas las operaciones gravables para las que no está previsto otro tipo distinto. **8765**

Doctrina Administrativa Además de las siguientes contestaciones de la DGT, ver nº 11000 s. **8766**

1) Resulta aplicable el tipo general a las siguientes entregas de bienes y prestaciones de servicios:

- servicios de **arquitectos o aparejadores** (DGT 15-4-99), incluidas la elaboración del proyecto de ejecución, la redacción de estudio de seguridad y salud, coordinación del mismo, dirección de obra y dirección de obra del aparejador (DGT CV 25-5-09), así como los honorarios de los **profesionales** intervinientes en la obra (DGT CV 18-5-17). En el mismo sentido, DGT CV 28-10-19;
- **arrendamiento** de plazas de garaje (DGT CV 2-12-86) y de oficinas (DGT 6-11-00);
- alquiler y montaje de **grúas** torre para la construcción (DGT 18-4-01) y su reparación (DGT 29-5-01);
- **derribo** de edificaciones (DGT 5-4-00; 11-4-01; CV 18-5-17); venta de un terreno con una edificación destinada a la demolición (DGT CV 31-10-23);
- servicios de **análisis y estudios técnicos** sobre la calidad del hormigón utilizado en la construcción de edificios (DGT 9-4-97);
- **estudios geotécnicos** del suelo previos a la construcción (DGT 20-7-01), estudios topográficos asociados a la construcción (DGT CV 24-9-14), de control de calidad (DGT 2-12-02);

- importación de los elementos componentes desmontados de **viviendas de madera**, aunque se importen todos conjuntamente (DGT 3-3-94; 10-9-02);
- entrega de **solar** urbanizado efectuada por un promotor inmobiliario para construir viviendas libres o de protección oficial (DGT 13-2-97); de terreno que tenga la consideración urbanística de solar (DGT CV 22-5-19; CV 8-10-20); de solar para construir una vivienda (DGT CV 9-3-21); de parcela urbana residencial (DGT CV 6-5-21); de parcela de terreno urbanizable (DGT CV 5-5-21; CV 18-11-22); de parcela de uso industrial para la construcción de una nave industrial (DGT CV 18-7-24);
- entrega de una **plaza de garaje** sola (DGT 12-12-01; 9-3-04), de un **local comercial** (DGT CV 14-10-24); o de un local a un ayuntamiento (DGT CV 24-10-97; CV 5-6-08); entrega de una plaza de toros multiusos (DGT CV 7-6-10); así como la entrega de un local comercial destinado a la demolición para hacer una nueva promoción urbanística (DGT CV 14-9-07; CV 25-1-16);
- concesión de una **opción de compra** sobre un bien inmueble (DGT CV 22-1-14);
- constitución de un derecho real de **servidumbre** (DGT CV 17-7-14);
- transmisión de una **edificación en construcción** (DGT CV 30-4-24; CV 8-11-24; CV 28-10-25); integrados por el solar y la estructura de hormigón, aunque en el momento de la entrega esté otorgada la escritura de división horizontal (DGT 11-1-94), aunque se trate de viviendas (DGT CV 12-7-10; CV 14-6-16), incluso cuando el adquirente, como promotor de la obra, destine dichos inmuebles a la construcción de viviendas para uso propio (DGT 27-6-94), y las entregas del terreno y de la estructura de unos chalets (DGT 26-6-00);
- ejecuciones de obra para la construcción de unos hangares, así como la **subcontrata** de la obra civil y de la instalación de la estructura metálica (DGT CV 12-4-23).

2) La compra o adquisición de **materiales de construcción** efectuada directamente por el promotor de la vivienda a los almacenes del proveedor, tributa al tipo general (DGT 10-2-99; en el mismo sentido, DGT CV 30-9-20), al igual que las entregas de dichos materiales efectuadas por una empresa constructora a los subcontratistas (DGT 16-3-00) o la de materiales de construcción, saneamiento, grifería, calefacción, azulejos, electrodomésticos y muebles de cocina (sin instalación) efectuadas para promotores de edificios destinados a viviendas (DGT 20-3-00). En relación con los materiales de construcción, DGT CV 5-8-21.

3) Tributan al tipo reducido las ejecuciones de obra, con o sin aportación de materiales, consistentes en la **domotización de edificios** destinados a viviendas y realizados como consecuencia de contratos formalizados directamente entre el promotor y el contratista. Las ejecuciones de obras que no cumplan estos requisitos tributan al tipo general, salvo los trabajos que se puedan calificar de albañilería (actualmente, ejecuciones de obra de renovación y reparación, nº 8785 s.) (DGT 18-6-03).

4) Una **cooperativa de viviendas** ha venido percibiendo de los cooperativistas pagos a cuenta al tipo reducido. Finalmente, la cooperativa no procede a la construcción de las viviendas, transmitiendo en su lugar los solares donde habrían de ser construidas y repercutiendo en la operación IVA al tipo general. La cooperativa debe expedir facturas al tipo general, minorando la cuota total devengada en el importe del IVA de los pagos a cuenta realizados al tipo reducido, sin que hayan de devolverse previamente dichos pagos (DGT CV 11-11-05).

8767 **5)** Tanto la constitución de un **derecho de superficie**, como el contrato de arrendamiento constituido por el superficiario del que será arrendador tributan al tipo general (DGT CV 30-3-06). También la transmisión a un tercero de la parte de terreno correspondiente a las plazas de aparcamiento construidas por el superficiario (DGT CV 5-4-13).

6) La **cesión de derechos sobre la compra de inmuebles** es una prestación de servicios sujeta al tipo general (DGT CV 14-9-07).

7) Los **contratos de arrendamiento** está sujeto al tipo general en los siguientes supuestos:
- de una **vivienda** cuando el arrendatario es una persona jurídica que, a su vez, cede el uso de dicho inmueble a uno de sus empleados (DGT CV 7-11-08; CV 9-12-09). No obstante, ver los criterios jurisprudenciales en el nº 8679, a los que se ha adecuado la DGT, al entender que, cuando quede acreditado, por cualquier medio de prueba admitido en Derecho, que no existe intención de explotar el bien arrendado, sino de destinarlo directamente a un **uso efectivo y propio como vivienda** por una persona física concreta, que debe figurar como usuaria en el contrato de arrendamiento, la operación está sujeta pero exenta (DGT CV 26-7-17); y
- de un edificio para el desarrollo de una **actividad empresarial**, servicios sanitarios y socio-asistenciales, puesto que el mismo no se destina por el arrendatario exclusivamente a vivienda, sino al ejercicio de una actividad empresarial (DGT CV 18-6-10).

8) La **adjudicación de un inmueble** que ha estado afecto en parte a actividades empresariales por un ayuntamiento tributa al tipo general, aunque vaya a ser objeto de rehabilitación por el adquirente (DGT 19-6-09).

9) La entrega de un hospital por el **ayuntamiento promotor** a una Comunidad Autónoma tributa al tipo general (DGT CV 20-10-09).

10) Tributan al tipo general el **subarrendamiento** de una vivienda por parte de la empresa española arrendataria de la misma a favor de un tour operador europeo, sin prestar aquella servicios complementarios propios de la industria hotelera (DGT CV 7-6-10), los subarrendamientos de habitaciones siempre que no resulten exentos (DGT CV 7-8-13), la cesión del inmueble a una empresa que lo arrendará ulteriormente a una empresa de servicios que va a prestar determinados servicios hoteleros (DGT CV 7-8-18), así como el arrendamiento de una vivienda cuando el arrendatario lo va a destinar al subarrendamiento a estudiantes (DGT CV 19-5-22).

11) Tributan al tipo general las operaciones facturadas por las **empresas subcontratadas** en las operaciones localizadas en el territorio del IVA, pues el destinatario es siempre una persona jurídica, empresaria, que no es el promotor de la obra (DGT CV 30-11-10).

12) La operación consistente en la **cesión de uso** de uno de los locales a un comunero está sujeta y no exenta, tributando al tipo general (DGT CV 10-10-14).

13) Las **derramas** derivadas de las ejecuciones de obra concertadas por una junta de compensación que tienen por objeto urbanizar una calle, no tienen por objeto la construcción o rehabilitación de una edificación destinada fundamentalmente a viviendas, por lo que tributan al tipo general (DGT CV 10-3-16).

14) En las **concesiones de obras públicas**, la prestación de un conjunto de servicios que responden a una finalidad común, la gestión hospitalaria, comprendiendo no solo el alojamiento y manutención de los pacientes, sino todas las necesidades del centro hospitalario ha de ser considerada como una operación única que debe tributar al tipo general (DGT CV 26-11-18), al igual que ocurre cuando el concesionario se compromete a la ejecución de obras, conservación, mantenimiento de las mismas, así como a la explotación de servicios no clínicos (restauración, lavandería, esterilización, limpieza e higienización, seguridad, mantenimiento de instalaciones, gestión de residuos, gestión de archivos y documentación clínica, servicio de desinsectación y desratización, jardinería y cuidados exteriores, logística, gestión telefónica, servicio de ingresos de terceros, etc.) y explotación de zonas complementarias (DGT CV 18-3-22).

Jurisprudencia **1)** Los trabajos de **control de calidad** de una construcción destinada a vivienda han de calificarse como prestación de servicios y no como ejecución de obra, por lo que resulta aplicable el tipo general (TEAC 29-5-97). **8768**

2) Se aplica el tipo general a las **obras de infraestructura**, como son las de pavimentación, alumbrado, etc., distintas de las que consistan en la conexión con las redes generales de saneamiento, alumbrado, agua y electricidad (TEAC 17-1-01).

3) Tributa al tipo general la **dirección** facultativa **de obras** de construcción, que tiene la naturaleza de prestación de servicios (TEAC 13-5-97).

B. Tipo reducido

(LIVA art.91.Uno)

El tipo impositivo reducido del 10% se aplica a las entregas, adquisiciones intracomunitarias o importaciones de ciertos bienes, prestaciones de servicios, o ejecuciones de obras limitativamente señaladas por la LIVA (nº 2025 s.). **8770**

Entre las **operaciones incluidas**, desde el punto de vista inmobiliario, hay que destacar las entregas de viviendas, garajes y anexos (nº 8771 s.), las ejecuciones de obra de renovación y reparación (nº 8785 s.), el aprovechamiento de inmuebles por turnos (nº 8786), la construcción o rehabilitación de viviendas (nº 8787 s.) y el arrendamiento con opción de compra (nº 8808 s.).

Entregas de viviendas, garajes y anexos (LIVA art.91.Uno.1.7º) Tributan al tipo reducido las entregas de: **8771**

a) Los **edificios o parte de los mismos** aptos para su utilización como viviendas.

La aptitud para ser vivienda es determinante para la aplicación del tipo reducido, aunque al final no sea ese el destino que se de al edificio (por ejemplo, despacho profesional), siendo por tanto independiente de la condición de las partes intervinientes y del destino que el adquirente de a la vivienda. Ver TS 28-1-25, EDJ 502912 en nº 8784.

Ha de tratarse de viviendas **terminadas** y ser su **primera transmisión** (en relación con segundas o ulteriores transmisiones, están exentas conforme a lo previsto en el nº 8640, salvo que se renuncie a la misma en los términos del nº 8685).

Quedan excluidas de la aplicación del tipo reducido las viviendas de **protección oficial** de régimen especial o de promoción pública (nº 8810.1 s.), así como las edificaciones destinadas a su **demolición** para construir nuevas promociones urbanísticas.

b) Garajes y anexos situados en edificios, siempre que se transmitan conjuntamente con las viviendas, aunque se limita a dos el número de plazas de garaje cuya transmisión puede tributar al tipo reducido.

Pueden estar situados en el **mismo edificio o misma parcela** en que se ubican las viviendas, considerando como parcela el terreno donde esté enclavado el edificio de viviendas, así como el terreno, no edificado, que sea accesorio al mismo (nº 8780 s.).

Por el contrario, los **locales** no tienen la consideración de anexos a viviendas, aunque se transmitan conjuntamente con aquellas.

8772 Precisiones 1) No existe una definición legal de **vivienda**, aunque a estos efectos hay que resaltar:
- una noción usual considera a la misma como aquel edificio o parte del mismo destinado a habitación o morada de una persona física o una familia, constituyendo su hogar o sede de su vida doméstica;
- se entiende que un **edificio es apto para vivienda**, o parte del mismo, cuando disponga de la correspondiente licencia de primera ocupación y cuando además, objetivamente considerado, sea susceptible de ser utilizado para dicha finalidad;
- en la Ley de Arrendamientos Urbanos, al definir el concepto de arrendamiento de vivienda, lo delimita como aquel que recae sobre una **edificación habitable** cuyo destino primordial sea satisfacer la necesidad permanente de vivienda del arrendatario (L 29/1994 art.2.1); y
- el **Tribunal Supremo** ha considerado que, tratándose de un concepto jurídico indeterminado, se ha de entender como aquel espacio físico donde el ser humano puede permanentemente desarrollar sus actividades vitales al resguardo de agentes externos, existiendo desde la Constitución hasta reglamentaciones administrativas que determinan sus condiciones mínimas exigibles (TS 5-6-92, EDJ 5860). Ver TS 28-1-25, EDJ 502912 en nº 8784.
2) Por **anexos** o anejos se entienden además de las plazas de garaje, los sótanos, buhardillas o trasteros (L 49/1960 art.5), las escaleras, porterías, ascensores, corredores, cubiertas, canalizaciones y servidumbres, entre otros (CC art.396).

8773 Ejemplos 1) Una empresa constructora está procediendo a la venta de **apartamentos**, aptos para su utilización como viviendas, que se encuentran todavía sin construir. Los compradores, estando los apartamentos en **fase de construcción**, dan a cuenta un 25% del precio del apartamento acabado y en el momento de su entrega efectúan el pago del resto, bien directamente o a través de la constitución de un préstamo hipotecario.
La citada constructora ha vendido recientemente tres chalets unifamiliares cuya construcción no estaba finalizada. La terminación de la construcción la asume individualmente cada uno de los adquirentes.
La venta de los apartamentos tributa al tipo reducido pues, aunque contratada su adquisición en fase de construcción, es decir, sobre plano, el objeto del contrato lo constituye la entrega de una vivienda (apartamento) construida. Por tanto, lo relevante es que el objeto de la entrega se refiera a una vivienda terminada, con independencia de la fase de construcción en que se encuentre la misma al formalizar la operación.
Por el contrario, la entrega de los chalets, cuya construcción no está finalizada, tributa al tipo general, pues el objeto de la entrega no es un edificio o parte del mismo apto para vivienda, sino un inmueble en construcción que, precisamente, por dicha razón no reúne la cualidad de ser apto para vivienda.
La circunstancia de cuándo un inmueble se encuentra en fase de construcción es una cuestión de hecho que puede acreditarse por cualquier medio de prueba admitido en Derecho, sin que a tales efectos sea determinante la existencia de escritura de división horizontal y obra nueva.
2) Una empresa inmobiliaria ha procedido a la venta de dos pisos, situados en la misma planta del edificio, cuyas viviendas comercializa dicha empresa. Ambos pisos, aptos para su utilización como viviendas, han sido adquiridos por un médico que va a destinar uno de ellos a **vivienda** y el otro como **consulta profesional** para el ejercicio de la medicina.
La entrega de ambas viviendas tributa por el IVA al tipo reducido. Lo relevante es que los pisos sean aptos para su utilización como viviendas, con independencia del uso posterior a que los destine el adquirente.

8774 **3)** Una empresa dedicada a la promoción y construcción de viviendas unifamiliares ha recibido de un cliente, que ha adquirido bajo plano uno de los chalets, la propuesta de efectuar determinadas **modificaciones antes de la entrega** en la planta sótano del mismo por parte de la propia empresa promotora-constructora, que suponen un precio adicional de 12.000 €.
Las obras a realizar por la empresa promotora-constructora en el sótano del chalet antes de la entrega del mismo suponen una variación en las condiciones pactadas de adquisición del mismo, que se traducen en un mayor precio, y que tributan por el IVA al tipo reducido como mayor valor del bien entregado.

8775 **4)** Una empresa constructora ha entregado a una persona física, conjuntamente con dos viviendas, un **local comercial** situado en la planta baja del edificio donde están ubicadas aquellas.
Dicha empresa constructora ha adquirido de otra sociedad un edificio, compuesto de seis viviendas, que había estado arrendado parcialmente hasta el momento de la transmisión, habiéndose declarado en **ruina** hacía dos años. La constructora adquirente va a proceder a demoler el edificio para llevar a cabo la construcción de dos edificios: un centro comercial y un edificio destinado a apartamentos de lujo.
La entrega conjunta del local comercial y de las dos viviendas tributa de la siguiente forma: las viviendas al tipo reducido y el local comercial al tipo general.
La entrega a la empresa constructora del edificio declarado en ruina, que se va a demoler, tributa al tipo general, pues el objeto de la transmisión no es un edificio apto para su utilización como viviendas, con independencia de cuál sea el destino que se dé al solar resultante de la demolición, es decir, para construir nuevas viviendas o un centro comercial.

5) Una empresa inmobiliaria ha vendido a un particular, mediante contrato privado, conjuntamente, una **vivienda y tres plazas de garaje** situadas en el mismo edificio. La compra de una de las plazas se formaliza a nombre de uno de los hermanos del adquirente, en contrato privado independiente del de la vivienda y la entrega de las otras dos plazas se formaliza a nombre del otro hermano a cuyo nombre figura la compra de la vivienda. Transcurrido un año, la persona que adquirió la vivienda decide comprar uno de los **trasteros** del edificio.
Tributa al tipo reducido la transmisión de la vivienda y de dos de las plazas de garaje, ya que este es el número de plazas que pueden beneficiarse de la aplicación del tipo reducido cuando se adquieren conjuntamente con una vivienda.
La entrega de la tercera plaza tributa al tipo general, pues su adquirente la compra al margen de la adquisición de una vivienda.
La transmisión del trastero tributa al tipo general al haberse efectuado en distinto momento a la compra de la vivienda. Los trasteros y los elementos e instalaciones comunes tienen la consideración de anexos a efectos del IVA.

6) Una vez finalizada la construcción de un edificio de viviendas y entregadas estas por el promotor, los propietarios, constituidos en comunidad, promueven la construcción de un **aparcamiento** situado en la misma parcela en la que se ubica el edificio de viviendas. Finalizada la construcción, cada uno de los propietarios adquiere una plaza de garaje. 8776
Las entregas de las plazas de garaje tributan al tipo general pues, aunque estén situadas en la misma parcela que el edificio, no se adquieren de forma conjunta, sino con posterioridad a la compra de las viviendas.
7) Un particular ha adquirido a una empresa inmobiliaria un terreno, calificado de **solar**, para instalar en él una casa de madera, que será su residencia de vacaciones. Dicho particular ha importado directamente todos los componentes de dicha **casa prefabricada** en madera (nº 8780). Dentro de la misma urbanización, una empresa se dedica a la venta conjunta de casas prefabricadas en madera y del terreno donde se hallan ubicadas las mismas. Esta misma empresa también vende **caravanas**.
La entrega del solar tributa al tipo general. La importación de los elementos componentes de una casa prefabricada tributa al tipo general, pues no se trata de la entrega de una vivienda.
También tributa al tipo general la entrega de caravanas, pues las mismas no tienen la consideración de viviendas y, por otra parte, tampoco responden al concepto de edificación (edificios) de la normativa.
No obstante, la entrega de una casa terminada, prefabricada o no, que sea apta para su utilización como vivienda y del terreno que comprenda, tributa al tipo reducido. Por tanto, la entrega de las casas prefabricadas y del suelo correspondiente tributan al tipo reducido.

8) Un empresario de la construcción, persona física, ha constituido un **usufructo** sobre tres de los cinco chalets que ha construido, en favor de cada uno de sus hijos, vendiendo los dos restantes a dos clientes. Ambos chalets objeto de venta, se entregan equipados con **muebles de cocina** (nº 8783). 8777
La entrega de los dos chalets, si son aptos para vivienda, tributan al tipo reducido. El equipamiento con muebles de cocina se considera accesorio a la entrega de los chalets.
La constitución de un usufructo no tiene la consideración de entrega de bienes, sino de prestación de servicios, tributando al tipo general, salvo cuando el mismo tenga por objeto una edificación exclusivamente destinada a vivienda, en cuyo caso, el usufructo está exento (nº 8670 s.).
9) Por razones comerciales, una empresa inmobiliaria está procediendo a vender en la costa española **apartamentos totalmente amueblados**, es decir, con muebles de cocina y electrodomésticos, muebles en dormitorios, salón con cortinas, lámparas, etc.
La parte de la contraprestación que corresponda a la entrega de la vivienda tributa al tipo reducido, y la parte de la misma que corresponda a la entrega del mobiliario tributa al tipo general, pues en este caso, el mobiliario no es accesorio a la entrega de la vivienda, sino que tiene entidad propia (nº 1879).

10) Un Ministerio compra a una inmobiliaria un piso que va a destinar a oficinas y una **fundación sin ánimo de lucro** compra un piso con garaje, en el que va a desarrollar su actividad. 8778
La entrega del piso al citado Ministerio tributa al tipo reducido, aunque no se utilice de forma efectiva como vivienda y lo mismo cabe decir de la entrega a la fundación.
11) Una promotora se compromete a la **reserva de un piso** durante seis meses a una sociedad anónima a cambio de 3.000 €. Transcurrido ese plazo sin que la sociedad haya ejercitado la opción de compra sobre el piso, la promotora puede venderlo a un tercero.
La constitución de la reserva en favor de la sociedad supone la asunción de una obligación de no hacer por parte de la primera frente a la segunda (en concreto, la obligación de no vender a un tercero el piso durante el plazo pactado) que tiene la consideración de prestación de servicios. Dicha prestación de servicios no se beneficia del tipo reducido y tributa al general, por lo que la sociedad anónima debe pagar a la promotora 3.000 € más 630 € en concepto de IVA.

8779 12) Una constructora vende un **piso y un bajo comercial** conjuntamente y a cambio de 300.000 € a una empresa de publicidad que va a utilizar el piso como oficina y el bajo comercial para atención al público.
Se aplica el tipo reducido a la venta del piso y el general a la del bajo comercial, ya que los locales de negocio no se consideran anexos a las viviendas y no se benefician del tipo reducido. Dado que se ha pactado una contraprestación global, la base imponible de la entrega de cada bien se determina en proporción al valor de mercado del piso y del bajo comercial (nº 1879), debiendo señalarse expresamente en factura la parte de base imponible que corresponde a cada bien y los tipos aplicables.
13) Una constructora vende un piso a un particular conjuntamente con un garaje situado en un edificio cercano que también ha promovido. Asimismo, vende un **piso y un garaje** a otro particular, si bien se pacta que la entrega efectiva del piso se ha de efectuar en una fecha y la del garaje en otra posterior. Por último, vende otro piso y un garaje a otra persona, documentando cada entrega en una escritura diferente.
La primera entrega del piso tributa al tipo reducido, pero la entrega del garaje, al estar situado en otro edificio distinto del piso, tributa al general.
En cuanto a las entregas de pisos y garajes a los restantes particulares, tributan al reducido siempre que los garajes estén situados en el mismo edificio que las viviendas y se transmitan en el mismo acto y simultáneamente con estas. Es indiferente, por tanto, que la entrega efectiva del piso y garaje se produzca en momentos temporales distintos o se documenten en escrituras distintas.
14) Una promotora ha vendido un chalet que no fue promovido por ella a una **empresa de publicidad** que lo va a utilizar en su actividad.
Se trata de una segunda o ulterior entrega de edificación, exenta salvo renuncia. Si se procede a la renuncia, y dado que el chalet es apto para su utilización como vivienda, se aplica el tipo impositivo reducido a su entrega. En este supuesto el sujeto pasivo es el adquirente (ver nº 1363 y nº 8714)

8780 Doctrina Administrativa Además de las siguientes contestaciones de la DGT, ver nº 11000 s.
1) Por **vivienda** se entiende el edificio o parte del mismo destinado a habitación o morada de una persona física o de una familia que constituye su lugar o sede de su vida doméstica (DGT 6-11-98). Conforme a la doctrina del Tribunal Supremo (ver TS 28-1-25, EDJ 502912 en nº 8784), la DGT ha señalado que la aplicación del tipo reducido a las ejecuciones de obra de construcción o rehabilitación de viviendas no queda condicionada a la existencia de **cédula de habitabilidad**, **licencia de ocupación** o autorización semejante, puesto que la aptitud de la utilización como vivienda de una edificación se desprende de las características objetivas del diseño y construcción de la misma, en conjunción con el destino legal posible en cuanto debe estar dedicado a satisfacer la necesidad de vivienda, siendo el propio interesado quien habrá de presentar, en su caso, los medios de prueba que, conforme a derecho, sirvan para justificar tal circunstancia (DGT CV 23-9-25).
2) La **transmisión conjunta** de garajes y anexos sucede cuando la transmisión se efectúa en el mismo acto y simultáneamente (misma fecha), siendo indiferente el que se documente en contrato privado distinto (DGT CV 31-1-18). Esta circunstancia es una cuestión de hecho que puede probarse por los medios admisibles en Derecho. Se exige que se encuentren situadas en el subsuelo que ocupa toda la superficie de los edificios y zonas comunes de una promoción inmobiliaria, que se acceda a dichos elementos mediante rampas de acceso situadas entre los mencionados edificios, y que se transmitan conjuntamente con viviendas situadas en dichos edificios (DGT 22-3-01; CV 14-4-09), o bien en la **misma parcela**, entendiendo como tal el terreno donde esté enclavado el edificio de viviendas, así como el terreno que sea accesorio al mismo no edificado (DGT 18-7-02; CV 12-5-05), incluso si la plaza de garaje está situada bajo otro de los edificios, pero siempre dentro de la misma parcela, o si el garaje se encuentra en superficie (DGT CV 8-3-10; CV 26-2-16). La aplicación del tipo reducido es independiente de que los garajes se configuren registralmente como parcelas independientes o anejas a las viviendas transmitidas (DGT CV 18-11-21).
Tributa al tipo reducido la entrega de una vivienda y un trastero situados en el mismo **complejo inmobiliario** y que están vinculados «ob rem», lo cual supone una restricción al principio civil sobre la propiedad libre y plena. Por ello, es necesario que se justifique la conexión de ambas fincas por la concurrencia de la causa económica y, a la vez, jurídica, cuando se transmitan conjuntamente (DGT CV 22-5-24).
No se transmiten conjuntamente vivienda y garaje cuando la primera se adquiere en un año y el segundo al año siguiente. La simple **reserva** formal de adquisición de una plaza de garaje, sin fijar precio ni demás condiciones, no es asimilable a una transmisión (DGT 8-5-89). Si se adquiere una vivienda a una entidad bancaria no promotora y a la vez dos plazas de garaje y un trastero directamente a la promotora de la edificación, no se puede aplicar el tipo reducido porque la transmisión de dichos trasteros y plazas de garaje se considera independiente de la vivienda. Al encontrarse la entrega de la vivienda sujeta pero exenta, mientras que los anexos están sujetos y no exentos de IVA, su entrega no puede calificarse de accesoria o complementaria a la entrega

de la vivienda (DGT CV 23-7-14; CV 23-11-17; CV 26-12-23). En el mismo sentido si se adquiere una **vivienda a un particular** y una **plaza de garaje a una empresa** situadas en el mismo edificio (DGT CV 28-4-08).

No resulta aplicable el tipo reducido, quedado por tanto sujeto al tipo general, ni la compra de una **segunda plaza de garaje** en un momento posterior a la compra de la vivienda (DGT 5-9-02; CV 20-10-14), ni la compra de una **tercera plaza** de garaje, aunque se realice a la vez que la vivienda (DGT CV 5-11-14), ni la adquisición de un garaje de nueva construcción en el mismo edificio que la vivienda a otro constructor distinto al que realizó la entrega de la vivienda en un momento anterior (DGT CV 11-11-21).

La transmisión de una vivienda y una plaza de garaje de forma conjunta a un mismo adquirente, tributa al tipo reducido, aunque los **transmitentes** de la vivienda y de la plaza sean **personas distintas** (DGT CV 12-5-05; CV 13-3-17; CV 10-3-22). También la entrega de la plaza de garaje que se transmite conjuntamente con una vivienda, aunque se adquiera al 50% junto a otra persona (DGT CV 31-3-06). En la venta de una vivienda a un matrimonio, cada uno de los cónyuges adquiere la mitad de la propiedad. En el mismo acto se transmiten dos plazas de garaje a uno solo de los cónyuges. Carece de relevancia, a estos efectos, la **distribución de la propiedad** de dichas edificaciones entre las personas adquirentes, tributando al tipo reducido (DGT CV 29-5-19). En el mismo sentido, DGT CV 28-11-19; CV 18-7-24.

Tributa al tipo reducido la entrega de un piso junto con un trastero y una plaza de garaje que se adquieren por un mismo propietario, mientras que se aplica el tipo general a la entrega de la otra plaza de garaje y el otro trastero adquirido en el mismo momento por un segundo propietario, ya que este último adquirente efectúa la compra de manera independiente y al margen de la adquisición de una vivienda (DGT CV 9-10-24).

Tributa al tipo general la transmisión de plazas de garaje que se encuentren en **parcelas distintas** con accesos independientes de las viviendas y sin vinculación alguna con estas (DGT CV 28-4-08; CV 8-3-10), correspondiéndose además con diferentes promociones construidas en diferentes parcelas (DGT CV 27-2-08), así como la entrega de la plaza de garaje, si se documenta en escritura separada y en **momento distinto** de la escritura de la vivienda (DGT CV 26-2-08; CV 23-6-10).

3) En relación con la transmisión de **terrenos o parcelas vinculados a viviendas**: **8781**

- Se aplica el tipo reducido si se trata de entrega de viviendas (prestación principal) y parcelas (prestación accesoria) como operación única. A título de ejemplo, se encuentra el caso de transmisión de **terrenos accesorios** a unas viviendas unifamiliares, por empresarios o profesionales en el ejercicio de su actividad, no pudiendo exceder de 5.000 metros cuadrados, ya que el exceso tributa al tipo general (DGT CV 23-10-17; CV 11-7-18; CV 24-7-25); en la transmisión de una vivienda terminada junto con la parcela urbana, siempre que se trate de una edificación apta para su utilización como vivienda (DGT CV 18-12-19); así como en la **entrega previa** del terreno como garantía del cumplimiento de la entrega futura de las edificaciones, sin posibilidad por los adquirentes de disponer de la finca hasta la entrega definitiva de la vivienda terminada (DGT CV 3-3-22).
- No se aplica el tipo reducido cuando no existe accesoriedad entre ambas entregas. A título de ejemplo, ocurre cuando hay dos proveedores distintos, uno del terreno y otro que va a construir la vivienda, aunque haya un solo destinatario (DGT CV 6-5-21); con la entrega tanto de la **vivienda en construcción** como de la parcela en que se ubica (DGT CV 18-11-21); con la transmisión de una **segunda parcela** contigua a la vivienda para construir en ella una piscina aneja a la vivienda, cuando tiene una certificación registral distinta de la parcela en que se halla enclavada la vivienda que se va a transmitir (DGT CV 5-8-10).

4) Una promotora inmobiliaria va a adquirir un terreno para promover la construcción de diversas viviendas unifamiliares para su posterior transmisión mediante un **contrato llave en mano**, procediendo a la transmisión del poder de disposición de dichas viviendas y de las fincas en las que se encuadran una vez finalice por completo la obra de construcción de cada vivienda. A dicha operación le resulta aplicable el tipo reducido (DGT CV 17-11-21). El mismo criterio es aplicable cuando la parcela no va a estar a disposición del adquirente hasta que no finalicen los trabajos de construcción de la vivienda de obra nueva y su posterior entrega (DGT CV 23-12-21; CV 13-7-22). Se aplica el tipo reducido tanto a la venta de la parcela como a la posterior ejecución de obras y entrega de la vivienda (DGT CV 3-3-23). Sin embargo, cuando hay dos operaciones independientes -por un lado, la venta de la parcela y, por otro lado, la construcción de la vivienda-, no hay una operación única y tributa: la venta del terreno, al tipo general, y la ejecución de obra de la vivienda, al tipo reducido (DGT CV 31-7-21; CV 22-2-23; CV 9-12-24).

5) Las **casas prefabricadas**, que se unan permanentemente al suelo y que, objetiva y legalmente consideradas, sean susceptibles de ser utilizadas como vivienda, tributan al tipo reducido (DGT 10-12-97; 28-1-02), así como las viviendas prefabricadas dotadas de muebles de cocina y sanitarios (DGT 30-3-04); por el contrario, no resulta aplicable a las entregas de otro tipo de **mobiliario** conjuntamente con las viviendas (DGT 15-4-99), así como a las entregas de manera independiente de los **porches, cenadores** y superficies techadas sin cerramiento vertical (DGT 2-10-02).

6) Resulta aplicable el tipo reducido a las primeras entregas de inmuebles calificados urbanísticamente o **aptos como vivienda** y con su correspondiente licencia, aun cuando vaya a ser utilizada con fines empresariales (DGT CV 22-4-08; CV 25-2-21) o como despachos profesionales (DGT

CV 4-6-09), como ocurre con un loft, tanto si se utiliza efectivamente como residencia del adquirente, como si se utiliza como oficina, para lo cual es necesario que disponga de la correspondiente cédula de habitabilidad o licencia de primera ocupación (DGT CV 3-5-10; CV 7-2-17). Ver no obstante TS 28-1-25, EDJ 502912 en nº 8784.

7) Por **anexos** o anejos se entienden, entre otros, además de las plazas de garaje, los sótanos, las buhardillas o trasteros, escaleras, porterías, así como pistas de deporte, jardines, piscinas y espacios de uso común en la propia parcela y que se transmitan simultáneamente con ellas. No debe confundirse el tipo impositivo aplicable a la transmisión conjunta de las citadas viviendas y sus elementos accesorios (zonas deportivas, garajes, trasteros), que es el reducido, con el aplicable a ejecuciones de obra para la construcción de **instalaciones deportivas**, que tributan al tipo general (DGT 4-12-03; CV 17-1-13).

No se consideran anexos a viviendas los **locales de negocio**, aunque se transmitan conjuntamente con los edificios o parte de los mismos destinados a vivienda (DGT CV 5-3-25).

8) Se considera **edificación terminada** aquella que sea objetivamente apta para la utilización que pretenda darle el adquirente, sin necesidad de que este efectúe ulteriores obras para su acabado. No es determinante que se haya otorgado la escritura de división horizontal o cualquier otro trámite, si bien la existencia de un certificado de final de obra o la cédula de habitabilidad o licencia de primera ocupación suponen un elemento probatorio de la ultimación de la construcción del inmueble (DGT 24-3-04; CV 22-9-09). Si el adquirente debe proceder a su terminación, ya sea por sí mismo o a través de un tercero, el tipo aplicable es el general (DGT CV 4-6-09).

A efectos de la consideración de una vivienda terminada o en construcción hay que atender a la fecha en que previsiblemente va a ser otorgada la **escritura pública** que corresponda: si se prevé dicho otorgamiento para el momento en que la vivienda se entregue, entonces se trata de una vivienda terminada y el tipo impositivo es el reducido; en caso contrario, el bien entregado es una vivienda en construcción y el tipo impositivo es el general (DGT CV 31-7-06).

8782 **9)** A título de ejemplo, se aplica el tipo reducido a las siguientes entregas o transmisiones:

- de un **local transformado en una vivienda** (DGT CV 17-2-10; CV 1-7-20); a la reforma de dos locales comerciales para convertirlos en dos viviendas (DGT CV 8-3-23); y a la transformación de un local comercial o de un local destinado a oficina en vivienda (DGT CV 15-2-23; CV 27-5-24; CV 15-9-25);
- de unos **estudios-oficina** (DGT 16-2-01); de un estudio-apartamento conjuntamente con un trastero (DGT 12-4-00); de un estudio-apartamento o vivienda conjuntamente con plaza de garaje y trastero (DGT CV 12-5-16; CV 21-6-22);
- de un **apartamento a una sociedad**, aunque en el momento de la compra esta se haya obligado a la explotación hotelera del mismo durante cinco años (DGT 28-3-03); y
- de edificios de viviendas que van a ser **rehabilitados** por el adquirente (DGT 24-9-02; 9-2-04; CV 23-11-23); o de viviendas reconstruidas por parte de un ayuntamiento dentro de un programa de rehabilitación, regeneración y renovación urbana (DGT CV 2-10-18); así como de un ático con el propósito de reformarlo y convertirlo en cuatro viviendas para su posterior venta (DGT CV 10-1-18) o de un local comercial (DGT CV 27-2-18).

No obsta a su aplicación el hecho de que haya estado destinado a otro uso con anterioridad (DGT CV 13-6-05); ni que se vaya a destinar a otro uso (DGT CV 13-2-09).

10) Cuando la entrega comprende **bienes de diferente naturaleza**, existiendo un precio único, la base imponible correspondiente a cada uno de ellos se determina en proporción al valor de mercado de los bienes entregados (nº 1879), aplicándose el tipo general a la entrega de los locales comerciales, locales, etc. y el tipo reducido a la entrega del edificio o partes del mismo aptas para su utilización como viviendas (DGT 16-2-01; CV 14-6-01; 17-3-04), incluso si el edificio se encuentra en situación de **indivisión horizontal** (DGT CV 2-11-06).

El mismo criterio se aplica cuando el bien transmitido comprende diferentes servicios, como ocurre con un **centro penitenciario**, resultando aplicable solo el tipo reducido a la parte destinada a alojamiento de reclusos y al resto el tipo general (DGT CV 20-12-07).

11) Aunque en el momento de formalizar el contrato de **permuta** de un terreno por viviendas, plazas de garaje y locales y de elevar a escritura pública el mismo, las viviendas no se encuentren terminadas, puesto que la promotora se compromete a finalizar su construcción, se aplica el tipo reducido a las viviendas y garajes y el tipo general a los locales (DGT 21-10-98; 10-5-99). En el mismo sentido cuando la permuta es de un terreno por varias edificaciones (DGT CV 1-9-16).

La transmisión de un solar a otra entidad mercantil a cambio de tres viviendas, tres garajes y tres trasteros futuros que construirá la adquirente sobre dicho suelo tributa al 21%, y las viviendas, garajes y trasteros anexos a las mismas, al 10% (DGT CV 22-5-23).

8783 **12)** Las **obras de mejora** que tienen la consideración de un mayor importe del precio de venta de la misma y tributan al tipo reducido son:

- aquellas realizadas sobre las inicialmente pactadas, efectuadas por el promotor de una vivienda pendiente de entregar a su cliente (DGT 3-7-01; CV 21-3-05); obras de mejora en la cocina (DGT CV 27-12-23); instalación de un toldo anclado al techo, antes de la entrega de la vivienda (DGT CV 26-7-23);
- las destinadas a poner un ascensor a una persona con discapacidad (DGT 5-9-02; CV 17-7-14);

- las efectuadas por el promotor en una vivienda en fase de construcción (DGT CV 19-6-19; CV 17-9-19), a diferencia de lo que ocurre cuando se contratan con otro constructor (DGT CV 26-10-05), incluso cuando son realizadas para la reparación de las deficiencias detectadas en un edificio de viviendas, cuya entrega se produjo en un momento anterior (DGT CV 10-6-05; CV 27-1-06). Ver no obstante el nº 8785 s.

13) Cuando un edificio destinado a vivienda sea adquirido por una persona con **discapacidad**, se aplica el tipo impositivo que corresponda al tipo de vivienda que se adquiere (DGT CV 11-6-08; CV 5-6-23; CV 25-10-23), al igual que ocurre con las ejecuciones de obra de construcción de una vivienda para una persona con discapacidad (DGT CV 16-4-19).

14) En la entrega de viviendas de nueva construcción equipadas con **muebles de cocina y armarios** empotrados efectuadas por el promotor a consumidores finales, se aplica el tipo reducido (DGT 24-10-96), a diferencia de lo que ocurre con la entrega con colocación de las cocinas efectuada por la entidad subcontratada a la entidad constructora, que a su vez es contratada por la promotora (DGT CV 7-9-20). Se aplica el tipo general a la entrega de muebles de cocina cuando sea el dueño de la vivienda, y no el promotor de la misma, quien adquiere la cocina directamente al proveedor, emitiendo este último la correspondiente factura al dueño de la vivienda (DGT CV 27-5-24).

En cuanto a la entrega de **electrodomésticos**, van al tipo general tanto si se trata de aquellos con los que opcionalmente pudieran ir dotadas las viviendas, aunque se efectúen conjuntamente con la entrega de la vivienda (DGT CV 21-12-07; CV 5-1-16), como si son instalados por la empresa que lleva a cabo la reforma de la vivienda, aunque se efectúen conjuntamente con la ejecución de las obras de rehabilitación o renovación (DGT CV 31-5-10).

15) En la venta de **viviendas amuebladas** totalmente, la transmisión del mobiliario y enseres tributa al tipo general de forma independiente a la transmisión del inmueble (DGT CV 1-12-25).

16) No se excluye de la aplicación del tipo reducido a los edificios de viviendas que van a ser **rehabilitados** por el adquirente (DGT 24-9-02; 9-2-04). Tampoco las entregas de viviendas reconstruidas por parte de un ayuntamiento dentro de un programa de rehabilitación, regeneración y renovación urbana (DGT CV 2-10-18).

En la compra de un ático con el propósito de reformarlo y convertirlo en cuatro viviendas para su posterior venta, la entrega de las viviendas tributa al tipo reducido si tienen la correspondiente **cédula de habitabilidad** (actualmente licencia de primera ocupación) (DGT CV 10-1-18). En el mismo sentido, cuando lo que se reforma es un local comercial (DGT CV 27-2-18).

17) La transmisión de la **nuda propiedad** de la vivienda se sujeta al tipo reducido si es primera entrega (DGT 9-3-04).

18) Tributan al tipo reducido las entregas de **infraestructuras de telecomunicaciones** que se hacen de forma accesoria a las viviendas (DGT 9-2-04).

19) Si los **apartamentos turísticos** disponen en el momento de la entrega de la correspondiente licencia de primera ocupación (ver no obstante TS 28-1-25, EDJ 502912 en nº 8784) y, objetivamente considerados, tanto desde un punto de vista material como jurídico, son susceptibles de ser utilizados como vivienda, la entrega de los mismos tributa al tipo reducido (DGT CV 18-7-06; CV 29-6-18). Por el contrario, si su calificación urbanística es la de **apartahoteles**, tributa al tipo general (DGT CV 12-1-06; CV 29-6-06); tal es el caso de unos apartamentos que forman parte del complejo hotelero y que están necesariamente destinados a su explotación bajo el régimen hotelero sin que, de conformidad con la normativa aplicable, puedan en ningún caso destinarse a ser utilizados como vivienda habitual o esporádica por sus propietarios al margen del régimen hotelero al quedar sujetos al complejo donde se ubican (DGT CV 15-9-25). **8783.1**

20) La primera entrega de los **apartamentos tutelados** que implique la transmisión conjunta de un trastero y dos plazas de garaje como máximo tributan al tipo reducido. El hecho de que la adquisición del apartamento permita el acceso de su adquirente a determinados servicios (médicos, gimnasio de rehabilitación, sala de juegos, etc.) no supone obstáculo para la aplicación del tipo reducido, ya que se trata de edificaciones o partes de las mismas aptas para ser utilizadas como viviendas (DGT CV 19-9-06; CV 2-3-07).

21) Distinguiéndose el suelo y vuelo, cuando lo que se transmite es el **suelo** correspondiente a las viviendas, anejos, locales y plazas de garaje de los titulares registrales superficiarios de los edificios construidos en las parcelas municipales cedidas en derecho de superficie, se aplica el tipo reducido si se cumplen los requisitos -nº 8771- (DGT CV 19-11-12; CV 10-10-14), al igual que ocurre cuando es la misma persona la que transmite el suelo y el vuelo (DGT CV 4-8-10; CV 20-6-17).

En cuanto al **vuelo** de las viviendas, si se transmite por las sociedades cooperativas adjudicatarias del derecho de superficie, mientras que la transmisión del suelo se efectúa posteriormente por el propio ayuntamiento, resulta aplicable el tipo general (DGT CV 13-7-10; CV 15-12-11). Ver no obstante TEAC unif criterio 24-5-17 en nº 8784. Por tanto, se aplica el tipo superreducido a la transmisión del suelo a aquellos superficiarios de las viviendas que sean **adquirentes originarios** del dominio superficiario del vuelo de dichas viviendas. En caso de transmisión del suelo cuando el vuelo fue transmitido previamente, en la medida en que las viviendas hubieran sido utilizadas ininterrumpidamente por un plazo igual o superior a dos años por sujetos distintos al adquirente actual del suelo, la transmisión del suelo tendrá la consideración de segunda o ulterior entrega sujeta y exenta (DGT CV 12-3-24).

22) Un promotor paga al constructor las ejecuciones de obra mediante la entrega de parte de las viviendas una vez finalizadas, lo cual constituye un **pago en especie** de los servicios prestados. La posterior transmisión de las viviendas por este último está sujeta y no exenta ya que dicha entrega de bienes es realizada por un empresario en el ejercicio de su actividad empresarial, dependiendo el tipo impositivo aplicable (reducido o superreducido) según la calificación administrativa que merezca en cada caso (DGT CV 1-2-11).
23) La **edad** del adquirente no es relevante a la hora de determinar el tipo impositivo aplicable a la entrega de una vivienda nueva (DGT CV 6-3-19).
24) Respecto a las viviendas que, sin haberse transmitido, han pasado a ser de **régimen libre** tras haber transcurrido el plazo máximo fijado para su calificación como viviendas de protección oficial, resulta de aplicación el tipo reducido (DGT CV 26-10-22).
25) La posterior venta de los **garajes** construidos/rehabilitados en un local comercial que había sido utilizado como supermercado, tributa al tipo general, tanto si es primera entrega como si es segunda entrega con renuncia a la exención (DGT CV 15-2-23). En el mismo sentido respecto a las entregas de **trasteros** resultantes de la transformación de un local (DGT CV 24-2-23).

8784 Jurisprudencia **1)** No se aplica el tipo especial a las entregas de **plazas de garaje** situadas en un edificio no destinado exclusivamente a viviendas (TEAC 27-2-97), así como a la cesión de una plaza de garaje en un **aparcamiento para residentes** (AN 16-2-95, EDJ 500018).
2) El mero hecho de que la transmisión de una vivienda y una plaza de garaje se formalicen en **escrituras públicas independientes** no significa que se trate de entregas por separado, puesto que tanto la adquisición de la vivienda como la del garaje se efectuaron con unidad de destino, aunque no se documentaran en una unidad de acto (TSJ Cataluña 16-2-93, EDJ 500009).
3) En relación a los **apartamentos turísticos**, se ha de tener en cuenta el destino legal posible, teniendo que tributar al tipo general cuando no pueden calificarse como vivienda porque su destino, en ningún caso, puede ser la residencia habitual de una familia o persona física. En Madrid, por disposición legal, los apartamentos turísticos han de destinarse por sus propietarios al alojamiento turístico ocasional sin carácter de residencia permanente (TS 25-4-16, EDJ 44987).
4) Un ayuntamiento otorga un **derecho de superficie (vuelo)** sobre una parcela municipal para la construcción de viviendas de protección oficial por una cooperativa, que adjudica el dominio superficiario de cada finca resultante (vivienda, plaza de garaje, local o trastero) a sus cooperativistas. En este caso, tributa al tipo de gravamen reducido la transmisión posterior por el ayuntamiento a los superficiarios de la parte del **suelo** imputable a sus correspondientes fincas. Lo determinante para que la transmisión de la cuota de suelo quede sujeta al tipo reducido y no al general es que quien la adquiere sea el titular del vuelo y que este haya adquirido su dominio superficiario (vivienda) como primer adquirente. De este modo, habiendo constituido la entrega de dicho dominio (vivienda) una primera entrega de vivienda, sujeta al IVA al tipo de gravamen reducido, la adquisición posterior de la cuota de suelo correspondiente no puede sino calificarse como una entrega de vivienda sometida al mismo tipo de gravamen. Resulta intrascendente en este sentido que el transmitente de vuelo y suelo sean o no la misma persona (TEAC unif criterio 24-5-17).
5) Para la aplicación del tipo reducido en relación con los **edificios aptos para su utilización como vivienda**, es necesario que concurran los siguientes **requisitos** (TS 28-1-25, EDJ 502912):
- Ha de tratarse de una vivienda terminada, ya que la entrega de la edificación, en tanto no esté concluida, sigue el régimen del suelo sobre el que se asienta.
- El tipo se aplica a todas las operaciones que tengan la consideración de entrega de vivienda (nº 8567 s.), y no a las operaciones relativas a vivienda que tengan la consideración de prestación de servicios.
- Conforme a la noción usual del término, es preciso que se trate de aptitud para el destino a habitación o morada de una persona física o familia, constituyendo su hogar o sede de su vivienda doméstica.

A tal efecto, la **cédula de habitabilidad, licencia administrativa o autorización administrativa** no es requisito necesario para la aplicación del tipo reducido en la transmisión de un inmueble terminado dedicado a vivienda.
En el mismo sentido, TEAC 20-2-25. Con anterioridad, en TEAC 21-5-21, este Tribunal admitió la aplicación del tipo reducido en un supuesto en que la cédula de habitabilidad se obtuvo en un momento posterior al de la entrega.

8785 **Ejecuciones de obra de renovación y reparación** (LIVA art.91.Uno.2.10º; RIVA art.26) Los **requisitos** para la aplicación del tipo reducido se pueden resumir de la forma siguiente:
1) Se aplica a las ejecuciones de obra de **renovación y reparación** en edificios o partes de los mismos destinados a viviendas. En este concepto se pueden englobar los albañiles, fontaneros, electricistas, pintores, soldadores, carpinteros, etc. necesarios para realizar las obras. Están excluidas las entregas de materiales y determinados servicios profesionales propios del sector (arquitectos, aparejadores, etc.).
2) Que se efectúen en edificios o partes de los mismos destinados a viviendas, pues solo se aplica el tipo reducido cuando el objeto de las obras sea una **vivienda o una parte de un edificio** destinado a dicha finalidad. Dentro del concepto de vivienda pueden incluirse los espacios y

elementos comunes (portales, escaleras, etc.), así como las partes anexas de los edificios (garajes y trasteros), siempre que el edificio donde estén situados sea de viviendas.
3) Que el **destinatario** de las operaciones sea:
- una persona actuando como consumidor final y que utilice la vivienda para uso particular, es decir, que sea su vivienda, aunque no sea el propietario de la misma (por ejemplo, arrendatario). Por tanto, si la vivienda se destina por su propietario, como destinatario de los servicios de albañilería, al arrendamiento o al ejercicio de una actividad empresarial o profesional, no se aplica el tipo reducido;
- una comunidad de propietarios, circunstancia que sucede cuando se trate de obras relativas a elementos comunes, siempre que el edificio se destine a viviendas.
4) Que la **construcción o rehabilitación** de la vivienda a que se refieren las obras hayan concluido al menos en el plazo de dos años.
5) El **coste de materiales aportados** por el empresario no debe exceder del 40% de la base imponible de la operación. Si excediera dicha proporción no se aplica, en ningún caso ni proporción, el tipo reducido. El concepto de materiales se refiere a cualquiera necesario para llevar a cabo los trabajos y que queden incorporados materialmente al edificio, directamente o previa su transformación, tales como los ladrillos, piedras, cal, arena, yeso y otros materiales que sean necesarios para llevar a cabo las correspondientes actuaciones de renovación o reforma.

Precisiones **1)** Las **circunstancias** de que el destinatario de las obras de renovación y reparación no actúa como empresario o profesional, utiliza la vivienda para su uso particular y que la construcción o rehabilitación de la vivienda ha concluido al menos dos años antes del inicio de dichas obras, deben acreditarse mediante una **declaración escrita** firmada por el destinatario dirigida al empresario que las efectúa, en la que haga constar, bajo su responsabilidad, dichas circunstancias. Los empresarios que presten los servicios de renovación y reparación están obligados, en todo caso, a expedir una **factura** completa por dichas operaciones. **8785.1**
2) Este supuesto de tipo reducido se aplica sin perjuicio de la posible aplicación del tipo reducido a **otras operaciones** relativas a la construcción o rehabilitación de edificaciones (nº 8787).
3) No tienen la consideración de **materiales aportados** aquellos bienes utilizados como medios de producción por el empresario que ejecuta las obras de renovación y reparación que no se incorporan materialmente al edificio, tales como la maquinaria o las herramientas.
4) Cuando con los servicios de renovación y reparación se efectúen **otras operaciones**, hay que determinar el **carácter accesorio** o no de las mismas (nº 1751) o bien si por precio único se realizan operaciones diferentes (nº 1879), a efectos de calcular la base imponible y el tipo impositivo correspondiente.
5) En el caso de **superar el límite del 40%** relativo a los materiales aportados, la ejecución de obra tiene la calificación de entrega de bienes y no es de aplicación el tipo reducido. Luego la calificación de la ejecución de obra como prestación de servicios resulta esencial para valorar la procedencia del tipo reducido.
6) La distinción del concepto de ejecución de obra como prestación de servicios y la prestación o arrendamiento de servicios en general radica en que el **arrendamiento de servicios** exige que la prestación sea continuada y periódica en el tiempo, es decir, de tracto sucesivo, a diferencia del **arrendamiento de obra**, cuya prestación es un resultado futuro objeto de un compromiso anterior cuyo fin es la obtención del resultado concreto que la prestación produce.

Doctrina Administrativa Además de las siguientes contestaciones de la DGT, ver nº 11000 s. **8785.2**
1) Respecto a las **comunidades de propietarios**, tributan al tipo reducido los trabajos de albañilería que va a contratar para la realización de diversas obras en un edificio de viviendas, consistentes, entre otras, en la sustitución del tejado por otro con aislamiento, separación y aislamiento de fachada, reparación en los forjados sanitarios y sustitución de bajantes (DGT CV 25-9-07); demolición de los muros medianeros de las tres últimas plantas del edificio, lijado y miniado de la estructura, reconstrucción de dichos muros medianeros y rehabilitación de la cubierta (DGT CV 15-3-07); acondicionamiento de los viales de la urbanización (DGT CV 13-3-08); instalación de placas solares térmicas (DGT CV 14-2-08); reparación de grietas en la fachada (DGT CV 15-10-09); trabajos de pocería (DGT CV 4-9-09); e impermeabilización de una plaza de garaje propiedad de la comunidad (DGT CV 19-2-25). Cuando se trata de obras de rehabilitación realizadas y pagadas por un **seguro**, cuando cumplan todas las condiciones para ser consideradas obras de rehabilitación o, en su caso, ejecuciones de obra en las que concurran los requisitos del nº 8785, tributan al tipo reducido (DGT CV 25-5-10).
Por el contrario, tributan al tipo general los servicios de **limpieza de garajes** de un edificio de viviendas para una comunidad de propietarios (DGT CV 11-12-13), así como las entregas de **materiales de construcción** a una comunidad de propietarios que ha contratado unas obras de albañilería (DGT 16-4-01); la compra de los materiales de carpintería (DGT CV 13-12-23); la entrega de ventanas sin instalación (DGT CV 5-7-23).
2) Los **honorarios de los arquitectos** no están englobados dentro de las actuaciones de renovación y reparación de viviendas (DGT CV 21-8-19; CV 12-7-21; CV 16-9-25) ni tampoco los servicios prestados por el diseñador de la reforma (DGT CV 9-7-21); ni por un topógrafo (DGT CV 12-5-21).

3) Si el destinatario de las ejecuciones de obra de albañilería es una **compañía de seguros,** se aplica el tipo general (DGT 12-5-00; CV 23-3-09); por el contrario, si el destinatario real de las citadas operaciones fuese el asegurado que utiliza la vivienda para su uso particular o una comunidad de bienes, se aplica el tipo reducido (DGT CV 16-12-10; CV 16-5-17; CV 6-1-18; CV 18-9-19).
Este criterio es aplicable a las obras de albañilería, fontanería, pintura y, en general, pequeñas reparaciones de siniestros (DGT CV 17-1-13); servicios de renovación y reparación (DGT CV 4-10-10); servicios de fontanería (DGT CV 27-10-10; CV 31-3-11); pintura y empapelado (DGT CV 28-4-14); reparación de antenas (DGT CV 11-11-10); obras de albañilería y pequeñas reparaciones (DGT CV 7-3-12); instalación y reparación de aparatos de gas (DGT CV 31-3-11); mantenimiento y montaje de instalaciones de calefacción y agua caliente (DGT CV 31-3-11); instalación de cristales, toldos y persianas (DGT CV 26-5-11); cerrajería (DGT CV 31-3-11); sustitución de vidrios en hogares (DGT CV 20-1-15) y servicios de reparación (DGT CV 20-10-15).
Se aplica el tipo reducido a las ejecuciones de obras de renovación y reparación en viviendas derivadas de contratos de seguros que realiza la **plataforma intermediaria** a favor del asegurado, cuando la plataforma presta el servicio de reparación en nombre propio a favor del asegurado. El servicio de reparación efectuado por la reparadora a favor de la plataforma queda gravado al tipo general. Para la aplicación del tipo reducido es necesario que la factura de reparación se realice a favor del asegurado, como destinatario del servicio (DGT CV 9-8-16; CV 31-10-16). No se aplica el tipo reducido a los **servicios de reparación** cuando la compañía de gestión de siniestros se obligue a garantizar las reparaciones a la aseguradora, o los reparadores se obliguen a garantizar las reparaciones ante unas u otras, sin perjuicio de que cuando existan reclamaciones por parte de los asegurados sobre las reparaciones de las que deba responder la reparadora, la compañía de gestión de siniestros o, en su caso, las propias aseguradoras, puedan colaborar o asesorar al asegurado para hacer efectivas las garantías asumidas por el reparador (DGT CV 3-2-17).

8785.3 **4)** Se aplica el **tipo general** a las siguientes operaciones:
- trabajos de **albañilería** que afectan a un **local comercial** (DGT 29-5-02), ya sea para las ejecuciones de obra realizadas específicamente para la renovación o reparación de locales comerciales (DGT CV 6-9-11; CV 10-3-16), para las obras de derribo parcial y ampliación de los mismos (DGT CV 20-2-20), así como para transformarlos en viviendas para su posterior venta (DGT CV 15-2-22);
- obras de **remodelación de las zonas comunes** de un centro comercial, consistentes principalmente en la demolición de elementos y la colocación de revestimientos, pavimentos vinílicos y barandillas (DGT CV 28-10-19); obras de **reparación** en las zonas comunes de un centro comercial, contratadas directamente por la comunidad de propietarios (DGT CV 18-7-24);
- las ejecuciones de obra para la **adaptación de oficinas para personas con discapacidad** (DGT CV 11-9-06). No se aplica el tipo reducido si el destinatario de las obras de reforma es un ayuntamiento, aunque sea para viviendas habituales de personas desfavorecidas (DGT CV 14-11-18) o si el destinatario de las obras de reforma es una fundación, aunque sea para la residencia donde viven habitualmente personas con discapacidad intelectual (DGT CV 22-2-18);
- los servicios de albañilería efectuados para una **entidad mercantil** (DGT 9-10-01; CV 14-6-16), para una **cooperativa** (DGT CV 26-11-08), para un ayuntamiento (DGT CV 6-3-12); instalación de un ascensor en un ayuntamiento (DGT CV 28-10-19) y para una **fundación** cuando gestiona una residencia (DGT CV 10-12-07), alberga un museo (DGT CV 16-6-11), se destina al mantenimiento preventivo de un edificio de viviendas sociales que gestiona (DGT CV 28-3-11; CV 15-11-16) o trabajos de albañilería, fontanería, electricidad y pintura en viviendas de particulares con escasos recursos que paga una fundación (DGT CV 18-6-08), así como cuando se realizan a través de un **convenio de colaboración** suscrito con el ayuntamiento (DGT CV 30-4-09; CV 29-6-15); las ejecuciones de obra para la renovación de un depósito de aguas común a varias viviendas, efectuadas por una **comunidad de aguas**, que no es una comunidad de propietarios (DGT CV 30-10-17); trabajos realizados para una **asociación de propietarios** (DGT CV 15-3-17); las obras consistentes en la sustitución del sistema de **canalización del agua** desde el motor de agua del pozo hasta las viviendas, así como la sustitución del ramal de acceso a cada una de las viviendas (DGT CV 24-6-19);
- si el destinatario es **empresario o profesional** y no destina las viviendas objeto de reforma a su uso particular (DGT CV 27-12-16);
- las obras en la vivienda cuando no va a ser utilizada por el propietario para su uso particular (DGT CV 8-9-11), como ocurre con las obras de albañilería realizadas en tres viviendas que se van a destinar al **alquiler** (DGT 26-9-03; CV 14-9-10), con las obras realizadas en una **cabaña** por un no residente para hacer un cambio de uso, ya que va a ser destinada a uso turístico, siempre que se acompañe de la prestación de servicios propios de la industria hotelera (DGT CV 18-3-22) y con las obras de reforma de **apartamentos turísticos** y las entregas de bienes destinadas a su amueblamiento (DGT CV 13-4-16; CV 16-10-18). No obstante, se aplica el tipo reducido con independencia de que el titular no resida habitualmente en la vivienda (DGT CV 8-11-23; CV 14-3-25);

- las obras de **asfaltado** en los viales de la urbanización (DGT 18-2-03); las obras de **pavimentación** de una carretera de una urbanización (DGT CV 31-5-17), además de las obras de dotación de **abastecimiento de agua** mediante tuberías y de instalación de la red de fibra óptica (DGT CV 20-2-20; CV 17-10-23);
- las ejecuciones de obra (proyecto de **rehabilitación de cubiertas y pilares del garaje** y simultáneamente de impermeabilización de pavimentos y desagües del polideportivo) efectuadas en un complejo inmobiliario compuesto por un polideportivo, una planta de garajes, una estación de engrase y lavado de vehículos y una guardería (DGT CV 26-11-13).

5) A los **servicios subcontratados** -como electricidad, fontanería, etc.- no les resulta aplicable el tipo reducido dado que su destinatario es la empresa contratista y no el particular destinatario final de las obras (DGT CV 23-11-23; CV 7-11-24). En cuanto al **coste de los materiales aportados** para una ejecución de obras de renovación o reparación, los materiales que deben computarse a estos efectos son todos los necesarios para llevar cabo dichas obras, incluidas las actuaciones subcontratadas a terceros. A estos efectos, se debe tener en cuenta en relación con las actuaciones subcontratadas a terceros, el precio de adquisición que satisface por la parte de los materiales incluidos en los mismos, con independencia del porcentaje que representen respecto de la base imponible correspondiente a la actuación subcontratada (DGT CV 12-4-23).

6) Las obras de reparación o renovación efectuadas en una **piscina** de una vivienda unifamiliar tributan al tipo general (DGT CV 8-6-11; 29-1-04), ya sean para particulares o para comunidades de propietarios (DGT CV 4-12-13; CV 21-9-16). En el caso de que las **reformas en aseos** situados en zonas comunes no se refieran a una instalación accesoria a la piscina, sino que pudieran considerarse anexos a los edificios de viviendas, siendo utilizados por los propietarios de forma independiente al uso de la piscina, tales reformas tributarán al tipo reducido (DGT CV 16-11-21; CV 1-8-22).

7) Al incluir tanto obras de rehabilitación como otras de reconstrucción y acondicionamiento, así como, entre otros, trabajos de interiorismo, jardinería, decoración y paisajismo, no puede entenderse que el **objeto principal del contrato** sea el necesario para poder beneficiarse del tipo reducido, por lo que las operaciones realizadas deben tributar al tipo general (DGT CV 27-11-06).

8) En relación con los **materiales aportados**: **8785.4**

a. **Concepto**. Son aquellos aportados por el empresario o profesional que ejecuta las obras de albañilería realizadas en edificios o partes de los mismos destinados a viviendas todos aquellos bienes corporales que, en ejecución de dichas obras, queden incorporados materialmente al edificio, directamente o previa su transformación, tales como los ladrillos, piedras, cal, arena, yeso y otros materiales semejantes a que se refiere la citada definición de albañilería.

b. **Coste**. Queda excluido el IVA soportado en su adquisición, no debiendo exceder del porcentaje legalmente previsto de la base imponible de la operación (nº 8785), entendida como el importe total de la contraprestación de la ejecución de obra procedente de su destinatario. El coste de los materiales es su precio de adquisición a terceros o, en el caso particular de que sean obtenidos de su propio proceso productivo, su coste de producción (DGT CV 2-11-16; CV 14-11-18; CV 14-2-24). Incluye tanto el coste de las materias primas empleadas como el coste de la mano de obra para su fabricación (DGT CV 23-2-17).

Queda excluida la aplicación del tipo reducido cuando se supera ese porcentaje (DGT CV 12-9-07; CV 23-11-16), al merecer la calificación de entrega de bienes (DGT CV 1-2-11).

c. **Ejemplos**. Tienen la consideración de materiales aportados, en la medida en que se incorporan a la edificación:

- la instalación de **placas fotovoltaicas** y el tanque de agua, en la medida en que se consideran obras de reparación y renovación (DGT CV 20-12-13), tributando al tipo reducido o al tipo general en función de que la aportación de materiales no supere o supere el límite del 40% de la base imponible de la operación, respectivamente (DGT CV 9-7-21; CV 1-2-21; CV 12-5-21); así como de placas solares en una vivienda unifamiliar para mejorar la eficiencia energética, consistente en la instalación de calefacción por suelo radiante con agua y aerotermia (DGT CV 3-10-22; CV 23-5-24; CV 17-3-25); instalación de placas solares en una comunidad de propietarios (DGT CV 14-11-23);
- la **reforma integral** del portal de acceso, patios, fachadas y viviendas, con sustitución de carpinterías exteriores a vial y patio interior, aislamientos con cámara de aire, tratamiento de fachadas y alicatado de zócalos, nivelación de suelos del patio interior, instalación de ascensores, fontanería, electricidad, alumbrado y telecomunicaciones en zonas comunes, instalación fotovoltaica de apoyo a la producción eléctrica e instalación en viviendas de climatización y aerotermia (DGT CV 30-8-24);
- obras de instalación de un producto denominado **acumulador híbrido de calor sensible** (DGT CV 5-3-24);
- las **encimeras y muebles de cocina** que sean objeto de instalación o montaje, los materiales vistos de albañilería (azulejos, mármol, gres, etc.), los sanitarios (bañera y bidé) y los mecanismos eléctricos y focos halógenos, incluyendo los cables, así como los elementos de carpintería, metálica o de madera incorporados al edificio- tales como puertas, armarios empotrados y tarimas-, a diferencia de lo que ocurre con las entregas con instalación de electrodomésticos, incluyendo radiadores eléctricos que simplemente estén colgados a un soporte, y paneles solares que realice la empresa que lleva a cabo la reforma de la vivienda (DGT CV 19-12-11). Las

entregas sin instalación de mobiliario de cocina, o las entregas con o sin instalación de electrodomésticos, aunque se efectúen conjuntamente con la ejecución de las obras calificadas como de renovación de vivienda, tributan al tipo general (DGT CV 8-5-19; CV 24-4-20); la sustitución de una campana extractora integrada en un mueble de cocina (DGT CV 13-12-23); la instalación de un marco de madera con su puerta (DGT CV 20-4-23; CV 26-9-23).

9) No resulta ajustado a Derecho diferenciar, dentro de una misma ejecución de obra calificada globalmente como de entrega de bienes, la parte correspondiente al **servicio mano de obra** que lleve consigo, con el objetivo de forzar la tributación de esa parte al tipo reducido (DGT CV 17-9-20), así como tampoco el **desglose artificial** de una obra, calificada globalmente como de entrega de bienes, en varias obras independientes, con el fin de aplicar el tipo reducido del IVA de forma separada a las partes que puedan constituir prestaciones de servicios (DGT CV 24-2-17). En el mismo sentido, respecto de unas obras de reforma contratadas por un Ayuntamiento que actúa como promotor subsidiario, DGT CV 6-2-24.

8785.5 **10)** Son **obras de renovación y reparación**, si cumplen los requisitos previstos en la norma, las siguientes:

- reforzamiento de la cimentación y reparación de las fachadas de los edificios (DGT CV 20-10-14);
- suministro y colocación de una arqueta decantadora (DGT CV 23-6-10);
- rehabilitación integral de edificios, estructuras, restauración de fachadas, patios, cubiertas, tejados, etc. (DGT CV 16-7-10), debido a defectos de la construcción o al asentamiento del terreno (DGT CV 6-9-11) o a un incendio (DGT CV 16-4-24; CV 8-5-25); reforma completa de la vivienda (DGT CV 26-7-23; CV 22-4-25);
- ejecuciones de obra de carpintería a la medida (DGT CV 14-9-10), como ocurre con la fabricación con instalación de puertas, ventanas, escaleras y armarios (DGT CV 15-10-20); trabajos de carpintería en una escalera al margen de la ejecución de la propia escalera (DGT CV 23-9-25); y de cerrajería (DGT CV 5-4-11; CV 17-3-22);
- derribo de un tabique, cambio en la distribución de un radiador, pintura y albañilería (DGT CV 8-11-24);
- levantamiento, impermeabilización y nuevo solado de los techos de los garajes (DGT CV 28-3-11; CV 19-9-18), así como la impermeabilización de tejados, cubiertas, terrazas, muros, paredes, depósitos, aljibes, etc., de edificaciones destinadas a viviendas (DGT CV 16-6-11); reparación de humedades en paredes, peldaños y suelos de madera (DGT CV 23-5-24);
- instalación de un suelo de drenaje, construcción de una cámara en las paredes, aislamiento de fachada, reparación de grietas, aislamiento térmico, instalación eléctrica y fontanería para optimizar el consumo (DGT CV 22-4-25);
- obras de demolición del muro de cerramiento, afianzado de tierras y forjado de hormigón para la construcción de un nuevo muro de la urbanización de viviendas (DGT CV 15-7-24);
- preparado y esmaltado de un lavabo (DGT CV 21-10-10), cambio de bañera por plato de ducha (DGT CV 4-3-11), incluyendo todos los trabajos necesarios como modificación de grifería, fontanería y pintura (DGT CV 20-10-20) e instalación de suelos de parqué (DGT CV 31-1-12); renovación de baños (DGT CV 18-9-23; CV 1-10-24);
- sustitución, limpieza, reparación y rehabilitación de desagües generales de los edificios, así como pequeños trabajos de albañilería consistentes en la colocación del pavimento en vestíbulos de edificios (DGT CV 28-10-10);
- reparación de porteros automáticos (DGT CV 17-3-11);
- obras de saneamiento, reparación y pintura de la fachada, sustitución completa de la cubierta de la finca, sustitución y acometida de bajantes, sustitución de la puerta de entrada y pintura de la escalera (DGT CV 21-11-11);
- cambio de sistema de calefacción y aire acondicionado (DGT CV 6-9-11);
- tratamiento de estructuras de madera en viviendas atacadas por plagas a través de biocidas o por insectos xilófagos (DGT CV 6-9-11), si bien el simple tratamiento de la madera con biocidas para prevenir o combatir plagas (termitas) o desinsectar la misma no reúne las características necesarias para ser considerada una ejecución de obra (DGT CV 30-5-14; CV 23-6-10);
- instalación de elementos disuasorios para evitar la presencia de palomas en edificios de viviendas (DGT CV 30-5-14);
- reparación y renovación de la vivienda unifamiliar en su conjunto, incluidos los garajes situados en el mismo edificio o en el subsuelo o superficie de la misma parcela (DGT CV 8-11-11), así como las obras de reforma interior de una vivienda situada en un edificio, incluyendo trabajos de albañilería, soleras, techos, carpintería e instalaciones y elementos destinados a la mejora de la eficiencia energética (DGT CV 25-3-22);
- ejecuciones de obra de renovación de ventanas en una vivienda particular (DGT CV 31-10-12; CV 4-1-21), venta con instalación de ventanas (DGT CV 20-12-12), sustitución de ventanas (DGT CV 13-11-19; CV 28-3-25) y fabricación con instalación de ventanas, incluso cuando la colocación de alguna de ella se produce transcurrido algún tiempo (DGT CV 2-12-20);
- reparación de las barandas de los balcones (DGT CV 29-3-12);
- instalación de nuevos toldos, cambios de tejidos en toldos existentes, reposición de piezas de toldo estropeadas, y reposición de persianas para mejorar la eficiencia energética (DGT CV 4-12-24);

- mejora de la instalación eléctrica (DGT CV 5-7-13); reforma de instalaciones eléctricas, fontanería y calefacción en una comunidad de propietarios para la centralización de contadores y cableado hasta llegar a dar suministro a cada vivienda (DGT CV 23-4-24); demolición de tabiques, renovación de electricidad, fontanería y climatización (DGT CV 24-9-25);
- pocería (DGT CV 14-2-14); fontanería (DGT CV 8-3-23);
- instalación de eficiencia energética (DGT CV 17-7-14; CV 3-4-20); remodelación para eficiencia energética (DGT CV 27-2-24); y ejecuciones de obras de incorporación de sistemas de aprovechamiento de energías renovables (fotovoltaicas) en edificios de viviendas o en viviendas unifamiliares, siempre que su destino sea el uso particular o una comunidad de propietarios de viviendas o mayoritariamente de viviendas (DGT CV 12-8-20);
- obras de climatización (DGT CV 15-2-24); aislamiento térmico en viviendas de particulares (DGT CV 16-9-25);
- obras importantes de renovación cuando no son rehabilitación, y vengan impuestas por orden de un juzgado en una comunidad (DGT CV 9-9-14), así como la reparación de fachadas por orden de un ayuntamiento (DGT CV 12-3-14);
- fabricación e instalación de puertas metálicas para comunidades de propietarios (DGT CV 21-1-16); sustitución de la puerta automática de entrada al garaje comunitario (DGT CV 2-3-23); instalación de puertas automáticas, para salvar barreras arquitectónicas y mejorar la accesibilidad, en edificios de viviendas y viviendas particulares (DGT CV 5-12-23);
- obras de reparación de pavimentación en los garajes, renovación de ascendentes generales de tuberías de agua y de ahorro energético por cambio de iluminación a leds para comunidades de propietarios (DGT CV 20-1-15);
- arreglo de grietas y reconstrucción de vallados perimetrales y divisorios en una urbanización de viviendas, debido a defectos de construcción (DGT CV 27-3-15);
- obras de reparación de un hórreo que se usa como garaje y trastero (DGT CV 3-10-25);

- las ejecuciones de obra de renovación o reparación de jardines de viviendas o de comunidades de propietarios, distintas de las de mero mantenimiento periódico (DGT CV 7-5-15; CV 31-5-17); tales como sistema de drenaje, nivelación del terreno con tierra, plantación de césped y plantas y sistema de riego (DGT CV 15-7-22) o renovación de la pradera, césped, poda de árboles y renovación de plantas en jardines comunitarios (DGT CV 28-4-22); **8785.6**
- construcción de nuevos accesos a una finca (DGT CV 2-9-16), así como construcción de una rampa de hormigón dentro de la parcela para acceder al garaje, y de acera alrededor de la vivienda (DGT CV 31-7-21);
- obras en la sala de calderas, ya sea por cambio a combustible (DGT CV 28-11-18) o reforma completa de la sala de calderas centralizada de una comunidad de propietarios (DGT CV 7-10-21); reparación por fugas en tubería de una caldera (DGT CV 26-9-23);
- reparación de una puerta de acceso al garaje del edificio de viviendas donde radica la misma (DGT CV 23-11-18). Las obras de mejora de los garajes tributan al tipo reducido cuando los garajes estén construidos en todo o parte del subsuelo de la parcela en que la edificación está enclavada. Si el garaje no se localiza en el subsuelo del edificio de viviendas sino en superficie, se entenderá cumplido el requisito cuando el garaje pertenezca a la misma parcela que el edificio de viviendas (DGT CV 29-2-24; CV 25-9-24);
- ejecuciones de obra en edificios de viviendas con la finalidad de expulsar el gas nocivo del subsuelo de las edificaciones mediante arquetas conectadas a conductos de ventilación (DGT CV 6-1-18);
- rehabilitación integral de la vivienda en la que se reside, incluyéndose cambio de instalación eléctrica, de telefonía y televisión, fontanería, suelos, ventana, mobiliario de cocina y baño, etc. (DGT CV 13-4-20; en el mismo sentido, DGT CV 13-4-20; CV 28-5-20). Las entregas, con o sin instalación, de mobiliario que realice la empresa que lleva a cabo la reforma de la vivienda tributan siempre al tipo general, aunque se efectúen conjuntamente con la ejecución de obras calificadas como de renovación de vivienda que tributen al tipo reducido (DGT CV 5-6-24);
- realización de obras consistentes en reparación de muros, impermeabilización de pasillos que afectan a la estructura del forjado, realización de una rampa de accesibilidad para discapacitados, instalación de videoporteros y pintura de exteriores en una comunidad de propietarios (DGT CV 18-9-19);
- cerramiento de los pasillos de acceso al ascensor (DGT CV 14-12-21) e instalación de aparatos elevadores (ascensores) (DGT CV 26-5-21; CV 28-5-24);
- remodelación de los elementos comunes del edificio de vivienda colectiva (demolición de elementos, reparación de cubierta, estructuras y acabados) (DGT CV 28-10-21);
- recolocación de tejas y limpieza de tejado (DGT CV 30-9-21);
- trabajos de carpintería, parquetista, montaje de muebles, fontanería (DGT CV 24-9-21); y
- reparación de unas tuberías comunitarias de agua (DGT CV 8-11-23).

11) Las **operaciones de mantenimiento**, en cualquiera de las modalidades contractuales bajo las que se realicen, no tienen la consideración de ejecuciones de obra, condición indispensable para la aplicación del tipo impositivo reducido (DGT CV 22-3-11). Dichas operaciones, que tienen la consideración de prestaciones de servicios, tributan al tipo general. Así ocurre con las siguientes operaciones de mantenimiento: **8785.7**
- de sistemas de jardinería (DGT CV 3-11-14); servicios de gestión del mantenimiento de la jardinería (DGT CV 23-12-21);
- de parkings (DGT CV 22-3-11);

- de instalaciones térmicas (sistemas de frío y calor) en edificios (DGT CV 16-3-11);
- de motores y grupos de presión, porteros electrónicos y antenas, instalaciones eléctricas (DGT CV 16-6-21);
- de sistemas de detección y extinción de incendios en edificios (DGT CV 22-3-11);
- de instalaciones eléctricas, porteros automáticos, telefonía e instalaciones de telecomunicación en edificio (DGT CV 17-3-11);
- de sistemas de detección de incendios, grupos de presión y aljibes, porteros automáticos, antenas colectivas, puertas de garaje, ascensores y limpieza en edificios (DGT CV 22-3-11);
- de ascensores, cerrajería, calderas y sistemas de calefacción, limpieza, video porteros, instalaciones de televisión, bombas de grupos de presión de agua, placas solares, puertas de garaje, piscinas, jardines, grupos de incendios, extintores, tuberías de desagüe, canales de tejados en edificios, extractores de humo e instalaciones de alumbrado (DGT CV 8-6-11); operaciones de mantenimiento periódico de ascensores y puertas automáticas (DGT CV 4-9-17; CV 29-11-18);
- de descalcificación de agua (DGT CV 27-6-11);
- de limpieza de edificios (DGT CV 23-3-11);
- de desinsectación y desratización (DGT CV 31-3-11);
- de pocería, saneamiento y desagües en edificios, viviendas y comunidades de propietarios (DGT CV 21-9-11; CV 4-7-16) y de limpieza y desatasco de tuberías y redes de saneamiento de aguas pluviales y fecales (DGT CV 26-4-11), así como de reparación de la bajante comunitaria, con limpieza incluida (DGT CV 6-7-22);
- de fontanería y electricidad en edificios y locales (DGT CV 3-4-17);
- de vigilancia o monitoreo continuo en viviendas, previa instalación de la alarma, a cambio de una cuota mensual (DGT CV 14-8-20);
- de mantenimiento y conservación de las obras de urbanización de una urbanización de viviendas unifamiliares (DGT CV 5-7-24); y
- mantenimiento periódico de pulido de suelo (DGT CV 22-2-23).

8785.8 **12)** Si la finalidad perseguida (calificar un proyecto como rehabilitación o no) se corresponde con la obtención de una ventaja fiscal y, además, no existe una justificación distinta de la mera obtención de dicha ventaja fiscal, no puede considerarse que la **ejecución por fases** de un determinado proyecto cumpla con los requisitos exigidos legalmente para la aplicación del tipo impositivo reducido (DGT CV 15-7-10).

13) Las obras de reparación y renovación realizadas en los edificios de las casas residenciales para religiosos (**conventos**), al tener la consideración de viviendas, también pueden aplicar el tipo reducido (DGT CV 14-2-11), así como las de rehabilitación y renovación del edificio del **seminario** donde residen seminaristas y sacerdotes de la Diócesis (DGT CV 19-12-11).

14) Las **obras de renovación** de un edificio de viviendas o mayoritariamente de viviendas, tributan al tipo reducido (DGT CV 8-6-15).

15) La **limpieza final de obra** previa a su entrega al destinatario, consistente en los trabajos de pulimento de suelos, retirada de escombros y otros relacionados con la limpieza final de la obra terminada son prestaciones de servicios, pero no constituyen ejecuciones de obras (DGT CV 21-9-16).

16) En cuanto a las obras de mantenimiento y reforma en viviendas de la **Guardia Civil** para mantenerlas en condiciones de habitabilidad con cargo a los presupuestos públicos, aunque se venía manteniendo que debían tributar al tipo general (DGT CV 21-9-16), ha habido un **cambio de criterio**, siendo de aplicación el tipo reducido (DGT CV 28-11-22).

17) El **destinatario** puede ser el mismo propietario o el arrendatario, siempre que en uno u otro caso lo utilicen para su uso particular como vivienda, bien sea primera o segunda residencia (DGT CV 23-4-24).

8785.9 Jurisprudencia **1)** En el resarcimiento de un siniestro por una compañía aseguradora, si el destinatario del **servicio de reparación** es una persona física que utiliza la vivienda para su uso particular, se aplica el tipo reducido. Si la destinataria es la empresa aseguradora, el tipo a aplicar es el general. La persona física tendrá la consideración de **destinataria del servicio** cuando el modo de resarcir el siniestro sea el pago de una indemnización por la compañía aseguradora. Si se sustituye la indemnización por la reparación, el destinatario del servicio es la empresa aseguradora, debiendo constar en la factura como destinataria la empresa de seguros (TEAC 25-9-18; 19-11-20).

Puesto que el destinatario jurídico no es el consumidor final sino la aseguradora y, en este caso, el servicio prestado no se limita a una ejecución de obra sino que incluye **prestaciones adicionales**, no es posible aplicar el tipo reducido a las reparaciones y renovaciones realizadas por la entidad al asegurado (TS 21-3-25, EDJ 531202).

2) La aplicación del tipo reducido a la renovación y reparación de viviendas se condiciona a que se utilice efectivamente como vivienda cuando se presten esos servicios. La utilización del inmueble para **fines comerciales o de inversión** impide la aplicación del tipo reducido (TJUE 11-1-24, asunto C433/22).

3) Están incluidas dentro del concepto de renovación y reparación de viviendas particulares los servicios de reparación y renovación de **ascensores** de inmuebles de uso residencial (TJUE 5-5-22, asunto C-218/21).

Aprovechamiento de inmuebles por turnos (LIVA art.91.Uno.2.12º) Se generaliza la aplicación del tipo reducido a las prestaciones de servicios que consistan en la **cesión de los derechos** de aprovechamiento por turno de edificios, conjuntos inmobiliarios o sectores de ellos arquitectónicamente diferenciados cuando el inmueble tenga, al menos, diez alojamientos, de acuerdo con la normativa reguladora de este servicio. 8786

Precisiones El **derecho real** de aprovechamiento por turno no puede en ningún caso vincularse a una cuota indivisa de la propiedad, ni denominarse multipropiedad, ni de cualquier otra manera que contenga la palabra propiedad (L 4/2012 art.23.4).

Doctrina Administrativa Además de las siguientes contestaciones de la DGT, ver nº 11000 s. Hay que tener en cuenta que la fecha de evacuación de las consultas es anterior a la L 4/2012.

1) El tipo impositivo aplicable a determinados **servicios** (lavandería de ropa de cama; limpieza de apartamentos y de zonas comunes; recepción; animación; administración, reposición; mantenimiento de los jardines; piscinas e inmuebles en general), relativos a inmuebles explotados en timesharing es el general. No obstante, se aplica el tipo reducido si el aprovechamiento por turnos de los inmuebles a que se refieren tales servicios se realiza de conformidad con la normativa sustantiva, son prestados por una empresa de servicios y se ha otorgado escritura pública (DGT 22-9-99).

2) Se aplica el tipo general a la **cesión de derechos** de aprovechamiento por turno de bienes inmuebles cuando en el edificio o conjunto inmobiliario en el que se encuentren tenga menos de diez apartamentos (DGT 30-4-02).

Construcción o rehabilitación de viviendas y venta con instalación de mobiliario de cocina y baño y armarios empotrados (LIVA art.91.Uno.3) Se aplica el tipo reducido a determinadas ejecuciones de obra que tengan por objeto la **construcción o rehabilitación** de edificios, o partes de los mismos, incluidos los locales, anexos, garajes, instalaciones y servicios complementarios situados en ellos, equiparando, de alguna forma, el tratamiento en materia de tipos de dichas operaciones a las entregas propiamente dichas de las viviendas (requisitos, nº 8788 s.). 8787

También se aplica el tipo reducido a las ventas con instalación de **muebles** de cocina y baño y armarios empotrados en edificios de nueva construcción o que sean objeto de rehabilitación, que sean consecuencia de contratos directamente formalizados con el promotor de dichas edificaciones, siempre que:

- debe tratarse de ventas con **instalación** de los bienes citados (armarios de cocina, baño y empotrados), siendo necesario que, además de su venta, sea el propio empresario, bien directamente o por su cuenta, el que efectúe su instalación;
- los citados elementos han de ser instalados en **viviendas** de nueva construcción o rehabilitadas, entendiendo por estas últimas las que cumplan los requisitos establecidos en el nº 8789;
- las operaciones han de ser consecuencia de **contratos** directamente formalizados entre el empresario que las realiza y el promotor de la construcción o rehabilitación, de forma que dicho tipo impositivo no resulta aplicable a las subcontrataciones (nº 8789 y nº 8797 s.).

También se aplica el tipo reducido a las **ejecuciones de obra**, concertadas entre las **comunidades de propietarios** y **contratistas**, que reúnan los requisitos siguientes:

- tengan por objeto la construcción de garajes complementarios de dichas edificaciones;
- se realicen en terrenos o locales que sean elementos comunes de dichas comunidades; y
- el número de plazas de garaje a adjudicar a cada uno de los propietarios no exceda de dos unidades.

El tipo reducido se aplica sobre el **total importe de la contraprestación** que constituye la base imponible, incluyendo el valor de los materiales aportados (DGT CV 20-5-86).

Precisiones **1)** El tipo reducido se aplica a la construcción de **garajes** que cumplan los requisitos expuestos, si bien no se ha previsto reducción alguna de tipo impositivo para la fase de **adjudicación a los copropietarios** de los mencionados garajes, que tributan al tipo general, anulándose así el beneficio fiscal obtenido en su construcción.

2) En relación con el concepto de **rehabilitación**, ver el nº 8642 s.

Requisitos para la aplicación del tipo reducido (LIVA art.91.Uno.3) Para la aplicación del tipo reducido a las ejecuciones de obra destinadas a la construcción o rehabilitación de viviendas, deben reunirse los siguientes requisitos: 8788

a) Que las operaciones realizadas tengan la naturaleza jurídica de **ejecuciones de obras**.

A este respecto, recogiendo la doctrina más extendida en la materia, hay que entender por **contrato de obra** o de ejecución de obra aquel por el que una persona (empresario contratista) se obliga a ejecutar una obra en beneficio de otra (propietario o promotor) que se obliga a pagar un precio por ella.

b) Que las ejecuciones de obra sean consecuencia de **contratos concertados directamente con el promotor** de la edificación y no con otro contratista.

c) Que las ejecuciones de obra tengan por objeto la construcción o rehabilitación de **edificios destinados fundamentalmente a viviendas**, incluidos los locales, anejos, instalaciones y servicios complementarios en ellos situados.
d) Que las ejecuciones de obra consistan materialmente en la **construcción o rehabilitación** de los citados edificios o en instalaciones realizadas en los mismos directamente por el sujeto pasivo que las efectúe.

8789 Precisiones **1)** La **distinción** entre el contrato de ejecución de obra y el de **arrendamiento** o prestación de servicios consiste en que, en aquel, lo prometido es la obra o resultado del trabajo, mientras que en este, lo prometido es la prestación del trabajo en sí mismo, con independencia del resultado final.
Por otra parte, se califican como entregas de bienes determinadas ejecuciones de obra que tengan por objeto la construcción o rehabilitación de una edificación (nº 8642 s.), cuando el empresario que ejecuta la misma aporte una parte de los materiales utilizados, siempre que el coste de los mismos exceda del 40% de la base imponible (nº 8567). Por el contrario, las ejecuciones de obras que no tengan la consideración de entregas de bienes se califican como prestaciones de servicios.
2) Lo fundamental para la aplicación del tipo impositivo reducido es que las operaciones tengan la **naturaleza jurídica** de ejecuciones de obras, con independencia de la consideración como entregas de bienes o prestaciones de servicios a efectos del IVA.
3) Dentro de la figura del **promotor** se incluyen las personas siguientes: personas físicas que promueven la construcción para uso propio, personas jurídicas cualquiera que sea su naturaleza (S.A., S.L., cooperativas, etc.), y cualquier tipo de entidad que actúe como tal (entes públicos, comunidades de bienes, comunidades de propietarios, etc.).
4) La expresión **directamente formalizados** debe considerarse equivalente a directamente concertados, cualquiera que sea la forma, verbal o escrita, de los contratos.
5) Se consideran destinadas principalmente a viviendas las edificaciones en las que al menos el 50% de la **superficie construida** se destine a dicha utilización.
6) Ver **supuestos de inversión** del sujeto pasivo en el nº 8714 s.

8790 Ejemplos **1)** Una empresa de consultoría del sector de la construcción efectúa, entre otras, las siguientes operaciones: auditorías para el **control de calidad** de las construcciones, tanto de obra civil como de viviendas; valoración y **tasación de obras** tanto en fase de construcción como terminadas y ejecución de **actuaciones especiales** en inmuebles afectados de aluminosis, mal de la piedra, impermeabilizaciones, etc.
Ninguna de las operaciones efectuadas por la empresa tiene la naturaleza jurídica de ejecuciones de obra sino de arrendamiento de servicios y, por tanto, no se aplica el tipo reducido.
2) Una empresa del sector de la construcción está especializada en la **elaboración e instalación** de todo tipo de elementos de **carpintería** (metálica, aluminio, madera, pvc, etc.) en viviendas de nueva construcción. La empresa contrata en todos los casos directamente con el promotor de las edificaciones. Generalmente lleva a cabo las citadas operaciones aportando los materiales que son objeto de instalación en las viviendas, aunque en algunas actuaciones el promotor le proporciona los elementos de carpintería llevando a cabo, exclusivamente, su instalación.
Todas las operaciones realizadas por la empresa de carpintería tributan al tipo reducido, pues las operaciones efectuadas tienen la naturaleza jurídica de ejecuciones de obra, con independencia de su calificación como entregas de bienes o prestaciones de servicios a efectos del IVA.

8791 **3)** Una persona tiene planificado promover la **construcción de un chalet** en un terreno de su propiedad adquirido por herencia. Para ello ha encargado el **proyecto** a un arquitecto. La ejecución material de la obra la ha contratado con dos empresas constructoras, una se encargará de la excavación del terreno, cimentación y estructura, y la otra del resto. Dado que un familiar es propietario de un almacén de **materiales de construcción**, los materiales que utilice la segunda constructora serán adquiridos directamente por el promotor y entregados a aquella para su uso. Como la construcción se realiza en la costa y, por tanto, lejos de su domicilio, tiene previsto contratar la dirección de obra con un aparejador. Finalizadas las obras contratará la limpieza de fin de obra de la misma para dejarla en disposición inmediata de utilización.
Las operaciones que realizan ambas constructoras tienen la naturaleza de ejecuciones de obra y tributan al tipo reducido.
Las compras de los materiales por la persona física promotora tributan al tipo general, pues dichas operaciones tienen la naturaleza de entregas y no de ejecuciones de obra.
Las operaciones realizadas por el arquitecto de confección del proyecto y por el aparejador, relativas a la dirección de la obra, tienen la consideración de prestaciones de servicios y no de ejecuciones de obra y, por tanto, tributan al tipo general. También tienen la consideración de prestaciones de servicios las operaciones de limpieza de fin de obra, que tributan al tipo general.
4) Una empresa auxiliar del sector de la construcción que se dedica habitualmente al **suministro de grúas**, excavadoras y hormigoneras contrata, bien con promotores o con empresas constructoras, las referidas operaciones.
Dichas operaciones, con independencia de la naturaleza del destinatario (promotor o constructor), tributan al tipo general pues no tienen la consideración de ejecuciones de obras sino de prestaciones de servicios.

5) Una empresa **constructora**, cuya actividad consiste, exclusivamente, en la construcción de viviendas, ha realizado operaciones de ejecución de obras para los siguientes clientes: 8792
a) Una persona física, propietaria de un terreno, que le encargó la construcción de una vivienda unifamiliar en el mismo.
b) Construcción de un pequeño edificio para un grupo de personas que, constituidos en comunidad de propietarios, han promovido su construcción.
c) Obras de tabiquería y división interior para una empresa constructora que es propietaria de un edificio.
d) Construcción de un bloque de VPO de régimen especial para un ayuntamiento, así como de un centro cultural.
e) Por encargo de otras empresas constructoras realiza la cimentación de edificios que son construidos por aquellas.
Las ejecuciones de obra efectuadas para la persona física, la empresa constructora propietaria del edificio, y para la comunidad de propietarios tributan al tipo reducido.
También tributan al tipo reducido las ejecuciones de obra efectuadas para el ayuntamiento, relativas a la construcción del edificio de VPO (nº 8810.1). Sin embargo, las ejecuciones de obra para la construcción del centro cultural tributan al tipo general, pues no se trata de ejecuciones de obra para la construcción o rehabilitación de viviendas.
Finalmente, las ejecuciones de obra de cimentación realizadas para otras constructoras tributan al tipo general, pues dichas empresas no actúan como promotoras en la construcción de los edificios, sino que son meros contratistas.

6) Una empresa constructora está llevando a cabo la construcción de una **piscina** y de dos pistas de tenis en el terreno común perteneciente a una urbanización de viviendas unifamiliares por encargo de los propietarios de la citada urbanización. Por otra parte, un departamento especializado de la empresa ejecuta habitualmente ejecuciones de obra para el **ajardinamiento** de espacios situados en viviendas de nueva construcción. 8793
También ha realizado la construcción, por encargo de un ayuntamiento, de un **centro cultural** en el que se aloja la vivienda para un guarda o conserje del mismo.
Finalmente, el año anterior llevó a cabo, por encargo de los dueños de las viviendas, ejecuciones de obra para la construcción de **viviendas prefabricadas**.
El tipo impositivo aplicable a las ejecuciones de obra para la construcción de las piscinas y las pistas de tenis, así como a las efectuadas para el ayuntamiento es el general, pues las mismas no tienen por objeto la construcción de viviendas, ni tienen la consideración de anejos a viviendas.
Las ejecuciones de obra de ajardinamiento tributan al tipo reducido pues tienen la consideración de anejos a las viviendas.
También tributan al tipo reducido las ejecuciones de obra para la construcción de viviendas prefabricadas cuando estas últimas tengan la consideración de edificios en los términos de la normativa del IVA (nº 8781). No obstante, las ejecuciones de obras que tengan por objeto el desmontaje, transporte e instalación de viviendas provisionales tributan al tipo general por no tener la consideración de edificios.

7) Por encargo de una asociación de carácter no lucrativo una empresa constructora está llevando a cabo la construcción de un edificio destinado a **internado de personas mayores** y con discapacidad en el que la citada asociación ha de alojar de forma totalmente gratuita a personas de dichas características. 8794
Las ejecuciones de obra para la construcción del internado para personas con discapacidad tributan al tipo reducido, aunque la asociación promotora lo destine a la realización de una actividad empresarial.
8) Una empresa constructora ha realizado durante el año, entre otras, las siguientes operaciones:
a) Por encargo de una persona física y en un terreno propiedad de aquella, ha construido una casa que será su **vivienda habitual**.
b) Una persona física propietaria de una vivienda antigua le ha encargado su **reforma interior**.
c) En una vivienda unifamiliar y por encargo de su propietario ha procedido al **cerramiento de las terrazas** posteriores de la última planta de la casa con el objeto de ampliar su superficie habitable.
En el caso a), las ejecuciones de obra que tengan por objeto la construcción de una nueva vivienda son obras de construcción propiamente dichas y, por tanto, se aplica el tipo reducido.
En el caso b), las obras de reforma interior de una vivienda no son obras de construcción o rehabilitación de viviendas, por lo que no se les aplica el tipo reducido y tributan al general (ver no obstante el nº 8785 s.).
En el caso c), las obras de cerramiento de las terrazas que supongan la ampliación de la superficie habitable, son obras de construcción de viviendas y, por tanto, se aplica el tipo reducido.

8795 9) Una empresa cuya actividad consiste básicamente en la **excavación y movimiento de tierras** para la construcción de edificaciones, bien sea de edificios destinados a viviendas o edificios industriales, ha realizado las siguientes operaciones:
a) Obras de ajardinamiento y división interior (caminos, aceras, etc.) de una urbanización, para uso privado de sus propietarios, de vallado de la urbanización, así como la urbanización de las calles exteriores de acceso a la misma.
b) Obras para la **acometida de suministros** (agua, gas, luz y teléfono).
Las ejecuciones de obra de excavación de terrenos para la construcción de viviendas y las obras de ajardinamiento y división interior de una urbanización para uso privado de sus residentes, tributan al tipo reducido pues tienen la consideración de obras de construcción de viviendas. Si los jardines fuesen de uso público, las obras relativas a los mismos tributarían al tipo general. Las obras de acometida de suministros tributan al tipo general.
Por otra parte, las obras de excavación de terrenos para la construcción de otros edificios para un uso distinto del de viviendas, tributan al tipo general.
10) Una empresa **promotora inmobiliaria** ha adquirido un edificio para su rehabilitación. Encarga a una empresa especializada su **demolición**, conservando las fachadas exteriores. Posteriormente, una empresa constructora lleva a cabo la **reconstrucción** del edificio para destinarlo principalmente a viviendas. La propia promotora contrata el **amueblamiento de las cocinas** con una empresa dedicada a la venta con instalación de los respectivos elementos (muebles y electrodomésticos).
Las obras de demolición del edificio tributan al tipo general. La venta con instalación de los muebles de cocina tributa al tipo reducido, así como las obras de reconstrucción del edificio efectuadas por la empresa constructora.

8796 **11)** Una **comunidad de propietarios** de un edificio de viviendas ha encargado la **rehabilitación del tejado** del mismo contratando directamente con la empresa constructora que ha de llevar a cabo las obras. El valor del edificio, excluido el valor del terreno, asciende a 812.000 euros. Según certificación del arquitecto de la empresa constructora, el valor del tejado, en relación con el valor del edificio, asciende a 60.000 euros. El presupuesto de las obras es de 51.000 euros. El valor de la edificación, incluido el valor del suelo, es de 3.300.000 euros. Además de las propias obras del tejado el presupuesto contempla algunas obras, tales como pintura, instalación de antenas, etc.
Las obras del tejado del edificio no tienen la consideración de obras de rehabilitación pues no se cumplen los requisitos para considerar dichas obras como de rehabilitación.
El importe de la obra hay que ponerlo en relación con el valor de la edificación, excluido el valor del suelo (812.000 €), y no con el valor del elemento objeto de actuación. A estos efectos, por partes de una edificación han de entenderse las partes de la misma que sean susceptibles, por sí mismas, de actuaciones parciales de rehabilitación, por permitir un uso autónomo respecto del resto de la edificación, y no considerar como parte de una edificación los diferentes elementos constructivos de los mismos (tejado respecto del edificio).
Por otra parte, no resulta procedente tomar como valor del edificio el que tenga asignado a efectos del IBI, o tomar como tal el resultado de cualquier otra valoración (ITP y AJD, etc.) distinta de los criterios de precio de adquisición o valor de mercado contenidos en la LIVA.
Finalmente, cuando se trate de ejecuciones de obras complejas, en las que junto a las actuaciones propiamente de rehabilitación (estructuras, fachadas, etc.), se lleven a cabo otras de distinta naturaleza, solo pueden calificarse como de rehabilitación aquellas ejecuciones de obra cuyo objeto principal sean obras de dicha naturaleza, es decir, cuando no comprendan obras distintas (pintura, etc.) o cuando estas últimas sean accesorias, complementarias o de escaso valor en el proyecto global.
A pesar de no ser obras de rehabilitación se puede aplicar el tipo reducido a las obras de renovación y reparación siempre que se cumplan los requisitos previstos en la normativa (nº 8785).

8797 Doctrina Administrativa Además de las siguientes contestaciones de la DGT, ver nº 11000 s.
1. Promotor.
- Es considerado el **propietario de inmuebles** que construyó (promotor-constructor) o contrató la construcción (promotor) de los mismos para destinarlos a la venta, alquiler o uso propio (DGT CV 4-11-86; CV 23-5-17).
- En el ámbito del IVA, la condición de promotor debe venir acompañada necesariamente de un **título de propiedad** que se refiera a la obra concernida (DGT CV 23-10-07; CV 2-12-08).
- Es irrelevante la circunstancia de que el promotor de la obra contrate directamente la ejecución de las diversas partes de la misma con una o con varias **empresas contratistas** (DGT CV 9-9-86; CV 1-6-10). No obstante, las ejecuciones de obra realizadas por **subcontratistas** para otros contratistas que a su vez hayan contratado con el promotor tributan al tipo general (DGT CV 22-1-14; CV 9-1-20; CV 11-12-24).
- Solo reúne la totalidad de requisitos a los efectos de la aplicación del tipo reducido la ejecución *de obra de la que sea destinataria* la entidad y que se corresponda con la **construcción de la edificación en su propio solar**, por ser promotora de dicha edificación. Por su parte, la ejecución de obra de la que sea destinataria en primera instancia la entidad pero que se refiera a la edificación propiedad de una entidad tercera, tributa al tipo general. A tales efectos, el constructor debe diferenciar la parte de cada certificación de obra que expida que se corresponda con cada una de las edificaciones concernidas (DGT CV 23-10-07).

2. Ejecuciones de obras. 8798
La normativa civil las denomina «arrendamientos de obras», y los define como aquellos en los que una de las partes se obliga a ejecutar una obra a la otra por precio cierto (CC art.1544). Por eso, no se aplica el tipo reducido a las entregas de **materiales de construcción** (salvo que el vendedor realice la instalación), incluso directamente por los proveedores al promotor (DGT CV 10-10-11) ni a las operaciones que, en sentido jurídico, tengan la consideración de arrendamientos de servicios (DGT CV 20-5-86). Son varios los tipos aplicables a este tipo de operaciones, según las circunstancias concurrentes:

a. **Tipo reducido**:

- construcción de un edificio destinado al **alojamiento de reclusos** (DGT CV 27-7-07);
- construcción de una **unidad residencial y centro ocupacional** para personas con discapacidad psíquica (DGT CV 22-7-10; CV 15-12-15; CV 4-1-19); de una residencia de mayores que incluye garajes, almacenes y velatorio (DGT CV 19-11-21; CV 27-5-24; CV 18-8-25); de un complejo residencial «senior living» destinado a viviendas de mayores que representen más del 50% de la superficie construida (DGT CV 24-9-25); de un **centro socio sanitario**, tanto residencia permanente como de estancias diurnas para mayores (DGT CV 8-2-10); de un **centro de acogida** temporal y gratuita y atención a personas en exclusión (DGT CV 4-8-10) o para pacientes infantiles y sus familiares, a fin de facilitar su estancia temporal a título gratuito (DGT CV 13-4-11); de un edificio para **residencia** de personas sin recursos y en riesgo de exclusión social (DGT CV 24-6-13); construcción por un ayuntamiento de un edificio de viviendas, locales y trasteros con fines sociales (DGT CV 15-2-23);
- **instalaciones** de todo tipo (eléctricas, ascensores, carpintería, fontanería, antenas, alarmas y análogas), siempre que sean realizadas durante la fase de construcción o rehabilitación del edificio, es decir, antes de que haya sido puesto a disposición de los adquirentes (DGT CV 20-11-08; CV 20-6-18), incluso si se trata de la realización de obras de mejora de calidades -cambio de puertas- (DGT CV 31-10-16);
- subsanación de **vicios o defectos ocultos** de una construcción con graves deficiencias, siempre que se concierten directamente entre el promotor y el contratista (DGT CV 14-2-19), a diferencia de lo que ocurre cuando la contratación se realiza entre una comunidad de propietarios no promotora y un constructor (DGT CV 10-6-05), entre el arquitecto y la empresa constructora (DGT CV 1-2-11), o entre uno de los cooperativistas y el contratista (DGT CV 6-11-20), en cuyo caso se ha de tributar al tipo general al no tener la condición de promotor. En el mismo sentido, si los cooperativistas contratan directamente con los fabricantes de los muebles de cocina (DGT CV 15-2-24);
- construcción o rehabilitación en régimen de **autopromoción de viviendas** (viviendas familiares, de uso propio, etc.) que son promovidas y concertadas directamente entre el promotor y el contratista (entre otras, DGT CV 9-10-24; CV 11-12-24; CV 18-12-24; CV 15-4-25; CV 19-12-25), incluso si se trata de una vivienda unifamiliar de protección pública de precio tasado (DGT CV 14-3-22). Quedan incluidas las **prefabricadas** cuando una o varias personas físicas actúen en común (DGT CV 30-4-09) y cuando la construcción de la vivienda habitual vaya a ser **por fases**, contratando con cada especialista e industrial su partida de forma independiente (DGT CV 8-2-18) como en el caso de las obras efectuadas por el fontanero a favor del promotor (DGT CV 9-4-24) o la contratación directamente por el promotor con una empresa de diseño, montaje e instalación de cocinas a medida y con otra dedicada a la fabricación e instalación de armarios empotrados en la vivienda. Estas operaciones tributan al tipo reducido con la excepción de las entregas de electrodomésticos, que tributan al tipo general (DGT CV 27-2-24).
En el mismo sentido, las obras de construcción, que habían quedado paralizadas por un **embargo por una entidad de crédito** y que el adquirente, actuando como autopromotor, va a reanudar para finalizarla y utilizarla como vivienda habitual (DGT CV 7-12-21);
- si bien la instalación provisional -durante el desarrollo de la obra- y definitiva de los contadores de agua y luz, así como la realización de un informe geotécnico y la realización de ensayos y controles de hormigón y acero, tributan al tipo general, a las ejecuciones de **obra de acometida** realizadas dentro de la parcela en la que se ubicará la futura vivienda, que tengan por objeto llevar la electricidad y el agua desde dicha ubicación hasta las redes generales de los distintos suministros se les aplica el tipo reducido (DGT CV 11-7-19; CV 17-9-19);
- **instalación de muebles** de cocina y de baño, incluidas las bancadas o encimeras de los mismos de cualquier material, realizadas en viviendas de nueva construcción o rehabilitadas, como consecuencia de contratos directamente formalizados con el promotor de la construcción o rehabilitación de dichas viviendas (DGT CV 4-6-09; CV 29-1-14), excepto los electrodomésticos (DGT CV 20-5-09; CV 26-7-17; CV 28-10-19);
- las obras de **carpintería** (DGT CV 25-3-86); persianas (DGT CV 12-11-86);
- la renovación de la **instalación eléctrica** en un edificio de viviendas, no cumple la condición cualitativa para tener la consideración de obras de rehabilitación, por lo que tales obras tributarán al tipo general, salvo que puedan ser consideradas obras de renovación y reparación (nº 8785 s.) (DGT CV 29-3-12);
- construcción de un **pozo** y de un sistema de bombeo de agua (DGT 13-10-99);
- instalación de **sistemas de alarma** (DGT 24-2-00); de antenas colectivas (DGT CV 13-11-86); de un sistema de aspiración centralizada (DGT CV 30-5-05); instalaciones eléctricas, de calefacción, aire acondicionado o fontanería en viviendas que se hallan en vías de construcción o rehabilitación, aunque se trate de VPO (DGT CV 23-11-05); instalación y venta del transformador y su conexión a los contadores y con la red exterior (DGT CV 31-3-09);

8799 - forrado de las **paredes** (DGT 30-10-00); muros de separación (DGT 6-3-03) y muro para cerrar la parcela de una vivienda familiar en construcción (DGT CV 8-6-10);
- encofrados y **estructuras** (DGT 27-9-00); vaciado y movimiento de tierras (DGT 29-3-04; CV 31-5-17); ejecuciones de obras consistentes en la excavación, desmonte y desescombro de los terrenos donde se ubican viviendas unifamiliares y las zonas de uso privado destinadas a viales, calles, jardines y zonas comunes de dichas viviendas (DGT CV 11-7-06), retirada de residuos y tierras previos a la construcción de viviendas (DGT CV 8-3-07); la estructura, forjados y cimentación para la construcción de un edificio destinado a vivienda (DGT 7-2-17);
- obras de **cimentación y saneamiento** realizadas para un promotor de viviendas (DGT CV 22-4-25);
- instalación de mamparas de **baño** y cabinas de ducha (DGT CV 7-9-06) y de tendales y cubre tendales (DGT 14-11-03);
- rehabilitación de un edificio destinado a **viviendas de religiosas** (DGT 13-2-03) y ampliación de un monasterio (DGT CV 25-9-06);
- acondicionamiento de **jardines** y su mantenimiento (DGT 10-1-03);
- **pulido** de terrazo (DGT 1-10-02); pulido y abrillantado de suelos antes de finalizar la obra en edificaciones destinadas a viviendas (DGT CV 11-1-06);
- **asfaltado** de acceso a garajes para viviendas (DGT 4-12-03);
- **instalación** de paneles solares (DGT CV 25-10-06); de parqués, tarimas, puertas y ventanas de madera (DGT CV 10-12-07); de toldos de fachada (DGT CV 14-2-08); de casets de chimeneas o cocinas de hierro, etc. (DGT CV 5-10-07); de ascensores (DGT CV 12-9-07);
- construcción o rehabilitación de viviendas calificadas administrativamente como de **protección oficial** de régimen especial o de promoción pública o destinadas al régimen de arrendamiento especial a que se refiere la LIS (DGT CV 15-10-07);
- las realizadas para terminar la construcción de una vivienda adquirida en **construcción** (DGT CV 10-3-16);
- sondeos y estudios **geotécnicos** concertados directamente entre el promotor y el contratista, que tienen por objeto la construcción de una vivienda promovida por el primero para uso propio (DGT CV 14-9-10);
- las ejecuciones de obra, con o sin aportación de materiales, consecuencia de contratos directamente formalizados entre la **comunidad de propietarios** de un edificio de viviendas y el contratista, que tienen por objeto la construcción de **garajes complementarios** de dicho edificio de viviendas, siempre que las ejecuciones de obra se realicen en terrenos comunes de dicha comunidad y el número de plazas de garaje a adjudicar a cada uno de los propietarios no exceda de dos unidades (DGT CV 16-2-09). Si los terrenos no constituyen elementos comunes de las comunidades de propietarios de las edificaciones de viviendas, se aplica el tipo general (DGT CV 13-12-16).

b. **Tipo general**:
- las **obras de mejora** posteriores a la puesta a disposición del adquirente (DGT CV 9-9-86);
- las ejecuciones de obras para la construcción de **piscinas** en viviendas unifamiliares o para comunidades de propietarios (DGT CV 28-10-19), así como la instalación de **césped artificial** (DGT CV 30-11-16);
- la reparación de un **edificio histórico** no destinado a vivienda que no se califica de rehabilitación de edificaciones (DGT CV 18-5-16); las ejecuciones de obras en un **edificio para oficinas**, aun cuando puedan ser consideradas como obras de rehabilitación (DGT CV 8-6-18). Como elementos de **prueba** del tipo de obras se han de considerar preferentemente los dictámenes de profesionales específicamente habilitados para ello, o el visado del proyecto (DGT CV 29-5-18).

8800 **3. Afectación a vivienda**.

Por construcción de edificios destinados principalmente a viviendas han de considerarse no solo las obras de construcción propiamente dichas, sino también las ejecuciones de obra que tienen por objeto la **ampliación de la superficie útil** habitable de los mismos, incluso cuando dicha ampliación se efectúa en los edificios una vez finalizada su construcción (DGT CV 25-2-05). El hecho de que el edificio ahora construido esté adosado a la vivienda colindante, comparta medianería con ella, esté comunicado interiormente con la vivienda aludida e incluso los cuartos de baño tengan acceso únicamente desde la vivienda, lleva a la conclusión de que las ejecuciones de obra tienen estrecha vinculación con la vivienda aludida y por tanto tienen la consideración de anexos a la misma (DGT CV 10-4-13).

a. **Tipo reducido**, teniendo en cuenta que el **50%** de la superficie construida se destine a viviendas:
- *dentro de dicho porcentaje*, con independencia de que se dediquen a una actividad empresarial, se incluyen aquellas partes del edificio que puedan considerarse **anejas de las viviendas** y, por tanto, ser utilizadas conjuntamente con aquellas, como las relativas a los garajes y trasteros. En relación con los metros cuadrados construidos referidos a zonas comunes, estos se imputan proporcionalmente en función de los metros cuadrados construidos destinados a viviendas y aquellos no destinados a viviendas (DGT CV 12-9-07; CV 29-6-11);

- al calcular el **porcentaje de afectación** a la vivienda, no se deben tener en cuenta las superficies que se correspondan con actividades que por su intrínseca naturaleza no están afectas a la prestación del servicio de vivienda, por lo que no se computa la superficie del edificio dedicado a la prestación de servicios de hostelería (DGT CV 6-10-09);
- se cumple el porcentaje en la construcción de una edificación compuesta por nueve viviendas (que ocupan el 60%) y por cuatro locales y doce plazas de aparcamiento, los cuales van a ser **destinados íntegramente al alquiler** (DGT CV 14-4-20). Asimismo, se aplica a la ejecución de obras de construcción de una edificación cuya destinataria es una empresa dedicada al arrendamiento de viviendas, toda vez que el edificio que va a ser construido va a ser apto para su utilización como viviendas (DGT CV 12-3-12); y a la ejecución de obras de construcción de viviendas destinadas al alquiler contratada por un ayuntamiento (DGT CV 15-9-25);
- las ejecuciones de obra relativas a la nueva construcción de un **edificio anejo** al de viviendas que albergue usos complementarios de la misma, siempre que el inmueble se destine, efectivamente, a vivienda, ampliando su superficie útil (DGT CV 4-7-06), así como las ejecuciones de obra, con o sin aportación de materiales, por las que el promotor de la obra encarga la **ampliación de su vivienda** a un constructor, siempre que tenga lugar efectivamente el aumento de su superficie útil (DGT CV 1-6-10) y la ejecución de obra sea consecuencia de un contrato directamente formalizado entre el promotor y el contratista (DGT CV 7-4-09); el cerramiento de una terraza (DGT CV 13-3-08; CV 20-10-14); la construcción de una nueva estructura, distinta de la de la vivienda adquirida, al suponer la ampliación de la superficie habitable anterior (DGT CV 22-3-10), la construcción de un sótano en una vivienda unifamiliar (DGT 16-3-01) o de una nueva planta sobre una vivienda preexistente (DGT 25-10-99; CV 9-2-16); obras de cerramiento de parte de una zona ajardinada anexa a la vivienda habitual, siempre que dicho cerramiento suponga el aumento de la superficie útil de dicha vivienda (DGT CV 31-3-23);
- las ejecuciones de obra para la rehabilitación de un edificio propio o arrendado siempre que dicha edificación vaya a destinarse a vivienda con carácter permanente para las **personas enfermas**, y que más del 50% de la superficie total de esta nueva edificación tenga como uso el de vivienda. En este sentido, por **«partes»** de una edificación se entienden aquellas que sean susceptibles por sí mismas de actuaciones parciales de rehabilitación, por permitir un uso autónomo respecto del resto de la edificación, al tener entidad propia de carácter objetivo, quedando excluidos de dicho concepto los diferentes elementos constructivos (fachadas, techumbres, estructuras, etc.) objeto de actuaciones de rehabilitación (DGT CV 22-8-17). En el mismo sentido, la reforma y ampliación de un hogar residencial y centro de día (DGT CV 8-9-17); una construcción para pacientes pediátricos que van a recibir tratamientos largos, constituyendo su morada o sede doméstica, junto a su familia (DGT CV 4-7-22); la construcción de dos viviendas y un centro de día para personas con parálisis cerebral, si más del 50% de su superficie construida se destina a vivienda (DGT CV 5-12-23); ejecución de obras para la ampliación de una residencia de la tercera edad (DGT CV 26-6-23);
- la **reanudación de las obras** de construcción consistentes en instalación de fontanería, electricidad, puertas y ventanas, entre otras, actuando como autopromotor para utilizarla como vivienda habitual (DGT CV 5-9-25);
- la construcción de un edificio cuando más del 50% se va a destinar a vivienda del promotor, sin perjuicio de que exista una parte que pueda destinarse al **arrendamiento** junto **con servicios complementarios** propios de la industria hotelera (DGT CV 12-4-23);
- ejecución de obra para la construcción de un **albergue** con salón de actos y habitaciones para que los asociados puedan descansar y pernoctar (DGT CV 13-11-25);
- los **servicios profesionales** prestados por el mismo empresario o profesional que va a realizar también la construcción de las viviendas, que es la operación principal, no constituyen para el destinatario un fin en sí mismo y, por consiguiente, no deben tributar por IVA de forma independiente respecto de la construcción de las viviendas. Tributan por tanto al tipo reducido el contrato de ejecución de obra y los servicios profesionales en ella incluidos (DGT CV 5-11-24).

b. **Tipo general**: **8801**
- en las ejecuciones de obra en las que se lleva a cabo la construcción de edificios que no van a ser únicamente destinados a viviendas, como ocurre en la construcción de una casa cuartel para la Guardia Civil junto a otros edificios independientes destinados a **otras finalidades** (galería de tiro, garaje, oficinas, etc.), el promotor ha de determinar qué elementos constructivos, como espacios comunes (comedor, aseos, etc.), locales (trasteros, etc.) y anexos (instalaciones, cocina, depuradora, lavandería, etc.) son necesarios para el uso residencial (habitaciones asistidas, módulos habitacionales) y cuáles se destinan a otras finalidades, como la de centro de día o actividades asistenciales y de ocio, si estas no fueran complementarias de dicho uso residencial (gimnasio, talleres, etc.) (DGT CV 9-2-12; CV 5-6-25);
- en las obras de urbanización del terreno en el que se lleva a cabo el proyecto de construcción de dos edificios de viviendas con bajos comerciales y otro edificio para hotel, y parking subterráneo para los dos edificios, en ningún caso es aplicable el tipo reducido a la ejecución de **obras de urbanización** de los terrenos correspondientes al **hotel**, sus servicios, viales que lo rodeen, así como garajes y zonas comunes cuyo uso corresponda al mismo. No obstante, procede la aplicación del tipo reducido a la ejecución de obras de urbanización de los terrenos

directamente dedicados a viviendas y sus accesos, los viales que rodeen los edificios y las zonas de servicios vinculadas directamente con dichas viviendas, así como los garajes y zonas comunes en la proporción que corresponda a tales viviendas (DGT CV 6-9-13);
- si la superficie destinada a viviendas no supone más del 50% del total de la superficie del centro multiservicios (DGT CV 15-10-07), obras para un centro de estimulación cognitiva no destinado a vivienda (DGT CV 11-4-14) y mejoras en un centro ocupacional y en el centro de atención temprana (DGT CV 14-12-07);
- las ejecuciones de obra para la construcción de una casa para **alojamiento rural**, que por definición se va a destinar a una actividad empresarial (DGT CV 16-6-06; CV 17-12-09);
- **pavimentación** de calles y caminos, saneamiento de poblaciones y otras análogas destinadas al servicio público (DGT 2-12-97);
- la realización de un **muro colindante** con una parcela vecina (DGT CV 20-4-23);
- construcción de un **colegio internado** (DGT CV 9-5-86) y de edificios promovidos por entes públicos para el equipamiento comunitario (DGT CV 2-4-86);
- construcción de un **centro educativo** (DGT CV 31-3-23);
- obras de instalación de **ascensores** en viviendas ya terminadas, salvo que dicha actuación sea consecuencia de obras de rehabilitación (DGT 18-2-00; CV 6-10-09);
- de **reforma interna** de los bajos de un edificio para acondicionarlos como vivienda (DGT 31-3-99) y de reforma de vivienda habitual cuando las obras no son de rehabilitación (DGT 3-12-03);
- adaptación de una **caldera** de gasóleo a gas natural efectuadas para una comunidad de propietarios (DGT 20-9-00);
- de **ferrallas y viguetas** para promotores de viviendas, que no se instalan en las mismas (DGT 26-6-00);
- de **limpieza** de un solar previo a la realización de obras de pilotaje del mismo (DGT 5-12-00);
- de **acometida** relativas a los servicios telefónicos o a suministros de agua, gas y electricidad en edificios destinados fundamentalmente a viviendas (DGT CV 6-10-86; CV 18-5-17), de acometida del suministro de electricidad hasta el terreno en el que ubicará la vivienda habitual (DGT CV 9-4-12), de acometida eléctrica vigiladas por la Dirección General de Industria (DGT CV 12-9-19) y de acometida de suministro de agua para conectar un edificio a las redes generales de suministro (DGT CV 4-1-21). No obstante lo anterior, a las ejecuciones de obra de acometida realizadas **dentro de la parcela** en la que se ubica la vivienda, que tengan por objeto llevar la conexión de electricidad desde dicha ubicación hasta las redes generales, se les aplica el tipo reducido (DGT CV 18-11-21); ver asimismo el nº 8798;
- de rehabilitación de un edificio de tres plantas, dos de las cuales se destinan a **alojamiento turístico rural** (DGT 10-3-00); de un inmueble destinado a **hostal** (DGT 20-4-01); de un edificio destinado al alojamiento turístico rural (DGT 21-4-04); de un edificio destinado a actividades culturales (DGT 5-4-04); de un inmueble para la creación de un centro de formación y asesoramiento a los trabajadores y desempleados de una determinada comarca (DGT CV 28-2-13). No obstante, en la medida en que el apartamento (que se va a destinar a uso turístico) disponga de cédula de habitabilidad o licencia de primera ocupación una vez terminada su construcción que lo considere apto para su utilización como vivienda, la construcción del mismo tributaría al tipo reducido (DGT CV 18-5-23);

8801.1 - construcción de un **aula de la naturaleza**, para la impartición de clases y realización de actividades educativas (DGT CV 9-7-13);
- construcción de un edificio de **apartamentos-habitaciones** cuya finalidad es su explotación como establecimiento hotelero (DGT 6-9-00); de apartamentos turísticos (DGT CV 25-4-12); rurales (DGT CV 21-3-05); de un edificio en el que más del 50% son **oficinas** (DGT 3-2-04) o de una **guardería** de carácter público (DGT CV 25-2-05);
- de **piscinas o instalaciones deportivas**, aunque se contraten directamente con el promotor de una edificación destinada a viviendas (DGT CV 6-10-16; CV 2-3-23), siendo irrelevante que se construya para una comunidad de propietarios o para el propietario de una vivienda unifamiliar (DGT 27-4-01; CV 8-6-18); pista de pádel (DGT 13-2-03);
- montaje y desmontaje de **andamios** para una promotora, con o sin aportación de los andamios (DGT 1-4-03);
- adaptación de oficinas o viviendas para **personas con discapacidad** (DGT 9-4-03);
- rehabilitación de viviendas afectadas por **aluminosis** con una empresa municipal que costea la inversión pero que no es la propietaria (DGT 14-3-03);
- de **bombeo de hormigón** (DGT 14-3-03);
- de **limpieza de fin de obra** (DGT CV 5-7-06);
- alquiler de **maquinaria** (retroexcavadoras, minicamiones), sin que las obras sean realizadas por su propietaria (DGT 3-12-03);
- elaboración de un **proyecto** que determina las causas de los daños en la fachada y estructura de un edificio, así como las obras necesarias para su rehabilitación, realizado por un equipo de arquitectos (DGT 17-9-03); los honorarios profesionales devengados por un arquitecto con ocasión de la redacción del proyecto básico y el de dirección de obra (DGT CV 25-9-06; CV 21-8-19; CV 17-9-19); por el proyecto de reforma y de dirección de obra (DGT CV 5-12-23); estudios geotécnicos (DGT CV 2-3-23);

- la entrega de una vivienda para su **demolición**, con el fin de hacer una nueva promoción urbanística (DGT CV 15-6-10); las obras de demolición y la realización de trabajos de estudios arqueológicos y la elaboración de informes sobre terrenos previos a la ejecución de obras de construcción de la edificación (DGT CV 20-12-16); las operaciones de demolición o derribo de las edificaciones existentes en el solar, previas a la propia edificación; los servicios de un arquitecto por la redacción del proyecto y los de un arquitecto técnico por la dirección de las obras (DGT CV 1-6-10; CV 5-3-12; CV 9-2-22) y la demolición de unas obras ilegalmente realizadas en el sótano de una vivienda y posterior reforma del mismo, cuando las mismas no tengan la consideración de obras de rehabilitación (DGT CV 25-2-05) y aunque no se refiera a obras ilegales (DGT CV 4-2-08);
- entregas con instalación de **extintores** (DGT CV 7-7-05);
- los **trasteros** cuya construcción no está ligada a la de un edificio destinado a viviendas (DGT CV 21-6-06);
- de **cerrajería** y sustitución de puertas, ventanas y rejas, realizadas en viviendas terminadas (DGT CV 15-6-06); y
- el suministro de **grúas y maquinaria pesada** con operarios especializados a promotores de viviendas (DGT CV 10-12-07).

4. Obras de rehabilitación. 8802

No cabe considerar como operaciones de rehabilitación aquellas que, aun cumpliendo el proyecto conjunto los requisitos para que las mismas sean consideradas como de rehabilitación, se ejecuten por fases a lo largo de un **período dilatado** de tiempo, más allá de los plazos temporales técnicos derivados del proyecto (DGT 16-3-99).

Sin embargo, están incluidas dentro del concepto más amplio de rehabilitación las **obras análogas a las obras de rehabilitación**, tales como la instalación de aparatos elevadores (ascensores) y la rehabilitación de fachadas y obras de supresión de barreras arquitectónicas en edificios ya construidos (DGT CV 28-10-10), formando parte de un proyecto global de rehabilitación si cumple, en principio, las condiciones para ser considerado como tal (DGT CV 3-1-13). Las **obras conexas** solo computan como obras de rehabilitación cuando su coste total sea inferior al derivado de las obras de consolidación o tratamiento de elementos estructurales, fachadas o cubiertas y, en su caso, de las obras análogas a estas (DGT CV 6-1-18).

a. **Tipo reducido**:
- las obras de un centro para **personas mayores** (DGT CV 11-11-10);
- las obras de un **colegio mayor** por completo, destinado más del 50% a vivienda de los estudiantes (DGT CV 15-7-13; CV 9-3-15) y las **viviendas tuteladas** y residencias tuteladas (DGT CV 11-4-14; CV 24-9-14);
- las obras de un centro considerado como vivienda dedicada a residencia de enfermos, **religiosos**, personas con discapacidad o personas mayores (DGT CV 22-2-18), así como de una parroquia donde viven sacerdotes (DGT CV 25-2-21);
- las obras realizadas en edificaciones de una **fundación** cuando dispongan de cédula de habitabilidad o licencia de primera ocupación y sean consideradas aptas para su utilización como viviendas y cumplan los requisitos del nº 8788 (DGT CV 16-11-21; CV 16-11-21);
- las obras de rehabilitación integral de una vivienda situada en el casco antiguo de una ciudad cuando se cumplan todos los requisitos legales (DGT CV 15-9-09); las entregas de las viviendas rehabilitadas y las obras realizadas como consecuencia de la calificación de un determinado **proyecto** como de rehabilitación (DGT CV 14-2-11); la rehabilitación, renovación y reparación de una **iglesia** (DGT CV 29-6-11) y las obras de rehabilitación de unos edificios destinados a **conventos**, incluidos los locales, anejos, garajes, instalaciones y servicios complementarios unidos a la propia residencia (incluidos los almacenes y la capilla), que constituyan fundamentalmente la morada o sede de vida doméstica de las personas que los habiten (DGT CV 20-9-16);
- las obras realizadas en el **jardín de una vivienda** que se va a rehabilitar, consistentes en movimiento de tierras, plantación de arbolado, sistemas de riego y consolidación de rellanos, caminos y fuentes habrían de considerarse incluidas dentro de la definición más amplia de rehabilitación (DGT CV 8-9-15).

Se van a rehabilitar determinadas viviendas en el marco de un **plan o programa** que tiene por objeto la financiación de obras de rehabilitación de edificios y viviendas, de urbanización o reurbanización de espacios públicos y, en su caso, de edificación de edificios o viviendas en sustitución de otros demolidos. Si se cumplen las condiciones para considerar las obras como de rehabilitación, las ejecuciones de obra tributan al tipo reducido (DGT CV 10-12-19). En el mismo sentido, respecto de las ejecuciones de obra para la rehabilitación de un edificio propio o arrendado, siempre que dicha edificación vaya a destinarse a vivienda con carácter permanente para las **personas con discapacidad**, y que más del 50% de la superficie total de esta nueva edificación tenga como uso el de vivienda (DGT CV 24-6-19).

b. **Tipo general**:
- obras del **edificio central** de una fundación, así como el acondicionamiento de diversos aprovechamientos museísticos de la misma, ya que no se destinan a viviendas (DGT CV 16-6-11);

8803 **5. Contratos promotor-contratista.**

Los contratos han de ser directamente formalizados entre el promotor de la edificación y los contratistas. Ello precisa de las siguientes matizaciones:

- La expresión **directamente formalizados** es equivalente a directamente concertados, cualquiera que sea la forma, oral o escrita, de los contratos (DGT CV 28-9-11).
- Si el promotor es a su vez contratista (**promotor-contratista**), las ejecuciones de obra concertadas directamente con él tributan al tipo reducido, con independencia de que se haya concertado la totalidad de la construcción con un solo empresario o con varios, atendiendo a las diferentes especialidades (DGT CV 14-2-11; CV 5-12-23).

A estos efectos, no es relevante que la **duración de las obras** abarque varios ejercicios (DGT CV 8-9-11), ni que se trate del **reinicio** de una autopromoción de viviendas que fue interrumpida (DGT CV 8-9-11).

También es aplicable a las ejecuciones de obras, con aportación de materiales, consecuencia de contratos directamente formalizados entre el **promotor delegado y el promotor principal** que tengan por objeto la construcción de edificaciones o partes de las mismas destinadas principalmente a viviendas, incluidos los locales, anejos, garajes, instalaciones y servicios complementarios en ellos situados (DGT CV 25-5-16).

Por el contrario, no concurren tales circunstancias en las siguientes ejecuciones de obras:

- las de rehabilitación de un edificio por parte de un **estudio de arquitectura** (DGT CV 13-9-11);
- las realizadas por **empresarios o profesionales** (pintores, yesistas, etc.) para el contratista que contrata la ejecución de la obra de rehabilitación con el promotor (DGT CV 2-11-11); y
- las ejecuciones de obra contratadas por una **comunidad de propietarios**, que no es la promotora de los inmuebles, con un constructor, con el fin de terminar la obra y poder obtener el certificado de fin de obra y licencias de habitabilidad (DGT CV 3-8-15).

8804 **6. Entregas.**

Están sujetas al **tipo general**:

- **armarios** de cocina, de baño, armarios empotrados y aparatos sanitarios, sin instalación, o bien instalados cuando se trate de una mera reforma de la vivienda (DGT 23-3-00) o son instalados a constructor distinto del promotor de viviendas en construcción o rehabilitación (DGT CV 2-11-06);
- cocinas, lavadoras, vitrocerámica, lavavajillas y frigoríficos (DGT 23-3-00; 25-3-04); **electrodomésticos** y mobiliario (DGT CV 11-2-13);
- **grifos, lavaderos y fregaderos** con instalación para promotores de edificaciones destinadas a viviendas (DGT 26-6-00);
- **materiales de construcción** (DGT CV 11-7-07), incluso si es directamente al promotor (DGT CV 4-9-09; CV 26-12-24);
- materiales de **carpintería** sin su instalación por la empresa que los fabrica (DGT CV 23-3-07); y
- **encimeras** de mármol o de piedra natural instaladas en viviendas terminadas (DGT CV 6-11-08).

8805 **7. Costes.**

- los **gastos de transporte** derivados de la operación principal (ejecución de obra de carpintería de madera con aportación de materiales) efectuada por la entidad contratista para el promotor de la obra, forman parte de la contraprestación de dicha operación principal, aplicándose a la total contraprestación así calculada el tipo reducido (DGT CV 25-9-07);
- en relación a un servicio de **gestión integral de un proyecto de construcción**, facturando, por una parte, los distintos costes incurridos para la realización del proyecto y, por otra, los honorarios correspondientes a la propia gestión, se puede aplicar el tipo reducido a la ejecución de obra y el tipo general a los honorarios (DGT CV 7-5-12; CV 28-10-19). En el mismo sentido, tributan al tipo general los **servicios de ingeniería y geotecnia** para la realización de un estudio geotécnico de la parcela donde se va a construir la vivienda, y al tipo reducido la construcción (DGT CV 19-5-21). Los **servicios de arquitectura** también tributan al tipo general (DGT CV 16-8-21); y
- el importe de los honorarios que cobra una **agencia inmobiliaria** por su mediación en la venta tributa al tipo general (DGT CV 3-2-17).

8806 Jurisprudencia **1)** Las alegaciones según las cuales las obras previas (**movimiento de tierras, explanación**) no se incluyen en las de tipo reducido, carecen de apoyo legal, reglamentario y doctrinal. Las únicas obras mediatamente relacionadas con la construcción o la rehabilitación de viviendas -a las que, por tanto, no se aplica el tipo reducido- son las posteriores a su terminación o las de urbanización, cuando los espacios a que se refieren tales obras sean de uso público (TEAC 14-1-99).

2) Las ejecuciones de obra para la **construcción de un hotel** o de un edificio de habitaciones para su explotación en arrendamiento tributan al tipo general (TEAC 10-3-99).

3) *Las obras de* ***reparación de un muro*** de una vivienda habitual tributan al tipo general, pues no se trata de obras de rehabilitación al no constar su cuantía y relación con el valor previo de la edificación (TEAC 6-10-99).

4) Se aplica el tipo general a las obras de construcción de un **asilo de ancianos**, aunque constituyan la morada de los ancianos, si forma parte de una actividad empresarial. Si el servicio de residencia se efectúa de forma gratuita, tributa al tipo reducido (TEAC 4-5-05). En el mismo sentido para

ejecuciones de obra para la construcción de un **centro asistencial** para enfermos y personas con discapacidad psíquica (TEAC 9-10-01). Existe doctrina consolidada de la DGT que establece la aplicación del tipo reducido para estos casos (nº 8798).
5) Se aplica el tipo general a las ejecuciones de obra para la rehabilitación de una **casa noviciado** de un monasterio y de una residencia de una **congregación**, puesto que no tienen el carácter de obras de rehabilitación al no cumplir el requisito objetivo de tratarse de obras referidas a estructura, fachada o cubiertas (TEAC 25-9-02).
6) En las ejecuciones de obra, a efectos de la aplicación del tipo reducido, el elemento determinante es el **destino** de las edificaciones como vivienda (TEAC 2-4-08).
7) Las ejecuciones de obra de **piscina** tributan al tipo general (TEAC 10-9-08; TS 30-4-15, EDJ 80778).
8) Las ejecuciones de obras relacionadas con la construcción de un centro residencial destinado a **residencia para adultos con discapacidad** puede ser considerado como edificio destinado principalmente a vivienda y se aplica el tipo reducido (TS 28-5-12, EDJ 149731).

Arrendamiento de viviendas con opción de compra (LIVA art.91.Uno.2.11º) Tributan al tipo reducido los arrendamientos con opción de compra de edificios o parte de los mismos destinados exclusivamente a viviendas, incluidas las **plazas de garaje**, con un máximo de dos unidades, y **anexos** en ellos situados que se arrienden conjuntamente. **8808**
Por tanto, resulta aplicable el mismo tipo en el caso de arrendamiento de viviendas con opción de compra y de entrega definitiva de la vivienda cuando se ejercite la citada opción.

Además de las siguientes contestaciones de la DGT, ver nº 11000 s. **8809**
1) Si no se ejercita la **opción de compra**, no procede la devolución de las cuotas del IVA correspondiente al arrendamiento de la vivienda. Tampoco se ajusta a Derecho la suspensión de la liquidación del Impuesto y su realización en un único pago en el momento que se ejercite la opción de compra (DGT CV 8-6-10; CV 7-5-14).
2) En los arrendamientos con opción de compra en los que el arrendatario es una **persona jurídica** hay que tributar al tipo general, ya que se entiende destinado a la realización de una actividad económica y no a vivienda (DGT CV 16-6-11).
3) Tributa al tipo general el arrendamiento de **locales, oficinas y lofts-despachos** al estar destinados al desarrollo de una actividad empresarial, con independencia de que exista o no opción de compra (DGT CV 12-4-11). En el mismo sentido, respecto al arrendamiento con opción de compra de un local comercial, DGT CV 19-11-21.
4) El arrendamiento con opción de compra es una prestación de servicios sujeta y no exenta, que implica la consiguiente repercusión del impuesto devengado al arrendatario según tenga lugar la **exigibilidad** de las cuotas arrendaticias. Dichas cuotas se gravan al tipo reducido (DGT CV 23-4-12). El tipo impositivo aplicable a la operación de arrendamiento con opción de compra de un inmueble destinado exclusivamente a vivienda es el reducido (DGT CV 22-1-14; CV 26-3-18).
5) Una persona física ha suscrito, en su condición de arrendatario, un contrato de arrendamiento con opción de compra de una **vivienda de protección pública** con una sociedad anónima municipal propietaria de dicha vivienda. Se aplica el tipo impositivo reducido al arrendamiento con opción de compra de las citadas viviendas, por tratarse de viviendas protegidas de promoción privada (DGT CV 8-2-12). En el mismo sentido, DGT CV 18-10-19.
6) No es posible aplicar el tipo reducido del 10% a las cuotas de **arrendamiento financiero** con opción de compra de un inmueble integrado por viviendas y locales cuando el arrendatario destina a su vez el inmueble al arrendamiento -subarrendamiento- (TEAC 19-6-25).

C. Tipo superreducido

El tipo superreducido del 4% se aplica a las entregas de determinadas viviendas de protección oficial y las viviendas adquiridas por entidades dedicadas al arrendamiento de viviendas, así como a determinados arrendamientos de viviendas con opción de compra (nº 8818 s.). **8810**

Determinadas viviendas de protección oficial y viviendas adquiridas por entidades dedicadas al arrendamiento (LIVA art.91.Dos.1.6º; RIVA art.26 bis) Se aplica el tipo superreducido (4%) a las entregas de **viviendas**, incluidos los **garajes y anexos** situados en el mismo edificio que se transmitan de modo conjunto, cuando concurran los siguientes **requisitos**: **8810.1**
- que las viviendas estén calificadas administrativamente de protección oficial de régimen especial o de promoción pública por el Departamento ministerial o el órgano competente de la Administración autonómica o municipal correspondiente; y
- que las entregas se efectúen por los promotores (nº 8789 y nº 8797 s.).
No obstante, el tipo superreducido solo se aplica a un **máximo de dos plazas** de garaje por adquirente.

También se aplica el tipo superreducido a las entregas de viviendas que sean adquiridas por las entidades dedicadas al arrendamiento que apliquen el **régimen especial** previsto en la LIS, siempre que a las rentas derivadas de su posterior arrendamiento les sea aplicable la bonificación establecida al efecto (ver nº 7330 s. Memento Fiscal 2026). A estos efectos, la entidad adquirente ha de comunicar esta circunstancia al sujeto pasivo con anterioridad al devengo de la operación mediante una **declaración escrita** firmada por aquella, en la que haga constar, bajo su responsabilidad, que cumple los requisitos para la aplicación de dicho régimen especial.

A efectos del tipo de gravamen se **asimilan** a las viviendas de protección especial las calificadas como protegidas para venta de régimen especial, y las protegidas para arrendamiento, de régimen especial y general (RD 2066/2008 disp.adic.7ª.2).

El régimen jurídico aplicable a cada promoción se consigna en las correspondientes **calificaciones provisional y definitiva** de las viviendas, por lo que la determinación del tipo de IVA debe tener en cuenta el régimen al amparo del cual se hayan otorgado dichas calificaciones (DGT 27-8-99; 11-2-04).

8811 Precisiones 1) No a todas las entregas de VPO se les aplica el tipo superreducido, sino solo a aquellas que tengan la consideración de VPO de **régimen especial o de promoción pública**. Por tanto, no se aplica a las VPO distintas de las indicadas, tales como las VPO de régimen general y las de precio tasado.

2) Se califican como **viviendas de protección oficial de régimen especial** a los efectos de aplicar el tipo superreducido, las viviendas de nueva construcción, o procedentes de la rehabilitación, destinadas exclusivamente a familias o personas cuyos ingresos familiares no excedan de 2,5 veces el IPREM, siempre que su precio máximo de venta por metro cuadrado de superficie útil no exceda de 1,5 veces el precio del módulo básico estatal (RD 2066/2008 disp.adic.7ª.1).

3) Las **VPO de promoción o protección pública** son aquellas construidas sin ánimo de lucro, por el Estado, a través del Ministerio de Fomento (actualmente, Ministerio de Transportes y Movilidad Sostenible), al cual está adscrito la Secretaría de Estado de Infraestructuras, Transporte y Vivienda, y por aquellos entes públicos territoriales a quienes expresamente se atribuye esta competencia sobre sus respectivos ámbitos geográficos.

Por tanto, la promoción de las mismas puede llevarse a cabo, además de por el Estado, por las CCAA que tengan transferida la competencia en la materia, y por las corporaciones municipales, estando su regulación básicamente contenida en el RD 3148/1978 art.42 a 44. Para la aplicación del tipo impositivo superreducido hay que atender, exclusivamente, a la calificación administrativa de las mismas.

4) Pueden ser calificadas como **protegidas para arrendamiento o para venta** las viviendas de nueva construcción o procedentes de la rehabilitación (incluyendo aquellas en las que se transmita únicamente el derecho de superficie, en el caso de las viviendas protegidas para venta), que cumplan los siguientes requisitos:

- que, según la normativa propia de las CCAA y ciudades de Ceuta y Melilla, cumplan las condiciones generales del Plan Estatal de Vivienda y Rehabilitación;
- en su caso, que estén destinadas al arrendamiento.

Adicionalmente las viviendas protegidas para arrendamiento o venta de **régimen especial** deben destinarse a los inquilinos o adquirentes señalados en la precisión 2); y las viviendas protegidas para arrendamiento de **régimen general** deben destinarse a inquilinos con ingresos familiares que no excedan de 4,5 veces el IPREM y cuyo precio máximo de referencia, por metro cuadrado de superficie útil computable a efectos de financiación sea de 1,6 veces el módulo básico estatal (RD 2066/2008 art.22 y 32).

5) A las **ejecuciones de obra** que tengan por objeto la construcción o rehabilitación de VPO de régimen especial o de promoción pública, no les resulta aplicable el tipo superreducido, sino el reducido, cuando concurran los requisitos del nº 8788 s. (DGT CV 31-1-23).

6) A efectos no exclusivamente de IVA hay que tener en cuenta que las **exenciones, bonificaciones fiscales** y tipos impositivos que se aplican a las VPO se aplican también a aquellas que, con protección pública, dimanen de la legislación propia de las CCAA (L 13/1996 disp.trans.12ª).

8812 Ejemplos 1) Una empresa municipal ha promovido la construcción de dos bloques de viviendas, uno de **VPO en régimen general** y otro calificado administrativamente de **régimen especial**, que son adjudicadas, en ambos casos, a los vecinos de dicho municipio que reúnan las condiciones establecidas en la correspondiente convocatoria. En la adjudicación de las VPO de régimen especial, además de la propia vivienda, se entrega una plaza de garaje y un trastero, situados en el mismo edificio que la vivienda, a cada uno de los adjudicatarios. La empresa constructora ha repercutido el tipo reducido en las ejecuciones de obra de construcción de las citadas viviendas.

Las entregas de las viviendas de VPO en régimen especial y de la plaza de garaje y el trastero tributan al tipo superreducido.

Las entregas de las viviendas de VPO de régimen general tributan al tipo reducido.

Las ejecuciones de obra para la construcción de VPO tributan al tipo reducido como cualquier tipo de viviendas, pues la aplicación del tipo superreducido no alcanza a las ejecuciones de obra para su construcción. Por otra parte, tampoco resulta aplicable a dichas ejecuciones de obra lo dispuesto para las ejecuciones de obra especiales (nº 2390), ya que se excluye expresamente de la aplicación del tipo superreducido a las citadas operaciones de ejecución de obras.

2) Una **cooperativa** de viviendas de protección oficial efectúa las siguientes operaciones:
a) Percibe **pagos anticipados** de los cooperativistas a cuenta de futuras entregas de viviendas de protección oficial de promoción pública y de sus plazas de garaje.
b) Encarga la **construcción** de dichas viviendas a un contratista, que aporta materiales por importe de 1.500.000 €. El precio de la obra asciende a 3.000.000 €.
Los pagos anticipados determinan el devengo del IVA al tipo superreducido, que es el correspondiente a las entregas futuras de las viviendas de protección oficial de promoción pública efectuadas por el promotor de las mismas, que es la cooperativa. En cambio, las ejecuciones de obra efectuadas para la cooperativa tributan al tipo reducido, siendo indiferente que se trate de entregas de bienes o de prestaciones de servicios (ver nº 2390).
La ejecución de obra efectuada por el contratista para la cooperativa tiene la consideración de entrega de bienes, ya que el coste de los materiales aportados por el contratista (1.500.000 €) supera el 40% de la contraprestación percibida por dicho contratista (3.000.000 €).

3) Una **entidad promotora** de viviendas de protección oficial efectúa las siguientes operaciones: **8813**
a) Vende en el mismo acto viviendas de protección oficial de régimen especial, garajes y trasteros, siendo así que los garajes y trasteros en algunos casos no están calificados como de protección oficial de régimen especial.
b) Vende viviendas de protección oficial de régimen general.
c) Adquiere un solar a un particular a cambio de una de las viviendas de protección oficial de régimen especial que construirá en dicho solar.
d) Concede a un particular, a cambio de 1.250 €, una opción de compra sobre una vivienda de protección oficial de régimen especial. En virtud de dicha opción se compromete a no vender la vivienda a un tercero en un plazo de dos meses; transcurrido ese período sin que el particular haya ejercitado la opción de compra puede vender la vivienda a cualquier persona.
Los **tipos** aplicables son los siguientes:
a) El superreducido, aunque los garajes y trasteros no estén calificados como de protección oficial de régimen especial, siempre que se transmitan en el **mismo acto** que las viviendas que sí tengan dicha calificación y siempre que se encuentren ubicados en el **mismo edificio**. Hay que tener en cuenta la limitación cuantitativa (máximo de dos plazas) establecida para los garajes.
b) El reducido, ya que aunque son viviendas de protección oficial **no** son de **régimen especial o de promoción pública**.
c) La entrega del **solar** no está sujeta, ya que no se efectúa por un empresario o profesional. La entrega futura de las viviendas tributa al tipo superreducido. El devengo se produce en el momento de la entrega del solar, que constituye un pago anticipado a cuenta de la futura entrega de las viviendas (nº 8737) y la base imponible se fija teniendo en cuenta el valor acordado entre las partes.
d) La prestación de servicios tributa al tipo general, siendo la base imponible 1.250 €. Si luego se ejercita la **opción de compra**, se aplica el tipo superreducido sobre el precio de venta. Se entiende que debe existir una clara intencionalidad de adquirir la vivienda para que sea de aplicación el tipo superreducido.

Doctrina Administrativa Además de las siguientes contestaciones de la DGT, ver nº 11000 s. **8815**
1) La aplicación del tipo superreducido se extiende a:
- **garajes** (con un máximo de dos);
- **trasteros** situados en el mismo edificio y transmitidos conjuntamente con dichas viviendas, aunque alguno de los trasteros no esté calificado como de protección oficial de régimen especial (DGT 15-1-97). No se fija límite cuantitativo, pero no puede entregarse de manera independiente de la vivienda (DGT CV 23-2-09).
- Las entregas de viviendas calificadas como de **protección oficial de régimen especial**, de protección oficial de **promoción pública**, o con **protección pública** según la legislación propia de la Comunidad Autónoma en que esté enclavada que cumplan los requisitos exigidos. La calificación se recoge en la legislación estatal y, en su caso, autonómica vigente en el momento de la concesión de la calificación definitiva (DGT CV 14-2-14; CV 14-10-20; CV 15-9-25) y puede acreditarse por cualquier medio de prueba admitido en derecho (DGT CV 26-8-25). En el mismo sentido, DGT CV 4-3-21; CV 21-9-21; CV 16-12-25.

2) La entrega de las viviendas, efectuada por los promotores de las mismas, tributa al tipo superreducido si, además de tener la condición de viviendas con protección pública según la legislación propia de la Comunidad Autónoma, los **parámetros** de superficie máxima protegible, precio de la vivienda y límite de ingresos de los adquirentes o usuarios no exceden de los establecidos para las viviendas de protección oficial de régimen especial o de promoción pública (DGT 25-9-01; CV 27-2-07; CV 4-8-10). En el mismo sentido para viviendas de protección pública de **precio básico** (DGT CV 20-4-13) y para Viviendas de Protección Pública en Arrendamiento (UPPA) y Viviendas de Integración Social -VIS- (DGT 17-9-02).

3) Se puede aplicar el tipo superreducido cuando las entregas de viviendas se realicen al **Instituto de la Vivienda de Madrid** (actualmente, Organismo Autónomo Agencia de Vivienda Social de la Comunidad de Madrid), que las va a ofrecer en alquiler, siempre que la entidad transmitente disponga de un documento expedido por dicho organismo en el que, bajo su responsabilidad, declare que el adquirente o usuario final de las mismas reúne los requisitos exigidos (DGT 5-2-04), como ocurre con la **calificación definitiva** de la vivienda como de protección pública otorgada por la Comunidad de Madrid (DGT CV 22-7-10).

4) Los **pagos anticipados** a cuenta de una VPO tributan al tipo superreducido cuando reúnan todos los requisitos estipulados en la Ley (DGT 14-4-04). En cuanto a los pagos anticipados realizados por los **socios de las cooperativas** durante la fase de construcción de las viviendas, mientras la calificación de estas tenga carácter provisional, devengan el tipo impositivo previsto para cada caso, sin perjuicio de poder rectificar dicho tipo en el momento de la entrega de la vivienda, si la calificación definitiva fuera distinta de la provisional (DGT CV 12-7-05).

8816 **5)** La transmisión de viviendas por el **Instituto para la Vivienda de las Fuerzas Armadas (INVIFAS)** tributa al tipo superreducido si el régimen sustantivo no fiscal de la vivienda es el de protección oficial (DGT CV 28-7-05; CV 11-11-10).

6) En relación con el régimen especial para «**entidades dedicadas al arrendamiento de viviendas**» del IS, se tiene derecho a la aplicación del tipo superreducido:

- en la transmisión de **viviendas, garajes** (máximo dos) y **trasteros** adquiridos conjuntamente para destinarlos al arrendamiento por sociedades que apliquen este régimen especial (DGT CV 12-12-22);
- aunque la adquisición de las viviendas se produzca cuando aún no se cumplen los requisitos necesarios para poder aplicar dicho régimen, pero ha sido confirmada dicha intención mediante **elementos objetivos** concurrentes a la fecha de la adquisición, teniéndose por tanto derecho a la bonificación establecida en el IS como consecuencia de ello (DGT CV 26-7-06; CV 29-5-19; CV 17-6-20; CV 19-11-21);
- si una sociedad acogida a este régimen especial, adquiere un **solar** (tipo general) en el que se van a construir viviendas de protección pública para su posterior arrendamiento con opción de compra, el tipo superreducido se aplica a las entregas de viviendas producidas cuando se ejecute la opción (DGT CV 7-5-12), pero no a las ejecuciones de obras entre el promotor y contratista para la construcción de las viviendas (DGT CV 6-5-20);
- aunque se pase a tributar por un **régimen distinto** al de entidades dedicadas al arrendamiento de viviendas, siempre que hayan transcurrido tres años desde su adquisición, no habiendo obligación de rectificación del tipo impositivo aplicado (DGT CV 30-11-15). En caso de **escisión a favor de una SOCIMI** de un conjunto de viviendas, junto con sus medios materiales y/o personales, si se mantienen arrendadas las viviendas en la entidad destinataria de la escisión por un plazo de tres años computado desde la fecha en que tales viviendas fueron arrendadas por primera vez por la sociedad transmitente que aplicaba el régimen especial de arrendamiento de viviendas del IS, y siempre que las rentas derivadas de dicho arrendamiento lleguen a tener derecho a la bonificación, no procederá la rectificación del tipo impositivo superreducido aplicado en la adquisición de las viviendas (DGT CV 24-5-19).

Por el contrario, sí procede la **rectificación** cuando, sin haber transcurrido el plazo de los tres años desde su adquisición, se pierde la bonificación, por ejemplo por arrendar las viviendas a personas jurídicas o prestar conjuntamente con el arrendamiento servicios propios de la industria hotelera (DGT CV 23-5-22); dedicar las viviendas a arrendamientos de temporada (DGT CV 30-6-22); o transmitir el inmueble (DGT CV 20-2-23).

7) La **aportación no dineraria de inmuebles** destinados a viviendas y parkings mayoritariamente a efectos de constituir una nueva sociedad destinada al alquiler de viviendas tributa al tipo superreducido (DGT CV 4-8-09).

8) En caso de que, por parte de un ayuntamiento, se **transmita el vuelo** de una vivienda y, **con posterioridad**, se transmita **el suelo**, si el destinatario del suelo es el titular del vuelo que fue transmitido con anterioridad y el transmitente del suelo y del vuelo es la misma persona, siempre que no hayan existido transmisiones intermedias de suelo o vuelo, se aplicará el tipo superreducido o reducido a la transmisión del suelo, según que la vivienda sea o no de protección oficial. En otro caso, el tipo impositivo aplicable a la transmisión del suelo será el general (DGT CV 31-5-10).

9) La **discapacidad** del adquirente no es relevante para determinar el tipo impositivo aplicable a la entrega de una vivienda nueva. Lo relevante para la aplicación del tipo impositivo superreducido es la calificación administrativa de la vivienda como de protección oficial de régimen especial o de promoción pública en base a los requisitos correspondientes (DGT CV 23-5-24).En este sentido, no se aplica el tipo superreducido a la adquisición de una vivienda por una persona con discapacidad (DGT CV 26-8-25) ni a la adquirida por una familia numerosa (DGT CV 5-9-25).

8817 Jurisprudencia **1)** Para que tributen al tipo superreducido es preciso que las viviendas sean calificadas administrativamente como de protección oficial de **régimen especial** o de **promoción pública** y efectuarse por sus promotores. La prueba del cumplimiento de todos los requisitos corresponde al reclamante (TEAC 19-2-14; 15-12-16).

2) Ver también TEAC 24-5-17 en el nº 8784.

Arrendamiento de viviendas con opción de compra (LIVA art.91.Dos.2.2º) Se aplica el tipo superreducido a los arrendamientos con opción de compra de edificios o parte de los mismos destinados exclusivamente a viviendas, calificadas administrativamente como de **protección oficial de régimen especial** o de **promoción pública**, incluidas las plazas de garaje, con un máximo de dos unidades, y anexos en ellos situados que se arrienden conjuntamente. 8818
Así se equipara el tipo aplicable al arrendamiento de estas viviendas con opción de compra con el tipo aplicable a la entrega definitiva de la vivienda cuando se ejercite la citada opción.

Ejemplo El Instituto para la Vivienda de una Comunidad Autónoma efectúa contratos de alquiler con opción de compra que tienen por objeto **viviendas de protección oficial de régimen especial**. En algunos casos, el inquilino se compromete a ejercitar la opción de compra al formalizar el contrato de arrendamiento.
A las rentas les es aplicable el tipo superreducido. De esta manera, se iguala el tipo aplicable a la entrega de la vivienda con el tipo aplicable al alquiler con opción de compra.

Doctrina Administrativa Además de las siguientes contestaciones de la DGT, ver nº 11000 s. 8819
1) El arrendamiento con opción de compra sobre una vivienda de protección pública promovida por una **empresa pública municipal** está sujeto al tipo superreducido (DGT CV 8-9-11).
2) En una promoción de viviendas con protección pública otorgada por la **Comunidad de Madrid** destinadas al alquiler a diez años con opción de compra, siempre que se cumplan los parámetros de superficie máxima protegible, precio de la vivienda y límite de ingresos de los adquirentes o usuarios exigidos para las viviendas de protección oficial de régimen especial o de promoción pública, resulta de aplicación el tipo superreducido (DGT CV 25-3-11).
3) Se aplica el tipo superreducido al arrendamiento con opción de compra de una viviendas que han obtenido la **calificación definitiva de viviendas de protección oficial**, quedando sometidas durante el plazo de 30 años al régimen de uso, conservación y aprovechamiento y al sancionador establecido en la normativa aplicable, por tratarse de viviendas de protección oficial de régimen especial (DGT CV 25-4-12).

VII. Deducciones

(LIVA art.92 a 114)

Con el fin de alcanzar el objetivo del impuesto de gravar, en cada fase de producción o de comercialización, el «valor añadido», es decir, la plusvalía conferida al producto considerado, de modo que al término del **ciclo industrial y comercial** del producto, la carga fiscal global que lo grave se corresponda con el impuesto calculado sobre el precio de venta al consumidor último, se ha escogido el mecanismo de las deducciones (nº 2500 s.). 8820
Con independencia del régimen general de deducciones, existen **disposiciones particulares** en relación con las cuotas soportadas antes del comienzo habitual de las entregas de bienes y prestaciones de servicios que constituyen el objeto de la actividad y su regularización (nº 3066), dentro de las que hay que destacar, por su importancia desde la óptica inmobiliaria, la regularización de bienes de inversión.

Precisiones **1)** Por lo que se refiere a la deducción del IVA soportado por bienes inmuebles, ver los criterios aplicables en relación con la deducción del IVA soportado por **bienes de inversión** en el nº 2615 s. Ver en particular los criterios del TJUE relativos a la deducción del IVA soportado por bienes de inversión de uso mixto (empresarial y privado) en el nº 3036.
2) En relación con el efecto que una **modificación normativa** puede tener en la deducción del IVA soportado por la adquisición de bienes o servicios relativos a inmuebles, así como sobre la regularización de la deducción practicada, ver criterio del TJUE 8-6-00, asunto C-396/98 en el nº 2705.
3) En relación con la **venta durante el período de regularización** de deducciones de un bien de inversión de naturaleza inmobiliaria efectuada con arreglo a un esquema de ingeniería fiscal destinado a minimizar el efecto de dicha regularización, ver criterio del TJUE en el nº 3022, punto 1).
4) En relación con la deducción del IVA soportado en los casos de **abuso de derecho y fraude fiscal**, ver criterios del TJUE 21-2-06, asunto C-255/02; 21-2-06, asunto C-223/03 en el nº 2614. Dichos supuestos se refieren con frecuencia a la deducción del IVA soportado por la adquisición de bienes o servicios de naturaleza inmobiliaria. Al respecto, el TS ha considerado como **contratos simulados** ciertos contratos de arrendamiento en virtud de los cuales se generaba el derecho a la deducción del IVA soportado (TS 29-3-10, EDJ 78795).

Regularización complementaria de los bienes de inversión (LIVA art.113) Debe practicarse durante los años siguientes del **período de regularización** por la parte de este que quede por transcurrir. Esta regularización complementaria se refiere tanto a las edificaciones y terrenos como a cualesquiera bienes de inversión, siempre que no haya concluido el período de regularización de las deducciones correspondientes a los mismos. A estos efectos, se 8821

considera como deducción efectuada en el año en el que tuvo lugar la repercusión la que resulte del porcentaje global de los cuatro primeros años de realización habitual de las operaciones sujetas a IVA, es decir, el porcentaje de regularización general (nº 3025).
Si los bienes de inversión fuesen objeto de entrega **antes de la finalización del período de regularización**, se ha de aplicar una regularización única para los años que falten de regularización desde que se realiza la entrega (nº 3039).

8822 Ejemplos 1) Adquisición de una edificación en el año N, con IVA de 10.000. La edificación **entra en funcionamiento** en ese mismo año.
Prorrata provisional: 60%. Deducción en el año N: 10.000 × 60% = 6.000.
Inicio de las entregas de bienes y prestaciones de servicios en el primer semestre del año N+3.
Prorrata (N+3 hasta N+6): 80%.
Deducción complementaria: (10.000 × 80%) - (10.000 × 60%) = 2.000.
Prorrata año N+7 = 65%. Regularización complementaria en ese año: (10.000 × 65%) - (10.000 × 80%) = 1.500; 1.500/10 = 150 (ingreso complementario).
Prorrata año N+8 = 60%. Regularización complementaria en ese año: (10.000 × 60%) - (10.000 × 80%) = 2.000; 2.000/10 = 200 (ingreso complementario), etc., hasta el año N+9 inclusive.
2) La sociedad anónima C, dedicada a la realización de actividades inmobiliarias, adquiere pisos que luego vende a particulares. Sin embargo, dos de las ventas de pisos efectuadas en el primer trimestre del año N lo han sido a **profesionales** que destinan los pisos exclusivamente al ejercicio de su actividad, habiéndose renunciado a la exención con cumplimiento de todos los requisitos legales y reglamentarios.
Las operaciones realizadas por C (segundas entregas de pisos a particulares) están sujetas y exentas, por lo que C no puede deducir el IVA soportado por ellas. No obstante, las ventas de pisos efectuadas con renuncia a la exención, aunque el sujeto pasivo es el adquirente (nº 1363 y nº 8714), sí generan el derecho a deducir, por lo que C puede deducir el IVA soportado por ellas en la medida correspondiente, aplicando la regla de prorrata.

8823 Doctrina Administrativa Además de las siguientes contestaciones de la DGT, ver nº 11000 s.
1. Arrendamientos.
- Una promotora no puede deducir las cuotas de IVA soportadas en las **adquisiciones de bienes y servicios** que emplea en la actividad de arrendamiento de viviendas, porque esta actividad no origina el derecho a deducir (DGT CV 29-3-05). Por el contrario, sí son deducibles las cuotas soportadas que vayan a afectarse a la realización de una actividad sujeta y no exenta del IVA, como es la actividad de **arrendamientos turísticos** (DGT CV 8-2-18), siempre que no haya transcurrido el plazo de cuatro años desde el devengo del IVA (DGT CV 30-5-18). La deducción está condicionada a que el **destino previsible** sea la realización de operaciones generadoras del derecho a la deducción. A estos efectos, el arrendamiento de viviendas y la transmisión de la edificación sujeta pero exenta no generan derecho a la deducción del IVA soportado en la compra del inmueble y en gastos de reforma a otros empresarios o profesionales (DGT CV 2-10-24).
- Cuando el **complejo de viviendas «senior living»** se destine a la realización exclusivamente de operaciones sujetas y no exentas, las cuotas de IVA soportado en la adquisición del terreno y en la construcción de las viviendas serían íntegramente deducibles (DGT CV 24-9-25).
- Una persona física que adquiere una vivienda nueva que **arrienda a una sociedad**, la cual la destina al alquiler turístico, sí puede deducir el IVA soportado en la adquisición (DGT CV 5-9-25).
- La cuota soportada por la **adquisición de un solar** que se arrienda durante un breve período de tiempo solo puede deducirse si el arrendamiento de dicho solar está sujeto y no exento. Si no se ejerciese **actividad empresarial** alguna con posterioridad a la extinción del arrendamiento ni existieran motivos razonables de que se vaya a realizar en un futuro próximo, la deducción practicada debe regularizarse considerando que en los años sucesivos al del arrendamiento el solar no se ha empleado en actividades que originan el derecho a la deducción (DGT 9-7-98).
- Si el arrendatario ha depositado el importe de cuatro meses de alquiler en el Juzgado de Primer Instancia de Barcelona, como consecuencia de la negativa al cobro por parte del propietario, que considera que el contrato de arrendamiento ha llegado a su vencimiento, si no se posee factura expedida por el arrendador, no puede deducir las cuotas de IVA soportadas, no sirviendo las **cantidades depositadas en el juzgado** como justificante para deducir (DGT 18-12-03).
- Un arrendador de inmuebles adquiere el 25-6-N varios **inmuebles en construcción** para destinarlos al arrendamiento, haciendo efectivo el importe total más el IVA y formalizando la escritura pública de venta en este momento. No recibe factura en esta fecha. Los inmuebles le son entregados en el N+1, fecha en la cual le es entregada la factura acreditativa de la operación. El devengo se produce en el momento de la realización del **pago anticipado**, es decir, el 25-6-N, si bien no se puede ejercitar el derecho a la deducción por carecer de la factura. En el momento de su recepción y, siempre que no hayan transcurrido cuatro años desde el devengo, se puede ejercitar el derecho a la deducción en la correspondiente declaración-liquidación (DGT 20-9-04).
- Un arrendador de locales de negocio adquiere en el año N-2 un local que mantiene sin acondicionar hasta el año N, fecha en que lo arregla y lo alquila. Dado que el arrendador **ejerce la actividad con anterioridad** a la compra del nuevo local, las cuotas soportadas por la adquisición de este nuevo local son deducibles en su totalidad, aunque no haya sido arrendado todavía (DGT 7-4-99).

- La realización de dos actividades económicas, una de ellas arrendamiento de locales, que constituyen **sectores diferenciados**, permite deducir al contribuyente la adquisición del inmueble que vaya a afectarse a esta actividad (DGT CV 29-9-15); por el contrario, si no constituyen sector diferenciado unas de otras, si no resulta aplicable la prorrata especial, se pueden deducir las cuotas soportadas en función de la **prorrata general** aplicable (DGT 15-4-99).
Sin embargo, si un empresario es arrendador de una nave industrial y tiene la intención de arrendar una vivienda de su propiedad puede optar por aplicar la **prorrata especial**, puesto que realiza operaciones que generan derecho a la deducción (arrendamiento de nave industrial) junto con otras que no originan tal derecho (DGT CV 15-6-05).
- Un **colegio profesional** que disfruta de exención adquiere una nueva edificación para trasladar allí su sede, estando dicha actividad sujeta y no exenta. La edificación adquirida se considera un bien de inversión y es utilizado **simultáneamente** en las dos actividades desarrolladas por la entidad. Al no haber concluido el período de regularización y al estar el arrendamiento sujeto y no exento hay derecho a la deducción. Procede para cada uno de los años que resten de dicho período de regularización ajustar las deducciones a practicar en relación con la edificación (DGT CV 3-3-05).
- La promoción de viviendas para destinarlas a la venta, adjudicación o cesión, a través de contratos de **arrendamiento con opción de compra** en los que se deduzca con claridad que la intención del promotor es llevar a cabo en última instancia dicha venta, adjudicación o cesión, genera íntegramente el derecho a la deducción. Los arrendamientos con opción de compra posteriores se van a encontrar sujetos y no exentos. La promoción de viviendas para destinarlas a su **arrendamiento sin opción de compra** determina para su promotor la imposibilidad de deducir el IVA. No obstante, si la decisión de arrendar sin opción de compra fuera sobrevenida y posterior a la construcción, hay lugar al gravamen por autoconsumo (LIVA art.9.1.c). Para cualquiera de los dos supuestos anteriores, el arrendamiento posterior va a estar sujeto pero exento. El uso de una vivienda en virtud de contratos de arrendamiento con opción de compra no agota la primera entrega de una edificación (DGT CV 19-2-10). No obstante ver nº 2718 punto 6.
- La entidad adquirió la condición de empresario o profesional cuando inició las **obras de adecuación del local comercial,** siempre que tuviera la intención de destinarlo al arrendamiento. En base a lo anterior, puede deducir las cuotas soportadas con anterioridad al inicio de la actividad de arrendamiento por las obras de adaptación realizadas en el mismo (DGT CV 20-10-14).

2. Comunidades de propietarios (comunidades de vecinos). Hay que tener en cuenta: **8824**
- Con carácter general, no concurren los requisitos establecidos por la normativa para atribuirles la condición de empresarios o profesionales y por tanto se consideran **consumidores finales**, lo cual impide que se pueda repercutir el IVA sobre los **comuneros** con ocasión del cobro de las derramas que efectúan a los mismos, ni deducir las cuotas soportadas en la adquisición de bienes o servicios. Así, los empresarios o profesionales que pertenezcan a una comunidad de propietarios (comunidad de vecinos) no pueden deducir las cuotas del IVA que hubiesen sido soportadas por la comunidad, puesto que tales cuotas no les han sido directamente repercutidas a ellos (DGT 19-7-04).
- Cuando la comunidad de propietarios realiza la **actividad económica de arrendamiento** (de fachadas, azoteas, etc.), queda sujeta y no exenta, debiendo la comunidad repercutir el impuesto, liquidar e ingresarlo en las correspondientes declaraciones-liquidaciones, pudiendo deducir el IVA que haya soportado por las adquisiciones de bienes o servicios destinados a dicha actividad (DGT 17-9-02). En el mismo sentido, la **cesión de uso** de la azotea a la nueva entidad usufructuaria está sujeta y no exenta (DGT CV 8-5-25).
- En el caso de que la comunidad que lleve a cabo esa actividad de arrendamiento realice la **adquisición de bienes y servicios** necesarios para el mantenimiento, utilización, funcionamiento, etc. de los bienes, elementos, pertenencias y **servicios comunes**, distribuyendo los gastos efectuados por tal concepto entre los miembros de la comunidad, no constituye una actividad de carácter empresarial o profesional. Dicha comunidad tiene la condición de consumidor final y no puede deducir las cuotas soportadas en la adquisición de los referidos bienes o servicios.
Sin embargo, si los bienes y servicios son adquiridos para la rehabilitación, renovación y reparación de un **bien de inversión** que se emplea en todo o en parte en el desarrollo de la actividad empresarial o profesional (como ocurre con la cubierta del edificio), la comunidad puede deducir las cuotas soportadas en la medida en que dichos bienes o servicios vayan a utilizarse previsiblemente, de acuerdo con criterios fundados, en el desarrollo de la actividad empresarial o profesional (DGT CV 30-9-04).

3. Obras de urbanización. **8825**
- Si los terrenos son propiedad de una sociedad y un **ayuntamiento** efectúa las obras de urbanización (sistema de cooperación) contratando las mismas con un tercero, este debe repercutir el IVA sobre el ayuntamiento y, a su vez, este sobre la sociedad, pudiendo el **ayuntamiento** deducir el IVA soportado con arreglo a lo dispuesto en la normativa (DGT 30-4-99).
- Las **cooperativas** promotoras de viviendas pueden deducir, de las cuotas devengadas con ocasión de las operaciones sujetas que realicen, el IVA soportado por el coste de la urbanización de los terrenos destinados a sus actividades, siempre y cuando cumplan el resto de los requisitos exigidos al efecto (DGT 4-5-93), así como por la entrega de parcelas (DGT 28-5-96).

- El **urbanizador de terrenos** que urbaniza los de sus propietarios sin adquirir la propiedad de los inmuebles, al igual que las juntas de compensación que actúan como fiduciarias de sus miembros, puede deducir el impuesto soportado al adquirir los bienes y servicios para ser utilizados en las referidas actividades (DGT 29-10-96).
- Las transmisiones de terrenos urbanizados, sujetas y no exentas, son operaciones que originan el derecho a la deducción, por lo que pueden ser deducidas las cuotas soportadas por las **derramas** satisfechas para financiar el coste de la urbanización y otros gastos relacionados con la misma, siempre que se cumplan el resto de los requisitos exigidos al efecto (DGT 14-7-04).

8827 4. Regularización.
- Una entidad que posee en propiedad un edificio **sin división horizontal** que consta de locales y viviendas debe proceder a la regularización de deducciones por bienes de inversión de modo independiente respecto de cada vivienda o cada local (DGT CV 14-9-05).
- Un contribuyente, que obtiene rendimientos del capital inmobiliario derivados del **alquiler de locales**, adquirió el 21-12-2004 un local sujeto a IVA, habiendo celebrado contrato de arrendamiento a favor de terceros el día 25-12-2004. El 28-12-2004 procedió a la **venta** del local, quedando la transmisión sujeta a ITP y AJD. La adquisición del local estuvo sujeta y no exenta, mientras que la transmisión realizada en el mismo mes ha estado sujeta pero exenta. Por eso la entrega de bienes de inversión durante el período de regularización da como resultado una minoración en el impuesto soportado deducible de la misma cuantía que la deducción efectuada, ambas a practicar en la última declaración liquidación trimestral del 2004 (DGT CV 28-9-05). Si la entrega del bien de inversión tuviera lugar dentro de su período de regularización, se debería, en su caso, proceder a la regularización de las cuotas soportadas deducibles en la adquisición del local (DGT CV 28-4-21).
- Una entidad disuelta y liquidada, previamente ejerció la actividad de arrendamiento de inmuebles. Consecuencia de su **liquidación**, la participación que tiene en dos naves industriales cedidas en arrendamiento se adjudican a los socios, tributando la operación por ITP y AJD al estar sujeta pero exenta del IVA. Dichas naves se adquirieron cinco y tres años antes de la disolución-liquidación, deduciéndose íntegramente el IVA soportado en su adquisición. Así, en el momento de la liquidación no ha transcurrido el correspondiente período de regularización, por lo que la entidad debe regularizar la deducción practicada, lo cual origina una menor deducción. Por otra parte, las entidades adquirentes de la participación de la sociedad liquidada en las naves industriales, al no haber soportado cuota alguna del IVA por dicha operación, tampoco pueden deducir cantidad alguna (DGT CV 16-12-08). En el mismo sentido, si una vivienda tiene la condición de bien de inversión y se adjudica al socio de la entidad que se disuelve, debe realizarse una regularización única de las deducciones, en el plazo legalmente establecido (LIVA art.7) y conforme al procedimiento establecido en LIVA art.110 (DGT CV 12-12-18).
- Las cuotas soportadas por la adquisición de los inmuebles son deducibles si los mismos se afectan al desarrollo de una actividad sujeta y no exenta. La posterior entrega de los inmuebles no determina la necesidad de efectuar regularización alguna de las cuotas soportadas y deducidas originariamente en su adquisición en la medida en que dicha deducción fuera procedente conforme a derecho. No obstante, existe la necesidad de una regularización de los bienes de inversión (inmuebles) si se produce su **transmisión durante el período de regularización**. Por tanto, en la medida en que no hayan transcurrido los diez años correspondientes del período de regularización se debe efectuar una regularización única de deducciones por los años restantes (DGT CV 31-3-16; CV 8-6-16).
- En el caso de que una de las viviendas, cuyo destino previsible era el arrendamiento exento a particulares, finalmente se arriende a una sociedad, estando la operación sujeta y no exenta, procede la regularización de las cuotas soportadas en su construcción. En cuanto a la forma de prorratear el importe de las cuotas correspondientes a la vivienda objeto de arrendamiento no exento para su regularización, se debe adoptar un **criterio** homogéneo y razonable, mantenido en el tiempo, como puede ser la superficie construida que representa la vivienda respecto del total de la promoción (DGT CV 6-6-18).
Igualmente, si tras la adquisición de un local comercial hace seis meses, respecto del cual el adquirente se acogió a la inversión del sujeto pasivo, se decidiese vendérselo a un particular, se va a producir una entrega de un **bien de inversión** dentro del período de regularización, procediendo la regularización de las cuotas deducibles soportadas por dicha adquisición (DGT CV 31-1-20).

8827.1 - En la adquisición de un **local** cuyo **destino previsible** era la realización de una actividad generadora del derecho a la deducción pero que finalmente podría destinarse al arrendamiento de vivienda (actividad sin derecho a la deducción), si se permite su transformación, cabe señalar (DGT CV 8-11-23):
a) Si el local ya se está utilizando cuando se produce el cambio de destino, la regularización de las deducciones debe realizarse de forma escalonada en el tiempo, a través de la regularización de bienes de inversión.
b) Si el cambio de destino se produce con anterioridad a la entrada en funcionamiento del local, la regularización se debe realizar de una vez antes del inicio del período de regularización de bienes de inversión, en el momento en que se tenga constancia de dicha circunstancia.

- Una clínica dental adquirió unos locales para ejercer la actividad (exenta de IVA) y no pudo deducir el IVA soportado. Ahora va a transmitir los locales a un tercero, que será segunda entrega sujeta y exenta con posibilidad de renuncia a la exención. Si se transfieren los locales por los que soportó el Impuesto durante el periodo de regularización, deberá regularizar las cuotas del IVA soportado conforme a lo expuesto en nº 3039 s. Por su parte, si las obras de mejora y acondicionamiento se califican como bien de inversión, procederá también la referida regularización con ocasión de la transmisión de los locales.Si la entrega estuviera **sujeta y no exenta** por haberse renunciado a la exención, debe entenderse que el local se empleó exclusivamente en la realización de operaciones que originan el derecho a deducir durante todo el año en que se realizó dicha entrega y en los restantes hasta la expiración del período de regularización. En cambio, si la entrega estuviera **exenta**, se considerará que el local se empleó exclusivamente en la realización de operaciones que no originan el derecho a deducir durante todo el año en que se realizó la entrega y en los restantes hasta la expiración del período de regularización (DGT CV 15-9-25).
- Una sociedad adquirió un inmueble ocupado ilegalmente y en un estado general de deterioro para su venta a un promotor que tenía la intención de demolerlo y efectuar una nueva construcción. La sociedad renunció a la exención y aplico la inversión del sujeto pasivo. En su lugar, la sociedad transmite el inmueble a otra sociedad que efectuará una rehabilitación integral del edificio para su posterior arrendamiento como viviendas, tributando la operación por la modalidad de TPO del ITP y AJD. En este contexto, la sociedad tendrá que regularizar las deducciones practicadas por haber **alterado el destino previsible** del bien (DGT CV 13-11-25).
- Dado que se produce la entrega del bien de inversión **antes de finalizar su período de regularización**, se practicará en ese momento la regularización (LIVA art.110). En caso de que el adquirente no tenga derecho a la deducción de las cuotas soportadas, de manera que no pueda renunciarse a la exención, el consultante ha de practicar la regularización considerando un derecho a la deducción del 0% de las cuotas soportadas durante los años restantes para concluir el período de regularización (DGT CV 3-9-19; en el mismo sentido, DGT CV 9-3-21).
- No se consideran **bienes de inversión** los inmuebles cuyo destino normal es su transmisión. Por el contrario, los inmuebles destinados a la explotación mediante arrendamiento, en la medida en que cumplan los demás requisitos exigidos, se consideran bienes de inversión a efectos del IVA. En consecuencia, el importe de las **transmisiones** de dichos inmuebles destinados al arrendamiento no debe tenerse en cuenta a efectos del cálculo de la prorrata de deducción. Por lo que respecta al régimen de deducciones previsto para los bienes de inversión, y dado que la entidad se encuentra en prorrata, debe tenerse en cuenta lo dispuesto en LIVA art.107 a 110 en relación con las regularizaciones de la deducción de las cuotas soportadas por la adquisición de bienes de inversión (DGT CV 4-3-21; CV 4-3-21).

5. Otros supuestos. 8827.2

- La entrega de terrenos que se produce con ocasión de la **integración de los propietarios en una comunidad de bienes** constituida para acumular los aprovechamientos urbanísticos que les corresponderían individualmente, es una operación sujeta y no exenta. Son dichos propietarios los que tienen derecho a deducir las cuotas del IVA soportadas por los servicios de urbanización cuyo precio ha sido exigido por el urbanizador con carácter previo a la integración en la comunidad de propietarios (DGT 22-4-03).
- Si la afectación del local a la actividad de arrendamiento se produjo por parte de los titulares del derecho de usufructo, no cabe considerar que la **adquisición de la nuda propiedad** se efectúe con la intención de destinar el citado local a la realización de una actuación empresarial o profesional. Por eso, no hay derecho a la deducción de las cuotas soportadas por la adquisición de la nuda propiedad del local, incluso si una vez adquirido el derecho de usufructo a sus titulares el mismo se destina al arrendamiento (DGT CV 1-4-03).
- En un supuesto de **permuta de un solar a cambio de una obra**, el cedente del solar no hizo constar su condición de urbanizador y la AEAT le giró liquidación provisional por el IVA no ingresado. El cedente del solar instó juicio ordinario ante el Juzgado de Primera Instancia reclamando a la entidad cesionaria la cuota y los intereses derivados de la liquidación provisional. Dado que en el momento de producirse la entrega del solar no se emitió la correspondiente factura, nos hallamos ante un caso de repercusión. Habiendo transcurrido más de un año desde la fecha del devengo de la operación, esa repercusión no resulta procedente, de modo que la sociedad adquirente no está obligada a soportarla. Tampoco cabe la deducción de las cuotas en cuantía superior a la que legalmente corresponda ni antes de que se hubiesen devengado con arreglo a derecho. En consecuencia, si hubiera cantidades indebidamente repercutidas en la operación, las mismas no tendrían la condición de deducibles para la cesionaria (DGT CV 24-11-04).
- Una UTE adquiere un solar, adjudicado por una entidad pública local de un ayuntamiento, con el objeto de construir diversos inmuebles que posteriormente serán transmitidos a particulares, y lo hace en **régimen de proindiviso**. Quien tiene la condición de adquirente y de destinatario de tal operación es la UTE, y por tanto, quien puede ejercitar el derecho a la deducción del impuesto (y no cada uno de sus miembros). Así es como debe figurar en la factura que expida el transmitente (DGT CV 28-1-05).

- Una entidad pretende adquirir inmuebles, realizarles **pequeñas reformas** que no lleguen a calificarse como rehabilitación y posteriormente venderlos. Incluso se plantea la posibilidad de comprar dichos inmuebles, dividirlos horizontalmente y enajenarlos. No renuncia a la exención, puesto que su objetivo es que la venta del inmueble tribute en el ITP y AJD. No puede deducirse las cuotas soportadas en el pago de las obras de acondicionamiento y reforma ya que la transmisión de la edificación está sujeta y exenta del IVA, salvo que dichas operaciones de reforma supongan la rehabilitación del edificio (DGT CV 5-11-04).
- Una entidad recibió en 2001 un local comercial nuevo como contraprestación parcial de la realización de unos determinados trabajos y en 2004 lo transmite a un particular. La entrega del local a favor de la entidad fue una operación sujeta y no exenta. La posterior transmisión al particular es una operación sujeta pero exenta al ser **segunda transmisión**, por tanto hay que proceder a la regularización de la deducción, siendo el resultado una menor deducción (DGT CV 30-5-05).
- Una entidad cuyo objeto social es la compraventa de edificaciones transmite en 2004 una vivienda que adquirió en 2002, con **renuncia a la exención** y siendo esta la única operación realizada. Puede deducir en el 2004 el IVA soportado en la adquisición de nuevas viviendas siempre que para dicho ejercicio no resulte aplicable la prorrata especial, en cuyo caso no puede deducir el IVA soportado salvo que la posterior transmisión de viviendas se encuentre sujeta y no exenta. Si estos bienes no tienen la consideración de **bienes de inversión**, no hay que proceder a la regularización de las deducciones practicadas (DGT CV 6-6-05).

8827.3 - Cuando una entidad cede un terreno de su propiedad a causa de una **expropiación**, el importe a incluir por la entidad en el denominador de la prorrata debe ser igual a cero (DGT CV 19-11-10).
- En **ausencia de elementos objetivos** de prueba que determinen que el uso previsible del inmueble no era el de vivienda, la deducción de la cuota del impuesto soportada en su adquisición resulta improcedente, por lo que debe ser objeto de rectificación en su totalidad (LIVA art.99.dos) y en relación con el período impositivo de la compra, y no a través del procedimiento de regularización de deducciones en diez años -LIVA art.109- (DGT CV 29-1-14). Por el contrario, si se recoge la intención de afectar la vivienda adquirida a una **actividad profesional** (despacho profesional), las cuotas soportas en la adquisición del inmueble son deducibles (DGT CV 26-2-20). La **alteración en el destino inicialmente previsto** antes del inicio del uso o entrada en funcionamiento del bien inmueble determinará la necesidad de proceder a la rectificación de las deducciones practicadas conforme a LIVA art.114 (DGT CV 24-5-21). Esta rectificación de deducciones se ha de realizar en la autoliquidación en la que se produzca el cambio de destino previsible. A estos efectos, este cambio de destino previsible se materializará cuando los inmuebles, que estaban destinados al arrendamiento de vivienda, sean aportados a una sociedad, constituyendo dicha operación una entrega de bienes sujeta y no exenta del Impuesto, al tratarse de una primera transmisión efectuada por el promotor de los inmuebles (DGT CV 23-12-21).
- El cambio de afectación de las viviendas de la actividad de promoción a la actividad de arrendamiento turístico supone la realización de una operación de **autoconsumo**. No obstante, cuando el autoconsumo tiene lugar en relación con bienes por cuya adquisición no se ha atribuido al sujeto pasivo el derecho a efectuar la deducción total o parcial del Impuesto, tal autoconsumo está no sujeto al IVA. Sin embargo, se debe regularizar las deducciones practicadas por la afectación de las viviendas como bienes de inversión durante su período de regularización desde la fecha de entrada en funcionamiento (DGT CV 24-9-14).
- La deducibilidad de las cuotas soportadas por la adquisición de un inmueble y la realización de obras de acondicionamiento en el mismo es plena cuando la **entrega posterior** del inmueble esté sujeta y no exenta. Si está exenta y no se renuncia a la exención, es aplicable la regla de prorrata (DGT CV 24-5-16).
- Dado que los inmuebles en cuestión son **viviendas**, el destino previsible de las mismas será una actividad sujeta pero exenta. Por tanto, los gastos en que se incurra en relación con las viviendas durante el tiempo en que permanezcan arrendadas en las condiciones señaladas, o bien vacías, no serán deducibles en cuantía alguna (DGT CV 11-7-19).
- A los efectos de que la **comunidad de bienes** ejercite el derecho a la deducción de las cuotas soportadas por la adquisición del local comercial, si dicha comunidad fuera la titular de la actividad de arrendamiento, tendrán validez las facturas expedidas a nombre de cada uno de los integrantes de la misma, siempre que el posible riesgo de abuso o fraude quede excluido, circunstancia que, en su caso, deberá ser acreditada por el interesado por cualquier medio de prueba admisible en derecho (DGT CV 12-6-19).
- Una **comunidad de bienes** explota un edificio de su propiedad mediante el arrendamiento de viviendas y locales, las cuales quiere reformar para proceder a su posterior venta de manera individual. Durante los ejercicios en los que se realicen las obras, puede optar por la aplicación de la prorrata general, o por el contrario, de la prorrata especial, salvo que esta resultara de obligada aplicación. Si las obras en las viviendas merecen la calificación de obras de rehabilitación, su venta va a constituir primera entrega, sujeta y no exenta y van a originar derecho a la deducción; por el contrario, si no merecen dicha consideración, su venta va a constituir segunda entrega exenta, no generando dicho derecho (DGT CV 3-4-20).

Jurisprudencia 1) La normativa de la UE debe interpretarse del modo siguiente (TJUE 21-4-05, asunto C-25/03): 8828

- Una persona que adquiere una **vivienda** o encarga su construcción para residir en ella con su familia actúa en calidad de sujeto pasivo y goza, por tanto, del derecho de deducción, en la medida en que utiliza una dependencia de este inmueble como estudio para el ejercicio, aunque solo sea con carácter accesorio, de una **actividad económica** e incluye esta parte del inmueble en el patrimonio de su empresa.
- Cuando una **sociedad conyugal**, que carece de personalidad jurídica y no ejerce como tal una actividad económica, encarga un **bien de inversión**, debe considerarse que los cónyuges que forman dicha sociedad son los beneficiarios de la operación.
- Cuando dos cónyuges que forman una sociedad conyugal adquieren un bien de inversión del que una parte es utilizada exclusivamente con **fines profesionales por uno de los cónyuges** copropietarios, este goza del derecho a deducir la totalidad del impuesto que grava la parte del bien que utiliza para las necesidades de su empresa, siempre que el importe deducido no supere los **límites** de la cuota de copropiedad que el sujeto pasivo posee sobre dicho bien.
- La Directiva no exige que, para poder ejercer el derecho de deducción en estas circunstancias, el sujeto pasivo disponga de una **factura** emitida a su nombre, en la que consten las fracciones del precio y del impuesto, correspondientes a su cuota de copropiedad. A tal fin, basta que la factura se dirija indistintamente a los cónyuges que forman la sociedad conyugal, sin que conste tal desglose.

2) De la normativa de la UE puede deducirse que no procede la inclusión en el denominador de la fracción para el cálculo de la **prorrata** de deducción del valor de las **obras en curso** de ejecución efectuadas por un sujeto pasivo en el ejercicio de una actividad de construcción, cuando dicho valor no se corresponda con entregas de bienes o prestaciones de servicios ya realizadas o que hayan originado el otorgamiento de certificaciones de obra o el cobro de pagos anticipados a cuenta (TJUE 26-5-05, asunto C-536/03).

3) Un organismo de Derecho público que adquiere un bien de inversión de naturaleza inmobiliaria en el ejercicio de sus **funciones públicas**, sin tener por tanto la condición de sujeto pasivo, lo vende posteriormente, ostentado en este caso la condición de sujeto pasivo. En la venta no puede acogerse a la regularización de deducciones por bienes de inversión para proceder a la deducción del IVA soportado por la adquisición del bien (TJUE 2-6-05, asunto C-378/02).

4) En el cálculo de la **prorrata** en caso de enajenación de un inmueble destinado a arrendamiento por el transmitente, a efectos de incluir su importe en el denominador, no se exige que haya estado arrendado un tiempo determinado para que tenga la consideración de bien de inversión (TS 17-1-06, EDJ 6391; TEAC 20-9-12). 8829

5) Los trabajos de restauración de terrenos por una empresa minera en cumplimiento de la normativa medioambiental con **posterioridad al cese de la actividad** extractiva, guardan una relación directa e inmediata con dicha actividad, por lo que la empresa conserva su condición de sujeto pasivo y las cuotas soportadas en la adquisición de bienes y servicios destinados a la realización de dichos trabajos resultan deducibles del mismo modo en que lo eran en el tiempo en que se ejercía la actividad económica, siempre y cuando no dé lugar a situaciones fraudulentas o abusivas (TEAC 11-6-08).

6) La venta por una **constructora** de inmuebles realizados por cuenta propia no puede calificarse de operación inmobiliaria accesoria a efectos del cálculo de la prorrata de deducción, ya que esta actividad constituye la prolongación directa, permanente y necesaria de su actividad gravable. El principio de neutralidad fiscal no se opone a que una empresa de construcción, que abona el IVA sobre las prestaciones de construcción que efectúa por cuenta propia (autoconsumo), no pueda deducir íntegramente el IVA relativo a los gastos generales ocasionados por la realización de esas prestaciones, ya que el volumen de negocios resultante de la venta de las construcciones así realizadas está exento (TJUE 29-10-09, asunto C-174/08).

7) No son deducibles las cuotas soportadas en la adquisición de un solar, puesto que no se ha transmitido ni la propiedad del inmueble ni las facultades de puesta a disposición del mismo, por tratarse de una **adquisición a non domino** (TEAC 28-4-09).

8) El cómputo del plazo general de **caducidad del derecho a la deducción** de las cuotas soportadas se cuenta, en el caso de adquisiciones de terrenos, desde el momento en que se inicien las entregas que constituyen el objeto de la actividad (TEAC 20-10-09).

9) Un sujeto pasivo dedicado a la **promoción inmobiliaria** contabiliza un edificio en construcción como bien de inversión al tener la intención de destinarlo al arrendamiento de viviendas. Cuando se inicia o se tiene la intención de iniciar una actividad económica que constituya un **sector diferenciado** respecto de otra de la misma entidad, hay que ejercitar el derecho a deducir de forma independiente respecto de cada una de ellas, debiendo practicar las deducciones previas al inicio de la nueva actividad de acuerdo con el régimen de deducción que sea el adecuado legalmente (TEAC 21-7-09).

10) No pueden considerarse como bienes de inversión aquellos bienes que, aun estando destinados a permanecer **afectos al activo empresarial** por más de un año, no son utilizados como medio de explotación o instrumento de trabajo en la actividad. No tienen este carácter los inmuebles cuyo destino normal es su transmisión, a diferencia de lo que ocurre con los que se encuentran destinados a su explotación -como es el caso del arrendamiento- (TEAC 8-11-11). En sentido análogo, TS 17-1-06, EDJ 6391.

11) Un inmueble es utilizado como **vivienda habitual** por un socio y administrador de una entidad mercantil. No resultan deducibles las cuotas soportadas en el arrendamiento del inmueble al no encontrarse afecto a la actividad (TEAC 10-5-11).

8829.1 12) Un empresario que utiliza temporalmente para sus necesidades privadas una parte de un bien de inversión afectado a su empresa (almacén acondicionado posteriormente como desván para vivienda), goza del derecho a deducir el IVA soportado por los gastos en que incurrió para realizar **reformas** duraderas en dicho bien, aunque estas se realizaran a los efectos de su **utilización privada**. Ese derecho existe con independencia de si, al adquirirse el bien de inversión, se facturó el IVA al sujeto pasivo o este lo dedujo (TJUE 19-7-12, asunto C-334/10).

13) El IVA soportado por un empresario por la adquisición de un bien de inversión (apartamento dúplex) es inmediatamente deducible en el período impositivo en el que el impuesto se hace exigible aun cuando dicho bien no haya sido **utilizado inmediatamente** en la actividad empresarial. Corresponde al órgano jurisdiccional nacional determinar si el empresario ha adquirido el bien de inversión para la actividad empresarial y apreciar, en su caso, la existencia de una práctica fraudulenta (TJUE 22-3-12, asunto C-153/11).

14) La destrucción, por una empresa dedicada a la producción de energía, de varios edificios destinados a dicha producción y su sustitución por edificios más modernos que tienen la misma finalidad no constituye una modificación, posterior a la declaración del IVA, de los elementos tomados en consideración para la deducción del IVA soportado por la adquisición de los **edificios destruidos** y, por lo tanto, no conlleva una obligación de regularizar esa deducción (TJUE 18-10-12, asunto C-234/11).

15) Una sociedad que haya adquirido un terreno y edificaciones construidas en él con el fin de demolerlas y construir un **complejo residencial** destinado a realizar operaciones gravadas tiene derecho a deducir el IVA correspondiente a la adquisición de dichas edificaciones, sin que exista obligación de regularizar la deducción por el hecho de que las edificaciones adquiridas hayan sido demolidas (TJUE 29-11-12, asunto C-257/11).

16) La venta de apartamentos nuevos realizada con el fin de obtener ingresos continuados en el tiempo está sujeta al IVA. El derecho a deducción del IVA no puede denegarse por el mero hecho de que el sujeto pasivo **no estaba registrado** a efectos del IVA (TJUE 9-7-15, asunto C-183/14).

17) La deducción del IVA soportado por un inmueble que se destina a actividades gravadas no debe ser objeto de regularización cuando dicho inmueble es objeto de una operación de **venta con arrendamiento posterior** (sale and lease back) exenta del IVA, siempre que el empresario que efectuó la deducción (y que recibe el inmueble en arrendamiento) continúe utilizando el inmueble para la realización de actividades gravadas (TJUE 27-3-19, asunto C-201/18).

18) Procede el derecho de deducción del IVA soportado por un empresario **promotor inmobiliario** por los gastos (tales como gastos de publicidad, gastos administrativos y comisiones de agentes inmobiliarios) desembolsados en relación con la venta de ciertos apartamentos, aunque beneficien también a un tercero (en concreto, al propietario de los terrenos) cuando, por una parte, exista una relación directa e inmediata entre los citados desembolsos y, por otra, la actividad económica de aquel y la ventaja para el tercero sea accesoria (TJUE 1-10-20, asunto C-405/19).

VIII. Supuestos prácticos

8840 Aunque en estos casos resulta de aplicación todo lo que se ha venido indicando en los números anteriores, resulta útil exponer, a modo recapitulativo, un conjunto de supuestos que responden en gran medida a la actividad propia de las **cooperativas de viviendas y comunidades de propietarios** y que se desarrollan a continuación.

8841 Ejemplos 1) Tres particulares deciden constituir una **cooperativa de viviendas** con el fin de promover, en dicho régimen, la construcción de un edificio de pisos que van a ser adjudicados a ellos mismos y a otras personas interesadas que deseen formar parte de la cooperativa. A tal fin, se ponen en contacto con varios amigos y conocidos que manifiestan su interés en formar parte de la cooperativa.

Una vez constituida y registrada la cooperativa se exige de cada uno de sus miembros la **aportación** de 10.000 € con el fin de que esta pueda proceder a la adquisición del solar sobre el que se va a levantar el edificio. Los gestores de la cooperativa no tienen claro cuál es, a efectos del IVA, el régimen de las aportaciones de los cooperativistas.

Las cooperativas de viviendas son empresarios a efectos del IVA, ya que se consideran como tales quienes efectúen la urbanización de terrenos o la promoción o construcción de edificaciones para proceder a su venta, adjudicación o cesión, que es exactamente lo que hace la cooperativa. Por otra parte, las actividades de construcción se consideran específicamente como actividades empresariales cuya realización atribuye la condición de empresario a efectos del IVA. De acuerdo con lo anterior, la cooperativa es sujeto pasivo del IVA por las operaciones sujetas a dicho tributo que realice y es ella, no los cooperativistas individualmente considerados, quien debe cumplir las obligaciones formales y materiales que la normativa del tributo establece.

En cuanto al régimen de las aportaciones efectuadas por los cooperativistas, hay que tener en cuenta que tales aportaciones tienen la consideración de pagos anticipados efectuados a cuenta de las futuras entregas de viviendas que realizará la cooperativa. Por tanto, la cooperativa debe repercutir el IVA que se devenga en el momento del cobro del anticipo, aplicando el tipo impositivo que corresponda a la futura entrega (que resulta diferente según la futura entrega lo sea de una vivienda o de un local de negocios, por ejemplo).

2) Los gestores de la cooperativa tienen dudas en relación con varios aspectos relativos a los **pagos anticipados** que solicitan a los cooperativistas. En concreto, no saben si han de expedir o no factura por tales pagos, ni qué contenido debe tener, en su caso, la misma. Además, y aunque en relación con los tipos impositivos tienen en cuenta la solución al ejemplo anterior (nº 8841), no están seguros del tipo que deben aplicar a un cooperativista, abogado de profesión, y que va a utilizar el piso que eventualmente se le adjudique, no como vivienda, sino como **despacho profesional**. 8842

Por lo que se refiere a las facturas, la cooperativa está obligada a expedir y entregar factura por los pagos anteriores a la realización de la operación, es decir, a la entrega de las viviendas, debiendo hacerse constar expresamente en la factura dicha circunstancia. De esta forma, el contenido de la factura que debe expedir la cooperativa es el siguiente (Rgto Fac art.6):
- Factura núm............
- Serie............
- Datos identificativos de la cooperativa (incluido el NIF atribuido por la Administración española).
- Datos identificativos del cooperativista que efectúa el pago anticipado, incluido su NIF.
- Domicilio, tanto de la cooperativa como del cooperativista.
- Mención de que la cantidad entregada constituye un pago anticipado efectuado a cuenta de la futura entrega de una vivienda o local.
- Importe del pago anticipado.
- Tipo impositivo del IVA aplicado.
- Cuota del IVA repercutida.
- Fecha de expedición de la factura.
- Fecha en que se haya recibido el pago anticipado, siempre que sea una fecha distinta de la de expedición de la factura.

En cuanto al tipo impositivo que debe aplicarse en el caso del cooperativista abogado que va a utilizar la vivienda como despacho profesional, es el tipo reducido correspondiente a las entregas de edificios aptos para su utilización como viviendas, es decir, edificios que objetivamente reúnan las condiciones necesarias para ser considerados o utilizados como viviendas, aunque el uso que de ellos haga el destinatario de la entrega sea distinto: por ejemplo, su utilización como despacho profesional o sede de una sociedad.

3) Los gestores de la cooperativa no saben qué hacer con las **facturas expedidas**, si deben o no conservar copia de las mismas y si deben o no anotar las facturas expedidas en algún registro. Además, no saben en qué momento han de expedir las facturas. Por otra parte, el abogado a que se refiere el ejemplo anterior les solicita un duplicado de la factura que fue expedida en su momento, ya que el original no le ha llegado y en Correos le aseguran que se ha extraviado. 8843

a) La cooperativa está obligada a emitir la factura en el momento en que reciba el pago anticipado o bien, si el destinatario es empresario o profesional (así, el caso del abogado que va a utilizar la vivienda como despacho profesional), antes del día 16 del mes siguiente a aquel en que se haya recibido el pago anticipado (Rgto Fac art.11).

b) Asimismo, la cooperativa debe conservar copia de las facturas expedidas durante el período de prescripción del derecho de la Administración para determinar las deudas tributarias correspondientes.

c) La cooperativa puede expedir un duplicado de la factura original extraviada por el servicio de Correos, ya que la normativa permite hacerlo en dos casos: cuando sean varios los destinatarios de una operación (en cuyo caso debe consignarse en el original y en cada uno de los duplicados la porción de base imponible y de cuota repercutida a cada uno de ellos) o en los supuestos de pérdida del original por cualquier causa. Estos duplicados tienen la misma eficacia que los correspondientes documentos originales. Finalmente, en cada uno de los ejemplares duplicados debe hacerse constar la expresión «duplicado» (Rgto Fac art.14).

d) Las facturas emitidas por la cooperativa deben anotarse en el libro registro de facturas expedidas, que debe llevarse en la forma prevista reglamentariamente (RIVA art.63).

e) El incumplimiento por la cooperativa de los deberes enunciados en relación con las facturas constituye infracción tributaria.

4) Con anterioridad al cobro de los **pagos anticipados efectuados por los cooperativistas**, la cooperativa alquiló un piso en el que va a colocar su sede y oficinas, pagando 2.000 € más IVA por la primera mensualidad. La cooperativa se plantea la posibilidad de deducir el IVA soportado por el alquiler del piso. 8844

De acuerdo con la regulación de las deducciones de las cuotas soportadas con anterioridad al inicio de la realización habitual de las entregas de bienes y prestaciones de servicios que constituyen el objeto de la actividad, la cooperativa puede deducir el IVA soportado, siempre que esté en condiciones de probar, con arreglo a criterios objetivos, su intención de destinar el servicio recibido a la realización de una actividad empresarial. Por otra parte, el porcentaje de prorrata aplicable para practicar las deducciones es el fijado por la Administración, a propuesta del empresario, pero la no presentación de la declaración censal con anterioridad al momento en que se soportan las cuotas no impide ni retrasa al momento de inicio de las operaciones activas, la práctica de las deducciones. Ello sin perjuicio de que la falta de presentación de la declaración censal pueda ser constitutiva de una infracción tributaria.

8845 **5)** Uno de los miembros de la cooperativa es una **sociedad anónima** que aporta a la misma un ordenador afecto a su actividad empresarial para que esta pueda comenzar a actuar. La sociedad entrega el **ordenador** a la cooperativa, expidiendo factura en la que le repercute el IVA, aplicando el tipo general. La cooperativa no entiende por qué la sociedad le repercute el IVA ni sabe si puede deducir ese IVA soportado o no.
La sociedad que efectúa la entrega de un ordenador afecto a su actividad empresarial o profesional es un empresario o profesional a efectos del IVA que actúa, al efectuar la entrega del ordenador, en el desarrollo de su actividad empresarial o profesional, ya que la aportación del ordenador lo es de un bien integrado en el patrimonio empresarial de la sociedad.
Por otra parte, dicha aportación tiene la consideración de entrega de bienes, al tratarse de una aportación no dineraria efectuada por un sujeto pasivo del IVA de un elemento de su patrimonio empresarial o profesional a una entidad (cooperativa).
De acuerdo con lo anterior, es correcta la actuación de la sociedad anónima que emite factura por la aportación del ordenador, repercutiendo el impuesto al tipo general.
Finalmente, y por lo que se refiere a la posibilidad de la cooperativa de deducir el impuesto soportado por la aportación del ordenador, hay que tener en cuenta las consideraciones antes efectuadas en relación con la deducción de las cuotas soportadas con anterioridad al inicio de la realización habitual de las entregas de bienes y prestaciones de servicios que constituyen el objeto de la actividad (nº 8844).

8846 **6)** Un empresario, dedicado con habitualidad (y por tanto no de forma ocasional) a la actividad de construcción inmobiliaria decide abandonar su actividad e integrarse en la cooperativa como **miembro** de la misma. Para eso, pacta con la cooperativa que su **aportación** a la misma esté constituida por la totalidad de su patrimonio empresarial, del que forman parte, entre otros activos, dos solares. Otro constructor decide aportar a esta un solar de los tres que constituyen su patrimonio empresarial. La cooperativa desea conocer el régimen a efectos del IVA de las aportaciones efectuadas.
Las aportaciones de los dos cooperativistas siguen un régimen diferente, dado que una de ellas supone la transmisión de un conjunto de elementos que constituyen una unidad económica autónoma capaz de desarrollar una actividad empresarial o profesional con sus propios medios y la otra no. En este segundo caso, el régimen aplicable es el que hemos visto en el ejemplo anterior para el caso de aportaciones no dinerarias efectuadas por un empresario a la cooperativa cuando dichas aportaciones tienen por objeto bienes incluidos en el patrimonio empresarial del aportante (nº 8845).
Distinto es el caso de la aportación que incluye la totalidad del patrimonio empresarial del aportante. Dicha aportación no está sujeta al IVA. La no sujeción opera con tal de que lo transmitido sea un conjunto de elementos que constituyan, o sean susceptibles de constituir, una unidad económica autónoma capaz de desarrollar una actividad empresarial o profesional con sus propios medios en sede del transmitente. No es necesario que se transmita la totalidad del patrimonio empresarial, ni que haya un solo adquirente, ni que el adquirente continúe la misma actividad que el transmitente. De la no sujeción se excluyen los supuestos de mera cesión de bienes, no acompañadas de una estructura organizativa, efectuadas por los arrendadores de bienes, y las transmisiones de activos por aquellos que se dedican de forma ocasional a la urbanización de terrenos o a la promoción, construcción o rehabilitación de edificaciones para su venta (nº 275 s. y nº 8542).
Hay que tener en cuenta que la cooperativa se subrogará en la posición del aportante en cuanto a las deducciones correspondientes a los elementos transmitidos y en particular en cuanto a la regularización de las deducciones por bienes de inversión (nº 3016), siempre que el solar tuviera esa consideración.
Finalmente, si fuera aplicable el supuesto de no sujeción, la entrega de los solares está sujeta al ITP y AJD.

8847 **7)** La cooperativa considera que es necesario dar mayor publicidad a sus actividades y para eso emprende una serie de iniciativas de carácter publicitario:
- Encarga una **campaña publicitaria** a una agencia que actúa en su Comunidad Autónoma.
- Distribuye gratuitamente **impresos publicitarios** en los que constan los datos de la cooperativa y de la actividad inmobiliaria que se pretende iniciar.

- Contrata con el ayuntamiento la colocación de **carteles y anuncios** en los autobuses urbanos, a cambio de 1.500 €.
El régimen a efectos del IVA de estas distintas actividades es el siguiente:
En cuanto a los servicios publicitarios encargados a la agencia publicitaria, tiene que soportar el IVA que esta le repercute al tipo general.
Por lo que se refiere a las entregas gratuitas de impresos publicitarios, no están sujetas, ya que se trata de entregas sin contraprestación de impresos publicitarios en los que consta de forma visible el nombre o identificación fiscal de la cooperativa.
Finalmente, los servicios de publicidad pactados con el ayuntamiento están también sujetos y no exentos pese al carácter público del ente contratante.

8) La cooperativa se ve obligada a hacer frente a los intereses de un préstamo que ha solicitado a un banco, para lo cual pide una nueva **derrama de los cooperativistas** por importe de 5.000 €. **8848**
Finalmente, la entrega de las viviendas tiene lugar el 1-1-N, debiendo cada cooperativista abonar el 1-4-N la cantidad de 50.000 €, que es la que resta para completar el pago.
El pago de la derrama por parte de los cooperativistas por importe de 5.000 € constituye, a efectos del IVA, un pago anticipado efectuado a cuenta de la futura entrega de las viviendas, por lo que los cooperativistas deben abonar, además de los 5.000 €, el IVA correspondiente a tal importe (nº 8770). Es indiferente que la cooperativa destine ese dinero concreto a hacer frente a los intereses del préstamo por ella solicitado, lo importante es que ese dinero forma parte de la contraprestación satisfecha por los cooperativistas por las viviendas.
El hecho de que el pago de los 50.000 € restantes se produzca tres meses después de la entrega de las viviendas no tiene efectos en relación con el devengo del IVA. Dicho devengo se produce en el momento de la entrega y, por tanto, en ese momento deben pagar los cooperativistas el IVA a la cooperativa.

9) Uno de los cooperativistas forma parte de una **comunidad de propietarios** que tiene por objeto la promoción de diversas viviendas para los comuneros en una zona de veraneo. En esa comunidad de propietarios se han efectuado las siguientes operaciones: **8849**
- Un comunero que no tiene la consideración de empresario o profesional ha vendido a un tercero, el 7-2-N, su vivienda. La vivienda se terminará de construir y será entregada el 1-1-N+1. El objeto de la venta es la **vivienda terminada**, por lo que dicha venta se efectúa bajo condición suspensiva.
- Otro comunero, también particular, vende la **vivienda en construcción** en el estado en que se halla el 10-2-N a un tercero.
Hay que distinguir las siguientes operaciones:
a) La entrega efectuada por el comunero de la vivienda ya construida debe ser considerada como segunda entrega, sujeta al ITP y AJD, dado que la primera entrega es la que efectúa la comunidad para el comunero. De esta forma, la comunidad repercute IVA por la vivienda ya construida y por su precio total al comunero (IVA que este no puede deducir, ya que no es empresario o profesional) y la entrega efectuada por el comunero al tercero tributa por TPO sobre el precio total de la vivienda (que incluye el IVA soportado y no deducido por el comunero transmitente).
Esta misma operación puede efectuarse, de manera más ventajosa desde el punto de vista fiscal, si lo que se transmite no es la vivienda ya terminada, sino la participación del comunero en la comunidad. En este caso, la transmisión de dicha participación tributa por TPO, pero la base imponible de dicha transmisión no es tan alta, lógicamente, como la que existe si se transmite la vivienda ya construida. De esta forma, la comunidad entregaría directamente la vivienda ya construida al que recibió su participación del comunero inicial, soportando el IVA por tratarse de una primera entrega.
El ahorro fiscal, en este caso, está claro: TPO no se aplica sobre el total valor del inmueble (incluido el IVA soportado no deducible por el primer comunero) sino sobre el valor de la participación en la comunidad de propietarios en el momento en que se vende dicha participación, que viene dado por el valor real del inmueble en el momento de la transmisión.

b) En este caso, parece que lo lógico es aplicar la solución a que hemos hecho referencia con anterioridad: hay una venta de la participación en la comunidad por un comunero a un tercero, sujeta a TPO (dada la condición de particular del comunero transmitente, ya que si fuera empresario se aplicaría el IVA), cuya base imponible viene dada por el valor real del inmueble en el momento de la transmisión (inferior, sin duda, al precio de la vivienda una vez construida). Posteriormente hay una primera entrega de vivienda por la comunidad al nuevo comunero, que tributa por el IVA. **8850**
Las adjudicaciones de edificaciones efectuadas por las comunidades de bienes promotoras de las mismas a los comuneros no constituyen entregas de bienes, ya que se trata de supuestos de «especificación de derechos» que no suponen transmisión de la propiedad. Por lo tanto, será primera entrega de edificación, en su caso, la efectuada por el comunero del piso o local que se le haya adjudicado. Tal criterio del TS tiene como consecuencia inmediata que la comunidad no puede deducir el IVA soportado, lo cual puede producir un aumento del precio de las viviendas (TS 23-5-98, EDJ 5146).

8852 Doctrina Administrativa Además de las siguientes contestaciones de la DGT, ver nº 11000 s.

1) Están sujetas las **entregas de viviendas** realizadas por las cooperativas que promuevan su construcción, incluso si se efectúan en favor de los propios socios cooperativistas. La base imponible está constituida por el importe total de la contraprestación de las operaciones sujetas al mismo, en la que se incluyen, entre otras, las aportaciones que los cooperativistas efectúen a la cooperativa para repartir el coste total del suelo y de la construcción entre dichos cooperativistas (DGT 26-2-99; 6-2-04), o las cantidades pagadas por los cooperativistas a la cooperativa como consecuencia de su inclusión en un **plan de viabilidad** para la construcción de las mismas, o el **incremento de coste** derivado de las obras realizadas en las viviendas y el importe del **préstamo** en el que, en su caso, se subroguen los cooperativistas en el momento de dicha adjudicación (DGT 16-12-98).

2) En las adjudicaciones de viviendas efectuadas por una comunidad de propietarios, cuya construcción se promueve en régimen de «**autopromotores concurrentes**», mediante el cual varias personas adquieren en pro indiviso un solar, construyen en régimen de propiedad horizontal y, posteriormente, se adjudica a cada propietario una vivienda en pago de su participación, en la determinación de la base imponible no se toma en cuenta el valor del terreno sobre el que se asienta el edificio, habida cuenta de que la adquisición del mismo no ha supuesto coste alguno para la comunidad de propietarios, sino para los respectivos comuneros individualmente considerados (DGT 7-9-00).

3) La **puesta a disposición** de las viviendas supone la realización del hecho imponible y, consiguientemente, el nacimiento de la obligación de pago del IVA por los importes pendientes no entregados anteriormente en concepto de pago anticipado. Este es el momento de devengo en el cual, si la base imponible no resulta conocida, debe cuantificarse provisionalmente (DGT 26-2-99). En aquellos supuestos en los que los arrendatarios de las viviendas han sido terceros distintos a los socios cooperativistas que finalmente van a resultar adjudicatarios de las viviendas, el **devengo** se producirá cuando tenga lugar la puesta a disposición de las viviendas a favor de los socios adjudicatarios, y además se tratará de una segunda entrega al haber estado arrendados ininterrumpidamente durante más de dos años (DGT CV 1-2-18).

4) Si las viviendas que va a transmitir la cooperativa **no** cuentan con la **licencia de primera ocupación**, el tipo a aplicar es el general (DGT CV 3-9-15).

8854 Jurisprudencia 1) Forma parte de la base imponible en la adjudicación de viviendas por una cooperativa a sus cooperativistas el importe que de los pagos anticipados se impute al pago de los costes financieros de las mismas -**intereses de carencia**- (TEAC 15-11-00). En sentido contrario, TEAC 15-4-99; 20-3-02.

2) No tienen la consideración de derramas aportadas al capital de una cooperativa de viviendas las **aportaciones extraordinarias** efectuadas por los cooperativistas para financiar a la misma, por lo que forman parte de la base imponible de las entregas de las viviendas (TS 24-9-09, EDJ 234686).

CAPÍTULO 19

Transportes

8900

El transporte es un servicio de gran importancia en la actividad mercantil, tanto en lo que se refiere a los desplazamientos de **personas** como al traslado de **bienes**. 8902

I. Consideraciones generales

El **contrato de transporte** es el instrumento que regula las relaciones jurídicas entre las partes que conciertan el servicio y que, a efectos del IVA, delimita los elementos del hecho imponible y determina las obligaciones materiales y formales de las personas que intervienen en el mismo. 8905
El transporte de personas o de bienes puede **concertarse directamente** entre el viajero o destinatario del servicio, de una parte, y el porteador o transportista, de otra, o bien indirectamente, puesto que pueden también **intervenir** en él comisionistas, transitarios y agentes de transporte que, a su vez, pueden actuar en nombre propio o en nombre de sus principales.
A efectos del IVA, el transporte realizado por empresarios en el desarrollo de su actividad empresarial es un hecho imponible del impuesto, que tiene la consideración de **prestación** de **servicios** (LIVA art.11.Dos.8), siéndole de aplicación, por tanto, las normas relativas a localización, exenciones, sujeto pasivo y demás que son propias de dichas prestaciones en el impuesto.

Precisiones Para un análisis más detallado de este **contrato mercantil**, ver nº 6450 s. Memento Contratos Mercantiles 2026-2027.

1. Partes intervinientes

Transportista En el transporte, el **prestador del servicio** es el porteador o transportista (en adelante, transportista). Es la persona que presta el servicio de transporte. En el IVA, es el sujeto pasivo de la operación (LIVA art.84.Uno.1º), salvo los supuestos de inversión, en los que el sujeto pasivo es el destinatario del servicio (nº 9028 s. y nº 9053). 8907
Como **sujeto pasivo** tiene la obligación de repercutir el impuesto al destinatario del servicio (o a sí mismo en los casos de inversión del sujeto pasivo), e ingresarlo en el Tesoro. Asimismo, asume, mediante precio, las siguientes **obligaciones**:
- en el **transporte de bienes**, se compromete, frente al cargador, a transportar los bienes de un lugar a otro, custodiarlos y entregarlos al destinatario (nº 8940 s.);
- en el transporte de **personas**, asume frente al viajero el compromiso de trasladarlo al lugar convenido (nº 9115 s.).

Precisiones La **factura o el billete** expedido por la empresa transportista es el documento que contiene las condiciones del transporte: precio, lugar y momento de inicio, itinerario, lugar, fecha y hora de llegada, etc.

Destinatario En el transporte de bienes, es el **cargador o remitente** (en adelante cargador). 8909
En el transporte de personas, es el **viajero**.
A efectos del IVA, está **obligado** a soportar la repercusión del impuesto, con la facultad de deducirlo en las condiciones previstas por la Ley. El destinatario, por tanto, es quien ocupa la posición acreedora de la relación jurídica, por lo que el prestador, en cuanto deudor de la obligación, debe realizar la prestación del servicio.
Si de los **pactos suscritos** no se deduce quién es el acreedor de la obligación, se considera que el destinatario es quien está obligado frente al prestador a efectuar el pago del servicio.

8911 En el **transporte de bienes**, el destinatario del servicio está obligado a la entrega de los bienes al transportista o a un tercero en el lugar concertado, así como a pagar el precio convenido (**portes pagados**), pudiendo acordarse también que el precio se pague por el receptor designado por el destinatario del servicio cuando se le entreguen los bienes en el punto de destino (**portes debidos**).

8913 **Mediador** (LIVA art.11.Dos.15º) En el contrato de transporte intervienen necesariamente dos personas (transportista y cargador), pero además pueden hacerlo también los mediadores. Estos pueden actuar:
- en nombre propio y por cuenta del principal; o
- en nombre y por cuenta del principal.

a) Mediador actúa **en nombre propio y por cuenta del principal** (cargador o transportista).

1. Si la comisión se realiza por cuenta del **cargador**, el mediador se presenta al transportista como dueño del negocio y este solo tiene acciones contra él y no contra el cargador (comitente).

A efectos del IVA, se producen dos **servicios** distintos:
- el servicio de transporte, prestado por el transportista al mediador; y
- el servicio de mediación, prestado por el mediador al destinatario del servicio.

Por estos servicios, el transportista debe facturar y repercutir el impuesto al mediador (comisionista) y, este, al cliente (comitente).

2. Si la comisión se realiza por cuenta del **transportista**, se aplican las mismas reglas, si bien sustituyendo al cargador por el transportista.

b) Mediador actúa **en nombre y por cuenta del principal**.

El mediador actúa frente al transportista como mediador, comunicándole al transportista la identidad del cargador.

A efectos del IVA, se prestan también dos **servicios**:
- el servicio de transporte, prestado por el transportista al cargador; y
- el servicio de mediación, prestado por el mediador al principal. Este puede ser el cargador o el transportista, según actúe por cuenta de uno u otro.

8913.1 **Subcontratista** El transportista también puede proceder a una subcontrata para la ejecución del transporte, en su totalidad o en una parte. En este caso, se producen otros servicios de transporte, prestados por el subcontratista al transportista, sin perjuicio de los indicados anteriormente. Así:

a) Si el subcontratista actúa **en nombre y por cuenta del contratista** de todo el transporte y efectúa materialmente una parte del mismo, habrá dos servicios:
- un servicio de transporte, por la totalidad del trayecto prestado por el contratista al cliente; y
- un servicio de transporte, del subcontratista al contratista, por la parte de servicio realizada por él.

b) Si el subcontratista actúa **en nombre propio** frente al cliente por una parte del transporte, habrá dos servicios de transporte:
- un servicio de transporte del contratista al cliente; y
- un servicio de transporte del subcontratista al cliente, por los respectivos trayectos.

2. Formas de instrumentación de los servicios de mediación y subcontratación

8914 La mediación y subcontratación en los transportes puede instrumentarse de diversas formas, siendo de particular interés:
- el transporte de carga fraccionada (nº 8915 s.);
- el transporte combinado (nº 8917); y
- los acuerdos de colaboración (nº 8920 s.).

En los epígrafes indicados se analiza la **relación entre los intervinientes** para determinar las obligaciones a efectos del IVA de cada uno.

Precisiones Para los fines señalados, han de tenerse en cuenta tanto las **reglas de localización** de los servicios de transporte (nº 8984 s.) como las reglas de determinación del **sujeto pasivo** (nº 9025 s. y nº 9053).

8915 **Transporte de carga fraccionada** Los transportes de carga fraccionada son aquellos que para su realización, precisan de actividades **previas o complementarias**, tales como las de manipulación, almacenamiento, agrupamiento, clasificación, embalaje o distribución por parte del transportista.

En este tipo de transportes, la aplicación del impuesto debe hacerse en función de los **pactos** entre las partes o, en su defecto, de acuerdo con los usos mercantiles.

Se pueden dar las siguientes **modalidades**:
a) El cargador **contrata directamente** con diversas empresas para realizar el transporte total en diferentes partes **sin intermediación** del mediador.
En esta modalidad, los **sujetos pasivos** son quienes realizan el transporte para cada uno de los trayectos parciales convenidos, mientras que el destinatario, obligado a soportar la repercusión del impuesto, es para cada uno de los trayectos, el cargador.
Se trata de transportes **sucesivos y diferentes**, independientes entre sí, en cada uno de los cuales cabe también la posibilidad de que el sujeto pasivo sea el destinatario cuando sea de aplicación la regla de inversión del sujeto pasivo (nº 9028 s. y nº 9053).
b) El cargador contrata con un **transportista principal la totalidad del transporte** y este transportista, que puede o no realizar una parte del mismo, contrata a su vez con otras empresas transportistas el transporte de ciertas partes del trayecto hasta destino, actuando el transportista principal como mediador en nombre propio frente a los demás porteadores.
El transportista principal es el **sujeto pasivo** por la totalidad del transporte y debe repercutir al cargador el impuesto correspondiente al trayecto total.
Los **transportes parciales** se prestan por los correspondientes porteadores al transportista principal, debiendo aquellos repercutir a este el IVA por estos trayectos.
El transportista principal actúa frente a los demás transportistas como **comisionista en nombre propio**, por lo que se produce:
- un servicio de transporte de los transportistas parciales al transportista principal; y
- otro servicio de transporte por el total, suma de los transportes parciales, del transportista principal al cargador.
c) El cargador contrata con un **transportista principal la realización de una parte del transporte**, y este contrata con otras empresas transportistas, como mediador del cargador, la realización de trayectos parciales hasta destino, actuando frente a ellas en nombre y por cuenta del cargador.
El primer transportista es **sujeto pasivo** por la parte de trayecto que realiza materialmente y, para los demás trayectos parciales, los sujetos pasivos serán quienes realicen cada uno de esos trayectos.
Todos los transportistas deben repercutir el impuesto al cargador, que es el destinatario de todos los transportes parciales, dado que el primer transportista actúa en **nombre del cargador** frente a los demás porteadores.
Asimismo, el **primer transportista** debe repercutir al cargador el impuesto correspondiente a los **servicios de comisión** que le presta en los posteriores transportes parciales.

Ejemplos 1) La agencia BETA contrata con la empresa de transportes ALFA el transporte de una maquinaria propiedad de la empresa GAMA desde Vigo hasta Almería. BETA actúa como comisionista **en nombre propio y por cuenta** de GAMA. **8916**
A su vez, ALFA **subcontrata** la totalidad del transporte con la empresa OMEGA y esta subcontrata con un tercero el transporte de Vigo a Madrid.
En la realización de este transporte se producen diversas relaciones jurídicas de las que derivan las siguientes obligaciones a efectos del IVA:
a) Relación entre ALFA y BETA: ALFA se compromete frente a BETA a transportar la mercancía de Vigo a Almería. El sujeto pasivo de este transporte es ALFA y debe repercutir a BETA el IVA correspondiente al total recorrido (Vigo-Almería).
b) Relación entre BETA y GAMA: BETA ha contratado con ALFA la totalidad del transporte, pero por cuenta de GAMA y en nombre propio, por lo que BETA presta a GAMA el mismo servicio de transporte que ALFA presta a BETA (Vigo-Almería), debiendo repercutir a GAMA el IVA correspondiente a dicho transporte, si bien sobre la base de la contraprestación satisfecha a ALFA más el importe de la comisión (ver nº 1923).
c) Relación entre ALFA y OMEGA: al subcontratar ALFA con OMEGA la totalidad del transporte, OMEGA, como sujeto pasivo de este servicio, debe repercutir a ALFA el IVA sobre la contraprestación convenida entre ambos.
d) Relación entre OMEGA y el tercero: la tercera empresa debe repercutir a OMEGA el IVA correspondiente al citado recorrido.
2) La empresa ALFA encarga el 1-7-x a la agencia BETA que contrate, **en nombre y por cuenta de la principal**, el transporte de una maquinaria de Barcelona a Valencia. La agencia BETA contrata el transporte con la empresa GAMA, fijándose el precio del transporte en 2.000 €. La comisión que cobra la agencia es del 8% sobre el precio convenido.
Dado que el transporte se contrata en nombre del comitente, el transportista (GAMA) le presta el servicio al comitente (ALFA), a quien debe facturar:

Precio 2.000 + IVA (21% × 2.000) = 2.420 €

Asimismo, la agencia (BETA) factura a la empresa ALFA el importe de la comisión:

Precio (8% × 2.000) = 160 + IVA (21% × 160) = 193,60 €

La cantidad total adeudada por ALFA será: 2.420 + 193,60 = 2.613,60 €

3) Mismos datos que en el supuesto anterior, pero ahora la agencia BETA actúa **en nombre propio**. Existen dos prestaciones de servicios:

a) De la empresa de transportes GAMA a la agencia BETA. Aquella factura a esta el precio convenido:

Precio 2.000 + IVA (21% × 2.000) = 2.420 €

b) De la agencia BETA a la empresa ALFA. Aquella factura a esta el precio convenido con el transportista más el importe de la comisión, es decir:

Precio 2.000 + (8% × 2.000) = 2.160 €
IVA 21% × 2.160 = 453,60 €

Total factura: 2.160 + 453,60 = 2.613,60 €

En este caso y en el ejemplo anterior, la empresa ALFA paga finalmente la misma cantidad. Así debe ocurrir, porque económicamente es la misma operación, aunque a efectos del IVA deban configurarse de distinta manera.

Doctrina Administrativa Además de la siguiente contestación de la DGT, ver nº 11000 s.
En los transportes de **carga fraccionada** concertados por la empresa de transportes de la plaza de origen en nombre propio y a **portes pagados**, se considera que dicha empresa presta el servicio de transporte al cargador y, a su vez, recibe un servicio parcial de las empresas corresponsales que efectúan las entregas a los consignatarios. En los transportes de carga fraccionada a **portes debidos**, se considera que la empresa corresponsal que efectúa la entrega actuando en nombre propio presta el servicio principal de transporte al consignatario de las mercancías y, a su vez, recibe un servicio parcial de la empresa de transportes de la plaza de origen (DGT CV 23-12-86).

8917 **Transporte combinado** El transporte combinado se realiza materialmente **de forma sucesiva** por varios porteadores. En este caso, el transporte se articula mediante la combinación de diversos modos de transporte (carretera, ferrocarril, aéreo, marítimo...).
En esta forma de transporte, existen varios transportistas que concurren a la prestación de un transporte integrado o total, asumiendo todos ellos la **responsabilidad solidaria** de la realización del mismo frente al cargador, si bien cada uno de ellos efectúa solo la parte del trayecto que le corresponde.
El **primer transportista** actúa en nombre propio y asume la obligación de realizar el transporte total frente a la persona que lo ha contratado, cediendo al **porteador sucesivo** las relaciones jurídicas activas y pasivas derivadas del contrato original.
Son **sujetos pasivos** de la operación:
- el primer porteador, por el total del transporte frente al cargador; y
- los sucesivos porteadores, por los trayectos que vayan restando hasta el destino frente a los porteadores precedentes.

8920 **Acuerdo de colaboración** En estos acuerdos, dos o más empresas de transporte establecidas en distintos lugares, que no constituyen una sociedad civil sin personalidad jurídica ni ninguna de las entidades establecidas en la LIVA art.84.Tres, acuerdan el **reparto por igual** de los ingresos obtenidos por todas ellas en una determinada línea de transporte de mercancías. Al finalizar cada período de tiempo, las empresas que hayan obtenido ingresos superiores a los que les corresponden los entregan a las demás.
Este **grupo de empresas** de transporte, aunque **carecen de personalidad jurídica**, constituyen un patrimonio separado susceptible de imposición (ver nº 1385) que es sujeto pasivo de IVA como tal. Lo anterior debería conducir a que sea este sujeto pasivo de IVA quien repercuta el impuesto. Esta conclusión es dificultosa en ocasiones, por lo que en muchos casos ocurre que son las empresas las que individualmente repercuten el IVA por sus servicios, así como por los ajustes que se hacen entre ellas, práctica que no se ajusta al literal de la Ley de IVA, pero que puede ser compatible con la neutralidad del impuesto.

8923 Doctrina Administrativa Además de las siguientes contestaciones de la DGT, ver nº 11000 s.
1) Están sujetos los servicios derivados de acuerdos de colaboración entre partes interesadas en operaciones de transporte de mercancías, siendo la **base imponible** el importe total de la contraprestación correspondiente a los servicios prestados (DGT CV 4-9-86).
2) En los casos en que RENFE y otras asociaciones constituyen **unidades de explotación**, dichas unidades son los sujetos pasivos de los servicios que prestan. Por el contrario, si los servicios de transporte los presta RENFE que, a su vez, recibe de otras empresas medios materiales y personales, el sujeto pasivo de los transportes es RENFE (DGT 8-1-88).
3) Una empresa dedicada al transporte internacional de mercancías es titular de un derecho de uso de semirremolques con los que presta servicios de transporte a sus clientes. Para ello, celebra con otros transportistas la prestación del servicio de transporte, en virtud del cual, estos aportan la cabeza tractora con conductor para poder realizar el transporte. La empresa está

considerando la posibilidad de asumir el pago de los gastos de **combustible** mediante la cesión de tarjetas de compra de combustible emitidas a su nombre para que sean utilizadas por los transportistas. En este caso, en la medida en que es la empresa la que se encarga del transporte y, por tanto, la que diseña la ruta, abonando el precio de los carburantes con cargo a sus propias cuentas bancarias, debe entenderse que es ella quien está facultada para disponer del carburante, pues el arrendador y conductor de la cabeza tractora, aunque adquiere directamente los bienes y servicios, no dispone en ningún momento de la facultad de decidir de qué manera deben utilizarse ni a qué fines se destinan. Por tanto es la empresa quien debe ser considerada como destinataria del carburante (DGT CV 10-11-15).

II. Clases de transportes

8932 Los transportes pueden clasificarse, según el **objeto del transporte**, en transporte de bienes (nº 8940 s.) o de personas (nº 9115 s.); según el **ámbito espacial**, en transporte interior (nº 8945 s.), intracomunitario (nº 9040 s.) e internacional (nº 9095 s.) y, según el **medio utilizado** para su realización, en transporte terrestre (por carretera o ferrocarril), fluvial, aéreo y marítimo.

Precisiones La prestación de un único servicio de transporte, utilizando **medios ajenos**, define un viaje y tributa por el **régimen especial de las agencias de viaje**, cuando se cumplan el resto de requisitos (nº 4200 s.).

A. Transporte de bienes

8940 Según el **ámbito espacial** en el que se desarrolla el transporte de bienes, se puede distinguir entre transporte interior (nº 8945 s.), intracomunitario (nº 9040 s.) e internacional (nº 9095 s.).

1. Transporte interior de bienes

8946 El transporte interior es aquel cuyo **recorrido total** discurre siempre entre lugares situados en el interior del ámbito espacial del impuesto (TIVA), que comprende el territorio peninsular español y las Islas Baleares, incluyendo las islas adyacentes, las aguas territoriales hasta el límite de las doce millas náuticas y el espacio aéreo que sobrevuela todo el ámbito indicado (LIVA art.3).

a. Hecho imponible

(Dir 2006/112/CE art.2.1.c, 24.1 y 49; LIVA art.4, 5, 11.Dos.8º y 12.3º)

8950 Tanto los transportes de bienes como los de personas tienen, a efectos del IVA, la **consideración** de prestaciones de servicios, y están **sujetos** a este tributo, siempre que concurran las siguientes circunstancias:
- que se realicen a título oneroso por **empresarios o profesionales** en el desarrollo de su actividad económica, en la que el transportista ordena por cuenta propia medios materiales y humanos para la prestación de estos servicios; y
- que se entiendan realizados en el **ámbito territorial** del IVA, de acuerdo con las normas de localización previstas en la normativa del impuesto (nº 8984 s. y nº 9051 s.).

Precisiones Las actividades de transporte urbano y colectivo de viajeros por carretera, transporte por autotaxis, transporte de mercancías por carretera, servicios de mudanzas y transporte de mensajería y recadería, cuando la actividad se realice exclusivamente con medios de transporte propios, se encuentran incluidas en el ámbito objetivo del **régimen simplificado** (nº 3115 s.), aplicable salvo renuncia (OM HAC/1425/2025 art.1).

Jurisprudencia 1) Solo están sujetas al impuesto las operaciones que se realizan **a título oneroso** (salvo los autoconsumos), es decir, mediante contraprestación en dinero, o que se pueda calcular en dinero, atendiendo a lo que el destinatario está dispuesto a dar a cambio del bien o servicio que recibe (TJUE 5-2-81, asunto 154/80; 23-11-88, asunto 230/87).

2) Las prestaciones de servicios de transporte efectuadas **a título gratuito** solo tienen la consideración de autoconsumo a efectos del IVA cuando se efectúan para fines ajenos a la actividad empresarial o profesional de quien las realiza o por cuenta de quien se realizan (TJUE 16-10-97, asunto C-258/95). Ver nº 8955 s.

8951 **Sujeción** (LIVA art.7.6º, 8º y 9º) Como regla general, no están sujetas al impuesto:

a) Las operaciones realizadas por las **Administraciones públicas**, entes, organismos y entidades del sector público, sin contraprestación o mediante contraprestación de naturaleza tributaria. Se entiende que, en estos casos, actúan en el ejercicio de sus funciones públicas. Ver nº 335 s.

No obstante, como excepción a esta regla, determinadas operaciones con transcendencia en la vida económica, entre las que se encuentran las operaciones de transporte, quedan sujetas al impuesto aun cuando se presten por estos organismos (Dir 2006/112/CE art.13).

b) Las **concesiones y autorizaciones administrativas**, salvo las que tengan por objeto la cesión del derecho a utilizar las infraestructuras ferroviarias. Ver nº 355 s.

c) Los servicios prestados por los socios a las **cooperativas** de trabajo asociado, ni los prestados a las demás cooperativas por sus socios de trabajo. Sin embargo, sí están sujetos los servicios prestados por la cooperativa a los socios y a terceros. Ver nº 320 s.

Precisiones La sujeción al impuesto de las concesiones administrativas para utilizar las **infraestructuras ferroviarias** tiene por objeto evitar la ruptura de las deducciones. La no sujeción impediría deducir las cuotas soportadas durante la construcción de dichas infraestructuras, con efectos económicos muy negativos por las cuantiosas inversiones que suponen.

8952 Ejemplos 1) La **cooperativa de trabajo** asociado AAA transporta bienes por cuenta de la empresa BETA de Badajoz a Madrid. Para la prestación de este servicio, el transportista Z, persona física no empresario, transporta los bienes desde Badajoz hasta Talavera por cuenta de la cooperativa, a la que está asociado. Asimismo, la cooperativa presta un servicio de transporte a uno de sus socios.

El servicio prestado por el socio Z a la cooperativa no está sujeto al impuesto, porque se trata de un servicio prestado por el socio no empresario a la cooperativa.

El servicio prestado por la cooperativa al socio y el prestado por la cooperativa a BETA están sujetos y no exentos del impuesto.

2) Una **cooperativa de transportistas**, cuyos socios tienen la condición de empresarios, transporta por cuenta de la empresa ALFA una partida de televisores desde Barcelona hasta Cuenca. Uno de los socios transporta los televisores por cuenta de la cooperativa desde Barcelona hasta Madrid y otro de los socios desde Madrid hasta Cuenca.

Los servicios de transporte comprendidos en el supuesto están sujetos y no exentos del impuesto. La cooperativa no responde al concepto de cooperativa de trabajo asociado, porque los socios tienen la condición de empresarios.

8953 Doctrina Administrativa Además de la siguiente contestación de la DGT, ver nº 11000 s.

Están sujetos los transportes efectuados para una **cooperativa de trabajo asociado** por empresarios transportistas, al no calificarse a estos como socios de trabajo de las cooperativas respectivas (DGT 26-2-96).

Jurisprudencia Un **ayuntamiento**, que presta un servicio mediante un **intermediario** (empresa de transporte), por un precio notoriamente inferior al de mercado, no realiza una actividad económica y, por lo tanto, no es sujeto pasivo de IVA y no puede deducir el IVA soportado (TJUE 12-5-16, asunto C-520/14).

8955 **Autoconsumo de servicios** (Dir 2006/112/CE art.2.1, 26 y 27; LIVA art.4, 7.7º y 12) Están sujetas al impuesto las operaciones realizadas a **título oneroso** por empresarios que actúen como tales (nº 8950).

Por razones de neutralidad, también están sujetas determinadas operaciones realizadas por empresarios a **título gratuito**, como los denominados autoconsumos (nº 260 s.).

En consecuencia, los **transportes**, tanto si se prestan con medios propios (utilización de bienes de la empresa) como con medios ajenos, tributan de la siguiente forma:

a) Los realizados a título oneroso están sujetos al impuesto como prestaciones de servicios.

b) Los realizados a título gratuito (TJUE 16-10-97, asunto C-258/95):
- si se prestan para **fines de la empresa** no están sujetos al impuesto, ni como prestaciones de servicios, porque no son operaciones realizadas a título oneroso, ni como autoconsumos, porque no se prestan para fines ajenos a la empresa; y
- si se prestan para fines **ajenos** a la empresa, están sujetos al impuesto como autoconsumos de servicios.

Precisiones Los autoconsumos no están sujetos a IVA cuando no se atribuye al sujeto pasivo el **derecho a deducirse**, total o parcialmente, el IVA soportado en la adquisición del bien o en la recepción del servicio (nº 325 s.).

Ejemplo La empresa ZETA contrata con la empresa ALFA el transporte del mobiliario de uno de sus empleados que se traslada de Barcelona a Sevilla. El referido traslado se hace por interés de la empresa y sin cargo para el empleado. **8957**
El transporte se hace a título gratuito y no es ajeno a los fines de la empresa. En consecuencia, es un transporte no sujeto al impuesto. Si el traslado fuese por conveniencia del empleado y se prestase también gratuitamente, el transporte sería un autoconsumo gravado por el impuesto, por ser un servicio gratuito y para fines ajenos a la empresa.

Doctrina Administrativa Además de la siguiente contestación de la DGT, ver nº 11000 s. **8959**
Están sujetos los servicios de transporte a terceros prestados a título oneroso o gratuito, aunque un **tercero realice el pago** de la contraprestación (DGT CV 14-9-86).

---

b. Exenciones

(LIVA art.20.Uno)

Como **regla general**, los transportes internos están sujetos y no exentos del impuesto, salvo las excepciones previstas en la Ley, que son las relativas a los transportes de correspondencia, los transportes relacionados con la enseñanza y los transportes de enfermos, así como los relacionados con las exportaciones (nº 6075 s.) y las importaciones (nº 5788 s.). **8965**
Estas exenciones se refieren a los transportes como **servicios autónomos** o servicios que tengan el carácter de operaciones principales y no como accesorios de otras operaciones.
Cuando se trate de **servicios accesorios** a otras operaciones, su tributación ha de seguir la que corresponda a la operación principal, de manera que solo están exentos cuando lo esté esta última. Según la jurisprudencia comunitaria, un servicio tiene esta condición cuando facilite o sea necesario para la realización de una operación principal (es el caso del transporte en una entrega de bienes).

Servicios públicos postales (LIVA art.20.Uno.1º; L 43/2010 art.4, 20 y 21) Los servicios de transporte, así como las entregas de bienes accesorias a ellos, relativos al servicio postal universal, están **exentos**, siempre que se realicen por un operador u operadores que se comprometan a prestar todo o parte de dicho servicio. **8967**
El **operador designado** es aquel al que el Estado ha encomendado la prestación del servicio postal universal (hasta el año 2031, la Sociedad Estatal Correos y Telégrafos, SA -L 43/2010 disp.adic.1ª redacc L 6/2025-).
No están exentos los transportes que se refieren a los servicios cuyas condiciones de prestación se negocien individualmente, y los servicios excluidos del servicio postal universal (nº 1056).
No están comprendidos los servicios realizados en **régimen de autoprestación** (servicios postales que se efectúan directamente por el propio remitente de los envíos, o valiéndose de un tercero que actúa, en exclusiva, para el mismo); ni los servicios relativos a los **envíos sin dirección postal** del destinatario.

Ejemplo La empresa CCC encarga a la agencia PUBLISA el envío de la correspondencia a sus clientes. PUBLISA prepara los sobres, compra los sellos necesarios y franquea los sobres recibiendo la contraprestación acordada en el contrato con CCC. **8968**
La agencia entiende que el servicio de traslado de la correspondencia está exento y no repercute IVA por dicho servicio.
El servicio de transporte prestado por la agencia PUBLISA no está exento, porque es un servicio prestado en condiciones negociadas particular o individualmente entre las partes.

Doctrina Administrativa Además de las siguientes contestaciones de la DGT, ver nº 11000 s. **8969**
1) No están exentos los servicios de **franqueo y reparto** de correspondencia prestados por una empresa privada (DGT 16-9-87; 28-1-98; 10-5-99) o empresarios particulares (DGT 23-4-86), salvo cuando se realicen en nombre y por cuenta del operador al que se encomienda el servicio postal universal, ya que en este caso, se entiende que es este último quien presta el servicio de franqueo (DGT 7-6-04).

2) Están exentos los **transportes intracomunitarios** relativos a envíos postales que constituyan el servicio postal universal y estén reservados al operador al que se encomienda su gestión. Los servicios postales que tengan por destino un país tercero constituyen una **exportación** y, para que sea aplicable la exención, deberá justificarse mediante la utilización de los formularios de envíos postales previstos en el Reglamento General de la Unión Postal Universal (DGT CV 30-6-06).
3) La exención es independiente del **carácter público o privado** del prestador. Lo relevante es que se trate de un operador que se comprometa a prestar el servicio postal universal a cambio de tarifas predeterminadas. Se excluyen los servicios que tales operadores efectúen negociando las condiciones individualmente, atendiendo a las necesidades específicas del usuario (DGT CV 8-4-13). Ver también TJUE 23-4-09, asunto C-357/07 en el nº 8971.

8971 Jurisprudencia **1)** Los servicios de **franqueo y reparto** de correspondencia no están exentos cuando se realicen por empresas privadas (TEAC 6-2-02).
2) La **exención** de los servicios públicos postales exige la concurrencia de dos **requisitos** para su aplicación (TJUE 23-4-09, asunto C-357/07):
a) Que sean servicios prestados por los operadores, públicos o privados, que se comprometen a prestar en un Estado miembro el servicio postal universal o partes del mismo.
b) Que sean prestaciones de servicios y entregas de bienes accesorias de las mismas, con excepción de los transportes de pasajeros y las telecomunicaciones, comprendidos dentro del servicio postal universal (actualmente, Dir 2006/112/CE art.132.1.a). La exención no se aplica a prestaciones ni entregas accesorias cuyas condiciones se negociaron individualmente.
3) El importe facturado por **una sociedad de publicidad** a sus clientes en concepto de franqueo, que no supera el importe que hubiera facturado directamente Correos, forma parte de la base imponible del IVA, ya que el supuesto no constituye un servicio postal universal, sino que es consecuencia de una negociación individual de la entidad con sus clientes. Se trata, por tanto, de un servicio no exento (TS 17-1-11, EDJ 5207).

8973 **Servicios de enseñanza** (LIVA art.20.Uno.9º) Está exento el **transporte de los alumnos** desde su domicilio al centro escolar, facturado por este conjuntamente con la enseñanza, independientemente de que se preste con medios del propio centro o con medios ajenos.

8974 Ejemplo El colegio Santa Elena contrata con una empresa el transporte de los alumnos desde su domicilio hasta el centro docente. Por los transportes efectuados en el mes de enero del año N, la empresa factura al colegio. Asimismo, el colegio factura a los alumnos por ese período en concepto de enseñanza y transporte.
El transporte facturado por la empresa de transportes al colegio no está exento, pero sí lo está el transporte facturado juntamente con la enseñanza por el colegio a los alumnos.

8976 **Transporte de enfermos** (LIVA art.20.Uno.15º) El transporte de enfermos o heridos está exento siempre que se efectúe en ambulancias y demás vehículos especialmente adaptados para ello.

8978 Doctrina Administrativa Además de las siguientes contestaciones de la DGT, ver nº 11000 s.
1) Un **vehículo especialmente adaptado** para el transporte de enfermos es aquel cuya configuración original, en relación con otros vehículos de la misma marca y características, ha sido objeto de modificaciones estructurales, técnicas o mecánicas de carácter permanente, por las que resulta habilitado especialmente para el transporte de enfermos o heridos (DGT CV 25-2-05).
2) Está exento el transporte de enfermos y heridos en **ambulancias** y **helicópteros** adaptados para ello (DGT 11-6-98) con independencia de la condición del ente contratante de los servicios de transporte (DGT CV 1-2-18). Por el contrario, no está exento el realizado en **autotaxis** (DGT CV 16-7-86).
3) Está exento el transporte de personas con **discapacidad** física o psíquica, siempre y cuando el transporte se realice en vehículos especialmente adaptados a dicha finalidad (DGT CV 29-4-20).
4) No están exentos los servicios de transporte de muestras para la realización de **análisis clínicos**, al no tener la consideración de prestaciones de asistencia médica, quirúrgica y sanitaria, relativas al diagnóstico, prevención y tratamiento de enfermedades (DGT 2-2-04).

8980 Jurisprudencia El transporte de **órganos y muestras biológicas** de origen humano no está exento del IVA (TJUE 3-6-10, asunto C-237/09).

c. Reglas de localización

(LIVA art.69.Uno y 70.Uno.2º)

El transporte interior de bienes, es decir, aquel que discurre en su totalidad por TIVA (nº 8946) está sujeto a las siguientes reglas de localización: 8984
- si el destinatario es un **consumidor final** (particular persona física o persona jurídica sin NIF/IVA), se localiza en TIVA por la parte del trayecto que discurra por dicho territorio;
- si el destinatario es un **empresario o profesional**, se localiza en TIVA conforme a la regla general de prestación de servicios (nº 496).

Prestador	Destinatario	Servicio	Localización
Empresario TIVA/E.m./PT	Consumidor TIVA/E.m./PT	Transporte de bienes, excepto el intracomunitario	En TIVA por el recorrido en dicho TIVA (LIVA art.70.Uno.2º)
	Empresario TIVA/E.m./PT		En TIVA si el establecimiento del destinatario radica en TIVA (LIVA art.69.Uno.1º)

PT: territorio o país tercero.
Empresario TIVA, E.m. o PT: empresario con establecimiento, respectivamente, en TIVA, E.m. o PT, desde el que se prestan o en el que se reciben los servicios.
Consumidor TIVA, E.m. o PT: consumidor final con establecimiento o domicilio, respectivamente, en TIVA, E.m. o PT, en el que se reciben los servicios.

Precisiones **1)** A los solos efectos de aplicar las reglas de localización de las prestaciones de servicios y, entre ellas, los transportes y los servicios relacionados con estos, ver concepto de **empresario o profesional** en nº 80 s. 8985
2) En relación a cuándo el prestador puede considerar que un cliente **establecido o no establecido** en la UE es empresario, ver nº 496.1.
3) Se entiende por **establecimiento permanente** cualquier establecimiento, distinto de la sede de la actividad, que se caracterice por tener un grado suficiente de permanencia y una estructura adecuada de medios humanos y técnicos (nº 483).
4) Para **identificar** el establecimiento permanente del cliente al que se le presta el servicio, ver nº 496.3.

Ejemplo La empresa ZZ S.A., radicada en Sevilla, transporta de Madrid a Barcelona para la empresa Beta, S.A., con sede en Suiza, una grúa para utilizarla en la realización de unas **obras** que la empresa suiza debe ejecutar en Barcelona y cuya duración se estima en tres meses.
El transporte del bien indicado se entiende localizado fuera del TIVA ya que el destinatario es un empresario con sede en Suiza y que no está establecido en el TIVA, teniendo las obras una duración inferior a doce meses. En consecuencia, el transporte no está sujeto al IVA.

Doctrina Administrativa Además de las siguientes contestaciones de la DGT, ver nº 11000 s. 8985.1
Si las empresas **destinatarias no están establecidas** en el TIVA, los correspondientes transportes no están sujetos al IVA, al localizarse fuera de dicho territorio.
El transporte terrestre de pescado capturado en **aguas jurisdiccionales españolas** y realizado entre dos puertos españoles por una empresa establecida en el TIVA está sujeto al impuesto (DGT 10-4-95).

Arrendamiento de medios de transporte (Dir 2006/112/CE art.44, 45, 56, 59 y 59 bis; LIVA art.69.Uno.1º, 70.Uno.9º y Dos) En los casos en los que el arrendamiento tiene por objeto medios de transporte, se localizan en TIVA las siguientes operaciones: 8986
a) Arrendamientos a corto plazo: tributan en TIVA, con independencia de la condición del destinatario, cuando la puesta en posesión se produce en dicho territorio. A estos efectos, se entiende por arrendamiento a corto plazo la tenencia o uso continuado de los medios de transporte durante un período ininterrumpido no superior a 30 días y, en el caso de los buques, no superior a 90 días.
b) Arrendamientos a largo plazo: se establece una regla especial solo para el caso de que el destinatario sea consumidor final, localizándose en TIVA si dicho destinatario tiene su establecimiento o domicilio o residencia habitual en TIVA. Se exceptúan, no obstante, los arrendamientos de **embarcaciones de recreo** en los que el destinatario sea consumidor final: estos arrendamientos se entienden localizados en el TIVA cuando la embarcación sea puesta a disposición del destinatario en dicho territorio y el prestador esté establecido también en el citado territorio.
En todos los casos, si el **destinatario es un empresario**, se aplica la regla general (se localizan en TIVA si el destinatario está establecido en TIVA).

A los servicios de arrendamiento de medios de trasporte también se les aplica la denominada **regla de cierre o de utilización efectiva** (nº 750 s.), independientemente de la condición del destinatario del servicio.

Precisiones 1) Los servicios relacionados con **arrendamientos a largo plazo** de medios de transporte, que no sean embarcaciones de recreo, no están sujetos al IVA, siempre que el prestador demuestre que se localizan fuera de la UE (Rgto UE/282/2011 art.3 y 20 a 25).

2) La **duración** de la tenencia de un medio de transporte arrendado se ha de determinar de acuerdo con el contrato celebrado entre las partes, salvo prueba en contrario. Así, cuando el arrendamiento quede cubierto por contratos consecutivos entre las mismas partes, la duración va a ser la que resulte del conjunto de los mismos (Rgto UE/282/2011 art.39).

3) A los efectos de las reglas de localización de los arrendamientos de **medios de transporte**, se consideran tales los vehículos automóviles, motocicletas, bicicletas, triciclos y caravanas, los remolques y semirremolques, los vagones de ferrocarril, las embarcaciones, las aeronaves, los vehículos para el transporte de enfermos o heridos, los tractores y otros vehículos agrarios y los vehículos para inválidos de propulsión mecánica o electrónica. **No se consideran** medios de transporte los vehículos permanentemente inmovilizados y los contenedores (Rgto UE/282/2011 art.38).

4) El **lugar de puesta a disposición** del cliente del medio de transporte es aquel en que el cliente o un tercero en su nombre toma posesión de él materialmente (Rgto UE/282/2011 art.40).

8986.1

<table>
<tr><th>Prestador</th><th>Destinatario</th><th>Servicio</th><th>Localización</th></tr>
<tr><td>Empresario TIVA/E.m./PT</td><td>Empresario TIVA/E.m./PT
Consumidor TIVA/E.m./PT</td><td>Arrendamiento de medios de transporte a corto plazo</td><td>TIVA, si la puesta en posesión es en TIVA (LIVA art.70.Uno.9º)
TIVA, si la puesta en posesión no es en TIVA, pero se utilizan en TIVA (LIVA art.70.Dos)</td></tr>
<tr><td rowspan="3">Empresario TIVA/E.m./PT</td><td rowspan="3">Empresario TIVA
Consumidor TIVA
Empresario PT</td><td rowspan="3">Arrendamiento medios de transporte a largo plazo, excepto embarcaciones de recreo</td><td>TIVA, regla general (LIVA art.69.Uno.1º)</td></tr>
<tr><td>TIVA, si el domicilio del destinatario está en TIVA (LIVA art.70.Uno.9º)</td></tr>
<tr><td>TIVA si la puesta a disposición no es en TIVA, pero se utilizan en TIVA (LIVA art.69.Uno.1º, 70.Uno.9º y .Dos)</td></tr>
<tr><td>Empresario TIVA</td><td>Consumidor TIVA/E.m./PT</td><td rowspan="2">Arrendamiento a largo plazo de embarcaciones de recreo</td><td>TIVA si la puesta en posesión es en TIVA (LIVA art.70.Uno.9º)
TIVA si la puesta en posesión no es en TIVA, pero se utilizan en TIVA (LIVA art.70.Uno.9º)</td></tr>
<tr><td>Empresario TIVA/E.m./PT</td><td>Empresario TIVA
Empresario PT</td><td>TIVA, regla general (LIVA art.69.Uno.1º)
TIVA, si la utilización es en TIVA (LIVA art.70.Dos)</td></tr>
</table>

PT: territorio o país tercero.
Empresario TIVA, E.m. o PT: empresario con establecimiento, respectivamente, en TIVA, E.m. o PT, desde el que se prestan o en el que se reciben los servicios.
Consumidor TIVA/E.m. o PT: consumidor final con establecimiento o domicilio, respectivamente, en TIVA, E.m. o PT, en el que se reciben los servicios.

8987 **Mediación en el transporte** (LIVA art.69.Uno.1º y 70.Uno.6º) Estas **reglas de localización** de los servicios son de aplicación tanto a los servicios de mediación en nombre y por cuenta del destinatario de la prestación, como a los de mediación en nombre y por cuenta del prestador del servicio (Rgto UE/282/2011 art.30):

a) Los servicios de mediación se localizan en TIVA, en aplicación de la regla general, cuando el destinatario sea un **empresario o profesional** actuando como tal, establecido en TIVA y dichos servicios se prestan para un establecimiento suyo que radique en dicho territorio.

b) Como regla especial, cuando el destinatario **no sea un empresario o profesional**, se localizan en TIVA los servicios de mediación cuando el destinatario sea un consumidor final y el servicio en el que se media (el transporte) se entienda realizado en TIVA, de acuerdo con las reglas aplicables a los transportes (nº 8984).

Prestador	Destinatario	Servicio	Localización
Empresario TIVA/E.m./PT	Empresario TIVA	Mediación en nombre y por cuenta ajena en un servicio de transporte	TIVA (LIVA art.69.Uno.1º)
	Consumidor TIVA/E.m./PT		TIVA si la subyacente se localiza en TIVA (LIVA art.70.Uno.6º)

PT: territorio o país tercero.
Empresario TIVA, E.m. o PT: empresario con establecimiento, respectivamente, en TIVA, E.m. o PT, desde el que se prestan o en el que se reciben los servicios.
Consumidor TIVA, E.m. o PT: consumidor final con establecimiento o domicilio, respectivamente, en TIVA, E.m. o PT, en el que se reciben los servicios.

Ejemplos 1) La empresa ALFA, establecida en España y registrada únicamente en dicho país con NIF/IVA del mismo, encarga a BETA, establecido en Francia, que realice el transporte de una maquinaria desde París a Marsella. BETA contrata con ZETA, establecido también en Francia, el transporte indicado en nombre y por cuenta de ALFA. 8988

El transporte realizado por ZETA se localiza en el TIVA ya que al ser el destinatario un empresario (ALFA), se localiza donde radica el establecimiento del mismo, con independencia de los lugares por los que transcurra el transporte. En relación con el servicio de mediación, prestado por BETA a ALFA, también se localiza en el TIVA ya que es el lugar donde radica el establecimiento del destinatario empresario.

2) La empresa ALFA, establecida en Madrid, es **distribuidora** de una marca de televisores. En el mes de enero del año N vende determinadas unidades a los siguientes empresarios: 8989

- A, establecido en Barcelona (España);
- B, establecido en Marsella (Francia); y
- C, establecido en Zurich (Suiza).

Asimismo, vende dos televisores a D que no tiene la condición de empresario o profesional y está domiciliado en Barcelona.

Por otra parte, ALFA, en nombre y por cuenta de cada uno de los compradores, encarga a la empresa TRANSA, establecida en Madrid, el transporte de la mercancía vendida al lugar de establecimiento de cada uno de los compradores.

Se producen los siguientes hechos imponibles:

a) Entrega de los televisores.

Todas las entregas se localizan en el territorio de aplicación del IVA español, porque en todas ellas, el transporte de los bienes para ponerlos a disposición del adquirente se inicia en dicho territorio. El sujeto pasivo de todas es la empresa ALFA, que es quien realiza las entregas y, además, está establecida en el TIVA español.

b) Transporte de los bienes.

- en el transporte para A (establecido en Barcelona) el destinatario es el comprador (A), porque el transporte se contrata en su nombre: se localiza en España, lugar del establecimiento del destinatario para el que se presta el servicio, y el sujeto pasivo es la empresa TRANSA, que realiza el transporte y está establecida en España;
- en el transporte para B (establecida en Marsella) el destinatario es el comprador (B), porque el transporte se contrata en su nombre: se localiza en Francia, lugar del establecimiento del destinatario para el que se presta el servicio y el sujeto pasivo es el comprador, porque TRANSA, que realiza el transporte, no está establecida en Francia (LIVA art.84.Uno.2º.a);
- en el transporte para C (establecido en Suiza) el destinatario es el comprador (C), porque el transporte se contrata en su nombre: se localiza fuera de la UE, porque el lugar del establecimiento del destinatario para el que se presta el servicio radica fuera de la UE y el sujeto pasivo es quien prevea la legislación suiza;
- el transporte para D (persona que no tiene la condición de empresario) se localiza en el territorio de aplicación del IVA español porque el transporte discurre por este territorio.

c) Servicio de mediación en los transportes: el servicio de mediación que el vendedor presta a todos los compradores se localiza donde radica el establecimiento del destinatario para el que se presta el servicio de mediación, cuando el destinatario es un empresario.

Así, el prestado a A, en el TIVA español; el prestado a B, en Francia y el prestado a C, fuera de la UE (legislación suiza). El prestado a D se localiza en el TIVA español porque se presta a una persona no empresario y la subyacente (el transporte) se localiza en dicho territorio.

Jurisprudencia Están sujetos los **cruceros** marítimos circulares por la parte de trayecto que discurre por las aguas jurisdiccionales (TJUE 23-5-96, asunto C-331/94). 8990

Servicios accesorios al transporte (LIVA art.70.Uno.7º.a y 69.Uno.1º) Tienen esta consideración los **servicios** de carga y descarga, transbordo, mantenimiento y análogos, referidos a las mercancías. 8991

Se consideran **localizados en TIVA** cuando se prestan materialmente en dicho territorio y el destinatario no tiene la condición de empresario o profesional. Si el destinatario de los servicios es un empresario o profesional se aplica la regla general, es decir, se entienden realizados en TIVA cuando dicho destinatario esté establecido en él.

Prestador	Destinatario	Servicio	Localización
Empresario TIVA/E.m./PT	Empresario TIVA	Accesorios al transporte	TIVA porque se presta a un empresario establecido en TIVA (LIVA art.69.Uno.1º)
	Consumidor TIVA/E.m./PT		TIVA si se realizan en TIVA (LIVA art.70.Uno.7º)

PT: territorio o país tercero
Empresario TIVA/E.m./PT: empresario con establecimiento, respectivamente, en TIVA, E.m. o PT, desde el que se presta o en el que se reciben los servicios.
Consumidor TIVA/E.m./PT: consumidor final con establecimiento o domicilio, respectivamente, en TIVA, E.m. o PT, en el que se reciben los servicios.

Precisiones Existe una sola **regla especial** de localización para los servicios accesorios a cualquier transporte.

8992 Ejemplos 1) La **empresa española** E, dedicada a la venta de prendas infantiles, encarga un transporte de las mismas desde Madrid hasta Burdeos a un transportista francés, al que comunica un NIF a efectos del IVA español. El transportista francés, que se compromete a entregar las prendas en los almacenes de su destinatario, contrata la descarga de las mercancías con un empresario francés, al que comunica un NIF a efectos del IVA de dicho E.m.
El transporte intracomunitario se localiza donde radique el establecimiento del destinatario para el que se presta el servicio, y el servicio de descarga que se presta al transportista francés, se localiza igualmente donde radique el establecimiento del destinatario para el que se presta el servicio, con independencia del NIF suministrado por el destinatario de dichos servicios.
Lo trascendente es el lugar donde radica el establecimiento del destinatario.
2) Un **funcionario español**, Sr. X, que ha venido prestando sus servicios en Bruselas, es destinado a Madrid y contrata con una empresa española el transporte de sus muebles y enseres desde Bruselas hasta esta ciudad. Dicha empresa española no se ocupa de la carga ni de la descarga de los muebles y enseres en los correspondientes medios de transporte, por lo que el Sr. X contrata el servicio de carga en Bruselas con una empresa belga y la descarga en Madrid con una empresa española.
El transporte intracomunitario prestado a un particular se localiza en Bélgica, que es donde se inicia y los servicios de carga y descarga prestados a un particular se localizan donde materialmente se realicen.
3) La empresa española E ha contratado un transporte interior de sus productos en Bélgica, desde Amberes a Charleroi, con una empresa belga a la que comunica su NIF a efectos del IVA español. Del servicio de descarga de los bienes se ocupa otra empresa belga, a la que E comunica su NIF a efectos del IVA español.
El transporte interior se localiza donde radique el establecimiento del destinatario para el que se presta el servicio, y el servicio de descarga prestado a un empresario se localiza igualmente donde radique el establecimiento del destinatario para el que se presta el servicio, con independencia del NIF suministrado por el destinatario de los servicios.

8993 **4)** La empresa X, de Hamburgo (Alemania), vende una mercancía a Y, de Madrid, y contrata el **transporte de Hamburgo a Madrid** con la empresa Z, establecida en Alemania. La contraprestación de la mercancía asciende a 100.000 € y la del transporte a 10.000 €.
Se producen las siguientes operaciones:
- una entrega intracomunitaria de bienes, localizada en Alemania y exenta del impuesto;
- un transporte intracomunitario, que se localiza en Alemania porque es allí donde está establecido el destinatario (la vendedora), y el sujeto pasivo es el prestador, establecido también en Alemania; y
- una adquisición intracomunitaria de bienes en el TIVA español realizada por la compradora de Madrid.

La facturación debe realizarse de la siguiente forma:
- el transportista debe facturar a la vendedora con el IVA alemán;
- la vendedora ha de facturar a la compradora por el importe de la mercancía y del transporte, con exención de IVA (100.000 + 10.000); y
- la compradora debe liquidar la AIB sobre el importe total facturado por la vendedora:

$$21\% \times (100.000 + 10.000) = 23.100\ €.$$

5) Mismos datos que en el supuesto anterior, pero la **contratación del transporte** lo realiza la compradora.
El transporte intracomunitario se localiza en España, pero porque es en este país donde radica el establecimiento del destinatario para el que se presta el servicio, y el sujeto pasivo es también el destinatario español, por inversión.
El sujeto pasivo del transporte, al ser el destinatario (inversión del sujeto pasivo), debe liquidar el IVA:
21% × 10.000 = 2.100 €; por lo que:
- la vendedora factura a la compradora solo por la mercancía, con exención de IVA;
- la contraprestación por la mercancía es la base imponible de la AIB que debe declarar la compradora ante la Administración española, liquidando el IVA correspondiente:

21% × 100.000 = 21.000 €;

- el comprador soporta la misma cuota de IVA que en el supuesto anterior (21.000 + 2.100 = 23.100), pero en este caso la mercancía y el transporte se facturan separadamente, mientras que en el anterior se facturaban conjuntamente.
6) La **agencia de transportes** ALFA, establecida en España, concierta una serie de transportes de mercancías con la compañía aérea BETA, establecida en Italia, y con la compañía aérea ZETA, establecida en Suiza, para el envío de mercancías a Italia y Suiza, respectivamente.
Las compañías aéreas solo tienen los establecimientos indicados y solo están registradas en Italia y Suiza, respectivamente.
Los cargadores suministran unas veces NIF español, otras, NIF de otro E.m. y otras, no tienen NIF comunitario. Finalmente, la agencia actúa, unas veces en nombre propio frente a los cargadores y otras, en nombre de las mencionadas compañías.
La aplicación del IVA se ajusta a las siguientes reglas:
a) Transportes contratados por la agencia **en nombre propio** frente a los cargadores.
• Transportes con la compañía BETA. Se prestan dos transportes intracomunitarios:
- de la compañía a la agencia (establecida en España): se localiza en el territorio de aplicación del IVA español, porque radica en España el establecimiento del destinatario; y
- de la agencia al cargador: se localiza en el lugar donde radique el establecimiento del destinatario para el que se preste el servicio.
• Transportes con la compañía ZETA. Se prestan dos transportes internacionales (no intracomunitarios):
- de la compañía a la agencia (establecida en España): se localiza en el territorio de aplicación del IVA español, porque radica en España el establecimiento del destinatario; y
- de la agencia al cargador: se localiza en el lugar donde radique el establecimiento del destinatario para el que se preste el servicio.
b) Transportes contratados por la agencia **en nombre y por cuenta de las compañías**. En estos casos, se presta un servicio de transporte de la compañía a los cargadores y otro servicio de mediación de la agencia a las compañías.
• Servicios de transporte: los transportes de las compañías BETA y ZETA a los cargadores se localizan en el lugar donde radique el establecimiento del destinatario para el que se preste el servicio en cada caso.
• Servicios de mediación:
- de la agencia a la compañía BETA: se localiza en Italia, porque el establecimiento del destinatario para el que se preste el servicio radica en Italia; y
- de la agencia a la compañía ZETA: se localiza fuera de la UE, porque el lugar donde radica el establecimiento del destinatario radica fuera de la UE.

Doctrina Administrativa Además de las siguientes contestaciones de la DGT, ver nº 11000 s. **8994**
1) El servicio de **almacenaje** puede plantear, respecto al transporte, las siguientes situaciones:
a) Que se considere **no accesorio** del transporte, cuando tenga entidad por sí mismo, lo que ocurre cuando la empresa comunitaria propietaria de las mercancías las envíe a las instalaciones de la entidad establecida en territorio español, para ser almacenadas en tanto se decide sobre su destino final o mientras la empresa comunitaria localiza y contrata con los clientes a los que la mercancía sea enviada definitivamente (DGT CV 18-11-97).
Los servicios de almacenaje de mercancías, prestados después de la **terminación del transporte**, y al margen del mismo, para tener las mercancías dispuestas en un lugar determinado en espera de sucesivos pedidos, durante un tiempo más o menos largo, no pueden tener la consideración de accesorios al transporte (DGT 22-6-99).
b) Que tenga carácter **accesorio** respecto al transporte, cuando el almacenaje suponga una simple parada temporal, por razones técnicas de organización del transporte, de unas mercancías cuyo destino final ya viene predeterminado (DGT CV 18-11-97).
Se considera que el servicio de almacenaje tiene la consideración de servicio accesorio al transporte de mercancías cuando se preste durante la realización del transporte, para posibilitar los **transbordos** o atender cualquier necesidad relativa a las mercancías transportadas o cuando se produce inmediatamente después de terminar el transporte y durante un corto período de tiempo para permitir el traslado de mercancías a otros puntos diferentes.

El servicio de **clasificación de mercancías** también se considera como accesorio respecto al transporte (DGT 29-7-98).
2) El servicio de **custodia, cuidado y alimentación** de ganado transportado tiene la consideración de servicio accesorio al transporte de mercancías cuando se preste durante la realización del transporte, para posibilitar el bienestar del ganado (DGT 18-2-00).

d. Devengo

(LIVA art.75.Uno.2º, 5º y 7º y 75.Dos)

8995 **Regla general** (LIVA art.75.Uno.2º) En el caso de los transportes, el devengo se produce en el momento de su ejecución material, es decir, en el momento en que se ultima el transporte con el traslado de las personas al punto de destino o de los bienes al lugar de llegada para ponerlos a disposición del destinatario.

No obstante, en las prestaciones de servicios de forma continuada durante un **plazo superior a un año** y que no den lugar a pagos anticipados, en las que el destinatario sea el sujeto pasivo del impuesto conforme al mecanismo de inversión del sujeto pasivo, el devengo se produce a 31 de diciembre de cada año por la parte proporcional correspondiente al período transcurrido desde el inicio de la operación o desde el anterior devengo hasta la citada fecha, en tanto no se ponga fin a dichas prestaciones de servicios.

Para que se aplique esta regla de devengo deben producirse las siguientes **circunstancias**:
- que exista inversión del sujeto pasivo (nº 1335 s.);
- que el servicio se preste continuadamente durante más de un año; y
- que no existan pagos anticipados.

8996 **Reglas especiales** (LIVA art.75.Uno.5º y 7º y Dos) Estas reglas se refieren a:
a) Autoconsumos de servicios: el impuesto se devenga cuando se efectúen las operaciones gravadas.
b) Transporte de tracto sucesivo o continuado: el devengo se produce en el momento en que resulta exigible la parte del precio que comprende cada percepción.
Cuando no se haya pactado precio o, habiéndose pactado, no se haya determinado el momento de la exigibilidad, o la misma se haya establecido con una periodicidad superior a un año natural, se vuelve a la regla general (nº 8995).
En todos estos casos, el momento de la realización del servicio puede acreditarse por cualquier medio de prueba admitido en Derecho.
c) Pagos anticipados anteriores a la realización del hecho imponible: el impuesto se devenga en el momento del cobro total o parcial del precio y por los importes efectivamente percibidos (por ejemplo, transportes de carga fraccionada a portes pagados, en los que se hace efectivo el importe del transporte con anterioridad a su realización).

8997 Ejemplos 1) Un colegio concierta con una empresa el **transporte escolar** de los alumnos desde su domicilio al centro educativo, y viceversa, durante el curso escolar. Ambas partes convienen que el precio de los servicios de transporte continuado prestados en cada mes natural es exigible en los cuatro primeros días del mes siguiente.
El devengo de los transportes efectuados durante cada mes natural se produce al finalizar el plazo de los cuatro días del mes siguiente.
2) La empresa Z, establecida en Madrid, con fecha 1-1-N contrata con la empresa X, establecida en Francia, el **transporte de sus trabajadores** al lugar de trabajo durante el tiempo necesario para la terminación de determinadas obras, que se estima que será de 18 meses. Por la realización de dicho servicio continuado se fija un precio global de 80.000 €, sin que se exijan pagos parciales o anticipados hasta la finalización del servicio.
El transporte se localiza en su totalidad en TIVA. Por aplicación de la regla de inversión, el sujeto pasivo es el destinatario del servicio de transporte (es decir, la empresa Z), ya que el prestador del servicio (la empresa X) no está establecido en el territorio de aplicación del IVA español. En consecuencia, la empresa Z tiene que autoliquidarse la cuota del IVA correspondiente al devengo del impuesto producido el 31-12-N por la parte proporcional al tiempo transcurrido (12 meses, que supone los 2/3 del período total): 21% × 2/3 de 80.000 = 11.200 €.
Al finalizar la obra a los 18 meses ha de ser autoliquidado el tercio restante de la contraprestación: 21% × 1/3 de 80.000 = 5.600 €.

8998 Doctrina Administrativa Además de las siguientes contestaciones de la DGT, ver nº 11000 s.
1) En los transportes de mercancías, se devenga el impuesto cuando se efectúan, aunque haya **pagos aplazados**.
Sin embargo, si hay **pagos anticipados** a la realización del transporte, el impuesto se devenga en el momento del cobro total o parcial por los importes efectivamente percibidos (DGT CV 5-12-86).

2) En el caso de una empresa que viene prestando durante dos años servicios de transporte de mercancías para otra empresa casi en exclusiva, no se dan los requisitos de continuidad sostenida en el tiempo y periodicidad que requieren las **operaciones de tracto sucesivo**, por tanto, el devengo del impuesto se produce aplicando la regla general -nº 8995- (DGT CV 3-2-12).

Jurisprudencia El importe percibido por una compañía aérea por los **billetes** de transporte aéreo nacional **vendidos anticipadamente y no utilizados** por los pasajeros constituye la contraprestación de un servicio de transporte aéreo sujeto y no exento, devengándose el impuesto cuando se recibe su precio (TJUE 23-12-15, asuntos acumulados C-250/14 y C-289/14; TEAC 15-7-19). 8998.1

e. Base imponible

(LIVA art.78)

La base imponible de los transportes de bienes sujetos al IVA es el **importe total** de la contraprestación de los mismos, procedente del destinatario del transporte o de un tercero. 9005
Dicha contraprestación no se identifica con el precio del servicio prestado, sino que es el **resultado** de añadir y excluir del precio determinados conceptos.
En particular, están **incluidos** en la contraprestación de los transportes:
- gastos accesorios (nº 9007 s.); y
- subvenciones vinculadas al precio (nº 9011 s.).

Por el contario quedan **excluidos**:
- indemnizaciones (nº 9015);
- descuentos y bonificaciones (nº 9017 s.); y
- suplidos (nº 9020 s.).

Doctrina Administrativa Además de la siguiente contestación de la DGT, ver nº 11000 s. 9006
Los gastos de transporte que correspondan a **mercancías diversas** (que tributen a tipos impositivos diferentes) deben repartirse, mediante criterios razonables, para su inclusión en la base imponible de cada una de ellas. A falta de criterios legales, pueden repartirse en proporción al valor de mercado de las mercancías (DGT 15-4-99).

Gastos accesorios (LIVA art.78.Dos.1º) En general, los gastos accesorios no constituyen un fin en sí mismos, sino que contribuyen a la mejor realización de la operación principal (nº 1751 s.). Se integran en su base imponible, aplicándoles iguales normas de tributación que a la propia operación (localización, sujeto pasivo, exenciones, tipos). 9007
Son gastos que corresponden a las operaciones que ha contratado el sujeto pasivo de la operación principal en su propio nombre o por su cuenta. Por **ejemplo**, comisiones, portes, transportes, seguros, primas por prestaciones anticipadas y cualquier crédito efectivo a favor de quien efectúa la entrega o presta el servicio.
Los **transportes** pueden constituir un gasto accesorio de una operación principal (de una entrega de bienes), pero también pueden ser la operación principal contratada por el prestador y el destinatario, en cuyo caso también pueden existir gastos accesorios a dicho transporte, tales como servicios de mediación, gestión, carga, descarga, seguro, financieros, etc.
Los **suplidos** no son gastos accesorios (ver nº 9020 s.).

Ejemplos **1)** La empresa ALFA vende el 1-7-N una maquinaria a la empresa BETA por 10.000 €. 9009
La vendedora encarga a la agencia ZETA que contrate en nombre y por cuenta de ella el transporte hasta el establecimiento del comprador; asimismo, el transportista contrata con la empresa GAMA la carga de la maquinaria al medio de transporte. El precio del transporte es 2.000 €, la comisión del agente 25 € y el importe del servicio de carga es de 200 €.
La operación principal es la venta del bien realizada por ALFA a BETA. El transporte y la comisión del agente son gastos accesorios de la venta porque se contratan **en nombre del vendedor**.
La facturación ha de realizarse de la siguiente forma:
La empresa GAMA facturará al transportista el servicio de carga (que será un servicio accesorio al de transporte): 200 + IVA (21% × 200) = 242 €
• El transportista debe facturar el transporte a nombre de la empresa ALFA, dado que el agente actúa en nombre y por cuenta de la vendedora, aunque entregue la factura al agente:

2.000 + 200 (servicio de carga) + IVA (21% × 2.200) = 2.662 €

• El agente debe facturar a ALFA por la comisión (el transporte para el agente es un suplido):

25 + IVA (21% × 25) = 30,25 €

• La empresa vendedora ha de facturar a la empresa compradora por el precio del bien más el importe de los gastos accesorios (transporte, con su accesorio de carga, y comisión):

10.000 + 2.200 + 25 + IVA (21% × 12.225) = 14.792,25 €

En este ejemplo, el transporte es operación principal para el transportista y accesoria para el vendedor.

2) Mismos datos que el supuesto anterior, pero el vendedor contrata el transporte **en nombre y por cuenta del comprador**.
En este caso el transportista y el agente deben facturar a nombre del comprador. El vendedor recibe las facturas y las traslada como suplidos al comprador.
- Factura del transportista a nombre del comprador: 2.000 + 200 + IVA (21% × 2.200) = 2.662 €.
- Factura del agente a nombre del comprador: 25 + IVA (21% × 25) = 30,25 €.
- Factura del vendedor al comprador: 10.000 + IVA (21% × 10.000) = 12.100 €.

3) El comprador de una mercancía contrata con un transportista el traslado de la mercancía hasta su propio establecimiento. El transportista contrata, a su vez, en su propio nombre el **seguro** del transporte y los servicios de **carga y descarga**.

Importes: Transporte: 2.000 €.
Seguro: 200 €.
Carga y descarga: 100 €.

El transporte es el servicio principal, y los servicios de seguro, carga y descarga son servicios accesorios al mismo.
La factura del transportista al comprador será:

2.000 + 200 + 100 + IVA (21% × 2.300) = 2.783 €

9011 **Subvenciones** (LIVA art.78.Dos.3º) A efectos del IVA se distinguen dos tipos de subvenciones:
- subvenciones **al consumo**: Son las vinculadas al precio. Se integran en la base imponible y constituyen la totalidad o una parte de la contraprestación de las operaciones sujetas (transportes públicos financiados total o parcialmente por un ente público). Se consideran **vinculadas directamente al precio** de las operaciones sujetas al Impuesto las subvenciones establecidas en función del número de unidades entregadas o del volumen de los servicios prestados cuando se determinen con anterioridad a la realización de la operación;
- subvenciones **a la producción o de funcionamiento**: Tienen por objeto cubrir los resultados negativos de la explotación (subvenciones de explotación) o mantener o ampliar la infraestructura de la actividad empresarial (subvenciones de capital). Estas subvenciones no se integran en la base imponible.

Precisiones Para un estudio en detalle en relación con los **requisitos y excepciones** que afectan a las subvenciones, ver nº 1761 s.

9013 Ejemplo En la carretera Madrid-Burgos se realizan unas obras de mejora a su paso por la Comunidad de Madrid, situación que obliga a los vehículos que transportan mercancías a través de esa carretera a desviarse por otras secundarias, lo que alarga el recorrido de los transportes y aumenta su coste.
Para compensar el mayor coste, la Comunidad de Madrid concede a las empresas transportistas que realicen esos recorridos, y durante la ejecución de las obras, una ayuda por un importe de 2 € por cada kilómetro que exceda del recorrido ordinario. La desviación máxima es de 50 kms.
La empresa X ha contratado con la empresa Y el transporte de una mercancía de Madrid a Bilbao por un importe de 20.000 €.
La ayuda concedida por la Comunidad de Madrid constituye una subvención vinculada al precio, ya que reúne todos los requisitos exigidos para ello (se establece con anterioridad a la prestación del servicio, se fija en función de los kilómetros recorridos y se paga a las empresas que realizan los transportes por un tercero).
En consecuencia, debe incluirse en la base imponible de los transportes prestados por las empresas a los diferentes destinatarios.
La base imponible será: 20.000 + (2 × 50) = 20.100 €.

9014 Doctrina Administrativa Además de las siguientes contestaciones de la DGT, ver nº 11000 s.
1) Las ayudas económicas recibidas por un organismo autónomo por la venta en nombre propio de **títulos multimodales** de transporte emitidos por él mismo a favor de usuarios finales tienen la consideración de subvención vinculada al precio del transporte, debiendo por tanto ser integrados en la base imponible del IVA, aunque el importe de la compensación económica que percibe el organismo autónomo sea abonado por él mismo a los operadores de transporte en función de las prestaciones de servicios que estos últimos han realizado a su vez al consorcio (DGT 20-9-04).
2) Una concesionaria de determinada ruta de transporte de **viajeros por carretera** en el interior de una Comunidad Autónoma, subvenciona en un 50% el importe de los billetes a un determinado colectivo de jóvenes.
En este caso, al cumplirse todos los requisitos exigidos, debe considerarse que forman parte de la base imponible del servicio, que viene constituida por la contraprestación satisfecha por el viajero más el importe del billete subvencionado por la Comunidad Autónoma (DGT CV 12-3-12).

Indemnizaciones (LIVA art.78.Tres.1º) No se incluyen en la contraprestación de los transportes, y con ello **no se integran** en la base imponible, las indemnizaciones que no constituyan contraprestación o compensación de los transportes realizados. 9015

Quedan **excluidas** las indemnizaciones satisfechas por las empresas de seguros a las compañías de transportes o a los propietarios de las mercancías transportadas por siniestros, averías o pérdidas sufridas durante el trayecto.

Doctrina Administrativa Las indemnizaciones por los **siniestros** de las mercancías durante el transporte satisfechas por los transportistas a sus propietarios no se integran en la base imponible (DGT 30-7-03).

Descuentos y bonificaciones (LIVA art.78.Tres.2º) En la prestación de los servicios de transporte pueden aplicarse descuentos y bonificaciones que suponen una **minoración** de la base imponible o la **no inclusión** en esta de una determinada cantidad. 9017

Para que los descuentos o bonificaciones no se incluyan en la base imponible, es necesario que se cumplan los requisitos del nº 1817 s.

Precisiones En la **práctica mercantil**, es frecuente la aplicación de descuentos y bonificaciones en función de las cantidades compradas o del volumen de servicios prestados o bien por la condición del adquirente de los bienes o servicios (mayorista, distribuidor exclusivo, etc.).

Ejemplo La empresa de transportes ALFA concede descuentos del 3% para recorridos superiores a 1.000 Km y del 5% para recorridos superiores a 3.000 km. 9018

El día 3-9-N la empresa BETA concierta con ella el transporte de una partida de televisores de Madrid a Múnich (2.300 Km) por importe de 10.000 €. En la factura que expide el transportista aparecen los siguientes datos:

Transporte de televisores	10.000,00 €
Descuento 8%	800,00 €
Neto	9.200,00 €
IVA (21% × 9.200,00)	1.932,00 €

Ante la extrañeza del descuento aplicado, la Inspección comprueba la operación y observa que el destinatario presta un servicio de publicidad a la empresa de transportes en su propio establecimiento, servicio por el que no cobra cantidad alguna al transportista.

No es admisible el descuento practicado en este caso por el transportista, ya que debe entenderse que el exceso sobre el descuento aplicado con carácter general es la remuneración del servicio de publicidad prestado al destinatario del servicio. Solo es admisible un descuento del 3%, que es el que aplica con carácter general el transportista para recorridos superiores a 1.000 Km. e inferiores a 3.000 Km.

Suplidos (LIVA art.78.Tres.3º) No se incluyen en la contraprestación del transporte las sumas pagadas **en nombre y por cuenta del cliente** y por mandato expreso de él. 9020

Los suplidos pueden acreditarse por la factura expedida a nombre del cliente (nº 1828 s.).

Doctrina Administrativa Además de la siguiente contestación de la DGT, ver nº 11000 s. 9022

En las **facturas** correspondientes a los gastos hechos en nombre y por cuenta de los clientes deben figurar como destinatarios las personas en nombre y por cuenta de las cuales actúa el sujeto pasivo (DGT CV 1-9-86).

f. Sujeto pasivo

(LIVA art.84)

9025 Con carácter general, el sujeto pasivo de los transportes de bienes es la persona o entidad que tiene la condición de empresario o profesional y presta el servicio, es decir, el **transportista**. Sin embargo, para su delimitación, resulta determinante su condición de establecido o no establecido en TIVA.

Operaciones	Proveedor/Prestador	Destinatario	Sujeto pasivo
Transporte	Empresario no establecido	Empresario establecido	Destinatario (regla de inversión del sujeto pasivo)
Transportes de la LIVA art.69.Uno.1º	Empresario no establecido	Empresario no establecido	Servicio no sujeto al IVA español
Transportes de la LIVA art.70	Empresario no establecido	Empresario no establecido	Prestador (excepción a la regla de inversión del sujeto pasivo)
		Consumidor (domiciliado o no en TIVA)	Prestador (aplicación regla general de la LIVA art.84.Uno.1º)
Transportes de la LIVA art.69 y 70	Empresario no establecido	Personas jurídicas que no actúan como empresarios	Destinatario

Precisiones En el caso de que en los **contratos suscritos** no se pueda determinar con claridad quiénes son los destinatarios de las operaciones gravadas, se considera que se realizan para quienes, con arreglo a derecho, estén obligados al pago de la contraprestación (DGT CV 23-12-86).

9027 **Transportista establecido y no establecido** (LIVA art.84.Dos; Dir 2006/112/CE art.192 bis) Se consideran establecidos en TIVA los transportistas que tengan en dicho territorio la **sede** de su actividad económica, su **domicilio fiscal** o un **establecimiento permanente** (nº 1321), que intervengan en la realización de los transportes. Se produce esta intervención cuando el sujeto pasivo ordena en dichos lugares sus factores de producción con la finalidad de prestar los servicios de transporte.

9028 **Regla especial: Inversión del sujeto pasivo** (LIVA art.84.Uno.2º y 3º) Por excepción a la regla general y para facilitar la aplicación del impuesto, cuando las operaciones sujetas al tributo se realizan por personas o entidades **no establecidas en TIVA**, el sujeto pasivo no es el empresario o profesional que efectúa las operaciones sino el destinatario de las mismas, siempre que este último tenga la condición de empresario o profesional. Esta regla es conocida como de inversión del sujeto pasivo (nº 1335 s.).

Esta regla también se aplica a las **personas jurídicas** que no actúan como empresarios o profesionales, cuando son destinatarias de transportes localizados en TIVA (LIVA art.69 y 70), siempre que tengan asignado un NIF/IVA suministrado por la Administración española.

Precisiones En cuanto a las **excepciones** en la aplicación de la regla de inversión del sujeto pasivo, ver nº 1335 s.

Ejemplos 1) El empresario A, que tiene un **establecimiento permanente en España** y otro en **Francia**, transporta para el empresario B, desde su establecimiento en Francia, bienes desde Marsella a París. El empresario B tiene sede en España y carece de establecimiento en Francia. El servicio se entiende realizado en España (lugar donde radica la sede del destinatario). El servicio se presta por A, pero este empresario no se considera establecido en España en relación con el servicio prestado, porque el servicio se presta desde su establecimiento en Francia; el servicio se presta, por tanto, por un empresario no establecido en el territorio de aplicación del IVA español. Sin embargo, el destinatario está establecido en España, ya que el servicio se presta para su sede en dicho país. En consecuencia, se aplica la regla de inversión del sujeto pasivo, es decir, el sujeto pasivo es el destinatario (el empresario B).

2) La empresa X, establecida en Francia y **sin establecimiento** en el TIVA español, transporta el 1-7-N una mercancía de Madrid a Barcelona para la empresa Z, establecida en Barcelona. El precio del transporte de Madrid a Barcelona es de 3.000 €.

En el transporte de Madrid a Barcelona el sujeto pasivo es la empresa destinataria (Z) porque el transportista no está establecido y el destinatario sí (inversión del sujeto pasivo). El transportista debe facturar por el precio del transporte sin IVA y la destinataria, sobre la base de dicha factura, debe liquidar el IVA: 3.000 + IVA (21% × 3.000) = 3.630. Esta cuota del impuesto puede figurar en la misma autoliquidación como IVA devengado y soportado, pudiendo compensarse totalmente uno con otro (salvo aplicación de la prorrata).

3) El transporte de pasajeros en autobús **desde Madrid hasta París** es prestado por la empresa Y, establecida en Francia, para el **ayuntamiento** de una ciudad española que no actúa como empresario pero tiene asignado un NIF/IVA suministrado por la Administración española.
En este caso, el transporte se localiza en el TIVA español por la parte de trayecto recorrida en dicho territorio, y en Francia por la parte restante. El sujeto pasivo del IVA español correspondiente al transporte es el ayuntamiento español.

g. Tipo impositivo

(LIVA art.90 y 91.Uno.2.5º)

El transporte de bienes tributa al tipo **general** (21%), sin perjuicio de las exenciones correspondientes a los transportes internacionales (ver nº 9095 s.). **9030**
Como **excepción** a la regla general, tributan al tipo reducido (10%) los servicios de recogida y transporte de residuos (nº 2133).

2. Transporte intracomunitario de bienes

(LIVA art.72)

Con la creación del Mercado interior se estableció en la regulación del régimen transitorio del IVA un nuevo hecho imponible, la **adquisición intracomunitaria de bienes** (AIB en lo sucesivo) (LIVA art.15). **9043**
Las AIB se definen como:
- la obtención del poder de disposición sobre bienes muebles corporales **expedidos o transportados** al TIVA, con destino al adquirente, desde otro E.m. por el transmitente, el adquirente o un tercero en nombre y por cuenta de cualquiera de ellos;
- la obtención del poder de disposición sobre bienes muebles corporales en el marco de un acuerdo de **venta de bienes en consigna** (nº 5224).

Solo se aplica la tributación propia de las operaciones intracomunitarias, es decir, la exención de las entregas en origen y el gravamen de la adquisición en destino, cuando los bienes objeto de dichas operaciones se transportan desde un E.m. a otro (LIVA art.72.Dos).

Precisiones 1) Las operaciones entre España y el **Reino Unido** de Gran Bretaña **e Irlanda del Norte** ya no se califican como intracomunitarias, luego la llegada de bienes procedentes de Gran Bretaña se califica como una operación de importación. No obstante, las mercancías procedentes de Irlanda del Norte, según el Protocolo de Irlanda e Irlanda del Norte, siguen la normativa de las AIB.
2) La importancia de estos servicios en el comercio intracomunitario ha llevado al establecimiento de **normas específicas** en cuanto al lugar de realización (nº 9051).
3) Las reglas especiales de tributación contenidas en el régimen transitorio del Mercado interior para los transportes intracomunitarios solo afectan a los **transportes de bienes**, no siendo aplicables a los transportes de viajeros.
4) En cuanto a las reglas sobre **servicios accesorios y mediación** en el transporte de bienes y servicios, ver nº 8991 s. y nº 8987 respectivamente.
5) Para un estudio detallado de las AIB, ver el nº 5250 s.

Concepto (LIVA art.72.Dos) El transporte intracomunitario de bienes es aquel cuyos lugares de inicio y de llegada están situados en los territorios de dos E.m. diferentes: **9045**
- **lugar de inicio** es donde comienza de manera efectiva el transporte de los bienes de un E.m. con destino a otro E.m.; no deben tenerse en cuenta los **trayectos de aproximación** efectuados para llegar al lugar en que los bienes se disponen para su salida, por ser transportes independientes de los intracomunitarios (por ejemplo, trayectos realizados desde las fábricas o almacenes de los bienes hasta los lugares donde se depositan para su expedición a otro E.m.);
- **lugar de llegada** es aquel en el que efectivamente termina el transporte de los bienes en el E.m. de destino.

Ejemplo La empresa alemana A vende 1.000 relojes de pared a Relojera Sevillana S.A., establecida en Sevilla, encargando a la empresa alemana B su transporte desde Múnich a Madrid, donde la empresa vendedora tiene un almacén. **9048**

Antes de remitirlos al comprador de Sevilla, en el almacén de la vendedora se realizan determinadas operaciones en los relojes (acoplamiento de las pesas, en cajas y etiquetado) y, una vez terminadas, la empresa vendedora concierta con la transportista C el transporte de los mismos desde Madrid a Sevilla para su puesta a disposición del comprador.
En este supuesto, se realizan dos transportes distintos:
- de Múnich a Madrid, un transporte intracomunitario;
- de Madrid a Sevilla, un transporte interior.

9050 **Tributación** Los transportes intracomunitarios de bienes, a diferencia de los transportes de bienes para la exportación y, en su caso, los relativos a las importaciones, están siempre sujetos y no exentos. Sin embargo, se **exceptúa** el transporte intracomunitario vinculado a una exportación o a una importación, en cuyo caso pueden resultar de aplicación las reglas del transporte internacional de bienes (nº 9095 s.).
Cuando los transportes intracomunitarios se **contratan**:
- directamente por el **vendedor** o por su cuenta, su contraprestación se integra en la base imponible de la correspondiente AIB en destino. Su importe se incluye en la factura expedida por el vendedor, de forma que el comprador paga el IVA del transporte integrado en el IVA de la adquisición intracomunitaria de bienes;
- por el **comprador** o por su cuenta, incluso por el vendedor pero por cuenta del comprador, su importe no figura en la factura expedida por el vendedor o, si figura, es como suplido. En el E.m. de destino se paga separadamente el IVA de la adquisición de los bienes, en la AIB correspondiente, y el IVA del transporte repercutido por el transportista al comprador o, en su caso, liquidado por el propio comprador (nº 9053).

Doctrina Administrativa Además de la siguiente contestación de la DGT, ver nº 11000 s.
Si una empresa española envía mercancías a Italia, **contratando el transporte por su cuenta**, no puede admitirse que el transporte sea un suplido del vendedor, ya que el transportista lo habrá facturado a cargo de este, por lo que debe integrarse en la base imponible de la AIB en destino, sin que proceda, en estas circunstancias, el desglose del valor de la mercancía y del transporte en la factura del vendedor (DGT 14-7-04).

9051 **Localización** (LIVA art.69.Uno.1º y 72) Las reglas de localización de los transportes intracomunitarios son las siguientes:
- cuando el destinatario tiene la condición de empresario o profesional actuando como tal, se aplica la **regla general**, que prevé la localización en TIVA español de los servicios que se presten a un empresario o profesional para un establecimiento suyo situado en dicho territorio; y
- cuando el destinatario no tiene la condición de empresario o profesional, o teniéndola, no actúa como tal, se prevé una **regla especial**, según la cual, los transportes intracomunitarios se localizan en TIVA español cuando se inician en dicho territorio.
Los transportes que se presten para **establecimientos** de empresarios o profesionales situados **fuera del TIVA** no están sujetos al impuesto.

Prestador	Destinatario	Servicio	Localización
Empresario TIVA/E.m./PT	Empresario TIVA	Transporte intracomunitario de bienes	En TIVA, si el establecimiento del destinatario radica en él (LIVA art.69.Uno.1º)
	Consumidor TIVA/E.m./PT		En TIVA, si se inicia en él (LIVA art.72)

PT: territorio o país tercero
Empresario TIVA/E.m./PT: empresario con establecimiento, respectivamente, en TIVA, E.m. o PT, desde el que se presta o en el que se reciben los servicios.
Consumidor TIVA/E.m./PT: consumidor final con establecimiento o domicilio, respectivamente, en TIVA, E.m. o PT, en el que se reciben los servicios.

9051.1 Precisiones **1)** Ver las reglas especiales para las operaciones de una **venta en cadena** (nº 431 s.).
2) Respecto de la relación de **medios de prueba** que pueden utilizar los sujetos pasivos del impuesto para justificar la existencia de un transporte intracomunitario de bienes, ver nº 5220.

9052 Ejemplos **1)** La **empresa sueca** A, quiere transportar determinados bienes desde Estocolmo hasta Madrid. Por eso contrata con un empresario sueco el transporte desde Estocolmo hasta Barcelona y con otro empresario español el transporte **desde Barcelona hasta Madrid**, que se ha de efectuar en cuanto las mercancías lleguen a Barcelona.
Debe considerarse que existen dos transportes distintos: uno, el prestado por el transportista sueco a la empresa sueca, que se localiza, por aplicación de la regla general, en Suecia, que es donde radica el establecimiento del destinatario para el que se presta el servicio; y otro, el servicio prestado por el empresario español al empresario sueco y que también se rige por la regla general, localizándose igualmente también en Suecia.

2) La empresa E, establecida en España, contrata con una **agencia** establecida en Francia el transporte de unas mercancías de su propiedad desde París a Madrid y la agencia contrata, **en nombre y por cuenta** de la empresa española, el transporte con el transportista F, establecido en Francia.
En este supuesto, hay que distinguir:
- un transporte intracomunitario de bienes, prestado por F a E, localizado en España, porque se presta a un destinatario empresario establecido en España; y
- un servicio de mediación prestado por el mediador francés a E, localizado en España, porque se presta a un destinatario empresario establecido en España.
3) El Sr. Y, trabajador español **por cuenta ajena** que vive en Hamburgo, decide enviar un televisor a su familia en Galicia. Para eso concierta con una **agencia** alemana el envío del televisor. La agencia, en nombre y por cuenta del Sr. Y, contrata con una empresa establecida en España el transporte del televisor hasta destino.
En este supuesto se prestan dos servicios diferentes:
- un transporte intracomunitario de bienes, prestado por un transportista español al Sr. Y (la agencia actúa en nombre y por cuenta del Sr. Y), localizado en Alemania, porque se inicia en Alemania y se presta a un destinatario no empresario; y
- un servicio de mediación prestado por la agencia alemana al Sr. Y, localizado en Alemania, porque la operación subyacente (el transporte) se localiza en Alemania.
4) El **empresario** ALFA, establecido en Bélgica, vende una partida de televisores a BETA establecido en Italia y encarga al transportista ZETA, establecido en España, que transporte los bienes a Alemania para introducirlos en un almacén que BETA tiene en este último país.
Se trata de un transporte intracomunitario (de Bélgica a Alemania), prestado por el transportista español ZETA al empresario belga ALFA, que se localiza en Bélgica, donde radica el establecimiento del destinatario para el que se presta el servicio.

Sujeto pasivo (LIVA art.84.Uno.1º y 2º) El **sujeto pasivo** de los transportes es: 9053
- el prestador, si está establecido en TIVA;
- el destinatario, si el prestador no está establecido en TIVA y el destinatario sí lo está -regla de inversión del sujeto pasivo- (nº 1335 s.); y
- el prestador, cuando ni el prestador ni el destinatario están establecidos en TIVA.

Se consideran **localizados en TIVA** (LIVA art.69.Uno.1º y 72):
- los transportes intracomunitarios que se prestan a una persona que **no** tiene la condición de **empresario** cuando se inician en TIVA. El **sujeto pasivo** es el prestador, esté o no establecido en TIVA, ya que la regla de inversión del sujeto pasivo no procede cuando el destinatario no tiene la condición de empresario: se aplica la regla general;
- los transportes intracomunitarios que se prestan a un **empresario** con destino a un establecimiento suyo situado en TIVA.

Precisiones 1) Para un estudio más detallado sobre la **regla general** para la determinación del sujeto pasivo, ver el nº 9025 s.
2) Estas reglas del sujeto pasivo completan la **simplificación del impuesto** iniciada con las reglas relativas a la localización. El destinatario, establecido en el territorio de aplicación del IVA español, sujeto pasivo por inversión, debe ingresar en la correspondiente autoliquidación la cuota del IVA español devengada por el transporte y, simultáneamente, en la propia autoliquidación puede deducir esa cuota, con aplicación de la normativa general del impuesto correspondiente a las deducciones, evitándose costes para la empresa con esta deducción simultánea del ingreso.

Ejemplos **1)** Tributación en el IVA de los siguientes servicios de transporte, prestados por la empresa española X, con **sede en Almería** y que carece de establecimientos permanentes en otros lugares: 9054
a) Transporte de **mobiliario** prestado a una empresa establecida en Jaén que comunica un NIF a efectos del IVA español. El transporte se efectúa desde Jaén hasta París.
Es un transporte intracomunitario localizado, por aplicación de la regla general, en el TIVA español, donde radica el establecimiento del destinatario para el que se presta el servicio y cuyo sujeto pasivo es el prestador establecido en el TIVA.
b) Servicio de **mudanza** prestado a un funcionario español que es destinado a Bruselas. El transporte se efectúa desde Madrid hasta Bruselas.
Se trata de un transporte de bienes localizado, en aplicación de la regla especial, en el TIVA español, donde se inicia el transporte, y cuyo sujeto pasivo es el prestador establecido en dicho territorio, ya que el destinatario no tiene la condición de empresario.
c) Servicio de transporte prestado a una **empresa suiza** establecida únicamente en Suiza, que comunica un NIF a efectos del IVA alemán. El transporte se efectúa desde Barcelona hasta Ginebra.
Se trata de un transporte de bienes localizado, por aplicación de la regla general, fuera del TIVA español.
d) Servicio de transporte de mercancías prestado a una empresa española desde Valencia hasta Mallorca. El transporte se efectúa por **vía aérea**.

Se trata de un transporte interior localizado, por aplicación de la regla general, en el TIVA español, donde está establecido el destinatario y cuyo sujeto pasivo es el prestador, establecido en el TIVA español.

e) Transporte de mercancías prestado a una empresa belga que comunica un NIF/IVA español, desde **Bruselas hasta Sevilla**.

Se trata de un transporte de bienes localizado, por aplicación de la regla general, en el TIVA español, al entender que el servicio se presta para un establecimiento del destinatario radicado en España, dado que suministra un NIF/IVA español y cuyo sujeto pasivo es el prestador, establecido en España.

En el supuesto de que el suministro del NIF/IVA español no implicara que el destinatario tenga un establecimiento en España (ya que podría estar registrado pero no establecido en España), el servicio se localizaría en Bélgica, sede del destinatario, resultando como sujeto pasivo la empresa belga destinataria (aplicación de la norma belga equiparable a la de la LIVA art.84.Uno.1º).

9055 **2)** La empresa sueca Y ha enviado mercancías desde Estocolmo a otros E.m. de la UE en los que tiene **sucursales** y en los que está identificada, en los siguientes casos:

a) Envía mercancías a su sucursal de Barcelona, comunicando su NIF a efectos del IVA sueco al transportista, que es una empresa sueca. Las mercancías **se almacenan en Barcelona** durante un mes, y luego se transportan a Madrid. Y contrata el transporte de Barcelona a Madrid con una empresa española, a la que comunica su NIF a efectos del IVA sueco.

El primer transporte es intracomunitario localizado, por aplicación de la regla general, en el TIVA español, ya que es un transporte que presta una empresa de transportes sueca a otra empresa sueca para el establecimiento que esta última tiene en Barcelona, y cuyo sujeto pasivo es la empresa sueca destinataria del servicio, establecida en España, ya que el prestador no está establecido en España.

El segundo transporte es interior localizado en el TIVA español, porque se presta para un establecimiento del destinatario radicado en España y cuyo sujeto pasivo es el prestador, que está establecido en el TIVA español.

b) El mismo supuesto anterior, pero las mercancías **se descargan en Barcelona** por el transportista sueco y seguidamente se transportan por un empresario español con el que Y ha contratado la continuación del transporte hasta Madrid.

Si Madrid, punto de destino final del transporte, es también establecimiento permanente de la empresa sueca, o si puede entenderse que el transporte se ha de conectar con el establecimiento de la empresa sueca en Barcelona, el transporte Barcelona-Madrid sería un transporte interior localizado, por aplicación de la regla general, en el TIVA español (LIVA art.69.Uno.1º), ya que es un transporte que presta una empresa de transportes española a otra empresa sueca para un establecimiento que esta última tiene en España y cuyo sujeto pasivo va a ser la empresa española, prestadora del servicio y establecida en España.

Por el contrario, si Madrid no fuera establecimiento permanente de la empresa sueca, y el transporte no pudiera conectarse con la actividad de la sucursal de la empresa sueca en Barcelona, el transporte se localizaría en Suecia, donde radica la sede del empresario-destinatario y el sujeto pasivo sería la empresa destinataria establecida en Suecia.

9056 **c)** El mismo supuesto que en a), pero el transporte que efectúa la empresa española se realiza **entre Barcelona y Lisboa**.

La solución varía, como en el caso anterior, según sea o no Lisboa establecimiento permanente de la empresa sueca: si lo es, el servicio se localizaría en Portugal y el sujeto pasivo sería la empresa sueca, establecida en Portugal.

Por el contrario, si Lisboa no es establecimiento permanente, el transporte se localizaría en Suecia y el sujeto pasivo sería la empresa sueca, establecida en Suecia.

d) La empresa sueca Y ha contratado con una empresa francesa el transporte de mercancías **desde Gerona hasta Huelva**. Dicha compañía francesa desplaza sus camiones desde Marsella hasta Gerona, donde se hace cargo de las mercancías.

Es un transporte interior localizado, por aplicación de la regla general, en Suecia, donde está establecido el destinatario y cuyo sujeto pasivo es el destinatario establecido en Suecia (por aplicación en Suecia de los criterios establecidos en la LIVA art.84.Uno.2º.a).

9057 **3)** Una **empresa holandesa** contrata con una empresa española el transporte de mercancías desde **Madrid hasta Rotterdam** (Holanda), desde donde dichas mercancías serán expedidas con destino a EEUU. La empresa holandesa comunica al transportista español un NIF a efectos del IVA español.

Se trata de un transporte intracomunitario localizado, por aplicación de la regla general, en *Holanda, ya que se presta* para el establecimiento de la empresa holandesa que radica en Holanda y cuyo sujeto pasivo será el destinatario, establecido en dicho país.

No obstante, el transporte va a estar exento cuando esté directamente relacionado con las exportaciones de bienes fuera de la UE (nº 9097 s.).

4) Una empresa española, dedicada al **transporte de viajeros** en autobús, presta servicios de transporte de estos y de sus equipajes desde Burgos y La Coruña hasta Múnich y Luxemburgo.

Es un transporte de pasajeros entre E.m. que tributa, por aplicación de la regla especial, en el TIVA español, pero solo por el recorrido que transcurra por él, y cuyo sujeto pasivo es el prestador, establecido en el TIVA para dicho recorrido.

5) Una empresa española A dedicada a la venta de alfombras, y que cuenta con **sucursales** en diversos países europeos, ha contratado los siguientes servicios: **9058**

a) Con la empresa española B, el transporte de alfombras **desde Huesca hasta Niza**. A comunica a B su NIF/IVA español. Esta, a su vez, subcontrata el transporte con una empresa francesa, comunicándole un NIF/IVA español.

Se producen dos transportes:

- El primero, un transporte intracomunitario prestado por la empresa de transportes española B a la empresa española vendedora A, localizado, por aplicación de la regla general, en el TIVA español, porque se presta para un establecimiento de la destinataria radicado en España y cuyo sujeto pasivo es el prestador, establecido en dicho territorio.

Por lo que se refiere al otro servicio, el prestado por la empresa francesa al transportista español B, este se localiza, por aplicación de la regla general, en el TIVA español, donde está establecida la destinataria y cuyo sujeto pasivo es la destinataria, establecida en dicho territorio, dado que la prestadora no está establecida en el mismo.

Si Niza, como pudiera deducirse del supuesto, es un establecimiento permanente del vendedor A (destinatario del transporte prestado por el transportista español B), el servicio de B para A se localizaría en Francia, por aplicación de la regla general (lugar donde radique el establecimiento del destinatario para el que se preste el servicio) y el sujeto pasivo sería el destinatario, porque estaría establecido en Francia, mientras que el prestador no lo está.

- En cuanto al transporte subcontratado, prestado por el transportista francés al transportista español, se localizaría en el TIVA español, lugar donde radica el establecimiento del destinatario para el que se presta el servicio, y el sujeto pasivo sería el destinatario (la empresa de transportes española) establecida en el TIVA español.

b) Con la empresa francesa C, el transporte de alfombras **desde Gerona hasta París**, comunicando A un NIF a efectos del IVA español a C. Esta, a su vez subcontrata con la empresa también francesa D, a la que comunica su NIF a efectos del IVA francés.

También en este supuesto se producen dos transportes:

- uno es un transporte intracomunitario prestado por la empresa francesa C a la empresa española A, localizado, por aplicación de la regla general, en el TIVA español, porque se presta para un establecimiento de la destinataria radicado en España y cuyo sujeto pasivo es la empresa española destinataria del transporte, establecida en dicho territorio; y

- otro, el prestado por la empresa francesa D a la transportista también francesa C, es un transporte intracomunitario que se localiza, por aplicación de la regla general, en Francia, donde está establecida la destinataria y cuyo sujeto pasivo es la prestadora D, establecida en Francia.

Si París, como pudiera deducirse del supuesto, es un establecimiento permanente del vendedor A (destinatario del primer transporte), el servicio prestado por C para A se localizaría en Francia, por aplicación de la regla general (lugar donde radique el establecimiento del destinatario para el que se preste el servicio) y el sujeto pasivo sería el prestador, porque está establecido en Francia.

En cuanto al transporte subcontratado, también se localizaría en Francia, lugar donde radica el establecimiento de la destinataria C para la que se presta el servicio, y el sujeto pasivo sería el prestador, esto es, la empresa de transportes francesa D, establecida en Francia.

6) La **agencia de transporte** ALFA, establecida en el TIVA español, contrata en nombre propio con el transportista BETA, establecido también en el TIVA español, diferentes transportes para sus clientes. **9060**

Como la agencia de transportes actúa **en nombre propio** frente al transportista español, a efectos del IVA se producen dos servicios de transportes distintos: uno del transportista a la agencia y otro de la agencia al cliente, a cada uno de los cuales le corresponde su propio régimen fiscal.

Las operaciones realizadas son:

a) Para un **cliente francés**, transportes de mercancías desde Madrid a París y desde París a Madrid. En todos los casos, este cliente suministra a la agencia un NIF a efectos del IVA francés.

En ocasiones, el transporte efectuado está vinculado a mercancías que circulan en régimen de tránsito desde el aeropuerto de Barajas al de París o con destino a la exportación fuera de la UE efectuada por una aduana francesa.

Se producen dos transportes intracomunitarios distintos:

- el transporte prestado por el transportista español BETA a la agencia española ALFA, que se localiza, por aplicación de la regla general, en el TIVA español, donde radica el establecimiento del destinatario para el que se presta el servicio, y cuyo sujeto pasivo es el transportista BETA establecido en el TIVA español; y

- un segundo transporte, el prestado por la agencia española ALFA al cliente francés que, también por aplicación de la regla general, se localiza en Francia, donde está establecido el destinatario del servicio y cuyo sujeto pasivo es dicho destinatario, el cliente francés, establecido en Francia (por aplicación en Francia de los criterios establecidos en la LIVA art.84.Uno.2º).

Cuando se trate de mercancías que están vinculadas al régimen de tránsito, ambos transportes están exentos del IVA (nº 6245 s.).

b) Para un **empresario marroquí** no establecido en el TIVA español, realiza transportes de mercancías desde Casablanca hasta Madrid, efectuándose la importación por el aeropuerto de esta última ciudad. Otras veces, las mercancías se despachan en régimen de tránsito desde origen con destino a Francia.

De nuevo se producen dos transportes:

- uno, del transportista BETA a la agencia ALFA que se localiza, por aplicación de la regla general, en el TIVA español, donde radica el establecimiento del destinatario para el que se presta el servicio, y cuyo sujeto pasivo es el transportista BETA establecido en el TIVA español; y
- otro, el transporte prestado por la agencia española ALFA al cliente marroquí, que se localiza fuera del TIVA español.

9061 **c)** Para un **empresario español** no establecido fuera de España, transportes de mercancías desde Barcelona hasta Moscú.

El servicio de transporte prestado por el transportista a la agencia ALFA sigue los mismos criterios de localización y determinación del sujeto pasivo que en los supuestos anteriores.

El transporte de la agencia al cliente español también se localiza en el TIVA español por aplicación de la regla general, aunque puede estar exento (nº 9097 s.).

d) Para un **empresario ruso** no establecido fuera de Rusia, transportes de mercancías desde Moscú hasta Barcelona.

El servicio de transporte prestado por el transportista a la agencia ALFA sigue los mismos criterios de localización y determinación del sujeto pasivo que en los casos anteriores.

El transporte de la agencia al cliente ruso se localiza fuera del TIVA español por aplicación de la regla general.

7) Una **empresa francesa** sin establecimiento en el territorio de aplicación del IVA español, presta un servicio de transporte de bienes para un **ayuntamiento español** sin NIF a efectos del IVA, desde el municipio correspondiente en España hasta París.

Se trata de un transporte intracomunitario de bienes que se localiza en el territorio de aplicación del IVA español. El sujeto pasivo de dicho impuesto es el prestador.

9062 Doctrina Administrativa Además de la siguiente contestación de la DGT, ver nº 11000 s.

Una sociedad establecida en el TIVA presta **servicios de mediación** en la realización de transportes intracomunitarios o con terceros países. Cuando los servicios de mediación y los de agencia o comisión son prestados en nombre ajeno, merecen la consideración de prestación de servicios; sin embargo, cuando se actúa en nombre propio, se entiende que se ha recibido y prestado el servicio por sí mismo. En cuanto a la localización de los servicios, los que sean prestados por empresas comunitarias o de terceros países se localizan en el TIVA; por el contrario, los que preste aquella a otras empresas radicadas en otros E.m. diferentes a España se localizan fuera del TIVA (DGT CV 29-4-13).

---

3. Transporte internacional de bienes

9095 Los transportes internacionales de mercancías son los que discurren entre un lugar situado en el territorio de aplicación del impuesto (territorio peninsular español e Islas Baleares) y otro lugar situado fuera del territorio del sistema común del IVA de la UE o viceversa. Es decir, desde el TIVA español a **países terceros** o viceversa.

Están **exentos** del IVA siempre que estén directamente relacionados con las exportaciones (nº 9097 s.) o las importaciones (nº 9100 s.).

En cuanto a las reglas sobre localización, devengo y sujeto pasivo, son las aplicables con carácter general (ver nº 8984 s., nº 8995 s. y nº 9025 s.).

9097 **Transporte relacionado con la exportación** (LIVA art.21.5º; RIVA art.9.1.5º) En las salidas de bienes con destino a lugares situados fuera de la UE (exportaciones), están **exentos** los transportes relacionados con las mismas, cuando se den las condiciones y requisitos exigidos (nº 6075 s.).

Precisiones **1)** Dentro del término **exportación**, deben entenderse comprendidas todas las salidas del territorio de la UE, aunque no impliquen una entrega previa, como ocurre con las exportaciones temporales y con el envío de los productos compensadores correspondientes al régimen de perfeccionamiento activo, o con las devoluciones a origen o salidas del territorio de la UE de los bienes que se introdujeron en dicho territorio al amparo de los **regímenes aduaneros o fiscales suspensivos** (nº 5631 s. y nº 5641 s.).

2) Dado que la exención implica entrega y transporte vinculado a la entrega con destino a países terceros, en la práctica, la **vinculación del transporte a una entrega** se produce por su facturación a quien realiza esa entrega.

Ejemplo La empresa A, radicada en Madrid, realiza las siguientes operaciones: 9098
a) Exportación de bienes con destino a Moscú, encargando su transporte a la **agencia de transportes** TRANSA, que lo realiza directamente en su totalidad y factura su importe a la exportadora.
b) Exportación de bienes con destino a Argel, encargando su transporte también a la agencia TRANSA, que decide proceder a la **subcontratación** en nombre propio:
- el trayecto Madrid-Algeciras con la empresa de transportes B;
- el trayecto de Algeciras-Argel con la naviera C.

Todas las empresas, exportadora y transportistas, están establecidas en el territorio de aplicación del IVA español.
La tributación de las operaciones indicadas es la siguiente:
a) La agencia TRANSA realiza directamente el transporte: está exento del IVA, porque el transportista lo realiza en nombre y por cuenta de la exportadora.
b) La agencia TRANSA opta por hacer una subcontratación del transporte en nombre propio. Se prestan los siguientes servicios de transporte:
- de Madrid a Argel, prestado por TRANSA a la exportadora: está exento del IVA porque el transportista lo realiza en nombre y por cuenta de la exportadora y, por tanto, está relacionado con la exportación;
- de Madrid a Algeciras, prestado por B a TRANSA: transporte interior, localizado en el TIVA español, porque la destinataria está establecida en dicho territorio, no estando exento porque la transportista no actúa por cuenta de la exportadora, sino de TRANSA; y
- de Algeciras a Argel, prestado por la naviera C a TRANSA: transporte localizado en el TIVA español, ya que la destinataria está establecida en dicho territorio, no estando exento porque la transportista no actúa por cuenta de la exportadora, sino de TRANSA.

Doctrina Administrativa Además de las siguientes contestaciones de la DGT, ver nº 11000 s. 9099
1) Un empresario presenta la **declaración de exportación** en la aduana española y contrata un transporte hasta Holanda y otro desde este país al lugar de destino de la mercancía. Dado que las mercancías ya están vinculadas al régimen de exportación en el momento en que se remiten a Holanda, donde se transbordan y se hace cargo de las mismas otro transportista, los dos transportes se relacionan directamente con la exportación, por lo que en la proporción en que dichos servicios de transporte resulten sujetos, están exentos (DGT 16-3-04).
2) Los transportes internacionales solo están sujetos al IVA por la parte de recorrido que transcurre por el **ámbito espacial** del impuesto (DGT CV 2-12-86).
3) Está exento el transporte de mercancías a Suiza **prestado al exportador** establecido en el TIVA (DGT CV 10-5-10).

Transporte relacionado con la importación (LIVA art.64 y 83; RIVA art.19) Está exento el transporte **vinculado** a la importación de bienes que gocen de exención. Cuando el transporte es un **servicio accesorio** a la importación, sigue el mismo régimen tributario que la operación principal (nº 5847 s.). Asimismo, para evitar sobreimposiciones, está exento el transporte cuya **contraprestación** esté incluida en la base imponible de la importación (nº 5788 s.). 9100

Precisiones **1)** La **base imponible** de las importaciones de bienes es el resultado de añadir al valor en aduana (definido en el Código aduanero como el precio efectivamente pagado o por pagar por las mercancías a importar, con los ajustes establecidos) los impuestos devengados con motivo de la importación y los gastos accesorios (entre ellos el transporte) producidos hasta el primer lugar de destino de los bienes en el interior de la Comunidad.
2) El **primer lugar de destino** es el que figura en la carta de porte u otro documento que ampara la entrada de los bienes en el interior de la UE (conocimiento de embarque, CMR, etc.) o, en su defecto, es el lugar donde se produce la primera desagregación de la carga en el interior de la UE, separando los bienes que corresponden a cada destinatario (nº 5847).

Ejemplo La empresa A, establecida en Suiza, vende una mercancía a la empresa B de Valencia, la cual contrata el transporte de los bienes con la empresa C, establecida en Teruel. Según el conocimiento de embarque, el primer lugar de destino es el aeropuerto de Barcelona, aunque el comprador contrata el transporte CIF Valencia. 9102
Otros datos del supuesto:
a) El valor en aduana es de 500.000 €.
b) Los derechos de importación son 25.000 €.
c) El transporte, que se contrata por el comprador hasta Valencia para poner la mercancía a su disposición en su establecimiento en dicha ciudad, asciende a 10.500 €, que se desglosan de la siguiente forma:
- 9.000 €, el transporte en avión hasta el aeropuerto de Barcelona;
- 1.500 € hasta destino final en Valencia.

El despacho de importación de la mercancía se efectúa en la aduana de Barcelona, con sujeción a las siguientes reglas:
a) La base imponible del IVA de la importación indicada es:

500.000 + 25.000 + 9.000 = 534.000 €.

b) En relación al transporte internacional que discurre en el interior:
- la parte que está incluida en la base imponible de la importación (9.000 euros) está exenta del IVA, por lo que C no repercute el IVA a B por dicha parte;
- la parte que no está incluida en la base imponible de la importación (1.500 euros) no está exenta del IVA y C debe repercutir el IVA a B por dicha parte.

9103 Doctrina Administrativa Además de la siguiente contestación de la DGT, ver nº 11000 s.
1) Una empresa española importa productos de la **pesca** capturada con sus buques en **aguas internacionales**, realizando el transporte otra empresa. El transporte correspondiente a las doce millas náuticas que forman parte del ámbito territorial del IVA está sujeto y no exento del mismo. Aunque la importación de los productos de la pesca está exenta, no ocurre lo mismo con los servicios relacionados con dicha importación que no hayan podido adicionarse a la base imponible de la importación, como ocurre con el transporte (DGT 6-2-04).
2) En los servicios de **mudanza, transporte, desembalaje y colocación** de los bienes personales de personas físicas debido a un cambio de residencia, al resultar accesorios a la importación de dichos bienes, incluso si se subcontratan con otras empresas, la aplicación de la exención depende de si la importación está o no exenta. Si se **factura a una empresa**, el lugar de realización del servicio es aquel donde esté domiciliada la empresa destinataria del transporte, dependiendo la sujeción al impuesto del lugar de dicho domicilio; sin embargo, si se factura **directamente al importador** y la importación de los bienes personales resulta no exenta, el servicio estaría sujeto por la parte del trayecto que discurra en el TIVA, salvo que la contraprestación estuviera incluida en la base imponible de la importación, en cuyo caso los gastos de transporte podrían estar exentos.
Si los bienes proceden de **otro Estado miembro** y la empresa subcontratada para la mudanza se hace cargo de los mismos a su entrada en el TIVA, resulta de aplicación la regla de sujeción en el lugar donde esté domiciliada la empresa destinataria del servicio prestado. En el caso en que se facture a la persona física que realiza el cambio de residencia, el transporte intracomunitario de bienes se ha de considerar realizado en el TIVA cuando se inicie en dicho territorio (LIVA art.72). En estos últimos casos, el transporte no se corresponde con una operación exenta (DGT CV 1-6-10).

9104 **Situaciones exentas y regímenes suspensivos** (LIVA art.23.Uno.3º y 24.Uno.2º y 3º) La exención del impuesto también se aplica a los transportes de mercancías que, desde el momento de su entrada en TIVA español, se prestan para ser vinculadas al régimen de zona franca o para vincularlas a los regímenes aduaneros o fiscales (tránsito, importación temporal, perfeccionamiento activo y depósitos aduaneros y fiscales; ver nº 5625 s.).
Como la exención resulta aplicable cuando los bienes permanecen vinculados a los mencionados regímenes, en el **momento de abandono** de los mismos se exige el impuesto respecto de todas las operaciones que se beneficiaron de la exención (entre ellas, el transporte).

Precisiones Estas **entradas en TIVA español** no producen el hecho imponible importación de bienes, no son operaciones sujetas al impuesto, salvo que se vinculen al régimen de depósito distinto de los aduaneros (nº 5646 s.).

9105 Ejemplo La empresa A, establecida en Suiza, vende una mercancía a la empresa B, de Valencia. Según el conocimiento de embarque, el primer lugar de destino es el aeropuerto de Barcelona. A la llegada de la mercancía a Barcelona, el consignatario solicita su traslado en **régimen de tránsito** a la aduana de Valencia.
Otros datos del supuesto:
- el valor en aduana es de 500.000 €;
- se abonan derechos de importación por un importe de 25.000 €;
- el transporte, que se contrata por el comprador hasta Barcelona para poner la mercancía a disposición del consignatario, asciende a 9.000 €; el transporte en régimen de tránsito de Barcelona a Valencia, realizado por un transportista distinto para el comprador, asciende a 1.500 €.
A la llegada de la mercancía a Barcelona, no se produce el hecho imponible importación, ya que inmediatamente la mercancía se vincula al régimen de tránsito. No se puede exigir, por tanto, el IVA a la importación en ese momento y el transporte hasta Valencia está exento del impuesto.
A la llegada a Valencia se ultima el régimen de tránsito y se produce el hecho imponible importación de bienes, cuya base imponible es:

500.000 + 25.000 + 9.000 + 1.500 = 535.500 €.

9106 Doctrina Administrativa Además de las siguientes contestaciones de la DGT, ver nº 11000 s.
1) Una fábrica de destilación envía aguardiente en **régimen suspensivo de IIEE** a una fábrica de *bebidas, para que prepare* la venta del producto. Tras la salida de la fábrica de bebidas, donde se liquidan los IIEE, se remite la mercancía, utilizando medios propios de la destiladora, a un almacén propiedad de la misma, sin transmisión de la propiedad del producto.
La salida de los bienes de la fábrica con destino al almacén determina la liquidación de los IIEE y el devengo del IVA como operación asimilada a la importación. Si los bienes no fueron vinculados al régimen mediante una operación previa exenta y solo hubieran sido objeto de servicios

exentos, la base imponible está constituida únicamente por la contraprestación de dichos servicios y además la cuota de IIEE. No forma parte de la base imponible el servicio de transporte porque se presta con medios propios de la destiladora (DGT 16-10-03).
2) Una agencia de transportes realiza para clientes de diversas nacionalidades el transporte de mercancías desde distintos puntos del mundo. La agencia subcontrata el servicio a transportistas establecidos en España. En alguna de las operaciones, las mercancías se pueden vincular o se encuentran vinculadas al **régimen de tránsito**. En los transportes internacionales, está exenta del IVA la parte que esté incluida en la base imponible del impuesto correspondiente a la importación (DGT 13-11-03).

B. Transporte de personas

(LIVA art.22.Trece y 91.Uno.2.1º)

En el IVA, los transportes de viajeros no tributan todos de igual forma. La Ley distingue entre transportes interiores e internacionales de una parte, y entre los transportes por tierra, aéreos y marítimos, de otra. **9115**
Son **transportes interiores de pasajeros** los que discurren entre dos puntos del interior del territorio de aplicación del IVA español y siempre están sujetos y no exentos del impuesto, con independencia del medio de transporte utilizado para su realización.
Los transportes **internacionales** son los que se desarrollan entre un lugar situado en el interior del ámbito espacial del impuesto (territorio peninsular español e Islas Baleares) y otro lugar situado fuera de dicho ámbito, independientemente de que este último lugar se encuentre en otro E.m. de la UE o en un país tercero.
A continuación, solo desarrollamos las especialidades del transporte de viajeros. El resto de cuestiones, al ser comunes con el transporte de bienes se analizan en dicho apartado:
- devengo (nº 8995);
- base imponible (nº 9005); y
- sujeto pasivo (nº 9025).

Precisiones La discriminación entre los distintos **tipos de transporte** existe desde antes de la creación del Mercado interior. Hasta que se apruebe un régimen común para el transporte de pasajeros, circunstancia que todavía no se ha producido, se mantendrá esta discriminación entre los distintos tipos de transporte.

Hecho imponible Tanto los transportes de bienes como los de personas tienen, a efectos del IVA, la consideración de **prestaciones de servicios** y están sujetos al mismo. **9116**
Por razones de neutralidad, están sujetas determinadas operaciones realizadas por empresarios a título gratuito, como los denominados **autoconsumos**. No obstante lo anterior, y por las mismas razones de neutralidad, se excluyen de gravamen algunos autoconsumos establecidos en la normativa del impuesto (LIVA art.7.7º).

Precisiones Para el estudio de otras cuestiones comunes al hecho imponible, ver nº 8950.

Ejemplos **1)** La empresa ZETA contrata con una **empresa externa** el traslado diario de sus empleados al centro de trabajo, haciéndose cargo de la facturación del transporte y sin repercutir cantidad alguna a los trabajadores.
Si el transporte puede sustituirse con facilidad utilizando medios públicos, el servicio prestado por la empresa a sus trabajadores debe calificarse de autoconsumo sujeto al impuesto, porque es un servicio gratuito para fines ajenos a la empresa.
En cualquier caso, el autoconsumo sólo se produce si la empresa ZETA ha podido deducirse el IVA soportado por el servicio prestado por el transportista.
2) La empresa ZETA traslada todos los días a sus empleados **con medios propios** al centro de trabajo, sin repercutirles cantidad alguna por el servicio ni abonar ningún complemento a los que no lo utilicen.
El servicio se presta a título gratuito y es un autoconsumo de servicios cuando el empresario ha podido deducirse el impuesto soportado por la adquisición del medio de transporte utilizado en la prestación del mismo.
Si el centro de trabajo está alejado o en lugar de difícil acceso, el servicio está no sujeto, porque se presta para fines de la empresa.

Doctrina Administrativa Además de las siguientes contestaciones de la DGT, ver nº 11000 s.
1) Están sujetos los transportes de viajeros prestados por las **cooperativas de transporte** a terceros, así como los prestados por los cooperativistas o terceros a las cooperativas (DGT 4-2-88).
2) En relación con los billetes emitidos por una empresa de transporte aéreo establecida en España, sin intervención alguna de agencia de viajes, cargando al viajero los gastos de emisión y gestión de los títulos de transporte en la expedición de dichos billetes, dichos servicios de **emisión y expedición de billetes** son servicios accesorios al servicio de transporte (DGT 20-1-04).

Jurisprudencia **1)** La emisión de billetes en el **transporte aéreo** de pasajeros está sujeta a IVA, incluso cuando los pasajeros no los utilicen; la compañía aérea realiza la prestación desde que permite al pasajero disfrutar del servicio (ejerza o no su derecho) (TJUE 23-12-15, asunto C-250/14).
2) La legislación UE no autoriza a un E.m. (Polonia) a introducir un régimen de tributación a efectos del IVA relativo a los servicios de **transportes internacionales de pasajeros por carretera** (esencialmente en autobús) prestados en su territorio por **operadores no establecidos**, que presenta las siguientes características:
- la base imponible se fija de manera forfetaria, según una cantidad fija por pasajero;
- el operador no establecido no tiene derecho a recuperar el IVA soportado en Polonia; y
- la declaración e ingreso del IVA deben efectuarse por el conductor del autobús ante la oficina de aduanas polaca en el momento de entrar en Polonia (TJUE 6-5-10, asunto C-311/09).
3) Un empresario realiza a **título gratuito** el transporte de los trabajadores de su empresa desde sus domicilios hasta el lugar de trabajo. Debe tenerse en cuenta que el empresario desarrolla su actividad en diferentes lugares de trabajo que varían con frecuencia o que se encuentran a mucha distancia de los centros urbanos. El TJUE entiende que:
a) El transporte gratuito de los trabajadores desde su domicilio al lugar de trabajo es, en principio, una operación sujeta como asimilada a la prestación realizada a título oneroso, porque satisface necesidades privadas de los trabajadores y sirve a fines ajenos a la empresa.
b) Cuando la prestación del servicio se hace necesaria para la empresa, como ocurre en este caso debido a la dificultad para utilizar otros medios de comunicación para desplazarse a los lugares de trabajo y al cambio frecuente de estos últimos, la utilización de los bienes empresariales ya no resulta ajena a los fines de la empresa; por lo tanto, la operación de transporte se encuentra sujeta al impuesto (TJUE 16-10-97, asunto C-258/95).

9117 **Localización** (LIVA art.70.Uno.2º) Los transportes interiores o internacionales de pasajeros se entienden **localizados** en el territorio de aplicación del IVA español por la parte de trayecto realizada en el mismo, que comprende el territorio peninsular español y las Islas Baleares, incluyendo las islas adyacentes, las aguas territoriales hasta el límite de las doce millas náuticas y el espacio aéreo que sobrevuela todo el ámbito indicado (LIVA art.3), con independencia de la condición del destinatario (empresario o consumidor final).

Prestador	Destinatario	Servicio	Localización
Empresario TIVA/E.m./PT	Empresario TIVA/E.m./PT	Transporte de personas	En TIVA por el recorrido en TIVA (LIVA art.70.Uno.2º)
	Consumidor TIVA/E.m./PT		

PT: territorio o país tercero.
Empresario TIVA, E.m. o PT: empresario con establecimiento, respectivamente, en TIVA, E.m. o PT, desde el que se prestan o en el que se reciben los servicios.
Consumidor TIVA, E.m. o PT: consumidor final con establecimiento o domicilio, respectivamente, en TIVA, E.m. o PT, en el que se reciben los servicios.

Tributación para los transportes de pasajeros:
- los transportes **interiores**: tributan por IVA en su totalidad;
- los transportes **internacionales terrestres y fluviales**: tributan por la parte de recorrido que discurre por TIVA y no están sujetos por la parte de recorrido fuera de dicho territorio;
- los transportes **internacionales marítimos y aéreos**: están sujetos pero exentos por la parte de recorrido que discurre por TIVA y no sujetos por la parte de recorrido realizada fuera de dicho territorio.

Precisiones Para el estudio de otras cuestiones comunes a la localización, ver nº 8984.

Doctrina Administrativa Además de las siguientes contestaciones de la DGT, ver nº 11000 s.
1) Los **transportes aéreos**, por la parte de trayecto realizada fuera del TIVA, no están sujetos (DGT CV 23-12-86).
2) Una cooperativa se dedica al **alquiler de vehículos con conductor**. Si el servicio de alquiler se realiza en el TIVA pero el cliente está en la Unión Europea, las operaciones se localizan en el TIVA por la parte que discurre en dicho territorio, no estando sujeto al impuesto el trayecto que discurra en otros E.m. La cooperativa es el sujeto pasivo del transporte de viajeros prestado a las empresas europeas que contraten con ella, y debe repercutir el impuesto por la parte del trayecto que discurre en el TIVA, cualquiera que sea el trayecto total del servicio prestado, al tipo impositivo reducido (DGT CV 10-3-16).

Jurisprudencia **1)** La normativa en el marco de la UE no se opone, pero tampoco obliga, a que los E.m. graven los transportes efectuados entre dos puntos de su **territorio nacional**, aunque una parte del mismo discurra fuera de este último, por aguas internacionales o fuera de ellas (TJUE 13-3-90, asunto C-30/89).

2) El transporte internacional combinado de personas en **autobús** está sujeto en los E.m. que atraviesa, en función de los recorridos por cada uno de ellos (distancias recorridas) y no en función de los tiempos de permanencia en dichos Estados. No se ha de seguir el criterio de la sede de la actividad económica del transportista, dado que con frecuencia se atraviesan diferentes países en la realización del transporte (TJUE 6-11-97, asunto C-116/96).

Exenciones (LIVA art.22.Trece; RIVA art.10.3) Están exentos los **transportes internacionales de pasajeros** (esto es, viajeros y sus equipajes) cuando se realizan por vía marítima o aérea, pero no cuando tienen lugar por tierra (carretera o ferrocarril) o por vía fluvial. En el caso del transporte aéreo, y siempre que se trate de un único título de transporte, se encuentran exentos los vuelos de **conexión interna**. **9118**

La exención también se extiende a **trayectos de ida y vuelta** con escala en lugares situados fuera del TIVA español, pero no los de viajeros que inician y terminan el viaje en el TIVA español, aunque el buque o el avión en el que viajen continúen sus recorridos con destino a lugares situados fuera de dicho territorio.

Precisiones Para el estudio de otras cuestiones comunes a las exenciones, ver nº 8965.

Ejemplos **1)** El señor X compra a la compañía ALFA un billete de avión para el vuelo Oslo-Madrid. El viaje hace escala en Barcelona, desde donde continúa el vuelo hasta Madrid en la compañía BETA. ALFA subcontrata con BETA la realización del vuelo interior Barcelona-Madrid.
- la compañía ALFA contrata con el viajero un transporte Oslo-Madrid, que es un transporte aéreo internacional exento del IVA;
- por otra parte, la compañía ALFA contrata en nombre propio con BETA el transporte del viajero de Barcelona a Madrid. Es un transporte interior que BETA presta a ALFA. Este transporte está sujeto y no exento, por el que BETA tiene que facturar y repercutir el IVA a ALFA. Esta última compañía puede deducirse el IVA soportado, porque utiliza el servicio recibido en la realización de un transporte exento pero con derecho a la deducción.

2) El señor Z quiere viajar de Oslo a Madrid. La compañía ALFA le transporta en sus propias aeronaves de Oslo a Barcelona y contrata en nombre y por cuenta del viajero con la compañía BETA el transporte de Barcelona a Madrid.
El transporte de la compañía ALFA es un transporte aéreo internacional exento del IVA. El transporte de la compañía BETA es un transporte aéreo interior sujeto y no exento del IVA, por el que dicha compañía debe repercutir el IVA al viajero. Además, la compañía ALFA debe repercutir el impuesto por el servicio de mediación prestado a la compañía BETA, servicio localizado en el TIVA por la regla general.

3) Viajes Europa concierta el fletamento total de un buque durante un plazo de tres meses para la realización de cruceros por el Mediterráneo. En la explotación del buque contrata los siguientes cruceros:
Número 1: Valencia-Barcelona-Génova-Nápoles-Palermo-Valencia, con un recorrido total de 20.000 millas.
Número 2: Barcelona-Valencia-Málaga-Palma de Mallorca-Barcelona, con un recorrido total de 30.000 millas.
Los pasajes correspondientes a los cruceros número 1 están exentos del IVA, excepto los de aquellos viajeros que vayan de Valencia a Barcelona y desembarquen en esta última ciudad.
Los pasajes correspondientes a los cruceros número 2 están sujetos y no exentos del IVA, aunque solo en la medida en que discurran por aguas jurisdiccionales.
El fletamento del buque no está exento porque los recorridos en navegación interior son mayores que los de navegación internacional y, por tanto, el buque no resulta afecto a navegación internacional.

Doctrina Administrativa Además de las siguientes contestaciones de la DGT, ver nº 11000 s. **9119**
1) Los vuelos entre las islas del **archipiélago canario** están exentos porque tienen la consideración de vuelos internacionales (DGT 28-1-93).
2) El trayecto internacional con **conexión**, que conlleva que los pasajeros realicen escala en una ciudad de TIVA, donde cambian de avión, y que se comercializa como un único título de transporte, se encuentra amparado por la exención (DGT CV 16-2-18).

Jurisprudencia **1)** Resulta contrario a la normativa en el marco de la UE que se declaren exentos los **cruceros circulares** en los que se utilizan buques con pabellón nacional, que no tocan puertos extranjeros, por la parte del trayecto que discurre por las aguas territoriales, sin que pueda admitirse como justificación de la exención la dificultad de orden práctico de calcular la base imponible, ante la frecuencia de cambios de ruta imprevistos (TJUE 23-5-96, asunto C-331/94).
2) No se vulnera el principio comunitario de **igualdad de trato** al gravar los transportes internacionales de viajeros en autocar y dejar exentos los transportes aéreos internacionales de viajeros (TJUE 13-7-00, asunto C-36/99).
3) Se considera contrario al derecho comunitario un régimen especial establecido en Austria, que implica una exoneración total del IVA para los **empresarios no establecidos** en dicho país, que presten en el mismo servicios de transporte de pasajeros por carretera y cuyo volumen de operaciones en Austria durante un año natural sea inferior a 22.000 euros (TJUE 28-9-06, asunto C-128/05).

9120 **Tipo impositivo** (LIVA art.91.Uno.2.1º) Los transportes de viajeros y sus equipajes que no disfruten de la exención tributan al tipo impositivo reducido del 10%.

III. Deducciones y devoluciones

9130 **Derecho a la deducción** (LIVA art.94.Uno) Los transportes generan el derecho a la deducción del impuesto soportado por la adquisición de los bienes y servicios efectuados en TIVA, en la medida en que se utilicen en la realización de aquellos:
- si son transportes **sujetos y no exentos**, porque cumplen la regla general de las operaciones que generan el derecho a la deducción (nº 2692 s.);
- si son transportes **exentos** (los relacionados con las exportaciones o importaciones), porque están relacionados con operaciones que originan el derecho a la deducción (nº 5788 s. y nº 6075 s.); y
- si son transportes localizados **fuera del TIVA español** (entre ellos se incluyen los transportes intracomunitarios localizados en otro E.m.) porque, de haberse localizado en el interior de dicho territorio, habrían originado el derecho a la deducción (nº 2692).

Por lo tanto, son **deducibles** las cuotas soportadas o satisfechas por las adquisiciones de bienes y servicios efectuadas en TIVA español, en la medida en que se utilicen en la prestación del servicio de transporte. Es decir, son deducibles las cuotas:
- soportadas por las adquisiciones de bienes y servicios efectuadas por el transportista;
- liquidadas por los servicios de transporte en los que se haya producido la inversión del sujeto pasivo (nº 1335 s.);
- satisfechas por las adquisiciones intracomunitarias de bienes efectuadas por el transportista;
- satisfechas por las importaciones de bienes efectuadas por el transportista.

En todos los casos deben cumplirse los **requisitos** indicados: que se hayan devengado en el territorio de aplicación del IVA español por adquisiciones que se utilicen en la realización del servicio de transporte.

No son deducibles las cuotas soportadas por las operaciones localizadas fuera del TIVA, que se han ingresado en las Administraciones fiscales de otros países, comunitarios o no.

9131 El **procedimiento de deducción** difiere en función del país en el que esté establecido el transportista:

a) Los establecidos en el **TIVA**:
- las cuotas soportadas en el territorio de aplicación del IVA español se deducen según el procedimiento general de deducciones, al presentar sus autoliquidaciones periódicas (nº 2500 s.);
- las cuotas soportadas en los demás E.m., según el procedimiento de devoluciones regulado en el nº 2989 s.;
- las cuotas soportadas en países terceros, con sujeción a las normas aplicables en ellos.

b) Los establecidos en los **demás E.m.**, respecto de las cuotas soportadas en el territorio de aplicación del IVA español: deben aplicar el procedimiento de devoluciones del nº 2992 s.

c) Los establecidos en **países terceros**, respecto de las cuotas soportadas en el territorio de aplicación del IVA español: deben aplicar el procedimiento de devoluciones regulado en el nº 3005 s.

Precisiones 1) Los servicios de transporte a los que les afectan las exenciones previstas para **transportes interiores** (nº 8965 s.) no generan derecho a deducción del IVA soportado.
2) La entrega de las **tarjetas de carburante** puesta a disposición de las filiales debe calificarse como un servicio de crédito y por tanto, se encuentra exento (TJUE 15-5-19, asunto C-235/18).

9132 Ejemplos 1) La empresa Transportes y Mudanzas S.L., establecida en Madrid, realiza los siguientes transportes de maquinaria para la empresa ALFA, que tienen sede en Barcelona y carece de establecimientos permanentes fuera del territorio de aplicación del IVA español:
- de Barcelona a Madrid;
- de Barcelona a Rabat; y
- de Marsella a Roma.

El IVA se aplica de la siguiente forma:
- el transporte de Barcelona a Madrid es un transporte interior, sujeto y no exento, que genera el derecho a la deducción;
- el transporte de Barcelona a Rabat es un transporte relacionado con la exportación, exento, que también origina el derecho a la deducción;
- el transporte de Marsella a Roma es un transporte intracomunitario sujeto al IVA español (porque se presta a un empresario establecido en el TIVA), que igualmente origina el derecho a la deducción.

2) La empresa de transportes INESA, establecida en Madrid, ha realizado durante el primer trimestre del año N las siguientes operaciones:
- transportes interiores de bienes para empresarios o particulares establecidos o domiciliados en el territorio de aplicación del IVA español: 200.000 €;
- transportes intracomunitarios iniciados en el territorio de aplicación del IVA español para empresarios o particulares establecidos o domiciliados en dicho territorio: 150.000 €;
- adquisición de camión-contenedor en Barcelona: 250.000 €;
- adquisición de combustibles y reparaciones efectuadas en el TIVA español: 60.000 €;
- adquisición de combustibles efectuadas en otros E.m.: 20.000 €.
El volumen de sus operaciones en el año N-1 fue de 5.000.000 €.

Los transportes interiores se localizan en el territorio de aplicación del IVA español. **9133**
También se localizan en el territorio de aplicación del IVA español los transportes intracomunitarios, porque se prestan a empresarios establecidos en el territorio de aplicación del IVA español o se prestan a particulares transportes que se inician en el territorio de aplicación del IVA español.
El sujeto pasivo de todos estos transportes es la empresa INESA, porque los transportes se localizan en el territorio de aplicación del IVA español y el transportista está establecido en dicho territorio.
El sujeto pasivo debe presentar una declaración en los 20 primeros días del mes de abril de N con la siguiente liquidación:

Cuotas devengadas [(200.000 + 150.000) × 21%]	73.500,00
Cuotas soportadas [(250.000 + 60.000) × 21%]	65.100,00
A ingresar	8.400,00

Para recuperar el impuesto soportado en los demás E.m., debe ser solicitada su devolución conforme a lo establecido en el nº 2992 s.

Devolución (LIVA art.115 y 116; RIVA art.30 bis) Con carácter **general**, los saldos a favor del contribuyente que resulten de las liquidaciones efectuadas en las declaraciones periódicas pueden compensarse en las autoliquidaciones de los períodos siguientes, pero no puede realizarse la solicitud de su devolución hasta finalizar cada año natural (nº 2940 s.). **9135**
Con carácter **particular**, se puede aplicar el procedimiento de devolución mensual (nº 2962 s.) a todos los sujetos pasivos que soliciten su inscripción en el Registro de devolución mensual y cumplan los requisitos previstos (nº 2968 s.).
También está prevista la **devolución inmediata** de las cuotas deducibles por la adquisición de medios de transporte a los sujetos pasivos del IVA que cumplan los requisitos establecidos.

Doctrina Administrativa Además de la siguiente contestación de la DGT, ver nº 11000 s.
Las **cuotas soportadas** por los transportes de personal de la empresa para necesidades de la misma son deducibles (DGT 7-3-94).

IV. Liquidación del impuesto

(LIVA art.167; RIVA art.71)

Para la liquidación del impuesto, los **transportistas** deben aplicar las normas generales (nº 6420 s.). **9140**

CAPÍTULO 20

Servicios electrónicos, de telecomunicaciones y comercio electrónico

9150

El desarrollo de la tecnología y la consolidación de la sociedad de la información han adquirido una relevancia decisiva en el ámbito económico, especialmente en las actividades desarrolladas por los empresarios y profesionales. Esta circunstancia, cuyo impacto resulta evidente en todos los ámbitos de la fiscalidad, tiene una importancia particular en lo que se refiere al IVA, dado que este impuesto incide principalmente en las **transacciones** de los empresarios y profesionales. 9151

En este contexto, este capítulo aborda la caracterización específica en materia de IVA, tanto de los servicios tecnológicos como del comercio electrónico, en función de la trasposición al ordenamiento jurídico español de las directivas europeas que regulan estas actividades.

Las cuestiones relativas a la **base imponible** (nº 1700 s.), **deducciones** (nº 2500 s.) y **devoluciones** (nº 2930 s.), al no tener ninguna particularidad se analizan en los capítulos correspondientes. Respecto al **tipo impositivo** recordar que, con independencia de la clase del bien, es aplicable el tipo general a las importaciones de bienes cuyo valor intrínseco no supere 150 euros, realizados por empresarios que realicen las operaciones recogidas en el Régimen de importación (nº 5915 s.) y no hayan optado por la aplicación del régimen especial IOSS (nº 9370 s.).

En relación con la **facturación telemática** y conservación electrónica de facturas, ver nº 7330 s.

La interpretación y aplicación de estas normas requieren un análisis minucioso por parte de los operadores jurídicos y económicos, quienes deben tener en cuenta no solo el texto normativo, sino también la jurisprudencia en esta materia. En este sentido, entre otras destacan las sentencias TJUE 18-6-20, asunto KrakVet Marek Batko C-276/18 y 8-5-19, asunto Geelen C-582/17, que abordan cuestiones clave sobre la localización de servicios y la intermediación en plataformas digitales.

A. Hecho imponible

9152

Las operaciones que se analizan en este capítulo van a estar sujetas al impuesto, siempre que se realicen en el desarrollo de **actividades empresariales o profesionales**, siendo de aplicación las consideraciones expuestas en el nº 50 s., con las especialidades propias de su naturaleza y las que se deriven de las reglas de localización aplicables. 9153

Precisiones En este capítulo el conjunto de los servicios electrónicos y de telecomunicación, radio, televisión es referido como **servicios tecnológicos**, o servicios ETR (TBE services: telecommunications, broadcasting and electronic).

1. Prestaciones de servicios

9154 En los siguientes epígrafes se va a estudiar de forma separada los servicios prestados por vía electrónica (servicios electrónicos) y la realización de operaciones en el ámbito de las **telecomunicaciones** o de la **radiodifusión** y la **televisión**, que a efectos del impuesto, también son calificadas como prestación de servicios (nº 180 s.).

Precisiones Ante la extensión del ámbito de aplicación de los regímenes especiales de ventanilla única, se definen nuevos conceptos de **entregas de bienes**, que deben ser tenidas en cuenta en este tipo de operaciones (LIVA art.8.Tres y 8 bis; nº 9180 s.).

9155 **Servicios electrónicos** (LIVA art.69.Tres.4º; Dir 2006/112/CE art.58 y Anexo II; Rgto UE/282/2011 art.7 y Anexo I)
Se consideran servicios prestados por vía electrónica aquellos que consistan en la transmisión enviada inicialmente y recibida en destino por medio de **equipos de procesamiento**, incluida la compresión numérica y el almacenamiento de datos, y enteramente transmitida, transportada y recibida por cable, radio, sistema óptico u otros medios electrónicos (LIVA art.69.Tres.4º).

1. La normativa nacional del impuesto relaciona de forma no exhaustiva las **operaciones** que, a efectos del IVA, deben considerarse servicios electrónicos:

- el **suministro y alojamiento** de sitios informáticos (alojamiento de sitios web y de páginas web, suministro en línea de espacio de disco a petición, etc.);
- el **mantenimiento** a distancia de programas y de equipos (administración de sistemas remotos, etc.);
- el suministro de **programas** y su actualización (acceso o descarga de programas informáticos, descarga de controladores, programas para bloquear la descarga de banners publicitarios, instalación automatizada en línea de cortafuegos, etc.);
- el suministro de **imágenes, texto, información** y la puesta a disposición de **bases de datos** (acceso o descarga de fondos de escritorio, imágenes fotográficas o salvapantallas, suscripción a periódicos o revistas en línea, uso de motores de búsqueda y de directorios de internet, etc.);
- el suministro de **música, películas, juegos**, incluidos los de azar y los de dinero, y de emisiones y manifestaciones políticas, culturales, artísticas, deportivas, científicas o de ocio (acceso o descarga de música, melodías, tonos de llamada, películas, juegos, etc.); y
- el suministro de **enseñanza** a distancia (ejercicios realizados por el alumno en línea y corregidos automáticamente sin intervención humana).

No obstante, el hecho de que el prestador de un servicio y su destinatario se comuniquen por **correo electrónico** no implica, por sí mismo, que el servicio prestado tenga la consideración de servicio prestado por vía electrónica.

2. El Rgto UE/282/2011 art.7 y Anexo I, además de realizar una enumeración de las operaciones, contienen una **descripción** detallada de lo que debe considerarse como tal: servicios prestados a través de internet o de una red electrónica que, por su naturaleza, estén básicamente automatizados y requieran una **intervención humana mínima**, y que no tengan viabilidad al margen de la tecnología de la información.

9156 Precisiones **1)** Solo puede hablarse de servicios electrónicos cuando las operaciones se realizan «**online**», esto es, cuando la prestación se efectúa por vía electrónica; por el contrario, en las operaciones «**offline**», aunque el pedido es efectuado por vía electrónica, la prestación del proveedor es llevada a cabo a través de los medios tradicionales y no cabe hablar de un servicio prestado por vía electrónica.

2) No resulta relevante, a efectos de calificar una operación como servicio electrónico, el hecho de que las partes hayan contactado por vía electrónica, ni el hecho de que el contrato por ellas concertado se haya acordado utilizando medios electrónicos, dado que lo esencial es que la **prestación** que constituya el objeto del contrato sea articulada por vía electrónica.

3) Cuando se presten servicios por vía electrónica a través de una red de telecomunicaciones, de una interfaz o de un portal, como P.e. un mercado de aplicaciones, a efectos de los servicios de **mediación por cuenta ajena** (Dir 2006/112/CE art.28), se presume que el sujeto pasivo que toma parte en la prestación actúa en nombre propio y por cuenta del prestador de dichos servicios, salvo que el prestador sea reconocido expresamente como tal por ese sujeto pasivo y que ello quede reflejado en los acuerdos contractuales entre las partes (Rgto UE/282/2011 art.9 bis). En este sentido, el TJUE entiende que al fijar una **plataforma** de **redes sociales** los términos y condiciones del servicio, debe considerarse que en los servicios de mediación que proporciona actúa en nombre propio y como tal, debe repercutir el impuesto por la totalidad de la contraprestación recibida, no solo por su comisión (TJUE 28-2-23, asunto Fenix International Ltd C-695/20).

9157 Doctrina Administrativa Además de estas contestaciones de la DGT, ver nº 11000 s.

1) Tienen la consideración de servicios prestados por **vía electrónica**:

- el ofrecimiento de un espacio virtual para que determinados profesionales ofrezcan sus productos, constituyendo un **mercado en línea** que permite la presencia de los vendedores y de sus productos en la página web (DGT CV 14-6-16);
- el servicio de **acceso** a una plataforma **web**, donde el cliente puede obtener información relativa a la cocina (DGT CV 24-6-16). O la
- los servicios de intermediación en la venta de **aplicaciones** (DGT CV 29-12-20); o de gestión en operaciones de **micromecenazgo** -crowdfunding- (DGT CV 22-6-16);
- el servicio de **creación y mantenimiento** de extensiones para una plataforma de comercio electrónico (DGT CV 29-6-16);
- el **suministro de contenidos** digitales que los clientes pueden descargar a través de Internet, u otro medio electrónico (DGT CV 4-7-16), el suministro de videos y audios (DGT CV 9-9-16), el de ficheros de fotografías no personalizadas (DGT CV 23-2-17), o contenidos **audiovisuales** en formato electrónico para su visionado a través de una plataforma en línea (DGT CV 16-3-23; CV 16-3-23);
- un servicio de uso de **base de datos** consistente en la licencia para la utilización de un programa informático para acceder a la base y formación técnica a través de Internet (DGT CV 12-7-16);
- el diseño y mantenimiento de una página web, así como el suministro de **cartelería digital** que se remite telemáticamente (DGT CV 7-9-16);
- el servicio de mantenimiento de **antenas wifi** por medios remotos (DGT CV 23-9-16);
- el **visionado en línea de películas** a través de una plataforma web (DGT CV 23-2-17);
- la venta por su creador de un «objeto» (subasta) que ha sido transformado por el artista mediante un programa informático y convertido en un bien digital único y original (non fungible tokens -**NFT**-), del que se transmite el certificado digital de autenticidad (DGT CV 10-3-22). Se sigue el mismo criterio que las contestaciones DGT CV 23-2-16, CV 1-10-19 y CV 14-1-21;
- los prestados por un **organismo autónomo** que ha elaborado un **portal corporativo** al que pueden acceder las empresas interesadas que se suscriban y que contiene publicaciones e informes del sector (DGT CV 23-5-08);
- el **entrenamiento** de un sistema de IA a través de una plataforma (DGT CV 16-12-25).

9158 **2)** Quedan excluidos de los servicios prestados por vía electrónica relativos a:

- **marketing online digital** para la promoción de clientes en las redes sociales (DGT CV 5-7-16; CV 21-9-16);
- **consultoría** e información bursátil prestados a través de internet, dado que el correo electrónico y las redes sociales no suponen más que el medio a través del cual se presta el servicio (DGT CV 31-8-16);
- la transcripción de un **archivo de audio** a una partitura que se remite al cliente en formato electrónico (DGT CV 8-2-22).
- servicios de **diagnóstico por imagen**, consistentes en la recepción de imágenes radiológicas y emisión del diagnóstico utilizando internet (DGT CV 5-2-10; CV 8-3-06).
- servicios de **psicoterapia** prestados por un terapeuta **por videoconferencia**, que tampoco se pueden calificar como asesoramiento, por lo que se entienden realizados en sede del prestador (DGT CV 3-2-25).

3) La actividad de una fundación que ha creado y va a explotar comercialmente un **juego multimedia** a través de internet para la difusión de la lengua española da lugar a la prestación de servicios electrónicos a efectos del IVA (DGT CV 1-9-09).

4) En relación con las **páginas web** son servicios electrónicos:

- los prestados por una entidad propietaria de una página web cuyos contenidos están disponibles para los usuarios a través del pago de unas cantidades de dinero (DGT CV 18-12-08);
- la confección y dotación de **contenidos** a una página web realizada por una persona física para una empresa establecida en Estados Unidos y que se va a encargar de su explotación, recibiendo de esta, a cambio, una parte de la facturación que generen los accesos a dicha página (DGT CV 27-12-06);
- el servicio de **alojamiento** en la página web, permitiendo que empresas no establecidas puedan mostrar su publicidad u otros contenidos a cambio de una cantidad en función del número de visitas que tenga dicha página web o del número de veces que los usuarios pinchen sobre los enlaces publicitarios incluidos en la página referida, (DGT CV 26-1-09);
- los servicios consistentes en la incorporación en una página web de **enlaces o puertas de entrada** para otras páginas web, de tal forma que cada vez que un usuario de la red utiliza dicha página web como llave para entrar en alguna de las otras, los propietarios de estas últimas abonan por ello una cierta cantidad de dinero (DGT CV 7-7-08); y
- la inserción en una página web de **anuncios** de entidades no establecidas (DGT CV 1-4-08).

5) Los servicios de información registral interactiva prestados a través de internet por los **Registros de la Propiedad y Mercantiles**, a efectos del IVA, están sujetos y no exentos cuando la información registral se refiere a inmuebles situados en el TIVA. No obstante, los servicios de información registral de **notas simples y depósitos de cuentas** han de considerarse servicios prestados por vía electrónica.

En operaciones B2C con residentes en la UE, los Registros que no estén establecidos en la UE, van a poder aplicar el régimen especial de los servicios prestados por vía electrónica -nº 9349 s.- (DGT 20-9-04).

9160 **Suministro de productos informáticos** El suministro de productos informáticos puede ser considerado como prestación de servicios o entrega de bienes, según las circunstancias que concurran:

a) **Prestación de servicios**. Se produce cuando el suministro de productos informáticos no tenga la consideración de entrega de bienes (LIVA art.11.Dos.16º), es decir, cuando:

- se trate de **productos informáticos específicos**: productos no elaborados en serie, sino a la medida de las necesidades del destinatario. Existe una prestación de servicios, tanto si el producto se suministra por vía electrónica (en cuyo caso se trata de un «servicio electrónico», al que resultan de aplicación los regímenes especiales previstos al efecto, si se cumplen los demás requisitos establecidos), como si se suministra en soporte físico o material (en cuyo caso no hay «servicio electrónico» y no cabe la aplicación de los regímenes especiales). En este segundo caso, la entrega del soporte físico se considera **accesoria** respecto del servicio y sigue las reglas aplicables a este;
- se trate de productos informáticos **normalizados**, siempre que la prestación se efectúe por vía electrónica, es decir sin un soporte físico o material.

A efectos de la determinación del **lugar de realización** de la operación, ver nº 9194 s.

La consideración como prestación de servicios descarta la posibilidad de que dicho suministro pueda constituir **importación o AIB**, incluso en aquello supuestos en los que el producto informático sea suministrado desde un tercer país o desde otro E.m. de la UE con destino a España.

b) **Entrega de bienes**. En concreto, se considera como tal el suministro de un producto informático normalizado efectuado en cualquier soporte material (LIVA art.8.Dos.7º). A estos efectos, se exige que concurran **simultáneamente** estos requisitos:

- el **objeto** de la operación sea un producto «normalizado». Se consideran como tales aquellos que no precisan de modificación sustancial alguna para ser utilizados por cualquier usuario. Se trata, en definitiva, de productos «estándar», elaborados en serie;
- el producto se suministre mediante un **soporte físico** (p.e., CD ROM o DVD).

Cuando no concurra cualquiera de las dos condiciones, la operación va a tener la consideración de prestación de servicios.

A efectos de la determinación del **lugar de realización** de la operación, ver nº 415 s.

9161 Ejemplos **1)** La empresa AHC procede a la **elaboración de un programa** informático de contabilidad que puede ser utilizado por cualquier usuario (empresarios individuales, entidades mercantiles, etc.) y que es **vendido a través de quioscos** de prensa en un pack compuesto por 2 CDs junto con las instrucciones para su uso.

Estamos ante la entrega de un producto informático normalizado dado que se cumplen los dos requisitos previstos en la normativa: soporte material y posibilidad de uso por cualquier usuario sin necesidad de modificación o adaptación alguna.

2) Una empresa ubicada en TIVA, ha realizado las siguientes operaciones durante el año:

a) Ha elaborado un **software a medida** para una empresa de seguros establecida en Francia, la cual paga por sus servicios 300.000 euros. El software se suministra por vía electrónica, a través de internet.

Constituye una prestación de servicios efectuada para un empresario o profesional establecido en otro E.m. de la Unión Europea, en concreto, de servicios electrónicos para cuya localización se aplican las reglas del nº 9194 s. Si fuese suministrado mediante un **soporte físico**, constituiría igualmente una prestación de servicios, siendo el suministro del soporte como accesorio de dicha prestación, aunque no encajaría en el concepto de «servicio electrónico». La localización de la operación, no obstante, sería la misma, ya que el cliente es un empresario o profesional y, por tanto, no hay diferencia.

b) Vende programas informáticos en **formato electrónico «online»** vía internet para consumidores finales domiciliados tanto en la Península, como en otros E.m. de la UE y en terceros países. Se trata de servicios electrónicos, para cuya localización se aplican las reglas del nº 9194 s.

9162 Doctrina Administrativa Además de estas contestaciones de la DGT, ver nº 11000 s.

1) Una entidad dedicada a la explotación de un sistema de comunicaciones por satélite lleva a cabo la **transmisión de un satélite** en órbita española y cede los elementos terrestres para su control (**hardware y software**). Pese a que el TJUE consideró que cada operación debía ser considerada distinta e independiente (TJUE 25-2-99, asunto C-349/96; 29-3-07, asunto C-111/05, entre otras), *la DGT* ha concluido que se produce una única prestación, en la cual debe ser considerada la prestación de servicios como accesoria a la entrega del satélite, al constituir el medio para disfrutar del mismo en mejores condiciones. Además, como el establecimiento desde donde se explota el satélite que se transmite se encuentra en el TIVA, la entrega del satélite y la del hardware y software para su control se ha de entender realizada en España, ya sea el adquirente una sociedad establecida en el TIVA o fuera de él (DGT CV 18-1-12).

2) Una sociedad dedicada a la **implementación y distribución de programas informáticos** y licencias de software acuerda con un cliente, la matriz de un grupo de empresas, establecida en el TIVA, la instalación y uso de un software **adaptado** para satisfacer las necesidades del grupo. El software lo va a utilizar tanto por la matriz como por las entidades del grupo, que pueden estar establecidas dentro o fuera de la UE. Al ser facturado a la matriz, tanto el servicio por el uso del software como por las adaptaciones realizadas, se considera la destinataria de la totalidad de los servicios, los cuales ser van a entender localizados en el TIVA (DGT CV 14-9-16).
3) La adquisición de un programa informático, normalizado o no, a una empresa no establecida en la UE, transmitido a través de internet, debe calificarse como prestación de servicios. El envío posterior de una copia en un **soporte magnético** y acompañada por la factura no altera la naturaleza de una operación que ya se ha devengado, al ser una operación accesoria de la prestación de servicios principal (DGT 22-6-00; CV 20-1-15).
4) Una entidad, titular de **aplicaciones informáticas** que permiten realizar estudios sobre el mercado televisivo, va a ceder la licencia de uso de estas aplicaciones a una empresa establecida en Italia, procediéndose finalmente a instalar las aplicaciones informáticas en el cliente, además de una serie de servicios adicionales (adaptación de las aplicaciones a las especificidades requeridas por el cliente y labores de asesoramiento). Como los servicios no van a ser prestados por internet, precisando para su prestación de una intervención humana considerable dado que han sido instalados en los ordenadores, no pueden ser considerados como servicios prestados por vía electrónica (DGT 16-4-04).
5) Una entidad recibe de su matriz residente en Estados Unidos programas informáticos incorporados en sus correspondientes soportes junto con los manuales para su uso. Dichos programas son objeto de **cesión a sus clientes en contratos** de hasta veinte años de duración, al cabo de los cuales le son devueltos. Nos hallamos ante un producto informático normalizado, que no precisa de modificación sustancial alguna para ser utilizado por los clientes de la entidad ni tampoco es objeto de una adaptación sustancial previa a su empleo por estos. Por ello, la transmisión de productos informáticos tiene la consideración de entrega de bienes (DGT 16-4-04).
6) Constituye un servicio prestado por vía electrónica el **mantenimiento online** de una aplicación informática (DGT CV 30-10-09). O los servicios consistentes en el **acceso a unas bases de datos** mediante la conexión a un servidor situado en EE.UU. se consideran servicios prestados por vía electrónica y su entrega en formato CD-ROM se considera operación accesoria de la principal, compartiendo el tratamiento de esta última (DGT CV 16-6-05). En el mismo sentido, DGT CV 10-11-09.
7) La **cesión gratuita de hardware y software** propiedad de la entidad financiera a la empresa para que los emplee exclusivamente en la realización de servicios cuyo destinatario sea aquella, no constituye una operación asimilada a prestaciones de servicios, y por tanto no está sujeta al impuesto, siempre que no se transmita la titularidad de los bienes, ni se autorice al cesionario a utilizar las máquinas recibidas para otros fines.
Por el contrario, la cesión a **título oneroso** de hardware y software efectuada por empresarios y profesionales está sujeta al impuesto como prestación de servicios (DGT 29-10-01).

Jurisprudencia Se considera que existe una única prestación en el caso de una operación mediante la cual un sujeto pasivo suministra a un consumidor un **software estándar** previamente desarrollado y comercializado, incorporado en un soporte informático, y la posterior adaptación de dicho software a las necesidades específicas del comprador, aunque se paguen distintos precios. Esta prestación única debe calificarse como «prestación de servicios» cuando se la adaptación revista un carácter predominante, lo que ocurre, por ejemplo, cuando a la vista de elementos como su alcance, su coste o su duración, dicha adaptación revista una importancia decisiva para que el adquirente pueda utilizar un software a medida (TJUE 27-10-05, asunto C-41/04). **9163**

Servicios electrónicos realizados sin contraprestación (LIVA art.9.1º y 12.3º) Para las prestaciones de servicios a título gratuito, solo procede la consideración de **autoconsumo** (y su posible sujeción al impuesto) cuando el servicio a título gratuito se realice para fines ajenos a los de la actividad empresarial o profesional de quien lo efectúa y exista un destinatario identificado o identificable al que se pueda referir. **9165**

Doctrina Administrativa La cesión de **datos personales** que efectúa el usuario de una red social no supone la ordenación por cuenta propia de factores de producción materiales o humanos con la finalidad de intervenir en la producción o distribución de bienes o servicios. La prestación de servicios electrónicos que realiza la entidad titular de la **red social** no puede ser calificada como una operación efectuada mediante contraprestación, al no existir una relación directa entre dicha prestación de servicios electrónicos y la cesión de datos personales que percibe del usuario que acepta las condiciones de alta del servicio (DGT CV 7-4-20).

9168 **Servicios de telecomunicaciones** (Dir 2006/112/CE art.24.2; Rgto UE/282/2011 art.6 bis; LIVA art.69.Tres.3º)
Definimos así a los servicios que tienen por objeto la transmisión, emisión y recepción de señales, textos, imágenes y sonidos o información de cualquier naturaleza por hilo, radio, medios ópticos u otros **medios electromagnéticos**, incluyendo la cesión o concesión de un derecho al uso para tal transmisión, emisión o recepción e, igualmente, la provisión de acceso a redes informáticas. Entre otros, se encuentran incluidos en estos servicios:
- los servicios de telefonía fija y móvil para la transmisión y conmutación de voz, datos y vídeo, comprendidos los servicios de telefonía que incluyan un elemento de vídeo (servicios de videofonía);
- los servicios de telefonía prestados a través de internet, incluido el protocolo de transmisión de la voz por internet (VoIP);
- los servicios de correo de voz, llamada en espera, desvío de llamadas, identificación de llamada, llamada tripartita y demás servicios de gestión de llamadas;
- los servicios de radiobúsqueda;
- los servicios de audiotexto;
- los servicios de fax, telégrafo y télex;
- el acceso a internet, incluida la World Wide Web;
- las conexiones a redes privadas que faciliten enlaces de telecomunicaciones para uso exclusivo del cliente.

Por el contrario, quedan **excluidos** de dicho concepto los siguientes servicios:
- los servicios prestados por vía electrónica;
- los servicios de radiodifusión y televisión.

En general, los servicios de telecomunicaciones no se consideran servicios prestados por vía electrónica. El hecho de que las partes hagan **uso de internet** o de otra red electrónica para comunicarse en relación con las operaciones, o para facilitarlas, no afecta a las reglas normales de aplicación del IVA respecto de dichos servicios (DGT 30-4-04).

Precisiones En el pasado podía existir algún matiz, pero en la actualidad las **consecuencias prácticas** de que un servicio se considere como servicio electrónico o como servicio de telecomunicaciones son **inexistentes**.

9169 Doctrina Administrativa Además de las siguientes contestaciones de la DGT, ver nº 11000 s.

1) La interpretación de lo que debe entenderse por servicios de telecomunicaciones es amplia, habiendo sido consideradas como tales determinadas operaciones de **cesión de fibra óptica** (DGT 8-3-01) y de **cesión de espacios físicos** dotados con los medios técnicos necesarios para la prestación de servicios de telecomunicaciones (DGT 9-9-02).
Igualmente, tienen esta consideración los **servicios de locutorio telefónico** (DGT 25-11-02; 16-1-03; 27-4-04; CV 13-2-09).

2) Los servicios de **visado** prestados por colegios oficiales relativos a proyectos de instalaciones de telecomunicaciones, clasificados como servicios directamente relacionados con bienes inmuebles no se consideran servicios de telecomunicaciones, así como tampoco el alquiler de partes de edificios para la instalación de **antenas** de telecomunicaciones (DGT 28-6-02).

3) En relación con la **telefonía**, van a tener la consideración de servicios de telecomunicaciones:
- la comercialización de **tarjetas telefónicas de prepago** solo cuando la tarjeta permite efectuar llamadas; sin embargo, cuando la tarjeta permite la adquisición de bienes y servicios diversos, no hay un criterio claro (DGT CV 30-5-07; 17-9-03; CV 9-2-05);
- las actividades de compra y venta de **capacidad telefónica** (DGT 1-10-03), las operaciones consistentes en la cesión y adquisición de **minutos de telefonía** (DGT 1-10-03; 18-3-04), así como la venta, a través de internet, de minutos de telefonía a otras empresas situadas en todo el mundo (DGT CV 5-7-07; CV 18-7-07). En el mismo sentido respecto de entidades residentes en España que comercializan tarjetas telefónicas que incorporan minutos de tráfico telefónico a otras entidades residentes en Portugal (DGT CV 6-5-05; CV 10-11-05);
- la compra de **recargas de tarjetas de telefonía** móvil mediante medios telemáticos a distintos operadores y las vende a través de locutorios con los que así lo acuerda. Asimismo, efectúa recargas de teléfonos móviles internacionales cuyo importe es satisfecho por personas establecidas en España relacionadas con el consumidor final titular de la línea telefónica establecido en el país tercero de consumo (DGT CV 12-5-11).

4) Las prestaciones de servicios consistentes en facilitar el **acceso a internet** son, a efectos del IVA, servicios de telecomunicaciones (DGT 16-9-03).
El criterio es distinto cuando se trata de tarjetas que dan acceso a bienes y servicios diversos. Así ocurre con la venta de una **tarjeta electrónica** personal y recargable que permite el acceso a servicios diversos, no determinados de antemano, así como con la venta de una **tarjeta regalo** *que permite la adquisición de* distintos bienes y servicios en un determinado gran almacén con sede en la Península o en Canarias, Ceuta y Melilla (DGT CV 21-2-08; CV 16-12-08). Ver también nº 78.

5) La prestación material efectuada a través de una red electrónica por un **operador de telefonía** con el que se ha contratado la asociación de números reales con números «premium», dependiendo la naturaleza de la misma en gran medida de la tecnología que facilita dicho operador, se

considera servicio prestado por vía electrónica. Igual consideración tiene la prestación de servicios efectuada por los operadores de telefonía a sus clientes o abonados, los cuales, al marcar desde sus terminales los correspondientes números «premium», reciben los contenidos (DGT 17-9-03).
Cuando una entidad, que tiene por objeto la prestación de servicios de **información telefónica**, factura estos servicios a los operadores de telefonía quienes, a su vez, refacturan los referidos servicios en nombre propio a sus clientes de acuerdo con las llamadas efectuadas por estos últimos, está prestando igualmente un servicio por vía electrónica a los operadores de telefonía y estos, a su vez, a sus clientes finales. Para llevar a cabo el servicio de información, los operadores de telefonía realizan la **cesión de la utilización de sus redes** a la citada entidad a cambio de una remuneración cierta que constituye un servicio de telecomunicación (DGT CV 20-4-07).

Jurisprudencia 1) Las licencias de telecomunicaciones otorgadas para prestar y explotar los servicios de comunicaciones móviles de tercera generación, no constituyen actividad económica a efectos del IVA ni cuando se produce la adjudicación en **subasta**, con carácter general, de los derechos de uso de frecuencias del espectro electromagnético (TJUE 26-6-07, asunto C-284/04; 26-6-07, asunto C-369/04), ni en el caso de concesión de dominio público radioeléctrico necesaria para su prestación de dichos servicios (TEAC 28-5-08). **9170**
2) Las operaciones denominadas por el sujeto pasivo «**ventas de minutos telefónicos**» y que consisten en disociar la tarjeta prepago del terminal asociado, todo ello comercializado mediante determinados paquetes de telefonía móvil, de forma que el saldo que contiene la tarjeta prepago se descarga mediante la realización de llamadas a determinadas líneas 906 mediante la técnica de la **multiconferencia**, no pueden calificarse como servicios telefónicos a efectos del IVA, debiendo ser eliminado el IVA repercutido en las facturas emitidas a destinatarios residentes en el ámbito español de aplicación del impuesto (TEAC 13-9-06).

Servicios de radiodifusión y televisión (LIVA art.69.Tres.5º; Rgto UE/282/2011 art.6 ter) Son los servicios consistentes en el **suministro de contenidos de audio y audiovisuales**, tales como los programas de radio o de televisión suministrados al público a través de las redes de comunicaciones por un prestador de servicios de comunicación, que actúa bajo su propia responsabilidad editorial, para ser escuchados o vistos simultáneamente siguiendo un horario de programación. **9172**
En particular, se encuentran **incluidos** los siguientes servicios:
- los programas de radio o de televisión transmitidos o retransmitidos a través de las redes de radiodifusión o de televisión;
- los programas de radio o de televisión distribuidos a través de internet o de redes electrónicas similares (IP streaming), siempre que se emitan de forma simultánea a su transmisión o retransmisión a través de las redes de radiodifusión o de televisión.

Sin embargo, están **excluidos** los siguientes servicios:
- los servicios de telecomunicación;
- los servicios prestados por vía electrónica;
- el suministro de información, previa solicitud, sobre programas concretos;
- la cesión de derechos de radiodifusión o de retransmisión televisiva;
- el arrendamiento financiero de equipos técnicos o de instalaciones para su utilización en la recepción de una emisión;
- los programas de radio o de televisión distribuidos a través de internet o de redes electrónicas similares (IP streaming), salvo que esa distribución sea simultánea a su transmisión o retransmisión a través de las redes tradicionales de radio o televisión.

Doctrina Administrativa Además de las siguientes contestaciones de la DGT, ver nº 11000 s. **9173**
1) La **filial española** de una empresa americana adquiere de su casa **matriz** programas para su venta a clientes. Si son recibidos a través de internet, van a ser considerados como prestaciones de servicios (DGT 18-4-00). No se va a poder considerar que hay **importación**, dado que este hecho imponible necesita la existencia de un bien material (DGT 14-6-00).
2) Constituye un servicio electrónico el suministro de **imágenes** a través de internet (DGT CV 9-6-06), al igual que el de **fotografías** (DGT CV 9-5-08).

Operaciones no sujetas (LIVA art.7.8º y 9º) Con carácter general, no están sujetas al IVA las operaciones realizadas por las **Administraciones Públicas** (nº 335 s.). No obstante, existen una serie de operaciones realizadas por las Administraciones, entes, organismos y entidades del sector público que se encuentran en todo caso **sujetas** al impuesto (siempre que se entiendan realizadas en el territorio de aplicación del tributo), entre los que se encuentran los servicios de telecomunicaciones (nº 9168 s.) y salvo determinadas excepciones, las **concesiones y autorizaciones administrativas** (nº 355). **9175**
Especialmente controvertido en este ámbito ha sido el tratamiento de las **actividades de radiodifusión públicas**. Durante años, el TEAC había mantenido que los ingresos recibidos por las entidades prestadoras de estos servicios, procedentes de las Administraciones públicas,

eran contraprestación de operaciones sujetas al IVA, admitiendo igualmente la completa deducción del total de IVA soportado. No obstante, con base en el criterio establecido en TJUE 16-9-21, asunto Balgarska natsionalna televizia C-21/20, modificó su juicio, y entiende que **no existe vínculo directo** entre la prestación de servicios audiovisuales de una televisión autonómica y los telespectadores de esta, por lo que la subvención recibida para su funcionamiento no forma parte de la base imponible del impuesto. Lo anterior condiciona la forma en que deben ser deducidas las cuotas soportadas de IVA. Así, aquellas que se encuentren relacionadas con las actividades sujetas serán plenamente deducibles, no ocurriendo lo mismo con aquellas que estén vinculadas con las actividades no sujetas. En el caso de adquisiciones destinadas a ambas actividades, debe establecerse un criterio de reparto que refleje objetivamente que parte de las adquisiciones debe ser imputada a cada actividad (TEAC 18-3-24; 20-10-21, modifica criterio de 21-3-18).

9176 Ejemplos 1) El ente público «Canal de Radiotelevisión», de ámbito autonómico, va a prestar **servicios de publicidad** a un empresario del sector de la automoción. La contraprestación pactada asciende a 500.000 euros. Dicha empresa de automoción también ha contratado servicios de publicidad con la cadena privada «NRX».
Están sujetos al impuesto tanto los servicios prestados por la entidad privada, como los servicios prestados por el ente público, dado que los servicios comerciales prestados por los entes públicos de radio y televisión están sujetos al impuesto en todo caso.
2) El mismo supuesto, pero en este caso el destinatario de los servicios de publicidad es una **ONG** sin ánimo de lucro, que paga un precio especial reducido por los mismos.
También en este caso procede la sujeción al impuesto, siendo la base imponible la contraprestación acordada (salvo que resulte de aplicación la regla de determinación de la base imponible aplicable en el caso de entidades vinculadas -ver nº 1913-).

9177 Doctrina Administrativa Además de las siguientes contestaciones de la DGT, ver nº 11000 s.
1) Una sociedad, cuya actividad habitual es la prestación de servicios de telecomunicaciones, participa en distintas **campañas de ayuda** para recaudar fondos que se van a destinar a los damnificados por una catástrofe natural. En particular, colabora con iniciativas promovidas por canales de televisión en donde se invita a los espectadores a efectuar llamadas, con el compromiso de donar un importe similar al coste de esa llamada a una organización no gubernamental.
En este caso al no estar actuando en su condición de empresario, dado que las operaciones son realizadas con carácter esporádico (ajenas al objeto y tráfico de la empresa), en el ámbito de una actuación altruista y sin obtención de beneficio alguno (carente de fin empresarial) que no tiene como finalidad intervenir en la producción y distribución de bienes y servicios en el mercado, las operaciones no están sujetas al impuesto. Esta conclusión es aplicable cualquiera que sea la forma en que el «cliente» o «colaborador» efectúe su donativo, prepago o pospago (DGT CV 12-1-05).
2) Un ayuntamiento suscribe un convenio con un operador de servicios de telecomunicaciones para mejorar la dotación de cabinas telefónicas instaladas en la vía pública y establecer un marco específico de exhibición publicitaria en dichos soportes, pudiendo realizar la implantación y explotación de teléfonos públicos en la vía pública. En los casos de **concesión administrativa**, entendido como un negocio jurídico público por el que las Administraciones públicas conceden a los particulares la explotación de una parcela de actuación originariamente pública, en la medida en que el objeto explotado en estas instituciones tenga la naturaleza de servicio público y lo que se conceda sea la autorización o licencia para su explotación, la Ley declara la no sujeción al tributo, aunque su contraprestación tenga la naturaleza de precio público. Sin embargo, si se trata de un **contrato administrativo especial** u otra modalidad, la cesión del uso de la vía pública para la instalación de cabinas es una prestación de servicios sujeta y no exenta del impuesto (DGT CV 23-4-12).

9178 Jurisprudencia El servicio de **radiodifusión pública**, financiado mediante tasas legalmente establecidas, abonadas por el propietario o poseedor de un receptor de radio, no está sujeto al IVA (TJUE 22-6-16, asunto C-11/15).

2. Entregas de bienes

(LIVA art.8.Tres; Rgto UE/282/2011 art.5 bis)

9180 La generalización en el uso de las tecnologías y de la realización de operaciones de comercio electrónico ha afectado igualmente a las entregas de bienes, efectuadas offline pero que cada vez de forma más habitual se contratan mediante medios electrónicos.
El objetivo de legislador es aproximar la tributación de las operaciones al **lugar de consumo** de los bienes que se venden a particulares, a la vez que se simplifica, en la medida de lo posible, su aplicación efectiva por parte de los empresarios o profesionales a través de los **sistemas de ventanilla única** (nº 9300 s.).

Ventas a distancia intracomunitarias de bienes Reciben esta calificación las operaciones que cumplan los siguientes **requisitos acumulativos** (LIVA art.8.Tres.1º): 9182

Requisitos	Descripción
1. Naturaleza de las **operaciones**	Entrega de bienes, es decir, operaciones con soporte físico o material.
2. Son **transportados o expedidos** por el vendedor, de forma directa o indirecta, o por cuenta de este, desde un Estado miembro (EM) distinto al de destino (*).	- **Envío directo:** El vendedor organiza y asume el transporte o expedición de los bienes por sus propios medios. - **Envío indirecto** (Rgto UE/282/2011 art.5 bis): cuando se den alguno de estos casos: a) Subcontrata el transporte a un tercero que realiza la entrega física al cliente. b) Un tercero realiza el transporte, pero el vendedor asume total o parcialmente la responsabilidad de la entrega. c) Factura y cobra al cliente las tasas de transporte, transfiriéndolas luego a un tercero que organiza la expedición o el transporte. d) Contribuye de cualquier forma al transporte, contactando al cliente con el tercero o facilitando información necesaria para la entrega.
3. **Desplazamiento** entre E.m.	Es necesario que los bienes se transporten entre dos Estados miembros distintos. Si los bienes ya se encuentran en el Estado de destino antes de la venta, no se consideran ventas a distancia intracomunitarias.
4. **Destinatarios**	a) Consumidores finales actuando como tales. b) Personas cuyas adquisiciones intracomunitarias de bienes (AIB) no estén sujetas al IVA o su equivalente en el Estado miembro de destino (nº 5405).
5. **Exclusiones**	- medios de transporte nuevos (nº 5425); y - bienes objeto de instalación o montaje (nº 450).

(*) No existe si el cliente organiza el transporte o lo realiza él mismo sin intervención directa o indirecta del vendedor.

Precisiones Las operaciones cuyo régimen de tributación se modificó el 1-7-2021 son las realizadas con **particulares** (B2C), no las efectuadas **con otros empresarios o profesionales** (B2B). Para estas últimas, se mantiene el tradicional esquema de EIB exenta en el Estado de origen y AIB sujeta en el de destino.

Ejemplos **1)** Una empresa de Salamanca vende jamón ibérico envasado al vacío que envía a consumidores finales de toda la UE. La empresa cuenta con clientes en seis Estados de la UE, alcanzando un volumen de ventas anual fuera de España de 500.000 euros. 9183

Las operaciones descritas son ventas a distancia intracomunitarias conforme a la definición de la LIVA.

2) La misma empresa del ejemplo anterior decide abrir un **almacén** en París para atender a sus clientes residentes en Francia. A partir de este momento, los pedidos con destino a Francia y Bélgica se atienden desde el almacén parisino.

Las ventas realizadas con destino Francia ya no serán ventas a distancia intracomunitarias, al encontrarse el producto en Francia cuando se efectúa la venta, sino ventas interiores por las que la empresa española deberá repercutir e ingresar el IVA en Francia. Sí que lo serán, por el contrario, las ventas que se efectúan con destino a Bélgica, aunque su origen será Francia, no España.

Lo anterior habría de completarse con la correcta tributación de la transferencia de bienes cuando se envían los bienes de España a Francia para reponer el stock disponible allí, envío que constituye una transferencia de bienes sujeta pero exenta en España y sujeta al IVA francés como operación asimilada a una AIB (LIVA art.9.3º).

Doctrina Administrativa **1)** Realizadas ventas a distancia intracomunitarias que hayan de tributar en los Estados de destino, el **tipo impositivo** aplicable será el correspondiente conforme a sus legislaciones. Los **gastos de trasporte** forman parte de la base imponible (DGT CV 21-10-21; CV 3-2-22). 9184

2) No está prevista la devolución del **recargo de equivalencia** pagado por minoristas, a pesar de que sus ventas en línea tributen en los Estados de destino cuando así proceda (DGT CV 23-9-21; CV 19-11-21; CV 7-12-21).

3) Respecto a la venta en línea cuando los bienes son enviados previamente a los **almacenes de la plataforma en cada Estado** miembro en donde se producirá la venta de los mismos, se señala la existencia de una transferencia de bienes, sujeta pero exenta en el TAI, cuya consecuencia en el Estado de destino es una AIB asimilada, que obliga a disponer de un NIF-IVA en España y en los demás Estados miembros en los que se reciban las mercancías (DGT CV 7-12-21).

9185 **Ventas a distancia de bienes importados** Son ventas a distancia de bienes importados de países o territorios terceros las operaciones que cumplan los siguientes requisitos (LIVA art.8.Tres.2º):

1. Las **entregas de bienes**, quedando excluidas de este concepto las prestaciones de servicios, para las cuales existen reglas de localización y tributación específicas. Las operaciones con cabida dentro de este concepto serán en todo caso operaciones con un soporte físico o material.

2. Los bienes han de ser expedidos o transportados por el vendedor, directa o indirectamente, o por su cuenta, a **partir de un país o territorio tercero** con destino a un cliente situado en un E.m. Esta es la **diferencia** fundamental con el hecho imponible anterior, en el cual el transporte se efectúa entre dos Estados de la UE.

3. Los **destinatarios** han de ser **consumidores finales** actuando como tales o personas cuyas AIB no estén sujetas al impuesto en virtud de LIVA art.14 o equivalente en el E.m. de llegada de la expedición o el transporte.

4. Los bienes comercializados no pueden ser (supuestos de excepción):

a) Medios de transporte nuevos (nº 5425).

b) Bienes objeto de instalación o montaje (nº 450).

Precisiones Es muy importante no confundir el hecho imponible aquí analizado con la ficción que se establece en las operaciones realizadas a través de **plataformas o interfaces digitales** (LIVA art.8 bis).

3. Intervención de interfaces digitales

(Dir 2006/112/CE art.14 bis; Rgto UE/282/2011 art.5 ter a quinquies; LIVA art.8 bis)

9187 La normativa del impuesto establece una **ficción jurídica**, o presunción iuris et de iure, conforme a la cual se entiende que se produce una mediación en nombre propio, esto es, que se compran y venden los bienes respectivos cuando un empresario o profesional, utilizando una interfaz digital (interfaz electrónica según norma europea) como un mercado en línea, una plataforma, un portal u otros medios similares, **facilite**:

a) La **venta a distancia de bienes importados** de países o territorios terceros en envíos cuyo valor intrínseco no exceda de 150 euros.

b) La entrega de bienes en el interior de la Comunidad por parte de un empresario o profesional **no establecido en la Comunidad** a una persona que no tenga la condición de empresario o profesional actuando como tal.

Siguiendo con la ficción, a través de una **presunción** que admite contraprueba, se atribuye la condición de empresario o profesional al vendedor y la de particular al comprador, salvo que se acredite lo contrario en cualquiera de los casos (Rgto UE/282/11 art.5 quinquies).

El titular de la plataforma no está **obligado al pago** de un importe del IVA que supere el que haya declarado y pagado sobre esas entregas, si se cumplen todas y cada una las condiciones siguientes:

- cuando el sujeto pasivo dependa de la información facilitada por los proveedores que venden bienes a través de una interfaz electrónica o por otros terceros para declarar y pagar correctamente el IVA sobre dichas entregas;
- cuando la información anterior sea incorrecta; y,
- cuando el sujeto pasivo pueda demostrar que no sabía, ni podía razonablemente saber, que esta información era incorrecta.

9188 En estas operaciones se entiende por «**facilitar**»: la utilización de una interfaz electrónica a fin de que un cliente y un proveedor que ponga bienes a la venta a través de esta puedan **entablar** un **contacto** que dé lugar a una entrega de bienes a través de esa interfaz electrónica (Rgto UE/282/11 art.5 ter). No obstante, esto no se produce si el sujeto pasivo cumple todas y cada una de las condiciones siguientes:

- no establece, de manera directa o indirecta, los términos y condiciones en que se efectúa la entrega de bienes;
- no interviene, de manera directa o indirecta, en la autorización del cobro al cliente de los pagos efectuados; y,
- no interviene, de manera directa o indirecta, en el pedido o la entrega de bienes.

Esta **ficción no** es **aplicable** a los sujetos pasivos que solo se encarguen:

- del tratamiento de los pagos en relación con la entrega de bienes;
- del listado o la publicidad de bienes;
- de la reorientación o la transferencia de clientes a otras interfaces electrónicas en las que los bienes se ofrezcan a la venta, sin ninguna otra intervención en la entrega.

Precisiones 1) Es muy importante delimitar adecuadamente el **alcance objetivo** de la ficción que analizamos, no incluyendo en ella otras operaciones distintas a las previstas. Para las no incluidas en la LIVA art.8 bis, habrá que determinar el régimen de intervención de la plataforma: en nombre propio, en cuyo caso se deberá entender que se compran y vende los respectivos bienes; o en nombre ajeno, en cuyo caso la plataforma prestará un servicio de mediación en la venta.
2) En ambos casos nos encontramos con **ventas a particulares**, en el primero, porque así resulta de la definición que se contiene en la LIVA art.8.Tres.2º (ver nº 9185), en el segundo, por mandato expreso de la misma LIVA art.8 bis.
3) A estos efectos, como **interfaz electrónica/digital** debemos entender un concepto amplio que permite a dos sistemas independientes, o a un sistema y al usuario final, comunicarse con la ayuda de un dispositivo o programa. Puede englobar un sitio web, un portal, una pasarela, un mercado en línea, una interfaz de programación de aplicaciones (API), etc... (Notas explicativas Comisión comercio electrónico).
4) Se entiende que la **expedición o el transporte** de los bienes se encuentra vinculado a la entrega efectuada por la plataforma o interfaz digital.
5) La determinación del **valor intrínseco** de los bienes en estas operaciones se efectúa en los términos previstos en la legislación aduanera.
6) Si La actuación de la entidad se limita a la prestación de servicios logísticos y de empaquetado, así como al cobro del precio, sin intervenir en el proceso de compra entre vendedor y comprador. En tales condiciones, no se cumplen los requisitos para ser un **proveedor asimilado** (DGT CV 23-10-23).

B. Reglas de localización

(LIVA art.69.Uno, 70.Uno.4º y 8º y 70.Dos)

El principio que subyace a la localización de las operaciones realizadas a través de internet es el de la **tributación en el Estado de consumo**. Este principio se concreta de dos formas distintas: 9191
a) Para el caso de los servicios tecnológicos o ETR, mediante su referencia al **Estado de residencia** o establecimiento del cliente o destinatario, que es donde se entiende que se efectuará el citado consumo.
b) Para las ventas a distancia de bienes (intracomunitarias o de bienes importados), por medio de su referencia al **Estado de destino** de los bienes.
Esta diferencia se debe a la distinta naturaleza de las operaciones, relativas a intangibles en el primer caso, y a bienes físicos en el segundo.

Desde 1-1-2023 y con el objetivo de garantizar la neutralidad del impuesto, se modifica la **regla de utilización efectiva** o de cierre aplicable a las prestaciones de servicios (ver nº 750 s.). 9192
Así, con independencia de la condición del destinatario, se suprime su **aplicación** a los servicios prestados por vía electrónica, los de telecomunicaciones, de radiodifusión y televisión (nº 9228). Tampoco aplican esta regla los servicios profesionales y los de mediación (nº 9236).
A los solos efectos de prescripción, se mantienen en esta edición ambos regímenes, de tal forma que se conservan doctrina y ejemplos aplicables con la regulación vigente hasta 31-12-2022.

1. Reglas de localización aplicables a los servicios tecnológicos

(LIVA art.69.Uno, 70.Uno.4º y 8º)

Por regla general los servicios tecnológicos se ubican en la **sede del destinatario**. Por medio de reglas distintas, este principio es aplicable tanto en las prestaciones a otros empresarios o profesionales- B2B- (regla general para las operaciones entre empresas), o a particulares cuando el importe total de las prestaciones en la Comunidad supere 10.000 euros -B2C- (nº 9205 y nº 9212). 9194
Cuando resulte de aplicación, en la cuantificación del **umbral límite** se deben tener en cuenta también las ventas a distancia intracomunitaria de bienes (LIVA art.73; nº 9244 s.).
A estos efectos, se establecen las mismas reglas de localización para todos los servicios tecnológicos, sin distinción entre ellos. Así, se localizan en el TIVA los servicios, con independencia de que el prestador este establecido en la Comunidad o fuera de ella, cuando:
- el destinatario sea un **empresario o profesional** establecido en TIVA;

- el destinatario no sea empresario o profesional (sea **consumidor final** actuando como tal), siempre que se encuentre establecido o tenga su residencia o domicilio habitual en el TIVA.

A continuación, se detallan la aplicación de estas reglas, agrupándolas en función de la **localización del prestador**, atendiendo al lugar donde radique el **establecimiento**:
- en la Península o Islas Baleares (nº 9198 s.);
- en un E.m. de la UE distinto de España (nº 9212 s.); o
- en un territorio no comunitario (nº 9216 s.).

9196 Precisiones El Rgto UE/282/2011 contiene una serie de reglas para determinar la **ubicación del cliente** de los servicios tecnológicos:

a. **Reglas específicas** para determinar el **lugar del establecimiento del destinatario** que no tenga la condición de empresario o profesional (consumidor final). Se establece una serie de **presunciones** respecto al lugar en el que el cliente está establecido, tiene su domicilio o su residencia (Rgto UE/282/2011 art.24 bis, 24 ter y 24 quater):

• Prestación de servicios tecnológicos en ubicaciones como una cabina telefónica, una zona de acceso inalámbrico WIFI, un cibercafé, un restaurante o el vestíbulo de un hotel, en las que ese prestador requiera la presencia física en ese lugar del destinatario de los servicios: es en dicha ubicación. Cuando la ubicación esté situada a bordo de un buque, un avión o un tren que lleve a cabo un transporte de pasajeros dentro de la Comunidad, el país de la ubicación es el país de partida del transporte de pasajeros.

• Prestación de servicios a través de:
- una línea fija terrestre: es el lugar de instalación de la línea fija terrestre;
- redes móviles: es el país identificado por el código de teléfono móvil nacional de la tarjeta SIM utilizada para la recepción de los servicios;
- un dispositivo descodificador o similar o una tarjeta de televisión, en los que no se utilice una línea fija terrestre: es donde se encuentre el descodificador o dispositivo similar o, si no se conoce ese lugar, aquél al que se envíe la tarjeta de televisión.

b. Las presunciones anteriores pueden ser **refutadas** por el prestador del servicio fundándose en tres elementos de prueba no contradictorios que demuestren que el cliente está establecido, tiene su domicilio o su residencia habitual en otro lugar. Asimismo, las autoridades tributarias pueden refutar las presunciones formuladas, cuando haya indicios de mala utilización o abuso por parte del prestador (Rgto UE/282/2011 art.24 quinquies).

c. Se regulan **elementos de prueba** para la determinación de la ubicación del cliente y para la refutación de presunciones (Rgto UE/282/2011 art.24 sexies y 24 septies).

d. Los servicios tecnológicos prestados por un sujeto pasivo que actúe en su propio nombre en combinación con **servicios de alojamiento** en el sector hotelero o en sectores con una función similar, como campos de vacaciones o terrenos creados para su uso como lugares de acampada, se consideran prestados en dichas ubicaciones (Rgto UE/282/2011 art.31 quater).

e. Una **persona jurídica** que no tiene la condición de empresario o profesional se entiende establecida en el lugar en el que se realicen las funciones de su administración central, o el lugar de cualquier otro establecimiento que se caracterice por un grado suficiente de permanencia y una estructura adecuada en términos de recursos humanos y técnicos que le permitan recibir y utilizar los servicios que se presten para las necesidades propias de dicho establecimiento (Rgto UE/282/2011 art.13 bis).

f. Cuando el destinatario del servicio no comunica su **NIF/IVA** al prestador, este último está autorizado a considerar que dicho destinatario no tiene la condición de empresario o profesional a efectos del IVA, salvo que el prestador disponga de información que indique lo contrario (Rgto UE/282/2011 art.18.2. párr 2º).

g. Cuando el destinatario del servicio, no empresario o profesional, está **establecido en varios países**, o tenga su domicilio en un país y su residencia habitual en otro, para determinar el lugar de consumo efectivo del servicio, se da prioridad (Rgto UE/282/2011 art.24):
- personas jurídicas que no tengan la condición de sujeto pasivo: al lugar en el que se realicen las funciones de su administración central, salvo que se demuestre que el servicio se utiliza en un establecimiento que se caracterice por un grado suficiente de permanencia y una estructura adecuada en términos de recursos humanos y técnicos que le permitan recibir y utilizar los servicios que se presten para las necesidades propias de dicho establecimiento;
- personas físicas: a su residencia habitual, salvo que se demuestre que el servicio se utiliza realmente en el domicilio.

9197 Jurisprudencia **1)** La localización artificial de una prestación de servicio es contraria a la neutralidad del impuesto y constituye un abuso de derecho. La mera existencia de una **práctica abusiva** que lleve a fijar el lugar de realización de forma errónea, hace que las operaciones deban ser rectificadas, sin que el pago del impuesto en un E.m. impida que se produzca una **liquidación complementaria** *en el territorio en donde* efectivamente se ha producido la prestación de servicio (TJUE 17-12-15 asunto C-419/14).

2) Las reglas de localización de los servicios de telecomunicaciones deben aplicarse en relación con el destinatario y prestador intervinientes en la **concreta operación** que se analice, sin tener en cuenta operaciones anteriores o posteriores ni la condición del destinatario como intermedio o destinatario final de los servicios (TJUE 5-6-03, asunto C-438/01).

Prestador establecido en TIVA Puede ocurrir que el **destinatario** del servicio sea empresario o profesional (operaciones B2B), o bien consumidor final -operaciones B2C- (nº 9202 s.). 9198
Las particularidades en estas operaciones se van a dar en aquellas en la que el destinatario sea un consumidor final. En aquellas cuyo destinatario sea empresario o profesional, aplicamos la regla general, localizando la operación en sede de dicho empresario o profesional (LIVA art.69.Uno.1º).

Ejemplos 1) Una empresa con sede en Valladolid ha vendido diversos programas informáticos «online» a través de internet, para un empresario establecido en **Tenerife**. 9199
La operación no está sujeta al IVA y no procede la repercusión de dicho impuesto en factura. Sí procede la sujeción al IGIC, debiendo autorrepercutirse dicho impuesto la empresa de Tenerife.
2) La entidad X, con sede en Sevilla cede mediante precio la posibilidad de acceder a determinadas bases de datos a **empresarios portugueses** no establecidos en el TIVA español.
Los servicios electrónicos prestados están sujetos al IVA en Portugal. Si la empresa X, además de tener la sede en TIVA, tiene un **E.p.** en Portugal que interviene en la realización de la prestación de servicios, el establecimiento será sujeto pasivo del IVA portugués y debe emitir una factura conforme a las reglas portuguesas, en la que ha de constar la repercusión del IVA de aquel país. Dicho IVA debe ser ingresado por la empresa X en Portugal, y no en España, conforme a la normativa vigente en dicho país.
En cambio, si la empresa X no está establecida en Portugal o sí lo está, pero el E.p. portugués no interviene en la prestación del servicio, no va a tener que cumplir ninguna obligación por razón del IVA portugués. En dicho E.m va a funcionar la regla de inversión del sujeto pasivo, de manera que va a ser el empresario portugués el encargado de cumplir cuantas obligaciones se exijan por la normativa portuguesa.
3) Una empresa ha prestado servicios de mantenimiento y actualización de los contenidos bibliográficos en internet a una **empresa japonesa** no establecida en la UE, mediante contraprestación.
En este caso, la operación no está sujeta al IVA español ni al de ningún otro E.m. Procede, en su caso, la aplicación de las normas tributarias vigentes en el país de destino y no hay repercusión ni ingreso del impuesto.

Doctrina Administrativa 1) Persona física que realiza tareas informáticas para una empresa establecida en **Irlanda** desde su ordenador situado en TIVA. Dado que el destinatario de los servicios es un **empresario** establecido en otro E.m., los mencionados servicios no están sujetos al IVA español (DGT CV 2-4-12; CV 17-8-20). 9200
2) No están sujetos al IVA los servicios de registro de **dominios web**, de alojamientos web y de **acceso a internet** prestados por una entidad establecida en el TIVA a clientes, tanto particulares como empresarios y profesionales, domiciliados en Canarias (DGT CV 11-4-07), así como tampoco la venta de un nombre de dominio en internet por parte de un empresario persona física a un empresario establecido en Francia, dado que se trata de una prestación de servicios que debe localizarse en Francia (DGT 25-9-01).
Tampoco están sujetos al IVA los servicios de **alojamiento de páginas web** prestados por una entidad establecida en el TIVA, para otros empresarios establecidos en otros E.m. de la UE, Canarias, Ceuta y Melilla, o en otros países de fuera de la UE (DGT 19-9-03).
3) Son servicios electrónicos no sujetos al IVA español, los que realiza un empresario o profesional, establecido en el TIVA, que ejerce su actividad fundamentalmente a través de internet, consistentes en el desarrollo de una **plataforma tecnológica** a través de internet para una fundación sin ánimo de lucro establecida en los Estados Unidos (DGT CV 23-2-06).
4) La cesión de unas licencias que dan acceso a un dominio de internet (página web) en el que se contiene información contenida en las **bases de datos** en que se organiza la misma, constituye un servicio prestado por vía electrónica. La cesión de las referidas licencias para una empresa holandesa no está sujeta al impuesto si la oficina de la que dispone la empresa holandesa en el territorio de aplicación del IVA, no constituye un establecimiento permanente a efectos del IVA. Por el contrario, sí está sujeta dicha cesión cuando la oficina constituya un establecimiento permanente, siempre que la citada operación tenga como destinataria a dicha oficina (DGT CV 20-7-07).
No están sujetos al IVA los servicios de tratamiento y bases de datos a través de internet, relativos a la **facturación entre agencias de viaje** y compañías aéreas, prestados por una entidad establecida en el territorio de aplicación del IVA para una entidad establecida en Suiza (DGT CV 11-9-06).
5) No se entiende realizado en TIVA el suministro, realizado por una entidad establecida en aquel territorio, de un **programa para el comercio electrónico** a través de internet así como su mantenimiento, efectuado para empresarios o profesionales establecidos en otros E.m. de la UE o en países terceros. Por el contrario, sí se entiende realizado en el territorio de aplicación del IVA, el suministro efectuado para otros empresarios o profesionales establecidos en dicho territorio (DGT CV 8-4-08). En el mismo sentido, DGT CV 10-12-08; CV 8-1-09.

6) Teniendo en cuenta que los **servicios de telecomunicaciones** no se consideran servicios prestados por vía electrónica, cuando son prestados una empresa española de telefonía móvil a otra empresa española está sujeta al IVA. No lo está si se prestan a una sociedad no establecida en la UE, sino en terceros países (DGT CV 27-9-06).

Si estos servicios son prestados una empresa establecida en el territorio de aplicación del IVA para un **empresario o profesional establecido en Canarias** se entienden realizados en Canarias (DGT 15-12-00), al igual que se entienden localizados en **Melilla** los servicios prestados para un particular establecido y que utilice el servicio en dicho territorio (territorio tercero a efectos del IVA) quedando en este caso sujeto al IPSI (DGT 5-6-03). No obstante, ver nº 9228 respecto a la posible aplicación hasta el 31-12-2022 de la regla de cierre.

7) No tienen la consideración de **establecimiento permanente** las obras de instalación y montaje de cable submarino para telecomunicaciones y de equipos terrestres de conexión cuya duración sea inferior a 12 meses (DGT 12-12-97).

Cuando una no dispone de activos ni de medios humanos, técnicos o materiales fuera del territorio de aplicación del IVA distintos de la mera disposición de las líneas de la red de **cabinas telefónicas** situadas en Canarias, Ceuta y Melilla, en las que presta sus servicios de telefonía, ha de entenderse que dicha entidad no dispone de un establecimiento permanente fuera del territorio de aplicación del impuesto (DGT CV 30-4-09).

Sin embargo, cuando existe un **conmutador de voz** localizado en Madrid y propiedad de una entidad con sede en Canarias se ha de entender que existe establecimiento permanente si para su funcionamiento se requiere una presencia humana continuada (DGT CV 18-7-06).

9202 **Destinatario consumidor final** (LIVA art.69.Uno.2º y 70.Uno.8º) Si el destinatario del servicio prestado es un consumidor final, siendo el prestador, en todo caso, un **empresario o profesional** establecido en TIVA (operaciones B2C), pueden darse las siguientes **situaciones** según dónde se encuentre el domicilio del destinatario:

- en la Península o Islas Baleares (ver nº 9203);
- en un E.m. de la UE distinto de España (nº 9205);
- en Canarias, Ceuta y Melilla (nº 9207);
- fuera de la UE (nº 9208).

Precisiones Ver en nº 9196 las reglas establecidas por el Rgto UE/282/2011 para determinar la **ubicación del cliente** de los servicios tecnológicos.

9203 a) **Destinatario domiciliado en TIVA** (Península o Islas Baleares): en este caso, el servicio está sujeto al IVA español. El sujeto pasivo del impuesto es el prestador, el cual debe repercutir el tributo en la factura que emita para el destinatario de la operación.

Ejemplo Una empresa establecida en Teruel, se dedica a la distribución por medios electrónicos de revistas de información general, con un contenido similar o idéntico al de las correspondientes revistas en formato papel. Los clientes son **consumidores** finales (personas físicas o jurídicas **sin NIF-IVA**) que comunican un domicilio radicado en la **Península**.

Se trata de servicios electrónicos prestados por una empresa establecida en TIVA para consumidores finales domiciliados también en el mismo territorio. Por lo tanto, procede la repercusión del IVA, que debe hacerse constar en la correspondiente factura.

9205 b) **Destinatario domiciliado en el territorio de otro E.m.**: los servicios tecnológicos se localizan en el E.m. donde esté el domicilio del consumidor. El sujeto pasivo es el empresario español, que debe ingresar en el E.m. distinto de España el IVA exigible en dicho E.m., si bien puede optar por aplicar el Régimen Especial de la Unión (nº 9335 s.).

No obstante, se establece una **regla de localización especial** por la cual este tipo de servicios se entienden localizados en TIVA siempre que, el prestador esté establecido únicamente en TIVA, el destinatario sea un consumidor final, y el importe total de las prestaciones de servicios, excluido el impuesto, no haya superado en el **año natural** anterior la cantidad de 10.000 euros o su equivalente en moneda nacional en la Comunidad. En la cuantificación de ese importe, cuando resulte aplicable el límite, debemos tener en cuenta además de los servicios tecnológicos, las ventas intracomunitarias de bienes (nº 9244 s.).

No obstante, se permite que el empresario o profesional lleve a cabo la **opción** de tributar en destino, aunque no se haya superado el importe límite. Esta opción comprende como mínimo dos años naturales. Si a su finalización no reitera esta opción, la misma es revocada automáticamente (LIVA art.73 Dos). Esta regla de localización especial es en realidad una excepción a la ya existente, de suerte que las PYMES, que son a estos efectos las empresas cuyo volumen de operaciones con particulares residentes en Estados distintos al de establecimiento del prestador no supere los 10.000 €, puedan limitarse a ingresar el IVA en su Estado de establecimiento, sin tener que determinar dónde residen sus clientes para remitir el IVA a sus Estados de residencia.

Precisiones 1) El **límite** de 10.000 euros no es de **aplicación** cuando las ventas a distancia intracomunitarias de bienes sean efectuadas, total o parcialmente, desde un Estado miembro distinto del de establecimiento (LIVA art.73. Uno). **9206**
2) No existen diferencias en el caso de prestaciones intracomunitarias de servicios tecnológicos, según que el destinatario de los mismos sea **empresario o consumidor final**. En ambos casos, los servicios han de tributar en el E.m. de destino (establecimiento o domicilio del destinatario).
3) La **condición del destinatario** (empresario/consumidor final), resulta decisiva para determinar el sujeto pasivo (aplicación o no de la regla de inversión del sujeto pasivo). Para evitar que el prestador del servicio esté exclusivamente a expensas de lo declarado por el destinatario de la operación, se establece un sistema automatizado de confirmación por vía electrónica de la validez del número de identificación a efectos del IVA, así como el nombre y dirección correspondientes -VIES- (Rgto UE/904/2010 art.31). Igualmente, la normativa interna admite la posibilidad de que pueda solicitar de la Administración fiscal del E.m. correspondiente, la confirmación del **NIF/IVA** comunicado por el destinatario del servicio (RGGI art.25.4 y 5).
4) Tal y como indica la exposición de motivos de la L 6/2018, se trata de establecer un umbral común de hasta 10.000 euros anuales, pese a que del tenor literal de la Directiva IVA el importe ha de computarse en el equivalente nacional si en el Estado de establecimiento no se aplica el euro.

Ejemplo Una empresa establecida en Valladolid, presta servicios consistentes en el diseño de recorridos turísticos para su venta a través de internet, siendo los destinatarios de los mismos **consumidores finales** (personas físicas o jurídicas **sin NIF-IVA**) españoles, suecos, daneses y finlandeses.
En todos estos casos, los servicios prestados están sujetos al IVA del E.m. en el que esté domiciliado el destinatario. Solo en el caso de destinatarios españoles, los servicios están sujetos al IVA español, y la empresa debe repercutir el impuesto, que debe ingresar en España utilizando el modelo de autoliquidación correspondiente.

c) **Destinatario domiciliado en el territorio de Canarias, Ceuta o Melilla**: los servicios se localizan fuera del TIVA, domicilio del destinatario. El prestador del servicio no tiene que repercutir dicho tributo, aplicándose las normas del IGIC o del IPSI, según los casos. **9207**

Ejemplo Una empresa establecida en Barcelona presta servicios B2C de acceso, a través de internet, a determinados juegos que los destinatarios pueden descargar en sus propios ordenadores, previo pago de la contraprestación correspondiente. Tales consumidores finales están domiciliados en España.
En este caso, los servicios prestados para consumidores finales domiciliados en la Península o Baleares están sujetos al IVA. La empresa debe ingresar dicho tributo, a través del modelo de autoliquidación correspondiente.
Si se trata de servicios prestados a consumidores finales domiciliados en Canarias, Ceuta o Melilla, no están sujetos al IVA sino al IGIC o al IPSI, salvo aplicación de la regla de cierre (nº 9228; para su aplicación desde 1-1-2023, ver nº 9192).

d) **Destinatario domiciliado fuera de la UE**: al igual que en el supuesto del nº 9207, debe entenderse que los servicios tecnológicos no están sujetos al IVA español. **9208**

Ejemplo Una **empresa establecida en Huelva** y que carece de establecimientos en otros lugares, presta servicios electrónicos, consistentes en el suministro mediante internet de programas informáticos especialmente adaptados a las necesidades del cliente, a los siguientes **destinatarios**:
a) El empresario H, radicado en **Holanda** y que no cuenta con establecimientos fuera de dicho E.m.
El servicio electrónico no está sujeto al IVA español, sino al holandés, siendo el sujeto pasivo la empresa holandesa, por inversión. La empresa española no tiene que cumplir obligación alguna en Holanda.
Distinto sería el caso si la empresa española tuviera un establecimiento permanente en Holanda. En dicho caso, y siempre que en la prestación del servicio interviniera el establecimiento ubicado en Holanda del empresario español, procedería la sujeción al IVA en Holanda y el sujeto pasivo sería la empresa española, sin inversión.
b) El empresario SW, cuya sede de actividad radica en **Suecia** pero que cuenta con una **sucursal** en **Bélgica**. El programa en cuestión está adaptado a las necesidades de la sucursal belga y va a ser utilizado por esta, y no por la matriz sueca.
En este caso, procede la sujeción al IVA belga y el sujeto pasivo, por inversión, será el destinatario. No habría inversión si la empresa española contara con un establecimiento permanente en Bélgica y dicho establecimiento interviniera en la prestación del servicio.
c) El empresario X, cuya sede de actividad radica en **Tokio** y que cuenta con **sucursales** en **Berlín** y en **Pontevedra**.
Hay que determinar si el servicio electrónico se presta para la sede de X (en cuyo caso no procede la repercusión del IVA español, ni del de ningún otro E.m), o para la sucursal de Berlín (en cuyo caso procede la sujeción al IVA alemán y la inversión del sujeto pasivo) o para la sucursal

de Pontevedra (en este supuesto, la empresa española repercutirá el IVA). No obstante, si el servicio se presta para la sede de X, pero es objeto de consumo y utilización efectiva en la sucursal de Pontevedra, procederá la sujeción al IVA español de acuerdo con la regla de cierre (nº 9228; para su aplicación desde 1-1-2023, ver nº 9192).

9210 CUADRO-RESUMEN BÁSICO DE LOCALIZACIÓN DE LOS SERVICIOS POR VÍA ELECTRÓNICA, TELECOMUNICACIÓN, RADIO Y TELEVISIÓN CUANDO EL PRESTADOR ESTÁ ESTABLECIDO EN TIVA

DESTINATARIO		Sujeción IVA España
Condición	**Establecimiento o domicilio**	
Empresario o profesional (*)	Territorio aplicación impuesto	IVA
	Canarias, Ceuta, Melilla	No IVA. Aplica Impuesto General Indirecto Canario -IGIC- (nº 100 s. Memento Canarias) o Impuesto sobre la Producción, los Servicios y la Importación en Ceuta y Melilla -IPSI- (nº 12790 s. Memento Fiscal 2026).
	UE ≠ España	No IVA
	Fuera UE demás casos	No IVA
Consumidor final (*)	Territorio aplicación impuesto	IVA
	Canarias, Ceuta, Melilla	No IVA
	UE ≠ España: - regla general - regla especial: importe total servicios y ventas a distancia intracomunitaria de bienes < 10.000 €; (nº 9205); excepción aplicación umbral (nº 9244)	No IVA IVA/opción empresario
	Fuera UE, demás casos	No IVA

(*) Ver nº 80 respecto a la consideración como empresarios o profesionales respecto de los servicios tecnológicos.

9212 **Prestador establecido en un E.m. de la UE distinto de España** (LIVA art.69.Uno.1º y 70.Uno.4º) En este caso, puede darse la misma tipología que hemos visto para el caso del prestador establecido en TIVA (nº 9198 s.). No obstante, en determinados supuestos puede existir algún **elemento de conexión** con nuestro territorio, como ocurre cuando:

1) Destinatario es **empresario** con sede o establecimiento para los que se presta el servicio radicado en **TIVA**: en este caso, el servicio tecnológico está sujeto al IVA español.

El **sujeto pasivo** es el destinatario, por inversión, si el prestador carece de establecimiento permanente en la Península o Baleares o, si teniendo dicho establecimiento, el mismo no interviene en la prestación del servicio; en otro caso, el sujeto pasivo es el propio prestador. Cuando tiene lugar la inversión, el empresario destinatario debe autoliquidar el IVA y además, declarar y liquidar el impuesto, pudiendo deducirlo (pues se trata, simultáneamente, de IVA autoliquidado y soportado) en la misma **autoliquidación** (supuesto, como es obvio, que se trate de un empresario o profesional con derecho a deducción).

2) Destinatario es un **consumidor final domiciliado en la Península o Islas Baleares**: los servicios se localizan en el TIVA y el prestador puede acogerse al régimen especial de la Unión, siempre que concurran los demás requisitos previstos al efecto (nº 9335 s.).

No obstante, si fuera aplicable la regla especial apuntada en el nº 9205, esta operación se localizará en origen.

3) Destinatario es un **empresario o consumidor final** y la sede, establecimiento o domicilio para los que se presta el servicio tecnológico radican en **Canarias, Ceuta o Melilla**: el servicio no está sujeto a IVA ni procede repercusión alguna del impuesto.

9213 Ejemplos **1)** Una **empresa española** cuya sede de actividad radica en Murcia, presta servicios electrónicos consistentes en la transmisión electrónica de datos comerciales o de productos informáticos a empresarios y consumidores finales, desde su **sucursal** radicada en Dublín. Tales servicios han sido prestados para los siguientes **destinatarios**:

a) Empresarios y consumidores finales radicados en **Irlanda**. Los servicios están sujetos al IVA de Irlanda. La empresa debe repercutir dicho tributo e ingresarlo a la Hacienda irlandesa conforme a las reglas previstas al efecto por la legislación de dicho E.m.

b) Empresarios y consumidores finales radicados en la **Península**. Los servicios prestados para empresarios están sujetos al IVA español y el sujeto pasivo es la empresa prestadora de los mismos. No procede inversión, dado que dicha empresa prestadora tiene su sede de actividad en la Península, y ello con independencia de que dicha sede intervenga o no en la prestación del servicio (LIVA art.84.Dos).

2) X, empresa danesa que carece de establecimientos fuera de **Dinamarca**, presta servicios electrónicos para **consumidores finales españoles**. Los servicios prestados a los consumidores finales españoles se localizan en el TIVA. La empresa danesa puede optar por aplicar el régimen especial de la Unión (nº 9335 s.).

3) El mismo supuesto anterior, pero X decide ubicar un **establecimiento** en **Azores** y prestar los mismos servicios desde dicho establecimiento. Los servicios prestados a los consumidores finales españoles se localizan en el TIVA. La empresa danesa puede optar por aplicar el régimen especial de la Unión (nº 9335 s.).

CUADRO-RESUMEN BÁSICO DE LOCALIZACIÓN DE LOS SERVICIOS POR VÍA ELECTRÓNICA, TELECOMUNICACIÓN, RADIO Y TV CUANDO EL PRESTADOR ESTÁ ESTABLECIDO EN UN E.M. DISTINTO DE ESPAÑA 9214

(Supuestos en que existe conexión con el territorio español)

DESTINATARIO (*)		Sujeción IVA España
Condición	Establecimiento	
Empresario o profesional	TIVA	IVA
Consumidor final	TIVA: - regla general - regla especial: importe total servicios > 10.000 €; desde 1-7-2021 servicios y ventas a distancia intracomunitaria de bienes (nº 9212)	IVA No IVA/ opción empresario
Empresario o profesional o consumidor final	Canarias, Ceuta, Melilla	No IVA

(*) Ver nº 80 respecto a la consideración como empresarios o profesionales respecto de los servicios tecnológicos.

Prestador establecido fuera de la UE (LIVA art.69.Uno.1º y 70.Uno.4º y 8º) Si el prestador de los servicios tecnológicos está establecido fuera de la UE (considerando a estos efectos que Canarias, Ceuta y Melilla están fuera de la UE), pueden darse las siguientes situaciones en función de si el destinatario de los mismos es **empresario** o **consumidor final** (nº 9222). 9216

Destinatario empresario o profesional (B2B) (LIVA art.69.Uno.1º y 70.Uno.4º) Las situaciones que pueden darse son las siguientes: 9218

a) Sede o establecimiento permanente para el que se presta el servicio, se encuentra **fuera de la UE**: en tal supuesto, no procede la sujeción al IVA.

b) Sede o el establecimiento permanente para el que se presta el servicio radique en la **Península o Islas Baleares**: en este supuesto procede la sujeción al IVA español (LIVA art.69.Uno.1º). El **sujeto pasivo** es el destinatario, por inversión, siempre que el prestador carezca en el TIVA de sede de actividad, domicilio o establecimiento permanente que intervenga en la prestación del servicio. Por lo tanto, el empresario destinatario debe autoliquidarse el tributo y proceder a la liquidación del impuesto.

Dado que la cuota del IVA correspondiente a estas operaciones constituye simultáneamente IVA repercutido e IVA soportado, si la **prorrata de deducción** del destinatario es del 100% (supuesto normal), no procede ingreso «efectivo» de cantidad alguna por esta operación.

c) Sede o el establecimiento permanente para el que se presta el servicio radique en un **E.m. de la UE** distinto de España: tampoco en este caso procede la sujeción al IVA español, sino al IVA del E.m. de destino. El **sujeto pasivo**, por inversión, es el destinatario de la operación, siempre que el prestador carezca en el E.m. correspondiente de sede de actividad, domicilio o establecimiento permanente que intervenga en la prestación del servicio.

d) Sede o el establecimiento permanente para el que se presta el servicio radique en **Canarias, Ceuta o Melilla**: no procede la sujeción al IVA y hay que estar a las reglas del IGIC o del IPSI, según los casos.

Ejemplos **1) Empresa norteamericana**, establecida en Cincinnati, que presta servicios electrónicos consistentes en la incorporación de las nuevas tecnologías en los procesos empresariales a empresarios radicados en **Singapur**. En este caso, no procede la sujeción al IVA español, lo que parece razonable. 9219

2) Empresa con **sede en Japón** que cuenta con un **EP en Baleares**, que presta servicios electrónicos para empresarios establecidos en la **Península y Baleares**, en los siguientes casos:
a) Presta servicios electrónicos desde su sede en Tokio para una empresa, N, cuya sede de actividad radica en Teruel. Los servicios son contratados y recibidos, sin embargo, no por dicha sede, sino por una **sucursal** que N tiene en **Portugal**, los servicios prestados han de tributar por el IVA portugués. El sujeto pasivo va a ser la sucursal de N en Portugal, por inversión.
b) También desde su sede, presta servicios electrónicos para la empresa S, radicada en **Vigo** y sin sucursales en otros territorios: los servicios prestados estarán sujetos al IVA español. El sujeto pasivo va a ser el destinatario y no la propia empresa japonesa dado que, aun cuando esta tiene un E.p. en el territorio de aplicación del impuesto, este no interviene en la prestación del servicio (LIVA art.84.Dos).
c) Desde la sucursal de Baleares, presta servicios para empresarios franceses y alemanes, **no establecidos** en otros territorios distintos de Francia y Alemania. En estos casos, los servicios están sujetos al IVA del E.m. de destino y el sujeto pasivo, por inversión, va a ser el destinatario.

9220 **3)** Empresa canaria que, desde su sede ubicada en **Tenerife**, presta servicios electrónicos para empresarios establecidos en Irlanda. Considerado como un territorio tercero, el servicio prestado está sujeto al IVA irlandés y el sujeto pasivo, por inversión, va a ser la entidad irlandesa. Solo en el caso de que la empresa canaria contara con un E.p. en Irlanda, y dicho establecimiento interviniera en la prestación del servicio, ella resultaría sujeto pasivo del IVA irlandés.
4) Empresa **canaria**, que cuenta con **sucursales en Madrid y Lisboa**, que presta servicios electrónicos para los siguientes destinatarios:
a) Desde su sucursal en Madrid, para empresarios establecidos en Barcelona, y desde su sucursal en Lisboa, para empresarios establecidos en Portugal.
b) Desde su sede en Canarias, para empresarios canarios y para empresarios radicados en E.m. de la UE distintos de España y Portugal.
Los servicios prestados para empresarios establecidos en **Barcelona** están sujetos al IVA español, siendo sujeto pasivo la empresa canaria, dado que está establecida en TIVA. Los servicios prestados para destinatarios **portugueses** están sujetos al IVA portugués y el sujeto pasivo es también la empresa canaria, dado que tiene un establecimiento permanente en Portugal y dicho establecimiento interviene en la prestación del servicio. No procede, por tanto, inversión del sujeto pasivo en ninguno de los dos casos.
Los servicios prestados para empresas canarias van a estar sujetos al IGIC, siendo sujeto pasivo el prestador. En cambio, los prestados para empresarios de los demás **E.m. de la UE** están sujetos al IVA del E.m. de destino, siendo sujeto pasivo, por inversión, el empresario destinatario.

9222 **Destinatario consumidor final (B2C)** (LIVA art.70.Uno.4º y 8º) Las situaciones posibles son las siguientes:
a) Destinatario esté **domiciliado en la Península o Islas Baleares**: el servicio tecnológico está sujeto al IVA español y el sujeto pasivo es el prestador del tercer país, dado que en este caso no procede la inversión del sujeto pasivo.
En estos supuestos puede aplicarse el **régimen exterior a la Unión**, siempre que concurran todos los requisitos previstos al efecto (nº 9349 s.).
b) Destinatario del servicio esté domiciliado en **Canarias, Ceuta o Melilla**: no procede en este caso la sujeción al IVA español y hay que estar a las normas reguladoras del IGIC o del IPSI, según los casos.
c) Destinatario esté domiciliado en un **E.m. de la UE** distinto de España: no procede la sujeción al IVA español, sino al del E.m. de destino. No procede tampoco la inversión del sujeto pasivo. Por otra parte, el prestador puede acogerse al régimen especial exterior a la Unión, siempre que concurran los demás requisitos previstos al efecto (nº 9349 s.).
d) Destinatario esté domiciliado **fuera de la UE**: no procede, en este caso, la sujeción al IVA español, ni tampoco al de ningún otro E.m.

9223 Ejemplos **1)** Empresa establecida en Toronto que suministra **programas informáticos «online»** a través de internet para consumidores finales domiciliados en **Madrid**: el suministro de los programas informáticos constituye un servicio electrónico que tributa en TIVA.
2) Si la empresa canadiense del supuesto anterior presta servicios electrónicos para **empresarios** radicados en Canarias, procede la sujeción al IGIC y la inversión del sujeto pasivo.
3) Empresario cuya sede de actividad radica en **Manila** y que cuenta con una sucursal en **Valencia**. Se prestan servicios electrónicos para un consumidor final francés desde la sucursal: los servicios se localizan dónde radica el domicilio del destinatario (Francia) y no están sujetos al IVA español. *En el mismo sentido*, si el servicio se presta desde Manila.
4) Empresario con sede en Almería y sin establecimientos permanentes fuera del TIVA que presta servicios electrónicos para otro empresario cuya sede de actividad radica en **Huesca** y posee un EP en Marsella: los servicios prestados están gravados por el IVA español o por el IVA francés, según que los mismos se destinen a la sede de actividad o al E.p. del destinatario. En este último caso procede la inversión del sujeto pasivo.

5) Servicios electrónicos prestados por un empresario desde **Singapur** para un **consumidor final belga** que efectúa el pago del servicio con cargo a una **cuenta bancaria** abierta en Granada: se utilizan las presunciones relativas a la ubicación del cliente, así como los elementos de prueba y refutación de las presunciones (ver nº 9196).

Doctrina Administrativa Para localizar un servicio, el **prestador** debe tener en cuenta la **condición del cliente**, la calidad con la que este actúa y el lugar en que esté establecido. A estos efectos, únicamente se han de tener en cuenta las circunstancias que concurran en el momento del devengo del impuesto. 9224

Los **cambios posteriores** en la utilización del servicio no afectan a la determinación del lugar de realización de la prestación, siempre que no existan prácticas abusivas (Rgto UE/282/2011 art.25).

Para todo ello, la entidad prestadora del servicio debe basarse en la **información** que le comunique el cliente, cuya exactitud se ha de comprobar a través de medidas normales de **seguridad comercial**, como son, entre otras, las relativas a los controles de identidad o de pago, teniendo en cuenta, igualmente, las presunciones establecidas en relación con el NIF-IVA en el Rgto UE/282/2011 art.18 y 19 (DGT CV 7-10-11).

CUADRO-RESUMEN BÁSICO DE LOCALIZACIÓN DE LOS SERVICIOS POR VÍA ELECTRÓNICA, TELECOMUNICACIÓN, RADIO Y TV CUANDO EL PRESTADOR ESTÁ ESTABLECIDO FUERA DE LA UE 9226

DESTINATARIO (*)		Sujeción IVA España
Condición	Establecimiento	
Empresario o profesional	TIVA	IVA
	Canarias, Ceuta, Melilla	No IVA
	UE ≠ España	No IVA
	Fuera UE demás casos	No IVA
Consumidor final	TIVA	IVA
	Canarias, Ceuta, Melilla	No IVA
	UE ≠ España	No IVA
	Fuera UE demás casos	No IVA

(*) Ver nº 80 respecto a la consideración como empresarios o profesionales.

Regla de cierre aplicable a la localización de los servicios tecnológicos (Dir 2006/112/CE art.59 bis; LIVA art.70.Dos redacc RDL 7/2021) 9228

Además de los criterios de localización expuestos, hasta el **31-12-2022**, estuvo vigente una «regla de cierre» que permitía gravar en territorio IVA los servicios tecnológicos que son objeto de **consumo y utilización efectiva** en ese territorio. Esta regla resultaba aplicable a todos cuando se reunían los siguientes **requisitos**:

- que los servicios tecnológicos no resultaran localizados en el territorio IVA, la UE o en las Islas Canarias, Ceuta y Melilla, por aplicación de las reglas generales o especiales que correspondan a cada uno de ellos;
- que su utilización o explotación efectivas se realizara en el TIVA.

Esta regla, y para estos servicios, se aplicaba con independencia de la **condición del destinatario** del servicio, sea empresario o consumidor final.

Conforme a lo indicado al inicio de este epígrafe, se modifica la regla de utilización efectiva (nº 750 s.), y su aplicación desaparece para los servicios prestados por vía electrónica, los de telecomunicaciones, de radiodifusión y televisión, con independencia de la condición del destinatario.

Precisiones **1)** Si el destinatario del servicio cuenta con **varios establecimientos permanentes**, de los cuales unos radican dentro de la UE y otros fuera de la UE, la regla de cierre se aplica únicamente respecto de los servicios dirigidos a los establecimientos radicados fuera de los territorios citados. 9229

2) No procede la sujeción al IVA español cuando la **utilización efectiva** se produzca en otro E.m. de la UE distinto de España, ni tampoco cuando la utilización efectiva tenga lugar en Canarias, Ceuta o Melilla.

3) La aplicación de la regla de cierre procede, cuando se dan los requisitos al efecto, con independencia del **lugar de prestación** de los servicios: TIVA, UE, Canarias, Ceuta, Melilla o cualquier territorio tercero.

4) Para que se aplique esta regla, es necesario que el prestador del servicio sea un **empresario o profesional** que actúe en el ejercicio de su actividad. En otro caso, no procedería sujeción alguna al IVA.
5) La regla de cierre se aplica, generalmente, cuando el empresario destinatario radicado en un **tercer país** cuente con un **establecimiento permanente** en el TIVA, pues es esta la manera normal de articular un consumo en dicho territorio. Pero esto no es necesario, de manera que, si la utilización efectiva del servicio tecnológico se efectúa en el TIVA por parte de la empresa no UE, procede la aplicación de la regla de cierre y la sujeción al IVA, aun cuando dicha empresa no cuente con ningún establecimiento en la Península o Baleares.
6) Queda **excluida** la aplicación de la regla de cierre cuando:
- el prestador está establecido fuera de la UE, Canarias, Ceuta o Melilla;
- el destinatario es un consumidor final establecido o domiciliado en un E.m. distinto de España;
- la utilización efectiva del servicio tiene lugar en el territorio de aplicación del IVA español.

9230 Ejemplos **1)** Una **empresa japonesa**, cuya sede de actividad radica en Tokio y que cuenta con **sucursales** en Estados Unidos, Canadá, Singapur y en todos los E.m. de la UE, ha recibido un servicio consistente en la posibilidad de acceder a determinadas **bases de datos** esenciales para el desarrollo de su actividad.
El servicio lo ha prestado un empresario canadiense desde su establecimiento de Montreal, que ha contratado con la sede de la empresa japonesa establecida en Tokio. Ahora bien, los servicios en cuestión se utilizan por todas y cada una de las sucursales de la empresa japonesa para el desarrollo de su actividad. El precio de los servicios prestados asciende a 1.000.000 de euros.
En este caso, el servicio se presta por una empresa establecida en un tercer país para un empresario también establecido en un tercer país. En principio y, de acuerdo con las reglas expuestas, no procedería repercusión del IVA español por estos servicios.
Ello implicaría que un consumo efectuado en el territorio de aplicación de dicho impuesto (a saber, el consumo efectuado por la sucursal española de la empresa japonesa) escaparía al gravamen en nuestro país. Para evitar esta situación, la regla de cierre señalada (aplicable hasta 31-12-2022) establece la localización en el territorio de aplicación del impuesto de los servicios en cuestión, en la medida en que los mismos son objeto de consumo efectivo en dicho territorio.
De esta forma, se ha de determinar qué parte de la contraprestación total abonada corresponde al consumo efectuado por la sucursal española. Dicha parte va a ser la base imponible del IVA aplicable en el caso expuesto.
El sujeto pasivo, por inversión, es la empresa japonesa (pues está establecida en el territorio de aplicación del tributo), la cual debe autoliquidar el impuesto y proceder a su liquidación. El IVA correspondiente a esta operación es simultáneamente IVA autoliquidado e IVA deducible, de manera que, si la prorrata de la sucursal es del 100%, el ingreso efectivo derivado de esta operación será cero.
2) El mismo supuesto que en el caso anterior, pero la utilización efectiva del servicio electrónico se efectúa por la sede de la **empresa japonesa** en Tokio y por sus **sucursales** en Estados Unidos, Francia, Bélgica y Canarias.
No se aplica en este caso la regla de cierre, dado que la utilización y consumo efectivo de los servicios no tiene lugar en la Península ni en las Islas Baleares.
3) El **empresario canadiense** de los ejemplos anteriores ha prestado servicios análogos a un empresario cuya sede radica en **Francia** y que cuenta con una sucursal en Torremolinos.
En este caso, no procede la aplicación de la regla de cierre, aun cuando el servicio se utilice parcialmente en la Península por la sucursal de Torremolinos, dado que el destinatario no está establecido fuera de la UE y el servicio se localizaría en la UE.

9231 **4)** Igualmente, el empresario canadiense ha prestado servicios electrónicos para turistas norteamericanos de vacaciones en **Mallorca**, que los utilizan durante su estancia en la Isla.
Dado que los destinatarios son consumidores finales, resulta de aplicación la regla de cierre (con efectos hasta 31-12-2022).
5) Servicios de «**pay per view**» prestados por un empresario irlandés para consumidores finales domiciliados en los **Estados Unidos** durante la estancia temporal de estos en **Alicante**.
Aunque los servicios se localizan fuera de la UE, sin embargo, la aplicación de la regla de cierre (con efectos hasta 31-12-2022) determina la tributación en el territorio de aplicación del impuesto, dado que los destinatarios son consumidores finales no domiciliados en la UE y la utilización material de los servicios tiene lugar en el citado territorio.
6) El mismo supuesto, pero la empresa irlandesa presta los servicios a consumidores finales domiciliados en **Irlanda**, que los utilizan materialmente durante su estancia temporal en **Alicante**.
En este caso y, dado que se trata de consumidores finales domiciliados en la UE, los servicios están sujetos al IVA irlandés, aun cuando su utilización efectiva tenga lugar en el territorio de aplicación del impuesto. Hay que resaltar aquí que la regla de cierre solo resulta de aplicación cuando, de la aplicación de las reglas «normales» de localización, resulta la no sujeción del servicio a ningún IVA de la UE. Como en este supuesto, por aplicación de las reglas «normales», resulta exigible el IVA irlandés, no hay lugar a la aplicación de la regla de cierre.

7) El mismo caso, pero la empresa irlandesa presta los servicios para **consumidores finales domiciliados en la Península**, que utilizan materialmente los servicios en **Marruecos**.
Se localizan estos servicios en el TIVA, por lo que se aplica el IVA español, sin regla de cierre.
8) Empresario japonés que presta desde Japón servicios de telecomunicaciones para **consumidores finales** italianos, holandeses, españoles y portugueses, los cuales utilizan materialmente los servicios en los países citados.
En este caso, los servicios prestados están sujetos, respectivamente, al IVA italiano, holandés, español y portugués, debiendo el empresario japonés repercutir el IVA de cada uno de los E.m. citados e identificarse en cada uno de ellos.
En estos supuestos es posible optar por aplicar el régimen especial de los servicios tecnológicos (régimen exterior a la Unión, ver nº 9349 s.).

Doctrina Administrativa **1)** Una entidad establecida en el TIVA presta servicios electrónicos, distribuyendo contenidos generados por una entidad suiza del mismo grupo, a la que prestan servicios de información necesarios para los contenidos que se distribuyen. Los servicios de la citada entidad no se localizan en el TIVA, pero se aplica la regla de cierre (aplicable hasta 31-12-2022) en la medida en que se utilicen por la empresa suiza para la realización de servicios que se localicen, al menos en parte, en el TIVA. En caso de **utilización parcial**, también se produce el cambio de localización, debiendo aplicar criterios de ponderación para cuantificar el uso en el TIVA, como la proporción de ingresos derivados de dicho servicio en el TIVA y el total de los obtenidos por la destinataria por la total explotación (DGT CV 24-7-13; CV 5-4-13). Ver asimismo DGT CV 26-1-09 en el nº 9238. **9232**
2) Sociedad mercantil con sede en Canarias, que comercializa **minutos de conexión telefónica** -tanto analógica como de voz IP por internet- comprándolos a proveedores establecidos en Península, Canarias, otros Estados de la UE y terceros países, y revendiéndolos a locutorios y a revendedores establecidos en los territorios citados.
Con independencia del tipo de tecnología de las conexiones, al no ser relevante para la regla de cierre, las **operaciones entre agentes** económicos establecidos ambos en Canarias o en otro «territorio tercero» quedan al margen de la LIVA y localizadas fuera de la Comunidad (LIVA art.3).
Las **operaciones de transmisión** de minutos de conexión telefónica desde un transmitente establecido en el TIVA a la entidad consultante es una operación no localizada en el citado territorio, salvo que esos minutos se vendan después a un locutorio establecido en el TIVA, localizándose en ese caso en el TIVA al ser se explotadas efectivamente en dicho territorio (DGT CV 4-3-15).
3) Cuando los **servicios de formación** que tengan la consideración de servicios prestados por vía electrónica, se localicen fuera de la Comunidad, pero su utilización o explotación efectiva tenga lugar en el TIVA, quedan sujetos en virtud de la regla de cierre al IVA español -aplicable hasta 31-12-2022- (DGT CV 31-08-16).
4) La aplicación de la **regla de cierre**, ha de actuarse en dos fases. En primer lugar, han de localizarse las operaciones a las que sirva o en relación con las cuales se produzca la **utilización o explotación efectiva** del servicio de que se trate y, solo en el caso de que se consideren realizadas en el TIVA, cabe la aplicación de la regla de cierre. En segundo lugar, ha de determinarse la relación, ya sea directa o indirecta, de tales operaciones con la prestación de servicios que se trata de localizar.
No debe equipararse la concurrencia de este requisito con el hecho de que la entidad destinataria de la prestación disponga de un **establecimiento** en el territorio de aplicación del tributo.
Se puede plantear el caso de prestaciones de servicios que sirvan tanto a operaciones que hayan de considerarse realizadas en el TIVA como fuera de él, lo que conlleva una aplicación parcial de la regla de cierre.
En este caso, se plantea la cuestión del **criterio de ponderación** que se debe utilizar para la determinación del uso o utilización efectiva que se produzcan en el territorio de aplicación del impuesto. Parece que la única solución es la de ir caso por caso, determinando la medida en que cada prestación de servicios se ha utilizado en dicho territorio. A falta de cualquier otro criterio más ajustado a la realidad, se debe atender a la proporción de ingresos que se obtenga de las operaciones en que se haya usado el servicio de que se trate como nexo de unión para el servicio en cuestión y el total de ingresos que obtenga la entidad destinataria de la prestación como consecuencia de su explotación (DGT CV 26-1-09).
5) Una grabadora profesional graba **publicidad** de empresas en páginas web creadas por ella y de las que resulta propietaria para empresas americanas y europeas. Como los servicios son prestados por internet, no van a tener la consideración de servicios prestados por vía electrónica, por lo que si los destinatarios son **empresas extranjeras**, no se van a localizar en el TIVA. Por el contrario, cuando el destinatario sea un empresario establecido en un **país tercero** y este los vaya a utilizar para el desarrollo de operaciones que se localicen en el TIVA, van a estar sujetos y no exentos como consecuencia de la regla de cierre (DGT CV 4-8-10).

Jurisprudencia **1)** La **regla de utilización efectiva** se aplica a los servicios de telecomunicación, radio y televisión, con independencia de la naturaleza del destinatario (regla aplicable hasta el 31-12-2022). Los E.m. están autorizados para considerar realizados en su territorio los servicios de telecomunicaciones prestados por un proveedor establecido en la Comunidad a favor de un destinatario, final o intermedio, situado en un tercer Estado, siempre y cuando la utilización efectiva de dichos servicios se lleve a cabo en su territorio de aplicación del impuesto (TEAC 5-4-11). **9233**

2) En los supuestos de venta de **tarjetas de prepago** para teléfonos móviles, efectuadas por una entidad establecida en TIVA a empresas andorranas que posteriormente las venden terceras personas, basta que la explotación del servicio se realice en el TIVA para aplicar la regla de cierre (aplicable hasta 31-12-2022), teniendo en cuenta además que las tarjetas prepago solo van a poder ser utilizadas en España, con independencia de que su utilización o explotación efectiva se haga por terceros y no por las entidades domiciliadas en Andorra (TS 6-4-16, EDJ 34099).
3) Los **servicios de itinerancia movil** prestados por un operador de telefonía no residente en la Comunidad, prestados a sus clientes también residentes en un país tercero, y que les permite utilizar la red de telefonía en un E.m en el que se encuentran temporalmente, debe considerarse objeto de utilización o de una explotación efectiva en el territorio de ese E.m. (TJUE 15-4-21, asunto SK Telecom C-593/19).
4) Creación y desarrollo de **aplicaciones** para terminales telefónicos y de reproducción musical, que se venden a clientes con sede en Luxemburgo y USA, accediendo los usuarios finales a la página web y descargando la aplicación. La creación y desarrollo de las aplicaciones es un servicio prestado por vía electrónica no sujeto al IVA, porque el destinatario es un empresario establecido fuera del territorio de aplicación del IVA. El requisito de la utilización efectiva en el citado territorio debe valorarse de manera individual, de acuerdo con la naturaleza del servicio de que se trate (TJUE 19-2-09, asunto C-1/08).

9234 **CUADRO-RESUMEN APLICACIÓN DE LA REGLA DE CIERRE DE SERVICIOS TECNOLÓGICOS (válido hasta el 31-12-2022)**

Prestador	Destinatario	Servicios electrónicos	Servicios de telecomunicaciones, radio y televisión
Empresario TIVA/EM/PT	Empresario PT	TIVA, si utilización efectiva es en TIVA	TIVA, si utilización efectiva es en TIVA
Empresario PT	Consumidor final PT	TIVA, si utilización efectiva es en TIVA	TIVA, si utilización efectiva es en TIVA

Desde el 1-1-2023, la regla de utilización efectiva deja de ser aplicable a los servicios tecnológicos (ver nº 9192).

2. Reglas de localización aplicables a los servicios de mediación

(LIVA art.69.Uno, 70.Uno.6º)

9236 En relación con los servicios de mediación prestados **en nombre y por cuenta ajena** relativos a los servicios electrónicos, de radiodifusión, televisión y telecomunicación, se pueden distinguir:
a) **Regla general:** en el caso de servicios prestados a **empresarios o profesionales** que actúen como tales, se localizan en TIVA cuando el destinatario tenga su sede o domicilio o un establecimiento permanente en dicho territorio, siempre que el servicio se preste para dicha sede, domicilio o establecimiento.
b) **Regla especial:** en el caso de servicios prestados a **consumidores finales**, el servicio está sujeto al IVA español cuando el servicio principal a que la mediación se refiere se localice en dicho territorio.
Ver también nº 670 s.

Precisiones 1) Ver nº 80 en relación a la consideración como **empresarios o profesionales** respecto de los servicios electrónicos, de telecomunicaciones, de televisión y de radiodifusión recibidos.
2) En relación con la aplicación de la regla de **inversión del sujeto pasivo** en los servicios de mediación respecto al arrendamiento de inmuebles, ver nº 1336.
3) Hasta el **31-12-2022** para estos servicios se aplicaba la **regla de cierre**, así se entendían realizados en el TIVA estos servicios cuando concurrían las siguientes **circunstancias** (LIVA art.70.Dos redacc RDL 7/2021):
- que el destinatario del servicio de mediación sea un empresario o profesional (no un consumidor final);
- que el servicio en el que se medie no se localice, según las reglas que corresponda aplicar, en la UE, en Islas Canarias, Ceuta o Melilla;
- que la subyacente o servicio en el que se medie se utilice efectivamente en el territorio de aplicación del impuesto.

9237 Ejemplos 1) *Servicio electrónico prestado por un empresario norteamericano para consumidores finales españoles. En la operación interviene un* **mediador francés**, *que presta sus servicios a los consumidores finales.*
Los servicios electrónicos están sujetos al IVA español (ver nº 9222) y los servicios de mediación también, dado que el servicio principal se localiza en el TIVA, siendo sujeto pasivo el prestador francés.

2) Servicio electrónico prestado por un empresario portugués para consumidores finales domiciliados en el TIVA. En la operación media un **empresario norteamericano** que presta sus servicios a dichos consumidores finales.
El servicio electrónico se localiza en el TIVA y está sujeto al IVA español, lo mismo que el servicio de mediación.
3) Servicios de televisión prestados por una empresa norteamericana para otra **establecida en Barcelona**. Interviene en la operación un **mediador** también **norteamericano**, que presta sus servicios a la empresa catalana.
El servicio de televisión está sujeto al IVA español (aplicación de la regla general), siendo el sujeto pasivo de dicho tributo el destinatario por inversión. De la misma forma el servicio de mediación estará sujeto al IVA español (regla general).
4) Hasta el **31-12-2022**, y suponiendo el mismo caso, pero los **servicios de mediación** se prestan al **proveedor norteamericano** y no al destinatario español.
El servicio de televisión sigue sujeto al IVA español, aplicándose la inversión del sujeto pasivo. El servicio de mediación, en principio, se localizaría fuera del TIVA por la regla general; no obstante, si se utilizan en el TIVA el servicio de mediación se localizaba en el TIVA por aplicación de la regla de cierre (nº 9228).

Doctrina Administrativa Además de las siguientes contestaciones de la DGT, ver nº 11000 s. En las consultas siguientes debe tenerse en cuenta que, desde 1-1-2015, no están sujetas al IVA español los servicios tecnológicos prestados a consumidores finales domiciliados en la UE, con independencia de donde esté establecido el prestador. Y desde 1-1-2023, se modifica la regla de utilización efectiva o de cierre aplicable a las prestaciones de servicios (ver nº 9192). **9238**
1) El servicio de **gestión de reservas** en restaurantes ofrecidos a través de una plataforma en línea donde la labor se limita a conseguir la reserva en el restaurante de forma totalmente independiente al servicio de restauración debe ser calificado como un servicio de mediación en nombre ajeno, y no como servicio prestado por vía electrónica (DGT CV 19-2-26).
2) Una sociedad residente en España es mediadora de otra residente en Brasil **sin establecimiento permanente** en España, que presta un servicio a los clientes españoles consistente en una aplicación informática vía web alojada físicamente en unos servidores situados en Brasil y a los que se puede acceder desde cualquier lugar del mundo. Son servicios prestados por vía electrónica que se localizan en TIVA cuando el destinatario sea un empresario establecido en el TIVA y cuando los servicios se presten desde fuera de la Comunidad y el destinatario no tenga la condición de empresario y esté domiciliado en el TIVA. Los servicios mencionados también se localizan en TIVA cuando el servicio de que se trate, de alguna forma, directa o indirecta, esté **relacionado** con las operaciones que se efectúen en el TIVA (DGT CV 20-5-10).
3) Una entidad distribuye **libros electrónicos** a través de dos plataformas de venta en Internet, titularidad de dos empresas de USA, con las cuales se pueden descargar directamente dichos libros. Las entidades americanas realizan un servicio de mediación para la venta de los libros alojados en sus plataformas a cambio de una comisión.
En cuanto al suministro de libros electrónicos a través de una plataforma de venta en Internet, a efectos del IVA, se considera una prestación de servicios efectuada por vía electrónica, al igual que los servicios que se intercambian la entidad distribuidora y las entidades americanas (Dir 2006/112/CE anexo II; LIVA art.69.tres.4º).
El Rgto UE/282/2011 art.9 bis prevé que, a los efectos de la Dir 2006/112/CE art.28, cuando se presten servicios por vía electrónica a través de una red de telecomunicaciones, de una interfaz o de un portal, como por ejemplo un mercado de aplicaciones, se presume que un sujeto pasivo que toma parte en la prestación actúa en nombre propio pero por cuenta del prestador de dichos servicios, salvo que el prestador sea reconocido expresamente como tal por ese sujeto pasivo y ello se refleje en los acuerdos contractuales. Con base en lo anterior, en este caso las entidades americanas actúan en nombre propio pero por cuenta de la entidad consultante, llevándose a cabo **dos servicios** prestados por vía electrónica en cadena (LIVA art.11.dos.15º): el que realiza en nombre propio la entidad distribuidora a favor de las entidades americanas -que no se localizan el en TIVA- y el que estas últimas realizan, también en nombre propio, a los adquirentes de los libros (DGT CV 18-2-15).

---

3. Reglas de localización aplicables a las ventas a distancia intracomunitarias

(Dir 2006/112/CE art.33 y 35; LIVA art.8.Tres, 68.Tres a Seis y 73)

Desde su implantación, este régimen particular tiene como objetivo evitar la tributación en origen de determinadas ventas a distancia. Así se consideran las efectuadas sin desplazamiento del comprador al establecimiento del vendedor (p.e, a través de catálogos, anuncios o plataformas digitales), siendo el comprador, un particular o empresario no identificado, de un E.m. distinto del E.m. del vendedor. **9244**
Estas ventas, de acuerdo con las reglas generales del **régimen transitorio** de los intercambios intracomunitarios, debían ser objeto de tributación en origen. Esto podría plantear un problema, y es que se generalizaran las ventas a distancia efectuadas desde los E.m. con tipos impositivos más bajos, lo que originaría, a través de este mecanismo de ventas, un desplazamiento de la demanda de la UE hacia dichos E.m.

La generalización de las ventas a distancia propiciada por el auge del **comercio electrónico** en los últimos años ha acrecentado la relevancia de este problema, tanto desde el punto de vista de la distorsión del mercado, como desde la perspectiva de la integridad de los presupuestos públicos.
Para evitarlo, el régimen particular preveía que, superado un determinado **volumen de ventas** efectuado por un empresario de un E.m. para los destinatarios de cualquier otro Estado de la UE (volumen de ventas que, hasta el **30-6-2021**, se fijaba por las autoridades de cada uno de sus Estados, ya que se trataba de límites nacionales, dentro de ciertos umbrales determinados en la normativa comunitaria - ver nº 9317.6 y nº 9317.7 Memento IVA 2022), se modificaba la regla de localización en las entregas, que ya no se entendían efectuadas en el lugar de inicio de la expedición o transporte de los bienes, sino en el E.m. de destino, obligando al empresario vendedor a identificarse en dicho E.m. y atribuyéndole la condición de sujeto pasivo del IVA.
Sin embargo, el sistema vigente hasta el 30-6-2021 no estaba preparado para abordar los retos de una **economía global**, digital y cambiante, donde el comercio electrónico ha experimentado un auge importante y ha cambiado las costumbres de los compradores, que ahora efectúan las adquisiciones de bienes a través de Internet, compras en línea directamente al proveedor, o utilizando los servicios de interfaces o plataformas digitales. Así, con entrada en vigor **1-1-2021**, por medio del RDL 7/2021, fue traspuesta a nuestro ordenamiento interno la modificación introducida en la Dir 2006/112/CE y Dir 2009/132/CE por la Dir (UE) 2017/2455, en lo referente a determinadas obligaciones respecto del IVA para las prestaciones de servicios y las ventas a distancia de bienes.
La incorporación de estas Directivas concluye la regulación del tratamiento del IVA del comercio electrónico y establece las **reglas de tributación** de las entregas de bienes y prestaciones de servicios contratados por internet u otros medios electrónicos por consumidores finales.
El régimen adoptado abandona definitivamente su vieja aspiración de tributación en origen tanto en las operaciones intracomunitarias como en las entregas de bienes y prestaciones de servicios a consumidores finales, de tal forma que unas y otras pasan a tributar como **operaciones interiores** sujetas a IVA en el lugar de llegada de la mercancía o de establecimiento del destinatario, generalizándose la regla de imposición del IVA en el lugar de destino.
Se establece no obstante, de manera general, la **tributación en origen**, para aquellos empresarios o profesionales establecidos en un solo E.m., que no superen el umbral límite establecido de 10.000 euros. Está excepción está pensada para micro PYMES que venden de manera residual a consumidores finales de otros E.m.
Por otra parte, la **gestión tributaria** del comercio electrónico en el IVA se sustenta en la ampliación de los regímenes especiales de ventanilla única, (One stop Shop -OSS-), que pasan a ser el procedimiento específico previsto por la ley para la gestión y recaudación del IVA devengado por estas operaciones a nivel comunitario.
En las ventas a distancia intracomunitarias de bienes (nº 9182), cabe distinguir dos supuestos:
- ventas efectuadas desde otros E.m. de la UE con destino a la Península o Islas Baleares; y
- ventas efectuadas desde la Península o Islas Baleares con destino a otros E.m. de la UE (nº 9249).

Precisiones La Comisión Europea ha hecho públicas unas **notas explicativas** sobre las normas del IVA en el comercio electrónico que si bien no son jurídicamente vinculantes, se elaboran como una herramienta de orientación y pretenden ayudar a comprender mejor la legislación adoptada en el ámbito comunitario (Notas explicativas Comisión comercio electrónico).

9246 **Ventas desde otros E.m. con destino a la Península o Islas Baleares** (LIVA art.68.Tres.a) Estas entregas se entienden **localizadas** en TIVA (es decir, en destino), cuando se cumplan los requisitos siguientes (LIVA art.8.Tres.1º):
1. Transporte a la Península o Baleares de los bienes por el **vendedor** directa o indirectamente o por su cuenta: si es el adquirente el que compra en otro E.m. y se encarga él mismo de transportar los bienes hasta la Península o Baleares, no se aplica el régimen de las ventas a distancia y procede (dado que el adquirente, por definición, debe ser en este régimen particular necesariamente una persona o entidad no identificada a efectos del IVA) la tributación en origen, es decir, en el E.m. desde el que se expiden los bienes.
2. Destinatario no identificado: debe tratarse de una persona cuyas AIB no estén sujetas al impuesto, o bien cualquier otra persona que no tenga la condición de empresario o profesional actuando como tal (LIVA art.14).
Si el destinatario está identificado, la operación se descompone en los dos hechos imponibles (entrega intracomunitaria exenta en origen-AIB sujeta y no exenta en destino), con arreglo a las normas generales, consiguiéndose de este modo y sin necesidad de régimen particular alguno, el objetivo de la tributación en destino.

3. Los **bienes** objeto de venta han de ser bienes **distintos** de los siguientes:
a) **Medios de transporte nuevos**. Para ellos, la tributación en destino se consigue en todo caso mediante la combinación de las reglas generales del régimen transitorio de operaciones intracomunitarias, más la aplicación del régimen particular de los medios de transporte nuevos (nº 5425 s.).
b) Bienes que han de ser objeto de **instalación o montaje** en la Península o Baleares, antes de ser puestos a disposición del adquirente en dichos territorios, siempre que dicho montaje implique la inmovilización de los bienes entregados. En este caso la simple aplicación de la regla general de localización de la entrega de bienes (nº 450) supone la tributación en destino, sin necesidad de ningún régimen particular a estos efectos.
c) Bienes **usados, objetos de arte, antigüedades** y objetos de colección, cuando se aplique a la entrega el correspondiente régimen especial (nº 3900 s.).
En estos casos, la tributación en origen viene exigida por la particular forma de determinación de la base imponible (margen de beneficio del revendedor), por lo que no procede la aplicación de un régimen particular que tiene por objeto la localización en destino de las operaciones.

4. El **Importe total** de las ventas efectuadas por el empresario de que se trate con destino a la Península o Baleares, en las condiciones indicadas en los números anteriores, debe ser superior a **10.000 euros**, en cuya cuantificación debemos tener en cuenta, tanto las entregas de bienes como las prestaciones de servicios ETR, realizadas al conjunto de países miembros de la UE en operaciones B2C. El límite previsto no resulta de aplicación cuando las ventas a distancia intracomunitarias de bienes sean efectuadas, total o parcialmente, desde un E.m. distinto del de establecimiento (LIVA art.73). **9247**
En el caso de que no se haya superado esta cantidad y el empresario o profesional esté establecido en un solo E.m la operación se localiza en origen, siempre que no se haya **optado** por tributar en destino (nº 9250).
En el año precedente o, en su defecto, en el año en curso, a efectos de este límite, el importe de la contraprestación de las entregas de bienes no puede fraccionarse.
En cuanto a los **criterios para el cálculo** del importe límite, se analizan en los ejemplos propuestos (nº 9253 s.).
5. Cuando los productos vendidos con destino a España son **bienes objeto de IIEE** (bebidas alcohólicas, tabaco...) y se cumplen los dos primeros requisitos enunciados (transporte por el vendedor o por cuenta de él, y destinatario no identificado) procede, en todo caso, la tributación en destino, sin necesidad de superar ningún umbral cuantitativo cuando los destinatarios sean personas cuyas AIB estén no sujetas (LIVA art.14).
De forma general, este tipo de productos no se tienen en cuenta a efectos de determinar los umbrales límites.

Precisiones **1)** En relación con las reglas relativas a los **límites aplicables** hasta el 30-6-2021 y los criterios para su **cálculo**, ver nº 9317 s. Memento IVA 2022.
2) Puede plantearse el caso en que el transporte de los bienes se efectúa por un **tercero por cuenta del comprador**. El TJUE no se ha ocupado de esta situación respecto del IVA, pero sí respecto a los **IIEE**. Entiende que, cuando un particular que no actúa con carácter profesional ni con ánimo de lucro, adquiere en un primer E.m. productos sujetos a IIEE que hayan sido puestos a consumo en ese E.m. para satisfacer sus propias necesidades y las de otros particulares, dispone que una empresa de transportes establecida en un segundo E.m. transporte los productos por su cuenta a este segundo E.m., deben percibirse los IIEE en este último Estado (TJUE 23-11-06, asunto C-5/05).
Ello podría dar lugar a una situación de **falta de coordinación** entre la normativa del **IVA** y la relativa a los **IIEE**, porque en un caso de transporte de productos sujetos a IIEE por cuenta del comprador (siendo este un particular) el IVA se pagaría en origen y los IIEE en destino. La situación no parece muy razonable, ni acorde con la intención del legislador comunitario, que en el caso del régimen de ventas a distancia IVA para productos sujetos a IIEE ha suprimido el requisito de alcanzar un determinado umbral de ventas en destino para que proceda la aplicación de la tributación en destino, y ello claramente con objeto de asegurar que la tributación por ambos impuestos tenga lugar en el mismo E.m. Sin embargo, la distinta redacción dada al requisito del transporte puede frustrar este objetivo, al menos en ciertos supuestos.

Doctrina Administrativa Se aplican las reglas propias de las **ventas a distancia** a las ventas de puros a través de internet a particulares en España desde un establecimiento del vendedor establecido en los Países Bajos (DGT 29-6-01), así como a la venta a través de internet de vinos y licores que son objeto del Impuesto Especial de Fabricación (DGT 23-10-01). **9248**

Ventas desde la Península o Islas Baleares con destino a otros E.m. (LIVA art.68.Tres.b y Cuatro) Tributan en **destino** las ventas efectuadas desde la Península o Islas Baleares y en las que concurran los **requisitos** del nº 9246 s., esto es: **9249**
- transporte desde la Península o Baleares hasta el otro E.m. por el empresario vendedor o por su cuenta;

- destinatario no identificado a efectos del impuesto;
- bienes distintos de los que anteriormente se citaron; y
- volumen de ventas con destino al otro E.m. **superior** a 10.000 euros de entregas de bienes y/o prestaciones de servicios ETR en la Comunidad, u **opción** ejercitada ante la Administración española por la tributación en el E.m. de destino (nº 9250).

Cuando se vendan productos objeto de **IIEE desde España** con destino a otros E.m. de la UE en las condiciones citadas (transporte por el vendedor o por su cuenta y destinatario no identificado) procede, en todo caso, la tributación en destino, sin necesidad de superar ningún umbral cuantitativo cuando los destinatarios sean personas cuyas AIB esten no sujetas (régimen PRES nº 5405; LIVA art.14).

Precisiones En relación a las reglas relativas a los **límites** aplicables hasta el 30-6-2021, ver nº 9317 s. Memento IVA 2022.

9250 **Opción por la tributación en destino** (LIVA art.68.Tres y 73; RIVA art.22) Los vendedores en régimen de ventas a distancia que efectúan tales operaciones desde el TIVA español y con destino a otros E.m. tienen la **facultad** de optar por la tributación en destino, aunque por el volumen de sus ventas pudieran aplicar la tributación de origen.

La opción por la tributación de estas operaciones en destino obliga a los contribuyentes a:

1. Presentar una declaración donde se opte a su aplicación. Esta opción tendrá una vigencia de dos años naturales.

2. Justificar que los bienes han tributado en otro E.m., que se podrá realizar mediante la presentación de los justificantes de la declaración liquidación o de ingreso del impuesto. Quedan eximidos de justificar aquellos contribuyentes que hayan optado por alguno de los regímenes especiales de ventanilla única (nº 9300 s.).

3. Una vez superado el plazo inicial de dos años naturales, reiterar su opción por tributar en destino. En caso de que no se manifieste esta opción, esta queda automáticamente revocada.

Precisiones La opción por tributación en destino no debe confundirse con la **Ventanilla Única** (OSS). La opción cambia la localización cuando no se ha superado el umbral; la OSS es un mecanismo de declaración e ingreso.

9252 **Cuadro resumen de la localización de ventas a distancia**

Operador	Destino	Supuesto	Localización
Empresario de otro E.m.	TAI español	Establecido únicamente en ese otro E.m; bienes expedidos exclusivamente desde ese Estado; límite conjunto de 10.000 € no superado; sin opción por destino.	Origen: no sujeto en España.
		Límite superado, opción por destino, vendedor no establecido en un único E.m., o bienes expedidos total/parcialmente desde un Estado distinto del de establecimiento.	España / TAI
Empresario establecido únicamente en el TAI español.	Otros E.m.	Bienes expedidos desde el TAI; límite conjunto de 10.000 € no superado; sin opción por destino.	España / TAI
		Límite superado u opción por destino.	Estado miembro de llegada; no TAI español.
Empresario español con stock fuera de España.	Otros E.m. o TAI	Bienes expedidos desde un E.m. distinto a España.	No se aplica la regla española de origen por umbral; se atiende al Estado miembro de llegada.
Cualquier empresario.	TAI u otro E.m.	Bienes de segunda mano, objetos de arte, antigüedades o colección que tributen en origen por su régimen especial.	Fuera del régimen de localización del LIVA art.68.Tres.

9253 Ejemplos 1) Una empresa española vende por internet sus mercancias a clientes finales de *varios E.m. Desde el momento* en que las ventas globales superen en dicho año el límite de los 10.000 € (y el mismo resulte aplicable -nº 9244-), debe tributar en destino y aplicar el IVA de cada E.m.

En la liquidación de estas cuotas tiene dos posibilidades:
-registrarse en cada uno de los E.m. y declarar e ingresar el impuesto de cada estado; o,
-optar por el régimen de **ventanilla única** OSS y presentar una sola declaración.

2) Empresa francesa que realiza únicamente ventas a distancia intracomunitarias a España, y no ha optado por tributar en destino:
Durante el año 20X2:
- 2.000 € (ventas de cigarrillos).
- 15.000 € (ventas de electrodomésticos).
• Ventas con destino España en 20X1:
- 8.000 € (ventas de electrodomésticos).
Tanto las ventas de cigarrillos como la venta de electrodomésticos tributan en España, en el caso de los electrodomésticos, solo a partir de la superación del umbral límite de 10.000 € (cuando resulte aplicable -nº 9244-).
Señalar que cuando el empresario Sr. X tribute en España (por opción o por superar el límite de 10.000 €), va a ser sujeto pasivo de dichas entregas (pues en estos casos no procede la inversión, sea quien sea el adquirente (nº 1337), el cual debe cumplir todas las obligaciones exigidas a los sujetos pasivos del IVA, incluida la solicitud de un NIF a la Administración española, distinto del NIF-IVA (ver nº 7156 s.). Salvo que ejercite la opción de ventanilla única (OSS).

3) La entidad EFL, establecida en Valencia y dedicada a la joyería, ha vendido dos sortijas por importe de 50.000 € a Erika Mustermann, de nacionalidad alemana y que está en España en un congreso de maquinaria. Se emite factura y, aunque se alega que los bienes van a ser transportados a Alemania por la compradora, se comprueba que Dña Erika no se encuentra de alta en el VIES. 9254
El transporte se efectúa por el adquirente, por lo que no resulta de aplicación el régimen de ventas a distancia; se la considera un consumidor final y aplicamos IVA español. En el caso de que esta operación se hubiese producido en Alemania, aplicaría IVA alemán.
4) La entidad G, con sede en Tarragona, inicia su actividad en el año 20X0 y tiene un NIF-IVA. Durante ese año ha realizado las siguientes operaciones:
a) Ha vendido bolsas de deporte a empresarios suizos, encargándose del transporte de las mismas con destino a Suiza, por importe de 20.000 €.
Entregas de bienes con destino a territorios terceros, exentas de acuerdo con el nº 6015.
b) Igualmente, ha vendido programas informáticos elaborados en serie y contenidos en **soporte material** durante el 3T del año a consumidores finales croatas por importe de 12.000 €.
Tributación en origen por aplicación del régimen de ventas a distancia, siempre que el transporte se efectúe por el vendedor o por su cuenta, hasta alcanzar el **umbral límite** establecido de 10.000 €; a partir de ahí, tributación en destino.
c) Ha efectuado las siguientes ventas con destino a Portugal durante el 4T:
- Ventas de motocicletas nuevas a empresarios portugueses por importe de 25.000 €: tributación en Portugal, de acuerdo con el régimen general (EIB exenta y AIB sujeta y no exenta del IVA portugués, cuyo sujeto pasivo es el empresario portugués);
- Ventas de motocicletas usadas a consumidores finales personas físicas portugueses por importe de 7.000 €, en régimen general del IVA: suponiendo que las motocicletas no reúnan los requisitos para ser calificadas como medios de transporte nuevos, y suponiendo que el transporte a Portugal lo efectúa G o un tercero por su cuenta, procede la tributación en España hasta alcanzar el límite fijado por la Comisión, de 10.000 €. Durante el 3T, tributa en Portugal (se supone que G no ha optado por tributar en Portugal desde el primer momento).
- Ventas de motocicletas usadas a empresarios portugueses, aplicando el régimen especial de los bienes usados, por importe de 15.000 €: tributación en origen en todo caso (se supone que las motocicletas usadas no pueden considerarse como medios de transporte nuevos, pues en tal caso no podría aplicarse el régimen especial de los bienes usados en la entrega (LIVA art.135.Tres).

Doctrina Administrativa Además de las siguientes contestaciones de la DGT, ver nº 11000 s. 9255
1) El régimen de tributación de las entregas de bienes **(libros y otras publicaciones)** varía según cuál sea el lugar de destino de los bienes entregados y la condición del destinatario de los mismos. Se debe aplicar el régimen particular de ventas a distancia cuando se den estas condiciones:
a) Los **bienes** sean expedidos con destino a otro E.m. de la UE.
b) Los **destinatarios** de los bienes han de ser:
- **personas físicas** que no tengan la condición de empresarios o profesionales y que, por tanto, no estén identificados a efectos del IVA;
- personas **jurídicas** que no actúen como empresarios o profesionales y cuyas AIB en el Estado de llegada de los bienes no estén sujetas al IVA en dicho Estado, careciendo, por tanto, de número de identificación a efectos del IVA en el referido Estado (por ejemplo, entes o instituciones públicas que no ejerzan actividades empresariales o profesionales);
- **empresarios o profesionales** que en el Estado de llegada de los bienes estén acogidos al régimen especial de la agricultura o realicen exclusivamente operaciones que no les originan el derecho a la deducción del impuesto, cuyas AIB en dicho Estado no estén sujetas a IVA, careciendo, por tanto, de número de identificación a efectos del IVA en el referido Estado.

c) La **expedición** de los bienes ha de ser efectuada por cuenta del proveedor, en el sentido de que el riesgo y la propiedad de los bienes durante el transporte esté atribuida al mismo (DGT 2-3-95; CV 22-8-17).

9256 **2)** La norma no permite que una sociedad que realice ventas a distancia pueda proceder a la **compensación** del IVA devengado y exigible en el E.m. de destino de los bienes por las ventas que se consideren allí realizadas, con las cuotas del IVA soportado en España con ocasión de la compra de bienes o servicios utilizados en la realización de dichas ventas (DGT 15-1-96).

3) En las ventas a distancia las entregas se entienden realizadas en el E.m. de destino (Francia) cuando se superen los límites de volumen de operaciones establecidos al efecto por la legislación francesa (actualmente mismo límite en toda la UE, ver nº 9244), estando a partir de entonces sujetas al IVA francés.

En caso de **incorrecta repercusión** del IVA español por parte de la empresa vendedora por estar las entregas efectuadas, o algunas de ellas, no sujetas a dicho tributo y sí al IVA francés, la entidad debe proceder a la **rectificación** de la repercusión efectuada, emitiendo factura rectificativa y pudiendo optar por cualquiera de estos procedimientos (LIVA art.89):

- iniciar un procedimiento de **devolución de ingresos indebidos** ante la Administración tributaria española; (procedimiento de rectificación de autoliquidaciones previsto en LGT art.120.3); o
- llevar a cabo la **devolución** del importe de las cuotas indebidamente repercutidas a los **consumidores finales** que las soportaron y regularizar la situación tributaria en las declaraciones-liquidaciones que presente ante la Administración española (DGT CV 28-12-17).

4) Los **gastos de envío** se incluyen en la base imponible del IVA correspondiente a las ventas a distancia, dado que forman parte de la contraprestación de las mismas (DGT 17-1-02).

5) En el supuesto particular de **ventas a distancia de álbumes** que contienen **monedas** de curso legal (euros) para consumidores finales de otros E.m. de la UE, se producen dos **operaciones** simultáneamente:

- la **entrega de las monedas**, exenta del IVA; y
- la entrega del **álbum**, que no se beneficia de exención. La base imponible de esta operación es la diferencia entre la contraprestación total pagada por el comprador y el valor facial-liberatorio de las monedas entregadas (DGT 15-4-02).

9257 **6)** Una empresa está interesada en realizar entregas de **prótesis dentales a clientes particulares**. Las operaciones parecen cumplir los requisitos exigidos para la aplicación del régimen de ventas a distancia. En particular, cumplen el requisito relativo a la condición del sujeto pasivo, puesto que los clientes particulares destinatarios de sus entregas no tienen la condición de sujeto pasivo del impuesto, sino que se trata de consumidores finales. Igualmente cumplen el requisito de que el **transporte** se realiza por el vendedor o por su cuenta, entendiéndose este requisito en el sentido que el vendedor se obliga a entregar los bienes en destino corriendo con los riesgos derivados del transporte.

Si por el contrario no se cumplen estas condiciones, porque por ejemplo el destinatario de la entrega es un profesional que realiza operaciones sujetas y no exentas, las entregas se han de localizar en el TIVA, no siendo de aplicación el régimen de las ventas a distancia (DGT 22-7-03).

7) Al ser los destinatarios consumidores finales, se permite la aplicación del régimen de ventas a distancia de conformidad con la normativa de cada E.m. donde, dependiendo del volumen de operaciones o la opción del empresario, la tributación puede ser en origen o en destino, tal y como así se prevé en la Dir 112/2006/CE art.33 (DGT CV 5-8-14; CV 18-11-14; CV 11-4-18).

8) La entidad (F), establecida en el TIVA, se dedica al **comercio minorista** a particulares por Internet dentro del TIVA, la Unión Europea y terceros países. Las ventas de productos por la entidad (F) a países terceros quedan sujetas y exentas del Impuesto (exportaciones). Por otro lado, en relación con las ventas a particulares residentes en países de la Unión Europea, no se puede hablar de entregas intracomunitarias de bienes porque el destinatario no es un empresario o profesional. Esto permitiría la aplicación del régimen de ventas a distancia de conformidad con la normativa de cada Estado miembro donde, dependiendo del volumen de operaciones o la opción del empresario, la tributación puede ser en origen o en destino (DGT CV 26-10-15; CV 28-12-17; CV 9-7-19; CV 22-10-20).

9) La empresa B -mayorista- es nacional y se dedica a la venta y distribución de productos al por mayor a clientes C -minoristas- que disponen de páginas web de venta online mediante **dropshipping**: el vendedor (minorista) no almacena los productos, sino que lo hace el distribuidor (mayorista), siendo el mayorista el que se encarga de embalar y gestionar el envío de los paquetes desde el almacén central hacia el cliente de su cliente (usuario final), evitando así los costes de envío innecesarios al no tener que recibirlos primero el vendedor y volverlo a enviar al cliente final. Los clientes minoristas radican tanto en España como en otros países miembros del Espacio Económico Europeo/CE. La empresa quiere impulsar su negocio a nivel europeo, para ello le surge la problemática de en qué casos procede la aplicación del IVA a los productos que vende y distribuye en nombre de sus clientes minoristas.

La entidad B -mayorista- no puede aplicar el sistema de ventas a distancia porque este sistema no puede ser aplicable cuando son destinatarios de las operaciones empresarios minoristas. En consecuencia, ha de estar a la regla general de localización de las entregas de bienes que son objeto de expedición o transporte, sin que pueda invocarse la regla específica prevista para las «ventas a distancia», a efectos de la localización de las entregas de bienes que realiza a los referidos empresarios. Las mercancías son siempre objeto de expedición o transporte con destino a su adquirente final y el lugar de inicio del mismo se encuentra en territorio de aplicación del Impuesto, por lo que dichas entregas deben entenderse realizadas en dicho territorio, quedando sujetas al IVA (DGT CV 12-11-15).

10) Una entidad no establecida pero registrada en España con un NIF- IVA, y que carece de una **cuenta corriente** en una entidad financiera con sucursal en el país, como consecuencia de unas ventas a distancia realizadas, debe presentar e ingresar la declaración-liquidación del impuesto. Una vez presentada la autoliquidación, indicando que se realiza como reconocimiento de deuda, la entidad ha de transferir el importe a ingresar en una cuenta designada por el Departamento de Recaudación de la AEAT (DGT CV 23-9-16).

11) Una empresa se dedica a la venta de gafas por medio de una página web. La entrega de gafas expedidas **fuera de la Comunidad**, incluyéndose aquellas con destino a Canarias, Ceuta Melilla y países terceros, se consideran entregas realizadas en el TIVA español, estando sujetas y exentas, en caso de cumplirse las condiciones previstas en la LIVA art.21.1º. Por su parte, en cuanto a las entregas de gafas con destino **a otro E.m.**, la tributación va a depender de la condición del **destinatario**:

- si es un empresario o profesional o a persona jurídica que no actúen como empresarios o profesionales, identificados en otro Estado miembro de la Comunidad: se encuentran sujetas pero exentas del IVA, en las condiciones previstas en la LIVA art.25;
- si son personas físicas que no tengan la condición de empresarios o profesionales, personas jurídicas que no actúen como empresarios o profesionales y cuyas adquisiciones intracomunitarias de bienes en el Estado de llegada de las mercancías no estén sujetas al IVA en dicho Estado o empresarios o profesionales acogidos al régimen especial de la agricultora o que realicen exclusivamente operaciones que no les originan el derecho a la deducción del Impuesto, cuyas adquisiciones intracomunitarias de bienes en el Estado de llegada de los bienes no estén sujetas al IVA en dicho Estado: siempre que la expedición de los bienes sea efectuada por la empresa dedicada a la venta de gafas o por su cuenta va a resultar de aplicación el régimen de ventas a distancia.

En virtud de dicho régimen, van a ser consideradas como realizadas en el **TIVA español** y, en consecuencia, sujetas a dicho impuesto, las entregas de gafas cuando el importe total, excluido el Impuesto, de las entregas efectuadas en dichas condiciones con destino a un determinado Estado miembro, no haya excedido durante el año natural precedente el límite cuantitativo fijado por dicho Estado a tales efectos (actualmente igual límite paises UE, ver nº 9244), no pudiéndose superar dicho límite durante el año en curso, existiendo obligación de repercutir el IVA a los destinatarios de las entregas; en caso contrario, tales entregas van a ser consideradas como realizadas en el **E.m. de llegada**, quedando sujetas al correspondiente impuesto en dicho Estado (DGT CV 20-7-16; CV 18-9-17).

12) Superado el límite establecido por cada E.m. (actualmente mismo límite paises UE, ver nº 9244) habiendo **optado** la consultante por la **tributación en el E.m. de llegada** del transporte, habrá de proceder a la liquidación y pago del impuesto en los plazos y condiciones previstas por cada uno de los E.m. en donde efectúe sus ventas. A estos efectos, no existe en este momento un régimen especial aplicable, similar a la Ventanilla Única (MOSS, en sus siglas en inglés), que permita el registro, liquidación y pago del impuesto en un solo E.m. a semejanza de lo previsto para los servicios de telecomunicaciones, de radiodifusión o de televisión y los prestados por vía electrónica (DGT CV 10-1-18; CV 12-9-18).

Jurisprudencia Se considera que los bienes han sido transportados **por cuenta del proveedor** cuando el papel de este es preponderante por lo que se refiere tanto a la iniciativa como a la organización de las etapas esenciales del transporte, aun cuando el contrato de transporte se haya concluido directamente entre el adquirente y el transportista (TJUE 18-6-20, asunto KrakVet Marek Batko sp.k.C-276/18). **9259**

4. Reglas de localización aplicables a las ventas a distancia de bienes importados de territorios o países terceros

(LIVA art.68.Tres.c y d)

El establecimiento del Régimen de importación (nº 9370 s.) y la introducción del concepto de entrega de bienes facilitada a través de una interfaz digital- aplicable, en particular, a las ventas a distancia de bienes importados (nº 9185), hacen necesario que se establezca el lugar de realización de estas entregas de bienes. Así, estas operaciones se entienden **localizada en TIVA** cuando: **9261**

- Este sea el territorio de llegada de la expedición o del transporte con destino al cliente, del bien importado en otro E.m.
- Este sea el territorio de llegada de la expedición o transporte con destino al cliente, y se declare mediante los **regímenes especiales** de ventanilla única (nº 9300 s.).

Precisiones 1) A diferencia de lo que ocurre con las ventas a distancia intracomunitarias, en las de bienes importados **no** hay un **umbral mínimo** de tributación que pueda resultar aplicable. En consecuencia, la posibilidad de tributar en el Estado o territorio de origen cuando las ventas con destino a la UE no exceden de **10.000 euros** (siempre que se pueda optar por esta opción, ver nº 9244) no es aplicable en este caso.
2) Las **Islas Canarias, Ceuta y Melilla** no forman parte del territorio UE a los efectos del IVA, por lo que los bienes procedentes de estos territorios siguen los mismos criterios de tributación que los procedentes de cualesquiera otros territorios no comunitarios.

C. Exenciones

9265 En este apartado desarrollamos las exenciones que, tanto de carácter general como específicas (nº 9280), podemos aplicar al comercio electrónico.

1. Supuestos de carácter general

9266 Las **exenciones de carácter general** que se puede aplicar a los servicios prestados por vía electrónica son las siguientes:
- los servicios de enseñanza;
- las operaciones financieras o de seguros (nº 9272);
- los juegos de suerte o azar (nº 9276);
- las actividades de carácter social (nº 2001).

9267 **Servicios de enseñanza** (LIVA art.69.Tres.4º.f) Dentro del listado de servicios electrónicos se recoge el suministro de enseñanza a distancia (Dir 2006/112/CE anexo II) no obstante, esto se matiza por la norma del impuesto (DGT CV 13-3-26):
- se especifica que las prestaciones de servicios por vía electrónica no comprenden los servicios de enseñanza en los que el contenido del curso sea impartido por un **profesor** por internet o a través de una red electrónica (Rgto UE/282/2011 art.7.3.j); incluso cuando el profesor se apoye en contenidos digitales para prestar los servicios educativos, siempre que estos últimos sean accesorios respecto de la comunicación en línea entre profesores y alumnos; y,
- califica como servicio electrónico solo a la enseñanza a distancia automatizada, es decir, aquella que depende de internet o de una red electrónica similar para funcionar y cuya prestación apenas necesita de intervención humana, quedando incluidas las aulas virtuales, incluso si el destinatario o usuario tiene la posibilidad de recibir tutorías o sesiones de apoyo en línea de profesores a través de la misma, siempre que esta parte de **intervención humana** sea accesoria al suministro o al acceso a los contenidos y programas, salvo cuando internet o la red electrónica similar se utilicen como simple medio de comunicación entre el profesor y el alumno (Rgto UE/282/2011 Anexo I, punto 5).

Por su parte, la Directriz de la sesión 97 del Comité del IVA, de 27-5-2013 considera que los servicios de enseñanza prestados por un profesor a través de internet o de una red electrónica se califican como servicios educativos, no como servicios prestados por vía electrónica, y se localizan aplicando las reglas generales. El servicio de enseñanza está exento según el alcance que se dé a la exención en la Dir 2006/112/CE art.132.1.i y en la LIVA art.20.Uno.9º, a diferencia de lo que ocurre con los servicios prestados por vía electrónica.

Por tanto, las **exenciones** aplicables en el sector de la educación deben entenderse vigentes, aun cuando los servicios en cuestión se presten por vía electrónica, siempre que concurran los requisitos establecidos al efecto, y a condición de que no se traten, en sí mismos, de servicios electrónicos. Para el estudio en detalle de las **exenciones** relativas a la educación, ver nº 905 s.

9268 Precisiones En este punto, lo relevante es la **diferencia** entre los servicios de enseñanza a distancia:
- en los que el contenido del curso es impartido por un **profesor** por internet o a través de una red electrónica, es decir, por conexión remota, que no tienen la consideración de servicios prestados por vía electrónica; y,
- la **enseñanza automatizada** que depende de internet o de una red electrónica similar para funcionar, y cuya prestación no necesita, o apenas necesita, de intervención humana, lo cual incluye aulas virtuales, salvo cuando Internet o la red electrónica similar se utilicen como simple medio de comunicación entre el profesor y el alumno, que sí tienen la consideración de servicios prestados por vía electronica. En esta categoría se incluyen los ejercicios realizados por el alumno en línea y corregidos automáticamente, sin intervención humana.

Doctrina Administrativa Además de las siguientes contestaciones de la DGT, ver nº 11000 s. 9269
1) El principio de neutralidad tributaria conduce a la exención en términos análogos a la enseñanza prestada por medios convencionales (DGT CV 14-9-07), reconociéndose como exenta la enseñanza impartida por internet, tanto si está en los **planes de estudio** (DGT 5-2-02), como si se trata de enseñanza de **idiomas** (DGT 4-9-02; CV 11-1-06).
2) Los servicios de **enseñanza** de matemáticas ofrecidos mediante una plataforma online, de manera personalizada y adaptada a cada alumno, son servicios prestados por vía electrónica, teniendo en cuenta que la naturaleza de la prestación depende en gran medida de la tecnología dado que se trata de un servicio automatizado, con una intervención humana mínima y que resulta inviable en ausencia de la tecnología. El servicio está exento si se cumplen los siguientes requisitos (DGT CV 3-2-12):
- que las citadas actividades se realicen por entidades de Derecho público o entidades privadas autorizadas;
- que la enseñanza es una actividad que supone la transmisión de conocimientos y de competencias entre un profesor y los estudiantes, que se desarrollan en el marco organizativo del centro en el que se imparte la formación, siempre y cuando dichas actividades no revistan un carácter meramente recreativo.
3) Una persona física presta, por internet, un servicio de realización de **test para oposiciones**, siendo los destinatarios finales los opositores. Se puede facturar a los alumnos directamente, o bien al preparador o a la academia en la que los alumnos reciben las clases. La aplicación de la exención requiere el cumplimiento de los siguientes **requisitos** (DGT CV 23-2-12):
- que las clases sean impartidas por personas físicas, las cuales han de matricularse en un epígrafe correspondiente a la Sección Segunda (Actividades Profesionales) de las Tarifas del IAE;
- que las materias sobre las que versen estén comprendidas en alguno de los planes de estudios de cualquier nivel y grado del sistema educativo español.
4) Se consideran servicios prestados por vía electrónica los de una asociación que ofrece e imparte **cursos a distancia** («online»), facilitando el material necesario, para lo cual contrata con profesionales la elaboración de diversos temarios, ostentando el derecho de comunicación de los mismos, que introduce en la plataforma que tiene contratada en internet para su consulta por los alumnos. Estos servicios se benefician de la exención prevista para los servicios de enseñanza prestados por entidades de derecho público o por entidades privadas autorizadas (LIVA art.20.Uno.9º). A estos efectos, quedan excluidas de la aplicación de la exención las entregas de bienes a título oneroso, por lo que la entrega de material didáctico a los alumnos mediante contraprestación no está exenta (DGT CV 22-11-10).
5) Una entidad presta servicios de **enseñanza** por internet, incluyendo **juegos educativos «online»**. Atendiendo al principio de neutralidad, la exención resulta aplicable siempre que se cumplan los requisitos exigidos para los servicios prestados por medios convencionales (DGT CV 1-12-11). En el mismo sentido, una entidad que tiene un **portal** de internet y oferta **cursos** de diversas materias mediante la **cesión de apuntes de forma gratuita**, diseñados por terceros (DGT CV 1-12-11).
6) Una entidad ofrece a sus **empleados** cursos de **formación «online»** que subcontrata a diversas empresas dedicadas a la formación, que no cuentan con ningún reconocimiento oficial. Estos cursos van a estar exentos cuando se encuentren incluidos en algún plan de estudios del sistema educativo de acuerdo con el criterio del Ministerio de Educación, siempre y cuando dichas actividades no revistan un carácter meramente recreativo y tales empresas tengan la consideración de centros educativos en los términos de la LIVA (DGT CV 19-4-11).
7) Una empresa dedicada a la **implantación de soluciones de software** para sus clientes del sector de la automoción, habitualmente presta servicios de formación complementaria a los servicios de software. No van a estar exentos los servicios de enseñanza o adiestramiento en las técnicas de manejo de determinadas máquinas o programas de ordenador que tengan **carácter accesorio** a operaciones de venta, cesión de uso, arrendamiento u otras similares referidas a los mismos, a diferencia de lo que ocurre con aquellos que no tengan carácter accesorio y siempre que cumplan los requisitos legales y reglamentarios exigidos (DGT CV 17-10-12).
8) La prestación de **servicios por vía electrónica** y la aplicación de la exención de los servicios de **enseñanza** es incompatible (DGT CV 22-1-19; CV 23-10-19, entre otras).
9) Al limitarse los servicios a la elaboración y suministro de contenido digital de un curso automatizado, la realización de un Curso Online Masivo y Abierto (**MOOC** -Masive Open Online Course-), se encuentra sujeto y no exento (DGT CV 24-9-25).

Jurisprudencia Las **actividades comparables**, susceptibles de competir entre sí, no deben ser tratadas de forma distinta, por lo que no puede condicionarse la exención a que el operador que las realiza esté autorizado por el órgano competente, de ahí que la referencia de la LIVA a las **entidades privadas autorizadas**, debe entenderse referidas a las que imparten enseñanzas incluidas en algún plan de estudios que haya sido objeto de autorización (TJUE 17-2-05, asunto C-453/02). 9270
En cuanto a los términos **enseñanza escolar o universitaria** no se limitan a la enseñanza que concluye con un examen para la obtención de una cualificación o que permite adquirir una formación para el ejercicio de una actividad profesional, sino que comprende otras actividades en las que la enseñanza se imparte con el fin de desarrollar los conocimientos y las aptitudes de los alumnos, siempre que dichas actividades no revistan un carácter meramente recreativo (TJUE 28-1-10, asunto C-473/08).

9272 **Operaciones financieras o de seguros** Se encuentran exentas las operaciones financieras o de seguros concertadas por vía electrónica, aunque el consentimiento de las partes, necesario en los correspondientes contratos, se otorgue por esta vía (nº 950 s.).

En estos supuestos y, aun cuando las partes se pongan en contacto entre sí por vía electrónica, no parece que pueda hablarse de «servicios electrónicos» en sentido estricto, pues la prestación que constituye el objeto de la operación no se realiza, en puridad, «por vía electrónica».Por lo que se refiere a la realización de **operaciones de mediación** en este ámbito utilizando medios electrónicos, ver DGT 1-8-00; CV 30-4-20. Igualmente, en lo que se refiere a la posibilidad de aplicar la exención del IVA a las operaciones financieras realizadas por un centro informático, ver criterio del TJUE en nº 9276.

9273 Doctrina Administrativa Además de las siguientes contestaciones de la DGT, ver nº 11000 s.

1) Están exentas las operaciones de **mediación en la concesión de préstamos y créditos** a través de internet consistentes en informar a los visitantes de su página web de las ofertas de préstamos y créditos de que disponen las entidades financieras y permitirles definir sus necesidades crediticias que son remitidas por la entidad a diversas entidades financieras para que estas respondan con ofertas de crédito personalizadas (DGT 1-8-00; 22-3-01).

2) Los servicios integrales o completos realizados por una sociedad civil para ciertas **entidades financieras** mediante medios electrónicos e informáticos que cumplen la función de realizar movimientos de fondos o cambios de posiciones deudoras y acreedoras de dichas entidades, de los clientes de una entidad o de varias entidades financieras entre sí, están sujetos y exentos del IVA. Sin embargo, no están exentos los servicios informáticos, técnicos y de apoyo a la gestión de operaciones financieras que requieran la participación de entidades financieras y/o clientes finales, los cuales cumplen una función meramente instrumental de los servicios prestados por las entidades financieras (DGT CV 1-8-05).

3) No se considera exento el servicio consistente en la publicación en una **página web de análisis bursátiles** con abono de una cuota de acceso por las personas interesadas en ella, dado que se limita al suministro de información y no tiene la consideración de servicio financiero ni de mediación en tales servicios (DGT CV 7-5-12).

4) Una entidad que gestiona operaciones de **compra con tarjeta** a través de terminales de puntos de venta (**TPV**) en los comercios, ha externalizado algunas funciones. Por lo que se refiere a los servicios de **gestión de terminales** de puntos de venta prestados a los comerciantes están exentos por ser operaciones relativas a tarjetas de pago o de crédito, al igual que los servicios de **intermediación** que permiten a la sociedad gestora captar clientes a través de la red de oficinas comerciales de la primera, por tener la consideración de mediación en una operación financiera exenta. En cuanto al servicio de call center y atención a los usuarios, siguiendo la doctrina del TJUE (entre otras, 25-2-99, asunto C-349/96), con la gestión del **portal electrónico** para clientes y la **intranet** para comercios la consultante se obliga a ofrecer las condiciones tecnológicas necesarias para que los usuarios puedan consultar sus operaciones y realizar transacciones relacionadas con su actividad, no resultan servicios accesorios a la mediación financiera exenta. En relación con el servicio de gestión de la **liquidación de pagos** del negocio de su sociedad cliente, si comprende la ejecución de pagos entre distintos operadores, el servicio está exento; por el contrario, si se limita a prestar un servicio de verificación de pagos, no está exento porque en él predominaría un componente administrativo de gestión, ajeno a las características esenciales del servicio de transferencias de créditos. Los servicios de suministro de información, generación de extractos de la operativa y gestión de operaciones offline son **operaciones de back-office** que no están exentos pues no van más allá del mero tratamiento de datos, por lo que no se comprenden en la exención de los servicios financieros. Estos criterios se extienden a los servicios de gestión del fraude, riesgo de gestión, prevención del blanqueo de capitales, auditoría de operaciones, y asesoramiento legal, pues los mismos comparten un componente básico de mero tratamiento de datos que no alcanzan a cumplir con las características específicas del servicio financiero de transferencias y órdenes de pago (DGT CV 20-1-12).

9274 Jurisprudencia **1)** Para que las operaciones realizadas por un centro informático puedan considerarse como **operaciones financieras exentas**, las mismas deben constituir un conjunto diferenciado, considerado globalmente, que tenga por efecto cumplir las funciones específicas y esenciales de un servicio financiero exento. Procede distinguir el servicio exento a efectos de la Directiva de una mera prestación material o técnica como es el hecho de poner a disposición del banco un sistema informático (TJUE 5-6-97, asunto C-2/95).

No obstante, la exención no se aplica a un mero subcontratista que presta servicios a la entidad financiera o de seguros (TJUE 13-12-01, asunto C-235/00; 3-3-05, asunto C-472/03), con independencia de que en dicha prestación se utilicen tecnologías de la información.

2) Una cooperativa de entidades financieras que gestiona servicios de **mensajería electrónica** para establecimientos financieros, a través de la cual se procesan mensajes relativos a **pagos interbancarios** y a operaciones con títulos. Los servicios de mensajería electrónica únicamente tienen por objeto transmitir datos, por lo que no cumplen las funciones de las operaciones financieras para que se les pueda aplicar la exención establecida a este respecto (TJUE 28-7-11, asunto C-350/10).
3) El **recargo** exigido por una **empresa de telefonía a sus clientes** cuando estos utilizan determinados medios de pago para abonar los servicios de telefonía recibidos, que se factura separadamente del precio de dichos servicios, forma parte de la contraprestación correspondiente a los servicios en cuestión, y no es contraprestación de ningún servicio financiero de gestión de pagos exento del IVA (TJUE 2-12-10, asunto C-276/09).
4) A efectos de la aplicación de la exención del IVA, no se considera incluido dentro de la prestación de servicios de seguro exentos el **plan de protección de tarjetas** (TJUE 25-2-99, asunto C-349/96).
5) En relación con la aplicación de la exención en los casos en los que una **agrupación** presta servicios en el ámbito de los servicios financieros y en el sector seguros, ver TJUE 21-9-17, asuntos C-326/15 y C-605/15 en el nº 1071.

Juegos de suerte o azar Se admite expresamente en la LIVA la posibilidad de que los mismos constituyan servicios prestados por vía electrónica (LIVA art.69.Tres.4º.e). Ello no impide la aplicación de la exención correspondiente cuando concurran los requisitos establecidos al efecto (nº 1072). **9276**

Jurisprudencia La exención se aplica aun cuando en los juegos de azar se utilicen medios electrónicos, pero no cuando se trata de un mero **subcontratista** que presta servicios a la entidad que suministra el juego de azar a los jugadores. Cuando una entidad (subcontratista) se limita a aportar el personal, los locales y el equipamiento telefónico e informático necesarios para la prestación del servicio de juego por la entidad que entraba en relación jurídica con los jugadores, la exención se va a limitar al servicio prestado por esta última para los citados jugadores (TJUE 13-7-06, asunto C-89/05).

Actividades de carácter social Se ha admitido la posibilidad de aplicar en ciertos casos la exención propia de las actividades de carácter social en el ámbito de las nuevas tecnologías. **9278**

Doctrina Administrativa Además de las siguientes contestaciones de la DGT, ver nº 11000 s.
1) Una asociación que tiene reconocida la condición de entidad de carácter social se encarga de gestionar unos **centros de acceso público a internet**, con entrada gratuita, promovidos por el ayuntamiento y la Comunidad de Madrid, se puede encuadrar dentro de los conceptos de asistencia social y de actividades culturales a efectos de la exención (DGT 21-2-03).
2) No puede encuadrarse en la exención la actividad de promoción de los denominados «centros de servicios avanzados de tecnologías» -**centros SAT**- (DGT 28-7-08).

2. Exenciones específicas para operaciones de comercio electrónico

(LIVA art.20 bis y 66.4º)

Se declaran exentas las **importaciones de bienes** en las que se cumplan los siguientes requisitos: **9280**
- el IVA debe declararse en virtud del régimen de importación de la ventanilla única (**IOSS**, ver nº 9370) en España o en el Estado de llegada de los bienes;
- se debe aportar a la Aduana el **NIF** asignado para la aplicación de dicho régimen especial (ver nº 9310), a más tardar en el momento de presentar la declaración aduanera de importación.

Esta exención se explica por la tributación de la entrega posterior que se entiende realizada por el empresario o profesional titular del interfaz digital, y cuyo IVA devengado se declarará a través del IOSS (LIVA art.8 bis.a). Es por esta razón por lo que se condiciona su efectividad al cumplimiento de los requisitos apuntados en el momento de la presentación de la declaración aduanera de importación, garantizando de este modo el control de las operaciones.
Adicionalmente, se encuentran exentas las **entregas interiores de bienes** efectuadas a favor del empresario o profesional no establecido que facilite la entrega a través de la interfaz digital, cuando dichas entregas se entiendan realizadas en el TAI.

Precisiones **1)** La exención prevista para los **pequeños envíos comerciales** quedó suprimida y sustituida por estas exenciones específicas el 1-7-2021 (ver nº 5769 MIVA 2021).
2) Procede recordar que este es el segundo supuesto en el que opera la **ficción** de las **ventas** realizadas **a través de plataformas**, aplicable a entregas de bienes efectuadas a particulares por parte de empresarios o profesionales no establecidos en la Comunidad.

D. Devengo

9285 Con carácter general, en el devengo de estas operaciones aplicamos las reglas relacionadas en nº 1200 s. No obstante, encontramos especialidades respecto a:

1. Los servicios de **telecomunicación**, donde se presentan las siguientes particularidades en la utilización de **tarjetas telefónicas**:

- si se trata de **tarjetas prepago**, las cuales solo pueden ser utilizadas a efectos de la prestación de servicios de telecomunicación, parece razonable considerar que el pago de la tarjeta constituye un pago anticipado a cuenta de la futura prestación del servicio de telecomunicación, produciéndose el devengo en el momento del pago de la tarjeta, por el importe pagado;
- si se trata de tarjetas que admiten un **uso múltiple**, y no solo a efectos de la prestación de servicios de telecomunicaciones, la situación es más complicada, porque en el momento en que se paga la tarjeta no se conocen con precisión las operaciones que se van a efectuar con la misma. Ni siquiera se conoce en dicho momento si, por aplicación de las reglas de localización, las operaciones van a estar sujetas o no al IVA. Ello puede dar lugar, además, a supuestos de doble imposición, en el caso de que los E.m. no apliquen criterios homogéneos.

2. En las operaciones de **cesión de hardware o software** o elementos análogos, a cambio de un canon pagadero periódicamente, las reglas de devengo aplicables son las propias de las operaciones de tracto sucesivo (nº 1245 s.).

3. En las entregas de bienes facilitadas a través de una **interfaz digital**, el devengo del impuesto de la entrega al titular de la interfaz digital y la que el realice al consumidor final, se produce con la aceptación del pago del cliente (LIVA art.8 bis y 75.Tres).

9286 Doctrina Administrativa Además de las siguientes contestaciones de la DGT, ver nº 11000 s.

1) Cuando un consumidor adquiere una **tarjeta de prepago** para un teléfono móvil a una empresa de telecomunicaciones establecida en el territorio de aplicación del IVA, es preceptiva la repercusión total del IVA con ocasión de la comercialización de las tarjetas prepagadas, ya que dicha comercialización implica el pago anticipado de los servicios prestados al consumidor, sin que la utilización de la misma suponga un nuevo devengo del impuesto (DGT 5-9-02).

2) No están sujetas la venta de una **tarjeta electrónica** personal y recargable, así como la venta de una **tarjeta regalo** que permite la adquisición de distintos bienes y servicios en un determinado gran almacén (ver nº 9169).

3) Una sociedad «X» presta servicios de telecomunicaciones que sirven como soporte para la prestación de **servicios de tarificación adicional**, los cuales son prestados por proveedores de servicios de información. Las prestaciones de estos servicios a la sociedad «X» se han pactado de forma tal que únicamente cuando esta ha procedido a la medición y cobro de las llamadas efectivamente realizadas por cada uno de los clientes de la misma es cuando el referido proveedor de servicios tiene derecho a exigir el pago de la contraprestación correspondiente.

Considerando que dichos servicios han de entenderse como **servicios de tracto sucesivo**, en la medida en que se ponen a disposición de la sociedad «X» durante un determinado período de tiempo para que esta, a su vez, los provea a sus clientes, se deduce que el devengo del IVA correspondiente a los mismos se produce en el momento en que la empresa «X» proceda a la citada medición y cobro, que es cuando resulta exigible la contraprestación correspondiente a los servicios prestados por el proveedor de servicios de tarificación adicional (DGT 9-10-03).

4) El devengo del IVA en la adquisición de los **derechos audiovisuales** de los clubes de fútbol se produce cuando se presten, ejecuten o efectúen las operaciones gravadas, y en ningún caso se ha de aplicar la regla prevista para las operaciones de tracto sucesivo. No obstante, si el importe de la contraprestación no resultara conocido en el momento del devengo del impuesto, el sujeto pasivo debe fijarlo provisionalmente aplicando criterios fundados, sin perjuicio de su rectificación cuando dicho importe fuera conocido (DGT 10-12-03).

5) Los servicios de **mantenimiento de las licencias de software** y de mantenimiento informático son prestaciones de servicios de tracto sucesivo, cuyo devengo se produce en el momento en que resulte exigible la contraprestación, salvo que se produzcan pagos anticipados. Si se prestan servicios de **consultoría informática** con independencia de un contrato de mantenimiento informático, el devengo de dichas operaciones se produce cuando se presten, ejecuten o efectúen las operaciones gravadas (DGT CV 10-5-12).

9287 Jurisprudencia **1)** En el caso de prestación de **servicios telefónicos**, el impuesto se devenga en el momento en que resulta exigible la parte del precio que comprenda cada percepción, regla aplicable a los contratos de tracto sucesivo (TEAC 18-12-98).

2) El **pago anticipado** de una cantidad a tanto alzado que se abona por unos bienes señalados de *forma general en una lista* que puede modificarse en cualquier momento de mutuo acuerdo entre comprador y vendedor, efectuado en virtud de un contrato que el comprador puede resolver unilateralmente en todo momento, no determina el devengo del IVA (TJUE 21-2-06, asunto C-419/02).

Aun cuando este criterio no se ha referido al supuesto de los servicios de telecomunicaciones, el mismo parece importante cuando se trata de determinar el devengo de los servicios prestados mediante **tarjetas de uso múltiple**. La DGT ha seguido este criterio (ver nº 9286).

E. Regímenes especiales de ventanilla única

(Dir 2006/112/CE art.358 a 369 duodecies; LIVA art.163 septiesdecies a octovicies; RIVA art.61 duodecies a 61 quinquiesdecies)

 9300

La Dir 2002/38/CE estableció un **régimen especial** aplicable a los servicios tecnológicos prestados por **empresarios de terceros países** a consumidores finales (operaciones B2C) establecidos o domiciliados en un E.m. de la UE, régimen que se incorporó a la Dir 2006/112/CE, habiendo sido posteriormente introducidas importantes modificaciones a través de la Dir 2008/8/CE, la Dir (UE) 2017/2455 y la Dir (UE) 2019/1995 que contiene medidas de simplificación y modificación del status quo en relación con las operaciones realizadas a distancia y los servicios prestados por vía electrónica. 9302

La norma del impuesto contempla los siguientes **regímenes de ventanilla única**:

1. Régimen de la **Unión**: para los empresarios comunitarios (nº 9335 s.).

Las Dir (UE) 2017/2455 y Dir (UE) 2019/1995, traspuestas a la norma interna por el RDL 7/2021, prevén la ampliación de estos dos regímenes especiales en dos órdenes fundamentales:

a) La inclusión en ellos de cualesquiera **prestaciones de servicios** a particulares que se deban considerar efectuadas en un Estado distinto al del prestador, eliminando, por tanto, la limitación a los servicios tecnológicos.

b) La inclusión asimismo de las **ventas a distancia** cuando hayan de tributar en un Estado distinto al de establecimiento del vendedor.

2. Régimen **exterior a la Unión:** para los empresarios no comunitarios (nº 9349 s.).

3. Régimen de ventas a distancia de **bienes importados** (nº 9370 s.).

Los **principios** sobre los que se fundamentan estos regímenes especiales son los siguientes: 9303

- son **optativos** para aquellos que realizan ventas a distancia intracomunitaria de bienes, ventas de bienes a través de una interfaz digital o ventas a distancia de bienes importados de países o territorios terceros cuyo valor no es superior a 150 euros;
- la **gestión tributaria** de estos servicios se encomienda al E.m. de identificación, elegido por el empresario, establecido o no en la Comunidad;
- los empresarios acogidos a estos regímenes especiales se han de registrar en uno de los paises miembros de la Unión (**E.m. de identificación**), y presentar en él las declaraciones relativas a los servicios tecnológicos prestados en todos los E.m. de la Comunidad (sistema de ventanilla única OSS o IOSS), ingresando en dicho E.m. el total de las cuotas devengadas por las operaciones localizadas en la Comunidad;
- el cumplimiento de las obligaciones formales se instrumenta por vía electrónica;
- los empresarios establecidos en un E.m. no pueden acogerse a esos regímenes especiales respecto de los servicios tecnológicos prestados en su propio E.m. de establecimiento.

A continuación, se desarrollan separadamente los regímenes especiales de ventanilla única indicados, pero recogiendo previamente las **reglas comunes**.

Precisiones **1)** La **finalidad** de estos **regímenes especiales** es simplificar la tributación, tanto a favor de los empresarios que los prestan facilitando el cumplimiento voluntario de las obligaciones fiscales, como de las Administraciones públicas, dada la dificultad de controlar la prestación y recepción de estos servicios. 9304

2) Los empresarios o profesionales que apliquen estos regímenes especiales deben tener presente el Rgto UE/282/2011, donde se contienen diversas reglas que afectan a los mismos, y que son de **aplicación directa** y obligatoria para los Estados miembros (ver nº 9246).

1. Reglas comunes

9306

9308 Para la aplicación de estos regímenes se han de tener en cuenta las siguientes **definiciones** (Dir 2006/112/CE art.358; LIVA art.163 septiesdecies):
- Estado miembro de consumo, o de identificación: el definido como tal para cada uno de los regímenes especiales;
- declaraciones-liquidaciones periódicas de los regímenes especiales: aquellas en las que consta la información necesaria para determinar la cuantía del Impuesto correspondiente a cada E.m. de consumo. Es la declaración que se presenta en el E.m. de identificación, en España, esta declaración-liquidación se presenta en el modelo 369 (nº 9360 y nº 9340).

9310 **Opción** (RIVA art.61 terdecies; OM HAC/611/2021 art.3) La opción por alguno de los regímenes especiales se realizará a través de la presentación, en el **E.m. de identificación**, de la correspondiente declaración de inicio en los regímenes especiales y surtirá **efecto**:
1. A partir del primer día del trimestre natural siguiente a la presentación de la indicada declaración, en el caso del **régimen exterior de la Unión y del régimen de la Unión**. No obstante, si el empresario o profesional inicia las operaciones con carácter previo a la fecha de efectos, el régimen especial correspondiente surtirá efecto a partir de la fecha de la primera entrega o prestación de servicios, siempre y cuando se presente la declaración de inicio a más tardar el décimo día del mes siguiente a la fecha de inicio de las mismas.
2. En el **régimen de importación**, desde el día en que se haya asignado al empresario o profesional, o al intermediario que actúe por su cuenta, el número individual de identificación a efectos del Impuesto.

Precisiones **1)** En el caso de que España sea el **E.m. de identificación**, la declaración de inicio se regula en la LIVA art.163 noniesdecies, 163 duovicies y 163 septvicies.
2) Todo lo anterior se entiende sin perjuicio de la facultad de la Administración tributaria del E.m. de identificación de **denegar** el **registro** a los regímenes especiales cuando el empresario o profesional no cumpla las condiciones para acogerse a los regímenes.

9312 **Renuncia** (RIVA art.61 terdecies; OM HAC/611/2021 art.5) Las reglas aplicables son las siguientes:
1. La **renuncia voluntaria** a cualquiera de los regímenes especiales se realizará a través de la presentación de la declaración de cese en los regímenes especiales al E.m. de identificación, que deberá efectuarse:
a) al menos **quince días antes de finalizar el trimestre natural anterior** a aquel en que vaya a dejar de utilizarse el régimen especial y surtirá efecto a partir del primer día del trimestre natural siguiente a la presentación de la indicada declaración de cese, en el caso del régimen exterior de la Unión y del régimen de la Unión.
b) al menos **quince días antes del mes anterior** a aquel en que vaya a dejar de utilizarse el régimen de importación y surtirá efecto a partir del primer día del mes siguiente a la presentación de la indicada declaración de cese. En este caso, el empresario o profesional dejará de estar autorizado a utilizar este régimen especial para las entregas de bienes que realice a partir de esa fecha.
El **intermediario** cuyo E.m. de identificación sea el Reino de España, que ponga fin a su actividad por cuenta de empresarios o profesionales acogidos al régimen de importación, deberá informar de su decisión a la AEAT, al menos quince días antes de finalizar el mes natural anterior a aquel en el que se pretenda dejar de actuar como intermediario.
2. En cuanto a los **cambios de sede o establecimiento**, se dispone lo siguiente:
a) Cuando un empresario o profesional o, en su caso, un intermediario que actúe por su cuenta, establecido en la Comunidad traslade la sede de su actividad económica de un E.m. a otro o deje de estar establecido en el E.m. de identificación, pero **continúe establecido en la Comunidad** y cumpla las condiciones para poder seguir acogido a los **regímenes especiales de la Unión o de importación**, podrá presentar la declaración de cese en el E.m. de identificación en el que deje de estar establecido y presentar una nueva declaración de inicio en un nuevo Estado en la fecha en que se produzca el cambio de sede o de establecimiento permanente.

b) Cuando el empresario o profesional que utilice el **régimen de la Unión** para la entrega de bienes **deje de estar establecido en la Comunidad** indicará como nuevo E.m. de identificación un E.m. desde el que expida o transporte los bienes.
c) El cambio de E.m. de identificación surtirá **efecto** desde la fecha en que se produzca, siempre y cuando el empresario o profesional o, en su caso, el intermediario que actúe por su cuenta, presente la declaración correspondiente a cada uno de los E.m. de identificación afectados en la que informe del cambio de E.m. de identificación a más tardar el décimo día del mes siguiente a aquel en que se haya producido el cambio de sede o de establecimiento permanente o, a partir de la fecha en que dicho empresario o profesional deje de expedir o transportar bienes desde ese E.m.
d) En estos casos, y siempre que el cambio de E.m. de identificación se produzca después del primer día del periodo de liquidación en cuestión, el empresario o profesional, o, en su caso, el intermediario que actúe por su cuenta, vendrá obligado a presentar la **declaración-liquidación** del Impuesto correspondiente al trimestre o mes natural en que se produce el cambio en los dos E.m. de identificación, atendiendo a las operaciones efectuadas durante los periodos en que cada uno de los Estados haya sido el E.m. de identificación.

Exclusión (LIVA art.163 septiesdecies.Dos; RIVA art.61 quaterdecies) Las **causas** que suponen la exclusión de los regímenes, pueden ser: 9314
1. Para el **empresario o profesional**:
- la presentación de la declaración de cese;
- la presunción que se ha dejado de desarrollar actividades en cualquiera de estos regímenes;
- el incumplimiento de los requisitos;
- el incumplimiento reiterado de las obligaciones, lo que supondrá la exclusión de los regímenes durante un periodo de dos años desde la fecha de efecto;
- la comunicación del intermediario de que ha dejado su representación, situación que debe ser informada por este como fecha límite, el décimo día del mes siguiente al que se haya producido el hecho.

Esta exclusión, en el caso del régimen exterior de la Unión y de la Unión, surtirá **efectos** desde el primer día del trimestre natural siguiente a la fecha de la comunicación.
En el régimen de importación, la exclusión será efectiva el primer día del mes siguiente a la fecha de la comunicación, salvo que esta se derive del reiterado **incumplimiento** de las normas del régimen, que surtirá efectos desde el día siguiente a la comunicación.
2. Para el **intermediario**:
- la falta de actuación durante dos trimestres;
- el incumplimiento de los requisitos;
- el incumplimiento reiterado de las obligaciones, lo que supondrá que no pueda actuar como tal durante los dos años siguientes al mes en que fue excluido.

La **exclusión** será efectiva desde el primer día del mes siguiente a la fecha en que se comunique, salvo que:
- la exclusión venga motivada por un **cambio de sede de la actividad** o establecimiento permanente, que surtirá efecto a partir de la fecha del cambio, siempre que se presente la declaración pertinente en cada Estado miembro como fecha límite el décimo día mes siguiente al que se ha producido el hecho; o,
- la exclusión derive del **incumplimiento reiterado** de las normas, en cuyo caso se producirá al día siguiente de la fecha de la notificación.

En todo caso, solo el E.m. de identificación está autorizado a excluir a un sujeto pasivo de los regímenes especiales.

Autoliquidaciones periódicas (OM HAC/610/2021) La liquidación del impuesto en cualquiera de los regímenes especiales se efectúa a través de un modelo específico, que es el **modelo 369**: 9316
1. Están obligados a presentarlo aquellos contribuyentes acogidos a estos regímenes especiales que hayan escogido **España** como E.m. de identificación.
2. La declaración debe ser presentada en el **mes natural siguiente** al final del periodo al que se refiera la autoliquidación.
Ese periodo, en función del régimen que aplique, puede ser:
a) **Mensual**: para los empresarios o profesionales acogidos al régimen de importación, así como para los intermediarios establecidos en TIVA que actúen por cuenta de esos empresarios.
b) **Trimestral**: para los empresarios o profesional acogidos al régimen de la Unión o al régimen exterior de la Unión. Aunque no existan operaciones a consignar, la declaración debe ser presentada identificándola como «sin actividad».

3. Respecto a los **trámites** para la presentación de la autoliquidación, los obligados deben:
a) Con carácter previo, remitir o cumplimentar los datos del **formulario** disponible en la AEAT, o utilizar un programa informático que permita obtener el fichero de la declaración.
b) Realizar, en su caso, el **ingreso** mediante cargo en cuenta de una entidad colaboradora con la AEAT. En el caso de que un no establecido acogido al Régimen de la Unión o al Exterior de la Unión, no tenga cuenta bancaria en una entidad colaboradora, el ingreso se realizará mediante transferencia a cuenta abierta en el Banco de España, que será facilitada junto con el justificante de la presentación. No obstante, desde 1-7-2022, se incorpora el modelo 369 al procedimiento general de pago por transferencia previsto por la AEAT Resol 18-1-21 (OM HAC/610/2021 art.7.2).
c) Presentarla obligatoriamente de **forma electrónica** mediante internet utilizando un certificado electrónico, o en su caso, mediante el sistema Cl@ve.
d) En el caso de que no pueda completarse la presentación por motivos técnicos, esta se podrá realizar en los cuatro días naturales siguientes a la finalización del plazo.
4. Una vez presentada la declaración, la misma no puede modificarse. Las posibles **modificaciones** en las magnitudes consignadas se deberán realizar en las autoliquidaciones posteriores siempre que no hayan transcurrido más de tres años a partir del final del plazo de declaración de la autoliquidación modificada.
Si se hubiera superado el plazo apuntado, la modificación debe ser presentada en cada uno de los E.m. de consumo afectados.

9318 **Obligaciones de información** (LIVA art.163 noniesdecies, 163 duovicies y 163 septvicies; RIVA art.61 quinquiesdecies) Los empresarios acogidos a estos regímenes especiales tienen la obligación de presentar una **declaración de modificación** al E.m. de identificación por los cambios de información que haya proporcionado al mismo y presentarlos en los diez días del mes siguiente a aquél en que se hayan producido.
El **modelo** que se usa al efecto es el **035**, a través del cual se declara el inicio, modificación o cese de operaciones comprendidas en estos regímenes especiales (OM HAC/611/2021).

Precisiones Es de **aplicación supletoria** la OM HAP/2194/2013 (OM HAC/611/2021 disp.adic.2ª).

9320 **Obligaciones formales** (LIVA art.163 noniesdecies y 163 duovicies; RIVA art.61 sexiesdecies) Los sujetos pasivos acogidos a estos regímenes deben llevar un **registro de las operaciones** incluidas en estos. Este registro debe tener el detalle suficiente para que el Estado miembro de consumo pueda comprobar los datos relacionados en la declaración. Así:
1. Los acogidos al **régimen de la Unión y exterior de la Unión**:
- el Estado miembro de consumo en el que hayan realizado las operaciones;
- el tipo de prestación de servicios realizada o la descripción y la cantidad de los bienes entregados;
- la fecha de realización de la operación;
- la base imponible con indicación de la moneda utilizada;
- cualquier aumento o reducción posterior de la base imponible;
- el tipo del Impuesto aplicado;
- el importe adeudado del Impuesto con indicación de la moneda utilizada;
- la fecha y el importe de los pagos recibidos;
- cualquier anticipo recibido antes de la realización de la operación;
- la información contenida en la factura, en caso de que se haya emitido;
- la información utilizada para determinar el lugar de establecimiento del cliente, o su domicilio o residencia habitual, tratándose de prestaciones de servicios, y, en el caso de bienes, la información utilizada para determinar el lugar donde comienza y termina la expedición o el transporte de los mismos;
- cualquier prueba de posibles devoluciones de bienes, incluida la base imponible y el tipo del impuesto aplicado.

9321 2. Los acogidos al **régimen de importación**:
- el Estado miembro de consumo en el que se entreguen los bienes;
- la descripción y la cantidad de los bienes entregados;
- la fecha de entrega de los bienes;
- la base imponible con indicación de la moneda utilizada;
- cualquier aumento o reducción posterior de la base imponible;
- el tipo del Impuesto aplicado;
- el importe adeudado del Impuesto con indicación de la moneda utilizada;
- la fecha y el importe de los pagos recibidos;
- la información contenida en la factura, en caso de que se haya emitido;

- la información utilizada para determinar el lugar donde comienza y termina la expedición o el transporte de los bienes con destino al cliente;
- cualquier prueba de posibles devoluciones de bienes, incluida la base imponible y el tipo del impuesto aplicado;
- el número de pedido o el número único de transacción;
- el número único de expedición cuando el empresario o profesional intervenga directamente en la entrega.

Toda esta información deberá conservarse de tal manera que permita su disposición por vía electrónica, de forma inmediata y por cada una de las operaciones realizadas y estará disponible tanto para el E.m. de consumo como para el E.m. de identificación.

La expedición de **factura**, en los casos en que resulte procedente, se determinará y se ajustará conforme con las normas del E.m. de identificación (si el E.m. de identificación es España, ver nº 7190).

Titular de una interfaz digital (Dir 2006/112/CE art.242 bis; LIVA art.166 bis) Los titulares de una interfaz digital como un mercado en línea, una plataforma, un portal u otros medios similares, que facilita la entrega de bienes o la prestación de servicios a consumidores finales, están obligados a llevar un registro de las operaciones y ponerlo a disposición de los E.m en la siguiente forma: 9323

1. Si no tiene la condición de sujeto pasivo respecto de esas operaciones, el contenido de ese registro se debe ajustar a lo dispuesto en Rgto (UE) 282/2011 art.54 quater, y deberá estar a disposición de los E.m. interesados, durante un periodo de 10 años a partir del final del año en que se haya realizado la operación.

2. Si es sujeto pasivo de las operaciones (LIVA art.8 bis), o participa en nombre propio en una prestación de servicios por vía electrónica (Rgto (UE) 282/2011 art.9 bis), tendrá la obligación de llevar los siguientes registros:

a) Si se encuentra acogido a algunos de los **regímenes especiales** previstos para los servicios tecnológicos, los establecidos en Rgto (UE) 282/2011 art.63 quater.

b) Si no estuviera acogido a esos regímenes, los establecidos en LIVA art.164.Uno.4.º.

El **registro** deberá ser suficientemente detallado como para permitir la comprobación de la Administración tributaria la correcta declaración del impuesto, en particular su **contenido** debe incluir (RIVA art.62 bis): 9324

a) El nombre, la dirección postal y electrónica o el sitio web del proveedor cuyas entregas o prestaciones se faciliten a través de la utilización de la interfaz electrónica, y si están disponibles:
- el número de identificación a efectos del IVA o el número nacional de identificación fiscal del proveedor; y
- el número de la cuenta bancaria o el número de la cuenta virtual del proveedor.

b) Una descripción de los bienes, su valor, el lugar de llegada de la expedición o transporte, junto con el momento de la entrega y, si se encuentran disponibles, el número de pedido o el número único de transacción.

c) Una descripción de los servicios, su valor, información para determinar el lugar y el momento de la prestación y, si se encuentran disponibles, el número de pedido o el número único de transacción.

Los datos anteriores estarán a disposición, previa solicitud, de los Estados miembros en **formato electrónico**, y deben mantenerse por un periodo de **diez años** desde la fecha en que se produjo la operación.

Proveedores de servicios de pago (Dir 2006/112/CE art.243 bis a 243 quinquies; LIVA art.166 ter a 166 quinquies) Debido al incremento de las transacciones comerciales realizadas a través del comercio electrónico, y a efectos de paliar el posible fraude que se puede dar en los **pagos transfronterizos** (el ordenante está ubicado en E.m. y el beneficiario en otro E.m. o país o territorio tercero), desde el **1-1-2024**, se establece la obligación de mantener una serie de registros a disposición de los Estados miembros por parte de determinados proveedores de servicios de pago (**PSP**). 9326

En el caso de que el Reino de España sea el Estado miembro de origen o de acogida, los PSP obligados son los que se enumeran en RDL 19/2018 art.5.1 y 2, 14 y 15. Las obligaciones de estas entidades son:

1. Mantener un registro suficientemente detallado de los beneficiarios y de los pagos que se presten durante el **trimestre natural**. La anterior obligación surge:
- respecto a los pagos transfronterizos en los que intervenga; y

- cuando en el transcurso de un trimestre natural, se preste servicios de pago correspondientes a más de 25 pagos transfronterizos al mismo **beneficiario** (indicativo de la posible realización de actividad económica).
Estos registros deben ser conservados en **formato electrónico** durante el año natural de pago y los tres años naturales siguientes.
2. Poner a disposición de la Administración tributaria estos registros.

9327 A los efectos de la aplicación de esta obligación, se considera que la **ubicación** del ordenante o el beneficiario se encuentra en el E.m. que corresponda:
- al número **IBAN** de la cuenta de pago, o a cualquier otro medio que permita su identificación inequivocamente y proporcione su ubicación, o en defecto de estos medios;
- el código **BIC**, o cualquier otro código de la entidad que identifique inequívocamente y proporcione la ubicación del PSP que actúe en nombre del ordenante, o en su caso, del beneficiario.

Precisiones **1)** La definición del concepto de proveedor de pago, servicio de pago, pago, ordenante, beneficiario, Estado miembro de origen o de acogida, cuenta de pago, IBAN y BIC, se encuentra en LIVA art.166 ter.
2) A efectos del número de pagos, este se calcula con referencia a los servicios prestados por el PSP por cada E.m. y por cada uno de los identificadores utilizados para ubicar el E.m. En caso de que el PSP tenga conocimiento de que el beneficiario posee varios identificadores, el cálculo se debe realizar por beneficiario.

9329 **Contenido de los registros** (Dir 2006/112/CE art.243 quinquies; RIVA art.62 ter, 81 bis y 82.3)

Hecho	Datos
Identificación del PSP	- Código BIC o cualquier otro código identificador, nombre o razón social y función en nombre del beneficiario.
Información del beneficiario	- Nombre o nombre comercial según registros del PSP. - si se dispone NIF/IVA y cualquier otro número fiscal nacional. - A efectos de ubicación, número IBAN o cualquier otro medio identificativo. - Dirección física, correo electrónico, y páginas web.
Localización del proveedor sin cuenta de pago	Código BIC o cualquier otro código identificador.
Pagos transfronterizos/ devoluciones	Se incluirán todos los detalles que permitan identificar inequívocamente la operación, incluyendo: - fecha y hora, -importe y divisa, -E.m. de origen del pago o E.m. de destino de la devolución; información utilizada para determinar estos (LIVA art.166 quinquies). - en su caso, que el pago se ha iniciado en los locales físicos del comerciante.

9330 Los datos anteriores deben ser presentados ante la Administración tributaria para lo cual se ha aprobado el **modelo 379**, «Declaración informativa sobre pagos transfronterizos» (RIVA art.81 bis; OM HFP/1415/2023).
Este modelo debe ser presentado con **periodicidad trimestral** antes de que finalice el mes siguiente al correspondiente al trimestre natural, conteniendo las operaciones realizadas durante ese periodo de tiempo.
La forma de presentarlo es telemática siguiendo las instrucciones y condiciones recogidas OM HAP/2194/2013 art.16 y 17. No obstante, se establecen las siguientes particularidades:
- Se obliga a los contribuyentes a generar un fichero con la declaración a transmitir con el formato, diseño y contenido previsto en esta orden.
- No es de aplicación lo previsto en OM HAP/2194/2013 art.16.2.c y 17.c y e.
- En el caso de que exista un **error**, la declaración será rechazada, indicando los errores que se han detectado. Si no existiera error, será aceptada generando un justificante de presentación.

2. Régimen de la Unión

(Dir 2006/112/CE art.369 bis a 369 duodecies; LIVA art.163 unvicies a 163 tervicies)

A continuación, se estudian las normas específicas de este régimen especial, si bien deben tenerse en cuenta las reglas comunes analizadas en nº 9306 s. **9336**

Ámbito de aplicación (LIVA art.163 unvicies) Pueden acogerse a este régimen especial los **empresarios establecidos en la Comunidad**, pero no en el E.m. de consumo, que presten servicios tecnológicos a consumidores finales domiciliados en la Comunidad. **9338**
La **opción** por el régimen especial implica que se sujetan a sus normas todos los servicios tecnológicos que se localicen en la Comunidad, salvo en el E.m. en que esté establecido el empresario que preste los servicios.
Desde el 1-7-2021, se amplía su ámbito de aplicación a la prestación de cualquier tipo de servicio, así como a las **ventas a distancia intracomunitarias de bienes** o entregas interiores de bienes a través de **plataformas** o interfaces electrónicos.
A estos efectos, se entiende por:
1. Empresario o profesional **no establecido en el E.m. de consumo**: el que tenga la sede de su actividad o un establecimiento permanente en la Comunidad, siempre que aquellos no radiquen en el E.m. de consumo ni posea en él establecimiento permanente.
2. E.m. de identificación: el E.m. en el que el empresario tiene la sede de su actividad o, si la sede radica fuera de la Comunidad, el E.m. en el que tiene un establecimiento permanente. Si tiene establecimientos permanentes en varios E.m., es el E.m. por el que opte el empresario mientras no la revoque.
Si no está establecido ni tiene un E.P en la Comunidad, el E.m de identificación será aquel en el que se inicie la expedición o transporte de los bienes, que en el caso de ser diferentes obligan al empresario a optar por uno de ellos.
La opción tiene una validez mínima de tres años naturales, incluido el año natural a que se refiere la opción.
3. España es **E.m. de identificación** en los siguientes supuestos:
- el empresario o profesional tiene en el TIVA la sede de su actividad económica;
- el empresario o profesional no tiene la sede de su actividad económica en la Comunidad, pero tiene solo establecimientos permanentes en España o, bien teniendo establecimiento permanente tanto en España como en otros E.m., ha elegido a España como E.m. de identificación;
- cuando el inicio o expedición del transporte de los bienes se produzca exclusivamente en TIVA, o sea este el E.m. escogido para identificarse.
4. Estado miembro de consumo es aquel que:
- En las prestaciones de servicios, el E.m. en que se considera que ha tenido lugar.
- En las ventas a distancia intracomunitaria de bienes, el E.m. de llegada de la expedición o transporte.
- En las ventas facilitadas por interfaces digitales a empresarios o profesionales no residentes en la Comunidad, cuando el transporte de los bienes comience y termine en el mismo E.m., ese Estado.

Precisiones El régimen especial de la Unión no resulta aplicable a los servicios tecnológicos prestados en el TIVA por **empresarios o profesionales** que tengan la sede de su actividad económica o un establecimiento permanente en el **TIVA**. A dichas prestaciones de servicios les resulta aplicable el régimen general del Impuesto (LIVA art.163 quatervicies).

Obligaciones formales (LIVA art.163 duovicies; RIVA art.61 quinquiesdecies) Cuando **España** es el **E.m. de identificación**, el empresario o profesional ha de cumplir con las siguientes obligaciones: **9340**
• Disponer de un NIF otorgado por la Administración tributaria (LIVA art.164.Uno.2º).
• Presentar por vía electrónica las **declaraciones de inicio, modificación o cese** de sus operaciones comprendidas en el régimen especial (formulario 035 en el nº 9318).
• Presentar por vía electrónica una **declaración-liquidación del IVA** (modelo 369) por cada trimestre natural, con independencia de si se prestan o no los servicios. La declaración no puede ser negativa y debe presentarse durante el **mes siguiente** al final del periodo de liquidación.
En ella debe consignarse:
- el NIF atribuido por la Administración española y por los demás E.m. en los que se haya devengado el Impuesto;

- el valor total, excluido el IVA, de las operaciones acogidas al mismo;
- la cantidad global de Impuesto correspondiente a cada E.m. desglosado por tipos impositivos;
- el importe total devengado, expresado en €, que debe ingresarse en España;
- las ventas a distancia intracomunitaria de bienes y las ventas facilitadas a través de una interfaz digital.

Cuando el empresario tenga uno o **varios establecimientos permanentes** en E.m. distintos de España, desde los que preste los servicios a que se refiere el régimen, la información indicada correspondiente a cada establecimiento permanente con la referencia fiscal del mismo.

Las **modificaciones** de la declaración deben hacerse en los tres años siguientes a la fecha de presentación inicial, ajustándose al procedimiento de rectificación de las declaraciones (LGT art.120.3 y 122).

• **Ingresar el Impuesto** correspondiente haciendo referencia a la declaración a que corresponde.

• Mantener el **registro de las operaciones** a disposición de la Administración española y de todas las de los E.m. de consumo durante un plazo de diez años (ver nº 9320).

9341 Doctrina Administrativa 1) La **aplicación** del régimen de la Unión es **optativa**. Esto significa que cuando se supere el umbral de 10.000 euros de ventas a distancia intracomunitarias de bienes, u opte por la tributación en destino, podrá optar por registrarse en el régimen de la Unión (OSS). En otro caso, y una vez superado el umbral de 10.000 euros, deberá darse de alta y abonar el IVA en cado uno de los Estados miembros en los que se entiendan realizadas dichas ventas a distancia intracomunitarias de bienes (DGT CV 19-11-21).

2) En los supuestos de **devolución de mercancías**, la rectificación de una autoliquidación deberá realizarse en una nueva autoliquidación posterior en la que se incluirán también las cifras inicialmente consignadas. Tal modificación deberá realizarse en un plazo máximo de 3 años a partir de la fecha que debía presentarse la autoliquidación inicial. En tal caso, el Estado de identificación se encargará de distribuir los nuevos pagos entre los Estados miembros de consumo. Por el contrario, si el saldo es negativo en un Estado miembro como consecuencia de la devolución o anulación de algún pedido, el Estado miembro de consumo deberá proceder a la devolución del exceso del Impuesto ingresado a la consultante. En este sentido es preciso aclarar que, si bien la parte de la autoliquidación del Impuesto referida a la entrega de bienes o prestaciones de servicios realizadas a las que se refiere el periodo de la misma no pueden ser negativas, sí puede serlo la parte referente a rectificaciones de autoliquidaciones anteriores (DGT CV 21-1-22).

9343 **Deducción de las cuotas soportadas** (LIVA art.163 tervicies) La deducción de las cuotas soportadas por las adquisiciones de bienes y servicios para la realización de estas operaciones no puede practicarse en la declaración-liquidación a que se refiere el nº 9340, sino mediante cualquiera de los siguientes procedimientos:

a) **Procedimiento general**: cuando los empresarios o profesionales realicen en el E.m. de consumo, conjuntamente, operaciones del régimen especial con otras no comprendidas en el mismo por las que deban registrarse a efectos del IVA y presentar declaraciones-liquidaciones en dicho E.m., pueden deducir conjuntamente las cuotas soportadas por las adquisiciones cuyo impuesto se devengue en ese E.m. y se utilicen en la realización de las operaciones, con las soportadas por las adquisiciones utilizadas en otras operaciones que originen el derecho a la deducción, mediante las declaraciones normales que deban presentar en dicho E.m., sin distinguir entre las cuotas correspondientes a unas u otras operaciones.

b) **Procedimiento especial**: las cuotas soportadas devengadas en el E.m. de consumo y utilizadas en los servicios del régimen especial de la Unión se pueden recuperar siguiendo el procedimiento previsto en ese E.m. para la devolución a empresarios establecidos en otros E.m.

En particular, si el empresario estuviese establecido en el TIVA, debe solicitar la devolución de las cuotas soportadas, excepto las soportadas en dicho territorio, a través del procedimiento previsto para la devolución de empresarios o profesionales establecidos en el TIVA, Canarias, Ceuta y Melilla correspondientes a cuotas soportadas por operaciones efectuadas en la Comunidad con excepción de las realizadas en el TIVA (nº 2989). En este caso, las cuotas soportadas en el TIVA se deducen según el procedimiento general.

Si España es el **E.m. de identificación**, las referidas cuotas pueden deducirse en las declaraciones-liquidaciones del régimen general de Impuesto, con independencia de que a los referidos servicios les sea aplicable o no el régimen especial de la Unión.

Si España es el **E.m. de consumo**, los empresarios acogidos al régimen especial de la Unión pueden recuperar las cuotas soportadas por las adquisiciones localizadas en el territorio IVA y utilizadas en estas operaciones mediante el procedimiento de devolución a empresarios establecidos en la Comunidad, pero no en el TIVA (ver nº 2992).

Ejemplo Una **empresa italiana** presta servicios de telecomunicación desde su sede de Roma para **consumidores finales** franceses, portugueses y suizos. También presta dichos servicios a un **empresario** establecido en España. 9344
El régimen especial de la Unión se puede aplicar por la empresa italiana, si opta por él en tiempo y forma, en relación con los servicios prestados a consumidores finales franceses y portugueses, pero no para los prestados a los consumidores suizos, porque están domiciliados fuera de la UE. Tampoco se puede aplicar a los servicios prestados a la empresa española, porque el régimen especial solo es aplicable a los destinatarios que no tienen la condición de empresarios o profesionales.

3. Régimen exterior a la Unión

(Dir 2006/112/CE art.358 bis a 369; LIVA art.163 octiesdecies a 163 vicies)

9349

A continuación, se analizan las normas aplicables específicamente a este régimen, si bien deben tenerse en cuenta las reglas comunes analizadas en el nº 9306 s. 9350

Ámbito de aplicación (LIVA art.163 octiesdecies) Hasta el 30-6-2021, solo podían acogerse a este régimen especial los **empresarios no establecidos** en la Comunidad que presten servicios tecnológicos a consumidores finales domiciliados en la Comunidad. 9352
El régimen se aplica para los servicios tecnológicos que, por las reglas de localización, se entienden realizados en la Comunidad (ver nº 9194 s.), sin posibilidad de **inversión del sujeto pasivo** porque el destinatario es un consumidor final. Se trata de servicios que tributan en la UE y cuyo sujeto pasivo es un empresario establecido fuera de la UE.
Desde el **1-7-2021**, se amplía su ámbito de aplicación a todos los servicios, no solo los tecnológicos.
A estos efectos, se entiende por:
a) **Empresario o profesional no establecido en la Comunidad**: quien tenga la sede de su actividad fuera de la Comunidad y no posea dentro de ella un establecimiento permanente en el territorio de la Comunidad.
b) **E.m. de identificación**: el E.m. por el que haya optado el empresario para declarar el inicio de su actividad acogida al régimen especial y realizada en todo el territorio de la Comunidad. Dicho Estado le atribuirá un número individual de identificación y en él deberá efectuarse el ingreso del IVA correspondiente a todos los servicios comprendidos en el régimen especial y prestados en toda la Comunidad.
c) **E.m. de consumo**: aquel en el que se considera que tiene lugar la prestación de servicios.

Precisiones **1)** Los empresarios acogidos al régimen especial pueden realizar en la UE **otras operaciones distintas** de las incluidas en dicho régimen, siempre que no hayan de identificarse a efectos del IVA como consecuencia de las mismas. Así, por ejemplo, pueden efectuar prestaciones de servicios (tecnológicos o de otro tipo) para empresarios UE, siempre que el sujeto pasivo del IVA correspondiente a los mismos sea el empresario destinatario, por inversión. 9353
2) El régimen especial es aplicable únicamente a los servicios prestados para consumidores finales. No se aplica a los servicios prestados para **empresarios UE** (en este caso, lo que procede es la inversión del sujeto pasivo).
3) No se aplica el régimen especial a los servicios prestados por empresarios no UE para consumidores finales de **Canarias, Ceuta y Melilla**. Ahora bien, la realización de estas prestaciones de servicios para dichos destinatarios no impide que el empresario no UE pueda acogerse al régimen especial respecto de los demás servicios prestados para consumidores finales UE, siempre que se cumplan los requisitos del régimen especial.
4) La expresión **consumidores finales** no incluye a las **personas jurídicas** que no actúen como empresarios o profesionales y que estén identificadas a efectos del IVA en algún E.m. de la UE.

Ejemplos **1)** Empresario cuya **sede** de actividad radica en **Nueva York** y que presta servicios electrónicos para **consumidores finales** franceses y portugueses. Dicho empresario norteamericano carece de establecimientos permanentes en la UE. 9354
El empresario en cuestión puede aplicar el régimen especial exterior a la Unión respecto de los servicios electrónicos prestados para los consumidores finales UE.

2) Empresario no establecido en la UE, cuya **sede** de actividad radica en **Tokio** y que presta servicios electrónicos a **consumidores finales** de Andorra, Canarias, Luxemburgo, Portugal y Holanda. Asimismo, se dedica en Japón a la venta de ordenadores, que en ningún caso se exportan a la UE.
El empresario citado puede aplicar el régimen especial exterior a la Unión respecto de los servicios electrónicos prestados para los consumidores finales domiciliados en **Luxemburgo, Portugal y Holanda**. Los prestados para consumidores finales de **Andorra y Canarias** no se incluyen en el régimen especial (pues Andorra no forma parte de la UE y Canarias, aunque sí es parte de dicha UE, queda excluida del «territorio IVA»). Naturalmente, tampoco se incluyen en el régimen especial las ventas de ordenadores.

9355 **3) Empresario marroquí** no establecido en la UE que presta servicios electrónicos exclusivamente para **empresarios UE** desde Marruecos.
En este caso, los servicios citados están gravados por el IVA del E.m. de destino y el sujeto pasivo, por inversión, es el empresario destinatario. No es aplicable el régimen especial exterior a la Unión, porque con él se pretende facilitar el cumplimiento de sus obligaciones a los empresarios no UE en los supuestos en que estos resultan ser sujetos pasivos del IVA, circunstancia que no ocurre en estos casos.
4) Empresa italiana que presta servicios electrónicos desde su **sede de Milán** para **consumidores finales** franceses, italianos, portugueses y suecos.
No se aplica el régimen especial exterior a la Unión, dado que el prestador está establecido en la UE, pero sí puede aplicarse el régimen especial de la Unión (nº 9335 s.).
5) Empresa de Singapur que, desde dicho país, presta servicios electrónicos a consumidores finales domiciliados en la UE. La empresa citada cuenta con un **establecimiento permanente en Malta**.
En este supuesto, la existencia de un establecimiento permanente de la empresa citada en la UE supone la inaplicabilidad del régimen especial exterior a la Unión a la empresa en cuestión, pero sí puede aplicarse el régimen especial de la Unión (nº 9335 s.).

9357 **Contenido del régimen especial** (LIVA art.163 septiesdecies) En la aplicación de este régimen especial hay que tener en cuenta que:
Lo que se pretende con el régimen especial es facilitar la actuación del empresario no establecido, permitiendo a este que, en vez de tener que cumplir sus obligaciones fiscales en cada uno de los E.m. en los que realiza las operaciones, las cumpla en uno solo: **E.m. de identificación**.
El empresario no UE acogido al régimen especial no va a tener que registrarse, presentar autoliquidaciones y pagar el impuesto en cada uno de los E.m. de consumo (E.m. en los que preste servicios), sino que ha de cumplir dichas **obligaciones** en un solo E.m, a su elección (**E.m. de identificación**). Este E.m. ha de comunicar a los demás el número de identificación atribuido al empresario no UE y repartir el importe total pagado por dicho empresario entre los diversos Estados de consumo. Las normas que regulan la actuación que ha de desarrollar el Estado de identificación respecto de los Estados de consumo se contienen en el Rgto UE/904/2010 art.43 a 47.

Precisiones A estos efectos, las **reglas de localización** aplicables serán las correspondientes en función de la naturaleza de los servicios prestados, ETR o de otra índole.

9358 Ejemplos **1) Empresario italiano** que, desde su sede en Milán, presta servicios electrónicos para **consumidores finales** personas físicas y personas jurídicas sin NIF/IVA domiciliados en Portugal, Francia, Italia, Luxemburgo, Andorra y Estados Unidos.
El lugar de realización de estos servicios es aquel en que el consumidor final destinatario esté establecido, pudiéndose aplicar en este caso el régimen especial de la Unión, nº 9335 s.
2) El mismo supuesto, pero en este caso el prestador es un **empresario no establecido** en la UE, que presta los servicios desde su sede en Detroit.
En este caso, los servicios prestados para los consumidores finales luxemburgueses, portugueses, franceses e italianos tributan en Luxemburgo, Portugal, Francia e Italia, respectivamente. El sujeto pasivo del IVA en cada uno de los Estados citados es el prestador, que debe identificarse, presentar declaraciones-liquidaciones e ingresar el impuesto en cada uno de los E.m. mencionados. Son evidentes las dificultades que esta situación implica para el empresario en cuestión, las cuales se evitan con el régimen especial exterior a la Unión.

9360 **Obligaciones formales** (LIVA art.163 noniesdecies; RIVA art.61 quinquiesdecies) La aplicación del régimen especial está condicionada al cumplimiento de una serie de obligaciones formales, atendiendo a quién sea el **E.m. de identificación**:
1. Si el E.m. de identificación es **España**: el empresario debe cumplir con las siguientes obligaciones:
• Disponer de un número de identificación individual otorgado por la Administración española (LIVA art.164.Uno.2º).

• Presentar por vía electrónica las **declaraciones de inicio, modificación o cese** de sus operaciones comprendidas en el régimen especial (formulario 035 nº 9318). Dentro de la información a facilitar por el empresario o profesional no establecido en la Comunidad al declarar el inicio de sus actividades, se ha de comunicar que no ha situado la sede de su actividad económica en el territorio de la Comunidad y que no posee en él un establecimiento permanente.
• Presentar por vía electrónica una **declaración-liquidación del IVA** por cada trimestre natural, con independencia de si se prestan o no los servicios tecnológicos. La liquidación no puede ser negativa y debe presentarse durante el **mes siguiente** al de la finalización del periodo (modelo 369). En esta declaración debe consignarse:
- el NIF individual otorgado por la Administración tributaria y por los demás E.m. de consumo en los que se haya devengado el Impuesto;
- el valor total, excluido el IVA, de los servicios prestados en cada período;
- la cantidad de Impuesto correspondiente a cada E.m. desglosado por tipos impositivos; y
- el importe total devengado, expresado en €, que debe ingresarse en España.
Cuando el empresario tenga uno o **varios establecimientos permanentes** en E.m. distintos de España desde los que preste los servicios a que se refiere el régimen especial, debe incluir en la declaración la información indicada correspondiente a cada establecimiento permanente con la referencia fiscal del mismo.
Las **modificaciones** de la declaración deben hacerse en los tres años siguientes a la fecha de presentación inicial, ajustándose al procedimiento de rectificación de las declaraciones previsto en la LGT art.120.3 y 122. Estas modificaciones se realizarán en una declaración-liquidación posterior.
• Ingresar el impuesto correspondiente haciendo referencia a la declaración a que corresponde.
• Mantener el registro de las operaciones a disposición de la Administración española y de todas las de los E.m. de consumo durante un plazo de diez años (ver nº 9320).
• Expedir y entregar factura por las operaciones realizadas ajustadas a Rgto Fac (nº 7195 s.).
2. Si el Estado de identificación es un **E.m. distinto de España**: el Impuesto relativo a las operaciones que se localicen en España, debe ingresarse al tiempo de presentar en el E.m. de identificación la correspondiente declaración-liquidación. El empresario debe cumplir en el E.m. de identificación las obligaciones reseñadas en el punto 1) anterior.

Precisiones La **comunicación del número de identificación** a los demás E.m. tiene por objeto el establecimiento de un censo específico comprensivo de todos los empresarios incluidos en este régimen especial. **9361**

Recuperación del IVA soportado (LIVA art.163 vicies) Los empresarios que hayan optado por el régimen especial exterior a la Unión pueden recuperar las cuotas soportadas por la adquisición de los bienes y servicios utilizados en la realización de los servicios tecnológicos realizados en la UE. **9363**
Las cuotas soportadas deben ser **devueltas por el E.m. de consumo** cuando se trate de cuotas soportadas en dicho Estado para la realización de los servicios y siguiendo el procedimiento previsto en ese E.m. en desarrollo de la Dir 86/560/CEE.
Cuando es España el E.m. de consumo, los empresarios o profesionales no establecidos en la Comunidad se pueden acoger al procedimiento previsto en nº 2988 s.
Aquellos empresarios acogidos a este régimen especial que realicen otras actividades por las que deban registrarse y presentar declaración-liquidación del impuesto, deben deducir las cuotas soportadas por las importaciones o adquisiciones de bienes o servicios utilizados en este régimen a través de dichas declaraciones.

Precisiones **1)** Las **solicitudes** de reembolso han de presentarse en cada uno de los E.m. en que se hayan soportado las cuotas, y no exclusivamente en el E.m. de identificación. **9364**
2) Se facilita la recuperación del impuesto a estos empresarios a través de dos vías: en primer término, no se exige que esté reconocida la **reciprocidad** de trato a favor de los empresarios y profesionales establecidos en el territorio de aplicación del impuesto (TEAC 20-1-26); en segundo lugar, no hay obligación de proceder al nombramiento de **representante fiscal**.
3) Este sistema implica que, en principio, la autoliquidación trimestral presentada por los empresarios acogidos a este régimen especial será siempre una **declaración a ingresar o sin actividad**, dado que en esa declaración no pueden hacerse constar cuotas deducibles.
De esta manera, dicha declaración no podrá reflejar ningún crédito de Impuesto frente a la Hacienda Pública en favor del empresario acogido al régimen especial.

9365 Ejemplos 1) Un **empresario norteamericano** acogido al régimen especial exterior a la Unión elige, como E.m. de identificación **Irlanda**. Ha soportado ciertas cuotas del IVA en la Península y en Irlanda por la adquisición de ciertos servicios relativos a su actividad de prestación de servicios electrónicos. No ha realizado operación alguna sujeta al IVA en nuestro país. Se plantea la posibilidad de la recuperación del IVA soportado tanto en nuestro país como en Irlanda.
El empresario en cuestión puede recuperar el impuesto soportado en España y Irlanda. Para ello debe solicitar la devolución del IVA soportado en nuestro país a la Administración española y la del IVA irlandés, a la Administración de dicho país.
Si este empresario norteamericano no se hubiera acogido al régimen especial exterior a la Unión, no podría recuperar el IVA soportado en España, y ello porque, en tal caso, se le aplicaría el régimen especial de devolución a no establecidos (LIVA art.119 bis) y se le exigiría reciprocidad, que no existe con los Estados Unidos.
2) Un **empresario establecido en Suiza**, sin establecimiento permanente en la Comunidad y acogido al régimen especial exterior a la Unión de los servicios tecnológicos, ha elegido como E.m. de identificación a Francia y ha prestado servicios tecnológicos en Francia, España y Bélgica.
El empresario debe presentar la declaración-liquidación del régimen especial en Francia (E.m. de identificación) para ingresar la totalidad del IVA devengado en la Comunidad por la prestación de los servicios tecnológicos. En España debe presentar el modelo 361 para solicitar la devolución del IVA soportado por todas las adquisiciones efectuadas en el TIVA, tanto las utilizadas en los servicios tecnológicos como en adquisiciones distintas.

4. Régimen de ventas a distancia de bienes importados

(LIVA art.163 quinvicies a 163 octovicies)

9370

9372 Se trata de un **régimen voluntario** aplicable a las ventas a distancia de bienes importados de países o territorios terceros, siempre que se cumplan ciertos requisitos. En el caso de que los empresarios o profesionales que realizan las operaciones señaladas en nº 9374 **no opten** por la aplicación de este régimen especial, se regula una modalidad especial para la declaración y el pago del IVA a la importación (ver nº 5915).
En los siguientes epígrafes se van a desarrollar los principales aspectos aplicables a este régimen.

9374 **Ámbito de aplicación** (LIVA art.163 quinvicies) Pueden acogerse al régimen especial los empresarios o profesionales que realicen **ventas a distancia** de bienes importados de países o territorios terceros en envíos cuyo **valor intrínseco** no exceda de 150 euros, a excepción de los productos objeto de impuestos especiales, siempre que sean:
- empresarios o profesionales establecidos en la Comunidad;
- empresarios o profesionales, establecidos o no en la Comunidad, que estén representados por un intermediario establecido en la Comunidad, sin que a estos efectos sea posible designar más de un intermediario a la vez; o
- empresarios o profesionales establecidos en un país tercero con el que la UE haya celebrado un acuerdo de asistencia mutua y que realicen ventas a distancia de bienes procedentes de ese país tercero.
El régimen especial se aplica a **todas las ventas** a distancia de bienes importados de países o territorios terceros efectuadas por el empresario o profesional.Para favorecer la aplicación de este régimen especial y evitar la doble imposición, se establece una **exención** del IVA a la importación de bienes que en el momento de la importación deban declararse con arreglo a este régimen, del que quedan excluidos los productos objeto de impuestos especiales (ver nº 5810).

9375 Precisiones 1) Se entiende por:
a) **Empresario o profesional no establecido en la Comunidad**: aquel que tenga la sede de su actividad económica fuera de la Comunidad y no tenga en ella un E.P.
b) **Intermediario**: aquella persona establecida en la Comunidad a quien designa el empresario o *profesional que realiza las ventas* a distancia de bienes importados y que, en nombre y por cuenta de este, queda obligado al cumplimiento de las obligaciones materiales y formales derivadas de este régimen (nº 9382) y es titular de las relaciones jurídicas-tributarias derivadas del mismo.
c) **Estado miembro de identificación**:
- si el empresario o profesional **no está establecido** en la Comunidad, el Estado miembro por el que se opte;

- si el empresario o profesional, o el intermediario, no tiene la sede de su actividad económica en la Comunidad, pero tiene en ella varios **establecimientos permanentes**, el Estado miembro en el que, teniendo un establecimiento permanente, indique que se acoge a este régimen especial. En este caso, la opción por un Estado miembro vincula al empresario o profesional en tanto no sea revocada por el mismo y tiene una validez mínima del año natural a que se refiere la opción y los dos siguientes;
- si el **empresario o profesional** tiene la sede de su actividad económica en un Estado miembro o posee exclusivamente uno o varios establecimientos permanentes en el mismo, o bien cuando el **intermediario** tenga establecida la sede de su actividad económica en un Estado miembro, dicho Estado miembro.

d) **Estado miembro de consumo**: el Estado miembro de llegada de la expedición o transporte de los bienes con destino al cliente.

2) Con efectos 26-5-2023, se permite a los empresarios y profesionales que tengan la sede de su actividad económica en las Islas **Canarias, Ceuta o Melilla**, acogerse al régimen de importación del comercio electrónico en el IVA, sin necesidad de contar con un representante establecido en la Comunidad. En estos casos y salvo que se haya designado representante en otro E.m., el Reino de España será el E.m. de identificación.

Requisitos de los intermediarios (RIVA art.61 septiesdecies) La norma del impuesto impone las siguientes condiciones y requisitos para actuar como intermediario en el régimen de importación: 9377

1. Debe disponer del **número de identificación fiscal** proporcionado por la Administración.

2. Estar establecido en **TIVA**.

3. No haber sido **condenado o sancionado**, dentro los cuatro años anteriores a la presentación de la solicitud para actuar como intermediario, por la comisión de un delito contra la Hacienda Pública o de una infracción tributaria grave, en relación con su actividad económica, en virtud de sentencia o resolución administrativa firme.

Este requisito se considera cumplido si ninguna de las personas siguientes se encuentra en la situación del párrafo anterior en relación con su actividad económica, incluida la actividad económica del solicitante, en su caso:

a') el operador;

b') el empleado o los empleados encargados de los asuntos aduaneros y/o tributarios;

c') la persona o las personas encargadas del operador o que controlen su dirección.

También puede entenderse cumplido cuando la Administración tributaria considere que una infracción no es relevante, en relación con el número o la magnitud de las operaciones conexas, y no tenga duda alguna en cuanto a la buena fe del solicitante.

Cuando la persona a la que se refiere el inciso c'), distinta del operador, esté establecida o tenga su residencia en un tercer país, la Administración tributaria debe evaluar el cumplimiento del criterio basándose en los registros y la información de que disponga.

Cuando el operador lleve establecido menos de cuatro años, la Administración tributaria debe evaluar el cumplimiento del criterio basándose en los registros y la información de que disponga.

4. Solvencia financiera, la cual se considera acreditada cuando el operador tenga un nivel financiero que le permita cumplir sus compromisos, teniendo debidamente en cuenta las características del tipo de actividad de que se trate. 9378

Este requisito se considera acreditado cuando el solicitante cumpla las condiciones siguientes:

a') no está incurso en un procedimiento concursal;

b') durante los últimos cuatro años anteriores a la presentación de la solicitud para actuar como intermediario, ha cumplido con sus obligaciones financieras en relación con el pago de sus deudas aduaneras y tributarias;

c') demuestra, sobre la base de los registros y de la información disponibles para los cuatro últimos años anteriores a la presentación de la solicitud, que dispone de capacidad financiera suficiente para cumplir sus obligaciones y hacer frente a sus compromisos relativos a la naturaleza y el volumen de las actividades comerciales, en particular no disponer de activos netos negativos, excepto en caso de que puedan cubrirse.

Si el operador lleva establecido menos de cuatro años, la solvencia financiera se evalúa basándose en los registros y la información disponible.

Se presumirá el **cumplimiento** de estos **requisitos** cuando el operador tenga la condición de Operador Económico Autorizado de conformidad con el Código Aduanero de la Unión y sus disposiciones de aplicación.

La Administración tributaria puede denegar la condición de intermediario a efectos del régimen de importación cuando el operador no cumpla todas las condiciones anteriormente establecidas.

9380 **Devengo** (LIVA art.163 sexvicies) En las entregas de bienes acogidas a este régimen especial, el devengo del impuesto se produce en el momento de la entrega, que se entiende producida con la **aceptación del pago** del cliente.

9382 **Obligaciones formales** (LIVA art.163 septvicies) Cuando España sea el E.m. de identificación, el empresario o profesional acogido a este régimen especial, o el intermediario que actúe por su cuenta, quedan obligados a:
a) Disponer del **número de identificación fiscal**.
b) Declarar, por vía electrónica, la fecha de **inicio, modificación o cese** de sus operaciones comprendidas en este régimen.
c) Presentar por vía electrónica una **declaración-liquidación** del IVA por cada mes natural, independientemente de que se hayan realizado o no operaciones a las que se aplique este régimen especial. El **plazo** para su presentación es durante el mes siguiente al período al que la misma se refiera.
En esta declaración-liquidación se debe incluir el número de identificación fiscal que le haya sido asignado por la Administración tributaria a efectos de este régimen y, por cada Estado miembro de consumo en que se haya devengado el impuesto, el valor total de las operaciones gravadas, IVA no incluido, durante el período al que se refiere la misma, la cantidad global del impuesto correspondiente a cada Estado miembro, desglosado por tipos impositivos, y el importe total, resultante de la suma de todas estas, que debe ser ingresado en España.
Cualquier **modificación posterior** de las cifras contenidas en las declaraciones-liquidaciones presentadas debe efectuarse en el plazo máximo de tres años a partir de la fecha en que debía presentarse la declaración-liquidación inicial, a través de una declaración-liquidación periódica posterior, en la forma y con el contenido que se determine reglamentariamente.
d) **Ingresar el impuesto** correspondiente a cada declaración-liquidación, dentro del plazo de presentación de la misma.
e) Mantener un **registro** de las operaciones incluidas en este régimen especial. Este registro estará a disposición tanto del E.m. de identificación como del de consumo, y debe conservarse por el empresario o profesional durante un período de diez años desde el final del año en que se hubiera realizado la operación.f) Expedir y entregar **factura**, ajustada a lo que se determine reglamentariamente.

9384 Precisiones 1) La Administración tributaria identificará al empresario o profesional que se acoja a este régimen especial mediante un **número de identificación**. Si se actúa mediante intermediario, se asignará a este además un número de identificación a efectos del régimen en relación con cada empresario o profesional que lo haya designado como tal. Estos números de identificación son de uso exclusivo para este régimen y deben aportarse para la aplicación de la exención del nº 5810.
2) Cuando el importe de la contraprestación de las operaciones se fije en **moneda distinta del euro**, debe convertirse a euros aplicando el tipo de cambio válido que corresponda al último día del período de liquidación.
3) Cuando el empresario o profesional designe a **España** como **E.m. de identificación**, deberá presentar exclusivamente en España las declaraciones-liquidaciones e ingresar, en su caso, el importe del impuesto correspondiente a todas las operaciones a que se refiere este régimen especial realizadas en todos los Estados miembros de consumo.

9385 Doctrina Administrativa El consultante es una persona física que realiza la actividad de venta al por menor a través de internet bajo el modelo denominado **«dropshipping»**. Cuando el cliente elige y paga el producto, el consultante procede a adquirir la mercancía de su proveedor chino, que almacena el producto en China, con orden de enviar directamente el mismo desde China al comprador final localizado en España. Los productos vendidos tienen siempre un valor inferior a los 150 euros. Su tributación será la siguiente:
1º. Las entregas efectuadas por el proveedor chino a favor del consultante estarán no sujetas a dicho Impuesto toda vez que los bienes objeto de entrega no se encuentran en el TAI en el momento de la puesta a disposición a favor del consultante, de conformidad con lo dispuesto en la LIVA art.68.Uno.
2º. La entrega subsiguiente a los consumidores finales establecidos en el TAI tampoco se encuentra sujeta en dicho territorio por no encontrarse en el mismo el lugar de inicio del transporte, de conformidad con lo dispuesto en la LIVA art.68.Dos.1º.A. No obstante, si el consultante opta por registrarse en el régimen de importación, realizará ventas a distancias de bienes importados de países o territorios terceros, que constituyen entregas de bienes sujetas, teniendo el propio consultante la condición de sujeto pasivo y debiendo declarar y liquidar dichas operaciones a través del referido régimen especial.
3º. El mismo criterio de no sujeción se aplicará en caso de ventas de artículos a particulares establecidos en Canarias, Ceuta o Melilla, otros Estados miembros o países que no pertenezcan a la Comunidad con transporte directo desde China a los anteriores al no radicar el lugar de inicio de dicho transporte en el territorio de aplicación del Impuesto.

4º. Por último, la introducción de los bienes en el TAI determinará la realización del hecho imponible importación.
Si es el particular el adquirente de los bienes y quien asume la posición de importador, será este el sujeto pasivo de la citada operación y quien tendrá que estar a los requisitos y aspectos procedimentales contenidos en la normativa aduanera.
No obstante, de acuerdo con lo previsto en la LIVA art.66.4º, dicha importación estaría exenta si el consultante opta por registrarse en el régimen especial de importación (nº 9370 s.).
El consultante tampoco vendrá obligado a la liquidación e ingreso del recargo de equivalencia con motivo de las importaciones efectuadas por no ser el consultante el importador, sino el consumidor final (DGT CV 19-11-21; CV 3-11-14).

Deducción de las cuotas soportadas (LIVA art.163 octovicies) Los empresarios o profesionales que se acojan a este régimen especial no pueden deducir el IVA soportado para la realización de sus operaciones en las declaraciones-liquidaciones que presenten. No obstante, tales empresarios o profesionales tienen derecho a la **devolución** de las cuotas del IVA soportadas en la adquisición o importación de bienes y servicios que se destinen a la realización de las operaciones acogidas a este régimen especial que deban entenderse realizadas en el Estado miembro de consumo, conforme al procedimiento previsto en la normativa del propio Estado miembro de consumo. **9387**

En particular, en el caso de empresarios o profesionales que estén **establecidos en las Islas Canarias, Ceuta y Melilla**, pueden solicitar la devolución de las cuotas soportadas, con excepción de las realizadas en el territorio de aplicación del impuesto, a través del procedimiento previsto en LIVA art.117 bis (nº 2989 s.).

Cuando **España** sea el **E.m de consumo**, sin perjuicio de lo dispuesto en LIVA art.119.dos.2º, los empresarios o profesionales que se acojan a este régimen especial tienen derecho a la devolución de las cuotas del IVA soportadas en la adquisición o importación de bienes y servicios que deban entenderse realizadas en el territorio de aplicación del impuesto, siempre que dichos bienes y servicios se destinen a la realización de las operaciones acogidas a este régimen especial. Para los empresarios o profesionales establecidos en otro Estado miembro, así como para los establecidos en Canarias, Ceuta o Melilla, el procedimiento para la devolución es el previsto en LIVA art.119 (nº 2992 s.) y, para los no establecidos en la Comunidad, el previsto en LIVA art.119 bis (nº 3005 s.). A estos efectos, no se exige reciprocidad de trato a favor de los empresarios o profesionales establecidos en el territorio de aplicación del impuesto, ni tampoco la obligación de nombrar un representante ante la Administración tributaria.

Cuando **España** sea el **E.m de identificación**, los empresarios o profesionales establecidos en el territorio de aplicación del impuesto pueden deducir las cuotas del IVA soportadas en la adquisición o importación de bienes y servicios utilizados en la realización de las operaciones acogidas a este régimen especial conforme al régimen general del impuesto. Cuando se realicen en el territorio de aplicación del impuesto **operaciones acogidas** a este régimen especial **conjuntamente con otras distintas** que determinan la obligación de presentar declaraciones-liquidaciones en dicho territorio, las cuotas soportadas en la adquisición o importación de bienes y servicios que se entiendan realizadas en dicho territorio y sean utilizados en la realización de las operaciones acogidas al régimen especial, se pueden deducir a través de las declaraciones-liquidaciones correspondientes que han de presentarse en el territorio de aplicación del impuesto; es decir, cuando quienes se acojan a este régimen especial presenten autoliquidaciones de IVA en régimen general por otros conceptos, pueden deducir el IVA soportado en tales autoliquidaciones.

CAPÍTULO 21

Operaciones de financiación

 9450

La **obtención de fondos** destinados a posibilitar el desarrollo de las actividades económicas constituye un importante aspecto de las funciones realizadas por empresarios y profesionales. 9455

Desde el punto de vista del empresario financiado, su obtención se inscribe en el marco de los «input» de la empresa, y no de sus «output», por lo que no da lugar, en sí misma considerada, a operaciones sujetas al IVA efectuadas por dicho empresario. Esta conclusión es consecuencia de la propia estructura del Impuesto que grava las entregas de bienes y prestaciones de servicios, pero no la mera entrada de recursos financieros en el patrimonio empresarial.

Sin embargo, a efectos del IVA, el análisis de las operaciones de financiación reviste una importancia singular, puesto que recurrir a una u otra de las diversas alternativas puestas a disposición puede originar consecuencias diversas, lo que se traduce en mayores o menores **costes** en la operación. La normativa del impuesto declara **exentas** numerosas operaciones financieras, entre ellas la concesión de créditos y préstamos, determinadas operaciones relativas a préstamos, créditos, garantías, efectos de pago y valores, pero también excluye expresamente de la exención ciertos servicios, como determinados servicios de gestión de cobro o servicios prestados al cedente en contratos de factoring, salvo el anticipo de fondos.

De ahí que el **principio de neutralidad**, que exigiría un mismo tratamiento y consecuencias a efectos del IVA cualquiera que fuera la fórmula de financiación utilizada por el empresario, no se cumpla en este ámbito en su integridad. Esa falta de neutralidad puede originar que en operaciones relativas a acciones o participaciones, especialmente cuando los servicios recibidos se vinculan a una transmisión de valores exenta y no a una emisión de acciones no sujeta, las cuotas soportadas por servicios auxiliares gravados puedan no ser deducibles (TJUE 6-4-95, asunto C-4/94). No deducción que debe ser matizada, si consideramos que esos costes forman parte de los **gastos generales** de la entidad y presentan una relación directa e inmediata con el conjunto de su actividad económica sujeta (TJUE 26-5-05, asunto C-465/03).

En definitiva, las operaciones de financiación son operaciones económicamente instrumentales, pero **jurídicamente heterogéneas**: todas pueden perseguir el mismo fin (obtener liquidez), pero no todas reciben el mismo tratamiento en el impuesto.

En este tipo de operaciones se puede distinguir entre dos **tipos** de financiación: 9456

a) **Propia**. En ella se incluyen las acciones y otras participaciones en capital, incluyendo las aportaciones en metálico y en especie y las devoluciones de aportaciones en las mismas formas.

b) **Ajena**. Comprende las siguientes operaciones:
- crediticias: préstamos, obligaciones y bonos;
- de leasing o las que se retribuyen en especie, esto es, la permuta, en la que la adquisición de un bien se financia mediante la entrega de otro, y no mediante la entrega de dinero.

Muchas de estas formas de financiación han sido tratadas en los correspondientes capítulos de esta obra: permuta (para las operaciones inmobiliarias, ver nº 8500 s.), aportaciones de los socios (nº 137) y operaciones financieras exentas (nº 960 s.).

En el presente capítulo se recogen diversos **criterios** interesantes establecidos por el **TJUE** en relación con las operaciones de financiación: factoring (nº 9465 s.), así como sociedades holding (nº 9540 s.) y otras operaciones como dividendos (nº 9571), emisión de nuevas acciones (nº 9576), confirming (nº 9582) y forfaiting (nº 9584).

A. Factoring

(LIVA art.9.1º.c.d" y 20.Uno.18º.a), h) e i); DGT Resol 1/2004)

9465

Respecto a este tipo de contratos, en los siguientes epígrafes vamos a desarrollar su concepto, tipos y retribución del factor, junto a la incidencia del IVA en estas operaciones.

1. Concepto

9467 El factoring es un contrato por el cual un empresario (**cedente**), que es titular de ciertos créditos contra sus clientes o compradores (deudores), encarga a otro empresario (la sociedad de factoring, **cesionario** o factor), mediante retribución, la realización de ciertos servicios relacionados con dichos créditos.

La gama de servicios incluidos en el marco de un contrato de factoring es muy diversa, realizándose las siguientes **funciones** principales:

a) **Gestión**: la sociedad de factoring se encarga de todas las actividades empresariales que implica la gestión de cobro de los créditos cedidos por el empresario cedente. Asimismo, puede incluir servicios complementarios (nº 9515).

b) **Garantía**: consistente en la asunción del riesgo de insolvencia del deudor cuyo crédito es cedido.

c) **Financiación**: permite al empresario cedente el anticipo de los fondos correspondientes a los fondos cedidos.

A efectos del IVA, los **elementos esenciales** del factoring son los siguientes (TJUE 26-6-03, asunto C-305/01; DGT CV 4-4-09):

- las cesiones de créditos y préstamos realizadas en el marco de un contrato de factoring quedan **excluidas** de la categoría de **sector diferenciado** de la actividad;
- la exención del impuesto del que se benefician las operaciones financieras consistentes en **depósitos en efectivo**, transferencias y órdenes de pago y la transmisión de los efectos y órdenes de pago, no se extienden a los servicios prestados al cedente por el factor en el marco de los contratos de factoring. Se exceptúan los de anticipos de fondos que, en su caso, se puedan prestar en dichos contratos;
- en la **venta definitiva** del derecho de crédito el adquirente asume el riesgo del impago de los destinatarios, al margen del contrato de factoring, implicando, en este caso, la cesión del crédito, una prestación de servicios sujeta pero no exenta del impuesto;
- en la cesión del derecho de crédito incorporado a un título que va a ser descontado por una entidad financiera, anticipando fondos al cliente minorados por un **descuento** que se le aplica y gestionando su cobro en el momento del vencimiento, el cobro de las comisiones correspondientes unidas al descuento, está sujeto pero exento del IVA (no obstante, fuera del ámbito de la exención aplicada al servicio de descuento, el cobro final de los efectos descontados no está sujeto al impuesto); y
- la cesión de efectos para su **gestión de cobro** cuando no se acompaña del anticipo de fondos está sujeta y no exenta del impuesto.

9470 Doctrina Administrativa 1) Una entidad que adquiere maquinaria y vehículos a motor para su posterior cesión a terceros, en virtud de contratos de **arrendamiento financiero** u operativo y ventas a plazos, va a transmitir a una sociedad en Luxemburgo los derechos de crédito sobre sus arrendatarios.

Por motivos de **garantía**, además va a transmitir a una tercera compañía, perteneciente al grupo de la anterior, la propiedad de los vehículos arrendados con una **opción de venta vinculante** para que transcurrido el plazo de arrendamiento la tercera compañía le revenda el vehículo en cuestión. Además, esta tercera compañía le va a arrendar los vehículos transmitidos durante el plazo de arrendamiento que resta entre la entidad que transmite y sus clientes, coincidiendo la exigibilidad y el importe de la contraprestación de la transmisión de la propiedad y el arrendamiento. La tributación que procede es:

- la transmisión de la propiedad de los vehículos constituye una entrega de bienes sujeta al tributo;
- el arrendamiento es una prestación de servicios también sujeto; y
- la cesión de los derechos de crédito es una operación no sujeta (pues se entiende realizada fuera del TIVA, al ser el destinatario un empresario establecido en Luxemburgo) que constituye un sector diferenciado de la actividad y que no genera el derecho a la deducción, por lo que el porcentaje de prorrata de dicho sector diferenciado es cero (DGT CV 7-8-09).

2) La **transmisión de unos derechos de crédito** no puede modificar la relación jurídica tributaria de las operaciones sujetas al IVA ni, por tanto, la posición del sujeto pasivo en la referida relación tributaria. El **acreedor inicial**, empresario o profesional que trasmite los créditos, ha de conservar todos los derechos y obligaciones que se derivan de su condición de sujeto pasivo de las operaciones, sin perjuicio de que la otra parte se subrogue en su posición frente al deudor respecto de los créditos que adquiere (DGT CV 23-3-11; CV 27-5-14).

3) La **transmisión de créditos** origina dos situaciones jurídicas autónomas e independientes. Por una parte, la adquisición de un derecho de crédito por parte de una sociedad de factoring y, por otra, la subrogación en la posición del acreedor inicial frente al deudor en relación con los créditos que la componen, pero sin que la sociedad de factoring asuma la posición jurídica de sujeto pasivo respecto de la operación que originó el crédito que ha adquirido. La **modificación de la base imponible** de los créditos transmitidos puede ser realizada, única y exclusivamente, por el sujeto pasivo si cumple las condiciones señaladas en la LIVA art.80 y sus normas de desarrollo (DGT 21-4-14).

4) La prestación de un servicio, consistente en el otorgamiento de una **garantía** que cubra determinados riesgos de una entidad, está sujeto pero exento del IVA, en la medida que el servicio prestado tiene como finalidad la cobertura de pérdidas pecuniarias y su naturaleza es intrínsecamente financiera (DGT CV 8-6-15).

2. Tipos

En función de si se asume o no el riesgo de insolvencia del deudor diferenciamos dos **tipos de factoring** (TS 11-2-03, EDJ 1557): 9475

a) Factoring con recurso o **impropio** (nº 9482): el factor no asume el riesgo de insolvencia, pudiendo dirigirse contra el cedente en caso de impago.

b) Factoring sin recurso o **propio** (nº 9485): el factor asume el riesgo de insolvencia.

En virtud del **principio de neutralidad**, el tratamiento tanto del factoring propio como del impropio es similar a efectos del IVA, puesto que en ambos casos el factor realiza prestaciones a título oneroso a favor del cliente y, por tanto, una actividad empresarial (TJUE 26-6-03, asunto C-305/01).

Factoring impropio Esta categoría se caracteriza porque quedan **excluidas del contrato** y 9482
no se integran en él:

1. La función de **garantía**. El factor no asume el riesgo de insolvencia del deudor.
2. La **transmisión** de la titularidad o propiedad de los créditos cedidos al factor. Los créditos cedidos son, en todo momento, de propiedad del cedente. La cesión de los créditos, lo es puramente en comisión de cobranza y salvo buen fin. Por tanto, si las gestiones de cobro desarrolladas por el factor resultan infructuosas como consecuencia de la **insolvencia del deudor**, la eventual pérdida que ello implica se produce para el cedente.

En cuanto a los **servicios realizados por el factor** a favor del cedente, ver nº 9500 s.

Factoring propio Frente al factoring impropio, esta modalidad presenta las siguientes 9485
características:

1. El factor, además de los servicios citados en el nº 9500, desarrolla una **función de garantía**, al asumir el riesgo de insolvencia del deudor, de forma que, producida dicha insolvencia, la eventual pérdida que ello implica se produce para el factor y no para el cedente.
2. La cesión de créditos del cedente a favor del factor implica una verdadera transmisión de la **titularidad** o propiedad de los **créditos** cedidos, y no una simple cesión en comisión de cobranza. Es una venta puramente instrumental, que no persigue más finalidad que la de habilitar la asunción del riesgo de insolvencia del deudor por parte del factor.

Estas cesiones, carecen de sustantividad a efectos del IVA (DGT 25-2-04). Por tanto, quedan **excluidas del sector diferenciado** constituido por las cesiones de créditos y préstamos aquellas cesiones de crédito que se efectúan por el cedente en el marco de un contrato de factoring (LIVA art.9.1º.c.d').

No obstante, es importante determinar si dichas cesiones constituyen **transmisiones de créditos a efectos del IVA**, ya que están exentas del impuesto (LIVA art.20.Uno.18º.e). Si así fuera, la realización de tales operaciones determinaría la aplicación de la **regla de prorrata** y procederían todas las consideraciones relativas a la accesoriedad de tales operaciones y a su cómputo a efectos de la prorrata de deducción.

9487 Para la caracterización de este tipo de contratos es también necesario atender a lo dispuesto en la jurisprudencia, en concreto TJUE 26-6-03, asunto C-305/01, donde se establece las siguientes especialidades respecto al factoring propio:

a) En cuanto a la esencia del contrato de factoring y a las **prestaciones de servicios** que en el mismo se producen, indica que:

- Cuando el factor propio adquiere de su cliente **créditos sin derecho de repetición** contra este, en caso de impago, presta sin duda un servicio a dicho cliente, que consiste fundamentalmente en liberarle de las operaciones de cobro de créditos y del riesgo del impago de estos.
- Por otro lado, como **contrapartida** de esos servicios, el cliente del factor debe a este una **retribución**, que corresponde a la diferencia entre el valor nominal de los créditos que aquel ha cedido al factor y el importe que este abona como pago de los créditos.

b) Aun cuando la sentencia TJUE 26-6-03, asunto C-305/01 indica que la **base imponible** de los servicios prestados por el factor es la diferencia entre el valor nominal de los créditos que aquel ha cedido al factor y el importe que este abona como pago de los créditos, es cierto que otras sentencias del TJUE han defendido que la base imponible no puede ser en ningún caso superior al importe efectivamente percibido por el empresario o profesional, pudiendo poner esta idea en cuestión (entre otras, el TJUE 14-7-98, asunto C-172/96 establece que la base imponible en el caso de operaciones de cambio de moneda es el margen entre el precio de compra y el de venta).

Así, por ejemplo, si el **nominal de la deuda transmitida** al factor es de 100, el factor paga al cedente únicamente 60 y finalmente el factor cobra del deudor 80, la base imponible, según TJUE 26-6-03, asunto C-305/01 sería la diferencia entre el nominal y el importe pagado por el factor (100 - 60 = 40).

Sin embargo, podría argumentarse que, en este caso, la cantidad recibida por el factor es solo de 20 (diferencia entre los 60 que pagó y los 80 que finalmente ha cobrado del deudor) y que la base imponible debe ser por lo tanto 20. Si se aceptara esta segunda solución, es claro que la base imponible de los servicios prestados por el factor al cedente solo se podría determinar con exactitud cuando se supiera la cantidad que este efectivamente ha cobrado del deudor.

c) En cuanto a la **aplicación** o no al factoring de la **exención prevista para las operaciones financieras**, indica el TJUE que, por su naturaleza objetiva, la finalidad esencial del factoring es el cobro de los créditos de un tercero. Por ello, el factoring no es más que una variedad del concepto más general del «cobro de créditos». Y también por ello, queda excluido de la exención aplicable a las operaciones financieras, pues la Directiva expresamente excluye de la exención el cobro de créditos.

d) Al analizar la esencia del factoring, el TJUE no menciona la función de financiación que el factor propio desarrolla al anticipar fondos al cedente, lo que plantea la duda de si dichas operaciones de **anticipo de fondos** (que constituyen, en puridad, operaciones de concesión de créditos) tienen sustantividad propia o deben considerarse como accesorias de las de gestión de cobro de créditos. La Administración española ha optado por la primera solución, que parece la más conforme con el principio de neutralidad (nº 9510).

Asimismo, la LIVA, al mantener la exención en todo caso para las operaciones de anticipo de fondos efectuadas por el factor, parece apuntar inequívocamente a que tales operaciones han de ser tratadas como principales y no como accesorias de las de gestión de cobro.

e) Se ha planteado el tratamiento a efectos del IVA de la **compraventa de créditos de dudoso cobro**. A este respecto, el TJUE 27-10-11, asunto GFKL C-93/10 matiza el TJUE 26-6-03, asunto MKG-Factoring C-305/01. Aunque el Tribunal alemán que efectuó la cuestión prejudicial asumió que en la compraventa de créditos de dudoso cobro efectuada y que dio origen al litigio solo podía existir una prestación de servicios por parte del comprador de tales créditos, con posterioridad el TJUE concluyó que el comprador de los créditos de dudoso cobro no realiza operación alguna sujeta al IVA ya que el cesionario de los créditos no percibe ninguna contrapartida del cedente (a diferencia de lo que ocurría en el asunto MKG-Factoring, en el cual el adquirente de los créditos recibía una comisión de factoring y una prima de garantía).

Según el TJUE, la **diferencia entre el valor nominal y el precio de compra** de los créditos cedidos no es la contrapartida de ningún servicio, sino el reflejo del valor económico efectivo de dichos créditos al tiempo de su cesión, que deriva del dudoso cobro de estos y de un mayor riesgo de impago por parte de los deudores.

Esta sentencia plantea **cuestiones** de importancia a efectos del IVA:

- la primera es si, descartada la prestación de servicios a título oneroso efectuada por el comprador para el vendedor, es posible entender que existe una prestación de este tipo efectuada por el vendedor para el comprador (consistente en la transmisión de los créditos);
- la segunda es que, según la descripción del TJUE en el asunto GFKL, el valor de mercado de los créditos, una vez tenida en cuenta la posibilidad de impago, era superior al precio de compra final.

Por lo cual, la idea del TJUE de que la diferencia entre valor de mercado y precio de compra es el reflejo del valor económico efectivo de los créditos transmitidos plantea dudas; más bien parece que esa diferencia apunta a un elemento de contraprestación o retribución para el adquirente por su asunción del riesgo de impago de los créditos.

Ejemplos **1)** El empresario EFL, con sede en **Sevilla**, se dedica a la fabricación de electrodomésticos que vende a empresarios minoristas. En el primer trimestre del año N ha realizado las siguientes **operaciones con pago aplazado**: **9490**
a) Ha vendido a un minorista catalán una partida de electrodomésticos por importe de 100.000 €. El pago de los mismos se aplaza durante 90 días, pactándose un interés del 0,01% por cada día aplazado, que se hace constar en la factura (100.000 € × 0,01% × 90 días = 900 €). Esta lleva fecha de 1-1-N.
b) Ha vendido a un minorista navarro otra partida de electrodomésticos por importe de 500.000 €. El pago de los mismos se aplaza también durante 90 días, pactándose el mismo tipo de interés, que se hace constar en la factura separadamente (500.000 € × 0,01% × 90 días = 4.500 €). La factura lleva fecha de 1-2-N.
c) Ha vendido a un minorista valenciano una tercera partida de electrodomésticos por importe de 300.000 €. El pago se aplaza durante un mes y no se pactan intereses adicionales por el aplazamiento.
EFL contrata con una sociedad de factoring la gestión de cobro de los créditos cedidos.
A estos efectos, se instrumenta un contrato de **factoring propio**, en virtud del cual:
- la sociedad de factoring asume el riesgo de insolvencia de los deudores;
- la sociedad de factoring entrega al factor el importe de las facturas (intereses incluidos), minorado en un 5%.

La **comisión** del 5% para el factor se distribuye de la siguiente forma:
- el 50% de la comisión retribuye las operaciones de gestión de cobro;
- el 40% retribuye las operaciones de anticipo de fondos;
- el 10% restante retribuye los servicios complementarios.

El tratamiento de las operaciones será:
• **Posición del cedente**. El cedente no efectúa operación alguna a efectos del IVA.
• **Posición del factor**. En este caso, el factor presta tres tipos de servicios:
1. Servicios de **gestión de cobro:** estos servicios están sujetos y no exentos del IVA. El factor debe emitir factura por los mismos y la base imponible del IVA correspondiente a los servicios prestados es:
- en cuanto a los servicios indicados en la letra a): (100.900 × 5%) × 50% = 2.522 €;
- para las operaciones citadas en b): la base imponible será (504.500 × 5%) × 50% = 12.612 €; y
- para las operaciones citadas en c): la base imponible será (300.000 × 5%) × 50% = 7.500 €.
2. Servicios de **anticipo de fondos:** estos servicios son tratados en todo caso como servicios principales, independientes y no accesorios respecto de los de gestión de cobro. Están sujetos y exentos del IVA. La base imponible del IVA correspondiente a los servicios prestados será:
- en cuanto a los servicios indicados en la letra a): (100.900 × 5%) × 40% = 2.018 €;
- para los servicios de la letra b): (504.500 × 5%) × 40% = 10.090 €; y
- para los servicios de la letra c): (300.000 × 5%) × 40% = 6.000 €.

Si la contraprestación atribuida por las partes a estos servicios fuera superior al valor de mercado de los mismos, habría que estar a dicho valor de mercado.
3. Servicios **complementarios:** se trata de servicios sujetos y no exentos del IVA. La base imponible del impuesto se calculará de forma análoga a lo que ya se ha visto, si bien el porcentaje aplicable será del 10%.

2) Mismo ejemplo, pero con la particularidad de que el **factor** es un **empresario establecido en Alemania**.
Como en el caso anterior, el cedente no efectúa operación alguna. Por lo que se refiere al factor, efectúa tanto operaciones de gestión de cobro (sujetas y no exentas), como operaciones de anticipo de fondos (sujetas y exentas) y servicios complementarios (sujetos y no exentos).
La **base imponible** del impuesto se calcula de la forma vista en el ejemplo anterior. En todo caso, los servicios prestados por el factor se entienden realizados en el territorio de aplicación del impuesto y el sujeto pasivo es el destinatario, por inversión (ver nº 1335).

3) Mismo ejemplo que el anterior, pero el factor es un empresario establecido en **Estados Unidos**.
La situación, tanto respecto del cedente como del factor, es la misma indicada en el número anterior. Se produce, por tanto, la inversión del sujeto pasivo.

9495 CUADRO RESUMEN DE LA TRIBUTACIÓN DEL CONTRATO DE FACTORING

	Servicios prestados	Localización	Exención	Sujeto pasivo	Deducciones	Factura
a) Posición del cedente	Ninguno	-	-	-	-	-
b) Posición del factor	Gestión de cobro (nº 9502)	LIVA art.69.Uno.1º	NO	Factor (1)	SI	SI
	Anticipo de fondos (nº 9510)		SI		NO (3)	NO
	Servicios complementarios (2) (nº 9515)		NO		SI	SI

(1) Salvo supuestos de inversión del sujeto pasivo.
(2) Partiendo de la base de que se trata de servicios financieros principales, y no accesorios de los de gestión de cobro o anticipo de fondos.
(3) No obstante, cuando el factor establecido en el TIVA suministra un servicio de anticipo de fondos al cedente, y este está establecido fuera de la UE, la operación efectuada (que no está sujeta al IVA español, por aplicación de los criterios de localización de las operaciones), sí genera el derecho a deducir el IVA soportado (ver nº 2692).

3. Servicios desarrollados por el factor

9500 En el marco de un contrato de factoring, el factor desarrolla:
- servicios de gestión de cobro;
- una función de financiación (mediante el anticipo de fondos, nº 9510 s.); y
- en su caso, servicios complementarios (nº 9515).

9502 **Servicios de gestión de cobro** La función de gestión de cobro se ha convertido en la esencia y en el elemento fundamental del factoring propio. El tratamiento de estos servicios es el siguiente:

1. No se benefician de la **exención** del IVA aplicable a las operaciones financieras, dado que dicha exención no se aplica a los servicios de gestión de cobro de créditos (LIVA art.20.Uno.18º.a).

2. Se localizan aplicando las **reglas de localización** propias de las operaciones financieras (LIVA art.69.Uno.1º).

Ello implica que:

a) Los servicios prestados por un factor establecido en la Península o Baleares a empresarios establecidos en dichos territorios están sujetos al IVA español.

b) Los servicios prestados por un factor establecido en la Península o Baleares o en cualquier otro territorio a empresarios establecidos en otros Estados miembros o fuera de la UE no están sujetos al IVA español.

c) Los servicios prestados por un factor no establecido en el territorio de aplicación del impuesto a un empresario establecido en dicho territorio están sujetos al IVA español.

9504 **3.** El **sujeto pasivo** del IVA correspondiente a los servicios de gestión de cobro prestados por el factor es el propio factor, que debe repercutir el IVA en la correspondiente factura. No obstante, cuando el factor sea un empresario no establecido y el cedente sea un empresario establecido en la Península o Baleares, el sujeto pasivo es el destinatario de los servicios, esto es, el cedente, por aplicación de la regla de inversión del sujeto pasivo (LIVA art.84.Uno.2º.a).

4. En cuanto a la **base imponible** de las operaciones realizadas por el factor, ver nº 9485.

5. En relación con las **deducciones**, la realización de las operaciones de gestión de cobro por el factor genera para este el derecho a deducir el IVA soportado en la compra de bienes y servicios destinados a la realización de tales operaciones.

6. Por lo que se refiere a obligaciones formales, el factor está obligado a emitir **factura** por los servicios de gestión de cobro prestados (Rgto Fac art.2 y 3).

Precisiones **1)** Fue precisamente esta cuestión de las deducciones la que motivó el recurso que dio lugar al pronunciamiento del TJUE 26-6-03, asunto C-305/01. En efecto, la postura de la Administración alemana venía dada por las siguientes notas:

a. El **factoring impropio**, de acuerdo con dicha Administración, se da cuando el cliente cede efectivamente al factor sus créditos derivados de la entrega de bienes o de la prestación de servicios, pero responde totalmente en lo que respecta a la solvencia del deudor. Desde el punto de vista económico, el cedente continúa siendo el titular de los créditos. La actividad del factor en favor del cedente en los casos de factoring impropio consiste en la concesión de créditos, en el examen de la solvencia del deudor, en la gestión de las cuentas deudoras, en la elaboración de informes y de material estadístico, así como en los cobros de los créditos. Se trata, por tanto, de varias prestaciones principales. La concesión de créditos por parte del factor al cliente está exenta de IVA; las demás prestaciones del factor están, por el contrario, sujetas al impuesto.

b. En el **factoring propio** se produce una cesión de los créditos monetarios al factor que está exenta del impuesto. Dicha modalidad de factoring se da cuando el cedente cede sus créditos derivados de entregas de bienes o de prestaciones de servicios al factor y este asume el riesgo del impago de los créditos adquiridos. El factoring propio (compra de créditos con asunción completa del riesgo de insolvencia de los deudores) no representa para la empresa de factoring una actividad empresarial, pues la empresa no realiza una prestación a título oneroso ni con la compra de los créditos ni con su cobro.

La no consideración de actividad empresarial en el caso del factoring propio acarreaba como consecuencia inmediata la negación del derecho a deducir para el factor. Ello dio lugar al recurso que generó la cuestión prejudicial ante el TJUE.

Respecto a la posición del TJUE en relación con esta cuestión, ver nº 9485.

2) La **refacturación** de los **intereses** que una entidad a la que un tercero ha emitido unos pagarés, intereses que a su vez se habían pagado a un banco del que se había obtenido el importe anticipado de dichos pagarés, ha de considerarse exenta en tanto que operación financiera (TJUE 17-12-20, asunto C-801/19).

3) Las operaciones de **gestión de cobro de créditos**, realizadas por un tercero distinto al titular del crédito, no participan de la naturaleza financiera de los servicios exentos de la Dir 2006/112/CE art.135.1.d, como ocurre con la gestión de créditos derivados de operaciones de préstamos al consumo y de préstamos con garantía hipotecaria.

El mismo tratamiento merecen los servicios de gestión de créditos derivados del uso de **tarjetas de crédito**, pues en los mismos se mantiene el componente administrativo consistente en la gestión posterior de un crédito previamente concedido y gestionado por un tercero distinto al titular del crédito. Lo anterior no queda desvirtuado por el hecho de que, de la propia naturaleza de los créditos transferidos, referente a créditos derivados de tarjeta de crédito cuyos destinatarios pueden volver a disponer durante la vigencia del contrato de las cantidades ya amortizadas, se generen nuevos créditos, siempre que este nuevo derecho de crédito sea transmitido por la consultante, en las condiciones señaladas (DGT CV 23-11-15).

4) Una empresa contrata con una entidad financiera una **línea de descuento** por la que esta le aplica el interés de mercado más un diferencial y ninguna comisión. Por esta prestación de un servicio de gestión de cobro se percibe una contraprestación que se corresponde con la total contraprestación por intereses y gestión de cobro, incluidos dentro del descuento comercial. En cuanto a los **intereses** por el descuento, están exentos, al tratarse de una prestación de servicios consistente en la concesión de un crédito; sin embargo, la **gestión de cobro** es un servicio que no está exento del impuesto, por lo que hay que repercutir el mismo. La base imponible del impuesto correspondiente a la prestación de servicios de gestión de cobro se determina estableciendo el valor de mercado de los intereses del descuento, el cual se resta a la total contraprestación, de modo que la diferencia constituye la base imponible por la gestión de cobro (DGT CV 20-1-09).

5) En la prestación de servicios de gestión de pago que se cobran **comisiones**, dado que son operaciones sujetas al IVA, la parte de contraprestación correspondiente a los servicios de financiación o de anticipo de fondos está exenta, mientras que la parte que corresponde a la prestación de otros servicios, como gestión o garantía, no se halla incluida dentro de la exención y, en consecuencia, implica la repercusión del impuesto (DGT CV 23-4-15). En el caso de que la comisión englobe el conjunto de prestaciones, exentas y no exentas, la base imponible correspondiente a cada servicio se determina en proporción al valor de mercado de los servicios prestados (LIVA art.79.Dos).

Jurisprudencia Una actividad económica mediante la cual un **operador** compra créditos asumiendo el **riesgo de impago** y, como contrapartida, aplica a sus clientes una **comisión**, constituye un cobro de créditos, en el sentido de la Sexta Directiva art.13.B.d.3 (a partir 1-1-2007, Dir 2006/112/CE art.135.1.d) y, por tanto, está excluida de la exención prevista en esta disposición (TJUE 26-6-03, asunto C-305/01). **9505**

Servicios de anticipo de fondos Cuando estos servicios de financiación son prestados por el factor, se aplican las **reglas** propias de las operaciones de **concesión de créditos**, de forma que tales servicios de anticipo de fondos: **9510**

1. Se benefician de la **exención** establecida para la concesión de créditos y préstamos (nº 970 s.).
2. Su **localización** se determina de acuerdo con las reglas aplicables a las operaciones financieras referidas en nº 9502.
3. En cuanto a las **deducciones**, la realización de las operaciones de anticipo de fondos por el factor no genera para este el derecho a deducir el IVA soportado en la compra de bienes y servicios destinados a la realización de tales operaciones. No obstante, cuando el servicio de anticipo de fondos es prestado a un cedente no establecido en la UE, tales operaciones sí generan el derecho a deducir el IVA soportado (LIVA art.94.Uno.3º, nº 2692).
4. Respecto a las **obligaciones de facturación** ver nº 7218.

9512 Precisiones 1) El factor que realice no solo operaciones de gestión de cobro, sino también de anticipo de fondos, se ve obligado a aplicar la **regla de prorrata**, dado que no se trata de servicios accesorios. La contraprestación (comisiones) percibida por los servicios de gestión de cobro, así como la correspondiente a los de anticipos de fondos efectuados para cedentes establecidos fuera de la UE debe incluirse en el numerador de la fracción correspondiente, en tanto que la contraprestación recibida por los restantes servicios de anticipo de fondos debe incluirse en el denominador. Por otra parte, si los servicios de anticipo de fondos no son prestados de forma habitual, quedan excluidos tanto del numerador como del denominador de la fracción, como operaciones financieras no habituales (LIVA art.104).

2) La existencia de **relación de accesoriedad** o no entre el servicio de gestión de cobro y el servicio de anticipo de fondos plantea dudas:

- por un lado, el **TJUE** es muy categórico a la hora de atribuir como objetivo esencial del factoring al servicio del cobro de créditos de un tercero, por lo que debe entender el factoring como una variedad más del concepto general de «cobro de créditos», con independencia de las modalidades en que se practique (TJUE 26-6-03, asunto C-305/01);
- por otro lado, la **DGT** ha optado por atribuir a la función de anticipo de fondos el carácter de operación principal en todo caso, no pudiendo aparecer dicha función como accesoria de la de gestión de cobro (DGT Resol 1/2004 aptdo.III); y
- desde nuestro punto de vista, la propia LIVA parece excluir la posibilidad de dicha accesoriedad, de forma que los servicios de anticipo de fondos serán en todo caso tratados como servicios principales.

En consecuencia, el **tratamiento independiente de cada servicio** resulta el más adecuado desde el punto de vista de la neutralidad del impuesto. En efecto, si un empresario recurre a una sociedad de factoring para que le preste el servicio de gestión de cobro de sus créditos, y a un banco para que le anticipe fondos, el servicio de gestión de créditos va a estar gravado y el de anticipo de fondos exento. El principio de neutralidad parece exigir que el tratamiento sea el mismo si el empresario decide recurrir exclusivamente a la sociedad de factoring para que le provea de ambos servicios.

9515 **Servicios complementarios** El factor puede prestar servicios complementarios al cedente (tales como contabilidad de ventas, realización de estudios de mercado, investigación de la clientela). Es necesario distinguir según el carácter atribuible a tales servicios:

1. **Sustantividad** propia: los servicios estarían sujetos y no exentos y para su localización parece lógico pensar que se aplicaría la regla general (nº 481 s.), con posibilidad de aplicar, en su caso, la regla de utilización efectiva (nº 750 s.).
2. **Accesoriedad** de los otros servicios prestados en el contexto del contrato de factoring (esto es, el servicio de gestión de cobro y el de anticipo de fondos): estos servicios habrían de seguir el régimen del servicio principal.

La DGT ha establecido que las diversas **prestaciones** efectuadas en el marco de un contrato de factoring pueden agruparse en dos **categorías**: servicios de financiación o de anticipo de fondos -exentos-, y el resto de servicios prestados por el factor -gravados-, luego no pueden ser accesorios de los de anticipo de fondos y, por tanto, serles aplicable a ellos la exención (DGT Resol 1/2004 aptdo.III).

Precisiones 1) Un problema particular se plantea en relación con los **servicios de mediación** en las operaciones de factoring. En efecto, dicha mediación se efectúa respecto de un contrato (el de factoring) que incluye un conjunto complejo de servicios, algunos de los cuales están exentos y otros no. La LIVA establece la exención de los servicios de mediación en operaciones financieras exentas (LIVA art.20.Uno.18º.m).

Sin embargo, en estos casos la mediación se refiere en parte a dichas operaciones y en parte a operaciones sujetas y no exentas del tributo.

2) En operaciones de factoring, si se hubiese **pactado una contraprestación única**, sin distinguir entre la parte relativa a la prestación de servicios de anticipo de fondos y el resto de prestaciones de servicios que pudiera haber, hay que estimar, conforme al valor de mercado de cada una de las prestaciones de servicios que se realicen, la parte del precio correspondiente a cada una de ellas (DGT 22-6-04).

3) La Administración alemana es favorable a la consideración de las diversas prestaciones como prestaciones principales, cada una con su **régimen específico** a efectos del IVA, siendo esta postura la más adecuada desde el punto de vista de la neutralidad del impuesto (TJUE 26-6-03, asunto C-305/01, con relación específica al factoring impropio).

Jurisprudencia 1) Respecto a la **negociación de créditos** debemos tener en cuenta que (TJUE 21-6-07, asunto C-453/05):

a) El hecho de que un sujeto pasivo analice la situación patrimonial de los clientes que ha captado para facilitarles créditos no impide que se reconozca que existe una prestación de negociación de créditos exenta del IVA; la **prestación de negociación** de créditos ofrecida por dicho sujeto pasivo debe ser considerada como la prestación principal, de la que es accesoria la prestación de asesoramiento patrimonial, de manera que esta comparte el tratamiento fiscal de aquella. Corresponde al órgano jurisdiccional nacional determinar si ello es así en cada caso.

b) El hecho de que un sujeto pasivo **no** esté **vinculado contractualmente** a ninguna de las partes de un contrato de crédito a cuya celebración ha contribuido y no entre directamente en contacto con una de estas partes, no impide que este sujeto pasivo proporcione una prestación de negociación de créditos exenta del IVA.

2) Los servicios de **captación de clientes** por una entidad de factoring no pueden considerarse servicios relativos a operaciones exentas (TEAC 2-11-10).

4. Retribución del factor

La contraprestación que recibe el factor por los servicios prestados al cedente puede determinarse de **formas** diversas: 9520

1. Una comisión única que retribuye todo el **conjunto de servicios** prestados por el factor.

2. Una comisión que retribuye las actividades de **gestión de cobro** y otra retribución específica para los servicios de garantía (asunción del **riesgo de insolvencia**) prestados por el factor.

El cálculo de las comisiones se realiza, normalmente, como un porcentaje del valor nominal de los créditos cedidos.

El problema que se plantea es que normalmente en ambos contratos (factoring propio e impropio), el factor presta un conjunto de servicios (no solo un único servicio individualizado) y que el tratamiento que corresponde a efectos del IVA a esos servicios no es homogéneo.

En efecto, en tanto que los servicios de gestión de cobro y los servicios complementarios son servicios sujetos y no exentos del IVA, los de anticipo de fondos son servicios exentos del impuesto.

Se puede pactar una contraprestación única o contraprestaciones separadas. A este efecto, las **reglas** son las siguientes (DGT Resol 1/2004 aptdo.III):

a) Si se ha pactado una **contraprestación única** para todo el conjunto de servicios prestados por el factor, se aplican las reglas para las operaciones de distinta naturaleza a precio único (nº 1879).

b) Si se han especificado **contraprestaciones separadas** para cada una de las prestaciones efectuadas por el factor y las cantidades que se atribuyen a cada una de dichas prestaciones se apartan de los valores normales de mercado, las cantidades que se puedan considerar como contraprestación de operaciones exentas, en tanto que intereses por financiación no pueden exceder del **tipo de interés** usualmente aplicado para este tipo de operaciones. Las cantidades que excedan de este importe deben ser tratadas como contraprestación de operaciones fuera de la exención prevista para las operaciones de concesión de créditos y préstamos y, en consecuencia, resultan sujetas y no exentas.

Precisiones **1)** Atendiendo a una interpretación sistemática de la LIVA art.78.Dos.1º, en virtud del cual se excluyen los **intereses por aplazamiento** de la base imponible de las operaciones, se recoge como condición que dichos intereses no superen los usualmente aplicados en el mercado para este tipo de operaciones.

2) En cuanto a la **base imponible** de las operaciones realizadas por el factor, ver nº 9485.

3) Una entidad financiera francesa compra determinados créditos a su filial, a la cual le ha sido delegada la gestión de cobro. Para ello, va a descontar a su filial esos créditos y a anticiparle los fondos. Se produce, por tanto, un anticipo de fondos a través del **descuento bancario**. La contraprestación que exige el banco como remuneración al servicio de cobro llegado el vencimiento del derecho de crédito está exento del IVA (DGT CV 20-5-09).

Asimismo, se reconoce la exención respecto a las comisiones y gastos que cobra una entidad al cedente por el servicio de **descuento de pagarés** que le realiza, habiendo sido denegado previamente el descuento de los mismos por otras entidades financieras (DGT CV 15-6-09).

Devengo (DGT Resol 1/20046-2-04 aptdo.IV) El contrato de factoring, en la práctica constituye un marco dentro del cual se producen sucesivas cesiones de créditos, siendo la relación entre el cedente y el factor una relación duradera en el tiempo. Siendo esto así, a los diversos servicios prestados por el factor se les deben aplicar los criterios establecidos para los **contratos de tracto sucesivo** (ver nº 1245 s.). 9530

La DGT entiende que el IVA correspondiente a las diversas prestaciones que se efectúan en el marco de un contrato de factoring se devenga cuando se produce la cesión de los créditos.

Así, considerando que es habitual en este tipo de contratos la **liquidación de las cantidades** correspondientes al **descuento**, es decir, mediante la detracción de su importe de los créditos cedidos por parte de los cedentes, se deduce que es cuando se produzcan las respectivas cesiones cuando se devenga el tributo, en su caso, correspondiente a las mismas y, a la vez, se fija el momento de imputación de los importes correspondientes para la **determinación de la prorrata** de deducción.

Ello sin perjuicio de lo señalado para cuando **no** se haya pactado **precio** o cuando, habiéndose pactado, no se haya determinado el momento de su **exigibilidad**, en cuyo caso el devengo se produce a 31 de diciembre de cada año por la parte proporcional correspondiente al período transcurrido desde el inicio de la operación o desde el anterior devengo, hasta la citada fecha (nº 1248).

9532 Doctrina Administrativa Además de las siguientes contestaciones de la DGT, ver nº 11000 s.
1) En las **ejecuciones de obras** para **Administraciones públicas** el devengo se produce, con carácter general, en el momento de recepción de la obra, salvo que se produzcan pagos anticipados. El hecho de que los derechos de cobro que el ejecutante de la obra tiene sobre su cliente, sean transferidos a un tercero, en este caso, una entidad de factoring, no implica que el momento de devengo se adelante en el tiempo (DGT CV 30-6-05).
2) La instrumentación del cobro de una operación mediante factoring o confirming, en este caso de **tracto sucesivo**, no altera el momento del devengo del IVA (DGT CV 5-8-10).

B. Sociedades holding

9540 Estas sociedades pueden ser consideradas, a efectos del IVA, empresarios o no. En este sentido, debemos distinguir entre las siguientes sociedades holding:
- Holding pura: aquella cuyo único objeto es la **adquisición de acciones** y participaciones en otras entidades sin participar directa o indirectamente en la gestión de esas últimas; y
- Holding mixta: la que realiza **actividades de gestión** para sus filiales (nº 9548 s.).

9542 **Holding pura** Una sociedad holding, cuyo único objeto es la adquisición de acciones y participaciones en otras entidades, **sin participación en la gestión**, ya sea directa o indirectamente, no tiene la consideración de empresario a efectos del IVA y no tiene derecho a deducir el IVA soportado (DGT CV 10-5-12; CV 4-2-16).
Por tanto, la pertenencia de la sociedad holding a un grupo de empresas de **ámbito internacional**, que se presenta bajo una denominación común, no tiene relevancia a estos efectos.
El TJUE parte de la idea de que la mera **adquisición de participaciones financieras** en otras empresas no constituye una actividad económica a efectos del IVA y no está sujeta a dicho impuesto. Como excepción, se encuentran las **sociedades de inversión de capital variable,** que sí tienen la consideración de empresarios a efectos del IVA (TJUE 20-6-91, asunto C-60/90; 21-10-04, asunto C-8/03).

9544 Doctrina Administrativa Además de las siguientes contestaciones de la DGT, ver nº 11000 s.
1) No tienen la consideración de empresario o profesional, dado que no realiza actividades que permitan atribuirle esa condición:
- una sociedad dedicada a la **mera tenencia de inmuebles** (DGT CV 5-7-06; CV 18-12-07); ni
- la **mera tenencia de valores** por parte del grupo familiar que posee acciones y participaciones representativas del capital social de varias sociedades, teniendo intención una de ellas de llevar a cabo una **ampliación de su capital** mediante la emisión de nuevas participaciones, que sería suscrita por los miembros del grupo familiar mediante la aportación de sus acciones o participaciones representativas del capital social de las demás sociedades. Por tanto, la entrega de dichas acciones por parte de los integrantes del citado grupo no se puede considerar sujeta al impuesto (DGT CV 19-4-07).

En estos casos, no resulta deducible el IVA soportado por los bienes y servicios adquiridos para el desarrollo de su actividad y no existe tampoco obligación de cumplir las obligaciones formales correspondientes.
2) Sí tiene la consideración de empresario a efectos del IVA una sociedad mercantil que se dedica al **arrendamiento de inmuebles**, y no a su mera tenencia, con independencia de que dicho arrendamiento pueda estar exento del IVA (DGT CV 3-6-08).
3) La **compraventa de acciones** o participaciones sociales de alguna de las sociedades dependientes de la holding se han de incluir en el cómputo del **volumen de operaciones**, cuando las mismas se efectúen en el marco de una actividad comercial de negociación de títulos o para realizar una intervención directa o indirecta en la gestión de sociedades en las que produce la adquisición de la participación (DGT CV 9-5-12).

9547 Jurisprudencia **1)** En la adquisición de participaciones en sus filiales por una **sociedad de cartera** que únicamente participa en la gestión de alguna de estas y que, respecto de las demás, no ejerce ninguna actividad económica, forman parte solo parcialmente de sus gastos generales, de modo que el IVA abonado por esos gastos solo puede deducirse en proporción a los que son inherentes a la actividad económica, según los criterios de reparto definidos por los E.m. Cuando la sociedad holding interviene en la gestión de las participadas, prestando determinados servicios, ejerce una actividad económica y los resultados se computan en la prorrata (TJUE 16-7-15, asuntos acumulados C-108/14 y C-109/14), como ocurre con los servicios de **arrendamiento de inmuebles**, al suponer una actividad que se desarrolla con carácter permanente y oneroso (TJUE 5-7-18, asunto C-320/17).

2) La concesión anual de préstamos por un holding a las sociedades en las que posee participaciones y las inversiones en depósitos bancarios o en valores, como bonos del Tesoro o certificados de depósito, han de considerarse **operaciones accesorias**, en la medida en que suponen una utilización muy limitada de bienes o de servicios por los que se debe pagar el IVA. Aunque la magnitud de los **ingresos generados** por las operaciones financieras puede constituir un indicio de que estas no se deben considerar accesorias, este hecho por si solo no puede excluir la calificación de aquellas como operaciones accesorias (TJUE 29-4-04, asunto C-77/01).

3) Constituyen **actividades económicas** a efectos del IVA las actividades realizadas por una sociedad holding consistentes en la tenencia, adquisición y venta de participaciones en las filiales, financiación de sus operaciones mediante la concesión de préstamos y mediación en nombre propio en operaciones de seguro para las filiales. Resulta procedente la inclusión en el denominador de la **prorrata** común a sectores diferenciados del importe de las operaciones realizadas por una sociedad holding en el ejercicio de tales actividades económicas (TS 1-12-16, EDJ 219652). De modo similar, son deducibles las cuotas relacionadas con una compra de acciones frustrada cuando era intención de la adquirente prestar servicios a la filial que se proponía adquirir (TJUE 17-10-18, asunto C-249/17).

Sin embargo, la **venta de unas acciones** cuyo importe no está destinado a ser utilizado en el desarrollo de la actividad económica no se encuentra dentro del ámbito de aplicación del IVA (TJUE 8-11-18, asunto C-502/17).

Holding mixta Por lo que se refiere a las sociedades holding que sí tienen la condición de **empresarios o profesionales** por realizar actividades de gestión para sus filiales, se indica que (TJUE 27-9-01, asunto C-16/00): 9548

- la **actividad de gestión** debe considerarse como actividad empresarial en la medida en que dé lugar a operaciones sujetas al IVA, tales como la prestación de servicios administrativos, comerciales, financieros o técnicos;
- los **dividendos** percibidos de dichas filiales no son contraprestación de ninguna actividad económica (ver nº 9571);
- los **intereses** abonados por las filiales a la sociedad holding en razón de préstamos concedidos por esta solo se consideran como contraprestación de una actividad empresarial desarrollada por la sociedad holding si el préstamo se efectúa en el contexto de unos objetivos empresariales o con una finalidad comercial, caracterizada por el afán de rentabilizar los capitales invertidos. Si, por el contrario, la actividad de préstamo se ejerce solo a título ocasional y se limita a la gestión de una cartera de inversiones al modo de un inversor privado, los intereses no se consideran contraprestación de ninguna actividad económica (TJUE 21-10-04, asunto Banque Bruxelles Lambert C-8/03);
- si la sociedad holding se limita a reinvertir los dividendos percibidos de sus filiales, destinándolos a la concesión de **préstamos** para dichas filiales, no existe una actividad empresarial de concesión de préstamos;
- el **IVA soportado** por bienes y servicios vinculados con la adquisición de participaciones en una filial forma parte de los gastos generales de la sociedad holding y puede ser deducido en su totalidad (si la holding solo realiza operaciones gravadas) o en la medida correspondiente al porcentaje de prorrata (si realiza tanto operaciones gravadas como exentas).

Doctrina Administrativa **1)** Están sujetos al IVA los servicios de apoyo a la gestión (**management fees**) prestados por una holding a sus empresas participadas (DGT CV 7-3-12). 9549

2) En las relaciones entre una **sociedad holding y sus participadas**, se debe considerar:

1ª. Por **intervención directa o indirecta** en la actuación de la sociedad participada ha de entenderse la prestación de servicios a dicha sociedad, sin que la influencia que una participación societaria suficientemente elevada pueda suponer deba llevar a la conclusión de que efectivamente se produce dicha participación. La existencia de prestaciones de servicios entre el accionista de una entidad y dicha entidad requiere algo más, no siendo suficiente el hecho de que sea el accionista quien decida quiénes son los administradores o consejeros de la entidad, o incluso sus directivos.

2ª. Las operaciones en función de las cuales se debe apreciar la existencia de **prestaciones de servicios** tales que permitan atribuir la condición de empresario o profesional a la entidad holding son las operaciones de la citada sociedad holding.

3ª. Existiendo dichas prestaciones de servicios, no cabe considerar los **dividendos** como contraprestación de las mismas. Únicamente en aquellos casos en los que se pudiera acreditar que el accionista ha utilizado su capacidad de influencia en la sociedad participada para alterar la valoración de las operaciones se podría llegar a una conclusión diferente.

4ª. Ha de estarse a la **verdadera naturaleza** de las operaciones, evitando por tanto que una participación accionarial suficientemente elevada altere, a través de su capacidad de influencia en las decisiones de la entidad participada, dicha naturaleza.

5ª. Los servicios prestados por un accionista a la entidad en cuyo capital participa han de ser servicios en los que se utilice el **patrimonio empresarial o profesional**. En la medida en que dichos hipotéticos servicios se presten al margen de dicho patrimonio o actividad empresarial, no cabe la inclusión de los mismos en el ámbito de aplicación del tributo (DGT CV 19-12-13).

3) La actividad consistente en la **gestión de excedentes de tesorería** materializada mediante la compraventa de valores, no constituye una actividad económica del sujeto pasivo sujeta al IVA (TEAC 21-9-10).

Jurisprudencia **1)** El IVA soportado por entidades holding que intervienen en la **gestión de sus filiales**, mediante la prestación de servicios a estas, es deducible, siempre que los citados servicios sean reales, prestados de forma continuada y a cambio de una contraprestación igualmente real, sin que la magnitud o resultado de dichos servicios sea, en principio, relevante. Actúan como **límite** a lo anterior, la posibilidad de que los referidos servicios estén exentos o se presten gratuitamente (TJUE 16-7-15, asuntos acumulados C-108/14 y C-109/14).

2) La entidad holding que, simultáneamente, preste servicio a algunas de sus filiales y que además actúe como holding pura, es decir, sin prestar servicios, respecto a las demás, se consideran **entidades mixtas**, cuyo derecho a la deducción del IVA soportado ha de cuantificarse en proporción al uso de los servicios recibidos en su actividad económica, esto es, respecto al primer grupo de sus filiales (TJUE 13-3-08, asunto C-437/0; 16-7-15, asuntos acumulados C-108/14 y C-109/14). En el mismo sentido, TEAC 26-2-20.

3) Una entidad holding con una facturación por servicios de gestión de su única filial por unos 70.000 euros, pretende deducirse el IVA de una retribución de administradores por más de 2.000.000 euros. Los **servicios facturados** presentan tal desproporción con tan solo una de las partidas de coste, la retribución del consejo de administración, que ni siquiera cabe calificar a la entidad prestadora como empresario o profesional por razón de dicha prestación, ello con base en la sentencia del TJUE 12-5-16, asunto C-520/14 (TEAC 18-9-19).

4) Cesión por una **sociedad matriz** de todas las acciones de una filial, así como su participación en una sociedad controlada en la que ha prestado servicios sujetos al IVA: está exenta del IVA; sin embargo, si el E.m. hubiese declarado no sujeta la transmisión en bloque de la totalidad o parte de una empresa, tal operación no constituiría una actividad económica sujeta al IVA. Asimismo, en estas operaciones, si existe una relación directa entre los servicios prestados en la cesión de las acciones y las actividades económicas del sujeto pasivo, se pueden deducir los **gastos** derivados de los servicios siempre que formen parte del precio de las operaciones relativas a las actividades económicas del sujeto pasivo. En caso contrario, es decir, si los gastos pueden incluirse en el precio de las acciones vendidas, no existe derecho a practicar esa deducción (TJUE 29-10-09, asunto C-29/08). Por tanto, no son deducibles los gastos relacionados con los **asesoramientos** necesarios para la adquisición de participaciones de sociedades del grupo por una entidad holding, dado que aquellos no pueden encuadrarse en la actividad económica de la holding que se concentra en el apoyo a las filiales mediante la prestación de servicios informáticos, contables o de asesoría (TS 1-12-16, EDJ 219652).

C. Otras operaciones

9571 **Dividendos** Los dividendos percibidos por una entidad no son contraprestación de ninguna **actividad económica** efectuada por esta a efectos del IVA. Por ello (TJUE 22-6-93, asunto C-333/91):

- en el caso de que la entidad haya de aplicar la **prorrata** de deducción (por realizar tanto operaciones gravadas como operaciones exentas del impuesto), los dividendos no se toman en cuenta para calcular dicha prorrata; y
- si la entidad **no** obtiene **otros ingresos** que los dividendos citados, hay que concluir que no es empresario a efectos del IVA. No está obligada a presentar declaraciones por este impuesto pero, al mismo tiempo, no puede deducir el IVA soportado, comportándose a todos los efectos como un consumidor final.

Doctrina Administrativa Además de las siguientes contestaciones de la DGT, ver nº 11000 s.
A efectos de la determinación del **volumen de operaciones**, no se computan los dividendos percibidos por una sociedad holding de una sociedad filial al no constituir la contraprestación de ninguna actividad económica (DGT CV 31-10-06); por el contrario, sí se computan los dividendos percibidos por las entidades holding cuando su percepción se vincule directamente a la prestación de servicios por parte de la entidad perceptora de los mismos a la entidad que los abona, constituyendo la contraprestación de tales servicios (DGT CV 9-5-12).

9576 **Emisión de nuevas acciones** La puesta a disposición de nuevas acciones por una entidad a cambio de una cantidad no constituye entrega de bienes ni prestación de servicios a efectos del IVA (DGT CV 19-4-07): las cantidades recibidas no se computan a efectos de la **prorrata** de deducción, ni el mero hecho de la emisión de acciones determina que la entidad emisora haya de aplicar dicha regla. El IVA soportado por gastos vinculados a la realización de la emisión (gastos de asesoría o publicidad de la emisión) es deducible en su totalidad cuando la entidad emisora solo realiza operaciones gravadas a efectos del IVA; o de acuerdo con el porcentaje de prorrata aplicable cuando realiza operaciones gravadas y exentas (TJUE 26-5-05, asunto C-465/03).

Cuando un empresario realiza indistintamente actividades empresariales, gravadas o exentas, y actividades no empresariales, la deducción del IVA soportado por los gastos incurridos con motivo de la emisión de acciones y participaciones instrumentales atípicas solo es admisible en la medida en que dichos gastos puedan imputarse a la actividad económica gravada. La determinación de los métodos y de los **criterios de reparto de las cuotas soportadas** del IVA entre actividades empresariales y actividades no empresariales corresponde a los Estados miembros, pues se trata de una materia no regulada en la Dir 2006/112/CE (dado que la prorrata regulada en dicha Directiva solo es aplicable para el reparto entre las actividades empresariales gravadas y exentas, sin tener en cuenta las no empresariales).
No obstante, en el ejercicio de dicha facultad, los Estados miembros deben tener en cuenta la finalidad y la estructura de la citada Directiva y, con ese objeto, han de establecer un método de cálculo que refleje objetivamente la parte de los gastos soportados que es realmente imputable a cada una de esas dos actividades (TJUE 13-3-08, asunto C-437/06).
Igualmente, la **admisión de un nuevo socio** en una sociedad personalista, a cambio de una aportación dineraria efectuada por este: no constituye ninguna operación (ni entrega de bienes ni prestación de servicios) a efectos del IVA, no afectando a deducciones ni regla de prorrata (TJUE 26-6-03, asunto C-442/01), ya que no se adquiere la condición de empresarios o profesionales por el hecho de participar en el capital de la misma, sino por la realización de actividades u operaciones que permitan atribuirles tal condición (DGT CV 5-12-06).

Doctrina Administrativa Además de las siguientes contestaciones de la DGT, ver nº 11000 s. **9577**
1) Una **asociación deportiva** en cuyas instalaciones se practica el golf restablece su situación patrimonial estableciendo a favor de sus socios el derecho de transmisión de las acciones en circulación y la emisión de unos títulos especiales para la dotación de un fondo de recursos adicional cuya suscripción permite a los socios disfrutar de un descuento en las cuotas periódicas y en determinados servicios. Dado que la emisión de títulos no constituye operación sujeta al impuesto, la entidad debe adoptar un sistema de reparto que permita identificar la parte de financiación obtenida de cada suscriptor de los títulos especiales (DGT CV 5-6-06).
2) No se encuentra sujeta al Impuesto ni la emisión de títulos sociales por un **club de golf**, los cuales son de obligada adquisición por los socios para mantener su status, ni la transmisión de títulos por un socio al adquirente de los mismos, ya que no se realiza por un empresario o profesional en el ejercicio de sus actividades empresariales o profesionales.
Sin embargo, si la adquisición de títulos sociales se realiza a cambio de **descuentos en las cuotas** del club o en el precio de la utilización de las diferentes instalaciones deportivas son operaciones sujetas por las que hay que repercutir el impuesto (DGT CV 26-11-08).
3) No están sujetas las aportaciones dinerarias, voluntarias y variables, efectuadas por los **fundadores** a una fundación privada sin ánimo de lucro y que no se encuentran referidas ni vinculadas a servicios prestados por la fundación o que vayan a recibir dichos fundadores aportantes (DGT CV 12-11-07).

Confirming Se suele considerar como un **contrato mercantil, financiero y atípico** (no tiene una regulación legal cerrada y específica). Mediante este contrato una empresa externaliza en una entidad financiera la gestión del pago de sus facturas a proveedores y ofrece a estos la posibilidad de anticipar el cobro, es por esto por lo que también se conoce como factoring inverso. **9582**
Puesto que estos servicios se limitan a poner en contacto a la entidad financiera con los proveedores que pueden contratar los mismos, no asumiendo funciones de negociación, no pueden considerarse como servicios de intermediación en la realización de operaciones financieras, independientemente de cómo sean remunerados. Quedan, por tanto, sujetos y no exentos del impuesto (DGT 12-3-04). Sin embargo, los **servicios de intermediación** en los que las funciones del intermediario van más allá del mero suministro de información y la simple recepción de solicitudes, existiendo una función real de negociación, son operaciones sujetas al impuesto, pero que se encuentran exentas al quedar englobadas en la LIVA art.20.uno.18º (DGT CV 11-10-05; CV 19-12-06). A título de ejemplo, se encuentran exentas las actividades financieras desarrolladas por los **agentes de la propiedad inmobiliaria**, los **concesionarios de automóviles** y otros **proveedores** de bienes de **consumo duradero** y, en general, la actividad desarrollada por operadores económicos ajenos a las entidades de crédito, o por las propias entidades de crédito a petición de otras entidades, así como las operaciones de confirming.
Además, para que la citada actividad se halle exenta es necesario que las partes tengan **conocimiento de la existencia del mediador** y de la labor que el mismo realiza (DGT CV 26-9-05; CV 2-4-12).

9584 **Forfaiting** Aunque estas operaciones comparten elementos comunes con el contrato de factoring, es un **contrato mercantil atípico** que permite obtener financiación inmediata de un tercero (entidades terceras o de su grupo) en operaciones, generalmente, de ámbito internacional. A través de dichos contratos, las entidades cedentes transmiten un **efecto financiero** (pagaré, letra de cambio cortas de crédito), derivado de su actividad a la entidad cesionaria (forfaiter) que lo acepta sin recurso y que anticipa el importe del efecto, descontando su remuneración. La gestión del crédito seguirá siendo realizada por la entidad cedente.
En cuanto a la cesión de los créditos sin recurso, constituye una operación sujeta y exenta del IVA; por el contrario, los servicios de gestión que prestan las entidades cedentes se deben entender como **servicios administrativos** los cuales están sujetos y no exentos del Impuesto (DGT CV 20-1-17).

PARTE OCTAVA

Jurisprudencia del TJUE

CAPÍTULO 22

Jurisprudencia del TJUE en materia de IVA durante 2025

Las sentencias del TJUE constituyen un elemento clave en la aplicación del IVA. Establecen **criterios obligatorios e inmediatamente aplicables** por todos los Estados miembros, dado que, en las mismas, el TJUE interpreta la Dir 2006/112/CE, que ha de ser objeto de aplicación uniforme en toda la UE. **Una sola sentencia** del TJUE basta para crear jurisprudencia, no es necesario que existan dos o más, como ocurre a nivel doméstico respecto de las sentencias del Tribunal Supremo. 9976

El TJUE se ha pronunciado en las ocasiones que se recogen a continuación, incluyendo sentencias y autos, durante **2025**, y lo ha hecho a través de dos cauces: 9977

a) En primer lugar, como respuesta a **cuestiones prejudiciales** planteadas por los tribunales nacionales. La cuestión prejudicial es un mecanismo que permite a un tribunal nacional efectuar una **consulta** al TJUE acerca de la correcta interpretación de un precepto comunitario, cuando el tribunal nacional ha de resolver un litigio para cuya solución es necesaria una interpretación del mismo, llegando a ser obligatorio plantear dicha cuestión de concurrir determinadas circunstancias (TFUE art.267).

La interpretación dada por el TJUE en su sentencia ha de ser tenida en cuenta por el tribunal nacional al decidir en el caso concreto planteado ante él.

b) En segundo lugar, dichas sentencias pueden dictarse en el marco de **procedimientos por incumplimiento** incoados por la Comisión contra un Estado miembro. Se trata de supuestos en los que la Comisión (normalmente como consecuencia de una **denuncia** presentada ante ella llega a la conclusión de que un Estado miembro no está aplicando correctamente la normativa comunitaria en materia de IVA).

Se expone a continuación una síntesis de las sentencias y autos dictados por el TJUE en 2025, agrupados de acuerdo con los distintos aspectos del tributo (hecho imponible, lugar de realización, exenciones, base imponible, tipos impositivos, etc.) y encabezadas por un epígrafe que resume la doctrina que contiene la sentencia en cuestión. El texto de estas sentencias puede encontrarse en la página web del TJUE «curia.europa.eu».

Precisiones En el nº 10950 se recogen de forma resumida las sentencias relativas al IVA dictadas por el TJUE en los años **2019 a 2024**.

1. Hecho imponible

Sujeción a IVA de la venta por un matrimonio de unos terrenos inicialmente incluidos en el patrimonio particular: Asunto E.T. (TJUE 3-4-25, asunto C-213/24) Se describe en la sentencia que los cónyuges E. T. y W. T. adquirieron a título gratuito varias parcelas de terreno agrícola procedentes de los padres de W. T. Estos terrenos entraron en la comunidad legal de los referidos cónyuges. 9980

La pareja decidió vender esas parcelas y celebró un **contrato de mandato**. En concreto, se encargó al mandatario organizar la división de la propiedad en parcelas más pequeñas y realizar las gestiones necesarias para modificar en consecuencia las inscripciones en el Registro de la Propiedad y en el Catastro, cambiar la clasificación de las parcelas en el plan de ordenación municipal (de suelo rústico a urbanizable), dotar a la propiedad de servicios públicos, publicitar las parcelas entre los posibles adquirentes y preparar los documentos necesarios para la formalización de las escrituras de compraventa. Los cónyuges otorgaron poderes al mandatario para actuar en su nombre ante las diferentes autoridades polacas competentes. La retribución del mandatario correspondía a la diferencia entre los precios de venta estipulados en el contrato de mandato y los precios de venta efectivos. Las parcelas se vendieron entre 2017 y 2021.

La Administración Tributaria consideró que estas ventas constituían una actividad económica que debía estar sujeta al IVA, considerando que los **terrenos** se habían convertido en **edificables** antes de su venta y que se había comprado una parcela adicional para crear vías interiores y vías de acceso a las diferentes parcelas creadas. Por su parte, E. T. y W. T. consideraron que las ventas entraban dentro de la simple **gestión del patrimonio personal** y, por tanto, no estaban sujetas al IVA, lo que suscitó la controversia.

9983 La primera cuestión suscitada se dirigía a dilucidar si, a los efectos de la Dir 2006/112/CE art.9(1), puede considerarse empresario o profesional que realiza una **actividad económica con carácter independiente** a una persona que vende un terreno que inicialmente formaba parte de su patrimonio personal y que encomienda la preparación de la venta a un operador profesional, que realiza, como mandatario de esa persona, una serie de operaciones con vistas a dicha venta.

El Tribunal recordó la amplitud en la definición de los conceptos de sujeto pasivo -empresario o profesional-y de actividad económica (TJUE 12-9-00, asunto Comisión/Grecia, C-260/98; 12-10-16 asunto Christine Nigl C-340/15). Es la existencia de dicha actividad lo que justifica la calificación de empresario o profesional (TJUE 15-9-11, asuntos acumulados Slaby C-180/10 y C-181/10).

Asimismo, y en relación con la **venta de terrenos edificables**, un criterio de apreciación pertinente señalado es el hecho de que el interesado haya realizado gestiones activas de comercialización de inmuebles recurriendo a medios similares a los empleados por un fabricante, un comerciante o un prestador de servicios, como la realización de obras de urbanización y el empleo de medios de comercialización habituales, que indican la realización de una actividad económica (TJUE 15-9-11, asuntos acumulados Slaby C-180/10 y C-181/10; 9-7-15, asunto C-331/14 y 20-1-21, AJFP Sibiu y DGRFP Brasov, C-655/19).

Por referencia al asunto controvertido, se apuntaron las acciones que se entendió que podían considerarse **gestiones activas de comercialización** que recurren a medios similares a los de los profesionales del sector inmobiliario, que eran las siguientes:
- división de la propiedad en parcelas más pequeñas y realización de los trámites necesarios para modificar las inscripciones en el Registro de la Propiedad y en el Catastro;
- modificación de la clasificación de las parcelas en el plan de ordenación municipal del territorio (de suelo rústico a suelo urbanizable);
- compra de una parcela de terreno adicional para el establecimiento de vías interiores y de acceso a las parcelas individuales;
- dotación de servicios públicos;
- supresión de elementos incompatibles con el uso previsto de las parcelas;
- obtención de las autorizaciones exigidas de las autoridades competentes;
- promoción de las parcelas entre los potenciales compradores;
- preparación de los documentos necesarios para la formalización de las escrituras de compraventa.

Se recordó igualmente que el hecho de que un bien haya sido adquirido inicialmente para satisfacer las **necesidades personales del adquirente** no se opone a que dicho bien se utilice posteriormente para realizar una «actividad económica» (TJUE 19-7-12, asunto Rëdlihs C-263/11). De ello se deduce que la circunstancia, destacada por el órgano jurisdiccional remitente, de que los terrenos no se hubieran adquirido para el ejercicio de una actividad agrícola o comercial no excluye que su venta se considere como ejercicio de una actividad económica.

En el asunto controvertido, estas gestiones activas de comercialización no fueron llevadas a cabo, en lo esencial, por el propietario del terreno en venta, sino por un profesional apoderado para ello. Por ello, se planteaba la duda de si ese **contrato de mandato** podía reducir al mínimo el riesgo económico soportado por la cedente y, por tanto, excluir que pudiera considerarse que había realizado una actividad económica con carácter independiente.

El Tribunal recordó la necesidad de que la actividad se realice en nombre propio, por su propia cuenta y bajo su plena responsabilidad, asumiendo el riesgo económico derivado de ella, para ser considerada como una actividad económica (TJUE 12-10-16 asunto Christine Nigl C-340/15).

Por referencia al asunto en cuestión, el TJUE enfatizó que el mandatario en ningún caso se convertía en propietario de los terrenos. Aunque asumía los gastos de las actividades antes mencionadas, lo que implica que es él quien asumía el riesgo económico vinculado, el **riesgo económico final**, que se materializaría si no se produjese la venta por falta de ejecución del

contrato de mandato o por ausencia de comprador dispuesto a adquirir las parcelas, recaía exclusivamente sobre los mandantes, salvo que el contrato contuviera estipulaciones en contrario, extremo que corresponde comprobar al órgano jurisdiccional remitente.
Con esta premisa, se concluyó declarando que, conforme a la Dir 2006/112/CE art.9(1) (equivalente a LIVA art.5), puede considerarse sujeto pasivo del IVA -empresario o profesional- que realiza una actividad económica con carácter independiente a una **persona que vende un terreno** que inicialmente formaba parte de su patrimonio personal y que encomienda la preparación de la venta a un operador profesional, que realiza, como mandatario de esa persona, gestiones activas de comercialización de inmuebles recurriendo, para esa venta, a medios similares a los empleados por un fabricante, un comerciante o un prestador de servicios, a los efectos de dicha disposición.

La segunda cuestión planteada se dirigía a dilucidar si, a los efectos del mismo art.9(1) de la Dir 2006/112/CE, debe considerarse **empresario o profesional** que realiza una actividad económica con carácter independiente bien a cada uno de los cónyuges copropietarios, considerados separadamente, bien a la **comunidad legal** formada por los cónyuges copropietarios. **9985**
El Tribunal apeló de nuevo a la amplitud del concepto «empresario o profesional», centrado en la independencia en el ejercicio de una actividad económica, lo que conduce a considerar empresarios o profesionales a los efectos del IVA a todas las personas físicas o jurídicas, tanto públicas como privadas, incluso entidades carentes de personalidad jurídica, que se ajusten objetivamente a este criterio (TJUE 16-9-20, asunto Valstybinè mokesciu inspekcija, C-312/19).
Procede, por tanto, comprobar quién realizó con carácter independiente la actividad económica en cuestión, lo que, en buena lógica, se extenderá a la determinación de quién puede deducir el IVA soportado, en su caso.
A pesar de tratarse de un concepto de derecho comunitario, la consideración de las disposiciones del **Derecho nacional** puede ser útil para determinar si, en circunstancias como las del litigio principal, se cumplen los criterios para considerar que una actividad económica ha sido realizada con carácter independiente (TJUE 21-12-23, asunto C-288/22).
Se dispuso al efecto que el mero hecho de que el bien de que se trata forme parte de la **comunidad legal** y sea copropiedad de los cónyuges no se opone a que los cónyuges tributen por separado, cuando uno de ellos ejerza separadamente la actividad económica en cuestión (TJUE 21-4-05, asunto HE, C-25/03) o cuando cada uno de ellos ejerza una actividad económica con carácter independiente (TJUE 24-3-22, asunto C-697/20).
En opinión del TJUE, no parece que del derecho de familia polaco se pueda inferir que, cuando se vende un bien común, la comunidad legal propietaria actúa en su nombre, por su propia cuenta, bajo su responsabilidad y asumiendo el riesgo económico.
Se destacó, no obstante, que la práctica nacional permite tratar como empresario o profesional independiente a una sociedad civil sin personalidad jurídica, considerándola deudora del IVA, de forma separada de cada uno de sus socios.
Por lo demás, dado que, según las disposiciones del Derecho polaco, la **venta de un bien común** requiere el consentimiento de cada uno de los cónyuges y no existe ninguna habilitación de ninguno de ellos para actuar en nombre de la comunidad, ambos cónyuges parecen haber actuado de forma conjunta en las ventas de que se trata y, por tanto, no se presentaron frente a terceros (compradores y autoridades públicas) y al exterior como si actuaran de forma independiente, lo que constituye un factor pertinente para identificar al empresario o profesional (TJUE 12-10-16 asunto Christine Nigl C-340/15; 16-9-20 16, asunto Valstybinè mokesciu inspekcija, C-312/19).
Adicionalmente, y aunque no sea determinante, había que considerar que los cónyuges también **celebraron conjuntamente el contrato** con el mandatario y solicitaron conjuntamente a las autoridades locales que se estableciera una servidumbre de paso para acceder a las parcelas de que se trata. Asimismo, habría que determinar si, habida cuenta del régimen de responsabilidad de los cónyuges en el marco de sus actividades, era la comunidad legal, y no cada cónyuge individualmente, quien asumió el riesgo económico vinculado a la venta de los terrenos de que se trata.
Con estas premisas, se concluyó declarando que la Dir 2006/112/CE art.9(1) debe interpretarse en el sentido de que, en el marco de una operación de venta calificada de actividad económica en el sentido de la referida Directiva, no se opone a que se considere empresario o profesional que realiza una actividad económica con carácter independiente a **la comunidad** legal formada por los cónyuges copropietarios si, **frente a terceros**, los dos cónyuges conjuntamente realizan la operación de venta de terrenos pertenecientes a esa comunidad, operación constitutiva de una actividad económica, y si dicha comunidad asume el **riesgo económico** ligado al ejercicio de esa actividad.

9987 **Servicios prestados a título gratuito: Asunto Svilosa** (TJUE 2-10-25, asunto C-535/24) Svilosa era una sociedad de cartera búlgara que dedujo el IVA correspondiente a servicios jurídicos prestados por bufetes de abogados establecidos en Estados Unidos.

Estos **servicios jurídicos** tenían por objeto recuperar las cantidades pagadas en relación con un préstamo concedido por Svilosa a una fundación para la organización de un concierto destinado a recaudar fondos en favor de los niños afectados por la guerra. El importe del préstamo no se había ingresado en la cuenta de la fundación, sino que se había puesto directamente a disposición de personas y sociedades que debían encargarse de organizar dicho concierto. Finalmente, este último no se llegó a celebrar, por razones no imputables a la fundación, por lo que Svilosa recurrió a los servicios de bufetes de abogados para demandar a esas diversas personas que habían incumplido sus compromisos.

En el curso del **procedimiento de inspección**, se constató que la fundación había apoderado a un representante legal de Svilosa para que la representara en las relaciones con los bufetes de abogados en cuestión y que Svilosa había financiado las prestaciones de estos últimos, sin por ello haber sido retribuida por la fundación, por lo que consideró que Svilosa había prestado servicios a título gratuito a la fundación.

Suscitada la posible tributación de esta prestación, la cuestión se recondujo a dilucidar si están comprendidos en la calificación de «prestación de servicios a título oneroso» o son asimilables a este concepto, los **actos realizados por un acreedor para cobrar su crédito** en una situación en la que dichos actos se realizaron sin mediar encargo ni mandato por parte del deudor.

9989 El TJUE apeló a su reiterada **doctrina del vínculo directo**, conforme a la cual, una prestación de servicios solo se realiza «a título oneroso» si entre quien la efectúa y su destinatario existe una relación jurídica en cuyo marco se intercambian prestaciones recíprocas.

Además, en el caso de autos, queda acreditado que, en virtud de un contrato de financiación puente que las vincula, Svilosa concedió un préstamo a la fundación. En cambio, los actos realizados por Svilosa para recuperar las cantidades que abonó a terceros en el marco de dicho préstamo no fueron objeto de ningún acuerdo u otra relación jurídica con la fundación en los que se intercambiaran prestaciones recíprocas referidas específicamente a dichos actos. Tampoco Svilosa parece haber percibido retribución alguna de la fundación en relación con tales actos.

Se añadió a lo anterior la irrelevancia de que Svilosa hubiera podido recuperar, a raíz de procedimientos sustanciados en los Estados Unidos, una parte del crédito del concedido a la fundación. En efecto, el pago de las cantidades así recuperadas no parece haberse efectuado como contrapartida, por parte de la fundación, de los **actos de cobro** realizados por Svilosa. Por consiguiente, esos actos no pueden considerarse prestación de servicios a título oneroso. El hecho de que la interpretación del Derecho civil nacional pueda llevar a otra conclusión se declaró expresamente como no determinante.

Se descartó, de este modo, que las operaciones realizadas pudieran considerarse como «prestaciones de servicios a título oneroso» a los efectos del IVA.

Con respecto a la posible calificación de las actuaciones como **servicios gratuitos**, gravables como tales, se recordó que, conforme a la Dir 2006/112/CE art.26(1)(b), se asimila a una prestación de servicios a título oneroso la prestación de servicios a título gratuito efectuada por el empresario o profesional para sus necesidades privadas o para las de su personal o, más generalmente, para fines ajenos a su empresa. El objetivo de esta disposición es garantizar la igualdad de trato entre el empresario o profesional que destina sus servicios a sus necesidades privadas o las de su personal y el consumidor final que adquiere un servicio del mismo tipo (TJUE 17-11-22, asunto GE Aircraft Engine Services, C-607/20, y jurisprudencia citada).

Teniendo en cuenta que los actos de Svilosa se realizaron con el fin de cobrar su crédito, no cabía su consideración como efectuados para fines ajenos a la empresa. La ventaja que la fundación podría haber obtenido de los actos de cobro realizados por Svilosa, consistente en la amortización de una parte del préstamo, no es sino una consecuencia indirecta de los actos de cobro en cuestión.

Se descartó con ello la posible tributación de las operaciones como servicios prestados a título gratuito o como **autoconsumos de servicios**.

Con base en todo lo anterior, se **concluyó** declarando que, conforme a la Dir 2006/112/CE art.2(1)(c) y 26(1)(b), que establecen la sujeción al IVA de los servicios prestados a título gratuito (equivalentes, respectivamente, a la LIVA art.4.uno y 12.3º), no están comprendidos en la calificación de «prestación de servicios a título oneroso» o no son asimilables a este concepto, los actos realizados por un acreedor para cobrar su crédito en una situación en la que dichos actos se realizaron sin mediar encargo ni mandato por parte del deudor.

Mediación en nombre propio en la prestación de servicios por vía electrónica 9992

(TJUE 9-10-25, asunto C-101/24, XYRALITY) Xyrality, una sociedad alemana, desarrollaba aplicaciones de juegos para móviles que comercializaba a través de una plataforma digital o tienda de aplicaciones gestionada por X, una empresa establecida en Irlanda.

Los clientes finales podían descargar gratuitamente dichas aplicaciones en la tienda de aplicaciones y, mediante la adquisición onerosa de mejoras u otros beneficios (efectuada dentro de la aplicación), podían avanzar en el juego descargado previamente u obtener otras ventajas. El pago de estas compras se realizaba a través de la tienda de aplicaciones mediante un método de pago registrado por el cliente.

A lo largo del procedimiento de compra no se mencionaba a Xyrality como prestador de los servicios.

Tras la compra, el cliente recibía de X por correo electrónico una confirmación del pedido en la que aparecía el logotipo de la tienda de aplicaciones y en la que se indicaba que se había realizado una compra con Xyrality. En ese correo se indicaba, asimismo, el precio bruto y el importe de IVA (alemán) incluido en el precio. X comunicaba mensualmente a Xyrality las compras realizadas por los clientes dentro de la aplicación y emitía una factura de **comisión** del 30 % de las compras.

En un primer momento, Xyrality consideró que ella era la prestadora de los servicios a los clientes, por lo que declaró el IVA alemán por los clientes establecidos en la Unión Europea. Posteriormente, presentó **autoliquidaciones rectificativas**, alegando que había prestado los servicios a X y que esta última había intervenido como prestadora de los servicios frente a los clientes finales.

Así, al considerar que el **lugar de prestación de los servicios** a X era Irlanda, con arreglo a la Dir 2006/112/CE art.44, Xyrality redujo la base imponible de sus operaciones, lo que suscitó la controversia.

9994 La primera cuestión planteada se dirigía a dirimir si cuando un empresario o profesional establecido en un Estado miembro hubiese prestado, antes del 1-1-2015, **servicios por vía electrónica** a particulares establecidos en la Unión, a través de una tienda de aplicaciones situada en otro Estado miembro, se puede considerar que la tienda de aplicaciones **media en nombre propio** en la prestación si las confirmaciones de pedido remitidas a los clientes finales designaban al primer empresario o profesional como el prestador de los servicios e indicaban el tipo del IVA aplicable en el Estado de establecimiento de este último.

La controversia se refería a la Dir 2006/112/CE art.28 (equivalente a la LIVA art.11.dos.15º), conforme al cual cuando un empresario o profesional que actúe en nombre propio, pero por cuenta ajena, medie en una prestación de servicios se considerará que ha recibido y realizado personalmente los servicios de que se trate.

El Tribunal señaló que el citado art.28, redactado en términos generales, crea la **ficción jurídica** de dos prestaciones de servicios idénticas realizadas consecutivamente, en virtud de la cual se considera que el operador que actúa como intermediario en la prestación de servicios recibió en un primer momento los servicios en cuestión antes de prestar personalmente, en un segundo momento, esos servicios al cliente (TJUE 28-2-23, asunto Fenix International, C-695/20). La concreción de si se cumplen o no los requisitos para su aplicación dependen del caso concreto y de las estipulaciones contractuales existentes.

A este respecto, para la aplicación del citado art.28 debe **existir un mandato** en virtud del cual el comisionista interviene en la prestación de los servicios por cuenta del comitente. No obstante, aun suponiendo que el cliente final, a pesar de la probable complejidad de las cadenas de operaciones característica de la prestación de servicios por vía electrónica, pueda en algunos casos conocer la existencia del mandato y la identidad del comitente, estas circunstancias no bastan por sí solas para excluir que el empresario o profesional que media en la prestación de servicios actúe en nombre propio, pero por cuenta ajena a estos efectos. Son las **facultades** que posea el empresario o profesional en el marco de la prestación de servicios en la que ha tomado parte lo que debe tenerse principalmente en cuenta (TJUE 28-2-23, asunto Fenix International, C-695/20).

Por tanto, el mero hecho de que el **cliente final** tenga conocimiento de la identidad del comitente, prestador último del servicio, mediante confirmaciones de pedido que no recibe necesariamente hasta después de la conclusión del proceso de compra, no permite excluir la aplicabilidad de la Dir 2006/112/CE art.28 si de los demás elementos pertinentes se desprende que concurren los requisitos de aplicación de esta disposición.

En relación con la posible incidencia en este caso del Rgto UE/282/2011 art.9 bis(1), que especifica la aplicación de esta presunción cuando se presten servicios por vía electrónica **a través de una red de telecomunicaciones**, de una interfaz o de un portal, como por ejemplo un mercado de aplicaciones, se apeló a la sentencia antes citada (TJUE 28-2-23), en la que el mismo

TJUE ya había señalado que no cabe considerar que dicho art.9 bis complete o modifique la Dir 2006/112/CE art.28.

No siendo aplicable ratione temporis, ya que entró en vigor el 1-1-2015, dado que explicita y aclara un concepto que figura en la Directiva del IVA y que es aplicable desde la entrada en vigor de esta, procede tenerla en consideración (TJUE 15-11-12, asunto Leichenich, C-532/11E; 16-10-14, asunto Welmory, C-605/12).

Con estas premisas, la primera cuestión se acabó respondiendo declarando que conforme a la Dir 2006/112/CE art.28, regulador de los supuestos de **mediación en nombre propio** en la prestación de servicios (equivalente la LIVA art.11.dos.15º) cuando un empresario o profesional establecido en un Estado miembro **presta servicios por vía electrónica** a particulares residentes en la UE, a través de una tienda de aplicaciones puesta a disposición por otro empresario o profesional establecido en otro Estado miembro, no puede excluirse la aplicación de dicho art.28 por el mero hecho de que las confirmaciones de pedido remitidas por este último empresario o profesional a los clientes designasen al primer empresario o profesional como el prestador de los servicios e indicasen el tipo del IVA aplicable en el Estado de establecimiento de este último.

9996 La segunda cuestión planteaba si cuando se considere que un empresario o profesional establecido en un Estado miembro ha recibido y realizado personalmente una prestación de servicios en virtud de la Dir 2006/112/CE art.28, el **lugar de la prestación** de los servicios efectuada ficticiamente a ese empresario o profesional por un empresario o profesional establecido en otro Estado debe determinarse con arreglo a los art.44 ó 45 de la referida Directiva (respectivamente, LIVA art.69.uno.1º y 2º), habida cuenta de que los clientes finales son personas que no tienen la condición de empresario o profesional.

Considerando el carácter de **ficción** del citado art.28, y por lo que se refiere a los servicios que se considera que el mediador en nombre propio recibe, no habiendo ninguna disposición en la Directiva que indique lo contrario, su lugar de realización debe determinarse en sede del destinatario, ello de conformidad con la Dir 2006/112/CE art.44.

En consecuencia, la Dir 2006/112/CE debe interpretarse en el sentido de que, cuando se considere que un empresario o profesional establecido en un Estado miembro ha recibido y realizado personalmente una prestación de servicios en virtud de su art.28, el **lugar de la prestación de los servicios** efectuada ficticiamente a ese empresario o profesional por un empresario o profesional establecido en otro Estado miembro debe determinarse con arreglo al art.44 (regla general sobre lugar de realización de los servicios prestados entre empresas, equivalente a LIVA art.69.uno.1º), esto es, en sede del destinatario o donde se encuentre establecido el empresario o profesional que media en nombre propio.

Por último, se planteó al TJUE si conforme la Dir 2006/112/CE art.203, cuando un empresario o profesional establecido en un Estado miembro ha prestado servicios por vía electrónica a particulares en los términos descritos, se le puede considerar deudor del IVA en su Estado miembro de establecimiento por el hecho de que, en las **confirmaciones de pedido** remitidas a los clientes finales, se designase, con su consentimiento, a ese primer empresario o profesional como el prestador de los servicios y se indicase el tipo del IVA aplicable en su Estado miembro de establecimiento.

El TJUE descartó esta posibilidad, declarando que conforme la Dir 2006/112/CE art.203, que califica como **deudor del IVA** a cualquiera que lo consigne en **factura** (artículo no transpuesto en España), en las condiciones de actuación antes descritas no se puede considerar al primer empresario o profesional de la cadena como deudor del IVA en su Estado de establecimiento por el hecho de que, en las confirmaciones de pedido remitidas a los clientes finales, se designase, con su consentimiento, a ese primer empresario o profesional como el prestador de los servicios y se indicase el tipo del IVA aplicable en su Estado de establecimiento.

Precisiones Con esta cuestión, lo que se planteaba es si los servicios así prestados habían de considerarse localizados en **sede del destinatario** -LIVA art.69.uno.1º -o en **sede del prestador** -LIVA art.69.uno.2º, haciendo prevalecer la condición de los clientes finales de las operaciones.

9998 **Asistencia letrada en juicio y condena en costas: Asunto Zlakov** (TJUE 23-10-25, asunto C-744/23) La controversia se inició a causa de una acción civil dirigida por T. P. T. contra Financial Bulgaria, por la que solicitaba que se declarase la nulidad de un contrato de fianza celebrado entre ambos, accesorio a un contrato de crédito al consumo. T. P. T. encomendó su representación en juicio a un abogado que actuaba a través de una sociedad de abogados unipersonal, en virtud de un contrato celebrado con él. Esta asistencia jurídica le fue **prestada gratuitamente** conforme al derecho nacional.

Habiendo sido estimadas las pretensiones de T. P. T., se condenó a Financial Bulgaria a pagar una determinada cantidad al abogado de T. P. T., de conformidad de nuevo con la normativa nacional, sin incluir el IVA.

El abogado de T. P. T. presentó una solicitud ante el órgano jurisdiccional remitente al objeto de que se modificara la resolución anterior para que se le concediera, además de sus honorarios, el pago del IVA correspondiente. La controversia se suscitó acerca de la gratuidad de la prestación.
Replanteada la cuestión, lo que se suscitó ante el TJUE fue si constituye una **prestación de servicios** a título oneroso o una prestación a título gratuito, asimilable a la realizada a título oneroso, la **representación en juicio** de una parte por un abogado, cuando esta prestación se realice **gratuitamente**, pero la legislación nacional establece que la parte contraria, en caso de ser condenada en costas, también será condenada a pagar a dicho abogado sus honorarios, por el importe fijado con arreglo a esa legislación.
En el caso controvertido, el abogado de T. P. T., registrado de conformidad con la Ley búlgara del IVA, debía ser considerado como sujeto pasivo -empresario o profesional- a los efectos del IVA, sin que sea relevante que sus honorarios de abogado le hayan sido concedidos por haber prestado **asistencia jurídica gratuita** a una persona que ha visto estimadas sus pretensiones.

Sobre la **onerosidad de la prestación**, se recordó que esta únicamente exige que exista una relación directa entre esa prestación y la contrapartida realmente recibida por el empresario o profesional. Tal relación directa queda acreditada cuando existe entre quien efectúa la prestación y su destinatario una relación jurídica en cuyo marco se intercambian prestaciones recíprocas y la retribución percibida por quien efectúa la prestación constituye el contravalor efectivo del servicio prestado al destinatario [TJUE 21-12-23, asunto Administration de l'enregistrement, des domaines et de la TVA, C-288/22 (IVA - Miembro de un consejo de administración)]. 10000
Entre T. P. T. y su abogado existía un contrato que tenía por objeto la prestación de asistencia jurídica gratuita, de conformidad con la legislación nacional aplicable y que, puesto que T. P. T. vio estimadas sus pretensiones, la parte contraria fue condenada a abonar a dicho abogado unos honorarios fijados con arreglo a las disposiciones legales, tomando como referencia el importe mínimo de los **honorarios** de abogado. En consecuencia, la existencia de una relación directa entre la asistencia jurídica prestada por el abogado de T. P. T. y los honorarios de abogado que le fueron abonados se desprende al mismo tiempo tanto del contrato como de la Ley.
Con estas premisas, se el TJUE declaró que la Dir 2006/112/CEO art.2(1)(c), por el que se determina el ámbito de aplicación del IVA (equivalente a la LIVA art.4.uno) debe interpretarse en el sentido de que constituye una prestación de servicios a título oneroso, a estos efectos, la **representación en juicio** de una parte por un abogado, cuando esta prestación se realice gratuitamente, pero la legislación del Estado correspondiente establece que la **parte contraria**, en caso de ser **condenada en costas**, también será condenada a pagar a dicho abogado sus honorarios, por el importe fijado con arreglo a esa legislación.

Precisiones El hecho de que los **honorarios** fueran satisfechos por un tercero se considera expresamente como irrelevante por el TJUE. Igualmente, respecto al **carácter incierto de la contraprestación**, al depender del resultado del juicio, contraponiendo el asunto controvertido con las sentencias TJUE 3-3-94, asunto Tolsma, C-16/93 y 10-11-16, asunto Bastová, C-432/15, se consideró que, aunque en el litigio principal el pago de los honorarios al abogado está sujeto a un elemento aleatorio que depende del resultado del proceso, esos honorarios sí representan la contrapartida efectiva de la prestación consistente en la **representación en juicio** del cliente.

2. Exenciones

a. Operaciones interiores

Servicios postales: Asunto Bulgarian posts (TJUE 10-6-25, C-785/23) El origen de la disputa en este caso era Bulgarian posts, sociedad búlgara titular de una licencia individual para prestar el **servicio postal universal** en todo el territorio búlgaro. 10004
La entidad aplicó la exención de los servicios postales en el entendido de que las operaciones efectuadas formaban parte del servicio postal universal, lo que se discutió por las autoridades fiscales búlgaras, además de que, en determinadas operaciones, se atendían contratos que incluían cláusulas destinadas, por una parte, a tener en cuenta las necesidades específicas de los clientes correspondientes, como el lugar de recogida de los envíos, el lugar de distribución, la frecuencia de recogida o las horas de apertura y, por otra parte, a aplicarles precios inferiores a los aprobados por la Comisión Reguladora correspondiente.
La liquidación practicada en consecuencia generó la controversia.

Se analizó por el TJUE si la Dir 2006/112/CE art.132(1)(a), regulador de la **exención** de los servicios postales (equivalente a la LIVA art.20.uno.1º), en relación con la Dir 97/67/CE, sobre servicios postales, se opone a que las prestaciones de servicios postales llevadas a cabo, con arreglo a **contratos distintos**, por un titular de una licencia individual para prestar el servicio postal universal disfruten de la exención del IVA que establece, siempre que se cumplan una o todas las siguientes **condiciones específicas**:
- que la recogida y la distribución de los envíos postales se efectúen en el domicilio del cliente o en los momentos previamente acordados con él;
- que las prestaciones se lleven a cabo sin que se haya demostrado que el precio así convenido cubre el coste de la prestación;
- que las prestaciones se lleven a cabo en condiciones distintas de las aprobadas por la autoridad nacional designada en el Estado miembro de que se trate para regular el servicio postal universal o incluso de aquellas establecidas en las normas relativas al servicio postal universal.

El TJUE se basó en el carácter autónomo de los conceptos de las disposiciones del Derecho de la Unión, así como en la necesidad de interpretarlas conforme a su contexto y objetivos (TJUE 13-10-22, asunto M2Beauté Cosmetics, C-616/20; 24-10-24, asunto Kwantum Nederland y Kwantum België, C-227/23).

La exención controvertida es aplicable a las operaciones realizadas por un operador que puede calificarse de «servicio público postal» en el sentido orgánico de esta expresión (TJUE 23-4-09, asunto TNT Post UK, C-357/07), lo que implica el sometimiento a un régimen jurídico particular que incluye obligaciones específicas.

El objetivo de la exención es ofrecer, a un coste reducido, servicios postales que respondan a las necesidades esenciales de la población, objetivo que coincide, en lo esencial, con el perseguido por la Dir 97/67/CE, ofrecer un **servicio postal universal** (TJUE 16-10-19, asuntos acumulados Winterhoff y otros C-4/18 y C-5/18). En consecuencia, únicamente los operadores, públicos o privados, que se hayan comprometido a prestar en un Estado miembro el servicio postal universal, o partes del mismo, tal como se define en la Dir 97/67/CE art.3, pueden acogerse a la exención.

Esta, sin embargo, ha de interpretarse en términos estrictos, como cualquier otro supuesto de exención, de forma que únicamente sea aplicable a los servicios destinados a responder a las **necesidades esenciales** de la población (TJUE 23-4-09, asunto TNT Post UK, C-357/07). No cabe aplicar, por tanto, la exención a prestaciones de servicios específicos disociables del servicio de interés general, entre los que figuran servicios que responden a **necesidades específicas** de sus usuarios o cuyas condiciones se hayan negociado individualmente, las cuales, por su propia naturaleza, responden a las necesidades particulares de sus usuarios, lo que es contrario al objetivo del servicio postal universal (TJUE 16-10-19, asuntos acumulados Winterhoff y otros C-4/18 y C-5/18).

En esta determinación, habrá que atender a las **características de la prestación**, de forma que pueda, en cualquier caso, formar parte de dicho servicio postal universal.

Por referencia a la normativa sectorial correspondiente, la Dir 97/67/CE art.3(1) define el **servicio postal universal** como aquel que corresponde a una oferta de servicios postales de calidad determinada, prestados de forma permanente en todos los puntos del territorio, a precios asequibles a todos los usuarios. Considerando que los Estados pueden ampliar el alcance de este servicio para incluir otras prestaciones, aunque con ciertos límites, el TJUE entendió que únicamente esta definición era la pertinente para determinar si una prestación de servicios puede acogerse a la exención en cuestión.

10005 En relación con el supuesto controvertido, el TJUE señaló que la existencia de **contratos distintos** celebrados con cada uno de sus clientes no permite considerar que los compromisos acordados en esos contratos sean fruto de una negociación individual, ya que la formalización de tales contratos puede tener como finalidad acreditar que el cliente acepta la oferta de prestaciones de servicios postales correspondiente y recordarle los aspectos importantes de dicho régimen.

Dado que los Estados miembros pueden incluir en el servicio postal universal **prestaciones distintas** de las mencionadas en la Dir 97/67/CE como prestaciones mínimas, tales Estados pueden establecer que la recogida y la distribución de los envíos postales se efectúen en la dirección del cliente o en momentos convenidos previamente con el cliente, siempre que tales condiciones de ejecución de las prestaciones de servicios postales sean las previstas para el servicio postal universal, extremo que corresponde comprobar al órgano jurisdiccional remitente.

En cuanto a la circunstancia de que las prestaciones de servicios postales controvertidas se realizasen sin que se haya demostrado que el **precio acordado** entre las partes cubre su coste, se establece como condición para la inclusión de prestaciones de servicios postales en el servicio postal universal, que la oferta relativa a dichas prestaciones sea asequible (Dir 97/67/CE art.3(1)). No obstante, el hecho de que tal **oferta sea o no asequible** no depende de si el precio solicitado por tal prestación cubre su coste, sino de si las personas con recursos limitados pueden abonarlo o no. Por consiguiente, esta circunstancia no puede justificar, por sí sola, que una prestación de servicios postales que, por las características que le son propias, debe considerarse parte del servicio postal universal quede excluida de este último.

En cambio, cuando una prestación de servicios postales no resulta de la aplicación de un régimen jurídico particular al que están sometidos los operadores que aseguran el servicio postal universal cuando lo llevan a cabo, sino que se efectúa en **condiciones diferentes y más favorables** que las aprobadas por la autoridad competente o establecidas en las normas relativas a esas prestaciones -como, por ejemplo, la posibilidad de recoger envíos en lugares, a horas, con una frecuencia o a un precio distintos de los aprobados por esa autoridad o de los fijados por dichas normas-, debe considerarse que dicha prestación queda excluida de la exención. Ello se debe a que tal prestación no se lleva a cabo para «todos los usuarios», sino que tiene por objeto responder a las necesidades particulares de los usuarios correspondientes.

El derecho del proveedor o proveedores del servicio postal universal a **celebrar acuerdos individuales** con los usuarios respecto a los **precios** (Dir 97/67/CE art.12, tercer guion), no implica que deban considerarse incluidas en tal servicio prestaciones cuyas condiciones de realización, incluidos los precios, hayan sido negociadas y que, en consecuencia, no sean idénticas a las ofrecidas a cualquier usuario que se encuentre en una situación comparable. La celebración de acuerdos individuales respecto a los precios puede ser necesaria cuando, en las condiciones generales de venta, aprobadas por la autoridad nacional designada en el Estado miembro de que se trate para regular el servicio postal o establecidas en normas relativas a dicho servicio, y por tanto ofrecidas a todos, en particular, se proponen descuentos por cantidad, con el fin de que los destinatarios del servicio se comprometan a confiar un determinado volumen de correo a cambio de una tarifa ventajosa, sin que ello implique necesariamente que ese volumen o ese descuento se hayan negociado únicamente en beneficio de determinados usuarios.

Esta interpretación es igualmente válida cuando algunas de las prestaciones de servicios postales se realizan a petición de **organismos públicos**.

Con estas premisas, se concluyó declarando que la Dir 2006/112/CE art.132(1)(a), en relación con la Dir 97/67/CE art.12, guiones segundo y cuarto, se opone a que prestaciones de servicios postales llevadas a cabo, con arreglo a contratos distintos, por el titular de una licencia individual para prestar el servicio postal universal disfruten de la exención, cuando tales prestaciones, destinadas a satisfacer las **necesidades particulares** de las personas correspondientes sin **ser ofrecidas a todos los usuarios**, se lleven a cabo en condiciones diferentes y más favorables que las aprobadas por la autoridad nacional competente para regular el servicio postal universal o establecidas en las normas relativas a dicho servicio.

Precisiones No se considera que la sentencia del TJUE en la que se concluyó que los **servicios de notificaciones judiciales** podían considerarse exentos, pudiera cuestionar lo dispuesto anteriormente (TJUE 16-10-19, asunto Winterhoff y Eisenbeis, C-4/18 y C-5/18).

Contratos de factoring: Asunto Kosmiro (TJUE 23-10-25, asunto C-232/24) En este caso, la entidad demandante era una sociedad finlandesa que prestaba servicios de factoring con base en créditos no vencidos ni impugnados. 10008

Más específicamente, se realizaban operaciones de **factoring pignoraticio**, que adoptaba la forma de un crédito concedido a los clientes sobre la base de créditos por facturas, con el límite de un importe global determinado en función del nivel de riesgo que presenta la actividad de esos clientes, que incluía igualmente los recordatorios de pago y del cobro voluntario de los créditos pignorados, y de **factoring mediante cesión de créditos**, que suponía la compra de los créditos a los clientes hasta un importe máximo, definido en función de la evaluación del riesgo que presenta la actividad de los clientes.

En el factoring pignoraticio el cliente seguía asumiendo el **riesgo de impago**, mientras que el factoring mediante cesión de créditos implicaba la cesión de los créditos al factor y, por lo tanto, la transferencia a este del riesgo de impago.

Los contratos respectivos estipulaban que la demandante percibiría distintas **comisiones**, entre ellas, una «comisión de financiación», que representaba un porcentaje de cada crédito y que era tanto más elevado cuanto menor fuese la calificación crediticia del cliente y de las personas frente a las que este tiene los créditos y cuanto mayor fuese el plazo de pago de las facturas. Adicionalmente, había una comisión de apertura y otras comisiones.

En este contexto, se plantearon varias cuestiones relacionadas con el tratamiento de las operaciones.

Precisiones La situación se distingue de aquellas otras en las que las operaciones tienen como base **créditos morosos**, cuyo vencimiento ya se ha producido y que no se han pagado en fecha por sus deudores.

10010 La primera cuestión analizada es si, conforme a la Directiva del IVA, en el caso de una actividad de **factoring mediante cesión de créditos**, en la que el factor libera al cliente de las operaciones de cobro de créditos y del correspondiente riesgo de impago, debe considerarse que la comisión de financiación y la comisión de apertura pagadas por el cliente retribuyen una prestación de servicios incluida en su ámbito de aplicación.

Apelando a la relevancia de la existencia de **definiciones comunes** para las operaciones sujetas al IVA (TJUE 7-11-de 24, asunto Lomoco Development y otros, C-594/23), la amplitud del **concepto de actividad económica**, que caracteriza al empresario o profesional como tal (TJUE 3-4-25, asunto Grzera, C-213/24) y el concepto mismo de servicio prestado a título oneroso, con base en la doctrina del vínculo directo (TJUE 11-7-24, asunto Finanzamt T II, C-184/23; 28-11-24, asunto rhtb, C-622/23, entre otras), así como la continuidad en la interpretación de la Sexta Directiva y de la vigente Dir 2006/112/CE, se entró en el análisis de la cuestión.

A este respecto, se recordó que en la TJUE 26-6-03, asunto MKG-Kraftfahrzeuge-Factoring, C-305/01, ya se había considerado que constituía una prestación de servicios a título oneroso a los efectos del IVA el **factoring «en sentido propio»**, que consiste en la adquisición por el factor de créditos de su cliente sin derecho de repetición contra este, en una situación en la que las relaciones entre el factor y el cliente se regían por un contrato en virtud del cual se intercambiaban prestaciones recíprocas. Para el factor consistían en liberar al cliente de las operaciones de cobro de los créditos y del riesgo de impago de estos y, para el cliente, como contrapartida del servicio así recibido, en pagar una retribución correspondiente a la diferencia entre el valor nominal de los créditos cedidos al factor y el importe que este abona para la adquisición de dichos créditos.

Expresamente se declaró que estas conclusiones eran extensibles al **factoring mediante cesión de créditos** controvertido.

A lo anterior se añadió que las conclusiones de la TJUE 27-10-11, asunto GFKL Financial Services, C-93/10, no podían desvirtuar lo anterior, al referirse a **créditos vencidos**, distinta, por tanto, de la controvertida, relativa a **créditos no vencidos ni impugnados**, en la que nada permite pensar a priori que no serán reembolsados íntegramente por sus deudores y se presta un servicio consistente en que el cesionario se haga cargo del cobro y del riesgo correspondiente a dichos créditos a cambio del pago de una remuneración por parte del cedente.

Tampoco se consideró extensible a esta situación a la **mera adquisición y tenencia de participaciones** sociales, situada fuera del ámbito de aplicación del IVA, ya que el factor no actúa como propietario pasivo de los créditos adquiridos, sino que presta a su cliente un servicio consistente en asumir, a cambio de una remuneración, el riesgo de impago del deudo.

10011 Respecto a las comisiones específicas recibidas por la demandante, se recordó que la **comisión de financiación** representaba un porcentaje del importe de los créditos, cuya cuantía no depende de la evaluación, como tal, de su valor económico, sino de la calificación crediticia que se les atribuye y de la duración del plazo de pago que quede por transcurrir. Con esta premisa, se entendió que debía considerarse la contraprestación del servicio de gestión de cobro prestado al cliente, cuyo valor es más elevado cuanto más largo es el plazo de pago y cuanto más alto es el nivel de riesgo que este asume.

En cuanto a la **comisión de apertura**, se entendió como contraprestación del establecimiento y la puesta en marcha del servicio prestado por el factor.

Con estas premisas, se concluyó afirmando que en una actividad de **factoring mediante cesión de créditos**, en la que el factor libera al cliente de las operaciones de cobro de créditos y del riesgo de impago de estos, constituyen el **contravalor efectivo** de prestaciones de servicios comprendidas en el ámbito de aplicación de la Directiva y sujetas, por tanto, al IVA:

- la comisión de financiación que remunera el servicio de cobro de créditos, cuyo valor es más elevado cuanto más largo es el plazo de pago y cuanto más alto es el nivel de riesgo que este asume, y
- la comisión de apertura, que corresponde al importe a tanto alzado abonado por la puesta en marcha del sistema de factoring y cubre, en particular, el coste de las gestiones necesarias para cumplir las obligaciones derivadas de la legislación aplicable en materia de blanqueo de capitales.

10012 En la segunda cuestión analizada se dirimió si conforme a la Dir 2006/112/CE art.135(1)(b) y (d), las **comisiones de financiación y de apertura** en el marco de las actividades de factoring mediante cesión de créditos o de factoring pignoraticio constituyen la contrapartida de una prestación única e indivisible de gestión de cobro de créditos sujeta al IVA, o si debe considerarse que remuneran, al menos en parte, una prestación exenta de IVA relativa a la concesión de un crédito.

El TJUE recordó el carácter autónomo de los conceptos del Derecho de la Unión y la necesidad de hacer una interpretación estricta de los supuestos de exención, aunque conforme con sus objetivos, así como la relevancia del principio de neutralidad.
Por lo que se refiere al concepto de **«cobro de créditos»**, excluido de la exención tanto en la norma comunitaria como en la española, en tanto que excepción, debe ser interpretado en términos amplios, delimitado como actividad que se dirige a obtener el pago de una deuda dineraria (TJUE 28-10-10, asunto Axa UK, C-175/09, jurisprudencia citada).
El Tribunal ya había señalado que debía interpretarse en el sentido de que comprende todas las formas de factoring, con independencia de sus modalidades. Ello dado que, por su naturaleza objetiva, el **objetivo esencial del factoring** es el cobro de los créditos de un tercero, no existiendo razón que justificase una diferencia de trato, a efectos del IVA, entre el factoring «en sentido propio» y el factoring «impropio», ya que, en ambos casos, el factor realiza prestaciones a título oneroso en favor del cliente y ejerce, por tanto, una actividad económica (TJUE 26-6-03, asunto MKG-Kraftfahrzeuge-Factoring, C-305/01).
Considerando el factoring mediante cesión de créditos equiparable al factoring «en sentido propio» analizado en el asunto MKG-Kraftfahrzeuge-Factoring, tal actividad debe considerarse comprendida en el concepto de «cobro de créditos», exceptuado de la exención. Lo mismo sucede con el factoring pignoraticio.
A continuación, se entró en la calificación de las operaciones como **prestación única** e indivisible de cobro de créditos sujeta al IVA o no.
De nuevo, el TJUE se refirió a su propia jurisprudencia sobre la materia, recordando la necesidad de tomar en consideración todas las circunstancias de la operativa, la necesidad de tratar cada operación como normalmente distinta e independiente y la improcedencia de desglosarse artificialmente las transacciones. Una prestación debe considerarse única cuando dos o varios elementos o actos que el empresario o profesional realiza se encuentran tan estrechamente ligados que objetivamente conforman una sola prestación económica indisociable cuyo desglose resultaría artificial. Así ocurre también cuando una o varias prestaciones constituyen una prestación principal y la otra o las otras prestaciones constituyen una o varias prestaciones accesorias que comparten el tratamiento fiscal de la prestación principal. En particular, una **prestación** debe considerarse **accesoria de una prestación principal** cuando no constituye para la clientela un fin en sí mismo, sino el medio de disfrutar en las mejores condiciones del servicio principal del prestador.
La referencia de estos conceptos al supuesto controvertido se basó por el TJUE en que, en su opinión, tanto desde el punto de vista del cliente como desde el del factor, una prestación de servicio de **factoring** constituye, en principio, una **operación económica única**, cuyo objetivo principal es permitir al cliente descargar en un tercero el cobro de sus créditos, cuyo desglose sería artificial.
Por lo que respecta al **factoring mediante cesión de créditos**, el Tribunal entendió que los fondos abonados al cliente no corresponden a un préstamo que este debería reembolsar, sino la contrapartida de la cesión definitiva de créditos, de modo que no existe ninguna relación de crédito entre el factor y su cliente, excluyendo su calificación como tal. Esta misma conclusión se extendió al factoring pignoraticio, destacando la asunción por el factor del cobro de los créditos, lo que constituye, según la jurisprudencia, la finalidad esencial del factoring.
El Tribunal excluyó a continuación la aplicación en este caso de los criterios que, en otros supuestos, había esgrimido para hacer una interpretación más amplia del **concepto de concesión de créditos**, en particular:
- En relación con la financiación de la adquisición de combustible (TJUE 15-5-19, asunto Vega International Car Transport and Logistic, C-235/18);
- Referente a una operación compleja basada en una relación tripartita en la que una sociedad había recurrido a un factor con la única finalidad de obtener financiación eludiendo la imposibilidad de suscribir un crédito bancario (TJUE 17-12-20, asunto Franck, C-801/19); o
- Relacionada con un fondo de titulización (TJUE 6-10-22, asunto O. Fundusz Inwestycyjny Zamkniety reprezentowany przez O, C-250/21).
Finalmente, se descartó la alegación del Gobierno finlandés basada en que todos los **mecanismos de financiación** deberían tratarse de la misma manera a efectos del IVA, puesto que, al distinguir el tratamiento fiscal, a efectos de dicho impuesto, de las prestaciones de cobro de créditos y de las prestaciones de concesión de crédito, el propio legislador de la Unión ha previsto la posibilidad de que coexistan mecanismos de financiación sujetos al IVA y mecanismos de financiación exentos de IVA.
De todo lo anterior se dedujo que las comisiones de financiación y de apertura pagadas por el cliente en el marco de un factoring pignoraticio deben considerarse la contrapartida de una prestación única e indivisible de «cobro de créditos» sujeta al IVA.

Con las anteriores premisas, se concluyó declarando que la Dir 2006/112/CE art.135(1)(b) y (d) debe interpretarse en el sentido de que las **comisiones de financiación** y de **apertura** antes descritas constituyen la contrapartida de una prestación única e indivisible de cobro de créditos sujeta al IVA.

Finalmente, se entró en la discusión de si la excepción anterior tenía un carácter incondicional y suficientemente preciso para tener efecto directo.

Recordando las condiciones ya tradicionales para el **efecto de las disposiciones del Derecho de la Unión** (incondicionalidad y suficiente precisión, TJUE 8-3-22, asunto Bezirkshauptmannschaft Hartberg-Fürstenfeld, C-205/20, entre otras), se entendió que así ocurría en el supuesto controvertido, por lo que la excepción a la exención relativa a los servicios de gestión de cobro puede ser invocada por los particulares ante los órganos jurisdiccionales nacionales frente al Estado.

Precisiones Adicionalmente, el **principio de primacía** obliga, en particular, a los órganos jurisdiccionales nacionales a interpretar, en la medida de lo posible, su Derecho interno de manera conforme con el Derecho de la Unión.

10015 **Mediación en la concesión de créditos: Asunto Versãofast** (TJUE 26-11-25, asunto T-657/24) Versãofast era una sociedad limitada portuguesa registrada como sociedad dedicada al asesoramiento empresarial y de gestión, autorizada por el Banco de Portugal para ejercer actividades de intermediario de crédito y, por tanto, para presentar u ofrecer contratos de crédito a los consumidores, prestarles asistencia mediante actos preparatorios u otros trabajos de gestión precontractual en relación con contratos de crédito no presentados o propuestos por ella misma o a celebrar **contratos de crédito** con los consumidores en nombre del prestamista.

En este contexto, Versãofast celebró **contratos de vinculación** con varias entidades de crédito portuguesas.

Estos contratos se referían al ejercicio de **actividades de intermediario de crédito** y consistían, en particular, en buscar y captar clientes potenciales para créditos inmobiliarios, prestar asistencia a los clientes para reunir la documentación necesaria para su solicitud, proporcionarles información sobre los aspectos esenciales de la financiación, proceder a un primer análisis de la documentación remitida por los clientes, remitir esta documentación a las entidades de crédito, presentar a los clientes las ofertas de crédito de dichas entidades y comunicarles la decisión final de la entidad cuya oferta hayan elegido.

En cambio, Versãofast no estaba facultada para celebrar, en nombre de las entidades de crédito, contratos de crédito con los consumidores. Tampoco intervenía en la definición de las condiciones de las ofertas de crédito, en la elección de los consumidores entre las diferentes ofertas ni en la decisión de las entidades de crédito de conceder los créditos.

Los contratos establecían para Versãofast, como contraprestación por sus actividades, una **comisión** equivalente a un porcentaje del importe anual de los contratos de crédito inmobiliario celebrados gracias a su intermediación, ponderado por un índice de calidad de preparación de los expedientes.

Discutida la exención de las operaciones, se analizó por el Tribunal si conforme a la Dir 2006/112/CE art.135(1)(b) están exentas las actividades de un intermediario de crédito que actúa en las condiciones que se han descrito.

Con base en la continuidad en la interpretación de la Sexta Directiva y de la Dir 2006/112/CE, autonomía de los conceptos del Derecho de la Unión e interpretación estricta de las exenciones, y por lo que respecta al concepto de «negociación», se recordó cómo el mismo se refiere a una actividad ejercida por una persona intermediaria que no ocupa el lugar de una parte en un contrato y cuya actividad es diferente de las prestaciones contractuales típicas que presta esa parte. La **negociación** es un servicio prestado a una parte contractual y retribuido por esta como actividad diferenciada de mediación. Puede consistir, entre otras cosas, en indicarle ocasiones de celebrar tal contrato, en ponerse en contacto con la otra parte y en negociar en nombre y por cuenta del cliente los detalles de las prestaciones recíprocas. Por lo tanto, su finalidad es hacer lo necesario para que dos partes celebren un contrato, sin que el negociador tenga un interés propio respecto a su contenido (TJUE 13-12-01, asunto CSC Financial Services, C-235/00; 5-7-12, DTZ Zadelhoff, C-259/11).

10018 Por el contrario, la realización de una mera prestación material, técnica o administrativa que no implique modificación de la situación jurídica y financiera entre las partes no está incluida en la exención (TJUE 13-12-01, asunto CSC Financial Services, C-235/00).

Por referencia al asunto controvertido, el TJUE consideró que, si bien, considerados individualmente, algunos de los **servicios** prestados por Versãofast tenían la naturaleza de meras prestaciones materiales, técnicas o administrativas, estos servicios, **considerados en su conjunto**, tenían por objeto, en principio, hacer lo necesario para que una entidad de crédito celebrase contratos de crédito con clientes potenciales, extremo que corresponde comprobar al órgano jurisdiccional remitente. Tal finalidad también puede resultar de la forma de retribución de dichos servicios, cuando esta se basa en la celebración efectiva de contratos de crédito.

El hecho de que las **cláusulas del contrato de crédito** hayan sido previamente fijadas por una de las partes contratantes no puede impedir, por sí solo, la existencia de una prestación de negociación. La falta de influencia del intermediario de crédito en el contenido de la oferta de crédito carece de incidencia en la calificación de las actividades de ese intermediario como servicios de negociación exentos como tales.

Lo mismo sucede con la circunstancia de que el intermediario de crédito no disponga de la facultad de actuar en nombre y por cuenta de la entidad de crédito.

Tampoco la exención se consideró subordinada al **carácter vinculante** de las operaciones, por cuanto la negociación de créditos puede limitarse a permitir a dos partes celebrar, por su propia cuenta, un contrato de crédito. La actividad exenta no implica, en particular, una restricción de la libertad contractual de las partes potenciales de un contrato de crédito.

Con las anteriores premisas, se concluyó declarando que la Dir 2006/112/CE art.135(1)(b), relativo a concesión de créditos y préstamos, así como a su negociación (equivalente a LIVA art.20.uno.18º.m), expresamente referido a la mediación en la realización de operaciones financieras) debe interpretarse en el sentido de que la exención que establece para las operaciones de negociación de créditos se aplica a las actividades de un **intermediario que busca y capta clientes** para ofrecerles contratos de crédito inmobiliario, que les presta asistencia realizando actos previos a la celebración de los contratos, que se encarga de la comunicación con las entidades de crédito y que es retribuido por estas entidades en función del importe de los contratos de crédito celebrados gracias a su intermediación, y ello a pesar de que no está facultado para actuar en nombre de las entidades de crédito ni tiene influencia alguna en el contenido de las ofertas de crédito y de que los clientes siguen siendo libres de celebrar o no un contrato de crédito y de elegir la entidad de crédito con la que suscribirán el contrato.

Precisiones El Tribunal añadió que, si bien diferentes versiones lingüísticas de la Directiva del IVA parecían referirse a la **negociación** como tal, otras versiones parecían citar una actividad de **mediación** que tiene por objeto ofrecer a dos partes la posibilidad de celebrar entre ellas un contrato sin que el intermediario haya sido necesariamente apoderado por una de las partes del contrato para definir las cláusulas contractuales o para actuar en nombre y por cuenta de dicha parte, por ejemplo, con vistas a la celebración de dicho contrato, en línea con la jurisprudencia sobre la materia.

b. Operaciones intracomunitarias

Acreditación del transporte en las EIB: Asunto FLO VENEER (TJUE 13-11-25, asunto C-639/24) FLO VENEER era una sociedad croata que vendía troncos de roble. En el curso de una inspección se comprobó que había remitido facturas relativas a la entrega de troncos de roble a un adquirente en Eslovenia que calificó como exentas. 10021

La entidad presentó declaraciones escritas del adquirente, de conformidad con el Rgto UE/282/2011 art.45 bis(1)(b)(i), así como facturas, documentos que certificaban la expedición de los bienes y cartas de porte (CMR) para acreditar el transporte de las **entregas intracomunitarias**.

Las autoridades croatas denegaron la exención, considerando que los elementos de prueba aportados no demostraban que se cumplieran los **requisitos para la exención** del IVA (Rgto UE/282/2011 art.45 bis(1)(b)).

Suscitada la controversia, se planteó si la Dir 2006/112/CE art.138(1) y Rgto UE/282/2011 art.45 bis se oponen a que:

- por una parte, la exención se deniegue únicamente porque no se hayan aportado los elementos de prueba de la existencia de una entrega intracomunitaria recogidos en el citado art.45 bis y,
- por otra parte, las autoridades tributarias nacionales se nieguen a apreciar cualquier otro elemento de prueba que se presente para determinar que los bienes han sido expedidos o transportados a partir de un Estado miembro a un destino situado fuera de su territorio pero dentro de la Unión, fuera de los casos de presunción establecidos en el Rgto UE/282/2011 art.45 bis(1).

El Tribunal recordó que el referido artículo dispone, en esencia, que se presumirá que los bienes han sido **expedidos o transportados** a otro Estado de la UE cuando concurran ciertos requisitos. Así pues, es necesario, en esencia, que el vendedor de los bienes esté en posesión de documentos que cumplan las exigencias específicas mencionadas en esas disposiciones. No obstante, en virtud del apartado 2 del Rgto UE/282/2011 art.45 bis, una autoridad tributaria puede refutar tal presunción (nº 5220).

El Rgto UE/282/2011 art.45 bis enumera los casos en los que, a efectos de la exención del IVA de las EIB existe una **presunción** de que los bienes han sido expedidos o transportados a otro Estado de la UE, pero no enumera de manera exhaustiva los **elementos de prueba** necesarios para acreditar la existencia de una entrega intracomunitaria. Por consiguiente, cuando no se cumplan los requisitos de aplicación de la presunción, las autoridades tributarias están obligadas a apreciar todo elemento de prueba aportado por el vendedor de los bienes a fin de determinar si este ha logrado demostrar que dichos bienes han sido objeto de una entrega intracomunitaria.

10023 En la misma línea procede interpretar la Dir 2006/112/CE art.138(1), que en modo alguno supedita la exención al hecho de que el vendedor disponga de elementos de prueba específicos.

A lo anterior añadió el Tribunal que esta interpretación se ve corroborada por los **objetivos perseguidos** por el citado art.45 bis (explicitados en los considerandos 3 a 5 del Rgto (UE) 2018/1912, que lo introdujo en el Rgto UE/282/2011), cuando explican que la presunción se estableció, en esencia, con el fin de facilitar la práctica de la prueba para la aplicación de la exención de entregas intracomunitarias, sin excluir, no obstante, la posibilidad de presentar pruebas distintas de las contempladas a efectos de dicha presunción.

Además de la apelación al principio de libre prueba, la anterior conclusión se basó también en el criterio general de que los **requisitos formales** no pueden poner en tela de juicio el derecho del vendedor a la exención del IVA si se cumplen los requisitos materiales de una entrega intracomunitaria, reiterado en la jurisprudencia, únicamente cuestionable cuando se participa de forma consciente en un fraude o cuando el incumplimiento de un requisito formal tenga como efecto impedir la aportación de la prueba cierta de que se han cumplido los requisitos materiales.

También se desprende de la jurisprudencia que las autoridades deben tener en cuenta todos los elementos que obren en su poder, a fin de examinar si dichos documentos pueden justificar, en su caso, la existencia verosímil de una entrega intracomunitaria efectiva (TJUE 29-2-24, asunto B2 Energy, C-676/22).

A la vista de las anteriores consideraciones, se concluyó declarando que la Dir 2006/112/CE art.138(1), regulador de la exención de las EIB (equivalente a LIVA art.25) en su versión modificada por la Dir (UE) 2018/1910 y el Rgto UE/282/2011 art.45 bis, en su versión modificada por el Rgto (UE) 2018/1912:

- se oponen a que la exención de una EIB se deniegue únicamente porque no se hayan aportado los **elementos de prueba** de la existencia del transporte recogidos en el citado art.45 bis;
- imponen a las autoridades tributarias nacionales la obligación de apreciar todo elemento de prueba que se presente para determinar que los bienes han sido **expedidos o transportados** a partir de un Estado a un destino situado fuera de su territorio, pero dentro de la Unión Europea, fuera de los casos de presunción establecidos en el mencionado art.45 bis(1).

10026 **Operaciones triangulares y cuadrangulares: Asunto MS KLJUCAROVCI** (TJUE 3-12-25, T-646/24) MS, la demandante en el litigio principal, era una sociedad mercantil identificada a efectos del IVA en Eslovenia. La entidad adquirió ciertas mercancías a proveedores alemanes, que a continuación revendió a tres sociedades identificadas a efectos del IVA en Dinamarca. MS indicó a los suministradores alemanes un NIF-IVA de Eslovenia. El transporte de los bienes se efectuó directamente de Alemania a Dinamarca y fue organizado y pagado por MS.

Estas adquisiciones, como las entregas subsiguientes a las tres sociedades danesas, clientes de MS, se incluyeron en la declaración del IVA y en la declaración recapitulativa de operaciones intracomunitarias presentadas en Eslovenia. En las facturas emitidas a los clientes de la demandante se incluía la expresión «inversión del sujeto pasivo». MS aplicó la exención establecida para las **operaciones triangulares**.

Las autoridades eslovenas solicitaron información a las danesas para determinar si las tres sociedades danesas, clientes de MS, habían declarado las adquisiciones efectuadas a MS, si habían declarado y abonado el IVA correspondiente y si habían recibido efectivamente los bienes. Las autoridades danesas indicaron que estas tres sociedades no habían adquirido los bienes ni abonado el IVA correspondiente, que no disponían ni de almacenes ni de oficinas en Dinamarca y que, por lo tanto, eran operadores desaparecidos.

En realidad, los bienes adquiridos por MS fueron entregados por esa empresa, como organizadora del transporte, en instalaciones de almacenamiento o mezcla situadas en Dinamarca, de donde fueron retirados por diferentes sociedades en nombre de la sociedad de Derecho danés ANC Group, cliente de las tres sociedades danesas antes mencionadas.

De este modo, la **cadena de entregas** estaba formada por cuatro operadores registrados en tres Estados diferentes: un suministrador alemán, MS, una sociedad danesa cliente de MS y ANC Group. Los bienes fueron objeto de una única operación de transporte, con origen en el suministrador alemán, primer operador de la cadena de entregas, y destino en ANC Group, cuarto operador de dicha cadena, quien pudo disponer de ellos como propietario.
Las autoridades eslovenas estimaron que la demandante no estaba facultada para acogerse a la simplificación prevista para las operaciones triangulares, ya que se realizaron más de dos entregas de bienes en el marco de una única operación de transporte. Por lo tanto, consideraron como **lugar de realización** de las AIB efectuadas por MS el Estado en el que estaba identificada a efectos del IVA, a saber, Eslovenia, del IVA en la cuantía correspondiente al IVA pagado en Dinamarca, puesto que tenía conocimiento de que participaba en operaciones destinadas a cometer un fraude del IVA.
La primera cuestión planteada se dirigía a dilucidar si el régimen de las **operaciones intracomunitarias triangulares** se puede aplicar cuando en la cadena de operaciones hay **cuatro operadores** identificados en tres Estados miembros diferentes.
El TJUE comenzó por delimitar la operación triangular clásica, en la cual un proveedor, identificado a efectos del IVA en un primer Estado, entrega un bien a un adquirente intermedio, identificado a efectos del IVA en un segundo Estado, quien a su vez entrega ese bien a un adquirente final, identificado a efectos del IVA en un tercer Estado, y el bien se transporta directamente desde el primer Estado al tercero (TJUE 8-12-22, asunto Luxury Trust Automobil, C-247/21).
La simplificación prevista para estas operaciones consiste en la exención de la AIB efectuada por el adquirente intermedio, identificado a efectos del IVA en el segundo Estado, y el traslado de la tributación al adquirente final, establecido e identificado a efectos del IVA en el tercer Estado miembro, por medio de la inversión del sujeto pasivo (nº 5335 s.).
En el litigio principal, a diferencia de una operación triangular «clásica», con tres operadores, **participan cuatro empresarios** o profesionales identificados a efectos del IVA en tres Estados miembros diferentes. Se trata de la situación en la que A, un empresario o profesional identificado a efectos del IVA en Alemania, vende bienes a B, empresario o profesional identificado a efectos del IVA en Eslovenia, que vende esos mismos bienes a C, empresario o profesional identificado a efectos del IVA en Dinamarca, quien vende él mismo dichos bienes a D, otro empresario o profesional igualmente identificado a efectos del IVA en Dinamarca.
En esta operativa, la dificultad radica en el hecho de que de la expresión «con destino a la persona para la cual se efectúe la subsiguiente entrega» que figura en la Dir 2006/112/CE art.141(c) no se desprende claramente si el **tercer operador** de la cadena de entregas debe recibir efectivamente los bienes, que se ponen así a su disposición, o si también se cumple este requisito en el caso de una entrega directa al cliente de dicho operador.
Por consiguiente, el litigio principal versa esencialmente sobre el hecho de que la «subsiguiente entrega» no se realizó con destino al tercer operador (esto es, el operador C), sino directamente **con destino a su cliente** (esto es, el operador D).
Para responder a esta cuestión el Tribunal se basó en el **concepto** mismo **entrega de bienes**, que incluye toda operación de transmisión de un bien corporal efectuada por una parte que faculta a la otra parte a disponer de hecho de él como si fuera la propietaria del bien (TJUE 2-7-15, asunto NLB Leasing, C-209/14, entre otras).
La transmisión del **poder de disposición** sobre un bien corporal no exige que la parte a la que se transmite ese bien lo posea físicamente ni que dicho bien sea transportado físicamente a ella o recibido físicamente por ella (TJUE auto 15-7-15, asunto Itales, C-123/14, y, por analogía, TJUE 16-12-10, asunto Euro Tyre Holding, C-430/09).
Con base en esta premisa, el TJUE concluyó que la Dir 2006/112/CE art.141(c) y d) no exige que el destinatario de una «subsiguiente entrega», en el sentido de estas disposiciones, posea físicamente el bien corporal entregado ni que dicho bien corporal sea transportado físicamente a esa persona o recibido físicamente por ella. Tal entrega puede efectuarse en el marco de un **transporte único con destino a** la persona a la que dicho destinatario revende el bien corporal.
La primera cuestión se respondió, en consecuencia, afirmando que la Dir 2006/112/CE art.141(c), regulador de la exención de las AIB realizadas en operaciones triangulares (equivalente a la LIVA art.26.tres) debe interpretarse en el sentido de que el hecho de que los bienes entregados en el marco de una operación triangular no se transporten físicamente con destino a la persona para la que se efectúa la entrega subsiguiente, sino que se transporten con destino a su cliente, el **cuarto interviniente** en la operación, al que esa persona los revende y que está identificado a efectos del IVA en el mismo Estado miembro que el revendedor, no impide que se pueda considerar cumplido el requisito establecido en dicha disposición.

Precisiones Esta conclusión se ha considerado respaldada por los objetivos del régimen de excepción previsto para las **operaciones triangulares**, evitar que el adquirente intermedio tenga que cumplir obligaciones formales en el Estado de destino de los bienes y garantizar la sujeción al IVA de la adquisición de los bienes por el adquirente final, evitando simultáneamente la doble imposición de esa operación (TJUE 19-4-18, asunto Firma Hans Bühler, C-580/16; 8-12-22, asunto Luxury Trust Automobil, C-247/21). La consecución de estos objetivos no depende de la circunstancia de que los bienes **se transporten físicamente con destino a** la persona para la que se efectúa la entrega subsiguiente.

10028 La segunda cuestión planteada se dirigía a discutir si el hecho de que un **operador** que se acoge a la exención de las operaciones triangulares **tenga conocimiento** de que la entrega subsiguiente no se ha realizado con destino a la persona para la que se efectuó dicha entrega, sino con destino a su cliente, influye en el cumplimiento de los requisitos para la exención.

En buena lógica, se respondió declarando que conforme al mismo art.141(c) de la Dir 2006/112/CE, el hecho de que el operador que se acoge al tratamiento de las operaciones triangulares tenga conocimiento de que los bienes no se transportan físicamente con destino a la persona para la que se efectúa la entrega subsiguiente, sino **con destino a su cliente**, al que esa persona los revende y que está identificado a efectos del IVA en el mismo Estado que el revendedor, no influye en el cumplimiento del requisito establecido en dicha disposición.

Finalmente, se planteó si conforme a la Dir 2006/112/CE art.41 y 42, en circunstancias como las descritas, se considera que el **lugar de realización** de la AIB está en el territorio del Estado miembro que ha atribuido el NIF-IVA con el que el adquirente efectuó la adquisición y dicho adquirente no puede beneficiarse de la reducción de la base imponible prevista en el párrafo segundo del art.41 de la Directiva si se pone de manifiesto que sabía o debería haber sabido que participaba en operaciones constitutivas de un uso fraudulento del régimen del IVA.

El TJUE recordó la importancia de la **lucha contra el fraude** y la evasión fiscal, reconocida por la jurisprudencia. Incumbe, en principio, a las autoridades y a los órganos jurisdiccionales nacionales denegar derechos previstos en la Directiva del IVA, invocados de forma fraudulenta o abusiva. Así ocurre no solo cuando el propio empresario o profesional comete fraude fiscal, sino también cuando un empresario o profesional sabía o debería haber sabido que, mediante la operación en cuestión, participaba en una operación que formaba parte de un fraude en el IVA cometido por terceros.

En la medida en que unos hechos abusivos o fraudulentos no pueden basar un derecho previsto en el Derecho de la Unión, la denegación de un beneficio derivado de la Directiva del IVA no equivale a imponer una obligación al afectado, sino que es la consecuencia de la constatación de que no se cumplen, en realidad, las condiciones objetivas requeridas para la obtención del beneficio buscado (TJUE 18-12-14, asunto Schoenimport Italmoda Mariano Previti y otros, C-131/13, C-163/13 y C-164/13, entre otras).

En línea con lo sostenido por la República de Eslovenia, el TJUE reconoció que la **negativa a reconocer un beneficio** en virtud de la Directiva del IVA no es contraria ni al principio de proporcionalidad, ni al principio de neutralidad, ni al principio de seguridad jurídica, ni al principio de protección de la confianza legítima, principios que no pueden ser invocados válidamente por un empresario o profesional que ha participado deliberadamente en un fraude fiscal y ha puesto en peligro el funcionamiento del sistema común del IVA (TJUE 7-12-10, asunto R., C-285/09).

Con estas premisas, se concluyó declarando que de acuerdo con la Dir 2006/112/CE art.41 y 42, relativos al **lugar de realización de las AIB** (equivalentes a LIVA art.71, nº 5355), corresponde a las autoridades y los órganos jurisdiccionales del Estado miembro que ha atribuido el NIF-IVA a efectos del IVA con el que el adquirente sujeto al IVA ha realizado una adquisición intracomunitaria de bienes denegar a este adquirente la posibilidad de beneficiarse del régimen previsto para las operaciones triangulares si se pone de manifiesto que dicho adquirente sabía o debería haber sabido que, mediante la operación invocada para justificar la aplicación de ese régimen, participaba en un fraude del IVA cometido en el marco de una **cadena de entregas**.

3. Importaciones y exportaciones

10030 **Exención del IVA a la importación en pequeños envíos no comerciales: Asunto L.** (TJUE 8-5-25, asunto C-405/24) L. era una empresa que prestaba servicios de **envío y despacho de aduanas** de mercancías. La entidad presentó una consulta tributaria con el fin de determinar si la importación en Polonia de mercancías que son objeto de un envío entre particulares podía estar exenta cuando el **destinatario** del envío se encontraba en un **Estado miembro distinto** de la República de Polonia. La respuesta fue negativa, lo que dio lugar a la controversia.

Lo que se planteó al TJUE fue si la Dir 2006/112/CE art.143(1)(b) y Dir 2006/79/CE art.1 se oponen a la normativa de un Estado miembro que excluye de la exención los pequeños envíos sin carácter comercial provenientes de un tercer país, efectuados por un particular, con destino a un particular residente en otro Estado miembro.
De la Dir 2006/112/CE art.143(1)(b), se desprende que los Estados miembros eximirán las **importaciones definitivas** de bienes regulados, entre otras, por la Dir 2006/79/CE.
La Dir 2006/79/CE art.1(1) establece que las mercancías objeto de **pequeños envíos sin carácter comercial** provenientes de un tercer país por un particular con destino a otro particular que se encuentre en un Estado miembro estarán exentas, en la importación, del IVA y de los impuestos especiales.
Se trata de dilucidar si la exención del IVA prevista en esas disposiciones se refiere únicamente a los envíos destinados a los particulares que residen en el Estado miembro de importación o si se aplica también a los envíos destinados a los particulares residentes en un Estado miembro distinto del de importación.
Considerando que el citado art.1(1) de la Dir 2006/79/CE no se refiere a un Estado específico ni menciona, en particular, al Estado miembro de importación, dedujo el TJUE que la exención del IVA que establece se aplica a los envíos con destino a un particular que se encuentre en cualquiera de los Estados miembros.
Tampoco el contexto de la norma conduce a otra conclusión, por cuanto de la exposición de motivos de la Dir 2006/79/CE se desprende que su **objeto** era establecer que los **envíos de escaso valor** dirigidos por un particular que se encuentre en un tercer país a otro particular que se encuentre en la Unión se beneficien de una franquicia fiscal a la importación, siempre que las mercancías de que se trate cumplan una serie de requisitos, como también que los límites de aplicación de la exención sean, en la medida de lo posible, los mismos que los previstos para las franquicias de derechos de importación en el Rgto CEE/918/83, que tampoco se refiere a un Estado miembro concreto (como sí hacen otras disposiciones del Derecho de la UE relativas a importaciones).
Los envíos a los que se refiere la norma tienen esencialmente un carácter afectivo y un escaso valor, habiendo estado gravados, normalmente, en el país de expedición. Desde esta perspectiva, no existe ninguna diferencia entre los envíos de mercancías sin carácter comercial provenientes de terceros países, por un particular, con destino a otro particular, según el Estado miembro de residencia del destinatario del envío.
Así pues, no solo de una interpretación literal, sino también de una interpretación contextual y teleológica de la Dir 2006/112/CE art.143(1)(b) y Dir 2006/79/CE art.1 se desprende que la exención se aplica con independencia de que el **destinatario del envío resida** en el Estado miembro de importación o en otro Estado miembro.
La Dir 2006/112/CE art.143(1)(b) y la Dir 2006/79/CE art.1 (base de la LIVA art.36), relativa a las franquicias a la importación en pequeños envíos sin carácter comercial provenientes de terceros países, se oponen, por tanto, a la normativa de un Estado miembro que excluye de la exención del IVA prevista en esas disposiciones los **pequeños envíos sin carácter comercial** provenientes de un tercer país, efectuados por un particular, con destino a otro particular residente en un Estado miembro distinto al Estado de la importación.

Exención en reimportaciones: Asunto Palmstrale (TJUE 12-6-25, asunto C-125/24) AA era propietaria de **caballos que participaban en competiciones** en varios países. Tras haber transportado a dos de sus caballos a Noruega para participar en esas competiciones, volvió a introducirlos en la Unión cruzando la frontera entre Noruega y Suecia sin presentarlos en aduana. Poco después de haber dejado atrás el puesto aduanero, fue objeto de un control en carretera por parte de la Administración de aduanas sueca. 10033
Las autoridades suecas no liquidaron derechos de importación por esta operación de reimportación, pero sí por el IVA, ya que la exención aplicable a las **reimportaciones** de bienes no era aplicable al no haber declarado AA los caballos para su despacho a libre práctica ni solicitado la exención de los derechos de importación.
Se planteó al TJUE si, conforme a la Dir 2006/112/CE art.143(1)(e) y CAU art.86(6) y 203, el **incumplimiento de obligaciones formales** como la presentación en aduana de las mercancías establecida en el CAU art.139(1)(a) y la declaración de despacho a libre práctica prevista en CAU art.203 impide que las reimportaciones de bienes al territorio de la Unión, en el estado en el que estos fueron exportados, se acojan a la exención.
El citado art.143(1)(e) de la Dir 2006/112/CE dispone la exención de las reimportaciones de bienes en el mismo estado en el que fueron exportados, por quien los hubiera exportado y que gocen de franquicia aduanera.
La normativa del IVA vincula la exención del IVA a los requisitos, tanto materiales como formales, a los que el Código aduanero supedita la exención de los derechos de importación aplicables a las **mercancías de retorno**.

A este respecto, el CAU art.203, relativo a las mercancías de retorno, dispone que los bienes exportados fuera del territorio aduanero de la Unión que, en un plazo de tres años, se reintroduzcan en dicho territorio en el mismo estado en el que fueron exportados y que se declaren para su despacho a libre práctica estarán exentos, previa solicitud del interesado, de derechos de importación.

En el asunto controvertido, consta que se cumplían los **requisitos materiales** para la exención, pero no los **requisitos formales** por ella exigidos (no se presentó la declaración para el despacho a libre práctica ni se presentaron los caballos en aduana).

Si bien el CAU art.79(1)(a) parece ser más estricto en cuanto al nacimiento de la deuda aduanera, su art.86(6) extiende la exención prevista en el art.203 a los casos de nacimiento de una deuda aduanera en virtud, en particular, del art.79, siempre que el incumplimiento no haya constituido una tentativa de fraude.

Este CAU art.86(6) quedaría en gran medida privado de efecto útil si se interpretara en el sentido de que no se aplica en una situación como la que es objeto del litigio principal, debido a que no se cumplen los requisitos formales exigidos para la franquicia aduanera, considerando que parte, precisamente, del incumplimiento de tales requisitos.

Dedujo de lo anterior el TJUE que, salvo que constituya una tentativa de fraude, el hecho de que las mercancías de retorno no hayan sido objeto de la presentación en aduana ni de la declaración de despacho a libre práctica no impide que las mercancías se acojan, con ocasión de su reintroducción en el territorio de la Unión, a la **franquicia aduanera** prevista en el citado CAU art.203.

Apelando asimismo a la **buena fe** de los operadores en el caso de las deudas aduaneras que nazcan por incumplimiento de la legislación aduanera, expresamente citada en el CAU art.38, se consideró que el incumplimiento referido tampoco había de impedir la aplicación de la exención del IVA establecida en la Dir 2006/112/CE art.143(1)(e).

Con estas premisas, el TJUE declaró que el art.143(1)(e) de la Directiva del IVA, regulador de la exención de las reimportaciones (equivalente a la LIVA art.63) y CAU art.86(6) y 203 deben interpretarse en el sentido de que, salvo que constituya una tentativa de fraude, el incumplimiento de obligaciones formales como la presentación en aduana de las mercancías establecida en el CAU art.139(1)(a) y la declaración de despacho a libre práctica prevista en el art.203 del mismo no impide que las **reimportaciones de bienes** al territorio de la Unión, en el estado en el que estos fueron exportados, se acojan a la exención del IVA establecida en el citado art.143(1)(e).

10035 **Exportaciones de bienes con transporte o expedición por cuenta del adquirente: Asunto W.** (TJUE 1-8-25, asunto C-602/24) La sociedad W declaró como entregas intracomunitarias de bienes exentas determinadas entregas de manzanas de las que era destinataria A. E. LP, sociedad establecida en el Reino Unido y registrada a efectos del IVA en Letonia.

Según las cartas de porte en posesión de W, las mercancías debían ser transportadas desde Polonia a destinos situados en Lituania por transportistas establecidos en Bielorrusia, Rusia y Polonia. A. E. debía encargarse de la organización del transporte.

La Administración tributaria polaca constató que A. E. había exportado estas manzanas directamente de Polonia a Bielorrusia, no apreciándose ningún fraude o abuso por parte de la sociedad W en la cadena de entregas.

Las autoridades polacas concluyeron que no se podía admitir que las entregas fueran intracomunitarias, considerando adicionalmente que W no había comprobado debidamente dónde se habían entregado las mercancías y que se había limitado a confirmar formalmente su entrega en Lituania sobre la base de la firma del conductor que efectuó su transporte, acompañada del sello de la empresa de transporte. En consecuencia con lo anterior, practicaron la correspondiente liquidación.

Lo que analizó el TJUE fue si conforme a la Dir 2006/112/CE art.146(1)(b), se puede considerar **exenta como exportación** una entrega de bienes inicialmente declarada por el proveedor como una entrega intracomunitaria que, sin conocimiento de este último, se efectuó fuera del territorio de la Unión por el adquirente, cuando la exportación en cuestión ha sido comprobada por las autoridades tributarias sobre la base de documentos aduaneros.

El TJUE partió de la constatación de que la exención de las entregas de bienes expedidos o transportados fuera de la Unión pretende garantizar que dichas entregas sean gravadas en su **lugar de destino**, es decir, allí donde se consumirán los productos (TJUE 17-10-19, asunto Unitel, C-653/18 entre otras).

Procede la aplicación de la exención cuando se ha transmitido al adquirente el poder de disponer del bien en calidad de propietario, el proveedor demuestra que dicho bien ha sido expedido o transportado fuera de la Unión y, como consecuencia de la expedición o del transporte, el

bien ha abandonado físicamente el territorio de la Unión (TJUE 17-10-19, asunto Unitel, C-653/18; 17-12-20, asunto BAKATI PLUS, C-656/19).
Operaciones como la controvertida en el litigio principal constituyen entregas de bienes exentas a los efectos de la Dir 2006/112/CE art.146(1)(a) y (b) si cumplen los criterios objetivos antes mencionados.
Siendo pacífica la existencia de una **transmisión**, el problema venía dado por la diferencia entre lo declarado por el vendedor y lo comprobado por las autoridades fiscales, que constataron que los bienes se habían enviado a Bielorrusia, deduciendo de ello que el proveedor no había comprobado debidamente dónde se entregarían las mercancías.
El TJUE consideró que estas circunstancias no eran pertinentes a efectos de la calificación de la operación controvertida en el litigio principal como **operación exportación exenta**.
En efecto, el hecho de que las partes acordaran inicialmente una entrega intracomunitaria que finalmente no tuvo lugar y de que la entrega fuera del territorio de la Unión se realizara sin conocimiento del proveedor son factores subjetivos, que, en principio, carecen de pertinencia.
En tales circunstancias, se entendió que se cumplía el segundo requisito para la exención, como era el **envío** de los bienes **fuera del territorio de la UE**.

Finalmente, se entró a analizar la relevancia de que los bienes, tras el envío o el transporte, hayan **abandonado físicamente el territorio** de la Unión. 10037
Constando que las manzanas fueron transportadas fuera de la Unión por el comprador o por su cuenta, consta igualmente que no hubo consumo en el territorio de la Unión, por lo que no puede considerarse que el proveedor efectuara una entrega en el territorio nacional.
Cumpliéndose los **requisitos materiales** para la exención, el principio de neutralidad exige que se conceda la exención del IVA aun cuando los empresarios o profesionales no hayan respetado ciertos requisitos formales (TJUE 17-12-20, asunto BAKATI PLUS, C-656/19, entre otras).
La exención no puede denegarse por el hecho de que la **expedición o el transporte** fuera de la Unión se hayan efectuado sin conocimiento del proveedor y hayan sido determinados por la Administración tributaria y no por el propio proveedor.
El Gobierno polaco apuntaba al importante riesgo de fraude existente en operaciones en las que las mercancías no hayan sido realmente exportadas fuera de la Unión.
El Tribunal contestó este argumento con el principio de proporcionalidad, que impide el condicionamiento de las exenciones al cumplimiento de obligaciones formales sin tener en cuenta los requisitos materiales y, en particular, sin que sea necesario preguntarse si estos se cumplen.
No sería proporcionado denegar la aplicación de la exención de una exportación por el mero hecho de que el empresario o profesional no disponga de los **documentos de exportación** correctos si, como en el caso de autos, las autoridades tributarias tienen la certeza de que los bienes han sido exportados.
Únicamente en supuestos en que el incumplimiento de requisitos formales tenga como efecto impedir la aportación de la prueba cierta de que se han cumplido los requisitos materiales o exista una participación en la comisión de un fraude, no habiéndose adoptado todas las medidas razonables para evitarlo, se puede actuar de otro modo. No parecía ser este el caso.
Con estas premisas, se concluyó que la Dir 2006/112/CE art.146(1)(b), regulador de la exención de las exportaciones indirectas (equivalente a LIVA art.21.2º), debe interpretarse en el sentido de que está comprendida en la exención una **entrega de bienes** inicialmente declarada por el proveedor como una entrega intracomunitaria que, sin conocimiento de este último, se efectuó **fuera del territorio de la Unión Europea** por el adquirente, cuando la exportación en cuestión ha sido comprobada por las autoridades tributarias sobre la base de los documentos aduaneros.

Precisiones El hecho de que la prueba de la entrega haya sido obtenida por la Administración tributaria polaca y no por el proveedor carece de pertinencia a efectos de la calificación de la **operación como exportación** a los efectos del IVA. Aunque no se señale de forma expresa por el TJUE, de alguna forma este criterio responde al principio de buena administración, al conminar a la toma en consideración de toda la información disponible en el correspondiente procedimiento de aplicación de los tributos, y no solo la aportada por el obligado tributario.

4. Sujetos pasivos y responsables tributarios

10040 **Compatibilidad de la responsabilidad del adquirente con la denegación del derecho a la deducción: Asunto KONREO** (TJUE 10-7-25, asunto C-276/24) Konreo era la administradora concursal de FAU, que compró combustible a Verami, otra sociedad checa. La Administración tributaria detectó un fraude fiscal en la cadena comercial en la que

participaban Verami y FAU, practicando la correspondiente liquidación a Verami y denegándole el derecho a deducir el IVA por la compra del combustible que posteriormente había entregado a FAU. Verami no abonó dicho IVA a la Hacienda Pública.
Verami y FAU fueron declaradas en **concurso de acreedores** y se abrieron dos procedimientos que tenían por objeto los activos de dichas sociedades, procedimientos no acabados cuando se remitió al Tribunal la petición de decisión prejudicial.
La Administración tributaria practicó una liquidación a FAU, denegándole el derecho a deducir el IVA que figuraba en las facturas de combustible, por considerar que se había producido un fraude del IVA en la **cadena comercial** de la que formaba parte la operación realizada por dicha sociedad. Con carácter previo, se había obligado a FAU, como responsable solidaria, a pagar el IVA que Verami no había ingresado.
Lo que se planteó al TJUE fue si la Dir 2006/112/CE art.205, que permite a los Estados de la UE designar **responsables solidarios** del impuesto (base de la LIVA art.87.cinco), en relación con el principio de proporcionalidad, se opone a una práctica nacional que impone al empresario o profesional destinatario de una entrega de bienes efectuada a título oneroso la obligación solidaria de pagar el IVA adeudado por el proveedor de esos bienes, aunque se haya denegado al destinatario de esa entrega de bienes el derecho a la deducción del IVA devengado o soportado, por el motivo de que sabía o debería haber sabido que participaba en un **fraude del IVA**.
El citado art.205 de la Directiva del IVA permite a los Estados miembros adoptar, con vistas a una **recaudación eficaz** del IVA, medidas en virtud de las cuales una persona distinta de la que normalmente adeuda dicho impuesto quede obligada solidariamente al pago.
El TJUE basó sus conclusiones en los criterios establecidos en TJUE 20-5-21, asunto ALTI, C-4/20; 12-12-24, asunto Dranken Van Eetvelde, C-331/23).
Corresponde a los Estados miembros determinar las **condiciones y modalidades** de aplicación de esta **responsabilidad**, respetando, en particular, los principios de seguridad jurídica y de proporcionalidad.
Si bien es legítimo que las medidas adoptadas por los Estados miembros pretendan preservar con la mayor eficacia posible los derechos de la Hacienda Pública, no deben ir más allá de lo necesario para dicho fin.
Esta atribución de responsabilidades debe estar justificada por la relación fáctica o jurídica existente entre las personas afectadas, incumbiendo a los Estados precisar las circunstancias particulares en las que una persona como el destinatario de una operación debe ser considerada solidariamente responsable del pago del impuesto adeudado por la otra parte contratante.
El citado art.205 de la Directiva del IVA autoriza a un Estado miembro a considerar a una persona **responsable solidaria** del IVA cuando sabía o tendría que haber sabido que el IVA correspondiente a dicha operación, o a una operación anterior o posterior, quedaría impagado y a establecer **presunciones** a este respecto, siempre que tales presunciones no se formulen de modo que resulte prácticamente imposible o excesivamente difícil refutarlas mediante prueba en contrario y que se establezca así un sistema de responsabilidad objetiva.
En el asunto, la Administración tributaria consideró que FAU, como responsable solidaria, estaba obligada a pagar el IVA que Verami no había ingresado en la Hacienda Pública. Esta consideración se basó en la norma nacional, que así lo dispone cuando no se ha ingresado el IVA a la Hacienda pública y la contraprestación de las operaciones se ha abonado total o parcialmente mediante transferencia a una cuenta abierta en un **proveedor de servicios de pago** situado fuera del territorio checo. Deben concurrir otras circunstancias de las que se desprenda claramente que el empresario o profesional que efectuó el ingreso en dicha cuenta sabía o debería haber sabido que el pago así efectuado en el extranjero tenía precisamente por objeto eludir el pago del impuesto. Así se entendió que sucedía en el caso de autos por lo que respecta al pago efectuado por FAU a su proveedor, Verami.
No habiéndose privado a FAU de la facultad de demostrar que adoptó todas las medidas que razonablemente podían exigírsele para asegurarse de que las operaciones que había realizado no formaban parte de una cadena abusiva o fraudulenta, el TJUE consideró que la Dir 2006/112/CE art.205 no se opone a que, en una situación como la descrita, la Administración tributaria aplique una disposición nacional que impone al **destinatario** de una entrega de bienes a título oneroso una **obligación solidaria de pago** del IVA adeudado por el proveedor de estos.

10041 En cuanto al **derecho a la deducción**, se recordó la procedencia de su denegación cuando resulte acreditado, mediante elementos objetivos, que se invoca de forma fraudulenta o abusiva, según jurisprudencia reiterada, tanto si el fraude es propio como si se comete por terceros.
En una situación como la del litigio principal, en la que, según se indica, el destinatario de la entrega de bienes sabía o debería haber sabido que, en las operaciones de compra, **participaba en un fraude fiscal**, la Administración tributaria estaba obligada a denegarle el derecho a deducir el IVA soportado.

Finalmente, en cuanto a la posibilidad de **aplicar simultáneamente las dos medidas** antes descritas, el TJUE la admitió, sin que las autoridades fiscales deban optar por una de ellas. Por consiguiente, la Directiva del IVA no impide a la Administración tributaria aplicar tales medidas al mismo empresario o profesional, respecto del cual consta que sabía o debería haber sabido que participaba en un fraude del IVA, siempre que su aplicación no vulnere el principio de proporcionalidad.
Como conclusión final, se declaró que la Dir 2006/112/CE art.205, que permite a los Estados de la UE designar responsables solidarios del impuesto (base de la LIVA art.87.cinco), en relación con el principio de proporcionalidad, no se opone a una práctica nacional que impone al empresario o profesional destinatario de una entrega de bienes efectuada a título oneroso la **obligación solidaria de pago** del IVA adeudado por el proveedor de esos bienes, aunque se haya denegado al destinatario de esa entrega de bienes el derecho a la deducción del IVA por el motivo de que sabía o debería haber sabido que participaba en un fraude del IVA.

Condición de deudor de quien repercute el IVA indebidamente y estimación del IVA así repercutido: Asunto P. (TJUE 1-8-25, asunto C-794/23) P. era una sociedad de responsabilidad limitada austriaca que explotaba un área de juegos, aplicando un 20% de IVA y emitiendo recibos de caja, habida cuenta de su escasa cuantía. P. declaró este IVA normalmente, pero posteriormente lo rectificó, debido a que las entradas debían estar sujetas al tipo reducido del 13 %. 10042
La Administración tributaria austriaca denegó la rectificación basándose en que no era posible modificar las facturas ni enviar a los clientes notas de crédito correspondientes a la diferencia y, por tanto, la rectificación supondría un **enriquecimiento injusto** para la entidad.
P. discrepó de esta conclusión, alegando que los servicios se habían prestado «casi exclusivamente» a particulares no autorizados a deducir el IVA soportado, de modo que quedaba excluido el riesgo de pérdida de ingresos fiscales y que, por tanto, no era necesaria una rectificación de las facturas.
Se planteó al TJUE si la Dir 2006/112/CE art.203 (no transpuesto en España), que califica como **deudor del IVA** a cualquiera que lo consigne en **factura**, debe interpretarse en el sentido de que un empresario o profesional que ha realizado una prestación y mencionado en su factura una cuota de IVA calculada a un tipo erróneo es deudor de la parte del IVA que se ha facturado indebidamente a una persona que no es empresario o profesional, aun cuando dicho empresario o profesional ha proporcionado también prestaciones de la misma naturaleza a otros empresarios o profesionales.
El TJUE recordó que el citado art.203 pretende eliminar el riesgo de pérdida de ingresos fiscales que pueda generar el derecho a deducción previsto en dicha Directiva, por lo que es aplicable cuando el destinatario tiene derecho a la deducción [TJUE 8-12-22, asunto Finanzamt Österreich, C-378/21(IVA facturado por error a consumidores finales)].
En consecuencia, su aplicación solo está supeditada a la existencia de un riesgo de pérdida de ingresos fiscales, que debe evaluarse sobre la base de una factura específica y no puede depender de que las prestaciones en cuestión se hayan prestado no solo a particulares sino también a otros empresarios o profesionales.
En consecuencia, conforme la Dir 2006/112/CE art.203 (no transpuesto en España), que califica como deudor del IVA a cualquiera que lo consigne en factura, un empresario o profesional que ha realizado una prestación y consignado en su factura una **cuota** de IVA **calculada a un tipo erróneo** no es deudor de la parte del IVA facturado indebidamente a una persona que no es empresario o profesional, aun cuando dicho empresario o profesional haya proporcionado también prestaciones de la misma naturaleza a otros empresarios o profesionales.
Se planteó a continuación si conforme a la Dir 2006/112/CE procede calificar como «**consumidores finales** que no gozan de un derecho a la deducción del IVA soportado», en el sentido de la TJUE 8-12-22, asunto Finanzamt Österreich, C-378/21 (IVA facturado por error a consumidores finales), no solo a personas que no son empresario o profesional, sino también a los empresarios o profesionales que, en una situación determinada, no tienen derecho a la deducción.
En dicha sentencia, el TJUE había excluido de la posible aplicación del art.203 de la Directiva a las operaciones en las que no existe riesgo de pérdida de ingresos fiscales porque los destinatarios son exclusivamente consumidores finales sin derecho a la deducción del IVA soportado. Apelando a la posibilidad de que hubiera algún uso indebido de las facturas así emitidas, el TJUE concluye que a los efectos de la Dir 2006/112/CE, procede calificar de «consumidores finales que no tienen derecho a la deducción del IVA soportado (en el sentido del TJUE 8-12-22), **únicamente** a personas que **no** sean empresarios o profesionales. Así pues, los empresarios o profesionales que, en una situación determinada, no tienen derecho a deducir el IVA soportado, no están comprendidos en este concepto.

10043 Por último, se planteó si la Directiva del IVA se opone a que, en caso de **facturación simplificada** con arreglo a su art.238, una Administración tributaria u órgano jurisdiccional nacional pueden recurrir a una estimación para determinar la parte de las facturas por las que un empresario o profesional que ha facturado erróneamente el IVA es deudor del impuesto con arreglo a la Dir 2006/112/CE art.203.

Consta que, en el supuesto controvertido, el volumen de facturas afectado era elevado, no siendo fácil discriminar las facturas emitidas a particulares.

Recordando que la autonomía procedimental de los Estados de la UE está limitada por los principios de equivalencia y de efectividad y, en particular, por lo que se refiere a este último, este debería garantizar al empresario o profesional que ha ingresado el IVA por error su recuperación en los términos descritos.

Para determinar, de entre las **facturas con el IVA erróneo**, la parte emitida a otros empresarios o profesionales deben tenerse en cuenta todas las circunstancias pertinentes, como la naturaleza del servicio prestado, las modalidades de prestación y de facturación de ese servicio, así como cualquier información estadística disponible sobre los destinatarios del servicio.

Sobre la posibilidad de **acudir a una estimación**, se consideró que el Derecho de la Unión no se opone a ello, en principio, siempre que se respeten los principios de neutralidad fiscal y de proporcionalidad (TJUE 21-11-18, asunto Fontana, C-648/16).

El principio de neutralidad requiere que se admite la posibilidad de corregir el IVA improcedentemente facturado, siempre que quien expida la factura haya eliminado completamente el riesgo de pérdida de ingresos tributarios (TJUE 2-7-20, asunto Terracult, C-835/18).

El principio de proporcionalidad exige que los datos utilizados para realizar la estimación del número de facturas erróneas emitidas para otros empresarios o profesionales sean exactos, fiables y estén actualizados, pudiendo ser, en su caso, refutados por su emisor (TJUE 21-11-18, asunto Fontana, C-648/16).

En consecuencia con todo lo anterior, se concluyó que la Dir 2006/112/CE no se opone a que, en caso de **facturación simplificada** con arreglo al art.238 de la Directiva, una Administración tributaria o un órgano jurisdiccional nacional puedan recurrir a una estimación para determinar la parte de las facturas por las que un empresario o profesional que ha facturado erróneamente el IVA es deudor de ese impuesto con arreglo al art.203 de la Directiva, siempre que se tengan en cuenta, a estos efectos, todas las circunstancias pertinentes y que el empresario o profesional tenga la posibilidad, respetando los principios de neutralidad fiscal y proporcionalidad, así como el derecho de defensa, de cuestionar los resultados obtenidos mediante ese método.

10044 **Obligación de pago por el socio de una sociedad civil sin personalidad jurídica: Asunto Česká sít** (TJUE 11-12-25, asunto C-796/23) Česká sít cooperaba con tres sociedades establecidas en los Estados Unidos que operaban en la República Checa a través de sucursales. Česká sít y las sucursales prestaban servicios a clientes finales consistentes principalmente en el **suministro de conexiones a Internet**. Cada una de estas sucursales realizaba, en nombre propio, las operaciones con sus clientes y registró los ingresos procedentes de dichas prestaciones.

El socio único de Česká sít firmaba los contratos en nombre de las sucursales y consignaba en ellos algunos datos de contacto de Česká sít, en concreto, su sitio de Internet y su dirección de correo electrónico. La entidad había transferido a las sucursales más de 170 de sus clientes a título gratuito. Proporcionaba a las sucursales la infraestructura necesaria y adquiría ella misma las conexiones a Internet necesarias para los clientes finales. Todos los clientes estaban conectados a Internet a través del mismo punto de acceso. Las sucursales no declaraban en la República Checa ningún activo tangible o intangible, ni tampoco costes salariales.

Las autoridades fiscales checas exigieron a Česká sít el IVA devengado, con base en la existencia de una vinculación entre Česká sít y las sucursales, lo que llevó a concluir la existencia de una «sociedad», cuyo «socio designado» era Česká sít. En consecuencia, Česká sít adeudaba el IVA correspondiente al conjunto de la «sociedad», por lo que se liquidó tanto las operaciones gravadas realizadas por esta como las realizadas por las sucursales, en su condición de socias de la «sociedad».

En este contexto, lo que se planteó al TJUE fue si la Dir 2006/112/CE art.9(1) y 193 se oponen a una normativa nacional que establece que uno de los socios de una **sociedad de Derecho civil** sin personalidad jurídica distinta de la de sus miembros y que presta servicios gravados, denominado «socio designado», es deudor del IVA por los servicios gravados prestados por los demás socios de dicha sociedad, aun cuando estos hayan tratado con sus clientes finales para la prestación de esos servicios, Asimismo, si a este respecto es relevante que, para ello, esos otros socios no hayan seguido las normas de Derecho civil relativas a la representación de la referida sociedad en las relaciones con terceros al actuar frente a sus clientes finales en nombre propio.

El TJUE comenzó por recordar la amplitud del concepto «sujeto pasivo» -empresario o profesional-, basado en la **independencia** en el **ejercicio de la actividad económica**, y que incluye a todas las personas físicas o jurídicas, tanto públicas como privadas, incluso entidades carentes de personalidad jurídica, que se ajusten objetivamente a los criterios enunciados en la Dir 2006/112/CE art.9.

Para determinar quién debe ser considerado «**empresario o profesional**» es necesario verificar quién ha desarrollado con carácter independiente la actividad económica en cuestión, actuando en su nombre, por cuenta propia y bajo su plena responsabilidad, asumiendo el riesgo económico de la actividad (TJUE 16-2-23, asunto DGRFP Cluj, C-519/21, y jurisprudencia citada).

La existencia acreditada de una **cooperación,** incluso estrecha, **entre varias empresas** no basta para poner en entredicho su independencia a estos efectos (TJUE 12-10-16 asunto Christine Nigl C-340/15).

El propio órgano remitente estimaba que Česká sít y las sucursales debían considerarse socios de una única «sociedad», en concreto, una sociedad de Derecho civil carente de personalidad jurídica propia, sin que la existencia de un contrato escrito fuera necesaria para llegar a esta apreciación. No corresponde al TJUE discutir esta conclusión.

El mismo órgano nacional entendía que Česká sít, en cuanto «socio designado» de una «sociedad», tenía la condición de «empresario o profesional» del IVA, en el sentido de la Dir 2006/112/CE art.9(1), en relación no solo con sus propias prestaciones de servicios, sino también con las realizadas por los demás socios de la «sociedad», resultando deudor del IVA devengado por todas esas prestaciones de servicios con arreglo a la Dir 2006/112/CE art.193. No se consideraba que con ello se estuviera aplicando un **régimen de grupos** de IVA.

El TJUE, sin embargo, señaló la posibilidad de que fuera de otro modo, admitiendo que la normativa nacional en cuestión realmente estuviera apelando a la existencia de un grupo de IVA, si se demuestra que el reparto de las ventas entre las cuatro sociedades, todas ellas aparentemente controladas directa o indirectamente por el socio único de Česká sít, es el resultado de un montaje puramente artificial constitutivo de un abuso. En tal caso, la franquicia para pequeñas empresas existente en la República Checa no sería aplicable, al superarse el umbral de facturación establecido al efecto.

De no ser así, habría que determinar quién, conforme a los criterios descritos «ut supra» tiene la **condición de empresario o profesional** en las operaciones realizadas, teniendo en cuenta especialmente la actuación en nombre propio y sin referencia a la «sociedad» o a Česká sít, como parte contratante, aun cuando los documentos contractuales contuvieran determinados elementos que permitieran, a priori, identificar indirectamente a esta última.

Este criterio se vinculó a su relevancia frente a terceros, de forma que se garantice su seguridad jurídica y puedan ejercer efectivamente su derecho a la deducción de manera jurídicamente segura, en su caso.

El hecho de que estas sucursales no hayan intervenido en las **relaciones con terceros** siguiendo las reglas de representación de la «sociedad» establecidas por el Derecho civil nacional aplicable carece de pertinencia a estos efectos y tiene como única consecuencia que en ningún caso se pueda considerar que la «sociedad» ha prestado por sí misma esos servicios y que, por lo tanto, no puede tener en relación con estos la condición de empresario o profesional [TJUE 16-9-20 16, asunto Valstybinė mokesciu inspekcija, C-312/19].

Finalmente, si al término de las comprobaciones correspondientes se considerase que las sucursales son las deudoras del IVA en relación con los servicios prestados por ellas, no sería compatible con la Dir 2006/112/CE art.193 una normativa nacional conforme a la cual el impuesto recae sobre Česká sít por ser esta última el «socio designado» de una «sociedad» cuyos socios son esas sucursales.

Como conclusión de todo lo anterior, se declaró que la Dir 2006/112/CE art.9(1) y 193, reguladores, respectivamente de los conceptos de empresario o profesional y sujeto pasivo (equivalentes a la LIVA art.5 y 84), se oponen a una normativa nacional que establece que uno de los socios de una **sociedad de Derecho civil** que carece de personalidad jurídica distinta de la de sus miembros y que presta servicios gravados, denominado «socio designado», es deudor del IVA por los servicios prestados por los demás socios de dicha sociedad, aun cuando estos hayan tratado con sus clientes finales para la prestación de esos servicios, y que no es relevante a este respecto el hecho de que, para ello, esos otros socios no hayan seguido las normas de Derecho civil relativas a la representación de la referida sociedad en las relaciones con terceros al actuar frente a sus clientes finales en nombre propio.

Responsabilidad solidaria del adquirente en supuestos de impago por el deudor del impuesto: Asunto Vaniz (TJUE 11-12-25, asunto C-121/24) Durante julio, agosto y septiembre de 2017, Vaniz, que se dedicaba al transporte de mercancías por carretera, compró camiones y alquiló vehículos de transporte al proveedor Stars International. Esta última **10046**

sociedad declaró las operaciones, mientras que Vaniz, como destinataria de las operaciones, dedujo el IVA; sin embargo, el IVA declarado por Stars International no fue ingresado en la Hacienda Pública.
En 2019 se inició un **procedimiento concursal** respecto de Stars International, que concluye mediante sentencia de 4-8-2020, en la que se ordenó la cancelación de la inscripción de Stars International en el Registro Mercantil.
En 2022 se inició un **procedimiento de inspección** a Vaniz al objeto de determinar su **responsabilidad solidaria** por el IVA declarado por Stars International, pero no ingresado, respecto a las facturas emitidas a Vaniz. En dicho procedimiento, se consideró que Vaniz sabía o debería haber sabido que no se pagaría ese IVA.
Lo que se planteó al TJUE fue si la Dir 2006/112/CE art.205 (base de la LIVA art.87.cinco), a la luz de los principios de proporcionalidad y de seguridad jurídica, se opone a una normativa nacional en virtud de la cual la responsabilidad de la persona solidariamente obligada al pago del IVA puede exigirse después de que el deudor del **impuesto ha dejado de existir** como sujeto de Derecho, si se acredita que esa persona, en el momento en que dedujo el IVA, sabía o debería haber sabido que ese deudor no pagaría el impuesto.
Como en TJUE 10-7-25 C-276/24, KONREO, el TJUE basó sus conclusiones en los **criterios establecidos** TJUE 20-5-21, asunto ALTI, C-4/20:
a) corresponde a los Estados definir las condiciones y modalidades de aplicación de esta responsabilidad solidaria;
b) en su decisión, los Estados deben respetar los principios generales del Derecho, en particular, seguridad jurídica y proporcionalidad;
c) la Dir 2006/112/CE art.205 no se opone a la exigencia de intereses de demora si se acredita que, en el momento en que dedujo el IVA, sabía o debería haber sabido que el deudor no pagaría el impuesto.
Por referencia al asunto controvertido, el TJUE señaló que de la propia naturaleza de la responsabilidad solidaria se desprende que cada deudor es responsable del importe íntegro de la deuda y que, en principio, el acreedor es libre de **exigir el pago de la deuda** a uno o a varios deudores de su elección. De ello se deriva que la desaparición de uno de los deudores solidarios no extingue la obligación que recae sobre su **codeudor o codeudores solidarios**.
En consecuencia, la **desaparición del deudor** del IVA como sujeto de Derecho no afecta, en sí misma, a la posibilidad de que dispone la Administración tributaria, acreedora de la obligación solidaria, de exigir al tercero solidario la responsabilidad por el pago de la deuda del IVA.
Como conclusión final, se declaró que la Dir 2006/112/CE art.205, que permite a los Estados de la UE designar responsables solidarios del impuesto (base de la LIVA art.87.cinco), a la luz de los principios de proporcionalidad y de seguridad jurídica, no se opone a una normativa nacional en virtud de la cual la **responsabilidad** de la **persona solidariamente obligada** al pago del IVA, en el sentido de dicho artículo, puede exigirse después de que el deudor de ese impuesto ha dejado de existir como sujeto de Derecho, si se acredita que esa persona, en el momento en que ejerció su propio derecho a la deducción, sabía o debería haber sabido que el citado deudor no pagaría el referido impuesto.

Precisiones Esta interpretación se consideró compatible con los objetivos de la Dir 2006/112/CE art.205, dirigido a **garantizar la recaudación** del IVA, así como con los principios de proporcionalidad y de seguridad jurídica.

5. Base imponible

10070 **Inclusión de subvenciones en la base imponible: Asunto P. S.A.** (TJUE 8-5-25, asunto C-615/23) P. era una sociedad que prestaba servicios de **transporte público colectivo de viajeros**, de los cuales sería organizadora una entidad local.
Por esta actividad P. obtendría ingresos de la venta de billetes de transporte, cuyo precio sería determinado por el organizador. Como ese modo de financiación no sería suficiente para cubrir los gastos de la actividad, P. recibiría del organizador una **compensación**, establecida por contrato y cuyo fundamento era el resultado negativo de la actividad, con un límite máximo por periodo. Se suscitó la duda de la inclusión de esta cantidad en la base imponible de los servicios prestados por P.
Conforme a la Dir 2006/112/CE art.73, la base imponible «estará constituida por la totalidad de la contraprestación que quien realice la entrega o preste el servicio obtenga o vaya a obtener, con cargo a estas operaciones, del adquiriente de los bienes, del destinatario de la prestación o de un tercero, incluidas las subvenciones directamente vinculadas al precio de estas operaciones».
En el modo de actuación previsto, el **ente público** ha de considerarse como un tercero a estos efectos, resultando los destinatarios del servicio sus usuarios.

En cuanto a la **inclusión de las subvenciones** en la base imponible, el TJUE recordó que con ello se pretende someter al IVA la totalidad del valor de los bienes y servicios sujetos al impuesto.
Para ello, es necesario que la subvención esté directamente **vinculada al precio** de la operación, lo que requiere que haya sido abonada al operador subvencionado con el fin de que este realice específicamente una entrega de bienes o una prestación de servicios determinada.
Asimismo, es necesario que los destinatarios obtengan una ventaja de la subvención concedida en forma de menor precio, de forma tal que disminuya en proporción a la subvención concedida.
Además, la **contraprestación** que representa la subvención tiene que ser, como mínimo, determinable, cuestiones todas estas apreciadas por referencia a TJUE 9-10-19, asunto C y C, C-573/18 y C-574/18 (IVA y subvenciones agrícolas).
Por referencia al asunto en cuestión, el TJUE apreció que la compensación no influye directamente en el **precio de los servicios de transporte** prestados, que es fijado por el organizador de los servicios, ya que el objetivo de dicha compensación es, ante todo, cubrir las pérdidas relacionadas con esa actividad.
En estas circunstancias, una compensación como la controvertida no se abona al operador para que este preste específicamente un servicio de transporte a un destinatario determinado de dicho servicio y no influye en el precio que haya de pagar ese destinatario, puesto que dicho precio no se fija de forma tal que disminuya en proporción a la compensación abonada a quien presta el servicio. Por el contrario, **la compensación se concede a posteriori** y no depende de la utilización concreta de los servicios de transporte, sino del número de kilómetros por vehículo ofrecidos. Así pues, una compensación de esta índole no está comprendida en el concepto de «subvenciones directamente vinculadas al precio», en el sentido de la Dir 2006/112/CE art.73.
Esta conclusión no se ve desvirtuada por el hecho de que, sin tal compensación, que permite reducir significativamente el precio del servicio prestado, el precio de los billetes debería ser más elevado para los beneficiarios de dicho servicio.
Añadió el TJUE que las **subvenciones directamente vinculadas al precio** no son sino una situación de entre las previstas en la Dir 2006/112/CE art.73 y la **base imponible** de una prestación de servicios está constituida, en cualquier caso, por todo lo que se recibe como contrapartida del servicio prestado (TJUE 27-3-14, asunto Le Rayon d'Or, C-151/13).
En relación con esta última, se recordó que las cantidades satisfechas tenían en cuenta el número de residentes que vivía en cada establecimiento y su nivel de dependencia. Existía un vínculo directo entre los **servicios prestados por una residencia** de ese tipo a sus residentes y la contraprestación recibida, de modo que ese pago constituía la contrapartida de las prestaciones llevadas a cabo a título oneroso por la residencia en beneficio de sus residentes y, en este concepto, estaba incluido en el ámbito de aplicación del IVA, aunque fuera satisfecha por un tercero.
Adicionalmente, si la prestación controvertida se caracteriza por la **disponibilidad permanente del proveedor** para llevar a cabo, en el momento oportuno, las prestaciones de cuidados requeridas por los residentes, no es necesario, para reconocer la existencia de un **vínculo directo** entre dicha prestación y la contrapartida obtenida, demostrar que un pago se vincula a una prestación de cuidados individualizada y puntual efectuada a petición de un residente.
Esta situación se ha considerado distinta de la correspondiente al asunto principal, en el que los **servicios de transporte público colectivo** no beneficiaban a personas que pueden ser identificadas con claridad, sino a todos los pasajeros potenciales. Además, la compensación se calculaba sin tener en cuenta la identidad y el número de usuarios del servicio prestado.
Con estas premisas, se acabó declarando que la Dir 2006/112/CE art.73 (equivalente a la LIVA art.78) debe interpretarse en el sentido de que una **compensación a tanto alzado** abonada por una entidad local a una empresa que presta servicios de transporte público colectivo y destinada a cubrir las pérdidas que puedan sufrirse al prestar esos servicios no está incluida en la base imponible de dicha empresa.

Calificación de las operaciones entre entidades vinculadas: Asunto Högkullen (TJUE 3-7-25, asunto C-808/23) Högkullen era la sociedad matriz de un grupo de gestión inmobiliaria y participaba activamente en la **gestión de sus filiales**, prestándoles servicios de gestión empresarial, financieros, de gestión inmobiliaria, de inversión, informáticos y de gestión de personal, que se consideraron sujetos al IVA. **10073**
Esta contraprestación se determinó aplicando el método denominado del «coste incrementado», comprendiendo el importe correspondiente a los costes y un margen de beneficio.
La sociedad computó los costes que soportaba por dirigir la empresa y otros costes como los locales, teléfono, herramientas informáticas, gastos de representación y viajes. En cambio, consideró que los costes de «accionista», tales como los gastos de elaboración de las cuentas

anuales, auditoría y junta general, así como los gastos de captación de fondos, no guardaban relación alguna con los servicios prestados y no los incluyó, como tampoco los costes vinculados a una nueva emisión de acciones prevista y a la cotización en Bolsa.

La Administración tributaria sueca consideró que los **servicios prestados a las filiales** se habían facturado a un precio inferior al valor normal de mercado y, dado que, en su opinión, no existían servicios comparables ofrecidos libremente en el mercado, determinó la base imponible por un importe correspondiente a la totalidad de los costes soportados por dicha sociedad.

Con estos antecedentes, se planteó al TJUE si la Dir 2006/112/CE art.72 y 80 (equivalentes a la LIVA art.79.cinco) se oponen a que la Administración tributaria considere que los servicios prestados por una sociedad matriz a sus filiales en el marco de la gestión activa de estas constituyen, en todos los casos, una **prestación única** que excluye que el valor normal de mercado de esos servicios pueda determinarse mediante el método de comparación previsto en el art.72 párrafo primero, de la Directiva.

Tras repasar las condiciones de aplicación de la regla especial de base imponible para las **operaciones entre personas o entidades vinculadas** (nº 1913), se consideró que, efectivamente, había vinculación entre las partes y que los destinatarios no tenían derecho a deducir el IVA soportado (dos de los requisitos establecidos al efecto). Las dudas se planteaban entorno al **valor normal de mercado** de las operaciones.

La misma Directiva define este concepto, al considerar como tal «el importe total que, para obtener los bienes o servicios en cuestión, un destinatario, en la misma fase de comercialización en la que se efectúe la entrega de bienes o la prestación de servicios, debería **pagar** en condiciones de libre competencia **a un proveedor independiente** dentro del territorio del Estado miembro de imposición de la entrega o prestación».

La controversia se contraía a determinar si se podía encontrar un **servicio comparable** al prestado.

El TJUE ha reconducido esta cuestión al ámbito de las **operaciones accesorias** y a la determinación de cuándo se puede entender que se realiza una variedad de operaciones distintas y cuándo se efectúa una prestación que cabe considerar como única.

Por referencia a los servicios antes descritos, el TJUE entendió que no podía considerarse que tales servicios estuvieran tan estrechamente ligados que, objetivamente, formasen una única prestación económicamente indisociable y, por tanto, una prestación única.

Por una parte, dichos servicios, aun cuando se presten en común, parecen tener cada uno un **carácter propio e identificable**. Por otra parte, el hecho de que cada una de las filiales pague un **precio global** a Högkullen por todos los servicios que esta le presta no puede ser determinante en materia de prestaciones intragrupo puesto que, en caso contrario, el propio grupo podría influir en la calificación que debe darse a estas prestaciones a efectos del IVA en función de las **modalidades de retribución** acordadas.

Con estas premisas, el TJUE concluyó que la Dir 2006/112/CE art.72 y 80, reguladores de la base imponible en operaciones entre entidades vinculadas (equivalentes a la LIVA art.79.cinco) se oponen a que la Administración tributaria considere que los servicios prestados por una sociedad matriz a sus filiales en el marco de la gestión activa de estas constituyen, en todos los casos, una **prestación única** que excluye que el valor normal de mercado de esos servicios pueda determinarse mediante el método de comparación previsto en el art.72, párrafo primero, de la Directiva.

Precisiones Descartada la consideración de los servicios como **prestación única**, el argumento de las autoridades suecas de que no había valor de mercado para ellos debería considerarse decaído, por lo que habría que proceder a su valoración individualizada.

10075 **Existencia de servicios por ajustes de precios de transferencia y justificación documental de las operaciones: Asunto Arcomet Towercranes** (TJUE 4-9-25, asunto C-726/23) Arcomet Rumanía formaba parte del grupo Arcomet, un grupo mundial del sector del alquiler de grúas. Arcomet Rumanía compraba o alquilaba grúas para revenderlas o alquilarlas a sus clientes en Rumanía. Arcomet Bélgica buscaba proveedores para sus filiales, entre ellas Arcomet Rumanía, y negociaba con ellos las condiciones contractuales para las filiales. No obstante, para la actividad ejercida en Rumanía, Arcomet Rumanía celebraba los contratos de venta y de arrendamiento tanto con sus proveedores como con sus clientes.

Un estudio de los **precios de transferencia** entre Arcomet Bélgica y sus filiales mostró que el **margen de explotación** en el mercado de referencia que las filiales debían contabilizar, en virtud de las normas sobre precios de transferencia, se situaba entre el -0,71 % y el 2,74 %.

En 2012 se celebró un **contrato** entre Arcomet Bélgica y Arcomet Rumanía, en virtud del cual cada parte se comprometía a realizar una serie de prestaciones en favor de la otra. Por un lado, Arcomet Bélgica se comprometía a asumir, desde un punto de vista operativo, la mayor parte de las responsabilidades comerciales, como la estrategia y la planificación, la

negociación de los contratos (marco) con proveedores, la negociación de los términos y condiciones de los contratos de financiación, la ingeniería, las finanzas, la gestión de la flota a nivel central y la gestión de la calidad y de la seguridad. Además, soportaba los principales riesgos económicos vinculados a la actividad de Arcomet Rumanía. Esta última se comprometía a comprar y a poseer todos los productos necesarios para el ejercicio de su actividad y a responsabilizarse de la venta y del alquiler de dichos productos, así como de la prestación de servicios.
El contrato establecía una **remuneración** de las actividades realizadas por las partes igual al importe necesario para situar a Arcomet Rumanía en una posición que se correspondiera con las actividades que realizaba y con los riesgos que asumía. Esta posición debía determinarse de común acuerdo entre las partes y basarse en el **método del margen neto transaccional**, establecido por las Directrices de la OCDE. Así, se estableció que, en el supuesto de que Arcomet Bélgica tuviera derecho a percibir una remuneración de Arcomet Rumanía por las actividades descritas en el contrato, Arcomet Bélgica debía enviar una factura a Arcomet Rumanía al final de cada año, debiendo esta última sociedad soportar el IVA correspondiente con arreglo a la legislación rumana. Arcomet Bélgica debía emitir una factura de regularización anual si el margen de explotación de Arcomet Rumanía era superior al 2,74 % para recuperar el exceso de beneficio, o por Arcomet Rumanía si tal margen era inferior al -0,71 %, con el fin de cubrir cualquier exceso de pérdidas. En cambio, no se adeudaba remuneración alguna cuando el margen de explotación quedaba comprendido entre el -0,71 % y el 2,74 %.
En 2011, 2012 y 2013, Arcomet Rumanía registró un margen de explotación superior al 2,74 % y, por cada uno de esos años, recibió de Arcomet Bélgica la correspondiente factura. Arcomet Rumanía declaró las dos primeras facturas como relativas a **adquisiciones intracomunitarias de servicios**, aplicándoles la inversión del empresario o profesional, pero consideró que la tercera factura se había emitido respecto de **operaciones** que quedaban **fuera del ámbito de aplicación** del IVA.
Las autoridades rumanas denegaron la deducción de las cuotas ingresadas debido a que Arcomet Rumanía no había justificado la realidad de las prestaciones de servicios facturadas ni su necesidad para sus operaciones gravadas.

La primera cuestión planteada tenía por objeto dirimir si se puede considerar que la **remuneración de servicios intragrupo** -prestados por una sociedad matriz a su filial y detallados en un contrato-, que se calcula con arreglo a un método recomendado por las Directrices de la OCDE y corresponde a la parte del margen de explotación superior al 2,74 % realizado por esa filial, constituye la contrapartida de una prestación de servicios realizada a título oneroso sujeta al IVA. 10077
El TJUE tomó como base para ello la conocida **doctrina del vínculo directo**, conforme a la cual una prestación de servicios solo se realiza «a título oneroso» si entre el prestador del servicio y su destinatario existe una relación jurídica en cuyo marco se intercambian prestaciones recíprocas y la retribución percibida por el proveedor constituye el contravalor efectivo del servicio individualizable prestado al destinatario (entre otras, TJUE 8-3-88, asunto Apple and Pear Development Council, C-102/86; 12-12-24, asunto Weatherford Atlas Gip, C-527/23).
En el marco del contrato firmado al efecto, las partes asumieron **compromisos recíprocos.** Por un lado, Arcomet Bélgica se comprometió a prestar determinados servicios comerciales y a soportar los principales riesgos económicos vinculados a la actividad de Arcomet Rumanía como sociedad operativa y, por otro lado, Arcomet Rumanía se comprometió a abonar al final de cada año un importe correspondiente a la parte del margen de explotación por ella obtenido superior al 2,74 %.
Parece cumplirse, pues, el primer requisito, relativo a la existencia, entre quien efectúa la prestación y el destinatario, de una **relación jurídica** en cuyo marco se intercambian **prestaciones recíprocas**.
De igual modo entendió el TJUE que los pagos efectuados por Arcomet Rumanía constituían la remuneración de las actividades realizadas por Arcomet Bélgica, a lo que añadió que las prestaciones recibidas como contrapartida podían procurar una ventaja concreta a Arcomet Rumanía, dado que repercutían en el margen de Arcomet Rumanía por el ahorro que le permitían obtener o por la mejora del servicio prestado a los clientes finales.
En consecuencia, también parece cumplirse el segundo requisito establecido al efecto, relativo a que la **retribución percibida** por el prestador de servicios constituya el contravalor efectivo del servicio prestado al destinatario.
Se añadió a lo anterior que las alegaciones formuladas por Arcomet Rumanía no podían desvirtúan esta conclusión:
1ª. La mera voluntad de ajuste del margen de explotación de la filial, por cuanto la existencia de una prestación de servicios a los efectos del IVA depende de otras cuestiones, ya analizadas.

2ª. La incidencia de la doctrina relativa a la tenencia de valores y su no sujeción al IVA, al haberse constatado la efectiva prestación de servicios a Arcomet Rumanía.
3ª. El efecto de la forma en que se retribuían los servicios prestados por Arcomet Bélgica, en particular, el exceso sobre el 2,74% del margen de explotación de Arcomet Rumanía. Si bien la retribución era variable, no cabía considerar el servicio como gratuito o con una contraprestación aleatoria, difícilmente cuantificable o incierta. En efecto, los **términos de la retribución** se establecen de antemano y según criterios precisos, de modo que dicha retribución no es, en sí, aleatoria [TJUE 9-2-23, asunto Finanzamt X, C-713/21 (Prestaciones del titular de una cuadra)].
La hipótesis de que el pago fuera de sentido contrario se consideró irrelevante, al no ser el supuesto planteado.
Con estas premisas, el TJUE acabó declarando que la Dir 2006/112/CE art.2(1)(c), por el que se establece la sujeción al IVA de las prestaciones de servicios (equivalente a la LIVA art.4.uno), debe interpretarse en el sentido de que la **remuneración de servicios intragrupo** -prestados por una sociedad matriz a su filial y detallados en un contrato, cuya retribución se determina conforme al **método del margen neto transaccional**-, que se calcula con arreglo a un método recomendado por las Directrices aplicables en materia de precios de transferencia establecidas por la OCDE, y corresponde a la parte del margen de explotación superior al 2,74 % realizado por esa filial, constituye la contrapartida de una prestación de servicios realizada a título oneroso, sujeta, como tal, al IVA.

10080 La segunda cuestión planteada tenía por objeto analizar si la Dir 2006/112/CE art.168 y 178 se oponen a que la Administración tributaria exija a un empresario o profesional que solicita la deducción del IVA soportado la presentación de **documentos distintos de la factura** para probar la existencia de los servicios mencionados en esa factura y su utilización en la actividad.
Según se describe en la sentencia, las facturas correspondientes no contenían indicaciones sobre la naturaleza de los servicios adquiridos por Arcomet Rumanía ni sobre el número de horas prestadas para cada operación, los recursos humanos y materiales utilizados o el método de cálculo de las tarifas. En dichas facturas no figuraban ni la cantidad ni la naturaleza de los servicios prestados, por lo que, de entrada, no parece que dichas facturas cumplieran los **requisitos formales** normalmente exigibles.
Con esta base, el TJUE entró en la distinción entre **requisitos formales y materiales**, recordando que el incumplimiento de los primeros no puede, sin más, conducir a la denegación de la deducción si se cumplen los segundos.
No habiéndose cuestionado la condición de empresario o profesional de Arcomet Bélgica y de Arcomet Rumanía, se denegó a esta última el derecho a la deducción del IVA soportado debido a que dicha sociedad no había aportado la prueba de que se le hubieran prestado efectivamente los servicios mencionados en las facturas ni de que fueran necesarios para sus actividades gravadas.
No habiendo **servicio recibido**, no cabe la deducción del IVA. Por el contrario, cuando consta la **existencia** de una real **prestación de servicios**, debe admitirse la deducción del IVA soportado, sin que se pueda exigir que dichos servicios redunden, como tales, en un aumento de la rentabilidad de su destinatario.
De ello se infiere que la Administración tributaria podía exigir a Arcomet Rumanía que demostrase que los servicios recibidos habían sido efectivamente prestados por Arcomet Bélgica y que Arcomet Rumanía los había utilizado efectivamente para sus propias operaciones gravadas, pero no podía exigirse a esta última que demostrase la necesidad o la oportunidad de esos servicios para sus operaciones gravadas.
En lo que atañe a la **carga de la prueba**, incumbe al empresario o profesional que solicita la deducción del IVA probar que cumple los requisitos previstos para tener derecho a ella (TJUE 12-12-24, asunto Weatherford Atlas Gip C-527/23 -prestaciones del titular de una cuadra-, entre otras).
Por consiguiente, las autoridades tributarias pueden exigir que el empresario o profesional aporte las pruebas necesarias para que ellas aprecien si procede o no **conceder la deducción** solicitada, en particular, con el fin de demostrar que los servicios invocados como base del derecho a la deducción fueron utilizados para las necesidades de sus operaciones gravadas.
En esta apreciación, no están limitadas a un examen de la propia factura. Estas pruebas pueden comprender los **documentos** que se encuentren **en posesión de los prestadores de servicios** de los que el empresario o profesional haya adquirido servicios por los que haya abonado el IVA. No obstante, las **pruebas exigidas** deben ser necesarias y proporcionadas para apreciar si se cumplen los requisitos materiales del derecho a la deducción, extremo que, en las circunstancias del litigio principal, corresponde comprobar al órgano jurisdiccional remitente.

En consecuencia con todo lo anterior, la Dir 2006/112/CE art.168 y 178 (equivalentes, respectivamente, a la LIVA art.95 y 97, relativos a la afectación a la actividad y a la justificación formal del derecho a la deducción), no se oponen a que la Administración tributaria exija a un empresario o profesional que solicita la deducción del IVA soportado la **presentación de documentos distintos de la factura** para probar la existencia de los servicios mencionados en esa factura y la utilización de estos para las necesidades de las operaciones gravadas de ese empresario o profesional, siempre que la presentación de tales pruebas sea necesaria y proporcionada a tal fin.

6. Deducciones y devoluciones

Devolución a no establecidos y entregas de bienes en operaciones complejas: Asunto Brose Prievidza (TJUE 23-10-25, asunto C-234/24) Brose Prievidza era una sociedad domiciliada y registrada a efectos del IVA en Eslovaquia, dedicada a la producción de elevalunas y de módulos de puertas para vehículos automóviles. Para la fabricación de estos productos, compraba componentes a IME Bulgaria, una empresa establecida en Bulgaria. 10100

Brose Coburg era una sociedad establecida en Alemania y registrada a efectos del IVA en Alemania y en Bulgaria. Al igual que Brose Prievidza, formaba parte del grupo Brose, que produce, en particular, sistemas mecatrónicos para las carrocerías y los interiores de vehículos, destinados a fabricantes de automóviles.

Brose Coburg encargó a IME Bulgaria un equipo específico para la **fabricación de componentes** que debían integrarse en estos sistemas. IME Bulgaria facturó la venta de dicho equipo a Brose Coburg. Aunque el citado equipo se convirtió en propiedad de esta última, permaneció en las instalaciones de IME Bulgaria, que lo utilizaba exclusivamente para fabricar los componentes antes mencionados, destinados a Brose Prievidza.

Posteriormente, Brose Coburg vendió ese mismo equipo a Brose Prievidza por una determinada cantidad más IVA búlgaro, que fue abonado. El equipo controvertido permaneció en las instalaciones de IME Bulgaria a efectos de la fabricación de esos componentes.

Brose Prievidza solicitó la devolución de dicho IVA, que se denegó, al considerarse el equipo accesorio a las entregas intracomunitarias de bienes efectuadas por IME Bulgaria, exentas como tales.

El TJUE procedió a precisar la cuestión planteada, que se contraía a determinar si la Dir 2008/9/CE art.4(b), en relación con la Dir 2006/112/CE art.138(1) y 171, se opone a que se deniegue la devolución del IVA que haya gravado la entrega de un equipo a un empresario o profesional establecido en un Estado miembro distinto del Estado miembro de compra de dicho bien. Ello, debido a que esta debe estar exenta del IVA como entrega intracomunitaria, ya que debe considerarse que forma parte de una única prestación económica indisociable o que es accesoria a una prestación principal constituida por entregas intracomunitarias de bienes producidos mediante el referido equipo y destinados a ese empresario o profesional, aunque el citado equipo no haya salido físicamente del territorio del Estado miembro de su proveedor.

El TJUE recordó que la Dir 2008/9/CE no pretende determinar las condiciones de ejercicio ni la amplitud del **derecho a la devolución**, para lo cual hay que atender a lo dispuesto por la Dir 2006/112/CE, tal como se aplique en el Estado miembro de devolución (TJUE 21-10-21, asunto Wilo Salmson France, C-80/20). Sin embargo, con arreglo a la Dir 2008/9/CE art.4(b), no se aplica a los importes de IVA correspondientes a EIB exentas conforme al art.138 de Dir 2006/112/CE, que requiere la salida física del territorio del Estado de origen (TJUE 26-7-17, Toridas, C-386/16, entre otras).

El hecho de que el bien haya sido vendido por una sociedad establecida en un Estado miembro distinto del Estado del adquirente y distinto de aquel en el que se encuentra físicamente dicho bien no desvirtúa esta conclusión.

Consta que, en el asunto controvertido, el equipo fue objeto de **dos ventas**, de IME Bulgaria a *Brose Coburg* y después de esta a Brose Prievidza. Sin embargo, **nunca** fue **transportado ni expedido** con destino a los sucesivos adquirentes, permaneciendo en el territorio del Estado miembro del proveedor. Si, en tales circunstancias, no se cumplen los requisitos de aplicación de la exención para las EIB, tampoco cabe excluir la devolución con base en la Dir 2008/9/CE art.4(b).

La posible **consideración conjunta de las operaciones** fue analizada señalando que la conexión económica entre varias entregas no implica automáticamente que deba considerarse que dichas entregas constituyen una operación única a los efectos de la Dir 2006/112/CE.

Con base en los criterios habituales sobre la accesoriedad, se destacó que el equipo controvertido y los componentes eran entregados por dos proveedores independientes, lo que bien apunta al tratamiento separado las operaciones. El hecho de que exista un cierto

vínculo entre las operaciones, dado que el equipo controvertido es necesario para la fabricación de los componentes, no implica que deban considerarse como una operación única ni, por tanto, como prestaciones indisociables.
La posibilidad de que hubiera un **fraccionamiento artificial** de las operaciones fue descartada igualmente, habiéndose realizado por operadores independientes, cada una de ellas con su propia lógica económica y sin que la sociedad adquirente obtuviese ningún tipo de ventaja por su realización de este modo (todo ello, por contraposición a la TJUE 21-2-08, asunto Part Service, C-425/06.
El hecho de que un equipo no esté destinado a la producción de una única pieza o de un único lote de piezas ni a ser integrado en los componentes, sino que esté destinado a ser **utilizado para la producción en serie** de dichas piezas o componentes, puede contribuir a demostrar que la entrega de tal equipo no está tan estrechamente vinculada a una **entrega específica de piezas** hasta el punto de que deba considerarse que forma con esa entrega específica de piezas, objetivamente, una sola prestación económica indisociable.
La posible calificación de la **venta del equipo** como accesoria de las entregas de los componentes fue descartada igualmente, teniendo en cuenta las características de las operaciones y del modelo de negocio de los intervinientes, que bien justificaba la forma en que se realizaban.
Con estas premisas, se concluyó declarando que la Dir 2008/9/CE art.4(b), sobre devoluciones a empresarios o profesionales no establecidos en el Estado de devolución, pero establecidos en otro Estado miembro (como tal, no transpuesto en España, y que deniega la devolución del IVA soportado en EIB o exportaciones que estén o pudieran estar exentas), en relación con la Dir 2006/112/CE art.138(1) y 171, relativos a la exención de las EIB y a la devolución del IVA a los empresarios o profesionales no establecidos, se opone a que se deniegue la devolución del IVA que haya gravado la **entrega de un equipo** a un empresario o profesional establecido en un Estado miembro distinto del Estado de compra de dicho bien cuando el citado equipo **no haya salido físicamente** del territorio del Estado de su proveedor. Lo anterior es así, salvo que, habida cuenta de todas las circunstancias de la operación, deba considerarse que la entrega forma parte de una única prestación económica indisociable o que es accesoria a una prestación principal constituida por EIB producidos mediante el referido equipo y destinados a ese empresario o profesional.

7. Regímenes especiales

10135 **Compras de obras de arte a autores o derechohabientes por medio de personas jurídicas y aplicación del REBU: Asunto Galerie Karsten Greve** (TJUE 1-8-25, asunto C-433/24) GKG, como galería de arte, realizó entregas de objetos de arte que había adquirido a la sociedad británica SRG, discutiéndose, en relación con ellas, la procedencia de aplicar el REBU (las operaciones son previas a la salida de la UE del Reino Unido), en particular, las entregas de cuadros recibidos mediante adquisiciones intracomunitarias en las que el proveedor era la sociedad SRG, uno de cuyos socios era el autor de los cuadros.
Conforme a la Dir 2006/112/CE art.316 (1) (b), los Estados miembros concederán a los empresarios o profesionales revendedores el **derecho de optar** por la aplicación del REBU (nº 3900) a las **entregas de objetos de arte** que les hayan sido entregados por su autor o por sus derechohabientes. La duda planteada en este caso era si una **persona jurídica** puede ser considerada como autor de un objeto de arte y, en tal caso, en qué condiciones.
El TJUE apeló a la necesidad de interpretar las disposiciones del Derecho de la Unión conforme a su contexto y objetivos.
El tenor de la Dir 2006/112/CE art.316(1)(b) no excluye expresamente que un **autor o sus derechohabientes** puedan efectuar tal entrega a través de una persona jurídica ni que tal entrega la pueda realizar una persona jurídica.
Si bien los **regímenes especiales** deben delimitarse en términos estrictos, esto no significa que sus disposiciones reguladoras deban interpretarse de manera que queden privado de efectos, atendiendo, por tanto, a sus objetivos. El régimen especial en discusión tiene, como propósito principal, evitar la doble imposición y las distorsiones de la competencia (TJUE 29-11-18, asunto Mensing, C-264/17), así como, en particular, fomentar la introducción en el mercado de la Unión de obras de arte nuevas, ya fueran importadas en la Unión o de nueva creación en su territorio, dispensando un tratamiento favorable tanto a la importación como a su primera entrega tras la creación, así como a la primera entrega de los mismos por parte de empresarios o profesionales revendedores.
Por otro lado, el TJUE apuntó a las dificultades prácticas en la aplicación del REBU, especialmente en lo que se refiere a posibles **transacciones previas** y su posible sujeción al IVA.

Lo anterior, sin embargo, no impidió al TJUE señalar que excluir de la Dir 2006/112/CE art.316(1)(b) las entregas realizadas por empresarios o profesionales revendedores de objetos de arte que les hayan sido **entregados** por los autores o sus derechohabientes **a través de personas jurídicas**, podría perjudicar los objetivos de garantizar la neutralidad, evitar las distorsiones de la competencia y fomentar la introducción de nuevos objetos de arte en el mercado de la Unión.

Se añadió a lo anterior que, cuando la entrega a un empresario o profesional revendedor de un objeto de arte la efectúa una persona jurídica que el autor o sus derechohabientes fundaron para comercializar los objetos de arte creados por el autor, puede presumirse que se trata de una **entrega atribuible al autor** o a sus derechohabientes, en la medida en que, en tal supuesto, dicha entrega tenga lugar en el marco de la estructura elegida por el autor o sus derechohabientes para llevar a cabo esa comercialización.

Esta interpretación se limitó por el propio TJUE a las entregas que constituyan efectivamente la **primera introducción de la obra** de arte en el mercado de la Unión, de suerte que no debe haber indicios de una entrega anterior de dicho objeto de arte, sujeta al IVA, constitutiva de tal primera introducción.

Por consiguiente, en el caso en que un autor o sus derechohabientes efectúen la entrega de tal objeto a un empresario o profesional revendedor a través de una persona jurídica, es necesario, a estos efectos, que esa persona jurídica tenga **derecho a disponer** del objeto en cuestión con las facultades atribuidas a su propietario desde su creación o, si no hay entrega anterior sujeta al IVA, en el momento de esa primera introducción en el mercado de la Unión.

El TJUE concluyó declarando que la Dir 2006/112/CE art.316(1)(b), que completa el ámbito de aplicación del REBU (equivalente a la LIVA art.135.uno.3º) debe interpretarse en el sentido de que se incluyen en el régimen especial las **entregas por revendedores** de obras de arte que les hayan sido entregadas por su autor o por sus derechohabientes actuando a través de una persona jurídica, con la **condición** de que:

1. La entrega realizada por la persona jurídica pueda ser atribuida al autor o a sus derechohabientes, lo que sucederá cuando el autor o sus derechohabientes hayan fundado esa persona jurídica para comercializar los objetos de arte que haya creado el autor, y
2. La entrega de los referidos objetos de arte al empresario o profesional revendedor constituya la primera introducción de dichos objetos de arte en el mercado de la UE.

Precisiones En referencia al caso concreto, el TJUE señala la procedencia de tener en cuenta sus **características específicas**, atendiendo a la complejidad de las estructuras que en ocasiones se ponen en práctica en estos contextos y la dificultad de su comprobación.

8. Procedimientos tributarios

Derivación de la responsabilidad tributaria a terceros y vías de recurso: Asunto M.B. 10150
(TJUE 27-2-25, asunto C-277/24) M. B. había sido presidente del Consejo de Administración de la sociedad B. Sustanciado un procedimiento de control a la entidad cuando M. B. había cesado ya en su cargo, M. B. presentó una solicitud dirigida a obtener la calidad de parte en el procedimiento tributario y el acceso al expediente, lo que fue denegado.

La cuestión prejudicial se dirigía a analizar el efecto de la Dir 2006/112/CE art.205 y 273, en relación con el TUE art.2, la Carta de los Derechos Fundamentales art.17, 41 y 47, el principio de proporcionalidad, el derecho a un proceso equitativo y el derecho de defensa en este contexto.

Por referencia a la Dir 2006/112/CE art.205 (base de la LIVA art.87.cinco), se destacó que la petición de decisión prejudicial no indicaba que el mecanismo de responsabilidad solidaria previsto en Polonia tenga por objeto designar a una persona deudor del impuesto para una o varias operaciones gravadas determinadas, en el sentido de la Dir 2006/112/CE art.193 y 205, leídos conjuntamente. En efecto, con arreglo a ese mecanismo, los **miembros** o antiguos miembros **del consejo de administración** de una sociedad pueden, en ciertas condiciones, ser considerados **responsables solidarios** de la totalidad o de parte de las deudas de IVA de dicha sociedad, sin que tales deudas tengan que derivarse de una o varias operaciones gravadas específicas.

Por consiguiente, no es patente que la Dir 2006/112/CE art.205 sea aplicable en las circunstancias del litigio principal.

Descartada la incidencia de otros principios señalados por el tribunal remitente, el TJUE pasó a analizar el efecto de la Dir 2006/112/CE art.273, en relación con el TFUE art.325(1), el derecho de defensa y el principio de proporcionalidad en relación con una normativa y práctica nacionales según las cuales **un tercero** que podrá ser considerado **responsable solidario** de la deuda tributaria de una persona jurídica no puede ser parte en el procedimiento de liquidación seguido contra dicha persona con el fin de determinar la deuda tributaria de esta, y no se le concede ninguna vía adecuada para impugnar las conclusiones y apreciaciones en cuanto a la existencia o al importe de dicha deuda tributaria en el marco del procedimiento para la exigencia de responsabilidad solidaria.

De la jurisprudencia se desprende que la Dir 2006/112/CE art.273, aparte de los límites que fija, no precisa los requisitos ni las obligaciones que los Estados miembros pueden establecer, dando un cierto margen de apreciación a los Estados, los cuales, sin embargo, deben respetar el Derecho de la Unión y sus principios generales.

10152 El **derecho de defensa** constituye un principio general del Derecho de la Unión, que resulta de aplicación cuando la Administración se propone adoptar un acto lesivo para una persona. Conforme a este principio, debe permitirse a los destinatarios de resoluciones que afecten significativamente a sus intereses dar a conocer oportunamente su punto de vista sobre los elementos en los que la Administración vaya a basar su decisión. El derecho de defensa comprende el derecho a ser oído y el derecho de acceso al expediente.

Este derecho no constituye, sin embargo, una prerrogativa absoluta, sino que puede ser **objeto de restricciones**, siempre y cuando estas respondan efectivamente a objetivos de interés general y no impliquen, teniendo en cuenta el objetivo perseguido, una intervención desmesurada e intolerable que afecte al contenido esencial de los derechos así garantizados. Entre esos objetivos figura, en particular, en el contexto de los procedimientos de inspección tributaria, la salvaguarda de las exigencias de **confidencialidad** o de **secreto profesional**.

Debe tenerse en cuenta asimismo el **principio de seguridad jurídica**. Habida cuenta de que la firmeza de una resolución administrativa contribuye a la seguridad jurídica, el Derecho de la Unión no exige que un órgano esté obligado a reconsiderar una resolución administrativa que haya adquirido tal firmeza.

La firmeza de una **resolución administrativa** no justifica que se menoscabe el contenido esencial del derecho de defensa. De esta manera, no puede admitirse que, debido a la firmeza de las resoluciones adoptadas al término de procedimientos administrativos conexos, la Administración tributaria no tenga la obligación de informar al obligado tributario acerca de los **elementos de prueba** sobre cuya base se propone adoptar una decisión que le concierne, y que el empresario o profesional se vea así privado del derecho a impugnar eficazmente esas apreciaciones de hecho y calificaciones jurídicas.

Pues bien, una resolución, adoptada al término de este último procedimiento, por la que se declare a M. B. responsable solidario de la deuda tributaria de la sociedad B. tal como quedó fijada previamente en el marco del procedimiento de liquidación, sería lesiva para M. B. En tal caso, los principios antes mencionados exigen que la Administración Tributaria polaca respete el derecho de defensa de la persona objeto del procedimiento para la exigencia de responsabilidad solidaria.

No siendo posible impugnar el importe de la deuda, toda vez que el procedimiento de derivación queda limitado a establecer si se cumplen los requisitos para esta, un procedimiento incoado en tales condiciones podría menoscabar el contenido esencial del derecho de defensa.

Por el contrario, la concesión al tercero del **derecho a participar** en el procedimiento de liquidación podría en principio poner en peligro la confidencialidad de determinados datos o prolongar la duración del referido procedimiento, resultando con ello en menoscabo del interés público consistente en garantizar una eficaz recaudación del IVA.

Atendiendo al **principio de proporcionalidad**, se consideró que denegar a un tercero, que podría ser declarado responsable solidario de la deuda tributaria de una persona jurídica, el derecho a participar en el procedimiento de liquidación seguido frente a esta no va más allá de lo necesario para preservar con la mayor eficacia posible los derechos del Tesoro Público. En cambio, se quebrantaría dicho límite si quedara afectado el mismo contenido esencial del derecho de defensa de ese tercero en la tramitación del procedimiento para la exigencia de responsabilidad solidaria que se hubiera iniciado, en su caso, frente al referido tercero.

Se acabó declarando que la Dir 2006/112/CE art.273 (relativo a las medidas que pueden tomar los Estados de la UE en la lucha contra el fraude), en relación con el TFUE art.325(1), el derecho de defensa y el principio de proporcionalidad, no se oponen a una normativa y una práctica nacionales según las cuales un tercero que podrá ser considerado **responsable solidario de la deuda tributaria** de una persona jurídica no puede ser parte en el procedimiento de liquidación seguido contra dicha persona con el fin de determinar la deuda tributaria de esta, sin perjuicio de la necesidad de que ese tercero, en el curso del procedimiento para la exigencia de responsabilidad solidaria que, en su caso, se le haya incoado, pueda impugnar eficazmente las conclusiones sobre los hechos y las calificaciones jurídicas efectuadas por la Administración tributaria en el marco del procedimiento de liquidación y pueda tener acceso al expediente de este último procedimiento, respetando los derechos de la referida persona o de otros terceros.

Simultaneidad de actuaciones inspectoras en proveedor y cliente: Asunto Greentech (TJUE 13-3-25, asunto C-640/23) Se describe en la sentencia que se había desarrollado una inspección a Greentech que dio lugar a una liquidación tributaria, ello como consecuencia de la denegación del derecho a la deducción del IVA soportado en la compra de unos equipos efectuada a Greenfiber que se consideró como una unidad económica autónoma no sujeta al IVA. En paralelo, se hizo también una inspección a Greenfiber, en la que se entendió que la operación estaba sujeta al IVA. 10155

En la discusión judicial sobre el asunto se elevó la cuestión prejudicial, en la que el elemento esencial residía en que, según el órgano jurisdiccional remitente, Greentech se encontraba en la imposibilidad material de obtener la devolución del IVA que le facturó indebidamente el vendedor, a saber, Greenfiber, y que fue ingresado por esta última en la Hacienda Pública, sobre la que se analizó el alcance del **principio de efectividad**.

Más específicamente, lo que se estudió es si la Dir 2006/112/CE art.168 y 203 y los principios de neutralidad del IVA y de efectividad se oponen a una normativa o a una práctica administrativa nacional que no permite a un empresario o profesional la deducción del IVA soportado por una operación que, a raíz de una inspección fiscal, fue recalificada con posterioridad por la Administración tributaria como operación no sujeta al IVA, aun cuando resulte imposible o excesivamente difícil obtener del vendedor la devolución del **IVA indebidamente pagado**.

Se describe en la sentencia que la operación realizada entre Greenfiber y Greentech fue calificada definitivamente como no sujeta al IVA por la Administración tributaria rumana y que Greenfiber no pudo **rectificar la factura** relativa a dicha operación ni la declaración del IVA debido a la prescripción del plazo previsto para ello.

En una situación como la controvertida, en la que un empresario o profesional ha pagado indebidamente una cuota de IVA, corresponde, en principio, al emisor de la factura proceder a su regularización, entendiéndose que, a falta de una disposición en la Directiva del IVA al respecto, corresponde a los Estados miembros determinar las **condiciones de la regularización** (TJUE 13-10-22, asunto HUMDA, C-397/21).

Si, como en el presente asunto, la **devolución del IVA** resulta imposible o excesivamente difícil, los principios de neutralidad del IVA y de efectividad exigen que los Estados miembros establezcan los instrumentos necesarios para permitir al destinatario recuperar el IVA indebidamente facturado y pagado, en particular reclamando la devolución directamente a la Administración tributaria (TJUE 13-10-22, asunto HUMDA, C-397/21).

Con estas premisas, se concluyó declarando que la Dir 2006/112/CE art.168 -relativo a la afectación a la actividad como requisito para la deducción- y la Dir 2006/112/CE art.203 -que hace deudor del IVA a cualquiera que lo mencione en factura- (no transpuesto al Derecho Español), junto con los principios de neutralidad y de efectividad, no se oponen a una normativa o una práctica administrativa nacional que no permite a un empresario o profesional la deducción del IVA soportado por una **operación** que, a raíz de una inspección, fue calificada con posterioridad por la Administración tributaria como **no sujeta al IVA**, aun cuando resulte imposible o excesivamente difícil para ese empresario o profesional obtener del vendedor la devolución del IVA indebidamente pagado. No obstante, esos principios exigen que, en tal situación, dicho empresario o profesional pueda dirigir su solicitud de devolución directamente a la Administración tributaria.

Baja en el censo por inactividad: Asunto Cityland (TJUE 3-4-25, asunto C-164/24) Cityland era una sociedad búlgara que operó en el sector de la construcción hasta el año 2019. En 2022 la sociedad fue objeto de una inspección a raíz de la cual se la dio de **baja en el registro del IVA**, en el entendido que la entidad había incumplido sistemáticamente sus obligaciones de IVA. 10160

Durante el procedimiento, Cityland sostuvo que el IVA en cuestión, declarado pero no pagado, procedía de las facturas emitidas a favor de Terem Ivaylo que eran objeto de un procedimiento judicial debido que esta no había abonado el IVA que figuraba en ellas.

La cuestión planteada al TJUE era si la Dir 2006/112/CE art.213(1) y 273, relativos respectivamente a las obligaciones censales, y a las medidas de lucha contra el fraude, así como los principios de seguridad jurídica y de proporcionalidad, se oponen a una normativa nacional que prevé la posibilidad de que se dé de baja en el registro del IVA a un empresario o profesional por haber **incumplido** sus **obligaciones en materia de IVA**, sin analizar la naturaleza de las infracciones cometidas y su conducta específica.

En efecto, la Dir 2006/112/CE art.213 y 214 dan un cierto margen de apreciación a los Estados cuando adoptan medidas para garantizar la identificación de los empresarios o profesionales a efectos del IVA, pero este margen de apreciación no es ilimitado, por cuanto no puede hacerse uso de dicha facultad sin un motivo legítimo (TJUE 14-3-13, asunto Ablessio, C-527/11; 18-11-21, asunto Promexor Trade, C-358/20).

No habiendo disposición al respecto en la Directiva, sin embargo, el Rgto (UE) 904/2010 art.17(1)(c) y 23, relativo a la cooperación administrativa y la lucha contra el fraude en el ámbito del IVA, hacen referencia a los **números de identificación** a efectos del IVA asignados que han dejado de ser válidos.

Por otra parte, según reiterada jurisprudencia los Estados miembros tienen la obligación de adoptar todas las medidas legislativas y administrativas necesarias para garantizar que el IVA devengado se perciba íntegramente en sus territorios respectivos y para luchar contra el fraude, así como un interés legítimo en proceder de este modo.

En consecuencia con todo lo anterior, los Estados miembros pueden, en su caso, prever la **baja de un empresario** o profesional en el registro del IVA.

El **régimen sancionador** es otra de las competencias que incumbe a los Estados de la UE; no obstante, están obligados a ejercer esta competencia respetando el Derecho de la Unión y sus principios generales, en particular, los de proporcionalidad, efectividad y neutralidad. Para apreciar si una sanción es conforme con el principio de proporcionalidad, es preciso tener en cuenta la naturaleza y la gravedad de la infracción que se reprime con esa sanción, así como el método para la determinación de su cuantía (TJUE 11-4-24, asunto Legafact, C-122/23).

Asimismo, debe atenderse a las exigencias derivadas del derecho a una buena administración, derecho que refleja un principio general del Derecho de la Unión, que es aplicable en el marco de un procedimiento de inspección tributaria (TJUE 16-5-24, asunto Slovenské Energetické Strojárne, C-746/22).

Atendiendo a la relevancia del número de IVA en su aplicación efectiva, el TJUE entendió que la **baja en el registro del IVA** prevista por la normativa nacional respecto de los empresarios o profesionales que incumplan sus obligaciones en materia de dicho impuesto, sin analizar la naturaleza de las infracciones cometidas, no puede considerarse una sanción que respete los principios y las exigencias antes mencionados, resultando en una sanción particularmente severa.

Tal **sanción** no puede considerarse conforme con el principio de proporcionalidad, en la medida en que se impone sin examinar la naturaleza y la gravedad de las infracciones cometidas con el fin de determinar si está justificada o si, en las circunstancias concurrentes, sería suficiente otra sanción menos severa.

Sin un examen exhaustivo de la **conducta del empresario** o profesional de que se trate, es imposible conocer con certeza la naturaleza y el alcance del hipotético fraude cometido por este y, por consiguiente, evaluar si la baja en el registro del IVA constituye una sanción adecuada para garantizar la recaudación del IVA y para luchar contra el fraude fiscal.

Además, en lo que atañe a las exigencias que derivan del **derecho a una buena administración**, la autoridad tributaria debe proceder, en el marco de las obligaciones de comprobación que le incumben, a un examen diligente e imparcial de todos los aspectos pertinentes, de modo que se asegure de que dispone, al adoptar su decisión, de los datos más completos y fiables posibles para ello (TJUE 16-5-24, asunto Slovenské Energetické Strojárne, C-746/22, entre otras).

Con estas premisas, se concluyó que la Dir 2006/112/CE art.213(1), párrafo primero (relativo a la obligación de alta censal), y Dir 2006/112/CE art.273 (relativo a las medidas que pueden tomar los Estados de la UE en la lucha contra el fraude), así como los principios de seguridad jurídica y de proporcionalidad, se oponen a una normativa nacional que admite que la autoridad tributaria competente dé de baja en el registro del IVA a un empresario o profesional por haber incumplido sus obligaciones en materia de IVA, sin analizar la **naturaleza de las infracciones** cometidas y la **conducta del empresario** o profesional de que se trate.

10163 **Responsabilidad de administradores: Asunto P. K.** (TJUE 30-4-25, asunto C-278/24) P. K. era presidente del Consejo de Administración de la sociedad E durante un cierto tiempo, que no pagó el IVA correspondiente a periodos de liquidación incluidos en dicho plazo.

Las autoridades polacas adoptaron ciertas medidas ejecutivas contra la entidad, si bien, al comprobar que sus activos no permitían liquidar la totalidad de las deudas tributarias impagadas, se abandonó el referido procedimiento de ejecución. A continuación, se inició un procedimiento para declarar la **responsabilidad solidaria** de P. K., como así se reconoció.

Se planteó al TJUE si la Dir 2006/112/CE art.273, en relación con el TFUE art.325, con el derecho de propiedad y con los principios de igualdad de trato, de proporcionalidad y de seguridad jurídica, se opone a un mecanismo nacional que permite establecer la **responsabilidad solidaria** de un **miembro** o de un antiguo miembro del **consejo de administración** de una sociedad por la deuda de IVA de esta, cuando este mecanismo, por un lado, no exige que se constate la existencia de culpa por su parte y, por otro lado, prevea, como requisito de exención, la presentación a su debido tiempo, por el mismo, de una solicitud de declaración de concurso de la sociedad, incluso cuando dicha sociedad tenga al Tesoro Público como único acreedor y, por ello, tal solicitud esté abocada, según la práctica y la jurisprudencia nacionales, a la desestimación.

El **mecanismo de responsabilidad solidaria** descrito contribuye a la **recaudación del IVA no pagado** por una persona jurídica, lo que se puede considerar que contribuye a garantizar, por tanto, la correcta recaudación del IVA (TJUE 13-10-22, asunto Direktor na Direktsia Obzhalvane i danachno-osiguritelna praktika, C-1/21).
Si bien la Dir 2006/112/CE art.273 no delimita las medidas que pueden adoptar los Estados de la UE, estos deben atenerse al principio de proporcionalidad, no yendo más allá de lo necesario para garantizar la integridad de la recaudación.
Medidas nacionales que originan un sistema de **responsabilidad solidaria objetiva** van más allá de lo necesario para preservar los derechos del Tesoro Público. En efecto, resultaría claramente desproporcionado imputar, con carácter incondicional, a una persona el impago de la deuda tributaria derivada de los actos de un tercero, actos en los que ella no tiene influencia alguna (TJUE 14-11-24, asunto Herdijk, C-613/23).
El hecho de que una persona distinta del deudor actuara de buena fe empleando toda la diligencia de un operador informado, de que adoptase toda medida razonable a su alcance y de que su participación en un abuso o un fraude quedara excluida constituyen **elementos que deben tenerse en cuenta** para determinar la posibilidad de obligar a dicha persona a pagar con carácter solidario el IVA adeudado (TJUE 14-11-24, asunto Herdijk, C-613/23).
Por referencia a la medida nacional controvertida, para la **atribución de la responsabilidad** la Administración tributaria debe demostrar que se cumplen los siguientes **requisitos**:
- la sociedad de que se trate tiene una deuda tributaria derivada, en particular, de una liquidación tributaria que tiene el carácter de precedente a efectos de dicha responsabilidad;
- esta deuda se originó en el período durante el cual dicho miembro o antiguo miembro ejerció una función de gestión;
- la ejecución forzosa contra dicha sociedad fue infructuosa.

Por otra parte, el miembro o antiguo miembro del consejo de administración de la sociedad puede, por su parte, probar que cumple los **requisitos para ser eximido** de dicha responsabilidad:
- ha presentado a su debido tiempo una solicitud de declaración de concurso o se ha adoptado al mismo tiempo una decisión de apertura de un procedimiento de reestructuración o de aprobación de un convenio de acreedores, o
- demuestra que la falta de presentación de una solicitud de declaración de concurso no se debe a culpa por su parte, o
- identifique los bienes de la sociedad cuya ejecución forzosa permitirá cubrir, en gran parte, los impuestos impagados de esta.

Una vez analizada esta disposición a la luz de principios generales como el de proporcionalidad, el de seguridad jurídica el de propiedad o el de igualdad de trato, el TJUE acabó declarando que la Dir 2006/112/CE art.273 (relativo a las medidas que pueden tomar los Estados de la UE en la lucha contra el fraude), en relación con el TFUE art.325, con el derecho de propiedad y con los principios de igualdad de trato, de proporcionalidad y de seguridad jurídica, debe interpretarse en el sentido de que no se opone a un mecanismo nacional en virtud del cual:
a) el **miembro o antiguo miembro** del consejo de administración de una sociedad que tenga una deuda en concepto de IVA será considerado **solidariamente responsable** junto con dicha sociedad de los impuestos impagados nacidos durante su mandato;
b) esta **responsabilidad se limita a** los impuestos impagados cuya ejecución forzosa contra dicha sociedad haya resultado infructuosa, total o parcialmente;
c) la **exención de dicha responsabilidad** depende, en particular, de la prueba aportada por el miembro o antiguo miembro del consejo de administración de que se ha presentado a su debido tiempo una solicitud de declaración de concurso de la referida sociedad o de que la no presentación de dicha solicitud no se debe a culpa por su parte;
Ello es así siempre que ese miembro o antiguo miembro, con el fin de demostrar la inexistencia de esa culpa, pueda invocar eficazmente que ha actuado con toda la **diligencia exigible** a la hora de gestionar los negocios de la sociedad de que se trate, precisándose que, a tal efecto, dicho miembro o antiguo miembro no puede limitarse a alegar que dicha sociedad, en el momento de determinar su insolvencia duradera, tenía al Tesoro Público como único acreedor.

Control jurisdiccional y suspensión de medidas ejecutivas: Asunto Ati-19 (TJUE 3-7-25, asunto C-605/23) Ati-19 era una sociedad de responsabilidad limitada unipersonal búlgara a la que se realizó una inspección en un establecimiento de comida rápida, durante la cual los inspectores, sin revelar sus identidades, compraron productos pagando en efectivo. Un empleado de Ati-19 aceptó el pago, pero no documentó la venta. **10165**
Después de identificarse como tales, los inspectores comprobaron que se habían registrado ventas por un importe total de unos 167 euros, mientras que el efectivo en caja ascendía a unos 293 euros, sancionando la conducta del contribuyente.

La multa pecuniaria, de unos 500 euros, se acompañó del **precintado del local** por catorce días.
Se planteó al TJUE si la Carta de los Derechos Fundamentales art.47, párrafo primero, se opone a una normativa nacional que, basada en la Dir 2006/112/CE art.273, limita el **alcance del control jurisdiccional** efectuado en el marco de una solicitud de suspensión de la ejecución de una medida administrativa coercitiva de carácter penal únicamente a la existencia de perjuicios graves o difícilmente reparables que tal ejecución provisional podría causar.
El TJUE recordó que las **medidas administrativas coercitivas** en materia de IVA, como el precintado de locales comerciales, se pueden amparar en la Dir 2006/112/CE art.273 y, por tanto, del Derecho de la Unión, en el sentido de la Carta de los Derechos Fundamentales art.51(1) (TJUE 4-5-23, asunto MV -98, C-97/21) y puede ser necesaria su ejecución inmediata.
A este respecto, es jurisprudencia reiterada que el juez nacional que conoce de un litigio regido por el Derecho de la Unión debe estar facultado para adoptar medidas provisionales que garanticen la plena eficacia de la resolución judicial que deba recaer acerca de la existencia y el alcance de los derechos invocados sobre la base del Derecho de la Unión.
Con esta premisa, y considerando que la Carta de los Derechos Fundamentales art.47 tiene efecto directo, se concluyó declarando que el citado art.47, párrafo primero, se opone a una normativa nacional que, en virtud de la facultad prevista en la Dir 2006/112/CE art.273, párrafo primero (relativo a las medidas que pueden tomar los Estados de la UE en la lucha contra el fraude), limita el **alcance del control jurisdiccional** efectuado en el marco de una solicitud de **suspensión de la ejecución provisional** de una medida administrativa coercitiva de carácter penal únicamente a la existencia de perjuicios graves o difícilmente reparables que tal ejecución provisional podría causar y que excluye toda posibilidad de que el juez que conoce de dicha solicitud aprecie si está justificada, de hecho y de Derecho, por argumentos que, a primera vista, pudieran revelar la ilegalidad de la medida en cuestión.

10170 **Compatibilidad y graduación de sanciones: Asunto Beach and bar management** (TJUE 3-7-25, asunto C-733/23) Beach and bar management era una entidad mercantil búlgara que explotaba un local comercial donde había bar y un restaurante. Las autoridades fiscales comprobaron la existencia de **ventas no declaradas** ni facturadas, aplicando las sanciones correspondientes. Adicionalmente, se dispuso el **precintado del local**.
Se planteó ante el TJUE si el TFUE art.325, la Dir 2006/112/CE art.273 y la Carta de los Derechos Fundamentales art.50 se oponen a una normativa nacional que prevé la imposición de una **sanción pecuniaria** a un empresario o profesional debido a que no ha expedido comprobantes de caja relativos a ventas realizadas cuando esta infracción ya ha dado lugar a la imposición de una sanción de precintado del local comercial en el que se ha cometido la infracción, acompañada de la prohibición de acceder al mismo.
Con base en la importancia de las sanciones económicas impuestas en proporción a los importes de IVA defraudado, el TJUE consideró que el TFUE art.325, la Dir 2006/112/CE art.273 y el art.50 de la Carta se oponen a una normativa nacional que prevé la imposición de una sanción pecuniaria a un empresario o profesional debido a que no ha expedido comprobantes de caja relativos a ventas realizadas cuando esta infracción ya ha dado lugar a la imposición de una **medida administrativa coercitiva** de precintado del local comercial en el que se ha cometido la infracción, acompañada de la prohibición de acceder al mismo.
Asimismo, se suscitó si la Dir 2006/112/CE art.273 y el art.49(3) de la Carta se oponen a una normativa nacional que prevé, como sanción administrativa, una **medida pecuniaria** de un importe elevado sin que el órgano jurisdiccional que conozca de la impugnación de esta medida disponga de la posibilidad procesal de imponer un importe inferior al previsto por esa normativa u otro tipo de pena más leve.
A este respecto, se recordó que conforme a la Carta art.49(3), la **intensidad de las penas** no deberá ser desproporcionada en relación con la infracción. A falta de medidas legislativas de la Unión en el ámbito de las sanciones aplicables, los Estados miembros son competentes para determinar la **naturaleza y el nivel de dichas sanciones**, respetando, en particular, el principio de proporcionalidad, sin ir más allá de lo necesario para garantizar su efecto disuasorio.
Adicionalmente, hay que tener en cuenta las circunstancias individuales del caso concreto, así como la posibilidad de que el juez nacional module la sanción aplicable [TJUE 19-10-23, asunto G. ST. T. C-655/21 (Proporcionalidad de la pena en caso de falsificación de marca), entre otras].
Con estas premisas, se concluyó declarando que la Dir 2006/112/CE art.273 y la Carta art.49(3), se oponen a una normativa nacional que prevé, como sanción administrativa, una **multa pecuniaria** de un **importe elevado** sin que el órgano jurisdiccional que conozca de la impugnación de esta medida disponga de la posibilidad procesal de imponer un **importe inferior** al previsto por esta normativa u otro tipo de pena más leve.

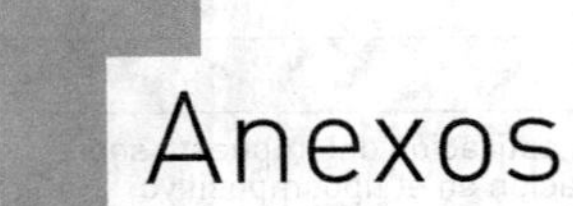

Anexos

 10500

En la página web https://extrasmementos.lefebvre.es/memento/memento-iva se encuentran a disposición de los lectores del Memento, en la pestaña «Descargas recomendadas»: 10510
- la **Clasificación Nacional de Actividades (CNAE)**;
- la OM HAC/1347/2024, por la que se desarrollan, para el **año 2025**, el método de estimación objetiva del IRPF y el **régimen especial simplificado** del IVA.
- OM HAC/1425/2025, por la que se desarrollan, para el **año 2026** , el método de estimación objetiva del IRPF y el **régimen especial simplificado** del IVA.

10530 Resoluciones y circulares

Disposición
Circular 2/1992, de 22-1-1992, por la que se dictan los criterios para la aplicación del Impuesto sobre el Valor Añadido en los contratos del Estado cuando se produce una variación en el tipo impositivo
Resolución, de 4 de marzo de 1993, de la Dirección General de Tributos, sobre la tributación por el Impuesto sobre el Valor Añadido de determinadas operaciones
Resolución 4/1993, de 28 de mayo de 1993, de la Dirección General de Tributos, para la devolución del Impuesto sobre el Valor Añadido en el Régimen de Viajeros a las personas residentes en Canarias
Resolución 1/1994, de 10 de enero de 1994, de la Dirección General de Tributos correspondiente a la tributación por el Impuesto sobre el Valor Añadido de las operaciones relativas al régimen de depósito distinto de los aduaneros
Resolución 4/1994, de 25 de abril de 1994, de la Dirección General de Tributos, sobre localización de los servicios de publicidad en el Impuesto sobre el Valor Añadido
Resolución 6/1994, de 29 de diciembre de 1994, sobre tributación por el Impuesto sobre el Valor Añadido de las operaciones realizadas para el Insalud en virtud de los contratos de «hemodiálisis a domicilio» y de «diálisis peritoneal ambulatoria continua»
Resolución de 29 de marzo de 1995, de la Dirección General de Tributos, sobre la aplicación del régimen especial de bienes usados, objetos de arte, antigüedades y objetos de colección
Resolución 2/1996, de 25 de septiembre de 1996, de la Dirección General de Tributos, para la devolución del Impuesto sobre el Valor Añadido, en el Régimen de Viajeros a las personas residentes en Ceuta o Melilla
Resolución de 5 de marzo de 1997, de la Dirección General de Tributos, relativa a la tributación por el Impuesto sobre el Valor Añadido de la cuota «intervención profesional» prevista en el Estatuto del Colegio Oficial de Aparejadores y Arquitectos Técnicos de Madrid
Resolución 4/1997, de 22 de mayo de 1997, de la Dirección General de Tributos, sobre la tributación por el Impuesto sobre el Valor Añadido de la Tasa de Seguridad Aeroportuaria creada por la Ley 13/1996, de 30 de diciembre
Resolución 6/1997, de 10 de julio de 1997, de la Dirección General de Tributos, sobre aplicación del Impuesto sobre el Valor Añadido en los contratos del Estado y otras Administraciones Públicas relativos a bienes o servicios suministrados desde el extranjero
Resolución de 19 de enero de 1998, de la Dirección General de Tributos, relativa a la tributación por el Impuesto sobre el Valor Añadido, de los denominados «cursos de enseñanza a distancia» comercializados a través de la cadena de distribución normalmente utilizada por el sector editorial
Resolución 2/1998, de 14 de mayo de 1998, de la Dirección General de Tributos, sobre la aplicación del tipo impositivo del 4% en el Impuesto sobre el Valor Añadido en relación con determinados productos alimenticios
Resolución de 30 de septiembre de 1998, de la Dirección General de Tributos, relativa a la aplicación del Impuesto sobre el Valor Añadido a determinadas operaciones efectuadas en el marco de los sistemas integrados de gestión de envases usados y residuos de envases, regulados en la Ley 11/1997, de 24 de abril, de Envases y Residuos de Envases, por las entidades de gestión de los referidos sistemas y por otros agentes económicos
Resolución de 20 de noviembre de 1998, de la Dirección General de Tributos, relativa a la exención del Impuesto sobre el Valor Añadido de los arrendamientos y fletamentos totales de aeronaves utilizadas por entidades públicas en el cumplimiento de sus funciones públicas
Resolución de 9 de marzo de 1999, de la Dirección General de Tributos, relativa a la aplicación del Impuesto sobre el Valor Añadido en relación con los convenios de colaboración en actividades de interés general regulados por la Ley 30/1994, de 24 de noviembre, de fundaciones y de incentivos fiscales a la participación privada en actividades de interés general
Resolución 3/1999, de 23 de julio de 1999, de la Dirección General de Tributos, sobre la aplicación del tipo impositivo del Impuesto sobre el Valor Añadido a las operaciones relativas a los animales para el consumo, para el engorde, para la reproducción y otros usos diferentes
Resolución 4/1999, de 3 de diciembre de 1999, de la Dirección General de Tributos, relativa a la aplicación del Impuesto sobre el Valor Añadido en los casos en que las comunidades titulares de montes vecinales en mano común suscriben un determinado convenio con la Junta de Galicia para el desarrollo de la explotación forestal de dichos montes
Resolución 1/2000, de 11 de octubre de 2000, de la Dirección General de Tributos, relativa al ejercicio del derecho a la deducción de las cuotas del Impuesto sobre el Valor Añadido soportadas por los empresarios o profesionales con anterioridad a la realización por los mismos de las entregas de bienes y/o prestaciones de servicios que constituyen el objeto de su actividad empresarial o profesional

10530 (sigue)

Disposición
Resolución de 7 de noviembre de 2000, de la Secretaría de Estado de Hacienda, sobre el porcentaje aplicable para calcular el importe de la compensación a tanto alzado del régimen especial de la agricultura en determinados supuestos, como consecuencia de la modificación de dicho porcentaje efectuada por el Real Decreto-Ley 10/2000, de 6 de octubre, de medidas urgentes de apoyo a los sectores agrario, pesquero y del transporte
Resolución 2/2000, de 22 de diciembre de 2000, de la Dirección General de Tributos, relativa a las cesiones obligatorias de terrenos a los Ayuntamientos efectuadas en virtud de los artículos 14 y 18 de la Ley 6/1998, de 13 de abril, sobre Régimen del Suelo y Valoraciones, y a las transmisiones de terrenos por parte de los mismos
Resolución 1/2004, de 6 de febrero, de la Dirección General de Tributos, sobre el tratamiento de los contratos de «factoring» en el Impuesto sobre el Valor Añadido
Resolución 3/2004, de 21 de julio, de la Dirección General de Tributos, por la que se determina la parte de trayecto de un transporte entre la Península y las Islas Baleares que se entiende comprendida en el ámbito territorial del Impuesto sobre el Valor añadido
Resolución 5/2004, de 23 de diciembre, de la Dirección General de Tributos, sobre el tratamiento en el Impuesto sobre el Valor Añadido de la cesión, efectuada por los productores, fabricantes y distribuidores de bebidas y productos alimenticios a las empresas comercializadoras, de aparatos o instalaciones realizadas con la venta o distribución de dichos productos o bebidas
Resolución 1/2005, de 17 de enero, de la Dirección General de Tributos, relativa a las normas que regulan el lugar de realización de las entregas de gas y electricidad en el IVA
Resolución 2/2005, de 14 de noviembre, de la Dirección General de Tributos, sobre la incidencia en el derecho a la deducción en el Impuesto sobre el Valor Añadido de la percepción de subvenciones no vinculadas al precio de las operaciones a partir de la sentencia del TJCE de 6-10-05
Resolución de 23 de diciembre de 2009, de la Dirección General de Tributos, relativa a la aplicación e interpretación de determinadas directivas comunitarias en materia del Impuesto sobre el Valor Añadido
Resolución de 28 de enero de 2010, de la Dirección General de Tributos, relativa a la devolución del Impuesto sobre el Valor Añadido a los empresarios o profesionales establecidos en Noruega
Resolución de 2 de agosto de 2012, de la Dirección General de Tributos, sobre el tipo impositivo aplicable a determinadas entregas de bienes y prestaciones de servicios en el Impuesto sobre el Valor Añadido
Resolución de 13 de marzo de 2014, del Departamento de Aduanas e Impuestos Especiales de la AEAT, que aprueba los formularios a los que se refieren los artículos 11 y 12 del Reglamento del Impuesto sobre el Valor Añadido, aprobado por Real Decreto 1624/1992, de 29 de diciembre
Resolución de 13 de marzo de 2017, de la Dirección General de la Agencia Estatal de Administración Tributaria, por la que se aprueba el documento normalizado para acreditar la representación de terceros en el Procedimiento de Suministro Electrónico de Registros de Facturación a través de la Sede Electrónica de la Agencia Tributaria
Resolución de 25 de agosto de 2017, del Departamento de Aduanas e Impuestos Especiales de la Agencia Estatal de Administración Tributaria, por la que se modifica la Resolución de 11 de julio de 2014, en la que se recogen las instrucciones para la formalización del documento único administrativo (DUA)
Resolución de 28 de diciembre de 2018, de la Dirección General de Tributos, sobre el tratamiento de los bonos en el Impuesto sobre el Valor Añadido
Resolución de 4 de enero de 2021, de la Dirección General de Tributos, sobre la devolución del Impuesto sobre el Valor Añadido a los empresarios o profesionales establecidos en los territorios del Reino Unido de Gran Bretaña e Irlanda del Norte
Resolución de 24 de febrero de 2025, de la Dirección General de Tributos, sobre el tipo del Impuesto sobre el Valor Añadido aplicable al pan.

10550 **Normativa de la Unión Europea** Se detalla a continuación la normativa comunitaria relativa al IVA.

Disposición
Versión consolidada del Tratado de la Unión Europea.
Versión consolidada del Tratado de Funcionamiento de la Unión Europea.
Directiva 86/560/CEE. Decimotercera Directiva del Consejo de 17 de noviembre de 1986 en materia de armonización de las legislaciones de los Estados miembros relativas a los impuestos sobre el volumen de negocios - Modalidades de devolución del Impuesto sobre el Valor Añadido a los sujetos pasivos no establecidos en el territorio de la Comunidad.
Directiva 2006/79/CE del Consejo, de 5 de octubre de 2006, relativa a las franquicias aplicables a la importación de mercancías objeto de pequeños envíos sin carácter comercial provenientes de países terceros.
Directiva 2006/112/CE del Consejo, de 28 de noviembre de 2006, relativa al sistema común del impuesto sobre el valor añadido.
Directiva 2006/138/CE del Consejo, de 19 de diciembre de 2006, por la que se modifica la Directiva 2006/112/CE relativa al sistema común del impuesto sobre el valor añadido en lo que se refiere al período de vigencia del régimen del impuesto sobre el valor añadido aplicable a los servicios de radiodifusión y de televisión y a algunos servicios prestados por vía electrónica.
Directiva 2007/74/CE del Consejo, de 20 de diciembre de 2007, relativa a la franquicia del impuesto sobre el valor añadido y de los impuestos especiales de las mercancías importadas por viajeros procedentes de terceros países.
Directiva 2007/75/CE del Consejo, de 20 de diciembre de 2007, por la que se modifica la Directiva 2006/112/CE en lo que se refiere a determinadas disposiciones temporales relativas a los tipos del impuesto sobre el valor añadido.
Directiva 2008/8/CE del Consejo, de 12 de febrero de 2008, por la que se modifica la Directiva 2006/112/CE en lo que respecta al lugar de la prestación de servicios.
Directiva 2008/9/CE 12-2-2008 del Consejo, de 12 de febrero de 2008, por la que se establecen disposiciones de aplicación relativas a la devolución del impuesto sobre el valor añadido, prevista en la Directiva 2006/112/CE, a sujetos pasivos no establecidos en el Estado miembro de devolución, pero establecidos en otro Estado miembro.
Directiva 2008/117/CE del Consejo, de 16 de diciembre de 2008, por la que se modifica la Directiva 2006/112/CE, relativa al sistema común del impuesto sobre el valor añadido, a fin de combatir el fraude fiscal vinculado a las operaciones intracomunitarias.
Directiva 2009/47/CE del Consejo, de 5 de mayo de 2009, por la que se modifica la Directiva 2006/112/CE en lo que respecta a los tipos reducidos del impuesto sobre el valor añadido.
Directiva 2009/69/CE del Consejo, de 25 de junio de 2009, por la que se modifica la Directiva 2006/112/CE relativa al sistema común del impuesto sobre el valor añadido en lo que respecta a la evasión fiscal vinculada a la importación.
Directiva 2009/132/CE, del Consejo, de 19 de octubre de 2009, que delimita el ámbito de aplicación del artículo 143, letras b) y c), de la Directiva 2006/112/CE en lo referente a la exención del impuesto sobre el valor añadido de algunas importaciones definitivas de bienes.
Directiva 2009/162/UE del Consejo, de 22 de diciembre de 2009, por la que se modifican diversas disposiciones de la Directiva 2006/112/CE, relativa al sistema común del impuesto sobre el valor añadido.
Directiva 2010/23/UE del Consejo, de 16 de marzo de 2010, por la que se modifica la Directiva 2006/112/CE, relativa al sistema común del impuesto sobre el valor añadido, en lo que respecta a la aplicación optativa y temporal del mecanismo de inversión del sujeto pasivo a determinadas prestaciones de servicios susceptibles de fraude.
Directiva 2010/24/UE del Consejo, de 16 de marzo de 2010, sobre la asistencia mutua en materia de cobro de los créditos correspondientes a determinados impuestos, derechos y otras medidas.
Directiva 2010/45/UE del Consejo, de 13 de julio de 2010, por la que se modifica la Directiva 2006/112/CE relativa al sistema común del impuesto sobre el valor añadido, en lo que respecta a las normas de facturación.
Directiva 2010/66/UE del Consejo, de 14 de octubre de 2010, que modifica la Directiva 2008/9/CE por la que se establecen disposiciones de aplicación relativas a la devolución del impuesto sobre el valor añadido, prevista en la Directiva 2006/112/CE, a sujetos pasivos no establecidos en el Estado miembro de devolución, pero establecidos en otro Estado miembro.
ACTA relativa a las condiciones de adhesión de la República de Croacia y a las adaptaciones del Tratado de la Unión Europea, el Tratado de Funcionamiento de la Unión Europea y el Tratado constitutivo de la Comunidad Europea de la Energía Atómica (Diario Oficial de la Unión Europea de 24 de abril de 2012)

10550 (sigue)

Disposición
Directiva 2013/61/UE del Consejo de 17 de diciembre de 2013 que modifica las Directivas 2006/112/CE y 2008/118/CE por lo que respecta a las regiones ultraperiféricas francesas y, en particular, a Mayotte
Directiva (UE) 2016/1065 del Consejo, de 27 de junio de 2016, por la que se modifica la Directiva 2006/112/CE en lo que respecta al tratamiento de los bonos.
Directiva (UE) 2017/2455 del Consejo por la que se modifican la Directiva 2006/112/CE y la Directiva 2009/132/CE en lo referente a determinadas obligaciones respecto del impuesto sobre el valor añadido para las prestaciones de servicios y las ventas a distancia de bienes.
Directiva (UE) 2018/912 del Consejo por la que se modifica la Directiva 2006/112/CE relativa al sistema común del IVA, en lo que se refiere a la obligación de respetar un tipo normal mínimo.
Directiva (UE) 2018/1695 del Consejo de 6 de noviembre de 2018, por la que se modifica la Directiva 2006/112/CE, relativa al sistema común del IVA, en lo que respecta al período de aplicación del mecanismo opcional de inversión del sujeto pasivo en relación con determinadas entregas de bienes y prestaciones de servicios susceptibles de fraude, y del mecanismo de reacción rápida contra el fraude en el ámbito del IVA.
Directiva (UE) 2018/1713 del Consejo de 6 de noviembre de 2018, por la que se modifica la Directiva 2006/112/CE, en lo relativo a los tipos del impuesto sobre el valor añadido aplicados a los libros, los periódicos y las revistas.
Directiva (UE) 2018/1910 del Consejo de 4 de diciembre, por la que se modifica la Directiva 2006/112/CE en lo que se refiere a la armonización y simplificación de determinadas normas del régimen del impuesto sobre el valor añadido y se introduce el régimen definitivo de tributación de los intercambios entre los Estados miembros.
Directiva (UE) 2018/2057 del Consejo de 20 de diciembre de 2018, por la que se modifica la Directiva 2006/112/CE relativa al sistema común del impuesto sobre el valor añadido en lo que respecta a la aplicación temporal de un mecanismo generalizado de inversión del sujeto pasivo a los suministros de bienes y las prestaciones de servicios por encima de un umbral determinado.
Directiva (UE) 2019/475 del Consejo, de 18 de febrero de 2019, por la que se modifican las Directivas 2006/112/CE y 2008/118/CE en lo que respecta a la inclusión del municipio italiano de Campione d'Italia y las aguas italianas del Lago de Lugano en el territorio aduanero de la Unión y en el ámbito de aplicación territorial de la Directiva 2008/118/CE.
Directiva (UE) 2019/2235 del Consejo de 16 de diciembre de 2019 por la que se modifican la Directiva 2006/112/CE, relativa al sistema común del impuesto sobre el valor añadido, y la Directiva 2008/118/CE, relativa al régimen general de los impuestos especiales, en lo que respecta al esfuerzo de defensa en el marco de la Unión.
Directiva (UE) 2020/284 del Consejo, por la que se modifica la Directiva 2006/112/CE en lo que respecta a la introducción de determinados requisitos para los proveedores de servicios de pago.
Directiva (UE) 2020/285 del Consejo, por la que se modifica la Directiva 2006/112/CE, en lo que respecta al régimen especial de las pequeñas empresas, y el Rgto (UE) 904/2010, en lo que respecta a la cooperación administrativa y al intercambio de información a efectos de vigilancia de la correcta aplicación del régimen especial de las pequeñas empresas.
Directiva (UE) 2020/1756 del Consejo, por la que se modifica la Directiva 2006/112/CE, relativa al sistema común del impuesto sobre el valor añadido en lo que respecta a la identificación de los sujetos pasivos en Irlanda del Norte.
Directiva (UE) 2020/2020 del Consejo, por la que se modifica la Directiva 2006/112/CE del Consejo en lo relativo a medidas temporales en relación con el impuesto sobre el valor añadido para las vacunas contra la COVID-19 y los productos sanitarios para diagnóstico in vitro de esta enfermedad en respuesta a la pandemia de COVID-19.
Directiva (UE) 2021/1159 del Consejo de 13 de julio de 2021 por la que se modifica la Directiva 2006/112/CE en lo que respecta a las exenciones temporales relativas a las importaciones y a determinados suministros, en respuesta a la pandemia de COVID-19.
Directiva (UE) 2022/542 del Consejo de 5 de abril de 2022 por la que se modifican las Directivas 2006/112/CE y (UE) 2020/285 en lo que respecta a los tipos del impuesto sobre el valor añadido.
Directiva (UE) 2022/890 del Consejo de 3 de junio de 2022 por la que se modifica la Directiva 2006/112/CE en lo que respecta a la prórroga del período de aplicación del mecanismo opcional de inversión del sujeto pasivo en relación con determinadas entregas de bienes y prestaciones de servicios susceptibles de fraude, y del mecanismo de reacción rápida contra el fraude en el ámbito del IVA.
Directiva (UE) 2025/425 del Consejo, de 18 de febrero de 2025 por la que se modifica la Directiva 2006/112/CE en lo que respecta al certificado de exención del impuesto sobre el valor añadido en formato digital.
Directiva (UE) 2025/516 del Consejo, de 11 de marzo de 2025, por la que se modifica la Directiva 2006/112/CE en lo que respecta a las normas del IVA en la era digital.

10550
(sigue)

Disposición
Directiva (UE) 2025/1539 del Consejo, de 18 de julio de 2025, por la que se modifica la Directiva 2006/112/CE en lo que respecta a las normas del IVA relativas a los sujetos pasivos que facilitan las ventas a distancia de mercancías importadas y la aplicación del régimen especial de ventas a distancia de bienes importados de terceros territorios o terceros países y especiales modalidades de declaración y pago del IVA de importación.
Reglamento UE/904/2010 del Consejo, de 7 de octubre de 2010, relativo a la cooperación administrativa y la lucha contra el fraude en el ámbito del impuesto sobre el valor añadido.
Reglamento UE/282/2011 del Consejo de 15 de marzo de 2011 por el que se establecen disposiciones de aplicación de la Directiva 2006/112/CE relativa al sistema común del impuesto sobre el valor añadido.
Reglamento de ejecución UE/79/2012 de la Comisión, de 31 de enero de 2012, por el que se establecen las normas de aplicación de determinadas disposiciones del Reglamento UE/904/2010 del Consejo relativo a la cooperación administrativa y la lucha contra el fraude en el ámbito del impuesto sobre el valor añadido.
Reglamento UE/815/2012 de la Comisión de 13 de septiembre de 2012 por el que se establecen las disposiciones de aplicación del Reglamento (UE) nº 904/2010 del Consejo en lo que atañe a los regímenes especiales de los sujetos pasivos no establecidos que presten servicios de telecomunicaciones, de radiodifusión y televisión o electrónicos a personas que no tengan la condición de sujetos pasivos.
Reglamento UE/967/2012 del Consejo de 9 de octubre de 2012 por el que se modifica el Reglamento de Ejecución (UE) nº 282/2011 en lo que atañe a los regímenes especiales de los sujetos pasivos no establecidos que presten servicios de telecomunicaciones, de radiodifusión y televisión, o por vía electrónica a personas que no tengan la condición de sujetos pasivos.
Reglamento de ejecución (UE) nº 1042/2013 del Consejo de 7 de octubre de 2013 por el que se modifica el Reglamento de Ejecución (UE) nº 282/2011 en lo relativo al lugar de realización de las prestaciones de servicios.
Reglamento de ejecución (UE) nº 17/2014 de la Comisión de 10 de enero de 2014 por el que se establece el formulario normalizado de notificación de la adopción de una medida especial en virtud del mecanismo de reacción rápida contra el fraude en el ámbito del IVA.
Reglamento (UE) 2017/2454 del Consejo por el que se modifica el Reglamento (UE) nº 904/2010 relativo a la cooperación administrativa y la lucha contra el fraude en el ámbito del impuesto sobre el valor añadido.
Reglamento de ejecución (UE) 2017/2459 del Consejo por el que se modifica el Reglamento de Ejecución (UE) nº 282/2011 por el que se establecen disposiciones de aplicación de la Directiva 2006/112/CE relativa al sistema común del impuesto sobre el valor añadido.
Reglamento (UE) 2018/1541 del Consejo, de 2 de octubre de 2018, por el que se modifican los Reglamentos (UE) n.º 904/2010 y (UE) 2017/2454 en lo que respecta a las medidas para reforzar la cooperación administrativa en el ámbito del impuesto sobre el valor añadido.
Reglamento de ejecución (UE) 2018/1912 del Consejo de 4 de diciembre, por el que se modifica el Reglamento de ejecución (UE) nº 282/2011 en lo que respecta a determinadas exenciones relacionadas con las operaciones intracomunitarias.
Reglamento (UE) 2019/474 del Parlamento Europeo y del Consejo, de 19 de marzo de 2019, por el que se modifica el Reglamento (UE) nº 952/2013 por el que se establece el código aduanero de la Unión.
Reglamento de Ejecución (UE) 2019/2026 del Consejo de 21 de noviembre de 2019 por el que se modifica el Reglamento de Ejecución (UE) nº 282/2011 en lo que respecta a las entregas de bienes o las prestaciones de servicios facilitadas por interfaces electrónicas y a los regímenes especiales aplicables a los sujetos pasivos que presten servicios a personas que no tengan la condición de sujetos pasivos o que realicen ventas a distancia de bienes o determinadas entregas nacionales de bienes.
Reglamento (UE) 2020/283 del Consejo de 18 de febrero de 2020, por el que se modifica el Reglamento (UE) nº 904/2010 en lo que respecta a las medidas para reforzar la cooperación administrativa a fin de combatir el fraude en el ámbito del IVA.
Reglamento de Ejecución (UE) 2021/2007 de la Comisión de 16 de noviembre de 2021 por el que se establecen normas de desarrollo del Reglamento (UE) nº 904/2010 del Consejo en lo que respecta al régimen especial de las pequeñas empresas.
Reglamento de Ejecución (UE) 2022/432 del Consejo de 15 de marzo de 2022 por el que se modifica el Reglamento de Ejecución (UE) nº 282/2011 en lo que respecta al certificado de exención del IVA y/o de los impuestos especiales.
Reglamento de Ejecución (UE) 2022/1504 de la Comisión de 6 de abril de 2022 por el que se establecen normas detalladas para la aplicación del Reglamento (UE) nº 904/2010 del Consejo en lo que respecta a la creación de un sistema electrónico central de información sobre pagos (CESOP) con el fin de luchar contra el fraude en el IVA.

Disposición
Reglamento de Ejecución (UE) 2025/428 del Consejo, de 18 de febrero de 2025, por el que se modifica el Reglamento de Ejecución (UE) n.º 282/2011 en lo que respecta al certificado de exención del impuesto sobre el valor añadido en formato digital.
Reglamento de Ejecución (UE) 2025/518 del Consejo, de 11 de marzo de 2025, por el que se modifica el Reglamento de Ejecución (UE) n.º 282/2011 en lo que respecta a los requisitos de notificación aplicables a determinados regímenes del IVA.
Reglamento (UE) 2025/517 del Consejo, de 11 de marzo de 2025, por el que se modifica el Reglamento (UE) n.º 904/2010 en lo que respecta a las disposiciones de cooperación administrativa en materia de IVA necesarias en la era digital.
Propuesta de Directiva del Consejo por la que se modifica la Directiva 2006/112/CE en lo relativo a la introducción de medidas técnicas detalladas para el funcionamiento del régimen definitivo del IVA de tributación de los intercambios entre Estados miembros.
Propuesta de Directiva del Consejo por la que se modifica la Directiva 2006/112/CE en lo relativo a la atribución de competencias de ejecución a la Comisión para determinar el significado de los términos utilizados en determinadas disposiciones de dicha Directiva.

Jurisprudencia del TJUE En este marginal se recoge una síntesis de las sentencias dictadas en materia de IVA por el TJUE de los años **2022, 2023 y 2024**. En el nº 9980 s. de los Mementos IVA 2022, 2023 y 2024 se realiza un análisis más exhaustivo de las mismas. Respecto a la jurisprudencia del TJUE en materia de IVA del año **2025**, ver nº 9975 s. 10950

Fecha y asunto	Resumen
Hecho imponible	
TJUE 20-1-22, asunto Apcoa Parking Danmark C-90/20	Quedan sujetas al IVA las tarifas de control percibidas por una sociedad de Derecho privado encargada de la explotación de aparcamientos privados, en caso de que los automovilistas incumplan las condiciones generales de uso de dichos aparcamientos. Estas cantidades deben considerarse la **contraprestación** de una prestación de servicios realizada a título oneroso sujeta al IVA.
TJUE 24-2-22, asunto Suzlon Wind Energy Portugal C-605/20	En el contexto de la repercusión de los gastos de reparación como consecuencia de las reparaciones efectuadas en ciertos bienes cubiertos por un **contrato de garantía**, las operaciones que se inscriben en un marco contractual en el que se identifica un proveedor de servicios, un destinatario y la naturaleza de las prestaciones contratadas, debidamente contabilizadas por el empresario o profesional, cuya denominación confirma que las referidas operaciones tienen el carácter de servicios, y que han dado lugar a una retribución percibida por el prestador constitutiva del contravalor efectivo de dichos servicios en forma de notas de adeudo, constituyen **prestaciones de servicios realizada a título oneroso** ordinariamente sujetas al IVA, a pesar de que, por una parte, el sujeto pasivo no registre ningún beneficio, y por otra parte, exista una garantía que cubra los bienes que fueron objeto de las referidas prestaciones.
TJUE 17-4-22, asunto UB y Kauno teritorinė muitinė C-489/20	Conforme a la Directiva 2008/118/CE (actualmente, Dir (UE) 2020/262), relativa al régimen general de los impuestos especiales, y a la Directiva del IVA (Dir 2006/112/CE), la extinción de la deuda aduanera no supone la **extinción de la deuda vinculada** a los **impuestos especiales** y al **IVA**, respectivamente, para mercancías introducidas ilegalmente en el territorio aduanero de la Unión Europea.
TJUE 28-4-22, asunto DSAB Destination Stockholm C-637/20	Un instrumento que otorga a su titular el **derecho a disfrutar de diversos servicios** en un lugar determinado, durante un período limitado y hasta un importe determinado, puede constituir un «bono polivalente» aun cuando, debido al período de validez limitado de dicho instrumento, un consumidor medio no pueda disfrutar de la totalidad de los servicios ofrecidos. El **IVA devengado** por esos servicios no se conoce en el momento de la emisión de dicho instrumento.
TJUE 17-11-22, asunto GE Aircraft Engine Services C-607/20	Conforme a la Dir 2006/112/CE art. 26.1.b) (equivalente a la LIVA art.12.3º, relativo a las prestaciones de servicios a título gratuito cuando se realizan para fines ajenos a la actividad empresarial o profesional), no tributa como autoconsumo de servicios la **entrega gratuita de vales de compra** efectuada por una empresa a sus empleados en el marco de un plan instaurado para gratificar y premiar a los empleados con más méritos y mayor rendimiento.

10950 (sigue)

Fecha y asunto	Resumen
	Hecho imponible
TJUE 7-7-22, asunto B C-696/20	En el contexto de una cadena de operaciones en la que hay dos entregas y un único transporte de los bienes, el cual se vincula a la primera entrega, y por referencia al **eslabón intermedio de la cadena**: 1. Entendiéndose realizadas las **adquisiciones intracomunitarias de bienes** en el territorio del Estado que haya atribuido el NIF-IVA al comprador (Dir 2006/112/CE art.41, equivalente al LIVA art.71.dos), en la medida en que no hayan sido gravadas en el Estado miembro de llegada de su expedición o transporte, la norma comunitaria no se opone a una normativa nacional en virtud de la cual existe una AIB que se considera localizada en el territorio de un Estado miembro -el de inicio del transporte de los bienes, que es el Estado en el que se encuentra identificado el comprador- cuando esa adquisición ha sido **calificada erróneamente** como operación nacional por los sujetos pasivos implicados. 2. No obstante, esa misma norma, interpretada a la luz de los **principios de proporcionalidad y de neutralidad fiscal**, se opone a la referida normativa nacional cuando la AIB que se considera efectuada en el territorio de dicho Estado miembro procede de una EIB que no ha sido tratada como una operación exenta en dicho Estado miembro, lo que ha dado lugar a una doble imposición de la operación.
TJUE 8-12-22, asunto Luxury Trust Automobil C-247/21	A los efectos de la Dir 2006/112/CE art.42.a, que excepciona la regla de localización de las adquisiciones intracomunitarias de bienes en el país de identificación del destinatario a falta de tributación en el Estado de destino físico de los bienes cuando se ha aplicado la exención de las operaciones triangulares (como tal, no transpuesto en la LIVA), en el marco de una **operación triangular**, el adquirente final no ha sido válidamente designado sujeto pasivo del IVA en caso de que la factura emitida por el adquirente intermedio no contenga la mención «inversión del sujeto pasivo» (Dir 2006/112/CE art.226.11 bis).
TJUE 9-2-23, asunto A C-713/21	El TJUE concluye que, a los efectos del IVA, la prestación de un servicio único efectuada por el propietario de una cuadra de **doma de caballos de competición**, que consiste en alojar y entrenar caballos y hacerlos participar en concursos, es un servicio realizado a título oneroso, cuando el propietario de los caballos retribuya este servicio mediante la cesión del 50% de las ganancias de los premios de que sea titular en caso de victoria o clasificación de sus caballos durante una competición.
TJUE 28-2-23, asunto Fenix International C-695/20	El TJUE analiza si el Rgto UE/282/2011 art.9.bis, es compatible con el resto del ordenamiento comunitario. Este artículo establece la **presunción** de que, en los servicios electrónicos comercializados a través de través de redes de telecomunicaciones, interfaces o portales digitales, la **intervención** de estos se produce **en nombre propio**, por lo que reciben y prestan, respectivamente, los citados servicios. El Tribunal declara que el examen de la cuestión prejudicial no ha puesto de manifiesto la existencia de ningún elemento que pueda afectar a la validez citado artículo.
TJUE 30-3-23, asunto Gmina L. C-616/21	No constituye entrega de bienes o prestación de servicios sujeta al impuesto el hecho de que un municipio encargue a una empresa que efectúe operaciones de **retirada de amianto** y de recogida de productos y residuos de amianto en beneficio de aquellos de sus residentes propietarios de inmuebles que hayan manifestado estar interesados, cuando tal actividad no tenga por objeto obtener **ingresos continuados** en el tiempo y no dé lugar, por parte de esos residentes, a ningún pago, al estar financiadas tales operaciones con **fondos públicos**.
TJUE 30-3-23, asunto Gmina O. C-612/21	No constituye entrega de bienes o prestación de servicios sujeta al impuesto el hecho de que un municipio entregue e instale, a través de una empresa, **sistemas de energías renovables** a aquellos de sus residentes propietarios de inmuebles que hayan manifestado el deseo de equiparse con ellos, cuando tal actividad no tenga por objeto obtener ingresos continuados en el tiempo y solo dé lugar, por parte de dichos residentes, a un pago que cubra, como máximo, una cuarta parte de los **costes ocasionados**, financiándose el resto con **fondos públicos**.
TJUE 20-4-23, asunto P. w. C-282/22	Conforme a la LIVA art.8.uno.2º, son **bienes corporales** a los efectos del IVA el gas, el calor, el frío, la energía eléctrica y demás modalidades de energía. La duda suscitada en este caso venía dada por diferentes **prestaciones** que acompañan al **suministro eléctrico**, las cuales, no han sido suficientes como para que el TJUE alterase la naturaleza del suministro, que ha seguido considerándose como entrega de bienes.

10950 (sigue)

Fecha y asunto	Resumen
	Hecho imponible
TJUE 27-4-23, asunto Fluvius Antwerpen y MX C-677/21	Se analizó por el TJUE si el suministro de electricidad por el gestor de una red de distribución, aunque sea involuntario y fruto de la actuación ilegal de un tercero, constituye una **entrega de bienes**. El Tribunal entendió que así era, considerando igualmente que el suministro era oneroso al existir una relación directa entre la electricidad ilegalmente consumida y la cuantía reclamada como contrapartida por Fluvius.
TJUE 13-7-23, asunto Gemeinde A C 344/22	La Dir 2006/112/CE art.2.1.c (equivalente a LIVA art.4.uno), debe interpretarse en el sentido de que no constituye una «prestación de servicios a título oneroso» la **puesta a disposición de instalaciones termales** por un municipio, que percibe una tasa termal por un importe determinado por cada día de estancia, en virtud de un estatuto municipal, de los visitantes que se alojan en el municipio, cuando la obligación de abonar esa tasa no está vinculada a la utilización de esas instalaciones, sino a la estancia en el término municipal, y dichas instalaciones son de **acceso libre y gratuito** para todos.
TJUE 26-10-23, asunto GIS C-249/22	Las **condiciones de adhesión** de Austria a la UE no se oponen a que Austria someta al IVA una actividad de **radiodifusión pública**, financiada mediante una **tasa.**
TJUE 5-10-23, asunto Deco Proteste - Editores C-505/22	La concesión de un regalo de suscripción como contrapartida por la suscripción de un abono a publicaciones periódicas constituye una **prestación accesoria** a la prestación principal, consistente en el suministro de publicaciones periódicas, comprendida en el concepto de «entrega de bienes realizada a título oneroso», y que no debe considerarse una transmisión de bienes a título gratuito a los efectos del IVA.
TJUE 21-12-23, asunto TP C-288/22	Conforme a la Dir 2006/112/CE art.9.1, el **miembro del consejo de administración** de una sociedad anónima luxemburguesa ejerce una actividad económica, si efectúa a título oneroso una prestación de servicios a esa sociedad y si dicha actividad presenta un carácter permanente y se realiza a cambio de una remuneración cuyas modalidades de fijación son previsibles.
TJUE 18-4-24, asunto C-68/23	La calificación de un bono como **bono univalente** depende únicamente de los requisitos establecidos al respecto, que incluyen el de que el **lugar de la prestación de servicios** destinada a consumidores finales a la que se refiera ese bono debe conocerse en el momento de su emisión, con independencia de la circunstancia de que este sea objeto de transferencias entre sujetos pasivos que actúen en nombre propio y que estén establecidos en el territorio de Estados distintos de aquel en el que se encuentren esos consumidores finales.
TJUE 25-4-24, asunto C-207/23	Constituye un **autoconsumo de bienes** asimilable a una entrega de bienes a título oneroso, la **cesión a título gratuito** del calor producido por el empresario o profesional a otros empresarios o profesionales para las necesidades de sus actividades económicas, siendo irrelevante a este respecto el hecho de que los destinatarios utilicen o no dicho calor para fines que les confieran el derecho a la deducción.
TJUE 4-7-24, asunto C-87/23	Son prestaciones de servicios realizadas a título oneroso las **actividades de formación** facturadas por una asociación sin ánimo de lucro, subcontratadas con terceros y que han disfrutado de subvenciones procedentes de fondos europeos que pueden ascender hasta el 70 % del importe total de esas prestaciones.
TJUE 4-7-24, asunto C-179/23	Constituyen **prestaciones de servicios onerosas**, por parte de una entidad de gestión colectiva de derechos de autor, cuando recauda, reparte y paga, conforme a la normativa aplicable, a los **titulares de derechos de autor** las remuneraciones correspondientes y retiene sobre estas remuneraciones una comisión de gestión que está destinada a cubrir los gastos ocasionados por esa actividad. Ello en el supuesto de que las **remuneraciones** así percibidas por cuenta de dichos titulares no constituyan la contrapartida de prestaciones de servicios a los efectos del IVA.
TJUE 11-7-24, asunto C-182/23	La transmisión, por vía de su **expropiación**, de la propiedad de parcelas de terreno agrícola a cambio del pago de una indemnización al propietario de ese terreno debe estar sujeta al IVA si dicho propietario es un agricultor que tenga la **condición de sujeto pasivo** del IVA y actúe como tal, aun cuando no ejerza ninguna actividad de comercialización de inmuebles y no haya llevado a cabo ninguna gestión a efectos de tal transmisión.
TJUE 4-7-24, asunto C-475/23	La Dir 2006/112/CE se opone a la denegación del derecho a deducir el IVA cuando el bien **puesto a disposición gratuitamente** no exceda de lo necesario para que el sujeto pasivo realice operaciones gravadas o ejerza su actividad económica, y el coste de adquisición forme parte de los elementos constitutivos del precio de sus operaciones o servicios.

10950
(sigue)

Fecha y asunto	Resumen
	Hecho imponible
TJUE 17-10-24, asunto C-60/23	El suministro de electricidad para **recargar un vehículo eléctrico** en un punto de recarga que forma parte de una red pública de puntos de recarga constituye una **entrega de bienes** en el sentido de la Dir 2006/112/CE art.14 y 15. La electricidad consumida se considera suministrada primero por el operador de la red a la sociedad que ofrece acceso y luego por esta sociedad al usuario, aun cuando el usuario elija las condiciones de recarga, cuando la sociedad actúa en nombre propio pero por cuenta del usuario bajo un contrato de comisión.
TJUE 7-11-24, asunto C-594/23	La entrega de un terreno dotado exclusivamente de cimientos para viviendas constituye una entrega de un **terreno edificable** y no una entrega de un «edificio o parte del mismo» a efectos del IVA
TJUE 28-11-24, asunto C-622/23	El importe contractualmente adeudado como consecuencia de la **resolución**, por el destinatario de una prestación de servicios sujeta al IVA, de un contrato válidamente celebrado relativo a dicha prestación de servicios, que el prestador había iniciado y estaba dispuesto a finalizar, constituye la retribución de una prestación de servicios realizada a título oneroso.
TJUE 19-12-24, asunto C-573/22	La Directiva del IVA permite a los Estados miembros que, a 1-1-1978, gravaban actividades de radiodifusión pública mediante una tasa legal obligatoria, continuar gravando dichas actividades con IVA, incluso si no constituyen prestaciones de servicios a título oneroso.

Fecha y asunto	Resumen
	Lugar de realización
TJUE 7-4-22, asunto Berlin Chemie A. Menarini C-333/20	El TJUE concluye que una sociedad con domicilio social en un Estado no dispone de un establecimiento permanente en otro Estado por el hecho de poseer en este último una **filial** que pone a su disposición medios humanos y técnicos en virtud de contratos por los que le presta, de forma exclusiva, servicios de mercadotecnia, ordenación, publicidad y representación que pueden incidir directamente en su volumen de ventas.
TJUE 1-8-22, asunto Uniqa Asigurri C-267/21	Los servicios prestados por las sociedades colaboradoras comprendían la totalidad de las actividades relativas a la **liquidación de siniestros** en los que estaban implicados los clientes de Uniqa en el país en que se producían tales siniestros. Se trataba de **prestaciones de servicios complejos**, que presuponían actividades múltiples que habían de analizarse como un todo unitario. Con esta premisa, se ha descartado que los servicios pudieran considerarse como servicios prestados por ingenieros, abogados y asesores, concluyendo de lo anterior que no se incluyen en el ámbito objetivo de la Dir 2006/112/CE art. 56.1.c los **servicios de liquidación de siniestros** prestados por terceras empresas, en nombre y por cuenta de una compañía de seguros.
TJUE 1-8-22, asunto Navitours C-294/21	Conforme a lo previsto en la Dir 2006/112/CE art. 2.1 y 9.2 (equivalentes a la LIVA art. 4.uno y 70.uno.2º.a), el TJUE ha concluido que un Estado miembro debe gravar el **transporte de pasajeros** realizado por un proveedor de servicios de transporte establecido en ese Estado, dentro de un territorio que, de conformidad con un tratado internacional celebrado entre ese Estado y otro Estado miembro, constituye un **territorio común** bajo la soberanía conjunta de ambos, y no está sujeto a ninguna excepción prevista por el Derecho de la Unión, siempre que dichos servicios no hayan sido ya gravados por ese otro Estado miembro.
TJUE 8-9-22, asunto R.T. C-368/21	A efectos del IVA, el lugar realización de la **importación** de un vehículo matriculado en un **tercer país**, introducido en la Unión Europea infringiendo la normativa aduanera, se encuentra en el Estado miembro en el que está establecida la persona que cometió la infracción aduanera y en el que utiliza efectivamente el vehículo.
TJUE 27-10-22, asunto Climate Corporation Emissions Trading C-641/21	La Directiva del IVA se opone a que, en una **prestación de servicios** efectuada por un empresario o profesional establecido en un Estado miembro a otro empresario o profesional establecido en otro Estado miembro, las autoridades del primer Estado estimen que el lugar de realización de tal prestación, que se sitúa, de conformidad con la Dir 2006/112/CE art.34 (equivalente a LIVA art.69.uno.1º) en ese otro Estado miembro, se considere situado, no obstante, en el primer Estado miembro si el prestador sabía o debería haber sabido que, mediante dicha prestación, participaba en un fraude cometido por el destinatario de esa prestación en el marco de una cadena de operaciones.

10950 (sigue)

Fecha y asunto	Resumen
Lugar de realización	
TJUE 29-6-23, asunto Cabot Plastics Belgium C-232/22	Un sujeto pasivo destinatario de servicios, que tiene la sede de su actividad económica fuera de la Unión, no dispone de un EP en el Estado miembro en el que está establecido el prestador de los servicios de que se trate, jurídicamente distinto de ese destinatario, cuando este no dispone en él de una **estructura adecuada** en términos de **medios humanos y técnicos** que puedan constituir ese establecimiento permanente. Ello incluso cuando el sujeto pasivo prestador de servicios realiza en beneficio de ese sujeto pasivo destinatario, en ejecución de un compromiso contractual exclusivo, prestaciones de trabajo externalizado, así como una serie de prestaciones accesorias o adicionales, que contribuyen a la actividad económica del sujeto pasivo destinatario en ese Estado miembro.
TJUE 23-11-23, asunto SC Westside Unicat C-532/22	La Dir 2006/112/CE art.53 (relativo al lugar de realización de las actividades culturales o recreativas, equivalente a la LIVA art.70.uno.3º) no se aplica a los servicios prestados por un estudio de grabación de videochats al operador de una **plataforma de difusión por Internet**, consistentes en realizar contenidos digitales en forma de sesiones de vídeo interactivas de carácter erótico, filmadas por tal estudio con el fin de ponerlas a disposición de dicho operador para su difusión por este último en la referida plataforma.
TJUE 18-1-24, asunto C-791/22	Lo dispuesto en la Dir 2006/112/CE art.30, 60 y 71.1 se opone a una normativa nacional con arreglo a la cual el art.215.4 del Código aduanero comunitario (el anterior al vigente CAU) se aplica por analogía para la **determinación del lugar** en el que se devenga el IVA a la importación.
TJUE 13-6-24, asunto C-533/22	La Dir 2006/112/CE art.44 y el Rgto UE/282/2011 art.11.1, deben interpretarse en el sentido de que no puede considerarse que una sociedad que tiene la sede de su actividad económica en un Estado miembro, que recibe servicios prestados por una sociedad establecida en otro Estado miembro, dispone en este último de un **establecimiento permanente**, a efectos de la determinación del lugar de realización de la prestación de esos servicios, por el mero hecho de que ambas sociedades pertenezcan a un mismo grupo o de que esas sociedades estén vinculadas entre sí por un contrato de prestación de servicios.

Fecha y asunto	Resumen
Exenciones	
TJUE 13-1-22, asunto Termas Sulfurosas de Alcafache C-513/20	Conforme a la Dir 2006/112/CE art.132.1.b, la elaboración de una ficha individual, que incluye una historia clínica, y que da derecho a adquirir **asistencia sanitaria** en el marco de «curas termales clásicas» en un **establecimiento termal**, se puede considerar exenta como prestación relacionada directamente con la asistencia sanitaria, cuando dichas fichas recojan datos relativos al estado de salud, a la asistencia sanitaria prescrita y planificada, así como a las modalidades de su administración, datos cuya consulta es indispensable para prestar esa asistencia y alcanzar los objetivos terapéuticos perseguidos. Dicha asistencia sanitaria y las demás prestaciones relacionadas directamente con ella deben realizarse en **condiciones sociales comparables** a las que rigen para las entidades de Derecho público, por un centro de cuidados médicos y de diagnóstico o por otro establecimiento de la misma naturaleza debidamente reconocido a estos efectos.
TJUE 7-4-22, asunto I C-228/20	La Dir 2006/112/CE art.132.1.b (equivalente a la LIVA art.20.uno.2º) se opone a una normativa nacional que, al establecer que las prestaciones de un **establecimiento privado** están exentas si ese establecimiento está autorizado, con arreglo a las disposiciones nacionales relativas al régimen general del seguro de enfermedad, a raíz de la inclusión en el plan hospitalario de un estado federado o de la celebración de convenios de prestación de asistencia sanitaria con las cajas del seguro de enfermedad o sustitutivas legales, conduce a que los establecimientos privados comparables que realicen prestaciones similares en **condiciones comparables** a las que rigen para las entidades de Derecho público, sean tratados de manera diferente en relación con la exención. Esta conclusión, relativa al **elemento subjetivo** de la exención de los **servicios sanitarios**, es coherente con la interpretación que el TJUE viene manteniendo al respecto, en la que prima el principio de neutralidad y, con ello, la necesidad de que **servicios idénticos** en su naturaleza no reciban un tratamiento distinto por razón de las condiciones de la entidad que los presta.

10950 (sigue)

Fecha y asunto	Resumen
	Exenciones
TJUE 28-4-22, asunto Happy Education C-612/20	A los efectos de la Dir 2006/112/CE art. 132.1.i) (equivalente a LIVA art.20.uno.9º), dentro del concepto de organismo con fines reconocidos comparables a los de una entidad de Derecho público de **educación** no está comprendida una **entidad privada** que ejerce actividades de enseñanza de interés general consistentes, en particular, en la organización de actividades complementarias del programa escolar, como cursos de apoyo para los deberes, programas educativos o cursos de lenguas extranjeras, y que ha obtenido de la Oficina Nacional del Registro Mercantil una autorización en forma de asignación del código CNAE 8559. «Otra educación», con arreglo a la Clasificación Nacional de Actividades Económicas, cuando dicha empresa no cumple, en todo caso, los requisitos establecidos por el Derecho nacional para poder disfrutar de ese **reconocimiento**.
TJUE 30-6-22, asunto ARVI C-56/21	Las disposiciones de la Directiva del IVA y los principios de neutralidad fiscal, de efectividad y de proporcionalidad no se oponen a una normativa y a una práctica nacionales en virtud de las cuales el **vendedor de un bien inmueble** está obligado a llevar a cabo la **regularización de la deducción del IVA soportado** por ese bien como consecuencia de la negativa a reconocerle el derecho a la renuncia a la exención en dicha venta debido a que, en el momento en que esta se realizó, el adquirente no cumplía los requisitos establecidos para el ejercicio de ese derecho por parte del vendedor.
TJUE 6-10-22, asunto O. Fundusz Inwestycyjny Zamkni:ty, reprezentowany przez O S.A. C-250/21	A los efectos de la Dir 2006/112/CE art.135.1.b) (equivalente a la LIVA art.20.uno.18º.c), están comprendidos en el concepto de concesión de crédito los servicios prestados por un subpartícipe en virtud de un **contrato de subparticipación**, consistentes en la puesta a disposición del emisor de una aportación financiera a cambio de la transmisión al subpartícipe del rendimiento procedente de los derechos de crédito especificados en ese contrato, que permanecen en los activos del emisor.
TJUE 24-11-22, asunto CIG Pannónia Életbiztosító C-458/21	No están comprendidos en la exención prevista en la Dir 2006/112/CE art. 132.1.c) (equivalente a la LIVA art.20.uno.3º) los servicios consistentes en **comprobar la exactitud del diagnóstico de una enfermedad** grave del asegurado para determinar la mejor asistencia sanitaria posible a efectos de la curación de este, así como para garantizar que el tratamiento médico se dispense en el extranjero, si tal riesgo está cubierto por el contrato de seguro y el asegurado lo solicita.
TJUE 9-3-23, asunto Generali Seguros SA, anteriormente Global - Companhia de Seguros C-42/22	El principio de neutralidad no se opone a que no se eximan **ventas de vehículos siniestrados** en accidentes cubiertos por una empresa que los ha adquirido a sus asegurados cuando dichas adquisiciones no hayan dado lugar a un derecho a la deducción.
TJUE 9-3-23, asunto Promo 54 C-239/22	Lo que se planteó ante el TJUE es si la exención de las **ventas de edificaciones usadas** se aplica también a la entrega de un edificio que ha sido objeto de una primera ocupación antes de su transformación. El TJUE ha concluido que no es necesaria la delimitación de las modalidades o condiciones para la delimitación de la exención para que esta se aplique, o deje de aplicarse, en función de las características específicas del inmueble transmitido.
TJUE 4-5-23, asunto Y C-516/21	La Dir 2006/112/CE art.135.2.l, que excluye de la exención genérica de los **arrendamientos de inmuebles** los de herramientas y maquinaria de instalación fija, no se aplica a este tipo de arrendamientos, cuando este constituye una prestación accesoria a una prestación principal de arrendamiento de un edificio, realizada en el marco de un contrato celebrado entre las mismas partes y tales prestaciones forman una prestación económica única.
TJUE 11-5-23, asunto MOMTRADE RUSE C-620/21	La cuestión prejudicial planteada fue si los **servicios sociales** prestados a personas residentes en un Estado miembro distinto de aquel en el que el prestador tenga la **sede de su actividad económica,** pueden estar exentas. El TJUE consideró que del tenor de la Dir 2006/112/CE art.132.1.g no puede deducirse que, cuando se realicen materialmente en un Estado miembro distinto de aquel en el que esté situada la sede de la actividad económica de quien los preste, las **prestaciones de servicios** contempladas en dicha disposición están excluidas del beneficio de la exención en cuestión. Considerando que la **exención** tiene como objetivo abaratar los servicios de asistencia social a los que afecta, una interpretación del citado artículo que limitase el ámbito de aplicación de la exención a las prestaciones de servicios realizadas materialmente en el Estado miembro en el que está establecido el prestador sería contraria al citado objetivo.

10950 (sigue)

Fecha y asunto	Resumen
	Exenciones
TJUE 7-9-23, asunto SC Cartrans Preda C-461/21	El TJUE declaró que para acogerse a la exención de los **servicios de transporte relacionados con importaciones** entre el Estado en cuyo territorio se sitúa el lugar de introducción en la Unión y un lugar de destino situado en otro Estado, el registro de la operación de importación no implica, por sí mismo y sistemáticamente, la inclusión de los gastos de ese transporte en la base imponible del IVA de la importación.
TJUE 29-2-24, asunto C-676/22	Procede denegar la exención del IVA cuando el proveedor no haya demostrado que **las mercancías se entregaron** a un destinatario que tuviese la condición de empresario o profesional y no existan datos suficientes para verificar dicha condición, sin que la Administración tributaria deba probar la implicación del proveedor en fraude.
TJUE 18-4-24, asunto C-89/23	La **organización de subastas** de bienes pignorados no es una prestación accesoria a las prestaciones principales, relativas a la concesión de créditos sobre bienes pignorados, de modo que no comparte el tratamiento fiscal de estas prestaciones principales en materia de IVA. En consecuencia, dicha organización debe entenderse como un servicio sujeto y no exento en el IVA.

Fecha y asunto	Resumen
	Devengo
TJUE 25-4-24, asunto C-657/22	Se considera que la Dir 2006/112/CE se opone a disposiciones o prácticas nacionales en virtud de las cuales, en caso de reintroducción en el **depósito fiscal de productos energéticos** destinados a ser utilizados como combustible para calefacción, se devenga el IVA sobre la cantidad liquidada con carácter adicional por la autoridad tributaria en concepto de impuesto especial.
TJUE 13-6-24, asunto C-696/22	La Dir 2006/112/CE no permite condicionar la exigibilidad del IVA al cobro efectivo de la remuneración adeudada por los servicios prestados durante un período determinado. Por el contrario, al término de ese período, el impuesto inexorablemente deviene exigible, aunque la remuneración no se haya cobrado por cualquier motivo, incluida la **falta de liquidez** del deudor.

Fecha y asunto	Resumen
	Sujeto pasivo
TJUE 12-5-22, asunto U. I. C-714/20	El TJUE concluye que la Dir 2006/112/CE art.201 debe interpretarse en el sentido de que, la responsabilidad del **representante aduanero** indirecto por el pago del IVA a la importación, solidariamente con la del importador, no puede mantenerse a falta de disposiciones nacionales que lo designen o lo reconozcan, de manera explícita e inequívoca, como deudor de dicho impuesto.
TJUE 30-6-22, asunto VB C-146/21	De conformidad con la Dir 2006/112/CE, junto con el principio de neutralidad fiscal, no se oponen a una normativa nacional según la cual la **inversión del sujeto pasivo** no es aplicable a un empresario o profesional que, antes de la realización de las operaciones gravadas, no había solicitado ni obtenido de oficio su identificación a efectos del IVA.

10950 (sigue)

Fecha y asunto	Resumen
	Sujeto pasivo
TJUE 13-10-22, asunto MC C-1/21	El TJUE ha considerado que, tanto la Dir 2006/112/CE art.273, relativo a las obligaciones que los Estados de la Unión pueden adoptar en la lucha contra el fraude, como el principio de proporcionalidad, no se oponen a una normativa nacional que establece un **mecanismo de responsabilidad solidaria** por las deudas en concepto de IVA de una persona jurídica en las siguientes **circunstancias**: - la persona considerada solidariamente responsable es administradora de la persona jurídica o miembro de un órgano de administración de esta o ha efectuado, de forma desleal, pagos a partir del patrimonio de la persona jurídica que pueden calificarse de distribución encubierta de beneficios o de dividendos, o ha transferido bienes del deudor a título gratuito o a precios netamente inferiores a los de mercado; - la persona jurídica, como consecuencia de los actos realizados de forma desleal, no puede pagar la totalidad o parte del IVA adeudado; - la responsabilidad solidaria se limita al importe de la disminución del patrimonio de la persona jurídica como consecuencia de los actos realizados de forma desleal y solo se genera con carácter subsidiario, cuando resulte imposible cobrar de la persona jurídica los importes de IVA adeudados.
TJUE 16-2-23, asunto ASA C-519/21	Las partes de un **contrato de asociación** carente de personalidad jurídica que no ha sido registrado ante las autoridades fiscales antes del inicio de la actividad económica no pueden ser consideradas «empresarios o profesionales» junto al empresario o profesional que está obligado a abonar el impuesto por la operación gravada (Dir 2006/112/CE art.9 y 11, correspondientes a la LIVA art.5).

Fecha y asunto	Resumen
	Base imponible
TJUE 9-2-23, asunto Euler Hermes C-482/21	La Dir 2006/112/CE art.90.1, (equivalente a la LIVA art.80.3 a 5) y el principio de neutralidad fiscal, no se oponen a una normativa nacional en virtud de la cual la reducción de la base imponible en caso de impago no se aplica a un **asegurador** que, en el marco de un **contrato de seguro de crédito**, paga al asegurado, en concepto de indemnización por el impago de un crédito, una parte del importe de la operación en cuestión, incluido el IVA, siendo que dicha parte del crédito y todos los derechos conexos han sido cedidos al asegurador conforme a lo estipulado en el referido contrato.
TJUE auto 5-2-24, asunto C-377/23	Si un empresario o profesional incluye por error un tipo cero de IVA en las facturas que envía a los consumidores finales, cuando se aplica un tipo más alto, el precio o el importe indicado en estas facturas debe considerarse como un precio IVA incluido. Lo anterior debe entenderse a menos que, según la legislación nacional, el sujeto pasivo tenga la posibilidad de repercutir a los consumidores finales y recuperar de ellos el IVA correspondiente a la aplicación del **tipo corregido.**
TJUE 29-2-24, asunto C-314/22	La Dir 2006/112/CE art.90, en relación con los principios de neutralidad, proporcionalidad y efectividad, no se opone a una normativa nacional que establece un plazo de caducidad para la presentación de una solicitud de devolución del IVA por reducción de la base imponible en caso de **impago**, a condición de que dicho plazo no comience a correr hasta el momento en que ese sujeto pasivo haya podido, sin incurrir en **falta de diligencia**, hacer valer su derecho.
TJUE 25-4-24, asunto C-207/23	La base imponible de los **autoconsumos de bienes** incluye no solo los costes directos de fabricación o de producción, sino también los costes indirectamente imputables, como los gastos de financiación, con independencia de que estos costes hayan sido gravados o no con el IVA.
TJUE 8-5-24, asunto C-241/23	La base imponible de una **aportación de bienes inmuebles** debe determinarse en función del valor de emisión de las acciones -diferente al valor nominal- siempre que las partes hayan acordado que la contraprestación de la aportación al capital estará constituida por dicho valor de emisión.
TJUE 12-9-24, asunto C-248/23	El artículo 90.1, de la Directiva del IVA se opone a una normativa nacional que impide a una empresa farmacéutica reducir a posteriori de la base imponible del IVA, los **pagos ex legem** realizados a un organismo estatal de seguro de enfermedad, por lo que la empresa tiene derecho a dicha reducción.

10950 (sigue)

Fecha y asunto	Resumen
Tipos impositivos	
TJUE 3-2-22, asunto B C-515/20	El **principio de neutralidad** no se opone a que el Derecho nacional no aplique el tipo reducido a la entrega de astillas de madera, mientras que sí lo aplica a las entregas de otras formas de madera para leña, a condición de que, desde la **perspectiva del consumidor medio**, las astillas de madera no puedan sustituir a estas otras formas de madera para leña, extremo este que corresponde comprobar al órgano jurisdiccional remitente.
TJUE 5-5-22, asunto DSR - Montagem e Manutenção de Ascensores e Escadas Rolante C-218/21	El TJUE admite la aplicación del tipo reducido a los **servicios de renovación o reparación** de ascensores, al tener cabida en la Dir 2006/112/CE anexo IV.2, en tanto que «renovación y reparación de viviendas particulares», pero no a los de mantenimiento. Respecto a la pretensión de las autoridades portuguesas de considerar como viviendas particulares únicamente los espacios privados residenciales y no los **elementos comunes** de los edificios de viviendas es expresamente descartada. Finalmente, para el caso de **edificios de uso mixto**, se admite una imputación proporcional, de forma que el tipo reducido se aplique únicamente a la parte correspondiente al uso residencial del edificio.
TJUE 22-9-22, asunto The Escape Center BVBA C-330/21	Puede estar sujeta al **tipo reducido** una prestación de servicios consistente en la concesión del derecho de utilizar las instalaciones deportivas de un gimnasio y en proporcionar un acompañamiento individual o grupal, siempre que ese acompañamiento esté asociado a la utilización de tales instalaciones y sea necesario para la **práctica del deporte** y de la educación física, o cuando el citado acompañamiento sea accesorio al derecho de utilizar dichas instalaciones o al uso efectivo de estas.
TJUE 5-10-23, asunto YD C-146/22	La normativa comunitaria no se opone a una normativa nacional que establece que unos **productos alimenticios,** compuestos por el mismo ingrediente principal y que satisfacen la misma necesidad para el consumidor medio, estén sujetos a dos tipos reducidos diferentes.
TJUE 11-1-24, asunto C-433/22	Un inmueble que, aun disponiendo de una autorización para **fines residenciales**, no se esté utilizando de manera efectiva con tal fin en la fecha en que se prestan los servicios de renovación o reparación de que se trate no está comprendido en el ámbito de aplicación del tipo reducido. Quedan igualmente excluidos los servicios de renovación o reparación relativos a bienes que, en la fecha de prestación de los referidos servicios, sean utilizados por su propietario con **fines comerciales o de inversión**.
TJUE 8-2-24, asunto C-733/22	La Dir 2006/112/CE art.98.2 se opone a una normativa nacional en virtud de la cual el tipo reducido aplicable al **alojamiento facilitado por hoteles** y establecimientos afines se supedita al cumplimiento de la obligación de disponer de un certificado de clasificación.

Fecha y asunto	Resumen
Deducciones y devoluciones	
TJUE 13-1-22, asunto Zipvit Ltd C-156/20	**No** se puede considerar que se ha haya **soportado IVA**, por lo que no es deducible, por una parte, el sujeto pasivo y su proveedor han considerado equivocadamente, sobre la base de una **interpretación errónea** del Derecho de la Unión por las autoridades nacionales, que las prestaciones en cuestión estaban exentas del IVA, por lo que las facturas emitidas no lo mencionan, en un contexto en el que el contrato celebrado entre esas dos personas estipula que, si se devenga ese impuesto, el beneficiario de la prestación deberá soportarlo, y, por otra parte, no se ha llevado a cabo a su debido tiempo ninguna actuación dirigida a recuperar el IVA, de modo que han **prescrito** todas las acciones del proveedor y de la Administración tributaria para la recuperación del IVA omitido.
TJUE 10-2-22, asunto Grundstücksgemeinschaft Kollaustraße 136 C-9/20	En el contexto de ciertos **contratos de arrendamiento**, ha declarado el TJUE que la Dir 2006/112/CE art.167 (equivalente a la LIVA art.167) se opone a una normativa nacional que establece que el **derecho a la deducción** nace ya en el momento de la realización de la operación en el supuesto de que, en virtud de una excepción nacional con arreglo a la Dir 2006/112/CE art.66, párr.1º.b, el impuesto solo sea exigible frente al proveedor de bienes o prestador de servicios en el momento del cobro de la remuneración (opción no aplicada en España) y esta aun no haya sido pagada.

10950 (sigue)

Fecha y asunto	Resumen
	Deducciones y devoluciones
TJUE 7-7-22, asunto X C-194/21	La Dir 2006/112/CE art.184 y 185 no se oponen a que a un sujeto pasivo que no haya ejercido, antes de la **expiración del plazo de caducidad** aplicable conforme a la normativa nacional, el derecho a deducir el IVA correspondiente a la adquisición de un bien o de un servicio le sea denegada la posibilidad de practicar posteriormente esa deducción, en el marco de una regularización, con ocasión de la **primera utilización** para operaciones sujetas al impuesto de dicho bien o de dicho servicio, y ello aun cuando no se haya constatado ningún abuso de derecho, ningún fraude ni ninguna pérdida de ingresos fiscales.
TJUE 8-9-22, asunto W C-98/21	Conforme a la Dir 2006/112/CE art.167 y 168.a una sociedad holding que realiza para sus **filiales** operaciones gravadas por las que repercute el IVA no tiene derecho a deducir el impuesto soportado por las prestaciones que adquiere de terceros y que aporta a las filiales a cambio de una participación en los beneficios generales, cuando: - las prestaciones por las que soporta el IVA no guardan una relación directa e inmediata con las operaciones propias de la sociedad holding, sino con las actividades en gran medida exentas de sus filiales; - estas prestaciones no tienen incidencia en el precio de las operaciones sujetas al impuesto realizadas a favor de las filiales; y - las referidas prestaciones no forman parte de los gastos generales de la actividad económica propia de la sociedad holding.
TJUE 15-9-22, asunto UAB «HA.EN.» C-227/21	El TJUE ha declarado que la Dir 2006/112/CE art.168.a) (equivalente a la LIVA art.95), se opone a una práctica nacional que consiste, en el marco de la venta de un bien inmueble entre sujetos pasivos, en denegar al comprador el derecho a la deducción por el mero hecho de que sabía, o debería haber sabido, que el vendedor atravesaba **dificultades financieras**, o incluso se encontraba en situación de insolvencia, y que esta circunstancia podía tener como consecuencia que este último no abonaría o no podría abonar el IVA a la Hacienda Pública.
TJUE 6-10-22, asunto Vittamed technologijos C-293/21	A la vista de la inviabilidad de la realización de un proyecto, se decidió no proseguir las actividades y proceder a la **liquidación de la sociedad**. Las autoridades lituanas denegaron el derecho a la deducción del IVA soportado por los gastos habidos durante el proyecto. El TJUE se ha mostrado partidario de esta regularización, habida cuenta del destino de las inversiones así realizadas, declarando que conforme a la Dir 2006/112/CE art.184 a 187 (equivalente a la LIVA art.107 a 110), el empresario o profesional está obligado a regularizar las deducciones del IVA soportado por la adquisición de bienes o servicios destinados a la producción de bienes de inversión, en el caso de que, como consecuencia de su liquidación a decisión del propietario o del socio único y de la baja en el registro de sujetos pasivos del IVA, los bienes de inversión creados no hayan sido ni vayan a ser nunca utilizados en actividades económicas gravadas.
TJUE 16-2-23, asunto ASA C-519/21	La Dir 2006/112/CE no obliga a conceder a un empresario o profesional, cuando no dispone de **facturas a su nombre**, la deducción del IVA soportado por otra parte de una **asociación** carente de personalidad jurídica a efectos de la realización de la actividad económica de esa asociación, aunque el empresario o profesional sea deudor del impuesto en relación con dicha actividad.
TJUE 4-5-23, asunto Balgarska telekomunikatsionna kompania C-127/22	La normativa comunitaria (Dir 2006/112/CE art.185) se opone a la regularización del IVA deducido al adquirir un bien cuando dicho bien haya sido separado y, posteriormente haya sido objeto de una venta sujeta al IVA, o **destruido o eliminado** de modo que implique concretamente su desaparición irreversible.
TJUE 25-5-23, asunto W C-114/22	La Dir 2006/112/CE se opone a una normativa nacional con arreglo a la cual se priva al sujeto pasivo del derecho a deducir el IVA soportado por el mero hecho de que una **operación** sujeta se repute **ficticia y viciada de nulidad**, sin que sea necesario acreditar que concurren las circunstancias que permiten calificarla de operación ficticia o, si se ha realizado efectivamente, que tiene su origen en un fraude del IVA o en un abuso del derecho.
TJUE 22-2-24, asunto C-674/22	El Derecho de la Unión no obliga a abonar intereses a un sujeto pasivo a contar desde el pago de un importe de IVA que posteriormente es devuelto por la Administración tributaria, cuando esta devolución es resultado en parte de: - la constatación de que el sujeto pasivo, debido a **errores cometidos en su contabilidad**, no dedujo correctamente el IVA soportado y - una modificación con efectos retroactivos de las normas de cálculo del IVA deducible correspondiente a los gastos generales del referido sujeto pasivo.
TJUE auto 10-4-24, asunto C-532/23	Los principios de equivalencia, de efectividad y de neutralidad no se opone a que la solicitud de devolución del IVA pueda considerarse simultáneamente una reclamación de **intereses de demora** en las condiciones previstas por el Derecho nacional.

10950
(sigue)

Fecha y asunto	Resumen
	Deducciones y devoluciones
TJUE 16-5-24, asunto C-746/22	La Dir (UE) 2008/9 art.23.2, en relación con los principios de neutralidad y de efectividad, se opone a una normativa nacional que prohíbe a un sujeto pasivo que haya presentado una solicitud de devolución del IVA aportar, en la **fase de recurso** ante una autoridad tributaria de segundo grado, **información adicional** que haya sido solicitada por la autoridad tributaria de primer grado y que dicho sujeto pasivo no haya facilitado a esta última autoridad en el plazo de un mes, plazo que no constituye un plazo de caducidad.
TJUE 13-6-24, asunto C-696/22	Para determinar la existencia de una relación directa e inmediata entre una operación concreta por la que se soporta el IVA y una serie de operaciones por las que se repercute y que dan derecho a deducción, a los efectos de la Dir 2006/112/CE art.168.a (requisito de **afectación a la actividad**, LIVA art.95), es preciso determinar el contenido objetivo de tales operaciones.
TJUE 12-9-24, asunto C-243/23	La Dir 2006/112/CE se opone a una normativa nacional relativa a la regularización de las deducciones del IVA en virtud de la cual el **período de regularización ampliado** para los bienes inmuebles de inversión no es aplicable a las obras inmobiliarias, sujetas al IVA como prestaciones de servicios en el sentido de la misma Directiva, que supongan una ampliación importante o una renovación sustancial del inmueble afectado por dichas obras y cuyos efectos tengan una vida útil coincidente con la de un edificio nuevo.
TJUE 12-9-24, asunto C-429/23	La Dir 2006/112/CE art.184, en relación con su art.186 no se oponen a una normativa y práctica administrativa nacionales en virtud de las cuales se deniega a un sujeto pasivo el derecho a deducir el IVA soportado **antes de su registro** a efectos del IVA, debido a que solicitó esa deducción tras la expiración del plazo de caducidad establecido por la normativa nacional aplicable, mediante una declaración rectificativa de una declaración del IVA presentada antes de la **expiración** del referido **plazo.**
TJUE 5-12-24, asunto C-680/23	La Dir 2006/112/CE art.183 no se opone a una normativa nacional que establece que, cuando un sujeto pasivo **cesa su actividad económica** no puede trasladar a un período impositivo siguiente un saldo de IVA a su favor declarado en el momento del cese de su actividad y solo puede recuperar ese importe solicitando su devolución en un plazo de doce meses a partir de la fecha de dicho cese de actividad.
TJUE 12-12-24, asunto C-527/23	La Dir 2006/112/CE art.168 se opone a una normativa o a una práctica nacional en virtud de la cual se deniega el derecho a deducir el IVA soportado por un sujeto pasivo por la adquisición de servicios de otros sujetos pasivos que forman parte de un **mismo grupo de sociedades**, por razón de que dichos servicios se prestaron simultáneamente a otras sociedades de ese grupo y de que su adquisición no era necesaria u oportuna.

10950 (sigue)

Fecha y asunto	Resumen
Regímenes especiales	
TJUE 24-3-22, asunto W. G. C-697/20	La Dir 2006/112/CE art.9, 295 y 296 (equivalente a la LIVA art.5 y 124 s.), relativos al **concepto de empresario o profesional** y al **régimen especial de la agricultura, ganadería y pesca**: - se oponen a la práctica de un Estado miembro que excluye que los cónyuges que ejercen una actividad agrícola en el marco de una misma explotación, utilizando el patrimonio de su sociedad de gananciales, puedan ser considerados **sujetos pasivos distintos** a efectos del IVA en el caso de que cada uno de los cónyuges ejerza una actividad económica con carácter independiente; - no se oponen a que, en circunstancias en las que los cónyuges ejercen dicha actividad agrícola en el régimen de tanto alzado de los productores agrícolas, la **opción** de uno de los cónyuges por el **régimen general** suponga para el otro cónyuge la imposibilidad de aplicar el régimen especial cuando, tras examinar la situación concreta, ello resulte necesario para **evitar riesgos de abuso y de fraude** que no pueden ser excluidos mediante la aportación por los cónyuges de pruebas adecuadas, o cuando el ejercicio por los cónyuges de dicha actividad, de forma independiente y cada uno de ellos en el marco del régimen general del IVA, no presente **dificultades administrativas** con respecto a la situación de la existencia concomitante de dos estatutos diferentes para dichos cónyuges.
TJUE 1-12-22, asunto Norddeutsche Gesellschaft für Diakonie C-141/20	El requisito de **actuación independiente** de la Sexta Directiva art.4.4 párr.1º, se opone a que un Estado miembro califique, estableciendo categorías, a una entidad dada como no independiente si está integrada en los órdenes financiero, económico y de organización en la empresa de la entidad dominante de un **grupo** formado por personas jurídicamente independientes, pero firmemente vinculadas entre sí en los órdenes financiero, económico y de organización.
TJUE 1-12-22, asunto S C-269/20	El TJUE ha resuelto que la Sexta Directiva art.4.4 párr.1º (precedente de la actual Dir 2006/112/CE art.10) no se opone a que un Estado miembro considere como sujeto pasivo único de un **grupo** formado por personas jurídicamente independientes, pero firmemente vinculadas entre sí, a la **entidad dominante** si dicha entidad puede imponer su voluntad a las demás entidades que forman parte del grupo, siempre que tal configuración del impuesto no implique un riesgo de pérdida de ingresos fiscales.
TJUE 17-5-23, asunto IT C-365/22	Una interpretación que permita que un **vehículo** que se encuentre definitivamente **al final de su vida útil** pueda, como bien de ocasión, estar comprendido en el régimen de bienes usados por el hecho de que algunas de sus partes constitutivas sean susceptibles de nueva utilización es conforme con el objetivo de dicho régimen.
TJUE 29-6-23, asunto C. sp. z.o.o. C-108/22	La relativa amplitud en el diseño del régimen especial que acepta el TJUE respecto a las operaciones de mediación de las **agencias de viajes** en su conclusión es básica para los destinos turísticos, que ven así garantizados sus ingresos por IVA. El IVA que soportan los bienes y servicios que se adquieren en beneficio del viajero, cuando se aplica el régimen especial, no es deducible (LIVA art.146).
TJUE 13-7-23, asunto Mensing II C-180/22	La normativa comunitaria relativa al régimen especial de los bienes usados, obras de arte, antigüedades y objetos de colección (Dir 2006/112/CE art.312, 315 y 31), debe interpretarse en el sentido de que el IVA que un **sujeto pasivo revendedor** ha pagado por la adquisición intracomunitaria de un **objeto de arte**, cuya entrega posterior está sujeta al citado régimen especial, forma parte de la base imponible de esa entrega.
TJUE 11-4-24, asunto C-122/23	La Directiva IVA Dir 2006/112/CE no se opone a una normativa nacional que supedita la **aplicación de la franquicia** prevista para las pequeñas empresas al requisito de que el sujeto pasivo, cuyo volumen de operaciones anual o medido durante un período de dos meses consecutivos, supere el importe indicado, presente, en un plazo determinado, una declaración censal a efectos del IVA.
TJUE 11-7-24, asunto C-184/23	Las **prestaciones realizadas a título oneroso** entre personas que forman parte de un **mismo grupo** constituido por personas jurídicamente independientes, pero firmemente vinculadas entre sí en los órdenes financiero, económico y de organización, designado como sujeto pasivo único por un Estado miembro, no están sujetas al IVA, ni siquiera en el supuesto de que el IVA devengado o pagado por el beneficiario de esas prestaciones no pueda deducirse como impuesto soportado.

10950 (sigue)

Fecha y asunto	Resumen
Procedimientos tributarios	
TJUE 10-2-22, asunto Philips Orâstie C-487/20	La Dir 2006/112/CE art.179, párr.1º y 183 párr.1º (equivalentes a la LIVA art. 97 y 99) y el principio de equivalencia, se oponen a una normativa nacional que establece un procedimiento relativo a la **devolución del IVA menos favorable** que el aplicable a los recursos similares fundados en una infracción del Derecho interno en materia de impuestos y otras exacciones distintas del IVA.
TJUE 24-2-22, asunto SC Cridar Cons C-582/20	La Directiva del IVA y Carta de los Derechos Fundamentales de la UE .47 (Derecho a la tutela judicial efectiva y a un juez imparcial) no se oponen a una normativa nacional que autoriza a las autoridades tributarias a la **suspensión de un procedimiento de reclamación administrativa** dirigida contra una liquidación mediante la que se deniega a un sujeto pasivo el derecho a la deducción del IVA en razón de la implicación de dicho sujeto pasivo en un fraude fiscal, con el fin de obtener elementos objetivos adicionales relacionados con esa implicación siempre que se cumplan ciertas condiciones.
TJUE 5-5-22, asunto BV C-570/20	El TJUE aclara como debe interpretarse el derecho fundamental a no ser acusado o condenado penalmente dos veces por el mismo delito o **non bis in ídem** (Carta de los Derechos Fundamentales de la UE art.50 y 52.1).
TJUE 13-10-22, asunto HUMDA C-397/21	Conforme a la Dir 2006/112/CE art.183 (regulador con carácter general de las devoluciones de IVA), interpretado a la luz del principio de neutralidad, en el supuesto de que un empresario o profesional al que otro empresario o profesional le haya prestado un servicio pueda reclamar directamente a la Administración tributaria la **devolución del IVA indebidamente facturado e ingresado**, esta está obligada a pagar **intereses** sobre dicho importe si no ha efectuado la devolución en un plazo razonable después de que se le haya requerido.
TJUE 24-11-22, asunto A C-596/21	Conforme a la Dir 2006/112/CE art.167 y 168 (equivalentes a la LIVA art.92 a 100) y el principio de prohibición del fraude, en el contexto de una cadena de operaciones puede denegarse al **segundo adquirente de un bien** la deducción del IVA soportado, basándose para ello en que sabía o debería haber sabido que el vendedor inicial cometía un fraude del IVA en el momento de la primera transacción, cuando también el primer adquirente sabía que el vendedor inicial cometía un fraude del IVA en el momento de la primera enajenación. De igual modo, debe denegársele el derecho a la deducción del total del IVA soportado al segundo adquirente de un bien que, en una fase anterior a dicha adquisición, fue objeto de una **operación fraudulenta** que solo afectaba a parte de la cuota del IVA, cuando dicho segundo adquirente sabía o debería haber sabido que dicha adquisición estaba vinculada con un fraude.
TJUE 1-12-22, asunto Aquila Part Prod Com C-512/21	El **derecho a un proceso equitativo** (Carta de los Derechos Fundamentales de la UE art.47), no se opone a que el órgano jurisdiccional que conoce del recurso contra la resolución de la autoridad tributaria tome en consideración, como elemento de prueba de la existencia de un **fraude** o de la participación del sujeto pasivo en dicho fraude, un incumplimiento de las citadas obligaciones, si este elemento de prueba puede ser refutado y debatido de forma contradictoria ante él. La Directiva del IVA y el principio de neutralidad fiscal no se oponen a una práctica fiscal consistente en tomar en consideración, para denegar a un sujeto pasivo el derecho a la deducción por haber participado en un fraude, el hecho de que el **representante legal** del agente del sujeto pasivo tenía conocimiento de los hechos constitutivos de dicho fraude, con independencia de las normas nacionales aplicables que regulan la agencia y de las estipulaciones del contrato de agencia celebrado en el asunto en cuestión.
TJUE 2-3-23, asunto Nec Plus Ultra Cosmetics C-664/21	La normativa comunitaria no se opone a una normativa nacional que prohíbe presentar y recabar **nuevos elementos de prueba** que demuestren que se cumplen los requisitos materiales establecidos para la exención durante el procedimiento administrativo conducente a la práctica de la liquidación tributaria.
TJUE 4-5-23, asunto MV - 98 C-97/21	La posibilidad de adoptar medidas nacionales de lucha contra el fraude fiscal (Dir 2006/112/CE) y la Carta de Derechos Fundamentales de la UE art.50 se oponen a una normativa nacional en virtud de la cual puede imponerse a un contribuyente, por una misma infracción de una obligación tributaria y al término de procedimientos distintos y autónomos, una **medida sancionadora pecuniaria** y una medida de **precintado** de un local comercial.

10950 (sigue)

Fecha y asunto	Resumen
	Procedimientos tributarios
TJUE 17-5-23, asunto CEZAM C-418/22	Una normativa nacional en virtud de la cual el incumplimiento de la **obligación de declarar e ingresar** el IVA se sanciona con una multa a tanto alzado del 20% del importe del IVA devengado antes de la imputación del IVA deducible, sin perjuicio de las comprobaciones que incumben al órgano jurisdiccional remitente en relación con el carácter proporcionado de la multa impuesta.
TJUE 13-7-23, asunto Napfény-Toll Kft. C-615/21	Los principios de seguridad jurídica y eficacia del Derecho de la UE no se oponen a la legislación de un Estado miembro o a la práctica administrativa según la cual, en relación con el IVA, el **plazo de prescripción** respecto del derecho de las autoridades tributarias a practicar la correspondiente liquidación queda **suspendido** durante toda la duración del control judicial.
TJUE 7-9-23, asunto Schütte C-453/22	La Directiva IVA exige que el destinatario de una serie de entregas de bienes disponga directamente frente a la Administración tributaria del **derecho a la devolución** del **IVA indebidamente facturado**, en circunstancias en las que sin que se le pueda reprochar fraude, abuso o negligencia, ya no puede reclamar tal devolución a los proveedores debido a la prescripción prevista en el Derecho nacional.
TJUE 5-10-23, asunto Osteopathie Van Hauwermeiren C-355/22	Un órgano jurisdiccional nacional no puede hacer uso de una disposición nacional que lo faculta para mantener determinados efectos de una **disposición de Derecho nacional** que ha sido **declarada incompatible** con la Dir 2006/112/CE, basándose en una supuesta imposibilidad de devolver el IVA percibido indebidamente a los clientes de las prestaciones realizadas por un sujeto pasivo, en particular, debido al gran número de **personas afectadas** o cuando esas personas no disponen de un sistema contable que les permita identificar dichas prestaciones y su valor.
TJUE 11-1-24, asunto C-537/22	La Dir 2006/112/CE se opone, cuando la Administración tiene la intención de denegar el derecho a la deducción porque ha participado en un **fraude tipo «carrusel»**, a que dicha Administración se limite a acreditar que esa operación forma parte de una cadena de facturación circular.
TJUE 30-1-24, asunto C-442/22	La Dir 2006/112/CE art.203 (no traspuesto en España), debe interpretarse en el sentido de que, cuando un empleado de una empresa ha emitido una **factura falsa** en la que se repercutió el IVA utilizando la identidad de su empleador sin su conocimiento ni su consentimiento, debe considerarse que dicho empleado es la persona que menciona el IVA, a menos que la empresa no haya obrado con la diligencia razonablemente exigida para controlar las actuaciones del empleado.
TJUE 7-3-24, asunto C-341/22	La Dir 2006/112/CE art.9.1 no puede llevar a privar de la condición de sujeto pasivo del IVA a una persona que, durante un período determinado, realiza **operaciones** sujetas al IVA cuyo valor económico no alcanza el **umbral fijado** por una normativa nacional, que corresponde al rendimiento que razonablemente cabe esperar de los activos de que dispone esa persona.
TJUE 13-6-24, asunto C-696/22	El principio general del Derecho de la Unión de respeto del derecho de defensa debe interpretarse en el sentido de que, en el marco de un procedimiento administrativo de reclamación contra una liquidación tributaria por IVA, cuando la autoridad competente adopte una resolución basada en **nuevos elementos de hecho** y de Derecho respecto de los cuales el interesado no haya podido pronunciarse, se exige que la resolución adoptada al término de dicho procedimiento sea anulada.
TJUE 5-9-24, asunto C-83/23	La Dir 2006/112/CE debe interpretarse en el sentido de que el destinatario de una prestación no puede solicitar directamente a la Administración tributaria del Estado miembro en cuyo territorio está establecido la **devolución del IVA** pagado al proveedor de esa prestación que ha **repercutido erróneamente** el IVA de ese Estado en lugar del IVA legalmente devengado en otro Estado y lo ha ingresado a las autoridades tributarias del primer Estado en el supuesto de que estas últimas ya hayan devuelto el IVA al proveedor, que es objeto de un procedimiento de liquidación.

Fecha y asunto	Resumen
Procedimientos tributarios	
TJUE 12-9-24, asunto C-741/22	Las normas del Derecho de la Unión relativas a la **devolución de ingresos indebidos** confieren al sujeto pasivo el derecho a obtener la devolución del IVA recaudado por un Estado miembro en contra de lo dispuesto en la Dir 2006/112/CE art. 135.1.i, siempre que tal devolución no dé lugar a un enriquecimiento sin causa de dicho sujeto pasivo. El TFUE art.108.3 debe interpretarse en el sentido de que, cuando la exención de la que han disfrutado determinados operadores constituye una **ayuda de Estado ilegal**, un sujeto pasivo que no haya disfrutado de tal exención no puede recibir, en forma de indemnización por daños y perjuicios, un importe equivalente al IVA abonado.
TJUE 4-10-24, asunto C-171/23	Cuando se constata que la creación de una sociedad constituye una **práctica abusiva** destinada a que esta sociedad continúe disfrutando del **régimen de franquicia** para una actividad que ejercía anteriormente otra sociedad que disfrutaba de ese régimen, se exige que la sociedad creada de ese modo no pueda disfrutar del mismo régimen.
TJUE 14-11-24, asunto C-613/23	En relación con la derivación de responsabilidad a **administradores de sociedades**, el TJUE ha concluido que la Dir 2006/112/CE art.273 (que autoriza a los Estados de la UE a imponer obligaciones dirigidas a la lucha contra el fraude), no se opone a una normativa nacional según la cual el administrador de una entidad que no ha cumplido la obligación de notificar su incapacidad de pagar una deuda de IVA debe demostrar, para liberarse de su **responsabilidad solidaria**, que el incumplimiento de esa obligación de notificación no le es imputable.
TJUE 21-11-24, asunto C-624/23	La Directiva y el principio de neutralidad no se oponen a una normativa de un Estado miembro que excluye la posibilidad de rectificar una factura en el supuesto de que la factura que el proveedor entregó al destinatario de una entrega sujeta al IVA no mencionase este impuesto y que con ocasión de una **inspección** a dicho proveedor, este haya levantado un acta en la que se haga constar el IVA y se presenta a dicho proveedor también como el destinatario de la operación.
TJUE 12-12-24, asunto C-624/23	La Dir 2006/112/CE art.205 no se opone a una disposición nacional que, a fin de garantizar la recaudación del IVA, establece la **responsabilidad solidaria objetiva** de un sujeto pasivo distinto del que normalmente adeuda el impuesto, sin que el juez competente pueda modificarla en función de la contribución de las diferentes personas implicadas en un **fraude fiscal.** Lo anterior es así siempre que el citado sujeto pasivo tenga la facultad de demostrar que adoptó todas las medidas razonablemente exigibles para asegurarse de que las operaciones que realizaba no formaban parte de ese fraude.

Fecha y asunto	Resumen
Otras cuestiones	
TJUE 8-12-22, asunto «P.» C-378/21	El TJUE considera que la Dir 2006/112/CE art.203 únicamente resulta aplicable cuando el IVA se ha **facturado indebidamente** y existe un **riesgo de pérdida de ingresos fiscales** debido a que el destinatario de la factura en cuestión puede ejercer su derecho a la deducción de tal IVA, por lo que no puede aplicarse en este caso. Por tanto, un sujeto pasivo que ha prestado un servicio y que ha mencionado en su factura una **cuota de IVA errónea** no es deudor de la parte del IVA facturada erróneamente si no existe riesgo alguno de pérdida de ingresos fiscales, por cuanto los beneficiarios de ese servicio son exclusivamente consumidores finales que no tienen derecho a la deducción del IVA soportado.
TJUE 29-9-22, asunto Raiffeisen Leasing, trgovina in leasing C-235/21	A los efectos de la Dir 2006/112/CE art.203, un **contrato de venta y arrendamiento financiero**, después de cuya celebración las partes no emitieron una factura, puede tener la consideración de factura, siempre que el contrato contenga todos los datos necesarios para que la Administración tributaria de un Estado miembro pueda determinar si se cumplen los requisitos materiales del derecho a la deducción, extremo este que corresponderá verificar al órgano jurisdiccional remitente.

Fecha y asunto	Resumen
Otras cuestiones	
TJUE 21-3-24, asunto C-606/22	La Dir 2006/112/CE art.1.2 y 73 se oponen a una práctica de la Administración tributaria de un Estado miembro en virtud de la cual se prohíbe rectificar el IVA declarado cuando se han realizado entregas de bienes y prestaciones de servicios aplicando un tipo de **IVA demasiado elevado**, debido a que esas operaciones no dieron lugar a **ninguna factura**, sino a la emisión de tiques de una caja registradora.
TJUE 12-9-24, asunto C-709/22	La Dir 2006/112/CE art.273 y 395 y la Dec (UE) 2019/310, no se oponen a una normativa nacional que establece que el **IVA depositado en una cuenta del IVA separada**, de la que dispone un proveedor en una entidad bancaria, puede utilizarse exclusivamente con fines limitados, en particular, para el pago de la deuda del IVA a la autoridad tributaria o el pago del IVA consignado en las facturas recibidas de los proveedores de bienes o de los prestadores de servicios.

11000 **Consultas. Contestaciones de la Dirección General de Tributos** En este Anexo incluimos una síntesis de algunas consultas de la DGT que entendemos interesantes para el lector. Nuestra fuente de información principal ha sido la página web de la Agencia Estatal de Administración tributaria **http:/www.aeat.es/**.

Han de tenerse en cuenta varias consideraciones:

1ª Se han incluido, sin pretensión de exhaustividad, contestaciones producidas a lo largo de los años 2025 y principios del 2026, con independencia de las no pocas modificaciones que la norma ha sufrido.

2ª Las contestaciones figuran ordenadas por artículos de la Ley 37/1992 y, dentro de cada artículo o apartado, clasificadas por orden alfabético de la «**Voz**» considerada más significativa. La segunda columna incorpora una mínima **descripción** de la cuestión consultada; y la tercera, la fecha de la contestación, que puede o no tener carácter vinculante, y el número oficial de la consulta.

3ª Salvo contadas excepciones, los cuadros adjuntos no incorporan, por imposibilidad material, la **solución** a la cuestión planteada. No obstante, constituyen un valioso índice para la comprobación si en determinada materia se ha fijado criterio oficial por el Centro Directivo.

4ª Algunas de las contestaciones aquí sintetizadas han sido tratadas con mayor extensión en su contexto específico, en el correspondiente capítulo del Memento IVA.

Precisiones Respecto a los cuadros sintetizando consultas anteriores al 2025 y debido a la extensión de los mismos, se ha optado por facilitar al lector su consulta en el producto electrónico de esta obra.

11002

Voz	Descripción	DGT
Artículo 2.- Normas aplicables		
Personal diplomático	Un organismo internacional intergubernamental con sede en España se pregunta si se puede aplicar la exención en la adquisición de los bienes y derechos destinados al consumo de miembros con Estatuto diplomático, aunque lleven vinculados servicios no cubiertos por dicha exención.	CV 13-11-25 núm V2171-25
Vehículo	Tributación de la transmisión de vehículos adquiridos con exención por miembros de las fuerzas de los Estados parte de la Organización Tratado Atlántico Norte (OTAN).	CV 8-5-25 núm V0804-25

11003

Voz	Descripción	DGT
Artículo 3.- Territorialidad		
Ejecución de obra	Instalación de cable submarino desde la península hasta Ceuta.	CV 20-5-25 núm V0854-25
Transporte	La consultante presta servicios de transporte marítimo internacional de mercancías con origen o bien con destino en Irlanda del Norte a otros empresarios establecido en el citado territorio, o bien en otros Estados miembros de la Unión Europea.	CV 26-11-25 núm V2304-25

11004

Voz	Descripción	DGT
	Artículo 4.- Hecho imponible	
	LIVA art.4.Uno	
Actividad forestal	Una entidad mercantil dedicada a actividades forestales ha suscrito un acuerdo con un ayuntamiento para mantener una superficie reforestada en un monte municipal, pagando una contribución económica fija al ayuntamiento a cambio de la cesión de derechos de absorción de carbono y la protección del terreno durante cuarenta años.	CV 31-3-25 núm V0572-25
Adquisición de inmueble	Una entidad mercantil va a adquirir al obispado de su localidad un inmueble.	CV 18-11-25 núm V2211-25
Agua	El consultante es un Ayuntamiento que adquiere el agua necesaria para la prestación del servicio de suministro de agua potable en su municipio a una entidad mercantil municipal que pertenece a otro municipio.	CV 12-2-25 núm V0148-25
Anticipos	Persona física socia de una cooperativa de viviendas realiza aportaciones adicionales destinadas a cubrir posibles contingencias futuras relacionadas con la construcción de las viviendas.	CV 11-6-25 núm V0997-25
Asociación	Asociación de vecinos usufructuaria de una parcela con castaños planea transmitir la madera obtenida a terceros.	CV 4-7-25 núm V1215-25
Asociación	La consultante, reconocida como entidad de utilidad pública, cuya actividad consiste en la edición y publicación para su difusión en internet de artículos divulgativos, percibe ingresos en virtud de acuerdos firmados con distintas entidades con las que colabora.	CV 17-7-25 núm V1352-25
Captación de fondos	La consultante va a comercializar una estructura financiera para la obtención de fondos de capital privado y se plantea el uso de la figura del censo consignativo. En virtud del mismo, el censualista entregará un capital al censatario y éste se obliga al pago de un canon periódico a dicho censualista.	CV 5-3-26 núm V0506-26
Comercio electrónico	Fabricante de productos cosméticos vende a particulares a través de su propia página web y de plataformas digitales del comercio electrónico. Una de estas plataformas indica que han superado el límite de ventas en los EEUU, lo que supone que deben repercutir el llamado «sales tax» de dicho país.	CV 20-5-25 núm V0840-25
Comida preparada	Entrega de comida preparada que va a realizar la consultante propietaria de una cadena de supermercados, algunos situados en la ciudad autónoma de Ceuta.	CV 26-11-25 núm V2300-25
Comisiones	La consultante, que no realiza habitualmente actividades empresariales o profesionales, ha recibido tres pagos puntuales de una empresa con sede en Austria por comisiones inferiores a 500 euros por intermediación.	CV 27-2-26 núm V0470-26
Competición	La sociedad consultante participa en distintas competiciones con sus caballos montados por jinetes que están en nómina. Se pregunta si la obtención de premios es una operación sujeta.	CV 26-11-25 núm V2306-25
Corporación de Derecho Público	Si las actividades que realiza la corporación (controles, auditorías, certificaciones, suministro de etiquetas y documentos obligatorios, etc.) constituyen una actividad empresarial o profesional a efectos del IVA.	CV 10-9-25 núm V1591-25
Derecho de superficie	Transmisión del derecho de superficie sobre un local que actualmente se encuentra arrendado por el superficiario a la entidad consultante.	CV 25-11-25 núm V2266-25
Donación	Donativo en especie a una fundación acogida a la L 49/2002.	CV 22-4-25 núm V0735-25
Energía eléctrica	La consultante ha contratado con una compañía suministradora de energía eléctrica un servicio denominado «batería virtual», que permite compensar los excesos de producción de la instalación de placas solares.	CV 26-8-25 núm V1534-25

11004 (sigue)

Voz	Descripción	DGT
Factura	Una asociación de empresarios de hostelería y turismo consulta sobre el procedimiento para rectificar o anular facturas emitidas mediante sistemas informáticos antes de la entrada en vigor del RD 1007/2023, una vez este haya entrado en vigor.	CV 18-2-26 núm V0330-26
Fondos de titulación	La consultante se plantea la posibilidad de adquirir los derechos de crédito de los fondos de titulización mediante una cesión de los derechos.	CV 18-8-25 núm V1508-25
Formación	Una asociación sin ánimo de lucro dedicada a facilitar herramientas y formación continuada a profesionales de terapias corporales como la Danza/Movimiento Terapia, realiza cursos presenciales y virtuales impartidos por expertos.	CV 27-1-26 núm V0150-26
Inmueble	La propietaria de un hotel, que tiene arrendado a otra entidad mercantil, pactó reintegrar parte de los gastos de rehabilitación del hotel a la arrendataria. Va a transmitir el hotel a un tercero que asumirá dicho pago en nombre y por cuenta de la consultante, manteniéndose vigente el contrato de arrendamiento.	CV 19-3-26 núm V0636-26
Instalación de bienes	Venta e instalación de sistemas de retención de camiones.	CV 15-4-25 núm V0693-25
Personal diplomático	Un organismo internacional intergubernamental con sede en España se pregunta si se puede aplicar la exención en la adquisición de los bienes y derechos destinados al consumo de miembros con Estatuto diplomático, aunque lleven vinculados servicios no cubiertos por dicha exención.	CV 13-11-25 núm V2171-25
Penalización	Una entidad distribuidora oficial de una empresa de telecomunicaciones ofrece a potenciales clientes la asunción del importe de la penalización por resolución anticipada de contrato con el operador.	CV 18-12-25 núm V2566-25
Prestación de servicios	La consultante es la sucursal en España que presta servicios de asesoramiento a su casa central establecida en Italia.	CV 18-11-25 núm V2212-25
Prestación de servicios	La empresa consultante organiza rodajes y eventos que tienen lugar en el territorio de aplicación del Impuesto. Algunos de sus clientes son empresarios establecidos en países no pertenecientes a la UE.	CV 30-1-26 núm V0190-26
Rama de actividad	Una persona física titular de una explotación agrícola y su hijo, también titular de fincas agrícolas, planean aportar la totalidad de sus actividades agrícolas y bienes relacionados a una sociedad mercantil en la que ambos participan, con el fin de unificar actividades, mejorar la solvencia financiera y organizar la sucesión familiar.	CV 13-11-25 núm V2150-25
Segregación	Una persona física, copropietaria junto con familiares de un solar con dos edificaciones, solicita licencia de segregación para dividir el solar en dos parcelas.	CV 11-12-25 núm V2429-25
Senior living	Tipo aplicable a las obras de construcción del complejo residencial. Tratamiento a efectos del Impuesto de los arrendamientos de las viviendas junto con la prestación de servicios complementarios propios de la industria hotelera.	CV 24-9-25 núm V1735-25
Sistema informático de facturación	Una asociación de empresarios de hostelería y turismo plantea diversas cuestiones relativas a la obligación de facturación utilizando o no sistemas informáticos de facturación en los términos del RD 1007/2023.	CV 26-3-26 núm V0686-26
Suministro de agua	El consultante manifiesta que su empresa suministradora de aguas le ha facturado la cuota de contratación de dicho suministro repercutiendo un 21%.	CV 26-11-25 núm V2305-25
Teléfono móvil	Si la entrega de productos adicionales (una tableta, un cargador y una funda) constituye una operación efectuada a título oneroso en el marco de actividad de fabricación y distribución de teléfonos móviles.	CV 23-12-25 núm V2623-25

Voz	Descripción	DGT
Terreno	La consultante es una asociación de propietarios de terrenos que está llevando a cabo el desarrollo urbanístico de una unidad de actuación y que se ha reservado parcelas de resultado para financiar con su venta los gastos de urbanización.	CV 4-12-25 núm V2363-25
Transmisión de naves industriales	La consultante transmitirá varias naves industriales, enclavadas en suelo urbano no consolidado y dentro de un ámbito sometido a un Plan Especial de Reforma Interior (PERI) que obligará a una nueva urbanización, seguida de la demolición de las naves y posterior construcción de un hotel por la adquirente.	CV 23-9-25 núm V1715-25
Transmisión de solar	Una entidad mercantil adquirió un solar en 2016, deduciendo el IVA soportado, pero fue objeto de un procedimiento de inspección que determinó que no tenía la condición de empresario o profesional, denegándose la deducción del IVA. Plantea la tributación por la transmisión del solar en distintas situaciones urbanísticas.	CV 5-6-25 núm V0965-25
Transmisión de terreno	Una persona física ha adquirido un terreno urbano edificable de una entidad mercantil que lo había adquirido por adjudicación judicial y que lo ha transmitido sin realizar ningún tipo de actuación sobre el mismo.	CV 24-7-25 núm V1413-25
Transporte	La consultante es una entidad mercantil que presta servicios de transporte interurbano mediante distintas concesiones. Compensaciones recibidas para mantener el equilibrio económico de la concesión.	CV 8-5-25 núm V0800-25
Transporte	Consorcio público ha suscrito un convenio de colaboración con entidad operadora del transporte urbano de manera que ésta va a permitir el uso en la red urbana de las tarjetas de transporte multimodal emitidas por el consorcio a sus usuarios. Por ello, se compensará a entidad operadora del transporte urbano por el déficit de explotación que pudiera generarle.	CV 20-5-25 núm V0847-25
Vivienda de obra nueva	Adquisición de vivienda nueva con trastero vinculado perteneciente a fase anterior.	CV 15-4-25 núm V0713-25

11005

Voz	Descripción	DGT
	Artículo 5.- Concepto de empresario o profesional	
	LIVA art.5.Uno	
Actividad forestal	Una entidad mercantil dedicada a actividades forestales ha suscrito un acuerdo con un ayuntamiento para mantener una superficie reforestada en un monte municipal, pagando una contribución económica fija al ayuntamiento a cambio de la cesión de derechos de absorción de carbono y la protección del terreno durante cuarenta años.	CV 31-3-25 núm V0572-25
Adquisición de inmueble	Una entidad mercantil va a adquirir al obispado de su localidad un inmueble.	CV 18-11-25 núm V2211-25
Adquisición de vivienda	Compra de vivienda nueva destinada al arrendamiento a una sociedad limitada que la destinará al alquiler turístico.	CV 5-9-25 núm V1573-25
Asociación	La consultante, reconocida como entidad de utilidad pública, cuya actividad consiste en la edición y publicación para su difusión en internet de artículos divulgativos, percibe ingresos en virtud de acuerdos firmados con distintas entidades con las que colabora.	CV 17-7-25 núm V1352-25
Corporación de Derecho Público	Si las actividades que realiza la corporación (controles, auditorías, certificaciones, suministro de etiquetas y documentos obligatorios, etc.) constituyen una actividad empresarial o profesional a efectos del IVA.	CV 10-9-25 núm V1591-25
Comida preparada	Entrega de comida preparada que va a realizar la consultante propietaria de una cadena de supermercados, algunos situados en la ciudad autónoma de Ceuta.	CV 26-11-25 núm V2300-25

11005
(sigue)

Voz	Descripción	DGT
Comisiones	La consultante, que no realiza habitualmente actividades empresariales o profesionales, ha recibido tres pagos puntuales de una empresa con sede en Austria por comisiones inferiores a 500 euros por intermediación.	CV 27-2-26 núm V0470-26
Competición	La sociedad consultante participa en distintas competiciones con sus caballos montados por jinetes que están en nómina. Se pregunta si la obtención de premios es una operación sujeta.	CV 26-11-25 núm V2306-25
Derecho de superficie	Transmisión del derecho de superficie sobre un local que actualmente se encuentra arrendado por el superficiario a la entidad consultante.	CV 25-11-25 núm V2266-25
Energía eléctrica	La consultante ha contratado con una compañía suministradora de energía eléctrica un servicio denominado «batería virtual», que permite compensar los excesos de producción de la instalación de placas solares.	CV 26-8-25 núm V1534-25
Entidad sin ánimo de lucro	Una entidad mercantil pública concesionaria de una parcela municipal promueve la construcción de un edificio para viviendas colaborativas y cede su uso a una entidad sin ánimo de lucro a cambio de una aportación inicial y un canon periódico.	CV 5-3-25 núm V0253-25
Finca	Tributación de la entrega de la finca sin edificar en suelo urbano a una entidad mercantil que tiene por objeto social la actividad inmobiliaria.	CV 3-2-25 núm V0062-25
Fondos de titulación	La consultante se plantea la posibilidad de adquirir los derechos de crédito de los fondos de titulización mediante una cesión de los derechos.	CV 18-8-25 núm V1508-25
Formación	Una asociación sin ánimo de lucro dedicada a facilitar herramientas y formación continuada a profesionales de terapias corporales como la Danza/Movimiento Terapia, realiza cursos presenciales y virtuales impartidos por expertos.	CV 27-1-26 núm V0150-26
Inmueble	La propietaria de un hotel, que tiene arrendado a otra entidad mercantil, pactó reintegrar parte de los gastos de rehabilitación del hotel a la arrendataria. Va a transmitir el hotel a un tercero que asumirá dicho pago en nombre y por cuenta de la consultante, manteniéndose vigente el contrato de arrendamiento.	CV 19-3-26 núm V0636-26
Instalación de bienes	Venta e instalación de sistemas de retención de camiones.	CV 15-4-25 núm V0693-25
Obras	La consultante heredó una vivienda en construcción cuyas obras se detuvieron hace 15 años. Ahora, actuando como autopromotora para su vivienda habitual, va a contratar la instalación de fontanería, electricidad, puertas y ventanas.	CV 5-9-25 núm V1572-25
Prestación de servicios	La consultante es la sucursal en España que presta servicios de asesoramiento a su casa central establecida en Italia.	CV 18-11-25 núm V2212-25
Prestación de servicios	La empresa consultante organiza rodajes y eventos que tienen lugar en el territorio de aplicación del Impuesto. Algunos de sus clientes son empresarios establecidos en países no pertenecientes a la UE.	CV 30-1-26 núm V0190-26
Rama de actividad	Una persona física titular de una explotación agrícola y su hijo, también titular de fincas agrícolas, planean aportar la totalidad de sus actividades agrícolas y bienes relacionados a una sociedad mercantil en la que ambos participan, con el fin de unificar actividades, mejorar la solvencia financiera y organizar la sucesión familiar.	CV 13-11-25 núm V2150-25
Senior living	Tipo aplicable a las obras de construcción del complejo residencial. Tratamiento a efectos del Impuesto de los arrendamientos de las viviendas junto con la prestación de servicios complementarios propios de la industria hotelera.	CV 24-9-25 núm V1735-25
Servicios de consultoría y mediación	Servicios de consultoría general y de mediación en operaciones financieras exentas de una empresa establecida en Estonia, en régimen de franquicia en dicho país.	CV 30-9-25 núm V1761-25

11005 (sigue)

Voz	Descripción	DGT
Suministro de agua	El consultante manifiesta que su empresa suministradora de aguas le ha facturado la cuota de contratación de dicho suministro repercutiendo un 21%.	CV 26-11-25 núm V2305-25
Terreno	La consultante es una asociación de propietarios de terrenos que está llevando a cabo el desarrollo urbanístico de una unidad de actuación y que se ha reservado parcelas de resultado para financiar con su venta los gastos de urbanización.	CV 4-12-25 núm V2363-25
Transmisión de naves industriales	La consultante transmitirá varias naves industriales, enclavadas en suelo urbano no consolidado y dentro de un ámbito sometido a un Plan Especial de Reforma Interior (PERI) que obligará a una nueva urbanización, seguida de la demolición de las naves y posterior construcción de un hotel por la adquirente.	CV 23-9-25 núm V1715-25
Transmisión de solar	Una entidad mercantil adquirió un solar en 2016, deduciendo el IVA soportado, pero fue objeto de un procedimiento de inspección que determinó que no tenía la condición de empresario o profesional, denegándose la deducción del IVA. Plantea la tributación por la transmisión del solar en distintas situaciones urbanísticas.	CV 5-6-25 núm V0965-25
Transmisión de terreno	Una persona física ha adquirido un terreno urbano edificable de una entidad mercantil que lo había adquirido por adjudicación judicial y que lo ha transmitido sin realizar ningún tipo de actuación sobre el mismo.	CV 24-7-25 núm V1413-25
Transporte	La consultante es una entidad mercantil que presta servicios de transporte interurbano mediante distintas concesiones. Compensaciones recibidas para mantener el equilibrio económico de la concesión.	CV 8-5-25 núm V0800-25
Transporte	Consorcio público ha suscrito un convenio de colaboración con entidad operadora del transporte urbano de manera que ésta va a permitir el uso en la red urbana de las tarjetas de transporte multimodal emitidas por el consorcio a sus usuarios. Por ello, se compensará a entidad operadora del transporte urbano por el déficit de explotación que pudiera generarle.	CV 20-5-25 núm V0847-25
Venta de vivienda	Venta de vivienda reformada adquirida a particular.	CV 10-4-25 núm V0644-25
Vivienda de obra nueva	Adquisición de vivienda nueva con trastero vinculado perteneciente a fase anterior.	CV 15-4-25 núm V0713-25
	LIVA art.5.Dos	
Agua	El consultante es un Ayuntamiento que adquiere el agua necesaria para la prestación del servicio de suministro de agua potable en su municipio a una entidad mercantil municipal que pertenece a otro municipio.	CV 12-2-25 núm V0148-25
Anticipos	Persona física socia de una cooperativa de viviendas realiza aportaciones adicionales destinadas a cubrir posibles contingencias futuras relacionadas con la construcción de las viviendas.	CV 11-6-25 núm V0997-25
Captación de fondos	La consultante va a comercializar una estructura financiera para la obtención de fondos de capital privado y se plantea el uso de la figura del censo consignativo. En virtud del mismo, el censualista entregará un capital al censatario y éste se obliga al pago de un canon periódico a dicho censualista.	CV 5-3-26 núm V0506-26
Comercio electrónico	Fabricante de productos cosméticos vende a particulares a través de su propia página web y de plataformas digitales del comercio electrónico. Una de estas plataformas indica que han superado el límite de ventas en los EEUU, lo que supone que deben repercutir el llamado «sales tax» de dicho país.	CV 20-5-25 núm V0840-25
Factura	Una asociación de empresarios de hostelería y turismo consulta sobre el procedimiento para rectificar o anular facturas emitidas mediante sistemas informáticos antes de la entrada en vigor del RD 1007/2023, una vez este haya entrado en vigor.	CV 18-2-26 núm V0330-26

Voz	Descripción	DGT
Penalización	Una entidad distribuidora oficial de una empresa de telecomunicaciones ofrece a potenciales clientes la asunción del importe de la penalización por resolución anticipada de contrato con el operador.	CV 18-12-25 núm V2566-25
Segregación	Una persona física, copropietaria junto con familiares de un solar con dos edificaciones, solicita licencia de segregación para dividir el solar en dos parcelas.	CV 11-12-25 núm V2429-25
Sistema informático de facturación	Una asociación de empresarios de hostelería y turismo plantea diversas cuestiones relativas a la obligación de facturación utilizando o no sistemas informáticos de facturación en los términos del RD 1007/2023.	CV 26-3-26 núm V0686-26

11007

Voz	Descripción	DGT
	Artículo 7.- Operaciones no sujetas	
	LIVA art.7.1º	
Adquisición de clínica	Una persona física adquiere una clínica de ginecología mediante la compra del local y aparcamiento a una entidad y de los elementos materiales y cartera de clientes a otra.	CV 1-12-25 núm V2321-25
Adquisición de edificación	La consultante adquirirá un edificio donde actualmente otra sociedad presta servicios de asistencia a personas mayores. Solo se transmite el inmueble, sin la licencia ni los elementos esenciales que permitirían continuar la actividad por sí mismos.	CV 16-9-25 núm V1668-25
Adquisición de vivienda	Adquisición de vivienda parcialmente afecta a la actividad profesional y gastos de suministros.	CV 8-5-25 núm V0796-25
Comunidad de bienes	Comunidad de bienes formada por dos personas físicas al 50% se quiere disolver adjudicando todos los bienes afectos a la actividad a uno de sus miembros.	CV 6-3-26 núm V0534-26
Escisión parcial	Una sociedad con participación del 35% en la entidad A, que actúa como central de compras y logística para varias distribuidoras de bebidas, planea realizar una escisión parcial financiera de la entidad A para segregar participaciones mayoritarias en las distribuidoras a una nueva sociedad, seguida de un canje de valores para centralizar la gestión y optimizar recursos.	CV 13-10-25 núm V1827-25
Escisión total	Si la transmisión del conjunto de activos y pasivos destinados al mantenimiento, jardinería y limpieza -incluyendo personal, maquinaria, contenedores, mobiliario, vehículos, tesorería, deudas y cuentas de proveedores- constituye una «unidad económica autónoma».	CV 15-9-25 núm V1654-25
Loterías	El titular de un punto de venta mixto de loterías y apuestas del Estado pretende transmitir la licencia, bienes muebles y materiales utilizados en la actividad a un tercero, quien desarrollará la actividad en otro local.	CV 13-11-25 núm V2175-25
Patrimonio empresarial	Una entidad docente, realizará una fusión por absorción de otra entidad dedicada al arrendamiento de inmuebles, transmitiendo la totalidad de su patrimonio, incluidos inmuebles y un empleado.	CV 5-2-25 núm V0097-25
Rama de actividad	Una persona física con una estructura empresarial y contabilidad ajustada al CCom, pretende aportar la rama de actividad a una sociedad de nueva constitución participada mayoritariamente por ella y sus hijos.	CV 27-3-25 núm V0499-25
Rama de actividad	Una sociedad quiere aportar su actividad de fabricación (maquinaria y personal) a una nueva sociedad, manteniendo la propiedad del edificio de la fábrica para alquilárselo a esta última. El objetivo es facilitar el acceso a ayudas públicas y mejorar el control de riesgos laborales.	CV 8-9-25 núm V1577-25
Rama de actividad	Una persona física titular de una explotación agrícola y su hijo, también titular de fincas agrícolas, planean aportar la totalidad de sus actividades agrícolas y bienes relacionados a una sociedad mercantil en la que ambos participan, con el fin de unificar actividades, mejorar la solvencia financiera y organizar la sucesión familiar.	CV 13-11-25 núm V2150-25

11007 (sigue)

Voz	Descripción	DGT
Reestructuración	Operaciones de transmisión de negocio y adquisición de activos y pasivos realizadas por la consultante en el marco de la reestructuración empresarial.	CV 22-12-25 núm V2596-25
Servicio de residencia	Entidad mercantil concesionaria gestiona un servicio de residencia para personas mayores, con plazas subvencionadas total o parcialmente por un Ayuntamiento y la comunidad autónoma, que financian dichas plazas y le abonan subvenciones. Se plantea si debe emitir facturas al mismo por las subvenciones recibidas.	CV 16-12-25 núm V2512-25
Transmisión de fincas	Transmisión de inmuebles derivada de fusión por absorción.	CV 30-9-25 núm V1763-25
Transmisión de inmueble	La consultante va a adquirir un inmueble explotado como aparcamiento público conjuntamente con el equipamiento y maquinaria vinculados a la actividad, así como, la subrogación en los contratos del personal empleado en la misma.	CV 24-7-25 núm V1411-25
Transmisión de unidad productiva	La consultante fue declarada en concurso y sometida a intervención. La administración concursal, procedió a transmitir a un mismo tercero una unidad productiva en un contrato y, en otro contrato la titularidad de las marcas.	CV 4-6-25 núm V0961-25
	LIVA art.7.7º	
Plazas de aparcamiento	Cesión de plazas de aparcamiento a los trabajadores de la consultante que se desplazan a su centro de trabajo, en atención a las dificultades de aparcamiento en la zona.	CV 29-7-25 núm V1446-25
Vehículo	Adjudicación de un vehículo a un socio, en el marco de la liquidación de una sociedad.	CV 10-9-25 núm V1593-25
	LIVA art.7.8º	
Ayuntamiento	El ayuntamiento consultante ha contratado a una empresa con capital íntegramente municipal, que tiene la consideración de medio propio personificado, el mantenimiento de edificios y vías públicas.	CV 3-2-25 núm V0082-25
Ayuntamiento	Precios públicos municipales por actividades culturales, viajes y talleres.	CV 15-4-25 núm V0718-25
Organismo autónomo municipal	Arrendamiento de instalación deportiva para grabación de un anuncio publicitario por el que se percibirá como contraprestación una tasa regulada en las ordenanzas fiscales municipales.	CV 3-10-25 núm V1774-25
Sociedad mercantil estatal	Una sociedad mercantil estatal, dependiente del Ministerio de Industria y Turismo, gestiona un Fondo de Emprendimiento y de la Pequeña Empresa y cobra comisiones por dicha gestión.	CV 25-11-25 núm V2261-25
	LIVA art.7.9º	
Concesión administrativa	Ayuntamiento ha suscrito un contrato de concesión de obra pública percibiendo como canon el 40 % de los beneficios netos anual de la concesionaria, y se plantea si dicho canon está sujeto al IVA.	CV 4-6-25 núm V0958-25
Concesión de servicios	Agencia pública autonómica licita contrato de concesión de servicios para la gestión de un equipamiento de uso público en un espacio natural protegido, recibiendo un canon anual de la entidad adjudicataria.	CV 18-12-25 núm V2535-25
Servicios sociales y sanitarios	Gestión integral de una residencia para personas mayores con centro de día.	CV 26-11-25 núm V2295-25
	LIVA art.7.10º	
Cesión gratuita	Un organismo de una Comunidad Autónoma ha construido un módulo de pacientes externos y las infraestructuras eléctricas necesarias, que deben ser cedidas gratuitamente a la empresa distribuidora de energía eléctrica.	CV 3-2-25 núm V0087-25

11008

Voz	Descripción	DGT
	Artículo 8.- Concepto de entrega de bienes	
Ayuntamiento	El ayuntamiento consultante ha contratado a una empresa con capital íntegramente municipal, que tiene la consideración de medio propio personificado, el mantenimiento de edificios y vías públicas.	CV 3-2-25 núm V0082-25
Catering	Entidad que se dedica al alquiler de embarcaciones de recreo, ofrece a sus clientes un servicio complementario de catering de entrega de comida preparada.	CV 13-10-25 núm V1808-25
Teléfono móvil	Compraventa de bienes, principalmente teléfonos móviles.	CV 16-5-25 núm V0825-25
Teléfono móvil	Si la entrega de productos adicionales (una tableta, un cargador y una funda) constituye una operación efectuada a título oneroso en el marco de actividad de fabricación y distribución de teléfonos móviles.	CV 23-12-25 núm V2623-25
Token no fungible	El consultante es un artista digital y va a dedicarse profesionalmente a la creación y venta de «tokens» no fungibles (NFTs).	CV 12-2-25 núm V0138-25
	LIVA art.8.Uno	
Aire sintético medicinal	Un Servicio Público de Salud de una Comunidad Autónoma utiliza aire sintético medicinal en terapias respiratorias, obteniéndolo mediante un proveedor que instala equipos en parcelas cedidas por el Servicio, siendo todos los equipos propiedad del proveedor y la contraprestación basada en el consumo de estos componentes.	CV 23-12-25 núm V2624-25
Derecho de superficie	Transmisión del derecho de superficie sobre un local que actualmente se encuentra arrendado por el superficiario a la entidad consultante.	CV 25-11-25 núm V2266-25
Electricidad	Comerciante minorista, cuya actividad consiste en la venta al por menor de teléfonos móviles además ofrece a sus clientes la posibilidad de recargar sus equipos electrónicos en el propio local a cambio de una contraprestación.	CV 26-3-26 núm V0685-26
Suministro de energía eléctrica	Tipo impositivo aplicable al suministro de energía eléctrica en el periodo 2024, así como, que momento determina el tipo vigente.	CV 12-2-26 núm V0319-26
Vehículo	Rectificación de cuotas de IVA por adquisición intracomunitaria de vehículos nuevos.	CV 24-9-25 núm V1734-25
	LIVA art.8.Dos	
Energía eléctrica	El consultante, productor de energía eléctrica fotovoltaica, ha contratado con un proveedor servicios de agente de mercado y un contrato financiero de cobertura (PPA financiero) para la venta y cobertura de riesgos de la energía producida.	CV 20-3-25 núm V0405-25
Ejecución de obra	Permutas de obra por pisos y ejecuciones de obra en viviendas promovidas por una fundación.	CV 23-9-25 núm V17123-25
Ejecución de obra	Una fundación ha suscrito un convenio con otra para transmitir el aprovechamiento urbanístico de una parte de un solar a cambio de la construcción de viviendas, asumiendo parcialmente el pago de las obras y destinando las viviendas al arrendamiento.	CV 18-11-25 núm V2210-25
Factura	La empresa consultante ejecutará un contrato en Chile que incluye el envío de materiales desde España y la subcontratación de mano de obra local. Tributación tanto en lo relativo a la factura del anticipo como al resto del contrato (materiales y mano de obra).	CV 3-2-25 núm V0078-25
Factura	La consultante está realizando la reforma de una vivienda y tras realizar dos pagos a la persona encargada de realizar la obra, ésta elude enviar las facturas por dichos pagos.	CV 20-1-26 núm V0084-26
Obras	Trabajos de reparación (limpieza, pintura, electricidad, fontanería, etc.) realizados en edificios de viviendas tras un incendio y si resulta aplicable el tipo impositivo reducido.	CV 8-5-25 núm V0795-25

Voz	Descripción	DGT
	LIVA art.8.Tres	
Comercio electrónico	El consultante realizó compras a un proveedor chino a través de una plataforma digital, con facturas emitidas por dicha plataforma y un valor intrínseco de los bienes no superior a 150 euros.	CV 12-2-25 núm V0146-25
Piezas de vehículos	La consultante se dedica a la venta de piezas de vehículos desguazados en la Unión Europea a través de distintas plataformas.	CV 12-2-25 núm V0143-25

11008.1

Voz	Descripción	DGT
	Artículo 8 bis.- Entregas de bienes facilitadas a través de una interfaz digital	
Comercio electrónico	El consultante realizó compras a un proveedor chino a través de una plataforma digital, con facturas emitidas por dicha plataforma y un valor intrínseco de los bienes no superior a 150 euros.	CV 12-2-25 núm V0146-25

11009

Voz	Descripción	DGT
	Artículo 9.- Operaciones asimiladas a las entregas de bienes	
Arrendamiento	UTE que ha suscrito un contrato de arrendamiento con una entidad mercantil sobre un inmueble que destinará a centro cultural durante 30 años se plantea la sujeción a IVA del arrendamiento durante los meses de carencia.	CV 16-7-25 núm V1337-25
Arrendamiento	Entidad mercantil dedicada a la actividad inmobiliaria que ha promovido una promoción de viviendas con la intención originaria de destinarlas a la venta, se plantea destinarlas finalmente al arrendamiento sin prestar servicios propios de la industria hotelera.	CV 16-7-25 núm V1338-25
Arrendamiento turístico	Una comunidad de bienes dedicada a la promoción inmobiliaria finalizó una promoción sin vender ninguna vivienda y plantea iniciar una actividad de arrendamiento turístico con servicios hoteleros complementarios.	CV 6-3-25 núm V0261-25
Fundación	Fundación dedicada a la integración sociolaboral de personas con discapacidad, acogida a la L 49/2002, consulta sobre la sujeción al IVA de sus ingresos y la configuración de su derecho a la deducción (prorrata).	CV 9-9-25 núm V1590-25
Fundación	Fundación sin ánimo de lucro organiza anualmente un festival internacional de teatro en diferentes espacios de una localidad situada en territorio de aplicación del Impuesto.	CV 30-1-26 núm V0176-26
Promoción inmobiliaria	Una empresa constructora está edificando un edificio de apartamentos para su venta, recibiendo pagos anticipados de los compradores, y planea donar gratuitamente uno de los apartamentos al Ayuntamiento tras finalizar la promoción.	CV 3-10-25 núm V1778-25
Revistas, periódicos y libros	Persona física dedicada a la venta al por menor de revistas, periódicos y libros ha decidido iniciar una nueva línea de negocio consistente en la compraventa de tales bienes de segunda mano.	CV 25-11-25 núm V2262-25
Solar	Una entidad mercantil adquirió un solar para construir viviendas con la intención originaria de destinarlas a la venta. Ahora se plantea destinarlas al arrendamiento.	CV 11-12-25 núm V2450-25

11011

Voz	Descripción	DGT
	Artículo 11.- Concepto de prestación de servicios	
Abogado	El consultante, tras jubilarse como funcionario causó baja en el censo de empresarios, pero tiene asuntos pendientes de cobro relacionados con su actividad como abogado.	CV 3-2-25 núm V0077-25
Abogado	Tributación de los honorarios incluidos en la condena en costas que percibe un abogado que se ha defendido a sí mismo.	CV 4-7-25 núm V1235-25
Alquiler turístico	Sujeción y, en su caso, exención IVA de arrendamientos turísticos tras la entrada en vigor de una modificación de la normativa que regula las viviendas de uso turístico de la Generalitat Valenciana.	CV 22-4-25 núm V0739-25
Arrendamiento	Comunidad de bienes propietaria de un inmueble en alquiler condenada judicialmente a pagar al arrendatario una cantidad derivada de la aplicación de la cláusula rebus sic stantibus que redujo la renta del contrato.	CV 25-6-25 núm V1072-25
Arrendamiento	UTE que ha suscrito un contrato de arrendamiento con una entidad mercantil sobre un inmueble que destinará a centro cultural durante 30 años se plantea la sujeción a IVA del arrendamiento durante los meses de carencia.	CV 16-7-25 núm V1337-25
Ayuntamiento	El ayuntamiento consultante ha contratado a una empresa con capital íntegramente municipal, que tiene la consideración de medio propio personificado, el mantenimiento de edificios y vías públicas.	CV 3-2-25 núm V0082-25
Catering	Entidad que se dedica al alquiler de embarcaciones de recreo, ofrece a sus clientes un servicio complementario de catering de entrega de comida preparada.	CV 13-10-25 núm V1808-25
Comercialización de bienes	La consultante adquiere bienes a particulares, que pueden haber sido o no utilizados previamente, para proceder posteriormente a su reventa.	CV 22-4-25 núm V0749-25
Cooperativa	Cooperativa agraria dedicada a la transformación y comercialización de productos agrícolas producidos por sus socios agricultores, contrata servicios a terceros para facilitar la comercialización de dichos productos.	CV 4-7-25 núm V1216-25
Derechos de autor	El consultante, junto con sus hermanos, ha heredado de su padre los derechos de autor de algunas obras literarias que el padre tradujo y publicó en distintas editoriales.	CV 13-10-25 núm V1834-25
Embarcación	Transmisión de embarcación de recreo a entidad establecida en otro Estado miembro.	CV 19-11-25 núm V2221-25
Factura	La empresa consultante ejecutará un contrato en Chile que incluye el envío de materiales desde España y la subcontratación de mano de obra local. Tributación tanto en lo relativo a la factura del anticipo como al resto del contrato (materiales y mano de obra).	CV 3-2-25 núm V0078-25
Factura	Servicios de comunicación, asesoría legal, jurídica etc. prestados por un partido político a su grupo municipal.	CV 16-12-25 núm V2515-25
Factura	La consultante está realizando la reforma de una vivienda y tras realizar dos pagos a la persona encargada de realizar la obra, ésta elude enviar las facturas por dichos pagos.	CV 20-1-26 núm V0084-26
Obras de rehabilitación	Entidad dedicada al arrendamiento de inmuebles, posee un edificio que será arrendado a una empresa que realizará obras de rehabilitación estructurales como parte del pago, junto con una cuota mensual, en un contrato de 15 años.	CV 23-12-25 núm V2645-25
Prestación de servicios	Prestación de servicios de programación a una plataforma establecida en Estados Unidos.	CV 16-12-25 núm V2511-25
Prestación de servicios	Una persona física que presta servicios financieros ha sido nombrada secretario no consejero del consejo de administración de una empresa, recibiendo una retribución específica.	CV 8-1-26 núm V0017-26

11011 (sigue)

Voz	Descripción	DGT
Servicios de asesoría	Servicios de asesoría a un cliente particular residente en Rusia, para la tramitación de una solicitud de visado ante el Consultado de España en Rusia.	CV 11-6-25 núm V0996-25
Servicios de peluquería	La consultante es una trabajadora autónoma que presta servicios de peluquería en una residencia de mayores.	CV 22-7-25 núm V1404-25
Servicios de promoción	Una entidad dedicada a la fabricación y distribución de productos alimenticios ha firmado contratos marco con algunas compañías minoristas para que presten servicios publicitarios y promocionales. Se plantea si los servicios de promoción realizados por las entidades minoristas a favor de la consultante deben considerarse prestaciones de servicios.	CV 16-7-25 núm V1333-25
Servidumbre de vuelo	Persona física propietaria de una parcela rústica ha constituido una servidumbre de vuelo mediante contraprestación a favor de una entidad que ha instalado un aerogenerador en una parcela próxima.	CV 1-12-25 núm V2320-25
Token no fungible	El consultante es un artista digital y va a dedicarse profesionalmente a la creación y venta de «tokens» no fungibles (NFTs).	CV 12-2-25 núm V0138-25
	LIVA art.11.Dos.2º	
Alquiler turístico	Sujeción y, en su caso, exención IVA de arrendamientos turísticos tras la entrada en vigor de una modificación de la normativa que regula las viviendas de uso turístico de la Generalitat Valenciana.	CV 22-4-25 núm V0739-25
Cohousing	Una sociedad cooperativa promueve un complejo de viviendas bajo la modalidad de habitabilidad colaborativa (cohousing). La cooperativa mantiene la propiedad y cede el uso de las viviendas a sus socios a cambio de una cuota que incluye, además del alojamiento, servicios de recepción, limpieza de zonas comunes, lavandería y mantenimiento.	CV 15-9-25 núm V1635-25
	LIVA art.11.Dos.5º	
Actividad forestal	Una entidad mercantil dedicada a actividades forestales ha suscrito un acuerdo con un ayuntamiento para mantener una superficie reforestada en un monte municipal, pagando una contribución económica fija al ayuntamiento a cambio de la cesión de derechos de absorción de carbono y la protección del terreno durante cuarenta años.	CV 31-3-25 núm V0572-25
	LIVA art.11.Dos.6º	
Obras	Trabajos de reparación (limpieza, pintura, electricidad, fontanería, etc.) realizados en edificios de viviendas tras un incendio y si resulta aplicable el tipo impositivo reducido.	CV 8-5-25 núm V0795-25
	LIVA art.11.Dos.16º	
Productos informáticos	Servicios de diseño de modelos anatómicos 3D para cirugía	CV 10-4-25 núm V0650-25

11012

Voz	Descripción	DGT
	Artículo 12.- Operaciones asimiladas a las prestaciones de servicios	
Abogado	Tributación de los honorarios incluidos en la condena en costas que percibe un abogado que se ha defendido a sí mismo.	CV 4-7-25 núm V1235-25
Arrendamiento	UTE que ha suscrito un contrato de arrendamiento con una entidad mercantil sobre un inmueble que destinará a centro cultural durante 30 años se plantea la sujeción a IVA del arrendamiento durante los meses de carencia.	CV 16-7-25 núm V1337-25
Plazas de aparcamiento	Cesión de plazas de aparcamiento a los trabajadores de la consultante que se desplazan a su centro de trabajo, en atención a las dificultades de aparcamiento en la zona.	CV 29-7-25 núm V1446-25
Vehículo usado	Cesión gratuita del uso de vehículo de segunda mano a aquellos potenciales adquirentes que hayan efectuado un pago a cuenta para su adquisición durante el tiempo necesario para que obtenga la financiación.	CV 15-9-25 núm V1637-25

11013

Voz	Descripción	DGT
	Artículo 13.- Adquisición intracomunitaria: hecho imponible	
Comercialización de bienes	Persona física con sede en Canarias suministra productos adquiridos a proveedores establecidos en el territorio de aplicación del IVA y en otros Estados miembros de la UE, entregándolos directamente a locales de un cliente ubicado en dicho territorio, sin que los bienes pasen por Canarias.	CV 5-6-25 núm V0963-25
Vehículos	El consultante, que cuenta con el reconocimiento de una discapacidad por movilidad reducida, va a adquirir un vehículo en Alemania que utilizará España. Posibilidad de regularizar la cuota soportada en Alemania para obtener la devolución del exceso sobre el 4 % que le correspondería pagar en España.	CV 4-6-25 núm V0957-25

11017

Voz	Descripción	DGT
	Artículo 17.- Hecho imponible	
Barco	Entidad dedicada a la venta de barcos y yates adquiridos en un astillero en Turquía realiza entregas a compradores residentes en la Unión Europea y en terceros países, con entregas en aguas fuera de la UE o en el territorio de aplicación del impuesto, y en ocasiones utiliza comisionistas para la venta.	CV 3-10-25 núm V1779-25
Embarcación	Importación en España de una embarcación ubicada en un país tercero, adjudicada en herencia a una comunidad de bienes formada por los herederos.	CV 20-5-25 núm V0839-25
Importaciones	El consultante importa pescado congelado de origen comunitario, transportado en contenedores. Gastos del transporte de la mercancía facturados al importador (armador de los pesqueros), cuando dicha mercancía va a ser objeto de importación en una aduana española.	CV 3-2-25 núm V0064-25
Importaciones	Entidad dedicada a la exportación de paneles solares, para la fabricación de dichos productos, importa determinados componentes de China y otros componentes son adquiridos a proveedores nacionales.	CV 22-7-25 núm V1400-25

11018

Voz	Descripción	DGT
Artículo 18.- Concepto de importación de bienes		
Barco	Entidad dedicada a la venta de barcos y yates adquiridos en un astillero en Turquía realiza entregas a compradores residentes en la Unión Europea y en terceros países, con entregas en aguas fuera de la UE o en el territorio de aplicación del impuesto, y en ocasiones utiliza comisionistas para la venta.	CV 3-10-25 núm V1779-25
Embarcación	Importación en España de una embarcación ubicada en un país tercero, adjudicada en herencia a una comunidad de bienes formada por los herederos.	CV 20-5-25 núm V0839-25
Importaciones	El consultante importa pescado congelado de origen comunitario, transportado en contenedores. Gastos del transporte de la mercancía facturados al importador (armador de los pesqueros), cuando dicha mercancía va a ser objeto de importación en una aduana española.	CV 3-2-25 núm V0064-25
Importaciones	Entidad dedicada a la exportación de paneles solares, para la fabricación de dichos productos, importa determinados componentes de China y otros componentes son adquiridos a proveedores nacionales.	CV 22-7-25 núm V1400-25

11019

Voz	Descripción	DGT
Artículo 19.- Operaciones asimiladas a las importaciones de bienes		
Importaciones	Entidad dedicada a la exportación de paneles solares, para la fabricación de dichos productos, importa determinados componentes de China y otros componentes son adquiridos a proveedores nacionales.	CV 22-7-25 núm V1400-25
Vehículo	Tributación de la transmisión de vehículos adquiridos con exención por miembros de las fuerzas de los Estados parte de la Organización Tratado Atlántico Norte (OTAN).	CV 8-5-25 núm V0804-25

11020

Voz	Descripción	DGT
Artículo 20.- Operaciones interiores: exenciones		
LIVA art.20.Uno.3		
Asistencia psicológica	Servicios de terapia de pareja, estrés laboral, crecimiento personal y acompañamiento emocional.	CV 17-3-25 núm V0305-25
Medicina del trabajo	La entidad consultante presta el servicio de prevención ajeno en la especialidad de Medicina del Trabajo. No disponiendo de un centro propio para prestar el servicio de prevención ajeno efectúa un contrato de cesión de uso de instalaciones con alguna clínica o centro sanitario que esté en esa zona. Se plantea si se debe emitir factura por cada día de utilización de los despachos o si, la clínica o centro sanitario puede emitir una factura en el que se acumulen varios días de las cesiones de uso de las instalaciones.	CV 9-1-26 núm V0167-26
Senior living	Tipo aplicable a las obras de construcción del complejo residencial. Tratamiento a efectos del Impuesto de los arrendamientos de las viviendas junto con la prestación de servicios complementarios propios de la industria hotelera.	CV 24-9-25 núm V1735-25
Servicios de oftalmología	Una sociedad dedicada a la prestación de servicios de oftalmología adquiere lente intraocular a un proveedor para su servicio de cirugía de cataratas.	CV 12-2-26 núm V0300-26
Productos informáticos	Servicios de diseño de modelos anatómicos 3D para cirugía	CV 10-4-25 núm V0650-25
Psicología	Una psicóloga presta servicio de supervisión y asesoramiento a otra psicóloga.	CV 22-5-25 núm V0873-25

11020
(sigue)

Voz	Descripción	DGT
Psicoterapeuta	Persona física de nacionalidad británica con permiso de residencia y trabajo en España va a seguir realizando su actividad profesional de psicoterapeuta y consejero manteniendo su cartera de clientes en Reino Unido utilizando el sistema de videoconferencia.	CV 3-2-25 núm V0068-25
	LIVA art.20.Uno.8	
Actividad cultural y deportiva	Entidad mercantil que tiene por actividad el fomento de actividades culturales va a modificar sus estatutos para recoger su ausencia de ánimo de lucro.	CV 22-4-25 núm V0731-25
Fundación	Fundación dedicada a la integración sociolaboral de personas con discapacidad, acogida a la L 49/2002, consulta sobre la sujeción al IVA de sus ingresos y la configuración de su derecho a la deducción (prorrata).	CV 9-9-25 núm V1590-25
Servicio de asistencia personal	El consultante tiene un hijo que tiene reconocido un nivel de gran dependencia y recibe una prestación económica de la Comunidad Autónoma para un servicio de asistencia personal.	CV 28-10-25 núm V2009-25
Servicio de ayuda a domicilio	Servicios de ayuda a domicilio prestados por fundación a personas dependientes que reciben una prestación económica vinculada al servicio.	CV 24-9-25 núm V1749-25
Servicio de comidas	Servicio de comidas en una «casa del maior» ofrecido de forma voluntaria a los usuarios, por precio específico e independiente del resto de servicios asistenciales.	CV 15-9-25 núm V1646-25
	LIVA art.20.Uno.9	
Autoescuela	Una asociación de empresas de formación consulta sobre la tributación del bono formación entregado a alumnos para la mejora de la empleabilidad en el sector del transporte, que las autoescuelas reciben y cobran.	CV 5-3-25 núm V0240-25
Autoescuela	Una entidad dedicada a la formación para la obtención de permisos de conducción C, D y E colabora con autoescuelas que le ceden alumnos a cambio de una contraprestación.	CV 25-3-25 núm V0454-25
Ayuntamiento	Precios públicos municipales por actividades culturales, viajes y talleres.	CV 15-4-25 núm V0718-25
Conferencia	Persona física jubilada está interesada en impartir, de forma esporádica, 4 conferencias al año a un despacho de abogados, percibiendo por ello una retribución que, en su totalidad, no superará el smi.	CV 6-11-25 núm V2107-25
Cursos	Abogada va a participar como docente en un curso organizado en el colegio de abogados.	CV 9-2-26 núm V0274-26
Factura	Servicios de comunicación, asesoría legal, jurídica etc. prestados por un partido político a su grupo municipal.	CV 16-12-25 núm V2515-25
Formación	Actividad de formación para la obtención de permisos de conducción colaborando con varias autoescuelas que ceden alumnos a cambio de una contraprestación.	CV 12-2-25 núm V0139-25
Formación	Actividad de formación relativa a la elaboración de tejidos y prendas, incluyendo la resolución de problemas del proceso de producción, el aprendizaje de los procedimientos de punto y ganchillo y los aspectos técnicos, artísticos y artesanales.	CV 25-3-25 núm V0468-25
Formación	Cuotas de acceso a congreso médico organizado por entidad sin ánimo de lucro extranjera.	CV 10-4-25 núm V0645-25
Formación	Enseñanza de competencias digitales y uso de herramientas informáticas para mayores de 60 años.	CV 20-6-25 núm V1031-25
Formación	Elaboración y suministro de un curso digital tipo MOOC Curso Online Masivo y Abierto (Massive Open Online Course).	CV 24-9-25 núm V1745-25
Formación	Realización de máster de abogacía y procura.	CV 6-8-25 núm V1473-25

11020
(sigue)

Voz	Descripción	DGT
Formación	Entidad mercantil dedicada a la formación, dispone de una página web en la que comercializa diferentes productos permitiendo la compra independiente del material didáctico pero no de los servicios complementarios sin la adquisición previa del material.	CV 23-12-25 núm V2633-25
Formación	Transmisión de conocimientos teóricos y prácticos sobre la anatomía, fisiología y bioquímica respiratoria aplicada, así como en la prestación de servicios de coaching y asesoramiento individualizado para la optimización del rendimiento físico, deportivo y el bienestar.	CV 9-2-26 núm V0267-26
Formación	Provisión de servicios educativos y de formación dirigidos al consumidor final desarrollándose principalmente a través de una plataforma en línea.	CV 9-2-26 núm V0282-26
Prestación de servicios	La empresa consultante presta a centros educativos situados en la UE un servicio de organización de prácticas profesionales en España. No realiza ninguna actividad educativa, salvo la tutorización de las prácticas.	CV 12-2-26 núm V0321-26
	LIVA art.20.Uno.10	
Formación	Prestación de cursos de Excel por parte de funcionaria.	CV 1-7-25 núm V1156-25
	LIVA art.20.Uno.12	
Asociación	Una asociación sin ánimo de lucro dedicada a la promoción cultural organiza actividades abiertas al público y a sus socios, financiándose mediante donaciones, cuotas y precios por actividades.	CV 12-8-25 núm V1498-25
	LIVA art.20.Uno.13	
Explotación de actividades deportivas	Actividades deportivas (tenis, pádel, fútbol, gimnasia, etc.) cedidas para su explotación a otra entidad deportiva, que cobra directamente a usuarios y abona a la consultante una comisión por dicha cesión/intermediación.	CV 15-9-25 núm V1652-25
Organización de competición deportiva	Servicios prestados por un club deportivo a una administración pública local.	CV 15-4-25 núm V0712-25
Servicios deportivos	Club deportivo sin ánimo de lucro obtiene ingresos por los servicios deportivos que presta.	CV 30-1-26 núm V0172-26
	LIVA art.20.Uno.14	
Alquiler de sillas	Alquiler de sillas y palcos para Semana Santa.	CV 16-5-25 núm V0824-25
Asociación	Una asociación sin ánimo de lucro dedicada a la promoción cultural organiza actividades abiertas al público y a sus socios, financiándose mediante donaciones, cuotas y precios por actividades.	CV 12-8-25 núm V1498-25
Bibliotecario	Una persona física de profesión bibliotecario por cuenta ajena va a realizar una colaboración con un Ayuntamiento para realizar trabajos de investigación, elaboración de informes y ordenación de archivo.	CV 13-10-25 núm V1832-25
Club de futbol	Un club de fútbol consulta sobre el tipo del IVA aplicable a las entradas de su museo anexo al estadio.	CV 3-2-25 núm V0092-25
Fundación	Fundación sin ánimo de lucro realiza actividades artísticas y urbanas, generando ingresos por venta de entradas, merchandising, publicidad mediante patrocinio y convenios de colaboración, además de recibir donaciones y subvenciones.	CV 6-3-25 núm V0266-25
Fundación	Servicio único de organización de congresos ofrecido por una fundación, diferenciando según se celebre en España, en otro Estado miembro o en un tercer país.	CV 22-5-25 núm V0871-25
Fundación	Fundación sin ánimo de lucro organiza anualmente un festival internacional de teatro en diferentes espacios de una localidad situada en territorio de aplicación del Impuesto.	CV 30-1-26 núm V0176-26

11020
(sigue)

Voz	Descripción	DGT
Venta de entradas	La entidad consultante es una empresa pública que vende entradas a un parque natural de Cantabria tanto a consumidores finales como a empresas colaboradoras (agencias de viaje).	CV 31-3-25 núm V0569-25
	LIVA art.20.Uno.15	
Aeronaves	Servicios de fletamento de helicópteros medicalizados para Administraciones Públicas.	CV 30-9-25 núm V1766-25
	LIVA art.20.Uno.16	
Mediación de seguros	Entidad mediadora de seguros ha firmado un contrato con diversos agentes que actuarán como colaboradores externos. Los agentes asistirán a la entidad mediadora en la comercialización de los seguros y en la subsiguiente contratación de los mismos.	CV 31-3-25 núm V0557-25
	LIVA art.20.Uno.18	
Captación de fondos	La consultante va a comercializar una estructura financiera para la obtención de fondos de capital privado y se plantea el uso de la figura del censo consignativo. En virtud del mismo, el censualista entregará un capital al censatario y éste se obliga al pago de un canon periódico a dicho censualista.	CV 5-3-26 núm V0506-26
Comisión	Sociedad inmobiliaria cuya actividad consiste en la intermediación en la compraventa de inmuebles propiedad de terceros ha suscrito un acuerdo con una entidad financiera en virtud del cual dicha entidad le encarga la comercialización de ciertos inmuebles a cambio de una comisión sobre el precio de venta.	CV 30-1-26 núm V0192-26
Escisión parcial	Una sociedad con participación del 35% en la entidad A, que actúa como central de compras y logística para varias distribuidoras de bebidas, planea realizar una escisión parcial financiera de la entidad A para segregar participaciones mayoritarias en las distribuidoras a una nueva sociedad, seguida de un canje de valores para centralizar la gestión y optimizar recursos.	CV 13-10-25 núm V1827-25
Gestión	Una sociedad gestora administra un fondo de titulización dividido en tres compartimentos, delegando la administración de carteras de créditos en compañías especializadas y la supervisión y asesoramiento en la venta de activos en un asesor de contratación.	CV 2-2-26 núm V0203-26
Servicios de intercambio de monedas	Prestación de servicios de intercambio de monedas fiduciarias (como dólares o euros) por criptomonedas (como Bitcoin o Ethereum) o viceversa.	CV 16-12-25 núm V2518-25
Servicios de mediación	Servicios de mediación en operaciones financieras relacionadas con la concesión de préstamos hipotecarios mediante la búsqueda de potenciales clientes interesados en la obtención de fondos.	CV 3-2-25 núm V0079-25
Servicios de mediación	La sucursal española de una entidad de crédito alemana del sector automoción celebra acuerdos con concesionarios independientes para que estos ofrezcan servicios de financiación a clientes compradores de vehículos, recibiendo comisiones por las financiaciones realizadas.	CV 17-7-25 núm V1351-25
Servicios financieros	El ayuntamiento consultante licitó un contrato para mejorar la recaudación de ingresos municipales mediante servicios de cobro con tarjeta y medios de pago instantáneos.	CV 19-2-25 núm V0195-25
Tokens de utilidad	Una entidad desarrolló una plataforma con sensores de combate y emitió «utility tokens» que permiten a los usuarios adquirir servicios y productos dentro de dicha plataforma. Consulta si la adquisición de tales tokens tienen la consideración de bono polivalente	CV 12-6-25 núm V1003-25
	LIVA art.20.Uno.20	
Ayuntamiento	Un Ayuntamiento que va a adquirir dos solares de uso residencial para destinarlos exclusivamente a parques y jardines públicos, así como a viales públicos.	CV 19-3-25 núm V0351-25

11020 (sigue)

Voz	Descripción	DGT
Finca	Tributación de la entrega de la finca sin edificar en suelo urbano a una entidad mercantil que tiene por objeto social la actividad inmobiliaria.	CV 3-2-25 núm V0062-25
Finca	Una persona física, copropietaria de una parcela rústica, concedió una opción de compra sobre su cuota a una entidad mercantil antes de la constitución de la Junta de Compensación.	CV 24-11-25 núm V2230-25
Solar	Venta de solar pactando que el adquirente abonará al vendedor el importe del IBI del año en curso.	CV 31-3-25 núm V0558-25
Solar	Permuta de solares entre un particular y un ayuntamiento.	CV 16-5-25 núm V0836-25
Solar	Venta de un solar por parte de una entidad mercantil dedicada a la actividad inmobiliaria a un Ayuntamiento.	CV 20-5-25 núm V0851-25
Subasta	La consultante adquirió un inmueble mediante una subasta administrativa. Posteriormente uno de los copropietarios del inmueble ejercitó su derecho de retracto legal habiéndose estimado el mismo mediante sentencia judicial.	CV 5-3-25 núm V0236-25
Terreno	La consultante es una asociación de propietarios de terrenos que está llevando a cabo el desarrollo urbanístico de una unidad de actuación y que se ha reservado parcelas de resultado para financiar con su venta los gastos de urbanización.	CV 4-12-25 núm V2363-25
Transmisión de fincas	La mercantil consultante adquirió un inmueble en una subasta administrativa y planea transmitirlo a una persona física que podría ser empresario o profesional a efectos del IVA.	CV 27-2-25 núm V0226-25
Transmisión de naves industriales	La consultante transmitirá varias naves industriales, enclavadas en suelo urbano no consolidado y dentro de un ámbito sometido a un Plan Especial de Reforma Interior (PERI) que obligará a una nueva urbanización, seguida de la demolición de las naves y posterior construcción de un hotel por la adquirente.	CV 23-9-25 núm V1715-25
	LIVA art.20.Uno.22	
Adquisición de edificación	Transmisión de una edificación destinada a demolición para ejecutar un nuevo proyecto inmobiliario.	CV 16-5-25 núm V0829-25
Adquisición de local	Adquisición de local comercial y reforma para transformarlo en cinco viviendas independientes con el objeto de la venta o alquiler de las mismas.	CV 13-2-25 núm V0158-25
Adquisición de local	Una entidad mercantil adquiere dos locales comerciales (oficinas) para reformarlos, cambiar su uso a residencial y venderlos como viviendas.	CV 15-9-25 núm V1621-25
Adquisición de mobiliario	Una entidad transmite estas viviendas amuebladas, incluyendo mobiliario y enseres.	CV 1-12-25 núm V2324-25
Adquisición de vivienda	La consultante va a adquirir de otra entidad mercantil una vivienda unifamiliar que fue promovida por la entidad transmitente. La vivienda cuenta con certificado final de obra y cédula de habitabilidad y ha sido utilizada por la transmitente desde la obtención esta última.	CV 24-7-25 núm V1410-25
Ayuntamiento	Un Ayuntamiento transmitirá un local comercial que ha estado arrendado a un tercero por más de dos años mediante un contrato de arrendamiento con opción de compra que no se ejercitó.	CV 3-2-25 núm V0091-25
Derecho de superficie	Transmisión del derecho de superficie sobre un local que actualmente se encuentra arrendado por el superficiario a la entidad consultante.	CV 25-11-25 núm V2266-25
Obras	Si la reparación realizada en el cerramiento de la comunidad de propietarios puede tributar al tipo reducido del 10 %, teniendo en cuenta que el coste de los materiales aportados por el contratista es inferior al 40 % de la base imponible, correspondiendo la mayor parte a mano de obra.	CV 16-9-25 núm V1656-25

11020 (sigue)

Voz	Descripción	DGT
Obras	La consultante adquirió de la entidad promotora un edificio de viviendas con certificado final de obra, pero no de licencia de primera ocupación ni cédula de habitabilidad. Va a realizar obras de reparación y renovación de las viviendas, dado que se encontraban vandalizadas.	CV 30-1-26 núm V0180-26
Obras de rehabilitación	Entidad dedicada al arrendamiento de inmuebles, posee un edificio que será arrendado a una empresa que realizará obras de rehabilitación estructurales como parte del pago, junto con una cuota mensual, en un contrato de 15 años.	CV 23-12-25 núm V2645-25
Promoción inmobiliaria	Entidad mercantil que tiene por actividad la promoción inmobiliaria va a realizar una reducción de capital adjudicando varios de sus inmuebles a sus dos socios.	CV 3-2-25 núm V0085-25
Reforma	Obras de reforma integral en viviendas destinadas a uso propio.	CV 11-4-25 núm V0661-25
Reforma	Venta de viviendas obtenidas tras reforma de local.	CV 15-4-25 núm V0720-25
Rehabilitación	Una entidad mercantil adquirió un edificio inicialmente para su venta a un promotor para demolición y nueva construcción. Posteriormente lo transmitió a una sociedad limitada para su rehabilitación integral y arrendamiento.	CV 13-11-25 núm V2164-25
Transmisión de fincas	Sociedad residente en Panamá, ha formalizado contrato de arras con otra sociedad para la venta de una vivienda en Madrid, que había adquirido previamente a un tercero.	CV 15-4-25 núm V0715-25
Transmisión de fincas	Transmisión de inmuebles derivada de fusión por absorción.	CV 30-9-25 núm V1763-25
Transmisión de local	Clínica dental exenta de IVA posee dos locales: uno comprado soportando el IVA y otro mediante ITP, pero en el que realizó obras de mejora con IVA. Al realizar una actividad exenta, nunca pudo deducir ese IVA. Ahora desea venderlos a una empresa que los destinará al alquiler.	CV 15-9-25 núm V1630-25
Transmisión de local	Un Ayuntamiento va a transmitir a su actual arrendatario, empresario o profesional a efectos del IVA, un local comercial que adquirió en 2020 mediante una cesión global de activos y pasivos de una entidad mercantil pública.	CV 14-10-25 núm V1867-25
Venta de vivienda	Venta de vivienda reformada adquirida a particular.	CV 10-4-25 núm V0644-25
Venta de vivienda	La mercantil consultante recibió en 2004 como aportación no dineraria dos pisos en estado ruinoso. Realizó obras de reforma entre 2008 y 2012, y desde entonces los pisos no han sido ocupados, estando en trámite la solicitud y concesión de licencia de primera ocupación para su venta a compradores finales.	CV 31-3-26 núm V0737-26
Vivienda	Si las actuaciones realizadas por empresas instaladoras de aislamiento térmico en viviendas particulares pueden tributar al tipo reducido cuando el coste de los materiales aportados no supera el 40 % de la base imponible.	CV 16-9-25 núm V1662-25
	LIVA art.20.Uno.23	
Adquisición de vivienda	Compra de vivienda nueva destinada al arrendamiento a una sociedad limitada que la destinará al alquiler turístico.	CV 5-9-25 núm V1573-25
Alquiler de vivienda	Arrendamiento de vivienda a una fundación sin ánimo de lucro que la cederá a título gratuito a jóvenes que se encuentran tutelados por la misma.	CV 3-2-25 núm V0063-25
Alquiler turístico	Sujeción y, en su caso, exención IVA de arrendamientos turísticos tras la entrada en vigor de una modificación de la normativa que regula las viviendas de uso turístico de la Generalitat Valenciana.	CV 22-4-25 núm V0739-25
Alquiler turístico	Venta y posterior cesión de uso de apartamentos turísticos integrados en complejos hoteleros.	CV 15-9-25 núm V1626-25
Alquiler turístico	Una entidad mercantil propietaria de varias viviendas, las va a destinar al alquiler turístico a través de una plataforma, que actuará como intermediaria.	CV 14-11-25 núm V2181-25

11020 (sigue)

Voz	Descripción	DGT
Cohousing	Una sociedad cooperativa promueve un complejo de viviendas bajo la modalidad de habitabilidad colaborativa (cohousing). La cooperativa mantiene la propiedad y cede el uso de las viviendas a sus socios a cambio de una cuota que incluye, además del alojamiento, servicios de recepción, limpieza de zonas comunes, lavandería y mantenimiento.	CV 15-9-25 núm V1635-25
Comercialización de bienes	La consultante adquiere bienes a particulares, que pueden haber sido o no utilizados previamente, para proceder posteriormente a su reventa.	CV 22-4-25 núm V0749-25
Derecho de superficie	Una entidad mercantil dedicada a la actividad inmobiliaria ha sido adjudicataria de un concurso autonómico para construir y explotar viviendas de alquiler social en un terreno cedido mediante derecho de superficie, con reversión de las viviendas a la administración al finalizar el plazo.	CV 12-8-25 núm V1494-25
Coto de caza	La junta vecinal consultante ha alquilado un coto de caza y no ha repercutido el IVA correspondiente al año 2020.	CV 21-2-25 núm V0208-25
Entidad sin ánimo de lucro	Una entidad mercantil pública concesionaria de una parcela municipal promueve la construcción de un edificio para viviendas colaborativas y cede su uso a una entidad sin ánimo de lucro a cambio de una aportación inicial y un canon periódico.	CV 5-3-25 núm V0253-25
Senior living	Tipo aplicable a las obras de construcción del complejo residencial. Tratamiento a efectos del Impuesto de los arrendamientos de las viviendas junto con la prestación de servicios complementarios propios de la industria hotelera.	CV 24-9-25 núm V1735-25
Servidumbre de vuelo	Persona física propietaria de una parcela rústica ha constituido una servidumbre de vuelo mediante contraprestación a favor de una entidad que ha instalado un aerogenerador en una parcela próxima.	CV 1-12-25 núm V2320-25
	LIVA art.20.Uno.24	
Transmisión de local	Clínica dental exenta de IVA posee dos locales: uno comprado soportando el IVA y otro mediante ITP, pero en el que realizó obras de mejora con IVA. Al realizar una actividad exenta, nunca pudo deducir ese IVA. Ahora desea venderlos a una empresa que los destinará al alquiler.	CV 15-9-25 núm V1630-25
Transmisión de solar	Una entidad mercantil adquirió un solar en 2016, deduciendo el IVA soportado, pero fue objeto de un procedimiento de inspección que determinó que no tenía la condición de empresario o profesional, denegándose la deducción del IVA. Plantea la tributación por la transmisión del solar en distintas situaciones urbanísticas.	CV 5-6-25 núm V0965-25
Vehículo industrial	Compra de vehículo industrial usado a otra entidad mercantil para afectarlo a la actividad de formación de conductores profesionales de autobuses. Transcurridos dos meses desde la compra, y sin que se haya iniciado su uso en la actividad, la consultante solicitó a la vendedora la devolución del importe satisfecho.	CV 16-5-25 núm V0835-25
	LIVA art.20.Uno.25	
Vehículo usado	La entidad de crédito consultante tiene previsto financiar a sus clientes la adquisición de vehículos automóviles usados. En los supuestos en los que los clientes tengan dificultades para hacer frente a la financiación otorgada, se entregará el vehículo a la consultante para cancelar el préstamo pendiente (dación en pago). Ventas de vehículos usados realizadas por la entidad consultante tras la dación en pago.	CV 3-2-25 núm V0066-25
Vehículo industrial	Compra de vehículo industrial usado a otra entidad mercantil para afectarlo a la actividad de formación de conductores profesionales de autobuses. Transcurridos dos meses desde la compra, y sin que se haya iniciado su uso en la actividad, la consultante solicitó a la vendedora la devolución del importe satisfecho.	CV 16-5-25 núm V0835-25

Voz	Descripción	DGT
	LIVA art.20.Uno.26	
Colaboración periodística	La consultante desarrolla la actividad de colaboración periodística con distintos ayuntamientos, elaborando notas de prensa y textos.	CV 26-11-25 núm V2298-25
Derechos de autor	El consultante, junto con sus hermanos, ha heredado de su padre los derechos de autor de algunas obras literarias que el padre tradujo y publicó en distintas editoriales.	CV 13-10-25 núm V1834-25
	LIVA art.20.Dos	
Reforma	Venta de viviendas obtenidas tras reforma de local.	CV 15-4-25 núm V0720-25
Rehabilitación	Una entidad mercantil adquirió un edificio inicialmente para su venta a un promotor para demolición y nueva construcción. Posteriormente lo transmitió a una sociedad limitada para su rehabilitación integral y arrendamiento.	CV 13-11-25 núm V2164-25
	LIVA art.20.Tres	
Actividad cultural y deportiva	Entidad mercantil que tiene por actividad el fomento de actividades culturales va a modificar sus estatutos para recoger su ausencia de ánimo de lucro.	CV 22-4-25 núm V0731-25

11021

Voz	Descripción	DGT
	Artículo 21.- Exenciones en las exportaciones de bienes	
Comercio electrónico	Fabricante de productos cosméticos vende a particulares a través de su propia página web y de plataformas digitales del comercio electrónico. Una de estas plataformas indica que han superado el límite de ventas en los EEUU, lo que supone que deben repercutir el llamado «sales tax» de dicho país.	CV 20-5-25 núm V0840-25
Comercio electrónico	Persona jurídica dedicada a la venta minorista de productos alimenticios utiliza una plataforma digital extranjera para la venta y transporte de productos al consumidor final, emitiendo facturas a dicha plataforma por las ventas realizadas.	CV 12-6-25 núm V1004-25
Transporte	La consultante presta servicios de transporte marítimo internacional de mercancías con origen o bien con destino en Irlanda del Norte a otros empresarios establecido en el citado territorio, o bien en otros Estados miembros de la Unión Europea.	CV 26-11-25 núm V2304-25
Ventas en cadena	Sociedad española vende productos fabricados por otra empresa española a una empresa en Panamá, con transporte terrestre desde la fábrica hasta el puerto de Cartagena y posterior exportación, documentando la operación en el Documento Único Aduanero (DUA) con la empresa fabricante como exportadora y la consultante como vendedora/distribuidora.	CV 9-7-25 núm V1265-25
Ventas en cadena	Un agente de aduanas actúa en representación directa en operaciones de ventas sucesivas entre sociedades con NIF-IVA, aplicando la exención del IVA por exportación bajo condiciones FCA desde instalaciones en España.	CV 22-7-25 núm V1402-25

11022

Voz	Descripción	DGT
Artículo 22.- Exenciones de las operaciones asimiladas a las exportaciones		
Aeronaves	Servicios de fletamento de helicópteros medicalizados para Administraciones Públicas.	CV 30-9-25 núm V1766-25
Embarcación	La sociedad consultante es una empresa portuguesa que va a importar, con despacho a libre práctica, una embarcación de recreo.	CV 5-6-25 núm V0962-25
Prestación de servicios	La consultante se dedica a la explotación de buques bajo contratos de fletamento, poniendo a disposición de su cliente un buque con tripulación para realizar viajes de transporte de mercancías entre puertos del territorio de aplicación del Impuesto.	CV 4-2-26 núm V0228-26
LIVA art.22.Nueve		
Mobiliario	El consultante, residente fiscal en España y empleado del Fondo Europeo de Inversiones en Luxemburgo, adquirió bienes en España con derecho a exención del IVA, pero el proveedor español se negó a reembolsar el impuesto tras la autorización de devolución por las autoridades luxemburguesas.	CV 20-3-25 núm V0403-25
Personal diplomático	Un organismo internacional intergubernamental con sede en España se pregunta si se puede aplicar la exención en la adquisición de los bienes y derechos destinados al consumo de miembros con Estatuto diplomático, aunque lleven vinculados servicios no cubiertos por dicha exención.	CV 13-11-25 núm V2171-25
LIVA art.22.Diez		
Vehículo	Tributación de la transmisión de vehículos adquiridos con exención por miembros de las fuerzas de los Estados parte de la Organización Tratado Atlántico Norte (OTAN).	CV 8-5-25 núm V0804-25

11024

Voz	Descripción	DGT
Artículo 24.- Exenciones relativas a regímenes aduaneros y fiscales		
Importaciones	Entidad dedicada a la exportación de paneles solares, para la fabricación de dichos productos, importa determinados componentes de China y otros componentes son adquiridos a proveedores nacionales.	CV 22-7-25 núm V1400-25

11029

Voz	Descripción	DGT
Artículo 29.- Concepto de bienes personales		
Importaciones	Importación en España de una embarcación ubicada en un país tercero, adjudicada en herencia a una comunidad de bienes formada por los herederos.	CV 20-5-25 núm V0839-25

11032

Voz	Descripción	DGT
Artículo 32.- Importaciones de bienes personales por causa de herencia		
Embarcación	Importación en España de una embarcación ubicada en un país tercero, adjudicada en herencia a una comunidad de bienes formada por los herederos.	CV 20-5-25 núm V0839-25

11059

Voz	Descripción	DGT
Artículo 59.- Importaciones de productos de la pesca		
Importaciones	El consultante importa pescado congelado de origen comunitario, transportado en contenedores. Gastos del transporte de la mercancía facturados al importador (armador de los pesqueros), cuando dicha mercancía va a ser objeto de importación en una aduana española.	CV 3-2-25 núm V0064-25

11064

Voz	Descripción	DGT
	Artículo 64.- Prestaciones de servicios relacionados con las importaciones	
Importación	El consultante importa pescado congelado de origen comunitario, transportado en contenedores. Gastos del transporte de la mercancía facturados al importador (armador de los pesqueros), cuando dicha mercancía va a ser objeto de importación en una aduana española.	CV 3-2-25 núm V0064-25
Transporte	La consultante presta servicios de transporte marítimo internacional de mercancías con origen o bien con destino en Irlanda del Norte a otros empresarios establecido en el citado territorio, o bien en otros Estados miembros de la Unión Europea.	CV 26-11-25 núm V2304-25

11068

Voz	Descripción	DGT
	Artículo 68.- Lugar de realización de las entregas de bienes	
Barco	Entidad dedicada a la venta de barcos y yates adquiridos en un astillero en Turquía realiza entregas a compradores residentes en la Unión Europea y en terceros países, con entregas en aguas fuera de la UE o en el territorio de aplicación del impuesto, y en ocasiones utiliza comisionistas para la venta.	CV 3-10-25 núm V1779-25
Biometano	Una cooperativa agraria que genera biometano con residuos animales lo ha estado transmitiendo a una entidad comercializadora que ha sido absorbida por una sociedad británica con quien la consultante ha firmado un nuevo contrato.	CV 19-2-26 núm V0343-26
Comercialización de bienes	Persona física con sede en Canarias suministra productos adquiridos a proveedores establecidos en el territorio de aplicación del IVA y en otros Estados miembros de la UE, entregándolos directamente a locales de un cliente ubicado en dicho territorio, sin que los bienes pasen por Canarias.	CV 5-6-25 núm V0963-25
Comercio electrónico	El consultante realizó compras a un proveedor chino a través de una plataforma digital, con facturas emitidas por dicha plataforma y un valor intrínseco de los bienes no superior a 150 euros.	CV 12-2-25 núm V0146-25
Comercio electrónico	Fabricante de productos cosméticos vende a particulares a través de su propia página web y de plataformas digitales del comercio electrónico. Una de estas plataformas indica que han superado el límite de ventas en los EEUU, lo que supone que deben repercutir el llamado «sales tax» de dicho país.	CV 20-5-25 núm V0840-25
Comercio electrónico	Persona jurídica dedicada a la venta minorista de productos alimenticios utiliza una plataforma digital extranjera para la venta y transporte de productos al consumidor final, emitiendo facturas a dicha plataforma por las ventas realizadas.	CV 12-6-25 núm V1004-25
Energía eléctrica	El consultante, productor de energía eléctrica fotovoltaica, ha contratado con un proveedor servicios de agente de mercado y un contrato financiero de cobertura (PPA financiero) para la venta y cobertura de riesgos de la energía producida.	CV 20-3-25 núm V0405-25
Factura	La empresa consultante ejecutará un contrato en Chile que incluye el envío de materiales desde España y la subcontratación de mano de obra local. Tributación tanto en lo relativo a la factura del anticipo como al resto del contrato (materiales y mano de obra).	CV 3-2-25 núm V0078-25
Instalación de bienes	Venta e instalación de sistemas de retención de camiones.	CV 15-4-25 núm V0693-25
Piezas de vehículos	La consultante se dedica a la venta de piezas de vehículos desguazados en la Unión Europea a través de distintas plataformas.	CV 12-2-25 núm V0143-25

Voz	Descripción	DGT
Vehículos	El consultante, que cuenta con el reconocimiento de una discapacidad por movilidad reducida, va a adquirir un vehículo en Alemania que utilizará España. Posibilidad de regularizar la cuota soportada en Alemania para obtener la devolución del exceso sobre el 4 % que le correspondería pagar en España.	CV 4-6-25 núm V0957-25
Vehículos	Rectificación de cuotas de IVA por adquisición intracomunitaria de vehículos nuevos.	CV 24-9-25 núm V1734-25

11069

Voz	Descripción	DGT
Artículo 69.- Lugar de realización de la prestación de servicios: regla general		
Comercio electrónico	Persona jurídica dedicada a la venta minorista de productos alimenticios utiliza una plataforma digital extranjera para la venta y transporte de productos al consumidor final, emitiendo facturas a dicha plataforma por las ventas realizadas.	CV 12-6-25 núm V1004-25
Comisiones	El consultante colabora con una plataforma digital (TikTok) para facilitar la venta de ciertos productos. Por cada venta que se realice del producto la plataforma abona una comisión al consultante.	CV 11-12-25 núm V2428-25
Comisiones	La consultante, que no realiza habitualmente actividades empresariales o profesionales, ha recibido tres pagos puntuales de una empresa con sede en Austria por comisiones inferiores a 500 euros por intermediación.	CV 27-2-26 núm V0470-26
Prestación de servicios	Rectificación de facturas por servicios intracomunitarios y necesidad de alta en el ROI.	CV 22-4-25 núm V0734-25
Prestación de servicios	Servicios de organización de evento deportivo para empresa suiza.	CV 30-9-25 núm V1756-25
Prestación de servicios	Prestación de servicios de programación a una plataforma establecida en Estados Unidos.	CV 16-12-25 núm V2511-25
Prestación de servicios	La consultante se dedica a la explotación de buques bajo contratos de fletamento, poniendo a disposición de su cliente un buque con tripulación para realizar viajes de transporte de mercancías entre puertos del territorio de aplicación del Impuesto.	CV 4-2-26 núm V0228-26
Psicoterapeuta	Persona física de nacionalidad británica con permiso de residencia y trabajo en España va a seguir realizando su actividad profesional de psicoterapeuta y consejero manteniendo su cartera de clientes en Reino Unido utilizando el sistema de videoconferencia.	CV 3-2-25 núm V0068-25
LIVA art.69.Uno		
Abogado	La consultante, establecida en Málaga, ha prestado servicios de abogacía a una empresa establecida en Londres, que han implicado la actuación ante un juzgado de Las Palmas de Gran Canaria.	CV 20-3-25 núm V0398-25
Comercialización de bienes	Persona física con sede en Canarias suministra productos adquiridos a proveedores establecidos en el territorio de aplicación del IVA y en otros Estados miembros de la UE, entregándolos directamente a locales de un cliente ubicado en dicho territorio, sin que los bienes pasen por Canarias.	CV 5-6-25 núm V0963-25
Eventos	Agencia de viajes ha sido contratada por una entidad americana para organizar un evento empresarial de incentivo España.	CV 11-6-25 núm V0998-25
Factura	Una sociedad disuelta en 2024, traspasó a una nueva sociedad a sus trabajadores para evitar afrontar indemnizaciones por despido, acordando que la nueva sociedad asumiera dichas obligaciones a cambio de un pago igual al coste de despido. Se plantea si puede deducir el IVA soportado en la factura emitida por la nueva sociedad por asumir las indemnizaciones de los trabajadores.	CV 13-1-26 núm V0040-26

11069
(sigue)

Voz	Descripción	DGT
Fundación	Servicio único de organización de congresos ofrecido por una fundación, diferenciando según se celebre en España, en otro Estado miembro o en un tercer país.	CV 22-5-25 núm V0871-25
Intermediación	La consultante actúa como intermediaria en servicios turísticos, ofreciendo intermediación simple y servicios como agencia de viajes, con clientes y proveedores tanto en España como en otros Estados miembros de la Unión Europea y terceros países.	CV 19-2-26 núm V0339-26
Prestación de servicios	Trabajos realizados físicamente en Portugal y República Dominicana para empresas con sede en España.	CV 23-5-25 núm V0884-25
Prestación de servicios	Servicios de diseño de joyería y bisutería para un único cliente, una empresa establecida en China.	CV 5-6-25 núm V0969-25
Prestación de servicios	Una agencia de viajes/organizadora de eventos (segmento MICE) es contratada por una empresa americana para organizar un viaje de incentivo en España para sus clientes y familiares. El servicio incluye traslados, cenas de gala, excursiones y talleres, pero no incluye el transporte internacional ni el alojamiento (contratados aparte por el cliente).	CV 15-9-25 núm V1638-25
Prestación de servicios	Realización de evaluación del cumplimiento de los parámetros para la concesión de distintivo de prestigio a diferentes titulaciones, percibiendo la correspondiente contraprestación por tal evaluación.	CV 26-11-25 núm V2308-25
Prestación de servicios	La empresa consultante organiza rodajes y eventos que tienen lugar en el territorio de aplicación del Impuesto. Algunos de sus clientes son empresarios establecidos en países no pertenecientes a la UE.	CV 30-1-26 núm V0190-26
Prestación de servicios	La empresa consultante presta a centros educativos situados en la UE un servicio de organización de prácticas profesionales en España. No realiza ninguna actividad educativa, salvo la tutorización de las prácticas.	CV 12-2-26 núm V0321-26
Procurador	Servicios prestados por una procuradora establecida en el territorio de aplicación del IVA a un abogado establecido en Ceuta.	CV 16-5-25 núm V0823-25
Servicios de asesoría	Servicios de asesoría a un cliente particular residente en Rusia, para la tramitación de una solicitud de visado ante el Consultado de España en Rusia.	CV 11-6-25 núm V0996-25
Servicios de consultoría	El consultante (residente en Reino Unido) presta servicios de consultoría a una universidad española. Existe una discrepancia sobre si la operación está sujeta a IVA en España y si el consultante debe repercutirlo.	CV 8-5-25 núm V0803-25
Servicios de consultoría y mediación	Servicios de consultoría general y de mediación en operaciones financieras exentas de una empresa establecida en Estonia, en régimen de franquicia en dicho país.	CV 30-9-25 núm V1761-25
Servicios de publicidad	Lugar de realización IVA en servicios de publicidad y marketing prestados por deportistas, clubes y federaciones a empresa establecida en Países Bajos con sucursal en España.	CV 24-9-25 núm V1748-25
Transporte	La consultante presta servicios de transporte marítimo internacional de mercancías con origen o bien con destino en Irlanda del Norte a otros empresarios establecido en el citado territorio, o bien en otros Estados miembros de la Unión Europea.	CV 26-11-25 núm V2304-25
	LIVA art.69.Tres	
Ejecución de obra	Instalación de cable submarino desde la península hasta Ceuta.	CV 20-5-25 núm V0854-25
Formación	Elaboración y suministro de un curso digital tipo MOOC Curso Online Masivo y Abierto (Massive Open Online Course).	CV 24-9-25 núm V1745-25
Formación	Entidad mercantil dedicada a la formación, dispone de una página web en la que comercializa diferentes productos permitiendo la compra independiente del material didáctico pero no de los servicios complementarios sin la adquisición previa del material.	CV 23-12-25 núm V2633-25

Voz	Descripción	DGT
Formación	Provisión de servicios educativos y de formación dirigidos al consumidor final desarrollándose principalmente a través de una plataforma en línea.	CV 9-2-26 núm V0282-26
Servicios digitales	La consultante, persona física, obtiene ingresos a través de una plataforma digital mediante la creación de contenidos audiovisuales.	CV 23-9-25 núm V1716-25
Token no fungible	El consultante es un artista digital y va a dedicarse profesionalmente a la creación y venta de «tokens» no fungibles (NFTs).	CV 12-2-25 núm V0138-25

11070

Voz	Descripción	DGT
Artículo 70.- Lugar de realización de la prestación de servicios: reglas especiales		
Prestación de servicios	Servicios de organización de evento deportivo para empresa suiza.	CV 30-9-25 núm V1756-25
LIVA art.70.Uno.1		
Abogado	La consultante, establecida en Málaga, ha prestado servicios de abogacía a una empresa establecida en Londres, que han implicado la actuación ante un juzgado de Las Palmas de Gran Canaria.	CV 20-3-25 núm V0398-25
Alquiler turístico	Una entidad mercantil propietaria de varias viviendas, las va a destinar al alquiler turístico a través de una plataforma, que actuará como intermediaria.	CV 14-11-25 núm V2181-25
Instalación de bienes	Venta e instalación de sistemas de retención de camiones.	CV 15-4-25 núm V0693-25
LIVA art.70.Uno.2		
Prestación de servicios	Realización de evaluación del cumplimiento de los parámetros para la concesión de distintivo de prestigio a diferentes titulaciones, percibiendo la correspondiente contraprestación por tal evaluación.	CV 26-11-25 núm V2308-25
Prestación de servicios	La empresa consultante organiza rodajes y eventos que tienen lugar en el territorio de aplicación del Impuesto. Algunos de sus clientes son empresarios establecidos en países no pertenecientes a la UE.	CV 30-1-26 núm V0190-26
LIVA art.70.Uno.3		
Eventos	Agencia de viajes ha sido contratada por una entidad americana para organizar un evento empresarial de incentivo España.	CV 11-6-25 núm V0998-25
Formación	Cuotas de acceso a congreso médico organizado por entidad sin ánimo de lucro extranjera.	CV 10-4-25 núm V0645-25
Fundación	Servicio único de organización de congresos ofrecido por una fundación, diferenciando según se celebre en España, en otro Estado miembro o en un tercer país.	CV 22-5-25 núm V0871-25
Prestación de servicios	Una agencia de viajes/organizadora de eventos (segmento MICE) es contratada por una empresa americana para organizar un viaje de incentivo en España para sus clientes y familiares. El servicio incluye traslados, cenas de gala, excursiones y talleres, pero no incluye el transporte internacional ni el alojamiento (contratados aparte por el cliente).	CV 15-9-25 núm V1638-25
LIVA art.70.Uno.6		
Gestión de reservas	Un empresario español ha creado una plataforma en línea a través de la cual ofrece a sus potenciales clientes, particulares y consumidores finales residentes en cualquier país del mundo, un servicio de gestión de reservas en determinados restaurantes situados en Japón.	CV 19-2-26 núm V0341-26

Voz	Descripción	DGT
	LIVA art.70.Uno.9	
Intermediación	La consultante actúa como intermediaria en servicios turísticos, ofreciendo intermediación simple y servicios como agencia de viajes, con clientes y proveedores tanto en España como en otros Estados miembros de la Unión Europea y terceros países.	CV 19-2-26 núm V0339-26
	LIVA art.70.Dos	
Servicios de asesoría	Servicios de asesoría a un cliente particular residente en Rusia, para la tramitación de una solicitud de visado ante el Consultado de España en Rusia.	CV 11-6-25 núm V0996-25

11071

Voz	Descripción	DGT
	Artículo 71.- Lugar de realización de las adquisiciones intracomunitarias de bienes	
Vehículos	El consultante, que cuenta con el reconocimiento de una discapacidad por movilidad reducida, va a adquirir un vehículo en Alemania que utilizará España. Posibilidad de regularizar la cuota soportada en Alemania para obtener la devolución del exceso sobre el 4 % que le correspondería pagar en España.	CV 4-6-25 núm V0957-25

11072

Voz	Descripción	DGT
	Artículo 72.- Lugar de realización de los transportes intracomunitarios	
Prestación de servicios	Trabajos realizados físicamente en Portugal y República Dominicana para empresas con sede en España.	CV 23-5-25 núm V0884-25

11075

Voz	Descripción	DGT
	Artículo 75.- Devengo: entrega de bienes y prestaciones de servicios	
	LIVA art.75.Uno	
Abogado	El consultante, tras jubilarse como funcionario causó baja en el censo de empresarios, pero tiene asuntos pendientes de cobro relacionados con su actividad como abogado.	CV 3-2-25 núm V0077-25
Asesoría	Prestación de servicios de asesoría empresarial.	CV 16-9-25 núm V1659-25
Comisiones	El consultante colabora con una plataforma digital (TikTok) para facilitar la venta de ciertos productos. Por cada venta que se realice del producto la plataforma abona una comisión al consultante.	CV 11-12-25 núm V2428-25
Electricidad	Una persona ha recibido en 2025 una factura de electricidad correspondiente al consumo del periodo del -25-11-2024 al 26-1-2025, en la que se aplicó un tipo del 21%.	CV 12-6-25 núm V1005-25
Electricidad	Entidad dedicada a la comercialización de electricidad y gas aplicó una reducción del 80% en los peajes de acceso a las redes de transporte y distribución para consumidores electrointensivos, establecida por un RDL 7/2025 con efectos retroactivos.	CV 13-11-25 núm V2162-25
Factura	Acuerdo de compensación de servicios con una cooperativa según el cual la cooperativa factura trimestralmente a la consultante un importe correspondiente a un «servicio mínimo».	CV 5-3-25 núm V0233-25
Factura	El consultante adquirió un billete para un vuelo nacional y realizó el pago total en el momento de la compra. La compañía aérea se negó a emitir la factura de forma inmediata, alegando que debía esperar a que el viaje se realizara.	CV 8-5-25 núm V0801-25

Voz	Descripción	DGT
Factura	La consultante está realizando la reforma de una vivienda y tras realizar dos pagos a la persona encargada de realizar la obra, ésta elude enviar las facturas por dichos pagos.	CV 20-1-26 núm V0084-26
Factura	La consultante recibió facturas rectificativas y autofacturas de un proveedor tras un procedimiento de comprobación, que anulaban descuentos concedidos y documentaban pagos por un contrato de exclusividad, con fechas de emisión en el último trimestre de 2024 pero recibidas en distintos momentos de 2025.	CV 4-2-26 núm V0226-26
Factura rectificativa	Una sociedad limitada dedicada a la venta de aceite de orujo de oliva emitió facturas por un anticipo y la entrega final con errores, generando discrepancias con su cliente que exige la rectificación de dichas facturas.	CV 25-3-25 núm V0466-25
Finca	Una persona física, copropietaria de una parcela rústica, concedió una opción de compra sobre su cuota a una entidad mercantil antes de la constitución de la Junta de Compensación.	CV 24-11-25 núm V2230-25
Producción y comercialización de fruta	Determinación del tipo impositivo aplicable a entregas agrícolas según el momento del devengo (emisión del albarán o de la factura).	CV 10-4-25 núm V0649-25
Promoción inmobiliaria	Una empresa constructora está edificando un edificio de apartamentos para su venta, recibiendo pagos anticipados de los compradores, y planea donar gratuitamente uno de los apartamentos al Ayuntamiento tras finalizar la promoción.	CV 3-10-25 núm V1778-25
Silla de ruedas	La consultante adquirió una silla de ruedas eléctrica tributando al 10 % al no tener entonces reconocido grado de discapacidad. Posteriormente, se le reconoce un 85 % de discapacidad, con efectos retroactivos.	CV 18-9-25 núm V1693-25
	LIVA art.75.Dos	
Asesoría	Prestación de servicios de asesoría empresarial.	CV 16-9-25 núm V1659-25
Obras de rehabilitación	Entidad dedicada al arrendamiento de inmuebles, posee un edificio que será arrendado a una empresa que realizará obras de rehabilitación estructurales como parte del pago, junto con una cuota mensual, en un contrato de 15 años.	CV 23-12-25 núm V2645-25
Prestación de servicios	Una persona física que presta servicios financieros ha sido nombrada secretario no consejero del consejo de administración de una empresa, recibiendo una retribución específica.	CV 8-1-26 núm V0017-26
Terreno	La consultante es una asociación de propietarios de terrenos que está llevando a cabo el desarrollo urbanístico de una unidad de actuación y que se ha reservado parcelas de resultado para financiar con su venta los gastos de urbanización.	CV 4-12-25 núm V2363-25

11078

Voz	Descripción	DGT
	Artículo 78.- Base imponible: regla general	
Agua embotellada	Una entidad mercantil dedicada a la importación y comercialización de agua embotellada plantea la venta de agua mineral natural en envases de aluminio reutilizables.	CV 24-2-26 núm V0380-26
Autoescuela	Una asociación de empresas de formación consulta sobre la tributación del bono formación entregado a alumnos para la mejora de la empleabilidad en el sector del transporte, que las autoescuelas reciben y cobran.	CV 5-3-25 núm V0240-25
Ayuntamiento	Un Ayuntamiento debe realizar pagos indemnizatorios a entidades adjudicatarias de servicios públicos derivados de procedimientos administrativos por revisión de actos nulos o responsabilidad contractual por irregularidades en contratos administrativos.	CV 11-6-25 núm V1000-25

11078
(sigue)

Voz	Descripción	DGT
Ayuntamiento	Un ayuntamiento que organiza una muestra gastronómica de vino pone a la venta copas conmemorativas serigrafiadas con el logotipo de la muestra. Una vez finalizado el evento, el ayuntamiento percibe de los productores de vino el importe de las copas vendidas.	CV 25-2-26 núm V0390-26
Token no fungible	El consultante es un artista digital y va a dedicarse profesionalmente a la creación y venta de «tokens» no fungibles (NFTs).	CV 12-2-25 núm V0138-25
Transporte	Una empresa dedicada a la comercialización de productos ganaderos adquiere piensos para cerdos a un proveedor que factura separadamente el coste del pienso y el transporte, siendo este último servicio externalizado a un tercero.	CV 30-3-26 núm V0702-26
	LIVA art.78.Uno	
Arrendamiento	La consultante es propietaria de varios inmuebles en arrendamiento. Los gastos de suministros serán por cuenta de los arrendatarios si bien los contratos con las empresas proveedoras están formalizados con la arrendadora que pagará dicho importe y se lo repercutirá a los arrendatarios.	CV 29-7-25 núm V1433-25
Fundación	La fundación consultante recibe donaciones y colaboraciones de distintos organismos internacionales para la ejecución de proyectos de cooperación	CV 30-1-26 núm V0177-26
Inmueble	La propietaria de un hotel, que tiene arrendado a otra entidad mercantil, pactó reintegrar parte de los gastos de rehabilitación del hotel a la arrendataria. Va a transmitir el hotel a un tercero que asumirá dicho pago en nombre y por cuenta de la consultante, manteniéndose vigente el contrato de arrendamiento.	CV 19-3-26 núm V0636-26
Servicio de residencia	Entidad mercantil concesionaria gestiona un servicio de residencia para personas mayores, con plazas subvencionadas total o parcialmente por un Ayuntamiento y la comunidad autónoma, que financian dichas plazas y le abonan subvenciones. Se plantea si debe emitir facturas al mismo por las subvenciones recibidas.	CV 16-12-25 núm V2512-25
Servicios energéticos	La consultante es una operadora de productos petrolíferos, por lo que se encuentra obligada a generar una cuota anual de ahorro energético. Sujeción al IVA de la adquisición de derechos de ahorro energético, la transmisión o adquisición de CAE, la liquidación de los CAE y de los servicios recibidos de los sujetos delegados.	CV 3-2-25 núm V0076-25
Penalización	Una UTE ha formalizado un contrato administrativo de servicios con un organismo público para la organización de un programa de turismo, aplicando el régimen especial de agencias de viaje del IVA y emitiendo facturas que pueden verse afectadas por penalizaciones por incumplimiento contractual.	CV 5-2-25 núm V0095-25
Transmisión de acciones	Pagos derivados de ajustes en el precio de transmisión de acciones («revenue shortfall payment»).	CV 15-4-25 núm V0716-25
	LIVA art.78.Dos	
Cooperativa	Cooperativista que adquirió una vivienda ha recibido facturas emitidas por la Cooperativa donde se exige el IBI, el seguro de la vivienda e intereses del préstamo promotor de la vivienda adquirida hasta el momento de la escritura.	CV 12-8-25 núm V1490-25
Factura	La consultante vende palets nuevos a clientes que a su vez le entregan palets usados en diferentes estados para su reutilización, recuperación, reciclaje o destrucción. Se plantea si es posible incluir en una misma factura el importe de los palets nuevos entregados, minorado en el importe de los palets usados recogidos, una vez determinado el valor de estos últimos.	CV 4-2-26 núm V0227-26

Voz	Descripción	DGT
Fianza	Una sociedad dedicada a la fabricación y recuperación de palets de madera implementa un sistema de gestión compartida alquilándolos a empresas y cobrando una fianza que se devuelve total o parcialmente según la devolución de los palets.	CV 5-2-26 núm V0237-26
Fundación	Fundación sin ánimo de lucro realiza actividades artísticas y urbanas, generando ingresos por venta de entradas, merchandising, publicidad mediante patrocinio y convenios de colaboración, además de recibir donaciones y subvenciones.	CV 6-3-25 núm V0266-25
Fundación	Fundación dedicada a la integración sociolaboral de personas con discapacidad, acogida a la L 49/2002, consulta sobre la sujeción al IVA de sus ingresos y la configuración de su derecho a la deducción (prorrata).	CV 9-9-25 núm V1590-25
Transporte	La entidad municipal consultante, encargada del transporte público urbano, suscribirá un acuerdo con el Consorcio para permitir el uso de tarjetas de transporte multimodal, recibiendo compensaciones por el déficit de explotación que esto genere.	CV 3-2-25 núm V0089-25
Transporte	La consultante es una entidad mercantil que presta servicios de transporte interurbano mediante distintas concesiones. Compensaciones recibidas para mantener el equilibrio económico de la concesión.	CV 8-5-25 núm V0800-25
Transporte	Un Ayuntamiento consulta si los pagos realizados a una UTE encargada de la gestión del transporte urbano de pasajeros están sujetos al IVA. La controversia radica en si estas aportaciones deben considerarse contraprestaciones de servicios o subvenciones vinculadas al precio.	CV 15-9-25 núm V1619-25
Transporte	Consorcio público ha suscrito un convenio de colaboración con entidad operadora del transporte urbano de manera que ésta va a permitir el uso en la red urbana de las tarjetas de transporte multimodal emitidas por el consorcio a sus usuarios. Por ello, se compensará a entidad operadora del transporte urbano por el déficit de explotación que pudiera generarle.	CV 20-5-25 núm V0847-25
	LIVA art.78.Tres	
Energía eléctrica	La consultante ha contratado con una compañía suministradora de energía eléctrica un servicio denominado «batería virtual», que permite compensar los excesos de producción de la instalación de placas solares.	CV 26-8-25 núm V1534-25
Factura	La consultante recibió facturas rectificativas y autofacturas de un proveedor tras un procedimiento de comprobación, que anulaban descuentos concedidos y documentaban pagos por un contrato de exclusividad, con fechas de emisión en el último trimestre de 2024 pero recibidas en distintos momentos de 2025.	CV 4-2-26 núm V0226-26
Servicios de promoción	Una entidad dedicada a la fabricación y distribución de productos alimenticios ha firmado contratos marco con algunas compañías minoristas para que presten servicios publicitarios y promocionales. Se plantea si los servicios de promoción realizados por las entidades minoristas a favor de la consultante deben considerarse prestaciones de servicios.	CV 16-7-25 núm V1333-25

11079

Voz	Descripción	DGT
	Artículo 79.- Base imponible: reglas especiales	
Adquisición de mobiliario	Una entidad transmite estas viviendas amuebladas, incluyendo mobiliario y enseres.	CV 1-12-25 núm V2324-25
Agua embotellada	Una entidad mercantil dedicada a la importación y comercialización de agua embotellada plantea la venta de agua mineral natural en envases de aluminio reutilizables.	CV 24-2-26 núm V0380-26

Voz	Descripción	DGT
Arrendamiento	Entidad mercantil dedicada a la actividad inmobiliaria que ha promovido una promoción de viviendas con la intención originaria de destinarlas a la venta, se plantea destinarlas finalmente al arrendamiento sin prestar servicios propios de la industria hotelera.	CV 16-7-25 núm V1338-25
Concesión de servicios	Agencia pública autonómica licita contrato de concesión de servicios para la gestión de un equipamiento de uso público en un espacio natural protegido, recibiendo un canon anual de la entidad adjudicataria.	CV 18-12-25 núm V2535-25
Derecho de superficie	Una entidad mercantil dedicada a la actividad inmobiliaria ha sido adjudicataria de un concurso autonómico para construir y explotar viviendas de alquiler social en un terreno cedido mediante derecho de superficie, con reversión de las viviendas a la administración al finalizar el plazo.	CV 12-8-25 núm V1494-25
Donación	Donativo en especie a una fundación acogida a la L 49/2002.	CV 22-4-25 núm V0735-25
Energía eléctrica	El consultante, productor de energía eléctrica fotovoltaica, ha contratado con un proveedor servicios de agente de mercado y un contrato financiero de cobertura (PPA financiero) para la venta y cobertura de riesgos de la energía producida.	CV 20-3-25 núm V0405-25
Promoción inmobiliaria	Una empresa constructora está edificando un edificio de apartamentos para su venta, recibiendo pagos anticipados de los compradores, y planea donar gratuitamente uno de los apartamentos al Ayuntamiento tras finalizar la promoción.	CV 3-10-25 núm V1778-25
Rehabilitación	Una entidad mercantil adquirió un edificio inicialmente para su venta a un promotor para demolición y nueva construcción. Posteriormente lo transmitió a una sociedad limitada para su rehabilitación integral y arrendamiento.	CV 13-11-25 núm V2164-25
Solar	Una entidad mercantil adquirió un solar para construir viviendas con la intención originaria de destinarlas a la venta. Ahora se plantea destinarlas al arrendamiento.	CV 11-12-25 núm V2450-25
Transporte	Servicio de transporte incluido en el precio del Colegio Mayor: calificación como prestación accesoria al alojamiento y derecho a deducir el IVA soportado.	CV 1-4-25 núm V0592-25
Transporte	Una empresa dedicada a la comercialización de productos ganaderos adquiere piensos para cerdos a un proveedor que factura separadamente el coste del pienso y el transporte, siendo este último servicio externalizado a un tercero.	CV 30-3-26 núm V0702-26
Vehículo	Adjudicación de un vehículo a un socio, en el marco de la liquidación de una sociedad.	CV 10-9-25 núm V1593-25
Vehículo usado	Cesión gratuita del uso de vehículo de segunda mano a aquellos potenciales adquirentes que hayan efectuado un pago a cuenta para su adquisición durante el tiempo necesario para que obtenga la financiación.	CV 15-9-25 núm V1637-25

11080

Voz	Descripción	DGT
	Artículo 80.- Modificación de la base imponible	
Abogado	El consultante, tras jubilarse como funcionario causó baja en el censo de empresarios, pero tiene asuntos pendientes de cobro relacionados con su actividad como abogado.	CV 3-2-25 núm V0077-25
Electricidad	Entidad dedicada a la comercialización de electricidad y gas aplicó una reducción del 80% en los peajes de acceso a las redes de transporte y distribución para consumidores electrointensivos, establecida por un RDL 7/2025 con efectos retroactivos.	CV 13-11-25 núm V2162-25

11080 (sigue)

Voz	Descripción	DGT
Factura	La consultante recibió facturas rectificativas y autofacturas de un proveedor tras un procedimiento de comprobación, que anulaban descuentos concedidos y documentaban pagos por un contrato de exclusividad, con fechas de emisión en el último trimestre de 2024 pero recibidas en distintos momentos de 2025.	CV 4-2-26 núm V0226-26
Factura	La consultante vende palets nuevos a clientes que a su vez le entregan palets usados en diferentes estados para su reutilización, recuperación, reciclaje o destrucción. Se plantea si es posible incluir en una misma factura el importe de los palets nuevos entregados, minorado en el importe de los palets usados recogidos, una vez determinado el valor de estos últimos.	CV 4-2-26 núm V0227-26
Fianza	Una sociedad dedicada a la fabricación y recuperación de palets de madera implementa un sistema de gestión compartida alquilándolos a empresas y cobrando una fianza que se devuelve total o parcialmente según la devolución de los palets.	CV 5-2-26 núm V0237-26
Penalización	Una UTE ha formalizado un contrato administrativo de servicios con un organismo público para la organización de un programa de turismo, aplicando el régimen especial de agencias de viaje del IVA y emitiendo facturas que pueden verse afectadas por penalizaciones por incumplimiento contractual.	CV 5-2-25 núm V0095-25
Rappel	Una empresa dedicada a la hostelería hasta 2024 recibió rappels por volumen de compras de cerveza en 2017 y 2019. En 2025 debe devolver la mitad del importe del rappel percibido tras haber cesado su actividad empresarial.	CV 28-10-25 núm V2007-25
Sentencia judicial	Una entidad mercantil arrendadora fue demandada por la parte arrendataria para que se redujera retroactivamente la renta del local comercial durante el período de restricciones por COVID. Por sentencia firme en 2024 se la condenó a abonar la reducción parcial de la renta correspondiente a 2020 y 2021, más intereses. Se pregunta en qué ejercicio fiscal debe imputarse la reducción de ingresos y la correspondiente modificación del IVA.	CV 30-1-26 núm V0199-26
Servicios de promoción	Una entidad dedicada a la fabricación y distribución de productos alimenticios ha firmado contratos marco con algunas compañías minoristas para que presten servicios publicitarios y promocionales. Se plantea si los servicios de promoción realizados por las entidades minoristas a favor de la consultante deben considerarse prestaciones de servicios.	CV 16-7-25 núm V1333-25
Silla de ruedas	La consultante adquirió una silla de ruedas eléctrica tributando al 10 % al no tener entonces reconocido grado de discapacidad. Posteriormente, se le reconoce un 85 % de discapacidad, con efectos retroactivos.	CV 18-9-25 núm V1693-25
LIVA art.80.Dos		
Arrendamiento	Comunidad de bienes propietaria de un inmueble en alquiler condenada judicialmente a pagar al arrendatario una cantidad derivada de la aplicación de la cláusula rebus sic stantibus que redujo la renta del contrato.	CV 25-6-25 núm V1072-25
Crédito incobrable	La consultante es una entidad mercantil que es arrendadora de diversos locales comerciales. Uno de sus inquilinos ha impagado la renta arrendaticia. Considera que la deuda pendiente es incobrable por lo que ha procedido a dar de baja contablemente el crédito considerándolo definitivamente extinguido.	CV 5-3-25 núm V0255-25
Transmisión de acciones	Pagos derivados de ajustes en el precio de transmisión de acciones («revenue shortfall payment»).	CV 15-4-25 núm V0716-25
LIVA art.80.Seis		
Solar	Venta de solar pactando que el adquirente abonará al vendedor el importe del IBI del año en curso.	CV 31-3-25 núm V0558-25

11083

Voz	Descripción	DGT
	Artículo 83.- Importaciones: base imponible	
Barco	Entidad dedicada a la venta de barcos y yates adquiridos en un astillero en Turquía realiza entregas a compradores residentes en la Unión Europea y en terceros países, con entregas en aguas fuera de la UE o en el territorio de aplicación del impuesto, y en ocasiones utiliza comisionistas para la venta.	CV 3-10-25 núm V1779-25
Importaciones	El consultante importa pescado congelado de origen comunitario, transportado en contenedores. Gastos del transporte de la mercancía facturados al importador (armador de los pesqueros), cuando dicha mercancía va a ser objeto de importación en una aduana española.	CV 3-2-25 núm V0064-25
Transporte	La consultante presta servicios de transporte marítimo internacional de mercancías con origen o bien con destino en Irlanda del Norte a otros empresarios establecido en el citado territorio, o bien en otros Estados miembros de la Unión Europea.	CV 26-11-25 núm V2304-25

11084

Voz	Descripción	DGT
	Artículo 84.- Sujetos pasivos	
Formación	Prestación de cursos de Excel por parte de funcionaria.	CV 1-7-25 núm V1156-25
Subasta	La consultante adquirió un inmueble mediante una subasta administrativa. Posteriormente uno de los copropietarios del inmueble ejercitó su derecho de retracto legal habiéndose estimado el mismo mediante sentencia judicial.	CV 5-3-25 núm V0236-25
	LIVA art.84.Uno.1	
Comercialización de bienes	Persona física con sede en Canarias suministra productos adquiridos a proveedores establecidos en el territorio de aplicación del IVA y en otros Estados miembros de la UE, entregándolos directamente a locales de un cliente ubicado en dicho territorio, sin que los bienes pasen por Canarias.	CV 5-6-25 núm V0963-25
Comunidad de bienes	Comunidad de bienes formada por dos personas físicas al 50% se quiere disolver adjudicando todos los bienes afectos a la actividad a uno de sus miembros.	CV 6-3-26 núm V0534-26
Derechos de autor	El consultante, junto con sus hermanos, ha heredado de su padre los derechos de autor de algunas obras literarias que el padre tradujo y publicó en distintas editoriales.	CV 13-10-25 núm V1834-25
Factura	Factura emitida sin repercusión del impuesto por una empresa de Luxemburgo identificada en España con NIF comenzado por N y dada de alta como operador intracomunitario.	CV 22-5-25 núm V0860-25
Factura	Servicios de comunicación, asesoría legal, jurídica etc. prestados por un partido político a su grupo municipal.	CV 16-12-25 núm V2515-25
Intermediación	La consultante actúa como intermediaria en servicios turísticos, ofreciendo intermediación simple y servicios como agencia de viajes, con clientes y proveedores tanto en España como en otros Estados miembros de la Unión Europea y terceros países.	CV 19-2-26 núm V0339-26
Promoción inmobiliaria	Una empresa constructora está edificando un edificio de apartamentos para su venta, recibiendo pagos anticipados de los compradores, y planea donar gratuitamente uno de los apartamentos al Ayuntamiento tras finalizar la promoción.	CV 3-10-25 núm V1778-25

11084
(sigue)

Voz	Descripción	DGT
Servicios energéticos	La consultante es una operadora de productos petrolíferos, por lo que se encuentra obligada a generar una cuota anual de ahorro energético. Sujeción al IVA de la adquisición de derechos de ahorro energético, la transmisión o adquisición de CAE, la liquidación de los CAE y de los servicios recibidos de los sujetos delegados.	CV 3-2-25 núm V0076-25
Segregación	Una persona física, copropietaria junto con familiares de un solar con dos edificaciones, solicita licencia de segregación para dividir el solar en dos parcelas.	CV 11-12-25 núm V2429-25
	LIVA art.84.Uno.2	
Adquisición de local	Una entidad mercantil adquiere dos locales comerciales (oficinas) para reformarlos, cambiar su uso a residencial y venderlos como viviendas.	CV 15-9-25 núm V1621-25
Alquiler turístico	Una entidad mercantil propietaria de varias viviendas, las va a destinar al alquiler turístico a través de una plataforma, que actuará como intermediaria.	CV 14-11-25 núm V2181-25
Cohousing	Una sociedad cooperativa promueve un complejo de viviendas bajo la modalidad de habitabilidad colaborativa (cohousing). La cooperativa mantiene la propiedad y cede el uso de las viviendas a sus socios a cambio de una cuota que incluye, además del alojamiento, servicios de recepción, limpieza de zonas comunes, lavandería y mantenimiento.	CV 15-9-25 núm V1635-25
Comercio	El consultante es una persona física que se dedica al comercio al por menor de diversos productos que remite por correo.	CV 13-11-25 núm V2165-25
Derecho de superficie	Transmisión del derecho de superficie sobre un local que actualmente se encuentra arrendado por el superficiario a la entidad consultante.	CV 25-11-25 núm V2266-25
Ejecución de obra	La consultante tiene por actividad la instalación de andamios, vallas, redes y otros equipos necesarios para la prevención de riesgos en construcciones de edificaciones de viviendas.	CV 14-3-25 núm V0285-25
Ejecución de obra	Cambio de uso de unas pistas de fútbol comunitarias por plazas de aparcamiento.	CV 18-3-25 núm V0320-25
Ejecución de obra	Una fundación ha suscrito un convenio con otra para transmitir el aprovechamiento urbanístico de una parte de un solar a cambio de la construcción de viviendas, asumiendo parcialmente el pago de las obras y destinando las viviendas al arrendamiento.	CV 18-11-25 núm V2210-25
Ejecución de obra	Permutas de obra por pisos y ejecuciones de obra en viviendas promovidas por una fundación.	CV 23-9-25 núm V17123-25
Instalación de bienes	Venta e instalación de sistemas de retención de camiones.	CV 15-4-25 núm V0693-25
Instalación de bienes	Construcción de un centro logístico y realización de obras de selvicultura.	CV 11-6-25 núm V0994-25
Parque solar	Construcción de un parque solar con placas instaladas en la cubierta de naves y en terrenos alquilados a uno de los socios de la consultante, donde desarrolla actividad ganadera.	CV 27-1-26 núm V0136-26
Rehabilitación	Una entidad mercantil adquirió un edificio inicialmente para su venta a un promotor para demolición y nueva construcción. Posteriormente lo transmitió a una sociedad limitada para su rehabilitación integral y arrendamiento.	CV 13-11-25 núm V2164-25
Servicios de consultoría	El consultante (residente en Reino Unido) presta servicios de consultoría a una universidad española. Existe una discrepancia sobre si la operación está sujeta a IVA en España y si el consultante debe repercutirlo.	CV 8-5-25 núm V0803-25
Servicios de consultoría y mediación	Servicios de consultoría general y de mediación en operaciones financieras exentas de una empresa establecida en Estonia, en régimen de franquicia en dicho país.	CV 30-9-25 núm V1761-25

Voz	Descripción	DGT
Terreno	La consultante es una asociación de propietarios de terrenos que está llevando a cabo el desarrollo urbanístico de una unidad de actuación y que se ha reservado parcelas de resultado para financiar con su venta los gastos de urbanización.	CV 4-12-25 núm V2363-25
Transmisión de local	Clínica dental exenta de IVA posee dos locales: uno comprado soportando el IVA y otro mediante ITP, pero en el que realizó obras de mejora con IVA. Al realizar una actividad exenta, nunca pudo deducir ese IVA. Ahora desea venderlos a una empresa que los destinará al alquiler.	CV 15-9-25 núm V1630-25
Transmisión de fincas	Escritura de cancelación de hipoteca en una unidad de acto con la escritura de compraventa, pero con carácter previo a esta última de manera que la transmisión del inmueble se realizará libre de cargas y así constará en la escritura de compraventa.	CV 5-2-25 núm V0098-25
Transmisión de fincas	Una cooperativa de viviendas suscribió un contrato de opción de compra para adquirir un establecimiento hotelero en construcción, sin incluir licencias ni permisos, y con hipotecas que se cancelarán parcialmente con el precio de la venta.	CV 19-2-25 núm V0197-25
Transmisión de fincas	La mercantil consultante adquirió un inmueble en una subasta administrativa y planea transmitirlo a una persona física que podría ser empresario o profesional a efectos del IVA.	CV 27-2-25 núm V0226-25
Transmisión de fincas	Entidad mercantil pretende adquirir una residencia de estudiantes mediante contratos de compraventa de cosa futura en los que adquirirá previamente las fincas sobre las que las entidades vendedoras construirán la correspondiente edificación.	CV 31-3-25 núm V0554-25
Transmisión de fincas	Sociedad residente en Panamá, ha formalizado contrato de arras con otra sociedad para la venta de una vivienda en Madrid, que había adquirido previamente a un tercero.	CV 15-4-25 núm V0715-25
Transmisión de fincas	Transmisión de inmuebles derivada de fusión por absorción.	CV 30-9-25 núm V1763-25

11085

Voz	Descripción	DGT
	Artículo 85.- Sujetos pasivos	
Comercialización de bienes	Persona física con sede en Canarias suministra productos adquiridos a proveedores establecidos en el territorio de aplicación del IVA y en otros Estados miembros de la UE, entregándolos directamente a locales de un cliente ubicado en dicho territorio, sin que los bienes pasen por Canarias.	CV 5-6-25 núm V0963-25
Vehículos	El consultante, que cuenta con el reconocimiento de una discapacidad por movilidad reducida, va a adquirir un vehículo en Alemania que utilizará España. Posibilidad de regularizar la cuota soportada en Alemania para obtener la devolución del exceso sobre el 4 % que le correspondería pagar en España.	CV 4-6-25 núm V0957-25

11088

Voz	Descripción	DGT
	Artículo 88.- Repercusión del impuesto	
Comunidad de bienes	Repercusión del impuesto devengado a los destinatarios de sus entregas de bienes por una comunidad de bienes tras la exclusión del régimen especial de agricultura, ganadería y pesca.	CV 26-11-25 núm V2307-25
Coto de caza	La junta vecinal consultante ha alquilado un coto de caza y no ha repercutido el IVA correspondiente al año 2020.	CV 21-2-25 núm V0208-25

Voz	Descripción	DGT
Derechos de autor	El consultante, junto con sus hermanos, ha heredado de su padre los derechos de autor de algunas obras literarias que el padre tradujo y publicó en distintas editoriales.	CV 13-10-25 núm V1834-25
Factura	Acuerdo de compensación de servicios con una cooperativa según el cual la cooperativa factura trimestralmente a la consultante un importe correspondiente a un «servicio mínimo».	CV 5-3-25 núm V0233-25
Factura	La consultante está realizando la reforma de una vivienda y tras realizar dos pagos a la persona encargada de realizar la obra, ésta elude enviar las facturas por dichos pagos.	CV 20-1-26 núm V0084-26
Factura	La consultante recibió facturas rectificativas y autofacturas de un proveedor tras un procedimiento de comprobación, que anulaban descuentos concedidos y documentaban pagos por un contrato de exclusividad, con fechas de emisión en el último trimestre de 2024 pero recibidas en distintos momentos de 2025.	CV 4-2-26 núm V0226-26
Finca	Una persona física, copropietaria de una parcela rústica, concedió una opción de compra sobre su cuota a una entidad mercantil antes de la constitución de la Junta de Compensación.	CV 24-11-25 núm V2230-25
Intermediación	La consultante actúa como intermediaria en servicios turísticos, ofreciendo intermediación simple y servicios como agencia de viajes, con clientes y proveedores tanto en España como en otros Estados miembros de la Unión Europea y terceros países.	CV 19-2-26 núm V0339-26
Prestación de servicios	Rectificación de facturas por servicios intracomunitarios y necesidad de alta en el ROI.	CV 22-4-25 núm V0734-25
Prestación de servicios	Una persona física que presta servicios financieros ha sido nombrada secretario no consejero del consejo de administración de una empresa, recibiendo una retribución específica.	CV 8-1-26 núm V0017-26
Rehabilitación	Una entidad mercantil adquirió un edificio inicialmente para su venta a un promotor para demolición y nueva construcción. Posteriormente lo transmitió a una sociedad limitada para su rehabilitación integral y arrendamiento.	CV 13-11-25 núm V2164-25

11089

Voz	Descripción	DGT
	Artículo 89.- Rectificación de las cuotas repercutidas	
Alquiler de sillas	Alquiler de sillas y palcos para Semana Santa.	CV 16-5-25 núm V0824-25
Arrendamiento	Comunidad de bienes propietaria de un inmueble en alquiler condenada judicialmente a pagar al arrendatario una cantidad derivada de la aplicación de la cláusula rebus sic stantibus que redujo la renta del contrato.	CV 25-6-25 núm V1072-25
Coto de caza	La junta vecinal consultante ha alquilado un coto de caza y no ha repercutido el IVA correspondiente al año 2020.	CV 21-2-25 núm V0208-25
Crédito incobrable	La consultante es una entidad mercantil que es arrendadora de diversos locales comerciales. Uno de sus inquilinos ha impagado la renta arrendaticia. Considera que la deuda pendiente es incobrable por lo que ha procedido a dar de baja contablemente el crédito considerándolo definitivamente extinguido.	CV 5-3-25 núm V0255-25
Electricidad	Entidad dedicada a la comercialización de electricidad y gas aplicó una reducción del 80% en los peajes de acceso a las redes de transporte y distribución para consumidores electrointensivos, establecida por un RDL 7/2025 con efectos retroactivos.	CV 13-11-25 núm V2162-25
Factura rectificativa	Una sociedad limitada dedicada a la venta de aceite de orujo de oliva emitió facturas por un anticipo y la entrega final con errores, generando discrepancias con su cliente que exige la rectificación de dichas facturas.	CV 25-3-25 núm V0466-25

Voz	Descripción	DGT
Finca	Una persona física, copropietaria de una parcela rústica, concedió una opción de compra sobre su cuota a una entidad mercantil antes de la constitución de la Junta de Compensación.	CV 24-11-25 núm V2230-25
Formación	Enseñanza de competencias digitales y uso de herramientas informáticas para mayores de 60 años.	CV 20-6-25 núm V1031-25
Gafas y lentillas	Tipo impositivo aplicable a las entregas adquisiciones intracomunitarias e importaciones de gafas y lentillas graduadas por personas con discapacidad visual.	CV 11-6-25 núm V0995-25
Obras	Si la reparación realizada en el cerramiento de la comunidad de propietarios puede tributar al tipo reducido del 10 %, teniendo en cuenta que el coste de los materiales aportados por el contratista es inferior al 40 % de la base imponible, correspondiendo la mayor parte a mano de obra.	CV 16-9-25 núm V1656-25
Prestación de servicios	Rectificación de facturas por servicios intracomunitarios y necesidad de alta en el ROI.	CV 22-4-25 núm V0734-25
Prestación de servicios	Realización de evaluación del cumplimiento de los parámetros para la concesión de distintivo de prestigio a diferentes titulaciones, percibiendo la correspondiente contraprestación por tal evaluación.	CV 26-11-25 núm V2308-25
Sentencia judicial	Una entidad mercantil arrendadora fue demandada por la parte arrendataria para que se redujera retroactivamente la renta del local comercial durante el período de restricciones por COVID. Por sentencia firme en 2024 se la condenó a abonar la reducción parcial de la renta correspondiente a 2020 y 2021, más intereses. Se pregunta en qué ejercicio fiscal debe imputarse la reducción de ingresos y la correspondiente modificación del IVA.	CV 30-1-26 núm V0199-26
Servicio residencial	Una sociedad gestiona un centro residencial donde una persona interna recibe una prestación económica por dependencia reconocida en 2024 con efectos económicos desde 2023. Se plantea si la persona interna puede solicitar la regularización de las cuotas soportadas por la residencia.	CV 27-1-26 núm V0142-26
Silla de ruedas	La consultante adquirió una silla de ruedas eléctrica tributando al 10 % al no tener entonces reconocido grado de discapacidad. Posteriormente, se le reconoce un 85 % de discapacidad, con efectos retroactivos.	CV 18-9-25 núm V1693-25
Solar	Venta de solar pactando que el adquirente abonará al vendedor el importe del IBI del año en curso.	CV 31-3-25 núm V0558-25
Transporte	Un Ayuntamiento consulta si los pagos realizados a una UTE encargada de la gestión del transporte urbano de pasajeros están sujetos al IVA. La controversia radica en si estas aportaciones deben considerarse contraprestaciones de servicios o subvenciones vinculadas al precio.	CV 15-9-25 núm V1619-25
Vehículo	Rectificación de cuotas de IVA por adquisición intracomunitaria de vehículos nuevos.	CV 24-9-25 núm V1734-25

11090

Voz	Descripción	DGT
	Artículo 90.- Tipo impositivo general	
Aceite	Una asociación empresarial de almazaras consulta sobre la tributación del IVA aplicable al aceite de oliva aromatizado con trufa o cayena.	CV 19-2-26 núm V0363-26
Adquisición de edificación	Transmisión de una edificación destinada a demolición para ejecutar un nuevo proyecto inmobiliario.	CV 16-5-25 núm V0829-25
Adquisición de mobiliario	Una entidad transmite estas viviendas amuebladas, incluyendo mobiliario y enseres.	CV 1-12-25 núm V2324-25
Alimentos	Persona física desea iniciar una actividad de comercio minorista dedicada a la venta al público de productos de alimentación y bebidas.	CV 20-6-25 núm V1021-25

11090
(sigue)

Voz	Descripción	DGT
Exoesqueleto robótico	La consultante se dedica al diseño, desarrollo, fabricación y comercialización de productos sanitarios, en particular un exoesqueleto robótico (ortesis activa de cadera y rodillas) para neurorrehabilitación.	CV 16-7-25 núm V1349-25
Explotación de actividades deportivas	Actividades deportivas (tenis, pádel, fútbol, gimnasia, etc.) cedidas para su explotación a otra entidad deportiva, que cobra directamente a usuarios y abona a la consultante una comisión por dicha cesión/intermediación.	CV 15-9-25 núm V1652-25
Formación	Entidad mercantil dedicada a la formación, dispone de una página web en la que comercializa diferentes productos permitiendo la compra independiente del material didáctico pero no de los servicios complementarios sin la adquisición previa del material.	CV 23-12-25 núm V2633-25
Formación	Transmisión de conocimientos teóricos y prácticos sobre la anatomía, fisiología y bioquímica respiratoria aplicada, así como en la prestación de servicios de coaching y asesoramiento individualizado para la optimización del rendimiento físico, deportivo y el bienestar.	CV 9-2-26 núm V0267-26
Piezas de cerámica	Diseño y elaboración de piezas de cerámica y esculturas únicas que son elaboradas y firmadas de forma indeleble.	CV 25-11-25 núm V2263-25
Producción y comercialización de fruta	Determinación del tipo impositivo aplicable a entregas agrícolas según el momento del devengo (emisión del albarán o de la factura).	CV 10-4-25 núm V0649-25
Transporte	Una empresa dedicada a la comercialización de productos ganaderos adquiere piensos para cerdos a un proveedor que factura separadamente el coste del pienso y el transporte, siendo este último servicio externalizado a un tercero.	CV 30-3-26 núm V0702-26
Venta de vivienda	La mercantil consultante recibió en 2004 como aportación no dineraria dos pisos en estado ruinoso. Realizó obras de reforma entre 2008 y 2012, y desde entonces los pisos no han sido ocupados, estando en trámite la solicitud y concesión de licencia de primera ocupación para su venta a compradores finales.	CV 31-3-26 núm V0737-26
	LIVA art.90.Uno	
Adquisición de local	Adquisición de local comercial y reforma para transformarlo en cinco viviendas independientes con el objeto de la venta o alquiler de las mismas.	CV 13-2-25 núm V0158-25
Adquisición de vivienda	Persona física que plantea la adquisición de una vivienda por parte de su mujer con discapacidad del 75%, se cuestiona si, por tener reconocida una discapacidad, la compra de la vivienda estaría acogida al tipo impositivo reducido del 4%.	CV 15-1-25 núm V0038-25
Adquisición de vivienda	Adquisición de vivienda de protección oficial de régimen general a una entidad mercantil que repercutió el tipo reducido del 10 %.	CV 26-8-25 núm V1538-25
Adquisición de vivienda	Persona con discapacidad y grado 1 de dependencia pretende adquirir una vivienda de nueva construcción. La cooperativa promotora aplica un tipo impositivo del 10% alegando que no cumple los requisitos para el tipo reducido del 4%.	CV 26-8-25 núm V1542-25
Agua embotellada	Una entidad mercantil dedicada a la importación y comercialización de agua embotellada plantea la venta de agua mineral natural en envases de aluminio reutilizables.	CV 24-2-26 núm V0380-26
Autopromoción	Una persona física que va a construir una vivienda, mediante autopromoción, para destinarla a su segunda residencia. La ejecución de la obra se va a realizar a través de un contratista y adquirirá los muebles de cocina y su instalación de otra entidad.	CV 19-3-26 núm V0637-26

11090 (sigue)

Voz	Descripción	DGT
Autopromoción	Persona física realiza una autopromoción de vivienda unifamiliar destinada a su propio uso. Se lleva a cabo mediante un contrato de ejecución de obra directamente formalizado entre la propia consultante y el contratista. En el proyecto de ejecución de la vivienda se incluye además la construcción de una piscina.	CV 26-3-26 núm V0683-26
Catering	Entidad que se dedica al alquiler de embarcaciones de recreo, ofrece a sus clientes un servicio complementario de catering de entrega de comida preparada.	CV 13-10-25 núm V1808-25
Comida	El consultante trabaja como chef privado, elaborando platos para los clientes, siendo los clientes quienes aportan todos los materiales.	CV 5-3-26 núm V0499-26
Ejecución de obra	La consultante tiene por actividad la instalación de andamios, vallas, redes y otros equipos necesarios para la prevención de riesgos en construcciones de edificaciones de viviendas.	CV 14-3-25 núm V0285-25
Factura	Una sociedad disuelta en 2024, traspasó a una nueva sociedad a sus trabajadores para evitar afrontar indemnizaciones por despido, acordando que la nueva sociedad asumiera dichas obligaciones a cambio de un pago igual al coste de despido. Se plantea si puede deducir el IVA soportado en la factura emitida por la nueva sociedad por asumir las indemnizaciones de los trabajadores.	CV 13-1-26 núm V0040-26
Intermediación	La consultante actúa como intermediaria en servicios turísticos, ofreciendo intermediación simple y servicios como agencia de viajes, con clientes y proveedores tanto en España como en otros Estados miembros de la Unión Europea y terceros países.	CV 19-2-26 núm V0339-26
Kéfir	Producción de cultivos madre de kéfir de leche, kéfir de agua y kombucha, que se utilizan como materia prima en la elaboración de kéfir y kombucha de forma casera.	CV 13-3-26 núm V0599-26
Medicamento	La consultante ejerce la actividad de medicina y cirugía estética facial. Para los tratamientos de toxina botulínica facial adquiere en oficinas de farmacia ciertos medicamentos de dispensación previa receta.	CV 12-2-26 núm V0292-26
Piezas de cerámica	Diseño y elaboración de piezas de cerámica y esculturas únicas que son elaboradas y firmadas de forma indeleble.	CV 25-11-25 núm V2263-25
Obras	Funcionario destinado en el extranjero posee una vivienda en territorio español donde realizará obras de renovación.	CV 14-3-25 núm V0284-25
Obras	Trabajos de reparación (limpieza, pintura, electricidad, fontanería, etc.) realizados en edificios de viviendas tras un incendio y si resulta aplicable el tipo impositivo reducido.	CV 8-5-25 núm V0795-25
Obras	La consultante heredó una vivienda en construcción cuyas obras se detuvieron hace 15 años. Ahora, actuando como autopromotora para su vivienda habitual, va a contratar la instalación de fontanería, electricidad, puertas y ventanas.	CV 5-9-25 núm V1572-25
Obras	Si la reparación realizada en el cerramiento de la comunidad de propietarios puede tributar al tipo reducido del 10 %, teniendo en cuenta que el coste de los materiales aportados por el contratista es inferior al 40 % de la base imponible, correspondiendo la mayor parte a mano de obra.	CV 16-9-25 núm V1656-25
Paneles solares	Una persona física pretende instalar unos paneles solares en su vivienda unifamiliar con la finalidad de obtener energía renovable.	CV 17-3-25 núm V0303-25
Servicios transporte de viajeros	Una empresa establecida en Baleares presta servicios de transporte de viajeros entre aeropuertos y hoteles en Canarias y Baleares, subcontratando el transporte a empresas autorizadas, y vende estos servicios a empresas en Reino Unido y Alemania.	CV 20-3-25 núm V0400-25

Voz	Descripción	DGT
Servicio residencial	Una sociedad gestiona un centro residencial donde una persona interna recibe una prestación económica por dependencia reconocida en 2024 con efectos económicos desde 2023. Se plantea si la persona interna puede solicitar la regularización de las cuotas soportadas por la residencia.	CV 27-1-26 núm V0142-26
Suministro de agua	El consultante manifiesta que su empresa suministradora de aguas le ha facturado la cuota de contratación de dicho suministro repercutiendo un 21%.	CV 26-11-25 núm V2305-25
Suministro de energía eléctrica	Tipo impositivo aplicable al suministro de energía eléctrica en el periodo 2024, así como, que momento determina el tipo vigente.	CV 12-2-26 núm V0319-26
Vehículo	El padre del consultante tiene reconocida movilidad reducida y discapacidad del 75 por ciento. Se plantea comprar un vehículo, que conducirán sus hijos dado que ni el padre ni la madre conducen.	CV 3-2-25 núm V0072-25
Vehículo	Persona física con un padre con discapacidad o movilidad reducida, ha visto denegado el derecho a aplicar el tipo reducido para la adquisición de un vehículo, por no justificar que el vehículo se destina al transporte habitual de su padre.	CV 5-3-25 núm V0257-25
Venta de entradas	Venta de entradas para los partidos de un club de fútbol que compite en Primera RFEF y en la Copa del Rey.	CV 24-9-25 núm V1751-25

11091

Voz	Descripción	DGT
	Artículo 91.- Tipos impositivos reducidos	
	LIVA art.91.Uno.1.1º	
Aceite	Una asociación empresarial de almazaras consulta sobre la tributación del IVA aplicable al aceite de oliva aromatizado con trufa o cayena.	CV 19-2-26 núm V0363-26
Agua embotellada	Una entidad mercantil dedicada a la importación y comercialización de agua embotellada plantea la venta de agua mineral natural en envases de aluminio reutilizables.	CV 24-2-26 núm V0380-26
Aire sintético medicinal	Un Servicio Público de Salud de una Comunidad Autónoma utiliza aire sintético medicinal en terapias respiratorias, obteniéndolo mediante un proveedor que instala equipos en parcelas cedidas por el Servicio, siendo todos los equipos propiedad del proveedor y la contraprestación basada en el consumo de estos componentes.	CV 23-12-25 núm V2624-25
Alimentos	Persona física desea iniciar una actividad de comercio minorista dedicada a la venta al público de productos de alimentación y bebidas.	CV 20-6-25 núm V1021-25
Bebida	La consultante comercializa una bebida refrescante consistente en mosto de uva con gas. Según su información nutricional por 100ml contiene 11,1g de hidratos de carbono, de los cuales 10,7g son azúcares. La consultante incide en que su producto no contiene azúcares añadidos ni edulcorantes.	CV 13-3-26 núm V0600-26
Catering	Entidad que se dedica al alquiler de embarcaciones de recreo, ofrece a sus clientes un servicio complementario de catering de entrega de comida preparada.	CV 13-10-25 núm V1808-25
Comida	El consultante trabaja como chef privado, elaborando platos para los clientes, siendo los clientes quienes aportan todos los materiales.	CV 5-3-26 núm V0499-26
Formación	Transmisión de conocimientos teóricos y prácticos sobre la anatomía, fisiología y bioquímica respiratoria aplicada, así como en la prestación de servicios de coaching y asesoramiento individualizado para la optimización del rendimiento físico, deportivo y el bienestar.	CV 9-2-26 núm V0267-26

11091
(sigue)

Voz	Descripción	DGT
Kéfir	Producción de cultivos madre de kéfir de leche, kéfir de agua y kombucha, que se utilizan como materia prima en la elaboración de kéfir y kombucha de forma casera.	CV 13-3-26 núm V0599-26
Transporte	Una empresa dedicada a la comercialización de productos ganaderos adquiere piensos para cerdos a un proveedor que factura separadamente el coste del pienso y el transporte, siendo este último servicio externalizado a un tercero.	CV 30-3-26 núm V0702-26
	LIVA art.91.Uno.1.3º	
Ejecución de obra	La consultante tiene por actividad la instalación de andamios, vallas, redes y otros equipos necesarios para la prevención de riesgos en construcciones de edificaciones de viviendas.	CV 14-3-25 núm V0285-25
Producto adherente, dispersante y con acción antigoteo	Comercialización de producto adherente, dispersante y con acción antigoteo para pulverizaciones agrícolas para mejorar la eficacia de los fertilizantes aplicado.	CV 5-6-25 núm V0966-25
	LIVA art.91.Uno.1.4º	
Suministro de agua	El consultante manifiesta que su empresa suministradora de aguas le ha facturado la cuota de contratación de dicho suministro repercutiendo un 21%.	CV 26-11-25 núm V2305-25
	LIVA art.91.Uno.1.6º	
Exoesqueleto robótico	La consultante se dedica al diseño, desarrollo, fabricación y comercialización de productos sanitarios, en particular un exoesqueleto robótico (ortesis activa de cadera y rodillas) para neurorrehabilitación.	CV 16-7-25 núm V1349-25
Gafas y lentillas	Tipo impositivo aplicable a las entregas adquisiciones intracomunitarias e importaciones de gafas y lentillas graduadas por personas con discapacidad visual.	CV 11-6-25 núm V0995-25
Medicamento	La consultante ejerce la actividad de medicina y cirugía estética facial. Para los tratamientos de toxina botulínica facial adquiere en oficinas de farmacia ciertos medicamentos de dispensación previa receta.	CV 12-2-26 núm V0292-26
Silla de ruedas	La consultante adquirió una silla de ruedas eléctrica tributando al 10 % al no tener entonces reconocido grado de discapacidad. Posteriormente, se le reconoce un 85 % de discapacidad, con efectos retroactivos.	CV 18-9-25 núm V1693-25
	LIVA art.91.Uno.1.7º	
Adquisición de local	Una entidad mercantil adquiere dos locales comerciales (oficinas) para reformarlos, cambiar su uso a residencial y venderlos como viviendas.	CV 15-9-25 núm V1621-25
Adquisición de vivienda	La consultante va a adquirir de otra entidad mercantil una vivienda unifamiliar que fue promovida por la entidad transmitente. La vivienda cuenta con certificado final de obra y cédula de habitabilidad y ha sido utilizada por la transmitente desde la obtención esta última.	CV 24-7-25 núm V1410-25
Adquisición de vivienda	Adquisición de vivienda de protección oficial de régimen general a una entidad mercantil que repercutió el tipo reducido del 10 %.	CV 26-8-25 núm V1538-25
Alquiler turístico	Sujeción y, en su caso, exención IVA de arrendamientos turísticos tras la entrada en vigor de una modificación de la normativa que regula las viviendas de uso turístico de la Generalitat Valenciana.	CV 22-4-25 núm V0739-25
Derecho de superficie	Una persona física va a adquirir un derecho de superficie sobre una vivienda de protección oficial de precio concertado ya construida que ha sido promovida por una entidad empresarial municipal.	CV 19-3-26 núm V0633-26
Ejecución de obra	Permutas de obra por pisos y ejecuciones de obra en viviendas promovidas por una fundación.	CV 23-9-25 núm V17123-25

11091 (sigue)

Voz	Descripción	DGT
Obras	La consultante adquirió de la entidad promotora un edificio de viviendas con certificado final de obra, pero no de licencia de primera ocupación ni cédula de habitabilidad. Va a realizar obras de reparación y renovación de las viviendas, dado que se encontraban vandalizadas.	CV 30-1-26 núm V0180-26
Promoción inmobiliaria	Una empresa constructora está edificando un edificio de apartamentos para su venta, recibiendo pagos anticipados de los compradores, y planea donar gratuitamente uno de los apartamentos al Ayuntamiento tras finalizar la promoción.	CV 3-10-25 núm V1778-25
Rehabilitación	Una entidad mercantil adquirió un edificio inicialmente para su venta a un promotor para demolición y nueva construcción. Posteriormente lo transmitió a una sociedad limitada para su rehabilitación integral y arrendamiento.	CV 13-11-25 núm V2164-25
Transmisión de fincas	Entidad mercantil pretende adquirir una residencia de estudiantes mediante contratos de compraventa de cosa futura en los que adquirirá previamente las fincas sobre las que las entidades vendedoras construirán la correspondiente edificación.	CV 31-3-25 núm V0554-25
Venta de vivienda	Venta de vivienda reformada adquirida a particular.	CV 10-4-25 núm V0644-25
Venta de vivienda	La mercantil consultante recibió en 2004 como aportación no dineraria dos pisos en estado ruinoso. Realizó obras de reforma entre 2008 y 2012, y desde entonces los pisos no han sido ocupados, estando en trámite la solicitud y concesión de licencia de primera ocupación para su venta a compradores finales.	CV 31-3-26 núm V0737-26
Vivienda de obra nueva	Adquisición de vivienda nueva con trastero vinculado perteneciente a fase anterior.	CV 15-4-25 núm V0713-25
	LIVA art.91.Uno.2.1º	
Servicios transporte de viajeros	Una empresa establecida en Baleares presta servicios de transporte de viajeros entre aeropuertos y hoteles en Canarias y Baleares, subcontratando el transporte a empresas autorizadas, y vende estos servicios a empresas en Reino Unido y Alemania.	CV 20-3-25 núm V0400-25
	LIVA art.91.Uno.2.2º	
Ayuntamiento	Precios públicos municipales por actividades culturales, viajes y talleres.	CV 15-4-25 núm V0718-25
Senior living	Tipo aplicable a las obras de construcción del complejo residencial. Tratamiento a efectos del Impuesto de los arrendamientos de las viviendas junto con la prestación de servicios complementarios propios de la industria hotelera.	CV 24-9-25 núm V1735-25
	LIVA art.91.Uno.2.3º	
Inseminación de ganado	Servicios de inseminación de ganado ovino.	CV 30-9-25 núm V1767-25
	LIVA art.91.Uno.2.6º	
Alquiler de sillas	Alquiler de sillas y palcos para Semana Santa.	CV 16-5-25 núm V0824-25
Club de futbol	Un club de fútbol consulta sobre el tipo del IVA aplicable a las entradas de su museo anexo al estadio.	CV 3-2-25 núm V0092-25
	LIVA art.91.Uno.2.7º	
Senior living	Tipo aplicable a las obras de construcción del complejo residencial. Tratamiento a efectos del Impuesto de los arrendamientos de las viviendas junto con la prestación de servicios complementarios propios de la industria hotelera.	CV 24-9-25 núm V1735-25
Servicio de ayuda a domicilio	Servicios de ayuda a domicilio prestados por fundación a personas dependientes que reciben una prestación económica vinculada al servicio.	CV 24-9-25 núm V1749-25

11091
(sigue)

Voz	Descripción	DGT
Servicio de comidas	Servicio de comidas en una «casa del maior» ofrecido de forma voluntaria a los usuarios, por precio específico e independiente del resto de servicios asistenciales.	CV 15-9-25 núm V1646-25
Servicio residencial	Una sociedad gestiona un centro residencial donde una persona interna recibe una prestación económica por dependencia reconocida en 2024 con efectos económicos desde 2023. Se plantea si la persona interna puede solicitar la regularización de las cuotas soportadas por la residencia.	CV 27-1-26 núm V0142-26
	LIVA art.91.Uno.2.8º	
Explotación de actividades deportivas	Actividades deportivas (tenis, pádel, fútbol, gimnasia, etc.) cedidas para su explotación a otra entidad deportiva, que cobra directamente a usuarios y abona a la consultante una comisión por dicha cesión/intermediación.	CV 15-9-25 núm V1652-25
Organización de competición deportiva	Servicios prestados por un club deportivo a una administración pública local.	CV 15-4-25 núm V0712-25
Torneo	Entradas de torneo internacional de pádel y calificación como espectáculo deportivo aficionado	CV 10-4-25 núm V0646-25
Venta de entradas	Venta de entradas para los partidos de un club de fútbol que compite en Primera RFEF y en la Copa del Rey.	CV 24-9-25 núm V1751-25
	LIVA art.91.Uno.2.10º	
Ejecución de obra	Cerramiento de terraza de vivienda mediante una estructura desmontable de cristal y aluminio que supondrá un aumento de la superficie útil de la misma.	CV 30-1-26 núm V0184-26
Obras	Funcionario destinado en el extranjero posee una vivienda en territorio español donde realizará obras de renovación.	CV 14-3-25 núm V0284-25
Obras	Trabajos de reparación (limpieza, pintura, electricidad, fontanería, etc.) realizados en edificios de viviendas tras un incendio y si resulta aplicable el tipo impositivo reducido.	CV 8-5-25 núm V0795-25
Obras	Si la reparación realizada en el cerramiento de la comunidad de propietarios puede tributar al tipo reducido del 10 %, teniendo en cuenta que el coste de los materiales aportados por el contratista es inferior al 40 % de la base imponible, correspondiendo la mayor parte a mano de obra.	CV 16-9-25 núm V1656-25
Obras	Persona física propietaria de un hórreo que utiliza como anejo a su vivienda unifamiliar va a realizar obras de reparación en el mismo.	CV 3-10-25 núm V1773-25
Paneles solares	Una persona física pretende instalar unos paneles solares en su vivienda unifamiliar con la finalidad de obtener energía renovable.	CV 17-3-25 núm V0303-25
Reforma	Obras de reforma destinadas a mejorar la eficiencia energética de vivienda habitual.	CV 22-4-25 núm V0733-25
Vivienda	Si las actuaciones realizadas por empresas instaladoras de aislamiento térmico en viviendas particulares pueden tributar al tipo reducido cuando el coste de los materiales aportados no supera el 40 % de la base imponible.	CV 16-9-25 núm V1662-25
	LIVA art.91.Uno.3	
Adquisición de mobiliario	Una entidad transmite estas viviendas amuebladas, incluyendo mobiliario y enseres.	CV 1-12-25 núm V2324-25
Autopromoción	Una persona física que va a construir una vivienda, mediante autopromoción, para destinarla a su segunda residencia. La ejecución de la obra se va a realizar a través de un contratista y adquirirá los muebles de cocina y su instalación de otra entidad.	CV 19-3-26 núm V0637-26

11091 (sigue)

Voz	Descripción	DGT
Autopromoción	Persona física realiza una autopromoción de vivienda unifamiliar destinada a su propio uso. Se lleva a cabo mediante un contrato de ejecución de obra directamente formalizado entre la propia consultante y el contratista. En el proyecto de ejecución de la vivienda se incluye además la construcción de una piscina.	CV 26-3-26 núm V0683-26
Ejecución de obra	Cambio de uso de unas pistas de fútbol comunitarias por plazas de aparcamiento.	CV 18-3-25 núm V0320-25
Obras	Funcionario destinado en el extranjero posee una vivienda en territorio español donde realizará obras de renovación.	CV 14-3-25 núm V0284-25
Obras	La consultante heredó una vivienda en construcción cuyas obras se detuvieron hace 15 años. Ahora, actuando como autopromotora para su vivienda habitual, va a contratar la instalación de fontanería, electricidad, puertas y ventanas.	CV 5-9-25 núm V1572-25
Obras	Persona física propietaria de un hórreo que utiliza como anejo a su vivienda unifamiliar va a realizar obras de reparación en el mismo.	CV 3-10-25 núm V1773-25
Reforma	Obras de reforma integral en viviendas destinadas a uso propio.	CV 11-4-25 núm V0661-25
Reforma	Obras de reforma destinadas a mejorar la eficiencia energética de vivienda habitual.	CV 22-4-25 núm V0733-25
Vivienda	Si las actuaciones realizadas por empresas instaladoras de aislamiento térmico en viviendas particulares pueden tributar al tipo reducido cuando el coste de los materiales aportados no supera el 40 % de la base imponible.	CV 16-9-25 núm V1662-25
	LIVA art.91.Uno.7	
Adquisición de vivienda	Persona con discapacidad y grado 1 de dependencia pretende adquirir una vivienda de nueva construcción. La cooperativa promotora aplica un tipo impositivo del 10% alegando que no cumple los requisitos para el tipo reducido del 4%.	CV 26-8-25 núm V1542-25
Adquisición de local	Adquisición de local comercial y reforma para transformarlo en cinco viviendas independientes con el objeto de la venta o alquiler de las mismas.	CV 13-2-25 núm V0158-25
	LIVA art.91.Dos.1.1º	
Focaccia	La entidad consultante elabora focaccias con ingredientes como harina de trigo, aceite de girasol y oliva, agua, frutas y especias, y plantea si su entrega puede tributar al tipo reducido del 4 %.	CV 23-9-25 núm V1726-25
Pan	Venta de productos calificados como pan especial tales como pan de molde, pan de búrguer o hamburguesa y pan en hogazas.	CV 14-3-25 núm V0280-25
Producción y comercialización de fruta	Determinación del tipo impositivo aplicable a entregas agrícolas según el momento del devengo (emisión del albarán o de la factura).	CV 10-4-25 núm V0649-25
	LIVA art.91.Dos.1.2º	
Cromo	Comercialización de producto consistente en un cromo que contiene un audiolibro.	CV 4-6-25 núm V0959-25
Formación	Entidad mercantil dedicada a la formación, dispone de una página web en la que comercializa diferentes productos permitiendo la compra independiente del material didáctico pero no de los servicios complementarios sin la adquisición previa del material.	CV 23-12-25 núm V2633-25
	LIVA art.91.Dos.1.4º	
Silla de ruedas	La consultante adquirió una silla de ruedas eléctrica tributando al 10 % al no tener entonces reconocido grado de discapacidad. Posteriormente, se le reconoce un 85 % de discapacidad, con efectos retroactivos.	CV 18-9-25 núm V1693-25

11091 (sigue)

Voz	Descripción	DGT
Vehículo	El padre del consultante tiene reconocida movilidad reducida y discapacidad del 75 por ciento. Se plantea comprar un vehículo, que conducirán sus hijos dado que ni el padre ni la madre conducen.	CV 3-2-25 núm V0072-25
Vehículo	Persona física con un padre con discapacidad o movilidad reducida, ha visto denegado el derecho a aplicar el tipo reducido para la adquisición de un vehículo, por no justificar que el vehículo se destina al transporte habitual de su padre.	CV 5-3-25 núm V0257-25
Vehículo	El consultante, que cuenta con el reconocimiento de una discapacidad por movilidad reducida, va a adquirir un vehículo en Alemania que utilizará España. Posibilidad de regularizar la cuota soportada en Alemania para obtener la devolución del exceso sobre el 4 % que le correspondería pagar en España.	CV 4-6-25 núm V0957-25
LIVA art.91.Dos.1.5º		
Exoesqueleto robótico	La consultante se dedica al diseño, desarrollo, fabricación y comercialización de productos sanitarios, en particular un exoesqueleto robótico (ortesis activa de cadera y rodillas) para neurorrehabilitación.	CV 16-7-25 núm V1349-25
LIVA art.91.Dos.1.6º		
Adquisición de vivienda	Adquisición de vivienda de protección oficial de régimen general a una entidad mercantil que repercutió el tipo reducido del 10 %.	CV 26-8-25 núm V1538-25
Derecho de superficie	Una persona física va a adquirir un derecho de superficie sobre una vivienda de protección oficial de precio concertado ya construida que ha sido promovida por una entidad empresarial municipal.	CV 19-3-26 núm V0633-26
LIVA art.91.Dos.2.3º		
Servicio de ayuda a domicilio	Servicios de ayuda a domicilio prestados por fundación a personas dependientes que reciben una prestación económica vinculada al servicio.	CV 24-9-25 núm V1749-25
Servicio de comidas	Servicio de comidas en una «casa del maior» ofrecido de forma voluntaria a los usuarios, por precio específico e independiente del resto de servicios asistenciales.	CV 15-9-25 núm V1646-25
Servicio de residencia	Entidad mercantil concesionaria gestiona un servicio de residencia para personas mayores, con plazas subvencionadas total o parcialmente por un Ayuntamiento y la comunidad autónoma, que financian dichas plazas y le abonan subvenciones. Se plantea si debe emitir facturas al mismo por las subvenciones recibidas.	CV 16-12-25 núm V2512-25
Servicios sociales y sanitarios	Gestión integral de una residencia para personas mayores con centro de día.	CV 26-11-25 núm V2295-25
LIVA art.91.Dos.3		
Cooperativa	Cooperativa agraria dedicada a la transformación y comercialización de productos agrícolas producidos por sus socios agricultores, contrata servicios a terceros para facilitar la comercialización de dichos productos.	CV 4-7-25 núm V1216-25
Medicamento	La consultante ejerce la actividad de medicina y cirugía estética facial. Para los tratamientos de toxina botulínica facial adquiere en oficinas de farmacia ciertos medicamentos de dispensación previa receta.	CV 12-2-26 núm V0292-26
LIVA art.91.Cuatro		
Donación	Donativo en especie a una fundación acogida a la L 49/2002.	CV 22-4-25 núm V0735-25

11092

Voz	Descripción	DGT
	Artículo 92.- Cuotas tributarias deducibles	
Adquisición de vivienda	Compra de vivienda nueva destinada al arrendamiento a una sociedad limitada que la destinará al alquiler turístico.	CV 5-9-25 núm V1573-25
Energía eléctrica	El consultante, productor de energía eléctrica fotovoltaica, ha contratado con un proveedor servicios de agente de mercado y un contrato financiero de cobertura (PPA financiero) para la venta y cobertura de riesgos de la energía producida.	CV 20-3-25 núm V0405-25
Formación	Enseñanza de competencias digitales y uso de herramientas informáticas para mayores de 60 años.	CV 20-6-25 núm V1031-25
Fundación	Fundación sin ánimo de lucro realiza actividades artísticas y urbanas, generando ingresos por venta de entradas, merchandising, publicidad mediante patrocinio y convenios de colaboración, además de recibir donaciones y subvenciones.	CV 6-3-25 núm V0266-25
Fundación	Fundación dedicada a la integración sociolaboral de personas con discapacidad, acogida a la L 49/2002, consulta sobre la sujeción al IVA de sus ingresos y la configuración de su derecho a la deducción (prorrata).	CV 9-9-25 núm V1590-25
Fundación	Fundación sin ánimo de lucro organiza anualmente un festival internacional de teatro en diferentes espacios de una localidad situada en territorio de aplicación del Impuesto.	CV 30-1-26 núm V0176-26
Fundación	La fundación consultante recibe donaciones y colaboraciones de distintos organismos internacionales para la ejecución de proyectos de cooperación	CV 30-1-26 núm V0177-26
Liquidación	Una entidad mercantil constituida para explotar comercialmente un nuevo material aislante cesó su actividad por falta de viabilidad y se encuentra en fase de liquidación enajenando sus activos.	CV 11-6-25 núm V0999-25
Transporte	Servicio de transporte incluido en el precio del Colegio Mayor: calificación como prestación accesoria al alojamiento y derecho a deducir el IVA soportado.	CV 1-4-25 núm V0592-25

11093

Voz	Descripción	DGT
	Artículo 93.- Requisitos subjetivos de la deducción	
Agua	El consultante es un Ayuntamiento que adquiere el agua necesaria para la prestación del servicio de suministro de agua potable en su municipio a una entidad mercantil municipal que pertenece a otro municipio.	CV 12-2-25 núm V0148-25
Embarcación	Transmisión de embarcación de recreo a entidad establecida en otro Estado miembro.	CV 19-11-25 núm V2221-25
Explotación de museo	La consultante, Consejo Regulador de Denominación de Origen (ente de derecho público sin ánimo de lucro) va a ceder su explotación a un tercero mediante el pago de un canon anual.	CV 23-9-25 núm V1724-25
Formación	Realización de máster de abogacía y procura.	CV 6-8-25 núm V1473-25
Gasolina	La entidad A utiliza un vehículo particular, propiedad de su administrador y socio único, sin contrato de arrendamiento, para realizar visitas comerciales y reparto de lotería a clientes, incurriendo en gastos relacionados con dicho uso como gasolina o gastos derivados del mantenimiento y conservación de dicho vehículo.	CV 5-3-25 núm V0258-25
Obras de reparación	Una persona física que desarrolla una actividad agrícola . Plantea si puede deducir el IVA de las facturas por reparaciones (reforma de techo y pintura) realizadas en una nave rústica utilizada exclusivamente para guardar maquinaria y herramientas de trabajo.	CV 15-9-25 núm V1616-25

Voz	Descripción	DGT
Transmisión de solar	Una entidad mercantil adquirió un solar en 2016, deduciendo el IVA soportado, pero fue objeto de un procedimiento de inspección que determinó que no tenía la condición de empresario o profesional, denegándose la deducción del IVA. Plantea la tributación por la transmisión del solar en distintas situaciones urbanísticas.	CV 5-6-25 núm V0965-25
Vehículo	Adquisición de un vehículo que será matriculado a nombre de la sociedad, destinado a uso exclusivo dentro de la actividad empresarial y rotulado con logotipo, nombre comercial y datos de contacto de la empresa.	CV 15-12-25 núm V2498-25
Vehículo	Adquisición de vehículo por trabajador por cuenta ajena en el sector farmacéutico y que debe hacer visitas presenciales a hospitales.	CV 23-12-25 núm V2643-25
Vehículo híbrido enchufable	Entidad mercantil que desarrolla una actividad económica relacionada con la explotación agropecuaria adquiere vehículo híbrido enchufable destinado exclusivamente a los desplazamientos entre las explotaciones así como otros puntos de interés relacionados con la gestión agraria.	CV 3-10-25 núm V1776-25
Vehículo industrial	Compra de vehículo industrial usado a otra entidad mercantil para afectarlo a la actividad de formación de conductores profesionales de autobuses. Transcurridos dos meses desde la compra, y sin que se haya iniciado su uso en la actividad, la consultante solicitó a la vendedora la devolución del importe satisfecho.	CV 16-5-25 núm V0835-25

11094

Voz	Descripción	DGT
	Artículo 94.- Operaciones que originan derecho a deducción	
Agua	El consultante es un Ayuntamiento que adquiere el agua necesaria para la prestación del servicio de suministro de agua potable en su municipio a una entidad mercantil municipal que pertenece a otro municipio.	CV 12-2-25 núm V0148-25
Embarcación	Transmisión de embarcación de recreo a entidad establecida en otro Estado miembro.	CV 19-11-25 núm V2221-25
Cesión gratuita	Un organismo de una Comunidad Autónoma ha construido un módulo de pacientes externos y las infraestructuras eléctricas necesarias, que deben ser cedidas gratuitamente a la empresa distribuidora de energía eléctrica.	CV 3-2-25 núm V0087-25
Derecho de superficie	Una entidad mercantil dedicada a la actividad inmobiliaria ha sido adjudicataria de un concurso autonómico para construir y explotar viviendas de alquiler social en un terreno cedido mediante derecho de superficie, con reversión de las viviendas a la administración al finalizar el plazo.	CV 12-8-25 núm V1494-25
Factura	Una sociedad disuelta en 2024, traspasó a una nueva sociedad a sus trabajadores para evitar afrontar indemnizaciones por despido, acordando que la nueva sociedad asumiera dichas obligaciones a cambio de un pago igual al coste de despido. Se plantea si puede deducir el IVA soportado en la factura emitida por la nueva sociedad por asumir las indemnizaciones de los trabajadores.	CV 13-1-26 núm V0040-26
Factura	La consultante recibió facturas rectificativas y autofacturas de un proveedor tras un procedimiento de comprobación, que anulaban descuentos concedidos y documentaban pagos por un contrato de exclusividad, con fechas de emisión en el último trimestre de 2024 pero recibidas en distintos momentos de 2025.	CV 4-2-26 núm V0226-26
Formación	Enseñanza de competencias digitales y uso de herramientas informáticas para mayores de 60 años.	CV 20-6-25 núm V1031-25
Formación	Realización de máster de abogacía y procura.	CV 6-8-25 núm V1473-25

11094 (sigue)

Voz	Descripción	DGT
Fundación	Fundación dedicada a la integración sociolaboral de personas con discapacidad, acogida a la L 49/2002, consulta sobre la sujeción al IVA de sus ingresos y la configuración de su derecho a la deducción (prorrata).	CV 9-9-25 núm V1590-25
Obras de reparación	Una persona física que desarrolla una actividad agrícola . Plantea si puede deducir el IVA de las facturas por reparaciones (reforma de techo y pintura) realizadas en una nave rústica utilizada exclusivamente para guardar maquinaria y herramientas de trabajo.	CV 15-9-25 núm V1616-25
Operaciones bancarias	Una entidad de crédito realiza, de manera habitual, operaciones bancarias o financieras con entidades radicadas fuera del territorio de la UE que no están sujetas al Impuesto pero que en el caso de realizarse en el territorio español de aplicación habrían estado exentas de este.	CV 5-3-26 núm V0508-26
Plazas de aparcamiento	Cesión de plazas de aparcamiento a los trabajadores de la consultante que se desplazan a su centro de trabajo, en atención a las dificultades de aparcamiento en la zona.	CV 29-7-25 núm V1446-25
Prestación de servicios	Trabajos realizados físicamente en Portugal y República Dominicana para empresas con sede en España.	CV 23-5-25 núm V0884-25
Prestación de servicios	Una agencia de viajes/organizadora de eventos (segmento MICE) es contratada por una empresa americana para organizar un viaje de incentivo en España para sus clientes y familiares. El servicio incluye traslados, cenas de gala, excursiones y talleres, pero no incluye el transporte internacional ni el alojamiento (contratados aparte por el cliente).	CV 15-9-25 núm V1638-25
Prestación de servicios	Servicios de organización de evento deportivo para empresa suiza.	CV 30-9-25 núm V1756-25
Rappel	Una empresa dedicada a la hostelería hasta 2024 recibió rappels por volumen de compras de cerveza en 2017 y 2019. En 2025 debe devolver la mitad del importe del rappel percibido tras haber cesado su actividad empresarial.	CV 28-10-25 núm V2007-25
Rehabilitación	Una entidad mercantil adquirió un edificio inicialmente para su venta a un promotor para demolición y nueva construcción. Posteriormente lo transmitió a una sociedad limitada para su rehabilitación integral y arrendamiento.	CV 13-11-25 núm V2164-25
Servicios energéticos	La consultante es una operadora de productos petrolíferos, por lo que se encuentra obligada a generar una cuota anual de ahorro energético. Sujeción al IVA de la adquisición de derechos de ahorro energético, la transmisión o adquisición de CAE, la liquidación de los CAE y de los servicios recibidos de los sujetos delegados.	CV 3-2-25 núm V0076-25
Vehículo	Adquisición de un vehículo que será matriculado a nombre de la sociedad, destinado a uso exclusivo dentro de la actividad empresarial y rotulado con logotipo, nombre comercial y datos de contacto de la empresa.	CV 15-12-25 núm V2498-25
Vehículo híbrido enchufable	Entidad mercantil que desarrolla una actividad económica relacionada con la explotación agropecuaria adquiere vehículo híbrido enchufable destinado exclusivamente a los desplazamientos entre las explotaciones así como otros puntos de interés relacionados con la gestión agraria.	CV 3-10-25 núm V1776-25
Vehículo industrial	Compra de vehículo industrial usado a otra entidad mercantil para afectarlo a la actividad de formación de conductores profesionales de autobuses. Transcurridos dos meses desde la compra, y sin que se haya iniciado su uso en la actividad, la consultante solicitó a la vendedora la devolución del importe satisfecho.	CV 16-5-25 núm V0835-25
Venta de vivienda	Venta de vivienda reformada adquirida a particular.	CV 10-4-25 núm V0644-25

11095

Voz	Descripción	DGT
	Artículo 95.- Limitación del derecho a deducir	
Adquisición de vivienda	Adquisición de vivienda parcialmente afecta a la actividad profesional y gastos de suministros.	CV 8-5-25 núm V0796-25
Embarcación	Transmisión de embarcación de recreo a entidad establecida en otro Estado miembro.	CV 19-11-25 núm V2221-25
Gasolina	La entidad A utiliza un vehículo particular, propiedad de su administrador y socio único, sin contrato de arrendamiento, para realizar visitas comerciales y reparto de lotería a clientes, incurriendo en gastos relacionados con dicho uso como gasolina o gastos derivados del mantenimiento y conservación de dicho vehículo.	CV 5-3-25 núm V0258-25
Obras de reparación	Una persona física que desarrolla una actividad agrícola . Plantea si puede deducir el IVA de las facturas por reparaciones (reforma de techo y pintura) realizadas en una nave rústica utilizada exclusivamente para guardar maquinaria y herramientas de trabajo.	CV 15-9-25 núm V1616-25
Vehículo	Un trabajador autónomo adquiere un turismo para su actividad profesional, pero también lo usará para fines personales (afectación parcial).	CV 5-9-25 núm V1575-25
Vehículo	Adjudicación de un vehículo a un socio, en el marco de la liquidación de una sociedad.	CV 10-9-25 núm V1593-25
Vehículo	Adquisición de un vehículo que será matriculado a nombre de la sociedad, destinado a uso exclusivo dentro de la actividad empresarial y rotulado con logotipo, nombre comercial y datos de contacto de la empresa.	CV 15-12-25 núm V2498-25
Vehículo híbrido enchufable	Entidad mercantil que desarrolla una actividad económica relacionada con la explotación agropecuaria adquiere vehículo híbrido enchufable destinado exclusivamente a los desplazamientos entre las explotaciones así como otros puntos de interés relacionados con la gestión agraria.	CV 3-10-25 núm V1776-25
Vehículo industrial	Compra de vehículo industrial usado a otra entidad mercantil para afectarlo a la actividad de formación de conductores profesionales de autobuses. Transcurridos dos meses desde la compra, y sin que se haya iniciado su uso en la actividad, la consultante solicitó a la vendedora la devolución del importe satisfecho.	CV 16-5-25 núm V0835-25

11099

Voz	Descripción	DGT
	Artículo 99.- Ejercicio del derecho a la deducción	
Rehabilitación	Una entidad mercantil adquirió un edificio inicialmente para su venta a un promotor para demolición y nueva construcción. Posteriormente lo transmitió a una sociedad limitada para su rehabilitación integral y arrendamiento.	CV 13-11-25 núm V2164-25
Vehículo industrial	Compra de vehículo industrial usado a otra entidad mercantil para afectarlo a la actividad de formación de conductores profesionales de autobuses. Transcurridos dos meses desde la compra, y sin que se haya iniciado su uso en la actividad, la consultante solicitó a la vendedora la devolución del importe satisfecho.	CV 16-5-25 núm V0835-25

11100

Voz	Descripción	DGT
	Artículo 100.- Caducidad del derecho a la deducción	
Adquisición de vivienda	Compra de vivienda nueva destinada al arrendamiento a una sociedad limitada que la destinará al alquiler turístico.	CV 5-9-25 núm V1573-25

11101

Voz	Descripción	DGT
Artículo 101.- Deducción en sectores diferenciados de la actividad		
Servicios deportivos	Club deportivo sin ánimo de lucro obtiene ingresos por los servicios deportivos que presta.	CV 30-1-26 núm V0172-26

11102

Voz	Descripción	DGT
Artículo 102.- Regla de prorrata		
Servicios deportivos	Club deportivo sin ánimo de lucro obtiene ingresos por los servicios deportivos que presta.	CV 30-1-26 núm V0172-26

11104

Voz	Descripción	DGT
Artículo 104.- La prorrata general		
Derecho de superficie	Una entidad mercantil dedicada a la actividad inmobiliaria ha sido adjudicataria de un concurso autonómico para construir y explotar viviendas de alquiler social en un terreno cedido mediante derecho de superficie, con reversión de las viviendas a la administración al finalizar el plazo.	CV 12-8-25 núm V1494-25
Reforma	Venta de viviendas obtenidas tras reforma de local.	CV 15-4-25 núm V0720-25

11107

Voz	Descripción	DGT
Artículo 107.- Regularización de deducciones		
Vehículo industrial	Compra de vehículo industrial usado a otra entidad mercantil para afectarlo a la actividad de formación de conductores profesionales de autobuses. Transcurridos dos meses desde la compra, y sin que se haya iniciado su uso en la actividad, la consultante solicitó a la vendedora la devolución del importe satisfecho.	CV 16-5-25 núm V0835-25
Vivienda	Una entidad mercantil adquirió una vivienda que afectó a su patrimonio empresarial y que iba a ceder a una entidad inmobiliaria para su arrendamiento, por lo que se dedujo la cuota del IVA soportada en su adquisición. Habiendo transcurrido unos tres años desde su adquisición, se plantea transmitir dicha vivienda.	CV 26-3-26 núm V0682-26

11108

Voz	Descripción	DGT
Artículo 108.- Concepto de bienes de inversión		
Adquisición de vivienda	Adquisición de vivienda parcialmente afecta a la actividad profesional y gastos de suministros.	CV 8-5-25 núm V0796-25
Cesión de inmueble	Una fundación titular de una universidad adquirió un inmueble para la implantación de un centro universitario, constituyendo una nueva fundación para ejercer la actividad docente. Tiene previsto ceder aquellas partes del inmueble en las que se llevaría a cabo la actividad formativa a la nueva fundación y cediendo partes del inmueble a esta nueva entidad.	CV 4-12-25 núm V2367-25
Embarcación	Transmisión de embarcación de recreo a entidad establecida en otro Estado miembro.	CV 19-11-25 núm V2221-25

Voz	Descripción	DGT
Obras de reparación	Una persona física que desarrolla una actividad agrícola. Plantea si puede deducir el IVA de las facturas por reparaciones (reforma de techo y pintura) realizadas en una nave rústica utilizada exclusivamente para guardar maquinaria y herramientas de trabajo.	CV 15-9-25 núm V1616-25
Transmisión de local	Clínica dental exenta de IVA posee dos locales: uno comprado soportando el IVA y otro mediante ITP, pero en el que realizó obras de mejora con IVA. Al realizar una actividad exenta, nunca pudo deducir ese IVA. Ahora desea venderlos a una empresa que los destinará al alquiler.	CV 15-9-25 núm V1630-25

11110

Voz	Descripción	DGT
Artículo 110.- Entregas de bienes de inversión durante el período de regularización		
Embarcación	Transmisión de embarcación de recreo a entidad establecida en otro Estado miembro.	CV 19-11-25 núm V2221-25
Transmisión de local	Clínica dental exenta de IVA posee dos locales: uno comprado soportando el IVA y otro mediante ITP, pero en el que realizó obras de mejora con IVA. Al realizar una actividad exenta, nunca pudo deducir ese IVA. Ahora desea venderlos a una empresa que los destinará al alquiler.	CV 15-9-25 núm V1630-25
Vehículo	Adjudicación de un vehículo a un socio, en el marco de la liquidación de una sociedad.	CV 10-9-25 núm V1593-25
Vehículo industrial	Compra de vehículo industrial usado a otra entidad mercantil para afectarlo a la actividad de formación de conductores profesionales de autobuses. Transcurridos dos meses desde la compra, y sin que se haya iniciado su uso en la actividad, la consultante solicitó a la vendedora la devolución del importe satisfecho.	CV 16-5-25 núm V0835-25
Vivienda	Una entidad mercantil adquirió una vivienda que afectó a su patrimonio empresarial y que iba a ceder a una entidad inmobiliaria para su arrendamiento, por lo que se dedujo la cuota del IVA soportada en su adquisición. Habiendo transcurrido unos tres años desde su adquisición, se plantea transmitir dicha vivienda.	CV 26-3-26 núm V0682-26

11111

Voz	Descripción	DGT
Artículo 111.- Deducciones de las cuotas soportadas o satisfechas con anterioridad al inicio de la realización de entregas de bienes o prestaciones de servicios correspondientes a actividades empresariales o profesionales		
Liquidación	Una entidad mercantil constituida para explotar comercialmente un nuevo material aislante cesó su actividad por falta de viabilidad y se encuentra en fase de liquidación enajenando sus activos.	CV 11-6-25 núm V0999-25
Transmisión de solar	Una entidad mercantil adquirió un solar en 2016, deduciendo el IVA soportado, pero fue objeto de un procedimiento de inspección que determinó que no tenía la condición de empresario o profesional, denegándose la deducción del IVA. Plantea la tributación por la transmisión del solar en distintas situaciones urbanísticas.	CV 5-6-25 núm V0965-25

11114

Voz	Descripción	DGT
Artículo 114.- Rectificación de deducciones		
Formación	Enseñanza de competencias digitales y uso de herramientas informáticas para mayores de 60 años.	CV 20-6-25 núm V1031-25
Rappel	Una empresa dedicada a la hostelería hasta 2024 recibió rappels por volumen de compras de cerveza en 2017 y 2019. En 2025 debe devolver la mitad del importe del rappel percibido tras haber cesado su actividad empresarial.	CV 28-10-25 núm V2007-25

11117

Voz	Descripción	DGT
Artículo 117.- Devoluciones a exportadores en régimen de viajeros		
Servicios de consultoría y mediación	Servicios de consultoría general y de mediación en operaciones financieras exentas de una empresa establecida en Estonia, en régimen de franquicia en dicho país.	CV 30-9-25 núm V1761-25

11119

Voz	Descripción	DGT
Artículo 119.- Devolución a personas no establecidas en el ámbito de aplicación del impuesto		
Comercialización de bienes	Persona física con sede en Canarias suministra productos adquiridos a proveedores establecidos en el territorio de aplicación del IVA y en otros Estados miembros de la UE, entregándolos directamente a locales de un cliente ubicado en dicho territorio, sin que los bienes pasen por Canarias.	CV 5-6-25 núm V0963-25

11119.1

Voz	Descripción	DGT
Artículo 119 bis.- Régimen especial de devoluciones a determinados empresarios o profesionales no establecidos en el territorio de aplicación del Impuesto, ni en la Comunidad, Islas Canarias, Ceuta o Melilla		
Servicios transporte de viajeros	Una empresa establecida en Baleares presta servicios de transporte de viajeros entre aeropuertos y hoteles en Canarias y Baleares, subcontratando el transporte a empresas autorizadas, y vende estos servicios a empresas en Reino Unido y Alemania.	CV 20-3-25 núm V0400-25
Representante	El consultante fue representante exclusivo de una sociedad establecida en Reino Unido con el objeto de solicitar las devoluciones a no establecidos. El contrato por el que prestaba tales servicios fue rescindido.	CV 4-12-25 núm V2362-25

11120

Voz	Descripción	DGT
Artículo 120.- Normas generales		
Monedas	La consultante tiene previsto iniciar una actividad consistente en la inversión en monedas de colección con el objetivo de su venta en el futuro. Las compras de dichas monedas las realiza a proveedores que aplican el régimen especial de bienes usados.	CV 13-11-25 núm V2167-25
Revistas, periódicos y libros	Persona física dedicada a la venta al por menor de revistas, periódicos y libros ha decidido iniciar una nueva línea de negocio consistente en la compraventa de tales bienes de segunda mano.	CV 25-11-25 núm V2262-25
Teléfono móvil	Compraventa de bienes, principalmente teléfonos móviles.	CV 16-5-25 núm V0825-25
Teléfono móvil	Compraventa de teléfonos móviles usados que adquiere a empresa revendedoras comunitarias. Los teléfonos fueron previamente importados en la comunidad.	CV 29-10-25 núm V2035-25

11121

Voz	Descripción	DGT
Artículo 121.- Determinación del volumen de operaciones		
Volumen de operaciones	Un contribuyente que realiza actividades acogidas al régimen especial de recargo de equivalencia y también actividades de arrendamiento de locales desea conocer las magnitudes para determinar su volumen de operaciones y las consecuencias de superar el umbral de 6.010.121,04 euros en relación con la obligación de inclusión en el sistema de suministro inmediato de información (SII).	CV 30-1-26 núm V0195-26

11122

Voz	Descripción	DGT
	Artículo 122.- Régimen simplificado	
Ganadería independiente	Actividad económica de cría y venta de perros en una instalación ganadera autorizada como núcleo zoológico.	CV 24-9-25 núm V1747-25

11123

Voz	Descripción	DGT
	Artículo 123.- Contenido del régimen simplificado	
Ganadería independiente	Actividad económica de cría y venta de perros en una instalación ganadera autorizada como núcleo zoológico.	CV 24-9-25 núm V1747-25

11124

Voz	Descripción	DGT
	Artículo 124.- REAGP: ámbito subjetivo	
Agricultura	Forma de regularizar la errónea aplicación del REAGP durante el año 2025.	CV 23-1-26 núm V0118-26
Asociación	Asociación de vecinos usufructuaria de una parcela con castaños planea transmitir la madera obtenida a terceros.	CV 4-7-25 núm V1215-25
Ganadería independiente	Actividad económica de cría y venta de perros en una instalación ganadera autorizada como núcleo zoológico.	CV 24-9-25 núm V1747-25
Venta por internet	Una persona física dedicada a la apicultura desea vender sus productos apícolas a través de una página web.	CV 18-11-25 núm V2208-25

11125

Voz	Descripción	DGT
	Artículo 125.- Ámbito objetivo de aplicación	
Ganadería independiente	Actividad económica de cría y venta de perros en una instalación ganadera autorizada como núcleo zoológico.	CV 24-9-25 núm V1747-25
Venta por internet	Una persona física dedicada a la apicultura desea vender sus productos apícolas a través de una página web.	CV 18-11-25 núm V2208-25

11126

Voz	Descripción	DGT
	Artículo 126.- Actividades excluidas del régimen especial de la agricultura, ganadería y pesca	
Ganadería independiente	Actividad económica de cría y venta de perros en una instalación ganadera autorizada como núcleo zoológico.	CV 24-9-25 núm V1747-25
Venta por internet	Una persona física dedicada a la apicultura desea vender sus productos apícolas a través de una página web.	CV 18-11-25 núm V2208-25

11130

Voz	Descripción	DGT
	Artículo 130.- REAGP: deducciones y compensaciones	
Venta por internet	Una persona física dedicada a la apicultura desea vender sus productos apícolas a través de una página web.	CV 18-11-25 núm V2208-25

11135

Voz	Descripción	DGT
	Artículo 135.- Régimen especial de bienes usados	
Cromos y cartas	Compraventa de cromos y cartas objeto de colección (tanto nuevos como antiguos). Las operaciones de compra se realizan a particulares y empresas, tanto directamente, como a través de canales en línea.	CV 19-3-26 núm V0639-26

Voz	Descripción	DGT
Revistas, periódicos y libros	Persona física dedicada a la venta al por menor de revistas, periódicos y libros ha decidido iniciar una nueva línea de negocio consistente en la compraventa de tales bienes de segunda mano.	CV 25-11-25 núm V2262-25
Teléfono móvil	Compraventa de bienes, principalmente teléfonos móviles.	CV 16-5-25 núm V0825-25
Teléfono móvil	Compraventa de teléfonos móviles usados que adquiere a empresa revendedoras comunitarias. Los teléfonos fueron previamente importados en la comunidad.	CV 29-10-25 núm V2035-25
Vehículo usado	La entidad de crédito consultante tiene previsto financiar a sus clientes la adquisición de vehículos automóviles usados. En los supuestos en los que los clientes tengan dificultades para hacer frente a la financiación otorgada, se entregará el vehículo a la consultante para cancelar el préstamo pendiente (dación en pago). Ventas de vehículos usados realizadas por la entidad consultante tras la dación en pago.	CV 3-2-25 núm V0066-25
Vehículo usado	Cesión gratuita del uso de vehículo de segunda mano a aquellos potenciales adquirentes que hayan efectuado un pago a cuenta para su adquisición durante el tiempo necesario para que obtenga la financiación.	CV 15-9-25 núm V1637-25

11136

Voz	Descripción	DGT
Artículo 136.- Concepto de bienes usados, objetos de arte, antigüedades y objetos de colección y de sujeto pasivo revendedor		
Piezas de cerámica	Diseño y elaboración de piezas de cerámica y esculturas únicas que son elaboradas y firmadas de forma indeleble.	CV 25-11-25 núm V2263-25
Revistas, periódicos y libros	Persona física dedicada a la venta al por menor de revistas, periódicos y libros ha decidido iniciar una nueva línea de negocio consistente en la compraventa de tales bienes de segunda mano.	CV 25-11-25 núm V2262-25
Teléfono móvil	Compraventa de bienes, principalmente teléfonos móviles.	CV 16-5-25 núm V0825-25
Teléfono móvil	Compraventa de teléfonos móviles usados que adquiere a empresa revendedoras comunitarias. Los teléfonos fueron previamente importados en la comunidad.	CV 29-10-25 núm V2035-25

11141

Voz	Descripción	DGT
Artículo 141.- Régimen especial de agencias de viaje		
Ayuntamiento	Precios públicos municipales por actividades culturales, viajes y talleres.	CV 15-4-25 núm V0718-25
Eventos	Agencia de viajes ha sido contratada por una entidad americana para organizar un evento empresarial de incentivo España.	CV 11-6-25 núm V0998-25
Intermediación	La consultante actúa como intermediaria en servicios turísticos, ofreciendo intermediación simple y servicios como agencia de viajes, con clientes y proveedores tanto en España como en otros Estados miembros de la Unión Europea y terceros países.	CV 19-2-26 núm V0339-26
Prestación de servicios	Una agencia de viajes/organizadora de eventos (segmento MICE) es contratada por una empresa americana para organizar un viaje de incentivo en España para sus clientes y familiares. El servicio incluye traslados, cenas de gala, excursiones y talleres, pero no incluye el transporte internacional ni el alojamiento (contratados aparte por el cliente).	CV 15-9-25 núm V1638-25
Prestación de servicios	Servicios de alojamiento, transporte y guías especializados que van a ser prestados en nombre propio a sus clientes organizados con medios propios y ajenos.	CV 30-9-25 núm V1762-25

Voz	Descripción	DGT
Prestación de servicios	Agencia de viajes establecida en España contrata los servicios de un guía turístico islandés.	CV 26-8-25 núm V1536-25
Prestación de servicios	La empresa consultante presta a centros educativos situados en la UE un servicio de organización de prácticas profesionales en España. No realiza ninguna actividad educativa, salvo la tutorización de las prácticas.	CV 12-2-26 núm V0321-26
Servicios transporte de viajeros	Una empresa establecida en Baleares presta servicios de transporte de viajeros entre aeropuertos y hoteles en Canarias y Baleares, subcontratando el transporte a empresas autorizadas, y vende estos servicios a empresas en Reino Unido y Alemania.	CV 20-3-25 núm V0400-25

11147

Voz	Descripción	DGT
	Artículo 147.- Agencias de viaje: deducciones	
Eventos	Agencia de viajes ha sido contratada por una entidad americana para organizar un evento empresarial de incentivo España.	CV 11-6-25 núm V0998-25
Prestación de servicios	Una agencia de viajes/organizadora de eventos (segmento MICE) es contratada por una empresa americana para organizar un viaje de incentivo en España para sus clientes y familiares. El servicio incluye traslados, cenas de gala, excursiones y talleres, pero no incluye el transporte internacional ni el alojamiento (contratados aparte por el cliente).	CV 15-9-25 núm V1638-25
Prestación de servicios	La empresa consultante presta a centros educativos situados en la UE un servicio de organización de prácticas profesionales en España. No realiza ninguna actividad educativa, salvo la tutorización de las prácticas.	CV 12-2-26 núm V0321-26
Servicios transporte de viajeros	Una empresa establecida en Baleares presta servicios de transporte de viajeros entre aeropuertos y hoteles en Canarias y Baleares, subcontratando el transporte a empresas autorizadas, y vende estos servicios a empresas en Reino Unido y Alemania.	CV 20-3-25 núm V0400-25

11148

Voz	Descripción	DGT
	Artículo 148.- Regímenes especial del recargo de equivalencia	
Alimentos	Persona física desea iniciar una actividad de comercio minorista dedicada a la venta al público de productos de alimentación y bebidas.	CV 20-6-25 núm V1021-25
Blíster	La consultante vende blísteres de plástico y de aluminio a sus clientes farmacéuticos, para que procedan a envasar las pastillas que fabrican aplicando un proceso de termosellado a dichos productos. Si este proceso tiene la consideración de transformación para los farmacéuticos a los que se venden los citados productos.	CV 9-7-25 núm V1268-25
Electricidad	Comerciante minorista, cuya actividad consiste en la venta al por menor de teléfonos móviles además ofrece a sus clientes la posibilidad de recargar sus equipos electrónicos en el propio local a cambio de una contraprestación.	CV 26-3-26 núm V0685-26
Farmacia	Una comunidad de bienes ejerce la actividad de farmacia en la que elabora fórmulas magistrales que, en ocasiones, tiene por destinatarios a otras oficinas de farmacia.	CV 5-3-26 núm V0498-26

11149

Voz	Descripción	DGT
Artículo 149.- Minorista: concepto de minorista		
Blíster	La consultante vende blísteres de plástico y de aluminio a sus clientes farmacéuticos, para que procedan a envasar las pastillas que fabrican aplicando un proceso de termosellado a dichos productos. Si este proceso tiene la consideración de transformación para los farmacéuticos a los que se venden los citados productos.	CV 9-7-25 núm V1268-25
Electricidad	Comerciante minorista, cuya actividad consiste en la venta al por menor de teléfonos móviles además ofrece a sus clientes la posibilidad de recargar sus equipos electrónicos en el propio local a cambio de una contraprestación.	CV 26-3-26 núm V0685-26
Revistas, periódicos y libros	Persona física dedicada a la venta al por menor de revistas, periódicos y libros ha decidido iniciar una nueva línea de negocio consistente en la compraventa de tales bienes de segunda mano.	CV 25-11-25 núm V2262-25

11154

Voz	Descripción	DGT
Artículo 154.- Minorista: contenido del régimen del recargo de equivalencia		
Comercio	El consultante es una persona física que se dedica al comercio al por menor de diversos productos que remite por correo.	CV 13-11-25 núm V2165-25
Farmacia	Una comunidad de bienes ejerce la actividad de farmacia en la que elabora fórmulas magistrales que, en ocasiones, tiene por destinatarios a otras oficinas de farmacia.	CV 5-3-26 núm V0498-26

11156

Voz	Descripción	DGT
Artículo 156.- Recargo de equivalencia		
Comercio	El consultante es una persona física que se dedica al comercio al por menor de diversos productos que remite por correo.	CV 13-11-25 núm V2165-25
Electricidad	Comerciante minorista, cuya actividad consiste en la venta al por menor de teléfonos móviles además ofrece a sus clientes la posibilidad de recargar sus equipos electrónicos en el propio local a cambio de una contraprestación.	CV 26-3-26 núm V0685-26

11158

Voz	Descripción	DGT
Artículo 158.- Sujetos pasivos del recargo de equivalencia		
Comercio	El consultante es una persona física que se dedica al comercio al por menor de diversos productos que remite por correo.	CV 13-11-25 núm V2165-25

11163.5

Voz	Descripción	DGT
Artículo 163 quinquies.- Requisitos subjetivos del Régimen Especial del Grupo de Entidades		
Asociación	Asociación privada, cabecera de otras fundaciones y sociedades mercantiles dedicadas principalmente a la actividad educativa, planea realizar actividades como la publicación y comercialización de libros y venta de merchandising.	CV 11-12-25 núm V2468-25

11163.6

Voz	Descripción	DGT
Artículo 163 sexies.- Condiciones para la aplicación del régimen especial del grupo de entidades		
Cesión de inmueble	Una fundación titular de una universidad adquirió un inmueble para la implantación de un centro universitario, constituyendo una nueva fundación para ejercer la actividad docente. Tiene previsto ceder aquellas partes del inmueble en las que se llevaría a cabo la actividad formativa a la nueva fundación y cediendo partes del inmueble a esta nueva entidad.	CV 4-12-25 núm V2367-25

11163.8

Voz	Descripción	DGT
Artículo 163 octies.- Contenido del régimen especial del grupo de entidades		
Cesión de inmueble	Una fundación titular de una universidad adquirió un inmueble para la implantación de un centro universitario, constituyendo una nueva fundación para ejercer la actividad docente. Tiene previsto ceder aquellas partes del inmueble en las que se llevaría a cabo la actividad formativa a la nueva fundación y cediendo partes del inmueble a esta nueva entidad.	CV 4-12-25 núm V2367-25

11163.21

Voz	Descripción	DGT
Artículo 163 unvicies.- Ámbito de aplicación		
Piezas de vehículos	La consultante se dedica a la venta de piezas de vehículos desguazados en la Unión Europea a través de distintas plataformas.	CV 12-2-25 núm V0143-25

11163.23

Voz	Descripción	DGT
Artículo 163 tervicies. Derecho a la deducción de las cuotas soportadas		
Venta de productos	La consultante vende productos a consumidores de varios Estados miembros mediante el régimen de ventanilla única y ha deducido en sus Modelos 303 el IVA soportado en España, generando un saldo a devolver al cierre del ejercicio. Posibilidad de compensar el saldo a devolver recogido en el Modelo 303 con el IVA.	CV 22-5-25 núm V0869-25

11164

Voz	Descripción	DGT
Artículo 164.- Obligaciones de los sujetos pasivos		
Adquisición de local	Adquisición de local comercial y reforma para transformarlo en cinco viviendas independientes con el objeto de la venta o alquiler de las mismas.	CV 13-2-25 núm V0158-25
Adquisiciones intracomunitarias	Si el Fondo de Garantía de Depósitos tiene obligación de presentar declaraciones-liquidaciones periódicas del Impuesto por las operaciones realizadas.	CV 30-9-25 núm V1759-25
Comercialización de bienes	Persona física con sede en Canarias suministra productos adquiridos a proveedores establecidos en el territorio de aplicación del IVA y en otros Estados miembros de la UE, entregándolos directamente a locales de un cliente ubicado en dicho territorio, sin que los bienes pasen por Canarias.	CV 5-6-25 núm V0963-25
Comercio electrónico	Persona jurídica dedicada a la venta minorista de productos alimenticios utiliza una plataforma digital extranjera para la venta y transporte de productos al consumidor final, emitiendo facturas a dicha plataforma por las ventas realizadas.	CV 12-6-25 núm V1004-25

11164 (sigue)

Voz	Descripción	DGT
Comisiones	La consultante, que no realiza habitualmente actividades empresariales o profesionales, ha recibido tres pagos puntuales de una empresa con sede en Austria por comisiones inferiores a 500 euros por intermediación.	CV 27-2-26 núm V0470-26
Factura	Factura emitida sin repercusión del impuesto por una empresa de Luxemburgo identificada en España con NIF comenzado por N y dada de alta como operador intracomunitario.	CV 22-5-25 núm V0860-25
Factura	La consultante está realizando la reforma de una vivienda y tras realizar dos pagos a la persona encargada de realizar la obra, ésta elude enviar las facturas por dichos pagos.	CV 20-1-26 núm V0084-26
Factura	Una entidad mercantil propone implementar un sistema de numeración para sus facturas diferenciando entre facturas normales y rectificativas, y reiniciando la numeración secuencial diariamente por tipo y fecha. Se plantea si es conforme a la normativa del IVA y a los requisitos de facturación electrónica y VERI*FACTU.	CV 29-1-26 núm V0169-26
Factura	Una asociación de empresarios de hostelería y turismo consulta sobre el procedimiento para rectificar o anular facturas emitidas mediante sistemas informáticos antes de la entrada en vigor del RD 1007/2023, una vez este haya entrado en vigor.	CV 18-2-26 núm V0330-26
Formación	Cuotas de acceso a congreso médico organizado por entidad sin ánimo de lucro extranjera.	CV 10-4-25 núm V0645-25
Prestación de servicios	Persona física que no desarrolla actividad profesional o empresarial alguna y que se plantea prestar puntualmente un servicio a una empresa consulta si debe expedir factura por el servicio prestado y en qué condiciones expedirla.	CV 3-2-25 núm V0069-25
Prestación de servicios	Trabajos realizados físicamente en Portugal y República Dominicana para empresas con sede en España.	CV 23-5-25 núm V0884-25
Revistas, periódicos y libros	Persona física dedicada a la venta al por menor de revistas, periódicos y libros ha decidido iniciar una nueva línea de negocio consistente en la compraventa de tales bienes de segunda mano.	CV 25-11-25 núm V2262-25
Servicios de asesoramiento	Se analiza la situación de una persona física que ha prestado un servicio puntual y aislado de asesoramiento técnico a un organismo público, habiendo emitido factura con IVA repercutido a petición del destinatario.	CV 18-9-25 núm V1694-25
Servicios digitales	La consultante, persona física, obtiene ingresos a través de una plataforma digital mediante la creación de contenidos audiovisuales.	CV 23-9-25 núm V1716-25
	LIVA art.164.Uno	
Abogado	El consultante, tras jubilarse como funcionario causó baja en el censo de empresarios, pero tiene asuntos pendientes de cobro relacionados con su actividad como abogado.	CV 3-2-25 núm V0077-25
Autoescuela	Una asociación de empresas de formación consulta sobre la tributación del bono formación entregado a alumnos para la mejora de la empleabilidad en el sector del transporte, que las autoescuelas reciben y cobran.	CV 5-3-25 núm V0240-25
Bibliotecario	Una persona física de profesión bibliotecario por cuenta ajena va a realizar una colaboración con un Ayuntamiento para realizar trabajos de investigación, elaboración de informes y ordenación de archivo.	CV 13-10-25 núm V1832-25
Comisiones	El consultante colabora con una plataforma digital (TikTok) para facilitar la venta de ciertos productos. Por cada venta que se realice del producto la plataforma abona una comisión al consultante.	CV 11-12-25 núm V2428-25
Cooperativa	Cooperativa agraria dedicada a la transformación y comercialización de productos agrícolas producidos por sus socios agricultores, contrata servicios a terceros para facilitar la comercialización de dichos productos.	CV 4-7-25 núm V1216-25

11164
(sigue)

Voz	Descripción	DGT
Factura	Acuerdo de compensación de servicios con una cooperativa según el cual la cooperativa factura trimestralmente a la consultante un importe correspondiente a un «servicio mínimo».	CV 5-3-25 núm V0233-25
Factura	El consultante adquirió un billete para un vuelo nacional y realizó el pago total en el momento de la compra. La compañía aérea se negó a emitir la factura de forma inmediata, alegando que debía esperar a que el viaje se realizara.	CV 8-5-25 núm V0801-25
Factura	Facturas expedidas por las clínicas y otros establecimientos sanitarios, relativas a las operaciones que desarrollan en el ejercicio de su actividad.	CV 5-6-25 núm V0968-25
Factura	Servicios de comunicación, asesoría legal, jurídica etc. prestados por un partido político a su grupo municipal.	CV 16-12-25 núm V2515-25
Factura	La consultante vende palets nuevos a clientes que a su vez le entregan palets usados en diferentes estados para su reutilización, recuperación, reciclaje o destrucción. Se plantea si es posible incluir en una misma factura el importe de los palets nuevos entregados, minorado en el importe de los palets usados recogidos, una vez determinado el valor de estos últimos.	CV 4-2-26 núm V0227-26
Factura rectificativa	El consultante ha expedido una factura como profesional en la que ha indicado en el concepto de manera correcta las horas facturadas y el precio por hora, pero plantea completar la denominación del concepto.	CV 5-3-25 núm V0237-25
Farmacia	Una comunidad de bienes ejerce la actividad de farmacia en la que elabora fórmulas magistrales que, en ocasiones, tiene por destinatarios a otras oficinas de farmacia.	CV 5-3-26 núm V0498-26
Instalación de bienes	Venta e instalación de sistemas de retención de camiones.	CV 15-4-25 núm V0693-25
Medicina del trabajo	La entidad consultante presta el servicio de prevención ajeno en la especialidad de Medicina del Trabajo. No disponiendo de un centro propio para prestar el servicio de prevención ajeno efectúa un contrato de cesión de uso de instalaciones con alguna clínica o centro sanitario que esté en esa zona. Se plantea si se debe emitir factura por cada día de utilización de los despachos o si, la clínica o centro sanitario puede emitir una factura en el que se acumulen varios días de las cesiones de uso de las instalaciones.	CV 9-1-26 núm V0167-26
Monedas	La consultante tiene previsto iniciar una actividad consistente en la inversión en monedas de colección con el objetivo de su venta en el futuro. Las compras de dichas monedas las realiza a proveedores que aplican el régimen especial de bienes usados.	CV 13-11-25 núm V2167-25
Prestación de servicios	Una persona física que presta servicios financieros ha sido nombrada secretario no consejero del consejo de administración de una empresa, recibiendo una retribución específica.	CV 8-1-26 núm V0017-26
Servicio residencial	Una sociedad gestiona un centro residencial donde una persona interna recibe una prestación económica por dependencia reconocida en 2024 con efectos económicos desde 2023. Se plantea si la persona interna puede solicitar la regularización de las cuotas soportadas por la residencia.	CV 27-1-26 núm V0142-26
Sistema informático de facturación	Una asociación de empresarios de hostelería y turismo plantea diversas cuestiones relativas a la obligación de facturación utilizando o no sistemas informáticos de facturación en los términos del RD 1007/2023.	CV 26-3-26 núm V0686-26

Voz	Descripción	DGT
Vehículo	Una entidad adquirió vehículos de colección (de más de 30 años) a una empresa estadounidense bajo Incoterm CIF-Rotterdam, importándolos en Países Bajos con exención del IVA a la importación, y posteriormente trasladó los vehículos al territorio de aplicación del IVA para su matriculación.	CV 13-3-26 núm V0603-26
Venta por internet	La consultante ha comprado un producto a través del programa «Amazon Business». Al calcular la cuota del IVA a ingresar la entidad vendedora ha redondeado su importe a la unidad superior.	CV 13-3-26 núm V0602-26

11167

Voz	Descripción	DGT
	Artículo 167.- Liquidación del impuesto	
Embarcación	Importación en España de una embarcación ubicada en un país tercero, adjudicada en herencia a una comunidad de bienes formada por los herederos.	CV 20-5-25 núm V0839-25

Tabla Alfabética

Los números reenvían a los párrafos del texto. La mención «s.» significa que el estudio de la cuestión se prolonga en el o en los números siguientes.
Para orientar las búsquedas, las referencias se acompañan, cuando es preciso, de una mención explícita o de una abreviatura que designa la materia de que se trata.

Abreviaturas

Ag. Viajes: Régimen especial de las Agencias de Viajes.
Agric.: Régimen especial de la agricultura, ganadería y pesca.
AIB: Adquisición intracomunitaria de bienes.
BI: Base imponible.
Bs. usados: Régimen especial de los bienes usados, objetos de arte, antigüedades y objetos de colección.
Deducc.: Deducciones.
Devol.: Devoluciones.
EP: Establecimiento permanente.
Est. conjunto: Estudio de conjunto.
EX: Exenciones.
Export.: Exportaciones.
HI: Hecho imponible.
IGIC: Impuesto General Indirecto Canario.
Import.: Importaciones.
Inmob.: Operaciones inmobiliarias.
Intracom.: Operación intracomunitaria.
LIQ: Liquidación del impuesto.
Lugar: Lugar de realización del hecho imponible.
Obl. Form.: Obligaciones formales.
Oro invers.: Régimen especial del Oro de Inversión.
Proced. UE: Procedimientos ante la Unión Europea.
Recargo equiv.: Régimen especial del recargo de equivalencia.
RECC: Régimen especial del criterio de caja.
REGE: Régimen especial del grupo de entidades.
Serv.: Servicios.
Simplif.: Régimen simplificado.
SP: Sujeto pasivo.

A

B

C

D

E

F

G

H

I

J

K

L

M

N

O

P

S

T

U

V

W

X

Y

Z

Notas

Notas

Notas

Notas

Notas

Notas

Este libro se acabó de imprimir
en Mayo de 2026
por Printing'94, S. L.
Carretera de Canillas, 138 – 28043 Madrid